법학총서

판례분석
형법각론

[증 보 판]

신 동 운 저

法 文 社

증보판 머리말

2013년 1월 본서의 초판을 간행한 이후 1년이 조금 지났다. 결코 적지 않은 본서의 분량이 독자들에게 부담이 되지 않을까 하는 염려가 있었으나 뜻밖에도 독자들의 호응이 높아 매진이 되었다. 외형상의 부피에도 불구하고 사실관계를 정리하고 판례본문을 잘게 쪼개어 가독성을 높인 본서의 편집방침에 대해 독자들이 긍정적 평가를 보내준 결과라고 생각한다.

초판의 출간 이후 2013년 4월에 범죄단체조직죄, 인신매매죄, 도박죄 등에 관한 형법 일부개정이 있었고, 대법원에서도 중요한 판례변경들이 있었다. 부부 강간의 인정이나 횡령 후의 횡령을 처벌하기로 하는 판례 등이 그 예이다. 본서는 이러한 변화에 유념하면서 2013년 12월 말까지의 관련 법령과 최신 판례를 반영하여 내용을 다듬은 것이다.

최근 각종 국가시험에서 판례의 중요성이 크게 높아지고 있다. 특히 장문의 사실관계를 제시한 다음 관련되는 논점들을 추출하여 해당 법리를 서술하도록 출제경향이 바뀌고 있음은 주목된다. 저자는 평소 사실관계와 그에 적용된 법리가 불가분리적으로 결합된 결정체가 판례라고 생각하고 있다. 본서에 정리된 사실관계 및 사건의 경과 부분이 새로운 변화에 유용한 대비책으로 기능할 수 있기를 기대해 본다.

본서의 출간에 여러분들의 도움을 받았다. 법문사의 김제원 부장님, 장지훈 차장님께 감사의 인사를 전한다. 동국문화사의 이정은 선생님은 전문가의 기량으로 친절하고 신속하게 본서의 조판에 도움을 주셨다. 감사를 표하는 바이다.

2014년 2월
관악산을 바라보며

저자 씀

초판 머리말

Ⅰ. 본서의 출간경위

필자는 한국 형사법학의 토착화라는 연구목표를 설정하고 이를 위하여 법제사적 분석 등을 포함한 일련의 작업을 시도해 오고 있다. 이러한 가운데 한국 형사법학의 토착화를 위하여 무엇보다 시급한 일은 우리 판례의 정확한 분석과 소개라고 생각하고 있다. 이와 같은 문제의식을 보다 구체화하기 위하여 필자는 1995년에 『판례백선 형법총론』을 출간한 이래 2012년 『판례분석 신형사소송법 Ⅱ』에 이르기까지 일련의 판례교재를 집필해 오고 있다. 2013년의 본서 『판례분석 형법각론』은 이러한 작업의 연장선에 서 있다.

필자는 한때 교과서의 지면 자체를 빌려서 우리 판례를 분석·소개해 보려는 시도를 한 바가 있었다. 주지하는 바와 같이 판례소개란 단순히 판결요지의 나열에 그치는 것이 아니다. 판례란 추상적인 법규범에 개별적인 사실관계를 대입시켜서 얻어낸 구체적 결론이다. 그렇기 때문에 판례의 정확한 소개를 위해서는 사실관계의 정확한 압축과 정리가 불가결하다. 판례소개를 위하여 사실관계를 분석하려고 하다 보니 교과서의 지면이 지나치게 늘어나는 것을 피할 수가 없었다. 결국 지면관계로 판례소개 부분을 별권으로 정리해야 할 필요성을 느꼈고, 그 결과 『판례분석』으로 제호를 표기한 일련의 판례교재들을 출간하기에 이르렀다.

Ⅱ. 본서의 특징

본서는 지금까지의 판례교재들과 다른 몇 가지 특징을 가지고 있다. 무엇보다도 형사법학에 입문하는 초학자들까지도 판례를 쉽게 읽을 수 있도록 가능한 한 판결문을 잘게 쪼개어 가독성(可讀性)을 높이려고 하였다. “법률가는 숨을 쉬지 않는다”는 말이 있다. 판결문을 보면 문장의 첫머리로부터 시작하여 십여 줄 이상의 긴 문장이 이어지는 경우가 적지 않다. 초학자로서는 이와 같은 문장을 따라가는 것이 여간 어려운 일이 아니다.

이러한 문제점을 의식하여 본서의 필자는 ‘/’ 부호를 사용하여 판례의 긴 문장을 단문 중심으로 재구성하였다. 한편 내용이 긴 판례의 경우에는 필자가 적당한 곳을 나누어서 소타이틀을 삽입해 두었다. 이 소제목들은 판례의 원문에는 들어 있지 않으나 독자의 이해를 돕기 위한 것이다.

어느 나라나 그렇지만 판결문은 대단히 읽기 힘든 문장구조를 취하고 있다. 판결문 속에는 이중, 삼중의 인용문이 들어 있다. 예컨대 대법원은 "원심판결에 의하면 원심은 …… 라고 판시한 제1심판결을 유지하고 있다"는 식으로 판결문을 적고 있다. 이 경우 '판시'의 주체는 누구이고 '판시'의 내용은 무엇인지 혼란스러울 때가 있다. 사람들은 보통 제1심법원의 판단, 제2심(항소심)법원의 판단, 대법원(상고심)의 판단이라는 순서로 판결문이 서술될 것으로 기대하지만, 실제의 판결문을 보면 그렇지 아니한 경우가 훨씬 더 많다.

이 점과 관련하여 본서의 필자는 제3자의 시각에 서서 판례가 나오게 된 사건의 경위를 시계열(時系列)적으로 정리하고자 하였다. 대법원판례를 예로 들어 설명하자면, '사실관계' 및 '사건의 경과'라고 제목을 붙이고 있는 부분은 여건이 허락하는 한도에서 대법원판결이 나오기 전에 그 판단의 토대가 되었던 하급심판결을 대법원판결과 함께 분석하여 필자가 나름대로 재정리한 것이다.

판례를 두고 소위 '퍼블릭 도메인(public domain)'에 속한다고 말한다. 누구나 이를 자유롭게 인용하거나 이용할 수 있다는 표현일 것이다. 그러나 본서에 정리된 '사실관계' 및 '사건의 경과' 부분은 본서 필자의 창안에 기초한 것이며, 나름대로의 수고와 기여가 들어 있다고 필자는 자부한다. 이 점에서 그에 상응한 보호와 존중이 있기를 기대한다.

대법원판례의 집필자는 대법관이다. 형사판결에 있어서 대법관의 대화상대방은 피고인과 검사이다. 대법원은 그의 판단대상이 되는 직전의 하급심판결을 가리켜서 '원심판결'이라고 부른다. 원심판결을 거쳐서 대법원판결에 이르는 과정에 제3자는 개입할 여지가 없다. 판례문장 또한 이러한 각도에서 구성된다. 이러한 사정은 헌법재판소판례의 경우에도 별 차이가 없다.

그러나 본서에서는 이와 같은 판례문장의 접근방식을 떠나고자 한다. 본서는 어디까지나 형법각론에 관심을 둔 초학자 내지 일반시민을 염두에 두고 집필된 것이다. 본서에서 필자는 독자와 함께 제3자의 시각에 서서 대법원판례 및 헌법재판소판례의 생성과정을 관찰하고자 한다. 이러한 의미에서 본서에서는 '원심판결'이라는 표현 대신에 '항소심판결'이라는 표현을 사용하기로 한다. 또한 '제1심판결', '항소심판결', '대법원판결' 등의 표현을 통하여 사건의 시간적 경과를 나타내려고 한다.

본서의 집필과정에서 필자는 가능한 한 복잡한 법률적 표현을 생략하도록 노력하였다. 판례의 문장 속에는 '피고인', '피해자', '공소외인(公訴外人)' 등과 같은 표현이 수시로 등장한다. 그러나 본서의 '사실관계' 및 '사건의 경과' 부분에서는 피고인의 경우는 갑, 을, 병 등으로, 그 밖의 사람이나 사물은 원칙적으로 A, B, C 등으로 익명처리하여 표현하였다. 법률적 쟁점의 구성과 관련하여 피고인의 변호인이 주장한 항소이유나 상고이유도 특별한 사정이 없으면 이를 피고인의 입장을 대변한 것으로 보아 모두 "갑은 …… 라고 주장하였다"는 식으로 정리하였다.

판결문 원문에 괄호로 묶여서 표기된 참고판례의 선고연월일 및 사건번호들은 특별한 경우가 아니면 이를 생략하였다. 아울러 판례원문에 나타나는 특징적 표현을 이용하여 판례마다 '사건명'을 붙여두었다. 이렇게 한 것은 모두 사안의 신속한 파악과 이해를 돕기 위함이다.

Ⅲ. 판례의 배열순서

판례의 배열방법으로는 강학상 체계에 따르는 것, 판례번호 순서에 따르는 것, 선고일자에 따르는 것의 세 가지를 생각할 수 있다. 필자는 자매서인 『판례분석 신형사소송법 Ⅱ』 등에서 판례번호에 따른 배열방법을 취하였다. 그러나 『판례분석 형법각론』으로 이름 붙인 본서에서는 일단 강학상 체계에 따라 판례를 배열하였다. 형법전의 각칙 부분은 엄격한 체계성을 갖추고 있어서 이를 따라가는 것이 독자들에게 편리하리라고 생각하였기 때문이다.

판례는 강학상 체계에 따라 인격적 법익, 재산적 법익, 사회적 법익, 국가적 법익의 순서로 배열하였다. 판례배열은 이에 따르고 있으나 형법전과의 연관성을 고려하여 형법각칙의 각 장명(章名)을 숫자의 변경 없이 그대로 사항별 목차에 사용하였다. 한편 사항별 목차 바로 다음에 판례번호순 목차를 배치하고, 본서의 말미에 선고일자에 따른 판례색인을 붙여두었다.

분석대상 판례는 2012년 12월을 기준으로 가능한 한 최근의 것으로 선별하였으나 불가피한 경우에는 비교적 오래된 것도 포함시켰다. 본서의 탈고 직전인 2012월 12월 18일에 형법각칙의 각종 성범죄를 비친고죄로 전면 전환하는 것을 주요 골자로 하는 형법 일부개정이 있었다. 개정형법의 내용을 반영하기 위하여 원고를 대폭 수정하지 않으면 안 되었으나, 2013년 6월 19일부터 시행되는 새로운 형법각칙의 내용을 신속하게 소개할 수 있어서 다행으로 생각하고 있다.

필자는 판례를 정리하면서 판례의 고유번호라고 할 수 있는 '사건번호'와 그에 따른 판례번호 목차를 중시하고 있다. 그 이유는 본서가 소위 '판례사전'과 같은 기능을 수행할 수 있도록 하기 위함이다. 독자들로서는 어떠한 교과서를 사용하더라도 그 책자에 수록된 판례의 사건번호를 확인하여 본서의 해당 부분을 참조할 수 있을 것이다. 물론 지면의 한계로 본서가 완벽한 판례사전이 될 수는 없겠지만, 본서를 통하여 적어도 중요한 판례들은 찾아볼 수 있을 것이다.

Ⅳ. 효율적 이용방법

형법전 각칙 부분의 조문이 방대함에 따라 본서의 지면도 불가피하게 늘어나게 되었다. 이 때문에 독자들로서는 본서의 이용에 부담을 느낄 수도 있다. 그러나 다음의 방법에 따라 단계별로 본서를 이용한다면 지면의 방대함을 쉽게 극복할 수 있으리라고 본다.

제1단계에서는, 필자가 분석해 놓은 '사실관계' 및 '사건의 경과'를 일독하여 사전지식을 마련한 후 판례 본문을 읽어간다. 판례에 대한 정보수집의 단계라고 할 수 있다. 제2단계에서는, 필자가 분석해 놓은 '사실관계'만을 읽고 독자 나름대로 쟁점을 정리한 다음, 사건의 경과와 판례 본문을 읽어간다. 자신이 포착하지 못한 쟁점이 무엇인지, 쟁점에 대한 판례의 해결책이 무엇인지 확인한다. 일종의 사례연습 단계라고 할 수 있다. 제3단계에서는, 필자가 판례 본문에 '대법원 요지' 또는 '헌재 요지'라고 표기해 놓은 부분만을 읽어간다. 시간에 쫓기는 독자들이나 시험을 앞둔 독자들을 위한 총정리 단계라고 할 수 있다.

Ⅴ. 마무리 인사

본서는 제목을 『판례분석 형법각론』이라고 붙이고 있다. '판례분석'이라고 이름붙인 것은 기존의 판례원문을 잘게 쪼개서 독자의 이해를 높이려고 한 의도를 나타내고 있다. 그렇지만 동시에 대법원판결문이나 헌법재판소결정문을 자의적(恣意的)으로 분해함으로써 판례의 원취지가 잘못 전달될 염려도 있다. 혹시 이와 같은 일이 일어난다면 그것은 전적으로 본서를 집필한 필자의 책임이다. 이 점과 관련하여 독자 여러분들의 많은 질정(叱正)과 비판을 기대한다.

그와 동시에 한 가지 지적하고 싶은 것은 인터넷이나 판례DVD 등을 통하여 과거보다는 훨씬 더 신속하고 용이하게 판례원문을 접할 수 있다는 사실이다. 형법학에 대한 이해도가 높은 독자들에게는 가급적 판례원문의 일독을 권한다. 이러한 독자들이라면 본서를 판례원문을 읽어가기 위한 안내서 정도로 이용하면 좋을 것이다.

법학전문대학원 체제가 출범하면서 법학교육의 현장에서 판례의 중요성이 더욱 더 강조되고 있다. 형법각칙의 주요판례를 보다 쉽고 빠르게 이해할 수 있는 길잡이로서 본서가 독자들께 조금이라도 도움이 되었으면 한다. 아울러 우리 판례를 통한 한국 형사법학의 토착화라는 필자의 집필의도가 독자들께 공감될 수 있기를 소망한다.

본서의 출간에 있어서 여러분들의 도움을 받았다. 법문사의 김영훈 부장님, 김제원 부장님 그리고 동국문화사의 이정은 선생님께 변함없는 지원과 도움을 받았다. 이 자리를 빌려 감사의 인사를 전하는 바이다.

2013년 1월
관악산 연구실에서

필자 씀

사항별 목차

Ⅰ. 인격적 법익에 관한 죄

제24장 살인의 죄

[2003도2780] 살인죄와 살해-인정례, 낙태죄와 낙태-인정례 / **염화칼륨 태아 사망 사건** 3
[2005도3832] 업무상과실치사죄와 사람-부정례 / **거대 태아 방치 사건** 6
[2009다17417] 살인죄와 사람의 종기 / **연명치료중단 사건** 9
[2005도1373] 자살방조죄의 성립요건 / **청산염 판매광고 사건** 15

제25장 상해와 폭행의 죄

제1 상해의 죄

[2005도3832] 업무상과실치사죄와 사람-부정례 / **거대 태아 방치 사건** 18
[96도2529] 상해죄와 상해-인정례 / **회칼 협박 실신 사건** 18
[96도2673] 상해죄와 상해-부정례 / **영장집행 실랑이 사건** 20
[98도3732] 강간치상죄와 상해-인정례 / **외상후 스트레스 사건** 22
[99도3099] 강제추행치상죄와 상해-부정례 / **음모 절단 사건** 22
[2009도5022] 준강도죄와 절도의 기회-인정례, 강도상해죄와 상해-인정례 / **절도범 추격 사건** 22
[2006도148] 공무집행방해죄와 적법성-부정례, 상해죄와 정당방위-인정례 / **검사실 몸싸움 사건** 23
[2011도3682] 공무집행방해죄와 적법성-부정례, 상해죄와 정당방위-인정례 / **불심검문 욕설 사건** ... 23
[2000헌바53] 존속상해죄 합헌결정 / **존속상해치사사건** 23

제2 폭행의 죄

[2000도5716] 폭행죄와 폭행-부정례 / **전화 욕설 사건** 28
[90도2153] 폭행죄와 폭행-부정례 / **대문 발로 차기 사건** 30
[2004도2611] 강간죄와 폭행-부정례 / **버디버디 채팅 사건** 31
[83도399] 강제추행죄와 폭행-인정례 / **강제 키스 사건** 31
[96도3376] 내란죄와 폭동-인정례 / **5·18 비상계엄 전국확대 사건** 31
[2010도7412] 공무집행방해죄와 폭행-부정례 / **윤활유 뿌려놓기 사건** 32
[84도2655] 폭행치상죄와 상해죄의 관계 / **정류장 도주 사건** 32

제3 상해죄와 동시범의 특례

[85도1892] 동시범과 공동정범의 구별 / **잡귀 사건** 33
[80도3321] 이시의 독립행위-인정례 / **쇠스랑 강타 사건** 35

[84도488] 상해죄의 동시범-부정례 / 비골개방성 골절상 사건 …… 36

제4 폭처법위반죄

[2007도3520] 폭처법위반죄와 위험한 물건-부정례 / 자동차로 충격 사건 …… 39
[2008도10177] 범죄단체·조직죄와 활동-부정례 / 파라다이스파 줄빠따 사건 …… 41

제26장 과실치사상의 죄

제1 과실치사상의 죄

[2005도3832] 업무상과실치사죄와 사람-부정례 / 거대 태아 방치 사건 …… 42
[2009도13959] 업무상 과실치사죄와 주의의무-부정례 / 산소 부족 인턴 사건 …… 42
[2010도1448] 업무상 과실치사죄와 주의의무-인정례 / 배관공사 추락 사건 …… 45
[84도2025] 업무상 과실치사죄와 주의의무-부정례 / 신진요업사 사고 사건 …… 47
[2006도3493] 업무상 과실치사죄와 업무-인정례 / 수용자 휴일 사망 사건 …… 48
[2009도1040] 업무상 과실치상죄와 업무-부정례 / 서예학원 화재 사건 …… 50
[92도2929] 업무방해죄와 업무-부정례 / 조경공사 방해 사건 …… 53
[84도2527] 업무상 과실치사죄와 업무-인정례 / 무허가 골재채취 사건 …… 54
[79도1250] 업무상 과실치사죄와 업무-인정례 / 도립병원 정전 사건 …… 55
[97도538] 중과실치사죄와 중과실-인정례 / 노인 안수기도 사건 …… 56

제2 교통사고 관련 특별법 위반죄

[2010도17506] 교통사고특례법위반죄와 예외사유-인정례 / 안전의무위반 대 신호위반 사건 …… 57
[2009도2390] 교통사고특례법과 교통사고-부정례 / 토마토 상자 추락 사건 …… 60
[2011도6273] 교통사고특례법과 보험 - 부정례 / 자전거사고 보험처리 사건 …… 62
[2009도787] 도로교통법위반죄와 구호조치 불이행-인정례 / 미안 인사 차량 사건 …… 65
[2008도8627] 특가법위반죄와 구호조치 불이행-부정례 / 운전자 허위신고 사건 …… 69
[95도826] 도로교통법위반죄와 심신상실 주장-부정례 / 야간 주취운전 사건 …… 73

제27장 낙태의 죄

[2003도2780] 살인죄와 살해-인정례, 낙태죄와 낙태-인정례 / 염화칼륨 태아 사망 사건 …… 75
[2005도3832] 업무상과실치사죄와 사람-부정례 / 거대 태아 방치 사건 …… 75
[2010헌바402] 낙태죄 합헌 결정 / 낙태죄 위헌소원 사건 …… 75
[2005헌마346] 초기배아와 기본권 주체성-부정례 / 생명윤리법 헌법소원 사건 …… 79
[2004헌바81] 사산 태아의 기본권 주체성-부정례 / 사산 태아 헌법소원 사건 …… 82

제28장 유기와 학대의 죄

세1 유기의 죄

[72도863] 유기죄와 법률상 부조의무-인정례 / 쌍백지서 사건 …… 88

[2007도3952] 유기죄와 법률상 부조의무-부정례 / 필로폰 과다 복용 사건 ··· 90
[2011도12302] 유기죄와 계약상 부조의무-인정례 / 만취 손님 방치 사건 ··· 93
[76도3419] 유기죄와 사회상규상 부조의무-부정례 / 마차4리 사건 ··· 95
[79도1387] 유기죄와 유기-인정례 / 여호와의 증인 수혈거부 사건 ··· 98

제2 학대의 죄

[2000도223] 학대죄와 학대-부정례 / 아동 성관계 8년 사건 ··· 100
[84도2922] 학대죄의 법적 성질 / 친권자의 벌주기 사건 ··· 102

제29장 체포와 감금의 죄

[2002도4315] 감금죄와 사람-인정례 / 정신병자 감금 사건 ··· 104
[2000도102 (1)] 감금죄와 감금-인정례 / 동성로파 감시 사건 ··· 105
[2000도4415] 감금죄와 정당행위-부정례, 공갈죄와 권리행사-부정례 / 퇴원 조건부 재산분할 사건 ··· 106
[82도705] 감금죄와 협박죄의 관계 / 망우리 공동묘지 사건 ··· 112
[2002도4380] 감금죄와 강도상해죄의 관계 / 행신동 단란주점 사건 ··· 114
[98도1036] 감금죄와 미성년자유인죄의 관계 / 특송차 운전기사 사건 ··· 117

제30장 협박의 죄

[2010도1017] 협박죄와 사람-부정례 / 추심업체 지사장 사건 ··· 121
[2006도6155] 협박죄와 협박-부정례 / 지하철 폭파 허위신고 사건 ··· 124
[2003도763] 강요죄와 협박-인정례, 배임죄와 사무처리자-부정례 / 골프장 특별회원 모집 사건 ··· 126
[2000도3245] 공갈죄와 협박-부정례 / 조상천도제 사건 ··· 126
[90도114] 공갈죄와 권리행사-인정례 / 이웃 건물 피해 사건 ··· 127
[2011도639] 협박죄와 정당행위-인정례 / 신문기자 취재 요청 사건 ··· 127
[2007도606] 협박죄의 기수와 미수 / 경찰관 집안 동생 사건 ··· 131

제31장 약취, 유인 및 인신매매의 죄

제1 미성년자약취 · 유인죄

[2002도7115] 미성년자약취 · 유인죄의 보호법익 / 미성년자 가출 동의 사건 ··· 136
[2007도8011] 미성년자약취 · 유인죄의 주체-인정례 / 친권자 약취 사건 ··· 137
[2010도14328] 미성년자약취죄와 약취-부정례 / 베트남 여성 자녀 약취 사건 ··· 138
[2007도8485] 미성년자약취죄와 약취-부정례 / 도망친 어머니 사건 ··· 143
[95도2980] 미성년자유인죄와 유인-인정례 / 저능아 조카 사건 ··· 147
[98도1036] 감금죄와 미성년자유인죄의 관계 / 특송차 운전기사 사건 ··· 148

제2 그 밖의 약취 · 유인 · 인신매매죄

[91도1402] 부녀매매죄와 매매-인정례 / 봉제공장 여공 사건 149

제32장 강간과 추행의 죄

제1 강간의 죄

[2012도14788] 강간죄의 객체-인정례 / 옷가게 부부 강간 사건 152
[99도519] 강간죄와 폭행-인정례, 강간미수죄와 강간치상죄의 관계 / 문신 협박 사건 160
[2004도2611] 강간죄와 폭행-부정례 / 버디버디 채팅 사건 162
[2006도5979] 강간죄와 협박-인정례 / 1인 2역 간음 사건 165
[97도1757] 성폭력처벌법상 합동강간-인정례 / 초등학교 여자 친구 사건 172
[2009도4335] 주거침입강간죄와 주거침입-인정례 / 엘리베이터 안 폭행 사건 177
[2012도815] 주거침입강간죄와 방실침입-인정례 / 여자화장실 강간 사건 180
[2012도12714] 성폭력처벌법상 장애인 준강간죄-부정례 / 지적장애 3급 채팅 사건 182

제2 강제추행의 죄

[2011도8805] 강제추행죄와 추행-부정례 / 허심청 온천 사건 186
[83도399] 강제추행죄와 폭행-인정례 / 강제 키스 사건 189
[2009도2001] 준강제추행죄와 항거불능-인정례 / 여신도 성추행 사건 190

제3 미성년자 대상 성범죄

[2006도9453] 미성년자의제강간죄와 미수범처벌-인정례 / 학원 승합차 운전수 사건 192
[2009도2576] 미성년자의제강제추행죄와 추행-인정례 / 기간제 교사 사건 196
[2011도7164] 위력에 의한 추행죄-인정례 / 엘리베이터 안 여아 사건 198

제4 강간 · 강제추행치상의 죄 등

[99도519] 강간죄와 폭행-인정례, 강간미수죄와 강간치상죄의 관계 / 문신 협박 사건 201
[98도3732] 강간치상죄와 상해-인정례 / 외상후 스트레스 사건 202
[99도3099] 강제추행치상죄와 상해-부정례 / 음모 절단 사건 204

제33장 명예에 관한 죄

제1 사실적시 명예훼손죄

[2004도2880] 명예훼손죄와 공연성-부정례 / 귓속말 신도 사건 207
[2009도6687] 명예훼손죄와 사실적시-부정례 / 선거법위반 고발 사건 208
[2011도6904] 명예훼손죄와 사실적시-부정례 / 검찰청 번호 허위문자 사건 210
[2010도17237] 명예훼손죄와 사실적시-부정례 / 광우병 PD수첩 사건 212
[2008도6728] 명예훼손죄와 사실적시-부정례, 업무방해죄와 허위사실 유포-부정례 / 소주 불매 권유 사건 216

제2 사자의 명예훼손죄

[2007도8411] 사자명예훼손죄와 허위사실-부정례 / '서울 1945' 사건 ········ 217

제3 출판물에 의한 명예훼손죄

[2006도7915] 출판물에 의한 명예훼손죄와 사실적시-부정례 / 효산콘도 감사중단 사건 ········ 221
[2009도156] 출판물에 의한 명예훼손죄와 비방목적-부정례 / 858기 소설 사건 ········ 228
[97도158] 출판물에 의한 명예훼손죄와 출판물-부정례 / 개인택시조합 선거 사건 ········ 229
[2009도8949] 출판물에 의한 명예훼손죄와 비방목적-인정례, 무고죄와 허위사실-인정례 / 탤런트 폭행 의혹 사건 ········ 234
[2012도10392] 정보통신망법 명예훼손죄와 비방목적-부정례 / 산후조리원 이용후기 사건 ········ 237

제4 모욕죄

[2003도3972] 모욕죄와 모욕-인정례 / '엄마의 싸움' 사건 ········ 242

제34장 신용, 업무와 경매에 관한 죄

제1 신용훼손의 죄

[2009도5549] 신용훼손죄와 신용-부정례 / 퀵서비스 영수증 사건 ········ 246
[2006도3400] 신용훼손죄와 허위사실 유포-부정례 / 연체이자 특서 사건 ········ 247

제2 업무방해의 죄

[2009도4166] 업무방해죄와 업무-부정례, 공무집행방해죄와 업무방해죄의 관계 / 경찰민원실 소란 사건 ········ 249
[92도2929] 업무방해죄와 업무-부정례 / 조경공사 방해 사건 ········ 251
[2011도4763] 업무방해죄와 업무-부정례, 공무집행방해죄와 적법성 판단시점 / 본점식당 골든벨 사건 ········ 252
[2013도3829] 업무방해죄와 업무-부정례 / 교실내 학부모 욕설 사건 ········ 258
[2011도7081] 업무방해죄와 업무-부정례 / 병풍 치기 사건 ········ 260
[2008도6728] 명예훼손죄와 사실적시-부정례, 업무방해죄와 허위사실 유포-부정례 / 소주 불매 권유 사건 ········ 261
[2003도5004] 업무방해죄와 위계-부정례 / 음악학원 전대 사건 ········ 261
[2007도9924] 횡령죄와 타인 소유-부정례, 업무방해죄와 위력-인정례 / 익명조합 주장 사건 ········ 264
[2008도4228] 업무방해죄와 위계-인정례 / 상품권 발행업체 지정 사건 ········ 264
[2010도14696] 위계공무집행방해죄와 위계-인정례 / 중국 호구부 변경 사건 ········ 266
[2010도410] 소비자불매운동과 업무방해죄의 관계 / 광고중단 항의전화 사건 ········ 266
[2011도16718] 업무방해죄의 위력과 권리행사 / 택시신문 광고중단 사건 ········ 271
[2012도1895] 업무방해죄의 위력과 폭행의 관계 / 택시친목회 공동폭행 사건 ········ 274
[2008도10560] 일반교통방해죄와 교통방해-인정례, 업무방해죄와 업무방해-부정례 / 폐기물운반 도로 사건 ········ 277

[2007도482] 노동쟁의와 업무방해죄의 위력-인정례 / 철도노조 출근거부 사건 ······ 278
[2011도15497] 부당노동행위와 업무방해죄의 관계 / 사측 설명회 사건 ······ 281
[2010도11030] 업무방해죄와 쟁의행위의 한계 / 정리해고 사전 합의 사건 ······ 287
[2005도382] 컴퓨터장애 업무방해죄와 부정한 명령-인정례 / 대학 웹서버 관리자 사건 ······ 289
[2010도14607] 컴퓨터 업무방해죄와 정보통신망법위반죄의 관계 / 꽃배달 부정클릭 사건 ······ 291

제3 입찰 · 경매방해죄

[2000도102 (2)] 위계공무집행방해죄와 입찰 · 경매방해죄의 관계 / 입찰가액 알아내기 사건 ······ 299
[2008도11361] 입찰방해죄와 입찰공정 침해-인정례 / 일부 업체 담합 사건 ······ 299
[2010도4940] 입찰방해죄와 입찰공정 침해-인정례 / 음성유도기 입찰 사건 ······ 301

제35장 비밀침해의 죄

제1 비밀침해죄

[2008도9071] 비밀침해죄와 비밀장치-인정례 / 서랍 아랫칸 사건 ······ 306
[2007도6243] 전자기록등 내용탐지죄와 사회상규-인정례 / 어헤드원 검색 사건 ······ 307
[97도985] 국가기밀과 공지의 사실 / 범민련 편지 사건 ······ 309
[94도2379] 외교상비밀누설죄와 외교상 비밀-부정례 / 보도지침 사건 ······ 309
[2010도14734] 공무상비밀누설죄와 공무상 비밀-부정례 / 경찰청 차량 차적조회 사건 ······ 309
[2004도5561 (2)] 공무상비밀누설죄와 누설-인정례 / 사건내용 알아보기 사건 ······ 310
[2009도3642] 공무상비밀누설죄와 대향범 처벌, 범인도피죄와 범인도피-부정례 / 체포영장 명단 누출 사건 ······ 310

제2 특별법상 각종 비밀침해죄

[2005도7309] 정보통신망법 비밀침해죄와 타인의 비밀-부정례 / 이메일 무단출력 사건 ······ 310
[2010도10576] 정보통신망법 비밀누설죄와 누설-부정례 / 교인명단 업로드 사건 ······ 315
[2006도4981] 대화비밀침해죄와 타인간의 대화-부정례 / 도깨비 게임기 사건 ······ 319
[2001도6213] 전기통신감청죄와 감청-인정례 / 렉카차 무선감청 사건 ······ 321
[2012도4644] 통신비밀보호법과 감청의 범위 / 통합문자메시지 해킹 사건 ······ 324
[2009도250] 영업비밀침해죄와 영업비밀-인정례 / 냉각탑 설계도 사건 ······ 326
[2008도9433] 영업비밀침해죄와 영업비밀 취득-인정례, 배임죄와 임무위배-인정례 / 담수 프로젝트 사건 ······ 328
[2006도9089] 배임죄와 임무위배-인정례, 영업비밀침해죄와 배임죄의 관계 / 재택근무용 파일 사건 ······ 336
[2009도3915] 배임죄와 임무위배-부정례 / 텔레매틱스 단말기 사건 ······ 339

제36장 주거침입의 죄

[82도1363] 주거침입죄와 주거의 평온-인정례 / 사찰 경내 난입 사건 ······ 342

[83도685] 주거침입죄와 주거의 평온-인정례 / 간통 목적 출입 사건 ········ 344
[2005도5351] 주거침입죄와 건조물-부정례 / 타워크레인 농성 사건 ········ 345
[2009도3452] 주거침입죄와 주거-인정례 / 다가구 주택 계단 사건 ········ 347
[2009도4335] 주거침입강간죄와 주거침입-인정례 / 엘리베이터 안 폭행 사건 ········ 349
[2012도815] 주거침입강간죄와 방실침입-인정례 / 여자화장실 강간 사건 ········ 349
[81도2956] 절도죄와 타인 소유-인정례, 건조물침입죄와 침입-부정례 / 염료 동업 파기 사건 ········ 349
[94도2561] 주거침입죄의 기수시기-인정례 / "얼굴만 침입" 사건 ········ 349

Ⅱ. 재산적 법익에 관한 죄

제37장 권리행사를 방해하는 죄

제1 권리행사방해죄

[2000도5767] 권리행사방해죄와 자기 소유-부정례 / 례간자 택시 지입 사건 ········ 355
[2005도4455] 권리행사방해죄와 타인 점유-부정례 / 공동대표 렌트카 회수 사건 ········ 357
[94도343] 권리행사방해죄와 타인 점유-부정례, 무고죄와 허위사실-인정례 / 가마솥 가져오기 사건 ········ 360
[90도1958] 권리행사방해죄와 점유할 권리-인정례 / 원목 불인도 사건 ········ 361

제2 강 요 죄

[73도2578] 강요죄의 본질 / 진술서 강요 사건 ········ 363
[2003도763] 강요죄와 협박-인정례, 배임죄와 사무처리자-부정례 / 골프장 특별회원 모집 사건 ········ 364
[2010도13774] 소비자불매운동과 강요죄, 소비자불매운동과 공갈죄 / 팝업창 사과 사건 ········ 368
[2010도1233] 강요죄와 의무 없는 일-부정례 / 일지 형식 일기 사건 ········ 372
[93도901] 강요죄의 기수시기-인정례 / 여권 강제회수 사건 ········ 375

제3 강제집행면탈죄

[2010도5693] 강제집행면탈죄와 강제집행-부정례 / 교부금 회수 강제집행 사건 ········ 376
[2010도4129] 강제집행면탈죄와 채무자 재산-부정례 / 명의신탁용 유한회사 사건 ········ 378
[2009도4501] 선의 부동산 계약명의신탁과 횡령죄 / 임야 150평 명의신탁 사건 ········ 383
[2011도7361] 악의 부동산 계약명의신탁과 횡령죄 / 천안 땅 명의신탁 사건 ········ 383
[2011도5165] 강제집행면탈죄와 채권자 권리-부정례 / 사실혼 재산분할청구 사건 ········ 383
[2011도2252] 강제집행면탈죄와 채권자 권리-부정례 / 다른 주유소 단말기 사건 ········ 388
[2008도3184] 강제집행면탈죄와 가해 위험-인정례 / 재산분할 방지용 가등기 사건 ········ 390
[2008도2476] 강제집행면탈죄와 가해 위험-부정례 / 관광버스 가압류 사건 ········ 393
[2009도875] 강제집행면탈죄의 종료시점 / 채권추심 공소시효 사건 ········ 395

第38장 절도와 강도의 죄

제1 절도의 죄

[2008도2440] 절도죄와 재물-부정례 / 계좌이체 후 인출 사건 ········ 397
[95도192(2)] 절도죄와 재물-부정례 / 퇴직금 내역서 복사 사건 ········ 398
[98도2967] 절도죄와 타인 소유-인정례, 유가증권위조죄와 유가증권-인정례 / 리프트 탑승권 사건 ·· 399
[2009도11827] 절도죄와 타인 소유-부정례 / 모시조개 양식장 사건 ········ 403
[81도2956] 절도죄와 타인 소유-인정례, 건조물침입죄와 침입-부정례 / 염료 동업 파기 사건 ········ 405
[2008도11804] 절도죄와 타인 소유-부정례 / 2인 동업 파기 사건 ········ 409
[98도126] 횡령죄와 정당한 반환거부-인정례, 절도죄와 타인 소유-인정례 / 교회 분열 건축헌금 사건 ········ 410
[2006도4498] 절도죄와 타인 소유-인정례, 사기죄와 타인 소유-부정례 / 친정엄마 명의 자동차 사건 ········ 410
[64도209] 절도죄와 타인 점유-부정례 / 물 퍼어 올리기 사건 ········ 415
[2008도3252] 절도죄와 타인 점유-부정례 / 대형냉장고 전기 사건 ········ 416
[88도409] 점유이탈물횡령죄와 점유이탈-부정례 / 당구장 금반지 사건 ········ 418
[99도3963] 점유이탈물횡령죄와 점유이탈-인정례 / 지하철 분실물 사건 ········ 418
[80도509] 절도죄와 점유의사-부정례 / 맹씨 망부석 사건 ········ 418
[93도2143] 절도죄와 사자의 점유-인정례 / 자취방 살해 사건 ········ 422
[2010도6334] 절도죄와 타인 점유-부정례 / 사망 동거남 가방 사건 ········ 423
[2007도1375] 절도죄와 절취-인정례 / 강취카드 대 갈취카드 사건 ········ 426
[2012도1132] 절도죄와 불법영득의사-인정례 / 스포츠피부 휴대전화 사건 ········ 429
[99도857] 절도죄와 불법영득의사-부정례 / 도난카드 현금서비스 사건 ········ 430
[2009도9008] 절도죄와 불법영득의사-인정례 / 예금통장 반환 사건 ········ 433
[2009도5595] 절도죄와 실행의 착수-인정례 / 운전석 손잡이 사건 ········ 435
[2009도14554] 절도죄와 실행의 착수-부정례 / 공사현장 동파이프 사건 ········ 436
[2011도300] 야간주거침입절도죄와 야간-부정례 / 주간침입 야간절도 사건 ········ 438
[2008도6080] 합동절도의 기수 시점 / 영산홍 절취 사건 ········ 440
[2009도9667] 합동절도와 실행의 착수-부정례 / 주간 시정장치 손괴 사건 ········ 443
[2002도429] 자동차불법사용죄와 상습절도죄의 관계 / 상습절도 자동차 불법사용 사건 ········ 444
[2010도11620] 특가법 상습절도죄와 미수감경 불허 / 식당 주인 가방 사건 ········ 447
[96도1731] 절도죄와 친족상도례-인정례 / 혼외자 대여금고 열기 사건 ········ 449
[80도131] 절도죄와 친족상도례-부정례 / 보석세공 조카 삼촌 사건 ········ 451

제2 강도의 죄

[2004도1098] 강도죄와 재산상 이익-부정례 / 월악산 계곡 사건 ········ 453
[99도242] 강도죄와 재산상 이익-인정례 / 술값 허리잡기 사건 ········ 456
[2009도5022] 준강도죄와 절도의 기회-인정례, 강도상해죄와 상해-인정례 / 절도범 추격 사건 ····· 457

[2004도5074] 준강도죄의 기수시기-부정례 / 양주병 바구니 사건 ······ 458
[73도1553] 준강도죄의 법적 효과 / 절도범 주운 칼 사건 ······ 461
[2004도6432] 강도예비죄와 준강도죄의 관계 / 체포면탈용 흉기 소지 사건 ······ 462
[2010도9630] 강도강간죄의 성립요건 / 강간 후 강도 후 강간 사건 ······ 464

제39장 사기와 공갈의 죄

제1 사기의 죄

[91도2994] 사기죄와 기망-인정례 / 백화점 변칙세일 사건 ······ 467
[2008도76] 사기죄와 기망-부정례, 음란물유포죄와 음란성-부정례 / 성인 사이트 과장광고 사건 ······ 471
[2010도9330] 도박죄와 도박-부정례, 사기죄와 기망-인정례 / 몰래 카메라 도박 사건 ······ 471
[2003도4531] 사기죄와 부작위에 의한 기망-부정례 / 은천아파트 수표 사건 ······ 472
[2010도6256] 사기죄 객체의 구별방법, 장물취득죄와 취득-부정례 / 대포통장 입금 사건 ······ 475
[2011도9919] 사기죄와 재물-인정례 / 밀서류 인감증명 사건 ······ 479
[2006도4498] 절도죄와 타인 소유-인정례, 사기죄와 타인 소유-부정례 / 친정엄마 명의 자동차 사건 ··· 481
[2005도9858] 소송사기와 재산상 이익-인정례 / 보존등기 말소청구 사건 ······ 481
[2011도8873] 소송사기와 재산상 이익-인정례 / 사정 토지 상속 사건 ······ 483
[2009도9982] 소송사기와 기망-부정례 / 영업양도 1차계약 사건 ······ 486
[2013도7494] 보험사기와 실행의 착수 / 생명보험 위장 가입 사건 ······ 489
[2001도2991] 사기죄와 재산상 이익-인정례 / 화대 편취 사건 ······ 492
[82도2714] 공갈죄와 재산상 이익-부정례 / 나체쇼 접대부 사건 ······ 493
[2008도10971] 횡령죄와 타인 소유-부정례, 사기죄와 처분행위-부정례 /
양도담보 쇼트기 처분 사건 ······ 493
[2006도7470] 사기죄와 손해발생 유무 / 다단계판매 수당지급 사건 ······ 493
[93도213] 사기죄와 불가벌적 사후행위-인정례 / 자기앞수표 거스름돈 사건 ······ 496
[2011도2170] 사기죄와 친족상도례-부정례 / 사돈지간 고소 사건 ······ 497
[2011도4440] 컴퓨터사용사기죄와 부정한 명령-인정례 / 전자복권 프로그램 사건 ······ 498
[2005도3516] 컴퓨터사용사기죄의 성립범위 / 3만 원 삥땅 사건 ······ 501
[2006도2704] 컴퓨터사용사기죄와 친족상도례-부정례 / 할아버지 통장 이체 사건 ······ 505
[2001도3625] 편의시설부정이용죄와 부정이용-부정례 / 후불식 전화카드 사건 1 ······ 507
[2002도461] 사문서부정행사죄와 사문서-인정례 / 후불식 전화카드 사건 2 ······ 508

제2 공갈의 죄

[2012도6157] 공갈죄와 타인 소유-부정례 / 도박사이트 금고 절취 사건 ······ 508
[82도2714] 공갈죄와 재산상 이익-부정례 / 나체쇼 접대부 사건 ······ 512
[2001도2991] 사기죄와 재산상 이익-인정례 / 화대 편취 사건 ······ 513
[2000도3245] 공갈죄와 협박-부정례 / 조상천도제 사건 ······ 514
[2010도13774] 소비자불매운동과 강요죄, 소비자불매운동과 공갈죄 / 팝업창 사과 사건 ······ 518

[2000도4415] 감금죄와 정당행위-부정례, 공갈죄와 권리행사-부정례 / 퇴원 조건부 재산분할 사건 … 518
[90도114] 공갈죄와 권리행사-인정례 / 이웃 건물 피해 사건 … 518
[2011도16044] 공갈죄와 처분행위-부정례 / 요금 안 내기 폭행 사건 … 522
[2010도5795] 공갈죄와 친족상도례-인정례 / 처삼촌 소주병 공갈 사건 … 525

제40장 횡령과 배임의 죄

제1 횡령의 죄

[89도1083] 횡령죄와 배임죄의 관계 / 절반씩 부동산 투자 사건 … 527
[99도3170] 부동산 명의신탁과 횡령죄 / 2자간 명의신탁 사건 … 532
[2009도4501] 선의 부동산 계약명의신탁과 횡령죄 / 임야 150평 명의신탁 사건 … 534
[2011도7361] 악의 부동산 계약명의신탁과 횡령죄 / 천안 땅 명의신탁 사건 … 537
[2010도4129] 강제집행면탈죄와 채무자 재산-부정례 / 명의신탁용 유한회사 사건 … 540
[2002도2822] 횡령죄와 재물-부정례 / 도매시장 주주총회 사건 … 541
[2004도134] 횡령죄와 타인 소유-인정례, 장물취득죄와 장물-인정례 / 납골당사업 실패 사건 … 542
[2011도12604] 횡령죄와 타인 소유-부정례 / 착오 변제공탁 수령 사건 … 546
[2008도10971] 횡령죄와 타인 소유-부정례, 사기죄와 처분행위-부정례 / 양도담보 쇼트기 처분 사건 … 548
[82도2119] 장물취득죄와 장물-부정례 / 재고약품 이중양도 사건 … 553
[2010도17684] 횡령죄와 타인 소유-인정례 / 사업권양도 계약금 사건 … 553
[2010도5014] 동업관계와 횡령죄-부정례 / 5천만원 부동산 투자 사건 … 555
[2003도6934] 등록증불실기재죄와 등록증-부정례, 동업관계와 횡령죄-부정례 / 사업자등록증 불실기재 사건 … 557
[2007도9924] 횡령죄와 타인 소유-부정례, 업무방해죄와 위력-인정례 / 익명조합 주장 사건 … 557
[2005도2413] 횡령죄와 재물의 보관자-인정례 / 종중 땅 임의 대출 사건 … 562
[98도2036] 횡령죄와 불법원인급여-부정례 / 화대 절반 횡령 사건 … 564
[82도2714] 공갈죄와 재산상 이익-부정례 / 나체쇼 접대부 사건 … 566
[2010도17396] 횡령죄와 재물의 보관자-인정례 / 330억원 인수 대금 사건 … 567
[2003도7645] 횡령죄와 불법영득의사-부정례 / 레이디 가장납입 사건 … 569
[2011도7262] 횡령죄와 불법영득의사-부정례 / 가장납입 20억원 수표 사건 … 574
[2011도277] 횡령죄와 불법영득의사-인정례 / 연대보증 후 현금 지급 사건 … 577
[2010도11015] 횡령죄와 불법영득의사-부정례 / 부외거래시스템 예금 사건 … 579
[98도126] 횡령죄와 정당한 반환거부-인정례, 절도죄와 타인 소유-인정례 / 교회 분열 건축헌금 사건 … 582
[2008도3438] 횡령죄와 친족상도례-부정례 / 삼촌 조카 2백만원 사건 … 587
[2002도2219] 횡령죄의 법적 성질 / 남의 기계 공장저당 사건 … 588
[2011도9113] 횡령죄의 미수범-인정례 / 가식 나무 계약금 사건 … 590
[2010도10500] 횡령 후의 횡령 처벌 여부 / 적성면 종중 땅 사건 … 593

[2011도9238] 비자금 조성과 횡령죄, 횡령죄와 뇌물죄의 관계, 횡령죄와 배임수증재죄의 관계 / 하역회사 리베이트 사건 …… 596
[2009도13751] 업무상 횡령죄와 업무-인정례 / 교비회계 전용 사건 …… 601
[99도3963] 점유이탈물횡령죄와 점유이탈-인정례 / 지하철 분실물 사건 …… 603
[88도409] 점유이탈물횡령죄와 점유이탈-부정례 / 당구장 금반지 사건 …… 604

제2 배임의 죄

[2008도6335] 배임죄와 사무처리자-인정례 / 1인회사 사채 매도 사건 …… 605
[2010도3207] 배임죄와 사무처리자-부정례 / 전택노련 교섭위원 사건 …… 608
[2010도3532] 배임죄와 사무처리자-인정례 / 단말기 가맹점 변경 사건 …… 613
[2011도3247] 부동산 이중매매와 배임죄-부정례 / 계약금 후 등기이전 사건 …… 618
[2008도3766] 부동산 이중매매와 배임죄-인정례 / 임야 이중매매 가등기 사건 …… 621
[2009도14427] 부동산 이중매매와 배임죄-부정례 / 신탁등기 대 대물변제예약 사건 …… 623
[2008도10479] 동산 이중매매와 배임죄-부정례 / 인쇄기 이중양도 사건 …… 625
[2011도16385] 배임죄와 사무처리자-인정례 / 골프 회원권 양도담보 사건 …… 628
[2003도763] 강요죄와 협박-인정례, 배임죄와 사무처리자-부정례 / 골프장 특별회원 모집 사건 …… 630
[83도1405] 공무상보관물무효죄와 보관명령-부정례, 배임죄와 사무처리자-부정례 / 예금채권 가압류 사건 …… 630
[2009도3915] 배임죄와 임무위배-부정례 / 텔레매틱스 단말기 사건 …… 630
[2006도9089] 배임죄와 임무위배-인정례, 영업비밀침해죄와 배임죄의 관계 / 재택근무용 파일 사건 …… 630
[2008도9433] 영업비밀침해죄와 영업비밀 취득-인정례, 배임죄와 임무위배-인정례 / 담수 프로젝트 사건 …… 631
[2002도4229] 배임죄와 재산상 이익 취득-부정례 / 보증보험사 경영판단 사건 …… 631
[2007도5987] 배임죄와 재산상 이익 취득-인정례 / LBO 담보제공 사건 …… 636
[2009도6634] 배임죄와 손해발생-부정례 / LBO 인수합병 사건 …… 640
[2009도14464] 배임죄와 재산상 이익 취득-인정례 / 저축은행 골프장 사건 …… 647
[2004도7053] 배임죄와 손해발생-부정례 / 제31동산호 사건 …… 650
[2011도6798] 배임죄의 손해발생과 소극적 이익 / 금형제작 납품계약 사건 …… 653
[2012도2142] 배임죄와 손해발생-부정례 / 대표이사 개인채무 공증 사건 …… 656
[2012도10822] 배임죄와 손해발생-인정례 / 안심용 약속어음 사건 …… 657
[2010도11394] 배임죄와 손해발생-부정례 / 주식매수선택권 공소시효 사건 …… 662
[2001도614] 배임죄와 손해발생-부정례 / 거래허가 부동산 이중매매 사건 …… 666
[83도1568] 배임죄와 공동정범-인정례 / 치안본부 납품유류 횡령 사건 …… 669
[2009도5630] 배임죄와 공동정범-부정례 / 특별분양권 이중매매 사건 …… 674
[2012도15890] 배임죄와 손해발생-인정례, 배임죄와 공동정범-인정례 / 인수 회사 연대보증 사건 …… 677
[2002도669] 사기죄와 배임죄의 관계 / 신협전무 사채놀이 사건 …… 681
[2010도11784] 배임수재죄와 배임죄의 구별 / 조합아파트 분양권 수재 사건 …… 683
[2009도5618] 배임수재죄와 사무처리자-인정례 / 연합회장 선거 사건 …… 685

[2010도10290] 배임수재죄와 부정한 청탁-부정례 / 대학병원 납품 로비 사건 …… 688
[2011도9238] 비자금 조성과 횡령죄, 횡령죄와 뇌물죄의 관계, 횡령죄와 배임수증재죄의 관계 / 하역회사 리베이트 사건 …… 691

제3 특정경제범죄 가중처벌 등에 관한 법률과 이득액

[2005도7288] 특경가법 사기죄와 이득액 산정 / 건축업자 대지 편취 사건 …… 691
[2013도2857] 특경가법 횡령죄와 이득액 산정 / 와부면 9필지 사건 …… 696
[2009도10541] 특경가법 배임죄와 이득액 산정 / 양계장 이중저당 사건 …… 698

제41장 장물에 관한 죄

[98도2579] 장물취득죄와 장물-인정례 / 감원대상 영업과장 사건 …… 702
[2004도134] 횡령죄와 타인 소유-인정례, 장물취득죄와 장물-인정례 / 납골당사업 실패 사건 …… 707
[2004도353] 장물취득죄와 장물-부정례 / 계좌자금 교부 사건 …… 707
[82도2119] 장물취득죄와 장물-부정례 / 재고약품 이중양도 사건 …… 709
[2010도15350] 장물취득죄와 본범-인정례 / 미국 리스차량 수입 사건 …… 710
[2003도1366] 장물취득죄와 장물보관죄의 구별 / 습득 신용카드 교부 사건 …… 713
[2010도6256] 사기죄 객체의 구별방법, 장물취득죄와 취득-부정례 / 대포통장 입금 사건 …… 717
[2003도8219] 장물보관죄 후의 횡령죄 여부 / 원앙형 향로 사건 …… 717
[2004도6084] 장물취득죄와 고의의 판단시점 / 도난 보석 문의 사건 …… 719

제42장 손괴의 죄

[2007도5207] 재물손괴죄와 재물-인정례 / 재건축 아파트 철거 사건 …… 722
[2007도2590] 재물손괴죄와 효용침해-부정례 / 해고노동자 계란투척 사건 …… 725
[70도2378] 재물손괴죄와 효용침해-인정례 / 창포발 고무호스 사건 …… 726
[2010도13609] 공용물건손상죄-인정례 / 외통위 출입문 해머 사건 …… 728
[2008도8973] 경계침범죄와 경계-부정례 / 인접 토지 침범 사건 …… 728
[92도1682] 경계침범죄와 인식불능-부정례 / 담장 더 쌓기 사건 …… 729

Ⅲ. 사회적 법익에 관한 죄

제12장 신앙에 관한 죄

[2007도5296] 예배방해죄와 예배-부정례 / 장롱 들여놓기 사건 …… 735
[94도1190] 분묘발굴죄와 위법성조각-인정례 / 화장방식 결의 사건 …… 736
[84도2263] 사체유기죄와 유기-인정례 / 시체 마루 밑 은닉 사건 …… 739
[86도891] 사체은닉죄와 은닉-부정례 / 만경산 강도살인 사건 …… 740

제13장 방화와 실화의 죄

[2009도12109] 현주건조물방화죄와 부작위 방화-부정례 / **모텔 방 화재 사건** …… 743
[2006도9164] 현주건조물방화죄의 기수시기-인정례 / **사체 위 방화 사건** …… 745
[2001도6641] 현주건조물방화죄와 실행의 착수-인정례 / **부부싸움 방화 사건** …… 746
[4293형상213] 선박방화죄와 실행의 착수-부정례 / **통운호 방화 사건** …… 748
[2009도7421] 일반물건방화죄와 자기 소유-인정례 / **전봇대 쓰레기 소각 사건** …… 749
[94모32] 일반물건실화죄의 객체-인정례 / **과수원 실화 사건** …… 751

제14장 일수와 수리에 관한 죄

[2001도404] 수리방해죄와 수리-부정례 / **농촌주택 배수관 사건** …… 754
[64도209] 절도죄와 타인 점유-부정례 / **물 품어 올리기 사건** …… 755

제15장 교통방해의 죄

[2008도10560] 일반교통방해죄와 교통방해-인정례, 업무방해죄와 업무방해-부정례 / **폐기물운반 도로 사건** …… 756
[2009도13376] 일반교통방해죄와 육로-부정례 / **전원 음식점 도로 사건** …… 759
[2009도4266] 일반교통방해죄와 교통방해-부정례 / **공항터미널 주차금지 사건** …… 761
[2008도11921] 업무상 과실선박파괴죄와 파괴-부정례 / **허베이호 파손 사건** …… 763
[82도671] 교통방해죄와 도로교통법위반죄의 관계 / **버스 정비공 좌회전 사건** …… 765

제16장 음용수에 관한 죄

[77도103] 수도불통죄와 위법성조각-인정례 / **시장 번영회 단수조치 사건** …… 768

제17장 아편에 관한 죄

[98도2734] 아편수출입죄와 수입-인정례 / **신혼여행 히로뽕 밀수 사건** …… 771

제18장 통화에 관한 죄

[2003도3487] 통화위조죄와 통화-부정례 / **100만 달러 위폐 사건** …… 778
[2002도3340 (1)] 통화위조죄와 외국화폐-부정례 / **구권 스위스프랑 사건** …… 780
[85도570] 통화위조죄와 위조-부정례 / **흑백 복사 만원권 사건** …… 782
[2011도7704] 통화위조죄와 행사할 목적-부정례 / **친구 안심용 위조지폐 사건** …… 783
[2002도3340 (2)] 위조통화행사죄와 행사-부정례 / **250디나르 위폐 사건** …… 785

第19장 유가증권, 우표와 인지에 관한 죄

[2008도10678] 유가증권위조죄와 유가증권-부정례, 사문서위조죄와 위조-인정례 /
선하증권 견본 복사 사건 …… 787
[97도2483] 유가증권위조죄와 유가증권-인정례 / 선불식 공중전화카드 사건 …… 789
[71도905] 유가증권위조죄와 유가증권-인정례 / 허무인 명의 약속어음 사건 …… 790
[2009도9008] 절도죄와 불법영득의사-인정례 / 예금통장 반환 사건 …… 792
[82도296] 유가증권위조죄와 위조-부정례 / 망부 명의 약속어음 사건 …… 792
[98도2967] 절도죄와 타인 소유-인정례, 유가증권위조죄와 유가증권-인정례 / 리프트 탑승권 사건 …… 794
[92도976] 유가증권위조죄와 위조-부정례 / 차용증서용 약속어음 사건 …… 794
[2010도12553] 위조유가증권행사죄와 행사-부정례 / 봉투 속 위조수표 사건 …… 795
[82도677] 유가증권위조죄와 위조-인정례 / 위조 백지어음 매도 사건 …… 799
[2008도9494] 유가증권변조죄와 변조-부정례 / 보충권행사 후 증액 사건 …… 800
[2001도6553] 유가증권변조죄와 변조-인정례 / 배서 일자 임의변경 사건 …… 801
[78도1904] 유가증권변조죄와 변조-부정례 / 면도칼 주권 고치기 사건 1 …… 803
[79도3034] 유가증권변조죄와 변조-부정례 / 면도칼 주권 고치기 사건 2 …… 805
[87도145] 자격모용유가증권작성죄와 자격모용-인정례 / 직무정지 가처분 사건 …… 807
[90도577] 자격모용유가증권작성죄와 자격모용-인정례 / 전임 대표이사 명판 사건 …… 808
[2001다58443] 권한남용 표현대리-부정례 / 30억원 어음 무단 보증 사건 …… 809
[2002다65073] 어음 발행의 표현대리-인정례 / 2인자 전무이사 어음 발행 사건 …… 812

第20장 문서에 관한 죄

제1 공문서에 관한 죄

[2007도7480] 공문서위조죄와 문서-부정례 / 미애 주민등록증 스캔 사건 …… 819
[2011도10468] 사문서변조죄와 문서-긍정례 / 잔액증명서 스캔 사건 …… 821
[2008도5200] 위조사문서행사죄와 행사-인정례 / 가입신청서 스캔 사건 …… 821
[2007도6987] 공문서위조죄와 공문서-부정례 / 경찰서 후생계 사건 …… 821
[92도2688] 자격모용공문서작성죄와 자격모용-인정례 / 전보 구청장 결재 사건 …… 823
[2007도4785] 허위공문서작성죄와 직무 문서-인정례, 뇌물수수죄와 직무관련성-인정례 /
특성화사업단장 사건 …… 824
[2006도3844] 허위공문서작성죄와 허위-인정례 / 투자증서 인증 사건 …… 826
[2002도4293] 허위공문서작성죄와 허위-인정례, 위계공무집행방해죄와 공무방해-부정례 /
폐기물이전매립공사 입찰 사건 …… 828
[2009도9963] 허위공문서작성죄와 간접정범-부정례 / 준보전 산지 통보서 사건 …… 833
[2011도1415] 공전자기록위작죄와 위작-부정례 / 중고버스 영업용 등록 사건 …… 835
[2000도4993] 사전자기록변작죄와 변작-인정례 / 월드컵경기장 부정 입찰 사건 …… 839
[2004도4012] 공정증서원본불실기재죄와 불실기재-부정례 / 상속지분 증여 등기 사건 …… 839

[95도898] 공정증서원본불실기재죄와 불실기재-부정례 / 계모 명의 법정상속 등기 사건 …… 841
[2005도9922] 공정증서원본불실기재죄와 불실기재-인정례 / 허가 대상 토지 증여 사건 …… 843
[2012도12363] 공정증서원본불실기재죄와 불실기재-부정례 / 7천만원 증액 신고 사건 …… 846
[2008도10248] 공정증서원본불실기재죄와 불실기재-부정례 / 주주총회 소집결의 하자 사건 …… 848
[2009도5786] 공정증서원본불실기재죄와 불실기재-인정례 / 가압류 대비용 어음 공증 사건 …… 850
[2008도7836] 사문서위조죄와 위조-부정례, 공정증서원본불실기재죄와 불실기재-인정례 / 전처 명의 차용증 사건 …… 855
[2003도6934] 등록증불실기재죄와 등록증-부정례, 횡령죄와 타인 소유-부정례 / 사업자등록증 불실기재 사건 …… 855
[2000도1985] 공문서부정행사죄와 부정행사-인정례 / 타인 운전면허증 제시 사건 …… 857

제2 사문서에 관한 죄

[2002도18] 사문서위조죄와 사문서-인정례 / '강남한의원' 경력증명서 사건 …… 860
[71도905] 유가증권위조죄와 유가증권-인정례 / 허무인 명의 약속어음 사건 …… 861
[2010도1835] 사문서위조죄와 위조-인정례 / 가명 현금보관증 사건 …… 862
[2008도7836] 사문서위조죄와 위조-부정례, 공정증서원본불실기재죄와 불실기재-인정례 / 전처 명의 차용증 사건 …… 863
[2010도1040] 사문서위조죄와 위조-부정례 / 골재채취업자 차용증 사건 …… 866
[2006도2016] 사문서위조죄와 위조-긍정례 / 오피스텔 투자 사기 사건 …… 869
[2012도7467] 회사의 지배인과 작성권한 / 대출채권양수도약정서 사건 …… 872
[2011도10468] 사문서변조죄와 문서-긍정례 / 잔액증명서 스캔 사건 …… 874
[2007도7480] 공문서위조죄와 문서-부정례 / 미애 주민등록증 스캔 사건 …… 878
[62도183] 위조와 변조의 구별 / 이봉기 대 이영기 사건 …… 879
[2010도14587] 사문서변조죄와 변조-인정례 / 결혼정보회사 월급통장 사건 …… 880
[2007도9606] 자격모용사문서작성죄와 자격모용-인정례 / 부동산중개소 대표자 사건 …… 884
[2005도4072] 자격모용사문서작성죄와 자격모용-인정례 / 회장 직무집행 가처분 사건 …… 888
[2004도6404] 자격모용사문서작성죄와 자격모용-인정례 / 장교복지회 주택조합 사건 …… 896
[2003다7173] 권한남용 표현대리-인정례 / 교장 퇴직금 압류 사건 …… 900
[97다53762] 대리권 수여표시 표현대리-인정례 / 에소루 회원권 사건 …… 906
[97다55317] 대리권 소멸 후 표현대리-인정례 / 성업공사 재위임 사건 …… 911
[2008도5200] 위조사문서행사죄와 행사-인정례 / 가입신청서 스캔 사건 …… 914
[2007도7480] 공문서위조죄와 문서-부정례 / 미애 주민등록증 스캔 사건 …… 917
[2000도4993] 사전자기록변작죄와 변작-인정례 / 월드컵경기장 부정 입찰 사건 …… 917
[2011도1415] 공전자기록위작죄와 위작-부정례 / 중고버스 영업용 등록 사건 …… 923
[2004도3360] 허위진단서작성죄와 허위-부정례 / MRI 누락 진단서 사건 …… 923
[2011도14690] 허위진단서작성죄와 의료법위반죄 / 3개월 처방 부탁 사건 …… 925
[2002도461] 사문서부정행사죄와 사문서-인정례 / 후불식 전화카드 사건 2 …… 927
[2001도3625] 편의시설부정이용죄와 부정이용-부정례 / 후불식 전화카드 사건 1 …… 929

제21장 인장에 관한 죄

[96도3319] 부정사용공기호행사죄와 행사-인정례 / 절취 번호판 주행 사건 ························ 930
[97도1085] 공기호부정사용죄와 도로교통법의 관계 / 번호판 바꿔 달기 사건 ························ 931
[2009도5929] 사인위조죄와 위조-인정례 / 교무처장 직인 사건 ························ 933
[92도1578] 인장위조죄와 행사할 목적-부정례 / 피해자 도장 새기기 사건 ························ 937
[84도90] 위조인장행사죄와 행사-부정례 / 학교법인 직인 교부 사건 ························ 940
[2005도4478] 사서명위조죄와 위조-인정례 / 조카 이름 서명 사건 ························ 941

제22장 성풍속에 관한 죄

[2013도5893] 간통죄와 강간죄의 관계 / 동영상 촬영물 사건 ························ 945
[2007도4977] 간통죄의 종용과 유서-부정례 / 간통 고소장 반환 사건 ························ 949
[2009도7681] 간통죄와 고소의 유효조건-부정례 / 유죄 후 다시 혼인 사건 ························ 953
[2003도6514] 공연음란죄와 음란한 행위-부정례 / "술은 어디로 먹나" 사건 ························ 955
[2011도8805] 강제추행죄와 추행-부정례 / 허심청 온천 사건 ························ 958
[2008도76] 사기죄와 기망-부정례, 음란물유포죄와 음란성-부정례 / 성인 사이트 과장광고 사건 ····· 958
[91도2994] 사기죄와 기망 - 인정례 / 백화점 변칙세일 사건 ························ 961

제23장 도박과 복표에 관한 죄

[2010도9330] 도박죄와 도박-부정례, 사기죄와 기망-인정례 / 몰래 카메라 도박 사건 ························ 962
[2006도736] 도박죄와 도박-인정례 / 내기 골프 사건 ························ 965
[82도2151] 도박죄와 일시오락-인정례 / 100원짜리 민화투 사건 ························ 969
[2008도10582] 도박개장죄와 도박개장-인정례 / 실내낚시터 경품 사건 ························ 971
[2008도5282] 도박개장죄와 도박개장-인정례 / 머니머니썬 사건 ························ 972
[2003도5433] 복표발매죄와 복표-인정례 / 광고복권 발행 사건 ························ 975

Ⅳ. 국가적 법익에 관한 죄

제1장 내란의 죄

[96도3376] 내란죄와 폭동-인정례 / 5·18 비상계엄 전국확대 사건 ························ 983
[2010도3504] 국가보안법상 선전의 개념 / 통일학교 자료집 사건 ························ 985

제2장 외환의 죄

[97도985] 국가기밀과 공지의 사실 / 범민련 편지 사건 ························ 988
[2008재도11] 간첩죄와 간첩행위-부정례 / 진보당 문건 교부 사건 ························ 992

[93도3145] 간첩방조죄와 간첩방조-부정례 / 통일연구회 자료제공 사건 993

제3장 국기에 관한 죄

[74도2183] 국기비방죄와 비방-부정례 / 국기 배례 사건 997

제4장 국교에 관한 죄

[94도2379] 외교상비밀누설죄와 외교상 비밀-부정례 / 보도지침 사건 1000

제5장 공안을 해하는 죄

[2008도10177] 범죄단체조직죄와 활동-부정례 / 파라다이스파 줄빠따 사건 1002
[81도1955] 공무원자격사칭죄와 자격사칭-부정례 / 합동수사반원 사칭 사건 1006

제6장 폭발물에 관한 죄

[2011도17254] 폭발물사용죄와 폭발물-부정례 / 사제폭탄 폭발 사건 1010

제7장 공무원의 직무에 관한 죄

제1 공무원의 직무수행에 관한 죄

[2011도1739] 직무유기죄와 직무유기-부정례 / 법무실장 직무유기 사건 1014
[2009도13371] 직무유기죄와 직무유기-인정례 / 벌금미납자 만남 사건 1015
[2005도3909] 직무유기죄와 증거인멸죄의 관계 / 기판 돌려주기 사건 1017
[2008도11999] 인권옹호직무명령불준수죄와 직무명령-인정례, 인권옹호직무명령불준수죄와 직무유기죄의 관계 / 대면조사 지시 사건 1018
[2010도13766] 직권남용죄와 직권남용-인성례 / 3배수 추천 지시 사건 1018
[2004도5561(1)] 직권남용죄와 직권남용-인정례 / 내사중단 지시 사건 1021
[2010도1233] 강요죄와 의무 없는 일-부정례 / 일지 형식 일기 사건 1023
[2003도4599] 직권남용죄와 권리행사방해-부정례 / 청문심사 배점변경 사건 1023
[2003도3945] 공용서류은닉죄와 공용서류-인정례, 직권남용감금죄와 간접정범-인정례 / PC방 갈취 사건 1025
[2010도14734] 공무상비밀누설죄와 공무상 비밀-부정례 / 경찰청 차량 차적조회 사건 1026
[2004도5561(2)] 공무상비밀누설죄와 누설-인정례 / 사건내용 알아보기 사건 1028
[2009도3642] 공무상비밀누설죄와 대향범 처벌, 범인도피죄와 범인도피-부정례 / 체포영장 명단 누출 사건 1031

제2 뇌물죄

[2010도14394] 뇌물수수죄와 공무원-부정례 / 집행관 사무원 사건 1033
[2010도13584] 뇌물수수죄와 공무원-인정례 / 재건축 조합장 수뢰 사건 1036

[2003도1060] 뇌물수수죄와 직무관련성-인정례 / 교통계 도박 묵인 사건 …… 1039
[2009도2453] 뇌물수수죄와 직무관련성-부정례 / 중국 선사 운항허가 사건 …… 1040
[2007도4785] 허위공문서작성죄와 직무 문서-인정례, 뇌물수수죄와 직무관련성-인정례 / 특성화사업단장 사건 …… 1044
[2007도5190] 뇌물약속죄와 대가관계-부정례 / 퇴임 총재 사무실 사건 …… 1044
[2012도9417] 뇌물약속죄와 약속-부정례 / 퇴임후 연수비용 사건 …… 1047
[2011도7282] 뇌물수수죄와 영득의사-부정례 / 고등학교 발전기금 사건 …… 1053
[98도1234] 제삼자뇌물공여죄의 성립요건 / 구청장 여자친구 사건 …… 1054
[2010도12313] 제삼자뇌물공여죄와 부정한 청탁-부정례 / 구청장 누각 건립 사건 …… 1059
[2010도11460] 알선수뢰죄와 지위이용-부정례 / 3급 군무원 사건 …… 1063
[2009도11146] 특가법 알선수재죄와 알선-부정례 / 시장실 쇼핑백 사건 …… 1065
[2002도3600] 특가법 알선수재죄와 대가관계-부정례, 증거위조죄와 위조-인정례 / 구재단 학교 찾기 사건 …… 1070
[2012도534] 알선수재죄의 성립요건, 필요적 몰수 · 추징의 범위 / 매립회사 로비스트 사건 …… 1079
[2002도1283] 제삼자뇌물취득죄와 행위주체-인정례 / 헌병수사관 병역비리 사건 …… 1086
[2011도4260] 특가법 뇌물수수죄와 벌금액의 산정 / 특가법 벌금 병과 사건 …… 1089
[2011도9238] 비자금 조성과 횡령죄, 횡령죄와 뇌물죄의 관계, 횡령죄와 배임수증재죄의 관계 / 하역회사 리베이트 사건 …… 1092

제8장 공무방해에 관한 죄

[2009도4166] 업무방해죄와 업무-부정례, 공무집행방해죄와 업무방해죄의 관계 / 경찰민원실 소란 사건 …… 1093
[2000도102 (2)] 위계공무집행방해죄와 입찰 · 경매방해죄의 관계 / 입찰가액 알아내기 사건 …… 1093
[2006도148] 공무집행방해죄와 적법성-부정례, 상해죄와 정당방위-인정례 / 검사실 몸싸움 사건 …… 1096
[2011도3682] 공무집행방해죄와 적법성-부정례, 상해죄와 정당방위-인정례 / 불심검문 욕설 사건 …… 1100
[2007도6088] 공무집행방해죄와 적법성-인정례 / 공청회 방해 사건 …… 1103
[2008도9919] 공무집행방해죄와 직무집행-인정례 / 주차 단속 요구 사건 …… 1106
[2010도7412] 공무집행방해죄와 폭행-부정례 / 윤활유 뿌려놓기 사건 …… 1108
[2010도15986] 공무집행방해죄와 협박-인정례, 위계공무집행방해죄와 위계-인정례, 증거위조교사죄와 증거위조-인정례 / 풍어제 의혹 사건 …… 1109
[2007도8024] 위계공무집행방해죄와 위계-부정례 / 파워매직세이퍼 사건 …… 1114
[2010도14696] 위계공무집행방해죄와 위계-인정례 / 중국 호구부 변경 사건 …… 1115
[2008도4228] 업무방해죄와 위계-인정례 / 상품권 발행업체 지정 사건 …… 1118
[2011도17125] 위계공무집행방해죄와 위계-부정례 / 천일염 가처분신청 사건 …… 1118
[2002도4293] 허위공문서작성죄와 허위-인정례, 위계공무집행방해죄와 공무방해-부정례 / 폐기물이전매립공사 입찰 사건 …… 1119

[2008도11999] 인권옹호직무명령불준수죄와 직무명령-인정례, 인권옹호직무명령불준수죄와 직무유기죄의 관계 / 대면조사 지시 사건 ··· 1120
[2007도312] 공무상표시무효죄와 강제처분표지-인정례 / 특허권 침해 가처분 사건 ··· 1124
[2006도1819] 공무상표시무효죄와 효용침해-부정례 / 현수막 설치대 사건 ··· 1125
[2005도3034] 공무상표시무효죄와 효용침해-인정례 / 골프장 모노레일 사건 ··· 1128
[2003도3945] 공용서류은닉죄와 공용서류-인정례, 직권남용감금죄와 간접정범-인정례 / PC방 갈취 사건 ··· 1132
[2010도13609] 공용물건손상죄-인정례 / 외통위 출입문 사건 ··· 1134
[2007도5207] 재물손괴죄와 재물-인정례 / 재건축 아파트 철거 사건 ··· 1137
[83도1405] 공무상보관물무효죄와 보관명령-부정례, 배임죄와 사무처리자-부정례 / 예금채권 가압류 사건 ··· 1137

제9장 도주와 범인은닉의 죄

제1 도주의 죄

[2005도6810] 도주죄와 법률에 의한 구금-부정례 / 절도범 동생 도주 사건 ··· 1140
[91도1656] 도주원조죄와 도주원조-부정례 / 용병원 탈주 사건 ··· 1144

제2 범인은닉의 죄

[2003도4533] 범인도피죄와 죄를 범한 자-인정례, 증거인멸죄와 타인의 형사사건-인정례 / 사실혼 배우자 출국 사건 ··· 1146
[2002도5374] 범인도피죄와 범인도피-부정례 / 성명모용 신원보증서 사건 ··· 1147
[2009도12164] 범인도피죄와 범인도피-부정례 / 게임장 바지사장 사건 1 ··· 1152
[2009도10709] 범인도피죄와 범인도피-인정례 / 게임장 바지사장 사건 2 ··· 1154
[2009도3642] 공무상비밀누설죄와 대향범 처벌, 범인도피죄와 빔인도피-부정례 / 체포영장 명단 누출 사건 ··· 1156
[2005도3707] 범인도피교사죄와 친족간의 특례-부정례 / 무면허 프라이드 운전 사건 ··· 1156
[2007도7062] 친족간 특례의 법적 성질 / 국회의원 이복동생 사건 ··· 1158

제10장 위증과 증거인멸의 죄

제1 위증의 죄

[2008도942] 위증죄와 법률에 의한 증인-부정례 / 쌍방 상해 변론분리 사건 ··· 1162
[2007도6273] 위증죄와 법률에 의한 증인-인정례 / 전처 위증 사건 ··· 1166
[2009도13257] 위증죄와 법률에 의한 증인-부정례 / 카지노 출입 위증 사건 ··· 1168
[2009도14928] 위증죄와 법률에 의한 증인-인정례 / 민사 증언거부권 사건 ··· 1171
[2005도10101] 위증죄와 법률에 의한 증인-인정례 / 황제룸주점 사건 ··· 1173
[95도192(1)] 위증죄와 허위진술-부정례 / 역삼동 대지 사건 ··· 1176

[2007도1397] 위증죄와 증언-부정례 / 허위 증인진술서 사건 1181
[83도44] 위증죄와 허위진술-인정례 / 종중 분파 족보 사건 1183
[2010도7525] 위증죄의 기수시기-인정례 / 종전 선서 위증 사건 1185
[2000도1089] 허위감정죄와 허위감정-인정례 / 욕실 부분 통기관 사건 1187

제2 증거인멸의 죄

[2007도4191] 증거인멸죄와 징계사건-부정례 / 변조 교사일지 사건 1191
[2002도6134] 증인도피죄와 타인의 형사사건-부정례 / 홍성식구파 증인도피 사건 1192
[2003도4533] 범인도피죄와 죄를 범한 자-인정례, 증거인멸죄와 타인의 형사사건-인정례 / 사실혼 배우자 출국 사건 1195
[2005도3909] 직무유기죄와 증거인멸죄의 관계 / 기판 돌려주기 사건 1195
[97도2961] 증거위조죄와 증거위조-부정례 / 선서무능력자 교사 사건 1195
[2002도3600] 특가법 알선수재죄와 대가관계-부정례, 증거위조죄와 위조-인정례 / 구재단 학교 찾기 사건 1196
[2008도12127] 모해증거위조죄와 피의자-부정례 / 입건 전 증거위조 사건 1196
[2010도15986] 공무집행방해죄와 협박-인정례, 위계공무집행방해죄와 위계-인정례, 증거위조교사죄와 증거위조-인정례 / 풍어제 의혹 사건 1198

제11장 무고의 죄

[2008도4852] 무고죄의 보호법익 / 자기무고 방조 사건 1199
[2010도10202] 무고죄와 공무소-인정례 / 변호사회 진정서 사건 1202
[2009도8949] 출판물에 의한 명예훼손죄와 비방목적-인정례, 무고죄와 허위사실-인정례 / 탤런트 폭행 의혹 사건 1203
[2008도3754] 무고죄와 허위사실-부정례 / 친구부동산 고소장 사건 1204
[2009도1302] 무고죄와 허위사실-인정례 / 전세자금 고소장 사건 1206
[2011도3489] 무고죄와 허위사실-부정례 / 차용금 사기 고소장 사건 1208
[2010도2745] 무고죄와 허위사실-인정례 / "때려 주면 돈 줄께" 사건 1210
[94도343] 권리행사방해죄와 타인 점유-부정례, 무고죄와 허위사실-인정례 / 가마솥 가져오기 사건 1212
[2005도2712] 무고죄와 형사처벌 목적-인정례 / 합의 주선용 고소장 사건 1212

◘ 부록 (문서례) / 1217

◘ 선고일자별 색인 / 1251

판례번호순 목차

[4293형상213] 선박방화죄와 실행의 착수-부정례 / **통운호 방화 사건**
1960. 7. 22. 4293형상213, 판례총람 형법 164조 10번 ········ 748

[62도183] 위조와 변조의 구별 / **이봉기 대 이영기 사건**
1962. 12. 20. 62도183, 판례총람 형법 225조 14번 ········ 879

[64도209] 절도죄와 타인 점유-부정례 / **물 퍼어 올리기 사건**
1964. 6. 23. 64도209, 집 12①, 형48 ········ 415, 755

[70도2378] 재물손괴죄와 효용침해-인정례 / **창포말 고무호스 사건**
1971. 1. 26. 70도2378, 집 19①, 형22 ········ 726

[71도905] 유가증권위조죄와 유가증권-인정례 / **허무인 명의 약속어음 사건**
1971. 7. 27. 71도905, 집 19②, 형62 ········ 790, 861

[72도863] 유기죄와 법률상 부조의무-인정례 / **쌍백지서 사건**
1972. 6. 27. 72도863, 집 20②, 형34 ········ 88

[73도1553] 준강도죄의 법적 효과 / **절도범 주운 칼 사건**
1973. 11. 13. 73도1553 전원합의체 판결, 공 1973, 7621 ········ 461

[73도2578] 강요죄의 본질 / **진술서 강요 사건**
1974. 5. 14. 73도2578, 공 1974, 7864 ········ 363

[74도2183] 국기비방죄와 비방-부정례 / **국기 배례 사건**
1975. 5. 13. 74도2183, 판례월보 1975년 59호 63면 ········ 997

[76도3419] 유기죄와 사회상규상 부조의무-부정례 / **마차 4리 사건**
1977. 1. 11. 76도3419, 집 25①, 형1 ········ 95

[77도103] 수도불통죄와 위법성조각-인정례 / **시장 번영회 단수조치 사건**
1977. 11. 22. 77도103, 공 1977, 10389 ········ 768

[78도1904] 유가증권변조죄와 변조-부정례 / **면도칼 주권 고치기 사건 1**
1978. 11. 14. 78도1904, 공 1979, 11705 ········ 803

[79도1250] 업무상 과실치사죄와 업무-인정례 / **도립병원 정전 사건**
1979. 9. 11. 79도1250, 공 1979, 12240 ········ 55

[79도1387] 유기죄와 유기-인정례 / **여호와의 증인 수혈거부 사건**
1980. 9. 24. 79도1387, 공 1980, 13244 ········ 98

[79도3034] 유가증권변조죄와 변조-부정례 / **면도칼 주권 고치기 사건 2**
1980. 4. 22. 79도3034, 공 1980, 12829 ········ 805

[80도131] 절도죄와 친족상도례－부정례 / **보석세공 조카 삼촌 사건**

1980. 11. 11. 80도131, 공 1981, 13379 ········ 451

[80도509] 절도죄와 점유의사－부정례 / **맹씨 망부석 사건**

1981. 8. 25. 80도509, 공 1981, 14307 ········ 418

[80도3321] 이시의 독립행위－인정례 / **쇠스랑 강타 사건**

1981. 3. 10. 80도3321, 공 1981, 13853 ········ 35

[81도1955] 공무원자격사칭죄와 자격사칭－부정례 / **합동수사반원 사칭 사건**

1981. 9. 8. 81도1955, 공 1981, 14343 ········ 1006

[81도2956] 절도죄와 타인 소유－인정례, 건조물침입죄와 침입－부정례 / **염료 동업 파기 사건**

1982. 4. 27. 81도2956, 공 1982, 544 ········ 349, 405

[82도296] 유가증권위조죄와 위조－부정례 / **망부 명의 약속어음 사건**

1982. 9. 28. 82도296, 공 1982, 1042 ········ 792

[82도671] 교통방해죄와 도로교통법위반죄의 관계 / **버스 정비공 좌회전 사건**

1983. 9. 27. 82도671, 공 1983, 1625 ········ 765

[82도677] 유가증권위조죄와 위조－인정례 / **위조 백지어음 매도 사건**

1982. 6. 22. 82도677, 공 1982, 720 ········ 799

[82도705] 감금죄와 협박죄의 관계 / **망우리 공동묘지 사건**

1982. 6. 22. 82도705, 공 1982, 722 ········ 112

[82도1363] 주거침입죄와 주거의 평온－인정례 / **사찰 경내 난입 사건**

1983. 3. 8. 82도1363, 공 1983, 677 ········ 342

[82도2119] 장물취득죄와 장물－부정례 / **재고약품 이중양도 사건**

1983. 11. 8. 82도2119, 공 1984, 48 ········ 553, 709

[82도2151] 도박죄와 일시오락－인정례 / **100원짜리 민화투 사건**

1983. 3. 22. 82도2151, 공 1983, 771 ········ 969

[82도2714] 공갈죄와 재산상 이익－부정례 / **나체쇼 접대부 사건**

1983. 2. 8. 82도2714, 공 1983, 546 ········ 493, 512, 566

[83도44] 위증죄와 허위진술－인정례 / **종중 분파 족보 사건**

1985. 4. 9. 83도44, 공 1985, 760 ········ 1183

[83도399] 강제추행죄와 폭행－인정례 / **강제 키스 사건**

1983. 6. 28. 83도399, 공 1983, 1153 ········ 31, 189

[83도685] 주거침입죄와 주거의 평온－인정례 / **간통 목적 출입 사건**

1984. 6. 26. 83도685, 공 1984, 1325 ········ 344

[83도1405] 공무상보관물무효죄와 보관명령－부정례, 배임죄와 사무처리자－부정례 / **예금채권 가압류 사건**

1983. 7. 12. 83도1405, 공 1983, 1301 ········ 630, 1137

[83도1568] 배임죄와 공동정범-인정례 / 치안본부 납품유류 횡령 사건
1987. 4. 28. 83도1568, 공 1987, 918 ······ 669

[84도90] 위조인장행사죄와 행사-부정례 / 학교법인 직인 교부 사건
1984. 2. 28. 84도90, 공 1984, 564 ······ 940

[84도488] 상해죄의 동시범-부정례 / 비골개방성 골절상 사건
1984. 5. 15. 84도488, 공 1984, 1153 ······ 36

[84도2025] 업무상 과실치사죄와 주의의무-부정례 / 신진요업사 사고 사건
1984. 11. 27. 84도2025, 공 1985, 110 ······ 47

[84도2263] 사체유기죄와 유기-인정례 / 시체 마루 밑 은닉 사건
1984. 11. 27. 84도2263, 공 1985, 119 ······ 739

[84도2527] 업무상 과실치사죄와 업무-인정례 / 무허가 골재채취 사건
1985. 6. 11. 84도2527, 공 1985, 1031 ······ 54

[84도2655] 폭행치상죄와 상해죄의 관계 / 정류장 도주 사건
1985. 1. 29. 84도2655, 공 1985, 406 ······ 32

[84도2922] 학대죄의 법적 성질 / 친권자의 벌주기 사건
1986. 7. 8. 84도2922, 공 1986, 1016 ······ 102

[85도570] 통화위조죄와 위조-부정례 / 흑백 복사 만원권 사건
1985. 4. 23. 85도570, 공 1985, 819 ······ 782

[85도1892] 동시범과 공동정범의 구별 / 잡귀 사건
1985. 12. 10. 85도1892, 공 1986, 280 ······ 33

[86도891] 사체은닉죄와 은닉-부정례 / 만경산 강도살인 사건
1986. 6. 24. 86도891, 공 1986, 982 ······ 740

[87도145] 자격모용유가증권작성죄와 자격모용-인정례 / 직무정지 가처분 사건
1987. 8. 18. 87도145, 공 1987, 1484 ······ 807

[88도409] 점유이탈물횡령죄와 점유이탈-부정례 / 당구장 금반지 사건
1988. 4. 25. 88도409, 공 1988, 930 ······ 418, 604

[89도1083] 횡령죄와 배임죄의 관계 / 절반씩 부동산 투자 사건
1990. 3. 27. 89도1083, 공 1990, 1015 ······ 527

[90도114] 공갈죄와 권리행사-인정례 / 이웃 건물 피해 사건
1990. 8. 14. 90도114, 공 1990, 1986 ······ 127, 518

[90도577] 자격모용유가증권작성죄와 자격모용-인정례 / 전임 대표이사 명판 사건
1991. 2. 26. 90도577, 공 1991, 1119 ······ 808

[90도1958] 권리행사방해죄와 점유할 권리-인정례 / 원목 불인도 사건
1991. 4. 26. 90도1958, 공 1991, 1565. ······ 361

[90도2153] 폭행죄와 폭행-부정례 / **대문 발로 차기 사건**
1991. 1. 29. 90도2153, 공 1991, 902 ······ 30

[91도1402] 부녀매매죄와 매매-인정례 / **봉제공장 여공 사건**
1992. 1. 21. 91도1402 전원합의체판결, 공 1992, 951 ······ 149

[91도1656] 도주원조죄와 도주원조-부정례 / **용병원 탈주 사건**
1991. 10. 11. 91도1656, 공 1991, 2762 ······ 1144

[91도2994] 사기죄와 기망-인정례 / **백화점 변칙세일 사건**
1992. 9. 14. 91도2994, 공 1992, 2929 ······ 467, 961

[92도976] 유가증권위조죄와 위조-부정례 / **차용증서용 약속어음 사건**
1992. 6. 23. 92도976, 공 1992, 2323 ······ 794

[92도1578] 인장위조죄와 행사할 목적-부정례 / **피해자 도장 새기기 사건**
1992. 10. 27. 92도1578, 공 1992, 3337 ······ 937

[92도1682] 경계침범죄와 인식불능-부정례 / **담장 더 쌓기 사건**
1992. 12. 8. 92도1682, 공 1993, 492 ······ 729

[92도2688] 자격모용공문서작성죄와 자격모용-인정례 / **전보 구청장 결재 사건**
1993. 4. 27. 92도2688, 공 1993, 1621 ······ 823

[92도2929] 업무방해죄와 업무-부정례 / **조경공사 방해 사건**
1993. 2. 9. 92도2929, 공 1993, 1029 ······ 53, 251

[93도213] 사기죄와 불가벌적 사후행위-인정례 / **자기앞수표 거스름돈 사건**
1993. 11. 23. 93도213, 공 1994, 223 ······ 496

[93도901] 강요죄의 기수시기-인정례 / **여권 강제회수 사건**
1993. 7. 27. 93도901, 공 1993, 2476 ······ 375

[93도2143] 절도죄와 사자의 점유-인정례 / **자취방 살해 사건**
1993. 9. 28. 93도2143, 공 1993, 3023 ······ 422

[93도3145] 간첩방조죄와 간첩방조-부정례 / **통일연구회 자료제공 사건**
1994. 3. 11. 93도3145, 공 1994, 1233 ······ 993

[94도343] 권리행사방해죄와 타인 점유-부정례, 무고죄와 허위사실-인정례 / **가마솥 가져오기 사건**
1994. 11. 11. 94도343, 공 1994, 3323 ······ 360, 1212

[94도1190] 분묘발굴죄와 위법성조각-인정례 / **화장방식 결의 사건**
1995. 2. 10. 94도1190, 공 1995, 1364 ······ 736

[94도2379] 외교상비밀누설죄와 외교상 비밀-부정례 / **보도지침 사건**
1995. 12. 5. 94도2379, 공 1996, 311 ······ 309, 1000

[94도2561] 주거침입죄의 기수시기-인정례 / **"얼굴만 침입" 사건**
1995. 9. 15. 94도2561, 공 1995, 3473 ······ 349

[94모32] 일반물건실화죄의 객체-인정례 / **과수원 실화 사건**
1994. 12. 20. 94모32 전원합의체 결정, 공 1995, 538 ········ 751

[95도192(1)] 위증죄와 허위진술-부정례 / **역삼동 대지 사건**
1996. 8. 23. 95도192, 공 1996, 2931 ········ 1176

[95도192(2)] 절도죄와 재물-부정례 / **퇴직금 내역서 복사 사건**
1996. 8. 23. 95도192, 공 1996, 2931 ········ 398

[95도826] 도로교통법위반죄와 심신상실 주장-부정례 / **야간 주취운전 사건**
1995. 6. 13. 95도826, 공 1995, 2434 ········ 73

[95도898] 공정증서원본불실기재죄와 불실기재-부정례 / **계모 명의 법정상속 등기 사건**
1995. 11. 7. 95도898, 공 1995, 3956 ········ 841

[95도2980] 미성년자유인죄와 유인-인정례 / **저능아 조카 사건**
1996. 2. 27. 95도2980, 공 1996, 1186 ········ 147

[96도1731] 절도죄와 친족상도례-인정례 / **혼외자 대여금고 열기 사건**
1997. 1. 24. 96도1731, 공 1997, 706 ········ 449

[96도2529] 상해죄와 상해-인정례 / **회칼 협박 실신 사건**
1996. 12. 10. 96도2529, 공 1997, 456 ········ 18

[96도2673] 상해죄와 상해-부정례 / **영장집행 실랑이 사건**
1996. 12. 23. 96도2673, 공 1997, 583 ········ 20

[96도3319] 부정사용공기호행사죄와 행사-인정례 / **절취 번호판 주행 사건**
1997. 7. 8. 96도3319, 공 1997, 2435 ········ 930

[96도3376] 내란죄와 폭동-인정례 / **5·18 비상계엄 전국확대 사건**
1997. 4. 17. 96도3376 전원합의체 판결, 공 1997, 1303 ········ 31, 983

[97다53762] 대리권 수여표시 표현대리-인정례 / **에소류 회원권 사건**
1998. 6. 12. 97다53762, 공 1998, 1875 ········ 906

[97다55317] 대리권 소멸 후 표현대리-인정례 / **성업공사 재위임 사건**
1998. 5. 29. 97다55317, 공 1998, 1754 ········ 911

[97도158] 출판물에 의한 명예훼손죄와 출판물-부정례 / **개인택시조합 선거 사건**
1998. 10. 9. 97도158, 공 1998, 2715 ········ 229

[97도538] 중과실치사죄와 중과실-인정례 / **노인 안수기도 사건**
1997. 4. 22. 97도538, 공 1997, 1685 ········ 56

[97도985] 국가기밀과 공지의 사실 / **범민련 편지 사건**
1997. 7. 16. 97도985 전원합의체 판결, 공 1997, 2243 ········ 309, 988

[97도1085] 공기호부정사용죄와 도로교통법의 관계 / **번호판 바꿔 달기 사건**
1997. 6. 27. 97도1085, 공 1997, 2241 ········ 931

[97도1757] 성폭력처벌법상 합동강간－인정례 / **초등학교 여자 친구 사건**
1998. 2. 27. 97도1757, 공 1998, 951 ··· 172

[97도2483] 유가증권위조죄와 유가증권－인정례 / **선불식 공중전화카드 사건**
1998. 2. 27. 97도2483, 공 1998, 962 ··· 789

[97도2961] 증거위조죄와 증거위조－부정례 / **선서무능력자 교사 사건**
1998. 2. 10. 97도2961, 공 1998, 821 ··· 1195

[98도126] 횡령죄와 정당한 반환거부－인정례, 절도죄와 타인 소유－인정례 / **교회 분열 건축헌금 사건**
1998. 7. 10. 98도126, 공 1998, 2174 ··· 410, 582

[98도1036] 감금죄와 미성년자유인죄의 관계 / **특송차 운전기사 사건**
1998. 5. 26. 98도1036, 공 1998, 1836 ··· 117, 148

[98도1234] 제삼자뇌물공여죄의 성립요건 / **구청장 여자친구 사건**
1998. 9. 22. 98도1234, 공 1998, 2628 ··· 1054

[98도2036] 횡령죄와 불법원인급여－부정례 / **화대 절반 횡령 사건**
1999. 9. 17. 98도2036, 공 1999, 2267 ··· 564

[98도2579] 장물취득죄와 장물－인정례 / **감원대상 영업과장 사건**
2000. 3. 10. 98도2579, 공 2000, 992 ··· 702

[98도2734] 아편수출입죄와 수입－인정례 / **신혼여행 히로뽕 밀수 사건**
1998. 11. 27. 98도2734, 공 1999, 87 ··· 771

[98도2967] 절도죄와 타인 소유－인정례, 유가증권위조죄와 유가증권－인정례 / **리프트 탑승권 사건**
1998. 11. 24. 98도2967, 공 1999, 84 ··· 399, 794

[98도3732] 강간치상죄와 상해－인정례 / **외상후 스트레스 사건**
1999. 1. 26. 98도3732, 공 1999, 407 ··· 22, 202

[99도242] 강도죄와 재산상 이익－인정례 / **술값 허리잡기 사건**
1999. 3. 9. 99도242, 공 1999, 707 ··· 456

[99도519] 강간죄와 폭행－인정례, 강간미수죄와 강간치상죄의 관계 / **문신 협박 사건**
1999. 4. 9. 99도519, 공 1999, 950 ··· 160, 201

[99도857] 절도죄와 불법영득의사－부정례 / **도난카드 현금서비스 사건**
1999. 7. 9. 99도857, 공 1999, 1675 ··· 430

[99도3099] 강제추행치상죄와 상해－부정례 / **음모 절단 사건**
2000. 3. 23. 99도3099, 공 2000, 1096 ··· 22, 204

[99도3170] 부동산 명의신탁과 횡령죄 / **2자간 명의신탁 사건**
1999. 10. 12. 99도3170, 공 1999, 2384 ··· 532

[99도3963] 점유이탈물횡령죄와 점유이탈－인정례 / **지하철 분실물 사건**
1999. 11. 26. 99도3963, 공 2000, 118 ··· 418, 603

[2000도102(1)] 감금죄와 감금-인정례 / **동성로파 감시 사건**

2000. 3. 24. 2000도102, 공 2000, 1109 ··· 105

[2000도102(2)] 위계공무집행방해죄와 입찰 · 경매방해죄의 관계 / **입찰가액 알아내기 사건**

2000. 3. 24. 2000도102, 공 2000, 1109 ··· 299, 1093

[2000도223] 학대죄와 학대-부정례 / **아동 성관계 8년 사건**

2000. 4. 25. 2000도223, 공 2000, 1363 ··· 100

[2000도1089] 허위감정죄와 허위감정-인정례 / **욕실 부분 통기관 사건**

2000. 11. 28. 2000도1089, 공 2001, 227 ··· 1187

[2000도1985] 공문서부정행사죄와 부정행사-인정례 / **타인 운전면허증 제시 사건**

2001. 4. 19. 2000도1985 전원합의체 판결, 공 2001, 1185 ··· 857

[2000도3245] 공갈죄와 협박-부정례 / **조상천도제 사건**

2002. 2. 8. 2000도3245, 공 2002, 720 ··· 126, 514

[2000도4415] 감금죄와 정당행위-부정례, 공갈죄와 권리행사-부정례 / **퇴원 조건부 재산분할 사건**

2001. 2. 23. 2000도4415, 공 2001, 813 ··· 106, 518

[2000도4993] 사전자기록변작죄와 변작-인정례 / **월드컵경기장 부정 입찰 사건**

2003. 10. 9. 2000도4993, 공 2003, 2199 ··· 839, 917

[2000도5716] 폭행죄와 폭행-부정례 / **전화 욕설 사건**

2003. 1. 10. 2000도5716, 공 2003, 654 ··· 28

[2000도5767] 권리행사방해죄와 자기 소유-부정례 / **레간자 택시 지입 사건**

2003. 5. 30. 2000도5767, 공 2003, 1487 ··· 355

[2000헌바53] 존속상해죄 합헌결정 / **존속상해치사사건**

2002. 3. 28. 2000헌바53, 헌공 제67호 ··· 23

[2001다58443] 권한남용 표현대리-부정례 / **30억원 어음 무단 보증 사건**

2002. 12. 10. 2001다58443, 공 2003, 331 ··· 809

[2001도404] 수리방해죄와 수리-부정례 / **농촌주택 배수관 사건**

2001. 6. 26. 2001도404, 공 2001, 1787 ··· 754

[2001도614] 배임죄와 손해발생-부정례 / **거래허가 부동산 이중매매 사건**

2011. 6. 30. 2011도614, 공 2011하, 1570 ··· 666

[2001도2991] 사기죄와 재산상 이익-인정례 / **화대 편취 사건**

2001. 10. 23. 2001도2991, 공 2001, 2622 ··· 492, 513

[2001도3625] 편의시설부정이용죄와 부정이용-부정례 / **후불식 전화카드 사건 1**

2001. 9. 25. 2001도3625, 공 2001, 2396 ··· 507, 929

[2001도6213] 전기통신감청죄와 감청-인정례 / **렉카차 무선감청 사건**

2003. 11. 13. 2001도6213, 공 2003, 2389 ··· 321

[2001도6553] 유가증권변조죄와 변조-인정례 / **배서 일자 임의변경 사건**
2003. 1. 10. 2001도6553, [공보불게재] ········ 801

[2001도6641] 현주건조물방화죄와 실행의 착수-인정례 / **부부싸움 방화 사건**
2002. 3. 26. 2001도6641, 공 2002, 1047 ········ 746

[2002다65073] 어음 발행의 표현대리-인정례 / **2인자 전무이사 어음 발행 사건**
2003. 9. 26. 2002다65073, 공 2003, 2080 ········ 812

[2002도18] 사문서위조죄와 사문서-인정례 / **'강남한의원' 경력증명서 사건**
2005. 2. 24. 2002도18 전원합의체 판결, 공 2005, 534 ········ 860

[2002도429] 자동차불법사용죄와 상습절도죄의 관계 / **상습절도 자동차 불법사용 사건**
2002. 4. 26, 2002도429, 공 2002, 1312 ········ 444

[2002도461] 사문서부정행사죄와 사문서-인정례 / **후불식 전화카드 사건 2**
2002. 6. 25. 2002도461, 공 2002, 1872 ········ 508, 927

[2002도669] 사기죄와 배임죄의 관계 / **신협전무 사채놀이 사건**
2002. 7. 18. 2002도669 전원합의체판결, 공 2002, 2010 ········ 681

[2002도1283] 제삼자뇌물취득죄와 행위주체-인정례 / **헌병수사관 병역비리 사건**
2002. 6. 14. 2002도1283, 공 2002, 1746 ········ 1086

[2002도2219] 횡령죄의 법적 성질 / **남의 기계 공장저당 사건**
2002. 11. 13. 2002도2219, 공 2003, 123 ········ 588

[2002도2822] 횡령죄와 재물-부정례 / **도매시장 주주총회 사건**
2005. 2. 18. 2002도2822, 공 2005, 525 ········ 541

[2002도3340(1)] 통화위조죄와 외국화폐-부정례 / **구권 스위스프랑 사건**
2003. 1. 10. 2002도3340, 공 2003, 666 ········ 780

[2002도3340(2)] 위조통화행사죄와 행사-부정례 / **250디나르 위폐 사건**
2003. 1. 10. 2002도3340, 공 2003, 666 ········ 785

[2002도3600] 특가법 알선수재죄와 대가관계-부정례, 증거위조죄와 위조-인정례 / **구재단 학교 찾기 사건**
2007. 6. 28. 2002도3600, 공 2007, 1195 ········ 1070, 1196

[2002도4229] 배임죄와 재산상 이익 취득-부정례 / **보증보험사 경영판단 사건**
2004. 7. 22. 2002도4229, 공 2004, 1480 ········ 631

[2002도4293] 허위공문서작성죄와 허위-인정례, 위계공무집행방해죄와 공무방해-부정례 / **폐기물이전매립공사 입찰 사건**
2003. 2. 11. 2002도4293, 공 2003, 847 ········ 828, 1119

[2002도4315] 감금죄와 사람-인정례 / **정신병자 감금 사건**
2002. 10. 11. 2002도4315, 공 2002, 2784 ········ 104

[2002도4380] 감금죄와 강도상해죄의 관계 / **행신동 단란주점 사건**
2003. 1. 10. 2002도4380, 공 2003, 668 ········ 114

[2002도5374] 범인도피죄와 범인도피-부정례 / 성명모용 신원보증서 사건
2003. 2. 14. 2002도5374, 공 2003, 873 ········· 1147

[2002도6134] 증인도피죄와 타인의 형사사건-부정례 / 홍성식구파 증인도피 사건
2003. 3. 14. 2002도6134, 공 2003, 1031 ········· 1192

[2002도7115] 미성년자약취 · 유인죄의 보호법익 / 미성년자 가출 동의 사건
2003. 2. 11. 2002도7115, 공 2003, 870 ········· 136

[2003다7173] 권한남용 표현대리-인정례 / 교장 퇴직금 압류 사건
2003. 4. 11. 2003다7173, 7183, 공 2003, 1181 ········· 900

[2003도763] 강요죄와 협박-인정례, 배임죄와 사무처리자-부정례 / 골프장 특별회원 모집 사건
2003. 9. 26. 2003도763, 공 2003, 2129 ········· 126, 364, 630

[2003도1060] 뇌물수수죄와 직무관련성-인정례 / 교통계 도박 묵인 사건
2003. 6. 13. 2003도1060, 공 2003, 1573 ········· 1039

[2003도1366] 장물취득죄와 장물보관죄의 구별 / 습득 신용카드 교부 사건
2003. 5. 13. 2003도1366, 공 2003, 1411 ········· 713

[2003도2780] 살인죄와 살해-인정례, 낙태죄와 낙태-인정례 / 염화칼륨 태아 사망 사건
2005. 4. 15. 2003도2780, 공 2005, 778 ········· 3, 75

[2003도3487] 통화위조죄와 통화-부정례 / 100만 달러 위폐 사건
2004. 5. 14. 2003도3487, 공 2004, 1033 ········· 778

[2003도3945] 공용서류은닉죄와 공용서류-인정례, 직권남용감금죄와 간접정범-인정례 / PC방 갈취 사건
2006. 5. 25. 2003도3945, 공 2006, 1196 ········· 1025, 1132

[2003도3972] 모욕죄와 모욕-인정례 / '엄마의 싸움' 사건
2003. 11. 28. 2003도3972, 공 2004, 84 ········· 242

[2003도4531] 사기죄와 부작위에 의한 기망-부정례 / 은천아파트 수표 사건
2004. 5. 27. 2003도4531, 공 2004, 1117 ········· 472

[2003도4533] 범인도피죄와 죄를 범한 자-인정례, 증거인멸죄와 타인의 형사사건-인정례 / 사실혼 배우자 출국 사건
2003. 12. 12. 2003도4533, 공 2004, 275 ········· 1146, 1195

[2003도4599] 직권남용죄와 권리행사방해-부정례 / 청문심사 배점변경 사건
2006. 2. 9. 2003도4599, 공 2006, 456 ········· 1023

[2003도5004] 업무방해죄와 위계-부정례 / 음악학원 전대 사건
2005. 3. 25. 2003도5004, 공 2005, 698 ········· 261

[2003도5433] 복표발매죄와 복표-인정례 / 광고복권 발행 사건
2003. 12. 26. 2003도5433, 공 2004, 305 ········· 975

[2003도6514] 공연음란죄와 음란한 행위-부정례 / **"술은 어디로 먹나" 사건**

2004. 3. 12. 2003도6514, 공 2004, 673 ········ 955

[2003도6934] 등록증불실기재죄와 등록증-부정례, 동업관계와 횡령죄-부정례 / **사업자등록증 불실기재 사건**

2005. 7. 15. 2003도6934, 공 2005, 1374 ········ 557, 855

[2003도7645] 횡령죄와 불법영득의사-부정례 / **레이디 가장납입 사건**

2004. 6. 17. 2003도7645 전원합의체 판결, 공 2004, 1881 ········ 569

[2003도8219] 장물보관죄 후의 횡령죄 여부 / **원앙형 향로 사건**

2004. 4. 9. 2003도8219, 공 2004, 849 ········ 717

[2004도134] 횡령죄와 타인 소유-인정례, 장물취득죄와 장물-인정례 / **납골당사업 실패 사건**

2004. 3. 12. 2004도134, 공 2004, 675 ········ 542, 707

[2004도353] 장물취득죄와 장물-부정례 / **계좌자금 교부 사건**

2004. 4. 16. 2004도353, 공 2004, 862 ········ 707

[2004도1098] 강도죄와 재산상 이익-부정례 / **월악산 계곡 사건**

2004. 6. 24. 2004도1098, 공 2004, 1274 ········ 453

[2004도2611] 강간죄와 폭행-부정례 / **버디버디 채팅 사건**

2004. 6. 25. 2004도2611, 공 2004, 1295 ········ 31, 162

[2004도2880] 명예훼손죄와 공연성-부정례 / **귓속말 신도 사건**

2005. 12. 9. 2004도2880, 공 2006, 142 ········ 207

[2004도3360] 허위진단서작성죄와 허위-부정례 / **MRI 누락 진단서 사건**

2006. 3. 23. 2004도3360, [미간행] ········ 923

[2004도4012] 공정증서원본불실기재죄와 불실기재-부정례 / **상속지분 증여 등기 사건**

2004. 9. 24. 2004도4012, [공보불게재] ········ 839

[2004도5074] 준강도죄의 기수시기-부정례 / **양주병 바구니 사건**

2004. 11. 18. 2004도5074 전원합의체 판결, 공 2004, 2096 ········ 458

[2004도5561 (1)] 직권남용죄와 직권남용-인정례 / **내사중단 지시 사건**

2007. 6. 14. 2004도5561, 공 2007, 1108 ········ 1021

[2004도5561 (2)] 공무상비밀누설죄와 누설-인정례 / **사건내용 알아보기 사건**

2007. 6. 14. 2004도5561, 공 2007, 1108 ········ 310, 1028

[2004도6084] 장물취득죄와 고의의 판단시점 / **도난 보석 문의 사건**

2006. 10. 13. 2004도6084, [공보불게재] ········ 719

[2004도6404] 자격모용사문서작성죄와 자격모용-인정례 / **장교복지회 주택조합 사건**

2005. 4. 15. 2004도6404, [공보불게재] ········ 896

[2004도6432] 강도예비죄와 준강도죄의 관계 / **체포면탈용 흉기 소지 사건**

2006. 9. 14. 2004도6432, 공 2006, 1768 ········ 462

[2004도7053] 배임죄와 손해발생-부정례 / **제31동산호 사건**

2005. 4. 15. 2004도7053, 공 2005, 791 ······ 650

[2004헌바81] 사산 태아의 기본권 주체성-부정례 / **사산 태아 헌법소원 사건**

2008. 7. 31. 2004헌바81, 헌집 20②상, 91 ······ 82

[2005도382] 컴퓨터장애 업무방해죄와 부정한 명령-인정례 / **대학 웹서버 관리자 사건**

2006. 3. 10. 2005도382, 공 2006, 696 ······ 289

[2005도1373] 자살방조죄의 성립요건 / **청산염 판매광고 사건**

2005. 6. 10. 2005도1373, 공 2005, 1203 ······ 151

[2005도2413] 횡령죄와 재물의 보관자-인정례 / **종중 땅 임의 대출 사건**

2005. 6. 24. 2005도2413, 공 2005, 1293 ······ 562

[2005도2712] 무고죄와 형사처벌 목적-인정례 / **합의 주선용 고소장 사건**

2005. 9. 30. 2005도2712, [공 2005. 11. 1.(237), 1753] ······ 1212

[2005도3034] 공무상표시무효죄와 효용침해-인정례 / **골프장 모노레일 사건**

2005. 7. 22. 2005도3034, [공보불게재] ······ 1128

[2005도3516] 컴퓨터사용사기죄의 성립범위 / **3만 원 삥땅 사건**

2006. 3. 24. 2005도3516, 공 2006, 763 ······ 501

[2005도3707] 범인도피교사죄와 친족간의 특례-부정례 / **무면허 프라이드 운전 사건**

2006. 12. 7. 2005도3707, 공 2007, 156 ······ 1156

[2005도3832] 업무상과실치사죄와 사람-부정례 / **거대 태아 방치 사건**

2007. 6. 29. 2005도3832, 공 2007, 1222 ······ 6, 18, 42, 75

[2005도3909] 직무유기죄와 증거인멸죄의 관계 / **기판 돌려주기 사건**

2006. 10. 19. 2005도3909 전원합의체 판결, 공 2006, 1952 ······ 1017, 1195

[2005도4072] 자격모용사문서작성죄와 자격모용-인정례 / **회장 직무집행 가처분 사건**

2007. 7. 26. 2005도4072, 공 2007, 1407 ······ 888

[2005도4455] 권리행사방해죄와 타인 점유-부정례 / **공동대표 렌트카 회수 사건**

2006. 3. 23. 2005도4455, 공 2006. 748 ······ 357

[2005도4478] 사서명위조죄와 위조-인정례 / **조카 이름 서명 사건**

2005. 12. 23. 2005도4478, [공보불게재] ······ 941

[2005도5351] 주거침입죄와 건조물-부정례 / **타워크레인 농성 사건**

2005. 10. 7. 2005도5351, 공 2005, 1809 ······ 345

[2005도6810] 도주죄와 법률에 의한 구금-부정례 / **절도범 동생 도주 사건**

2006. 7. 6. 2005도6810, 공 2006, 1572 ······ 1140

[2005도7288] 특경가법 사기죄와 이득액 산정 / **건축업자 대지 편취 사건**

2007. 4. 19. 2005도7288 전원합의체 판결, 공 2007, 923 ······ 691

[2005도7309] 정보통신망 비밀침해죄와 타인의 비밀－부정례 / **이메일 무단출력 사건**

2006. 3. 24. 2005도7309, 공 2006, 773 ······ 310

[2005도9858] 소송사기와 재산상 이익－인정례 / **보존등기 말소청구 사건**

2006. 4. 7. 2005도9858 전원합의체 판결, 공 2006, 2106 ······ 481

[2005도9922] 공정증서원본불실기재죄와 불실기재－인정례 / **허가 대상 토지 증여 사건**

2007. 11. 30. 2005도9922, 공 2007하, 2092 ······ 843

[2005도10101] 위증죄와 법률에 의한 증인－인정례 / **황제룸주점 사건**

2008. 10. 23. 2005도10101, 공 2008하, 1620 ······ 1173

[2005헌마346] 초기배아와 기본권 주체성－부정례 / **생명윤리법 헌법소원 사건**

2010. 5. 27. 2005헌마346, 헌공 2010, 1015 ······ 79

[2006도148] 공무집행방해죄와 적법성－부정례, 상해죄와 정당방위－인정례 / **검사실 몸싸움 사건**

2006. 9. 8. 2006도148, 공 2006, 1699 ······ 23, 1096

[2006도736] 도박죄와 도박－인정례 / **내기 골프 사건**

2008. 10. 23. 2006도736, 공 2008하, 1622 ······ 965

[2006도1819] 공무상표시무효죄와 효용침해－부정례 / **현수막 설치대 사건**

2008. 12. 24. 2006도1819, 공 2009상, 133 ······ 1125

[2006도2016] 사문서위조죄와 위조－긍정례 / **오피스텔 투자 사기 사건**

2008. 11. 27. 2006도2016, 공 2008하, 1820 ······ 869

[2006도2704] 컴퓨터사용사기죄와 친족상도례－부정례 / **할아버지 통장 이체 사건**

2007. 3. 15. 2006도2704, 공 2007, 578 ······ 505

[2006도3400] 신용훼손죄와 허위사실 유포－부정례 / **연체이자 투서 사건**

2006. 12. 7. 2006도3400, [공보불게재] ······ 247

[2006도3493] 업무상 과실치사죄와 업무－인정례 / **수용자 휴일 사망 사건**

2007. 5. 31. 2006도3493, [공보불게재] ······ 48

[2006도3844] 허위공문서작성죄와 허위－인정례 / **투자증서 인증 사건**

2007. 1. 25. 2006도3844, 공 2007, 387 ······ 826

[2006도4498] 절도죄와 타인 소유－인정례, 사기죄와 타인 소유－부정례 / **친정엄마 명의 자동차 사건**

2007. 1. 11. 2006도4498, 공 2007, 317 ······ 410, 481

[2006도4981] 대화비밀침해죄와 타인간의 대화－부정례 / **도깨비 게임기 사건**

2006. 10. 12. 2006도4981, 공 2006, 1939 ······ 319

[2006도5979] 강간죄와 협박－인정례 / **1인 2역 간음 사건**

2007. 1. 25. 2006도5979, 공 2007, 392 ······ 165

[2006도6155] 협박죄와 협박－부정례 / **지하철 폭파 허위신고 사건**

2006. 12. 8. 2006도6155, 공 2007, 165 ······ 121

[2006도7470] 사기죄와 손해발생 유무 / **다단계판매 수당지급 사건**
2007. 1. 25. 2006도7470, 공 2007, 401 ······ 493

[2006도7915] 출판물에 의한 명예훼손죄와 사실적시-부정례 / **효산콘도 감사중단 사건**
2008. 11. 13. 2006도7915, [공보불게재] ······ 221

[2006도9089] 배임죄와 임무위배-인정례, 영업비밀침해죄와 배임죄의 관계 / **재택근무용 파일 사건**
2008. 4. 24. 2006도9089, 공 2008상, 809 ······ 336, 630

[2006도9164] 현주건조물방화죄의 기수시기-인정례 / **사체 위 방화 사건**
2007. 3. 16. 2006도9164, [공보불게재] ······ 745

[2006도9453] 미성년자의제강간죄와 미수범처벌-인정례 / **학원 승합차 운전수 사건**
2007. 3. 15. 2006도9453, 공 2007, 595 ······ 192

[2007도312] 공무상표시무효죄와 강제처분표지-인정례 / **특허권 침해 가처분 사건**
2007. 3. 15. 2007도312, [공보불게재] ······ 1124

[2007도482] 노동쟁의와 업무방해죄의 위력-인정례 / **철도노조 출근거부 사건**
2011. 3. 17. 2007도482 전원합의체 판결, 공 2011상, 865 ······ 278

[2007도606] 협박죄의 기수와 미수 / **경찰관 집안 동생 사건**
2007. 9. 28. 2007도606 전원합의체 판결, 공 2007, 1726 ······ 131

[2007도1375] 절도죄와 절취-인정례 / **강취카드 대 갈취카드 사건**
2007. 5. 10. 2007도1375, 공 2007, 930 ······ 426

[2007도1397] 위증죄와 증언-부정례 / **허위 증인진술서 사건**
2010. 5. 13. 2007도1397, [미간행] ······ 1181

[2007도2590] 재물손괴죄와 효용침해-부정례 / **해고노동자 계란투척 사건**
2007. 6. 28. 2007도2590, 공 2007, 1217 ······ 725

[2007도3520] 폭처법위반죄와 위험한 물건-부정례 / **자동차로 충격 사건**
2009. 3. 26. 2007도3520, 공 2009상, 588 ······ 39

[2007도3952] 유기죄와 법률상 부조의무-부정례 / **필로폰 과다 복용 사건**
2008. 2. 14. 2007도3952, 공 2008상, 411 ······ 90

[2007도4191] 증거인멸죄와 징계사건-부정례 / **변조 교사일지 사건**
2007. 11. 30. 2007도4191, 공 2008상, 2095 ······ 1191

[2007도4785] 허위공문서작성죄와 직무 문서-인정례, 뇌물수수죄와 직무관련성-인정례 / **특성화사업단장 사건**
2009. 9. 24. 2007도4785, [미간행] ······ 824, 1044

[2007도4977] 간통죄의 종용과 유서-부정례 / **간통 고소장 반환 사건**
2008. 11. 27. 2007도4977, 공 2008하, 1828 ······ 949

[2007도5190] 뇌물약속죄와 대가관계-부정례 / **퇴임 총재 사무실 사건**
2008. 2. 1. 2007도5190, [공보불게재] ······ 1044

[2007도5207] 재물손괴죄와 재물-인정례 / **재건축 아파트 철거 사건**
2007. 9. 20. 2007도5207, 공 2007, 1721 ········· 722, 1137

[2007도5296] 예배방해죄와 예배-부정례 / **장롱 들여놓기 사건**
2008. 2. 1. 2007도5296, 공 2008상, 347 ········· 735

[2007도5987] 배임죄와 재산상 이익 취득-인정례 / **LBO 담보제공 사건**
2008. 2. 28. 2007도5987, 공 2008상, 471 ········· 636

[2007도6088] 공무집행방해죄와 적법성-인정례 / **공청회 방해 사건**
2007. 10. 12. 2007도6088, [공보불게재] ········· 1103

[2007도6243] 전자기록등 내용탐지죄와 사회상규-인정례 / **어헤드원 검색 사건**
2009. 12. 24. 2007도6243, 공 2010상, 287 ········· 307

[2007도6273] 위증죄와 법률에 의한 증인-인정례 / **전처 위증 사건**
2010. 2. 25. 2007도6273, 공 2010상, 690 ········· 1166

[2007도6987] 공문서위조죄와 공문서-부정례 / **경찰서 후생계 사건**
2008. 1. 17. 2007도6987, [공보불게재] ········· 821

[2007도7062] 친족간 특례의 법적 성질 / **국회의원 이복동생 사건**
2007. 11. 29. 2007도7062, 공 2007하, 2084 ········· 1158

[2007도7480] 공문서위조죄와 문서-부정례 / **미애 주민등록증 스캔 사건**
2007. 11. 29. 2007도7480, [미간행] ········· 819, 878, 917

[2007도8011] 미성년자약취 · 유인죄의 주체-인정례 / **친권자 약취 사건**
2008. 1. 31. 2007도8011, 공 2008, 341 ········· 137

[2007도8024] 위계공무집행방해죄와 위계-부정례 / **파워매직세이퍼 사건**
2010. 4. 15. 2007도8024, [공보불게재] ········· 1114

[2007도8411] 사자명예훼손죄와 허위사실-부정례 / **'서울 1945' 사건**
2010. 4. 29. 2007도8411, 공 2010상, 1059 ········· 217

[2007도8485] 미성년자약취죄와 약취-부정례 / **도망친 어머니 사건**
2008. 1. 17. 2007도8485, 공 2008, 267 ········· 143

[2007도9606] 자격모용사문서작성죄와 자격모용-인정례 / **부동산중개소 대표자 사건**
2008. 2. 14. 2007도9606, 공 2008상, 415 ········· 884

[2007도9924] 횡령죄와 타인 소유-부정례, 업무방해죄와 위력-인정례 / **익명조합 주장 사건**
2009. 4. 23. 2007도9924, [공보불게재] ········· 264

[2008도76] 사기죄와 기망-부정례, 음란물유포죄와 음란성-부정례 / **성인 사이트 과장광고 사건**
2008. 6. 12. 2008도76, [공보불게재] ········· 471, 958

[2008도942] 위증죄와 법률에 의한 증인-부정례 / **쌍방 상해 변론분리 사건**
2010. 1. 21. 2008도942 전원합의체 판결, 공 2010상, 465 ········· 1162

[2008도2440] 절도죄와 재물-부정례 / **계좌이체 후 인출 사건**
2008. 6. 12. 2008도2440, 공 2008하, 1018 ········· 397

[2008도2476] 강제집행면탈죄와 가해 위험-부정례 / **관광버스 가압류 사건**
2008. 5. 29. 2008도2476, 공 2008하, 962 ········· 393

[2008도3184] 강제집행면탈죄와 가해 위험-인정례 / **재산분할 방지용 가등기 사건**
2008. 6. 26. 2008도3184, [공보불게재] ········· 390

[2008도3252] 절도죄와 타인 점유-부정례 / **대형냉장고 전기 사건**
2008. 7. 10. 2008도3252, 공 2008하, 1210 ········· 416

[2008도3438] 횡령죄와 친족상도례-부정례 / **삼촌 조카 2백만원 사건**
2008. 7. 24. 2008도3438, 공 2008, 1263 ········· 587

[2008도3754] 무고죄와 허위사실-부정례 / **친구부동산 고소장 사건**
2008. 8. 21. 2008도3754, 공 2008하, 1316 ········· 1204

[2008도3766] 부동산 이중매매와 배임죄-인정례 / **임야 이중매매 가등기 사건**
2008. 7. 10. 2008도3766, [공보불게재] ········· 621

[2008도4228] 업무방해죄와 위계-인정례 / **상품권 발행업체 지정 사건**
2010. 3. 25. 2008도4228, [공보불게재] ········· 264, 1118

[2008도4852] 무고죄의 보호법익 / **자기무고 방조 사건**
2008. 10. 23. 2008도4852, 공 2008하, 1647 ········· 1199

[2008도5200] 위조사문서행사죄와 행사-인정례 / **가입신청서 스캔 사건**
2008. 10. 23. 2008도5200, 공 2008하, 1648 ········· 821, 914

[2008도5282] 도박개장죄와 도박개장-인정례 / **머니머니썬 사건**
2009. 12. 10. 2008도5282, 공 2010상, 173 ········· 972

[2008도6080] 합동절도의 기수 시점 / **영산홍 절취 사건**
2008. 10. 23. 2008도6080, 공 2008하, 1651 ········· 440

[2008도6335] 배임죄와 사무처리자-인정례 / **1인회사 사채 매도 사건**
2011. 3. 10. 2008도6335, 공 2011상, 765 ········· 605

[2008도6728] 명예훼손죄와 사실적시-부정례, 업무방해죄와 허위사실 유포-부정례 / **소주 불매 권유 사건**
2008. 11. 27. 2008도6728, [공보불게재] ········· 216, 261

[2008도7836] 사문서위조죄와 위조-부정례, 공정증서원본불실기재죄와 불실기재-인정례 / **전처 명의 차용증 사건**
2008. 12. 24. 2008도7836, [공보불게재] ········· 855, 863

[2008도8627] 특가법위반죄와 구호조치 불이행-부정례 / **운전자 허위신고 사건**
2009. 6. 11. 2008도8627, [공보불게재] ········· 69

[2008도8973] 경계침범죄와 경계–부정례 / **인접 토지 침범 사건**

2010. 9. 9. 2008도8973, [공보불게재] ········ 728

[2008도9071] 비밀침해죄와 비밀장치–인정례 / **서랍 아랫칸 사건**

2008. 11. 27. 2008도9071, [공보불게재] ········ 306

[2008도9433] 영업비밀침해죄와 영업비밀 취득–인정례, 배임죄와 임무위배–인정례 / **담수 프로젝트 사건**

2009. 10. 15. 2008도9433, 공 2009하, 1904 ········ 328, 631

[2008도9494] 유가증권변조죄와 변조–부정례 / **보충권행사 후 증액 사건**

2008. 12. 24. 2008도9494, 공 2009상, 142 ········ 800

[2008도9919] 공무집행방해죄와 직무집행–인정례 / **주차 단속 요구 사건**

2009. 1. 15. 2008도9919, 공 2009상, 197 ········ 1106

[2008도10177] 범죄단체조직죄와 활동–부정례 / **파라다이스파 줄빠따 사건**

2009. 9. 10. 2008도10177, 공 2009하, 1697 ········ 41, 1002

[2008도10248] 공정증서원본불실기재죄와 불실기재–부정례 / **주주총회 소집결의 하자 사건**

2009. 2. 12. 2008도10248, 공 2009상, 359 ········ 848

[2008도10479] 동산 이중매매와 배임죄–부정례 / **인쇄기 이중양도 사건**

2011. 1. 20. 2008도10479 전원합의체 판결, 공 2011상, 482 ········ 625

[2008도10560] 일반교통방해죄와 교통방해–인정례, 업무방해죄와 업무방해–부정례 / **폐기물운반 도로 사건**

2009. 1. 30. 2008도10560, [미간행] ········ 277, 756

[2008도10582] 도박개장죄와 도박개장–인정례 / **실내낚시터 경품 사건**

2009. 2. 26. 2008도10582, 공 2009상, 396 ········ 971

[2008도10678] 유가증권위조죄와 유가증권–부정례, 사문서위조죄와 위조–인정례 / **선하증권 견본 복사 사건**

2010. 5. 13. 2008도10678, [공보불게재] ········ 787

[2008도10971] 횡령죄와 타인 소유–부정례, 사기죄와 처분행위–부정례 / **양도담보 쇼트기 처분 사건**

2009. 2. 12. 2008도10971, [미간행] ········ 493, 543

[2008도11361] 입찰방해죄와 입찰공정 침해–인정례 / **일부 업체 담합 사건**

2009. 5. 14. 2008도11361, 공 2009상, 939 ········ 299

[2008도11804] 절도죄와 타인 소유–부정례 / **2인 동업 파기 사건**

2009. 2. 12. 2008도11804, [공보불게재] ········ 409

[2008도11921] 업무상 과실선박파괴죄와 파괴–부정례 / **허베이호 파손 사건**

2009. 4. 23. 2008도11921, 공 2009상, 795 ········ 763

[2008도11999] 인권옹호직무명령불준수죄와 직무명령–인정례, 인권옹호직무명령불준수죄와 직무유기죄의 관계 / **대면조사 지시 사건**

2010. 10. 28. 2008도11999, [공보불게재] ········ 1018, 1120

[2008도12127] 모해증거위조죄와 피의자-부정례 / 입건 전 증거위조 사건

2010. 6. 24. 2008도12127, [공보불게재] ········ 1196

[2008재도11] 간첩죄와 간첩행위-부정례 / 진보당 문건 교부 사건

2011. 1. 20. 2008재도11 전원합의체 판결, 공 2011상, 508 ········ 992

[2009다17417] 살인죄와 사람의 종기 / 연명치료중단 사건

2009. 5. 21. 2009다17417 전원합의체 판결, 공 2009상, 849 ········ 9

[2009도156] 출판물에 의한 명예훼손죄와 비방목적-부정례 / 858기 소설 사건

2009. 6. 11. 2009도156, [공보불게재] ········ 228

[2009도250] 영업비밀침해죄와 영업비밀-인정례 / 냉각탑 설계도 사건

2009. 7. 9. 2009도250, [공보불게재] ········ 326

[2009도787] 도로교통법위반죄와 구호조치 불이행-인정례 / 미안 인사 차량 사건

2009. 5. 14. 2009도787, 공 2009상, 947 ········ 65

[2009도875] 강제집행면탈죄의 종료시점 / 채권추심 공소시효 사건

2009. 5. 28. 2009도875, 공 2009하, 1062 ········ 395

[2009도1040] 업무상 과실치상죄와 업무-부정례 / 서예학원 화재 사건

2009. 5. 28. 2009도1040, 공 2009하, 1068 ········ 50

[2009도1302] 무고죄와 허위사실-인정례 / 전세자금 고소장 사건

2010. 2. 25. 2009도1302, [공보불게재] ········ 1206

[2009도2001] 준강제추행죄와 항거불능-인정례 / 여신도 성추행 사건

2009. 4. 23. 2009도2001, [공보불게재] ········ 190

[2009도2390] 교통사고특례법과 교통사고-부정례 / 토마토 상자 추락 사건

2009. 7. 9. 2009도2390, 공 2009하, 1384 ········ 60

[2009도2453] 뇌물수수죄와 직무관련성-부정례 / 중국 선사 운항허가 사건

2011. 5. 26. 2009도2453, 공 2011하, 1335 ········ 1040

[2009도2576] 미성년자의제강제추행죄와 추행-인정례 / 기간제 교사 사건

2009. 9. 24. 2009도2576, 공 2009하, 1805 ········ 196

[2009도3452] 주거침입죄와 주거-인정례 / 다가구 주택 계단 사건

2009. 8. 20. 2009도3452, 공 2009하, 1589 ········ 347

[2009도3642] 공무상비밀누설죄와 대향범 처벌, 범인도피죄와 범인도피-부정례 / 체포영장 명단 누출 사건

2011. 4. 28. 2009도3642, 공 2011상, 1212 ········ 310, 1031, 1156

[2009도3915] 배임죄와 임무위배-부정례 / 텔레매틱스 단말기 사건

2011. 6. 30. 2009도3915, 공 2011하, 1549 ········ 339, 630

[2009도4166] 업무방해죄와 업무-부정례, 공무집행방해죄와 업무방해죄의 관계 / **경찰민원실 소란 사건**
2009. 11. 19. 2009도4166 전원합의체 판결, 공 2009하, 2123 ······ 249, 1093

[2009도4266] 일반교통방해죄와 교통방해-부정례 / **공항터미널 주차금지 사건**
2009. 7. 9. 2009도4266, [공보불게재] ······ 761

[2009도4335] 주거침입강간죄와 주거침입-인정례 / **엘리베이터 안 폭행 사건**
2009. 9. 10. 2009도4335, 공 2009하, 1705 ······ 177, 349

[2009도4501] 선의 부동산 계약명의신탁과 횡령죄 / **임야 150평 명의신탁 사건**
2009. 9. 10. 2009도4501, [공보불게재] ······ 383, 534

[2009도5022] 준강도죄와 절도의 기회-인정례, 강도상해죄와 상해-인정례 / **절도범 추격 사건**
2009. 7. 23. 2009도5022, [공보불게재] ······ 22, 457

[2009도5549] 신용훼손죄와 신용-부정례 / **퀵서비스 영수증 사건**
2011. 5. 13. 2009도5549, 공 2011상, 1235 ······ 246

[2009도5595] 절도죄와 실행의 착수-인정례 / **운전석 손잡이 사건**
2009. 9. 24. 2009도5595, [공보불게재] ······ 435

[2009도5618] 배임수재죄와 사무처리자-인정례 / **연합회장 선거 사건**
2011. 8. 25. 2009도5618, 공 2011하, 1971 ······ 685

[2009도5630] 배임죄와 공동정범-부정례 / **특별분양권 이중매매 사건**
2009. 9. 10. 2009도5630, 공 2009하, 1719 ······ 674

[2009도5786] 공정증서원본불실기재죄와 불실기재-인정례 / **가압류 대비용 어음 공증 사건**
2012. 4. 26. 2009도5786, 공 2012상, 936 ······ 850

[2009도5929] 사인위조죄와 위조-인정례 / **교무처장 직인 사건**
2010. 1. 14. 2009도5929, [미간행] ······ 933

[2009도6634] 배임죄와 손해발생-부정례 / **LBO 인수합병 사건**
2010. 4. 15. 2009도6634, 공 2010상, 946 ······ 640

[2009도6687] 명예훼손죄와 사실적시-부정례 / **선거법위반 고발 사건**
2009. 9. 24. 2009도6687, 공 2009하, 1810 ······ 208

[2009도7421] 일반물건방화죄와 자기 소유-인정례 / **전봇대 쓰레기 소각 사건**
2009. 10. 15. 2009도7421, 공 2009하, 1919 ······ 749

[2009도7681] 간통죄와 고소의 유효조건-부정례 / **유죄 후 다시 혼인 사건**
2009. 12. 10. 2009도7681, 공 2010상, 185 ······ 953

[2009도8949] 출판물에 의한 명예훼손죄와 비방목적-인정례, 무고죄와 허위사실-인정례 / **탤런트 폭행 의혹 사건**
2009. 11. 12. 2009도8949, [공보불게재] ······ 234, 1203

[2009도9008] 절도죄와 불법영득의사-인정례 / **예금통장 반환 사건**
2010. 5. 27. 2009도9008, 공 2010하, 1313 ······ 433, 792

[2009도9667] 합동절도와 실행의 착수-부정례 / **주간 시정장치 손괴 사건**
2009. 12. 24. 2009도9667, 공 2010상, 292 ···································· 443
[2009도9963] 허위공문서작성죄와 간접정범-부정례 / **준보전 산지 통보서 사건**
2010. 1. 14. 2009도9963, [미간행] ···································· 833
[2009도9982] 소송사기와 기망-부정례 / **영업양도 1차계약 사건**
2009. 12. 10. 2009도9982, 공 2010상, 187 ···································· 486
[2009도10541] 특경가법 배임죄와 이득액 산정 / **양계장 이중저당 사건**
2011. 1. 13. 2009도10541, 공 2011상, 362 ···································· 698
[2009도10709] 범인도피죄와 범인도피-인정례 / **게임장 바지사장 사건 2**
2010. 1. 28. 2009도10709, 공 2010상, 479 ···································· 1154
[2009도11146] 특가법 알선수재죄와 알선-부정례 / **시장실 쇼핑백 사건**
2010. 4. 15. 2009도11146, [미간행] ···································· 1065
[2009도11827] 절도죄와 타인 소유-부정례 / **모시조개 양식장 사건**
2010. 4. 8. 2009도11827, [공보불게재] ···································· 403
[2009도12109] 현주건조물방화죄와 부작위 방화-부정례 / **모텔 방 화재 사건**
2010. 1. 14. 2009도12109, 2009감도38, [공보불게재] ···································· 743
[2009도12164] 범인도피죄와 범인도피-부정례 / **게임장 바지사장 사건 1**
2010. 2. 11. 2009도12164, [공보불게재] ···································· 1152
[2009도13257] 위증죄와 법률에 의한 증인-부정례 / **카지노 출입 위증 사건**
2010. 2. 25. 2009도13257, [공보불게재] ···································· 1168
[2009도13371] 직무유기죄와 직무유기-인정례 / **벌금미납자 만남 사건**
2011. 9. 8. 2009도13371, 공 2011하, 2162 ···································· 1015
[2009도13376] 일반교통방해죄와 육로-부정례 / **전원 음식점 도로 사건**
2010. 2. 25. 2009도13376, [공보불게재] ···································· 759
[2009도13751] 업무상 횡령죄와 업무-인정례 / **교비회계 전용 사건**
2011. 10. 13. 2009도13751, 공 2011하, 2387 ···································· 601
[2009도13959] 업무상 과실치사죄와 주의의무-부정례 / **산소 부족 인턴 사건**
2011. 9. 8. 2009도13959, 공 2011하, 2164 ···································· 42
[2009도14427] 부동산 이중매매와 배임죄-부정례 / **신탁등기 대 대물변제예약 사건**
2010. 4. 29. 2009도14427, [공보불게재] ···································· 623
[2009도14464] 배임죄와 재산상 이익 취득-인정례 / **저축은행 골프장 사건**
2011. 10. 27. 2009도14464, 공 2011하, 2483 ···································· 647
[2009도14554] 절도죄와 실행의 착수-부정례 / **공사현장 동파이프 사건**
2010. 4. 29. 2009도14554, [공보불게재] ···································· 436

[2009도14928] 위증죄와 법률에 의한 증인–인정례 / **민사 증언거부권 사건**
2011. 7. 28. 2009도14928, 공 2011하, 1874 ······ 1171

[2010도410] 소비자불매운동과 업무방해죄의 관계 / **광고중단 항의전화 사건**
2013. 3. 14. 2010도410, 공 2013상, 677 ······ 266

[2010도1040] 사문서위조죄와 위조–부정례 / **골재채취업자 차용증 사건**
2010. 5. 13. 2010도1040, 공 2010상, 1184 ······ 866

[2010도1017] 협박죄와 사람–부정례 / **추심업체 지사장 사건**
2010. 7. 15. 2010도1017, 공 2010하, 1610 ······ 121

[2010도1233] 강요죄와 의무 없는 일–부정례 / **일지 형식 일기 사건**
2012. 11. 29. 2010도1233, 공 2013상, 106 ······ 372, 1023

[2010도1448] 업무상 과실치사죄와 주의의무–인정례 / **배관공사 추락 사건**
2010. 12. 23. 2010도1448, [공보불게재] ······ 45

[2010도1835] 사문서위조죄와 위조–인정례 / **가명 현금보관증 사건**
2010. 11. 11. 2010도1835, [공보불게재] ······ 862

[2010도2745] 무고죄와 허위사실–인정례 / **"때려 주면 돈 줄께" 사건**
2010. 4. 29. 2010도2745, [공보불게재] ······ 1210

[2010도3207] 배임죄와 사무처리자–부정례 / **전택노련 교섭위원 사건**
2012. 3. 15. 2010도3207, 공 2012상, 603 ······ 608

[2010도3504] 국가보안법상 선전의 개념 / **통일학교 자료집 사건**
2013. 2. 15. 2010도3504, 공 2013상, 528 ······ 985

[2010도3532] 배임죄와 사무처리자–인정례 / **단말기 가맹점 변경 사건**
2012. 5. 10. 2010도3532, 공 2012상, 1026 ······ 613

[2010도4129] 강제집행면탈죄와 채무자 재산–부정례 / **명의신탁용 유한회사 사건**
2011. 12. 8. 2010도4129, 공 2012상, 148 ······ 378, 540

[2010도4940] 입찰방해죄와 입찰공정 침해–인정례 / **음성유도기 입찰 사건**
2010. 10. 14. 2010도4940, 공 2010하, 2130 ······ 301

[2010도5014] 동업관계와 횡령죄–부정례 / **5천만원 부동산 투자 사건**
2011. 11. 24. 2010도5014, 공 2012상, 78 ······ 555

[2010도5693] 강제집행면탈죄와 강제집행–부정례 / **교부금 회수 강제집행 사건**
2012. 4. 26. 2010도5693, 공 2012상, 938 ······ 376

[2010도5795] 공갈죄와 친족상도례–인정례 / **처삼촌 소주병 공갈 사건**
2010. 7. 29. 2010도5795, 공 2010하, 1770 ······ 525

[2010도6256] 사기죄 객체의 구별방법, 장물취득죄와 취득–부정례 / **대포통장 입금 사건**
2010. 12. 9. 2010도6256, 공 2011상, 170 ······ 475, 717

[2010도6334] 절도죄와 타인 점유-부정례 / **사망 동거남 가방 사건**
2012. 4. 26. 2010도6334, 공 2012상, 940 ········ 423

[2010도7412] 공무집행방해죄와 폭행-부정례 / **윤활유 뿌려놓기 사건**
2010. 12. 23. 2010도7412, 공 2011상, 271 ········ 32, 1108

[2010도7525] 위증죄의 기수시기-인정례 / **종전 선서 위증 사건**
2010. 9. 30. 2010도7525, 공 2010하, 2052 ········ 1185

[2010도9330] 도박죄와 도박-부정례, 사기죄와 기망-인정례 / **몰래 카메라 도박 사건**
2011. 1. 13. 2010도9330, 공 2011상, 373 ········ 471, 962

[2010도9630] 강도강간죄의 성립요건 / **강간 후 강도 후 강간 사건**
2010. 12. 9. 2010도9630, 공 2011상, 175 ········ 464

[2010도10202] 무고죄와 공무소-인정례 / **변호사회 진정서 사건**
2010. 11. 25. 2010도10202, 공 2011상, 76 ········ 1202

[2010도10290] 배임수재죄와 부정한 청탁-부정례 / **대학병원 납품 로비 사건**
2011. 8. 18. 2010도10290, 공 2011하, 1960 ········ 688

[2010도10500] 횡령 후의 횡령 처벌 여부 / **적성면 종중 땅 사건**
2013. 2. 21. 2010도10500 전원합의체 판결, 공 2013상, 599 ········ 593

[2010도10576] 정보통신망법 비밀누설죄와 누설-부정례 / **교인명단 업로드 사건**
2012. 12. 13. 2010도10576, 공 2013상, 199 ········ 315

[2010도11015] 횡령죄와 불법영득의사-부정례 / **부외거래시스템 예금 사건**
2010. 12. 9. 2010도11015, 공 2011상, 179 ········ 579

[2010도11030] 업무방해죄와 쟁의행위의 한계 / **정리해고 사전 합의 사건**
2011. 1. 27. 2010도11030, 공 2011상, 532 ········ 287

[2010도11394] 배임죄와 손해발생-부정례 / **주식매수선택권 공소시효 사건**
2011. 11. 24. 2010도11394, 공 2012상, 86 ········ 662

[2010도11460] 알선수뢰죄와 지위이용-부정례 / **3급 군무원 사건**
2010. 11. 25. 2010도11460, [공보불게재] ········ 1063

[2010도11620] 특가법 상습절도죄와 미수감경 불허 / **식당 주인 가방 사건**
2010. 11. 25. 2010도11620, 공 2011상, 81 ········ 447

[2010도11784] 배임수재죄와 배임죄의 구별 / **조합아파트 분양권 수재 사건**
2011. 2. 24. 2010도11784, 공 2011상, 678 ········ 683

[2010도12313] 제삼자뇌물공여죄와 부정한 청탁-부정례 / **구청장 누각 건립 사건**
2011. 4. 14. 2010도12313, 공 2011상, 964 ········ 1059

[2010도12553] 위조유가증권행사죄와 행사-부정례 / **봉투 속 위조수표 사건**
2010. 12. 9. 2010도12553, 공 2011상, 184 ········ 795

[2010도13584] 뇌물수수죄와 공무원-인정례 / **재건축 조합장 수뢰 사건**
2010. 12. 23. 2010도13584, 공 2011상, 285 ········· 1036

[2010도13609] 공용물건손상죄-인정례 / **외통위 출입문 해머 사건**
2013. 6. 13. 2010도13609, 공 2013하, 1266 ········· 728, 1134

[2010도13766] 직권남용죄와 직권남용-인정례 / **3배수 추천 지시 사건**
2011. 2. 10. 2010도13766, 공 2011상, 602 ········· 1018

[2010도13774] 소비자불매운동과 강요죄, 소비자불매운동과 공갈죄 / **팝업창 사과 사건**
2013. 4. 11. 2010도13774, 공 2013상, 895 ········· 368, 518

[2010도14328] 미성년자약취죄와 약취-부정례 / **베트남 여성 자녀 약취 사건**
2013. 6. 20. 2010도14328 전원합의체 판결, 공 2013하, 1399 ········· 138

[2010도14394] 뇌물수수죄와 공무원-부정례 / **집행관 사무원 사건**
2011. 3. 10. 2010도14394, 공 2011상, 787 ········· 1033

[2010도14587] 사문서변조죄와 변조-인정례 / **결혼정보회사 월급통장 사건**
2011. 9. 29. 2010도14587, 공 2011하, 2280 ········· 880

[2010도14607] 컴퓨터 업무방해죄와 정보통신망법위반죄의 관계 / **꽃배달 부정클릭 사건**
2013. 3. 28. 2010도14607, 공 2013상, 811 ········· 291

[2010도14696] 위계공무집행방해죄와 위계-인정례 / **중국 호구부 변경 사건**
2011. 4. 28. 2010도14696, 공 2011상, 1215 ········· 266, 1115

[2010도14734] 공무상비밀누설죄와 공무상 비밀-부정례 / **경찰청 차량 차적조회 사건**
2012. 3. 15. 2010도14734, 공 2012상, 613 ········· 309, 1026

[2010도15350] 장물취득죄와 본범-인정례 / **미국 리스차량 수입 사건**
2011. 4. 28. 2010도15350, 공 2011상, 1107 ········· 710

[2010도15986] 공무집행방해죄와 협박-인정례, 위계공무집행방해죄와 위계-인정례, 증거위조교사죄와 증거위조-인정례 / **풍어제 의혹 사건**
2011. 2. 10. 2010도15986, 공 2011상, 610 ········· 1109, 1198

[2010도17237] 명예훼손죄와 사실적시-부정례 / **광우병 PD수첩 사건**
2011. 9. 2. 2010도17237, 공 2011하, 2152 ········· 212

[2010도17396] 횡령죄와 재물의 보관자-인정례 / **330억원 인수 대금 사건**
2011. 3. 24. 2010도17396, 공 2011상, 893 ········· 567

[2010도17506] 교통사고특례법위반죄와 예외사유-인정례 / **안전의무위반 대 신호위반 사건**
2011. 7. 28. 2011도3630, 공 2011하, 1888 ········· 57

[2010도17684] 횡령죄와 타인 소유-인정례 / **사업권양도 계약금 사건**
2011. 6. 10. 2010도17684, 공 2011하, 1428 ········· 553

[2010헌바402] 낙태죄 합헌 결정 / **낙태죄 위헌소원 사건**
2012. 8. 23. 2010헌바402, 헌공 191, 1581 ········· 75

[2011도277] 횡령죄와 불법영득의사-인정례 / **연대보증 후 현금 지급 사건**

2011. 4. 14. 2011도277, 공 2011상, 974 ··· 577

[2011도300] 야간주거침입절도죄와 야간-부정례 / **주간침입 야간절도 사건**

2011. 4. 14. 2011도300, 공 2011상, 977 ··· 438

[2011도639] 협박죄와 정당행위-인정례 / **신문기자 취재 요청 사건**

2011. 7. 14. 2011도639, 공 2011하, 1672 ··· 127

[2011도1415] 공전자기록위작죄와 위작-부정례 / **중고버스 영업용 등록 사건**

2011. 5. 13. 2011도1415, 공 2011상, 1250 ··· 835, 923

[2011도1739] 직무유기죄와 직무유기-부정례 / **법무실장 직무유기 사건**

2011. 7. 28. 2011도1739, 공 2011하, 1881 ··· 1014

[2011도2170] 사기죄와 친족상도례-부정례 / **사돈지간 고소 사건**

2011. 4. 28. 2011도2170, 공 2011상, 1115 ··· 497

[2011도2252] 강제집행면탈죄와 채권자 권리-부정례 / **다른 주유소 단말기 사건**

2012. 8. 30. 2011도2252, 공 2012하, 1636 ··· 388

[2011도3247] 부동산 이중매매와 배임죄-부정례 / **계약금 후 등기이전 사건**

2011. 4. 28. 2011도3247, 공 2011상, 1223 ··· 618

[2011도3489] 무고죄와 허위사실-부정례 / **차용금 사기 고소장 사건**

2011. 9. 8. 2011도3489, 공 2011하, 2176 ··· 1208

[2011도3682] 공무집행방해죄와 적법성-부정례, 상해죄와 정당방위-인정례 / **불심검문 욕설 사건**

2011. 5. 26. 2011도3682, 공 2011하, 1367 ··· 23, 1100

[2011도4260] 특가법 뇌물수수죄와 벌금액의 산정 / **특가법 벌금 병과 사건**

2011. 6. 10. 2011도4260, 공 2011하, 1433 ··· 1089

[2011도4440] 컴퓨터사용사기죄와 부정한 명령-인정례 / **전자복권 프로그램 사건**

2013. 11. 14. 2011도4440, 공 2013하, 2269 ··· 498

[2011도4763] 업무방해죄와 업무-부정례, 공무집행방해죄와 적법성 판단시점 / **본점식당 골든벨 사건**

2013. 8. 23. 2011도4763, 공 2013하, 1734 ··· 252

[2011도5165] 강제집행면탈죄와 채권자 권리-부정례 / **사실혼 재산분할청구 사건**

2011. 9. 8. 2011도5165, 공 2011하, 2178 ··· 383

[2011도6273] 교통사고특례법과 보험 - 부정례 / **자전거사고 보험처리 사건**

2012. 10. 25. 2011도6273, 공 2012하, 1988 ··· 62

[2011도6798] 배임죄의 손해발생과 소극적 이익 / **금형제작 납품계약 사건**

2013. 4. 26. 2011도6798, 공 2013상, 993 ··· 653

[2011도6904] 명예훼손죄와 사실적시-부정례 / **검찰청 번호 허위문자 사건**

2011. 8. 18. 2011도6904, 공 2011하, 1964 ··· 210

[2011도7081] 업무방해죄와 업무－부정례 / **병풍 치기 사건**
2011. 10. 13. 2011도7081, 공 2011하, 2402 …… 260

[2011도7164] 위력에 의한 추행죄－인정례 / **엘리베이터 안 여아 사건**
2013. 1. 16. 2011도7164, 공 2013상, 371 …… 198

[2011도7262] 횡령죄와 불법영득의사－부정례 / **가장납입 20억원 수표 사건**
2011. 9. 8. 2011도7262, 공 2011하, 2187 …… 574

[2011도7282] 뇌물수수죄와 영득의사－부정례 / **고등학교 발전기금 사건**
2012. 2. 23. 2011도7282, 공 2012상, 545 …… 1053

[2011도7361] 악의 부동산 계약명의신탁과 횡령죄 / **천안 땅 명의신탁 사건**
2012. 11. 29. 2011도7361, 공 2013상, 110 …… 383, 537

[2011도7704] 통화위조죄와 행사할 목적－부정례 / **친구 안심용 위조지폐 사건**
2012. 3. 29. 2011도7704, 공 2012상, 733 …… 783

[2011도8805] 강제추행죄와 추행－부정례 / **허심청 온천 사건**
2012. 7. 26. 2011도8805, 공 2012하, 1527 …… 186, 958

[2011도8873] 소송사기와 재산상 이익－인정례 / **사정 토지 상속 사건**
2011. 12. 13. 2011도8873, 공 2012상, 156 …… 483

[2011도9113] 횡령죄의 미수범－인정례 / **가식 나무 계약금 사건**
2012. 8. 17. 2011도9113, 법률신문 2012. 8. 20. 11면 …… 590

[2011도9238] 비자금 조성과 횡령죄, 횡령죄와 뇌물죄의 관계, 횡령죄와 배임수증재죄의 관계 / **하역회사 리베이트 사건**
2013. 4. 25. 2011도9238, 공 2013상, 984 …… 596, 691, 1092

[2011도9919] 사기죄와 재물－인정례 / **밀서류 인감증명 사건**
2011. 11. 10. 2011도9919, 공 2011하, 2611 …… 479

[2011도10468] 사문서변조죄와 문서－긍정례 / **잔액증명서 스캔 사건**
2011. 11. 10. 2011도10468, [미간행] …… 821, 874

[2011도12302] 유기죄와 계약상 부조의무－인정례 / **만취 손님 방치 사건**
2011. 11. 24. 2011도12302, 공 2012상, 103 …… 93

[2011도12604] 횡령죄와 타인 소유－부정례 / **착오 변제공탁 수령 사건**
2012. 1. 12. 2011도12604, 공 2012상, 296 …… 546

[2011도14690] 허위진단서작성죄와 의료법위반죄 / **3개월 처방 부탁 사건**
2013. 4. 11. 2011도14690, 공 2013상, 903 …… 925

[2011도15497] 부당노동행위와 업무방해죄의 관계 / **사측 설명회 사건**
2013. 1. 10. 2011도15497, 공 2013상, 366 …… 281

[2011도16044] 공갈죄와 처분행위－부정례 / **요금 안 내기 폭행 사건**
2012. 1. 27. 2011도16044, 공 2012상, 409 …… 522

[2011도16385] 배임죄와 사무처리자-인정례 / **골프 회원권 양도담보 사건**

2012. 2. 23. 2011도16385, 공 2012상, 560 ········· 628

[2011도16718] 업무방해죄의 위력과 권리행사 / **택시신문 광고중단 사건**

2013. 2. 28. 2011도16718, 공 2013상, 611 ········· 271

[2011도17125] 위계공무집행방해죄와 위계-부정례 / **천일염 가처분신청 사건**

2012. 4. 26. 2011도17125, 공 2012상, 945 ········· 1118

[2011도17254] 폭발물사용죄와 폭발물-부정례 / **사제폭탄 폭발 사건**

2012. 4. 26. 2011도17254, 공 2012상, 946 ········· 1010

[2012도534] 알선수재죄의 성립요건, 필요적 몰수 · 추징의 범위 / **매립회사 로비스트 사건**

2012. 6. 14. 2012도534, 공 2012하, 1258 ········· 1079

[2012도815] 주거침입강간죄와 방실침입-인정례 / **여자화장실 강간 사건**

2012. 8. 23. 2012도815, [미공간] ········· 180, 349

[2012도1132] 절도죄와 불법영득의사-인정례 / **스포츠피부 휴대전화 사건**

2012. 7. 12. 2012도1132, 공 2012하, 1468 ········· 429

[2012도1895] 업무방해죄의 위력과 폭행의 관계 / **택시친목회 공동폭행 사건**

2012. 10. 11. 2012도1895, 공 2012하, 1862 ········· 274

[2012도2142] 배임죄와 손해발생-부정례 / **대표이사 개인채무 공증 사건**

2012. 5. 24. 2012도2142, 공 2012하, 1193 ········· 656

[2012도4644] 통신비밀보호법과 감청의 범위 / **통합문자메시지 해킹 사건**

2012. 10. 25. 2012도4644, 공 2012하, 2004 ········· 324

[2012도6157] 공갈죄와 타인 소유-부정례 / **도박사이트 금고 절취 사건**

2012. 8. 30. 2012도6157, 공 2012하, 1645 ········· 508

[2012도7467] 회사의 지배인과 작성권한 / **대출채권양수도약정서 사건**

2012. 9. 27. 2012도7467, 공 2012하, 1794 ········· 872

[2012도9417] 뇌물약속죄와 약속-부정례 / **퇴임후 연수비용 사건**

2012. 11. 15. 2012도9417, 공 2012하, 2091 ········· 1047

[2012도10392] 정보통신망법 명예훼손죄와 비방목적-부정례 / **산후조리원 이용후기 사건**

2012. 11. 29. 2012도10392, 공 2013상, 114 ········· 237

[2012도10822] 배임죄와 손해발생-인정례 / **안심용 약속어음 사건**

2012. 12. 27. 2012도10822, 공 2013상, 285 ········· 657

[2012도12363] 공정증서원본불실기재죄와 불실기재-부정례 / **7천만원 증액 신고 사건**

2013. 1. 24. 2012도12363, 공 2013상, 441 ········· 846

[2012도12714] 성폭력처벌법상 장애인 준강간죄-부정례 / **지적장애 3급 채팅 사건**

2013. 4. 11. 2012도12714, 공 2013하, 1152 ········· 182

[2012도14788] 강간죄의 객체-인정례 / **옷가게 부부 강간 사건**

2013. 5. 16. 2012도14788 전원합의체 판결, 공 2013하, 1161 ········ 152

[2012도15890] 배임죄와 손해발생-인정례, 배임죄와 공동정범-인정례 / **인수 회사 연대보증 사건**

2013. 4. 11. 2012도15890, 공 2013상, 905 ········ 677

[2013도2857] 특경가법 횡령죄와 이득액 산정 / **와부면 9필지 사건**

2013. 5. 9. 2013도2857, 공 2013상, 1072 ········ 696

[2013도3829] 업무방해죄와 업무-부정례 / **교실내 학부모 욕설 사건**

2013. 6. 14. 2013도3829, 공 2013하, 1286 ········ 258

[2013도5893] 간통죄와 강간죄의 관계 / **동영상 촬영물 사건**

2013. 9. 12. 2013도5893, 공 2013하, 1867 ········ 945

[2013도7494] 보험사기와 실행의 착수 / **생명보험 위장 가입 사건**

2013. 11. 14. 2013도7494, 공 2013하, 2290 ········ 489

법령 약어표

가정폭력범죄의 처벌 등에 관한 특례법	가정폭력특례법
교통사고처리 특례법	교통사고특례법
성폭력범죄의 처벌 등에 관한 특례법	성폭력처벌법
아동·청소년의 성보호에 관한 법률	아청법
정보통신망 이용촉진 및 정보보호 등에 관한 법률	정보통신망법
특정경제범죄 가중처벌 등에 관한 법률	특경가법
특정범죄 가중처벌 등에 관한 법률	특가법
폭력행위 등 처벌에 관한 법률	폭처법

I

인격적 법익에 관한 죄

제24장 살인의 죄

2003도2780

살인죄와 살해 – 인정례
낙태죄와 낙태 – 인정례
염화칼륨 태아 사망 사건

2005. 4. 15. 2003도2780, 공 2005, 778

1. 사실관계 및 사건의 경과

【사실관계】

① 갑은 산부인과 의사이다.

② 갑은 임부 A, B, C, D에 대하여 낙태시술을 하였다.

③ 갑은 임신 28주 상태인 A녀에 대하여 약물에 의한 유도분만의 방법으로 낙태시술을 하였다.

④ 그러나 태아가 살아서 미숙아 상태로 출생하자 갑은 그 미숙아에게 염화칼륨을 주입하여 사망하게 하였다.

⑤ 한편 임부 B, C, D의 경우에 갑은 환자들을 진찰한 후 낙태시술에 들어가기 전에 다음의 사항을 진료기록부에 기록하였다.

(가) B환자의 태아에 관하여 'Anomaly'

(나) C환자의 태아에 관하여 'bowel'

(다) D환자의 태아에 관하여 'C.H.D.'

⑥ 갑은 진료기록부에 기재된 사항의 의미가 태아의 내장, 심장 등에 이상이 있는 경우를 의미한다고 주장하였다.

【사건의 경과】

① 검사는 갑을 살인죄, 업무상촉탁낙태죄 등으로 기소하였다.

② 갑의 피고사건은 제1심을 거친 후, 항소심에 계속되었다.

③ 항소심절차에서 갑은 다음의 점을 주장하였다.

(가) 임부 A의 경우 미숙아에 대한 주사행위는 낙태시술을 완성하기 위한 것이므로 살인행위라고 볼 수 없다.

(나) 낙태시술을 하기 위한 행위였으므로 살인의 고의가 없다.

(다) 모자보건법상의 인공임신중절의 사유가 있다.

(라) 사회상규에 위배되지 아니하는 행위이다. (상고심에서 추가로 주장함)

④ 항소심법원은 갑의 주장을 배척하고, 갑에게 유죄를 인정하였다.

⑤ (항소심 판단의 이유는 판례 본문 참조)

⑥ 갑은 불복 상고하였다.

【참조조문】

모자보건법

제14조 (인공임신중절수술의 허용한계) ① 의사는 다음 각 호의 어느 하나에 해당되는 경우에만 본인과 배우자(사실상의 혼인관계에 있는 사람을 포함한다. 이하 같다)의 동의를 받아 인공임신중절수술을 할 수 있다.

1. 본인이나 배우자가 대통령령으로 정하는 우생학적(優生學的) 또는 유전학적 정신장애나 신체질환이 있는 경우
2. 본인이나 배우자가 대통령령으로 정하는 전염성 질환이 있는 경우
3. 강간 또는 준강간(準强姦)에 의하여 임신된 경우
4. 법률상 혼인할 수 없는 혈족 또는 인척 간에 임신된 경우
5. 임신의 지속이 보건의학적 이유로 모체의 건강을 심각하게 해치고 있거나 해칠 우려가 있는 경우

모자보건법 시행령

제15조 (인공임신중절수술의 허용한계) ① 법 제14조에 따른 인공임신중절수술은 임신 24주일 이내인 사람만 할 수 있다.

장기등 이식에 관한 법률

제4조 (정의) 이 법에서 사용하는 용어의 뜻은 다음과 같다.

5. "살아있는 사람"이란 사람 중에서 뇌사자를 제외한 사람을 말하고, /
"뇌사자"란 이 법에 따른 뇌사판정기준 및 뇌사판정절차에 따라 뇌 전체의 기능이 되살아날 수 없는 상태로 정지되었다고 판정된 사람을 말한다.

제21조 (뇌사자의 사망원인 및 사망시각) ① 뇌사자가 이 법에 따른 장기등의 적출로 사망한 경우에는 뇌사의 원인이 된 질병 또는 행위로 인하여 사망한 것으로 본다.

② 뇌사자의 사망시각은 뇌사판정위원회가 제18조 제2항에 따라 뇌사판정을 한 시각으로 한다.

2. 사안에 대한 대법원의 판단

(1) 살인죄와 낙태죄의 관계

【대법원 분석】 가. 원심은, 그 채용 증거들을 종합하여 /

【대법원 분석】 산부인과 의사인 피고인이 임신 28주 상태인 공소외 A에 대하여 약물에 의한 유도분만의 방법으로 낙태시술을 하였으나, /

【대법원 분석】 태아가 살아서 미숙아 상태로 출생하자 그 미숙아에게 염화칼륨을 주입하여 사망하게 한 사실을 인정한 후, /

【대법원 요지】 낙태죄는 태아를 자연분만기에 앞서서 인위적으로 모체 밖으로 배출하거나 모체 안에서 살해함으로써 성립하고, /

【대법원 요지】 그 결과 태아가 사망하였는지 여부는 낙태죄의 성립에 영향이 없는 것이므로, /
【대법원 판단】 피고인이 살아서 출생한 미숙아에게 염화칼륨을 주입한 것을 낙태를 완성하기 위한 행위에 불과한 것으로 볼 수 없고, /
【대법원 판단】 살아서 출생한 미숙아가 정상적으로 생존할 확률이 적다고 하더라도 그 상태에 대한 확인이나 최소한의 의료행위도 없이 적극적으로 염화칼륨을 주입하여 미숙아를 사망에 이르게 한 피고인에게는 미숙아를 살해하려는 범의도 있었던 것으로 보아야 한다고 판단하였다.
【대법원 결론】 기록에 비추어 살펴보면, 원심의 위와 같은 증거의 취사선택과 사실인정 및 판단은 정당한 것으로 수긍할 수 있고, 거기에 상고이유로 주장하는 바와 같은 채증법칙 위반으로 인한 사실오인이나 살인의 범의에 관한 법리를 오해한 위법이 없다.

(2) 모자보건법상 보건의학적 이유

【대법원 요지】 나. 인공임신중절수술이 허용되는 경우의 하나인 모자보건법 제14조 제1항 제5호 소정의 /
【대법원 요지】 '임신의 지속이 보건의학적 이유로 모체의 건강을 심히 해하고 있거나 해할 우려가 있는 경우'라 함은 /
【대법원 요지】 임신의 지속이 모체의 생명과 건강에 심각한 위험을 초래하게 되어 모체의 생명과 건강만이라도 구하기 위하여 인공임신중절수술이 부득이하다고 인정되는 경우를 말하는 것이다.
【대법원 판단】 위와 같은 법리에 비추어 볼 때, /
【대법원 판단】 원심이 /
【대법원 판단】 공소외 B에 대한 진료기록부에 태아에 관하여 'Anomaly'라고, /
【대법원 판단】 공소외 C에 대한 진료기록부에 태아에 관하여 'bowel'이라고, /
【대법원 판단】 공소외 D에 대한 진료기록부에 태아에 관하여 'C.H.D.'라고 각 기재가 되어 있고, /
【대법원 판단】 그 의미가 피고인의 주장과 같이 태아의 내장, 심장 등에 이상이 있는 경우를 의미한다고 하더라도, /
【대법원 판단】 그와 같은 사유만으로는 모자보건법 제14조 제1항 제5호 소정의 사유가 있는 것으로 보기 어렵다고 판단한 것은 정당한 것으로 수긍할 수 있고, /
【대법원 판단】 거기에 상고이유로 주장하는 바와 같은 모자보건법 제14조 제1항 제5호에 관한 해석적용을 잘못한 위법이 없다.
【대법원 분석】 (중략)
【대법원 판단】 한편, 공소외 B, 공소외 C, 공소외 D에 대한 낙태시술행위는 사회상규에 위배되지 아니하는 정당한 행위라는 주장은 /
【대법원 판단】 상고심에서의 새로운 주장으로서 적법한 상고이유가 될 수 없을 뿐만 아니라, /
【대법원 판단】 기록에 의하여 살펴보면, 피고인의 공소외 B 등에 대한 낙태시술행위를 사회상규에 위배되지 아니하는 정당한 행위로 보기도 어렵다. (상고 기각)

2005도3832

업무상과실치사죄와 사람 – 부정례
거대 태아 방치 사건

2007. 6. 29. 2005도3832, 공 2007, 1222

1. 사실관계 및 사건의 경과

【사실관계 1】

① 갑은 P조산원을 운영하는 조산사이다.

② 2001. 4. 13.경 임신 5개월인 상태의 A녀가 P조산원에 왔다.

③ A녀는 조산사 갑에게 '질식분만'에 의한 자연분만을 의뢰하였다.

④ 검진 및 상담 결과 갑은 A녀에 대해 다음의 사실을 알게 되었다.

(가) A녀는 37세로서 고령의 임산부이다.

(나) A녀는 이전에 2회에 걸쳐 제왕절개 수술의 방법으로 출산한 경험이 있을 뿐 자연분만의 방법으로는 출산한 경험이 없다.

(다) A녀에게는 당뇨증상이 있다.

【사실관계 2】

① 이후 A녀는 Q대학병원에서 당뇨증상과 양수과다증상이 있으니 병원에서 입원치료를 받으라는 진단을 받았다.

② A녀는 이 사실을 갑에게 알렸다.

③ 갑은 A녀와 태아에게 별 문제가 없으므로 자연분만을 할 수 있다고 말하였다.

④ A녀의 혈당수치는 상당히 높은 것으로 측정되었다.

⑤ 갑은 그러나 A녀를 산부인과 전문병원으로 전원시키지 아니하였다.

⑥ 갑은 [특별히 A녀의 혈당수치를 예의주시하지 아니한 채] A녀로 하여금 스스로 혈당을 측정하게 하면서 식이요법이나 운동으로 그 혈당수치를 관리하도록 하였다.

【사실관계 3】

① 2001. 7. 28. A녀의 출산예정일이 도과하였다.

② 갑은 A녀에게 약 2주간 더 기다려 보자고 하였다.

③ 2001. 8. 11.경 갑이 A녀를 방치하는 사이 태아는 A의 자궁 내에서 약 5.2kg의 거대아로 성장하였다.

④ 2001. 8. 11. [03:00 직전] A녀는 임신 42주째가 되어 갑의 조산원에 왔다.

⑤ 2001. 8. 11. 03:00 갑은 A녀에 대해 초음파 검사 등을 실시하였음에도 태아가 거대아로 성장한 사실을 확인하지 못하였다.

⑥ 2001. 8. 11. 03:00경부터 06:20경까지 갑은 자연분만을 실시한다는 명목으로 A녀를 입원실에 두었다.

⑦ 그 무렵 태아는 A녀의 자궁 내에서 저산소성 손상(자궁 내 태아곤란증)으로 인한 심폐정지로 사망하

였다.

⑧ 2001. 8. 11. 09:29경 A녀는 R대학병원에서 사망한 태아를 반출하기 위한 응급 제왕절개 수술을 받았다.

【사건의 경과】

① 검사는 갑을 다음의 공소사실로 기소하였다.

(가) 태아의 사망 부분 : 업무상 과실치사죄

(나) 산모의 사산 부분 : 업무상 과실치상죄

② 갑의 피고사건은 제1심, 제2심을 거친 후, 대법원에 상고되었다가 파기 환송되었다.

③ 환송 후 항소심법원은 다음과 같이 판단하였다.

(가) 태아의 사망 부분 : 업무상 과실치사죄 : 무죄

(나) 산모의 사산 부분 : 업무상 과실치상죄 : 무죄

④ 환송 후 항소심법원은 무죄 판단의 이유로 다음의 이유를 제시하였다.

(가) A녀에게 분만의 개시라고 할 수 있는 규칙적인 진통이 시작된 바 없었으므로 이 사건 태아는 아직 업무상과실치사죄의 객체인 '사람'이 되었다고 볼 수 없다.

(나) 태아의 사망을 임부에 대한 상해라고 볼 수 없다.

⑤ 검사는 불복 상고하였다.

⑥ 검사는 상고이유로 다음의 점을 주장하였다.

(가) 제왕절개 수술의 경우 '의학적으로 제왕절개 수술이 가능하였고 규범적으로 수술이 필요하였던 시기'를 사후적으로 판단하여 이를 분만의 시기로 볼 수 있다.

(나) 태아를 사망에 이르게 하는 행위는 임산부 신체의 일부를 훼손하는 것이므로 임산부에 대한 상해가 된다.

(다) 태아의 사망으로 인하여 그 태아를 양육, 출산하는 임산부의 생리적 기능이 침해되어 임산부에 대한 상해가 된다.

2. 사안에 대한 대법원의 판단

(1) 사람의 시기와 분만개시설

【대법원 요지】 사람의 생명과 신체의 안전을 보호법익으로 하고 있는 형법의 해석으로는 /

【대법원 요지】 규칙적인 진통을 동반하면서 분만이 개시된 때(소위 진통설 또는 분만개시설)가 사람의 시기라고 봄이 타당하다고 함은 종래 대법원이 취하여 온 견해이다.

【대법원 판단】 위 법리에 비추어 기록을 살펴보면, /

【대법원 판단】 원심이 공소외인에게 분만의 개시라고 할 수 있는 규칙적인 진통이 시작된 바 없었으므로 이 사건 태아는 아직 업무상과실치사죄의 객체인 '사람'이 되었다고 볼 수 없다는 이유 등으로 이 부분 공소사실에 관하여 무죄를 선고한 것은 정당하고, /

【대법원 판단】 거기에 상고이유 주장과 같은 채증법칙 위배 또는 업무상과실치사죄의 객체에 관한 법리 오해 등의 위법이 없다.

(2) 제왕절개수술과 분만개시설

【대법원 분석】 한편 검사는, /

【대법원 분석】 제왕절개 수술의 경우 임산부의 상태변화, 의료진의 처치경과 등 제반 사정을 토대로 '의학적으로 제왕절개 수술이 가능하였고 규범적으로 수술이 필요하였던 시기'를 사후적으로 판단하여 이를 분만의 시기로 볼 수 있고, /

【대법원 분석】 2001. 8. 11. 00:30경 출산을 위해 피고인의 조산원에 입원할 당시 공소외인은 임신성 당뇨증상 및 이미 두 번의 제왕절개 출산 경험이 있는 37세의 고령의 임산부이었고, /

【대법원 분석】 분만예정일을 14일이나 넘겨 이 사건 태아가 5.2kg까지 성장한 상태이어서 의학적으로 자연분만이 부적절하여 제왕절개 수술이 유일한 출산방법이었으므로 공소외인의 위 입원시점을 분만의 시기로 볼 수 있다고도 주장하나, /

【대법원 판단】 '의학적으로 제왕절개 수술이 가능하였고 규범적으로 수술이 필요하였던 시기'는 판단하는 사람 및 상황에 따라 다를 수 있어, /

【대법원 판단】 분만개시 시점 즉, 사람의 시기도 불명확하게 된다는 점에서 채용하기 어렵다. /

【대법원 결론】 검사의 이 부분 상고이유에 관한 주장은 받아들일 수 없다.

(3) 태아와 산모의 관계

【대법원 분석】 현행 형법이 사람에 대한 상해 및 과실치사상의 죄에 관한 규정과는 별도로 /

【대법원 분석】 태아를 독립된 행위객체로 하는 낙태죄, 부동의 낙태죄, 낙태치상 및 낙태치사의 죄 등에 관한 규정을 두어 /

【대법원 분석】 포태한 부녀의 자기낙태행위 및 제3자의 부동의 낙태행위, 낙태로 인하여 위 부녀에게 상해 또는 사망에 이르게 한 행위 등에 대하여 처벌하도록 한 점, /

【대법원 분석】 과실낙태행위 및 낙태미수행위에 대하여 따로 처벌규정을 두지 아니한 점 등에 비추어보면, /

【대법원 요지】 우리 형법은 태아를 임산부 신체의 일부로 보거나, /

【대법원 요지】 낙태행위가 임산부의 태아양육, 출산 기능의 침해라는 측면에서 낙태죄와는 별개로 임산부에 대한 상해죄를 구성하는 것으로 보지는 않는다고 해석된다. /

【대법원 판단】 따라서 태아를 사망에 이르게 하는 행위가 임산부 신체의 일부를 훼손하는 것이라거나 태아의 사망으로 인하여 그 태아를 양육, 출산하는 임산부의 생리적 기능이 침해되어 임산부에 대한 상해가 된다고 볼 수는 없다. (상고 기각)

【비교법 조문 1】

독일 형법

제218조 ① 낙태한 자는 3년 이하의 자유형 또는 벌금형에 처한다. 자궁 내 수정란의 착상완료 전에 이를 저지한 행위는 이 법에서 의미하는 낙태로 보지 아니한다.

③ 미수범은 처벌한다. 임산부는 미수로 인해 처벌되지 아니한다.

일본 형법

제212조 (낙태) 임신 중의 여자가 약물을 사용하거나 그 밖의 방법에 의하여 낙태한 때에는 1년 이하의 징역에 처한다.

제215조 (부동의 낙태) ① 여자의 촉탁을 받지 아니하거나 그 승낙을 얻지 아니하고 낙태하게 한 자는 6월 이상 7년 이하의 징역에 처한다.

② 전항의 죄의 미수는 벌한다.

【코멘트】 과실치사죄나 업무상 과실치사죄의 객체인 '사람'은 살인죄의 객체가 되는 '사람'과 동일한 의미를 갖는다. 전자는 고의범이고 후자는 과실범이라는 점에서 차이가 있을 뿐, 생명을 보호한다고 하는 점에서는 동일하기 때문이다. 본 판례에서 대법원은 우리 형법이 낙태죄의 미수범을 처벌하지 않는다는 점을 강조하고 있다. 이에 대해 독일 형법이나 일본 형법은 낙태미수를 처벌하는 경우를 인정하고 있다.

2009다17417

살인죄와 사람의 종기
연명치료중단 사건

2009. 5. 21. 2009다17417 전원합의체 판결, 공 2009상, 849

1. 사실관계 및 사건의 경과

【사실관계】

① P학교법인은 Q대학병원을 운영하고 있다.

② 2008. 2. 18. A녀(세칭 김할머니)는 폐암 발병 여부를 확인하기 위하여 Q병원에서 기관지내시경을 이용한 폐종양 조직검사를 받았다.

③ A녀가 조직검사를 받던 중 과다출혈 등으로 인하여 심정지가 발생하였다.

④ Q병원의 주치의 등은 심장마사지 등을 시행하여 심박동기능을 회복시키고 인공호흡기를 부착하였다.

⑤ A녀는 저산소성 뇌손상을 입고 중환자실로 이송되었다.

⑥ 이후 A녀는 지속적 식물인간상태(persistent vegetative state)에 있다.

⑦ A녀는 Q병원의 중환자실에서 인공호흡기를 부착한 상태로 항생제 투여, 인공영양 공급, 수액 공급 등의 치료를 받아오고 있다.

⑧ A녀는 인공호흡기를 제거하면 곧 사망에 이르게 된다.

【사건의 경과 1】

① B 등은 A녀의 자녀들이다.

② A녀의 가족 B 등은 P학교법인을 상대로 A녀에 대한 인공호흡기 제거를 구하는 ㉠민사소송을 제기

하였다.

③ 원고는 A녀와 B 등, 피고는 P학교법인이다.

④ ㉠민사소송의 청구취지는 다음의 두 가지이다.

(가) A녀의 경우 : "피고는 원고 A(본인)에 대하여 인공호흡기를 제거하라."

(나) B 등의 경우 : "피고는 원고 A(어머니)에 대한 인공호흡기를 제거하라."

⑤ 제1심법원은 가족 B 등의 청구를 기각하였다.

⑥ 제1심법원은 A녀의 청구를 인용하였다.

⑦ 제1심법원은 "피고는 원고 A에 대하여 인공호흡기를 제거하라."는 주문의 판결을 선고하였다.

【사건의 경과 2】

① 피고 P학교법인은 불복 항소하였다.

② 항소심법원은 다음의 기준을 제시하였다.

(가) 환자가 회생가능성이 없는 회복불가능한 사망과정에 진입한 경우가 있다.

(나) 이 때 환자의 진지하고 합리적인 치료중단 의사가 추정될 수 있는 경우가 있다.

(다) 이러한 경우에는 사망과정의 연장에 불과한 진료행위를 중단할 수 있다.

③ 항소심법원은 피고 P학교법인의 항소를 기각하였다.

④ 피고 P학교법인은 불복 상고하였다.

⑤ 피고 P학교법인은 상고이유로 다음의 점을 주장하였다.

(가) 항소심이 제시한 연명치료 중단의 허용기준에 잘못이 있다.

(나) 원고 A는 아직 회복불가능한 사망의 단계에 진입하지 않았다.

(다) 원고 A에게 진료중단을 구하는 의사가 추정되지 않는다.

【사건의 경과 3】

① 대법원은 9 대 4로 견해가 나뉘었다.

② 두 진영에서는 다시 여러 가지 의견들이 제시되었다.

③ 대법원은 다수의견에 따라 피고 P학교법인의 상고를 기각하였다.

④ (이하에서는 지면 관계로 다수의견만을 소개함)

⑤ (소제목의 번호와 내용은 판례 본문의 것 그대로임)

2. 연명치료 중단의 허용기준에 관한 상고이유에 대하여

가. 의료계약에 따른 진료의무의 내용

【대법원 요지】 환자가 의사(醫師) 또는 의료기관(이하 '의료인'이라 한다)에게 진료를 의뢰하고, /

【대법원 요지】 의료인이 그 요청에 응하여 치료행위를 개시하는 경우에 의료인과 환자 사이에는 의료계약이 성립된다. /

【대법원 요지】 의료계약에 따라 의료인은 질병의 치료 등을 위하여 모든 의료지식과 의료기술을 동원하여 환자를 진찰하고 치료할 의무를 부담하며 이에 대하여 환자 측은 보수를 지급할 의무를 부담한다.

【대법원 요지】 질병의 진행과 환자 상태의 변화에 대응하여 이루어지는 가변적인 의료의 성질로 인하여, /

【대법원 요지】 계약 당시에는 진료의 내용 및 범위가 개괄적이고 추상적이지만, /

【대법원 요지】 이후 질병의 확인, 환자의 상태와 자연적 변화, 진료행위에 의한 생체반응 등(이하 '환자의 건강상태 등'이라 한다)에 따라 제공되는 진료의 내용이 구체화되므로, /

【대법원 요지】 의료인은 환자의 건강상태 등과 당시의 의료수준 그리고 자기의 지식경험에 따라 적절하다고 판단되는 진료방법을 선택할 수 있는 상당한 범위의 재량을 가진다 /

【대법원 요지】 (대법원 1992. 5. 12. 선고 91다23707 판결, 대법원 2007. 5. 31. 선고 2005다5867 판결 등 참조).

【대법원 요지】 그렇지만 환자의 수술과 같이 신체를 침해하는 진료행위를 하는 경우에는 질병의 증상, 치료방법의 내용 및 필요성, 발생이 예상되는 위험 등에 관하여 당시의 의료수준에 비추어 상당하다고 생각되는 사항을 설명하여 /

【대법원 요지】 당해 환자가 그 필요성이나 위험성을 충분히 비교해 보고 그 진료행위를 받을 것인지의 여부를 선택하도록 함으로써 그 진료행위에 대한 동의를 받아야 한다 /

【대법원 요지】 (대법원 1994. 4. 15. 선고 92다25885 판결, 대법원 2002. 10. 25. 선고 2002다48443 판결 등 참조). /

【대법원 요지】 환자의 동의는 헌법 제10조에서 규정한 개인의 인격권과 행복추구권에 의하여 보호되는 자기결정권을 보장하기 위한 것으로서, /

【대법원 요지】 환자가 생명과 신체의 기능을 어떻게 유지할 것인지에 대하여 스스로 결정하고 진료행위를 선택하게 되므로, /

【대법원 요지】 의료계약에 의하여 제공되는 진료의 내용은 의료인의 설명과 환자의 동의에 의하여 구체화된다고 할 수 있다.

나. 생명과 관련된 진료의 거부 또는 중단

【대법원 판단】 자기결정권 및 신뢰관계를 기초로 하는 의료계약의 본질에 비추어 강제진료를 받아야 하는 등의 특별한 사정이 없는 한 환자는 자유로이 의료계약을 해지할 수 있다 할 것이며(민법 제689조 제1항), /

【대법원 판단】 의료계약을 유지하는 경우에도 환자의 자기결정권이 보장되는 범위 내에서는 제공되는 진료행위의 내용 변경을 요구할 수 있을 것이다.

【대법원 판단】 따라서 환자의 신체 침해를 수반하는 구체적인 진료행위가 환자의 동의를 받아 제공될 수 있는 것과 마찬가지로, /

【대법원 판단】 그 진료행위를 계속할 것인지 여부에 관한 환자의 결정권 역시 존중되어야 하며, /

【대법원 판단】 환자가 그 진료행위의 중단을 요구할 경우에 원칙적으로 의료인은 이를 받아들이고 다른 적절한 진료방법이 있는지를 강구하여야 할 것이다.

【대법원 판단】 그러나 인간의 생명은 고귀하고 생명권은 헌법에 규정된 모든 기본권의 전제로서 기능하는 기본권 중의 기본권이라 할 것이므로, /

【대법원 판단】 환자의 생명과 직결되는 진료행위를 중단할 것인지 여부는 극히 제한적으로 신중하게 판단하여야 한다.

다. 회복불가능한 사망 단계에 진입한 환자에 대한 진료중단의 허용 요건

【대법원 요지】 (1) 의학적으로 환자가 의식의 회복가능성이 없고 /

【대법원 요지】 생명과 관련된 중요한 생체기능의 상실을 회복할 수 없으며 /

【대법원 요지】 환자의 신체상태에 비추어 짧은 시간 내에 사망에 이를 수 있음이 명백한 경우/

【대법원 요지】 (이하 '회복불가능한 사망의 단계'라 한다)에 /

【대법원 요지】 이루어지는 진료행위/

【대법원 요지】 (이하 '연명치료'라 한다)는 /

【대법원 요지】 원인이 되는 질병의 호전을 목적으로 하는 것이 아니라 질병의 호전을 사실상 포기한 상태에서 오로지 현 상태를 유지하기 위하여 이루어지는 치료에 불과하므로, /

【대법원 요지】 그에 이르지 아니한 경우와는 다른 기준으로 진료중단 허용 가능성을 판단하여야 한다.

【대법원 판단】 환자가 회복불가능한 사망의 단계에 진입한 경우, /

【대법원 판단】 환자는 전적으로 기계적인 장치에 의존하여 연명하게 되고, /

【대법원 판단】 전혀 회복가능성이 없는 상태에서 결국 신체의 다른 기능까지 상실되어 기계적인 장치에 의하여서도 연명할 수 없는 상태에 이르기를 기다리고 있을 뿐이므로, /

【대법원 판단】 의학적인 의미에서는 치료의 목적을 상실한 신체 침해 행위가 계속적으로 이루어지는 것이라 할 수 있으며, /

【대법원 판단】 이는 죽음의 과정이 시작되는 것을 막는 것이 아니라 자연적으로는 이미 시작된 죽음의 과정에서의 종기를 인위적으로 연장시키는 것으로 볼 수 있다.

【대법원 판단】 생명권이 가장 중요한 기본권이라고 하더라도 인간의 생명 역시 인간으로서의 존엄성이라는 인간 존재의 근원적인 가치에 부합하는 방식으로 보호되어야 할 것이다. /

【대법원 요지】 따라서 이미 의식의 회복가능성을 상실하여 더 이상 인격체로서의 활동을 기대할 수 없고 자연적으로는 이미 죽음의 과정이 시작되었다고 볼 수 있는 회복불가능한 사망의 단계에 이른 후에는, /

【대법원 요지】 의학적으로 무의미한 신체 침해 행위에 해당하는 연명치료를 환자에게 강요하는 것이 오히려 인간의 존엄과 가치를 해하게 되므로, /

【대법원 요지】 이와 같은 예외적인 상황에서 죽음을 맞이하려는 환자의 의사결정을 존중하여 환자의 인간으로서의 존엄과 가치 및 행복추구권을 보호하는 것이 사회상규에 부합되고 헌법정신에도 어긋나지 아니한다고 할 것이다.

【대법원 요지】 그러므로 회복불가능한 사망의 단계에 이른 후에 환자가 인간으로서의 존엄과 가치 및 행복추구권에 기초하여 자기결정권을 행사하는 것으로 인정되는 경우에는 특별한 사정이 없는 한 연명치료의 중단이 허용될 수 있다.

【대법원 요지】 (2) 환자가 회복불가능한 사망의 단계에 이르렀을 경우에 대비하여 미리 의료인에게 자신의 연명치료 거부 내지 중단에 관한 의사를 밝힌 경우(이하 '사전의료지시'라 한다)에는 /

【대법원 요지】 비록 진료 중단 시점에서 자기결정권을 행사한 것은 아니지만 사전의료지시를 한 후 환자의 의사가 바뀌었다고 볼 만한 특별한 사정이 없는 한 사전의료지시에 의하여 자기결정권을 행사

한 것으로 인정할 수 있다.

【대법원 요지】 다만, 이러한 사전의료지시는 진정한 자기결정권 행사로 볼 수 있을 정도의 요건을 갖추어야 한다. /

【대법원 요지】 따라서 의사결정능력이 있는 환자가 의료인으로부터 직접 충분한 의학적 정보를 제공받은 후 그 의학적 정보를 바탕으로 자신의 고유한 가치관에 따라 진지하게 구체적인 진료행위에 관한 의사를 결정하여야 하며, /

【대법원 요지】 이와 같은 의사결정 과정이 환자 자신이 직접 의료인을 상대방으로 하여 작성한 서면이나 의료인이 환자를 진료하는 과정에서 위와 같은 의사결정 내용을 기재한 진료기록 등에 의하여 진료 중단 시점에서 명확하게 입증될 수 있어야 비로소 사전의료지시로서의 효력을 인정할 수 있다.

【대법원 판단】 환자 본인의 의사에 따라 작성된 문서라는 점이 인정된다고 하더라도, /

【대법원 판단】 의료인을 직접 상대방으로 하여 작성하거나 의료인이 참여한 가운데 작성된 것이 아니라면, /

【대법원 판단】 환자의 의사결정능력, 충분한 의학적 정보의 제공, 진지한 의사에 따른 의사표시 등의 요건을 갖추어 작성된 서면이라는 점이 문서 자체에 의하여 객관적으로 확인되지 않으므로 위 사전의료지시와 같은 구속력을 인정할 수 없고, /

【대법원 판단】 아래에서 보는 바와 같이 환자의 의사를 추정할 수 있는 객관적인 자료의 하나로 취급할 수 있을 뿐이다.

【대법원 요지】 (3) 한편, 환자의 사전의료지시가 없는 상태에서 회복불가능한 사망의 단계에 진입한 경우에는 환자에게 의식의 회복가능성이 없으므로 더 이상 환자 자신이 자기결정권을 행사하여 진료행위의 내용 변경이나 중단을 요구하는 의사를 표시할 것을 기대할 수 없다. /

【대법원 요지】 그러나 환자의 평소 가치관이나 신념 등에 비추어 연명치료를 중단하는 것이 객관적으로 환자의 최선의 이익에 부합한다고 인정되어 환자에게 자기결정권을 행사할 수 있는 기회가 주어지더라도 연명치료의 중단을 선택하였을 것이라고 볼 수 있는 경우에는 /

【대법원 요지】 그 연명치료 중단에 관한 환자의 의사를 추정할 수 있다고 인정하는 것이 합리적이고 사회상규에 부합된다.

【대법원 요지】 이러한 환자의 의사 추정은 객관적으로 이루어져야 한다. /

【대법원 요지】 따라서 환자의 의사를 확인할 수 있는 객관적인 자료가 있는 경우에는 반드시 이를 참고하여야 하고, /

【대법원 요지】 환자가 평소 일상생활을 통하여 가족, 친구 등에 대하여 한 의사표현, 타인에 대한 치료를 보고 환자가 보인 반응, 환자의 종교, 평소의 생활 태도 등을 /

【대법원 요지】 환자의 나이, 치료의 부작용, 환자가 고통을 겪을 가능성, 회복불가능한 사망의 단계에 이르기까지의 치료 과정, 질병의 정도, 현재의 환자 상태 등 객관적인 사정과 종합하여 /

【대법원 요지】 환자가 현재의 신체상태에서 의학적으로 충분한 정보를 제공받는 경우 연명치료 중단을 선택하였을 것이라고 인정되는 경우라야 그 의사를 추정할 수 있을 것이다.

【대법원 요지】 (4) 환자 측이 직접 법원에 소를 제기한 경우가 아니라면, /

【대법원 요지】 환자가 회복불가능한 사망의 단계에 이르렀는지 여부에 관하여는 전문의사 등으로

구성된 위원회 등의 판단을 거치는 것이 바람직하다.

라. 이 사건에 대한 판단

【대법원 판단】 원심판결 이유에 의하면, /

【대법원 판단】 원심은 환자가 회생가능성이 없는 회복불가능한 사망과정에 진입한 경우에 환자의 진지하고 합리적인 치료중단 의사가 추정될 수 있다면 사망과정의 연장에 불과한 진료행위를 중단할 수 있다는 취지로 판단하였는바, /

【대법원 결론】 원심이 연명치료 중단의 기준으로 삼은 위와 같은 사유는 위에서 살펴 본 회복불가능한 사망의 단계에 이른 경우의 연명치료 중단에 관한 법리와 같은 취지이므로 정당하고, /

【대법원 결론】 거기에 연명치료 중단의 허용기준에 관한 법리를 오해한 위법이 없다.

3. 원고가 회복불가능한 사망의 단계에 진입하지 않았다는 상고이유에 대하여

【대법원 요지】 앞서 본 바와 같이 /

【대법원 요지】 환자의 추정적 의사에 의하여 연명치료의 중단이 허용될 수 있는 회복불가능한 사망의 단계는 의식의 회복가능성이 없고 생명과 관련된 중요한 생체기능의 상실을 회복할 수 없으며 환자의 신체상태에 비추어 짧은 시간 내에 사망에 이를 수 있음이 명백한 경우를 의미하는바, /

【대법원 요지】 그 단계에 이르렀는지 여부는 주치의의 소견뿐 아니라 사실조회, 진료기록 감정 등에 나타난 다른 전문의사의 의학적 소견을 종합하여 신중하게 판단하여야 한다.

【대법원 분석】 원심은 거시 증거를 종합하여 /

【대법원 분석】 원고에 대한 뇌 자기공명영상(MRI) 검사에서 뇌가 전반적으로 심한 위축을 보이고 대뇌피질의 요철이 단지 가느다란 띠 형상으로 보일 정도로 심하게 파괴되어 있으며 기저핵 시상(視床)의 구조가 보이지 아니하고 뇌간 및 소뇌도 심한 손상으로 위축되어 있는 사실, /

【대법원 분석】 원고의 담당 주치의는 원고에게 자발호흡은 없지만 뇌사상태는 아니며 지속적 식물인간상태로서 의식을 회복할 가능성은 매우 낮아 5% 미만이라는 견해를 피력하였으나, /

【대법원 분석】 진료기록 감정의는 원고가 자발호흡이 없어 일반적인 식물인간상태보다 더 심각하여 뇌사상태에 가깝고 회복가능성은 거의 없다고 하고 있으며, /

【대법원 분석】 신체감정의들도 모두 원고가 지속적 식물인간상태로서 회생가능성이 희박하다는 취지의 견해를 밝히고 있는 사실, /

【대법원 분석】 자발호흡이 없어 인공호흡기에 의하여 생명이 유지되는 상태인 사실을 각 인정한 후, /

【대법원 판단】 원고가 회복불가능한 사망의 단계에 진입하였다고 판단하였다.

【대법원 결론】 이러한 원심의 판단은 위의 법리에 따른 것으로서 수긍할 수 있고, /

【대법원 결론】 거기에 상고이유에서 주장하는 바와 같은 의료행위의 재량성에 대한 법리오해 등의 위법이 없다.

4. 원고의 진료중단을 구하는 의사가 추정되지 않는다는 상고이유에 대하여

【대법원 분석】 원심은 거시 증거를 종합하여 /

【대법원 분석】 원고가 독실한 기독교 신자로서 15년 전 교통사고로 팔에 상처가 남게 된 후부터는 이를 남에게 보이기 싫어하여 여름에도 긴 팔 옷과 치마를 입고 다닐 정도로 항상 정갈한 모습을 유지하고자 하였던 사실, /

【대법원 분석】 텔레비전을 통해 병석에 누워 간호를 받으며 살아가는 사람의 모습을 보고 "나는 저렇게까지 남에게 누를 끼치며 살고 싶지 않고 깨끗이 이생을 떠나고 싶다"라고 말하였던 사실, /

【대법원 분석】 3년 전 남편의 임종 당시 며칠 더 생명을 연장할 수 있는 기관절개술을 거부하고 그대로 임종을 맞게 하면서 "내가 병원에서 안 좋은 일이 생겨 소생하기 힘들 때 호흡기는 끼우지 말라. 기계에 의하여 연명하는 것은 바라지 않는다"고 말한 사실 등 /

【대법원 분석】 일상생활에서의 대화 및 원고의 현 상태 등 여러 사정을 종합하여, /

【대법원 판단】 원고가 현재의 상황에 관한 정보를 충분히 제공받았을 경우 원고에게 현재 시행되고 있는 연명치료를 중단하고자 하는 의사가 있었을 것으로 추정하였다.

【대법원 결론】 원심의 이와 같은 조치는 위에서 본 회복불가능한 사망의 단계에 이르렀을 경우의 환자의 자기결정권 및 환자 의사 추정에 관한 법리에 부합되는 것으로서 수긍할 수 있고, /

【대법원 결론】 거기에 상고이유에서 주장하는 바와 같은 헌법 위반이나 법리오해 등의 위법이 없다.

5. 결 론

【대법원 결론】 그러므로 상고를 기각하고, /

【대법원 결론】 상고비용은 패소자가 부담하기로 하여 주문과 같이 판결한다. /

【대법원 결론】 이 판결에는 원고가 회복불가능한 사망의 단계에 들어섰고 연명치료 중단의 의사가 추정되는지 여부에 대한 대법관 안대희, 대법관 양창수의 반대의견과 /

【대법원 결론】 연명치료 중단의 허용기준에 대한 대법관 이홍훈, 대법관 김능환의 반대의견이 있는 외에는 /

【대법원 결론】 관여 법관들의 의견이 일치하였고, /

【대법원 결론】 다수의견에 대한 대법관 김지형, 대법관 차한성의 보충의견 및 /

【대법원 결론】 연명치료 중단의 절차에 대한 대법관 김지형, 대법관 박일환의 별개의견이 있다.

2005도1373

자살방조죄의 성립요건
청산염 판매광고 사건

2005. 6. 10. 2005도1373, 공 2005, 1203

1. 사실관계 및 사건의 경과

【사실관계】

① A는 자살을 원하고 있었다.

② A는 인터넷 사이트 내 자살 관련 카페(동호회) 등지에서 자살에 사용할 청산염 등 유독물의 구입처와 동반 자살자를 물색하였다.
③ 갑과 을은 인터넷 사이트 내 자살 관련 카페에 청산염 등 자살용 유독물의 일반적 효능 소개를 곁들인 판매 광고용 글을 올렸다.
④ 2004. 2. 18.경부터 2004. 2. 25.경까지 A와 갑은 청산염 구입을 위한 상담용 이메일을 주고받고 통화까지 하였다.
⑤ 2004. 2. 25.경 A는 갑과 을이 실제로는 청산염을 소지한 바도 없이 단지 금원 편취의 의도로 판매 광고 등을 하는 것임을 알아차렸다.
⑥ A는 갑, 을과의 접촉을 중단하고 다른 불상의 경로를 통해 청산염을 입수하였다.
⑦ 2004. 3. 9.경 A는 다른 자살 희망자 B, C를 자신의 소재지로 불러모아 동반 자살하였다.

【사건의 경과】

① 검사는 갑과 을을 자살방조죄로 기소하였다.
② 갑과 을은 실제로 청산염을 판매하려고 한 것이 아니라 판매대금을 편취할 목적으로 광고를 한 것이라고 주장하였다.
③ 갑과 을의 피고사건은 제1심을 거친 후, 항소심에 계속되었다.
④ 항소심법원은 갑과 을에게 무죄를 선고하였다.
⑤ 검사는 불복 상고하였다.
⑥ 검사는 상고이유로 다음의 점을 주장하였다.
  (가) 사실오인 : 갑과 을은 실제로 청산염을 판매하려고 광고한 것이다.
  (나) 법리오해 : 청산염 판매광고를 함으로써 A 등의 자살을 부추겼으므로 방조에 해당한다.

2. 자살방조죄의 성립요건

【대법원 요지】 형법 제252조 제2항의 자살방조죄는 자살하려는 사람의 자살행위를 도와주어 용이하게 실행하도록 함으로써 성립되는 것으로서, /
【대법원 요지】 그 방법에는 자살도구인 총, 칼 등을 빌려주거나 독약을 만들어 주거나 조언 또는 격려를 한다거나 /
【대법원 요지】 기타 적극적, 소극적, 물질적, 정신적 방법이 모두 포함된다 할 것이나 /
【대법원 요지】 이러한 자살방조죄가 성립하기 위해서는 /
【대법원 요지】 그 방조 상대방의 구체적인 자살의 실행을 원조하여 이를 용이하게 하는 행위의 존재 및 /
【대법원 요지】 그 점에 대한 행위자의 인식이 요구된다고 보아야 할 것이다.

3. 사안에 대한 대법원의 분석

【대법원 분석】 원심이 채택한 증거에 의하면, /
【대법원 분석】 이 사건 변사자들은 2004. 3. 9.경 동반 자살하기에 앞서 /

【대법원 분석】 '자살에 관하여' 등 그 판시 인터넷 사이트 내 자살 관련 카페(동호회) 등지에서 자살에 사용할 청산염 등 유독물의 구입처와 동반 자살자를 물색하여 오던 중 /

【대법원 분석】 2004. 2. 18.경부터 같은 해 2. 25.경까지 위 카페 게시판에 청산염 등 자살용 유독물의 일반적 효능 소개를 곁들인 판매 광고용 글을 올린 피고인 갑과 사이에 위 청산염 구입을 위한 상담용 이메일을 주고받고 통화까지 하였으나, /

【대법원 분석】 피고인들은 실제로는 위 청산염을 소지한 바도 없이 단지 금원 편취의 의도로 위 판매광고 등을 한 것으로 보이고, /

【대법원 분석】 변사자 A 또한 2004. 2. 25.경 이를 알아채고서 그 후 피고인들과의 접촉을 중단하고 다른 불상의 경로를 통해 청산염을 입수한 다음 /

【대법원 분석】 변사자 B, 변사자 C 등 나머지 변사자들을 그의 소재지로 불러모아 동반 자살하기에 이른 사실이 인정되는바, /

4. 사안에 대한 대법원의 판단

【대법원 판단】 위 인정 사실에서 알 수 있는 바와 같이 /

【대법원 판단】 피고인들의 이 사건 판매광고 등의 행위는 단지 금원 편취 목적의 사기행각의 일환으로 이루어진 것일 뿐 /

【대법원 판단】 그 후 다른 경로로 입수한 청산염을 이용한 위 변사자들의 자살행위에 어떠한 물질적 혹은 유형적 기여도 하지 못한 점, /

【대법원 판단】 위 변사자들이 위 자살 관련 카페에서의 상호 교감을 통해 이미 자살을 결의하고 구체적 실행방법만을 물색하고 있던 상황인 데다가 /

【대법원 판단】 피고인들의 위 판매광고가 사기행각임이 발각되기까지 하였음에 비추어 /

【대법원 판단】 피고인들이 위 변사자들의 자살의 실행에 정신적 혹은 무형적으로 기여하였다고 보기도 어려운 점, /

【대법원 판단】 기록에 의하면 위 변사자들의 자살에 사용된 청산염의 효능에 대하여는 이미 위 자살 관련 카페의 회원들 사이에서는 주지의 사실이었던 것으로 보이는 점 등의 사정에 비추어 /

【대법원 판단】 피고인들의 위 행위가 위 변사자들이 실행한 자살행위를 원조하여 이를 용이하게 한 방조행위에 해당한다고 보기 어렵다 할 것이고, /

【대법원 판단】 나아가 위와 같은 사정하에서라면 단지 가짜 청산염 판매광고의 수법으로 금원을 편취하고자 한 피고인들에게 /

【대법원 판단】 위 변사자들의 구체적 자살행위에 관한 방조의 범의가 있다고 보기도 어렵다 할 것이니, /

【대법원 결론】 같은 취지에서 이 부분 공소사실에 대하여 무죄를 선고한 원심판결은 정당하다 할 것이고, /

【대법원 결론】 거기에 상고이유에서 주장하는 것처럼 사실오인 및 법리오해 등의 위법이 있다고 할 수 없다. (상고 기각)

제25장 상해와 폭행의 죄

제1 상해의 죄

2005도3832

업무상과실치사죄와 사람 – 부정례

거대 태아 방치 사건

2007. 6. 29. 2005도3832, 공 2007, 1222

☞ 6면

96도2529

상해죄와 상해 – 인정례

회칼 협박 실신 사건

1996. 12. 10. 96도2529, 공 1997, 456

1. 사실관계 및 사건의 경과

【사실관계】

① 갑과 그의 공범들은 A를 갑이 경영하는 P초밥집에 불러내었다.

② 갑 등은 당일 22:00경부터 그 다음날 02:30경까지 사이에 A에게 회칼로 죽여버리겠다거나 소주병을 깨어 찌를 듯한 태도를 보이면서 계속하여 협박하였다.

③ 그러다가 갑이 손바닥으로 A의 얼굴과 목덜미를 수회 때리자, A는 극도의 공포감을 이기지 못하고 기절하였다.

④ A는 갑 등이 불러온 119 구급차 안에서야 겨우 정신을 차리고 인근 병원에까지 이송되었다.

【사건의 경과】

① 검사는 갑을 폭처법위반죄(상해)로 기소하였다.

② 갑의 피고사건은 제1심을 거친 후, 항소심에 계속되었다.

③ 항소심법원은 갑에게 유죄를 인정하였다.

④ 갑은 불복 상고하였다.

2. 사안에 대한 대법원의 판단

【대법원 분석】 피고인과 그의 공범들이 피해자를 피고인 경영의 초밥집에 불러내어 22:00경부터 그 다음날 02:30경까지 사이에 회칼로 죽여버리겠다거나 소주병을 깨어 찌를 듯한 태도를 보이면서 계속하여 협박하다가 손바닥으로 피해자의 얼굴과 목덜미를 수회 때리자, /

【대법원 분석】 피해자가 극도의 공포감을 이기지 못하고 기절하였다가 피고인 등이 불러온 119 구급차 안에서야 겨우 정신을 차리고 인근 병원에까지 이송된 사실이 명백히 인정되는바, /

【대법원 판단】 이와 같이 오랜 시간 동안의 협박과 폭행을 이기지 못하고 실신하여 범인들이 불러온 구급차 안에서야 정신을 차리게 되었다면, /

【대법원 판단】 외부적으로 어떤 상처가 발생하지 않았다고 하더라도 생리적 기능에 훼손을 입어 신체에 대한 상해가 있었다고 봄이 상당하므로, /

【대법원 결론】 원심판결에 논하는 바와 같은 채증법칙 위반이나 상해죄에 관한 법리오해의 위법이 있다고 할 수 없[다.] (상고 기각)

【비교법 조문 2】

한국 형법

제257조 (상해, 존속상해) ① 사람의 신체를 상해한 자는 7년 이하의 징역, 10년 이하의 자격정지 또는 1천만원 이하의 벌금에 처한다.

② 자기 또는 배우자의 직계존속에 대하여 제1항의 죄를 범한 때에는 10년 이하의 징역 또는 1천500만원 이하의 벌금에 처한다.

③ 전 2항의 미수범은 처벌한다.

제260조 (폭행, 존속폭행) ① 사람의 신체에 대하여 폭행을 가한 자는 2년 이하의 징역, 500만원 이하의 벌금, 구류 또는 과료에 처한다.

② 자기 또는 배우자의 직계존속에 대하여 제1항의 죄를 범한 때에는 5년 이하의 징역 또는 700만원 이하의 벌금에 처한다.

③ 제1항 및 제2항의 죄는 피해자의 명시한 의사에 반하여 공소를 제기할 수 없다.

제262조 (폭행치사상) 전2조의 죄를 범하여 사람을 사상에 이르게 한때에는 제257조 내지 제259조의 예에 의한다.

독일 형법

제223조 (상해) ① 타인을 신체적으로 학대하거나 또는 건강을 해한 자는 5년 이하의 자유형 또는 벌금형에 처한다.

② 미수범은 처벌한다.

[폭행죄 처벌규정 없음]

일본 형법

제204조 (상해) 사람의 신체를 상해한 자는 15년 이하의 징역 또는 50만엔 이하의 벌금에 처한다.

[상해죄 미수범 처벌규정 없음]

제208조 (폭행) 폭행을 가한 자가 사람을 상해함에 이르지 아니한 때에는 2년 이하의 징역 또는 30만엔 이하의 벌금, 구류 또는 과료에 처한다.

【코멘트】 일본 형법은 상해죄를 폭행죄의 결과적 가중범과 같은 형태로 규정하고 있다. 이에 대해 우리 형법은 상해죄와 폭행죄를 각각 별도로 규정하고 있다. 우리 형법은 상해의 수단이나 방법에 대해 명시적으로 언급하고 있지 않으나 반드시 폭행에 국한될 것은 아니다. 본 판례에서 대법원은 협박에 의한 상해죄의 성립을 인정하고 있다.

96도2673

상해죄와 상해 - 부정례
영장집행 실랑이 사건

1996. 12. 23. 96도2673, 공 1997, 583

1. 사실관계 및 사건의 경과

【사실관계 1】

① P경찰청 보안2과 소속 경장 A와 그 일행은 갑에 대한 국가보안법위반죄 피의사건의 체포영장을 집행하기 위하여 갑의 집에 이르렀다.

② A의 일행이 갑의 집에 이르러 현관문을 갑자기 두드리자 갑과 그의 처 B가 잠옷차림으로 현관으로 나가 잠금장치를 풀었다.

③ 갑과 B가 문을 열자마자 사복차림의 A 등은 갑과 B를 밀치면서 현관 안으로 들어왔다.

④ 이에 순간적으로 당황한 갑은 현관입구 신발장 쪽에 있던 야구방망이를 잡아 A 등을 향해 들었다.

⑤ A는 이를 맞잡으면서 설득하여 갑은 방망이를 그 곳 바닥에 내려놓았다.

⑥ 그 후 A와 그 일행들은 갑이 옷을 갈아입을 시간을 주기 위하여 현관 밖으로 나가면서 그때야 방문목적 등을 고지하면서 영장을 제시하였다.

⑦ 그 후 갑은 옷을 갈아입고 아무런 반항 없이 순순히 연행에 응하였다.

【사실관계 2】

① 갑이 A와 실랑이를 하는 과정에서 A의 좌측 팔 ㉠부분에 약간의 멍이 생겼다.

② 멍의 크기는 동전 크기 정도이고 별도의 병원치료를 받을 정도의 상처는 아니어서 A는 며칠 뒤 파스를 붙인 것 이외에는 따로 치료를 받지 않았다.

③ ㉠상처 부분에 대한 의사의 소견서에는 약 1주간의 안정을 요한다는 취지로 기재되었다.

④ A가 ㉠상처를 입은 후에도 경찰단계에서는 아무런 고소나 상해 부분에 대한 수사가 이루어지지 않았다.

⑤ 갑은 국가보안법위반죄 피의사실로 검찰에 송치된 후에도 묵비권을 행사하는 등 수사에 비협조적이었다.

⑥ 그러자 A의 구두 고소에 의하여 사법경찰관이 ㉠상처 부분을 인지 · 수사하여 검찰에 추송하였다.

【사건의 경과】

① 검사는 갑을 국가보안법위반죄, 공무집행방해죄, 상해죄 등으로 기소하였다.
② (국가보안법위반죄 부분은 고찰에서 제외함)
③ 갑의 피고사건은 제1심을 거친 후, 항소심에 계속되었다.
④ 항소심법원은 A 일행 등의 체포영장 집행절차가 적법하지 아니하여 공무집행방해죄가 성립하지 않는다고 판단하였다.
⑤ (공무집행방해죄 부분은 고찰에서 제외함)
⑥ 항소심법원은 A의 ㉠부분 상처는 경미한 상해에 불과하여 상해죄가 성립하지 않는다고 판단하였다.
⑦ (항소심의 판단 이유는 판례 본문 참조)
⑧ 검사는 불복 상고하였다.

2. 사안에 대한 대법원의 판단

【대법원 분석】 원심판결 이유에 의하면, 원심은 /

【대법원 분석】 피고인 갑이 [...] 원심사실인정에서 본 바와 같은 실랑이를 하는 과정에서 위 공소외 A의 좌측팔 부분에 약간의 멍이 생기기는 하였으나 그 크기도 동전 크기 정도이고 /

【대법원 분석】 별도의 병원치료를 받을 정도의 상처는 아니어서 위 공소외 A가 며칠 뒤 파스를 붙인 것 이외에는 따로 치료를 받지도 않았으며 /

【대법원 분석】 위 상해 부분에 대한 소견서의 기재도 단순히 약 1주간의 안정을 요한다는 취지인 사실, /

【대법원 분석】 위 공소외 A가 위 상처를 입은 후에도 경찰단계에서는 아무런 고소나 이 부분 수사가 이루어지지 않았다가 /

【대법원 분석】 위 피고인이 검찰에 송치된 후에도 묵비권을 행사하는 등 수사에 비협조적이자 위 피해자의 구두 고소에 의하여 사법경찰관이 이 부분을 인지 · 수사하여 1995. 12. 19. 검찰에 추송한 사실을 인정한 다음, /

【대법원 판단】 위 상해는 피고인이 피해자와 연행문제로 시비하는 과정에서 치료도 필요 없는 가벼운 상처로서 /

【대법원 판단】 그 정도의 상처는 일상생활에서 얼마든지 생길 수 있는 극히 경미한 상처이므로 굳이 따로 치료할 필요도 없는 것이어서 /

【대법원 판단】 그로 인하여 [신]체의 완전성을 해하거나 건강상태를 불량하게 변경하였다고 보기 어려우므로 /

【대법원 판단】 피해자가 입은 위 상처를 가지고서 상해죄에서 말하는 상해에 해당된다고 할 수 없다고 판단하였다.

【대법원 결론】 기록을 검토하여 보면 원심의 위와 같은 사실인정과 판단은 정당한 것으로 여겨지고, 거기에 채증법칙을 위배하여 사실을 오인하였다거나 상해죄에 있어서의 상해에 관한 법리를 오해한 위법 등이 있다고 할 수 없다. (상고 기각)

【코멘트】 본 판례는 상해죄의 사안에서 상해의 개념을 정의한 사례로서 주목된다. 본 판례에서 검사는 갑의 행위가 "신체의 완전성을 해하였고, 건강상태를 불량하게 변경하였다"고 주장하고 있다. 이에 대해 대법원은 "신체의 완전성을 해하거나 건강상태를 불량하게 변경하였다고 보기 어렵다"는 판단을 내리고 있다. 전자가 상해의 개념을 적극적으로 정의하는 방식이라면 후자는 소극적으로 정의하는 방식이라고 할 수 있다. 그러나 핵심적 요소는 '건강상태를 불량하게 변경하였다'는 점에 모아지고 있다.

종래 상해는 강도상해 · 치상이나 강간상해 · 치상 등의 경우에 형을 가중하여 집행유예 가능성을 차단하거나 성범죄 사안을 비친고죄로 전환하는 사유로 주목되었다. 그런데 2012년의 형법 일부개정에 의하여 강간죄 등 각종 성범죄(간통죄 제외)가 친고죄에서 비친고죄로 전환되었다. 이제 상해는 형을 가중하여 집행유예의 가능성을 차단하는 사유로 주목된다. 성폭력처벌법 제8조의 강간등상해 · 치상죄(무기 또는 10년 이상의 징역, 무기 또는 7년 이상의 징역), 아청법 제9조의 강간등상해 · 치상죄(무기 또는 7년 이상의 징역), 형법 337조의 강도상해 · 치상죄(무기 또는 7년 이상의 징역) 등이 여기에 해당하는 예이다.

98도3732

강간치상죄와 상해 – 인정례
외상후 스트레스 사건

1999. 1. 26. 98도3732, 공 1999, 407

☞ 202면

99도3099

강제추행치상죄와 상해 – 부정례
음모 절단 사건

2000. 3. 23. 99도3099, 공 2000, 1096

☞ 204면

2009도5022

준강도죄와 절도의 기회 – 인정례
강도상해죄와 상해 – 인정례
절도범 추격 사건

2009. 7. 23. 2009도5022, [공보불게재]

☞ 457면

2006도148

공무집행방해죄와 적법성 - 부정례
상해죄와 정당방위 - 인정례
검사실 몸싸움 사건

2006. 9. 8. 2006도148, 공 2006, 1699

☞ 1096면

2011도3682

공무집행방해죄와 적법성 - 부정례
상해죄와 정당방위 - 인정례
불심검문 욕설 사건

2011. 5. 26. 2011도3682, 공 2011하, 1367

☞ 1100면

2000헌바53

존속상해죄 합헌결정
존속상해치사사건

2002. 3. 28. 2000헌바53, 헌공 제67호

1. 사실관계 및 사건의 경과

【사실관계】

① 갑은 아버지[父] A에게 두부출혈상을 가하여 사망에 이르게 하였다는 내용의 존속상해치사죄로 기소되었다.

② 갑은 제1심에 피고사건이 계속되던 중에, 존속상해치사죄에 관한 형법 제259조 제2항이 헌법에 위반된다고 주장하여 제1심법원에 헌법소원심판제청을 하였다.

③ 갑은 존속상해죄 가중처벌규정이 위헌임을 주장하는 근거로 다음의 점을 주장하였다.

(가) 헌법 제10조의 인간으로서의 존엄과 가치 및 행복추구권을 침해한다.

(나) 헌법 제11조의 평등의 원칙에 위배된다.

(다) 헌법 제17조의 사생활의 자유를 침해한다.

(라) 헌법 제36조의 혼인·가족제도 보장의 원칙에 위배된다.

【사건의 경과】
① 제1심법원은 갑의 신청을 기각하였다.
② 갑은 헌법재판소에 헌법소원심판청구를 하였다.
③ 헌법재판소는 형법 제259조 제2항을 심판대상으로 삼아 판단하였다.
④ 헌법재판소는 재판관 전원 일치의 의견으로 합헌 결정을 내렸다.
⑤ (다음의 헌법재판소 결정 이유 항목 이하의 소제목은 판례 원문에 의함)

2. 헌법재판소의 결정 이유

가. 이 사건 법률조항의 입법취지 및 입법례 등

【헌재 분석】 이 사건 법률조항 이외에 우리 형법상 존속에 대한 범죄를 가중처벌하는 예로는 /
【헌재 분석】 존속살해(제250조 제2항), /
【헌재 분석】 존속상해(제257조 제2항) 및 존속중상해(제258조 제3항), /
【헌재 분석】 존속폭행(제260조 제2항), /
【헌재 분석】 존속유기 및 존속중유기(제271조 제2항, 제4항), /
【헌재 분석】 존속학대(제273조 제2항)와 동 치사상(제275조 제2항), /
【헌재 분석】 존속체포·감금(제276조 제2항) 및 존속중체포·감금(제277조 제2항)과 동 치사상(제281조 제2항), /
【헌재 분석】 존속협박(제283조 제2항) 등이 있고 /
【헌재 분석】 그 입법취지는 모두 동일하다고 할 수 있는바, /
【헌재 분석】 범죄의 객체가 자기 또는 배우자의 직계존속이라는 특수한 신분관계에 해당하는 경우 가해자인 비속(卑屬)의 패륜성(悖倫性)에 대한 고도의 사회적 비난가능성을 이유로 형을 가중하고자 하는 것이다.
【헌재 분석】 비교법적으로, 존속관련범죄의 가중처벌에 대하여는 처벌상 차별적 취급이라는 측면에서 헌법상 평등의 원칙 위반 여부와 관련하여 학설은 물론 입법례도 대립되고 있는바, /
【헌재 분석】 영국, 미국 등 커먼로(Commom Law)를 중심으로 발달하여 온 영미법계의 국가들에서는 과거부터 존속상해치사죄는 물론 존속살해 등 존속관련범죄를 가중처벌하는 예가 없었고 /
【헌재 분석】 중화인민공화국을 비롯한 대다수의 국가에서도 마찬가지이나, /
【헌재 분석】 다만 존속관련범죄의 대표적 규정인 존속살해죄에 있어서는, /
【헌재 분석】 아직 그 규정을 두고 있거나(프랑스, 대만 등), /
【헌재 분석】 존속 뿐 아니라 비속이나 배우자를 살해한 경우에도 이를 가중처벌하는 경우(이탈리아, 아르헨티나 등), /
【헌재 분석】 존속살해에 관한 기존의 규정을 삭제한 경우(독일, 헝가리 등) 등 /
【헌재 분석】 각국의 역사적 배경이나 사회문화적 차이에 따라 다양한 입법례가 있다.
【헌재 분석】 한편, 우리와 법제가 유사한 일본에서는 형법상 존속관련범죄로서 존속상해치사 외에 존속살(尊屬殺), 존속유기, 존속체포·감금 등의 죄가 있었고, /

【헌재 분석】 최고재판소 역시 위 각 규정은 일본 헌법 제14조 제1항의 평등원칙에 위반되지 않는 합헌의 규정이라고 판단하여 왔으나, /

【헌재 분석】 1973. 4. 4. 위 존속살 규정이 위헌이라는 최고재판소의 판결 이후 존속상해치사의 규정에 대하여도 합헌론과 위헌론이 계속 대립되어 오다가 1995. 5. 12. 다른 존속관련 가중처벌 규정들과 함께 모두 삭제되었다.

나. 평등의 원칙에 위배되는지 여부

(1) 합리적 근거에 기한 차별

【헌재 분석】 이 사건 법률조항은 존속의 비속에 대한 범죄는 가중처벌하지 아니하면서도 "자기 또는 배우자의 직계존속"에 대한 범죄를 가중처벌하도록 함으로써 비속을 차별하고 있다.

【헌재 요지】 그러나, 헌법 제11조 제1항의 평등의 원칙은 일체의 차별적 대우를 부정하는 절대적 평등을 의미하는 것이 아니라 입법과 법의 적용에 있어서 합리적 근거 없는 차별을 하여서는 아니된다는 상대적 평등을 뜻하고, /

【헌재 요지】 따라서 합리적 근거있는 차별 내지 불평등은 평등의 원칙에 반하는 것이 아니므로, /

【헌재 요지】 이 사건 법률조항이 위와 같이 비속을 차별 취급하더라도 거기에 합리적 근거가 있으면 헌법상의 평등의 원칙에 위배된다고 할 수 없다.

【헌재 분석】 혼인과 혈연에 의하여 형성되는 친족에 있어서는 존경과 사랑이 그 존재의 기반이라고 말할 수 있고, /

【헌재 분석】 이를 바탕으로 직계존속은 비속에 대하여 경제적 측면에서는 물론 정신적 · 육체적 측면에서 올바른 사회구성원으로 성장할 수 있도록 양육하며 보호하고 그 비속의 행위에 대하여 법률상 · 도의상 책임까지 부담하는 한편, /

【헌재 분석】 비속은 직계존속에 대하여 가족으로서의 책임 분담과 존경과 보은(報恩)의 기본적 의무를 부담하게 되는데, /

【헌재 요지】 이는 인류가 가족을 구성하고 사회를 형성하기 시작한 이래 확립되어진 친족 내지 가족에 있어서의 자연적 · 보편적 윤리로서, /

【헌재 요지】 이러한 윤리는 가정은 물론 사회를 유지 · 발전시키는 기본질서를 형성하게 된다는 점에서 형법상 보호되어야 할 가치이며, /

【헌재 요지】 이는 배우자의 직계존속에 대하여도 마찬가지이다.

【헌재 판단】 따라서, 존속상해치사의 범행은 위와 같은 보편적 사회질서나 도덕원리, 나아가 인륜에도 반하는 행위로 인식되어 그 패륜성에 대하여는 통상의 상해치사죄에 비하여 고도의 사회적 비난을 받아야 할 이유가 충분하므로, /

【헌재 판단】 이를 엄벌하여 반인륜 · 패륜행위를 억제하는 것이 꼭 불합리하다고 만은 할 수 없으며, /

【헌재 판단】 우리의 윤리관에 비추어 볼 때 아직은 합리적이라 할 것이다.

【헌재 요지】 그리고, 범죄의 처벌에 관한 문제, 즉 법정형의 종류와 범위의 선택은 그 범죄의 죄질과 보호법익에 대한 고려뿐만 아니라 우리의 역사와 문화, 입법 당시의 시대적 상황, 국민 일반의 가치관 내지 법감정 그리고 범죄예방을 위한 형사정책적 측면 등 여러 가지 요소를 종합적으로 고려하여 /

【헌재 요지】 입법자가 결정할 사항으로서 광범위한 입법재량 내지 형성의 자유가 인정되어야 할 분야이므로, /

【헌재 요지】 어느 범죄에 대한 법정형이 그 범죄의 죄질 및 이에 따른 행위자의 책임에 비하여 지나치게 가혹한 것이어서 현저히 형벌체계상의 균형을 잃고 있다거나 /

【헌재 요지】 그 범죄에 대한 형벌 본래의 목적과 기능을 달성함에 있어 필요한 정도를 일탈하였다는 등 /

【헌재 요지】 헌법상의 평등의 원칙 및 비례의 원칙 등에 명백히 위배되는 경우가 아닌 한 쉽사리 헌법에 위반된다고 단정하여서는 아니되는 바, /

【헌재 판단】 이 사건에 있어서 보통의 상해치사죄의 법정형이 3년 이상의 유기징역인 데 비하여 이 사건 법률조항의 법정형은 무기 또는 5년 이상의 징역으로서 형벌 본래의 목적이나 역할, 기능 등 보통 상해치사죄와의 차이를 고려하면 이를 특히 과중한 형벌이라고 볼 수 없고, /

【헌재 판단】 더욱이 위 법정형에 대하여는 1회의 법률상 감경 또는 작량감경에 의하더라도 집행유예의 선고가 가능한 점 등에 비추어 볼 때, /

【헌재 판단】 이 사건 법률조항에 의한 가중처벌의 정도는 지나치게 가혹하여 형벌체계상의 균형을 상실한 것도 아니고 형벌 본래의 목적과 기능을 달성함에 있어 필요한 정도를 일탈한 것도 아니라 할 것이므로 이를 불합리하다거나 과잉금지원칙에 위반된 것이라고 말할 수도 없다.

(2) 합헌론에 대한 비판

【헌재 분석】 이 사건 법률조항에 대하여는 위 규정이 도덕원리를 법에 반영시켜 이를 강제한다는 비판이 있으나, /

【헌재 판단】 비록 법과 도덕이 준별된다 하더라도 책임판단에 있어서 윤리적 요소를 완전히 제거할 수는 없는 것이고, /

【헌재 판단】 이 사건 법률조항은 법에 의한 도덕의 강제가 아니라 패륜으로 인한 책임의 가중을 근거로 형을 가중하는 데 지나지 않는 것이며, /

【헌재 판단】 법에 의하여 도덕이 강제될 수 없다 하더라도 사회도덕의 유지를 위한 형법의 역할을 전적으로 부정할 수는 없을 뿐만 아니라, /

【헌재 판단】 구체적 사건의 양형에 있어서 직계존속이 피해자라는 점이 범정(犯情)의 하나로 중시되는 것이 허용되는 이상 이를 법규의 형식으로 유형화하여 형의 가중요건으로 삼는다 하더라도 그러한 차별적 취급이 곧 합리적 근거를 결하는 것이라고 말할 수도 없다.

【헌재 분석】 또한, 이 사건 법률조항에 의하여 존속인 피해자가 통상인인 피해자보다 두텁게 보호받는 차별적 결과가 된다는 비판이 있으나, /

【헌재 판단】 이 사건 법률조항은 법률로써 비속의 직계존속에 대한 도덕적 의무를 특히 중요시한 것으로, /

【헌재 판단】 그 입법목적은 가해자인 비속의 패륜성 내지 반윤리성을 엄벌하여 그와 같은 죄의 발생을 특히 억제하고자 함에 있는 것이지 피해자인 존속을 더 보호하고자 함에 있는 것은 아닐 뿐만 아니라, /

【헌재 판단】 결과적으로 존속이 강한 보호를 받게 된다 하더라도 이는 반사적 이익에 불과하고 개개

인의 일생을 통하여 보면 결국에는 각자 동등한 보호를 받게 된다는 점에서, /
【헌재 판단】 이 사건 법률조항이 처벌의 정도를 달리 함에 대하여 그 합리적 근거를 부인할 수는 없다.

(3) 소결론

【헌재 판단】 비속의 직계존속에 대한 존경과 사랑은 봉건적 가족제도의 유산이라기 보다는 우리 사회윤리의 본질적 구성부분을 이루고 있는 가치질서이고, /
【헌재 판단】 특히 유교적 사상을 기반으로 전통적 문화를 계승 · 발전시켜 온 우리나라의 경우는 더욱 그러한 것이 현실인 이상, /
【헌재 판단】 이 사건 법률조항의 입법목적의 정당성과 이를 달성하기 위한 수단의 적정성, 즉 가중처벌의 이유와 그 정도의 타당성 등에 비추어 그 차별적 취급에는 합리적 근거가 있으므로 헌법 제11조 제1항의 평등원칙에 반한다고 할 수 없다.

다. 기타 다른 기본권의 침해 여부

【헌재 분석】 청구인은, /
【헌재 분석】 봉건적 의미의 가부장제를 전제로 한 이 사건 법률조항이 비속에 대하여 존속에 대한 도덕적 의무, 즉 효를 강요하고 개인의 윤리문제에 직접 개입함으로써 /
【헌재 분석】 헌법 제17조의 사생활의 자유를 침해하고 헌법 제36조의 가족 구성원의 평등 원칙에 반한다는 취지로 주장한다.
【헌재 요지】 그러나, "사생활의 자유"는 사회공동체의 일반적인 생활규범의 범위 내에서 사생활을 자유롭게 형성해 나가고 그 설계 및 내용에 대해서 외부로부터 간섭을 받지 아니할 권리라고 할 수 있는데, /
【헌재 판단】 우선 존속상해치사죄와 같은 범죄행위가 헌법상 보호되는 사생활의 영역에 속한다고 볼 수 없을 뿐만 아니라, /
【헌재 판단】 이 사건 법률조항의 입법목적이 정당하고 그 형의 가중에 합리적 이유가 있으며 직계존속이 아닌 통상인에 대한 상해치사죄도 형사상 처벌되고 있는 이상, /
【헌재 판단】 직계존속에 대한 상해치사죄를 가중처벌한다 하여 가족관계상 비속의 사생활이 왜곡된다거나 존속에 대한 태도 및 행동 등에 있어서 효의 강요나 개인 윤리문제에의 개입 등 외부로부터 부당한 간섭이 있는 것이라고는 말할 수 없다.
【헌재 요지】 또한, "혼인과 가족생활은 개인의 존엄과 양성의 평등을 기초로 성립되고 유지되어야 하며, 국가는 이를 보장한다."고 규정하고 있는 헌법 제36조 제1항은, /
【헌재 요지】 인간의 존엄과 양성의 평등이 가족생활에 있어서도 보장되어야 한다는 요청에서 인간다운 생활을 보장하는 기본권 보장의 성격을 갖는 동시에 그 제도적 보장의 성격도 갖고 있는 것으로 파악되는바, /
【헌재 판단】 이 사건 법률조항에 의한 가중처벌에 의하여 가족 개개인의 존엄성 및 양성의 평등이 훼손되거나 인간다운 생활을 보장받지 못하게 되리라는 사정은 찾아볼 수 없고, /
【헌재 판단】 오히려 패륜적 · 반도덕적 행위의 가중처벌을 통하여 친족 내지 가족에 있어서의 자연적 · 보편적 윤리를 형법상 보호함으로써 개인의 존엄과 가치를 더욱 보장하고 이를 통하여 올바른 사

회질서가 형성될 수 있다고 보아야 할 것이다.

【헌재 결론】 따라서, 이 사건 법률조항은 사생활의 자유를 침해하지 아니하고 혼인제도와 가족제도에 관한 헌법 제36조 제1항에 위배되거나 인간으로서의 존엄과 가치 또는 행복추구권도 침해하지 아니한다. (합헌)

제 2 폭행의 죄

2000도5716

폭행죄와 폭행 - 부정례

전화 욕설 사건

2003. 1. 10. 2000도5716, 공 2003, 654

1. 사실관계 및 사건의 경과

【사실관계 1】

① A녀는 가수이다.

② 1996. 4. 일자불상경 갑은 A의 집으로 전화를 하여 다음과 같은 폭언과 욕설을 수차례 하였다.

③ "트롯트 가요앨범진행을 가로챘다, 일본노래를 표절했다, 사회에 매장시키겠다."

④ 1996. 4.부터 1997. 12.경까지 갑은 위와 같은 방법으로 일주일에 4 내지 5일 정도, 하루에 수십회 반복하여 A에게 "강도 같은 년, 표절가수다."라는 등의 폭언을 하면서 욕설을 하였다. (㉠행위)

【사실관계 2】

① 1998. 3. 일자불상경 갑은 A의 바뀐 전화번호를 알아낸 후 A의 집으로 전화하여 A에게 "전화번호 다시 바꾸면 가만 두지 않겠다."라는 등으로 폭언을 하였다. (㉡행위)

② 1998. 8. 일자불상경 갑은 같은 장소로 전화하여 A에게 "미친년, 강도 같은 년, 매장될 줄 알아라." 라는 등으로 폭언을 하면서 심한 욕설을 하였다. (㉢행위)

③ 1999. 9. 1. 00:40경 갑은 A의 집 자동응답전화기에 다음과 같은 내용의 욕설과 폭언을 수회에 걸쳐 녹음하여 듣게 하였다.

④ "제가 가수 갑이라는 사람인데 B라는 분이 ○○음반에 전화를 해 가지고 말도 안 되는 소리를 했던 사람인가, A가 살인 청부교사범 맞아, 남의 작품을 빼앗아 간 여자, A 도둑년하고 살면서, 미친년 정신 똑바로 차려." (㉣행위)

⑤ 1999. 9. 2. 일시불상경 갑은 같은 방법으로 "또라이년, 병신 같은 년, 뒷구녁으로 다니면서 거짓말을 퍼뜨리고 있어, 사기꾼 같은 년, 강도년, 피해자 이 또라이년" 이라고 녹음하여 듣게 하였다. (㉤행위)

【사건의 경과】

① 검사는 갑의 ㉠ 내지 ㉤행위에 대해 폭행죄로 기소하였다.

② (그 밖에도 명예훼손죄, 협박죄 등이 함께 기소되었으나 고찰대상에서 제외함)
③ 갑의 피고사건은 제1심을 거친 후, 항소심에 계속되었다.
④ 항소심법원은 갑이 A에게 폭언을 하면서 욕설을 한 행위 또는 그 전화녹음을 듣게 한 행위에 대하여 폭행죄의 성립을 인정하였다.
⑤ 갑은 불복 상고하였다.

2. 폭행죄의 폭행 범위

【대법원 요지】 형법 제260조에 규정된 폭행죄는 사람의 신체에 대한 유형력의 행사를 가리키며, /
【대법원 요지】 그 유형력의 행사는 신체적 고통을 주는 물리력의 작용을 의미하므로 /
【대법원 요지】 신체의 청각기관을 직접적으로 자극하는 음향도 경우에 따라서는 유형력에 포함될 수 있다 하겠다.
【대법원 요지】 그런데 피해자의 신체에 공간적으로 근접하여 고성으로 폭언이나 욕설을 하거나 동시에 손발이나 물건을 휘두르거나 던지는 행위는 직접 피해자의 신체에 접촉하지 아니하였다 하더라도 피해자에 대한 불법한 유형력의 행사로서 폭행에 해당될 수 있는 것이지만, /
【대법원 요지】 거리상 멀리 떨어져 있는 사람에게 전화기를 이용하여 전화하면서 고성을 내거나 그 전화 대화를 녹음 후 듣게 하는 경우에는 /
【대법원 요지】 특수한 방법으로 수화자의 청각기관을 자극하여 그 수화자로 하여금 고통스럽게 느끼게 할 정도의 음향을 이용하였다는 등의 특별한 사정이 없는 한 /
【대법원 요지】 신체에 대한 유형력의 행사를 한 것으로 보기 어렵다 할 것이다.

3. 사안에 대한 항소심의 판단

【항소심 판단】 이 사건에서 원심은 피고인이 피해자에게 전화를 하여 "강도 같은 년, 표절가수다."라는 등의 폭언을 하면서 욕설을 한 행위 또는 그 전화녹음을 듣게 한 행위에 대하여 폭행죄의 성립을 인정하여 이를 유죄로 인정하였다.

4. 사안에 대한 대법원의 판단

【대법원 판단】 그러나 위에서 본 법리에 따를 때, /
【대법원 판단】 사실심이 그 전화 대화를 폭행으로 단정하기 위하여는 사람의 청각기관이 통상적으로 고통을 느끼게 되는 정도의 고음이나 성량에 의한 전화 대화였다는 특별한 사정을 밝혀내는 등의 심리가 선행될 필요가 있다 할 것이다.
【대법원 결론】 다. 그럼에도 원심이 이 사건 전화 대화에 의한 음향의 정도나 사람의 청각기관이 고통을 느끼게 되는 음향의 정도에 대한 심리를 거치지 않은 단계에서 전화에 의한 대화 또는 그 대화의 녹음 재생에 의한 청취의 결과가 위에서 본 폭행에 해당한다고 단정한 데에는 /
【대법원 결론】 필요한 심리를 다하지 아니하였거나 폭행행위에 관한 법리를 오해한 위법이 있다 하겠으며 /
【대법원 결론】 그 점을 다투는 상고이유 중의 주장은 정당하기에 이 법원은 그 주장을 받아들인다.

(파기 환송)

90도2153

폭행죄와 폭행 – 부정례
대문 발로 차기 사건

1991. 1. 29. 90도2153, 공 1991, 902

1. 사실관계 및 사건의 경과

【사실관계】

① [갑과 A 사이에 분쟁이 발생하였다.]

② [갑은 을과 함께 A의 집으로 갔다.]

③ 갑은 A의 집에서 그 집 대문을 발로 차고, A의 처 B에게 "이 개같은 년아"라고 욕을 하면서, A의 멱살을 잡아 흔들었다.

④ 이때 을은 갑의 옆에 있었다.

【사건의 경과 1】

① 검사는 갑을 폭처법위반죄(공동폭행)로 기소하였다.

② 제1심법원은 유죄를 인정하였다.

③ 제1심법원이 인정한 범죄사실의 요지는 다음과 같다.

④ 「갑은 을과 공동하여 A의 집에서 갑은 그 집 대문을 발로 차고 A의 처인 B에게 '이 개같은 년아'라고 욕을 하면서 A의 멱살을 잡아 흔들고 이때 을은 옆에서 위세를 보여 A와 B를 폭행한 것이다.」

⑤ 갑은 불복 항소하였다.

⑥ 항소심법원은 항소를 기각하고, 제1심판결을 유지하였다.

⑦ 갑은 불복 상고하였다.

【사건의 경과 2】

① 대법원은 항소심이 인정한 범죄사실을 "갑과 을이 공동하여 A와 B를 폭행하였다."로 정리하였다.

② 대법원은 이 가운데 을과 관련하여 "을이 갑과 공동하여 A와 B를 폭행하였다."는 범죄사실이 인정되지 않는다고 판단하였다.

③ 대법원은 을을 제외한 나머지 부분, 즉 "갑이 A와 B를 폭행하였다."는 범죄사실 부분에 대해 판단하였다.

④ 대법원은 이 가운데에서 "갑이 B를 폭행하였다."는 부분에 주목하였다.

2. 사안에 대한 대법원의 판단

【대법원 요지】 형법 제260조에서 말하는 폭행이란 사람의 신체에 대하여 유형력을 행사하는 것을 의미하는 것으로서 /

【대법원 요지】 피고인이 피해자 B에게 판시와 같은 욕설을 한 것만을 가지고 당연히 폭행을 한 것이라고 할 수는 없을 것이고, /

【대법원 요지】 피해자 A 집의 대문을 발로 찬 것이 막바로 또는 당연히 피해자 B의 신체에 대하여 유형력을 행사한 경우에 해당한다고 할 수도 없다.

【대법원 판단】 제1심이나 원심으로서는 피고인이 피해자 A에 대하여서뿐 아니라 피해자 B에 대하여도 폭행을 하였다고 인정하려면 /

【대법원 판단】 피고인이 피해자 A 집의 대문을 차고 욕설을 한 것이 어떻게 해서 피해자 B의 신체에 대한 유형력을 행사한 것에 해당하는 것인지를 범죄사실에 구체적으로 적시하여야 할 것이다.

【대법원 결론】 따라서 원심판결에는 폭행과 폭력행위등처벌에관한법률 제2조 제2항의 법리를 오해하였거나 심리를 미진하고 채증법칙을 위배한 것 아니면 이유불비의 위법이 있다고 할 것이고, 이는 판결에 영향을 미치는 것이므로 이 부분 논지는 이유 있다. (파기 환송)

2004도2611

강간죄와 폭행 – 부정례

버디버디 채팅 사건

2004. 6. 25. 2004도2611, 공 2004, 1295

☞ 162면

83도399

강제추행죄와 폭행 – 인정례

강제 키스 사건

1983. 6. 28. 83도399, 공 1983, 1153

☞ 189면

96도3376

내란죄와 폭동 – 인정례

5·18 비상계엄 전국확대 사건

1997. 4. 17. 96도3376 전원합의체 판결, 공 1997, 1303

☞ 983면

2010도7412

공무집행방해죄와 폭행 – 부정례
윤활유 뿌려놓기 사건

2010. 12. 23. 2010도7412, 공 2011상, 271

☞ 1108면

84도2655

폭행치상죄와 상해죄의 관계
정류장 도주 사건

1985. 1. 29. 84도2655, 공 1985, 406

1. 사실관계 및 사건의 경과

【사실관계】

① [소매치기] 갑은 P버스정류장에서 경찰관 A의 불심검문을 받았다.
② 그러자 갑은 많은 사람이 운집한 속을 도주하다가 B녀에게 부딪혀 B녀를 넘어지게 하였다.
③ 넘어진 B녀는 정차중인 버스의 뒷바퀴에 충돌하여 치료 약 4주를 요하는 뇌좌상을 입었다.

【사건의 경과】

① 검사는 갑을 상해죄로 기소하였다.
② 제1심법원은 유죄를 인정하였다.
③ 갑은 불복 항소하였다.
④ 항소심법원은 갑의 항소를 기각하고, 제1심판결을 유지하였다.
⑤ 갑은 불복 상고하였다.

2. 사안에 대한 대법원의 판단

【대법원 분석】 제1심 판시와 기록에 의하면, /

【대법원 분석】 피고인은 버스정류장에서 경찰관의 불심검문을 받자 많은 사람이 운집한 속을 도주하다가 피해자 A(여)에 부딪혀 그를 넘어지게 하여 정차중인 버스의 뒷바퀴에 충돌케 하여 치료 약 4주를 요하는 뇌좌상을 입게 하였음을 알 수 있으니 /

【대법원 판단】 여기에는 폭행에 대한 미필적인 고의를 인정할 수 있어도 상해에 대한 고의성을 인정할 수 없으니 이 소위에 대하여는 형법 제262조의 폭행치상죄를 적용하여야 할 것이다. /

【대법원 판단】 그러함에도 불구하고 원심이 상해죄를 적용한 제1심 판결을 유지하였음은 법률적용에 있어 위법이 있다고 할 것이나 /

【대법원 판단】 상해죄나 폭행치상죄는 동일한 장에 규정된 동일죄질의 것이고 또 그 법정형도 동일하므로 위의 잘못은 판결결과에 아무 영향이 없다고 할 것이니 이로써는 판결파기 사유로는 되지 아니한다고 할 것이다. (상고 기각)

【코멘트】 우리 형법은 일본 형법과 달리 폭행죄와 상해죄를 각각 고의범으로 규정하고 있다. 그리고 양죄의 중간형태로서 폭행치상죄라는 결과적 가중범을 인정하고 있다(전술 19면 비교법 조문 2 참조). 상해죄와 폭행치상죄는 개념적으로 분명하게 구별되지만 법정형은 같다. 이를 근거로 판례는 상해죄를 폭행치상죄로 파악하거나 그 역의 경우에 대해 판결에 영향을 미치지 않는 위법이라는 입장을 취하고 있다.

제 3 상해죄와 동시범의 특례

85도1892

동시범과 공동정범의 구별
잡귀 사건

1985. 12. 10. 85도1892, 공 1986, 280

1. 사실관계 및 사건의 경과

【사실관계】

① 1984. 2. 25. 21:00경부터 그 다음날 09:00경까지 갑 등은 A의 집에서 잡귀를 쫒느다고 하면서 안수기도를 하였다.
② 처음에는 갑, 을, 병, 정이 안수기도를 하였다.
③ 1984. 2. 25. 22:30경 연락을 받고 그 곳에 온 무, 기가 안수기도를 하였다.
④ 1984. 2. 25. 23:00경 연락을 받고 그 곳에 온 경과 신이 안수기도를 하였다.
⑤ 갑 등이 한 안수기도는 A의 몸에서 잡귀를 물리친다면서 빰 등을 때리고 팔과 다리를 붙잡고 배와 가슴을 손과 무릎으로 힘껏 누르고 밟는 등의 방법으로 이루어졌다.
⑥ A는 갑 등의 안수기도로 인하여 우측간 저면파열, 복강내출혈로 사망하였다.

【사건의 경과】

① 검사는 갑 등을 폭행치사죄로 기소하였다.
② 갑 등의 피고사건은 제1심을 거친 후, 항소심에 계속되었다.
③ 항소심법원은 갑 등이 공동하여 폭행행위를 하였다고 판단하여 형법 제30조를 적용하여 공동정범으로 처단하였다.
④ 갑 등은 불복 상고하였다.

⑤ 갑 등은 상고이유로 다음의 점을 주장하였다.

(가) A의 사망의 원인이 된 행위가 어느 피고인의 행위인지 명확하게 판명되지 아니하였다.

(나) 그러므로 피고인들을 공동정범으로 처단한 것은 위법하다.

2. 독립행위의 경합과 공동정범의 관계

【대법원 요지】 2인 이상의 사람이 상호의사의 연락 없이 동시(서로 접촉된 전후관계도 포함된다)에 범죄구성요건에 해당하는 행위를 하였을 때에는 원칙적으로 각인에 대하여 그 죄를 논하여야 하나 /

【대법원 요지】 그 결과발생의 원인이 된 행위가 분명하지 아니한 때에는 각 행위자를 미수범으로 처벌하고(독립행위의 경합) /

【대법원 요지】 이 독립행위가 경합하여 특히 상해의 결과를 발생하게 하고 그 결과 발생의 원인이 된 행위가 밝혀지지 아니한 경우에는 공동정범의 예에 따라 처단(동시범)하는 것이므로 /

【대법원 요지】 공범관계에 있어 공동가공의 의사가 있었다면 이에는 도시 동시범 등의 문제는 제기될 수 없는 것이다.

3. 사안에 대한 대법원의 판단

【대법원 분석】 원심이 적법하게 확정한 바는 피고인 등이 공동하여 원심판시 행위를 하였다는 것으로 원심은 이에 대하여 형법 제30조를 적용하여 공동정범으로 처단하고 있는 터이므로 /

【대법원 판단】 비록, 공소외인의 사망의 원인이 된 행위가 어느 피고인의 행위인지 명확하게 판명되지는 아니하였다고 하더라도 이는 동시범이 아님이 명백할 뿐만 아니라 /

【대법원 판단】 원심이 이를 동시범으로 처단하지도 아니하였음이 그 판문상 또한 명백하여 소론 상고논지는 원심판결을 잘못 파악한데 연유하는 것으로 그 이유가 없다. (상고 기각)

【코멘트】 본 판례와 이어서 나오는 **80도3321** 및 **84도488** 판례는 상해죄의 동시범에 관한 사안을 다루고 있다. 세 판례를 읽어보면, 공동정범과 동시범은 개념모순 관계에 있다는 점, 동시의 독립행위뿐만 아니라 이시의 독립행위에 대해서도 상해죄의 동시범 특례가 적용된다는 점을 알 수 있다. 이처럼 동시범의 특례가 적용되면 피고인의 입장에서는 무죄를 주장하는 것이 대단히 어려워진다.

이에 대한 예외적 사유의 하나가 **84도488** 판례가 제시하고 있는바, "가해행위를 한 것 자체가 분명하지 않은 경우"이다. 동시범의 특례는 가해행위와 결과발생은 입증되었으나 양자 사이의 인과관계가 분명하지 않은 경우에 적용된다. 만일 가해행위 자체가 불명하다면 형법 제263조의 동시범 특례는 적용할 수 없다. 변호인의 입장에서 주목할 대목이라고 생각된다.

본 판례에서 적용된 법조는 폭행치사죄이다. 상해죄의 동시범 특례규정은 '상해의 결과가 발생한 경우'에 적용된다. 여기에는 상해죄는 물론 상해치사죄와 폭행치사죄가 모두 포함된다. 그러나 예컨대 강도치상죄나 강간치상죄와 같이 '상해와 폭행의 죄'에 속하지 아니하는 범죄유형의 경우에는 상해의 결과발생이 구성요건요소로 규정되어 있다고 할지라도 형법 제263조는 적용되지 않는다.

80도3321

이시의 독립행위 - 인정례
쇠스랑 강타 사건

1981. 3. 10. 80도3321, 공 1981, 13853

1. 사실관계 및 사건의 경과

【사실관계】

① 갑은 술에 취해 있던 A의 어깨를 주먹으로 1회 때리고 쇠스랑 자루로 머리를 2회 강타하고 가슴을 1회 밀어 땅에 넘어뜨렸다.

② 그 후 3시간가량 지나서 을이 A의 멱살을 잡아 평상에 앉혀놓고 A의 얼굴을 2회 때리고 손으로 2, 3회 A의 가슴을 밀어 땅에 넘어뜨린 다음, 나일론 슬리퍼로 A의 얼굴을 수회 때렸다.

③ A는 갑과 을의 행위가 있은 후로부터 6일 후에 뇌출혈을 일으켜 사망하였다.

【사건의 경과】

① 검사는 갑과 을을 상해치사죄로 기소하였다.

② 제1심법원은 형법 제263조를 적용하여 갑과 을에게 유죄를 인정하였다.

③ 갑과 을은 불복 항소하였다.

④ 항소심법원은 항소를 기각하고, 제1심판결을 유지하였다.

⑤ 을은 불복 상고하였다.

⑥ 을은 상고이유로 다음의 점을 주장하였다.

(가) 형법 제263조의 특례는 동시범의 경우에만 적용된다.

(나) 을의 가격행위와 뇌출혈 사망 사이에는 인과관계가 없다.

(다) 을의 가격행위는 A의 도발로 인한 것이므로 정당방위에 해당한다.

2. 사안에 대한 항소심의 판단

【항소심 판단】 원심이 확정한 사실에 의하면 /

【항소심 판단】 원심 공동피고인이었던 갑은 술에 취해 있던 피해자 A의 어깨를 주먹으로 1회 때리고 쇠스랑 자루로 머리를 2회 강타하고 가슴을 1회 밀어 땅에 넘어뜨렸고, /

【항소심 판단】 그후 3시간가량 지나서 피고인[을]이 위 피해자의 멱살을 잡아 평상에 앉혀놓고 피해자의 얼굴을 2회 때리고 손으로 2, 3회 피해자의 가슴을 밀어 땅에 넘어뜨린 다음, 나일론 슬리퍼로 피해자의 얼굴을 수회 때렸는데 /

【항소심 판단】 위와 같은 두 사람의 이시적인 상해행위로 인하여 피해자가 그로부터 6일 후에 뇌출혈을 일으켜 사망하기에 이르렀다는 것인 바, /

【항소심 판단】 원판결의 문언과 원심이 피고인의 소위에 대하여 형법 제263조를 적용한 취지에서 보면 /

【항소심 판단】 원심은 위 피해자의 사인이 위 갑의 행위와 피고인[을]의 행위 중 누구의 행위에 기인한 것인지를 판별할 수 없는 경우에 해당한다고 하여 형법 제263조의 규정에 의한 공동정범의 예에 따라 피고인[을]에게 책임을 지우고 있는 것이라고 할 것이다.

3. 사안에 대한 대법원의 판단

(1) 이시의 독립행위와 동시범의 특례

【대법원 요지】 그런데 형법 제19조와 같은 법 제263조의 규정취지를 새겨 보면 본건의 경우와 같은 이시의 상해의 독립행위가 경합하여 사망의 결과가 일어난 경우에도 그 원인된 행위가 판명되지 아니한 때에는 공동정범의 예에 의하여야 한다고 해석하여야 할 것이니 /
【대법원 결론】 이와 같은 견해에서 피고인의 소위에 대하여 형법 제263조의 동시범으로 의율처단한 원심의 조치는 정당하고 원판결에 형법 제19조와 동 제263조의 법리를 오해한 위법이나 소론 의률착오의 위법이 없으며, /

(2) 안면 가격과 상당인과관계

【대법원 요지】 사람의 안면은 사람의 가장 중요한 곳이고 이에 대한 강한 타격은 생리적으로 두부에 중대한 영향을 주어 정신적 흥분과 혈압의 항진 등으로 인하여 뇌출혈을 일으켜 사망에 이르게 할 수도 있다는 것은 통상인이라면 누구나 예견할 수 있는 것이라고 할 것이고, /
【대법원 판단】 원심의 위의 사실인정이 적법한 이상 원판결에 소론 형법 제15조 제2항의 결과적 가중범에 대한 법리오해의 위법이 없고 /
【대법원 판단】 피고인이 피해자의 도발에 맞서 원판시와 같은 상해행위를 하였다고 하여도 원심인정 사실에 비추어 볼 때 그것만으로서는 피고인의 소위가 소론과 같이 정당방위 내지는 과잉방위에 해당하는 것이라고 할 수 없으니 /
【대법원 판단】 원판결에 정당방위 내지는 과잉방위의 법리를 오해한 위법도 없다. 논지는 모두 이유 없다. (상고 기각)

84도488

상해죄의 동시범 – 부정례
비골개방성 골절상 사건

1984. 5. 15. 84도488, 공 1984, 1153

1. 사실관계 및 사건의 경과

【사실관계 1】
① 갑과 을은 [야간에] 술에 취하여 싸움을 하였다.

② A는 싸움을 말리려고 하였다.
③ 이 과정에서 그곳에 있던 갑, 을, 병(성명 불상자) 중 누군가가 깨진 유리병 조각을 들고 A의 코를 내리 찍었다.
④ 이로 인하여 A는 47일간의 치료를 받아야 할 비골개방성골절상을 입었다.
⑤ A는 갑, 을, 병을 고소하였다.
⑥ 경찰 조사과정에서 A는 다음과 같은 내용의 진술을 하였다.

【사실관계 2】

① [A의 아래 진술은 일방적인 것으로서 진위를 확인할 수 없다.]
② "본인(A)은 술에 취하여 쓰러지려고 하는 갑의 허리를 양팔로 쥐고 있었다."
③ "이때 별안간 을이 이마로 본인(A)의 좌측 머리 부위를 1회 박치기하고 재차 본인(A)의 양 어깨를 양손으로 잡고 이마 부위로 본인(A)의 좌측 눈 부위를 1회 박치기하였다."
④ "본인(A)이 을의 가슴을 밀어내니까 을은 양 주먹으로 본인(A)의 배 부위를 5대, 얼굴 부위를 5대 가량 때렸다."
⑤ "갑이 양 주먹으로 본인(A)의 얼굴 부위를 7, 8회 때릴 때 본인(A)도 반항하느라고 양 주먹을 휘두르다가 그곳에서 맞아 죽을 것 같아 약 2, 3미터 도망가려고 하였다."
⑥ "그렇게 하려는데 병(성명 불상자)이 다가와 양 주먹으로 얼굴 부위를 3, 4회 때렸다."
⑦ "그 순간 갑, 을, 병 중 1명이 유리병을 들고 본인(A)의 코 부분을 1회 찍어 본인(A)는 이때 그 자리에 쓰러졌다."

【사건의 경과】

① 검사는 갑과 을을 폭처법위반죄(상해)로 기소하였다.
② [병은 성명 불상자로서 도주하여 기소되지 않았다.]
③ 제1심법원은 다음의 사실을 인정하였다.
  (가) 갑과 을이 서로 싸우는 것을 A가 말렸다는 이유로 을은 이마로 A의 얼굴을 1회 받은 후 얼굴과 가슴을 5, 6회 때렸다.
  (나) 갑은 이에 가세하여 주먹으로 A의 왼쪽 뺨을 1회 때렸다.
  (다) 갑과 을 중 한 사람이 그곳에 있던 깨진 유리병 조각을 들고 A의 코를 내리 찍었다.
  (라) 그리하여 A는 47일간의 치료를 받아야 할 비골개방성골절상을 입었다.
④ 제1심법원은 갑과 을에게 유죄를 인정하였다.
⑤ 갑과 을은 불복 항소하였다.
⑥ 항소심법원은 갑과 을의 항소를 기각하고, 제1심판결을 유지하였다.
⑦ 갑과 을은 불복 상고하였다.

2. 사안에 대한 대법원의 판단

(1) 사안에 대한 대법원의 분석

【대법원 분석】 (전략) /

【대법원 분석】 위와 같이 피해자의 진술내용 자체가 엇갈리고 있어 정확한 범행현황을 파악하기 어

려운바, /

【대법원 분석】 위 피해자 진술에 의하더라도 피고인들로부터 구타를 당하던 중 도망가려고 2, 3미터 가량 물러서다가 제3자로부터 폭행을 당하는 순간 흉기로 얼굴을 맞았다는 것이므로 /

【대법원 판단】 피해자가 주장하는 바와 같이 피고인들[로부터] 구타당할 당시에 피고인들이 서 있던 위치와 피해자가 물러서다가 제3자로부터 공격을 당한 위치를 비교하고 /

【대법원 판단】 피해자가 제3자로부터 폭행을 당한 순간에 피고인들이 흉기로 피해자의 얼굴을 찍을 수 있는 위치와 거리에 있었는지 등을 살펴보기 전에는 /

【대법원 판단】 위와 같은 피해자 진술만으로 흉기에 의한 공격이 피고인들 두 사람 중 한 사람의 행위에 의한 것이라고 단정하기는 어려운 것이다.

(2) 동시범 특례의 적용범위

【대법원 요지】 상해죄에 있어서의 동시범은 두 사람 이상이 가해행위를 하여 상해의 결과를 가져온 경우에 그 상해가 어느 사람의 가해행위로 말미암은 것인지 분명치 않다면 가해자 모두를 공동정범으로 보자는 것이므로 /

【대법원 요지】 가해행위를 한 것 자체가 분명하지 않은 사람에 대하여 동시범으로 다스릴 수 없음은 더 말할 것도 없다.

【대법원 판단】 피고인들이 주먹이나 이마로 피해자를 구타한 것이 피해자 주장과 같이 인정된다면 이 점에 대한 죄책을 면할 수 없겠지만, /

【대법원 판단】 만일 흉기로 피해자의 얼굴을 찍은 것이 피고인들 중 어느 한 사람의 소행일 가능성이 없는 상황이라면 /

【대법원 판단】 피고인들 및 제3자 상호간에 의사의 연락이 있었다고 볼 수 없는 이 사건에 있어서 피고인들에 대하여 흉기에 의한 상해행위 부분까지 그 죄책을 물을 수는 없을 것이다.

【대법원 결론】 이 점에서 원심판결에는 심리미진의 잘못이 있고 이 점에 관한 논지는 이유 있다. (파기 환송)

【코멘트】 형법 제263조가 규정한 동시범의 특례는 피고인의 방어권 보장이라는 관점에서 보면 대단히 가혹한 규정이다. 형법 제263조의 동시범 특례는 다수 행위자의 행위가 의사연락 없이 동시행위로서 경합하고 있어야 적용할 수 있다. 이때 다수자의 행위는 확정되어 있어야 한다. 만일 특정된 다수자 이외의 사람에 의하여 상해의 결과가 발생할 가능성이 있다면 형법 제263조의 특례는 적용되지 않는다. 의심스러울 때에는 피고인에게 유리하게 판단해야 하기 때문이다. 본 판례는 이러한 사정을 잘 보여주는 예로서 주목된다.

제 4 폭처법위반죄

2007도3520

폭처법위반죄와 위험한 물건 - 부정례
자동차로 충격 사건

2009. 3. 26. 2007도3520, 공 2009상, 588

1. 사실관계 및 사건의 경과

【사실관계】

① 갑은 이혼 분쟁 과정에서 자신의 아들을 승낙 없이 자동차에 태우고 떠나려고 하는 A 등 일행을 상대로 급하게 추격 또는 제지하였다.
② 이 과정에서 갑은 소형승용차(라노스)로 A 일행의 중형승용차(쏘나타)를 충격하였다.
③ 충격할 당시 두 차량 모두 정차하여 있다가 막 출발하는 상태였다.
④ 두 차량 모두 차량 속도가 빠르지 않았으며 상대방 차량의 손괴 정도가 그다지 심하지 아니하였다.
⑤ 이 사건 자동차의 충격으로 A 등이 상해를 입었으나 그 정도는 비교적 경미하였다.

【사건의 경과】

① 검사는 갑을 폭처법위반죄(위험물건휴대상해 · 손괴)로 기소하였다.
② 갑의 피고사건은 제1심을 거친 후, 항소심에 계속되었다.
③ 항소심법원은 갑의 자동차 운행으로 인하여 사회통념상 상대방이나 제3자가 생명 또는 신체에 위험을 느꼈다고 보기 어렵다고 판단하여 폭처법위반죄의 성립을 부정하였다.
④ 항소심법원은 갑에게 단순상해죄 및 단순손괴죄를 인정하였다.
⑤ 검사는 불복 상고하였다.

【참조조문】

폭력행위 등 처벌에 관한 법률

제2조 (폭행등) ① 상습적으로 다음 각 호의 죄를 범한 자는 다음의 구분에 따라 처벌한다.

1. 「형법」 제260조 제1항(폭행), 제283조 제1항(협박), 제319조(주거침입, 퇴거불응) 또는 제366조(재물손괴등)의 죄를 범한 자는 1년 이상의 유기징역
2. 「형법」 제260조 제2항(존속폭행), 제276조 제1항(체포, 감금), 제283조 제2항(존속협박) 또는 제324조(강요)의 죄를 범한 자는 2년 이상의 유기징역
3. 「형법」 제257조 제1항(상해) · 제2항(존속상해), 제276조 제2항(존속체포, 존속감금) 또는 제350조(공갈)의 죄를 범한 자는 3년 이상의 유기징역

② 2인 이상이 공동하여 제1항 각 호에 열거된 죄를 범한 때에는 각 형법 본조에 정한 형의 2분의 1까지 가중한다.

③ 이 법 위반(「형법」 각본조를 포함한다)으로 2회 이상 징역형을 받은 자로서 다시 제1항에 열거

된 죄를 범하여 누범으로 처벌할 경우에도 제1항과 같다.

④ 제2항 및 제3항의 경우에는 「형법」 제260조 제3항 및 제283조 제3항을 적용하지 아니한다.

제3조 (집단적 폭행등) ① 단체나 다중의 위력으로써 또는 단체나 집단을 가장하여 위력을 보임으로써 제2조 제1항에 열거된 죄를 범한 자 또는 /

흉기 기타 위험한 물건을 휴대하여 그 죄를 범한 자는 /

제2조 제1항 각 호의 예에 따라 처벌한다.

② 삭제

③ 상습적으로 제1항의 죄를 범한 자는 다음 각 호의 구분에 따라 처벌한다.

1. 제2조 제1항 제1호에 열거된 죄를 범한 자는 2년 이상의 유기징역
2. 제2조 제1항 제2호에 열거된 죄를 범한 자는 3년 이상의 유기징역
3. 제2조 제1항 제3호에 열거된 죄를 범한 자는 5년 이상의 유기징역

④ 이 법 위반(「형법」 각본조를 포함한다)으로 2회 이상 징역형을 받은 자로서 다시 제1항의 죄를 범하여 누범으로 처벌할 경우도 제3항과 같다.

2. 폭처법과 위험한 물건

【대법원 요지】 어떤 물건이 폭력행위 등 처벌에 관한 법률 제3조 제1항에 정한 '위험한 물건'에 해당하는지 여부는 /

【대법원 요지】 구체적인 사안에서 사회통념에 비추어 그 물건을 사용하면 상대방이나 제3자가 생명 또는 신체에 위험을 느낄 수 있는지 여부에 따라 판단하여야 하고, /

【대법원 요지】 이러한 판단 기준은 자동차를 사용하여 사람의 생명 또는 신체에 위해를 가하거나 다른 사람의 재물을 손괴한 경우에도 마찬가지로 적용된다.

3. 사안에 대한 대법원의 판단

【대법원 분석】 원심판결 이유에 의하면, 원심은 그 판시와 같이 사실을 인정한 다음, /

【대법원 분석】 피고인이 이혼 분쟁 과정에서 자신의 아들을 승낙 없이 자동차에 태우고 떠나려고 하는 피해자들 일행을 상대로 급하게 추격 또는 제지하는 과정에서 이 사건 자동차를 사용하게 된 점, /

【대법원 분석】 이 사건 범행은 소형승용차(라노스)로 중형승용차(쏘나타)를 충격한 것이고, /

【대법원 분석】 충격할 당시 두 차량 모두 정차하여 있다가 막 출발하는 상태로서 차량 속도가 빠르지 않았으며 상대방 차량의 손괴 정도가 그다지 심하지 아니한 점, /

【대법원 분석】 이 사건 자동차의 충격으로 피해자들이 입은 상해의 정도가 비교적 경미한 점 등의 여러 사정을 종합하면, /

【대법원 판단】 피고인의 이 사건 자동차 운행으로 인하여 사회통념상 상대방이나 제3자가 생명 또는 신체에 위험을 느꼈다고 보기 어렵다고 판단하여 피고인에 대한 폭력행위 등 처벌에 관한 법률 제3조 제1항 위반죄가 성립하지 아니한다고 보았다.

【대법원 결론】 앞서 본 법리 및 기록에 비추어 살펴보면, 원심의 위와 같은 판단은 정당하고, 거기에 상고이유로 주장하는 폭력행위 등 처벌에 관한 법률 제3조 제1항에 정한 '위험한 물건'에 관한 법리오

해 등의 위법이 없다. (상고 기각)

【코멘트】 형법에는 입법자가 '단체 또는 다중의 위력을 보이거나 위험한 물건을 휴대하여'라는 표지를 추가하여 가중적 구성요건을 규정하는 경우가 있다. 공무집행방해죄, 폭행죄, 협박죄, 체포·감금죄, 주거침입죄, 손괴죄의 경우에 그 예를 찾아볼 수 있는데, 여기에는 각각 '특수'라는 접두어가 붙은 죄명의 특별구성요건이 마련되어 있다.

원래 특수폭행죄 등과 같은 가중적 범죄유형은 의용형법 당시 특별법에 의하여 가중처벌되던 것이었다. 1953년 형법전 제정시에 우리 입법자는 특별법을 해소하여 형법전에 통일적으로 규정한다는 원칙하에 '특수폭행죄' 등과 같은 일련의 가중적 구성요건을 마련하였다.

그러나 이후 폭처법이라는 특별법이 다시 제정되면서, 형법전의 가중적 구성요건들은 특수공무집행방해죄의 경우를 제외하고 특별법의 규정에 의하여 사문화되기에 이르렀다. 그리하여 형사실무에서는 폭처법에 의한 가중처벌규정이 주로 적용되고 있다. 폭처법과 형법을 비교해 보면, 폭행죄, 협박죄, 체포·감금죄, 주거침입죄, 손괴죄의 경우에는 가중처벌규정이 공통된다. 한편 폭처법은 강요죄와 공갈죄의 경우에 가중처벌규정을 확장하고 있는 반면, 공무집행방해죄의 경우에는 가중처벌규정을 두고 있지 않다.

가중처벌사유를 보면, '단체 또는 다중의 위력을 보이는 방법'과 '흉기 기타 위험한 물건을 휴대하는 방법'은 형법과 폭처법에 공통된다. 폭처법은 여기에서 한걸음 더 나아가 '단체나 집단을 가장하여 위력을 보이는 방법'을 가중처벌사유로 추가하고 있다.

폭처법은 이상의 가중유형 이외에 '상습으로'와 '2인 이상이 공동하여'라는 표지를 가중처벌사유로 추가하고 있다. 2004. 12. 16. 2003헌가12 판례에서 헌법재판소는 폭처법상 야간협박죄의 가중처벌 규정에 대해 위헌결정을 내렸다. 이를 계기로 한 2006년 폭처법 개정에 의하여 '야간'은 가중처벌사유에서 배제되었다. 그러나 2004년 헌재결정 이전의 판례를 보면, '야간'이 가중처벌사유로 인정되어 폭처법이 적용된 사례를 자주 발견할 수 있다.

본 판례에서는 폭처법상의 가중처벌사유인 '위험한 물건'이라는 구성요건요소가 논란되고 있다. '위험하다'는 표지는 대표적으로 규범적인 구성요건요소라고 할 수 있다. 사회통념상 상대방이나 제3자가 생명 또는 신체에 위험을 느꼈는가를 기준으로 위험 여부를 판단하게 되기 때문이다. 규범적 구성요건요소가 사용되는 경우에는 그 인정 여부를 놓고 정황증거를 체계화하여 재판부를 설득하는 작업이 중요하다. 본 판례의 경우는 그렇지 않지만, 본서 가운데에서 다수의 지면이 소요되는 판례의 상당수는 규범적 표지를 설득하기 위한 사례들이라고 할 수 있다.

2008도10177

범죄단체조직죄와 활동 - 부정례
파라다이스파 줄빠따 사건

2009. 9. 10. 2008도10177, 공 2009하, 1697

☞ 1002면

제26장 과실치사상의 죄

제1 과실치사상의 죄

2005도3832

업무상과실치사죄와 사람 – 부정례

거대 태아 방치 사건

2007. 6. 29. 2005도3832, 공 2007, 1222

☞ 6면

2009도13959

업무상 과실치사죄와 주의의무 – 부정례

산소 부족 인턴 사건

2011. 9. 8. 2009도13959, 공 2011하, 2164

1. 사실관계 및 사건의 경과

【사실관계 1】

① 갑은 포항 소재 P병원에 인턴으로 근무하는 의사이다.

② P병원 응급실에 물에 빠진 환자(익수환자) A가 이송되어 왔다.

③ P병원의 응급의학과장 을은 인턴 갑에게 환자 A를 M구급차에 태워 대구 소재 Q의료원으로 이송하라고 지시하였다.

④ 인턴 갑은 구급차에 탑승하면서 담당의사인 응급의학과장 을로부터 앰부 배깅(ambu bagging)과 진정제 투여를 지시받았다.

⑤ 갑은 구급차 안에서 을의 지시를 이행하였다.

【사실관계 2】

① 익수환자의 경우에는 산소 공급이 절대적으로 필요하다.

② 그런데 구급차 안에 비치된 산소통에는 산소가 충분히 들어 있지 않았다.

③ 환자 A는 산소부족으로 몸부림을 치게 되었다.

④ 갑은 구급차에 동승한 환자 A의 어머니 B가 산소가 떨어졌다고 이야기할 때 비로소 산소통에 산소

가 부족하다는 사실을 알게 되었다.

⑤ 갑은 산소부족 사태를 알게 된 즉시 심폐소생술을 시행하는 한편 가장 가까운 R병원으로 구급차를 운행하도록 하였다.

⑥ P병원에서 R병원으로 환자 A를 이송하는 도중 약 18분간 산소 공급이 중단되었다.

⑦ 산소 부족의 결과로 환자 A는 폐부종 등으로 사망하였다.

【사건의 경과】

① 검사는 갑과 을을 업무상 과실치사죄로 기소하였다.

② (이하 갑에 대해서만 검토함)

③ (공소사실의 내용은 판례 본문 참조)

④ 제1심법원은 갑에게 업무상 과실이 인정된다는 이유로 유죄를 인정하였다.

⑤ 갑은 불복 항소하였다.

⑥ 항소심법원은 항소를 기각하고, 제1심판결을 유지하였다.

⑦ 갑은 불복 상고하였다.

2. 의료종사자의 주의의무 판단 기준

【대법원 요지】 1. 의료사고에 있어 의료종사자의 과실을 인정하기 위해서는 의료종사자가 결과발생을 예견할 수 있고 또 회피할 수 있었음에도 불구하고 이를 예견하거나 회피하지 못한 과실이 인정되어야 하고, /

【대법원 요지】 그러한 과실의 유무를 판단함에는 같은 업무와 직무에 종사하는 보통인의 주의 정도를 표준으로 하여야 하며, /

【대법원 요지】 이에는 사고 당시의 일반적인 의학의 수준과 의료 환경 및 조건, 의료행위의 특수성 등이 고려되어야 한다.

3. 공소사실의 요지

【대법원 분석】 2. 가. 원심은, /

【대법원 분석】 그 판시 포항 소재 병원에서 인턴으로 근무하던 피고인이 위 병원 응급실로 이송된 익수환자인 피해자를 위 병원 응급의학과장 원심 공동피고인의 지시에 따라 구급차에 태워 대구 소재 의료원으로 이송함에 있어, /

【대법원 분석】 구급차에 비치된 산소통의 산소잔량을 체크하지 않은 과실로 /

【대법원 분석】 이송 도중 약 18분간 산소 공급이 중단된 결과 피해자로 하여금 폐부종 등으로 사망에 이르게 하였다는 이 사건 공소사실에 대하여, /

4. 사안에 대한 항소심의 판단

【항소심 판단】 다음과 같이 피고인에게 업무상 과실이 인정된다는 이유로 유죄를 선고한 제1심판결을 그대로 유지하였다.

【항소심 판단】 즉, 위급환자인 피해자를 구급차로 이송하는 과정에 원심 공동피고인의 지시에 따라

의사로 동승하게 된 피고인으로서는, /

【항소심 판단】 피해자가 산소 공급이 절대적으로 필요한 익수환자였으므로 이송 도중 환자에게 산소 주입이 원활히 되고 있는지, 산소통에 산소잔량이 있는지 여부를 체크하고, 산소가 떨어질 염려가 있는 경우 인근 병원이나 119 구급대에 연락하여 산소통을 교체하는 등 /

【항소심 판단】 환자에게 주입되는 산소가 떨어지지 않고 지속적으로 환자에게 투여되도록 하여 환자를 안전하게 이송하여야 할 업무상 주의의무가 있음에도, /

【항소심 판단】 피해자가 산소부족으로 몸부림을 치고 동승한 피해자의 모가 산소가 떨어졌다고 이야기할 때까지 산소통의 산소량이 얼마나 있는지에 관하여 관심을 기울이지 아니함으로써 피해자에게 주입되는 산소통의 산소가 소진되어 산소 공급이 중단되게 한 것은 피고인의 업무상 과실로 인정된다는 것이다.

5. 사안에 대한 대법원의 분석

【대법원 판단】 나. 그러나 이러한 원심의 판단은 다음과 같은 이유로 수긍하기 어렵다.

【대법원 분석】 원심이 유지한 제1심이 채택한 증거들 및 기록에 의하면, /

【대법원 분석】 인턴은 의사 면허를 받은 사람으로서 일정한 수련병원에 전속되어 임상 각 과목의 실기를 수련하는 사람인데 /

【대법원 분석】 인턴인 피고인이 구급차에 탑승하면서 담당의사인 응급의학과장 원심 공동피고인으로부터 지시받은 것은 앰부 배깅(ambu bagging)과 진정제 투여가 전부로서 그 지시를 충실히 이행하였고, /

【대법원 분석】 그 밖에 이송 도중 산소통의 산소잔량을 확인하라는 지시는 받은 바가 없는 점, /

【대법원 분석】 산소통에 부착된 압력 게이지 및 산소 유량계에 나타난 수치를 통하여 산소잔량 및 산소투입 가능 시간을 예측하는 것이 용이하지 아니할 뿐만 아니라 의과대학 교육 및 인턴 과정에서도 이에 대한 교육은 실시하지 않는 점, /

【대법원 분석】 산소통은 환자의 이송 및 그 과정에 필요한 응급의료행위를 위하여 구급차에 상시적으로 비치·사용되는 물품인 점, /

【대법원 분석】 피고인은 산소부족 사태를 알게 된 즉시 심폐소생술을 시행하는 한편 가장 가까운 병원으로 구급차를 운행하도록 하였는데, /

【대법원 분석】 이러한 사후 조치에 부적절하거나 무슨 과실이 있다고 볼 만한 사정은 없는 점 등을 알 수 있다.

6. 사안에 대한 대법원의 판단

【대법원 판단】 이러한 사정을 앞서 본 법리에 비추어 보면, /

【대법원 판단】 담당의사인 원심 공동피고인의 지시에 따라 이송 도중 피해자에 대한 앰부 배깅과 진정제 투여의 업무를 부여받은 인턴인 피고인에게 일반적으로 구급차 탑승 전 또는 이송 도중에 구급차에 비치되어 있는 산소통의 산소잔량을 확인할 주의의무가 있다고 보기는 어렵고, /

【대법원 판단】 다만 피고인이 구급차 내에서 피해자에 대한 앰부 배깅 도중 산소 공급에 이상이 있

음을 발견하고서도 구급차에 동승한 의료인에게 기대되는 적절한 조치를 취하지 아니하였다면 업무상 과실이 있다고 할 것이나, /

【대법원 판단】 피고인이 산소부족 상태를 안 후에 취한 조치에 어떠한 업무상 주의의무 위반이 있었다고 볼 수 없음은 앞서 본 바와 같다.

【대법원 결론】 다. 그럼에도 원심이, 인턴인 피고인에게 구급차에 비치되어 있는 산소통의 산소잔량을 확인할 주의의무가 있음을 전제로 피고인에 대한 공소사실을 유죄로 인정한 것은, 응급의료행위에 있어 인턴의 주의의무의 범위에 관한 법리를 오해하였거나 그에 관한 심리를 다하지 아니함으로써 판결에 영향을 미친 위법이 있고, 이를 지적하는 상고이유는 이유 있다. (파기 환송)

2010도1448

업무상 과실치사죄와 주의의무 – 인정례
배관공사 추락 사건

2010. 12. 23. 2010도1448, [공보불게재]

1. 사실관계 및 사건의 경과

【사실관계 1】

① P회사는 ㉠공사에 관한 건축, 토목 공사의 수급인으로 공사를 진행하고 있었다.
② P회사는 ㉠공사의 기계설비 공사를 Q회사에 하도급하였다.
③ A는 Q회사의 대표이사이다.
④ 갑은 P회사의 건축부 차장이다.
⑤ 갑은 ㉠공사 현장의 소장 및 현장대리인으로서 안전보건총괄책임자로 지정되어 공사현장의 안전보건 등을 총괄적으로 지휘 · 감독하였다.
⑥ 갑은 ㉠공사 현장에서 A 등을 상대로 안전에 관한 정기교육을 실시하기도 하였다.

【사실관계 2】

① A는 ㉠공사 현장 5층 옥상에서 사다리에 올라가 하수관 배관공사 작업을 하고 있었다.
② A는 파이프 연결이 잘 되지 않자 파이프를 만지던 중 중심을 잃어 위 5층 옥상 개구부를 통해 2.9m 아래 5층 바닥으로 추락하여 상해를 입었다.
③ P회사가 작성한 ㉠공사현장에 관한 안전관리계획서에는 추락방지를 위해 개구부에 덮개 등을 설치하도록 정해져 있었다.
④ 5층 옥상 개구부에는 원래 안전덮개가 설치되어 있었으나 사고 며칠 전에 제거되었다.
⑤ 갑은 이를 알고 안전덮개를 다시 설치하려던 중 사고가 발생하였다.

【사건의 경과】

① 검사는 갑을 업무상 과실치상죄로 기소하였다.

② 제1심법원은 갑에게 유죄를 인정하였다.
③ 갑은 불복 항소하였다.
④ 항소심법원은 항소를 기각하고, 제1심판결을 유지하였다.
⑤ 갑은 불복 상고하였다.

2. 도급인과 수급인 사이의 주의의무 분배

【대법원 요지】 공사도급계약의 경우 원칙적으로 도급인에게는 수급인의 업무와 관련하여 사고방지에 필요한 안전조치를 취할 주의의무가 없으나, /
【대법원 요지】 법령에 의하여 도급인에게 수급인의 업무에 관하여 구체적인 관리·감독의무 등이 부여되어 있거나 /
【대법원 요지】 도급인이 공사의 시공이나 개별 작업에 관하여 구체적으로 지시·감독하였다는 등의 특별한 사정이 있는 경우에는 /
【대법원 요지】 도급인에게도 수급인의 업무와 관련하여 사고방지에 필요한 안전조치를 취할 주의의무가 있다고 할 것이다.

3. 사안에 대한 대법원의 판단

【대법원 분석】 원심판결 및 원심이 적법하게 조사한 증거 등에 의하면, /
【대법원 분석】 피해자는 이 사건 공사에 관한 건축, 토목 공사의 수급인인 공소외 P주식회사로부터 기계설비 공사를 하도급받은 공소외 Q주식회사의 대표이사인 사실, /
【대법원 분석】 피고인은 공소외 P주식회사의 건축부 차장인바, 이 사건 공사현장의 소장 및 현장대리인으로서 안전보건총괄책임자로 지정되어 이 사건 공사현장의 안전보건 등을 총괄적으로 지휘·감독한 사실, /
【대법원 분석】 피고인은 이 사건 공사현장에서 피해자 등을 상대로 안전에 관한 정기교육을 실시하기도 한 사실, /
【대법원 분석】 피해자는 이 사건 공사현장 5층 옥상에서 사다리에 올라가 하수관 배관공사 작업을 하다가 파이프 연결이 잘 되지 않자 파이프를 만지던 중 중심을 잃어 위 5층 옥상 개구부를 통해 2.9m 아래 5층 바닥으로 추락하는 이 사건 사고를 당한 사실, /
【대법원 분석】 공소외 P주식회사가 작성한 이 사건 공사현장에 관한 안전관리계획서에는 추락방지를 위해 개구부에 덮개 등을 설치하도록 하고 있는 사실, /
【대법원 분석】 위 5층 옥상 개구부에는 원래 안전덮개가 설치되어 있었으나 이 사건 사고 며칠 전에 제거되었고, /
【대법원 분석】 피고인은 이를 알고 안전덮개를 다시 설치하려던 중 이 사건 사고가 발생한 사실 등을 알 수 있고, /
【대법원 판단】 나아가 이 사건 사고는 피해자의 배관파이프 연결 작업 그 자체의 위험에 기인하여 발생한 것이라기보다는 위 개구부의 보호덮개 미비 등 이 사건 공사현장의 안전시설 미비로 발생한 것이고 /

【대법원 판단】 이 사건 공사현장에 대한 안전보건 등의 책임은 위에서 본 바와 같이 피고인에게 있는 점, /

【대법원 판단】 피고인으로서는 이 사건 사고일 당시 피해자가 위 개구부에 인접하여 일을 한다는 것을 알 수 있었던 것으로 보이는 점 등을 고려하면, /

【대법원 판단】 위 법리에 비추어 피고인에게는 피해자의 업무와 관련하여 이 사건 사고의 방지에 필요한 안전조치를 취할 주의의무가 있다고 할 것이다.

【대법원 결론】 같은 취지에서 피고인에게 유죄를 인정한 제1심판결을 유지한 원심의 조치는 정당하고, 거기에 상고이유에서 주장하는 바와 같은 법리오해, 채증법칙 위반 등의 위법이 없다. (상고 기각)

【코멘트】 과실치사상죄의 객체인 사람에 대해서는 살인죄 및 상해죄의 항목에서 이미 검토하였다. 과실치사상죄 및 업무상 과실치사상죄의 구체적인 주의의무의 내용은 사건이 발생한 각종 생활관계에 따라 달라진다. 따라서 다양한 형태의 주의의무위반 양상을 본서에서 일일이 소개할 여유는 없다. 아래에서는 사회생활에서 일어나는 일련의 위험분배와 관련한 판례들을 몇 가지 살펴보기로 한다. 먼저 여기에서 소개한 것은 도급자와 하도급자 사이의 위험분배에 관한 것이다.

84도2025

업무상 과실치사죄와 주의의무 – 부정례
신진요업사 사고 사건

1984. 11. 27. 84도2025, 공 1985, 110

1. 사실관계 및 사건의 경과

【사실관계】

① 갑은 신진요업사를 임대하여 경영하고 있다.

② 을은 신진요업사의 공장장이다.

③ A는 신진요업사의 공원이다.

④ 을은 공장장 내지 기사의 자격으로, 설치된 ㉠기계의 수리작업과정에 대한 공원의 훈련 및 감독, 신규공원의 채용 등 공장운영 전반에 대한 실무적인 감독자로서 일하고 있다.

⑤ 신진요업사의 공원 A는 ㉠기계의 수리작업과정에서 부상을 입었다.

【사건의 경과】

① 검사는 경영주 갑을 업무상 과실치상죄로 기소하였다.

② 갑의 피고사건은 제1심을 거친 후, 항소심에 계속되었다.

③ 항소심법원은 업무상과실이 있다고 할 수 없다는 이유로 무죄를 선고하였다.

④ 검사는 불복 상고하였다.

2. 사안에 대한 대법원의 판단

【대법원 분석】 기록을 검토하건대, /

【대법원 분석】 이 사건 사고가 난 신진요업사에 있어 공소외 을이 공장장 내지 기사의 자격으로 설치된 기계의 수리작업과정에 대한 공원의 훈련 및 감독, 신규공원의 채용 등 공장운영 전반에 대한 실무적인 감독자로서 일하고 있어 /

【대법원 판단】 위 신진요업사를 임대경영하고 있는 피고인은 피해자 공원에 대한 사전 안전교육과 기계조작 및 작업방법 등에 관한 구체적이고 직접적인 감독책임이 있다 할 수 없어 /

【대법원 결론】 이 사건 사고발생에 있어 형법 제268조 소정의 업무상 과실이 있다 할 수 없다고 단정하여 공소사실에 대한 범죄의 증명이 없다고 판단한 원심판결의 조치에 수긍이 가며 거기에 소론과 같은 채증상의 위법이 있다고 할 수 없으므로 소론은 이유 없다. (상고 기각)

【코멘트】 기업체의 경영자와 공장장 사이에 일어나는 주의의무의 분배 상황을 보여주는 예이다. 대법원은 종업원의 생명 · 신체에 대한 위험의 방지해야 할 주의의무를 '직접적인 감독책임'의 범위 내로 한정하고 있다. 따라서 공장장은 처벌되지만 경영자는 처벌을 면하게 된다.

2006도3493

업무상 과실치사죄와 업무 – 인정례
수용자 휴일 사망 사건

2007. 5. 31. 2006도3493, [공보불게재]

1. 사실관계 및 사건의 경과

【사실관계】

① 갑은 P구치소의 교도관이다.

② 갑은 공휴일을 맞아 당직간부로서 P구치소 사동 2관구 관구감독자로 근무중이었다.

③ A는 P구치소에 수용된 이후 다음과 같은 심각한 이상 징후를 계속 보이고 있었다.

(가) 헛소리를 하고 구토를 하며, 하루 종일 식은땀을 흘리고 온몸을 떨면서 입에서 거품을 내는 등 전신발작을 일으킨다.

(나) 일회용 컵 반 분량의 피와 이물질을 토하며 바지에 대변을 보고 피오줌을 눈다.

(다) 수회에 걸쳐 화장실을 들락거리면서 넘어지고 혼자 중얼거린다.

④ 갑은 A의 이러한 사정을 보고받고 근무자 B에게 A가 휴식을 취할 수 있도록 하고 혈압 등을 수시로 체크하도록 지시하는 조치만을 취한 채 A를 장시간 방치하였다.

⑤ 이후 A는 순환혈액량 감소로 인한 외상성 쇼크를 원인으로 사망하였다.

【사건의 경과】

① 검사는 갑을 업무상과실치사죄로 기소하였다.

② 갑의 피고사건은 제1심을 거친 후, 항소심에 계속되었다.

③ 항소심법원은 갑에게 유죄를 인정하였다.

④ 갑은 불복 상고하였다.

⑤ 갑은 상고이유로 다음의 점을 주장하였다.

(가) 갑은 의무관이 아니라 교도관이다.

(나) 교도관에게는 업무상 수용자에게 의무(醫務)를 제공할 의무가 존재하지 않는다.

2. 업무상 과실치사상죄와 업무의 범위

【대법원 요지】 업무상과실치사상죄에 있어서의 업무란 사람의 사회생활면에 있어서의 하나의 지위로서 계속적으로 종사하는 사무를 말하고, /

【대법원 요지】 여기에는 수행하는 직무 자체가 위험성을 갖기 때문에 안전배려를 의무의 내용으로 하는 경우는 물론 /

【대법원 요지】 사람의 생명 · 신체의 위험을 방지하는 것을 의무내용으로 하는 업무도 포함된다 할 것이다.

3. 사안에 대한 대법원의 판단

【대법원 판단】 원심판결 이유에 의하면, 원심은 /

【대법원 판단】 행형법 및 교도관직무규칙의 규정과 구치소라는 수용시설의 특성에 비추어 보면, /

【대법원 판단】 공휴일 또는 야간에는 소장을 대리하는 당직간부에게는 구치소에 수용된 수용자들의 생명 · 신체에 대한 위험을 방지할 법령상 내지 조리상의 의무가 있다고 할 것이고, /

【대법원 판단】 이와 같은 의무를 직무로서 수행하는 교도관들의 업무는 업무상과실치사죄에서 말하는 업무에 해당한다고 판단하고, /

【대법원 판단】 나아가 사동 2관구 관구감독자로 근무한 피고인 갑도 당직간부임을 전제로 하여 위와 같은 의무가 있다고 판단하였는바, /

【대법원 결론】 기록과 대조하여 살펴보면 이러한 원심의 사실인정과 판단은 정당하다. (상고 기각)

【코멘트】 본 판례는 교도소 내에서의 수용자 건강관리와 관련하여 교도관과 의무관 사이의 위험분배를 다루고 있다. 대법원은 공휴일 또는 야간 당직의 교도관에게 수용자의 생명 · 신체에 대한 위험방지 의무가 있다고 판단하고 있다. 대법원은 그 근거를 법령 내지 조리에서 구해오고 있는데, 교도관이 공휴일 또는 야간에 의무관이 수행해야 할 주의의무를 인수하는 것이라고 말할 수 있다.

2009도1040

업무상 과실치상죄와 업무 – 부정례
서예학원 화재 사건

2009. 5. 28. 2009도1040, 공 2009하, 1068

1. 사실관계 및 사건의 경과

【사실관계 1】

① 갑은 4층짜리 P건물의 소유자이다.
② 을은 P건물 2층을 임차하여 Q서예학원을 운영하고 있다.
③ ㉠분전반은 2층 Q서예학원의 내부 벽면에 매립 설치되어 있다.
④ P건물 3층과 4층에 이르는 ㉡전선은 벽체 내부의 통로를 따라 ㉠분전반 후면을 거쳐 배선되어 있다.
⑤ P건물은 신축 후 10여년이 지나도록 한 번도 화재예방점검을 받은 일이 없었다.
⑥ 이 때문에 노후된 전선의 피복이 벗겨지는 등의 원인으로 전기합선의 위험이 있었다.
⑦ 을은 10여 년간 2층에서 Q서예학원을 하면서 P건물에 누수 및 누전이 자주 되어 건물의 안전에 이상이 있음을 알고 있었다.

【사실관계 2】

① P건물에 다음과 같은 화재가 발생하였다.
② ㉠분전반 내의 전선이 합선으로 단락되면서 불꽃이 튀어 Q서예학원 내 벽에 걸려진 화선지 등에 불이 옮겨 붙었다.
③ 불길이 Q서예학원 전체로 번지는 바람에 다수의 학원생들이 상해를 입었다.
④ 화재원인으로는 2층 Q서예학원에 있는 ㉠분전반 또는 4층인 P건물의 3층과 4층에 이르는 ㉡전선이 지목되었다.

【사건의 경과】

① 검사는 갑과 을을 업무상 과실치상죄의 공동정범으로 기소하였다.
② P건물의 소유자 갑은 다음의 이유를 들어서 무죄를 주장하였다.
  (가) 갑 자신은 건물을 소유하고 있을 뿐이며, 화재방지를 위한 업무자가 아니다.
  (나) 갑 자신은 건물을 소유하고 있을 뿐이어서, 화재방지를 위한 주의의무를 지지 않는다.
③ Q서예학원 원장 을은 다음의 이유를 들어서 무죄를 주장하였다.
  (가) 4층 P건물의 3층과 4층에 이르는 ㉡전선이 화재원인이다.
  (나) 발화지점인 ㉠분전반은 Q서예학원의 벽에 매립 설치되어 있다.
  (다) 건물 3층과 4층에 이르는 ㉡전선은 벽체 내부의 통로를 따라 분전반 후면을 거쳐 배선되어 있다.
  (라) 배선구조가 그러하므로 화재방지를 위한 책임은 건물 소유자에게 있다.
④ 제1심법원은 갑과 을에게 업무상 과실치상죄의 공동정범을 인정하였다.

⑤ 갑과 을은 불복 항소하였다.
⑥ 항소심법원은 항소를 기각하고, 제1심판결을 유지하였다.
⑦ 갑과 을은 불복 상고하였다.

2. 건물 소유주의 형사책임에 대한 판단

(1) 건물 소유주와 업무상 과실

【대법원 분석】 형법은 과실로 인하여 사람의 신체를 상해에 이르게 하거나, 사람을 사망에 이르게 한 자를 과실치사상죄로 처벌하면서 업무상과실 또는 중대한 과실로 인하여 사람을 사상에 이르게 한 자를 가중하여 업무상과실치사상죄로 처벌하고 있다(형법 제266조, 제267조, 제268조 각 참조). /

【대법원 요지】 업무상과실치상죄에 있어서의 '업무'란 사람의 사회생활면에 있어서의 하나의 지위로서 계속적으로 종사하는 사무를 말하고, /

【대법원 요지】 여기에는 수행하는 직무 자체가 위험성을 갖기 때문에 안전배려를 의무의 내용으로 하는 경우는 물론 /

【대법원 요지】 사람의 생명 · 신체의 위험을 방지하는 것을 의무내용으로 하는 업무도 포함된다.

【대법원 요지】 따라서 안전배려 내지 안전관리 사무에 계속적으로 종사하여 위와 같은 지위로서의 계속성을 가지지 아니한 채 단지 건물의 소유자로서 건물을 비정기적으로 수리하거나 건물의 일부분을 임대하였다는 사정만으로는 업무상과실치상죄에 있어서의 '업무'로 인정될 수 없다.

(2) 사안에 대한 항소심의 판단

【대법원 분석】 원심이 유지하고 있는 제1심은, /

【대법원 분석】 피고인 갑은 이 사건 4층 건물의 소유자이고, 위 건물 2층을 임차하여 'Q서예학원'을 운영하던 피고인 을과 공동하여, /

【대법원 분석】 위 서예학원에는 내부 벽면에 설치된 분전반을 통해 3층과 4층에 이르는 전선이 가설되어 있고, 1993년경 위 건물을 신축한 이후 화재예방점검을 한 번도 실시한 바 없어, 노후된 전선의 피복이 벗겨지는 등의 원인으로 전기합선의 위험이 있으므로, /

【대법원 분석】 피고인 갑은 위 건물의 소유자로서 전기설비를 점검하여 화재의 발생을 미리 막아야 할 업무상 주의의무가 있음에도 이를 게을리하여 노후된 전기설비를 그대로 방치한 과실로 /

【대법원 분석】 위 분전반 내의 전선이 불상의 원인으로 인한 합선으로 단락되면서 불꽃이 튀어 위 학원 내 벽에 걸려진 화선지 등에 옮겨 붙고, 그 불길이 위 학원 전체로 번지게 함으로써 피해자들로 하여금 상해를 각 입게 하였다는 공소사실을 유죄로 인정하였다.

(3) 사안에 대한 대법원의 판단

【대법원 분석】 이 사건에서, 피고인 갑은 수사기관에서부터 일관하여 '업무상 주의의무'가 없다고 진술하고 있고, /

【대법원 분석】 원심에서는 이 사건 4층 건물 소유자로서의 지위는 업무상과실치상죄의 '업무'에 해당하지 않는다고 주장하고 있으므로, /

【대법원 분석】 이에 따라 공소사실 기재 '업무'가 무엇인지 여부는 이 사건의 가장 핵심적인 쟁점 중의 하나가 되어 있다.

【대법원 판단】 그렇다면 원심으로서는 공소사실 기재 '업무'와 관련하여 증명책임이 있는 검사에게 석명을 구하거나 또는 공소사실 추가를 요구하는 등의 방법으로 소송관계를 명료하게 한 다음 위에서 설시한 법리에 따라 업무상과실치상죄에 있어서의 '업무'에 대하여 판단하였어야 할 것이다.

【대법원 결론】 그럼에도 불구하고, 이 점에 관하여 충분히 심리하지 아니한 채 피고인 갑이 이 사건 공소사실과 같이 이 사건 4층 건물의 소유자로서 위 건물 2층을 임대하였다는 사정만으로 피고인 갑에게 업무상과실치상죄에 있어서의 '업무'에 관한 증명이 있다고 본 원심판결에는 업무상과실치상죄에 있어서의 '업무'에 관한 법리를 오해하거나 심리를 다하지 아니한 위법이 있다. 이 점을 지적하는 취지의 상고이유 주장은 이유 있다.

3. 건물 임차인의 형사책임에 대한 판단

(1) 건물 소유주와 건물 임차인의 주의의무 분배

【대법원 요지】 전기배선이 벽 내부에 매립 설치되어 건물 구조의 일부를 이루고 있다면 그에 관한 관리책임은 일반적으로 소유자에게 있다고 보아야 할 것이고, /

【대법원 요지】 다만 그 전기배선을 임차인이 직접 하였으며 그 이상을 미리 알았거나 알 수 있었다는 등의 특별한 사정이 있는 때에는 임차인에게도 그 부분의 하자로 인한 화재를 예방할 주의의무가 인정될 수 있다.

(2) 사안에 대한 항소심의 판단

【대법원 분석】 원심이 유지하고 있는 제1심은, /

【대법원 분석】 피고인 을은 이 사건 4층 건물 중 2층을 임차하여 'Q서예학원'을 운영하던 자로서, 피고인 갑과 공동하여, 전기설비를 점검하여 화재의 발생을 미리 막아야 할 업무상 주의의무가 있음에도 이를 게을리하여 노후된 전기설비를 그대로 방치한 과실로 [...] 피해자들로 하여금 상해를 각 입게 하였다는 공소사실을 유죄로 인정하였다.

(3) 사안에 대한 대법원의 판단

【대법원 분석】 이 사건에서, 피고인 을은 수사기관에서부터 일관하여 이 사건 4층 건물의 3층과 4층에 이르는 전선이 화재원인이고 3층과 4층에 이르는 전선에 대한 '업무상 주의의무'가 없다고 진술하고 있는바, /

【대법원 분석】 이는 위 화재의 발화지점이 피고인의 지배관리영역에 속하지 아니하므로 피고인에게는 그 부분 관리에 관한 '업무상 주의의무'가 없다는 취지의 주장으로 해석된다.

【대법원 분석】 제1심이 채택한 증거에 의하면 이 사건 발화지점으로 지적된 분전반은 위 학원의 벽에 매립 설치되어 있고, 건물 3층과 4층에 이르는 전선은 벽체 내부의 통로를 따라 분전반 후면을 거쳐 배선되어 있음을 알 수 있는바, /

【대법원 판단】 배선구조가 그러하다면 원심으로서는 먼저 이 사건 화재의 원인으로 기재된 분전반이나 전선이 임차인의 지배관리영역 내에 있는지, 아니면 건물 구조의 일부로서 건물 소유자의 지배관리영역 내에 있는지 여부를 확정하여야 할 것이고, /

【대법원 판단】 만일 그 전선이나 분전반이 임차인의 지배관리영역 내에 있는 것이 아니라면, 임차인에게 위 분전반이나 그 내부 전선의 이상으로 인한 화재를 예방하여야 할 주의의무가 있다고 볼 특별한 사정이 있는지 여부, 나아가 그 주의의무가 '업무상'의 주의의무 위반에 속하는지 여부 등을 심리하여 그 유·무죄를 가려 보았어야 할 것이다.

【대법원 결론】 그럼에도 불구하고, 원심은 이 점에 관하여 충분히 심리를 하지 아니한 채 이 사건 분전반이나 이 사건 4층 건물의 3층과 4층에 이르는 전선이 화재원인이고, 10여 년간 그 2층에서 서예학원을 하면서 건물에 누수 및 누전이 자주 되어 건물의 안전에 이상이 있음을 알고 있었다는 이유만으로 /

【대법원 결론】 (건물에 누수, 누전이 자주 일어남을 알았다고 하여 바로 위 분전반과 그 내부배선에 이상이 있음을 알았다고 보기는 어렵다) /

【대법원 결론】 피고인 을에게 '업무상 주의의무' 위반이 있다고 판단하였으니 이러한 원심판결에는 업무상과실치상죄의 법리를 오해하거나 심리를 다하지 아니한 위법이 있다. (파기 환송)

【코멘트】 본 판례에서 대법원은 건물 임대인과 건물 임차인 사이의 주의의무 분배에 대하여 살피고 있다. 대법원은 본 판례에서 단순히 건물을 임대하고 있다는 사실에서 곧바로 업무상 주의의무가 발생하는 것은 아니라고 판단하고 있다. 나아가 대법원은 건물 임차인에 대해서도 일반적인 주의의무가 있는지, 그 주의의무가 업무상 주의의무에 해당하는지에 관하여 항소심이 구체적으로 살펴보지 아니한 잘못이 있다고 판단하고 있다.

본 판례에는 또한 대법원이 업무상 과실치사상죄와 관련하여 제시한 '업무'의 개념정의가 주목된다. 업무란 사회생활상의 지위에서 계속적으로 종사하는 일을 말한다. 업무의 계속성, 반복성에 관한 사례로 업무방해죄의 항목에서 소개하는 **92도2929** 판례를 참조하기 바란다.

92도2929

업무방해죄와 업무 – 부정례

조경공사 방해 사건

1993. 2. 9. 92도2929, 공 1993, 1029

☞ 251면

84도2527

업무상 과실치사죄와 업무 – 인정례
무허가 골재채취 사건

1985. 6. 11. 84도2527, 공 1985, 1031

1. 사실관계 및 사건의 경과

【사실관계】

① 갑은 P업체의 골재채취작업 현장소장이다.

② 갑은 하천법에 위반하여 ㉠지점에서 골재채취작업을 하였다.

③ 이로 인하여 깊이 약 2미터, 길이 약 60미터, 폭 약 40미터 크기의 타원형 ㉡웅덩이가 생겼다.

④ 갑은 ㉡웅덩이를 메우고 하상을 정리해서 익사 등의 사고를 방지해야 할 업무상 주의의무가 있음에도 불구하고 ㉡웅덩이를 그대로 방치하였다.

⑤ 이 때문에 A가 강을 건너던 중 ㉡웅덩이에 빠져 익사하였다.

【사건의 경과】

① 검사는 갑을 업무상 과실치사죄로 기소하였다.

② 제1심법원은 유죄를 인정하였다.

③ 항소심법원도 제1심판결을 유지하였다.

④ 갑은 불복 상고하였다.

⑤ 갑은 상고이유로, 무허가 골재채취작업은 '업무'에 해당하지 않는다고 주장하였다.

2. 사안에 대한 대법원의 판단

【대법원】 골재채취허가 여부는 이 사건 골재채취업무가 업무상 과실치사죄에 있어서의 업무에 해당하는 사실에 아무런 소장도 가져올 수 없[다.] (상고 기각)

【코멘트】 업무상 과실치사상죄는 사람의 생명 · 신체에 대한 위험을 방지하기 위하여 마련된 형벌법규이다. 보호법익과의 관련성에 비추어 볼 때 업무상 과실치사상죄에 있어서 업무는 적법 여부를 묻지 아니하며, 면허 소지 여부도 가리지 않는다. 전자에 해당하는 예는 본 판례이며, 후자에 해당하는 예는 다음의 79도1250 판례이다.

79도1250

업무상 과실치사죄와 업무 – 인정례
도립병원 정전 사건

1979. 9. 11. 79도1250, 공 1979, 12240

1. 사실관계 및 사건의 경과

【사실관계】

① 갑은 P도립병원에서 근무하고 있다.
② P병원에는 정전에 대비하여 ㉠자가발전기가 설치되어 있다.
③ 갑은 전기 공작물에 관한 기술자 면허 내지 자격이 없다.
④ 그럼에도 갑은 정전이 될 때마다 상사의 명에 의하여 발동작업을 하여 왔다.
⑤ P병원에 정전사태가 발생하였다.
⑥ 갑의 ㉠자가발전기 조작 미숙으로 인하여 의료기기에 전기가 공급되지 않았다.
⑦ 이로 인하여 환자 A가 사망하였다.

【사건의 경과】

① 검사는 갑을 업무상 과실치사죄로 기소하였다.
② 제1심법원은 ㉠발전기의 작동을 갑의 업무로 보고, 유죄를 인정하였다.
③ 갑은 불복 항소하였다.
④ 항소심법원도 갑에게 유죄를 인정하였다.
⑤ 갑은 불복 상고하였다.
⑥ 갑은 상고이유로, 전기 공작물에 관한 기술자 면허 내지 자격이 없으므로 '업무상' 과실치사죄는 성립하지 않는다고 주장하였다.

2. 사안에 대한 대법원의 판단

【대법원 분석】 기록을 살피건대, 피고인이 근무하는 P도립병원에 설치된 자가발전기를 정전이 될 때마다 피고인이 상사의 명에 의하여 발동작업을 하여 왔음을 짐작할 수 있으니 /
【대법원 판단】 동 발전기의 작동을 피고인의 업무로 본 제1심 판결의 조치에 수긍이 가며 /
【대법원 판단】 피고인이 전기 공작물에 관한 기술자 면허 내지 자격이 있는 여부는 위 업무에 아무런 소장이 없다 할 것이[다.] (상고 기각)

97도538

중과실치사죄와 중과실 – 인정례
노인 안수기도 사건

1997. 4. 22. 97도538, 공 1997, 1685

1. 사실관계 및 사건의 경과

【사실관계】

① 갑은 84세 여자 노인 A와 11세의 여자 아이 B를 상대로 안수기도를 하였다.

② 갑은 이들을 바닥에 반드시 눕혀 놓고 기도를 한 후 "마귀야 물러가라", "왜 안 나가느냐"는 등 큰 소리를 치면서 한 손 또는 두 손으로 이들의 배와 가슴 부분을 세게 때리고 누르는 등의 행위를 A에게는 약 20분간, B에게는 약 30분간 반복하였다.

③ 이후 A와 B는 [내출혈 등으로] 사망하였다.

【사건의 경과】

① 검사는 갑을 중과실치사죄로 기소하였다.

② 제1심법원은 유죄를 인정하였다.

③ 갑은 불복 항소하였다.

④ 항소심법원은 항소를 기각하고, 제1심판결을 유지하였다.

⑤ 갑은 불복 상고하였다.

【참조조문】

실화책임에 관한 법률

제1조 (목적) 이 법은 실화(失火)의 특수성을 고려하여 실화자에게 중대한 과실이 없는 경우 그 손해배상액의 경감(輕減)에 관한 「민법」 제765조의 특례를 정함을 목적으로 한다.

제2조 (적용범위) 이 법은 실화로 인하여 화재가 발생한 경우 연소(延燒)로 인한 부분에 대한 손해배상청구에 한하여 적용한다.

제3조 (손해배상액의 경감) ① 실화가 중대한 과실로 인한 것이 아닌 경우 그로 인한 손해의 배상의무자(이하 "배상의무자"라 한다)는 법원에 손해배상액의 경감을 청구할 수 있다.

② 법원은 제1항의 청구가 있을 경우에는 다음 각 호의 사정을 고려하여 그 손해배상액을 경감할 수 있다.

1. 화재의 원인과 규모
2. 피해의 대상과 정도
3. 연소(延燒) 및 피해 확대의 원인
4. 피해 확대를 방지하기 위한 실화자의 노력
5. 배상의무자 및 피해자의 경제상태
6. 그 밖에 손해배상액을 결정할 때 고려할 사정

2. 사안에 대한 대법원의 판단

【대법원 분석】 (사실관계 생략) /

【대법원 판단】 사실이 그러하다면 판시와 같은 고령의 여자 노인이나 나이 어린 연약한 여자아이들은 약간의 물리력을 가하더라도 골절이나 타박상을 당하기 쉽고, 더욱이 배나 가슴 등에 그와 같은 상처가 생기면 치명적 결과가 올 수 있다는 것은 /

【대법원 판단】 피고인 정도의 연령이나 경험 지식을 가진 사람으로서는 약간의 주의만 하더라도 쉽게 예견할 수 있을 것임에도 불구하고, /

【대법원 판단】 그와 같은 예견될 수 있는 결과에 대해서 주의를 다하지 않아 사람을 죽음으로까지 가게 한 행위는 중대한 과실이라고 하지 않을 수 없고, /

【대법원 결론】 따라서 피고인의 소위를 중과실치사죄로 처단한 원심의 조치에 법리상 잘못이 있다고 할 수 없고, 이를 비난하는 상고 논지는 이유 없다. (상고 기각)

【코멘트】 본 판례는 중과실의 개념정의를 제시하고 있는 예이다. '약간의 주의만 하더라도 쉽게 예견할 수 있는' 정도의 주의의무위반이 중과실이다. 형법은 업무상 과실과 중과실을 병렬하여 규정하고 있다. 양자의 주의의무 비중이 대등하다고 본 것이다. 실무상으로는 주로 업무상 과실이 문제되지만 특히 중과실이 독립하여 의미를 가지는 경우가 있다. 실화죄의 경우가 바로 그것이다. 형법의 경우에는 업무상 실화죄와 중과실에 의한 실화죄를 동일하게 취급하고 있다. 그러나 민사책임의 경우에는 「실화책임에 관한 법률」이 중과실과 경과실을 구별하여 손해배상에 차등을 두고 있다.

제 2 교통사고 관련 특별법 위반죄

2010도17506

교통사고특례법위반죄와 예외사유 – 인정례
안전의무위반 대 신호위반 사건

2011. 7. 28. 2011도3630, 공 2011하, 1888

1. 사실관계 및 사건의 경과

【사실관계 1】

① 갑은 ㉠쏘나타 택시를 운전하는 사람이다.
② ㉠쏘나타 택시는 택시공제조합에 가입되어 있다.
③ 갑은 ㉠쏘나타 택시를 운전하여 M교차로에 진입하였다.
④ 당시 M교차로의 진행방향 신호등에는 적색신호가 들어와 있었다.

【사실관계 2】

① 갑은 ㉠택시를 운전하여 M교차로의 편도 4차로 중 4차로상을 우회전하여 진행하였다.

② (우회전 당시 적색신호가 계속되었는가에 대해서는 다툼이 있다.)

③ 갑이 우회전할 당시 ㉡포텐샤 승용차를 운전하여 오던 A는 녹색신호를 받고 갑의 진행방향 오른쪽에서 왼쪽으로 직진하여 진행하였다.

④ 이 순간 ㉠택시의 왼쪽 앞부분으로 ㉡포텐샤 승용차의 오른쪽 뒷부분을 들이받는 사고가 발생하였다.

⑤ ㉠택시의 충격으로 ㉡포텐샤 승용차는 진행방향 오른쪽으로 튕겨나가 그 곳 인도에 설치되어 있던 변압기와 충돌하였다.

⑥ 이 충돌로 ㉡포텐샤 승용차의 운전자 A가 즉석에서 사망하고, 동승자 B와 C는 중상을 입었다.

【사건의 경과】

① 검사는 갑을 다음의 공소사실로 기소하였다.

(가) ㉮공소사실 : 전방 및 좌우주시 등 안전운전의무위반으로 인한 A, B, C에 대한 업무상 과실치사상죄

(나) ㉯공소사실 : 신호위반으로 인한 B, C에 대한 업무상 과실치상죄

② 제1심법원은 ㉮공소사실에 대해 유죄를 인정하였다.

③ 제1심법원은 ㉯공소사실에 대해 신호위반의 점에 대한 증명이 없다는 이유로 무죄를 선고하였다.

④ 검사는 무죄 부분에 불복 항소하였다.

⑤ 항소심법원은 다음의 점을 들어서 항소를 기각하였다.

(가) 사고 당시의 도로교통법의 관련규정은 적색의 등화가 표시하는 신호의 뜻에 관하여 다음과 같이 규정하고 있었다.

(나) "차마는 정지선, 횡단보도 및 교차로의 직전에서 정지하여야 한다."

(다) "다만, 신호에 따라 진행하는 다른 차마의 교통을 방해하지 않고 우회전할 수 있다."

⑥ 검사는 불복 상고하였다.

⑦ 검사는 항소이유로, 항소심의 무죄판단이 도로교통법 관련 규정의 법리를 오해한 위법이 있다고 주장하였다.

2. 교통사고특례법 제3조 제2항 예외사유의 법적 성질

【대법원 요지】 교통사고로 인하여 업무상과실치상죄 또는 중과실치상죄를 범한 운전자에 대하여 피해자의 명시한 의사에 반하여 공소를 제기할 수 있는 교통사고처리 특례법 제3조 제2항 단서 각 호에서 규정한 신호위반 등의 예외사유는 /

【대법원 요지】 같은 법 제3조 제1항 위반죄의 구성요건 요소가 아니라 그 공소제기의 조건에 관한 사유이다. /

【대법원 요지】 따라서 위 단서 각 호의 사유가 경합한다 하더라도 하나의 교통사고처리 특례법 위반죄가 성립할 뿐 그 각 호마다 별개의 죄가 성립하는 것은 아니다. /

【대법원 요지】 그리고 교통사고처리 특례법 위반죄가 유죄로 인정되는 이상 공소사실에 기재된 업

무상 과실을 이루는 주의의무 위반의 유형들 중 일부 인정되지 아니하는 유형이 있다고 하더라도 이에 대하여 따로 무죄로 판단할 것은 아니고, /

【대법원 요지】 범죄사실의 성립 여부에 관한 쟁점이나 양형의 전제사실로 판단하면 충분하다.

3. 공소사실의 요지

【대법원 분석】 이 사건 공소사실의 요지는, /

【대법원 분석】 '피고인이 업무로 택시를 운전하여 교차로에서 우회전하게 되었는데, /

【대법원 분석】 당시 전방의 신호등이 적색신호였으므로 일시 정지하고 교차로상의 신호에 따라 진행하는 다른 차량들의 교통을 방해하지 않고 안전하게 우회전하여야 할 업무상 주의의무가 있었음에도 이를 게을리한 채 그대로 신호위반하여 우회전한 과실로, /

【대법원 분석】 마침 진행방향 왼쪽에서 오른쪽으로 정상신호에 따라 교차로를 직진하여 진행하던 공소외 A 운전의 승용차와 충격하여 피해자 공소외 A로 하여금 사망에 이르게 하고, /

【대법원 분석】 피해차량의 탑승자인 피해자 공소외 B, C로 하여금 중상해를 입게 하였다'는 것이다. /

4. 사안에 대한 항소심의 판단

【항소심 판단】 이에 대하여 원심이 유지한 제1심판결은 /

【항소심 판단】 '피고인이 전방 및 좌우를 주시하고 조향 및 제동 장치를 적절히 조작하는 등 안전운전하여야 할 업무상 주의의무가 있었음에도 이를 게을리한 채 그대로 진행한 과실로 /

【항소심 판단】 공소사실 기재와 같은 업무상과실치사상죄를 범하였다'는 내용의 구 교통사고처리 특례법 위반죄를 유죄로 인정하고, /

【항소심 판단】 이 사건 공소사실 중 '신호위반을 원인으로 피해자 공소외 B, C로 하여금 중상해를 입게 한 부분'에 대하여는 무죄로 판단하였으며, /

【대법원 분석】 검사는 상고이유에서 위 무죄 부분을 유지한 원심판단에는 도로교통법 관련 규정의 법리를 오해한 위법이 있다고 주장한다.

5. 사안에 대한 대법원의 판단

【대법원 판단】 앞서 본 법리에 비추어 볼 때, /

【대법원 판단】 구 교통사고처리 특례법 제3조 제2항 단서 제1호에서 규정한 신호위반은 공소제기의 조건에 관한 사유에 불과하여 무죄판단의 대상이 되지 못하고, /

【대법원 판단】 또한 위 무죄 부분을 공소사실에 기재된 업무상 과실을 이루는 주의의무 위반의 유형들 중 일부 인정되지 아니하는 유형에 대한 판단으로 선해[善解]하더라도/

【대법원 판단】 (이렇게 본다면 사망에 이른 피해자 공소외 A에 대하여는 원심의 판단이 누락된 셈이 될 것이다), /

【대법원 판단】 피고인의 전방 및 좌우 주시의무 위반 등으로 인하여 이 사건 구 교통사고처리 특례법 위반죄가 유죄로 인정되는 이상 역시 신호위반에 대하여 따로 무죄로 판단할 것은 아니다. /

【대법원 판단】 따라서 원심이 제1심판결의 무죄 부분을 그대로 유지한 것은 적절하지 않으나, /
【대법원 판단】 이와 같이 무죄판단의 대상이 아닌 사항에 대하여 무죄로 판단한 사정만으로 판결 결과에 영향을 미친 위법이 있다고 볼 수 없고, /
【대법원 판단】 이는 상고이유의 주장과 같이 그 무죄판단이 도로교통법 관련 규정의 법리를 오해한 것으로 보는 경우에도 마찬가지라고 할 것이다. /
【대법원 판단】 또한 이 사건에서 위 무죄 부분은 양형의 전제사실에 관한 판단에 불과한 것으로 평가되고, /
【대법원 결론】 따라서 이에 대하여 검사가 법리오해 등의 위법이 있다는 사유를 들어 상고이유로 주장할 수 없는 것이다. 결국 상고이유의 주장은 받아들일 수 없다. (상고 기각)

2009도2390

교통사고특례법과 교통사고 – 부정례
토마토 상자 추락 사건

2009. 7. 9. 2009도2390, 공 2009하, 1384

1. 사실관계 및 사건의 경과

【사실관계】

① 갑은 자신이 운영하는 식품가게 앞에서 1톤 포터 ㉠화물차의 적재함에 실려 있던 토마토 상자를 하역하여 가게 안으로 운반하고 있었다.
② ㉠화물차는 자동차보험에 가입되어 있다.
③ ㉠화물차에 적재되어 있던 토마토 상자 일부가 무너져 내렸다.
④ 무너진 토마토 상자는 가게 앞을 지나가던 A의 머리 위로 떨어져 A가 골절상을 입었다.
⑤ 사고는 갑이 ㉠화물차를 갑의 가게 입구 앞 노상에 주차하고 하역작업을 시작한 후 약 1시간이 지나서 발생하였다.
⑥ 사고 발생 당시 ㉠화물차의 운전석은 비어 있었고 시동이 꺼져 있었으며 차의 열쇠는 다른 사람이 가지고 있었다.

【사건의 경과】

① 검사는 갑을 형법 제268조의 업무상과실치상죄를 적용하여 기소하였다.
② 갑의 피고사건은 제1심을 거친 후, 항소심에 계속되었다.
③ 항소심법원은 유죄를 인정하였다.
④ 갑은 불복 상고하였다.
⑤ 갑은 상고이유로 다음의 점을 주장하였다.
(가) 이 사건 사고는 ㉠화물차의 운행으로 인하여 발생한 사고이다.
(나) 운행중의 사고에 대비하여 ㉠화물차는 자동차종합보험에 가입되어 있다.

(다) 종합보험에 가입하여 피해배상이 담보되면 교통사고처리 특례법이 적용된다.
(라) 그렇다면 교통사고처리 특례법이 적용되어 공소를 기각하여야 한다.

2. 교통사고특례법과 교통사고의 개념

【대법원 분석】 교통사고처리 특례법 제2조 제2호에서 '교통사고'라 함은 차의 교통으로 인하여 사람을 사상하거나 물건을 손괴하는 것을 말한다고 규정하고 있는바, /
【대법원 분석】 교통사고를 일으킨 운전자에 관한 형사처벌의 특례를 정하는 것을 주된 목적으로 하는 교통사고처리 특례법의 입법 취지와 /
【대법원 분석】 자동차 운행으로 인한 피해자의 보호를 주된 목적으로 하는 자동차손해배상 보장법의 입법 취지가 서로 다른 점, /
【대법원 분석】 '교통'이란 원칙적으로 사람 또는 물건의 이동이나 운송을 전제로 하는 용어인 점 등에 비추어 보면, /
【대법원 요지】 교통사고처리 특례법 제2조 제2호에 정한 '교통'은 자동차손해배상 보장법 제2조 제2호에 정한 '운행'보다 제한적으로 해석하여야 한다.

3. 공소사실의 요지

【대법원 분석】 기록에 의하면, 이 사건 공소사실은 /
【대법원 분석】 피고인이 자신이 운영하는 식품가게 앞에서 1톤 포터 화물차의 적재함에 실려 있던 토마토 상자를 하역하여 가게 안으로 운반하던 중, /
【대법원 분석】 위 화물차에 적재되어 있던 토마토 상자 일부가 무너져 내리도록 방치한 과실로 /
【대법원 분석】 가게 앞을 지나가던 피해자의 머리 위로 위 상자가 떨어지게 하여 골절상 등을 입게 하였다는 것이고, /
【대법원 분석】 검사는 형법 제268조의 업무상과실치상을 적용하여 공소를 제기하였음을 알 수 있다.

4. 사안에 대한 항소심의 판단

【항소심 판단】 원심판결 이유에 의하면, 원심은, /
【항소심 판단】 이 사건 사고가 위 화물차의 운행으로 인하여 발생한 사고이고 위 화물차가 자동차종합보험에 가입되어 있으므로 교통사고처리 특례법이 적용되어 이 사건 공소를 기각하여야 한다는 피고인의 주장에 대하여, /
【항소심 판단】 이 사건 사고는 피고인이 위 화물차를 피고인의 가게 입구 앞 노상에 주차하고 하역작업을 시작한 후 약 1시간이 지나서야 발생한 점, /
【항소심 판단】 이 사건 사고 발생 당시 위 화물차의 운전석은 비어 있었고 시동이 꺼져 있었으며 차의 열쇠는 다른 사람이 가지고 있었던 점 등에 비추어 보면 /
【항소심 판단】 이 사건 사고가 위 화물차의 교통으로 인하여 발생한 것이라고 볼 수 없다고 판단하

여 피고인의 주장을 배척하고 업무상과실치상죄를 인정하였다.

5. 사안에 대한 대법원의 판단

【대법원 판단】 앞서 본 법리와 원심이 인정한 사실관계에 비추어 살펴보면, /

【대법원 판단】 이 사건 사고가 교통사고처리 특례법에 정한 '교통사고'에 해당하지 않는다고 판단되므로 /

【대법원 판단】 (이 사건 사고가 자동차손해배상 보장법에 정한 자동차의 '운행'으로 인하여 발생한 것인가 여부는 나아가 판단할 필요가 없다), /

【대법원 결론】 같은 취지의 원심의 판단은 정당하고, 거기에 교통사고처리 특례법 위반죄의 적용 대상에 관한 법리오해 등의 위법이 없다. (상고 기각)

【코멘트】 업무상 과실치사상죄의 특수형태로 교통사고 사안이 있다. 교통사고의 경우에는 「교통사고처리특례법」이 특별법으로 우선 적용된다. 교특법이 적용되면 피해자와의 합의나 보험가입 등에 의하여 형사소추가 제한된다. 따라서 업무상 과실치사상죄의 사안이 '교통사고'에 해당하는가 아닌가가 실무상 중요한 의미를 가지게 되는데, 본 판례는 그와 관련된 사례를 보여주고 있다.

2011도6273

교통사고특례법과 보험 – 부정례
자전거사고 보험처리 사건

2012. 10. 25. 2011도6273, 공 2012하, 1988

1. 사실관계 및 사건의 경과

【사실관계 1】

① 갑은 P보험회사의 M보험에 가입하였다.

② M보험은 가입자가 일상생활 중 우연한 사고로 타인의 신체장애 및 재물의 손해를 부담하게 될 때 법률상 배상책임액 1억 원의 한도 내에서 손해를 전액 배상하는 보험이다.

③ 갑은 ⓐ자전거를 운전하다가 전방주시를 게을리한 업무상 과실로 A를 들이받아 다발성타박상 등을 입게 하였다. (㉠교통사고)

④ ⓐ자전거 자체는 사고에 대비한 보험이 들어 있지 않다.

【사실관계 2】

① ㉠교통사고 후 피해자 A는 M보험에 따라 P보험회사로부터 피해액을 배상받았다.

② [피해자 A는 후유장애를 주장하면서 피해배상을 요구하였다.]

③ [갑은 보험에 의하여 피해배상이 이루어졌다고 주장하면서 배상요구에 응하지 않았다.]

④ [A는 갑을 고소하였다.]

【사건의 경과】

① 검사는 갑을 교통사고처리특례법 제3조의 업무상 과실치상죄로 기소하였다.

② 제1심법원은 유죄를 선고하였다.

③ 갑은 불복 항소하였다.

④ 항소심법원은 다음의 이유를 들어서 제1심판결을 파기하고, 공소기각판결을 선고하였다.

(가) 피해자 A는 M보험에 의하여 피해배상을 받았다.

(나) 이는 교통사고처리특례법 제4조 제1, 2항에서 규정한 보험 등에 가입한 경우에 해당한다.

(다) 따라서 갑에 대하여는 공소를 제기할 수 없다.

⑤ 검사는 항소심의 공소기각판결에 불복 하여 상고하였다.

2. 교통사고특례법상 특례 인정을 위한 보험의 요건

【대법원 분석】 1. 교통사고처리 특례법(이하 '특례법'이라고 한다)이 /

【대법원 분석】 차의 교통으로 형법 제268조의 업무상과실치상죄와 중과실치상죄 및 /

【대법원 분석】 도로교통법 제151조의 죄[업무상 과실손괴]를 범한 운전자에 대하여 /

【대법원 분석】 그 교통사고를 일으킨 차가 특례법 제4조 제1항에서 정한 '보험 또는 공제에 가입한 경우'에는 공소를 제기할 수 없도록 규정한 것은, /

【대법원 요지】 자동차의 폭증과 자가운전제의 정착으로 자동차의 운전이 국민생활의 불가결한 기본요소로 되어 가고 있는 현실에 부응하여, /

【대법원 요지】 차의 운행과 관련한 보험제도를 도입하여 그 가입을 유도함으로써 교통사고로 인한 손해의 전보를 신속하고 확실하게 담보함과 아울러 /

【대법원 요지】 교통사고를 일으킨 운전자에 대한 형사처벌을 면제하여 줌으로써 /

【대법원 요지】 교통사고로 인한 번잡한 법적 분규와 부작용을 미리 해소하는 한편 전과자의 양산을 막는 등 국민생활의 편익을 증진하고자 함에 그 목적이 있다고 할 것이다 /

【대법원 요지】 (특례법 제1조 및 헌법재판소 1997. 1. 16. 선고 90헌마110, 136 전원재판부 결정 참조).

【대법원 분석】 그런데 위와 같은 특례법의 목적 및 취지와 아울러 /

【대법원 분석】 특례법 제4조 제2항에서 제1항의 '보험 또는 공제'의 정의에 관하여 /

【대법원 분석】 '보험업법에 따른 보험회사나 여객자동차 운수사업법 또는 화물자동차 운수사업법에 따른 공제조합 또는 공제사업자가 /

【대법원 분석】 인가된 보험약관 또는 승인된 공제약관에 따라 /

【대법원 분석】 피보험자와 피해자 간 또는 공제조합원과 피해자 간의 손해배상에 관한 합의 여부와 상관없이 피보험자나 공제조합원을 갈음하여 /

【대법원 분석】 피해자의 치료비에 관하여는 통상비용의 전액을, /

【대법원 분석】 그 밖의 손해에 관하여는 보험약관이나 공제약관으로 정한 지급기준금액을 /

【대법원 분석】 대통령령으로 정하는 바에 따라 우선 지급하되, /

【대법원 분석】 종국적으로는 확정판결이나 그 밖에 이에 준하는 집행권원상 피보험자 또는 공제조합원

의 교통사고로 인한 손해배상금 전액을 보상하는 보험 또는 공제'라고 명시하고 있음에 비추어 볼 때, /

【대법원 요지】 위 특례법상 형사처벌 등 특례의 적용대상이 되는 '보험 또는 공제에 가입된 경우'란, /

【대법원 요지】 '교통사고를 일으킨 차'가 위 보험 등에 가입되거나 /

【대법원 요지】 '그 차의 운전자'가 차의 운행과 관련한 보험 등에 가입한 경우에 /

【대법원 요지】 그 가입한 보험에 의하여 특례법 제4조 제2항에서 정하고 있는 교통사고 손해배상금 전액의 신속·확실한 보상의 권리가 피해자에게 주어지는 경우를 가리킨다고 할 것이다.

3. 사안에 대한 항소심의 판단

【항소심 판단】 2. 가. 원심판결 이유와 기록에 의하면, 원심은, /

【항소심 판단】 피고인이 자전거를 운전하다가 전방주시를 게을리한 업무상 과실로 피해자를 들이받아 다발성타박상 등을 입게 한 이 사건 교통사고와 관련하여, /

【항소심 판단】 위 가해차량은 무보험 차량이긴 하지만, /

【항소심 판단】 피고인이 별도로 현대해상화재보험 주식회사와 /

【항소심 판단】 "피고인이 일상생활 중 우연한 사고로 타인의 신체장애 및 재물의 손해에 대해 부담하는 법률상 배상책임액을 1억 원의 한도 내에서 전액 배상"하는 내용의 /

【항소심 판단】 무배당뉴현대하이종합보험(이하 '이 사건 보험'이라 한다)에 가입한 사실 및 /

【항소심 판단】 이 사건 교통사고 후 피해자가 위 보험에 따라 보험회사로부터 피해액을 배상받은 사실이 있음을 근거로, /

【항소심 판단】 이는 특례법 제4조 제1, 2항에서 규정한 보험 등에 가입한 경우에 해당하여 피고인에 대하여는 공소를 제기할 수 없다는 이유로 /

【항소심 판단】 제1심판결을 파기한 후 이 사건 공소를 기각하는 판결을 선고하였다.

4. 사안에 대한 대법원의 판단

【대법원 판단】 나. 그러나 원심의 위와 같은 판단은 앞서 본 법리에 비추어 볼 때 수긍하기 어렵다.

【대법원 판단】 원심의 인정 사실에 의하더라도 피고인이 가입한 이 사건 보험은 보상한도금액이 1억 원에 불과하여, /

【대법원 판단】 피고인이 가입한 이 사건 보험만으로는 1억 원을 초과하는 손해가 발생한 경우에는 피해자로서는 피고인이 가입한 보험에 의하여 보상을 받을 수 없으므로, /

【대법원 판단】 이러한 형태의 보험은 피보험자의 교통사고로 인한 손해배상금의 전액보상을 요건으로 하는 특례법 제4조 제1, 2항에서 의미하는 보험 등에 해당한다고 볼 수 없다.

【대법원 결론】 그럼에도 원심은, 피고인이 별도로 가입하였다고 하는 이 사건 보험이 보장하는 손해배상의 구체적 내역에 관하여 살피지 아니한 채 /

【대법원 결론】 피고인과 피해자 사이의 합의금 등 손해액을 이 사건 보험에 기하여 지급하였다는 이유만으로 특례법 제4조 제1, 2항의 적용이 있다고 보고 말았는바, /

【대법원 결론】 이는 특례법 제4조 제1, 2항의 '보험' 등에 관한 법리를 오해하여 판단을 그르친 것이다. (파기 환송)

2009도787

도로교통법위반죄와 구호조치 불이행 – 인정례
미안 인사 차량 사건

2009. 5. 14. 2009도787, 공 2009상, 947

1. 사실관계 및 사건의 경과

【사실관계 1】

① 2007. 11. 25. 14:08경 갑은 ㉠무쏘 승용차를 운전하고 있었다.

② 갑은 이 시각 김제시 금구면 ○○리에 있는 금천저수지 방면 농로에서 전주–금구간 도로로 진입하게 되었다.

③ 같은 시각 A(남, 44세)는 ㉡토스카 승용차를 운전하여 전주 방면에서 금구 방면으로 진행하고 있었다.

④ 진입하려는 M도로는 중앙분리대가 설치된 왕복 4차로의 도로이다.

⑤ 갑은 안전하게 진입해야 할 업무상 주의의무에 위반하여 M도로로 그대로 진입하였다.

⑥ 갑은 ㉠무쏘 승용차 우측 앞 범퍼 부분으로 A의 ㉡토스카 승용차의 우측 휀더 부분을 들이받았다.

⑦ 사고 당시 ㉡차량에는 A, B, C 등이 탑승하고 있었다.

【사실관계 2】

① ㉡토스카 승용차의 피해상황은 다음과 같다.

② 피해차량 수리비는 금 589,120원 상당이다.

③ 파손된 정도는 경미하여 차량의 운행에 지장이 있을 정도는 아니다.

④ 파편이 도로에 떨어지지도 아니하였다.

⑤ ㉠차량과 ㉡차량은 충격으로 위치를 이동하거나 조향력을 잃지는 아니하였다.

【사실관계 3】

① 갑은 운전하던 ㉠차량이 ㉡차량을 충격함과 동시에 잠시 정차하였다.

② A는 사고 직후 후행 차량의 진행을 방해하지 않으려고 ㉡차량을 운전하여 우측 갓길에 정차하였다.

③ A는 차에서 내려 갑 운전의 ㉠차량의 조수석 옆으로 다가가 갑에게 내리라고 하였다.

④ 갑은 자신의 차량에서 내리지 않은 채 미안하다는 손짓만 하고 도로를 역주행하여 횡단보도를 이용하여 반대편 도로로 넘어갔다.

⑤ 갑은 이어서 ㉡차량의 진행방향과 반대편으로 진행하여 전주 방향으로 운전해 갔다.

⑥ A 등은 사고 현장에서 약 30분가량 머물면서 112에 사고 신고를 하였다.

⑦ A 등은 갑이 ㉠차량을 타고 다시 사고 현장을 지나가는 것을 보고 정지하라고 손짓하였다.

⑧ 갑은 그럼에도 그대로 진행해 가버렸다.

【사건의 경과】

① 검사는 갑을 도로교통법위반죄로 기소하였다.

② [갑은 그 밖에도 특가법위반죄(도주차량), 도로교통법위반죄(음주측정거부)로도 기소되었으나 사안 불명임]
③ 갑의 피고사건은 제1심을 거친 후, 항소심에 계속되었다.
④ 항소심법원은 무죄를 선고하였다.
⑤ (항소심의 판단 이유는 판례 본문 참조)
⑥ 검사는 불복 상고하였다.

【참조조문】

도로교통법

제54조 (사고발생 시의 조치) ① 차의 운전 등 교통으로 인하여 사람을 사상(死傷)하거나 물건을 손괴(이하 "교통사고"라 한다)한 경우에는 그 차의 운전자나 그 밖의 승무원(이하 "운전자등"이라 한다)은 즉시 정차하여 사상자를 구호하는 등 필요한 조치를 하여야 한다.

제148조 (벌칙) 제54조 제1항에 따른 교통사고 발생 시의 조치를 하지 아니한 사람은 5년 이하의 징역이나 1천500만 원 이하의 벌금에 처한다.

특정범죄 가중처벌 등에 관한 법률

제5조의3 (도주차량 운전자의 가중처벌) ①「도로교통법」 제2조에 규정된 자동차 · 원동기장치자전거의 교통으로 인하여「형법」 제268조의 죄를 범한 해당 차량의 운전자(이하 "사고운전자"라 한다)가 피해자를 구호(救護)하는 등「도로교통법」 제54조 제1항에 따른 조치를 하지 아니하고 도주한 경우에는 다음 각 호의 구분에 따라 가중처벌한다.
(이하 생략)

2. 공소사실의 요지

【대법원 분석】 이 사건 공소사실 중 도로교통법 위반(사고 후 미조치)의 점의 요지는, /

【대법원 분석】 "피고인은 2007. 11. 25. 14:08경 ㉠무쏘 승용차를 운전하여 김제시 금구면 ○○리에 있는 금천저수지 방면 농로에서 전주-금구간 도로로 진입하게 되었는데, /

【대법원 분석】 이러한 경우 운전 업무에 종사하는 피고인으로서는 속도를 줄이거나 일시 정지하여 진행하는 차량이 있는지 여부를 확인하고 안전하게 진입해야 할 업무상 주의의무가 있음에도 불구하고, /

【대법원 분석】 이를 게을리 한 채 그대로 진입하다가, /

【대법원 분석】 전주 방면에서 금구 방면으로 진행하던 피해자 공소외 A(남, 44세) 운전의 ㉡토스카 승용차의 우측 휀더 부분을 피고인 운전의 무쏘 승용차 우측 앞 범퍼 부분으로 들이받아서, /

【대법원 분석】 피해차량인 토스카 승용차를 수리비 금 589,120원 상당이 들도록 부수었음에도 불구하고, /

【대법원 분석】 곧 정차하여 필요한 조치를 취하지 않고 그대로 도주하였다"는 것이다.

3. 사안에 대한 항소심의 판단

【항소심 분석】 이에 대하여 원심은, /

【항소심 분석】 피해차량의 파손의 정도는 피해차량의 우측 휀더 부분이 수리비 589,120원 상당이 들도록 파손된 정도로 경미하여 차량의 운행에 지장이 있을 정도로 부시지지 아니하였을 뿐만 아니라 파편이 도로에 떨어지지도 아니하였고, /

【항소심 분석】 양 차량이 충격으로 위치를 이동하거나 조향력을 잃지도 아니하였으며, /

【항소심 분석】 사고 직후 피해자 공소외 A가 후행 차량의 진행을 원활하게 하고자 피해차량을 우측 갓길로 옮겨 세운 것이라면, /

【항소심 판단】 이 사건에 있어 피고인이 사고로 인한 교통상의 위험과 장해를 방지·제거하여 원활한 교통을 확보하기 위한 조치를 취하여야 할 필요가 있었다고 보기 어렵고, /

【항소심 판단】 피고인이 사고 후 중앙분리대가 설치된 도로를 역주행하여 횡단보도를 이용하여 반대편 도로로 넘어간 다음 피해차량의 진행방향과 반대편으로 진행함으로써 사고의 위험이 높아졌다고 하더라도 /

【항소심 판단】 이는 피고인이 애초에 예정한 진행방법으로 진행한 것으로 진행방법 자체의 위험성으로 인한 것일 뿐 이 사건 사고 후 미조치로 인하여 증대된 위험이라고 볼 수 없다는 이유로 이에 대하여 무죄를 선고하였다.

4. 도로교통법상 구호조치의 취지

【대법원 요지】 도로교통법 제54조 제1항의 취지는 도로에서 일어나는 교통상의 위험과 장해를 방지·제거하여 안전하고 원활한 교통을 확보하기 위한 것으로서 피해자의 피해를 회복시켜 주기 위한 것이 아니고, /

【대법원 요지】 이 경우 운전자가 취하여야 할 조치는 사고의 내용과 피해의 정도 등 구체적 상황에 따라 적절히 강구되어야 하고 그 정도는 건전한 양식에 비추어 통상 요구되는 정도의 조치를 말한다 할 것이다.

5. 사안에 대한 대법원의 분석

【대법원 분석】 원심이 적법하게 채택하여 조사한 증거들에 의하면, /

【대법원 분석】 사고 장소는 중앙분리대가 설치된 왕복 4차로의 도로이고 사고시간은 낮이었던 사실, /

【대법원 분석】 사고 당시 피해차량에는 피해자 공소외 A, B, C 등이 탑승하고 있었던 사실, /

【대법원 분석】 피고인 차량이 피해차량을 충격함과 동시에 잠시 정차하였다가 피해자 공소외 A가 후행 차량의 진행을 방해하지 않으려고 피해차량을 운전하여 우측 갓길에 정차한 후 차에서 내려 피고인 차량의 조수석 옆으로 다가가 피고인에게 내리라고 한 사실, /

【대법원 분석】 그러나 피고인은 자신의 차량에서 내리지 않은 채 미안하다는 손짓만 하고 도로를 역주행하여 횡단보도를 이용하여 반대편 도로로 넘어간 다음 피해차량의 진행방향과 반대편으로 진행하여 전주 방향으로 운전해 간 사실, /

【대법원 분석】 피해자들은 위 사고 현장에서 약 30분가량 머물면서 112에 사고 신고를 하였고, /

【대법원 분석】 피고인이 다시 이 사건 사고 현장을 지나가는 것을 보고 정지하라고 손짓하였음에도

그대로 간 사실을 알 수 있다. /

6. 사안에 대한 대법원의 판단

【대법원 판단】 사실관계가 이와 같다면, /

【대법원 판단】 피고인은 교통사고를 일으키고도 즉시 정차하여 피해 유무를 확인하지 아니하고 그대로 진행하였을 뿐 아니라, /

【대법원 판단】 피해자가 도주하는 피고인을 뒤쫓아 감으로써 또 다른 교통상의 위험과 장애가 야기될 수 있었을 것으로 판단된다. /

【대법원 판단】 그러므로 비록 위 사고로 인하여 피해차량이 경미한 물적 피해만을 입었고 파편물이 도로상에 비산되지는 않았다고 하더라도, /

【대법원 판단】 피고인이 도로교통법 제54조 제1항의 규정에 의한 교통사고 발생시의 필요한 조치를 다하였다고 볼 수 없다.

【대법원 결론】 그럼에도 불구하고, 원심이 위 공소사실에 대하여 무죄를 선고한 것은 도로교통법 제148조, 제54조 제1항에 관한 법리를 오해하는 등으로 판결 결과에 영향을 미친 위법을 저지른 것이라고 할 것이다. 이 점을 지적하는 상고이유의 주장은 이유 있다. (파기 환송)

【코멘트】 교통사고는 크게 대인사고와 대물사고로 나누어 볼 수 있다. 도로교통법 제54조 제1항은 교통사고가 발생한 경우에 운전자나 승무원에게 구호의무를 부과하고 있다. 여기에는 대인사고의 경우뿐만 아니라 대물사고의 경우도 포함된다.

대인사고와 관련한 구호조치의 불이행은 특히 특가법위반죄(도주운전)의 적용대상이 된다는 점에서 중요한 의미가 있다. 특가법 제5조의3은 대인 교통사고를 범한 운전자가 도로교통법상의 구호조치를 취하지 않고 도주한 경우에 대해 무거운 형으로 가중처벌하고 있다. 이 조문의 구조는 (가) 업무상 과실치사상죄, (나) 도로교통법위반죄, (다) 유기죄의 세 가지 범죄유형이 순차적으로 결합된 형태를 보이고 있다.

본 판례에서 피고인은 특가법위반죄(도주운전)과 도로교통법위반죄(구호조치불이행)로 기소되고 있다. 그런데 특가법위반죄 부분의 공소사실은 구체적으로 드러나 있지 않다. 그러나 특가법위반죄(도주운전)의 적용을 위한 전제조건으로서 도로교통법위반죄(구호조치불이행)의 성립요건을 보여준다는 점에서 본 판례는 특가법위반죄의 법리를 이해하는 데에 도움이 된다.

대법원은 본 판례에서 도로교통법상의 구호조치에 대하여 (가) 피해자의 피해를 회복시켜 주기 위한 것은 아니라는 점, (나) 구호조치는 건전한 양식에 비추어 통상 요구되는 정도의 조치라는 점을 분명히 하고 있다. 이 가운데 (나)의 부분은 규범적 판단을 의미하고 있음을 알 수 있다. 본 판례에서 항소심과 대법원이 주어진 사실관계의 정황증거들을 놓고 상이한 결론에 이르고 있는 것은 규범적 평가의 특수성 때문이라고 할 수 있다.

2008도8627

특가법위반죄와 구호조치 불이행 – 부정례
운전자 허위신고 사건

2009. 6. 11. 2008도8627, [공보불게재]

1. 사실관계 및 사건의 경과

【사실관계】

① 갑은 동승자 을과 함께 ㉠차량을 타고 가다가 교통사고를 내었다.
② 이 교통사고로 A가 다쳤다.
③ 갑은 동승자 을로 하여금 ㉠차량의 운전자인 것처럼 허위로 신고하도록 하였다.
④ 갑은 사고 직후 사고 장소를 이탈한 바 없이 A의 피해사실을 확인한 후 곧바로 보험회사에 사고접수를 하였다.
⑤ 갑은 출동한 경찰관에게 ㉠차량이 가해차량임을 밝혔다.
⑥ 갑은 경찰관의 요구에 따라 을과 함께 관할 P경찰서로 동행하여 조사를 받은 후 귀가하였다.
⑦ 갑은 이틀 후 자진하여 경찰에 출두, 자수하였다.

【사건의 경과】

① 검사는 갑을 특가법위반죄(도주차량) 등으로 기소하였다.
② 갑의 피고사건은 제1심을 거친 후, 항소심에 계속되었다.
③ 항소심법원은 갑이 A를 구호하는 등의 의무를 이행하기 전에 도주의 범의를 가지고 사고현장을 이탈하였다고까지 인정하기에는 부족하다고 판단하였다.
④ 항소심법원은 이를 근거로 갑에 대한 공소사실 중 특가법위반죄(도주차량)의 점에 대하여 무죄라고 판난하였다.
⑤ [항소심법원은 갑을 교통사고처리특례법위반죄로 처단하였다.]
⑥ 검사는 불복 상고하였다.
⑦ 검사는 상고이유로 다음의 점을 주장하였다.
  (가) 도로교통법 제54조 제1항은 차의 교통으로 사람을 사상한 운전자가 이행해야 할 조치를 규정하고 있다.
  (나) 여기에는 피해자나 경찰관 등 교통사고와 관계있는 사람에게 사고운전자의 신원을 밝혀야 하는 의무가 포함되어 있다.
  (다) 갑의 허위신고 행위는 사고운전자의 신원을 밝히는 의무를 다하지 아니한 것이다.
  (라) 따라서 갑의 허위신고 행위는 특가법위반죄(도주차량)에 해당한다.

【참조조문】

형법

제271조 (유기, 존속유기) ① 노유, 질병 기타 사정으로 인하여 부조를 요하는 자를 보호할 법률상

또는 계약상 의무 있는 자가 유기한 때에는 3년 이하의 징역 또는 500만 원 이하의 벌금에 처한다.

도로교통법

제54조 (사고발생시의 조치) ① 차의 운전 등 교통으로 인하여 사람을 사상(死傷)하거나 물건을 손괴(損壞)(이하 "교통사고"라 한다)한 때에는 그 차의 운전자나 그 밖의 승무원(이하 "운전자등"이라 한다)은 즉시 정차하여 사상자를 구호하는 등 필요한 조치를 하여야 한다.

특정범죄 가중처벌 등에 관한 법률

제5조의3 (도주차량 운전자의 가중처벌) ①「도로교통법」 제2조에 규정된 자동차 · 원동기장치자전거의 교통으로 인하여「형법」 제268조의 죄를 범한 해당 차량의 운전자(이하 "사고운전자"라 한다)가 피해자를 구호(救護)하는 등「도로교통법」 제54조 제1항에 따른 조치를 하지 아니하고 도주한 경우에는 다음 각 호의 구분에 따라 가중처벌한다.

1. 피해자를 사망에 이르게 하고 도주하거나, 도주 후에 피해자가 사망한 경우에는 무기 또는 5년 이상의 징역에 처한다.
2. 피해자를 상해에 이르게 한 경우에는 1년 이상의 유기징역 또는 500만 원 이상 3천만 원 이하의 벌금에 처한다.

② 사고운전자가 피해자를 사고 장소로부터 옮겨 유기하고 도주한 경우에는 다음 각 호의 구분에 따라 가중처벌한다.

1. 피해자를 사망에 이르게 하고 도주하거나, 도주 후에 피해자가 사망한 경우에는 사형, 무기 또는 5년 이상의 징역에 처한다.
2. 피해자를 상해에 이르게 한 경우에는 3년 이상의 유기징역에 처한다.

2. 도주차량죄의 요건

【대법원 요지】 특정범죄가중처벌 등에 관한 법률 제5조의3 제1항에서 정한 '피해자를 구호하는 등 도로교통법 제54조 제1항의 규정에 의한 조치를 취하지 아니하고 도주한 때'란, /

【대법원 요지】 사고 운전자가 사고로 인하여 피해자가 사상을 당한 사실을 인식하였음에도 /

【대법원 요지】 피해자를 구호하는 등 도로교통법 제54조 제1항에 규정된 의무를 이행하기 이전에 사고현장을 이탈하여 /

【대법원 요지】 사고를 낸 자가 누구인지 확정될 수 없는 상태를 초래하는 경우를 말하는데, /

【대법원 요지】 도로교통법 제54조 제1항의 취지는 도로에서 일어나는 교통상의 위험과 장해를 방지 · 제거하여 안전하고 원활한 교통을 확보하기 위한 것이므로, /

【대법원 요지】 이 경우 운전자가 취하여야 할 조치는 사고의 내용과 피해의 정도 등 구체적 상황에 따라 적절히 강구되어야 하고 그 정도는 건전한 양식에 비추어 통상 요구되는 정도의 것으로서, /

【대법원 요지】 여기에는 피해자나 경찰관 등 교통사고와 관계있는 사람에게 사고운전자의 신원을 밝히는 것도 포함된다 할 것이나, /

3. 도주차량 판단방법

【대법원 요지】 다만 특정범죄가중처벌 등에 관한 법률 제5조의3 제1항의 규정이 /

【대법원 요지】 자동차와 교통사고의 격증에 상응하는 건전하고 합리적인 교통질서가 확립되지 못한 현실에서 자신의 과실로 교통사고를 야기한 운전자가 그 사고로 사상을 당한 피해자를 구호하는 등의 조치를 취하지 않고 도주하는 행위에 강한 윤리적 비난가능성이 있음을 감안하여 이를 가중처벌함으로써 /

【대법원 요지】 교통의 안전이라는 공공의 이익을 보호함과 아울러 교통사고로 사상을 당한 피해자의 생명과 신체의 안전이라는 개인적 법익을 보호하기 위하여 제정된 것이라는 그 입법취지와 보호법익에 비추어, /

【대법원 요지】 사고 운전자가 피해자를 구호하는 등 도로교통법 제54조 제1항에 정한 의무를 이행하기 전에 도주의 범의로써 사고현장을 이탈한 것인지 여부를 판정함에 있어서는 /

【대법원 요지】 그 사고의 경위와 내용, 피해자의 상해의 부위와 정도, 사고 운전자의 과실 정도, 사고 운전자와 피해자의 나이와 성별, 사고 후의 정황 등을 종합적으로 고려하여야 한다.

4. 사안에 대한 항소심의 판단

【항소심 분석】 원심판결 이유에 의하면, 원심은 그 채용증거들을 종합하여 그 판시와 같은 사실을 인정한 다음, /

【항소심 분석】 비록 피고인이 교통사고 현장에서 동승자이던 원심 공동피고인 을로 하여금 이 사건 차량의 운전자인 것처럼 허위로 신고하도록 하였다 하더라도, /

【항소심 분석】 피고인은 사고 직후 사고 장소를 이탈한 바 없이 피해자의 피해사실을 확인한 후 곧바로 보험회사에 사고접수를 하고, /

【항소심 분석】 출동한 경찰관에게 이 사건 차량이 가해차량임을 명백히 밝혔으며, /

【항소심 분석】 경찰관의 요구에 따라 위 원심 공동피고인 을과 함께 영등포경찰서로 동행하여 조사를 받은 후 귀가하였다가 이틀 후 자진하여 경찰에 출두, 자수하기까지 한 점 등의 사정에 비추어 보면, /

【항소심 판단】 피고인이 피해자를 구호하는 등의 의무를 이행하기 전에 도주의 범의를 가지고 사고현장을 이탈하였다고까지 인정하기에는 부족하다는 이유로, /

【항소심 판단】 피고인에 대한 공소사실 중 특정범죄가중처벌 등에 관한 법률 위반(도주차량)의 점에 대하여는 무죄라고 판단하였다.

5. 사안에 대한 대법원의 판단

【대법원 판단】 앞서 본 법리 및 기록에 비추어 살펴보면, /

【대법원 판단】 위와 같은 피고인의 행위는 외형상으로는 차의 교통으로 사람을 사상한 운전자가 도로교통법 제54조 제1항에서 정한 조치 중 피해자나 경찰관 등 교통사고와 관계있는 사람에게 사고운전자의 신원을 밝혀야 하는 의무를 이행하지 아니한 것으로 볼 수 있겠지만, /

【대법원 판단】 원심이 인정한 여러 사정들에 비추어 볼 때 도주의 범의로써 사고현장을 이탈한 것으로까지 보기는 어렵다 할 것이니, /

【대법원 결론】 같은 취지에서 이 부분 공소사실이 무죄라고 본 원심의 판단은 정당하다. (상고 기각)

【코멘트】 형사실무상 소위 뺑소니 운전이 자주 문제되고 있다. 도주차량 사안은 도로교통법과 특가법에 의하여 무거운 형으로 처벌된다. 앞의 참조조문에서 보는 바와 같이, 구호조치 불이행을 이유로 한 도로교통법위반죄의 경우에는 행위주체에 차량 운전자뿐만 아니라 동승자도 포함된다. 이에 대해 특가법위반죄의 경우에는 행위주체가 사고운전자로 한정된다.

도로교통법위반죄의 경우에는 해당 교통사고가 대인사고인지 대물사고인지 묻지 않는다. 이에 대해 특가법위반죄의 경우에는 해당 교통사고가 대인사고로 한정된다. 형법 제268조의 업무상 과실치사상죄가 특가법위반죄의 구성요건요소로 명시되어 있기 때문이다. 대인사고 가운데 사고운전자에 의한 도주차량 사안의 경우에는 특가법이 도로교통법에 대해 특별관계에 있어서 우선적으로 적용된다.

그러나 그 밖의 경우에 해당하는 도주차량 사안에서는 도로교통법이 적용된다. 즉 (가) 사고운전자가 대물사고를 내었으나 구호조치를 취하지 않고 도주한 경우, (나) 동승자가 대물사고가 일어났음을 알면서도 구호조치를 취하지 않고 도주한 경우, (다) 동승자가 대인사고가 일어났음을 알면서도 구호조치를 취하지 않고 도주한 경우에 각각 도교법위반죄가 성립한다.

사고운전자가 대인사고 발생을 알면서도 구호조치를 취하지 않고 도주한 경우에는 특가법위반죄가 성립한다. 이 경우 특가법위반죄의 형이 대단히 무거운 만큼 해당 처벌법규의 적용에도 신중을 기할 필요가 있다. 이와 관련하여 대법원은 도주차량과 관련한 특가법위반죄의 해석에 신중을 기할 것을 요구하고 있다.

특가법위반죄(도주차량)는 (가) 업무상 과실치사상죄, (나) 도로교통법위반죄, (다) 유기죄(도주 형태)의 세 가지 범죄유형이 결합된 구조를 가지고 있다. 이러한 구조를 염두에 두고 본 판례를 살펴보면, (나)와 관련하여 구호조치의 하나로 "피해자나 경찰관 등 교통사고와 관계있는 사람에게 사고운전자의 신원을 밝히는 것도 포함된다"는 점이 우선 주목된다. 다음으로 (다)와 관련하여 보면, '도주'의 범의를 입증해야 한다는 점을 특기할 수 있다.

'도주'의 범의, 즉 고의는 구성요건의 주관적 요소이다. 피고인이 고의가 없었다고 주장할 경우 이를 입증하는 것은 검사의 책임이다. 대법원은 사고운전자의 신원을 밝히지 아니한 피고인의 행위가 외형상으로는 구호조치를 취하지 아니하고 현장을 이탈하는 것으로서 객관적으로 '도주'에 해당할 여지가 있다고 판단하고 있다. 그러나 대법원은 주어진 외부의 정황에 비추어 볼 때 '도주'의 고의가 입증되지 않았다고 판단하여 항소심의 무죄 결론을 지지하고 있다. 요컨대 본 판례는 특가법위반죄(도주차량)와 관련하여 피고인의 방어를 위한 포인트의 하나로 '고의' 입증이 대단히 중요하다는 점을 잘 보여주고 있다.

95도826

도로교통법위반죄와 심신상실 주장 – 부정례
야간 주취운전 사건

1995. 6. 13. 95도826, 공 1995, 2434

1. 사실관계 및 사건의 경과

【사실관계】

① 갑은 자신의 ㉠차량을 운전하여 술집에 가서 술을 마신 후 운전을 하였다.

② 갑은 야간에 비가 내려 전방주시가 힘든 상황에서 혈중알콜농도 0.18%의 음주상태로 속도를 줄이거나 전방을 잘 살피지 아니하고 멋대로 ㉠차량을 운전하다가 교통사고를 내었다.

③ [갑은 피해자 A가 쓰러져 있음을 알면서도 구호조치를 취하지 않고 그대로 가버렸다.]

【사건의 경과 1】

① 검사는 갑을 특가법위반죄(도주차량) 및 도로교통법위반죄로 기소하였다.

② 갑의 피고사건은 제1심을 거친 후, 항소심에 계속되었다.

③ 항소심법원은 다음과 같이 판단하였다.

(가) 갑은 자동차 운전자로서의 업무상 주의의무를 위반하였다.

(나) 갑은 사고 당시 주취상태에 있었으나 사고사실을 알고도 도주한 것이다.

④ 항소심법원은 갑에게 유죄를 인정하였다.

【사건의 경과 2】

① 갑은 불복 상고하였다.

② 갑은 상고이유로 다음의 점을 주장하였다.

(가) 자동차 운전자로서의 업무상 주의의무를 위반한 사실이 없다.

(나) 사고 당시 술에 만취하여 사고사실을 몰랐기 때문에 사고 후 도주한 것이라고 할 수 없다.

(다) 갑이 술에 만취하였다는 사실의 주장은 심신미약의 주장으로 볼 수 있는데, 항소심은 이에 대한 판단을 명시하지 아니하였다.

③ 대법원은 위에 적시한 갑의 상고이유를 배척하였다.

④ 대법원은 나아가 "가사 피고인이 소론과 같이 심신미약 상태에 있었다고 하더라도"라는 전제하에 판단을 계속하였다.

2. 사안에 대한 대법원의 판단

(1) 주의의무 위반 여부에 대한 대법원의 판단

【대법원 분석】 3. 논지는 또 원심이 피고인에 대하여 자동차 운전자로서의 업무상 주의의무를 위반하여 운전한 과실이 있다고 인정한 것은 운전자의 업무상 주의의무에 대한 법리를 오해한 위법이 있다는 것이나, /

【대법원 판단】 기록에 비추어 보면, 원심이 /

【대법원 판단】 야간에 비가 내려 전방주시가 힘든 상황에서 혈중알콜농도 0.18%의 음주상태로 속도를 줄이거나 전방을 잘 살피지 아니하고 멋대로 차량을 운전한 피고인에게 과실이 있다고 판단한 조치는 수긍할 수 있고 거기에 소론과 같은 위법이 있다고 할 수 없다.

(2) 심신미약 주장에 대한 대법원의 판단

【대법원 분석】 4. 논지는 /

【대법원 분석】 피고인이 이 사건 사고 당시 술에 만취하여 사고 사실을 몰랐기 때문에 사고 후 도주한 것이라고 할 수 없고, /

【대법원 분석】 이러한 사실의 주장은 한편 심신미약의 주장으로 볼 수 있음에도 불구하고 원심이 피고인의 도주사실을 인정하여 특정범죄가중처벌등에관한법률위반죄를 적용하고 심신미약 주장에 대한 판단을 명시하지 아니한 것은 심신미약에 대한 법리를 오해하였거나 심리를 미진하고 채증법칙을 위배하였으며, 판단을 유탈한 위법이 있다는 것이나, /

【대법원 판단】 원심판결 이유를 보면, 피고인의 심신미약 주장에 대한 판단이 원심판결 이유에 명시되어 있을 뿐만 아니라(원심판결 제12쪽 하단 이하), /

【대법원 판단】 기록에 비추어 보면, 원심이 피고인이 이 사건 사고 당시 주취상태에 있었으나 위 사고 사실을 알고도 도주한 것이고, /

【대법원 판단】 위 사고 및 도주 당시 사물을 변별할 능력이나 의사를 결정할 능력이 없었거나 미약한 상태에 있지 않았다고 판단한 조치는 수긍할 수 있으며, /

(3) 주취운전과 원인에 있어서 자유로운 행위

【대법원 분석】 가사 피고인이 소론과 같이 심신미약 상태에 있었다고 하더라도 형법 제10조 제3항에 의하면 "위험의 발생을 예견하고 자의로 심신장애를 야기한 자의 행위에는 전 2항의 규정을 적용하지 아니한다"고 규정하고 있는바, /

【대법원 판단】 기록에 의하면, /

【대법원 판단】 피고인은 자신의 차를 운전하여 술집에 가서 술을 마신 후 운전을 하다가 이 사건 교통사고를 일으킨 사실을 인정할 수 있고, /

【대법원 판단】 이는 피고인이 음주할 때 교통사고를 일으킬 수 있다는 위험성을 예견하고도 자의로 심신장애를 야기한 경우에 해당하여 심신미약으로 인한 형의 감경을 할 수 없다 할 것이므로, /

【대법원 결론】 논지는 어느 모로 보나 받아들일 수 없다. (상고 기각)

【코멘트】 본 판례는 음주운전 교통사고에서 자주 논란되는 심신미약의 주장에 대하여 대법원이 어떠한 태도를 취하고 있는가를 보여주고 있다. 본 판례에서 대법원은 "피고인이 음주할 때 교통사고를 일으킬 수 있다는 위험성을 예견하고도 자의로 심신장애를 야기한 경우"라는 판단을 내리고 있다. 피고인이 음주할 때 '특정한' 교통사고의 위험성을 예견하였다고는 말할 수 없다. '교통사고를 일으킬 수 있다는 위험성'은 음주에 따르는 전형적 위험으로서 일반적인 교통사고 가능성을 의미하는 것이라고 보아야 할 것이다. 본 판례는 업무상 과실치사상죄라는 과실범에 대해 원인에 있어서 자유로운 행위의 이론을 적용한 예로 주목된다.

제27장 낙태의 죄

2003도2780

살인죄와 살해 – 인정례

낙태죄와 낙태 – 인정례

염화칼륨 태아 사망 사건

2005. 4. 15. 2003도2780, 공 2005, 778

☞ 3면

2005도3832

업무상과실치사죄와 사람 – 부정례

거대 태아 방치 사건

2007. 6. 29. 2005도3832, 공 2007, 1222

☞ 6면

2010헌바402

낙태죄 합헌 결정

낙태죄 위헌소원 사건

2012. 8. 23. 2010헌바402, 헌공 191, 1581

1. 사실관계 및 사건의 경과

【사실관계】

① 2009. 2.경부터 갑은 조산사로서 부산에서 'P조산원'이라는 상호로 조산원을 운영하고 있다.

② 갑은 다음의 공소사실로 의사등 동의낙태죄(형법 제270조 제1항)로 기소되었다.

③ 「2010. 1. 28. 갑은 P조산원에서 임부 A로부터 임신 6주된 태아를 낙태시켜 달라는 촉탁을 받고, 진공기를 임부의 자궁 안에 넣어 위 태아를 모체 밖으로 인위적으로 배출하는 방법으로 낙태하게 하였다.」

【사건의 경과】

① 갑은 재판 도중 처벌의 근거가 되는 형법 제270조 제1항에 대하여 수소법원에 위헌법률심판제청신청을 하였으나 기각되었다.

② 2010. 10. 17. 갑은 형법 제270조 제1항이 헌법에 위반된다며 헌법재판소에 헌법소원심판을 청구하였다.

③ 헌법재판소 재판관 4인은 합헌 의견을 제시하였다.

④ 헌법재판소 재판관 4인은 위헌 의견을 제시하였다.

⑤ 위헌결정에 필요한 정족수에 이르지 못하여 헌법재판소는 합헌 결정을 내렸다.

【심판대상조문】

형법

제269조 (낙태) ① 부녀가 약물 기타 방법으로 낙태한 때에는 1년 이하의 징역 또는 200만원 이하의 벌금에 처한다.

제270조 (의사 등의 낙태, 부동의낙태) ① 의사, 한의사, 조산사, 약제사 또는 약종상이 부녀의 촉탁 또는 승낙을 받어 낙태하게 한 때에는 2년 이하의 징역에 처한다.

2. 헌법재판소 다수의견

(1) 자기낙태죄 조항의 위헌 여부

【헌재 요지】 인간의 생명은 고귀하고, 이 세상에서 무엇과도 바꿀 수 없는 존엄한 인간 존재의 근원이며, 이러한 생명에 대한 권리는 기본권 중의 기본권이다. /

【헌재 요지】 태아가 비록 그 생명의 유지를 위하여 모(母)에게 의존해야 하지만, 그 자체로 모와 별개의 생명체이고 특별한 사정이 없는 한 인간으로 성장할 가능성이 크므로 태아에게도 생명권이 인정되어야 한다. /

【헌재 요지】 헌법이 태아의 생명을 보호하는 것은 그것이 인간으로 될 예정인 생명체라는 이유 때문이지, 그것이 독립하여 생존할 능력이 있다거나 사고능력, 자아인식 등 정신적 능력이 있는 생명체라는 이유 때문이 아니다. /

【헌재 요지】 그러므로 태아가 독자적 생존능력을 갖추었는지 여부를 그에 대한 낙태 허용의 판단 기준으로 삼을 수는 없다. /

【헌재 요지】 다만 수정이 되었다고 하여 수정란이 정상적으로 자궁에 착상할 가능성이 아주 높은 것은 아니며, 그 단계에서는 임신 여부를 확인하기도 어려우므로 자궁에 착상하기 이전 단계의 수정란을 그 이후의 태아와 동일하게 취급하지 아니하는 것은 그 나름의 합리성이 인정될 수 있으며, /

【헌재 요지】 또한 진통시부터는 태아가 산모로부터 독립하여 생존이 가능하므로 그 때를 기준으로 사람으로 취급하는 것도 합리적이라고 할 것이다. /

【헌재 판단】 한편, 낙태를 처벌하지 않거나 형벌보다 가벼운 제재를 가하게 된다면 현재보다도 훨씬 더 낙태가 만연하게 되어 자기낙태죄 조항의 입법목적을 달성할 수 없게 될 것이고, /

【헌재 판단】 성교육과 피임법의 보편적 상용, 임부에 대한 지원 등은 원하지 않는 임신을 미연에 방

지하는 수단이 될 수 있을지는 모르나 불법적인 낙태를 방지할 효과적인 수단이 되기에는 부족하다. /

【헌재 판단】 나아가 입법자는 일정한 우생학적 또는 유전학적 정신장애나 신체질환이 있는 경우와 같은 예외적인 경우에는 임신 24주 이내의 낙태를 허용하여(모자보건법 제14조, 동법 시행령 제15조), 불가피한 사정이 있는 경우에는 태아의 생명권을 제한할 수 있도록 하고 있다. /

【헌재 판단】 이것에서 더 나아가 사회적 · 경제적 사유로 인한 낙태로까지 그 허용의 사유를 넓힌다면, 자칫 자기낙태죄 조항은 거의 사문화되고 낙태가 공공연하게 이루어져 인간생명에 대한 경시풍조가 확산될 우려마저 없지 않다. /

【헌재 판단】 나아가 자기낙태죄 조항으로 제한되는 사익인 임부의 자기결정권이 위 조항을 통하여 달성하려는 태아의 생명권 보호라는 공익에 비하여 결코 중하다고 볼 수 없다. /

【헌재 결론】 따라서 자기낙태죄 조항이 임신 초기의 낙태나 사회적 · 경제적 사유에 의한 낙태를 허용하고 있지 아니한 것이 임부의 자기결정권에 대한 과도한 제한이라고 보기 어려우므로, 자기낙태죄 조항은 헌법에 위반되지 아니한다.

(2) 의사등 동의낙태죄 조항의 위헌 여부

【헌재 분석】 이 사건 법률조항은 조산사가 임부의 촉탁이나 승낙을 받아 낙태를 하게 한 경우를 징역형으로만 처벌하도록 규정하고 있으나, 그 법정형의 상한이 2년 이하의 징역으로 되어 있어 법정형의 상한 자체가 높지 않을 뿐만 아니라, /

【헌재 판단】 비교적 죄질이 가벼운 낙태에 대하여는 작량감경이나 법률상 감경을 하지 않아도 선고유예 또는 집행유예 선고의 길이 열려 있으므로, 행위의 개별성에 맞추어 책임에 알맞은 형벌을 선고할 수 없도록 하는 지나치게 과중한 형벌을 규정하고 있다고 볼 수 없다. /

【헌재 판단】 그러므로 이 사건 법률조항은 책임과 형벌 간의 비례원칙에 위배되지 아니한다.

【헌재 판단】 낙태는 행위태양에 관계없이 태아의 생명을 박탈하는 결과를 초래할 위험이 높고, 일반인에 의해서 행해지기는 어려워 대부분 낙태에 관한 지식이 있는 의료업무종사자를 통해 이루어지며, 태아의 생명을 보호해야 하는 업무에 종사하는 자가 태아의 생명을 박탈하는 시술을 한다는 점에서 비난가능성 또한 크다. /

【헌재 판단】 나아가 경미한 벌금형은 낙태시술의 기능이나 낙태에 사용하는 약품 등을 알고 있는 것을 남용하여 영리행위를 추구하는 조산사에 대하여는 위하력을 가지기 어렵다. /

【헌재 결론】 이러한 점들을 고려하여 입법자가 이 사건 법률조항에 대하여 형법상 동의낙태죄(제269조 제2항)와 달리 벌금형을 규정하지 아니한 것이 형벌체계상의 균형에 반하여 헌법상 평등원칙에 위배된다고도 할 수 없다.

3. 헌법재판소 소수의견

(1) 자기낙태죄 조항의 위헌 여부

【헌재 판단】 태아에 대한 국가의 보호의무에는 여성이 임신 중 또는 출산 후 겪게 되는 어려움을 도와주는 것까지 포함된다고 보아야 할 것이고, /

【헌재 판단】 국가는 생명을 보호하는 입법적 조치를 취함에 있어 인간생명의 발달단계에 따라 그 보

호정도나 보호수단을 달리할 수 있다.

【헌재 판단】 현대 의학의 수준에서는 태아가 임신 24주에 이르기까지는 자존적 생존가능성이 전혀 없다고 보고 있으므로, 태아의 독자적 생존능력이 인정되는 임신 24주 이후에는 태아의 생명도 인간의 생명과 어느 정도 동일시할 수 있으므로 임부의 낙태를 원칙적으로 금지하고, 임부의 생명이나 건강에 현저한 위해가 생길 우려가 있는 등 특단의 사정이 있는 경우에만 낙태를 허용함이 바람직하다. /

【헌재 판단】 임신 중기(임신 13주-24주)의 낙태는 임신 초기(임신 1주-12주)의 낙태에 비하여 합병증의 우려가 크고, 모성사망률의 위험도 급격히 커져 임부의 생명이나 건강에 위해가 생길 우려가 증가한다는 점에서 국가는 모성의 건강을 증진하기 위하여 낙태의 절차를 규제하는 등으로 임신중기의 낙태에 관여할 수 있다고 할 것이다.

【헌재 판단】 그런데, 의학계에서는 일반적으로 임신 초기(임신 1주-12주)의 태아는 사고나 자아인식, 정신적 능력과 같은 의식적 경험에 필요한 신경생리학적 구조나 기능들은 갖추지 못한 것으로 판단하고 있는바, /

【헌재 판단】 임신 초기의 태아는 고통을 느끼지 못하는 반면, 임신 초기의 낙태는 시술방법이 간단하여 낙태로 인한 합병증 및 모성사망률이 현저히 낮아지므로, 임신 초기에는 임부의 자기결정권을 존중하여 낙태를 허용해 줄 여지가 크다. /

【헌재 판단】 불법낙태로 임부의 건강이나 생명에 위험이 초래되는 사태가 빈발하고 있어 그 대책이 시급한 현실에 비추어 보면, 적어도 임신 초기에는 임부의 자기결정권을 존중하여 낙태를 허용해 줄 필요성이 있다. 따라서 자기낙태죄 조항은 침해의 최소성 원칙에 위배된다.

【헌재 판단】 한편, 형법상 낙태죄 규정이 현재는 거의 사문화되어 낙태의 근절에 큰 기여를 하지 못하고 있으므로 자기낙태죄 조항으로 달성하려는 태아의 생명보호라는 공익은 더 이상 자기낙태죄 조항을 통하여 달성될 것으로 보기 어려운 반면, /

【헌재 판단】 임신 초기의 낙태까지 금지하고 처벌하는 것은 임부의 임신 유지 여부에 대한 자기결정의 영역을 전혀 존중하지 아니하는 것으로서, 자기낙태죄 조항으로 제한되는 사익인 임부의 자기결정권은 결코 가볍게 볼 수 없어 법익의 균형성 요건도 갖추지 못하였다.

【헌재 판단】 그러므로 자기낙태죄 조항은 임신 초기의 낙태까지 전면적, 일률적으로 금지하고 처벌하고 있다는 점에서 임부의 자기결정권을 침해하여 헌법에 위반된다.

(2) 의사등 동의낙태죄의 위헌 여부

【헌재 판단】 위에서 본 바와 같이, 자기낙태죄 조항이 임부의 임신 초기의 낙태까지 일률적으로 처벌하고 있다는 점에서 위헌이므로, /

【헌재 판단】 동일한 목표를 실현하기 위하여 임신 초기의 임부의 촉탁 또는 승낙을 받아 낙태시술을 한 조산사를 형사처벌하는 이 사건 법률조항도 위 범위 내에서 위헌이다.

【헌재 판단】 따라서 이 사건 법률조항 및 이와 동일한 위헌 사유가 있는 형법 제269조, 제270조 제3항 중 제1항에 관한 부분의 각 "낙태"에 '임신 12주 이내의 낙태'가 포함되는 것으로 해석하는 한 헌법에 위반된다고 선언하여야 할 것이다.

(3) 반대의견에 대한 보충의견

【헌재 판단】 임부의 자기결정권을 존중하여 임신 초기의 낙태를 허용하더라도 임부가 낙태에 대하여 충분히 숙고한 뒤에 결정할 수 있도록 함과 동시에 의학적으로 안전한 낙태시술이 이루어질 수 있도록 입법조치를 취하여야 한다. /

【헌재 판단】 즉 입법자는 임부가 낙태에 대하여 충분히 숙고한 뒤에 결정을 내릴 수 있도록 전문가와의 상담 등 사전 조치들을 강구할 필요가 있다. /

【헌재 판단】 상담은 태아의 생명보호에 기여할 수 있도록 임부를 격려하고 자녀와 함께하는 삶의 비전을 일깨워 주기 위한 것이어야 하며, 임부가 책임 있고 양심에 따른 결정을 할 수 있도록 도와주는 것이어야 한다. /

【헌재 판단】 나아가 입법자는 의학적으로 안전한 낙태시술이 이루어질 수 있도록 병원이나 의사 등에 대한 일정한 요건을 마련하여, 임부의 생명과 건강을 보호하기 위해 노력하여야 한다.

2005헌마346

초기배아와 기본권 주체성 – 부정례
생명윤리법 헌법소원 사건

2010. 5. 27. 2005헌마346, 헌공 2010, 1015

1. 사실관계 및 사건의 경과

【사실관계】

① 갑남과 을녀는 임신의 목적으로 P의료재단에서 체외 인공수정으로 배아를 생성하였다.

② ㉠배아와 ㉡배아는 갑남으로부터 채취된 정자와 을녀로부터 채취된 난자의 체외 인공수정으로 생성된 배아 중 을녀의 체내에 이식되지 않고 남아 P의료재단에 보존되어 있는 소위 초기배아들이다.

【사건의 경과】

① ㉠배아(청구인 1)와 ㉡배아(청구인 2)를 포함하여, 배아생성자 갑남과 을녀, 그 밖에 종교인, 철학자 등 13명 명의의 청구인들은 「생명윤리 및 안전에 관한 법률」의 관련규정들이 자신들의 기본권을 침해한다고 주장하여 헌법재판소에 헌법소원심판을 청구하였다.

② 청구인들은 청구이유로 다음의 점을 주장하였다.

(가) 「생명윤리 및 안전에 관한 법률」 제16조 제1항, 제2항 등이 임신목적의 배아 생성을 허용하면서 인공수정배아를 인간이 아닌 세포군으로 규정하여 이에 대한 연구목적의 이용 가능성을 열어두고 있다.

(나) 관련규정들이 잔여배아의 보존기간과 그 폐기 및 연구에 관해 불충분하게 규율하고 있다.

(다) 관련규정들이 생성배아의 수효에 관한 제한 및 인공수정을 할 수 있는 전제와 기준 · 방법 등에 대하여 규율하지 않고 있다.

(라) 관련규정들이 체세포핵이식행위를 통해 생성된 체세포복제배아의 연구 · 폐기를 허용하고 있다.

③ (이하 ㉠배아와 ㉡배아를 중심으로 정리함)

④ 헌법재판소는 청구인 1(㉠배아)과 청구인 2(㉡배아)에 대해 청구인적격을 결여하여 부적법하다는 이유로 심판청구를 각하하는 결정을 내렸다.

【심판대상조문】

생명윤리 및 안전에 관한 법률

(2004. 1. 29. 법률 제7150호로 제정된 것)

제16조 (배아의 보존기간 및 폐기) ① 배아의 보존기간은 5년으로 한다. 다만, 동의권자가 보존기간을 5년 미만으로 정한 경우에는 이를 보존기간으로 한다.

② 배아생성의료기관은 제1항의 규정에 의한 보존기간이 도래한 배아 중 제17조의 규정에 의한 연구의 목적으로 이용하지 아니하고자 하는 배아를 폐기하여야 한다.

(이하 생략)

제17조 (잔여배아의 연구) 제16조의 규정에 의한 배아의 보존기간이 경과된 잔여배아는 발생학적으로 원시선이 나타나기 전까지에 한하여 체외에서 다음 각호의 1의 목적으로 이용할 수 있다. 다만, 보존기간을 5년 미만으로 정한 잔여배아를 이용하고자 하는 경우에는 동의권자로부터 해당 목적으로의 이용에 대하여 새로이 동의를 받아야 한다.

1. 불임치료법 및 피임기술의 개발을 위한 연구
2. 근이영양증 그 밖에 대통령령이 정하는 희귀 · 난치병의 치료를 위한 연구
3. 생략

(이하 생략)

2. 헌법소원과 기본권의 주체

【헌재 요지】 (가) 헌법재판소법 제68조 제1항은 공권력의 행사 또는 불행사로 인하여 기본권을 침해받은 자가 헌법소원의 심판을 청구할 수 있다고 규정하고 있으므로, 기본권의 주체가 될 수 있는 자만이 헌법소원을 청구할 수 있고, 이때 기본권의 주체가 될 수 있는 '자'라 함은 통상 출생 후의 인간을 가리키는 것이다.

【헌재 요지】 그런데 존엄한 인간 존재와 그 근원으로서의 생명 가치를 고려할 때 출생 전 형성 중의 생명에 대해서는 일정한 예외적인 경우 기본권 주체성이 긍정될 수 있다. /

【헌재 요지】 헌법재판소도 형성 중의 생명인 태아에 대하여 헌법상 생명권의 주체가 되며, 국가는 헌법 제10조에 따라 태아의 생명을 보호할 의무가 있음을 밝힌 바 있다(헌재 2008. 7. 31. **2004헌바81**, 판례집 20-2상, 91, 101 참조). /

【헌재 요지】 다만, 출생 전 형성 중의 생명에 대해서 헌법적 보호의 필요성이 크고 일정한 경우 그 기본권 주체성이 긍정된다고 하더라도, 어느 시점부터 기본권 주체성이 인정되는지, 또 어떤 기본권에 대해 기본권 주체성이 인정되는지는 생명의 근원에 대한 생물학적 인식을 비롯한 자연과학 · 기술 발전의 성과와 그에 터 잡은 헌법의 해석으로부터 도출되는 규범적 요청을 고려하여 판단하여야 할 것이다.

3. 초기배아와 생명윤리법

【헌재 분석】 (나) 청구인 1, 2는 수정란 및 수정된 때부터 발생학적으로 모든 기관이 형성되는 시기까지의 분열된 세포군을 말하는 생명윤리법상의 '배아'(생명윤리법 제2조 제2호 참조)에 해당하며, /

【헌재 분석】 그 중에서도 수정 후 14일이 경과하여 원시선이 나타나기 전의 수정란 상태, 즉 일반적인 임신의 경우라면 수정란이 모체에 착상되어 원시선이 나타나는 그 시점의 배아 상태에 이르지 않은 배아들이다(이하에서 이 시기의 배아를 '초기배아'라고 약칭하기로 한다). /

【헌재 분석】 생명윤리법은 청구인 1, 2와 같은 초기배아에 대해서 임신목적으로 이용되지 않을 경우 다른 연구목적으로 이용할 수 있도록 하고 있는 반면, /

【헌재 분석】 발생학적으로 원시선이 나타난 이후에는 배아에 대한 연구목적 이용을 전면적으로 금지하고 있다(생명윤리법 제17조 참조).

4. 초기배아와 기본권 주체성

【헌재 판단】 (다) 초기배아들에 해당하는 청구인 1, 2의 경우 헌법상 기본권 주체성을 인정할 수 있을 것인지에 대해 살피건대, /

【헌재 판단】 청구인 1, 2가 수정이 된 배아라는 점에서 형성 중인 생명의 첫걸음을 떼었다고 볼 여지가 있기는 하나 아직 모체에 착상되거나 원시선이 나타나지 않은 이상 현재의 자연과학적 인식 수준에서 독립된 인간과 배아 간의 개체적 연속성을 확정하기 어렵다고 봄이 일반적이라는 점, /

【헌재 판단】 배아의 경우 현재의 과학기술 수준에서 모태 속에서 수용될 때 비로소 독립적인 인간으로의 성장가능성을 기대할 수 있다는 점, /

【헌재 판단】 수정 후 착상 전의 배아가 인간으로 인식된다거나 그와 같이 취급하여야 할 필요성이 있다는 사회적 승인이 존재한다고 보기 어려운 점 등을 종합적으로 고려할 때, /

【헌재 판단】 초기배아에 대한 국가의 보호필요싱이 있음은 별론으로 하고, 청구인 1, 2의 기본권 주체성을 인정하기 어렵다.

【헌재 결론】 (라) 그렇다면 청구인 1, 2는 기본권의 주체가 될 수 없으므로 헌법소원을 제기할 수 있는 청구인적격이 없다고 할 것이다. (부적법 각하)

【코멘트】 사람의 생명 탄생과 관련하여 형법적으로 어떠한 보호를 가할 것인지 문제된다. 이와 관련하여 본 판례는 정자와 난자가 결합한 수정란 단계 이후의 법적 보호와 관련하여 분석을 제시하고 있다. 헌법재판소는 이와 관련하여 수정란, 초기배아, 원시선 발생 배아, 모태에의 착상(태아) 등의 단계에 주목하고 있다.

본 판례에서 헌법재판소는 모태에의 착상 시점에 주목하고 있다. 이것은 우리 형법상 낙태죄의 개념설정과 관련하여 헌법재판소가 소위 착상설에 입각하고 있음을 나타내고 있다. 착상 이후의 태아는 낙태죄의 객체가 되지만 분만개시의 시점에 이르면 분만중의 영아로서 살인죄의 객체가 된다. 이에 대한 사례로는 전술 6면의 **2005도3832** 판례가 있다.

2004헌바81

사산 태아의 기본권 주체성 – 부정례
사산 태아 헌법소원 사건

2008. 7. 31. 2004헌바81, 헌집 20②상, 91

1. 사실관계 및 사건의 경과

【사실관계 1】

① 갑남과 을녀는 부부이다.

② 2002. 5. 8.경부터 을녀는 셋째 아이를 임신한 후 의사 A가 근무하는 P산부인과의원에서 정기적으로 검진을 받았다.

③ 2002. 7. 22.(임신 16주 2일) 을녀는 P의원에서 기형아 검사를 위한 트리플마커 검사를 받았다.

④ 그 결과 에드워드 증후군의 위험도가 1:100 이상으로 증가되었음이 확인되었다.

⑤ 이에 A는 태아가 기형아인지를 정확히 알기 위해서는 양수검사가 필요하다고 권유하였다.

【사실관계 2】

① 2002. 7. 25. A는 을녀의 동의 아래 양수천자검사를 실시하였다.

② 그런데 A는 의사로서의 설명의무를 위반하여 검사로 인하여 발생할 수 있는 합병증 및 유산의 위험성에 관하여 을녀에게 구체적으로 알려주지 않았다.

③ A는 을녀가 양수검사에 따른 합병증으로 나타나는 감염 증상 및 조기양막파수를 일으키게 되어 다시 내원하여 감기몸살 및 복통을 호소하였음에도 필요한 적절한 조치를 취하지도 않았다.

④ 2002. 8. 3. 을녀는 Q병원에서 초음파검사를 받았고, 그 결과 양막이 터져 양수가 거의 없음이 확인되었다.

⑤ 2002. 8. 4. 을녀의 태아(임신 19주)는 태내에서 사망하였다.

【사건의 경과 1】

① 갑남과 을녀는 A를 피고로 한 손해배상청구소송을 제기하였다.

② 갑남과 을녀는 다음과 같이 주장하였다.

(가) 태아도 권리능력이 인정되어 손해배상청구권을 가질 수 있다.

(나) 태아가 사산할 경우 태아의 손해배상청구권은 정상적으로 태어났다면 친권자가 되었을 부모에게 상속된다.

③ 제1심법원은 갑남과 을녀의 청구(당해사건의 소송물 중 태아의 손해배상청구권 상속을 전제로 한 부분)를 기각하였다.

④ 항소심법원도 갑남과 을녀의 청구를 기각하였다.

⑤ 갑남과 을녀는 대법원에 상고하였다.

【사건의 경과 2】

① 갑남과 을녀는 상고심 계속중 민법 제3조와 제762조에 대하여 위헌법률심판 제청신청을 하였다.

② 대법원은 상고를 기각함과 동시에 위헌법률심판 제청신청도 기각하였다.
③ 갑남과 을녀는 민법 제3조와 제762조가 태아의 기본권을 침해한다고 주장하면서 헌법재판소에 헌법소원심판을 청구하였다.

【심판대상조문】

민법

제3조 (권리능력의 존속기간) 사람은 생존한 동안 권리와 의무의 주체가 된다.

제762조 (손해배상청구권에 있어서의 태아의 지위) 태아는 손해배상의 청구권에 관하여는 이미 출생한 것으로 본다.

2. 태아의 생명권 주체성

【헌재 요지】 인간의 생명은 고귀하고, 이 세상에서 무엇과도 바꿀 수 없는 존엄한 인간 존재의 근원이다. /

【헌재 요지】 이러한 생명에 대한 권리, 즉 생명권은 비록 헌법에 명문의 규정이 없다 하더라도 인간의 생존본능과 존재목적에 바탕을 둔 선험적이고 자연법적인 권리로서 헌법에 규정된 모든 기본권의 전제로서 기능하는 기본권 중의 기본권이다. /

【헌재 요지】 모든 인간은 헌법상 생명권의 주체가 되며, 형성 중의 생명인 태아에게도 생명에 대한 권리가 인정되어야 한다. /

【헌재 요지】 따라서 태아도 헌법상 생명권의 주체가 되며, 국가는 헌법 제10조에 따라 태아의 생명을 보호할 의무가 있다.

【헌재 분석】 (중략)

3. 기본권보호의무 위반 여부에 대한 판단기준

(1) 기본권보호의무의 내용

【헌재 요지】 (1) 우리 헌법은 제10조 제2문에서 "국가는 개인이 가지는 불가침의 기본적 인권을 확인하고 이를 보장할 의무를 진다."라고 규정함으로써 국가의 적극적인 기본권보호의무를 선언하고 있는바, /

【헌재 요지】 이러한 국가의 기본권보호의무 선언은 국가가 국민과의 관계에서 국민의 기본권보호를 위해 노력하여야 할 의무가 있다는 의미뿐만 아니라 국가가 사인 상호간의 관계를 규율하는 사법(私法) 질서를 형성하는 경우에도 헌법상 기본권이 존중되고 보호되도록 할 의무가 있다는 것을 천명한 것이다.

【헌재 요지】 그런데 국민의 기본권에 대한 국가의 적극적 보호의무는 궁극적으로 입법자의 입법행위를 통하여 비로소 실현될 수 있는 것이기 때문에, 입법자의 입법행위를 매개로 하지 아니하고 단순히 기본권이 존재한다는 것만으로 헌법상 광범위한 방어적 기능을 갖게 되는 기본권의 소극적 방어권으로서의 측면과 근본적인 차이가 있다.

(2) 기본권의 제한 정도

【헌재 요지】 국가가 소극적 방어권으로서의 기본권을 제한하는 경우 그 제한은 헌법 제37조 제2항

에 따라 국가안전보장 · 질서유지 또는 공공복리를 위하여 필요한 경우에 한하고, /

【헌재 요지】 자유와 권리의 본질적인 내용을 침해할 수는 없으며 그 형식은 법률에 의하여야 하고 그 침해범위도 필요최소한도에 그쳐야 한다. /

【헌재 요지】 그러나 국가가 적극적으로 국민의 기본권을 보장하기 위한 제반조치를 취할 의무를 부담하는 경우에는 설사 그 보호의 정도가 국민이 바라는 이상적인 수준에 미치지 못한다고 하여 언제나 헌법에 위반되는 것으로 보기 어렵다. /

【헌재 요지】 국가의 기본권보호의무의 이행은 입법자의 입법을 통하여 비로소 구체화되는 것이고, 국가가 그 보호의무를 어떻게 어느 정도로 이행할 것인지는 입법자가 제반사정을 고려하여 입법정책적으로 판단하여야 하는 입법재량의 범위에 속하는 것이기 때문이다.

【헌재 요지】 물론 입법자가 기본권 보호의무를 최대한 실현하는 것이 이상적이지만, 그러한 이상적 기준이 헌법재판소가 위헌 여부를 판단하는 심사기준이 될 수는 없으며, /

【헌재 요지】 헌법재판소는 권력분립의 관점에서 소위 "과소보호금지원칙"을, 즉 국가가 국민의 기본권 보호를 위하여 적어도 적절하고 효율적인 최소한의 보호조치를 취했는가를 기준으로 심사하게 된다. /

【헌재 요지】 따라서 입법부작위나 불완전한 입법에 의한 기본권의 침해는 입법자의 보호의무에 대한 명백한 위반이 있는 경우에만 인정될 수 있다. /

【헌재 요지】 다시 말하면 국가가 국민의 법익을 보호하기 위하여 아무런 보호조치를 취하지 않았든지 아니면 취한 조치가 법익을 보호하기에 명백하게 부적합하거나 불충분한 경우에 한하여 헌법재판소는 국가의 보호의무의 위반을 확인할 수 있을 뿐이다.

(3) 생명보호에 대한 판단기준

【헌재 판단】 (2) 이 사건 법률조항들에 대해서도 입법자가 기본권 보호의무를 이행함에 있어 적절하고 효율적인 최소한의 보호조치를 마련하고 있는지를 기준으로 심사하는 것이 바람직하다. /

【헌재 판단】 국가가 생명을 보호하는 입법적 조치를 취함에 있어 인간생명의 발달단계에 따라 그 보호정도나 보호수단을 달리하는 것은 불가능하지 않다. /

【헌재 판단】 예컨대 형법은 생명의 단계에 따라 살인죄, 영아살해죄, 낙태죄로 구분하여 생명침해행위를 처벌함으로써 보호수단을 차별화하고 있으며, /

【헌재 판단】 이 사건 법률조항들 역시 출생의 전후를 구분하여 보호를 차등화하고 있다. /

【헌재 판단】 그런데 이러한 보호의 차별화 내지 차등화가 정당화될 수 있는지 여부는 '기본권 보호의무의 이행'이라는 관점에서 논의될 성질의 것이지 과잉금지원칙의 관점에서 논의될 성질의 것은 아니다. /

【헌재 판단】 왜냐하면 과잉금지원칙은 국가가 국민의 소극적 방어권으로서의 기본권을 제한하는 경우에 적용되는 법리이지, /

【헌재 판단】 이 사건의 경우와 같이 국가와의 관계에서 개인의 기본권이 문제되는 것이 아니라 /

【헌재 판단】 사인 상호간에 기본권적 법익 침해가 문제되어 /

【헌재 판단】 국가가 생명발전의 각 단계에서 그 각 단계별로 생명보호를 위해 어떤 수단을 투입하는

것이 바람직할 것인가를 판단하는 경우에 적용되는 법리가 아니기 때문이다.

(4) 태아의 손해배상청구권의 성질

【헌재 분석】 (3) 이 사건 법률조항들에 따르면 사산한 태아의 경우 불법적인 생명침해에 대한 손해배상청구권이 인정되지 않는다. /

【헌재 판단】 그런데 태아에게 생명침해에 대한 손해배상청구권을 인정할 것인가의 여부는 태아의 생명을 보호하기 위한 직접적인 수단이라기보다는 /

【헌재 판단】 태아의 생명권을 침해하는 행위가 있고 난 이후에 사후적으로 불법적 생명침해행위에 대한 손해배상을 허용할 것인가의 문제로서 /

【헌재 판단】 그 인정 여부는 입법자에게 입법형성재량이 허용되는 영역에 속하는 것이라고 볼 것이다.

4. 태아의 생명보호 위반 여부

(1) 태아의 생명보호 기준

【헌재 판단】 물론 태아는 형성 중의 인간으로서 생명을 보유하고 있으므로 국가는 태아를 위하여 각종 보호조치들을 마련해야 할 의무가 있다. /

【헌재 판단】 하지만 그와 같은 국가의 기본권 보호의무로부터 태아의 출생 전에, 또한 태아가 살아서 출생할 것인가와는 무관하게, 태아를 위하여 민법상 일반적 권리능력까지도 인정하여야 한다는 헌법적 요청이 도출되지는 않는다. /

【헌재 판단】 법치국가원리로부터 나오는 법적안정성의 요청은 인간의 권리능력이 언제부터 시작되는가에 관하여 가능한 한 명확하게 그 시점을 확정할 것을 요구한다. /

【헌재 판단】 따라서 인간이라는 생명체의 형성이 출생 이전의 그 어느 시점에서 시작됨을 인정하더라도, 법적으로 사람의 시기를 출생의 시점에서 시작되는 것으로 보는 것이 헌법적으로 금지된다고 할 수 없다. /

【헌재 판단】 물론 인간의 권리능력의 시기를 출생 이전의 어느 시점으로 정하는 것이 반드시 불가능하다고 할 수는 없겠지만, 그렇게 될 경우 구체적인 법률관계에서 권리능력의 존재를 확정하고 입증하는 데 많은 어려움이 존재하게 될 것이라는 점도 충분히 예상할 수 있다.

(2) 태아의 생명보호에 관한 현행법의 태도

【헌재 분석】 (4) 한편 우리 형법은 태아의 생명을 보호하기 위하여 자연적인 분만기 이전에 인위적인 수단으로 태아를 모체 밖으로 배출시키거나, 모체 내에서 태아를 살해하는 행위를 낙태에 관한 죄(형법 제269조, 제270조)로 처벌하고 있고, /

【헌재 분석】 모자보건법 제14조는 예외적으로 5가지 정당화사유에 한해 낙태를 허용하고 있으며, /

【헌재 분석】 또한 동법 시행령 제15조는 인공임신중절행위에 대해 임신한 날로부터 28주[24주; 이후 개정에 의하여 축소됨; 필자 주] 이내에만 할 수 있는 것으로 규정함으로써 낙태를 시간적으로 제한하고 있다.

【헌재 판단】 이와 같이 입법자는 형법과 모자보건법 등 관련 규정들을 통하여 태아의 생명에 대한 직접적 침해위험을 규범적으로 충분히 방지하고 있으므로, /
【헌재 판단】 이 사건 법률조항들이 태아가 사산한 경우에 한해서 태아 자신에게 불법적인 생명침해로 인한 손해배상청구권을 인정하지 않고 있다고 하여 단지 그 이유만으로 입법자가 태아의 생명보호를 위해 국가에게 요구되는 최소한의 보호조치마저 취하지 않은 것이라 비난할 수는 없다. /
【헌재 판단】 더욱이 태아가 살아서 출생한 경우 태아 상태에서 가해진 불법행위로 인한 손해배상청구는 민법 제762조에 의해 유효하게 행사할 수 있으므로 살아서 출생한 태아에 관한 한 태아의 신체, 건강침해는 완전하게 보호되고 있는 것이다.

(3) 생명의 발전과정에 따른 보호의 정도

【헌재 요지】 (5) 생명의 연속적 발전과정에 대해 동일한 생명이라는 이유만으로 언제나 동일한 법적 효과를 부여하여야 하는 것은 아니다. /
【헌재 요지】 동일한 생명이라 할지라도 법질서가 생명의 발전과정을 일정한 단계들로 구분하고 그 각 단계에 상이한 법적 효과를 부여하는 것이 불가능하지 않다. /
【헌재 요지】 예컨대 형법은 태아를 통상 낙태죄의 객체로 취급하지만, 진통시로부터 태아는 사람으로 취급되어 살인죄의 객체로 됨으로써 생명의 단계에 따라 생명침해행위에 대한 처벌의 정도가 달라진다. /
【헌재 요지】 나아가 태아는 수정란이 자궁에 착상한 때로부터 낙태죄의 객체로 되는데 착상은 통상 수정 후 14일 경에 이루어지므로, 그 이전의 생명에 대해서는 형법상 어떠한 보호도 행하고 있지 않다. /
【헌재 요지】 이와 같이 생명의 전체적 과정에 대해 법질서가 언제나 동일한 법적 보호 내지 효과를 부여하고 있는 것은 아니다. /
【헌재 분석】 이 사건 법률조항들의 경우에도 '살아서 출생한 태아'와는 달리 '살아서 출생하지 못한 태아'에 대해서는 손해배상청구권을 부정함으로써 후자에게 불리한 결과를 초래하고 있으나 이러한 결과는 사법(私法)관계에서 요구되는 법적안정성의 요청이라는 법치국가이념에 의한 것으로 헌법적으로 정당화된다 할 것이므로, /
【헌재 판단】 그와 같은 차별적 입법조치가 있다는 이유만으로 곧 국가가 기본권 보호를 위해 필요한 최소한의 입법적 조치를 다하지 않아 그로써 위헌적인 입법적 불비나 불완전한 입법상태가 초래된 것이라고 볼 수 없다.

(4) 태아의 권리능력에 관한 입법례

【헌재 분석】 (6) 우리 민법은 모든 개인에게 사법관계에서 권리와 의무의 주체가 될 수 있는 추상적이고 일반적인 자격, 즉 권리능력을 평등하게 인정하고 있다. /
【헌재 판단】 그런데 전술한 바와 같이 사법관계의 초석이 되는 이 같은 권리능력은 그 취득시기가 무엇보다도 명확해야 할 필요가 있을 뿐만 아니라 동일한 법적 이념을 추구하는 세계 각국과도 보조를 맞추는 것이 바람직하다. /
【헌재 분석】 비교법적으로 볼 때, 독일이나 스위스에서는 '출생의 완료'로써 사람의 권리능력이 시작

된다는 것을 명문으로 규정하고 있고, /

【헌재 분석】 특히 스위스의 경우 태아의 권리능력을 일반적으로 인정하면서도 살아서 출생할 것을 조건으로 한다는 점을 명문화하고 있으며, /

【헌재 분석】 그 밖에 태아가 사산한 경우에 태아 자신에게 손해배상청구권을 인정하고 있는 입법례나 실무례를 찾아보기도 어렵다.

(5) 민법 제3조 및 제762조에 대한 헌법재판소의 판단

【헌재 판단】 (7) 그렇다면 이 사건 법률조항들이 권리능력의 존재 여부를 출생시를 기준으로 확정하고 태아에 대해서는 살아서 출생할 것을 조건으로 손해배상청구권을 인정한다 할지라도 이러한 입법적 태도가 입법형성권의 한계를 명백히 일탈한 것으로 보기는 어려우므로 이 사건 법률조항들이 국가의 생명권 보호의무를 위반한 것이라 볼 수 없다. (합헌)

【코멘트】 본 판례는 사망한 태아의 손해배상청구권에 관한 것이다. 그러나 본 판례의 내용 가운데에서 헌법재판소는 "태아는 수정란이 자궁에 착상한 때로부터 낙태죄의 객체로 되는데 착상은 통상 수정 후 14일 경에 이루어지므로, 그 이전의 생명에 대해서는 형법상 어떠한 보호도 행하고 있지 않다."고 판시하여 소위 착상설을 명시적으로 지지하고 있다.

제28장 유기와 학대의 죄

제1 유기의 죄

72도863

유기죄와 법률상 부조의무 – 인정례

쌍백지서 사건

1972. 6. 27. 72도863, 집 20②, 형34

1. 사실관계 및 사건의 경과

【사실관계 1】

① 갑은 쌍백지서에 근무하는 경찰관이다.

② A는 을로부터 좌측 머리 부분을 구두발로 채여 좌측뇌에 상처를 입었다.

③ 상처를 입은 A를 향토예비군 4명이 떠메어 와서 쌍백지서 안 나무의자에 눕혀두었다.

④ A는 쌍백지서 나무의자에 옮겨지기 전부터 자신의 수족과 의사를 자제할 수 없이 숨도 가쁘게 쿨쿨 내 품고 있었다.

⑤ 쌍백지서에 향토예비군 4명이 떠메어 운반하여 나무의자에 눕혀 놓은 후에도 A는 그런 중환의 상태를 나타내고 있었다.

【사실관계 2】

① 갑은 B로부터 "A가 술에 취하였으니 쌀물이라도 갈아 먹여야 할 것 아닌가"라는 말을 들었다.

② 갑은 A의 입술에 피가 맺힌 것을 보았다.

③ 갑은 그럼에도 불구하고 아무런 조치를 취하지 않았다.

④ A는 쌍백지서로 운반되어 나무의자 위에서 신음하다가 3시간 미만에 뇌지루막 출혈로 사망하였다.

【사건의 경과】

① 검사는 갑을 유기치사죄로 기소하였다.

② 제1심 공판절차에서 갑은 경찰, 검찰에서와 마찬가지로 다음과 같이 진술하였다.

(가) 당시 A가 술에 만취되어 있어서 술이 깰 때까지 A를 지서에 보호할 정도라고 생각하였다.

(나) 달리 A가 질병 기타 사정으로 인하여 병원으로 옮겨서 진료를 하게 할 정도라고 생각하지 아니하였다.

③ 제1심법원은 갑에게 유죄를 인정하였다.

④ [갑은 불복 항소하였다.]

⑤ 항소심법원은 제1심판결을 파기하고, 무죄를 선고하였다.
⑥ 검사는 불복 상고하였다.

2. 사안에 대한 항소심의 판단

【항소심 판단】 유기의 점에 관하여 /
【항소심 판단】 원판결 이유에 의하면 피해자를 향토예비군 4명이 떠메어와서 쌍백지서안 의자에 눕혀둔 사실은 피고인의 원심법정에서의 진술에 의하여 이를 인정할 수 있으나 /
【항소심 판단】 피고인은 검찰 이래 원심법정에 이르기까지 일관하여 당시 피해자가 술에 만취되어 있어서 술이 깰 때 까지 피해자를 지서에 보호할 정도라고 생각했지 달리 피해자가 질병 기타 사정으로 인하여 병원으로 옮겨서 진료를 하게 할 정도라고 생각하지 아니하였다고 변소하여 그 범의를 부인하고 있을 뿐 아니라 /
【항소심 판단】 피고인이 공소외 B로부터 피해자가 술에 취하였으니 쌀물이라도 갈아 먹여야 할 것 아닌가라는 말을 들었고 피해자의 입술에 피가 맺힌 것을 보고 이를 묵살했다 한들 /
【항소심 판단】 그 직무를 소홀히 다룬 책임은 면할 수 없다 하더라도 이로서는 그 범의를 인정하기에 부족하고 달리 그 범의를 인정할 증거가 없다 하여 원심의 유죄인정을 파기하고 무죄를 선고하였다.

3. 사안에 대한 대법원의 분석

【대법원 분석】 그러나 제1심증인 공소외 B, C, D, E, F의 각 증언을 종합하면 피해자가 상피고인 을로부터 좌측 머리 부분을 구두발로 채여 좌측뇌에 상처를 입은 후 쌍백지서로 운반되어 나무의자 위에서 신음타가 3시간 미만에 뇌 지루막 출혈로 사망한 사실, /
【대법원 분석】 위 A가 위 지서에 운반되어 왔을 때에는 이미 치명적인 중태가 진행되고 있었던 사실, /
【대법원 분석】 제1심증인 공소외 B, G, H, I의 각 일부 증언에 의하면 피해자가 위 지서 나무의자에 옮기기 전부터 자신의 수족과 의사를 자재 할 수 없이 숨도 가쁘게 쿨쿨 내 품고 있었으며 /
【대법원 분석】 위 지서에 향토예비군 4명이 떠메어 운반하여 나무의자에 눕혀 놓은 후에도 그런 중환의 상태를 나타내고 있었던 사실 등을 인정할 수 있고, /
【대법원 분석】 원심판결이 적법한 증거에 의하여 인정한 사실에 의하더라도 피고인이 공소외 B이라는 사람으로부터 피해자가 술에 취하였으니 쌀물이라도 갈아 먹여야 할 것이 아닌가라는 말을 들었다는 점, /
【대법원 분석】 피해자의 입술에 피가 맺힌 것을 피고인이 보았다는 점 등을 종합하면, /

4. 사안에 대한 대법원의 판단

【대법원 판단】 피고인은 적어도 술에 만취된 피해자가 향토예비군 4명에게 떠메어 운반되어 위 지서 나무의자에 눕혀 놓았을 때 숨이 가쁘게 쿨쿨 내품고 자신의 수족과 의사도 자재할 수 없을 상태로서 부조를 요하는 자이었다는 것을 충분히 인식하였음을 인정할 수 있으므로, /
【대법원 판단】 국민의 생명, 신체의 안전을 보호하기 위한 응급의 조치를 강구하여야 할 직무를 가

진(경찰관 직무집행법 제1조, 제3조) 경찰관인 피고인으로서는 /

【대법원 판단】 위 피해자의 숨소리 용색 등 신체를 살펴보아 찬물을 먹이는 등 간단한 응급조치를 취한다던지 가족에게 통지를 한다던지, 나아가 위험한 상태에 있을 때에는 병원으로 옮겨 진료를 받도록 하는 등의 구호를 하여야 함에도 불구하고 /

【대법원 판단】 기록에 의하면 피고인은 피해자를 그 사망 임박까지 근 3시간 동안을 전혀 아무런 응급 보호 조치를 취하지 않았음이 명백한 본건에 있어서 /

【대법원 결론】 원심이 위에서 본 바와 같이 유기에 대한 범의를 인정할 만한 자료가 없다하여 무죄를 선고한 원판결에는 채증법칙을 위배하여 판결 결과에 영향을 미친 위법이 있다 할 것이다. (파기환송)

【코멘트】 우리 형법은 유기죄의 행위주체를 '부조를 요하는 자를 보호할 법률상 또는 계약상 의무 있는 자'로 한정하고 있다. 본 판례는 법률상 부조의무가 인정된 사례이며, 다음에 소개하는 2011도12302 판례는 계약상 부조의무가 인정된 사례이다. 이에 대해 이후에 소개하는 2007도3952 및 76도3419 판례는 사회상규 내지 조례에 기한 부조의무가 문제된 사례들로서 대법원은 이를 부인하고 있다.

본 판례는 대법원이 경찰관에 대하여 법률상 부조의무를 인정한 사례이다. 본 판례에서 특히 주목되는 점은 유기의 고의 입증이 있어야 유기죄로 처벌할 수 있다는 사실이다. 본 판례에서 사실관계가 상세하게 분석되고 있는 것은 피고인이 유기의 고의를 부정할 경우 정황증거를 통하여 내심의 세계를 재구성해야 하는 입증상의 필요성 때문이다.

2007도3952

유기죄와 법률상 부조의무 – 부정례

필로폰 과다 복용 사건

2008. 2. 14. 2007도3952, 공 2008상, 411

1. 사실관계 및 사건의 경과

【사실관계】

① 남녀 사이인 갑과 A는 4년여 동안 동거하기도 하면서 내연관계를 맺어왔다.

② [갑과 A는 P호텔 방에 투숙하여 필로폰을 복용하였다.]

③ [갑은 A가 필로폰 복용 후 쓰러져 있는 것을 보고 그대로 P호텔 방을 나왔다.]

④ A는 필로폰 과다 복용으로 사망하였다.

【사건의 경과】

① 검사는 갑을 유기치사죄로 기소하였다.

② 갑의 피고사건은 제1심을 거친 후, 항소심에 계속되었다.
③ 항소심법원은 범죄의 증명이 없다는 이유로 무죄를 선고하였다.
④ 검사는 불복 상고하였다.
⑤ 검사는 상고이유로 다음의 점을 주장하였다.
(가) 갑과 A는 4년여 동안 동거하기도 하면서 내연관계를 맺어 왔으므로 갑에게 부조의무가 있다.
(나) 갑이 P호텔 방을 나올 당시 갑은 A가 치사량의 필로폰을 복용하여 부조를 요하는 상태에 있다고 인식하였다.

2. 유기죄와 부조의무의 범위

【대법원 요지】 단순유기죄를 범하여 사람을 사망에 이르게 하는 유기치사죄가 성립하기 위하여는 먼저 단순유기죄가 성립하여야 하므로, /

【대법원 요지】 행위자가 단순유기죄에 관한 형법 제271조 제1항이 정한 바에 따라 "노유, 질병 기타 사정으로 인하여 부조를 요하는 자를 보호할 법률상 또는 계약상 의무 있는 자"에 해당하여야 할 뿐만 아니라, /

【대법원 요지】 요부조자에 대한 보호책임의 발생원인이 된 사실이 존재한다는 것을 인식하고 이에 기한 부조의무를 해태한다는 의식이 있음을 요한다.

【대법원 요지】 그리고 위 조항에서 말하는 법률상 보호의무 가운데는 민법 제826조 제1항에 근거한 부부간의 부양의무도 포함되며, /

【대법원 요지】 나아가 법률상 부부는 아니지만 사실혼 관계에 있는 경우에도 위 민법 규정의 취지 및 유기죄의 보호법익에 비추어 위와 같은 법률상 보호의무의 존재를 긍정하여야 하지만, /

【대법원 요지】 이러한 사실혼에 해당되어 법률혼에 준하는 보호를 받기 위하여는 단순한 동거 또는 간헐적인 정교관계를 맺고 있다는 사정만으로는 부족하고, /

【대법원 요지】 그 당사자 사이에 주관적으로 혼인의 의사가 있고 객관적으로도 사회관념상 가족질서적인 면에서 부부공동생활을 인정할 만한 혼인생활의 실체가 존재하여야 한다.

3. 사안에 대한 대법원의 판단

【대법원 판단】 원심은, /

【대법원 판단】 판시와 같이 인정되는 피고인과 망 공소외인이 4년여 동안 동거하기도 하면서 내연관계를 맺어왔다는 사정만으로는 두 사람의 관계를 사실혼 관계라고 보거나 두 사람의 사이에 부부간의 상호 부양의무에 준하는 보호의무를 인정할 수 없을 뿐만 아니라, /

【대법원 판단】 판시 사실들과 기록에 따라 인정되는 판시와 같은 사정들에 비추어 피고인이 공소외인이 치사량의 필로폰을 복용하여 부조를 요하는 상태에 있다고 인식하였다는 점에 관하여 합리적인 의심이 생기지 않을 정도로 확신하기에는 부족하다고 판단되므로, /

【대법원 판단】 이 사건 유기치사의 공소사실은 범죄의 증명이 없는 경우에 해당한다는 이유로 위 공소사실에 대하여 무죄를 선고하였는바, /

【대법원 결론】 원심판결의 이유를 위 법리 및 기록에 비추어 살펴보면 원심의 인정 및 판단은 옳고, 상고이유에서 주장하는 바와 같은 유기치사죄의 주체 및 부조를 요하는 상태의 인식에 관한 법리오해 또는 채증법칙 위반의 위법이 없다. (상고 기각)

【비교법 조문 3】

한국 형법

제271조 (유기) ① 노유, 질병 기타 사정으로 인하여 부조를 요하는 자를 보호할 법률상 또는 계약상 의무 있는 자가 유기한 때에는 3년 이하의 징역 또는 500만 원 이하의 벌금에 처한다.

일본 형법

제217조 (유기) 노년, 유년, 신체장해 또는 질병 때문에 부조를 필요로 하는 자를 유기한 자는 1년 이하의 징역에 처한다.

【코멘트】 본 판례에서 대법원은 법률상 부조의무의 발생근거로 주목되는 민법상의 부양의무에 대해 판단하고 있다. 민법 제826조 제1항은 부부간의 부양의무에 관하여 규정하고 있는데, 법률상 부조의무를 발생시키는 대표적인 예 가운데 하나라고 할 수 있다. 본 판례에서 대법원은 이를 확인할 뿐만 아니라 이를 사실혼 관계에 있는 부부 사이에도 확대 적용하고 있다.

이와 관련하여 대법원은 "이러한 사실혼에 해당되어 법률혼에 준하는 보호를 받기 위하여는 단순한 동거 또는 간헐적인 정교관계를 맺고 있다는 사정만으로는 부족하고, 그 당사자 사이에 주관적으로 혼인의 의사가 있고 객관적으로도 사회관념상 가족질서적인 면에서 부부공동생활을 인정할 만한 혼인생활의 실체가 존재하여야 한다."는 점을 강조하고 있다.

이제 남는 문제는 사실혼에까지 이르고 있지 않으나 내연관계에 있는 남녀 사이에 사회상규 내지 조리에 기초한 부조의무를 인정할 수 있을 것인가 하는 점이다. 이 문제에 대해서는 우리 형법의 특성을 잠시 고찰할 필요가 있다. 우리 입법자는 6 · 25전쟁의 참상을 겪으면서 형법전을 제정하였다. 당시의 혼란한 사회실정에 부응하기 위하여 입법자는 요부조자의 범위를 넓히는 반면 부조의무자의 범위를 '법률상 또는 계약상 의무'로 제한하였다. 아래의 **76도3419** 판례는 대법원이 우리 형법의 특성을 전면에서 포착하여 요부조자의 범위를 제한한 최초의 판례로 주목된다.

우리 형법이 요부조자의 범위를 제한하고 있다는 점은 일본 형법이 부조의무자의 범위에 제한을 가하지 아니하여 조리나 사회상규상의 부조의무를 인정할 수 있다는 점과 비교해 보면 더욱 뚜렷해진다. 본 판례와 극히 유사한 내연녀 유기치사 사안에서 일본의 법원은 조리에 기한 부조의무를 인정하여 피고인에게 유죄를 인정하였다. 이에 반하여 우리 대법원은 내연관계에 있는 남녀 사이에는 부조의무가 발생하지 않는다는 입장을 취하고 있다. 나아가 대법원은 무죄 결론의 도출과 관련하여 부조의무를 발생시키는 상황에 대한 인식이 피고인에게 없었다는 점을 추가로 지적하고 있다.

2011도12302

유기죄와 계약상 부조의무 – 인정례
만취 손님 방치 사건

2011. 11. 24. 2011도12302, 공 2012상, 103

1. 사실관계 및 사건의 경과

【사실관계 1】

① 갑은 P주점을 운영하고 있다.
② A는 Q봉제공장을 운영하고 있다.
③ A는 종전부터 P주점에 손님으로 와서 술을 마신 일이 있었다.
④ 2010. 12. 31. (신정 연휴를 앞둔 시점) 갑은 을에게 P주점으로 술 마시러 오도록 권유하였다.
⑤ A는 Q봉제공장 직원들과 회식을 하여 술에 취한 상태에 있었다.
⑥ A는 갑의 권유에 응하여 P주점으로 갔다.

【사실관계 2】

① 2010. 12. 31. 22:48경 A는 P주점에 와서, 다른 손님이 없는 채로 술을 마시기 시작하였다.
② 2011. 1. 1.부터 2011. 1. 3. 오전까지 A는 계속하여 양주 5병, 소주 8병 및 맥주 30여 병을 마셨다.
③ 갑은 그 사이에 A가 술에 취하여 잠이 든 틈을 이용하여 A의 옷에서 A의 수협 체크카드를 몰래 빼낸 다음 이를 이용하여 은행의 현금인출기에서 아래와 같이 현금을 인출하였다.
　(가) 2011. 1. 1. 12:05경 현금 100만 원
　(나) 2011. 1. 2. 10:17경 현금 200만 원
　(다) 2011. 1. 2. 11:56경 현금 100만 원
④ 2011. 1. 1.경부터 A는 두 차례 자신의 의지와 무관하게 옷에 소변을 보는 등 만취한 상태에 있었다.
⑤ A는 그 사이에 식사는 한 끼도 하지 아니하였다.

【사실관계 3】

① [A가 집에 돌아오지 아니하자 A의 가족들은 경찰에 실종신고를 하였다.]
② 2011. 1. 3. 19:20경 A에 대한 실종신고를 받은 경찰관들은 P주점에서 A를 발견하였다.
③ 발견 당시 A는 영하의 추운 날씨에 트레이닝복만 입고 이불이나 담요를 덮지 아니한 채 양말까지 벗은 채로 소파에서 잠을 자면서 정신을 잃은 상태이었다.
④ A는 경찰관들에 의하여 바로 국립중앙의료원으로 후송되어 치료를 받았다.
⑤ 2011. 1. 4. 23:40경 A는 저체온증 및 대사산증으로 사망하였다.

【사건의 경과】

① 검사는 갑을 준사기죄와 강도치사죄로 기소하였다.
② 갑의 피고사건은 제1심을 거친 후, 항소심에 계속되었다.
③ 항소심법원은 갑에게 절도죄와 유기치사죄를 인정하였다.

④ 갑은 불복 상고하였다.

2. 계약상 부조의무의 범위

【대법원 분석】 유기죄에 관한 형법 제271조 제1항은 그 행위의 주체를 "노유, 질병 기타 사정으로 부조를 요하는 자를 보호할 법률상 또는 계약상 의무 있는 자"라고 정하고 있다. /
【대법원 요지】 여기서의 '계약상 의무'는 간호사나 보모와 같이 계약에 기한 주된 급부의무가 부조를 제공하는 것인 경우에 반드시 한정되지 아니하며, /
【대법원 요지】 계약의 해석상 계약관계의 목적이 달성될 수 있도록 상대방의 신체 또는 생명에 대하여 주의와 배려를 한다는 부수적 의무의 한 내용으로 상대방을 부조하여야 하는 경우를 배제하는 것은 아니라고 할 것이다. /
【대법원 요지】 그러나 그 의무 위반의 효과로서 주로 손해배상책임이 문제되는 민사영역에서와는 달리 유기죄의 경우에는 당사자의 인적 책임에 대한 형사적 제재가 문제된다는 점 등을 고려하여 보면, /
【대법원 요지】 단지 위와 같은 부수의무로서의 민사적 부조의무 또는 보호의무가 인정된다고 해서 위 형법 제271조 소정의 '계약상 의무'가 당연히 긍정된다고는 말할 수 없고, /
【대법원 요지】 당해 계약관계의 성질과 내용, 계약당사자 기타 관련자들 사이의 관계 및 그 전개양상, 그들의 경제적 · 사회적 지위, /
【대법원 요지】 부조가 필요하기에 이른 전후의 경위, 필요로 하는 부조의 대체가능성을 포함하여 그 부조의 종류와 내용, 달리 부조를 제공할 사람 또는 설비가 있는지 여부 기타 제반 사정을 고려하여 /
【대법원 요지】 위 '계약상의 부조의무'의 유무를 신중하게 판단하여야 한다.

3. 사안에 대한 대법원의 분석

【대법원 분석】 원심판결 및 기록에 의하면, 피고인이 신정 연휴를 앞둔 2010. 12. 31. 오후에 종전부터 그 운영의 주점에 손님으로 와서 술을 마신 일이 있던 피해자에 대하여 위 주점으로 술 마시러 오도록 권유한 사실, /
【대법원 분석】 이에 응하여 피해자가 그 운영의 봉제공장 직원들과 회식을 하여 술에 취한 상태에서 같은 날 22:48경 위 주점에 와서 다른 손님이 없는 채로 술을 마시기 시작하여 2011. 1. 1.부터 2011. 1. 3. 오전까지 계속하여 양주 5병, 소주 8병 및 맥주 30여 병을 마신 사실, /
【대법원 분석】 피고인은 그 사이에 피해자가 술에 취하여 잠이 든 틈을 이용하여 피해자의 옷에서 그의 수협 체크카드를 몰래 빼낸 다음 이를 이용하여 은행의 현금인출기에서 2011. 1. 1. 12:05경 현금 100만 원, 다음날인 2011. 1. 2. 10:17경 현금 200만 원, 같은 날 11:56경 현금 100만 원을 인출하여 각 절취한 사실, /
【대법원 분석】 피해자는 2011. 1. 1.경부터 두 차례 자신의 의지와 무관하게 옷에 소변을 보는 등 만취한 상태에 있었고, 그 사이에 식사는 한 끼도 하지 아니하였으며, /
【대법원 분석】 피해자에 대한 실종신고를 받은 경찰관들이 2011. 1. 3. 19:20경 위 주점에서 피해자를 발견할 당시 피해자는 영하의 추운 날씨에 트레이닝복만 입고 이불이나 담요를 덮지 아니한 채 양말까지 벗은 채로 소파에서 잠을 자면서 정신을 잃은 상태이었던 사실, /

【대법원 분석】 피해자는 경찰관들에 의하여 바로 국립중앙의료원으로 후송되어 치료를 받았으나 다음날인 2011. 1. 4. 23:40경 저체온증 및 대사산증으로 사망한 사실 등을 알 수 있다.

4. 사안에 대한 대법원의 판단

【대법원 판단】 사정이 이러하다면, 원심이 /
【대법원 판단】 피고인이 운영하는 주점의 손님인 피해자가 피고인의 지배 아래 있는 위 주점에서 3일 동안에 걸쳐 과도하게 술을 마셔 추운 날씨에 난방이 제대로 되지 아니한 주점 내 소파에서 잠을 자면서 정신을 잃은 상태에 있었다면 /
【대법원 판단】 피고인으로서는 위 주점의 운영자로서 피해자에게 생명 또는 신체에 대한 위해가 발생하지 아니하도록 피해자를 위 주점 내실로 옮기거나 인근에 있는 여관에 데려다 주어 쉬게 하거나 피해자의 지인 또는 경찰에 연락하는 등의 필요한 조치를 강구하여야 할 계약상의 부조의무를 부담한다고 판단하여 /
【대법원 판단】 이 사건 유기치사의 공소사실에 관하여 피고인을 유죄로 인정한 것은 앞서 본 법리에 비추어 정당한 것으로 수긍할 수 있다. /
【대법원 결론】 거기에 상고이유의 주장과 같이 논리와 경험의 법칙에 위배하고 자유심증주의의 한계를 벗어나 사실을 인정하거나, 유기치사죄에 관한 법리를 오해하여 판결에 영향을 미친 위법이 있다고 할 수 없다. (상고 기각)

76도3419

유기죄와 사회상규상 부조의무 – 부정례
마차4리 사건

1977. 1. 11. 76도3419, 집 25①, 형1

1. 사실관계 및 사건의 경과

【사실관계】
① 1976. 1. 26. 16:00경 갑은 A(41세)와 함께 마차4리를 향하여 가던 중이었다.
② 갑은 술에 취하였던 탓으로 도로 위에서 실족하여 2미터 아래 개울로 미끄러 떨어져 약 5시간가량 잠을 잤다.
③ 술과 잠에서 깨어난 갑과 A는 도로 위로 올라가려 하였으나 야간이었다.
④ 갑과 A는 도로로 올라가는 길을 발견하지 못하여 개울 아래위로 헤매었다.
⑤ 그러던 중 A는 (원인 불명으로) 후두부 타박상을 입어서 정상적으로 움직이기가 어렵게 되었다.
⑥ 갑은 도로로 나오는 길을 발견하고 혼자 도로 위로 올라왔다.
⑦ 당시는 영하 15도의 추운 날씨이고 40미터 떨어진 곳에 민가가 있었다.
⑧ 그대로 두고 온 A는 약 4, 5시간 후 심장마비로 사망하였다.

【사건의 경과】

① 검사는 갑이 A의 후두부를 가격하여 사망에 이르게 한 것으로 보아 갑을 상해치사죄로 기소하였다.

② 제1심법원은 상해의 점에 대한 증명이 없다는 이유로 무죄를 선고하였다.

③ 검사는 불복 항소하였다.

④ 항소심 공판절차에서 검사는 법원의 허가를 얻어 예비적으로 유기치사죄의 공소사실과 적용법조를 추가하는 공소장변경을 하였다.

⑤ 항소심 공판정에서 갑은 A를 유기하였다는 시각에는 술에 취하여 아무것도 알 수 없었으니 남을 구조할 여유가 없었다고 말하였다.

⑥ 항소심법원은 다음과 같이 판단하였다.

(가) 주위적 공소사실 (상해치사죄) : 무죄

(나) 예비적 공소사실 (유기치사죄) : 유죄

⑦ 항소심법원은 갑에게 징역 3년을 선고하였다.

⑧ (항소심의 판단 이유는 판례 본문 참조)

⑨ 갑은 불복 상고하였다.

2. 사안에 대한 항소심의 판단

【항소심 판단】 원판결에 따르면 원심은 /

【항소심 판단】 피고인은 1976.1.26.16:00경 피해자 A(41세)와 함께 마차4리를 향하여 가던 중 술에 취하였던 탓으로 도로 위에서 실족하여 2미터 아래 개울로 미끄러 떨어져 약 5시간 가량 잠을 자다가 술과 잠에서 깨어난 피고인과 피해자는 도로 위로 올라가려 하였으나 야간이므로 도로로 올라가는 길을 발견치 못하여 개울 아래위로 헤매든 중 /

【항소심 판단】 피해자는 후두부 타박상을 입어서 정상적으로 움직이기가 어렵게 되었고 피고인은 도로로 나오는 길을 발견 혼자 도로 위로 올라왔으며 당시는 영하 15도의 추운 날씨이고 40미터 떨어진 곳에 민가가 있었으니 /

【항소심 판단】 이러한 경우 피고인으로서는 인접한 민가에 가서 피해자의 구조를 요청하던가 또는 스스로 피해자를 데리고 올라와서 병원으로 데려가 의사로 하여금 치료케 하는 등 긴급히 구조조치를 취하여야 할 사회상규상의 의무가 있음에도 불구하고 /

【항소심 판단】 그대로 방치 유치하므로서 약 4, 5시간후 심장마비로 사망케한 것이다 라고 하여 /

【항소심 판단】 피고인을 설시형[징역 3년]으로 처벌하였다.

3. 부조의무의 성립범위

【대법원 요지】 현행 형법은 유기죄에 있어서 구법과는 달리 보호법익의 범위를 넓힌 반면에 보호책임 없는 자의 유기죄는 없애고 법률상 또는 계약상의 의무 있는 자만을 유기죄의 주체로 규정하고 있으니 명문상 사회상규상의 보호책임을 관념할 수 없다고 하겠으며 /

【대법원 요지】 유기죄의 죄책을 인정하려면 보호책임이 있게 된 경위, 사정, 관계 등을 설시하여 구성요건이 요구하는 법률상 또는 계약상 보호의무를 밝혀야 될 것이다.

4. 사안에 대한 대법원의 판단

【대법원 판단】 본건에 있어서 원판결이 설시한 대로 피고인과 피해자가 특정지점에서 특정지점까지 가기 위하여 길을 같이 걸어간 관계가 있다는 사실만으로서는 피고인에게 설혹 동행자가 구조를 요하게 되었다 하여도 보호할 법률상 계약상의 의무가 있다고 할 수 없으니 /

【대법원 판단】 밑도 끝도 없이 일정거리를 동행한 사실만으로 유기죄의 주체로 인정한 원판결은 본죄의 보호책임의 법리를 오해한 위법이 있다고 하겠다. /

【대법원 판단】 그리고 또 피고인은 원심의 공판정에서 피고인이 유기하였다는 시각에는 술에 취하여 아무것도 알 수 없었으니 남을 구조할 여유가 없다는 취지로 변소[辯疎]하고 있음이 기록상 인정될 수 있고 사실이 인정된다면 본죄의 성립을 조각할 이유가 된다고 하리니 /

【대법원 판단】 이 점을 심고[審考]도 한 바 없이 그 진술에 대한 판단도 아니 밝힌 원판결은 또 하나의 위법을 더하였다고 하겠다.

【대법원 결론】 논지는 결국 이유 있음에 돌아가고 원판결은 파기를 못 면한다. (파기 환송)

【비교법 조문 4】

한국 형법

제271조 (유기, 존속유기) ①노유(老幼), 질병 기타 사정으로 인하여 부조(扶助)를 요하는 자를 보호할 법률상 또는 계약상 의무 있는 자가 유기한 때에는 3년 이하의 징역 또는 500만 원 이하의 벌금에 처한다.

일본 형법

제217조 (유기) 노년, 유년, 신체장해 또는 질병 때문에 부조를 필요로 하는 자를 유기한 자는 1년 이하의 징역에 처한다.

제218조 (보호책임자 유기) 노년자, 유년자, 신체장해자 또는 병자를 보호할 책임 있는 자가 이러한 자를 유기하거나 그 생존에 필요한 보호를 하지 아니한 때에는 3월 이상 5년 이하의 징역에 처한다.

독일 형법

제323조c 사고발생이나 공동의 위험 또는 곤경에 처한 경우에, 도움이 필요하고 또한 주위사정에 비추어 볼 때 자신에게 현저한 위험이 없고 다른 중요한 의무이행을 저해하지 않고도 도움을 줄 수 있는 것으로 기대되는 자가 도움을 주지 아니한 때에는 1년 이하의 자유형 또는 벌금형에 처한다.

【코멘트】 공동체의 구성원으로서 다른 사람이 생명 · 신체의 위험에 처하였을 때 이를 구조해 주는 의무와 관련하여 형사처벌을 동원해서라도 이러한 사회공동체의 연대의식을 강제할 것인가 하는 문제가 있다. 이 경우 일반 공동체의 일원으로서 생명 · 신체의 위험에 처한 다른 사람을 도와주어야 한다는 법리를 가리켜서 '선한 사마리아인의 법'이라고 한다. '선한 사마리아인의 법'을 인정할 것인가 아닌가는 각각의 법공동체가 결정할 사항이다. 위의 참조조문은 한국, 일본, 독일에서의 각국 입법자의 결단을 보여주고 있다.

그런데 최근 대법원은 계약상의 부조의무를 확장해석하여 사회상규에 기한 부조의무의 불인정에 대처하려는 움직임을 보이고 있는데, 앞에 소개한 **2011도12302** 판례가 바로 그것이다. 이 판례에서 대법원은 "계약의 해석상 계약관계의 목적이 달성될 수 있도록 상대방의 신체 또는 생명에 대하여 주의와 배려를 한다는 부수적 의무의 한 내용으로 상대방을 부조하여야 하는 경우를 배제하는 것은 아니라고 할 것이다."라고 판시하여 계약상의 부조의무를 확장하고 있다.

그러나 대법원은 그와 동시에 "그 의무 위반의 효과로서 주로 손해배상책임이 문제되는 민사영역에서와는 달리 유기죄의 경우에는 당사자의 인적 책임에 대한 형사적 제재가 문제된다는 점 등을 고려하여 보면, 단지 위와 같은 부수의무로서의 민사적 부조의무 또는 보호의무가 인정된다고 해서 위 형법 제271조 소정의 '계약상 의무'가 당연히 긍정된다고는 말할 수 없[다.]"고 판시하여 유기죄의 부조의무 확장에 신중을 기할 것을 요구하고 있다.

사회상규에 기한 부조의무가 인정되지 아니하는 우리 형법의 특성에 비추어 볼 때, 대법원이 계약상의 부조의무를 확대해석한 것은 우리 사회의 발전에 따른 규범의식의 변화를 반영하는 것으로 특별히 주목할 필요가 있다고 생각된다.

79도1387

유기죄와 유기 – 인정례
여호와의 증인 수혈거부 사건

1980. 9. 24. 79도1387, 공 1980, 13244

1. 사실관계 및 사건의 경과

【사실관계】

① 갑은 여호와의 증인 신도이다.
② 갑은 만 11세 남짓한 딸 A의 생모이다.
③ A는 전격성 간염에 걸려 장내 출혈의 증세까지 생겼다.
④ 갑은 A를 P병원으로 데리고 다니면서 치료를 받게 하였다.
⑤ P병원의 의사들은 당시의 의료기술상 최선의 치료방법이라고 하면서 수혈을 권유하였다.
⑥ 갑은 의사들이 권유하는 수혈을 자신이 믿는 종교인 여호와의 증인의 교리에 어긋난다는 이유로 시종일관 완강히 거부하였다.
⑦ 갑은 환자 A의 곁을 떠나지 않고, 의사 B의 앞을 가로막고 고함을 지르면서 소란을 피우고 항의하였다.
⑧ 환자 A도 생모 갑과 마찬가지로 수혈을 거부하였다.
⑨ 이후 환자 A는 장내 출혈 때문에 실혈사하였다.

【사건의 경과】

① 검사는 갑을 유기치사죄로 기소하였다.
② 갑의 피고사건은 제1심을 거친 후, 항소심에 계속되었다.
③ 항소심법원은 유죄를 인정하였다.

④ 갑은 불복 상고하였다.
⑤ 갑은 상고이유로 다음의 점을 주장하였다.

(가) 갑은 환자 A를 두고 떠난 적이 없으므로 유기에 해당하지 않는다.
(나) 수혈 여부는 환자의 자기결정권에 기초한 것이다.
(다) 갑은 법정대리인으로서 환자 A의 자기결정권을 행사한 것이다.
(라) 환자 A도 자기결정권의 행사로서 수혈거부를 하였다.

2. 사안에 대한 항소심의 판단

【대법원 분석】 원심판결에 의하면 원심은 /
【대법원 분석】 피고인 갑이 전격성 간염에 걸려 장내 출혈의 증세까지 생긴 만11세 남짓한 그 딸을 원판시와 같이 병원으로 데리고 다니면서 치료를 받게 함에 있어 /
【대법원 분석】 의사들이 당시의 의료기술상 최선의 치료방법이라고 하면서 권유하는 수혈을 자신이 믿는 종교인 여호와의 증인의 교리에 어긋난다는 이유로 시종일관 완강히 거부하는 원판시와 같은 언동을 하여 그 딸로 하여금 의학상의 적정한 치료를 받지 못하도록 하여 동인을 유기하고 /
【대법원 분석】 그로 인해 동인으로 하여금 장내 출혈 때문에 실혈사하게 한 것이라는 취지의 범죄사실을 인정하여 유기치사죄로 처단하고 있는 바, /

3. 사안에 대한 대법원의 판단

(1) 유기의 형태

【대법원 판단】 동 피고인이 질병으로 인하여 이와 같이 보호를 요하는 딸을 병원에 입원시켜 놓고 의사가 그 당시 국내의 의료기술상 최선의 치료방법이라는 수혈을 하려 하여도 이를 완강하게 거부하고 방해하였다면 /
【대법원 판단】 이는 결과적으로 요부조자를 위험한 장소에 두고 떠난 것이나 나름이 없다고 할 것이어서 그 행위의 성질로 보면 논지가 지적하는 치거(置去, 두고 떠남)에 해당된다고 할 것이고 /

(2) 환자 및 보호자의 동의권

【대법원 판단】 비록 그 환자의 증세로 보아 회복의 가망성이 희박한 상태 (그렇다고 하여 처음부터 회복의 전망이 전혀 없다고 단정하기에 족한 증거자료도 없다)이어서 의사가 권하는 최선의 치료방법인 수혈이라도 하지 않으면 그 환자가 사망할 것이라는 위험이 예견가능한 경우에 /
【대법원 판단】 아무리 생모라고 할지라도 자신의 종교적 신념이나 후유증 발생의 염려만을 이유로 환자에 대하여 의사가 하고자 하는 위의 수혈을 거부하여 결과적으로 그 환자로 하여금 의학상 필요한 치료도 제대로 받지 못한 채 사망에 이르게 할 수 있는 정당한 권리가 있다고는 할 수 없는 것이며 /
【대법원 판단】 그때에 사리를 변식할 지능이 없다고 보아야 마땅할 11세 남짓의 환자 본인이 가사 그 생모와 마찬가지로 위의 수혈을 거부한 일이 있다고 하여도 이것이 피고인의 위와 같은 수혈거부 행위가 위법한 것이라고 판단하는데 어떠한 영향을 미칠만한 사유가 된다고 볼 수는 없으므로 /

【대법원 결론】 같은 취지에서 피고인의 판시 소위가 유기치사죄에 해당한다고 판단한 원심의 조치에 논지가 지적한 바와 같은 심리 미진, 판단유탈 및 유기치사죄에 대한 법리오해, 치료방법을 선택할 수 있는 자유권의 행사인 정당행위에 관한 법리오해와 종교의 자유를 보장한 헌법위반 등의 위법사유가 있다고 할 수 없으므로 논지는 모두 이유 없음에 돌아간다고 할 것이다. (상고 기각)

【코멘트】 본 판례는 유기죄의 '유기' 개념에 대한 대법원의 접근방법을 보여주고 있다. '유기'란 요부조자를 보호 없는 상태에 둠으로써 생명 · 신체가 위험에 처하도록 하는 행위를 말한다. 다수의 견해는 '유기'의 개념이 장소의 이동을 요하는 것으로 파악하고 있다. 이에 따르면 유기는 요부조자를 다른 장소에 옮겨 놓는 행위, 즉 소위 '이치(移置)'와 요부조자를 두고 떠나는 행위, 즉 소위 '치거(置去)'로 나누어진다. 대법원은 본 판례에서 '치거(置去)'라는 표현을 사용함으로써 다수 견해와 같은 접근방식을 따르고 있다.

본 판례의 사실관계에서 피고인인 어머니 갑은 딸 A의 곁을 떠나고 있지 않다. 단순히 수혈을 거부하고 있을 뿐이다. 이에 대해 대법원은 피고인의 행위가 그 성질로 보아 치거(置去, 두고 떠남)에 해당된다고 판시하고 있다. 이러한 논리구성의 이면에는 어머니의 수혈거부라는 부작위가 형법 제18조를 통하여 작위인 치거(置去)와 동일하게 평가된다는 부진정부작위범의 법리가 작용하고 있다고 생각된다.

다음으로 본 판례에서 주목되는 것은 어머니의 수혈거부가 민법상 친권행사에 기초한 정당행위로서 위법성이 조각되는가, 피해자 A의 승낙에 기초한 것으로서 위법성이 조각되는가 하는 문제이다. 이에 대해 대법원은 위법성조각의 주장을 모두 배척하고 있다. 본 판례는 유기죄와 관련하여 각론과 총론의 쟁점이 함께 등장하는 사례로서 주목된다.

제 2 학대의 죄

2000도223

학대죄와 학대 – 부정례

아동 성관계 8년 사건

2000. 4. 25. 2000도223, 공 2000, 1363

1. 사실관계 및 사건의 경과

【사실관계】

① 갑은 13세 미만의 아동 A와 성관계를 가졌다.
② 갑과 A의 성관계는 이후 8년간이나 계속되었다.
③ [갑과 A의 성관계에는 폭행이나 협박이 사용된 바가 없었다.]
④ [갑은 A를 잘 돌보아 주었다.]

【사건의 경과】

① 검사는 갑을 다음과 같이 기소하였다.
  (가) 13세 미만 당시의 성관계 : 미성년자의제강간치상죄
  (나) 13세 이후의 성관계 : 아동복지법위반죄 및 학대죄
② 갑의 피고사건은 제1심을 거친 후, 항소심에 계속되었다.
③ 항소심법원은 다음과 같이 판단하였다.
  (가) 13세 미만 당시의 성관계 : 미성년자의제강간치상죄 : 유죄
  (나) 13세 이후의 성관계 : 아동복지법위반죄 및 학대죄 : 무죄
④ 검사는 무죄 부분에 불복 상고하였다.

2. 아동복지법위반죄에 대한 판단

【대법원 분석】 원심이 /
【대법원 요지】 아동복지법 제18조 제5호는 '아동에게 음행을 시키는' 행위를 금지행위의 하나로 규정하고 있는바, /
【대법원 요지】 여기에서 '아동에게 음행을 시킨다'는 것은 행위자가 아동으로 하여금 제3자를 상대방으로 하여 음행을 하게 하는 행위를 가리키는 것일 뿐 /
【대법원 요지】 행위자 자신이 직접 그 아동의 음행의 상대방이 되는 것까지를 포함하는 의미로 볼 것은 아니라는 이유로 /
【대법원 판단】 이 부분 공소사실은 위 같은 법조에 규정된 '아동에게 음행을 시키는 행위'에 해당되지 않는다고 판단하여 /
【대법원 결론】 같은 취지에서 무죄를 선고한 제1심판결을 그대로 유지한 조치는 위 같은 법규정의 문언 등에 비추어 옳은 것으로 여겨지고, 거기에 아동복지법의 금지행위에 관한 법리를 오해한 위법이 있다고 할 수 없다. (중략) 이 부분 상고이유의 주장은 이유 없다.

3. 학대죄에 대한 판단

【대법원 요지】 형법 제273조 제1항에서 말하는 '학대'라 함은 육체적으로 고통을 주거나 정신적으로 차별대우를 하는 행위를 가리키고, /
【대법원 요지】 이러한 학대행위는 형법의 규정체제상 학대와 유기의 죄가 같은 장에 위치하고 있는 점 등에 비추어 단순히 상대방의 인격에 대한 반인륜적 침해만으로는 부족하고 적어도 유기에 준할 정도에 이르러야 한다고 풀이함이 상당한바, /
【대법원 판단】 피고인과 피해자가 성 관계를 맺게 된 전후의 경위 등이 원심이 적법하게 확정한 바와 같다면 피고인이 피해자와 성 관계를 가진 행위를 가리켜 위와 같은 의미의 학대행위에 해당한다고 보기는 어렵다 하겠으므로, /
【대법원 결론】 원심이 같은 취지에서 이 부분 공소사실에 대하여 결국 범죄의 증명이 없는 경우라고 판단하여 무죄를 선고한 조치도 정당하고, 거기에 학대죄에 관한 법리오해의 위법이 있다고 볼 수 없으며, /
【대법원 결론】 이 부분 공소사실과 같은 피고인과 피해자간의 비정상적 관계가 단순 일과성에 그친

것이 아니라 장장 8년간에 걸쳐 지속되어 왔다는 등 상고이유에서 들고 있는 사정들이 이 부분 공소사실에 관한 위 판단을 좌우할 만한 결정적인 것은 되지 못한다. 이 부분 상고이유의 주장도 이유 없다. (상고 기각)

【코멘트】 1953년 우리 형법이 제정되어 시행되기 전까지 일본 형법이 소위 의용형법이라는 이름으로 이 땅에서 효력을 가지고 있었다. 우리 형법은 의용형법과 달리 학대죄를 별도로 규정하고 있다. 의용형법 아래에서는 '유기'의 개념과 관련하여 장소적 이전이 필요한가에 대하여 논란이 있었다. 다수견해는 장소적 이전이 필요하다는 입장이었다. 그러나 이 견해에 대해서는 장소적 이전을 수반하지 않고 일어나는 각종 생명·신체에의 위험발생 행위들을 처벌할 수 없다는 비판이 제기되었다. 예컨대 엄동설한에 홑옷 한 벌만 입혀놓고 전혀 돌보지 않는 행위가 '유기'에 해당하는가 하는 것이 논의의 실익을 보여주는 예이다. 그러나 우리 형법상으로는 부작위에 의한 유기가 가능하므로 설례의 사안은 유기죄로 처벌할 수 있을 것이다.

이에 대해 피보호자를 극단적으로 괴롭히는 상황을 생각할 수 있다. 예컨대 의붓자식에 대해 개나 고양이가 먹고 남긴 밥을 먹게 하는 등의 사례를 상정할 수 있다. 그런데 이러한 행위를 유기죄로 처벌하는 것은 적절하지 않다. 우리 입법자는 이러한 상황에 대처하기 위하여 학대죄 규정을 마련하였다. 학대죄가 유기죄의 보완규정으로 규정되었다는 사실은 학대죄의 법정형이 유기죄의 법정형에 비하여 가볍게 규정되어 있다는 점에서도 확인할 수 있다.

학대죄가 우리 형법에 새로이 규정되었다고 해도 학대죄 규정이 지나치게 확대 적용되어서는 안 된다. 본 판례에서 대법원은 학대의 개념을 정의함과 동시에, "단순히 상대방의 인격에 대한 반인륜적 침해만으로는 부족하고 적어도 유기에 준할 정도에 이르러야 한다"고 판시하여 학대죄의 적용한계를 제시하고 있다.

84도2922

학대죄의 법적 성질
친권자의 벌주기 사건

1986. 7. 8. 84도2922, 공 1986, 1016

1. 사실관계 및 사건의 경과

【사실관계】

① 갑은 미성년자 A의 친권자이다.

② 갑은 A에게 수십회에 걸쳐서 벌을 주었다.

③ 그 가운데 ㉠행위 등의 벌은 정당한 징계권의 범위에 속하는 것이었다.

【사건의 경과】

① 검사는 갑을 학대죄로 기소하였다.

② 제1심법원은 ㉠행위 등을 제외한 나머지 벌 주는 행위에 대해 유죄를 인정하였다.
③ 제1심법원은 ㉠행위 등의 벌 주는 행위에 대해서는 무죄를 선고하였다.
④ 검사는 무죄 부분에 불복 항소하였다.
⑤ 항소심법원은 항소를 기각하고, 제1심판결을 유지하였다.
⑥ 검사는 불복 상고하였다.

2. 학대죄의 법적 성질

【대법원 요지】 학대죄는 자기의 보호 또는 감독을 받는 사람에게 육체적으로 고통을 주거나 정신적으로 차별대우를 하는 행위가 있음과 동시에 범죄가 완성되는 상태범 또는 즉시범이라 할 것이고 /
【대법원 요지】 비록 수십회에 걸쳐서 계속되는 일련의 폭행행위가 있었다 하더라도 그 중 친권자로서의 징계권의 범위에 속하여 위 위법성이 조각되는 부분이 있다면 그 부분을 따로 떼어 무죄의 판결을 할 수 있다 할 것이다.

3. 사안에 대한 대법원의 판단

【대법원 분석】 원심판결과 원심이 인용한 제1심판결 이유에 의하면 /
【대법원 분석】 피고인에 대한 이 사건 학대의 공소사실 중 일부에 대하여 유죄로 인정하고 /
【대법원 분석】 일부(제1심판결의 별지부분)에 대하여는 피고인이 친권의 정당한 행사라고 볼 수 있는 범위 내에서 징계권을 행사한 것이라고 적법히 판시한 다음 /
【대법원 분석】 그 부분에 대하여 무죄를 선고한 제1심판결을 그대로 유지하고 있는 바, /
【대법원 결론】 거기에 소론과 같은 학대죄 또는 친권자의 징계권행사에 관한 법리를 오해했거나 채증법칙을 위배하여 사실을 오인한 잘못이 있다 할 수 없다. 논지는 이유 없다. (상고 기각)

【코멘트】 본 판례에서 대법원은 학대죄의 성질을 즉시범으로 파악하고 있다. 또한 학대죄의 위법성 조각사유와 관련하여 친권행사의 일환으로 징계권을 인정하고 있다. 최근 아동학대로 인한 사망 사건이 사회적 문제가 됨에 따라 「아동학대범죄의 처벌에 관한 특례법안」이 국회에서 심의되고 있다. 법안에 따르면 아동학대치상죄의 경우 무기징역까지 선고할 수 있게 된다.

제29장 체포와 감금의 죄

2002도4315

감금죄와 사람 – 인정례
정신병자 감금 사건

2002. 10. 11. 2002도4315, 공 2002, 2784

1. 사실관계 및 사건의 경과

【사실관계】

① A는 정신병자이다.
② A는 4일가량 물조차 제대로 마시지 못하고 잠도 자지 아니하여 거의 탈진 상태에 있었다.
③ 갑은 이러한 A의 손과 발을 17시간 이상 묶어 두고 좁은 차량 속에서 움직이지 못하게 하였다.
④ A는 묶인 부위의 혈액 순환에 장애가 발생하여 혈전이 형성되었고, 그 혈전이 폐동맥을 막아 사망하였다.

【사건의 경과】

① 검사는 갑을 감금치사죄로 기소하였다.
② 갑의 피고사건은 제1심을 거친 후, 항소심에 계속되었다.
③ 항소심법원은 유죄를 인정하였다.
④ 갑은 불복 상고하였다.
⑤ 갑은 상고이유로 다음의 점을 주장하였다.
 (가) A는 정신병자이므로 감금의 의미를 알지 못한다.
 (나) 감금죄가 성립하지 아니하므로 감금치사죄도 성립하지 않는다.

2. 사안에 대한 대법원의 판단

【대법원 판단】 (전략) 4일 가량 물조차 제대로 마시지 못하고 잠도 자지 아니하여 거의 탈진 상태에 이른 피해자의 손과 발을 17시간 이상 묶어 두고 좁은 차량 속에서 움직이지 못하게 감금한 행위와 /

【대법원 판단】 묶인 부위의 혈액 순환에 장애가 발생하여 혈전이 형성되고 그 혈전이 폐동맥을 막아 사망에 이르게 된 결과 사이에는 상당인과관계가 있다 할 것이고, /

【대법원 판단】 그 경우 피고인에게 사망의 결과에 대한 예견가능성이 없었다고 할 수도 없을 것이며, /

【대법원 요지】 정신병자라고 해서 감금죄의 객체가 될 수 없다고 볼 수도 없는 법리이므로, /

【대법원 결론】 원심판결에 채증법칙 위배로 인한 사실오인이나, 정당행위나 긴급피난, 감금죄의 객

체, 결과적 가중범에 관한 법리오해 등 상고이유에서 주장하는 바와 같은 위법이 있다고 할 수 없다. (상고 기각)

【코멘트】 체포·감금죄는 사람의 신체활동의 자유에 대한 침해를 내용으로 하는 범죄이다. 자연인이 객체로 되는 점에는 의문이 없지만, 의사능력 및 행동능력이 있는 사람에 한정될 것인가에 대해서는 논란이 있다.

먼저, 이동이 전혀 불가능한 사람 및 사실상 의사활동을 할 수 있는 능력이 전혀 없는 사람은 체포·감금죄의 객체에서 제외된다. 식물인간 상태의 사람이나 젖먹이 어린아이가 여기에 해당한다. 문제는 정신병자가 체포·감금죄의 객체에 해당할 수 있는가 하는 점이다. 이 문제에 대해 대법원은 "정신병자라고 해서 감금죄의 객체가 될 수 없다고 볼 수도 없[다]"고 판시하여 정신병자도 체포·감금죄의 객체가 될 수 있음을 분명히 하고 있다.

2000도102 (1)

감금죄와 감금 – 인정례
동성로파 감시 사건

2000. 3. 24. 2000도102, 공 2000, 1109

1. 사실관계 및 사건의 경과

【사실관계】

① 갑, 을, 병, 정은 폭력범죄단체 동성로파의 조직원들이다.
② A는 P관광호텔 나이트클럽의 업주이다.
③ 갑 등은 동성로파의 위력으로 A의 P나이트클럽 지분을 갈취하였다.
④ 1998. 12. 2. 18:00경부터 12. 4. 23:00까지 갑 등은 A와 ㉠장소에 함께 있었다.
⑤ 이 기간 중 A는 다음의 행동을 하였다.
(가) 동성로파 사람들과 술집에서 술을 마셨다.
(나) 아는 사람들이나 검찰청에 전화를 걸었다.
(다) 새벽에 한증막에 갔다가 잠을 자고 돌아오기도 하였다.

【사건의 경과】

① 검사는 갑 등을 폭처법위반죄(감금)로 기소하였다.
② 갑 등의 피고사건은 제1심을 거친 후, 항소심에 계속되었다.
③ 항소심법원은 유죄를 인정하였다.
④ 갑 등은 불복 상고하였다.

2. 감금죄의 행위유형

【대법원 요지】 그리고 감금죄는 사람의 행동의 자유를 그 보호법익으로 하여 사람이 특정한 구역에

서 나가는 것을 불가능하게 하거나 또는 심히 곤란하게 하는 죄로서 /

【대법원 요지】 이와 같이 사람이 특정한 구역에서 나가는 것을 불가능하게 하거나 심히 곤란하게 하는 그 장해는 물리적, 유형적 장해뿐만 아니라 심리적, 무형적 장해에 의하여서도 가능하고 /

【대법원 요지】 또 감금의 본질은 사람의 행동의 자유를 구속하는 것으로 행동의 자유를 구속하는 그 수단과 방법에는 아무런 제한이 없으므로 그 수단과 방법에는 유형적인 것이거나 무형적인 것이거나를 가리지 아니하며 /

【대법원 요지】 감금에 있어서의 사람의 행동의 자유의 박탈은 반드시 전면적이어야 할 필요가 없으므로 감금된 특정구역 내부에서 일정한 생활의 자유가 허용되어 있었다고 하더라도 감금죄의 성립에는 아무 소장이 없다.

3. 사안에 대한 대법원의 판단

【대법원 판단】 기록에 의하면, /

【대법원 판단】 피해자 A가 감금되었다는 기간 중에 동성로파 사람들과 술집에서 술을 마시고, 아는 사람들이나 검찰청에 전화를 걸고, 새벽에 한증막에 갔다가 잠을 자고 돌아오기도 하였지만, /

【대법원 판단】 피해자 A는 위 피고인들이나 그 하수인들과 같은 장소에 있거나 감시되어 행동의 자유가 구속된 상태였음을 인정할 수 있으므로, /

【대법원 결론】 원심의 사실인정과 판단에 사실오인이나 감금죄에 관한 법리오해의 위법이 없다. 논지는 이유가 없다. (상고 기각)

2000도4415

감금죄와 정당행위 - 부정례
공갈죄와 권리행사 - 부정례
퇴원 조건부 재산분할 사건

2001. 2. 23. 2000도4415, 공 2001, 813

1. 사실관계 및 사건의 경과

【사실관계 1】

① A남과 갑녀는 부부 사이이다.

② A남은 알콜의존증 등 정신질환 증세를 보였다.

③ A남과 갑녀는 별거상태에 들어갔다.

④ A남은 갑녀가 운영하던 P식품회사의 기숙사에 기거하고 있었다.

【사실관계 2】

① A남과 갑녀는 이혼하기로 합의하였다.

② A남과 갑녀는 다음과 같은 합의서를 작성하였다.
(가) 갑녀는 A남에게 1억 원을 지급한다.
(나) A남은 갑녀에게 ㉠부동산 등을 이전한다.
③ A남의 인감은 갑녀가 소지하고 있었다.
④ A남은 이후 갑녀와의 합의를 번의하였다.
⑤ A남은 갑녀가 일방적으로 ㉠부동산 등을 이전하는 것을 막기 위하여 인감개인신고를 하였다.

【사실관계 3】

① 갑녀는 Q정신병원을 찾아갔다.
② 갑녀는 Q병원의 정신과전문의 B와 상담하였다.
③ 갑녀의 설명을 들은 B는 A에 대한 입원치료가 필요하다는 의견을 제시하였다.
④ 갑녀는 Q병원 원무과장 C에게 강제입원을 부탁하였다.
⑤ C는 자신의 판단으로 A를 강제로 구급차에 실어 Q병원에 데려왔다.
⑥ [A를 데려올 당시 A는 강력히 저항하였으나 C는 물리력을 사용하여 이를 제압하였다.]

【사실관계 4】

① A를 Q병원에 데려온 후 Q병원의 정신과전문의 D가 A를 진찰하였다.
② 진찰 결과 D는 A에 대해 편집성 인격장애 및 알콜의존증의 치료를 위한 입원이 필요하다고 진단하였다.
③ Q병원의 원장 E는 A에 대한 입원결정을 내렸다.
④ 갑녀는 A의 보호의무자로서 입원동의서를 Q병원에 제출하였다.
⑤ 갑녀는 A가 입원된 후 A의 승낙 없이 다시 종전의 인감으로 인감개인신고서를 작성하여 이를 관할 동사무소에 제출하였다.

【사실관계 5】

① A는 그의 의사에 반하여 5개월가량 Q정신병원에 입원해 있었다.
② 관련 법령에 의하면 동의입원의 경우 정신병원에서 퇴원하려면 보호의무자의 퇴원신청서가 필요하다.
③ A는 갑녀에게 수차례에 걸쳐 퇴원시켜 줄 것을 요청하였다.
④ 갑녀는 이를 거절하였다.
⑤ A는 갑녀에게 Q병원에서 퇴원시켜주면 ㉠부동산 등의 이전요구에 응하겠다고 말하였다.
⑥ 이 과정에서 갑녀가 먼저 "㉠부동산 등을 넘겨주면 퇴원시켜 주되 그렇지 않으면 퇴원시켜 주지 않겠다"고 명시적으로 언급한 일은 없었다.

【사실관계 6】

① [갑녀는 Q병원에 퇴원동의서를 제출하였다.]
② [A는 Q병원에서 퇴원하였다.]
③ A는 ㉠부동산 등의 이전등록 및 등기절차에 필요한 서류를 작성하여 갑녀에게 교부하였다.
④ [갑녀는 소지하고 있던 A의 인감과 등기서류를 가지고 갑녀 앞으로 ㉠부동산 등에 대한 소유권 이전등기를 마쳤다.]

【사건의 경과】

① 검사는 갑녀를 다음의 공소사실로 기소하였다.

(가) 정신병원 입원행위 : 폭처법위반죄(감금)

(나) 인감개인행위 : 사인위조죄, 위조사인행사죄

(다) ㉠부동산 등 이전동의 : 공갈죄

② 갑의 피고사건은 제1심을 거친 후, 항소심에 계속되었다.

③ 항소심법원은 다음과 같이 판단하였다.

(가) 정신병원 입원행위 : 폭처법위반죄(감금) : 유죄

(나) 인감개인행위 : 사문서위조죄, 위조사문서행사죄 : 유죄

(다) ㉠부동산 등 이전동의 : 공갈죄 : 유죄

④ 갑녀는 불복 상고하였다.

⑤ 갑녀는 상고이유로 다음의 점을 주장하였다.

(가) 보호의무자로서 정신질환자를 입원시킨 것은 형법 제20조의 정당행위에 해당한다.

(나) 인감개인을 한 것은 A의 승낙에 따른 것이다.

(다) ㉠부동산 등을 이전하지 않으면 퇴원동의를 하지 않겠다고 말한 바 없으므로 공갈죄의 협박이 존재하지 않는다.

(라) ㉠부동산의 이전요구는 재산분할에 관한 정당한 권리의 행사이므로 공갈죄는 성립하지 않는다.

2. 감금죄 부분에 대한 판단

(1) 정신병원 입원행위와 감금죄의 관계

【대법원 분석】 구 정신보건법(2000. 1. 12. 법률 제6152호로 개정되기 전의 것, 이하 '법'이라고만 한다) /

【대법원 분석】 제22조 제1항에 의하면 정신질환자의 보호의무자는 정신과전문의의 진단에 의하지 아니하고 정신질환자를 입원시켜서는 아니된다고 규정하고 있으며, /

【대법원 분석】 제24조 제1항은 정신의료기관의 장은 정신질환자의 보호의무자의 동의가 있는 때에는 정신과전문의가 입원이 필요하다고 진단한 경우에 한하여 당해 정신질환자를 입원시킬 수 있다고 규정하고 있는바, /

【대법원 분석】 위 규정들의 취지 및 모든 정신질환자는 인간으로서의 존엄과 가치를 보장받으며 입원치료가 필요한 정신질환자에 대하여는 항상 자발적 입원이 권장되어야 한다는 법 제2조 제1항, 제5항이 정한 기본이념 등에 비추어 보면, /

【대법원 요지】 법 제24조 소정의 보호의무자에 의한 입원의 경우 보호의무자의 동의가 있더라도 정신과전문의가 정신질환자를 직접 대면하여 진찰하고 입원이 필요하다고 진단한 다음 이에 기하여 정신의료기관의 장이 입원을 결정하여야 하고, /

【대법원 요지】 이러한 요건을 갖춘 입원조치에 대하여 정신질환자가 저항하는 때에 비로소 정신의학적 · 사회적으로 보아 상당하다고 인정되는 범위 내의 물리력의 행사가 허용된다 할 것이다.

(2) 법령행위 및 업무행위 여부에 대한 판단

【대법원 분석】 그런데 기록에 의하면 /

【대법원 분석】 피고인이 피해자를 Q정신병원에 강제입원시키기 전에 위 병원 정신과전문의인 공소외 B와 상담하여 피고인의 설명을 들은 그로부터 피해자에 대한 입원치료가 필요하다는 의견을 들었으나, /

【대법원 분석】 아직 피해자를 대면한 진찰이나 위 정신병원장의 입원결정이 없는 상태에서 위 병원 원무과장인 공소외 C에게 강제입원을 부탁하여 공소외 C가 자신의 판단으로 피해자를 강제로 구급차에 실어 위 병원에 데려온 사실을 알 수 있으므로, /

【대법원 분석】 상고이유에서 주장하는 바와 같이 강제입원조치 후 위 병원의 정신과전문의가 피해자를 진찰한 결과 편집성 인격장애 및 알콜의존증의 치료를 위한 입원이 필요하다고 진단하였고 위 병원장이 입원을 결정하였다는 사정 등만으로는 /

【대법원 판단】 피고인의 위와 같은 물리력의 행사를 위 법에 기한 행위 또는 정당한 업무로 인한 행위로 볼 수는 없을 것이다.

(3) 사회상규에 의한 정당행위의 요건

【대법원 요지】 나아가 형법 제20조 소정의 '사회상규에 위배되지 아니하는 행위'라 함은 법질서 전체의 정신이나 그 배후에 놓여 있는 사회윤리 내지 사회통념에 비추어 용인될 수 있는 행위를 말하고, /

【대법원 요지】 어떠한 행위가 사회상규에 위배되지 아니하는 정당한 행위로서 위법성이 조각되는 것인지는 구체적인 사정 아래서 합목적적, 합리적으로 고찰하여 개별적으로 판단하여야 할 것인바, /

【대법원 요지】 이와 같은 정당행위를 인정하려면 첫째 그 행위의 동기나 목적의 정당성, 둘째 행위의 수단이나 방법의 상당성, 셋째 보호이익과 침해이익과의 법익권형성, 넷째 긴급성, 다섯째 그 행위 외에 다른 수단이나 방법이 없다는 보충성 등의 요건을 갖추어야 한다.

(4) 사회상규 여부에 대한 판단

【대법원 판단】 이러한 법리에 의하면, /

【대법원 판단】 강제입원 당시 피고인이 운영하던 식품회사의 기숙사에서 기거하면서 처인 피고인과 별거상태에 있던 피해자가 피고인 등 가족에게 위해를 가하는 구체적 행동을 하였다고 인정할 만한 자료가 없어 그들의 안전이 위협받는 급박한 상태에 있었다고 보기 어렵고, /

【대법원 판단】 또한 위 강제입원에 앞서 피해자의 어머니나 여동생 등을 통하여 자발적으로 정신과 치료를 받도록 설득하여 보거나 /

【대법원 판단】 그것이 여의치 않을 경우 정신과전문의와 상담하여 법 제25조가 정한 바에 따라 시·도지사에 의한 입원절차를 취하든지 /

【대법원 판단】 긴급한 경우에는 경찰공무원에게 경찰관직무집행법 제4조 제1항에 기하여 정신병원에의 긴급구호조치를 취하도록 요청할 수 있었다고 여겨지는 이 사건에서, /

【대법원 판단】 피고인의 위 강제입원조치가 사회상규에 위배되지 아니하는 정당한 행위로서 위법성이 조각된다고 평가하기도 어렵다 할 것이다.

【대법원 결론】 원심이 그 이유는 달리하였으나 피고인이 피해자를 정신병원에 강제입원시키는 과정에서 그를 감금한 행위가 형법 제20조 소정의 정당행위에 해당하지 않는다고 판단한 결론은 정당하고, 거기에 상고이유의 주장과 같은 판단유탈, 채증법칙 위배나 이유모순 또는 정당행위에 관한 법리오해의 위법이 없다. 이 부분 상고이유의 주장은 이유 없다.

3. 사문서위조죄 부분에 대한 판단

【대법원 분석】 원심이 인용한 제1심판결이 적법하게 채택한 증거에 의하면, /
【대법원 분석】 위 피해자와 피고인은 이혼하기로 합의하고 피고인이 피해자에게 금 1억 원을 지급하는 대신 피해자는 이 사건 부동산 등을 피고인에게 이전해주기로 하는 합의서를 작성한 바 있으나 /
【대법원 분석】 그 후 피해자가 이를 번의하여 피해자의 인감을 소지하고 있는 피고인에 의한 일방적인 이전을 막기 위하여 인감개인신고까지 해 두었는데, /
【대법원 분석】 피고인이 피해자를 위 정신병원에 입원시킨 후 피해자의 승낙없이 다시 종전의 인감으로 인감개인신고서를 작성하여 이를 관할 동사무소에 제출한 사실이 충분히 인정되므로, /
【대법원 결론】 피고인에 대한 사문서위조 및 동행사의 점을 유죄로 인정한 원심의 판단은 정당하고, 거기에 상고이유로 주장하는 바와 같이 채증법칙 위배 또는 승낙에 관한 법리오해의 위법이 없다. 이 부분 상고이유의 주장도 이유 없다.
【대법원 분석】 (공소사실 특정 관련 부분 : 중략)

4. 공갈죄 부분에 대한 판단

(1) 공갈죄의 협박 정도

【대법원 요지】 공갈죄의 수단으로서 협박은 구체적 사정을 참작하여 객관적으로 사람의 의사결정의 자유를 제한하거나 의사실행의 자유를 방해할 정도로 겁을 먹게 할 만한 해악을 고지하는 것을 말하고, /
【대법원 요지】 고지하는 내용이 위법하지 않은 것인 때에도 해악이 될 수 있으며, /
【대법원 요지】 해악의 고지는 반드시 명시의 방법에 의할 것을 요하지 않고 거동 또는 피해자와의 특수한 사정에 의하여 상대방으로 하여금 어떠한 해악에 이르게 할 것이라는 인식을 갖게 하는 것이면 족하다.

(2) 공갈죄의 협박 여부에 대한 판단

【대법원 분석】 이 사건에 관하여 보건대, /
【대법원 분석】 법 제24조 제6항은 입원동의서를 제출한 보호의무자로부터 퇴원신청이 있는 경우에는 정신의료기관의 장은 지체 없이 당해 환자를 퇴원시킬 것을 규정하고 있고, /
【대법원 분석】 비록 협의상 이혼의 확인을 받았더라도 이혼신고 전에는 피고인의 보호의무자로서의 지위가 유지되므로 피고인의 의사 여하에 따라 피해자의 퇴원 여부가 결정되는데, /
【대법원 분석】 기록에 의하면 피해자는 그의 의사에 반하여 5개월가량 정신병원에 입원해 있으면서 피고인에게 수차례에 걸쳐 퇴원시켜 줄 것을 요청하였음에도 거절된 사정을 알 수 있는바, /
【대법원 분석】 이러한 상태에서는 비록 피고인이 먼저 이 사건 부동산 등을 넘겨주면 퇴원시켜 주되

그렇지 않으면 퇴원시켜 주지 않겠다고 명시적으로 언급하지는 않았다 하더라도, /

【대법원 판단】 자신에 대한 입원조치가 계속되는 것에 불안감을 느끼고 퇴원을 적극 요구하던 피해자가 퇴원을 조건으로 하여 이 사건 부동산 등의 이전요구에 응하였다면, /

【대법원 판단】 퇴원의 결정권을 쥐고 있는 피고인의 위 권리이전요구는 이에 응하지 않으면 계속적인 입원치료라는 불이익이 초래될 위험이 있다는 위구심을 야기시키는 암묵적 의사표시로서 /

【대법원 판단】 피해자의 재산처분에 관한 의사결정의 자유를 제한하거나 의사실행의 자유를 방해하기에 족한 것으로 볼 수 있어 해악의 고지로 평가할 수 있을 것이다.

(3) 공갈죄와 권리행사

【대법원 요지】 피고인의 이러한 해악의 고지가 정당한 재산분할의 범위 내에서 또는 피해자와의 약정에 기하여 그 권리의 실현수단으로 사용된 경우라고 하여도 /

【대법원 요지】 그 권리실현의 수단방법이 사회통념상 허용되는 정도나 범위를 넘는 때에는 공갈죄의 실행에 착수한 것으로 보아야 하고, /

【대법원 요지】 그것이 구체적으로 사회통념상 허용되는 정도나 범위를 넘는 것인지 여부는그 행위의 주관적인 측면과 객관적인 측면, 즉 추구된 목적과 선택된 수단을 전체적으로 종합하여 판단하여야 하는바, /

【대법원 판단】 피고인이 정신질환자인 피해자의 보호의무자로서 그의 재산상의 이익 등 권리보호를 위하여 노력하여야 할 의무(법 제22조 제3항)를 저버리고 /

【대법원 판단】 피해자를 정신병원에 입원시킨 상태에서 퇴원을 간절히 바라는 그의 궁박한 상태를 이용하여 퇴원을 조건으로 재산을 이전받은 이 사건 행위는 /

【대법원 판단】 사회통념상 허용되는 정도나 범위를 넘는 것으로서 공갈죄를 구성한다고 보아야 옳을 것이다.

【대법원 결론】 같은 취지에서 원심이 이 사건 공갈의 점에 관한 공소제기절차가 적법하다고 판단하고 나서 위 공갈의 점을 유죄로 인정한 조치는 정당하고, 거기에 상고이유로 주장하는 채증법칙 위배 또는 공소사실의 특정이나 공갈죄에 관한 법리오해의 위법이 없다. 이 부분 상고이유의 주장도 받아들일 수 없다. (상고 기각)

【코멘트】 권리행사에 해당함을 이유로 범죄불성립을 주장하는 대표적인 사안으로 감금죄와 공갈죄를 들 수 있다. 본 판례는 권리행사와 관련된 사실관계의 사례를 보여주고 있다. 본 판례에서 주목되는 것은 보호의무자가 정신질환자를 정신병원에 입원시키는 행위가 감금죄와 관련하여 어떠한 평가를 받게 되는가 하는 점이다. 아울러 본 판례에서는 보호의무자가 정신질환자를 정신병원에서 퇴원시키는 행위가 공갈죄와 관련하여 어떠한 평가를 받게 되는가 하는 점도 주목된다.

감금죄와 관련하여 대법원은 법령에 의한 행위, 업무로 인한 행위, 사회상규에 위배되지 아니하는 행위라는 세 가지 관점에서 정당행위 주장을 검토하고 있다. 정당행위 성립 여부에 대한 판단은 규범적 판단이 필요한 대표적인 경우로서, 구체적인 사안을 놓고 개별적 종합적으로 검토하여 결론을 내리지 않으면 안 된다. 이 때문에 정당행위의 주장이 있는 경우 구체적인 사정을 드러내기 위하여 판례의 설시가 길어지는 경우가 많다. 본 판례의 경우도 바로 여기에 해당하는 예이다.

공갈죄의 경우에도 정당행위의 주장이 자주 거론된다. 나아가 공갈죄의 협박 여부에 대한 판단도 객관적 관점에서 구체적인 상황을 놓고 상대방이 겁을 먹을 만한 정도에 이르렀는가를 살피게 된다. 이 경우 역시 개별적 종합적으로 판단을 내려야 한다. 규범적 판단의 영역에서 정황증거들을 동원하여 법원을 설득하는 작업은 결코 쉽지 않다. 이를 위해서는 창의적인 발상을 가지고 피고인의 입장에서 사실관계를 면밀히 분석하지 않으면 안 된다. 법학 공부가 단순한 암기에 그치지 않는다는 사실은 바로 이와 같은 규범적 판단의 특성과도 관련이 있다.

끝으로, 본 판례에 나타난 피해자의 승낙에 관한 법리에 관하여 살펴본다. 본 판례의 사안에서 A남과 갑녀는 재산분할에 관하여 합의하고 있다. 그런데 A남은 이를 번의하여 인감개인신고를 하고 있다. 이에 대해 갑녀는 다시 인감개인신고를 하여 원상으로 돌려놓고 있다. 이러한 갑녀의 행위가 피해자 승낙의 법리에 따라 위법성이 조각될 것인가 하는 의문이 있다. 대법원은 본 판례에서 이를 부정하는 결론만을 제시하고 있다. 피해자의 승낙은 구성요건 실현행위를 하는 순간에 존재하여야 한다. 이전에 승낙이 있었더라도 실행행위 시점에 승낙이 철회되었다면 종전의 승낙은 유효한 승낙이 되지 못한다. 대법원은 이러한 승낙철회의 법리가 자명하다고 보아 이를 굳이 언급하지 아니한 것이라고 생각된다.

82도705

감금죄와 협박죄의 관계
망우리 공동묘지 사건

1982. 6. 22. 82도705, 공 1982, 722

1. 사실관계 및 사건의 경과

【사실관계】

① (공소사실에서 주장된 사실관계이다.)

② 1981. 3. 폭력배 갑은 A녀(31세)의 신고로 폭력행위 등으로 구속되어 형사처벌을 받았다.

③ 갑은 A녀에게 보복하려고 마음먹었다.

④ 1981. 3. 29. 12:40경 갑은 서울 동대문구 중화동 소재 P정육점 앞에서 A녀에게 "자동차에 타라, 타지 않으면 가만있지 않겠다"고 협박하였다.

⑤ 갑은 A녀를 그곳에 대기시켜 놓았던 자동차 뒷좌석에 강제로 밀어 넣어 앉혔다.

⑥ A녀는 내려 달라고 애원했으나 갑은 내려주지 않았다.

⑦ 갑은 A녀를 태운 곳에서 같은 구 망우동 소재 망우리 공동묘지까지 약 20분간 자동차를 운전해 갔다.

【사건의 경과】

① [A녀는 갑을 고소하였다.]

② 검사는 갑을 감금죄로 기소하였다.

③ [제1심 공판절차가 진행되는 도중에 A녀는 고소를 취소하였다.]
④ 갑의 피고사건은 제1심을 거친 후, 항소심에 계속되었다.
⑤ 항소심법원은 다음과 같이 판단하였다.
(가) 감금죄 : 증거불충분으로 무죄
(나) 협박죄 : [고소가 취소되었으므로] 공소기각
⑥ 검사는 불복 상고하였다.
⑦ 대법원은 다음과 같이 판단하였다.
(가) 감금죄 : 증거불충분으로 무죄 부분 : 상고 기각
(나) 협박죄 : [고소가 취소되었으므로] 공소기각 부분 : 파기

2. 공소사실의 요지

【대법원 요지】 감금을 하기 위한 수단으로서 행사된 단순한 협박행위는 감금죄에 흡수되어 따로 협박죄를 구성하는 것이 아니라고 할 것이다.
【대법원 분석】 일건 기록에 의하면, 공소사실 제1항은 /
【대법원 분석】 「피고인은 1981. 3. 29. 12:40경 서울동대문구 중화동 소재 옥호불상 정육점 앞에서 피해자 A(여, 31세)의 신고로 같은 달 피고인이 폭력행위 등으로 구속되어 형사처벌을 받은 것에 불만을 품고 이를 보복하기 위하여 피해자에게 "자동차에 타라, 타지 않으면 가만있지 않겠다"고 협박하면서 /
【대법원 분석】 동녀를 그곳에 대기시켜 놓았던 자동차 뒷좌석에 강제로 밀어 넣어 앉히고 동녀가 내려 달라고 애원했으나 내려주지 않고 그곳에서 같은 구 망우동 소재 망우리 공동묘지까지 동 자동차를 운전하여 약20분간 동녀를 감금한 것이다」라고 기재된 것으로 보아 /

3. 사안에 대한 대법원의 판단

【대법원 판단】 검사는 피고인이 피해자 A에게 "자동차에 타라, 타지 않으면 가만 있지 않겠다"고 협박한 점을 위 공소사실 즉 감금죄의 수단으로 적시하고 있을 뿐이고 이를 독립하여 협박죄로 공소제기한 것이 아님이 분명하다. /
【대법원 판단】 그럼에도 불구하고 원심이 위 공소사실 제1항(감금죄) 범죄사실을 증명이 없다 하여 무죄로 선고하면서 위와 같이 그 수단으로 적시된 협박의 점에 관하여 별도로 공소기각의 선고를 한 조처는 죄수에 관한 법리를 오해하고 불고불리의 원칙에 위배한 위법이 있어 파기를 면할 수 없다 할 것이므로 이 점을 지적한 논지는 이유 있다.
【대법원 판단】 다만 위 협박의 점은 위에서 설시한 것처럼 범죄로서 공소제기된 것이 아닌 만큼 당원에서 원심판결 중 공소기각 부분을 파기하는 것으로 족하고 환송의 필요성을 인정하지 않는다.
【대법원 결론】 3. 따라서 원심판결 중 감금죄에 관한 상고를 기각하고, 공소기각 부분을 파기하기로 하여 관여법관의 일치된 의견으로 주문과 같이 판결한다.

【코멘트】 폭행과 협박은 다른 범죄의 행위수단으로 적시되는 경우가 많다. 이 경우 행위수단인 폭행이나 협박은 독자적 의미를 갖지 못하며 다른 범죄에 흡수되어 버린다. 다른 범죄의 법적 평가 속에 이미

폭행이나 협박이 함께 고려되고 있기 때문이다. 본 판례는 이러한 실체법적 법리를 보여주는 예이다.

본 판례는 형식적으로 볼 때 소송법적 쟁점을 다룬 것이다. 검사는 피고인의 행위를 감금죄로 기소하고 있는데, 항소심법원은 (가) 감금죄의 범죄사실을 증명이 없다 하여 무죄로 선고하면서, (나) 그 수단으로 적시된 협박(반의사불벌죄)의 점에 관하여 고소가 취소되었다는 이유로 공소기각판결을 별도로 선고하고 있다. 소송법적으로 볼 때 단순일죄와 과형상 일죄의 경우에는 하나의 주문으로 판결을 선고해야 한다. 항소심법원의 판단방법은 과형상 수죄가 인정될 때 가능한 것이다.

대법원은 본 판례의 사안에서 공소사실이 설사 증명된다고 하여도 감금죄의 수단인 협박죄는 법조경합 가운데 흡수관계에 해당하여 감금죄 일죄만 성립한다고 판단한다. 범죄사실이 하나이므로 주문도 하나만 가능하다. 그렇다면 두 개의 주문을 기재한 항소심판결은 유지될 수 없다. 이러한 경우 대법원이 취하는 원칙적인 방법은 파기 환송이다. 그러나 두 개의 주문 가운데 공소기각의 주문을 삭제해 버리면 하나의 주문만 남게 된다. 그렇다면 굳이 파기 환송할 것 없이 불필요한 공소기각의 주문만 파기하면 된다. 대법원은 이러한 논리에 입각하여 판단을 내리고 있다.

주문을 하나로 할 것인가 여러 개로 할 것인가는 중요한 문제이다. 주문의 형식은 형사재판의 소송물 단위에 의하여 결정되는데, 그와 밀접불가분의 관계에 있는 것이 실체형법의 죄수론이다. 개략적으로 말한다면, 죄수론상 단순일죄와 과형상 일죄에 해당하는 범죄사실은 하나의 소송물로 취급되며 주문도 하나만 나타난다. 이에 대해 과형상 수죄에 해당하는 범죄사실은 소송물이 수개이므로 주문도 수개로 나타나는 것이 원칙이다. 실체형법상 실체적 경합의 경우가 그것이다. 그러나 여기에는 동시적 경합범이라는 예외상황이 존재한다. 실체적 경합범 관계에 있는 수개의 죄를 동시에 재판하는 상황(형법 제37조 전단)이라면 법원은 형법 제38조의 경합범 처벌례에 따라 처단형을 결정해야 한다. 이 때 흡수주의와 가중주의에 따라 판단을 내리는 경우에는 실체적 경합관계에 있는 수개의 범죄사실에 대해 하나의 주문이 나타나게 된다.

2002도4380

감금죄와 강도상해죄의 관계
행신동 단란주점 사건

2003. 1. 10. 2002도4380, 공 2003, 668

1. 사실관계 및 사건의 경과

【사실관계】

① 갑, 을, 병, 정은 강도범행을 모의하였다.

② 2000. 1. 24. 15:00경 갑은 고양시 덕양구 행신동 M지점 소재 P단란주점 앞길에서 P주점의 종업원 A를 강제로 승용차에 태웠다.

③ 갑 등은 A를 태우고 을이 주먹으로 A를 때려 반항을 억압한 다음 A로부터 현금 35만 원 등이 들어 있는 가방을 빼앗았다.

④ A는 이 때 맞아서 약 2주간의 치료를 요하는 안면부타박상을 입었다. (㉠행위)
⑤ 갑은 돈을 빼앗은 뒤에도 계속하여 P단란주점에서 약 15km 떨어진 서울 마포구 상암동 소재 월드컵주경기장 부근 N지점까지 운행하여 갔다. (㉡행위)
⑥ 갑은 N지점에서 교통사고를 일으켜서 더 이상 가지 못하였다.

【사건의 경과】

① 2000. 11. 23. 갑은 ㉡행위 부분에 대하여 서울고등법원에서 공동감금에 의한 폭력행위등처벌에관한법률위반죄로 다른 범죄사실과 함께 징역 2년 6월을 선고받았고, 그 판결은 확정되었다.
② 이후 검사는 ㉠행위 부분에 대하여 갑을 강도상해죄로 기소하였다.
③ 제1심법원은 갑에게 면소판결을 선고하였다.
④ (제1심의 판결 이유는 판례 본문 참조)
⑤ 검사는 불복 항소하였다.
⑥ 항소심법원은 항소를 기각하고, 제1심판결을 유지하였다.
⑦ 검사는 불복 상고하였다.

2. 공소사실의 요지

【대법원 분석】 피고인은 공소외 을, 병, 정과 공모하여 /
【대법원 분석】 2000. 1. 24. 15:00경 고양시 덕양구 행신동 722 소재 단란주점 앞길에서 그 주점 종업원인 피해자를 승용차에 태우고 가다가 공소외 을이 주먹으로 피해자를 때려 반항을 억압한 다음 /
【대법원 분석】 그로부터 현금 35만 원 등이 들어 있는 가방을 빼앗아 강취하고, /
【대법원 분석】 피해자에게 약 2주간의 치료를 요하는 안면부타박상 등의 상해를 가하였다.

3. 사안에 대한 항소심의 판단

【항소심 분석】 원심은, /
【항소심 분석】 피고인이 공소외 을 등과 피해자로부터 돈을 빼앗기로 공모하고 공소사실과 같이 그를 승용차에 태우고 가던 중 강도상해의 범행을 저지른 뒤 계속하여 위 단란주점에서 약 15㎞ 떨어진 서울 마포구 상암동 소재 월드컵주경기장 부근까지 운행하여 간 사실과 /
【항소심 분석】 피고인이 이와 같이 공소외 을 등과 공모하여 피해자를 위 단란주점 앞길에서 월드컵주경기장 부근까지 승용차에 태우고 간 부분에 대하여는 2000. 11. 23. 서울고등법원에서 공동감금에 의한 폭력행위등처벌에관한법률위반죄로 다른 범죄사실과 함께 징역 2년 6월을 선고받고 그 판결이 확정된 사실을 인정하고, /
【항소심 판단】 이미 유죄가 확정된 위 감금에 관한 폭력행위등처벌에관한법률위반죄의 범죄사실과 이 사건 공소사실은 시간적 · 장소적으로 그 행위가 중복될 뿐만 아니라 감금행위가 강도의 수단이 되었던 것이므로, 양 죄는 1개의 행위가 수개의 죄에 해당하여 형법 제40조의 상상적 경합관계에 있고, /
【항소심 판단】 따라서 이 사건 공소사실은 확정판결이 있은 때에 해당한다고 판단하여 피고인에 대하여 면소를 선고한 제1심판결을 유지하였다.

4. 사안에 대한 대법원의 판단

【대법원 요지】 그러나 감금행위가 단순히 강도상해 범행의 수단이 되는 데 그치지 아니하고 /

【대법원 요지】 강도상해의 범행이 끝난 뒤에도 계속된 경우에는 1개의 행위가 감금죄와 강도상해죄에 해당하는 경우라고 볼 수 없고, /

【대법원 요지】 이 경우 감금죄와 강도상해죄는 형법 제37조의 경합범 관계에 있다고 보아야 한다.

【대법원 분석】 이 사건에서 보면, 피고인은 공소외 을 등과 피해자로부터 돈을 빼앗자고 공모한 다음 그를 강제로 승용차에 태우고 가면서 공소사실과 같이 돈을 빼앗고 상해를 가한 뒤에도 계속하여 상당한 거리를 진행하여 가다가 교통사고를 일으켜 감금행위가 중단되었으므로, /

【대법원 판단】 이와 같이 감금행위가 단순히 강도상해 범행의 수단이 되는 데 그치지 아니하고 그 범행이 끝난 뒤에도 계속되었으므로, /

【대법원 판단】 피고인이 저지른 감금죄와 강도상해죄는 형법 제37조의 경합범 관계에 있다고 보아야 하고, /

【대법원 판단】 따라서 위 감금의 범행에 관한 확정판결의 효력은 이 사건 강도상해의 공소사실에까지 미치지 아니한다.

【대법원 결론】 그럼에도 불구하고, 원심이 위 감금과 강도상해의 범행이 상상적 경합관계에 있다고 보고 피고인에 대하여 면소를 선고한 것은 판결에 영향을 미친 법령위반의 잘못을 저지른 것이다. (파기 환송)

【코멘트】 확정판결의 효력(소위 기판력)은 소송물의 단위를 기준으로 판단한다. 형사소송의 경우에는 범죄사실이 소송물의 단위가 된다. 본 판례의 사안에서 피고인들의 행위를 시간적으로 살펴보면, ㉮ 감금행위의 시작, ㉯ 강도상해, ㉰ 감금행위의 종료로 구획할 수 있다. 이러한 일련의 사태진행에 대해 이것을 하나의 범죄사실로 묶어서 파악할 것인지 아니면 여러 개의 범죄사실로 분리하여 파악할 것인지 문제된다.

이 문제에 대해 제1심법원과 항소심법원은 사태진행을 하나의 범죄사실로 파악하여 다음의 분석을 제시한다. 즉, (가) 감금행위가 계속되고 있는 도중에 일어난 강도상해죄는 폭처법상의 공동감금죄와 상상적 경합관계에 있다. (나) 상상적 경합관계에 있는 수개의 죄는 과형상 일죄로 파악된다. (다) 과형상 일죄의 경우에는 확정판결의 효력이 전체에 미친다. (라) 감금죄에 대한 확정판결의 효력은 과형상 일죄의 관계에 있는 강도상해죄에 미친다. (마) 확정판결의 효력이 미치므로 강도상해죄는 면소판결의 대상이 된다(형소법 제326조 제1호).

그런데 이와 같이 접근할 경우 피고인에 대한 형량의 확보에 있어서 불합리한 점이 발견된다. 강도상해죄는 무기징역 또는 7년 이상의 유기징역으로 처벌되는 중한 범죄이다. 그런데 2년 6개월의 감금죄에 대한 확정판결로 피고인이 형사처벌을 면한다는 것은 적절하지 않다. 검사는 이러한 문제의식에 입각하여 항소심판결에 불복 상고하고 있다.

대법원은 이 문제에 대해 감금죄와 강도상해죄가 상상적 경합이 아니라 실체적 경합에 해당한다고 판단하여 검사의 상고를 받아들이고 있다. 대법원은 이와 관련하여 "감금행위가 단순히 강도상해 범행의 수단이 되는 데 그치지 아니하고 강도상해의 범행이 끝난 뒤에도 계속된 경우에는 1개의 행위가 감금죄와 강도상해죄에 해당하는 경우라고 볼 수 없고, 이 경우 감금죄와 강도상해죄는 형법 제37조의 경합범 관계에 있다고 보아야 한다."는 판단기준을 제시하고 있다.

대법원의 판단기준에 따르면 두 가지 경우를 나누어서 살펴보아야 한다. 하나는 감금행위가 단순히 강도상해 범행의 수단이 되는 경우이다. 감금이 강도상해 범행의 종료와 함께 같이 종료하는 경우이다. 이 때에는 제1심법원이나 항소심법원이 판단한 것처럼 양자가 상상적 경합관계로 파악된다. 그리하여 피고인은 감금죄에 대한 확정판결의 효력을 주장할 수 있다.

다른 하나는 감금행위가 단순히 강도상해 범행의 수단이 되는 데 그치지 아니하고 강도상해의 범행이 끝난 뒤에도 계속된 경우이다. 이 때에는 감금죄와 강도상해죄가 실체적 경합관계에 서게 된다. 본 판례의 사안은 두 번째 경우에 해당하므로 감금죄에 대한 확정판결의 효력은 강도상해죄에 미치지 않는다. 그 결과 피고인은 무기징역 또는 7년 이상의 유기징역이라는 처벌을 면할 수 없다.

본 판례에서 대법원은 감금죄와 강도상해죄의 관계에 관하여 두 가지 경우로 나누어서 판단기준을 제시하고 있는데, 그 실질적인 이유에 대해서는 아무런 언급을 하고 있지 않다. 생각건대 대법원은 감금죄와 강도상해죄의 보호법익과 구성요건이 다르며, 법정형에서도 큰 차이가 있다는 점에 주목하고 있는 것이 아닌가 생각된다. 그러나 이러한 접근방법에 의한다면 첫 번째의 경우, 즉 감금죄가 강도상해죄의 수단이 되는 경우가 실체적 경합관계로 파악되지 않는 이유를 설명할 수가 없다. 실질적 이유를 포함한 대법원의 보다 분명한 입장천명이 기대되는 대목이라고 할 것이다.

98도1036

감금죄와 미성년자유인죄의 관계
특송차 운전기사 사건

1998. 5. 26. 98도1036, 공 1998, 1836

1. 사실관계 및 사건의 경과

【사실관계】

① 갑은 전국특송화물차 운전기사이다.

② A는 만 10세의 여아이다.

③ 갑은 A의 집에서 A에게 다음과 같이 말하였다.

④ "부모에게 말하지 말고 인천 계양구 ○○동에 있는 P아파트 앞으로 나오라."

⑤ 집을 나온 A는 갑이 화물차를 운전하여 강원도, 대구, 부산 등지로 운행할 때에는 갑을 따라 화물차에 타고 다녔다.

⑥ A는 갑이 갑의 셋방에 돌아와 있을 때에는 갑과 함께 그 곳에 기거하였다.

⑦ 이렇게 하는 과정에서 갑은 A를 감시하였다.

⑧ 이 기간 중 갑은 A를 간음하였다.

【사건의 경과】

① 검사는 갑을 미성년자의제강간치상죄, 미성년자유인죄, 감금죄 등으로 기소하였다.

② 갑의 피고사건은 제1심을 거친 후, 항소심에 계속되었다.

③ 항소심은 갑에게 유죄를 인정하였다.

④ 갑은 불복 상고하였다.

⑤ 갑은 상고이유로 다음의 점을 주장하였다.

(가) A에게 폭행을 가한 일이 없으므로 강간죄는 성립하지 않는다.

(나) A는 자유롭게 갑을 따라 다니거나 함께 생활하였으므로 감금죄는 성립하지 않는다.

(다) 갑에게 미성년자유인죄가 인정되었으므로 별도로 감금죄는 성립하지 않는다.

2. 미성년자의제강간치상죄 부분에 대한 판단

【대법원 판단】 원심이 유지한 제1심판결이 채택한 증거들을 기록과 대조하여 검토하여 보면 /

【대법원 판단】 피고인이 공소사실 기재와 같이 13세 미만의 부녀인 피해자 피해자를 간음하여 그로 인하여 그녀에게 치료 기간 미상의 처녀막 파열상을 입게 하였음을 인정하기에 넉넉하므로 /

【대법원 판단】 위 공소사실을 유죄로 인정한 원심의 조치는 정당하고, 여기에 논하는 바와 같은 채증법칙 위반의 위법이 있다고 할 수 없다. /

【대법원 판단】 상고이유는 피고인이 A를 간음함에 있어서 폭행을 가한 일이 없다는 취지로도 보이지만 형법 제305조가 정하는 미성년자에 대한 간음죄는 반드시 폭행을 그 수단으로 할 것을 필요로 하지 아니하는 것이므로 /

【대법원 판단】 논지는 어느 모로 보더라도 이유가 없다.

3. 감금죄 부분에 대한 판단

(1) 감금죄의 행위태양

【대법원 요지】 감금죄는 사람의 행동의 자유를 그 보호법익으로 하여 사람이 특정한 구역에서 벗어나는 것을 불가능하게 하거나 또는 매우 곤란하게 하는 죄로서 그 본질은 사람의 행동의 자유를 구속하는 데에 있다. /

【대법원 요지】 이와 같이 행동의 자유를 구속하는 수단과 방법에는 아무런 제한이 없고, /

【대법원 요지】 사람이 특정한 구역에서 벗어나는 것을 불가능하게 하거나 매우 곤란하게 하는 장애는 물리적 · 유형적 장애뿐만 아니라 심리적 · 무형적 장애에 의하여서도 가능하므로 감금죄의 수단과 방법은 유형적인 것이거나 무형적인 것이거나를 가리지 아니한다. /

【대법원 요지】 또한 감금죄가 성립하기 위하여 반드시 사람의 행동의 자유를 전면적으로 박탈할 필요는 없고, /

【대법원 요지】 감금된 특정한 구역 범위 안에서 일정한 생활의 자유가 허용되어 있었다고 하더라도 유형적이거나 무형적인 수단과 방법에 의하여 사람이 특정한 구역에서 벗어나는 것을 불가능하게 하

거나 매우 곤란하게 한 이상 감금죄의 성립에는 아무런 지장이 없다.

(2) 미성년자유인죄와 감금죄의 관계

【대법원 요지】 그리고 미성년자를 유인한 자가 계속하여 미성년자를 불법하게 감금하였을 때에는 미성년자유인죄 이외에 감금죄가 별도로 성립한다.

(3) 감금죄의 공소사실 요지

【대법원 분석】 원심이 인정한 이 사건 폭력행위등처벌에관한법률위반죄(야간감금)의 공소사실은 /
【대법원 분석】 피고인은 1996. 12. 10.경 피해자 A(당시 만 10세)의 집에서 피해자로 하여금 부모에게 말하지 말고 인천 계양구 ○○동에 있는 P아파트 앞으로 나오도록 유인한 다음 /
【대법원 분석】 피고인이 운전하는 화물차에 태우고 데리고 다니면서 피해자에게 "네가 집에 돌아가면 경찰이 붙잡아 소년원에 보낸다."라고 위협하여 피해자를 집에 가지 못하도록 하는 등 /
【대법원 분석】 그 무렵부터 1997. 6. 8. 08:00경까지 서울 은평구 ○○○동 ○○번지 소재 피고인의 셋방 등지에서 피해자를 감금하였다는 것인바, /

(4) 사안에 대한 대법원의 판단

【대법원 분석】 원심이 그대로 유지한 제1심판결이 채택한 증거들을 종합하여 보면, /
【대법원 분석】 피고인이 피해자를 유인한 후 혼자서는 생활할 능력이 없는 어린이인 피해자에게 위와 같은 말을 함으로써 /
【대법원 분석】 피해자가 겁을 먹은 나머지 부모에게 돌아갈 생각을 하지 못하고 어쩔 수 없이 위 기간 동안 전국특송화물차 운전기사인 피고인이 화물차를 운전하여 강원도, 대구, 부산 등지로 운행할 때에는 피고인을 따라 화물차에 타고 다니고, /
【대법원 분석】 피고인이 판시 피고인의 셋방에 돌아와 있을 때에는 피고인과 함께 그 곳에 기거하였음을 알 수 있으며, /
【대법원 분석】 또한 위 증거에 의하면 피고인은 피해자를 감시하기도 하였다는 것인바(증거설시 부분 생략), /
【대법원 판단】 사실관계가 이러하다면 피고인은 판시 기간 동안 피해자를 위 화물차와 피고인의 셋방에 감금한 것이라고 할 수 있고, /
【대법원 판단】 원심의 위와 같은 판시는 다소 미흡한 느낌은 있으나 1996. 12. 10.경부터 1997. 6. 8.까지 피해자를 위 화물차와 피고인의 셋방에 감금하였다고 인정한 것이라 할 수 있고, /
【대법원 판단】 그와 같은 조치에 논하는 바와 같은 감금죄에 대한 법리오해와 그로 인한 심리미진 혹은 채증법칙 위반 등의 위법이 있다고 할 수 없다. 논지는 모두 이유가 없다. (상고 기각)

【코멘트】 2000년 7월부터 「청소년의 성보호에 관한 법률」이 시행되었고, 이후 「아동 · 청소년의 성보호에 관한 법률」로 확대 개편되었다. 본 판례는 이러한 특별법이 시행되기 전의 것이다. 그러나 본 판례에 나타난 판시사항은 특별법의 적용시에도 그대로 적용된다는 점에서 여전히 의미가 있다.

본 판례에서 주목되는 몇 가지 판시사항이 있다. 우선 미성년자의제강간죄의 경우 폭행 · 협박을 그 수단으로 요구하지 않는다는 점이다. 강간과 강제추행의 죄의 항목에 소개하는 2009도2576 및 2005도6791 판례는 그 이유를 제시하고 있다. 다음으로 감금죄의 수단에는 유형적 · 물리적인 것뿐만 아니라 무형적 · 심리적인 것도 포함된다는 점이다.

본 판례에서 특히 주목되는 부분은 약취 · 유인죄와 감금죄의 관계이다. 약취 · 유인죄는 기존의 자유로운 생활관계나 보호관계를 깨뜨리고 피해자를 범인이나 제3자의 사실상 지배하로 옮길 때 성립한다. 일단 사실상의 지배상태를 확보하는 순간 약취 · 유인죄는 완성된다. 따라서 약취 · 유인 이후에 계속되는 감금은 별도의 감금죄를 구성한다.

제30장 협박의 죄

2010도1017

협박죄와 사람 – 부정례
추심업체 지사장 사건

2010. 7. 15. 2010도1017, 공 2010하, 1610

1. 사실관계 및 사건의 경과

【사실관계】

① 갑은 채권추심업체인 P회사의 M지역 지사장으로 근무하고 있었다.
② 갑은 P회사로부터 자신의 횡령행위에 대한 민·형사상 책임을 추궁당할 지경에 이르렀다.
③ 갑은 이를 모면하기 위하여 P회사 본사에 다음 내용의 ㉠서면을 발송하였다.
④ "P회사의 내부비리 등을 금융감독원 등 관계 기관에 고발하겠다."
⑤ 갑은 또한 당시 P회사 대표이사 A의 처남으로서 경영지원 본부장이자 상무이사였던 B에게 전화를 걸었다.
⑥ 갑은 B에게 자신의 횡령행위를 문제 삼지 말라고 요구하면서 ㉠서면의 내용과 같은 취지로 발언하였다.

【사건의 경과 1】

① 검사는 갑을 횡령죄와 협박죄로 기소하였다.
② 협박죄의 공소사실은 "갑이 B를 협박하였다"는 것으로 기재되었다.
③ 갑의 피고사건은 제1심을 거친 후, 항소심에 계속되었다.
④ 항소심법원은 갑의 횡령죄 공소사실에 관하여 갑이 보관자의 지위에 있지 않다는 이유로 무죄를 선고하였다.
⑤ 항소심법원은 갑이 B를 협박하였다는 협박죄의 공소사실에 대하여 유죄를 인정하였다.

【사건의 경과 2】

① 갑은 불복 상고하였다.
② 갑은 상고이유로 협박죄의 객체에 관하여 다음과 같이 주장하였다.
　(가) 갑이 협박한 것은 P회사이지 B가 아니다.
　(나) P회사는 법인이므로 협박죄의 객체가 되지 않는다.
　(다) 따라서 갑에게 협박죄가 성립하지 않는다.
③ 갑은 상고이유로 협박죄의 고의 등에 대하여 다음과 같이 주장하였다.

(가) P회사에 대해 횡령죄가 성립하지 않는다는 점은 법원이 확인하였다.
(나) 회사의 비리를 감독기관에 고발하겠다는 것은 관습이나 윤리관념 등 사회통념에 비추어 용인할 수 있는 정도의 것이다.
(다) 따라서 갑에게 협박의 고의가 없다.
(라) 또한 갑에게 위법성의 인식도 없다.

2. 협박죄의 성립요건

【대법원 요지】 협박죄에 있어 협박이라 함은 일반적으로 보아 사람으로 하여금 공포심을 일으킬 정도의 해악을 고지하는 것을 의미하며, /
【대법원 요지】 그 고지되는 해악의 내용, 즉 침해하겠다는 법익의 종류나 법익의 향유 주체 등에는 아무런 제한이 없다. /
【대법원 요지】 따라서 피해자 본인이나 그 친족뿐만 아니라 그 밖의 '제3자'에 대한 법익 침해를 내용으로 하는 해악을 고지하는 것이라고 하더라도 피해자 본인과 제3자가 밀접한 관계에 있어 그 해악의 내용이 피해자 본인에게 공포심을 일으킬 만한 정도의 것이라면 협박죄가 성립할 수 있다. /
【대법원 요지】 이때 '제3자'에는 자연인뿐만 아니라 법인도 포함된다 할 것인데, /
【대법원 요지】 피해자 본인에게 법인에 대한 법익을 침해하겠다는 내용의 해악을 고지한 것이 피해자 본인에 대하여 공포심을 일으킬 만한 정도가 되는지 여부는 고지된 해악의 구체적 내용 및 그 표현방법, 피해자와 법인의 관계, 법인 내에서의 피해자의 지위와 역할, 해악의 고지에 이르게 된 경위, 당시 법인의 활동 및 경제적 상황 등 여러 사정을 종합하여 판단하여야 한다.

3. 사안에 대한 대법원의 판단

(1) 협박 여부에 대한 판단

【대법원 분석】 위와 같은 법리에 비추어 원심이 적법하게 채택한 증거들을 기록과 함께 검토하여 보면, /
【대법원 분석】 채권추심업체인 공소외 주식회사의 [M지역] 지사장으로 근무하던 피고인이 위 회사로부터 피고인의 횡령행위에 대한 민·형사상 책임을 추궁당할 지경에 이르자 이를 모면하기 위하여 회사 본사에 '회사의 내부비리 등을 금융감독원 등 관계 기관에 고발하겠다'는 취지의 서면을 보내는 한편, /
【대법원 분석】 당시 위 회사 대표이사의 처남으로서 경영지원 본부장이자 상무이사였던 피해자에게 전화를 걸어 자신의 횡령행위를 문제삼지 말라고 요구하면서 위 서면의 내용과 같은 취지로 발언한 행위에 대하여, /
【대법원 판단】 원심이 피해자와 회사의 관계, 당시 회사의 상황, 피고인이 위와 같은 행위에 이르게 된 경위 및 동기, 피해자에게 고지한 내용 및 그 표현방법 등을 종합하여, 피해자에 대한 협박죄가 성립한다고 인정한 것은 그 결론에 있어 정당한 판단으로 수긍이 간다.

(2) 협박죄의 객체와 법인

【대법원 분석】 한편, 원심은 그 판결이유에서 법인은 협박죄의 객체가 될 수 없다고 판단하고 있고,

상고이유에서도 이 부분을 지적하고 있으므로, 이에 관한 법리를 명확히 해 두고자 다음과 같은 판단을 부가한다. /

【대법원 요지】 즉, 협박죄는 사람의 의사결정의 자유를 보호법익으로 하는 범죄로서 형법규정의 체계상 개인적 법익, 특히 사람의 자유에 대한 죄 중 하나로 구성되어 있는바, /

【대법원 요지】 위와 같은 협박죄의 보호법익, 형법규정상 체계, 앞서 본 협박의 행위 개념 등에 비추어 볼 때, 협박죄는 자연인만을 그 대상으로 예정하고 있을 뿐 법인은 협박죄의 객체가 될 수 없다.

【대법원 요지】 그런데 '법인이 협박죄의 객체가 될 수 있는지 여부'는 '피고인의 행위를 협박죄로 인정할 것인지 여부'와는 엄격히 말하자면 논리적으로 그 차원을 달리하는 문제로서, /

【대법원 판단】 특히 이 사건에서는 검사가 피해자를 법인으로 본 것이 아니라 피고인으로부터 직접 해악을 고지받은 자연인을 피해자로 보고 공소를 제기한 이상, /

【대법원 판단】 피고인의 행위가 협박죄에 해당하는지 여부를 판단함에 있어서는 위에서 본 바와 같이 피해자에게 고지한 해악의 내용, 피해자와 실제 가해의 대상이 된 법인의 관계를 어떻게 법률적으로 평가할 것인지의 문제로 다루면 충분하다.

【대법원 판단】 원심판결에는 상고이유의 주장과 같이 경험칙이나 채증법칙을 위반하여 협박죄에 있어서의 협박의 의미, 객체 등에 관한 법리를 오해하였거나 법 규정 문언의 가능한 의미를 벗어난 유추해석을 함으로써 죄형법정주의 원칙을 위반하는 등의 위법이 없다.

【대법원 결론】 이 부분 상고이유의 주장은 이유 없다.

(3) 협박죄의 고의

【대법원 요지】 협박죄에 있어서 고의는 행위자가 일반적으로 사람으로 하여금 공포심을 일으킬 수 있는 정도의 해악을 고지한다는 것을 인식, 인용하는 것을 그 내용으로 하며, /

【대법원 요지】 위와 같은 의미의 협박의사가 있었는지 여부는 행위의 외형뿐만 아니라 그러한 행위에 이르게 된 경위, 피해자와의 관계 등 여러 상황을 종합적으로 고려하여 판단해야 한다.

【대법원 요지】 한편, 해악의 고지가 있다 하더라도 그것이 사회의 관습이나 윤리관념 등에 비추어 용인할 수 있는 정도의 것이라면 협박죄가 성립하지 아니한다.

【대법원 판단】 위에서 본 바와 같은 피고인이 피해자에게 해악을 고지하게 된 경위 및 동기, 피고인이 고지한 해악의 구체적인 내용 및 표현방법 등을 종합하면, /

【대법원 판단】 피고인에게 협박의 고의가 있었음을 충분히 인정할 수 있으며, /

【대법원 판단】 비록 피고인이 횡령죄로 기소된 부분에 관하여 원심에서 보관자의 지위에 있지 않다는 이유로 무죄를 선고받아 이 부분 판결이 확정되기는 하였지만, /

【대법원 판단】 회사에 대하여 정당한 절차와 방법을 통해 자신의 무고함을 주장하는데 그치지 않고 피해자를 상대로 그와 무관한 회사의 내부 비리 등을 고발하겠다는 내용의 해악을 고지한 것은 관습이나 윤리관념 등 사회통념에 비추어 용인할 수 있는 정도의 것이라고는 볼 수 없다.

【대법원 결론】 원심판결에는 협박죄에 있어서의 고의, 위법성의 인식 등에 관한 법리오해 등의 위법이 없다.

【대법원 결론】 이 부분 상고이유의 주장은 이유 없다. (상고 기각)

【비교법 조문 5】

한국 형법

제283조 (협박) ① 사람을 협박한 자는 3년 이하의 징역, 500만 원 이하의 벌금, 구류 또는 과료에 처한다.

제286조 (미수범) 전3조의 미수범은 처벌한다.

일본 형법

제222조 (협박) ① 생명, 신체, 자유, 명예 또는 재산에 대하여 해를 가할 것을 고지하여 사람을 협박한 자는 2년 이하의 징역 30만엔 이하의 벌금에 처한다.

② 친족의 생명, 신체, 자유, 명예 또는 재산에 대하여 해를 가할 것을 고지하여 사람을 협박한 자도 전항과 같다.

【코멘트】 본 판례는 협박죄의 핵심요소인 협박의 개념에 대하여 상세한 분석을 제시하고 있다. 1953년 우리 형법이 제정되기 전까지 일본 형법이 의용형법의 형태로 이 땅에 적용되고 있었다. 의용형법은 협박죄를 규정하면서 해악의 대상이 되는 법익을 생명, 신체, 자유, 명예, 재산으로 한정하고, 법익의 주체도 피해자 및 그의 친족으로 제한하였다. 이에 반해 우리 형법은 법익의 종류나 법익의 주체에 아무런 제한을 가하고 있지 않다. 대법원도 본 판례에서 이 점을 확인하고 있다.

본 판례에서 특히 주목되는 것은 법인에 대한 협박이 협박죄를 구성할 것인가 하는 점이다. 대법원은 본 판례에서 (가) 법인은 그 자체로 협박죄의 객체(피해자)가 되지 않는다는 점, (나) 그러나 법인은 자연인인 피해자와 밀접한 관련을 맺고 있는 제3자에 해당할 수 있다는 점, (다) 그리하여 법인과 관련된 협박이 자연인에 대한 협박이 될 수 있다는 점 등을 밝히고 있다.

본 판례에서 주목되는 그 밖의 점으로는, ㉮ 협박 여부의 판단방법, ㉯ 협박의 고의 입증, ㉰ 협박과 권리행사의 관계 등을 들 수 있다. 협박은 그 자체로 협박죄를 구성할 수 있지만, 강요죄나 공갈죄의 수단으로 사용되는 경우도 적지 않다. 따라서 협박죄에서 등장하는 일련의 논점들은 강요죄나 공갈죄에도 공통되는 경우가 많다.

2006도6155

협박죄와 협박 – 부정례
지하철 폭파 허위신고 사건

2006. 12. 8. 2006도6155, 공 2007, 165

1. 사실관계 및 사건의 경과

【사실관계】

① 갑은 자신의 휴대전화로 대구지방경찰청 112 신고센터에 전화를 하여 신고접수를 받은 경찰관 A에게 다음과 같이 말하였다.

② "내 휴대폰으로 대전역을 폭파시키겠다는 문자메시지를 받았는데 발신자 전화번호는 ○○○-○○○○인데 알아봐 달라."

③ 갑은 또한 자신의 휴대전화로 동대구지하철역에 전화를 하여 동대구역 지하철역 역무주임 B에게 다음과 같이 말하였다.

④ "내 휴대폰으로 문자메시지가 왔는데 △△△-△△△△-△△△△번을 가진 사람이 지하철을 폭파하겠다는 내용이다. 나는 겁이 나 신고를 못하겠고 동대구 지하철역에 이야기를 해 주는 것이니 알아서 해라."

【사건의 경과】

① 검사는 갑을 협박죄로 기소하였다.

② 갑의 피고사건은 제1심을 거친 후, 항소심에 계속되었다.

③ 항소심법원은 다음의 이유를 들어서 무죄를 선고하였다.

④ [항소심 판결문에 기하여 정리함]

(가) 협박은 해악을 가하겠다는 뜻을 고지하는 것이다.

(나) 그 해악의 발생은 직·간접적으로 행위자의 의사에 좌우될 수 있는 것이어야 한다.

(다) 제3자의 행위에 의한 해악을 고지하는 경우에는 그 해악을 일으킬 수 있는 제3자의 행위가 고지자의 의사에 좌우될 수 있는 것처럼 고지되어야 이를 협박으로 볼 수 있다.

(라) 그렇지 않다면 비록 상대방이 현실적으로 외포심을 일으켰다고 하더라도 협박으로 볼 수 없다.

(마) 갑은 제3자가 갑의 휴대전화에 대전역 또는 동대구지하철역을 폭파하겠다는 내용의 문자메세지를 보냈으니 알아서 하라는 취지의 고지를 한 것에 불과하다.

(바) 그 제3자의 행위에 의한 해악의 발생이 갑의 의사에 좌우될 수 있다는 취지도 함께 고지되었다고 보기 어렵다.

⑤ 검사는 불복 상고하였다.

2. 사안에 대한 대법원의 판단

【대법원 요지】 협박의 경우 행위자가 직접 해악을 가하겠다고 고지하는 것은 물론, 제3자로 하여금 해악을 가하도록 하겠다는 방식으로도 해악의 고지는 얼마든지 가능하다 할 것이지만, /

【대법원 요지】 이 경우 고지자가 제3자의 행위를 사실상 지배하거나 제3자에게 영향을 미칠 수 있는 지위에 있는 것으로 믿게 하는 명시적·묵시적 언동이 있었거나 /

【대법원 요지】 제3자의 행위가 고지자의 의사에 의하여 좌우될 수 있는 것으로 상대방이 인식한 경우에 한하여 /

【대법원 요지】 비로소 고지자가 직접 해악을 가하겠다고 고지한 것과 마찬가지의 행위로 평가할 수 있다 할 것이고, /

【대법원 요지】 만약 고지자가 위와 같은 명시적·묵시적 언동을 하거나 상대방이 위와 같이 인식을 한 적이 없다면, /

【대법원 요지】 비록 상대방이 현실적으로 외포심을 느꼈다고 하더라도 이러한 고지자의 행위가 협박죄를 구성한다고 볼 수는 없다 할 것이다.

【대법원 결론】 같은 취지인 원심의 판단은 정당하고, 거기에 상고이유로 주장하는 바와 같은 채증법칙 위배로 인한 사실오인이나 협박죄에 관한 법리오해 등의 위법이 있다고 할 수 없다. (상고 기각)

【코멘트】 우리 형법은 협박죄의 대상이 되는 법익의 종류나 법익의 주체에 제한을 두고 있지 않다. 따라서 협박죄의 성립범위가 확장될 여지가 있는데, 이러한 상황은 해악의 실현을 제3자가 하는 경우에 더욱 그러하다. 본 판례에서 대법원은 제3자에 의한 법익 침해의 고지가 어떠한 경우에 협박으로 파악될 수 있는 것인지에 대해 판단기준을 제시하고 있다.

본 판례의 사안에서 나타나는 바와 같이 관계 기관에 허위전화를 하는 사례가 사회적 문제가 되고 있다. 그런데 본 판례에서 확인할 수 있는 바와 같이 허위신고 행위자를 협박죄로 처벌할 수 없다. 이 문제와 관련하여 근래 「경범죄 처벌법」이 개정되었다. 개정된 「경범죄 처벌법」은 "있지 아니한 범죄나 피해 사실을 공무원에게 거짓으로 신고한 사람"을 60만원 이하의 벌금, 구류 또는 과료의 형으로 처벌하도록 규정하고 있다(동법 제3조 제2호). 여기에서 주목되는 점은 거짓 신고자에 대한 법정형이 60만원 이하의 벌금 등으로 되어 있다는 사실이다.

형사소송법 제214조는 다액 50만원 이하의 벌금, 구류 또는 과료에 해당하는 죄의 현행범인에 대하여는 범인의 주거가 분명하지 아니한 때에 한하여 현행범체포를 할 수 있다고 규정하고 있다. 이에 따라 대부분의 「경범죄 처벌법」 위반 행위자에 대해서는 경찰관이나 시민이 현행범체포를 할 수 없다. 그러나 이제 개정된 「경범죄 처벌법」이 거짓 신고 행위에 대해 60만원 이하의 벌금을 규정함에 따라 거짓 신고 행위자에 대해 현행범 체포가 가능하게 되었다.

2003도763

강요죄와 협박 – 인정례
배임죄와 사무처리자 – 부정례
골프장 특별회원 모집 사건

2003. 9. 26. 2003도763, 공 2003, 2129

☞ 364면

2000도3245

공갈죄와 협박 – 부정례
조상천도제 사건

2002. 2. 8. 2000도3245, 공 2002, 720

☞ 514면

90도114

공갈죄와 권리행사 – 인정례
이웃 건물 피해 사건

1990. 8. 14. 90도114, 공 1990, 1986

☞ 518면

2011도639

협박죄와 정당행위 – 인정례
신문기자 취재 요청 사건

2011. 7. 14. 2011도639, 공 2011하, 1672

1. 사실관계 및 사건의 경과

【사실관계 1】

① A는 70대의 노인이다.

② B는 A의 조카이다.

③ C는 법무사이다.

④ 2005. 12.경 이후 A는 C와 D에게 상가와 주택을 증여하였다.

⑤ C는 A로부터 상당한 가액의 재산을 증여받으면서, 그 과정에서 실제 운영하지 아니하는 종교단체인 P교회를 설립하여 기부를 받았다.

⑥ 2008. 6.경에 이르러 A는 그 증여의 효력을 다투며 부동산의 반환 요구와 처분금지가처분 신청을 하였다.

【사실관계 2】

① 갑은 이 당시 Q신문 서울취재본부의 취재부장으로 근무하고 있었다.

② 갑은 A의 조카 B로부터 다음의 말을 들었다.

③ "고모 A가 남편과 자식이 없기 때문에 A가 소유하는 상가와 주택은 B의 아버지 등이 상속받을 수 있는데, 고모가 C, D 등에게 증여하여 빼앗겼으니 되찾아와야 한다."

④ 갑은 E로부터 다음의 말을 들었다.

⑤ "법무사 C가 A라는 할머니로부터 상가와 주택을 증여받았는데, 조세포탈의 의혹이 있고, C가 A로부터 재산을 증여받은 후 A를 방치하여 가족들이 이의를 제기하고 있다."

【사실관계 3】

① 2008. 6. 19. 15:00경 갑은 C가 운영하는 법무사 사무실에서 취재수첩을 꺼내어 놓고 C에게 다음과 같이 말하였다.

(가) Q신문 서울취재본부의 취재부장인데, 서울 종로구 세종로에 있는 A의 증여재산과 관련하여 취재하러 왔다.

(나) 당신과 D는 로또에 당첨된 것과 마찬가지인데 남의 재산 80억 원 상당을 불법으로 먹어버리고 A를 방치할 수 있느냐, A가 불쌍한데 이 사실을 Q신문에 보도하려고 한다.

(다) 취재에 응하지 아니하면 지금까지 내가 조사한 내용을 그대로 신문에 보도하겠다.

② 2008. 6. 27. 13:00경 갑은 같은 장소에서 C에게 다음과 같이 말하였다.

(가) 지금부터 하는 모든 대화는 녹음되고 있다.

(나) A의 재산을 불법으로 편취하고, 증여세를 포탈한 점에 대해 독자들의 알권리를 위해 취재에 응해 달라.

(다) F가 A로부터 증여받은 부동산을 다시 A에게 반환하라고 법무사인 당신에게 주었는데, 당신이 서류를 위조하여 G, H에게 증여했는데 범법행위가 아니냐.

③ 갑은 미리 준비한 인터뷰(서면질의) 협조요청서와 서면질의 내용을 책상 위에 올려놓고 다음과 같이 말하였다.

(가) 취재에 응하지 않으면 내가 조사한 A 재산의 불법편취, 증여세 탈세, F의 사문서위조 등에 관한 내용을 그대로 다음 주 신문, 방송에 보도하겠다.

(나) 마지막으로 한 번의 기회를 주겠다. 다음 주 월요일까지 시간을 주는데 응하지 않으면 불리할 것이다.

【사실관계 4】

① 갑은 종로세무서에 A의 재산증여와 관련한 탈세 제보를 하였다.

② 종로세무서는 갑의 탈세 제보에 따라 탈세 여부를 조사하였다.

③ 2008. 9. 30. 종로세무서는 갑에게 P교회로부터 증여세 560,260,800원을 추징하였다고 통지하였다.

④ C는 갑을 고소하였다.

【사건의 경과】

① 검사는 갑을 협박죄로 기소하였다.

② 갑의 피고사건은 제1심을 거친 후, 항소심에 계속되었다.

③ 항소심법원은 갑이 C를 협박한 사실을 인정하였다.

④ 항소심법원은 갑의 행위가 사회통념상 용인되는 정당행위라고 할 수 없다고 보아 유죄를 인정하였다.

⑤ 갑은 불복 상고하였다.

⑥ 갑은 상고이유로 다음의 점을 주장하였다.

(가) 항소심법원이 협박의 사실을 인정한 것은 채증법칙에 위반된다.

(나) 기자로서 취재에 응할 것을 요구한 행위는 정당행위로서 위법성이 조각된다.

2. 공소사실의 요지

【대법원 분석】 피고인은 [Q신문] 서울취재본부의 취재부장으로 근무하던 중, /

【대법원 분석】 공소외 A의 조카 공소외 B로부터는 /
【대법원 분석】 "고모 공소외 A가 남편과 자식이 없기 때문에 공소외 A가 소유하는 상가와 주택은 공소외 B의 아버지 등이 상속받을 수 있는데, 고모가 공소외 C 법무사, 공소외 D 등에게 증여하여 빼앗겼으니 되찾아와야 한다."라는 말을, /
【대법원 분석】 공소외 E로부터는 /
【대법원 분석】 "법무사 공소외 C가 공소외 A라는 할머니로부터 상가와 주택을 증여받았는데, 조세포탈의 의혹이 있고, 공소외 C가 공소외 A로부터 재산을 증여받은 후 공소외 A를 방치하여 가족들이 이의를 제기하고 있다."라는 말을 듣게 되자, /
【대법원 분석】 ① 2008. 6. 19. 15:00경 고소인 공소외 C가 운영하는 법무사 사무실에서 취재수첩을 꺼내어 놓고 고소인에게 /
【대법원 분석】 "○○신문 서울취재본부의 취재부장인데, 서울 종로구 세종로에 있는 공소외 A의 증여재산과 관련하여 취재하러 왔다. /
【대법원 분석】 당신과 공소외 D는 로또에 당첨된 것과 마찬가지인데 남의 재산 80억 원 상당을 불법으로 먹어버리고 공소외 A를 방치할 수 있느냐, /
【대법원 분석】 공소외 A가 불쌍한데 이 사실을 검찰신문에 보도하려고 한다. 취재에 응하지 아니하면 지금까지 내가 조사한 내용을 그대로 신문에 보도하겠다."라고 말하고, /
【대법원 분석】 ② 2008. 6. 27. 13:00경 같은 장소에서 고소인에게 /
【대법원 분석】 "지금부터 하는 모든 대화는 녹음되고 있다. /
【대법원 분석】 공소외 A의 재산을 불법으로 편취하고, 증여세를 포탈한 점에 대해 독자들의 알권리를 위해 취재에 응해 달라. /
【대법원 분석】 공소외 F가 공소외 A로부터 증여받은 부동산을 다시 공소외 A에게 반환하라고 법무사인 당신에게 주었는데, 당신이 서류를 위조하여 공소외 G, H에게 증여했는데 범법행위가 아니냐." 라고 말하면서 /
【대법원 분석】 미리 준비한 인터뷰(서면질의) 협조요청서와 서면질의 내용을 책상 위에 올려놓고 /
【대법원 분석】 "취재에 응하지 않으면 내가 조사한 공소외 A 재산의 불법편취, 증여세 탈세, 공소외 F의 사문서위조 등에 관한 내용을 그대로 다음 주 신문, 방송에 보도하겠다. /
【대법원 분석】 마지막으로 한 번의 기회를 주겠다. 다음 주 월요일까지 시간을 주는데 응하지 않으면 불리할 것이다."라고 말하여 각 고소인을 협박하였다.

3. 사안에 대한 항소심의 판단

【항소심의 판단】 원심은 그 채용 증거에 의하여 피고인이 공소사실과 같이 고소인을 협박한 사실을 인정한 다음, /
【항소심의 판단】 피고인의 그러한 행위는 취재 요구의 과정과 방법, 피고인과 고소인의 관계, 취재 대상의 내용에 비추어 볼 때 사회통념상 용인되는 정당행위라고 할 수 없다고 보아 피고인에 대하여 유죄를 선고하였다.
【대법원 판단】 (중략)

4. 사안에 대한 대법원의 판단

(1) 기자의 취재활동과 정당행위

【대법원 판단】 나. 그러나 피고인의 행위가 정당행위에 해당하지 않는다고 본 원심의 판단은 그대로 수긍하기 어렵다.

【대법원 요지】 신문은 헌법상 보장되는 언론자유의 하나로서 정보원에 대하여 자유로이 접근할 권리와 그 취재한 정보를 자유로이 공표할 자유를 가지므로(신문 등의 진흥에 관한 법률 제3조 제2항 참조), /

【대법원 요지】 그 종사자인 신문기자가 기사 작성을 위한 자료를 수집하기 위해 취재활동을 하면서 취재원에게 취재에 응해줄 것을 요청하고 취재한 내용을 관계 법령에 저촉되지 않는 범위 내에서 보도하는 것은 신문기자로서의 일상적인 업무 범위 내에 속하는 것으로서, /

【대법원 요지】 특별한 사정이 없는 한, 사회통념상 용인되는 행위라고 보아야 할 것이다.

(2) 사안에 대한 대법원의 분석

【대법원 분석】 그런데 원심이 인정한 사실관계에 의하더라도, /

【대법원 분석】 피고인은, 공소외 A가 2005. 12.경 이후 고소인 등에게 상가와 주택을 증여하였다가 2008. 6.경에 이르러 그 증여의 효력을 다투며 부동산의 반환 요구와 처분금지가처분 신청을 하는 상황에서, /

【대법원 분석】 그 무렵 공소외 A의 조카인 공소외 B 및 공소외 B의 친구인 공소외 E로부터 '고소인이 공소외 A로부터 위 부동산을 증여받은 것은 상속인들로부터 이를 빼앗은 것이고 그 과정에서 증여세 포탈의 의혹이 있다'는 말을 들었기 때문에 공소사실 기재와 같은 행동에 이르게 되었다는 것일 뿐 /

【대법원 분석】 위 공소외 B 등과 공모하여 취재와 보도를 빙자하여 고소인에게 부당한 요구를 하기 위한 것이었다는 취지는 아니고, /

【대법원 분석】 피고인이 고소인에 대하여 한 행위 역시 고소인을 찾아가 공소사실 기재와 같이 2회에 걸쳐 증여세 포탈에 대한 취재를 요구하면서 이에 응하지 않으면 자신이 취재한 내용대로 보도하겠다고 말하였다는 것에 불과하며, /

【대법원 분석】 기록에 의하면, 고소인은 70대의 노인인 공소외 A로부터 상당한 가액의 재산을 증여받으면서 그 과정에서 실제 운영하지 아니하는 종교단체인 대한예수교장로회 P교회를 설립하여 기부받은 사실, /

【대법원 분석】 이 사건 당시 피고인이 고소인에게 취재에 응해줄 것을 요구하였다가 거절당하자 인터뷰 협조요청서와 서면질의 내용을 두고 자리를 나왔을 뿐 폭언을 하거나 보도를 하지 않는 대가를 요구하지 않은 사실, /

【대법원 분석】 종로세무서는 피고인의 탈세 제보에 따라 탈세 여부를 조사한 후 2008. 9. 30. 피고인에게 대한예수교장로회 P교회로부터 증여세 560,260,800원을 추징하였다고 통지한 사실 등을 알 수 있다.

(3) 사안에 대한 대법원의 결론

【대법원 판단】 이러한 점들을 앞서 본 법리와 위와 같이 고소인에게 불리한 사실을 보도하는 경우 신문기자로서는 그 보도에 앞서 정확한 사실의 확인과 보도 여부 등을 결정하기 위해 고소인에 대한 취재 요청이 필요했으리라고 보이는 점 등에 비추어 살펴보면, /

【대법원 판단】 신문기자인 피고인이 고소인에게 공소사실 기재와 같이 취재에 응해줄 것을 요구하고 이에 응하지 아니할 경우 자신이 조사한 바대로 보도하겠다고 한 것이, /

【대법원 판단】 설령 원심이 인정한 바와 같이 협박죄에서의 해악의 고지에 해당한다고 하더라도, /

【대법원 판단】 그것은 특별한 사정이 없는 한 기사 작성을 위한 자료를 수집하고 이를 보도하기 위한 것으로서 신문기자로서의 일상적인 업무 범위 내에 속하는 것이어서 사회상규에 반하지 아니하는 행위라고 봄이 상당하다.

【대법원 결론】 그럼에도 불구하고, 원심은 그 판시와 같은 사정만을 이유로 피고인의 행위가 정당행위에 해당하지 않는다고 보았으니, 이러한 원심판단에는 정당행위에 관한 법리를 오해하여 판결에 영향을 미친 위법이 있다고 할 것이다. 이를 지적하는 취지가 포함된 상고이유의 주장은 이유 있다. (파기 환송)

2007도606

협박죄의 기수와 미수
경찰관 집안 동생 사건

2007. 9. 28. 2007도606 전원합의체 판결, 공 2007, 1726

1. 사실관계 및 사건의 경과

【사실관계 1】

① 갑은 P경찰서 정보보안과 소속 경찰관이다.

② A는 Q대학 설립을 추진한다고 하면서 대학부지 내 택지 및 상가지역 분양 명목으로 B로부터 돈을 빌렸다.

③ B는 A에게 빌려준 돈을 돌려받지 못하여 계속 독촉을 하고 있는 상황이었다.

【사실관계 2】

① 경찰관 갑은 친구의 부탁으로 A로부터 돈을 돌려받지 못해 걱정하고 있는 B를 상담차 만났다.

② 갑은 B로부터 그가 처한 상황에 관한 설명을 듣고 그 자리에서(낮 12:30경) A에게 전화를 걸어 다음과 같이 말하였다.

③ "나는 P경찰서 정보과에 근무하는 ○○○ 형사다. B가 집안 동생인데 돈을 언제까지 해 줄 것이냐. 빨리 안 해주면 상부에 보고하여 문제를 삼겠다."

④ [갑의 전화에 대해 A는 "할테면 해봐라. 하나도 겁나지 않는다."라고 답하였다.]

⑤ 이후 [수사기관의 조사단계와] 법원의 공판단계에서 A는 "갑의 전화를 받을 당시 전혀 겁이 나지 않았다."고 진술하였다.

【사건의 경과 1】

① 검사는 갑을 협박죄로 기소하였다.

② 갑의 피고사건은 제1심을 거친 후, 항소심에 계속되었다.

③ 항소심법원은 갑을 협박죄의 기수범으로 처단하였다.

④ 갑은 불복 상고하였다.

⑤ 갑은 상고이유로 다음의 점을 주장하였다.

(가) [갑의 전화에 대해 A가 "할테면 해봐라. 하나도 겁나지 않는다."라고 답하였으므로, 공포심을 일으킨 것이 아니어서] 갑의 행위는 협박죄의 기수에 이른 것이 아니다.

(나) 갑의 행위는 정당한 목적을 위한 상당한 수단의 행위이므로 정당행위로서 위법성이 조각된다.

【사건의 경과 2】

① 대법원은 협박죄의 기수시점과 관련하여 10 대 2로 견해가 나뉘었다.

② 대법원은 다수의견에 따라 협박죄의 기수범 성립을 인정하였다.

③ (이하에서는 지면 관계로 다수의견만을 소개함)

④ 대법원은 전원 일치 의견으로 정당행위 주장에 관한 갑의 상고이유를 배척하였다.

2. 협박죄의 기수와 미수에 대한 판단

(1) 협박죄의 기수시기

【대법원 요지】 협박죄에서 협박이라 함은 일반적으로 보아 사람으로 하여금 공포심을 일으킬 수 있는 정도의 해악을 고지하는 것을 의미하고, /

【대법원 요지】 그 주관적 구성요건으로서의 고의는 행위자가 그러한 정도의 해악을 고지한다는 것을 인식·인용하는 것을 그 내용으로 하는바, /

【대법원 요지】 협박죄가 성립되려면 고지된 해악의 내용이 행위자와 상대방의 성향, 고지 당시의 주변 상황, 행위자와 상대방 사이의 친숙의 정도 및 지위 등의 상호관계, /

【대법원 요지】 제3자에 의한 해악을 고지한 경우에는 그에 포함되거나 암시된 제3자와 행위자 사이의 관계 등 /

【대법원 요지】 행위 전후의 여러 사정을 종합하여 볼 때에 일반적으로 사람으로 하여금 공포심을 일으키게 하기에 충분한 것이어야 할 것이지만, /

【대법원 요지】 상대방이 그에 의하여 현실적으로 공포심을 일으킬 것까지 요구되는 것은 아니며,

【대법원 요지】 그와 같은 정도의 해악을 고지함으로써 상대방이 그 의미를 인식한 이상, /

【대법원 요지】 상대방이 현실적으로 공포심을 일으켰는지 여부와 관계없이 그로써 구성요건은 충족되어 협박죄의 기수에 이르는 것으로 해석하여야 할 것이다.

【대법원 판단】 우리 형법은 제286조에서 협박죄의 미수범을 처벌하는 조항을 두고 있으나 미수범 처벌조항이 있다 하여 반드시 침해범으로 해석할 것은 아니며, /

【대법원 판단】 지극히 주관적이고 복합적이며 종종 무의식의 영역에까지 걸쳐 있는 상대방의 정서

적 반응을 객관적으로 심리 · 판단하는 것이 현실적으로 불가능에 가깝고, /

【대법원 판단】 상대방이 과거 자신의 정서적 반응이나 감정상태를 회고하여 표현한다 하여도 공포심을 일으켰는지 여부의 의미나 판단 기준이 사람마다 다르며 그 정도를 측정할 객관적 척도도 존재하지 아니하는 점 등에 비추어 보면, /

【대법원 판단】 상대방이 현실적으로 공포심을 일으켰는지 여부에 따라 기수 여부가 결정되는 것으로 해석하는 것은 적절치 아니하기 때문이다.

(2) 협박죄의 미수범 성립범위

【대법원 요지】 결국, 협박죄는 사람의 의사결정의 자유를 보호법익으로 하는 위험범이라 봄이 상당하고, /

【대법원 요지】 위 미수범 처벌조항은 해악의 고지가 현실적으로 상대방에게 도달하지 아니한 경우나, /

【대법원 요지】 도달은 하였으나 전혀 지각하지 못한 경우, /

【대법원 요지】 혹은 고지된 해악의 의미를 상대방이 인식하지 못한 경우 등에 적용될 뿐이라 할 것이다.

(3) 협박죄 기수 여부에 대한 대법원의 판단

【대법원 판단】 위 법리에 비추어 볼 때, 앞서 본 당시 상황에서 피고인이 정보과 소속 경찰관의 지위에 있음을 내세우면서 빨리 변제하지 않으면 상부에 보고하여 문제를 삼겠다고 이야기한 것은, /

【대법원 판단】 객관적으로 보아 사람으로 하여금 공포심을 일으키게 하기에 충분한 정도의 해악의 고지에 해당한다고 볼 것이므로, /

【대법원 판단】 피해자가 그 취지를 인식하였음이 명백한 이상 현실적으로 피해자가 공포심을 일으켰는지 여부와 무관하게 협박죄의 기수에 이르렀다고 보아야 할 것이다.

3. 협박죄와 권리행사에 관한 판단

(1) 협박죄와 정당행위

【대법원 요지】 권리행사나 직무집행의 일환으로 상대방에게 일정한 해악의 고지를 한 경우, /

【대법원 요지】 그 해악의 고지가 정당한 권리행사나 직무집행으로서 사회상규에 반하지 아니하는 때에는 협박죄가 성립하지 아니하나, /

【대법원 요지】 외관상 권리행사나 직무집행으로 보이는 경우에도 그것이 실질적으로 권리나 직무권한의 남용이 되어 사회상규에 반하는 때에는 협박죄가 성립한다고 보아야 할 것인바, /

【대법원 요지】 구체적으로는 그 해악의 고지가 정당한 목적을 위한 상당한 수단이라고 볼 수 있는 경우라면 위법성이 조각된다고 할 것이지만, /

【대법원 요지】 위와 같은 관련성이 인정되지 아니하는 경우에는 그 위법성이 조각되지 아니한다.

(2) 사안에 대한 대법원의 분석

【대법원 분석】 원심판결 이유에 의하면, /

【대법원 분석】 피해자[A]로부터 돈을 돌려받지 못해 걱정하고 있는 공소외 B를 친구의 부탁으로 상

담차 만난 피고인은 공소외 B로부터 그가 처한 상황에 관한 설명을 듣고 /

【대법원 분석】 그 자리에서 피해자[A]에게 전화를 걸어 자신이 정보과 형사라고 신분을 밝힌 다음 공소외 B가 집안 동생이라고 거짓말을 하면서 공소외 B의 돈을 빨리 안 해 주면 상부에 보고하여 문제를 삼겠다고 말한 사실, /

【대법원 분석】 당시 피고인은 피해자[A]와 공소외 B 사이의 금전거래로 인한 사건을 정식으로 수사하거나 내사하는 상황이 아니었을 뿐만 아니라 범죄 혐의에 대한 뚜렷한 의심도 갖기 이전이었던 사실을 알 수 있다.

(3) 사안에 대한 대법원의 판단

【대법원 판단】 이에 의하면, 우선 피고인이 피해자에게 고지한 해악의 내용은 피고인이 경우에 따라 소속기관에 보고하여 문제 삼을 수도 있다는 취지여서 외관상으로는 직무집행의 의사가 있음을 피력한 것에 지나지 아니하며, /

【대법원 판단】 그 목적 역시 피해자[A]의 공소외 B에 대한 채무의 조속한 변제 혹은 피해 변상에 있었던 것으로 보여 그 자체로 위법하다거나 부당한 것이라고는 볼 수 없다 하더라도, /

【대법원 판단】 경찰공무원복무규정 제10조(민사분쟁에의 부당개입금지)에서 "경찰공무원은 직위 또는 직권을 이용하여 부당하게 타인의 민사분쟁에 개입하여서는 아니된다."고 규정하고 있는 점과 /

【대법원 판단】 피해자의 범죄혐의가 드러나기 이전이라는 당시의 상황에 비추어 보면, /

【대법원 판단】 피해자의 공소외 B에 대한 채무의 변제나 피해 변상 여부에 따라 직무집행 여부를 결정할 의사를 갖고 있다는 취지의 해악의 고지는, /

【대법원 판단】 정당한 직무집행의 일환으로 평가할 수 없을 뿐 아니라, /

【대법원 판단】 그 목적 달성을 위한 상당한 수단으로 인정할 수도 없다 할 것이다.

【대법원 판단】 따라서 위와 같은 해악의 고지가 경찰관으로서의 정당한 업무상의 행위라거나 사회상규에 반하지 아니하는 행위라고 볼 수는 없으므로, /

【대법원 결론】 같은 취지의 원심 판단은 정당하고, 거기에 정당행위에 관한 법리를 오해한 위법이 있다고 할 수 없다. (상고 기각)

【비교법 조문 6】

한국 형법

제30장 협박의 죄

제283조 (협박) ① 사람을 협박한 자는 3년 이하의 징역, 500만 원 이하의 벌금, 구류 또는 과료에 처한다.

제286조 (미수범) 전3조의 미수범은 처벌한다.

제37장 권리행사를 방해하는 죄

제324조 (강요) 폭행 또는 협박으로 사람의 권리행사를 방해하거나 의무없는 일을 하게 한 자는 5년 이하의 징역에 처한다.

제324조의5 (미수범) 제324조 내지 제324조의4의 미수범은 처벌한다.

일본 형법

제32장 협박의 죄

제222조 (협박) ① 생명, 신체, 자유, 명예 또는 재산에 대하여 해를 가할 것을 고지하여 사람을 협박한 자는 2년 이하의 징역 30만엔 이하의 벌금에 처한다.

② 친족의 생명, 신체, 자유, 명예 또는 재산에 대하여 해를 가할 것을 고지하여 사람을 협박한 자도 전항과 같다.

[미수범 처벌규정 없음]

제223조 (강요) ① 생명, 신체, 자유, 명예 또는 재산에 대하여 해를 가한다는 취지를 고지하여 협박하거나 폭행하여 사람에게 의무 없는 일을 하게 하거나 권리의 행사를 방해한 자는 3년 이하의 징역에 처한다.

② 친족의 생명, 신체, 자유, 명예 또는 재산에 대하여 해를 가한다는 취지를 고지하여 협박하고 사람에게 의무가 없는 일을 하게 하거나 권리의 행사를 방해한 자도 전항과 같다.

③ 전2항의 죄의 미수는 벌한다.

【코멘트】 일본 형법은 협박죄와 강요죄를 '협박의 죄'의 장에 규정하면서 협박죄에 대해 미수범 처벌규정을 두고 있지 않다. 이에 대해 우리 형법은 협박죄와 강요죄를 분리하여 강요죄를 '권리행사를 방해하는 죄'의 장에 배치하는 한편, 협박죄와 강요죄에 대해 각각 미수범 처벌규정을 두고 있다.

우리 형법이 협박죄의 미수범 처벌규정을 두고 있는 것과 관련하여 협박죄를 위험범으로 볼 것인가 침해범으로 볼 것인가를 놓고 의견이 대립해 오고 있었다. 이 문제에 대해 대법원은 본 판례에서 전원합의체 판결을 통하여 위험범으로 본다는 입장을 천명하였다. 본서에서는 지면 관계상 위험범설을 지지한 다수의견 부분만을 소개하고 있으나, 침해범설의 논거도 무시할 수 없다. 판례 원문을 검색하여 소수의견의 논지를 정독할 필요가 있다.

본 판례에서 대법원은 협박죄가 위험범이라는 점에 대해 논거를 제시하는 한편, 협박죄의 미수범이 구체적으로 어떠한 경우에 성립할 수 있는가 하는 점에 대해서도 판단하고 있다. 한국 형법의 특수성을 고려한 대법원의 기준제시는 협박죄가 다른 범죄의 수단으로 자주 규정되고 있다는 점에 비추어 볼 때 앞으로 그 의미의 파장은 상당할 것으로 생각된다.

제31장 약취, 유인 및 인신매매의 죄

제1 미성년자약취 · 유인죄

2002도7115

미성년자약취 · 유인죄의 보호법익
미성년자 가출 동의 사건
2003. 2. 11. 2002도7115, 공 2003, 870

1. 사실관계 및 사건의 경과

【사실관계】
① A는 14세의 여자 청소년이다.
② A는 아버지 B의 집에 살고 있다.
③ 갑과 을 등은 A의 동의를 받아 A를 [자기들의 거처로] 데리고 왔다.
【사건의 경과】
① 검사는 갑을 미성년자유인죄로 기소하였다.
② 갑의 피고사건은 제1심을 거친 후, 항소심에 계속되었다.
③ 항소심법원은 유죄를 인정하였다.
④ 갑은 불복 상고하였다.

2. 미성년자약취 · 유인죄의 보호법익

【대법원 요지】 형법 제287조에 규정된 미성년자약취죄의 입법 취지는 심신의 발육이 불충분하고 지려와 경험이 풍부하지 못한 미성년자를 특별히 보호하기 위하여 그를 약취하는 행위를 처벌하려는 데 그 입법의 취지가 있으며, /
【대법원 요지】 미성년자의 자유 외에 보호감독자의 감호권도 그 보호법익으로 하고 있다는 점을 고려하면, /
【대법원 판단】 피고인과 공범들이 피해자(여, 14세)를 보호 · 감독하고 있던 그 아버지 공소외인의 감호권을 침해하여 그녀를 자신들의 사실상 지배하로 옮긴 이상 미성년자약취죄가 성립한다 할 것이고, /
【대법원 판단】 위 약취행위에 피해자의 동의가 있었다 하더라도 본죄의 성립에는 변함이 없다 할 것이다. (상고 기각)

【코멘트】 본 판례와 이어서 나오는 2007도8011 판례는 미성년자약취·유인죄의 보호법익을 드러내 주는 예로서 주목된다. 대법원은 미성년자약취·유인죄의 보호법익이 (가) 미성년자의 자유 이외에 (나) 보호감독자의 감독권까지 포함하고 있다고 판단하고 있다. 그리고 (나)와 관련하여 보호감독자가 여러 사람 있는 경우에 일방의 감독자가 다른 보호감독자의 감독권을 침해하는 상황도 인정하고 있다.

2007도8011

미성년자약취 · 유인죄의 주체 – 인정례
친권자 약취 사건

2008. 1. 31. 2007도8011, 공 2008, 341

1. 사실관계 및 사건의 경과

【사실관계 1】

① 갑남과 A녀는 부부 간이고, 이들 사이에 태어난 미성년자 B가 있다.
② C는 A녀의 아버지이자 B의 외조부이다.
③ A녀가 교통사고로 사망하였다.
④ 갑은 C에게 B의 양육을 맡겼다.

【사실관계 2】

① A녀의 교통사고 배상금 등을 둘러싸고 갑과 C 사이에 분쟁이 발생하였다.
② 갑은 자신이 직접 B를 양육하기로 마음을 먹고 B를 데려오기로 하였다.
③ 갑은 [갑의 친구] 을과 함께 학교에서 귀가하는 미성년자 B를 강제로 차에 태웠다.
④ 갑은 할아버지에게 간다는 등의 거짓말로 B를 속인 후 P고아원에 데려가 B의 수용문제를 상담하였다.
⑤ 갑은 B를 개사육장에서 잠을 재운 후 다른 아동복지상담소에 데리고 다녔다.
⑥ 당시 갑은 법원으로부터 한정치산선고를 받은 상태였으나 이를 법적으로 다투고 있었다.

【사건의 경과】

① 검사는 갑과 을을 미성년자약취유인죄로 기소하였다.
② 갑의 피고사건은 제1심을 거친 후, 항소심에 계속되었다.
③ 항소심법원은 유죄를 인정하였다.
④ 갑은 불복 상고하였다.
⑤ 갑은 상고이유로, 친권자의 행위는 미성년자약취유인죄에 해당하지 않는다고 주장하였다.

2. 사안에 대한 대법원의 판단

(1) 보호감독자에 의한 미성년자약취 · 유인죄

【대법원 요지】 미성년자를 보호감독하는 자라 하더라도 다른 보호감독자의 감호권을 침해하거나 자

신의 감호권을 남용하여 미성년자 본인의 이익을 침해하는 경우에는 미성년자 약취 · 유인죄의 주체가 될 수 있다.

【대법원 분석】 원심판결 이유에 의하면, 원심은 /

【대법원 분석】 피해자[B]의 아버지인 피고인 갑이 피해자의 어머니이자 피고인의 처인 공소외 A가 교통사고로 사망하자 피해자의 외조부인 공소외 C에게 피해자의 양육을 맡겨 왔으나, /

【대법원 분석】 교통사고 배상금 등을 둘러싸고 공소외 C 등과 사이에 분쟁이 발생하자 자신이 직접 피해자를 양육하기로 마음먹고, /

【대법원 분석】 피고인 을과 공모하여 학교에서 귀가하는 피해자를 본인의 의사에 반하여 강제로 차에 태우고 /

【대법원 분석】 할아버지에게 간다는 등의 거짓말로 속인 후 고아원에 데려가 피해자의 수용문제를 상담하고, 개사육장에서 잠을 재운 후 다른 아동복지상담소에 데리고 가는 등으로 /

【대법원 판단】 사실상 지배함으로써 미성년자인 피해자를 약취하였다고 인정하였는바,

【대법원 결론】 이러한 원심의 사실인정 및 법리판단은 앞서 본 법리 및 기록에 비추어 정당하여 수긍할 수 있고, 거기에 채증법칙을 위반하거나 미성년자 약취 · 유인죄에 관한 법리를 오해한 위법이 없다.

(2) 친권행사와 정당행위

【대법원 분석】 상고이유는 피고인 갑에게 선고된 한정치산선고가 잘못되었다는 점을 지적하면서 피고인들의 행위가 정당하다는 취지로 주장하나, /

【대법원 분석】 설사 피고인 갑에 대한 한정치산선고에 부당한 점이 있거나 이 사건 범행 당시 한정치산선고가 확정되지 아니하여 피고인 갑이 친권을 유지하고 있었다 하더라도 /

【대법원 결론】 앞서 본 바와 같은 법리 및 사실관계에 비추어 이 사건 범죄가 성립됨에 영향이 없다고 할 것이다. (상고 기각)

2010도14328

미성년자약취죄와 약취 – 부정례
베트남 여성 자녀 약취 사건

2013. 6. 20. 2010도14328 전원합의체 판결, 공 2013하, 1399

1. 사실관계 및 사건의 경과

【사실관계 1】

① 갑녀는 베트남 국적의 여성이다.

② 2006. 2. 16. 갑녀는 한국인 A와 혼인하였다.

③ 2006. 4. 30. 갑녀는 한국에 입국하였다.

④ 2007. 8. 12. 갑녀는 아들 B를 출산하였다.
⑤ 갑녀와 A는 M주거에 거주하면서 공동으로 B를 보호 · 양육해 왔다.
⑥ 남편 A는 직장에 다니고 갑녀는 가사를 전담하였다.
⑦ 아들 B에 대한 현실적인 보호 · 양육은 주로 갑녀가 맡아왔다.

【사실관계 2】

① 2008. 8. 30. 갑녀는 수원의 친구에게 놀러 갔다가 늦어져 버스를 놓치는 바람에 다음날 귀가하였다.
② 갑녀는 화가 난 남편 A로부터 며칠 동안 집을 나가라는 말을 들었다.
③ 갑녀는 A가 자신을 이제 필요 없다고 생각하는 것 같아 자존심이 상하였다.
④ 갑녀는 국내에는 마땅히 찾아갈 곳이 없어 생후 약 13개월 된 B를 데리고 친정인 베트남으로 돌아가기로 마음먹었다.
⑤ [2008. 9. 3. 갑녀는 M주거에 있던 A 소유의 현금을 들고 나왔다.] (㉠행위)
⑥ 2008. 9. 3. 갑녀는 A가 직장에 출근한 사이 B를 데리고 집을 나와 항공편으로 출국하여 베트남 친정으로 떠났다. (㉡행위)
⑦ 갑녀가 B를 데리고 가기 위하여 A측에 어떠한 폭행, 협박이나 실력행사를 한 일은 없었다.

【사실관계 3】

① 2008. 9. 17. 갑녀는 B의 양육비를 벌기 위하여 B를 베트남 친정에 맡겨 둔 채 다시 우리나라에 입국하였다.
② 그 사이 갑녀의 부모 등은 B를 베트남에서 계속 보호 · 양육하였다.
③ 2010. 5. 13. 갑녀는 A와 협의하여 갑녀를 B의 친권자 및 양육자로 정하여 이혼하기로 하고 법원으로부터 그 의사를 확인받았다.
④ 갑녀는 그때까지 A에게 B를 돌려주는 대가로 금전 등을 부당하게 요구하거나 이를 협의이혼의 조건으로 내세운 적이 없었다.
⑤ 갑녀는 협의이혼 후 B의 양육비를 자신(갑녀)이 부담하기로 하였다.

【사건의 경과 1】

① 검사는 ㉠행위에 대해 갑녀를 절도죄로 기소하였다.
② (이하에서 절도죄 부분은 고찰에서 제외함)
③ 검사는 ㉡행위에 대해 갑녀를 다음의 공소사실로 기소하였다.
  (가) 국외이송약취죄
  (나) 피약취자국외이송죄
④ 제1심법원은 ㉡행위 부분에 대해 무죄를 선고하였다.
⑤ 검사는 불복 항소하였다.
⑥ 항소심법원은 항소를 기각하고, 제1심판결을 유지하였다.
⑦ (항소심의 판단 이유는 판례 본문 참조)
⑧ 검사는 불복 상고하였다.

【사건의 경과 2】

① 대법원은 자국민 보호의 점 등을 놓고 8 대 5로 견해가 나뉘었다.

② 대법관 8인의 다수의견은 범죄가 성립하지 않는다고 주장하였다.
③ 대법관 5인은 소수의견은 범죄가 성립한다고 주장하였다.
④ 다수의견 가운데 대법관 5인은 보충의견을 제시하였다.
⑤ 대법원은 다수의견에 따라 상고를 기각하였다.
⑥ (이하에서는 지면 관계로 다수의견만을 소개함)

2. 미성년자약취죄와 약취의 개념

【대법원 요지】 가. 형법 제287조의 미성년자약취죄, /
【대법원 요지】 제288조 제3항 전단/
【대법원 요지】 [구 형법(2013. 4. 5. 법률 제11731호로 개정되기 전의 것을 말한다. 이하 같다) 제289조 제1항에 해당한다]의 /
【대법원 요지】 국외이송약취죄 등의 구성요건요소로서 약취란 /
【대법원 요지】 폭행, 협박 또는 불법적인 사실상의 힘을 수단으로 사용하여 /
【대법원 요지】 피해자를 그 의사에 반하여
【대법원 요지】 자유로운 생활관계 또는 보호관계로부터 이탈시켜 /
【대법원 요지】 자기 또는 제3자의 사실상 지배하에 옮기는 행위를 의미하고, /
【대법원 요지】 구체적 사건에서 어떤 행위가 약취에 해당하는지 여부는 /
【대법원 요지】 행위의 목적과 의도, 행위 당시의 정황, 행위의 태양과 종류, 수단과 방법, 피해자의 상태 등 관련 사정을 종합하여 판단하여야 한다.

3. 보호·감독자의 의한 미성년자약취죄

【대법원 요지】 한편 미성년자를 보호·감독하는 사람이라고 하더라도 /
【대법원 요지】 다른 보호감독자의 보호·양육권을 침해하거나 /
【대법원 요지】 자신의 보호·양육권을 남용하여 미성년자 본인의 이익을 침해하는 때에는 /
【대법원 요지】 미성년자에 대한 약취죄의 주체가 될 수 있는데/
【대법원 요지】 (대법원 2008. 1. 31. 선고 **2007도8011** 판결 등 참조), /
【대법원 요지】 그 경우에도 해당 보호감독자에 대하여 약취죄의 성립을 인정할 수 있으려면 그 행위가 위와 같은 의미의 약취에 해당하여야 한다. /
【대법원 요지】 그렇지 아니하고 폭행, 협박 또는 불법적인 사실상의 힘을 사용하여 그 미성년자를 평온하던 종전의 보호·양육 상태로부터 이탈시켰다고 볼 수 없는 행위에 대하여까지 /
【대법원 요지】 다른 보호감독자의 보호·양육권을 침해하였다는 이유로 미성년자에 대한 약취죄의 성립을 긍정하는 것은 /
【대법원 요지】 형벌법규의 문언 범위를 벗어나는 해석으로서 죄형법정주의의 원칙에 비추어 허용될 수 없다고 할 것이다.
【대법원 요지】 따라서 부모가 이혼하였거나 별거하는 상황에서 미성년의 자녀를 부모의 일방이 평온하게 보호·양육하고 있는데, /

【대법원 요지】 상대방 부모가 폭행, 협박 또는 불법적인 사실상의 힘을 행사하여 그 보호 · 양육 상태를 깨뜨리고 자녀를 탈취하여 자기 또는 제3자의 사실상 지배하에 옮긴 경우, /
【대법원 요지】 그와 같은 행위는 특별한 사정이 없는 한 미성년자에 대한 약취죄를 구성한다고 볼 수 있다.
【대법원 요지】 그러나 이와 달리 /
【대법원 요지】 미성년의 자녀를 부모가 함께 동거하면서 보호 · 양육하여 오던 중 /
【대법원 요지】 부모의 일방이 상대방 부모나 그 자녀에게 어떠한 폭행, 협박이나 불법적인 사실상의 힘을 행사함이 없이 /
【대법원 요지】 그 자녀를 데리고 종전의 거소를 벗어나 다른 곳으로 옮겨 자녀에 대한 보호 · 양육을 계속하였다면, /
【대법원 요지】 그 행위가 보호 · 양육권의 남용에 해당한다는 등 특별한 사정이 없는 한 /
【대법원 요지】 설령 이에 관하여 법원의 결정이나 상대방 부모의 동의를 얻지 아니하였다고 하더라도 /
【대법원 요지】 그러한 행위에 대하여 곧바로 형법상 미성년자에 대한 약취죄의 성립을 인정할 수는 없다고 할 것이다.

4. 공소사실의 요지

【대법원 분석】 나. 원심은, /
【대법원 분석】 베트남 국적 여성인 피고인이 남편 공소외 A의 의사에 반하여 /
【대법원 분석】 아들인 피해자 공소외 B를 국외에 이송할 목적으로 주거지에서 데리고 나와 약취하고 /
【대법원 분석】 이어서 베트남에 함께 입국함으로써 피해자를 국외에 이송하였다는 /
【대법원 분석】 공소사실에 대하여, /

5. 사안에 대한 항소심의 판단

【항소심 판단】 ① 피고인이 남편인 공소외 A와 헤어져 베트남으로 돌아갈 것을 결심한 때는 피해자가 태어난 지 만 13개월이 채 안 되었으므로 피해자에게는 아버지보다 어머니의 손길이 더 필요했던 시기인 점, /
【항소심 판단】 ② 당시 피해자의 아버지인 공소외 A는 직장을 다니고 있었으므로 피고인이 없는 상황에서 공소외 A 혼자 피해자를 양육한다는 것은 사실상 어려웠던 점, /
【항소심 판단】 ③ 피고인이 아들인 어린 피해자를 집에 혼자 두고 나가는 것이 오히려 친권자의 보호 · 양육의무를 방기하는 행위로서 더 비난받을 행위로 평가될 수 있는 점, /
【항소심 판단】 ④ 피해자가 비록 한국이 아닌 베트남에서 양육되고 있기는 하나 그곳은 피해자의 외가이므로 피해자가 한국에서 어머니인 피고인 없이 양육되는 것보다 불리한 상황에 처하였다고 단정하기 어려운 점 등의 사정을 종합하면, /
【항소심 판단】 피고인의 행위는 공소외 A의 보호 · 양육권을 침해한 것이라고 볼 수는 있으나 /

【항소심 판단】 피해자 본인의 이익을 침해한 것이라고 볼 수는 없어 미성년자에 대한 약취에 해당하지 아니한다는 이유로, /

【항소심 판단】 무죄를 선고한 제1심을 그대로 유지하였다.

6. 사안에 대한 대법원의 분석

【대법원 분석】 다. 원심판결 이유와 적법하게 채택된 증거에 의하면, /

【대법원 분석】 ① 피고인은 베트남 국적의 여성으로서 /

【대법원 분석】 2006. 2. 16. 공소외 A와 혼인하고 같은 해 4. 30. 입국한 후 /

【대법원 분석】 2007. 8. 12. 아들 공소외 B를 출산하여 천안시 두정동 소재 주거지에서 거주하며 공소외 A와 공동으로 공소외 B를 보호·양육하여 온 사실, /

【대법원 분석】 ② 당시 공소외 A는 직장에 다녔고 피고인이 가사를 전담하였기 때문에 공소외 B에 대한 현실적인 보호·양육을 주로 피고인이 맡아왔던 사실, /

【대법원 분석】 ③ 피고인은 2008. 8. 30. 수원의 친구에게 놀러 갔다가 늦어져 버스를 놓치는 바람에 다음날 귀가하였는데 화가 난 공소외 A로부터 며칠 동안 집을 나가라는 말을 듣고, /

【대법원 분석】 공소외 A가 자신을 이제 필요 없다고 생각하는 것 같아 자존심이 상한 데다 국내에는 마땅히 찾아갈 곳이 없어 생후 약 13개월 된 공소외 B를 데리고 친정인 베트남으로 돌아가기로 마음먹은 사실, /

【대법원 분석】 ④ 피고인은 2008. 9. 3. 공소외 A가 직장에 출근한 사이 공소외 B를 데리고 집을 나와 항공편으로 출국하여 베트남 친정으로 떠났고, /

【대법원 분석】 공소외 B를 데리고 가기 위하여 공소외 A측에 어떠한 폭행, 협박이나 실력행사를 하지 아니한 사실, /

【대법원 분석】 ⑤ 피고인은 공소외 B의 양육비를 벌기 위하여 공소외 B를 베트남 친정에 맡겨 둔 채 2008. 9. 17. 다시 우리나라에 입국하였고, /

【대법원 분석】 그 사이 피고인의 부모 등이 공소외 B를 베트남에서 계속 보호·양육한 사실, /

【대법원 분석】 ⑥ 한편 피고인은 2010. 5. 13. 공소외 A와 협의하여 피고인을 공소외 B의 친권자 및 양육자로 정하여 이혼하기로 하고 법원으로부터 그 의사를 확인받았는데, /

【대법원 분석】 피고인이 그때까지 공소외 A에게 공소외 B를 돌려주는 대가로 금전 등을 부당하게 요구하거나 이를 협의이혼의 조건으로 내세운 적이 없었고, /

【대법원 분석】 협의이혼 후 공소외 B의 양육비도 피고인이 부담하기로 한 사실을 알 수 있다.

7. 사안에 대한 대법원의 판단

【대법원 판단】 위와 같은 사정을 종합하여 보면, /

【대법원 판단】 피고인이 공소외 B를 데리고 베트남으로 떠난 행위는 /

【대법원 판단】 어떠한 실력을 행사하여 공소외 B를 평온하던 종전의 보호·양육 상태로부터 이탈시킨 것이라기보다 /

【대법원 판단】 친권자인 모(母)로서 출생 이후 줄곧 맡아왔던 공소외 B에 대한 보호·양육을 계속

유지한 행위라고 할 것이고, /

【대법원 판단】 이를 폭행, 협박 또는 불법적인 사실상의 힘을 사용하여 공소외 B를 자기 또는 제3자의 지배하에 옮긴 약취행위로 볼 수는 없다고 할 것이다.

【대법원 결론】 원심이 그 판시와 같은 사정만을 들어 피고인의 행위로 인하여 공소외 B의 이익이 침해되지 아니하였다고 단정한 것은 적절하다고 볼 수 없으나, /

【대법원 결론】 피고인의 행위가 미성년자에 대한 약취에 해당하지 아니한다는 이유로 국외이송약취 및 피약취자국외이송의 공소사실을 모두 무죄로 판단한 원심의 조치는 결론에 있어 정당하고, /

【대법원 결론】 거기에 상고이유에서 주장하는 바와 같은 법리오해 등으로 판결 결과에 영향을 미친 위법이 없다.

【대법원 결론】 (절도죄 판단 부분 생략)

【대법원 결론】 3. 그러므로 (중략) 국외이송약취 및 피약취자국외이송 부분에 대한 검사의 상고를 기각하기로 하여 주문과 같이 판결한다. /

【대법원 결론】 이 판결에는 국외이송약취 및 피약취자국외이송 부분에 관하여 대법관 신영철, 대법관 김용덕, 대법관 고영한, 대법관 김창석, 대법관 김신의 반대의견이 있는 외에는 /

【대법원 결론】 관여 법관의 의견이 일치하였으며, /

【대법원 결론】 다수의견에 대한 대법관 이인복, 대법관 이상훈, 대법관 박병대, 대법관 박보영, 대법관 김소영의 보충의견이 있다. (상고 기각)

2007도8485

미성년자약취죄와 약취 – 부정례
도망친 어머니 사건

2008. 1. 17. 2007도8485, 공 2008, 267

1. 사실관계 및 사건의 경과

【사실관계 1】

① 범행 당일 14:30경 갑은 M아파트 현관문을 열고 집안으로 들어서는 그 집 아들 A를 발견하였다.

② 갑은 A에게 달려들어 옆구리에 칼을 들이대고 뒤따라 집안으로 침입하였다. (㉠행위)

③ 갑은 이후 집안을 뒤져 물품을 강취하였다. (㉡행위)

④ 갑은 현금이 발견되지 않자 더 나아가 A를 인질로 삼아 그의 부모로부터 현금을 취득하기로 마음먹었다.

⑤ 갑은 A를 결박한 다음 두 시간 남짓 부모의 귀가를 기다렸다.

【사실관계 2】

① 범행 당일 19:00경 A의 어머니 B녀가 M아파트 안으로 들어왔다.

② 갑은 거실에서 앉아 포박된 A의 옆구리에 부엌칼을 들이대면서 “아들을 살리려면 이리와서 앉아”라

고 위협하였다.
③ 이에 놀란 A의 어머니 B녀는 황급히 밖으로 도망쳤다.
④ 이에 갑은 B녀에게 수회 전화를 걸어 다음과 같은 내용으로 수차례 협박을 하였다.
⑤ "아들을 살리려면 돈 300만 원을 지금 마련해서 올라와라. 경찰에는 절대 알리지 마라. 만약 신고하면 아들을 죽이겠다."
⑥ 범행 당일 19:58경 갑은 A의 부모로부터 아파트 현관 입구에서 금품 50만 원을 전달받았다. (㉢행위)
⑦ 갑은 그러나 그 무렵 문밖에서 대기 중이던 경찰관에게 체포되었다.

【사건의 경과】

① 검사는 갑을 다음의 공소사실로 기소하였다.
(가) ㉠행위 부분 : 주거침입죄
(나) ㉡행위 부분 : 특수강도죄
(다) ㉢행위 부분 : 특가법위반죄(약취 · 유인 ; 무기 또는 10년 이상의 징역)
② 갑의 피고사건은 제1심을 거친 후, 항소심에 계속되었다.
③ 항소심법원은 다음과 같이 판단하였다.
(가) ㉠행위 부분 : 주거침입죄 : 유죄
(나) ㉡행위 부분 : 특수강도죄 : 유죄
(다) ㉢행위 부분 : 특가법위반죄(약취 · 유인) : 유죄
④ 항소심법원은 ㉢행위 부분에 대하여 특가법의 기본범죄인 미성년자약취죄에는 장소적 이동을 요하지 않는다고 판단하였다.
⑤ 갑은 불복 상고하였다.

【참조조문】

형법

제336조 (인질강도) 사람을 체포 · 감금 · 약취 또는 유인하여 이를 인질로 삼아 재물 또는 재산상의 이익을 취득하거나 제3자로 하여금 이를 취득하게 한 자는 3년 이상의 유기징역에 처한다.

특정범죄 가중처벌 등에 관한 법률

제5조의2 (약취 · 유인죄의 가중처벌) ②「형법」제287조의 죄를 범한 사람이 다음 각 호의 어느 하나에 해당하는 행위를 한 경우에는 다음 각 호와 같이 가중처벌한다.
1. 약취 또는 유인한 미성년자의 부모나 그 밖에 그 미성년자의 안전을 염려하는 사람의 우려를 이용하여 재물이나 재산상의 이익을 취득하거나 이를 요구한 경우에는 무기 또는 10년 이상의 징역에 처한다.

2. 미성년자약취죄와 약취의 개념

【대법원의 분석】 특정범죄 가중처벌 등에 관한 법률(이하 '특가법'이라고만 한다) 제5조의2(약취 · 유인죄의 가중처벌) 제2항 제1호는 /

【대법원의 분석】 형법 제287조(미성년자의 약취, 유인)의 죄를 범한 자가 약취 또는 유인한 미성년

자의 부모 기타 그 미성년자의 안전을 염려하는 자의 우려를 이용하여 재물이나 재산상의 이익을 취득하거나 이를 요구한 때에는 무기 또는 10년 이상의 징역에 처한다고 규정하고 있는바, /

【대법원 요지】 형법 제287조에 규정된 약취행위는 폭행 또는 협박을 수단으로 하여 미성년자를 그 의사에 반하여 자유로운 생활관계 또는 보호관계로부터 이탈시켜 범인이나 제3자의 사실상 지배하에 옮기는 행위를 말하는 것이다.

【대법원 요지】 물론, 여기에는 미성년자를 장소적으로 이전시키는 경우뿐만 아니라 장소적 이전 없이 기존의 자유로운 생활관계 또는 부모와의 보호관계로부터 이탈시켜 범인이나 제3자의 사실상 지배하에 두는 경우도 포함된다고 보아야 할 것이지만, /

【대법원 요지】 미성년자 및 보호자의 일상생활의 장소적 중심인 주거에서 장소적 이전을 전제로 하지 아니한 채 폭행 또는 협박이 이루어진 경우에는, /

【대법원 요지】 그로 인하여 미성년자와 부모의 보호관계가 제한 혹은 박탈되는 모든 경우에 형법 제287조의 미성년자약취죄가 성립하는 것으로 볼 수는 없는 것이고, /

【대법원 요지】 무엇보다 미성년자를 기존의 생활관계 및 보호관계로부터 이탈시킬 의도가 없는 경우에는 실행의 착수조차 인정하기 어렵다 할 것이며, /

【대법원 요지】 범행의 목적과 수단, 시간적 간격 등을 고려할 때 사회통념상 실제로 기존의 생활관계 및 보호관계로부터 이탈시킨 것으로 인정되어야만 기수가 성립된다고 할 것이다.

3. 인질강도죄와 미성년자약취죄의 관계

【대법원 요지】 따라서 예컨대, 미성년자가 혼자 머무는 주거에 침입하여 그를 감금한 뒤 폭행 또는 협박에 의하여 부모의 출입을 봉쇄하거나, /

【대법원 요지】 미성년자와 부모가 거주하는 주거에 침입하여 부모만을 강제로 퇴거시키고 독자적인 생활관계를 형성하기에 이르렀다면 /

【대법원 요지】 비록 장소적 이전이 없었다 할지라도 형법 제287조 소정의 미성년자약취죄에 해당함이 명백하다 할 것이지만, /

【대법원 요지】 강도 범행을 하는 과정에서 혼자 주거에 머무르고 있는 미성년자를 체포·감금하거나 혹은 미성년자와 그의 부모를 함께 체포·감금 또는 폭행·협박을 가하는 경우, /

【대법원 요지】 나아가 주거지에 침입하여 미성년자의 신체에 위해를 가할 것처럼 협박하여 부모로부터 금품을 강취하는 경우와 같이, /

【대법원 요지】 일시적으로 부모와의 보호관계가 사실상 침해·배제되었다 할지라도, /

【대법원 요지】 그 의도가 미성년자를 기존의 생활관계 및 보호관계로부터 이탈시키는 데에 있었던 것이 아니라 /

【대법원 요지】 단지 금품 강취를 위하여 반항을 제압하는 데에 있었다거나 /

【대법원 요지】 금품 강취를 위하여 고지한 해악의 대상이 그곳에 거주하는 미성년자였던 것에 불과하다면, /

【대법원 요지】 특별한 사정이 없는 한 미성년자를 약취한다는 범의를 인정하기 곤란할 뿐 아니라, /

【대법원 요지】 보통의 경우 시간적 간격이 짧아 그 주거지를 중심으로 영위되었던 기존의 생활관계

로부터 완전히 이탈되었다고 평가하기도 곤란할 것이다.

4. 사안에 대한 대법원의 분석

【대법원 분석】 원심이 적법하게 조사하여 채택한 증거에 의하면, /
【대법원 분석】 피고인은 범행 당일 14:30경 아파트 현관문을 열고 집안으로 들어서는 피해자 공소외인[A]을 발견하고 위 피해자에게 달려들어 옆구리에 칼을 들이대고 뒤따라 집안으로 침입한 후 집안을 뒤져 물품을 강취하고(이 사건 범죄사실 제3항), /
【대법원 분석】 현금이 발견되지 않자 더 나아가 위 피해자를 인질로 삼아 그의 부모로부터 현금을 취득하기로 마음먹고 위 피해자를 결박시킨 다음 두 시간 남짓 부모의 귀가를 기다린 사실, /
【대법원 분석】 그 후 19:00경 피해자의 모[B]가 위 아파트 안으로 들어오자, /
【대법원 분석】 거실에서 앉아 포박된 위 피해자의 옆구리에 부엌칼을 들이대면서 "아들을 살리려면 이리와서 앉아"라고 위협하여 이에 놀란 피해자의 모가 황급히 밖으로 도망치자, /
【대법원 분석】 수회 전화를 걸어 "아들을 살리려면 돈 300만 원을 지금 마련해서 올라와라, 경찰에는 절대 알리지 마라, 만약 신고하면 아들을 죽이겠다"고 하는 등 수차례 협박하여 19:58경 피해자의 부모로부터 아파트 현관 입구에서 금품 50만 원을 전달받았으나(이 사건 범죄사실 제4항) /
【대법원 분석】 그 무렵 문밖에서 대기중이던 경찰관에게 체포된 사실을 인정할 수 있다.

5. 사안에 대한 대법원의 판단

【대법원 판단】 이에 의할 때, 원심 판시 범죄사실 제4항의 범행에 있어 피고인의 의사는 위 주거지에서 친권자인 피해자의 모를 퇴거시키거나 보호관계를 단념시켜 기존의 생활관계를 배제하고 독자적인 생활관계를 형성하고자 하는 데에 있었던 것이라기보다는, /
【대법원 판단】 피해자의 신체에 위해를 가할 것처럼 협박하여 피해자의 모로부터 금품을 강취하는 데에 있었다고 봄이 상당하고, /
【대법원 판단】 현장을 목격한 피해자의 모가 즉시 위 주거지로부터 이탈한 것은 오히려 피고인의 범행계획에 비추어 볼 때 그의 의도에 반하는 결과로서 초래된 것임을 알 수 있다.
【대법원 판단】 그리고 그 뒤에 전화를 통해 협박이 이어지기는 하였으나, 그로부터 피해자 모의 신고를 받고 즉시 출동한 경찰관에 의하여 제압될 때까지의 시간적 간격이 불과 한 시간 남짓에 불과한 점에 비추어 볼 때, /
【대법원 판단】 피해자가 위 아파트를 그 장소적 근거로 삼고 있는 기존의 생활관계로부터 완전히 이탈되었다거나 새로운 생활관계가 형성되었다고 평가하기도 어렵다 할 것이다.
【대법원 결론】 따라서 특별한 사정이 없는 한, 피고인의 원심 판시 제4항의 범행을 형법 제336조(인질강도[; 3년 이상의 유기징역])로 의율하는 것은 별론으로 하고, /
【대법원 결론】 특가법 제5조의2 제2항 제1호, 형법 제287조에 의율할 수는 없다 할 것인데도, /
【대법원 결론】 형법 제287조의 미성년자약취죄의 성립에 장소적 이전을 필요로 하지 아니한다는 이유만으로 특가법 위반죄의 죄책을 인정한 원심의 판단에는 미성년자약취죄의 성립요건에 관한 법리오해의 위법이 있다. (파기 환송)

【코멘트】 본 판례는 약취의 개념을 잘 보여주는 예이다. 특가법위반죄(약취 · 유인)는 약취가 필수적인 범죄성립요소이다. 약취 · 유인의 죄와 관련하여 장소적 이동을 필요로 하는가 하는 문제가 있다. 이에 대해 논란이 계속되고 있는데, 항소심의 태도는 반드시 장소적 이동을 요하지는 않는다는 입장이다.

대법원도 기본적으로 항소심의 태도와 같은 입장이지만, 여기에 두 가지 고려사유를 더하고 있다. 하나는 자유로운 생활관계나 보호관계를 단절시켜서 새로운 사실상 지배를 설정한다는 점에 대한 고의가 필요하다는 점이다. 다른 하나는 약취 · 유인의 객체인 미성년자 등을 새로운 사실상 지배로 옮기는 데에는 새로운 생활관계가 설정되었다고 볼 만한 사정이 인정되어야 한다는 것이다.

본 판례에서 대법원은 특가법위반죄(약취 · 유인)의 성립을 부인하면서도 형법 제336조의 인질강도죄가 성립할 여지가 있음을 인정하고 있다. 인질강도죄는 (가) 사람을 체포 · 감금하여 이를 인질로 삼아 재물 또는 재산상 이익을 강취하는 경우와 (나) 사람을 약취 · 유인하여 이를 인질로 삼아 재물 또는 재산상 이익을 강취하는 경우의 두 가지로 나누어 볼 수 있다. 본 판례의 사안에서 약취의 개념이 인정되지 않으므로 (나) 유형의 인질강도죄는 성립할 여지가 없다. 따라서 대법원이 성립의 여지를 인정한 인질강도죄는 (가) 유형의 것임을 알 수 있다. 결국 본 판례의 사안은 사람(미성년자 포함)을 체포 · 감금하여 이를 인질로 삼아 재물 또는 재산상 이익을 강취한 경우에 해당할 여지가 있다.

95도2980

미성년자유인죄와 유인 – 인정례
저능아 조카 사건

1996. 2. 27. 95도2980, 공 1996, 1186

1. 사실관계 및 사건의 경과

【사실관계】

① A는 사고능력이 현저하게 떨어지는 미성년의 저능아이다.
② A는 4촌 매형 B가 경영하는 청소대행업체에서 일하면서 숙식을 해결하고 있었다.
③ 갑과 을은 서울에 있던 A를 제주도로 데리고 갔다.
④ A는 이후 약 8개월 후에 다시 서울로 돌아왔다.
⑤ 갑과 을은 A의 사정을 B에게 한 번도 이야기하지 아니한 채 숨겼다.

【사건의 경과】

① 검사는 갑과 을을 미성년자유인죄로 기소하였다.
② 갑의 피고사건은 제1심을 거친 후, 항소심에 계속되었다.
③ 갑과 을은 불복 상고하였다.

2. 사안에 대한 대법원의 판단

【대법원 요지】 미성년자유인죄라 함은 기망 또는 유혹을 수단으로 하여 미성년자를 꾀어 현재의 보

호상태로부터 이탈케 하여 자기 또는 제3자의 사실적 지배하로 옮기는 행위를 말하고, /

【대법원 요지】 여기서의 유혹이라 함은 기망의 정도에는 이르지 아니하나 감언이설로써 상대방을 현혹시켜 판단의 적정(適正)을 그르치게 하는 것이므로 반드시 그 유혹의 내용이 허위일 것을 요하지는 않는다 할 것이다.

【대법원 분석】 원심이 인용한 제1심판결이 적법하게 조사·채택한 증거들에 의하면, /

【대법원 분석】 피해자는 사고능력이 현저하게 떨어지는 미성년의 저능아로서 자신의 4촌 매형인 공소외 B가 경영하는 청소대행업체에서 일하면서 숙식을 해결하는 등 위 공소외인의 보호하에 있었는데, /

【대법원 분석】 피고인들은 피해자의 위와 같은 사정을 알면서도 그로부터 약 8개월 후 피해자가 다시 서울로 돌아올 때까지도 위 공소외인에게 피고인들이 피해자를 제주도로 데려간 사실을 한 번도 이야기하지 아니한 채 숨긴 사실을 인정할 수 있는바, /

【대법원 판단】 위에서 본 법리에 비추어 보면 피고인들이 피해자를 제주도로 데려간 행위는 미성년자를 유인한 행위에 해당됨이 명백하므로, /

【대법원 결론】 같은 취지로 인정·판단한 원심판결은 정당하고, 거기에 논하는 바와 같은 사실오인 또는 법리오해의 위법이 있다고 볼 수 없다. (상고 기각)

【코멘트】 미성년자약취·유인죄는 미성년자를 기존의 보호상태로부터 이탈하게 하여 자기 또는 제3자의 사실적 지배하로 옮기는 행위를 말한다. 사실적 지배를 새로이 설정하는 방법으로 약취와 유인이 있다. 약취는 폭행 또는 협박을 수단으로 하는 경우이며, 유인은 기망 또는 유혹을 수단으로 하는 경우이다. 본 판례는 유인의 하위개념이라고 할 수 있는 유혹의 개념을 보여주는 예이다. 유혹은 기망 이외의 방법을 사용하는 경우이므로 반드시 유혹의 내용이 허위임을 요하지 않는다.

98도1036

감금죄와 미성년자유인죄의 관계
특송차 운전기사 사건

1998. 5. 26. 98도1036, 공 1998, 1836

☞ 117면

제2 그 밖의 약취 · 유인 · 인신매매죄

91도1402

부녀매매죄와 매매 – 인정례

봉제공장 여공 사건

1992. 1. 21. 91도1402 전원합의체판결, 공 1992, 951

1. 사실관계 및 사건의 경과

【사실관계】

① 갑은 윤락가의 포주이다.

② A녀는 서울에서 봉제공장의 공원으로 일하던 18세가량의 여성이다.

③ 갑은 돈을 주고 다른 포주 B로부터 A녀를 인수하였다.

④ 포주 갑은 손님들로부터 화대를 받고 A녀에게 윤락행위를 시키다가 당국에 적발되었다.

【사건의 경과 1】

① 검사는 갑을 다음의 공소사실로 기소하였다.

(가) 형법 제288조 제2항 부녀매매죄

(나) 윤락행위등방지법위반죄

② 제1심법원은 다음과 같이 판단하였다.

(가) 형법 제288조 제2항 부녀매매죄 : 유죄

(나) 윤락행위등방지법위반죄 : 유죄

③ 제1심법원은 (가)와 (나)의 죄를 실체적 경합범으로 인정하고, 형법 제38조 제1항 제2호에 의하여 갑에게 징역 1년을 선고하였다.

④ 갑은 불복 항소하였다.

【사건의 경과 2】

① 종전의 대법원판례는 사리판단과 지각이 있는 부녀에 대해서는 부녀매매죄가 성립하지 않는다는 입장을 취해오고 있었다.

② 항소심법원은 제1심판결을 파기하고 다음과 같이 판단하였다.

(가) 형법 제288조 제2항 부녀매매죄 : 무죄

(나) 윤락행위등방지법위반죄 : 유죄

③ 항소심법원은 갑에게 징역 1년에 집행유예 3년을 선고하였다.

④ (항소심의 판단 이유는 판례 본문 참조)

⑤ 검사는 무죄 부분에 불복 상고하였다.

2. 사안에 대한 항소심의 판단

【항소심 판단】 원심판결 이유에 의하면 원심은 /

【항소심 판단】 형법 제288조 제2항의 부녀매매라 함은 /

【항소심 판단】 동 법조의 법정형[1년 이상 징역]과 직업안정및고용촉진에관한법률 제29조 제1호 소정의 법정형[7년 이하 징역 또는 벌금형]과 대비하여 볼 때 /

【항소심 판단】 거래 일방인 매도자가 그의 완전한 사실상의 지배하에 있는 부녀를 추업에 사용할 목적으로 물건처럼 대가를 수수하고 상대방의 사실상의 지배하에 옮기는 것을 말한다고 해석되므로 /

【항소심 판단】 매매의 대상인 부녀가 정신적 자각이 있고 법질서에 보호를 호소할 능력을 가진 경우에는 즉각적으로 국내법의 보호로부터 이탈이 될 우려가 많은 국외이송목적의 매매를 제외하고 친권자 또는 그 보호 감독자가 아닌 제3자에 의한 매매는 이루어지기 어렵다고 할 것이라면서 /

【항소심 판단】 이 사건 피해자인 A는 서울에서 봉제공장의 공원으로 일하던 18세 가량의 소녀로서 특별한 사정이 없는 한 그 정도의 연령이면 인격의 자각이 있고 법질서에 보호를 호소할 수 있는 판단능력을 가지고 있다고 보아야 할 것이라고 인정하여 부녀매매의 객체가 될 수 없다는 취지로 판시하였다.

3. 사안에 대한 대법원의 판단

【대법원 요지】 부녀매매죄는 부녀자의 신체의 자유를 그 일차적인 보호법익으로 하는 죄로서 /

【대법원 요지】 건전한 직업소개질서의 확립이라는 행정목적을 주된 보호법익으로 하는 직업안정및고용촉진에관한법률의 위 규정을 평면적으로 비교하여 본죄의 해석근거로 삼을 합리적인 이유는 없는 것이며, /

【대법원 요지】 본죄의 행위의 객체는 부녀이고, /

【대법원 요지】 여자인 이상 그 나이나 성년, 미성년, 기혼 여부 등을 불문한다고 보아야 하고, /

【대법원 요지】 행위의 주체에는 제한이 없으니 반드시 친권자등의 보호자만이 본죄의 주체가 될 수 있다는 것도 근거 없는 해석이라 할 것이다.

【대법원 요지】 요컨대 본죄의 성립여부는 그 주체 및 객체에 중점을 두고 볼 것이 아니라 /

【대법원 요지】 매매의 일방이 어떤 경위로 취득한 부녀자에 대한 실력적 지배를 대가를 받고 그 상대방에게 넘긴다고 하는 행위에 중점을 두고 판단하여야 하므로 /

【대법원 요지】 매도인이 매매당시 부녀자를 실력으로 지배하고 있었는가 여부 즉 계속된 협박이나 명시적 혹은 묵시적인 폭행의 위협 등의 험악한 분위기로 인하여 보통의 부녀자라면 법질서에 보호를 호소하기를 단념할 정도의 상태에서 그 신체에 대한 인계인수가 이루어졌는가의 여부에 달려 있다고 하여야 할 것이다.

【대법원 판단】 따라서 이 사건 피해부녀자가 18세에 달하여 지각이 있으므로 부녀매매죄의 객체가 될 수 없다고 한 원심의 판단은 부녀매매죄의 법리를 오해한 위법이 있다 할 것이고 /

【대법원 요지】 당원의 위 판시견해와 다르게 판시한 1959. 3. 13. 선고 4292형상7호 판결과 1971. 3. 9. 선고 71도27호 판결은 현재의 사회실정하에서는 유지하기 어려운 것이므로 폐기할 수밖에 없

다. (파기 환송)

【코멘트】 2013년 4월 5일 형법이 일부 개정되어 공포 당일부터 시행되었다. 2013년 4월의 형법 개정은 2000년 12월 13일 우리나라가 서명한 「국제연합국제조직범죄방지협약」(United Nations Convention against Transnational Organized Crime) 및 「인신매매방지의정서」의 국내적 이행을 위한 입법으로서의 성격을 갖는다. 입법자는 위의 국제협약 및 의정서상의 입법의무 사항을 국내법으로 반영하기 위하여 형법 개정을 통해 (가) 범죄단체 및 범죄집단의 존속과 유지를 위한 행위의 처벌규정을 마련하는 한편, (나) 범죄단체나 집단의 수입원으로 흔히 사용되는 도박장소의 개설이나 복표발매에 대한 처벌규정의 법정형을 상향하고, (다) 각종 착취 목적의 인신매매죄를 신설하여 인신매매의 처벌범위를 확대함으로써 국제조직범죄를 효율적으로 방지 · 척결하는 동시에 국제협력을 강화하려 하고 있다.

입법자는 「인신매매방지의정서」의 이행입법으로 형법을 개정하였는데, (가) 형법 제31장의 장명(章名)을 "약취와 유인의 죄"에서 "약취, 유인 및 인신매매의 죄"로 변경하고, (나) 인신매매 관련 처벌조항을 신설하는 한편(형법 제289조), (다) 목적범 형태의 약취, 유인 등의 죄에 "추행, 간음, 결혼, 영리, 국외이송 목적" 외에도 "노동력 착취, 성매매와 성적 착취, 장기적출" 등 신종범죄를 목적으로 하는 경우를 추가하였다(형법 제288조). 또한 (라) 결과적가중범을 신설하되 상해와 치상, 살인과 치사 등의 법정형을 구분하여 책임주의에 부합하도록 하고(형법 제290조), (마) 종래 방조범 형태로 인정되던 약취, 유인, 인신매매 등을 위하여 사람을 모집, 운송, 전달하는 행위를 독자적인 구성요건으로 처벌하도록 하며(형법 제292조 제2항), (바) 인류에 대한 공통적인 범죄인 약취, 유인과 인신매매죄의 규정이 대한민국 영역 밖에서 죄를 범한 외국인에게도 적용될 수 있도록 세계주의 규정을 도입하였다(형법 제296조의2). 한편 법정형이 가볍게 규정되어 있던 결혼 목적 약취 · 유인죄가 추행, 간음, 영리 목적 등 약취 · 유인죄의 규정에 흡수되어 같은 형으로 처벌됨에 따라 개정전 형법 제291조는 폐지되고 약취 · 유인 · 매매 · 이송 등 살인 · 치사의 죄를 규정한 개정 형법 제291조로 대체되었다.

본 판례는 개정전 형법 제288조 제2항이 규정하였던 부녀매매죄에 관한 것이다. 이제 부녀매매죄는 널리 '사람을 매매한 사람'을 처벌하는 형법 제289조 제1항의 인신매매죄에 흡수된다. 그러나 본 판례에서 대법원이 제시한 '매매'의 개념은 개정 형법하에서도 여전히 유효할 것으로 생각된다. 본 판례에서 대법원은 '부녀 매매'와 관련하여 '완전한 사실상의 지배하에 있는 부녀'라는 엄격한 관점으로부터 '보통의 부녀자라면 법질서에 보호를 호소하기를 단념할 정도의 상태'라는 완화된 관점으로 전환하고 있다. 이 판시사항은 새로운 인신매매죄 조항과 관련하여 '보통의 사람이라면 법질서에 호소하기를 단념할 정도의 상태'로 바꾸어서 읽어낼 수 있을 것이다.

제32장 강간과 추행의 죄

제1 강간의 죄

2012도14788

강간죄의 객체 – 인정례
옷가게 부부 강간 사건
2013. 5. 16. 2012도14788 전원합의체 판결, 공 2013하, 1161

1. 사실관계 및 사건의 경과

【사실관계 1】

① 2001. 8. 26. 갑과 A(여)는 혼인신고를 마치고 법률상 부부가 되었다.
② 갑과 A는 슬하에 자녀 2명을 두었다.
③ 갑은 울산에서 H자동차 협력업체를 다니며 비교적 안정적으로 생활하였다.
④ 2008. 1. 1.경 갑은 A의 간청에 의하여 다니던 직장을 그만두고 처가가 있는 안산으로 이사하였다.
⑤ 갑은 이사 이후 처가 식구들이 운영하는 옷가게에서 일을 하였다.
⑥ 갑은 얼마 후 처가 식구들이 자신을 믿지 못할 뿐 아니라 자신을 무시한다고 생각하였다.
⑦ 갑은 처가 식구들과의 불화로 옷가게 일을 그만 두었다.

【사실관계 2】

① 2008. 7.경 갑은 혼자서 자녀들을 데리고 울산으로 내려가 1년 가량 살았다.
② 2009. 7.경 갑은 A의 간곡한 설득으로 다시 안산으로 올라와 A와 함께 살게 되었다.
③ 갑은 안산에 올라 온 이후 다시 처가 식구들이 운영하는 옷가게에서 일을 하였다.
④ 갑은 얼마 후 또다시 처가 식구들이 계속 자신을 무시한다고 생각하여 옷가게 일을 그만 두었다.
⑤ 갑은 그 무렵부터 A가 처가 식구들을 두둔하고 가정에 소홀하다는 등의 이유로 A를 탓하여 A와 자주 부부싸움을 하곤 하였다.
⑥ 갑은 옷가게 일을 그만 두고 별다른 직업 없이 지내기 시작한 이후부터는 A의 남자관계를 의심하였다.
⑦ 갑은 한 달에 2, 3회씩 A에게 폭행을 가하고 폭행 직후에 강제로 A와 성관계를 맺기까지 하였다.
⑧ 갑과 A는 2, 3년전부터 이미 A가 아이들만 데리고 다른 방에서 자는 등 각방을 사용해 왔다.

【사실관계 3】

① 2011. 10. 28. A가 단골손님과 밤늦게까지 밥을 먹고 자정 무렵에 귀가하였다.

② 갑은 화가 나서 문을 열어 주지 않았다.
③ A는 어쩔 수 없이 외박을 하고 그 다음날 아침에 귀가를 하였다.
④ 갑은 이를 두고 A가 외도를 한 것이라고 주장하며 흉기로 A에게 폭행을 가하였다. (㉠행위)
⑤ 갑은 그 며칠 후 2차례에 걸쳐 흉기로 A를 폭행하거나 상해를 가한 후 간음하거나 강간하였다. (㉡행위)

【사건의 경과 1】

① 검사는 갑을 다음의 공소사실로 기소하였다.
(가) 폭처법위반죄(흉기폭행)
(나) 준강간죄
(다) 폭처법위반죄(흉기상해)
(라) 성폭력처벌법위반죄(특수강간)
(마) 감금죄
② 검사는 갑에 대해 위치추적 전자장치 부착명령을 청구하였다.
③ (이하에서는 강간 관련 부분만 검토함)

【사건의 경과 2】

① 제1심법원은 유죄를 선고하였다.
② 갑은 불복 항소하였다.
③ 항소심법원은 강간에 해당한다고 판단하였다.
④ 항소심법원은 양형부당을 이유로 제1심판결을 파기하고, 다시 형을 선고하였다.
⑤ 갑은 불복 상고하였다.
⑥ 갑은 상고이유로 다음의 점을 주장하였다.
(가) 갑과 A는 배우자 사이이다.
(나) 배우자 사이의 성관계는 간음이 아니다.
(다) 강간은 강제에 의한 간음이다.
(라) 따라서 갑의 행위는 강간에 해당하지 않는다.

【사건의 경과 3】

① 대법원은 견해가 나뉘었다.
② 대법관 11인의 다수의견은 강간죄의 성립을 인정하였다.
③ 대법관 2인의 소수의견은 강간죄의 성립을 부정하였다.
④ 대법원은 다수의견에 따라 갑의 상고를 기각하였다.
⑤ (이하에서는 지면 관계로 다수의견만을 소개함)

【참조조문】

성폭력범죄의 처벌 등에 관한 특례법

제4조 (특수강간 등) ① 흉기나 그 밖의 위험한 물건을 지닌 채 또는 2명 이상이 합동하여 「형법」 제297조(강간)의 죄를 범한 사람은 무기징역 또는 5년 이상의 징역에 처한다.
② 제1항의 방법으로 「형법」 제298조(강제추행)의 죄를 범한 사람은 3년 이상의 유기징역에 처한다.

③ 제1항의 방법으로 「형법」 제299조(준강간, 준강제추행)의 죄를 범한 사람은 제1항 또는 제2항의 예에 따라 처벌한다.

2. 부부간의 성생활과 국가의 간섭 자제

【대법원 판단】 가. 전혀 다른 성장배경을 가진 남녀가 서로 만나 혼인하고 자녀를 낳아 양육하면서 가정을 이루는 토대는 부부 사이의 사랑과 신뢰이다. /

【대법원 판단】 이러한 사랑과 신뢰는 부부 사이에 건강한 성생활이 유지됨으로써 더욱 견고해질 수 있다. /

【대법원 판단】 부부는 가치관, 정신적·육체적 능력, 욕구와 취향 등 인생의 희로애락과 관련된 모든 면에서 차이가 있게 마련이지만, /

【대법원 판단】 그러면서도 가정을 평화롭고 행복하게 유지하려면 서로 양보와 배려를 하고 경우에 따라 자기희생도 감수해야 한다. /

【대법원 요지】 같은 연유로 성적 욕구와 취향 등도 부부 사이에 서로 다르며 각 가정마다 상당한 차이가 있을 수 있지만, /

【대법원 요지】 어떤 경우에도 부부 사이의 성생활을 제3자가 자신의 기준으로 평가하도록 하는 것은 바람직하지 않다. /

【대법원 요지】 따라서 국가도 은밀하게 이루어지는 부부 사이의 성생활에 개입하는 것을 극도로 자제하여야 한다.

【대법원 판단】 종래 대법원은 혼인관계가 실질적으로 유지되는 한 아내에 대하여 강제적인 성관계를 한 남편을 강간죄로 처벌할 수 없다고 해석하였다. /

【대법원 판단】 이는 가정 내의 폭력을 추방하여야 한다는 요청을 대법원이 외면하거나 가볍게 여기는 것이 아니라 /

【대법원 판단】 혼인생활에서 부부 사이에 은밀히 이루어지는 성관계에 대한 국가의 개입을 자제하여 조금이라도 가정이 유지되도록 하기 위한 배려라고 새길 것이다.

3. 부부간의 성생활과 여성의 성적 자기결정권

【대법원 분석】 나. 헌법은 인간의 존엄과 가치, 행복추구권의 보장을 선언하면서(제10조), /

【대법원 분석】 혼인과 가족생활이 개인의 존엄과 양성의 평등을 기초로 성립되고 유지되어야 함과 아울러 /

【대법원 분석】 국가는 이를 적극적으로 보장하여야 하는 의무를 부담함을 천명하고 있다(제36조). /

【대법원 요지】 개인의 성적 자기결정권은 위 헌법 규정이 정한 개인의 존엄과 가치, 양성의 평등, 행복추구권에 기초하고 있으므로, /

【대법원 요지】 혼인한 부부 사이의 성생활에서도 개인의 성적 자기결정권은 보장되고 보호되어야 한다. /

【대법원 요지】 비록 부부 사이에 은밀히 이루어지는 성생활이 국가의 개입을 극도로 자제하여야 하는 영역에 속한다고 하더라도 /

【대법원 요지】 위 헌법 규정의 적용이 배제되는 성역(聖域)일 수는 없다.

【대법원 판단】 아내에 대한 성폭력은 매우 사적이고 은밀한 성격을 띠고 있어 잘 노출되지 않는 특성이 있는데다가 반복적이고 지속적인 양상을 보이기 때문에 /

【대법원 판단】 이에 대한 적절한 대응조치가 취하여지지 않으면 그에 따른 여성의 피해는 점차 심각해질 위험이 있다. /

【대법원 판단】 특히 우리나라의 특수한 경제적 · 문화적 · 사회적 요인으로 인하여 피해자인 여성이 이혼을 결심하지 못한 채 자포자기의 심정으로 현실을 감내하는 선택을 할 수밖에 없는 경우도 있을 수 있다.

【대법원 판단】 아내에 대한 성폭력이 가정 내부에서 자율적으로 해결되지 못하고 아내의 성적 자기결정권이 심각하게 유린되는 상황이 지속되고 있음에도 /

【대법원 판단】 국가가 부부 사이의 내밀한 성생활에 관한 문제라는 이유만으로 그 개입을 자제한다면, /

【대법원 판단】 헌법이 천명한 개인의 존엄과 양성의 평등에 기초한 혼인생활을 보장할 국가의 책무를 소홀히 하는 것이다. /

【대법원 요지】 특히 부부 사이에서도 양성의 평등과 성적 자기결정권이 존중되어야 한다는 인식이 국민들의 보편적 법의식으로 자리잡게 된 오늘날에는, /

【대법원 요지】 혼인관계가 파탄에 이른 경우는 물론 /

【대법원 요지】 혼인관계가 실질적으로 유지되고 있는 경우에도 /

【대법원 요지】 남편의 성폭력이 아내의 성적 자기결정권을 본질적으로 침해하는 정도에 이르렀다면, /

【대법원 요지】 국가가 이에 개입하여 더 이상의 피해를 방지하고 건강한 부부관계가 회복될 수 있도록 적절한 조치를 취해야 하며, /

【대법원 요지】 필요한 경우 국가형벌권의 행사도 고려하지 않을 수 없다.

4. 강간죄의 객체와 부녀

【대법원 요지】 다. 형법 제297조는 부녀를 강간한 자를 처벌한다고 규정하고 있는데, /

【대법원 요지】 형법이 강간죄의 객체로 규정하고 있는 부녀란 성년이든 미성년이든, 기혼이든 미혼이든 불문하며 곧 여자를 가리키는 것이다. /

【대법원 요지】 이와 같이 형법은 법률상 처를 강간죄의 객체에서 제외하는 명문의 규정을 두고 있지 않으므로, /

【대법원 요지】 문언 해석상으로도 법률상 처가 강간죄의 객체에 포함된다고 새기는 것에 아무런 제한이 없다.

【대법원 분석】 한편 1953. 9. 18. 법률 제293호로 제정된 형법은 강간죄를 규정한 제297조를 담고 있는 제2편 제32장의 제목을 '정조에 관한 죄'라고 정하고 있었는데, /

【대법원 분석】 1995. 12. 29. 법률 제5057호로 형법이 개정되면서 그 제목이 '강간과 추행의 죄'로 바뀌게 되었다. /

【대법원 요지】 이러한 형법의 개정은 /
【대법원 요지】 강간죄의 보호법익이 현재 또는 장래의 배우자인 남성을 전제로 한 관념으로 인식될 수 있는 '여성의 정조' 또는 '성적 순결'이 아니라, /
【대법원 요지】 자유롭고 독립된 개인으로서 여성이 가지는 성적 자기결정권이라는 사회 일반의 보편적 인식과 법감정을 반영한 것으로 볼 수 있다.

5. 부부간 동거의무와 성적 자기결정권

【대법원 요지】 라. 민법 제826조 제1항은 부부의 동거의무를 규정하고 있고, 여기에는 배우자와 성생활을 함께 할 의무가 포함된다. /
【대법원 요지】 부부의 일방이 정당한 이유 없이 서로 동거하여야 할 부부로서의 의무를 포기하고 다른 일방을 버린 경우에는 재판상 이혼사유인 악의의 유기에 해당할 수 있다. /
【대법원 요지】 그러나 부부 사이에 민법상의 동거의무가 인정된다고 하더라도 /
【대법원 요지】 거기에 폭행, 협박에 의하여 강요된 성관계를 감내할 의무가 내포되어 있다고 할 수 없다. /
【대법원 요지】 혼인이 개인의 성적 자기결정권에 대한 포기를 의미한다고 할 수 없고, /
【대법원 요지】 성적으로 억압된 삶을 인내하는 과정일 수도 없기 때문이다.

6. 부부 강간과 강간죄 판례변경

【대법원 분석】 마. 결론적으로, /
【대법원 분석】 위와 같은 헌법이 보장하는 혼인과 가족생활의 내용, 가정에서의 성폭력에 대한 인식의 변화, 형법의 체계와 그 개정 경과, 강간죄의 보호법익과 부부의 동거의무의 내용 등에 비추어 보면, /
【대법원 요지】 형법 제297조가 정한 강간죄의 객체인 '부녀'에는 법률상 처가 포함되고, /
【대법원 요지】 혼인관계가 파탄된 경우뿐만 아니라 /
【대법원 요지】 혼인관계가 실질적으로 유지되고 있는 경우에도 /
【대법원 요지】 남편이 반항을 불가능하게 하거나 현저히 곤란하게 할 정도의 폭행이나 협박을 가하여 아내를 간음한 경우에는 강간죄가 성립한다고 보아야 한다.
【대법원 요지】 다만 남편의 아내에 대한 폭행 또는 협박이 피해자의 반항을 불가능하게 하거나 현저히 곤란하게 할 정도에 이른 것인지 여부는, /
【대법원 요지】 부부 사이의 성생활에 대한 국가의 개입은 가정의 유지라는 관점에서 최대한 자제하여야 한다는 전제에서, /
【대법원 요지】 그 폭행 또는 협박의 내용과 정도가 아내의 성적 자기결정권을 본질적으로 침해하는 정도에 이른 것인지 여부, /
【대법원 요지】 남편이 유형력을 행사하게 된 경위, 혼인생활의 형태와 부부의 평소 성행, 성교 당시와 그 후의 상황 등 /
【대법원 요지】 모든 사정을 종합하여 신중하게 판단하여야 한다.

【대법원 요지】 이와 달리, 실질적인 부부관계가 유지되고 있을 때에는 설령 남편이 강제로 아내를 간음하였다고 하더라도 강간죄가 성립하지 아니한다고 판시한 대법원 1970. 3. 10. 선고 70도29 판결은 /

【대법원 요지】 이 판결과 배치되는 범위에서 이를 변경하기로 한다.

7. 부부 강간과 가정폭력범죄

【대법원 판단】 바. 아울러 혼인관계가 실질적으로 유지되고 있는 부부 사이에서 발생하는 강간죄의 수사와 재판에는 특별한 고려가 필요하다는 점을 지적하여 둔다.

【대법원 판단】 남편의 아내에 대한 강간죄를 수사하는 수사기관이나 그 재판을 담당하는 법원은 수사나 재판과정에서 모멸감, 배신감 등으로 부부 사이의 심리적·정신적 상처가 덧나거나 혼인의 파탄이 촉진되는 일이 없도록 세심한 배려를 하여야 하고, /

【대법원 판단】 가정 내의 고통이 장기간 지속되지 않도록 신속하게 절차를 진행하여야 한다. /

【대법원 판단】 그리고 부부 모두 가정을 유지하려는 의사가 확고할 때에는 이를 수사나 재판에 있어 중요한 요소로 반영하여야 함은 물론이다.

【대법원 분석】 한편 가정폭력범죄의 처벌 등에 관한 특례법(이하 '가정폭력특례법'이라 한다)이 2012. 1. 17. 법률 제11150호로 개정되면서 /

【대법원 분석】 형법 제297조의 강간죄 및 이에 대하여 다른 법률에 따라 가중처벌되는 죄도 가정폭력범죄에 해당하게 되었다. /

【대법원 요지】 가정폭력특례법은 가정폭력범죄에 대하여는 가정폭력특례법을 다른 법률에 우선하여 적용하고(제3조), /

【대법원 요지】 남편의 아내에 대한 강제적인 성행위가 형법상 강간죄의 구성요건을 충족하더라도 /

【대법원 요지】 형사처벌보다 가정폭력특례법에 따른 보호처분이 적절한 경우에는 이를 가정보호사건으로 처리할 수 있도록 규정하고 있다 /

【대법원 요지】 (제9조 제1항, 제12조, 제40조 제1항 등 참조). /

【대법원 요지】 이와 같이 남편의 아내에 대한 강간죄는 형사공판절차가 아니라 가정보호사건으로 처리될 수 있으므로, /

【대법원 요지】 검사 또는 법원으로서는 아내에 대한 강간죄를 가정폭력특례법에 따라 가정보호사건으로 처리할 것인지, /

【대법원 요지】 아니면 피고사건으로 처리할 것인지를 결정함에 있어 /

【대법원 요지】 부부 사이에서 발생한 성폭력범죄라는 특수성과 함께 /

【대법원 요지】 이를 피고사건으로 처리할 경우 적용될 강간죄의 법정형을 아울러 고려하여

【대법원 요지】 신중히 판단하여야 할 것이다.

8. 사안에 대한 대법원의 판단

【대법원 판단】 사. 원심은 그 채택 증거에 의하여 그 판시와 같은 사실을 인정한 다음, /

【대법원 판단】 부부인 피고인과 피해자가 불화로 부부싸움을 자주 하면서 각방을 써오던 상황에서

피고인이 흉기를 사용하여 피해자를 폭행, 협박한 후 강제로 성관계를 하였으므로, /

【대법원 판단】 준강간죄 및 성폭력범죄의 처벌 등에 관한 특례법 위반(특수강간)죄가 성립한다고 판단하였다.

【대법원 결론】 원심판결 이유를 앞서 본 법리와 기록에 비추어 살펴보면, 원심의 위와 같은 판단은 정당하고, 거기에 상고이유 주장과 같은 강간죄의 객체에 관한 법리를 오해하는 등의 위법이 없다.

【대법원 판단】 (부착명령 판단 부분 생략; 저자)

【대법원 결론】 그러므로 상고를 모두 기각하기로 하여 주문과 같이 판결한다. /

【대법원 결론】 이 판결에는 피고사건 부분에 대한 대법관 이상훈, 김용덕의 반대의견이 있는 외에는 /

【대법원 결론】 관여 법관의 의견이 일치되었다.

【코멘트】

(1) 2012년 12월의 성(性)형법 개정

2012년 12월 18일 성범죄(간통죄 제외)와 관련하여 형법, 「성폭력범죄의 처벌 등에 관한 특례법」, 「아동·청소년의 성보호에 관한 법률」 등이 개정되었다. 이들 개정법률은 6개월의 유예기간을 거쳐 2013년 6월 19일부터 시행되었다. 성범죄와 관련한 형법개정은 사회가 다층화되고 복잡하게 발달함에 따라 성범죄도 다양한 양상을 띠고 변화하고 있으나 기존의 형법전은 이러한 변화의 양상을 미처 담아내지 못하고 있다는 문제의식에서 비롯되었다. 그동안 성(性)형법과 관련하여 다음과 같은 문제점들이 지적되어 왔다.

첫째로, 강간죄에 대한 인식의 변화를 반영하지 못하고 있었다. 유사성교행위의 경우 독일, 프랑스 등 선진 외국에서는 강간의 기준을 '신체에의 삽입'에 두고 강간죄에 포섭하여 엄하게 처벌하고 있다. 이에 반하여 우리나라는 강간죄의 객체를 '부녀'로 한정하면서 '성기간의 삽입'만을 강간죄로 처벌하였고, 이와 유사한 성교행위는 강제추행죄로 처벌하고 있었다.

둘째로, 성범죄를 친고죄로 규정함으로써 발생하는 폐해를 간과하고 있었다. 기존의 형법과 형사소송법은 피해자의 사생활과 인격을 보호한다는 명분을 가지고 추행·간음·결혼·영리 목적 약취·유인·수수·은닉죄 및 강간죄 등 성범죄를 친고죄로 규정하고 있었다. 그러나 피해자의 고소 취하를 얻어내기 위하여 가해자 측이 피해자를 협박하거나 명예훼손으로 역고소하는 경우가 많아 문제로 지적되고 있었다. 아울러 형법이 성폭력을 중대한 범죄로 규정하고 있음에도 친고죄로 정하고 있는 것은 형법전의 체계에도 맞지 않다는 비판이 제기되었다.

셋째로, 헌법재판소의 일부 위헌결정(2009. 11. 26. 2008헌바58)에서 지적된 바와 같이 혼인빙자간음죄에 대한 폐지론이 대두되었다. 혼인빙자간음죄의 경우 기소되거나 처벌받는 경우가 거의 없어 법적 실효성이 낮았다. 그뿐만 아니라 혼인빙자간음죄의 대상을 '음행의 상습 없는 부녀'로 한정하는 것 자체가 여성의 성적 주체성을 훼손하는 규정이므로 폐지되어야 한다는 비판도 제기되었다.

이러한 문제점을 배경으로 2012년 12월 우리 입법자는 변화된 시대상황을 반영하고 다양화된 성범죄에 효과적으로 대처하기 위하여 ① 유사강간죄를 신설하고(형법 제292조의2), ② 강간죄의 객체를 '부녀'에서 '사람'으로 확대하며, ③ 친고죄를 폐지하고, ④ 혼인빙자간음죄를 폐지하는 것을 주요 내용으로 하는 형법 일부개정을 단행하였다. 아울러 성범죄 피해자의 보호를 강화하기 위하여 「성폭력범죄의 처벌 등에 관한 특례법」, 「아동 · 청소년의 성보호에 관한 법률」, 「성폭력범죄자의 성충동 약물치료에 관한 법률」 등을 형법과 함께 개정하였다.

본서에서는 형법과 형사특별법의 성범죄에 관한 규정들을 넓은 의미의 성(性)형법으로 파악하여, (1) 강간죄, (2) 강제추행죄, (3) 미성년자간음 · 추행죄, (4) 강간 · 강제추행치사상죄의 순서로 이를 고찰하기로 한다.

(2) 대법원의 부부 강간 인정

본 판례는 새로운 성(性)형법이 시행되기 전에 일어난 사안을 토대로 하고 있다. 대법원은 개정 형법이 시행되기 직전인 2013년 5월에 본 판결을 선고하고 있다. 따라서 본 판례에서 기준이 된 적용 법령은 '폭행 또는 협박으로 부녀를 강간한 자'를 구성요건으로 규정하고 있는 개정전 형법 제297조이다.

본 판례에서 대법원은 개정되기 전 강간죄의 객체인 '부녀'에 배우자인 아내가 포섭될 수 있는가를 상세히 검토하고 있다. 그런데 개정된 형법의 강간죄는 객체를 '사람'으로 규정하고 있으므로 이 부분의 의미는 반감된 것처럼 보인다. 그러나 배우자 사이의 강간 문제를 논한 본 판례의 의미와 중요성은 개정 형법하에서도 여전히 유효하다. 배우자에 대한 강간 문제는 아내가 '부녀'인가 아닌가에 초점이 있는 것이 아니라, 아내에 대한 간음이 '강간'에 해당할 수 있는가 하는 점이 관건이기 때문이다.

본 판례에서 대법원은 소위 부부 강간을 강간죄로 처벌할 수 있다는 입장을 천명하면서, 종래 이를 부정하였던 대법원판례를 변경하고 있다. 판례변경의 논거를 모색하는 과정에서 대법원은 먼저 "국가도 은밀하게 이루어지는 부부 사이의 성생활에 개입하는 것을 극도로 자제하여야 한다."는 입장에서 출발한다.

그럼에도 불구하고 대법원은 "혼인관계가 파탄된 경우뿐만 아니라 혼인관계가 실질적으로 유지되고 있는 경우에도 남편이 반항을 불가능하게 하거나 현저히 곤란하게 할 정도의 폭행이나 협박을 가하여 아내를 간음한 경우에는 강간죄가 성립한다고 보아야 한다."는 입장을 취하고 있다. 이와 관련하여 대법원은 아내의 성적 자기결정권에 주목하면서 "남편의 성폭력이 아내의 성적 자기결정권을 본질적으로 침해하는 정도"에 이르렀는가 아닌가를 부부 강간의 판단기준으로 제시하고 있다.

본 판례에서 또 한 가지 주목되는 대목은 대법원이 소위 부부 강간을 인정하면서도 국가의 개입을 최소화하는 방법으로 「가정폭력범죄의 처벌 등에 관한 특례법」이 규정하고 있는 보호처분의 활용을 강조하고 있는 부분이다. 2012년 1월에 개정된 가정폭력특례법에 따라 가정 내에서 일어나는 일련의 성범죄들도 가정폭력범죄에 해당하게 되었다. 대법원은 이 점에 주목하면서, 법원과 수사기관에 대해 아내에 대한 강간죄를 가정보호사건으로 처리할 것인지 아니면 피고사건으로 처리할 것인지를 신중하게 판단하라는 메세지를 보내고 있다.

99도519

강간죄와 폭행 – 인정례
강간미수죄와 강간치상죄의 관계
문신 협박 사건

1999. 4. 9. 99도519, 공 1999, 950

1. 사실관계 및 사건의 경과

【사실관계】

① (「아동 · 청소년의 성보호에 관한 법률」이 시행되기 전의 사안이다.)

② 갑은 연령이 어린 A(여)와 다른 사람들의 출입이 없는 새벽에 건물 내실에서 단둘이 있었다.

③ 갑은 A와 함께 있다가 욕정을 일으켰다.

④ 갑은 자신의 몸에 새겨진 문신을 보고 겁을 먹은 A에게 자신이 전과자라고 말하면서 캔맥주를 집어 던지고 A의 뺨을 한 번 때리면서 성행위를 요구하였다.

⑤ 갑은 성기의 삽입을 시도하였으나 성공하지 못하였다. (갑의 주장임)

⑥ 갑의 행위로 A는 약 2주간의 치료를 요하는 외음부좌상을 입었다.

【사건의 경과】

① 검사는 갑을 강간치상죄로 기소하였다.

② 제1심법원은 유죄를 인정하였다.

③ 갑은 불복 항소하였다.

④ 항소심법원은 항소를 기각하고, 제1심판결을 유지하였다.

⑤ 갑은 불복 상고하였다.

⑥ 갑은 상고이유로 다음의 점을 주장하였다.

(가) 뺨을 한 대 때린 것만으로는 강간죄의 폭행에 해당하지 않는다.

(나) A녀의 상해는 갑의 폭행으로 인한 것이 아니므로 강간치상죄는 성립하지 않는다.

【참조조문】

아동 · 청소년의 성보호에 관한 법률

제7조 (아동 · 청소년에 대한 강간 · 강제추행 등) ① 폭행 또는 협박으로 아동 · 청소년을 강간한 사람은 무기징역 또는 5년 이상의 유기징역에 처한다.

② 아동 · 청소년에 대하여 폭행이나 협박으로 다음 각 호의 어느 하나에 해당하는 행위를 한 자는 5년 이상의 유기징역에 처한다.

1. 구강 · 항문 등 신체(성기는 제외한다)의 내부에 성기를 넣는 행위
2. 성기 · 항문에 손가락 등 신체(성기는 제외한다)의 일부나 도구를 넣는 행위

③ 아동 · 청소년에 대하여 「형법」 제298조의 죄를 범한 자는 2년 이상의 유기징역 또는 1천만원 이상 3천만원 이하의 벌금에 처한다.

④ 아동 · 청소년에 대하여 「형법」 제299조의 죄를 범한 자는 제1항부터 제3항까지의 예에 따른다.

⑤ 위계(僞計) 또는 위력으로써 아동 · 청소년을 간음하거나 아동 · 청소년을 추행한 자는 제1항부터 제3항까지의 예에 따른다.

⑥ 제1항부터 제5항까지의 미수범은 처벌한다.

제9조 (강간 등 상해 · 치상) 제7조의 죄를 범한 사람이 다른 사람을 상해하거나 상해에 이르게 한 때에는 무기징역 또는 7년 이상의 징역에 처한다.

2. 사안에 대한 대법원의 판단

(1) 강간죄와 폭행의 정도

【대법원 요지】 강간죄에 있어 폭행 또는 협박은 피해자의 항거를 현저히 곤란하게 할 정도의 것이어야 하고, /

【대법원 요지】 그 폭행 또는 협박이 피해자의 항거를 현저히 곤란하게 할 정도의 것이었는지 여부는 유형력을 행사한 당해 폭행 및 협박의 내용과 정도는 물론이고, /

【대법원 요지】 유형력을 행사하게 된 경위, 피해자와의 관계, 범행 당시의 정황 등 제반 사정을 종합하여 판단하여야 한다.

(2) 사안에 대한 대법원의 결론

【대법원 분석】 원심이 인용한 제1심판결 명시의 증거들을 기록에 비추어 검토하여 보면, /

【대법원 분석】 피고인이 피해자와 함께 있다가 욕정을 일으켜 피고인의 몸에 새겨진 문신을 보고 겁을 먹은 피해자에게 자신이 전과자라고 말하면서 캔맥주를 집어던지고 피해자의 뺨을 한 번 때리면서 성행위를 요구한 사실이 인정되는바, /

【대법원 판단】 이러한 사실과 피해자의 연령이 어린 점 및 다른 사람들의 출입이 없는 새벽에 건물 내실에서 피고인과 피해자가 단둘이 있는 상황인 점 등 기록에 나타난 모든 사정을 종합하면 /

【대법원 판단】 피고인이 피해자의 항거를 현저히 곤란하게 할 정도의 유형력을 행사한 사실은 충분히 인정이 된다고 보아야 할 것이므로 /

【대법원 결론】 피고인의 강간치상 범죄사실에 대하여 범죄의 증명이 있다고 한 제1심판결을 그대로 유지한 원심판결에 각 상고이유로 주장하는 법리오해나 사실오인의 위법이 있다고 할 수 없다.

(3) 강간미수죄와 강간치상죄의 관계

【대법원 요지】 그리고 강간이 미수에 그치거나 간음의 결과 사정을 하지 않은 경우라도 그로 인하여 피해자가 상해를 입었으면 강간치상죄가 성립하는 것이고, /

【대법원 요지】 강간치상죄에 있어 상해의 결과는 강간의 수단으로 사용한 폭행으로부터 발생한 경우뿐 아니라 /

【대법원 요지】 간음행위 그 자체로부터 발생한 경우나 강간에 수반하는 행위에서 발생한 경우도 포함하는 것이므로, /

【대법원 판단】 가사 피고인이 성기의 삽입을 시도하였으나 성공하지 못하였다던가 또는 사정을 하지 못하였다고 하더라도 /

【대법원 판단】 피고인의 강간행위에 수반된 추행이나 간음행위 자체로 인하여 피해자가 약 2주간의 치료를 요하는 외음부좌상을 입은 사실이 인정되는 이상 강간치상죄의 성립에는 지장이 없다. /
【대법원 결론】 이 점에 관한 각 상고이유의 주장도 모두 받아들일 수 없다. (상고 기각)

【코멘트】 「아동 · 청소년의 성보호에 관한 법률」이 시행되기 전의 사안으로 강간죄의 폭행이 인정된 경우이다. 본 판례를 다음에 소개하는 2004도2611 판례와 대비해 보면 강간죄의 폭행 여부에 관한 판단기준을 보다 분명하게 파악할 수 있다. 한편 본 판례는 강간미수와 강간치상의 관계에 관한 법리도 잘 보여주고 있다.

2004도2611

강간죄와 폭행 – 부정례
버디버디 채팅 사건

2004. 6. 25. 2004도2611, 공 2004, 1295

1. 사실관계 및 사건의 경과

【사실관계】

① A는 14세의 소녀이다.
② 갑은 인터넷 채팅사이트인 '버디버디'를 통하여 A를 알게 되었다.
③ 갑은 A에게 만나자고 한 후, A와 성관계를 가졌다.
④ (사실관계의 분석은 판례 본문 참조)

【사건의 경과】

① (분석의 편의를 위하여 이하에서 행위시법 관계는 고려하지 않음)
② 검사는 갑을 강간죄로 기소하였다.
③ 제1심법원은 유죄를 인정하였다.
④ 갑은 불복 항소하였다.
⑤ 항소심법원은 항소를 기각하고, 제1심판결을 유지하였다.
⑥ 갑은 불복 상고하였다.

2. 강간죄의 폭행 정도

【대법원 요지】 강간죄가 성립하려면 가해자의 폭행 · 협박은 피해자의 항거를 불가능하게 하거나 현저히 곤란하게 할 정도의 것이어야 하고, /
【대법원 요지】 그 폭행 · 협박이 피해자의 항거를 불가능하게 하거나 현저히 곤란하게 할 정도의 것이었는지 여부는 /
【대법원 요지】 그 폭행 · 협박의 내용과 정도는 물론 유형력을 행사하게 된 경위, 피해자와의 관계,

성교 당시와 그 후의 정황 등 모든 사정을 종합하여 판단하여야 한다.

3. 사안에 대한 대법원의 분석

【대법원 분석】 (전략) 나머지 증거들인 피해자 공소외 A에 대한 경찰 진술조서와 피고인에 대한 검찰 및 경찰 피의자신문조서에 의하여 이 사건 공소사실을 인정할 수 있는지에 관하여 살펴본다.

【대법원 분석】 먼저 사법경찰리 작성의 피해자 공소외 A에 대한 진술조서(수사기록 13~19면)를 보면, 피해자 공소외 A는 /

【대법원 분석】 "피고인과는 2004. 1. 6. 인터넷 채팅방인 '버디버디'에서 종교에 관한 이야기를 하면서 알게 되어 1. 14.까지 채팅을 통하여 고민상담을 하면서 친하게 되었는데 피고인이 1. 15. 채팅만 하지말고 만나서 이야기하자고 하기에 겁이 나서 거절했는데 /

【대법원 분석】 1. 16. 생일에 어머니와 할머니로부터 잔소리와 꾸중을 듣고 울적한 기분에 피고인과 채팅을 하다가 만나기로 하여 1. 17. 집 근처에 있는 PC방에서 만나게 되었다. /

【대법원 분석】 피고인이 1. 18. 00:00가 조금 넘어 면목동에 있는 비디오방으로 데리고 들어가 홍콩영화를 틀어주기에 영화를 보면서 누워 졸고 있는데 피고인이 갑자기 '우리 뭐 하자.'고 하면서 바지를 강제로 벗기려고 하여 너무 놀라 일어서서 나가려고 하니까 피고인이 끌어다가 눕히더니 강제로 바지를 벗기고 그 짓을 했다. /

【대법원 분석】 1. 18. 07:00경 비디오방에서 나와 피고인과 함께 PC방으로 가서 피고인이 게임하는 것을 2시간 가량 보다가 피고인의 제의로 피고인이 근무하는 회사 숙직실로 함께 가서 쪼그려 자고 있는데 피고인이 다시 바지를 강제로 벗기더니 비디오방에서 한 것처럼 강간을 했다. /

【대법원 분석】 그 후 1. 18. 14:00경 인근 미장원에 가서 피고인이 (피해자의) 머리손질을 하게 하였고, 면목동에 있는 PC방으로 갔으며, 그 후로도 집에 들어가려고 하니 너무 억울하고 창피한 생각이 들어 무작정 따라다녀 보고 싶은 생각이 들어 계속 같이 다니면서 PC방과 목욕탕을 돌아다니다가 1. 20. 오전에 집으로 돌아갔다. /

【대법원 분석】 강간할 당시 피고인이 위험한 물건이나 흉기로 협박한 사실은 없었고, 힘으로 누르고 인상을 쓰면서 미친 사람처럼 강간했다."고 진술하고 있다.

【대법원 분석】 다음으로 사법경찰리 작성의 피고인에 대한 피의자신문조서(수사기록 20~27면)를 보면, 피고인은 /

【대법원 분석】 "비디오방에서 처음 강간할 당시에는 피해자가 피고인을 믿고 따라왔는데 피고인이 짐승처럼 그런 행동을 하니 엄청 놀라 강하게 반항하였으나 피고인이 힘으로 꼼짝 못하게 하고 비디오방의 긴 소파에 눕힌 후 피해자의 바지를 강제로 벗기고 강간하였다. /

【대법원 분석】 회사 숙직실에서도 같은 방법으로 강간하였다. /

【대법원 분석】 강간할 당시 위험한 물건이나 흉기로 위협하거나 폭행하지는 않았고, 단지 피고인이 너무 흥분하여 위협하듯이 인상만 썼다."고 진술하고 있고, /

【대법원 분석】 검사 작성의 피고인에 대한 피의자신문조서(수사기록 36~44면)를 보면, 피고인은 /

【대법원 분석】 "피해자를 만나 PC방에서 게임을 하다가 집으로 돌려 보내려고 하였으나 집에 들어가지 않는다고 하여 비디오방으로 가게 되었는데, 비디오방에서 갑자기 욕정이 생겨 피해자의 가슴을

만지자 피해자가 '하지 마라.'고 하면서 손을 뿌리쳤으나, /

【대법원 분석】 피고인이 '야, 우리 하자.'고 말하였더니 피해자가 아무 말도 하지 않고 소파에 기대어 누워 있어 피고인이 피해자의 위로 올라간 뒤 강제적으로 바지를 벗기려고 하자 피해자가 너무 놀라 피고인을 밀치며 비디오를 계속 보라고 하였으나 욕정을 참지 못하고 피해자를 꼼짝 못하게 한 뒤 강제적으로 피해자의 바지를 벗기고 강간을 하였다. /

【대법원 분석】 회사 숙직실에 온 뒤에도 피해자가 누워있는 모습을 보고 피해자에게 다가가 '하자'고 하였더니 아무런 대답을 하지 않아 팬티바람으로 자고 있던 피해자에게 다가가 옷을 벗고 위로 올라가 강제로 성관계를 맺었다. /

【대법원 분석】 그 후 함께 지내다가 1. 20. 오후에 택시를 태워 피해자를 집으로 보내주었다."고 진술하고 있다.

4. 사안에 대한 대법원의 판단

【대법원 판단】 이와 같이 피해자와 피고인의 진술에 의하여 인정되는 피고인이 피해자를 간음하게 된 경위, 피고인과 피해자의 관계, 간음 당시의 정황 및 그 이후 피고인과 피해자의 행적 등 모든 사정을 종합하여 보면, /

【대법원 판단】 피고인은 피해자의 의사에 반하는 정도의 유형력을 행사하여 피해자를 간음한 것으로 볼 여지는 있으나, /

【대법원 판단】 더 나아가 그 유형력의 행사로 인하여 피해자가 반항을 못하거나 반항을 현저하게 곤란하게 할 정도에까지 이르렀다는 점에 대하여는 합리적인 의심이 없을 정도로 증명이 되었다고 보기는 어렵다 할 것이므로, /

【대법원 결론】 사정이 이와 같다면 원심으로서는 피해자를 증인으로 신문하는 등 피고인이 피해자와 성관계를 맺기 전후의 사정을 자세히 심리하여 본 후 /

【대법원 결론】 피고인이 피해자의 항거를 현저하게 곤란하게 할 정도의 유형력을 행사하였는지에 관하여 판단하였어야 할 것임에도 불구하고 /

【대법원 결론】 위와 같이 강간범행을 인정하기에는 불충분한 증거들만으로 이 사건 공소사실을 유죄로 인정한 제1심판결을 유지하고 말았으니 /

【대법원 결론】 이러한 원심판결에는 심리를 제대로 다하지 아니하였거나 채증법칙에 위반하여 사실을 오인하여 판결 결과에 영향을 미친 위법이 있다 할 것이다. 이 점을 지적하는 상고이유의 주장은 이유 있다. (파기 환송)

【코멘트】 본 판례는 강간죄의 폭행의 정도에 관한 것이다. 위에 소개한 **99도519** 판례가 강간죄의 폭행을 긍정한 사례임에 대하여 본 판례는 폭행을 부정한 사례를 제시하고 있다. 양자를 대비해 보면 강간죄의 폭행 여부에 관한 판단기준을 어느 정도 가늠할 수 있을 것이라고 생각된다.

한편 폭행의 개념을 다룬 본 판례는 협박의 개념을 다룬 아래의 **2006도5979** 판례에 대응한다. 따라서 "강간죄가 성립하려면 가해자의 폭행·협박은 피해자의 항거를 불가능하게 하거나 현저히 곤란하게 할 정도의 것이어야 [한다.]"는 판단기준은 두 판례에 동일하게 적용된다. 그런데 양자를 비교해 보면, 본 판례는 피해자의 항거를 현저히 곤란하게 한다는 기준선의 바깥에 위치하고 있다면, 협박에 의한 강간죄의 사안을 다룬 2006도5979 판례는 그 기준선의 안쪽에 위치하고 있다고 말할 수 있다.

본 판례와 협박에 의한 강간죄의 사안에서 대법원은, 주어진 사실관계를 종합적으로 판단하여 폭행이나 협박 여부를 판단하도록 공통적으로 요구하고 있다. 이 때문에 사실관계의 특성을 밝혀내기 위하여 장문에 걸친 분석이 이루어지고 있다.

2006도5979

강간죄와 협박 – 인정례
1인 2역 간음 사건

2007. 1. 25. 2006도5979, 공 2007, 392

1. 사실관계 및 사건의 경과

【사실관계 1】

① A는 30대의 주부이다.
② A는 과거 B라는 남자와 교제하면서 임신하기도 하였으나 B가 연락을 끊어 헤어졌다.
③ A는 C와 혼인하여 남편과 사이에 11세, 9세, 3세의 아들 셋을 두고 있는 평범한 가정주부이다.
④ A는 어느날 옛 애인 B로 행세한 갑과 그 얼굴을 정확히 보지 못한 상태에서 1회 성관계를 가졌다.

【사실관계 2】

① 이후 갑은 A에게 여전히 옛 애인으로 행세하면서 전화를 걸어 다음과 같이 말하였다.
② "갑을 만나기 위하여 애를 업고 모텔로 들어가는 A의 모습과 갑과 만났던 모텔 방호수를 사진으로 찍은 사람(을)이 A와의 성관계를 요구한다."
③ A는 마치 사진 찍은 사람(을)과의 성관계 요구에 불응하면 사진이 A의 집으로 보내지고 옛 애인과 성관계를 가진 사실이 남편과 가족들에게 알려질 듯한 갑의 태도에 겁을 먹었다.
④ 갑은 A에게 '사진 찍은 자(을)'의 성관계 요구를 전달한다고 하면서 다음과 같이 말하였다.
(가) 그 부하가 10명쯤 되는데 그 사람들에게 다 당하는 것보다 1명에게 당하는 것이 낫지 않느냐.
(나) 그 사람 성질을 건드리지 마라.

【사실관계 3】

① 갑은 '사진 찍은 자(을)'로도 행세하면서 A의 남편이 출근한 후 A의 집에 들어가 A에게 간음과 추행을 하였다.
② 이러한 상태는 이후 여러 번에 걸쳐서 계속되었다.
③ 갑은 A로부터 3회에 걸쳐 합계 88만 원을 받았다.
④ A는 갑과의 성관계 사실이 시어머니와 남편에게 알려지자 수면제를 먹고 자살을 기도하였다.
⑤ (사실관계의 분석은 판례 본문 참조)

【사건의 경과】

① 검사는 갑을 다음의 공소사실로 기소하였다.

(가) A의 주거에 들어가서 간음, 추행한 행위 : 성폭력처벌법위반죄(주거침입강간)

(나) A로부터 돈을 받은 행위 : 공갈죄

② 갑의 피고사건은 제1심을 거친 후, 항소심에 계속되었다.

③ 항소심법원은 다음과 같이 판단하였다.

(가) A의 주거에 들어간 행위 : 주거침입죄 : 유죄

(나) A를 간음, 추행한 행위 : 강간죄, 강제추행죄 : 무죄

(다) A로부터 돈을 받은 행위 : 공갈죄 : 유죄

④ (항소심의 무죄 부분에 대한 판단 이유는 판례 본문 참조)

⑤ 갑은 유죄 부분에 불복 상고하였다.

⑥ 갑은 상고이유로 다음의 점을 주장하였다.

(가) A의 승낙을 받아 주거에 들어갔으므로 주거침입죄는 성립하지 않는다.

(나) 선고된 형이 너무 무겁다.

⑦ 검사는 무죄 부분에 불복 상고하였다.

⑧ 검사는 상고이유로, 갑의 협박이 강간죄 및 강제추행죄의 협박에 해당한다고 주장하였다.

【참조조문】

성폭력범죄의 처벌 등에 관한 특례법

제3조 (특수강도강간 등) ①「형법」 제319조 제1항(주거침입), 제330조(야간주거침입절도), 제331조(특수절도) 또는 제342조(미수범. 다만, 제330조 및 제331조의 미수범으로 한정한다)의 죄를 범한 사람이 같은 법 제297조(강간), 제297조의2(유사강간), 제298조(강제추행) 및 제299조(준강간, 준강제추행)의 죄를 범한 경우에는 무기징역 또는 5년 이상의 징역에 처한다.

②「형법」 제334조(특수강도) 또는 제342조(미수범. 다만, 제334조의 미수범으로 한정한다)의 죄를 범한 사람이 같은 법 제297조(강간), 제297조의2(유사강간), 제298조(강제추행) 및 제299조(준강간, 준강제추행)의 죄를 범한 경우에는 사형, 무기징역 또는 10년 이상의 징역에 처한다.

2. 주거침입죄 및 공갈죄 부분에 대한 판단

【대법원 분석】 가. 원심은, 그 채용증거들에 의하여 그 판시와 같은 사실을 인정한 다음, /

【대법원 판단】 피고인이 피해자의 옛 애인 및 '사진 찍은 자'로 1인 2역을 수행하면서 설령 그 정을 알지 못하는 피해자로부터 승낙을 얻고 피해자의 주거에 들어갔다고 하더라도, /

【대법원 판단】 그 승낙의 의사표시는 기망 및 협박에 의한 것으로서 무효라는 등 그 판시와 같은 이유로 /

【대법원 판단】 판시 각 주거침입의 범죄사실과 3회에 걸쳐 합계 88만 원을 갈취하였다는 판시 각 공갈의 범죄사실을 모두 유죄로 인정하였다.

【대법원 결론】 원심판결이 인용한 제1심판결의 채용증거들을 기록에 비추어 살펴보면, 원심의 이와 같은 사실인정과 판단은 정당하고, 원심판결에는 상고이유의 주장과 같이 채증법칙을 위반하거나 주

거침입죄의 성립에 관한 법리를 오해하는 등의 위법이 없다.

【대법원 결론】 이 부분 상고이유의 주장은 이유 없다.

【대법원 결론】 나. 10년 미만의 징역형이 선고된 이 사건에서 형이 너무 무겁다는 주장은 적법한 상고이유가 될 수 없다.

【대법원 결론】 이 부분 상고이유의 주장도 이유 없다.

3. 강간죄 및 강제추행죄 부분에 대한 판단

(1) 강간죄 및 강제추행죄의 협박 정도

【대법원 요지】 가. 강간죄가 성립하려면 가해자의 폭행 · 협박은 피해자의 항거를 불가능하게 하거나 현저히 곤란하게 할 정도의 것이어야 하고, /

【대법원 요지】 그 폭행 · 협박이 피해자의 항거를 불가능하게 하거나 현저히 곤란하게 할 정도의 것이었는지 여부는 /

【대법원 요지】 그 폭행 · 협박의 내용과 정도는 물론, 유형력을 행사하게 된 경위, 피해자와의 관계, 성교 당시와 그 후의 정황 등 모든 사정을 종합하여 판단하여야 한다.

【대법원 요지】 또한, 상대방에 대하여 폭행 또는 협박을 가하여 추행행위를 하는 경우에 강제추행죄가 성립하려면 그 폭행 또는 협박이 항거를 곤란하게 할 정도일 것을 요하고, /

【대법원 요지】 그 폭행 · 협박이 피해자의 항거를 곤란하게 할 정도의 것이었는지 여부 역시 /

【대법원 요지】 그 폭행 · 협박의 내용과 정도는 물론, 유형력을 행사하게 된 경위, 피해자와의 관계, 추행 당시와 그 후의 정황 등 모든 사정을 종합하여 판단하여야 한다.

(2) 협박에 의한 강간죄와 강제추행죄의 성립요건

【대법원 요지】 따라서 가해자가 폭행을 수반함이 없이 오직 협박만을 수단으로 피해자를 간음 또는 추행한 경우에도 /

【대법원 요지】 그 협박의 정도가 위와 같은 정도의 것이었다면 강간죄 또는 강제추행죄가 성립하는 것이고, /

【대법원 요지】 협박과 간음 또는 추행 사이에 시간적 간격이 있더라도 /

【대법원 요지】 협박에 의하여 간음 또는 추행이 이루어진 것으로 인정될 수 있다면 달리 볼 것은 아니며, /

【대법원 요지】 한편 유부녀인 피해자에 대하여 혼인 외 성관계 사실을 폭로하겠다는 등의 내용으로 협박을 행사하여 피해자를 간음 또는 추행한 경우에 있어서 /

【대법원 요지】 그 협박이 위와 같은 정도의 것이었는지 여부에 관하여는, /

【대법원 요지】 일반적으로 혼인한 여성에 대하여 정조의 가치를 특히 중시하는 우리 사회의 현실이나 형법상 간통죄로 처벌하는 조항이 있는 사정 등을 감안할 때 /

【대법원 요지】 혼인 외 성관계 사실의 폭로 자체가 여성의 명예손상, 가족관계의 파탄, 경제적 생활기반의 상실 등 생활상의 이익에 막대한 영향을 미칠 수 있고 /

【대법원 요지】 경우에 따라서는 간통죄로 처벌받는 신체상의 불이익이 초래될 수도 있으며, /

【대법원 요지】 나아가 폭로의 상대방이나 범위 및 방법(예를 들면 인터넷 공개, 가족들에 대한 공개, 자녀들의 학교에 대한 공개 등)에 따라서는 그 심리적 압박의 정도가 심각할 수 있으므로, /

【대법원 요지】 단순히 협박의 내용만으로 그 정도를 단정할 수는 없고, /

【대법원 요지】 그 밖에도 협박의 경위, 가해자 및 피해자의 신분이나 사회적 지위, 피해자와의 관계, 간음 또는 추행 당시와 그 후의 정황, 그 협박이 피해자에게 미칠 수 있는 심리적 압박의 내용과 정도 등 /

【대법원 요지】 모든 사정을 종합하여 신중하게 판단하여야 한다.

(3) 사안에 대한 항소심의 판단

【항소심 판단】 나. 원심은 이 사건 강간 및 강제추행 부분의 각 공소사실에 대하여, /

【항소심 판단】 피해자의 진술에 의하더라도, /

【항소심 판단】 피해자는 옛 애인으로 행세한 피고인과 그 얼굴을 정확히 보지 못한 상태에서 1회 성관계를 가진 후 /

【항소심 판단】 여전히 옛 애인으로 행세하는 피고인으로부터 전화로 /

【항소심 판단】 '피고인을 만나기 위하여 애를 업고 모텔로 들어가는 피해자의 모습과 피고인과 만났던 모텔 방호수를 사진으로 찍은 사람이 피해자와의 성관계를 요구한다'는 말을 듣는 등 /

【항소심 판단】 마치 사진 찍은 자의 성관계 요구에 불응하면 사진이 피해자의 집으로 보내지고 옛 애인과 성관계를 가진 사실이 남편과 가족들에게 알려질 듯한 태도에 협박받아 /

【항소심 판단】 '사진 찍은 자'로도 행세하는 피고인으로부터 간음 및 추행을 당하게 되었고, /

【항소심 판단】 그 외에는 피고인으로부터 별다른 폭행이나 협박을 받은 적이 없을 뿐만 아니라 /

【항소심 판단】 위 각 간음 및 추행 현장에서도 피고인으로부터 어떠한 폭행이나 협박을 당하지도 않았다는 것이므로, /

【항소심 판단】 위와 같은 협박은 피해자의 의사에 반하는 정도라고 볼 수는 있을지언정 /

【항소심 판단】 피해자의 항거를 불가능하게 하거나 현저히 곤란하게 할 정도의 것(강간죄)이라거나 또는 /

【항소심 판단】 피해자의 항거를 곤란하게 할 정도의 것(강제추행죄)이라고 /

【항소심 판단】 보기 어렵다는 이유로 무죄를 선고하였다.

(4) 사안에 대한 대법원의 분석

【대법원 분석】 다. 그러나 기록에 의하면, /

【대법원 분석】 ① 피해자는 1971. 10. 15.생으로 과거 공소외인이라는 남자와 교제하면서 임신하기도 하였으나 공소외인이 연락을 끊어 헤어진 후 /

【대법원 분석】 1994. 2.경 남편과 혼인하여 이 사건 당시 남편과 사이에 11세, 9세, 3세의 아들 셋을 두고 있는 평범한 가정주부인 사실, /

【대법원 분석】 ② 이 사건 직전 피해자는 옛 애인 공소외인으로 행세하는 피고인에게 속아 어두운 모텔방에서 우연히 1회 성관계를 맺기는 하였으나, /

【대법원 분석】 그 후 옛 애인으로 행세하는 피고인으로부터 '제3자가 피고인을 만나기 위하여 애를 업고 모텔로 들어가는 피해자의 모습과 모텔 방호수를 사진으로 찍었다고 하면서 돈은 필요 없고 성관

계를 요구한다'라는 말을 듣는 등 /

【대법원 분석】 마치 '사진 찍은 자'의 성관계 요구에 불응하면 사진이 피해자의 집으로 보내지고 옛 애인과 성관계를 가진 사실이 남편과 가족들에게 알려질 듯이 협박받아, /

【대법원 분석】 아무런 저항도 하지 못한 채, /

【대법원 분석】 '사진 찍은 자'로도 행세하는 피고인으로부터 이 사건 간음 및 추행을 당한 사실, /

【대법원 분석】 ③ 옛 애인으로 행세하는 피고인은 피해자에게 '사진 찍은 자'의 성관계 요구를 전달한다고 하면서 /

【대법원 분석】 '그 부하가 10명쯤 되는데 그 사람들에게 다 당하는 것보다 1명에게 당하는 것이 낫지 않느냐'(수사기록 31면의 뒷장, 138면, 215면 피해자 진술 참조), /

【대법원 분석】 '그 사람 성질을 건드리지 마라'(공판기록 92면, 97면 피해자 진술 참조)라고 말하는 한편, /

【대법원 분석】 '나는 어차피 이민가면 그만이지만 여기에 남아 있는 너는 계속 그 사진 찍은 자에게 괴롭힘을 당할 것이다'(수사기록 196면, 214면 피해자 진술, 공판기록 45면 피고인 진술 각 참조)라고 말하기도 하였으며, /

【대법원 분석】 '사진 찍은 자'로 행세하면서 피해자를 간음한 후에는 남편이 출근하고 자녀들이 등교하여 3살짜리 아들만을 데리고 있는 피해자에게 전화하여 /

【대법원 분석】 '사진 찍은 자'의 거듭된 성관계 요구를 전달한다고 하면서 이에 불응하는 피해자에 대하여 '사진 찍은 자를 집으로 보내겠다'고 말하기도 하여(수사기록 217면, 공판기록 98면 피해자 진술 참조), /

【대법원 분석】 결국 09:30경 내지 10:30경 아침시간대에 수회에 걸쳐 피해자의 주거를 침입하면서까지 피해자를 간음한 사실, /

【대법원 분석】 ④ 피고인은 실제로 피해자의 집으로 전화하여 피해자의 아들에게 피해자 남편의 휴대전화번호를 물어보기도 하고, /

【대법원 분석】 사진 찍은 자'로 행세하면서 새벽에 피해자의 집에 전화하기까지 한 사실(수사기록 218면, 공판기록 94면 피해자 진술), /

【대법원 분석】 ⑤ 피해자는 피고인의 위와 같은 협박에 의하여 옛 애인과의 혼전 성관계까지 모두 폭로될지도 모른다는 등의 압박감을 갖게 됨에 따라 /

【대법원 분석】 생면부지의 '사진 찍은 자'로 행세하는 피고인과 성관계를 갖게 되었고 /

【대법원 분석】 그 후에도 사진의 존재는 물론 기왕의 성관계까지 모두 폭로되어 남편과 시댁에 알려지거나 가정이 파탄될 것이 두려워 /

【대법원 분석】 계속되는 성관계 요구를 더욱 거절할 수가 없었다고 진술하고 있는 사실, /

【대법원 분석】 ⑥ 피해자는 피고인과의 성관계 사실이 시어머니와 남편에게 알려지자 2005. 11. 12.경에는 수면제를 먹고 자살을 기도하기도 한 사실 등을 알 수 있다.

(5) 사안에 대한 대법원의 판단

【대법원 분석】 이러한 사실관계를 앞서 본 법리에 비추어 살펴보면, /

【대법원 분석】 피고인의 협박 내용이 혼인 외 성관계 사실을 폭로하겠다는 취지의 것 이외에도 마치 '사진 찍은 자'가 수명의 부하를 거느리고 있다거나 그 성질을 건드리지 마라는 등 여러 내용을 포함하고 있는 점, /

【대법원 분석】 피고인은 실제로 피해자의 가족이 출근이나 등교한 직후 아침시간대에 피해자와 3살짜리 아들만 있는 피해자의 집까지 찾아가 수회에 걸쳐 피해자를 간음하였으며 때로는 피해자의 아들에게 피해자 남편의 휴대전화번호를 물어보거나 새벽에 피해자의 집에 전화하기까지 한 점, /

【대법원 분석】 피고인은 수회에 걸쳐 피해자와 통화하거나 피해자를 간음하는 과정에서 피고인의 1인 2역 행동에 쉽게 속아 넘어가 심한 압박감에 시달리고 있는 피해자의 심리상태를 교묘하게 간파하여, 상황과 필요에 따라 "때로는 '사진 찍은 자'로, 때로는 옛 애인으로" 행세하면서, /

【대법원 분석】 피해자가 성관계에 불응할 경우 성관계 사실을 폭로하거나 '사진 찍은 자'가 마치 자신의 폭력조직 부하들을 동원하여 피해자의 신체 등에 위해를 가할 수도 있다는 것을 암시하는 등의 방법으로 피해자를 협박하고 '사진 찍은 자'로 행세하면서 수회에 걸쳐 피해자를 간음 또는 추행하기에 이른 점, /

【대법원 분석】 한편 피해자로서는, 자신을 협박하고 있는 '사진 찍은 자'가 폭력조직을 거느리고 있는 것으로 오인하고 있는 데다가 그 정확한 신원을 전혀 모르고 있는 관계에 있어 '사진 찍은 자'는 성관계를 폭로하더라도 아무런 피해를 입지 않은 채 피해자만이 심각한 불이익을 당하게 될 상황에 처해 있고, /

【대법원 분석】 따라서 '사진 찍은 자'의 계속되는 협박에 피해자가 불응할 경우 언제든지 협박의 내용과 같은 성관계 폭로가 현실화될 수 있을 것이라는 위협을 더욱 크게 느꼈을 것으로 예상되는 점 등, /

【대법원 판단】 이 사건 협박의 내용과 정도, 협박의 경위, 이 사건 '사진 찍은 자'와 피해자의 신분이나 사회적 지위, 피해자와의 관계, 피해자의 가족상황, 간음 또는 추행 당시와 그 후의 정황, 이 사건 협박이 피해자에게 미칠 수 있는 심리적 압박의 내용과 정도를 비롯하여 기록에 나타난 모든 사정을 종합하여 볼 때, /

【대법원 판단】 피고인의 위와 같은 협박은 피해자를 단순히 외포시킨 정도를 넘어 적어도 피해자의 항거를 현저히 곤란하게 할 정도의 것이었다고 보기에 충분하다고 할 것이므로, 강간죄 및 강제추행죄가 성립된다고 봄이 상당하다.

【대법원 결론】 라. 그럼에도 불구하고, 원심은 피고인의 이 사건 협박이 피해자의 항거를 불가능하게 하거나 현저히 곤란하게 할 정도의 것(강간죄)이거나 또는 피해자의 항거를 곤란하게 할 정도의 것(강제추행죄)이라고 보기 어렵다는 이유로 이 부분 각 공소사실에 대하여 무죄를 선고하였으니, /

【대법원 결론】 원심판결에는 강간죄와 강제추행죄에 있어서의 협박의 정도에 관한 법리를 오해한 위법이 있고 /

【대법원 결론】 (원심이 원용하고 있는 대법원 1998. 7. 28. 선고 98도1379 판결 및 대법원 2002. 3. 12. 선고 2001도6960 판결의 사안들은, /

【대법원 결론】 그 협박의 표면적인 일부 내용을 제외하고는 /

【대법원 결론】 협박의 전체적인 내용 및 정도, 협박의 경위, 가해자와 피해자의 신분이나 사회적 지위, 피해자와의 관계, 간음 당시와 그 후의 정황, 성관계 폭로 위협에 따른 압박감의 내용과 정도 등에

있어서 /

【대법원 결론】 이 사건 사안과는 다르다고 할 것이므로, /

【대법원 결론】 위 대법원판결들은 이 사건에 원용하기에 적절하지 아니하다), /

【대법원 결론】 이러한 위법은 판결에 영향을 미쳤음이 분명하다. (파기 환송)

【코멘트】 본 판례는 협박에 의한 강간죄와 협박에 의한 강제추행죄의 사안을 보여주고 있다. 본 판례의 사안에서 검사는 피고인을 성폭력처벌법상의 주거침입강간죄 및 주거침입강제추행죄로 기소하는 한편 공갈죄로도 기소하고 있다. 이에 대해 항소심법원은 주거침입죄와 공갈죄는 인정되지만 강간죄 및 강제추행죄는 인정되지 않는다는 판단을 내리고 있다. 사안에서 피고인의 협박행위가 강간죄 및 강제추행죄의 협박에 해당하지 않는다는 것이 그 이유이다.

검사의 상고에 대해 대법원은 강간죄의 협박과 강제추행죄의 협박에 대해 개념정의를 제시한다. 이와 관련하여 대법원은 "강간죄가 성립하려면 가해자의 폭행 · 협박은 피해자의 항거를 불가능하게 하거나 현저히 곤란하게 할 정도의 것이어야 [한다.]"고 판시하는 한편, "상대방에 대하여 폭행 또는 협박을 가하여 추행행위를 하는 경우에 강제추행죄가 성립하려면 그 폭행 또는 협박이 항거를 곤란하게 할 정도일 것을 요[한다.]"고 판시하고 있다. 강간죄의 협박이 항거가 불가능하거나 현저히 곤란한 정도의 것이어야 함에 반하여 강제추행죄의 협박은 단순히 항거를 곤란하게 할 정도의 것이면 족하다는 것이다.

대법원은 본 판례에서 강간죄나 강제추행죄의 협박에 해당하는가를 판단함에 있어서는 여러 사정을 종합적으로 고려해야 한다는 점을 강조하고 있다. 그리고 이 과정에서 특히 피해 여성의 입장에 서서 협박의 정도를 살펴볼 필요가 있다는 점을 지적하고 있다. 이처럼 사실관계를 종합적으로 판단해서 협박 여부를 판단해야 하므로 강간죄나 강제추행죄의 경우에는 주변정황을 상세히 살펴볼 필요가 있다.

이러한 사정 때문에 강간죄나 강제추행죄 판례의 경우에 많은 지면이 할애되는 경우를 종종 발견할 수 있다. 사실관계의 다양한 측면을 종합적으로 구성하여 강간죄나 강제추행죄의 협박에 해당한다거나 해당하지 않는다고 논증하는 작업은 대단히 어렵다. 법리구성 자체에 못지아니한 중요한 기량이 실무가에게 요구되는 부분이라고 생각된다.

본 판례의 사안에서 주목되는 사실관계의 특징은 협박 후 상당한 시간이 흐른 후에 간음이나 추행이 이루어지고 있다는 점이다. 대법원은 목전에 폭행이나 협박이 이루어지는 경우뿐만 아니라 협박 후 시간이 상당히 경과한 후에도 강간죄나 강제추행죄가 성립할 수 있음을 분명히 하고 있다.

끝으로, 한 가지 더 언급할 것은 주거침입죄 부분이다. 본 판례의 사안에서 대법원은 (가) 주거침입죄, (나) 강간죄 및 강제추행죄, (다) 공갈죄를 모두 유죄로 인정하는 입장이다. 파기 환송된 후에 다시 항소심을 진행하는 법원의 입장에서는 (가)의 주거침입죄와 (나)의 강간죄 및 강제추행죄를 결합시켜서 성폭력처벌법상의 특수강간죄(주거침입강간 및 주거침입강제추행)로 다스리게 될 것이다. 피고인은 (가)의 주거침입죄 부분에 대해 피해자의 승낙을 받아 주거에 들어간 것이므로 주거침입죄가 성립하지 않는다고 주장하고 있다. 그러나 대법원은 피해자의 승낙의 의사표시는 피고인의 기망 및 협박에 의한 것으로서 무효라는 이유를 들어 피고인의 주장을 배척하고 있다. 결국 환송후 항소심법원은 피고인을 주거침입강간죄 및 주거침입강제추행죄와 공갈죄의 실체적 경합범으로 처단하게 될 것이다.

97도1757

성폭력처벌법상 합동강간- 인정례
초등학교 여자 친구 사건

1998. 2. 27. 97도1757, 공 1998, 951

1. 사실관계 및 사건의 경과

【사실관계 1】

① (강간죄가 친고죄로 되어 있던 시점의 사안이다.)
② 갑과 을은 남자로서 친구 사이이다.
③ A녀와 B녀는 초등학교 친구 사이이다.
④ B녀는 갑으로부터 성교를 하고 싶으니 여자를 소개하여 달라는 부탁을 받았다.
⑤ B녀는 갑에게 A녀를 소개해 주었다.
⑥ 1999. 10. 4. 10:40경 A녀는 B녀로부터 연락을 받고 갑, 을, B녀를 만나 함께 놀러 다녔다.
⑦ 1999. 10. 4. 20:50경 A녀는 갑의 집에 도착하여 그 곳 작은방에서 함께 술을 마시며 놀게 되었다.

【사실관계 2】

① 1999. 10. 4. 22:00경 갑은 을과 B녀에게 옆방에 가서 자라고 하였다.
② 그 다음 갑은 A녀에게 성교를 요구하면서 옷을 벗기려고 하였다.
③ 그러나 A녀는 생리중이라는 이유로 거절하였다.
④ 갑은 화가 나서 손바닥으로 A녀의 뺨을 몇 대 때렸다.
⑤ 이에 A녀가 집에 돌아가겠다면서 집 밖으로 나가버렸다.

【사실관계 3】

① 을은 A녀를 뒤쫓아가 붙잡았다.
② 을은 A녀에게 "왜 안 대어 주느냐, 내가 여자라면 대어 주겠다."고 하면서 발로 A녀의 배와 등을 1회씩 찼다.
③ 이에 A녀는 집에 돌아가기를 단념하고 을을 따라 갑이 있는 방으로 돌아왔다.
④ A녀가 돌아오자 B녀는 그 곳에서 A녀에게 갑과 성교를 할 것을 강요하면서 A녀의 뺨을 3회 때리고 머리카락을 잡아 당겼다.
⑤ 그 후 갑은 작은방에서 A녀와 1회 성교한 다음 함께 잠을 자다가 다음날 03:30경 다시 A녀와 1회 성교하였다.

【사건의 경과 1】

① A녀는 갑, 을, B녀를 강간죄로 고소하였다.
② 검사는 갑, 을, B녀를 성폭력처벌법위반죄(특수강간치상)로 기소하였다.
③ 제1심 공판절차에서 A녀는 갑, 을, B녀에 대한 고소를 취소하는 의사표시를 하였다.
④ 제1심법원은 다음과 같이 판단하였다.

(가) 갑, 을, B녀가 공모 · 합동하여 A를 강간한 사실은 인정된다.
(나) 그러나 그로 인하여 A가 상해를 입게 된 점은 인정할 증거가 없다.

⑤ 제1심법원은 갑, 을, B녀를 성폭력처벌법위반죄(특수강간)로 유죄를 인정하였다.

【사건의 경과 2】

① 갑과 을은 불복 항소하였고, B녀는 항소하지 않았다.
② 항소심법원은 갑과 을에게 고소취소를 이유로 공소기각 판결을 선고하였다.
③ (항소심의 판단 이유는 판례 본문 참조)
④ 검사는 항소심의 공소기각 판결에 불복 상고하였다.

【참조조문】

성폭력범죄의 처벌 등에 관한 특례법

제4조 (특수강간 등) ① 흉기나 그 밖의 위험한 물건을 지닌 채 또는 2명 이상이 합동하여 「형법」 제297조(강간)의 죄를 범한 사람은 무기징역 또는 5년 이상의 징역에 처한다.
② 제1항의 방법으로 「형법」 제298조(강제추행)의 죄를 범한 사람은 3년 이상의 유기징역에 처한다.
③ 제1항의 방법으로 「형법」 제299조(준강간, 준강제추행)의 죄를 범한 사람은 제1항 또는 제2항의 예에 따라 처벌한다.

2. 공소사실의 요지

【대법원 분석】 피고인들은 제1심 공동피고인 B와 함께 피해자 A를 강간하기로 공모 · 합동하여, /

【대법원 분석】 1996.10.4. 22:00경 경북 성주군 ○○면 ○○리 ○○○ 소재 피고인 갑의 집에서 피고인 갑은 피해자에게 옷을 벗으라고 하면서 손바닥으로 피해자의 얼굴을 4회 때리고, /

【대법원 분석】 이에 피해자가 강간을 당하지 않으려고 집 밖으로 도피하자, /

【대법원 분석】 피고인 을은 피해자를 쫓아가 발로 피해자의 배와 등을 각 1회 걷어차면서 "왜 안 대어 주느냐, 내가 여자라면 대어 주겠다."고 말하고, /

【대법원 분석】 위 제1심 공동피고인은 손바닥으로 피해자의 얼굴을 3회 때리고 머리채를 잡아 피해자를 피고인 갑이 있는 방으로 밀어 넣은 뒤, /

【대법원 분석】 피고인 을, 위 제1심 공동피고인은 그 옆방에서 피해자가 도망하지 못하게 망을 보고, /

【대법원 분석】 피고인 갑은 피해자를 방안으로 끌고 들어가 강제로 옷을 벗겨 반항을 억압한 다음 피해자를 1회 간음하여 강간하고, /

【대법원 분석】 그 다음날 03:30경 위와 같이 항거불능의 상태에 있는 피해자를 다시 1회 간음하여 강간하고, /

【대법원 분석】 그로 인하여 피해자로 하여금 약 1주간의 치료를 요하는 처녀막파열상을 입게 한 것이다.

3. 사안에 대한 제1심의 판단

【대법원 분석】 제1심은 /

【대법원 분석】 피고인들과 위 제1심 공동피고인이 공모 · 합동하여 공소사실 기재와 같이 피해자를

강간한 사실은 인정되나 /

【대법원 분석】 그로 인하여 피해자가 상해를 입게 된 점은 이를 인정할 증거가 없으므로 /

【대법원 분석】 피고인들에 대한 성폭력범죄의처벌및피해자보호등에관한법률위반(강간등치상)의 공소사실은 범죄사실의 증명이 없는 때에 해당하나 /

【대법원 분석】 공소장변경 절차 없이 공소사실의 범위 내에 있고 피고인들의 방어권 행사에 불이익이 없는 성폭력범죄의처벌및피해자보호등에관한법률위반(특수강간등)죄를 인정할 수 있다는 이유로 피고인들에 대하여 성폭력범죄의처벌및피해자보호등에관한법률위반(특수강간등)죄를 유죄로 인정하고, /

4. 사안에 대한 항소심의 판단

【항소심 판단】 원심은 공소사실 중 위 제1심 공동피고인이 피해자의 머리채를 잡아 그녀를 피고인 갑이 있던 방으로 밀어 넣었다는 점 및 피고인 을과 위 제1심 공동피고인이 그 옆방에서 피해자가 도망하지 못하도록 망을 보았다는 점은 인정되지 아니하고, /

【항소심 분석】 다만 제1심이 들고 있는 증거들 및 제1심 증인 C의 진술에 의하면 /

【항소심 분석】 ① 피해자는 1996. 10. 4. 10:40경 초등학교 친구인 위 제1심 공동피고인으로부터 연락을 받고 피고인들 및 위 제1심 공동피고인을 만나 함께 놀러 다니다가 같은 날 20:50경 피고인 갑의 집에 도착하여 그 곳 작은방에서 함께 술을 마시며 놀게 되었는데, /

【항소심 분석】 피고인 갑은 같은 날 22:00경 피고인 을과 위 제1심 공동피고인에게 옆방에 가서 자라고 한 다음 피해자에게 성교를 요구하면서 옷을 벗기려고 하였으나 피해자가 생리중이라는 이유로 거절하자 화가 나서 손바닥으로 그녀의 뺨을 몇 대 때린 사실, /

【항소심 분석】 ② 이에 피해자가 집에 돌아가겠다면서 집 밖으로 나가버리자 피고인 을은 피해자를 쫓아가 그녀에게 "왜 안 대어 주느냐, 내가 여자라면 대어 주겠다."고 하면서 발로 그녀의 배와 등을 1회씩 찬 사실, /

【항소심 판단】 ③ 그러자 피해자는 집에 돌아가기를 단념하고 피고인 을을 따라 피고인 갑이 있는 방으로 돌아왔는데, 그 때 위 제1심 공동피고인은 손바닥으로 피해자의 뺨을 몇 대 때린 다음 피고인 을과 함께 옆방으로 돌아간 사실, /

【항소심 분석】 ④ 그 후 피고인 갑은 작은방에서 피해자와 1회 성교한 다음 함께 잠을 자다가 다음날 03:30경 다시 그녀와 1회 성교한 사실이 인정되는바, /

【항소심 판단】 피고인 갑이 피해자를 간음하기에 앞서 피고인 을 및 위 제1심 공동피고인이 피해자에게 한 행위가 위와 같다면 /

【항소심 판단】 피고인 을이 한 폭행의 동기 · 시각 · 장소, 그 후의 피해자의 태도, 위 제1심 공동피고인이 피해자를 폭행한 정도, 피고인 갑이 피해자를 간음한 경위, 피고인 갑 및 위 제1심 공동피고인과 피해자의 관계 등에 비추어 볼 때, /

【항소심 판단】 설사 피고인 갑의 간음이 강간에 해당한다 하더라도 피고인 을과 위 제1심 공동피고인이 피고인 갑의 강간을 방조하였다고 볼 수 있을지언정 /

【항소심 판단】 시간적으로나 장소적으로 위 피고인과의 협동관계에서 강간의 실행행위를 분담하였

다고 보기 어려워 피고인 을 및 위 제1심 공동피고인이 피고인 갑과 합동하여 피해자를 강간하였다고 인정할 수 없으므로 /

【항소심 판단】 피해자에 대한 강간범행은 성폭력범죄의처벌및피해자보호등에관한법률 제6조 제1항 소정의 특수강간죄에 해당하는 것이 아니라 형법 제297조 소정의 강간죄 또는 그 방조범에 해당할 수 있을 뿐이라고 본 다음 /

【항소심 판단】 피해자측이 이미 제1심법원에 피고인들 및 위 제1심 공동피고인에 대한 고소를 취소하는 의사표시를 하였으므로 /

【항소심 판단】 피고인들에 대한 이 사건 공소는 형사소송법 제327조 제5호에 해당하여 피고인들에 대하여 공소기각의 판결을 선고하여야 한다는 이유로 /

【항소심 판단】 제1심판결 중 피고인들에 대한 부분을 파기하고 이 사건 공소 중 피고인들에 대한 부분을 기각하는 판결을 선고하였다.

5. 사안에 대한 대법원의 판단

【대법원 요지】 [성폭력범죄의 처벌 등에 관한 특례법 제4조] 제1항의 2인 이상이 합동하여 형법 제297조의 죄를 범함으로써 특수강간죄가 성립하기 위하여는 주관적 요건으로서의 공모와 객관적 요건으로서의 실행행위의 분담이 있어야 하는바, /

【대법원 요지】 그 공모는 법률상 어떠한 정형을 요구하는 것이 아니어서 공범자 상호간에 직접 또는 간접으로 범죄의 공동가공의사가 암묵리에 상통하여도 되고 반드시 사전에 모의과정이 있어야 하는 것이 아니며, /

【대법원 요지】 그 실행행위는 시간적으로나 장소적으로 협동관계에 있다고 볼 정도에 이르면 된다고 할 것이다.

【대법원 분석】 원심이 인정한 사실관계에 의하더라도 /

【대법원 분석】 피고인 갑이 피해자를 강간하려고 하다가 피해자가 도망가자 피고인 을은 피해자를 뒤쫓아가 붙잡은 다음 피고인 갑과 성교를 할 것을 강요하면서 발로 그녀의 배와 등을 1회씩 차 피해자가 도망가기를 단념하자 그녀를 피고인 갑의 집으로 데리고 왔고, /

【대법원 분석】 위 제1심 공동피고인[B]는 피해자가 피고인 갑의 방으로 돌아오자 피해자를 폭행하였고, /

【대법원 분석】 이어 피고인 을과 위 제1심 공동피고인[B]는 피고인 갑이 피해자를 간음하는 동안에 바로 그 옆방에 함께 있었다는 것이고, /

【대법원 분석】 한편 기록에 의하면 위 제1심 공동피고인[B]는 1996. 10. 4. 10:00경 피고인 갑으로부터 성교를 하고 싶으니 여자를 소개하여 달라는 부탁을 받고서 피해자를 소개하여 주었을 뿐 아니라, /

【대법원 분석】 피해자가 강간당하지 않으려고 도망하였다가 피고인 을에게 붙잡혀 피고인 갑의 방으로 돌아오자 그 곳에서 피해자에게 피고인 갑과 성교를 할 것을 강요하면서 피해자의 뺨을 3회 때리고 머리카락을 잡아 당겼음을 알 수 있다.

【대법원 판단】 사실관계가 위와 같다면 피고인들[갑, 을] 및 위 제1심 공동피고인[B]간에는 강간범

행에 대한 공동가공의 의사가 암묵리에 상통하였다고 할 것이고, /

【대법원 판단】 한편 피고인 을이 피고인 갑에게 강간당하지 않으려고 도망가는 피해자를 붙잡아 위 피고인과 성교를 할 것을 강요하면서 폭행을 하여 피해자로 하여금 도망가는 것을 단념하게 한 후 그녀를 피고인 갑이 있는 방으로 데려왔고, /

【대법원 판단】 위 제1심 공동피고인[B] 역시 피해자에게 피고인 갑과 성교를 할 것을 강요하면서 피해자를 폭행하였고, /

【대법원 판단】 피고인 갑이 피해자를 간음하는 동안 피고인 을과 위 제1심 공동피고인[B]가 바로 그 옆방에 있었던 이상 /

【대법원 판단】 피고인 을 및 위 제1심 공동피고인[B]는 강간죄의 실행행위를 분담하였다 할 것이고 /

【대법원 판단】 그 실행행위의 분담은 시간적으로나 공간적으로 피고인 갑과 협동관계에 있다고 보아야 할 것이다.

【대법원 결론】 그럼에도 불구하고 원심이 /

【대법원 결론】 피고인 을 및 위 제1심 공동피고인[B]의 행위는 피고인 갑의 강간범행을 방조한 것에 해당한다고 볼 수 있을지언정 /

【대법원 결론】 시간적으로나 공간적으로 피고인 갑과의 협동관계에서 강간죄의 실행행위를 분담한 것에 해당한다고 볼 수 없어 /

【대법원 결론】 피고인들의 강간범행이 성폭력범죄의처벌및피해자보호등에관한법률 제6조 제1항의 특수강간죄에 해당하지 아니한다고 판단한 데에는 /

【대법원 결론】 합동범에 관한 법리를 오해한 잘못이 있다고 할 것이고 /

【대법원 결론】 원심의 위와 같은 잘못은 판결에 영향을 미쳤음이 명백하므로 이를 지적하는 논지는 이유 있다. (파기 환송)

【코멘트】 1994년 4월부터 성폭력범죄의처벌및피해자보호등에관한법률이 시행되었다. 이 법률은 이후 수차에 걸쳐 개정되었고, 현재는 「성폭력범죄의 처벌 등에 관한 특례법」과 「성폭력방지 및 피해자보호 등에 관한 법률」로 분법되어 있다. 「성폭력범죄의 처벌 등에 관한 특례법」(이하 성폭력처벌법으로 약칭함)은 「아동 · 청소년의 성보호에 관한 법률」과 함께 2012년 12월 18일 전부개정되어 2013년 6월 19일부터 시행되고 있다.

성폭력처벌법은 형법상의 강간죄 및 강제추행죄에 대해 여러 가지 형태의 가중처벌규정을 마련하고 있다. 그 가운데 주목되는 것으로 특수강간죄가 있다. 특수강간죄는 흉기 등을 휴대하거나 2인 이상이 합동하여 강간하는 범죄로서 가중처벌의 대상이 될 뿐만 아니라 비친고죄로 되어 있다. 2012년 12월의 개정 전의 형법은 강간죄 등을 친고죄로 규정하고 있었기 때문에 특수강간죄의 해당 여부는 중요한 의미를 가지고 있었다. 본 판례는 개정전 형법을 전제로 한 사안을 다루고 있다.

2013년 6월부터 형법상의 성범죄에 대해서도 친고죄가 폐지되었다. 이에 따라 본 판례에서 친고죄의 고소취소를 둘러싸고 전개된 항소심과 대법원의 견해대립은 이제 의미가 없게 되었다. 그렇지만 합동범 형태의 특수강간이 가중처벌된다는 점에서는 본 판례에서 대법원이 판시한 합동범의 요건은 여전히 의미가 살아 있다.

합동범이 성립하려면 2인 이상의 사람들 사이에 주관적으로 공모가 있어야 하고, 객관적으로 현장에서 실행행위를 분담하는 관계가 인정되어야 한다. 본 판례에서 특기할 만한 것은 특수강간죄로 기소된 피고인들 가운데 여성이 포함되어 있다는 사실이다. 강간죄는 사람에 대한 강간을 내용으로 하는 범죄이다. 강간은 의사를 제압하여 행하는 간음이다. 간음은 적법하지 아니한 이성과의 성관계(성기결합)이다. 이렇게 본다면 동성인 여성들 사이에서는 간음이 성립할 수 없고 강간도 인정될 수 없다는 결론이 추론될 여지가 있다. 그러나 우리 형법은 제33조 본문에서 공동정범의 경우에까지 신분을 확장시키고 있으므로 공동정범의 형태로 여성도 강간죄를 범할 수 있음은 물론이다.

본 판례의 진행경과를 보면, 검사는 피고인들을 특수강간치상죄로 기소하고 있다. 이에 대해 제1심은 상해의 점이 증명되지 않았다는 이유로 특수강간만을, 항소심은 상해 및 합동의 점이 증명되지 않았다는 이유로 단순강간만을 각각 인정하고 있다. 본 사안에서 특수강간과 단순강간을 구별하는 표지는 '2인 이상이 합동하여'라는 것이다. 본 사안이 특수강간에 해당하는가를 살피기 위하여 대법원은 합동범의 요건을 제시한 다음 본 판례의 사안에서 합동강간의 요건이 충족되는지를 살피고 있다. 공모라는 주관적 요건과 현장에서의 실행행위 분담이라는 객관적 요건 가운데 대법원은 특히 후자의 측면에 주목하여 상세한 분석을 행하고 있다.

합동범의 법리 자체는 판례로 잘 정립되어 있어서 해석상 큰 문제는 없다. 그러나 구체적인 사안이 합동범의 요건을 충족시킨다는 점을 입증하는 것은 결코 쉽지 않은 일이다. 항소심과 대법원이 사실관계의 어떠한 점에 주목하여 각자의 판단을 도출하였는가를 살펴보는 것은 앞으로 법적 논증의 기량을 연마하는 데에 많은 도움이 될 것이라고 생각된다.

2009도4335

주거침입강간죄와 주거침입 – 인정례
엘리베이터 안 폭행 사건

2009. 9. 10. 2009도4335, 공 2009하, 1705

1. 사실관계 및 사건의 경과

【사실관계】

① 2008. 6. 13. 04:00경 갑은 M아파트 앞에서 술에 취한 채 집으로 돌아가는 A녀를 발견하였다.

② 갑은 A녀를 강간할 것을 마음먹고 A녀를 따라가 엘리베이터를 같이 탔다.

③ 갑은 엘리베이터가 4층에 이르렀을 때 갑자기 A녀를 엘리베이터 구석으로 밀고 주먹으로 얼굴을 수회 때려 반항을 억압한 후 9층에서 A녀를 끌고 엘리베이터에서 내렸다.

④ 갑은 12~13층 계단으로 A녀를 끌고 가 그곳에서 A녀를 1회 간음하여 강간하였다.

⑤ A녀는 그로 인하여 약 2주간의 치료를 요하는 좌안 전방 출혈상을 입었다.

【사건의 경과】

① 검사는 갑을 성폭력처벌법위반죄(주거침입강간치상)로 기소하였다.
② 갑의 피고사건은 제1심을 거친 후, 항소심에 계속되었다.
③ 항소심법원은 다음의 이유를 들어서 갑을 형법상 강간치상죄(무기 또는 5년 이상 징역)로 처단하였다.
  (가) 아파트의 엘리베이터 및 그 옆의 공용계단은 A녀의 개인적인 사적 공간에 해당하지 않는다.
  (나) 따라서 갑의 행위는 주거침입에 해당하지 않는다.
  (다) 따라서 주거침입강간치상죄는 성립하지 않는다.
④ 검사는 불복 상고하였다.

【참조조문】

성폭력범죄의 처벌 등에 관한 특례법

제3조 (특수강도강간 등) ①「형법」제319조 제1항(주거침입), 제330조(야간주거침입절도), 제331조(특수절도) 또는 제342조(미수범. 다만, 제330조 및 제331조의 미수범으로 한정한다)의 죄를 범한 사람이 같은 법 제297조(강간), 제297조의2(유사강간), 제298조(강제추행) 및 제299조(준강간, 준강제추행)의 죄를 범한 경우에는 무기징역 또는 5년 이상의 징역에 처한다.
②「형법」제334조(특수강도) 또는 제342조(미수범. 다만, 제334조의 미수범으로 한정한다)의 죄를 범한 사람이 같은 법 제297조(강간), 제297조의2(유사강간), 제298조(강제추행) 및 제299조(준강간, 준강제추행)의 죄를 범한 경우에는 사형, 무기징역 또는 10년 이상의 징역에 처한다.

제8조 (강간 등 상해 · 치상) ① 제3조 제1항, 제4조, 제6조, 제7조 또는 제15조(제3조제1항, 제4조, 제6조 또는 제7조의 미수범으로 한정한다)의 죄를 범한 사람이 다른 사람을 상해하거나 상해에 이르게 한 때에는 무기징역 또는 10년 이상의 징역에 처한다.
② 제5조 또는 제15조(제5조의 미수범으로 한정한다)의 죄를 범한 사람이 다른 사람을 상해하거나 상해에 이르게 한 때에는 무기징역 또는 7년 이상의 징역에 처한다.

2. 사안에 대한 항소심의 판단

【항소심 판단】 원심은 그 채용증거에 의하여 /

【항소심 판단】 피고인이 2008. 6. 13. 04:00경 대전 ○구 ○○동에 있는 아파트 앞에서 술에 취한 채 집으로 돌아가는 피해자를 발견하고 그녀를 강간할 것을 마음먹고 피해자를 따라가 엘리베이터를 같이 탄 사실, /

【항소심 판단】 피고인은 엘리베이터가 4층에 이르렀을 때 갑자기 피해자를 엘리베이터 구석으로 밀고 주먹으로 얼굴을 수회 때려 반항을 억압한 후 9층에서 피해자를 끌고 엘리베이터에서 내린 다음 12~13층 계단으로 피해자를 끌고 가 그곳에서 피해자를 1회 간음하여 강간하고, /

【항소심 판단】 그로 인하여 피해자에게 약 2주간의 치료를 요하는 좌안 전방 출혈상을 가한 사실을 인정한 다음, /

【항소심 판단】 아파트의 엘리베이터 및 그 옆의 공용계단은 피해자의 개인적인 사적 공간에 해당하지 않는다는 이유로 피고인의 주거침입을 인정하지 않고 강간상해죄로만 처벌하면서, /

【항소심 판단】 주거침입을 전제로 한 성폭력범죄의 처벌 및 피해자보호 등에 관한 법률위반(강간등상해)죄에 대하여는 무죄를 선고할 것이나 /

【항소심 판단】 이와 일죄의 관계에 있는 강간상해죄를 유죄로 인정한 이상 주문에서 따로 무죄를 선고하지 아니한다고 판시하였다.

3. 사안에 대한 대법원의 판단

(1) 주거침입죄의 주거 개념

【대법원 요지】 주거침입죄에 있어서 주거라 함은 단순히 가옥 자체만을 말하는 것이 아니라 정원 등 위요지를 포함하는 것인바, /

【대법원 요지】 다가구용 단독주택이나 다세대주택 · 연립주택 · 아파트 등 공동주택 안에서 공용으로 사용하는 엘리베이터, 계단과 복도는 주거로 사용하는 각 가구 또는 세대의 전용 부분에 필수적으로 부속하는 부분으로서 /

【대법원 요지】 그 거주자들에 의하여 일상생활에서 감시 · 관리가 예정되어 있고 사실상의 주거의 평온을 보호할 필요성이 있는 부분이므로, /

【대법원 요지】 다가구용 단독주택이나 다세대주택 · 연립주택 · 아파트 등 공동주택의 내부에 있는 엘리베이터, 공용 계단과 복도는 특별한 사정이 없는 한 주거침입죄의 객체인 '사람의 주거'에 해당하고, /

【대법원 요지】 위 장소에 거주자의 명시적, 묵시적 의사에 반하여 침입하는 행위는 주거침입죄를 구성한다.

(2) 사안에 대한 대법원의 결론

【대법원 판단】 위 법리에 비추어 보면, 피고인이 피해자를 강간할 목적으로 피해자를 따라 피해자가 거주하는 아파트 내부의 공용부분에 들어온 행위는 주거침입행위이므로, /

【대법원 판단】 피고인이 성폭력범죄의 처벌 및 피해자보호 등에 관한 법률 제5조 제1항 소정의 주거침입범의 신분을 가지게 되었음은 분명하다.

【대법원 결론】 따라서 피고인의 위와 같은 행위를 주거침입으로 보지 않은 원심판결에는 성폭력범죄의 처벌 및 피해자보호 등에 관한 법률 제5조 제1항 소정의 주거침입에 관한 법리를 오해하여 판결에 영향을 미친 위법이 있다. (파기 환송)

【코멘트】 성폭력처벌법은 각종 성범죄에 대한 가중처벌규정을 두고 있다. 성폭력처벌법이 규정한 특수강간죄의 하나로 주거침입강간죄가 있다. 형법상 강간죄의 법정형이 3년 이상의 유기징역임에 대하여 주거침입강간죄는 무기 또는 5년 이상의 징역으로 처벌된다. 주거침입강간에 상해의 결과가 추가되면 특수강간치상죄로서 무기 또는 10년 이상의 징역으로 처벌된다. 10년 이상의 징역이 규정되어 있으면 피해자와의 합의가 있어서 법관이 작량감경을 허용하더라도 5년 이상의 징역으로 처벌하게 되어 집행유예는 불가능하게 된다(형법 제62조 제1항 참조).

이러한 상황에서 항소심은 주거침입강간죄의 표지 가운데 '주거'의 개념을 제한적으로 해석하여 처벌의 가혹함을 완화하고자 한다. 그러나 대법원은 '주거' 속에 '위요지'도 포함된다는 기존의 판례에 따라 '주거'의 개념을 해석하면서 항소심판결을 파기하고 있다. 성폭력범죄 피해자의 생명과 신체의 안전을 보장하고 건강한 사회질서의 확립에 이바지함을 목적으로 하는 성폭력처벌법의 입법목적을 충실하게 구현하기 위한 노력의 일환이라고 생각된다.

여기에서 한 가지 더 첨언할 것이 있다. 형법과 특별법 가운데에는 주거침입죄를 다른 범죄유형과 결합시켜서 가중적 처벌규정을 만드는 경우가 있다. 주거침입죄는 미수범까지 처벌된다(형법 제322조). 주거침입죄가 결합되어 있는 경우, 가중적 구성요건요소 전체에 대한 고의가 인정되는 한, 주거침입죄의 실행의 착수시점이 곧 가중적 처벌법규의 실행의 착수시점이 된다. 그 결과 당해 가중적 처벌법규의 적용범위가 대단히 확장되는 상황이 초래될 수 있다. 주거침입죄의 실행의 착수시점에 대하여 대법원은 주거침입죄의 항목에서 소개하는 94도2561 판례에서 그 기준을 제시하고 있다.

2012도815

주거침입강간죄와 방실침입 - 인정례

여자화장실 강간 사건

2012. 8. 23. 2012도815, [미공간]

1. 사실관계 및 사건의 경과

【사실관계】

① 갑은 P빌딩 1층의 '여성용'이라고 표시되어 있는 화장실에 A녀가 들어가는 것을 보았다.
② 갑은 A녀를 뒤따라 들어가 화장실 출입문을 잠궜다.
③ 갑은 용변칸에서 나오는 A녀에게 폭행, 협박을 가하여 화장실 바닥에 눕도록 한 다음 강간하였다.
④ 갑은 범행 장면을 휴대전화에 내장된 동영상 촬영장치로 촬영하였다.

【사건의 경과】

① 검사는 갑을 다음의 공소사실로 기소하였다.
  (가) 성폭력처벌법위반죄(주거침입강간)
  (나) 성폭력처벌법위반죄(카메라등이용촬영)
② 제1심법원은 유죄를 인정하였다.
③ 갑은 불복 항소하였다.
④ 갑은 항소이유로 다음의 점을 주장하였다.
  (가) 화장실은 주거에 해당하지 않는다.
  (나) 술에 취한 상태였으므로 심신미약에 해당한다.
⑤ (이하 주거침입강간 부분에 대해서만 고찰함)
⑥ 항소심법원은 항소를 기각하고, 제1심판결을 유지하였다.

⑦ 갑은 불복 상고하였다.
⑧ (이하의 항소심 판단은 항소심 판결문에 의함)

2. 사안에 대한 항소심의 판단

【항소심 분석】 원심[제1심]이 적법하게 채택, 조사한 증거들에 의하면, /
【항소심 분석】 빌딩 1층의 여자화장실에 피해자가 들어가는 것을 보고 피고인이 뒤따라 들어가 화장실 출입문을 잠근 후, 용변칸에서 나오는 피해자에게 폭행, 협박을 가하여 화장실 바닥에 눕도록 한 다음 강간하고, /
【항소심 분석】 그 장면을 휴대전화에 내장된 동영상 촬영장치로 촬영한 사실을 인정할 수 있다.
【항소심 판단】 위 증거들에 의하면, 이 사건 범행장소는 그 입구에 명백하게 여성용이라고 표시되어 있는 여자화장실인 사실을 인정할 수 있는바, /
【항소심 판단】 이와 같은 여자화장실의 경우 여성이나 유아 등의 사용이 허용될 뿐, 성인 남성의 출입은 원칙상 허용되지 않는다고 할 것이고 /
【항소심 판단】 (반드시 용변칸 안이 아니더라도 그 이용자가 탈의 등 남자에게 보이기를 꺼리는 행위를 할 수 있으므로 여자화장실 전체에 대하여 출입이 금지된다고 보아야 한다), /
【항소심 판단】 더욱이 성인 남성이 여자화장실을 이용하는 여성을 강간하는 등 범죄의 목적으로 출입하는 것이 허용되지 아니함에는 의문의 여지가 없다. /
【항소심 판단】 따라서 피고인이 이 사건 강간범행을 위하여 여자화장실에 들어간 행위는 빌딩의 소유자나 관리자의 의사에 반하고 그 평온을 해하였을 뿐만 아니라, /
【항소심 판단】 여자화장실을 이용하던 피해자가 평온하게 사용중인 '점유하는 방실'을 피고인이 의사에 반하여 침입함으로써 피해자의 평온도 해하였다 할 것이다.
【항소심 판단】 결국, 피고인의 여자화장실 침입은 건조물 내지 '점유하는 방실'에 침입한 경우에 해당한다 할 것이므로, /
【항소심 판단】 피고인의 법리오해 주장은 이유 없다.

3. 사안에 대한 대법원의 판단

【대법원 판단】 원심판결 이유를 기록에 비추어 살펴보면, /
【대법원 판단】 원심이 그 판시와 같은 이유를 들어 성폭력범죄의 처벌 등에 관한 특례법 위반(주거침입강간등) 공소사실을 유죄로 인정하고, /
【대법원 판단】 그 판시와 같은 사정을 들어 심신장애에 관한 주장을 배척한 것은 정당하고, /
【대법원 판단】 거기에 상고이유로 주장하는 바와 같이 성폭력범죄의 처벌 등에 관한 특례법 위반(주거침입강간등)죄에 있어 주거침입에 관한 법리를 오해하거나 심신장애에 관한 사실오인 또는 법리오해의 위법이 없다. (상고 기각)

2012도12714

성폭력처벌법상 장애인 준강간죄 - 부정례
지적장애 3급 채팅 사건

2013. 4. 11. 2012도12714, 공 2013하, 1152

1. 사실관계 및 사건의 경과

【사실관계 1】

① A는 24세 여성이다.

② A는 지능지수가 51, 사회성숙지수가 35.91로 측정되어 지적장애 3급으로 판정되어 있다.

③ 갑은 23세의 대학생이다.

④ 2011. 3. 초순경 갑은 M게임사이트에서 A를 채팅을 통해 알게 되었다.

【사실관계 2】

① 2011. 3. 7.경부터 갑은 A와 지속적으로 통화를 하였다.

② 2011. 3. 27. 13:00경 갑은 A의 집에서 A와 성관계를 가졌다.

③ 2011. 3. 27. 22:00경 갑은 재차 A에게 성관계를 요구하였다.

④ A는 아빠한테 혼날까 봐 싫다고 하자 갑은 '○○년아'라고 욕설을 하였다.

⑤ 갑은 A가 위축된 상태에서 성관계를 가졌다.

【사건의 경과】

① 검사는 갑을 성폭력처벌법위반죄(장애인 준강간)로 기소하였다.

② (공소사실의 요지는 판례 본문 참조)

③ 갑의 피고사건은 제1심을 거친 후, 항소심에 계속되었다.

④ 항소심법원은 유죄를 인정하였다.

⑤ (항소심의 판단 이유는 판례 본문 참조)

⑥ 갑은 불복 상고하였다.

⑦ 갑은 상고이유로, 항거불능의 법리를 오해한 위법이 있다고 주장하였다.

【참조조문】

성폭력범죄의 처벌 등에 관한 특례법

제6조 (장애인에 대한 강간·강제추행 등) ① 신체적인 또는 정신적인 장애가 있는 사람에 대하여 「형법」 제297조(강간)의 죄를 범한 사람은 무기징역 또는 7년 이상의 징역에 처한다.

② 신체적인 또는 정신적인 장애가 있는 사람에 대하여 폭행이나 협박으로 다음 각 호의 어느 하나에 해당하는 행위를 한 사람은 5년 이상의 유기징역에 처한다.

1. 구강·항문 등 신체(성기는 제외한다)의 내부에 성기를 넣는 행위
2. 성기·항문에 손가락 등 신체(성기는 제외한다)의 일부나 도구를 넣는 행위

③ 신체적인 또는 정신적인 장애가 있는 사람에 대하여 「형법」 제298조(강제추행)의 죄를 범한 사

람은 3년 이상의 유기징역 또는 2천만원 이상 5천만원 이하의 벌금에 처한다.

④ 신체적인 또는 정신적인 장애로 항거불능 또는 항거곤란 상태에 있음을 이용하여 사람을 간음하거나 추행한 사람은 제1항부터 제3항까지의 예에 따라 처벌한다.

⑤ 위계(僞計) 또는 위력(威力)으로써 신체적인 또는 정신적인 장애가 있는 사람을 간음한 사람은 5년 이상의 유기징역에 처한다.

⑥ 위계 또는 위력으로써 신체적인 또는 정신적인 장애가 있는 사람을 추행한 사람은 1년 이상의 유기징역 또는 1천만원 이상 3천만원 이하의 벌금에 처한다.

⑦ 장애인의 보호, 교육 등을 목적으로 하는 시설의 장 또는 종사자가 보호, 감독의 대상인 장애인에 대하여 제1항부터 제6항까지의 죄를 범한 경우에는 그 죄에 정한 형의 2분의 1까지 가중한다.

2. 공소사실의 요지

【대법원 분석】 피고인은 2011. 3. 초순경 '마비노기' 게임사이트에서 지능지수 51의 지적장애인인 피해자 공소외 A(여, 24세)을 채팅을 통해 알게 되었고, /

【대법원 분석】 2011. 3. 7.경부터 피해자와 지속적으로 통화하면서 피해자가 묻는 말에 대답을 잘 하지 않고, /

【대법원 분석】 그래서 피고인이 '○○년'이라고 여러 차례 욕을 하고 화를 내도 다시 연락을 해오며, /

【대법원 분석】 영상통화시 알몸을 보여 달라는 요구에도 쉽게 응하는 등 /

【대법원 분석】 피해자가 지적으로 문제가 있다는 사실을 인식하고 /

【대법원 분석】 2011. 3. 27. 13:00경 피해자의 집에서 정신장애로 항거불능인 상태에 있음을 이용하여 피해자를 간음하고, /

【대법원 분석】 같은 날 22:00경 같은 장소에서 재차 피해자에게 성관계를 요구하여 /

【대법원 분석】 피해자가 아빠한테 혼날까 봐 싫다고 하자 '○○년아'라고 욕설을 하여 피해자가 위축되자 /

【대법원 분석】 정신장애로 항거불능인 상태에 있음을 이용하여 피해자를 간음하였다.

3. 사안에 대한 항소심의 판단

【항소심 판단】 원심은, 그 판시와 같은 사정을 들어, /

【항소심 판단】 피해자가 이 사건 범행 당시 정신장애가 주된 원인이 되어 /

【항소심 판단】 피고인에 대하여 성관계의 거부 또는 그에 대한 저항의사를 실행하는 것이 불가능하거나 현저하게 곤란한 상태에 있었고, /

【항소심 판단】 피고인은 피해자에게 정신장애가 있고 /

【항소심 판단】 그로 인하여 자신의 부당한 성관계 요구에 대하여 반항이 불가능하거나 현저히 곤란한 상태에 있음을 알면서 /

【항소심 판단】 피해자의 그러한 상태를 이용하여 간음한 것으로 판단하여, /

【항소심 판단】 이 사건 공소사실을 유죄로 인정하였다.

4. 정신장애인 준강간죄의 성립요건

【대법원 판단】 그러나 원심의 이러한 판단은 수긍하기 어렵다.
【대법원 요지】 가. 구 성폭력범죄의 처벌 등에 관한 특례법/
【대법원 요지】 (2011. 11. 17. 법률 제11088호로 개정되기 전의 것, 이하 '법'이라 한다) /
【대법원 요지】 제6조의 '신체적인 또는 정신적인 장애로 항거불능인 상태에 있음'은 /
【대법원 요지】 신체장애 또는 정신장애 그 자체로 항거불능의 상태에 있는 경우뿐 아니라 /
【대법원 요지】 신체장애 또는 정신장애가 주된 원인이 되어 심리적 또는 물리적으로 반항이 불가능하거나 현저히 곤란한 상태에 이른 경우를 포함하는바, /
【대법원 요지】 그 중 정신장애가 주된 원인이 되어 항거불능인 상태에 있었는지 여부를 판단함에 있어서는 /
【대법원 요지】 피해자의 정신장애의 정도뿐 아니라 피해자와 가해자의 신분을 비롯한 관계, 주변의 상황 내지 환경, 가해자의 행위 내용과 방법, 피해자의 인식과 반응의 내용 등을 종합적으로 검토하여야 한다.
【대법원 요지】 한편 법 제6조는 장애인의 성적 자기결정권을 보호법익으로 하는 것이므로, /
【대법원 요지】 피해자가 지적장애등급을 받은 장애인이라고 하더라도 /
【대법원 요지】 단순한 지적장애 외에 성적 자기결정권을 행사하지 못할 정도의 정신장애를 가지고 있다는 점이 증명되어야 하고, /
【대법원 요지】 피고인도 간음 당시 피해자에게 이러한 정도의 정신장애가 있음을 인식하여야 한다.

5. 사안에 대한 대법원의 판단

(1) 지적장애의 정도

【대법원 판단】 나. 적법하게 채택된 증거들에 의하면, /
【대법원 판단】 피해자의 지능지수가 51, 사회성숙지수가 35.91로 측정되어 지적장애 3급으로 판정된 사실, /
【대법원 판단】 이 사건 발생 후 얼마 지나지 않아 실시된 피해자에 대한 심리검사보고서에 /
【대법원 판단】 피해자의 언어적 기능이 매우 저하되어 있으며, 관습적인 수준의 규칙과 규범에 대한 습득 및 문제해결능력 역시 지체되어 있어 /
【대법원 판단】 충동적이고 미숙한 행동을 보일 소지가 많다고 기재되어 있는 사실을 알 수 있으므로, /
【대법원 판단】 이러한 사실에 비추어 보면 피해자에게 지적장애가 있는 것으로 보인다.
【대법원 판단】 그런데 앞서 본 바와 같이 법 제6조 소정의 정신장애는 지적장애 외에 성적 자기결정권을 행사하지 못할 정도에 이르러야 하므로, /
【대법원 판단】 피해자가 성적 자기결정권을 행사하지 못할 정도의 정신장애를 가지고 있는지에 관하여 살펴본다.
【대법원 분석】 기록 및 적법하게 채택된 증거들에 의하면 다음과 같은 사정을 알 수 있다.

【대법원 분석】 ① 피해자가 피고인에게 보낸 문자메시지의 내용, 피해자에 대한 경찰 제1회 진술조서와 아동피해자조사보고서의 기재를 보면, /

【대법원 분석】 그 표현에 다소 미숙한 면이 있기는 하지만 피해자는 성행위와 임신의 의미를 인식하고 있는 것으로 보이고, /

【대법원 분석】 피고인의 성관계를 전제한 것으로 보이는 만남 제안을 여러 번 완곡하게 거절한 사실이 있다.

【대법원 분석】 (이하 해당 본문 생략)

【대법원 판단】 이러한 사정들을 종합해 보면, /

【대법원 판단】 피해자가 비록 장애등급으로 분류되는 지적장애를 가지고 있기는 하지만, /

【대법원 판단】 법 제6조에서 보호되는 성적 자기결정권을 행사하지 못할 정도의 정신장애를 가지고 있다고 쉽사리 단정하기가 어렵고, /

【대법원 판단】 달리 이러한 정도의 장애를 가지고 있다고 볼 만한 사정이나 객관적인 자료가 부족하다.

(2) 피고인의 고의 유무

【대법원 분석】 다. 나아가 정신장애로 항거불능인 상태에 있음을 피고인이 인식하고 이를 이용하여 간음하였는지에 관하여 살펴본다.

【대법원 분석】 기록 및 적법하게 채택된 증거들에 의하면 다음과 같은 사정을 알 수 있다.

【대법원 분석】 ① 피고인은 피해자보다 1살 어린 대학생으로서 인터넷 게임을 하다가 대전에서 홀로 자취하는 대학생이라는 피해자와 20여 일 동안 약 1,000여 통의 문자메시지를 교환하였는데, /

【대법원 분석】 피해자와 교환한 문자메시지 내용에 피해자의 지적장애를 인식하였다고 볼 만한 내용은 없다.

【대법원 분석】 (이하 해당 본문 생략)

【대법원 판단】 이러한 사정들을 종합해 보면, 피해자가 정신장애로 항거불능인 상태에 있음을 피고인이 인식하고 이를 이용하여 간음하였다는 점이 합리적 의심을 배제할 수 있을 정도로 증명되었다고 보기 어렵다.

【대법원 판단】 라. 그렇다면 피해자가 법 제6조에서 말하는 '정신적인 장애로 항거불능의 상태'에 있었다고 단정하기 어렵고, /

【대법원 판단】 나아가 피고인이 이를 인식하고 이를 이용하여 간음하였다고 단정하기도 어렵다.

【대법원 결론】 그럼에도 원심은 피해자의 정신상태 등에 관하여 더 심리하지 아니한 채 이 사건 공소사실을 유죄로 판단하였는바, /

【대법원 결론】 이러한 원심판단에는 심리를 다하지 아니함으로써 법 제6조 소정의 항거불능에 관한 법리 등을 오해하여 판결 결과에 영향을 미친 잘못이 있다. (파기 환송)

제 2 강제추행의 죄

2011도8805

강제추행죄와 추행 – 부정례
허심청 온천 사건

2012. 7. 26. 2011도8805, 공 2012하, 1527

1. 사실관계 및 사건의 경과

【사실관계 1】
① A는 48세의 여자이다.
② A는 M장소 소재 N건물 2층에서 P지점을 운영하고 있다.
③ B는 N건물 1층에서 Q식당을 운영하고 있다.
④ A와 B 사이에 분쟁이 있었다.
⑤ 갑은 평소 B와 알고 지내는 사이이다.

【사실관계 2】
① 갑은 Q식당에서 술을 마시면서 B로부터 A와의 분쟁에 관한 이야기를 들었다.
② 당시는 저녁 8시경이었다.
③ 갑은 때마침 A가 내려오자 A에게 말을 걸었다.
④ 갑과 A는 처음 본 사이이다.

【사실관계 3】
① A는 갑의 말을 무시하고 Q식당 앞 도로에 주차하여 둔 자신의 차량으로 걸어갔다.
② 이에 갑은 A의 뒤를 쫓아가면서 욕을 하고 바지를 벗어 성기를 A에게 보였다.
③ 갑의 행위가 있던 곳은 허심청 온천 뒷길로 식당 및 편의점 등이 있다.
④ 그곳은 저녁 8시 무렵에도 사람 및 차량의 왕래가 빈번한 도로이다.
⑤ A는 당시 Q식당 옆 도로변에 차를 주차하여 둔 상태이었다.

【사건의 경과】
① 검사는 갑을 강제추행죄로 기소하였다.
② 갑의 피고사건은 제1심을 거친 후, 항소심에 계속되었다.
③ 항소심은 유죄를 선고하였다.
④ (항소심의 판단 이유는 판례 본문 참조)
⑤ 갑은 불복 상고하였다.

2. 강제추행죄와 추행의 의미

【대법원 분석】 1. 형법 제298조는 "폭행 또는 협박으로 사람에 대하여 추행을 한 자"를 강제추행죄

로 벌할 것을 정한다. /

【대법원 요지】 그런데 강제추행죄는 개인의 성적 자유라는 개인적 법익을 침해하는 죄로서, /

【대법원 요지】 위 법규정에서의 '추행'이란 일반인에게 성적 수치심이나 혐오감을 일으키고 선량한 성적 도덕관념에 반하는 행위인 것만으로는 부족하고 /

【대법원 요지】 그 행위의 상대방인 피해자의 성적 자기결정의 자유를 침해하는 것이어야 한다.

【대법원 요지】 따라서 건전한 성풍속이라는 일반적인 사회적 법익을 보호하려는 목적을 가진 형법 제245조의 공연음란죄에서 정하는 '음란한 행위'/

【대법원 요지】 (또는 이른바 과다노출에 관한 경범죄처벌법 제1조 제41호에서 정하는 행위)가 /

【대법원 요지】 특정한 사람을 상대로 행하여졌다고 해서 반드시 그 사람에 대하여 '추행'이 된다고 말할 수 없고, /

【대법원 요지】 무엇보다도 문제의 행위가 피해자의 성적 자유를 침해하는 것으로 평가될 수 있어야 한다. /

【대법원 요지】 그리고 이에 해당하는지 여부는 피해자의 의사 · 성별 · 연령, 행위자와 피해자의 관계, 그 행위에 이르게 된 경위, 구체적 행위태양, 주위의 객관적 상황 등을 종합적으로 고려하여 정하여진다.

3. 강제추행죄의 폭행과 협박

【대법원 요지】 또한 강제추행죄는 폭행 또는 협박을 가하여 사람을 추행함으로써 성립하는 것으로서 그 폭행 또는 협박이 항거를 곤란하게 할 정도일 것을 요한다. /

【대법원 요지】 그리고 그 폭행 등이 피해자의 항거를 곤란하게 할 정도의 것이었는지 여부는 그 폭행 등의 내용과 정도는 물론, 유형력을 행사하게 된 경위, 피해자와의 관계, 추행 당시와 그 후의 정황 등 모든 사정을 종합하여 판단하여야 한다.

4. 사안에 대한 항소심의 판단

【항소심 판단】 2. 원심은 채택증거를 종합하여 그 판시와 같은 사실을 인정한 다음, /

【항소심 판단】 피고인과 피해자는 처음 본 사이이었고, /

【항소심 판단】 범행장소가 사람들이 왕래하는 골목길이기는 하나 주차된 차량들 사이이며, /

【항소심 판단】 범행시간이 저녁 8시경이었던 점 등에 비추어 보면, /

【항소심 판단】 피고인이 자신의 성기를 피해자에게 보여준 행위는 /

【항소심 판단】 일반인에게 성적 수치심과 혐오감을 일으키는 한편 선량한 성적 도덕관념에 반하는 행위로서 /

【항소심 판단】 피해자의 성적 자유를 침해하는 추행에 해당되므로 /

【항소심 판단】 피고인의 위와 같은 행위는 강제추행죄를 구성한다고 판단하였다.

5. 사안에 대한 대법원의 분석

【대법원 판단】 3. 그러나 원심의 위와 같은 판단은 아래와 같은 이유로 수긍하기 어렵다.

【대법원 분석】 기록에 의하면, 다음과 같은 사정을 알 수 있다. /

【대법원 분석】 ① 피해자는 48세의 여자로 부산 **구 **1동 (지번 생략) 소재 건물 2층에서 '○○○ ○○○' 지점을 운영하고 있는데 그 건물 1층에서 식당을 운영하는 공소외인과 분쟁이 있었다. /

【대법원 분석】 ② 피고인은 그 식당에서 술을 마시면서 평소 알고 지내던 공소외인으로부터 피해자와의 분쟁에 관한 이야기를 들었고, 마침 피해자가 내려오자 피해자에게 말을 걸었다. /

【대법원 분석】 ③ 피해자는 피고인의 말을 무시하고 위 식당 앞 도로에 주차하여 둔 자신의 차량으로 걸어갔고 /

【대법원 분석】 이에 피고인은 피해자의 뒤를 쫓아가면서 공소사실과 같이 욕을 하고 바지를 벗어 성기를 피해자에게 보였다. /

【대법원 분석】 ④ 그곳은 허심청 온천 뒷길로 식당 및 편의점 등이 있어서 저녁 8시 무렵에도 사람 및 차량의 왕래가 빈번한 도로이고 피해자는 당시 위 식당 옆 도로변에 차를 주차하여 둔 상태이었다.

6. 사안에 대한 대법원의 판단

【대법원 판단】 이상에서 본 피해자의 성별 · 연령, 이 사건 행위에 이르게 된 경위 및 /

【대법원 판단】 피고인은 자신의 성기를 꺼내어 일정한 거리를 두고 피해자에게 보였을 뿐 피해자에게 어떠한 신체적 접촉도 하지 아니한 점, /

【대법원 판단】 위 행위장소는 피해자가 차량을 주차하여 둔 사무실 근처의 도로로서 사람 및 차량의 왕래가 빈번한 공중에게 공개된 곳이었고, /

【대법원 판단】 피해자로서는 곧바로 피고인으로부터 시선을 돌림으로써 그의 행위를 쉽사리 외면할 수 있었으며 필요하다면 주위의 도움을 청하는 것도 충분히 가능하였던 점, /

【대법원 판단】 피고인은 피해자를 위 행위장소로 이끈 것이 아니라 피해자의 차량으로 가는 피해자를 따라가면서 위와 같은 행위에 이르게 된 점, /

【대법원 판단】 피고인이 피해자에 대하여 행하여서 협박죄를 구성하는 욕설은 성적인 성질을 가지지 아니하는 것으로서 '추행'과 관련이 없는 점, /

【대법원 판단】 그 외에 피해자가 자신의 성적 결정의 자유를 침해당하였다고 볼 만한 사정은 이를 찾을 수 없는 점 기타 제반 사정을 고려하여 보면, /

【대법원 판단】 단순히 피고인이 바지를 벗어 자신의 성기를 피해자에게 보여준 것만으로는 /

【대법원 판단】 그것이 비록 객관적으로 일반인에게 성적 수치심이나 혐오감을 일으키게 하는 행위라고 할 수 있을지 몰라도 /

【대법원 판단】 피고인이 폭행 또는 협박으로 '추행'을 하였다고 볼 수 없다.

【대법원 결론】 그럼에도 그 판시와 같은 사정만으로 이 사건 강제추행의 점을 유죄로 인정한 원심판결에는 강제추행죄의 추행에 관한 법리를 오해하여 판결 결과에 영향을 미친 위법이 있다. /

【대법원 결론】 이 점을 지적하는 상고이유는 타당하다. (파기 환송)

83도399

강제추행죄와 폭행 – 인정례
강제 키스 사건

1983. 6. 28. 83도399, 공 1983, 1153

1. 사실관계 및 사건의 경과

【사실관계】

① [갑은 A녀를 캬바레에서 만났다.]

② 갑은 A녀를 팔로 힘껏 껴안고 강제로 두 차례 입을 맞추었다.

【사건의 경과】

① [A녀는 갑을 고소하였다.]

② 검사는 갑을 강제추행죄로 기소하였다.

③ 갑의 피고사건은 제1심을 거친 후, 항소심에 계속되었다.

④ 항소심은 무죄를 선고하였다.

⑤ (항소심의 판단 이유는 판례 본문 참조)

⑥ 검사는 불복 상고하였다.

2. 사안에 대한 항소심의 판단

【항소심 판단】 원심판결 이유에 의하면, 원심은 /

【항소심 판단】 위 피고인이 피해자를 팔로 힘껏 껴안고 강제로 두차례 입을 맞추어 그녀를 강제추행한 것이라는 강제추행 공소사실에 관하여 /

【항소심 판단】 위 피고인이 그 판시와 같이 피해자의 입을 맞춘 사실은 인정되지만 /

【항소심 판단】 강제추행죄에 있어서의 폭행, 협박은 상대방의 의사를 억압할 정도의 것이어야만 되는데 /

【항소심 판단】 이와 같은 폭행, 협박이 있었다는 점에 부합되는 그 판시 각 증거는 그 판시와 같이 이를 믿을 수 없고 달리 그러한 폭행, 협박이 있었다고 인정할 만한 증거가 없으니 /

【항소심 판단】 위 공소사실은 결국 그 범죄의 증명이 없는 때에 귀착된다는 취지로 판단하고 위 피고인에 대하여 무죄의 선고를 하고 있다.

3. 강제추행죄의 폭행과 협박

【대법원 요지】 그러나 강제추행죄에 있어서 폭행 또는 협박으로 사람에 대하여 추행을 한다는 것은 /

【대법원 요지】 먼저 상대방에 대하여 폭행 또는 협박을 가하여 그 항거를 곤란하게 한 뒤에 추행행위를 하는 경우만을 말하는 것이 아니고 /

【대법원 요지】 폭행행위 자체가 추행행위라고 인정되는 경우도 포함되는 것이라 할 것이고 /
【대법원 요지】 뒤의 경우에 있어서의 폭행은 반드시 상대방의 의사를 억압할 정도의 것임을 요하지 않고 다만 상대방의 의사에 반하는 유형력의 행사가 있는 이상 그 힘의 대소 강약을 불문한다고 보아야 할 것이다.

4. 사안에 대한 대법원의 판단

【대법원 판단】 원심이 강제추행죄에 있어서의 폭행은 반드시 상대방의 의사를 억압할 정도의 것이어야만 된다는 전제하에 위와 같이 판시한 것은 동 죄에 관한 법리오해의 위법을 저지른 것이라 할 것이나, /
【대법원 판단】 한편 기록과 원심판결 이유에 의하면 위 피고인의 원판시 소위는 피해자의 추정적 승낙하에 이루어진 사실을 인정할 수 있으므로 이를 강제추행죄로 문죄할 수는 없다 할 것이고, /
【대법원 판단】 따라서 원심이 위 피고인에 대하여 무죄의 선고를 한 것은 결과적으로 정당하다 할 것이다.
【대법원 결론】 그러므로 원심판결에 위에 본 법리오해의 잘못이 있다 하더라도 이로써 판결결과에 영향을 미칠 바 못되므로 논지는 결국 이유 없다. (상고 기각)

2009도2001

준강제추행죄와 항거불능 – 인정례

여신도 성추행 사건

2009. 4. 23. 2009도2001, [공보불게재]

1. 사실관계 및 사건의 경과

【사실관계】
① 갑은 P교회 노회장이고, A는 P교회의 여신도이다.
② A는 평소 갑에 대해 믿음과 경외감을 가지고 있었다.
③ 갑은 A에 대해 종교적 행위라고 말하면서 추행에 해당하는 성적 행위를 하였다.
④ A는 정신적 혼란을 겪어 갑의 행위를 거부하지 못하였다.
【사건의 경과】
① 검사는 갑을 준강제추행죄로 기소하였다.
② 제1심 공판절차에서 A의 진술을 비롯하여 여러 사람들의 진술이 증거로 제출되었다.
③ 제1심법원은 [A가 항거불능 상태에 있었다고 볼 수 없다는 이유로] 갑에게 무죄를 선고하였다.
④ 검사는 불복 항소하였다.
⑤ 항소심법원은 A가 항거불능 상태에 있었다고 보아 준강제추행죄의 유죄를 인정하였다.

⑥ 갑은 불복 상고하였다.

2. 준강제추행과 항거불능상태

【대법원 분석】 형법 제299조는 사람의 심신상실 또는 항거불능의 상태를 이용하여 간음 또는 추행을 한 자를 형법 제297조, 제298조의 강간 또는 강제추행의 죄와 같이 처벌하도록 규정하고 있다. /
【대법원 요지】 여기서 항거불능의 상태라 함은 형법 제297조, 제298조와의 균형상 심신상실 이외의 원인 때문에 심리적 또는 물리적으로 반항이 절대적으로 불가능하거나 현저히 곤란한 경우를 의미한다.

3. 사안에 대한 대법원의 판단

【대법원 분석】 원심은, 그 판시와 같은 사정들에 비추어 보면 위 피해자의 진술에 신빙성이 있다고 인정하고, 이에 배치되는 공소외 B, C, D, E 등의 진술은 그 신빙성을 배척하였다. /
【대법원 분석】 나아가 위와 같이 신빙성이 있는 위 피해자의 진술 및 그 채택증거들에 의하여 판시와 같은 사실을 인정한 다음, /
【대법원 판단】 위 피해자가 피고인에 대하여 갖고 있던 믿음과 경외감, 추행 당시의 피고인 및 피해자의 행위 내용과 태도, 그 당시 피해자를 둘러싼 제반 환경과 피해자의 심리상태, 연령, 지적능력 등에 비추어 보면, /
【대법원 판단】 피고인에 대한 종교적 믿음이 무너지는 정신적 충격을 받으면서 피고인의 행위가 종교적으로 필요한 행위로서 이를 용인해야 하는지에 관해 판단과 결정을 하지 못한 채 곤혹과 당황, 경악 등 정신적 혼란을 겪어 피고인의 행위를 거부하지 못하는 한편, /
【대법원 판단】 피고인의 행위를 그대로 용인하는 다른 신도들이 주위에 있는 상태에서 위와 같은 정신적 혼란이 더욱 가중된 나머지, /
【대법원 판단】 피고인의 행위가 성적(性的) 행위임을 알면서도 이에 대한 반항이 현지하게 곤란한 상태에 있었나고 판단하고, /
【대법원 결론】 피고인의 위 피해자에 대한 이 사건 준강제추행의 공소사실에 대하여 무죄를 선고한 제1심 판결을 파기하고 유죄를 인정하였다.
【대법원 결론】 앞서 본 법리와 기록에 비추어 살펴보면, 원심의 위와 같은 사실인정 및 판단은 사실심 법관의 합리적인 자유심증에 따른 것으로 정당하다. (상고 기각)

【코멘트】 종교의식을 가장한 추행행위에 대해 준강제추행죄를 인정한 판례이다. 준강제추행죄의 행위수단은 심신상실 또는 항거불능의 상태를 이용하는 것이다. 심신상실은 형법 제10조에서 책임능력을 규정할 때 사용하는 심신상실과 같은 개념은 아니다. 정신장애로 인하여 정상적인 판단력을 상실한 상태를 말한다. 항거불능에 대해 대법원은 "심신상실 이외의 원인 때문에 심리적 또는 물리적으로 반항이 절대적으로 불가능하거나 현저히 곤란한 경우"라고 정의하고 있다. 그런데 앞의 강간죄 항목에서 소개한 2006도5979 판례에서 대법원은 반항이 절대적으로 불가능하거나 현저히 곤란한 경우에 이르지 않고 반항이 단순히 곤란한 경우까지도 강제추행죄가 성립할 수 있음을 인정하고 있다. 따라서 본

판례에서 제시한 개념정의는 강간죄를 염두에 둔 것이라고 말할 수 있다.

심신상실과 항거불능의 구별은 반드시 쉽지는 않다. 심신상실의 예로는 숙면, 만취상태, 고도의 정신병, 정신박약 등이 거론되고 있다. 그러나 수면중의 여자를 심신상실이 아니라 항거불능 상태에 있다고 보는 것도 가능하다. 이 처럼 양자는 개념상 구별되지만 구별의 실익은 크지 않다고 생각된다. 본 판례는 대법원이 종교적 상황하에서 일어나는 고도의 정신적 충격을 항거불능 상태로 인정하였다는 점에서 주목된다.

제 3 미성년자 대상 성범죄

2006도9453

미성년자의제강간죄와 미수범처벌 – 인정례

학원 승합차 운전수 사건

2007. 3. 15. 2006도9453, 공 2007, 595

1. 사실관계 및 사건의 경과

【사실관계】

① 갑은 P학원의 승합차를 운전하는 운전수이다.

② A는 11세 여자 아이이다.

③ A는 학원 수업을 마치고 귀가하기 위하여 승합차를 탔다.

④ 갑은 A가 혼자 남은 틈을 타 승합차 안에서 A를 간음하려다 미수에 그쳤다.

【사건의 경과】

① 검사는 갑을 형법상 미성년자의제강간죄로 기소하였다.

② 갑의 피고사건은 제1심을 거친 후, 항소심에 계속되었다.

③ 항소심법원은 갑에게 유죄를 인정하였다.

④ 갑은 불복 상고하였다.

⑤ 갑은 상고이유로 다음의 점을 주장하였다.

(가) 미수범을 처벌하는 죄는 각 본조에 정한다(형법 제29조).

(나) 미성년자의제강간죄는 형법 제297조의 예에 의하여 처벌된다(형법 제305조).

(다) 형법 제297조는 강간죄의 기수범을 처벌하는 규정이다.

(라) 미성년자의제강간죄에 대해서는 미수범처벌규정이 없다.

(마) 따라서 미성년자의제강간죄는 미수범이 처벌되지 않는다.

(바) 미성년자의제강간죄의 미수범을 처벌한다면 그것은 죄형법정주의 위반이다.

【참조조문】

형법

제297조 (강간) 폭행 또는 협박으로 사람을 강간한 자는 3년 이상의 유기징역에 처한다.

제297조의2 (유사강간) 폭행 또는 협박으로 사람에 대하여 구강, 항문 등 신체(성기는 제외한다)의 내부에 성기를 넣거나 성기, 항문에 손가락 등 신체(성기는 제외한다)의 일부 또는 도구를 넣는 행위를 한 사람은 2년 이상의 유기징역에 처한다.

제298조 (강제추행) 폭행 또는 협박으로 사람에 대하여 추행을 한 자는 10년 이하의 징역 또는 1천500만원 이하의 벌금에 처한다.

제299조 (준강간, 준강제추행) 사람의 심신상실 또는 항거불능의 상태를 이용하여 간음 또는 추행을 한 자는 제297조, 제297조의2 및 제298조의 예에 의한다.

제300조 (미수범) 제297조, 제297조의2, 제298조 및 제299조의 미수범은 처벌한다.

제302조 (미성년자등에 대한 간음) 미성년자 또는 심신미약자에 대하여 위계 또는 위력으로써 간음 또는 추행을 한 자는 5년 이하의 징역에 처한다.

제305조 (미성년자에 대한 간음, 추행) 13세 미만의 사람에 대하여 간음 또는 추행을 한 자는 제297조, 제297조의2, 제298조, 제301조 또는 제301조의2의 예에 의한다.

아동 · 청소년의 성보호에 관한 법률

제7조 (아동 · 청소년에 대한 강간 · 강제추행 등) ① 폭행 또는 협박으로 아동 · 청소년을 강간한 사람은 무기징역 또는 5년 이상의 유기징역에 처한다.

② 아동 · 청소년에 대하여 폭행이나 협박으로 다음 각 호의 어느 하나에 해당하는 행위를 한 자는 5년 이상의 유기징역에 처한다.

1. 구강 · 항문 등 신체(성기는 제외한다)의 내부에 성기를 넣는 행위
2. 성기 · 항문에 손가락 등 신체(성기는 제외한다)의 일부나 도구를 넣는 행위

③ 아동 · 청소년에 대하여 「형법」 제298조의 죄를 범한 자는 2년 이상의 유기징역 또는 1천만원 이상 3천만원 이하의 벌금에 처한다.

④ 아동 · 청소년에 대하여 「형법」 제299조의 죄를 범한 자는 제1항부터 제3항까지의 예에 따른다.

⑤ 위계(僞計) 또는 위력으로써 아동 · 청소년을 간음하거나 아동 · 청소년을 추행한 자는 제1항부터 제3항까지의 예에 따른다.

⑥ 제1항부터 제5항까지의 미수범은 처벌한다.

성폭력범죄의 처벌 등에 관한 특례법

제7조 (13세 미만의 미성년자에 대한 강간, 강제추행 등) ① 13세 미만의 사람에 대하여 「형법」 제297조(강간)의 죄를 범한 사람은 무기징역 또는 10년 이상의 징역에 처한다.

② 13세 미만의 사람에 대하여 폭행이나 협박으로 다음 각 호의 어느 하나에 해당하는 행위를 한 사람은 7년 이상의 유기징역에 처한다.

1. 구강 · 항문 등 신체(성기는 제외한다)의 내부에 성기를 넣는 행위
2. 성기 · 항문에 손가락 등 신체(성기는 제외한다)의 일부나 도구를 넣는 행위

③ 13세 미만의 사람에 대하여 「형법」 제298조(강제추행)의 죄를 범한 사람은 5년 이상의 유기징

역 또는 3천만원 이상 5천만원 이하의 벌금에 처한다.

④ 13세 미만의 사람에 대하여 「형법」 제299조(준강간, 준강제추행)의 죄를 범한 사람은 제1항부터 제3항까지의 예에 따라 처벌한다.

⑤ 위계 또는 위력으로써 13세 미만의 사람을 간음하거나 추행한 사람은 제1항부터 제3항까지의 예에 따라 처벌한다.

2. 사안에 대한 대법원의 판단

(1) 형벌법규의 해석방법

【대법원 요지】 형벌법규는 문언에 따라 엄격하게 해석 · 적용되어야 하고 피고인에게 불리한 방향으로 지나치게 확장해석하거나 유추해석 하여서는 아니 되나, /

【대법원 요지】 형벌법규의 해석에 있어서도 법률문언으로서의 통상적인 의미를 벗어나지 않는 한 그 법의 입법 취지와 목적, 입법연혁 등 여러 요소를 고려한 목적론적 해석이 배제되는 것은 아니라고 할 것이다.

(2) 미성년자의제강간 · 강제추행죄의 미수범 처벌 여부

【대법원 분석】 미성년자의제강간 · 강제추행죄를 규정한 형법 제305조가 "13세 미만의 부녀를 간음하거나 13세 미만의 사람에게 추행을 한 자는 제297조, 제298조, 제301조 또는 제301조의2의 예에 의한다."로 되어 있어 /

【대법원 분석】 강간죄와 강제추행죄의 미수범의 처벌에 관한 형법 제300조를 명시적으로 인용하고 있지 아니하나, /

【대법원 요지】 형법 제305조의 입법 취지는 성적으로 미성숙한 13세 미만의 미성년자를 특별히 보호하기 위한 것으로 보이는바 /

【대법원 요지】 이러한 입법 취지에 비추어 보면 동조에서 규정한 형법 제297조와 제298조의 '예에 의한다'는 의미는 미성년자의제강간 · 강제추행죄의 처벌에 있어 그 법정형뿐만 아니라 미수범에 관하여도 강간죄와 강제추행죄의 예에 따른다는 취지로 해석된다. /

【대법원 판단】 따라서 이러한 해석이 형벌법규의 명확성의 원칙에 반하는 것이거나 죄형법정주의에 의하여 금지되는 확장해석이나 유추해석에 해당하는 것으로 볼 수 없다고 할 것이다.

【대법원 판단】 원심이 피고인이 11세인 피해자를 간음하려다 미수에 그친 이 사건 공소사실에 대하여 형법 제305조, 형법 제300조 및 형법 제297조를 적용하여 미성년자의제강간미수죄로 처벌한 것은 정당하고 /

【대법원 결론】 거기에 상고이유 제1점으로 주장하는 죄형법정주의에 관한 법리를 오해한 위법이 없다. (상고 기각)

【코멘트】

(1) 미성년자 대상 성범죄의 규율체계

미성년자에 대한 성폭력범죄의 처벌을 검토할 때에는 형법 이외에 특별법의 적용 여부에 주의하여야 한다. 이와 관련된 특별법으로는 「아동 · 청소년의 성보호에 관한 법률」과 「성폭력범죄의 처벌 등에 관한 특례법」이 있다. 여기에서 형법, 아청법, 성폭력처벌법의 적용관계를 살펴볼 필요가 있다.

미성년자에 대한 성폭력범죄 사안에 대해서는 일단 아청법 제7조가 특별법의 관계에 서서 우선적으로 적용된다. 그런데 피해 미성년자가 13세 미만인 경우에는 성폭력처벌법 제7조가 보다 우선하여 적용된다. 아청법 제7조에 비해 성폭력처벌법 제7조의 법정형이 더 높기 때문이다.

한편 미성년자에 대한 성범죄의 경우 사용되는 수단에 주목할 필요가 있다. 먼저, 미성년자에 대한 경우라도 폭행, 협박이 사용되면 기본적으로 형법 제297조의 강간죄 등이 성립한다. 그러나 이 경우에는 아청법 제7조 제1항의 가중처벌규정이 특별관계에 있어서 우선적으로 적용되며, 미성년자가 13세 미만인 경우에는 성폭력처벌법 제7조가 보다 우선하여 적용된다.

다음으로, 미성년자에 대해 위계, 위력의 수단으로 성범죄를 범하는 경우가 있다. 이 경우에는 형법 제302조가 적용될 것이지만, 아청법 제7조 제5항이 특별관계에 서서 우선적으로 적용된다. 미성년자가 13세 미만인 경우에는 성폭력처벌법 제7조 제5항이 보다 우선하여 적용된다.

세번째로, 폭행, 협박이나 위계, 위력에 해당하지 아니하는 다른 수단으로 미성년자에 대해 성범죄를 범하는 경우가 있다. 형법은 13세 미만의 미성년자를 상대로 하는 성범죄에 대해 포괄적인 처벌규정을 두고 있다. 형법 제305조의 미성년자의제강간 · 강제추행의 죄가 그것이다. 그런데 아청법이나 성폭력처벌법은 형법 제305조에 상응하는 부분에 대하여 특별한 가중처벌규정을 두고 있지 않다.

(2) 형법 제305조의 의의와 기능

일반인들의 입장에서 볼 때, 13세 미만의 미성년자에 대해 폭행 · 협박, 위계 · 위력 이외의 방법으로 성범죄가 이루어지는 경우란 상상하기가 쉽지 않다. 따라서 형법 제305조가 적용되는 경우는 거의 없을 것으로 생각할 수 있다. 그러나 실무에서의 사정은 반드시 그렇지는 않다.

미성년자 대상 성범죄의 구체적 사안에서 폭행 · 협박, 위계 · 위력의 요건을 입증하기 곤란한 경우들이 있다. 특히 피해자가 어린아이이어서 자신의 피해상황을 정확하게 진술할 수 없을 때 더욱 그러하다. 이러한 경우에 형법 제305조는 유용한 기능을 발휘한다. 형법 제305조의 경우 검사는 피고인이 13세 미만의 사람에 대하여 간음 또는 추행을 한 사실 및 그에 대한 피고인의 고의를 입증하면 되고, 폭행 · 협박, 위계 · 위력의 수단까지 증명할 필요는 없다. 본 판례의 사안에서 검사가 피고인을 형법 제305조의 미성년자의제강간죄로 기소한 것은 바로 이러한 사정에 기인한 것이 아닌가 생각된다.

본 판례에서 주목되는 논점은 미성년자의제강간죄를 규정한 형법 제305조가 강간미수죄를 규정한 형법 제300조까지 포함하여 규율하고 있는가 하는 문제이다. 이에 대해 대법원은 형법 제305조가 성적으로 미성숙한 13세 미만의 미성년자를 특별히 보호하기 위한 규정이라는 이유를 들어서 확장해석을 허용하고 있다.

2009도2576

미성년자의제강제추행죄와 추행 - 인정례
기간제 교사 사건

2009. 9. 24. 2009도2576, 공 2009하, 1805

1. 사실관계 및 사건의 경과

【사실관계】

① 갑은 P초등학교에서 기간제 교사로 근무하고 있었다.

② 갑은 A 등 초등학생들에게 진맥으로 건강상태를 알 수 있다고 말하였다.

③ 초등학생 A, B, C는 호기심에서 건강검진을 받으려고 갑의 연구실을 찾아갔다.

④ 갑은 연구실에서 B, C가 보는 상태에서 A의 옷 속으로 손을 넣어 배와 가슴 등의 신체 부위를 만졌다.

⑤ (사실관계의 분석은 판례 본문 참조)

【사건의 경과】

① 아동·청소년을 상대로 하는 성범죄에 대해서는 「아동·청소년의 성보호에 관한 법률」이 특별법으로 적용된다.

② 그러나 13세 미만의 미성년자에 대한 성폭력범죄에 대해서는 「성폭력범죄의 처벌 등에 관한 특례법」 제7조가 아청법보다 우선적으로 적용된다.

③ 검사는 갑을 성폭력처벌법위반죄로 기소하였다.

④ 갑의 피고사건은 제1심을 거친 후, 항소심에 계속되었다.

⑤ 항소심법원은 다음의 점을 들어서 갑에게 무죄를 선고하였다.

(가) 사실관계를 종합할 때 갑의 행위가 추행에 이르렀다고 보기 어렵다.

(나) 행위 당시 갑에게 A를 추행한다는 의사가 있었다고 보기 어렵다.

⑥ 검사는 불복 상고하였다.

2. 미성년자의제강제추행죄의 보호법익

【대법원 요지】 성폭력범죄의 처벌 및 피해자보호 등에 관한 법률 제8조의2 제5항[현행 성폭력처벌법 제7조 제2항에 해당함; 저자 주]에서 규정한 13세 미만의 미성년자에 대한 추행죄는 /

【대법원 요지】 '13세 미만의 아동이 외부로부터의 부적절한 성적 자극이나 물리력의 행사가 없는 상태에서 심리적 장애 없이 성적 정체성 및 가치관을 형성할 권익'을 보호법익으로 하는 것으로서, /

【대법원 요지】 그 성립에 필요한 주관적 구성요건으로 성욕을 자극·흥분·만족시키려는 주관적 동기나 목적이 있어야 하는 것은 아니다. /

3. 강제추행죄의 추행 개념

【대법원 요지】 그리고 위 죄에 있어서 '추행'이라 함은 /

【대법원 요지】 객관적으로 상대방과 같은 처지에 있는 일반적이고도 평균적인 사람으로 하여금 성적 수치심이나 혐오감을 일으키게 하고 /
【대법원 요지】 선량한 성적 도덕관념에 반하는 행위로서 /
【대법원 요지】 피해자의 성적 자유를 침해하는 것이라고 할 것인데, /
【대법원 요지】 이에 해당하는지 여부는 피해자의 의사, 성별, 연령, 행위자와 피해자의 이전부터의 관계, 그 행위에 이르게 된 경위, 구체적 행위태양, 주위의 객관적 상황과 그 시대의 성적 도덕관념 등을 종합적으로 고려하여 신중히 결정되어야 할 것이다.

4. 사안에 대한 대법원의 분석

【대법원 분석】 원심판결 및 원심이 적법하게 조사한 증거 등에 의하면, /
【대법원 분석】 피고인은 자신이 기간제 교사로 근무하는 초등학교 연구실에서 건강검진을 받겠다며 찾아온 피해자 공소외 A 등에게 손목의 맥을 짚어 본 다음 책상 위에 눕게 하여 상의 속으로 손을 넣어 주로 가슴 부위를 누르거나 문지른 사실, /
【대법원 분석】 피해자 공소외 A는 제1심에서 "몸을 만지면서 건강검진 하는 것이 싫다고는 이야기 하지 않았는데, 제가 그 느낌이 싫어서 간지러운 척하면서 안하였다. 가슴을 만질 때 싫은 내색도 보였고, 셋째 날에 싫다고 얘기도 하였다"고 증언한 사실, /
【대법원 분석】 피해자 공소외 A와 함께 건강검진을 받은 같은 또래의 공소외 B는 원심에서 "처음에는 기도를 드리고 맥박을 짚으면서 건강상태를 알아본다며 누우라고 하더니 갑자기 옷 속에 손을 넣어서 배를 짚어보면서 유방과 유두를 만졌다. 너무 황당해서 '왜 만지세요'라고 물으면서 몸을 움직였더니 '가만 있으라'고 했다. 손가락으로 만지지 않고 손바닥으로 약간 쥐는 듯한 모양으로 만졌고 손바닥이 유두에 닿았다"고 증언하였고, /
【대법원 분석】 마찬가지로 함께 건강검진을 받은 공소외 C는 원심에서 "3층 빈방에서 받을 때는, 어렸을 때 유두 부분을 짜면 안 된다고 하면서 유두를 만졌고, 다른 장소에서는 유두를 만지지 않고 유두 옆 부분을 만졌다"고 증언한 사실, /
【대법원 분석】 피고인도 원심 법정에서 처음에는 유두를 만지지 않고 통통치는 방법으로 했고 두 번째에 만졌다고 진술한 사실, /
【대법원 분석】 피고인이 종전 수업시간에 몸이 아프다고 호소하는 학생들을 진맥하여 건강상태를 알려 주기도 하였으나 직접 상의 속으로 손을 넣어 건강 상태를 진단한 적은 없었던 사실, /
【대법원 분석】 위 공소외 B는 진맥으로 건강상태를 알 수 있다고 해서 호기심에서 피고인을 찾아갔으나 갑자기 상의 속으로 손을 넣어 가슴과 유두를 만지자 황당해 하며 적극적으로 싫다는 표현을 하였고 화장실을 가는 척하면서 도망을 가려고 하였으며, /
【대법원 분석】 위 공소외 C는 심지어 성폭력을 당했다는 느낌이 들었고 자기만 당하는 게 싫어서 다른 친구들을 데려갔다고 진술하기도 한 사실을 알 수 있다.

5. 사안에 대한 대법원의 판단

【대법원 판단】 사정이 이와 같다면, 피고인의 행위는, /

【대법원 판단】 비록 피해자 공소외 A가 호기심에서 피고인을 먼저 찾아갔고 함께 간 학생들이 지켜보는 가운데서 한 행위여서 성욕을 자극 · 흥분 · 만족시키려는 주관적 동기나 목적이 없었다고 하더라도, /

【대법원 판단】 객관적으로 피해자 공소외 A와 같은 처지에 있는 일반적이고도 평균적인 사람으로 하여금 성적 수치심이나 혐오감을 일으키게 하고 선량한 성적 도덕관념에 반하는 행위에 해당하고, /

【대법원 판단】 그로 인하여 정신적 · 육체적으로 미숙한 피해자 공소외 A의 심리적 성장 및 성적 정체성의 형성에 부정적 영향을 미쳤다고 할 것이므로, /

【대법원 판단】 위 법률 조항에서 말하는 '추행'에 해당한다고 평가할 수 있다. /

【대법원 판단】 나아가 추행행위의 행태와 당시의 정황 등에 비추어 볼 때 피고인의 범의도 인정할 수 있다.

【대법원 결론】 그렇다면 원심이 판시와 같은 사유를 들어 피고인의 행위가 추행에 이르렀다고 보기 어렵고 또한 당시 피고인에게 피해자 공소외 A를 추행한다는 의사가 있었다고 보기 어렵다는 이유로 이 부분 공소사실에 대하여 무죄라고 판단한 것은 앞서 본 '추행'에 관한 법리를 오해하여 판결에 영향을 미친 위법이 있다고 할 것이다. (파기 환송)

2011도7164

위력에 의한 추행죄 – 인정례
엘리베이터 안 여아 사건

2013. 1. 16. 2011도7164, 공 2013상, 371

1. 사실관계 및 사건의 경과

【사실관계 1】

① 갑은 25세 남성이다.
② A는 11세 여아이다.
③ 갑과 A는 전혀 모르는 사이이다.
④ 2010. 9. 6. 15:05경 A는 M아파트 109동 5~6라인 앞에서 집에 가려고 엘리베이터를 탔다.
⑤ 갑은 A가 혼자 귀가하는 것을 보고 따라가 엘리베이터에 함께 탔다.

【사실관계 2】

① A는 자신의 집인 10층 버튼을 누르고 엘리베이터 출입문 옆에 섰다.
② 갑은 그보다 높은 층을 누른 후 엘리베이터 출입문 반대편 벽 쪽에 섰다.
③ 엘리베이터가 올라가자 갑은 A의 뒤쪽에서 A를 바라보고 반바지를 내리고 성기를 꺼내어 손으로 성기를 잡고 흔들었다.
④ 엘리베이터가 2층쯤을 통과할 무렵 A는 갑의 행위를 발견하고 놀랐다.

⑤ 그럼에도 갑은 자신의 행위를 즉시 멈추지 않은 채 오히려 A 쪽으로 더 가까이 다가갔다.
⑥ 엘리베이터가 10층에서 멈추자 A는 갑으로부터 벗어날 수 있었다.

【사건의 경과 1】

① 검사는 갑을 다음의 공소사실로 기소하였다.
(가) 주위적 공소사실 : 성폭력처벌법위반죄(13미만 미성년자 위력추행)
(나) 예비적 공소사실 : 주거침입죄
② 검사는 위치추적 전자장치 부착명령을 청구하였다.
③ (부착명령 청구 부분은 아래의 고찰에서 제외함)

【사건의 경과 2】

① 갑의 피고사건은 제1심을 거친 후, 항소심에 계속되었다.
② 항소심법원은 다음과 같이 판단하였다.
(가) 주위적 공소사실 : 성폭력처벌법위반죄(13미만 미성년자 위력추행) : 무죄
(나) 예비적 공소사실 : 주거침입죄 : 유죄
③ 항소심법원은 주위적 공소사실 무죄에 대해 다음의 이유를 들었다.
(가) 갑은 유형력을 행사한 바가 없다.
(나) 갑은 A의 신체에 직접적인 접촉을 하지 않았다.
(다) 따라서 갑의 행위를 위력에 의한 추행으로 보기에 부족하다.
④ 검사는 무죄 부분에 불복하여 상고하였다.
⑤ 검사는 상고이유로, 위력에 의한 추행에 관한 법리오해의 위법이 있다고 주장하였다.

2. 위력에 의한 추행죄의 성립요건

【대법원 요지】 (1) 성폭력범죄의 처벌 등에 관한 특례법 제7조 제5항에서 규정한 /

【대법원 요지】 13세 미만의 사람에 대한 위력에 의한 추행죄는 /

【대법원 요지】 '13세 미만의 아동이 외부로부터의 부적절한 성적 자극이나 물리력의 행사가 없는 상태에서 심리적 장애 없이 성적 정체성 및 가치관을 형성할 권익'을 보호법익으로 한다.

【대법원 요지】 '추행'이란 /

【대법원 요지】 객관적으로 피해자와 같은 처지에 있는 일반적 · 평균적인 사람으로 하여금 성적 수치심이나 혐오감을 일으키게 하고 /

【대법원 요지】 선량한 성적 도덕관념에 반하는 행위로서 /

【대법원 요지】 구체적인 피해자를 대상으로 하여 피해자의 성적 자유를 침해하는 것을 의미하는데, /

【대법원 요지】 이에 해당하는지 여부는 피해자의 의사, 성별, 연령, 행위자와 피해자의 관계, 그 행위에 이르게 된 경위, 피해자에 대하여 이루어진 구체적 행위태양, 주위의 객관적 상황과 그 시대의 성적 도덕관념 등을 종합적으로 고려하여 판단하여야 한다.

【대법원 요지】 그리고 여기에서 '위력'이란 /

【대법원 요지】 피해자의 성적 자유의사를 제압하기에 충분한 세력으로서 유형적이든 무형적이든 묻

지 않으며, /
【대법원 요지】 폭행 · 협박뿐 아니라 행위자의 사회적 · 경제적 · 정치적인 지위나 권세를 이용하는 것도 가능하다. /
【대법원 요지】 그리고 위력으로써 추행한 것인지 여부는 /
【대법원 요지】 피해자에 대하여 이루어진 구체적인 행위의 경위 및 태양, 행사한 세력의 내용과 정도 내지 이용한 행위자의 지위나 권세의 종류, 피해자의 연령, 행위자와 피해자의 이전부터의 관계, 피해자에게 주는 위압감 및 성적 자유의사에 대한 침해의 정도, 범행 당시의 정황 등 /
【대법원 요지】 여러 사정을 종합적으로 고려하여 판단하여야 한다.

3. 사안에 대한 대법원의 분석

【대법원 분석】 (2) 적법하게 채택된 증거들에 의하면, /
【대법원 분석】 ① 피고인 겸 피부착명령청구자(이하 '피고인'이라 한다)는 /
【대법원 분석】 2010. 9. 6. 13:45경 전주시 **구 **동 소재 (아파트 명칭 1 생략) 110동 1-2라인의 엘리베이터에서 공소외 B(여, 9세)를 상대로 자위행위를 하고 다가가 어깨에 손을 얹어 만지는 등의 강제추행의 범행을 한 후 불과 1시간 20분 만인 /
【대법원 분석】 같은 날 15:05경 같은 동 소재 (아파트 명칭 2 생략) 109동 5~6라인 앞에서 피해자 공소외 A(여, 11세)가 혼자 귀가하는 것을 보고 따라가 엘리베이터에 함께 탄 사실, /
【대법원 분석】 ② 피해자가 자신의 집인 10층 버튼을 누르고 엘리베이터 출입문 옆에 서자 피고인은 그보다 높은 층을 누른 후 엘리베이터 출입문 반대편 벽 쪽에 선 사실, /
【대법원 분석】 ③ 엘리베이터가 올라가자 피고인은 피해자의 뒤쪽에서 피해자를 바라보고 반바지를 내리고 성기를 꺼내어 손으로 성기를 잡고 위, 아래, 왼쪽, 오른쪽으로 움직인 사실, /
【대법원 분석】 ④ 엘리베이터가 2층쯤을 통과할 무렵 피해자는 피고인의 행위를 발견하고 놀랐는데 그럼에도 피고인은 자신의 행위를 즉시 멈추지 않은 채 오히려 피해자 쪽으로 더 가까이 다가간 사실, /
【대법원 분석】 ⑤ 피고인은 이 사건 당시 25세의 건장한 체격의 남자로서 피해자와는 전혀 안면이 없었던 사실을 알 수 있다.

4. 사안에 대한 대법원의 판단

【대법원 판단】 위 사실관계에 의하면, /
【대법원 판단】 피고인은 나이 어린 피해자를 구체적인 범행의 대상으로 삼아, /
【대법원 판단】 의도적으로 협소하고 폐쇄적인 엘리베이터 내 공간을 이용하여 피해자 외에는 다른 사람이 없어 피해자가 도움을 청할 수 없고 즉시 도피할 수도 없는 상황을 만들어 이 사건 범행을 하였고, /
【대법원 판단】 피고인이 피해자를 바라보고 성기를 꺼내어 잡고 움직인 행위는 /
【대법원 판단】 일반인에게 수치심을 느끼게 하고 성적인 자유의사를 침해하는 행위일 뿐 아니라 /
【대법원 판단】 그 행위를 목격한 11세의 여자 아이인 피해자에게는 심한 정신적인 충격을 주었을 것

으로 보이며, /

【대법원 판단】 더욱이 연약한 피해자로서는 위와 같이 벗어날 수 없는 좁은 공간 내에서 자기보다 훨씬 신체가 크고 낯선 피고인을 대하고 있는 사실만으로도 심리적으로 위축되어 있을 터인데 /

【대법원 판단】 위와 같이 피고인이 피해자를 향하여 성기를 꺼내어 잡고 움직이며 이를 보고 놀란 피해자에게 가까이 다가가기까지 하는 유형적인 행위를 함으로써 /

【대법원 판단】 피해자에게 준 심리적인 위압감이나 불안감은 매우 컸을 것으로 보인다.

【대법원 판단】 이와 같은 사정들을 앞서 본 법리에 비추어 보면, /

【대법원 판단】 비록 피고인이 피해자의 신체에 대하여 직접적인 접촉을 하지 아니하였고 엘리베이터가 10층에서 멈춘 후 피해자가 위 상황에서 바로 벗어날 수 있었다고 하더라도, /

【대법원 판단】 피고인이 피해자에 대하여 한 위 행위는 피해자의 성적 자유의사를 제압하기에 충분한 세력에 의하여 추행행위에 나아간 것으로서 /

【대법원 판단】 위력에 의한 추행행위에 해당한다고 봄이 상당하다.

【대법원 결론】 그런데도 원심은 이와 달리 피고인이 유형력을 행사하지 않았다거나 피해자의 신체에 직접적인 접촉을 하지 않았다는 등의 사정을 들어 위력에 의한 추행으로 보기에 부족하다고 판단하였으므로, /

【대법원 결론】 이러한 원심의 판단에는 위력에 의한 추행에 관한 법리를 오해하여 판결 결과에 영향을 미친 위법이 있다. 이 점을 지적하는 상고이유의 주장은 이유 있다. (파기 환송)

제 4 강간 · 강제추행치상의 죄 등

99도519

강간죄와 폭행 – 인정례
강간미수죄와 강간치상죄의 관계
문신 협박 사건

1999. 4. 9. 99도519, 공 1999, 950

☞ 160면

98도3732

강간치상죄와 상해 – 인정례
외상후 스트레스 사건

1999. 1. 26. 98도3732, 공 1999, 407

1. 사실관계 및 사건의 경과

【사실관계】

① 갑, 을, 병은 합동하여 A녀를 강간하였다.

② 갑, 을, 병의 강간행위로 인하여 A녀는 불안, 불면, 악몽, 자책감, 우울감정, 대인관계 회피, 일상생활에 대한 무관심, 흥미상실 등의 증상을 보였다.

③ A녀의 이와 같은 증세는 외상 후 스트레스 장애에 해당하는 것이었다.

④ 외상 후 스트레스 장애란 의학적으로는 통상적인 상황에서는 겪을 수 없는 극심한 위협적 사건에서 심리적인 충격을 경험한 후 일으키는 특수한 정신과적 증상을 가리킨다.

⑤ A녀는 그와 같은 증세로 인하여 2일간 치료약을 복용하였고, 6개월간의 치료를 필요로 하였다.

【사건의 경과】

① 검사는 갑 등을 성폭력처벌법위반죄(특수강간치상)로 기소하였다.

② 갑 등의 피고사건은 제1심을 거친 후, 항소심에 계속되었다.

③ 항소심법원은 유죄를 인정하였다.

④ 갑 등은 불복 상고하였다.

⑤ 갑 등은 상고이유로, A녀가 겪은 증상은 강간을 당한 모든 피해자가 필연적으로 겪는 증상으로서 상해에 해당하지 않는다고 주장하였다.

【참조조문】

형법

제301조 (강간 등 상해 · 치상) 제297조, 제297조의2 및 제298조부터 제300조까지의 죄를 범한 자가 사람을 상해하거나 상해에 이르게 한 때에는 무기 또는 5년 이상의 징역에 처한다.

제301조의2 (강간등 살인 · 치사) 제297조, 제297조의2 및 제298조부터 제300조까지의 죄를 범한 자가 사람을 살해한 때에는 사형 또는 무기징역에 처한다. 사망에 이르게 한 때에는 무기 또는 10년 이상의 징역에 처한다.

성폭력범죄의 처벌 등에 관한 특례법

제8조 (강간 등 상해 · 치상) ① 제3조제1항, 제4조, 제6조, 제7조 또는 제15조(제3조제1항, 제4조, 제6조 또는 제7조의 미수범으로 한정한다)의 죄를 범한 사람이 다른 사람을 상해하거나 상해에 이르게 한 때에는 무기징역 또는 10년 이상의 징역에 처한다.

② 제5조 또는 제15조(제5조의 미수범으로 한정한다)의 죄를 범한 사람이 다른 사람을 상해하거나 상해에 이르게 한 때에는 무기징역 또는 7년 이상의 징역에 처한다.

제9조 (강간 등 살인 · 치사) ① 제3조부터 제7조까지, 제15조(제3조부터 제7조까지의 미수범으로 한정한다)의 죄 또는 「형법」 제297조(강간), 제297조의2(유사강간) 및 제298조(강제추행)부터 제300조(미수범)까지의 죄를 범한 사람이 다른 사람을 살해한 때에는 사형 또는 무기징역에 처한다.

② 제4조, 제5조 또는 제15조(제4조 또는 제5조의 미수범으로 한정한다)의 죄를 범한 사람이 다른 사람을 사망에 이르게 한 때에는 무기징역 또는 10년 이상의 징역에 처한다.

③ 제6조, 제7조 또는 제15조(제6조 또는 제7조의 미수범으로 한정한다)의 죄를 범한 사람이 다른 사람을 사망에 이르게 한 때에는 사형, 무기징역 또는 10년 이상의 징역에 처한다.

아동 · 청소년의 성보호에 관한 법률

제9조 (강간 등 상해 · 치상) 제7조의 죄를 범한 사람이 다른 사람을 상해하거나 상해에 이르게 한 때에는 무기징역 또는 7년 이상의 징역에 처한다.

제10조 (강간 등 살인 · 치사) ① 제7조의 죄를 범한 사람이 다른 사람을 살해한 때에는 사형 또는 무기징역에 처한다.

② 제7조의 죄를 범한 사람이 다른 사람을 사망에 이르게 한 때에는 사형, 무기징역 또는 10년 이상의 징역에 처한다.

2. 사안에 대한 대법원의 판단

【대법원 분석】 원심판결 이유에 의하면, 원심은 /

【대법원 요지】 성폭력범죄의처벌및피해자보호등에관한법률 제9조 제1항의 상해는 /

【대법원 요지】 피해자의 신체의 완전성을 훼손하거나 생리적 기능에 장애를 초래하는 것으로, /

【대법원 요지】 반드시 외부적인 상처가 있어야만 하는 것이 아니고, /

【대법원 요지】 여기서의 생리적 기능에는 육체적 기능뿐만 아니라 정신적 기능도 포함된다고 전제한 후, /

【대법원 분석】 제1심이 조사 · 채택한 증거들에 P외과의원 원장 B에 대한 사실조회에 대한 회신의 기재를 종합하여 /

【대법원 분석】 피고인들의 강간행위로 인하여 피해자가 불안, 불면, 악몽, 자책감, 우울감정, 대인관계 회피, 일상생활에 대한 무관심, 흥미상실 등의 증상을 보였고, /

【대법원 분석】 이와 같은 증세는 의학적으로는 통상적인 상황에서는 겪을 수 없는 극심한 위협적 사건에서 심리적인 충격을 경험한 후 일으키는 특수한 정신과적 증상인 외상 후 스트레스 장애에 해당하고, /

【대법원 분석】 피해자는 그와 같은 증세로 인하여 2일간 치료약을 복용하였고, 6개월간의 치료를 요하는 사실을 인정하고, /

【대법원 판단】 피해자가 겪은 위와 같은 증상은 강간을 당한 모든 피해자가 필연적으로 겪는 증상이라고 할 수도 없으므로 결국 피해자는 피고인들의 강간행위로 말미암아 위 법률 제9조 제1항이 정하는 상해를 입은 것이라고 판단하였는바, /

【대법원 결론】 원심의 위와 같은 사실인정 및 판단은 모두 수긍할 수 있고, /

【대법원 결론】 여기에 피고인들의 변호인과 피고인 을이 논하는 바와 같은 채증법칙 위반 또는 심리미진의 위법이나 피고인들의 변호인이 논하는 위 법률 제9조 제1항의 상해에 대한 법리오해의 위법 등이 있다고 할 수 없다. 논지는 모두 이유가 없다. (상고 기각)

【코멘트】 강간죄의 경우에 상해는 가중처벌의 근거로 작용한다. 2012년 개정 전의 형법에 의하면 강간죄의 경우 상해는 친고죄인 강간죄를 비친고죄로 전환시키는 기능도 담당하고 있었다. 그러나 2012년 형법개정에 의하여 친고죄가 폐지됨에 따라 이 부분의 법적 효과는 더 이상 존재하지 않게 되었다.

한편 성폭력처벌법에 따르면 특수강간 등의 죄에 상해가 인정될 경우 법정형이 무기 또는 10년 이상의 징역으로 높아진다. 그 결과 피해자와의 합의를 고려하여 법관이 작량감경을 하더라도 피고인에게 집행유예를 선고할 수 없는 상황이 된다. 이와 같이 성폭력범죄에서 상해의 표지가 차지하는 중요성 때문에 상해의 개념정의가 실무상 중요한 의미를 가지게 된다.

본 판례에서 대법원은 성폭력처벌법상의 상해를 "피해자의 신체의 완전성을 훼손하거나 생리적 기능에 장애를 초래하는 것"으로 정의하면서, 강간행위로 인한 피해자의 외상 후 스트레스 장애도 상해에 해당한다는 판단을 내리고 있다.

99도3099

강제추행치상죄와 상해 – 부정례
음모 절단 사건

2000. 3. 23. 99도3099, 공 2000, 1096

1. 사실관계 및 사건의 경과

【사실관계】

① (강제추행죄가 친고죄로 규정되어 있던 시점의 사안이다.)
② (친고죄가 기소된 경우 고소가 취소되면 법원은 공소기각판결로써 절차를 종결하여야 한다.)
③ 갑은 P호프집의 종업원이다.
④ A녀는 P호프집의 아르바이트 종업원이다.
⑤ 1998. 12. 19. 16:00경 갑은 A녀를 친구 B의 원룸에 데려왔다.
⑥ 갑은 A녀가 밥을 먹지 않는다는 이유로 A녀를 강제로 눕혀 옷을 벗긴 뒤 1회용 면도기로 A녀의 음모를 위에서 아래로 가로 약 5cm, 세로 약 3cm 정도 깎아버렸다.

【사건의 경과】

① A녀는 갑을 고소하였다.
② 검사는 갑을 강제추행치상죄로 기소하였다.
③ 제1심판결 선고 전에 A녀는 갑에 대한 고소를 취소하였다.

④ 갑의 피고사건은 제1심을 거친 후, 항소심에 계속되었다.
⑤ 항소심법원은 형소법 제327조 제5호에 기하여 공소기각판결을 내렸다.
⑥ (항소심 판단의 이유는 판례 본문 참조)
⑦ 검사는 불복 상고하였다.

2. 공소사실의 요지

【대법원 분석】 1. 원심판결 이유에 의하면, 원심은 /
【대법원 분석】 「피고인이 1998. 12. 19. 16:00경 피고인의 친구 공소외인의 원룸에서 그 곳에 데려온 피해자가 밥을 먹지 않는다는 이유로 피해자를 강제로 눕혀 옷을 벗긴 뒤 1회용 면도기로 피해자의 음모를 반 정도 깎아 /
【대법원 분석】 강제추행하고 /
【대법원 분석】 이로 인하여 피해자로 하여금 치료일수 불상의 음모절단상을 입게 하였다.」는 /
【대법원 분석】 강제추행치상의 공소사실에 대하여, /

3. 사안에 대한 항소심의 판단

【항소심 판단】 그 판결에서 들고 있는 증거들을 종합하여, /
【항소심 판단】 피고인이 피해자를 강제로 눕혀 옷을 벗긴 뒤 1회용 면도기로 피해자의 음모를 위에서 아래로 가로 약 5 cm, 세로 약 3 cm 정도 깎은 사실은 인정되나, /
【항소심 판단】 위와 같은 정도의 음모의 절단은 이로 인하여 신체의 완전성이 손상되고 생활기능에 장애가 왔다거나 건강상태가 불량하게 변경되었다고 보기 어려우므로 이를 강제추행치상죄의 상해에 해당한다고 할 수 없고, /
【항소심 판단】 따라서 피고인의 행위는 강제추행죄만이 성립하고 강제추행치상죄로는 처벌할 수 없다고 할 것인데, /
【항소심 판단】 이 사건 공소제기 후 제1심판결 선고 전에 피고인에 내한 고소가 적법하게 취소된 사실이 인정된다는 이유로 형사소송법 제327조 제5호에 의하여 이 부분 공소를 기각하고 있다.

4. 사안에 대한 대법원의 판단

(1) 강제추행치상죄의 상해 개념

【대법원 요지】 2. 강제추행치상죄에 있어서의 상해는 피해자의 신체의 건강상태가 불량하게 변경되고 생활기능에 장애가 초래되는 것을 말하는 것으로서, /
【대법원 요지】 신체의 외모에 변화가 생겼다고 하더라도 신체의 생리적 기능에 장애를 초래하지 아니하는 이상 상해에 해당한다고 할 수 없다.

(2) 사안에 대한 대법원의 결론

【대법원 판단】 그런데 음모는 성적 성숙함을 나타내거나 치부를 가려주는 등의 시각적·감각적인 기능 이외에 특별한 생리적 기능이 없는 것이므로, /

【대법원 판단】 원심이 확정한 바와 같이 피해자의 음모의 모근(毛根) 부분을 남기고 모간(毛幹) 부분만을 일부 잘라냄으로써 음모의 전체적인 외관에 변형만이 생겼다면, /

【대법원 판단】 이로 인하여 피해자에게 수치심을 야기하기는 하겠지만, /

【대법원 판단】 병리적으로 보아 피해자의 신체의 건강상태가 불량하게 변경되거나 생활기능에 장애가 초래되었다고 할 수는 없을 것이므로, /

【대법원 판단】 그것이 폭행에 해당할 수 있음은 별론으로 하고 /

【대법원 판단】 강제추행치상죄의 상해에 해당한다고 할 수는 없다.

【대법원 결론】 원심이 같은 취지에서 그 판시와 같은 음모의 절단은 강제추행치상죄의 상해에 해당한다고 할 수 없어 피고인을 강제추행치상죄로 처벌할 수 없다고 판단한 것은 정당하고, /

【대법원 결론】 거기에 강제추행치상죄의 상해에 관한 법리를 오해한 위법이 없다. 상고이유는 받아들일 수 없다. (상고 기각)

제33장 명예에 관한 죄

제1 사실적시 명예훼손죄

2004도2880

명예훼손죄와 공연성 - 부정례

귓속말 신도 사건

2005. 12. 9. 2004도2880, 공 2006, 142

1. 사실관계 및 사건의 경과

【사실관계】

① [갑과 A, B, C 등은 P종교단체의 신도들이다.]
② 갑은 A의 귀에 대고 "A는 B와 붙어먹고 산다."고 말하였다.
③ 이와 같은 내용을 당시 현장에 있던 사람들 중 A 외에는 아무도 들은 사람이 없었다.
④ A는 B에게 "갑이 'A는 B와 붙어먹고 산다.'고 말하고 다닌다."라고 말하였다.
⑤ B는 이 말을 듣고 다시 갑에게 이를 따져 항의하였다.

【사건의 경과】

① [B는 갑을 고소하였다.]
② 검사는 갑을 명예훼손죄로 기소하였다.
③ 제1심법원은 유죄를 인정하였다.
④ 갑은 불복 항소하였다.
⑤ 항소심법원은 공연성이 없다는 이유로 무죄를 선고하였다.
⑥ 검사는 불복 상고하였다.

2. 명예훼손죄와 전파가능성설

【대법원 요지】 명예훼손죄의 구성요건인 공연성은 불특정 또는 다수인이 인식할 수 있는 상태를 말하는 것으로서, /

【대법원 요지】 비록 개별적으로 한 사람에 대하여 사실을 적시하더라도 그로부터 불특정 또는 다수인에게 전파될 가능성이 있다면 공연성의 요건을 충족하는 것이나, /

【대법원 요지】 어느 사람에게 귀엣말 등 그 사람만 들을 수 있는 방법으로 그 사람 본인의 사회적 가치 내지 평가를 떨어뜨릴 만한 사실을 이야기하였다면, /

【대법원 요지】 위와 같은 이야기가 불특정 또는 다수인에게 전파될 가능성이 있다고 볼 수 없어 명예훼손의 구성요건인 공연성을 충족하지 못하는 것이며, /
【대법원 요지】 그 사람이 들은 말을 스스로 다른 사람들에게 전파하였더라도 위와 같은 결론에는 영향이 없다.

3. 사안에 대한 대법원의 판단

【대법원 판단】 원심이 피고인 갑이 피해자 공소외 A만 들을 수 있도록 귀엣말로 위 피해자가 공소외 B와 부적절한 성적 관계를 맺었다는 취지의 이야기를 한 사실을 인정하고, /
【대법원 판단】 그것만으로는 명예훼손의 구성요건요소인 공연성을 인정할 수 없음을 이유로 이 사건 공소사실 중 명예훼손의 점을 무죄로 판단한 조치는 위에서 본 법리나 이 사건 기록에 비추어 옳고, /
【대법원 결론】 거기에 검사가 상고이유로 주장한 것처럼 채증법칙 위배로 사실을 오인하거나 명예훼손죄의 공연성에 관한 법리를 오해하는 등으로 판결 결과에 영향을 미친 위법이 없다. (상고 기각)

2009도6687

명예훼손죄와 사실적시 – 부정례
선거법위반 고발 사건

2009. 9. 24. 2009도6687, 공 2009하, 1810

1. 사실관계 및 사건의 경과

【사실관계】
① 갑은 "A가 B를 선거법 위반으로 고발하였다"라고 C, D, E가 있는 자리에서 말하였다.
② 갑은 이 말을 하면서 A가 B를 고발한 동기나 경위에 관하여는 언급을 하지 아니하였다.
③ [그런데 A는 B를 고발한 사실이 없었다.]
④ [B가 선거법을 위반한 사실이 있는지는 명확하게 밝혀지지 않았다.]
【사건의 경과】
① [A는 갑을 고소하였다.]
② 검사는 갑을 명예훼손죄로 기소하였다.
③ 제1심법원은 허위사실 적시 명예훼손죄로 유죄를 인정하였다.
④ 갑은 불복 항소하였다.
⑤ 항소심법원은 다음의 이유를 들어서 항소를 기각하고, 제1심판결을 유지하였다.
　(가) 갑이 C, D, E에게 A에 관한 허위사실을 적시한 사실을 충분히 인정할 수 있다.
　(나) 갑이 허위의 사실을 적시하여 A의 사회적 평가가 저하되었다고 봄이 상당하다.

⑥ 갑은 불복 상고하였다.
⑦ 대법원은 갑의 상고이유와 관계없이 직권으로 판단하였다.

2. 명예훼손죄와 사실적시의 내용

【대법원 요지】 명예훼손죄가 성립하기 위해서는 사실의 적시가 있어야 하고, /
【대법원 요지】 적시된 사실은 이로써 특정인의 사회적 가치 내지 평가가 침해될 가능성이 있을 정도로 구체성을 띠어야 하는 것이며, /
【대법원 요지】 비록 허위의 사실을 적시하였더라도 그 허위의 사실이 특정인의 사회적 가치 내지 평가를 침해할 수 있는 내용이 아니라면 형법 제307조 소정의 명예훼손죄는 성립하지 않는다.
【대법원 요지】 한편 누구든지 범죄가 있다고 생각하는 때에는 고발할 수 있는 것이므로 어떤 사람이 범죄를 고발하였다는 사실이 주위에 알려졌다고 하여 그 고발사실 자체만으로 고발인의 사회적 가치나 평가가 침해될 가능성이 있다고 볼 수는 없고, /
【대법원 요지】 다만 그 고발의 동기나 경위가 불순하다거나 온당하지 못하다는 등의 사정이 함께 알려진 경우에 고발인의 명예가 침해될 가능성이 있다고 할 것이다.

3. 사안에 대한 항소심의 판단

【대법원 분석】 원심은, 제1심이 채용한 증거들을 종합하면 피고인이 제1심 판시와 같이 공소외 C 및 공소외 D, 공소외 E에게 피해자에 관한 허위 사실을 적시한 사실을 충분히 인정할 수 있고, /
【대법원 분석】 또한 그 판시 사정들을 종합하면 피고인이 위와 같이 허위의 사실을 적시하여 피해자의 사회적 평가가 저하되었다고 봄이 상당하다는 이유로 /
【대법원 분석】 피고인의 법리오해 항소이유를 배척하고 이 사건 공소사실을 유죄로 인정한 제1심판결을 그대로 유지하였다.

4. 사안에 대한 대법원의 판단

【대법원 판단】 그런데 기록상 공소외 B가 선거법을 위반한 사실이 있는지 여부가 명확하지 않지만 /
【대법원 판단】 누구든지 범죄가 있다고 생각하는 때에는 고발할 수 있는 것이므로 /
【대법원 판단】 피고인이 제1심판결이 판시한 바와 같이 단지 피해자가 공소외 B를 선거법 위반으로 고발하였다는 말만 하고 그 고발의 동기나 경위에 관하여는 언급을 하지 아니하였다면 /
【대법원 판단】 그와 같이 말한 것만으로는 피해자의 사회적 가치나 평가를 침해하기에 충분한 구체적인 사실이 적시되었다고 볼 수 없다. /
【대법원 결론】 따라서 원심으로서는 피고인이 피해자의 고발 동기나 경위에 관해서도 언급을 하였는지에 대하여 더 심리한 후 명예훼손죄의 성립 여부에 관하여 판단하였어야 함에도 이에 이르지 아니한 채 이 사건 공소사실을 유죄로 인정하고 말았으니, /
【대법원 결론】 이러한 원심의 판단에는 명예훼손죄의 사실 적시에 관한 법리를 오해하거나 필요한 심리를 다하지 아니하여 판결에 영향을 미친 위법이 있다. (파기 환송)

2011도6904

명예훼손죄와 사실적시 - 부정례
검찰청 번호 허위문자 사건

2011. 8. 18. 2011도6904, 공 2011하, 1964

1. 사실관계 및 사건의 경과

【사실관계】

① A는 제5회 전국동시지방선거에서 P군수로 당선된 사람이다.
② B는 A가 지방선거 군수 후보로 출마하였을 당시 A의 운전기사였다.
③ 갑은 B가 공직선거법 위반죄로 구속되었다는 소문을 들었다.
④ 갑은 인터넷을 통하여 Q일보 기자 C 등 8명의 기자들에게 다음과 같은 형태의 문자를 발송하였다.
(가) 발신번호: □□□□-△△△△ / 11. 20.
(나) "M지청, P군수 보좌관 B 멸치 500포 살포혐의 구속, A 군수 집중 조사 중"
⑤ B는 A가 군수 후보일 당시 A의 운전기사일 뿐 보좌관은 아니었다.
⑥ 발신번호로 표시된 것 가운데 '□□□□-'로 시작되는 앞부분은 M검찰청 N지청에서 사용하는 번호들이었다.
⑦ C 등 기자들은 갑이 보낸 문자 메세지 내용의 진위를 N지청에 확인하였다.

【사건의 경과】

① 검사는 다음의 공소사실로 갑을 기소하였다.
② 「피고인은 공연히 허위의 사실을 적시하여 피해자인 M지방검찰청 N지청장 또는 N지청 구성원의 명예를 훼손하였다.」
③ (공소사실의 구체적인 내용은 판례 본문 참조)
④ 제1심법원은 유죄를 인정하였다.
⑤ 갑은 불복 항소하였다.
⑥ 항소심법원은 항소를 기각하고, 제1심판결을 유지하였다.
⑦ 갑은 불복 상고하였다.

2. 명예훼손죄와 사실적시의 정도

【대법원 요지】 명예훼손죄가 성립하기 위하여는 사실의 적시가 있어야 하고, /
【대법원 요지】 적시된 사실은 이로써 특정인의 사회적 가치 내지 평가가 침해될 가능성이 있을 정도로 구체성을 띠어야 한다. /
【대법원 요지】 그리고 특정인의 사회적 가치나 평가를 저하시키기에 충분한 구체적인 사실의 적시가 있다고 하기 위해서는, /
【대법원 요지】 반드시 그러한 구체적인 사실이 직접적으로 명시되어 있을 것을 요구하는 것은 아니

지만, /

【대법원 요지】 적어도 적시된 내용 중의 특정 문구에 의하여 그러한 사실이 곧바로 유추될 수 있을 정도는 되어야 한다.

3. 공소사실의 요지

【대법원 분석】 이 부분 공소사실의 요지는, /

【대법원 분석】 「피고인은 제5회 전국동시지방선거에서 P군수로 당선된 공소외 A 후보의 운전기사였던 공소외 B가 공직선거법 위반죄로 구속되었다는 소문을 듣게 된 것을 기화로, /

【대법원 분석】 사실은 공소외 B가 공소외 A의 보좌관이 아니고, /

【대법원 분석】 M지방검찰청 N지청장 또는 N지청 구성원이 기자들에게 문자를 보내는 방법으로 공소외 B에 대한 수사상황이나 피의사실을 공표한 사실이 전혀 없음에도, /

【대법원 분석】 공소외 A를 비방하는 내용의 문자를 N지청에서 발신하는 것처럼 가장하여 보내기로 마음먹고, /

【대법원 분석】 2010. 11. 21. 15:18경 경남 (이하 생략)에 있는 피고인의 주거지에서, /

【대법원 분석】 컴퓨터를 이용하여 주식회사 케이티에서 운영하는 문자메시지 대량발송이 가능한 통합메시지서비스인 ○○○닷컴사이트(www.○○○.com)를 통해 Q일보 기자인 공소외 C 등 8명의 기자들에게 발신번호가 N지청(지청장실: 전화번호 1 생략)인 것처럼 허위의 발신번호를 게재하여 /

【대법원 분석】 마치 N지청장 또는 N지청 구성원이 공소외 B에 대한 수사상황과 피의사실을 미리 알려주는 것처럼 '발신번호: 전화번호 2 생략/11. 20. N지청, P군수 보좌관 공소외 B 멸치 500포 살포혐의 구속, [A] 군수 집중 조사 중'이라는 허위 내용의 문자를 발송함으로써 /

【대법원 분석】 공연히 허위의 사실을 적시하여 피해자인 M지방검찰청 N지청장 또는 N지청 구성원의 명예를 훼손하였다.」는 것이다.

4. 사안에 대한 대법원의 판단

【대법원 판단】 그런데 공소사실에 기재된 이 사건 문자메시지는 'N지청에서 공소외 B를 구속하고 [A] 군수를 조사하고 있다'는 취지의 내용으로 보일 뿐 'N지청장 또는 N지청 구성원이 그와 같은 내용을 알린다'는 내용으로 볼 수는 없고, /

【대법원 판단】 피고인이 N지청 지청장실의 전화번호 끝자리를 생략한 허위의 발신번호를 게재한 사정까지 함께 고려하더라도 이 사건 문자메시지의 내용에서 'N지청장 또는 N지청 구성원이 그와 같은 내용을 알린다'는 사실이 곧바로 유추될 수 있다고 보이지 아니하며, /

【대법원 판단】 실제로 기록에 의하면 이 사건 문자메시지를 받은 기자들 중 다수가 이 사건 문자메시지를 누가 발송한 것인지 몰랐다고 진술한 사실을 알 수 있다. /

【대법원 판단】 따라서 이 사건 문자메시지를 받은 상대방들이 발신번호의 유사성에 근거하여 N지청장 또는 N지청 구성원이 이 사건 문자메시지를 발송하였다고 추측할 가능성 자체를 배제할 수는 없다고 하더라도, /

【대법원 판단】 그와 같은 가능성만으로 이 사건 문자메시지에 의하여 N지청장 또는 N지청 구성원

의 사회적 가치나 평가를 저하시키기에 충분한 구체적인 사실의 적시가 있다고 볼 수는 없다.

【대법원 판단】 그럼에도 불구하고 원심이 그 판시와 같은 이유만으로 피고인이 이 사건 문자메시지를 발송한 행위에 대하여 N지청장 또는 N지청 구성원의 인격적 가치에 대한 사회적 평가를 저하시킬 만한 성질의 사실을 적시한 것이라고 판단한 것에는 /

【대법원 판단】 명예훼손죄에 있어서 사실의 적시에 관한 법리 등을 오해하여 판결 결과에 영향을 미친 위법이 있다. 이를 지적하는 취지의 상고이유의 주장은 이유 있다. (파기 환송)

2010도17237

명예훼손죄와 사실적시 – 부정례
광우병 PD수첩 사건

2011. 9. 2. 2010도17237, 공 2011하, 2152

1. 사실관계 및 사건의 경과

【사실관계】

① 갑은 M방송국의 PD이다.

② 갑과 그의 동료 기자들은 미국산 쇠고기 수입과 관련하여 N프로그램을 제작하여 TV로 방영하였다.

③ N프로그램에는 한미간 쇠고기 협상에 임한 주무자 A와 B에 대한 내용이 들어 있었다.

④ N프로그램의 A와 B에 대한 내용에는 ㉠사실과 ㉡사실이 포함되어 있었다.

⑤ (㉠사실에 대한 구체적 내용은 항소심 판례 본문의 공소사실 참조)

【사건의 경과】

① [A와 B는 N프로그램의 내용에 허위사실이 들어 있다고 주장하여 갑 등을 고소하였다.]

② 검사는 갑 등을 명예훼손죄와 업무방해죄로 기소하였다.

③ (이하에서는 명예훼손죄 부분만 검토함)

④ (항소심판결에 나타난 공소사실의 요지 부분은 별도의 '항소심 분석'으로 소개함)

⑤ 갑 등의 피고사건은 제1심을 거친 후, 항소심에 계속되었다.

⑥ 항소심법원은 다음의 이유를 들어서 갑 등에게 무죄를 선고하였다.

(가) ㉠사실 : 허위사실임에 대한 증명이 없다.

(나) ㉡사실 : 허위사실임은 증명되었으나 허위에 대한 고의가 인정되지 않는다.

⑦ 검사는 불복 상고하였다.

2. ㉠사실 부분에 대한 판단

(1) 공소사실의 요지

【항소심 분석】 피고인들은 공소외 C과 공모하여, /

【항소심 분석】 2008. 4. 29. 23:00경부터 24:00경까지 주식회사 문화방송(MBC)의 'PD수첩' 방

송(이하 '이 사건 방송'이라 한다)을 통하여 /

【항소심 분석】 2008. 4. 11.부터 2008. 4. 18.까지 개최된 '미국산 쇠고기 수입을 위한 제2차 한미 전문가 기술협의'(이하 '이 사건 쇠고기 수입 협상'이라 한다)의 대표인 피해자 공소외 A와 협상의 주무 부처 장관이었던 피해자 공소외 B(공소외 A, B를 이하 '피해자들'이라 한다)에 대하여 /

【항소심 분석】 아래의 ①항 내지 ③항과 같은 허위의 사실을 공연히 적시하여 공직자들인 피해자들의 자질 및 공직수행 자세를 비하함으로써 피해자들의 명예를 훼손하였다.

【항소심 분석】 ① 미국의 소 도축시스템에 문제가 있어 광우병[소 해면상 뇌증(bovine spongiform encephalopathy 또는 BSE), 이하 '광우병'이라 한다]에 걸렸거나 걸렸을 가능성이 매우 큰 주저앉은 소[이른바 '다우너 소'(downer cow), 이하 '다우너 소'라고 한다]가 도축 · 유통되고 있고, /

【항소심 분석】 아레사 빈슨이 인간광우병[변종 크로이츠펠트 야콥병(variant Creutzfeldt Jakob Disease 또는 vCJD), 이하 '인간광우병'이라 한다]에 걸려 사망하였거나 사망 전 오로지 인간광우병 의심 진단만을 받았기 때문에 인간광우병에 걸려 사망하였을 가능성이 매우 크다.

【항소심 분석】 ② 미국산 쇠고기는 위 ①항과 같은 사정 때문에 광우병 위험성이 매우 높음에도 이 사건 쇠고기 수입 협상의 대표 등인 피해자들이 미국의 소 도축시스템에 대한 실태를 보지 않아 광우병 위험성을 몰랐거나 알면서도 은폐 · 축소하였다.

【항소심 분석】 ③ 우리 국민은 광우병 쇠고기를 섭취할 경우 인간광우병에 걸릴 확률이 약 94%인 실정인데 피해자들이 졸속으로 협상을 체결한 결과, 30개월 미만 미국산 쇠고기의 경우 광우병 원인 물질인 특정위험물질(specified risk material 또는 SRM)이 5가지 부위나 수입되어 우리 국민을 인간광우병에 걸릴 위험에 빠뜨림으로써 피해자들은 친일 매국노처럼 역사에 부끄러운 짓을 하였다.

(2) 명예훼손죄와 사실의 적시

【대법원 요지】 (1) 명예훼손죄에 있어서의 사실의 적시란 가치판단이나 평가를 내용으로 하는 의견 표현에 대치되는 개념으로서 /

【대법원 요지】 시간과 공간적으로 구체적인 과거 또는 현재의 사실관계에 관한 보고 내지 진술을 의미하는 것이며, /

【대법원 요지】 그 표현내용이 증거에 의한 입증이 가능한 것을 말하고, /

【대법원 요지】 판단할 보고 내지 진술이 사실인가 또는 의견인가를 구별함에 있어서는 언어의 통상적 의미와 용법, 입증가능성, 문제된 말이 사용된 문맥, 그 표현이 행하여진 사회적 상황 등 전체적 정황을 고려하여 판단하여야 한다.

(3) 사안에 대한 대법원의 판단

【대법원 분석】 (2) 대법원 2011. 9. 2. 선고 2009다52649 전원합의체 판결은 이 부분 방송보도에 관하여 다음과 같은 요지의 판단을 하였다.

【대법원 판단】 이 부분 방송보도는 그 내용 중 '본 적이 있는지'와 같이 사실적 주장으로 볼 여지가 있는 표현을 사용하기도 하였으나, /

【대법원 판단】 그 대상을 미국의 특정 도축장과 같은 구체적인 장소가 아니라 추상적인 '미국 도축시스템의 실태'로 삼고 있을 뿐만 아니라 곧이어 '보려는 노력을 했는지 그것도 의문입니다'라는 다의적

이고 막연한 표현을 사용하여 우리 정부의 자세를 비판하고 있을 뿐이고, /

【대법원 판단】 특히 이 부분 방송보도와 관련된 이 사건 방송 부분의 전체적인 맥락에 비추어 보면, /

【대법원 판단】 이 부분 방송보도는 피고인 갑 PD가 앞서 자신이 언급한 /

【대법원 판단】 "정부에서는 국민들의 안전을 최우선으로 협상했다고 말을 했고 미국산 쇠고기는 99.9% 안전하다고 말을 했습니다. 하지만 협상결과를 보면 과연 국민들의 안전을 지키기 위해서 어떤 노력을 했을까 의문이 들지 않[을 수 없습니다."]라는 내용의 /

【대법원 판단】 우리 정부에 대한 비판을 다시 한번 강조한 것으로 보인다.

【대법원 판단】 따라서 일반의 시청자가 보통의 주의로 보도를 접하는 방법을 전제로 /

【대법원 판단】 이 부분 방송보도와 관련된 이 사건 방송 부분의 전체적 구성, 사용된 어휘 및 표현 방식, 전후 문맥 등을 종합적으로 고려하면, /

【대법원 판단】 이 부분 방송보도는 우리 정부가 미국 도축시스템의 실태 중 아무 것도 본 적이 없다는 구체적 사실을 적시한 것이 아니라, /

【대법원 판단】 우리 정부가 이 사건 미국산 쇠고기 수입위생조건 협상에 필요한 만큼 미국 도축시스템의 실태를 제대로 알지 못하였다는 피고의 주관적 평가를 내린 것이라고 봄이 상당하다.

【대법원 결론】 (3) 앞서 본 법리와 대법원 전원합의체 판결의 판시 내용 등에 비추어 원심이 이 부분 방송보도의 내용을 비판 내지 의견 제시로 보아 명예훼손죄에서 말하는 사실의 적시에 해당하지 아니한다고 판단한 것은 정당한 것으로 수긍이 가고, /

【대법원 결론】 거기에 상고이유에서 주장하는 바와 같이 명예훼손죄에서의 사실적시에 관한 법리를 오해하거나 논리와 경험칙을 위반하여 자유심증주의의 한계를 벗어나 판결에 영향을 미친 위법이 없다.

3. ⓛ사실 부분에 대한 판단

(1) 공적 존재에 대한 언론보도와 명예훼손죄

【대법원 요지】 언론보도로 인한 명예훼손이 문제되는 경우에 /

【대법원 요지】 그 보도로 인한 피해자가 공적인 존재인지 사적인 존재인지, /

【대법원 요지】 그 보도가 공적인 관심사안에 관한 것인지 순수한 사적인 영역에 속하는 사안에 관한 것인지, /

【대법원 요지】 그 보도가 객관적으로 국민이 알아야 할 공공성, 사회성을 갖춘 사안에 관한 것으로 여론형성이나 공개토론에 기여하는 것인지 아닌지 등을 따져보아 /

【대법원 요지】 공적 존재에 대한 공적 관심사안과 사적인 영역에 속하는 사안 간에는 심사기준에 차이를 두어야 하는데, /

【대법원 요지】 당해 표현이 사적인 영역에 속하는 사안에 관한 것인 경우에는 언론의 자유보다 명예의 보호라는 인격권이 우선할 수 있으나, /

【대법원 요지】 공공적 · 사회적인 의미를 가진 사안에 관한 것인 경우에는 그 평가를 달리하여야 하고 언론의 자유에 대한 제한이 완화되어야 한다. /

【대법원 요지】 특히 정부 또는 국가기관의 정책결정이나 업무수행과 관련된 사항은 항상 국민의 감

시와 비판의 대상이 되어야 하는 것이고, /

【대법원 요지】 이러한 감시와 비판은 이를 주요 임무로 하는 언론보도의 자유가 충분히 보장될 때에 비로소 정상적으로 수행될 수 있으며, /

【대법원 요지】 정부 또는 국가기관은 형법상 명예훼손죄의 피해자가 될 수 없으므로, /

【대법원 요지】 정부 또는 국가기관의 정책결정 또는 업무수행과 관련된 사항을 주된 내용으로 하는 언론보도로 인하여 그 정책결정이나 업무수행에 관여한 공직자에 대한 사회적 평가가 다소 저하될 수 있다고 하더라도, /

【대법원 요지】 그 보도의 내용이 공직자 개인에 대한 악의적이거나 심히 경솔한 공격으로서 현저히 상당성을 잃은 것으로 평가되지 않는 한, /

【대법원 요지】 그 보도로 인하여 곧바로 공직자 개인에 대한 명예훼손이 된다고 할 수 없다.

(2) 사안에 대한 대법원의 판단

【대법원 판단】 원심은, /

【대법원 판단】 피고인들이 제작한 이 사건 방송보도 내용 중의 일부가 객관적 사실과 다른 내용으로 된 허위사실의 적시에 해당한다고 하면서도, /

【대법원 판단】 다음과 같은 이유로 피고인들에게 명예훼손의 죄책을 물을 수 없다고 판단하였다. /

【대법원 판단】 즉 원심은 /

【대법원 판단】 이 사건 방송의 전체적인 취지와 내용이 미국산 쇠고기의 식품 안전성 문제 및 이 사건 쇠고기 수입 협상의 문제점을 지적하면서 대한민국 정부가 충분한 시간을 들여 검토를 거치지 않고 서둘러 협상을 체결한 잘못이 있다는 취지로 정부를 비판하는 것이라고 전제한 다음, /

【대법원 판단】 이와 같이 이 사건 방송보도가 국민의 먹을거리와 이에 대한 정부 정책에 관한 여론 형성이나 공개토론에 이바지할 수 있는 공공성 및 사회성을 지닌 사안을 그 대상으로 하고 있는 점을 고려하면, /

【대법원 판단】 이 사건 방송보도로 인한 명예훼손죄의 성립 여부를 심사함에 있어서는 사적인 영역의 사안에 대한 것과는 심사기준을 달리하여야 한다고 보았다. /

【대법원 판단】 나아가 원심은 허위사실의 적시로 인정되는 방송보도 내용은 미국산 쇠고기의 광우병 위험성에 관한 것으로서 공직자인 피해자들의 명예와 직접적인 연관을 갖는 것이 아닐 뿐만 아니라 피해자들에 대한 악의적이거나 현저히 상당성을 잃은 공격으로 볼 수 없다고 전제한 다음, /

【대법원 판단】 이러한 사정에 비추어 피고인들에게 피해자들 개인의 명예를 훼손한다는 점에 대한 인식이 있었다고 인정하기 어렵고 달리 피고인들의 명예훼손에 관한 범의를 인정할 증거가 없다고 판단하였다.

【대법원 결론】 원심판결 이유를 앞서 본 법리와 기록에 비추어 살펴보면, 원심의 위와 같은 판단은 정당한 것으로 수긍이 가고, 거기에 상고이유에서 주장하는 바와 같은 언론보도와 피해자의 연관성, 명예훼손죄의 고의 인정기준 등에 관한 법리를 오해하거나 논리와 경험칙에 위배하여 자유심증주의의 한계를 벗어나 판결에 영향을 미친 위법이 없다. (상고 기각)

2008도6728

명예훼손죄와 사실적시 – 부정례
업무방해죄와 허위사실 유포 – 부정례
소주 불매 권유 사건

2008. 11. 27. 2008도6728, [공보불게재]

1. 사실관계 및 사건의 경과

【사실관계】

① [갑은 P회사와 경쟁관계에 있는 Q회사의 직원이다.]

② 갑은 [손님 A에게] 다음과 같이 말하였다.

(가) P회사는 일본 아사히 맥주에 지분이 50% 넘어가 일본 기업이 됐다.

(나) P회사의 '○○○' 소주를 구매하지 말라.

【사건의 경과】

① 검사는 갑을 명예훼손죄 및 업무방해죄로 기소하였다.

② 제1심법원은 갑에게 무죄를 선고하였다.

③ 검사는 불복 항소하였다.

④ 항소심법원은 항소를 기각하고, 제1심판결을 유지하였다.

⑤ 검사는 불복 상고하였다.

2. 명예훼손죄 부분에 대한 판단

【대법원 요지】 명예훼손죄가 성립하기 위하여는 특정인의 사회적 가치 내지 평가가 침해될 가능성이 있는 구체적인 사실을 적시하여야 하는바, /

【대법원 요지】 어떤 표현이 명예훼손적인지 여부는 그 표현에 대한 사회통념에 따른 객관적 평가에 의하여 판단하여야 하고, /

【대법원 요지】 가치중립적인 표현을 사용하였다 하여도 사회통념상 그로 인하여 특정인의 사회적 평가가 저하되었다고 판단된다면 명예훼손죄가 성립할 수 있으나, /

【대법원 판단】 원심이 피고인의 판시 발언 중 사실을 적시한 부분인 '[P회사]가 일본 아사히 맥주에 지분이 50% 넘어가 일본 기업이 됐다'는 부분은 가치중립적인 표현으로서, /

【대법원 판단】 우리나라와 일본의 특수한 역사적 배경과 소주라는 상품의 특수성 때문에 '○○○' 소주를 생산하는 공소사실 기재 피해자 회사의 대주주 내지 지배주주가 일본 회사라고 적시하는 경우 일부 소비자들이 '○○○' 소주의 구매에 소극적이 될 여지가 있다 하더라도 /

【대법원 판단】 이를 사회통념상 공소사실 기재 피해자 회사의 사회적 가치 내지 평가가 침해될 가능성이 있는 명예훼손적 표현이라고 볼 수 없을 뿐만 아니라, /

【대법원 판단】 한편 판시 증거들만으로는 피고인의 판시 발언이 공연히 이루어졌다거나, /

【대법원 판단】 피고인이 판시 발언이 허위라고 인식하였다고 인정하기에 부족하고 달리 이를 인정할 증거가 없다는 등의 이유로, /
【대법원 판단】 이 부분 공소사실을 무죄로 인정한 제1심판결을 그대로 유지하였는바, /
【대법원 결론】 위 법리 및 기록에 의하여 살펴보면, 원심의 조치는 정당하고, 상고이유의 주장과 같이 채증법칙을 위반하거나, 명예훼손죄에 관한 법리를 오해한 위법 등이 없다.

3. 업무방해죄 부분에 대한 판단

【대법원 요지】 허위사실을 유포하는 방법에 의하여 타인의 업무를 방해함으로써 성립하는 업무방해죄에 있어, /
【대법원 요지】 허위사실을 유포한다고 함은 실제의 객관적 사실과 서로 다른 사항을 내용으로 하는 사실을 불특정 다수인에게 전파시키는 것을 말하고, /
【대법원 요지】 특히 이러한 경우 그 행위자에게 행위 당시 자신이 유포한 사실이 허위라는 점을 적극적으로 인식하였을 것을 요한다.
【대법원 판단】 위 법리 및 기록에 의하여 살펴보면, 원심이 판시와 같은 이유로 피고인이 그 적시 사실이 허위라는 점을 인식하였다고 인정할 증거가 없다는 등의 이유로, /
【대법원 판단】 이 부분 공소사실을 무죄로 인정한 제1심판결을 그대로 유지한 조치는 정당하고, /
【대법원 결론】 상고이유의 주장과 같이 채증법칙을 위반하거나 허위사실 유포에 의한 업무방해죄에 관한 법리를 오해한 위법 등이 없다. (상고 기각)

제 2 사자의 명예훼손죄

2007도8411

사자명예훼손죄와 허위사실 – 부정례
'서울 1945' 사건

2010. 4. 29. 2007도8411, 공 2010상, 1059

1. 사실관계 및 사건의 경과

【사실관계】
① 갑은 극작가이다.
② 을은 N방송국 PD이다.
③ 갑과 을은 1945년 해방공간과 한국전쟁이라는 한국 현대사를 모델로 삼아 '서울 1945'라는 드라마를 창작, 연출하였다.
④ '서울 1945' 드라마 제34, 35, 38회 방영분 중에는 다음과 같은 내용의 장면이 들어 있었다.

(가) 장택상, 이승만이 친일파로서 친일경찰인 박○○을 통해 정판사 사건을 해결한다.

(나) 이승만이 여운형의 암살을 암시적으로 지시하고, 박○○이 이에 부응하여 여운형을 암살하려고 한다.

【사건의 경과】

① [이승만의 후손들은 갑과 을을 고소하였다.]

② 검사는 갑과 을을 다음의 공소사실로 사자명예훼손죄로 기소하였다.

(가) 정판사 장면 : ㉠공소사실

(나) 여운형 장면 : ㉡공소사실

③ 제1심법원은 범죄사실에 대한 증명이 없다는 이유로 무죄를 선고하였다.

④ 검사는 불복 항소하였다.

⑤ 항소심법원은 항소를 기각하고, 제1심판결을 유지하였다.

⑥ 검사는 불복 상고하였다.

2. 사자명예훼손죄와 예술의 자유

【대법원 요지】 '모든 국민은 학문과 예술의 자유를 가진다'라고 규정한 헌법 제22조가 보장하는 예술의 자유는 창작소재, 창작형태 및 창작과정 등에 대한 임의로운 결정권을 포함한 예술창작활동의 자유와 창작한 예술작품을 일반대중에게 전시 · 공연 · 보급할 수 있는 예술표현의 자유 등을 포괄하는 것이지만, /

【대법원 요지】 이러한 예술의 자유가 무제한적인 기본권은 아니기 때문에 타인의 권리와 명예를 침해하여서는 아니되고, /

【대법원 요지】 그 대상이 사자(死者)라 하더라도 공연히 허위의 사실을 적시하여 사자에 대한 사회적 · 역사적 평가를 침해하는 행위는 형법 제308조가 규정한 사자의 명예훼손죄에 해당한다 할 것인바, /

【대법원 요지】 이미 망인이 된 역사적 인물을 모델로 한 드라마(이하 '역사드라마'라고 한다)에 있어 허위사실을 적시하여 역사적 사실을 왜곡하는 등의 방법으로 그 모델이 된 인물의 명예를 훼손하는 경우에는 /

【대법원 요지】 비록 그것이 예술작품의 창작과 표현 활동의 영역에서 발생한 일이라 하더라도 위 규정에 의한 처벌의 대상이 된다 할 것이다.

3. 역사드라마와 사자의 명예훼손죄

(1) 역사드라마의 특성

【대법원 판단】 다만, 역사적 인물을 소재로 한 드라마의 경우, /

【대법원 판단】 역사적 사실은 당대에 있어서도 그 객관적 평가가 쉽지 아니한 데다가 시간의 경과에 따라 그 실체적 진실의 확인이 더욱 어려워지는 관계로 /

【대법원 판단】 이를 소재로 드라마를 창작, 연출함에 있어서는 명백하여 다툼이 없거나 객관적 자료

로 뒷받침되는 단편적 사실만을 묶어 현실감 있는 이야기를 전개해 가기에는 근본적 한계가 있다 할 것이어서, /

【대법원 판단】 그 필연적 현상으로 연출자 등이 역사적 사실에 대한 작가적 해석 및 평가와 예술적 창의력을 발휘하여 허구적 묘사를 통해서 객관적 사실들 사이의 간극을 메우기 마련이라 할 것이고, /

【대법원 판단】 합리적인 시청자라면 역사적 사실의 서술을 주로 하는 기록물이 아닌 허구적 성격의 역사드라마의 경우 이를 당연한 전제로 시청할 것으로 예상되는 이상, /

【대법원 요지】 위 허구적 묘사가 역사적 개연성을 잃지 않고 있는 한 그 부분만 따로 떼어 역사적 진실성에 대한 증명이 없다는 이유로 허위라거나 연출자에게 그 허위의 점에 대한 인식이 있었다고 단정하여서는 아니 될 것이다.

(2) 허구적 묘사와 허위사실 적시의 구별

【대법원 판단】 따라서 역사드라마가 그 소재가 된 역사적 인물의 명예를 훼손할 수 있는 허위사실을 적시하였는지 여부를 판단함에 있어서는 /

【대법원 판단】 적시된 사실의 내용, 진실이라고 믿게 된 근거나 자료의 신빙성, 예술적 표현의 자유로 얻어지는 가치와 인격권의 보호에 의해 달성되는 가치의 이익형량은 물론 위에서 본 역사드라마의 특성에 따르는 여러 사정과 /

【대법원 판단】 드라마의 주된 제작목적, 드라마에 등장하는 역사적 인물과 사건이 이야기의 중심인지 배경인지 여부, 실존인물에 의한 역사적 사실과 가상인물에 의한 허구적 이야기가 드라마 내에서 차지하는 비중, 드라마상에서 실존인물과 가상인물이 결합된 구조와 방식, /

【대법원 판단】 묘사된 사실이 이야기 전개상 상당한 정도 허구로 승화되어 시청자의 입장에서 그것이 실제로 일어난 역사적 사실로 오해되지 않을 정도에 이른 것으로 볼 수 있는지 여부 등이 /

【대법원 판단】 종합적으로 고려되어야만 할 것이다.

4. 사안에 대한 대법원의 판단

(1) ㉠공소사실의 요지

【대법원 분석】 원심은, /

【대법원 분석】 피고인들이 1945년 해방공간과 한국전쟁이라는 한국 현대사를 모델로 삼아 창작, 연출한 이 사건 드라마('서울 1945')의 제34, 35, 38회 방영분 중 그 판시 각 장면이 /

【대법원 분석】 마치 '장택상, 이승만이 친일파로서 친일경찰인 박○○을 통해 정판사 사건을 해결하고, 이승만이 여운형의 암살을 암시적으로 지시하고, 박○○이 이에 부응하여 여운형을 암살하려고 하는 것처럼 묘사'함으로써 /

【대법원 분석】 공연히 허위사실을 적시하여 위 이승만 등의 명예를 훼손하였다고 하는 이 사건 공소사실에 대하여, /

(2) ㉠공소사실에 대한 판단

【대법원 분석】 다음과 같은 이유를 들어 그 범죄사실에 대한 증명이 없다고 보아 피고인들에게 각

무죄를 선고한 제1심판결을 유지하였다.

【대법원 판단】 즉, 이 사건 드라마는 일제시대 및 해방전후기를 시대적 배경으로 하여 허구의 가상인물들을 중심인물로 설정하여 그들 간의 사랑과 우정, 이념적 대립과 가족애 등을 그린 드라마이고, /

【대법원 판단】 이 사건 드라마에 등장하는 실존인물로는 이승만, 장택상, 여운형, 김구, 김일성, 박헌영 등이 있는데, /

【대법원 판단】 총 71회분(1회당 50분)에 이르는 드라마의 전체 방영분 중 이승만, 장택상은 제29회분에 이르러서야 처음 등장하고, /

【대법원 판단】 실존인물들이 등장하는 장면의 횟수도 중심인물들에 비하여 현저히 적다고 할 수 있으며, /

【대법원 판단】 이들은 중심인물들 간의 이야기를 연결하는 배경인물로 등장하는 것으로 보일 뿐이라는 것이다. /

【대법원 판단】 나아가 공소사실 제1항 중 드라마 34회의 공소사실 기재와 같은 장면에 대하여는 위 장면은 이승만의 배역이 직접 하는 대사나 행동이 아니라 이승만 및 그가 속한 한민당과 대립적 입장에 있는 조선공산당 간부의 대사를 통한 이승만에 대한 묘사의 형식으로 이루어져 이승만에 대한 추측 또는 평가에 불과한 것으로 보이고, /

【대법원 판단】 그 정도만으로 이승만이 친일파적인 행위를 하였다고 하는 구체적인 허위사실의 적시가 있었다고 보기 어렵고, /

【대법원 판단】 또한 공소사실 제1항 중 드라마 35회의 공소사실 기재와 같은 장면에 대하여는 /

【대법원 판단】 그 판시와 같이 특정 장면의 일부에 불과하여 그것만으로 이승만과 장택상이 친일파로서 친일경찰인 박○○을 통해 정판사 사건을 해결하는 것으로 묘사하는 등 어떤 구체적인 허위사실의 적시가 있었다고 보기 어렵다는 것이다. /

(3) ㉡공소사실에 대한 판단

【대법원 판단】 한편, 공소사실 제2항에 대하여는 /

【대법원 판단】 그 판시 사정을 종합하면 위 장면만으로는 이승만과 장택상이 여운형 암살의 배후자이고, 정판사 사건도 이승만과 장택상이 친일파로서 자신들이 데리고 있는 친일경찰 박○○을 시켜 해결한 것처럼 묘사하는 등 어떤 구체적인 허위사실의 적시가 있었다고 보기 어렵다는 것이다.

(4) 사안에 대한 대법원의 결론

【대법원 결론】 원심판결의 이유를 앞서 본 법리와 원심 및 제1심이 그 채택 증거들을 종합하여 적법하게 확정한 사실관계 및 기록에 비추어 살펴보면, 위와 같은 원심의 판단은 정당하다.

【대법원 결론】 원심판결에는 상고이유에서 주장하는 바와 같이 형법 제308조의 사자명예훼손죄에 관한 법리를 오해한 위법이 없다. (상고 기각)

제 3 출판물에 의한 명예훼손죄

2006도7915

출판물에 의한 명예훼손죄와 사실적시 - 부정례
효산콘도 감사중단 사건

2008. 11. 13. 2006도7915, [공보불게재]

1. 사실관계 및 사건의 경과

【사실관계】

① 건설업체 P산업에 대해 Q콘도사업의 승인을 받지 못하다가 우회적인 편법을 통하여 승인을 받았다는 소문이 항간에 떠돌고 있었다.

② Q콘도 사업승인과 관련하여 감사원의 건설교통부에 대한 감사가 진행되었다.

③ 이후 감사원의 감사가 사실상 중단되었다.

④ 갑은 감사원에 근무하는 감사관이다.

⑤ 갑은 민주사회를 위한 변호사 모임 사무실에서 그곳에 모인 기자들에게 자신이 작성한 '양심선언'이라는 제목의 M유인물을 배포하였다.

⑥ M유인물에는 다음 요지의 내용들이 기재되어 있었다.

(가) "갑의 감사 도중 A국장의 지시에 의하여 뚜렷한 이유 없이 감사가 중단되었다." (㉠부분)

(나) "Q그룹의 실제 사주인 C가 청와대 제1부속실장 B에게 뇌물을 준 것이 밝혀졌다." (㉡부분)

(다) "청와대에서 감사원 상부에 압력을 행사하여 감사가 중단된 것이라는 의혹을 가지게 되었다." (㉢부분)

⑦ 갑의 기자회견 후 각 언론 지상에는 "A국장이 외부의 압력을 받아 갑의 감사를 이유 없이 중단시켰다"는 취지의 기사가 게재되었다.

【사건의 경과 1】

① A는 갑을 고소하였다.

② 검사는 갑을 허위사실 적시 출판물에 의한 명예훼손죄로 기소하였다.

③ 제1심법원은 무죄를 선고하였다.

④ 검사는 불복 항소하였다.

⑤ 항소심법원은 항소를 기각하고, 제1심판결을 유지하였다.

⑥ 항소심법원은 양심선언의 ㉢부분은 사실적시에 해당하지 않는다고 판단하였다.

⑦ 검사는 불복 상고하였다.

【사건의 경과 2】

① 대법원은 ㉠, ㉡부분에 대해서는 그 내용이 허위가 아니거나, 적어도 그러한 공표사실이 허위라는 점에 대한 합리적 의심의 여지가 충분하다고 판단하였다.

② (이하 ㉠, ㉡부분에 대한 검토는 생략함)
③ 대법원은 ㉢부분에 대하여 판단하였다.

2. 사실적시 여부에 대한 판단

(1) 사실적시와 의견표현의 구별

【대법원 요지】 명예훼손죄에 있어서의 사실의 적시란 가치판단이나 평가를 내용으로 하는 의견표현에 대치되는 개념으로서 /
【대법원 요지】 시간과 공간적으로 구체적인 과거 또는 현재의 사실관계에 관한 보고 내지 진술을 의미하는 것이며, /
【대법원 요지】 그 표현내용이 증거에 의한 입증이 가능한 것을 말하고 /
【대법원 요지】 판단할 진술이 사실인가 또는 의견인가를 구별함에 있어서는 언어의 통상적 의미와 용법, 입증가능성, 문제된 말이 사용된 문맥, 그 표현이 행하여진 사회적 상황 등 전체적 정황을 고려하여 판단하여야 한다. /
【대법원 요지】 이러한 사실의 적시는 사실을 직접적으로 표현한 경우에 한정될 것은 아니고, /
【대법원 요지】 간접적이고 우회적인 표현에 의하더라도 그 표현의 전취지에 비추어 그와 같은 사실의 존재를 암시하고, 또 이로써 특정인의 사회적 가치 내지 평가가 침해될 가능성이 있을 정도의 구체성이 있으면 충분하다.

(2) 사실적시 여부에 대한 대법원의 판단

【대법원 분석】 기록에 의하면, /
【대법원 분석】 피고인은 양심선언 당시 '감사도중 피해자의 지시에 의하여 뚜렷한 이유 없이 감사가 중단되었다', 'Q그룹의 실제 사주인 공소외 C가 공소외 B에게 뇌물을 준 것이 밝혀졌다'는 등의 사실을 적시하면서, /
【대법원 분석】 '청와대에서 감사원 상부에 압력을 행사하여 감사가 중단된 것이라는 의혹을 가지게 되었다'는 취지로 공표한 사실을 알 수 있는바, /
【대법원 판단】 여기서 '청와대에서 감사원 상부에 압력을 행사하였다'는 의미는 '청와대에서 건설교통부에 대한 감사원의 일반감사 도중 부당한 방법으로 감사원 상부에 감사를 중단하라는 지시를 하였다'는 사실을 의미하는 것으로 보이고, /
【대법원 판단】 이와 같이 피고인이 의혹의 내용으로 공표한 사실은 그 입증이 가능할 뿐만 아니라, /
【대법원 판단】 피고인이 위와 같은 발언을 한 것은 '피고인이 그러한 의혹을 가지고 있다'는 사실을 알리기 위한 것이 아니라, /
【대법원 판단】 '청와대가 감사원 상부에 압력을 행사하여 감사가 중단되었다'는 사실을 간접적이고 우회적인 표현에 의하여 암시하려는 것으로 보이며, /
【대법원 판단】 이로 인하여 피해자가 외압에 의한 감사원 상부의 감사중단결정에 무비판적으로 따르는 사람이라는 인상을 줌으로써 피해자의 명예를 훼손하는 것이라고 할 수 있으므로, /
【대법원 판단】 피고인이 의혹으로 공표한 내용은 단순한 의견표현이 아니라 구체적인 사실을 적시

한 것이라고 보아야 한다.

3. 허위사실적시 여부에 대한 판단

(1) 허위사실의 증명방법

【대법원 요지】 형법 제309조 제2항의 출판물에 의한 명예훼손죄로 기소된 사건에서, /

【대법원 요지】 공표된 사실이 허위라는 점은 검사가 이를 적극적으로 증명하여야 하고, /

【대법원 요지】 단지 공표된 사실이 진실이라는 증명이 없다는 것만으로는 허위사실공표에 의한 명예훼손죄가 성립할 수 없다. /

【대법원 요지】 그런데 위 증명책임을 다하였는지 여부를 결정함에 있어서는, /

【대법원 요지】 어느 사실이 적극적으로 존재한다는 것의 증명은 물론, /

【대법원 요지】 그 사실의 부존재의 증명이라도 특정 기간과 특정 장소에서의 특정행위의 부존재에 관한 것이라면 적극적 당사자인 검사가 이를 합리적 의심의 여지가 없이 증명하여야 할 것이지만, /

【대법원 요지】 특정되지 아니한 기간과 공간에서의 구체화되지 아니한 사실의 부존재를 증명한다는 것은 사회통념상 불가능한 반면 그 사실이 존재한다고 주장·증명하는 것이 보다 용이하므로 이러한 사정은 검사가 그 입증책임을 다하였는지를 판단함에 있어 고려되어야 하고, /

【대법원 요지】 따라서 의혹을 받을 일을 한 사실이 없다고 주장하는 사람에 대하여 의혹을 받을 사실이 존재한다고 적극적으로 주장하는 사람은 그러한 사실의 존재를 수긍할 만한 소명자료를 제시할 부담을 지며 /

【대법원 요지】 검사는 제시된 자료의 신빙성을 탄핵하는 방법으로 허위사실임을 입증할 수 있을 것인데, /

【대법원 요지】 이 때 제시하여야 할 소명자료는 단순히 소문을 제시하는 것만으로는 부족하고 적어도 허위임을 검사가 입증하는 것이 가능할 정도의 구체성은 갖추어야 하며, /

【대법원 요지】 이러한 소명자료의 제시가 없거나 제시된 소명자료의 신빙성이 탄핵된 때에는 허위사실공표로서의 책임을 져야 한다.

(2) 허위사실 여부에 대한 대법원의 판단

【대법원 분석】 이 사건에서 피고인이 제시한 소명자료에 의하면, /

【대법원 분석】 감사원은 대통령 소속의 감사기관인 사실, /

【대법원 분석】 P산업이 Q콘도사업의 승인을 받지 못하다가 우회적인 편법을 통하여 승인을 받은 것으로 보이고, /

【대법원 분석】 그 후 Q콘도 사업승인과 관련한 감사가 사실상 중단되었음에도, /

【대법원 분석】 감사원에서는 그에 관한 납득할 만한 사유를 제시하지 못하고 있는 사실, /

【대법원 분석】 피고인의 양심선언을 전후하여 청와대 제1부속실장 공소외 B가 Q그룹의 실제 사주인 공소외 C로부터 Q콘도 사업계획 승인신청 무렵에 6,000만 원의 뇌물을 수수하였고, /

【대법원 분석】 대통령 차남의 측근으로 알려진 공소외 D가 Q콘도 분양권 24억 원어치를 보유하고 있는 것이 밝혀진 사실, /

【대법원 분석】 공소외 B의 뇌물수수사건과 관련하여 피고인의 양심선언이 있기 전부터 청와대의 외압에 의하여 감사원의 감사가 중단되었다는 의혹이 각종 언론매체에 의하여 계속 제기되어 온 사실 등을 알 수 있으므로, /

【대법원 판단】 피고인으로서는 자신이 의혹으로 공표한 외압사실의 존재를 수긍할 만한 구체성 있는 소명자료를 제시하였다고 볼 수 있다. /

【대법원 판단】 이에 반하여 검사는 피고인이 제시한 소명자료의 신빙성을 탄핵할 만한 실질적인 증거를 제시하지 못하고 있으므로 피고인이 공표한 외압의혹과 관련하여서는 공표된 사실이 허위라는 점에 대하여 검사의 적극적인 증명이 있다고 볼 수 없다.

(3) 허위사실의 인식 여부에 대한 대법원의 판단

【대법원 판단】 나아가 설령 '청와대의 외압이 있었다'는 사실이 허위의 사실이라고 하더라도, /

【대법원 판단】 위와 같은 사정에 비추어 보면, /

【대법원 판단】 피고인이 '청와대의 외압이 있었다'고 믿을 만한 상당한 근거가 있다고 할 것이므로, /

【대법원 판단】 피고인에게 공표한 사실이 허위라는 인식이 있었다고 보기는 어렵다.

【대법원 결론】 따라서 피고인이 '피해자가 외압을 받아 감사중단을 지시하였다'는 사실을 적시하였다고 인정하기 어렵다고 한 원심의 판단에는 '사실의 적시'에 관한 법리를 오해하거나 채증법칙을 위반하여 사실을 오인한 잘못이 있으나, /

【대법원 결론】 피고인에게 그 공표내용이 허위사실이라는 인식이 있었다고 인정하기 어렵다고 한 원심의 판단은 정당하므로, 원심의 위와 같은 잘못은 판결 결과에 영향을 미친 바 없다. 상고이유는 결국 이유가 없다.

4. 공공의 이익 여부에 대한 판단

(1) 비방목적와 공공의 이익의 관계

【대법원 요지】 형법 제309조 제2항의 허위사실적시 출판물에 의한 명예훼손의 공소사실에는 같은 조 제1항 소정의 사실적시 출판물에 의한 명예훼손의 공소사실도 포함되어 있으므로, /

【대법원 요지】 피고인이 적시한 사실이 허위사실이 아니거나 피고인에게 적시한 사실이 허위사실이라는 인식이 없다면 법원은 공소장변경절차 없이도 형법 제309조 제1항의 사실적시 출판물에 의한 명예훼손죄로 인정할 수 있다.

【대법원 요지】 한편, 형법 제309조 소정의 '사람을 비방할 목적'이란 가해의 의사 내지 목적을 요하는 것으로서 /

【대법원 요지】 공공의 이익을 위한 것과는 행위자의 주관적 의도의 방향에 있어 서로 상반되는 관계에 있으므로, /

【대법원 요지】 적시한 사실이 공공의 이익에 관한 것인 경우에는 특별한 사정이 없는 한 비방할 목적은 부인될 수밖에 없다. /

(2) 공공의 이익의 내용

【대법원 요지】 그리고 '적시한 사실이 공공의 이익에 관한 경우'라 함은 적시된 사실이 객관적으로

볼 때 공공의 이익에 관한 것으로서 행위자도 주관적으로 공공의 이익을 위하여 그 사실을 적시한 것이어야 하는데, /

【대법원 요지】 여기에서 공공의 이익이라 함은 널리 국가 · 사회 기타 일반 다수인의 이익에 관한 것뿐 아니라 특정한 사회집단이나 그 구성원 전체의 관심과 이익을 포함한다. /

【대법원 요지】 나아가 그 적시한 사실이 공공의 이익에 관한 것인지 여부는 당해 명예훼손적 표현으로 인한 피해자가 공무원 내지 공적 인물과 같은 공인(公人)인지 아니면 사인(私人)에 불과한지, /

【대법원 요지】 그 표현이 객관적으로 국민이 알아야 할 공공성 · 사회성을 갖춘 공적 관심사안에 관한 것으로 사회의 여론형성 내지 공개토론에 기여하는 것인지 아니면 순수한 사적인 영역에 속하는 것인지, /

【대법원 요지】 피해자가 그와 같은 명예훼손적 표현의 위험을 자초한 것인지, /

【대법원 요지】 그리고 그 표현에 의하여 훼손되는 명예의 성격과 침해의 정도, 그 표현의 방법과 동기 등의 여러 사정에 비추어 판단하여야 할 것이다.

(3) 공공의 이익 여부에 대한 항소심의 판단

【항소심 판단】 원심은 /

【항소심 판단】 피고인이 형법 제309조 제2항 소정의 허위사실적시가 아닌 형법 제309조 제1항 소정의 사실적시를 통하여 출판물에 의한 명예훼손을 한 것이라고 본다고 하더라도, /

【항소심 판단】 피고인이 피해자를 '비방할 목적으로' 양심선언을 한 것이라고 인정할 증거가 없다고 판단하였다.

(4) 공공의 이익 여부에 대한 대법원의 판단

【대법원 판단】 기록 및 원심이 적법하게 인정한 사실에 의하여 알 수 있는 바와 같이, /

【대법원 판단】 Q콘도 사업계획이 우회적인 편법에 의하여 승인된 것으로 보이고, /

【대법원 판단】 감사원의 건설교통부에 대한 감사 도중 Q콘도 사업계획승인의 문제점이 일부나마 드러났을 뿐만 아니라 그 과정에서 관련 업체와 공무원 사이에 금품수수 등 유착 의혹이 제기되었음에도, /

【대법원 판단】 Q콘도사건에 대한 감사가 감사 도중 뚜렷한 이유 없이 중단된 채 더 이상의 조사가 이루어지지 아니하였고, /

【대법원 판단】 이에 피고인이 Q콘도사건에 대한 재감사를 피해자 등에게 건의하였으나 외면당한 점, /

【대법원 판단】 그 후 Q그룹에서 청와대 고위 간부에게 거액의 뇌물을 제공하였고, /

【대법원 판단】 그 시기가 Q콘도 사업계획 승인신청 시기와 일치하는 것으로 밝혀진 점, /

【대법원 판단】 그 얼마 후 피고인이 이 사건 양심선언을 하였는데, /

【대법원 판단】 피고인이 양심선언으로 공표한 주된 내용은 'Q콘도사건에 대한 감사가 감사 도중 중단되었고, Q그룹이 청와대 고위간부에게 뇌물을 제공한 점에 비추어 보면, 청와대에서 감사원 상부에 압력을 행사한 의혹이 있다'는 것이었고, /

【대법원 판단】 직접적으로 피해자 공소외 A를 비방하는 것이 주된 내용은 아니라고 보이는 점, /

【대법원 판단】 설령 이와 같은 공표 내용 중에 피해자의 명예를 훼손하는 표현이 일부 포함되어 있더라도, 이는 Q콘도사건의 감사중단을 지시한 피해자가 자초한 것이라고 볼 여지가 있는 점, /

【대법원 판단】 감사원은 헌법상 독립적 · 중립적 지위가 인정되는 감사기관이고, /
【대법원 판단】 피해자는 감사원 제4국장으로서 공인(公人)이라고 볼 수 있을 뿐 아니라, /
【대법원 판단】 효산그룹사건에 대한 감사중단 및 외압 의혹은 피고인의 양심선언 이전부터 언론매체에 의하여 계속 제기되어 왔던 것인데, /
【대법원 판단】 그러한 상황에서 피고인이 그 동안 제기된 의혹 중 일부가 사실이라는 것을 밝힌 것은 널리 국가 · 사회 기타 일반 다수인의 이익에 관한 것으로서 사회의 여론형성 내지 공개토론에 기여하는 것이고, /
【대법원 판단】 더구나 피고인의 양심선언은 이와 같은 공적 관심사안에 관하여 진실하거나 진실이라고 볼 근거가 있는 사실을 공표한 것이며, /
【대법원 판단】 그것이 악의적이거나 현저히 상당성을 잃은 공격에 해당한다고 볼 자료도 없는 점 등의 사정을 종합해 볼 때, /
【대법원 판단】 피고인이 위와 같은 내용을 공표한 행위는 대규모 개발사업 승인과정에 존재하는 의혹을 규명하고 헌법상 독립적 · 중립적 감사기관인 감사원이 제기능을 공정하게 수행하도록 촉구하기 위한 것으로 공공의 이익을 위하여 한 것이라고 보기에 충분하고, /
【대법원 판단】 그렇다면 특별한 사정이 없는 한 비방의 목적은 부인된다고 보아야 할 것이다.
【대법원 결론】 이와 같은 취지의 원심의 판단은 정당하고, 거기에 상고이유에서 주장하는 명예훼손에 관한 법리오해 등의 위법이 있다고 할 수 없다. (상고 기각)

【비교법 조문 7】

일본 형법

제230조의2 (공공의 이해에 관한 경우의 특례) ① 전조 제1항[단순명예훼손죄]의 행위가 공공의 이해에 관한 사실에 관계되고 또한 그 목적이 오로지 공공의 이익을 꾀하는 데에 있었다고 인정되는 경우에는 사실의 진부(眞否)를 판단하여 사실이라는 점의 증명이 있었던 때에는 이를 벌하지 아니한다.
② 전항의 규정을 적용함에 있어서는 공소가 제기되는 데에 이르고 있지 아니한 사람의 범죄행위에 관한 사실은 공공의 이해에 관한 사실로 본다.
③ 전조 제1항의 행위가 공무원 또는 공선(公選)에 의한 공무원의 후보자에 관한 사실에 관계되는 경우에는 사실의 진부를 판단하여 사실이라는 점의 증명이 있었던 때에는 이를 벌하지 아니한다.

【코멘트】

(1) 본 판례의 쟁점

본 판례는 명예훼손죄의 성립에 관한 여러 가지 요건들의 의미를 종합적으로 보여주고 있다. 본 판례의 사실관계를 보면, 감사관 갑은 기자들 앞에서 양심선언을 하면서 "청와대에서 감사원 상부에 압력을 행사하여 감사가 중단된 것이라는 의혹을 가지게 되었다"는 취지로 발언하였고, 이 발언은 각종 언론매체에 의하여 보도되고 있다. 이에 대해 검사는 갑을 허위사실적시 출판물에 의한 명예훼손죄로 기소하고 있다. 갑의 발언이 허위사실적시 출판물에 의한 명예훼손죄에 해당하려면 먼저 해당 발언이 사실적시에 해당하여야 하고, 적시된 사실이 허위이어야 한다.

이에 대해 항소심법원은 '의혹을 가지게 되었다'는 정도의 발언은 사실적시가 아니라 의견표명에 지나지 않는다고 판단하고 있다. 이에 대해 대법원은 사실적시와 의견표명의 구별기준을 상세히 제시하면서 피고인의 발언이 사실적시에 해당한다고 판단하고 있다. 사실적시에 해당한다고 판단되면 이어서 검토해야 할 점은 적시된 사실의 허위 여부이다.

(2) 허위사실의 입증 문제

허위사실 여부는 객관적 사실과 적시된 사실의 일치 여부에 의하여 판단된다. 허위사실의 유형은 (가) 객관적으로 존재하는 사실을 존재하지 않는 사실이라고 적시하는 경우와, (나) 객관적으로 존재하지 않는 사실을 존재하는 사실이라고 적시하는 경우의 두 가지로 나누어 볼 수 있다. 허위사실 여부는 원래 검사가 증명해야 하는 것인데, (가)와 같이 객관적으로 존재하는 사실을 적극적으로 증명하는 것은 어렵지 않다. 문제는 (나)와 같이 객관적으로 존재하지 않는 사실을 소극적으로 증명해야 하는 경우에 나타난다.

적시된 사실이 객관적으로 존재하지 않는 사실이라고 증명하는 것은 쉽지 않은 일이다. 대법원은 이와 관련하여 사안을 다시 (1) 특정 기간과 특정 장소에서의 특정행위의 부존재에 관한 것과, (2) 불특정한 기간이나 불특정한 장소에서의 특정행위의 부존재에 관한 것으로 나눈다. (1)의 경우에 검사는 특정 기간과 특정 장소에서 특정행위가 없었음에 대해 증명을 해야 한다. 그러나 (2)의 경우에 검사에게 특정행위의 부존재를 증명하라고 요구하는 것은 무리이다. 이 경우에는 피고인이 적시된 사실의 존재를 수긍할 만한 소명자료를 제시해야 한다. 이 때 검사는 피고인이 제시한 자료의 신빙성을 탄핵하는 방법으로 허위사실임을 입증할 수 있다.

본 판례의 사안에 대해 대법원은 (2)의 경우에 해당한다고 보고, 피고인이 적시된 사실의 존재를 수긍할 만한 소명자료를 제시하고 있음에 대하여 검사는 제시된 자료의 신빙성을 충분히 탄핵하지 못하고 있다고 판단한다. 대법원은 이를 토대로 허위사실적시 명예훼손에는 해당하지 않는다는 결론에 이른다. 대법원은 여기에서 한 걸음 더 나아가, 설령 적시된 사실이 허위라고 할지라도 피고인에게 허위사실에 대한 인식이 없기 때문에 허위사실적시 명예훼손에 해당하지 않는다는 동일한 결론에 이른다.

(3) 비방목적과 공공의 이익을 위한 목적의 관계

허위사실적시 명예훼손이 인정되지 않는다면 이제는 사실적시 명예훼손을 인정할 수 있는가 하는 문제로 초점이 옮겨간다. 그런데 본 판례의 사안에서 검사가 공소를 제기한 죄명은 출판물에 의한 명예훼손죄이다. 출판물에 의한 명예훼손죄는 보통의 명예훼손죄와 달리 '사람을 비방할 목적'이라는 초과주관적 요소가 범죄성립요소로 규정되어 있다. 만일 '사람을 비방할 목적'이 인정되지 않는다면 굳이 사실적시 명예훼손 여부를 묻지 않더라도 사실적시 출판물에 의한 명예훼손죄는 성립하지 않는다.

이와 관련하여 대법원은 '비방목적'과 '공공의 이익을 위한다는 목적'이 서로 대척관계에 있다고 본다. 양자는 대척관계에 있으므로 '공공의 이익'이 인정되면 '비방목적'은 부정된다. 여기에서 공공의 이익이 무엇을 의미하는지가 궁금해진다.

비교법적으로 볼 때 일본 형법은 공공의 이익이 인정되는 사례로 (가) 공소가 제기되는 데에 이르고 있지 아니한 사람의 범죄행위에 관한 사실과 (나) 공무원 또는 공선(公選)에 의한 공무원의 후보자에 관한 사실을 예시하고 있다(동법 제230조의2 제2항, 제3항 참조). 우리 입법자는 공공의 이익에 대해 아무런 사례군을 제시하지 않고 그 구체화를 해석에 맡기고 있다.

본 판례에서 대법원은 '공공의 이익'에 대해 개념정의와 판단기준을 제시하면서, 판례 사안의 구체적 특수성에 비추어 볼 때 공공의 이익이 인정되어 피고인에게 '비방목적'이 없다는 결론에 이르고 있다. '공공의 이익'이 의미하는 바와 그에 대한 판단기준은 판례 본문에 상세히 제시되고 있으므로 여기에서 그 내용을 되풀이하지 않으나, 그 내용을 충분히 숙지해 둘 필요가 있다고 생각된다.

2009도156

출판물에 의한 명예훼손죄와 비방목적 – 부정례
858기 소설 사건

2009. 6. 11. 2009도156, [공보불게재]

1. 사실관계 및 사건의 경과

【사실관계】

① 갑은 소설가이다.

② 을은 출판업자이다.

③ 갑과 을은 대한항공 858기 폭파사건과 관련하여 의혹제기를 내용으로 하는 ㉠소설을 출간하였다.

【사건의 경과】

① 검사는 갑과 을을 출판물에 의한 명예훼손죄로 기소하였다.

② 제1심법원은 무죄를 선고하였다.

③ 검사는 불복 항소하였다.

④ 항소심법원은 항소를 기각하고, 제1심판결을 유지하였다.

⑤ 검사는 불복 상고하였다.

2. 출판물에 의한 명예훼손죄와 비방목적

【대법원 분석】 형법 제309조 제1항 소정의 출판물에 의한 명예훼손죄는 타인을 비방할 목적으로 신문, 잡지 또는 라디오 기타 출판물에 의하여 사실을 적시하여 타인의 명예를 훼손할 경우에 성립되는 범죄로서, /

【대법원 요지】 여기서 '비방할 목적'이란 가해의 의사 내지 목적을 요하는 것으로서 /

【대법원 요지】 공공의 이익을 위한 것과는 행위자의 주관적 의도의 방향에 있어 서로 상반되는 관계에 있다고 할 것이므로, /

【대법원 요지】 적시한 사실이 공공의 이익에 관한 것인 경우에는 특별한 사정이 없는 한 비방할 목적은 부인된다고 봄이 상당하고, /

【대법원 요지】 그 적시한 사실이 공공의 이익에 관한 것인지 여부는 당해 명예훼손적 표현으로 인한

피해자가 공무원 내지 공적 인물과 같은 공인인지 아니면 사인에 불과한지, /

【대법원 요지】 그 표현이 객관적으로 국민이 알아야 할 공공성 · 사회성을 갖춘 공적 관심 사안에 관한 것으로 사회의 여론형성 내지 공개토론에 기여하는 것인지 아니면 순수한 사적인 영역에 속하는 것인지, /

【대법원 요지】 피해자가 그와 같은 명예훼손적 표현의 위험을 자초한 것인지, /

【대법원 요지】 그리고 그 표현에 의하여 훼손되는 명예의 성격과 침해의 정도, 그 표현의 방법과 동기 등의 여러 사정에 비추어 판단하여야 할 것이며, /

【대법원 요지】 또한 적시된 사실은 이로써 특정인의 사회적 가치 내지 평가가 침해될 가능성이 있을 정도로 구체성을 띠어야 하는 것이다.

3. 사안에 대한 대법원의 판단

【대법원 판단】 원심판결 이유에 의하면 원심은, /

【대법원 판단】 이 사건 소설이 일반 독자들에게 소설상의 내용을 진실한 것이라고 주장하는 것이 아니라 피고인들이 가지고 있는 의혹을 소설의 형식으로 제기하고 있는 것이고, /

【대법원 판단】 피고인들이 이 사건 소설을 집필, 출간한 행위는 대한항공 858기 폭파사건에 관한 새로운 진상 규명의 필요성을 사회적으로 호소하기 위한 목적으로 공공의 이익을 위한 것으로 봄이 상당하며 /

【대법원 판단】 비방의 목적을 인정할 수 없으므로 /

【대법원 결론】 이 사건 공소사실은 범죄의 증명이 없는 경우에 해당한다고 판단하여 무죄를 선고한 제1심판결을 유지하였는바, /

【대법원 결론】 앞서 본 법리 및 기록에 비추어 살펴보면, 원심의 위와 같은 판단은 정당하고, 거기에 상고이유에서 주장하는 바와 같은 채증법칙 위반, 법리오해 등의 위법이 없다. (상고 기각)

97도158

출판물에 의한 명예훼손죄와 출판물 – 부정례
개인택시조합 선거 사건

1998. 10. 9. 97도158, 공 1998, 2715

1. 사실관계 및 사건의 경과

【사실관계 1】

① P개인택시운송사업조합은 관계 법령에 따라 서울특별시 일원에서 개인택시운송사업을 영위하는 사람들을 조합원으로 하여 구성된 단체이다.

② P조합은 택시운송사업의 공익성을 발휘하고 조합원 상호간의 공동복리와 친목도모를 목적으로 설립된 법인으로서 그 조합원수가 약 4만여 명에 이른다.

③ P조합의 이사장은 조합의 업무를 총괄하고 조합을 대표하는 자로서, 조합원들의 직선에 의하여 선출된다.

④ P조합의 조합장 선거운동에는 조합선거관리규정에 의하여 사실 근거가 있는 경우 후보자를 비판하는 내용의 인쇄물을 제작 배포할 수 있다.

⑤ P조합의 제12대 이사장 선거에 있어서는 전(前) 이사장을 비롯한 조합 집행부의 업무상 비리 등의 문제가 큰 쟁점으로 되고 있었다.

【사실관계 2】

① 갑은 P조합 이사장 선거에 출마하였다.

② 갑은 경쟁 후보자인 A와 당선 경쟁을 하면서 선거운동을 하던 중 조합원들에게 ㉠유인물을 배포하였다.

③ ㉠유인물은 가로 25cm 세로 35cm 정도 되는 일정한 제호(題號)가 표시되었다고 볼 수 없는 낱장의 종이에 단편적으로 갑의 주장을 광고하는 문안이 인쇄되어 있었다.

④ ㉠유인물에는 다음과 같은 내용이 기재되어 있었다.

(가) P조합의 전(前) 이사장 B가 대의원총회에서 불신임당하고 업무상의 비리로 인하여 구속되었다.

(나) A가 조합을 상대로 소송을 제기한 사실이 있다.

(다) A가 전 이사장 B와 같은 친목회에 소속하여 있는 등 친밀한 관계를 유지하고 있었다.

(라) 갑이 합동유세를 공개 제의하였는데 A가 반응을 보이지 않다가 선거일에 임박해서야 반박하였다.

⑤ ㉠유인물의 문맥 중에는 "탄생시킨 주역", "추종", "저의", "조합원을 기만하고 우롱하는 행위" 등의 다소 감정적이고 과격한 표현방법이 사용되고 있었다.

【사건의 경과 1】

① A는 갑을 고소하였다.

② 검사는 갑을 출판물에 의한 명예훼손죄로 기소하였다.

③ 갑의 피고사건은 제1심을 거친 후, 항소심에 계속되었다.

④ 항소심법원은 다음의 이유를 들어서 무죄를 선고하였다.

(가) 갑에 대한 공소사실은 진실한 사실이라고 인정된다.

(나) 갑에 대한 공소사실은 형법 제309조 제1항 소정의 사실적시 출판물에 의한 명예훼손죄에는 해당한다.

(다) 그러나 공직선거및선거부정방지법 제251조 단서에 의한 위법성 조각의 법리를 유추적용할 때 갑의 행위는 사회통념상 허용될 만한 정도의 상당성이 있어 위법성이 없다.

【사건의 경과 2】

① 검사는 불복 상고하였다.

② 검사는 상고이유로 다음의 점을 주장하였다.

(가) 갑이 ㉠유인물에 기재한 사실은 진실한 사실이 아니다.

(나) 갑의 ㉠유인물 배포행위는 공공의 이익을 위한 것이 아니라 조합장이 되기 위한 사익을 위한 것이다.

【참조조문】

공직선거법

제251조 (후보자비방죄) 당선되거나 되게 하거나 되지 못하게 할 목적으로 연설 · 방송 · 신문 · 통신 · 잡지 · 벽보 · 선전문서 기타의 방법으로 공연히 사실을 적시하여 후보자(후보자가 되고자 하는 자를 포함한다), 그의 배우자 또는 직계존 · 비속이나 형제자매를 비방한 자는 3년 이하의 징역 또는 500만 원 이하의 벌금에 처한다. 다만, 진실한 사실로서 공공의 이익에 관한 때에는 처벌하지 아니한다.

2. 진실한 사실 여부의 판단

(1) 진실한 사실 여부의 판단기준

【대법원 요지】 형법은 명예에 관한 죄에 대하여 제307조 및 제309조에서 적시한 사실이 진실인지 허위인지에 따라 법정형을 달리 규정하고 /

【대법원 요지】 제310조에서 진실한 사실로서 오로지 공공의 이익에 관한 때에는 처벌하지 아니하다고 규정하고 있는바, /

【대법원 요지】 여기서 진실한 사실이란 그 내용 전체의 취지를 살펴볼 때 중요한 부분이 객관적 사실과 합치되는 사실이라는 의미로서 /

【대법원 요지】 세부(細部)에 있어 진실과 약간 차이가 나거나 다소 과장된 표현이 있더라도 무방하다고 할 것이다.

(2) 사안에 대한 대법원의 판단

【대법원 판단】 기록에 의하여 살펴보면, /

【대법원 판단】 피고인이 1995. 6. 15.경 실시된 서울특별시 [P]개인택시운송사업조합(이하 이 사건 조합이라고 한다) 이사장 선거에 출마하여 경쟁 후보자였던 피해자과 당선 경쟁을 하면서 선거운동을 하던 중 조합원들에게 배포한 이 사건 인쇄물에서 적시한 사실은 /

【대법원 판단】 '이 사건 조합의 전(前) 이사장이 대의원총회에서 불신임당하고 업무상의 비리로 인하여 구속된 사실', /

【대법원 판단】 '피해자가 조합을 상대로 소송을 제기한 사실', /

【대법원 판단】 '피해자가 전 이사장과 같은 친목회에 소속하여 있는 등 친밀한 관계를 유지하고 있었던 사실', /

【대법원 판단】 '피고인이 합동유세를 공개 제의하였는데 피해자가 반응을 보이지 않다가 선거일에 임박해서야 반박한 사실' 등 /

【대법원 판단】 그 중요한 부분이 객관적 사실과 합치하고, /

【대법원 판단】 그 문맥 중에 "탄생시킨 주역", "추종", "저의", "조합원을 기만하고 우롱하는 행위" 등의 다소 감정적이고 과격한 표현방법이 사용되었다 하여 그 적시한 사실이 전체적으로 보아 허위라고 보기 어렵다.

【대법원 결론】 같은 취지의 원심의 판단은 정당하고 거기에 명예훼손죄에 있어서의 적시 사실의 진

실성 여부의 판단에 관한 법리를 오해한 위법이 있다고 할 수 없다. 이 점에 관한 상고이유의 주장은 이유 없다.

3. 출판물에 의한 명예훼손죄의 성립요건

(1) 출판물에 의한 명예훼손죄의 특수성

【대법원 분석】 (1) 형법은 제309조 제1항에서 '사람을 비방할 목적으로 신문, 잡지 또는 라디오 기타 출판물에 의하여 제307조 제1항의 죄를 범한 자'를 제307조 제1항의 명예훼손죄보다 가중 처벌하는 규정을 두고 있는바, /

【대법원 요지】 형법 제309조 제1항 소정의 출판물에 의한 명예훼손죄의 구성요건에 해당하기 위하여는 주관적 요건으로서 비방 목적 및 객관적 요건으로서 출판물 등의 방법에 의할 것을 모두 구비하여야 하고 그 중 하나라도 결한 때에는 위 죄는 성립하지 않는 것이다. /

(2) 기타 출판물의 범위

【대법원 요지】 여기의 '기타 출판물'에 해당한다고 하기 위하여는, /

【대법원 요지】 사실적시의 방법으로서 출판물 등을 이용하는 경우 그 성질상 다수인이 견문할 수 있는 높은 전파성과 신뢰성 및 장기간의 보존가능성 등 피해자에 대한 법익침해의 정도가 더욱 크다는 데 그 가중처벌의 이유가 있는 점에 비추어 보면, /

【대법원 요지】 그것이 등록 · 출판된 제본 인쇄물이나 제작물은 아니라고 할지라도 적어도 그와 같은 정도의 효용과 기능을 가지고 사실상 출판물로 유통 · 통용될 수 있는 외관을 가진 인쇄물로 볼 수 있어야 할 것이다. /

(3) 출판물에 의한 명예훼손죄와 비방목적

【대법원 요지】 또한 여기의 '사람을 비방할 목적'이란 가해의 의사 내지 목적을 요하는 것으로서 /

【대법원 요지】 공공의 이익을 위한 것과는 행위자의 주관적 의도의 방향에 있어 서로 상반되는 관계에 있다고 할 것이므로, /

【대법원 요지】 형법 제310조의 공공의 이익에 관한 때에는 처벌하지 아니한다는 규정은 사람을 비방할 목적이 있어야 하는 형법 제309조 제1항 소정의 행위에 대하여는 적용되지 아니하고 /

【대법원 요지】 그 목적을 필요로 하지 않는 형법 제307조 제1항의 행위에 한하여 적용되는 것이고, /

【대법원 요지】 반면에 적시한 사실이 공공의 이익에 관한 것인 경우에는 특별한 사정이 없는 한 비방 목적은 부인된다고 봄이 상당하므로 /

【대법원 요지】 이와 같은 경우에는 형법 제307조 제1항 소정의 명예훼손죄의 성립 여부가 문제될 수 있고 /

【대법원 요지】 이에 대하여는 다시 형법 제310조에 의한 위법성 조각 여부가 문제로 될 수 있다고 할 것이다.

(4) 공공의 이익의 개념과 판단기준

【대법원 요지】 그리고 형법 제310조에서 '오로지 공공의 이익에 관한 때'라 함은 적시된 사실이 객관

적으로 볼 때 공공의 이익에 관한 것으로서 행위자도 주관적으로 공공의 이익을 위하여 그 사실을 적시한 것이어야 하는 것인데, /

【대법원 요지】 여기의 공공의 이익에 관한 것에는 널리 국가 · 사회 기타 일반 다수인의 이익에 관한 것뿐만 아니라 특정한 사회집단이나 그 구성원 전체의 관심과 이익에 관한 것도 포함하는 것이고, /

【대법원 요지】 적시된 사실이 공공의 이익에 관한 것인지 여부는 당해 적시 사실의 내용과 성질, 당해 사실의 공표가 이루어진 상대방의 범위, 그 표현의 방법 등 그 표현 자체에 관한 제반 사정을 감안함과 동시에 그 표현에 의하여 훼손되거나 훼손될 수 있는 명예의 침해 정도 등을 비교 · 고려하여 결정하여야 하며, /

【대법원 요지】 행위자의 주요한 동기 내지 목적이 공공의 이익을 위한 것이라면 부수적으로 다른 사익적 목적이나 동기가 내포되어 있더라도 형법 제310조의 적용을 배제할 수 없는 것이다.

4. 사안에 대한 대법원의 판단

(1) 출판물 여부에 대한 대법원의 판단

【대법원 분석】 (2) 기록에 의하면, 피고인이 배포한 이 사건 인쇄물은 가로 25cm 세로 35cm 정도되는 일정한 제호(題號)가 표시되었다고 볼 수 없는 낱장의 종이에 단지 단편적으로 피고인의 주장을 광고하는 문안이 인쇄되어 있는 것에 불과한 것인바, /

【대법원 판단】 이와 같은 이 사건 인쇄물의 외관이나 형식에 비추어 볼 때 이 사건 인쇄물이 등록된 간행물과 동일한 정도의 높은 전파성, 신뢰성, 보존가능성 등을 가지고 사실상 유통 · 통용될 수 있는 출판물이라고는 보기 어렵다 할 것이다.

(2) 공공의 이익 여부에 대한 대법원의 판단

【대법원 분석】 그리고 원심이 확정한 사실관계와 기록에 의하면, /

【대법원 분석】 이 사건 조합은 구 자동차운수사업법(1997. 12. 13. 전면 개정에 의하여 여객자동차운수사업법으로 되었다)에 따라 서울특별시 일원에서 개인택시운송사업을 영위하는 사람들을 조합원으로 하여 택시운송사업의 공익성을 발휘하고 조합원 상호간의 공동복리와 친목도모를 목적으로 설립된 법인으로서 그 조합원수가 약 4만여 명에 이르고, /

【대법원 분석】 이 사건 조합의 이사장은 조합의 업무를 총괄하고 조합을 대표하는 자로서 조합원들이 직선에 의하여 선출하고 그 선거운동을 함에 있어 조합선거관리규정에 의하여 사실 근거가 있는 경우 후보자를 비판하는 내용의 인쇄물을 제작 배포할 수 있으며, /

【대법원 분석】 이 사건 조합의 제12대 이사장 선거에 있어서는 전(前) 이사장을 비롯한 조합 집행부의 업무상 비리 등의 문제가 큰 쟁점으로 되었던 사실을 알 수 있는바, /

【대법원 판단】 이와 같은 이 사건 조합의 목적과 성격, 이사장의 지위, 그 선출방법과 과정 및 피고인이 이 사건 인쇄물을 작성하게 된 경위와 그 배포 상대방 등 여러 가지 사정을 고려하여 보면, /

【대법원 판단】 피고인이 이 사건 인쇄물에서 적시한 사실은 피해자의 조합활동상의 전력에 관한 사실로서 조합원 전체의 관심과 이익에 관한 사항으로 공공의 이익에 관한 것이고, /

【대법원 판단】 피고인의 주관적 동기도 상대방 후보자의 조합 이사장으로서의 자질과 전력에 관한

정보를 투표권자인 조합원들에게 제공한다는 측면에서 주로 공공의 이익을 위한 것이었다고 봄이 상당하다고 할 것이다.

(3) 사안에 대한 대법원의 종합 판단

【대법원 판단】 (3) 결국, 이 사건 공소사실은 적시 사실이 허위가 아닐 뿐만 아니라, /

【대법원 판단】 이 사건 인쇄물이 '기타 출판물'에 해당한다고 보기 어렵고 /

【대법원 판단】 피고인에게 피해자를 '비방할 목적'도 있었다고 보기 어려우므로, /

【대법원 판단】 형법 제309조 제2항이나 제1항 소정의 출판물에 의한 명예훼손죄에 해당하지 않는다 할 것이고, /

【대법원 판단】 나아가 이 사건 공소사실이 형법 제307조 제1항의 명예훼손죄에 해당한다고 하더라도 그것은 위에서 본 바와 같이 형법 제310조에 의하여 위법성이 조각된다고 봄이 상당하다고 할 것이다.

(4) 사안에 대한 대법원의 결론

【대법원 분석】 그런데 원심은 이 사건 인쇄물이 '기타 출판물'에 해당하고 피고인에게 피해자를 '비방할 목적'이 있었음을 전제로 이 사건 공소사실이 형법 제309조 제1항 소정의 사실적시 출판물에의한 명예훼손죄에는 해당한다고 한 다음, /

【대법원 분석】 피고인의 이와 같은 명예훼손행위에 대하여 대통령 선거 · 국회의원 선거 · 지방의회의원 및 지방자치단체의 장의 선거에 적용되는 공직선거및선거부정방지법 제251조 단서에 의한 위법성 조각의 특수한 법리까지 끌어들여 사회통념상 허용될 만한 정도의 상당성이 있어 위법성이 없다고 판단하였는바, /

【대법원 결론】 원심판결의 이와 같은 판단의 과정은 옳다고 할 수 없으나 위법성이 없다는 결론은 정당하여 판결 결과에 영향이 없으므로, 이 점에 관련한 상고이유의 주장은 이유 없음에 돌아간다고 할 것이다. (상고 기각)

2009도8949

출판물에 의한 명예훼손죄와 비방목적 – 인정례
무고죄와 허위사실 – 인정례
탤런트 폭행 의혹 사건

2009. 11. 12. 2009도8949, [공보불게재]

1. 사실관계 및 사건의 경과

【사실관계】

① 갑은 유명 탤런트 A를 상해죄로 고소하였다.

② 갑의 고소장 취지는 다음과 같다.

③ 「A는 M아파트 입구에서 오른쪽 팔꿈치로 고소인(갑)의 얼굴을 가격하여 고소인(갑)에게 약 6개월간의 치료를 요하는 측두하악관절질환 등의 상해를 가하였다.」

④ M신문은 연예 · 스포츠 관련 신문이다.

⑤ B는 M신문 기자이다.

⑥ 갑은 B에게 탤런트 A의 실명을 거론하면서 A로부터 폭행을 당하여 상해를 입었다는 내용을 제보하였다.

⑦ B는 갑이 말한 내용이 진실이라고 판단하였다.

⑧ B는 기사를 작성하여 M신문에 게재하였다.

【사건의 경과 1】

① A는 갑을 고소하였다.

② 검사는 갑을 다음의 공소사실로 기소하였다.

(가) 무고죄 (10년 이하의 징역 또는 1,500만 원 이하 벌금)

(나) 출판물에 의한 허위사실적시 명예훼손죄 (7년 이하의 징역, 10년 이하의 자격정지 또는 700만 원 이하의 벌금)

③ 갑의 피고사건은 제1심을 거친 후, 항소심에 계속되었다.

④ 항소심 공판절차는 다음과 같이 진행되었다.

【사건의 경과 2】

① 갑은 A의 폭행사실이 있었다고 주장하였다.

② A는 갑에게 폭행한 사실이 없다고 주장하였다.

③ 갑은 6개월간의 가료를 요한다는 내용의 일반진단서를 제출하였다.

④ A는 M아파트 입구의 CCTV에 대한 검증을 요청하였다.

⑤ 증거조사 결과 갑이 상해로 주장한 치근파절은 이전부터 있었던 기왕증이었음이 밝혀졌다.

⑥ CCTV 화면을 검증한 결과 A가 갑에게 폭행을 하는 장면은 들어 있지 않았다.

【사건의 경과 3】

① 항소심법원은 A가 갑에게 폭행을 가한 사실이 인정되지 않는다고 판단하였다.

② 항소심법원은 유죄를 인정하였다.

③ 갑은 불복 상고하였다.

④ 갑은 상고이유로 다음의 점을 주장하였다.

(가) A가 갑을 폭행한 것을 항소심이 인정하지 않은 것은 채증법칙 위반이다.

(나) 갑은 치근파절이 기왕증인 사실을 알지 못하였다.

(다) 갑이 6개월간 가료를 요한다고 한 내용은 사실을 다소 과장한 것에 지나지 않는다.

(라) 따라서 갑이 수사기관에 신고하거나 기자에게 알려준 사실은 허위사실이 아니다.

(마) 또한 갑에게는 허위사실의 신고나 허위사실의 적시에 대한 인식이 없다.

(바) M언론매체에 기사가 실린 것은 기자 B의 독자적 판단에 의한 것이므로 갑에게 책임이 없다.

2. 허위사실 여부에 대한 판단

【대법원 분석】 원심은 그 채택증거들을 종합하여 판시와 같은 사실들을 인정한 후, /

【대법원 분석】 이 사건 당시 피고인에 대한 A의 폭행 사실이 인정되지 아니하므로, /

【대법원 판단】 A가 오른쪽 팔꿈치로 피고인의 얼굴을 가격하여 피고인에게 약 6개월간의 치료를 요하는 측두하악관절질환 등의 상해를 가하였다는 취지의 피고인의 이 사건 고소는 허위의 사실을 수사기관에 신고한 것이고, /

【대법원 판단】 피고인이 위 고소장 기재 내용이 허위임을 충분히 알 수 있었다고 판단하여 피고인에 대하여 무고죄를 인정하였다.

【대법원 결론】 기록에 비추어 검토하여 보면 원심의 위와 같은 판단은 정당한 것으로 수긍이 간다. 거기에 상고이유에서 주장하는 바와 같은 채증법칙 위반의 위법이 없다.

3. 무고죄와 허위사실의 신고

【대법원 요지】 무고죄는 타인으로 하여금 형사처분 또는 징계처분을 받게 할 목적으로 공무소 또는 공무원에 대하여 허위의 사실을 신고함으로써 성립한다.

【대법원 요지】 여기에서 허위사실의 신고라 함은 신고사실이 객관적 사실에 반한다는 것을 확정적이거나 미필적으로 인식하고 신고하는 것을 말하는 것으로서, /

【대법원 요지】 고소 내용이 터무니없는 허위사실이 아니고 사실에 기초하여 그 정황을 다소 과장한데 지나지 아니한 경우에는 무고죄가 성립하지 아니한다.

【대법원 판단】 그러나 앞서 살펴본 바와 같이 이 사건에서는 피고인이 A로부터 폭행을 당한 사실 자체가 인정되지 않으므로 /

【대법원 판단】 피고인이 설령 6개월간의 가료를 요한다는 내용의 일반진단서의 의미를 잘 이해하지 못하였고 치근파절이 기왕증이라는 사실을 몰랐다고 하더라도 피고인의 이 사건 고소가 단순한 정황의 과장에 해당하는 것으로 볼 수 없다.

【대법원 결론】 이와 같은 취지의 원심판결은 정당한 것으로 수긍이 가고, 거기에 상고이유에서 주장하는 바와 같은 법리오해의 위법이 없다.

4. 출판물에 의한 명예훼손죄의 성립요건

(1) 비방목적의 판단기준

【대법원 요지】 형법 제309조 제2항 소정의 '사람을 비방할 목적'이란 가해의 의사 내지 목적을 요하는 것으로, /

【대법원 요지】 사람을 비방할 목적이 있는지 여부는 당해 적시 사실의 내용과 성질, 당해 사실의 공표가 이루어진 상대방의 범위, 표현의 방법 등 그 표현 자체에 관한 제반 사정을 감안함과 동시에 그 표현에 의하여 훼손되거나 훼손될 수 있는 명예의 침해 정도 등을 비교, 고려하여 결정하여야 한다. /

【대법원 요지】 그리고 타인을 비방할 목적으로 허위사실인 기사의 재료를 신문기자에게 제공한 경

우에 그 기사를 신문지상에 게재하느냐의 여부는 오로지 당해 신문의 편집인의 권한에 속한다고 할 것이나, /

【대법원 요지】 그 기사를 편집인이 신문지상에 게재한 이상 그 기사의 게재는 기사재료를 제공한 자의 행위에 기인한 것이므로, /

【대법원 요지】 그 기사재료를 제공한 자는 형법 제309조 제2항 소정의 출판물에 의한 명예훼손죄의 죄책을 면할 수 없는 것이다.

(2) 사안에 대한 대법원의 판단

【대법원 판단】 원심은 그 채택증거들을 종합하여 판시와 같은 사실들을 인정한 다음, /

【대법원 판단】 피고인이 P닷컴의 기자인 공소외인에게 연예인인 A의 실명을 거론하면서 A로부터 폭행을 당하여 상해를 입었다는 취지의 허위사실을 적시함으로써 피해자를 비방할 목적으로 이 사건 기사의 자료를 제공하여 /

【대법원 판단】 그 내용이 진실한 것으로 오신한 기자로 하여금 허위기사를 작성하게 하고 피고인의 용인 아래 그 기사가 공표된 이상 피고인이 출판물에 의한 명예훼손죄의 죄책을 면할 수 없다고 판단하였다.

【대법원 결론】 위 법리와 기록에 비추어 검토하여 보면, 원심의 위와 같은 판단은 정당한 것으로 수긍이 간다. 거기에 상고이유에서 주장하는 바와 같은 출판물에 의한 명예훼손죄에 관한 법리오해, 채증법칙 위반으로 인한 사실오인 등의 위법이 없다. (상고 기각)

2012도10392

정보통신망법 명예훼손죄와 비방목적 – 부정례
산후조리원 이용후기 사건

2012. 11. 29. 2012도10392, 공 2013상, 114

1. 사실관계 및 사건의 경과

【사실관계】

① 갑녀는 다른 사람의 이용 후기를 보고 A가 운영하는 P산후조리원에 예약을 하였다.

② 2011. 12. 12. 갑녀는 둘째 아이를 출산하였다.

③ 2011. 12. 14.부터 2011. 12. 27.까지 갑녀는 P산후조리원에서 250만 원을 들여 산후조리를 하였다.

④ 2011. 12. 26. 16:17경부터 2011. 12. 30일 01:29경까지 사이에 갑은 9회에 걸쳐 임신, 육아 등과 관련한 유명 인터넷 카페나 자신의 블로그 등에 P산후조리원 이용 후기를 게시하였다. (㉠후기)

⑤ 갑이 게시한 글의 주요 내용은 다음과 같다.

(가) 온수 보일러 고장, 산후조리실 사이의 소음, 음식의 간 등 갑이 13박 14일간 P산후조리원에서

지내면서 직접 겪은 불편했던 사실을 알린다.
(나) 환불을 요구하며 이용 후기에 올리겠다는 갑의 항의에 A측이 "막장으로 소리 지르고 난리도 아니다."며, 이용 후기로 산후조리원에 피해가 생길 경우 갑에게 손해배상을 청구하겠다는 취지로 대응했다.
(다) 갑의 이용 후기가 거듭 삭제되는 것을 항의한다.
⑥ 인터넷 카페에 게시된 갑의 글에 대하여 카페 회원들 사이에 활발한 찬반 토론이 이루어지기도 했다.

【사건의 경과】

① A는 갑을 고소하였다.
② 검사는 갑을 정보통신망법위반죄(명예훼손)으로 기소하였다.
③ 갑의 피고사건은 제1심을 거친 후, 항소심에 계속되었다.
④ 항소심법원은 갑이 비방목적을 가지고 ㉠후기를 게시하였다고 판단하였다.
⑤ 항소심법원은 유죄를 선고하였다.
⑥ 갑은 불복 상고하였다.
⑦ 갑은 상고이유로, 비방목적에 관한 법리오해의 위법이 있다고 주장하였다.

【참조조문】

정보통신망 이용촉진 및 정보보호 등에 관한 법률

제70조 (벌칙) ① 사람을 비방할 목적으로 정보통신망을 통하여 공공연하게 사실을 드러내어 다른 사람의 명예를 훼손한 자는 3년 이하의 징역이나 금고 또는 2천만원 이하의 벌금에 처한다.
② 사람을 비방할 목적으로 정보통신망을 통하여 공공연하게 거짓의 사실을 드러내어 다른 사람의 명예를 훼손한 자는 7년 이하의 징역, 10년 이하의 자격정지 또는 5천만원 이하의 벌금에 처한다.
③ 제1항과 제2항의 죄는 피해자가 구체적으로 밝힌 의사에 반하여 공소를 제기할 수 없다.

2. 정보통신망법상 명예훼손죄의 비방목적

【대법원 요지】 1. 정보통신망 이용촉진 및 정보보호 등에 관한 법률 제70조 제1항에서 정한 /

【대법원 요지】 '사람을 비방할 목적'이란 /

【대법원 요지】 가해의 의사나 목적을 필요로 하는 것으로서, /

【대법원 요지】 사람을 비방할 목적이 있는지는 /

【대법원 요지】 해당 적시 사실의 내용과 성질, 해당 사실의 공표가 이루어진 상대방의 범위, 그 표현의 방법 등 그 표현 자체에 관한 제반 사정을 고려함과 동시에 /

【대법원 요지】 그 표현으로 훼손되거나 훼손될 수 있는 명예의 침해 정도 등을 비교 · 고려하여 결정하여야 한다. /

【대법원 요지】 또한 비방할 목적은 행위자의 주관적 의도의 방향에서 공공의 이익을 위한 것과는 상반되는 관계에 있으므로, /

【대법원 요지】 적시한 사실이 공공의 이익에 관한 것인 경우에는 특별한 사정이 없는 한 비방할 목

적은 부인된다. /

【대법원 요지】 공공의 이익에 관한 것에는 널리 국가 · 사회 그 밖에 일반 다수인의 이익에 관한 것뿐만 아니라 특정한 사회집단이나 그 구성원 전체의 관심과 이익에 관한 것도 포함한다. /

【대법원 요지】 나아가 그 적시된 사실이 이러한 공공의 이익에 관한 것인지는 /

【대법원 요지】 그 표현이 객관적으로 국민이 알아야 할 공공성 · 사회성을 갖춘 공적 관심 사안에 관한 것으로 사회의 여론 형성이나 공개토론에 기여하는 것인지 아니면 순수한 사적인 영역에 속하는 것인지 여부, /

【대법원 요지】 피해자가 그와 같은 명예훼손적 표현의 위험을 자초한 것인지 여부, 그리고 그 표현으로 훼손되는 명예의 성격과 그 침해의 정도, 그 표현의 방법과 동기 등 제반 사정을 고려하여 판단하여야 하고, /

【대법원 요지】 행위자의 주요한 동기나 목적이 공공의 이익을 위한 것이라면 부수적으로 다른 사익적 목적이나 동기가 내포되어 있더라도 비방할 목적이 있다고 보기는 어렵다.

【대법원 요지】 한편 국가는 건전한 소비행위를 계도(啓導)하고 생산품의 품질향상을 촉구하기 위한 소비자보호운동을 법률이 정하는 바에 따라 보장하여야 하며(헌법 제124조), /

【대법원 요지】 소비자는 물품 또는 용역을 선택하는 데 필요한 지식 및 정보를 제공받을 권리와 사업자의 사업활동 등에 대하여 소비자의 의견을 반영시킬 권리가 있고(소비자기본법 제4조), /

【대법원 요지】 공급자 중심의 시장 환경이 소비자 중심으로 이전되면서 사업자와 소비자 사이의 정보 격차를 줄이기 위해 인터넷을 통한 물품 또는 용역에 대한 정보 및 의견 제공과 교환의 필요성이 증대되므로, /

【대법원 요지】 실제로 물품을 사용하거나 용역을 이용한 소비자가 인터넷에 자신이 겪은 객관적 사실을 바탕으로 사업자에게 불리한 내용의 글을 게시하는 행위에 비방의 목적이 있는지는 앞서 든 제반 사정을 두루 심사하여 더욱 신중하게 판단하여야 한다.

3. 사안에 대한 항소심의 판단

【항소심 판단】 2. 원심은, 피고인이 2011. 12. 26.경부터 같은 달 30일경까지 정보통신망인 인터넷 카페에 게시한 글의 게재 경위, 내용과 표현 방법 등을 볼 때 /

【항소심 판단】 피고인이 피해자를 비방할 목적으로 위 글을 게재하였다고 판단하였다.

4. 사안에 대한 대법원의 분석

【대법원 판단】 3. 그러나 원심의 위와 같은 판단은 다음 이유로 수긍하기 어렵다.

【대법원 분석】 가. 적법하게 채택 · 조사한 증거들과 기록에 의하면, 다음 사실을 알 수 있다.

【대법원 분석】 1) 피고인은 2011. 12. 12. 둘째 아이를 출산하고, 다른 사람의 이용 후기를 보고 예약해 둔 피해자 운영의 이 사건 산후조리원에서 2011. 12. 14.부터 2011. 12. 27.까지 250만 원을 들여 산후조리를 하였다.

【대법원 분석】 2) 피고인은 2011. 12. 26. 16:17경부터 같은 달 30일 01:29경까지 사이에 9회에 걸

쳐 임신, 육아 등과 관련한 유명 인터넷 카페나 자신의 블로그 등에 이 사건 산후조리원 이용 후기를 게시하였다. /

【대법원 분석】 피고인은 게시한 글에서 이 사건 산후조리원이 친절하고, 좋은 점도 많이 있다는 점도 언급하면서 산후조리원을 이용할 예정인 임산부들의 신중한 산후조리원 선택에 도움을 주고자 글을 작성한다는 점을 밝히기도 했다.

【대법원 분석】 3) 피고인이 게시한 글의 주요 내용은 온수 보일러 고장, 산후조리실 사이의 소음, 음식의 간 등 피고인이 13박 14일간 이 사건 산후조리원에서 지내면서 직접 겪은 불편했던 사실을 알리는 것이거나, /

【대법원 분석】 환불을 요구하며 이용 후기에 올리겠다는 피고인의 항의에 피해자 측이 "막장으로 소리 지르고 난리도 아니다."며 이용 후기로 산후조리원에 피해가 생길 경우 피고인에게 손해배상을 청구하겠다는 취지로 대응했다거나, /

【대법원 분석】 피고인의 이용 후기가 거듭 삭제되는 것을 항의하는 것이다. /

【대법원 분석】 인터넷 카페에 게시된 피고인의 글에 대하여 카페 회원들이 댓글을 다는 방법으로 피고인에게 공감을 표시하거나, /

【대법원 분석】 피고인이 너무 예민하게 반응한 것이라며 피고인과 함께 산후조리원에서 지낸 카페 회원들이, 신생아실에서 언성을 높인 피고인의 태도를 나무라기도 하는 등 활발한 찬반 토론이 이루어지기도 했다.

5. 사안에 대한 대법원의 판단

【대법원 판단】 나. 이러한 사실관계에서 알 수 있는 다음 사정, 즉 /

【대법원 판단】 ① 피고인이 인터넷 카페 게시판 등에 올린 글은 피고인이 이 사건 산후조리원을 실제 이용한 소비자로서 겪은 일과 이에 대한 주관적 평가를 담은 이용 후기인 점, /

【대법원 판단】 ② 이 사건 글에 '피해자의 막장 대응' 등과 같이 다소 과장된 표현이 사용되기도 했지만, 이는 출산으로 몸과 마음 모두 급격하고 예민한 변화를 겪는 피고인이 제기한 불만에 대응하는 피해자 태도의 문제점을 지적하는 것이고, /

【대법원 판단】 인터넷 게시글에 적시된 주요 내용은 객관적 사실에 부합하는 점, /

【대법원 판단】 ③ 산후조리원에 관한 정보는 출산을 앞둔 임산부들의 관심과 이익에 관한 것으로, /

【대법원 판단】 피고인은 자신도 이용 후기를 보고 이 사건 산후조리원을 선택한 것처럼 산후조리원을 이용하려는 임산부의 신중한 선택에 도움을 주기 위해 인터넷에 이 사건 글을 게시하게 됐다고 동기를 밝힌 점, /

【대법원 판단】 ④ 피고인이 같은 내용의 글을 반복 게시하였지만, 이는 자신의 글이 피해자 측의 요청 등으로 인터넷에서 삭제되거나 게시가 중단된 것에서 기인한 것으로 볼 수 있는 점, /

【대법원 판단】 ⑤ 피고인이 게시한 글의 공표 상대방은 인터넷 카페 회원이나 산후조리원 정보를 검색하는 인터넷 사용자들에 한정되고 그렇지 않은 인터넷 사용자들에게 무분별하게 노출되는 것이라고 보기 어려운 점, /

【대법원 판단】 ⑥ 산후조리원을 이용한 모든 산모가 만족할 수는 없으므로 영리 목적으로 산후조리

서비스를 제공하는 피해자로서는 불만이 있는 산모들의 자유로운 의사 표명을 어느 정도 수인하여야 하는 점, /

【대법원 판단】 ⑦ 산후조리원 이용에 불편을 겪었다는 내용의 글로 피해자의 사회적 평가가 저하한 정도는 인터넷 이용자들의 자유로운 정보 및 의견 교환에 따른 이익에 비해 더 크다고 보기 어려운 점 등의 /

【대법원 판단】 제반 사정을 앞서 본 법리에 비추어 보면, /

【대법원 판단】 피고인이 적시한 사실은 산후조리원에 대한 정보를 구하고자 하는 임산부의 의사결정에 도움이 되는 정보 및 의견 제공이라는 공공의 이익에 관한 것이라고 봄이 타당하고, /

【대법원 판단】 이처럼 피고인의 주요한 동기나 목적이 공공의 이익을 위한 것이라면 /

【대법원 판단】 부수적으로 산후조리원 이용대금 환불과 같은 다른 사익적 목적이나 동기가 내포되어 있더라도 /

【대법원 판단】 그러한 사정만으로 피고인에게 비방할 목적이 있다고 보기는 어렵다.

【대법원 결론】 다. 그럼에도 원심은 그 판시와 같은 이유로 피고인에게 피해자를 비방할 목적이 있었다고 보아 이 사건 공소사실을 유죄로 판단하고 말았으니, /

【대법원 결론】 이러한 원심판단에는 정보통신망 이용촉진 및 정보보호 등에 관한 법률 제70조 제1항에서 정한 명예훼손죄의 구성요건요소인 '사람을 비방할 목적'에 관한 법리를 오해하여 판결에 영향을 미친 위법이 있다.

【대법원 결론】 이 점을 지적하는 취지의 상고이유 주장은 이유 있다. (파기 환송)

【코멘트】 인터넷이 널리 보급되면서 오프라인 외에 온라인 상의 활동이 크게 늘어나고 있다. 형법은 전통적인 오프라인의 생활관계를 주된 규율대상으로 하고 있으며, 형법 개정의 속도 또한 온라인상의 발전을 따라가지 못하고 있다. 이러한 상황에서 온라인 상의 각종 행위를 규율하는 형사특별법으로 「정보통신망 이용촉진 및 정보보호 등에 관한 법률」이 주목되고 있다.

정보통신망법은 제70조 이하에서 사이버 공간 상의 여러 가지 범죄유형을 규정하고 있다. 여기에는 본 판례에서 문제된 명예훼손을 위시하여, 개인정보침해 · 누설, 비밀침해 · 누설(후술 310면 **2005도7309** 판례 참조) 등 각종 행위가 처벌대상으로 규정되어 있다.

본 판례에서 문제된 정보통신망법 제70조의 명예훼손죄를 형법상의 명예훼손죄와 비교해 보면, 형법 제309조의 출판물에 의한 명예훼손과 같이 (가) 비방목적 명예훼손만을 처벌대상으로 규정하고 있다는 점, (나) 적시사실이 진실한 사실인가 허위사실인가를 묻지 않고 모두 반의사불벌죄로 규정되어 있다는 점이 주목된다. 한편 정보통신망법은 사이버 공간에서의 모욕죄를 별도로 규정하고 있지 않다. 따라서 인터넷상의 단순 명예훼손이나 모욕은 형법에 의하여 규율되게 된다. 다음에 소개하는 **2003도3972** 판례는 모욕죄와 관련하여 이 점을 잘 보여주고 있다.

제 4 모욕죄

2003도3972

모욕죄와 모욕 – 인정례
'엄마의 싸움' 사건

2003. 11. 28. 2003도3972, 공 2004, 84

1. 사실관계 및 사건의 경과

【사실관계 1】

① A여교사는 M시 시내의 N주차금지 구역에 ㉠자동차를 주차하면서 아이 B를 차 안에 두고 내렸다.

② P견인업체의 운전사 C는 불법주차를 단속한다고 하면서 아이 B가 타고 있는 ㉠자동차를 견인해 가버렸다.

③ A녀는 P견인업체와 책임문제로 공방을 벌였다.

④ Q방송국은 A녀의 사건을 취재하였다.

⑤ (연월일 생략) 23:47경 Q방송국은 '우리시대'라는 프로그램에서 A녀를 대상으로 하여 '엄마의 외로운 싸움'이라는 ㉡프로그램을 방영하였다.

【사실관계 2】

① 갑은 이 시각에 강릉에 있는 R호프집에서 ㉡프로그램을 시청하였다.

② 갑은 ㉡프로그램을 시청한 직후 ㉡프로그램이 A녀의 입장에서 편파적으로 방송하였다는 이유로 시청자 의견을 보내려고 마음먹었다.

③ 갑은 R호프집에 설치된 컴퓨터를 이용하여 Q방송국 홈페이지에 접속하여 ㉡프로그램 시청자 의견란에 다음과 같은 글을 작성 · 게시하였다.

④ "A선생님 대단하십니다", "학교 선생님이 불법주차에 그렇게 소중한 자식을 두고 내리시다니 …… 그렇게 소중한 자식을 범법행위의 변명의 방패로 쓰시다니 정말 대단하십니다. 한 가지 더 견인을 우려해 아이를 두고 내리신 건 아닌지 ……"

⑤ ㉡프로그램의 방송 후에 M시청 홈페이지와 Q방송국 홈페이지에는 ㉡프로그램의 방영 취지나 A녀의 주장에 찬성하는 글과 함께 갑의 글과 유사한 취지의 글이 적지 않게 게시되었다.

【사건의 경과 1】

① A녀는 갑의 글을 포함하여 10개의 글에 대해 수사기관에 진정하였다.

② A녀는 갑을 모욕죄로 고소하였다.

③ 검사는 갑을 모욕죄로 기소하였다.

④ (공소사실의 요지는 판례 본문 참조)

⑤ 제1심법원은 무죄를 선고하였다.

【사건의 경과 2】
① 검사는 불복 항소하였다.
② 항소심법원은 항소를 기각하고, 제1심판결을 유지하였다.
③ (항소심의 판단 이유는 판례 본문 참조)
④ 검사는 불복 상고하였다.

2. 공소사실의 요지

【대법원 분석】 1. 이 사건 공소사실은, /
【대법원 분석】 피고인은 2002. ○. ○○. 23:47경 강릉시 ○○동 ○○에 있는 R호프집에서, /
【대법원 분석】 같은 날 [Q] 방송 '우리시대'라는 프로그램에서 피해자(교사)를 대상으로 하여 방영한 '엄마의 외로운 싸움'을 시청한 직후 위 프로그램이 위 피해자의 입장에서 편파적으로 방송하였다는 이유로 /
【대법원 분석】 그 곳에 설치된 컴퓨터를 이용하여 [Q방송국] 홈페이지(http://www.⋯.com)에 접속하여 위 '우리시대' 프로그램 시청자 의견란에 불특정 다수인이 볼 수 있도록 /
【대법원 분석】 "A선생님 대단하십니다", "학교 선생님이 불법주차에 그렇게 소중한 자식을 두고 내리시다니 …… 그렇게 소중한 자식을 범법행위의 변명의 방패로 쓰시다니 정말 대단하십니다. 한 가지 더 견인을 우려해 아이를 두고 내리신 건 아닌지 ……"라는 글을 작성 · 게시함으로써 /
【대법원 분석】 공연히 피해자를 모욕하였다는 것이다.

3. 사안에 대한 항소심의 판단

【항소심 판단】 이에 대하여 원심은, /
【항소심 판단】 피고인이 게시판에 올린 글을 전체적인 맥락에서 파악하면, /
【항소심 판단】 '엄마의 외로운 싸움'이라는 프로그램을 시청한 후 그에 대한 느낌과 방송사 및 피해자와의 가치관이나 판단의 차이에 따른 자신의 의견을 개진하고 피해자에게 자신의 의견에 대한 반박이나 반론을 구하는 것으로, /
【항소심 판단】 그 의견의 표현에 있어 부분적으로 부적절하고 과도한 표현을 사용한 것에 불과하다 할 것이고 /
【항소심 판단】 (글의 내용은 전체적인 문맥과 맥락 속에서 파악해야 하는 것이지 그 중 문제되는 일부만을 발췌하여 그 부분만으로 판단할 것은 아니다), /
【항소심 판단】 이로써 곧 사회통념상 피해자의 사회적 평가를 저하시키는 내용의 경멸적 판단을 표시한 것으로 인정하기 어렵다는 이유로, /
【항소심 판단】 무죄를 선고한 제1심판결을 유지하였다.

4. 사안에 대한 대법원의 판단

(1) 모욕 여부에 대한 대법원의 판단

【대법원 요지】 2. 모욕죄에서 말하는 모욕이란 사실을 적시하지 아니하고 사람의 사회적 평가를 저

하시킬 만한 추상적 판단이나 경멸적 감정을 표현하는 것인바, /
【대법원 판단】 피고인이 게시한 글 중 특히, /
【대법원 판단】 "그렇게 소중한 자식을 범법행위의 변명의 방패로 쓰시다니 정말 대단하십니다."는 등의 표현은 그 게시글 전체를 두고 보더라도, 교사인 피해자에 대한 사회적 평가를 훼손할 만한 모욕적 언사라고 할 것이다.

(2) 모욕죄와 사회상규에 기한 위법성조각

【대법원 판단】 그러나 한편, 기록에 비추어 살펴보면, /
【대법원 판단】 우선, 피고인이 게시판에 글을 올리게 된 동기나 경위 및 그 배경에 관하여, /
【대법원 판단】 그 방송 프로그램을 시청한 후 그에 대한 느낌과 이를 방송한 방송사와 피해자와의 가치관이나 판단의 차이에 따른 자신의 의견을 개진하고, 피해자에게 자신의 의견에 대한 반박이나 반론을 구하는 것이라고 본 원심의 판단은 옳은 것으로 수긍이 가고, /
【대법원 판단】 나아가 그 글의 전체적인 내용도 "불법주차와 아이를 차에 두고 내린 어머니로서의 과실이라는 근본적인 원인제공을 피해자가 하였고, 그 방송된 내용은 개인적인 사정이다. 그럼에도 불구하고, 피해자는 자신의 잘못은 생각하지 않고, 견인업체 등의 잘못을 탓하며 자신의 범법행위를 변명하고 있다."는 취지로서, /
【대법원 판단】 그 전제한 객관적 사실관계는 이미 방송된 프로그램의 내용에 기초한 것이고, /
【대법원 판단】 이러한 의견 또는 판단 자체가 합당한 것인지 여부는 차치하고 전혀 터무니없는 것이라고까지 할 수 없으며, /
【대법원 판단】 그 방송 후에 M시청 홈페이지와 [Q방송국] 홈페이지에 그 프로그램의 방영 취지나 피해자의 주장에 찬성하는 글과 함께 피고인의 글과 유사한 취지의 글이 적지 않게 게시된 점/
【대법원 판단】 (피해자가 수사기관에 진정한 글만 해도 피고인의 것을 포함하여 모두 10개이다. 수사기록 9, 10쪽 참조)도 이를 뒷받침한다고 할 것이고, /
【대법원 판단】 특히, "그렇게 소중한 자식을 범법행위의 변명의 방패로 쓰시다니 정말 대단하십니다."라는 표현은 상당히 모욕적인 언사이기는 하나, /
【대법원 판단】 그 글 전체에서 차지하는 비중이 크다고는 할 수 없고, 그 글의 전체적인 내용에서 크게 벗어나 있는 표현이라고도 할 수 없다.
【대법원 판단】 이러한 여러 사정에 비추어 보면, /
【대법원 판단】 이 사건 피고인의 표현은 이미 방송된 프로그램에 나타난 기본적인 사실을 전제로 한 뒤, 그 사실관계나 이를 둘러싼 견인업체와 피해자의 책임 문제에 관한 자신의 판단과 나아가 이러한 경우에 피해자가 M시청의 홈페이지 등을 통하여 M시장의 공개사과 등을 계속 요구하고, 방송에 출연하여 그러한 내용의 주장을 펴는 것이 합당한가 하는 점에 대하여 자신의 의견을 개진하고, /
【대법원 판단】 피해자에게 자신의 의견에 대한 반박이나 반론을 구하면서, 자신의 판단과 의견의 타당함을 강조하는 과정에서, 부분적으로 그와 같은 표현을 사용한 것으로서, /
【대법원 판단】 공소사실에 기재된 행위는 사회상규에 위배되지 않는다고 봄이 상당하다.
【대법원 결론】 원심의 판단은 그 판결 이유를 이와 달리 하고 있으나, 이 사건 공소사실을 무죄로 판

단한 결론은 옳은 것으로 수긍이 간다. (상고 기각)

【비교법 조문 8】

독일 형법

제185조 (모욕) 모욕행위는 1년 이하의 자유형 또는 벌금형에 처하고, 모욕이 행동을 통한 방법으로 이루어진 경우에는 2년 이하의 자유형 또는 벌금형에 처한다.

제186조 (비방) 타인에 대한 관계에서 타인을 경멸하거나 또는 세평을 저하시키기에 적합한 사실을 주장하거나 또는 유포한 자는 이러한 사실이 증명할 만한 진실이 아닌 경우에는 1년 이하 자유형 또는 벌금형에 처하고 그 행위가 공연히 또는 문서의 반포(제11조 제3항)를 통해 이루어진 경우에는 2년 이하의 자유형 또는 벌금형에 처한다.

제187조 (중상) 타인에 대한 관계에서 확실한 인식에 반하여 타인을 경멸하거나 또는 세평을 저하시키거나 또는 그의 신용을 위해하기에 적합한 허위의 사실을 주장하거나 유포한 자는 2년 이하의 자유형 또는 벌금형에 처하고, 그 행위가 공연히, 집회에서 또는 문서의 반포(제11조 제3항)를 통해 이루어진 경우에는 5년 이하의 자유형 또는 벌금형에 처한다.

【코멘트】 독일 형법은 모욕죄를 명예에 관한 죄의 출발점으로 설정하고, 이를 토대로 비방죄와 중상죄를 가중적 구성요건으로 규정하고 있다. 비방죄와 중상죄는 우리 형법의 사실적시 명예훼손죄와 허위사실적시 명예훼손죄에 각각 상응하는 것이라고 할 수 있다.

독일 형법은 모욕죄를 규정하면서 공연성의 요건을 설정하고 있지 않다. 그리하여 독일 형법의 해석론으로는 명예훼손에 관한 죄의 공통적 보호법익을 명예감정으로 보는 견해가 제시되고 있다. 그러나 우리 입법자는 모욕죄를 명예훼손죄에 대해 보충적 지위에 있는 것으로 규정하고, 나아가 모욕죄의 경우에도 공연성의 요건을 요구하고 있다. 그리하여 우리 형법의 모욕죄는 다른 형태의 명예에 관한 죄와 마찬가지로 피해자의 사회적 평가를 보호법익으로 하고 있다는 해석론이 나오게 된다.

본 판례에서 특별히 주목되는 점은 대법원이 모욕죄의 경우에 사회상규에 기한 위법성조각사유를 인정하였다는 점이다. 근래 인터넷이 널리 보급되면서 사이버 모욕죄가 사회적으로 논란되고 있다. 이러한 상황에서 대법원은 본 판례의 사안에서 문제된 피고인의 행위가 모욕 자체에는 해당한다고 하면서도, 사회상규에 기한 위법성조각을 통하여 범죄불성립의 결론에 이르고 있다. 대법원의 입장은 명예훼손죄의 경우에 형법 제310조에 의한 위법성조각이 인정되고 있는 상황에서 그보다 경미한 모욕죄의 경우에 형법 제20조에 기하여 위법성조각사유를 인정하는 것은 문제가 없다는 태도로 보인다.

그러나 형법 제310조의 위법성조각사유는 오로지 공공의 이익을 위하여 진실한 사실을 알림으로써 올바른 여론형성에 기여한다는 긍정적 기능을 발휘하고 있다. 이에 대해 모욕죄의 경우에는 사실적시가 없으므로 올바른 여론형성에 기여한다는 측면을 처음부터 기대할 수 없다. 그럼에도 불구하고 사회상규라는 일반조항에 기초하여 위법성조각을 인정하는 것은 판례에 의한 사실상의 입법행위라고 평가할 여지도 있다. 사회상규에 의한 위법성조각사유의 지나친 확장은 법관으로 하여금 사회상규라는 일반조항으로 도피하는 상황을 야기할 수 있어서 특히 경계해야 할 부분이라고 생각된다.

제34장 신용, 업무와 경매에 관한 죄

제1 신용훼손의 죄

2009도5549

신용훼손죄와 신용 – 부정례

퀵서비스 영수증 사건

2011. 5. 13. 2009도5549, 공 2011상, 1235

1. 사실관계 및 사건의 경과

【사실관계】

① 갑은 A가 운영하는 P퀵서비스의 직원으로 일하였다.
② 갑은 A명의로 된 P퀵서비스의 영수증을 가지고 있었다. (㉠영수증)
③ 갑은 P퀵서비스를 퇴사한 후에도 ㉠영수증 용지를 가지고 있었다.
④ 갑은 스스로 Q퀵서비스라는 상호로 배달 · 운송업을 시작하였다.
⑤ Q퀵서비스 배달 기사들이 불친절하거나 배달이 지연되는 경우가 있다.
⑥ 갑은 이러한 때 손님들에게 P퀵서비스 명의로 된 ㉠영수증을 작성 · 교부하였다.
⑦ 이는 마치 불친절하고 배달을 지연시킨 사업체가 A가 운영하는 P퀵서비스인 것처럼 손님들에게 보이기 위한 것이었다.

【사건의 경과】

① 검사는 갑을 신용훼손죄로 기소하였다.
② 제1심법원은 무죄를 선고하였다.
③ 검사는 불복 항소하였다.
④ 항소심에서 검사는 업무방해죄를 예비적으로 추가하는 공소장변경신청을 하여 허가를 받았다.
⑤ 항소심법원은 다음과 같이 판단하였다.
(가) 주위적 공소사실 : 신용훼손죄 : 무죄
(나) 예비적 공소사실 : 업무방해죄 : 유죄
⑥ 검사는 무죄 부분에 불복 상고하였다.
⑦ 검사는 상고이유로, 신용훼손죄의 신용에 관한 법리오해의 위법이 있다고 주장하였다.

2. 사안에 대한 대법원의 판단

【대법원 요지】 형법 제313조에 정한 신용훼손죄에서의 '신용'은 경제적 신용, 즉 사람의 지불능력 또는 지불의사에 대한 사회적 신뢰를 의미한다.
【대법원 판단】 원심은, /
【대법원 판단】 이 사건 퀵서비스의 주된 계약내용이 신속하고 친절한 배달이라 하더라도, 그와 같은 사정만으로 /
【대법원 판단】 허위의 사실을 유포하여 손님들로 하여금 불친절하고 배달을 지연시킨 사업체가 피해자 운영의 퀵서비스 업체인 것처럼 인식하게 한 피고인의 행위가 /
【대법원 판단】 피해자의 경제적 신용, 즉 지불능력이나 지불의사에 대한 사회적 신뢰를 저해하는 행위에 해당한다고 보기는 어렵다는 이유로 /
【대법원 판단】 이 사건 주위적 공소사실이 신용훼손죄에 해당하지 아니한다고 판단하였다.
【대법원 결론】 위 법리와 기록에 비추어 살펴보면, 원심의 판단은 정당하고 거기에 상고이유 주장과 같이 형법 제313조에 정한 신용훼손죄에서의 '신용'의 의미에 관한 법리오해의 위법이 없다. (상고기각)

2006도3400

신용훼손죄와 허위사실 유포 – 부정례
연체이자 투서 사건

2006. 12. 7. 2006도3400, [공보불게재]

1. 사실관계 및 사건의 경과

【사실관계】
① [A는 P기업을 하는 사람이다.]
② B는 M은행의 N지점 지점장이다.
③ 갑은 M은행 본점 앞으로 A와 B의 관계에 관한 ㉠편지를 보냈다.
④ ㉠편지의 내용 가운데에는 다음의 부분이 들어 있었다.
⑤ "A가 대출금 이자를 연체하여 N지점 지점장 B가 3,000만 원의 연체이자를 대납하였다."
⑥ 그런데 실제로는 B가 연체이자를 대납한 사실이 없었다.
【사건의 경과】
① [A는 갑을 고소하였다.]
② 검사는 갑을 신용훼손죄로 기소하였다.
③ 갑의 피고사건은 제1심을 거친 후, 항소심에 계속되었다.
④ 항소심법원은 갑에게 허위사실 유포에 의한 신용훼손죄를 인정하였다.

⑤ 갑은 불복 상고하였다.
⑥ 갑은 상고이유로, A와 B 사이에 관한 ㉠편지의 내용 중 기본적인 사실은 진실이라고 주장하였다.

2. 신용훼손죄와 허위사실의 유포

【대법원 요지】 형법 제313조의 신용훼손죄는 허위의 사실을 유포하거나 기타 위계로써 사람의 신용을 저하시킬 염려가 있는 상태를 발생시키는 경우에 성립하는 것으로서, /
【대법원 요지】 여기서 '허위사실의 유포'라 함은 객관적으로 보아 진실과 부합하지 않는 과거 또는 현재의 사실을 불특정 또는 다수인에게 전파시키는 것을 말하고, /
【대법원 요지】 '위계'라 함은 행위자의 행위목적을 달성하기 위하여 상대방에게 오인 · 착각 또는 부지를 일으키게 하여 이를 이용하는 것을 말한다.
【대법원 요지】 그리고 신용훼손죄에 있어서의 범의는 반드시 확정적인 고의를 요하는 것은 아니고, /
【대법원 요지】 허위사실을 유포하거나 기타 위계를 사용한다는 점과 그 결과 다른 사람의 신용을 저하시킬 염려가 있는 상태가 발생한다는 점에 대한 미필적 인식으로도 족하다 할 것이다.

3. 사안에 대한 대법원의 판단

【대법원 분석】 기록에 의하면, 피고인은 M은행 본점 앞으로 '피해자 공소외 A가 대출금 이자를 연체하여 위 은행의 N지점장인 공소외 B가 3,000만 원의 연체이자를 대납하였다'는 등의 내용을 기재한 편지를 보낸 사실, /
【대법원 분석】 그러나 실제로는 공소외 B가 위 연체이자를 대납한 적이 없는 사실을 인정할 수 있고, /
【대법원 분석】 피고인은 위 내용이 허위라는 점에 대하여 미필적으로나마 인식하고 있었던 것으로 보이는바, /
【대법원 판단】 위 인정 사실에 의하면 피고인이 위 편지를 M은행 본점에 송부한 행위가 그 내용을 불특정 또는 다수인에게 전파시킨 경우에 해당한다고 보기는 어려우나, /
【대법원 판단】 그로써 M은행의 오인 또는 착각 등을 일으켜 위계로써 피해자의 신용을 훼손한 경우에는 해당한다 할 것이다. /
【대법원 판단】 또한, 위 편지의 내용 중 기본적인 사실이 진실이라 하더라도, 위와 같이 상당부분의 허위내용을 부가시킴으로써 신용훼손의 정도가 증가된 이상 신용훼손죄의 성립에 영향이 생기는 것도 아니다.
【대법원 결론】 따라서 원심이, 이 사건 공소사실을 위계에 의한 신용훼손죄로 보지 않고 허위사실 유포에 의한 신용훼손죄로 본 것은 잘못이라 할 것이지만, /
【대법원 결론】 결국 신용훼손죄를 유죄로 판단한 이상, 위와 같은 잘못이 판결 결과에 영향을 미치지는 아니하였다 할 것이고, 달리 원심판결에 상고이유로 주장하는 바와 같이 채증법칙 위배로 인한 사실오인이나 신용훼손죄에 관한 법리오해 등으로 판결 결과에 영향을 미친 위법이 있다고 볼 수 없다. (상고 기각)

제 2 업무방해의 죄

2009도4166

업무방해죄와 업무 - 부정례
공무집행방해죄와 업무방해죄의 관계
경찰민원실 소란 사건

2009. 11. 19. 2009도4166 전원합의체 판결, 공 2009하, 2123

1. 사실관계 및 사건의 경과

【사실관계】

① 갑 등은 ㉠사안에 대해 같은 이해관계의 민원인들이다.

② 갑 등은 P지방경찰청 1층 민원실에서 자신들이 진정한 사건의 처리와 관련하여 지방경찰청장의 면담 등을 요구하면서 이를 제지하는 경찰관들에게 큰소리로 욕설을 하고 행패를 부렸다.

【사건의 경과 1】

① 검사는 갑 등을 업무방해죄로 기소하였다.

② 갑 등의 피고사건은 제1심을 거친 후, 항소심에 계속되었다.

③ 항소심법원은 갑 등이 위력으로써 경찰관들의 수사관련 업무를 방해한 것이라는 이유로 유죄를 인정하였다.

④ 갑 등은 불복 상고하였다.

【사건의 경과 2】

① 대법원은 10대 3으로 견해가 나뉘었다.

② 다수의견은 위력에 의한 공무방해 행위는 업무방해죄에 해당하지 않는다고 주장하였다.

③ 소수의견은 위력에 의한 공무방해 행위는 업무방해죄에 해당한다고 주장하였다.

④ 대법원은 다수의견에 따라 종래 판례를 폐기하고, 항소심판결을 파기 환송하였다.

⑤ (이하에서는 지면 관계로 다수의견만을 소개함)

2. 업무방해죄의 성질

【대법원 분석】 1. 형법상 업무방해죄는 허위의 사실을 유포하거나 기타 위계 또는 위력으로써 사람의 업무를 방해하거나(제314조 제1항), /

【대법원 분석】 컴퓨터 등 정보처리장치 또는 전자기록 등 특수매체기록을 손괴하거나 정보처리장치에 허위의 정보 또는 부정한 명령을 입력하거나 기타 방법으로 정보처리에 장애를 발생하게 하여 사람의 업무를 방해한 때에(제314조 제2항) 성립하는 범죄이다. /

【대법원 요지】 업무방해죄의 보호법익은 업무를 통한 사람의 사회적 · 경제적 활동을 보호하려는 데 있으므로, /

【대법원 요지】 그 보호대상이 되는 '업무'라 함은 직업 또는 계속적으로 종사하는 사무나 사업을 말하고, /

【대법원 요지】 여기서 '사무' 또는 '사업'은 단순히 경제적 활동만을 의미하는 것이 아니라 널리 사람이 그 사회생활상의 지위에서 계속적으로 행하는 일체의 사회적 활동을 의미한다고 보아야 한다.

3. 공무집행방해죄의 성질

【대법원 분석】 그런데 형법은 업무방해죄와는 별도로 '공무방해에 관한 죄'(제2편 제8장)의 하나로서 폭행, 협박 또는 위계로써 공무원의 직무집행을 방해하는 행위를 공무집행방해죄로 규정하고 있다(제136조 제1항, 제137조). /

【대법원 요지】 공무집행방해죄에서의 '직무의 집행'이란 널리 공무원이 직무상 취급할 수 있는 사무를 행하는 것을 의미하는데, /

【대법원 요지】 이 죄의 보호법익이 공무원에 의하여 구체적으로 행하여지는 국가 또는 공공기관의 기능을 보호하고자 하는 데 있는 점을 감안할 때, /

【대법원 요지】 공무원의 직무집행이 적법한 경우에 한하여 공무집행방해죄가 성립하고, /

【대법원 요지】 여기에서 적법한 공무집행이라고 함은 그 행위가 공무원의 추상적 권한에 속할 뿐 아니라 구체적 직무집행에 관한 법률상 요건과 방식을 갖춘 경우를 가리키는 것으로 보아야 한다.

4. 업무방해죄와 공무집행방해죄의 관계

【대법원 분석】 이와 같이 업무방해죄와 공무집행방해죄는 그 보호법익과 보호대상이 상이할 뿐만 아니라 업무방해죄의 행위유형에 비하여 공무집행방해죄의 행위유형은 보다 제한되어 있다. /

【대법원 분석】 즉 공무집행방해죄는 폭행, 협박에 이른 경우를 구성요건으로 삼고 있을 뿐 이에 이르지 아니하는 위력 등에 의한 경우는 그 구성요건의 대상으로 삼고 있지 않다. /

【대법원 분석】 또한 형법은 공무집행방해죄 외에도 /

【대법원 분석】 직무강요죄(제136조 제2항), 법정 또는 국회회의장모욕죄(제138조), 인권옹호직무방해죄(제139조), 공무상 비밀표시무효죄(제140조), 부동산강제집행효용침해죄(제140조의2), 공용서류등 무효죄(제141조 제1항), 공용물파괴죄(제141조 제2항), 공무상 보관물무효죄(제142조) 및 특수공무방해죄(제144조) 등과 같이 /

【대법원 분석】 여러 가지 유형의 공무방해행위를 처벌하는 규정을 개별적 · 구체적으로 마련하여 두고 있으므로, /

【대법원 분석】 이러한 처벌조항 이외에 공무의 집행을 업무방해죄에 의하여 보호받도록 하여야 할 현실적 필요가 적다는 측면도 있다.

【대법원 요지】 그러므로 형법이 업무방해죄와는 별도로 공무집행방해죄를 규정하고 있는 것은 사적 업무와 공무를 구별하여 공무에 관해서는 공무원에 대한 폭행, 협박 또는 위계의 방법으로 그 집행을 방해하는 경우에 한하여 처벌하겠다는 취지라고 보아야 할 것이고, /

【대법원 요지】 따라서 공무원이 직무상 수행하는 공무를 방해하는 행위에 대해서는 업무방해죄로 의율할 수는 없다고 해석함이 상당하다.

【대법원 요지】 이와 달리 대법원 1996. 1. 26. 선고 95도1959 판결, 대법원 2003. 3. 14. 선고 2002도5883 판결 등에서 위력을 행사하여 공무원들의 정상적인 업무수행을 방해하거나 업무방해의 결과를 초래한 경우에는 업무방해죄가 성립한다고 판시한 의견은 이 판결로써 변경하기로 한다.
【대법원 결론】 2. 원심은 그 판시 증거들을 종합하여, /
【대법원 결론】 피고인들이 P지방경찰청 1층 민원실에서 자신들이 진정한 사건의 처리와 관련하여 지방경찰청장의 면담 등을 요구하면서 이를 제지하는 경찰관들에게 큰소리로 욕설을 하고 행패를 부린 행위가 경찰관들의 수사관련 업무를 방해한 것이라는 이유로 업무방해죄를 인정하였는바, /
【대법원 결론】 위에서 살펴본 법리에 비추어 볼 때 원심의 판단은 업무방해죄의 성립범위에 관한 법리를 오해한 위법이 있다. (파기 환송)

92도2929

업무방해죄와 업무 – 부정례
조경공사 방해 사건

1993. 2. 9. 92도2929, 공 1993, 1029

1. 사실관계 및 사건의 경과

【사실관계】
① A녀는 4층 건물인 P건물을 소유하면서, 1층을 임대하고 있다.
② 갑과 을은 A녀로부터 1층을 임차하여 알프스라는 레스토랑 영업을 하고 있다.
③ 갑 · 을과 A녀는 레스토랑의 임대차계약 종료문제로 민사소송이 계류하는 등 감정이 좋지 않았다.
④ A녀는 관할 구청장의 조경공사 촉구지시를 받고 야간에 P건물 앞에 조경공사를 하였다.
⑤ 갑과 을은 A녀가 자신들에게 사전양해를 구하지 않은 채 공사를 강행하는 것을 문제 삼았다.
⑥ 갑과 을은 A녀로부터 조경공사를 도급받아 공사중인 B 등 인부들의 앞을 가로막고, 작업장의 전구를 소등하는 등 A녀의 조경공사를 하지 못하게 하였다.

【사건의 경과】
① 검사는 갑과 을을 업무방해죄로 기소하였다.
② 갑과 을의 피고사건은 제1심을 거친 후, 항소심에 계속되었다.
③ 항소심법원은 유죄를 인정하였다.
④ 갑과 을은 불복 상고하였다.

2. 업무방해죄의 업무 개념

【대법원 요지】 업무방해죄의 보호대상이 되는 '업무'라 함은 직업 또는 사회생활상의 지위에 기하여 계속적으로 종사하는 사무나 사업을 말하고 /
【대법원 요지】 이러한 주된 업무와 밀접불가분의 관계에 있는 부수적인 업무도 이에 포함되나 /

【대법원 요지】 계속적이 아닌 1회적인 사무는 여기에 해당하지 않는다는 것이 당원의 견해이다.

3. 사안에 대한 대법원의 판단

【대법원 판단】 이 사건에서 원심이 인정한 범죄사실에 의하면 /
【대법원 판단】 피고인들이 방해하였다는 피해자의 조경공사업무를 피해자의 직업 또는 사회생활상의 지위에 기하여 계속적으로 종사하는 사무나 사업이라거나 /
【대법원 판단】 주된 업무인 건물임대업무와 밀접불가분의 관계에 있는 계속적인 부수적 업무라고 볼 수 없고, /
【대법원 판단】 단순한 1회적인 사무에 지나지 않는다고 할 것이다.
【대법원 결론】 그럼에도 불구하고 원심이 피고인들을 업무방해죄로 처단한 것은 업무방해죄의 보호대상이 되는 업무에 관한 법리를 오해하여 판결에 영향을 미친 위법을 저지른 것이다. (파기 환송)

2011도4763

업무방해죄와 업무 – 부정례
공무집행방해죄와 적법성 판단시점
본점식당 골든벨 사건

2013. 8. 23. 2011도4763, 공 2013하, 1734

1. 사실관계 및 사건의 경과

【사실관계 1】
① P식당은 ㉠본점과 ㉡별관이 있다.
② 갑은 친동생, A는 친누나이다.
③ B는 A의 남편이자 갑의 매형이다.
④ 갑은 ㉠본점을 운영하다가 현재 ㉡별관을 운영하고 있다.
⑤ A는 갑으로부터 ㉠본점을 양수하기로 하였다.
⑥ 갑과 A 사이에 ㉠본점 운영권의 양도·양수 합의의 존부 및 그 효력을 둘러싸고 다툼이 생겼다.
【사실관계 2】
① A는 자신이 적법한 양수인이라고 주장하면서 일방적으로 식당 업무용 계좌와 현금카드 비밀번호를 변경하였다.
② A는 갑을 배제한 채 사실상 단독으로 식당영업을 하기 시작하였다.
③ 갑은 ㉠본점에 나타나 자신이 주인이라고 하면서 항의하는 등 소란을 피웠다.
④ C는 관내 담당 경찰관이다.
⑤ C는 갑의 업무방해 혐의 신고를 받고 ㉠본점에 출동한 경험이 있다.

【사실관계 3】

① 2009. 4. 17. 19:00부터 갑은 ㉠본점에 나타났다.

② 갑은 A가 갑이 사용하고 있던 신용카드를 정지시켜 사용하지 못하게 하였고 소란을 피웠다.

③ 갑은 양은그릇 2개를 양손으로 들고 부딪치며 "이 가게는 내 가게이다, 오늘 내가 골든벨을 울릴 테니 마음껏 드시라."고 소리쳤다.

④ 갑은 컴퓨터 모니터에 표시된 손님들의 주문내역을 지우려고 하였다.

⑤ A는 갑의 소란이 계속되자 경찰에 신고하였다.

【사실관계 4】

① 2009. 4. 17. 20:00경 112신고를 받고 경찰관 C와 D가 즉시 현장에 출동하였다.

② 경찰관들이 현장에 도착하였을 때 A와 식당 종업원들이 식당 밖에 나와 손짓하고 있었다.

③ 경찰관들이 식당 안에 들어갔을 때는 갑은 식당 안쪽 자리에 앉아 손님과 식사 중이었다.

④ 경찰관 D는 A에게 누가 영업을 방해하였느냐고 물었다.

⑤ A는 갑을 지목하였다.

⑥ 경찰관 D는 갑에게 상황을 설명해 달라고 하였다.

⑦ 갑은 자신이 가게 사장인데 무슨 영업방해냐고 항의하였다.

【사실관계 5】

① 경찰관들은 A로부터 ㉠본점의 사업자등록의 명의가 A로 되어 있음을 확인하였다.

② 경찰관 D는 사업자등록증상으로는 갑이 사장이 아니라고 말하고 나가서 얘기하자고 하였다.

③ 갑은 소리를 지르고 경찰관 D 등에게 욕설을 하며 식당 계산대 쪽을 왔다갔다하면서 양은그릇 2개를 양손에 들고 서로 부딪치는 등의 소란을 피웠다.

④ 경찰관 D는 현행범으로 체포하겠다고 갑에게 고지하고 수갑을 채우려는 하였다.

⑤ 이 과정에서 갑은 경찰관 D를 도우려던 매형 B의 낭심을 오른발로 걷어찼다.

【사실관계 6】

① D와 함께 출동한 다른 경찰관 C가 갑의 팔을 등 뒤로 해서 수갑을 채운 후 갑의 양쪽 겨드랑이에 팔을 끼워 바깥으로 데리고 나가려 하였다.

② 갑은 발로 테이블을 걷어차 넘어뜨렸다.

③ 갑은 바깥에 나가서는 순찰차량 밑에 자신의 하반신을 밀어 넣고 연행되지 않으려고 저항하였다.

④ 갑은 그러던 중 자신을 차량 밑에서 끌어내려는 경찰관 C의 코 부분을 머리로 들이받고 왼쪽 어깨를 물어 상해를 가하였다.

【사건의 경과】

① 검사는 갑을 다음의 공소사실로 기소하였다.

(가) ㉠본점에서의 소란행위 : 업무방해죄

(나) 경찰관들에 대한 저항행위 : 공무집행방해죄

(다) B에 대한 가격행위 : 폭행죄

(라) C에 대한 가해행위 : 상해죄

② 제1심법원은 다음의 이유를 들어서 전부 무죄를 선고하였다.

(가) ㉠본점은 A가 운영하는 식당이 아니다.

(나) 경찰관들의 현행범체포는 적법하지 않다.

(다) 갑의 B에 대한 폭행과 C에 대한 상해는 위법한 체포에 대한 정당방위이다.

③ 검사는 불복 항소하였다.

④ 항소심법원은 항소를 기각하고, 제1심판결을 유지하였다.

⑤ 검사는 불복 상고하였다.

2. 업무방해죄 부분에 대한 판단

(1) 업무방해죄와 업무의 범위

【대법원 요지】 가. 형법상 업무방해죄의 보호대상이 되는 '업무'는 /

【대법원 요지】 직업 또는 계속적으로 종사하는 사무나 사업으로서 /

【대법원 요지】 일정 기간 사실상 평온하게 이루어져 사회적 활동의 기반이 되는 것을 의미하고, /

【대법원 요지】 그 업무의 기초가 된 계약 또는 행정행위 등이 반드시 적법하여야 하는 것은 아니지만 /

【대법원 요지】 타인의 위법한 행위에 의한 침해로부터 보호할 가치가 있는 것이어야 한다. /

【대법원 요지】 따라서 어떠한 업무의 양도 · 양수 여부를 둘러싸고 분쟁이 발생한 경우에 양수인의 업무에 대한 양도인의 업무방해죄가 인정되려면, /

【대법원 요지】 당해 업무에 관한 양도 · 양수 합의의 존재가 인정되어야 함은 물론이고, /

【대법원 요지】 더 나아가 그 합의에 따라 당해 업무가 실제로 양수인에게 양도된 후 사실상 평온하게 이루어져 양수인의 사회적 활동의 기반이 됨으로써 /

【대법원 요지】 타인, 특히 양도인의 위법한 행위에 의한 침해로부터 보호할 가치가 있는 업무라고 볼 수 있을 정도에 이르러야 한다.

(2) 공소사실의 요지

【대법원 분석】 나. 이 부분 공소사실의 요지는, /

【대법원 분석】 '피고인은 2009. 4. 17. 19:00부터 같은 날 20:00까지 서울 강남구 신사동 (지번 생략)에 있는 피해자 공소외 A 경영의 "○○○" 식당(이하 '이 사건 식당 본점'이라 한다)에서, /

【대법원 분석】 위 피해자가 피고인이 사용하고 있던 신용카드를 정지시켜 사용하지 못하게 하였다는 이유 등으로 /

【대법원 분석】 이 사건 식당 본점에 있는 양은그릇 2개를 양손으로 들고 부딪치며 "이 가게는 내 가게이다, 오늘 내가 골든벨을 울릴 테니 마음껏 드시라."고 소리치고, /

【대법원 분석】 컴퓨터 모니터에 표시된 손님들의 주문내역을 지우려고 하는 등 소란을 피워 /

【대법원 분석】 위력으로 피해자의 식당영업 업무를 방해하였다'는 것이다.

(3) 사안에 대한 대법원의 판단

【대법원 판단】 다. 원심판결 이유에 의하면, 원심은 판시와 같은 사실을 인정한 다음, /

【대법원 판단】 이 사건 식당 본점 운영권의 양도 · 양수 합의의 존부 및 그 효력을 둘러싸고 피고인

과 피해자 공소외 A 사이에 다툼이 있는 상황에서, /

【대법원 판단】 위 피해자가 적법한 양수인이라고 주장하면서 일방적으로 식당 업무용 계좌와 현금카드 비밀번호를 변경하고 피고인을 배제한 채 사실상 단독으로 식당영업을 하였다는 것만으로는 /

【대법원 판단】 이 사건 식당 본점의 영업주로서의 정상적인 업무에 종사하기 시작하였다거나 /

【대법원 판단】 그 업무가 기존 영업주인 피고인과의 관계에서 보호할 가치가 있는 정도에 이르렀다고 보기 어렵고, /

【대법원 판단】 이 사건 식당 본점의 운영권은 원래 피고인에게 있었을 뿐 그 후 피고인과 위 피해자 사이에 운영권에 관한 양도·양수의 합의가 있었다고 인정되지 않으므로 /

【대법원 판단】 위 피해자의 이 사건 식당 본점 영업이 업무방해죄의 보호대상이 되는 업무에 해당한다고 볼 수 없다고 판단하여 /

【대법원 판단】 이 부분 공소사실에 대하여 피고인에게 무죄를 선고한 제1심판결을 그대로 유지하였다.

【대법원 결론】 라. 위에서 본 법리와 기록에 비추어 살펴보면, 원심의 위와 같은 판단은 정당하고, /

【대법원 결론】 거기에 논리와 경험의 법칙에 반하여 자유심증주의의 한계를 벗어나거나 업무방해죄의 업무에 관한 법리를 오해한 잘못이 없다.

3. 공무집행방해죄, 상해죄, 폭행죄 부분에 대한 판단

(1) 공무집행의 적법성 판단시점

【대법원 요지】 가. 공무집행방해죄는 공무원의 적법한 공무집행이 전제로 되는바, /

【대법원 요지】 추상적인 권한에 속하는 공무원의 어떠한 공무집행이 적법한지 여부는 /

【대법원 요지】 행위 당시의 구체적 상황에 기하여 객관적·합리적으로 판단하여야 하고 /

【대법원 요지】 사후적으로 순수한 객관적 기준에서 판단할 것은 아니다. /

【대법원 요지】 마찬가지로 현행범 체포의 적법성은 /

【대법원 요지】 체포 당시의 구체적 상황을 기초로 객관적으로 판단하여야 하고, /

【대법원 요지】 사후에 범인으로 인정되었는지에 의할 것은 아니다.

(2) 공소사실의 요지

【대법원 분석】 나. 이 부분 공소사실의 요지는, /

【대법원 분석】 '피고인은 2009. 4. 17. 20:00경 이 사건 식당 본점에서 /

【대법원 분석】 112신고를 받고 출동한 경찰관들을 도와 피고인을 제지하려던 매형 피해자 공소외 B의 가슴, 낭심 등을 오른발로 1회 걷어차 피해자를 폭행하고, /

【대법원 분석】 같은 날 20:00경 이 사건 식당 본점 앞 도로에서, /

【대법원 분석】 112신고를 받고 출동한 강남경찰서 청담지구대 소속 경사 공소외 C가 피고인을 현행범인으로 체포하여 순찰차에 태워 동행하려고 하자 /

【대법원 분석】 순찰차 밑으로 하반신을 넣은 채 저항하다가 /

【대법원 분석】 피고인을 일으켜 세우려는 위 공소외 C의 얼굴을 머리로 1회 들이받고 위 공소외 C의 왼쪽 어깨를 물어 위 공소외 C에게 상해를 가하여, /

【대법원 분석】 경찰관의 현행범인 체포에 관한 정당한 직무집행을 방해함과 동시에 /
【대법원 분석】 피해자 공소외 C에게 상해를 가하였다'는 것이다.

(3) 사안에 대한 항소심의 판단

【항소심 분석】 다. 원심판결 이유에 의하면, 원심은, /
【항소심 분석】 ① 경찰관이 출동하였을 무렵에는 피고인은 식당 안쪽 자리에 앉아 손님과 식사 중이었고 /
【항소심 분석】 출동한 경찰관들은 피해자 공소외 A의 말을 듣고 피고인에게 업무방해 혐의로 동행할 것을 요구하였으나 피고인이 동행을 거부하자 /
【항소심 분석】 위 피해자로부터 사업자등록의 명의가 공소외 A로 되어 있음을 확인하고 다시 피고인에게 동행을 요구하였으나 피고인이 이를 거부하자 피고인을 현행범으로 체포하려고 했던 점, /
【항소심 분석】 ② 담당 경찰관으로서 이 사건 전에도 피고인의 업무방해 혐의 신고를 받고 이 사건 식당 본점에 출동한 경험이 있던 피해자 공소외 C와, /
【항소심 분석】 위 공소외 A의 남편이자 피고인의 매형인 피해자 공소외 B 모두, /
【항소심 분석】 피고인이 위 공소외 A의 친동생이고 원래는 이 사건 식당 본점을 운영하다가 현재 별관을 운영하고 있으며 /
【항소심 분석】 피고인과 위 공소외 A가 본점 운영권을 놓고 분쟁 중인 상황임을 알고 있었던 것으로 보이는 점, /
【항소심 분석】 ③ 피고인의 행위가 실제로도 업무방해죄를 구성하지 않는 점 등을 고려하면 /
【항소심 판단】 피해자 공소외 C, B의 입장에서 피고인이 시간적, 장소적으로 방금 업무방해라는 범죄를 실행한 범인이라는 점에 관하여 죄증이 명백히 존재하였다고 보기 어려워 /
【항소심 판단】 형사소송법 제211조의 현행범인으로서의 요건을 갖추지 못한 상황이었고, /
【항소심 판단】 이러한 상황에서 경찰관이 동행을 거부하는 피고인을 체포하려고 한 것은 적법한 공무집행이라고 볼 수 없으므로, /
【항소심 판단】 피고인이 그 체포를 면하려고 저항하는 과정에서 피해자 공소외 C에게 가한 상해와 피해자 공소외 B에게 가한 폭행은 /
【항소심 판단】 모두 불법 체포로 인한 신체에 대한 현재의 부당한 침해에서 벗어나기 위한 행위로서 정당방위에 해당하여 위법성이 조각된다고 판단하였다.

(4) 사안에 대한 대법원의 분석

【대법원 판단】 라. 그러나 원심의 위와 같은 판단은 다음과 같은 이유로 수긍할 수 없다.
【대법원 분석】 원심이 채택한 증거에 의하면, /
【대법원 분석】 ① 경찰관인 공소외 D는 피고인이 이 사건 식당 본점에서 소란을 피우고 있다는 신고를 받은 즉시 현장에 출동하였고, /
【대법원 분석】 현장에 도착하였을 때 피해자 공소외 A와 식당 종업원들이 식당 밖에 나와 손짓하고 있었으며, /
【대법원 분석】 식당 안에 들어갔을 때는 피고인이 소란행위를 일시 중단한 채 자리에 앉아 있어 /

【대법원 분석】 위 공소외 A에게 누가 영업을 방해하였느냐고 묻자 위 공소외 A가 피고인을 지목한 사실, /

【대법원 분석】 ② 이에 위 공소외 D는 피고인에게 상황을 설명해 달라고 하였고, /

【대법원 분석】 피고인은 자신이 가게 사장인데 무슨 영업방해냐고 항의하였으며, /

【대법원 분석】 위 공소외 D가 사업자등록증상으로는 피고인이 사장이 아니라고 말하고 나가서 얘기하자고 하였으나, /

【대법원 분석】 피고인은 소리를 지르고 위 공소외 D 등에게 욕설을 하며 식당 계산대 쪽을 왔다갔다 하면서 양은그릇 2개를 양손에 들고 서로 부딪치는 등의 소란을 피운 사실, /

【대법원 분석】 ③ 그러자 위 공소외 D가 현행범으로 체포하겠다고 피고인에게 고지하고 수갑을 채우려는 과정에서 피고인이 위 공소외 D를 도우려던 피해자 공소외 B의 낭심을 오른발로 걷어차는 등 폭행하였고, /

【대법원 분석】 위 공소외 D와 함께 출동한 다른 경찰관이 피고인의 팔을 등 뒤로 해서 수갑을 채운 후 피고인의 양쪽 겨드랑이에 팔을 끼워 바깥으로 데리고 나가려 하자 피고인이 발로 테이블을 걷어차 넘어뜨렸으며, /

【대법원 분석】 바깥에 나가서는 순찰차량 밑에 자신의 하반신을 밀어 넣고 연행되지 않으려고 저항하였고, /

【대법원 분석】 그러던 중 피고인을 차량 밑에서 끌어내려는 피해자 공소외 C 경사의 코 부분을 머리로 들이받고 왼쪽 어깨를 물어 상해를 가한 사실을 알 수 있다.

(5) 사안에 대한 대법원의 판단

【대법원 판단】 이러한 사실들을 위에서 본 법리에 비추어 보면, /

【대법원 판단】 비록 피고인이 식당 안에서 소리를 지르거나 양은그릇을 부딪치는 등의 소란행위가 업무방해죄의 구성요건에 해당하지 않아 사후적으로 무죄로 판단된다고 하더라도, /

【대법원 판단】 피고인이 상황을 설명해 달라거나 밖에서 얘기하자는 경찰관의 요구를 거부하고 경찰관 앞에서 소리를 지르고 양은그릇을 두드리면서 소란을 피운 당시 상황에서는 /

【대법원 판단】 객관적으로 보아 피고인이 업무방해죄의 현행범이라고 인정할 만한 충분한 이유가 있으므로, /

【대법원 판단】 경찰관들이 피고인을 체포하려고 한 행위는 적법한 공무집행이라고 보아야 하고, /

【대법원 판단】 그 과정에서 피고인이 체포에 저항하며 피해자들을 폭행하거나 상해를 가한 것은 공무집행방해죄 등을 구성한다고 할 것이다. /

【대법원 판단】 그럼에도 원심이 이와 달리 판단한 것은 현행범 체포와 공무집행방해 및 정당방위에 관한 법리를 오해하여 판단을 그르친 것이다.

【대법원 결론】 3. 그러므로 원심판결 중 폭행, 공무집행방해, 상해죄에 관한 부분을 파기하고, 이 부분 사건을 다시 심리 · 판단하게 하기 위하여 원심법원에 환송하며, /

【대법원 결론】 검사의 나머지 상고는 기각하기로 하여, 관여 대법관의 일치된 의견으로 주문과 같이 판결한다.

2013도3829

업무방해죄와 업무 – 부정례
교실내 학부모 욕설 사건

2013. 6. 14. 2013도3829, 공 2013하, 1286

1. 사실관계 및 사건의 경과

【사실관계 1】

① [갑은 폭력전과가 있다.]
② [갑에 대해 여러 건의 형사사건이 문제되었다.]
③ [아래의 사건은 그 가운데 일부이다.]
④ 아동 K는 M초등학교에 다닌다.
⑤ K는 갑의 자녀이다.

【사실관계 2】

① 2011. 5. 16. 08:15경 갑은 M초등학교 1학년 1반 교실로 갔다.
② A는 1학년 1반 학급 담임이다.
③ 갑은 A에게 "K에게 어떻게 했어, K 머리채를 잡고 흔들었어"라고 소리를 질렀다.
④ A는 교실에 있던 학급 학생들에게 "애들아 너희들 선생님이 K 혼낸 적 있니"라고 물었다.
⑤ 학급 학생들은 "아니요"라고 대답을 하였다.
⑥ 갑은 A에게 "병신 같은 년, 양아치 같은 년"이라고 B 등 학생들이 지켜보는 가운데 욕설을 하였다.
⑦ 갑의 행동으로 1학년 1반 교실은 수업을 할 수 없었다. (㉠행위)

【사실관계 3】

① 2011. 6. 30. 08:17 갑은 M초등학교 1학년 2반 교실로 갔다.
② B는 1학년 2반 학급 담임이다.
③ 갑은 수업 준비 중이던 1학년 2반 학생들에게 아무런 이유 없이 "야 이 새끼들아 내 이름을 왜 불러" 라고 소리를 질렀다.
④ 갑은 1학년 2반 학급 담임 B에게도 (내용 생략) 욕설을 하였다.
⑤ 갑의 행위로 1학년 2반 교실은 수업을 할 수 없었다. (㉡행위)
⑥ 2011. 8. 30. 08:30 갑은 M초등학교 1학년 1반 교실에서 (내용 생략) 욕설을 하였다.
⑦ 갑의 행위로 1학년 1반 교실은 수업을 할 수 없었다. (㉢행위)

【사건의 경과】

① 검사는 ㉠, ㉡, ㉢행위에 대해 갑을 업무방해죄로 기소하였다.
② 갑의 피고사건은 제1심을 거친 후, 항소심에 계속되었다.
③ 항소심법원은 유죄를 인정하였다.
④ (항소심의 판단 이유는 판례 본문 참조)

⑤ 갑은 불복 상고하였다.
⑥ 갑은 상고이유로, 양형부당을 주장하였다.
⑦ 대법원은 직권으로 판단하였다.

2. 사안에 대한 항소심의 판단

【항소심 판단】 가. 원심은 그 채택 증거들을 종합하여 /
【항소심 판단】 피고인이 M초등학교 1학년 1반 교실 및 1학년 2반 교실 안에서 교사인 공소외 A, 공소외 B에게 욕설을 하거나 피해자인 학생들에게 욕설을 하여 수업을 할 수 없게 한 사실을 인정한 다음, /
【항소심 판단】 형법상 업무방해죄의 보호대상이 되는 '업무'에는 학생들이 수업을 듣는 것도 포함됨을 전제로 /
【항소심 판단】 피고인의 위와 같은 행위로 학생들의 수업 업무가 방해되었다고 판단하여, 피고인에게 업무방해죄의 성립을 인정하였다.

3. 사안에 대한 대법원의 판단

【대법원 요지】 나. 그러나 형법상 업무방해죄의 보호대상이 되는 '업무'라 함은 /
【대법원 요지】 직업 기타 사회생활상의 지위에 기하여 계속적으로 종사하는 사무 또는 사업을 말하는 것인데, /
【대법원 요지】 초등학생들이 학교에 등교하여 교실에서 수업을 듣는 것은 /
【대법원 요지】 헌법 제31조가 정하고 있는 무상으로 초등교육을 받을 권리 및 /
【대법원 요지】 초·중등교육법 제12, 13조가 정하고 있는 국가의 의무교육 실시의무와 부모들의 취학의무 등에 기하여 /
【대법원 요지】 학생들 본인의 권리를 행사하는 것이거나 /
【대법원 요지】 국가 내지 부모들의 의무를 이행하는 것에 불과할 뿐 /
【대법원 요지】 그것이 '직업 기타 사회생활상의 지위에 기하여 계속적으로 종사하는 사무 또는 사업'에 해당한다고 할 수 없으므로, /
【대법원 판단】 피고인이 원심 판시와 같은 행위를 하였다고 하더라도 /
【대법원 판단】 학생들의 권리행사나 국가 내지 부모들의 의무이행을 방해한 것에 해당하는지 여부는 별론으로 하고 /
【대법원 판단】 학생들의 업무를 방해하였다고 볼 수는 없다.
【대법원 결론】 다. 그럼에도 불구하고, 원심은 이와 달리 학생들이 수업을 듣는 것이 업무방해죄에서 말하는 업무에 해당한다고 단정한 다음 피고인에 대한 이 부분 공소사실을 유죄로 인정하였으니, /
【대법원 결론】 이러한 원심판결에는 업무방해죄에서의 업무에 관한 법리를 오해하여 판결에 영향을 미친 위법이 있다. (파기 환송)

2011도7081

업무방해죄와 업무 – 부정례

병풍 치기 사건

2011. 10. 13. 2011도7081, 공 2011하, 2402

1. 사실관계 및 사건의 경과

【사실관계】

① 2005. 4.경부터 A는 3년간 수원역 인근 사창가 골목에서 윤락녀를 고용하여 P성매매업소를 운영해 왔다.

② 갑은 수원역 일대 사창가를 주 무대로 활동하는 폭력조직 '수원역전파'의 행동대장이다.

③ 2005. 5. 25. 19:00경 갑은 B 등 조직원 10여명과 함께 P성매매업소 문 앞에 일렬로 서서 일명 병풍을 치며 손님이 들어오지 못하게 하였다.

④ 갑은 이렇게 하여 A에게 짝퉁 명품가방을 강매하였다.

【사건의 경과】

① 검사는 갑을 업무방해죄와 폭처법위반죄(공동공갈)로 기소하였다.

② (폭처법위반죄 부분은 고찰에서 제외함)

③ 제1심법원은 유죄를 인정하였다.

④ 갑은 불복 항소하였다.

⑤ 항소심법원은 항소를 기각하고, 제1심판결을 유지하였다.

⑥ 갑은 불복 상고하였다.

2. 업무방해죄의 보호대상

【대법원 요지】 형법상 업무방해죄의 보호대상이 되는 '업무'라 함은 직업 또는 계속적으로 종사하는 사무나 사업으로서 타인의 위법한 침해로부터 형법상 보호할 가치가 있는 것이어야 하므로, /

【대법원 요지】 어떤 사무나 활동 자체가 위법의 정도가 중하여 사회생활상 도저히 용인될 수 없는 정도로 반사회성을 띠는 경우에는 업무방해죄의 보호대상이 되는 '업무'에 해당한다고 볼 수 없다.

【대법원 분석】 한편 구 성매매알선 등 행위의 처벌에 관한 법률(2010. 4. 15. 법률 제10261호로 개정되기 전의 것, 이하 '법'이라 한다)은 제2조 제1항 제2호에서 /

【대법원 분석】 성매매알선 등 행위에 해당하는 행위로 '성매매를 알선·권유·유인 또는 강요하는 행위', '성매매의 장소를 제공하는 행위' 등을 규정하고, /

【대법원 분석】 그 제4조 제2호 및 제4호에서는 성매매알선행위와 성을 파는 행위를 하게 할 목적으로 타인을 고용·모집하는 행위를 금지하고, /

【대법원 분석】 이에 위반하여 성매매알선 등 행위를 한 자 및 그 미수범을 형사처벌하도록 규정하고 있으므로(법 제19조 제1항 제1호, 제19조 제2항 1호, 제23조 등 참조), /

【대법원 요지】 성매매알선 등 행위는 법에 의하여 원천적으로 금지된 행위로서 형사처벌의 대상이 되는 중대한 범죄행위일 뿐 아니라 정의관념상 용인될 수 없는 정도로 반사회성을 띠는 경우에 해당하므로 이는 업무방해죄의 보호대상이 되는 업무라고 볼 수 없다.

3. 사안에 대한 대법원의 판단

【대법원 판단】 이러한 법리를 기록에 비추어 살펴보면, /
【대법원 판단】 피해자 공소외 A는 2005. 4.경부터 3년간 수원역 인근 사창가 골목에서 윤락녀를 고용하여 성매매업소를 운영하여 온 사실 등을 알 수 있고, /
【대법원 판단】 위 성매매업소 운영에는 성매매를 알선·권유하거나 성매매장소를 제공하는 행위 등이 필연적으로 수반되는 것이어서 그 업소의 운영자는 법 제19조 제1항 제1호의 성매매알선 등 행위를 한 자 또는 법 제19조 제2항 제1호의 영업으로 성매매알선 등 행위를 한 자에 해당하므로, /
【대법원 판단】 이 부분 공소사실에 적시된 위 피해자의 성매매업소 운영업무는 업무방해죄의 보호대상이 되는 업무라고 볼 수 없다.
【대법원 결론】 그럼에도 원심이 이와 달리 위 피고인에 대한 업무방해의 공소사실을 유죄로 인정한 것은 업무방해죄의 보호대상이 되는 업무에 관한 법리를 오해함으로써 판결에 영향을 미친 위법이 있고, 이 점을 지적하는 상고이유는 이유 있다. (파기 환송)

2008도6728

명예훼손죄와 사실적시 - 부정례
업무방해죄와 허위사실 유포 - 부정례
소주 불매 권유 사건

2008. 11. 27. 2008도6728, [공보불게재]

☞ 216면

2003도5004

업무방해죄와 위계 - 부정례
음악학원 전대 사건

2005. 3. 25. 2003도5004, 공 2005, 698

1. 사실관계 및 사건의 경과

【사실관계 1】
① 1999. 9. 6. 갑은 인천광역시로부터 P건물을 임차하였다.

② 갑과 인천광역시와의 임대차계약에 따르면 전대(轉貸)행위는 금지된다.
③ 갑은 P건물의 2층에서 Q음악학원을 운영하였다.
④ 갑은 A에게 P건물의 1층과 지층을 전대하였다.
⑤ 갑은 인천광역시와의 전대금지 약정 때문에 A와 동업하는 것처럼 계약을 하였다.
⑥ 갑은 A로 하여금 1층과 지층에서 R미술학원을 운영하도록 하였다.
⑦ 1999. 9. 6.자로 Q음악학원은 갑 명의로 등록되었다.
⑧ 1999. 9. 16.자로 R미술학원도 갑 명의로 등록되었다.

【사실관계 2】

① R미술학원은 이후 A로부터 B로, 다시 B로부터 C로 양도 · 양수되었다.
② C는 갑과 사이에 동업계약서를 작성하였다.
③ 그러나 계약의 실질은 역시 전대계약이었다.
④ 갑과 C 사이에 P건물의 지하실 사용 문제와 관련하여 분쟁이 발생하였다.
⑤ 갑은 일방적으로 자신의 요구사항을 주장하였다.
⑥ 2001. 9. 26. 갑은 C가 자신의 통제를 받지 않는다면서 C에게 인천광역시 교육청에 R미술학원에 대한 폐원신고를 하겠다는 취지를 내용증명우편으로 보냈다.
⑦ 2001. 9. 28. 갑은 임의로 인천광역시 교육청에 R미술학원에 대한 폐원신고를 하였다.
⑧ 결국 C는 미술학원 영업을 할 수 없게 되었다.

【사건의 경과】

① 검사는 갑을 업무방해죄로 기소하였다.
② 갑의 피고사건은 제1심을 거친 후, 항소심에 계속되었다.
③ 항소심법원은 갑이 위계로써 C의 학원운영업무를 방해한 사실을 인정할 수 있다고 판단하여 유죄를 인정하였다.
④ 갑은 불복 상고하였다.

2. 사안에 대한 항소심의 판단

【항소심 판단】 1. 원심은, 그 채용증거들을 종합하여, /
【항소심 판단】 피고인이 2001. 1.경 인천광역시(원심판결의 '국가'는 착오로 보인다.)로부터 임차한 이 사건 건물의 2층에서 피고인은 음악학원을 운영하고, 피해자는 1층에서 미술학원을 운영하되, /
【항소심 판단】 이 사건 건물의 전대가 금지되어 있었기 때문에 피해자가 운영하는 미술학원의 등록명의도 피고인으로 하기로 약정한 후, 각자 학원을 운영하여 오던 중, /
【항소심 판단】 2001. 9. 29.경 피해자의 승낙을 받지 아니하고 인천동부교육청에 피해자 운영의 미술학원에 대한 폐원신고를 하여 위계로써 피해자의 학원운영업무를 방해한 사실을 인정할 수 있다고 하여, /
【항소심 판단】 이 사건 업무방해의 공소사실을 유죄로 판단하였다.

3. 위계와 위력의 구별

【대법원 요지】 2. 형법 제314조 제1항의 업무방해죄는 위계 또는 위력으로서 사람의 업무를 방해한

경우에 성립하는 것이고, /

【대법원 요지】 여기서의 '위계'라 함은 행위자의 행위목적을 달성하기 위하여 상대방에게 오인·착각 또는 부지를 일으키게 하여 이를 이용하는 것을 말하고, /

【대법원 요지】 '위력'이라 함은 사람의 자유의사를 제압·혼란케 할 만한 일체의 세력으로, 유형적이든 무형적이든 묻지 아니하므로 /

【대법원 요지】 폭행·협박은 물론, 사회적, 경제적, 정치적 지위와 권세에 의한 압박 등도 이에 포함되는 것이다.

4. 사안에 대한 대법원의 판단

【대법원 분석】 기록에 의하면, 피고인은 1999. 9. 6. 인천광역시로부터 이 사건 건물을 임차하여 건물의 2층에서 음악학원을 운영하면서 /

【대법원 분석】 A에게 이 사건 건물의 1층과 지층을 실제로는 전대를 하면서도 인천광역시와의 전대금지 약정 때문에 A와 동업하는 것처럼 계약을 한 후 A로 하여금 그 곳에서 미술학원을 운영하도록 하여 음악학원은 1999. 9. 6.자로, 미술학원은 1999. 9. 16.자로, 각각 피고인 명의로 등록이 마쳐진 사실, /

【대법원 분석】 피해자는 2001. 1.경 A로부터 위 미술학원을 양수한 B에게서 이를 다시 양수하면서 앞서 본 바와 같이 형식적으로는 피고인과 사이에 동업계약서를 작성하였으나 그 실질은 역시 전대계약을 맺었던 사실, /

【대법원 분석】 피고인은 피해자와 사이에 지하실의 사용 문제와 관련하여 분쟁이 발생하자 일방적으로 자신의 요구사항을 주장하다가 /

【대법원 분석】 2001. 9. 26. 피해자가 자신의 통제를 받지 않는다면서 피해자에게 인천광역시 교육청에 미술학원에 대한 폐원신고를 하겠다는 취지를 내용증명우편으로 보낸 뒤 같은 달 28. 임의로 폐원신고를 하여 결국 피해자가 미술학원 영업을 할 수 없게 한 사실을 인정할 수 있다.

【대법원 판단】 위 인정 사실에 의하면, 피고인이 피해자의 승낙을 받지 아니하고 미술학원에 대한 폐원신고를 하였다고 하더라도 피해자에게 사전에 통고를 한 뒤 폐원신고를 한 이상 피해자에게 오인·착각 또는 부지를 일으켜 이를 이용하여 피해자의 업무를 방해한 것으로 보기는 어렵고, /

【대법원 판단】 오히려 피해자가 운영하고 있는 학원이 자신의 명의로 등록되어 있는 지위를 이용하여 임의로 폐원신고를 함으로써 피해자의 업무를 위력으로써 방해하였다고 봄이 상당하다고 할 것이다.

【대법원 결론】 따라서 원심이, 이 사건 공소사실을 위력에 의한 업무방해죄로 보지 않고 위계에 의한 업무방해죄로 본 것은 잘못이라 할 것이지만, /

【대법원 결론】 결국 업무방해죄를 유죄로 판단한 이상, 위와 같은 잘못은 판결 결과에 영향을 미치지는 아니한다고 할 것이므로, 거기에 상고이유로 주장하는 바와 같은 긴급피난, 업무방해죄의 성립에 관한 법리오해 등의 위법이 있다고 할 수 없다. (상고 기각)

2007도9924

횡령죄와 타인 소유 - 부정례
업무방해죄와 위력 - 인정례
익명조합 주장 사건

2009. 4. 23. 2007도9924, [공보불게재]

☞ 557면

2008도4228

업무방해죄와 위계 - 인정례
상품권 발행업체 지정 사건

2010. 3. 25. 2008도4228, [공보불게재]

1. 사실관계 및 사건의 경과

【사실관계 1】

① P회사는 H게임산업개발원에 경품용 상품권 발행업체 지정을 신청하였다.
② H게임산업개발원은 P회사의 가맹점 일부가 확인되지 않는다는 등의 이유로 부적격판정을 내렸다.
③ P회사의 임직원 갑과 을은 상품권 발행업체로 지정되기 위한 업무를 A, B 및 Q회사의 직원들에게 대행하게 하였다.
④ A, B 및 Q회사의 직원들과 P회사의 직원들은 함께 P회사의 가맹점 보유실적을 허위로 만들었다.
⑤ 갑은 A, B 등의 작업내용을 알고 있었다.
⑥ 갑과 을은 A, B 등이 만든 관련 서류들을 보완하여 상품권 발행업체 지정을 재신청하였다.

【사실관계 2】

① 갑과 을의 신청에 대해 H게임산업개발원의 업무담당자 C는 관계 규정이 정한 바에 따라 상품권 발행업체로 지정되기 위한 요건을 다음과 같이 심사하였다.
  (가) 가맹점 내역에 관한 공인회계사 명의의 확인서를 받았다.
  (나) 가맹점에 가맹점계약의 체결 여부를 확인하였다.
  (다) 공인회계사 등 전문적인 지식을 갖춘 자들을 실사위원으로 지정하여 현장실사하게 하였다.
② C는 위와 같이 심사하였으나 갑과 을의 신청사유 및 소명자료가 허위임을 발견하지 못하였다.
③ C는 갑과 을의 신청을 받아들여 P회사를 경품용 상품권 발행업체로 지정하였다.

【사건의 경과】

① 검사는 갑과 을을 업무방해죄로 기소하였다.
② 갑과 을의 피고사건은 제1심을 거친 후, 항소심에 계속되었다.

③ 항소심법원은 유죄를 인정하였다.
④ 갑과 을은 불복 상고하였다.
⑤ 갑과 을은 상고이유로 다음의 점을 주장하였다.
(가) 허위의 가맹점 내역서류는 피고인들이 아닌 대행업자 A와 B가 작성한 것일 뿐이다.
(나) 갑과 을은 특별히 위계를 사용한 일이 없다.
(다) P회사가 상품권 발행업체로 지정된 것은 H게임산업개발원의 업무담당자 C의 불충분한 심사에 의한 것일 뿐이다.

2. 자격심사와 업무방해죄의 관계

【대법원 요지】 업무방해죄의 성립에 있어서는 업무방해의 결과가 실제로 발생함을 요하지 아니하며 업무방해의 결과를 초래할 위험이 발생하면 족하다. /

【대법원 요지】 한편, 상대방으로부터 신청을 받아 상대방이 일정한 자격요건 등을 갖춘 경우에 한하여 그에 대한 수용 여부를 결정하는 업무에 있어서는 신청서에 기재된 사유가 사실과 부합하지 않을 수 있음을 전제로 그 자격요건 등을 심사·판단하는 것이므로, /

【대법원 요지】 그 업무담당자가 사실을 충분히 확인하지 아니한 채 신청인이 제출한 허위의 신청사유나 허위의 소명자료를 가볍게 믿고 이를 수용하였다면 이는 업무담당자의 불충분한 심사에 기인한 것으로서 /

【대법원 요지】 신청인의 위계가 업무방해의 위험성을 발생시켰다고 할 수 없어 위계에 의한 업무방해죄를 구성하지 않는다고 할 것이지만, /

【대법원 요지】 신청인이 업무담당자에게 허위의 주장을 하면서 이에 부합하는 허위의 소명자료를 첨부하여 제출한 경우 /

【대법원 요지】 그 수리 여부를 결정하는 업무담당자가 관계 규정이 정한 바에 따라 그 요건의 존부에 관하여 나름대로 충분히 심사를 하였으나 신청사유 및 소명자료가 허위임을 발견하지 못하여 그 신청을 수리하게 될 정도에 이르렀다면 /

【대법원 요지】 이는 업무담당자의 불충분한 심사가 아니라 신청인의 위계행위에 의하여 업무방해의 위험성이 발생된 것이어서 이에 대하여 위계에 의한 업무방해죄가 성립된다.

3. 사안에 대한 대법원의 판단

【대법원 분석】 원심판결 이유에 의하면 원심은, 판시와 같은 사실을 인정한 다음, /

【대법원 분석】 경품용 상품권 발행업체 지정 여부를 결정하는 H게임산업개발원의 업무담당자는 관계 규정이 정한 바에 따라 가맹점 내역에 관한 공인회계사 명의의 확인서를 받았고, /

【대법원 분석】 가맹점에 가맹점계약의 체결 여부를 확인하였으며, /

【대법원 분석】 공인회계사 등 전문적인 지식을 갖춘 자들을 실사위원으로 지정하여 현장실사하게 하는 등의 방법으로 그 요건의 존부에 관하여 나름대로 충분히 심사를 하였으나, /

【대법원 분석】 신청사유 및 소명자료가 허위임을 발견하지 못하고 결국 그 신청을 받아들여 공소외 P주식회사를 경품용 상품권 발행업체로 지정하게 된 것이므로, /

【대법원 판단】 이는 H게임산업개발원 업무담당자의 불충분한 심사가 아니라 피고인들의 위계행위에 의하여 H게임산업개발원의 경품용 상품권 발행업체 지정업무가 방해될 위험성이 발생되었다고 할 것이고, /

【대법원 판단】 또한 판시 사정에 비추어 볼 때, 피고인들은 피고인들이 상품권 발행업체로 지정되기 위한 업무를 대행시킨 공소외 A, B 및 공소외 Q주식회사의 직원들이 공소외 P주식회사의 직원들과 함께 공소외 P주식회사의 가맹점보유실적을 허위로 만드는 방법으로 상품권 발행업체로 지정되기 위한 조건을 충족시키는 작업을 하였음을 알고 있었다고 봄이 상당하다고 판단하여, /

【대법원 판단】 이 부분 공소사실을 유죄로 인정하였는바, /

【대법원 판단】 원심이 사실인정한 바와 같이 H게임산업개발원이 가맹점 일부가 확인되지 않는 등의 이유로 부적격판정을 내리자 피고인들이 이를 보완하여 재신청하였고 그 과정에서 나름대로 충분한 심사가 이루어졌다면, /

【대법원 결론】 이러한 원심의 판단은 위 법리와 사실심 법관의 합리적인 자유심증에 따른 것으로 수긍이 되고, 거기에 상고이유로 주장하는 법리오해 등의 위법이 없다. (상고 기각)

2010도14696

위계공무집행방해죄와 위계 – 인정례
중국 호구부 변경 사건

2011. 4. 28. 2010도14696, 공 2011상, 1215

☞ 1115면

2010도410

소비자불매운동과 업무방해죄의 관계
광고중단 항의전화 사건

2013. 3. 14. 2010도410, 공 2013상, 677

1. 사실관계 및 사건의 경과

【사실관계 1】

① 2008. 5.경 미국산 쇠고기 수입 반대를 위한 촛불집회가 잇따라 개최되었다.

② 인터넷에서는 미국산 쇠고기 수입 및 정부에 대한 반대 운동이 활발하게 전개되기 시작하였다.

③ 일부 네티즌들은 P, Q, R 3개 신문사가 미국산 쇠고기 수입확대 조치에 대한 현 정부의 입장을 옹호하는 보도만을 한다고 판단하였다.

④ 2008. 5. 17.경부터 네티즌들은 인터넷에 다음 주장의 글들을 게시하였다.
⑤ "P, Q, R을 폐간시켜야 하며, 이를 위해서는 P, Q, R에 광고를 의뢰하는 광고주들에 대한 불매운동을 조직하여 압박함으로써 P, Q, R의 광고수입을 봉쇄해야 한다."

【사실관계 2】

① 갑은 이러한 주장을 계속하기 위하여 M인터넷 포털사이트에 N카페를 개설하였다.
② 2008. 6. 25. 기준으로 N카페의 회원은 3만 4,000여 명이 되었다.
③ 2008. 8. 17. 기준으로 N카페는 5만 4,000여 명에 이르는 대규모 카페로 성장하였다.
④ 갑은 N카페에 매일 3개 신문사 광고주 명단을 작성하여 게시하고, 항의방법 등에 관한 요령을 알렸다.

【사실관계 3】

① 이에 따라 실제로 광고주가 3개 신문에 광고를 한 날은 광고를 중단하라는 항의전화가 폭주하여 광고주의 정상적인 영업이 불가능하였다.
② 특히 사업규모가 크지 않거나 여행사나 통신판매업체 등 상담 · 주문 전화를 받아 영업을 하는 광고주들은 항의전화로 인해 당장의 영업에 지장을 받거나 상담 · 주문전화를 받지 못하여 당장의 매출이 감소하는 등의 타격을 입었다.
③ 2008. 6. 내내 N카페의 게시글에 따른 항의전화가 지속적으로 행해졌다.
④ 광고중단을 위한 압박 방법은 항의전화가 주종을 이루었다.
⑤ 광고중단을 위한 압박 방법으로 그 밖에 광고주 홈페이지를 공격하기 위한 자동접속프로그램의 사용이 제시되기도 하였다.
⑥ 그 결과 실제 일부 광고주의 홈페이지가 공격을 받아 서버가 다운되기도 하였다.
⑦ 일부 광고주들은 3개 신문에 광고를 한 것을 사과하고 앞으로는 3개 신문에 대해 광고를 하지 않겠다는 내용의 사과문 등을 홈페이지에 게시하기까지 하였다.

【사건의 경과】

① 검사는 갑을 다음의 공소사실로 기소하였다.
  (가) 광고주에 대한 부분 : 업무방해죄
  (나) 신문사에 대한 부분 : 업무방해죄
  (나) 자동접속프로그램 사용 부분 : 정보통신망법위반(정보통신망침해)
② 갑의 피고사건은 제1심을 거친 후, 항소심에 계속되었다.
③ 항소심법원은 전부 유죄를 인정하였다.
④ 갑은 불복 상고하였다.
⑤ 갑은 상고이유로 다음의 점을 주장하였다.
  (가) 소비자불매운동은 헌법 등에 의하여 보호받는다.
  (나) 항의전화 행위는 정당한 소비자불매운동에 속한다.
  (다) 항의전화 행위는 업무방해죄의 위력에 해당하지 않는다.
⑥ (이하에서는 업무방해죄의 위력 부분에 한정하여 고찰함)

2. 소비자불매운동과 업무방해죄의 관계

(1) 업무방해죄의 위력 개념

【대법원 요지】 (1) 형법 제314조 제1항에서 말하는 업무방해죄의 '위력'이란 /

【대법원 요지】 사람의 자유의사를 제압 · 혼란케 할 만한 일체의 세력을 가리키는 것으로서 /

【대법원 요지】 반드시 유형력의 행사에 국한되는 것은 아니므로 /

【대법원 요지】 폭력 · 협박은 물론 사회적 · 경제적 · 정치적 지위와 권세에 의한 압박 등도 이에 포함되고, /

【대법원 요지】 그러한 위력으로 인하여 현실적으로 피해자의 자유의사가 제압되는 결과까지 요구되는 것은 아니더라도 /

【대법원 요지】 적어도 피해자의 자유의사를 제압하기에 충분하다고 평가될 정도의 세력에는 이르러야 한다.

(2) 소비자불매운동의 법적 성질

【대법원 판단】 한편 소비자가 구매력을 무기로 상품이나 용역에 대한 자신들의 선호를 시장에 실질적으로 반영하기 위한 집단적 시도인 소비자불매운동은 /

【대법원 판단】 본래 '공정한 가격으로 양질의 상품 또는 용역을 적절한 유통구조를 통해 적절한 시기에 안전하게 구입하거나 사용할 소비자의 제반 권익을 증진할 목적'에서 행해지는 소비자보호운동의 일환으로서 /

【대법원 판단】 헌법 제124조를 통하여 제도로서 보장되나, /

【대법원 판단】 그와는 다른 측면에서 일반 시민들이 특정한 사회, 경제적 또는 정치적 대의나 가치를 주장 · 옹호하거나 이를 진작시키기 위한 수단으로서 소비자불매운동을 선택하는 경우도 있을 수 있고, /

【대법원 판단】 이러한 소비자불매운동 역시 반드시 헌법 제124조는 아니더라도 헌법 제21조에 따라 보장되는 정치적 표현의 자유나 헌법 제10조에 내재된 일반적 행동의 자유의 관점 등에서 보호받을 가능성이 있으므로, /

【대법원 판단】 단순히 소비자불매운동이 헌법 제124조에 따라 보장되는 소비자보호운동의 요건을 갖추지 못하였다는 이유만으로 이에 대하여 아무런 헌법적 보호도 주어지지 아니한다거나 /

【대법원 판단】 소비자불매운동에 본질적으로 내재되어 있는 집단행위로서의 성격과 대상 기업에 대한 불이익 또는 피해의 가능성만을 들어 /

【대법원 판단】 곧바로 형법 제314조 제1항의 업무방해죄에서 말하는 위력의 행사에 해당한다고 단정하여서는 아니 된다.

(3) 소비자불매운동과 위력의 관계

【대법원 요지】 다만 그 소비자불매운동이 헌법상 보장되는 정치적 표현의 자유나 일반적 행동의 자유 등의 점에서도 전체 법질서상 용인될 수 없을 정도로 사회적 상당성을 갖추지 못한 때에는 /

【대법원 요지】 그 행위 자체가 위법한 세력의 행사로서 형법 제314조 제1항의 업무방해죄에서 말하는 위력의 개념에 포섭될 수 있고, /

【대법원 요지】 그러한 관점에서 어떠한 소비자불매운동이 위력에 의한 업무방해죄를 구성하는지 여부는 /

【대법원 요지】 해당 소비자불매운동의 목적, 불매운동에 이르게 된 경위, 대상 기업의 선정이유 및 불매운동의 목적과의 연관성, 대상 기업의 사회 · 경제적 지위와 거기에 비교되는 불매운동의 규모 및 영향력, /

【대법원 요지】 불매운동 참여자의 자발성, 불매운동 실행과정에서 다른 폭력행위나 위법행위의 수반 여부, 불매운동의 기간 및 그로 인하여 대상 기업이 입은 불이익이나 피해의 정도, 그에 대한 대상 기업의 반응이나 태도 등 제반 사정을 /

【대법원 요지】 종합적 · 실질적으로 고려하여 판단하여야 한다.

3. 업무방해죄와 위력의 상대방

【대법원 요지】 그리고 업무방해죄의 위력은 원칙적으로 피해자에게 행사되어야 하므로, /

【대법원 요지】 그 위력 행사의 상대방이 피해자가 아닌 제3자인 경우 /

【대법원 요지】 그로 인하여 피해자의 자유의사가 제압될 가능성이 직접적으로 발생함으로써 이를 실질적으로 피해자에 대한 위력의 행사와 동일시할 수 있는 특별한 사정이 있는 경우가 아니라면 /

【대법원 요지】 피해자에 대한 업무방해죄가 성립한다고 볼 수 없다. /

【대법원 요지】 이때 제3자에 대한 위력의 행사로 피해자의 자유의사가 직접 제압될 가능성이 있는지 여부는 /

【대법원 요지】 위력 행사의 의도나 목적, 위력 행사의 상대방인 제3자와 피해자의 관계, 위력의 행사 장소나 방법 등 태양, 제3자에 대한 위력의 행사에 관한 피해자의 인식 여부, 제3자에 대한 위력의 행사로 피해자가 입게 되는 불이익이나 피해의 정도, 피해자에 의한 위력의 배제나 제3자에 대한 보호의 가능성 등을 /

【대법원 요지】 종합적으로 고려하여 판단하여야 할 것이다.

4. 광고주에 대한 압박행위와 업무방해죄

【대법원 판단】 (2) 위와 같은 법리에 따라 먼저 이 사건 광고주들에 대한 업무방해의 점에 관하여 살펴본다.

【대법원 판단】 원심은 그 채택 증거에 의하여 피고인들이 벌인 이 사건 불매운동의 목적, 그 조직과정, 대상 기업의 선정경위, 불매운동의 규모 및 영향력, 불매운동의 실행 형태, 불매운동의 기간, 대상 기업인 광고주들이 입은 불이익이나 피해의 정도 등에 관한 판시 사실을 인정한 다음, /

【대법원 판단】 그러한 사실관계에 터 잡아 피고인들이 공모하여 광고주들에게 지속적 · 집단적으로 항의전화를 하거나 항의글을 게시하고 그 밖의 다양한 방법으로 광고중단을 압박한 행위는 /

【대법원 판단】 피해자인 광고주들의 자유의사를 제압할 만한 세력으로서 위력에 해당한다고 판단하였는데, /

【대법원 판단】 이러한 원심의 판단은 앞서 본 법리에 비추어 정당하다고 수긍할 수 있고, 거기에 상고이유에서 주장하는 바와 같은 업무방해죄의 위력에 관한 법리를 오해하거나 채증법칙을 위반하여 판결에 영향을 미친 위법이 있다고 볼 수 없다. /

【대법원 판단】 그러므로 이와 관련된 상고이유는 모두 받아들이지 아니한다.

5. 신문사에 대한 압박행위와 업무방해죄

(1) 사안에 대한 항소심의 판단

【대법원 판단】 (3) 다음으로 이 사건 신문사들에 대한 업무방해의 점에 관하여 살펴본다.

【항소심 판단】 원심은, /

【항소심 판단】 이 사건 불매운동이 광고주들로 하여금 이 사건 신문사들이 발행하는 신문들에 광고 게재를 중단하도록 할 목적으로 조직되었고, /

【항소심 판단】 피고인들에게 동조한 다수의 사람들에 의하여 실제 광고 게재 중단 요구가 이루어졌으며, /

【항소심 판단】 그로 인하여 광고주들이 그 판시와 같이 고객상담 등의 업무에 지장을 받게 된 점 등의 사정을 종합하여 볼 때, /

【항소심 판단】 피고인들이 광고주들에게 이 사건 신문사들에 광고 게재를 중단하도록 압박을 가한 행위가 /

【항소심 판단】 광고주들과 광고계약의 당사자 지위에 있는 이 사건 신문사들에 대하여도 위력의 행사에 해당한다고 보아 /

【항소심 판단】 이 사건 신문사들을 피해자로 한 이 부분 공소사실도 유죄로 인정하였다.

(2) 사안에 대한 대법원의 판단

【대법원 판단】 그러나 앞서 본 바와 같이 업무방해죄의 위력은 원칙적으로 피해자에게 행사되어야 하고 /

【대법원 판단】 제3자를 향한 위력의 행사는 이를 피해자에 대한 직접적인 위력의 행사와 동일시할 수 있는 예외적 사정이 인정되는 경우에만 /

【대법원 판단】 업무방해죄의 구성요건인 위력의 행사로 볼 수 있음에도, /

【대법원 결론】 원심은 위와 달리 단순히 제3자에 대한 위력의 행사와 피해자의 업무에 대한 방해의 결과나 위험 사이에 인과관계가 인정되기만 하면 곧바로 피해자에 대한 위력의 행사가 있는 것으로 볼 수 있다는 전제에서, /

【대법원 결론】 피고인들의 행위로 이 사건 신문사들이 실제 입은 불이익이나 피해의 정도, 그로 인하여 이 사건 신문사들의 영업활동이나 보도에 관한 자유의사가 제압될 만한 상황에 이르렀는지 등을 구체적으로 심리하여 살펴보지 아니한 채, /

【대법원 결론】 그것만으로 이 사건 신문사들에 대한 직접적인 위력의 행사가 있었다고 보기에 부족한 판시 사정만을 들어 이 부분 공소사실까지 모두 유죄로 인정하였으니, /

【대법원 결론】 이러한 원심의 판단에는 업무방해죄의 구성요건인 위력의 대상 등에 관한 법리를 오

해하여 필요한 심리를 다하지 아니함으로써 판결에 영향을 미친 잘못이 있고, /

【대법원 결론】 이를 지적하는 피고인들의 상고이유 주장에는 정당한 이유가 있다. (파기 환송)

2011도16718

업무방해죄의 위력과 권리행사
택시신문 광고중단 사건

2013. 2. 28. 2011도16718, 공 2013상, 611

1. 사실관계 및 사건의 경과

【사실관계 1】

① 갑은 P시 개인택시운송조합의 이사장이다. (P조합)

② P조합은 조합의 목적을 달성하기 위한 사업 중 하나로 새마을금고를 설립하였다.

③ 새마을금고 회원의 구성은 조합원, 조합 산하기관 직원 및 고용원과 그 가족들이다.

④ P조합은 매주 조합 이사장의 주재 아래 조합의 전무, 실장, 부장 및 새마을금고의 상근이사와 상근감사 등이 참석하여 부서장 회의를 개최한다.

【사실관계 2】

① 2009. 4. 29.경 Q택시신문은 조합 이사장 갑의 택시정보화사업에 관한 잘못된 처리내용을 알리는 기사를 게재하였다.

② 2009. 5. 8.경 조합 이사회는 회의를 열었다.

③ 조합 이사회는 Q택시신문의 기사 내용이 조합 집행부를 비방하여 조합을 음해하려 한다고 판단하였다.

④ 조합 이사회는 Q택시신문으로 하여금 '개인택시신문'이라는 명칭을 사용하지 못하도록 하는 가처분 신청 및 민·형사 제소 등에 관하여 논의하였다.

⑤ 이 과정에서 이사 A의 긴급 제안에 따라 Q택시신문에 새마을금고 또는 조합원이 광고를 게재하지 못하도록 하는 방침의 안건이 발의되었다.

⑥ 이 안건은 조합 이사장 갑의 의사진행에 따라 조합 이사회 만장일치로 통과되었다.

【사실관계 3】

① 조합 이사회의 결의 내용은 조합 이사장 명의로 '광고게재 금지 권고 통보'라는 공문으로 새마을금고에 전달되었다. (ⓐ공문)

② ⓐ공문에는 조합의 방침에 따르지 않는 새마을금고 소속 조합원은 징계위원회에 회부될 수 있다고 기재되어 있었다.

③ 새마을금고는 단발적으로 Q택시신문에 광고를 게재해 오고 있었다.

④ ⓐ공문을 받은 후 새마을금고는 택시신문 광고를 중단하였다. (㉠행위)

【사건의 경과】
① 검사는 갑을 업무방해죄로 기소하였다.
② 갑의 피고사건은 제1심을 거친 후, 항소심에 계속되었다.
③ 항소심법원은 유죄를 인정하였다.
④ 갑은 불복 상고하였다.
⑤ 갑은 상고이유로, 업무방해죄의 위력에 관한 법리오해의 위법이 있다고 주장하였다.

2. 업무방해죄의 위력과 권리행사

【대법원 요지】 업무방해죄의 수단인 위력은 사람의 자유의사를 제압·혼란하게 할 만한 일체의 억압적 방법을 말하고 /
【대법원 요지】 이는 제3자를 통하여 간접적으로 행사하는 것도 포함될 수 있다. /
【대법원 요지】 그러나 어떤 행위의 결과 상대방의 업무에 지장이 초래되었다 하더라도 행위자가 가지는 정당한 권한을 행사한 것으로 볼 수 있는 경우에는, /
【대법원 요지】 그 행위의 내용이나 수단 등이 사회통념상 허용될 수 없는 등 특별한 사정이 없는 한 /
【대법원 요지】 업무방해죄를 구성하는 위력을 행사한 것이라고 할 수 없다. /
【대법원 요지】 따라서 제3자로 하여금 상대방에게 어떤 조치를 취하게 하는 등으로 상대방의 업무에 곤란을 야기하거나 그러한 위험이 초래되게 하였다 하더라도, /
【대법원 요지】 행위자가 그 제3자의 의사결정에 관여할 수 있는 권한을 가지고 있거나 /
【대법원 요지】 그에 대하여 업무상의 지시를 할 수 있는 지위에 있는 경우에는 /
【대법원 요지】 특별한 사정이 없는 한 업무방해죄를 구성하지 아니한다.

3. 사안에 대한 항소심의 판단

【항소심 판단】 원심은, 그 판시와 같은 이유로 /
【항소심 판단】 ○○광역시개인택시운송사업조합 새마을금고(이하 '새마을금고'라 한다)의 임원이 되기 위하여는 ○○광역시개인택시운송사업조합(이하 '조합'이라 한다)의 조합원 자격을 갖추어야 하기 때문에 /
【항소심 판단】 새마을금고가 사실상 조합의 영향력 하에 있어 그 권고사항을 따르지 않을 수 없는 지위에 있음을 이용하여, /
【항소심 판단】 조합 이사장 지위에 있는 피고인이 조합 이사장 명의로 새마을금고에 공문을 보내 ○○개인택시신문(이하 '택시신문'이라 한다)에 게재하던 광고를 중단하도록 한 행위가 /
【항소심 판단】 위력에 의한 업무방해죄에 해당한다고 판단하였다.

4. 사안에 대한 대법원의 분석

【대법원 분석】 그러나 원심판결 이유 및 원심이 적법하게 채택한 증거들에 의하면, /
【대법원 분석】 피고인이 이사장으로 근무하는 조합은 개인택시운송사업에 관한 정부시책에 협력하고 택시운송사업의 합리화와 공익성 제고 및 조합원 상호간의 친목도모와 사업의 발전 등 공동의 이익

증진을 도모함을 목적으로 하고 있고, /

【대법원 분석】 이러한 목적을 달성하기 위한 사업 중 하나로 새마을금고를 설립한 사실, /

【대법원 분석】 새마을금고의 주된 사무소는 조합 내에 두고 그 업무구역도 조합과 동일한 사실, /

【대법원 분석】 새마을금고의 임원은 조합의 조합원 자격을 갖추어야 하고, /

【대법원 분석】 새마을금고 회원의 구성은 조합원, 조합 산하기관 직원 및 고용원과 그 가족들인 사실, 매주 월요일 오전 조합 이사장실에서 조합 이사장의 주재 아래 조합의 전무, 실장, 부장 및 새마을금고의 상근이사와 상근감사 등이 참석하여 부서장 회의를 개최하는데, /

【대법원 분석】 이는 일주일간의 조합 및 새마을금고의 전반적인 업무에 대한 보고 시간으로 활용되는 사실, /

【대법원 분석】 택시신문이 2009. 4. 29.경 조합 이사장인 피고인의 택시정보화사업에 관한 잘못된 처리내용을 알리는 기사를 게재하자, /

【대법원 분석】 조합 이사회는 그 기사 내용이 조합 집행부를 비방하여 조합을 음해하려 한다고 판단하고 2009. 5. 8.경 회의를 열어 택시신문으로 하여금 'ㅇㅇ개인택시신문'이라는 명칭을 사용하지 못하도록 하는 가처분 신청 및 민·형사 제소 등에 관하여 논의한 사실, /

【대법원 분석】 그 과정에서 이사 공소외 A의 긴급 제안에 따라 택시신문에 새마을금고 또는 조합원이 광고를 게재하지 못하도록 하는 방침의 안건이 발의되어 조합 이사장인 피고인의 의사진행에 따라 조합 이사회 만장일치로 통과된 후, /

【대법원 분석】 그 결의 내용이 조합 이사장 명의로 '광고게재 금지 권고 통보'라는 공문으로 새마을금고에 전달된 사실, /

【대법원 분석】 그 공문에는 조합의 방침에 따르지 않는 새마을금고 소속 조합원은 징계위원회에 회부될 수 있다고 기재되어 있는 사실, /

【대법원 분석】 그 후 단발적으로 택시신문에 광고를 게재해 오던 새마을금고는 택시신문 광고를 중단하게 된 사실 등을 알 수 있다.

5. 사안에 대한 대법원의 판단

【대법원 판단】 이러한 사실관계를 앞서 본 법리에 비추어 보면, /

【대법원 판단】 제3자의 의사결정에 직접적으로 관여하거나 지시할 권한을 가지고 있는 행위자가 그 권한 범위 내에서 업무상의 지시 등을 하면서 /

【대법원 판단】 그 실행을 확실하게 하기 위하여 지시 등에 따르지 않는 경우의 제재조치 등을 강조하는 과도한 표현을 사용하였다 하더라도 /

【대법원 판단】 이는 특별한 사정이 없는 한 행위자 자신의 고유권한을 행사한 범주에서 벗어나는 것은 아니라고 할 것인데, /

【대법원 판단】 이 사건 조합의 정관, 새마을금고의 설립 경위, 새마을금고 임원 및 회원의 구성, 조합과 새마을금고 사이에 주기적으로 이루어지는 업무보고 및 의사결정 과정 등을 고려하면, /

【대법원 판단】 조합과 새마을금고는 상호간 업무적으로 밀접하게 연관되어 있고 /

【대법원 판단】 조합이 새마을금고의 업무에 직·간접적으로 관여할 권한을 가지고 있다고 볼 만한

사정도 상당하다고 보인다 /

【대법원 판단】 [피고인과 피해자는 모두 새마을금고가 조합에 소속되어 있거나 조합의 산하기관이라는 취지로 진술하고 있기도 하다(공판기록 217쪽, 수사기록 13, 14, 567쪽 참조)].

【대법원 판단】 따라서 원심으로서는 /

【대법원 판단】 새마을금고의 일반적인 경영 및 운영에 관한 사항에 대하여 조합 이사회가 논의·결정할 권한이 있는지, /

【대법원 판단】 조합 이사회가 새마을금고에 대하여 특정 매체에 광고게재를 중단하도록 의결하는 것이 그 업무상의 권한 범위에 속하는지, /

【대법원 판단】 위 이사회결의가 이루어질 당시 새마을금고의 대표자 등도 동석하여 논의 과정에 참여하였는지, /

【대법원 판단】 그리고 나아가 그러한 권한 행사가 정당한 권한 행사를 빙자하였다거나 사회통념상 용인되는 범위를 넘는 등 특별한 사정이 있는지 여부 등에 대하여 면밀하게 심리한 다음 /

【대법원 판단】 피고인의 위 이사회결의 내용 통보 등의 행위가 택시신문에 대한 업무방해죄를 구성하는지 여부를 판단하였어야 할 것이다.

【대법원 결론】 그럼에도 원심은 단지 그 판시와 같은 이유만으로 피고인이 조합 이사장으로서 새마을금고에 광고게재 중단을 요구한 행위가 업무방해죄를 구성하는 위력의 행사에 해당함을 전제로 업무방해죄가 성립한다고 단정하고 말았으니, /

【대법원 결론】 이러한 원심의 판단에는 업무방해죄에 있어 위력에 관한 법리를 오해하여 필요한 심리를 다하지 아니한 위법이 있다. 이 점을 지적하는 피고인의 상고이유는 이유 있다. (파기 환송)

2012도1895

업무방해죄의 위력과 폭행의 관계
택시친목회 공동폭행 사건

2012. 10. 11. 2012도1895, 공 2012하, 1862

1. 사실관계 및 사건의 경과

【사실관계 1】

① P회는 약 20년 전에 M지역에서 활동하던 일부 택시기사들이 친목을 도모할 목적으로 만든 단체이다.

② 2000년경 이후 P회는 일종의 폭력적 이익집단으로 변질되었다.

③ 갑 등은 P회의 소속 회원들이다.

④ A와 B는 P회에 가입하였다가 탈퇴한 택시기사이다.

【사실관계 2】

① 2010. 10. 20. 11:00경 갑은 N마트 앞 택시 승강장에서 A가 손님을 태우기 위하여 대기하고 있는 것을 발견하였다.

② 갑은 A의 개인택시 조수석에 승차하여 그곳에서 약 500미터 가량 떨어진 P회 전용 주차장까지 운행하도록 하였다.
③ A는 갑을 태우고 P회 전용 주차장에 도착하였다.
④ 그러자 그곳에 모여 있던 P회 회원인 을, 병, 정 등은 A가 그곳을 빠져나가지 못하도록 자신들의 택시 차량으로 앞뒤를 가로막았다.
⑤ 을은 각목을 손에 들고 마치 내리칠 것 같은 태세를 취하여 겁을 주었다.
⑥ 병은 "야, 씨발 새끼야. M지역에서 영업하지 말라고 했는데 네가 여기 왜 와. 뒤질래."라고 욕설하며 손바닥으로 A의 얼굴과 상체 부위를 수회 때렸다.
⑦ 정은 "너 때문에 영업이 안 돼."라고 말하며 주먹으로 A의 얼굴을 수회 때렸다.
⑧ (B에 대해서도 A와 유사한 행위가 있었다.)

【사건의 경과】

① 검사는 갑 등을 다음의 공소사실로 기소하였다.
(가) 업무방해죄
(나) 폭처법위반죄(공동폭행)
② 제1심법원은 업무방해죄의 위력에 폭행이 흡수된다고 판단하였다.
③ 제1심법원은 폭처법위반죄(폭행)는 업무방해죄의 불가벌적 사후행위에 지나지 않는다고 판단하였다.
④ 제1심법원은 다음과 같이 판단하였다.
(가) 업무방해죄 : 유죄
(나) 폭처법위반죄(공동폭행) : 무죄
⑤ 검사는 무죄 부분에 불복 항소하였다.
⑥ 항소심법원은 항소를 기각하고, 제1심판결을 유지하였다.
⑦ 검사는 불복 상고하였다.

2. 업무방해죄와 폭행죄의 관계

【대법원 요지】 1. 상상적 경합은 1개의 행위가 실질적으로 수개의 구성요건을 충족하는 경우를 말하고, /

【대법원 요지】 법조경합은 1개의 행위가 외관상 수개의 죄의 구성요건에 해당하는 것처럼 보이나 실질적으로 1죄만을 구성하는 경우를 말하며, /

【대법원 요지】 실질적으로 1죄인가 또는 수죄인가는 구성요건적 평가와 보호법익의 측면에서 고찰하여 판단하여야 한다. /

【대법원 요지】 그리고 이른바 '불가벌적 수반행위'란 법조경합의 한 형태인 흡수관계에 속하는 것으로서, /

【대법원 요지】 행위자가 특정한 죄를 범하면 비록 논리 필연적인 것은 아니지만 일반적·전형적으로 다른 구성요건을 충족하고 /

【대법원 요지】 이때 그 구성요건의 불법이나 책임의 내용이 주된 범죄에 비하여 경미하기 때문에 처

벌이 별도로 고려되지 않는 경우를 말한다.

【대법원 요지】 업무방해죄와 폭행죄는 그 구성요건과 보호법익을 달리하고 있고, /

【대법원 요지】 업무방해죄의 성립에 일반적 · 전형적으로 사람에 대한 폭행행위를 수반하는 것은 아니며, /

【대법원 요지】 폭행행위가 업무방해죄에 비하여 별도로 고려되지 않을 만큼 경미한 것이라고 할 수도 없으므로, /

【대법원 요지】 설령 피해자에 대한 폭행행위가 동일한 피해자에 대한 업무방해죄의 수단이 되었다고 하더라도 /

【대법원 요지】 그러한 폭행행위가 이른바 '불가벌적 수반행위'에 해당하여 업무방해죄에 대하여 흡수관계에 있다고 볼 수는 없다.

3. 사안에 대한 항소심의 판단

【항소심 판단】 2. 가. 원심은, /

【항소심 판단】 피고인들이 피해자 A, B의 택시운행을 방해하는 과정에서 이 부분 공소사실 기재와 같이 피해자들에 대한 폭행행위가 있었고, /

【항소심 판단】 이는 업무방해죄의 행위 태양인 '위력으로써 업무를 방해하는 행위'의 일부를 구성하는 것으로서 업무방해죄에 흡수되므로 /

【항소심 판단】 업무방해죄 1죄만이 성립할 뿐 별도로 폭력행위 등 처벌에 관한 법률 위반(공동폭행)죄가 성립하지 않는다는 등 /

【항소심 판단】 그 판시와 같은 이유를 들어 피고인들에 대한 이 사건 공소사실 중 폭력행위 등 처벌에 관한 법률 위반(공동폭행)의 점을 무죄로 판단한 제1심판결을 그대로 유지하였다.

4. 사안에 대한 대법원의 판단

【대법원 판단】 나. 그러나 원심판결 이유를 앞서 본 법리에 비추어 살펴보면, /

【대법원 판단】 피고인들이 피해자들의 택시 운행업무를 방해하기 위하여 이루어진 폭행행위가 피해자들에 대한 업무방해죄의 수단이 되었다 하더라도 /

【대법원 판단】 그와 같은 폭행행위가 업무방해죄의 성립에 일반적 · 전형적으로 수반되는 것이 아닐 뿐 아니라 /

【대법원 판단】 그 폭행행위가 업무방해죄에 비하여 별도로 고려되지 않을 만큼 경미한 것이라고 할 수도 없으므로, /

【대법원 판단】 피고인들의 폭행행위가 업무방해죄에 흡수되어 별도의 범죄를 구성하지 않는다고 할 수는 없다.

【대법원 판단】 한편 원심이 적법하게 채택한 증거들에 의하면, /

【대법원 판단】 피고인들이 공동폭행의 방법으로 피해자들의 택시 운행업무를 방해한 사실은 있으나 그 외의 방법으로 택시 운행업무를 방해한 사정은 보이지 아니하므로, /

【대법원 판단】 피고인들의 공동폭행이라는 1개의 행위가 폭력행위 등 처벌에 관한 법률 위반(공동폭

행)죄와 업무방해죄의 구성요건을 충족하는 경우에 해당한다 할 것이어서 /

【대법원 판단】 양죄는 상상적 경합의 관계에 있다고 보아야 할 것이다.

【대법원 결론】 그럼에도 이와 달리 양죄를 흡수관계에 있다고 보아 피고인들의 폭력행위 등 처벌에 관한 법률 위반(공동폭행)의 점에 관한 공소사실을 무죄로 본 원심의 판단에는 /

【대법원 결론】 업무방해죄와 폭력행위 등 처벌에 관한 법률 위반(공동폭행)죄의 죄수에 관한 법리를 오해하여 법률 적용을 그르친 잘못이 있다. 이 점을 지적하는 상고이유의 주장은 이유 있다. (파기환송)

【코멘트】 본 판례는 대법원이 위력에 의한 업무방해죄와 폭행죄의 관계를 분명하게 정립한 예로서 주목된다. 업무방해죄(형법 제314조 제1항)는 5년 이하의 징역 또는 1천 5백만원 이하의 벌금으로 처벌된다. 이에 대해 폭행죄(형법 제260조 제1항)는 2년 이하의 징역, 5백만원 이하의 벌금, 구류 또는 과료로 처벌되어 업무방해죄보다 가벼운 범죄로 평가된다.

종래 업무방해죄와 폭행죄의 관계에 대해서는 (가) 업무방해죄의 위력은 사람의 자유의사를 제압·혼란케 할 만한 일체의 세력으로, 유형적이든 무형적이든 묻지 않는다는 점과 (나) 위력에는 폭행·협박 이외에 사회적, 경제적, 정치적 지위와 권세에 의한 압박 등도 포함된다는 점을 이유로 폭행죄가 업무방해죄에 흡수된다고 보는 견해가 일반적이었다. 이러한 해석론은 유사한 조문형태를 가지고 있는 일본 형법학의 해석론에 영향을 받은 것이 아닌가 생각된다.

그런데 우리 입법자는 2006년에 폭처법을 개정하면서 공동폭행(형의 2분의 1 가중), 단체·다중의 위력으로서의 폭행(1년 이상의 징역), 단체·다중의 위력으로서의 상습폭행(2년 이상의 징역)이라는 단계적 가중유형을 설정함으로써 일본과 다른 입법형식을 취하고 있다(폭처법 제2조, 제3조 참조). 새로운 입법적 결단에 의할 때 폭행을 위력의 일종으로 보아 폭행죄를 업무방해죄에 흡수시켜서 처리하는 것은 타당하지 않다. 1년 또는 2년 이상의 징역으로 처벌되는 폭처법상의 공동폭행죄가 5년 이하의 징역으로 처벌되는 업무방해죄에 흡수된다는 것은 논리적으로 모순이기 때문이다. 본 판례는 대법원이 우리 입법의 특성을 염두에 두고 위력에 의한 업무방해죄와 폭행죄의 관계를 상상적 경합으로 새로이 정립하였다는 점에서 주목된다.

2008도10560

일반교통방해죄와 교통방해 – 인정례
업무방해죄와 업무방해 – 부정례
폐기물운반 도로 사건

2009. 1. 30. 2008도10560, [미간행]

☞ 756면

2007도482

노동쟁의와 업무방해죄의 위력 – 인정례
철도노조 출근거부 사건

2011. 3. 17. 2007도482 전원합의체 판결, 공 2011상, 865

1. 사실관계 및 사건의 경과

【사실관계 1】

① P철도공사는 필수공익사업장이다.

② P철도공사와 Q철도노동조합 사이에 노사분규가 발생하였다.

③ 양측의 원만한 타협을 위하여 특별조정위원회가 가동되었다.

④ Q철도노동조합은 특별조정위원회에 "파업 없이 성실히 교섭할 것을 서면으로 확약한다"는 확약서를 제출하였다.

【사실관계 2】

① 2005. 11. 25. 특별조정위원회는 다음과 같은 내용의 조건부 중재회부 권고를 하였다.

② "향후 노동조합이 약속을 지키지 아니하고 쟁의행위에 돌입할 가능성이 현저한 경우에는 당해 사업장을 중재에 회부할 것을 권고한다."

③ 2005. 11. 25. 중앙노동위원회 위원장은 특별조정위원회의 조건부 중재회부 권고를 존중하여 같은 취지의 중재회부보류결정을 하였다.

④ 2005. 12. 16. 중앙노동위원회 위원장은 특별조정위원회의 조건부 중재회부 권고를 존중하여 재차 같은 취지의 중재회부보류결정을 하였다.

⑤ 2006. 2. 7. 갑을 비롯한 Q철도노동조합 집행부는 "단체교섭이 결렬될 경우 2006. 3. 1. 01:00 파업에 돌입하기로 한다"고 미리 결의하였다.

【사실관계 3】

① 2006. 2. 28. Q철도노동조합과 P철도공사 간의 단체교섭이 최종적으로 결렬되었다.

② 2006. 2. 28. 21:00부로 중앙노동위원회 위원장은 직권중재회부결정을 하였다.

③ 필수공익사업장의 경우 직권중재회부결정이 내려지면 노동조합은 중재기간 중 파업을 할 수 없다.

④ 갑을 비롯한 Q철도노동조합 집행부는 2006. 2. 7.자 결의에 따라 예정대로 파업에 돌입하여 이를 지속할 것을 지시하였다.

【사실관계 4】

① 2006. 3. 1. 01:00경부터 2006. 3. 4. 14:00경까지 Q철도노동조합 조합원들은 서울철도차량정비창 등 전국 641개 사업장에 출근하지 아니한 채 업무를 거부하였다.

② 이로 인하여 P철도공사의 KTX 열차 329회, 새마을호 열차 283회의 운행이 중단되었다.

③ 이로 인하여 P철도공사에 영업수익 손실과 대체인력 보상금 등 총 135억 원 상당의 손해가 발생하였다.

【사건의 경과 1】

① 검사는 갑을 업무방해죄로 기소하였다.
② 갑의 피고사건은 제1심을 거친 후, 항소심에 계속되었다.
③ 항소심법원은 갑 등의 집단적 출근거부가 위력에 해당한다고 판단하였다.
④ 항소심법원은 갑에게 위력에 의한 업무방해죄를 인정하였다.
⑤ 갑은 불복 상고하였다.

【사건의 경과 2】

① 대법원은 단순한 집단적 출근거부는 위력에 해당하지 않는다는 점에 의견이 일치하였다.
② 대법원은 일치된 의견에 따라 단순한 집단적 출근거부도 위력으로 보았던 종래의 판례를 폐기하기로 하였다.
③ 그러나 갑의 피고사건에서 갑 등의 집단적 출근거부행위가 위력에 해당하는가에 대해서는 8 대 5로 견해가 나뉘었다.
④ 다수의견은 갑 등의 집단적 출근거부행위는 위력에 해당한다고 주장하였다.
⑤ 소수의견은 갑 등의 집단적 출근거부행위는 위력에 해당하지 않는다고 주장하였다.
⑥ 대법원은 다수의견에 따라 갑의 상고를 기각하였다.
⑦ (이하에서는 지면 관계로 다수의견만을 소개함)

2. 노동쟁의행위와 업무방해죄의 위력의 관계

【대법원 요지】 가. 업무방해죄는 위계 또는 위력으로써 사람의 업무를 방해한 경우에 성립한다(형법 제314조 제1항). /

【대법원 요지】 위력이라 함은 사람의 자유의사를 제압·혼란케 할 만한 일체의 세력을 말한다.

【대법원 요지】 근로자가 그 주장을 관철할 목적으로 근로의 제공을 거부하여 업무의 정상적인 운영을 저해하는 쟁의행위로서의 파업(노동조합 및 노동관계조정법 제2조 제6호)도, /

【대법원 요지】 단순히 근로계약에 따른 노무의 제공을 거부하는 부작위에 그치지 아니하고 이를 넘어서 사용자에게 압력을 가하여 근로자의 주장을 관철하고자 집단적으로 노무제공을 중단하는 실력행사이므로, 업무방해죄에서 말하는 위력에 해당하는 요소를 포함하고 있다.

【대법원 요지】 그런데 근로자는, 헌법 제37조 제2항에 의하여 국가안전보장·질서유지 또는 공공복리 등의 공익상의 이유로 제한될 수 있고 그 권리의 행사가 정당한 것이어야 한다는 내재적 한계가 있어 절대적인 권리는 아니지만, 원칙적으로는 헌법상 보장된 기본권으로서 근로조건 향상을 위한 자주적인 단결권·단체교섭권 및 단체행동권을 가진다(헌법 제33조 제1항).

【대법원 요지】 그러므로 쟁의행위로서의 파업이 언제나 업무방해죄에 해당하는 것으로 볼 것은 아니고, /

【대법원 요지】 전후 사정과 경위 등에 비추어 사용자가 예측할 수 없는 시기에 전격적으로 이루어져 사용자의 사업운영에 심대한 혼란 내지 막대한 손해를 초래하는 등으로 /

【대법원 요지】 사용자의 사업계속에 관한 자유의사가 제압·혼란될 수 있다고 평가할 수 있는 경우에 비로소 그 집단적 노무제공의 거부가 위력에 해당하여 업무방해죄가 성립한다고 봄이 상당하다.

【대법원 요지】 이와 달리, 근로자들이 집단적으로 근로의 제공을 거부하여 사용자의 정상적인 업무 운영을 저해하고 손해를 발생하게 한 행위가 당연히 위력에 해당함을 전제로 하여 /
【대법원 요지】 노동관계 법령에 따른 정당한 쟁의행위로서 위법성이 조각되는 경우가 아닌 한 업무방해죄를 구성한다는 취지로 판시한 /
【대법원 요지】 대법원 1991. 4. 23. 선고 90도2771 판결, 대법원 1991. 11. 8. 선고 91도326 판결, 대법원 2004. 5. 27. 선고 2004도689 판결, 대법원 2006. 5. 12. 선고 2002도3450 판결, 대법원 2006. 5. 25. 선고 2002도5577 판결 등은 이 판결의 견해에 배치되는 범위 내에서 이를 변경한다.

3. 사안에 대한 대법원의 분석

【대법원 분석】 나. 원심판결의 이유에 의하면, /
【대법원 분석】 Q철도노동조합이 '파업 없이 성실히 교섭할 것을 서면으로 확약한다'는 확약서를 제출하자, /
【대법원 분석】 특별조정위원회는 '향후 노동조합이 약속을 지키지 아니하고 쟁의행위에 돌입할 가능성이 현저한 경우에는 당해 사업장을 중재에 회부할 것을 권고한다'는 내용의 2005. 11. 25.자 조건부 중재회부 권고를 하였고, /
【대법원 분석】 중앙노동위원회 위원장은 그 취지를 존중하여 2005. 11. 25.과 2005. 12. 16. 두 차례에 걸쳐 위와 같은 취지의 중재회부보류결정을 하였다가 Q철도노동조합과 P철도공사 간의 단체교섭이 2006. 2. 28. 최종적으로 결렬되자 같은 날 21:00부로 직권중재회부결정을 하였음에도 불구하고, /
【대법원 분석】 피고인을 비롯한 Q철도노동조합 집행부는 2006. 2. 7.자 결의에 따라 예정대로 파업에 돌입하여 이를 지속할 것을 지시하였으며, /
【대법원 분석】 이에 Q철도노동조합 조합원들은 2006. 3. 1. 01:00경부터 같은 달 4일 14:00경까지 서울철도차량정비창 등 전국 641개 사업장에 출근하지 아니한 채 업무를 거부하여 P철도공사의 케이티엑스(KTX) 열차 329회, 새마을호 열차 283회 운행이 중단되도록 함으로써, /
【대법원 분석】 P철도공사로 하여금 영업수익 손실과 대체인력 보상금 등 총 135억 원 상당의 손해를 입게 하였다는 사실을 알 수 있다.

4. 사안에 대한 대법원의 판단

【대법원 분석】 위 사실관계에 의하면, 중앙노동위원회 위원장이 특별조정위원회의 조건부 중재회부 권고의 취지에 따라 두 차례에 걸쳐 중재회부보류결정을 한 것은, /
【대법원 분석】 Q철도노동조합과 P철도공사 간의 노사 자치에 의한 교섭을 존중하되 양자 사이의 노동쟁의가 더 이상 단체교섭을 통해 자율적으로 해결될 수 없다고 판단되는 경우 사회적 혼란을 야기할 가능성이 큰 필수공익사업장인 P철도공사에서의 쟁의행위를 허용하지 아니하고 직권중재를 통하여 해결하겠다는 의사를 명확히 한 것이고, /
【대법원 분석】 그에 따라 단체교섭의 최종적 결렬 직후 직권중재회부결정을 한 것이다. /
【대법원 분석】 그럼에도 Q철도노동조합의 위원장인 피고인은 전국 규모의 철도사업장에서 이 사건

파업을 그대로 강행하였다. /

【대법원 판단】 비록 Q철도노동조합이 2006. 2. 7. 총파업 일정을 2006. 3. 1. 01:00경으로 미리 결의한 상태였다 하더라도, /

【대법원 판단】 앞서 본 바와 같은 중재회부보류결정이 내려진 경위 및 그 내용과 함께 위 총파업 결의 이후에도 P철도공사와 Q철도노동조합 간에 단체교섭이 계속 진행되었고 실제로 단체교섭이 최종적으로 결렬된 직후 직권중재회부결정이 내려진 점까지 감안한다면, /

【대법원 판단】 P철도공사로서는, Q철도노동조합이 필수공익사업장으로 파업이 허용되지 아니하는 이 사건 사업장에서 구 노동조합 및 노동관계조정법(2006. 12. 30. 법률 제8158호로 개정되기 이전의 것, 이하 '구 노조법'이라 한다)상 직권중재회부 시 쟁의행위 금지규정 등을 위반하면서까지 이 사건 파업을 강행하리라고는 예측할 수 없었다 할 것이다. /

【대법원 판단】 나아가 피고인이 주도하여 전국적으로 이루어진 이 사건 파업의 결과 수백 회에 이르는 열차 운행이 중단되어 총 135억 원 상당의 손해를 야기하는 등 P철도공사의 사업운영에 예기치 않은 중대한 손해를 끼치는 상황을 초래한 것임을 알 수 있다.

【대법원 판단】 이러한 사정들을 앞서 살펴본 법리에 비추어 보면, 피고인이 주도한 이 사건 파업은 사용자인 P철도공사의 자유의사를 제압 · 혼란케 할 만한 세력으로서 형법 제314조 제1항 소정의 "위력"에 해당한다고 보기에 충분하다.

【대법원 결론】 원심이 같은 취지에서 이 사건 업무방해의 공소사실에 대하여 유죄를 선고한 것은 정당하고, 거기에 상고이유로 주장하는 바와 같은 업무방해죄의 위력에 관한 법리오해의 위법이 없다. (상고 기각)

2011도15497

부당노동행위와 업무방해죄의 관계
사측 설명회 사건

2013. 1. 10. 2011도15497, 공 2013상, 366

1. 사실관계 및 사건의 경과

【사실관계 1】

① 「노동조합 및 노동관계조정법」 관련규정에 따르면, 사용자 측이 '근로자가 노동조합을 조직 또는 운영하는 것을 지배하거나 이에 개입하는 행위'를 하면 부당노동행위로 규제된다.
② H노동조합은 H철도공사에 구성된 노동조합이다.
③ 2009. 11. 24. H공사는 H노조와의 단체협약을 해지하였다.
④ 2009. 11. 26.부터 2009. 12. 2.까지 H노조는 파업을 진행하였다.
⑤ 2009. 12. 3. H노조는 업무에 복귀하였다.

【사실관계 2】

① H노조는 이후 계속하여 H공사와 단체교섭을 진행하였으나 교섭이 이루어지지 않았다.

② H노조는 2010. 5. 12.까지 교섭이 결렬될 경우 재차 파업을 하겠다고 H공사에 예고하였다.

③ H노조가 예고한 파업 예정일시는 2010. 5. 12. 04:00경이다.

④ A는 H공사의 M본부장이자 단체교섭의 사용자 측 교섭위원 중 한 명이다.

⑤ 2010. 5. 8.부터 2010. 5. 11.까지 A는 H공사 산하 차량사업소 및 정비단 등 현장을 순회하면서 직원설명회를 개최하기로 하였다.

⑥ A는 파업 예정일인 2010. 5. 12. 이전 며칠 동안 집중적으로 전국을 이동하며 직원설명회를 개최하였다.

【사실관계 3】

① 2010. 5. 11. A는 H공사 산하 S차량사업소에서 약 300여 명에 이르는 직원을 상대로 설명회를 개최하려고 S사업소에 도착하였다.

② 갑 등은 "사용자 측에서 조합원들이 파업을 못하게 할 의도로 특별교육을 시킨다"고 스스로 판단하였다.

③ 갑과 조합원 30여 명은 건물 1층 현관 앞을 막아서서 "내일이 파업인데 본사에 가서 협상하는 데 가 있어야지 여기 있을 때가 아니다"며 A의 멱살을 잡고 건물 안으로 들어가지 못하게 가로막았다. (㉠ 행위)

④ 이 때 S차량사업소장 B는 갑 등에게 다음과 같이 말하였다.

⑤ "내일 파업이니까 오신 거예요. 파업하지 말라고. 내일 파업하면 우리 직원들이 많이 다치니까 하지 말라고 얘기하러 오신 거예요."

⑥ 갑 등의 출입방해로 인하여 A는 결국 그날 S차량사업소 2층 회의실에서 과장 등 중간관리자와 차량팀원 일부 등 몇십 명만 참석한 가운데 약 10분간 설명회를 진행하였다.

【사건의 경과】

① 검사는 ㉠행위에 대해 갑을 업무방해죄로 기소하였다.

② 갑의 피고사건은 제1심을 거친 후, 항소심에 계속되었다.

③ 항소심법원은 무죄를 선고하였다.

④ (항소심의 판단 이유는 판례 본문 참조)

⑤ 검사는 불복 상고하였다.

2. 공소사실의 요지

【대법원 분석】 1. 이 사건 공소사실은, /

【대법원 분석】 피고인들과 제1심 공동피고인 11은 공동하여 /

【대법원 분석】 2010. 5. 11. 10:20경 한국철도공사 서울차량사업소 주차장에서 한국철도공사 ○○본부장공소외 A가 서울차량사업소의 현업직원을 대상으로 같은 날 10:40경 3층 교양실에서 다음 날로 예정된 파업의 부당성에 대해 설명하기 위해 현장에 도착하자, /

【대법원 분석】 공소외 A를 청사 안으로 들어가지 못하게 몸으로 가로막는 등 /

【대법원 분석】 위력으로 그 정당한 업무를 방해하였다는 것이다.

3. 사안에 대한 항소심의 판단

【항소심 판단】 이에 대하여, 원심은 그 판시와 같은 사정을 들어 /

【항소심 판단】 공소외 A가 파업이 임박한 상황에서 한국철도공사 산하 현장을 순회하며 직원들을 상대로 설명회를 개최한 것은 /

【항소심 판단】 부당노동행위에 해당하여 업무방해죄의 보호법익으로서의 업무로 볼 수 없고, /

【항소심 판단】 설령 이 사건 설명회 개최가 업무방해죄의 보호법익으로서의 업무에 해당한다고 하더라도 /

【항소심 판단】 피고인들이 이를 부당노동행위로 오인한 데에 정당한 이유가 있다고 판단하여 무죄를 선고하였다.

4. 사안에 대한 대법원의 판단

(1) 부당노동행위와 업무방해죄의 관계

【대법원 판단】 2. 그러나 원심의 위와 같은 판단은 다음과 같은 이유에서 수긍하기 어렵다.

【대법원 판단】 가. 먼저 이 사건 설명회 개최가 업무방해죄의 보호법익으로서의 업무에 해당하는지 여부에 대하여 본다.

【대법원 요지】 사용자가 연설, 사내방송, 게시문, 서한 등을 통하여 의견을 표명하는 경우 /

【대법원 요지】 그 표명된 의견의 내용과 함께 그것이 행하여진 상황, 시점, 장소, 방법 및 그것이 노동조합의 운영이나 활동에 미치거나 미칠 수 있는 영향 등을 종합하여 /

【대법원 요지】 노동조합의 조직이나 운영 및 활동을 지배하거나 이에 개입하는 의사가 인정된다면 /

【대법원 요지】 노동조합 및 노동관계조정법 제81조 제4호에 규정된 /

【대법원 요지】 '근로자가 노동조합을 조직 또는 운영하는 것을 지배하거나 이에 개입하는 행위'로서 부당노동행위가 성립하고, /

【대법원 요지】 또 그 지배 · 개입으로서의 부당노동행위의 성립에 반드시 근로자의 단결권의 침해라는 결과의 발생까지 요하는 것은 아니다.

【대법원 요지】 그러나 사용자 또한 자신의 의견을 표명할 수 있는 자유를 가지고 있으므로, /

【대법원 요지】 사용자가 노동조합의 활동에 대하여 단순히 비판적 견해를 표명하거나 /

【대법원 요지】 근로자를 상대로 집단적인 설명회 등을 개최하여 회사의 경영상황 및 정책방향 등 입장을 설명하고 이해를 구하는 행위 또는 /

【대법원 요지】 비록 파업이 예정된 상황이라 하더라도 그 파업의 정당성과 적법성 여부 및 파업이 회사나 근로자에 미치는 영향 등을 설명하는 행위는 /

【대법원 요지】 거기에 징계 등 불이익의 위협 또는 이익제공의 약속 등이 포함되어 있거나 다른 지배 · 개입의 정황 등 노동조합의 자주성을 해칠 수 있는 요소가 연관되어 있지 않는 한, /

【대법원 요지】 사용자에게 노동조합의 조직이나 운영 및 활동을 지배하거나 이에 개입하는 의사가

있다고 가볍게 단정할 것은 아니라 할 것이다.

(2) 사안에 대한 대법원의 분석

【대법원 분석】 원심판결 이유 및 기록에 의하면, /
【대법원 분석】 ① 한국철도공사가 2009. 11. 24. 이 사건 노동조합과의 단체협약을 해지하자 이 사건 노동조합은 같은 해 11. 26.부터 같은 해 12. 2.까지 파업을 진행하다가 같은 해 12. 3. 업무에 복귀한 사실, /
【대법원 분석】 ② 이 사건 노동조합은 이후 계속하여 한국철도공사와 단체교섭을 진행하였음에도 교섭이 이루어지지 않자, 2010. 5. 12.까지 교섭이 결렬될 경우 재차 파업을 하겠다고 한국철도공사에 예고(파업 예정일은 2010. 5. 12. 04:00경임)한 사실, /
【대법원 분석】 ③ 이에 한국철도공사의 ○○본부장이자 단체교섭의 사용자 측 교섭위원 중 한 명인 공소외 A는 /
【대법원 분석】 2010. 5. 8.부터 같은 달 11일까지 한국철도공사 산하 차량사업소 및 정비단 등 현장을 순회하면서 직원설명회를 개최하기로 하여 파업 예정일 이전 며칠 동안 집중적으로 전국을 이동하며 직원설명회를 개최한 사실, /
【대법원 분석】 ④ 공소외 A가 2010. 5. 11. 한국철도공사 산하 서울차량사업소에서 약 300여 명에 이르는 직원을 상대로 위와 같은 설명회(이하 '이 사건 설명회')를 개최하려고 위 사업소에 도착하자, /
【대법원 분석】 피고인들 및 조합원 30여 명은 건물 1층 현관 앞을 막아서서 '내일이 파업인데 본사에 가서 협상하는 데 가 있어야지 여기 있을 때가 아니다'고 하거나 /
【대법원 분석】 '파업을 하루 앞두고 성실교섭이나 하지 뭐 하러 왔어. 현장에 설명회를 할 시간이 있으면 다시 돌아가 교섭에 충실히 임해 파업을 막도록 하라'고 하면서 /
【대법원 분석】 멱살을 잡는 등으로 건물 안으로 들어가지 못하게 가로막은 사실, /
【대법원 분석】 ⑤ 피고인들의 위와 같은 출입방해 등으로 인하여 공소외 A는 결국 그날 서울차량사업소 2층 회의실에서 과장 등 중간관리자와 차량팀원 일부 등 몇십 명만 참석한 가운데 약 10분간 설명회를 진행하면서 /
【대법원 분석】 한국철도공사의 현황에 비추어 파업에 무리가 있다는 취지의 발언을 하고 /
【대법원 분석】 나아가 국민들의 파업에 대한 시각과 국가가 처한 현실 등과 함께 현재로서는 철도가 파업이 된다면 한국철도공사 전체의 위기가 올 수 있다고 언급한 사실을 알 수 있다.

(3) 부당노동행위 부분에 대한 대법원의 판단

【대법원 판단】 이러한 순회설명회의 경과 등에 비추어 볼 때, /
【대법원 판단】 공소외 A가 이 사건 설명회에서 설명하고자 한 내용은 다른 지역설명회에서 한 발언과 유사할 것으로 보이지만, /
【대법원 판단】 원심은 그 내용에 대해서는 구체적으로 심리한 바가 없다. /
【대법원 판단】 그리고 그 발언의 내용이 이 사건 설명회가 무산된 뒤 중간관리자 등을 상대로 하였던 발언 내용과 별 차이가 없는 것이라면, /

【대법원 판단】 이는 파업이 예정된 상황에서 한국철도공사의 전반적 현황과 파업이 회사에 미치는 영향을 설명하면서 파업 참여에 신중할 것을 호소 · 설득하는 등 /

【대법원 판단】 사용자 입장에서 노동조합이 예정한 파업방침에 대해 비판적 견해를 표명한 것으로서 /

【대법원 판단】 사용자 측에 허용된 언론의 자유의 범위를 벗어난 것이라고 단정하기는 어렵다 할 것이다. /

【대법원 판단】 다만 원심판결 이유 및 기록에 의하면, /

【대법원 판단】 피고인들의 출입방해 행위 당시 서울차량사업소장 공소외 B가 피고인들 등에게 /

【대법원 판단】 '내일 파업이니까 오신 거예요. 파업하지 말라고. 내일 파업하면 우리 직원들이 많이 다치니까 하지 말라고 얘기하러 오신 거예요'라는 취지로 말한 사실이 인정되기는 한다. /

【대법원 판단】 그러나 이는 공소외 B가 서울차량사업소장으로서 피고인들이 공소외 A의 출입을 막아선 상황에서 이를 풀 것을 설득하는 과정에서 우발적으로 한 것으로 보이고, /

【대법원 판단】 그 내용도 그 사업소 소속 직원인 피고인들이 파업으로 인해 입을 손해를 우려하는 취지의 충고성 발언으로 볼 수 있는 등 발언 당시의 상황, 발언의 경위 및 시기 등 여러 사정들에 비추어 볼 때, /

【대법원 판단】 보복이나 위협 등의 의사가 표시되었다고 보기는 어렵다. /

【대법원 판단】 그 밖에 공소외 A가 이 사건 설명회를 개최하려고 한 과정에서 노동조합의 조직이나 운영을 지배하거나 이에 개입하는 의사가 있었던 것으로 볼 만한 행동을 하였다는 자료는 찾아볼 수 없다.

【대법원 판단】 그렇다면 원심으로서는, /

【대법원 판단】 비록 이 사건 설명회가 파업이 임박한 시기에 개최된 것이라고 하더라도, /

【대법원 판단】 공소외 A가 이 사건 설명회 전 다른 지역에서 한 순회설명회에서 표명한 발언의 내용 및 그러한 발언 등이 조합원이나 노동조합의 활동에 미쳤거나 미칠 수 있는 영향, 그리고 당초 예정된 파업의 정당성 여부 등 /

【대법원 판단】 지배 · 개입의 부당노동행위를 인정하는 전제가 되는 전후 상황 등에 대하여 구체적으로 심리하여, /

【대법원 판단】 이 사건 설명회 개최가 사용자 입장에서 단순히 파업에 대한 의견을 개진하는 수준을 넘어 조합원에 대해 회유 내지 위협적 효과를 가지는 등의 사정이 있어, /

【대법원 판단】 사용자에게 노동조합의 운영이나 활동을 지배하거나 노동조합의 활동에 개입하려는 의사가 있었던 것으로 추단되는지 여부를 판단하였어야 할 것이다. /

【대법원 결론】 그럼에도 원심은 이에 이르지 아니한 채 단지 그 판시와 같은 사정만으로 /

【대법원 결론】 이 사건 설명회 개최가 '근로자가 노동조합을 운영하는 것을 지배하거나 이에 개입하는 행위'로서 업무방해죄의 보호법익으로서의 업무에 해당하지 않는다고 판단하였으니, /

【대법원 결론】 이러한 원심의 판단에는 /

【대법원 결론】 지배 · 개입에 의한 부당노동행위의 성립에 관한 법리 또는 /

【대법원 결론】 업무방해죄의 보호법익으로서의 업무에 관한 법리를 오해하여 /

【대법원 결론】 필요한 심리를 다하지 아니함으로써 판결에 영향을 미친 위법이 있다.

(4) 금지착오 주장에 대한 판단기준

【대법원 판단】 나. 다음으로 부당노동행위로 오인한 데에 정당한 이유가 있는지에 관하여 본다.

【대법원 요지】 형법 제16조에서 자기가 행한 행위가 법령에 의하여 죄가 되지 아니한 것으로 오인한 행위는 그 오인에 정당한 이유가 있는 때에 한하여 벌하지 아니한다고 규정하고 있는 것은, /

【대법원 요지】 일반적으로 범죄가 되는 경우이지만 자기의 특수한 경우에는 법령에 의하여 허용된 행위로서 죄가 되지 아니한다고 그릇 인식하고 /

【대법원 요지】 그와 같이 그릇 인식함에 정당한 이유가 있는 경우에는 벌하지 아니한다는 취지이다. /

【대법원 요지】 그리고 그 정당한 이유가 있는지 여부는 /

【대법원 요지】 행위자에게 자기 행위의 위법 가능성에 대해 신중하게 판단하고 확인해 보는 등으로 위와 같은 착오를 하지 않도록 하기 위한 진지한 노력을 하였더라면 /

【대법원 요지】 스스로의 행위에 대하여 위법성을 인식할 수 있었음에도 /

【대법원 요지】 이를 다하지 아니한 결과 /

【대법원 요지】 그 행위의 위법성을 인식하지 못한 것인지 여부에 따라 판단하여야 할 것이고, /

【대법원 요지】 이러한 위법성의 인식에 필요한 노력의 정도는 /

【대법원 요지】 구체적인 행위의 정황과 행위자 개인의 인식능력 그리고 행위자가 속한 사회집단에 따라 달리 평가되어야 한다.

(5) 금지착오 주장에 대한 대법원의 판단

【대법원 판단】 원심판결 이유 및 기록에 의하면, /

【대법원 판단】 이 사건 노동조합의 간부들인 피고인들은 '사용자 측에서 조합원들이 파업을 못하게 할 의도로 특별교육을 시킨다'고 스스로 판단한 후 /

【대법원 판단】 앞서 본 바와 같은 방법으로 이 사건 설명회 개최를 저지하였음을 알 수 있다. /

【대법원 판단】 그러나 원심 판시와 같은 사정만으로는 피고인들이 이 사건 설명회 개최가 부당노동행위에 해당한다는 착오를 하지 않도록 하기 위한 진지한 노력을 다하였다고 볼 수 없으므로, /

【대법원 판단】 설사 이 사건 설명회 개최가 부당노동행위에 해당한다고 오인하였다 하더라도 거기에 정당한 이유가 있다고는 할 수 없다.

【대법원 결론】 따라서 원심이 그 판시와 같은 이유만으로 피고인들의 이 사건 설명회 개최 저지행위가 법령에 의하여 죄가 되지 아니한 것으로 오인한 것이 정당한 이유가 있는 때에 해당한다고 판단한 데에는 형법 제16조의 정당한 이유에 관한 법리를 오해한 잘못이 있다. (파기 환송)

2010도11030

업무방해죄와 쟁의행위의 한계
정리해고 사전 합의 사건

2011. 1. 27. 2010도11030, 공 2011상, 532

1. 사실관계 및 사건의 경과

【사실관계】

① P자동차회사에는 Q노동조합이 있다.

② 갑 등은 Q노동조합의 지도적 위치에 있는 사람들이다.

③ P회사는 Q노동조합과 "노동조합과의 합의에 의하여 정리해고를 실시할 수 있다"는 취지의 단체협약을 체결하였다.

④ P회사의 경영상태가 악화되었다.

⑤ P회사는 정리해고를 단행하기로 결정하였다.

⑥ Q노동조합 측은 회사의 긴박한 경영상의 필요에 의하여 실시되는 정리해고 자체를 전혀 수용할 수 없다는 입장을 결의하였다.

⑦ 갑 등은 Q노동조합의 입장을 관철하기 위하여 대규모 쟁의행위에 돌입하였다.

⑧ [이로 인하여 대규모 폭력사태가 발생하였다.]

【사건의 경과】

① 검사는 갑 등을 업무방해죄로 기소하였다.

② 제1심법원은 유죄를 인정하였다.

③ 갑 등은 불복 항소하였다.

④ 항소심법원은 항소를 기각하고, 제1심판결을 유지하였다.

⑤ 갑 등은 불복 상고하였다.

⑥ 갑 등은 상고이유로 다음의 점을 주장하였다.

(가) 정리해고가 단행되면 근로자들의 지위나 근로조건의 변경이 필연적으로 수반된다.

(나) 근로자들의 지위나 근로조건이 불리하게 변경되는 것을 막기 위한 쟁의행위는 목적의 정당성이 인정된다.

(다) P회사는 Q노동조합과 '합의'에 의하여 정리해고를 실시할 수 있다는 단체협약을 체결하였다.

(라) 그런데 P회사는 '합의'를 거치지 않고 일방적으로 정리해고를 단행하기로 결정하였다.

(마) 일방적 정리해고에 대항하기 위한 쟁의행위는 수단의 상당성이 인정된다.

2. 쟁의행위와 목적의 정당성

【대법원 요지】 정리해고나 사업조직의 통폐합 등 기업의 구조조정의 실시 여부는 경영주체의 고도의 경영상 결단에 속하는 사항으로서 이는 원칙적으로 단체교섭의 대상이 될 수 없고, /

【대법원 요지】 그것이 긴박한 경영상의 필요나 합리적 이유 없이 불순한 의도로 추진되는 등의 특별한 사정이 없는 한, /

【대법원 요지】 노동조합이 실질적으로 그 실시 자체를 반대하기 위하여 쟁의행위에 나아간다면, /

【대법원 요지】 비록 그 실시로 인하여 근로자들의 지위나 근로조건의 변경이 필연적으로 수반된다고 하더라도 그 쟁의행위는 목적의 정당성을 인정할 수 없다. /

【대법원 요지】 또한 쟁의행위에서 추구되는 목적이 여러 가지이고 그 중 일부가 정당하지 못한 경우에는 주된 목적 내지 진정한 목적의 당부에 의하여 그 쟁의목적의 당부를 판단하여야 할 것이고, /

【대법원 요지】 부당한 요구사항을 제외하였다면 쟁의행위를 하지 않았을 것이라고 인정되는 경우에는 그 쟁의행위 전체가 정당성을 갖지 못한다고 보아야 한다. /

【대법원 요지】 한편 사용자가 경영권의 본질에 속하여 단체교섭의 대상이 될 수 없는 사항에 관하여 노동조합과 '합의'하여 시행한다는 취지의 단체협약의 일부 조항이 있는 경우, /

【대법원 요지】 그 조항 하나만을 주목하여 쉽게 사용자의 경영권의 일부 포기나 중대한 제한을 인정하여서는 아니되고, /

【대법원 요지】 그와 같은 단체협약을 체결하게 된 경위와 당시의 상황, 단체협약의 다른 조항과의 관계, 권한에는 책임이 따른다는 원칙에 입각하여 노동조합이 경영에 대한 책임까지도 분담하고 있는지 여부 등을 /

【대법원 요지】 종합적으로 검토하여 그 조항에 기재된 '합의'의 의미를 해석하여야 한다.

3. 사안에 대한 대법원의 판단

【대법원 판단】 원심은, 그 판시와 같은 이 사건 정리해고의 추진 배경, 당시의 회사 재무상태, 정리해고의 회피를 위한 회사의 노력과 그에 대한 노동조합의 반응, 이 사건 쟁의행위 과정에서 노동조합이 보인 태도 등의 여러 사정을 종합하여, /

【대법원 판단】 이 사건 쟁의행위의 주된 목적은 회사의 긴박한 경영상의 필요에 의하여 실시되는 정리해고 자체를 전혀 수용할 수 없다는 노동조합 측의 입장을 관철하기 위한 것이라고 인정한 다음, /

【대법원 판단】 이러한 노동조합 측의 요구는 사용자의 정리해고에 관한 권한 자체를 전면적으로 부정하고 경영권의 본질적인 내용을 침해하는 것으로서 단체교섭의 대상이 될 수 없는 사항에 관한 것이므로, /

【대법원 판단】 그와 같은 요구사항을 내용으로 하는 이 사건 쟁의행위는 그 목적의 정당성을 인정받을 수 없다고 판단하였다.

【대법원 판단】 나아가 원심은, 그 판시와 같은 이 사건 단체협약서의 전체 내용, 단체협약 체결 당시의 상황 등 여러 사정에 비추어 보면, /

【대법원 판단】 '노동조합과의 합의에 의하여 정리해고를 실시할 수 있다'는 취지의 그 판시 단체협약 조항의 진정한 의미는 "회사가 정리해고 등 경영상 결단을 하기 위해서는 반드시 노동조합과 사전에 합의하여야 한다는 취지가 아니라 /

【대법원 판단】 사전에 노동조합에 해고의 기준 등에 관하여 필요한 의견을 제시할 기회를 주고 노동조합의 의견을 성실히 참고하게 함으로써 구조조정의 합리성과 공정성을 담보하고자 하는 '협의'의 취

지"로 해석함이 상당하다고 전제한 다음, /

【대법원 판단】 그와 같은 단체협약 조항에 의하더라도 이 사건 쟁의행위의 목적이 정당화될 수는 없다는 이유로, 피고인 10, 16, 17, 19를 제외한 나머지 피고인들에 대하여 이 부분 공소사실을 유죄로 인정한 제1심판결을 그대로 유지하였다.

【대법원 결론】 원심이 적법하게 채용한 증거들을 원심판결 이유 및 앞서 본 법리에 비추어 살펴보면, 원심의 위와 같은 사실인정과 판단은 모두 정당한 것으로 수긍할 수 있고, 거기에 상고이유에서 주장하는 바와 같이 논리와 경험칙에 반하여 사실을 오인하거나 쟁의행위의 정당성 등에 관한 법리를 오해하여 판결 결과에 영향을 미친 위법이 없다. (상고 기각)

2005도382

컴퓨터장애 업무방해죄와 부정한 명령 – 인정례
대학 웹서버 관리자 사건

2006. 3. 10. 2005도382, 공 2006, 696

1. 사실관계 및 사건의 경과

【사실관계】

① 2000. 12.경부터 갑은 P대학의 정보지원센터에서 컴퓨터시스템의 각종 서버를 관리하는 책임자로 근무해 오고 있었다.

② 2004. 2. 10.경 갑은 P대학의 교학처로 전보발령을 받았다.

③ [갑은 교학처로의 전보발령에 불만을 품었다.]

④ 2004. 2. 12. 09:32경 갑은 P대학 정보시원센터 사무실에서 그곳에 있는 컴퓨터를 이용하여 웹서버의 홈페이지 관리자 계정에 접속하였다.

⑤ 갑은 웹서버의 홈페이지 관리자 아이디와 패스워드(비밀번호)를 변경하였다.

⑥ 갑은 이러한 사실을 P대학 측에 알려 주지 않았다.

⑦ [갑이 웹서버의 홈페이지 관리자 아이디와 패스워드(비밀번호)를 변경할 당시 P대학이 웹서버의 홈페이지 관리자 계정에 접속하여 홈페이지의 내용을 변경할 현실적 필요성은 없었다.]

⑧ [갑의 후임자 A는 웹서버의 홈페이지 관리자 아이디와 패스워드(비밀번호)를 알지 못하였으나 프로그램을 초기화하는 방법으로 쉽게 관리자의 아이디와 비밀번호를 복구할 수 있었다.]

【사건의 경과】

① 검사는 갑을 컴퓨터등장애업무방해죄로 기소하였다.

② 갑의 피고사건은 제1심을 거친 후, 항소심에 계속되었다.

③ 항소심법원은 무죄를 선고하였다.

④ 검사는 불복 상고하였다.

2. 공소사실의 요지

【대법원 분석】 이 부분 주위적 공소사실의 요지는 /

【대법원 분석】 「피고인은 2000. 12.경부터 (대학명 생략)대학의 정보지원센터에서 컴퓨터시스템의 각종 서버를 관리하는 책임자로 근무하다가 2004. 2. 10.경 위 대학의 교학처로 전보발령을 받은 자인바, /

【대법원 분석】 2004. 2. 12. 09:32경 위 대학 정보지원센터 사무실에서 홈페이지 관리자에 관한 정보를 변경할 정당한 권한이 없음에도 /

【대법원 분석】 그곳에 있는 컴퓨터를 이용하여 웹서버의 홈페이지 관리자 계정에 접속하여 그 관리자 아이디와 패스워드(비밀번호) 변경에 관한 부정한 명령을 입력하여 /

【대법원 분석】 위 대학의 홈페이지 관리 등 정보처리에 장애를 발생하게 하여 /

【대법원 분석】 위 대학의 홈페이지 관리 및 이에 부대한 대학입시, 학사행정안내 등의 업무를 방해하였다.」라고 함에 있는바, /

3. 사안에 대한 항소심의 판단

【항소심 판단】 원심은, /

【항소심 판단】 그 판시의 증거들을 종합하면 /

【항소심 판단】 피고인이 2004. 2. 12. 09:32경 위 대학 컴퓨터시스템의 웹서버에 접속하여 홈페이지 관리자의 비밀번호 등을 변경한 후 이를 대학측에 알려 주지 아니한 사실은 인정되지만, /

【항소심 판단】 피고인이 이와 같이 홈페이지 관리자의 비밀번호 등을 변경한 후 이를 대학측에 알려주지 아니한 것만으로는 /

【항소심 판단】 정보처리장치의 작동에 직접 영향을 주어 그 사용목적에 부합하는 기능을 하지 못하게 하거나 사용목적과 다른 기능을 하게 함으로써 /

【항소심 판단】 정보처리에 현실적 장애를 발생하게 하였다고 볼 수 없으므로, /

【항소심 판단】 이 부분 주위적 공소사실은 컴퓨터 등 장애 업무방해죄를 구성한다고 볼 수 없다고 판단하였다.

4. 컴퓨터장애 업무방해죄의 성립요건

【대법원 판단 】 그러나 원심의 위와 같은 판단은 수긍할 수 없다.

【대법원 분석】 형법 제314조 제2항의 컴퓨터 등 장애 업무방해죄는, /

【대법원 분석】 컴퓨터 등 정보처리장치 또는 전자기록 등 특수매체기록을 손괴하거나 정보처리장치에 허위의 정보 또는 부정한 명령을 입력하거나 기타 방법으로 정보처리에 장애를 발생하게 하여, /

【대법원 분석】 사람의 업무를 방해함으로써 성립되는바, /

【대법원 요지】 정보처리장치를 관리 운영할 권한이 없는 자가 그 정보처리장치에 입력되어 있던 관리자의 아이디와 비밀번호를 무단으로 변경하는 행위는 /

【대법원 요지】 정보처리장치에 부정한 명령을 입력하여 정당한 아이디와 비밀번호로 정보처리장치

에 접속할 수 없게 만드는 행위로서 /

【대법원 요지】 정보처리에 장애를 현실적으로 발생시킬 뿐 아니라 /

【대법원 요지】 이로 인하여 업무방해의 위험을 초래할 수 있으므로 이 죄를 구성한다고 할 것이다.

5. 사안에 대한 대법원의 판단

【대법원 분석】 그런데 원심판결 이유와 기록에 의하면, /

【대법원 분석】 피고인이 전보발령을 받아서 더 이상 웹서버를 관리 운영할 권한이 없는 상태에서 웹서버에 접속하여 홈페이지 관리자의 아이디와 비밀번호를 무단으로 변경한 사실을 인정할 수 있는바, /

【대법원 판단】 위 법리에 비추어 보면, 피고인의 위와 같은 행위는, /

【대법원 판단】 피고인이 웹서버를 관리 운영할 정당한 권한이 있는 동안 입력하여 두었던 홈페이지 관리자의 아이디와 비밀번호를 단지 후임자 등에게 알려 주지 아니한 행위와는 달리, /

【대법원 판단】 정보처리장치에 부정한 명령을 입력하여 정보처리에 현실적 장애를 발생시킴으로써 위 (대학명 생략)대학에 대하여 업무방해의 위험을 초래하는 행위에 해당하여, /

【대법원 판단】 형법 제314조 제2항의 컴퓨터 등 장애 업무방해죄를 구성한다고 할 것이고, /

【대법원 판단】 이는 그 당시 위 (대학명 생략)대학이 웹서버의 홈페이지 관리자 계정에 접속하여 홈페이지의 내용을 변경할 현실적 필요성이 없었다거나 프로그램을 초기화하는 방법으로 쉽게 그 관리자의 아이디와 비밀번호를 복구할 수 있었다고 하여 달리 볼 것이 아니다.

【대법원 결론】 그렇다면, 원심이 피고인의 위와 같은 행위가 컴퓨터 등 장애 업무방해죄를 구성하지 아니한다고 판단하여 이 부분 주위적 공소사실에 관하여 무죄를 선고한 것은 /

【대법원 결론】 형법 제314조 제2항의 컴퓨터 등 장애 업무방해죄에 관한 법리를 오해하여 판결에 영향을 미친 위법을 저지른 것이라고 할 것이므로, 이를 지적한 상고이유의 주장은 이유 있다. (파기환송)

2010도14607

컴퓨터 업무방해죄와 정보통신망법위반죄의 관계
꽃배달 부정클릭 사건

2013. 3. 28. 2010도14607, 공 2013상, 811

1. 사실관계 및 사건의 경과

【사실관계 1】

① 갑은 인터넷 관련 P회사를 경영하고 있다.

② P회사는 M웹사이트를 운영하고 있다.

③ [P회사는 M웹사이트에 탑재할 프로그램을 개발하였다.] (㉠프로그램)

④ P회사 측은 컴퓨터 사용자들이 M웹사이트에서 무료프로그램을 다운로드받을 경우 ㉠프로그램이 몰래 숨겨진 'ActiveX'를 필수적으로 설치하도록 하였다. (㉡파일)
⑤ P회사의 M웹사이트에 접속한 컴퓨터 사용자들은 "키워드 프로그램을 설치하겠습니까"라는 공지사항을 확인한 후 'ActiveX'를 설치하였다.
⑥ M웹사이트에서 무료프로그램을 다운로드받은 컴퓨터 사용자 A 등의 ㉢컴퓨터 등에는 ㉠프로그램이 설치되었다. (㉢컴퓨터)
⑦ ㉠프로그램의 내용은 다음과 같다.
(가) ㉠프로그램은 ㉢컴퓨터에서 사용자가 인식하지 못하는 상태에서 추가적인 명령 없이 자동으로 실행된다.
(나) 이로써 ㉢컴퓨터는 P회사의 서버 컴퓨터와 주기적으로 HTTP로 통신을 하게 된다.
(다) 원래 네이버 시스템 상의 검색은 ㉢컴퓨터의 검색화면에서 이루어져야 한다.
(라) 그러나 P회사 서버 컴퓨터의 작업지시가 있으면 ㉢컴퓨터는 네이버 시스템에 연결하여 특정 검색어를 검색하거나 검색 후 나오는 결과 화면에서 특정 링크를 클릭한 것처럼 네이버 시스템에 곧바로 허위의 신호를 발송하는 작업을 수행한다.

【사실관계 2】

① 을은 Q꽃배달 업체를 운영하고 있다.
② R업체는 경쟁관계에 있는 꽃배달 업체이다.
③ 을은 R업체의 영업을 방해하려고 마음먹었다.
④ 을은 갑에게 부탁하여 ㉠프로그램을 이용하기로 하였다.
⑤ 갑은 P회사의 서버 컴퓨터에 작업지시를 내렸다.
⑥ 이에 ㉢컴퓨터 등으로부터 R업체의 스폰서 링크에 대량 접속이 이루어졌다.
⑦ S회사는 네이버의 광고대행사이다.
⑧ ㉢컴퓨터 등으로부터의 대량 접속 때문에 R회사는 S회사에 다액의 광고비를 지급하였다.
⑨ (이하 갑에 대해서만 고찰함)

【사건의 경과】

① 검사는 갑을 다음의 공소사실로 기소하였다.
(가) ㉠프로그램 개발 : 정보통신망법위반죄 (악성프로그램 유포)
(나) ㉠프로그램 설치 : 정보통신망법위반죄 (정보통신망 침입)
(다) R업체 스폰서링크 부정클릭 : 컴퓨터등장애업무방해죄
(라) 허위신호 발송 : 정보통신망법위반죄 (정보통신망 장애)
(마) R업체의 광고비 지급 : 컴퓨터등사용사기죄
② 제1심법원은 전부 유죄를 인정하였다.
③ 갑은 불복 항소하였다.
④ 항소심법원은 항소를 기각하고, 제1심판결을 유지하였다.
⑤ 갑은 불복 상고하였다.

2. 정보통신망 침입 부분에 대한 판단

(1) 사안에 대한 대법원의 판단

【대법원 판단】 원심은, /

【대법원 판단】 피고인 갑의 공소외 P주식회사(이하 '공소외 P회사'라 한다)는 그 회사가 운영하는 (인터넷 주소 생략)이라는 웹사이트에서 /

【대법원 판단】 컴퓨터 사용자들이 무료프로그램을 다운로드받을 경우 eWeb.exe(이하 '이 사건 프로그램'이라 한다)이라는 악성프로그램이 몰래 숨겨진 'ActiveX'를 필수적으로 설치하도록 유도하는 방법으로 /

【대법원 판단】 그들의 컴퓨터(이하 '피해 컴퓨터'라 한다)에 이 사건 프로그램을 설치하였는데, /

【대법원 판단】 이 사건 프로그램의 목적, 기능에 비추어 이 사건 프로그램에 대한 정확한 정보를 제공받았다면 그들이 이를 설치하지 않았을 것으로 보이므로, /

【대법원 판단】 그들이 "키워드 프로그램을 설치하겠습니까"라는 공지사항을 확인한 후 'ActiveX'를 설치하였다고 하더라도 /

【대법원 판단】 그것만으로 이 사건 프로그램의 설치에 동의한 것으로 볼 수 없다고 판단하고, /

【대법원 판단】 이 사건 프로그램이 피해 컴퓨터에서 사용자가 인식하지 못하는 상태에서 추가적인 명령 없이 자동으로 실행되면서 공소외 P회사의 서버 컴퓨터와 주기적으로 HTTP로 통신을 하다가 /

【대법원 판단】 공소외 P회사 서버 컴퓨터 작업지시에 따라 피해 컴퓨터로 하여금 네이버[엔에이치엔 주식회사가 정보통신서비스 제공자로서 설치한 인터넷에 관한 종합서비스(인터넷 이용자들은 이를 '포털서비스'라 부른다)이다] 시스템에 연결하여 /

【대법원 판단】 특정 검색어를 검색하거나 검색 후 나오는 결과 화면에서 특정 링크를 클릭한 것처럼 네이버 시스템에 허위의 신호를 발송하는 등의 작업을 하도록 한 원심 판시 인정사실에 비추어, /

【대법원 판단】 위 피고인이 정당한 접근권한 없이 또는 허용된 접근권한을 초과하여 피해 컴퓨터 사용자들이 사용하는 정보통신망을 침입한 사실을 인정할 수 있다는 이유로, /

【대법원 판단】 이를 다투는 항소이유를 받아들이지 아니하고 이 부분 공소사실에 대하여 유죄를 선고한 제1심판결을 그대로 유지하였다.

(2) 사안에 대한 대법원의 결론

【대법원 요지】 구 정보통신망 이용촉진 및 정보보호 등에 관한 법률/

【대법원 요지】 (2008. 6. 13. 법률 제9119호로 일부 개정되기 전의 것, 이하 '정보통신망법'이라고 한다) /

【대법원 요지】 제72조 제1항 제1호, 제48조 제1항 위반죄는 /

【대법원 요지】 정당한 접근권한 없이 또는 허용된 접근권한을 넘어 정보통신망에 침입하면 성립할 수 있다. /

【대법원 판단】 원심 판시에서 알 수 있는 피해 컴퓨터에 연결된 정보통신망을 이용한 이 사건 프로그램의 피해 컴퓨터 내의 설치 경위, /

【대법원 판단】 피해 컴퓨터 사용자들이 인식하지 못하는 상태에서의 이 사건 프로그램의 실행 및 피해 컴퓨터에 연결된 정보통신망을 이용한 공소외 P회사 서버 컴퓨터와의 통신, /
【대법원 판단】 그 통신에 의한 지시에 따라 피해 컴퓨터와 네이버 시스템 사이에 연결되는 정보통신망을 이용한 네이버 시스템에 대한 허위 신호 발송 결과 등에 비추어 보면, /
【대법원 판단】 이 사건 프로그램이 설치됨으로써 피해 컴퓨터 사용자들이 사용하는 정보통신망에 침입하였다고 판단한 원심판결은 위의 법리에 기초한 것으로서, /
【대법원 결론】 거기에 상고이유의 주장과 같이 정보통신망법 제48조 제1항에서 정한 정보통신망의 침입에 관한 법리를 오해하는 등의 사유로 판결에 영향을 미친 위법이 없다.

3. 악성프로그램 유포 부분에 대한 판단

【대법원 판단】 원심은 /
【대법원 판단】 이 사건 프로그램이 피해 컴퓨터가 작동하는 동안 사용자가 인식하지 못하는 상태에서 추가적인 명령 없이 자동으로 실행되면서, /
【대법원 판단】 공소외 P회사의 서버 컴퓨터와 주기적으로 통신을 하다가, /
【대법원 판단】 그 서버 컴퓨터의 작업지시에 따라 네이버에서 특정 검색어를 검색하거나 검색 후 나오는 결과 화면에서 특정 링크를 클릭한 것처럼 네이버 시스템에 허위의 신호를 발송하는 등의 작업을 하도록 되어 있는데, /
【대법원 판단】 이는 피해 컴퓨터 사용자가 의도하지 않은 작업이 자신도 모르는 상태에서 이루어지고 /
【대법원 판단】 그 과정에서 피해 컴퓨터의 CPU나 네트워크의 점유율을 높여 컴퓨터의 성능 및 인터넷 속도를 저하시킬 수 있으므로, /
【대법원 판단】 이 사건 프로그램은 정보통신시스템, 정보자료 또는 프로그램의 운용을 방해할 수 있는 프로그램으로서 /
【대법원 판단】 정보통신망법 제48조 제2항에서 정한 '악성프로그램'에 해당한다는 이유로, /
【대법원 판단】 이 부분 공소사실에 대하여 유죄를 선고한 제1심판결을 그대로 유지하였다.
【대법원 결론】 원심판결 이유를 정보통신망법 제48조 제2항 및 적법하게 채택된 증거들에 비추어 살펴보면, /
【대법원 결론】 위와 같은 원심의 판단에 상고이유 주장과 같이 정보통신망법 제48조 제2항에서 정한 '악성프로그램'에 관한 법리를 오해하는 등의 위법이 없다.

4. 정보통신망 장애 부분에 대한 판단

(1) 정보통신망 장애의 의미

【대법원 분석】 (1) 정보통신망법 제48조 제3항 및 제71조 제5호는 /
【대법원 분석】 정보통신망의 안정적 운영을 방해할 목적으로 /
【대법원 분석】 대량의 신호 또는 정보자료를 보내거나 /

【대법원 분석】 부정한 명령을 처리하도록 하는 등의 방법으로 /
【대법원 분석】 정보통신망에 장애가 발생하게 한 자를 처벌하도록 정하고 있으므로, /
【대법원 요지】 위 정보통신망 장애 행위로 처벌하기 위해서는 정보통신망의 안정적 운영을 방해하는 장애가 발생되어야 한다. /
【대법원 분석】 정보통신망은 /
【대법원 분석】 전기통신기본법 제2조 제2호의 규정에 따른 전기통신설비를 이용하거나 /
【대법원 분석】 전기통신설비와 컴퓨터 및 컴퓨터의 이용기술을 활용하여 /
【대법원 분석】 정보를 수집 · 가공 · 저장 · 검색 · 송신 또는 수신하는 정보통신체제를 말하므로, /
【대법원 요지】 정보통신망의 안정적 운영을 방해하는 장애는 /
【대법원 요지】 정보통신망에서 정보를 수집 · 가공 · 저장 · 검색 · 송신 또는 수신하는 기능을 물리적으로 수행하지 못하게 하거나 그 기능 수행을 저해하는 것을 의미한다고 보인다. /
【대법원 요지】 따라서 위 규정들에서 정하고 있는 '부정한 명령'은 /
【대법원 요지】 '대량의 신호 또는 정보자료'를 보내는 것과 마찬가지로 /
【대법원 요지】 정보통신망의 안정적 운영을 방해하는 장애가 발생될 수 있는 방법의 하나로서 그에 해당하는 명령이라고 해석함이 상당하므로, /
【대법원 요지】 정보통신망의 운영을 방해할 수 있도록 /
【대법원 요지】 정보통신망을 구성하는 컴퓨터시스템에 그 시스템의 목적상 예정하고 있지 않은 프로그램을 실행하게 하거나 /
【대법원 요지】 그 시스템의 프로그램을 구성하는 개개의 명령을 부정하게 변경, 삭제, 추가하거나 /
【대법원 요지】 프로그램 전체를 변경하게 하는 것이 이에 해당할 것이다.
【대법원 요지】 그렇지만 비록 허위의 정보자료를 처리하게 하였다고 하더라도 /
【대법원 요지】 그것이 정보통신망에서 처리가 예정된 종류의 정보자료인 이상 위 규정들에서 정한 '부정한 명령'을 처리하게 한 것이라 할 수 없고, /
【대법원 요지】 나아가 그와 같이 허위의 자료를 처리하게 함으로써 정보통신망의 관리자나 이용자의 주관적 입장에서 보아 진실에 반하는 정보처리 결과를 만들어 내었다고 하더라도 /
【대법원 요지】 정보통신망에서 정보를 수집 · 가공 · 저장 · 검색 · 송신 또는 수신하는 기능을 물리적으로 수행하지 못하게 하거나 그 기능 수행을 저해하지는 아니하는 이상 /
【대법원 요지】 형법에서 정한 '정보처리 장애'에 해당하여 컴퓨터등장애업무방해죄가 성립될 수 있음은 별론으로 하고 /
【대법원 요지】 위 규정들에서 정한 '정보통신망 장애'에 해당한다고 할 수 없으므로, /
【대법원 요지】 이를 정보통신망 장애에 의한 정보통신망법 위반죄로 처벌할 수는 없다.

(2) 사안에 대한 대법원의 분석

【대법원 분석】 (2) 원심판결 이유와 적법하게 채택된 증거들에 의하면, /
【대법원 분석】 피고인 갑은 이 부분 공소사실과 같이 2006. 7.경부터 2007. 10.경 이 사건 프로그램을 유포하기 전까지는 피고인 병에게 의뢰하는 방법으로, /

【대법원 분석】 그 후부터 2008. 8. 29.까지는 이 사건 프로그램을 이용하는 방법으로 /
【대법원 분석】 피고인 을이 운영하는 꽃배달 업체인 공소외 Q주식회사 및 /
【대법원 분석】 제1심판결의 별지 범죄일람표 3 기재 네이버의 해당 업체와 관련된 /
【대법원 분석】 검색어의 '연관검색어' 생성, '자동완성어' 생성 및 순위 상향 작업을 하여 준 사실, /
【대법원 분석】 피고인 병이 한 작업은 /
【대법원 분석】 수십 대의 전용 컴퓨터에 수십 회선의 ADSL 전용회선을 설치하여 자동으로 인터넷 프로토콜(IP)을 변환하여 /
【대법원 분석】 실제는 얼마 되지 않는 컴퓨터에서 자동으로 네이버의 검색창을 띄워 '꽃배달' 등의 검색어로 검색을 실시하고 그 검색 결과에서 해당 업체의 웹사이트를 클릭한 것임에도 /
【대법원 분석】 마치 수많은 컴퓨터 사용자들이 그와 같은 검색을 실시하고 해당 업체의 웹사이트를 클릭한 것처럼 가장한 것이고, /
【대법원 분석】 한편 이 사건 프로그램을 이용한 방법은 /
【대법원 분석】 앞서 본 바와 같이 이 사건 프로그램 등이 설치된 피해 컴퓨터 사용자들이 실제로 네이버의 검색창에 검색어를 입력하지 않고 해당 업체의 웹사이트를 클릭하지 않았음에도 /
【대법원 분석】 피해 컴퓨터 사용자들이 모르는 사이에 피해 컴퓨터에서 이 사건 프로그램을 구동시켜 이 사건 프로그램이 자동으로 피고인 갑이 관리하는 공소외 P회사의 서버 컴퓨터로부터 수행할 작업 리스트를 내려받고 /
【대법원 분석】 그 작업 리스트에 따라 네이버의 검색창에 지시된 검색어를 입력하고 그 검색 결과에서 지시된 업체의 웹사이트를 클릭하도록 한 것으로서, /
【대법원 분석】 그로 인하여 네이버의 관련 시스템 서버는 피해 컴퓨터 사용자들이 실제로 검색어를 입력하고 해당 웹사이트를 클릭한 것으로 정보처리를 하여 /
【대법원 분석】 위 피고인들이 의도한 대로 '꽃배달' 등의 검색어에 대하여 '연관검색어', '자동완성어'를 생성하거나 해당 웹사이트의 순위를 향상시킨 사실을 알 수 있다.

(3) 사안에 대한 대법원의 판단

【대법원 판단】 (3) 위 사실관계를 앞에서 본 법리에 비추어 살펴보면, /
【대법원 판단】 위 피고인들이 네이버의 관련 시스템 서버에 마치 컴퓨터 사용자들이 실제로 네이버의 검색창에 검색어를 입력하였거나 해당 업체의 웹사이트를 클릭한 것처럼 사실과 다른 정보자료를 보냈다고 하더라도 /
【대법원 판단】 그것이 네이버의 관련 시스템에서 통상적인 처리가 예정된 종류의 정보자료여서 정보통신망의 안정적 운영을 방해하는 장애가 발생될 수 있는 방법이 사용되었다고 보기 어려우므로 /
【대법원 판단】 위 규정들에서 정한 '부정한 명령'을 처리하게 한 것은 아니고, /
【대법원 판단】 나아가 위 피고인의 위 행위로 네이버의 관련 시스템 서버가 컴퓨터 사용자들이 실제로 검색어를 입력하고 해당 웹사이트를 클릭한 것으로 정보처리를 하고 /
【대법원 판단】 자동완성어나 연관검색어를 생성하거나 해당 웹사이트의 순위를 향상시켰다고 하더라도 /

【대법원 판단】 위 사실관계에 나타난 사정만으로는 그로써 네이버의 관련 시스템에서 정보를 수집·가공·저장·검색·송신 또는 수신하는 기능을 물리적으로 수행하지 못하게 되거나 그 기능 수행이 저해되었다고 할 수 없어 /

【대법원 판단】 '정보통신망 장애'가 발생되었다고 할 수 없다. /

【대법원 판단】 따라서 아래에서 보는 바와 같이 허위의 정보를 입력하여 정보처리에 장애를 발생시켜 네이버의 검색어 제공서비스 등의 업무를 방해함으로써 컴퓨터등장애업무방해죄가 성립됨은 별론으로 하고, /

【대법원 판단】 위 행위에 관한 이 부분 공소사실에 대하여 위 규정들에서 정한 정보통신망 장애에 의한 정보통신망법 위반죄가 성립된다고 할 수는 없다.

【대법원 분석】 (4) 그럼에도 이와 달리, 원심은 /

【대법원 분석】 이 사건 프로그램에 의하여 네이버의 관련 시스템에 허위의 신호를 발송하게 한 것은 '부정한 명령'을 입력한 것에 해당하고, /

【대법원 분석】 그로 인하여 위 피고인이 의도한 대로 '연관검색어', '자동완성어'가 생성되거나 그 순위가 상향되는 결과가 발생한 것은 /

【대법원 분석】 네이버의 정보통신망에서 정보를 수집·가공·저장·검색하는 데 장애가 현실적으로 발생되었고 /

【대법원 분석】 네이버의 정보통신망의 안정적 운영을 방해할 목적이 인정된다는 이유로, /

【대법원 분석】 피고인 갑에 대한 이 부분 공소사실을 정보통신망법 제71조 제5호, 제48조 제3항 위반죄의 유죄로 인정한 제1심판결을 그대로 유지하였다. /

【대법원 결론】 따라서 이러한 원심판결에는 정보통신망법 제48조 제3항에서 정한 부정한 명령과 정보통신망의 장애에 관한 법리를 오해하여 판결에 영향을 미친 위법이 있다.

5. 컴퓨터등장애 업무방해죄 부분에 대한 판단

(1) 컴퓨터등장애 업무방해죄의 성립요건

【대법원 분석】 형법 제314조 제2항은 /

【대법원 분석】 '컴퓨터 등 정보처리장치 또는 전자기록 등 특수매체기록을 손괴하거나 /

【대법원 분석】 정보처리장치에 허위의 정보 또는 부정한 명령을 입력하거나 /

【대법원 분석】 기타 방법으로 /

【대법원 분석】 정보처리에 장애를 발생하게 하여 /

【대법원 분석】 사람의 업무를 방해한 자'를 처벌하도록 규정하고 있다. /

【대법원 요지】 위 죄가 성립하기 위해서는 /

【대법원 요지】 위와 같은 가해행위 결과 /

【대법원 요지】 정보처리장치가 그 사용목적에 부합하는 기능을 하지 못하거나 사용목적과 다른 기능을 하는 등 /

【대법원 요지】 정보처리에 장애가 현실적으로 발생하였을 것을 요한다고 할 것이나, /

【대법원 요지】 정보처리에 장애를 발생하게 하여 업무방해의 결과를 초래할 위험이 발생한 이상, /

【대법원 요지】 나아가 업무방해의 결과가 실제로 발생하지 않더라도 위 죄가 성립한다.

(2) 사안에 대한 대법원의 판단

【대법원 판단】 원심판결 이유에 의하면, 원심은 /

【대법원 판단】 이 사건 프로그램이 설치된 피해 컴퓨터 사용자들이 실제로 네이버 검색창에 해당 검색어로 검색하거나 검색 결과에서 해당 스폰서링크를 클릭하지 않았음에도 /

【대법원 판단】 위 피고인이 이 사건 프로그램을 이용하여 그와 같이 검색하고 클릭한 것처럼 네이버의 관련 시스템 서버에 허위의 신호를 발송하는 방법의 작업을 하였으므로, /

【대법원 판단】 이는 객관적으로 진실에 반하는 내용의 정보인 '허위의 정보'를 입력한 것에 해당하고, /

【대법원 판단】 그 결과 네이버의 관련 시스템 서버에서 실제적으로 검색어가 입력되거나 특정 스폰서링크가 클릭된 것으로 인식하여 그에 따른 정보처리가 이루어졌으므로 /

【대법원 판단】 이는 네이버의 관련 시스템 등 정보처리장치가 그 사용목적에 부합하는 기능을 하지 못하거나 사용목적과 다른 기능을 함으로써 /

【대법원 판단】 정보처리의 장애가 현실적으로 발생하였다고 할 것이고, /

【대법원 판단】 나아가 이로 인하여 네이버의 검색어 제공서비스 등의 업무나 네이버의 스폰서링크 광고주들의 광고 업무가 방해되었다는 이유로, /

【대법원 판단】 이 부분 공소사실에 대하여 모두 유죄를 선고한 제1심판결을 그대로 유지하였다.

【대법원 결론】 위와 같은 원심판결 이유를 적법하게 채택된 증거들에 비추어 살펴보면, 원심의 이러한 판단은 앞에서 본 법리에 따른 것으로서, 거기에 상고이유 주장과 같이 컴퓨터등장애업무방해죄에 관한 법리를 오해하는 등의 위법이 없다.

6. 컴퓨터등사용사기 부분에 대한 판단

【대법원 판단】 원심은 /

【대법원 판단】 통상은 공소외 S유한회사가 '클릭방지시스템'을 구축하여 실시간으로 이를 운용하면서 불법시스템으로 인한 클릭, 특정 형태의 반복 클릭 패턴을 분석하여 걸러진 클릭에 대하여 요금을 청구하지 않는다고 하더라도, /

【대법원 판단】 피고인 갑이 이 사건 프로그램을 이용하는 방법으로 ○○○○○, △△△△△의 네이버 스폰서링크를 부정클릭함으로써 /

【대법원 판단】 네이버의 스폰서링크 광고대행사인 공소외 S유한회사에 제1심판결이 적시한 범죄일람표 1-1 기재 중의 일부 범죄사실과 같이 광고비를 지급하게 한 사실을 충분히 인정할 수 있다는 이유로, /

【대법원 판단】 이 부분 공소사실에 대하여 유죄를 선고한 제1심판결을 그대로 유지하였다.

【대법원 결론】 원심판결 이유를 적법하게 채택된 증거들에 비추어 살펴보면, 원심의 위와 같은 판단에 상고이유 주장과 같이 허위의 정보 내지 부정한 명령, 인과관계 및 재산상의 이익 등과 관련하여 컴퓨터등사용사기죄에 관한 법리를 오해하거나 논리와 경험의 법칙에 반하여 자유심증주의의 한

계를 벗어나는 등의 위법이 없다. (정보통신망 장애 부분 파기 환송)

제 3 입찰 · 경매방해죄

2000도102 (2)

위계공무집행방해죄와 입찰 · 경매방해죄의 관계

입찰가액 알아내기 사건

2000. 3. 24. 2000도102, 공 2000, 1109

☞ 1093면

2008도11361

입찰방해죄와 입찰공정 침해 – 인정례

일부 업체 담합 사건

2009. 5. 14. 2008도11361, 공 2009상, 939

1. 사실관계 및 사건의 경과

【사실관계】

① 갑, 을, 병, 정은 P, Q, R, S회사의 대표들이다.
② [M관공서에서는 ㉠건 이하 여러 건을 입찰에 부쳤다.]
③ 갑, 을, 병, 정은 [M관공소의] 입찰에 대해 가격을 합의하였다.
④ 갑 등은 만약에 낙찰이 되면 P회사에서 모든 공사를 하기로 합의한 다음 입찰에 응하였다.
⑤ ㉠건 이하의 입찰에는 6개부터 35개까지 많은 회사들이 참가하였다.

【사건의 경과】

① 갑, 을, 병, 정은 입찰방해죄로 기소되었다.
② 갑 등의 피고사건은 제1심을 거친 후, 항소심에 계속되었다.
③ 항소심법원은 무죄를 선고하였다.
④ (항소심의 판단 이유는 판례 본문 참조)
⑤ 검사는 불복 상고하였다.

2. 입찰방해죄의 성립요건

【대법원 요지】 입찰방해죄는 위계 또는 위력 기타의 방법으로 입찰의 공정을 해하는 경우에 성립하

는 위태범으로서 결과의 불공정이 현실적으로 나타나는 것을 필요로 하지 않고, /

【대법원 요지】 여기서 '입찰의 공정을 해하는 행위'란 공정한 자유경쟁을 방해할 염려가 있는 상태를 발생시키는 것, /

【대법원 요지】 즉, 공정한 자유경쟁을 통한 적정한 가격형성에 부당한 영향을 주는 상태를 발생시키는 것으로, /

【대법원 요지】 그 행위에는 가격결정뿐 아니라 '적법하고 공정한 경쟁방법'을 해하는 행위도 포함된다. /

【대법원 요지】 그리고 입찰참가자들 사이의 담합행위가 입찰방해죄로 되기 위하여는 반드시 입찰참가자 전원과의 사이에 담합이 이루어져야 하는 것은 아니고, /

【대법원 요지】 입찰참가자들 중 일부와의 사이에만 담합이 이루어진 경우라고 하더라도 그것이 입찰의 공정을 해하는 것으로 평가되는 이상 입찰방해죄는 성립한다.

3. 사안에 대한 항소심의 판단

【항소심 판단】 원심판결 이유에 의하면, 원심은 /

【항소심 판단】 피고인 갑이 그 판시와 같이 피고인 을, 병, 정과 가격을 합의하고, /

【항소심 판단】 만약에 낙찰이 되면 P회사에서 모든 공사를 하기로 합의한 다음 투찰하는 등, /

【항소심 판단】 '적법하고 공정한 경쟁방법'을 해하는 행위를 하였다고 하더라도, /

【항소심 판단】 위 각 투찰행위가 입찰방해죄에 해당하는지는 위 각 투찰행위로 인하여 입찰의 공정을 해하는지 여부에 달려있다고 할 것인바, /

【항소심 판단】 판시 각 투찰행위는 각 입찰마다 투찰한 총입찰참여업체의 수(각 투찰마다 6개부터 35개까지 다양하게 분포한다)에 비추어 공정한 자유경쟁을 통한 적정한 가격형성에 부당한 영향을 주는 상태를 발생시켰다고 보기 어렵고, /

【항소심 판단】 달리 위 각 입찰의 공정을 해하였다고 인정할 증거가 없다고 판단하여, 판시 각 투찰행위에 대한 입찰방해의 점에 관하여 무죄를 선고하였다.

4. 사안에 대한 대법원의 판단

【대법원 판단】 그러나 앞서 본 법리에 비추어 살펴보면, /

【대법원 판단】 피고인 갑이 투찰을 함에 있어서 다른 피고인들과 가격을 합의하고, /

【대법원 판단】 낙찰이 되면 특정 업체에서 공사를 모두 하기로 하는 등의 담합행위를 한 이상 /

【대법원 판단】 '적법하고 공정한 경쟁방법'을 해하는 행위로서 입찰의 공정을 해하는 경우에 해당하는 것이고, /

【대법원 판단】 위와 같이 담합하여 투찰행위를 함으로써 위태범인 입찰방해죄가 성립하는 것이며, /

【대법원 판단】 결과적으로 위 투찰에 참여한 업체의 수가 많아서 실제로 가격형성에 부당한 영향을 주지 않았다고 하여 입찰방해죄의 성립을 방해할 수는 없는 것이다.

【대법원 결론】 그럼에도 불구하고, 판시와 같은 이유로 위 각 입찰방해의 점에 대하여 무죄를 선고한 원심의 조치에는 입찰방해죄의 성립에 관한 법리를 오해하여 판결에 영향을 미친 위법이 있고, 이

를 지적하는 상고이유의 주장은 이유 있다. (파기 환송)

2010도4940

입찰방해죄와 입찰공정 침해 – 인정례
음성유도기 입찰 사건

2010. 10. 14. 2010도4940, 공 2010하, 2130

1. 사실관계 및 사건의 경과

【사실관계 1】

① P, Q, R, S회사는 시각장애인용 음성유도기 등을 제조·판매하는 회사이다.

② 갑, 을, 병은 각각 P, Q, R회사의 대표이사이고, 정은 S회사의 이사이다.

③ [M기관은 시각장애인용 음성유도기를 구입하기로 하고 입찰에 부쳤다.]

④ 입찰 일자는 2005. 8. 23.로 결정되었다.

⑤ 2005. 7.경 갑, 을, 병, 정은 M기관의 입찰에 관하여 다음과 같은 내용의 담합을 논의하였다.

(가) M기관의 이번 입찰은 Q회사가 낙찰을 받기로 한다.

(나) Q회사는 나머지 P, R, S회사에게 1,000만 원씩을 지급한다.

(다) 다음 입찰부터는 순차로 낙찰을 받는다.

⑥ M기관의 입찰에 관한 담합은 갑이 이를 거절하여 합의에 이르지 못하였다.

【사실관계 2】

① 2005. 8. 22. (입찰 전날) 갑은 정에게 전화를 걸었다.

② 이를 계기로 갑, 정, 을, 병 사이에 전화통화가 이어지면서 다시 담합이 논의되었다.

③ 2005. 8. 23. (입찰 당일)에도 갑, 을, 병, 정 사이에 전화통화가 계속 이어졌다.

④ 특히 입찰금액과 관련하여 구체적으로 을은 병에게 "Q회사를 제외한 나머지 3사는 입찰금액을 무조건 1억 원 이상으로 해 달라"는 요구를 하였다.

⑤ 을의 요구를 받은 병은 갑에게 전화하여 "1억 원 이상으로 입찰하라"고 말하였다.

⑥ 갑, 을, 병, 정 사이의 전화통화가 있은 후, 입찰금액에 관하여 P, Q, R, S회사는 다음과 같이 입찰하였다.

(가) P회사 : 9,200만 원

(나) Q회사 : 9,970만 원

(다) R회사 : 1억 600만 원

(라) S회사 : 1억 1,077만 원

⑦ 그런데 P회사의 입찰은 제일 늦게 이루어진 것이었다.

⑧ [M기관의 시각장애인용 음성유도기를 구입 건은 P회사에 낙찰되었다.]

【사건의 경과】

① [을, 병, 정은 갑을 고소하였다.]

② 검사는 갑을 입찰방해죄로 기소하였다.

③ 갑은 을, 병, 정과의 담합 사실을 부인하였다.

④ 갑은 병과의 전화통화에서 최종적으로 담합을 거절하였다고 주장하였다.

⑤ 갑의 피고사건은 제1심을 거친 후, 항소심에 계속되었다.

⑥ 항소심법원은 유죄를 인정하였다.

⑦ (항소심의 판단 이유는 판례 본문 참조)

⑧ 갑은 불복 상고하였다.

2. 입찰방해죄의 법적 성질

【대법원 요지】 입찰방해죄는 위태범으로서 결과의 불공정이 현실적으로 나타나는 것을 요하는 것이 아니고, /

【대법원 요지】 그 행위에는 가격을 결정하는 데 있어서 뿐 아니라, 적법하고 공정한 경쟁방법을 해하는 행위도 포함된다. /

【대법원 요지】 한편, 입찰자들 상호간에 특정업체가 낙찰받기로 하는 담합이 이루어진 상태에서 그 특정업체를 포함한 다른 입찰자들은 당초의 합의에 따라 입찰에 참가하였으나 일부 입찰자는 자신이 낙찰받기 위하여 당초의 합의에 따르지 아니한 채 오히려 낙찰받기로 한 특정업체보다 저가로 입찰하였다면, /

【대법원 요지】 이러한 일부 입찰자의 행위는 위와 같은 담합을 이용하여 낙찰을 받은 것이라는 점에서 적법하고 공정한 경쟁방법을 해한 것이 되고, 따라서 이러한 일부 입찰자의 행위 역시 입찰방해죄에 해당한다.

3. 사안에 대한 대법원의 판단

(1) 담합 여부에 대한 판단

【대법원 분석】 원심판결 이유에 의하면, 원심은 그 채용 증거들을 종합하여 /

【대법원 분석】 ① 피고인은 공소외 P주식회사의 대표이사, 공소외 을은 공소외 Q주식회사의 대표이사, 공소외 병은 공소외 R주식회사의 대표이사, 공소외 정은 공소외 S의 이사로서 위 각 회사를 운영하면서 시각장애인용 음성유도기 등을 제조·판매하여 온 점, /

【대법원 분석】 ② 피고인, 공소외 을, 병, 정은 2005. 7.경 이 사건 입찰에 관하여 공소외 Q주식회사가 낙찰을 받고, 공소외 Q주식회사는 위 나머지 3사에게 1,000만 원씩을 지급하며 다음 입찰부터는 순차로 낙찰을 받자는 내용의 담합이 논의되었지만, 피고인이 이를 거절하여 합의에 이르지 못한 점, /

【대법원 분석】 ③ 그런데 이 사건 입찰 전날인 2005. 8. 22. 피고인이 공소외 정에게 전화를 한 것이 계기가 되어 공소외 정, 을, 병 사이에 전화통화가 이어지면서 다시 담합이 논의된 점, /

【대법원 분석】 ④ 이 사건 입찰 당일인 2005. 8. 23.에도 피고인, 공소외 을, 병, 정 사이에 전화통화가 계속 이어지면서, 특히 입찰금액과 관련하여 구체적으로 공소외 병이 공소외 을로부터 "공소외 Q주식회사를 제외한 나머지 3사는 입찰금액을 무조건 1억 원 이상으로 해 달라"는 요구를 받고, 피고인에게 전화하여 "1억 원 이상으로 입찰하라"고 한 점, /

【대법원 분석】 ⑤ 이에 따라 입찰금액에 관하여 공소외 Q주식회사는 9,970만 원, 공소외 S는 1억 1,077만 원, 공소외 R주식회사는 1억 600만 원으로 각 입찰을 하였지만, 공소외 P주식회사는 제일 늦게 입찰금액을 9,200만 원으로 하여 입찰을 한 점, /

【대법원 분석】 ⑥ 만약 피고인이 그 주장과 같이 공소외 병과의 위 전화통화에서 최종적으로 담합을 거절하였다면, 공소외 병이 그 사실을 공소외 을에게 알리지 아니한 채 위 담합에 따라 공소외 을, 병으로 하여금 입찰을 하도록 하였을 리가 없는 점 등의 사정을 인정한 다음, /

【대법원 판단】 위와 같은 사정들에 비추어 보면 피고인이 이 사건 공소사실 기재와 같이 공소외 을, 병, 정과 사이에 이 사건 입찰에 관하여 담합한 것이라고 판단하였다.

【대법원 결론】 기록에 비추어 살펴보면, 원심의 이와 같은 인정 및 판단은 정당한 것으로 수긍이 간다. /

(2) 저가 입찰 부분에 대한 판단

【대법원 판단】 한편 피고인이 담합에 가담하기로 하였다가 자신이 낙찰받기 위하여 당초의 합의에 따르지 아니한 채 공소외 Q주식회사보다 저가로 입찰하였다고 하더라도 이러한 피고인의 행위 역시 앞서 본 법리에 따라 입찰방해죄에 해당하는 것이므로, /

【대법원 결론】 같은 취지에서 이 사건 공소사실을 유죄로 인정한 원심의 조치는 정당하다. /

【대법원 결론】 따라서 원심판결에 상고이유에서 주장하는 바와 같이 논리와 경험의 법칙에 위배하고 자유심증주의의 한계를 벗어나거나 입찰방해죄의 성립에 관한 법리를 오해하는 등의 위법이 있다고 할 수 없다. (상고 기각)

【비교법 조문 9】

일본 형법

제96조의3 (경매등 방해) ① 위계 또는 위력을 사용하여 공(公)의 경매 또는 입찰의 공정을 해칠 행위를 한 자는 2년 이하의 징역 또는 250만엔 이하의 벌금에 처한다.

② 공정한 가격을 해하거나 부정한 이익을 얻을 목적으로 담합한 자도 전항과 같다.

【코멘트】

(1) 담합행위와 입찰방해죄의 관계

본 판례에서 대법원은 입찰방해죄의 성질을 밝히고, 나아가 담합과 관련한 입찰방해죄의 성립범위를 제시하고 있다(이하 서술의 편의상 입찰은 경매를 포함하는 의미로 사용한다). 담합이란 입찰인들이 서로 통모하여 특정한 사람이 계약자가 될 수 있도록 다른 사람이 일정한 가격 이하나 이상으로 입찰의 의사표시를 하는 행위를 말한다. 담합행위를 어느 범위까지 처벌할 것인가는 기본적으로 개별 법공동체의 입법자가 결정할 사항이다.

우리 형법은 입찰방해죄를 '신용, 업무와 경매에 관한 죄'의 하나로 형법 제315조에서 규정하고 있는데, 담합에 대해서는 특별한 언급을 하고 있지 않다. 계수사적으로 볼 때 우리 형법의 입찰방해죄는 개인적 법익에 관한 죄의 일종으로 동일한 장명(章名)을 가지고 있는 1940년 일본 개정형법가안의 입찰방해죄를 모델로 하고 있다.

군국주의 일본은 1941년 말 진주만 공격으로 제2차 세계대전을 일으킨 후 체제강화책의 일환으로 1942년에 개정형법가안의 일부 내용을 형법개정의 형식으로 일본 형법전에 편입하였다. 일본의 입찰방해죄는 그 일환으로 일본 형법에 들어오게 되었는데, 이 점에서 우리 형법의 입찰방해죄와 입법의 출발점을 같이하고 있다. 그러나 양국의 입법과정을 살펴보면 양자는 서로 다른 방향으로 나아갔음을 알 수 있다.

(2) 일본 개정형법가안의 입찰방해죄

1940년 일본의 개정형법가안 제416조는 "위계 또는 위력을 사용하거나 담합 기타의 방법으로 경매 또는 입찰의 공정을 해한 자는 2년 이하의 징역 또는 5천엔 이하의 벌금에 처한다."고 규정하고 있었다. 당시 담합행위가 사기죄를 구성하는가를 놓고 견해가 나뉘고 있었는데, 이 문제를 아예 업무방해의 관점에서 파악하자는 것이 가안 입안자들의 구상이었다(法務大臣官房調查課, 法務資料 別冊 第23號, 422면 참조). 우리 입법자는 가안의 조문형태를 충실하게 따라가면서도 '담합'이라는 표현은 삭제하였다. 위계 · 위력과 같은 차원에서 논의되는 '기타 방법'의 하나로 담합을 포착하면 충분하다는 입법자의 판단이 반영된 결과라고 생각된다.

(3) 일본 형법상의 입찰방해죄

그러나 일본의 경우는 우리와 전혀 다른 입법과정을 밟게 된다(이하의 서술은, 大コンメンタール刑法, 第2版, 第6卷, 198면 이하 참조). 1942년에 가안을 토대로 형법개정안을 성안하는 과정에서 일본 정부는 경매 · 입찰 전반이 아닌 공적(公的) 경매 · 입찰의 공정성을 보호하면 족하다는 제한적 입장을 취하였다. 그리하여 일본의 정부원안은 입찰방해죄를 일본형법 제5장 '공무집행을 방해하는 죄'의 장에 편입하면서, 제96조의3으로 "위계 또는 위력을 사용하거나 또는 담합에 의하여 공적 경매 또는 입찰의 공정을 해할 행위를 한 자는 2년 이하의 징역 또는 5천엔 이하의 벌금에 처한다."고 규정하였다.

가안에 비하여 처벌범위가 축소된 일본의 정부원안은 일본 제국의회의 심의과정에서 더욱 제한되었다. 먼저 중의원의 심의과정에서 처벌대상 담합의 범위가 문제되었다. 논의과정에서 담합에는 입찰에 의하여 국가가 손해를 입게 되는 부정한 담합과 공정한 가격으로 입찰하는 담합의 두 가지가 있는데, 후자에 대해서까지 처벌대상으로 삼을 필요가 없다는 의견이 대두되었다. 그리하여 일본 정부원안 가운데 '또는 담합에 의하여'라는 부분을 삭제한 나머지를 제1항으로 하고, 제2항에 "공정한 가격을 해할 목적으로 담합한 자도 또한 같다."는 조항을 신설하기로 하였다.

중의원에 이어서 진행된 일본의 귀족원 심의과정에서는 악질적인 담합이 처벌대상으로 된다는 점을 분명히 하기 위하여 담합으로 적절하지 않은 이익을 취득하는 경우를 명시할 필요가 있다는 의견이 제시되었다. 그 결과 "공정한 가격을 해하거나 부정한 이익을 얻을 목적으로 담합한 자도 또한 같다."라는 조항이 성립하여 최종적으로 일본 제국의회를 통과하였는데, 이것이 담합행위를 목적범으로 처벌하고 있는 현행 일본형법 제96조의3 제2항이다.

입법의 출발점인 가안과 비교해 볼 때 일본형법에서의 입찰방해죄 성립과정은 담합의 처벌범위를 제한하는 데에 초점이 맞추어져 있다고 말할 수 있다. 이러한 처벌축소의 배경에는 담합이 반드시 나쁜 것만은 아니라는 당시 일본 사회의 인식이 강하게 작용하였다고 한다. 이미 제2차 세계대전에 돌입한 당시의 통제경제 상황에서 자유경쟁을 원칙으로 하는 경매·입찰제도에 대해 비판이 제기되고 있었다는 점과 통제의 편의상 관(官)에서 오히려 업자에게 담합을 권하는 것이 당시의 실정이었다는 점 등이 그 이유로 제시되고 있는데, 그 당시 일본 군납업체들의 로비력 내지 영향력도 무시할 수 없었던 것이 아닐까 생각된다.

(4) 한국 형법상 입찰방해죄의 특징

이제 일본의 입찰방해죄의 성립경위를 역추적하면 우리 형법상 입찰방해죄의 특징과 해석지침을 도출해 낼 수 있다. 일본의 입법자는 담합에 대한 처벌범위를 제한하기 위하여 공(公)경매·입찰을 대상으로 하는 한편, 담합에 의한 입찰방해죄를 목적범으로 규정하면서 그 목적도 '공정한 가격을 해하거나 또는 부정한 이익을 얻을 목적'으로 한정하고 있다. 그러나 우리 입법자는 이러한 제한을 설정하고 있지 않다.

우리 형법상 입찰방해죄는 입찰이 공적인 것인가 사적인 것인가를 묻지 않는다. 나아가 우리 입법자는 담합에 대해 특별한 우대나 배려를 하고 있지 않다. 담합은 위계·위력과 함께 경매·입찰의 공정성을 해하는 여러 방법의 하나일 뿐이다. 담합이 공정한 가격을 해할 목적을 가진 것인가, 부정한 이익을 얻을 목적을 가진 것인가는 따질 필요가 없다. 대법원이 본 판례에서 "담합한 금액보다 저가로 입찰을 하더라도 담합을 이용하여 낙찰을 받은 것이라는 점에서 적법하고 공정한 경쟁방법을 해한 것이 [된다.]"고 판시한 것은 우리 입법자의 결단을 충실하게 반영한 해석이라고 평가할 수 있다.

본 판례에서 대법원은 "입찰방해죄는 위태범으로서 결과의 불공정이 현실적으로 나타나는 것을 요하는 것이 아니고, 그 행위에는 가격을 결정하는 데 있어서 뿐 아니라, 적법하고 공정한 경쟁방법을 해하는 행위도 포함된다"고 판시하고 있는데, 일본의 입찰방해죄 해석론에 좌고우면하지 않고 우리 형법의 조문을 직시한 해석으로 지극히 타당한 판단이라고 생각된다.

제35장 비밀침해의 죄

제1 비밀침해죄

2008도9071

비밀침해죄와 비밀장치 – 인정례
서랍 아랫칸 사건

2008. 11. 27. 2008도9071, [공보불게재]

1. 사실관계 및 사건의 경과

【사실관계】

① ㉠서랍은 2단으로 되어 있다.
② ㉠서랍의 아랫칸의 윗부분은 막혀 있지 않아 윗칸을 밖으로 빼내면 아랫칸의 내용물을 쉽게 볼 수 있는 구조로 되어 있다.
③ A는 ㉡문서를 ㉠서랍의 아랫칸에 넣고 잠금장치를 하였다.
④ 갑은 ㉠서랍의 윗칸을 밖으로 빼낸 다음 아랫칸에 있던 ㉡문서를 확인하였다.

【사건의 경과】

① 검사는 갑을 비밀침해죄로 기소하였다.
② 제1심법원은 유죄를 인정하였다.
③ 갑은 불복 항소하였다.
④ 항소심법원은 항소를 기각하고, 제1심판결을 유지하였다.
⑤ 갑은 불복 상고하였다.

2. 사안에 대한 대법원의 판단

【대법원 요지】 원심판결 이유에 의하면, 원심은 /

【대법원 요지】 형법 제316조 제1항의 비밀침해죄는 봉함 기타 비밀장치한 사람의 편지, 문서 또는 도화를 개봉하는 행위를 처벌하는 죄이고, /

【대법원 요지】 이때 '봉함 기타 비밀장치가 되어 있는 문서'란 '기타 비밀장치'라는 일반 조항을 사용하여 널리 비밀을 보호하고자 하는 위 규정의 취지에 비추어 볼 때, /

【대법원 요지】 반드시 문서 자체에 비밀장치가 되어 있는 것만을 의미하는 것은 아니고, /

【대법원 요지】 봉함 이외의 방법으로 외부 포장을 만들어서 그 안의 내용을 알 수 없게 만드는 일체

의 장치를 가리키는 것으로, 잠금장치 있는 용기나 서랍 등도 포함한다고 할 것인바, /

【대법원 판단】 이 사건과 같이 서랍이 2단으로 되어 있어 그 중 아랫칸의 윗부분이 막혀 있지 않아 윗칸을 밖으로 빼내면 아랫칸의 내용물을 쉽게 볼 수 있는 구조로 되어 있는 서랍이라고 하더라도, /

【대법원 판단】 피해자가 아랫칸에 잠금장치를 하였고 통상적으로 서랍의 윗칸을 빼어 잠금장치 된 아랫칸 내용물을 볼 수 있는 구조라거나 그와 같은 방법으로 볼 수 있다는 것을 예상할 수 없어 객관적으로 그 내용물을 쉽게 볼 수 없도록 외부에 의사를 표시하였다면, /

【대법원 판단】 형법 제316조 제1항의 규정 취지에 비추어 아랫칸은 윗칸에 잠금장치가 되어 있는지 여부에 관계없이 그 자체로서 형법 제316조 제1항에 규정하고 있는 비밀장치에 해당한다고 할 것이고, /

【대법원 판단】 이 사건 기록에 나타난 증거들에 의하면, 봉함 기타 비밀장치의 효과를 제거하여 아랫칸 내용물들을 개봉한다는 피고인의 인식을 충분히 인정할 수 있다는 이유로 /

【대법원 결론】 이 사건 공소사실을 유죄로 인정한 제1심의 결론을 유지하였는바, /

【대법원 결론】 기록에 비추어 보면 원심의 위와 같은 사실인정과 판단은 정당한 것으로 수긍이 가고, 거기에 주장과 같은 채증법칙위반이나 비밀침해죄에 관한 법리오해의 위법이 있다고 할 수 없다. (상고 기각)

2007도6243

전자기록등 내용탐지죄와 사회상규 - 인정례
어헤드원 검색 사건

2009. 12. 24. 2007도6243, 공 2010상, 287

1. 사실관계 및 사건의 경과

【사실관계】

① 갑은 컴퓨터 관련 솔루션 개발업체 P회사의 대표이사이다.

② 을, 병은 P회사의 직원들이다.

③ A는 P회사의 영업차장으로 근무하고 있다.

④ 갑은 A가 P회사의 이익을 빼돌린다는 소문을 확인할 필요가 있었다.

⑤ 갑은 직원 을, 병과 함께 A가 비밀번호를 설정해 둔 A 사용의 ㉠개인용 컴퓨터의 ㉡하드디스크를 떼어냈다.

⑥ 갑은 직원 을, 병과 함께 ㉡하드디스크를 다른 컴퓨터에 연결하여 거기에 저장된 파일 중 '어헤드원'이라는 단어로 파일검색을 하여 A의 메신저 대화 내용과 이메일 등을 출력하였다.

【사건의 경과】

① 검사는 갑을 비밀침해죄(전자기록등내용탐지)로 기소하였다.

② 갑의 피고사건은 제1심을 거친 후, 항소심에 계속되었다.

③ 항소심법원은 갑의 행위가 사회상규에 위배되지 아니하는 행위라고 판단하여 무죄를 선고하였다.
④ (항소심의 판단 이유는 판례 본문 참조)
⑤ 검사는 불복 상고하였다.

2. 사회상규의 의미와 판단기준

【대법원 요지】 형법 제20조 소정의 '사회상규에 위배되지 아니하는 행위'라 함은 법질서 전체의 정신이나 그 배후에 놓여 있는 사회윤리 내지 사회통념에 비추어 용인될 수 있는 행위를 말하고, /
【대법원 요지】 어떠한 행위가 사회상규에 위배되지 아니하는 정당한 행위로서 위법성이 조각되는 것인지는 구체적인 사정 아래서 합목적적, 합리적으로 고찰하여 개별적으로 판단하여야 할 것이다.

3. 공소사실의 요지

【대법원 분석】 이 사건 공소사실의 요지는, /
【대법원 분석】 컴퓨터 관련 솔루션 개발업체인 공소외 P주식회사의 대표이사인 피고인은 영업차장으로 근무하던 피해자 A가 회사의 이익을 빼돌린다는 소문을 확인할 목적으로, /
【대법원 분석】 그 직원인 공소외 을, 공소외 병과 공모하여, /
【대법원 분석】 공소외 을은 비밀번호를 설정함으로써 비밀장치를 한 전자기록인 피해자가 사용하던 개인용 컴퓨터의 하드디스크를 떼어낸 뒤, /
【대법원 분석】 공소외 병과 함께 이를 다른 컴퓨터에 연결하여 거기에 저장된 파일 중 '어헤드원'이라는 단어로 파일검색을 하여 피해자의 메신저 대화 내용과 이메일 등을 출력하여 /
【대법원 분석】 비밀장치한 전자기록 등 특수매체기록을 기술적 수단을 이용하여 그 내용을 알아냈다는 것이다.

4. 사안에 대한 대법원의 판단

【대법원 분석】 이에 대하여 원심은, 판시 증거에 의하여 인정되는 사실과 거기에서 알 수 있는 다음과 같은 사정들, 즉 /
【대법원 분석】 ① 피고인이 피해자가 사용하던 컴퓨터의 하드디스크를 검사할 무렵 피해자의 업무상배임 혐의가 구체적이고 합리적으로 의심되는 상황이었고, 그럼에도 불구하고 피해자가 이를 부인하고 있어 공소외 P주식회사의 대표이사인 피고인으로서는 피해자가 회사의 무형자산이나 거래처를 빼돌리고 있는지 긴급히 확인하고 이에 대처할 필요가 있었던 점, /
【대법원 분석】 ② 피고인은 피해자의 컴퓨터 하드디스크에 저장된 정보의 내용을 전부 열람한 것이 아니라 의심이 가는 "어헤드원"이라는 단어로 검색되는 정보만을 열람함으로써 조사의 범위를 업무와 관련된 것으로 한정한 점, /
【대법원 분석】 ③ 피해자는 입사할 때에 회사 소유의 컴퓨터를 무단으로 사용하지 않고 업무와 관련된 결과물을 모두 회사에 귀속시키겠다고 약정하였을 뿐만 아니라, 위 컴퓨터에 피해자의 혐의와 관련된 자료가 저장되어 있을 개연성이 컸던 점, /
【대법원 분석】 ④ 그리하여 위와 같이 검색해 본 결과 공소외 P주식회사의 고객들을 빼돌릴 목적으

로 작성된 어헤드원 명의의 견적서, 계약서와 어헤드원 명의로 계약을 빼돌렸다는 취지의 메신저 대화 자료, 이메일 송신자료 등이 발견된 점, /

【대법원 판단】 ⑤ 또한 회사의 모든 업무가 컴퓨터로 처리되고 그 업무에 관한 정보가 컴퓨터에 보관되고 있는 현재의 사무환경하에서 부하 직원의 회사에 대한 범죄 혐의가 드러나는 경우 피고인과 같은 감독자에 대하여는 회사의 유지·존속 및 손해방지 등을 위해서 그러한 정보에 대한 접근이 허용될 필요가 있는 점 등을 종합하여 볼 때, /

【대법원 판단】 피고인의 행위는 사회통념상 허용될 수 있는 상당성이 있는 행위로서 형법 제20조에 정하여진 정당행위에 해당하여 위법성이 조각된다고 판단하였다.

【대법원 결론】 앞서 본 법리에 비추어 살펴보면, 원심의 위와 같은 판단은 정당하고 거기에 상고이유로 주장하는 바와 같은 정당행위에 관한 법리오해의 잘못이 없다. (상고 기각)

97도985

국가기밀과 공지의 사실
범민련 편지 사건

1997. 7. 16. 97도985 전원합의체 판결, 공 1997, 2243

☞ 988면

94도2379

외교상비밀누설죄와 외교상 비밀 – 부정례
보도지침 사건

1995. 12. 5. 94도2379, 공 1996, 311

☞ 1000면

2010도14734

공무상비밀누설죄와 공무상 비밀 – 부정례
경찰청 차량 차적조회 사건

2012. 3. 15. 2010도14734, 공 2012상, 613

☞ 1026면

2004도5561 (2)

공무상비밀누설죄와 누설 – 인정례

사건내용 알아보기 사건

2007. 6. 14. 2004도5561, 공 2007, 1108

☞ 1021면

2009도3642

공무상비밀누설죄와 대향범 처벌

범인도피죄와 범인도피 – 부정례

체포영장 명단 누출 사건

2011. 4. 28. 2009도3642, 공 2011상, 1212

☞ 1031면

제 2 특별법상 각종 비밀침해죄

2005도7309

정보통신망법 비밀침해죄와 타인의 비밀 – 부정례

이메일 무단출력 사건

2006. 3. 24. 2005도7309, 공 2006, 773

1. 사실관계 및 사건의 경과

【사실관계】

① 갑은 P회사의 연구실 과장이다.
② 을은 P회사의 대표이사이다.
③ 갑은 A의 이메일계정에 몰래 들어갔다.
④ 갑은 A의 이메일 가운데 P회사가 미국에 현지지사를 만들기 위하여 작성한 ㉠사업계획서를 발견하였다.
⑤ 갑은 ㉠사업계획서를 프린터로 출력하여 을에게 보여주었다.
⑥ 을은 출력된 이메일 인쇄물을 B와 C에게 보여주었다.

【사건의 경과】

① 검사는 갑과 을을 정보통신망법위반죄(비밀누설)로 기소하였다.

② (공소사실의 요지는 판례 본문 참조)

③ 제1심 공판절차 이래 갑과 을은 다음의 점을 들어서 공소사실을 부인하였다.

(가) 갑이 A의 이메일에 보관되어 있던 것 중에서 을이나 B, C에게 출력하여 보여준 것은 P회사가 미국에 현지지사를 만들기 위하여 작성한 ㉠사업계획서뿐이다.

(나) 문제된 이메일의 내용은 A가 아닌 P회사의 영업비밀에 속하는 사항이다.

(다) 갑과 을은 A의 사업을 방해할 목적이 없었다.

④ 갑과 을의 피고사건은 제1심을 거친 후, 항소심에 계속되었다.

⑤ 항소심법원은 갑과 을에게 유죄를 인정하였다.

⑥ (항소심의 판단 이유는 판례 본문 참조)

⑦ 갑과 을은 불복 상고하였다.

【참조조문】

정보통신망 이용촉진 및 정보보호 등에 관한 법률

제48조 (정보통신망 침해행위 등의 금지) ① 누구든지 정당한 접근권한 없이 또는 허용된 접근권한을 넘어 정보통신망에 침입하여서는 아니 된다.

② 누구든지 정당한 사유 없이 정보통신시스템, 데이터 또는 프로그램 등을 훼손·멸실·변경·위조하거나 그 운용을 방해할 수 있는 프로그램(이하 "악성프로그램"이라 한다)을 전달 또는 유포하여서는 아니 된다.

③ 누구든지 정보통신망의 안정적 운영을 방해할 목적으로 대량의 신호 또는 데이터를 보내거나 부정한 명령을 처리하도록 하는 등의 방법으로 정보통신망에 장애가 발생하게 하여서는 아니 된다.

제49조 (비밀 등의 보호) 누구든지 정보통신망에 의하여 처리·보관 또는 전송되는 타인의 정보를 훼손하거나 타인의 비밀을 침해·도용 또는 누설하여서는 아니 된다.

제71조 (벌칙) 다음 각 호의 어느 하나에 해당하는 자는 5년 이하의 징역 또는 5천만 원 이하의 벌금에 처한다.

11. 제49조를 위반하여 타인의 정보를 훼손하거나 타인의 비밀을 침해·도용 또는 누설한 자

제72조 (벌칙) ① 다음 각 호의 어느 하나에 해당하는 자는 3년 이하의 징역 또는 3천만 원 이하의 벌금에 처한다.

1. 제48조 제1항을 위반하여 정보통신망에 침입한 자

2. 공소사실의 요지

【대법원 분석】 이 사건 공소사실 중 비밀 누설에 관한 정보통신망 이용촉진 및 정보보호 등에 관한 법률 위반의 점(이하 '이 부분 공소사실'이라고 한다)의 요지는, /

【대법원 분석】 피고인 갑은 주식회사 (회사명 생략)(이하 '소외 회사'라고 한다)의 연구실 과장, 피고인 을은 소외 회사의 대표이사인바, /

【대법원 분석】 피고인 갑은 2002. 5. 20.경부터 같은 해 5. 24.경까지 사이에 정당한 권한 없이 피해자 공소외 A의 이메일계정에 침입하여 그곳에 보관되어 있던 이메일 내용을 프린터로 출력하여 피고인 을에게 보여줌으로써 타인의 비밀을 누설하고, /

【대법원 분석】 피고인 을은 2002. 5. 일자불상경 피해자의 이메일 인쇄물을 공소외 B와 공소외 C에게 보여줌으로써 타인의 비밀을 누설하였다는 것이다.

3. 사안에 대한 항소심의 판단

【항소심 판단】 원심은, /

【항소심 판단】 구 정보통신망 이용촉진 및 정보보호 등에 관한 법률(2002. 12. 18. 법률 제6797호로 개정되기 전의 것, 이하 '법'이라고만 한다) 제49조에서 말하는 /

【항소심 판단】 '타인의 비밀'이란 일반적으로 알려져 있지 않은 사실로서 이를 타인에게 알리지 아니함으로써 본인에게 일정한 이익이 있는 것을 의미하는 것이 아니라 개인의 사생활의 비밀 내지 평온을 의미한다고 볼 것이므로, /

【항소심 판단】 그 비밀이 어떠한 내용인지, 비밀을 누설한 목적이 무엇인지에 상관없이 정보통신망에 의하여 처리, 보관 또는 전송되는 타인의 비밀을 누설하기만 하면 위 규정 위반이 되고, /

【항소심 판단】 따라서 이 사건 이메일의 내용이 피해자가 아닌 소외 회사의 영업비밀에 속하는 사항이고, 피고인들이 피해자의 사업을 방해할 목적이 없었다고 하더라도, /

【항소심 판단】 피해자의 허락 없이 피고인 갑이 위 이메일 내용을 출력하여 피고인 을에게 보고하고, 피고인 을이 공소외 B 등에게 이를 보여준 행위는 법 제62조 제6호, 제49조 위반죄를 구성한다고 판단하였다.

4. 사안에 대한 대법원의 판단

(1) 비밀침해와 정보훼손의 구별

【대법원 분석】 법 제49조는 '비밀 등의 보호'라는 제목 아래 누구든지 정보통신망에 의하여 처리 · 보관 또는 전송되는 타인의 정보를 훼손하거나 타인의 비밀을 침해 · 도용 또는 누설하여서는 아니 된다고 규정하고 있고, /

【대법원 분석】 법 제2조 제2항은 법에서 사용하는 용어의 정의는 제1항에서 정하는 것을 제외하고는 정보화촉진기본법이 정하는 바에 의한다고 규정하고 있으며, /

【대법원 분석】 정보화촉진기본법 제2조 제1호는 '정보'라 함은 자연인 또는 법인이 특정 목적을 위하여 광 또는 전자적 방식으로 처리하여 부호 · 문자 · 음성 · 음향 및 영상 등으로 표현한 모든 종류의 자료 또는 지식을 말한다고 규정하고 있다. /

【대법원 분석】 또한 법 [제72조] 제1항 제1호, 제48조 제1항은 정당한 접근권한 없이 또는 허용된 접근권한을 초과하여 정보통신망에 침입한 자를 3년 이하의 징역 또는 3천만 원 이하의 벌금에 처하도록 규정하고 있고, /

【대법원 분석】 법 [제71조 제11호]는 법 제49조에 위반하여 타인의 비밀을 누설한 자 등을 5년 이하의 징역 또는 5천만 원 이하의 벌금에 처하도록 규정하고 있다.

【대법원 판단】 이와 같이, 법 제49조가 정보와 비밀을 구분하여 정보의 경우에는 훼손행위를 금지하고 있는 반면, 비밀의 경우에는 이보다는 정도가 약한 침해, 도용, 누설행위를 금지하고 있는 점에 비추어 정보의 개념보다는 비밀의 개념을 좁게 보아야 하는 점, /

【대법원 판단】 법 제48조는 타인의 비밀을 누설하는 행위와는 별도로 정당한 접근권한 없이 정보통신망에 침입하는 행위 자체를 금지하고 있는데, /

【대법원 판단】 만약 개인의 사생활의 비밀 내지 평온에 속하는 사항은 그 내용에 상관없이 모두 타인의 비밀에 해당한다고 본다면 이는 결국, 개인의 이메일 등 정보통신망에 의하여 보관되어 있는 모든 정보가 타인의 비밀에 해당한다는 것과 다름 아닌 결과가 되고, /

【대법원 판단】 따라서 타인의 이메일에 함부로 접속하여 그 내용을 읽어보는 것 자체만으로도 정보통신망 침입죄뿐만 아니라 비밀침해죄를 구성할 수 있는 등 정보통신망 침입행위와 비밀 침해·누설행위의 구분이 모호해지게 될 뿐만 아니라, /

【대법원 판단】 양자에 대하여 법정형에 차등을 두고 있는 법의 취지에도 반하게 되는 점 등에 비추어 보면, /

【대법원 요지】 법 제49조에서 말하는 타인의 비밀이란 일반적으로 알려져 있지 않은 사실로서 이를 다른 사람에게 알리지 않는 것이 본인에게 이익이 있는 것을 의미한다고 제한적으로 해석함이 상당하다.

(2) 비밀침해죄와 공소사실의 특정

【대법원 분석】 그런데 이 부분 공소사실은 /

【대법원 분석】 막연히 피해자의 이메일 출력물을 보여준 것이 타인의 비밀을 누설한 행위에 해당한다는 취지로만 되어 있을 뿐, /

【대법원 분석】 그 이메일 출력물의 내용이나 제목 등에 관해서는 아무런 기재가 없고 기록상으로도 이를 알 수 있을 만한 자료가 없어 과연 위 이메일 출력물이 타인의 비밀에 해당하는 것인지 여부를 판단할 길이 없으므로 /

【대법원 분석】 이 부분 공소사실이 심판의 대상과 피고인의 방어범위를 확정할 수 있을 정도로 특정되어 있다고 보기는 어렵다.

(3) 비밀의 주체

【대법원 분석】 또한 피고인들은 피해자의 이메일에 보관되어 있던 것 중 피고인 을이나 공소외 B 등에게 출력하여 보여준 것은 소외 회사가 미국에 현지지사를 만들기 위하여 작성한 사업계획서(이하 '이 사건 사업계획서'라고 한다)뿐이라고 주장하고 있는바, /

【대법원 판단】 기록에 의하면 이 사건 사업계획서는 피해자가 작성한 것이 아니라 소외 회사의 대표이사인 피고인 을이 작성한 것이어서 피해자의 비밀이 아니라 소외 회사의 비밀에 속하는 것으로 볼 여지가 있고, /

【대법원 판단】 따라서 이 사건 공소사실에서 말하는 타인의 비밀이 이 사건 사업계획서를 지칭하는 것이라면 그것이 법 제49조에서 말하는 '타인'의 비밀에 해당하지 아니할 가능성이 상당하다고 할 것이다.

(4) 사안에 대한 대법원의 결론

【대법원 결론】 그럼에도 불구하고, 피해자의 이메일에 보관되어 있던 내용을 함부로 출력하여 보여준 이상, 이는 법 제49조 소정의 타인의 비밀을 누설한 행위에 해당한다는 이유로 이 부분 공소사실을 유죄로 인정한 원심판결에는 /

【대법원 결론】 필요한 심리를 다하지 아니하였거나 공소사실의 특정 및 법 제49조 소정의 타인의 비밀에 관한 법리를 오해하여 판결 결과에 영향을 미친 위법이 있다고 할 것이고, 이 점을 지적하는 상고이유의 주장은 이유가 있다. (파기 환송)

【코멘트】 형법은 업무상비밀누설죄를 제외하고는 비밀탐지나 비밀누설 행위 자체를 처벌하는 규정을 두고 있지 않다. 이에 반하여 특별법의 경우에는 이러한 행위들 자체를 처벌하는 벌칙규정들이 마련되어 있는데, 「정보통신망 이용촉진 및 정보보호 등에 관한 법률」(이하 정보통신망법으로 약칭함)에 기초한 비밀침해·누설죄, 「부정경쟁방지 및 영업비밀보호에 관한 법률」(이하 부정경쟁방지법으로 약칭함)에 기초한 영업비밀침해죄, 「통신비밀보호법」상의 대화비밀침해죄는 그 대표적인 예이다.

본 판례는 정보통신망의 확대보급에 따라 점점 더 중요성이 높아지고 있는 정보통신망법상의 비밀침해·누설죄를 다루고 있다. 본 판례에서 대법원은 '비밀'과 '정보'의 개념구별을 분명히 하고 있다. 본 판례의 항소심법원은 정보통신망의 특성에 주목하여 정보통신망법상의 '비밀'은 형법상의 '비밀'과 다른 개념으로 이해해야 한다고 본다. 이에 대해 대법원은 '비밀'이 '정보'에 비하여 보다 좁은 의미를 가진 개념이라고 판단하고, '비밀' 여부를 종래의 전통적인 개념정의에 따라 판단해야 한다고 본다.

전통적인 관점에서 '비밀'을 파악할 경우 비밀의 주체가 문제된다. 비밀누설죄는 '타인'의 비밀을 누설하는 범죄이기 때문이다. 이 점과 관련하여 대법원은 본 사안에서 문제된 '사업계획서'는 이메일 계정 사용자인 A의 비밀이 아니라 '사업계획서'를 작성한 P회사의 비밀이라고 판단한다. 그리하여 대법원은 '타인'의 비밀을 누설해야 정보통신망법상의 비밀누설죄가 성립하는 것인데, '타인'의 요건을 갖추지 못하였으므로 범죄가 성립하지 않는다는 결론에 이른다.

'비밀'을 전통적인 관점에서 파악할 때 주의해야 할 소송법적 사항으로 공소사실의 특정 문제가 있다. 검사는 공소사실을 기재함에 있어서 법원에 심판대상을 명확하게 제시하고 피고인에게 방어의 대상을 분명하게 할 정도로 공소사실을 구체적으로 기재하여야 한다. 그렇다면 비밀침해·누설죄의 사안에서 검사는 문제되는 행위의 객체가 과연 '비밀'인지, 그 비밀의 '주체'는 누구인지 등을 구체적으로 밝혀서 공소사실을 기재해야 한다. 그런데 본 사안에서 검사는 막연히 "피해자의 이메일 출력물을 보여준 것이 타인의 비밀을 누설한 행위에 해당한다"는 취지로 공소사실을 기재하고 있다. 대법원은 소송법적 관점에서 이러한 검사의 공소사실 기재가 공소사실의 특정성을 결여한 것임을 지적하고 있다.

2010도10576

정보통신망법 비밀누설죄와 비밀 – 부정례
교인명단 업로드 사건

2012. 12. 13. 2010도10576, 공 2013상, 199

1. 사실관계 및 사건의 경과

【사실관계】

① 갑은 인터넷 M사이트의 N까페 운영자이다.

② 갑은 '○○○교인명단'을 대학교동창 A로부터 이메일로 전달받았다.

③ 2008. 6. 15.경 갑은 N까페 게시판에 '○○○교인명단'이라는 제목으로 압축파일을 업로드하여 놓았다. (㉠파일)

④ ㉠파일은 ○○○교인의 성명과 주소, 집, 전화번호, 휴대전화번호등 개인정보가 담겨있는 '교적부(수정완료)'라는 파일이었다.

⑤ 갑이 업로드한 무렵 N까페를 접속한 다른 회원들은 ㉠파일을 다운받아 볼 수 있었다.

【사건의 경과 1】

① 검사는 갑을 정보통신망법위반죄(개인정보누설등)로 기소하였다.

② 제1심법원은 유죄를 인정하였다.

③ 갑은 불복 항소하였다.

④ 항소심법원은 제1심판결을 파기하고, 무죄를 선고하였다.

⑤ (항소심의 판단 이유는 판례 본문 참조)

【사건의 경과 2】

① 검사는 불복 상고하였다.

② 검사는 상고이유로 다음의 점을 주장하였다.

(가) 정보통신망법 제49조는 '정보통신망에 의하여 보관되는 타인의 비밀을 누설하여서는 아니 된다'는 구성요건을 두고 있다.

(나) 갑의 행위는 위의 구성요건에 해당한다.

2. 정보통신망법상 비밀누설죄의 성립요건

(1) 정보통신망법상 비밀누설의 의미

【대법원 분석】 1. 정보통신망 이용촉진 및 정보보호 등에 관한 법률/

【대법원 분석】 (이하 '정보통신망법'이라 한다)은 /

【대법원 분석】 제49조(이하 '이 사건 조항'이라 한다)에서 /

【대법원 분석】 "누구든지 정보통신망에 의하여 처리 · 보관 또는 전송되는 타인의 정보를 훼손하거나 타인의 비밀을 침해 · 도용 또는 누설하여서는 아니 된다."고 규정하는 한편, /

【대법원 분석】 제71조 제11호에서 /

【대법원 분석】 '제49조를 위반하여 타인의 정보를 훼손하거나 타인의 비밀을 침해 · 도용 또는 누설한 자'를 5년 이하의 징역 또는 5천만 원 이하의 벌금에 처하도록 규정하고 있다. /

【대법원 요지】 이 사건 조항에 규정된 /

【대법원 요지】 '정보통신망에 의하여 처리 · 보관 또는 전송되는 타인의 비밀 누설'이란 /

【대법원 요지】 타인의 비밀에 관한 일체의 누설행위를 의미하는 것이 아니라, /

【대법원 요지】 정보통신망에 의하여 처리 · 보관 또는 전송되는 타인의 비밀을 정보통신망에 침입하는 등의 부정한 수단 또는 방법으로 취득한 사람이나, /

【대법원 요지】 그 비밀이 위와 같은 방법으로 취득된 것임을 알고 있는 사람이 그 비밀을 아직 알지 못하는 타인에게 이를 알려주는 행위만을 의미하는 것으로 제한하여 해석함이 타당하다. /

【대법원 판단】 이러한 해석이 아래에서 살필 형벌법규의 해석 법리, 정보통신망법의 입법 목적과 규정 체제, 이 사건 조항의 입법 취지, 비밀 누설행위에 대한 형사법의 전반적 규율 체계와의 균형 및 개인정보 누설행위에 대한 정보통신망법 제28조의2 제1항과의 관계 등 여러 사정에 비추어 /

【대법원 판단】 이 사건 조항의 본질적 내용에 가장 근접한 체계적 · 합리적 해석이기 때문이다.

(2) 형벌법규의 해석방법

【대법원 요지】 가. 형벌법규는 문언에 따라 엄격하게 해석 · 적용하여야 하고 피고인에게 불리한 방향으로 지나치게 확장해석하거나 유추해석하여서는 아니 되나, /

【대법원 요지】 형벌법규를 해석하면서 가능한 문언의 의미 내에서 /

【대법원 요지】 해당 규정의 입법 취지와 목적 등을 고려한 법률체계적 연관성에 따라 그 문언의 논리적 의미를 분명히 밝히는 체계적 · 논리적 해석방법은 /

【대법원 요지】 그 규정의 본질적 내용에 가장 접근한 해석을 위한 것으로서 죄형법정주의 원칙에 부합한다.

(3) 정보통신망법의 입법취지

【대법원 분석】 나. 정보통신망법은 /

【대법원 분석】 '정보통신망의 이용을 촉진하고 /

【대법원 분석】 정보통신서비스를 이용하는 자의 개인정보를 보호함과 아울러 /

【대법원 분석】 정보통신망을 건전하고 안전하게 이용할 수 있는 환경을 조성하여 /

【대법원 분석】 국민 생활의 향상과 공공복리의 증진에 이바지함'을 /

【대법원 분석】 입법 목적으로 하면서(제1조), /

【대법원 분석】 제2장과 제3장에 정보통신망의 이용촉진을 위한 규정들을, /

【대법원 분석】 제4장과 제5장에 정보통신서비스를 이용하는 자의 개인정보 보호를 위한 규정들을, /

【대법원 분석】 제6장에 정보통신망의 안정성과 정보의 신뢰성 확보를 위한 규정들을 두고 있다. /

【대법원 판단】 이 사건 조항은 제6장에 속해 있으므로 /

【대법원 판단】 이 사건 조항을 해석할 때에도 정보통신망의 안정성과 정보의 신뢰성 확보라는 입법 취지를 충분히 고려하여야 한다. /

【대법원 요지】 따라서 정당한 방법으로 정보통신망을 이용한 결과 취득하게 된 타인의 비밀을 누설하였다 하더라도, /

【대법원 요지】 이는 이 사건 조항의 입법 취지인 정보통신망의 안정성과 정보의 신뢰성 확보와 무관하므로 /

【대법원 요지】 이러한 행위까지 이 사건 조항의 처벌대상으로 삼는 것은 그 입법 취지에 비추어 처벌범위를 지나치게 넓히는 결과가 되어 부당하다.

(4) 비밀누설행위에 대한 형사법의 규율 체계

【대법원 판단】 다. 한편 비밀 누설행위에 대한 우리 형사법 전체의 규율 체계에 비추어 보아도, 이 사건 규정을 위와 같이 제한하여 해석함이 타당하다. /

【대법원 분석】 즉, 우리 형법은 제127조 공무상 비밀누설죄의 /

【대법원 분석】 '공무원 또는 공무원이었던 자' 또는 /

【대법원 분석】 제317조 업무상 비밀누설죄의 /

【대법원 분석】 '의사, 한의사, 치과의사, 약제사, 약종상, 조산사, 변호사, 변리사, 공인회계사, 공증인, 대서업자나 그 직무상 보조자 또는 차등(此等)의 직에 있던 자'와 같이 /

【대법원 분석】 제한된 범위의 행위 주체에게 특별히 비밀유지의무를 부과한 후 그 위반행위를 처벌하고 있을 뿐 /

【대법원 분석】 일반적으로 타인의 비밀을 누설하는 행위를 처벌하지 않고 있다 /

【대법원 분석】 (정보통신망법 제66조, 전기통신사업법 제83조 제2항 등도 같은 방식으로 비밀 누설행위를 처벌하고 있다). /

【대법원 분석】 또한 형법 제316조 비밀침해죄에서는 /

【대법원 분석】 이 사건 조항과 마찬가지로 /

【대법원 분석】 행위 주체에게 특별히 비밀유지의무를 부과하고 있지는 않지만 /

【대법원 분석】 사람의 편지, 문서, 도화 또는 전자기록 등 특수매체기록에 대한 '봉함 기타 비밀장치'의 효과를 제거하는 경우에만 비로소 형사처벌의 대상으로 삼고 있다. /

【대법원 분석】 그 밖에 우편물의 검열이나 전기통신의 감청 등을 금지하고 있는 /

【대법원 분석】 통신비밀보호법 제3조 및 /

【대법원 분석】 전기통신사업자가 취급 중인 통신의 비밀을 침해하거나 누설하는 행위를 금지하고 있는 /

【대법원 분석】 전기통신사업법 제83조 제1항도 /

【대법원 분석】 모두 부정한 수단이나 방법으로 취득한 타인의 비밀을 누설하는 행위를 처벌대상으로 삼고 있을 뿐, /

【대법원 분석】 통신 또는 대화의 당사자가 그 상대방으로부터 정당한 방법으로 취득한 타인의 비밀을 누설하는 행위를 처벌대상으로 삼고 있지 않다. /

【대법원 요지】 이처럼 우리 형사법이 정당한 방법으로 취득한 타인의 비밀을 누설하는 행위를 처벌하고 있지 않음에도, /

【대법원 요지】 유독 누설 대상 비밀이 정보통신망에 의하여 처리 · 보관 또는 전송되는 것이라는 이유만으로 /

【대법원 요지】 정당한 방법으로 취득한 비밀에 대하여도 그 누설행위를 이 사건 규정의 처벌대상으로 삼아야 할 합리적 근거를 발견할 수 없다.

(5) 비밀누설행위에 대한 정보통신망법의 규율 체계

【대법원 분석】 라. 또한 정보통신망법은 제28조의2 제1항에서 /

【대법원 분석】 "이용자의 개인정보를 취급하고 있거나 취급하였던 자는 직무상 알게 된 개인정보를 훼손 · 침해 또는 누설하여서는 아니 된다."고 규정하는 한편, /

【대법원 분석】 제71조 제5호에서 /

【대법원 분석】 '제28조의2 제1항을 위반하여 이용자의 개인정보를 훼손 · 침해 또는 누설한 자'를 /

【대법원 분석】 이 사건 조항의 위반자에 대한 법정형과 마찬가지로 /

【대법원 분석】 5년 이하의 징역 또는 5천만 원 이하의 벌금에 처하도록 규정하고 있다. /

【대법원 분석】 이처럼 개인정보의 누설행위에 대하여는 /

【대법원 분석】 이 사건 조항의 비밀 누설행위와는 달리 /

【대법원 분석】 '이용자의 개인정보를 취급하고 있거나 취급하였던 자'라는 제한된 범위의 행위 주체에게 특별히 개인정보에 대한 비밀유지의무를 부과한 후 비로소 그 위반행위를 처벌하고 있다. /

【대법원 요지】 그런데 이 사건 조항에 규정된 '타인의 비밀'이란 /

【대법원 요지】 '일반적으로 알려지지 않은 사실로서 /

【대법원 요지】 이를 다른 사람에게 알리지 않는 것이 /

【대법원 요지】 본인에게 이익이 있는 것'을 의미하므로 /

【대법원 요지】 (대법원 2006. 3. 24. 선고 **2005도7309** 판결 참조), /

【대법원 판단】 만약 이 사건 조항의 비밀 누설행위를 위와 같이 제한하여 해석하지 않는다면 /

【대법원 판단】 정보통신망법 제28조의2 제1항이 개인정보 누설행위를 /

【대법원 판단】 '이용자의 개인정보를 취급하고 있거나 취급하였던 자'에 한하여 처벌하도록 한 취지는 몰각되어 버린다.

3. 공소사실의 요지

【대법원 분석】 2. 이 사건 공소사실의 요지는, /

【대법원 분석】 피고인이 자신이 운영하는 인터넷 사이트의 카페에 개인정보가 담겨 있는 ' ○○○ 교인 명단'을 업로드하여 다른 회원들로 하여금 다운로드받아 볼 수 있게 함으로써 /

【대법원 분석】 정보통신망에 의하여 처리 · 보관 또는 전송되는 타인의 비밀을 침해 · 도용 또는 누설하였다는 것이다.

4. 사안에 대한 대법원의 판단

【대법원 판단】 3. 이에 대하여 원심은, /

【대법원 판단】 정보통신망법 제49조에 규정된 /

【대법원 판단】 '정보통신망에 의하여 처리 · 보관 또는 전송되는 타인의 비밀 침해 · 도용 또는 누설' 이란 /

【대법원 판단】 정보통신망을 침해하는 방법 등으로 정보통신망에 의하여 처리 · 보관 또는 전송되는 타인의 정보를 침해하거나 /

【대법원 판단】 그렇게 침해된 정보를 도용 또는 누설하는 것을 의미한다고 전제한 다음, /

【대법원 판단】 이 사건 공소사실에는 위 명단의 작성자나 그 취득 경위가 적시되어 있지 않고, /

【대법원 판단】 위 명단은 피고인이 성명 불상의 대학동창으로부터 이메일로 전달받은 것일 뿐이며, /

【대법원 판단】 설령 위 명단이 타인의 비밀에 해당하여 보호를 받을 필요성이 인정된다 하더라도 /

【대법원 판단】 위 명단이 원래 정보통신망에 의하여 처리 · 보관 또는 전송되던 것을 /

【대법원 판단】 정보통신망을 침해하는 방법 등으로 이 사건 명단의 작성자나 관리자의 승낙 없이 취득한 것이라는 점을 인정할 증거가 없는 이상, /

【대법원 판단】 피고인의 행위가 /

【대법원 판단】 정보통신망법 제49조에 규정된 /

【대법원 판단】 정보통신망에 의하여 처리 · 보관 또는 전송되는 타인의 비밀을 침해 · 도용 또는 누설한 경우에 해당한다고 볼 수 없다는 이유로 /

【대법원 판단】 피고인에게 무죄를 선고하였다.

【대법원 결론】 원심판결 이유를 앞서 본 법리와 기록에 비추어 살펴보면, 원심의 위와 같은 판단은 수긍이 가고, /

【대법원 결론】 거기에 상고이유 주장과 같이 정보통신망법 제71조 제11호, 제49조 소정의 비밀누설죄에 관한 법리를 오해하는 등의 위법이 없다. (상고 기각)

2006도4981

대화비밀침해죄와 타인간의 대화 - 부정례
도깨비 게임기 사건

2006. 10. 12. 2006도4981, 공 2006, 1939

1. 사실관계 및 사건의 경과

【사실관계】

① 2005. 7. 9. 12:30경 갑은 목포시 M지역에 있는 A의 P업소 사무실에서 A 및 B와 함께 대화를 나누고 있었다.

② 갑은 B 소유의 도깨비 게임기계 50대를 부당한 방법으로 처분하여 자신의 손해를 보전할 생각을 하였다.

③ 갑은 이를 위하여 소형녹음기를 이용하여 몰래 A와 B 사이의 대화를 녹음하였다.

【사건의 경과】

① 검사는 갑을 통신비밀보호법위반죄(대화비밀침해)로 기소하였다.

② (공소사실의 요지는 판례 본문 참조)

③ 제1심법원은 무죄를 선고하였다.

④ 검사는 불복 항소하였다.

⑤ 항소심법원은 항소를 기각하고, 제1심판결을 유지하였다.

⑥ 검사는 불복 상고하였다.

2. 대화비밀침해죄와 타인간의 대화

【대법원 요지】 통신비밀보호법 제3조 제1항이 "공개되지 아니한 타인간의 대화를 녹음 또는 청취하지 못한다."라고 정한 것은, /

【대법원 요지】 대화에 원래부터 참여하지 않는 제3자가 그 대화를 하는 타인들 간의 발언을 녹음해서는 아니 된다는 취지이다. /

【대법원 요지】 3인 간의 대화에 있어서 그 중 한 사람이 그 대화를 녹음하는 경우에 다른 두 사람의 발언은 그 녹음자에 대한 관계에서 '타인 간의 대화'라고 할 수 없으므로, /

【대법원 요지】 이와 같은 녹음행위가 통신비밀보호법 제3조 제1항에 위배된다고 볼 수는 없다.

3. 사안에 대한 대법원의 판단

【대법원 분석】 이 사건 원심판결 이유에 의하면 원심은, /

【대법원 분석】 "피고인은 2005. 7. 9. 12:30경 '(업체명 생략)' 사무실에서 공소외 A, B가 함께 한 자리에서 소형녹음기를 이용하여 위 공소외 A B 사이의 공개되지 아니한 타인간의 대화를 녹음하였다."는 공소사실에 대하여, /

【대법원 판단】 피고인은 대화의 일방 당사자로서 위 3인이 상호 대화하는 내용을 녹음한 것일 뿐 피고인이 제3자로서 위 공소외 A, B 사이의 대화를 녹음한 것이 아니어서 /

【대법원 판단】 대화 당사자 일방이 상대방 모르게 대화내용을 녹음한 경우에 해당하여 통신비밀보호법 제3조 제1항에 위반되지 아니한다고 하여, /

【대법원 판단】 같은 취지의 제1심판결을 유지하였다.

【대법원 결론】 원심판결 이유를 위 법리와 기록에 대조하여 살펴보면, 원심이 피고인에 대한 이 부분 공소사실에 대하여 그것이 죄가 되지 않음을 이유로 무죄를 선고한 것은 수긍이 가고, 거기에 상고논지와 같이 법리를 오해하였거나 채증법칙을 어긴 위법이 없다. (상고 기각)

2001도6213

전기통신감청죄와 감청 – 인정례
렉카차 무선감청 사건

2003. 11. 13. 2001도6213, 공 2003, 2389

1. 사실관계 및 사건의 경과

【사실관계 1】

① 갑은 렉카차 회사인 P회사를 경영하고 있다.

② 을과 병은 Q도로공사 R지사 통신실에 근무하고 있다.

③ ㉠무선전화기(V.H.F.)는 원래 Q도로공사 R지사 통신실에 있던 것이다.

④ ㉠무선전화기는 Q도로공사 상황실과 순찰차 간에 순찰상황 보고 등의 통신목적으로 사용된 것으로 송수신이 가능한 무전기이다.

⑤ ㉠무선전화기는 사용연한이 지나 무선전파감시국으로부터 사용인가가 취소되었다.

⑥ 갑은 을과 병에게 부탁하여 ㉠무선전화기를 가지고 나오도록 하였다.

⑦ 갑은 ㉠무선전화기의 송신이 가능하지 않도록 마이크를 떼어버렸다.

【사실관계 2】

① 1998. 12. 일자불상경 갑은 M시 N군 ○○읍 ○○리 ○○ 소재 Q도로공사 R지사 옆 P회사 기사 대기용 컨테이너박스 안에 ㉠무선전화기를 비치하였다.

② 갑은 ㉠무선전화기를 이용하여 Q도로공사 상황실과 순찰차 간에 이루어지는 순찰상황 보고 등의 통신을 감청하였다.

③ 갑은 사고가 발생하였다는 통신내용을 감청하는 즉시 P회사 소속 렉카차를 사고현장으로 보내 사고차량을 견인하여 영업수익을 올렸다.

④ 1999. 10. 11.까지 갑의 ㉠무선전화기 이용 감청행위는 계속되었다.

【사건의 경과】

① 검사는 갑, 을, 병을 통신비밀보호법위반죄(대화비밀침해)의 공동정범으로 기소하였다.

② (공소사실의 요지는 판례 본문 참조)

③ (다른 공소사실 부분은 고찰을 생략함)

④ 갑 등의 피고사건은 제1심을 거친 후, 항소심에 계속되었다.

⑤ 항소심법원은 무죄를 선고하였다.

⑥ (항소심의 판단 이유는 판례 본문 참조)

⑦ 검사는 불복 상고하였다.

2. 공소사실의 요지

【대법원 분석】 (1) 피고인 갑, 피고인 을, 피고인 병에 대한 이 부분 공소사실의 요지는, /

【대법원 분석】 위 피고인들은 공모하여, /
【대법원 분석】 누구든지 도청장비를 이용하여 타인간의 대화를 청취하여서는 아니됨에도 불구하고, /
【대법원 분석】 1998. 12. 일자불상경 위 피고인 P주식회사 기사대기용 컨테이너박스 안에서 Q도로공사 R지사의 내부의 통화내용을 청취하기 위하여 이 사건 무선기를 설치한 다음 1999. 10. 11.까지 Q도로공사 R지사의 순찰차량, 상황실, 119구조대간의 무선통화내역을 청취하여 사고장소 및 사고내역을 확인하고, /
【대법원 분석】 피고인 P주식회사 소속 차량을 사고현장으로 보내 견인하여 막대한 영업수익을 올리는 등 타인간의 대화를 청취하였다는 것이다.

3. 사안에 대한 항소심의 판단

【항소심 분석】 (2) 이에 대하여 원심은, 그 채용증거에 의하여 /
【항소심 분석】 Q도로공사는 고속도로상의 고장차량이나 사고 발생시 구난질서를 확립하기 위하여 1993. 9.경부터 일정한 요건을 갖춘 업체에 대하여 고속도로 구난(견인)차량 등록제를 시행하였는데 피고인 P주식회사가 Q도로공사 R지사에 등록된 유일한 구난업체인 사실, /
【항소심 분석】 Q도로공사가 마련한 '고속도로 구난(견인)차량 고정배치 운영지침'에 의하면 Q도로공사가 지정한 대기소에 고정배치되는 등록업체의 렉카에는 Q도로공사가 지정하는 단말기(무전기)를 등록업체의 비용으로 설치 · 운용할 수 있도록 규정하고 있고, /
【항소심 분석】 위 운영지침과 관련한 '고속도로 구난(견인)차량 등록업체 준수사항'에 의하면 등록업체는 Q도로공사와 협의하여 등록차량에 무선설비를 설치하는 등 통신망을 구성하여 24시간 상호 연락체계를 유지하도록 규정하고 있는 사실, /
【항소심 분석】 이 사건 무전기는 원래 1993.경 불용처리되었으나 Q도로공사 R지사에서 유지보수용으로 보관해 왔던 것인데, /
【항소심 분석】 사용주파수가 고정되어 있어 Q도로공사 R지사 관내 고정국(사무실) 및 이동국(차량) 사이의 교신내용만 청취할 수 있는 사실, /
【항소심 분석】 Q도로공사 소속 고속도로 순찰대는 유사시에 구난지정차량을 우선적으로 호출하도록 되어 있고 종래 피고인 P주식회사의 대기소에는 R지사와의 구내 유선망이 설치되어 있어 이를 통해 고속도로상의 교통정보를 전달받고 있었으며, /
【항소심 분석】 이 사건 무전기로 청취하던 Q도로공사 R지사 상황실과 순찰차간의 교신은 구내 유선망을 통하여 전달받은 정보와 그 내용이 동일한 것인 사실, /
【항소심 분석】 Q도로공사에서 고속도로의 교통정보에 관한 교신내용 중 보안사항으로 규정된 것은 없고, Q도로공사 R지사 상황실 또는 순찰차에서 무전 교신을 하는 경우 약어를 사용하지 않고 있는 사실, /
【항소심 분석】 이 사건 무전기를 설치할 당시에는 위 피고인 P주식회사 기사대기용 컨테이너박스에는 피고인 P주식회사의 직원뿐 아니라 도로공사의 순찰대원들도 순찰 도중 대기하기도 하였는데, /
【항소심 분석】 위 컨테이너박스에 무전기를 설치할 경우 피고인 P주식회사에서 사고사실을 좀 더 빨리 알아 구난에 편익을 도모할 수 있고, 대기하던 순찰대원들에게도 편리할 것으로 보고 이 사건 무

전기를 설치하기에 이른 사실 등을 인정한 다음, /

【항소심 판단】 위 '고속도로 구난(견인)차량 고정배치 운영지침' 및 '고속도로 구난(견인)차량 등록업체 준수사항'에서 말하는 무전기는 /

【항소심 판단】 이 사건 무전기와 같이 Q도로공사 상황실과 순찰차에 설치된 무전기와 주파수를 공유하여 구난업체가 고속도로상의 교통정보를 Q도로공사측이 유선으로 알려주기 전에 신속히 청취함으로써 신속하게 구난업무를 수행할 수 있도록 하기 위한 것이라고 보이고, /

【항소심 판단】 따라서 Q도로공사 R지사의 상황실 및 순찰차 근무자 사이의 교통정보에 관한 통신을 구난업체인 주식회사 피고인 P주식회사에 대하여는 이를 비밀로 하려는 것이 아니고 오히려 그 내용의 신속한 전달을 위하여 직접 청취를 권장한 것이므로 /

【항소심 판단】 위 피고인들이 이 사건 무전기를 이용하여 Q도로공사 R지사 상황실과 순찰차량간의 대화를 수신한 것은 대화당사자의 동의가 없음을 전제로 하는 감청에 해당하지 않는다고 판단하여 위 공소사실에 대하여 무죄를 선고하였다.

4. 전기통신과 대화의 구별

【대법원 판단】 (3) 그러나 이러한 원심의 판단은 수긍하기 어렵다.

【대법원 분석】 통신비밀보호법에서는 그 규율의 대상을 통신과 대화로 분류하고 그 중 통신을 다시 우편물과 전기통신으로 나눈 다음, /

【대법원 분석】 그 제2조 제3호로 "전기통신"이라 함은 유선 · 무선 · 광선 및 기타의 전자적 방식에 의하여 모든 종류의 음향 · 문언 · 부호 또는 영상을 송신하거나 수신하는 것을 말한다고 규정하고 있는바, /

【대법원 요지】 이 사건 무전기와 같은 무선전화기를 이용한 통화가 위 법에서 규정하고 있는 전기통신에 해당함은 전화통화의 성질 및 위 규정 내용에 비추어 명백하므로 이를 같은 법 제3조 제1항 소정의 '타인간의 대화'에 포함된다고 할 수 없는데(대법원 2002. 10. 8. 선고 2002도123 판결 참조), /

【대법원 판단】 이 사건의 경우 검사는 위 피고인들에 대한 이 부분 공소사실을 적시함에 있어 이 사건 무전기를 설치하여 Q도로공사 R지사의 순찰차, 상황실 등간의 무선통화내역을 청취하여 타인간의 대화를 청취하였다라고 하고 있지만, /

【대법원 판단】 위 공소사실은 전체적으로 보아 이 사건 무전기를 이용하여 Q도로공사 R지사의 상황실과 순찰차간의 전기통신에 해당하는 무선전화통화를 감청한 사실을 기소하고 있다고 보는 것이 타당하다고 할 것이다.

5. 사안에 대한 대법원의 판단

【대법원 분석】 그런데 원심이 인정한 사실관계에 의하더라도 /

【대법원 분석】 Q도로공사가 마련한 위 '고속도로 구난(견인)차량 고정배치 운영지침' 및 '고속도로 구난(견인)차량 등록업체 준수사항'의 내용은 등록업체의 비용으로 등록업체의 렉카나 등록차량에 단말기(무선기) 또는 무선설비를 설치하여 Q도로공사와 등록업체간의 통신에 이용하도록 하는 것에 불과하고, /

【대법원 분석】 Q도로공사 R지사의 상황실과 순찰차량간의 무선전화통화에 제공하기 위한 Q도로공사 소유의 이 사건 무전기와 같은 무전설비를 등록업체에 설치하는 것을 뜻하는 것이 아님은 명백하며,/

【대법원 분석】 한편 Q도로공사 R지사 통신장인 피고인 을의 검찰에서의 진술에 의하면, /

【대법원 분석】 피고인 갑으로부터 무전기 설치 협조요청을 받고는 별다른 문제가 없을 것으로 생각하고 임의로 이 사건 무전기를 건네주었으며 이 사건 무전기의 교부가 상부의 방침은 아니었다는 것이고(수사기록 31쪽, 51쪽), /

【대법원 분석】 원심이 배척하지 아니한 Q도로공사 R지사 교통안전과장인 제1심증인 A의 증언에 의하면, /

【대법원 분석】 Q도로공사 순찰대원들과 피고인 P주식회사 관계자들로부터 무전기 설치를 건의받고 정식절차를 밟으면 가능할 수 있다는 정도의 대답만을 하였을 뿐이고 이 사건 무전기를 설치하는 것에 대하여 사전보고받은 바 없고 /

【대법원 분석】 다만 설치된 이후 피고인 을로부터 그 사실을 들었으나 이 사건 무전기에서 마이크를 제거했다고 하여 대수롭지 않게 생각하고 이를 상사에게 보고하지 않았다는 것인바(공판기록 261-262쪽), /

【대법원 판단】 이와 같이 이 사건 무전기를 위 피고인 P주식회사 기사대기용 컨테이너박스 안에 설치함에 있어 Q도로공사 R지사의 정당한 계통을 밟은 결재가 있었던 것이 아닌 이상 전기통신의 당사자인 Q도로공사 R지사의 동의가 있었다고는 볼 수 없으므로 /

【대법원 판단】 위 피고인들이 이 사건 무전기를 이용하여 Q도로공사 R지사의 상황실과 순찰차간의 무선전화통화를 청취한 것은 통신비밀보호법상의 감청에 해당한다고 할 것이다.

【대법원 결론】 그럼에도 불구하고, 원심은 이 사건 무전기를 이용한 Q도로공사 R지사의 상황실과 순찰차간의 무선전화통화의 청취가 당사자의 동의가 없음을 전제로 하는 감청에 해당하지 않는다고 판단하여 위 공소사실에 대하여 무죄를 선고하고 말았으니, /

【대법원 결론】 거기에는 통신비밀보호법상 감청에 관한 법리를 오해하여 판결 결과에 영향을 미친 위법이 있다고 할 것이므로 위 무죄부분은 파기를 면할 수 없다고 할 것이다. 이 점을 지적하는 검사의 상고이유에서의 주장도 이유 있다. (파기 환송)

2012도4644

통신비밀보호법과 감청의 범위
통합문자메시지 해킹 사건

2012. 10. 25. 2012도4644, 공 2012하, 2004

1. 사실관계 및 사건의 경과

【사실관계 1】

① 갑은 P회사를 운영하고 있다.

② Q회사는 전기통신사업법상 부가통신사업자이다.
③ 갑은 Q회사와 ㉠통합메시지서비스계약을 체결하였다.
④ ㉠통합메시지서비스계약은 갑이 운영하는 P회사의 ㉡공용 컴퓨터 서버를 통해 고객들의 휴대폰으로 문자메시지 등을 전달하거나 전달받을 수 있도록 하는 내용의 계약이다.
⑤ 이후 갑은 P회사의 ㉡컴퓨터를 통해 고객들에게 문자메시지를 보냈다.

【사실관계 2】

① 2009. 1. 제3자가 ㉡컴퓨터 서버 관리 프로그램을 해킹한 후 광고 문자메시지를 대량으로 발송하였다.
② 이로 인해 P회사의 문자메시지 서비스 제공이 중단되었다.
③ 갑은 P회사 쪽에서 문자메시지를 보낸 것이 아니라는 점을 확인하려고 하였다.
④ 2009. 2. 갑은 P회사 사무실에서, 당사자의 동의 없이 P회사 ㉡컴퓨터 서버에 저장되어 있는 개인의 휴대전화 문자메시지 28,811건에 대한 파일을 갑의 ㉢USB에 저장하였다.
⑤ 갑은 ㉣개인용 컴퓨터에서 ㉢USB 휴대전화 문자메시지 28,811건을 열람하였다.

【사건의 경과】

① 검사는 갑을 통신비밀보호법위반죄(감청)로 기소하였다.
② 제1심법원은 유죄를 인정하였다.
③ 갑은 불복 항소하였다.
④ 항소심법원은 제1심판결을 파기하고, 무죄를 선고하였다.
⑤ 검사는 불복 상고하였다.

2. 사안에 대한 대법원의 판단

【대법원 분석】 통신비밀보호법 제2조 제3호 및 제7호에 의하면 /
【대법원 분석】 같은 법상의 "감청"은 /
【대법원 분석】 전자적 방식에 의하여 모든 종류의 음향 · 문언 · 부호 또는 영상을 송신하거나 수신하는 전기통신에 대하여 /
【대법원 분석】 당사자의 동의 없이 전자장치 · 기계장치 등을 사용하여 통신의 음향 · 문언 · 부호 · 영상을 청취 · 공독하여 그 내용을 지득 또는 채록하거나 /
【대법원 분석】 전기통신의 송 · 수신을 방해하는 것을 말하는 것이다. /
【대법원 요지】 그런데 해당 규정의 문언이 송신하거나 수신하는 전기통신 행위를 감청의 대상으로 규정하고 있을 뿐 /
【대법원 요지】 송 · 수신이 완료되어 보관 중인 전기통신 내용은 그 대상으로 규정하지 않은 점, /
【대법원 요지】 일반적으로 감청은 다른 사람의 대화나 통신 내용을 몰래 엿듣는 행위를 의미하는 점 등을 고려하여 보면, /
【대법원 요지】 통신비밀보호법상의 "감청"이란 그 대상이 되는 전기통신의 송 · 수신과 동시에 이루어지는 경우만을 의미하고, /
【대법원 요지】 이미 수신이 완료된 전기통신의 내용을 지득하는 등의 행위는 포함되지 않는다.

【대법원 결론】 같은 취지에서 원심이 송·수신이 완료된 전기통신의 내용을 청취·공독하여 지득 또는 채록하는 것은 통신비밀보호법상의 "감청"에 해당하지 아니한다고 판단하여 /
【대법원 결론】 피고인에 대한 이 사건 공소사실을 무죄로 판단한 조치는 정당하고, 거기에 상고이유의 주장과 같은 법리오해의 위법이 없다. (상고 기각)

2009도250

영업비밀침해죄와 영업비밀 – 인정례
냉각탑 설계도 사건

2009. 7. 9. 2009도250, [공보불게재]

1. 사실관계 및 사건의 경과

【사실관계 1】

① 냉각탑에 대하여 미국의 냉각기술협회(Cooling Technology Institute)에 의한 인증을 받으면 해당 업계에서는 냉각탑의 성능 및 품질에 대하여 공신력을 부여받게 된다.
② 2004년 당시 P회사는 냉각탑에 대하여 미국의 냉각기술협회의 인증을 받은 국내 유일의 업체로서 연간 매출액이 약 200억 원 정도에 이르고 외국의 업체와 경쟁하여 ○○공항의 대형 냉각탑을 수주, 제조할 정도로 탁월한 영업성과를 거두어 왔다.
③ P회사는 오랜 기간 연구개발을 거듭하여 냉각탑의 설계 및 제조에 관하여 기술상의 노 하우(know-how)를 쌓아 왔으며 경쟁업체가 위와 같은 기술을 정상적으로 취득하기 위해서는 상당한 시간과 노력이 소요된다.
④ 2003. 4.경 중국의 Q회사는 P회사와 사이에 냉각탑의 제조, 판매에 관한 기술협력계약을 추진하였으나, P회사가 Q회사의 주식 25%를 요구함에 따라 Q회사가 이에 반발하면서 계약교섭이 결렬되었다.

【사실관계 2】

① 2003. 4.경 무렵 갑은 P회사의 해외사업부 담당직원으로 근무하다가 퇴직하였다.
② 을은 P회사의 냉각탑 개발업무의 연구원으로 약 4년 동안 근무하다가 퇴직하였다.
③ 갑과 을은 P회사와 동종업체인 R회사를 설립하였다.
④ 갑과 을은 P회사 퇴직 당시 P회사에 영업비밀보호서약서를 제출하였다.
⑤ P회사의 직원들 중에서 냉각탑 설계도 파일에 접근할 수 있는 사람은 업무관련성이 있는 직원들로만 제한된다.
⑥ 실제로 냉각탑 설계도 파일에 접근하기 위해서는 P회사에서 부여한 아이디(ID)와 비밀번호를 입력하여 회사의 승인을 받아야만 접근할 수 있다.
⑦ 또한 로그파일에 관련된 기록은 보안책임자와 관리책임자가 지정된 가운데 P회사가 이를 관리하여 왔다.

【사실관계 3】

① 2004. 10.경 갑과 을은 사전에 확보해 놓은 P회사의 냉각탑 설계도를 이용하여 Q회사와 사이에 P회사의 냉각탑 설계 및 제조기술을 지원하는 내용의 기술협력계약을 체결하였다.

② 갑과 을은 냉각탑 부품들의 세부적인 수치, 부품들 사이의 결합관계, 전체적인 구조 등에 관한 P회사의 기술상의 정보를 ㉠냉각탑의 완제품설계도와 부품설계도를 인도하는 방식으로 Q회사에 제공하였다.

③ Q회사는 ㉠냉각탑 설계도상의 기술상의 정보를 이용하여 자사의 냉각탑을 제조하여 미국의 냉각기술협회의 인증을 쉽게 받아낼 수 있었다.

【사건의 경과】

① 검사는 갑과 을을 「부정경쟁방지 및 영업비밀 보호에 관한 법률」 위반죄로 기소하였다.

② 갑과 을의 피고사건은 제1심을 거친 후, 항소심에 계속되었다.

③ 항소심법원은 ㉠냉각탑의 완제품설계도와 부품설계도에 수록된 기술상의 정보가 영업비밀에 해당하지 않는다고 판단하여 무죄를 선고하였다.

④ 검사는 불복 상고하였다.

2. 영업비밀의 개념요소

【대법원 요지】 부정경쟁방지 및 영업비밀보호에 관한 법률(이하 '부정경쟁방지법'이라 한다) 제2조 제2호의 영업비밀이란 /

【대법원 요지】 일반적으로 알려져 있지 아니하고 독립된 경제적 가치를 가지며, 상당한 노력에 의하여 비밀로 유지·관리된 생산방법, 판매방법 기타 영업활동에 유용한 기술상 또는 경영상의 정보를 말하고, /

【대법원 요지】 이때 정보가 '독립된 경제적 가치를 가진다'는 의미는, 그 정보의 보유자가 그 정보의 사용을 통해 경쟁자에 대하여 경쟁상의 이익을 얻을 수 있거나 또는 그 정보의 취득이나 개발을 위해 상당한 비용이나 노력이 필요하다는 것이다.

【대법원 요지】 그리고 영업비밀로서의 요건을 갖추었는지의 여부 및 영업비밀로서 특정이 되었는지 등을 판단함에 있어서는 사용자가 주장하는 영업비밀 자체의 내용뿐만 아니라 근로자의 근무기간, 담당업무, 직책, 영업비밀에의 접근 가능성, 퇴사 후에 담당하는 업무의 내용과 성격 등 여러 사정을 고려하여야 한다.

3. 사안에 대한 대법원의 판단

【대법원 판단】 기록에 의하면, …(생략; 사실관계 참조)… 사실 등을 알 수 있는바, 이러한 사실을 앞서 본 법리에 비추어 보면, /

【대법원 판단】 냉각탑의 완제품설계도와 부품설계도에 수록된 P회사의 기술상의 정보는 특별한 사정이 없는 한 영업비밀에 해당한다고 봄이 상당하다.

【대법원 결론】 그럼에도 불구하고, 원심은 냉각탑의 완제품설계도와 부품설계도에 수록된 기술상의 정보가 영업비밀에 해당하지 않는다고 단정한 나머지 이 부분 공소사실에 대하여 무죄라고 판단하고

말았으니. /

【대법원 결론】 원심판결에는 부정경쟁방지법 소정의 영업비밀에 관한 법리를 오해하였거나 채증법칙을 위반하여 사실을 오인함으로써 판결에 영향을 미친 위법이 있다고 할 것이다. 이 점을 지적하는 상고이유의 주장은 이유 있다. (파기 환송)

【코멘트】 형법은 업무상 비밀누설죄를 제외하고는 비밀침해 행위 자체를 처벌하는 규정을 두고 있지 않다. 그러나 형사실무상으로는 특별법상의 각종 비밀침해 처벌규정이 중요한 의미를 가지고 있다. 정보통신망법상의 비밀침해·누설죄, 통신비밀보호법상의 대화비밀침해죄, 부정경쟁방지법상의 영업비밀침해죄는 그 대표적인 예이다. 앞에서 고찰한 **2010도10576** 판례는 형법과 다른 특별법상의 비밀침해·누설죄의 관계에 대해 상세한 분석을 제시한 것으로 주목된다.

영업비밀침해죄는 기업의 무형자산의 보호와 관련하여 중요한 의미를 갖는다. 기업의 비밀이 영업비밀에 해당하면, 이를 탐지·누설하는 행위는 영업비밀침해죄로 처벌된다. 내부자가 이러한 행위를 하면 영업비밀침해죄 이외에 배임죄도 성립한다. 본 판례에서 대법원은 영업비밀의 성립요소를 제시하고 있다.

기업의 비밀이 영업비밀에까지는 이르지 않았더라도 영업상 중요한 자산인 경우에 기업의 임직원이 이를 외부에 반출하는 경우가 있다. 이 때에는 영업비밀침해죄는 성립하지 않는다. 그렇지만 영업상 중요한 무형자산의 반출행위는 업무상 배임죄를 구성한다. 이하에 소개하는 일련의 판례는 이러한 점을 보여주고 있다.

영업비밀침해죄를 형법전에 편입해야 한다는 논의가 활발하다. 그러나 아직까지는 영업비밀의 범주를 형법에 명확하게 규정하기가 어렵다는 입법기술상의 어려움 때문에 영업비밀침해죄가 형법전에 규정되어 있지 않다. 또한 형법전에는 양벌규정이 들어와 있지 않기 때문에 형법상의 영업비밀침해죄로는 다른 사람의 영업비밀을 취득하여 이익을 얻게 되는 법인이나 기업들을 처벌할 수 없다는 문제점도 지적되고 있다. 이러한 사정 때문에 아직 형법전에 영업비밀침해죄는 규정되어 있지 않으나 거래사회에서 영업비밀침해죄는 형법의 여타 범죄유형에 뒤지지 않을 정도로 중요한 의미를 가지고 있다.

2008도9433

영업비밀침해죄와 영업비밀 취득 - 인정례
배임죄와 임무위배 - 인정례
담수 프로젝트 사건

2009. 10. 15. 2008도9433, 공 2009하, 1904

1. 사실관계 및 사건의 경과

【사실관계 1】

① 2004. 1. 20. 「부정경쟁방지 및 영업비밀보호에 관한 법률」이 일부 개정되어 공포되었다.

② 2004. 7. 21. 개정된 부정경쟁방지법이 시행되었다.
③ 이 개정으로 부정경쟁방지법의 벌칙규정에 변화가 있었다.
④ 개정 전과 개정 후의 벌칙규정을 비교해 보면 차이점은 다음과 같다.
  (가) 주체는 '기업의 임원 또는 직원이었던 자'로부터 '누구든지'로 확장되었다.
  (나) 객체는 '기술상의 영업비밀'로부터 단순히 '영업비밀'로 확장되었다.
  (다) '계약관계등에 의하여 비밀로 유지하여야 할 의무에 위반하여'라는 요건이 삭제되었다.
  (라) 행위태양은 '제3자에게 누설'로부터 '취득 · 사용하거나 제3자에게 누설'로 확대되어 누설 이외에 취득 및 사용이 추가되었다.
  (마) 친고죄 규정이 삭제되었다.

【사실관계 2】

① P회사는 담수 · 발전 플랜트 사업을 추진하고 있다.
② 갑은 P회사의 기술연구원장으로 재직하고 있었다.
③ 갑은 재직 중 P회사의 영업비밀 자료를 지득하거나 보관하게 되었다.
④ 2004. 4. 1. 갑은 P회사의 기술연구원장의 직에서 물러났다.
⑤ 갑은 이어서 P회사의 고문으로 재직하였다.
⑥ 을은 P회사의 임원으로 입사하였다.
⑦ 을은 다음 내용의 '비밀유지 및 경업금지 서약서'를 작성하여 P회사에 제출하였다.
⑧ "재직 중 입수한 정보에 대하여 비밀을 유지하고 퇴사시에는 정보가 기록되어 있는 모든 저장매체를 반환하기로 한다."

【사실관계 3】

① 2006. 11. 30. 및 2006. 12. 20.경 을은 업무처리를 위하여 P회사의 기술상 · 경영상 영업비밀 78개 파일들을 ㉠외장하드에 복사하였다.
② 2007. 4. 9. 갑은 P회사의 고문직에서 물러났다.
③ 을은 P회사를 퇴직하였다.
④ 을은 퇴사하면서 78개 파일이 들어 있는 ㉠외장하드를 P회사의 외부로 반출하였다.
⑤ 갑과 을은 관련법령 및 P회사와의 계약에 따라 퇴직 후에도 일정 기간 비밀유지의무를 진다.

【사실관계 4】

① Q회사는 담수 · 발전 플랜트 사업에 아무런 물적 · 인적 기반이 없었다.
② [Q회사의 스카우트 제의로] 갑과 을이 Q회사에 입사하였다.
③ Q회사는 갑과 을의 입사와 함께 짧은 기간 내에 산업플랜트를 조직하여 많은 담수 · 발전 프로젝트를 공동으로 추진하였다.
④ 갑은 기술연구원장 재직 중 취득한 P회사의 영업비밀을 Q회사 사무실에 있는 업무용 컴퓨터에 저장하거나 그 사무실에 하드카피 형태로 비치하여 업무에 활용할 수 있도록 하였다.
⑤ 을은 ㉠외장하드에 복사하여 반출한 78개 파일의 P회사 영업비밀을 Q회사 사무실에 있는 업무용 컴퓨터에 저장하거나 그 사무실에 하드카피 형태로 비치하여 업무에 활용할 수 있도록 하였다.
⑥ 갑과 을은 각자가 보유하고 있던 P회사의 영업비밀을 참고함은 물론, 다른 사람들과 이를 상시적으

로 교환하여 참고하였다.

⑦ 2007년 7월 내지 9월에 걸쳐서 갑과 을은 Q회사에서 대규모 담수·발전 프로젝트인 ⓐ프로젝트, ⓑ프로젝트, ⓒ프로젝트 등을 추진하는 과정에서 그에 대한 참고자료로 활용하기 위하여 P회사의 영업비밀을 열람하였다.

⑧ Q회사가 작성한 'scope of supply'의 자료는 P회사에서 추진하였던 ⓓ프로젝트 입찰제안서의 Technical 부분 중 일부인 'SCOPE OF SUPPLY' 부분을 참고하여 작성된 것이었다.

【사건의 경과 1】

① 검사는 갑과 을을 포함한 관련자들을 부정경쟁방지법위반죄로 기소하였다.

② 검사는 ㉠외장하드를 P회사 외부로 유출한 을에 대해서는 추가로 업무상 배임죄로 기소하였다.

③ 갑과 을의 피고사건은 제1심을 거친 후, 항소심에 계속되었다.

④ 항소심법원은 갑과 을에게 부정경쟁방지법위반죄(영업비밀부정사용)의 공동정범을 인정하였다.

⑤ 항소심법원은 을에게 추가로 업무상 배임죄를 인정하였다.

⑥ 갑과 을 및 검사는 불복 상고하였다.

【사건의 경과 2】

① 갑과 을은 상고이유로 다음의 점을 주장하였다.

(가) 개정법률이 시행되기 전에 취득한 영업비밀에 대해서는 제3자에게 누설하는 행위만 처벌대상이 된다.

(나) 개정법률 시행 전에 취득한 영업비밀을 사용하는 행위를 개정법률로 처벌하는 것은 죄형법정주의에 위반된다.

(다) 갑이 2007년 7월 내지 9월에 걸쳐서 사용한 P회사의 영업비밀은 2004. 4. 1. 기술개발연구원장의 직을 물러나기 전에 취득한 것으로, 그 보호기간이 경과하였으므로 처벌할 수 없다.

(라) 갑과 을은 부정경쟁방지법위반죄에 대하여 공모한 사실이 없다.

② 을은 업무상 배임죄 부분에 대하여 추가로 다음과 같이 주장하였다.

(가) ㉠외장하드에 78개 파일을 복사하여 P회사 바깥으로 반출한 것은 업무처리를 위한 것으로 적법한 반출이었다.

(나) 적법한 반출행위이었으므로 반출 당시 배임의 고의가 없었다.

③ 검사는 상고이유로 다음의 점을 주장하였다.

(가) 을이 78개 파일을 복사한 ㉠외장하드를 P회사 바깥으로 반출하는 행위는 영업비밀의 취득에 해당한다.

(나) 갑과 을이 P회사의 영업비밀을 Q회사 사무실에 있는 업무용 컴퓨터에 저장하거나 그 사무실에 하드카피 형태로 비치하여 언제든지 업무에 활용할 수 있도록 한 것은 이미 영업비밀 사용행위의 실행의 착수에 해당한다.

【참조조문】

부정경쟁방지및영업비밀보호에관한법률

[시행 2001. 7. 1] [법률 제6421호, 2001. 2. 3, 일부개정]

제18조 (벌칙) ② 다음 각호의 1에 해당하는 자는 5년 이하의 징역 또는 5천만 원 이하의 벌금에 처

한다.

2. 기업의 임원 또는 직원이었던 자로서 부정한 이익을 얻거나 그 기업에 손해를 가할 목적으로 그 기업에 유용한 기술상의 영업비밀을 계약관계등에 의하여 비밀로 유지하여야 할 의무에 위반하여 제3자에게 누설한 자

④ 제1항 및 제2항의 징역형과 벌금형은 이를 병과할 수 있다.

⑤ 제1항 및 제2항의 죄는 고소가 있어야 공소를 제기할 수 있다. 다만, 국가안전보장 또는 중대한 공공의 이익을 위하여 필요하다고 인정되는 때에는 그러하지 아니한다.

부정경쟁방지및영업비밀보호에관한법률

[시행 2004. 7. 21] [법률 제7095호, 2004. 1. 20, 일부개정]

제18조 (벌칙) ② 누구든지 부정한 이익을 얻거나 기업에 손해를 가할 목적으로 그 기업에 유용한 영업비밀을 취득·사용하거나 제3자에게 누설한 자는 5년 이하의 징역 또는 그 재산상 이득액의 2배 이상 10배 이하에 상당하는 벌금에 처한다. 〈개정 2004. 1. 20〉

④ 제1항 및 제2항의 징역형과 벌금형은 이를 병과할 수 있다.

⑤ 삭제〈2004. 1. 20〉

부칙 〈법률 제7095호, 2004. 1. 20〉

② (경과조치) 이 법 시행전에 종전의 제18조 제1항 및 제2항의 규정을 위반한 자에 대하여는 종전의 규정에 의한다.

2. 개정 부정경쟁방지법의 적용범위

【대법원 분석】 구 '부정경쟁 방지 및 영업비밀 보호에 관한 법률'(2004. 1. 20. 법률 제7095호로 개정된 것)에서는 기업의 전·현직 임원 또는 직원이 영업비밀을 누설하는 행위만을 처벌하였고, /

【대법원 분석】 그 외에 영업비밀의 부정취득 또는 부정사용의 각 행위에 관하여는 처벌규정이 없었다. /

【대법원 분석】 그런데 위와 같이 2004. 1. 20.에 개정된 위 법률의 제18조 제2항은 /

【대법원 분석】 "누구든지 부정한 이익을 얻거나 기업에 손해를 가할 목적으로 그 기업에 유용한 영업비밀을 취득·사용하거나 제3자에게 누설한 자"를 일정한 형벌에 처한다고 정하여, /

【대법원 분석】 영업비밀의 부정취득 또는 그 부정사용을 별도의 범죄구성요건으로 규정하기에 이르렀다. /

【대법원 분석】 그 개정입법의 취지가 영업비밀 침해행위와 관련하여 그 처벌의 대상이 되는 행위유형을 확대함으로써 기업의 영업비밀 보호를 강화하는 데 있다고 할 것이고, /

【대법원 분석】 또 위 개정법률의 부칙 제2항이 "이 법 시행 전에 종전의 제18조 제1항 및 제2항의 규정을 위반한 자에 대해서는 종전의 규정에 의한다"고 규정하고 있을 뿐임을 고려하면, /

【대법원 요지】 위 개정법률이 시행되기 전에 취득한 영업비밀이라 하더라도 그 시행 후에 이를 부정사용하는 행위는 위 개정법률 제18조 제2항의 적용대상이 된다고 볼 것이다.

【대법원 판단】 원심이 같은 취지에서 이 사건 영업비밀 부정사용행위에 대하여 위 개정법률의 규정을 적용하여 처벌한 것은 정당하다. /

【대법원 결론】 거기에 상고이유의 주장과 같은 죄형법정주의 내지 신뢰보호의 원칙을 위반한 위법이 없다.

3. 영업비밀의 침해 여부에 대한 판단

(1) 영업비밀의 보호기간

【대법원 분석】 원심은 그 채택 증거를 종합하여 /

【대법원 분석】 피고인 갑이 2004. 4. 1. 공소외 P주식회사의 기술연구원장의 직에서 물러났으나 그 뒤에도 2007. 4. 9.까지 공소외 P주식회사의 고문으로 재직하였음을 인정한 후, /

【대법원 판단】 피고인 갑이 임직원으로 재직하면서 지득하거나 보관하게 된 영업비밀 자료에 대한 비밀유지의무는 피고인 갑이 고문으로 재직하는 동안에도 중단 없이 지속된다고 판단하고, /

【대법원 판단】 이와 달리 피고인 갑이 2007년 7월 내지 9월에 걸쳐서 사용한 공소외 P주식회사의 영업비밀은 그 보호기간이 경과하였으므로 처벌할 수 없다는 피고인 갑의 주장을 배척하였다.

【대법원 결론】 원심이 채택한 증거들을 기록에 비추어 검토해 보면 원심의 위와 같은 판단은 정당하다. 거기에 상고이유의 주장과 같은 영업비밀의 보호기간에 관한 법리 오해의 위법이 없다.

(2) 공모공동정범에 관한 법리

【대법원 요지】 2인 이상이 공동으로 가공하여 범죄를 행하는 공동정범에 있어서 공모 또는 모의는 범죄에 공동가공하여 이를 공동으로 실현하려는 의사의 결합이 있어야 하나 /

【대법원 요지】 그것이 반드시 직접적 · 명시적으로 이루어질 필요는 없고 순차적 · 암묵적으로 상통하여 이루어질 수도 있다. /

【대법원 요지】 또한 피고인이 공모의 점과 함께 범의를 부인하는 경우에는 이러한 주관적 요소로 되는 사실은 사물의 성질상 범의와 상당한 관련성이 있는 간접사실 또는 정황사실을 증명하는 방법에 의하여 이를 입증할 수밖에 없다.

【대법원 분석】 원심은 그 채택 증거를 종합하여, /

【대법원 분석】 당초 공소외 Q주식회사는 담수 · 발전 플랜트 사업에 아무런 물적 · 인적 기반이 없었는데, /

【대법원 분석】 공소외 P주식회사의 임직원이던 피고인들이 공소외 Q주식회사에 입사하면서 짧은 기간 내에 산업플랜트를 조직하여 많은 담수 · 발전 프로젝트를 공동으로 추진하였고, /

【대법원 분석】 그 과정에서 피고인들은 각자의 역할을 분담하였으며, /

【대법원 분석】 피고인들은 각자가 보유하고 있던 공소외 P주식회사의 영업비밀을 참고함은 물론 다른 피고인들과 사이에 이를 상시적으로 교환하여 참고였다는 등의 이유로 /

【대법원 판단】 피고인들에 대하여 이 사건 영업비밀부정사용죄에 관하여 공모공동정범임을 인정하였다.

【대법원 결론】 위 법리와 원심이 채택한 증거들을 기록에 비추어 검토해 보면 원심의 위와 같은 판단은 정당하다. 거기에 상고이유의 주장과 같은 공모공동정범에 관한 법리 오해의 위법이 없다.

(3) 영업비밀 부정사용죄의 실행의 착수시점-1

【대법원 요지】 앞서 본 부정경쟁방지법 제18조 제2항에서 정하고 있는 영업비밀부정사용죄에 있어서는 /

【대법원 요지】 행위자가 당해 영업비밀과 관계된 영업활동에 이용 혹은 활용할 의사 아래 그 영업활동에 근접한 시기에 영업비밀을 열람하는 행위/

【대법원 요지】 (영업비밀이 전자파일의 형태인 경우에는 저장의 단계를 넘어서 해당 전자파일을 실행하는 행위)를 /

【대법원 요지】 하였다면 그 실행의 착수가 있다고 할 것이다.

【대법원 판단】 원심은 피고인들이 공소외 Q주식회사에서 대규모 담수 · 발전 프로젝트인 라빅 프로젝트, 빈탄 프로젝트, 쇼아이바 3단계 워터트랜스미션 프로젝트 등을 추진하는 과정에서 그에 대한 참고자료로 활용하기 위하여 공소사실 기재와 같은 공소외 P주식회사의 영업비밀을 열람함으로써 실행의 착수가 있다고 판단하였다.

【대법원 결론】 위 법리와 원심이 채택한 증거들을 기록에 비추어 검토해 보면 원심의 위와 같은 판단은 정당하다. 거기에 상고이유의 주장과 같은 부정경쟁방지법에 있어서 영업비밀부정사용죄의 실행의 착수에 관한 법리 오해, 이유 모순, 심리 미진 등의 위법이 없다.

(4) 영업비밀 사용행위의 의미

【대법원 요지】 영업비밀의 사용은 영업비밀 본래의 사용 목적에 따라 이를 상품의 생산 · 판매 등의 영업활동에 이용하거나 연구 · 개발사업 등에 활용하는 등으로 기업활동에 직접 또는 간접적으로 사용하는 행위로서 구체적으로 특정이 가능한 행위를 가리킨다고 할 수 있다.

【대법원 판단】 원심은 당해 영업비밀이 관계된 영업활동에 어떻게 이용 또는 활용되었는지가 영업비밀 본래의 용법 및 속성, 관계된 영업활동의 내용, 진행 정도 등 구체적인 상황 아래에서 어느 정도 특정이 가능한 상태라면 영업비밀을 사용한 것으로 보아야 한다고 전제한 다음, /

【대법원 판단】 원심 판시 별지9 범죄일람표 순번 12의 'scope of supply'의 자료는 공소외 P주식회사에서 추진하였던 소하르 프로젝트 입찰제안서의 Technical 부분 중 일부인 'SCOPE OF SUPPLY' 부분을 참고하여 작성된 것으로서 영업비밀부정사용죄의 기수에 이르렀다고 판단하였다.

【대법원 결론】 위 법리와 원심이 채택한 증거들을 기록에 비추어 검토해 보면 원심의 위와 같은 판단은 정당하다. 거기에 상고이유의 주장과 같은 부정경쟁방지법에 있어서 영업비밀의 사용에 관한 법리 오해, 심리 미진, 채증법칙 위반 등의 위법이 없다.

4. 배임죄 성립 여부에 대한 판단

(1) 영업비밀침해죄와 배임죄의 관계

【대법원 요지】 회사 직원이 영업비밀을 경쟁업체에 유출하거나 스스로의 이익을 위하여 이용할 목적으로 무단으로 반출하였다면 그 반출시에 업무상배임죄의 기수가 되고, /

【대법원 요지】 영업비밀이 아니더라도 그 자료가 불특정 다수의 사람에게 공개되지 않았고 사용자가 상당한 시간, 노력 및 비용을 들여 제작한 영업상 주요한 자산인 경우에도 그 자료의 반출행위는 업

무상배임죄를 구성하며, /

【대법원 요지】 회사 직원이 영업비밀이나 영업상 주요한 자산인 자료를 적법하게 반출하여 그 반출행위가 업무상배임죄에 해당하지 않는 경우라도 /

【대법원 요지】 퇴사시에 그 영업비밀 등을 회사에 반환하거나 폐기할 의무가 있음에도 경쟁업체에 유출하거나 스스로의 이익을 위하여 이용할 목적으로 이를 반환하거나 폐기하지 아니하였다면, 이러한 행위는 업무상배임죄에 해당한다.

(2) 사안에 대한 배임죄의 성립 여부

【대법원 판단】 원심은, /

【대법원 판단】 피고인 을이 공소외 P주식회사에 재직 중 입수한 정보에 대하여 비밀을 유지하고 퇴사시에는 위 정보가 기록되어 있는 모든 저장매체를 반환하기로 하는 내용의 '비밀유지 및 경업금지 서약서'를 작성한 바 있어 재직 중 자신이 입수한 파일들을 퇴사시 반환할 의무가 있고, /

【대법원 판단】 만약 이를 반환할 수 없는 부득이한 사정이 있었다면 고용계약에 따른 부수적 의무 내지 신의칙에 비추어 퇴사 직후 이를 폐기할 의무가 있으며, /

【대법원 판단】 위 파일들이 공소외 P주식회사의 영업비밀에 해당함을 충분히 인식하고 있었음에도 불구하고, /

【대법원 판단】 공소외 Q주식회사에 입사할 때까지 위 파일들을 계속 보관하고 있다가 이 사건 영업비밀을 사용하였다는 등의 사정을 종합하여, /

【대법원 판단】 피고인 을이 퇴사하면서 위 파일들을 공소외 P주식회사 외부로 반출할 당시에 피고인 을에게 향후 위 파일들을 사용할 의사가 있었다고 추단할 수 있으므로 적어도 미필적으로라도 배임의 고의가 있었다고 판단하였다.

【대법원 결론】 위 법리와 원심이 채택한 증거들을 기록에 비추어 검토해 보면 원심의 위와 같은 판단은 정당하다. 거기에 상고이유의 주장과 같은 영업비밀 등의 침해와 관련한 배임행위에 관한 법리오해 등의 위법이 없다.

5. 영업비밀 취득 여부에 대한 판단

(1) 영업비밀 취득의 의미

【대법원 분석】 앞서 [2.]에서 본 대로 부정경쟁방지법 제18조 제2항은 "부정한 이익을 얻거나 기업에 손해를 가할 목적으로 그 기업에 유용한 영업비밀을 취득·사용하거나 제3자에게 누설한 자"를 처벌하고 있다. /

【대법원 요지】 여기서 영업비밀의 '취득'은 도면, 사진, 녹음테이프, 필름, 전산정보처리조직에 의하여 처리할 수 있는 형태로 작성된 파일 등 유체물의 점유를 취득하는 형태는 물론이고, /

【대법원 요지】 그 외에 유체물의 점유를 취득함이 없이 영업비밀 자체를 직접 인식하고 기억하는 형태 또는 영업비밀을 알고 있는 사람을 고용하는 형태로도 이루어질 수 있으나, /

【대법원 요지】 어느 경우에나 사회통념상 영업비밀을 자신의 것으로 만들어 이를 사용할 수 있는 상태가 되었다면 영업비밀을 취득하였다고 할 것이다. /

【대법원 요지】 '그리고 기업의 직원으로서 영업비밀을 인지하여 이를 사용할 수 있는 사람은 이미 당해 영업비밀을 취득하였다고 보아야 하므로 /
【대법원 요지】 그러한 사람이 당해 영업비밀을 단순히 기업의 외부로 무단 반출한 행위는, /
【대법원 요지】 업무상배임죄에 해당할 수 있음은 별론으로 하고, /
【대법원 요지】 위 조항 소정의 영업비밀의 취득에는 해당하지 않는다고 봄이 상당하다.

(2) 사안에 대한 영업비밀 취득 여부

【대법원 판단】 원심은 /
【대법원 판단】 피고인 을이 공소외 P주식회사의 임원으로 각 재직하고 있던 2006. 11. 30. 및 같은 해 12월 20일경 외장하드에 원심 판시 별지1 범죄일람표 기재 내용과 같은 기술상·경영상 영업비밀 78개 파일들을 복사함으로써 이미 위 영업비밀을 취득하였고 /
【대법원 판단】 피고인 을이 퇴사하면서 위 자료를 반출하였다고 하더라도 이는 영업비밀을 사용할 수 있는 상태가 계속되는 것에 불과하고 별개의 취득행위를 구성하지 않는다고 판단하였다.
【대법원 결론】 위 법리와 원심이 채택한 증거들을 기록에 비추어 검토해 보면 원심의 위와 같은 판단은 정당하다. 거기에 상고이유의 주장과 같은 영업비밀의 취득으로 인한 부정경쟁방지법 위반에 대한 법리 오해의 위법이 없다.

(3) 영업비밀 부정사용행위의 실행의 착수시점-2

【대법원 판단】 앞의 [5.]에서 영업비밀부정사용행위의 미수에 관하여 살펴본 바대로, /
【대법원 판단】 이 사건에서 피고인들이 공소외 P주식회사의 영업비밀을 경쟁업체인 공소외 Q주식회사 사무실에 있는 업무용 컴퓨터에 저장하거나 그 사무실에 하드카피 형태로 비치하여 언제든지 업무에 활용할 수 있도록 하였다는 것만으로 영업비밀부정사용에 관하여 실행의 착수가 있다고 말할 수 없다. /
【대법원 결론】 그에 관한 검사의 주장은 받아들일 수 없다. (상고 기각)

【코멘트】 본 판례에서 대법원은 영업비밀침해죄에서 문제될 수 있는 여러 논점들에 대해 분명한 판단기준을 제시하고 있다. 먼저, 개정 부정경쟁방지법은 영업비밀침해죄의 성립범위를 확장하고 있는데, 그 시간적 적용범위에 대해 대법원은 개정법률이 시행되기 전에 취득한 영업비밀이라 하더라도 그 시행 후에 이를 부정사용하는 행위는 개정법률에 의하여 처벌할 수 있다고 판단하고 있다.

다음으로, 대법원은 영업비밀 부정사용죄의 실행의 착수 및 기수시기에 대하여 판시하고 있다. 대법원은 영업비밀을 경쟁업체의 컴퓨터 등에 저장해 둔 것만으로는 영업비밀 부정사용의 실행의 착수에 해당하지 않는다고 판단한다. 영업비밀 부정사용죄의 실행의 착수는 영업비밀을 열람하는 때에 인정된다. 영업비밀이 전자파일의 형태인 경우에는 저장의 단계를 넘어서 해당 전자파일을 실행하는 행위를 할 때 실행의 착수가 인정된다. 이어서 영업비밀을 사용하여 각종 설계도 등을 작성할 때 영업비밀 부정사용죄는 기수에 이른다.

아울러, 대법원은 영업비밀의 '취득' 개념에 대해서도 그 의미를 분명히 하고 있다. 대법원은 '취득'이 (가) 단순히 유체물의 점유를 취득하는 것을 넘어서서, (나) 무형의 영업비밀을 사용할 수 있는 상태에 이르는 경우까지도 포함한다는 점을 분명히 하고 있다. 이 경우 후자의 영업비밀 취득은 ㉠ 영업비밀 자체를 직접 인식하고 기억하는 형태 또는 ㉡ 영업비밀을 알고 있는 사람을 고용하는 형태로도 이루어질 수 있다.

본 판례에서도 대법원은 영업비밀침해죄와 배임죄의 관계에 대해서도 살피고 있다. 이와 관련하여 대법원은 영업비밀을 보유하고 있는 기업에 대하여 법적 의무를 지고 있는 사람이 배임죄를 범할 수 있음은 물론이지만, 영업비밀에까지는 이르지 못한 경우에도 배임죄가 성립할 수 있음을 분명히 하고 있다.

2006도9089

배임죄와 임무위배 – 인정례
영업비밀침해죄와 배임죄의 관계
재택근무용 파일 사건

2008. 4. 24. 2006도9089, 공 2008상, 809

1. 사실관계 및 사건의 경과

【사실관계 1】

① 갑 등은 P회사에 입사하였다.

② 갑 등은 P회사에 "업무상의 비밀사항은 물론이고 기타 회사의 업무에 대해서도 결코 누설하지 아니할 것과 퇴직 후라도 일체 이를 누설하지 않는다"는 내용의 ㉠서약서를 제출하였다.

③ 갑 등은 P회사에 "본인은 업무를 수행하면서 지득한 회사의 기밀을 재직 중 또는 퇴직 후 P회사 임직원 및 어떤 제3자에게도 누설하지 않을 것과 보안준수사항을 지킬 것을 서약합니다"라는 내용의 ㉡보안준수서약서를 제출하였다.

④ 갑 등은 P회사에 근무하면서 재택근무 및 백업을 위하여 P회사의 ⓐ파일 등을 갑 등의 집으로 반출하였다.

【사실관계 2】

① 갑 등은 P회사를 퇴사하였다.

② 갑 등은 퇴사시에 "본인은 P회사에 재직할 당시 업무와 관련한 문서, 도면, 파일 등을 정당한 권한 없이 외부로 유출한 사실이 없다"는 내용의 ㉢서약서가 첨부된 ㉣사직서를 P회사에 제출하였다.

③ 갑 등은 ⓐ파일 등을 폐기하지 않고 퇴사 후에도 계속 보관하였다.

④ 갑 등은 다른 회사를 거쳐 P회사의 경쟁업체인 Q회사에 입사하였다.

⑤ 갑 등은 집에 보관 중이던 ⓐ파일 등을 Q회사의 사무실 컴퓨터에 옮겨놓았다.

【사건의 경과】

① 검사는 갑 등을 업무상 배임죄로 기소하였다.

② 갑 등은 ⓐ파일을 P회사 바깥으로 반출할 때 배임의 고의가 없었다고 주장하였다.

③ 제1심법원은 배임의 고의를 인정하여 유죄를 인정하였다.
④ 갑 등은 불복 항소하였다.
⑤ 항소심법원은 다음의 이유를 들어서 무죄를 선고하였다.
(가) ⓐ파일을 P회사 바깥으로 반출할 당시 배임의 고의가 없었다.
(나) ⓐ파일을 Q회사의 컴퓨터에 옮겨놓을 때에도 Q회사의 경제적 이익을 위하여 P회사의 파일들을 Q회사의 회사 컴퓨터에 옮겨놓는다는 업무상배임의 고의가 있었다고 볼 수도 없다.
⑥ (배임의 고의를 부정하게 된 구체적 사정들의 소개는 생략함)
⑦ 검사는 불복 상고하였다.

2. 배임죄의 성립요건

【대법원 분석】 가. 업무상배임죄는 타인의 사무를 처리하는 자가 그 임무에 위배하는 행위로써 재산상 이익을 취득하거나 제3자로 하여금 이를 취득하게 하여 본인에게 손해를 가함으로써 성립하는데, /
【대법원 요지】 여기에서 '그 임무에 위배하는 행위'란 사무의 내용, 성질 등 구체적 상황에 비추어 법률의 규정, 계약의 내용 혹은 신의칙상 당연히 할 것으로 기대되는 행위를 하지 않거나 당연히 하지 않아야 할 것으로 기대되는 행위를 함으로써 본인과 사이의 신임관계를 저버리는 일체의 행위를 말하고, /
【대법원 요지】 '재산상 손해를 가한 때'란 현실적인 손해를 가한 경우뿐만 아니라 재산상 실해 발생의 위험을 초래한 경우도 포함한다.

3. 영업비밀 반출과 업무상 배임

【대법원 요지】 따라서 회사직원이 영업비밀을 경쟁업체에 유출하거나 스스로의 이익을 위하여 이용할 목적으로 무단으로 반출하였다면 그 반출시에 업무상배임죄의 기수가 되고, /
【대법원 요지】 영업비밀이 아니더라도 그 자료가 불특정 다수의 사람에게 공개되지 않았고 사용자가 상당한 시간, 노력 및 비용을 들여 제작한 영업상 주요한 자산인 경우에도 그 자료의 반출행위는 업무상배임죄를 구성하며, /
【대법원 요지】 회사직원이 영업비밀이나 영업상 주요한 자산인 자료를 적법하게 반출하여 그 반출행위가 업무상배임죄에 해당하지 않는 경우라도 /
【대법원 요지】 퇴사시에 그 영업비밀 등을 회사에 반환하거나 폐기할 의무가 있음에도 경쟁업체에 유출하거나 스스로의 이익을 위하여 이용할 목적으로 이를 반환하거나 폐기하지 아니하였다면, 이러한 행위가 업무상배임죄에 해당한다고 보아야 한다.

4. 배임의 고의와 입증방법

【대법원 요지】 한편, 업무상배임죄가 성립하려면 주관적 요건으로서 임무위배의 인식과 그로 인하여 자기 또는 제3자가 이익을 취득하고 본인에게 손해를 가한다는 인식, 즉 배임의 고의가 있어야 하는데, 이러한 인식은 미필적 인식으로도 족한바, /
【대법원 요지】 피고인이 배임죄의 범의를 부인하는 경우에는 사물의 성질상 배임죄의 주관적 요소로 되는 사실은 고의와 상당한 관련성이 있는 간접사실을 증명하는 방법에 의하여 입증할 수밖에 없고, /

【대법원 요지】 이때 무엇이 상당한 관련성이 있는 간접사실에 해당하는가는 정상적인 경험칙에 바탕을 두고 치밀한 관찰력이나 분석력에 의하여 사실의 연결상태를 합리적으로 판단하여야 한다.

5. 사안에 대한 대법원의 판단

【대법원 분석】 나. 위 법리에 비추어 기록을 살펴보면, /

【대법원 분석】 이 사건에 있어서 피고인들이 이 사건 파일들을 공소외 P주식회사 외부로 반출하였음은 인정하면서도 그 업무상배임의 고의를 부인하고 있으므로, /

【대법원 분석】 업무상배임의 고의와 상당한 관련성이 있는 간접사실들을 종합하여 피고인들에게 업무상배임의 고의가 있었는지를 판단하여야 하는데, /

【대법원 분석】 기록에 의하여 알 수 있는, /

【대법원 분석】 피고인들은 공소외 P주식회사 입사시 또는 재직 중에 “업무상의 비밀사항은 물론이고 기타 회사의 업무에 대해서도 결코 누설하지 아니할 것과 퇴직 후라도 일체 이를 누설하지 않는다”는 내용의 서약서 또는 /

【대법원 분석】 “본인은 업무를 수행하면서 지득한 회사의 기밀을 재직 중 또는 퇴직 후 공소외 P주식회사 임직원 및 어떤 제3자에게도 누설하지 않을 것과 보안준수사항을 지킬 것을 서약합니다”라는 내용의 보안준수서약서 또는 비밀유지서약서 등을 각 작성한 점, /

【대법원 분석】 피고인 을의 경우 그 비밀유지서약서에 “퇴사나 업무 변경시 모든 자료를 회사에 반환하겠습니다”라고 기재되어 있어, 퇴사시 이 사건 파일들을 공소외 P주식회사에 반환하거나 폐기할 의무가 있음이 분명하고, /

【대법원 분석】 피고인 갑과 피고인 병의 경우에도 그들이 작성한 서약서 등에 그러한 내용이 기재되어 있지는 아니하나, 고용계약에 따른 부수적 의무로서 내지는 신의칙상 퇴사시에 이 사건 파일들을 공소외 P 주식회사에 반환하거나 폐기할 의무가 있다고 보이는 점, /

【대법원 분석】 한편 공소외 P주식회사는 그 직원들에게 보안교육을 주기적으로 실시하였고 업무용 자료의 사외 반출을 금지하면서, 다만 재택근무 등 업무상 필요가 있는 경우에 한하여 업무용 자료의 반출을 용인하고 있었는데, /

【대법원 분석】 이 사건 파일들 반출 경위에 관한 피고인 갑이나 피고인 병의 각 진술들에 비추어, 위 피고인들은 업무상 필요에 의하여 이 사건 파일들을 반출하였다고 보이지 않는 점, /

【대법원 분석】 피고인들은 이 사건 파일들을 반출함에 있어 공소외 P주식회사의 승낙을 받지 않았음에도, 공소외 P주식회사 퇴사시에 “본인은 공소외 P주식회사에 재직할 당시 업무와 관련한 문서, 도면, 파일 등을 정당한 권한 없이 외부로 유출한 사실이 없다”는 내용의 서약서가 첨부된 사직서를 공소외 P주식회사에게 제출하여 이 사건 파일들의 반출사실을 고지하지 않았을 뿐만 아니라, /

【대법원 분석】 이 사건 파일들을 폐기하지 않고 퇴사 후에도 계속 보관하고 있었던 점, /

【대법원 분석】 피고인 을과 피고인 병은 공소외 Q주식회사 입사 후 이 사건 파일들 중 일부를 공소외 Q주식회사의 컴퓨터에 옮겨 놓은 점 등 제반 사정을 종합하여 보면, /

【대법원 판단】 피고인들이 이 사건 파일들을 공소외 P주식회사 외부로 반출할 당시 피고인들에게는 향후 공소외 P주식회사과 무관하게 이 사건 파일들을 사용할 의사가 있었다고 추단함이 상당하여 적

어도 미필적으로나마 배임의 고의가 있었다고 보아야 하고 /

【대법원 판단】 (가사, 피고인 을의 경우 그 주장과 같이 순전히 재택근무 등 업무상 필요에 의하여 이 사건 파일들을 반출한 것이어서 그 반출행위에 있어서는 배임의 고의가 있었다고 단정하기 어렵더라도, /

【대법원 판단】 그 공소사실에 적시된 퇴사시 이 사건 파일들을 공소외 P주식회사에 반환하거나 폐기할 의무를 위반한 행위가 배임행위에 해당하고, 여기에는 미필적으로나마 배임의 고의가 있었다고 보아야 한다), /

【대법원 판단】 원심이 들고 있는 사정들은 피고인들에게 배임의 고의가 있는지를 판단함에 있어 고려할 수 없는 사정들이거나 위 인정에 방해가 되지 않는 사정들에 불과하다.

【대법원 판단】 따라서 이 사건 파일들이 공소외 P주식회사의 영업비밀 또는 영업상 주요한 자산에 해당한다면, 피고인들의 이 사건 파일들의 각 반출행위 또는 피고인 을의 이 사건 파일들의 미반환, 미폐기 행위는 업무상배임죄를 구성한다고 보아야 한다.

【대법원 결론】 다. 그런데도 원심은 판시와 같은 이유로 피고인들에게 업무상배임의 고의를 인정할 수 없다고 속단하여 이 사건 파일들이 공소외 P주식회사의 영업비밀 또는 영업상 주요한 자산에 해당하는지에 관하여 심리하지 아니한 채 이 사건 각 공소사실을 모두 무죄로 인정하였으니, /

【대법원 결론】 원심판결에는 필요한 심리를 다 하지 아니하고 채증법칙을 위반하였거나, 재직 중의 영업비밀 등의 반출 또는 퇴사시의 영업비밀 등의 미반환, 미폐기로 인한 업무상배임죄에 있어서의 배임행위 내지 배임의 고의에 관한 법리를 오해하여 판결에 영향을 미친 위법이 있고, 이를 지적하는 상고이유의 주장은 이유 있다. (파기 환송)

2009도3915

배임죄와 임무위배 – 부정례
텔레매틱스 단말기 사건

2011. 6. 30. 2009도3915, 공 2011하, 1549

1. 사실관계 및 사건의 경과

【사실관계】

① P회사는 텔레매틱스 단말기를 제조하여 일본에 판매하는 회사이다.

② 텔레매틱스 단말기는 GPS 위성과 통신회사의 고객 센터를 통한 원격위치확인, 원격도난제어 · 침입감지기능, 원격도어개폐기능, 기울기감지기능, 배터리 탈거 · 방전 보고기능 등이 있는 제품이다.

③ (P회사의 텔레매틱스 단말기 관련 세부사항은 판례 본문 참조)

④ 갑 등은 P회사의 직원이다.

⑤ 2002. 11. 말경 갑 등은 P회사를 퇴사하면서 텔레매틱스 단말기 관련 자료가 저장되어 있는 CD와 컴퓨터를 반출하였다.

⑥ 갑 등이 반출한 CD와 컴퓨터 속에는 회로도, 부품리스트, 다운로드 매뉴얼, 테스트 매뉴얼, 소프트웨어, 사양서 등이 저장되어 있었다.

【사건의 경과】

① 검사는 갑 등을 업무상 배임죄로 기소하였다.

② 갑 등의 피고사건은 제1심을 거친 후, 항소심에 계속되었다.

③ 항소심법원은 유죄를 인정하였다.

④ 갑 등은 불복 상고하였다.

2. 회사 자료의 반출과 배임죄의 성립범위

【대법원 요지】 1. 회사 직원이 경쟁업체 또는 스스로의 이익을 위하여 이용할 의사로 무단으로 자료를 반출한 행위를 업무상배임죄로 의율함에 있어서는, /

【대법원 요지】 그 자료가 반드시 영업비밀에 해당할 필요까지는 없다고 하더라도, /

【대법원 요지】 적어도 그 자료가 불특정 다수인에게 공개되어 있지 않아 보유자를 통하지 아니하고는 이를 통상 입수할 수 없고, /

【대법원 요지】 그 자료의 보유자가 자료의 취득이나 개발을 위해 상당한 시간, 노력 및 비용을 들인 것으로 /

【대법원 요지】 그 자료의 사용을 통해 경쟁자에 대하여 경쟁상의 이익을 얻을 수 있는 정도의 영업상 주요한 자산에는 해당할 것을 요한다고 할 것이다.

3. 사안에 대한 대법원의 분석

【대법원 분석】 2. 원심이 인정한 사실과 기록에 의하면, /

【대법원 분석】 피고인들은 2002. 11. 말경 공소외 주식회사를 퇴사하면서 i-mobisses라는 텔레매틱스 단말기(이하 '이 사건 단말기'라고 한다)에 관한 회로도, 부품리스트, 다운로드 매뉴얼, 테스트 매뉴얼, 소프트웨어, 사양서(이하 '이 사건 기술 자료'라고 한다) 등이 저장되어 있는 CD와 컴퓨터를 반출한 사실, /

【대법원 분석】 공소외 주식회사는 2002. 3.경부터 이 사건 단말기를 제조하여 일본에 판매하였는데, /

【대법원 분석】 위 제품은 GPS 위성과 통신회사의 고객 센터를 통한 원격위치확인, 원격도난제어·침입감지기능, 원격도어개폐기능, 기울기감지기능, 배터리 탈거·방전 보고기능 등이 있었으나, /

【대법원 분석】 이 사건 단말기가 생산되기 전에 이미 GPS와 CDMA를 내장한 자동차 원격시동·도난경보 추적 장치, 차량도난 경보 시스템, 자동차 원격진단·제어시스템, 통신망을 통한 차량시동제어장치, 기울기감지기능, 배터리 탈거·방전 보고기능 등의 기술이 특허공보 또는 실용실안공보에 게재되어 있었던 사실, /

【대법원 분석】 공소외 주식회사는 텔레매틱스 단말기 관련 기술에 대하여 특허출원을 하였으나 외국에서 공개된 특허로 인하여 그 특허출원이 거절된 사실, /

【대법원 분석】 이 사건 단말기의 MPU는 미국 ATMEL사의 Atmega 128L 칩, /

【대법원 분석】 RF수신리모콘 모듈은 주식회사 이노시스의 제품, /

【대법원 분석】 GPS수신 모듈은 Royaltek사의 REB-12 제품, /
【대법원 분석】 통신인터페이스 모듈은 주식회사 솔래시스템의 EZP-200 제품, /
【대법원 분석】 차량인터페이스 모듈은 경보기 업체가 생산한 제품, /
【대법원 분석】 통신모뎀은 일본 마쓰시다사의 Panasonic EB3053 제품, /
【대법원 분석】 기울기 감지 회로부는 아날로그디바이스의 ADXL202 제품으로 구성되어 /
【대법원 분석】 이미 공지되어 있는 부품을 사용하고 있는 사실, /
【대법원 분석】 이 사건 단말기의 회로도는 이미 공개되어 있는 MPU와 모듈 판매회사가 제공하는 표준회로도와 매우 유사한 사실, /
【대법원 분석】 이 사건 단말기에 관한 다운로드 매뉴얼과 테스트 매뉴얼은 인터넷에서 누구든지 무료로 다운로드하여 컴퓨터에 설치할 수 있는 프로그램으로서 공소외 주식회사가 독자적으로 개발한 프로그램은 아닌 사실, /
【대법원 분석】 이 사건 단말기의 사양서는 위 제품에 대한 전반적인 이해를 돕기 위하여 제공되는 문서로서 텔레매틱스 시스템의 개요와 전체 시스템의 구조와 기능, 단말기의 하드웨어를 구성하는 모듈의 종류와 유형, 단말기에 적용될 소프트웨어의 사양, 서비스의 종류 등을 적어 놓은 것으로 그 기능과 대략적인 구성만을 기재하고 있는 사실 등을 알 수 있다.

4. 사안에 대한 대법원의 판단

【대법원 판단】 이러한 사실관계를 앞서 본 법리에 비추어 살펴보면, /
【대법원 판단】 이 사건 기술 자료 중 회로도는 이미 공개되어 있는 MPU와 모듈 판매회사가 제공하는 표준회로도와 매우 유사하고, /
【대법원 판단】 이 사건 단말기는 피고인들이 이 사건 기술 자료를 반출할 당시 이미 판매되고 있었으며 /
【대법원 판단】 그 단말기를 구성하는 부품 자체는 모두 공지된 것이어서 이 사건 기술 자료의 부품리스트를 쉽게 알아낼 수 있었던 것으로 보일 뿐만 아니라, /
【대법원 판단】 다운로드 매뉴얼과 테스트 매뉴얼 및 사양서는 제품의 하드웨어의 구조와 소프트웨어의 기능이 확정되면 작성될 수 있는 것이어서, /
【대법원 판단】 이 사건 기술 자료는 불특정 다수인에게 공개되어 있지 않다고 볼 수 없거나 /
【대법원 판단】 그 자료의 보유자가 자료의 취득이나 개발을 위해 상당한 시간, 노력 및 비용을 들인 것으로 그 자료의 사용을 통해 경쟁자에 대하여 경쟁상의 이익을 얻을 수 있는 정도에 이르렀다고 할 수 없으므로 /
【대법원 판단】 공소외 주식회사의 영업상 주요한 자산에 해당한다고 할 수 없다.
【대법원 결론】 그럼에도 이 사건 기술 자료가 공소외 주식회사의 영업상 주요한 자산에 해당한다고 판단하여 이 사건 업무상배임의 점을 유죄로 인정한 원심판결에는 업무상배임죄에 있어서의 영업상 주요한 자산에 관한 법리를 오해하여 판결에 영향을 미친 위법이 있다. 이를 지적하는 피고인들의 상고이유의 주장은 이유 있다. (파기 환송)

제36장 주거침입의 죄

82도1363

주거침입죄와 주거의 평온 – 인정례
사찰 경내 난입 사건

1983. 3. 8. 82도1363, 공 1983, 677

1. 사실관계 및 사건의 경과

【사실관계】

① P사찰에 분규가 발생하였다.
② P사찰이 소속된 M종단은 갑을 P사찰의 새로운 주지로 임명하였다.
③ M종단은 종법에 따른 검수절차를 통한 주지직 취임을 위하여 M종단 총무원의 규정국장 등 검수반을 갑과 함께 P사찰에 파견하였다.
④ 전임 주지 A를 지지하는 P사찰의 승려 및 신도 약 270명은 갑의 주지 취임을 반대하면서 P사찰의 경내를 지키고 있었다.
⑤ 갑은 이러한 상황을 알면서 M종단 총무원의 규정국장 등 검수반 외에 갑을 추종하는 약 37명가량의 일반 승려들을 규합하였다.
⑥ 갑은 이들과 함께 날이 채 새기도 전에 잠겨진 P사찰의 뒷문을 넘어 들어가거나 정문에 설치된 철조망을 걷어내고 정문을 통과하는 방법으로 P사찰 경내에 들어갔다.

【사건의 경과】

① 검사는 갑을 폭처법위반죄(공동주거침입)로 기소하였다.
② 제1심법원은 유죄를 인정하였다.
③ 갑은 불복 항소하였다.
④ 항소심법원은 항소를 기각하고, 제1심판결을 유지하였다.
⑤ 갑은 불복 상고하였다.
⑥ 갑은 상고이유로, 권리자가 부적법을 배제하기 위하여 주거 등에 들어간 것이므로 주거침입죄에 해당하지 않는다고 주장하였다.

2. 주거침입죄의 성립요건

【대법원 요지】 주거침입죄는 정당한 이유 없이 사람의 주거 또는 간수하는 저택, 건조물 등에 침입하거나 또는 요구를 받고 그 장소로부터 퇴거하지 않음으로써 성립하는 것이고, /

【대법원 요지】 사실상의 주거의 평온을 보호법익으로 하는 것이므로, /

【대법원 요지】 그 거주자 또는 간수자가 건조물 등에 거주 또는 간수할 법률상 정당한 권한을 가지고 있는 여부는 범죄의 성립을 좌우하는 것이 아니며 /

【대법원 요지】 일단 적법하게 거주 또는 간수를 개시한 후 그 후에 그 권원을 상실하여 사법상 불법점유가 되더라도 적법한 절차에 의하여 그 점유를 풀지 않는 한 그의 점유하에 있다고 볼 것이고 /

【대법원 요지】 이러한 경우에도 그 주거의 평온은 보호되어야 할 것이므로 /

【대법원 요지】 권리자가 부적법을 배제하기 위하여 정당한 절차에 의하지 아니하고 그 주거 또는 건조물에 침입한 경우에도 주거침입죄가 성립한다 할 것이다.

【대법원 요지】 또한 주거침입죄에 있어서 주거 또는 건조물이라 함은 단순히 가옥만을 말하는 것이 아니고 그 위요지를 포함한다 할 것이고 /

【대법원 요지】 침입이라 함은 거주자 또는 간수자의 의사에 반하여 들어가면 족한 것이고 어떤 저항을 받는 것을 요하지 않으며, /

【대법원 요지】 일반적으로 개방되어 있는 장소라도 필요가 있을 때는 관리자가 그 출입을 금지 내지 제한할 수 있는 것이므로 /

【대법원 요지】 그 출입금지 내지 제한하는 의사에 반하여 무리하게 주거 또는 건조물 구내에 들어간다면 주거침입죄를 구성한다 할 것이다.

3. 사안에 대한 대법원의 판단

【대법원 분석】 원심판결 및 원심이 인용한 제1심 판결이유에 의하면, /

【대법원 분석】 원심은 피고인들의 [P사찰] 경내 침입경위에 관하여 /

【대법원 분석】 당시 위 [P사찰]의 승려 및 신도들은 피고인 갑의 주지취임을 반대하면서 약 270명이 모여 경내를 굳게 지키고 있는 상황이었고, /

【대법원 분석】 피고인들은 이러한 상황을 알면서 [M종단] 총무원의 규정국장 등 검수반 외에 피고인 갑을 추종하는 약 37명가량의 일반승려들을 규합하여 이들과 함께 날이 채 새기도 전에 잠겨진 [P사찰] 뒷문을 넘어 들어가거나 정문에 설치된 철조망을 걷어내고 정문을 통과하는 방법으로 [P사찰] 경내를 난입한 사실을 인정한 후, /

【대법원 판단】 그러한 피고인 등의 경내 침입행위는 종법에 따른 검수절차를 통한 주지직 취임의 한계를 일탈한 것이고, /

【대법원 판단】 전임 주지측의 [P사찰] 경내에 대한 사실상 점유의 평온을 침해한 것으로 주거침입죄가 성립된다고 판단하였는바, /

【대법원 결론】 그 사실인정이나 판단은 정당하고, 거기에 논지가 지적하는 바와 같은 주거침입죄의 법리를 오해한 위법은 없다. 논지는 이유 없다. (상고 기각)

83도685

주거침입죄와 주거의 평온 – 인정례
간통 목적 출입 사건

1984. 6. 26. 83도685, 공 1984, 1325

1. 사실관계 및 사건의 경과

【사실관계】

① A남과 B녀는 부부지간으로 함께 살고 있다.
② [A는 직장으로 출근하였다.]
③ [A가 아직 집에 돌아오기 전이었다.]
④ 갑은 간통의 목적으로 B녀의 승낙을 받아 B녀의 집으로 들어갔다.

【사건의 경과】

① 검사는 갑을 주거침입죄로 기소하였다.
② 갑의 피고사건은 제1심을 거친 후, 항소심에 계속되었다.
③ 항소심법원은 갑이 B의 승낙을 얻어 B의 주거에 들어가 이상 주거의 평온을 해치는 것이 아니라는 이유로 무죄를 선고하였다.
④ 검사는 불복 상고하였다.

2. 주거침입죄의 보호법익

【대법원 요지】 형법상 주거침입죄의 보호법익은 주거권이라는 법적 개념이 아니고 /
【대법원 요지】 사적 생활관계에 있어서의 사실상 주거의 자유와 평온으로서 그 주거에서 공동생활을 하고 있는 전원이 평온을 누릴 권리가 있다 함은 원판시 해석과 같으나 /
【대법원 요지】 복수의 주거권자가 있는 경우 한 사람의 승낙이 다른 거주자의 의사에 직접, 간접으로 반하는 경우에는 그에 의한 주거에의 출입은 그 의사에 반한 사람의 주거의 평온 즉 주거의 지배, 관리의 평온을 해치는 결과가 되므로 주거침입죄가 성립한다 할 것이며, /
【대법원 요지】 동거자 중의 1인이 부재중인 경우라도 주거의 지배 관리관계가 외관상 존재하는 상태로 인정되는 한 위 법리에는 영향이 없다고 볼 것이다. /

3. 간통 목적의 출입과 주거침입

【대법원 요지】 따라서 남편이 일시 부재중 간통의 목적하에 그 처의 승낙을 얻어 주거에 들어간 경우라도 남편의 주거에 대한 지배 관리관계는 여전히 존속한다고 봄이 옳고 /
【대법원 요지】 사회통념상 간통의 목적으로 주거에 들어오는 것은 남편의 의사에 반한다고 보여지므로 /
【대법원 요지】 처의 승낙이 있었다 하더라도 남편의 주거의 사실상의 평온은 깨어졌다 할 것이므로

이러한 경우에는 주거침입죄가 성립한다고 하여야 할 것이다.

4. 사안에 대한 대법원의 판단

【대법원 분석】 그런데 원심은 피고인이 간통의 목적으로 피해자가 아직 집에 돌아오기 전에 간통의 목적으로 동인의 처인 공소외인의 의사에 반함이 없이 동인의 주거에 들어간 사실을 확정하면서도 /

【대법원 분석】 당원과 다른 견해에서 그 처의 승낙을 얻어 들어간 이상 주거의 평온을 해치는 것이 아니므로 주거침입죄가 성립되지 않는다고 판단하고 있는바, /

【대법원 결론】 이는 복수주거자의 주거의 평온의 침해에 관한 법리를 오해하여 당원과 다른 견해를 취함으로써 판결의 결과에 영향을 미쳤다 할 것이므로 결과적으로 논지는 이유 있다. (파기 환송)

2005도5351

주거침입죄와 건조물 – 부정례
타워크레인 농성 사건

2005. 10. 7. 2005도5351, 공 2005, 1809

1. 사실관계 및 사건의 경과

【사실관계】

① 갑은 P노동조합의 간부이다.

② 갑의 지시를 받은 파업참가 근로자들은 야간이나 이른 아침에 경비원의 통제를 피하여 담을 넘는 등의 방법으로 M공사현장에 무단으로 들어갔다.

③ 이들은 ㉠타워크레인 1대에 3명 내지 5명 정도씩 조를 편성하여 몰려 올라가 이를 전면 · 배타적으로 점거하고 농성에 돌입하였다.

④ 점거농성기간은 주 · 야간을 포함하여 이틀이 넘었다.

⑤ 이로 인하여 사용자나 시공회사측이 ㉠타워크레인에 출입하거나 합법적인 대체근로를 하는 것이 사실상 불가능해졌다.

⑥ 또한 각 건축공사 현장에서 타워크레인과 연관된 시공작업도 모두 정지될 수밖에 없었다.

【사건의 경과】

① 검사는 갑을 업무방해죄 및 폭처법위반죄(공동주거침입)로 기소하였다.

② (이하 업무방해죄는 검토에서 제외함)

③ 제1심법원은 주거침입죄 부분에 대하여 무죄를 선고하였다.

④ [검사는 불복 항소하였다.]

⑤ 항소심법원은 주거침입죄 부분에 대하여 무죄를 선고하였다.

⑥ 검사는 주거침입죄 무죄 부분에 불복 상고하였다.

2. 주거침입죄의 객체

【대법원 요지】 주거침입죄에 있어서 침입행위의 객체인 건조물은 주위벽 또는 기둥과 지붕 또는 천정으로 구성된 구조물로서 사람이 기거하거나 출입할 수 있는 장소를 말하고, /

【대법원 요지】 또한 단순히 건조물 그 자체만을 말하는 것이 아니고 위요지(圍繞地)를 포함한다고 할 것이나 /

【대법원 요지】 위요지가 되기 위하여는 건조물에 인접한 그 주변 토지로서 관리자가 외부와의 경계에 문과 담 등을 설치하여 그 토지가 건조물의 이용을 위하여 제공되었다는 것이 명확히 드러나야 한다.

3. 사안에 대한 대법원의 판단

(1) 건조물 여부에 대한 판단

【대법원 분석】 원심판결 이유에 의하면 원심은, /

【대법원 분석】 (1) 피고인이 침입하였다는 타워크레인은 동력을 사용하여 중량물을 매달아 상하 및 좌우로 운반하는 것을 목적으로 하는 기계 또는 기계장치로서 /

【대법원 분석】 구조상 철골로 된 수직기둥(마스트) 위에 기사 1명이 의자에 앉아서 작업을 하는 조종석이 있고 투명한 창문으로 둘러져 있는 0.5평이 채 안 되는 운전실과 철제 난간들이 설치되어 있을 뿐, 따로 기둥이나 벽이 있는 공간이 난 방실은 있지 아니한 사실 등을 인정하고 나서, /

【대법원 판단】 위 타워크레인은 건설기계의 일종으로서 작업을 위하여 토지에 고정되었을 뿐이고 위 운전실은 기계를 운전하기 위한 작업공간 그 자체이지 건조물침입죄의 객체인 건조물에 해당하지 아니하고, /

(2) 건조물 침입 여부에 대한 판단

【대법원 분석】 (2) 피고인등이 침입하였다는 각 공사현장에는 각 시공회사가 각 공사현장의 외곽에 담장(펜스)을 설치하고 경비를 두어 외부에서의 공사현장에로의 출입을 통제하고 있었고, /

【대법원 분석】 위 각 공사현장에서는 컨테이너 박스 등으로 가설된 현장사무실 또는 경비실이 설치되어 있었던 사실, /

【대법원 분석】 그러나 피고인등은 위 각 현장사무실 또는 경비실 자체에는 들어가지 아니한 사실, /

【대법원 분석】 당시 위 각 공사현장 내에서는 건축 중인 건축물의 일부 층에 대한 골조공사가 진행되고 있었는데 당시 위 건축 중인 건축물은 아직 벽, 기둥, 지붕, 천정 등을 완전히 갖추지 못하여 /

【대법원 분석】 일반인의 관점에서 볼 때 사람이 기거하거나 출입하기에 적합할 정도로 완성되지 아니한 상태였던 사실 등을 각 인정하고 나서, /

【대법원 판단】 위 각 공사현장은 그 안에 있는 현장사무실 또는 경비실의 이용을 위하여 제공된 토지가 아니고, /

【대법원 판단】 위 각 공사현장 내의 건축 중인 건물은 아직 주거침입죄의 객체인 건조물에 해당할 정도로 완성되지 못하였으므로, /

【대법원 판단】 피고인 등이 위 각 공사현장의 구내에 들어간 행위를 위 각 공사현장 구내에 있는 건

조물인 위 각 현장사무실 또는 경비실에 침입한 행위로 보거나, 위 각 공사현장 구내에 있는 건축 중인 건물에 침입한 행위로 볼 수 없다고 판단하여 /

【대법원 판단】 이 사건 주거침입으로 인한 폭력행위 등 처벌에 관한 법률 위반의 공소사실에 대하여 그 증명이 없음을 이유로 무죄를 선고한 제1심판결을 그대로 유지하였는바, /

【대법원 결론】 위에서 본 법리와 기록에 비추어 살펴보면, 원심의 위와 같은 사실인정과 판단은 모두 정당하고, 거기에 상고이유의 주장과 같은 채증법칙을 어기거나, 주거침입죄의 객체인 건조물 내지 그 위요지에 관한 법리를 오해한 위법도 없다. (상고 기각)

2009도3452

주거침입죄와 주거 – 인정례
다가구 주택 계단 사건

2009. 8. 20. 2009도3452, 공 2009하, 1589

1. 사실관계 및 사건의 경과

【사실관계】

① [갑은 채무자 A를 찾고 있다.]
② [A는 갑을 피해 다니고 있다.]
③ ㉠빌라는 다가구용 단독주택이다.
④ [갑은 A가 ㉠빌라 3층에 살고 있음을 알게 되었다.]
⑤ 갑은 을과 함께 시정되지 않은 ㉠빌라의 대문을 열고 들어갔다.
⑥ 갑은 계단으로 ㉠빌라 3층까지 올라가서 그곳의 문을 두드려 본 후 다시 1층으로 내려왔다.

【사건의 경과】

① 검사는 갑을 폭처법위반죄(공동주거침입)로 기소하였다.
② 갑의 피고사건은 제1심을 거친 후, 항소심에 계속되었다.
③ 항소심법원은 무죄를 선고하였다.
④ (항소심의 판단 이유는 판례 본문 참조)
⑤ 검사는 불복 상고하였다.

2. 주거침입죄와 주거의 범위

【대법원 요지】 주거침입죄에 있어서 주거라 함은 단순히 가옥 자체만을 말하는 것이 아니라 그 정원 등 위요지를 포함하는 것인바, /

【대법원 요지】 다가구용 단독주택이나 다세대주택 · 연립주택 · 아파트 등 공동주택 안에서 공용으로 사용하는 계단과 복도는 주거로 사용하는 각 가구 또는 세대의 전용 부분에 필수적으로 부속하는 부

분으로서 /
【대법원 요지】 그 거주자들에 의하여 일상생활에서 감시 · 관리가 예정되어 있고 사실상의 주거의 평온을 보호할 필요성이 있는 부분이므로, /
【대법원 요지】 다가구용 단독주택이나 공동주택의 내부에 있는 공용 계단과 복도는 특별한 사정이 없는 한 주거침입죄의 객체인 '사람의 주거'에 해당한다고 보아야 한다.

3. 공소사실의 요지

【대법원 분석】 이 사건 공소사실 중 위 주거침입 부분의 요지는 /
【대법원 분석】 피고인이 공범과 함께 피해자가 살고 있는 빌라(다가구용 단독주택)의 대문을 열고 들어가 계단으로 위 빌라 3층까지 올라갔다가 1층으로 내려옴으로써 피해자의 주거에 침입하였다는 것이다.

4. 사안에 대한 항소심의 판단

【항소심 판단】 원심판결 이유에 의하면, 원심은 /
【항소심 판단】 피고인이 위 빌라의 시정되지 않은 대문을 열고 들어가 계단으로 빌라 3층까지 올라가서 그곳의 문을 두드려 본 후 다시 1층으로 내려온 사실을 인정한 다음, /
【항소심 판단】 이러한 피고인의 행위만으로는 피고인이 침입을 위한 구체적인 행위를 시작하였다거나 주거의 평온을 침해할 객관적인 위험성을 포함하는 행위를 한 것으로 볼 수 없어서 /
【항소심 판단】 주거침입의 실행의 착수가 없다는 이유로 위 부분 공소사실에 대하여 무죄를 선고하였다.

5. 사안에 대한 대법원의 판단

【대법원 판단】 그러나 앞서 본 법리에 비추어 보면, /
【대법원 판단】 피고인이 다가구용 단독주택인 위 빌라의 대문을 열고 계단으로 들어간 이상 피해자의 주거에 들어간 것이고, /
【대법원 판단】 이와 같이 위 빌라의 대문 안으로 들어간 행위가 거주자의 의사에 반한 것이라면 주거에 침입한 것이라고 보아야 할 것이다. /
【대법원 결론】 그럼에도 불구하고 다가구용 단독주택 대문 내부에 있는 공용 계단이 주거에 해당하지 않는다고 속단한 나머지 그곳에 들어간 행위가 거주자의 의사에 반한 것인가 여부를 나아가 심리하지 아니한 채 피고인의 행위가 주거침입죄를 구성하지 않는다고 본 원심의 조치에는 주거침입죄에 있어서 주거의 의미에 관한 법리를 오해하여 판결에 영향을 미친 위법이 있고, 이를 지적하는 상고이유의 주장은 이유 있다. (파기 환송)

2009도4335

주거침입강간죄와 주거침입 – 인정례

엘리베이터 안 폭행 사건

2009. 9. 10. 2009도4335, 공 2009하, 1705

☞ 177면

2012도815

주거침입강간죄와 방실침입 – 인정례

여자화장실 강간 사건

2012. 8. 23. 2012도815, [미공간]

☞ 180면

81도2956

절도죄와 타인 소유 – 인정례

건조물침입죄와 침입 – 부정례

염료 동업 파기 사건

1982. 4. 27. 81도2956, 공 1982, 544

☞ 405면

94도2561

주거침입죄의 기수시기 – 인정례

"얼굴만 침입" 사건

1995. 9. 15. 94도2561, 공 1995, 3473

1. 사실관계 및 사건의 경과

【사실관계】

① [㉠가옥은 A녀가 살고 있는 집이다.]

② [㉠가옥에는 ㉡창문이 있다.]

③ [갑은 A녀를 강간하려는 마음을 먹고 있었다.]

④ [갑은 ㉠가옥에 A녀가 있는지를 확인하려고 하였다.]
⑤ 1993. 9. 22. 00:10경 갑은 A녀의 집 담벽에 발을 딛고 ㉡창문을 열고 안으로 얼굴을 들이밀었다.
⑥ [그 순간 갑은 순찰중이던 경찰관에게 발각되었다.]
⑦ [갑은 A녀가 집에 있는지를 확인하기 위한 것일 뿐, ㉠가옥에 들어갈 생각은 없었다고 말하였다.]

【사건의 경과】

① 검사는 갑을 주거침입죄로 기소하였다.
② 제1심법원은 무죄를 선고하였다.
③ 검사는 불복 항소하였다.
④ 항소심법원은 항소를 기각하고, 제1심판결을 유지하였다.
⑤ (항소심의 판단 이유는 판례 본문 참조)
⑥ 검사는 불복 상고하였다.

2. 사안에 대한 항소심의 판단

【항소심 판단】 1. 원심판결 이유에 의하면 원심은, /
【항소심 판단】 주거침입미수죄가 성립하기 위하여서는 신체의 전부가 목적물에 들어간다는 인식 아래 그러한 행위의 실행의 착수가 있어야 한다고 전제한 다음, /
【항소심 판단】 피고인에게 피해자의 방 안을 들여다본다는 인식이 있었을 뿐 그 안에 들어간다는 인식이나 의사를 가지고 있었다고는 보기 어려워, /
【항소심 판단】 피고인이 1993.9.22. 00:10경 대전 중구 소재 피해자의 집에서 그녀를 강간하기 위하여 그 집 담벽에 발을 딛고 창문을 열고 안으로 얼굴을 들이미는 등의 행위를 하였다는 공소장 기재의 행위를 들어 /
【항소심 판단】 주거침입의 실행에 착수하였다고는 볼 수 없고 달리 이를 인정할 증거가 없다고 하여 /
【항소심 판단】 폭력행위등처벌에관한법률위반의 점에 대하여 무죄를 선고한 제1심이 주거침입의 범의에 관한 해석 및 증거조사과정이나 그 취사선택과정에 아무런 위법이 없다는 이유로 검사의 항소를 기각하였다.

3. 주거침입죄와 침입의 정도

【대법원 요지】 2. 그러나 주거침입죄는 사실상의 주거의 평온을 보호법익으로 하는 것이므로, /
【대법원 요지】 반드시 행위자의 신체의 전부가 범행의 목적인 타인의 주거 안으로 들어가야만 성립하는 것이 아니라 /
【대법원 요지】 신체의 일부만 타인의 주거 안으로 들어갔다고 하더라도 거주자가 누리는 사실상의 주거의 평온을 해할 수 있는 정도에 이르렀다면 범죄구성요건을 충족하는 것이라고 보아야 할 것이고, /
【대법원 요지】 따라서 주거침입죄의 범의는 반드시 신체의 전부가 타인의 주거 안으로 들어간다는 인식이 있어야만 하는 것이 아니라 신체의 일부라도 타인의 주거 안으로 들어간다는 인식이 있으면 족하다고 할 것이고, /

4. 주거침입죄의 실행의 착수

【대법원 요지】 이러한 범의로써 예컨대 주거로 들어가는 문의 시정장치를 부수거나 문을 여는 등 침입을 위한 구체적 행위를 시작하였다면 주거침입죄의 실행의 착수는 있었다고 보아야 하고, /

【대법원 요지】 신체의 극히 일부분이 주거 안으로 들어갔지만 사실상 주거의 평온을 해하는 정도에 이르지 아니하였다면 주거침입죄의 미수에 그친다고 할 것이다.

5. 사안에 대한 대법원의 판단

【대법원 판단】 그러므로 공소사실 기재와 같이 야간에 타인의 집의 창문을 열고 집 안으로 얼굴을 들이미는 등의 행위를 하였다면 /

【대법원 판단】 피고인이 자신의 신체의 일부가 집 안으로 들어간다는 인식 하에 하였더라도 주거침입죄의 범의는 인정되고, /

【대법원 판단】 또한 비록 신체의 일부만이 집 안으로 들어갔다고 하더라도 사실상 주거의 평온을 해하였다면 주거침입죄는 기수에 이르렀다고 할 것이다.

【대법원 결론】 따라서, 이와는 달리 주거침입미수죄가 성립하기 위하여서는 신체의 전부가 목적물에 들어간다는 인식을 요한다고 하여 /

【대법원 결론】 피고인에게 피해자의 방 안에 들어간다는 인식이나 의사가 없었으므로 주거침입죄의 실행의 착수가 없었다고 본 원심의 판단은 /

【대법원 결론】 주거침입죄에 있어서의 범의 및 실행의 착수에 관한 법리오해의 위법을 저질렀다고 할 것이므로 이를 지적하는 상고이유의 주장은 이유 있다. (파기 환송)

II

재산적 법익에 관한 죄

제37장 권리행사를 방해하는 죄

제1 권리행사방해죄

2000도5767

권리행사방해죄와 자기 소유 – 부정례
레간자 택시 지입 사건

2003. 5. 30. 2000도5767, 공 2003, 1487

1. 사실관계 및 사건의 경과

【사실관계】

① 갑은 ㉠레간자 택시를 구입하였다.
② 갑은 ㉠레간자 택시를 유한회사 P택시회사에 지입하여 운행하였다.
③ ㉠레간자 택시는 자동차등록원부에 P회사의 명의로 등록되었다.
④ 갑은 일일입금 및 공과금을 납부하지 아니하였다.
⑤ 갑은 이로 인해 P회사로부터 ㉠레간자 택시의 반환을 요구받게 되었다.
⑥ 1999. 11. 14. 갑은 ㉠레간자 택시를 P회사 차고지에 입고하였다.
⑦ 1999. 11. 15. 21:30경 갑은 P회사 차고지에 주차되어 있던 ㉠레간자 택시를 [자기 집으로] 가지고 가버렸다.

【사건의 경과】

① 검사는 갑을 권리행사방해죄로 기소하였다.
② (공소사실의 요지는 판례 본문 참조)
③ 제1심법원은 갑에게 유죄를 인정하였다.
④ 갑은 불복 항소하였다.
⑤ 항소심법원은 갑의 항소를 기각하고, 제1심판결을 유지하였다.
⑥ 갑은 불복 상고하였다.

2. 사안에 대한 항소심의 판단

【대법원 분석】 원심은, /

【대법원 분석】 피고인이 유한회사 P택시에 레간자택시를 지입하여 운행하면서 일일입금 및 공과금

을 납부하지 아니하여 위 회사로부터 위 택시의 반환을 요구받던 중, /
【대법원 분석】 1999. 11. 14. 위 택시를 위 회사 차고지에 입고하여 위 회사가 위 택시를 점유하게 되었음에도 /
【대법원 분석】 그 다음날 21:30경 위 회사 차고지에 주차되어 있던 피고인 소유의 위 택시를 점유권자인 위 회사의 승낙 없이 임의로 취거하였다는 이 사건 권리행사방해의 공소사실을 /
【대법원 분석】 유죄로 인정한 제1심판결을 유지하였다.

3. 권리행사방해죄와 소유권의 귀속

【대법원 판단】 그러나 원심의 이러한 판단은 수긍하기 어렵다.
【대법원 요지】 형법 제323조의 권리행사방해죄는 타인의 점유 또는 권리의 목적이 된 자기의 물건을 취거, 은닉 또는 손괴하여 타인의 권리행사를 방해함으로써 성립하는 것이므로 /
【대법원 요지】 그 취거, 은닉 또는 손괴한 물건이 자기의 물건이 아니라면 권리행사방해죄가 성립할 여지가 없는 것이다.

4. 사안에 대한 대법원의 판단

【대법원 요지】 그런데 기록에 의하면, 위 택시는 자동차등록원부에 유한회사 P택시 명의로 등록되어 있으므로, /
【대법원 요지】 이 사건 공소사실과 같이 피고인이 위 택시를 위 회사에 지입하여 운행하였다 하더라도, /
【대법원 요지】 피고인이 위 회사와 사이에 위 택시의 소유권을 피고인이 보유하기로 약정하였다는 등의 특별한 사정이 없는 한, /
【대법원 요지】 위 택시는 그 등록명의자인 위 회사의 소유이고 피고인의 소유는 아니라고 할 것인바, /
【대법원 판단】 원심이 인용한 제1심판결 명시의 증거들에 의하여도 피고인과 위 회사 사이에 위 택시를 피고인의 소유로 하기로 하는 약정이 있었다고 인정하기 어렵고, 달리 위 택시가 피고인의 소유라고 인정할 증거도 없다.
【대법원 결론】 그럼에도 불구하고, 원심은 위 택시가 피고인의 소유라고 인정하여 이 사건 권리행사방해의 공소사실을 유죄로 인정한 제1심판결을 유지하였으니, 이러한 원심판결에는 채증법칙 위반으로 인한 사실오인 또는 권리행사방해죄에 관한 법리오해의 위법이 있고, 이는 판결결과에 영향을 미쳤음이 분명하다. (파기 환송)

【코멘트】 지입 방식에 의한 자동차 운행은 택시나 화물차의 경우에 자주 볼 수 있다. 지입차량의 경우 자동차 운행자가 자신의 자금으로 차량을 구입한 후 운수회사에 이를 지입하면, 차량등록부에 그 자동차는 운수회사의 명의로 등록된다. 여기에서 법을 잘 알지 못하는 운행자는 자신의 자금으로 구입한 자동차이므로 자기 소유의 자동차라고 생각하기 쉽다. 그러나 법적으로는 차량등록부에 등록된 명

의에 따라 자동차의 소유권 귀속이 결정된다.

본 사안에서 검사, 제1심, 항소심은 모두 일반인의 상식에 기초하여 문제된 택시의 소유권이 택시를 구입한 운전자에게 있다고 보고 있다. 이에 대해 대법원은 차량등록부를 기초로 한 소유권 귀속의 기준에 따라 택시회사에 목적물 택시의 소유권이 있음을 인정하고 있다. 택시의 소유권이 택시회사에 있다면 갑의 행위는 타인 소유 물건에 대해 타인 점유 물건을 취거한 것이 된다. 절도죄에 해당하게 되는 것이다. 이렇게 보면 대법원의 판단이 피고인에게 오히려 불리한 것임을 알 수 있다.

그런데 본 사안에서 대법원에 상고한 쪽은 피고인이며, 검사는 상고하고 있지 않다. 이러한 경우에는 형사소송법에 따라 불이익변경금지의 원칙이 적용된다. 파기 환송된 항소심에서 검사는 공소장 변경을 신청하여 절도죄로 공소사실을 재구성할 수도 있다. 그러나 환송후 항소심의 형은 파기환송 전 단계에서 피고인에게 내려진 형의 정도를 넘어설 수는 없다. 지입차량의 경우 일반인의 상식적인 판단과 전문가의 법적 판단이 일치하지 아니하여 본 판례의 사안과 같은 법적 분쟁이 종종 발생한다는 점에 주목할 필요가 있다.

2005도4455

권리행사방해죄와 타인 점유 – 부정례
공동대표 렌트카 회수 사건

2006. 3. 23. 2005도4455, 공 2006. 748

1. 사실관계 및 사건의 경과

【사실관계 1】

① P렌트카회사에는 공동대표로 갑과 A가 있다.
② P회사는 ㉠승용차를 구입하여 보유중이다.
③ ㉠승용차는 아직 신규등록 절차를 마치지 않아 미등록 상태이다.
④ P회사의 공동대표 A는 B에 대한 개인적인 채무의 담보 명목으로 ㉠승용차를 B에게 넘겨주었다.

【사실관계 2】

① B는 ㉠승용차를 약 4개월 동안 P회사에서 수시로 연락 가능한 B의 사무실 등지에서 운행해 왔다.
② P회사의 직원 C는 B에게 ㉠승용차의 반환을 요구하였다.
③ B는 C의 반환요구를 A에 대한 채권 및 담보제공 약정을 이유로 거절해 왔다.
④ 그러자 P회사 공동대표이사 중 한 사람인 갑은 B의 사무실 부근에 주차되어 있는 ㉠승용차를 몰래 회수해 오도록 하였다.

【사건의 경과】

① 검사는 갑을 권리행사방해죄로 기소하였다.
② 갑의 피고사건은 제1심을 거친 후, 항소심에 계속되었다.

③ 항소심에서 갑은 다음의 점을 근거로 무죄를 주장하였다.

(가) ㉠승용차의 임차인인 B가 승용차를 반환하지 않고 있는 것으로만 알고 있었다.

(나) B가 A의 담보제공 약정을 이유로 승용차 반환을 거부하고 있는 줄 알면서도 승용차 회수를 지시한 사실은 없다.

(다) 고의가 없으므로 권리행사방해죄는 성립하지 않는다.

④ 항소심법원은 무죄를 선고하였다.

⑤ (항소심의 판단 이유는 판례 본문 참조)

⑥ 검사는 불복 상고하였다.

2. 권리행사방해죄와 점유의 범위

【대법원 요지】 1. 권리행사방해죄에서의 보호대상인 타인의 점유는 반드시 점유할 권원에 기한 점유만을 의미하는 것은 아니고, /

【대법원 요지】 일단 적법한 권원에 기하여 점유를 개시하였으나 사후에 점유 권원을 상실한 경우의 점유, /

【대법원 요지】 점유 권원의 존부가 외관상 명백하지 아니하여 법정절차를 통하여 권원의 존부가 밝혀질 때까지의 점유, /

【대법원 요지】 권원에 기하여 점유를 개시한 것은 아니나 동시이행항변권 등으로 대항할 수 있는 점유 등과 같이 /

【대법원 요지】 법정절차를 통한 분쟁 해결시까지 잠정적으로 보호할 가치 있는 점유는 모두 포함된다고 볼 것이고, /

【대법원 요지】 다만 절도범인의 점유와 같이 점유할 권리 없는 자의 점유임이 외관상 명백한 경우는 포함되지 아니한다 할 것이다.

3. 사안에 대한 대법원의 판단

(1) 점유 및 고의 여부에 대한 판단

【대법원 분석】 그런데 이 사건 기록에 의하여 인정되는 사실은 다음과 같다. /

【대법원 분석】 즉, (회사명 생략)렌트카(주)의 공동대표이사 중 1인인 공소외인은 피해자에 대한 개인적인 채무의 담보 명목으로 위 회사가 보유 중이던 이 사건 승용차를 피해자에게 넘겨주었다. /

【대법원 분석】 피해자는 위 승용차를 약 4개월 동안 위 회사에서 수시로 연락 가능한 피해자의 사무실 등지에서 운행해 오면서 위 회사 직원의 승용차 반환요구를 공소외인에 대한 채권 및 위 담보제공 약정을 이유로 거절해 왔다. /

【대법원 분석】 그러자 위 회사 공동대표이사 중 1인인 피고인은 피해자의 공소외인에 대한 채권의 존부 및 위 담보제공 약정의 효력에 관하여 피해자와 직접 접촉하여 관련 사실 및 증빙자료를 확인하는 등의 절차를 밟지 않은 채 피해자 사무실 부근에 주차되어 있는 이 사건 승용차를 몰래 회수하도록 하였다는 것이다.

【대법원 판단】 이러한 사실관계를 앞서 본 법리에 비추어 살펴본다면, /

【대법원 판단】 피해자의 이 사건 승용차에 대한 점유는 법정절차를 통하여 점유 권원의 존부가 밝혀짐으로써 분쟁이 해결될 때까지 잠정적으로 보호할 가치 있는 점유에 포함된다고 봄이 상당하다.

【대법원 판단】 한편, 피해자가 위와 같은 경위로 채권 및 담보제공 약정을 이유로 승용차의 반환을 거절하고 있는 경우이든, 이 사건 승용차를 단순히 임차하였다가 그 반환을 거부하고 있는 경우이든 두 경우 모두 권리행사방해죄에서의 보호대상인 점유에 해당하는 것이므로, /

【대법원 판단】 피고인이 피해자가 이 사건 승용차를 단순히 임차하였다가 그 반환을 거절하고 있는 것으로 잘못 알고 있었다는 사정만으로는 피고인에게 권리행사방해의 고의가 없었다고 볼 수 없다.

【대법원 분석】 원심은, 이 사건 승용차의 임차인인 피해자가 승용차를 반환하지 않고 있는 것으로만 알고 있었을 뿐 피해자가 위와 같은 담보제공 약정을 이유로 승용차 반환을 거부하고 있는 줄 알면서도 승용차 회수를 지시한 사실이 없다는 피고인의 주장을 받아들여, /

【대법원 분석】 피고인에게 권리행사방해의 고의가 있었다고 볼 증거가 부족하다는 이유로 권리행사방해죄가 성립되지 않는다고 판단하였다. /

【대법원 결론】 그러나 앞서 본 법리에 의하면, 원심이 위와 같은 이유로 권리행사방해죄의 성립을 부정한 것은 적절하다 할 수 없다.

(2) 자동차 소유권 귀속의 판단기준

【대법원 분석】 2. 다만, 자동차소유권의 득실변경은 등록을 하여야 그 효력이 생기고(자동차관리법 제6조), /

【대법원 분석】 권리행사방해죄의 객체는 자기의 소유물에 한한다. /

【대법원 분석】 그런데 기록에 의하면, 이 사건 승용차는 (회사명 생략)렌트카(주)가 구입하여 보유중이나 이 사건 공소사실 기재 일시까지도 아직 위 회사나 피고인 명의로 신규등록 절차를 마치지 않은 미등록 상태였던 사실을 알 수 있다. /

【대법원 판단】 따라서 이 사건 승용차는 이 사건 공소사실 기재 범행 당시 (회사명 생략)렌트카(주) 혹은 피고인의 소유물이라고 할 수 없어 이를 전제로 하는 권리행사방해죄는 성립되지 아니한다.

【대법원 결론】 그렇다면 원심이 이 사건 공소사실을 무죄로 판단한 이유는 적절하지 않으나 앞서 본 바와 같은 이유로 결국, 이 사건 공소사실이 권리행사방해죄를 구성하지 않는 이상 그 결론에 있어서는 정당하다 할 것이니, /

【대법원 결론】 위와 같은 원심의 잘못은 판결 결과에 영향을 미치는 잘못에 해당한다고 볼 수 없으므로 이 점을 들어 원심판결을 파기할 이유로 삼을 수는 없다. 결국, 원심판결에는 상고이유에서 주장하는 바와 같이 판결 결과에 영향을 미친 채증법칙 위반 내지 법리오해 등의 위법이 없다. (상고기각)

94도343

권리행사방해죄와 타인 점유 – 부정례
무고죄와 허위사실 – 인정례
가마솥 가져오기 사건

1994. 11. 11. 94도343, 공 1994, 3323

1. 사실관계 및 사건의 경과

【사실관계】

① ㉠가마솥은 A녀의 소유이다.
② 갑은 ㉠가마솥을 A녀 몰래 가져가 자기 집 마당에 보관해 놓았다.
③ A녀는 B와 함께 ㉠가마솥을 갑의 허가 없이 [자기 집으로] 운반해 갔다.
④ 갑은 A녀를 수사기관에 고소하였다.
⑤ 갑은 고소장에 "A녀는 갑 소유의 ㉠가마솥을 절취하였다"라고 기재하였다.
⑥ [A녀는 갑을 무고죄로 맞고소하였다.]

【사건의 경과】

① 검사는 갑을 무고죄로 기소하였다.
② 갑의 피고사건은 제1심을 거친 후, 항소심에 계속되었다.
③ 항소심법원은 갑이 ㉠가마솥이 A 소유인 것을 알면서 고소장을 수사기관에 제출하였다고 판단하였다.
④ 항소심법원은 갑에게 유죄를 인정하였다.
⑤ 갑은 불복 상고하였다.
⑥ 갑은 상고이유로 다음의 점을 주장하였다.
  (가) ㉠가마솥이 갑의 소유가 아니라 A의 소유이어서 A가 ㉠가마솥을 운반해 간 행위가 절도죄에 해당하지 않는다고 하자.
  (나) 그러나 ㉠가마솥은 갑이 자기 집 마당에 보관하고 있던 것이다.
  (다) 그렇다면 A의 행위는 자기 소유의 타인 점유에 속하는 물건을 가져간 것으로서 권리행사방해죄를 구성한다.
  (라) 권리행사방해죄의 사안을 절도죄의 사안으로 고소장에 기재한 것은 사소한 불일치에 불과하다.
  (마) 그렇다면 갑의 고소는 허위사실을 신고한 것에 해당하지 아니하여 무고죄가 성립하지 않는다.

2. 사안에 대한 대법원의 판단

【대법원 판단】 피고소인이 피고인(고소인) 소유의 물건을 절취하였다는 고소사실 중 /
【대법원 요지】 그 물건이 피고인의 소유가 아니라 피고소인의 소유이어서 절도죄를 구성하지 아니

하여도 /

【대법원 요지】 피고소인의 소위가 권리행사방해죄를 구성하는 경우에는 피고인의 고소를 무고라고 할 수 없음은 소론과 같지만, /

【대법원 요지】 권리행사방해죄에 있어서의 타인의 점유라 함은 권원으로 인한 점유 즉 정당한 원인에 기하여 그 물건을 점유하는 권리 있는 자의 점유를 의미하는 것으로서 /

【대법원 요지】 본권을 갖지 아니하는 절도범인의 점유는 여기에 해당하지 않는다 할 것인바, /

【대법원 판단】 이 사건에 있어서 피고인이 자신의 집 마당에 보관하고 있는 이 사건 솥을 피고소인들이 피고인의 허락 없이 함께 운반하여 가져갔다 하더라도 /

【대법원 판단】 그 솥이 피고소인 A의 소유이고 피고인이 이를 절취하여 점유보관하고 있던 것인 이상 피고소인들의 소위는 권리행사방해죄를 구성하지는 않는다고 할 것이니 /

【대법원 결론】 피고소인들의 소위가 권리행사방해죄에 해당함을 전제로 하는 논지도 이유 없다 할 것이고, 논지가 원용하는 판례는 사안이 달라 이 사건에 적절하지 아니하므로 받아들일 수 없다. (상고 기각)

90도1958

권리행사방해죄와 점유할 권리 – 인정례

원목 불인도 사건

1991. 4. 26. 90도1958, 공 1991, 1565.

1. 사실관계 및 사건의 경과

【사실관계】

① 갑은 ㉠임야의 소유자이다.

② A는 입목 벌채업자이다.

③ 갑은 A와 다음 내용의 계약을 체결하였다.

④ "A가 ㉠임야의 입목(立木)을 벌채하는 공사를 완료하면 갑은 A에게 그 벌채한 원목을 인도한다."

⑤ A는 계약에 따라 벌채공사를 완료하였다.

⑥ 그러나 갑은 벌채된 원목을 B에게 팔아버렸다.

【사건의 경과】

① 검사는 갑에 대해 다음의 공소사실로 기소하였다.

(가) 주위적 공소사실 : 절도죄

(나) 예비적 공소사실 : 권리행사방해죄

② 갑의 피고사건은 제1심을 거친 후, 항소심에 계속되었다.

③ 항소심법원은 다음과 같이 판단하였다.

(가) 주위적 공소사실 : 절도죄 : 무죄

(나) 예비적 공소사실 : 권리행사방해죄 : 무죄

④ (항소심의 판단 이유는 판례 본문 참조)

⑤ 검사는 불복 상고하였다.

2. 절도죄 부분에 대한 판단

【대법원 판단】 1. 원심이 이 사건 주위적 공소사실인 절도의 점에 대하여, /

【대법원 판단】 가사 공소사실 기재와 같이 피해자와 피고인 간에 '피해자가 이 사건 임야의 입목을 벌채하는 등의 공사를 완료하면 피고인은 피해자에게 그 벌채한 원목을 인도한다'는 내용의 계약이 성립되었고 피해자가 위 계약상 의무를 모두 이행하였다 하더라도 /

【대법원 판단】 그것만으로 위 원목의 소유권이 바로 피해자에게 귀속되는 것이 아니라 /

【대법원 판단】 별도로 그 소유자인 피고인이 피해자에게 위 원목에 관한 소유권이전의 의사표시를 하고 이를 인도함으로써 비로소 그 소유권이전의 효력이 생긴다는 견해 아래에서 /

【대법원 판단】 아직 피고인이 피해자에게 위 원목에 관한 소유권이전의 의사표시를 하고 이를 인도하였다고 볼 만한 증거가 없으니 /

【대법원 판단】 피고인이 이를 타인에게 매도한 행위는 자기 소유물건의 처분행위에 불과하여 절도죄를 구성하지 아니한다는 이유로, 피고인에게 무죄를 선고한 것은 옳고 /

【대법원 결론】 여기에 소론과 같은 법리오해 또는 채증법칙위배의 위법이 있다고 할 수 없다. 논지는 이유없다.

3. 권리행사방해죄 부분에 대한 판단

(1) 사안에 대한 항소심의 판단

【항소심 판단】 2. 원심은 이 사건 예비적 공소사실인 권리행사방해의 점에 대하여, /

【항소심 판단】 가사 피해자와 피고인간에 위와 같은 계약이 이루어졌고 피해자가 위 계약상의 의무를 모두 이행함으로써 피고인에 대하여 원목 인도청구권 등의 채권을 갖는다 하더라도 /

【항소심 판단】 이는 이 사건 원목에 관하여 생긴 채권이라고 볼 수 없을 뿐 아니라 이 채권과 위 원목에 대한 견련관계도 인정할 수 없으니 /

【항소심 판단】 피해자는 이 사건 원목에 관하여 유치권 기타 이와 유사한 담보권을 갖는다고 볼 수 없다 하여 /

【항소심 판단】 피해자에게 이와 같은 권리가 있음을 전제로 하는 권리행사방해죄는 죄가 되지 아니한다고 판단하였으나, /

(2) 사안에 대한 대법원의 판단

【대법원 요지】 권리행사방해죄의 구성요건 중 타인의 '권리'란 반드시 제한물권만을 의미하는 것이 아니라 /

【대법원 요지】 물건에 대하여 점유를 수반하지 아니하는 채권도 이에 포함된다고 해석되므로, /

【대법원 판단】 위 예비적 공소사실대로 피해자가 이 사건 원목에 대한 인도청구권을 가지고 있었다

면 이 사건 원목은 피해자의 권리의 목적이 된 물건이라고 볼 여지가 있을 터인데도, /

【대법원 결론】 원심은 피해자와 피고인간의 위와 같은 계약체결 사실을 살피지 아니한 채 이 사건 원목이 권리행사방해죄의 객체에 해당하지 아니한다고 판단하고 말았으니, 필경 원심판결에는 권리행사방해죄의 구성요건인 타인의 권리에 관한 법리를 오해하여 판결에 영향을 미친 위법이 있다 할 것이어서 이 부분 논지는 이유 있다. (파기 환송)

제 2 강요죄

73도2578

강요죄의 본질
진술서 강요 사건

1974. 5. 14. 73도2578, 공 1974, 7864

1. 사실관계 및 사건의 경과

【사실관계】

① [사실관계가 불명하여 임의로 구성함]

② [A는 B가 자신의 친아버지라고 주장하고 있다.]

③ 갑은 A를 협박하였다.

④ A는 겁을 먹고 다음 내용의 진술서를 갑에게 작성해 주었다.

⑤ ["본인(A)은 앞으로 다시는 B가 친아버지라는 말을 하고 다니지 않겠다."]

【사건의 경과】

① 검사는 갑을 강요죄로 기소하였다.

② 갑의 피고사건은 제1심을 거친 후, 항소심에 계속되었다.

③ 항소심법원은 유죄를 인정하였다.

④ 갑은 불복 상고하였다.

⑤ 갑은 상고이유로 다음의 점을 주장하였다.

(가) 강요죄는 권리행사를 방해하는 죄의 장에 규정되어 있다.

(나) 권리행사를 방해하는 죄는 재산적 법익에 관한 죄이다.

(다) A의 진술서는 재산에 관련된 것이 아니다.

(라) 따라서 강요죄는 성립하지 않는다.

2. 사안에 대한 대법원의 판단

【대법원 요지】 2. 형법 제324조는 사람의 자유를 침해하는 행위에 대한 형벌규정으로 해석되므로 /

【대법원 판단】 동 판시 3의 사실 즉 피고인이 피해자 A를 협박하여 동인으로 하여금 법률상 의무없는 진술서를 작성케 한 소위는 사람의 자유권행사를 방해한 것이라고 보아지니 /
【대법원 결론】 동 판결이 여기에 위 법조를 의률처단하였음은 정당하고 이를 지목하여 법리오해라고 들고 나온 논지 역시 채택할 수 없다. (상고 기각)

2003도763

강요죄와 협박 – 인정례
배임죄와 사무처리자 – 부정례
골프장 특별회원 모집 사건

2003. 9. 26. 2003도763, 공 2003, 2129

1. 사실관계 및 사건의 경과

【사실관계 1】

① M컨트리클럽은 P회사가 운영하던 것이다.
② Q회사는 M컨트리클럽을 인수하여 N컨트리클럽으로 명칭을 변경하여 운영하게 되었다.
③ 컨트리클럽 인수의 경우 체육시설의설치·이용에관한법률에 따라 M컨트리클럽의 회원들은 N컨트리클럽의 회원으로서의 지위를 가지게 된다.
④ 이 경우 회원지위 승계등록절차는 골프장 회원관리에 필요한 행정절차에 불과하다.

【사실관계 2】

① 갑은 Q회사의 최대주주이다.
② 을은 Q회사의 대표이사이다.
③ 갑과 을은 N컨트리클럽의 운영을 시작하면서 다음과 같은 내용의 특별회원을 모집하였다.
④ "기존회원들을 대상으로 금 1억 3,000만 원의 수익증권을 매입하는 600명에게 토요일 2회 포함 월 4회 주말예약보장, 그린피면제 등의 특전을 부여하는 특별회원을 모집하겠다."
⑤ 갑과 을은 기존 회원들에게 다음과 같은 문건을 송부하였다.
　(가) 특별회원 모집의 안내문
　(나) 특별회원 등을 모집하는 내용이 기재된 새로운 회칙
　(다) '일반회원등록신청서' 양식
⑥ '일반회원등록신청서' 양식에는 다음과 같은 문구가 기재되어 있었다.
⑦ "본인은 귀 Club 회칙의 취지를 찬동하고 회원자격 승계약정을 승낙하며 회원의 등록을 신청합니다."
⑧ 갑과 을은 기존 회원들에게 '일반회원등록신청서' 양식에 따라 등록신청을 하라고 요구하였다.

【사실관계 3】

① 기존 회원 가운데 A 등은 Q회사의 새로운 내용의 회칙에 동의하지 않았다.

② A 등은 "회원들이 변경된 회칙에 동의한다"는 문구를 삭제하여 회원등록신청서를 작성한 다음 이를 Q회사에 송부하였다.

③ 갑과 을은 A 등이 송부한 회원등록신청서를 유효한 회원등록신청으로 인정하지 아니하였다.

④ 갑과 을은 Q회사에서 작성하여 보낸 양식에 따라 회원등록을 하라는 취지로 A 등이 송부한 등록신청서를 반송하였다.

⑤ 갑은 A 등의 회원등록신청서를 반송하면서 다음과 같은 내용의 안내문을 동봉하였다.

⑥ "구 M골프장 회원께서는 당사가 정한 회원등록서류에 의거 등록을 마쳐야만 N컨트리클럽의 회원으로 인정한다. P회사가 발행한 회원증으로는 Q회사의 회원으로 인정할 수 없다."

【사실관계 4】

① 갑은 M컨트리클럽에서 운영해오던 '회원의 날' 제도를 폐지하였다.

② 갑은 승계등록절차를 밟지 않은 A 등 회원들의 예약을 사실상 거부하거나, 예약이 된 경우에도 이를 취소하였다.

③ 갑은 승계등록절차를 밟지 않은 A 등 회원들이 라운딩을 할 때 비회원요금을 징수하였다.

④ 갑은 클럽하우스 현관 출입문에 승계등록을 거부하는 회원들에 대하여 회원대우를 해 줄 수 없다는 취지의 공고문을 부착하였다.

⑤ 갑은 특별회원 모집 제도를 시행하여 총 246명의 특별회원을 모집하였다.

【사건의 경과】

① 검사는 갑을 다음의 공소사실로 기소하였다.

(가) 기존 회원 등록 요구 등 : 강요죄

(나) 기존 회원 회원권 가격 하락 : 주위적 공소사실 : 특가법위반죄(배임)

(다) 기존 회원 회원권 가격 하락 : 예비적 공소사실 : 배임죄

② 갑의 피고사건은 제1심을 거친 후, 항소심에 계속되었다.

③ 항소심법원은 다음과 같이 판단하였다.

(가) 기존 회원 등록 요구 등 : 강요죄 : 유죄

(나) 기존 회원 회원권 가격 하락 : 주위적 공소사실 : 특가법위반죄(배임) : 무죄

(다) 기존 회원 회원권 가격 하락 : 예비적 공소사실 : 배임죄 : 무죄

④ (항소심의 판단 이유는 판례 본문 참조)

⑤ 갑은 유죄 부분에 불복 상고하였다.

⑥ 검사는 무죄 부분에 불복 상고하였다.

2. 강요죄 부분에 대한 판단

(1) 강요죄의 성립요건

【대법원 분석】 나. 강요죄라 함은 폭행 또는 협박으로 사람의 권리행사를 방해하거나 의무 없는 일을 하게 하는 것을 말하고, /

【대법원 요지】 여기에서의 협박은 객관적으로 사람의 의사결정의 자유를 제한하거나 의사실행의 자

유를 방해할 정도로 겁을 먹게 할 만한 해악을 고지하는 것을 말한다.

(2) 강요죄 여부에 대한 대법원의 판단

【대법원 분석】 원심은, /

【대법원 분석】 [Q회사]가 M컨트리클럽을 인수하여 N컨트리클럽으로 명칭을 변경하여 운영함으로써 체육시설의설치·이용에관한법률에 따라 M컨트리클럽의 회원들은 N컨트리클럽의 회원으로서의 지위를 가지게 되었고, /

【대법원 분석】 회원지위 승계등록절차는 골프장 회원관리에 필요한 행정절차에 불과함에도 불구하고, /

【대법원 분석】 [Q회사]의 최대주주인 피고인이 대표이사인 공소외 을과 공모하여, /

【대법원 분석】 "기존회원들을 대상으로 금 1억 3,000만 원의 수익증권을 매입하는 600명에게 토요일 2회 포함 월 4회 주말예약보장, 그린피면제 등의 특전을 부여하는 특별회원을 모집하겠다."는 내용의 안내문과 함께 특별회원 등을 모집하는 내용이 기재된 새로운 회칙을 첨부하여 /

【대법원 분석】 "본인은 귀 Club 회칙의 취지를 찬동하고 회원자격 승계약정을 승낙하며 회원의 등록을 신청합니다."라는 문구가 기재된 '일반회원등록신청서' 양식을 송부하면서 위 양식에 따라 등록신청을 하라고 요구하고, /

【대법원 분석】 위와 같은 내용의 회칙에 동의하지 않는 회원들이 변경된 회칙에 동의한다는 문구를 삭제하여 발송한 회원등록신청을 유효한 회원등록신청으로 인정하지 아니한 채 [Q회사]에서 작성하여 보낸 양식에 따라 회원등록을 하라는 취지로 이를 반송한 사실, /

【대법원 분석】 피고인은 회원등록신청서를 반송하면서 "구 M골프장 회원께서는 당사가 정한 회원등록서류에 의거 등록을 마쳐야만 [N컨트리클럽]의 회원으로 인정한다. [P회사가] 발행한 회원증으로는 [Q회사]의 회원으로 인정할 수 없다."는 취지의 안내문을 동봉함으로써 변경된 회칙에 동의하지 않는 회원들의 승계등록신청을 거부할 의사를 밝힌 사실, /

【대법원 분석】 피고인은 그 후 승계등록절차를 밟지 않은 회원들의 예약을 사실상 거부하거나, 예약이 된 경우에도 이를 취소하는 한편 라운딩을 하더라도 비회원요금을 징수하고, 클럽하우스 현관 출입문에 승계등록을 거부하는 회원들에 대하여 회원대우를 해 줄 수 없다는 취지의 공고문을 부착하는 등 회원으로서의 권리를 제한한 사실을 인정한 다음, /

【대법원 판단】 행정적 절차에 불과한 회원의 승계등록절차를 빌미로 회사측에서 요구하는 대로 승계등록절차를 이행하지 않는 한 회원의 자격을 인정하지 않고 예약제한, 비회원요금 징수와 같은 재산상 불이익을 가하겠다는 의사를 명시한 이상, /

【대법원 판단】 이는 재산상 불이익이라는 해악을 고지하는 방법으로 회원들을 협박하여 회원권이라는 재산적 권리의 행사를 제한하고 변경된 회칙을 승낙하도록 강요한 경우에 해당한다고 판단하였다.

【대법원 결론】 원심의 위와 같은 판단은 위 법리에 따른 것으로서 정당하고, 거기에 강요죄의 성립에 관한 법리오해의 위법이 없으며, /

【대법원 결론】 위 해악의 고지가 사회의 관습이나 윤리관념 등에 비추어 볼 때 사회통념상 용인할 수 있을 정도의 것이라고 볼 수도 없다.

3. 배임죄 부분에 대한 판단

(1) 배임죄와 타인 사무의 범위

【대법원 분석】 배임죄는 타인의 사무를 처리하는 자가 그 임무에 위배하는 행위에 의하여 재산상의 이익을 취득하거나 제3자로 하여금 이를 취득하게 하여 본인에게 손해를 가함으로써 성립하는 것으로, /

【대법원 요지】 여기에서 그 주체인 "타인의 사무를 처리하는 자"란 양자간의 신임관계에 기초를 두고 타인의 재산관리에 관한 사무를 대행하거나 타인 재산의 보전행위에 협력하는 자의 경우 등을 가리킨다.

(2) 회원제 클럽의 법률관계

【대법원 판단】 그리고 회원 가입시에 일정 금액을 예탁하였다가 탈퇴 등의 경우에 그 예탁금을 반환받는 이른바 예탁금 회원제로 운영되는 골프클럽의 운영에 관한 법률관계는 회원과 클럽을 운영하는 골프장 경영 회사 사이의 계약상 권리 · 의무관계이고, /

【대법원 판단】 따라서 그 운영에 관한 회칙은 불특정 다수의 입회자에게 획일적으로 적용하기 위하여 골프장을 경영하는 회사가 제정한 것으로, 이를 승인하고 클럽에 가입하려는 회원과 회사와의 계약상 권리 · 의무의 내용을 구성한다.

(3) 배임죄 여부에 대한 대법원의 판단

【대법원 분석】 원심은, /

【대법원 분석】 [Q회사가] M컨트리클럽을 인수하여 N컨트리클럽으로 명칭을 변경하여 운영함으로써 M컨트리클럽의 회원들은 당연히 N컨트리클럽의 회원으로서의 지위를 가지게 되었음에도 불구하고, /

【대법원 분석】 M컨트리클럽에서 운영해오던 '회원의 날' 제도를 폐지하고, 기존회원들을 대상으로 앞서 본 바와 같은 특별회원 모집 제도를 시행하는 것으로 회칙을 변경하여, 그에 따라 총 246명의 특별회원을 모집함으로써 기존회원들의 주말예약권을 사실상 제한하거나 박탈하고, /

【대법원 분석】 나아가 변경된 회칙에 따른 특별회원 모집제도에 반대하는 기존회원들에 대하여는 승계등록을 거부함으로써 회원으로서의 권리를 행사할 수 없도록 하는 결과가 되었다고 하더라도, /

【대법원 판단】 이는 [Q회사가] 기존회원들에 대한 회원가입계약에 따른 민사상의 채무를 불이행한 것에 불과하고, /

【대법원 판단】 [Q회사가] 기존회원들의 골프회원권이라는 재산관리에 관한 사무를 대행하거나 그 재산의 보전행위에 협력하는 지위에 있다고 할 수는 없으므로 배임죄의 주체인 타인의 사무를 처리하는 자에 해당하지 아니한다는 이유로 /

【대법원 판단】 주위적 공소사실인 특정경제범죄가중처벌등에관한법률위반(배임)의 점과 예비적 공소사실인 배임의 점에 관하여 피고인을 무죄라고 판단하였다.

【대법원 결론】 원심의 위와 같은 판단은 앞서 본 법리에 따른 것으로서 정당하고, 거기에 체육시설

의설치 · 이용에관한법률이나 배임죄에 관한 법리오해의 위법이 없다. (상고 기각)

2010도13774

소비자불매운동과 강요죄
소비자불매운동과 공갈죄
팝업창 사과 사건

2013. 4. 11. 2010도13774, 공 2013상, 895

1. 사실관계 및 사건의 경과

【사실관계 1】

① 갑은 인터넷 M사이트 N카페의 대표이다.
② 갑은 P, Q, R신문의 M문제에 대한 논조에 불만을 품었다.
③ 2009. 5. 21. 갑은 M카페에 다음의 글을 게시하였다.
(가) 이제는 P, Q, R신문에 끌려 다니지 말고 반격을 해야 한다,
(나) 그 실천방향으로 먼저 불매운동을 시작하려 한다,
(다) 불매운동은 P, Q, R신문에만 광고하고 S, T신문에는 광고를 하지 않는 기업을 대상으로 펼칠 것이다,
(라) 우선 한 개 기업만 선정하여 힘을 집중할 것이다,
④ 2009. 6. 8. 13:00경 갑은 Q신문사 앞에서 다음 내용의 기자회견을 열었다.
(가) H회사는 P, Q, R신문에 광고를 편중하고 있다.
(나) H회사가 P, Q, R신문에 광고를 중단하거나 S, T신문에 동등하게 광고를 게재할 때까지 H회사의 제품에 대한 불매운동을 하겠다.

【사실관계 2】

① 2009. 6. 8. H회사의 임직원들은 자신들의 회사가 불매운동의 대상기업으로 선정되었다는 사실을 알게 되었다.
② 2009. 6. 8. H회사의 직원 B는 상사의 지시로 갑을 만났다.
③ B는 갑에게 H회사 입장에서 갑의 요구를 수용하기 어렵다고 말하였다. (㉠부분)
④ 2009. 6. 8. 갑은 B에게 다음의 사항을 요구하였다.
(가) 갑이 지정하는 다른 신문에 P, Q, R신문과 동등하게 광고를 집행할 것
(나) H회사의 회사의 인터넷 홈페이지에 "향후 광고를 편중되게 하지 않겠다"라는 내용의 팝업창을 띄울 것
⑤ H회사의 홍보담당 상무 C는 B로부터 보고를 들었다.
⑥ C는 H회사를 위해서 갑을 요구를 들어줄 수밖에 없다고 판단하였다.

【사실관계 3】

① 2009. 6. 9.경 C는 H회사의 인터넷 홈페이지에 다음 내용의 ⓐ팝업창을 띄웠다. (ⓛ부분)

② "H회사는 앞으로 특정 언론사에 편중하지 않고 동등하게 광고 집행을 해나갈 것을 약속합니다. 또한, 앞으로도 더욱 소비자들과 함께 하는 기업이 되도록 노력하겠습니다."

③ 2009. 6. 10.경 H회사는 광고 집행 예정이 전혀 없었던 S, T신문에 합계 756만 원 상당의 광고를 게재하였다.

④ 2009. 6. 24. H회사는 S신문에 광고비를 지급하였다. (ⓒ부분)

⑤ 2009. 6. 30. H회사는 T신문에 광고비를 지급하였다. (ⓡ부분)

【사건의 경과】

① 검사는 갑을 다음의 공소사실로 기소하였다.

(가) ㉠부분 : 강요죄미수

(나) ㉡부분 : 강요죄

(다) ㉢, ㉣부분 : 공갈죄

② 갑의 피고사건은 제1심을 거친 후, 항소심에 계속되었다.

③ 항소심법원은 다음과 같이 판단하였다.

(가) ㉠부분 : 강요죄미수 : 유죄

(나) ㉡부분 : 강요죄 : 유죄

(다) ㉢, ㉣부분 : 공갈죄 : 유죄

④ 갑은 불복 상고하였다.

⑤ 갑은 상고이유로 다음의 점을 주장하였다.

(가) 소비자불매운동은 법에 의하여 보호된다.

(나) 정당한 소비자보호운동은 협박에 해당하지 않는다.

(다) 광고게재로 인하여 H회사에 손해가 발생한 것이 없으니 공갈죄는 성립하지 않는다.

⑥ (이하 위법성조각, 책임조각 부분은 생략함)

2. 강요죄 및 공갈죄의 협박

【대법원 요지】 가. 강요죄나 공갈죄의 수단인 협박은 /

【대법원 요지】 사람의 의사결정의 자유를 제한하거나 의사실행의 자유를 방해할 정도로 겁을 먹게 할 만한 해악을 고지하는 것을 말하는데, /

【대법원 요지】 해악의 고지는 반드시 명시적인 방법이 아니더라도 /

【대법원 요지】 말이나 행동을 통해서 상대방으로 하여금 어떠한 해악에 이르게 할 것이라는 인식을 갖게 하는 것이면 족하고, /

【대법원 요지】 피공갈자 이외의 제3자를 통해서 간접적으로 할 수도 있으며, /

【대법원 요지】 행위자가 그의 직업, 지위 등에 기하여 불법한 위세를 이용하여 재물의 교부나 재산상 이익을 요구하고 /

【대법원 요지】 상대방으로 하여금 그 요구에 응하지 않을 때에는 부당한 불이익을 당할 위험이 있다

는 위구심을 일으키게 하는 경우에도 해악의 고지가 된다.

3. 소비자불매운동과 협박의 관계

【대법원 요지】 한편 소비자가 구매력을 무기로 상품이나 용역에 대한 자신들의 선호를 시장에 실질적으로 반영하기 위한 집단적 시도인 소비자불매운동은 /

【대법원 요지】 본래 '공정한 가격으로 양질의 상품 또는 용역을 적절한 유통구조를 통해 적절한 시기에 안전하게 구입하거나 사용할 소비자의 제반 권익을 증진할 목적'에서 행해지는 소비자보호운동의 일환으로서 /

【대법원 요지】 헌법 제124조를 통하여 제도로서 보장되나, /

【대법원 요지】 그와는 다른 측면에서 일반 시민들이 특정한 사회, 경제적 또는 정치적 대의나 가치를 주장 · 옹호하거나 이를 진작시키기 위한 수단으로 소비자불매운동을 선택하는 경우도 있을 수 있고, /

【대법원 요지】 이러한 소비자불매운동 역시 반드시 헌법 제124조는 아니더라도 /

【대법원 요지】 헌법 제21조에 따라 보장되는 정치적 표현의 자유나 /

【대법원 요지】 헌법 제10조에 내재된 일반적 행동의 자유의 관점 등에서 보호받을 가능성이 있으므로, /

【대법원 요지】 단순히 소비자불매운동이 헌법 제124조에 따라 보장되는 소비자보호운동의 요건을 갖추지 못하였다는 이유만으로 이에 대하여 아무런 헌법적 보호도 주어지지 아니한다고 단정하여서는 아니 된다.

【대법원 요지】 다만 대상 기업에 특정한 요구를 하면서 이에 응하지 않을 경우 불매운동의 실행 등 대상 기업에 불이익이 되는 조치를 취하겠다고 고지하거나 공표하는 것과 같이 /

【대법원 요지】 소비자불매운동의 일환으로 이루어지는 것으로 볼 수 있는 표현이나 행동이 /

【대법원 요지】 정치적 표현의 자유나 일반적 행동의 자유 등의 관점에서도 전체 법질서상 용인될 수 없을 정도로 사회적 상당성을 갖추지 못한 때에는 /

【대법원 요지】 그 행위 자체가 강요죄나 공갈죄에서 말하는 협박의 개념에 포섭될 수 있으므로, /

【대법원 요지】 소비자불매운동 과정에서 이루어진 어떠한 행위가 강요죄나 공갈죄의 수단인 협박에 해당하는지 여부는 /

【대법원 요지】 해당 소비자불매운동의 목적, 불매운동에 이르게 된 경위, 대상 기업의 선정이유 및 불매운동의 목적과의 연관성, /

【대법원 요지】 대상 기업의 사회 · 경제적 지위와 거기에 비교되는 불매운동의 규모 및 영향력, 대상 기업에 고지한 요구사항과 불이익 조치의 구체적 내용, /그 불이익 조치의 심각성과 실현가능성, /

【대법원 요지】 고지나 공표 등의 구체적인 행위 태양, 그에 대한 상대방 내지 대상 기업의 반응이나 태도 등 /

【대법원 요지】 제반 사정을 종합적 · 실질적으로 고려하여 판단하여야 한다 /

【대법원 요지】 (대법원 2013. 3. 14. 선고 2010도410 판결 참조).

4. 사안에 대한 대법원의 판단

(1) 협박 여부에 대한 대법원의 판단

【대법원 판단】 원심은 그 채택 증거에 의하여 /

【대법원 판단】 피고인들이 벌인 이 사건 불매운동의 목적, 그 조직과정 및 규모, /

【대법원 판단】 대상 기업으로 공소외 H주식회사 하나만을 선정한 경위, /

【대법원 판단】 기자회견을 통해 공표한 불매운동의 방법 및 대상 제품, /

【대법원 판단】 공소외 H주식회사 직원에게 고지한 요구사항의 구체적인 내용, 위 공표나 고지행위 당시의 상황, /

【대법원 판단】 그에 대한 공소외 H주식회사 경영진의 반응, /

【대법원 판단】 위 요구사항에 응하지 않을 경우 공소외 H주식회사에 예상되는 피해의 심각성 등에 관한 판시 사실을 인정한 다음, /

【대법원 판단】 그러한 사실관계에 기초하여 /

【대법원 판단】 피고인 갑이 공소외 H주식회사에 대하여 불매운동을 하겠다고 하면서 ○○일보, △△일보, ▽▽일보 등 언론사에 대한 광고를 중단할 것을 요구한 행위와 /

【대법원 판단】 □□□신문, ◇◇신문에 ○○일보 등과 동등하게 광고를 집행할 것을 요구한 행위 및 /

【대법원 판단】 공소외 H주식회사의 인터넷 홈페이지에 '공소외 H주식회사는 앞으로 특정 언론사에 편중하지 않고 동등한 광고 집행을 하겠다'는 내용의 팝업창을 띄우게 한 행위는 /

【대법원 판단】 모두 공소외 H주식회사의 의사결정권자로 하여금 그 요구를 수용하지 아니할 경우 이 사건 불매운동이 지속되어 영업에 타격을 입게 될 것이라는 겁을 먹게 하여 /

【대법원 판단】 그 의사결정 및 의사실행의 자유를 침해한 것으로 /

【대법원 판단】 강요죄나 공갈죄의 수단으로서의 협박에 해당한다고 판단하였다.

【대법원 결론】 원심판결 이유를 앞서 본 법리와 원심이 적법하게 채택한 증거들에 비추어 살펴보면, 원심의 위와 같은 판단은 정당한 것으로 수긍할 수 있고, /

【대법원 결론】 거기에 상고이유 주장과 같이 공갈죄 및 강요죄에서의 협박에 관한 법리를 오해한 위법이 없다.

(2) 공갈죄 여부에 관한 대법원의 판단

【대법원 요지】 나. 공갈죄는 다른 사람을 공갈하여 그로 인한 하자 있는 의사에 기하여 자기 또는 제3자에게 재물을 교부하게 하거나 재산상 이익을 취득하게 함으로써 성립되는 범죄로서, /

【대법원 요지】 공갈의 상대방이 재산상의 피해자와 같아야 할 필요는 없고, /

【대법원 요지】 피공갈자의 하자 있는 의사에 기하여 이루어지는 재물의 교부 자체가 공갈죄에서의 재산상 손해에 해당하므로, /

【대법원 요지】 반드시 피해자의 전체 재산의 감소가 요구되는 것도 아니다.

【대법원 판단】 원심은, 피고인 갑이 공소외 H주식회사 직원을 협박하여 공소외 H주식회사가 그 의

사에 반하여 □□□신문과 ◇◇신문에 광고를 게재하고 광고료를 지급한 사실 등 그 판시와 같은 사실을 인정한 다음 /

【대법원 판단】 공갈의 점에 관한 이 부분 공소사실을 유죄로 인정하였다.

【대법원 결론】 원심판결 이유를 앞서 본 법리와 원심이 적법하게 채택한 증거들에 비추어 살펴보면 원심의 위와 같은 판단은 정당하고, /

【대법원 결론】 거기에 상고이유 주장과 같은 공갈죄에서의 재산상 이익과 손해 및 인과관계 등에 관한 법리오해의 위법이 없다. (상고 기각)

2010도1233

강요죄와 의무 없는 일 - 부정례
일지 형식 일기 사건

2012. 11. 29. 2010도1233, 공 2013상, 106

1. 사실관계 및 사건의 경과

【사실관계 1】

① 갑은 P부대의 중대장이다.

② A는 P부대에 배속된 일병이다.

③ A는 복무태도와 관련하여 특별보호 · 관심 대상자로 분류되었다.

④ 갑은 A가 업무수행능력과 업무습득의지가 부족하고 업무를 태만히 하며 허위보고 등을 한다고 판단하였다.

【사실관계 2】

① 갑은 A에게 하루 동안 어떤 업무를 수행하였는지 그 내역을 일지로 작성하라고 지시하였다. (㉠행위)

② A는 갑이 지시한 '일지 형식의 일기'를 작성하지 않았다.

③ 갑은 A의 불성실한 업무수행과 지시불이행을 이유로 얼차려를 부과하였다. (㉡행위)

④ 갑이 부과한 얼차려의 제재는 '일지 형식의 일기'를 작성하지 않았던 경우에 4회 가량 이루어졌다.

⑤ [A의 가족 등은 갑의 ㉠, ㉡행위가 군내 가혹행위라고 주장하여 관계 기관에 진정하였다.]

【사건의 경과】

① 군검찰관은 갑을 다음의 공소사실로 기소하였다.

(가) ㉠행위 : 강요죄

(나) ㉡행위 : 군형법위반죄(가혹행위)

② 갑의 피고사건은 제1심을 거친 후, 항소심에 계속되었다.

③ 항소심인 고등군사법원은 다음과 같이 판단하였다.

(가) ㉠행위 : 강요죄 : 유죄

(나) ㉡행위 : 군형법위반죄(가혹행위) : 무죄

④ (이하 강요죄 부분만 고찰함)

⑤ (항소심의 무죄 판단 이유는 판례 본문 참조)

⑥ 갑은 유죄 부분에 불복하여 상고하였다.

2. 강요죄와 의무 없는 일의 범위

【대법원 분석】 가. 강요죄는 폭행 또는 협박으로 사람의 권리행사를 방해하거나 의무 없는 일을 하게 하는 것을 말하고, /

【대법원 요지】 여기에서 '의무 없는 일'이라 함은 법령, 계약 등에 기하여 발생하는 법률상 의무 없는 일을 말하므로, /

【대법원 요지】 법률상 의무 있는 일을 하게 한 경우에는 강요죄가 성립할 여지가 없다.

3. 군인복무규율에 대한 분석

【대법원 분석】 군인사법 제47조의2의 위임에 따른 /

【대법원 분석】 군인복무규율 제7조 제1항은 /

【대법원 분석】 "군인은 직무에 태만하여서는 아니 되며 직무수행에 있어서 어떠한 위험이나 어려움이 따르더라도 이를 회피함이 없이 성실하게 그 직무를 수행하여야 한다."고 규정하고, /

【대법원 분석】 제8조는 /

【대법원 분석】 "군인은 정직하여야 하며, 명령의 하달이나 전달, 보고 및 통보에는 허위 · 왜곡 · 과장 또는 은폐가 있어서는 아니 된다."고 규정하고 있다. /

【대법원 분석】 한편 군인복무규율 제22조 제1항은 /

【대법원 분석】 "발령자는 건전한 판단과 결심하에 적시 적절한 명령을 내려야 하며, /

【대법원 분석】 직무와 관계가 없거나 법규 및 상관의 정당한 명령에 반하는 사항 또는 /

【대법원 분석】 자기 권한 밖의 사항 등을 명령하여서는 아니 된다."고 규정하고, /

【대법원 분석】 같은 조 제2항은 /

【대법원 분석】 "발령자는 명령의 하달 및 실행을 감독 · 확인하여야 한다."고 규정하고 있으며, /

【대법원 분석】 제23조 제1항은 /

【대법원 분석】 "부하는 상관의 명령에 복종하여야 하며, 명령받은 사항을 신속 · 정확하게 실행하여야 한다."고 규정하고 있다.

【대법원 분석】 위 각 규정의 내용 및 취지 등에 비추어 보면, /

【대법원 요지】 상관이 직무수행을 태만히 하거나 지시사항을 불이행하고 허위보고 등을 한 부하에게 /

【대법원 요지】 그 근무태도를 교정하고 직무수행을 감독하기 위하여 직무수행의 내역을 일지 형식으로 기재하여 보고하도록 명령하는 행위는 /

【대법원 요지】 직무권한 범위 내에서 내린 정당한 명령이므로 부하는 그 명령을 실행할 법률상 의무가 있고, /

【대법원 요지】 그 명령을 실행하지 아니하는 경우 군인사법 제57조 제2항 소정의 징계처분이 내려진다거나 그에 갈음하여 얼차려의 제재가 부과된다고 하여 /
【대법원 요지】 그와 같은 명령이 형법 제324조 소정의 강요죄를 구성한다고 볼 수 없다.

4. 사안에 대한 대법원의 분석

【대법원 분석】 나. 원심판결 이유와 기록에 의하면, /
【대법원 분석】 피고인은 수사기관 이래 원심 법정에 이르기까지 일관되게 /
【대법원 분석】 공소외 A 일병에게 사생활에 관한 일기를 작성하라고 강요한 것이 아니라, /
【대법원 분석】 공소외 A 일병이 업무수행능력과 업무습득의지가 부족하고 업무를 태만히 하며 허위보고 등을 하여 /
【대법원 분석】 공소외 A 일병의 그릇된 근무태도를 교정하고 글쓰기 등 행정병으로서의 업무능력을 향상시키기 위하여 /
【대법원 분석】 하루 동안 어떤 업무를 수행하였는지 그 내역을 일지로 작성하라고 지시한 것이라고 주장하고 있다. /
【대법원 분석】 행정보급관인 공소외 B 상사도 수사기관과 제1심법정에서 일관되게 /
【대법원 분석】 피고인이 업무에 적응하지 못하는 공소외 A 일병에게 일기를 작성하도록 지시한 것이 아니라 /
【대법원 분석】 업무 적응과 업무수행능력 향상을 위하여 하루 동안 어떤 업무를 하였는지를 적어보라고 지시한 것이라고 진술하고 있어 피고인의 위 주장에 부합하고 있다. /
【대법원 분석】 반면 피고인이 공소외 A 일병에게 업무수행 내역에 관한 일지가 아닌 사적인 감상과 자기 성찰을 위주로 하는 사생활에 관한 일기를 작성할 것을 지시하였다고 인정할 만한 증거는 찾아보기 어렵다.

5. 사안에 대한 대법원의 판단

【대법원 판단】 피고인의 위 주장대로 /
【대법원 판단】 중대장인 피고인이 부하인 공소외 A 일병의 그릇된 근무태도를 교정하고 업무수행능력을 향상시키는 한편 그 업무수행을 감독하기 위하여 /
【대법원 판단】 그에게 하루 일과 중 어떠한 업무를 수행하였는지 그 내역을 일지로 작성하라고 지시한 것이라면, /
【대법원 판단】 이는 중대장의 직무권한 범위 내에서 소속 부하에게 내린 정당한 직무상의 지시이므로 /
【대법원 판단】 공소외 A 일병은 이를 따를 법률상 의무가 있다.
【대법원 판단】 그리고 그와 같은 지시 속에 하루 일과 수행에 대한 자기 평가도 해보라는 취지가 포함되어 있다 하더라도, /
【대법원 판단】 그것이 불성실한 근무태도의 교정과 업무수행에 대한 감독을 위하여 이루어진 것이라면 여전히 공적 업무관련성을 갖고 있다고 보아야 하므로, /

【대법원 판단】 그러한 지시가 직무상의 권한을 벗어난 부당한 지시라고 단정할 수 없다.
【대법원 판단】 따라서 피고인이 그 주장대로 업무수행 내역에 관한 일지 작성을 지시한 것이 사실이라면 /
【대법원 판단】 그를 통하여 공소외 A 일병에게 법률상 의무 없는 일을 하게 하였다고 할 수 없고, /
【대법원 판단】 그와 같은 지시를 불이행하는 경우 공소외 A 일병에게 얼차려의 제재를 부과하였다고 하여 피고인의 행위가 강요죄를 구성한다고 볼 수 없다.
【대법원 판단】 그렇다면 원심으로서는 /
【대법원 판단】 피고인이 공소외 A 일병에게 작성하라고 지시한 것이 업무수행 내역에 관한 일지인지 아니면 사생활에 관한 일기인지 여부 및 /
【대법원 판단】 피고인이 그러한 지시를 할 직무상 권한이 있는지 여부 등에 관하여 심리하여 /
【대법원 판단】 피고인이 공소외 A 일병에게 법률상 의무 없는 일을 하게 하였다고 볼 수 있는지 여부를 가려야 할 것이다.
【대법원 분석】 그런데도 원심은 이러한 점에 대하여 제대로 살피지 아니한 채, /
【대법원 분석】 피고인이 공소외 A 일병에 부과한 얼차려의 제재가 '일지 형식의 일기'를 작성하지 않았던 경우에 4회가량 이루어진 점에 비추어 /
【대법원 분석】 공소외 A 일병이 일기 작성에 대한 심리적 · 육체적 부담을 많이 느꼈을 것이므로, /
【대법원 분석】 피고인의 일기 작성 지시는 하루 일의 반성과 자신을 돌아보게 하는 좋은 취지의 권고가 아닌 부당한 지시로서 /
【대법원 분석】 공소외 A 일병으로 하여금 의무 없는 일을 하게 한 것이라는 등의 이유를 들어 이 부분 공소사실을 유죄로 판단하였는바, /
【대법원 결론】 이러한 원심의 판단에는 강요죄의 구성요건에 관한 법리를 오해하여 필요한 심리를 다하지 아니함으로써 판결에 영향을 미친 위법이 있다. /
【대법원 결론】 이 점을 지적하는 상고이유의 주장에는 정당한 이유가 있다. (파기 환송)

93도901

강요죄의 기수시기 - 인정례
여권 강제회수 사건

1993. 7. 27. 93도901, 공 1993, 2476

1. 사실관계 및 사건의 경과

【사실관계】

① [갑은 외국인 노동자 A를 고용하였다.]
② 갑은 A가 해외로 도피하는 것을 방지하려고 마음먹었다.
③ 갑은 A를 협박하였다.

④ A는 겁을 먹고 A 소유의 여권을 갑에게 교부하였다.
⑤ [이후 갑은 얼마 지나지 아니하여 A에게 여권을 돌려주었다.]

【사건의 경과】

① 검사는 갑을 강요죄로 기소하였다.
② 갑의 피고사건은 제1심을 거친 후, 항소심에 계속되었다.
③ 항소심법원은 유죄를 인정하였다.
④ 갑은 불복 상고하였다.

2. 사안에 대한 대법원의 판단

【대법원 요지】 형법 제324조 소정의 폭력에 의한 권리행사방해죄는 폭행 또는 협박에 의하여 권리행사가 현실적으로 방해되어야 할 것임은 소론과 같다고 할 것이나, /

【대법원 분석】 원심이 확정한 사실에 의하면 /

【대법원 분석】 피고인은 피해자의 해외도피를 방지하기 위하여 판시와 같은 방법으로 피해자를 협박하고 이에 피해자가 겁을 먹고 있는 상태를 이용하여 동인 소유의 여권을 교부하게 하여 위 피해자의 해외여행의 권리행사를 방해하였다는 것인바, /

【대법원 판단】 위 피해자가 그의 여권을 피고인에게 강제 회수당하였다면 위 피해자가 해외여행을 할 권리는 사실상 침해되었다고 볼 것이므로 원심이 피고인의 판시 소위를 권리행사방해죄의 기수로 본 조처도 옳고, /

【대법원 판단】 피고인이 위 여권을 보관하고 있던 기간이 소론과 같이 짧았는지 여부는 이 사건 결과에 영향이 없다. (상고 기각)

제 3 강제집행면탈죄

2010도5693

강제집행면탈죄와 강제집행 – 부정례
교부금 회수 강제집행 사건

2012. 4. 26. 2010도5693, 공 2012상, 938

1. 사실관계 및 사건의 경과

【사실관계】

① 갑 등은 P사단법인의 간부들이다.
② 문화체육관광부는 P사단법인에 대해 국고보조금을 교부하였다.
③ 2006. 7.경 문화체육관광부는 P사단법인에 대해 5억 원 상당의 '국고보조금 교부결정 취소 및 반환

명령'을 통보하였다.

④ 문화체육관광부는 그와 함께 P사단법인 명의의 재산 및 자금에 대한 강제집행을 준비하였다.

⑤ 2008. 2. 5.경 갑 등은 P사단법인 사무실에서 문화관광체육부의 강제집행을 면탈하기 위하여 재산을 은닉하기로 공모하였다.

⑥ 갑 등은 P사단법인 명의의 계좌에 들어있던 4억 원을 을과 병 명의의 계좌로 입금하였다.

【사건의 경과】

① 검사는 갑 등을 강제집행면탈죄로 기소하였다.

② 제1심법원은 무죄를 선고하였다.

③ 제1심법원은 무죄의 이유로 보조금관리법이 국고보조금 반환절차에 대해 국세징수의 예에 따라 징수하도록 규정하고 있다는 점을 지적하였다.

④ 검사는 불복 항소하였다.

⑤ 항소심법원은 항소를 기각하고, 제1심판결을 유지하였다.

⑥ 검사는 불복 상고하였다.

⑦ 검사는 상고이유로 다음의 점을 주장하였다.

(가) 보조금관리법은 보조금에 대한 징수를 국세징수의 예에 따르도록 하고 있다.

(나) 국세징수의 예에 따른다는 것은 민사집행법에 의한 강제집행과 국세체납처분에 의한 강제징수 중에서 선택할 수 있도록 허용한 것이다.

(다) 민사집행법에 의한 강제집행이 가능하므로 갑 등의 행위는 강제집행면탈죄에 해당한다.

2. 사안에 대한 대법원의 판단

【대법원 요지】 형법 제327조의 강제집행면탈죄가 적용되는 강제집행은 민사집행법의 적용대상인 강제집행 또는 가압류·가처분 등의 집행을 가리키는 것이므로, /

【대법원 요지】 국세징수법에 의한 체납처분을 면탈할 목적으로 재산을 은닉하는 등의 행위는 위 죄의 규율대상에 포함되지 않는다.

【대법원 요지】 한편 구 「보조금의 예산 및 관리에 관한 법률」(2009. 1. 30. 법률 제9347호로 개정되기 전의 것, 이하 '구 보조금관리법') 제30조 제1항, 제31조 제1항에 의한 보조금의 교부결정취소 및 보조금 반환명령은 행정처분이고 그 처분이 있어야 반환의무가 발생하는 것이므로, /

【대법원 요지】 반환받을 보조금에 대한 징수권은 공법상의 권리로서 사법상의 채권과는 그 성질을 달리한다. /

【대법원 요지】 따라서 구 보조금관리법 제33조가 '반환하여야 할 보조금에 대하여는 국세징수의 예에 따라 이를 징수할 수 있다'고 규정한 것은 보조금의 반환에 대하여는 국세체납처분의 예에 따라 강제징수할 수 있도록 한 것뿐이고, /

【대법원 요지】 이를 상고이유의 주장처럼 민사집행법에 의한 강제집행과 국세체납처분에 의한 강제징수 중에서 선택할 수 있도록 허용한 규정이라고 볼 것은 아니다.

【대법원 결론】 원심이 같은 취지에서 이 사건 공소사실을 무죄로 인정한 제1심판결의 결론을 유지한 조치는 정당하고, 거기에 상고이유에서 주장하는 바와 같은 법리오해의 위법은 없다. 상고이유의 주장

은 이유 없다. (상고 기각)

2010도4129

강제집행면탈죄와 채무자 재산 – 부정례 명의신탁용 유한회사 사건

2011. 12. 8. 2010도4129, 공 2012상, 148

1. 사실관계 및 사건의 경과

【사실관계 1】

① 갑은 P주식회사를 실질적으로 소유 · 경영해 왔다.
② B는 갑의 누나이다.
③ F는 갑의 처이다.
④ 갑은 [대출금을 갚지 아니하여] 금융기관에 신용불량자로 등록되어 있다.
⑤ 금융기관은 신용불량자의 재산을 추적하여 대출금을 회수하고 있다.
⑥ 갑은 이 때문에 B와 F의 이름을 내세워서 경제적 활동을 하고 있다. (소위 명의신탁)

【사실관계 2】

① 1998년 갑은 ㉠대지를 매수하였다.
② 1999년 갑은 ㉠대지 위에 자신의 비용으로 ㉡건물을 신축하였다.
③ 갑은 ㉡건물에 증축공사를 하였다.
④ 갑은 증축공사대금을 제대로 지불하지 못하였다.
⑤ 증축공사대금 채권자들은 ㉠대지와 ㉡건물에 대해 임의경매를 진행하기로 하였다.

【사실관계 3】

① 2008. 7. 8. 갑은 ㉠대지와 ㉡건물의 소유명의를 이전하려는 의도로 Q유한회사를 설립하였다.
② 갑은 [재산상태가 악화되어] ㉠대지와 ㉡건물에 대한 소유권이전등기비용조차 부담하기 어렵게 되었다.
③ 2008. 8. 갑은 채권자인 D와 다음 내용의 M약정서를 작성하였다.
  (가) D가 소유권이전등기비용을 부담하면 D를 Q유한회사의 대표이사로 등재한다.
  (나) 갑이 D에 대한 모든 채무를 변제한 후에는 D는 Q유한회사 대표이사직에서 사임한다.

【사실관계 4】

① 2008. 7. 18. ㉠대지와 ㉡건물에 대해 다음 내용의 N매매계약이 체결되었다.
  (가) 매도인 : B
  (나) 매수인 : Q유한회사 대표이사 D
  (다) 계약일자 : 2008. 7. 18.
② 2008. 8. 13. M약정에 따라 D는 Q유한회사의 대표이사로 등재되었다.

③ 2008. 8. 19. ㉠대지와 ㉡건물에 관하여 B로부터 Q유한회사 앞으로 소유권이전등기가 경료되었다.
④ 이 과정에서 Q유한회사나 D는 ㉠대지 및 ㉡건물의 매매대금으로 자금을 출연한 바가 없었다.
⑤ ㉠대지 및 ㉡건물에 대한 N매매계약이 허위임은 다음을 통해 알 수 있다.
(가) 2008. 7. 18. N매매계약 체결 당시 Q유한회사의 대표이사는 E이었다.
(나) 2008. 8. 13. D는 Q유한회사의 대표이사로 등재되었다.
(다) 따라서 D를 대표이사로 기재한 2008. 7. 18. 매매계약서는 허위이다.

【사실관계 5】

① ㉠대지에 대한 등기부상의 소유권 변동상황은 다음과 같다.
(가) 1998. 10. 7. 소유권이전등기, 매매, B
(나) 1999. 12. 6. 임의경매절차, 소유권취득, G
(다) 2000. 5. 27. 소유권이전등기, 매매, P주식회사
(라) 2003. 3. 10. 소유권이전등기, 매매, B
(마) 2008. 8. 19. 소유권이전등기, 매매, Q유한회사
② ㉡건물에 대한 등기부상의 소유권 변동상황은 다음과 같다. (☞문서례 16번 참조)
(가) 1999. 9. 27. 소유권보존등기, 건물준공, F
(나) 1999. 9. 27. 소유권이전등기, 매매, P주식회사
(다) 2003. 3. 10. 소유권이전등기, 매매, B
(라) 2008. 8. 19. 소유권이전등기, 매매, Q유한회사

【사건의 경과】

① 검사는 갑을 강제집행면탈죄로 기소하였다.
② (공소사실의 요지는 판례 본문 참조)
③ 갑의 피고사건은 제1심을 거친 후, 항소심에 계속되었다.
④ 항소심법원은 다음과 같이 판단하였다.
(가) ㉠대지 Q유한회사 앞으로의 명의이전 ; 유죄
(나) ㉡건물 Q유한회사 앞으로의 명의이전 ; 유죄
⑤ (항소심의 판단내용은 판례 본문 참조)
⑥ 갑은 불복 상고하였다.

2. 계약명의신탁 부동산과 강제집행면탈죄

(1) 강제집행면탈죄의 객체

【대법원 요지】 1. 형법 제327조는 "강제집행을 면할 목적으로 재산을 은닉, 손괴, 허위양도 또는 허위의 채무를 부담하여 채권자를 해한 자"를 처벌함으로써 강제집행이 임박한 채권자의 권리를 보호하기 위한 것이므로, /

【대법원 요지】 강제집행면탈죄의 객체는 채무자의 재산 중에서 채권자가 민사집행법상 강제집행 또는 보전처분의 대상으로 삼을 수 있는 것이어야 한다. /

(2) 계약명의신탁 부동산의 소유권 귀속

【대법원 요지】 한편 명의신탁자와 명의수탁자가 이른바 계약명의신탁 약정을 맺고 /

【대법원 요지】 명의수탁자가 당사자가 되어 명의신탁 약정이 있다는 사실을 알지 못하는 소유자와 부동산에 관한 매매계약을 체결한 후 /

【대법원 요지】 그 매매계약에 따라 당해 부동산의 소유권이전등기를 명의수탁자 명의로 마친 경우에는, /

【대법원 요지】 명의신탁자와 명의수탁자 사이의 명의신탁 약정의 무효에도 불구하고 /

【대법원 요지】 부동산 실권리자명의 등기에 관한 법률 제4조 제2항 단서에 의하여 /

【대법원 요지】 그 명의수탁자는 당해 부동산의 완전한 소유권을 취득한다. /

【대법원 요지】 반면에 소유자가 계약명의신탁 약정이 있다는 사실을 안 경우에는 /

【대법원 요지】 수탁자 명의의 소유권이전등기는 무효이고 /

【대법원 요지】 당해 부동산의 소유권은 매도인이 그대로 보유하게 된다. /

【대법원 요지】 어느 경우든지 명의신탁자는 그 매매계약에 의해서는 당해 부동산의 소유권을 취득하지 못하게 되어, /

【대법원 요지】 결국 그 부동산은 명의신탁자에 대한 강제집행이나 보전처분의 대상이 될 수 없다.

3. 공소사실의 요지

【대법원 분석】 2. 원심판결 이유에 의하면, 원심은, /

【대법원 분석】 "피고인이 전주시 완산구 ○○동 1가 (지번 생략) 대 828m^2(이하 '이 사건 [㉠]대지'라 한다)와 그 지상 건물(이하 '이 사건 [㉡]건물'이라 하고, 이 사건 대지와 함께 '이 사건 부동산'이라 한다)의 실질적인 소유자인바, /

【대법원 분석】 이 사건 건물 증축공사로 인한 공사대금채권 등의 채권자들인 피해자들이 이 사건 대지 및 건물에 관하여 강제집행을 할 것이 예상되자 /

【대법원 분석】 이러한 강제집행을 면탈하기 위하여 2008. 7. 8. 공소외 Q유한회사를 설립한 다음 2008. 8. 19. 이 사건 대지 및 건물에 관하여 공소외 Q유한회사 명의의 소유권이전등기를 마침으로써 /

【대법원 분석】 강제집행을 면탈할 목적으로 이 사건 대지 및 건물을[…] 공소외 Q유한회사에 허위 양도하여 채권자들을 해하였다."는 요지의 이 사건 공소사실에 대하여, /

4. 사안에 대한 항소심의 판단

【항소심 분석】 먼저 그 채택 증거들을 종합하여, /

【항소심 분석】 ① 피고인이 1998년에 이 사건 대지를 매수하여 자신의 누나인 공소외 B의 명의로 소유권이전등기를 마친 다음 그 지상에 자신의 비용으로 이 사건 건물을 신축함으로써 이 사건 부동산을 소유하게 된 사실, /

【항소심 분석】 ② 그 후 피고인은 자신이 실질적으로 소유·경영하는 공소외 P주식회사 앞으로 이 사건 부동산의 소유명의를 변경하였으나, /

【항소심 분석】 이 사건 건물에서 운영하던 목욕탕 영업을 그만두면서 이 사건 부동산의 소유명의를

다시 공소외 B 앞으로 이전하여 둔 사실, /

【항소심 분석】 ③ 피고인은 신용불량자인 자신의 소유로 이 사건 부동산을 등기하지 않았을 뿐 이를 임대하거나 담보로 제공하는 등의 관리 · 처분에 관하여는 직접 결정하고 처리하여 온 사실을 인정한 다음, /

【항소심 판단】 이에 의하면 이 사건 부동산은 실질적으로 피고인의 책임재산이라고 판단하였다.

【항소심 분석】 그런 다음 원심은, 그 채택 증거들에 의하여 인정되는 다음과 같은 사정들, 즉 /

【항소심 분석】 ① 피고인이 이 사건 부동산에 대한 경매가 진행 중이던 2008. 7. 8. 이 사건 부동산의 소유명의를 이전하려는 의도로 공소외 Q유한회사를 설립한 사실, /

【항소심 분석】 ② 피고인은 이 사건 부동산의 소유권이전등기비용조차 부담하기 어렵자 /

【항소심 분석】 2008. 8. 채권자인 공소외 D와 "공소외 D가 소유권이전등기비용을 부담하면 공소외 D를 공소외 Q유한회사의 대표이사로 등재하되, 피고인이 공소외 D에 대한 모든 채무를 변제한 후에는 공소외 D는 공소외 Q유한회사 대표이사직에서 사임한다."는 내용의 약정서를 작성한 사실, /

【항소심 분석】 ③ 피고인은 위 약정에 따라 2008. 8. 13. 공소외 D를 공소외 Q유한회사 대표이사로 등재하였고, 2008. 8. 19. 이 사건 부동산에 관하여 공소외 Q유한회사 앞으로 소유권이전등기를 마친 사실, /

【항소심 분석】 ④ 한편 공소외 Q유한회사나 공소외 D는 이 사건 부동산 매매대금으로 자금을 출연한 바 없는 사실, /

【항소심 분석】 ⑤ 피고인(매매계약서상 매도인은 등기명의인인 공소외 B)과 공소외 Q유한회사 사이의 이 사건 부동산 매매계약서에 기재된 계약일자는 2008. 7. 18.이나, 당시 공소외 Q유한회사의 대표이사는 공소외 E인데 반하여 계약서에는 2008. 8. 13.에서야 대표이사로 취임하는 공소외 D가 대표이사로 기재되어 있는 사실 등을 종합하여 보면, /

【항소심 판단】 피고인은 이 사건 부동산의 소유명의를 변경하려는 의사를 가지고 공소외 Q유한회사 앞으로 소유권이전등기를 마쳤을 뿐 실제로 양도의사가 있었다고는 볼 수 없으므로 이는 허위양도에 해당한다는 이유로, 이 사건 공소사실을 유죄로 판단하였다.

5. 사안에 대한 대법원의 판단

(1) ㉡건물 부분에 대한 판단

【대법원 분석】 3. 가. 먼저 이 사건 건물의 허위양도로 인한 강제집행면탈의 점에 관하여 살펴본다.

【대법원 분석】 원심이 인정한 위 사실관계에 더하여, 기록에 의하면, /

【대법원 분석】 피고인은 자신의 비용으로 이 사건 건물을 신축하였으나 당시 금융기관에 의하여 신용불량자로 등록된 상태였기 때문에 채권자들의 강제집행 회피 등의 목적으로 이 사건 건물에 관하여 1999. 9. 27. 피고인의 처인 공소외 F 명의로 소유권보존등기를 마침과 아울러 같은 날 피고인이 이 사건 부동산의 소유명의자로 내세우기 위해 설립한 공소외 P주식회사 앞으로 소유권이전등기를 마쳐 둔 사실, /

【대법원 분석】 그 뒤 피고인은 2003. 3. 10. 공소외 B 앞으로 이 사건 건물의 소유명의를 이전하였으며, 다시 2008. 8. 19. 위와 같이 공소외 Q유한회사 앞으로 이 사건 건물의 소유명의를 이전한 사

실을 알 수 있는바, /

【대법원 판단】 피고인이 이 사건 건물의 신축으로 그 소유권을 원시취득한 후 이루어진 공소외 F 명의의 소유권보존등기는 강제집행면탈을 목적으로 한 것이어서 부동산 실권리자명의 등기에 관한 법률 제8조 제2호의 특례[배우자 간의 명의신탁약정을 유효한 것으로 보는 특례; 필자 주]가 적용될 수 없고, /

【대법원 판단】 따라서 위 소유권보존등기와 그 뒤 이루어진 공소외 P주식회사 및 공소외 B 명의의 각 소유권이전등기는 모두 명의신탁 약정에 의한 무효의 등기이므로, /

【대법원 판단】 피고인이 이 사건 건물의 소유명의를 공소외 Q유한회사 앞으로 이전할 당시에도 이 사건 건물은 여전히 피고인의 소유로 책임재산을 구성하는 것으로 볼 수 있다.

【대법원 판단】 나아가 원심이 위 판시와 같은 이유로 피고인이 이 사건 건물을 공소외 Q유한회사에 양도한 것이 허위양도라고 판단한 것도 수긍할 수 있으며, /

【대법원 판단】 기록에 비추어 이는 채권자들의 강제집행을 면탈할 목적을 가지고 한 행위로 넉넉히 인정되므로, 원심이 이 사건 건물의 허위양도로 인한 강제집행면탈의 점을 유죄로 판단한 것은 정당하다.

(2) ㉠대지 부분에 대한 판단

【대법원 분석】 나. 다음으로, 이 사건 대지의 허위양도로 인한 강제집행면탈의 점에 관하여 살펴본다.

【대법원 분석】 기록에 의하면, /

【대법원 분석】 이 사건 대지는 피고인이 1998. 10. 7. 공소외 B 명의로 소유권이전등기를 마쳤으나 그 전부터 진행되던 임의경매절차를 통하여 1999. 12. 6. 공소외 G가 이를 매수하여 소유권을 취득한 사실, /

【대법원 분석】 피고인은 2000. 5. 27. 공소외 G로부터 공소외 P주식회사 명의로 이 사건 대지를 매수하여 위 회사 앞으로 소유권이전등기를 마쳤고, 그 뒤 2003. 3. 10. 공소외 B 앞으로 소유명의를 이전하였으며, 다시 2008. 8. 19. 위와 같이 공소외 Q유한회사 앞으로 이 사건 대지의 소유명의를 이전한 사실을 알 수 있다.

【대법원 판단】 사실관계가 이와 같다면, 피고인이 공소외 P주식회사 명의로 이 사건 대지를 매수하여 그 앞으로 소유권이전등기를 마친 것은 명의신탁자인 피고인과 명의수탁자인 공소외 P주식회사 사이의 이른바 계약명의신탁 약정에 의한 것으로, /

【대법원 판단】 공소외 G가 그러한 약정이 있다는 사실을 알았는지 여부에 관계없이 명의신탁자인 피고인은 이 사건 대지의 소유권을 취득하지 못하는 것이고, /

【대법원 판단】 그 뒤 피고인은 이 사건 대지에 관하여 또 다른 명의수탁자인 공소외 B 앞으로 소유명의를 이전하였을 뿐 피고인 자신의 이름으로 소유권이전등기를 마친 바도 없으므로, /

【대법원 판단】 이 사건 대지는 피고인에 대한 강제집행이나 보전처분의 대상이 될 수 없어 강제집행면탈죄의 객체가 될 수 없는 것이다.

【대법원 결론】 그럼에도 원심이 앞서 본 바와 같은 이유로 이 사건 대지의 허위양도로 인한 강제집행면탈의 점을 유죄로 인정한 것은 강제집행면탈죄의 객체에 관한 법리를 오해하여 판단을 그르친 것이다.

(3) 강제집행면탈죄의 죄수

【대법원 결론】 다. 한편 원심은 피고인이 이 사건 대지와 건물을 공소외 Q유한회사 앞으로 허위양도

함으로써 채권자들을 해한 행위가 일죄에 해당하는 것으로 보아 하나의 형을 선고하였으므로, 원심판결 전부를 파기하지 않을 수 없다 /

【대법원 요지】 [그런데 이 사건과 같이 채권자들에 의한 복수의 강제집행이 예상되는 경우 재산을 은닉 또는 허위양도함으로써 채권자들을 해하였다면 채권자별로 각각 강제집행면탈죄가 성립하고, 상호 상상적 경합범의 관계에 있는바, /

【대법원 요지】 이 사건 건물의 허위양도로 인한 강제집행면탈죄 역시 각 채권자별로 성립하여 상상적 경합범의 관계에 있다고 보아야 함을 지적하여 둔다]. (파기 환송)

2009도4501

선의 부동산 계약명의신탁과 횡령죄
임야 150평 명의신탁 사건

2009. 9. 10. 2009도4501, [공보불게재]

☞ 534면

2011도7361

악의 부동산 계약명의신탁과 횡령죄
천안 땅 명의신탁 사건

2012. 11. 29. 2011도7361, 공 2013상, 110

☞ 537면

2011도5165

강제집행면탈죄와 채권자 권리 – 부정례
사실혼 재산분할청구 사건

2011. 9. 8. 2011도5165, 공 2011하, 2178

1. 사실관계 및 사건의 경과

【사실관계 1】

① 2002. 9. 7.부터 갑과 A는 사실혼관계를 유지해 왔다.

② 2009. 9. 9. 갑은 A와 다툼 끝에 집을 나갔다.

③ 이후 갑과 A 사이에 사실혼관계 해소와 재산분할 등에 대한 논의가 진행되었다.

④ 갑은 재산은 ㉠아파트, ㉡빌라, ㉢임야로 구성되어 있다.

⑤ ㉣아파트는 A의 명의로 되어 있다.
⑥ 갑은 P주식회사를 운영하고 있다.

【사실관계 2】

① ㉠아파트의 재산상태는 다음과 같다.
(가) 시가 24억 원
(나) 근저당권 설정 2억 원
(다) 임차보증금 5억 원
② ㉡빌라의 재산상태는 다음과 같다.
(가) 시가 2억 원
(나) 근저당권 설정 4,320만 원
(다) 임차보증금 4,500만 원
③ ㉢임야는 갑이 사실혼관계 형성 전부터 보유한 고유재산으로서 A가 요구하는 재산분할청구의 대상이 되지 않는다.
④ A의 명의로 되어 있는 ㉣아파트의 재산상태는 다음과 같다.
(가) 시가 미상
(나) 근저당권 설정, 채무자 P주식회사, 채권최고액 13억 원(실제 채무액 10억 원)

【사실관계 3】

① 2009. 9. 20.경 A는 갑에게 "소송을 할 것이다"라고 말하였다.
② 2009. 9. 25. A는 갑을 상대로 사실혼관계해소 청구소송을 제기하였다. (이하 ⓐ민사소송)
③ A는 ⓐ민사소송에서 다음의 사항을 청구취지로 주장하였다.
(가) 피고는 원고에게 3억 원의 위자료를 지급하라.
(나) 피고는 원고에게 10억 원 상당의 재산을 분할하라.
(다) 피고는 재산분할의 일환으로 원고에게 ㉠아파트와 ㉡빌라에 관한 소유권이전등기절차를 이행하라.
④ 2009. 9. 25. A는 관할법원에 ㉠아파트 등에 관하여 재산분할을 원인으로 한 소유권이전등기청구권을 피보전권리로 하여 ⓑ처분금지가처분신청을 하였다.

【사실관계 4】

① [갑은 A의 가처분신청을 무력화시키는 방법을 모색하였다.]
② 2009. 9. 28. 갑은 ㉠아파트를 담보로 K은행에서 합계 10억 원을 대출받았다.
③ 갑은 대출받은 돈 가운데 2억 원을 기존 대출금 상환에 사용하였다.
④ 갑은 나머지 8억 원을 다른 사람 명의의 계좌로 입금한 후 회사자금 및 전세보증금 등으로 사용하였다.
⑤ 2009. 9. 30. A는 관할법원으로부터 ⓒ처분금지가처분결정을 받았다. (☞문서례 11번 참조)
⑥ 이후 A가 갑을 상대로 제기한 ⓐ민사소송에서 다음 주문의 ⓓ판결이 선고되었다.
(가) 원고의 재산분할청구를 기각한다.
(나) 피고는 원고에게 위자료 4,000만 원 및 이에 대한 지연손해금을 지급하라.

⑦ ⓓ판결에 대해 갑과 A는 모두 불복 항소하였다.

【사건의 경과 1】

① [A는 갑이 가처분 선고가 임박한 상황에서 ㉠아파트에 저당권을 설정하여 8억 원을 빼돌린 행위를 문제 삼아 고소하였다.]

② 검사는 갑을 강제집행면탈죄로 기소하였다.

③ 갑의 피고사건은 제1심을 거친 후, 항소심에 계속되었다.

④ 2011. 4. 13. 항소심법원은 유죄를 인정하였다.

⑤ 갑은 불복 상고하였다.

【사건의 경과 2】

① 강제집행면탈죄의 형사사건과는 별도로 ⓐ민사소송의 항소심이 진행되고 있었다.

② 2011. 6. 2. ⓐ민사소송의 항소심과 관련하여 갑과 A 사이에 다음과 같은 조정이 성립하였다.

(가) 갑과 A 명의의 재산은 각자의 소유로 분할한다.

(나) A 명의의 ㉣아파트에 관하여 설정된 채무자 P주식회사, 채권최고액 13억 원으로 된 근저당권의 실제 채무액 10억 원 중 갑이 8억 원, A가 2억 원을 각기 실질적으로 부담한다.

(다) A의 위자료채권은 포기한다.

2. 사안에 대한 항소심의 판단

【항소심 분석】 원심판결 이유에 의하면 원심은, 그 채택 증거에 의하여 /

【항소심 분석】 피고인과 피해자 공소외 A는 2002. 9. 7.부터 사실혼관계를 유지하여 오다가 피고인이 2009. 9. 9. 피해자와 다툼 끝에 집을 나간 이후 사실혼관계 해소와 재산분할 등을 논의한 사실, /

【항소심 분석】 피해자는 2009. 9. 20.경 피고인에게 '소송을 할 것이다'라고 말하고 2009. 9. 25. 수원지방법원 ○○지원에 이 사건 아파트 등에 관하여 재산분할을 원인으로 한 소유권이전등기청구권을 피보전권리로 하여 처분금지가처분신청을 하여 2009. 9. 30. 위 법원으로부터 처분금지가처분 결정을 받은 사실, /

【항소심 분석】 그러나 피고인은 이미 2009. 9. 28. 이 사건 아파트를 담보로 합계 10억 원을 대출받은 후 그 중 2억 원을 기존 대출금 상환에 사용하고 나머지 8억 원을 이름을 알 수 없는 사람 명의의 계좌로 입금한 후 회사자금 및 전세보증금 등으로 사용한 사실, /

【항소심 분석】 피고인 스스로도 타인 명의의 계좌로 위 돈을 입금한 이유가 피해자의 강제집행을 피하기 위함이었다고 진술한 사실을 인정한 다음, /

【항소심 분석】 이에 더하여 위 증거들에서 알 수 있는 다음과 같은 사정, 즉 /

【항소심 분석】 2009. 9. 28.경 피고인의 적극재산으로는 시가 24억 원 상당의 이 사건 아파트와 시가 2억 원 상당의 서울 송파구 소재 문정동 빌라, 시가 20억 원 상당의 경기 양평군 임야가 있었으나, 양평군 임야는 피고인이 사실혼관계 형성 전부터 보유한 고유재산으로서 피해자가 요구하는 재산분할 청구의 대상이 되지 아니하였던 점, /

【항소심 분석】 이 사건 아파트에 대하여는 2억 원 상당의 근저당권이 설정되어 있고 임차인 공소외 B에게 반환해야 할 임대차보증금 5억 원이 있으며, 문정동 빌라에 대하여는 4,320만 원 상당의

근저당권이 설정되어 있고 임차인 공소외 C에게 반환하여야 할 임대차보증금 4,500만 원이 있었던 점, /

【항소심 분석】 피해자가 피고인을 상대로 하여 제기한 수원지방법원 성남지원 2009드합○○○호 사실혼관계해소 청구소송에서 피해자의 재산분할청구는 기각되었으나 '피고인은 피해자에게 위자료 4,000만 원 및 이에 대한 지연손해금을 지급하라'는 취지의 판결이 선고되었으므로 피해자가 피고인에 대하여 채권을 갖고 있지 않다고 단정할 수 없는 점 등을 고려하면, /

【항소심 판단】 피고인이 비록 피해자의 채권 상당액을 넘는 재산을 보유하고 있었다고 하더라도 피해자의 재산분할청구 등이 임박하여 이 사건 아파트를 담보로 대출받은 10억 원 중 8억 원을 타인 명의로 입금하여 은닉한 행위는 채권자인 피해자를 해할 우려가 없는 행위라고 할 수 없다고 판단하였다.

3. 강제집행면탈죄의 법적 성질

【대법원 판단】 그러나 원심의 위와 같은 판단은 다음과 같은 이유로 수긍하기 어렵다.

【대법원 요지】 형법 제327조의 강제집행면탈죄는 채권자의 정당한 권리행사 보호 외에 강제집행의 기능보호도 그 법익으로 하는 것이나, /

【대법원 요지】 현행 형법상 강제집행면탈죄가 개인적 법익에 관한 재산범의 일종으로 규정되어 있는 점과 채권자를 해하는 것을 그 구성요건으로 규정하고 있는 점 등에 비추어 보면 그 주된 법익은 채권자의 권리보호에 있다고 해석함이 상당하므로, /

【대법원 요지】 강제집행의 기본이 되는 채권자의 권리, 즉 채권의 존재는 강제집행면탈죄의 성립요건으로서 그 채권의 존재가 인정되지 않을 때에는 강제집행면탈죄는 성립하지 않는다. /

【대법원 요지】 그리고 채권이 존재하는 경우에도 채무자의 재산은닉 등 행위 시를 기준으로 채무자에게 채권자의 집행을 확보하기에 충분한 다른 재산이 있었다면 채권자를 해하였거나 해할 우려가 있다고 쉽사리 단정할 것이 아니다.

4. 사안에 대한 대법원의 분석

【대법원 분석】 그런데 제1심이 적법하게 조사하여 채택한 증거에 의하면, /

【대법원 분석】 피해자가 피고인을 상대로 하여 제기한 수원지방법원 ○○지원 2009드합○○○(본소), 2010드합△△(반소) 소송에서 피해자는 3억 원의 위자료, 10억 원의 재산분할 및 이 사건 아파트와 서울 송파구 소재 문정동 빌라에 관한 소유권이전등기절차의 이행을 구하였고, /

【대법원 분석】 위 법원은 2010. 9. 15. 피해자의 재산분할청구는 기각하면서 피해자의 위자료청구 중 4,000만 원 및 이에 대한 지연손해금 부분을 인용하는 판결을 선고한 사실/

【대법원 분석】 [한편 기록에 의하면, 위 판결에 대하여 피고인과 피해자 모두 항소를 제기하여 서울고등법원 2010르◇◇◇(본소), 2010르◇◇◇◇(반소)로 항소심 재판이 진행 중이던 2011. 6. 2. 피고인과 피해자 명의의 재산은 각자의 소유로 분할하되, /

【대법원 분석】 피해자 명의의 서울 강남구 ○○동 ○○○ H아파트 (이하 동호수 생략)에 관하여 설정된 채무자 공소외 T주식회사, 채권최고액 13억 원으로 된 근저당권의 실제 채무액 10억 원 중 피고

인이 8억 원, 피해자가 2억 원을 각기 실질적으로 부담하고, 피해자의 위자료채권은 포기하는 등의 내용으로 조정이 성립되었음을 알 수 있다], /

【대법원 분석】 2009. 9. 28. 기준으로 피고인의 적극재산에서 피해자가 위 H아파트를 담보로 대출받은 피고인 운영의 공소외 T주식회사 명의의 대출금채무와 이 부분 공소사실 기재와 같이 피고인이 강제집행을 면탈하기 위하여 대출받아 은닉하였다는 8억 원까지 포함시켜 소극재산을 공제하더라도 피고인에게 14억 원이 넘는 재산이 있었던 사실을 알 수 있다.

5. 사안에 대한 대법원의 판단

【대법원 판단】 이러한 사실관계에 의하면, 피고인의 이 사건 재산은닉 행위 당시 피해자의 재산분할청구권은 존재하였다고 보기 어렵고, /

【대법원 판단】 가사사건 제1심판결에 근거하여 위자료 4,000만 원의 채권이 존재한다는 사실이 입증되었다고 볼 여지가 있을 뿐이다.

【대법원 판단】 따라서 앞서 본 법리에 비추어 피고인이 피해자에 대한 채무를 면탈하려고 이 사건 아파트를 담보로 10억 원을 대출받아 그 중 8억 원을 타인 명의로 입금하여 은닉하였다고 하더라도, /

【대법원 판단】 이와 같이 재산분할청구권의 존재가 인정되지 아니하고 피고인에게 피해자의 위자료 채권액을 훨씬 상회하는 다른 재산이 있었던 이상, 강제집행면탈죄는 성립하지 않는 것으로 봄이 상당하다.

【대법원 결론】 그럼에도 불구하고 원심이 그 판시와 같은 이유만으로 이 부분 공소사실을 유죄로 판단한 것은 강제집행면탈죄의 성립요건인 채권의 존재 및 강제집행면탈 행위에 관한 법리를 오해함으로써 판결 결과에 영향을 미친 위법이 있다. (파기 환송)

【코멘트】 강제집행면탈죄가 성립하려면 강제집행의 근거가 되는 권리가 채권자에게 있어야 한다. 채권자에게 권리가 없다면 강제집행면탈죄는 성립하지 않는다. 나아가 채권자에게 권리가 인정되는 경우라 할지라도 채무자에게 충분한 재산이 있다면 강제집행면탈죄는 성립하지 않는다. 채무자에게 충분한 재산이 남아 있다면 설사 재산은닉 등의 행위가 있다고 할지라도 채권자가 해를 입을 염려가 없기 때문이다.

본 판례의 사실관계를 보면, 사실혼관계에 있는 A는 재산분할을 구하는 소제기와 함께 가압류를 하려 하고 있다. 이를 알게 된 갑은 자기 소유의 아파트에 근저당권을 설정하여 거액을 인출하고 있다. 갑의 행위는 일견 전형적인 강제집행면탈의 사안에 해당하는 것처럼 보인다. 그러나 대법원은 두 가지 점을 들어서 강제집행면탈죄의 성립을 부정하고 있다. 하나는 A에게 강제집행을 구할 권리가 없다는 것이고, 다른 하나는 설사 A에게 일부 권리가 인정된다고 할지라도 갑에게 충분한 재산이 남아 있어서 A가 해를 입을 염려가 없다는 것이다.

본 판례에서 대법원은 명시적으로 언급하고 있지 않으나, A에게 재산분할청구권이 없다는 선에서 출발하고 있는 것으로 보인다. 이 부분은 "(전략) 이러한 사실관계에 의하면, 피고인의 이 사건 재산은닉 행위 당시 피해자의 재산분할청구권은 존재하였다고 보기 어렵[다]"는 대목에서 확인할 수 있다.

법률혼에 대한 민법의 규정 중 재산분할에 관한 규정은 사실혼관계에도 준용 또는 유추적용된다

(1995. 3. 28. 94므1584, 공 1995, 1752). 그러나 중혼적 사실혼관계의 경우에는 재산분할이 허용되지 않는다(1995. 7. 3. 94스30, 공 1995, 2987). 본 판례의 사실관계에서는 구체적인 내용이 나타나 있지 않으나, 본 판례와 관련된 민사소송의 경과에 비추어 볼 때 재산분할이 허용되지 않는 사례라고 추측된다. 그렇다면 A에게는 재산분할청구권이 인정되지 아니하므로 A의 가압류결정을 무력화시키려는 갑의 근저당권설정행위는 강제집행면탈죄에 해당하지 않게 된다.

다음으로, 대법원은 A에게 4,000만 원의 위자료 청구권이 있음에 주목한다. 그러나 이 부분에 대해서도 대법원은 "피고인에게 피해자의 위자료채권액을 훨씬 상회하는 다른 재산이 있었던 이상, 강제집행면탈죄는 성립하지 않는 것으로 봄이 상당하다."는 판단에 이르고 있다.

2011도2252

강제집행면탈죄와 채권자 권리 – 부정례
다른 주유소 단말기 사건

2012. 8. 30. 2011도2252, 공 2012하, 1636

1. 사실관계 및 사건의 경과

【사실관계 1】

① 갑은 M주유소를 운영하고 있다.

② 갑은 처 B의 명의로 P회사로부터 N주유소를 임차하여 운영하고 있다.

③ N주유소의 임차기간은 2009. 10. 31.까지이다.

④ 갑은 P회사에 임차료를 제 때에 지급하지 않았다.

⑤ P회사는 B를 상대로 민사소송을 제기하였다. (㉠소송)

⑥ P회사는 동시에 N주유소의 신용카드 매출채권에 대하여 채권가압류를 하였다. (☞문서례 6번 참조)

⑦ B는 ㉠소송에서 P회사에 대한 임대차보증금 반환채권으로 P회사의 채권을 상계한다고 항변하였다.

【사실관계 2】

① (㉠소송이 진행되는 도중이다.)

② 2009. 7. 8.경부터 2009. 10. 8.경까지 갑은 다음의 행위를 하였다.

③ 갑은 N주유소에서 주유한 손님의 주유대금 신용카드 결제를 자신이 경영하는 M주유소의 신용카드 결제 단말기로 처리하였다.

④ 이로써 N주유소의 신용카드 매출채권은 M주유소의 채권으로 바뀌어 채권가압류의 대상에서 제외되었다.

⑤ [P회사는 갑을 고소하였다.]

⑥ (㉠소송은 계속 진행되었다.)
⑦ ㉠소송에서 B의 상계 항변이 받아들여져 P회사의 청구가 기각되었다. (㉡판결)
⑧ ㉡판결은 확정되었다.

【사건의 경과】

① 검사는 갑을 강제집행면탈죄로 기소하였다.
② 갑의 피고사건은 제1심을 거친 후, 항소심에 계속되었다.
③ 항소심법원은 무죄를 선고하였다.
④ (항소심의 판단 이유는 판례 본문 참조)
⑤ 검사는 불복 상고하였다.

2. 강제집행면탈죄와 채권의 존재

【대법원 요지】 1. 형법 제327조의 강제집행면탈죄는 채권자의 권리보호를 주된 보호법익으로 하는 것이므로 /

【대법원 요지】 강제집행의 기본이 되는 채권자의 권리, 즉 채권의 존재는 강제집행면탈죄의 성립요건이다. /

【대법원 요지】 따라서 그 채권의 존재가 인정되지 않을 때에는 강제집행면탈죄는 성립하지 않는다. /

【대법원 요지】 그러므로 강제집행면탈죄를 유죄로 인정하기 위해서는 먼저 채권이 존재하는지 여부에 관하여 심리·판단하여야 하고, /

【대법원 요지】 민사절차에서 이미 채권이 존재하지 않는 것으로 판명된 경우에는 /

【대법원 요지】 다른 특별한 사정이 없는 한 이와 모순·저촉되는 판단을 할 수가 없다고 보아야 할 것이다.

【대법원 요지】 한편 상계의 의사표시가 있는 경우에는 각 채무는 상계할 수 있는 때에 소급하여 대등액에 관하여 소멸한 것으로 보게 된다. /

【대법원 요지】 따라서 상계로 인하여 소멸한 것으로 보게 되는 채권에 관하여는 그 상계의 효력이 발생하는 시점 이후에는 채권의 존재가 인정되지 않으므로 /

【대법원 요지】 강제집행면탈죄가 성립하지 않는다고 할 것이다.

3. 공소사실의 요지

【대법원 분석】 2. 기록에 의하면, /

【대법원 분석】 공소외 P주식회사가 연체차임 및 차임 상당의 부당이득금 등의 채권을 확보하기 위하여 /

【대법원 분석】 피고인이 처 공소외 B명의로 임차하여 실질적으로 운영하는 ○○○주유소의 신용카드 매출채권에 대하여 두 차례에 걸쳐 채권가압류를 하자, /

【대법원 분석】 피고인이 2009. 7. 8.경부터 2009. 10. 8.경까지 ○○○주유소에서 주유한 손님 공소외 C 등의 주유대금 신용카드 결제를 피고인이 별도로 운영하는 △△△△주유소의 신용카드 결제단말기로 처리함으로써 /

【대법원 분석】 ○○○주유소의 신용카드 매출채권을 △△△△주유소의 채권으로 바꾸는 수법으로 이를 은닉하여 강제집행을 면탈하였다는 것이 /
【대법원 분석】 이 사건 강제집행면탈의 공소사실이다. /

4. 사안에 대한 대법원의 판단

【대법원 판단】 이에 대하여 원심은, /
【대법원 판단】 공소외 P주식회사가 공소외 B를 상대로 미지급 차임 등의 지급을 구하는 민사소송을 제기하였으나 /
【대법원 판단】 공소외 B는 임대차보증금 반환채권으로 상계한다는 주장을 하였고 /
【대법원 판단】 그 항변이 받아들여져 공소외 P주식회사의 청구가 기각된 판결이 확정되었다는 사실 등을 인정한 다음, /
【대법원 판단】 위 상계의 의사표시에 의하여 /
【대법원 판단】 2009. 10. 31.까지 발생한 공소외 P주식회사의 차임채권 및 부당이득금 반환채권 등은 /
【대법원 판단】 그 채권의 발생일에 임대차보증금 반환채권과 대등액으로 상계되어 소멸되었다고 할 것이므로, /
【대법원 판단】 결국 피고인이 공소사실과 같이 2009. 7. 8.경부터 2009. 10. 8.경까지 위 ○○○주유소에서 주유한 손님 공소외 C 등의 주유대금 신용카드 결제를 △△△△주유소의 신용카드 결제단말기로 처리하여 그 명의로 매출전표를 작성하였다고 하더라도, /
【대법원 판단】 그 행위 당시 공소외 P주식회사의 채권의 존재가 인정되지 아니하여 강제집행면탈죄는 성립하지 아니한다고 판단하였다.
【대법원 결론】 기록에 비추어 살펴보면, 원심의 위와 같은 판단은 앞서 본 법리에 따른 것이므로 정당하고, /
【대법원 결론】 거기에 상고이유로 주장하는 바와 같이 강제집행면탈죄의 성립에 관한 법리를 오해하는 등으로 판결에 영향을 미친 위법이 있다고 할 수 없다. (상고 기각)

2008도3184

강제집행면탈죄와 가해 위험 – 인정례
재산분할 방지용 가등기 사건

2008. 6. 26. 2008도3184, [공보불게재]

1. 사실관계 및 사건의 경과

【사실관계 1】
① 갑남과 A녀는 부부 사이이다.

② 을녀는 갑남의 누나이다.
③ 갑과 A 사이에 가정불화가 발생하였다.
④ 2006. 12. 중순경부터 A는 갑에게 이혼을 요구하면서 위자료와 재산분할 등을 요구하여 왔다.
⑤ 이 과정에서 A가 갑 소유의 ㉠부동산에 대하여 재산분할청구권 등에 근거하여 가압류 등 강제집행 조치를 취할 것으로 예상되었다. (☞문서례 6번 참조)
⑥ 이러한 상황에서 갑과 을은 다음과 같이 대처하기로 하였다.
⑦ "갑이 을로부터 돈을 빌리고 그 담보로 ㉠부동산에 담보 목적의 가등기를 을 앞으로 경료한다."

【사실관계 2】

① 2007. 1. 10.경 을은 갑 명의의 농협예금계좌로 2회에 걸쳐 합계 1,500만 원을 송금하였다.
② 2007. 1. 11. 갑은 이를 현금으로 인출하여 을에게 반환하였다.
③ 갑은 갑 소유의 ㉠부동산에 관하여 을 앞으로 매매예약에 기한 소유권이전청구권가등기를 경료하였다.
④ 2007. 1. 23. A는 갑을 상대로 ⓐ이혼소송을 제기하면서 위자료 5,000만 원의 지급과 재산분할 등을 청구하였다.

【사건의 경과】

① 검사는 갑과 을을 강제집행면탈죄로 기소하였다.
② (공소사실의 요지는 판례 본문 참조)
③ 재판과정에서 갑과 을은 ㉠부동산에 대해 가등기를 경료하게 된 경위에 관하여, "재산이 A에게 넘어가는 것을 막기 위해서였다"고 진술하였다.
④ 갑과 을의 피고사건은 제1심을 거친 후, 항소심에 계속되었다.
⑤ 항소심법원은 무죄를 선고하였다.
⑥ (항소심의 판단 이유는 판례 본문 참조)
⑦ 검사는 불복 상고하였다.

2. 사안에 대한 항소심의 판단

【대법원 분석】 1. 원심판결 이유에 의하면 원심은, /

【대법원 분석】 피고인 갑이 처인 공소외 A와의 사이에 가정불화가 발생하여 공소외 A로부터 이혼해 달라는 요구를 받고 있는 와중에 동녀에 의하여 피고인 갑의 부동산에 대하여 재산분할청구권 등에 근거하여 가압류 등 강제집행조치가 취해질 것으로 예상되자, /

【대법원 분석】 피고인 갑이 그 누나인 피고인 을로부터 돈을 빌리고 그 담보로 부동산에 담보 목적의 가등기를 경료한 것처럼 가장하기로 공모한 다음, /

【대법원 분석】 강제집행을 면탈할 목적으로 /

【대법원 분석】 2007. 1. 10.경 피고인 을이 피고인 갑 명의의 농협예금계좌로 2회에 걸쳐 합계 1,500만 원을 송금하고, 피고인 갑은 같은 달 11. 이를 현금으로 인출하여 피고인 을에게 반환한 다음 피고인 갑 소유의 부동산에 관하여 피고인 을 앞으로 매매예약에 기한 소유권이전청구권가등기를 경료하는 등 /

【대법원 분석】 피고인 갑이 피고인 을로부터 6회에 걸쳐 합계 5,000만 원을 빌리고, 그 담보로 이 사건 각 부동산에 관하여 각 소유권이전청구권가등기를 경료하여 준 것처럼 외관을 갖춤으로써 허위 채무를 부담하였다는 공소사실에 대하여, /

【대법원 분석】 피고인 갑이 피고인 을 앞으로 이 사건 각 가등기를 마쳐준 행위만으로는 강제집행을 면탈할 목적으로 허위채무를 부담하여 채권자를 해한 것이라고 할 수 없다는 이유로 무죄를 선고하였다.

3. 강제집행면탈죄의 성립요건

【대법원 판단 1】 2. 그러나 원심의 이러한 판단은 다음 이유에서 수긍하기 어렵다.

【대법원 요지】 형법 제327조의 강제집행면탈죄는 위태범으로서 /

【대법원 요지】 현실적으로 민사집행법에 의한 강제집행 또는 가압류, 가처분의 집행을 받을 우려가 있는 객관적인 상태 아래, 즉 채권자가 본안 또는 보전소송을 제기하거나 제기할 태세를 보이고 있는 상태에서 /

【대법원 요지】 주관적으로 강제집행을 면탈하려는 목적으로 재산을 은닉, 손괴, 허위양도하거나 허위의 채무를 부담하여 채권자를 해할 위험이 있으면 성립하는 것이고, /

【대법원 요지】 반드시 채권자를 해하는 결과가 야기되거나 행위자가 어떤 이득을 취하여야 범죄가 성립하는 것은 아니며, /

【대법원 요지】 현실적으로 강제집행을 받을 우려가 있는 상태에서 강제집행을 면탈할 목적으로 허위의 채무를 부담하는 등의 행위를 하는 경우에는 달리 특별한 사정이 없는 한 채권자를 해할 위험이 있다고 보아야 한다.

4. 사안에 대한 대법원의 판단

【대법원 분석】 원심이 인정한 사실과 기록에 의하면, /

【대법원 분석】 피고인 갑은 피고인 을 앞으로 단순히 이 사건 각 가등기를 마쳐준 데 그친 것이 아니고, /

【대법원 분석】 피고인 을이 피고인 갑 명의의 농협예금계좌로 돈을 송금하는 방법으로 (피고인 갑은 이를 즉시 현금으로 인출하여 피고인 을에게 반환하였다) 마치 피고인 공소외 을이 피고인 갑에게 돈을 빌려준 것 같은 외관을 갖춤으로써 허위의 채무를 부담한 사실, /

【대법원 분석】 공소외 A는 피고인 갑이 위와 같이 허위의 채무를 부담하고 이 사건 각 가등기를 마쳐주기 이전인 2006. 12. 중순경부터 피고인 갑에게 이혼을 요구하면서 위자료와 재산분할 등을 요구하여 온 사실 /

【대법원 분석】 (공소외 A는 그 이후인 2007. 1. 23. 피고인 갑을 상대로 이혼소송을 제기하면서 위자료 5,000만 원의 지급과 재산분할 등을 청구하였다), /

【대법원 분석】 피고인들도 이 사건 각 가등기를 경료하게 된 경위에 관하여 재산이 공소외 A에게 넘어가는 것을 막기 위해서였다고 진술하고 있는 사실을 알 수 있는바, /

【대법원 판단】 이러한 사실관계에 비추어 보면 피고인 갑은 현실적으로 가압류 등 집행을 받을 우려

가 있는 상태에서 강제집행을 면탈할 목적으로 허위의 채무를 부담하고 이 사건 각 가등기를 마쳤다고 할 것이므로, /

【대법원 판단】 달리 특별한 사정이 없는 한 피고인들의 위와 같은 행위는 강제집행면탈죄를 구성한다고 할 것이다.

【대법원 결론】 그럼에도 불구하고, 그 판시와 같은 이유로 이 사건 공소사실에 대하여 무죄를 선고한 원심판결에는 강제집행면탈죄에 관한 법리를 오해하여 판결에 영향을 미친 위법이 있고, 이 점을 지적하는 논지는 이유 있다. (파기 환송)

2008도2476

강제집행면탈죄와 가해 위험 – 부정례
관광버스 가압류 사건

2008. 5. 29. 2008도2476, 공 2008하, 962

1. 사실관계 및 사건의 경과

【사실관계 1】

① A는 P여행사에 대해 M채권을 가지고 있다.

② 2002. 1. 20. A와 P회사는 N합의각서를 작성하였다.

③ 2002. 9. 23. A는 P회사 소유의 자동차에 대하여 강제집행을 하지 않겠다는 내용의 약정을 하였다.

④ 2002. 9. 25. A는 P회사 소유의 자동차에 대하여 강제집행을 하지 않겠다는 내용의 약정을 다시 하였다.

⑤ A는 N합의각서를 근거로 하여 인천지방법원 부천지원 2004카단△△△△로 자동차가압류결정을 받았다.

⑥ 2004. 7. 19. A는 P여행사 소유의 ㉠, ㉡ 등 버스 8대에 대하여 가압류기입등록을 마쳤다.

【사실관계 2】

① 갑은 Q여행사의 실질사주이다.

② 2004. 8. 19. Q여행사는 P여행사로부터 자동차운송사업허가권과 함께 ㉠, ㉡ 등 버스 8대를 양수하였다.

③ 2004. 8. 30. Q여행사는 ㉠, ㉡ 등 버스 8대에 대한 소유권이전등록을 마쳤다.

④ ㉠, ㉡ 등 버스 8대 가운데 ㉠버스의 실질차주는 을이다.

⑤ ㉠, ㉡ 등 버스 8대 가운데 ㉡버스의 실질차주는 병이다.

⑥ [갑, 을, 병은 A의 가압류를 무력화시키는 방법을 모색하였다.]

【사실관계 3】

① 을은 B에 대하여 3,000만 원의 채무를 부담하고 있는 것으로 하여 허위의 ⓐ차용증을 작성하였다. (☞문서례 3번 참조)

② 2005. 11. 24. 을은 ⓐ차용증을 근거로 ㉠버스에 관하여 B를 저당권자로 한 저당권설정등록을 마쳤다.
③ 병은 C에 대하여 4,000만 원의 채무를 부담하고 있는 것으로 허위의 ⓑ차용증을 작성하였다.
④ 2005. 11. 24. 병은 ⓑ차용증을 근거로 ㉡버스에 관하여 C를 저당권자로 한 저당권설정등록을 마쳤다.

【사건의 경과】

① 검사는 갑, 을, 병을 강제집행면탈죄로 기소하였다.
② 제1심법원은 무죄를 선고하였다.
③ 검사는 불복 항소하였다.
④ 항소심법원은 항소를 기각하고, 제1심판결을 유지하였다.
⑤ (항소심의 판단 이유는 판례 본문 참조)
⑥ 검사는 불복 상고하였다.

2. 가압류의 법적 성질

【대법원 요지】 형법 제327조의 강제집행면탈죄는 객관적으로 민사소송법에 의한 강제집행 또는 가압류, 가처분의 집행을 받을 우려가 있는 상태에서 /

【대법원 요지】 주관적으로 강제집행을 면탈하려는 목적으로 재산을 은닉, 손괴, 허위양도하거나 허위의 채무를 부담하여 채권자를 해할 위험이 있는 경우에 성립하는 것인바, /

【대법원 요지】 가압류에는 처분금지적 효력이 있으므로 가압류 후에 목적물의 소유권을 취득한 제3취득자 또는 그 제3취득자에 대한 채권자는 그 소유권 또는 채권으로써 가압류권자에게 대항할 수 없다고 할 것이므로, /

【대법원 요지】 가압류 후에 목적물의 소유권을 취득한 제3취득자가 다른 사람에 대한 허위의 채무에 기하여 근저당권설정등기 등을 경료하더라도 이로써 가압류채권자의 법률상의 지위에 어떤 영향을 미칠 수 없고, /

【대법원 요지】 따라서 강제집행면탈죄에는 해당되지 아니한다고 할 것이다.

3. 사안에 대한 대법원의 판단

【대법원 분석】 원심은, /

【대법원 분석】 공소외 A가 주식회사 P고속관광여행사가 작성한 2002. 1. 20.자 합의각서를 근거로 하여 인천지방법원 부천지원 2004카단○○○○호로 자동차가압류결정을 받은 후, 주식회사 P고속관광여행사 소유의 버스 8대에 대하여 2004. 7. 19. 가압류기입등록을 마친 사실, /

【대법원 분석】 피고인 갑이 실질사주인 Q관광 주식회사가 2004. 8. 19. 주식회사 P고속관광여행사로부터 자동차운송사업허가권과 함께 위 버스 8대 등을 양수하여 2004. 8. 30. 소유권이전등록을 마친 사실, /

【대법원 분석】 그 후 위 버스 중 경기79바○○○○호(변경전 경기79바7○○○호)의 실질차주인 피고인 을이 공소외 B에 대하여 3,000만 원, 경기79바□□□호(변경전 경기79바□□□□호)의 실

질차주인 피고인 병이 공소외 C에 대하여 4,000만 원의 각 채무를 부담하고 있는 것으로 허위의 차용증을 작성한 후, /

【대법원 분석】 이를 근거로 2005. 11. 24. 위 버스 2대에 관하여 각 공소외 B, 공소외 C를 저당권자로 한 저당권설정등록을 마친 사실 등을 인정한 다음, /

【대법원 판단】 공소외 A의 가압류등록 후 위 버스의 소유권이 주식회사 P고속관광여행사에서 Q관광주식회사에게 이전되고, 그 이후에 공소외 B, 공소외 C의 저당권설정등록이 이루어졌으므로, /

【대법원 판단】 공소외 A의 가압류채권에 기한 강제집행절차에서 가압류의 처분금지적 효력이 미치는 매각대금 부분은 공소외 A가 우선적인 권리를 행사할 수 있고, /

【대법원 판단】 공소외 B, 공소외 C는 매각대금 중 가압류의 처분금지적 효력이 미치는 금액에 대해서는 배당을 받을 수 없어, /

【대법원 판단】 피고인들의 공소외 B, 공소외 C 명의의 저당권설정등록으로 인하여 공소외 A의 강제집행이 방해된다고 볼 수 없을 뿐만 아니라, /

【대법원 판단】 여기에 공소외 A가 2002. 1. 20.자 합의각서와 2002. 9. 23.자 및 같은 달 25.자 각서에서 주식회사 P고속관광여행사 소유의 자동차에 대하여 강제집행을 하지 않겠다는 약정을 하였던 점에 비추어 보더라도 피고인들의 위 저당권설정등록으로 인하여 공소외 A의 강제집행이 방해된다고는 볼 수 없고, /

【대법원 결론】 그밖에 달리 피고인들이 공소외 A에 대한 강제집행을 면할 목적으로 허위의 채무를 부담하였다는 점을 인정할 만한 증거가 없다는 이유로 피고인들에 대한 이 사건 공소사실에 대하여 무죄를 선고한 제1심판결을 그대로 유지하였는바, /

【대법원 결론】 앞서 본 법리와 기록에 비추어 살펴보면 원심의 위와 같은 사실인정과 판단은 정당한 것으로 수긍할 수 있고, 거기에 상고이유의 주장과 같은 강제집행면탈에 관한 법리오해 등의 위법이 없다. (상고 기각)

2009도875

강제집행면탈죄의 종료시점
채권추심 공소시효 사건

2009. 5. 28. 2009도875, 공 2009하, 1062

1. 사실관계 및 사건의 경과

【사실관계】

① [갑과 을은 채무자이고, A는 채권자이다.]

② [갑과 을은 A로부터 강제집행을 당할 처지에 직면하였다.]

③ [갑과 을은 재산은 B 앞으로 빼돌리기로 하였다.]

④ 갑과 을은 B에 대해 허위의 채무를 부담하는 내용의 ㉠채무변제계약 공정증서를 작성하였다. (☞문

서례 7번 참조)

⑤ 2005. 8. 18. 갑과 을은 ㉠채무변제계약 공정증서에 기하여 B 앞으로 채권압류 및 추심명령을 받았다. (☞문서례 12번 참조)

【사건의 경과】

① 2008. 8. 22. 검사는 갑과 을을 강제집행면탈죄로 기소하였다.

② 강제집행면탈죄의 공소시효는 3년이다.

③ 갑과 을의 피고사건은 제1심을 거친 후, 항소심에 계속되었다.

④ 항소심법원은 공소시효가 완성되었다고 판단하여 면소판결을 선고하였다.

⑤ 검사는 불복 상고하였다.

2. 강제집행면탈죄의 법적 성질

【대법원 요지】 형법 제327조의 강제집행면탈죄는 위태범으로서 /

【대법원 요지】 현실적으로 민사소송법에 의한 강제집행 또는 가압류 · 가처분의 집행을 받을 우려가 있는 객관적인 상태 아래, 즉 채권자가 본안 또는 보전소송을 제기하거나 제기할 태세를 보이고 있는 상태에서 /

【대법원 요지】 주관적으로 강제집행을 면탈하려는 목적으로 재산을 은닉, 손괴, 허위양도하거나 허위의 채무를 부담하여 채권자를 해할 위험이 있으면 성립하는 것이고, /

【대법원 요지】 반드시 채권자를 해하는 결과가 야기되거나 행위자가 어떤 이득을 취하여야 범죄가 성립하는 것은 아니다.

3. 사안에 대한 대법원의 판단

【대법원 판단】 원심은, 피고인들에 대한 이 사건 공소사실 중 /

【대법원 판단】 강제집행면탈의 점의 공소시효는 범죄행위가 종료한 때부터 3년으로서, /

【대법원 판단】 위 죄는 늦어도 피고인들이 허위의 채무를 부담하는 내용의 채무변제계약 공정증서를 작성한 후 이에 기하여 채권압류 및 추심명령을 받은 2005. 8. 18.에는 성립하였다 할 것이고, /

【대법원 판단】 강제집행면탈죄의 보호법익과 구성요건, 위 범행내용 등에 비추어 이 사건에서는 허위의 채무부담에 의한 강제집행면탈죄의 성립과 동시에 위 범죄행위가 종료되어 공소시효가 진행된다고 봄이 상당하므로, /

【대법원 판단】 이 사건 공소는 위 강제집행면탈죄가 성립하여 종료한 때인 2005. 8. 18.부터 그 공소시효기간이 경과한 이후인 2008. 8. 22. 제기되었음이 기록상 분명하여 모두 공소시효가 완성되었을 때에 해당한다는 취지로 판단하였다.

【대법원 결론】 원심판결의 이유를 위 법리와 기록에 비추어 살펴보면, 원심의 이러한 판단은 정당하다.

【대법원 결론】 원심판결에는 상고이유에서 주장하는 바와 같이 공소시효에 관한 법리를 오해한 위법이 없다. (상고 기각)

제38장 절도와 강도의 죄

제1 절도의 죄

2008도2440

절도죄와 재물 – 부정례
계좌이체 후 인출 사건

2008. 6. 12. 2008도2440, 공 2008하, 1018

1. 사실관계 및 사건의 경과

【사실관계】

① 갑은 A의 가방에서 ㉠국민카드를 몰래 가지고 나왔다.
② 갑은 P은행에서 ㉠카드를 그곳 현금지급기에 넣어 A의 국민은행 통장에 입금되어 있는 500만 원을 갑 명의의 우리은행 통장으로 이체시켰다.
③ [갑은 ㉠국민카드를 다시 A의 가방에 도로 넣어두었다.]
④ 이후 갑은 갑 명의의 ㉡현금카드를 이용하여 이체된 500만 원을 현금으로 인출하였다.

【사건의 경과】

① 검사는 갑을 절도죄로 기소하였다.
② 제1심을 거친 후, 갑의 피고사건은 항소심에 계속되었다.
③ 항소심법원은 갑에게 유죄를 인정하였다.
④ 갑은 불복 상고하였다.

2. 사안에 대한 대법원의 판단

(1) 계좌이체와 현금인출의 상호관계

【대법원 요지】 나. 절도죄에 있어서의 절취란 타인이 점유하고 있는 자기 이외의 자의 소유물을점유자의 의사에 반하여 점유를 배제하고 자기 또는 제3자의 점유로 옮기는 것을 말하고 /
【대법원 요지】 절취한 신용카드를 이용하여 현금자동지급기에서 현금을 인출한 경우, /
【대법원 요지】 현금자동지급기 관리자의 의사에 반하여 그의 지배를 배제하고 그 현금을 자기의 지배하에 옮겨 놓는 것이 되어 절도죄를 구성하나 /
【대법원 요지】 위 공소사실 기재 행위 중 피고인이 공소외 A의 신용카드를 이용하여 현금지급기에

서 계좌이체를 한 행위는 /

【대법원 요지】 컴퓨터등사용사기죄에 있어서의 컴퓨터 등 정보처리장치에 권한 없이 정보를 입력하여 정보처리를 하게 한 행위에 해당함은 별론으로 하고 /

【대법원 요지】 이를 절취행위라고 볼 수는 없고, /

(2) 이체된 돈의 현금인출 행위와 절도죄

【대법원 요지】 한편 피고인이 위 계좌이체 후 현금지급기에서 현금을 인출한 행위는 자신의 신용카드나 현금카드를 이용한 것이어서 이러한 현금인출이 현금지급기 관리자의 의사에 반한다고 볼 수 없으므로, 이 또한 절취행위에 해당하지 아니하는바, /

【대법원 판단】 결국 위 공소사실 기재 행위는 절도죄를 구성하지 않는다고 보아야 한다.

【대법원 결론】 그런데도 원심은 이 부분 절도의 공소사실을 유죄로 인정하였으니, 원심판결에는 절도죄에 관한 법리를 오해하여 판결에 영향을 미친 위법이 있다. (파기 환송)

95도192 (2)

절도죄와 재물 – 부정례
퇴직금 내역서 복사 사건

1996. 8. 23. 95도192, 공 1996, 2931

1. 사실관계 및 사건의 경과

【사실관계】

① P회사의 전무 A가 사망하였다.
② P회사의 관계자들은 A의 사무실을 정리하였다.
③ A의 책상서랍을 정리하던 중 메모 형식으로 작성된 회사 중역들에 대한 ㉠특별상여금 지급내역서 1부 및 ㉡퇴직금 지급내역서 2부가 바닥에 떨어져 있었다.
④ P회사의 전무 B는 ㉠서류와 ㉡서류를 책상 위에 올려 놓았다.
⑤ 갑은 마침 이를 보고 ㉠서류와 ㉡서류들을 그 옆의 총무과 사무실에 가지고 가서 복사기를 사용하여 복사를 하였다.
⑥ 갑은 복사 후 ㉠서류와 ㉡서류들의 원본은 제자리에 갖다 놓고 그 사본만을 가지고 갔다.

【사건의 경과】

① 검사는 갑을 절도죄로 기소하였다.
② 제1심법원은 유죄를 인정하였다.
③ 갑은 불복 항소하였다.
④ 항소심법원은 제1심판결을 파기하고, 무죄를 선고하였다.
⑤ 검사는 불복 상고하였다.

2. 사안에 대한 대법원의 판단

【대법원 판단】 원심이 적법하게 확정한 사실관계에 의하면, /

【대법원 판단】 공소외 P주식회사 전무인 공소외 A가 사망하여 그의 책상 서랍을 정리하던 중 메모 형식으로 작성된 회사 중역들에 대한 특별상여금 지급내역서 1부 및 퇴직금 지급내역서 2부가 바닥에 떨어져 있어 위 회사의 전무인 공소외 B가 이를 책상 위에 올려 놓았는데 /

【대법원 판단】 마침 피고인이 이를 보고 위 서류들을 그 옆의 총무과 사무실에 가지고 가서 복사기를 사용하여 복사를 한 후 원본은 제자리에 갖다 놓고 그 사본만을 가지고 갔다는 것인바, /

【대법원 판단】 사실관계가 위와 같다면, 피고인이 위 회사 소유의 문서의 사본을 절취한 것으로 볼 수는 없다고 할 것이므로, /

【대법원 판단】 이와 같은 취지에서 원심이 피고인에 대한 절도의 범죄사실에 대한 범죄의 증명이 없다는 이유로 이를 유죄로 인정한 제1심판결을 취소하고 무죄를 선고한 조치는 수긍이 가고, /

【대법원 판단】 논지가 내세우는 대법원 1986. 9. 23. 선고 86도1205 판결은 회사의 업무수행을 위하여 생성되어 보관된 문서의 사본을 근무자가 그 회사를 퇴사하면서 가져간 경우로서 /

【대법원 판단】 이 사건과 사안을 달리하여 적절한 선례가 되지 아니한다고 할 것이므로, /

【대법원 결론】 원심판결에 절도죄에 관한 법리를 오해한 위법이 있다고 할 수 없다.

【대법원 판단】 그리고 검사의 이 사건 공소사실의 요지는 피고인이 위 서류들을 복사하여 그 사본을 가지고 가 이를 절취한 사실을 문제 삼는 것이 명백하고 /

【대법원 판단】 그 사본에 대한 복사용지 자체를 절취하였다고 기소한 것으로 볼 수는 없으므로, /

【대법원 결론】 원심이 피고인이 위 복사 과정에서 액수불상의 복사지를 절취하였는지 여부에 대한 판단을 하지 아니하였다고 하여 잘못이라고 할 수도 없다.

【대법원 결론】 논지[는] 이유 없다. (상고 기각)

98도2967

절도죄와 타인 소유 – 인정례
유가증권위조죄와 유가증권 – 인정례
리프트 탑승권 사건

1998. 11. 24. 98도2967, 공 1999, 84

1. 사실관계 및 사건의 경과

【사실관계 1】

① 갑은 P회사 Q리조트에 입사하여 전산팀에 근무하고 있다.

② 갑은 리프트 탑승권 자동발매기의 점검업무를 담당하고 있다.

③ 갑의 업무는 탑승권 발매기의 전원을 켠 후 날짜를 입력시켜서 탑승권발행화면이 나타나면 전산실

의 테스트 카드를 이용하여 탑승권이 한 장씩 제대로 찍혀나오는가를 확인하는 일이다.

④ 갑은 전산실의 테스트 카드를 사용하면 탑승권이 발행되는 것에 착안하였다.

【사실관계 2】

① 1997. 12. 27. 갑은 Q리조트 서편매표소에 있던 탑승권 발매기의 전원을 켠 후 날짜를 입력시켜서 탑승권발행화면이 나타나면 전산실의 테스트카드를 사용하여 한 장씩 찍혀나오는 탑승권을 빼내어 가지고 가는 방법으로 ㉠리프트탑승권을 발급 · 취득하였다.

② 이러한 방법으로 이날 갑은 정상적인 리프트탑승권과 상이한 P회사 명의의 회원용 리프트탑승권 100장을 부정 발급하여 취득하였다.

③ 1997. 12. 27. 20:00경 을은 Q리조트 R호텔 뒤에서 갑으로부터 전후 사정을 잘 알면서 갑이 위와 같이 부정 발급하여 취득한 리프트탑승권 100장을 대금 2,790,000원에 매수하였다.

④ 1997. 12. 27.부터 1998. 1. 6. 11:00경까지 사이에 갑은 같은 방법으로 모두 5회에 걸쳐 정상적인 리프트탑승권과 상이한 P회사 명의의 회원용 리프트탑승권 1,700장을 부정 발급하여 취득하였다.

⑤ 1997. 12. 27.부터 1998. 1. 6. 12:00경까지 사이에 을은 모두 5회에 걸쳐 리프트탑승권 1,700장을 대금 47,430,000원에 매수하였다.

【사건의 경과 1】

① 검사는 갑을 다음과 같이 기소하였다.

(가) 리프트탑승권 출력행위 : 유가증권위조죄, 위조유가증권행사죄

(나) 리프트탑승권 취득행위 : 절도죄

② 검사는 을의 리프트탑승권 매입행위에 대해 을을 장물취득죄로 기소하였다.

③ (을에 대한 공소사실의 요지는 판례 본문 참조)

④ 제1심법원은 갑과 을에게 모두 유죄를 인정하였다.

【사건의 경과 2】

① 갑은 항소하지 않았다.

② 을은 불복 항소하였다.

③ 항소심법원은 제1심판결을 파기하고, 을에게 무죄를 선고하였다.

④ (항소심의 판단 이유는 판례 본문 참조)

⑤ 검사는 불복 상고하였다.

2. 공소사실의 요지

【대법원 분석】 1. 이 사건 공소사실의 요지는, /

【대법원 분석】 "피고인이 1997. 12. 27. 20:00경 전북 ○○군 ○○면 ○○리 산 43의 15 소재 Q리조트 R호텔 뒤에서 제1심 공동피고인 갑이 부정 발급하여 절취한 회원용 리프트탑승권 100장 시가 금 2,790,000원 상당이 장물인 정을 알면서도 그로부터 대금 2,790,000원에 매수하여 취득한 것을 비롯하여 /

【대법원 분석】 그 때부터 1998. 1. 6. 12:00경까지 사이에 모두 5회에 걸쳐 갑으로부터 회원용 리프트탑승권 1,700장 시가 금 47,430,000원 상당을 대금 47,430,000원에 매수하여서 장물을 취득하

였다."는 것이다.

3. 사안에 대한 항소심의 판단

(1) 항소심의 분석

【항소심 분석】 원심은 적법하게 증거조사를 마친 증거들에 의하여, /

【항소심 분석】 1997. 10.경 [P주식회사] Q리조트에 입사하여 전산팀에 근무하던 갑이 1997. 12. 27. 16:00경 Q리조트 서편매표소에서 판매할 목적으로 권한 없이 그곳에 있는 리프트탑승권 발매기를 임의 조작한 다음 정상적인 리프트탑승권과 상이한 [P회사] 명의의 회원용 리프트탑승권 100장을 부정 발급하여 취득한 것을 비롯하여 /

【항소심 분석】 그 때부터 1998. 1. 6. 11:00경까지 사이에 위와 같은 방법으로 모두 5회에 걸쳐 정상적인 리프트탑승권과 상이한 [P회사] 명의의 회원용 리프트탑승권 1,700장을 부정 발급하여 취득한 사실과 /

【항소심 분석】 피고인이 1997. 12. 27. 20:00경 Q리조트 R호텔 뒤에서 갑으로부터 위와 같이 부정 발급된 리프트탑승권 100장을 대금 2,790,000원을 매수한 것을 비롯하여 /

【항소심 분석】 그 때부터 1998. 1. 6. 12:00경까지 사이에 모두 5회에 걸쳐 1,700장을 대금 47,430,000원을 매수한 사실 등을 인정하였다.

(2) 항소심의 판단

【항소심 판단】 원심은, /

【항소심 판단】 회원용 리프트탑승권은 그 소지인이 스키장에서 거기에 기재된 일시에 리프트를 탑승할 수 있는 권리가 화체된 증권으로서 그 권리의 행사와 처분에 증권의 점유를 필요로 하는 유가증권이고, /

【항소심 판단】 판매하는데 사용할 목적으로 발매할 권한 없이 그곳에 설치된 발매기를 임의 조작함으로써 리프트탑승권을 부정 발급하여 취득한 행위는 /

【항소심 판단】 권리가 화체된 문서인 리프트탑승권 그 자체를 절취하는 행위가 아니라 /

【항소심 판단】 권한 없이 발매기를 조작함으로써 리프트탑승권을 위조하는 행위에 해당하고, /

【항소심 판단】 나아가 이를 판매하는 행위는 그와 같이 위조한 리프트탑승권을 행사하는 행위에 해당한다 할 것이므로, /

【항소심 판단】 갑이 권한 없이 리프트탑승권 발매기를 임의 조작하여 정상적인 리프트탑승권과 상이한 [P회사] 명의의 회원용 리프트탑승권을 취득하는 행위는 유가증권인 회원용 리프트탑승권의 위조죄에 해당함은 별론으로 하고 절도죄를 구성한다고는 볼 수 없고, /

【항소심 판단】 그와 같이 본범인 갑의 행위가 재산범죄인 절도죄를 구성하지 아니하는 이상 갑으로부터 위 위조된 리프트탑승권을 매수한 피고인의 행위가 장물취득죄를 구성한다고 할 수 없다고 판단함으로써, /

【항소심 판단】 피고인에 대한 위 장물취득 공소사실을 유죄로 인정한 제1심판결을 파기하고 피고인에 대하여 무죄를 선고하였다.

4. 위조유가증권과 절도죄의 객체

【대법원 요지】 형법상 유가증권이라 함은 증권상에 표시된 재산상의 권리의 행사와 처분에 그 증권의 점유를 필요로 하는 것을 총칭하는 것이므로, /
【대법원 판단】 이 사건 회원용 리프트탑승권은 그와 같은 의미에서 유가증권의 일종이고, /
【대법원 판단】 갑이 위와 같이 발매할 권한 없이 발매기를 임의 조작함으로써 리프트탑승권을 부정발급한 행위가 유가증권인 리프트탑승권을 위조하는 행위에 해당함은 원심이 인정한 바와 같다.
【대법원 요지】 그러나 유가증권도 그것이 정상적으로 발행된 것은 물론 비록 작성권한 없는 자에 의하여 위조된 것이라고 하더라도 절차에 따라 몰수되기까지는 그 소지자의 점유를 보호하여야 한다는 점에서 형법상 재물로서 절도죄의 객체가 된다고 할 것이므로, /
【대법원 판단】 이 사건에서 갑의 행위가 원심이 인정한 것처럼 유가증권위조행위일 뿐 위조된 유가증권인 리프트탑승권의 절도죄에는 해당하지 아니한다고 단정하기 위하여는 과연 갑이 구체적으로 어떠한 방법으로 이 사건 리프트탑승권 발매기를 조작하여 탑승권을 부정발급하였는지를 살펴보아야 할 것이다.

5. 사안에 대한 대법원의 판단

【대법원 판단】 그런데 기록에 의하면, 갑은 Q리조트 서편매표소에 있던 탑승권 발매기의 전원을 켠 후 날짜를 입력시켜서 탑승권발행화면이 나타나면 전산실의 테스트카드를 사용하여 한 장씩 찍혀나오는 탑승권을 빼내어 가지고 가는 방법으로 리프트탑승권을 발급·취득한 사실이 인정되고, /
【대법원 판단】 그와 같이 발매기에서 나오는 위조된 탑승권은 갑이 이를 뜯어가기 전까지는 [P회사]의 소유 및 점유하에 있다고 보아야 할 것이므로, /
【대법원 판단】 위 갑의 행위는 발매할 권한 없이 발매기를 임의 조작함으로써 유가증권인 리프트탑승권을 위조하는 행위와 발매기로부터 위조되어 나오는 리프트탑승권을 절취하는 행위가 결합된 것이고, /
【대법원 판단】 나아가 그와 같이 위조된 리프트탑승권을 판매하는 행위는 일면으로는 위조된 리프트탑승권을 행사하는 행위임과 동시에 절취한 장물인 위조 리프트탑승권의 처분행위에 해당한다 할 것이다.
【대법원 판단】 따라서 이 사건에서 갑이 위 위조된 리프트탑승권을 위와 같은 방법으로 취득하였다는 정을 피고인이 알면서 이를 갑으로부터 매수하였다면 그러한 피고인의 행위는 위조된 유가증권인 리프트탑승권에 대한 장물취득죄를 구성한다고 할 것이므로, /
【대법원 결론】 이와 다른 견해에서 피고인에 대한 이 사건 장물취득 공소사실을 죄가 되지 아니한다는 이유로 무죄를 선고한 원심판결은 절도죄에 있어서의 절취행위나 재물의 개념에 관한 법리를 오해한 위법을 저지른 것임이 분명하고, 이를 지적하는 검사의 상고논지는 이유가 있다. (파기 환송)

【코멘트】 본 판례에서 본범 갑은 리프트 탑승권을 부정하게 발급받음으로써 유가증권위조죄를 범하였다. 여기에서 이 위조된 리프트 탑승권을 발급받아가지고 가는 행위가 과연 절도죄가 될 것인지 문제된다. 을에 대해서는 갑에 대해 절도죄가 성립되어야 장물죄의 죄책을 물을 수 있다.

절도죄가 성립하려면 "타인의 재물을 절취한다"는 객관적 구성요건이 먼저 충족되어야 한다. 유가증권은 그것이 추상적 권리를 나타낸 것임에도 불구하고 일정한 증권에 화체됨으로써 절도죄의 객체인 "재물"에 해당한다. 이제 검토해야 할 것은 위조된 유가증권이 과연 "타인"의 재물에 해당할 수 있는가 하는 점이다.

유가증권위조죄에 있어서 위조란 권한 없는 자가 함부로 타인 명의의 유가증권을 만들어내는 행위이다. 본 판례의 사실관계에서 P회사의 직원 갑은 전산실용 테스트 카드를 이용하여 부정하게 리프트 탑승권을 자동으로 발급받고 있다. 이 사안을 자세히 보면 갑의 위조행위를 통하여 위조유가증권이 새로이 생성되고 있음을 알 수 있다.

그런데 여기에서 위조유가증권의 소유권 귀속과 관련하여 한 가지 의문이 제기되는 점이 있다. 위조유가증권은 범죄에 의하여 생성된 물건이므로 몰수의 대상이 된다(형법 제48조 제1항 제2호). 또 유가증권의 일부가 몰수에 해당하는 때에는 그 부분을 폐기한다(동조 제3항). 위조유가증권은 위조지폐나 마약류 등과 같이 소유나 점유가 금지되는 금제품에 해당한다.

금제품의 하나인 위조유가증권을 몰수하거나 폐기할 수 있도록 하는 것은 위조유가증권이 사인(私人)의 소유나 점유에 귀속시키지 않도록 하기 위함이다. 그렇다면 위조유가증권을 타인의 소유에 속하는 물건으로 보아 절도죄의 객체로 인정하는 것은 적절하지 못한 것은 아닌가 하는 생각을 해 볼 수 있다.

본 판례에서 대법원은 "유가증권[은] 그것이 정상적으로 발행된 것은 물론 비록 작성권한 없는 자에 의하여 위조된 것이라고 하더라도 절차에 따라 몰수되기까지는 그 소지자의 점유를 보호하여야 한다는 점에서 형법상 재물로서 절도죄의 객체가 된다"고 판시하여 금제품도 절도죄의 객체가 된다는 점을 분명히 하고 있다.

2009도11827

절도죄와 타인 소유 – 부정례
모시조개 양식장 사건

2010. 4. 8. 2009도11827, [공보불게재]

1. 사실관계 및 사건의 경과

【사실관계 1】

① M구역은 예로부터 모시조개가 자연적으로 많이 서식하는 지역이다.
② 2004. 10. 9.경부터 A는 P어촌계의 사용허락을 받아 M구역에 모시조개 양식사업을 시작하였다.
③ A가 어업권을 행사하는 구역은 4.5ha로서 약 13,600여 평이다.
④ A는 M구역을 다른 양식장과 구별하기 위하여 그 경계선 상에 대나무 20개 정도를 꽂아 두었다.
⑤ 그러나 A는 그 외에 별도의 보호시설은 설치하지 않아 조수간만에 의해 M구역 내외에 모시조개의 유출·유입이 반복될 것으로 예상된다.
⑥ 또한 자연산 모시조개와 양식 모시조개를 외형적으로 구분하는 것은 사실상 불가능하다.

【사실관계 2】

① 2004. 11. 18.경 A는 M구역 일부에 2~3년산의 모시조개 1t 가량을 살포하였다.

② A가 살포한 모시조개 양은 약 300평 정도에 살포할 수 있는 분량이다.

③ 2004. 12. 1.부터 2004. 12. 26.까지 사이에 8일간 A는 M구역 부근에서 합계 1,675kg 상당의 5년산 모시조개를 채취하였다.

④ A는 그 후 모시조개 양식장 등에 대해 별도의 관리를 하지 않은 채 이를 방치하였다.

⑤ 2006. 10. 25.부터 10. 27.까지 3일간 갑 등은 M구역에서 약 1,040kg의 모시조개를 채취하였다.

【사건의 경과】

① 검사는 갑 등을 특수절도죄로 기소하였다.

② 갑 등의 피고사건은 제1심을 거친 후 항소심에 계속되었다.

③ 항소심법원은 갑 등에게 무죄를 선고하였다.

④ (항소심의 판단 이유는 판례 본문 참조)

⑤ 검사는 불복 상고하였다.

2. 양식어업권과 소유권의 귀속관계

【대법원 요지】 수산업법에 의한 양식어업권은 행정관청의 면허를 받아 해상의 일정구역 내에서 패류·해조류 또는 정착성 수산동물을 포획·채취할 수 있는 권리를 가리키는 것으로서 /

【대법원 요지】 이는 그 지역에서 천연으로 생육하는 수산동식물을 어업면허를 받은 종류에 한하여 배타적·선점적으로 채취할 수 있는 권리에 불과하고 /

【대법원 요지】 그 지역 내의 수산동식물의 소유권을 취득하는 권리는 아니므로 /

【대법원 요지】 어업권의 취득만으로 당연히 그 지역 내에서 자연 번식하는 수산동식물의 소유권이나 점유권까지 취득한다고는 볼 수 없다.

【대법원 요지】 따라서 어업권자와 어업권행사계약을 체결하고 어업권을 행사하는 피해자의 양식장에서 모시조개를 채취한 경우 절도죄가 성립하기 위해서는 그 채취한 모시조개가 자연 번식하는 것이 아니라 그 피해자가 양식하는 것으로서 피해자의 소유임이 인정되어야 한다.

3. 사안에 대한 대법원의 판단

【대법원 분석】 원심이 같은 취지에서, /

【대법원 분석】 피해자가 2004. 10. 9.경부터 어촌계의 사용허락을 받아 어업권을 행사하는 계쟁구역은 4.5ha로서 약 13,600여 평이고, 그곳은 예로부터 모시조개가 자연적으로 많이 서식하는 지역인 점, /

【대법원 분석】 피해자가 2004. 11. 18.경 계쟁구역 일부에 2~3년산의 모시조개 1t 가량을 살포하였는데 이는 약 300평 정도에 살포할 수 있는 분량밖에 되지 않는 점, /

【대법원 분석】 피해자가 그 살포 직후인 2004. 12. 1.부터 2004. 12. 26.까지 사이에 8일간 계쟁구역 부근에서 합계 1,675kg 상당의 5년산 모시조개를 채취하였으나 그 후 위 양식장 등에 대해 별도의 관리를 하지 않은 채 이를 방치해 온 점, /

【대법원 분석】 피고인들은 그로부터 약 2년 정도 지난 2006. 10. 25.부터 10. 27.까지 3일간 계쟁

구역에서 약 1,040kg의 모시조개를 채취한 점, /
【대법원 분석】 피해자가 계쟁구역을 다른 양식장과 구별하기 위하여 그 경계선 상에 대나무 20개 정도를 꽂아 두었으나 그 외에 별도의 보호시설은 설치하지 않아 조수간만에 의해 계쟁구역 내외에 모시조개의 유출 · 유입이 반복될 것으로 예상되는 점, /
【대법원 분석】 자연산 모시조개와 양식 모시조개를 외형적으로 구분하는 것은 사실상 불가능한 점 등의 판시와 같은 여러 사정을 들어 /
【대법원 판단】 피고인들이 채취한 이 사건 모시조개가 피해자가 양식하는 모시조개인 점에 관한 증명이 없다는 등의 이유로 이 사건 공소사실 중 특수절도의 점에 대하여 무죄를 선고하였는바, /
【대법원 결론】 위에서 본 법리와 기록에 비추어 살펴보면 이러한 원심의 조치는 정당하여 수긍할 수 있고 거기에 상고이유 주장과 같은 자연 번식하는 모시조개의 소유권 귀속이나 무주물 선점, 부합 또는 혼화에 관한 법리를 오해하여 판결 결과에 영향을 미친 위법사유는 없다. (상고 기각)

81도2956

절도죄와 타인 소유 – 인정례
건조물침입죄와 침입 – 부정례
염료 동업 파기 사건

1982. 4. 27. 81도2956, 공 1982, 544

1. 사실관계 및 사건의 경과

【사실관계 1】
① P상사는 염료를 구입하여 배합한 후 배합된 염료를 거래처에 납품하는 기업이다.
② P상사는 원래 A와 B가 동업하여 운영하던 기업이었다.
③ P상사는 M창고를 임차하여 사용하였다.
④ 1979. 11. 말경 B는 영업부진으로 동업에서 탈퇴하였다.
⑤ 갑은 B의 출자금 500만 원을 인수하였다.
⑥ 1980. 2. 말경까지 갑은 490만 원을 출자하여 A와 갑 2인이 동업하였다. (☞문서례 1번 참조)
⑦ 갑은 출자한 돈으로 ㉠물건 등을 구입하여 P상사의 M창고에 비치하였다.
【사실관계 2】
① 1980. 3. 3 갑과 A의 동업계약이 해지되었다.
② 1980. 3. 20 새로이 C를 가입시켜 갑, A, C 사이에 다음과 같은 동업계약이 체결되었다.
  (가) 갑 : 자금조달 및 원료구입업무 담당
  (나) A : 가공기술 및 배합된 염료 판매 담당
  (다) C : 경리업무 담당
③ 동업계약의 내용에는 갑, A, C 사이에 배합염료 판매로 얻은 수익을 분배한다는 내용이 들어 있었다.

④ [1980. 6. 9. 무렵] 갑과 A, C 간에 의견 충돌이 발생하였다.
⑤ 1980. 6. 26.자로 A와 C는 갑에 대한 동업해약통고서를 작성하였다.
⑥ 1980. 6. 28. A와 C는 갑에 대하여 동업계약해지의 통고를 하였다.
⑦ 갑은 즉각 단독으로 P상사의 사업을 경영하겠다는 취지의 회답을 A와 C에게 보냈다.

【사실관계 3】

① A와 C는 수금한 돈 400여만 원과 약속어음 900만 원 상당을 갑에게 반환하지 아니하였다.
② 갑은 투자한 자금을 회수하고 A와 C가 반환하지 아니한 돈에 대한 손해배상금을 확보하기로 마음먹었다.
③ 갑은 A와 C가 없는 사이에 P상사의 M창고에 들어갔다.
④ 갑은 자신의 투자금으로 구입하여 M창고에 비치해 놓았던 ㉠물건 등을 들고 가버렸다.
⑤ 1980. 7. 9.자로 A와 C는 갑을 제명한다는 제명통고를 하였다.
⑥ A와 C가 보낸 제명통고서는 1980. 6. 9.자로 소급 작성된 것이었다.

【사건의 경과】

① A와 C는 갑을 고소하였다.
② 검사는 갑을 다음의 공소사실로 기소하였다.
  (가) ㉠물건 등 취거행위 : 절도죄
  (나) M창고 출입행위 : 건조물침입죄
③ (공소사실의 요지는 판례 본문 참조)
④ 제1심법원은 다음과 같이 판단하였다.
  (가) ㉠물건 등 취거행위 : 절도죄 : 무죄
  (나) M창고 출입행위 : 건조물침입죄 : (불명)
⑤ 검사는 불복 항소하였다.
⑥ 항소심법원은 다음과 같이 판단하였다.
  (가) ㉠물건 등 취거행위 : 절도죄 : 무죄
  (나) M창고 출입행위 : 건조물침입죄 : 무죄
⑦ (항소심의 판단 이유는 판례 본문 참조)
⑧ 검사는 불복 상고하였다.

2. 절도죄 부분에 대한 판단

(1) 사안에 대한 항소심의 판단

【항소심 판단】 원심이 유지한 제1심 판결이유에 의하면, /

【항소심 판단】 원래 A와 B 등이 P상사라는 상호로 염료납품업을 동업하다가 영업부진으로 1979. 11. 말경 B는 탈퇴하고 /

【항소심 판단】 피고인이 B의 출자금 500만 원을 인수함과 아울러 1980. 2. 말경까지 490만 원을 출자하여 A와 피고인 2인이 동업 중 이 동업계약도 1980. 3. 3 해지되고 /

【항소심 판단】 다시 1980. 3. 20 새로이 C를 가입시켜 피고인은 자금조달 및 원료구입업무를, A는

판매 및 가공기술을, C는 경리업무를 맡아 동업을 계속한 사실과, /

【항소심 판단】 피고인과 고소인 A, C 간에 의견 충돌이 발생하여 1980. 6. 28 고소인들이 피고인에 대하여 동업계약해지의 통고를 함에 피고인은 즉각 단독으로 위 사업을 경영하겠다는 취지의 회답을 보내고, /

【항소심 판단】 투자한 자금을 회수할 겸, 고소인들이 수금한 돈 400여만 원과 약속어음 900만 원 상당을 반환하지 아니하여 그 손해배상금을 확보하고자 동업장소에 있던 피고인의 투자금으로 구입한 본건 공소장 기재의 물건들을 취거하여 간 사실을 인정하고, /

【항소심 판단】 위 인정의 사실관계에 비추어 피고인에게는 불법영득의 의사가 있었다고 인정할 수 없다는 이유로 무죄의 선고를 하였다.

(2) 공소사실의 요지

【대법원 분석】 그러나 이 사건 공소사실은 /

【대법원 분석】 피고인은 공소외 A 외 1명과 동업 약정하에 염료배합을 목적으로 P상사를 동업 경영하여 오던 중 피고인은 위 동업관계에서 제명되었는데 /

【대법원 분석】 A 외 1명이 관리하는 위 상사 창고에 들어가 동인들의 합유물인 염료, 배합염료 등을 꺼내어 절취하였다는데 있는바, /

(3) 동업관계 존부에 대한 대법원의 판단

【대법원 판단】 기록에 의하면 이 사건 동업관계는 동업자 각 개인이 노무 (피고인은 자금조달 또는 원료구입, 소외인들은 판매, 가공기술의 제공 또는 경리업무의 담당)를 제공하기로 하고 배합된 염료를 납품하기로 한 것이며 /

【대법원 판단】 각자의 이익배당비율에 관한 약정이 있음을 엿볼 수 있으므로 /

【대법원 판단】 일종의 조합관계로 보여지는바 /

【대법원 판단】 피고인이 위 물건을 꺼내 오기 전에 위 동업관계에서 제명되었다고 볼 자료는 기록상 전혀 찾아 볼 수 없고, /

【대법원 요지】 조합계약에 있어서는 조합의 해산청구를 하거나 스스로 탈퇴하거나 다른 조합원을 제명할 수 있을 뿐이고 계약해제에 관한 계약법 총칙규정에 의하여 조합계약을 해제할 수는 없는 것이니, /

【대법원 판단】 원심판결이 들은 동업해약통고서(1980. 6. 26자)는 그 기재내용에 비추어 보아도 탈퇴 또는 제명의 의사표시라고는 볼 수 없고, /

【대법원 판단】 1980. 7. 9자로 같은 해 6. 9로 소급 작성된 공소외 A 등이 피고인을 제명한다는 제명통고가 있었으나 제명할 정당한 사유 있음을 인정할 자료도 없을 뿐만 아니라, 그 통고를 수령하기 이전에 소급하여 제명의 효과가 발생할 수도 없는 것이고, /

【대법원 판단】 피고인의 검찰 및 법정에서의 진술에 비추어 위 창고가 소외인들만의 관리하에 있었다는 A, C의 검찰의 진술조서나 증언은 믿을 수 없다 할 것이고, 이를 인정할 별다른 증거가 없으니 /

【대법원 판단】 피고인이 동업관계에서 제명되었고 위 창고가 공소외인들만의 관리하에 있어 그 안

의 물건이 동인들만의 합유물이라고 단정할 수는 없고 이 사건 3인의 동업관계는 의연히 존속한다 할 것인바, /

(4) 동업관계의 소유권 귀속

【대법원 요지】 조합원의 1인이 조합원의 공동점유에 속하는 합유의 물건을 다른 조합원의 승낙없이 단독으로 취거한 경우에는 절도죄가 성립한다고 할 것이고, /

【대법원 판단】 본건 공소사실에는 이와 같은 취지도 포함되어 있다고 보여지는 바, /

【대법원 판단】 제1심이 들은 증거를 종합하면 위 창고는 위 동업영업을 위하여 동업자가 임차하여 점유한 것이고 /

【대법원 판단】 위 창고안의 물건은 피고인이 동업 약정에 따라 외상 구입(피고인 발행의 약속어음을 차입하고)하여 입고된 것과 그 안에서 배합한 염료와 배합기구 등임을 인정할 수 있으니 /

【대법원 판단】 (그 중 배합된 원료로서 판매할 수 있었던 물건에 관하여는) 그 구입대금은 조합의 채무에 속하고 그 물건은 조합원의 합유에 속하여 이를 동업자 3인이 공동점유하고 있다고 볼 것이므로 /

【대법원 요지】 피고인이 다른 동업자의 점유를 배제하고 공동점유하는 판시 물건들을 판시와 같이 자신을 위한 의사로 자신의 지배하에 옮긴다는 인식이 있었다면 절도죄에 있어서의 불법영득의 의사는 있었다고 볼 것이고, /

【대법원 요지】 피고인이 동업관계가 해소되었다고 잘못알고 판시와 같은 동기에서 취거한 것이라 하더라도 이는 법률의 착오 또는 위법성인식의 착오의 문제이지 불법영득의 의사와는 별개의 문제라 할 것이며 /

【대법원 판단 4】 기록에 의하여도 위와 같은 착오에 정당한 이유가 있다고 인정할 자료도 없으니 /

【대법원 결론】 위와 같이 판단한 원심판결은 필경 동업계약해지에 관한 법리를 오해하여 절도죄에 있어서의 불법영득의 의사를 잘못 판단하여 판결에 영향을 미쳤다 할 것이므로 논지 이유 있다.

3. 건조물침입죄 부분에 대한 판단

【대법원 판단】 앞에서 인정한 바와 같이 이 건 건조물은 동업자들의 공동점유하에 있었다 할 것인바 /

【대법원 요지】 공동관리중인 건조물에 공동점유자 중의 1인이 임의로 출입하였다 하여 건조물침입죄를 구성한다 할 수는 없으므로 /

【대법원 판단】 본건 창고를 고소인들만이 관리하고 있음을 전제로 건조물 침입에 관하여 무죄를 선고한 원심판결을 비난하는 논지는 채용할 수 없다.

【대법원 결론】 3. 따라서 원심판결 중 절도죄에 관한 부분을 파기하고 이 부분 사건을 원심법원에 환송하고 /

【대법원 결론】 건조물침입의 점에 관한 상고를 기각하기로 하여 관여법관의 일치된 의견으로 주문과 같이 판결한다.

2008도11804

절도죄와 타인 소유 – 부정례
2인 동업 파기 사건

2009. 2. 12. 2008도11804, [공보불게재]

1. 사실관계 및 사건의 경과

【사실관계】

① 2007년 초경 갑과 A는 공동으로 M밭에 생강을 경작하여 그 이익을 분배하기로 약정하였다.
② 2007. 4.경 갑과 A는 함께 M밭에 생강종자를 심고 생강농사를 시작하였다.
③ 2007. 6.경부터 갑과 A 사이에 불화가 생겨 A는 M생강 밭에 나오지 않았다.
④ 그때부터 갑은 혼자 M생강 밭을 경작하고 수확까지 하였다.
⑤ 2007. 11. 17.경 및 같은 달 20.경 갑은 M생강 밭에서 생강을 반출하였다.

【사건의 경과】

① 검사는 갑을 절도죄로 기소하였다.
② 갑의 피고사건은 제1심을 거친 후, 항소심에 계속되었다.
③ 항소심법원은 무죄를 선고하였다.
④ (항소심의 판단 이유는 판례 본문 참조)
⑤ 검사는 불복 상고하였다.

2. 2인 동업관계의 소유권 귀속관계

【대법원 요지】 두 사람으로 된 동업관계 즉, 조합관계에 있어 중 1인이 탈퇴하면 조합관계는 해산됨이 없이 종료되어 청산이 뒤따르지 아니하며 /
【대법원 요지】 조합원의 합유에 속한 조합재산은 남은 조합원의 단독소유에 속하고, /
【대법원 요지】 탈퇴자와 남은 자 사이에 탈퇴로 인한 계산을 하여야 한다.

3. 사안에 대한 대법원의 판단

【대법원 분석】 원심은, 제1심이 적법하게 채용한 증거들을 종합하여, /
【대법원 분석】 공소외인과 피고인이 2007년 초경 공동으로 이 사건 밭에 생강을 경작하여 그 이익을 분배하기로 약정하고, 2007. 4.경 함께 생강종자를 심고 생강농사를 시작하였는데, /
【대법원 분석】 공소외인과 피고인 사이에 불화가 생겨 2007. 6.경부터 공소외인이 이 사건 생강 밭에 나오지 않았으며, 그때부터 피고인 혼자 생강 밭을 경작하고 수확까지 한 사실을 인정한 다음, /
【대법원 판단】 공소외인이 2007. 6.경 묵시적으로 동업탈퇴의 의사표시를 한 것이라고 보아, 피고인이 2007. 11. 17.경 및 같은 달 20.경 이 사건 생강 밭에서 생강을 반출하여 이를 절취하였다는 이

사건 공소사실을 무죄라고 판단하였는바, /

【대법원 결론】 앞서 본 법리와 기록에 비추어 보면 이러한 원심의 판단은 정당한 것으로 수긍이 가고 거기에 상고이유의 주장과 같은 채증법칙 위반, 심리미진, 불법영득의사 및 추정적 승낙에 관한 법리오해 등의 위법이 없다. (상고 기각)

98도126

횡령죄와 정당한 반환거부 – 인정례
절도죄와 타인 소유 – 인정례
교회 분열 건축헌금 사건

1998. 7. 10. 98도126, 공 1998, 2174

☞ 582면

2006도4498

절도죄와 타인 소유 – 인정례
사기죄와 타인 소유 – 부정례
친정엄마 명의 자동차 사건

2007. 1. 11. 2006도4498, 공 2007, 317

1. 사실관계 및 사건의 경과

【사실관계 1】

① A남의 어머니는 B녀이다.
② 갑녀의 어머니는 을녀이다.
③ A남과 갑녀는 혼인신고를 하지 않은 상태에서 부부관계에 있었다.
④ B녀는 ㉠승용차를 구입하였다.
⑤ [㉠승용차는 A남과 갑녀가 타고 다녔다.]
⑥ B녀는 장애인에 대한 면세 혜택의 적용을 받도록 하기 위하여 사돈 을녀의 명의를 빌려 ㉠승용차를 등록하였다.

【사실관계 2】

① A남과 갑녀의 사실상 부부관계가 파탄상태에 이르렀다.
② [A남과 갑녀 사이에 재산분할에 관한 다툼이 발생하였다.]
③ [갑녀와 을녀는 ㉠승용차를 B녀가 며느리 갑녀에게 사준 것이라고 생각하였다.]
④ 갑녀는 을녀로부터 ㉠승용차를 가져가 매도할 것을 허락받았다.

⑤ 갑녀는 을녀로부터 ㉠승용차의 매도에 필요한 을녀의 인감증명 등 서류를 교부받았다.

【사실관계 3】

① B녀는 ㉠자동차를 P회사 앞길에 주차해 두었다.

② 2004. 6. 16. 16:00경 갑녀는 열쇠공을 통해 주차된 ㉠승용차의 문을 연 후 그대로 운전해 가져갔다.

③ 2004. 6. 23.경 갑녀는 ㉠승용차를 매도하기 위하여 Q자동차매매상사로 운전해 갔다.

④ 매매 과정에서 갑녀는 Q자동차매매상사 직원 C에게 을녀가 ㉠승용차의 소유자라고 말하였다.

⑤ 그러나 갑녀는 Q자동차매매상사 직원 C에게 ㉠승용차를 B녀 몰래 가져온 사실을 말하지 않았다.

⑥ 갑녀는 ㉠승용차를 Q회사의 직원 C에게 매도하고 즉석에서 그 대금으로 700만 원을 교부받았다.

⑦ 갑녀는 을녀의 인감증명 등 차량이전에 필요한 서류를 모두 구비하여 Q자동차매매상사의 직원 C에게 교부하였다.

⑧ Q자동차매매상사는 위 서류를 이용하여 ㉠승용차의 등록명의를 Q회사 명의로 이전하였다.

【사건의 경과】

① 검사는 갑녀를 다음의 공소사실로 기소하였다.

(가) ㉠승용차를 가져간 행위 : 절도죄

(나) ㉠승용차를 매도한 행위 : 사기죄

② 제1심법원은 다음과 같이 판단하였다.

(가) ㉠승용차를 가져간 행위 : 절도죄 : 유죄

(나) ㉠승용차를 매도한 행위 : 사기죄 : 유죄

③ 갑녀는 불복 항소하였다.

④ 항소심법원은 제1심판결을 파기하고, 다음과 같이 판단하였다.

(가) ㉠승용차를 가져간 행위 : 절도죄 : 무죄

(나) ㉠승용차를 매도한 행위 : 사기죄 : 무죄

⑤ (항소심의 판단 이유는 판례 본문 참조)

⑥ 검사는 불복 상고하였다.

2. 절도죄 부분 대한 판단

(1) 공소사실의 요지

【대법원 분석】 가. 원심은 먼저 /

【대법원 분석】 피고인은 경기 (차량번호 생략) 매그너스 승용차가 피해자 공소외 B가 구입한 것으로 위 피해자의 실질적인 소유이고, /

【대법원 분석】 다만 장애인에 대한 면세 혜택의 적용을 받기 위해 피고인의 어머니인 공소외 을의 명의를 빌려 등록한 것에 불과한 것임에도 불구하고, /

【대법원 분석】 2004. 6. 16. 16:00경 ○○시 ○○동에 있는 [P회사] 사무실 앞길에서, 열쇠공을 통해 위 피해자가 주차해 둔 위 승용차의 문을 연 후 그대로 위 승용차를 운전하여 가 위 피해자의 소

유인 위 승용차 시가 930만 원 상당을 절취하였다는 이 사건 공소사실에 대하여 /

(2) 사안에 대한 항소심의 판단

【항소심 판단】 다음과 같이 판단하여 유죄를 인정한 제1심판결을 파기하고, 무죄로 판단하였다.

【항소심 판단】 자동차관리법 제6조에 의하면, 자동차 소유권의 득실변경은 등록을 하여야 그 효력이 생기는 것이므로 그 등록이 없는 한 대외적 관계에서는 물론 당사자의 대내적 관계에 있어서도 그 소유권을 취득할 수 없다고 할 것인바, /

【항소심 판단】 그 판시 증거에 의하면, /

【항소심 판단】 피고인이 이 사건 승용차를 운전하여 가져갈 당시인 2004. 6. 16.경 위 승용차는 피고인의 어머니인 공소외 을의 명의로 등록된 상태였던 사실을 인정할 수 있으므로 이 사건 승용차는 위 일시경 위 공소외 을의 소유였다고 할 것이고, /

【항소심 판단】 한편 그 증거나 피고인과 공소외 을의 관계 등을 종합하여 보면, /

【항소심 판단】 피고인은 이 사건 당시 공소외 을로부터 위 승용차를 가져가 매도할 것을 허락받고 그녀의 인감증명 등을 교부받은 사실을 인정할 수 있고, /

【항소심 판단】 더욱이 그 증거에 의하여 인정되는 이 사건 승용차의 구입 및 등록 경위에 비추어 보면 공소외 을은 이 사건 승용차를 등록할 당시부터 위 승용차에 대한 처분권한을 딸인 피고인에게 일임하였던 것으로 보이므로 /

【항소심 판단】 피고인이 이 사건 승용차를 가져간 행위는 그 소유자의 승낙에 기한 것으로서 절도죄에 해당하지 않는다.

(3) 자동차의 소유권 귀속관계

【대법원 요지】 나. 자동차나 중기(또는 건설기계)의 소유권의 득실변경은 등록을 함으로써 그 효력이 생기고 그와 같은 등록이 없는 한 대외적 관계에서는 물론 당사자의 대내적 관계에 있어서도 그 소유권을 취득할 수 없는 것이 원칙이지만, /

【대법원 요지】 당사자 사이에 그 소유권을 그 등록 명의자 아닌 자가 보유하기로 약정하였다는 등의 특별한 사정이 있는 경우에는 그 내부관계에 있어서는 그 등록 명의자 아닌 자가 소유권을 보유하게 된다고 할 것이다.

(4) 사안에 대한 대법원의 판단

【대법원 판단】 그런데 만약 이 사건 공소사실과 같이 이 사건 승용차는 피해자 공소외 B가 구입한 것으로 위 피해자의 실질적인 소유이고, 다만 장애인에 대한 면세 혜택 등의 적용을 받기 위해 피고인의 어머니인 공소외 을의 명의를 빌려 등록한 것이고, /

【대법원 판단】 나아가 원심 판시와 같이 피고인이 이 사건 당시 공소외 을로부터 위 승용차를 가져가 매도할 것을 허락받고 그녀의 인감증명 등을 교부받은 뒤에 피고인이 이 사건 승용차를 위 피해자 몰래 가져갔다면, /

【대법원 판단】 피고인과 공소외 을의 공모 · 가공에 의한 절도죄의 공모공동정범이 성립된다고 보아야 한다.

【대법원 판단】 따라서 원심으로서는 우선 이 사건 승용차가 피해자 공소외 B가 구입한 것으로 위 피해자의 실질적인 소유이고, 다만 장애인에 대한 면세 혜택 등의 적용을 받기 위해 피고인의 어머니인 공소외 을의 명의를 빌려 등록한 것으로서 양자가 명의신탁관계에 있을 뿐인지, /
【대법원 판단】 아니면 피고인의 주장과 같이 피고인이 위 피해자로부터 단독으로 증여를 받거나 또는 그 밖에 위 피해자의 아들로서 피고인의 사실상의 전 남편이던 공소외 A와 공동으로 증여를 받은 것인지 등부터 심리한 뒤 위와 같은 절도죄의 공모공동정범이 성립되는지를 판단하였어야 할 것이다.
【대법원 결론】 그럼에도 불구하고, 원심은 이와 달리 그 판시와 같은 법리를 전제로 하여 이 점에 대하여는 심리 · 판단하지 아니한 채 피고인이 이 사건 승용차를 가져간 행위는 그 소유자인 공소외 을의 승낙에 기한 것으로서 절도죄에 해당하지 않는다고만 판단하였으니, /
【대법원 결론】 이 부분 원심의 판단에는 판결 결과에 영향을 미친 법리오해 등의 위법이 있다고 할 것이고, 따라서 이 점을 지적하는 상고이유의 주장은 이유 있다. (파기 환송)

3. 사기죄 부분에 대한 판단

(1) 공소사실의 요지

【대법원 분석】 가. 원심은 또 /
【대법원 분석】 피고인이 같은 해 6월 23일경 □□시 □□동 304-14에 있는 피해자 합자회사 Q자동차매매상사의 사무실에서 /
【대법원 분석】 위와 같이 절취한 위 승용차를 마치 피고인이 적법하게 처분할 권한이 있는 것처럼 행세하여 /
【대법원 분석】 이에 속은 위 회사의 직원에게 위 승용차를 매도하고 즉석에서 그 대금으로 700만 원을 교부받아 /
【대법원 분석】 이를 편취하였다는 이 사건 공소사실에 대하여도 /

(2) 사안에 대한 항소심의 판단

【항소심 판단】 다음과 같이 판단하여, 유죄를 인정한 제1심판결을 파기하고, 무죄로 판단하였다.
【항소심 판단】 피고인이 이 사건 승용차의 소유자로서 이를 적법하게 처분할 권한이 있는 공소외 을의 허락을 받아 위 승용차를 매도하게 되었음은 앞서 본 바와 같고, /
【항소심 판단】 그 판시 증거들을 종합하면, /
【항소심 판단】 피고인이 위 매도 당시 공소외 을의 인감증명 등 차량이전에 필요한 서류를 모두 구비하여 합자회사 Q자동차매매상사의 직원에게 교부하였고, 그 후 위 합자회사 Q자동차매매상사는 위 서류를 이용하여 이 사건 승용차의 등록명의를 위 회사의 명의로 이전하여 유효하게 소유권을 취득한 사실을 인정할 수 있으므로 /
【항소심 판단】 피고인이 이 사건 승용차를 매도할 당시 기망행위를 하였다고 볼 수 없고, /
【항소심 판단】 또 위 매매 당시 피고인이 위 승용차를 공소외 B 몰래 가져온 사실을 숨겼다고 할지라도 위 회사가 이 사건 승용차에 대한 권리를 취득하는 데에 아무런 법적인 장애가 없으므로 피고인

에게 거래관계에서 요구되는 신의칙에 반하는 기망행위가 있었다고 할 수 없다.

(3) 명의신탁과 소유권의 귀속

【대법원 판단】 나. 우선, 상고이유 제1점에 대한 판단에서 살펴본 바와 같이 원심 판단과 달리 피고인과 공소외 을 모두에게 절도죄의 공모공동정범이 성립될 여지가 있다. /

【대법원 요지】 그러나 예컨대 부동산의 명의수탁자가 부동산을 제3자에게 매도하고 매매를 원인으로 한 소유권이전등기까지 마쳐 준 경우, /

【대법원 요지】 명의신탁의 법리상 대외적으로 수탁자에게 그 부동산의 처분권한이 있는 것임이 분명하고, /

【대법원 요지】 제3자로서도 자기 명의의 소유권이전등기가 마쳐진 이상 무슨 실질적인 재산상의 손해가 있을 리 없으므로 그 명의신탁 사실과 관련하여 신의칙상 고지의무가 있다거나 기망행위가 있었다고 볼 수도 없어서 그 제3자에 대한 사기죄가 성립될 여지가 없고, /

【대법원 요지】 나아가 그 처분시 매도인(명의수탁자)의 소유라는 말을 하였다고 하더라도 역시 사기죄가 성립되지 않으며, /

【대법원 요지】 이는 자동차의 명의수탁자가 처분한 경우에도 마찬가지라고 할 것이다.

(4) 사안에 대한 대법원의 판단

【대법원 요지】 한편, 피고인이 설령 명의수탁자인 공소외 을와 공모하여 절취한 것이라고 하더라도 그 자체로 명의신탁관계가 종료되는 것은 아니고, 따로 명의신탁자의 명의신탁 해지의 의사표시가 있어야 종료될 것이며, /

【대법원 요지】 더욱이 명의신탁을 해지하더라도 그 등록이 말소, 이전되기 전까지는 명의수탁자의 처분행위가 유효한 것이다. /

【대법원 판단】 따라서 피고인이 설령 이 사건 공소사실 기재와 같은 경위로 이 사건 승용차를 가지고 왔고, 그것이 절도죄에 해당될 수 있으며, /

【대법원 판단】 나아가 피고인이 그와 같이 위 승용차를 처분하면서 위 승용차가 명의신탁된 것임을 고지하지 않고, 위 공소외 을의 소유라는 말을 하는 등으로 피고인이 대외적으로 적법하게 처분할 권한이 있는 것처럼 행세하여 매도하였다고 하더라도 /

【대법원 판단】 그 매수인을 피해자로 하는 사기죄가 성립된다고 할 수 없다.

【대법원 결론】 이 부분 원심의 판단은 위와 그 이유를 일부 달리 하고 있지만, 이 부분 공소사실에 대하여 무죄로 판단한 그 결론은 정당하고, 거기에 상고이유의 주장과 같이 판결 결과에 영향을 미친 법리오해 등의 위법이 있다고 할 수 없다. (상고 기각)

64도209

절도죄와 타인 점유 – 부정례
물 품어 올리기 사건

1964. 6. 23. 64도209, 집 12①, 형48

1. 사실관계 및 사건의 경과

【사실관계】

① M지역에는 P수리조합이 있다.
② P수리조합의 규칙에는 다음과 같이 규정되어 있다.
  (가) 조합원은 누구나 수로에 있는 물을 자기 논에 넣어 관개에 이용할 수 있다.
  (나) 어떤 조합원이라도 수로를 막아서 물을 사용할 수 없다.
③ 갑과 A는 P수리조합의 조합원이다.
④ 갑의 논은 A의 논보다 위쪽에 있다.
⑤ A는 P수리조합의 규칙에 위반하여 특별히 ㉠공작물을 시설하여 물을 저수하였다.
⑥ 갑은 A 몰래 ㉠공작물에 저수된 물을 자기 논에 품어 넣었다.

【사건의 경과】

① 검사는 갑을 절도죄로 기소하였다.
② 갑의 피고사건은 제1심을 거친 후, 항소심에 계속되었다.
③ 항소심법원은 무죄를 선고하였다.
④ 검사는 불복 상고하였다.
⑤ (검사의 상고이유는 판례 본문 참조)

2. 상고이유의 요지

【대법원 분석】 전주지방검찰청 검사장 대리 검사의 상고이유의 요지는 /

【대법원 분석】 피해자인 공소외 A가 특별한 공작물을 시설하여 저수한 것에 대하여 소유권이 없다 하여도 타인이 지배하는 물건인 만큼 절도죄의 객체가 되며 /

【대법원 분석】 토지개량조합 규칙에 위배되는 행위로써 저수하였다 하여도 사실상 지배하는 물이니 절도죄의 객체가 되는 것이고 /

【대법원 분석】 피고인은 물을 쓰지 아니하고 밑으로 흘러 내려간 것이니 그 물의 사용을 포기한 것이며 /

【대법원 분석】 피해자가 저수해 놓은 물을 밤중에 피해자 모르는 사이에 자기 논에 품어 넣는 행위는 적법한 수리권행사라고 볼 수 없다는 것이다.

3. 사안에 대한 대법원의 판단

【대법원 분석】 그러나 원심의 확정한 사실에 의하면 /
【대법원 분석】 조합원은 누구나 수로에 있는 물을 자기 논에 넣어 관개에 이용할 수 있고 /
【대법원 분석】 어떤 조합원이라도 수로를 막아서 물을 사용할 수 없다는 것이므로 /
【대법원 판단】 피해자가 자기논에 물을 품어 넣기 위하여 특수한 공작물을 설치하여 저수하였다 하여도 그 /
【대법원 판단】 물이 물을 막은 사람의 사실상이나 법률상 지배하는 것이 되지 못한다고 인정되므로 /
【대법원 판단】 이 물은 절도죄의 객체가 되지 못한다 할 것이고 /
【대법원 판단】 피고인의 행위가 적법한 수리권의 행사 여부에 대하여서는 절도죄가 성립되지 아니하는 이 사건에서 문제가 되지 않는다 할 것이다.
【대법원 결론】 따라서 피해자가 저수한 물이 절도죄의 객체가 된다는 것을 전제로 하는 논지는 채택될 수 없다. (상고 기각)

2008도3252

절도죄와 타인 점유 – 부정례
대형냉장고 전기 사건

2008. 7. 10. 2008도3252, 공 2008하, 1210

1. 사실관계 및 사건의 경과

【사실관계】
① 갑은 A로부터 P식당 건물을 임차하였다.
② A는 갑에게 임대계약 종료를 원인으로 P식당 건물의 명도요구를 하였다.
③ 2006. 9. 3.경 갑은 A의 요구를 받고 P식당 건물에서 퇴거하였다.
④ 갑은 P식당 건물 외벽 쪽에 설치하여 사용하던 ㉠대형냉장고를 그 전원이 연결되어 있는 상태로 두었다.
⑤ A측은 갑의 퇴거 직후 명도상황을 점검하면서 ㉠대형냉장고가 전원이 연결된 상태로 존치되어 있는 것을 확인하였다.
⑥ A측은 갑에게 ㉠대형냉장고의 철거를 요구하였다.
⑦ 2006. 10.경 갑은 ㉠대형냉장고를 철거하였다.
⑧ 그 기간 동안 전기사용료는 22,965원가량이었다.

【사건의 경과】

① 검사는 갑을 [특수]절도죄로 기소하였다.

② 갑의 피고사건은 제1심을 거친 후, 항소심에 계속되었다.

③ 항소심법원은 유죄를 인정하였다.

④ 갑은 불복 상고하였다.

2. 절취 개념과 점유의 판단방법

【대법원 요지】 절취란 타인이 점유하고 있는 재물을 점유자의 의사에 반하여 그 점유를 배제하고 자기 또는 제3자의 점유로 옮기는 것을 말하고, /

【대법원 요지】 어떤 물건이 타인의 점유하에 있다고 할 것인지의 여부는, 객관적인 요소로서의 관리범위 내지 사실적 관리가능성 외에 주관적 요소로서의 지배의사를 참작하여 결정하되 /

【대법원 요지】 궁극적으로는 당해 물건의 형상과 그 밖의 구체적인 사정에 따라 사회통념에 비추어 규범적 관점에서 판단하여야 한다.

3. 사안에 대한 대법원의 판단

【대법원 분석】 원심판결 이유를 기록에 비추어 검토하여 보면, /

【대법원 분석】 피고인은 피해자로부터 임대계약 종료를 원인으로 한 명도요구를 받고 2006. 9. 3.경 이 사건 식당 건물에서 퇴거하기는 하였으나, 이 사건 식당 건물 외벽 쪽에 설치하여 사용하던 대형냉장고는 그 전원이 연결되어 있는 상태로 둔 사실, /

【대법원 분석】 피해자측은 피고인의 퇴거 직후 명도상황을 점검하면서 위 대형냉장고가 전원이 연결된 상태로 존치되어 있는 것을 확인하고 피고인에게 그 철거를 요구하였으며, /

【대법원 분석】 이에 따라 피고인이 2006. 10.경 위 대형냉장고를 철거하였는데, 그 기간 동안 전기사용료가 22,965원가량인 사실을 각 인정할 수 있다.

【대법원 판단】 사실관계가 이와 같다면, /

【대법원 판단】 비록 피고인이 이 사건 식당 건물에서 퇴거하기는 하였으나, 위 대형냉장고의 전원을 연결한 채 그대로 둔 이상 그 부분에 대한 점유 · 관리는 그대로 보유하고 있었다고 보아야 하며, /

【대법원 판단】 피고인이 위 대형냉장고를 통하여 전기를 계속 사용하였다고 하더라도 이는 당초부터 자기의 점유 · 관리하에 있던 전기를 사용한 것에 불과하고, 타인의 점유 · 관리하에 있던 전기를 사용한 것이라고 할 수는 없고, /

【대법원 판단】 피고인에게 절도의 범의가 있었다고도 할 수 없으므로 피고인을 절도죄로 의율할 수는 없다고 할 것이다.

【대법원 결론】 그럼에도 불구하고, 원심은 피고인의 위 전기사용행위가 절도죄에 해당한다고 판단하였으니, 원심판결에는 절도죄에 관한 법리를 오해하여 판결 결과에 영향을 미친 위법이 있고, 이 점을 지적하는 상고이유의 주장은 이유 있다. (파기 환송)

88도409

점유이탈물횡령죄와 점유이탈 – 부정례
당구장 금반지 사건

1988. 4. 25. 88도409, 공 1988, 930

☞ 604면

99도3963

점유이탈물횡령죄와 점유이탈 – 인정례
지하철 분실물 사건

1999. 11. 26. 99도3963, 공 2000, 118

☞ 603면

80도509

절도죄와 점유의사 – 부정례
맹씨 망부석 사건

1981. 8. 25. 80도509, 공 1981, 14307

1. 사실관계 및 사건의 경과

【사실관계 1】

① P임야 내에는 맹씨 성을 가진 사람의 Q분묘가 있었다.

② Q분묘에는 ㉠망부석이 있었다.

③ 맹씨 성을 가진 사람의 후손들은 30~40년 전에 ㉠망부석 등을 버려둔 채 분묘만을 다른 곳으로 옮겨갔다.

④ 오랜 세월이 지나는 사이에 ㉠망부석은 그 반 이상이 흙 속에 묻혀 있었다.

⑤ 1967. 12. 30. A는 P임야의 소유권을 취득하였다.

⑥ 1978. 12. 13. P임야는 B의 소유로 이전등기가 경료되었다.

【사실관계 2】

① 갑은 P임야의 산지기이다.

② 갑은 선대로부터 P임야를 관리해 왔다.

③ [B는 P임야를 부동산 투기 목적으로 취득하였다.]

④ [B는 P임야를 취득한 다음 현지에 가보지도 아니한 상태에서 산지기 갑에게 전화로 다음과 같이 말

하였다.]

(가) [나는 P임야의 지가앙등에만 관심이 있다.]

(나) [P임야 내의 모든 관리처분은 갑이 알아서 하라.]

⑤ (이상은 필자가 구성한 가상적 대화임. 판례 본문 가운데 산주 B의 확인서 참조)

【사실관계 3】

① [정은 골동품 전문가이다.]

② [정은 ㉠망부석이 고가에 해당하는 물건임을 알았다.]

③ 정은 중간 소개인 을과 병을 내세워 갑으로부터 ㉠망부석을 매입하였다.

【사건의 경과】

① 검사는 갑, 을, 병, 정을 특수절도죄로 기소하였다.

② [제1심법원은 유죄를 인정하였다.]

③ [갑, 을, 병은 항소하지 않았다.]

④ [정은 불복 항소하였다.]

⑤ 항소심법원은 ㉠망부석이 무주물이라는 이유로 무죄를 선고하였다.

⑥ (항소심의 판단 이유는 판례 본문 참조)

⑦ 검사는 불복 상고하였다.

2. 사안에 대한 대법원의 분석

【대법원 분석】 기록을 검토하여 보니, /

【대법원 분석】 피고인 및 제1심 공동피고인 등이 이 사건에서 절취하였다고 하는 망부석은 의정부시 ○○동 산87번지 임야 내에 있던 맹씨 성을 가진 사람의 분묘에 부속된 묘의 장구였는데 /

【대법원 분석】 그 후손들이 30~40년 전에 위 망부석 등을 버려둔 채 분묘만을 다른 곳으로 옮겨가는 바람에 오랜 세월이 지나는 사이에 그 반 이상이 흙 속에 묻혀 있었으며, /

【대법원 분석】 위 임야의 소유권은 1967. 12. 30 공소외 A가 취득했다가 1978. 12. 13 같은 B의 소유로 이전등기가 경료되었음이 명백하고, /

3. 사안에 대한 항소심의 판단

【항소심 판단】 원심판결 이유에 의하면 원심은 /

【항소심 판단】 위 망부석이 임야에 방치되어 오랜 세월이 지나면서 그 일부가 흙 속에 묻힌 채 산주나 분묘의 후손들이 현실적 또는 묵시적 소유의사를 표시한 바 없이 그 임야의 관리인인 제1심 공동피고인 갑이 그의 선대를 거쳐 사실상 위 망부석을 점유하여 오다가 /

【항소심 판단】 중간소개인인 제1심 공동피고인 을, 병 등을 통하여 피고인에게 이를 매도한 사실을 인정한 다음, /

【항소심 판단】 그렇다면 위 망부석은 그 소유자인 후손들이 소유권을 포기한 무주물이고, /

【항소심 판단】 그 일부가 흙속에 묻혔다 하여 임야의 일부 또는 임야의 정착물로 되어 그 성질을 달리하였다 할 수 없으므로 피고인 등이 이를 영득하였다 하여 곧바로 절도죄가 성립하는 것이 아니라고

판단하고 있다.

4. 사안에 대한 대법원의 판단

(1) 절도죄의 점유 판단기준

【대법원 요지】 살피건대, 절도죄란 재물에 대한 타인의 사실상의 지배 즉 소지를 침해함으로써 성립하는 것인바, /

【대법원 요지】 어느 누가 재물을 사실상 지배하느냐 하는 것은 재물의 크기, 형상, 개성의 유무, 시간적, 장소적 관계 등을 종합하여 사회통념에 비추어 결정해야 할 것이고, /

【대법원 요지】 객관적으로 어떤 사람이 재물을 사실상 지배하고 있다고 인정되는 이상 다른 특별한 사정이 없는 한 그 사람은 그 재물에 대한 지배의사를 가지고 있다고 봄이 상당하다 할 것이다.

(2) 소유권자의 점유의사

【대법원 판단】 그런데 이 사건에 관하여 보면 /

【대법원 판단】 위 분묘를 그 후손들이 30~40년 전에 이장하면서 위 망부석을 그 곳에 방치하여 그 소유권을 포기한 것으로 인정되기 때문에 그 순간 무주물로 되었다 함은 원심이 판단한 바와 같고, /

【대법원 판단】 또 망부석이 임야의 소유권과 독립한 별개의 소유권의 대상이 된다고 하더라도 /

【대법원 판단】 소유권자가 소유권을 포기하는 의사로 이를 방기한 후 수십 년의 세월이 흐르는 사이에 그 일부가 흙속에 묻혀져 그 임야내의 다른 토석과 같이 취급되면서 그 임야의 소유권이 공소외 A를 거쳐 B에게 넘어가는 등 전전 매매되었다면 /

【대법원 판단】 특단의 사정이 없는 한 위 임야의 소유권을 취득하게 되는 자는 구체적으로 그 임야내에 있는 망부석의 존재를 인식하지 못하고 있는 경우라 하더라도 위 망부석을 사실상 지배하고 있다고 할 것임은 소론과 같다.

(3) 점유의사의 배제와 특별한 사정

【대법원 판단】 그러나 이 사건에 있어서와 같이 버려진 망부석이 그 형체를 완전히 갖추고 있는 특정물로서 망부석 자체로서 매매의 대상이 되고 있고, /

【대법원 판단】 동 망부석이 묘의 장구로서 묘주의 소유에 속하는 것인데 묘는 이장하고, 망부석만이 30여 년간 방치된 상태에 있어 외형상 그 소유자가 방기한 것으로 보아 이와 같은 경우 그 물건은 산주의 추상적, 포괄적 소지에 속한다고 본다 하더라도 /

【대법원 판단】 그 망부석이 존재하는 임야의 소유자가 망부석을 사실상 지배할 의사가 없음을 표시한 경우까지도 그의 소지에 속한다고 할 수는 없다 할 것인바, /

【대법원 분석】 기록에 의하면(B 작성 확인서기록 제49정) 이 임야의 이 사건 당시 소유자였던 공소외 B는 위 망부석에 대한 소지의 의사가 없었음을 명백히 하고 동 임야의 관리인인 제1심 공동피고인 갑의 매매처분 등 일체의 행위를 간섭하지 않기로 하였다는 의사를 표명하고 있어 그의 소지하에 있다고 볼 수는 없는 것이므로 /

【대법원 판단】 위 망부석은 임야의 관리인으로서 사실상 점유하여 온 위 제1심 공동피고인 갑의 소

지하에 있는 것으로 못볼바 아니다.

(4) 사안에 대한 대법원의 결론

【대법원 결론】 이와 같이 물건의 소지에 관한 특별한 사정이 있는 이 사건에 있어서 제1심 공동피고인 갑이 이 물건을 처분한 사실을 가지고 곧 타인의 재물을 절취하였다고 볼 수 없다 하여 무죄를 선고한 원심의 조치는 정당한 것으로 수긍이 되고, /

【대법원 결론】 따라서 동인과 같이 이를 영득한 피고인의 소위도 절도로 의율할 수는 없다 할 것이고, 거기에 논지와 같은 물[物]의 소유권 내지 점유에 관한 법리를 오해하여 판결에 영향을 미쳤다는 논지는 채용할 수 없다. (상고 기각)

【코멘트】 본 판례는 절도죄의 성립요건 가운데 하나인 점유의 성립요소를 잘 보여주고 있다. 절도죄의 점유는 객관적 요소인 사실상의 지배상태와 주관적 요소인 지배의사로 구성된다. 본 판례는 이 가운데 점유의 지배의사가 가지는 의미를 뚜렷하게 보여주고 있다는 점에서 주목된다.

본 판례의 사안에서는 오래 된 고분의 ㉠망부석이 절도죄의 객체로서 문제되고 있다. ㉠망부석은 오랜 기간이 경과하는 사이에 흙속에 반쯤 묻혀진 상태로 놓여 있다. 산지기 갑은 ㉠망부석을 캐내어 정에게 팔았다. 이러한 과정은 모두 갑, 을, 병, 정이 함께 짜고 한 것이었다. 검사는 이들의 행위에 대해 갑 등을 특수절도죄(합동절도)로 기소하고 있다.

특수절도죄가 성립하려면 먼저 절도죄의 성립요건이 구비되어야 한다. 이를 위해서는 객관적으로 ㉠망부석이 타인 소유, 타인 점유에 해당하는 물건이어야 한다. 그런데 과연 본 사안에서 이러한 요건이 구비될 것인가?

이에 대해 항소심법원은 ㉠망부석의 소유권 부분에 주목하여 다음의 논지를 전개한다. (가) ㉠망부석은 그 소유자인 후손들이 소유권을 포기한 무주물이다. (나) ㉠망부석의 일부가 흙속에 묻혔다 하여 ㉠망부석이 임야의 일부 또는 임야의 정착물로 되는 것은 아니다. (다) 따라서 ㉠망부석은 P임야 소유주 B의 재물이라고 할 수 없다. (다) 결국 갑 등은 무수물을 영득하였으므로 절도죄가 성립하지 않는다.

이러한 항소심의 판단에 대해 검사는 불복 상고하고 있다. 검사의 상고이유를 재구성해 본다면 대체로 다음과 같다. (가) ㉠망부석은 P임야의 흙속에 반쯤 묻혀 토석과 마찬가지로 취급되고 있다. (나) ㉠망부석은 토석과 마찬가지로 P임야의 일부이다. (다) 그렇다면 ㉠망부석은 P임야 소유권자의 소유에 속한다. (라) 사회통념상 부동산의 소유자는 부동산 내의 토석 등에 대해 사실상의 지배(즉 점유)를 가진다. (마) 사회통념상 부동산의 소유자는 부동산 부착물에 대해 지배의사를 가지고 있는 것으로 인정된다. (바) 이 경우 부동산의 부착물에 대해 소유자가 구체적 인식을 하지 않더라도 지배의사는 인정된다. (사) ㉠망부석은 P임야 소유주의 소유에 속한다. (아) ㉠부동산은 사회통념상 P임야 소유주의 점유에 속한다. (자) 그렇다면 갑 등에게는 절도죄가 성립한다.

검사의 상고이유에 대해 대법원은 먼저 ㉠망부석이 무주물이라는 항소심의 판단을 긍정한다. 나아가 대법원은 ㉠망부석이 P임야에 부착하여 P임야 소유자의 소유에 속한다는 검사의 주장이 타당하다는 가정하에 검토를 계속한다. ㉠망부석이 타인 소유에 속한다고 가정한다면 이제 논의는 절도죄의 점유 부분으로 옮겨가게 된다. 이와 관련한 대법원의 논리전개 과정을 정리한다면 대체로 다음과 같다.

(가) 절도죄의 점유는 물건에 대한 사실상 지배이다. (나) 사실상 지배는 객관적인 지배상태와 주관적인 지배의사로 구성된다. (다) 사실상 지배 여부는 사회통념에 따라서 결정한다. (라) 사회통념상 객관적으로 사실상 지배가 인정되면 다른 특별한 사정이 없는 한 지배의사가 인정된다. (마) 사회통념상 부동산의 소유자는 부동산 부착물에 대해 사실상 지배를 가진다. (바) 그러나 특별한 사정이 있으면 객관적인 지배상태에도 불구하고 지배의사가 부정될 수 있다. (사) 본 사안의 경우에는 P임야 소유주 B의 확인서가 특수한 사정으로 주목된다. (아) B는 합의서를 통하여 지배의사가 없음을 분명히 하고 있다. (자) B에게 지배의사가 없으므로 ㉠망부석은 타인의 점유에 속하는 재물이라고 할 수 없다. (차) 결론적으로 갑 등에 대해 절도죄의 성립을 부정한 항소심의 판단은 타당하다.

요컨대 대법원은 (가) ㉠망부석은 무주물이어서 절도죄가 성립하지 않으며, (나) 설사 ㉠망부석을 산주 B의 소유라고 할지라도 B에게 사실상 지배가 인정되지 않아서 절도죄가 성립하지 않는다는 결론에 이른다. 즉 ㉠망부석은 타인 소유도 아니고 타인 점유도 아니어서 절도죄가 인정되지 않는다는 것이다.

93도2143

절도죄와 사자의 점유 – 인정례
자취방 살해 사건

1993. 9. 28. 93도2143, 공 1993, 3023

1. 사실관계 및 사건의 경과

【사실관계】

① 갑은 A의 자취방에서 A를 살해하였다.

② 갑은 A의 자취방에서 사망한 A 곁에 4시간 30분쯤 있었다.

③ 갑은 그러다가 A의 자취방 벽에 걸려있던 A가 소지하던 ㉠물건들을 영득의 의사로 가지고 나왔다.

【사건의 경과】

① 검사는 갑이 ㉠물건들을 들고 나온 행위에 대해 절도죄로 기소하였다.

② 갑의 피고사건은 제1심을 거친 후, 항소심에 계속되었다.

③ 항소심법원은 절도죄의 유죄를 인정하였다.

④ 갑은 불복 상고하였다.

⑤ 갑은 상고이유로, 항소심법원이 점유이탈물횡령의 범행을 절도로 오인한 잘못을 범하였다고 주장하였다.

2. 사안에 대한 대법원의 판단

【대법원 분석】 또한 위 증거들에 의하면 /

【대법원 분석】 피고인이 피해자를 살해한 방에서 사망한 피해자 곁에 4시간 30분쯤 있다가 그 곳 피해자의 자취방 벽에 걸려있던 피해자가 소지하는 원심판시 물건들을 영득의 의사로 가지고 나온 사실이 인정되는바, /

【대법원 요지】 이와 같은 경우에 피해자가 생전에 가진 점유는 사망 후에도 여전히 계속되는 것으로 보아 이를 보호함이 법의 목적에 맞는 것이라고 할 것이고, /

【대법원 판단】 따라서 피고인의 위 행위는 피해자의 점유를 침탈한 것으로서 절도죄에 해당하므로, /

【대법원 결론】 원심판결에 채증법칙을 위반하여 점유이탈물횡령의 범행을 절도로 오인한 잘못이나 절도죄의 고의에 관한 법리를 오해한 위법이 있다는 논지는 받아들일 수 없다. (상고 기각)

2010도6334

절도죄와 타인 점유 – 부정례
사망 동거남 가방 사건

2012. 4. 26. 2010도6334, 공 2012상, 940

1. 사실관계 및 사건의 경과

【사실관계 1】

① 갑은 A와 내연관계에 있어 P아파트에서 함께 거주하였다.
② A에게는 그의 전처 E와의 사이에 낳은 자식 C와 D가 있다.
③ C와 D는 E와 함께 다른 곳에서 거주 · 생활하고 있다.
④ 2005. 8. 23.경 A가 갑자기 사망하였다.
⑤ A의 형 F는 갑에게 P아파트 문을 열어 달라고 요구하였다.
⑥ 갑은 F의 요구를 거절하였다.
⑦ 2005. 8. 26.경 갑은 P아파트에서 A가 가지고 있던 ㉠가방을 가지고 가버렸다.

【사실관계 2】

① ㉠가방에는 다음과 같은 문서들이 들어 있었다.
(가) ⓐ부동산 등기권리증 1장
(나) ⓑ부동산 지분 등기권리증 1장
(다) ⓒ아파트 등기권리증 1장
(라) ⓓ아파트 분양계약서 1장
(마) ⓔ상가 임대차계약서 1장
(바) B에 대한 차용증 1장
② 2005. 8. 29.경 F는 P아파트 현관문의 열쇠를 교체하였다.
③ 이 사이에 C와 D가 P아파트나 그곳에 있던 ㉠가방의 인도를 요구한 일은 없다.

【사건의 경과】
① 검사는 갑을 절도죄로 기소하였다.
② (공소사실의 요지는 판례 본문 참조)
③ 제1심법원은 유죄를 인정하였다.
④ 갑은 불복 항소하였다.
⑤ 항소심법원은 항소를 기각하고, 제1심판결을 유지하였다.
⑥ (항소심의 판단 이유는 판례 본문 참조)
⑦ 갑은 불복 상고하였다.

2. 공소사실의 요지

【대법원 분석】 1. 이 사건 공소사실의 요지는 다음과 같다.
【대법원 분석】 피고인은 공소외 A와 사실혼관계에 있으면서 의정부시 ○○동 576 ○○1차 ○○아파트 (동호수 생략)(이하 '이 사건 아파트'라고 한다)에서 공소외 A와 동거하였다. /
【대법원 분석】 공소외 A가 2005. 8. 23.경 갑작스럽게 사망하자 /
【대법원 분석】 피고인은 같은 달 26일경 이 사건 아파트에서 /
【대법원 분석】 동두천시 지행동 소재 부동산, 동두천시 송내동 소재 부동산 지분 및 이 사건 아파트 등에 관한 등기권리증 3장, 양주시 소재 ○○에버빌 아파트에 관한 분양계약서 1장, 서울 중구 ○○동 소재 ○○○○패션타운상가에 관한 임대차계약서 1장 및 공소외 B에 대한 차용증 1장이 들어 있는 가방 /
【대법원 분석】 (이하 '이 사건 가방'이라고 한다)을 가지고 갔다. /
【대법원 분석】 그러나 위의 서류들이 들어 있는 이 사건 가방은 피해자 공소외 C 및 공소외 D가 공소외 A로부터 상속받아 그들의 소유에 속하게 된 것으로서, /
【대법원 분석】 위와 같이 하여 피고인은 그가 이 사건 가방을 절취하였다는 것이다.

3. 사안에 대한 항소심의 판단

【항소심 판단】 2. 이에 대하여 원심은 다음과 같은 이유로 피고인의 절도죄를 인정하였다.
【항소심 판단】 즉, 형법상 점유의 상속은 인정되지 아니한다. /
【항소심 판단】 그러나 공소외 A의 사망으로 이 사건 가방이 있던 이 사건 아파트의 소유권이 상속인들에게 이전되어 상속인들이 이 사건 아파트에 관한 지배 · 관리권을 취득한 이상, /
【항소심 판단】 상속인들이 그 안에 있던 위 가방의 존재를 구체적으로 인식하지 못하였더라도 위 가방을 점유하게 되었다고 봄이 상당하다. /
【항소심 판단】 결국 피고인이 이 사건 가방을 가지고 간 행위는 상속인들의 소유권뿐만 아니라 그 점유를 침해한 것으로서 절도죄에 해당한다는 것이다.

4. 절도죄의 점유와 민법상 점유의 구별

【대법원 판단】 3. 그러나 원심의 판단은 수긍할 수 없다.
【대법원 요지】 가. 절도죄란 재물에 대한 타인의 점유를 침해함으로써 성립하는 것이다. /

【대법원 요지】 여기서의 '점유'라고 함은 현실적으로 어떠한 재물을 지배하는 순수한 사실상의 관계를 말하는 것으로서, /

【대법원 요지】 민법상의 점유와 반드시 일치하는 것이 아니다. /

【대법원 요지】 물론 이러한 현실적 지배라고 하여도 점유자가 반드시 직접 소지하거나 항상 감수(監守)하여야 하는 것은 아니고, /

【대법원 요지】 재물을 위와 같은 의미에서 사실상으로 지배하는지 여부는 /

【대법원 요지】 재물의 크기 · 형상, 그 개성의 유무, 점유자와 재물과의 시간적 · 장소적 관계 등을 종합하여 사회통념에 비추어 결정되어야 한다.

【대법원 요지】 그렇게 보면 종전 점유자의 점유가 그의 사망으로 인한 상속에 의하여 당연히 그 상속인에게 이전된다는 민법 제193조는 /

【대법원 요지】 절도죄의 요건으로서의 '타인의 점유'와 관련하여서는 적용의 여지가 없고, /

【대법원 요지】 재물을 점유하는 소유자로부터 이를 상속받아 그 소유권을 취득하였다고 하더라도 /

【대법원 요지】 상속인이 그 재물에 관하여 위에서 본 의미에서의 사실상의 지배를 가지게 되어야만 이를 점유하는 것으로서 /

【대법원 요지】 그때부터 비로소 상속인에 대한 절도죄가 성립할 수 있다.

5. 사안에 대한 대법원의 판단

【대법원 분석】 나. 기록에 의하면, /

【대법원 분석】 피고인이 공소외 A와 내연관계에 있어 그의 사망 전부터 이 사건 아파트에서 공소외 A와 함께 거주한 사실, /

【대법원 분석】 공소외 A가 그 전처 공소외 E와의 사이에 얻은 자식인 공소외 C 및 공소외 D는 이 사건 아파트에서 전혀 거주한 일이 없고 공소외 E와 같이 다른 곳에서 거주 · 생활하여 왔으나, 공소외 A의 사망으로 이 사건 아파트 등의 소유권을 상속한 사실, /

【대법원 분석】 공소외 C 및 공소외 D가 공소외 A가 사망한 후 피고인이 이 사건 아파트로부터 이 사건 가방을 가지고 가기까지 그들의 소유권 등에 기하여 이 사건 아파트 또는 그곳에 있던 이 사건 가방의 인도 등을 요구한 일이 전혀 없는 사실, /

【대법원 분석】 다만 공소외 A의 형인 공소외 F가 피고인에게 이 사건 아파트의 문을 열어 달라고 요구하였다가 거부당하자 2005. 8. 29.경 이 사건 아파트 현관문의 열쇠를 교체한 사실을 인정할 수 있다.

【대법원 판단】 그렇다면 피고인이 이 사건 아파트에서 이 사건 가방을 들고 나온 2005. 8. 26.경에 공소외 C 및 공소외 D가 이 사건 아파트에 있던 이 사건 가방을 사실상 지배하여 이를 점유하고 있었다고 볼 수 없고, /

【대법원 판단】 따라서 그렇다면 피고인이 이 사건 가방을 가지고 간 행위가 공소외 C 등의 이 사건 가방에 대한 점유를 침해하여 절도죄를 구성한다고 할 수 없다.

【대법원 결론】 그럼에도 원심이 그 판시와 같은 이유로 피고인이 이 사건 가방을 들고 나온 것이 피해자들의 이 사건 가방에 대한 점유를 침해한 것이라고 인정한 제1심판결을 그대로 유지한 것에는 절

도죄에서의 점유에 관한 법리를 오해하거나 논리와 경험칙에 반하여 사실을 잘못 인정하여 판결에 영향을 미친 위법이 있다 할 것이다. 이를 지적하는 상고이유의 주장은 이유 있다. (파기 환송)

2007도1375

절도죄와 절취 – 인정례
강취카드 대 갈취카드 사건

2007. 5. 10. 2007도1375, 공 2007, 930

1. 사실관계 및 사건의 경과

【사실관계】

① 갑과 을은 A에게 폭행 · 협박을 가하여 ㉠은행현금카드를 강취하고 카드 비밀번호를 알아내었다.
② 갑과 을은 P우체국에서 ㉠현금카드를 이용하여 돈을 인출하기로 하였다.
③ 갑은 P우체국 밖에서 망을 보았다.
④ 을은 P우체국에 설치되어 있는 P우체국이 관리하는 현금자동지급기에 강취한 ㉠현금카드를 집어넣고, 비밀번호를 입력하여 6회에 걸쳐 현금 420만 원을 인출하였다.
⑤ 갑과 을은 같은 수법으로 B로부터 강취한 ㉡현금카드를 이용하여 Q새마을금고의 현금자동지급기로부터 3회에 걸쳐 현금 163만 원을 인출하였다.

【사건의 경과】

① 검사는 갑과 을을 다음의 공소사실로 기소하였다.
 (가) 카드 빼앗은 행위 : 특수강도
 (나) 현금인출행위 : 특수절도
② 갑과 을의 피고사건은 제1심을 거친 후, 항소심에 계속되었다.
③ 항소심법원은 다음과 같이 판단하였다.
 (가) 카드 빼앗은 행위 : 특수강도 : 유죄
 (나) 현금인출행위 : 특수절도 : 무죄
④ (항소심의 판단 이유는 판례 본문 참조)
⑤ 검사는 무죄 부분에 불복 상고하였다.

2. 공소사실의 요지

【대법원 분석】 가. 원심은, 이 사건 공소사실 중 /
【대법원 분석】 "피고인들은 합동하여 2006. 3. 3. 14:59경 부산 동래구 소재 P우체국에서, /
【대법원 분석】 피고인 갑은 위 우체국 밖에서 망을 보고, /
【대법원 분석】 피고인 을은 그곳에 설치되어 있는 피해자 [P]우체국이 관리하는 현금자동지급기에

같은 날 공소외 A로부터 강취한 국민은행 현금카드를 집어넣고, /

【대법원 분석】 공소외 A를 협박하여 알아낸 비밀번호를 입력하여 6회에 걸쳐 현금 420만 원을 인출하여 /

【대법원 분석】 절취하고, /

【대법원 분석】 피고인들은 공모하여 /

【대법원 분석】 2006. 4. 19. 14:35경 구미시 소재 Q새마을금고에서, /

【대법원 분석】 피고인 을이 그곳에 설치되어 있는 피해자 Q새마을금고가 관리하는 현금자동지급기에 같은 날 공소외 B로부터 강취한 농협 현금카드를 집어넣고, /

【대법원 분석】 공소외 B를 협박하여 알아낸 비밀번호를 입력하여 3회에 걸쳐 현금 163만 원을 인출하여 /

【대법원 분석】 절취하였다."는 /

【대법원 분석】 부분에 대하여 무죄를 선고하였다.

3. 사안에 대한 항소심의 판단

【항소심 판단】 원심의 무죄 이유의 요지는, /

【항소심 판단】 예금주인 현금카드 소유자를 협박하여 그 카드를 강취하였고, /

【항소심 판단】 하자 있는 의사표시이기는 하지만 피해자의 승낙에 의하여 현금카드를 사용할 권한을 부여받아 이를 이용하여 현금을 인출한 이상, /

【항소심 판단】 피해자가 그 승낙의 의사표시를 취소하기까지는 현금카드를 적법 · 유효하게 사용할 수 있고, /

【항소심 판단】 은행의 경우에도 피해자의 지급정지 신청이 없는 한 /

【항소심 판단】 피해자의 의사에 따라 그의 계산으로 적법하게 예금을 지급할 수밖에 없는 것이므로, /

【항소심 판단】 피고인들이 피해자로부터 현금카드를 사용한 예금인출의 승낙을 받고 현금카드를 교부받은 행위와 /

【항소심 판단】 이를 사용하여 현금자동지급기에서 예금을 인출한 행위는 /

【항소심 판단】 모두 피해자의 예금을 강취하고자 하는 피고인의 단일하고 계속된 범의 아래에서 이루어진 일련의 행위로서 /

【항소심 판단】 포괄하여 하나의 강도죄를 구성한다고 볼 것이지, /

【항소심 판단】 현금자동지급기에서 피해자의 예금을 취득한 행위를 /

【항소심 판단】 현금자동지급기 관리자의 의사에 반하여 그가 점유하고 있는 현금을 절취한 것이라 하여 /

【항소심 판단】 이를 현금카드 강취행위와 분리하여 따로 절도죄로 처단할 수는 없다는 것이다.

4. 사안에 대한 대법원의 판단

(1) 갈취한 현금카드 사용과 절도죄

【대법원 요지】 나. 예금주인 현금카드 소유자를 협박하여 그 카드를 갈취한 다음 /

【대법원 요지】 피해자의 승낙에 의하여 현금카드를 사용할 권한을 부여받아 이를 이용하여 현금자동지급기에서 현금을 인출한 행위는 /

【대법원 요지】 모두 피해자의 예금을 갈취하고자 하는 피고인의 단일하고 계속된 범의 아래에서 이루어진 일련의 행위로서 /

【대법원 요지】 포괄하여 하나의 공갈죄를 구성한다고 볼 것이므로, /

【대법원 요지】 현금자동지급기에서 피해자의 예금을 인출한 행위를 현금카드 갈취행위와 분리하여 따로 절도죄로 처단할 수는 없는 것이다.

【대법원 판단】 왜냐하면 위 예금 인출 행위는 하자 있는 의사표시이기는 하지만 피해자의 승낙에 기한 것이고, /

【대법원 판단】 피해자가 그 승낙의 의사표시를 취소하기까지는 현금카드를 적법, 유효하게 사용할 수 있으므로, /

【대법원 판단】 은행으로서도 피해자의 지급정지 신청이 없는 한 /

【대법원 판단】 그의 의사에 따라 그의 계산으로 적법하게 예금을 지급할 수밖에 없는 것이기 때문이다.

(2) 강취한 현금카드 사용과 절도죄

【대법원 요지】 그러나 강도죄는 공갈죄와는 달리 피해자의 반항을 억압할 정도로 강력한 정도의 폭행·협박을 수단으로 재물을 탈취하여야 성립하는 것이므로, /

【대법원 요지】 피해자로부터 현금카드를 강취하였다고 인정되는 경우에는 피해자로부터 현금카드의 사용에 관한 승낙의 의사표시가 있었다고 볼 여지가 없다.

【대법원 요지】 따라서 강취한 현금카드를 사용하여 현금자동지급기에서 예금을 인출한 행위는 피해자의 승낙에 기한 것이라고 할 수 없으므로, /

【대법원 요지】 현금자동지급기 관리자의 의사에 반하여 그의 지배를 배제하고 그 현금을 자기의 지배하에 옮겨 놓는 것이 되어서 /

【대법원 요지】 강도죄와는 별도로 절도죄를 구성한다고 할 것이다.

【대법원 결론】 다. 그럼에도 불구하고, 원심은 피고인들이 피해자들로부터 현금카드를 강취한 이상 피고인들이 현금카드를 이용하여 현금자동지급기에서 예금을 인출한 행위는 현금카드 강취행위와 분리하여 따로 절도죄가 되는 것이 아니라고 하여 위 부분 공소사실에 대하여 무죄로 판단하였으니, /

【대법원 결론】 원심은 강도죄 및 절도죄에 관한 법리를 오해하여 판결에 영향을 미친 위법이 있고, 이 점을 지적하는 상고이유의 주장은 이유 있다. (파기 환송)

2012도1132

절도죄와 불법영득의사 – 인정례
스포츠피부 휴대전화 사건

2012. 7. 12. 2012도1132, 공 2012하, 1468

1. 사실관계 및 사건의 경과

【사실관계】

① A는 'P스포츠피부' 점포를 운영하고 있다.
② 갑은 A의 허락 없이 'P스포츠피부' 영업점 내에 있는 ㉠휴대전화를 가지고 나왔다.
③ 갑은 승용차를 운전하고 가다가 B 등 여자 2명을 승용차에 태웠다.
④ 갑은 B 등에게 ㉠휴대전화를 사용하게 하였다.
⑤ 갑은 ㉠휴대전화를 가지고 나온 약 1~2시간 후 A에게 아무런 말을 하지 않고 'P스포츠피부' 정문 옆에 있는 화분에 ㉠휴대폰을 놓아두고 갔다.

【사건의 경과】

① 검사는 갑을 절도죄로 기소하였다.
② 갑의 피고사건은 제1심을 거친 후, 항소심에 계속되었다.
③ 항소심법원은 무죄를 선고하였다.
④ (항소심의 판단 이유는 판례 본문 참조)
⑤ 검사는 불복 상고하였다.

2. 절도죄와 불법영득의사

【대법원 요지】 1. 절도죄의 성립에 필요한 불법영득의 의사라 함은 권리자를 배제하고 타인의 물건을 자기의 소유물과 같이 이용, 처분할 의사를 말하고, /
【대법원 요지】 영구적으로 그 물건의 경제적 이익을 보유할 의사임은 요치 않으며, /
【대법원 요지】 일시 사용의 목적으로 타인의 점유를 침탈한 경우에도 /
【대법원 요지】 그 사용으로 인하여 물건 자체가 가지는 경제적 가치가 상당한 정도로 소모되거나 또는 /
【대법원 요지】 상당한 장시간 점유하고 있거나 /
【대법원 요지】 본래의 장소와 다른 곳에 유기하는 경우에는 /
【대법원 요지】 이를 일시 사용하는 경우라고는 볼 수 없으므로 /
【대법원 요지】 영득의 의사가 없다고 할 수 없다.

3. 사안에 대한 항소심의 판단

【항소심 판단】 2. 원심은, /

【항소심 판단】 피고인이 피해자 소유의 이 사건 휴대전화를 피해자의 허락 없이 가져가 이를 이용하여 통화를 하고 문자메시지를 주고받았다고 하여도 이로 인하여 이 사건 휴대전화 자체가 가지는 경제적 가치가 상당한 정도로 소모되었다고는 볼 수 없고, /
【항소심 판단】 피고인이 이 사건 휴대전화를 가지고 간 후 불과 약 2시간 만에 피해자에게 반환되도록 하였으므로, /
【항소심 판단】 이 사건 당시 피고인에게 이 사건 휴대전화를 일시 사용할 의사를 넘어 권리자를 배제하고 타인의 물건을 자기의 소유물과 같이 그 경제적 용법에 따라 이용·처분할 의사, 즉 불법영득의 의사가 있었다고 볼 수 없다고 판단하며 이 사건 공소사실에 대하여 피고인에게 무죄를 선고하였다.

4. 사안에 대한 대법원의 판단

【대법원 판단】 3. 그러나 원심의 위와 같은 판단은 이를 수긍할 수 없다.
【대법원 분석】 원심판결 이유와 적법하게 채택된 증거들에 의하면, /
【대법원 분석】 ① 피고인은 피해자의 허락 없이 피해자가 운영하는 '○○스포츠피부' 영업점 내에 있는 이 사건 휴대전화를 가지고 나와 승용차를 운전하고 가다가 신원미상의 여자 2명을 승용차에 태운 후 그들에게 이 사건 휴대전화를 사용하게 한 사실, /
【대법원 분석】 ② 피고인이 이 사건 휴대전화를 가지고 나온 약 1~2시간 후 피해자에게 아무런 말을 하지 않고 위 영업점 정문 옆에 있는 화분에 이 사건 휴대폰을 놓아두고 간 사실을 알 수 있다.
【대법원 판단】 사실관계가 이와 같다면, 피고인은 이 사건 휴대전화를 자신의 소유물과 같이 그 경제적 용법에 따라 이용하다가 본래의 장소와 다른 곳에 유기한 것에 다름 아니므로 피고인에게 불법영득의 의사가 있었다고 할 것이다.
【대법원 결론】 그럼에도 원심은 그 판시와 같은 이유로 이 사건 공소사실에 대하여 피고인에게 무죄를 선고하였는바, 이러한 원심의 판단에는 절도죄의 불법영득의 의사에 관한 법리오해의 잘못이 있다. 이 점을 지적하는 검사의 상고이유의 주장은 이유 있다. (파기 환송)

99도857

절도죄와 불법영득의사 - 부정례
도난카드 현금서비스 사건

1999. 7. 9. 99도857, 공 1999, 1675

1. 사실관계 및 사건의 경과

【사실관계】
① 서울 종로구 ○○동 2가 ○○의 2에는 A가 운영하는 '만화천국'이라는 가게가 있다.
② 갑은 '만화천국' 가게에서 종업원으로 일하고 있다.
③ 1998. 3. 31. 15:00경 갑은 가게 주인 A가 자리를 비운 틈을 타서 A가 계산대 뒤의 창문에 두고 간

핸드백에서 A 소유의 ㉠엘지신용카드 1장을 꺼내었다.

④ 갑은 그 곳에서 약 50m 떨어진 신한은행 종로5가 출장소에 설치된 현금자동지급기에서 ㉠신용카드를 이용하여 50만 원을 현금서비스 받았다.

⑤ 갑은 다시 '만화천국' 가게로 돌아와서 A의 핸드백 안에 ㉠신용카드를 넣어 두었다.

【사건의 경과 1】

① 검사는 갑을 다음의 공소사실로 기소하였다.

(가) ㉠신용카드 절취 부분 : 절도죄

(나) 50만 원 현금서비스 부분 : 절도죄

(다) ㉠신용카드 사용 부분 : 여신전문금융업법위반죄

② 갑의 피고사건은 제1심을 거친 후, 항소심에 계속되었다.

③ 항소심법원은 공소사실에 대하여 다음과 같이 판단하였다.

(가) ㉠신용카드 절취 부분은 불법영득의사가 없어서 절도죄는 무죄이다.

(나) 50만 원 현금서비스 부분은 절도죄의 유죄가 인정된다.

(다) ㉠신용카드 사용 부분은 갑에게 절도죄가 성립하지 아니하므로 여신전문금융업법위반죄는 무죄이다.

【사건의 경과 2】

① 검사는 불복 상고하였다.

② 검사는 상고이유로 다음의 점을 들었다.

(가) ㉠신용카드 절취 부분은 절도죄가 성립한다.

(나) 항소심은 50만 원 현금서비스 부분은 절도죄로 유죄를 인정하였으나, 공소장변경절차를 거쳐 컴퓨터사용사기죄 또는 편의시설부정이용죄로 처벌되어야 마땅하다.

(다) 카드를 절취한 자가 절도죄로 처벌받지 않더라도 도난카드 사용은 여신전문금융업법위반죄에 해당한다.

2. 신용카드 절취 부분에 대한 판단

(1) 사용절도와 불법영득의사

【대법원 요지】 타인의 재물을 점유자의 승낙 없이 무단사용하는 경우에 있어서 /

【대법원 요지】 그 사용으로 인하여 물건 자체가 가지는 경제적 가치가 상당한 정도로 소모되거나 또는 /

【대법원 요지】 사용 후 그 재물을 본래 있었던 장소가 아닌 다른 장소에 버리거나 /

【대법원 요지】 곧 반환하지 아니하고 장시간 점유하고 있는 것과 같은 때에는 /

【대법원 요지】 그 소유권 또는 본권을 침해할 의사가 있다고 보아 불법영득의 의사를 인정할 수 있을 것이나,

【대법원 요지】 그렇지 않고 그 사용으로 인한 가치의 소모가 무시할 수 있을 정도로 경미하고, 또한 사용 후 곧 반환한 것과 같은 때에는 그 소유권 또는 본권을 침해할 의사가 있다고 할 수 없어 불법영득의 의사가 있다고 인정할 수 없다고 봄이 상당하다고 할 것이다.

(2) 신용카드 일시사용과 불법영득의사

【대법원 요지】 그리고 신용카드업자가 발행한 신용카드는 이를 소지함으로써 신용구매가 가능하고 금융의 편의를 받을 수 있다는 점에서 경제적 가치가 있다 하더라도, /

【대법원 요지】 그 자체에 경제적 가치가 화체되어 있거나 특정의 재산권을 표창하는 유가증권이라고 볼 수 없고, /

【대법원 요지】 단지 신용카드회원이 그 제시를 통하여 신용카드회원이라는 사실을 증명하거나 현금자동지급기 등에 주입하는 등의 방법으로 신용카드업자로부터 서비스를 받을 수 있는 증표로서의 가치를 갖는 것이어서(여신전문금융업법 제2조 제3호, 제13조 제1항 제1호 참조), /

【대법원 요지】 이를 사용하여 현금자동지급기에서 현금을 인출하였다 하더라도 신용카드 자체가 가지는 경제적 가치가 인출된 예금액만큼 소모되었다고 할 수 없으므로, 이를 일시 사용하고 곧 반환한 경우에는 불법영득의 의사가 없다고 보아야 할 것이다.

(3) 사안에 대한 대법원의 판단

【대법원 분석】 원심판결 이유에 의하면, 원심은 /

【대법원 분석】 피고인이 1998. 3. 31. 15:00경 서울 종로구 ○○동 2가 ○○의 2에 있는 피고인이 종업원으로 일하던 만화천국 가게에서, 위 가게의 주인인 피해자 A가 자리를 비운 틈을 타서 위 피해자가 계산대 뒤의 창문에 두고 간 핸드백에서 피해자 소유의 엘지 신용카드 1장을 꺼내어 /

【대법원 분석】 그 곳에서 약 50m 떨어진 신한은행 종로5가 출장소에 설치된 현금자동지급기에서 위 신용카드를 이용하여 50만 원을 현금서비스 받고, 다시 위 가게로 돌아와서 피해자의 핸드백 안에 신용카드를 넣어 둔 사실을 인정한 다음, /

【대법원 판단】 신용카드를 이용하여 현금자동지급기에서 현금을 인출하였다 하더라도 그 카드 자체가 가지는 경제적 가치가 인출된 예금액만큼 소모되었다고 할 수 없을 뿐만 아니라 사용 후 바로 원래의 위치에 넣어 둔 점에 비추어 불법영득의 의사가 있다고 보기 어렵다 하여 이 부분 절도의 공소사실에 대하여 무죄를 선고하고 있다.

【대법원 결론】 기록과 위에서 본 법리에 비추어 살펴보면, 원심의 위와 같은 조치는 수긍이 가고, 거기에 절도죄에 관한 법리를 오해한 위법이 없으며, /

3. 현금인출 부분에 대한 판단

【대법원 분석】 한편 원심이 피고인이 위 피해자의 신용카드를 사용하여 현금자동지급기에서 현금 50만 원을 인출하여 절취하였다는 부분의 절도의 공소사실을 유죄로 인정하여 처단하고 있는 이상(원심판결 범죄사실 제8항), /

【대법원 판단】 이 사건 신용카드 절도의 공소사실을 다시 편취 또는 형법 제348조의2 소정의 편의시설을 부정이용한 것으로 변경할 수도 없는 노릇이므로, /

【대법원 결론】 원심이 그와 같이 공소장을 변경할 것을 요구하지 아니하였다고 하여 심리미진의 위법이 있다고 할 수도 없다. 이 부분 상고이유는 받아들일 수 없다.

4. 여신전문금융업법위반죄 부분에 대한 판단

【대법원 요지】 여신전문금융업법 제70조 제1항 제3호는 분실 또는 도난된 신용카드를 사용한 자를 처벌하도록 규정하고 있는데, /

【대법원 요지】 여기서 분실 또는 도난된 신용카드라 함은 소유자 또는 점유자의 의사에 기하지 않고 그의 점유를 이탈하거나 그의 의사에 반하여 점유가 배제된 신용카드를 가리키는 것으로서, /

【대법원 요지】 소유자 또는 점유자의 점유를 이탈한 신용카드를 취득하거나 그 점유를 배제하는 행위를 한 자가 반드시 유죄의 처벌을 받을 것을 요하지 아니한다.

【대법원 판단】 위에서 본 원심이 인정한 사실관계에 의하면, 피고인은 피해자의 의사에 반하여 이 사건 신용카드에 대한 피해자의 점유를 배제하고 이를 사용하여 현금자동지급기에서 현금을 인출하였으므로, /

【대법원 판단】 피고인이 사용한 이 사건 신용카드는 여신전문금융업법 제70조 제1항 제3호 소정의 분실 또는 도난된 신용카드에 해당한다고 할 것이다.

【대법원 결론】 그럼에도 불구하고 원심이 피고인이 피해자의 이 사건 신용카드를 사용하여 현금서비스를 받았다 하더라도 도난된 신용카드를 부정사용하였다고 볼 수 없다고 하여 이 부분 공소사실에 대하여 무죄를 선고한 조치에는 같은 법 소정의 분실 또는 도난된 신용카드에 관한 법리를 오해하여 판결 결과에 영향을 미친 위법이 있다고 할 것이다. 상고이유 중 이 점을 지적하는 부분은 이유 있다. (무죄 부분 파기 환송)

2009도9008

절도죄와 불법영득의사 – 인정례
예금통장 반환 사건

2010. 5. 27. 2009도9008, 공 2010하, 1313

1. 사실관계 및 사건의 경과

【사실관계】

① 갑은 P회사의 M공사 현장소장으로 근무하고 있었다.
② 갑은 월급 등을 제대로 지급받지 못할 것을 염려하였다.
③ 갑은 P회사의 사무실에서 P회사 명의의 ㉠농협통장을 몰래 가지고 나왔다.
④ 갑은 Q은행에서 예금 1,000만 원을 인출한 후 다시 ㉠통장을 제자리에 갖다 놓았다.

【사건의 경과】

① 검사는 갑을 절도죄로 기소하였다.
② 갑의 피고사건은 제1심을 거친 후, 항소심에 계속되었다.
③ 항소심법원은 무죄를 선고하였다.

④ (항소심의 판단 이유는 판례 본문 참조)
⑤ 검사는 불복 상고하였다.

2. 사안에 대한 항소심의 판단

【항소심 판단】 1. 원심은, 이 사건 공소사실 중 /
【항소심 판단】 '피고인이 2007. 12. 11. 피해자 공소외 주식회사(이하 '피해자'라 한다)의 사무실에서 피해자 명의의 농협 통장(이하 '이 사건 통장'이라 한다)을 몰래 가지고 나와 예금 1,000만 원을 인출한 후 다시 이 사건 통장을 제자리에 갖다 놓는 방법으로 이를 절취하였다'는 절도의 점에 대하여, /
【항소심 판단】 그 판시와 같이 피고인이 피해자의 현장소장으로 근무하던 중 월급 등을 제대로 지급받지 못할 것을 염려하여 위 공소사실과 같은 행위에 이른 사실을 인정한 다음, /
【항소심 판단】 피고인의 그러한 행위로 인하여 이 사건 통장 자체가 가지는 경제적 가치가 그 인출된 예금액만큼 소모되었다고 할 수 없고 피고인이 위와 같이 이 사건 통장을 사용하고 곧 반환한 이상 피고인에게 이 사건 통장에 대한 불법영득의 의사는 없었다고 보아야 한다는 이유로, 이 부분 공소사실을 무죄로 판단하였다.

3. 사용절도와 불법영득의사

【대법원 판단】 2. 그러나 원심의 판단은 다음과 같은 이유로 수긍할 수 없다.
【대법원 요지】 타인의 재물을 점유자의 승낙 없이 무단사용하는 경우에 있어서, /
【대법원 요지】 그 사용으로 인하여 재물 자체가 가지는 경제적 가치가 상당한 정도로 소모되거나 또는 /
【대법원 요지】 그 사용 후 재물을 본래의 장소가 아닌 다른 곳에 버리거나 /
【대법원 요지】 곧 반환하지 아니하고 장시간 점유하고 있었다면 /
【대법원 요지】 그 소유권 또는 이에 준하는 본권을 침해할 의사가 있다고 보아 불법영득의 의사를 인정할 수 있다.

4. 예금통장의 법적 성질

【대법원 요지】 한편, 예금통장은 예금채권을 표창하는 유가증권이 아니고 그 자체에 예금액 상당의 경제적 가치가 화체되어 있는 것도 아니지만, /
【대법원 요지】 이를 소지함으로써 예금채권의 행사자격을 증명할 수 있는 자격증권으로서 예금계약사실 뿐 아니라 예금액에 대한 증명기능이 있고 이러한 증명기능은 예금통장 자체가 가지는 경제적 가치라고 보아야 하므로, /
【대법원 요지】 예금통장을 사용하여 예금을 인출하게 되면 그 인출된 예금액에 대하여는 예금통장 자체의 예금액 증명기능이 상실되고 이에 따라 그 상실된 기능에 상응한 경제적 가치도 소모된다고 할 수 있다. /
【대법원 요지】 그렇다면 타인의 예금통장을 무단사용하여 예금을 인출한 후 바로 예금통장을 반환하였다 하더라도 그 사용으로 인한 위와 같은 경제적 가치의 소모가 무시할 수 있을 정도로 경미한 경우가 아닌 이상, 예금통장 자체가 가지는 예금액 증명기능의 경제적 가치에 대한 불법영득의 의사를

인정할 수 있으므로 절도죄가 성립한다.

5. 사안에 대한 대법원의 판단

【대법원 판단】 이러한 법리에 비추어 보면, /
【대법원 판단】 이 사건 통장 자체가 가지는 예금액 증명기능의 경제적 가치는 피고인이 이 사건 통장을 무단사용하여 예금 1,000만 원을 인출함으로써 상당한 정도로 소모되었다고 할 수 있으므로, /
【대법원 판단】 피고인이 그 사용 후 바로 이 사건 통장을 제자리에 갖다 놓았다 하더라도 그 소모된 가치에 대한 불법영득의 의사가 인정된다. /
【대법원 판단】 그리고 피고인이 피해자로부터 자신의 월급 등을 제대로 받지 못할 것을 염려하여 이 사건 통장을 무단사용하게 되었다고 하여 달리 볼 수 없다. (파기 환송)

2009도5595

절도죄와 실행의 착수 – 인정례
운전석 손잡이 사건

2009. 9. 24. 2009도5595, [공보불게재]

1. 사실관계 및 사건의 경과

【사실관계】
① 갑은 야간에 소지하고 있던 손전등과 노상에서 주운 박스 포장용 노끈을 이용하여 노상에 주차된 차량의 문을 열고 그 안에 들어있는 현금 등을 절취할 것을 마음먹었다.
② 갑은 범행 대상을 물색하기 위해 돌아다니다가 ㉠승합차량을 발견하였다.
③ 갑은 먼저 ㉠차량의 문이 잠겨 있는지 확인하기 위해 양손으로 운전석 문의 손잡이를 잡고 열려고 하였다.
④ 갑은 그 순간 순찰중인 경찰관 A에게 발각되어 행동을 멈추었다.
【사건의 경과】
① 검사는 갑을 절도미수죄로 기소하였다.
② 갑의 피고사건은 제1심을 거친 후, 항소심에 계속되었다.
③ 항소심법원은 무죄를 선고하였다.
④ (항소심의 판단 이유는 판례 본문 참조)
⑤ 검사는 불복 상고하였다.

2. 사안에 대한 항소심의 판단

【항소심 판단】 원심은, /
【항소심 판단】 야간에 노상에 주차된 차량은 통상 잠금장치가 되어 있을 가능성이 농후하므로 그 차

량 안에 들어있는 물건 등을 훔치기 위해서는 그 잠금장치 등을 해제하고 들어가야 하는데 이러한 잠금장치를 해제하는 것이 용이하지 않다는 점을 감안하면, /

【항소심 판단】 이 사건 공소사실과 같이 /

【항소심 판단】 야간에 소지하고 있던 손전등과 노상에서 주운 박스 포장용 노끈을 이용하여 노상에 주차된 차량의 문을 열고 그 안에 들어있는 현금 등을 절취할 것을 마음먹고 그 대상을 물색하기 위해 돌아다니다가 /

【항소심 판단】 공소장 기재 승합차량을 발견하고 먼저 차량의 문이 잠겨 있는지 확인하기 위해 양손으로 운전석 문의 손잡이를 잡고 열려고 하던 중 순찰중인 경찰관에게 발각되어 멈춘 행위만으로는 /

【항소심 판단】 위 차량 안의 재물에 대한 소유자의 사실상의 지배를 침해하는 데에 밀접한 행위에 해당한다고 보기 어려우므로, 이 사건 공소사실은 죄가 되지 아니하는 경우에 해당한다고 판단하였다.

3. 사안에 대한 대법원의 판단

【대법원 판단】 그러나 피고인이 절도범행의 실행에 착수하지 아니하였다는 원심의 판단은 다음과 같은 이유로 수긍할 수 없다.

【대법원 분석】 이 사건에서 피고인이 야간에 소지하고 있던 손전등과 박스 포장용 노끈을 이용하여 도로에 주차된 차량의 문을 열고 그 안에 들어있는 현금 등을 절취할 것을 마음먹고 이 사건 승합차량의 문이 잠겨 있는지 확인하기 위해 양손으로 운전석 문의 손잡이를 잡고 열려고 하던 중 경찰관에게 발각된 사실이 인정되는데, /

【대법원 판단】 이러한 행위는 승합차량 내의 재물을 절취할 목적으로 승합차량 내에 침입하려는 행위에 착수한 것으로 볼 수 있고, /

【대법원 판단】 그로써 차량 내에 있는 재물에 대한 피해자의 사실상의 지배를 침해하는 데에 밀접한 행위가 개시된 것으로 보아 절도죄의 실행에 착수한 것으로 봄이 상당하다.

【대법원 결론】 원심판결에는 절도죄의 실행의 착수에 관한 법리를 오해하여 판결에 영향을 미친 위법이 있다 할 것이다.

【대법원 결론】 이를 지적하는 상고이유의 주장은 이유 있다. (파기 환송)

2009도14554

절도죄와 실행의 착수 - 부정례
공사현장 동파이프 사건

2010. 4. 29. 2009도14554, [공보불게재]

1. 사실관계 및 사건의 경과

【사실관계】

① 갑과 을은 P아파트 공사현장 안에 있는 건축자재를 훔치려고 마음먹었다.

② 2009. 5. 20. 22:15경 갑은 공범 을과 함께 마스크를 착용하고 P아파트 공사현장 안으로 들어갔다.
③ 갑은 창문을 통하여 건축 중인 P아파트의 M지하실 안쪽을 살폈다.
④ 갑이 창문으로 살펴보고 있었던 M지하실에는 실제로 값비싼 동파이프가 보관되어 있었다.
⑤ 그런데 갑이 M지하실에까지 침입하였다는 사실을 인정할 증거는 없었다.
⑥ 나아가 갑이 훔칠 물건을 물색하던 중 동파이프를 발견하고 그에 접근하였다는 사실도 인정할 증거가 없었다.
⑦ [갑은 현장에서 검거되었다.]
⑧ [공범 을은 도주하였다.]

【사건의 경과】

① 검사는 갑을 특수절도미수죄로 기소하였다.
② 제1심법원은 유죄를 인정하였다.
③ 갑은 불복 항소하였다.
④ 항소심법원은 무죄를 인정하였다.
⑤ 검사는 불복 상고하였다.

2. 절도죄의 실행의 착수시기

【대법원 요지】 절도죄의 실행의 착수 시기는 재물에 대한 타인의 사실상의 지배를 침해하는 데에 밀접한 행위를 개시한 때라고 할 것이고, /

【대법원 요지】 실행의 착수가 있는지 여부는 구체적 사건에 있어서 범행의 방법, 태양, 주변상황 등을 종합 판단하여 결정하여야 한다).

3. 사안에 대한 대법원의 판단

【대법원 분석】 원심은, /

【대법원 분석】 피고인이 성명불상의 공범과 합동하여 2009. 5. 20. 22:15경 아파트 신축공사현장에서 피해자 공소외인 소유의 건축공사용 자재인 동파이프를 절취하려다가 미수에 그쳤다는 공소사실에 대하여,

【대법원 분석】 피고인이 이 사건 공사현장 안에 있는 건축자재 등을 훔칠 생각으로 성명불상의 공범과 함께 마스크를 착용하고 위 공사현장 안으로 들어간 후 창문을 통하여 건축 중인 아파트의 지하실 안쪽을 살폈을 뿐이고 /

【대법원 분석】 나아가 위 지하실에까지 침입하였다거나 훔칠 물건을 물색하던 중 동파이프를 발견하고 그에 접근하였다는 등의 사실을 인정할 만한 증거가 없는 이상,

【대법원 판단】 비록 피고인이 창문으로 살펴보고 있었던 지하실에 실제로 값비싼 동파이프가 보관되어 있었다고 하더라도 피고인의 위 행위를 위 지하실에 놓여있던 동파이프에 대한 피해자의 사실상의 지배를 침해하는 밀접한 행위라고 볼 수 없다고 판단하여, /

【대법원 결론】 이 부분 특수절도미수 공소사실을 유죄로 인정한 제1심판결을 파기하고 이 부분에 대하여 무죄를 선고하였다.

【대법원 결론】 위에서 본 법리 및 기록에 비추어 살펴보면, 원심의 위와 같은 판단은 정당한 것으로 수긍이 가고, 거기에 상고이유로 주장하는 바와 같은 절도죄의 실행착수에 관한 법리오해의 위법이 있다고 할 수 없다. (상고 기각)

2011도300

야간주거침입절도죄와 야간 - 부정례
주간침입 야간절도 사건

2011. 4. 14. 2011도300, 공 2011상, 977

1. 사실관계 및 사건의 경과

【사실관계】

① 2010. 6. 16. 15:40경 갑은 A가 운영하는 P모텔에 이르렀다.
② 갑은 A가 평소 비어 있는 객실의 문을 열어둔다는 사실을 알고 P모텔 202호 안까지 들어갔다.
③ 2010. 6. 16. 21:00경 갑은 그곳에 설치되어 있던 A 소유의 ㉠LCD모니터 1대 시가 3만 원 상당을 가지고 나왔다.

【사건의 경과】

① 검사는 갑을 야간주거침입절도죄로 기소하였다.
② (공소사실의 요지는 판례 본문 참조)
③ 제1심법원은 무죄를 인정하였다.
④ 검사는 불복 항소하였다.
⑤ 항소심법원은 항소를 기각하고, 제1심판결을 유지하였다.
⑥ (항소심의 판단 이유는 판례 본문 참조)
⑦ 검사는 불복 상고하였다.

2. 공소사실의 요지

【대법원 분석】 이 사건 공소사실 중 야간방실침입절도의 점의 요지는, /

【대법원 분석】 "피고인은 2010. 6. 16. 15:40경 피해자가 운영하는 서울 동대문구 장안동 (이하 생략)○○○모텔에 이르러, 피해자가 평소 비어 있는 객실의 문을 열어둔다는 사실을 알고 그곳 202호 안까지 들어가 침입한 다음, /

【대법원 분석】 같은 날 21:00경 그곳에 설치되어 있던 피해자 소유의 LCD모니터 1대 시가 3만 원 상당을 가지고 나와 절취하였다."는 것이다.

3. 사안에 대한 항소심의 판단

【항소심 판단】 원심은, /

【항소심 판단】 ① 형법 제330조는 "야간에 사람의 주거, 간수하는 저택, 건조물이나 선박 또는 점유하는 방실에 침입하여 타인의 재물을 절취한 자는 10년 이하의 징역에 처한다."고 규정하고 있는바, /
【항소심 판단】 그 문언에 비추어 '야간에'는 '침입하여'를 수식하거나 '침입하여'와 '절취한'을 모두 수식하는 것으로 해석하여야지, /
【항소심 판단】 '침입하여'를 수식하지 않고 '절취한'만을 수식한다고 해석하기는 어려운 점, /
【항소심 판단】 ② 만일 주간에 방실에 침입하여 야간에 타인의 재물을 절취한 경우에도 야간방실침입절도죄가 성립한다고 한다면, /
【항소심 판단】 주간에 방실에 침입하여 잠복하고 있다가 발각된 경우, /
【항소심 판단】 행위자가 야간절도를 계획했다고 진술하면 야간방실침입절도미수죄가 성립하고, /
【항소심 판단】 주간절도를 계획했다고 진술하면 절도죄는 실행의 착수가 없어 무죄가 되는바, /
【항소심 판단】 범죄의 성립이 행위자의 주장에 따라 달라지는 불합리한 결과가 초래되는 점 등을 근거로, /
【항소심 판단】 주간에 방실에 침입하여 야간에 재물을 절취한 경우에도 야간방실침입절도죄가 성립한다고 해석하는 것은 /
【항소심 판단】 형벌법규를 지나치게 유추 또는 확장해석하여 죄형법정주의의 원칙을 위반하는 것으로서 허용할 수 없다고 판단하여, /
【항소심 판단】 이 부분 공소사실을 무죄로 인정한 제1심판결을 그대로 유지하였다.

4. 사안에 대한 대법원의 판단

(1) 야간주거침입죄의 입법취지

【대법원 분석】 형법은 제329조에서 절도죄를 규정하고 곧바로 제330조에서 야간주거침입절도죄를 규정하고 있을 뿐, 야간절도죄에 관하여는 처벌규정을 별도로 두고 있지 아니하나, /
【대법원 요지】 이러한 형법 제330조의 규정형식과 그 구성요건의 문언에 비추어 보면, /
【대법원 요지】 형법은 야간에 이루어지는 주거침입행위의 위험성에 주목하여 그러한 행위를 수반한 절도를 야간주거침입절도죄로 중하게 처벌하고 있는 것으로 보아야 한다. /
【대법원 요지】 따라서 주거침입이 주간에 이루어진 경우에는 야간주거침입절도죄가 성립하지 않는다고 해석함이 상당하다.
【대법원 판단】 이와 달리 만일 주거침입의 시점과는 무관하게 절취행위가 야간에 이루어지면 야간주거침입절도죄가 성립한다고 해석하거나, /
【대법원 판단】 주거침입 또는 절취 중 어느 것이라도 야간에 이루어지면 야간주거침입절도죄가 성립한다고 해석한다면, /
【대법원 판단】 이는 이 사건과 같이 주간에 주거에 침입하여 야간에 재물을 절취한 경우에도 야간주거침입절도죄의 성립을 인정하여 결국 야간절도를 주간절도보다 엄하게 처벌하는 결과가 되는바, /
【대법원 판단】 앞서 본 바와 같이 현행법상 야간절도라는 이유만으로 주간절도보다 가중하여 처벌하는 규정은 없을 뿐만 아니라, /

【대법원 판단】 재산범죄 일반에 관하여 야간에 범죄가 행하여졌다고 하여 가중처벌하는 규정이 존재하지 아니한다. /
【대법원 판단】 또한 절도행위가 야간에 이루어졌다고 하여 절도행위 자체만으로 주간절도에 비하여 피해자의 심리적 불안감이나 피해 증대 등의 위험성이 커진다고 보기도 어렵다. /
【대법원 판단】 나아가, 예컨대 일몰 전에 주거에 침입하였으나 시간을 지체하는 등의 이유로 절취행위가 일몰 후에 이루어진 경우 야간주거침입절도죄로 가중처벌하는 것은 /
【대법원 판단】 주거침입이 일몰 후에 이루어진 경우와 그 행위의 위험성을 비교하여 볼 때 가혹하다 할 것이다.

(2) 주간주거침입과 야간주거침입절도죄의 관계

【대법원 판단】 한편 야간주거침입절도죄는 주거에 침입한 단계에서 이미 실행에 착수한 것으로 보아야 한다는 것이 대법원의 확립된 판례인바, /
【대법원 판단】 만일 주간에 주거에 침입하여 야간에 재물을 절취한 경우에도 야간주거침입절도죄의 성립을 인정한다면, /
【대법원 판단】 원심이 적절히 지적하고 있는 바와 같이 행위자가 주간에 주거에 침입하여 절도의 실행에는 착수하지 않은 상태에서 발각된 경우 야간에 절취할 의사였다고 하면 야간주거침입절도의 미수죄가 되고 주간절도를 계획하였다고 하면 주거침입죄만 인정된다는 결론에 이르는데, /
【대법원 판단】 결국 행위자의 주장에 따라 범죄의 성립이 좌우되는 불합리한 결과를 초래하게 된다.
【대법원 요지】 위와 같은 여러 점들을 종합하여 보면, 주간에 사람의 주거 등에 침입하여 야간에 타인의 재물을 절취한 행위는 형법 제330조의 야간주거침입절도죄를 구성하지 않는 것으로 봄이 상당하다.
【대법원 결론】 따라서 원심이 이 사건 공소사실 중 야간방실침입절도의 점을 무죄로 인정한 제1심판결을 그대로 유지한 조치는 앞서 본 법리에 비추어 정당하고, 거기에 상고이유로 주장하는 바와 같은 야간방실침입절도죄의 성립에 관한 법리오해의 잘못이 없다. (상고 기각)

2008도6080

합동절도의 기수 시점
영산홍 절취 사건

2008. 10. 23. 2008도6080, 공 2008하, 1651

1. 사실관계 및 사건의 경과

【사실관계 1】
① 갑녀와 을남은 부부이다.

② 갑녀는 딸과 함께 M연구소에 갔다가 좋은 나무들을 발견하였다.
③ 갑녀는 M연구소의 주인 A에게 나무들을 팔지 않겠느냐고 물었다.
④ A는 갑녀의 제안을 거절하였다.

【사실관계 2】

① 2007. 2. 11. 13:30경 갑녀는 남편 을과 함께 ⓐ소렌토 승용차를 타고 M연구소로 갔다.
② 갑녀는 ⓐ소렌토 승용차를 M연구소 마당에 주차해 두었다.
③ 갑녀는 M연구소 마당 뒤편에서 ㉠연산홍 1그루를 캐내었다.
④ ㉠영산홍은 높이가 약 1m 50cm 이상, 폭이 약 1m 정도로서 상당히 크다.
⑤ ㉠연산홍은 뿌리가 상하지 않도록 뿌리 부분의 흙까지 함께 캐내어져 있는 상태이다.

【사실관계 3】

① 갑녀는 ㉠연산홍을 혼자서 ⓐ소렌토 승용차 있는 곳까지 운반하기가 어려웠다.
② 갑녀는 남편 을남에게 전화를 걸어 ㉠영산홍을 차에 싣는 것을 도와 달라고 말하였다.
③ 을남은 갑녀가 있는 곳으로 왔다.
④ 갑녀와 을남은 캐어낸 ㉠연산홍을 ⓐ소렌토 승용차까지 옮겼다.
⑤ 갑녀와 을남이 ⓐ소렌토 승용차 바로 뒤에서 ㉠영산홍을 함께 잡고 있는 순간 주인 A가 이를 발견하였다.

【사건의 경과 1】

① [A는 갑과 을을 절도죄로 신고하였다.]
② 검사는 갑과 을을 다음과 같이 기소하였다.
  (가) 건조물침입죄
  (나) 특수절도죄(합동절도)
③ 제1심법원은 다음과 같이 판단하였다.
  (가) 건조물침입죄 : 유죄
  (나) 특수절도죄(합동절도) : 무죄
④ 검사는 불복 항소하였다.
⑤ 항소심법원은 제1심판결을 파기하고, 다음과 같이 판단하였다.
  (가) 건조물침입죄 : 유죄
  (나) 특수절도죄(합동절도) : 유죄
⑥ (항소심의 판단 이유는 판례 본문 참조)

【사건의 경과 2】

① 갑과 을은 불복 상고하였다.
② 갑과 을은 상고이유로 다음의 점을 주장하였다.
  (가) 갑녀가 ㉠영산홍은 캐어내는 순간 절도죄는 기수에 이르렀다.
  (나) 단독으로 절도죄가 기수에 이른 후에는 을남이 개입하더라도 합동절도는 성립하지 않는다.

2. 공소사실의 요지

【대법원 분석】 원심은 /

【대법원 분석】 "피고인들은 합동하여, /

【대법원 분석】 2007. 2. 11. 13:30경 수원시 장안구 ** 동 ***-7 소재 피해자 공소외인 운영의 주식회사 M연구소에서, /

【대법원 분석】 피고인 갑이 위 연구소 마당 뒤편에서 캔 피해자 소유의 영산홍 1그루 시가 70만 원 상당을 /

【대법원 분석】 위 연구소 마당에 주차된 승용차에 싣기 위해 운반하여 가 이를 절취하였다"는 /

【대법원 분석】 피고인들에 대한 특수절도의 점에 관한 공소사실에 대하여, /

3. 사안에 대한 항소심의 판단

【항소심 판단】 그 채택 증거들을 종합하여, /

【항소심 판단】 피고인 갑은 위 일시에 위 연구소 마당에 쏘렌토 승용차를 세워 두고, /

【항소심 판단】 그 곳에서 약 20m 떨어진 연구소 마당 뒤편에서 피해자 소유의 영산홍 1그루를 캔 다음, /

【항소심 판단】 남편인 피고인 을에게 전화를 걸어 영산홍을 차에 싣는 것을 도와 달라고 말하여, /

【항소심 판단】 피고인 을이 그곳으로 온 사실, /

【항소심 판단】 위 영산홍은 높이가 약 1m 50㎝ 이상, 폭이 약 1m 정도로서 상당히 클 뿐만 아니라 뿌리가 상하지 않도록 뿌리 부분의 흙까지 함께 캐내어져 피고인 갑이 혼자서 이를 운반하기는 어려웠던 사실, /

【항소심 판단】 피고인들은 위 연구소 마당에 주차된 승용차 바로 뒤에서 위 영산홍을 함께 잡고 있다가 피해자에게 발각된 사실을 인정한 다음, /

【항소심 판단】 그 인정 사실에 의하면, /

【항소심 판단】 피고인 을은 피고인 갑의 절취범행이 완성되기 전에 위 범행에 가담하여 /

【항소심 판단】 피고인 갑이 캔 영산홍을 피고인 갑과 함께 위 승용차에 싣기 위해 운반함으로써 범행을 완성하였다고 할 것이므로, /

【항소심 판단】 피고인들은 합동하여 위 영산홍을 절취하였다고 판단하여 피고인들을 특수절도죄로 의율하였다.

4. 사안에 대한 대법원의 판단

【대법원 판단】 그러나 원심이 피고인 갑의 절취범행이 완성되기 전에 피고인 을이 이에 가담하여 함께 운반함으로써 피고인들이 합동하여 위 영산홍을 절취하였다고 판단하여 /

【대법원 판단】 피고인들을 특수절도죄로 의율한 것은 다음과 같은 이유로 수긍하기 어렵다.

【대법원 요지】 입목을 절취하기 위하여 이를 캐낸 때에는 그 시점에서 이미 소유자의 입목에 대한

점유가 침해되어 /

【대법원 요지】 법인의 사실적 지배하에 놓이게 됨으로써 법인이 그 점유를 취득하게 되는 것이므로, /

【대법원 요지】 이때 절도죄는 기수에 이르렀다고 할 것이고, /

【대법원 요지】 이를 운반하거나 반출하는 등의 행위는 필요로 하지 않는다고 할 것이다.

【대법원 판단】 원심이 확정한 사실관계에 의하더라도, /

【대법원 판단】 피고인 을은 피고인 갑이 영산홍을 땅에서 완전히 캐낸 이후에 비로소 범행장소로 와서 피고인 갑과 함께 위 영산홍을 승용차까지 운반하였다는 것인바, /

【대법원 판단】 앞서 본 법리에 비추어 보면, /

【대법원 판단】 피고인 갑이 영산홍을 땅에서 캐낸 그 시점에서 이미 피해자의 영산홍에 대한 점유가 침해되어 /

【대법원 판단】 그 사실적 지배가 피고인 갑에게 이동되었다고 봄이 상당하므로, /

【대법원 판단】 그때 피고인 갑의 영산홍 절취행위는 기수에 이르렀다고 할 것이고, /

【대법원 판단】 이와 같이 보는 이상 /

【대법원 판단】 그 이후에 피고인 을이 영산홍을 피고인 갑과 함께 승용차까지 운반하였다고 하더라도 /

【대법원 판단】 그러한 행위가 다른 죄에 해당하는지의 여부는 별론으로 하고, /

【대법원 판단】 피고인 을이 피고인 갑과 합동하여 영산홍 절취행위를 하였다고 볼 수는 없다고 할 것이다.

【대법원 결론】 그럼에도 불구하고, 원심은 피고인 갑이 영산홍을 땅에서 캐낸 것만으로는 그 절취행위가 완성되지 않았음을 전제로 하여, /

【대법원 결론】 피고인 갑이 캐낸 영산홍을 피고인 을이 함께 승용차까지 운반함으로써 비로소 절취행위를 완성하였다는 이유로 피고인들이 합동하여 절취행위를 하였다고 보아 특수절도죄로 의율하였으니, /

【대법원 결론】 원심판결에는 절도죄의 기수시기에 관한 법리를 오해한 위법이 있고, 이는 판결 결과에 영향을 미쳤음이 분명하다. (파기 환송)

2009도9667

합동절도와 실행의 착수 - 부정례

주간 시정장치 손괴 사건

2009. 12. 24. 2009도9667, 공 2010상, 292

1. 사실관계 및 사건의 경과

【사실관계】

① 갑과 을은 A의 P아파트에 들어가서 절도를 하기로 하였다.

② 갑과 을은 주간에 A의 P아파트 출입문 시정장치를 손괴하기 시작하였다.
③ 갑과 을은 마침 귀가하던 A에게 발각되어 도주하였다.

【사건의 경과】

① 검사는 갑과 을을 특수절도미수죄로 기소하였다.
② 갑과 을의 피고사건은 제1심을 거친 후, 항소심에 계속되었다.
③ 항소심법원은 무죄를 선고하였다.
④ 검사는 불복 상고하였다.

2. 사안에 대한 대법원의 판단

【대법원 요지】 형법 제331조 제2항의 특수절도에 있어서 주거침입은 그 구성요건이 아니므로, /
【대법원 요지】 절도범인이 그 범행수단으로 주거침입을 한 경우에 그 주거침입행위는 절도죄에 흡수되지 아니하고 별개로 주거침입죄를 구성하여 절도죄와는 실체적 경합의 관계에 있게 되고, /
【대법원 요지】 2인 이상이 합동하여 야간이 아닌 주간에 절도의 목적으로 타인의 주거에 침입하였다 하여도 아직 절취할 물건의 물색행위를 시작하기 전이라면 특수절도죄의 실행에는 착수한 것으로 볼 수 없는 것이어서 그 미수죄가 성립하지 않는다.
【대법원 판단】 위 법리에 비추어 보면, 원심이 주간에 피해자의 아파트 출입문 시정장치를 손괴하다가 마침 귀가하던 피해자에게 발각되어 도주한 피고인들에 대하여 형법 제331조 제2항에 정한 특수절도죄의 실행의 착수가 없었다는 이유로 무죄를 선고한 조치는 옳고, 주장과 같은 법리오해의 위법이 없다. (상고 기각)

2002도429

자동차불법사용죄와 상습절도죄의 관계

상습절도 자동차 불법사용 사건

2002. 4. 26, 2002도429, 공 2002, 1312

1. 사실관계 및 사건의 경과

【사실관계】

① 갑은 절도죄 등 동종 전과 4범이다.
② 2000. 5. 1. 03:00경 갑은 A가 빌린 ⓐ소나타승용차를 A의 동의 없이 몰고 가 이를 일시 사용하였다. (㉠행위)
③ 2001. 5. 16.부터 같은 해 7. 31.까지 사이에 갑은 모두 7회에 걸쳐 타인의 재물을 절취하였다. (㉡행위)
④ 2001. 8. 27. 검사는 ㉡행위에 대해 갑을 특가법 제5조의4 제1항 위반죄(상습절도)로 기소하였다.

(㉯공소사실)
⑤ 제1심법원은 ㉯공소사실에 대해 유죄를 인정하였다.
⑥ 갑은 ㉯공소사실에 대한 제1심의 유죄판결에 불복 항소하였다.

【사건의 경과】

① 2001. 9. 28. 검사는 ㉠행위에 대해 갑을 자동차불법사용죄로 기소하였다. (㉮공소사실)
② ㉮공소사실에 대한 갑의 피고사건은 제1심을 거친 후, 항소심에 계속되었다.
③ 항소심법원은 ㉮공소사실에 대해 다음과 같이 판단하였다.
(가) ㉯공소사실에 대해 이미 소송계속이 발생하였다.
(나) ㉮공소사실은 ㉯공소사실(상습절도)과 포괄일죄의 관계에 있다.
(다) 그렇다면 ㉮공소사실은 공소가 제기된 사건에 대하여 다시 공소가 제기된 때에 해당한다.
(라) 따라서 형소법 제327조 제3호에 따라 공소기각판결을 선고한다.
④ 검사는 ㉮공소사실에 대한 항소심의 공소기각판결에 불복 상고하였다.

2. 자동차불법사용죄와 형법상 상습절도죄의 관계

【대법원 요지】 1. 형법 제331조의2에 규정된 자동차등불법사용죄는 불법영득의 의사가 없는 이른바 사용절도행위 중 타인의 자동차 등과 같은 일정한 교통수단을 일시 사용한 행위를 처벌하기 위하여 마련된 규정으로서, /

【대법원 요지】 통상의 절도죄와 비교하여 볼 때 불법영득의 의사가 없다는 점에서 구성요건이 완화되어 있는 대신 형량도 낮고 구류 또는 과료가 선택형으로 규정되어 있으나, /

【대법원 요지】 주관적인 요건을 제외한 나머지 범죄의 구성요건이나 태양이 절도죄와 동일하고, /

【대법원 요지】 이러한 이유로 이 조항은 형법 제38장 '절도와 강도의 죄'에서 각 유형별 절도죄 규정의 마지막에 규정되어 있으며, /

【대법원 요지】 상습절도죄에 관한 제332조에서 다른 절도죄와 함께 구성요건의 하나로 열거되어 있다. /

【대법원 요지】 따라서 절도의 습벽이 있는 자가 절도, 야간주거침입절도, 특수절도죄의 전부 또는 일부와 함께 자동차등불법사용죄를 범한 경우에는 이들 행위를 포괄하여 형법상 상습절도죄의 1죄만 성립한다.

3. 자동차불법사용죄와 특가법 상습절도죄의 관계

【대법원 요지】 특정범죄가중처벌등에관한법률(이하 '특가법'이라 한다) 제5조의4 제1항은, 상습으로 형법 제329조 내지 제331조의 죄 또는 그 미수죄를 범한 자는 무기 또는 3년 이상의 징역에 처하도록 규정하고 있어 /

【대법원 요지】 형법 제332조에 정한 상습절도 등의 죄와 비교하여 볼 때, /

【대법원 요지】 우선 구성요건 면에서 형법 제329조 내지 제331조의 미수죄가 포함되어 있는 반면, /

【대법원 요지】 형법 제331조의2의 자동차등불법사용죄가 빠져 있고, /

【대법원 요지】 형의 종류 및 형량 면에서 한층 가중하여 무기 또는 3년 이상의 징역형으로 처벌하도록 되어 있다.

【대법원 요지】 그러나 이와 같은 관련 법조항의 규정 취지나 자동차등불법사용죄의 성질에 비추어 보면, /

【대법원 요지】 상습으로 절도, 야간주거침입절도, 특수절도 또는 그 미수 등의 범행을 저지른 자가 마찬가지로 절도 습벽의 발현으로 자동차등불법사용의 범행도 함께 저지른 경우에 검사가 형법상의 상습절도죄로 기소하는 때는 물론이고, /

【대법원 요지】 자동차등불법사용의 점을 제외한 나머지 범행에 대하여 특가법상의 상습절도 등의 죄로 기소하는 때에도 자동차등불법사용의 위법성에 대한 평가는 특가법상의 상습절도 등 죄의 구성요건적 평가 내지 위법성 평가에 포함되어 있다고 보는 것이 타당하다.

【대법원 요지】 따라서 상습절도 등의 범행을 한 자가 추가로 자동차등불법사용의 범행을 한 경우에 그것이 절도 습벽의 발현이라고 보이는 이상 자동차등불법사용의 범행은 상습절도 등의 죄에 흡수되어 1죄만이 성립하고 이와 별개로 자동차등불법사용죄는 성립하지 않는다고 보아야 하고, /

【대법원 요지】 검사가 상습절도 등의 범행을 형법 제332조 대신에 특가법 제5조의4 제1항으로 의율하여 기소하였다 하더라도 그 공소제기의 효력은 동일한 습벽의 발현에 의한 자동차등불법사용의 범행에 대하여도 미친다고 보아야 할 것이다.

4. 사안에 대한 대법원의 판단

【대법원 분석】 2. 원심판결 이유에 의하면, 원심은, /

【대법원 분석】 피고인이 절도죄 등 동종 전과 4범인 자로서 /

【대법원 분석】 2001. 8. 27. 수원지방법원 2001고단○○○○호로, 상습으로 2001. 5. 16.부터 같은 해 7. 31.까지 사이에 모두 7회에 걸쳐 타인의 재물을 절취한 범죄사실에 대하여 특가법 제5조의4 제1항 위반죄로 공소가 제기되었는데, /

【대법원 분석】 이에 대한 제1심판결 선고 후인 2001. 9. 28. 수원지방법원 2001고단□□□□호로, 피고인이 2000. 5. 1. 03:00경 광주 서구 광천동 소재 상호 불상의 신용협동조합 앞 노상에서 피해자 A가 빌린 광주 60허△△△△호 소나타승용차를 그의 동의 없이 몰고 가 이를 일시 사용한 범죄사실(이하 '이 사건 공소사실'이라 한다)에 대하여 자동차불법사용죄로 공소가 제기된 사실을 인정한 다음, /

【대법원 판단】 이 사건 공소사실은 먼저 수원지방법원 2001고단○○○○호로 공소가 제기된 상습절도의 범죄사실과 함께 특가법 제5조의4 제1항 위반의 포괄1죄의 관계에 있고, 이 공소제기의 효력은 이 사건 공소사실에 대하여도 미치는 것이라 하여 공소기각의 판결을 선고하였다.

【대법원 결론】 기록과 위에서 본 법리에 비추어 살펴보면, 이와 같은 원심의 사실인정과 판단은 정당하고, 거기에 자동차불법사용죄 및 특가법위반(절도)죄, 나아가 죄형법정주의에 관한 법리를 오해한 위법이 있다고 할 수 없다.

【대법원 결론】 이 점을 다투는 상고이유는 받아들이지 아니한다. (상고 기각)

2010도11620

특가법 상습절도죄와 미수감경 불허
식당 주인 가방 사건

2010. 11. 25. 2010도11620, 공 2011상, 81

1. 사실관계 및 사건의 경과

【사실관계】

① 특가법 제5조의4 제1항은 상습절도를 무기 또는 3년 이상의 징역에 처하고 있다.
② 특가법 제5조의4 제6항은 상습절도의 누범자에게 그 죄에 정한 형의 단기의 2배까지 가중하고 있다.
③ 특가법 제5조의4 제6항에 따르면 상습절도의 누범은 무기 또는 6년 이상의 징역에 처해진다.
④ 갑은 A의 식당에 몰래 들어가 탁자 위에 놓여 있던 A의 처 B 소유의 가방 지퍼를 열었다.
⑤ 그 순간 갑은 A에게 발각되었다.
⑥ 갑은 비슷한 전과가 13회 있는데, 이번의 범행은 누범기간중에 일어난 것이다.
⑦ [A와 B는 피해가 없다는 이유로 갑의 처벌을 원하지 않고 있다.]

【사건의 경과】

① 검사는 갑을 특가법위반죄(상습절도미수)로 기소하였다.
② 제1심법원은 유죄를 인정하였다.
③ 제1심법원은 다음의 판단을 거쳐 형을 선고하였다.
  (가) 형법 제25조 제2항에 기하여 미수감경을 한다.
  (나) 형법 제54조에 기하여 작량감경을 한다.
  (다) 갑을 징역 2년에 처한다.
④ 검사는 불복 항소하였다.
⑤ 검사는 항소이유로, 특가법상의 상습절도미수에는 형법 제25조 제2항을 적용할 수 없다고 주장하였다.
⑥ 항소심법원은 상습절도에 대해 중지미수를 인정한 대법원판례(85도2831 소위 천광상회 사건)에 주목하였다.
⑦ 항소심법원은 항소를 기각하고, 제1심판결을 유지하였다.
⑧ 검사는 불복 상고하였다.

【참조조문】

형법

제329조 (절도) 타인의 재물을 절취한 자는 6년 이하의 징역 또는 1천만 원 이하의 벌금에 처한다.

제332조 (상습범) 상습으로 제329조 내지 제331조의2의 죄를 범한 자는 그 죄에 정한 형의 2분의 1까지 가중한다.

특정범죄 가중처벌 등에 관한 법률

제5조의4 (상습 강도 · 절도죄 등의 가중처벌) ① 상습적으로 「형법」 제329조부터 제331조까지의 죄 또는 그 미수죄를 범한 사람은 무기 또는 3년 이상의 징역에 처한다.

⑥ 제1항 또는 제2항의 죄로 두 번 이상 실형을 선고받고 그 집행이 끝나거나 면제된 후 3년 이내에 다시 제1항 또는 제2항의 죄를 범한 경우에는 그 죄에 대하여 정한 형의 단기(短期)의 2배까지 가중한다.

2. 사안에 대한 대법원의 판단

【대법원 분석】 1. 구 특정범죄 가중처벌 등에 관한 법률(2010. 3. 31. 법률 제10210호로 개정되기 전의 것, 이하 '특가법'이라고 한다) 제5조의4 제1항은 /

【대법원 분석】 '상습적으로 형법 제329조부터 제331조까지의 죄 또는 그 미수죄를 범한 사람은 무기 또는 3년 이상의 징역에 처한다'고 규정하고 있다.

【대법원 요지】 이와 같이 위 규정에 의한 상습절도죄는 상습절도미수 행위 자체를 범죄의 구성요건으로 정하고 그에 관하여 무기 또는 3년 이상의 징역형을 법정하고 있는 점, /

【대법원 요지】 약취 · 유인죄의 가중처벌에 관한 특가법 제5조의2 제6항에서는 일부 기수행위에 대한 미수범의 처벌규정을 별도로 두고 있는 반면 /

【대법원 요지】 상습절도죄 등의 가중처벌에 관한 특가법 제5조의4에서는 그와 같은 형식의 미수범 처벌규정이 아닌 위와 같은 내용의 처벌규정을 두고 있는 점을 비롯한 위 규정에 의한 상습절도죄의 입법 취지 등을 종합하면, /

【대법원 요지】 특가법 제5조의4 제1항이 적용되는 상습절도죄의 경우에는 형법 제25조 제2항에 의한 형의 미수감경이 허용되지 아니한다고 봄이 상당하다.

【대법원 결론】 2. 그럼에도 불구하고, 원심은 그 판시와 같은 이유만을 들어 특가법 제5조의4 제1항이 적용되는 피고인의 이 사건 범죄에 대하여 형법 제25조 제2항에 의한 형의 미수감경을 한 다음 선고형을 정한 제1심판결을 그대로 유지하고 말았으니, /

【대법원 결론】 이러한 원심판결에는 특가법 제5조의4 제1항 및 형법 제25조 제2항에 관한 법리를 오해함으로써 판결에 영향을 미친 위법이 있다. 따라서 이를 지적하는 상고이유의 주장은 이유 있다. (파기 환송)

【코멘트】 형법은 제29조에서 "미수범을 처벌할 죄는 각 본조에 정한다."라고 하고, 제25조 제2항에서 "미수범의 형은 기수범보다 감경할 수 있다"라고 규정하고 있다. 한편 특가법 제5조의4 제1항은 "상습적으로 형법 제329조부터 제331조까지의 죄 또는 그 미수죄를 범한 사람은 무기 또는 3년 이상의 징역에 처한다."라고 규정하고 있는데, 미수범 처벌규정을 별도로 두고 있지 않다. 이와는 대조적으로 특가법 제5조의2는 약취유인죄의 가중처벌을 규정하면서, 제6항에서 "제1항, 제2항 및 제4항에 규정된 죄의 미수범은 처벌한다"고 규정하고 있다. 본 판례에서 대법원은 특가법 제5조의2와 대비하면서 특가법 제5조의4 제1항의 상습절도미수에 대해 미수감경을 허용하지 않는다는 입장을 천명하고 있다.

형식논리적으로 볼 때 본 판례의 결론은 일견 타당한 것처럼 생각된다. 그러나 종전의 대법원판례와 대비시켜 본다면 본 판례는 사실상 판례변경에 해당하는 의미를 갖는다. 대법원은 1986. 3. 11. 선고 85도2831 판결(소위 천광상회 사건)에서 특가법의 상습절도미수 사안에 대해 형법 제26조의 중지미수 특례를 인정한 바가 있다. 이 판례에서 검사는 특가법 제5조의4 제1항이 "형법 제329조 내지 제331조의 죄와 그 미수죄를 범하는 것 자체를 범죄구성요건으로 하고 있다"는 이유를 들어서 중지미수를 논할 여지가 없다고 주장하였으나 대법원은 이를 배척하였다.

중지미수는 미수범의 한 형태이다. 중지미수를 논하려면 그 전제로 미수범 처벌규정이 있어야 한다. 85도2831 판례에서 대법원은 "중지미수에 관한 형법 제26조의 적용을 배제하는 명문규정이 없는 한 [특가법] 제5조의4 제1항 위반의 죄에 위 형법규정의 적용이 없다고 할 아무런 이유도 없다."고 판시한 바가 있다. 미수범 처벌규정이 특가법 제5조의4 제1항 속에 이미 들어 있음을 전제로 한 판단이다. 그런데 본 판례에서 대법원은 85도2831 판례에 나타난 검사의 주장과 동일한 논리를 채택하여 특가법상의 상습절도죄에는 미수범 처벌규정이 없다고 판단하고 있다. 판례변경의 절차를 밟지 않고 판례를 변경한 것이라고 말할 수 있다.

본 판례는 앞으로 엄형주의 형사사법의 신호탄이 될 것으로 보인다. 본 판례에서 문제된 특가법 제5조의4는 제6항에서 누범자에 대해 형의 단기를 2배로 가중하고 있다. 이 가중규정은 2005년 사회보호법을 폐지할 때 보완책으로 신설된 것이다. 한편 입법자는 2010년 4월 형법을 일부 개정하여 누범가중의 상한을 50년까지로 확장하였다(형법 제42조 단서). 개정 조문은 2011년 1월부터 발효되었는데, 만일 본 판례의 사안이 이 시점 이후에 일어났다면 피고인은 원칙적으로 무기 또는 6년 이상 50년 이하의 징역으로 처벌될 것이다.

지나치게 가혹한 형사처벌을 완충하는 장치로 형법 제53조에 기한 작량감경이 있다. 그러나 작량감경의 효과는 특가법 제5조의4 제6항이 규정한 단기 2배의 누범가중에 의하여 상쇄되어 상습절도죄의 처단형 하한은 여전히 3년의 징역이 된다. 이제 남은 방법은 법률상 감경을 추가하는 것인데, 형법 제25조 제2항에 근거한 미수감경이 여기에 해당한다. 그러나 대법원은 본 판례를 통하여 상습절도에 대한 미수감경의 가능성을 완전히 봉쇄하고 있다. 엄형주의 형사사법 시대를 알린다고 볼 수 있는 본 판례가 판례변경절차를 거치지 아니한 채 하급심을 지도하게 된 것은 지극히 유감스러운 일이라고 하지 않을 수 없다. 85도2831 판례와의 어긋남을 대법원이 전원합의체 판결로써 바로잡기를 촉구하는 바이다.

96도1731

절도죄와 친족상도례 - 인정례
혼외자 대여금고 열기 사건

1997. 1. 24. 96도1731, 공 1997, 706

1. 사실관계 및 사건의 경과

【사실관계 1】

① 갑은 P은행 Q지점장으로 근무해 오고 있다.

② Q지점에는 A가 P은행으로부터 임차 사용해 오던 ㉠대여금고가 있었다.
③ 을은 A의 혼인외 출생자이다.
④ [A에게는 B 등 다른 적출자들이 있다.]
⑤ A가 사망하였다.
⑥ [A가 남긴 재산을 둘러싸고 을과 B 등 사이에 분쟁이 발생하였다.]

【사실관계 2】

① 을은 [자신이 A의 자식임을 내세워] 갑에게 ㉠대여금고의 문을 열어달라고 요청하였다.
② 갑은 ㉠대여금고를 열어주었다.
③ 을은 ㉠대여금고 속에 들어 있던 ㉡양도성예금증서를 몰래 꺼내어 갔다.
④ 이후 을은 검사를 상대로 자신이 A의 친생자임을 구하는 소송을 제기하였다(민법 제864조 참조).
⑤ 을은 법원으로부터 재판상 인지의 확정판결을 받았다.

【사건의 경과】

① 검사는 갑과 을을 절도죄로 기소하였다.
② 제1심법원은 갑에 대해 절도의 공모가 인정되지 않는다는 이유로 무죄를 선고하였다.
③ 제1심법원은 을에 대해 다음과 같이 판단하였다.
 (가) 을은 범행 후 재판상 인지의 확정판결을 받았다.
 (나) 이로써 갑은 B 등과의 사이에 형법 제328조 제1항의 친족관계가 소급하여 발생하였다.
 (다) 따라서 친족상도례를 적용하여 형 면제의 판결을 선고한다.
④ 검사는 불복 항소하였다.
⑤ 항소심법원은 항소를 기각하고, 제1심판결을 유지하였다.
⑥ 검사는 불복 상고하였다.
⑦ 검사는 상고이유로 다음의 점을 주장하였다.
 (가) 갑과 을 사이에 절도의 공모가 인정된다.
 (나) 을의 범행 당시 A와 을 사이에는 친족관계가 존재하지 않았으므로 친족상도례의 규정을 적용할 수 없다.

2. 사안에 대한 대법원의 판단

(1) 갑의 공모 부분에 대한 판단

【대법원 분석】 원심은, /

【대법원 분석】 P은행 지점장으로 근무하던 피고인 갑이 피고인 을의 요청으로 망 공소외인 A가 위 은행으로부터 임차 사용해 오던 대여금고의 문을 열어주도록 한 사실은 인정되지만, /

【대법원 분석】 피고인 을이 그 대여금고의 안에 보관중이던 이 사건 양도성예금증서를 다른 공동상속인들 몰래 처분하기 위하여 꺼내어 가려고 함을 알면서 그 절취행위를 공모하는 등 이에 가담하였다고 볼 증거가 없다는 이유로 무죄를 선고한 제1심판결을 유지하였는바, /

【대법원 판단】 기록에 의하여 살펴보면 위와 같은 원심의 조치는 수긍이 가고, 거기에 소론과 같이 채증법칙을 위반함으로써 사실을 잘못 인정한 위법이 있다고 할 수 없으므로, 논지는 이유 없다.

(2) 을의 친족상도례 부분에 대한 판단

【대법원 요지】 형법 제344조, 제328조 제1항 소정의 친족간의 범행에 관한 규정이 적용되기 위한 친족관계는 원칙적으로 범행 당시에 존재하여야 하는 것이지만, /

【대법원 요지】 부가 혼인 외의 출생자를 인지하는 경우에 있어서는 민법 제860조에 의하여 그 자의 출생시에 소급하여 인지의 효력이 생기는 것이며, /

【대법원 요지】 이와 같은 인지의 소급효는 친족상도례에 관한 위 규정의 적용에도 미친다고 보아야 할 것이므로, /

【대법원 요지】 인지가 범행 후에 이루어진 경우라고 하더라도 그 소급효에 따라 형성되는 친족관계를 기초로 하여 위 친족상도례의 규정이 적용되어야 한다고 할 것이다.

【대법원 판단】 이와 같은 취지에서 범행 후 피고인 [을]이 재판상 인지의 확정판결을 받음으로써 피해자와의 사이에 형법 제328조 제1항의 친족관계가 소급하여 발생하였다고 하여 피고인 [을]에 대한 형을 면제한 제1심판결을 유지한 원심의 조치는 정당하고, 거기에 소론과 같은 법리오해의 위법이 있다고 할 수 없으므로, 논지도 이유 없다. (상고 기각)

80도131

절도죄와 친족상도례 – 부정례

보석세공 조카 삼촌 사건

1980. 11. 11. 80도131, 공 1981, 13379

1. 사실관계 및 사건의 경과

【사실관계 1】

① [서울의 종로 4가에는 금은 세공공장들이 밀집해 있다.]
② A는 종로 4가에서 P금은세공공장을 경영하고 있다.
③ A의 어머니는 B이다.
④ 갑은 B의 남동생이다.

【사실관계 2】

① A의 P공장에 손님 C가 왔다.
② C는 A에게 C 소유의 ㉠다이아몬드 6개(시가 금 138만 원)을 가공해 달라고 맡겼다.
③ 1978. 8. 8. 19 : 00경 갑은 P공장에 들어와 ㉠다이아몬드 6개를 몰래 가져갔다.
④ 조카 A는 외삼촌 갑을 고소하지 않았다.

【사건의 경과】

① 검사는 갑을 절도죄로 기소하였다.
② 제1심법원은 갑과 A가 삼촌, 조카 사이라는 점에 주목하였다.
③ 제1심법원은 갑에게 친족상도례를 적용하여 공소기각판결을 선고하였다.

④ 검사는 불복 항소하였다.
⑤ 항소심법원은 항소를 기각하고, 제1심판결을 유지하였다.
⑥ (항소심의 판단 이유는 판례 본문 참조)
⑦ 검사는 불복 상고하였다.

2. 사안에 대한 항소심의 판단

【대법원 분석】 원심은 /
【대법원 분석】 피고인이 1978. 8. 8. 19 : 00경 서울 종로구 종로 4가 ○○ 소재 공소외 A가 경영하는 금은 세공공장에서 공소외 A가 공소외 C로부터 가공의뢰를 받아 보관중이던 위 C 소유의 다이아몬드 6개 도합 시가 금 138만 원 상당을 절취한 사실을 인정한 다음, /
【항소심 판단】 공소외 A는 피고인의 생질(피고인의 누이인 공소외 B의 아들)로서 피고인과 공소외 A는 형법 제344조에 의하여 준용되는 같은 법 제328조 제2항 소정의 친족관계가 있는 것이고, /
【항소심 판단】 위 친족간의 범행에 관한 규정은 피해물건의 소유자와 범인과의 관계에 관하여 규정한 것이 아니라 절도죄의 직접의 피해자인 피해물건의 점유자와 범인과의 관계에 관하여 규정한 것이므로 /
【항소심 판단】 결국 본건 절도죄는 친족간의 범행에 관한 규정의 적용이 있는 것으로 보아야 할 것인데 피해자인 공소외 A가 피고인을 고소한 바 없으니 본건 공소는 형법 제344조 및 제328조 제2항에서 요구하는 고소 없이 제기된 공소에 해당된다는 이유로 본건 공소를 기각한 제1심판결을 유지하였다.

3. 절도죄와 친족상도례의 적용요건

【대법원 요지】 그러나 절도죄는 재물의 점유를 침탈하므로 인하여 성립하는 범죄이므로 재물의 점유자가 절도죄의 피해자가 되는 것이나 /
【대법원 요지】 절도죄는 점유자의 점유를 침탈하므로 인하여 그 재물의 소유자를 해하게 되는 것이므로 재물의 소유자도 절도죄의 피해자로 보아야 할 것이다.
【대법원 요지】 그러니 형법 제344조에 의하여 준용되는 형법 제328조 제2항 소정의 친족간의 범행에 관한 조문은 범인과 피해물건의 소유자 및 점유자 쌍방간에 같은 조문 소정의 친족관계가 있는 경우에만 적용되는 것이고, /
【대법원 요지】 단지 절도범인과 피해물건의 소유자간에만 친족관계가 있거나 절도범인과 피해물건의 점유자간에만 친족관계가 있는 경우에는 그 적용이 없는 것이라고 보는 것이 타당할 것이다.

4. 사안에 대한 대법원의 판단

【대법원 판단】 그런데 이 사건에 있어서 피고인이 본건 피해물건의 점유자(소지자)인 공소외 A에 대한 관계에서만 위 법조 소정의 친족관계가 있을 뿐이고 본건 피해물건의 소유자인 공소외 C와의 사이에 위 법조 소정의 친족관계가 없는 것이라면 /
【대법원 판단】 피고인에 대하여 형법 제344조에 의하여 준용되는 형법 제328조 제2항은 적용될 수 없는 것이라고 할 것이니 /

【대법원 결론】 원심이 피고인에 대하여 위 친족간의 범행에 관한 규정을 적용하여 공소를 기각한 제1심판결을 유지한 것은 절도죄의 보호법익 및 친족간의 범행에 관한 법리를 오해하여 판결결과에 영향을 미친 위법을 범하였다고 아니할 수 없다.

【대법원 결론】 그러니 이 점을 지적하는 상고논지는 이유 있다. (파기 환송)

제2 강도의 죄

2004도1098

강도죄와 재산상 이익 – 부정례

월악산 계곡 사건

2004. 6. 24. 2004도1098, 공 2004, 1274

1. 사실관계 및 사건의 경과

【사실관계 1】

① 갑은 A로부터 돈을 빌렸다.
② 갑과 A 사이에 차용증서가 작성되지는 않았다.
③ 그렇지만 A의 처 B는 A로부터 전해 들어 갑에 대한 대여금 채권의 존재를 알고 있었다.
④ 어느 날 갑은 채권자 A와 채무 변제기의 유예 여부 등을 놓고 언쟁을 벌였다.
⑤ 채권자 A는 변제기 유예 요청을 거부하였다.
⑥ 갑은 바닥에 떨어져 있던 망치로 A의 뒷머리 부분을 수회 때려서 살해하였다.
⑦ [갑이 A를 살해한 것은 채무지급을 면하기 위한 것이라고 생각되었다.]
⑧ 갑은 A가 변제기 유예 요청을 거부하면서 갑을 심히 모욕하는 바람에 격분을 일으켜 억제하지 못하고 살해한 것이라고 진술하였다.
⑨ [갑의 진술의 진위는 확인할 수 없었다.]

【사실관계 2】

① 갑은 A를 살해한 직후 A가 운전하고 온 ⓐ차량의 적재함에 A의 시체를 실었다.
② 갑은 시체를 싣고 나서 A의 상의 조끼에 ㉠지갑이 있는 것을 발견하였다.
③ 갑은 장차 시체가 발견될 때 A의 신원이 밝혀지는 것이 두려웠다.
④ 갑은 A의 신원을 숨기기 위하여 ㉠지갑을 꺼내 ⓐ차량의 사물함에 통째로 넣어두었다.

【사실관계 3】

① 갑은 그로부터 15시간가량 지난 후인 그 다음날 10:00경 범행현장에 다시 왔다.
② 갑은 이때 ㉠지갑 속에 들어 있던 돈(㉡돈)과 A의 바지주머니에 별도로 들어 있던 10만 원 가량의 돈(㉢돈)을 꺼냈다.

③ 갑은 ㉠지갑 속의 ㉡돈은 피에 젖어 사용할 수 없을 것으로 생각하였다.
④ 갑은 며칠 후 월악산 계곡에다 피에 젖은 ㉡돈을 ㉠지갑째로 버렸다.
⑤ 갑은 A의 바지주머니에서 꺼낸 ㉢돈을 유류대금과 담배값 등으로 사용하였다.

【사건의 경과】

① 검사는 갑을 강도살인죄로 기소하였다.
② 제1심법원은 갑에게 유죄를 인정하였다.
③ 갑은 불복 항소하였다.
④ 항소심법원은 항소를 기각하고, 제1심판결을 유지하였다.
⑤ 갑은 불복 상고하였다.
⑥ 대법원은 갑의 행위를 다음의 두 가지로 나누어 강도살인죄 성립 여부를 판단하였다.
(가) 갑이 A를 살해한 행위 : 이득강취에 의한 강도살인 여부
(나) 갑이 살해된 A로부터 지갑과 돈을 가져간 행위 : 재물강취에 의한 강도살인 여부

2. 이득강취 부분에 대한 판단

(1) 이득강취죄의 성립요건

【대법원 요지】 가. 강도살인죄가 성립하려면 먼저 강도죄의 성립이 인정되어야 하고, /

【대법원 요지】 강도죄가 성립하려면 불법영득(또는 불법이득)의 의사가 있어야 하며 /

【대법원 요지】 형법 제333조 후단 소정의 이른바 강제이득죄의 성립요건인 '재산상 이익의 취득'을 인정하기 위하여는 /

【대법원 요지】 재산상 이익이 사실상 피해자에 대하여 불이익하게 범인 또는 제3자 앞으로 이전되었다고 볼 만한 상태가 이루어져야 하는데, /

【대법원 요지】 채무의 존재가 명백할 뿐만 아니라 채권자의 상속인이 존재하고 그 상속인에게 채권의 존재를 확인할 방법이 확보되어 있는 경우에는 /

【대법원 요지】 비록 그 채무를 면탈할 의사로 채권자를 살해하더라도 일시적으로 채권자측의 추급을 면한 것에 불과하여 재산상 이익의 지배가 채권자측으로부터 범인 앞으로 이전되었다고 보기는 어려우므로, /

【대법원 요지】 이러한 경우에는 강도살인죄가 성립할 수 없다고 보아야 한다.

(2) 사안에 대한 대법원의 판단

【대법원 판단】 그런데 이 사건 기록에 의하면, 피해자와 피고인 사이에 언쟁이 일어난 원인과 범행경위 등에 비추어 피고인이 자신의 차용금 채무를 면탈할 목적으로 피해자를 살해한 것이라고 단정하기 어렵고 /

【대법원 판단】 오히려 그보다는 피고인의 주장처럼, 피해자가 피고인의 변제기 유예 요청을 거부하면서 피고인을 심히 모욕하는 바람에 격분을 일으켜 억제하지 못하고 살해의 범행에 이르렀다고 보는 것이 타당할 뿐 아니라, /

【대법원 판단】 피고인과 피해자 사이에 차용증서가 작성되지는 않았지만 피해자의 그 상속인 중 한

사람인 B(피해자의 처)가 피해자로부터 전해 들어 이미 피고인에 대한 대여금 채권의 존재를 알고 있었던 것으로 보이므로, /

【대법원 판단】 가사 피고인이 그 차용금 채무를 면탈할 목적으로 피해자를 살해하였다고 하더라도 이 경우에는 일시적으로 피해자측의 추급을 면한 것에 불과할 것이어서, 이러한 사정만으로 곧바로 강도살인죄가 성립한다고 볼 수는 없을 것이다.

3. 재물강취 부분에 대한 판단

(1) 사안에 대한 대법원의 분석

【대법원 판단】 나. 한편, 피고인이 피해자를 살해한 후 피해자의 재물을 강취하였다고 단정하기도 어렵다.

【대법원 분석】 기록에 의하면, /

【대법원 분석】 피고인은 살해 직후 피해자가 운전하고 온 차량의 적재함에 피해자의 시체를 싣고 보니 마침 그 상의 조끼에 지갑이 있는 것을 발견하고, /

【대법원 분석】 장차 시체가 발견될 때 피해자의 신원이 밝혀지는 게 두려워 이를 숨기기 위하여 지갑을 꺼내 그 차량의 사물함에 통째로 넣어두었다가 /

【대법원 분석】 (따라서 이 때까지는 피고인에게 지갑 속의 재물에 대한 불법영득의 의사를 인정하기 어렵다), /

【대법원 분석】 그로부터 15시간가량 지난 후인 그 다음날 10:00경 범행현장에 다시 왔을 때 지갑 속에 들어 있던 돈과 피해자의 바지주머니에 별도로 들어 있던 10만 원 가량의 돈을 꺼냈다가, /

【대법원 분석】 지갑 속의 돈은 피에 젖어 사용할 수 없을 것으로 생각하여 며칠 후 월악산 계곡에다 지갑째로 버리고, /

【대법원 분석】 다만 바지주머니에서 꺼낸 돈을 유류대금과 담배값 등으로 사용하였음을 알 수 있다.

(2) 강도살인죄와 강도의 기회

【대법원 요지】 강도살인죄는 강도범인이 강도의 기회에 살인행위를 함으로써 성립하는 것이므로, /

【대법원 요지】 강도범행의 실행중이거나 그 실행 직후 또는 실행의 범의를 포기한 직후로서 사회통념상 범죄행위가 완료되지 아니하였다고 볼 수 있는 단계에서 살인이 행하여짐을 요건으로 하는데 /

(3) 사안에 대한 대법원의 판단

【대법원 판단】 피고인이 피해자 소유의 돈과 신용카드에 대하여 불법영득의 의사를 갖게 된 것은 살해 후 상당한 시간이 지난 후로서 살인의 범죄행위가 이미 완료된 후의 일로 보이므로, /

【대법원 판단】 살해 후 상당한 시간이 지난 후에 별도의 범의에 터잡아 이루어진 재물 취거행위를 그보다 앞선 살인행위와 합쳐서 강도살인죄로 처단할 수는 없다.

【대법원 결론】 다. 그럼에도 불구하고, 원심은 그 판시와 같은 이유로 피고인을 강도살인죄로 처단한 제1심판결을 그대로 유지하였으니, 거기에는 채증법칙 위배로 인한 사실오인 또는 강도살인죄의 성립에 관한 법리오해의 위법이 있다고 아니할 수 없다. (파기 환송)

99도242

강도죄와 재산상 이익 – 인정례
술값 허리잡기 사건

1999. 3. 9. 99도242, 공 1999, 707

1. 사실관계 및 사건의 경과

【사실관계】

① 갑은 A가 운영하는 P소주방에 갔다.
② 갑은 P소주방에서 금 35,000원 상당의 술과 안주를 시켜 먹었다.
③ 갑은 술값을 치르지 않고 그냥 나오려고 하였다.
④ A는 갑에게 술값을 지급할 것을 요구하며 갑의 허리를 잡고 갑이 도망가지 못하게 하였다.
⑤ 갑은 술값을 면할 목적으로 A를 살해하였다.
⑥ 갑은 곧바로 A가 소지하고 있던 현금 75,000원을 꺼내어 갔다.
⑦ 갑이 A를 살해할 당시 P소주방 안에는 갑과 A 두 사람밖에 없었다.

【사건의 경과】

① 검사는 갑을 강도살인죄로 기소하였다.
② 갑의 피고사건은 제1심을 거친 후, 항소심에 계속되었다.
③ 항소심법원은 유죄를 인정하였다.
④ 갑은 불복 상고하였다.
⑤ 갑은 상고이유로 다음의 점을 주장하였다.
(가) 사실관계 인정이 잘못 되었다.
(나) 이득강취죄가 성립하지 아니하므로 강도살인죄도 성립하지 않는다.

2. 사안에 대한 대법원의 분석

【대법원 분석】 원심판결 이유에 의하면, 원심은 /

【대법원 분석】 피고인이 피해자 경영의 소주방에서 금 35,000원 상당의 술과 안주를 시켜 먹은 후 피해자가 피고인에게 술값을 지급할 것을 요구하며 피고인의 허리를 잡고 피고인이 도망가지 못하게 하자 /

【대법원 분석】 피고인은 그 술값을 면할 목적으로 피해자를 살해하고, 곧바로 피해자가 소지하고 있던 현금 75,000원을 꺼내어 갔다고 인정하였는바, /

【대법원 판단】 원심이 유지한 제1심판결이 채택한 증거들을 기록과 대조하여 검토하여 보면 원심의 이러한 사실인정은 정당하고, 여기에 피고인과 국선변호인이 논하는 바와 같은 채증법칙 위반으로 인한 사실오인의 위법이 있다고 할 수 없다.

3. 사안에 대한 대법원의 판단

【대법원 분석】 한편 제1심판결이 채택한 증거들에 의하면 피고인이 피해자를 살해할 당시 그 소주방 안에는 피고인과 피해자 두 사람밖에 없었음을 알 수 있는바, /

【대법원 판단】 그와 같은 경우 피고인이 피해자를 살해하면 피해자는 피고인에 대하여 술값 채권을 행사할 수 없게 되고, /

【대법원 판단】 피해자 이외의 사람들에게는 피해자가 피고인에 대하여 술값 채권을 가지고 있음이 알려져 있지 아니한 탓으로 피해자의 상속인이 있다 하더라도 피고인에 대하여 그 채권을 행사할 가능성은 없다 하겠다. /

【대법원 판단】 그러므로 위와 같은 상황에서 피고인이 채무를 면탈할 목적으로 피해자를 살해한 것은 재산상의 이익을 취득할 목적으로 피해자를 살해한 것이라 할 수 있고, /

【대법원 판단】 또한 피고인이 피해자를 살해한 행위와 즉석에서 피해자가 소지하였던 현금을 탈취한 행위는 서로 밀접하게 관련되어 있기 때문에 살인행위를 이용하여 재물을 탈취한 행위라고 볼 수 있으니 /

【대법원 결론】 원심이 피고인의 위와 같은 일련의 행위에 대하여 강도살인죄의 성립을 인정한 조치는 정당하고, 그와 같은 조치에 피고인이 논하는 바와 같은 강도살인죄의 법리오해의 위법이 있다고 할 수 없다.

【대법원 결론】 피해자에 대한 강도살인죄에 대한 피고인과 국선변호인의 논지는 이유가 없다. (상고기각)

2009도5022

준강도죄와 절도의 기회 – 인정례
강도상해죄와 상해 – 인정례
절도범 추격 사건

2009. 7. 23. 2009도5022, [공보불게재]

1. 사실관계 및 사건의 경과

【사실관계】

① [사실관계가 나타나 있지 아니하여 필자가 임의로 구성함]

② [갑은 ㉠물건을 훔치려고 하다가 주인 A에게 발각되었다.]

③ [주인 A와 점원 B는 갑을 잡으려고 추격하였다.]

④ [갑은 붙잡히지 않으려고 돌멩이를 집어들어 A와 B에게 던졌다.]

⑤ [A와 B는 돌멩이에 맞아 상해를 입었다.]

【사건의 경과】

① 검사는 갑을 강도상해죄로 기소하였다.

② 갑의 피고사건은 제1심을 거친 후, 항소심에 계속되었다.

③ 항소심법원은 유죄를 인정하였다.

④ 갑은 불복 상고하였다.

2. 사안에 대한 대법원의 판단

【대법원 요지】 1. 준강도는 절도범인이 절도의 기회에 재물탈환의 항거 등의 목적으로 폭행 또는 협박을 가함으로써 성립되는 것으로서, /

【대법원 요지】 여기서 절도의 기회라고 함은 절도범인과 피해자 측이 절도의 현장에 있는 경우와 절도에 잇달아 또는 절도의 시간·장소에 접착하여 피해자 측이 범인을 체포할 수 있는 상황, 범인이 죄적인멸에 나올 가능성이 높은 상황에 있는 경우를 말하고, /

【대법원 요지】 그러한 의미에서 피해자 측이 추적태세에 있는 경우나 범인이 일단 체포되어 아직 신병확보가 확실하다고 할 수 없는 경우에는 절도의 기회에 해당한다.

【대법원 요지】 한편, 강도상해죄에 있어서의 상해는 피해자의 신체의 건강상태가 불량하게 변경되고 생활기능에 장애가 초래되는 것을 말한다.

【대법원 판단】 위 법리에 따라 원심판결 이유를 기록에 비추어 살펴보면, /

【대법원 판단】 원심이 그 판시와 같은 사정 및 사실에 기초하여, 피고인이 절도의 기회에 체포를 면탈한 목적으로 피해자들에게 폭행을 가하여 다치게 한 사실을 인정할 수 있다는 이유로 이 사건 강도상해의 공소사실을 유죄로 인정한 것은 정당한 것으로 수긍할 수 있다. (상고 기각)

2004도5074

준강도죄의 기수시기 – 부정례

양주병 바구니 사건

2004. 11. 18. 2004도5074 전원합의체 판결, 공 2004, 2096

1. 사실관계 및 사건의 경과

【사실관계 1】

① 갑은 을과 합동하여 양주를 절취할 목적으로 장소를 물색하고 있었다.

② 2003. 12. 9. 06:30경 갑과 을은 5층 P건물 중 2층에 있는 A 운영의 Q주점에 이르렀다.

③ 을은 P건물의 1층과 2층 계단 사이에서 갑과 무전기로 연락을 취하면서 망을 보았다.

④ 갑은 Q주점의 잠금장치를 뜯고 침입하였다.

⑤ 갑은 Q주점 내 진열장에 있던 양주 45병 시가 1,622,000원 상당을 미리 준비한 바구니 3개에 담기

시작하였다.

【사실관계 2】

① Q주점 종업원 B와 C는 계단에서 서성거리고 있던 을을 수상히 여겨 Q주점으로 돌아오려는 하였다.
② 갑은 B와 C가 돌아오는 소리를 듣고서 양주를 그대로 둔 채 출입문을 열고 나오려고 하였다.
③ B가 갑을 붙잡자 갑은 체포를 면탈할 목적으로 자신의 목을 잡고 있던 B의 오른손을 깨물었다.
④ [갑은 체포되었고, 을은 도주하였다.]

【사건의 경과】

① 검사는 갑을 준강도죄의 기수범으로 기소하였다.
② 갑의 피고사건은 제1심을 거친 후, 항소심에 계속되었다.
③ 항소심법원은 갑을 준강도죄의 미수범으로 처벌하였다.
④ 검사는 불복 상고하였다.
⑤ 대법원은 다수의견, 별개의견, 소수의견으로 견해가 나뉘었다.
⑥ 대법원은 다수의견과 별개의견에 따라 종전의 판례를 변경하였다.
⑦ 대법원은 변경된 판례에 따라 검사의 상고를 기각하였다.
⑧ (이하에서는 지면 관계로 다수의견만을 소개함)

2. 준강도죄의 구조

【대법원 요지】 1. 형법 제335조에서 절도가 재물의 탈환을 항거하거나 체포를 면탈하거나 죄적을 인멸할 목적으로 폭행 또는 협박을 가한 때에 준강도로서 강도죄의 예에 따라 처벌하는 취지는, /

【대법원 요지】 강도죄와 준강도죄의 구성요건인 재물탈취와 폭행·협박 사이에 시간적 순서상 전후의 차이가 있을 뿐 실질적으로 위법성이 같다고 보기 때문이다.

【대법원 요지】 그러므로 피해자에 대한 폭행·협박을 수단으로 하여 재물을 탈취하고자 하였으나 그 목적을 이루지 못한 자가 강도미수죄로 처벌되는 것과 마찬가지로, /

【대법원 요지】 절도미수범인이 폭행·협박을 가한 경우에도 강도미수에 준하여 처벌하는 것이 합리적이라 할 것이다. /

【대법원 요지】 만일 강도죄에 있어서는 재물을 강취하여야 기수가 됨에도 불구하고 준강도의 경우에는 폭행·협박을 기준으로 기수와 미수를 결정하게 되면 /

【대법원 요지】 재물을 절취하지 못한 채 폭행·협박만 가한 경우에도 준강도죄의 기수로 처벌받게 됨으로써 강도미수죄와의 불균형이 초래된다.

【대법원 요지】 위와 같은 준강도죄의 입법 취지, 강도죄와의 균형 등을 종합적으로 고려해 보면, /

【대법원 요지】 준강도죄의 기수 여부는 절도행위의 기수 여부를 기준으로 하여 판단하여야 한다고 봄이 상당하다.

【대법원 요지】 이와 달리 절도미수범이 체포를 면탈하기 위하여 폭행을 가한 경우에 준강도미수로 볼 수 없다고 한 대법원 1964. 11. 20. 선고 64도504 판결, 1969. 10. 23. 선고 69도1353 판결 등은 위의 법리에 저촉되는 범위에서 이를 변경하기로 한다.

3. 사안에 대한 대법원의 판단

【대법원 분석】 2. 원심판결 이유에 의하면, 원심은 그 채택 증거를 종합하여, /

【대법원 분석】 피고인이 공소외인과 합동하여 양주를 절취할 목적으로 장소를 물색하던 중, /

【대법원 분석】 2003. 12. 9. 06:30경 부산 부산진구 부전2동 ○○○-○○ 소재 5층 건물 중 2층 피해자 A가 운영하는 주점에 이르러, /

【대법원 분석】 공소외인은 1층과 2층 계단 사이에서 피고인과 무전기로 연락을 취하면서 망을 보고, /

【대법원 분석】 피고인은 위 주점의 잠금장치를 뜯고 침입하여 /

【대법원 분석】 위 주점 내 진열장에 있던 양주 45병 시가 1,622,000원 상당을 미리 준비한 바구니 3개에 담고 있던 중, /

【대법원 분석】 계단에서 서성거리고 있던 공소외인을 수상히 여기고 위 주점 종업원 피해자 B, C가 주점으로 돌아오려는 소리를 듣고서 양주를 그대로 둔 채 출입문을 열고 나오다가 피해자 B 등이 피고인을 붙잡자, /

【대법원 분석】 체포를 면탈할 목적으로 피고인의 목을 잡고 있던 피해자의 오른손을 깨무는 등 폭행한 사실을 인정한 다음, /

【대법원 판단】 피고인을 준강도미수죄로 의율 · 처단하였다.

【대법원 결론】 위에서 본 법리에 비추어 보면 원심의 위와 같은 판단은 정당하고, 거기에 상고이유의 주장과 같은 법리오해의 위법이 없다. (상고 기각)

【비교법 조문 10】

한국 형법

제335조 (준강도) 절도가 재물의 탈환을 항거하거나 체포를 면탈하거나 죄적을 인멸할 목적으로 폭행 또는 협박을 가한 때에는 전2조의 예에 의한다.

일본 형법

제238조 (사후강도) 절도가 재물을 취득하고 이것이 도로 취거됨을 방해하거나 체포를 면탈하거나 또는 죄적을 은멸(隱滅)하기 위하여 폭행 또는 협박한 때에는 강도로써 논한다.

독일 형법

제252조 (강도적 절도) 절도범행의 현장에서 적발된 자가 소지하고 있는 도품을 계속 가지기 위하여 사람에게 폭행을 가하거나 생명 · 신체에 대한 현재의 위험을 가지고 협박한 때에는 강도와 동일하게 처벌한다.

73도1553

준강도죄의 법적 효과
절도범 주운 칼 사건

1973. 11. 13. 73도1553 전원합의체 판결, 공 1973, 7621

1. 사실관계 및 사건의 경과

【사실관계】
① 절도범 갑은 처음에는 흉기를 휴대하지 아니하였다.
② 갑은 절도 현장에서 주인 A에게 발각되었다.
③ A는 갑을 붙잡기 위하여 추격하였다.
④ 갑은 체포를 면탈할 목적으로 [과일 노점상 위에 있던] 칼을 집어들었다.
⑤ 갑은 칼을 들고 A에게 쫓아오지 말라고 위협하였다.
【사건의 경과 1】
① 검사는 갑을 준강도죄로 기소하였다.
② 제1심법원은 갑에게 유죄를 인정하고, 특수강도의 예에 따라 처단하였다.
③ 갑은 불복 항소하였다.
④ 항소심법원은 항소를 기각하고, 제1심판결을 유지하였다.
⑤ 갑은 불복 상고하였다.
【사건의 경과 2】
① 대법원은 10 대 3으로 견해가 나뉘었다.
② 다수의견은 행위태양을 기준으로 판단하여 흉기 사용을 강도죄의 폭행 · 협박의 가중 형태로 파악해야 한다고 주장하였다.
③ 소수의견은 행위주체를 기준으로 판단하여 흉기휴대절도범이 폭행 · 협박한 경우에만 특수강도(흉기휴대강도)의 예에 따라서 처벌할 수 있다고 주장하였다.
④ 대법원은 다수의견에 따라 갑의 상고를 기각하였다.
⑤ (이하에서는 지면 관계로 다수의견만을 소개함)

2. 준강도죄의 입법취지

【대법원 분석】 준강도에 관한 형법 제335조를 보면 절도가 재물의 탈환을 항거하거나, 체포를 면탈하거나, 죄적을 인멸할 목적으로 폭행 또는 협박을 가한 때에는 형법 제333조와 형법 제334조의 예에 의한다고 규정하고 있는바, /
【대법원 판단】 이 조문은 절도범인이 절도기수 후 또는 절도의 착수 후 그 수행의 범의를 포기한 후에 소정의 목적으로서 폭행 또는 협박을 하는 행위가 그 태양에 있어서 재물탈취의 수단으로서 폭행, 협박을 가하는 강도죄와 같이 보여질 수 있는 실질적 위법성을 지니게 됨에 비추어 이를 엄벌하기 위한 취지

로 규정[되어] 있는 것이며, /

【대법원 판단】 강도죄에 있어서의 재물탈취의 수단인 폭행 또는 협박의 유형을 흉기를 휴대하고 하는 경우와 그렇지 않은 경우로 나누어 흉기를 휴대하고 하는 경우를 특수강도로 하고, 그렇지 않은 경우를 단순강도로 하여 처벌을 달리하고 있음에 비추어 보면 /

【대법원 요지】 절도범인이 처음에는 흉기를 휴대하지 아니하였으나 체포를 면탈할 목적으로 폭행 또는 협박을 가할 때에 비로소 흉기를 휴대사용하게 된 경우에는 형법 제334조의 예에 의한 준강도(특수강도의 준강도)가 되는 것으로 해석하여야 할 것이므로 /

【대법원 판단】 처음에 흉기를 휴대하지 않았던 절도범인인 피고인이 체포를 면탈할 목적으로 추적하는 사람에 대하여 비로소 흉기를 휴대하여 흉기로서 협박을 가한 소위를 특수강도의 예에 의한 준강도로 의율한 원심의 조처는 정당하고 원심의 그 조처에 준강도에 관한 법리를 오해한 위법이 없다. 논지는 모두 이유 없다. (상고 기각)

2004도6432

강도예비죄와 준강도죄의 관계
체포면탈용 흉기 소지 사건

2006. 9. 14. 2004도6432, 공 2006, 1768

1. 사실관계 및 사건의 경과

【사실관계】

① 갑은 상습으로 절도 범행이 발각될 염려가 거의 없는 심야의 인적이 드문 주택가 주차장이나 길가에 주차된 자동차를 골라 그 문을 열고 동전 등 물건을 훔치는 범행을 계속해 왔다.

② 갑은 M지역의 주택가를 배회하며 범행 대상을 물색하고 있었다.

③ 갑은 이때 등산용 칼 등을 휴대하고 있었다.

④ [갑은 순찰중이던 경찰관 A에게 불심검문을 받아 검거되었다.]

⑤ 수사관 B는 등산용 칼의 용도에 대해 갑을 신문하였다.

⑥ 갑은 뜻하지 않게 절도 범행이 발각되었을 경우 체포를 면탈하는데 도움이 될 수 있을 것이라는 정도의 생각에서 등산용 칼을 소지한 것이라고 답하였다.

⑦ 수사관 B는 타인으로부터 물건을 강취하는 데 사용하겠다는 생각으로 등산용 칼을 준비한 것이 아닌가 하고 갑을 추궁하였다.

⑧ 갑은 이를 극구 부인하였다.

【사건의 경과】

① 검사는 갑을 강도예비죄로 기소하였다.

② 제1심법원은 강도예비의 고의가 입증되지 않았다는 이유로 무죄를 선고하였다.

③ 검사는 불복 항소하였다.

④ 항소심법원은 항소를 기각하고, 제1심판결을 유지하였다.
⑤ 검사는 불복 상고하였다.
⑥ 검사는 상고이유로 다음의 점을 주장하였다.
(가) 준강도는 강도의 예에 따라 처벌된다.
(나) 강도는 예비죄를 처벌한다.
(다) 따라서 준강도의 예비는 강도예비죄로 처벌되어야 한다.

2. 사안에 대한 대법원의 분석

【대법원 분석】 가. 기록에 의하면, 피고인은 상습으로 절도 범행이 발각될 염려가 거의 없는 심야의 인적이 드문 주택가 주차장이나 길가에 주차된 자동차를 골라 그 문을 열고 동전 등 물건을 훔치는 범행을 계속해 온 사실 등을 알 수 있는바, /

【대법원 판단】 이에 의하면 피고인이 주택가를 배회하며 범행 대상을 물색할 당시 비록 등산용 칼 등을 휴대하고 있었다 하더라도 피고인에게 타인으로부터 금품을 강취할 목적이 있었음이 합리적인 의심이 없는 정도로 증명되었다고 보기는 어려우므로, /

【대법원 결론】 같은 취지의 제1심판결을 유지한 원심의 판단은 옳고, 거기에 상고이유에서 주장하는 바와 같은 채증법칙 위반의 위법이 있다고 할 수 없다.

3. 강도예비죄와 준강도죄의 관계

【대법원 판단】 나. 강도예비 · 음모죄에 관한 형법 제343조는 "강도할 목적으로 예비 또는 음모한 자는 7년 이하의 징역에 처한다."고 규정하고 있는바, /

【대법원 판단】 그 법정형이 단순 절도죄의 법정형을 초과하는 등 상당히 무겁게 정해져 있고, /

【대법원 판단】 원래 예비 · 음모는 법률에 특별한 규정이 있는 경우에 한하여 예외적으로 처벌의 대상이 된다는 점(형법 제28조)을 고려하면, /

【대법원 판단】 강도예비 · 음모죄로 인정되는 경우는 위 법정형에 상당한 정도의 위법성이 나타나는 유형의 행위로 한정함이 바람직하다 할 것이다.

【대법원 판단】 그런데 준강도죄에 관한 형법 제335조는 "절도가 재물의 탈환을 항거하거나 체포를 면탈하거나 죄적을 인멸할 목적으로 폭행 또는 협박을 가한 때에는 전2조의 예에 의한다."라고 규정하고 있을 뿐 준강도를 항상 강도와 같이 취급할 것을 명시하고 있는 것은 아니고, /

【대법원 판단】 절도범이 준강도를 할 목적을 가진다고 하더라도 이는 절도범으로서는 결코 원하지 않는 극단적인 상황인 절도 범행의 발각을 전제로 한 것이라는 점에서 본질적으로 극히 예외적이고 제한적이라는 한계를 가질 수밖에 없으며, /

【대법원 판단】 형법은 흉기를 휴대한 절도를 특수절도라는 가중적 구성요건(형법 제331조 제2항)으로 처벌하면서도 그 예비행위에 대한 처벌조항은 마련하지 않고 있는데, /

【대법원 판단】 만약 준강도를 할 목적을 가진 경우까지 강도예비로 처벌할 수 있다고 본다면 흉기를 휴대한 특수절도를 준비하는 행위는 거의 모두가 강도예비로 처벌받을 수밖에 없게 되어 형법이 흉기를 휴대한 특수절도의 예비행위에 대한 처벌조항을 두지 않은 것과 배치되는 결과를 초래하게 된다는 점 및 /

【대법원 판단】 정당한 이유 없이 흉기 기타 위험한 물건을 휴대하는 행위 자체를 처벌하는 조항을 폭력행위 등 처벌에 관한 법률 제7조에 따로 마련하고 있다는 점 등을 고려하면, /

【대법원 요지】 강도예비 · 음모죄가 성립하기 위해서는 예비 · 음모 행위자에게 미필적으로라도 '강도'를 할 목적이 있음이 인정되어야 하고 /

【대법원 요지】 그에 이르지 않고 단순히 '준강도'할 목적이 있음에 그치는 경우에는 강도예비 · 음모죄로 처벌할 수 없다고 봄이 상당하다.

4. 사안에 대한 대법원의 판단

【대법원 판단】 기록에 의하여 인정되는 피고인의 전력 등에 의하면, 피고인이 휴대 중이던 등산용 칼을 그 주장하는 바와 같이 뜻하지 않게 절도 범행이 발각되었을 경우 체포를 면탈하는데 도움이 될 수 있을 것이라는 정도의 생각에서 더 나아가, /

【대법원 판단】 타인으로부터 물건을 강취하는 데 사용하겠다는 생각으로 준비하였다고 단정하기는 어렵고, /

【대법원 판단】 이와 같이 피고인에게 준강도할 목적이 인정되는 정도에 그치는 이상 피고인에게 강도할 목적이 있었다고 볼 수 없으므로 강도예비죄의 죄책을 인정할 수는 없다 할 것이다.

【대법원 결론】 같은 취지에서 강도예비죄 부분 공소사실에 대하여 무죄로 판단한 제1심판결을 그대로 유지한 원심의 조치는 옳고, 거기에 상고이유에서 주장하는 바와 같은 강도예비죄에 관한 법리오해 등의 위법이 있다고 할 수 없다. (항소심의 주문 누락을 이유로 파기 자판, 항소 기각)

2010도9630

강도강간죄의 성립요건
강간 후 강도 후 강간 사건

2010. 12. 9. 2010도9630, 공 2011상, 175

1. 사실관계 및 사건의 경과

【사실관계 1】

① 2009. 10. 23. 02:45경 갑은 P주택 지층 2호에 있는 B의 집에 출입문을 통해 침입하였다.

② 갑은 그 곳에서 컴퓨터를 하고 있던 A(26세, 여)에게 다가가 손으로 A의 입을 틀어막고, 소지하고 있던 드라이버를 A의 목에 들이대면서 A에게 "반항하면 죽여 버린다. 시키는 대로 해라."라는 등으로 협박을 하였다.

③ 갑은 A의 반항을 억압한 후 A를 그 곳 방바닥에 눕힌 다음 강간하였다.

④ 갑은 그 후 그 곳 방바닥에 있던 B소유의 손지갑과 신용카드 등이 들어있던 여성용 핸드백 1개를 들고 나갔다.

⑤ 갑은 핸드백을 들고 나가다가 다시 A를 집안으로 끌고 들어와 강간하였다.

⑥ (그 밖의 범죄는 고찰에서 제외함)

【사실관계 2】

① 갑의 범행 당시에는 「성폭력범죄의 처벌 및 피해자보호 등에 관한 법률」(이하 성폭력처벌법으로 약칭함)이 시행되고 있었다.

② [위 법률은 2010. 4. 15. 「성폭력범죄의 처벌 등에 관한 특례법」과 「성폭력방지 및 피해자보호 등에 관한 법률」로 분법(分法)되었다.]

③ [「성폭력범죄의 처벌 등에 관한 특례법」은 2010. 4. 15.부터 시행되었다.]

④ [「성폭력방지 및 피해자보호 등에 관한 법률」은 2011. 1. 1.부터 시행되었다.]

⑤ 행위시의 성폭력처벌법 제5조 제2항은 다음과 같이 규정하고 있었다.

⑥ "형법 제334조(특수강도) 또는 제342조(미수범. 다만, 제334조의 미수범에 한한다)의 죄를 범한 자가 동법 제297조(강간) 내지 제299조(준강간, 준강제추행)의 죄를 범한 때에는 사형 · 무기 또는 10년 이상의 징역에 처한다."

⑦ (위 조문은 2012년 개정 성폭력처벌법 제3조 제2항에 해당함)

【사건의 경과 1】

① 검사는 갑을 성폭력처벌법위반죄로 기소하였다.

② 제1심법원은 유죄를 인정하였다.

③ 제1심법원은 다음의 법률을 적용하여 징역 12년을 선고하였다.

(가) 성폭력처벌법 제5조 제2항

(나) 형법 제334조 제1항 (야간주거침입강도)

(다) 형법 제333조 (강도)

(라) 형법 제297조 (강간)

【사건의 경과 2】

① 갑은 불복 항소하였다.

② 갑은 항소이유로 다음의 점을 주장하였다.

(가) 이 사건 범행은 강간 범인이 재물을 탈취한 경우이다.

(나) 따라서 특수강간죄와 특수강도죄의 경합범이 성립될 뿐이다.

(다) 특수강도강간죄는 성립되지 않는다.

③ 항소심법원은 갑의 항소이유를 배척하였다.

④ 항소심법원은 여죄 부분을 고려하여 제1심판결을 파기하고 징역 10년을 선고하였다.

⑤ 갑은 불복 상고하였다.

2. 강도강간죄의 성립범위

(1) 형법상 강도강간죄의 성립범위

【대법원 요지】 강간범이 강간행위 후에 강도의 범의를 일으켜 그 부녀의 재물을 강취하는 경우에는 강도강간죄가 아니라 강간죄와 강도죄의 경합범이 성립될 수 있을 뿐이지만, /

【대법원 요지】 강간행위의 종료 전 즉 그 실행행위의 계속 중에 강도의 행위를 할 경우에는 이때에

바로 강도의 신분을 취득하는 것이므로 /

【대법원 요지】 이후에 그 자리에서 강간행위를 계속하는 때에는 강도가 부녀를 강간한 때에 해당하여 형법 제339조 소정의 강도강간죄를 구성하고, /

(2) 성폭력처벌법상 특수강도강간죄의 성립범위

【대법원 요지】 구 성폭력범죄의 처벌 및 피해자보호 등에 관한 법률(2010. 4. 15. 법률 제10258호 성폭력범죄의 피해자보호 등에 관한 법률로 개정되기 전의 것) 제5조 제2항은 /

【대법원 요지】 형법 제334조(특수강도) 등의 죄를 범한 자가 형법 제297조(강간) 등의 죄를 범한 경우에 이를 특수강도강간 등의 죄로 가중하여 처벌하는 것이므로, /

【대법원 요지】 다른 특별한 사정이 없는 한 특수강간범이 강간행위 종료 전에 특수강도의 행위를 한 이후에 그 자리에서 강간행위를 계속하는 때에도 특수강도가 부녀를 강간한 때에 해당하여 /

【대법원 요지】 구 성폭력범죄의 처벌 및 피해자보호 등에 관한 법률 제5조 제2항에 정한 특수강도강간죄로 의율할 수 있다.

(3) 강도강간죄와 폭행 · 협박

【대법원 요지】 또한, 강도죄는 재물탈취의 방법으로 폭행, 협박을 사용하는 행위를 처벌하는 것이므로 폭행, 협박으로 타인의 재물을 탈취한 이상 피해자가 우연히 재물탈취 사실을 알지 못하였다고 하더라도 강도죄는 성립하고, /

【대법원 요지】 폭행, 협박당한 자가 탈취당한 재물의 소유자 또는 점유자일 것을 요하지도 아니하며, /

【대법원 요지】 강간범인이 부녀를 강간할 목적으로 폭행, 협박에 의하여 반항을 억압한 후 반항억압 상태가 계속 중임을 이용하여 재물을 탈취하는 경우에는 재물탈취를 위한 새로운 폭행, 협박이 없더라도 강도죄가 성립한다.

3. 사안에 대한 대법원의 판단

【대법원 판단】 원심이 피해자 공소외 A에 대한 판시 강간행위 도중 범행현장에 있던 피해자 공소외 B 소유의 핸드백을 가져간 피고인의 행위를 포괄하여 /

【대법원 판단】 구 성폭력범죄의 처벌 및 피해자보호 등에 관한 법률 위반(특수강도강간등)죄에 해당한다고 판단한 조치는 위와 같은 법리에 따른 것으로 정당하고, /

【대법원 결론】 거기에 상고이유에서 주장하는 채증법칙 위배로 인한 사실오인 및 법리오해의 위법은 없다. (상고 기각)

제39장 사기와 공갈의 죄

제1 사기의 죄

91도2994

사기죄와 기망 – 인정례
백화점 변칙세일 사건

1992. 9. 14. 91도2994, 공 1992, 2929

1. 사실관계 및 사건의 경과

【사실관계 1】

① 백화점에는 특정매장(일명 수수료매장)의 형태로 입점하여 영업을 하는 경우가 있다.
② 특정매장에는 상품 메이커의 판매직원이 파견되어 있다. (판매직원)
③ 백화점측의 특정매장 담당자를 바이어라고 한다. (바이어)
④ 바이어의 상급자는 숙녀의류부장 등 책임담당자이다. (책임담당자)
⑤ 특정매장의 경우 상품이 백화점에 반입되어 판매에 이르게 되는 과정은 다음과 같다.

【사실관계 2】

① 판매직원은 필요한 물품의 수량을 파악한다.
② 판매직원은 필요한 물품의 수량을 바이어에게 통지한다.
③ 바이어는 그 타당성을 살핀 후 책임담당자의 결제를 받는다.
④ 바이어는 영업부에 통지하여 메이커에게 매입전표를 발행하게 한다.
⑤ 메이커는 전표에 따라 물품을 백화점 검품과에 납품한다.
⑥ 백화점은 물품의 이상 유무를 확인한 후, 백화점의 태그(tag,물품표)를 붙여 해당 매장에 보낸다.
⑦ 메이커의 판매직원은 물품을 판매한다.
⑧ 물품 판매액은 백화점의 경리직원이 일괄수금한다.
⑨ 백화점은 월말에 약정된 수수료율에 따른 금원을 제하고 입점업체에 판매대금을 지급한다.

【사실관계 3】

① 백화점 입점업체가 할인판매를 하는 경우가 있다.
② 할인판매의 경우 다음의 사항은 특정업체가 정한다.
(가) 백화점에 출고, 판매하는 제품의 정가

(나) 제품의 할인판매 여부

(다) 할인율의 책정

③ 입점업체는 결정된 할인판매 사항을 백화점에 통보한다.

④ 백화점측에서는 할인판매의 경우 수수료율이 낮아지는 등 수수료율과 밀접한 관련이 있기 때문에 반드시 정산판매인지 할인판매인지 확인한다.

⑤ 백화점측은 판매고 확대를 위하여 각 입점업체에서 통보해 온 내용을 취합하여 일간지나 광고전단 등을 통하여 소비자들에게 광고를 한다.

⑥ 백화점측은 통일된 가격표를 작성해 준다.

⑦ 백화점은 매장 내에 어떤 내용으로 할인판매를 하고 있다는 내용을 적은 소위 매장내 광고대(p.o.p)를 작성하여 게시한다.

【사실관계 4】

① 갑은 P백화점의 숙녀의류담당부장이다. (책임담당자)

② P백화점에는 M업체가 입점하여 특정매장의 형태로 영업을 하고 있다.

③ M입점업체는 하이패션 계통의 여성의류를 판매하고 있다.

④ M업체의 관계자 A는 관행에 따라 다음과 같은 판매전술을 가지고 ㉠제품을 판매하였다.

(가) ㉠상품은 종전에 출하한 일이 없던 신상품이다.

(나) ㉠상품의 가격표에 M업체에서 정상가격이라고 표시한 가격표를 붙여 매장에 진열한다.

(다) 매장 안의 광고대에 두 가지 가격을 표시한 할인율을 표시해 둔다.

⑤ 소비자 B 등은 ㉠상품이 정가에 팔리다가 할인가격에 판매되는 것인 줄 알고 구매하였다.

【사실관계 5】

① 위와 같은 변칙세일은 다른 백화점들에서도 많이 이루어지고 있었다.

② 다수의 유명 백화점에서 이와 같은 변칙세일이 이루어지고 있다는 사실이 사회문제화되었다.

③ (이하 P백화점 책임자 갑으로 통칭하여 고찰함)

【사건의 경과 1】

① 검사는 P백화점 책임담당자 갑을 사기죄로 기소하였다.

② 검사는 갑의 공소사실을 다음과 같이 구성하였다.

(가) ㉠제품 판매업자 A : 실행정범

(나) P백화점 책임담당자 : 공동정범

③ 갑의 피고사건은 제1심을 거친 후, 항소심에 계속되었다.

④ 항소심법원은 다음의 이유를 들어서 무죄를 선고하였다.

(가) 갑은 판매업자 A와 공동정범 관계에 있지 않다.

(나) 판매업자 A의 변칙세일은 사기죄의 기망에 해당하지 않는다.

⑤ (이하 공동정범 부분에 대한 판단은 고찰에서 생략함)

⑥ (변칙세일 부분에 대한 항소심의 판단은 판례 본문 참조)

【사건의 경과 2】

① 검사는 불복 상고하였다.

② 대법원은 백화점 책임담당자 갑과 판매업자 A는 공동정범 관계에 있다고 판단하였다.
③ 대법원은 판매업자 A의 변칙세일과 사기죄의 기망의 관계에 대하여 판단하였다.

2. 사기죄의 기망 부분에 대한 판단

(1) 사안에 대한 항소심의 판단

【항소심 분석】 원심판결 이유에 의하면, 원심은 /

【항소심 분석】 이 사건 변칙세일은 /

【항소심 분석】 대형백화점의 난립 및 상호매출경쟁, 각 입점업체들의 난립 및 과당경쟁, 소비자들의 할인판매 제품에 대한 선호심리 등으로 인하여 /

【항소심 분석】 세일이 그 본래의 취지나 기능을 상실한 채 각 백화점이나 입점업체들이 상품에 대한 판매전략 내지 판매기술의 하나로 채택되어 /

【항소심 분석】 하이패션 계통의 여성의류를 선두로 하여 제품의 첫출하시부터 세일로 들어가는 업체가 생겨나게 되고, /

【항소심 분석】 나아가 일년내내 세일을 하는 연중세일의 형태로까지 세일이 변칙적으로 이용됨에 따라 /

【항소심 분석】 판매기법의 하나로 확대되기에 이르렀다고 하면서, /

【항소심 분석】 이 사건 변칙세일에 있어서 구체적인 판매방법은, /

【항소심 분석】 입점업체에서 당초 신상품을 제조하여 출하함에 있어 당해상품의 가격표에 당해업체에서 일응 정상가격이라고 표시한 가격표를 붙여 매장에 진열하고 /

【항소심 분석】 매장 안의 광고대에 위 두 가지 가격을 표시한 할인율을 표시해 두어 /

【항소심 분석】 당해상품이 종전에 높은 가격에 판매된 사실이 없음에도 종전에는 높은 가격으로 판매되던 것을 특정한 할인판매기간에 한하여 특별히 할인된 가격으로 싸게 판매하는 것처럼 광고등을 통하여 허위선전함으로써 /

【항소심 분석】 소비자들을 유인한 후 판매고를 높이려 하는 방법이고, /

【항소심 판단】 따라서 위와 같은 변칙세일의 유래, 그 확산과정과 내용, /

【항소심 판단】 그밖에 소비자들은 각자 상품의 가치와 판매가격을 사전에 충분히 교량하여 구매여부를 결정하고 있고 /

【항소심 판단】 이 사건 변칙세일로 인하여 소비자들이 사회상규상 용인될 수 없는 손해를 입었다고 인정할 수 있는 객관적인 자료가 없는 점 등을 감안하면, /

【항소심 판단】 위와 같은 변칙세일이 백화점에 요구되는 거래상의 신의와 성실의의무에 위배된 것으로서 사기죄의 기망행위에 해당될 정도의 행위라고는 볼 수 없다고 판시하고 있다.

(2) 사기죄와 기망의 개념

【대법원 요지】 살피건대 /

【대법원 요지】 사기죄의 요건으로서의 기망은 /

【대법원 요지】 널리 재산상의 거래관계에 있어서 서로 지켜야할 신의와 성실의 의무를 저버리는 모든 적극적 및 소극적행위로서 /
【대법원 요지】 사람으로 하여금 착오를 일으키게하는 것을 말하며 /
【대법원 요지】 사기죄의 본질은 기망에 의한 재물이나 재산상 이익의 취득에 있고, /
【대법원 요지】 상대방에게 현실적으로 재산상손해가 발생함을 그 요건으로 하지 아니하는 바, /
【대법원 요지】 일반적으로 상품의 선전, 광고에 있어 다소의 과장, 허위가 수반되는 것은 /
【대법원 요지】 그것이 일반상거래의 관행과 신의칙에 비추어 시인될 수 있는 한 기망성이 결여된다고 하겠으나 /
【대법원 요지】 거래에 있어서 중요한 사항에 관하여 구체적 사실을 /
【대법원 요지】 거래상의 신의성실의 의무에 비추어 비난받을 정도의 방법으로 허위로 고지한 경우에는 /
【대법원 요지】 과장, 허위광고의 한계를 넘어 사기죄의 기망행위에 해당한다고 할 것이다.

(3) 사안에 대한 대법원의 판단

【대법원 요지】 한편 현대산업화 사회에 있어 소비자가 갖는 상품의 품질, 가격에 대한 정보는 대부분 생산자 및 유통업자의 광고에 의존할 수 밖에 없고 /
【대법원 요지】 이 사건 백화점들과 같은 대형유통업체에 대한 소비자들의 신뢰(정당한 품질, 정당한 가격)는 백화점들 스스로의 대대적인 광고에 의하여 창출된 것으로서 /
【대법원 요지】 이에 대한소비자들의 신뢰와 기대는 보호되어야 한다고 할 것인바, /
【대법원 판단】 이 사건에 문제가 되고 있는 위와 같은 변칙세일은 /
【대법원 판단】 진실규명이 가능한 구체적 사실인 가격조건에 관하여 기망이 이루어진 경우로서 /
【대법원 판단】 그 사술의 정도가 사회적으로 용인될 수 있는 상술의 정도를 넘은 것이어서 사기죄의 기망행위를 구성한다고 하지 않을 수 없으며, /
【대법원 판단】 위와 같은 변칙세일이 소비자들의 그릇된 소비심리에 편승한 것이라거나 /
【대법원 판단】 소비자들도 나름대로 가격을 교량하여 물품을 구매하였을 것이라는 점은 /
【대법원 판단】 기망행위의 성립에 아무런 영향이 없다.

3. 사기죄의 기타 요건 부분에 대한 판단

(1) 사안에 대한 항소심의 판단

【항소심 판단】 원심은 또한 /
【항소심 판단】 피고인들은 각 백화점의 직원들로서 통상적인 업무처리 과정에서 이 사건 변칙세일에 직·간접으로 접하게 된 것 뿐이므로, /
【항소심 판단】 자신을 위하여서는 물론 백화점을 위한 불법영득의 의사도 없었다라고 판시하고, /
【항소심 판단】 나아가 소비자들이 단순히 할인판매라는 이유만으로 상품을 구입한 것은 아니므로 기망에 의한 착오상태에서 재산처분행위를 한 것은 아니다라고 판시하고 있으나, /

(2) 사안에 대한 대법원의 판단

【대법원 판단】 이 사건 변칙세일이 사기죄의 기망행위에 해당한다고 한다면 /

【대법원 판단】 통상적인 업무처리라 하여 피고인들에게 백화점을 위한 불법영득의 의사가 없었다고 할 수는 없는 것이며, /

【대법원 판단】 또한 이 사건에 있어 소비자들은 백화점측의 변칙세일에 기망당하여 구매행위를 한 것이라고 보아야 하고 /

【대법원 판단】 이와 같이 변칙할인판매와 소비자들의 구매간의 인과관계가 인정되는 이상, /

【대법원 판단】 비록 소비자들이 단순히 할인판매라는 이유만으로 상품을 구입한 것은 아니라고 할지라도 사기죄의 성립에 아무런 영향이 없는 것이다.

【대법원 결론】 이와 달리 판단한 원심은 사기죄에 관한 법리를 오해하여 판결에 영향을 미친 위법을 범하였다고 하지 않을 수 없고 이를 지적하는 논지는 이유 있다. (파기 환송)

2008도76

사기죄와 기망 - 부정례
음란물유포죄와 음란성 - 부정례
성인 사이트 과장광고 사건

2008. 6. 12. 2008도76, [공보불게재]

☞ 958면

2010도9330

도박죄와 도박 - 부정례
사기죄와 기망 - 인정례
몰래 카메라 도박 사건

2011. 1. 13. 2010도9330, 공 2011상, 373

☞ 962면

2003도4531

사기죄와 부작위에 의한 기망 – 부정례
은천아파트 수표 사건

2004. 5. 27. 2003도4531, 공 2004, 1117

1. 사실관계 및 사건의 경과

【사실관계 1】

① 서울 관악구 K동에는 은천아파트 단지가 있다.
② 은천아파트 단지의 M아파트 1채에 대해 부동산매매계약 체결이 추진되고 있다.
③ 갑은 M아파트 매매를 중개한 부동산 중개인이다.
④ 매도인은 A, 매수인은 B이다.
⑤ A와 B는 M아파트를 8천 8백만 원에 매매하기로 합의하였다. (☞문서례 15번 참조)
⑥ 매수인 B는 매도인 A에게 계약금으로 1,000만 원을 지급하였다.
⑦ B는 잔액 7천 8백만 원에 대해서 중도금과 잔금을 한꺼번에 치르기로 하였다.
⑧ B는 또한 별개의 N부동산에 대한 중개료로 갑에게 5백만 원을 지급하기로 하였다.

【사실관계 2】

① 잔금지급일이 되었다.
② 매도인 A의 대리인으로 갑이 나섰다.
③ 매수인 B의 대리인으로 C가 나섰다.
④ 갑과 C 사이에 M아파트에 관하여 잔금의 청산이 이루어졌다.
⑤ C는 갑에게 매매대금과 중개료로 다음과 같은 6장의 수표를 교부하였다.
  (가) ㉠수표 5,000만 원권 자기앞수표
  (나) ㉡수표 1,000만 원권 자기앞수표
  (다) ㉢수표 1,000만 원권 자기앞수표
  (라) ㉣수표 1,000만 원권 자기앞수표
  (마) ㉤수표 500만 원권 자기앞수표 1장
  (바) ㉥수표 500만 원권 자기앞수표 1장
⑥ 위의 수표들은 원래 C가 N부동산의 매매대금으로 받았던 것이다.
⑦ 수표 가운데 500만 원권 ㉤수표는 C가 N부동산 중개료 명목으로 갑에게 교부한 것이었다.
⑧ 수표 가운데 1,000만 원권 ㉣수표는 C가 잘못 교부한 것이었다.
⑨ 결과적으로 C는 갑에게 1천만 원을 더 지급한 결과가 되었다.
⑩ 이후 위 수표들을 추적한 결과는 다음과 같다.
  (가) ㉠, ㉡, ㉢, ㉥수표 (합계 7천 5백만 원) : K은행 반포지점에서 교환하면서 배서함에 있어 동일하게 각 그 뒷면에 갑의 이름과 전화번호를 기재함.

(나) ㉣수표 : H은행 도시개발공사지점에서 교환하면서 배서함에 있어 그 뒷면에 갑의 주민등록번호만 기재함.

(다) ㉤수표 : (판례상 불명)

【사건의 경과】

① 검사는 갑을 사기죄로 기소하였다.

② 갑의 피고사건은 제1심을 거친 후, 항소심에 계속되었다.

③ 항소심법원은 갑에게 유죄를 인정하였다.

④ (항소심의 판단 이유는 판례 본문 참조)

⑤ 갑은 항소심판결에 불복 상고하였다.

2. 부작위에 의한 기망의 요건

【대법원 요지】 사기죄의 요건으로서의 기망은 널리 재산상의 거래관계에 있어 서로 지켜야 할 신의와 성실의 의무를 저버리는 모든 적극적 또는 소극적 행위를 말하는 것이고, /

【대법원 요지】 그 중 소극적 행위로서의 부작위에 의한 기망은 법률상 고지의무 있는 자가 일정한 사실에 관하여 상대방이 착오에 빠져 있음을 알면서도 그 사실을 고지하지 아니함을 말하는 것으로서, /

【대법원 요지】 일반거래의 경험칙상 상대방이 그 사실을 알았더라면 당해 법률행위를 하지 않았을 것이 명백한 경우에는 신의칙에 비추어 그 사실을 고지할 법률상 의무가 인정된다 할 것인바, /

【대법원 요지】 피해자가 피고인에게 매매잔금을 지급함에 있어 착오에 빠져 지급해야 할 금액을 초과하는 돈을 교부하는 경우, 피고인이 사실대로 고지하였다면 피해자가 그와 같이 초과하여 교부하지 아니하였을 것임은 경험칙상 명백하므로, /

【대법원 요지】 피고인이 매매잔금을 교부받기 전 또는 교부받던 중에 그 사실을 알게 되었을 경우에는 특별한 사정이 없는 한 피고인으로서는 피해자에게 사실대로 고지하여 피해자의 그 착오를 제거하여야 할 신의칙상 의무를 지므로 그 의무를 이행하지 아니하고 피해자가 건네주는 돈을 그대로 수령한 경우에는 사기죄에 해당될 것이지만, /

【대법원 요지】 그 사실을 미리 알지 못하고 매매잔금을 건네주고 받는 행위를 끝마친 후에야 비로소 알게 되었을 경우에는 주고 받는 행위는 이미 종료되어 버린 후이므로 피해자의 착오 상태를 제거하기 위하여 그 사실을 고지하여야 할 법률상 의무의 불이행은 더 이상 그 초과된 금액 편취의 수단으로서의 의미는 없으므로, /

【대법원 요지】 교부하는 돈을 그대로 받은 그 행위는 점유이탈물횡령죄가 될 수 있음은 별론으로 하고 사기죄를 구성할 수는 없다고 할 것이다.

3. 사안에 대한 항소심의 판단

【항소심 판단】 2. 원심은, 그의 채용 증거들을 종합하여, /

【항소심 판단】 매도인 A를 대리한 피고인이 2001. 7. 17. 매수인 B를 대리한 피해자[C]와 사이에 서울 관악구 ○○○○동 1707-1 은천아파트 1단지 ○○○동 1004호에 관하여 매매대금 88,269,000원으로 정하여 매매계약을 체결하고, /

【항소심 판단】 계약금으로 1,000만 원을 지급받았으므로, 피해자가 피고인에게 지급하여야 할 잔금이 78,269,000원인 사실 및 /

【항소심 판단】 피고인이 피해자로부터 그 잔금을 지급받음에 있어 5,000만 원권 자기앞수표 1장, 1,000만 원권 자기앞수표 3장(농협중앙회 발행, 수표번호 바가 49796125, 49796126, 49796127)을 받았고, /

【항소심 판단】 그 외에 피해자로부터 500만 원권 자기앞수표 1장(농협중앙회 발행, 수표번호 바가 49796129)을 은천아파트 □□□동 201호의 중개수수료 명목으로 별도로 받았다는 사실을 인정하였다.

【항소심 판단】 원심은 나아가, /

【항소심 판단】 ① 피해자가 피고인에게 위의 5,000만 원권 1장, 1,000만 원권 3장의 자기앞수표들 외에 이 사건 매매잔금 명목으로 피고인에게 교부하였다고 주장하고 있는 500만 원권 자기앞수표 1장(농협중앙회 발행, 수표번호 바가49796130)도 피해자가 위의 자기앞수표들과 마찬가지로 은천아파트 □□□동 201호의 매매대금 명목으로 받은 것인데 /

【항소심 판단】 그 뒷면에는 피고인의 배서가 되어 있으므로, 이는 피해자로부터 피고인에게 교부된 것으로 보이는바, 피고인은 그 자기앞수표를 받게 된 경위에 대하여 제대로 설명하지 못하고 있는 점에 비추어, 피해자의 주장이 구체적이고 신빙성이 있어 보이는 점, /

【항소심 판단】 ② 피고인은 2001. 8. 11. 1,000만 원권 자기앞수표 3장 중 2장(수표번호 바가 49796125, 49796127) 및 500만 원권 자기앞수표 1장(수표번호 바가49796130)을 K은행 반포지점에서 교환하면서 배서함에 있어 동일하게 각 그 뒷면에 피고인의 이름과 전화번호를 기재한 반면, /

【항소심 판단】 1,000만 원권 자기앞수표 나머지 1장(수표번호 바가49796126)은 H은행 도시개발공사지점에서 교환하면서 배서함에 있어 그 뒷면에 피고인의 주민등록번호만 기재하였는바, /

【항소심 판단】 이와 같이 피해자가 매매잔금 명목으로 함께 지급하였다고 주장하는 그 500만 원권 자기앞수표를 피고인도 매매잔금 명목으로 받았다고 인정하고 있는 1,000만 원권 자기앞수표 2장과 함께 사용한 반면, /

【항소심 판단】 당사자 사이에 추가지급 여부에 관하여 다툼이 있는 그 1,000만 원권 자기앞수표 1장은 위의 다른 수표들과 구분하여 다른 용도에 사용한 것으로 보이는 점, /

【항소심 판단】 ③ 피고인은 경찰에서부터 원심 법정에 이르기까지 피해자가 피고인에게 주었다는 그 자기앞수표들에 대한 조회 결과 피고인의 배서가 있는 것으로 밝혀져 불리한 상황이 될 때마다 매번 새로운 진술을 하는 등 그 진술에 일관성이 없는 반면, /

【항소심 판단】 피해자는 경찰 이래 원심 법정에 이르기까지 대체로 구체적이고 일관된 진술을 하고 있는 점 등 그의 판시와 같은 사정을 들어 /

【항소심 판단】 피해자가 이 사건 당일 피고인에게 매매잔금을 지급함에 있어 피해자의 착오로 1,000만 원권 자기앞수표 1장을 추가로 지급하게 되었던 사실 및 /

【항소심 판단】 피고인은 이러한 사정을 알면서도 그 자기앞수표를 말없이 수령하고 돌려주지 아니하였다는 요지의 사실을 인정하여 /

【항소심 판단】 피고인에 대한 사기죄의 공소사실을 유죄로 판단하였다.

4. 사안에 대한 대법원의 판단

【대법원 판단】 3. 기록 중의 증거들과 대조하여 본즉, 피해자가 착오로 1,000만 원권 자기앞수표 1장을 피고인에게 덧붙여 교부하여 피고인이 이를 교부받았다는 원심의 사실인정 부분은 수긍할 수 있다.

【대법원 판단】 그러나 원심이 거기서 더 나아가 피고인은 이 사건 잔금을 교부받을 당시 피해자가 1,000만 원권 자기앞수표 1장을 착오로 보태어 함께 교부한다는 사정을 알면서도 이를 말없이 받았다고 단정한 것은 수긍되지 않는다.

【대법원 판단】 원심이 들고 있는 사정들이 피해자가 피고인에게 착오로 매매잔금 중에 1,000만 원권 자기앞수표 1장을 더 넣은 채 함께 교부하였다는 점을 인정할 수 있는 근거는 될 수 있어도 /

【대법원 판단】 그 사정만으로 피고인이 피해자가 잔금으로 주는 것을 교부받기 전에 또는 교부받으면서 피해자가 1,000만 원권 자기앞수표 1장을 더 보탠 채 함께 교부한다는 사정을 알았거나 또는 알면서 받았다고 볼 수는 없다고 할 것이고, /

【대법원 판단】 또한, 기록상 이를 인정할 만한 다른 자료도 보이지 않는다.

【대법원 결론】 그럼에도 원심이 피해자가 1,000만 원권 자기앞수표 1장을 더 보탠 채 교부한다는 사정을 피고인이 알면서 교부받았다고 단정한 데에는 필요한 심리를 다하지 아니하여 채증법칙을 위배하였거나 부작위에 의한 사기죄와 점유이탈물횡령죄에 관한 법리를 오해한 잘못이 있다 할 것이고 이는 판결 결과에 영향을 미쳤다 할 것인바, 같은 취지의 상고이유의 주장은 정당하기에 이 법원은 그 주장을 받아들인다. (파기 환송)

2010도6256

사기죄 객체의 구별방법
장물취득죄와 취득 – 부정례
대포통장 입금 사건

2010. 12. 9. 2010도6256, 공 2011상, 170

1. 사실관계 및 사건의 경과

【사실관계 1】

① 갑은 A로부터 금융기관 계좌의 통장, 현금카드, 비밀번호를 판매할 것을 제의받았다.

② 갑은 그 통장 등이 성명불상자에 의하여 일명 보이스피싱 등의 범행에 이용될 것임을 알았다.

③ 갑은 자신이 판매한 통장의 계좌로 범행으로 취득한 돈이 입금되면 이중으로 발급받은 직불카드를 이용하여 성명불상자보다 먼저 송금받은 금원을 인출하기로 마음먹었다.

④ 2009. 6. 4. 갑은 새마을금고 P지점에서 자신의 명의로 M계좌를 개설하였다.

⑤ 갑은 이 때 현금카드 1개, 직불카드 1개를 발급받고 계좌 입출금 사실을 알려주는 SMS 문자서비스

를 신청하였다.

⑥ 갑은 대가를 받고 새마을금고 M계좌의 통장을 A에게 넘겨주었다.

【사실관계 2】

① 2009. 6. 8. 성명불상자는 인터넷 중고자동차매매 사이트에 NF쏘나타 승용차를 1,200만 원에 판매하겠다'는 취지의 B의 글을 보았다.

② 성명불상자는 전화로 B에게 "나는 현재 전라도에서 식품을 운반하는 일을 한다. 승용차가 필요해서 구입을 하려고 하는데 나는 전라도에 있기 때문에 갈 수가 없어 직원과 자동차 딜러를 보내겠다. 그 사람들에게는 내가 너의 동생이라고 말해라. 계약서에는 차량대금을 1,000만 원으로 써주어라. 내가 돈을 너에게 입금시켜줄테니 그 외에는 그 사람들과는 이야기를 하지 말아라"라는 취지로 거짓말을 하였다.

③ 성명불상자는 이어서 같은 사이트에 중고자동차매매 광고를 낸 C에게 전화를 하여 "2006년식 NF쏘나타 승용차를 1,000만 원에 매도하겠다. 서울 양천구 K지점 L아파트 앞으로 와라. 나는 일이 있어 못가고 대신 동생이 갈 것이다"라는 취지로 거짓말을 하였다.

【사실관계 3】

① 2009. 6. 8. 서울 양천구 K지점 L아파트 지하주차장에서 B와 D(C의 동업자)가 만나 NF쏘나타 승용차 매매계약을 체결하였다.

② 성명불상자는 전화로 D에게 "차량대금 1,000만 원을 갑 명의의 M계좌로 송금해달라"고 거짓말을 하였다.

③ 성명불상자의 거짓말에 속은 B는 자신의 소유인 1,200만 원 상당의 NF쏘나타 승용차를 D에게 교부하였다.

④ D는 NF쏘나타 승용차 매매대금 명목으로 1,000만 원을 새마을금고의 M계좌로 송금하였다.

⑤ 새마을금고 측은 SMS 문자서비스로 M계좌에 1,000만 원이 입금된 사실을 갑에게 알려주었다.

⑥ 2009. 6. 8. 19:38경 갑은 서울 동대문구에 있는 농협 S지점의 현금자동지급기에서 미리 발급해 놓은 새마을금고 M계좌의 직불카드를 이용하여 140만 원을 인출하였다.

【사건의 경과 1】

① 검사는 갑을 다음의 공소사실로 기소하였다.

(가) 통장 판매행위 : 전자금융거래법위반죄

(나) 통장 판매행위 : 사기방조죄

(다) 140만 원 인출행위 : 장물취득죄

② 제1심법원은 다음과 같이 판단하였다.

(가) 통장 판매행위 : 전자금융거래법위반죄 : 유죄

(나) 통장 판매행위 : 사기방조죄 : 유죄

(다) 140만 원 인출행위 : 장물취득죄 : 무죄

③ 제1심법원은 장물취득죄 무죄 부분에 대해 다음과 같은 이유를 제시하였다.

(가) 갑이 사기방조에 의하여 취득한 예금채권은 재물이 아니라 재산상 이익이라 할 것이어서 장물이 될 수 없다.

(나) 그러므로 갑이 자신의 예금계좌에서 돈을 인출하였더라도 장물취득죄가 성립하지 않는다.

(다) 갑이 인출한 돈도 그 자체가 사기에 의하여 취득한 재물이 아니므로 장물이라 할 수 없다.

【사건의 경과 2】

① 갑은 유죄 부분에 불복 항소하였다.

② 검사는 무죄 부분에 불복 항소하였다.

③ 항소심법원은 항소를 모두 기각하고, 제1심판결을 유지하였다.

④ 검사는 불복 상고하였다.

2. 사안에 대한 항소심의 판단

【항소심 판단】 원심판결 이유에 의하면, 원심은 /

【항소심 판단】 자신의 통장이 사기 범행에 이용되리라는 사정을 알고서도 그 명의로 새마을금고 예금계좌를 개설한 다음 성명불상자에게 이를 양도함으로써 /

【항소심 판단】 성명불상자가 피해자를 속여 피해자로 하여금 1,000만 원을 위 계좌로 송금하게끔 한 사기 범행을 방조한 피고인이 /

【항소심 판단】 위 예금계좌로 송금된 1,000만 원 중 140만 원을 인출하여 성명불상자가 취득한 장물을 취득하였다는 공소사실에 대하여, /

【항소심 판단】 본범이 사기죄로 취득한 것은 예금채권으로서 재물이 아니라 재산상 이익이어서 피고인이 자신 명의의 예금계좌에서 돈을 인출하였더라도 장물취득죄가 성립하지 않는다는 이유로 무죄를 선고하였다.

3. 사안에 대한 대법원의 판단

(1) 사기죄 객체의 구별방법

【대법원 판단】 그러나 이 사건의 경우 피해자는 본범인 성명불상자의 기망행위에 속아 현금 1,000만 원을 피고인의 예금계좌로 송금하였고, /

【대법원 판단】 이는 재물에 해당하는 현금을 교부받는 방법이 예금계좌로 송금하는 형식으로 이루어진 것에 불과하다.

【대법원 요지】 즉, 사기죄의 객체는 타인이 점유하는 '타인의' 재물 또는 재산상의 이익이므로, /

【대법원 요지】 피해자와의 관계에서 살펴보아 그것이 피해자 소유의 재물인지 아니면 피해자가 보유하는 재산상의 이익인지에 따라 재물이 객체인지 아니면 재산상의 이익이 객체인지 구별하여야 하는 것으로서, /

【대법원 판단】 이 사건과 같이 피해자가 피고인 명의의 새마을금고 예금계좌로 돈을 송금한 경우 피해자의 새마을금고에 대한 예금채권은 당초 발생하지 않는다.

【대법원 판단】 위 법리에 의하면, 본범이 사기 범행으로 취득한 것은 재산상 이익이어서 장물에 해당하지 않는다는 원심의 판시는 사기죄의 객체 및 장물취득죄에 있어서의 장물의 의미 등에 관한 법리오해에서 비롯된 것으로서 적절하지 아니하다.

(2) 장물취득죄의 취득 개념

【대법원 요지】 다만, 장물취득죄에 있어서 '취득'이라 함은 장물의 점유를 이전받음으로써 그 장물에 대하여 사실상 처분권을 획득하는 것을 의미하는데, /

【대법원 요지】 이 사건의 경우 본범의 사기행위는 피고인이 예금계좌를 개설하여 본범에게 양도한 방조행위가 가공되어 본범에게 편취금이 귀속되는 과정 없이 피고인이 피해자로부터 피고인의 예금계좌로 돈을 송금받아 취득함으로써 종료되는 것이고, /

【대법원 요지】 그 후 피고인이 자신의 예금계좌에서 위 돈을 인출하였다 하더라도 이는 예금명의자로서 은행에 예금반환을 청구한 결과일 뿐(대법원 2009. 3. 19. 선고 2008다45828 전원합의체 판결 참조) 본범으로부터 위 돈에 대한 점유를 이전받아 사실상 처분권을 획득한 것은 아니므로, /

【대법원 요지】 피고인의 위와 같은 인출행위를 장물취득죄로 벌할 수는 없다.

【대법원 결론】 따라서 이 사건 공소사실 중 장물취득의 점에 대하여 피고인에게 무죄를 선고한 원심 판단의 결론은 정당한 것으로 수긍할 수 있으므로, 앞서 본 원심판결의 잘못은 판결 결과에 영향이 없다. (상고 기각)

【코멘트】 본 판례는 최근 크게 문제되고 있는 보이스피싱 사건의 형사법적 문제점을 다룬 최초의 것이라는 점에서 주목된다. 보이스피싱에 사용될 것임을 알면서 자신의 통장을 판매하는 행위는 본범이 누구인지 모를지라도 사기죄의 방조범에 해당한다. 그런데 통장을 판매한 자가 자신의 계좌에 보이스피싱 범행으로 돈이 입금된 것을 알고 이를 찾아서 임의로 처분하는 행위를 장물취득죄로 처벌할 수 있을 것인지 문제된다. 본 판례는 이 문제에 대한 대법원의 리딩 케이스로서 특별한 의미를 갖는다.

본 판례의 사안에 대해 대법원은 다음과 같은 논리전개를 통하여 장물취득죄 성립을 부정하는 결론에 이른다. 먼저, 대법원은 보이스피싱의 피해자가 현금을 사기방조범의 계좌로 송금한 경우가 재물을 교부한 것인지 재산상 이익을 교부한 것인지에 대해 살핀다. 이와 관련하여 대법원은 피해자를 중심으로 양자를 구별하라는 기준을 제시한다. 이에 따르면 피해자가 현금을 사기방조범 명의의 예금계좌로 송금한 것은 재물을 교부한 것으로서 그 교부방법이 송금의 형식을 취하였을 뿐이다. 피해자의 금융기관에 대한 예금채권(재산상 이익)은 애당초 문제되지 않는다. 이렇게 보면 사기방조범이 피해자의 예금채권을 취득한 것이라고 판단한 제1심과 항소심의 판단은 잘못된 것이다.

그런데 피해자가 재물을 교부하였다고 하여 사기방조범에게 바로 장물취득죄가 성립하는 것은 아니다. 장물취득죄의 취득은 장물의 점유를 이전받아 장물에 대한 사실상의 처분권을 획득하는 행위이다. 점유를 이전받으려면 먼저 본범에게 장물의 점유가 있었음이 확인되어야 한다. 이와 관련하여 대법원은 중요한 판단기준을 제시한다. 즉 본범의 보이스피싱 사기범행은 피해자로부터 사기방조범의 예금계좌로 돈이 송금되었을 때 종료한다는 것이다. 이때 사기죄의 본범이 돈에 대해 점유를 가지게 되었는가는 묻지 않는다. 본범에게 장물의 점유가 확인되지 않으므로 사기방조범은 장물의 점유를 이전받을 수가 없다. 결국 사기방조범이 임의로 돈을 인출하더라도 이를 장물취득죄로 벌할 수 없다는 결론에 이르게 된다.

2011도9919

사기죄와 재물 – 인정례
밀서류 인감증명 사건

2011. 11. 10. 2011도9919, 공 2011하, 2611

1. 사실관계 및 사건의 경과

【사실관계 1】

① 갑은 M재개발지역에 거주하던 A로부터 ㉠재개발 아파트 분양권을 매수하였다.
② 2003. 2. 8.경 갑은 ㉠분양권을 F에게 7,800만 원에 전매하였다.
③ 갑은 A 명의로 재개발 아파트가 배정될 때 A의 별도의 도움 없이도 A 명의로 등기한 후 F 명의로 다시 소유권을 이전할 수 있도록 해야 한다.
④ 여기에는 A 명의의 인감증명서, A의 인장이 날인된 아파트 매도 각서, 매매예약계약서 등이 필요하다.
⑤ 이러한 서류들을 가리켜서 속칭 '밀서류'라고 한다.
⑥ 갑은 ㉡'밀서류'를 A로부터 교부받아 F에게 건네주었다.

【사실관계 2】

① 갑은 F에게 A의 ㉠아파트 분양권을 이미 매도하였음에도 불구하고, A의 분양권을 다시 이중매도하기로 마음먹었다.
② 갑이 ㉠분양권을 이중매도하려면 또다시 A로부터 인감증명서 등 속칭 '밀서류'를 받아내야 한다.
③ 그러나 A는 이미 자신의 분양권을 매도하였기 때문에 그와 같은 서류를 다시 교부해줄 리가 없다.
④ 2005. 하반기부터 갑은 G로 하여금 A의 딸 H에게 전화하게 하여, 마치 갑 자신이 A의 입주권을 매수하여 보유하고 있는 사람인 것처럼 말하게 하였다.
⑤ 2006. 5. 22.경 갑은 N동사무소에서 G로 하여금 A의 딸 H와 H의 남편 I에게 "아파트 동호수 추첨 등에 필요하니 A 명의의 인감증명서를 발급받아 달라."고 말하게 하였다.
⑥ H와 I는 입주권을 정당하게 보유하고 있는 사람이 아파트를 배정받는데 사용할 것으로 오인하여 그 자리에서 A 명의의 ㉢인감증명서 3장을 발부받아 갑에게 교부하였다.
⑦ (갑의 범행 사실은 여러 가지가 있으나 이하에서는 인감증명서 편취 부분만 고찰함)

【사건의 경과】

① 검사는 갑이 ㉢인감증명서를 A로부터 편취하였다고 판단하였다.
② 검사는 갑을 사기죄로 기소하였다.
③ 갑의 피고사건은 제1심을 거친 후, 항소심에 계속되었다.
④ 항소심법원은 무죄를 선고하였다.
⑤ (항소심의 판단 이유는 판례 본문 참조)
⑥ 검사는 불복 상고하였다.

2. 인감증명서의 재물성 여부

【대법원 요지】 가. 인감증명서는 인감과 함께 소지함으로써 인감 자체의 동일성을 증명함과 동시에 거래행위자의 동일성과 거래행위가 행위자의 의사에 의한 것임을 확인하는 자료로서 개인의 권리의무에 관계되는 일에 사용되는 등 일반인의 거래상 극히 중요한 기능을 가진다. /
【대법원 요지】 따라서 그 문서는 다른 특별한 사정이 없는 한 재산적 가치를 가지는 것이어서 형법상의 '재물'에 해당한다고 할 것이다. /
【대법원 요지】 이는 그 내용 중에 재물이나 재산상 이익의 처분에 관한 사항이 포함되어 있지 아니하다고 하여 달리 볼 것이 아니다. /
【대법원 요지】 따라서 위 용도로 발급되어 그 소지인에게 재산적 가치가 있는 것으로 인정되는 인감증명서를 그 소지인을 기망하여 편취하는 것은 그 소지인에 대한 관계에서 사기죄가 성립한다 할 것이다.

3. 사안에 대한 항소심의 판단

【항소심 판단】 나. 원심은 피고인의 피해자 공소외인에 대한 사기의 점에 대하여 아래와 같은 이유로 이 부분 공소사실을 무죄로 판단하였다. /
【항소심 판단】 인감증명서는 개인이 현재 사용하고 있는 인감을 공식적으로 증명하는 내용의 문서에 그쳐서 거기에 어떠한 재물이나 재산상의 이익의 처분에 관한 사항을 포함하고 있는 것이 아니고, /
【항소심 판단】 인감증명서의 불법취득으로 인하여 침해될 우려가 있는 법익은 그 서면 자체가 아니라 그 서면으로 증명하고자 하는 내용일 뿐이어서 인감증명서 자체는 사기죄의 객체가 될 수 없다. /
【항소심 판단】 따라서 피고인이 피해자의 딸과 사위에게 거짓말하여 피해자 명의의 인감증명서 3장을 교부받았다고 하더라도 피해자가 재산상의 손해를 입었다거나 피고인이 재산상의 이익을 얻었다고는 볼 수 없다는 것이다.

4. 사안에 대한 대법원의 판단

【대법원 판단】 다. 그러나 앞서 본 법리에 비추어 보면, /
【대법원 판단】 이 사건 인감증명서는 피해자측이 발급받아 소지하게 된 피해자 명의의 것으로서 재물성이 인정된다 할 것인데, /
【대법원 판단】 피고인이 피해자측을 기망하여 이를 교부받은 이상 재물에 대한 편취행위가 성립한다고 보아야 할 것이다. /
【대법원 판단】 나아가 이 사건에서 피고인은 피해자의 재개발아파트 수분양권을 이중으로 매도할 목적으로 그에 중요한 의미를 가지는 피해자 명의의 인감증명서를 기망에 의하여 취득하였다는 것이므로, 위 인감증명서에 대한 편취의 고의도 인정하기에 충분하다.
【대법원 결론】 따라서 위와 같은 피고인의 행위에 대하여는 재물의 편취에 의한 사기죄가 성립한다고 할 것임에도, 원심이 이와 달리 보아 이 부분 공소사실에 대하여 무죄를 선고한 것은 사기죄의 객체

가 되는 재물에 관한 법리를 오해하여 판결 결과에 영향을 미친 위법이 있다고 할 것이다. 이 점을 지적하는 상고이유의 주장은 이유 있다. (파기 환송)

2006도4498

절도죄와 타인 소유 – 인정례
사기죄와 타인 소유 – 부정례
친정엄마 명의 자동차 사건

2007. 1. 11. 2006도4498, 공 2007, 317

☞ 410면

2005도9858

소송사기와 재산상 이익 – 인정례
보존등기 말소청구 사건

2006. 4. 7. 2005도9858 전원합의체 판결, 공 2006, 2106

1. 사실관계 및 사건의 경과

【사실관계】

① 갑은 을 등과 공모하여 A소유의 ㉠토지를 가로채기로 마음먹었다.

② ㉠토지는 A명의로 보존등기가 되어 있었다. (☞문서례 16번 참조)

③ 갑은 A를 상대로 자신이 소유자라고 허위주장을 하면서 ㉠토지의 보존등기 말소를 구하는 ⓐ소송을 P법원에 제기하였다.

④ P법원은 갑의 허위주장을 받아들여 ㉠토지가 갑의 소유라고 인정하여 보존등기 말소를 명하는 내용의 판결을 내렸다.

⑤ P법원의 갑에 대한 승소판결은 이후 확정되었다.

【사건의 경과 1】

① 검사는 갑을 특경가법위반죄(사기)로 기소하였다.

② 갑의 피고사건은 제1심을 거친 후, 항소심에 계속되었다.

③ 항소심법원은 갑에게 소송사기의 성립을 인정하여 유죄를 인정하였다.

④ 갑은 불복 상고하였다.

⑤ 갑은 상고이유로 다음의 점을 주장하였다.

(가) 단순히 보존등기 말소를 구하는 소송은 사기죄를 구성하지 않는다는 것이 확립된 대법원판례

이다.

(나) 갑의 피고사건은 정확하게 기존 대법원판례에 해당하는 사안이다.

【사건의 경과 2】

① 대법원은 12 대 1로 견해가 나뉘었다.

② 대법원은 다수의견에 따라 종래의 판례를 폐기하였다.

③ 대법원은 새로운 기준에 따라 갑의 상고를 기각하였다.

④ (이하에서는 지면 관계로 다수의견만을 소개함)

2. 사안에 대한 대법원의 판단

【대법원 요지】 법원을 기망하여 자기에게 유리한 판결을 얻고 그 판결 확정에 의하여 타인의 협력 없이 자신의 의사만으로 재물이나 재산상 이익을 얻을 수 있는 지위를 취득하게 되면, /

【대법원 요지】 그 지위는 재산적 가치가 있는 구체적 이익으로서 사기죄의 객체인 재산상 이익에 해당하므로, 사기죄가 성립된다.

【대법원 요지】 피고인 또는 그와 공모한 자가 자신이 토지의 소유자라고 허위의 주장을 하면서 소유권보존등기 명의자를 상대로 보존등기의 말소를 구하는 소송을 제기한 경우 /

【대법원 요지】 그 소송에서 위 토지가 피고인 또는 그와 공모한 자의 소유임을 인정하여 보존등기 말소를 명하는 내용의 승소확정판결을 받는다면, /

【대법원 요지】 이에 터 잡아 언제든지 단독으로 상대방의 소유권보존등기를 말소시킨 후 /

【대법원 요지】 위 판결을 부동산등기법 제130조[현행법 제65조; 저자 주] 제2호 소정의 소유권을 증명하는 판결로 하여 /

【대법원 요지】 자기 앞으로의 소유권보존등기를 신청하여 그 등기를 마칠 수 있게 되므로, /

【대법원 요지】 이는 법원을 기망하여 유리한 판결을 얻음으로써 '대상 토지의 소유권에 대한 방해를 제거하고 그 소유명의를 얻을 수 있는 지위'라는 재산상 이익을 취득한 것이고, /

【대법원 요지】 그 경우 기수시기는 위 판결이 확정된 때이다.

【대법원 요지】 이와는 달리, 소유권보존등기 명의자를 상대로 그 보존등기의 말소를 구하는 소송을 제기한 경우, 설령 승소한다고 하더라도 상대방의 소유권보존등기가 말소될 뿐이고 이로써 원고가 당해 부동산에 대하여 어떠한 권리를 회복 또는 취득하거나 의무를 면하는 것은 아니므로 법원을 기망하여 재물이나 재산상 이익을 편취한 것이라고 볼 수 없다는 취지로 판시한 /

【대법원 요지】 대법원 1983. 10. 25. 선고 83도1566 판결과 같은 취지의 판결들은 위 법리에 저촉되는 범위 내에서 이를 변경하기로 한다.

【대법원 결론】 같은 취지에서 피고인의 판시 소송사기로 인한 특정경제범죄 가중처벌 등에 관한 법률 위반(사기)죄를 유죄로 인정한 원심의 판단은 정당하고, 거기에 상고이유에서 주장하는 바와 같은 소송사기의 성립요건 및 기수시기에 관한 법리오해 등의 위법이 없다. (상고 기각)

2011도8873

소송사기와 재산상 이익 – 인정례
사정 토지 상속 사건

2011. 12. 13. 2011도8873, 공 2012상, 156

1. 사실관계 및 사건의 경과

【사실관계 1】

① ㉠부동산은 원래 일제시대에 A가 사정(査定)받은 토지이다.

② A의 가족관계는 다음과 같다.

(가) A의 아들 B는 1953. 8. 15. 사망하였다.

(나) B의 처 C는 그 이전인 6·25 사변 중에 사망하였다.

(다) B의 아들 D는 6·25 사변 중에 월북하여 행방불명이 되었다.

③ 1959. 12. 31. ㉠부동산에 대하여 소유자 미복구를 원인으로 국가 명의의 소유권보존등기가 이루어졌다.

【사실관계 2】

① 갑은 이러한 사실을 국가기록원에 대한 정보공개신청을 통하여 알게 되었다.

② [갑은 B의 처 C의 친정 쪽 사람을 수배하여 을을 만났다.]

③ 갑과 을은 ㉠부동산의 소유권을 취득하려고 다음의 방법을 모의하였다.

(가) 민법 제정으로 1960년 이후부터 여자 배우자에 대한 상속권이 인정되었다.

(나) B의 처 C가 1960년 이후에 사망한 것처럼 허위의 사망신고를 한다.

(다) C의 친정 조카 며느리 E가 ㉠부동산의 대습상속인의 지위에 있는 것처럼 상속순위를 조작한다.

(라) 이후 국가를 상대로 한 소송을 통하여 ㉠부동산의 소유권을 취득한다.

【사실관계 3】

① 갑은 을과 공모하여 B의 처 C가 A의 아들 B 및 B의 아들 D가 모두 사망한 이후에 사망한 것처럼 허위의 사망신고를 하였다.

② 갑과 을은 ㉠부동산을 B의 처 C가 상속하였다가 그 친정 조카며느리인 E에게 대습상속된 것으로 사실관계를 조작하였다.

③ 갑과 을은 E를 원고로 하여 ㉠부동산이 상속재산임을 내세워 국가를 상대로 소유권보존등기의 말소등기를 청구하는 ⓐ소송을 제기하였다.

④ 관할법원은 다음 내용의 ⓑ화해권고결정을 내렸다.

(가) E의 청구를 일부 인용한다.

(나) 나머지 부분에 대한 E의 등기말소청구를 포기한다.

⑤ 이후 ⓑ화해권고결정은 확정되었다.
⑥ 갑과 을은 확정된 ⓑ화해권고결정을 이용하여 ㉠부동산에 대한 국가 명의의 소유권보존등기를 말소하고 E 명의로 소유권보존등기를 마쳤다.

【사건의 경과】

① 검사는 갑과 을을 다음의 공소사실로 기소하였다.
(가) 청구인용 부분 : 특경가법위반죄(사기)
(나) 등기말소청구 포기 부분 : 특경가법위반죄(사기미수)
(다) 공전자기록등불실기재죄
(라) 불실기재공전자기록등행사죄
② (이하 사기죄 부분에 한정하여 고찰함)
③ 제1심법원은 갑과 을에게 유죄를 인정하였다.
④ 갑은 불복 항소하였다.
⑤ 을은 항소하지 않았다.
⑥ 갑은 항소이유로, 법원의 화해권고결정은 사기죄의 처분행위에 해당하지 않는다고 주장하였다.
⑦ 항소심법원은 양형부당을 이유로 제1심판결을 파기하고, 다시 형을 선고하였다.
⑧ 갑은 불복 상고하였다.

2. 사안에 대한 대법원의 판단

(1) 사정(査定)된 토지의 소유권 귀속관계

【대법원 요지】 특정인 명의로 사정된 토지는 특별한 사정이 없는 한 사정명의자나 그 상속인의 소유로 추정되고, /

【대법원 요지】 토지의 소유자가 행방불명되어 생사 여부를 알 수 없다 하더라도 그가 사망하고 상속인도 없다는 점이 입증되거나 /

【대법원 요지】 그 토지에 대하여 민법 제1053조 내지 제1058조에 의한 국가귀속 절차가 이루어지지 아니한 이상 /

【대법원 요지】 그 토지가 바로 무주부동산이 되어 국가 소유로 귀속되는 것은 아니다. /

【대법원 요지】 또한, 무주부동산이 아닌 한 국유재산법 제8조에 의한 무주부동산의 처리절차를 밟아 국유재산으로 등록되었다 하여 국가 소유로 되는 것도 아니다.

(2) ㉠부동산의 소유권에 관한 대법원의 판단

【대법원 분석】 원심판결 이유 및 기록에 의하면, /

【대법원 분석】 원심이 인용한 제1심 판시 이 사건 부동산에 대하여는 1959. 12. 31. 소유자 미복구를 원인으로 국가 명의의 소유권보존등기가 되어 있었던 사실, /

【대법원 분석】 한편 이 사건 부동산은 원래 일제시대에 공소외 A가 사정(査定)받은 토지인데 그 아들인 공소외 B는 1953. 8. 15. 사망하였고 공소외 B의 처 공소외 C는 그 이전인 6·25 사변 중에 사망하였으며, 공소외 B의 아들 공소외 D는 6·25 사변 중에 월북하여 행방불명이 되었는데, /

【대법원 분석】 피고인이 제1심 공동피고인 을과 공모하여 공소외 C가 공소외 B 및 공소외 D가 모두 사망한 이후에 사망한 것처럼 허위의 사망신고를 함으로써 이 사건 부동산은 공소외 C가 상속하였다가 그 친정 조카며느리인 공소외 E에게 대습상속된 것으로 조작한 다음, /

【대법원 분석】 공소외 E를 원고로 하여 국가를 상대로 위 소유권보존등기의 말소등기를 청구하는 소송을 제기하였고, /

【대법원 분석】 이를 일부 인용하는 취지의 화해권고결정이 확정되자 이를 이용하여 국가 명의의 소유권보존등기를 말소하고 공소외 E 명의로 소유권보존등기를 마친 사실을 알 수 있다.

【대법원 판단】 위 사실관계를 앞서 본 법리에 비추어 보면, 이 사건 부동산에 대하여 민법 제1053조 이하의 절차에 따른 국가귀속 절차가 이루어지거나 국가가 소유권을 가지게 된 다른 특별한 사정이 있지 않는 한 이 사건 부동산이 당연히 국가 소유가 되는 것은 아니라고 할 것이다. /

(3) 소송사기와 재산상 이익의 편취

【대법원 판단】 그러나 위와 같이 이미 국가 명의로 소유권보존등기가 되어 있는 상태에서 공소외 E가 사정명의인의 소유권을 대습상속한 것처럼 공소외 C의 사망 시기 등을 조작한 다음 국가 명의의 소유권보존등기의 말소 청구를 하고 그 청구의 일부인용 판결에 준하는 화해권고결정이 확정된 이상, /

【대법원 판단】 그로써 위 청구인용 부분에 대하여는 법원을 기망하여 유리한 결정을 받음으로써 '대상 토지의 소유명의를 얻을 수 있는 지위'라는 재산상 이익을 취득하였다고 할 것이다. /

【대법원 판단】 그리고 이는 사기죄의 대상인 재산상 이익의 편취에 해당한다고 할 것이다(대법원 2006. 4. 7. 선고 **2005도9858** 전원합의체 판결 참조).

(4) 사안에 대한 대법원의 결론

【대법원 판단】 원심판결 이유를 기록에 비추어 보면 /

【대법원 판단】 원심이 위와 같은 법리를 전제로 하여, 피고인에 대한 이 사건 공소사실 중 청구인용 부분에 대한 사기의 점, 그리고 화해권고결정에 의하여 등기말소청구를 포기한 부분에 대한 사기미수의 점이 각 유죄로 인정된다고 판단한 것은 정당하다. /

【대법원 결론】 거기에 상고이유의 주장과 같이 무주부동산의 소유관계, 사정명의인의 소유권에 관한 상속법리, 소송사기의 실행의 착수 등에 관한 법리를 오해하거나 편취의 범의를 인정함에 있어 자유심증주의의 한계를 벗어난 잘못은 없다. 따라서 위 상고이유 주장은 모두 이유 없다. (상고 기각)

2009도9982

소송사기와 기망 – 부정례
영업양도 1차계약 사건

2009. 12. 10. 2009도9982, 공 2010상, 187

1. 사실관계 및 사건의 경과

【사실관계 1】

① 갑은 P회사를 소유하고 있다.

② 갑은 Q회사(대표이사 A), 개인 B, C 등으로부터 채무를 지고 있다.

③ 갑은 B에게 채무상환을 약속하면서 공증사무소에서 집행력 있는 ㉠채무변제 공정증서를 작성해 주었다. (☞문서례 7번 참조)

④ 갑은 Q회사에 대한 채무를 기한 내에 변제하지 못하였다.

⑤ Q회사는 갑을 상대로 채무상환 청구소송을 제기하였다.

⑥ Q회사는 관할 제1심법원으로부터 가집행부 ㉡승소판결을 받았다.

【사실관계 2】

① 2005. 9. 5. 갑은 D와 다음 내용의 계약을 체결하였다. (1차 계약)

(가) 갑은 D에게 P회사의 영업을 양도한다.

(나) D는 갑에게 양도 대금으로 9억 원을 지급한다.

(다) 갑 소유의 리스보증금 4억 원은 D가 갑에게 반환한다.

② D는 9억 원 중 2억 3,000만 원을 지급하고 P회사를 이전받아 경영하였다.

【사실관계 3】

① 그러던 중 당초 1차 계약 당시 D가 상정하지 못하였던 P회사의 채무 및 악성불량채권 등이 발견되었다.

② 2005. 10. 5. 갑과 D는 당초의 1차 계약을 파기하고, 다음과 같은 내용의 새로운 양도계약을 체결하였다. (2차 계약)

(가) D는 P회사의 추가 채무 등을 반영하여 이미 지급한 대금 외에 추가로 6,000만 원만을 지급한다.

(나) 갑은 리스보증금 4억 원을 포기한다.

③ 이후 D는 갑에게 6,000만 원을 지급하였다.

④ 이로써 D의 갑에 대한 채무는 완제되었다.

【사실관계 4】

① [Q회사의 대표이사 A는 갑에게 채무상환을 요구하였다.]

② 2006. 4.경 갑은 채권자인 Q회사의 대표이사 A에게 1차 계약서를 보여주었다.

③ 갑은 이를 근거로 D에게 영업양도 대금채권과 리스보증금의 반환채권을 가지고 있다고 말하였다.

④ 2006. 8.경 A는 2005년의 ㉡집행력 있는 판결 정본에 터잡아 P회사의 D에 대한 채권의 압류 및 전부명령을 관할법원에 신청하였다.

⑤ 2006. 8. 3. A는 관할법원으로부터 P회사의 D에 대한 채권압류 및 전부명령을 받았다. (☞문서례 12, 13번 참조)

【사실관계 5】

① [채권자 B는 갑에게 채무상환을 요구하였다.]

② 2006. 10.경 갑은 B에게 다음 내용의 확인서를 작성해 주었다.

③ "갑은 D에게 1차 계약상의 대금채권 및 리스보증금반환채권 합계 10억 5,000만 원이 있다."

④ 2006. 10.경 B는 2004년의 집행력 있는 ㉠공정증서 정본에 기하여 P회사의 D에 대한 채권의 압류 및 추심명령을 신청하였다.

⑤ 2006. 10. 11. B는 관할법원으로부터 P회사의 D에 대한 채권압류 및 추심명령을 받았다.

【사실관계 6】

① [채권자 C는 갑에게 채무상환을 요구하였다.]

② 2007. 1. 9.경 갑은 C에게 갑의 D에 대한 1차 계약상의 대금채권 및 리스보증금반환채권 합계 7억 4,000만 원을 양도하였다.

③ C는 갑의 채권양도를 진실로 믿었다.

④ 2007. 8. 28. C는 관할법원에 D를 상대로 갑의 채권양도를 근거로 양수금 청구의 소를 제기하였고, 1심 재판이 계속되었다.

⑤ [이후 갑과 D의 1차계약이 파기되었다는 점과 갑의 D에 대한 채권이 전부 소멸하였다는 점이 밝혀졌다.]

【사건의 경과】

① 검사는 갑의 Q회사와 B에 대한 행위를 사기미수죄로 기소하였다.

② (여타의 범죄 부분은 논외로 함)

③ 제1심법원은 유죄를 인정하였다.

④ 갑은 불복 항소하였다.

⑤ 항소심법원은 양형부당을 이유로 제1심판결을 파기하고, 다시 형을 선고하였다.

⑥ 갑은 불복 상고하였다.

⑦ 대법원은 직권으로 판단하였다.

2. 사안에 대한 항소심의 판단

【대법원 분석】 이 사건 공소사실 중 사기의 점의 요지는, /

【대법원 분석】 피고인의 피해자에 대한 채권이 모두 소멸하였음에도 제1차 계약상 대금채권 및 리스보증금반환채권이 여전히 남아 있는 것처럼 자신의 채권자들에게 허위의 확인서를 작성해 주고 /

【대법원 분석】 채권자들로 하여금 위 피해자를 상대로 소송을 제기하는 방법으로 법원을 기망하여 금원을 편취하기로 마음먹고, /

【대법원 분석】 (1) 2006. 4.경 피고인의 채권자인 주식회사 신흥코퍼레이션[Q](이하 '신흥코퍼레이

션'이라 한다)의 대표이사 공소외 A에게 제1차 계약서를 보여 주며 피고인이 위 피해자에게 제1차 계약상의 대금채권을 가지고 있다고 말하여, /

【대법원 분석】 이를 진실로 믿은 공소외 A로 하여금 2006. 8.경 수원지방법원에 위 피해자에 대한 채권압류 및 전부명령을 신청하게 하여 2006. 8. 3. 수원지방법원 2006타채○○○○호로 채권압류 및 전부명령을 받고, /

【대법원 분석】 (2) 2006. 10.경 피고인의 채권자인 공소외 B에게 피고인이 위 피해자에게 제1차 계약상의 대금채권 및 리스보증금반환채권이 있다는 내용의 확인서를 작성하여 주어, /

【대법원 분석】 이를 진실로 믿은 공소외 B로 하여금 2006. 10.경 수원지방법원에 피해자에 대한 채권압류 및 추심명령을 신청하게 하여 2006. 10. 11. 수원지방법원 2006타채□□□□호로 채권압류 및 추심명령을 받았다는 것인바, /

【항소심 판단】 원심은 위 공소사실에 대한 제1심의 유죄판단을 그대로 유지하였다.

3. 소송사기의 성립요건

【대법원 판단】 그러나 원심의 이러한 판단은 다음과 같은 이유에서 수긍하기 어렵다.

【대법원 요지】 소송사기는 법원을 기망하여 자기에게 유리한 판결을 얻음으로써 상대방의 재물 또는 재산상 이익을 취득하는 것을 내용으로 하는 범죄로서, /

【대법원 요지】 소송사기가 성립하기 위하여는 제소 당시에 그 주장과 같은 채권이 존재하지 아니한다는 것만으로는 부족하고 /

【대법원 요지】 그 주장의 채권이 존재하지 아니하는 사실을 잘 알면서도 허위의 주장과 입증으로써 법원을 기망한다는 인식을 하고 있어야만 한다.

【대법원 요지】 한편, 채권에 대한 압류 및 전부(추심)명령을 신청한 경우, 집행력 있는 정본의 존부, 집행개시의 요건 구비 여부 등은 법원의 심사대상이지만 피압류채권의 존부는 그 심사대상이 아니다.

4. 사안에 대한 대법원의 판단

【대법원 분석】 원심이 적법하게 채택한 증거들에 의하면, /

【대법원 분석】 신흥코퍼레이션[Q]은 주식회사 케이알미디어[P](이하 '케이알미디어'라 한다)에 대한 서울남부지방법원 2005가합△△△△△호 사건의 집행력 있는 [㉡]판결 정본에 터잡아 케이알미디어의 위 피해자에 대한 공소사실 기재 위 채권의 압류 및 전부명령을 신청하였고, /

【대법원 분석】 공소외 B는 케이알미디어에 대한 공증인가 ○○합동법률사무소 작성 2004년 증서 제○○○○호의 집행력 있는 [㉠]공정증서 정본에 기하여 케이알미디어의 위 피해자에 대한 공소사실 기재 위 채권의 압류 및 추심명령을 신청한 사실이 인정되는바, /

【대법원 판단】 앞서 본 법리에 위 사실관계를 비추어 보면, /

【대법원 판단】 채권자인 신흥코퍼레이션과 공소외 B가 채무자인 케이알미디어에 대하여 진정한 채권을 가지고 있는 이상 /

【대법원 판단】 비록 피고인이 피압류채권이 존재하지 않는다는 사실을 알면서도 그와 같은 사정을 모르는 채권자들로 하여금 피해자를 제3채무자로 한 채권의 압류 및 전부(추심)명령을 신청하게 하여

압류 및 전부(추심)명령을 받게 하였다고 하더라도 그것만으로는 법원을 기망하였다고 볼 수 없고, /

【대법원 판단】 위 채권자들이 피해자를 상대로 전부(추심)금 소송을 제기하지 아니한 이상 아직은 소송사기의 실행에 착수한 것이라고 볼 수 없는 것이다.

【대법원 결론】 그럼에도 불구하고 이와 다른 판단을 한 원심판결에는 소송사기의 법리를 오해하여 판결 결과에 영향을 미친 잘못이 있으므로, 원심판결 중 사기죄 부분을 파기할 것인바, /

【대법원 결론】 사기죄를 제외한 나머지 부분은 사기죄와 형법 제37조 전단의 경합범으로 기소되어 원심에서 1개의 형을 선고받았기 때문에 이 부분 역시 파기할 수밖에 없다. (파기 환송)

2013도7494

보험사기와 실행의 착수
생명보험 위장 가입 사건

2013. 11. 14. 2013도7494, 공 2013하, 2290

1. 사실관계 및 사건의 경과

【사실관계 1】

① 갑은 자신이 A인 것처럼 가장하였다.

② 갑은 P보험회사와 다음 내용의 ㉠생명보험계약을 체결하였다.

(가) 피보험자 : A

(나) 보험금수익자 : B

③ 갑은 Q, R보험회사와도 같은 내용의 ㉡, ㉢생명보험계약을 체결하였다.

④ (이하 ㉠보험계약으로 통칭함)

⑤ [B는 A를 살해하였다.]

【사실관계 2】

① B는 P보험회사를 상대로 보험금을 청구하였다.

② B는 보험금을 청구할 당시 ㉠계약이 유효하게 체결된 것처럼 P보험회사를 속였다.

③ [B가 보험금을 청구할 당시 갑은 아무런 관여를 하지 않았다.]

④ P보험회사는 B에게 보험금을 지급하였다.

⑤ (P, Q, R보험회사가 지급한 보험금은 도합 8억원에 이르렀다.)

【사건의 경과】

① 검사는 갑을 사기죄로 기소하였다.

② 갑의 피고사건은 제1심을 거친 후, 항소심에 계속되었다.

③ 항소심법원은 갑을 B의 사기범행에 대한 공동정범으로 인정하였다.

④ 갑은 불복 상고하였다.

2. 보험사기와 실행의 착수

【대법원 요지】 1. 타인의 사망을 보험사고로 하는 생명보험계약을 체결함에 있어 /
【대법원 요지】 제3자가 피보험자인 것처럼 가장하여 체결하는 등으로 그 유효요건이 갖추어지지 못한 경우에도, /
【대법원 요지】 그 보험계약 체결 당시에 이미 보험사고가 발생하였음에도 이를 숨겼다거나 /
【대법원 요지】 보험사고의 구체적 발생 가능성을 예견할 만한 사정을 인식하고 있었던 경우 또는 /
【대법원 요지】 고의로 보험사고를 일으키려는 의도를 가지고 보험계약을 체결한 경우와 같이 /
【대법원 요지】 보험사고의 우연성과 같은 보험의 본질을 해칠 정도라고 볼 수 있는 특별한 사정이 없는 한, /
【대법원 요지】 그와 같이 하자 있는 보험계약을 체결한 행위만으로는 미필적으로라도 보험금을 편취하려는 의사에 의한 기망행위의 실행에 착수한 것으로 볼 것은 아니다. /
【대법원 요지】 그러므로 그와 같이 기망행위의 실행의 착수로 인정할 수 없는 경우에 /
【대법원 요지】 피보험자 본인임을 가장하는 등으로 보험계약을 체결한 행위는 단지 장차의 보험금 편취를 위한 예비행위에 지나지 않는다 할 것이다.
【대법원 요지】 한편 종범은 정범이 실행행위에 착수하여 범행을 하는 과정에서 이를 방조한 경우뿐 아니라 /
【대법원 요지】 정범의 실행의 착수 이전에 장래의 실행행위를 미필적으로나마 예상하고 이를 용이하게 하기 위하여 방조한 경우에도 그 후 정범이 실행행위에 나아갔다면 성립할 수 있다.

3. 사안에 대한 항소심의 판단

【항소심 판단】 2. 원심판결 이유에 의하면, 원심은 /
【항소심 판단】 이 사건의 쟁점은 /
【항소심 판단】 공소외 A가 사망한 후 공소외 B가 신한생명보험 주식회사 등 3곳의 보험회사에 대하여 보험금 청구를 하면서 /
【항소심 판단】 공소외 A 명의로 체결된 계약에 법률상 하자가 있음에도 불구하고 /
【항소심 판단】 (피고인이 공소외 B와 공모하여 보험사고를 일으켜 보험금을 청구하였다는 것이 아니다) /
【항소심 판단】 마치 유효한 보험계약에 기하여 보험금 청구를 하는 것인 양 보험회사들을 기망하여 8억 원을 편취하였는데 /
【항소심 판단】 이에 대하여 피고인이 공모하였는지 여부라고 전제한 다음, /
【항소심 판단】 피고인이 피보험자인 공소외 A인 것처럼 가장하여 보험금수익자를 공소외 B로 하여 3개 보험회사와 공소외 A 명의로 각 보험계약을 체결한 사실이 인정된다는 이유로, /
【항소심 판단】 피고인과 공소외 B는 공모하여 이 사건 공소사실 기재 보험금 편취의 사기 범행을 저지른 공동정범에 해당한다고 판단하였다.

4. 사안에 대한 대법원의 판단

【대법원 판단】 그러나 원심판결 이유 및 원심이 채용한 증거들을 살펴보아도, /

【대법원 판단】 피고인이 원심 판시와 같이 피보험자인 공소외 A 본인인 것처럼 가장하여 이 사건 각 보험계약을 체결하는 데 관여한 사실은 알 수 있지만, /

【대법원 판단】 나아가 그 보험계약 체결 당시 공소외 A가 재해 등 자연사가 아닌 사유로 사망할 가능성을 예견할 만한 사정이 있었다거나 /

【대법원 판단】 공범인 공소외 B가 보험사고를 임의로 일으키려는 의도를 가지고 있었고 /

【대법원 판단】 피고인이 이를 인식하면서 이 사건 각 보험계약을 체결하였다는 등 /

【대법원 판단】 피고인의 보험계약 체결행위 자체로 보험사고의 우연성 등 보험의 본질을 해칠 정도에 이른 것으로 볼 수 있는 특별한 사정을 인정할 만한 자료는 발견할 수 없다. /

【대법원 판단】 또한 그 후 공소외 A가 살해되고 나서 공소외 B가 위 각 보험계약이 마치 유효하게 체결된 것처럼 보험회사들을 기망하여 보험금을 청구할 때에 피고인이 그에 가담하였다는 점을 인정할 만한 증거도 없다.

【대법원 판단】 위와 같은 사정을 앞서 본 법리에 비추어 보면, /

【대법원 판단】 위 각 보험회사를 기망하여 보험금을 지급받은 편취행위는 /

【대법원 판단】 다른 특별한 사정이 없는 한 공소외 B가 위 각 보험계약이 유효하게 체결된 것처럼 기망하여 보험회사에 보험금을 청구한 때에 실행의 착수가 있었던 것으로 보아야 할 것이고, /

【대법원 판단】 피고인이 그 보험계약의 체결 과정에서 피보험자인 공소외 A를 가장하는 등으로 공소외 B를 도운 행위는 /

【대법원 판단】 그 사기 범행을 위한 예비행위에 대한 방조의 여지가 있을 뿐이라 할 것이다. /

【대법원 판단】 그러므로 피고인의 위와 같은 행위는 /

【대법원 판단】 그 후 공소외 B가 보험회사에 보험금을 청구하여 이를 지급받음으로써 정범으로서의 실행행위에 나아감에 따라 그에 대한 방조행위가 될 수는 있겠지만, /

【대법원 판단】 그 밖에 피고인이 공소외 B의 위 사기 범행에 공동의사에 의한 기능적 행위지배를 통하여 가담하였다는 다른 사정이 인정되지 않는 이상 /

【대법원 판단】 위 보험계약 체결 단계에서 방조행위를 하였다는 것만으로 피고인을 사기죄의 공동정범으로 처벌할 수는 없다고 할 것이다.

【대법원 결론】 원심은 이와 달리 피고인이 위 각 보험계약의 체결행위에 가담한 것만으로도 공소외 B의 사기 범행에 관하여 공동정범이 성립한다고 판단하였으니, /

【대법원 결론】 거기에는 공동정범의 주관적 요건인 공동가공의 의사와 사기죄에 있어서 실행의 착수에 관한 법리를 오해하거나 필요한 심리를 다하지 아니하여 판결 결과에 영향을 미친 위법이 있다. 이 점을 지적하는 상고이유의 주장은 이유 있다. (파기 환송)

2001도2991

사기죄와 재산상 이익 – 인정례
화대 편취 사건

2001. 10. 23. 2001도2991, 공 2001, 2622

1. 사실관계 및 사건의 경과

【사실관계】

① 군인 갑은 A의 ㉠신용카드를 절취하였다.
② 갑은 대가를 지급하기로 하고 술집 여종업원 B와 성관계를 가졌다.
③ 갑은 절취한 ㉠신용카드로 성관계의 대금을 결제하였다.
④ [그런데 ㉠신용카드는 도난신고가 되어 B녀는 현금을 받을 수 없었다.]

【사건의 경과】

① 군검찰은 B녀와의 관계에서 갑이 성관계 대가의 지급을 면하여 재산상의 이익을 취득하였다는 공소사실로 갑을 사기죄로 기소하였다.
② 갑의 피고사건은 제1심을 거친 후, 항소심에 계속되었다.
③ 항소심법원(고등군사법원)은 무죄를 선고하였다.
④ (항소심의 판단 이유는 판례 본문 참조)
⑤ 군검찰은 불복 상고하였다.

2. 사안에 대한 항소심의 판단

【항소심 판단】 원심은, 이 사건 공소사실 중 /
【항소심 판단】 피고인이 대가를 지급하기로 하고 술집 여종업원과 성관계를 가진 뒤 절취한 신용카드로 그 대금을 결제하는 방법으로 그 대가의 지급을 면하여 재산상의 이익을 취득하였다는 부분에 관하여, /
【항소심 판단】 정조는 재산권의 객체가 될 수 없을 뿐만 아니라 이른바, 화대란 정조 제공의 대가로 지급받는 금품으로서 이는 선량한 풍속에 반하여 법률상 보호받을 수 없는 경제적 이익이므로, /
【항소심 판단】 피고인이 기망의 방법으로 그 지급을 면하였다 하더라도 사기죄가 성립하지 아니한다고 판단하였다.

3. 사안에 대한 대법원의 판단

【대법원 요지】 일반적으로 부녀와의 성행위 자체는 경제적으로 평가할 수 없고, 부녀가 상대방으로부터 금품이나 재산상 이익을 받을 것을 약속하고 성행위를 하는 약속 자체는 선량한 풍속 기타 사회질서에 위반한 사항을 내용으로 하는 법률행위로서 무효이다.
【대법원 요지】 그러나 사기죄의 객체가 되는 재산상의 이익이 반드시 사법(私法)상 보호되는 경제적

이익만을 의미하지 아니하고, /

【대법원 요지】 부녀가 금품 등을 받을 것을 전제로 성행위를 하는 경우 그 행위의 대가는 사기죄의 객체인 경제적 이익에 해당하므로, /

【대법원 요지】 부녀를 기망하여 성행위 대가의 지급을 면하는 경우 사기죄가 성립한다.

【대법원 결론】 그럼에도 불구하고 이 사건 공소사실 중 피고인이 술집 여종업원을 기망하여 성행위 대가의 지급을 면하여 재산상의 이익을 취득하였다는 부분에 대하여 무죄를 선고한 원심은 사기죄의 법리를 오해하여 판결에 영향을 미친 잘못을 저질렀고, 이 점을 지적하는 상고이유는 이유가 있다. (파기 환송)

82도2714

공갈죄와 재산상 이익 – 부정례
나체쇼 접대부 사건

1983. 2. 8. 82도2714, 공 1983, 546

☞ 512면

2008도10971

횡령죄와 타인 소유 – 부정례
사기죄와 처분행위 – 부정례
양도담보 쇼트기 처분 사건

2009. 2. 12. 2008도10971, [미간행]

☞ 548면

2006도7470

사기죄와 손해발생 유무
다단계판매 수당지급 사건

2007. 1. 25. 2006도7470, 공 2007, 401

1. 사실관계 및 사건의 경과

【사실관계】

① P회사는 ㉠물품을 판매하는 다단계판매회사이다.

② 갑과 을은 A 등에게 P회사의 M마케팅플랜에 관한 설명을 하였다.

③ 갑과 을은 이 설명에서 M마케팅플랜에 가입하면 원금을 초과하는 수당을 지급받을 수 있다고 선전하였다.
④ A 등은 P회사의 다단계판매조직에 가입하였다.
⑤ M마케팅플랜에 참가하려면 M마케팅플랜에서 최우수회원이 되어야 한다.
⑥ A 등은 M마케팅플랜에서 구매실적을 쌓기 위하여 P회사에 많은 돈을 내고 ㉠물품을 구매하였다.

【사건의 경과】

① 검사는 갑과 을을 특경가법위반죄(사기), 유사수신행위규제법위반죄, 방문판매업위반죄 등으로 기소하였다.
② (이하에서는 사기죄 부분만 검토함)
③ 갑과 을의 피고사건은 제1심을 거친 후, 항소심에 계속되었다.
④ 항소심법원은 유죄를 인정하였다.
⑤ 갑과 을은 불복 상고하였다.
⑥ 갑과 을은 상고이유로 다음의 점을 주장하였다.
(가) 다단계 판매기법은 그 자체로 기망행위에 해당하지 않는다.
(나) A 등은 수당을 지급받았으므로 그 수당액만큼은 피해자들의 편취액에서 공제되어야 한다.
(다) 전자지갑의 데이터 형식으로 지급받은 수당액을 이용하여 재구매한 부분은 장부상으로만 재투자하는 것으로 처리한 경우이므로 이 부분은 편취액에서 제외되어야 한다.
(라) 갑과 을에게 사기 전과가 없음에도 불구하고 상습사기를 인정하는 것은 법리오해의 위법이 있다.

2. 사안에 대한 대법원의 판단

(1) 다단계판매와 기망행위

【대법원 분석】 원심은, 그 채택 증거들을 종합하여 판시와 같은 사실을 인정한 다음, /

【대법원 요지】 피고인 갑, 을이 수익사업에 거의 투자를 하지 않고 수익을 거둔 바도 없으면서도 비록 구체적으로 정확히 몇 퍼센트 이상이라고 특정하지는 않았더라도 피해자들에게 수익사업을 통해 수당을 지급할 것이라고 약속하였거나, /

【대법원 요지】 적어도 위 피고인들 스스로 그러한 수익사업이 없다면 영속적인 납입 자체가 불가능할 뿐 아니라 영속적인 납입이 있다고 하더라도 결국은 후순위 매출에 대하여는 지급이 불가능하다는 것을 알면서도 /

【대법원 요지】 마치 수당을 지급받는 데 아무런 문제가 없는 것처럼 피해자들을 기망하여 이에 속은 피해자들로부터 금원을 편취하였음을 넉넉히 인정할 수 있다고 판단하였는바, /

【대법원 결론】 기록에 의하여 살펴보면, 원심의 이러한 사실인정과 판단은 옳은 것으로 수긍이 가고, 거기에 채증법칙을 위배하여 사실을 오인하였거나 사기죄의 법리를 오해한 위법 등이 있다고 할 수 없다.

(2) 사기죄와 손해발생 유무

【대법원 요지】 재물편취를 내용으로 하는 사기죄에 있어서는 기망으로 인한 재물교부가 있으면 그

자체로써 피해자의 재산침해가 되어 이로써 곧 사기죄가 성립하는 것이고, /

【대법원 요지】 상당한 대가가 지급되었다거나 피해자의 전체 재산상에 손해가 없다 하여도 사기죄의 성립에는 그 영향이 없으므로 /

【대법원 요지】 사기죄에 있어서 그 대가가 일부 지급된 경우에도 그 편취액은 피해자로부터 교부된 재물의 가치로부터 그 대가를 공제한 차액이 아니라 교부받은 재물 전부라 할 것이니, /

【대법원 결론】 이 사건 피해자들이 지급받은 각 수당액이 각 피해자별 편취액으로부터 공제되어야 한다는 상고이유의 주장은 받아들일 수 없다.

(3) 장부상 재투자와 편취액의 계산

【대법원 요지】 한편, 재물을 편취한 후 현실적인 자금의 수수 없이 형식적으로 기왕에 편취한 금원을 새로이 장부상으로만 재투자하는 것으로 처리한 경우에는 그 재투자금액은 이를 편취액의 합산에서 제외하여야 하는 것임은 상고이유의 주장과 같다 할 것이나, /

【대법원 판단】 기록에 의하면 이 부분 공소사실의 편취액에는 피해자들이 피고인 P주식회사로부터 현금으로 지급받지 않은 채 전자지갑(e-wallet)의 데이터 형식으로만 지급받은 것처럼 처리된 수당액을 이용하여 물품을 재구매한 부분은 포함되어 있지 않음을 알 수 있으므로, /

【대법원 결론】 결국 전자지갑의 수당액을 이용한 재구매 부분이 편취액에서 제외되어야 한다는 상고이유의 주장도 받아들일 수 없다.

【대법원 분석】 (중략)

(4) 사기죄와 상습성 판단방법

【대법원 요지】 상습사기에 있어서의 상습성이라 함은 반복하여 사기행위를 하는 습벽으로서 행위자의 속성을 말하고, /

【대법원 요지】 이러한 습벽의 유무를 판단함에 있어서는 사기의 전과가 중요한 판단자료가 되나 /

【대법원 요지】 사기의 전과가 없다고 하더라도 범행의 횟수, 수단과 방법, 동기 등 제반 사정을 참작하여 사기의 습벽이 인정되는 경우에는 상습성을 인정하여야 할 것이다.

【대법원 판단】 원심은, 이 사건 범행의 수법과 횟수, 동기와 수단 등 제반 사정에 비추어 보면, /

【대법원 판단】 비록 피고인 갑, 을에게 이 사건 범행 이전에 사기의 전과가 없었다고 하더라도 /

【대법원 판단】 이 사건 범행 당시 위 피고인들에게는 반복하여 사기행위를 하는 습벽이 있었다고 봄이 상당하다고 판단하여 상습성을 인정하였는바, /

【대법원 결론】 위의 법리와 기록에 비추어 살펴보면, 원심의 위와 같은 판단은 옳은 것으로 수긍이 가고, 거기에 사기죄의 상습성의 법리를 오해하거나 채증법칙을 위배하여 사실을 오인한 위법이 있다고 할 수 없다. (상고 기각)

93도213

사기죄와 불가벌적 사후행위 – 인정례
자기앞수표 거스름돈 사건

1993. 11. 23. 93도213, 공 1994, 223

1. 사실관계 및 사건의 경과

【사실관계】

① 갑은 절도범인 A로부터 그 정을 알면서 ㉠자기앞수표를 교부받았다.

② 갑은 ㉠자기앞수표를 P음식점 주인 B에게 음식대금으로 지급하고 ㉡거스름돈을 받았다.

【사건의 경과】

① 검사는 갑이 A로부터 ㉠자기앞수표를 교부받은 부분에 대해 장물취득죄로 기소하였다.

② (이하 장물취득죄 부분에 대해서는 다툼이 없음)

③ 검사는 갑이 P음식점 주인 B로부터 ㉡거스름돈을 받은 부분에 대해 사기죄로 기소하였다.

④ 갑의 피고사건은 제1심을 거친 후, 항소심에 계속되었다.

⑤ 항소심법원은 사기죄 부분에 대해 갑에게 무죄를 선고하였다.

⑥ 검사는 불복 상고하였다.

2. 사안에 대한 대법원의 판단

【대법원 요지】 금융기관 발행의 자기앞수표는 그 액면금을 즉시 지급받을 수 있는 점에서 현금에 대신하는 기능을 가지고 있어서 /

【대법원 요지】 장물인 자기앞수표를 취득한 후 이를 현금 대신 교부한 행위는 장물취득에 대한 가벌적 평가에 당연히 포함되는 불가벌적 사후행위로서 별도의 범죄를 구성하지 아니한다고 봄이 상당하다 할 것이므로 /

【대법원 판단】 원심이 같은 견해 아래 절도범인으로부터 그 정을 알면서 자기앞수표를 교부받아 이를 음식대금으로 지급하고 거스름돈을 환불받은 피고인의 소위를 사기죄가 되지 아니한다고 판단한 조처는 정당하고 /

【대법원 결론】 거기에 논지가 지적하는 바와 같은 심리미진이나 불가벌적 사후행위 및 사기죄에 관한 법리오해의 위법이 없다. 논지는 이유 없다. (상고 기각)

2011도2170

사기죄와 친족상도례 – 부정례
사돈지간 고소 사건

2011. 4. 28. 2011도2170, 공 2011상, 1115

1. 사실관계 및 사건의 경과

【사실관계 1】

① 2003. 3. 15. A남과 B녀는 결혼하여 부부지간이다.
② 갑은 B녀의 아버지이고, C는 A남의 아버지로서 두 사람은 사돈지간이다.
③ P백화점은 2004년 5월 하순경 개점 예정으로 있었다.
④ 갑은 능력이 없으면서도 사위 A의 부모와 친척들에게 P백화점의 임대점포에 대한 임대차 약정을 해 줄 수 있는 것처럼 말하였다.
⑤ 2003. 12. 15.경부터 2004. 2. 4.경까지 갑은 C의 친척들로부터 P백화점 입점비 명목으로 돈을 송금받았다.
⑥ 2004. 4. 20.경에는 C로부터도 5,000만 원을 송금받았다.

【사실관계 2】

① 이후 C와 그 친척들은 P백화점에 입점하지 못하였다.
② 2005. 4. C의 친척들이 고소하겠다고 강력히 항의하자 갑은 이들에게 받은 돈을 돌려주었다.
③ 그러나 C에 대해서는 돈을 반환하지 않았다.
④ 2009. 5. 28. C는 갑을 사기죄로 고소하였다.
⑤ 2010. 5. 24. A와 B는 이혼하였다.

【사건의 경과】

① 검사는 갑을 사기죄로 기소하였다.
② 제1심법원은 다음의 이유를 들어서 공소기각판결을 선고하였다.
  (가) 2003. 3. 15.경부터 2010. 5. 24.경까지 사이에 갑과 C는 사돈지간으로 2촌 인척관계에 있었다.
  (나) 그러므로 친족상도례에 따라 갑의 사기범행은 친고죄에 해당한다.
  (다) C가 갑의 사기범행을 알게 된 2005. 4.를 기준시점으로 볼 때 6개월의 고소기간이 도과하였다.
③ 검사는 불복 항소하였다.
④ 항소심법원은 항소를 기각하고, 제1심판결을 유지하였다.
⑤ 검사는 불복 상고하였다.
⑥ 대법원은 직권으로 판단하였다.

2. 친족상도례와 친족의 범위

【대법원 요지】 친족상도례가 적용되는 친족의 범위는 민법의 규정에 의하여야 하는데, /
【대법원 요지】 민법 제767조는 배우자, 혈족 및 인척을 친족으로 한다고 규정하고 있고, /
【대법원 요지】 민법 제769조는 혈족의 배우자, 배우자의 혈족, 배우자의 혈족의 배우자만을 인척으로 규정하고 있을 뿐, /
【대법원 요지】 구 민법(1990. 1. 13. 법률 제4199호로 개정되기 전의 것) 제769조에서 인척으로 규정하였던 '혈족의 배우자의 혈족'을 인척에 포함시키지 않고 있다. /
【대법원 판단】 따라서 이 사건과 같이 피고인의 딸과 피해자의 아들이 혼인관계에 있어 피고인과 피해자가 사돈지간이라고 하더라도 이를 민법상 친족으로 볼 수 없다.

3. 사안에 대한 대법원의 판단

【대법원 분석】 그럼에도 불구하고 제1심은 피고인과 피해자가 사돈지간으로 2촌의 인척인 친족이라는 이유로 이 사건 공소사실 범죄를 친고죄라고 판단한 후 피해자의 고소가 고소기간을 경과하여 부적법하다 하여 형사소송법 제327조 제2호에 따라 이 사건 공소를 기각하였고, /
【대법원 분석】 원심은 이러한 제1심의 판단을 그대로 유지하였는바, /
【대법원 결론】 이는 친족의 범위에 관한 법리를 오해하여 판결에 영향을 미친 위법이 있다. /
【대법원 결론】 따라서 형사소송법 제393조에 의하여 원심판결 및 제1심판결을 모두 파기하기로 한다.
【대법원 결론】 그러므로 원심판결 및 제1심판결을 파기하고, 사건을 다시 심리 · 판단하게 하기 위하여 제1심법원에 환송하기로 하여 관여 대법관의 일치된 의견으로 주문과 같이 판결한다.

2011도4440

컴퓨터사용사기죄와 부정한 명령 – 인정례
전자복권 프로그램 사건

2013. 11. 14. 2011도4440, 공 2013하, 2269

1. 사실관계 및 사건의 경과

【사실관계】
① P회사는 인터넷상에서 가상현금으로 전자복권 판매를 하는 회사이다.
② 갑은 P회사에 ⓐ가상계좌를 가지고 있다.
③ 갑은 P회사의 복권 판매 ㉠프로그램에 다음과 같은 오류가 있음을 발견하였다.
(가) 가상계좌에 은행환불명령을 입력한다.
(나) 가상계좌의 잔액이 1,000원 이하로 되었을 때 전자복권 구매명령을 입력한다.

(다) 이때 가상계좌로 복권 구매요청금과 동일한 액수의 가상현금이 입금된다.
④ 갑은 ⓐ가상계좌의 잔액을 1,000원 이하로 만들었다.
⑤ 갑은 다시 전자복권 구매명령을 입력하였다.
⑥ 갑은 이러한 행위를 반복하였다.
⑦ 이렇게 하여 갑의 ⓐ가상계좌로 합계 18,123,800원이 입금되었다.

【사건의 경과】
① 검사는 갑을 컴퓨터등사용사기죄로 기소하였다.
② 제1심법원은 다음의 이유를 들어서 무죄를 선고하였다.
③ (제1심의 판단 이유는 판례 본문 참조)
④ 검사는 불복 항소하였다.
⑤ 항소심법원은 항소를 기각하고, 제1심판결을 유지하였다.
⑥ 검사는 불복 상고하였다.

2. 컴퓨터등사용사기죄와 부정한 명령의 입력

【대법원 분석】 1. 형법 제347조의2는 /
【대법원 분석】 컴퓨터 등 정보처리장치에 /
【대법원 분석】 허위의 정보 또는 /
【대법원 분석】 부정한 명령을 입력하거나 /
【대법원 분석】 권한 없이 정보를 입력 · 변경하여 /
【대법원 분석】 정보처리를 하게 함으로써 /
【대법원 분석】 재산상의 이익을 취득하거나 /
【대법원 분석】 제3자로 하여금 취득하게 하는 행위를 /
【대법원 분석】 처벌하고 있다. /
【대법원 요지】 여기서 '부정한 명령의 입력'은 /
【대법원 요지】 당해 사무처리시스템에 예정되어 있는 사무처리의 목적에 비추어 지시해서는 안 될 명령을 입력하는 것을 의미한다. /
【대법원 요지】 따라서 설령 '허위의 정보'를 입력한 경우가 아니라고 하더라도, /
【대법원 요지】 당해 사무처리시스템의 프로그램을 구성하는 개개의 명령을 부정하게 변개 · 삭제하는 행위는 물론 /
【대법원 요지】 프로그램 자체에서 발생하는 오류를 적극적으로 이용하여 그 사무처리의 목적에 비추어 정당하지 아니한 사무처리를 하게 하는 행위도 /
【대법원 요지】 특별한 사정이 없는 한 위 '부정한 명령의 입력'에 해당한다고 보아야 할 것이다.

3. 사안에 대한 항소심의 판단

【항소심 분석】 2. 원심은 제1심이 적법하게 채택한 증거들에 의하여, /
【항소심 분석】 피고인은 피해자인 공소외 주식회사가 운영하는 인터넷사이트의 가상계좌에서 /

【항소심 분석】 은행환불명령을 입력하여 가상계좌의 잔액이 1,000원 이하로 되었을 때 전자복권 구매명령을 입력하면 가상계좌로 복권 구매요청금과 동일한 액수의 가상현금이 입금되는 /
【항소심 분석】 프로그램 오류가 발생하는 사실을 인식하였던 사실, /
【항소심 분석】 피고인은 이를 이용하여 그 잔액을 1,000원 이하로 만들고 다시 전자복권 구매명령을 입력하는 행위를 반복함으로써 /
【항소심 분석】 피고인의 가상계좌로 합계 18,123,800원이 입금되게 한 사실을 인정한 다음, /
【항소심 판단】 피고인의 위와 같은 행위는 당해 사이트에서 허용하는 절차에 따라 은행환불명령이나 복권구매명령을 입력한 것으로서, /
【항소심 판단】 당해 프로그램상의 오류를 이용한 피고인의 행위에 대하여 /
【항소심 판단】 '허위의 정보 입력'으로 볼 수 없을 뿐 아니라 /
【항소심 판단】 '부정한 명령 입력'의 구성요건에도 해당하지 아니한다고 판단하여, /
【항소심 판단】 이 사건 공소사실에 대하여 무죄를 선고한 제1심판결을 그대로 유지하였다.

4. 사안에 대한 대법원의 판단

【대법원 판단】 그러나 위와 같은 사실관계를 앞서 본 법리에 비추어 보면, /
【대법원 판단】 피고인은 일정한 조건하에 전자복권구매시스템을 구성하는 프로그램의 작동상 오류가 발생한다는 점을 분명히 인식하고서도, /
【대법원 판단】 부정한 재산상 이익을 취득할 의도로 일부러 은행환불명령을 통하여 가상계좌의 잔액 1,000원 이하인 상태를 설정한 뒤 전자복권 구매명령을 입력함으로써, /
【대법원 판단】 정상적인 사무처리절차와 달리 오히려 자신의 가상계좌에 그 구매요청금 상당의 금액이 입금되도록 한 것이니, /
【대법원 판단】 피고인의 이러한 행위가 설령 형법 제347조의2 소정의 '허위의 정보 입력'에 해당하지는 않는다고 하더라도, /
【대법원 판단】 이는 프로그램 자체에서 발생하는 오류를 적극적으로 이용하여 그 사무처리의 목적에 비추어 정당하지 아니한 사무처리를 하게 한 행위로서 /
【대법원 판단】 위와 동일한 형벌규정에 정하여진 '부정한 명령의 입력'에 해당한다고 보아야 할 것이다.
【대법원 결론】 그렇다면 이러한 경우 원심으로서는 피고인의 행위에 대한 정당한 법적 평가로서 이를 형법 제347조의2 소정의 '부정한 명령의 입력'에 의한 컴퓨터 등 사용사기죄로 의율 · 처단하였어야 할 것임에도, /
【대법원 결론】 이와 다른 전제에서 피고인에게 무죄를 선고하였으니, /
【대법원 결론】 이러한 원심의 판단에는 컴퓨터 등 사용사기죄의 구성요건 및 그 적용범위에 관한 법리를 오해하여 판결 결과에 영향을 미친 위법이 있다. (파기 환송)

2005도3516

컴퓨터사용사기죄의 성립범위
3만 원 삥땅 사건

2006. 3. 24. 2005도3516, 공 2006, 763

1. 사실관계 및 사건의 경과

【사실관계】

① [갑은 '사이버 25시 피씨방' 종업원이다.]

② A는 '사이버 25시 피씨방'에 게임을 하러 온 손님이다.

③ 갑은 A로부터 A 소유의 ㉠농협현금카드로 20,000원을 인출해 오라는 부탁과 함께 ㉠현금카드를 건네받았다.

④ 갑은 P농업협동조합 Q지점에 설치되어 있는 현금자동인출기에 A의 ㉠현금카드를 넣고 인출금액을 50,000원으로 입력하여 50,000원을 인출하였다.

⑤ 갑은 그 가운데 20,000원만 A에게 건네주고 30,000원은 자기가 가졌다.

【사건의 경과 1】

① 검사는 갑을 컴퓨터등사용사기죄로 기소하였다.

② (공소사실의 요지는 판례 본문 참조)

③ 제1심법원은 무죄를 선고하였다.

④ (제1심의 판단 이유는 판례 본문 참조)

⑤ 검사는 불복 항소하였다.

【사건의 경과 2】

① 검사는 항소심에서 공소사실을 절도죄로 변경하는 공소장변경신청을 하였다.

② 항소심법원은 공소장변경을 허가하였다.

③ (변경된 공소사실의 요지는 판례 본문 참조)

④ 항소심법원은 변경된 절도죄의 공소사실에 대해 무죄를 선고하였다.

⑤ (항소심의 판단 이유는 판례 본문 참조)

⑥ 검사는 불복 상고하였다.

⑦ 검사는 상고이유로, 변경된 공소사실은 절도죄에 해당한다고 주장하였다.

2. 공소사실의 요지

【대법원 분석】 1. 원심판결 이유와 기록에 의하여, 이 사건의 경과를 살펴보면 다음과 같다.

【대법원 분석】 가. 먼저, 변경 전 이 사건 공소사실 중 컴퓨터 등 사용사기죄 부분은, /

【대법원 분석】 피고인은 2003. 2. 중순 일자불상 10:00경 충주시 ○○동 598-2에 있는 P농업협동조합 Q지점에서, 같은 동 ○○○-○○에 있는 '사이버 25시 피씨방'에 게임을 하러 온 피해자 공소외

인으로부터 그 소유의 농협현금카드로 20,000원을 인출해 오라는 부탁과 함께 현금카드를 건네받게 되자 이를 기화로, /

【대법원 분석】 위 지점에 설치되어 있는 현금자동인출기에 위 현금카드를 넣고 권한 없이 인출금액을 50,000원으로 입력하여 그 금액을 인출한 후 그 중 20,000원만 피해자에게 건네주어 30,000원 상당의 재산상 이익을 취득하였다는 것이었다.

3. 사안에 대한 제1심의 판단

【제1심 판단】 제1심법원은 이에 대해, /

【제1심 판단】 우리 형법은 재산범죄의 객체가 재물인지 재산상의 이익인지에 따라 이를 재물죄와 이득죄로 명시하여 규정하고 있는데, /

【제1심 판단】 형법 제347조의2는 컴퓨터 등 사용사기죄의 객체를 재물이 아닌 재산상의 이익으로만 한정하여 규정하고 있으므로 /

【제1심 판단】 타인의 신용카드로 현금자동지급기에서 현금을 인출하는 행위가 재물에 관한 범죄임이 분명한 이상 이를 위 컴퓨터 등 사용사기죄로 처벌할 수는 없다고 판단하여 무죄를 선고하였다.

4. 변경된 공소사실의 요지

【대법원 분석】 나. 그러자 검사는 원심에서 이 부분 공소사실을, /

【대법원 분석】 피고인은 위 일시경 위 장소에서 공소외인으로부터 그 소유의 농협현금카드로 20,000원을 인출하여 오라는 부탁과 함께 현금카드를 건네받게 된 것을 기화로, /

【대법원 분석】 위 지점에 설치되어 있는 피해자 P농업협동조합이 관리하는 현금자동지급기에 위 현금카드를 넣고 인출금액을 50,000원으로 입력하여 이를 인출한 후 /

【대법원 분석】 그 중 20,000원만을 공소외인에게 건네주는 방법으로 30,000원을 절취하였다는 것으로 공소장변경 허가신청을 하였고, 원심법원도 이를 허가하였다.

5. 사안에 대한 항소심의 판단

【항소심 판단】 그렇지만 원심은 위 변경된 공소사실에 대하여 다음과 같은 이유 등을 들어 무죄로 판단하였다. /

【항소심 판단】 절도죄에 있어서 절취란 재물의 점유자의 의사에 반하여 그 점유자의 지배를 배제하고 자신의 지배로 옮겨놓는 행위를 의미한다. /

【항소심 판단】 그런데 현금카드를 절취한 때와 같이 현금카드 자체를 사용할 권한이 없는 경우와 달리 /

【항소심 판단】 피고인이 예금명의인인 공소외인으로부터 그 현금카드를 사용할 권한을 일단 부여받은 이상 /

【항소심 판단】 이를 기화로 그 위임 범위를 벗어나 추가로 금원을 인출하였다고 하더라도 /

【항소심 판단】 현금자동지급기 관리자로서는 예금명의인의 계산으로 인출자에게 적법하게 현금을 지급할 수밖에 없다. /

【항소심 판단】 따라서 이러한 경우 현금자동지급기 관리자에게 예금명의인과 그로부터 현금 인출을 위임받은 자 사이의 내부적인 위임관계까지 관여하여 그 위임받은 범위를 초과하는 금액에 대하여는 그 인출행위를 승낙하지 않겠다는 의사까지 있다고 보기는 어렵다. /

【항소심 판단】 그러므로 위 현금인출 행위가 현금자동지급기 관리자의 의사에 반하여 그가 점유하고 있는 현금을 절취한 경우에 해당한다고 볼 수 없다.

6. 사안에 대한 대법원의 판단

(1) 초과 인출행위의 법적 성질

【대법원 판단】 2. 그러나 원심의 이러한 판단은 그대로 수긍하기 어렵다.

【대법원 요지】 가. 예금주인 현금카드 소유자로부터 일정한 금액의 현금을 인출해 오라는 부탁을 받으면서 이와 함께 현금카드를 건네받은 것을 기화로 그 위임을 받은 금액을 초과하여 현금을 인출하는 방법으로 그 차액 상당을 위법하게 이득할 의사로 현금자동지급기에 그 초과된 금액이 인출되도록 입력하여 그 초과된 금액의 현금을 인출한 경우에는 /

【대법원 요지】 그 인출된 현금에 대한 점유를 취득함으로써 이 때에 그 인출한 현금 총액 중 인출을 위임받은 금액을 넘는 부분의 비율에 상당하는 재산상 이익을 취득한 것으로 볼 수 있으므로 /

【대법원 요지】 이러한 행위는 그 차액 상당액에 관하여 형법 제347조의2(컴퓨터등사용사기)에 규정된 '컴퓨터등 정보처리장치에 권한 없이 정보를 입력하여 정보처리를 하게 함으로써 재산상의 이익을 취득'하는 행위로서 컴퓨터 등 사용사기죄에 해당된다고 할 것이다.

(2) 사안에 대한 대법원의 판단

【대법원 판단】 나. 따라서 이 사건 피고인이 위 일시경 위 장소에서 공소외인으로부터 그 소유의 농협현금카드로 20,000원을 인출하여 오라는 부탁과 함께 현금카드를 건네받게 된 것을 기화로, /

【대법원 판단】 위 지점에 설치되어 있는 피해자 충주농업협동조합이 관리하는 현금자동지급기에 위 현금카드를 넣고 인출금액을 50,000원으로 입력하여 이를 인출한 것도 그 차액 상당에 관하여 우선 컴퓨터 등 사용사기죄에 해당된다고 보아야 한다.

(3) 원심이 취해야 할 조치

【대법원 판단】 그렇다면 원심으로서는 검사의 앞에서 본 바와 같은 공소장변경 허가신청을 불허하고 이 부분 공소사실에 대하여 컴퓨터 등 사용사기죄로 유죄를 인정하든가, /

【대법원 판단】 일단 절도죄로의 공소장변경을 허가한 경우라고 하더라도 그 변경 후 공소사실로는 유죄가 인정되지 않고, 오히려 변경 전 공소사실이 컴퓨터 등 사용사기죄로 유죄가 인정되는 반면에 이 점에 관한 피고인의 방어권 행사가 필요하기도 한 특별한 사정이 있는 등 이 사건에서의 구체적인 소송진행 경과를 감안하여 /

【대법원 판단】 그 법률상의 사항에 관한 소송관계를 명료하게 하는 의미에서 검사에게 이러한 법적 관점을 지적하여 주고, 피고인에게도 이러한 법적 관점에 관하여 방어권 행사의 기회를 주는 등의 조치를 취하였어야 할 것이다.

【대법원 결론】 그럼에도 불구하고, 원심은 그 공소장변경 허가신청을 받아들인 뒤 그 변경된 공소사실이 절도죄에 해당된다고 보기 어렵다는 이유만으로 위와 같은 사항에 대해 아무런 조치도 취하지 아니한 채 그대로 무죄로 판단하였으니, 원심판결 중 이 부분 판단에는 법리를 오해하여 필요한 석명권 행사나 심리를 다하지 아니한 위법이 있고, 이는 그 판결 결과에 영향을 미쳤음이 분명하다. /
【대법원 결론】 따라서 위 변경된 공소사실이 절도죄를 구성한다는 검사의 상고이유의 주장은 이유 없지만, 그 변경된 공소사실에 대해 그대로 무죄로 판단한 원심판결에 법리오해 등의 위법이 있다는 취지의 주장은 이유 있다. (파기 환송)

【코멘트】 우리 형법은 재산범죄를 재물죄와 이득죄로 명확하게 구분하여 규정하고 있다. 형법 제347조는 사기죄의 객체를 재물 또는 재산상 이익이라고 명시하고 있다. 그런데 형법 제347조의2는 컴퓨터등사용사기죄를 규정하면서 객체를 '재산상 이익'으로만 규정하고 있다. 우리 형법이 재산범죄를 규정하면서 '재산상 이익'만을 객체로 명시하고 있는 다른 예는 형법 제355조 제2항이 규정하고 있는 배임죄뿐이다.

원래 컴퓨터등사용사기죄는 컴퓨터를 이용한 거래가 활발해짐에 따라 컴퓨터에 의한 정보처리를 마치 사람이 스스로 의사결정하여 거래를 하는 형태와 같은 것으로 취급하자는 구상에서 비롯된 범죄유형이다. 기존의 사기죄와 컴퓨터등사용사기죄를 비교해 보면 전자는 사람의 의하여, 후자는 컴퓨터등 정보처리장치에 의하여 재산의 변동이 생긴다는 점을 제외하면 구조가 다른 점이 없다. 그렇다면 기존의 사기죄와 컴퓨터등사용사기죄의 객체를 달리 취급할 이유도 없는 것이다.

그런데 우리 입법자는 1995년 말 형법을 일부개정하면서 '재산상 이익'만을 객체로 한 컴퓨터등사용사기죄의 조문을 신설하였다. 이러한 입법방식은 일본 형법의 영향을 받은 것으로 보이는데, 일본에서는 새로운 형태의 범죄유형을 신설하면서 적용범위를 조심스럽게 확장해 나가자고 하는 점진적 접근방법이 유력하였던 것으로 알려지고 있다. 또한 일본 형법의 조문체계는 재물과 재산상 이익을 준별하고 있지 않기 때문에 예상하지 못하였던 문제점도 해석에 의하여 해결할 수 있는 여지가 있다.

그러나 우리 형법은 재물과 재산상 이익을 준별하고 있다. 이 구별은 재산범죄 전체를 관통하는 기본원칙이기 때문에 '재물'과 '재산상 이익'을 넘나드는 해석은 극히 경계하지 않으면 안 된다. 만일 이를 소홀히 하면 횡령과 배임의 구별이나 절도와 사기의 구별이 대단히 곤란하게 된다.

컴퓨터등사용사기죄의 객체에 '재물'이 들어 있지 않다는 점은 입법론적으로 크게 비판되고 있다. 그런데 국회에서 형법을 개정하는 일은 쉽지 않다. 이에 반해 실무상 컴퓨터등사용사기죄의 영역에서 '재물'이 문제되는 사안은 자주 일어나고 있다. 본 판례의 사실관계는 이 점을 잘 보여주고 있다.

입법의 지연과 실무의 필요라는 충돌지점에서 대법원은 본 판례를 통하여 문제해결의 기준을 제시하고 있다. 그것은 "인출된 현금(재물)에 대한 점유를 취득함으로써 이 때에 그 인출한 현금 총액 중 인출을 위임받은 금액을 넘는 부분의 비율에 상당하는 재산상 이익을 취득한 것"으로 보자는 것이다. 인출된 현금은 재물이지만 이것을 경제적 가치로 추상화하여 '위임받은 금액을 넘는 부분의 비율에 상당하는 재산상 이익'을 관념할 수 있다는 것이다.

그런데 대법원의 판시사항을 자세히 들여다보면 대법원이 제시하는 기준의 타당성을 논증하는 근거 제시가 없음을 알 수 있다. 침묵의 이유는 '재물'과 '재산상 이익'을 준별하는 상황에서 '재물'이 '재산상 이익'으로 추상화되는 과정을 설명할 수 없기 때문이라고 생각된다. 요컨대 본 판례는 입법의 미비를 최종심인 대법원의 권위를 통하여 극복하고자 하는 것이라고 할 수 있다. 그러나 사법부에 의한 입법이라는 비난을 피하기 어렵다고 생각된다.

본 판례의 사안에서 제1심법원과 항소심법원이 '재물'과 '재산상 이익'의 준별이라는 대원칙을 존중하는 입장에서 결론을 도출하였다면, 대법원은 실무에서 빈발하는 범죄현상을 도외시할 수 없다는 현실론에 입각하여 일단 해결책을 제시한 것이라고 할 수 있다. 본 판례에서 대법원이 제시한 결론에 납득 가능한 설명을 붙이는 일은 대단히 어렵다고 생각된다. 대법원의 난처한 입장을 해결하는 길은 컴퓨터등사용사기죄의 객체에 '재물'을 추가하여 기존의 사기죄와 보조를 맞추도록 하는 형법 개정의 방법 이외에는 없다고 생각된다.

2006도2704

컴퓨터사용사기죄와 친족상도례 – 부정례
할아버지 통장 이체 사건

2007. 3. 15. 2006도2704, 공 2007, 578

1. 사실관계 및 사건의 경과

【사실관계】

① 갑과 A는 손자, 친할아버지 관계이다.
② 갑은 A 소유의 고흥 농업협동조합 ㉠예금통장을 절취하였다.
③ 갑은 ㉠통장을 현금자동지급기에 넣고 조작하는 방법으로 A 명의 고흥 농업협동조합 M계좌의 예금잔고 중 57만 원을 갑 명의 국민은행 N계좌로 이체하였다.

【사건의 경과】

① 검사는 갑의 범행에 대해 피해자를 고흥 농업협동조합이라고 특정하여 컴퓨터등사용사기죄로 공소를 제기하였다.
② 제1심법원은 유죄를 인정하였다.
③ 갑은 불복 항소하였다.
④ 항소심법원은 A가 갑의 친할아버지라는 이유를 들어 친족상도례를 적용하였다.
⑤ 항소심법원은 제1심판결을 파기하고, 갑에게 형 면제의 판결을 선고하였다.
⑥ 검사는 불복 상고하였다.

2. 계좌이체의 법적 성질

【대법원 분석】 1. 컴퓨터 등 정보처리장치를 통하여 이루어지는 금융기관 사이의 전자식 자금이체거래는 금융기관 사이의 환거래관계를 매개로 하여 금융기관 사이나 금융기관을 이용하는 고객 사이에서 현실적인 자금의 수수 없이 지급·수령을 실현하는 거래방식인바, /

【대법원 판단】 피고인이 권한 없이 컴퓨터 등 정보처리장치를 이용하여 예금계좌 명의인이 거래하는 금융기관의 계좌 예금 잔고 중 일부를 피고인이 거래하는 다른 금융기관에 개설된 그 명의 계좌로 이체한 경우, /

【대법원 판단】 예금계좌 명의인의 거래 금융기관에 대한 예금반환 채권은 이러한 행위로 인하여 영향을 받을 이유가 없는 것이므로, /

【대법원 판단】 거래 금융기관으로서는 예금계좌 명의인에 대한 예금반환 채무를 여전히 부담하면서도 환거래관계상 다른 금융기관에 대하여 자금이체로 인한 이체자금 상당액 결제채무를 추가 부담하게 됨으로써 이체된 예금 상당액의 채무를 이중으로 지급해야 할 위험에 처하게 된다.

3. 권한 없는 계좌이체의 피해자

【대법원 요지】 따라서 친척 소유 예금통장을 절취한 피고인이 그 친척 거래 금융기관에 설치된 현금자동지급기에 예금통장을 넣고 조작하는 방법으로 친척 명의 계좌의 예금 잔고를 피고인이 거래하는 다른 금융기관에 개설된 피고인 명의 계좌로 이체한 경우, /

【대법원 요지】 그 범행으로 인한 피해자는 이체된 예금 상당액의 채무를 이중으로 지급해야 할 위험에 처하게 되는 그 친척 거래 금융기관이라 할 것이고, /

【대법원 요지】 거래 약관의 면책 조항이나 채권의 준점유자에 대한 법리 적용 등에 의하여 위와 같은 범행으로 인한 피해가 최종적으로는 예금 명의인인 친척에게 전가될 수 있다고 하여, /

【대법원 요지】 자금이체 거래의 직접적인 당사자이자 이중지급 위험의 원칙적인 부담자인 거래 금융기관을 위와 같은 컴퓨터 등 사용사기 범행의 피해자에 해당하지 않는다고 볼 수는 없다. /

【대법원 요지】 따라서 위와 같은 경우에는 친족 사이의 범행을 전제로 하는 친족상도례를 적용할 수 없는 것이다.

4. 사안에 대한 대법원의 판단

【대법원 분석】 검사가, /

【대법원 분석】 피고인이 절취한 친할아버지 공소외인 소유 고흥 농업협동조합 예금통장을 현금자동지급기에 넣고 조작하는 방법으로 공소외인 명의 위 농업협동조합 계좌의 예금 잔고 중 57만 원을 피고인 명의 국민은행 계좌로 이체한 이 사건 컴퓨터 등 사용사기 범행 부분의 /

【대법원 분석】 피해자를 고흥 농업협동조합이라고 특정하여 공소 제기한 이 사건에서, /

【항소심 판단】 원심이 위 범행의 피해자는 피고인의 친할아버지 공소외인이라는 이유를 들어, 공소사실을 유죄로 인정한 제1심을 파기하고 친족상도례를 적용하여 피고인에게 형 면제를 선고한 조치는, /

【대법원 결론】 컴퓨터 등 사용사기죄에 있어서의 피해자 및 친족상도례의 적용범위에 관한 법리를 오해한 위법이 있고 이는 판결에 영향을 미친 것이 분명하므로 그대로 유지될 수 없다. (파기 환송)

2001도3625

편의시설부정이용죄와 부정이용 - 부정례
후불식 전화카드 사건 1

2001. 9. 25. 2001도3625, 공 2001, 2396

1. 사실관계 및 사건의 경과

【사실관계 1】

① KT전화카드는 한국전기통신공사가 발행한 후불식 통신카드이다.

② 후불식 통신카드를 이용하여 전화를 사용하면 그 요금이 미리 지정된 전화번호 요금이나 신용카드 대금에 합산되어 청구된다.

③ A는 ㉠KT전화카드를 가지고 있다.

【사실관계 2】

① 절도전과가 수회 있는 갑은 A의 ㉠KT전화카드를 절취하였다.

② 2000. 10. 25.경 갑은 절취한 A의 ㉠KT전화카드를 자신의 전화카드인 것처럼 공중전화기에 넣고 사용하였다.

③ 2000. 10. 25.경부터 2000. 12. 22.경까지 사이에 갑은 같은 방법으로 모두 1,706회에 걸쳐 A의 ㉠KT전화카드를 사용하였다.

④ A에게 청구된 전화요금은 647,522원에 이르렀다.

【사건의 경과】

① 검사는 갑을 다음의 공소사실로 기소하였다.

(가) ㉠KT전화카드 절취 부분 : 특가법위반죄(절도)

(나) ㉠KT전화카느 사용 부분 : 편의시설부정이용죄

② 갑의 피고사건은 제1심을 거친 후 항소심에 계속되었다.

③ 항소심법원은 다음과 같이 판단하였다.

(가) ㉠KT전화카드 절취 부분 : 특가법위반죄(절도) : 유죄

(나) ㉠KT전화카드 사용 부분 : 편의시설부정이용죄 : 유죄

④ 갑은 불복 상고하였다.

⑤ 갑은 상고이유로 양형부당, 심신미약 등의 사유를 주장하였다.

⑥ 대법원은 갑의 상고이유와 무관하게 직권으로 판단하였다.

2. 사안에 대한 대법원의 판단

【대법원 분석】 원심판결의 이유에 의하면, 원심은, /

【대법원 분석】 피고인이 절취한 피해자 소유의 케이티전화카드를 이용하여 전화통화를 함으로써 금 647,522원 상당의 재산상의 이득을 취득하였다는 사실을 인정한 다음, /

【대법원 분석】 이를 형법 제348조의2에서 규정하는 편의시설부정이용의 죄로 처단하고 있음을 알 수 있다.

【대법원 분석】 그러나 편의시설부정이용의 죄는 부정한 방법으로 대가를 지급하지 아니하고 자동판매기, 공중전화 기타 유료자동설비를 이용하여 재물 또는 재산상의 이익을 취득하는 행위를 범죄구성요건으로 하고 있는데, /

【대법원 판단】 이 사건과 같이 타인의 케이티전화카드(한국통신의 후불식 통신카드)를 절취하여 전화통화에 이용한 경우에는 통신카드서비스 이용계약을 한 피해자가 그 통신요금을 납부할 책임을 부담하게 되므로, /

【대법원 판단】 이러한 경우에는 피고인이 '대가를 지급하지 아니하고' 공중전화를 이용한 경우에 해당한다고 볼 수 없어 편의시설부정이용의 죄를 구성하지 않는다고 할 것이다.

【대법원 결론】 그런데도 원심은 피고인의 위 행위가 형법 제348조의2에서 규정하는 편의시설부정이용의 죄에 해당한다고 판단하였으니, 원심판결에는 편의시설부정이용의 죄에 관한 법리를 오해하여 판결의 결과에 영향을 미친 위법이 있다고 할 것이[다.] (파기 환송)

2002도461

사문서부정행사죄와 사문서 - 인정례
후불식 전화카드 사건 2

2002. 6. 25. 2002도461, 공 2002, 1872

☞ 927면

제 2 공갈의 죄

2012도6157

공갈죄와 타인 소유 - 부정례
도박사이트 금고 절취 사건

2012. 8. 30. 2012도6157, 공 2012하, 1645

1. 사실관계 및 사건의 경과

【사실관계 1】

① A는 각종 스포츠 경기의 승패 및 점수에 돈을 걸고 이를 맞추면 그에 따라 건 돈을 배당하는 M인터넷 도박사이트를 운영하였다.

② 2009. 1.경부터 갑은 A가 운영하는 M도박사이트의 회원들이 송금해 온 돈을 출금하는 것을 관리하였다.

③ B와 C는 갑의 지시에 따라 돈을 출금하여 갑을 통해 A에게 전해 주는 일을 하였다.

④ 갑은 M도박사이트를 운용해 벌어들인 돈을 서울 강남구 역삼동 소재 P오피스텔 818호에 ㉠금고를 설치하여 보관하였다.

⑤ 갑은 P오피스텔 818호에서 현금을 다음과 같은 방법으로 관리하였다.

(가) 오만원권은 ㉠금고 속에 오만원권 지폐를 일정 단위로 고무줄로 묶어 넣어둠.

(나) 일만원권 등은 ㉠금고 옆에 ㉡쇼핑백들 속에 넣어 둠.

【사실관계 2】

① B는 P오피스텔 818호에 M도박사이트 운용수익이 보관 중이라는 것을 알게 되었다.

② [D는 전문절도범이다.]

③ 2010. 8. 28. 12:20경 B은 D와 함께 P오피스텔로 갔다.

④ D는 B와 함께 약 40억 3,000만 원이 들어 있던 ㉠금고와 금고 옆 ㉡쇼핑백들을 훔쳤다.

⑤ D는 이 자리에서 B로부터 5억 7,000만 원가량을 분배받았다.

⑥ D는 받은 돈을 훔친 ㉡쇼핑백 1개와 자신이 가져간 ㉢나이키 운동가방 1개에 나누어 넣었다.

⑦ D는 돈이 들어 있는 ㉡쇼핑백과 ㉢나이키 운동가방을 자기 집 싱크대 속에 숨겨 두었다.

【사실관계 3】

① 2010. 8. 28. 17:00경 갑은 P오피스텔 엘리베이터 CCTV를 확인해 D와 B가 돈을 훔쳐간 것을 확인하였다.

② 갑은 A에게 전화로 이 사실을 알렸다.

③ A는 갑에게 폭력조직인 목포서산파 조직원 E를 찾아가 돈을 찾을 수 있는지 알아보라고 지시하였다.

④ 2010. 8. 29. 21:00경 갑은 A의 지시에 따라 서울 강남구에 있는 E 운영의 주점으로 찾아가 사정을 말하였다.

⑤ 갑은 E에게 "돈을 찾아주면 A가 사례를 할 것"이라는 취지로 부탁하면서, D와 B의 직업, 전화번호 등을 가르쳐주었다.

⑥ E는 전화번호를 놔두고 가라고 말하여 이를 승낙하였다.

【사실관계 4】

① 2010. 8. 30. 15:00경 갑은 E와 함께 서울 송파구 신천동에 있는 Q커피숍에서 D를 만났다.

② E는 팔과 배에 그려진 용 문신을 보여주면서 D에게 "B가 어디에 간 것이냐, 니네들이 가져간 돈이 어떤 돈인 줄 아느냐"고 위협하였다.

③ 2010. 8. 30. 16:00경 E는 P오피스텔 818호로 D를 데리고 갔다.

④ 갑은 E의 지시에 따라 복도에서 대기하였다.

⑤ E는 P오피스텔 818호에서 D에게 인상을 쓰면서 "이제 마지막으로 묻는다, 거짓말해서 열 받게 하지 말고 하루 종일 나랑 같이 있고 싶으면 거짓말하고, 그런 거 아니면 사실대로 이야기해라"고 위협하였다.

⑥ E는 D로부터 "현재 받은 돈은 어디에 있는지 말씀 드리겠다"는 말을 들었다.

【사실관계 5】

① 2010. 8. 30. 16:00경 갑은 E와 함께 서울 강동구 성내동 소재 D의 집으로 D를 데리고 갔다.

② D는 B로부터 분배받은 금전 중 1,600만 원을 이미 소비한 상태였다.

③ D는 나머지 5억 5,400만 원을 ㉢나이키 운동가방과 ㉡쇼핑백에 담아 싱크대 속에 그대로 보관하고 있었다.

④ D는 돈의 든 ㉢나이키 운동가방과 ㉡쇼핑백을 갑과 E에게 그대로 건네주었다.

⑤ 갑은 5억 5,400만 원을 서울 강남구 신사역 2번 출구에서 A가 보낸 사람을 통해 A에게 전달하였다.

【사건의 경과】

① 검사는 갑을 폭처법위반죄(공동공갈)로 기소하였다.

② (공소사실의 요지는 판례 본문 참조)

③ 제1심법원은 유죄를 인정하였다.

④ 갑은 불복 항소하였다.

⑤ 갑은 항소이유로 다음의 점을 주장하였다.

(가) 갑이 D로부터 교부받은 돈은 A 소유의 도박수익금이다.

(나) D는 B와 함께 이를 절취하여 잠시 보관하고 있었을 뿐 위 돈에 대한 소유권이나 처분권한을 취득한 것이 아니다.

(다) 따라서 D은 공갈죄의 피해자가 될 수 없다.

⑥ 항소심법원은 갑의 법리오해 주장을 배척하였다.

⑦ (항소심의 판단 이유는 판례 본문 참조)

⑧ 항소심법원은 양형부당을 이유로 제1심판결을 파기하고, 형을 다시 선고하였다.

⑨ 갑은 불복 상고하였다.

2. 공갈죄와 타인의 재물

【대법원 요지】 1. 공갈죄의 대상이 되는 재물은 타인의 재물을 의미하므로, /

【대법원 요지】 사람을 공갈하여 자기의 재물의 교부를 받는 경우에는 공갈죄가 성립하지 아니한다.

【대법원 요지】 그리고 타인의 재물인지의 여부는 민법, 상법, 기타의 실체법에 의하여 결정되는데, /

【대법원 요지】 금전을 도난당한 경우 절도범이 절취한 금전만 소지하고 있는 때 등과 같이 구체적으로 절취된 금전을 특정할 수 있어 객관적으로 다른 금전 등과 구분됨이 명백한 예외적인 경우에는 /

【대법원 요지】 절도 피해자에 대한 관계에서 그 금전이 절도범인 타인의 재물이라고 할 수 없다.

3. 공소사실의 요지

【대법원 분석】 2. 원심은, /

【대법원 분석】 "피고인이 A가 인터넷 도박사이트를 운영하면서 벌어들인 돈을 A의 지시에 따라 자

신의 명의로 임차한 서울 강남구 역삼동 ○○○-11에 있는 [P오피스텔] 818호에 금고를 설치하고 보관하였는데, /

【대법원 분석】 B와 피해자 D가 2010. 8. 28. 12:20경 약 40억 3,000만 원이 든 금고를 훔치자, /

【대법원 분석】 A의 지시로 폭력조직인 목포서산파 조직원 E와 함께 2010. 8. 30. 15:00경 서울 송파구 신천동에 있는 Q커피숍에서 피해자를 만나 겁을 주어 /

【대법원 분석】 같은 날 18:00경 서울 강동구 성내동 ○○○-8에 있는 피해자의 집에서 피해자로부터 피해자가 B로부터 분배받은 돈 중 1,600만 원을 소비하고 남은 5억 5,400만 원을 교부받아 이를 갈취하였다."라는 취지의 공소사실에 관하여, /

4. 사안에 대한 항소심의 판단

【항소심 판단】 피고인의 이 사건 범행 당시 D 등이 절취한 이 사건 금전에 대한 사실상의 지배관계는 이미 D에게 이전되었으므로 /

【항소심 판단】 이 사건 범행은 D의 소유에 속하는 돈을 객체로 한 것이라는 이유로, /

【항소심 판단】 D가 그 소유권이나 처분권을 취득하지 아니하여 공갈죄의 피해자가 될 수 없다는 항소이유를 받아들이지 아니하고, /

【항소심 판단】 위 공소사실을 유죄로 인정한 제1심판결을 그대로 유지하였다.

5. 사안에 대한 대법원의 분석

【대법원 분석】 그런데, 기록에 의하면, /

【대법원 분석】 ① 피고인은 [P오피스텔] 818호의 금고에 오만원권 지폐를 일정 단위로 고무줄로 묶어 넣는 등으로 관리하는 한편 금고 옆에는 일만원권 등을 넣은 쇼핑백들을 두어 관리한 사실, /

【대법원 분석】 ② D는 B와 약 40억 3,000만 원이 들어 있던 금고와 금고 옆 쇼핑백들을 훔친 다음, B로부터 5억 7,000만 원 가량을 분배받아, 훔친 쇼핑백 1개와 자신이 가져간 나이키 운동가방 1개에 나누어 넣은 뒤 자신의 집 싱크대에 숨겨 둔 사실, /

【대법원 분석】 ③ D는 공소사실 기재와 같은 경위로 피고인과 E에게 절취된 금전 중 1,600만 원을 소비한 외에 나머지 금전이 보관되어 있던 위 운동가방과 쇼핑백을 그대로 건네주었는데 그때까지 그 금전이 다른 금전과 섞이거나 교환된 바는 없는 사실을 알 수 있다.

6. 사안에 대한 대법원의 판단

【대법원 판단】 위와 같은 사실관계를 앞서 본 법리에 비추어 보면, /

【대법원 판단】 D에 의하여 위 금고와 함께 금전을 절취당한 A의 지시에 의하여 피고인과 E가 D로부터 되찾은 이 사건 금전은 /

【대법원 판단】 바로 절취 대상인 당해 금전이라고 구체적으로 특정할 수 있어 객관적으로 D의 다른 재산과 구분됨이 명백하므로, /

【대법원 판단】 절취 당시 소유자인 A 및 그로부터 이 사건 행위를 지시받은 피고인과 E의 입장에서

이 사건 금전을 타인인 D의 재물이라고 볼 수 없다. /

【대법원 판단】 따라서 비록 피고인과 E가 D를 공갈하여 이 사건 금전을 교부받았다고 하더라도, /

【대법원 판단】 그 수단이 된 행위로 별도의 범죄가 성립될 수 있음은 별론으로 하고, /

【대법원 판단】 타인의 재물을 갈취한 행위로서 공갈죄가 성립된다고 할 수 없다.

【대법원 결론】 그런데도 이와 달리 이 사건 금전이 A 등에 대한 관계에서 타인인 D의 재물에 해당된다는 이유로 이 사건 공소사실과 같이 피고인이 A와 공모하고 E와 공동하여 D로부터 이 사건 금전을 교부받아 공갈죄가 성립된다고 본 원심의 판단에는, 공갈죄의 대상인 타인의 재물 등에 관한 법리를 오해하여 판결 결과에 영향을 미친 위법이 있다. (파기 환송)

82도2714

공갈죄와 재산상 이익 – 부정례
나체쇼 접대부 사건

1983. 2. 8. 82도2714, 공 1983, 546

1. 사실관계 및 사건의 경과

【사실관계】

① A녀는 주점 P싸롱의 접대부이다.

② A녀는 P싸롱 객실에서 나체쇼를 하였다.

③ 갑은 가짜 기자행세를 하면서 A녀를 고발할 것처럼 데리고 나왔다.

④ 갑은 A녀를 여관으로 유인한 다음, 겁에 질려있는 A녀의 상태를 이용하여 동침하면서 1회 성교하였다.

【사건의 경과】

① 검사는 갑이 A녀의 정조 대가에 상당하는 재산상 이익을 갈취하였다고 판단하였다.

② 검사는 갑을 폭처법위반죄(공갈)로 기소하였다.

③ 갑의 피고사건은 제1심을 거친 후, 항소심에 계속되었다.

④ 항소심법원은 여자의 정조 그 자체는 경제적 이익이 아니라는 이유로 무죄를 선고하였다.

⑤ 검사는 불복 상고하였다.

⑥ 검사는 상고이유로 다음의 점을 주장하였다.

(가) 여자의 정조는 그 자체로 경제적 이익에 해당한다.

(나) 그렇지 않더라도 창녀나 A녀와 같은 주점접대부의 정조는 금전화될 수 있다.

(다) 갑이 공갈수단을 사용하여 접대부와 정교를 맺고 그 매음대가의 지급을 면한 이상 공갈죄가 성립한다.

2. 부녀의 정조와 재산상 이익

【대법원 요지】 공갈죄는 재산범으로서 그 객체인 재산상 이익은 경제적 이익이 있는 것을 말하는 것인바, /

【대법원 요지】 일반적으로 부녀와의 정교 그 자체는 이를 경제적 이익으로 평가할 수 없는 것이므로 부녀를 공갈하여 그와 정교를 맺었다고 하여도 특단의 사정이 없는 한 이로써 재산상 이익을 갈취한 것이라고 볼 수는 없는 것이다.

3. 사안에 대한 대법원의 판단

(1) 여자의 정조와 공갈죄의 객체

【대법원 분석】 원심판결 이유에 의하면, 원심은 /

【대법원 분석】 피고인이 가짜 기자행세를 하면서 싸롱객실에서 나체쇼를 한 피해자를 고발할 것처럼 데리고 나와 여관으로 유인한 다음, 겁에 질려있는 그녀의 상태를 이용하여 동침하면서 1회 성교하여 그녀의 정조대가에 상당하는 재산상 이익을 갈취하였다는 공소사실에 대하여 /

【대법원 판단】 여자의 정조 그 자체는 경제적 이익이 아니라는 이유로 무죄를 선고하였는바, /

【대법원 결론】 위에 설시한 이치에 비추어 위와 같은 원심판단은 정당하고, 소론과 같이 공갈죄의 법리를 오해한 위법이 없다.

(2) 매음의 대가와 공갈죄의 객체

【대법원 분석】 논지는 창녀나 위 피해자와 같은 주점접대부의 정조는 금전화될 수 있어 이들과의 정교는 경제적 이익이라고 볼 수 있으므로 공갈수단을 사용하여 창녀나 접대부와 정교를 맺고 그 매음대가의 지급을 면한 이상, 공갈죄가 성립한다는 것이나, /

【대법원 판단】 이 사건에 있어서는 위 피해자가 주점접대부라고 할지라도 피고인과 매음을 선제로 정교를 맺은 것이 아닌 이상, 피고인 이 매음대가의 지급을 면하였다고 볼 여지가 없으니 더 판단할 것도 없이 위 논지는 이유 없다. (상고 기각)

2001도2991

사기죄와 재산상 이익 – 인정례

화대 편취 사건

2001. 10. 23. 2001도2991, 공 2001, 2622

☞ 492면

2000도3245

공갈죄와 협박 – 부정례
조상천도제 사건

2002. 2. 8. 2000도3245, 공 2002, 720

1. 사실관계 및 사건의 경과

【사실관계 1】

① 갑남과 을녀는 소위 신이 내렸다는 무속인 부부이다.

② A 등은 이들 부부와 관련이 있는 소위 신도들이다.

③ 갑과 을은 A, B, C에게 4회에 걸쳐 다음과 같이 말하였다.

④ "조상천도제를 올리면 A, B, C집안에 좋은 일이 있으며 또 A, B, C 측에서 하는 일들이 잘 되고 병이 낫거나 시험에 합격될 수 있다."

⑤ A, B, C는 갑과 을에게 조상천도제 비용으로 돈을 주었다. (㉠행위)

【사실관계 2】

① 갑과 을은 B에게 다음과 같이 말하였다.

② "B는 고깔을 쓰고 있어 모든 일이 잘 안 된다. 고깔을 벗겨야 모든 일이 잘 된다."

③ B는 갑과 을에게 고깔 벗기는 비용으로 돈을 주었다. (㉡행위)

【사실관계 3】

① 1997. 11. 15.경 갑의 집에서 을은 전화로 D에게 다음과 같이 말하였다.

② "작은 아들이 자동차를 운전하면 교통사고가 나 크게 다치거나 죽거나 하게 된다. 조상천도를 하면 교통사고를 막을 수 있고 보살(D)도 아픈 곳이 낫고 사업도 잘 되고 모든 것이 잘 풀려 나간다. 조상천도비용으로 795,000원을 내라."

③ 1997. 11. 16. D는 갑의 집에서 을에게 795,500원을 주었다. (㉢행위)

【사실관계 4】

① 1997년 12월 중순경 갑의 집에서 을은 E에게 전화로 다음과 같이 말하였다.

② "묘소에 있는 시아버지 목뼈가 왼쪽으로 돌아가 아들이 형편없이 빗나가 학교에도 다니지 못하게 되고, 부부가 이별하게 되고, 하는 사업이 망하고, 집도 다른 사람에게 넘어가게 된다. 조상천도를 하면 모든 것이 다 잘 된다. 조상천도를 하지 않으면 큰일 난다."

③ 1997. 1. 5. E는 을의 예금계좌로 835,000원을 송금하였다. (㉣행위)

【사건의 경과】

① 검사는 갑과 을을 다음의 공소사실로 기소하였다.

(가) ㉠, ㉡행위 : 사기죄

(나) ㉢, ㉣행위 : 공갈죄

② 제1심법원은 다음과 같이 판단하였다.

(가) ㉠, ㉡행위 : 사기죄 : 무죄
(나) ㉢, ㉣행위 : 공갈죄 : 무죄
③ (제1심의 판단 이유는 판례 본문 참조)
④ 검사는 불복 항소하였다.
⑤ 항소심법원은 항소를 기각하고, 제1심판결을 유지하였다.
⑥ 검사는 불복 상고하였다.

2. 사기죄 부분에 대한 판단

(1) 공소사실의 요지

【대법원 분석】 피고인이 그의 처인 공소외 을과 공모하여 /
【대법원 분석】 피해자 A, B, C 등에게 조상천도제를 올리면 피해자들의 집안에 좋은 일이 있으며 또 피해자측에서 하는 일들이 잘 되고 병이 낫거나 시험에 합격될 수 있는 것처럼 4회에 걸쳐 위 피해자들을 기망하여 조상천도제 비용 명목의 각 금원을 편취하고, /
【대법원 분석】 피해자 D에게 D이 고깔을 쓰고 있어 모든 일이 잘 안되고 이를 벗겨야 모든 일이 잘 된다고 기망하여 고깔 벗기는 비용 명목의 금원을 편취하였다는 /
【대법원 분석】 이 사건 각 사기의 공소사실에 대하여 /

(2) 사안에 대한 대법원의 판단

【대법원 분석】 제1심은 그 내세운 증거들에 의하여 /
【대법원 분석】 피고인이 위 각 피해자들로부터 위 각 비용 명목의 금원을 교부받은 사실과 함께 /
【대법원 분석】 피고인과 공소외 을에게 신이 내리고 피고인이 승려가 된 경위, 이 사건 조상천도제 등을 지내게 된 경위와 과정, 피고인이 피해자들로부터 지급받은 금원의 수액과 그 지출항목, 피고인과 피해자들의 지식, 성격, 경험, 직업 등에 관한 그 판시와 같은 사실들을 각 인정한 다음, /
【대법원 판단】 그 인정 사실에 비추어 보면, /
【대법원 판단】 비록 미신이기는 하나 피고인이 조상천도제를 올리더라도 피해자들 집안에 좋은 일이 생길 수 없다는 점을 알고서도 피해자들로부터 금원을 편취할 의사로 공소사실과 같이 조상천도제를 지낸다는 명목으로 금원을 교부받았다고 볼 수 없거나 /
【대법원 판단】 피고인의 위와 같은 행위가 기망행위에 해당한다고 볼 수 없고, 달리 이를 인정할 만한 증거도 없다고 하여 /
【대법원 판단】 (고깔 벗기는 비용 명목으로 받은 금원에 대하여도 같은 취지로 판단한 것으로 볼 것이다), /
【대법원 판단】 범죄의 증명이 없음을 이유로 이 부분 공소사실에 대하여 무죄를 선고하였고, /
【대법원 결론】 원심은 위와 같은 제1심의 사실인정과 판단이 정당하다고 하여 제1심판결을 그대로 유지하였다.
【대법원 결론】 기록에 의하여 관련 증거들을 살펴보면, 원심의 사실인정과 판단은 모두 정당한 것으로 수긍되고, 거기에 상고이유의 주장과 같은 사실오인이나 사기죄의 법리에 관한 법리오해 등의 위법

을 찾아볼 수 없다.

3. 공갈죄 부분에 대한 판단

(1) 공갈죄와 협박의 범위

【대법원 요지】 공갈죄의 수단으로써의 협박은 객관적으로 사람의 의사결정의 자유를 제한하거나 의사실행의 자유를 방해할 정도로 겁을 먹게 할 만한 해악을 고지하는 것을 말하고, /

【대법원 요지】 그 해악에는 인위적인 것뿐만 아니라 천재지변 또는 신력이나 길흉화복에 관한 것도 포함될 수 있으나, /

【대법원 요지】 다만 천재지변 또는 신력이나 길흉화복을 해악으로 고지하는 경우에는 상대방으로 하여금 행위자 자신이 그 천재지변 또는 신력이나 길흉화복을 사실상 지배하거나 그에 영향을 미칠 수 있는 것으로 믿게 하는 명시적 또는 묵시적 행위가 있어야 공갈죄가 성립한다 할 것이다.

(2) 공소사실의 요지

【대법원 분석】 원심은, /

【대법원 분석】 피고인이 그의 처인 공소외 을과 공모하여 /

【대법원 분석】 1997. 11. 15.경 피고인의 집에서 공소외 을은 전화로 피해자 D에게 "작은 아들이 자동차를 운전하면 교통사고가 나 크게 다치거나 죽거나 하게 된다. 조상천도를 하면 교통사고를 막을 수 있고 보살(D 지칭)도 아픈 곳이 낫고 사업도 잘 되고 모든 것이 잘 풀려 나간다. 조상천도비용으로 795,000원을 내라."고 말하여 /

【대법원 분석】 만일 피해자가 조상천도를 하지 아니하면 피해자와 그의 가족의 생명과 신체에 어떤 위해가 발생할 것처럼 겁을 주어 이에 외포된 D로부터 같은 달 16일 같은 장소에서 795,500원을 건네받아 이를 갈취하고, /

【대법원 분석】 1997년 12월 중순경 같은 장소에서 공소외 을은 피해자 E에게 전화로 "묘소에 있는 시아버지 목뼈가 왼쪽으로 돌아가 아들이 형편없이 빗나가 학교에도 다니지 못하게 되고 부부가 이별하게 되고 하는 사업이 망하고 집도 다른 사람에게 넘어가게 된다. 조상천도를 하면 모든 것이 다 잘 된다. 조상천도를 하지 않으면 큰일난다."고 말하여 /

【대법원 분석】 만일 조상천도를 하지 아니하면 E과 그의 가족의 생명과 신체 등에 어떤 위해가 발생할 것처럼 겁을 주고 이에 외포된 E으로부터 1998. 1. 5. 피고인의 예금계좌로 835,000원을 송금받아 이를 갈취하였다는 /

【대법원 분석】 이 사건 각 공갈의 공소사실에 대하여 /

(3) 사안에 대한 대법원의 판단

【대법원 판단】 위 공소사실과 같은 해악의 고지는 길흉화복이나 천재지변의 예고로서 피고인에 의하여 직접, 간접적으로 좌우될 수 없는 것이고 /

【대법원 판단】 가해자가 현실적으로 특정되어 있지도 않으며 해악의 발생가능성이 합리적으로 예견될 수 있는 것이 아니므로 이는 협박으로 평가될 수 없다 할 것이고, /

【대법원 판단】 달리 피고인 부부가 피해자 가족들을 폭행이나 협박하였다는 점을 인정할 아무런 증거가 없다는 이유로, 이 부분 공소사실에 대하여 무죄를 선고한 제1심의 사실인정과 판단이 정당하다고 하여 제1심판결을 그대로 유지하였다.

【대법원 결론】 기록과 위 법리에 비추어 보면, 원심의 위와 같은 판단은 정당한 것으로 수긍되고, 거기에 상고이유의 주장과 같은 공갈죄의 법리에 관한 법리오해의 위법을 찾아볼 수 없다. (상고 기각)

【코멘트】 본 사안은 미신과 관련한 사기죄 및 공갈죄의 사안이다. 소위 신이 내렸다는 무속인의 말을 듣고 무속인에게 돈을 교부한 것이 사기죄 또는 공갈죄가 되는가 하는 것이 본 판례의 논점이다. 검사는 본 판례의 사안에서 무속인을 사기죄 및 공갈죄로 기소하고 있다. 사기죄로 기소한 부분은 "앞으로 잘 되게 해주겠다"는 무속인의 언행 부분이며, 공갈죄로 기소한 부분은 "앞으로 좋지 않은 일이 일어난다"는 무속인의 언행 부분이다. 전자는 해악을 고지한 것이 아니므로 공갈죄로 기소할 수 없다. 이 때문에 검사는 사기죄를 적용한 것이다.

본 판례에서 제1심, 항소심, 대법원은 모두 사기죄와 공갈죄의 성립을 부정하고 있다. 실질적 논거는 제1심법원이 판단한 것인데, 항소심과 대법원이 모두 그 정당성을 시인하고 있다. 따라서 제1심의 판시사항은 대법원의 판시사항이라고 할 수 있다.

사기죄가 성립하지 않는 이유에 대해 대법원은 편취의 고의가 없고 기망행위가 인정되지 않는다는 점을 들고 있다. 이와 관련하여 주목되는 설시 부분은 "비록 미신이기는 하나 피고인이 조상천도제를 올리더라도 피해자들 집안에 좋은 일이 생길 수 없다는 점을 알고서도 피해자들로부터 금원을 편취할 의사로 공소사실과 같이 조상천도제를 지낸다는 명목으로 금원을 교부받았다고 볼 수 없[다.]"는 대목과 "피고인의 위와 같은 행위가 기망행위에 해당한다고 볼 수 없[다.]"는 부분이다.

기망이란 허위의 사실을 적시하여 상대방을 착오에 빠뜨리게 하는 행위이다. 허위의 사실은 진실한 사실에 반하는 것이다. 허위 여부를 판단하려면 진실한 사실이 먼저 확인되어야 한다. 본 사안에서 전제되는 진실한 사실은 "조상천도제를 올리더라도 A들 집안에 좋은 일이 생길 수 없다"는 것이다. 이에 대해 허위의 사실은 "조상천도제를 올리면 A들 집안에 좋은 일이 생긴다"는 것이다. 그런데 미신이기는 하지만, "조상천도제를 올리더라도 A들 집안에 좋은 일이 생길 수 없다"는 것의 진위를 판단하는 것은 사실상 불가능하다. 그렇기 때문에 대법원은 "피고인의 위와 같은 행위가 기망행위에 해당한다고 볼 수 없다"는 결론에 이른 것이며, 마찬가지로 기망에 대한 고의, 즉 편취의 고의도 인정하지 아니한 것이다.

본 판례의 두 번째 논점은 공갈죄의 협박 부분이다. 원래 협박죄의 협박은 "객관적으로 사람의 의사결정의 자유를 제한할 정도로 겁을 먹게 할 만한 해악을 고지하는 것"을 말한다. 그러나 강요죄나 공갈죄의 협박은 '의사결정의 자유'에서 한걸음 더 나아가 '의사활동의 자유'를 방해할 정도의 해악의 고지까지 그 내용에 포함한다. 협박죄는 내적인 의사결정의 자유를 보호하는 것임에 대하여, 강요죄나 공갈죄는 외적인 의사활동의 자유까지도 보호하고 있기 때문이다.

본 판례에서 특히 주목되는 쟁점은 천재지변 또는 신력이나 길흉화복에 의한 해악의 고지가 공갈죄의 협박에 해당할 것인가 하는 점이다. 이에 대해 대법원은 천재지변 또는 신력이나 길흉화복이 일단 해악의 대상 속에는 포함된다고 판단하면서도, 그 해악의 발생 여부에 대해 '사실상 지배하거나 그에 영향을 미칠 수 있는 것'이 불가능하다는 점을 들어서 협박이 성립하지 않는다는 결론에 이르고 있다.

요컨대 무속인에 의한 천재지변 또는 신력이나 길흉화복의 고지는 기망이나 협박에 해당하지 않는다는 것이 대법원의 기본적인 태도이다. 그러나 대법원은 동시에 본 판례에서 천재지변 또는 신력이나 길흉화복을 사실상 지배하거나 그에 영향을 미칠 수 있는 것으로 믿게 하는 단계에 이른다면 경우에 따라 사기죄 또는 공갈죄가 성립할 수 있음을 분명히 하고 있다.

2010도13774

소비자불매운동과 강요죄
소비자불매운동과 공갈죄
팝업창 사과 사건

2013. 4. 11. 2010도13774, 공 2013상, 895

☞ 368면

2000도4415

감금죄와 정당행위 – 부정례
공갈죄와 권리행사 – 부정례
퇴원 조건부 재산분할 사건

2001. 2. 23. 2000도4415, 공 2001, 813

☞ 106면

90도114

공갈죄와 권리행사 – 인정례
이웃 건물 피해 사건

1990. 8. 14. 90도114, 공 1990, 1986

1. 사실관계 및 사건의 경과

【사실관계 1】

① 갑과 A는 이웃하여 살고 있다.

② 갑과 A가 살고 있는 M지역 주위는 일반주거지역으로서 유흥음식점은 물론 대중음식점도 원칙적으

로 건축을 할 수가 없다.

③ 갑의 집은 지하1층, 지상2층의 P가옥이다.

④ A는 갑의 P가옥에 인접한 지상에 지하 1층, 지상 3층의 Q건물 1동을 신축하였다.

⑤ A는 허가내용과 달리 Q건물에 발코니 10평을 증축하였다.

【사실관계 2】

① A는 Q신축건물의 지하와 1, 2층 부분을 생음악을 틀면서 영업을 하는 민속술집과 숯불갈비집, 까페 등을 경영하는 사람들에게 임대하였다.

② A는 Q건물의 준공검사 전에 임차인들을 사전입주 시켰다.

③ 이로 인하여 인접가옥 거주자인 갑은 소음과 냄새 등의 피해를 입었다.

④ 갑이나 A의 집 근처에서 부동산소개업을 하는 D는 다음과 같이 말하였다.

⑤ "갑의 가옥이 원래는 시가 금 1억 8천만 원 정도 되었으나 A의 신축건물이 들어선 이후 갑은 그 소유 가옥을 금 1억 5천만 원에 싸게 판다고 내놓았고, 실제로 두어 번 소개를 하였으나 사려는 사람들이 옆에 술집이 있어서 안 좋다고 했다."

【사실관계 3】

① 1988. 12. 일자불상경 갑은 Q건물내 B가 경영하는 R숫불갈비집에서 B에게 수회에 걸쳐서 다음과 같이 말하였다.

② "준공검사 전에 2층까지 술집으로 세주어 우리집[P가옥]에 피해를 주고 있는데 관계당국에 진정하여 준공검사가 나오지 않게 하여 영업을 못하게 하든지 Q건물이 철거되게 하든지 하겠다."

③ 1988. 12. 8. 갑은 관할구청에 Q건물의 증축부분으로 인접가옥의 일조권이 침해받고 있고, 준공검사 전 술집경영 등으로 피해가 많으니 시정조치해 달라는 내용의 진정을 제기하였다.

④ 진정이 제기되자 C가 갑과 A 사이를 중재하기 위하여 나섰다.

⑤ 갑은 중재에 나선 C에게 다음과 같이 말하였다.

⑥ "돈 1,000만 원을 주면 진정을 취하해 줄 수 있으니 그렇지 않으면 내가 죽든 A가 죽든 끝까지 싸우겠다."

【사실관계 4】

① A는 당시 Q건물의 준공검사가 지연되는 바람에 사전입주로 2회에 걸쳐 벌금을 물었다.

② A는 또한 Q건물의 준공검사를 마치지 못할 경우 증축부분을 철거하거나 임차인들의 임대보증금, 시설투자비 등을 일시에 반환해야 할 처지에 있었다.

③ 1988. 12. 21. 21:00경 갑은 S경양식집에서 A로부터 진정취하를 조건으로 한 배상금명목으로 액면금 1,000만 원짜리 자기앞수표 1장을 교부받았다.

【사건의 경과】

① 검사는 갑을 폭처법위반죄(공갈)로 기소하였다.

② 제1심법원은 유죄를 인정하였다.

③ 갑은 불복 항소하였다.

④ 갑은 항소이유로 다음의 점을 주장하였다.

(가) A를 협박한 사실이 없으므로 갈취의 범죄사실이 인정되지 않는다.

(나) A로부터 손해액을 1,000만 원으로 정하여 이를 요구, 교부받은 행위는 사회통념상 권리행사의 수단으로서 용인될 수 있다.

⑤ 항소심법원은 항소를 기각하고, 제1심판결을 유지하였다.

⑥ (항소심의 판단 이유는 판례 본문 참조)

⑦ 갑은 불복 상고하였다.

2. 사안에 대한 항소심의 판단

【항소심 판단】 원심판결 이유에 의하면, 원심은 /

【항소심 판단】 피고인은 피해자가 피고인의 지하1층, 지상2층 가옥에 인접한 서울 중랑구 면목3동 지상에 지하 1층, 지상 3층의 건물 1동을 신축함에 있어 허가내용과 달리 발코니 10평을 증축하고 준공검사전에 지하와 1, 2층 부분을 임대하여 음식점을 경영하도록 한 사실을 알고, /

【항소심 판단】 1988.12. 일자불상경 위 건물내 공소외 B가 경영하는 장터 숯불갈비집에서 위 B에게 "준공검사 전에 2층까지 술집으로 세주어 피고인 가옥에 피해를 주고 있는데 관계당국에 진정하여 준공검사가 나오지 않게 하여 영업을 못하게 하든지 위 건물이 철거되게 하든지 하겠다"고 수회에 걸쳐 말하고, /

【항소심 판단】 같은 달 8. 위 중랑구청에 위 건물의 증축부분으로 인접가옥의 일조권이 침해받고 있고 준공검사 전 술집경영 등으로 피해가 많으니 시정조치해 달라는 내용의 진정을 제기한 뒤, /

【항소심 판단】 그 중재에 나선 공소외 C에게 "돈 1,000만 원을 주면 진정을 취하해 줄 수 있으나 그렇지 않으면 피고인이 죽든 피해자가 죽든 끝까지 싸우겠다"고 말하는 등 피해자에게 상당한 재산상 피해를 줄 듯한 위협을 간접적으로 흘러들어가게 하여 /

【항소심 판단】 당시 준공검사가 지연되는 바람에 사전입주로 2회에 걸쳐 벌금을 물고 준공검사를 마치지 못할 경우 증축부분을 철거하거나 임차인들의 임대보증금, 시설투자비 등을 일시에 반환하여야 할 처지에 놓여 위 진정으로 겁을 먹고 있던 피해자로부터 /

【항소심 판단】 같은 달 21. 21:00경 서울 중랑구 면목동 소재 다사랑경양식집에서 진정취하를 조건으로 한 배상금명목으로 액면금 1,000만 원짜리, 자기앞수표 1장을 교부받아 이를 갈취한 것이라는 /

【항소심 판단】 범죄사실을 인정한 제1심판결에 사실오인의 위법은 없고, /

【항소심 판단】 이와 같이 피고인이 피해자의 건물신축 또는 임대로 인한 피고인 소유의 건물에 대한 손해의 유, 무나 그 액수가 명확히 밝혀지거나 그에 관하여 피해자와의 사이에 합의된 바도 없는 상태에서 /

【항소심 판단】 피고인의 행위로 외포된 피해자에게 일방적으로 자신의 손해액을 금 1,000만 원으로 정하여 이를 요구, 교부받은 행위는 사회통념상 권리행사의 수단으로서 용인될 수 있는 것으로 보기 어렵다 하여 /

【항소심 판단】 피고인의 항소이유 중 무죄주장 부분을 배척하였다.

3. 공갈죄의 협박

【대법원 요지】 그러나 공갈죄의 수단으로의 협박은 사람으로 하여금 의사결정의 자유를 제한하거나

의사실행의 자유를 방해할 정도로 겁을 먹게 할 만한 해악을 고지하는 것을 말하고, /

【대법원 요지】 여기서 고지된 해악의 실현은 반드시 그 자체가 위법한 것임을 요하지 않으며, /

【대법원 요지】 또한 그 해악고지의 수단방법은 명시적이거나 직접적이 아니더라도 묵시적으로 피공갈자 이외의 제3자를 통해서 간접적으로 할 수도 있는 것이나, /

【대법원 요지】 그것이 정당한 권리자에 의하여 권리실행의 수단으로서 사용된 경우 /

【대법원 요지】 행위의 주관적인 측면과 객관적인 측면을 종합적으로 판단하여 그 방법이 사회통념상 허용되는 정도를 넘지 않는 한 공갈죄의 성립을 인정할 수는 없는 것인바, /

4. 사안에 대한 대법원의 판단

【대법원 분석】 원심 및 원심이 유지한 제1심판결 이유와 원심 및 제1심이 채택한 증거에 의하더라도 /

【대법원 분석】 피고인 및 위 피해자의 건물주위는 일반주거지역으로서 당시의 법령에 의하여 유흥음식점은 물론 대중음식점도 원칙적으로 건축을 할 수가 없고, /

【대법원 분석】 인삼찻집 등의 경우를 제외하고는 그 영업허가도 받을 수가 없는 곳인데도 불구하고 /

【대법원 분석】 (1988.2.24.자 건축법 시행령 제66조 제1항 제2호 별표2 및 공판기록82쪽 참조), /

【대법원 분석】 피해자는 위 신축건물의 지하와 1, 2층 부분을 생음악을 틀면서 영업을 하는 민속술집과 숯불갈비집, 까페 등을 경영하는 사람들에게 함부로 임대하여 준공검사 전에 사전입주를 시킴으로써 인접가옥 거주자인 피고인에게 소음과 냄새 등의 피해를 주었고, /

【대법원 분석】 피고인은 이러한 불편을 해소하기 위하여 관할관청인 ○○구청에 위 건물의 증축부분으로 인접가옥의 일조권이 침해받고 있고 주거지역내임에도 불구하고 준공검사 전 술집경영 등으로 피해가 많으니 시정조치해 달라는 내용의 진정을 제기한 것임을 쉽게 알아 볼 수 있고, /

【대법원 분석】 한편 기록에 의하면 피고인이나 피해자의 집 근처에서 부동산소개업을 하는 원심증인 D는 /

【대법원 분석】 "피고인의 가옥이 원래는 시가 금 1억 8천만 원 정도 되었으나 피해자의 신축건물이 들어선 이후 피고인은 그 소유가옥을 금 1억 5천만 원에 싸게 판다고 내놓았고, 실제로 두어 번 소개를 하였으나 사려는 사람들이 옆에 술집이 있어서 안 좋다고 했다"는 취지로 진술하고 있으며, /

【대법원 분석】 위 증인과 피고인 및 피해자 사이의 교분관계로 보아 그 진술의 신빙성을 배척하기는 어려운 반면, /

【대법원 분석】 피해자로서도 원심이 유지한 제1심판시와 같이 (특히 수사기록 96쪽, 공판기록 175쪽 참조) 스스로 그 신축건물에 불법증축을 한 일, 주택가에 술집, 까페 등 영업을 하게 하고 더욱이 사전입주시킨 일 등이 모두 위법하다는 것을 잘 알고, /

【대법원 분석】 자신의 위 잘못을 시정하지 않으면 준공검사를 받을 수가 없을 뿐만 아니라 /

【대법원 분석】 나아가 불법증축부분의 철거, 이미 입주한 임차인들에 대한 임대보증금의 반환 기타 손해배상 등의 복잡한 문제가 발생하여 상당한 피해를 감수할 처지에 놓이게 되자 /

【대법원 분석】 이를 되도록 줄이려는 생각에서 위 금원을 피고인에게 교부한 것임을 엿볼 수 있으므로, /

【대법원 분석】 이러한 사실관계 아래에서는 /

【대법원 분석】 피고인이 원심판시와 같이 간접적으로 위 진정제기 전에 위 신축건물에 세들어 영업을 하고 있는 사람들에게 또는 /

【대법원 분석】 진정제기 후에는 중재에 나선 다른 사람에게, /

【대법원 분석】 각[각] 자신의 애로점을 호소하거나, /

【대법원 분석】 자기의 주장을 관철하기 위한 방편으로 다소 과격한 언사를 쓰고, /

【대법원 분석】 나아가 진정취하를 조건으로 원심판시와 같이 피고인이 입은 손해의 유무나 그 액수가 객관적으로 명확히 밝혀지지 않은 상태에서 /

【대법원 분석】 위 진정으로 겁을 먹은 피해자로부터 그 요구금액 전액을 받아냈다 하더라도, /

【대법원 판단】 피고인은 자기의 권리행사로서, /

【대법원 판단】 피해자는 자신의 피고인 및 입주자들에 대한 손해배상의무를 면하기 위한 조치로서 /

【대법원 판단】 절충 끝에 합의가 되어 자주적인 분쟁해결의 방법으로 /

【대법원 판단】 위 금원이 수수된 것으로 보아야 하는 것이고, /

【대법원 판단】 이러한 피고인의 금원요구행위나 수령행위를 가리켜 권리행사를 빙자하였다거나 사회통념상 권리행사의 수단, 방법으로서 용인되는 범위를 넘는 공갈행위가 있었다고 단정할 수는 없는 것이다.

【대법원 결론】 그렇다면 피고인에게는 공갈죄의 죄책을 묻기가 어렵다 할 것인데도 불구하고 원심이 피고인은 공갈로 인한 폭력행위등처벌에관한법률위반죄의 죄책을 면할 수 없다고 판단한 것은 공갈죄의 법리를 오해하고 채증법칙을 위배함으로써 판결에 영향을 미친 위법을 저지른 것이므로, 이 점을 지적하는 논지는 이유 있다. (파기 환송)

2011도16044

공갈죄와 처분행위 - 부정례
요금 안 내기 폭행 사건

2012. 1. 27. 2011도16044, 공 2012상, 409

1. 사실관계 및 사건의 경과

【사실관계 1】

① 2011. 4. 3. 00:10경 갑은 울산 울주군 언양읍에 있는 구언양파출소 앞길에서 A(45세)가 운전하는 ⓐ개인택시에 승차하였다.

② 갑은 울주군 범서읍 천상리 P초등학교 앞 도로에 이르러 택시요금의 지급을 면할 목적으로 "상북 천전리에 가자고 하였다"고 하면서 ⓐ개인택시에서 내렸다.

③ 이에 A는 갑을 따라가면서 거기까지의 택시요금 14,000원의 지급을 요구하였다.

④ 그러자 갑은 A의 목을 잡고 주먹으로 얼굴을 여러 차례 때린 다음 현장에서 달아났다. (㉠행위)

【사실관계 2】

① 그러자 A는 갑으로부터 택시요금을 받기 위하여 갑이 가자고 하였던 울주군 상북면 천전리 입구까지 쫓아가 갑을 기다렸다.

② 2011. 4. 3. 01:10경 A는 그곳에서 ⓑ택시에 타고 있던 갑을 발견하고 택시요금의 지급을 요구하였다.

③ 그러자 갑은 다시 A의 얼굴 등을 주먹으로 때리고 달아났다. (ⓛ행위)

④ A는 갑의 폭행으로 약 2주간의 치료를 요하는 상해를 입었다.

【사건의 경과】

① 검사는 갑을 다음의 공소사실로 기소하였다.

(가) ㉠, ⓛ행위 : 공갈죄

(나) ⓛ행위 : 상해죄

② 제1심법원은 유죄를 인정하였다.

③ 갑은 불복 항소하였다.

④ 항소심법원은 항소를 기각하고, 제1심판결을 유지하였다.

⑤ 갑은 불복 상고하였다.

⑥ 대법원은 직권으로 판단하였다.

2. 공소사실의 요지

【대법원 분석】 가. 이 사건 공소사실 중 공갈의 점의 요지는 다음과 같다.

【대법원 분석】 피고인은 2011. 4. 3. 00:10경 울산 울주군 언양읍에 있는 구언양파출소 앞길에서 피해자 공소외인(45세)이 운전하는 (차량번호 생략) 개인택시에 승차하였다. /

【대법원 분석】 피고인은 같은 날 00:30경 같은 군 범서읍 천상리 ○○초등학교 앞 도로에 이르러 /

【대법원 분석】 택시요금의 지급을 면할 목적으로 "상북 천전리에 가자고 하였다"고 하면서 차량에서 내려가는 것을 /

【대법원 분석】 피해자가 따라가서 택시요금을 달라고 한다고 /

【대법원 분석】 피해자의 목을 잡고 주먹으로 얼굴을 4-5회 때리고는 도주하여 /

【대법원 분석】 택시요금 14,000원의 지급을 면하여 재산상 이익을 취득하였다는 것이다.

3. 공갈죄와 처분행위

【대법원 요지】 나. 재산상 이익의 취득으로 인한 공갈죄가 성립하려면 폭행 또는 협박과 같은 공갈행위로 인하여 피공갈자가 재산상 이익을 공여하는 처분행위가 있어야 한다. /

【대법원 요지】 물론 그러한 처분행위는 반드시 작위에 한하지 아니하고 부작위로도 족하여서, /

【대법원 요지】 피공갈자가 외포심을 일으켜 묵인하고 있는 동안에 공갈자가 직접 재산상의 이익을 탈취한 경우에도 공갈죄가 성립할 수 있다. /

【대법원 요지】 그러나 폭행의 상대방이 위와 같은 의미에서의 처분행위를 한 바 없고, /

【대법원 요지】 단지 행위자가 법적으로 의무 있는 재산상 이익의 공여를 면하기 위하여 /

【대법원 요지】 상대방을 폭행하고 현장에서 도주함으로써 /

【대법원 요지】 상대방이 행위자로부터 원래라면 얻을 수 있었던 재산상 이익의 실현에 장애가 발생한 것에 불과하다면, /

【대법원 요지】 그 행위자에게 공갈죄의 죄책을 물을 수 없다.

4. 사안에 대한 대법원의 판단

【대법원 분석】 다. 기록에 의하면, /

【대법원 분석】 피고인이 위 공소사실의 내용과 같이 택시를 타고 간 후 같은 군 범서읍 천상리 ○○초등학교 앞 도로에 이르러 택시요금의 지급을 면할 목적으로 "상북 천전리에 가자고 하였다"고 하면서 차량에서 내린 사실, /

【대법원 분석】 이에 피해자는 피고인을 따라가면서 거기까지의 택시요금 14,000원의 지급을 요구한 사실, /

【대법원 분석】 그러자 피고인은 피해자의 목을 잡고 주먹으로 얼굴을 여러 차례 때린 다음 현장에서 달아난 사실, /

【대법원 분석】 그러자 피해자는 피고인으로부터 택시요금을 받기 위하여 피고인이 가자고 하였던 위 울주군 상북면 천전리 입구까지 쫓아가 피고인을 기다린 사실, /

【대법원 분석】 피해자는 그곳에서 같은 날 01:10경 택시에 타고 있던 피고인을 발견하고 택시요금의 지급을 요구한 사실, /

【대법원 분석】 그러자 피고인이 다시 피해자의 얼굴 등을 주먹으로 때리고 달아난 사실/

【대법원 분석】 (이 부분 폭행행위가 이 사건 공소사실 중 폭행의 점을 이룬다)을 인정할 수 있다. /

【대법원 판단】 그렇다면 피해자는 피고인에게 계속해서 택시요금의 지급을 요구하였으나 피고인이 이를 면하고자 피해자를 폭행하고 달아났을 뿐이고, /

【대법원 판단】 피해자가 피고인으로부터 폭행을 당하여 외포심을 일으켜 /

【대법원 판단】 피고인이 택시요금을 지급하지 아니하는 것을 묵인하는 등으로 /

【대법원 판단】 택시요금의 지급에 관하여 수동적 · 소극적으로라도 피고인이 이를 면하는 것을 용인하여 /

【대법원 판단】 그 이익을 공여하는 처분행위를 하였다고 할 수 없다.

【대법원 결론】 그럼에도 불구하고 피고인에게 공갈의 죄책을 인정한 원심에는 공갈죄에 관한 법리를 오해하거나 채증법칙에 위배하여 사실을 인정함으로써 판결에 영향을 미친 위법이 있다고 할 것이다. (파기 환송)

2010도5795

공갈죄와 친족상도례 – 인정례
처삼촌 소주병 공갈 사건

2010. 7. 29. 2010도5795, 공 2010하, 1770

1. 사실관계 및 사건의 경과

【사실관계 1】
① A남과 B녀는 부부 사이이다.
② 갑은 B녀의 숙부이다.
③ A와 B는 장애인으로서 매달 20.경 장애인 생계비를 지급받고 있다.
④ 갑은 이러한 사실을 알고 있다.

【사실관계 2】
① 2009. 7. 20. 11:00경 갑은 P수퍼마켓에서 장애인 A를 만났다.
② 갑은 A에게 15만 원을 빌려달라고 요구하였으나 거절당하였다.
③ 갑은 P수퍼마켓 탁자 위에 있던 소주병을 깨뜨려 A에게 들이대었다.
④ 갑은 그리고 다음과 같이 큰 소리로 말하였다.
⑤ "야이, 씨발 이 사람아 돈 좀 빌려줘, 내가 갚아 줄 테니까 돈 좀 내놔."
⑥ 갑의 말과 태도에 겁을 먹은 A는 갑에게 15만 원을 주었다.

【사건의 경과】
① A는 갑을 고소하였다.
② 검사는 갑을 폭처법위반죄(흉기휴대 공갈)로 기소하였다.
③ 제1심 공판절차 도중에 A는 갑의 처벌을 바라지 아니하는 의사를 표시한 합의서를 제1심법원에 제출하였다.
④ 제1심법원은 갑에게 친족상도례를 적용하여 공소기각판결을 선고하였다.
⑤ 검사는 불복 항소하였다.
⑥ 항소심법원은 항소를 기각하고, 제1심판결을 유죄하였다.
⑦ 검사는 불복 상고하였다.
⑧ 검사는 상고이유로, 폭처법상의 공갈죄에는 친족상도례의 특례가 적용되지 않는다고 주장하였다.

2. 특별법위반죄와 친족상도례

【대법원 분석】 형법 제354조, 제328조의 규정에 의하면, 직계혈족, 배우자, 동거친족, 동거가족 또는 그 배우자 간의 공갈죄는 그 형을 면제하여야 하고 그 외의 친족 간에는 고소가 있어야 공소를 제기할 수 있는바, /

【대법원 요지】 흉기 기타 위험한 물건을 휴대하고 공갈죄를 범하여 폭력행위 등 처벌에 관한 법률

제3조 제1항, 제2조 제1항 제3호에 의하여 가중처벌되는 경우에도 형법상 공갈죄의 성질은 그대로 유지되는 것이고, /

【대법원 요지】 특별법인 위 법률에 친족상도례에 관한 형법 제354조, 제328조의 적용을 배제한다는 명시적인 규정이 없으므로, 형법 제354조는 폭력행위 등 처벌에 관한 법률 제3조 제1항 위반죄에도 그대로 적용된다고 보아야 할 것이다.

3. 사안에 대한 대법원의 판단

【대법원 판단】 원심판결 이유에 의하면, 원심은 /

【대법원 판단】 피고인과 친족관계에 있는 피해자에 대한 흉기휴대 공갈의 폭력행위 등 처벌에 관한 법률 위반죄를 형법 제354조, 제328조에 의하여 피해자의 고소가 있어야 논할 수 있는 친고죄로 보고, /

【대법원 판단】 제1심판결 선고 전에 피고인의 처벌을 바라지 아니하는 의사가 표시된 합의서가 제출되었다는 이유로, 형사소송법 제327조 제5호에 의하여 공소기각의 판결을 선고한 제1심판결을 그대로 유지하였다.

【대법원 결론】 앞서 본 법리에 비추어 살펴보면, 원심의 위와 같은 판단은 정당한 것으로 수긍이 간다.

【대법원 결론】 원심판결에는 상고이유에서 주장하는 바와 같은 폭력행위 등 처벌에 관한 법률 위반죄에 있어서 친족상도례의 적용에 관한 법리오해의 위법이 없다. (상고 기각)

제40장 횡령과 배임의 죄

제 1 횡령의 죄

89도1083

횡령죄와 배임죄의 관계
절반씩 부동산 투자 사건
1990. 3. 27. 89도1083, 공 1990, 1015

1. 사실관계 및 사건의 경과

【사실관계】

① [1995년 부동산실명제가 실시되기 전의 사례이다.]
② 갑은 A와 절반씩 투자하여 ㉠부동산을 공동으로 매입하기로 하였다.
③ 갑은 B로부터 ㉠부동산을 매입한 후 자신의 단독명의로 등기하였다.
④ 갑은 A 몰래 ㉠부동산에 대하여 P회사를 채무자, Q회사를 근저당권자로 하여 채권최고액 6,000만 원의 근저당권설정등기를 경료하였다. (☞문서례 4번, 16번 참조)

【사건의 경과】

① 검사는 갑을 배임죄로 기소하였다.
② 제1심법원은 유죄를 인정하였다.
③ (제1심의 판단 이유는 판례 본문 참조)
④ 갑은 불복 항소하였다.
⑤ 항소심법원은 항소를 기각하고, 제1심판결을 유지하였다.
⑥ 갑은 불복 상고하였다.
⑦ 갑은 상고이유로 다음의 점을 주장하였다.
(가) 문제의 사안은 횡령죄 사안인데 배임죄로 다스린 위법이 있다.
(나) 항소심이 배임죄로 다스리면서 손해액을 6,000만 원으로 인정한 것은 위법하다.

2. 횡령죄와 배임죄의 관계

【대법원 요지】 소론 각 증거에 의하면, 피고인 명의로 소유권이전등기가 마쳐진 이 사건 부동산 중 1/2지분을 피해자가 피고인 앞으로 명의신탁을 한 것으로 볼 수 있고 /
【대법원 요지】 그와 같이 본다면 피고인이 위 부동산을 제3자에 대한 채무담보로 제공하여 근저당

권을 설정한 행위는 배임죄가 아니라 횡령죄를 구성함은 소론지적과 같으나, /
【대법원 요지】 배임죄와 횡령죄는 동일 법조에 규정된 죄로서 그 죄질과 처벌이 동일하므로 /
【대법원 요지】 횡령죄에 해당한 사실에 대하여 원심이 배임죄로 의율한 잘못이 있다고 하여도 판결에 영향이 없어 상고이유가 될 수 없다는 것이 당원의 견해이다 /
【대법원 요지】 (당원 1957.6.7. 선고 4290형상102 판결; 1975.4.22. 선고 75도123 판결 각 참조). /
【대법원 결론】 논지는 이유없다.

3. 명의신탁 부동산 처분행위와 배임죄 여부

【대법원 판단】 원심판시와 같이 피고인이 피해자와 공동 매수하기로 한 이 사건 부동산에 대하여 피고인 단독명의로 소유권이전등기를 경료한 것은 그 1/2지분에 관한 한 피해자를 위한 명의신탁이라고 볼 수 있음은 위에서 본 바와 같으므로 /
【대법원 판단】 위와 같이 피고인의 단독명의로 소유권이전등기를 경료한 행위를 가리켜 배임행위라고 말할 수는 없다고 할 것이다. /
【대법원 판단】 위 소유권이전등기를 한 행위가 배임행위를 구성함을 전제로 한 논지는 이유 없다.

4. 공유지분과 배임죄의 손해액 산정

【대법원 분석】 원심판결이 유지한 1심판결 이유에 의하면 1심은 /
【대법원 분석】 피고인이 피해자에게 이 사건 부동산의 1/2지분에 대하여 소유권이전등기절차를 이행할 임무가 있음에도 불구하고 /
【대법원 분석】 이에 위배하여 위 부동산에 대하여 P주식회사를 채무자, Q주식회사를 근저당권자로 하여 채권최고액 6,000만 원의 근저당권설정등기를 경료함으로써 /
【대법원 분석】 P주식회사에게 동액 상당의 이득을 취하게 하는 동시에 피해자에게 동액 상당의 손해를 가한 것이라고 판시하고 있다.
【대법원 판단】 그러나 위 판시 자체에 의하더라도 피해자가 위 부동산에 대하여 갖는 권리는 1/2의 지분에 국한되므로 위 부동산가액이 위 채권최고액보다 저렴하다는 등 특단의 사정이 없는 한 피해자가 위와 같은 물상보증채무부담으로 입게 될 손해는 위 채권최고액 중 위 지분에 상응하는 3,000만 원에 한정된다고 보아야할 것이다.
【대법원 결론】 원심이 이 점을 간과하여 위 채권최고액 전액을 피해자에게 발생한 손해액으로 판단한 것은 배임죄의 손해에 관한 법리를 오해하여 판결에 영향을 미친 위법을 저지른 것이므로 이 점에 관한 논지는 이유 있다. (파기 환송)

【비교법 조문 11】

한국 형법

제40장 횡령과 배임의 죄

제355조 (횡령, 배임) ① 타인의 재물을 보관하는 자가 그 재물을 횡령하거나 그 반환을 거부한 때에는 5년 이하의 징역 또는 1천500만 원 이하의 벌금에 처한다.

② 타인의 사무를 처리하는 자가 그 임무에 위배하는 행위로써 재산상의 이익을 취득하거나 제삼자로 하여금 이를 취득하게 하여 본인에게 손해를 가한 때에도 전항의 형과 같다.

제356조 (업무상의 횡령과 배임) 업무상의 임무에 위배하여 제355조의 죄를 범한 자는 10년 이하의 징역 또는 3천만 원 이하의 벌금에 처한다.

제359조 (미수범) 제355조 내지 제357조의 미수범은 처벌한다.

제360조 (점유이탈물횡령) ① 유실물, 표류물 또는 타인의 점유를 이탈한 재물을 횡령한 자는 1년 이하의 징역이나 300만 원 이하의 벌금 또는 과료에 처한다.

② 매장물을 횡령한 자도 전항의 형과 같다.

일본 형법

제37장 사기 및 공갈의 죄

제247조 (배임) 타인을 위하여 그 사무를 처리하는 자가 자기 또는 제3자의 이익을 도모하거나 본인에게 손해를 가할 목적으로 그 임무에 위배되는 행위를 하여 본인에게 재산상의 손해를 가한 때에는 5년 이하의 징역 또는 50만엔 이하의 벌금에 처한다.

제250조 (미수죄) 이 장의 죄의 미수는 벌한다.

제38장 횡령의 죄

제252조 (횡령) ① 자기가 점유하는 타인의 물건을 횡령한 자는 5년 이하의 징역에 처한다.

② 자기의 물건이라도 공무소로부터 보관을 명령받은 경우에는 이를 횡령한 자도 전항과 같다.

제253조 (업무상 횡령) 업무상 자기가 점유하는 타인의 물건을 횡령한 자는 10년 이하의 징역에 처한다.

제254조 (유실물 등 횡령) 유실물, 표류물 기타 점유를 떠난 타인의 물건을 횡령한 자는 1년 이하의 징역 또는 10만엔 이하의 벌금이나 과료에 처한다.

[횡령죄 미수범 처벌규정 없음]

독일 형법

제19장 절도 및 횡령

제246조 (횡령) ① 타인의 동산을 자기 또는 제3자에게 위법하게 속하게(불법영득의사) 한 자는 당해 행위가 다른 형법규정에서 더 중한 형을 규정하고 있지 아니한 경우에는 3년 이하의 자유형 또는 벌금형에 처한다.

② 제1항의 경우에 그 재물이 행위자에게 위탁중인 경우에는 5년 이하의 자유형 또는 벌금형에 처한다.

③ 미수범은 처벌한다.

제22장 사기 및 배임

제266조 (배임) ① 법률, 관청의 위임이나 법률행위를 통해 인정된 타인의 재산을 처분하거나 타인에게 의무를 부과할 권한을 남용하거나 법률, 관청의 위임, 법률행위 또는 신용관계 등에 의하여 부과되는 타인의 재산상 이익을 꾀해야할 의무에 위반하고, 그로 인하여 재산상 이익을 보호하여야 할 자에게 손해를 가한 자는 5년 이하의 자유형 또는 벌금형에 처한다.

[배임죄 미수범처벌규정 없음]

【코멘트】

(1) 횡령과 배임의 관계에 관한 종래의 견해

본 판례에 특별히 주목되는 것은 횡령죄와 배임죄의 관계에 관한 대법원의 입장이다. 종래 학설의 다수견해는 횡령죄가 배임죄에 대해 특별관계에 있다고 설명해 오고 있다. 이러한 해석론은 일본 형법의 해석론에 영향을 받은 것이라고 생각된다. 일본 형법의 경우 배임죄는 '사기와 공갈의 죄'의 장에, 횡령죄는 '횡령의 죄'의 장에 각각 위치하고 있다. 또한 일본 형법에 따르면 배임죄는 징역 또는 벌금형에 처해지는 반면에 횡령죄는 징역형만으로 처벌한다. 나아가 배임죄에는 업무상 배임이라는 가중적 구성요건이 없지만 횡령죄의 경우에는 업무상 횡령죄의 법정형이 2배로 가중된다. 이렇게 볼 때 일본 형법상 횡령죄는 배임죄에 비하여 죄질이 훨씬 무거운 범죄로 파악된다. 그리고 이를 바탕으로 횡령죄는 배임죄에 대해 특별관계에 있다고 설명된다.

일본 형법의 해석론으로 특별관계설이 주장되는 이유로 다음의 설명이 제시되고 있다. 즉 "횡령이 기수인 경우에는 배임죄(일본형법 제247조)의 특별한 경우로서 횡령죄(일본형법 제252조)가 적용된다. 그렇지만 횡령이 미수에 그치는 경우에는 본칙(本則)인 배임죄의 규정으로 돌아가서 배임죄의 요건을 구비하는 한에 있어서 배임죄의 미수범(일본형법 제250조)으로 처벌되어야 한다." 이러한 설명은 일본의 형법학자 마키노 에이이치(牧野英一)가 제시한 것이다(牧野英一, 刑法研究, 第9, 1940, 483면 참조). 우리의 종래 다수견해는 이러한 일본식 해석론을 따르고 있다고 생각된다.

(2) 우리 형법상 횡령과 배임의 관계

그러나 이러한 접근방법은 타당성이 적다고 생각된다. 우리 형법은 횡령죄와 배임죄를 '횡령과 배임의 죄'라는 동일한 장에서 동일한 죄질의 범죄로 파악하고 있다. 두 죄 모두 행위자와 피해자 사이의 신임관계를 깨뜨린다는 점에서 공통적 특질을 가지고 있기 때문이다. 횡령죄는 재물의 보관에 대한 위탁신임관계를, 배임죄는 재산적 이익과 관련된 사무처리의 신임관계를 각각 바탕으로 하고 있다. 신임관계 위반을 공통적 기반으로 한다는 점에 착안하여 우리 입법자는 재물의 경우를 형법 제355조 제1항에서 횡령죄로, 재산상 이익의 경우를 형법 제355조 제2항에서 배임죄로 각각 규정하면서 법정형을 동일하게 규정하고 있다. 나아가 업무상 횡령과 업무상 배임을 동일한 조문(형법 제356조)에 의하여 가중처벌하고, 미수범 처벌도 또한 동일하게 규정하고 있다(형법 제359조).

신임관계의 위반에서 횡령죄와 배임죄의 특질을 공통적으로 파악하는 입법형식은 일본의 개정형법가안에서 영향을 받은 것이다. 일본 형법이 야기하는 실무상 난점을 극복하기 위하여 제안된 것이 일본의 개정형법가안이다. 이와 같은 입법사적 맥락에서 바라볼 때 일본 형법의 조문체계에 따라 제시되었던 특별관계설은 한국 형법의 해석론으로 받아들이기가 대단히 곤란하다.

본 판례는 이와 같은 논란의 실익을 분명하게 드러내 주고 있다. 만일 횡령죄와 배임죄를 특별관계의 관점에서 파악하였다면 대법원은 원심판결을 파기하지 않으면 안 된다. 그러나 대법원은 원심이 횡령죄를 배임죄로 인정하더라도(역의 경우도 마찬가지이다) 죄질의 동일성과 법정형의 동일성에 착안하여 이를 판결에 영향을 미친 위법으로 보지 않는다.

우리 형법상 횡령죄와 배임죄는 객체를 각각 재물과 재산상 이익으로 규정하고 있다. 재물과 재산상 이익은 합하여 상위개념인 전체재산을 구성한다. 역으로 말한다면 전체재산은 재물과 재산상 이익으로 나누어진다. 재물과 재산상 이익은 상호 분리된 개념이므로 재물을 재산상 이익에 포섭시킬 수 없다. 재물은 전체재산에 포섭되지만 재산상 이익에는 포섭되지 않는다. 재물과 재산상 이익은 마치 사람과 사체가 양립할 수 없는 것과 마찬가지의 관계에 있는 것이다.

이렇게 볼 때 재물을 객체로 하는 횡령죄와 재산상 이익을 객체로 하는 배임죄는 서로 택일관계에 있다고 하지 않을 수 없다. 횡령죄와 배임죄를 법조경합 가운데 특별관계로 파악한다면 양자는 동시에 성립하되 상호간에 우선순위가 달라지게 된다. 만일에 특별관계에 있는 죄(예컨대 존속살해죄; 사형, 무기, 7년 이상의 징역)의 성립을 일정하지 않고 기본범죄(예컨대 보통살인죄; 사형, 무기, 5년 이상의 징역)의 성립을 인정한다면 그것은 판결에 영향을 미친 위법이 된다. 그러나 택일관계의 경우에는 그러한 우선순위가 인정되지 않는다.

본 판례에서 대법원이 횡령죄(5년 이하의 징역, 1,500만 원 이하 벌금)와 배임죄(5년 이하의 징역, 1,500만 원 이하 벌금)가 뒤바뀌더라도 판결에 영향을 미치지 않는다고 판단한 것은 바로 횡령죄와 배임죄가 택일관계에 서 있음을 인정한 것이라고 할 수 있다. 이러한 대법원의 태도는 우리 형법의 조문체계를 직시한 올바른 판단이라고 평가해야 할 것이다.

(3) 명의신탁 부동산 임의처분행위와 횡령죄

본 판례에서 주목되는 또 다른 판시사항은 명의신탁 부동산의 임의처분이 횡령죄에 해당한다는 점이다. 본 판례는 1995년 부동산실명제 실시 이전에 나온 것으로서, 부동산실명제 실시 이후에도 그대로 유지될 것인지가 문제되었다. 그러나 대법원은 부동산실명법 시행 이후에도 명의신탁 부동산의 임의처분행위를 일단 횡령죄로 처벌하고 있다(다음의 **99도3170** 판례 참조). 다만 최근 들어 대법원은 제삼자가 개입하는 부동산 계약명의신탁 사안에서는 횡령죄의 성립을 부정하는 입장을 취하고 있다(아래의 **2009도4501**, **2011도7361** 판례 참조).

(4) 배임죄의 손해액 산정방법

본 판례에서 다루어진 또 다른 쟁점은 배임죄의 손해액 산정 문제이다. 본 판례에서 제1심과 항소심은 배임죄를 인정하면서 부동산의 전체 가액을 배임죄의 손해액으로 인정하고 있다. 대법원은 이미 본 사안이 배임죄가 아니라 횡령죄에 해당한다고 판시한 바가 있다. 여기에서 더 나아가 대법원은 설사 배임죄가 성립한다고 할지라도 손해액의 산정이 잘못 되었다는 점을 지적하고 있다.

본 판례에서 피고인은 단순한 배임죄로 기소되었지만, 만일 특경가법상의 배임죄로 기소되었다면 이득액에 따라 법정형이 가중되고, 나아가 이득액에 상응하는 벌금이 병과될 수 있다(동법 제3조 참조). 따라서 배임죄의 손해액 산정기준은 대단히 중요하다. 또한 횡령죄로 처단한다고 할 때에도 특경가법과의 관계에서 이득액의 산정이 중요한 의미를 갖는다. 본 판례에서 대법원은 부동산의 지분이 문제된 경우에는 부동산의 전체 가액을 기준으로 할 것이 아니라 해당되는 지분의 범위 내에서 이득액 내지 손해액을 결정하도록 하는 기준을 제시하고 있다.

본 판례에서 대법원은 부동산의 지분 한도에서 가액 자체를 기준으로 배임죄의 손해액을 결정하도록 하고 있다. 그러나 근래 대법원은 2007. 4. 19. **2005도7288** 전원합의체 판결을 통하여 특경가법의 이득액 산정과 관련하여 판단기준을 변경하였다. 종래 대법원은 단순히 부동산의 가액을 기준으로 이득액을 결정해야 한다는 입장을 취하고 있었다. 그러나 새로운 기준에 의하면 부동산에 설정된 근저당권이나 압류, 가압류로 인한 부담을 공제한 범위에서 이득액을 결정하여야 한다.

99도3170

부동산 명의신탁과 횡령죄
2자간 명의신탁 사건

1999. 10. 12. 99도3170, 공 1999, 2384

1. 사실관계 및 사건의 경과

【사실관계】

① 1995. 7. 1.「부동산 실권리자명의 등기에 관한 법률」이 시행되었다.

② 부동산실명법 제4조 제1항은 명의신탁약정을 무효로 규정하고 있다.

③ 부동산실명법이 시행된 후 A는 갑에게 ㉠부동산을 명의신탁하였다.

④ [㉠부동산에 대한 등기명의는 A로부터 갑으로 이전되었다.]

⑤ 갑은 ㉠부동산에 대해 임의로 근저당권을 설정하였다.

【사건의 경과】

① 검사는 갑을 횡령죄로 기소하였다.

② 갑의 피고사건은 제1심을 거친 후, 항소심에 계속되었다.

③ 항소심법원은 갑에게 유죄를 인정하였다.

④ 갑은 불복 상고하였다.

⑤ 갑은 상고이유로, 부동산실명법이 명의신탁약정을 무효화하였으므로 횡령죄는 성립하지 않는다고 주장하였다.

【참조조문】

부동산 실권리자명의 등기에 관한 법률

제2조 (정의) 이 법에서 사용하는 용어의 뜻은 다음과 같다.

1. "명의신탁약정"(名義信託約定)이란 /
부동산에 관한 소유권이나 그 밖의 물권/
(이하 "부동산에 관한 물권"이라 한다)을 /
보유한 자 또는 사실상 취득하거나 취득하려고 하는 자/
[이하 "실권리자"(實權利者)라 한다]가 /
타인과의 사이에서 /
대내적으로는 실권리자가 부동산에 관한 물권을 보유하거나 보유하기로 하고 /
그에 관한 등기(가등기를 포함한다. 이하 같다)는 그 타인의 명의로 하기로 하는 약정/
[위임 · 위탁매매의 형식에 의하거나 추인(追認)에 의한 경우를 포함한다]/
을 말한다. /

다만, 다음 각 목의 경우는 제외한다.

가. 채무의 변제를 담보하기 위하여 채권자가 부동산에 관한 물권을 이전(移轉)받거나 가등기하는 경우

나. 부동산의 위치와 면적을 특정하여 2인 이상이 구분소유하기로 하는 약정을 하고 그 구분소유자의 공유로 등기하는 경우

다. 「신탁법」 또는 「자본시장과 금융투자업에 관한 법률」에 따른 신탁재산인 사실을 등기한 경우

2. "명의신탁자"(名義信託者)란 명의신탁약정에 따라 자신의 부동산에 관한 물권을 타인의 명의로 등기하게 하는 실권리자를 말한다.

3. "명의수탁자"(名義受託者)란 명의신탁약정에 따라 실권리자의 부동산에 관한 물권을 자신의 명의로 등기하는 자를 말한다.

4. "실명등기"(實名登記)란 /
법률 제4944호 부동산실권리자명의등기에관한법률 시행 전에 /
명의신탁약정에 따라 명의수탁자의 명의로 등기된 부동산에 관한 물권을 /
법률 제4944호 부동산실권리자명의등기에관한법률 시행일 이후 /
명의신탁자의 명의로 등기하는 것을 말한다.

제4조 (명의신탁약정의 효력) ① 명의신탁약정은 무효로 한다.
② 명의신탁약정에 따른 등기로 이루어진 부동산에 관한 물권변동은 무효로 한다. /
다만, 부동산에 관한 물권을 취득하기 위한 계약에서 /
명의수탁자가 어느 한쪽 당사자가 되고 /
상대방 당사자는 명의신탁약정이 있다는 사실을 알지 못한 경우에는 /
그러하지 아니하다.
③ 제1항 및 제2항의 무효는 제3자에게 대항하지 못한다.

제8조 (종중, 배우자 및 종교단체에 대한 특례) 다음 각 호의 어느 하나에 해당하는 경우로서 /
조세 포탈, 강제집행의 면탈(免脫) 또는 법령상 제한의 회피를 목적으로 하지 아니하는 경우에는 /
제4조부터 제7조까지 및 제12조제1항부터 제3항까지를 적용하지 아니한다.

1. 종중(宗中)이 보유한 부동산에 관한 물권을 종중(종중과 그 대표자를 같이 표시하여 등기한 경우를 포함한다) 외의 자의 명의로 등기한 경우
2. 배우자 명의로 부동산에 관한 물권을 등기한 경우
3. 종교단체의 명의로 그 산하 조직이 보유한 부동산에 관한 물권을 등기한 경우

2. 사안에 대한 대법원의 판단

【대법원 요지】 피해자가 그 소유 명의로 되어 있던 이 사건 부동산을 피고인에게 명의신탁하였는데, /
【대법원 요지】 피고인이 임의로 이 사건 부동산에 관하여 근저당권을 설정하였다면 피해자에 대한 횡령죄가 성립하고, /
【대법원 요지】 그 명의신탁이 부동산실권리자명의등기에관한법률 시행 이후에 이루어진 것이라고

하여 달리 볼 것이 아니므로, /

【대법원 결론】 원심이, 피고인에 대한 이 사건 횡령의 공소사실을 유죄로 인정한 것은 옳고, 거기에 상고이유의 주장과 같은 법리오해의 위법이 없다. (상고 기각)

【코멘트】 부동산 명의신탁은 원칙적으로 무효이다(부동산실명법 제4조 참조). 다만 약간의 예외가 있다. 종중 소유 부동산을 다른 사람 명의로 등기하거나 배우자 소유의 부동산을 다른 배우자의 명의로 등기하는 경우 등이 여기에 해당한다(동법 제8조 참조). 명의신탁이 합법적인 경우에 명의수탁자가 수탁부동산을 임의처분하는 행위는 횡령죄에 해당한다.

2009도4501

선의 부동산 계약명의신탁과 횡령죄
임야 150평 명의신탁 사건

2009. 9. 10. 2009도4501, [공보불게재]

1. 사실관계 및 사건의 경과

【사실관계 1】

① ㉠임야의 소유자는 A이다.

② 1990. 1. 중순경 갑과 B는 다음의 약정을 맺었다.

(가) B는 ㉠임야 일부(150평)를 매수한다.

(나) 갑은 ㉠임야의 나머지 부분을 매수한다.

③ 1990. 1.부터 1990. 4. 중순경까지 사이에 B는 갑에게 ㉠임야 지분 매수대금으로 합계 3,200만 원을 지급하였다.

④ 1991. 7. 30. 무렵 갑은 C로 하여금 ㉠임야의 소유주 A와 임야 매수계약을 체결하도록 하였다.

⑤ 이후 갑은 B의 동의를 얻어 ㉠임야에 관하여 C 명의로 소유권이전등기를 하기로 하였다.

⑥ 이 과정에서 ㉠임야의 소유주 A는 갑과 B가 ㉠임야의 실제 매수인이라는 사실을 전혀 알지 못하였다.

⑦ C 또한 B가 ㉠임야 지분의 실제 매수인이라는 사실을 전혀 알지 못하였다.

⑧ 1991. 8. 1. ㉠임야에 대해 C 명의로 1991. 7. 30.자 매매를 원인으로 한 소유권이전등기가 경료되었다.

【사실관계 2】

① 1995. 7. 1. 「부동산 실권리자명의 등기에 관한 법률」이 시행되었다.

② 부동산실명법은 시행 후 1년의 유예기간 내에 명의신탁 부동산에 대해 실명등기를 하도록 규정하고 있다.

③ 실명등기를 하지 않을 경우 형사처벌되고(동법 제7조), 과징금이 부과된다(동법 제5조).

④ 1997. 4.경 갑은 C와의 명의신탁을 해지하고 ㉠임야에 관하여 갑 명의의 소유권이전등기를 신청하

였다.

⑤ 1997. 4. 29. ㉠임야에 대해 갑 명의로 1997. 4. 26.자 매매를 원인으로 한 소유권이전등기가 경료되었다. (☞문서례 16번 참조)

⑥ 2004. 8. 9.경 갑은 ㉠임야에 대한 손실보상금 2억 7,606만 원을 받았다.

⑦ 갑은 B의 ㉠임야 지분에 해당하는 4,257만 원 상당을 A에게 주지 않았다.

【사건의 경과】

① 검사는 갑을 횡령죄로 기소하였다.

② 제1심법원은 유죄를 인정하였다.

③ 갑은 불복 항소하였다.

④ 항소심법원은 항소를 기각하고, 제1심판결을 유지하였다.

⑤ 갑은 불복 상고하였다.

2. 부동산 계약명의신탁과 횡령죄

【대법원 분석】 횡령죄는 타인의 재물을 보관하는 자가 그 재물을 횡령하는 경우에 성립하는 범죄인바, /

【대법원 분석】 부동산 실권리자명의 등기에 관한 법률 제2조 제1호 및 제4조의 규정에 의하면, /

【대법원 요지】 신탁자와 수탁자가 명의신탁 약정을 맺고, /

【대법원 요지】 이에 따라 수탁자가 당사자가 되어 명의신탁 약정이 있다는 사실을 알지 못하는 소유자와 사이에서 부동산에 관한 매매계약을 체결한 후 /

【대법원 요지】 그 매매계약에 기하여 당해 부동산의 소유권이전등기를 수탁자 이름으로 경료한 경우에는, /

【대법원 요지】 그 소유권이전등기에 의한 당해 부동산에 관한 물권변동은 유효하고, /

【대법원 요지】 한편 신탁자와 수탁자 사이의 명의신탁 약정은 무효이므로, /

【대법원 요지】 결국 수탁자는 전 소유자인 매도인뿐만 아니라 신탁자에 대한 관계에서도 유효하게 당해 부동산의 소유권을 취득한 것으로 보아야 할 것이고, /

【대법원 요지】 따라서 그 수탁자는 타인의 재물을 보관하는 자라고 볼 수 없다.

3. 사안에 대한 항소심의 판단

【대법원 분석】 원심은, /

【대법원 분석】 "피고인이 1990. 1. 중순경 피해자 공소외 B와 공동으로 이 사건 임야를 공소외 C 명의로 매수하되 피해자는 그 중 이 사건 임야 지분인 495m^2 상당(약 150평)을 매수하는 것으로 약정하였고, /

【대법원 분석】 그 약정에 따라 피고인은 피해자로부터 그 무렵부터 같은 해 4. 중순경까지 사이에 수회에 걸쳐 이 사건 임야 지분 매수대금 명목으로 3,200만 원을 지급받은 후 /

【대법원 분석】 1997. 4. 29. 피해자의 동의를 받아 이 사건 임야에 관하여 피고인 명의의 소유권이전등기를 경료하였는데, /

【대법원 분석】 피고인이 2004. 8. 9.경 이 사건 임야에 대한 손실보상금 2억 7,606만 원을 받아 이 사건 임야 지분에 해당하는 4,257만 원 상당을 피해자를 위하여 보관하던 중 이를 마음대로 개인용도에 소비하여 횡령하였다."는 이 사건 공소사실을 /
【대법원 분석】 유죄로 인정한 제1심판결을 유지하였다.

4. 사안에 대한 대법원의 판단

(1) 사안에 대한 대법원의 분석

【대법원 판단】 그러나 피고인이 이 사건 임야 지분을 공소외 A를 위하여 보관하는 자의 지위에 있음을 전제로 한 원심의 위와 같은 조치는 수긍하기 어렵다.
【대법원 분석】 기록에 의하면, 부동산등기부상 공소외 A의 소유로 등재된 이 사건 임야에 관하여 1991. 8. 1. 공소외 C 명의의 1991. 7. 30.자 매매를 원인으로 한 소유권이전등기가 경료되었고, /
【대법원 분석】 이어 1997. 4. 29. 피고인 명의의 1997. 4. 26.자 매매를 원인으로 한 소유권이전등기가 경료된 사실, /
【대법원 분석】 공소외 B와 피고인은 1990. 1. 중순경 공소외 B는 이 사건 임야 지분을 매수하고, /
【대법원 분석】 피고인은 나머지 이 사건 임야를 매수하기로 약정하였고, /
【대법원 분석】 공소외 B는 그때부터 1990. 4. 중순경까지 사이에 피고인에게 이 사건 임야 지분 매수대금으로 합계 3,200만 원을 지급한 사실, /
【대법원 분석】 피고인은 공소외 C로 하여금 1991. 7. 30. 무렵 공소외 A와 이 사건 임야 매수계약을 체결하도록 한 후 /
【대법원 분석】 공소외 B의 동의를 얻어 이 사건 임야에 관하여 공소외 C 명의의 위 소유권이전등기를 하였는데, /
【대법원 분석】 공소외 A는 피고인과 공소외 A가 이 사건 임야의 실제 매수인이라는 점을 전혀 알지 못하였고, /
【대법원 분석】 공소외 C 역시 공소외 B가 이 사건 임야 지분의 실제 매수인이라는 점을 전혀 알지 못하였던 사실, /
【대법원 분석】 그 후 1997. 4.경 피고인이 공소외 C와의 명의신탁을 해지하고 이 사건 임야에 관하여 피고인 명의의 위 소유권이전등기를 경료한 사실을 알 수 있다.

(2) 사안에 대한 대법원의 결론

【대법원 판단】 위와 같은 사실관계를 앞서 본 법리에 비추어 보면, /
【대법원 판단】 공소외 A 또는 공소외 C가 이 사건 임야 지분의 실제 매수인이 공소외 B라는 사실을 전혀 알지 못하였으므로 /
【대법원 판단】 이 사건 임야 지분에 관한 피고인 명의의 물권변동은 유효하고, /
【대법원 판단】 공소외 B와 피고인 사이의 이 사건 임야 지분에 관한 명의신탁 약정은 무효이므로, /
【대법원 판단】 결국 피고인은 신탁자인 공소외 B에 대한 관계에서도 유효하게 이 사건 임야 지분을 취득하였고, /

【대법원 판단】 따라서 이 사건 임야 지분에 관한 한 피고인이 타인의 재물을 보관하는 자라고 할 수 없다.
【대법원 결론】 그럼에도, 원심은 피고인이 이 사건 임야 지분을 공소외 B를 위하여 보관하는 자의 지위에 있다고 속단하여 피고인을 유죄로 인정하였으니, /
【대법원 결론】 거기에는 부동산 실권리자명의 등기에 관한 법률이 정하는 명의신탁에 관한 법리를 오해하거나 이 사건 명의신탁이 이루어진 경위에 관하여 심리를 제대로 하지 아니한 위법이 있다고 할 것이다. (파기 환송)

2011도7361

악의 부동산 계약명의신탁과 횡령죄
천안 땅 명의신탁 사건

2012. 11. 29. 2011도7361, 공 2013상, 110

1. 사실관계 및 사건의 경과

【사실관계】
① 천안 소재 ㉠부동산은 A의 소유이다.
② B는 A로부터 ㉠부동산을 매수하기로 마음먹었다.
③ B와 갑은 ㉠부동산에 대해 A를 신탁자, 갑을 수탁자로 하는 명의신탁 약정을 하였다.
④ B는 갑을 내세워 A와 ㉠부동산에 대한 매매계약을 체결하였다.
⑤ A는 [매매 대금을 받고] 갑 앞으로 ㉠부동산에 대한 등기를 이전해 주었다.
⑥ A는 이 과정에서 B와 갑 사이에 명의신탁 약정이 있음을 알고 있었다.
⑦ 갑은 P농업협동조합으로부터 [융자를 받으면서] ㉠부동산에 대해 근저당권을 설정하였다.
【사건의 경과】
① 검사는 갑을 특경가법위반죄(횡령)로 기소하였다.
② 갑의 피고사건은 제1심을 거친 후, 항소심에 계속되었다.
③ 항소심법원은 유죄를 인정하였다.
④ 갑은 불복 상고하였다.
⑤ 검사도 [양형부당을 이유로] 불복 상고하였다.

2. 악의의 계약명의신탁 부동산 임의처분과 형사책임

(1) 악의의 부동산 계약명의신탁과 소유권 귀속

【대법원 요지】 1. 명의신탁자와 명의수탁자가 이른바 계약명의신탁 약정을 맺고 /
【대법원 요지】 명의수탁자가 당사자가 되어 명의신탁 약정이 있다는 사실을 알고 있는 소유자와 부동산에 관한 매매계약을 체결한 후 /

【대법원 요지】 그 매매계약에 따라 당해 부동산의 소유권이전등기를 명의수탁자 명의로 마친 경우에는 /

【대법원 요지】 부동산 실권리자명의 등기에 관한 법률(이하 '부동산실명법'이라 한다) 제4조 제2항 본문에 의하여 수탁자 명의의 소유권이전등기는 무효이고 /

【대법원 요지】 당해 부동산의 소유권은 매도인이 그대로 보유하게 되므로 /

【대법원 요지】 (대법원 2009. 5. 14. 선고 2007도 2168 판결 참조), /

(2) 명의신탁자와 명의수탁자의 관계

【대법원 요지】 명의수탁자는 부동산 취득을 위한 계약의 당사자도 아닌 명의신탁자에 대한 관계에서 /

【대법원 요지】 횡령죄에서의 '타인의 재물을 보관하는 자'의 지위에 있다고 볼 수 없고, /

【대법원 요지】 또한 명의수탁자가 명의신탁자에 대하여 매매대금 등을 부당이득으로서 반환할 의무를 부담한다고 하더라도 /

【대법원 요지】 이를 두고 배임죄에서의 '타인의 사무를 처리하는 자'의 지위에 있다고 보기도 어렵다 /

【대법원 요지】 (대법원 2001. 9. 25. 선고 2001도2722 판결, 대법원 2008. 3. 27. 선고 2008도455 판결 등 참조).

(3) 매도인과 명의수탁자의 관계

【대법원 요지】 한편 위 경우 명의수탁자는 매도인에 대하여 소유권이전등기말소의무를 부담하게 되나, /

【대법원 요지】 위 소유권이전등기는 처음부터 원인무효여서 /

【대법원 요지】 명의수탁자는 매도인이 소유권에 기한 방해배제청구로 그 말소를 구하는 것에 대하여 상대방으로서 응할 처지에 있음에 불과하고, /

【대법원 요지】 그가 제3자와 사이에 한 처분행위가 부동산실명법 제4조 제3항에 따라 유효하게 될 가능성이 있다고 하더라도 /

【대법원 요지】 이는 거래의 상대방인 제3자를 보호하기 위하여 명의신탁약정의 무효에 대한 예외를 설정한 취지일 뿐 /

【대법원 요지】 매도인과 명의수탁자 사이에 위 처분행위를 유효하게 만드는 어떠한 신임관계가 존재함을 전제한 것이라고는 볼 수 없으므로, /

【대법원 요지】 그 말소등기의무의 존재나 명의수탁자에 의한 유효한 처분가능성을 들어 /

【대법원 요지】 명의수탁자가 매도인에 대한 관계에서 /

【대법원 요지】 횡령죄에서의 '타인의 재물을 보관하는 자' 또는 /

【대법원 요지】 배임죄에서의 '타인의 사무를 처리하는 자'의 지위에 있다고 볼 수도 없다.

3. 사안에 대한 항소심의 판단

【항소심 판단】 2. 원심은 그 채택 증거를 종합하여 /

【항소심 판단】 공소외 A가 천안시 서북구 (이하 생략)(이하 '이 사건 부동산'이라 한다)를 매도하면

서 매매계약 당시 /

【항소심 판단】 실제 매수인은 이 사건 피해자이고 /

【항소심 판단】 피고인은 피해자와의 이 사건 명의신탁 약정에 따라 매매계약의 당사자가 되어 그에 따른 소유권이전등기를 할 뿐이라는 사정을 /

【항소심 판단】 알고 있었다고 사실인정을 한 다음, /

【항소심 판단】 명의수탁자인 피고인이 이 사건 부동산에 관하여 공소외 P농업협동조합에 근저당권을 설정해 준 행위가 /

【항소심 판단】 횡령죄를 구성한다고 판단하였다.

4. 사안에 대한 대법원의 판단

【대법원 판단】 그러나 원심이 인정한 위 사실관계를 앞서 본 법리에 비추어 보면, /

【대법원 판단】 이 사건 명의신탁 약정은 매수인 측의 명의신탁 약정 사실을 매도인이 알면서 명의수탁자와 계약을 체결한 /

【대법원 판단】 이른바 '악의의 계약명의신탁'에 해당하여 /

【대법원 판단】 이 사건 부동산에 관하여 피고인 명의로 마친 소유권이전등기는 무효이고 /

【대법원 판단】 매도인인 공소외 A가 그 소유권을 그대로 보유하고 있으므로, /

【대법원 판단】 이 사건 부동산에 관한 소유권이 명의신탁자인 피해자에게 있음을 전제로 /

【대법원 판단】 피고인이 그와의 관계에서 횡령죄에서의 '타인의 재물을 보관하는 자'의 지위에 있다고 볼 수 없다.

【대법원 결론】 그럼에도 원심은 위와 달리 피고인이 명의신탁자인 피해자에 대하여 이 사건 부동산을 보관하는 자의 지위에 있다고 보아 이를 전제로 이 사건 횡령의 공소사실을 유죄로 판단하였으니, /

【대법원 결론】 이러한 원심의 판단에는 횡령죄에서 '타인의 재물을 보관하는 자'의 범위에 관한 법리를 오해하여 판결에 영향을 미친 위법이 있다. (파기 환송)

【코멘트】 본 판례는 소위 악의의 부동산 계약명의신탁에 관한 사안을 다루고 있다. 악의의 부동산 계약명의신탁은 명의신탁자와 명의수탁자가 이른바 계약명의신탁 약정을 맺고, 명의수탁자가 당사자가 되어 명의신탁 약정이 있다는 사실을 알고 있는 소유자와 부동산에 관한 매매계약을 체결한 후, 그 매매계약에 따라 당해 부동산의 소유권이전등기를 명의수탁자 명의로 경료한 경우를 가리킨다.

악의의 계약명의신탁의 경우에 명의수탁자가 명의수탁 부동산을 임의로 처분한 경우에 대해 그동안 대법원은 입장을 표명하지 않고 있었다. 이 문제에 대해 대법원은 본 판례를 통하여 형사법적 규율관계를 분명하게 제시하고 있다. 대법원이 제시한 법리분석은 본 판례의 본문에 자세히 전개되어 있으므로 여기에서 되풀이 할 필요는 없고, 결론만을 정리하면 다음과 같다.

하나는 명의신탁자와 명의수탁자 사이의 관계에서 명의수탁자의 형사책임 여하이다. 이에 대해 대법원은 명의수탁자에 대해 횡령죄 또는 배임죄의 성립을 부정한다. 다른 하나는 당해 부동산의 매도인과 명의수탁자 사이의 관계에서 명의수탁자의 형사책임이다. 이에 대해서도 대법원은 명의수탁자에 대해 횡령죄 내지 배임죄의 성립을 부정한다. 요컨대 악의의 계약명의신탁 사안에서 명의수탁자의 부동산 임의처분행위는 횡령죄에도 배임죄에도 해당하지 않는다는 것이다.

이러한 결론을 앞의 2009도4501 판례 등에 나타난 선의의 계약명의신탁 사안과 함께 놓고 본다면, 타인을 계약 당사자로 내세워서 부동산을 매수하고 등기를 타인 명의로 돌려놓는 소위 계약명의신탁 사안의 경우 이제 그 세부유형을 묻지 않고 명의수탁 부동산을 임의로 처분하는 명의수탁자에게 횡령죄 및 배임죄가 성립하지 않는다는 통일된 기준을 확인할 수 있다.

본 판례에서 대법원이 새로이 제시한 기준은 앞으로 부동산 거래관행에 중요한 전환점을 제시할 것으로 전망된다. 원래 부동산실명제는 불법한 재산을 은닉하거나 조세를 포탈할 목적으로 이루어지는 명의신탁의 관행을 바로잡기 위하여 도입된 것이다. 그런데 대법원은 소위 명의신탁의 법리를 인정하여 명의신탁자와 명의수탁자 사이의 대내적 관계에서는 명의신탁자에게 소유권이 인정된다는 이유로 명의수탁자의 당해 부동산 임의처분행위를 횡령죄로 처단해 왔다. 그리하여 대법원이 인정하는 횡령죄의 처벌 가능성을 배경으로 부동산 명의신탁의 관행은 좀처럼 소멸되지 않고 이어져 왔다.

이러한 상황에서 대법원은 선의의 계약명의신탁 사안에 대해 횡령죄와 배임죄의 성립 가능성을 배제하였고, 이제는 악의의 계약명의신탁 사안에 대해서도 횡령죄와 배임죄의 성립 여지를 부인하는 단계에 이르렀다. 대법원이 제시한 새로운 기준에 따라 이제 부동산을 명의신탁하는 사람은 종래와 같이 횡령죄 처벌이라는 담보장치에 의지할 수 없게 되었고, 명의수탁자의 임의처분행위에 대해 부당이득반환청구 등과 같은 민사상 구제절차에 의할 수밖에 없는 불안한 처지에 놓이게 되었다.

대법원의 이와 같은 입장선회는 긍정적으로 평가해야 할 것이다. 우선 부동산 실권리자와 등기명의자를 일치시킴으로써 부동산등기제도를 악용한 투기, 탈세, 탈법행위 등을 방지하려는 부동산실명제의 입법취지를 충실하게 구현할 수 있다는 점에서 그러하다. 나아가 소유권을 대내적 소유권과 대외적 소유권으로 이분화하는 전근대적인 명의신탁의 법리를 제한함으로써 일물일권주의라는 물권법의 기본원칙을 보다 강고하게 확립시킬 수 있을 것이다.

2010도4129

강제집행면탈죄와 채무자 재산 – 부정례

명의신탁용 유한회사 사건

2011. 12. 8. 2010도4129, 공 2012상, 148

☞ 378면

2002도2822

횡령죄와 재물 – 부정례
도매시장 주주총회 사건

2005. 2. 18. 2002도2822, 공 2005, 525

1. 사실관계 및 사건의 경과

【사실관계 1】

① [사실관계가 명확히 나타나 있지 아니하여 임의로 구성함]
② P주식회사는 Q농수산물 도매시장 수산부류 도매시장법인이다.
③ P회사의 주주는 갑과 A 등이다.
④ P회사의 대표이사는 갑이다.
⑤ P회사의 주권은 대표이사 갑이 [P회사의 금고에] 보관하고 있다. (☞문서례 18번 참조)
⑥ 갑과 A 사이에 P회사의 지배권을 둘러싸고 분쟁이 발생하였다.
⑦ 갑과 A 사이의 P회사 지배권 장악 여부는 주주총회 결의에 의하여 결정된다.

【사실관계 2】

① 1998. 5. 15. P주식회사의 ㉠주주총회가 열렸다.
② ㉠주주총회에서는 갑과 A 어느 쪽도 대표이사로 선임되는 데에 성공하지 못하였다.
③ P주식회사의 1998. 5. 15.자 ㉠주주총회의사록에 첨부된 주주명부확인서와 주주명부에는 갑 소유의 주식수가 6,000 주로 기재되어 있었다.

【사실관계 3】

① 1998. 5. 19. P주식회사의 ㉡주주총회가 다시 열렸다.
② ㉡주주총회에서 갑은 대표이사로 선출되었다.
③ P주식회사의 1998. 5. 19.자 ㉡주주총회의사록에 첨부된 주주명부에는 갑 소유의 주식수가 66,000주로 기재되어 있었다.
④ [갑은 66,000주의 의결권을 행사하여 대표이사에 선임되었던 것이다.]

【사건의 경과】

① [A는 갑을 고소하였다.]
② 검사는 갑을 횡령죄로 기소하였다.
③ 갑의 피고사건은 제1심을 거친 후, 항소심에 계속되었다.
④ 항소심법원은 무죄를 선고하였다.
⑤ 검사는 불복 상고하였다.

2. 주식과 횡령죄의 객체

【대법원 요지】 상법상 주식은 자본구성의 단위 또는 주주의 지위(株主權)를 의미하고, /

【대법원 요지】 주주권을 표창하는 유가증권인 주권(株券)과는 구분이 되는바, /
【대법원 요지】 주권(株券)은 유가증권으로서 재물에 해당되므로 횡령죄의 객체가 될 수 있으나, /
【대법원 요지】 자본의 구성단위 또는 주주권을 의미하는 주식은 재물이 아니므로 횡령죄의 객체가 될 수 없다.

3. 사안에 대한 대법원의 판단

【대법원 분석】 그러므로 피고인이 1998. 5. 19.경 공소외 P주식회사가 실질적으로 소유하는 주권을 처분한 사실이 있는지에 관하여 보건대, /
【대법원 분석】 제1심이 채용한 증거들에 의하면, /
【대법원 분석】 공소외 P주식회사의 1998. 5. 15.자 주주총회의사록에 첨부된 주주명부확인서와 주주명부에는 피고인 소유의 주식수가 6,000 주로 기재되어 있다가, /
【대법원 분석】 1998. 5. 19.자 주주총회의사록에 첨부된 주주명부에는 피고인 소유의 주식수가 66,000주로 기재된 사실만 인정될 뿐, /
【대법원 분석】 그 무렵 피고인이 실질적으로 공소외 P주식회사가 유하는 주권을 처분 또는 은닉하였다거나 그 반환을 거부하였다는 사정은 전혀 인정되지 않는바, /
【대법원 판단】 위 주주총회의사록에 첨부된 주주명부에 기재된 주식의 수는 주주총회에 참석한 주주들이 행사한 의결권의 수를 의미하는 것으로 볼 수는 있으나, /
【대법원 판단】 그것 자체로 주주로서의 회사에 대한 권리관계의 변동을 나타내는 것이라거나 더욱이 주권에 대한 처분행위를 의미하는 것으로는 볼 수 없으므로, /
【대법원 판단】 주주총회의사록에 첨부된 주주명부에 주식수를 달리 기재한 것만으로는 피고인이 보관하고 있는 주권에 대한 업무상횡령죄가 성립된다고 할 수 없다.
【대법원 결론】 원심판결의 이유 설시가 적절하지는 않다 할 것이나 위 공소사실에 대하여 무죄를 선고한 결론에 있어서는 정당하고, 거기에 상고이유에서 주장하는 바와 같은 심리미진, 사실오인, 법리오해 등으로 인하여 판결 결과에 영향을 미친 위법이 있다 할 수 없다. (상고 기각)

2004도134

횡령죄와 타인 소유 – 인정례
장물취득죄와 장물 – 인정례
남골당사업 실패 사건

2004. 3. 12. 2004도134, 공 2004, 675

1. 사실관계 및 사건의 경과

【사실관계 1】
① ㉠부동산은 P종단 Q사찰이 소유하고 있다.

② P종단 Q사찰은 ㉠부동산을 처분하여 그 돈으로 납골당사업을 하려고 하였다.

③ P종단 Q사찰의 대표자 A는 갑에게 ㉠부동산의 매도업무를 위임하였다.

④ 갑은 [매수인 B와] ㉠부동산에 대한 매매계약을 체결하면서 계약금으로 5억 원을 현금으로 받았다.

⑤ [이후 매수인 B가 계약을 취소하면서 ㉠부동산에 대한 매매계약은 무산되었고, 납골당 사업은 실패로 돌아갔다.] (☞문서례 15번 참조)

⑥ A는 갑에게 ㉠부동산의 계약금으로 받은 5억 원을 R사찰 명의의 은행계좌에 입금할 것을 요구하였다.

【사실관계 2】

① 갑은 Q사찰의 대표자 A에게 납골당 사업실패로 인한 손해배상과 ㉠부동산의 매매교섭에 대한 수고비 등 명목으로 5억 원을 요구하여 A의 승낙을 받았다고 주장하면서 5억 원을 입금하지 아니하였다.

② 갑은 계약금 5억 원을 Q사찰 명의의 은행계좌에 입금할 경우 A가 5억 원을 자신에게 지급하지 않을 것을 우려하였다.

③ 갑은 을에게 채권지급 명목으로 현금으로 K은행에 입금해 두었던 계약금 5억 원 가운데 3억 원을 ㉡자기앞수표로 찾아 을에게 교부하였다.

④ 을은 갑과 A 사이의 문제상황을 잘 알면서 ㉡자기앞수표를 교부받았다.

⑤ A는 을에게 3억 원의 반환을 요구하였다.

⑥ 을은 A의 반환요구에 응하지 않았다.

【사건의 경과 1】

① 검사는 갑을 특경가법위반죄(횡령)로, 을을 장물취득죄로 각각 기소하였다.

② 제1심법원은 갑과 을에게 유죄를 인정하였다.

③ 갑과 을은 제1심판결에 불복 항소하였다.

④ 항소심법원은 갑과 을의 항소를 기각하고, 제1심판결을 유지하였다.

⑤ (항소심의 판단 이유는 판례 본문 참조)

【사건의 경과 2】

① 갑과 을은 불복 상고하였다.

② 갑은 상고이유로 다음의 점을 주장하였다.

(가) 갑은 A에 대하여 반환을 거부할 정당한 사유가 있다.

(나) 따라서 갑에게는 불법영득의사가 없다.

③ 을은 상고이유로 다음의 점을 주장하였다.

(가) 가사 갑에게 불법영득의사가 인정되어 횡령죄가 성립한다고 하자.

(나) 갑은 A로부터 5억 원을 현금으로 받았다.

(다) 을은 갑으로부터 3억 원을 자기앞수표로 받았다.

(라) 을이 받은 자기앞수표는 갑이 받은 현금과 달라서 동일성이 없다.

(마) 따라서 을에게 장물취득죄는 성립하지 않는다.

2. 금전사무의 처리와 횡령죄

【대법원 요지】 금전의 수수를 수반하는 사무처리를 위임받은 자가 그 행위에 기하여 위임자를 위하여 제3자로부터 수령한 금전은 /
【대법원 요지】 목적이나 용도를 한정하여 위탁된 금전과 마찬가지로 /
【대법원 요지】 달리 특별한 사정이 없는 한 그 수령과 동시에 위임자의 소유에 속하고, /
【대법원 요지】 위임을 받은 자는 이를 위임자를 위하여 보관하는 관계에 있다고 보아야 할 것이고, /

3. 반환거부와 불법영득의사

【대법원 요지】 횡령죄에 있어서의 불법영득의 의사는 타인의 재물을 보관하는 자가 자기 또는 제3자의 이익을 위하여 위탁의 취지에 반하여 권한 없이 그 재물을 자기의 소유인 것 같이 처분하는 의사를 말하는 것이므로, /
【대법원 요지】 비록 그 반환을 거부하였다고 하더라도 그 반환거부에 정당한 사유가 있을 때에는 불법영득의 의사가 있다고 할 수 없다.

4. 사안에 대한 항소심의 판단

【항소심 분석】 원심은, 그 채택 증거들을 종합하여, /
【항소심 분석】 피고인 갑은 피해자 한국불교○○종 ○○사의 대표자인 A로부터 이 사건 부동산의 매도 위임을 받아 매매계약을 체결하고 계약금으로 5억 원을 교부받아 보관하던 중, /
【항소심 분석】 피해자에 대한 위 금원의 반환을 일방적으로 거부한 사실, /
【항소심 분석】 피고인들은 한편으로는 그들이 일본 나고야에 가서 피해자의 대표자인 A에게 납골당 사업실패로 인한 손해배상과 이 사건 부동산의 매매교섭에 대한 수고비 등 명목으로 5억 원을 요구하여 A의 승낙을 받았다고 진술하면서도, /
【항소심 분석】 다른 한편으로는 당시 피고인들이 A과 사이에서 이 사건 부동산의 매매계약금으로 받게 될 5억 원으로 피고인들 주장의 위 5억 원의 변제에 충당하기로 합의한 사실은 없고, /
【항소심 분석】 오히려 피고인 갑이 이 사건 부동산의 계약금으로 5억 원을 받은 후 A로부터 위 5억 원을 피해자 명의의 은행계좌에 입금할 것을 요구받았으나, /
【항소심 분석】 피고인 갑은 위 5억 원을 피해자 명의의 은행계좌에 입금할 경우 A가 5억 원을 자신에게 지급하지 않을 것을 우려하여 피고인 을에 대한 채무변제 등으로 소비하였다고 진술하고 있는 사실, /
【항소심 분석】 피고인 을 역시 A로부터 위와 같은 반환요구를 받았음에도 그 후 피고인 갑으로부터 자신의 채권 변제 명목으로 위 5억 원 중 3억 원을 교부받았다고 진술하고 있는 사실 등을 인정한 다음, /
【항소심 판단】 그 인정 사실에 나타난 여러 사정들에 비추어 볼 때, 피고인 갑에게 불법영득의 의사가 있었음을 넉넉히 인정할 수 있고, /
【항소심 판단】 피고인 갑이 A의 동의나 승낙 없이 위 계약금 5억 원을 자신의 피해자에 대한 채권변제에 충당한다는 명목으로 그 반환을 거부하는 한편, 나아가 피고인 을에게 그 중 3억 원을 교부하

기까지 하는 등 이를 모두 임의소비한 이상, 피고인 갑의 위와 같은 행위는 횡령죄에 해당하며, /
【항소심 판단】 피고인 을 역시 위와 같은 사정을 잘 알면서도 피고인 갑으로부터 3억 원을 교부받은 이상 피고인 을의 위와 같은 행위는 장물취득죄에 해당한다고 판단하여, /
【항소심 판단】 피고인들에 대한 이 사건 범죄사실을 모두 유죄로 인정한 제1심판결을 그대로 유지하고 있다.

5. 횡령죄 부분에 대한 대법원의 판단

【대법원의 분석】 먼저, 원심판결과 원심이 유지한 제1심판결의 채택 증거들을 기록에 비추어 살펴보면, /
【대법원의 분석】 원심이 피고인 갑은 피해자의 대표자인 A의 동의나 승낙 없이 이 사건 부동산의 매매계약금 5억 원을 위 피고인 주장의 채권의 변제에 충당한다는 명목으로 그 반환을 거부하였고, 피고인 을 역시 그러한 사정을 알고 있었다고 인정한 조치는 옳고, 거기에 채증법칙을 위배하여 사실을 오인한 위법이 없다.
【대법원의 분석】 나아가 원심이 적법하게 확정한 사실관계 및 기록에 의하면, /
【대법원의 분석】 피해자 소유의 이 사건 부동산의 매도를 위임받기 전에 이미 피해자의 대표자인 A와의 약정에 의하여 피해자에 대하여 5억 원의 받을 채권이 있었다고 주장하는 피고인 갑이 이 사건 부동산의 매매계약금 5억 원으로 그 주장의 채권의 변제에 충당하기로 합의한 사실은 없고, /
【대법원의 분석】 오히려 매매계약금 5억 원을 즉시 피해자 명의의 은행계좌에 입금하라는 요구를 받았을 뿐이라는 것이고, /
【대법원의 분석】 위 매매계약금을 다른 특정한 용도나 목적에 사용하기로 하는 별도의 합의가 있었다는 것도 아니므로, /
【대법원의 판단】 금전의 수수를 수반하는 이 사건 부동산의 매도에 관한 사무의 위임약정 중에는 이 사건 부동산의 매매대금으로 수령하게 되는 금전은 이를 피해자에게 반환하기로 하는 합의가 포함되어 있었다고 보아야 하고, /
【대법원의 판단】 그럼에도 불구하고 피고인 갑이 위와 같은 위탁의 취지에 반하여 권한 없이 이 사건 부동산의 매매계약금 5억 원의 반환을 거부하면서 자기의 소유인 것 같이 이를 처분한 이상, /
【대법원의 판단】 피고인 갑이 위 매매계약금 5억 원의 반환을 거부한 데에는 정당한 사유가 있었다고 할 수 없다.
【대법원의 판단】 원심이 같은 취지에서 피고인 갑에게 불법영득의사가 있었다고 판단하여 피고인들에 대한 이 사건 범죄사실을 모두 유죄로 인정한 제1심판결을 그대로 유지한 조치는 옳고, 거기에 횡령죄의 불법영득의사 또는 장물취득죄에 관한 법리를 오해한 위법이 없다.

6. 장물죄 부분에 대한 대법원의 판단

【대법원 요지】 그리고 장물이라 함은 재산범죄로 인하여 취득한 물건 그 자체를 말하고, 그 장물의 처분 대가는 장물성을 상실하는 것이지만, /
【대법원 요지】 금전은 고도의 대체성을 가지고 있어 다른 종류의 통화와 쉽게 교환할 수 있고, 그 금

전 자체는 별다른 의미가 없고 금액에 의하여 표시되는 금전적 가치가 거래상 의미를 가지고 유통되고 있다는 점에 비추어 볼 때, /

【대법원 요지】 장물인 현금을 금융기관에 예금의 형태로 보관하였다가 이를 반환받기 위하여 동일한 액수의 현금을 인출한 경우에 /

【대법원 요지】 예금계약의 성질상 인출된 현금은 당초의 현금과 물리적인 동일성은 상실되었지만 액수에 의하여 표시되는 금전적 가치에는 아무런 변동이 없으므로 장물로서의 성질은 그대로 유지된다고 봄이 상당하고, /

【대법원 요지】 자기앞수표도 그 액면금을 즉시 지급받을 수 있는 등 현금에 대신하는 기능을 가지고 거래상 현금과 동일하게 취급되고 있는 점에서 금전의 경우와 동일하게 보아야 할 것이므로, /

【대법원의 판단】 이 점에 관한 피고인 을의 상고이유의 주장도 받아들일 수 없다. (상고 기각)

2011도12604

횡령죄와 타인 소유 – 부정례
착오 변제공탁 수령 사건

2012. 1. 12. 2011도12604, 공 2012상, 296

1. 사실관계 및 사건의 경과

【사실관계 1】

① 갑은 ㉠토지의 공유자이다.

② ㉠토지는 김천시 부항면 일대에 시행되던 M다목적댐사업의 사업구역에 편입되었다.

③ 갑은 이로써 한국수자원공사에 대하여 토지보상금채권을 가지게 되었다.

④ 갑은 서울보증보험 주식회사에 대하여 채무를 지고 있다.

⑤ 2008. 3. 25. 서울보증보험 주식회사는 관할법원으로부터 갑의 한국수자원공사에 대한 채권에 대하여 ⓐ압류 및 추심명령을 받았다. (☞문서례 12번 참조)

⑥ 2008. 4. 17. 관할법원의 ⓐ압류 및 추심명령은 갑에게 송달되었다.

【사실관계 2】

① 2009. 11. 27. 한국수자원공사는 업무착오로 갑의 한국수자원공사에 대한 채권 금 3,222,740원을 집행공탁이 아니라 갑을 피공탁자로 한 변제공탁을 하였다.

② 2009. 12. 1. 갑은 관할법원에서 ㉠토지에 대한 보상금을 수령하였다.

③ 한국수자원공사는 업무착오 사실을 확인한 후 여러 차례에 걸쳐 토지보상금의 반환을 요구하였다.

④ 그러나 갑은 한국수자원공사의 반환요구를 거절하였다.

【사건의 경과】

① 검사는 갑을 횡령죄로 기소하였다.

② (공소사실의 요지는 판례 본문 참조)

③ 제1심법원은 무죄를 선고하였다.
④ 검사는 불복 항소하였다.
⑤ 항소심법원은 항소를 기각하고, 제1심판결을 유지하였다.
⑥ 검사는 불복 상고하였다.

2. 변제공탁과 타인의 재물

【대법원 요지】 1. 횡령죄는 타인의 재물을 보관하는 이가 그 재물을 횡령하거나 그 반환을 거부함으로써 성립한다(형법 제355조 제1항). /

【대법원 요지】 따라서 자기 소유의 금전 기타 재물에 대하여는 횡령죄가 성립할 여지가 없다.

【대법원 요지】 그런데 집행채무자가 제3채무자에 대하여 가지는 금전채권에 관하여 압류 및 추심명령이 행하여져서 제3채무자는 집행채무자에게 그 채권금을 지급하는 것이, 집행채무자는 이를 수령하는 것이 각 금지된다고 하더라도(민사집행법 제227조 제1항 참조), /

【대법원 요지】 제3채무자가 위와 같은 금지에도 불구하고 피압류채무를 스스로 변제하였거나 또는 그에 관하여 민법 제487조에 기한 변제공탁을 하였다면, /

【대법원 요지】 집행채무자가 그로써 수령한 금전은 자기 채권에 관한 원래의 이행으로 또는 변제공탁 등과 같이 변제에 갈음하는 방법을 통하여 취득한 것으로서 역시 그의 소유에 속한다고 할 것이고, /

【대법원 요지】 그가 단지 집행채권자 또는 제3채무자의 금전을 '보관'하는 관계에 있다고 할 수 없다. /

【대법원 요지】 따라서 집행채무자가 그 금전을 집행채권자에게 반환하는 것을 거부하였다고 하여 그에게 횡령의 죄책을 물을 수는 없다.

【대법원 요지】 이는 제3채무자가 원래 민사집행법 제248조에서 정하는 집행공탁을 하여야 할 것을 착오로 변제공탁을 하였다고 해서 달리 볼 수 없다. /

【대법원 요지】 원래 공탁은 공탁자가 자신의 책임과 판단 아래 하는 것으로서, /

【대법원 요지】 공탁자는 자신의 선택에 좇아 변제공탁이나 집행공탁 또는 혼합공탁을 할 수 있고(대법원 2008. 5. 15. 선고 2006다74693 판결 등 참조), /

【대법원 요지】 공탁의 근거가 되는 법령조항, 피공탁자의 지정이나 공탁원인사실 등에 관하여도 다른 특별한 사정이 없는 한 공탁자 자신이 그에 관한 착오에 따르는 위험을 부담하여야 하는 것이다.

3. 공소사실의 요지

【대법원 분석】 2. 이 사건 공소사실의 요지는 다음과 같다.

【대법원 분석】 피고인은 김천시 부항면 ○○리 (지번 생략) 등 3필지의 공유자이었는데 이들 토지가 김천시 부항면 일대에 시행되던 부항다목적댐사업의 사업구역에 편입됨으로써 한국수자원공사에 대하여 토지보상금채권을 가지게 되었다. /

【대법원 분석】 그런데 피고인에 대한 채권자인 서울보증보험 주식회사는 2008. 3. 25.경 대구지방법원 김천지원으로부터 피고인의 위 채권에 대하여 압류 및 추심명령을 받아 2008. 4. 17.경 그 명령이 피고인에게 송달되었다. /

【대법원 분석】 이로써 피고인은 그때부터 위 채권을 수령하여서는 아니된다는 점을 잘 알고 있었다. /

【대법원 분석】 그럼에도 불구하고 한국수자원공사가 2009. 11. 27. 채권 금 3,222,740원을 업무착오로 집행공탁이 아니라 피고인을 피공탁자로 한 변제공탁을 한 것을 기화로, /
【대법원 분석】 피고인은 2009. 12. 1. 대구지방법원 김천지원에서 위 토지보상금을 수령하여 피해자 한국수자원공사를 위하여 보관하던 중 여러 차례에 걸쳐 피해자의 반환요구를 거절함으로써 이를 횡령하였다는 것이다.

4. 사안에 대한 대법원의 판단

【대법원 판단】 3. 원심이 그 판시와 같은 이유를 들어 /
【대법원 판단】 피고인이 한국수자원공사의 이 사건 공탁의 취지에 좇아 수령한 토지보상금은 피고인의 소유라고 할 것이고 /
【대법원 판단】 달리 위 금전이 한국수자원공사의 소유라는 점을 인정할 증거가 없다고 판단하고 /
【대법원 결론】 제1심의 무죄 결론을 그대로 유지한 것은 앞에서 본 법리에 좇은 것으로서 정당하다. 거기에 상고이유의 주장과 같이 횡령죄에 관한 법리를 오해하는 등의 위법이 없다. (상고 기각)

2008도10971

횡령죄와 타인 소유 – 부정례
사기죄와 처분행위 – 부정례
양도담보 쇼트기 처분 사건

2009. 2. 12. 2008도10971, [미간행]

1. 사실관계 및 사건의 경과

【사실관계 1】
① [갑은 ㉠쇼트기와 ㉡기계, ㉢기계를 이용하여 사업을 하고 있다.]
② ㉢기계는 순번 2, 3, 4 기계들로 구성되어 있다.
③ [갑의 재무상태가 악화되었다.]
④ 갑은 ㉠쇼트기를 P회사에 매각하였다.
⑤ 갑은 P회사의 양해를 얻어 ㉠쇼트기를 계속 사용하기로 하였다.
⑥ ㉡기계와 ㉢기계 가운데 일부는 타인 소유에 속한다.
⑦ 갑은 ㉡기계와 ㉢기계에 대해 부산은행에 양도담보권을 설정해 주고 있었다.
【사실관계 2】
① 갑은 P회사(실질적 사주 A)에 대하여 6억 원의 채무를 지고 있다.
② 갑과 P회사는 갑의 6억 원 채무를 ㉡기계와 ㉢기계로 대물변제하는 약정을 하였다.
③ 갑은 이 과정에서 ㉡기계와 ㉢기계 가운데 일부가 타인의 소유에 속하거나 부산은행에 양도담보권

을 설정해 주었다는 사실을 알리지 않았다.
④ 갑은 P회사와 대물변제 약정을 체결한 후에도 ⓒ기계를 계속하여 점유 · 사용하였다.
⑤ 이후 갑은 부산은행으로부터 11억 원 상당을 대출받았다.
⑥ 이 때 갑은 P회사의 동의나 승낙을 받지 않고 계속 점유 · 사용하고 있던 [㉠쇼트기와] ㉢기계에 관하여 부산은행에 공장근저당권을 설정해 주었다.

【사건의 경과】
① [P회사는 갑을 고소하였다.]
② 검사는 갑을 다음의 공소사실로 기소하였다.
(가) ㉠쇼트기 [공장저당권설정] 부분 : 횡령죄
(나) ㉡기계 및 ㉢기계 대물변제 부분 : 특경가법위반죄(사기)
(다) ㉢기계 [공장저당권설정] 부분 : 횡령죄
③ 갑의 피고사건은 제1심을 거친 후, 항소심에 계속되었다.
④ 항소심법원은 공소사실 전부에 대해 유죄를 인정하였다.
⑤ 갑은 불복 상고하였다.

2. ㉠쇼트기 횡령죄 부분에 대한 판단

(1) 횡령죄의 법적 성질

【대법원 요지】 횡령죄는 다른 사람의 재물에 관한 소유권 등 본권을 그 보호법익으로 하고, /
【대법원 요지】 본권이 침해될 위험성이 있으면 그 침해의 결과가 발생되지 아니하더라도 성립하는 이른바 위태범이므로, /
【대법원 요지】 다른 사람의 재물을 보관하는 사람이 그 사람의 동의 없이 함부로 이를 담보로 제공하는 행위는 불법영득의 의사를 표현하는 횡령행위로서, /
【대법원 요지】 사법(私法)상 그 담보제공행위가 무효이거나 그 재물에 대한 소유권이 침해되는 결과가 발생하는지 여부에 관계없이 횡령죄를 구성한다 /
【대법원 요지】 (대법원 2002. 11. 13. 선고 2002도2219 판결 참조).

(2) 사안에 대한 대법원의 판단

【대법원 판단】 원심은, 그 적법하게 채용한 증거에 의하여 그 판시와 같은 사실을 인정한 다음, /
【대법원 판단】 피고인은 피해자 주식회사에 이 사건 쇼트기를 매도한 것으로 봄이 타당하고, /
【대법원 판단】 피해자 주식회사에 이 사건 쇼트기를 양도담보로 제공하였다는 피고인의 주장은 처분문서인 이 사건 쇼트기에 관한 매매계약서의 객관적 내용이나 원심 판시 인정 사실에 반하여 받아들일 수 없다는 이유로, /
【대법원 판단】 이 사건 쇼트기와 관련한 횡령죄의 공소사실을 유죄로 인정하였다.
【대법원 결론】 원심판결 이유를 위에서 본 법리 및 관계 증거에 비추어 살펴보면, 피고인이 피해자 주식회사에 이 사건 쇼트기를 매도한 것으로 본 원심의 사실인정 및 판단은 정당한 것으로 수긍할 수 있다.

【대법원 결론】 원심판결에는 상고이유 주장과 같이 횡령죄의 성립에 관한 법리를 오해하거나 심리를 다하지 아니하는 등의 위법이 없다.

3. ㉡, ㉢기계 사기죄 부분에 대한 판단

(1) 사안에 대한 항소심의 판단

【항소심 판단】 원심은, 그 판시와 같이 피고인은 피해자 주식회사에 이 사건 기계들을 차용금채무의 변제에 갈음하여 양도한 것으로 봄이 타당하다는 이유로, /

【항소심 판단】 이 사건 기계들 중 일부는 피고인 소유가 아니고, 일부는 부산은행에 양도담보권을 설정해 주었음에도, /

【항소심 판단】 그 사실을 피해자 주식회사에 알리지 않고 이 사건 기계들을 위 피해자에게 차용금의 변제에 갈음하여 양도하여 6억 원 상당의 차용금채무를 소멸시켜 재산상 이익을 취득하였음을 인정할 수 있다는 이유로, /

【항소심 판단】 이 사건 기계들과 관련한 특정범죄가중처벌 등에 관한 법률 위반(사기)죄의 공소사실을 유죄로 인정하였다.

(2) 사기죄의 재산상 이익과 처분행위

【대법원 요지】 그러나 사기죄에 있어서 '재산상의 이익'이란 채권을 취득하거나 담보를 제공받는 등의 적극적 이익뿐만 아니라 채무를 면제받는 등의 소극적 이익까지 포함하는 것이기는 하지만, /

【대법원 요지】 단순한 채무변제 유예의 정도를 넘어서 채무의 면제라고 하는 재산상 이익에 관한 사기죄가 성립하기 위해서는 채무자의 기망행위로 인하여 그 채무를 확정적으로 소멸 내지 면제시키는 채권자의 처분행위가 있어야만 하는 것이므로, /

【대법원 요지】 단지 채무의 이행을 위하여 채권 기타 재산적 권리의 양도가 있었다는 사정만으로 그러한 처분행위가 있었다고 단정하여서는 안 될 것이고, /

【대법원 요지】 그것이 기존 채무의 확정적인 소멸 내지 면제를 전제로 이루어진 것인지 여부를 적극적으로 살핀 다음, /

【대법원 요지】 채무면제를 목적으로 하는 사기죄의 성립 여부를 판단하여야 할 것이다.

(3) 사안에 대한 대법원의 판단

【대법원 분석】 그런데 원심의 인정 사실에 의하더라도, /

【대법원 분석】 피해자 주식회사는 피고인으로부터 이 사건 기계들을 6억 원의 차용금채무에 대한 대물변제로 양도받은 후에도, /

【대법원 분석】 이 사건 기계들로 6억 원을 회수하지 못할 경우에 대비하여 피고인에게 다시 담보의 제공을 요구하여, /

【대법원 분석】 이에 피고인이 2006. 8. 10. 김해시 ○○면 공장건물 및 그 부지에 관하여 피해자 주식회사에 가등기를 마쳐주었다는 것이고, /

【대법원 분석】 기록에 의하면, 피고인은 위와 같이 대물변제계약을 체결한 이후 피해자 주식회사 또는 피해자 주식회사의 실질적 사주인 공소외인에게 2006. 7. 21.부터 같은 해 10. 10.까지 합계 2억

4,490만 원을 지급하였는데, /

【대법원 분석】 피해자 주식회사는 위와 같이 지급받은 돈 중 112,144,000원으로 위 6억 원의 차용원리금채무 중 일부에 변제충당한 사실을 인정할 수 있다. /

【대법원 판단】 위 인정 사실에 의하면, 피고인과 피해자 주식회사 사이에 기존의 6억 원 차용금채무의 이행에 갈음하여 이 사건 기계들을 양도함으로써 위 차용금채무를 확정적으로 면제 내지 소멸시키기로 하는 약정 내지 처분행위가 있었다고 단정할 수는 없다.

【대법원 결론】 그럼에도 원심이 그 판시와 같은 이유만으로 이 부분 특정범죄가중처벌 등에 관한 법률 위반(사기)죄의 공소사실을 유죄로 인정하였으니, 원심판결에는 채무면제로 인한 사기죄의 법리를 오해하여 판결 결과에 영향을 미친 위법이 있다.

【대법원 결론】 이 점을 지적하는 취지의 상고이유 주장은 이유 있다.

4. ⓒ기계 횡령죄 부분에 대한 판단

(1) 사안에 대한 항소심의 판단

【항소심 판단】 원심은, 피고인이 피해자 주식회사에게 이 사건 기계들을 차용금채무의 변제에 갈음하여 양도한 사실을 전제로 하여, /

【항소심 판단】 그 후 부산은행으로부터 11억 원 상당을 대출받을 때 위 피해자 주식회사의 동의나 승낙을 받지 않고 이 사건 기계들 중 순번 2, 3, 4 기계들에 관하여 위 은행에 공장근저당권을 설정하여 줌으로써 횡령한 사실을 넉넉히 인정할 수 있다는 이유로, /

【항소심 판단】 이 사건 기계들 중 순번 2, 3, 4 기계들과 관련한 횡령죄의 공소사실을 유죄로 인정하였다.

(2) 동산 양도담보와 소유권의 귀속

【대법원 요지】 그러나 채무자가 채권자에게 동산을 양도담보로 제공하고 점유개정의 방법으로 점유하고 있는 경우에는 /

【대법원 요지】 그 동산의 소유권은 여전히 채무자에게 유보되어 있는 것이어서 채무자는 자기의 물건을 보관하고 있는 셈이 되므로, /

【대법원 요지】 양도담보의 목적물을 제3자에게 처분하거나 담보로 제공하였다 하더라도 횡령죄를 구성하지 아니한다.

(3) 사안에 대한 대법원의 판단

【대법원 판단】 앞서 본 바와 같이 피고인과 피해자 주식회사 사이에 대물변제약정이 있은 후에도 피해자 주식회사는 피고인으로부터 2006. 7. 21.부터 지급받은 돈의 일부로 기존 6억 원의 차용원리금 중 일부에 변제충당한 점, /

【대법원 판단】 피해자 주식회사는 이 사건 기계들로 6억 원을 회수하지 못할 경우에 대비하여 피고인에게 다시 담보의 제공을 요구하여, 피고인은 2006. 8. 10. 김해시 ○○면 공장건물 및 부지에 관하여 가등기를 경료받은 점 등의 사정에다가, /

【대법원 판단】 기록상 이 사건 기계들에 관하여 대물변제 약정을 체결한 후에도 피고인이 이 사건 기계들 중 순번 2, 3, 4 기계들을 계속하여 점유·사용하고 있는 것으로 보이는 점 등의 사정을 보태어 보면, /

【대법원 판단】 피고인과 피해자 주식회사는 대물변제의 형식을 빌려 실질적으로 이 사건 기계들 중 순번 2, 3, 4, 기계들에 관하여 양도담보권을 설정한 것으로 봄이 상당하다. /

【대법원 판단】 따라서 이 사건 기계들 중 순번 2, 3, 4 기계들에 관한 소유권은 여전히 피고인에게 유보되어 있는 것이어서, /

【대법원 판단】 피고인이 위 기계들을 부산은행에 공장근저당권의 목적으로 제공하였다고 하더라도 피고인을 횡령죄로 처벌할 수는 없다고 할 것이다. /

【대법원 판단】 나아가 양도담보로 제공된 동산에 관하여 공장근저당권이 설정된다고 하더라도 공장저당법에 의한 저당권의 효력이 미칠 수는 없으므로 /

【대법원 판단】 (대법원 2003. 1. 10. 선고 2002다33663 판결 등 참조), /

【대법원 판단】 양도담보권자인 피해자 주식회사에게 담보권의 상실이나 담보가치의 감소 등 손해가 발생할 수도 없으니, 피고인을 배임죄로도 처벌할 수 없다고 할 것이다.

【대법원 결론】 그럼에도 원심이 그 판시와 같은 이유로 이 부분 횡령죄의 공소사실을 유죄로 인정하였으니, 원심판결에는 횡령죄의 성립에 관한 법리를 오해하여 판결 결과에 영향을 미친 위법이 있다.

【대법원 결론】 이 점을 지적하는 상고이유의 주장은 이유 있다. (파기 환송)

【코멘트】 본 판례에서 주목되는 판시사항의 하나로 동산 양도담보에 대한 것이 있다. 양도담보는 목적물의 소유권을 양도하는 것과 같은 외관을 취하고 있지만 실질은 채권실현을 위한 담보의 확보에 있다. 물건에 대한 양도담보는 동산 양도담보와 부동산 양도담보로 나누어 볼 수 있다. 그런데 부동산 양도담보에 대해서는 채무자 보호를 위하여 「가등기담보 등에 관한 법률」이 엄격하게 규제를 가하고 있으므로 사법적 규율로써 족하며, 횡령죄나 배임죄와 같은 형사법적 규율을 가할 필요가 적어진다. 이에 대해 동산 양도담보의 경우에는 「가등기담보 등에 관한 법률」과 같은 특별법이 없기 때문에 횡령죄 또는 배임죄와 같은 형사법적 개입이 여전히 필요하게 된다.

본 판례에서 대법원은 동산 양도담보와 관련한 형사법적 규율에 대하여 판시하고 있다. 동산 양도담보의 형태에는 여러 가지가 있다. 본 판례에서 문제된 사안은 채무자가 채권자에게 동산을 양도담보로 제공하고 점유개정의 방법으로 점유하고 있는 경우이다. 이러한 상황에서 채무자가 양도담보의 객체인 동산을 임의처분하는 행위가 횡령죄에 해당할 것인지 문제된다. 이에 대해 대법원은 "[양도담보의 객체인] 동산의 소유권은 여전히 채무자에게 유보되어 있는 것이어서 채무자는 자기의 물건을 보관하고 있는 셈이 되므로, 양도담보의 목적물을 제3자에게 처분하거나 담보로 제공하였다 하더라도 횡령죄를 구성하지 아니한다."는 기준을 제시하고 있다.

한편 동산 양도담보의 경우에 양도담보의 목적물을 임의로 처분하는 행위가 배임죄에 해당하는가 하는 문제가 있다. 대법원은 82도2119 판례에서 배임죄의 성립을 긍정한 바가 있다. 형법적으로 채무자에게 채권자를 위하여 양도담보의 목적물인 동산을 관리하는 사무처리자의 지위를 인정하고 있는 것이다. 따라서 본 판례의 사안에서도 배임죄가 성립할 여지가 있다. 그러나 대법원은 본 판례 사안의 특수성에 비추어 배임죄의 요건 가운데 하나인 손해발생의 요건이 충족되지 않는다는 이유로 배임죄의 성립을 부정하고 있다.

동산 양도담보의 경우에 양도담보 목적물을 채무자가 임의로 처분하는 행위는 횡령죄가 아니라 배임죄로 처벌된다. 그런데 이와 관련하여 배임죄로 인하여 취득한 물건은 영득범죄로 인하여 취득한 것이 아니어서 장물에 해당하지 않는다는 점에 주목할 필요가 있다. 따라서 양도담보 목적물인 동산을 채무자가 임의로 처분하는 행위임을 알면서 그 동산을 취득하더라도 취득자에게 장물취득죄는 성립하지 않는다. 82도2119 판례는 이 점을 보여주고 있다.

82도2119

장물취득죄와 장물 – 부정례
재고약품 이중양도 사건

1983. 11. 8. 82도2119, 공 1984, 48

☞ 709면

2010도17684

횡령죄와 타인 소유 – 인정례
사업권양도 계약금 사건

2011. 6. 10. 2010도17684, 공 2011하, 1428

1. 사실관계 및 사건의 경과

【사실관계 1】

① 갑과 P회사는 다음과 같은 내용의 동업약정을 체결하였다.

(가) 갑은 금전을 출자한다.

(나) P회사는 노무를 출자한다.

(다) 갑과 P회사는 M공동주택건립사업을 시행한다.

② 갑과 P회사는 M사업을 추진하는 과정에서 자금사정이 여의치 아니하였다.

③ P회사는 Q회사에게 M사업의 사업권을 20억 원에 양도하는 ㉠양도양수계약을 체결하였다.

④ P회사와 Q회사의 ㉠양도양수계약의 계약금은 2억 원이다.

⑤ 갑과 P회사는 향후 20억 원의 양도대금에서 비용을 공제한 이익금을 50 : 50으로 분배하기로 약정하였다.

【사실관계 2】

① 2007. 8. 16. Q회사는 ㉠양도양수계약의 계약금 가운데 1억 원을 P회사에 송금하였다.

② 2007. 8. 16. 갑은 P회사 대표이사 C로부터 P회사 명의의 통장과 법인 인감을 넘겨받았다.
③ 갑은 이를 가지고 Q회사가 송금한 1억 원을 찾아서 C와 나누어 가졌다.
④ 2007. 8. 28. Q회사는 나머지 계약금 1억 원을 P회사 명의의 계좌로 송금하였다.
⑤ 갑은 가지고 있던 P회사의 통장과 법인 인감을 가지고 송금받은 1억 원 가운데 9,000만 원을 찾아 자신의 채무변제 등 개인적인 용도로 사용하였다.

【사건의 경과】

① 검사는 갑을 횡령죄로 기소하였다.
② 제1심법원은 유죄를 인정하였다.
③ 갑은 불복 항소하였다.
④ 항소심법원은 항소를 기각하고, 제1심판결을 유지하였다.
⑤ 갑은 불복 상고하였다.
⑥ 갑은 상고이유로 다음의 점을 주장하였다.
(가) 갑과 P회사는 동업관계에 있다.
(나) 갑이 임의로 사용한 9,000만 원 가운데에는 갑이 출자한 지분만큼 갑의 돈이 들어 있다.
(다) 갑의 횡령액은 갑의 지분에 해당하는 금액을 제외한 나머지 금액뿐이다.

2. 동업재산과 횡령죄의 성립범위

【대법원 요지】 동업재산은 동업자의 합유에 속하는 것이므로 동업관계가 존속하는 한 동업자는 동업재산에 대한 그 지분을 임의로 처분할 권한이 없고 /
【대법원 요지】 동업자의 한 사람이 그 지분을 임의로 처분하거나 또는 동업재산의 처분으로 얻은 대금을 보관 중 임의로 소비하였다면 횡령죄의 죄책을 면할 수 없다. /
【대법원 요지】 또한 동업자 사이에 손익분배의 정산이 되지 아니하였다면 동업자의 한 사람이 임의로 동업자들의 합유에 속하는 동업재산을 처분할 권한이 없는 것이므로, /
【대법원 요지】 동업자의 한 사람이 동업재산을 보관 중 임의로 횡령하였다면 지분비율에 관계없이 임의로 횡령한 금액 전부에 대하여 횡령죄의 죄책을 부담한다.

3. 사안에 대한 대법원의 판단

【대법원 분석】 원심판결 이유 및 원심이 적법하게 채택한 증거들에 의하면, /
【대법원 분석】 피고인과 피해자 공소외 P주식회사는 서로 금전 또는 노무를 출자하여 공소외 P주식회사 명의로 경기 양평군 (이하 생략) 일대에 공동주택건립사업(이하 '이 사건 사업'이라 한다)을 시행하기로 하는 내용의 동업약정을 체결한 후 이 사건 사업을 진행하다가 자금사정이 여의치 아니하자, /
【대법원 분석】 공소외 Q주식회사와 공소외 P주식회사가 공소외 Q주식회사에 이 사건 사업권을 양도대금 20억 원에 양도하기로 하는 내용의 이 사건 사업권 양도양수계약(이하 '이 사건 계약'이라 한다)을 체결한 다음, /
【대법원 분석】 향후 위 양도대금에서 비용을 공제한 이익금을 50 : 50으로 분배하기로 약정한 사실, /
【대법원 분석】 피고인은 공소외 Q주식회사로부터 공소외 P주식회사 명의의 법인계좌로 송금받은

이 사건 계약의 일부 계약금인 1억 원을 공소외 P주식회사를 위하여 보관하던 중 /

【대법원 분석】 공소외 P주식회사의 대표이사인 공소외 C로부터 승낙을 받지 아니한 채 그 계약금 중 9,000만 원을 임의로 인출하여 자신의 채무변제 등 개인적인 용도에 소비한 사실 등을 알 수 있는바, /

【대법원 판단】 앞서 본 법리에 비추어 볼 때 /

【대법원 판단】 피고인과 공소외 P주식회사가 동업관계에 있다고 하더라도 피고인이 동업자인 공소외 P주식회사의 승낙 없이 동업재산인 이 사건 계약의 일부 계약금을 임의로 소비하였다면 지분비율에 관계없이 임의로 횡령한 금액 전부에 대하여 횡령죄의 죄책을 면할 수 없다.

【대법원 결론】 따라서 이와 같은 취지로 피고인이 임의로 횡령한 금액 전부에 대하여 유죄로 인정한 원심의 판단은 정당한 것으로 수긍할 수 있고, 거기에 논리와 경험의 법칙에 위반하고 자유심증주의의 한계를 벗어난 위법이 있다거나 횡령죄에 관한 법리를 오해한 위법이 있다고 볼 수 없다. (상고 기각)

2010도5014

동업관계와 횡령죄 – 부정례
5천만원 부동산 투자 사건

2011. 11. 24. 2010도5014, 공 2012상, 78

1. 사실관계 및 사건의 경과

【사실관계 1】

① 갑은 소위 부동산 전문가이다.

② 2002. 9.경 갑과 A는 ㉠토지를 매수하여 이를 전매한 후 그 전매이익금을 정산하기로 약정하였다.

③ A는 갑에게 5,000만 원을 조달해 주었다.

④ 2002. 11.경 갑은 A가 조달한 금원 등을 합하여 ㉠토지를 10억 2,000만 원에 매수하였다.

⑤ 갑은 ㉠토지에 대한 소유권이전등기를 갑과 B, C의 명의로 경료하였다.

⑥ A는 ㉠토지의 매수와 그 전매를 갑에게 전적으로 일임하였고 그에 따라 토지를 매수하는 과정에 전혀 관여하지 않았다.

【사실관계 2】

① 2007. 4.경 갑은 ㉠토지를 D에게 23억 원을 받고 전매하였다.

② A는 ㉠토지를 D에게 매도할 때에도 전혀 관여하지 않았다.

③ A는 갑에게 전매차익에 대한 배당을 요구하였다.

④ 갑은 다음의 이유를 들어서 배당액 지급을 거절하였다.

(가) 갑이 A로부터 받은 돈 5,000만 원은 차용금이다.

(나) 2002. 12. 10.경 A의 반환요구에 따라 2,000만 원을 반환하였다.

(다) 나머지 돈은 A가 갑으로부터 임차하고 있던 ㉡컨테이너의 차임을 2003. 1.경부터 받지 않는

것으로 이자에 갈음하여 지급하여 왔다.

【사건의 경과】

① A는 갑을 고소하였다.

② 검사는 갑을 횡령죄로 기소하였다.

③ 제1심법원은 갑이 A를 위하여 보관하고 있던 ㉠토지에 대한 A의 지분을 횡령하였다고 판단하여 유죄를 인정하였다.

④ 갑은 불복 항소하였다.

⑤ 항소심법원은 다음의 이유를 들어서 무죄를 선고하였다.

(가) 갑과 A 사이의 계약은 동업계약이 아니다.

(나) 갑이 ㉠토지를 D에게 전매하고 받은 돈은 전액이 일단 갑에게 귀속된다.

(다) 갑이 이익금 상당액을 지급하지 않고 있다고 하더라도 이는 민사상의 채무불이행에 불과하다.

⑥ 검사는 불복 상고하였다.

2. 동업관계와 횡령죄의 성립범위

【대법원 요지】 조합재산은 조합원의 합유에 속하는 것이므로 조합원 중 한 사람이 조합재산의 처분으로 얻은 대금을 임의로 소비하였다면 횡령죄의 죄책을 면할 수 없고, /

【대법원 요지】 이러한 법리는 내부적으로는 조합관계에 있지만 대외적으로는 조합관계가 드러나지 않는 이른바 내적 조합의 경우에도 마찬가지이다. /

【대법원 요지】 그러나 이러한 조합 또는 내적 조합과는 달리 익명조합의 경우에는 익명조합원이 영업을 위하여 출자한 금전 기타의 재산은 상대편인 영업자의 재산으로 되는 것이므로 /

【대법원 요지】 그 영업자는 타인의 재물을 보관하는 자의 지위에 있지 않고 따라서 영업자가 영업이익금 등을 임의로 소비하였다고 하더라도 횡령죄가 성립할 수는 없다. /

【대법원 요지】 한편 어떠한 법률관계가 내적 조합에 해당하는지 아니면 익명조합에 해당하는지는, /

【대법원 요지】 당사자들의 내부관계에 있어서 공동사업이 있는지, /

【대법원 요지】 조합원이 업무검사권 등을 가지고 조합의 업무에 관여하였는지, /

【대법원 요지】 재산의 처분 또는 변경에 전원의 동의가 필요한지 등을 /

【대법원 요지】 모두 종합하여 판단하여야 할 것이다.

3. 사안에 대한 대법원의 판단

【대법원 분석】 원심판결 이유와 원심 및 제1심이 적법하게 채택한 증거들에 의하면, /

【대법원 분석】 피해자 공소외 A와 피고인은 2002. 9.경 양주시 ○○읍 ○○리 소재 3필지의 토지(이하 '이 사건 토지'라 한다)를 매수하여 이를 전매한 후 그 전매이익금을 정산하기로 약정한 사실, /

【대법원 분석】 피고인은 2002. 11.경 피해자가 조달한 금원 등을 합하여 이 사건 토지를 매수하였으나 그 소유권이전등기는 자신과 공소외 B, C의 명의로 경료한 사실, /

【대법원 분석】 피해자는 이 사건 토지 매수와 그 전매를 피고인에게 전적으로 일임하였고 그에 따라 토지를 매수하는 과정에 전혀 관여하지 않았을 뿐만 아니라 피고인이 2007. 4.경 위 토지를 매도할

때에도 전혀 관여하지 아니한 사실 등을 알 수 있는바, /

【대법원 판단】 사정이 이와 같다면 비록 피해자가 이 사건 토지의 전매차익을 얻을 목적으로 일정 금원을 출자하였다고 하더라도 이후 업무감시권 등에 근거하여 업무집행에 관여한 바도 전혀 없을 뿐만 아니라 피고인이 아무런 제한 없이 그 재산을 처분할 수 있었음이 분명하므로, /

【대법원 판단】 피해자와 피고인 사이의 약정은 조합 또는 내적 조합에 해당하는 것이 아니라 익명조합과 유사한 무명계약에 해당하는 것으로 보아야 할 것이다.

【대법원 결론】 원심판결의 이유 설시에 미흡한 부분이 없지 아니하나, 피고인이 타인의 재물을 보관하는 자의 지위에 있지 않다고 보아 횡령죄의 성립을 부정한 것은 그 결론에 있어서는 정당하므로, 거기에 상고이유에서 주장하는 바와 같이 횡령죄의 성립에 관한 법리를 오해한 위법이 있다고 할 수 없다. (상고 기각)

2003도6934

등록증불실기재죄와 등록증 – 부정례
동업관계와 횡령죄 – 부정례
사업자등록증 불실기재 사건

2005. 7. 15. 2003도6934, 공 2005, 1374

☞ 855면

2007도9924

횡령죄와 타인 소유 – 부정례
업무방해죄와 위력 – 인정례
익명조합 주장 사건

2009. 4. 23. 2007도9924, [공보불게재]

1. 사실관계 및 사건의 경과

【사실관계 1】

① 2004. 8. 2. A는 P지게차라는 상호로 M사업[지게차 판매]을 시작할 당시 자신의 명의로 사업자등록을 마쳤다. (☞문서례 2번 참조)

② A는 당시 Q지게차에서 근무하고 있었던 관계로 따로 동종의 사업체를 운영하고 있다는 사실이 알려지게 되면 업계에 좋지 않은 평판이 생길 것을 우려하였다.

③ 2004. 12. 22. A는 M사업의 상호를 R전동지게차로 변경하고 그에 관한 사업자등록을 갑의 명의로 마쳤다.

④ A는 M사업을 창설하는 데 필요한 자금을 전적으로 부담하였다.
⑤ A는 M사업장 내의 지게차를 비롯하여 업무용 화물차, 핸드폰, 사무실 컴퓨터 등 각종 비품도 대부분 구입하였다.

【사실관계 2】

① 갑은 A로부터 다음과 같이 정기적으로 송금을 받았다.
(가) 2004. 9.경 120만 원,
(나) 2004. 10.경부터 2005. 8.경까지 사이에 매월 150만 원
(다) 2005. 9.경부터 2006. 3.경까지 사이에 매월 200만 원
② 갑은 그 외에 명절이나 휴가 무렵에도 A로부터 돈을 송금받았다.
③ 갑은 M사업의 운영에 소요된 경비를 A에게 청구하여 A로부터 지급받았다.
④ M사업장의 업무용 예금계좌는 모두 갑의 명의로 개설되어 있었으나 예금계좌의 관리는 전적으로 A가 하였다.
⑤ 거래처에 대한 자금집행 또한 A가 담당하였다.
⑥ 갑은 정기적으로 업무실적표를 작성하여 A에게 건네주었다.
⑦ A는 갑으로부터 건네받은 업무실적표를 기초로 하여 수입·지출내역서, 결산보고서 등 각종 회계장부를 작성하였다.
⑧ A는 M사업에 관한 부가가치세를 신고하고, 각종 세금도 납부하였다.

【사실관계 3】

① 2005. 8.경부터 M사업은 그 동안의 누적된 적자를 만회하고 전체적으로 흑자로 전환되었다.
② 그럼에도 갑과 A가 M사업장에서 발생한 이익금을 정산한 사실은 없었다.
③ 갑 스스로도 M사업장을 설립하고 운영하는 과정에서 A와 사이에 동업계약서 등 동업지분에 관한 서류를 작성한 사실이 없고, 이익금을 정산한 사실도 없다는 취지로 진술하고 있다.
④ 2006. 1.경부터 A는 갑에게 갑 명의의 R전동지게차 사업을 정리하고 새로운 상호로 지게차 판매 등을 직영하겠다고 말하였다.
⑤ 그러자 갑은 M사업장이 자신의 소유라고 주장하며 지게차 등의 반환을 거부하였다.
⑥ 또한 갑은 A에게 "사업장에는 얼씬도 하지 말고 일절 관여하지 말라"고 말하였다.
⑦ 갑은 그와 함께 M사업장의 사무실 출입문에 설치된 자물쇠의 비밀번호를 변경하여 A가 사무실을 출입하지 못하도록 하였다.

【사건의 경과】

① 검사는 갑을 다음의 공소사실로 기소하였다.
(가) 지게차 등의 반환거부 : 횡령죄
(나) 사무실 출입금지 : 업무방해죄
② 갑의 피고사건은 제1심을 거친 후, 항소심에 계속되었다.
③ 항소심법원은 다음과 같이 판단하였다.
(가) 지게차 등의 반환거부 : 업무상 횡령죄 : 유죄
(나) 사무실 출입금지 : 업무방해죄 : 유죄

④ (항소심의 판단 이유는 판례 본문 참조)
⑤ 갑은 불복 상고하였다.
⑥ 갑은 상고이유로 다음의 점을 주장하였다.
(가) R전동지게차는 갑이 영업자이고 A가 익명조합원으로서 영업을 위하여 출자한 익명조합 형태의 사업장이다.
(나) 익명조합원이 영업을 위하여 출자한 금전 기타의 재산은 상대편인 영업자의 재산으로 된다.
(다) 그러므로 영업자 갑은 익명조합원 A의 재물을 보관하는 입장에 있지 않다.

2. 횡령죄 부분에 대한 판단

(1) 익명조합과 소유권의 귀속

【대법원 요지】 익명조합원이 영업을 위하여 출자한 금전 기타의 재산은 상대편인 영업자의 재산으로 된다 할 것이므로 그 영업자는 타인의 재물을 보관하는 자의 입장에 서지 아니한다고 할 것이다.

【대법원 요지】 그러나 상법 제78조가 규정하는 익명조합관계는 당사자의 일방이 상대방의 영업을 위하여 출자하고 상대방은 그 영업으로 인한 이익을 분배할 것을 약정함으로써 그 효력이 생기는 것이므로, /

【대법원 요지】 당사자 사이에 영업으로 인한 이익을 분배할 것이 약정되어 있지 않는 이상 그 법률관계를 익명조합관계라고 할 수 없다. /

【대법원 요지】 또한 형법 제355조 제1항 소정의 '반환의 거부'라 함은 보관물에 대하여 소유자의 권리를 배제하는 의사를 표시하는 행위를 뜻하므로 /

【대법원 요지】 타인의 재물을 보관하는 자가 단순히 반환요구에 불응한 사실만으로 횡령죄를 구성하는 것은 아니며, /

【대법원 요지】 횡령죄를 구성한다고 하려면 그 반환불응의 이유와 주관적인 의사 등을 종합하여 그 행위가 횡령행위와 같다고 볼 수 있을 정도이어야만 한다.

(2) 사안에 대한 대법원의 판단

【대법원 분석】 원심은, 그 채택 증거에 의하여 인정되는 다음과 같은 사정, 즉 /

【대법원 분석】 ① 피해자가 2004. 8. 2. '○○지게차'라는 상호로 이 사건 사업을 시작할 당시 자신의 명의로 사업자등록을 마쳤던 점, /

【대법원 분석】 ② 피해자는 당시 □□지게차에서 근무하고 있었던 관계로 따로 동종의 사업체를 운영하고 있다는 사실이 알려지게 되면 업계에 좋지 않은 평판이 생길 것을 우려하여 2004. 12. 22. 이 사건 사업의 상호를 '○○전동지게차'로 변경하고 그에 관한 사업자등록을 피고인의 명의로 마친 것으로 보이는 점, /

【대법원 분석】 ③ 피해자는 이 사건 사업을 창설하는 데 필요한 자금을 전적으로 부담하였고, 그 사업장 내의 지게차를 비롯하여 업무용 화물차, 핸드폰, 사무실 컴퓨터 등 각종 비품도 대부분 피해자가 구입하였던 점, /

【대법원 분석】 ④ 피고인은 피해자로부터 2004. 9.경 120만 원, 2004. 10.경부터 2005. 8.경까지

사이에 매월 150만 원, 2005. 9.경부터 2006. 3.경까지 사이에 매월 200만 원을 정기적으로 송금받았고, 그 외에 명절이나 휴가 무렵에도 돈을 송금받았던 점, /

【대법원 분석】 ⑤ 피고인은 위 사업의 운영에 소요된 경비를 피해자에게 청구하여 피해자로부터 지급받았던 점, /

【대법원 분석】 ⑥ 위 사업장의 업무용 예금계좌가 모두 피고인의 명의로 개설되어 있었으나, 위 예금계좌의 관리는 전적으로 피해자가 하였고, 나아가 거래처에 대한 자금집행 역시 피해자가 담당하였던 점, /

【대법원 분석】 ⑦ 피고인은 정기적으로 업무실적표를 작성하여 피해자에게 건네주었고, 피해자는 피고인으로부터 건네받은 위 업무실적표를 기초로 하여 수입 · 지출내역서, 결산보고서 등 각종 회계장부를 작성하였던 점, /

【대법원 분석】 ⑧ 피해자가 위 사업에 관한 부가가치세를 신고하고, 각종 세금도 납부하였던 점, /

【대법원 분석】 ⑨ 이 사건 사업은 2005. 8.경부터 그 동안의 누적된 적자를 만회하고 전체적으로 흑자로 전환되었음에도 피고인과 피해자가 위 사업장에서 발생한 이익금을 정산한 사실은 없는 것으로 보이는 점, /

【대법원 분석】 ⑩ 피고인 스스로도 위 사업장을 설립하고 운영하는 과정에서 피해자와 사이에 동업계약서 등 동업지분에 관한 서류를 작성한 사실이 없고, 이익금을 정산한 사실도 없다는 취지로 진술하고 있는 점 등을 종합하여 보면, /

【대법원 판단】 위 사업은 실질적으로 피해자가 단독으로 운영하여 온 것으로 봄이 상당하고, /

【대법원 판단】 따라서 위 사업장의 재산은 피해자의 단독 소유라고 할 것이므로, /

【대법원 판단】 피고인이 익명조합관계의 영업자의 지위에 있다고 주장하는 등 위 사업이 자신의 것이라고 주장하며 이 사건 지게차 등에 관한 피해자의 반환요구를 거부한 것은 업무상횡령죄를 구성한다고 판단하였다.

【대법원 결론】 앞서 본 법리와 기록에 비추어 살펴보면, 위와 같은 원심의 판단은 옳은 것으로 수긍이 가고, 거기에 상고이유의 주장과 같은 업무상횡령죄에 관한 법리 오해, 심리 미진의 위법이 있다고 할 수 없다.

3. 업무방해죄 부분에 대한 판단

(1) 업무방해죄의 위계와 위력

【대법원 요지】 형법 제314조 제1항의 업무방해죄는 위계 또는 위력으로서 사람의 업무를 방해한 경우에 성립하는 것이다. /

【대법원 요지】 여기서의 '위계'라 함은 행위자의 행위목적을 달성하기 위하여 상대방에게 오인 · 착각 또는 부지를 일으키게 하여 이를 이용하는 것을 말하고, /

【대법원 요지】 '위력'이라 함은 사람의 자유의사를 제압 · 혼란케 할 만한 일체의 세력으로 유형적이든 무형적이든 묻지 아니하므로, /

【대법원 요지】 폭행 · 협박은 물론 사회적 · 경제적 · 정치적 지위와 권세에 의한 압박 등도 이에 포함

되는 것이다.

(2) 사안에 대한 항소심의 판단

【대법원 분석】 원심은, 그 채택 증거에 의하여 인정되는 여러 사정을 종합하여, /

【대법원 분석】 위 사업은 실질적으로 피해자가 단독으로 운영하여 온 것으로 봄이 상당하고 위 사업장의 재산은 피해자의 단독 소유라고 할 것이므로, /

【대법원 분석】 피고인이 위 사업이 자신의 것이라고 주장하며 위 사업장의 사무실 출입문에 설치된 자물쇠의 비밀번호를 변경하여 피해자가 사무실을 출입하지 못하도록 한 것은 위계로써 피해자의 R전동지게차 운영업무를 방해한 것이라는 이유로 이 사건 업무방해의 공소사실을 유죄로 인정하였다.

(3) 사안에 대한 대법원의 판단

【대법원 판단】 앞서 살핀 바와 같이 위 사업장은 실질적으로 피해자가 단독으로 운영하여 온 것이라고 본 원심의 판단은 정당하고, /

【대법원 판단】 또한 피고인이 위 사업장의 출입문에 설치된 자물쇠의 비밀번호를 변경하여 피해자가 사무실을 출입하지 못하게 한 이상, 피고인이 피해자의 R전동지게차 운영업무를 방해하였다고 판단한 것도 정당하다 할 것이다.

【대법원 분석】 그런데 기록에 의하면, 피해자가 2006. 1.경부터 피고인에게 피고인 명의의 R전동지게차 사업을 성리하고 새로운 상호로 지게차 판매 등을 직영하겠다고 하자, /

【대법원 분석】 피고인은 위 사업장이 자신의 소유라고 주장하며 피해자에게 "사업장에는 얼씬도 하지 말고 일절 관여하지 말라"고 말하면서 위와 같이 자물쇠의 비밀번호를 변경한 사실을 인정할 수 있다.

【대법원 판단】 사실관계가 위와 같다면, 피고인이 피해자의 승낙을 받지 아니하고 자물쇠의 비밀번호를 변경하였다고 하더라도, 피해자에게 사전에 위와 같이 말하면서 자물쇠의 비밀번호를 변경한 이상, 피해자에게 오인·착각 또는 부지를 일으켜 이를 이용하여 피해자의 업무를 방해한 것으로 보기는 어렵고, /

【대법원 판단】 오히려 피해자가 운영하는 위 사업이 자신의 명의로 사업자등록이 되어 있고 자신이 상주하여 지게차 판매 등을 하고 있는 지위를 이용하여 자물쇠의 비밀번호를 변경함으로써 피해자의 업무를 위력으로 방해하였다고 봄이 상당하다고 할 것이다.

【대법원 결론】 따라서 원심이 이 사건 공소사실을 위력에 의한 업무방해죄로 보지 않고 위계에 의한 업무방해죄로 본 것은 잘못이라 할 것이지만, /

【대법원 결론】 결국 업무방해죄를 유죄로 판단한 이상, 위와 같은 잘못은 판결 결과에 영향을 미치지는 아니한다고 할 것이다. 거기에 상고이유로 주장하는 바와 같은 업무방해죄에 관한 법리 오해, 심리 미진의 위법이 있다고 할 수 없다. (상고 기각)

2005도2413

횡령죄와 재물의 보관자 – 인정례
종중 땅 임의 대출 사건

2005. 6. 24. 2005도2413, 공 2005, 1293

1. 사실관계 및 사건의 경과

【사실관계 1】

① ㉠임야는 P종중 땅으로서 종중회장 A의 소유로 등기되어 있다.
② P종중 측은 종중원 D를 통하여 갑에게 ㉠임야를 담보로 돈을 대출받아 달라고 부탁하였다.
③ 대출의 편의를 위하여 P종중 측은 ㉠임야를 갑의 소유로 이전하기로 하였다.
④ P종중의 규약에 의하면 종중 소유 부동산의 처분에 관한 사항은 총회에서 정하도록 되어 있다.
⑤ P종중의 규약에 의하면 종중총회는 종원의 2/3 이상의 출석으로 성립하고 출석 종원의 2/3 이상의 찬성으로 의결하도록 되어 있다.

【사실관계 2】

① 2003. 5. 25. P종중은 종중총회를 개최하였다.
② 이 날의 종중총회 ㉡결의서에는 다음과 같은 내용이 기재되었다.
③ "종원 총수 4명 중 3명(B, C, D)이 출석한 상태에서 종중총회를 개최하여 출석 종원 전원의 만장일치로 ㉠임야의 소유권을 갑에게 넘기는 것으로 결의하였다."
④ 그런데 실제로 P종중의 종원 총수는 4명이 아니라 더 많은 사람이 있었다.
⑤ 그 결과 2003. 5. 25.자 종중총회 결의는 정족수 부족 때문에 적법한 결의라고 할 수 없었다.

【사실관계 3】

① 갑은 2003. 5. 25.자 종중총회 ㉡결의서를 첨부하여 ㉠임야에 대한 부동산등기이전신청을 하였다.
② 2003. 7. 16.경 ㉠임야에 대해 갑 앞으로 소유권이전등기가 경료되었다.
③ 2004. 3. 31.경 갑은 S저축은행으로부터 ㉠임야를 담보로 6천만 원을 대출받아 이를 개인적인 용도로 임의로 사용하였다.
④ 2004. 6. 16.경 갑은 T은행으로부터 개인적인 용도로 1억 원을 대출받으면서 ㉠임야에 채권최고액 1억 2천만 원의 근저당권을 임의로 설정하였다.

【사건의 경과】

① 검사는 갑을 횡령죄로 기소하였다.
② 제1심법원은 유죄를 인정하였다.
③ 갑은 불복 항소하였다.
④ 항소심법원은 항소를 기각하고, 제1심판결을 유지하였다.
⑤ 갑은 불복 상고하였다.

⑥ 갑은 상고이유로 다음의 점을 주장하였다.

(가) ㉠임야에 대한 등기이전의 기초가 된 종중결의는 정족수 부족으로 무효이다.

(나) 무효인 종중결의에 의하여 이루어진 등기이전 또한 무효이다.

(다) 등기가 무효이므로 갑은 P종중에 대하여 ㉠임야에 대한 보관자의 지위에 서지 않는다.

2. 횡령죄와 보관자의 지위

【대법원 요지】 횡령죄에서 '재물의 보관'이라 함은 재물에 대한 사실상 또는 법률상 지배력이 있는 상태를 의미하며, /

【대법원 요지】 그 보관은 소유자 등과의 위탁관계에 기인하여 이루어져야 하는 것이지만, 그 위탁관계는 사실상의 관계이면 족하고 /

【대법원 요지】 위탁자에게 유효한 처분을 할 권한이 있는지 또는 수탁자가 법률상 그 재물을 수탁할 권리가 있는지 여부를 불문하는 것이고, /

【대법원 요지】 한편, 부동산에 관한 횡령죄에 있어서 타인의 재물을 보관하는 자의 지위는 동산의 경우와는 달리 부동산에 대한 점유의 여부가 아니라 법률상 부동산을 제3자에게 처분할 수 있는 지위에 있는지 여부를 기준으로 판단하여야 할 것이다.

3. 사안에 대한 대법원의 판단

【대법원 분석】 원심이 채용한 증거들에 의하면, /

【대법원 분석】 피고인은 공소외 D를 통하여 담보대출을 위한 목적으로 이 사건 임야를 이전받은 다음 공소사실 기재와 같이 금원을 대출받아 임의로 사용하고, 나아가 자신의 개인적인 대출금 담보를 위하여 근저당권을 설정한 사실을 인정할 수 있는 바, /

【대법원 판단】 비록 피고인이 이 사건 임야를 이전받는 과정에서 적법한 종중총회의 결의가 없었다고 하더라도 피고인은 이 사건 임야나 위 대출금에 관하여 사실상 피해자 종중의 위탁에 따라 이를 보관하는 지위에 있다고 보아야 할 것이고, /

【대법원 판단】 따라서 피고인이 임의로 위 대출금을 사용하거나 이 사건 임야에 관한 등기명의를 보유하게 됨을 기화로 임의로 근저당권을 설정한 행위는 피해자 종중에 대한 관계에서 횡령죄를 구성한다고 할 것이다.

【대법원 결론】 결국, 피고인에 대한 이 사건 공소사실을 모두 유죄로 인정한 원심은 그 결론에 있어서는 정당하고, 거기에 상고이유로 주장하는 바와 같은 채증법칙 위배나 횡령죄에 있어 보관자의 지위에 관한 법리오해 등의 위법이 있다고 할 수 없다. (상고 기각)

98도2036

횡령죄와 불법원인급여 – 부정례
화대 절반 횡령 사건

1999. 9. 17. 98도2036, 공 1999, 2267

1. 사실관계 및 사건의 경과

【사실관계 1】

① 갑은 전직 경찰관으로서 행정사 업무에 종사하고 있다.
② 갑은 또한 5명의 윤락녀를 두고 P윤락업소를 경영하고 있다.
③ 갑과 A는 부부 사이이다.
④ B녀는 Q다방의 종업원이다.
⑤ B녀는 혼인하여 남편과 두 아들이 있다.
⑥ B녀의 남편 C는 알코올중독으로 생활능력이 없다.

【사실관계 2】

① 갑은 B녀를 수차 찾아가 자신의 P업소에서 윤락행위를 해 줄 것을 적극적으로 권유하였다.
② 1994. 5. 1. 갑 경영의 P윤락업소에서 갑과 B녀는 다음의 약정을 맺었다.
(가) B녀는 갑의 P업소에서 손님을 상대로 윤락행위를 한다.
(나) 갑과 B녀는 손님으로부터 받은 화대를 절반씩 분배한다.
③ 1994. 5. 1.부터 1994. 9. 30.까지 B녀는 P업소에 찾아온 손님들을 상대로 윤락행위를 하였다.
④ 갑은 그동안에 B녀가 손님들로부터 받은 화대 합계 2천 7백만 원을 보관하고 있었다.
⑤ 갑과 그의 배우자 A는 B녀에게 돌려주어야 할 1천 3백 5십만 원을 돌려주지 않고 A의 생활비 등에 임의로 소비해 버렸다.

【사건의 경과】

① 검사는 갑을 횡령죄로 기소하였다.
② 갑의 피고사건은 제1심을 거친 후, 항소심에 계속되었다.
③ 항소심법원은 갑이 보관한 화대가 불법원인급여임을 이유로 무죄를 선고하였다.
④ 검사는 불복 항소하였다.
⑤ 항소심법원은 항소를 기각하고, 제1심판결을 유지하였다.
⑥ 검사는 불복 상고하였다.

2. 공소사실의 요지

【대법원 분석】 원심판결 이유에 의하면, 원심은 이 사건 공소사실 중, /
【대법원 분석】 피고인은 처인 공소외 A와 공모하여, /
【대법원 분석】 1994. 5. 1. 인천 소재 피고인 경영의 윤락업소에서, 피해자와 사이에 피해자가 손님

을 상대로 윤락행위를 하고 그 대가로 받은 화대를 절반씩 분배하기로 약정한 다음, /

【대법원 분석】 그 때부터 같은 해 9. 30.까지 피해자가 피고인의 업소에 찾아온 손님들을 상대로 윤락행위를 하고서 받은 화대 합계 2천 7백만 원을 보관하던 중 /

【대법원 분석】 그 중 절반인 1천 3백 5십만 원을 피해자에게 반환하지 아니하고 피고인과 공소외 A의 생활비 등으로 임의로 소비함으로써 이를 횡령하였다는 부분에 대하여, /

3. 사안에 대한 항소심의 판단

【항소심 판단】 형법 제355조 제1항의 횡령죄는 타인의 재물을 보관하는 자가 이를 불법으로 영득함으로써 성립하는 범죄인데, /

【항소심 판단】 피고인이 윤락업소를 경영하는 포주로서 피해자가 윤락행위를 하고 그 상대방으로부터 지급받은 화대를 자신이 보관하였다가 피해자와 절반씩 분배하기로 한 약정은 /

【항소심 판단】 윤락행위등방지법에 의하여 금지된 윤락행위를 영위하는 것을 전제로 한 것이어서 민법 제103조에 규정된 '선량한 풍속 기타 사회질서에 위반한 사항을 내용으로 하는 법률행위'에 해당하여 무효이므로, 피해자는 피고인에 대하여 그 약정에 기하여 금원의 반환을 청구할 수 없을 뿐만 아니라, /

【항소심 판단】 민법 제746조 본문에 규정된 '불법의 원인으로 인하여 재산을 급여하거나 노무를 제공한 때'에 해당하여 부당이득으로서도 그 반환을 청구할 수 없어 그 금원은 피고인의 소유에 속하고, /

【항소심 판단】 따라서 피고인이 이를 피해자에게 반환하지 않고 소비하였다고 하더라도 그것이 '타인의 재물'이 아닌 이상 횡령죄가 성립하지 아니한다는 이유로 무죄로 판단하였다.

4. 불법원인급여와 횡령죄

【대법원 요지】 민법 제746조에 의하면, /

【대법원 요지】 불법의 원인으로 인한 급여가 있고, 그 불법원인이 급여자에게 있는 경우에는 /

【대법원 요지】 수익자에게 불법원인이 있는지 여부, 수익자의 불법원인의 정도, 그 불법성이 급여자의 그것보다 큰지 여부를 막론하고 /

【대법원 요지】 급여자는 불법원인급여의 반환을 구할 수 없는 것이 원칙이나, /

【대법원 요지】 수익자의 불법성이 급여자의 그것보다 현저히 큰 데 반하여 급여자의 불법성은 미약한 경우에도 급여자의 반환청구가 허용되지 않는다면 /

【대법원 요지】 공평에 반하고 신의성실의 원칙에도 어긋나므로, /

【대법원 요지】 이러한 경우에는 민법 제746조 본문의 적용이 배제되어 급여자의 반환청구는 허용된다고 해석함이 상당하다 /

【대법원 요지】 (대법원 1997. 10. 24. 선고 95다49530, 49547 판결 등 참조).

5. 사안에 대한 대법원의 판단

【대법원 판단】 이 사건에서와 같이 포주인 피고인이 피해자가 손님을 상대로 윤락행위를 할 수 있도

록 업소를 제공하고, 윤락녀인 피해자가 윤락행위의 상대방으로부터 받은 화대를 피고인에게 보관하도록 하였다가 이를 분배하기로 한 약정은 선량한 풍속 기타 사회질서에 위반되는 것이고, /

【대법원 판단】 따라서 피해자가 그 약정에 기하여 피고인에게 화대를 교부한 것은 불법의 원인으로 인하여 급여를 한 경우로 보아야 하겠지만, /

【대법원 분석】 한편 기록에 의하면, /

【대법원 분석】 피고인은 다방 종업원으로 근무하고 있던 피해자를 수차 찾아가 자신의 업소에서 윤락행위를 해 줄 것을 적극적으로 권유함으로써 피해자가 피고인과 사이에 위와 같은 약정을 맺고서 윤락행위를 하게 되었고, /

【대법원 분석】 피고인은 전직 경찰관으로서 행정사 업무에 종사하면서도 자신의 업소에 피해자 등 5명의 윤락녀를 두고 그들이 받은 화대에서 상당한 이득을 취하는 것을 영업으로 해 왔음에 반하여, /

【대법원 분석】 피해자는 혼인하여 남편과 두 아들이 있음에도 남편이 알코올중독으로 생활능력이 없어 가족의 생계를 위하여 피고인의 권유에 따라 윤락행위에 이르게 되었음을 알 수 있는바, /

【대법원 판단】 위와 같은 피고인과 피해자의 사회적 지위, 그 약정에 이르게 된 경위에다가 앞에서 본 약정의 구체적 내용, 급여의 성격 등을 종합해 볼 때, 피고인측의 불법성이 피해자측의 그것보다 현저하게 크다고 봄이 상당하므로, /

【대법원 판단】 민법 제746조 본문의 적용은 배제되어 피해자가 피고인에게 보관한 화대의 소유권은 여전히 피해자에게 속하는 것이어서, 피해자는 그 전부의 반환을 청구할 수 있고, /

【대법원 판단】 피고인이 이를 임의로 소비한 행위는 횡령죄를 구성한다고 보지 않을 수 없다.

【대법원 결론】 그럼에도 불구하고, 원심은 위에서 본 바와 같은 이유로 피해자가 피고인에게 보관한 화대의 절반에 대한 이 사건 횡령의 공소사실을 무죄를 판단하였으니, /

【대법원 결론】 원심판결에는 횡령죄와 불법원인급여에 관한 법리를 오해함으로써 판결에 영향을 미친 위법이 있고, 이 점을 지적하는 상고이유의 주장은 이유 있다. (파기 환송)

82도2714

공갈죄와 재산상 이익 – 부정례

나체쇼 접대부 사건

1983. 2. 8. 82도2714, 공 1983, 546

☞ 512면

2010도17396

횡령죄와 재물의 보관자 – 인정례
330억원 인수 대금 사건

2011. 3. 24. 2010도17396, 공 2011상, 893

1. 사실관계 및 사건의 경과

【사실관계 1】

① 갑은 P회사를 운영하고 있다.
② Q회사는 코스닥 상장기업으로서, R회사 등이 대주주로 되어 있다.
③ 갑은 Q회사를 인수하기로 마음먹었다.
④ 2009. 5. 19.경 갑은 R회사 등으로부터 Q회사의 경영권 및 주식 3,500만 주를 P회사 등의 명의로 대금 420억 원에 인수하는 약정을 하였다.
⑤ 2009. 5. 19. (당일) 갑은 R회사 등에 대금 420억 원 중 90억 원을 우선 지급하였다.
⑥ 갑은 나머지 대금 330억 원을 다음의 방법으로 지급하기로 약정하였다.
  (가) 갑은 P회사 명의로 S은행으로부터 330억 원을 대출받는다.
  (나) 갑은 이 돈 330억 원을 R회사 명의 계좌로 입금한다.
  (다) S은행은 R회사 명의 계좌에 질권을 설정한다. (이로써 R회사는 330억 원을 처분할 수 없다.)
  (라) 갑은 잔금 330억 원을 마련하여 S은행에 대한 대출금을 변제한다.
  (마) 대출금이 변제되면 S은행은 R회사 계좌의 330억 원에 대한 질권을 해제한다.

【사실관계 2】

① 2009. 5. 29.경 갑은 R회사로부터 Q회사에 대한 경영권을 인수하였다.
② 갑은 즉시 Q회사의 임시주주총회를 개최하였다.
③ 갑은 자신의 누이 F 등 6명을 이사로 선임하고 F를 대표이사로 취임시켰다.
④ 이렇게 하여 갑은 Q회사의 실질적인 회장으로서 Q회사를 지배하게 되었다.

【사실관계 3】

① 2009. 5. 29. (같은 날) 갑은 다음과 같은 업무처리를 하였다.
  (가) Q회사는 T회사의 주식 30퍼센트를 대금 330억 원에 인수한다.
  (나) Q회사는 T회사에 이행보증금으로 330억 원을 지급한다.
② 갑은 Q회사 명의의 계좌에 입금되어 있는 Q회사 소유의 자금 330억 원을 T회사 대주주인 공소외 E 명의의 계좌로 입금하였다.
③ 갑은 [T회사와 T회사의 대주주들에게 사유를 대어] 즉시 이 돈을 P회사 명의 계좌로 송금하게 하였다.
④ 갑은 P회사 명의 계좌로 들어온 330억 원으로 P회사 명의로 S은행으로부터 대출받은 채무 330억 원을 변제하였다.

【사건의 경과】
① 검사는 갑을 특경가법위반죄(횡령)으로 기소하였다.
② 제1심법원은 유죄를 인정하고, 징역 6년을 선고하였다.
③ 갑은 불복 항소하였다.
④ 항소심법원은 양형부당을 이유로 제1심판결을 파기하고, 징역 5년을 선고하였다.
⑤ 갑은 불복 상고하였다.
⑥ 갑은 상고이유로 다음의 점을 주장하였다.
(가) 횡령죄의 주체는 재물의 보관자이다.
(나) 갑은 Q회사의 대표이사가 아니다.
(다) 따라서 갑은 330억 원에 대한 보관자의 지위에 있지 않다.

2. 횡령죄와 재물 보관자의 범위

【대법원 요지】 횡령죄에 있어서 재물의 보관이라 함은 재물에 대한 사실상 또는 법률상 지배력이 있는 상태를 의미하고 /
【대법원 요지】 그 보관이 위탁관계에 기인하여야 할 것임은 물론이나, /
【대법원 요지】 그것이 반드시 사용대차 · 임대차 · 위임 등의 계약에 의하여 설정되는 것임을 요하지 아니하고, 사무관리 · 관습 · 조리 · 신의칙 등에 의해서도 성립될 수 있다. /
【대법원 요지】 또한 주식회사는 주주와 독립된 별개의 권리주체로서 그 이해가 반드시 일치하는 것은 아니므로, /
【대법원 요지】 주주나 대표이사 또는 그에 준하여 회사 자금의 보관이나 운용에 관한 사실상의 사무를 처리하는 자가 회사 소유 재산을 제3자의 자금 조달을 위하여 담보로 제공하는 등 사적인 용도로 임의 처분하였다면 /
【대법원 요지】 그 처분에 관하여 주주총회나 이사회의 결의가 있었는지 여부와는 관계없이 횡령죄의 죄책을 면할 수는 없다.

3. 사안에 대한 대법원의 판단

【대법원 판단】 원심은 그 채택 증거에 의하여 그 판시와 같은 사실을 인정한 다음, /
【대법원 판단】 공소외 Q주식회사 소유의 이 사건 예금 330억 원이 인출되기 직전에 공소외 Q주식회사의 주주총회에서 피고인 측 이사 3명이 선출됨으로써 피고인이 공소외 Q주식회사의 실질적 운영자의 지위를 취득하게 된 점 등에 비추어, /
【대법원 판단】 피고인은 이 사건 예금 인출 당시 이 사건 예금을 보관하는 자의 지위에 있었다고 볼 수 있고, /
【대법원 판단】 나아가 피고인은 공소외 T주식회사의 주식 30%를 보유하고 있지 않았음에도 공소외 C와 공소외 T주식회사의 실질적인 대주주 공소외 D 등을 기망하여 공소외 T주식회사의 주식 30%를 양수하는 대가 명목으로 이 사건 예금 330억 원을 공소외 T주식회사의 대주주 공소외 E 명의의 계좌로 송금한 다음 /

【대법원 판단】 이를 곧바로 피고인의 공소외 Q주식회사 인수를 위한 대출금 변제에 사용하게 함으로써 이 사건 예금 330억 원을 횡령하였다고 판단하였다.

【대법원 결론】 앞서 본 법리와 기록에 비추어 살펴보면, 원심의 위와 같은 사실인정과 판단은 정당한 것으로 수긍할 수 있다.

【대법원 결론】 원심판결에는 상고이유의 주장과 같이 채증법칙을 위반하거나 횡령죄에 있어서 보관자의 지위에 관한 법리를 오해하는 등의 위법이 없다. (다른 사유로 파기 환송)

2003도7645

횡령죄와 불법영득의사 – 부정례
레이디 가장납입 사건

2004. 6. 17. 2003도7645 전원합의체 판결, 공 2004, 1881

1. 사실관계 및 사건의 경과

【사실관계 1】

① 갑은 구조조정 전문회사 P회사[판례본문의 지엔지]를 실질적으로 지배하고 있다.
② [A는 명동 일대의 사채업자이다.]
③ B는 Q회사의 대표이사이다.
④ P회사는 Q회사[판례본문의 레이디]에 대해 90억 원의 채권을 가지고 있다.
⑤ Q회사는 부도에 직면하게 되었다.
⑥ 갑은 Q회사의 대표이사 B와 함께 채권회수 방법을 모색하였다.
⑦ 갑과 B는 Q회사에 유상증자를 하는 방법으로 자금을 모아 이 돈으로 P회사의 채권을 회수하기로 하였다.

【사실관계 2】

① 갑은 사채업자 A로부터 250억 원을 차용하였다.
② Q회사는 유상증자를 위한 ㉠청약증거금계좌를 M은행 명동지점에 개설하였다.
③ 2001. 6. 27. 갑은 M은행 명동지점에서 M은행 유가증권 청약증거금계좌(㉠계좌)에 A로부터 차용한 250억 원을 포함하여 Q회사의 유상증자금 300억 7,000만 원을 일괄 납입하여 예치하였다.
④ 갑은 M은행으로부터 ㉡주식납입금보관증명서를 발급받았다.

【사실관계 3】

① 2001. 6. 28. 갑과 을은 법무사 C를 통하여 관할 등기소에 ㉡주금납입금보관증명서 등 유상증자등기에 필요한 관계 서류를 제출하였다.
② 2001. 6. 28. 관할 등기소의 등기공무원은 Q회사의 발행주식 총수 및 자본의 총액에 대한 사실을 상업등기부에 기재한 다음, 이를 관할 등기소에 비치하였다.

③ 2001. 6. 28. 갑은 을을 통하여 Q회사의 법인 계좌에서 유상증자금 300억 7,000만 원 전액을 인출하였다.
④ 갑은 이 돈으로 사채업자 A에게서 빌린 돈 250억 원을 변제하였다.

【사건의 경과 1】

① 검사는 갑을 다음의 공소사실로 기소하였다.
(가) 주금납입 후 즉시 인출행위 : 상법상 납입가장죄
(나) 상업등기부 불실기재 행위 : 공정증서원본불실기재죄 및 불실기재공정증서원본행사죄
(다) 유상증자금 인출 후 변제행위 : 특경가법위반죄(횡령)
② (공소사실의 내용은 판례 본문 참조)
③ 갑 등의 피고사건은 제1심을 거친 후, 항소심에 계속되었다.
④ 항소심법원은 공소사실 전부에 대해 유죄를 인정하였다.
⑤ 갑은 불복 상고하였다.

【사건의 경과 2】

① 대법원은 납입가장죄와 횡령죄의 관계를 놓고 10 대 2로 견해가 나뉘었다.
② 대법원은 다수의견에 따라 납입가장죄와 별도로 횡령죄를 인정하였던 종래의 판례를 폐기하였다.
③ 대법원은 항소심판결을 파기하고 환송하였다.
④ (이하에서는 지면 관계로 다수의견만을 소개함)

【참조조문】

상법

제628조 (납입가장죄등) ① 제622조[발기인, 이사 기타의 임원등의 특별배임죄] 제1항에 게기한 자가 납입 또는 현물출자의 이행을 가장하는 행위를 한 때에는 5년 이하의 징역 또는 1천500만 원 이하의 벌금에 처한다.
② 제1항의 행위에 응하거나 이를 중개한 자도 제1항과 같다.

2. 공소사실의 요지

【대법원 분석】 피고인은, /

【대법원 분석】 (가) 사채업자인 공소외 A, 주식회사 레이디[Q회사](이하 '레이디'라 한다)의 대표이사이던 공소외 B와 공모하여, /

【대법원 분석】 2001. 6. 27. 서울 중구 명동2가 ○○-○ 소재 ○○은행(구 □□은행) 명동지점에서 위 은행 유가증권 청약증거금계좌에 공소외 A로부터 차용한 250억 원을 포함하여 레이디의 유상증자금 300억 7,000만 원을 일괄 납입하여 예치하고, 위 은행으로부터 주식납입금보관증명서를 발급받은 다음, /

【대법원 분석】 위 회사 우선주 유상증자등기를 마친 후, 다음날 우선주 증자대금으로 납입한 300억 7,000만 원을 전액 인출해 가는 방법으로 /

【대법원 분석】 위 회사의 증자대금(…)의 납입을 가장하고, /

【대법원 분석】 (나) 공소외 A와 공모하여, /

【대법원 분석】 같은 날 위와 같이 위 회사에 대한 주금을 가장하여 납입하였음에도, 인천 서부등기소에서 법무사 C로 하여금 그 정을 모르는 등기공무원 성명불상자에게 주금납입금보관증명서 등 유상증자등기에 필요한 관계 서류를 제출하게 함으로써, /

【대법원 분석】 같은 날 위 등기공무원으로 하여금 위 회사의 발행주식 총수 및 자본의 총액에 대한 허위사실의 등기를 경료하게 하여 /

【대법원 분석】 공정증서원본인 상업등기부에 불실의 사실을 기재하게 하고, /

【대법원 분석】 같은 일시 · 장소에서 위 등기공무원으로 하여금 위와 같이 불실의 사실이 기재된 상업등기부를 비치하게 하여 행사하고, /

【대법원 분석】 (다) 공소외 A, 공소외 B와 공모하여, /

【대법원 분석】 2001. 6. 27.경 상장회사로서 증권거래소에서 거래 중인 레이디의 법인 명의로 유상증자금 300억 7,000만 원이 입금되었으면, 그 300억 7,000만 원은 이미 법인 소유의 돈으로서 회사의 운영을 위하여 사용되어야 함에도 불구하고, /

【대법원 분석】 그 돈을 보관하는 것을 기화로 그 다음날 그 돈을 법인의 업무와 아무런 관계없는 용도인 채무변제에 사용하기 위하여 법인계좌에서 인출하여 /

【대법원 분석】 유상증자금 300억 7,000만 원 상당을 횡령하였다.

3. 사안에 대한 항소심의 판단

【항소심 분석】 원심판결 이유에 의하면 원심은, 그 채용 증거에 의하여 (중략) 사실을 인정한 다음,

【항소심 판단】 피고인과 공소외 B가 인출된 주금을 회사를 위하여 사용한 것이 아니어서 결과적으로 레이디의 자본충실을 해친 것이 아니라고 볼 수도 없을 뿐만 아니라 /

【항소심 판단】 피고인과 공소외 B는 공모하여 레이디의 이익과는 배치되게 납입 즉시 레이디의 재산으로 된 유상증자금 300억 7,000만 원을 형식상 지엔지에 대한 채무변제조로 사용하는 것처럼 인출하여 임의로 사용하였으니 불법영득의 의사도 인정되므로, /

【항소심 판단】 공정증서원본불실기재 및 동행사죄와 함께 인출한 주금액인 300억 7000만 원 전액에 대하여 납입가장죄 및 업무상횡령죄가 성립한다고 판단하였다.

4. 납입가장죄 부분에 대한 판단

(1) 납입가장죄의 성립요건

【대법원 판단】 (가) 먼저, 원심의 판단 중 납입가장죄, 공정증서원본불실기재죄 및 불실기재공정증서원본행사죄 부분은 다음과 같은 이유로 수긍할 수 없다.

【대법원 요지】 상법 제628조 제1항 소정의 납입가장죄는 회사의 자본충실을 기하려는 법의 취지를 유린하는 행위를 단속하려는 데 그 목적이 있는 것이므로, /

【대법원 요지】 당초부터 진실한 주금납입으로 회사의 자금을 확보할 의사 없이 형식상 또는 일시적으로 주금을 납입하고 이 돈을 은행에 예치하여 납입의 외형을 갖추고 /

【대법원 요지】 주금납입증명서를 교부받아 설립등기나 증자등기의 절차를 마친 다음 바로 그 납입한 돈을 인출한 경우에는, /

【대법원 요지】 이를 회사를 위하여 사용하였다는 특별한 사정이 없는 한 실질적으로 회사의 자본이 늘어난 것이 아니어서 납입가장죄 및 공정증서원본불실기재죄와 불실기재공정증서원본행사죄가 성립하고, /

【대법원 요지】 다만 납입한 돈을 곧바로 인출하였다고 하더라도 그 인출한 돈을 회사를 위하여 사용한 것이라면 자본충실을 해친다고 할 수 없으므로 주금납입의 의사 없이 납입한 것으로 볼 수는 없다.

(2) 사안에 대한 대법원의 판단

【대법원 분석】 기록에 의하면, 이 사건 유상증자는 레이디 이사회의 결의에 따른 것이었는데 /

【대법원 분석】 이사회 결의 당시의 유상증자의 목적이나 그 후 금융감독위원회에 신고된 증자대금의 사용목적에는 /

【대법원 분석】 선하증권 회수자금 1,096,703,000원, 국공세 체납금 806,796,101원, 보험료 96,500,899원, 발행 제 비용 53,787,600원과 함께 직원 퇴직금 1,954,719,881원, 부도어음 회수비용 26,061,492,519원이 각 포함되어 있었던 사실, /

【대법원 분석】 지엔지[P회사]가 2001. 5. 23.경 레이디의 노동조합측에 퇴직금채무의 지급보증을 위하여 액면금 20억 원의 당좌수표를 교부하였던 사실을 알 수 있고, /

【대법원 판단】 한편 원심의 인정에 의하더라도 유상증자 당시 지엔지가 회수한 레이디 발행의 약속어음 및 수표의 액면 합계액이 25,852,616,573원에 달한다는 것이므로, /

【대법원 판단】 그 약속어음금 및 수표금 채권 중 가장채권으로 인정되는 부분을 제외하고는 레이디의 입장에서 볼 때 유상증자를 통하여 동액 상당의 채무를 소멸시킨 것이어서 그 범위 내에서 회사를 위하여 인출한 자본금을 사용한 것으로 볼 여지가 있고, /

【대법원 판단】 또한 노동조합에 교부한 가계수표가 제대로 결제되었는지 여부에 따라 그 액면금 상당액에 관하여도 역시 회사를 위하여 사용된 것이어서 피고인[갑]이나 을에게 가장납입의 의사가 없었다고 볼 여지도 있다.

【대법원 결론】 그렇다면 원심으로서는 유상증자 당시 존재하던 지엔지의 레이디에 대한 채권액 등에 관하여 더 심리하여 피고인이나 공소외 을에게 가장납입의 의사가 인정되는지 여부 및 그 범위에 관하여 명확히 판단하였어야 할 것임에도 불구하고, 인출된 자본금 전액에 관하여 가장납입의 의사를 인정하여 이 부분 공소사실을 그대로 유죄로 인정하였으니, /

【대법원 결론】 거기에는 필요한 심리를 다하지 아니한 채 채증법칙을 위반하여 사실을 잘못 인정하였거나 가장납입의 의사에 관한 법리를 오해함으로써 판결 결과에 영향을 미친 위법이 있다고 할 것이다. 이 점을 지적하는 상고이유의 주장은 이유 있다.

5. 횡령죄 부분에 대한 판단

(1) 납입가장죄와 횡령죄의 관계

【대법원 판단】 (나) 다음으로, 원심의 판단 중 특정경제범죄가중처벌등에관한법률위반(횡령)죄의 성립을 인정한 부분 역시 다음과 같은 이유로 수긍할 수 없다.

【대법원 요지】 주식회사의 설립업무 또는 증자업무를 담당한 자와 주식인수인이 사전 공모하여 /
【대법원 요지】 주금납입취급은행 이외의 제3자로부터 납입금에 해당하는 금액을 차입하여 주금을 납입하고 납입취급은행으로부터 납입금보관증명서를 교부받아 회사의 설립등기절차 또는 증자등기절차를 마친 직후 이를 인출하여 위 차용금채무의 변제에 사용하는 경우, /
【대법원 요지】 위와 같은 행위는 실질적으로 회사의 자본을 증가시키는 것이 아니고 등기를 위하여 납입을 가장하는 편법에 불과하여 주금의 납입 및 인출의 전과정에서 회사의 자본금에는 실제 아무런 변동이 없다고 보아야 할 것이므로, /
【대법원 요지】 그들에게 회사의 돈을 임의로 유용한다는 불법영득의 의사가 있다고 보기 어렵다 할 것이고, /
【대법원 요지】 이러한 관점에서 상법상 납입가장죄의 성립을 인정하는 이상 회사 자본이 실질적으로 증가됨을 전제로 한 업무상횡령죄가 성립한다고 할 수는 없다.
【대법원 판단】 지금까지의 대법원판례가 가장납입을 한 후 그에 따른 등기를 한 경우에 공정증서원본불실기재죄와 동행사죄가 따로 성립한다고 한 것도 위에서 본 바와 같이 실제 자본금이 증가되지 않았는데 이를 숨기고 마치 실질적인 납입이 완료된 것처럼 등기공무원에 대하여 허위의 신고를 한 것으로 본 때문이다.
【대법원 판단】 위와 같은 방식으로 납입을 가장한 경우에도 상법상 주금납입으로서의 효력을 인정하는 것은 /
【대법원 판단】 (대법원 1997. 5. 23. 선고 95다5790 판결, 1998. 12. 23. 선고 97다20649 판결 등 참조), /
【대법원 판단】 단체법 질서의 안정을 위하여, 주금의 가장납입을 회사의 설립 내지 증자의 효력을 다투는 사유로 삼을 수 없게 하고, /
【대법원 판단】 그로 인하여 발행된 주식의 효력이나 그 주권을 소지한 주주의 지위에 영향이 미치지 않게 하려는 배려에서 나온 것이므로 /
【대법원 요지】 가장 납입의 경우에 상법상 주금납입으로서의 효력이 인정된다 하여 이를 들어 업무상횡령죄와 같은 개인의 형사책임을 인정하는 근거로 삼을 수는 없다.

(2) 대법원의 판례변경

【대법원 요지】 이와 달리 타인으로부터 금원을 차용하여 주금을 가장납입한 직후 이를 인출하여 차용금변제에 사용한 경우 상법상의 납입가장죄와 별도로 회사재산의 불법영득행위로서 업무상횡령죄가 성립할 수 있다는 취지로 판시한 /
【대법원 요지】 대법원 1982. 4. 13. 선고 80도537 판결, 2003. 8. 22. 선고 2003도2807 판결 등은 이 판결의 견해에 배치되는 범위 내에서 이를 변경하기로 한다.
【대법원 결론】 따라서 이와 반대의 견해에서 상법상의 납입가장죄와 별도로 특정경제범죄가중처벌등에관한법률위반(횡령)죄의 성립을 인정한 원심판결에는 불법영득의 의사에 관한 법리를 오해한 나머지 판결 결과에 영향을 미친 위법이 있다고 할 것이다. 이 점을 지적하는 상고이유의 주장도 이유 있다. (파기 환송)

【코멘트】 본 판례는 주식회사의 설립이나 유상증자의 경우에 문제되는 납입가장 행위가 형법적으로 어떠한 범죄를 성립시키는가를 보여주고 있다. 납입가장행위에 대해서는 종래 (가) 상법상의 납입가장죄(상법 제628조), (나) 공정증서원본불실기재죄 및 불실기재공정증서원본행사죄, (다) 업무상 횡령죄 등이 문제되어 왔다. 대법원은 본 판례에서 그 동안 엇갈리던 대법원판례를 정리하여 분명한 기준을 제시하고 있다. 그러나 종전의 판례가 타당하다고 보는 소수의견도 본 판례에서 제시되고 있다.

본 판례에 나타난 대법원의 새로운 기준은 요컨대 납입가장행위는 상법상의 납입가장죄와 공정증서원본불실기재죄 및 불실기재공정증서원본행사죄를 구성할 뿐 업무상 횡령죄에는 해당하지 않는다는 것이다. 그런데 상법상의 납입가장죄는 고의범이다. 따라서 고의의 입증이 없으면 납입가장죄로도 처벌할 수 없다. 본 판례의 사안에서는 이 점이 핵심적 쟁점으로 되고 있다.

상법상의 납입가장죄와 업무상 횡령죄는 서로 배척되는 관계에 있다. 납입가장죄의 경우에는 회사의 재산이 실질적으로 증가하지 않는다. 따라서 납입된 자금을 인출하더라도 회사에 대한 관계에서 불법영득의사가 없어서 횡령죄는 성립하지 않는다. 이에 대해 실질적으로 회사에 자금이 입금되었다면 납입가장죄는 성립하지 않는다. 이 경우에 입금된 자금을 임의로 인출하는 행위는 횡령죄에 해당한다.

납입가장죄와 횡령죄는 이처럼 배척관계에 있는데, 구체적인 사안에서 회사에 자금을 입금하였다가 즉시 인출하는 행위가 실질적으로 회사 자금을 증가시킨 경우의 인출행위인지 아니면 실질적으로 아무런 변동이 없는 경우의 인출행위인지 판단하기가 쉽지 않다. 이에 해당하는 구체적 사례와 이 경우의 판단기준을 제시한 것이 다음의 2011도7262 판례이다.

2011도7262

횡령죄와 불법영득의사 – 부정례
가장납입 20억원 수표 사건

2011. 9. 8. 2011도7262, 공 2011하, 2187

1. 사실관계 및 사건의 경과

【사실관계 1】

① [갑은 P회사의 대주주이다.]

② [A는 사채업자이다.]

③ 2007. 7. 9. 갑은 A와 다음의 M약정을 맺었다.

(가) A는 P회사가 실시하는 70억 원 규모의 유상증자에 참여하여 50억 원을 납입한다.

(나) 갑은 납입금 50억 원 중 20억 원을 납입 직후 돌려주고 납입금 50억 원에 대한 이자를 지급한다.

(다) 갑은 납입금 50억 원 중 나머지 30억 원은 배정받은 주식을 처분하여 정산한다.

【사실관계 2】

① 2007. 7. 10. A는 M약정에 따라 지인들 명의로 P회사의 유상증자에 참여하여 50억 원을 납입하

였다.
② 2007. 7. 12. 갑은 유상증자대금이 납입된 P회사의 계좌에서 24억 5,000만 원을 인출하여 A에게 지급하였다.
③ 이 가운데 20억 원은 ㉠자기앞수표로 지급되었다.
④ 이후 갑은 회계감사 때문이라고 하여 ㉠자기앞수표로 지급된 20억 원을 잠시 반환해 달라고 A에게 요청하였다.
⑤ 2007. 7. 30. A는 20억 원의 ㉠자기앞수표를 P회사에 반환하였다.
⑥ 반환 이후 갑은 P회사의 계좌에서 다시 20억 원을 인출하였다.
⑦ 2007. 7. 31. 갑은 A에게 10억 원을 상환하였다.
⑧ 2007. 8. 3. 갑은 A에게 10억 원을 상환하였다.

【사건의 경과】
① 검사는 갑을 특경가법위반죄(횡령)로 기소하였다.
② 갑의 피고사건은 제1심을 거친 후, 항소심에 계속되었다.
③ 항소심법원은 다음과 같이 판단하였다.
(가) 20억 원 ㉠자기앞수표 지급행위 : 횡령죄 : 무죄
(나) 20억 원 현금인출 채무반환 행위 : 횡령죄 : 유죄
④ 갑은 불복 상고하였다.

2. 주금 가장납입과 횡령죄 성립 여부

【대법원 요지】 (1) 주식회사의 설립업무 또는 증자업무를 담당한 자와 주식인수인이 사전 공모하여 /
【대법원 요지】 주금납입취급은행 이외의 제3자로부터 납입금에 해당하는 금액을 차입하여 주금을 납입하고 /
【대법원 요지】 납입취급은행으로부터 납입금보관증명서를 교부받아 회사의 설립등기절차 또는 증자등기절차를 마친 직후 /
【대법원 요지】 이를 인출하여 위 차용금채무의 변제에 사용하는 경우, /
【대법원 요지】 위와 같은 행위는 실질적으로 회사의 자본을 증가시키는 것이 아니고 등기를 위하여 납입을 가장하는 편법에 불과하여 주금의 납입 및 인출의 전 과정에서 회사의 자본금에는 실제 아무런 변동이 없다고 보아야 한다. /
【대법원 요지】 (대법원 2004. 6. 17. 선고 **2003도7645** 전원합의체 판결, 대법원 2006. 9. 22. 선고 2004도3314 판결 등 참조).
【대법원 요지】 따라서 그들에게 회사의 돈을 임의로 유용한다는 불법영득의 의사가 있다고 보기 어렵고, 회사 자본이 실질적으로 증가됨을 전제로 한 업무상횡령죄가 성립한다고 할 수 없다. /
【대법원 요지】 그리고 납입된 주금이 회사에 일단 귀속되어 회사 자본이 실질적으로 증가한 것으로 볼 수 있는지 여부는 그 주금의 납입 경위, 납입된 주금의 보관 및 인출 형태와 경위 등 제반 사정을 종합하여 판단하여야 할 것이다.

3. 사안에 대한 항소심의 판단

【대법원 분석】 (2) 원심이 그 채택증거를 종합하여 인정한 이 부분 사실관계는 다음과 같다.

【대법원 분석】 피고인 갑은 2007. 7. 9.경 공소외 A와, /

【대법원 분석】 공소외 A는 공소외 P주식회사가 실시하는 70억 원 규모의 유상증자에 참여하여 50억 원을 납입하되, /

【대법원 분석】 피고인 갑은 위 50억 원 중 20억 원을 납입 직후 돌려주고 위 50억 원에 대한 이자를 지급하며, /

【대법원 분석】 나머지 30억 원은 배정받은 주식을 처분하여 정산하기로 약정하였다. /

【대법원 분석】 공소외 A는 위 약정에 따라 2007. 7. 10. 지인들 명의로 유상증자에 참여하여 50억 원을 납입하였고, /

【대법원 분석】 피고인 갑은 2007. 7. 12.경 유상증자대금이 납입된 공소외 P주식회사의 계좌에서 24억 5,000만 원을 인출하여 공소외 A에게 지급하였다. /

【대법원 분석】 이후 공소외 A는 회계감사 문제로 위 24억 5,000만 원 중 자기앞수표로 지급된 20억 원을 잠시 반환해 달라는 요청을 받고 2007. 7. 30.경 위 20억 원의 자기앞수표를 공소외 P주식회사에 반환하였고, /

【대법원 분석】 피고인 갑은 공소외 P주식회사의 계좌에서 다시 20억 원을 인출하여 2007. 7. 31.경 10억 원, 2007. 8. 3.경 10억 원을 각 상환하였다는 것이다.

【항소심 판단】 위 인정사실을 기초로 하여 원심은, /

【항소심 판단】 피고인 갑이 2007. 7. 12.경 인출하여 20억 원의 자기앞수표를 교부한 행위는 가장납입금의 반환에 불과하여 업무상횡령죄에 해당하지 않으나, /

【항소심 판단】 위 자기앞수표를 반환받아 공소외 P주식회사의 계좌에 입금한 후 이를 다시 인출하여 그 중 일부를 이 부분 공소사실과 같이 공소외 A에 대한 채무 변제에 사용한 행위는 공소외 P주식회사의 자금을 임의로 유용하는 것으로서 업무상횡령죄에 해당한다고 보았다.

4. 사안에 대한 대법원의 판단

【대법원 판단】 (3) 그러나 앞서 본 법리와 원심의 인정사실에 의하면, /

【대법원 판단】 피고인 갑이 위 유상증자와 관련하여 공소외 A로부터 차용하여 납입한 50억 원 중 20억 원은 주금 가장납입의 방법에 의한 납입금으로서 회사 자본금의 실체를 형성한 바가 없어 /

【대법원 판단】 그 반환 약정에 따라 이루어진 위 가장납입금에 해당하는 20억 원의 자기앞수표 인출은 공소외 P주식회사에게 실질적으로 귀속되는 회사 자금의 횡령행위라고 볼 수 없음은 원심도 인정한 바와 같다.

【대법원 판단】 나아가 위와 같이 인출한 20억 원의 자기앞수표를 그 판시와 같이 회계감사에 대비하여 공소외 P주식회사에게 일시 반환하도록 하였다가 이를 다시 인출하여 돌려준 사실이 있다 하더라도 그러한 사정만으로 위 금원이 공소외 P주식회사에게 실질적으로 귀속된 것으로 볼 수는 없고, /

【대법원 판단】 오히려 위 인출 및 반환과 재인출 경위에 비추어 이는 즉시 반환이 예정된 일시 차용에 불과하여 그 실질은 위 가장납입금의 당초 약정에 따른 종국적 인출행위라고 봄이 상당하다 할 것이다. /

【대법원 판단】 따라서 이러한 행위를 들어 피고인 갑이나 위 인출 과정에 관여한 피고인 을에게 공소외 P주식회사의 돈을 임의로 유용한다는 불법영득의 의사가 존재한다고 볼 수 없을 것이다.

【대법원 결론】 그럼에도 이와 달리 이 부분 공소사실에 대하여 유죄로 판단한 원심판결에는 주금가장납입행위에 있어서 불법영득의사에 관한 법리를 오해하여 판결에 영향을 미친 위법이 있다. 이 점을 지적하는 피고인 갑, 을의 상고이유 주장은 이유 있다. (파기 환송)

2011도277

횡령죄와 불법영득의사 – 인정례
연대보증 후 현금 지급 사건

2011. 4. 14. 2011도277, 공 2011상, 974

1. 사실관계 및 사건의 경과

【사실관계 1】

① 갑은 P회사를 실질적으로 운영하고 있다.

② 을은 P회사의 대표이사이다.

③ 갑은 사채업자 C에게 190억 원의 개인채무가 있다.

④ 갑은 을과 공모하여 갑의 사채업자 C에 대한 채무의 지급을 위하여 다음의 행위를 하였다.

(가) 갑과 P회사(대표이사 을)는 427억 5,000만 원 상당의 약속어음을 공동으로 발행하였다.

(나) P회사(대표이사 을)는 갑의 사채업자 C에 대한 개인채무 190억 원의 채무에 대해 연대보증을 하였다.

⑤ 이후 사채업자 C는 P회사를 상대로 427억 5,000만 원 약속어음금 채무 및 190억 원 연대보증채무의 이행을 청구한 일이 없었다.

【사실관계 2】

① P회사의 대표이사 을은 갑과 함께 다음의 행위를 하였다.

(가) P회사는 Q, R, S회사의 비상장주식을 매수하였다.

(나) P회사는 매수대금 중 계약금만 지급하였다.

(다) P회사의 장부상으로는 매수대금 전액을 지급한 것으로 회계처리하였다.

(라) 매수대금의 차액은 P회사에 보관하였다.

② 갑과 을은 보관된 매수대금 차액 가운데 Q회사 분 20억 원, R회사 분 10억 원, S회사 분 5억 원을 사채업자 C에게 지급하였다.

【사건의 경과】

① 검사는 갑과 을을 다음의 공소사실로 기소하였다.

(가) ㉠공소사실 : 약속어음 발행 및 연대보증 행위 : 특경가법위반죄(배임)

(나) ㉡공소사실 : 사채업자에 대한 금전 지급 : 특경가법위반죄(횡령)

② 갑과 을의 피고사건은 제1심을 거친 후, 항소심에 계속되었다.

③ 항소심법원은 다음과 같이 판단하였다.

(가) ㉠공소사실 : 약속어음 발행 및 연대보증 행위 : 특경가법위반죄(배임) : 유죄

(나) ㉡공소사실 : 사채업자에 대한 금전 지급 : 특경가법위반죄(횡령) : 유죄

④ 갑과 을은 불복 상고하였다.

⑤ 갑과 을은 상고이유로 다음의 점을 주장하였다.

(가) 갑과 을의 연대보증행위로 P회사의 사채업자 C에 대한 채무가 발생하였다.

(나) 갑과 을이 C에게 지급한 돈은 P회사의 C에 대한 채무를 이행한 것이다.

(다) 갑과 을이 C에게 돈을 지급한 행위는 갑과 을의 배임행위의 연장에 지나지 않는다.

(라) 따라서 ㉡공소사실의 특경가법위반죄(횡령)는 ㉠공소사실의 특경가법위반죄(배임)의 불가벌적 사후행위에 지나지 아니하여 죄가 성립하지 않는다.

2. 배임죄 성립 후의 횡령죄 성립 여부

【대법원 분석】 배임죄는 타인의 사무를 처리하는 자가 임무에 위배하는 행위로써 재산상의 이익을 취득하거나 제3자로 하여금 이를 취득하게 하여 본인에게 손해를 가한 때에 성립하는 범죄이고, /

【대법원 분석】 횡령죄는 타인의 재물을 보관하는 자가 불법영득의 의사로 그 재물을 횡령하는 경우에 성립하는 범죄로서, /

【대법원 요지】 횡령죄에 있어서 '불법영득의 의사'라 함은 자기 또는 제3자의 이익을 꾀할 목적으로 임무에 위배하여 자신이 보관하는 타인의 재물을 자기의 소유인 경우와 같이 사실상 또는 법률상 처분을 하는 의사를 말한다.

【대법원 요지】 위와 같은 배임죄와 횡령죄의 구성요건적 차이에 비추어 보면, /

【대법원 요지】 회사에 대한 관계에서 타인의 사무를 처리하는 자가 임무에 위배하는 행위로써 회사로 하여금 자신의 채무에 관하여 연대보증채무를 부담하게 함으로써 배임죄가 성립한 다음, /

【대법원 요지】 회사의 금전을 보관하는 자의 지위에서 그 소유자인 회사의 이익을 위한 것이 아니라 자신의 채무를 변제하려는 의사를 가지고 회사의 자금을 자기의 소유인 경우와 같이 임의로 인출한 후 개인채무의 변제에 사용한 행위는 /

【대법원 요지】 연대보증채무 부담으로 인한 배임죄와 다른 새로운 보호법익을 침해하는 행위로서 배임 범행의 불가벌적 사후행위가 되는 것이 아니라 별죄인 횡령죄를 구성한다고 보아야 하며, /

【대법원 요지】 횡령행위로 인출한 자금이 선행 임무위배행위로 인하여 회사가 부담하게 된 연대보증채무의 변제에 사용되었다 하더라도 달리 볼 것은 아니다.

3. 사안에 대한 대법원의 판단

【대법원 분석】 이러한 법리에 비추어 원심판결의 이유에 나타난 다음의 사정, /

【대법원 분석】 즉 피고인들이 공모하여 그 임무에 위배하여 피고인들의 사채업자 공소외 C에 대한 개인채무 190억 원의 지급을 위하여 피고인 갑이 대표이사로 있고 피고인 을이 실질적으로 운영하는 공소외 P주식회사로 하여금 427억 5,000만 원 상당의 약속어음을 공동발행하게 하고 위 채무에 대하여 연대보증을 하게 함으로써 /

【대법원 분석】 공소외 P주식회사에 손해를 발생시킬 위험을 초래한 배임 행위를 한 후에 /

【대법원 분석】 공소외 C가 공소외 P주식회사를 상대로 위 약속어음금채무 및 연대보증채무의 이행을 청구한 적이 없어 공소외 P주식회사가 현실적으로 위 채무를 이행하게 될 우려가 있다고는 전혀 보이지 아니한 점, /

【대법원 분석】 피고인들이 공소외 P주식회사를 위하여 보관 중인 금원을 임의로 인출하여 사채업자인 공소외 C에게 지급한 것은 공소외 P주식회사가 부담하는 약속어음금채무와 연대보증채무를 변제하기 위한 것이 아니라 피고인들이 공소외 C에 대하여 부담하는 개인채무를 변제하기 위한 것인 점을 종합하여 보면, /

【대법원 판단】 피고인들이 공소외 P주식회사의 금전을 보관하는 자의 지위에서 그 소유자인 회사의 이익을 위한 것이 아니라 자신들의 채무를 변제하려는 의사를 가지고 회사의 자금을 자기의 소유인 경우와 같이 임의로 인출한 후 개인채무의 변제에 사용한 행위는 /

【대법원 판단】 연대보증채무 부담으로 인한 회사에 대한 배임죄와 다른 새로운 보호법익을 침해하는 행위로서 배임 범행의 불가벌적 사후행위가 되는 것이 아니라 별죄인 횡령죄를 구성한다고 보아야 한다.

【대법원 결론】 같은 취지에서 원심이 불가벌적 사후행위에 해당하여 횡령죄가 성립하지 않는다는 주장을 배척한 것은 정당하고, 거기에 상고이유 주장과 같은 불가벌적 사후행위에 관한 법리를 오해한 위법은 없다. (상고 기각)

2010도11015

횡령죄와 불법영득의사 - 부정레 부외거래시스템 예금 사건

2010. 12. 9. 2010도11015, 공 2011상, 179

1. 사실관계 및 사건의 경과

【사실관계 1】

① 갑은 P새마을금고의 이사장으로 근무하였다.

② 갑은 새마을금고연합회의 감사에 위법사항이 적발되어 이사장을 사직하였다.

③ 갑은 이후 을을 명목상의 이사장으로 내세우고 사실상 이사장으로 권한을 행사하였다.
④ 갑은 새마을금고 연합회의 감사를 피하기 위하여 부외거래시스템을 만들었다.
⑤ 부외거래시스템은 일부 고객의 정기예탁금을 정상적인 전산시스템으로 처리한 예탁금과 별개의 회계로 관리하는 시스템이다.
⑥ 갑이 부외거래시스템을 설치한 것은 P금고가 고객들에게 시중보다 높은 금리를 제공하여 고객들로부터 보다 많은 예탁금을 유치하기 위함이었다.

【사실관계 2】

① 갑은 간부 직원 을, 병 등과 협의한 다음, 창구의 수납을 담당한 직원들에게 조합원들이 예금을 하기 위해 금고에 오면 예금을 정상계좌로 입금할 것인지 부외거래시스템으로 입금할 것인지를 선택하게 하였다.
② 그리하여 P금고 직원들은 일부 조합원들에게 P금고 연합 전산시스템에는 계좌번호가 존재하지 않는 통장을 발행해주고 그 예금을 부외거래시스템에 입금처리하였다.
③ 부외거래시스템으로 처리한 기간은 10여년에 이르렀으며, 예금액은 500억 원 정도에 달하였다.
④ [갑은 이렇게 조성된 자금을 다른 조합원들에게 보다 높은 이자를 받고 대출금으로 대출하였다.]

【사건의 경과】

① 검사는 갑을 특경가법위반죄(횡령)와 특경가법위반죄(사금융알선)로 기소하였다.
② (기타 위법행위 부분은 고찰에서 생략함)
③ 제1심법원은 유죄를 인정하였다.
④ 갑은 불복 항소하였다.
⑤ 항소심법원은 제1심판결을 파기하고, 무죄를 선고하였다.
⑥ (항소심의 판단 이유는 판례 본문 참조)
⑦ 검사는 불복 상고하였다.

2. 횡령죄와 불법영득의사

【대법원 요지】 업무상횡령죄가 성립하기 위하여는 자기 또는 제3자의 이익을 꾀할 목적으로 업무상 임무에 위배하여 자신이 보관하는 타인의 재물을 자기의 소유인 것 같이 사실상 또는 법률상 처분하는 의사를 의미하는 불법영득의 의사가 있어야 한다.

【대법원 요지】 법인의 운영자 또는 관리자가 법인의 자금을 이용하여 비자금을 조성하였다고 하더라도 /

【대법원 요지】 그것이 당해 비자금의 소유자인 법인 이외의 제3자가 이를 발견하기 곤란하게 하기 위한 장부상의 분식에 불과하거나 /

【대법원 요지】 법인의 운영에 필요한 자금을 조달하는 수단으로 인정되는 경우에는 /

【대법원 요지】 불법영득의 의사를 인정하기 어렵다. /

【대법원 요지】 다만 법인의 운영자 또는 관리자가 법인을 위한 목적이 아니라 법인과는 아무런 관련이 없거나 개인적인 용도로 착복할 목적으로 법인의 자금을 빼내어 별도로 비자금을 조성하였다면 /

【대법원 요지】 그 조성행위 자체로써 불법영득의 의사가 실현된 것으로 볼 수 있을 것인바, /

【대법원 요지】 이때 그 행위자에게 법인의 자금을 빼내어 착복할 목적이 있었는지 여부는 /
【대법원 요지】 그 법인의 성격과 비자금의 조성 동기, 방법, 규모, 기간, 비자금의 보관방법 및 실제 사용용도 등 제반 사정을 종합적으로 고려하여 판단하여야 한다.
【대법원 판단】 (중략)

3. 사안에 대한 대법원의 판단

【대법원 판단】 원심은, /
【대법원 판단】 이 사건 새마을금고의 실질적 운영자인 피고인 갑과 상무 혹은 전무 등으로 재직한 피고인 을, 병이 금고의 담당 직원들로 하여금 고객들이 맡긴 정기예탁금을 부외거래시스템에 입금하게 하는 행위 자체가 금고에 대한 관계에서 횡령 행위로 인정되기 위해서는, /
【대법원 판단】 부외거래자금이 금고와는 아무런 관련이 없거나 개인적인 용도로 착복할 목적으로 조성된 것으로서, /
【대법원 판단】 고객의 정기예탁금이 부외거래시스템을 통하여 금고에 입금되면 그 돈은 정상거래시스템을 통하여 입금된 고객의 돈과는 별도로 보관 · 관리 · 처분되어 금고의 공식적인 자금에서 벗어난 별도의 비자금과 같은 성격을 띠게 되는 것이어야 한다고 전제한 다음, /
【대법원 판단】 그 판시와 같은 부외거래시스템의 도입 경위 및 운용 실태, 부외거래자금의 흐름이나 사용처 등의 여러 사정을 종합하면 피고인 갑 등이 이 사건 새마을금고의 직원들로 하여금 고객들이 맡긴 정기예탁금을 부외거래시스템에 입금하게 하는 행위는 /
【대법원 판단】 회계처리상 부외거래시스템의 계좌 혹은 통합전산망의 차명계좌에 예금액을 기재하는 행위에 불과하고 그 자체로 금고의 공식적인 자금에서 벗어난 별도의 비자금을 조성하는 행위로 볼 수는 없다는 이유로, /
【대법원 판단】 피고인 갑, 을, 병의 특정경제범죄 가중처벌 등에 관한 법률 위반(횡령)의 점[…]에 관한 이 부분 공소사실에 대하여 각 무죄를 선고하였다. /
【대법원 판단】 나아가 원심은 같은 취지에서 부외거래시스템에 입금된 정기예탁금은 피고인 갑 등의 개인재산으로 귀속되는 것이 아니라 이 사건 새마을금고에 귀속되는 것으로 보아야 한다고 전제한 다음, /
【대법원 판단】 피고인 갑 등이 이러한 부외거래자금을 조합원들에게 대출해 주는 행위는 피고인 갑 등의 계산 또는 금고 이외의 제3자의 계산으로 대출하는 것으로 볼 수 없어 특정경제범죄 가중처벌 등에 관한 법률 제8조에 규정된 사금융알선에 해당하지 아니한다고 하여, /
【대법원 판단】 피고인 갑, 을의 특정경제범죄 가중처벌 등에 관한 법률 위반(사금융알선등)[…]의 점에 관한 이 부분 공소사실에 대하여 각 무죄를 선고하였다. /
【대법원 판단】 (중략)
【대법원 결론】 관계 증거와 기록을 앞서 본 법리에 비추어 살펴보면, 원심의 위와 같은 사실인정과 판단은 정당한 것으로 수긍할 수 있고, 거기에 검사의 상고이유 주장과 같이 논리와 경험의 법칙에 위배하여 사실을 오인하거나 불법영득의사의 인정기준 등에 관한 법리를 오해하여 판결 결과에 영향을 미친 위법이 있다고 할 수 없다. (상고 기각)

98도126

횡령죄와 정당한 반환거부 – 인정례
절도죄와 타인 소유 – 인정례
교회 분열 건축헌금 사건

1998. 7. 10. 98도126, 공 1998, 2174

1. 사실관계 및 사건의 경과

【사실관계 1】

① A는 P교회의 담임목사이다.

② 갑은 P교회의 집사 겸 건축위원장으로서 P교회의 건축헌금 및 장학기금을 보관, 관리하여 왔다.

③ P교회는 내부 불화로 인하여 목사 A를 중심으로 한 교회와 일반신도 갑 및 그를 지지하는 교인들을 구성원으로 하는 교회 등 두 개의 교회로 사실상 분열되었다.

④ 1985. 12. 10. 갑 등은 목사 A에 의하여 제명출교를 당하였다.

⑤ 관련 교단의 헌법에 의하면 일반신도에 대한 권징재판권은 원칙적으로 당회에 속한다.

⑥ 그런데 갑 등에 대한 출교처분은 담임목사인 A 개인에 의하여 이루어졌다.

⑦ 갑 등은 자신들에 대한 제명출교처분이 무효라고 주장하여 관련 기관에 소원 및 재심청원을 하였다.

⑧ 갑 등은 P교회에 계속 출입하면서 교회 안에서 분리 예배행위를 하였다.

【사실관계 2】

① P교회가 분열되면서 교회재산에 대한 분쟁이 예상되었다.

② 1994. 4. 17.경 P교회 목사 A는 갑에 대해 갑이 보관 중이던 건축헌금 150여만 원 등 장학기금, 21세기적립보험금 합계 금 400여만 원 및 21세기적립보험증권의 반환을 요구하였다.

③ 목사 A 측의 교회재산 반환요구에 대하여 갑과 갑을 지지하는 교인들은 다음과 같은 이유를 들어서 해당 재물의 명도를 거부하였다.

④ "교회가 두 편으로 갈라지기 전의 교인들의 총의가 없으므로 전체 교인들의 총의나 원만한 해결이 있을 때까지 잠정적으로 보관하고 있겠다."

⑤ 1996. 2. 22. 갑과 갑을 지지하는 교인들은 갑 등을 대표로 하여 P교회 목사 A 및 재정부장 B에게 다음과 같은 내용의 내용증명 우편을 발송하였다.

⑥ "교회재산은 교인들의 총유재산인데, 두 편으로 갈라지기 전의 교인들의 총의에 의하지 아니하고 어느 일방이 임의로 의결하여 재산권을 행사하는 것은 허용할 수 없다."

⑦ 1996. 4. 17. 갑 등이 제기한 제명출교처분에 대한 관련 기관에의 소원 및 재심청원은 모두 기각되었다.

【사실관계 3】

① 1996. 5. 23.경 갑은 ㉠천막을 자기 교파만의 체육행사를 위하여 갑을 따르는 P교회청년부 소속 교인들로 하여금 P교회에서 가져오게 하였다.

② 갑은 ㉠천막을 M중학교에서 체육행사에 사용한 다음 갑의 연립주택 옥상에 가져다 보관하였다.
③ 갑은 ㉠천막을 돌려달라는 반대파 교인들의 반환요구를 계속하여 거부하였다.
④ 목사 A는 관할법원에 갑을 중심으로 한 교인들의 P교회에 대한 출입을 금지하는 가처분신청을 하였다.
⑤ 1996. 5. 30. 관할법원은 갑을 중심으로 한 교인들의 교회에 대한 출입을 금지하는 가처분결정을 하였다.
⑥ 갑을 지지하는 교인들은 교회 밖에 별도의 예배장소를 얻고 목사를 초빙하여 따로 예배를 보기에 이르렀다.

【사건의 경과】

① 검사는 갑을 다음의 공소사실로 기소하였다.
(가) 건축헌금 등 부분 : 횡령죄
(나) ㉠천막 부분 : 절도죄
② 제1심법원은 다음과 같이 판단하였다.
(가) 건축헌금 등 부분 : 횡령죄 : 유죄
(나) ㉠천막 부분 : 절도죄 : (불명)
③ 갑은 불복 항소하였다.
④ 항소심법원은 다음과 같이 판단하였다.
(가) 건축헌금 등 부분 : 횡령죄 : 항소기각 (유죄)
(나) ㉠천막 부분 : 절도죄 : 유죄
⑤ (항소심의 판단 이유는 판례 본문 참조)
⑥ 갑은 불복 상고하였다.

2. 횡령죄 부분에 대한 판단

(1) 공소사실의 요지

【대법원 분석】 피고인에 대한 공소사실 중 각 횡령의 점의 요지는, /

【대법원 분석】 피고인은 이 사건 P교회의 집사 겸 건축위원장으로서 위 교회의 건축헌금 및 장학기금을 보관, 관리하여 오던 중 교회로부터 제명출교처분을 받은 자인바, /

【대법원 분석】 1994. 4. 17.경 위 교회 목사 공소외 A로부터 피고인이 보관 중이던 건축헌금 1,530,270원 등 장학기금, 21세기적립보험금 합계 금 4,137,210원 및 21세기적립보험증권의 반환을 요구받고도 정당한 이유 없이 그 요구에 불응하여 이를 횡령하고, /

【대법원 분석】 같은 해 6. 7.경 위 공소외 A로부터 피고인이 보관 중이던 카메라 등 부품일체 시가 금 2,000,000원 상당과 재정장부 15권의 반환을 요구받고도 정당한 이유 없이 그 요구에 불응하여 이를 횡령하였다는 것이다.

(2) 사안에 대한 항소심의 판단

【항소심 분석】 이에 대하여 원심은, /

【항소심 분석】 이 사건 교회는 대한예수교장로회총회(합동측) 산하의 교회이고, 목사 공소외 A는 1989.경부터 위 교회의 시무목사로 일하여 왔으며, 피고인은 같은 교회의 최선임 집사로서 교회의 재정·관리 업무를 담당하여 온 사실, /

【항소심 분석】 그런데 피고인은 1995. 5. 초순경 공소외 A가 교회의 노회상납금을 횡령하고 도박을 하였다고 주장하고 총교인 100여 명 중 약 40여 명에 이르는 교인들이 이에 동조하게 되는 등 위 교회에 분란이 생기게 되자, /

【항소심 분석】 공소외 A는 위 총회 헌법 제78조 내지 제80조에 의거, 위 총회 ○○○노회에 피고인과 그에 동조하는 자들(이하 피고인 등이라고 한다)을 고소하여 자신의 비위사실의 진위 여부에 대한 위탁판결을 청구하였고, 피고인도 이에 맞서 위 교회의 □□시찰회를 통하여 위 노회에 같은 판결을 구하게 된 사실, /

【항소심 분석】 그 후 같은 해 12. 9. 위 노회의 조사처리위원회는 양측의 청구에 대하여 피고인이 주장하는 사실이 허위라고 판단하고 피고인 등을 당회장인 목사 공소외 A의 권한으로 의법조치할 것을 지시하였고, 이에 공소외 A는 같은 달 10. 피고인 등을 제명출교한 사실, /

【항소심 분석】 그러나 피고인 등은 위 교회에 계속 출입하면서 교회 안에서 분리하여 예배행위를 하는 한편, 피고인은 위 제명출교처분에 불복하여 상급 노회나 총회에 소원 및 재심청원을 하였으나 1996. 4. 17. 모두 기각되었고, /

【항소심 분석】 또 같은 해 5. 30. 공소외 A의 신청으로 부산지방법원이 피고인을 중심으로 한 교인들의 교회에 대한 출입을 금지하는 가처분결정을 하자 피고인을 지지하는 교인들은 교회 밖에 별도의 예배장소를 얻고 목사를 초빙하여 따로 예배를 보기에 이르른 사실을 인정한 다음, /

【항소심 판단】 위 인정사실에 의하면, /

【항소심 판단】 이 사건 교회는 내부 불화로 인하여 목사 공소외 A를 중심으로 한 원래의 교회와 피고인과 그를 지지하는 교인들을 구성원으로 하는 교회로 사실상 분열되었다고 보아야 할 것이고, /

【항소심 판단】 또한 교회가 분열된 경우에 그 재산의 귀속에 관하여 어떤 규정이 있으면 모르되 특별한 정함이 없으면 교회재산은 분열 당시 교인들의 총유에 속한다 할 것인바, /

【항소심 판단】 피고인이 교인들 전원의 총의에 따르지 않고 일방적으로 보관하고 있던 교회재산의 반환을 거부하고 있다면 이는 다른 일방의 교인들에 대하여 횡령죄를 구성한다 할 것이고, /

【항소심 판단】 이와 같은 결론은 목사 공소외 A가 피고인을 위 교회로부터 제명출교한 처분이 정당한가의 여부에 따라 달라지는 것은 아니라고 하여 /

【항소심 판단】 피고인의 이 사건 공소사실 부분에 대해 유죄를 인정한 제1심판결을 유지하고 피고인의 항소를 기각하였다.

(3) 반환거부와 횡령죄

【대법원 요지】 형법 제355조 제1항이 정한 "반환의 거부"라 함은 보관물에 대하여 소유권자의 권리를 배제하는 의사표시를 하는 것을 뜻하므로, /

【대법원 요지】 "반환의 거부"가 횡령죄를 구성하려면 타인의 재물을 보관하는 자가 단순히 그 반환을 거부한 사실만으로는 부족하고 그 반환거부 이유와 주관적인 의사들을 종합하여 반환거부행위가

횡령행위와 같다고 볼 수 있을 정도이어야 하고, /

【대법원 요지】 횡령죄에 있어서의 이른바 불법영득의 의사는 타인의 재물을 보관하는 자가 그 취지에 반하여 정당한 권원 없이 스스로 소유권자와 같이 이를 처분하는 의사를 말하는 것이므로 /

【대법원 요지】 비록 그 반환을 거부하였다고 하더라도 그 반환거부에 정당한 사유가 있어 이를 반환하지 아니하였다면 불법영득의 의사가 있다고 할 수는 없으며, /

(4) 교회분열과 소유권 귀속

【대법원 요지】 일반적으로 하나의 교회가 두 개의 교회로 분열된 경우 /

【대법원 요지】 교회의 장정 기타 일반적으로 승인된 규정에서 교회가 분열될 경우를 대비하여 미리 재산의 귀속에 관하여 정하여진 바가 없으면 /

【대법원 요지】 교회의 법률적 성질이 권리능력 없는 사단인 까닭으로 종전 교회의 재산은 분열 당시 교인들의 총유에 속하고, /

【대법원 요지】 교인들은 각 교회활동의 목적 범위 내에서 총유권의 대상인 교회재산을 사용수익할 수 있다 할 것이다.

(5) 사안에 대한 대법원의 판단

【대법원 분석】 그런데 원심이 인정한 사실 및 기록에 의하면, /

【대법원 분석】 이 사건 P교회는 원심이 판시한 바와 같이 내부 불화로 인하여 목사 공소외 A를 중심으로 한 교회와 피고인 및 그를 지지하는 교인들을 구성원으로 하는 교회 등 두 개의 교회로 사실상 분열되어 위 공소외 A에 의하여 결국 피고인 등이 1985. 12. 10. 제명출교 당하게 된 사실, /

【대법원 분석】 그런데 대한예수교장로회총회(합동측) 헌법에 의하면 일반신도에 대한 권징재판권은 당회에 속하고, 예외적으로 상회(上會)인 노회에 속하는 것인데, /

【대법원 분석】 위 제명출교처분은 적법한 재판기관으로 규정한 위 교회 당회(당시 위 교회 당회는 치리장로가 없게 되어 폐당회가 되었으므로 권징재판을 할 수도 없었다)가 아닌 남임목사인 위 공소외 A 개인에 의하여 이루어진 사실, /

【대법원 분석】 피고인 등은 위 교회에 계속 출입하면서 교회 안에서 분리 예배행위를 하는 한편 위 제명출교처분은, 위 헌법상의 적법한 재판기관이 아닌 담임목사 공소외 A 개인이 한 것으로 무효라고 주장하면서 이에 불복하여 상급 노회나 총회에 소원 및 재심청원을 하였으나 1996. 4. 17. 모두 기각되었고, /

【대법원 분석】 또 같은 해 5. 30. 공소외 A의 신청으로 법원이 피고인을 중심으로 한 교인들의 교회에 대한 출입을 금지하는 가처분결정을 하자 피고인을 지지하는 교인들은 교회 밖에 별도의 예배장소를 얻고 목사를 초빙하여 따로 예배를 보기에 이르른 사실, /

【대법원 분석】 한편 피고인 및 피고인을 지지하는 교인들은 교회재산 문제에 대하여 분쟁이 예상되자 피고인 등을 대표로 하여 1996. 2. 22. 위 교회 목사 공소외 A 및 재정부장 B에게 /

【대법원 분석】 '교회재산은 교인들의 총유재산인데, 두 편으로 갈라지기 전의 교인들의 총의에 의하지 아니하고 어느 일방이 임의로 의결하여 재산권을 행사하는 것은 허용할 수 없다.'는 취지의 내용증명 우편을 발송하고, /

【대법원 분석】 위 공소외 A측의 교회재산 반환요구에 대하여 교회가 두 편으로 갈라지기 전의 교인들의 총의가 없으므로 전체 교인들의 총의나 원만한 해결이 있을 때까지 잠정적으로 보관하고 있겠다는 이유 등으로 그 명도를 거부하고 있는 사실을 알 수 있다.
【대법원 판단】 따라서 앞서 본 바와 같이 위 공소외 A측이 명도를 요구하는 물건들은 두 편으로 갈라지기 전의 교인들의 총유에 속하고, /
【대법원 판단】 교인들은 각 교회활동의 목적 범위 내에서 총유권의 대상인 교회재산을 사용수익할 수 있다 할 것이며, /
【대법원 판단】 피고인 등에 대한 위 제명출교처분은 위 헌법상의 재판기관에 의하여 이루어진 것이 아니어 무효라고 볼 여지가 있는 상태에서, /
【대법원 판단】 피고인 등이 위 공소외 A측이 두 편으로 갈라지기 전의 교인들의 총의가 없이 교회재산의 반환을 청구할 수는 없다는 취지의 위 내용증명 우편을 발송하고 이 사건 물건들의 반환을 거부한 것이라면, /
【대법원 판단】 피고인의 위 반환거부이유와 주관적인 의사를 종합하여 볼 때 피고인이 불법영득의사를 가지고 반환을 거부한 것이라고 단정할 수는 없다고 하겠다.
【대법원 결론】 그럼에도 원심이, 피고인이 그 반환을 거부하고 있는 이유가 무엇인지에 대하여 제대로 살펴보지도 아니하고, 그가 단순히 교인들 전원의 총의에 따르지 않고 일방적으로 보관하고 있던 교회재산의 반환을 거부하고 있다면 이는 다른 일방의 교인들에 대하여 횡령죄를 구성한다고 판단하였음은 /
【대법원 결론】 필요한 심리를 다하지 아니하고, 횡령죄의 불법영득의사에 관한 법리를 오해한 위법이 있다고 할 것이고, 이러한 위법은 판결 결과에 영향을 미쳤음이 분명하므로 이 점을 지적하는 취지의 상고이유 주장은 이유 있다.

3. 절도죄 부분에 대한 판단

(1) 교회분열과 절도죄

【대법원 요지】 하나의 교회가 두 개 이상으로 분열된 경우 그 재산의 처분에 관하여 교회 장정 등에 규정이 없는 한 분열 당시 교인들의 총의에 따라 그 귀속을 정하여야 하고 /
【대법원 요지】 그와 같은 절차 없이 위 재산에 대하여 다른 교파의 점유를 배제하고 자기 교파만의 지배에 옮긴다는 인식 아래 이를 가지고 갔다면 절도죄를 구성한다.

(2) 사안에 대한 대법원의 판단

【대법원 분석】 기록에 의하면, 이 사건 P교회가 위와 같이 사실상 두 개로 분열된 상태에서, /
【대법원 분석】 피고인은 1996. 5. 23.경(제1심판결의 6. 5.은 오기로 보인다. 수사기록 2권 385면 참조) 이 사건 천막을 자기 교파만의 체육행사를 위하여 피고인을 따르는 이 사건 교회청년부 소속 교인들로 하여금 위 교회에서 가져오게 하여 부산 영도구 ○○동 소재 △△초등학교에서 체육행사에 사용한 다음 /
【대법원 분석】 피고인의 연립주택 옥상에 가져다 보관하며 반대파 교인들의 반환요구를 거부하여

오고 있는 사실을 인정할 수 있으므로 /

【대법원 판단】 피고인은 불법영득의 의사로 이 사건 천막을 가지고 간 것으로 볼 것이다.

【대법원 결론】 원심이 피고인에 대한 이 사건 절도 범죄사실을 유죄로 인정한 조치를 앞서 본 법리와 기록에 살펴보면 수긍이 가고, 거기에 상고이유로 주장하는 절도죄의 불법영득의사에 관한 법리오해의 위법이 있다고 할 수 없다. (결론적으로 파기 환송)

2008도3438

횡령죄와 친족상도례 – 부정례
삼촌 조카 2백만원 사건

2008. 7. 24. 2008도3438, 공 2008, 1263

1. 사실관계 및 사건의 경과

【사실관계】

① 갑과 A는 삼촌, 조카 사이이다.

② A는 B에게 2백만 원을 교부하면서 C에게 전달해 달라고 부탁하였다.

③ 갑은 B로부터 C에게 전달해 주겠다며 이 2백만 원을 받아 가지고 있었다.

④ 갑은 이 2백만 원을 임의로 사용해 버렸다.

⑤ 조카 A는 삼촌 갑을 고소하지 않았다.

【사건의 경과】

① 검사는 갑을 횡령죄로 기소하였다.

② 갑의 피고사건은 제1심을 거친 후, 항소심에 계속되었다.

③ 항소심법원은 친족상도례를 적용하여 공소기각판결을 선고하였다.

④ (항소심의 판단 이유는 판례 본문 참조)

⑤ 검사는 항소심판결에 불복 상고하였다.

2. 횡령죄의 보호법익

【대법원 요지】 횡령죄는 다른 사람의 재물에 관한 소유권 등 본권을 그 보호법익으로 하고, /

【대법원 요지】 위탁이라는 신임관계에 반하여 타인의 재물을 보관하는 자가 이를 횡령하거나 또는 반환을 거부함으로써 성립하는 것이므로, /

【대법원 요지】 범인이 위탁자가 소유자를 위해 보관하고 있는 물건을 위탁자로부터 보관받아 이를 횡령한 경우에 /

【대법원 요지】 형법 제361조에 의하여 준용되는 제328조 제2항 소정의 친족간의 범행에 관한 조문은 범인과 피해물건의 소유자 및 위탁자 쌍방 사이에 같은 조문 소정의 친족관계가 있는 경우에만 적용되는 것이고, /

【대법원 요지】 단지 횡령범인과 피해물건의 소유자간에만 친족관계가 있거나 횡령범인과 피해물건의 위탁자간에만 친족관계가 있는 경우에는 그 적용이 없다고 보아야 한다.

3. 사안에 대한 항소심의 판단

【대법원 분석】 그런데 원심은 /
【대법원 분석】 "피고인이 공소외 A로부터 공소외 C에게 전달해 달라는 부탁과 함께 금 2,000,000원을 교부받은 공소외 B으로부터 공소외 C에게 전달해 주겠다며 위 금원을 받아 보관하던 중 위 금 2,000,000원을 임의 사용함으로써 이를 횡령하였다"라는 이 사건 공소사실에 대하여, /
【항소심 판단】 피고인이 피해자 공소외 A의 삼촌인 사실이 인정되고, 공소외 A가 피고인을 고소하였음을 인정할 아무런 자료가 없다는 이유로 /
【항소심 판단】 피고인에 대하여 위 친족간의 범행에 관한 규정을 적용하여 공소를 기각하였는바, /

4. 사안에 대한 대법원의 판단

【대법원 판단】 피고인이 이건 피해금원의 소유자인 공소외 A에 대한 관계에서만 위 법조 소정의 친족관계가 있을 뿐이고 이 사건 피해금원의 위탁자인 공소외 B와 사이에는 위 법조 소정의 친족관계가 없는 것이라면 /
【대법원 판단】 피고인에 대하여 형법 제361조에 의하여 준용되는 형법 제328조 제2항은 적용될 수 없는 것이라고 할 것임에도 /
【대법원 결론】 이와 견해를 달리한 원심의 판단은 횡령죄의 보호법익 및 친족간의 범행에 관한 법리를 오해하여 판결 결과에 영향을 미친 위법을 범하였다고 하지 않을 수 없다. 이 점에 관한 상고이유의 주장은 이유 있다. (파기 환송)

2002도2219

횡령죄의 법적 성질
남의 기계 공장저당 사건

2002. 11. 13. 2002도2219, 공 2003, 123

1. 사실관계 및 사건의 경과

【사실관계】
① 갑은 P은행으로부터 Q공장을 매수하여 Q공장 전체를 인수하였다.
② Q공장에는 A 소유의 기계들[판례본문 일람표 3, 4 이외의 기계들]이 놓여 있었다.
③ 갑은 Q공장에 속하는 토지와 건물 및 기계에 관하여 R은행에게 공장저당법에 따른 근저당권을 설정하여 주고 대출을 받았다.
④ 대출과정에서 갑은 A 소유의 기계들까지 자신의 소유인 것처럼 근저당권 목적물 목록에 포함시켰다.

【사건의 경과】

① 검사는 갑을 횡령죄로 기소하였다.

② 갑의 피고사건은 제1심을 거친 후, 항소심에 계속되었다.

③ 항소심법원은 무죄를 선고하였다.

④ (항소심의 판단 이유는 판례 본문 참조)

⑤ 검사는 불복 상고하였다.

2. 공소사실의 요지

【대법원 분석】 피고인은 주식회사 외환은행으로부터 충남 예산군 ○○면 소재 공장을 매수하여 인수하면서 그 곳에 있던 A 소유의 이 사건 기계들도 함께 인도받아 그를 위하여 보관하던 중 /

【대법원 분석】 주식회사 충청은행에게 위 공장에 속하는 토지와 건물 및 기계를 담보로 제공하면서 이 사건 기계들에 대하여도 근저당권을 설정하여 주어 이를 횡령하였다.

3. 사안에 대한 항소심의 판단

【항소심 판단】 원심은 다음과 같은 이유로 횡령의 공소사실 전부에 대하여 무죄를 선고하였다.

【항소심 판단】 (1) 이 사건 기계들 중 제1심판결 별지 범죄일람표 순위 3, 4의 기계는 A의 소유라고 볼 수 없다.

【항소심 판단】 (2) 피고인이 위 공장에 속하는 토지와 건물 및 기계에 관하여 주식회사 충청은행에게 공장저당법에 따른 근저당권을 설정하여 주고 대출을 받으면서 이 사건 기계들 중 피고인이 보관하고 있던 A 소유의 위 일람표 순위 3, 4를 제외한 나머지 기계들까지 자신의 소유인 것처럼 근저당권 목적물 목록에 포함시켰으나, /

【항소심 판단】 공장저당법에 따라 근저당권의 목적이 되는 것으로 목록에 기재된 물건이라도 그것이 근저당권설정자의 소유가 아니고 다른 사람의 소유인 경우에는 그 물건에 대하여 근저당권의 효력이 미치지 아니하므로 /

【항소심 판단】 피고인의 위 기계들에 대한 근저당권 설정행위는 횡령죄가 되지 아니한다.

4. 사안에 대한 대법원의 판단

【대법원 요지】 횡령죄는 다른 사람의 재물에 관한 소유권 등 본권을 그 보호법익으로 하고 /

【대법원 요지】 본권이 침해될 위험성이 있으면 그 침해의 결과가 발생되지 아니하더라도 성립하는 이른바 위태범이므로, /

【대법원 요지】 다른 사람의 재물을 보관하는 사람이 그 사람의 동의 없이 함부로 이를 담보로 제공하는 행위는 불법영득의 의사를 표현하는 횡령행위로서 /

【대법원 요지】 사법(私法)상 그 담보제공행위가 무효이거나 그 재물에 대한 소유권이 침해되는 결과가 발생하는지 여부에 관계없이 횡령죄를 구성한다.

【대법원 판단】 그렇다면 피고인이 보관하던 A 소유의 위 기계들을 담보로 제공한 것은 A의 권리에 대한 현실적인 침해가 없더라도 그 기계들에 대한 불법영득의 의사를 실현하는 행위로서 횡령죄를 구

성하는 것으로 보아야 한다. /

【대법원 결론】 그럼에도 불구하고, 원심이 이 부분에 대하여 무죄를 선고한 것은 횡령죄의 법리를 오해하여 판결에 영향을 미친 잘못을 저지른 것이다. 따라서 이 점을 지적한 상고이유는 이유가 있다. (파기 환송)

2011도9113

횡령죄의 미수범 – 인정례
가식 나무 계약금 사건

2012. 8. 17. 2011도9113, 법률신문 2012. 8. 20. 11면

1. 사실관계 및 사건의 경과

【사실관계 1】

① 2007. 4. 초순경 갑과 A는 다음과 같은 내용의 동업계약을 구두로 체결하였다.

② "A가 자금을 출연하여 소나무 39주, 팔배나무 1주(이하 ㉠수목으로 약칭함)를 구입하고, 갑이 노동력을 제공하여 ㉠수목에 대한 가식·관리를 하여 쌍방의 협의 하에 제3자에게 처분한 다음 그 수입을 분배한다."

③ 2007. 4. 19. 갑과 A는 B와 사이에 ㉠수목을 대금 1,200만 원에 매수하는 내용의 매매계약을 체결하였다.

④ 갑과 A 및 B는 매매계약서상의 매수인 명의를 A의 처 C로 표시한 다음, A가 대금 1,200만 원을 지급함으로써 B로부터 ㉠수목을 매수하였다.

⑤ 이후 갑은 ㉠수목과 관련한 동업계약에 따라 ㉠수목을 가식(假植)하여 관리해 왔다.

【사실관계 2】

① 갑은 동업자 A로부터 ㉠수목을 처분해도 좋다는 허락을 받지 아니하였다.

② 2008. 4. 8. 갑은 그럼에도 불구하고 D와 E에게 ㉠수목을 대금 1억 9,000만 원에 매도하는 매매계약을 체결하고, 즉석에서 계약금 명목으로 5,000만 원을 교부받아 개인적으로 사용하였다.

③ 갑의 계약체결 사실을 알게 된 A는 D와 E에게 ㉠수목과 관련한 동업계약 사실을 알렸다.

④ 갑과 D, E와의 계약은 이로써 무산되었다.

【사건의 경과 1】

① 검사는 갑을 다음의 공소사실로 기소하였다.

(가) ㉠공소사실 : A에 대한 관계 : 횡령죄

(나) ㉡공소사실 : D, E에 대한 관계 : 사기죄

② 제1심법원은 다음과 같이 유죄를 인정하였다.

(가) ㉠공소사실 : A에 대한 관계 : 횡령죄 기수

(나) ㉡공소사실 : D, E에 대한 관계 : 사기죄 기수

③ 갑과 검사는 불복 항소하였다.

【사건의 경과 2】

① 항소심법원은 갑과 검사의 항소이유를 배척하였다.

② 항소심법원은 ㉠공소사실의 횡령죄 기수 부분에 대해 직권으로 판단하였다.

③ 항소심법원은 다음의 이유를 들어서 ㉠공소사실의 횡령죄 기수 부분을 파기하고, 횡령죄 미수를 인정하였다.

(가) 대법원판례는 횡령죄를 위험범으로 보고 있다(2002도2219, 2008도10971 등).

(나) 이 경우 횡령행위는 정당한 소유자의 본권 침해에 관한 구체적인 재산상 위험을 초래하는 행위로서 구체적 위험범으로 보아야 한다.

(다) 동산과 달리 부동산의 경우에는 소유권의 권리변동에 등기나 명인방법 등의 공시방법이 필요하다.

(라) 부동산의 경우에 계약금의 수령만으로는 아직 구체적 위험발생이 있다고 볼 수 없다.

(마) 따라서 갑의 행위는 횡령죄의 실행의 착수에는 해당하나 기수에 이른 것은 아니다.

④ 검사는 횡령죄 미수 부분에 불복 상고하였다.

2. 사안에 대한 대법원의 판단

【대법원 분석】 원심판결 이유를 관련 법리 및 기록에 비추어 살펴보면, /

【대법원 분석】 원심이 /

【대법원 분석】 피고인이 보관하던 이 사건 수목을 함부로 제3자에 매도하는 계약을 체결하고 계약금을 수령 · 소비하여 이 사건 수목을 횡령하였다는 공소사실에 관하여 /

【대법원 판단】 횡령미수죄를 인정한 조치는 정당한 것으로 수긍할 수 있고, /

【대법원 결론】 거기에 상고이유의 주장과 같이 횡령죄의 기수시기에 관한 법리를 오해하는 등의 위법이 있다고 할 수 없다. (상고 기각)

【코멘트】

(1) 횡령죄의 법적 성질

본 판례는 대법원이 횡령죄의 미수범 성립을 긍정한 예로서 주목된다. 그런데 대법원은 항소심판단의 타당성을 긍정하고 있을 뿐, 독자적인 관점에서 논거를 제시하고 있지는 않다. 대법원은 단지 '관련 법리'만을 언급하고 있는데, 그 구체적인 내용은 알 수가 없다.

그 동안 학계의 다수의견과 판례는 횡령죄를 위험범으로 파악해 왔다. 즉 재물에 대한 사실상 또는 법률상 지배를 장악하고 있는 상황에서 불법영득의사를 외부로 표현하는 순간 횡령죄는 기수에 이른다는 것이다(소위 표현설). 이에 대해 소수의견은 불법영득의사를 표시하는 것은 실행의 착수에 해당하며, 실제로 재물을 소유권자에 준하여 처분할 수 있게 될 때 기수에 이른다는 입장을 취하고 있다(소위 실현설). 본 판례의 사안에서 항소심법원은 종래의 표현설에 의문을 표시하면서, 실현설의 입장에서 피고인의 행위를 횡령죄의 미수범으로 처벌하고 있다.

항소심법원은 점유의 이전이 소유권 이전에 영향을 미치는 동산과 달리 등기나 명인방법에 의하여 소유권 이전이 일어나는 부동산의 경우에는 종래의 위험범설로는 적절한 결론을 도출할 수 없다고 주장한다. 본 판례의 사안에서 갑이 함부로 ㉠수목을 매도하는 계약을 체결하고 계약금을 수령하는 행위는 불법영득의사의 발로로서 실행의 착수에 해당한다고 볼 수 있지만, 아직 명인방법에 의하여 ㉠수목에 대한 소유권이전이 일어나고 있지 않으므로 기수에는 이르지 않았다는 것이다.

항소심법원은 이러한 논리를 전개하는 과정에서 횡령죄를 추상적 위험범과 구체적 위험범의 경우로 나누어 설명한다. 동산의 경우에는 점유가 이미 행위자에게 있으므로 추상적 위험범으로 포착할 수 있지만, 부동산의 경우에는 등기이전이나 명인방법에 의한 인도가 있을 때 비로소 위험발생이 구체화하며, 이때에 기수에 이른다는 것이다.

생각건대 항소심법원의 태도 및 이를 유지한 대법원의 태도는 결론에 있어서 타당하다고 본다. 그러나 그 논리구성에 백 퍼센트 찬성할 수는 없다. 우선 횡령죄를 구체적 위험범으로 파악하려는 태도는 구체적 위험범의 개념정의에 반드시 부합한다고는 말할 수 없다. 구체적 위험범이란 입법자가 법익침해의 위험을 구성요건요소로 명시해 놓은 경우를 말하는데(예컨대 형법 제167조 제1항의 일반물건방화죄의 경우 참조), 횡령죄의 경우에 이를 나타내는 구성요건표지는 없다.

(2) 비교법적 고찰

지금까지 횡령죄를 위험범으로 파악하여 왔던 학계나 판례의 입장은 외국의 해석론을 무비판적으로 추종하는 데에서 비롯되었다고 생각된다(전술 528면 비교법 조문 11 참조). 독일 형법의 경우 횡령죄는 그 객체가 동산으로 한정된다(독일형법 제246조 제1항 참조). 독일 형법은 횡령죄의 미수범 처벌규정(동조 제3항)을 두고 있으나, 동산만을 객체로 하는 관계로 횡령죄의 미수범은 자기 소유의 재물을 타인 소유의 재물로 오인하여 횡령하는 불능미수의 경우에 예외적으로 상정할 수 있을 뿐이라는 설명이 제시되고 있다(Nomos Kommentar StGB, 2. Aufl. § 246 Rn. 43).

한편 일본의 경우를 보면, 일본 형법은 횡령죄의 가중형태로 업무상 횡령죄를 처벌하고 있으나 미수범 처벌규정은 두고 있지 않다. 또한 횡령죄에는 징역형만 규정되어 있고 벌금형은 배제되어 있다(동법 제252조, 제253조 참조). 요컨대 독일 형법이나 일본 형법의 경우에는 모두 횡령죄의 미수범을 상정하고 있지 않다고 말할 수 있다.

이에 대해 우리 형법은 횡령죄와 배임죄를 동일 조문인 형법 제355조의 제1항과 제2항으로 배치하여 그 법적 성질이 유사함을 나타내고 있다. 아울러 업무상 횡령죄와 업무상 배임죄를 같은 조문에서 같은 형으로 가중처벌하고(형법 제356조), 미수범도 같은 조문(형법 제359조)에 의하여 처벌하고 있다. 또한 횡령죄의 객체는 '재물'로서 동산과 부동산을 모두 포함한다. 이러한 우리 형법의 구조를 보면, 동산을 객체로 하는 독일 형법의 횡령죄에 관한 해석론이나, 미수범 처벌규정이 없는 일본 형법의 횡령죄에 관한 해석론은 그대로 차용할 수 없음을 알 수 있다.

(3) 우리 형법상 횡령죄 미수의 독자성

주지하는 바와 같이 우리 민법은 소유권 변동과 관련하여 형식주의를 취하고 있다. 이와 관련하여 특히 주목되는 것이 부동산 물권변동이다(민법 제186조 참조). 부동산의 횡령과 관련하여 독일 형법의 해석론은 우리에게 별다른 시사점을 제공하지 못한다. 우리처럼 부동산을 횡령죄의 객체에 포함시키고 있는 일본 형법의 해석론도 미수범 처벌규정이 없다는 점에서는 참고할 바가 적다. 요컨대 우리 형법 제359조가 규정하고 있는 횡령죄의 미수범 처벌규정은 우리 민법의 물권변동 법리에 맞추어서 새롭게 그 의미가 부여되지 않으면 안 된다. 항소심법원은 바로 이 점에 주목하고 있으며, 대법원 또한 '관련 법리'라는 표현을 통하여 그 취지를 받아들이고 있는 것으로 보인다.

횡령죄의 미수범 성립을 긍정한 본 판례는 앞으로 실무계에 적지 않은 영향을 미칠 것으로 전망된다. 횡령죄의 미수감경을 허용한 본 판례는 특히 「특정경제범죄 가중처벌 등에 관한 법률」상의 횡령죄 처벌과 관련하여서도 의미가 있을 것으로 생각된다.

끝으로 본 판례와 관련하여 떠오르는 의문점 한 가지만을 지적하고자 한다. 우리 형법은 횡령죄와 배임죄의 성질이 유사하다고 보고, 그 처벌을 가능한 한 같이 하고 있다. 그런데 잘 아는 바와 같이 부동산 이중매매에 관한 배임죄 판례를 보면, 계약금의 수령단계에서는 아직 배임죄의 실행의 착수가 인정되지 않는다(2009도14427). 적어도 중도금 수령단계에 이르러야 미수가 되고, 본등기 또는 가등기가 경료될 때 기수에 이른다(2008도3766). 그런데 본 판례에서는 계약금의 수령만으로 횡령죄의 미수범을 인정하고 있다. 이와 같은 차이점을 어떻게 이론적으로 설명할 것인가는 앞으로 연구를 요하는 부분이라고 할 것이다.

2010도10500

횡령 후의 횡령 처벌 여부
적성면 종중 땅 사건

2013. 2. 21. 2010도10500 전원합의체 판결, 공 2013상, 599

1. 사실관계 및 사건의 경과

【사실관계】

① P종중은 파주시 적성면에 ⓐ답(畓), ⓑ답을 소유하고 있다. (M토지)
② P종중은 [종중원] 갑의 명의로 M토지를 등기해 두었다.
③ 1995. 11. 30. 갑은 자신의 개인 채무 변제에 사용하기 위한 돈을 차용하기 위해 M토지에 채권최고액 1,400만 원의 근저당권을 설정하였다. (㉠행위)
④ 2003. 4. 15. 갑은 자신의 개인 채무 변제에 사용하기 위한 돈을 차용하기 위해 다시 M토지에 채권최고액 750만 원의 근저당권을 각 설정하였다. (㉡행위)
⑤ 2009. 2. 21. 갑은 공범 을과 함께 M토지를 A에게 1억 9,300만 원에 매도하였다. (㉢행위)

【사건의 경과 1】

① 검사는 ㉢행위에 대해 갑을 횡령죄로 기소하였다.
② 갑의 피고사건은 제1심을 거친 후, 항소심에 계속되었다.
③ 항소심법원은 유죄를 인정하였다.
④ 갑은 불복 상고하였다.
⑤ 갑은 상고이유로 다음의 점을 주장하였다.

(가) ㉠행위에 의하여 횡령죄는 이미 성립하였다.

(나) ㉡, ㉢행위는 ㉠횡령죄의 불가벌적 사후행위에 지나지 않는다.

(다) 대법원 판례에 따를 때 횡령죄의 불가벌적 사후행위는 처벌되지 않는다.

【사건의 경과 2】

① 대법원은 판례변경 여부를 놓고 다음과 같이 견해가 나뉘었다.

② 대법관 9인의 다수의견은 판례변경을 후 상고를 기각해야 한다고 주장하였다.

③ 대법관 2인의 별개의견은 판례변경을 하지 않더라도 상고를 기각할 수 있다고 주장하였다.

④ 대법관 2인의 소수의견은 종래의 판례에 따라 항소심판결을 파기환송해야 한다고 주장하였다.

⑤ 대법원은 다수의견에 따라 종전의 판례를 변경하였다.

⑥ 대법원은 갑의 상고를 기각하였다.

⑦ (이하에서는 지면 관계로 다수의견만을 소개함)

2. 횡령죄의 불가벌적 사후행위

【대법원 요지】 1. 횡령죄는 다른 사람의 재물에 관한 소유권 등 본권을 그 보호법익으로 하고 /

【대법원 요지】 그 법익침해의 위험이 있으면 그 침해의 결과가 발생되지 아니하더라도 성립하는 위험범이다 /

【대법원 요지】 (대법원 2002. 11. 13. 선고 **2002도2219** 판결 참조).

【대법원 요지】 그리고 일단 특정한 처분행위(이를 '선행 처분행위'라 한다)로 인하여 법익침해의 위험이 발생함으로써 횡령죄가 기수에 이른 후 /

【대법원 요지】 종국적인 법익침해의 결과가 발생하기 전에 새로운 처분행위(이를 '후행 처분행위'라 한다)가 이루어졌을 때, /

【대법원 요지】 그 후행 처분행위가 선행 처분행위에 의하여 발생한 위험을 현실적인 법익침해로 완성하는 수단에 불과하거나 /

【대법원 요지】 그 과정에서 당연히 예상될 수 있는 것으로서 새로운 위험을 추가하는 것이 아니라면 /

【대법원 요지】 후행 처분행위에 의해 발생한 위험은 선행 처분행위에 의하여 이미 성립된 횡령죄에 의해 평가된 위험에 포함되는 것이라 할 것이므로 /

【대법원 요지】 그 후행 처분행위는 이른바 불가벌적 사후행위에 해당한다.

3. 횡령 후의 횡령이 처벌되는 경우

【대법원 요지】 그러나 후행 처분행위가 이를 넘어서서, /

【대법원 요지】 선행 처분행위로 예상할 수 없는 새로운 위험을 추가함으로써 법익침해에 대한 위험을 증가시키거나 /

【대법원 요지】 선행 처분행위와는 무관한 방법으로 법익침해의 결과를 발생시키는 경우라면, /

【대법원 요지】 이는 선행 처분행위에 의하여 이미 성립된 횡령죄에 의해 평가된 위험의 범위를 벗어나는 것이므로 /

【대법원 요지】 특별한 사정이 없는 한 별도로 횡령죄를 구성한다고 보아야 한다.

【대법원 요지】 따라서 타인의 부동산을 보관 중인 자가 불법영득의사를 가지고 그 부동산에 근저당권설정등기를 경료함으로써 일단 횡령행위가 기수에 이르렀다 하더라도 /

【대법원 요지】 그 후 같은 부동산에 별개의 근저당권을 설정하여 새로운 법익침해의 위험을 추가함으로써 법익침해의 위험을 증가시키거나 /

【대법원 요지】 해당 부동산을 매각함으로써 기존의 근저당권과 관계없이 법익침해의 결과를 발생시켰다면 /

【대법원 요지】 이는 당초의 근저당권 실행을 위한 임의경매에 의한 매각 등 그 근저당권으로 인해 당연히 예상될 수 있는 범위를 넘어 /

【대법원 요지】 새로운 법익침해의 위험을 추가시키거나 법익침해의 결과를 발생시킨 것이므로 /

【대법원 요지】 특별한 사정이 없는 한 불가벌적 사후행위로 볼 수 없고, /

【대법원 요지】 별도로 횡령죄를 구성한다 할 것이다.

【대법원 요지】 이와 반대되는 취지의 /

【대법원 요지】 대법원 1996. 11. 29. 선고 96도1755 판결, 대법원 1997. 1. 20. 선고 96도2731 판결, 대법원 1998. 2. 24. 선고 97도3282 판결, 대법원 1999. 4. 27. 선고 99도5 판결, 대법원 1999. 11. 26. 선고 99도2651 판결, 대법원 2000. 3. 24. 선고 2000도310 판결, 대법원 2006. 8. 24. 선고 2006도3636 판결, 대법원 2006. 11. 9. 선고 2005도8699 판결 등은 /

【대법원 요지】 이 판결과 배치되는 범위에서 이를 변경하기로 한다.

4. 사안에 대한 대법원의 판단

【대법원 판단】 2. 원심은 그 채택 증거에 의하여, /

【대법원 판단】 피고인 갑은 1995. 10. 20. 피해자 종중으로부터 /

【대법원 판단】 위 종중 소유인 파주시 적성면 (이하 주소 1 생략) 답 2,337m^2, (이하 주소 2 생략) 답 2,340m^2/

【대법원 판단】 (이하 위 두 필지의 토지를 합하여 '이 사건 토지'라 한다)를 /

【대법원 판단】 명의신탁받아 보관하던 중 /

【대법원 판단】 자신의 개인 채무 변제에 사용하기 위한 돈을 차용하기 위해 /

【대법원 판단】 이 사건 토지에 관하여 1995. 11. 30. 채권최고액 1,400만 원의 근저당권을, /

【대법원 판단】 2003. 4. 15. 채권최고액 750만 원의 근저당권을 각 설정한 사실, /

【대법원 판단】 그 후 피고인들이 공모하여 2009. 2. 21. 이 사건 토지를 공소외인에게 1억 9,300만 원에 매도한 사실 등을 인정한 다음, /

【대법원 판단】 피고인들이 이 사건 토지를 매도한 행위는 선행 근저당권설정행위 이후에 이루어진 것이어서 불가벌적 사후행위에 해당한다는 취지의 피고인들 주장을 배척하고, /

【대법원 판단】 피고인들의 이 사건 토지 매도행위가 횡령죄를 구성한다고 보아 이를 모두 유죄로 인정하였다.

【대법원 결론】 원심판결 이유를 앞서 본 법리와 기록에 비추어 살펴보면, 원심의 위와 같은 판단은 정당하고, /

【대법원 결론】 거기에 상고이유의 주장과 같이 논리와 경험의 법칙을 위반하여 자유심증주의의 한계를 벗어나거나 /

【대법원 결론】 불가벌적 사후행위에 관한 법리를 오해하는 등의 위법이 없다.

【대법원 결론】 3. 그러므로 상고를 기각하기로 하여 주문과 같이 판결한다. /

【대법원 결론】 이 판결에 관하여 대법관 이상훈, 대법관 김용덕의 별개의견, /

【대법원 결론】 대법관 이인복, 대법관 김신의 반대의견이 있는 외에는 /

【대법원 결론】 관여 법관의 의견이 일치하였다.

【코멘트】 본 판례에 대해서는 저자가 상세한 판례평석을 행한 바 있다. 지면 관계로 여기에서는 소개하지 못하지만, 다음의 판례평석을 참고하기 바란다. 신동운, "횡령 후의 횡령죄 성립 여부", 서울대학교 법학 제54권 제4호 (2013. 12.), 599면 이하.

2011도9238

비자금 조성과 횡령죄
횡령죄와 뇌물죄의 관계
횡령죄와 배임수증재죄의 관계
하역회사 리베이트 사건

2013. 4. 25. 2011도9238, 공 2013상, 984

1. 사실관계 및 사건의 경과

【사실관계 1】

① P회사는 컨테이너 하역 관련 회사이다.

② P회사는 법정관리중이다.

③ 갑은 이하의 사건이 발생할 당시 다음의 직책을 수행하고 있었다.

(가) P회사 부산지사장

(나) P회사 법정관리인

(다) P회사 대표이사

④ 법정관리중인 회사는 영업활동비에 엄격한 제한을 받는다.

⑤ P회사 부산지사는 선박 회사 등에 지급하여야 할 리베이트, 부산지사 및 본사의 영업활동비와 조직운영비 등에 충당할 목적으로 ㉠비자금을 조성하였다.

⑥ P회사 본사는 부산지사의 ㉠비자금 조성 및 사용에 관해 통지를 받거나 예산을 미리 책정하는 등의 방법으로 관리하고 있었다.

⑦ 갑은 조성된 ㉠비자금을 다음과 같이 사용하였다.

(가) 직원들에 대한 업무활동비 지급 (ⓐ부분)

(나) 업무 수주에 필요한 리베이트 지급 (ⓑ부분)

【사실관계 2】

① (ⓑ부분에 대한 구체적 내용은 다음과 같다.)
② Q법인은 국제적 해운선박회사이다.
③ Q법인은 우리나라에 현지법인으로 R회사를 설립하였다.
④ R회사는 Q법인의 국내대리점 역할을 하고 있다.
⑤ 을은 R회사의 임원이다.
⑥ 갑은 을에게 다음의 청탁을 하였다. (㉡청탁)
⑦ "P회사와 Q법인 사이의 컨테이너 조작계약의 갱신 등과 관련하여 편의를 봐달라."
⑧ 갑은 ㉡청탁과 함께 을에게 237,320,005원을 주었다. (㉢금품)

【사건의 경과】

① 검사는 갑과 을을 다음과 같이 기소하였다.
(가) 갑의 비자금사용행위 : 특경가법위반죄(횡령)
(나) 갑의 금품제공행위 : 배임증재죄
(다) 을의 금품수수행위 : 배임수재죄
② 갑의 피고사건은 제1심을 거친 후, 항소심에 계속되었다.
③ 항소심법원은 갑에 대해 다음과 같이 판단하였다.
(가) 갑의 비자금사용행위 : 특경가법위반죄(횡령) : 무죄
(나) 갑의 금품제공행위 : 배임증재죄 : 유죄
(다) 을의 금품수수행위 : 배임수재죄 : 유죄
④ (항소심의 판단 이유는 판례 본문 참조)
⑤ 갑과 을은 유죄 부분에 불복하여 상고하였다.
⑥ 검사는 무죄 부분에 불복하여 상고하였다.

2. 횡령죄 부분에 대한 판단

(1) 비자금 사용과 횡령죄의 관계

【대법원 요지】 가. 법인의 운영자 또는 관리자가 법인을 위한 목적이 아니라 법인과는 아무런 관련이 없거나 개인적인 용도로 착복할 목적으로 법인의 자금을 빼내어 별도로 비자금을 조성하였다면 /

【대법원 요지】 그 조성행위 자체로써 불법영득의 의사가 실현된 것으로 볼 수 있을 것이나, /

【대법원 요지】 그 비자금 조성행위가 당해 비자금의 소유자인 법인 이외의 제3자가 이를 발견하기 곤란하게 하기 위한 장부상의 분식(粉飾)에 불과하거나 /

【대법원 요지】 법인의 운영에 필요한 자금을 조달하는 수단으로 인정되는 경우에는 /

【대법원 요지】 불법영득의 의사를 인정하기 어렵다. /

【대법원 요지】 여기서 그 행위자에게 법인의 자금을 빼내어 착복할 목적이 있었는지 여부는 /

【대법원 요지】 그 법인의 성격과 비자금의 조성 동기, 방법, 규모, 기간, 비자금의 보관방법 및 실제 사용용도 등 제반 사정을 종합적으로 고려하여 판단하여야 한다.

(2) 사안에 대한 항소심의 판단

【항소심 판단】 나. 원심판결 이유에 의하면, 원심은 다음과 같은 사정, /

【항소심 판단】 즉 공소외 P주식회사(이하 '공소외 P회사'라 한다) 부산지사는 /

【항소심 판단】 법정관리하에서 허용되는 영업활동비만으로는 선박 회사 등에 지급하여야 할 리베이트, 부산지사 및 본사의 영업활동비와 조직운영비 등을 충당할 수 없었기 때문에 이 사건 비자금을 조성하게 된 점, /

【항소심 판단】 공소외 P회사 본사도 위와 같은 부산지사의 비자금 조성 및 사용에 관해 통지를 받거나 예산을 미리 책정하는 등의 방법으로 관리하고 있었던 점, /

【항소심 판단】 위와 같이 조성된 비자금은 대부분 그 목적대로 지출되었던 점, /

【항소심 판단】 선박회사 등에 지급된 리베이트 등은 모두 회사의 영업을 위하여 지출된 것으로 보아야 하고 /

【항소심 판단】 형법상 처벌되는 배임증재 행위에 제공되었다 하여 달리 볼 이유가 없는 점, /

【항소심 판단】 공소외 P회사 전체 및 공소외 P회사 부산지사의 2001년부터 2007년까지의 매출실적에 비추어 볼 때 본사 법정관리인과 부산지사장이 사용한 영업활동비 등의 액수가 부당하게 과다하다고 보기 어려운 점, /

【항소심 판단】 비자금으로 결제한 카드 사용대금도 거래처 접대 등 영업활동 때문에 발생한 것으로 보이고 과다하다고 볼 수 없으며, /

【항소심 판단】 피고인 갑의 증권계좌에 입금된 비자금도 그 입금액보다 다른 비자금 관리계좌로 다시 출금된 금액이 더 많을 뿐만 아니라 /

【항소심 판단】 비자금을 관리하던 피고인 갑이 먼저 자신의 개인자금을 회사를 위하여 지출한 후 이를 비자금으로 보전받으면서 증권계좌를 이용하였을 가능성도 있는 점 등을 종합하여 볼 때, /

【항소심 판단】 이 사건 비자금 조성행위 자체만으로는 불법영득의 의사가 실현된 것으로 볼 수 없을 뿐만 아니라 /

【항소심 판단】 구체적 지출 및 송금행위와 관련하여서도 피고인 1, 갑, 4, 3의 불법영득의사가 있었다고 보기 어렵다는 이유로, /

【항소심 판단】 위 피고인들에 대한 각 특정경제범죄 가중처벌 등에 관한 법률 위반(횡령)의 점에 대하여 범죄의 증명이 없는 때에 해당한다고 보아 전부 무죄로 판단하였다.

(3) 항소심에 대한 대법원의 평가

【대법원 판단】 다. 앞서 본 법리와 기록에 비추어 살펴보면, /

【대법원 판단】 위 각 특정경제범죄 가중처벌 등에 관한 법률 위반(횡령)의 점에 대한 공소사실 중 /

【대법원 판단】 원심에서 유죄로 인정된 피고인 갑의 배임증재의 점과 관련된 회사 비자금 지출로 인한 업무상 횡령행위 부분[ⓑ부분]을 제외한 /

【대법원 판단】 나머지 업무상 횡령행위 부분[ⓐ부분]을 무죄로 판단한 원심의 조치는 정당한 것으로 수긍할 수 있고, /

【대법원 결론】 거기에 검사의 상고이유 주장과 같이 논리와 경험의 법칙을 위반하여 자유심증주의

의 한계를 벗어나거나 횡령죄에서의 불법영득의사의 인정기준에 관한 법리 등을 오해한 위법이 있다고 할 수 없다.

【대법원 결론】 라. 그러나 아래에서 보는 바와 같이 /

【대법원 결론】 원심에서 유죄로 인정된 피고인 갑의 배임증재의 점과 관련된 회사 비자금 지출로 인한 업무상 횡령행위 부분[ⓑ부분]에 관한 원심의 판단은 다음과 같은 이유로 수긍할 수 없다.

(4) 뇌물공여와 횡령죄의 관계

【대법원 요지】 업무상횡령죄가 성립하기 위해서는 업무로 타인의 재물을 보관하는 자가 /

【대법원 요지】 불법영득의 의사로써 업무상의 임무에 위배하여 /

【대법원 요지】 그 재물을 횡령하거나 반환을 거부하여야 할 것이고, /

【대법원 요지】 여기서 불법영득의 의사라 함은 /

【대법원 요지】 타인의 재물을 보관하는 자가 /

【대법원 요지】 자기 또는 제3자의 이익을 꾀할 목적으로 /

【대법원 요지】 업무상의 임무에 위배하여 /

【대법원 요지】 보관하는 타인의 재물을 자기의 소유인 경우와 같이 /

【대법원 요지】 사실상 또는 법률상 처분하는 의사를 의미한다. /

【대법원 요지】 회사가 기업활동을 함에 있어서 형사상의 범죄를 수단으로 하여서는 안 되므로 뇌물공여를 금지하는 법률 규정은 회사가 기업활동을 함에 있어서 준수하여야 할 것이고, /

【대법원 요지】 따라서 회사의 이사 등이 업무상의 임무에 위배하여 보관 중인 회사의 자금으로 뇌물을 공여하였다면 /

【대법원 요지】 이는 오로지 회사의 이익을 도모할 목적이라기보다는 /

【대법원 요지】 뇌물공여 상대방의 이익을 도모할 목적이나 기타 다른 목적으로 행하여진 것이라고 봄이 상당하므로, /

【대법원 요지】 그 이사 등은 회사에 대하여 업무상횡령죄의 죄책을 면하지 못한다. /

【대법원 요지】 그리고 특별한 사정이 없는 한 이러한 법리는 /

【대법원 요지】 회사의 이사 등이 회사의 자금으로 부정한 청탁을 하고 배임증재를 한 경우에도 마찬가지로 적용된다.

(5) 업무상 횡령 부분에 대한 대법원의 판단

【대법원 판단】 이러한 법리에 비추어 보면, /

【대법원 판단】 아래에서 보는 바와 같이 /

【대법원 판단】 피고인 갑이 공소외 R주식회사(이하 '공소외 R회사'라 한다)의 임원 피고인 을에게 부정한 청탁을 하고 업무상 보관 중이던 회사 비자금 237,320,005원을 제공하였다는 /

【대법원 판단】 배임증재의 공소사실 (중략)이 유죄로 인정되는 이상, /

【대법원 판단】 피고인 갑은 이 부분 회사 비자금 지출에 대하여 업무상횡령죄의 죄책을 면할 수 없다고 할 것임에도, /

【대법원 결론】 원심은 이러한 배임증재 행위도 회사의 이익을 위한 것이어서 피고인 갑에게는 불법

영득의사가 있다고 할 수 없다는 등 /

【대법원 결론】 그 판시와 같은 이유를 들어 이 부분 공소사실에 대하여 무죄를 선고하였으니, /

【대법원 결론】 이러한 원심판결에는 횡령죄에서의 불법영득의사에 관한 법리를 오해하여 판결에 영향을 미친 위법이 있다고 할 것이다. /

【대법원 결론】 이 점을 지적하는 상고이유의 주장에는 정당한 이유가 있다.

3. 배임수증재 부분에 대한 대법원의 판단

(1) 배임수증재죄와 부정한 청탁

【대법원 요지】 형법 제357조에 규정된 배임수재죄 또는 배임증재죄에 있어서의 '부정한 청탁'이라 함은 청탁이 사회상규와 신의성실의 원칙에 반하는 것을 말하고, /

【대법원 요지】 이를 판단함에 있어서는 청탁의 내용, 이에 관련되어 취득한 재물이나 재산상 이익의 종류 · 액수 및 형식, 재산상 이익 제공의 방법과 태양, 보호법익인 거래의 청렴성 등을 종합적으로 고찰하여야 하며, /

【대법원 요지】 그 청탁이 반드시 명시적일 필요는 없고 묵시적으로 이루어지더라도 무방하다.

(2) 사안에 대한 대법원의 판단

【대법원 판단】 원심판결 이유에 의하면, 원심은 그 채택 증거에 의하여 /

【대법원 판단】 공소외 R회사는 국제적 해운선박회사인 공소외 Q외국법인(이하 '공소외 Q법인'이라 한다)이 국내에 설립한 현지법인으로 국내 대리점 역할을 하고 있는 사실, /

【대법원 판단】 피고인 을은 공소외 R회사의 임원으로서 공소외 R회사의 사무를 처리하면서 피고인 갑으로부터 공소외 P회사와 공소외 Q법인 사이의 컨테이너 조작계약의 갱신 등과 관련하여 편의를 봐달라는 청탁을 받고 /

【대법원 판단】 그 대가로 2004. 12. 9.부터 2007. 8. 17.까지 합계 778,550,223원을 취득하고, /

【대법원 판단】 피고인 갑은 위 금액 중 237,320,005원을 공여한 사실 (중략)을 인정한 다음, /

【대법원 판단】 피고인들의 위와 같은 행위는 /

【대법원 판단】 타인의 사무를 처리하는 자가 사회상규 및 신의성실의 원칙에 반하는 부정한 청탁과 함께 금품을 취득하거나 공여한 것으로서 모두 배임수증재죄에 해당하고, /

【대법원 판단】 선박회사들에 리베이트를 지급하는 관행이 있었다는 이유만으로는 이러한 행위가 정당화되지 않는다고 판단하였다.

【대법원 결론】 앞서 본 법리와 기록에 비추어 살펴보면 원심의 위와 같은 판단은 정당한 것으로 수긍할 수 있고, /

【대법원 결론】 거기에 위 피고인들의 상고이유 주장과 같이 논리와 경험의 법칙을 위반하여 자유심증주의의 한계를 벗어나거나 배임수증재죄에서의 '부정한 청탁'에 관한 법리 등을 오해한 위법이 있다고 할 수 없다. (결론적으로 파기 환송)

2009도13751

업무상 횡령죄와 업무 – 인정례
교비회계 전용 사건

2011. 10. 13. 2009도13751, 공 2011하, 2387

1. 사실관계 및 사건의 경과

【사실관계】

① 갑은 P학교법인의 이사장이다.

② P학교법인은 Q대학과 Q대학 산학협력단을 운용하고 있다.

③ 갑은 R유한회사를 설립하였다.

④ 갑은 Q대학 교비회계에 속하는 자금 5억 원을 R유한회사에 송금하였다.

⑤ 같은 날 R유한회사의 설립자본금 5억 원이 납입되었다.

⑥ 이후 Q대학과 R유한회사 사이에 골프연습장 공사에 관한 계약이 체결되었다.

⑦ 갑이 R유한회사에 송금한 Q대학 교비회계 자금 5억 원은 골프연습장 공사에 관한 선급금으로 처리되었다.

【사건의 경과】

① 검사는 갑을 업무상 횡령죄로 기소하였다.

② 갑의 피고사건은 제1심을 거친 후, 항소심에 계속되었다.

③ 항소심법원은 유죄를 인정하였다.

④ 갑은 불복 상고하였다.

⑤ 갑은 상고이유로 다음의 점을 주장하였다.

(가) P학교법인의 이사장은 Q대학의 대표기관이 아니므로 업무자에 해당하지 않는다.

(나) P학교법인의 이사장은 Q대학의 대표기관이 아니므로 보관자에 해당하지 않는다.

【참조조문】

사립학교법

제29조 (회계의 구분) ① 학교법인의 회계는 그가 설치 · 경영하는 학교에 속하는 회계와 법인의 업무에 속하는 회계로 구분한다.

② 제1항의 규정에 의한 학교에 속하는 회계는 이를 교비회계와 부속병원회계(부속병원이 있는 경우에 한한다)로 구분할 수 있고, 교비회계는 등록금회계와 기금회계로 구분하며, 각 회계의 세입 · 세출에 관한 사항은 대통령령으로 정하되 수업료 기타 납부금은 교비회계의 수입으로 하여 이를 별도 계좌로 관리하여야 한다.

③ 제1항의 규정에 의한 법인의 업무에 속하는 회계는 이를 일반업무회계와 제6조의 규정에 의한 수익사업회계로 구분할 수 있다.

⑥ 제2항에 따른 교비회계에 속하는 수입은 다른 회계에 전출하거나 대여할 수 없다. 다만, 차입금

의 원리금을 상환하는 경우에는 그러하지 아니하다.

2. 사안에 대한 대법원의 판단

(1) 업무상 횡령죄의 주체

【대법원 요지】 업무상횡령죄에 있어 '업무'는 법령, 계약에 의한 것뿐만 아니라 관례를 좇거나 사실상의 것이거나를 묻지 않고 같은 행위를 반복할 지위에 따른 사무를 가리키며, /

【대법원 요지】 횡령죄에 있어 재물 보관에 관한 위탁관계는 사실상의 관계에 있으면 충분하다.

【대법원 판단】 원심판결에 의하면, 원심은, /

【대법원 판단】 피고인이 공소외 P학교법인의 이사장으로서 공소외 P학교법인이 설치·운영하는 ○○대학과 ○○대학 산학협력단(이하 '산학협력단'이라 한다)의 운영에 직·간접적으로 영향력을 행사하고, ○○대학 교비나 산학협력단 자금에 관하여 입출금을 지시하기도 하였던 점 등의 사정을 종합하여 /

【대법원 판단】 피고인이 ○○대학 교비회계자금 및 산학협력단 자금에 관하여도 사실상 보관자의 지위에 있었다고 판단하였는바, /

【대법원 결론】 앞서 본 법리와 기록에 비추어 살펴보면, 원심의 판단은 정당한 것으로 수긍할 수 있고 거기에 업무상횡령죄의 주체에 관한 법리오해의 잘못이 없다. /

【대법원 판단】 상고이유로 들고 있는 대법원 1989. 10. 10. 선고 87도1901 판결 등은 이 사건과는 사안이 달라 원용하기에 적절하지 아니하다.

(2) 용도 제한 자금과 횡령죄

【대법원 요지】 타인으로부터 용도가 엄격히 제한된 자금을 위탁받아 집행하면서 그 제한된 용도 이외의 목적으로 자금을 사용하는 것은 /

【대법원 요지】 그 사용행위 자체로서 불법영득의 의사를 실현한 것이 되어 횡령죄가 성립하는바, /

【대법원 요지】 사립학교법 제29조 및 같은 법 시행령에 의해 학교법인의 회계는 학교회계와 법인회계로 구분되고 학교회계 중 특히 교비회계에 속하는 수입은 다른 회계에 전출하거나 대여할 수 없는 등 용도가 엄격히 제한되어 있기 때문에 /

【대법원 요지】 교비회계자금을 다른 용도에 사용하였다면 그 자체로서 횡령죄가 성립한다.

【대법원 판단】 원심판결에 의하면, 원심은, /

【대법원 판단】 피고인이 ○○대학 교비회계에 속하는 자금 5억 원을 공소외 R유한회사에 송금한 날과 같은 날 공소외 R유한회사의 설립자본금 5억 원이 납입되었고, /

【대법원 판단】 당시 ○○대학과 공소외 R유한회사 사이에 공사계약이 체결되지도 않았던 점 등에 비추어, /

【대법원 판단】 위 5억 원이 ○○대학과 공소외 R유한회사 사이의 골프연습장 공사에 관한 선급금으로 지급된 것으로 볼 수 없[다고 보아] /

【대법원 판단】 (유사한 다른 행위 부분; 생략함)

【대법원 판단】 이 부분 공소사실을 모두 유죄로 판단하였다.

【대법원 판단】 (유사한 다른 행위 부분에 대한 판단; 생략함)

【대법원 결론】 앞서 본 법리와 기록에 비추어 살펴보면, 원심의 판단은 정당한 것으로 수긍이 가고 거기에 업무상횡령죄에 있어 불법영득의사에 관한 법리를 오해하거나 논리와 경험칙에 반하여 자유심증주의의 한계를 벗어난 잘못이 없다. (상고 기각)

99도3963

점유이탈물횡령죄와 점유이탈 – 인정례
지하철 분실물 사건

1999. 11. 26. 99도3963, 공 2000, 118

1. 사실관계 및 사건의 경과

【사실관계】

① [갑은 절도 전과가 수회 있다.]

② 갑은 4회에 걸쳐서 지하철의 전동차 바닥 또는 선반 위에 있는 핸드폰, 소형가방 등을 가지고 갔다.

③ 이들 핸드폰이나 손가방 등은 승객이 놓고 내린 것이었다.

【사건의 경과】

① 검사는 갑을 특가법위반죄(절도)로 기소하였다.

② 제1심법원은 무죄를 선고하였다.

③ 검사는 불복 항소하였다.

④ 항소심법원은 항소를 기각하고, 제1심판결을 유지하였다.

⑤ 검사는 불복 상고하였다.

2. 사안에 대한 대법원의 판단

【대법원 분석】 원심은, 피고인에 대한 이 사건 공소사실 중 /

【대법원 분석】 피고인이 4회에 걸쳐서 지하철의 전동차 바닥 또는 선반 위에 있는 핸드폰, 소형가방 등을 가지고 가서 절취하였다는 점에 대하여, /

【대법원 요지】 지하철의 승무원은 유실물법상 전동차의 관수자로서 승객이 잊고 내린 유실물을 교부받을 권능을 가질 뿐 전동차 안에 있는 승객의 물건을 점유한다고 할 수 없고, /

【대법원 요지】 그 유실물을 현실적으로 발견하지 않는 한 이에 대한 점유를 개시하였다고 할 수도 없으므로, /

【대법원 요지】 그 사이에 피고인이 위와 같은 유실물을 발견하고 가져간 행위는 점유이탈물횡령죄에 해당함은 별론으로 하고 절도죄에 해당하지는 아니한다고 판단함으로써, /

【대법원 판단】 위 공소사실에 대하여 범죄로 되지 아니하거나 그 증명이 없다는 이유로 무죄를 선고한 제1심판결의 결론을 유지하고 검사의 항소를 기각하는 판결을 하였는바, /

【대법원 결론】 기록에 나타난 자료들을 살펴보면 그와 같은 원심의 판단은 정당하고, 거기에 논지가 주장하는 바와 같이 절도죄에 있어서의 물건의 점유에 관한 법리를 오해한 위법이 있다고 할 수 없으며, /

【대법원 결론】 논지가 내세우고 있는 대법원 1988. 4. 25. 선고 **88도409** 판결은 이 사건과 구체적인 사실관계를 달리 하는 것이어서 인용하기에 적절하지 아니하다. 논지는 이유가 없다. (상고 기각)

88도409

점유이탈물횡령죄와 점유이탈 – 부정례
당구장 금반지 사건

1988. 4. 25. 88도409, 공 1988, 930

1. 사실관계 및 사건의 경과

【사실관계】

① 갑은 A가 경영하는 P당구장의 종업원이다.
② 갑은 P당구장의 당구대 밑에서 어떤 사람이 잃어버린 ㉠금반지를 발견하였다.
③ 갑은 ㉠금반지를 주워서 손가락에 끼고 다니다가 그 소유자가 나타나지 않고 용돈이 궁하자 Q전당포에 전당잡히고 돈을 빌렸다.

【사건의 경과】

① 검사는 갑을 절도죄로 기소하였다.
② 제1심법원은 유죄를 인정하였다.
③ 갑은 불복 항소하였다.
④ 항소심법원은 항소를 기각하고, 제1심판결을 유지하였다.
⑤ 갑은 불복 상고하였다.
⑥ 갑은 상고이유로, 절도죄가 아니라 유실물횡령죄가 성립할 뿐이라고 주장하였다.

2. 사안에 대한 대법원의 판단

【대법원 분석】 원심이 유지한 제 1심 판결이 든 증거들을 기록에 비추어 검토하여 보면, 원심이 피고인에 대한 이 사건 범죄사실들을 유죄로 인정한 조치를 정당하게 수긍할 수 있고, /

【대법원 분석】 소론은 피고인이 종업원으로 종사하던 공소의 A 경영 당구장의 당구대 밑에서 어떤 사람이 잃어버린 판시 금반지를 피고인이 주워서 손가락에 끼고 다니다가 그 소유자가 나타나지 않고 용돈이 궁하여 전당포에 전당잡힌 것이어서 /

【대법원 분석】 이는 유실물횡령에 해당하는 것이지 절도죄로 의율할 수는 없다는 취지이나, /

【대법원 요지】 어떤 물건을 잃어버린 장소가 이 사건 당구장과 같이 타인의 관리 아래 있을 때에는 그 물건은 일응 그 관리자의 점유에 속한다 할 것이고, /

【대법원 요지】 이를 그 관리자가 아닌 제3자가 취거하는 것은 유실물횡령이 아니라 절도죄에 해당한다 할 것이며, /

【대법원 결론】 따라서 원심이 같은 견해에서 피고인을 절도죄로 의율하였음은 또한 정당하고 거기에 소론과 같은 위법사유가 있다 할 수 없다. (상고 기각)

제 2 배임의 죄

2008도6335

배임죄와 사무처리자 – 인정례

1인회사 사채 매도 사건

2011. 3. 10. 2008도6335, 공 2011상, 765

1. 사실관계 및 사건의 경과

【사실관계 1】

① 론스타펀드(LoneStar Fund)는 미국계 사모펀드이다.

② 2001. 5.경 론스타펀드Ⅲ는 기아자동차 채권을 낙찰받았다.

③ 낙찰 당시 론스타펀드Ⅲ는 기아자동차 채권을 '에스&에스 컨설팅'에게 대금 410억 원에 매각(이른바 플립 거래)하기로 예정되었다. (이하 S&S)

④ S&S와의 거래로 인한 수익은 50억 원 이상으로 예상되었다.

⑤ '엘에스에프 코리아 파이브 유동화전문 유한회사'(LSF KoreaⅤ ABS Specialty Co. LLC)는 론스타펀드Ⅲ가 국내에 설립한 유동화전문회사이다. (이하 LSFK)

⑥ LSFK는 론스타펀드Ⅲ로부터 기아자동차 채권을 양수하여 이를 보유하였다.

【사실관계 2】

① '론스타 인터내셔널 파이낸스 리미티드'(LoneStar International Finance Limited)는 론스타펀드Ⅱ ~ Ⅴ가 공동출자하여 아일랜드에 설립한 외국법인이다. (이하 LSIF)

② LSIF는 론스타펀드Ⅲ로부터 '부성중공업 채권'를 양수하여 이를 보유하였다.

③ LSIF가 보유하는 '부성중공업 채권'은 그 채권액 105억 원 가량 중 70억 원 가량 밖에 회수할 수 없어 30억 원 가량의 손실이 예상되었다.

【사실관계 3】

① Hudson Advisors Korea 주식회사는 론스타펀드가 그의 투자사업을 위하여 대한민국 내에 설립한 회사이다. (이하 HAK)

② HAK는 LSIF의 자산관리자이다.

③ HAK는 LSFK의 자산관리자이기도 하다.

④ 갑은 HAK의 대표이사이다.

⑤ A는 LSFK의 대표이다.

【사실관계 4】

① 갑은 '부성중공업 채권'의 손실이 예상되어 그 수익률이 낮자 이를 보전하기 위하여 다음의 방법을 강구하였다.

(가) LSFK 보유의 기아자동차 채권을 60억 원 가량 낮은 가격에 매각한다.

(나) LSIF 보유의 부성중공업 채권을 60억 원 가량 높은 가격에 매각한다.

(다) 이렇게 하여 기아자동차 채권의 매각으로 얻을 LSFK의 수익 중 60억 원 가량을 부성중공업 채권에 관한 LSIF의 수익으로 이전시킨다.

② LSFK의 대표 A는 갑의 계획에 동의하였다.

【사실관계 5】

① '(주)윈&윈21 기업구조조정 전문회사'가 있다. (이하 '윈&윈21')

② 2001. 7. 중순경 HAK는 윈&윈21의 명의를 빌렸다.

③ HAK는 윈&윈21과 다음과 같은 거래를 하였다.

(가) 2001. 8. 2.경 HAK는 LSIF가 보유하는 부성중공업 채권을 윈&윈21에게 대금 140억 원에 고가로 매각하였다.

(나) 2001. 8. 27. HAK는 LSFK가 보유하는 기아자동차 채권을 윈&윈21에게 대금 351억 3,300만 원에 저가로 매각하였다.

(다) 윈&윈21은 기아자동차 채권을 S&S에게 대금 410억 원에 다시 매각하였다.

【사실관계 6】

① 위와 같은 채권매각에 따라 자금 이동이 그대로 실행되었다.

② LSFK는 58억 6,700만 원(410억 원과 351억 3,300만 원의 차액)의 손해를 입었다.

③ LSIF는 같은 금액(58억 6,700만 원)의 이익을 얻었다.

【사건의 경과】

① 검사는 갑을 특경가법위반죄(배임)로 기소하였다.

② 갑의 피고사건은 제1심을 거친 후, 항소심에 계속되었다.

③ 항소심법원은 유죄를 인정하였다.

④ 갑은 불복 상고하였다.

⑤ 갑은 상고이유로, 다음의 점을 주장하였다.

(가) LSFK와 LSIF는 경제적 · 실질적 관점에서는 모두 론스타펀드의 투자 자산에 불과하므로, 그 상호 간의 수익 이전 행위는 배임죄에 해당하지 않는다.

(나) LSFK의 대표 A의 승낙이 있었기 때문에 배임죄가 성립하지 않는다.

2. 1인 회사와 배임죄의 성립 여부

【대법원 요지】 (2) 유한회사와 그 사원은 별개의 법인격을 가진 존재로서 동일인이라 할 수 없고 /
【대법원 요지】 유한회사의 손해가 항시 사원의 손해와 일치한다고 할 수도 없으므로, /

【대법원 요지】 1인 사원이나 대지분을 가진 사원이라 하더라도 그 본인인 유한회사에 손해를 주는 임무위배행위를 한 경우에는 배임죄의 죄책을 진다. /
【대법원 요지】 따라서 회사의 임원이 그 임무에 위배되는 행위로 재산상 이익을 취득하거나 제3자로 하여금 이를 취득하게 하여 회사에 손해를 가한 경우 /
【대법원 요지】 그 임무위배행위에 대하여 사실상 1인 사원이나 대지분을 가진 사원의 양해를 얻었다고 하더라도 배임죄의 성립에는 지장이 없다.

3. 사안에 대한 대법원의 판단

(1) 회사와 임원의 관계

【대법원 판단】 원심판결 이유를 위 법리와 기록에 비추어 살펴보면, /
【대법원 판단】 엘에스에프 코리아[LSFK]가 1인 사원인 론스타펀드 III에 의하여 설립된 자산유동화전문 유한회사라 할지라도 양자는 엄연히 별개의 법인격을 갖고 있을 뿐만 아니라, /
【대법원 판단】 엘에스에프 코리아는 부실채권을 기초자산으로 하여 여러 사채권자들에게 자산담보부사채를 발행하였고 그 사채권자들은 론스타펀드 III와 법인격을 달리하고 있으며, /
【대법원 판단】 엘에스에프 코리아의 책임재산은 위와 같은 사채권자들에 대한 상환이 완료된 후 잔여 재산이 있는 경우에 사원에게 분배될 수 있는 것이므로, /
【대법원 판단】 엘에스에프 코리아의 자산관리자이자 론스타 인터내셔널의 자산관리자인 허드슨 어드바이저 코리아[HAK]의 대표이사인 피고인 갑이 엘에스에프 코리아의 수익을 론스타 인터내셔널[LSIF]에게 함부로 이전하도록 한 행위는 배임죄를 구성하고, /
【대법원 판단】 피고인 갑의 이러한 배임행위가 론스타펀드 III의 동의하에 이루어진 것이라 하여 달리 볼 수 없다.
【대법원 결론】 같은 취지의 원심의 판단은 정당하고, 거기에 상고이유에서 주장하는 바와 같은 배임죄의 성립에 관한 법리오해 등의 위법이 없다.

(2) 대표이사의 승낙과 배임죄의 성립 여부

【대법원 판단】 (3) 원심판결 이유를 기록에 비추어 보면, 원심이 /
【대법원 판단】 피고인 갑의 배임행위로 손해를 입은 피해자를 엘에스에프 코리아라고 보고, /
【대법원 판단】 또한 엘에스에프 코리아의 대표이사 공소외 A가 피고인 갑의 배임행위에 가담하였다면 그가 배임죄의 공범이 되는 것이지, /
【대법원 판단】 이를 피해자인 엘에스에프 코리아의 승낙이 있는 것으로 볼 수 없다는 취지로 판단한 것은 정당하고, /
【대법원 결론】 거기에 상고이유에서 주장하는 바와 같은 배임죄의 성립이나 피해자의 승낙에 의한 위법성 조각사유에 관한 법리오해 등의 위법이 없다. (다른 사유로 파기 환송).

2010도3207

배임죄와 사무처리자 – 부정례
전택노련 교섭위원 사건

2012. 3. 15. 2010도3207, 공 2012상, 603

1. 사실관계 및 사건의 경과

【사실관계 1】

① 조세감면 법령은 일반택시 운송사업자에 대하여 부가가치세 납부세액 중 100분의 50을 경감하고 있다.
② 그 취지는 일반택시 운전기사의 처우를 개선하고 복지를 향상시키기 위한 것이다.
③ 조세관련 법령에 따르면 부가가치세 경감분은 건설교통부장관이 정하는 바에 따라 일반택시 운수종사자의 처우개선 및 복지향상에 사용하도록 되어 있다.
④ 조세관련 법령에 따르면 부가가치세 경감분을 부가가치세 경감 이전부터 사용자가 부담해 왔던 부분(운전복 등) 등에 사용하는 것이 금지된다.
⑤ (관련 내용은 판례 본문 참조)

【사실관계 2】

① 한국노동조합총연맹 산하에 전국택시노동조합연맹(이하 '전택노련'이라 한다)이 있다.
② 전택노련의 규약에 따르면 산하기구와 노동조합이 지역별교섭을 하고자 할 경우에는 단체교섭 및 체결권을 전택노련에 위임한다.
③ 전택노련은 산하기구의 단체교섭 및 체결권을 다시 지역본부 본부장에게 재위임한다.
④ 지역본부 본부장은 산하기구가 단체협약을 체결하고자 할 경우 교섭위원들과 연명으로 단체협약을 체결하여야 한다.
⑤ (자세한 내용은 판례 본문 참조)

【사실관계 3】

① 전택노련 산하 지역본부에 부산지역본부(이하 '전택노련 부산본부'라 한다)가 있다.
② 전택노련 부산본부는 P회사 분회를 비롯한 90개의 분회로 구성되어 있다.
③ 갑은 P회사 분회장이다.
④ 2004. 1.경 갑은 B, C, D, E와 함께 전택노련 부산본부의 5인 교섭위원으로 선출되었다.

【사실관계 4】

① 2005. 12. 31. 전택노련 부산본부의 본부장 G와 교섭위원 5인은 부산택시운송사업조합과 다음 내용의 ㉠단체협약을 체결하였다.
② ㉠단체협약에는 회사가 연 2회 운전복을 지급하고, 비번조합원에게 중식을 제공하며, 학자금 지급제도는 별도의 합의각서에 의한다는 내용이 포함되었다.
③ 2005. 12. 31. 전택노련 부산본부의 본부장 G와 및 교섭위원 5인은 부산택시운송사업조합과 부가

가치세 경감세액에 관하여 다음의 ㉡합의를 하였다.

(가) 1인1차제 근로자에게 월 40,000원, 2인1차제 근로자에게 월 30,000원을 분기별로 지급한다.

(나) 단체협약에 명시된 운전복, 식대, 학자금은 부가가치세 경감세액을 가지고 사용한다.

④ ㉡합의에 따라 P회사는 부가가치세 경감세액 중 일부를 소속 근로자들에게 직접 지급하였다.

⑤ ㉡합의에 따라 P회사는 나머지를 운전복, 식대, 학자금, 명절 선물, 지역노조 및 단위노조 지원금 등에 사용하였다.

⑥ [근로자에게 직접 지급되어야 할 부가가치세 경감세액이 회사 측이 지급해야 할 운전복, 식대, 학자금, 명절 선물, 지역노조 및 단위노조 지원금 등에 사용되는 데에 대해 문제가 제기되었다.]

⑦ [교섭위원 갑은 근로자를 위하지 않고 회사 측에 유리한 ㉡합의를 해주었다는 혐의로 고소를 당하였다.]

【사건의 경과】

① 검사는 갑을 배임죄로 기소하였다.

② 갑의 피고사건은 제1심을 거친 후, 항소심에 계속되었다.

③ 항소심법원은 유죄를 인정하였다.

④ (항소심의 판단 이유는 판례 본문 참조)

⑤ 갑은 불복 상고하였다.

2. 배임죄와 사무처리자의 범위

【대법원 요지】 1. 배임죄는 타인의 사무를 처리하는 사람이 그 임무에 반하는 행위로 재산상의 이익을 취득하거나 제3자로 하여금 이를 취득하게 하여 본인에게 손해를 가함으로써 성립하는 범죄로서, /

【대법원 요지】 그 주체인 '타인의 사무를 처리하는 사람'은 신임관계에 기초를 두고 /

【대법원 요지】 타인의 재산관리에 관한 사무를 대행하거나 /

【대법원 요지】 타인 재산의 보전행위에 협력하는 사람을 가리킨다.

3. 사안에 대한 항소심의 판단

【항소심 판단】 2. 원심은 그 채택 증거들을 종합하여 판시와 같은 사실을 인정한 후, /

【항소심 판단】 피고인이 노동조합의 본부장 겸 교섭위원으로서 근로자들을 대표하여 근로자들로부터 임금이나 복지 등의 문제를 사측과 협상할 권한 등을 위임받은 사람이고, /

【항소심 판단】 피고인이 회사 측과 협상한 내용의 효력이 근로자들에게 미친다는 점에서 피고인이 타인의 사무를 처리하는 지위에 있고, /

【항소심 판단】 피고인이 사전에 소속 사업장 근로자들의 과반수 동의를 받지 않음으로써 그 신임관계를 저버리는 임무위배 행위를 하였으며, /

【항소심 판단】 비록 근로자들에게 택시회사에 대한 부가가치세 경감세액 지급청구권이 없다 하더라도 근로자들로서는 현금 전액을 지급받을 것으로 충분히 기대되는데도 피고인의 임무위배 행위로 인하여 그 부분의 이익을 얻지 못하여 경제적 관점에서 실질적으로 재산상 손해 발생의 위험이 초래되었

으므로 /

【항소심 판단】 피고인에 대하여 업무상배임죄가 성립한다고 판단하였다.

4. 사안에 대한 대법원의 분석

【대법원 판단】 3. 그러나 원심의 이와 같은 판단은 다음과 같은 점에서 수긍할 수 없다.

【대법원 분석】 가. 원심이 적법하게 채택하여 조사한 증거들을 종합하면, 다음과 같은 사실을 알 수 있다.

【대법원 분석】 (1) 구 조세감면규제법(1995. 8. 4. 법률 제4952호로 일부 개정된 것) 제100조의2는 자동차운수사업법상 일반택시 운송사업자에 대하여는 부가가치세 납부세액 중 100분의 50을 경감한다고 규정하였는데, /

【대법원 분석】 그 개정 취지는 일반택시 운전기사의 처우를 개선하고 복지를 향상시키기 위한 것으로서, /

【대법원 분석】 건설교통부는 일반택시 운송사업자에 대하여 부가가치세 경감세액을 위 개정 취지에 부합하게 사용하도록 행정지도를 하였다.

【대법원 분석】 (2) 한국노동조합총연맹 산하의 전국택시노동조합연맹(이하 '전택노련'이라 한다) 규약 제40조 제2항은 산하기구와 노동조합은 지역별교섭을 하고자 할 경우 단체교섭 및 체결권을 전택노련에 위임하고, 전택노련은 지역본부 본부장에게 재위임한다고 규정하고, /

【대법원 분석】 제31조 제1항 제2호는 전택노련 위원장은 단체교섭권 및 체결권을 가지나, 각급 산하기구의 모든 단체교섭 및 체결권한은 전택노련 산하 본부장에게 재위임한다고 규정하고 있으며, /

【대법원 분석】 전택노련 산하기구 운영규정 제33조 제1항은 전택노련 산하 본부장은 산하기구의 단체협약 체결을 위한 단체교섭의 대표자가 된다고 규정하고, /

【대법원 분석】 제34조 제1항은 산하기구가 단체협약을 체결하고자 할 경우 교섭위원들이 연명으로 체결하여야 한다고 규정하고 있다.

【대법원 분석】 (3) 전택노련 산하 지역본부인 부산지역본부(이하 '전택노련 부산본부'라 한다)는 공소외 P주식회사(이하 ' 공소외 P회사'라 한다) 분회를 비롯한 90개의 분회로 구성되어 있고, /

【대법원 분석】 공소외 P회사 분회장인 피고인은 2004. 1.경 공소외 B, C, D, E와 함께 전택노련 부산본부의 교섭위원으로 선출되었다.

【대법원 분석】 (4) 전택노련 부산본부의 본부장 공소외 G 및 교섭위원 위 5인은 2004. 9. 30. 사용자단체인 부산택시운송사업조합과, /

【대법원 분석】 2004년부터 2006년까지의 부가가치세 경감세액을 1인1차제 근로자에게 75,000원, 2인1차제 근로자에게 60,000원을 분기별로 지급하고, /

【대법원 분석】 위 금액과 노조복지기금을 제외한 나머지 부가가치세 경감세액은 각 회사별로 근로자 후생복지 및 처우개선 비용으로 사용하기로 합의하였다.

【대법원 분석】 (5) 그 후 일반택시 운송사업자에 대한 부가가치세 경감세액의 사용에 관하여 노사간에 분쟁이 자주 발생하자, /

【대법원 분석】 구 조세특례제한법(2004. 12. 31. 법률 제7322호로 개정되어 2005. 1. 1. 시행된

것, 이하 같다) 제106조의4 제2항은 부가가치세 경감분은 건설교통부장관이 정하는 바에 따라 일반택시 운수종사자의 처우개선 및 복지향상에 사용한다는 명문규정을 두었다.

【대법원 분석】 (6) 이에 따라 건설교통부는 2005. 4. '택시 부가세 경감세액 사용지침'(이하 '건교부지침'이라 한다)을 마련하였는데, /

【대법원 분석】 그 주요 내용은 부가가치세 경감세액 전액을 근로자의 처우개선 및 복지향상을 위한 목적으로만 사용하고, 사용자가 근로자 개개인에게 현금으로 지급하되, /

【대법원 분석】 다만 사업장별 과반수 이상의 근로자들이 경감세액의 일부를 현금 이외의 다른 방법으로 사용하는 것을 요구하는 경우에만 근로자의 처우개선 및 복지향상을 위한 명목으로 사용할 수 있으며, /

【대법원 분석】 부가가치세 경감 이전부터 사용자가 부담해 왔던 부분(운전복 등) 등에 사용을 금지하였다.

【대법원 분석】 (7) 전택노련 부산본부의 본부장 공소외 G 및 교섭위원 위 5인은 2005. 12. 31. 부산택시운송사업조합과 단체협약을 체결하였는데, /

【대법원 분석】 위 단체협약에는 회사가 연 2회 운전복을 지급하고, 비번조합원에게 중식을 제공하며, 학자금 지급 제도는 별도의 합의각서에 의한다는 내용이 포함되었다.

【대법원 분석】 또한 전택노련 부산본부의 본부장 공소외 G 및 교섭위원 위 5인은 같은 날 부산택시운송사업조합과, /

【대법원 분석】 부가가치세 경감세액에 관하여 1인1차제 근로자에게 월 40,000원, 2인1차제 근로자에게 월 30,000원을 분기별로 지급하고, /

【대법원 분석】 단체협약에 명시된 운전복, 식대, 학자금을 부가가치세 경감세액으로 사용한다는 내용의 합의(이하 '이 사건 합의'라 한다)를 하였다.

【대법원 분석】 이에 따라 공소외 P회사는 부가가치세 경감세액 중 일부를 소속 근로자들에게 직접 지급하고, 나머지를 운전복, 식대, 학자금, 명절 선물, 지역노조 및 단위노조 지원금 등에 사용하였다.

5. 사안에 대한 대법원의 판단

(1) 부가가치세 경감세액의 법적 성질

【대법원 요지】 나. 부가가치세 경감세액의 법적 성질 및 귀속 주체에 관하여 보건대, /

【대법원 요지】 부가가치세는 사업자인 일반택시 운송사업자들이 납부의무를 부담하는 것이므로 구 조세특례제한법의 개정에 따른 부가가치세 경감세액은 납부의무자인 일반택시 운송사업자들에게 귀속되는 것이다. /

【대법원 판단】 구 조세특례제한법의 개정 취지가 일반택시 운전기사들의 처우개선 및 복지향상을 위한 것이고, /

【대법원 판단】 이에 기해 건설교통부가 일반택시 운송사업자들에 대하여 부가가치세 경감세액을 위 개정 취지에 따라 일반택시 운전기사들의 처우개선에 사용하도록 건설교통부지침을 정하였다 하더라도 /

【대법원 판단】 이는 어디까지나 건설교통부의 일반택시 운송사업자들에 대한 행정지도에 불과할 뿐

대외적 효력이 있는 법규명령이라고 볼 수 없으므로, /

【대법원 판단】 건설교통부지침으로는 일반택시 운전기사들이 부가가치세 경감세액에 대하여 일반택시 운송사업자들을 상대로 직접적인 사법상 권리를 취득하는 것이 아니다.

(2) 사무처리자 부분에 대한 판단

【대법원 판단】 다. 위와 같이 일반택시 운전기사들이 부가가치세 경감세액에 관하여 직접적인 청구권을 가지지 않는 점, /

【대법원 판단】 피고인이 전택노련 부산본부 교섭위원의 지위에서 이 사건 합의를 한 점, /

【대법원 판단】 이 사건 합의는 전택노련 부산본부로부터 단체교섭 및 단체협약 체결 권한을 위임받은 전택노련 부산본부 본부장 및 교섭위원 5인이 사용자단체인 부산택시운송사업조합과 부가가치세 경감세액의 사용 방법에 관하여 체결한 것으로서, /

【대법원 판단】 이 사건 합의의 내용이나 형식 등에 비추어 보면 전택노련 부산본부 소속 조합원인 일반택시 운전기사들의 근로조건 등에 관한 단체협약으로서의 성질을 가진다고 할 것인 점 등을 종합하면, /

【대법원 판단】 피고인이 전택노련 부산본부 교섭위원으로서 한 이 사건 합의의 체결은 전택노련 부산본부의 단체교섭 및 단체협약 체결 업무의 일환이라고 할 것이고, /

【대법원 판단】 위 업무에 전택노련 부산본부 소속 조합원들의 권익을 보호하기 위한 측면이 있으나 이는 어디까지나 전택노련 부산본부의 사무라고 할 것이며, /

【대법원 판단】 피고인이 전택노련 부산본부 소속 조합원들에 대한 관계에서 직접 그들의 사무를 처리하는 자의 지위에 있다고 할 수는 없다.

(3) 손해발생 부분에 대한 판단

【대법원 판단】 라. 뿐만 아니라, /

【대법원 판단】 부가가치세 경감세액은 납부의무자인 일반택시 운송사업자에게 귀속되는 것이고 일반택시 운전기사들이 일반택시 운송사업자들을 상대로 부가가치세 경감세액에 대한 직접적인 사법상 권리를 취득하는 것이 아닌데다, /

【대법원 판단】 공소외 P회사가 부가가치세 경감세액 중 일부는 소속 근로자들에게 직접 지급하고, /

【대법원 판단】 나머지는 전부 운전복, 식대, 학자금, 명절 선물, 지역노조 및 단위노조 지원금 등 소속 근로자들을 위하여 사용한 점 등에 비추어 보면, /

【대법원 판단】 이 사건 합의로 인하여 공소외 P회사 소속 근로자들에게 어떠한 재산상 손해가 발생하였다고 보기도 어렵다.

【대법원 결론】 마. 그럼에도 원심이 피고인이 전택노련 부산본부 소속 조합원들인 근로자들의 사무를 처리하는 자의 지위에 있다는 이유로 피고인에 대하여 업무상배임죄의 성립을 인정한 것은 업무상배임죄에 있어서 '타인의 사무를 처리하는 자'의 지위 및 손해 발생에 관한 법리를 오해함으로써 판단을 그르친 것이다. (파기 환송)

2010도3532

배임죄와 사무처리자 – 인정례
단말기 가맹점 변경 사건

2012. 5. 10. 2010도3532, 공 2012상, 1026

1. 사실관계 및 사건의 경과

【사실관계 1】

① P회사는 카드단말기를 이용하여 신용조회서비스와 신용판매대금 자동이체서비스를 제공함으로써 이를 통하여 카드회사로부터 소정의 수수료를 받는 밴사업자이다.

② P회사는 가맹점으로부터 신용카드조회 및 신용카드거래 승인시 1건당 67원, 자동이체서비스시 1건당 12원의 각 수수료를 받고 있다.

③ Q회사는 P회사의 경기북부 대리점이다.

④ 갑은 Q회사의 대표이사로서 Q회사를 사실상 운영하고 있다.

【사실관계 2】

① P회사와 Q회사 사이에는 다음의 가맹점 관리대행계약이 체결되어 있다.

(가) Q회사는 영업지역 안에서 P회사를 위하여 가맹점을 모집하고 가맹점에 P회사의 카드단말기를 판매 · 설치하고 이를 유지 · 보수하는 등의 가맹점 관리업무를 한다.

(나) Q회사는 P회사의 카드단말기를 사용하는 가맹점으로부터 매출전표를 수거하여 이를 검증하고 전산입력 후 P회사에게 이관하는 매출전표 매입서비스를 제공할 의무를 부담한다.

(다) Q회사는 그 업무의 수행에 있어서 P회사의 카드단말기와 서비스에 대한 수요 증대, 판로 확대 및 P회사의 이미지 · 신뢰도 향상을 위하여 노력하여야 할 의무를 부담한다.

(라) Q회사는 P회사가 판매하거나 임대하고 있는 카드단말기와 동종 또는 유사한 카드단말기를 판매하거나 용역을 제공할 수 없으며, P회사와 경쟁관계에 있는 업체의 영업을 대행하거나 중개하여서는 아니된다.

② (가맹점 관리대행계약의 상세한 내용은 판례 본문 참조)

③ P회사는 Q회사의 영업을 지원하기 위하여 카드단말기를 Q회사에게 무상으로 임대하였다.

④ P회사는 Q회사의 판매 또는 영업을 장려하기 위하여 판매장려금계약에 따라 Q회사에게 2차례에 걸쳐 합계 4,100만 원의 판매장려금을 지급하였다.

【사실관계 3】

① 2004년 12월경 [갑은] Q회사의 부사장이던 B의 명의로 R사를 설립하였다.

② 2005년 1월경부터 R사는 Q회사의 직원이던 E, F를 직원으로 하여 주로 Q회사의 기존 가맹점들을 상대로 영업을 시작하였다.

③ 2005년 1월경부터 같은 해 5월경까지 Q회사의 139개 가맹점들이 R사를 통하여 P회사와 경쟁관계에 있는 다른 밴사업자인 S회사나 T회사의 가맹점으로 등록하였다.

④ P회사는 이러한 가맹점 이탈 현상을 알게 되었다.

⑤ 2005. 6. 9.경 P회사는 Q회사에 대하여 대리점계약에 정하여진 동종업종 겸업 금지 및 가맹점 이탈 등으로 인한 영업실적 저조를 이유로 대리점 계약 해지를 통보하였다.

【사건의 경과】

① [P회사는 갑을 고소하였다.]

② 검사는 갑을 업무상 배임죄로 기소하였다.

③ (공소사실의 요지는 판례 본문 참조)

④ 갑의 피고사건은 제1심을 거친 후, 항소심에 계속되었다.

⑤ 항소심법원은 무죄를 선고하였다.

⑥ (항소심의 판단 이유는 판례 본문 참조)

⑦ 검사는 불복 상고하였다.

2. 공소사실의 요지

【대법원 분석】 가. 공소사실의 요지는 다음과 같다.

【대법원 분석】 피고인은 피해자 회사의 대리점인 공소외 Q주식회사의 대표이사로서 이를 실제로 운영하는 자이다. /

【대법원 분석】 피고인은 2004. 3. 31.경 신용카드 정보통신부가사업회사(통상 '밴(VAN. value added network의 약어) 사업자'라고도 한다. 이하 '밴사업자'라고 한다)인 피해자 회사와 공소외 Q주식회사 사이에 신용카드조회단말기(이하 '카드단말기'라고 한다) 관리대행대리점계약을 체결하여 /

【대법원 분석】 피해자 회사를 위하여 각 신용카드가맹업소(이하 '가맹점'이라고 한다)와 신용카드 조회 및 거래승인, 자동이체서비스계약을 체결한 후 각 가맹점을 관리하게 되었으므로 /

【대법원 분석】 피해자 회사로부터 가맹점의 교체요구 등 특별한 사정이 없는 한 기존 가입의 가맹점을 다른 밴사업자 가맹점으로 임의로 전환하여 피해자 회사에 손해가 발생하지 아니하도록 할 업무상 의무가 있음에도 그 임무에 위배하여 /

【대법원 분석】 2005년 1월경 공소외 Q주식회사의 경영이 악화되자 공소외 Q주식회사의 부사장인 공소외 B로 하여금 피해자 회사에 가입한 가맹점들을 상대로 공소외 B 명의로 설립된 대리점 ○플러스[R사]를 통하여 다른 밴사업자 카드단말기로 임의 전환하도록 하여 /

【대법원 분석】 2005. 1. 10.경 공소외 B가 피해자 회사 가맹점인 △△할인마트를 다른 밴사업자인 공소외 S주식회사 가입업체로 전환한 것을 비롯하여 그때부터 2005. 6. 8.경까지 사이에 139개 가맹점을 다른 밴사업자인 공소외 S주식회사(영문명칭 생략)이나 공소외 T주식회사(영문명칭 생략)의 가입업체로 전환함으로써 /

【대법원 분석】 피해자 회사에 신용카드 조회 및 거래승인시 1건당 67원, 자동이체서비스시 1건당 12원의 각 수수료 수입을 잃게 하여 피해자 회사에 수수료 합계 액수불상의 재산상 손해를 가하였다는 것이다.

3. 사안에 대한 항소심의 판단

【항소심 판단】 나. 이에 대하여 원심은 다음과 같은 이유로 피고인이 피해자 회사에 대한 관계에서 타인의 사무를 처리하는 자에 해당한다고 볼 수 없다고 판단하고 피고인에게 배임죄를 인정할 수 없다고 보아 이 부분 공소사실에 관하여 무죄를 선고하였다.

【항소심 판단】 즉 피고인이 가맹점 관리대행업무과정에서 스스로 영업을 통하여 피해자 회사의 카드단말기를 사용할 가맹점을 모집하는 것은 자신이 피해자 회사로부터 더 많은 수수료 이익을 취득하기 위한 피고인 자신의 사무라고 봄이 상당하고, /

【항소심 판단】 피해자 회사와 피고인의 관계가 상호 신임관계에 기초하여 피해자 회사의 재산을 보호하거나 관리하는 데 그 본질적 내용이 있다고 보이지는 아니한다. /

【항소심 판단】 따라서 피고인이 동종 경쟁업체의 영업을 대행하거나 중개하여서는 아니된다는 의무를 부담한다 하더라도, 이는 피해자 회사와의 계약기간 동안에는 다른 동종 업체의 단말기를 판매 · 제공하여서는 아니된다는 계약상 채무에 불과하다 할 것이다. /

【항소심 판단】 위와 같이 가맹점의 모집 및 유지 · 관리의 업무가 피고인 자신의 사무인 이상, /

【항소심 판단】 피고인이 관리하던 가맹점들이 다른 밴사업자로 전환하여 간 결과 피해자 회사에 소정의 수수료 상당의 손해가 발생하였다고 하더라도, 이로 인하여 피고인이 민사상 계약위반의 책임을 부담함은 별론으로 하고, /

【항소심 판단】 피고인이 피해자 회사에 대한 관계에서 타인의 사무를 처리하는 자에 해당한다고 볼 수 없다는 것이다.

4. 배임죄와 사무처리자의 범위

【대법원 판단】 다. 그러나 원심의 위와 같은 판단은 수긍하기 어렵다.

【대법원 요지】 (1) 배임죄에 있어서 '타인의 사무를 처리하는 자'라 함은 타인과의 내부적인 관계에서 신의성실의 원칙에 비추어 타인의 사무를 처리할 신임관계에 있게 되어 /

【대법원 요지】 그 관계에 기하여 타인의 재산적 이익 등을 보호 · 관리하는 것이 신임관계의 전형적 · 본질적 내용이 되는 지위에 있는 사람을 말한다. /

【대법원 요지】 그러나 그 사무의 처리가 오로지 타인의 이익을 보호 · 관리하는 것만을 내용으로 하여야 할 필요는 없고, /

【대법원 요지】 자신의 이익을 도모하는 성질도 아울러 가진다고 하더라도 타인을 위한 사무로서의 성질이 부수적 · 주변적인 의미를 넘어서 중요한 내용을 이루는 경우에는 여기서 말하는 '타인의 사무를 처리하는 자'에 해당한다. /

【대법원 요지】 따라서 위임 등 계약에 기하여 위임인 등으로부터 맡겨진 사무를 처리하는 것이 약정된 보수 등을 얻기 위한 것이라고 하더라도, /

【대법원 요지】 또는 매매 등 계약에 기하여 일정한 단계에 이르러 타인에게 소유권등기를 이전하는 것이 대금 등을 얻고 자신의 거래를 완성하기 위한 것이라고 하더라도, /

【대법원 요지】 그 사무를 처리하는 이는 상대방과의 신임관계에서 그의 재산적 이익을 보호 · 관리

하여야 할 지위에 있다고 할 것이다.

5. 사안에 대한 대법원의 분석

【대법원 분석】 (2) 원심판결 이유 및 원심이 적법하게 채용한 증거들에 의하면, 다음과 같은 사실을 인정할 수 있다.

【대법원 분석】 ① 피해자 회사는 카드단말기를 이용하여 신용조회서비스와 신용판매대금 자동이체 서비스를 제공함으로써 이를 통하여 카드회사로부터 소정의 수수료를 받는 밴사업자이고, /

【대법원 분석】 피고인은 피해자 회사의 경기북부 대리점인 공소외 Q주식회사의 대표이사로서 이를 사실상 운영하고 있다.

【대법원 분석】 ② 공소외 Q주식회사는 2002년경부터 피해자 회사와 사이에 가맹점 관리대행계약, 대리점계약, 단말기 무상임대차계약, 판매장려금계약을 각 체결하고 피해자 회사의 대리점으로서 카드단말기의 판매 및 설치, 가맹점 관리 업무 등을 하였으며, /

【대법원 분석】 피해자 회사와 공소외 Q주식회사는 2004. 3. 31. 위 계약들을 갱신하였다(갱신된 위 계약들을 모두 지칭할 경우에는 이하 이를 '이 사건 가맹점 관리대행계약 등'이라고 한다).

【대법원 분석】 ③ 이 사건 가맹점 관리대행계약 등에 의하면, 공소외 Q주식회사는 영업지역 안에서 피해자 회사를 위하여 가맹점을 모집하고 가맹점에 피해자 회사의 카드단말기를 판매 · 설치하고 이를 유지 · 보수하는 등의 가맹점 관리업무를 하고, /

【대법원 분석】 나아가 피해자 회사의 카드단말기를 사용하는 가맹점으로부터 매출전표를 수거하여 이를 검증하고 전산입력 후 피해자 회사에게 이관하는 매출전표 매입서비스를 제공할 의무를 부담하도록 되어 있고, /

【대법원 분석】 또 공소외 Q주식회사는 이러한 업무를 실제로 수행하였다.

【대법원 분석】 ④ 역시 이 사건 가맹점 관리대행계약 등에 의하면, 그 업무의 수행에 있어서 공소외 Q주식회사는 피해자 회사의 카드단말기와 서비스에 대한 수요 증대, 판로 확대 및 피해자 회사의 이미지 · 신뢰도 향상을 위하여 노력하여야 할 의무를 부담한다. /

【대법원 분석】 나아가 피해자 회사가 판매하거나 임대하고 있는 카드단말기와 동종 또는 유사한 카드단말기를 판매하거나 용역을 제공할 수 없으며, 피해자 회사와 경쟁관계에 있는 업체의 영업을 대행하거나 중개하여서는 아니된다. /

【대법원 분석】 또한 임의로 가맹점에 대한 서비스를 해지할 수 없고, 피해자 회사가 인정하는 경우에 한하여서만 가맹점에 대한 계약을 해지할 수 있으며, 가맹점에 대한 정보사항이 변경되거나 가맹점이 불법 · 불량 가맹점으로 판단되었을 경우에는 지체없이 서비스의 제공을 중지하고 피해자 회사에게 통보하여야 한다. /

【대법원 분석】 한편 가맹점으로부터 민원이 제기되었을 경우 공소외 Q주식회사는 신속히 해당 민원을 처리하여야 하고, 불량매출이 발생하였을 경우 우선적으로 이를 해결할 의무가 있다.

【대법원 분석】 ⑤ 한편 피해자 회사는 공소외 Q주식회사의 영업을 지원하기 위하여 카드단말기를 공소외 Q주식회사에게 무상으로 임대하고, 또한 공소외 Q주식회사의 판매 또는 영업을 장려하기 위하여 판매장려금계약에 따라 공소외 Q주식회사에게 2차례에 걸쳐 합계 4,100만 원의 판매장려금을

지급하였다.

【대법원 분석】 ⑥ 2004년 12월경 공소외 Q주식회사의 부사장이던 공소외 B 명의로 설립된 ○플러스[R사]는 2005년 1월경부터 공소외 Q주식회사의 직원이던 공소외 E, F를 직원으로 하여 주로 공소외 Q주식회사의 기존 가맹점들을 상대로 영업을 하여 /

【대법원 분석】 2005년 1월경부터 같은 해 5월경까지 공소외 Q주식회사의 139개 가맹점들이 ○플러스를 통하여 피해자 회사와 경쟁관계에 있는 다른 밴사업자인 공소외 S주식회사(영문명칭 생략)나 공소외 T주식회사(영문명칭 생략)의 가맹점으로 등록하였다. /

【대법원 분석】 피해자 회사는 이러한 가맹점의 이탈 현상을 알게 되자 2005. 6. 9.경 공소외 Q주식회사에 대하여 대리점계약에 정하여진 동종업종 겸업 금지 및 가맹점 이탈 등으로 인한 영업실적 저조를 이유로 대리점 계약 해지를 통보하였다.

【대법원 분석】 ⑦ 피해자 회사는 위와 같은 가맹점 이탈로 인하여 신용카드조회 및 신용카드거래 승인시 1건당 67원, 자동이체서비스시 1건당 12원의 각 수수료 수입을 잃게 되는 재산상 손해를 입었다.

6. 사안에 대한 대법원의 판단

【대법원 판단】 (3) 이상과 같은 사실에 의하면, /

【대법원 판단】 피해자 회사가 보유하는 가맹점은 그 자체가 피해자 회사의 수익과 직결되는 재산적 가치를 지니고 있는 것으로서 /

【대법원 판단】 피고인이 피해자 회사를 대신하여 가맹점의 모집 · 유지 및 관리의 업무를 하는 것은 본래 피해자 회사의 사무로서 피고인에 대한 인적 신임관계에 기하여 그 처리가 피고인에게 위탁된 것에 기초한 것이고, /

【대법원 판단】 이는 단지 피고인 자신의 사무만에 그치지 아니하고 피해자 회사의 재산적 이익을 보호 내지 관리하는 것을 그 본질적 내용으로 한다고 봄이 상당하다. /

【대법원 판단】 그리고 위와 같은 가맹점 관리대행업무가 피고인 자신의 계약상 의무를 이행하고 피해자 회사로부터 더 많은 수수료 이익을 취득하기 위한 피고인 자신의 사무의 성격을 일부 가지고 있다고 하여서 달리 볼 것이 아니다. /

【대법원 판단】 결국 피고인은 피해자 회사와의 신임관계에 기하여 피해자 회사의 가맹점 관리업무를 대행하는 '타인의 사무를 처리하는 자'의 지위에 있다고 할 것이고, /

【대법원 판단】 피고인이 그와 같은 지위에 있으면서 기존 가입의 가맹점을 피해자 회사의 경쟁업체인 다른 밴사업자 가맹점으로 임의로 전환하여 피해자 회사에 손해가 발생하도록 한 것은 그 업무상의 임무를 위배한 행위에 해당한다고 할 것이다.

【대법원 결론】 그럼에도 원심은 이와 달리 피해자 회사에 대한 관계에서 그의 사무를 처리하는 자에 해당한다고 볼 수 없다고 보아 피고인에게 업무상배임죄의 죄책을 지울 수 없다고 판단하였으니, 여기에는 배임죄에 있어서의 '타인의 사무를 처리하는 자'에 관한 법리를 오해하여 판결 결과에 영향을 미친 위법이 있다. 이 점을 지적하는 상고이유 주장은 이유 있다. (파기 환송)

2011도3247

부동산 이중매매와 배임죄 – 부정례
계약금 후 등기이전 사건

2011. 4. 28. 2011도3247, 공 2011상, 1223

1. 사실관계 및 사건의 경과

【사실관계 1】

① 갑은 P컨설팅 사무실을 운영하고 있다.

② A는 ㉠임야를 소유하고 있다.

③ 갑은 A와 다음의 M약정을 하였다.

(가) 갑은 A로부터 ㉠임야를 매매대금 1억 4,600만 원에 매수하기로 한다.

(나) 갑은 A에게 계약금 3천만 원을 지급한다.

(다) 계약금 3천만 원을 지급하는 즉시 A는 갑 앞으로 소유권이전등기를 한다.

(라) 잔금은 A의 책임 아래 형질변경과 건축허가를 받으면 15일 내에 ㉠임야를 담보로 대출을 받음과 동시에 지급하기로 한다.

(마) ㉠임야에 건축허가가 나지 아니하면 계약을 해제하여 원상회복하기로 한다.

【사실관계 2】

① 2007. 2. 16. 갑은 M약정에 따라 A에게 계약금 3천만 원을 지급하였다.

② 2007. 2. 16. A는 계약금 3천만 원을 받고 갑 앞으로 ㉠임야에 대한 소유권이전등기를 하였다.

③ 2007. 2. 16. 갑은 B에게 [돈을 빌리면서] ㉠임야에 채권최고액 7천만 원의 근저당권을 설정하였다. (☞문서례 4, 16번 참조)

④ 2007. 3. 5. 갑은 다시 C 외 2인에게 [돈을 빌리면서] ㉠임야에 채권최고액 2억 원의 근저당권을 설정하였다.

【사건의 경과】

① 검사는 갑을 배임죄로 기소하였다.

② (공소사실의 요지는 판례 본문 참조)

③ 제1심법원은 무죄를 선고하였다.

④ (제1심의 무죄 판단 이유는 판례 본문 참조)

⑤ 검사는 불복 항소하였다.

⑥ 항소심법원은 항소를 기각하고, 제1심판결을 유지하였다.

⑦ 검사는 불복 상고하였다.

2. 공소사실의 요지

【대법원 분석】 가. 이 사건 배임의 점에 관한 공소사실의 요지는 다음과 같다.

【대법원 분석】 피고인은 2007. 2. 15. 부산 해운대구 (이하 생략)에 있는 피고인 운영의 P컨설팅 사무실에서 피해자 공소외 A로부터 부산 사하구 (이하 생략) 임야 970m^2(이하 '이 사건 임야'라고 한다)를 매매대금 1억 4,600만 원에 매수하기로 약정하고, /

【대법원 분석】 계약금 3천만 원을 지급하는 즉시 피고인 앞으로 소유권이전등기를 하되, /

【대법원 분석】 잔금은 피해자의 책임 아래 형질변경과 건축허가를 받으면 15일 내에 이 사건 임야를 담보로 대출을 받음과 동시에 지급하기로 하고 /

【대법원 분석】 건축허가가 나지 아니하면 계약을 해제하여 원상회복하기로 약정하였다.

【대법원 분석】 피고인은 약정에 따라 2007. 2. 16. 피해자에게 계약금 3천만 원을 지급하고 피고인 앞으로 이 사건 임야에 대해 소유권이전등기를 하였으므로, /

【대법원 분석】 건축허가를 받으면 이 사건 임야를 담보로 은행대출을 받아 피해자에게 잔금을 지급하거나, 건축허가를 받지 못하면 계약 해제 후 이 사건 임야의 소유권을 피해자에게 원상회복할 수 있도록 이 사건 임야의 소유권을 잘 보전하여야 할 임무가 발생하였다.

【대법원 분석】 피고인은 위와 같은 임무에 위배하여 같은 날 공소외 B에게 채권최고액 7천만 원의 근저당권을 설정하고, 다시 2007. 3. 5. 공소외 C 외 2인에게 채권최고액 2억 원의 근저당권을 설정하여 도합 2억 7천만 원 상당의 재산상 이익을 취득하고 피해자에게 같은 액 상당의 손해를 가하였다.

3. 사안에 대한 항소심의 판단

【대법원 분석】 나. 제1심법원은 아래와 같은 이유를 들어 피고인이 피해자 공소외 A의 사무를 처리하는 자라고 할 수 없다고 보아 위 배임의 점에 대하여 무죄를 선고하였고, 원심도 제1심법원의 조치를 정당한 것으로 수긍할 수 있다고 판단하였다.

【대법원 분석】 즉, 검사는 피고인이 공소외 A에게 매매잔대금을 지급할 임무 혹은 장래 매매계약이 해제될 경우 공소외 A에게 이 사건 부동산을 원상회복하여야 할 임무를 타인의 사무로 파악하고, 피고인이 이러한 임무를 위반하였다고 기소하였다.

【항소심 판단】 그러나 우선 부동산매매계약에서 매수인이 매매대금을 지급할 의무는 매도인의 사무가 아니라 매수인 자신의 사무라고 할 것이다. /

【항소심 판단】 따라서 피고인이 매매잔대금을 지급할 의무를 지체하였다고 하는 것으로 피고인에게 배임의 죄책을 물을 수 없다.

【항소심 판단】 나아가 원상회복의무에 대하여 보건대, 공소사실 기재에 의하더라도 이 사건 임야에 관하여 형질변경과 건축허가를 받아야 할 의무는 공소외 A에게 있고, 이러한 의무는 피고인이 매매잔대금을 지급하기 전에 먼저 이행되어야 할 것이다. /

【항소심 판단】 그런데 공소외 A가 이러한 의무를 불이행하면 피고인으로서는 그의 채무불이행을 이유로 이 사건 매매계약을 해제하고 손해배상예정액 등을 청구할 수 있는데(이 사건 부동산매매계약서 제5조, 제6조 참조), 현재까지 피고인이 매매계약을 해제하지 아니하였다. /

【항소심 판단】 한편 공소외 A로서는 자신의 선이행의무를 불이행하고 있는 이상 원칙적으로 매매계약을 해제할 수 없고, /

【항소심 판단】 다만 피고인이 잔금을 지급하는 등 계약의 이행에 착수하기 전에 계약금의 배액인 6천만 원을 지급하고 매매계약을 해제할 수는 있으나 기록상 공소외 A가 6천만 원을 지급하면서 매매계약을 해제한 바가 없다.

【항소심 판단】 이와 같이 이 사건 임야에 관한 부동산 매매계약은 해제되지 아니한 채 그대로 유지되어서 원상회복의무가 구체적으로 발생하지 아니한 상황에서, 더욱이 매도인이 선이행해야 할 의무를 이행하지 아니하고 있는 상태에서, /

【항소심 판단】 장래 발생할지도 모르는 계약해제사태에 대비하여 매수인이 매수하여 등기를 마친 부동산의 소유권을 온전히 보전하고 있어야 할 법률상 · 계약상 혹은 신의칙상의 의무가 있다고 볼 수 없다.

【항소심 판단】 그리고 이 사건 기록에 의하면, /

【항소심 판단】 피고인은 공소외 A와의 사이에 계약금만을 지급하고 소유권이전등기를 경료받은 후 이 사건 임야를 담보로 은행권 등으로부터 대출을 받아 그 대출금으로 잔금을 지급하기로 약정하였음이 인정된다. /

【항소심 판단】 따라서 피고인이 공소사실 기재와 같이 공소외 B, C 등으로부터 돈을 빌리면서 이 사건 임야를 담보로 제공하였다는 것으로 계약 위반이 있다고 볼 수 없다. /

【항소심 판단】 다만 피고인이 위와 같이 빌린 돈으로 공소외 A에게 잔금을 지급함이 상당함에도 이를 하지 아니한 잘못을 비난할 여지는 있으나, /

【항소심 판단】 이는 결국 매수인이 매매잔대금을 지급할 의무를 지체한 것에 불과하고, 매수인의 매매대금지급의무를 타인을 위한 사무로 볼 수 없다는 것이다.

4. 부동산 대금지급 의무와 배임죄의 신임관계

【대법원 요지】 다. 일정한 신임관계의 고의적 외면에 대한 형사적 징벌을 핵심으로 하는 배임의 관점에서 보면, /

【대법원 요지】 부동산매매에서 매수인이 대금을 지급하는 것에 대하여 매도인이 계약상 권리의 만족이라는 이익이 있다고 하여도 대금의 지급은 어디까지나 매수인의 법적 의무로서 행하여지는 것이고, /

【대법원 요지】 그 사무의 처리에 관하여 통상의 계약에서의 이익대립관계를 넘는 신임관계가 당사자 사이에 발생한다고 할 수 없다. /

【대법원 요지】 따라서 그 대금의 지급은 당사자 사이의 신임관계에 기하여 매수인에게 위탁된 매도인의 사무가 아니라 애초부터 매수인 자신의 사무라고 할 것이다.

【대법원 요지】 또한 매도인이 대금을 모두 지급받지 못한 상태에서 매수인 앞으로 목적물에 관한 소유권이전등기를 경료하였다면, /

【대법원 요지】 이는 법이 동시이행의 항변권 등으로 마련한 대금 수령의 보장을 매도인이 자신의 의사에 기하여 포기한 것으로서, 다른 특별한 사정이 없는 한 대금을 받지 못하는 위험을 스스로 인수한 것으로 평가된다. /

【대법원 요지】 그리고 그와 같이 미리 부동산을 이전받은 매수인이 이를 담보로 제공하여 매매대금

지급을 위한 자금을 마련하고 이를 매도인에게 제공함으로써 잔금을 지급하기로 당사자 사이에 약정하였다고 하더라도, /

【대법원 요지】 이는 기본적으로 매수인이 매매대금의 재원을 마련하는 방편에 관한 것이고, /

【대법원 요지】 그 성실한 이행에 의하여 매도인이 대금을 모두 받게 되는 이익을 얻는다는 것만으로 매수인이 신임관계에 기하여 매도인의 사무를 처리하는 것이 된다고 할 수 없다.

5. 사안에 대한 대법원의 판단

【대법원 판단】 이러한 법리에 비추어 보면, /

【대법원 판단】 이 사건에서 비록 피고인이 이 사건 매매계약에 기하여 소유권이전등기를 받은 바로 당일 이를 담보로 제공하여 자금을 융통하였고 그 후에도 다시 같은 일이 있었다고 하여도, /

【대법원 판단】 또한 그 융통한 자금을 매도인 공소외 A에게 매매대금으로 지급하지 아니하였다고 하여도, /

【대법원 판단】 그것을 타인의 사무를 처리하는 자가 그 임무에 위배하는 행위를 한 것으로 볼 수 없다. /

【대법원 판단】 이는 그러한 담보 제공 등의 행위가 피고인이 이 사건 임야를 공소외 A에게 반환할 의무를 현실적으로 부담하고 있지 아니한 상태에서 행하여진 이상 달라지지 아니한다고 할 것이다.

【대법원 결론】 원심이 같은 취지에서 이 사건 배임의 점에 대하여 피고인에 대하여 무죄를 선고한 제1심판결을 유지한 것은 정당하고, 거기에 상고이유의 주장과 같이 논리와 경험의 법칙을 위반하고 자유심증주의의 한계를 벗어나 사실을 잘못 인정하거나 배임죄에서의 타인의 사무 등에 관한 법리를 오해한 위법이 있다고 할 수 없다. (상고 기각)

2008도3766

부동산 이중매매와 배임죄 – 인정례
임야 이중매매 가등기 사건

2008. 7. 10. 2008도3766, [공보불게재]

1. 사실관계 및 사건의 경과

【사실관계】

① 갑은 A에게 ㉠임야를 매도하고 계약금, 중도금 및 일부 잔금까지 지급받았다. (☞문서례 15번 참조)

② 갑은 다시 ㉠임야를 B에게 매도하였다.

③ 갑은 B로부터 계약금을 지급받고 B 앞으로 소유권이전청구권 보전을 위한 가등기를 마쳐 주었다.

【사건의 경과】

① 갑은 특경가법위반죄(배임)로 기소되었다.

② 제1심법원은 갑에게 특경가법위반죄(배임)의 미수범을 인정하였다.
③ 검사는 불복 항소하였다.
④ 항소심법원은 갑에게 특경가법위반죄(배임)의 기수를 인정하였다.
⑤ 갑은 불복 상고하였다.
⑥ 갑은 상고이유로, B에게 소유권이전등기가 경료되지 아니하였으므로 배임의 미수에 지나지 않는다고 주장하였다.

2. 사안에 대한 대법원의 판단

【대법원 요지】 1. 배임죄에 있어서 재산상 손해를 가한 때라 함은 현실적인 손해를 가한 경우뿐 아니라 재산상 손해발생의 위험을 초래한 경우도 포함하는바, /
【대법원 요지】 부동산의 매도인으로서 매수인에 대하여 그 앞으로의 소유권이전등기절차에 협력할 의무 있는 자가 그 임무에 위배하여 같은 부동산을 매수인 이외의 제3자에게 이중으로 매도하고 제3자 앞으로 소유권이전청구권 보전을 위한 가등기를 마쳐 주었다면, /
【대법원 요지】 이는 매수인에게 손해발생의 위험을 초래하는 행위로서 배임죄를 구성한다.
【대법원 판단】 원심은, /
【대법원 판단】 피고인이 그 판시와 같이 피해자에게 이 사건 임야를 매도하고 일부 잔금까지 지급받았음에도, 다시 위 임야를 제3자에게 매도하여 계약금을 지급받고는 그 앞으로 소유권이전청구권 보전을 위한 가등기를 마쳐 줌으로써 /
【대법원 판단】 특정경제범죄 가중처벌 등에 관한 법률 위반(배임)죄의 기수에 이르렀다고 판단하였는바, /
【대법원 결론】 원심의 이러한 판단은 앞서 본 법리와 기록에 비추어 정당하고, 거기에 배임죄의 실행의 착수 및 기수시기에 관한 법리오해 등의 위법이 없다. (상고 기각)

【코멘트】 본 판례는 부동산 이중매매에 대해 배임죄의 성립을 인정하고 있는 전형적인 예라고 할 수 있다. 부동산의 거래는 계약금 지급, 중도금 지급, 잔급 지급의 순서로 이루어지며, 잔금 지급과 동시에 매도인은 매수인에게 부동산 소유권이전 등기에 필요한 일건 서류를 교부한다. 매수인은 이렇게 교부된 등기 관련서류를 가지고 자신의 명의로 소유권이전등기를 하게 된다. 일반 시민들의 입장에서 볼 때 부동산은 개인의 전 재산과 마찬가지로 중요한 의미를 가지고 있다. 그렇기 때문에 부동산 거래에 대해서는 대법원이 일찍부터 배임죄를 통한 형사적 규제를 가하여 거래질서를 확립하려 하고 있는데, 부동산 이중매매에 대한 배임죄의 법리가 그것이다.

판례는 부동산의 이중매매와 배임죄의 관계에 대해 단계적인 접근방법을 인정하고 있다. 즉 부동산 매매와 관련하여 계약금을 지급한 단계에서는 다른 사람에게 부동산을 이중으로 매매할 수 있다. 이 단계에서는 위약금을 지급하고 종전의 계약을 해제할 수 있기 때문이다. 그러나 매수자가 중도금을 지급한 단계에 이르면 매도인은 매수인 이외의 다른 사람에게 해당 부동산을 매도할 수 없다. 이 단계에 이르면 매도인에게 매수인이 부동산 소유권이전 등기를 하는 데에 협력할 의무가 발생한다. 매도인이 매수인을 위한 사무처리자의 지위에 들어서게 되는 것이다. 그렇기 때문에 매도인이 등기협력의무를 이행하지 않고 이중매매한 후매수자에게 부동산 소유권이전등기를 해 준다면 배임죄는 기수에 이른다.

그런데 본 판례에서 대법원은 이중매매한 다른 사람에게 소유권이전의 본등기를 하지 않고 소유권이전등기예약을 원인으로 한 가등기를 한 경우에도 배임죄의 기수를 인정하고 있다. 배임죄는 현실적으로 손해가 발생한 경우뿐만 아니라 손해발생의 위험이 생긴 때에도 기수에 이른다는 것이 그 이유이다.

2009도14427

부동산 이중매매와 배임죄 – 부정례
신탁등기 대 대물변제예약 사건

2010. 4. 29. 2009도14427, [공보불게재]

1. 사실관계 및 사건의 경과

【사실관계 1】

① 갑은 ㉠토지 위에 M상가를, ㉡토지 위에 N상가를 건축하여 분양하려는 건설업자이다.
② 갑은 P신탁회사로부터 소요되는 건설자금을 융통하기로 하였다.
③ 갑은 M상가가 완공되어 분양이 되는 대로 그 돈으로 P회사에 빌린 돈을 갚기로 하였다.
④ 2005. 6. 27. 갑은 P신탁회사로부터 자금을 조달하면서 ㉠토지에 대한 신탁등기를 마쳤다.
⑤ 이때 자금조달계약의 특약사항으로, M상가가 완공된 후에도 분양되지 않아 이전등기하지 못한 상가 부분은 P회사에 추가로 신탁하기로 하였다.

【사실관계 2】

① 갑은 M상가를 건축하면서 자금이 부족하게 되었다.
② 2006. 1. 11. 갑은 [사채업자] A로부터 필요한 자금을 융통하였다.
③ 갑은 그에 대한 담보로 M상가 507호, 307호를 담보로 제공하였다.
④ 갑은 또한 ㉡토지 위에 건축 중인 N상가와 관련하여 ㉡토지를 담보로 제공하였다.
⑤ 갑은 돈을 갚지 못할 경우 M상가 507호, 307호 및 ㉡토지의 소유권을 A에게 넘겨서 채무를 변제하기로 하였다. (대물변제의 예약)

【사실관계 3】

① 2006. 9. M상가가 준공되었다.
② 그러나 M상가가 완전히 분양되지는 못하였다.
③ 2006. 10. 17. P회사에 대한 특약사항에 따라 우선수익자 P회사의 원리금 상환에 대한 담보목적으로 M상가 507호, 307호를 포함하여 이전등기하지 못한 완성건축물을 수탁자 P회사에게 추가로 신탁하는 신탁등기가 이루어졌다.

【사실관계 4】

① 갑은 또 다시 자금이 부족하게 되었다.

② 2007. 6. 13. 갑은 A와의 대물변제 예약에 위배하여 ㉡토지를 Q회사(대표이사 B)에게 매도하기로 하였다.
③ 갑은 Q회사로부터 계약금으로 20억 원을 받았다.
④ [갑이 ㉡토지를 A에게 대물변제하기로 예약된 사실이 밝혀졌다.]
⑤ 갑과 Q회사 사이의 계약은 갑이 중도금을 수령하지 아니한 상태에서 해제되었다.

【사실관계 5】

① 갑은 P회사에 원리금을 상환하지 못하였다.
② P회사는 신탁재산인 M상가 507호, 307호 등을 처분하여 그 대금으로 우선수익자의 채권변제에 충당하였다.
③ 이 과정에서 갑은 P회사가 M상가 507호, 307호 등을 처분하는 일에 협조하였다.
④ 결과적으로 채권자 A는 대물변제의 예약이 되어 있던 M상가 507호, 307호에 대한 소유권을 취득하지 못하였다.

【사건의 경과】

① [A는 갑을 고소하였다.]
② 검사는 갑을 특경가법위반죄(배임)로 기소하였다.
③ 갑의 피고사건은 제1심을 거친 후, 항소심에 계속되었다.
④ 항소심법원은 갑에게 무죄를 선고하였다.
⑤ (항소심의 판단 이유는 판례 본문 참조)
⑥ 검사는 불복 상고하였다.

2. 사안에 대한 대법원의 판단

(1) 부동산 이중매매와 배임죄의 성립 시점

【대법원 요지】 부동산을 이중으로 매도한 경우에 매도인이 선매수인에게 소유권이전의무를 이행하였다고 하여 후매수인에 대한 관계에서 그가 임무를 위법하게 위배한 것이라고 할 수 없다. /
【대법원 요지】 그리고 부동산 이중양도에 있어서 매도인이 제2차 매수인으로부터 계약금만을 지급받고 중도금을 수령한 바 없다면 배임죄의 실행의 착수가 있었다고 볼 수 없다.

(2) 선매수자에 대한 등기이전과 배임죄

【대법원 판단】 원심은 그 채택 증거에 의하여 그 판시와 같은 사실을 인정한 다음, /
【대법원 판단】 M상가 507호, 307호는 2006. 1. 11. 대물변제의 예약이 있은 후 2006. 9. 준공되었고, /
【대법원 판단】 그 후 2006. 10. 17. 우선수익자의 원리금 상환에 대한 담보목적으로 이전등기하지 못한 완성건축물을 수탁자에게 추가 신탁하기로 한 2005. 6. 27.자 특약사항 제2조에 따라 추가로 신탁등기가 마쳐졌는바, /
【대법원 판단】 위 대물변제의 예약 후에 M상가 507호, 307호에 관하여 신탁등기가 경료되었다고 하더라도 이는 대물변제의 예약보다 앞선 담보신탁의 예약에 따른 것으로서 이를 대물변제 예약권자

인 공소외 A에 대한 관계에서 임무위배행위라 할 수 없고, /

【대법원 분석】 (중략)

【대법원 판단】 수탁자인 공소외 P회사가 신탁재산인 위 부동산들을 처분하여 그 대금으로 우선수익자의 채권변제에 충당한 이상, 위탁자인 피고인이 P회사의 처분업무에 협조하였다 하더라도 이는 신탁계약에 따른 것이어서 이를 대물변제 예약권자인 공소외 [A]에 대한 관계에서 임무위배행위에 해당한다고 할 수 없다고 판단하였다.

(3) 부동산 이중매매 계약금 수령과 배임죄

【대법원 판단】 나아가 원심은, /

【대법원 판단】 피고인이 대물변제의 예약에 위배하여 2007. 6. 13. ㉡상가부지를 공소외 Q주식회사(대표이사 공소외 B)에 매도하고 2007. 6. 14. 계약금 20억 원을 받았으나, /

【대법원 판단】 중도금을 수령한 바 없어 배임의 실행에 착수하였다고 할 수 없으므로, /

【대법원 판단】 피고인의 위와 같은 행위는 공소외 A에 대한 관계에서 배임미수죄에도 해당하지 않는다는 취지로 판단하였다.

【대법원 결론】 위 법리와 기록에 비추어 살펴보면, 원심의 판단은 정당한 것으로 수긍이 가고, 거기에 상고이유에서 주장하는 바와 같은 채증법칙 위배, 사실오인, 배임죄의 성립에 관한 법리오해 등의 위법이 없다. (상고 기각)

【코멘트】 본 판례에서 대법원은 부동산 이중매매가 배임죄에 해당하지 않는 경우에 대해 판단하고 있는데, 하나는 선매수자에 대한 등기이전의 경우이고, 다른 하나는 이중매매가 계약금 수령단계에 그친 경우이다. 한편 본 판례에서 대법원은 부동산 이중매매로 인한 배임죄의 미수시기에 대해 판단하고 있는데, 이중매매에 기하여 중도금을 수령할 때 배임죄의 실행의 착수가 인정된다. 이에 대해 부동산 이중매매로 인한 배임죄의 기수시기는 이중매매에 기초하여 등기를 마친 때이다. 앞의 **2008도3766**에서 대법원은 제3자 앞으로 소유권이전청구권 보전을 위한 가등기를 마쳐 준 시점도 배임죄의 기수시점으로 인정하고 있다.

2008도10479

동산 이중매매와 배임죄 – 부정례
인쇄기 이중양도 사건

2011. 1. 20. 2008도10479 전원합의체 판결, 공 2011상, 482

1. 사실관계 및 사건의 경과

【사실관계】

① 갑은 ㉠인쇄기를 A에게 1억 3천 5백만 원에 양도하기로 하였다.

② 갑은 A로부터 1, 2차 계약금 및 중도금 명목으로 합계 4천 3백만 원 상당의 원단을 제공받아 이를 수령하였다.
③ 갑은 그러나 ㉠인쇄기를 자신의 채권자 B에게 기존 채무 8천 4백만 원의 변제에 갈음하여 양도하였다.

【사건의 경과 1】

① 검사는 갑을 다음의 공소사실로 배임죄로 기소하였다.
② 「피고인은 ㉠인쇄기를 이중으로 양도하여 자신이 4천 3백만 원 상당의 재산상 이익을 취득하고 A에게 동액 상당의 손해를 입혔다.」
③ 제1심법원은 다음의 이유를 들어서 무죄를 선고하였다.
  (가) 갑이 이 사건 동산매매계약에 따라 A에게 ㉠인쇄기를 인도하여 줄 의무는 민사상의 채무에 불과할 뿐 타인의 사무라고 할 수 없다.
  (나) 갑은 ㉠인쇄기의 양도와 관련하여 타인(A)의 사무를 처리하는 자의 지위에 있다고 볼 수 없다.

【사건의 경과 2】

① 검사는 불복 항소하였다.
② 항소심법원은 항소를 기각하고, 제1심판결을 유지하였다.
③ 검사는 불복 상고하였다.
④ 대법원은 7 대 5로 견해가 나뉘었다.
⑤ 대법원은 다수의견에 따라 검사의 상고를 기각하였다.
⑥ 대법원판결에는 대법관 5인의 반대의견, 대법관 4인의 다수의견 보충의견, 대법관 3인의 반대의견 보충의견이 제시되었다.
⑦ (이하에서는 지면 관계로 다수의견만을 소개함)

2. 배임죄의 주체

【대법원 요지】 1. 배임죄는 타인의 사무를 처리하는 자가 그 임무에 위배하는 행위로 재산상 이익을 취득하여 사무의 주체인 타인에게 손해를 가함으로써 성립하는 것이므로 /

【대법원 요지】 그 범죄의 주체는 타인의 사무를 처리하는 지위에 있어야 한다. /

【대법원 요지】 여기에서 '타인의 사무를 처리하는 자'라고 하려면 당사자 관계의 본질적 내용이 단순한 채권관계상의 의무를 넘어서 그들 간의 신임관계에 기초하여 타인의 재산을 보호 내지 관리하는 데 있어야 하고, /

【대법원 요지】 그 사무가 타인의 사무가 아니고 자기의 사무라면 그 사무의 처리가 타인에게 이익이 되어 타인에 대하여 이를 처리할 의무를 부담하는 경우라도 그는 타인의 사무를 처리하는 자에 해당하지 아니한다.

3. 동산 이중양도와 배임죄 성립 여부

(1) 공소사실의 요지

【대법원 분석】 원심은, /

【대법원 분석】 피고인이 이 사건 인쇄기를 공소외 A에게 135,000,000원에 양도하기로 하여 그로부터 1, 2차 계약금 및 중도금 명목으로 합계 43,610,082원 상당의 원단을 제공받아 이를 수령하였음에도 불구하고 /

【대법원 분석】 그 인쇄기를 자신의 채권자인 공소외 B에게 기존 채무 84,000,000원의 변제에 갈음하여 양도함으로써 동액 상당의 재산상 이익을 취득하고 공소외 A에게 동액 상당의 손해를 입혔다는 이 사건 공소사실에 대하여, /

(2) 사안에 대한 항소심의 판단

【항소심 판단】 피고인이 이 사건 동산매매계약에 따라 공소외 A에게 이 사건 인쇄기를 인도하여 줄 의무는 민사상의 채무에 불과할 뿐 타인의 사무라고 할 수 없으므로 /

【항소심 판단】 위 인쇄기의 양도와 관련하여 피고인이 타인의 사무를 처리하는 자의 지위에 있다고 볼 수 없다는 이유로, /

【항소심 판단】 피고인에 대하여 무죄를 선고한 제1심판결을 그대로 유지하였다.

(3) 사안에 대한 대법원의 판단

【대법원 요지】 이 사건 매매와 같이 당사자 일방이 재산권을 상대방에게 이전할 것을 약정하고 상대방이 그 대금을 지급할 것을 약정함으로써 그 효력이 생기는 계약의 경우(민법 제563조), /

【대법원 요지】 쌍방이 그 계약의 내용에 좇은 이행을 하여야 할 채무는 특별한 사정이 없는 한 '자기의 사무'에 해당하는 것이 원칙이다. /

【대법원 요지】 매매의 목적물이 동산일 경우, 매도인은 매수인에게 계약에 정한 바에 따라 그 목적물인 동산을 인도함으로써 계약의 이행을 완료하게 되고 그때 매수인은 매매목적물에 대한 권리를 취득하게 되는 것이므로, /

【대법원 요지】 매도인에게 자기의 사무인 동산인도채무 외에 별도로 매수인의 재산의 보호 내지 관리 행위에 협력할 의무가 있다고 할 수 없다. /

【대법원 요지】 동산매매계약에서의 매도인은 매수인에 대하여 그의 사무를 처리하는 지위에 있지 아니하므로, /

【대법원 요지】 매도인이 목적물을 매수인에게 인도하지 아니하고 이를 타에 처분하였다 하더라도 형법상 배임죄가 성립하는 것은 아니다.

【대법원 결론】 이러한 법리에 비추어 살펴보면, 원심이 위와 같은 이유로 피고인에 대하여 무죄를 선고한 제1심판결을 유지한 것은 수긍할 수 있고, 원심판결에는 상고이유로 주장하는 바와 같은 배임죄에 있어 타인의 사무를 처리하는 자의 의미 등에 관한 법리오해 등의 위법이 없다. (상고 기각)

【코멘트】 본 판례에서 대법원은 동산 이중매매와 배임죄의 관계에 대하여 판단하고 있다. 주지하는 바와 같이 부동산의 경우 중도금 지급 이후 다른 사람에게 해당 부동산을 이중으로 매도하는 행위는 배임죄로 처벌된다. 이와 관련하여 동일한 법리를 동산의 이중매매에도 적용할 수 있을 것인가 하는 문제가 본 판례의 핵심쟁점이 되고 있다.

이 문제에 대해 본 판례에서 대법원 다수의견은 부동산과 동산의 성질상 차이점과 사적 계약관계에 형법적 규율을 가하는 것을 최대한 자제해야 한다는 관점에서 동산의 이중매매에 대해 배임죄의 성립을 부정한다. 이에 대해 소수의견은 부동산 이중매매에 대한 법리는 일반 거래사회에 널리 알려져 있으며, 동산의 경우에도 이를 적용하지 않을 이유가 없다는 주장을 전개하고 있다. 또한 같은 소수의견의 진영에서 동산이 각종 등록제도 등을 통하여 부동산과 비슷한 형태로 거래되는 경우가 증가하고 있다는 점을 지적하면서 동산 이중매매에 대해 배임죄의 성립을 인정해야 한다는 주장도 제기되고 있다.

사법적 거래관계에 형사법적 규율을 가하는 중요 매개장치가 배임죄이다. 더 이상 사적 자치의 영역에 맡겨둘 수 없어서 신의칙 위반을 이유로 형사제재를 가동하는 장치가 배임죄의 법리이다. 우리 사회의 어느 구체적 생활현상이 아직도 사적 자치의 영역에 머물러 있어서 단순히 민사상의 계약 문제로 처리해도 좋을 것인지, 아니면 더 이상 사적 자치에 맡겨놓을 수 없어서 배임죄라는 형사처벌을 개입시켜야 할 것인지를 놓고 판단자들 사이에 견해의 일치를 보기가 쉽지 않다. 유독 배임죄의 경우에 전원합의체 판결이 자주 나오는 이유는 바로 이 때문이다. 본 판례에서도 다수의견과 소수의견이 대립하는 가운데 각 진영에서 여러 가지 보충의견들이 함께 제시되고 있다. 지면 관계로 본서에서는 다수의견의 주된 견해만을 소개하였으나, 동산을 둘러싼 우리 사회의 거래현실과 배임죄의 기능을 이해하기 위하여 판례 전문의 일독을 권하는 바이다.

2011도16385

배임죄와 사무처리자 – 인정례

골프 회원권 양도담보 사건

2012. 2. 23. 2011도16385, 공 2012상, 560

1. 사실관계 및 사건의 경과

【사실관계 1】

① 2007. 2. 8. 갑은 공증인 B의 사무실에서 A로부터 월 2%의 이자를 지급하기로 하면서 2억 원을 차용하였다.

② 갑은 이 자리에서 그의 소유인 P컨트리클럽 정회원권(㉠골프회원권)을 A에게 차용금에 대한 담보로 제공하면서 그 회원증, 회원입회보증금증서를 교부하였다.

③ 2007. 2. 8. 갑은 그의 소유인 ㉡토지에 대해 A 명의로 채권최고액 2억 6,000만 원의 근저당권을 설정해 주었다.

④ 2007. 5. 21. 갑은 Q합동법률사무소에서 A로부터 추가로 1억 원을 차용하면서, ㉠회원권을 차용금 합계 3억 원의 담보로 제공하기로 약정하였다.

【사실관계 2】

① 2008. 9. 8. 갑은 P컨트리클럽에 ㉠골프회원권에 대한 분실 신고를 하였다.

② 2008. 9. 8. (같은 날) 갑은 R회사에 ㉠골프회원권 매각을 의뢰하였다.

③ 2008. 9. 8. 갑은 매매계약금 1,000만 원을 송금받았다.
④ 2008. 9. 11. 갑은 잔금 2억 3,800만 원을 송금받았다.
⑤ 갑은 위 돈을 사업자금 등으로 사용하였다.

【사건의 경과】

① 검사는 갑을 배임죄로 기소하였다.
② 제1심법원은 유죄를 인정하였다.
③ 갑은 불복 항소하였다.
④ 항소심법원은 항소를 기각하고, 제1심판결을 유지하였다.
⑤ 갑은 불복 상고하였다.
⑥ 갑은 상고이유로, 갑은 A의 사무를 처리하는 자에 해당하지 않는다고 주장하였다.

2. 골프회원권의 양도인과 양수인의 관계

【대법원 요지】 1. 회원 가입 시에 일정 금액을 예탁하였다가 탈퇴 등의 경우에 그 예탁금을 반환받는 이른바 예탁금 회원제로 운영되는 골프장의 회원권을 다른 채무에 대한 담보 목적으로 양도한 경우에 /

【대법원 요지】 회원권은 양도인과 양수인 사이에서는 그 동일성을 유지한 채 양도인으로부터 양수인에게 이전하고, /

【대법원 요지】 양도인은 양수인에게 귀속된 회원권을 보전하기 위하여 채무자인 골프장 운영 회사에 채권양도 통지를 하거나 채권양도 승낙(필요한 경우에는 명의개서까지)을 받음으로써 양수인으로 하여금 채무자에 대한 대항요건을 갖출 수 있도록 해 줄 의무를 부담하므로, /

【대법원 요지】 회원권 양도의 당사자 사이에서는 양도인은 양수인을 위하여 회원권 보전에 관한 사무를 처리하는 자라고 할 것이다.

3. 사안에 대한 대법원의 판단

【대법원 분석】 원심판결 이유를 기록에 비추어 살펴보면, 원심이 그 판시와 같은 사실을 인정한 후, /

【대법원 판단】 피고인과 피해자 사이에 피고인 소유인 이 사건 골프회원권에 관하여 유효하게 담보계약이 체결되어 피고인이 담보물인 이 사건 골프회원권을 담보 목적에 맞게 보관·관리할 의무를 부담함으로써 피해자의 사무를 처리하는 자의 지위에 있었다는 이유로 /

【대법원 판단】 이 사건 골프회원권을 제3자에게 매도한 피고인에 대하여 배임죄의 성립을 인정한 것은 앞서 본 법리에 따른 것으로서 정당하고, /

【대법원 결론】 거기에 배임죄에 있어 타인의 사무를 처리하는 자에 관한 법리를 오해한 잘못이 없다. (상고 기각)

2003도763

강요죄와 협박 – 인정례
배임죄와 사무처리자 – 부정례
골프장 특별회원 모집 사건

2003. 9. 26. 2003도763, 공 2003, 2129

☞ 364면

83도1405

공무상보관물무효죄와 보관명령 – 부정례
배임죄와 사무처리자 – 부정례
예금채권 가압류 사건

1983. 7. 12. 83도1405, 공 1983, 1301

☞ 1137면

2009도3915

배임죄와 임무위배 – 부정례
텔레매틱스 단말기 사건

2011. 6. 30. 2009도3915, 공 2011하, 1549

☞ 339면

2006도9089

배임죄와 임무위배 – 인정례
영업비밀침해죄와 배임죄의 관계
재택근무용 파일 사건

2008. 4. 24. 2006도9089, 공 2008상, 809

☞ 336면

2008도9433

영업비밀침해죄와 영업비밀 취득 – 인정례
배임죄와 임무위배 – 인정례
담수 프로젝트 사건

2009. 10. 15. 2008도9433, 공 2009하, 1904

☞ 328면

2002도4229

배임죄와 재산상 이익 취득 – 부정례
보증보험사 경영판단 사건

2004. 7. 22. 2002도4229, 공 2004, 1480

1. 사실관계 및 사건의 경과

【사실관계 1】

① P보증보험은 담보력이 부족한 기업이나 개인의 신용을 보완해 줌으로써 국가경제발전에 기여하기 위한 목적으로 설립된 보증보험회사이다.

② P보증보험은 부실회사채의 지급보증 등으로 발생할 수 있는 위험을 회피하도록 세부규정을 두고 있다.

③ P보증보험의 영업지침에 의하면 보험계약을 체결하기 전에 심사 주무부서가 인수조건을 심사함에 있어 대상 업체의 재무상황과 비재무상황 등을 기준으로 평점을 산출하여 심사등급을 나누고 있다.

④ 그리고 그에 따른 인수조건을 정하되 평점이 낮은 등급일수록 인수조건을 엄격하게 규정하고 있다.

⑤ 이에 벗어나는 심사등급의 조정은 예외적으로 이루어진다.

【사실관계 2】

① S그룹에 속하는 S종합특수강은 국내 최대, 세계 3대 규모의 특수강제조업체이다.

② 1990.부터 S종합특수강은 재무구조가 악화되어 부채비율이 878.1%에 달하게 되었다.

③ 1992. 10. 23. P보증보험은 S종합특수강에 대해 우대업체 선정을 취소하였다.

④ 이후 S종합특수강은 과다계약자로 보험계약 유의자에 해당되어 P보증보험의 영업지침상 청약접수 비대상업체로 분류되었다.

⑤ S종합특수강은 P보증보험의 심사부서에서 기업평가를 한 결과 평점 54점으로 심사등급 C급에 해당되었다.

【사실관계 3】

① 1993. 8. 25.부터 1996. 8. 13.까지 갑은 P보증보험의 대표이사로 재직하였다.

② 1995. 10. 16. S종합특수강의 대표이사 K는 그 회사의 제154회 회사채 78억 4,700만 원에 대한 지급보증을 P보증보험에 요청하였다.
③ S종합특수강의 154회 회사채 지급보증요청을 검토한 P보증보험의 부사장 J, 상무이사 L 등 임·직원들은 지급보증의 인수를 반대하였다.
④ P보증보험의 영업지침 제1071조 제2항은 "우대업체 선정이 취소된 업체라도 취소 사유가 해소되었거나 해소될 것으로 인정되는 경우에 주무부서에서 선정기준 등 충족 여부를 검토한 후 재선정할 수 있다."고 규정하고 있다.
⑤ P보증보험 대표이사 갑은 부사장 J에게 지시하여 영업지침 제1071조 제2항에 기하여 S종합특수강을 우대업체 B군으로 재선정하도록 하였다.
⑥ 갑은 S종합특수강 발행의 백지 당좌수표 2매와 K의 개인 연대보증, 주식회사 S의 연대보증, 주식회사 S의 대표이사인 H의 개인 연대보증 외에는 어떠한 물적 담보도 취득하지 않은 채 78억 4,700만 원의 신규 회사채에 대한 지급보증을 하였다.

【사실관계 4】

① S종합특수강에 대한 회사채 지급보증을 전후한 당시 P보증보험은 S그룹에 대한 지급보증 잔액을 단계적으로 감소시킨다는 방침을 세웠다.
② 이에 따라 P보증보험은 S종합특수강에게 신규 회사채 발행에 기한 차입금으로 S그룹 소속의 S금속 발행의 만기 도래 회사채 54억 4,000만 원을 전액 상환하고, S종합특수강의 전환사채 211억 원 중 100억 원 정도를 주식으로 전환하는 조건을 제시하였고, S종합특수강은 이를 받아들였다.
③ 1995. 8. 7. S종합특수강은 전환사채 211억 원 중 97억 원을 주식으로 전환하였다.
④ 1995. 11. 9. S종합특수강은 S금속의 회사채 54억 4,000만 원을 전액 상환하였다.
⑤ 1997. 3.경 S종합특수강 및 주식회사 S 등은 부도처리되었다.

【사건의 경과】

① 검사는 갑을 업무상 배임죄로 기소하였다.
② 갑의 피고사건은 제1심을 거친 후, 항소심에 계속되었다.
③ 항소심법원은 갑에게 유죄를 인정하였다.
④ 갑은 불복 상고하였다.

2. 배임죄의 고의 및 손해발생

【대법원 요지】 일반적으로 업무상배임죄의 고의는 업무상 타인의 사무를 처리하는 자가 본인에게 재산상의 손해를 가한다는 의사와 자기 또는 제3자의 재산상의 이득의 의사가 임무에 위배된다는 인식과 결합하여 성립되는 것이며, /

【대법원 요지】 이와 같은 업무상배임죄의 주관적 요소로 되는 사실(고의, 동기 등의 내심적 사실)은 피고인이 본인의 이익을 위하여 문제가 된 행위를 하였다고 주장하면서 범의를 부인하고 있는 경우에는 사물의 성질상 고의와 상당한 관련성이 있는 간접사실을 증명하는 방법에 의하여 입증할 수밖에 없고, /

【대법원 요지】 무엇이 상당한 관련성이 있는 간접사실에 해당할 것인가는 정상적인 경험칙에 바탕

을 두고 치밀한 관찰력이나 분석력에 의하여 사실의 연결상태를 합리적으로 판단하는 방법에 의하여야 한다는 점, /

【대법원 요지】 그리고 배임죄에 있어서 '재산상의 손해를 가한 때'라 함은 현실적인 손해를 가한 경우뿐만 아니라 재산상 실해 발생의 위험을 초래한 경우도 포함된다는 점은 당원이 일관되게 설시하여 온 바이다.

3. 경영상 판단과 배임죄의 고의

【대법원 요지】 그런데 경영상의 판단과 관련하여 기업의 경영자에게 배임의 고의가 있었는지 여부를 판단함에 있어서도 위와 마찬가지의 법리가 적용되어야 함은 물론이지만, /

【대법원 요지】 기업의 경영에는 원천적으로 위험이 내재하여 있어서 경영자가 아무런 개인적인 이익을 취할 의도 없이 선의에 기하여 가능한 범위 내에서 수집된 정보를 바탕으로 기업의 이익에 합치된다는 믿음을 가지고 신중하게 결정을 내렸다 하더라도 그 예측이 빗나가 기업에 손해가 발생하는 경우가 있을 수 있는바, /

【대법원 요지】 이러한 경우에까지 고의에 관한 해석기준을 완화하여 업무상배임죄의 형사책임을 묻고자 한다면 이는 죄형법정주의의 원칙에 위배되는 것임은 물론이고 /

【대법원 요지】 정책적인 차원에서 볼 때에도 영업이익의 원천인 기업가 정신을 위축시키는 결과를 낳게 되어 당해 기업뿐만 아니라 사회적으로도 큰 손실이 될 것이다. /

【대법원 요지】 따라서 현행 형법상의 배임죄가 위태범이라는 법리를 부인할 수 없다 할지라도, /

【대법원 요지】 문제된 경영상의 판단에 이르게 된 경위와 동기, 판단대상인 사업의 내용, 기업이 처한 경제적 상황, 손실발생의 개연성과 이익획득의 개연성 등 제반 사정에 비추어 /

【대법원 요지】 자기 또는 제3자가 재산상 이익을 취득한다는 인식과 본인에게 손해를 가한다는 인식(미필적 인식을 포함)하의 의도적 행위임이 인정되는 경우에 한하여 배임죄의 고의를 인정하는 엄격한 해석기준은 유지되어야 할 것이고, /

【대법원 요지】 그러한 인식이 없는데 단순히 본인에게 손해가 발생하였다는 결과만으로 책임을 묻거나 주의의무를 소홀히 한 과실이 있다는 이유로 책임을 물을 수는 없다 할 것이다.

4. 사안에 대한 대법원의 판단

(1) 보증보험계약의 성질

【대법원 분석】 기록에 비추어 살펴볼 때, 이 사건에서 임무위배행위인지 여부가 문제되는 것은 보증보험회사의 영업으로 행한 보증보험계약의 인수인바, /

【대법원 분석】 P보증보험의 설립취지문에도 나타나 있듯이 P보증보험은 담보력이 부족한 기업이나 개인의 신용을 보완해 줌으로써 국가경제발전에 기여하기 위한 목적으로 설립된 보증보험회사로서 /

【대법원 분석】 대출금에 대하여 전액 회수를 전제로 대출업무를 영위하는 일반 시중은행과 달리 보증보험회사는 보증한 회사채의 지급 불능 등으로 인한 보험사고가 발생할 위험이 어느 정도 있음을 전제로 보험의 법리에 따라 신용 위주로 영업을 영위하는 특성도 가지고 있고, /

【대법원 판단】 따라서 기본적으로 보증보험회사의 경영자에게 공소사실의 기재와 같이 보증금액의

상환이 확실한 경우에 한하여 보증을 인수할 임무가 있다고는 할 수 없다.

(2) 대표이사의 경영상 판단과 배임죄의 고의

【대법원 분석】 나아가 개개의 보증인수행위별로 살펴보면, /

【대법원 분석】 (중략)

【대법원 분석】 다음으로, 피고인 갑은 P보증보험의 대표이사로 취임한 이후 재정상태가 좋지 않던 S그룹에 대한 지급보증 잔액을 매년 단계적으로 감소시켜 왔는데, /

【대법원 분석】 (이하 지면 관계로 생략함; 필자 주) /

【대법원 판단】 달리 피고인 갑이 의도적으로 회사에 손해를 가하는 배임행위를 저지를 동기도 찾아볼 수 없는 점을 보태어 보면 피고인 갑에게 배임의 고의가 있었다고 단정하기 어렵다 할 것이다.

【대법원 결론】 그럼에도 불구하고, 원심은 피고인 갑에 대한 위 각 공소사실에 대하여 업무상배임죄의 성립을 인정하였는바, 이러한 원심판결에는 업무상배임죄의 고의를 인정하기 위하여 필요한 심리를 다하지 아니하거나 업무상배임죄에 있어서의 임무위배행위 내지 고의에 관한 법리를 오해하였거나 채증법칙을 위배하여 사실을 오인한 위법이 있다 할 것이고, 이를 다투는 상고이유의 주장은 정당하다. (파기 환송)

【비교법 조문 12】

한국 형법

제355조 (횡령, 배임) ② 타인의 사무를 처리하는 자가 /
그 임무에 위배하는 행위로써 /
재산상의 이익을 취득하거나 제삼자로 하여금 이를 취득하게 하여 /
본인에게 손해를 가한 때에도 /
전항의 형[5년 이하의 징역 또는 1천 500만 원 이하의 벌금]과 같다.

일본 형법

제247조 (배임) 타인을 위하여 그 사무를 처리하는 자가 /
자기 또는 제3자의 이익을 도모하거나 본인에게 손해를 가할 목적으로 /
그 임무에 위배되는 행위를 하여 /
본인에게 재산상의 손해를 가한 때에는 /
5년 이하의 징역 또는 50만엔 이하의 벌금에 처한다.

독일 형법

제266조 (배임) ① 법률, 관청의 위임이나 법률행위를 통해 인정된 타인의 재산을 처분하거나 타인에게 의무를 부과할 권한을 남용하거나 /
법률, 관청의 위임, 법률행위 또는 신용관계 등에 의하여 부과되는 타인의 재산상 이익을 꾀해야 할 의무에 위반하고, /
그로 인하여 재산상 이익을 보호하여야 할 자에게 손해를 가한 자는 /
5년 이하의 자유형 또는 벌금형에 처한다.

【코멘트】 배임죄는 재산적 거래를 중심으로 사적 자치의 영역과 형사법적 규제의 영역이 접점을 이루는 곳에서 문제되는 경우가 많다. 배임죄는 기본적으로 타인의 재산적 사무를 처리하는 자가 신의칙이 요구하는 임무에 위배하여 본인(즉 그 타인)에게 손해를 발생하게 하는 것을 핵심요소로 한다. 독일 형법은 이 점에 충실하여 임무위배와 손해발생만 있으면 배임죄의 성립을 긍정하고 있다.

그러나 입법자는 사적 자치의 영역과 형사법적 규제영역의 한계를 정함에 있어서 보다 신중을 기하기 위하여 배임죄에 추가적인 범죄성립요소를 설정할 수 있다. 이와 관련하여 일본 형법은 '자기 또는 제3자의 이익을 도모하거나 본인에게 손해를 가할 목적'이라는 초과주관적 구성요건요소를 설정하고 있다. 이에 대해 우리 형법은 '[행위자가] 재산상의 이익을 취득하거나 제삼자로 하여금 이를 취득하게 한다'는 객관적 구성요건요소를 설정하고 있다. 배임죄의 고의는 모든 객관적 구성요건요소에 대한 인식·인용을 의미하므로, 우리 형법의 해석상 자기 또는 제삼자가 '재산상 이익을 취득'한다는 인식은 배임죄의 고의에 당연히 포함된다.

배임죄는 사적 자치와 형사법적 규제가 충돌하는 다양한 거래형태에서 문제되고 있다. 이러한 문제는 특히 기업가의 모험거래 사례에서 나타난다. 기업가가 경영판단에 입각하여 기업에 이익을 가져올 것을 기대하여 거래행위를 하였으나 예측과 달리 기업에 손해가 발생한 경우에 이를 배임죄로 처벌할 것인지 문제된다. 본 판례에서 대법원이 지적한 바와 같이, 모험거래에 대해 배임죄를 쉽게 인정한다면 "정책적인 차원에서 볼 [때] 영업이익의 원천인 기업가 정신을 위축시키는 결과를 낳게 되어 당해 기업뿐만 아니라 사회적으로도 큰 손실이 될 것"이다.

이러한 문제상황에 임하여 대법원은 배임죄의 고의 인정과 관련하여 소위 경영판단의 법리를 제시하고 있다. 대법원은 본 판례에서 먼저 소위 경영판단이 문제될 수 있는 상황의 범위를 다음과 같이 설정한다. 즉, (가) 기업가가 아무런 개인적인 이익을 취할 의도 없이 선의에 기하여 행위하였어야 한다. (나) 기업가는 가능한 범위 내에서 수집된 정보를 바탕으로 행위하였어야 한다. (다) 기업가는 기업의 이익에 합치된다는 믿음을 가지고 행위하였어야 한다. (라) 기업가는 신중하게 결정을 내렸어야 한다. (마) 기업가의 예측이 빗나가 기업에 손해가 발생하였어야 한다.

이와 같이 경영상 판단이 문제되는 상황이라고 인정되면 배임죄의 고의 판단에는 특별히 신중을 기하여야 한다. 이와 관련하여 대법원은 "문제된 경영상의 판단에 이르게 된 경위와 동기, 판단대상인 사업의 내용, 기업이 처한 경제적 상황, 손실발생의 개연성과 이익획득의 개연성 등 제반 사정"을 검토할 것을 요구한다.

그리고 이를 토대로 하여 대법원은 "자기 또는 제3자가 재산상 이익을 취득한다는 인식과 본인에게 손해를 가한다는 인식(미필적 인식을 포함)하의 의도적 행위임이 인정되는 경우에 한하여 배임죄의 고의를 인정하는 엄격한 해석기준은 유지되어야 할 것"이라고 판단한다. 그리하여 대법원은 소위 경영판단의 경우, (가) 재산상 이익의 취득에 대한 인식과 본인의 손해발생에 대한 인식이 없는데 단순히 본인에게 손해가 발생하였다는 결과만으로 배임죄의 죄책을 묻는 것은 허용되지 않으며, (나) 기업가가 주의의무를 소홀히 한 과실이 있다는 이유만으로는 배임죄의 책임을 물을 수는 없다는 결론에 이른다.

본 판례가 리딩 케이스로서 제시한 경영판단의 법리는 이후 각종의 기업 거래와 관련한 배임죄 사례에서 피고인 측에 의하여 자주 원용되고 있다. 그러나 경영판단의 법리를 쉽게 인정할 경우 거래사회에서의 신의칙이 이완되기 쉽고 기업가에게 지나친 특혜를 부여하여 평등원칙에 반한다는 비판이 제기될 수 있다. 이 때문에 이후의 판례 사안들을 보면, 대법원이 경영판단의 법리를 적용하여 배임죄의 고의를 부정하는 사례는 별반 눈에 뜨이지 않는다.

2007도5987

배임죄와 재산상 이익 취득 – 인정례
LBO 담보제공 사건

2008. 2. 28. 2007도5987, 공 2008상, 471

1. 사실관계 및 사건의 경과

【사실관계 1】

① [갑은 M&A 전문가이다.]

② [갑은 소위 LBO(Leveraged Buyout) 방식으로 P회사를 인수하기로 마음먹었다.]

③ 이를 위하여 갑은 서류상 회사인 Q회사를 설립하였다.

④ 갑은 M종합금융으로부터 350억 원을 차용하였다.

【사실관계 2】

① 갑은 N은행으로부터 320억 원을 차용하였다.

② Q회사는 N은행에 대해 N은행의 대출원리금 상당의 가치가 있는 Q회사 소유의 ㉠정리채권을 가지고 있다.

③ Q회사는 N은행에 대한 채무를 담보하기 위하여 ㉠정리채권 등에 근질권을 설정하였다.

【사실관계 3】

① 2001. 6. 7. 갑은 마련한 670억 원을 가지고 Q회사를 통하여 P회사의 지분 66.2%를 인수하였다.

② 갑은 P회사의 대표이사로 취임하였다.

③ P회사는 ㉡부동산을 보유하고 있다.

④ P회사는 [K은행에 대해] 320억 원 상당의 ㉢정기예금채권을 가지고 있다.

⑤ 2001. 6. 12. 갑은 Q회사가 N은행에 대하여 부담하는 320억 원 상당의 채무원리금에 대한 담보 명목으로 P회사 소유의 320억 원 상당의 ㉢정기예금채권에 대하여 근질권을 설정해주었다.

⑥ 2001. 7. 3.부터 2001. 7. 9.경까지 사이에 갑은 Q주식회사가 M종합금융에 대하여 부담하는 350억 원 상당의 채무에 대한 담보 명목으로 P회사 보유의 ㉡부동산에 관하여 채권최고액 350억 원 상당의 근저당권을 설정해 주었다.

【사건의 경과】

① 검사는 갑을 다음의 공소사실로 특경가법위반죄(배임)로 기소하였다.

(가) ㉢정기예금채권 근질권설정행위 : 특경가법위반죄(배임)

(나) ㉡부동산 근저당권설정행위 : 특경가법위반죄(배임)

② 갑의 피고사건은 제1심을 거친 후, 항소심에 계속되었다.
③ 항소심법원은 다음과 같이 판단하였다.
(가) ㉢정기예금채권 근질권설정행위 : 특경가법위반죄(배임) : 무죄
(나) ㉡부동산 근저당권설정행위 : 특경가법위반죄(배임) : 유죄
④ (항소심의 판단 이유는 판례 본문 참조)
⑤ 갑은 유죄 부분에 불복 상고하였다.
⑥ 검사는 무죄 부분에 불복 상고하였다.

2. LBO방식 기업인수와 배임죄 성립 여부

【대법원 요지】 (1) 기업인수에 필요한 자금을 마련하기 위하여 그 인수자가 금융기관으로부터 대출을 받고 나중에 피인수회사의 자산을 담보로 제공하는 방식{이른바 LBO(Leveraged Buyout) 방식}을 사용하는 경우, /
【대법원 요지】 피인수회사로서는 주채무가 변제되지 아니할 경우에는 담보로 제공되는 자산을 잃게 되는 위험을 부담하게 되는 것이므로, /
【대법원 요지】 인수자가 피인수회사의 위와 같은 담보제공으로 인한 위험부담에 상응하는 대가를 지급하는 등 반대급부를 제공하는 경우에 한하여만 허용될 수 있다 할 것이다. /
【대법원 요지】 따라서 만일 인수자가 피인수회사에 아무런 반대급부를 제공하지 않고 임의로 피인수회사의 재산을 담보로 제공하게 하였다면, /
【대법원 요지】 인수자 또는 제3자에게 담보가치에 상응한 재산상 이익을 취득하게 하고 피인수회사에게 그 재산상 손해를 가하였다고 봄이 상당하고, /
【대법원 요지】 이는 인수자가 자신이 인수한 주식, 채권 등이 임의로 처분되지 못하도록 피인수회사 또는 금융기관에 담보로 제공됨으로써 피담보채무에 대한 별도의 담보를 제공한 경우라고 하더라도 마찬가지라고 할 것이다.

3. 근저당권설정 부분에 대한 판단

(1) 사안에 대한 항소심의 판단

【항소심 판단】 (2) 그런데 원심은 /
【항소심 판단】 위와 같은 경우 대출금이 상환될 때까지 인수자가 인수한 주식, 채권 등이 임의로 처분되지 못하도록 피인수회사 또는 금융기관에 담보로 제공된 경우에도 LBO 방식의 기업인수가 허용될 수 있다는 전제하에서, /
【항소심 판단】 피고인은 서류상 회사인 공소외 Q주식회사를 설립하여 2001. 6. 7. 위 회사를 통하여 공소외 P주식회사의 지분 66.2%를 인수한 후 공소외 P주식회사의 대표이사로 취임한 다음, /
【항소심 판단】 2001. 7. 3.부터 같은 달 9.경까지 사이에 별다른 대가 없이 공소외 Q주식회사가 (상호 생략)종합금융 주식회사(이하 '공소외 M종금'이라고 한다)에 대하여 부담하는 350억 원 상당의 채무에 대한 담보 명목으로 /
【항소심 판단】 공소외 P주식회사 소유의 원심판결 별지 담보부동산 목록 기재 9개 부동산(이하

'이 사건 [㉡]부동산'이라고 한다)에 관하여 채권최고액 350억 원 상당의 근저당권을 설정하여 준 행위는 /

【항소심 판단】 그 판시와 같은 이유로 /

【항소심 판단】 공소외 Q주식회사가 담보제공자인 공소외 P주식회사에게 이 사건 부동산을 담보로 제공함에 따른 위험부담에 상응하는 반대급부를 제공하거나 최소한 위 대출금이 상환될 때까지 공소외 Q주식회사가 인수한 주식 등이 임의로 처분되지 못하도록 공소외 M종금에 제공된 경우라고 볼 수 없어 /

【항소심 판단】 업무상 배임행위에 해당한다는 취지로 판단하였다.

(2) 사안에 대한 대법원의 판단

【대법원 판단】 (3) 따라서 원심이 인수자가 피인수회사에게 위험부담에 상응하는 반대급부를 제공한 경우뿐 아니라 /

【대법원 판단】 그 피담보채무인 대출금이 상환될 때까지 인수한 주식, 채권 등이 임의로 처분되지 못하도록 피인수회사 또는 금융기관에 담보로 제공된 경우까지도 /

【대법원 판단】 업무상 배임이 성립하지 아니한다고 판시한 것은 그 전제에서 잘못되었다고 할 것이기는 하나, /

【대법원 판단】 원심이 적법하게 채택하여 조사한 증거에 비추어 보면, /

【대법원 판단】 피고인의 위 근저당권 설정행위는 이 사건 담보부동산을 담보로 제공함에 따른 위험부담에 상응한 반대급부가 공소외 P주식회사에게 제공된 경우가 아님이 명백하므로 /

【대법원 판단】 업무상 배임행위에 해당한다고 한 원심의 결론 부분은 정당하고, 거기에 채증법칙을 위배한 위법을 발견할 수 없으니, 결국 원심의 앞서 본 잘못은 판결의 결과에 영향을 미치지 아니한다고 할 것이다. (피고인 상고이유 배척)

【대법원 분석】 (중략)

4. 경영판단과 배임죄의 고의

【대법원 요지】 (2) 한편, 기업의 경영에는 원천적으로 위험이 내재하여 있어서 /

【대법원 요지】 경영자가 아무런 개인적인 이익을 취할 의도 없이 선의에 기하여 /

【대법원 요지】 가능한 범위 내에서 수집된 정보를 바탕으로 /

【대법원 요지】 기업의 이익에 합치된다는 믿음을 가지고 /

【대법원 요지】 신중하게 결정을 내렸다 하더라도 /

【대법원 요지】 그 예측이 빗나가 기업에 손해가 발생하는 경우가 있을 수 있으므로, /

【대법원 요지】 경영상의 판단과 관련하여 기업의 경영자에게 배임의 고의가 있었는지 여부를 판단함에 있어서는 기업 경영에 있어 경영상 판단의 특성이 고려되어야 할 것이나, /

【대법원 판단】 피고인의 위 근저당권설정 행위는 자신이 공소외 Q주식회사를 설립하여 공소외 P주식회사를 인수하는 과정에서 필요한 자금을 마련하기 위한 것으로서 개인적인 이익을 취할 목적으로 이루어진 것에 지나지 아니하므로, /

【대법원 판단】 피고인의 이러한 행위를 두고 경영상 판단에 의한 것으로서 배임의 고의가 없는 경우에 해당한다고 할 수도 없다. (피고인 상고 기각)

【대법원 판단】 (중략)

5. 근질권설정 부분에 대한 판단

(1) 사안에 대한 항소심의 판단

【항소심 판단】 원심은, 앞서 본 LBO 방식의 기업인수 과정에서 담보제공에 관한 배임죄 성립 여부에 대한 원심의 전제에 기초하여, /

【항소심 판단】 공소외 P주식회사의 대표이사인 피고인이 2001. 6. 12. 공소외 Q주식회사가 N은행에 대하여 부담하는 320억 원 상당의 채무원리금에 대한 담보 명목으로 공소외 P주식회사 소유의 320억 원 상당의 [ⓒ]정기예금채권에 대하여 근질권을 설정해주었다고 하더라도, /

【항소심 판단】 당시 공소외 Q주식회사도 N은행에 대한 위 채무를 담보하기 위하여 위 대출원리금 상당의 가치가 있는 [㉠]정리채권 등에 근질권을 설정해 두고 있었으므로, /

【항소심 판단】 위 정기예금채권에 대한 근질권 설정행위로 인하여 공소외 P주식회사에게 어떠한 재산상 손해 발생의 위험이 초래되었다고 볼 수 없고, /

【항소심 판단】 피고인에게 배임의 범의가 있었다고 볼 수도 없다는 이유로 피고인의 위 행위는 배임죄가 성립하지 아니한다고 판단하였다.

(2) 사안에 대한 대법원의 판단

【대법원 요지】 그러나 LBO 방식의 기업인수 과정에서 인수자금을 마련하기 위한 대출에 대한 담보로 피인수회사의 재산을 제공하는 행위는 /

【대법원 요지】 비록 그 대출금이 상환될 때까지 인수자가 인수한 주식, 채권 등이 임의로 처분되지 못하도록 피인수회사 또는 금융기관에 담보로 제공되었다고 하더라도 허용될 수 없음은 앞서 본 바와 같고, /

【대법원 요지】 한편 배임죄에서 '재산상의 손해를 가한 때'라 함은 현실적인 손해를 가한 경우뿐만 아니라 재산상 손해 발생의 위험을 초래한 경우도 포함되며, /

【대법원 요지】 일단 손해의 위험을 발생시킨 이상 나중에 피해가 회복되었다고 하여도 배임죄의 성립에 영향을 주는 것은 아니고, /

【대법원 요지】 재산상 손해의 유무에 대한 판단은 본인의 전 재산 상태를 고려하여 경제적 관점에 따라 판단되어야 하므로, /

【대법원 분석】 비록 위 대출금 채무에 대하여 주채무자인 공소외 Q주식회사가 정리채권 등을 담보로 제공하고 있었다고 하더라도, /

【대법원 분석】 원심판결 이유와 같이 피고인이 그가 대표이사로 있는 공소외 P주식회사로 하여금 아무런 대가 없이 공소외 P주식회사의 재산을 /제3자인 공소외 Q주식회사의 대출금 채무에 대한 담보로 제공하도록 하였다면, /

【대법원 판단】 공소외 P주식회사로서는 그와 같은 담보제공으로 인하여 그 담보가치 상당의 재산상

손해를 입었다고 보지 않을 수 없고, /

【대법원 판단】 그러한 행위에 대하여 피고인에게 배임의 고의가 없었다고 할 수도 없다.

【대법원 결론】 따라서 이에 어긋나는 원심의 앞서 본 판단은 배임죄에 관한 법리를 오해하여 판결 결과에 영향을 미친 위법이 있다고 할 것이므로, 원심판결 중 근질권 설정에 의한 업무상 배임 부분은 검사의 나머지 상고이유에 대하여 나아가 살펴볼 필요 없이 파기를 면할 수 없다고 할 것이다. (검사 상고이유 인용, 파기 환송)

2009도6634

배임죄와 손해발생 – 부정례
LBO 인수합병 사건

2010. 4. 15. 2009도6634, 공 2010상, 946

1. 사실관계 및 사건의 경과

【사실관계 1】

① [항소심판결문에 의하여 사실관계를 정리함]
② P회사에 대해 회사정리절차가 진행되고 있다.
③ A는 P회사의 법정관리인이다.
④ 갑은 건설분야 전문경영인이다.
⑤ A는 갑에게 P회사에 이사로 들어오도록 권유하였다.
⑥ 갑은 이 과정에서 P회사가 ㉠부동산을 처분하여 1,700억 원의 유동성 자금을 확보하고 있음을 알게 되었다.
⑦ 이후 갑은 P회사에 이사로 취임하였다.

【사실관계 2】

① 을은 M그룹의 투자사업본부장이다.
② 병은 M그룹의 회장이다.
③ S회사는 M그룹 산하 회사이다.
④ R회사는 기업인수 · 합병에 대해 자문을 업으로 하는 회사이다.
⑤ B는 R회사의 기업인수 · 합병팀 팀장이다.

【사실관계 3】

① 2006. 7월 말 내지 8월경 B는 갑으로부터 P회사가 매각될 예정이라는 말을 들었다.
② B는 다음과 같은 내용의 이른바 'H Project'를 작성하였다.
(가) 2006. 8. 초순경 S회사가 서류상 회사(SPC)를 설립한다.
(나) 서류상 회사가 P회사의 자산을 담보로 인수자금을 차입하여 P회사를 인수한다.

(다) P회사와 서류상 회사가 합병하여 인수차입금을 변제한다.

③ 2006. 8. 17.경 B는 을에게 'H Project' 제시하였다.

④ 당시 M그룹은 투자사업본부를 중심으로 신규사업의 진출을 통한 신성장동력 확보를 위하여 기업인수·합병을 적극적으로 추진하고 있었다.

⑤ 투자사업본부장인 을은 'H Project'를 검토하였다.

⑥ 2006. 9.경 을은 B에게 P회사의 인수를 추진하겠다는 의향을 밝혔다.

【사실관계 4】

① 2006. 9. 27.경 P회사의 정리절차를 주관하던 관할 지방법원(이하 정리법원으로 약칭함)은 P회사의 매각을 위한 주간사를 선정하였다.

② M그룹은 [회장 병과 함께] 을을 중심으로 P회사의 인수 여부를 구체적으로 검토하였다.

③ M그룹 측은 P회사의 건설사업부문, 레저사업부문, 자회사인 핀튜브텍 사업부문은 M그룹 산하 S회사의 사업부문과 연관성이 있어 시너지 효과를 낼 수 있다고 판단하였다.

④ M그룹 측은 또한 P회사가 활용가능한 부동산이 많다는 사정을 고려하였다.

⑤ M그룹 측은 본격적으로 P회사를 인수하기로 결정하였다.

【사실관계 5】

① 2006. 11. 14.경 정리법원은 P회사의 매각공고를 하였다.

② 2006. 11. 20. S회사는 R회사와 P회사 인수에 관한 자문 용역계약을 체결하였다.

③ 2006. 11. 28. S회사 컨소시엄을 비롯하여 총 17개 업체가 인수의향서를 제출하였다.

④ 2006. 12. 13.경 S회사는 5,000만 원을 출자하여 P회사를 인수하기 위하여 서류상의 회사인 T회사를 설립하였다.

【사실관계 6】

① 2006. 12. 20. S회사 컨소시엄과 ㉮주식회사 컨소시엄만이 입찰에 참가하였다.

② S회사 컨소시엄은 P회사 발행의 신주와 회사채를 500,228,641,900원에 인수하는 내용의 입찰의향서를 제출하였다.

③ ㉮주식회사 컨소시엄은 336,374,205,800원에 인수하는 내용의 입찰의향서를 제출하였다.

④ 2006. 12. 21. S회사 컨소시엄은 우선협상대상자로 선정되었다.

⑤ 2006. 12. 26. S회사 컨소시엄은 P회사와 양해각서를 체결하였다.

【사실관계 7】

① S회사 컨소시엄이 우선협상대상자로 선정될 무렵이다.

② E는 S회사의 재무팀 팀장으로 근무하고 있다.

③ E는 전무 F를 통하여 을로부터 금융기관에 P회사 인수를 위한 자금조달 가능성을 알아보라는 지시를 받았다.

④ E는 그 무렵 한국산업은행과 접촉을 하였다.

⑤ E는 기존 계획에 따라 한국산업은행 측에 P회사의 자산을 담보로 인수대금을 차용한 후 위 자산으로 인수대금 채무를 변제하겠다는 안을 제시하였다.

⑥ 그러나 E는 한국산업은행 담당자인 G로부터 이러한 경우 배임죄가 성립할 수 있어 대출이 불가능하

다는 답변을 들었다.

⑦ E는 이러한 사정을 을에게 보고하였다.

⑧ E로부터 이러한 보고를 받은 을 등은 S회사 및 M그룹 계열사의 자산을 담보로 인수대금을 차입하기로 기존의 계획을 변경하였다.

【사실관계 8】

① 2007. 1. 30. S회사 컨소시엄은 공동대주인 한국산업은행, 주식회사 우리은행, 산은캐피탈 주식회사, 수산업협동조합중앙회로부터 P회사 인수대금으로 4,667억 원(대출약정액은 4,725억 원이다)을 대출받았다.

② 대출금의 담보와 관련하여 S회사 컨소시엄은 공동대주단에 대해 다음의 약정을 하였다.

(가) S회사가 보유하는 ㉯주식회사 주식(액면가 5,000원인 보통주) 200만 주에 대하여 근질권설정계약을 체결하였다.

(나) T회사, ㉰회사, ㉱회사 등이 추후 인수하게 될 1주당 발행가 17,050원의 P회사 신주에 대하여 근질권설정계약을 체결하였다.

(다) 인수계약이 취소될 경우 등의 계약상 인수대금 반환청구권과 P회사 입금계좌에 대한 반환청구권 및 P회사가 발행하여 T회사가 인수하게 될 2,000억 원 상당의 사채에 대하여 양도담보계약을 체결하였다.

(라) M그룹 측의 대출금채무를 연대보증을 한다는 의미에서 추가로 S회사가 자금제공의무를 부담한다는 내용의 자금보충약정을 체결하였다.

③ 당시 M그룹 측은 공동대주단과 체결한 대출약정에 의하면 위 대출금의 용도는 다음과 같다.

(가) 대출금 2,000억 원(대출금 A)은 P회사의 회사채 인수대금으로 사용한다.

(나) 대출금 1,700억 원(대출금 B)은 P회사의 신주 인수대금으로 사용한다.

(다) 대출금 375억 원(대출금 C)은 대출금의 이자 및 수수료, 비용의 지급, P회사의 인수와 관련한 수수료와 비용의 지급 명목으로 사용한다.

(라) 대출금 650억 원(대출금 D)은 P회사 주식의 추가 매입대금으로 사용한다.

④ 각 대출금의 변제기는 다음과 같다.

(가) 대출금 A는 대출금의 최초 인출일로부터 3개월이 되는 날 또는 P회사의 정리절차가 종결된 날로부터 1개월이 되는 날 중 먼저 도래하는 날에 전액 상환한다.

(나) 나머지 대출금은 먼저 인출되는 대출금의 최초 인출일로부터 15개월 되는 날 또는 차주와 정리회사가 합병하여 합병등기가 완료된 날로부터 1개월 되는 날 중 먼저 도래하는 날에 전액 상환한다.

⑤ 2007. 1. 말경 T회사는 S회사의 회사채발행 등을 통하여 추가로 약 1,002억 원의 자본을 투자받았다.

【사실관계 9】

① 2007. 1. 30. T회사는 P회사와 다음 내용의 투자계약을 체결하였다.

(가) 신주인수대금으로 300,228,641,900원을 납입한다.

(나) 회사채 인수대금으로 2,000억 원을 납입한다.

(다) T회사는 P회사를 인수한다.

② 2007. 1. 30. T회사는 P회사의 노조위원장인 H, I와 다음 내용의 '고용보장 및 계속기업유지'에 관한 협약서를 작성하였다.

(가) 근로자들의 5년간 고용을 보장한다.

(나) 고용보장기간 중 P회사의 유상감자 및 T회사가 인수한 P회사의 신주 및 공개매수한 P회사의 자사주를 소각하지 않기로 한다.

【사실관계 10】

① 2007. 1. 18.부터 2007. 1. 25.까지 사이에 T회사는 P회사의 소수주주들이 보유하고 있는 주식 1,784,665주(주당 6,500원)를 공개매수 하였다.

② 2007. 1. 31. T회사는 신주인수를 통하여 P회사 발행 주식 중 약 56.62%(㉲주식회사 등이 인수한 주식을 합하면 그 비율은 약 62.9%이다)를 취득하였다.

③ 2007. 2. 5.경 T회사는 ㉳유한회사가 보유하고 있는 주식 5,833,490주(주당 8,000원)를 매수하기로 합의하였다.

④ 2007. 2. 6.부터 2007. 2. 7.까지 T회사는 추가로 소수주주들로부터 482,780주(주당 8,000원)를 매수하여 실질적으로 P회사 발행 총 주식 중 약 91.5%를 취득하였다.

⑤ 2007. 2. 7. P회사는 정리법원으로부터 회사정리절차 종결 결정을 받았다.

⑥ 2007. 2. 15. P회사는 T회사에게 T회사가 2007. 1. 31. 인수한 P회사의 회사채 대금 2,000억 원을 상환하였다.

⑦ T회사는 상환받은 2,000억 원을 공동대주단과의 대출약정에 따라 한국산업은행에 변제하였다.

【사실관계 11】

① 2007. 2. 6.경 P회사의 대표이사로 ⓐ, ⓑ가 선임되었고, E, ⓒ, 을 등이 각 이사로, F가 감사로 각 선임되었다.

② ⓐ는 P회사의 대표이사로 취임한 후 구조조정의 일환으로 P회사의 □□□ 리조트를 물직 분할하어 ○○리조트를 설립하였고, P회사의 건설사업부문을 S회사의 건설사업부문에 통합하였다.

③ 2007. 8. 초순경 E는 공동대주단과의 대출조건에 따라 P회사와 T회사 합병을 준비하기 위하여 ㉴회계법인에게 합병과 관련한 구체적인 절차와 방법에 대하여 검토를 의뢰하였다.

④ 2007. 9. 중순경 E는 ㉴회계법인으로부터 원래 계획대로 P회사와 T회사를 합병할 경우 M그룹의 P회사에 대한 지배율, 세금 등에 있어 문제가 발생한다는 자문결과를 받았다.

⑤ E는 이러한 내용을 을 [및 병] 등에게 보고하였다.

【사실관계 12】

① 당시 을, P회사의 대표이사인 ⓓ, ⓔ 등은 P회사의 회사정리절차가 장기간 지속된 관계로 P회사가 조직이나 영업활동 등 내, 외부적으로 많은 문제점을 가지고 있어 P회사의 경영정상화를 위한 방안을 찾고 있었다.

② 을 [및 병] 은 T회사와 P회사의 합병이 문제가 있다는 것을 확인하였다.

③ 2007. 11.경 을은 합병의 문제점을 해결함과 동시에 P회사의 경영정상화의 일환으로 S회사가 T회사 및 P회사를 순차적으로 합병하기로 하였다.

【사실관계 13】

① 2007. 12. 24. 을, 병 등 S회사의 일부 이사가 참석하지 않은 상태에서 S회사의 이사회가 개최되어 합병결의가 이루어졌다.

② 2008. 2. 21. S회사의 이사회가 개최되었다.

③ 2008. 2. 29. S회사의 이사회가 개최되었다.

④ 2008. 3. 14. S회사의 이사회가 개최되었다.

⑤ 순차적으로 개최된 3회의 S회사 이사회에서 합병계약의 변경안에 대한 결의가 이루졌다.

⑥ 2008. 4. 8. 개최된 S회사의 이사회에서 최종적으로 합병계약을 승인하는 결의가 이루어졌다.

⑦ 2007. 12. 24. 개최된 P회사의 이사회에서도 S회사와의 합병을 결의하였다.

⑧ 2008. 4. 8. 개최된 P회사의 주주총회에서 합병이 승인되었다.

【사실관계 14】

① 2008. 2. 29. S회사는 T회사를 합병하였다.

② 2008. 5. 13. S회사는 P회사를 합병하였다.

③ 2008. 5. 13. S회사는 P회사가 보유하고 있던 현금 1,800억 원과 S회사가 보유하고 있던 현금 약 867억 원 등 합계 2,667억 원으로 남아 있던 인수대금 채무 잔액을 모두 변제하였다.

④ 한편 S회사는 P회사를 합병한 후 P회사라는 상호를 타사가 사용하지 못하게 하기 위한 경영상 필요에 의하여 2008. 5. 20.경 P회사라는 별도의 법인을 설립하였다.

⑤ S회사는 P회사의 기존 사업부문을 그대로 유지하면서 영업을 하고 있고, 고용관계 또한 명예퇴직한 사람을 제외하고 그대로 승계하였다.

⑥ [이후 을은 P회사의 인수가 성공적으로 이루어 것에 대하여 갑에게 거액의 사례금을 지급하였다.]

【사건의 경과 1】

① [검사는 갑과 을 사이에 거액의 사례금이 오고 간 것에 대하여 배임수재죄, 배임증재죄가 성립한다고 판단하였다.]

② (배임수재죄와 배임증재죄 부분에 대한 판단은 이하의 고찰에서 생략함)

③ 검사는 M그룹 측의 P회사 인수에 대해 다음과 같은 판단을 하였다.

(가) 을은 갑으로부터 P회사에 ㉠부동산 매각대금 중 일부로서 당장 활용이 가능한 현금 1,700억 원 정도가 유보되어 있으며 P회사에 대한 공개매각이 곧 있을 예정이라는 등의 정보를 사전에 취득하였다.

(나) 을은 또한 M그룹이 P회사를 인수하는 데 도움을 주겠다는 등의 제안을 갑으로부터 받았다.

(다) S회사는 자산 규모 약 3,745억 원 가량의 거대기업인 P회사를 인수하기에 충분한 자금여력을 갖추고 있지 못한 상태였다.

(라) 을은 병과 함께 P회사 인수에 필요한 자금을 외부차입을 통해 조달하여 일단 P회사를 인수한 뒤 합병을 통해 P회사의 현금성 자산을 이용해 차입금을 상환하기로 인수단계에서부터 치밀하게 계획하였다.

④ 검사는 M그룹 측의 P회사 인수행위가 불법한 기업재산의 탈취(소위 기업사냥)에 해당하는 것으로 판단하였다.

⑤ 검사는 을(M그룹의 투자사업본부장)과 병(M그룹의 회장)을 특정경제범죄 가중처벌 등에 관한 법률 위반죄(배임)로 기소하였다.]

⑥ 제1심법원은 무죄를 선고하였다.

【사건의 경과 2】

① 검사는 불복 항소하였다.

② 항소심법원은 항소를 기각하고, 제1심판결을 유지하였다.

③ (항소심의 판단 이유는 항소심 판결문에 의하여 소개함)

④ 검사는 불복 상고하였다.

2. 사안에 대한 항소심의 판단

【항소심 판단】 위 사실관계에 나타난 공소외 S주식회사가 공소외 P주식회사를 인수 및 합병을 한 경위와 과정, 합병 이후의 사정 등과 이에 더하여 /

【항소심 판단】 [제1심]이 적절하게 설시한 바와 같이 회사채 인수대금의 조기 상환이 위법하거나 부당하다고 볼 수 없고, /

【항소심 판단】 이 사건 합병이 고용보장 등에 관한 협약의 취지에 반한다고 보기 어려운 점 등을 종합하여 보면, /

【항소심 판단】 공소외 S주식회사가 공소외 P주식회사를 인수하여 경영할 의사는 전혀 없이 /

【항소심 판단】 오로지 공소외 P주식회사 내에 있던 1,700억 원의 현금성 자산으로 인수차입금을 변제할 목적으로 공소외 P주식회사를 인수·합병함으로써 /

【항소심 판단】 기업재산을 탈취(소위 '기업사냥')한 것이라고 인정하기 어렵다.

【항소심 판단】 그리고 이 사건 합병을 하게 된 동기에 공소외 P주식회사가 보유하고 있는 자산을 인수대금 채무에 변제할 의도가 일부 포함된 것은 인정할 수 있다. /

【항소심 판단】 그러나 앞서 본 바와 같이 공소외 S주식회사 등의 자산을 담보로 제공하여 마련한 대출금과 /

【항소심 판단】 공소외 S주식회사를 비롯한 M그룹의 일부 계열사들이 투자한 총 합계 1,302억 원을 인수대금으로 사용하여 /

【항소심 판단】 공소외 T주식회사가 공소외 P주식회사를 인수한 것으로서, /

【항소심 판단】 피인수회사의 자산을 담보로 기업을 인수하는 LBO 방식과 그 기본적인 전제가 다른 점, /

【항소심 판단】 나아가 원심이 적절하게 설시한 바와 같이 합병의 본질과 그 효과 및 상법상 합병비율, 주주총회의 특별결의, 합병에 반대하는 주주들의 주식매수청구권, 채권자 보호절차 등을 통하여 합병에 반대하는 주주들이나 채권자들이 보호받을 수 있는 제도가 마련되어 있는 점, /

【항소심 판단】 이 사건 합병에 관한 2007. 12. 24.자 이사회결의에 그 절차상 일부 하자가 있으나 /

【항소심 판단】 나중에 이사회가 4회나 더 개최되어 합병과 관련한 결의가 이루어졌는데, /

【항소심 판단】 이러한 이사회결의가 모두 무효라고 인정할 만한 자료가 없고, /

【항소심 판단】 공소외 P주식회사의 경우 2008. 4. 8. 개최된 주주총회를 거쳐 합병이 이루어진 사

정에 비추어 /
【항소심 판단】 위와 같은 사유를 합병무효사유에 해당한다고 단정하기 어려운 점, /
【항소심 판단】 이 사건 합병이 합병의 본질 및 요건에 반하여 법률상 합병할 수 없거나 합병비율의 산정이 위법하거나 소수주주들이나 채권자 보호절차에 위법이 있는 등 합병의 실질이나 절차에 하자가 있다는 점을 기록상 찾아볼 수 없는 점 등을 종합하면, /
【항소심 판단】 이 사건 합병으로 인하여 공소외 P주식회사가 1,800억 원 상당 내지 법인격 소멸에 따른 현금유동성 상실이라는 손해를 입었다고 볼 수 없다.
【항소심 판단】 따라서 검사의 이 부분 주장 또한 이유 없다.

3. 차입매수의 의미와 배임죄의 관계

【대법원 요지】 이른바 차입매수 또는 LBO(Leveraged Buy-Out의 약어이다)란 /
【대법원 요지】 일의적인 법적 개념이 아니라 /
【대법원 요지】 일반적으로 기업인수를 위한 자금의 상당 부분에 관하여 /
【대법원 요지】 피인수회사의 자산을 담보로 제공하거나 그 상당 부분을 피인수기업의 자산으로 변제하기로 하여 차입한 자금으로 충당하는 방식의 /
【대법원 요지】 기업인수 기법을 일괄하여 부르는 경영학상의 용어로, /
【대법원 요지】 거래현실에서 그 구체적인 태양은 매우 다양하다. /
【대법원 요지】 이러한 차입매수에 관하여는 이를 따로 규율하는 법률이 없는 이상 /
【대법원 요지】 일률적으로 차입매수방식에 의한 기업인수를 주도한 관련자들에게 배임죄가 성립한다거나 성립하지 아니한다고 단정할 수 없는 것이고, /
【대법원 요지】 배임죄의 성립 여부는 차입매수가 이루어지는 과정에서의 행위가 배임죄의 구성요건에 해당하는지 여부에 따라 개별적으로 판단되어야 한다.

4. 사안에 대한 대법원의 판단

【대법원 판단】 원심은 S회사가 P회사를 인수 및 합병한 경위와 과정에 관하여 그 판시와 같은 사실을 인정한 다음, /
【대법원 판단】 이는 피인수회사의 자산을 직접 담보로 제공하고 기업을 인수하는 방식과 다르고, /
【대법원 판단】 위 합병의 실질이나 절차에 하자가 없다는 사정 등을 들어 /
【대법원 판단】 위 합병으로 인하여 P회사가 손해를 입었다고 볼 수 없다고 판단하였다.
【대법원 결론】 기록 및 관련 법리에 비추어 보면, 원심의 위와 같은 판단은 정당한 것으로 수긍이 간다. 거기에 상고이유 주장과 같은 합병형 차입매수에 있어서의 배임죄 성립에 관한 법리 오해 등의 위법이 없다. (상고 기각)

2009도14464

배임죄와 재산상 이익 취득 – 인정례
저축은행 골프장 사건

2011. 10. 27. 2009도14464, 공 2011하, 2483

1. 사실관계 및 사건의 경과

【사실관계】

① 갑 등은 P저축은행의 대표이사, 이사 또는 감사의 지위에 있는 사람들이다.
② [갑 등은 고수익이 예상되는 골프장 건설사업을 추진하기로 하였다.]
③ 갑 등은 P저축은행 임직원들의 친척 또는 지인 명의로 ㉠토지와 ㉡토지를 매수하였다.
④ 갑 등은 자신들의 지인 A를 대표이사로 내세워 이른바 특수목적법인(SPC)인 Q회사를 설립하였다.
⑤ 갑 등은 Q회사에 대하여 자금을 대출하여 주었다.
⑥ 갑 등은 이렇게 하여 Q회사 명의로 M골프장과 N골프장 건설사업을 추진하였다.
⑦ [이후 M골프장과 N골프장 건설사업은 실패로 돌아갔다.]
⑧ [P저축은행은 부실화하여 영업정지 사태에 이르렀다.]

【사건의 경과】

① 검사는 갑 등을 특경가법위반죄(배임)로 기소하였다.
② (공소사실의 요지는 판례 본문 참조)
③ 제1심법원은 유죄를 인정하였다.
④ 갑 등은 불복 항소하였다.
⑤ 항소심법원은 제1심판결을 파기하고, 무죄를 선고하였다.
⑥ (항소심의 판단 이유는 판례 본문 참조)
⑦ 검사는 불복 상고하였다.

2. 경영상 판단과 배임죄의 고의

【대법원 요지】 1. 업무상배임죄에 있어서의 고의는, 업무상 타인의 사무를 처리하는 자가 본인에게 재산상의 손해를 가하고 그로 인하여 자기 또는 제3자의 재산상 이득을 취한다는 의사와 그러한 손익의 초래가 자신의 임무에 위배된다는 인식이 결합되어 성립하는 것이다.

【대법원 요지】 따라서 경영상 판단과 관련하여 경영자에게 배임의 고의와 불법이득의 의사가 있었는지 여부를 판단함에 있어서도, /

【대법원 요지】 문제된 경영상의 판단에 이르게 된 경위와 동기, 판단 대상인 사업의 내용, 기업이 처한 경제적 상황, 손실 발생의 개연성과 이익 획득의 개연성 등의 여러 사정을 고려하여 볼 때 /

【대법원 요지】 자기 또는 제3자가 재산상 이익을 취득한다는 인식과 본인에게 손해를 가한다는 인식하의 의도적 행위임이 인정되는 경우에 한하여 배임죄의 고의를 인정하여야 하고, /

【대법원 요지】 그러한 인식이 없는데도 본인에게 손해가 발생하였다는 결과만으로 책임을 묻거나 단순히 주의의무를 소홀히 한 과실이 있다는 이유로 책임을 물어서는 안된다.
【대법원 요지】 그러나 한편, 배임죄에서 말하는 임무위배행위는 처리하는 사무의 내용, 성질 등 구체적 상황에 비추어 법령의 규정, 계약 내용 또는 신의성실의 원칙상 당연히 하여야 할 것으로 기대되는 행위를 하지 않거나 당연히 하지 않아야 할 것으로 기대되는 행위를 함으로써 /
【대법원 요지】 본인과 맺은 신임관계를 저버리는 일체의 행위를 말하므로, /
【대법원 요지】 경영자의 경영상 판단에 관한 위와 같은 사정을 모두 고려하더라도 법령의 규정, 계약 내용 또는 신의성실의 원칙상 구체적 상황과 자신의 역할 · 지위에서 당연히 하여야 할 것으로 기대되는 행위를 하지 않거나 하지 않아야 할 것으로 기대되는 행위를 함으로써 /
【대법원 요지】 재산상 이익을 취득하거나 제3자로 하여금 이를 취득하게 하고 본인에게 손해를 가하였다면 그에 관한 고의 내지 불법이득의 의사는 인정된다고 할 것이다.

3. 공소사실의 요지

【대법원 분석】 2. 피고인 갑에 대한 이 부분 공소사실 및 나머지 피고인들에 대한 이 사건 공소사실의 요지는, /
【대법원 분석】 공소외 P저축은행의 대표이사, 이사 또는 감사의 지위에 있던 피고인들이, /
【대법원 분석】 골프장사업을 직접 영위하여서는 안 될 뿐만 아니라 골프장을 건설할 업체에 대출을 할 경우에도 그 사업타당성이 인정되는 경우에 한하여 적절한 채권확보조치를 취하면서 대출하여야 할 업무상 임무에 위배하여, /
【대법원 분석】 ① 공소외 P저축은행 임직원의 친척인 공소외 B 등의 명의를 빌려 그들에게 토지구입비용을 대출하는 형식으로 울산 울주군 ○○면 ○○리 소재 토지(이하 '울주군 [㉠]토지'라 한다)를 골프장사업 부지로 구입하면서 근저당권 설정 등 채권확보조치를 취하지 아니한 채 공소외 P저축은행의 자금을 사용한 것을 비롯하여 /
【대법원 분석】 2002. 12. 6.부터 2008. 11. 5.까지 647회에 걸쳐 합계 17,779,636,573원의 공소외 P저축은행 자금을 사용하고, /
【대법원 분석】 ② 피고인 정의 지인 공소외 C 등의 명의를 빌려 전남 곡성군 ○○○면 ○○리 소재 토지(이하 '곡성군 [㉡]토지'라 한다)를 골프장사업 부지로 구입하면서 위와 같은 방법으로 2002. 8. 28.부터 2005. 6. 23.까지 64회에 걸쳐 합계 3,600,081,433원의 공소외 P저축은행 자금을 사용함으로써, /
【대법원 분석】 공소외 P저축은행에 같은 금액 상당의 손해를 가하고 그로 인하여 그 토지매도인 등에게 각 동액 상당의 재산상 이익을 취득하게 하였다고 하는 것이다.

4. 사안에 대한 항소심의 판단

【항소심 판단】 이에 대하여 원심은, /
【항소심 판단】 피고인들이 골프장건설을 추진하면서 상호저축은행법 등 관련 법령을 위반하였다는 점만으로는 곧바로 배임죄의 고의를 인정할 수 없고, /

【항소심 판단】 피고인들은 골프장 용지를 매입하거나 골프장건설을 추진하면서 사업타당성에 관하여 자체적인 조사와 논의를 거쳤으며, /

【항소심 판단】 일반적으로 골프장건설은 인허가상의 각종 법령상 제약이나 행정적인 규제가 있는 상태하에서 행정민원을 통한 해당 용지의 용도변경 등의 방법으로 추진되기도 하고, /

【항소심 판단】 피고인들이 위 추진 과정에서 공소외 P저축은행 자금을 방만하게 지출하였다는 의심의 여지는 있으나 개인적인 정실관계 혹은 부정한 사례금이나 청탁에 기하여 토지대금 등을 부풀려 지급하였다거나 아무런 대가 없이 사업비를 지출한 것으로는 보이지 아니하므로, /

【항소심 판단】 피고인들이 공소외 P저축은행에 손해를 가하고 제3자의 이익을 위한다는 배임의 의사가 있었다는 점에 대한 증명이 없다는 이유로, 공소사실을 무죄로 판단하였다.

5. 사안에 대한 대법원의 판단

【대법원 판단】 3. 그러나 원심의 위와 같은 판단은 다음과 같은 이유에서 수긍하기 어렵다.

【대법원 분석】 가. 먼저, 원심이 인정한 사실관계에 따르면, /

【대법원 분석】 피고인들은 공소외 P저축은행 임직원들의 친척 또는 지인 명의로 울주군 [㉠]토지를 매수한 다음 피고인 정의 지인인 공소외 A를 대표이사로 내세워 이른바 특수목적법인(SPC)인 공소외 Q주식회사를 설립하고 공소외 Q주식회사에 대하여 자금을 대출하여 줌으로써 공소외 Q주식회사 명의로 골프장 건설사업을 추진하였다는 것인바, /

【대법원 판단】 원심이 인정한 사실과 그 채택 증거에 의하더라도 이와 같은 일련의 행위는 그 실질에 있어 공소외 P저축은행이 직접 골프장 건설사업을 시행하기 위한 편법으로 이루어진 것임을 넉넉히 알아볼 수 있어 /

【대법원 판단】 상호저축은행법 제11조에서 규정한 상호저축은행의 업무 범위나 공소외 P저축은행 정관에 규정한 사업 범위를 벗어나는 것이자 상호저축은행의 비업무용 부동산 소유를 제한하는 상호저축은행법 제18조의2 제2호의 규정에 반하는 위법행위가 될 수 있음은 원심도 설시한 바와 같고, /

【대법원 판단】 서민과 중소기업의 금융편의를 도모하고 거래자를 보호하며 신용질서를 유지함으로써 국민경제의 발전에 이바지함을 목적으로 하는 상호저축은행법의 목적(제1조), 그 업무의 범위 및 제한과 벌칙에 관한 규정(제11조, 제18조의2, 제39조) 등에 비추어 위와 같은 피고인들의 행위는 공소외 P저축은행의 설립목적에 근본적으로 반하는 것이어서, /

【대법원 판단】 그럼에도 특수목적법인을 내세워 골프장 사업을 직접 추진하여야 할 사회적 · 경제적 합리성 내지 필요성에 대한 소명이 없는 한 그 임원으로서의 임무에 위배되는 행위임이 분명하다.

【대법원 판단】 그렇다면 그러한 배임행위로 인하여 공소외 P저축은행에 재산상 손해를 야기하고 거래상대방에게 재산상 이익을 준 것에 대하여 피고인들에게 배임의 고의 내지 불법이득의 의사가 없었다고 볼 수는 없으며, /

【대법원 판단】 또한 이러한 경우가 정상적인 사업 진행의 과정에서 이루어진 경영상 판단에 대하여 단지 본인에게 손해가 발생하였다는 결과만으로 배임의 책임을 물을 수 없는 경우에 해당한다고 볼 수는 없다.

【대법원 판단】 결국 원심이 피고인들에게 업무상배임의 고의가 없다고 보는 근거로 든 사정들, /

【대법원 판단】 즉 그 사업의 추진과정에서 사업타당성에 대한 조사와 논의를 거친 바 있고 편법적인 방법이기는 하지만 사업의 진행이 전혀 불가능한 것은 아니었으며 거래상대방의 부정한 사례금이나 청탁이 없었고 아무런 대가 없이 사업비를 지출한 것은 아니었다는 등의 사정만으로는 업무상배임죄의 책임을 면할 수 없다고 할 것이다.

【대법원 분석】 나. 더구나 원심 및 제1심이 적법하게 조사한 증거들에 의하면, (중략) 이러한 사정들은 설령 공소외 P저축은행의 특성 및 위 사업추진의 위법성을 논외로 하고 그 경영상 판단의 면에서만 본다고 하더라도 그 자체로서 업무상 임무위배의 점 및 배임의 고의를 인정하기에 충분하다.

【대법원 판단】 다. 그렇다면 피고인들은, 상호저축은행법 등 관계 법령에 위배되는 까닭에 공소외 P저축은행이 실질적 당사자가 되어 시행하거나 보유할 수 없는 골프장 건설사업을 타인의 명의 등을 내세워 편법으로 추진하였을 뿐만 아니라 /

【대법원 판단】 임원으로서의 임무에 위배하여 구체적인 사업성 검토도 제대로 거치지 아니한 채 함부로 저축은행의 자금을 지출한 것이고, /

【대법원 판단】 이는 법령의 규정, 직무 내용은 물론 신의성실의 원칙상 당연히 하지 않아야 할 것으로 기대되는 행위를 함으로써 본인과 맺은 신임관계를 저버리고 /

【대법원 판단】 그로 인하여 본인에게 재산상 손해를 가하였으며 제3자로 하여금 재산상 이익을 취득하게 한 경우라고 할 것이다.

【대법원 결론】 이와 달리 원심은, 그 판시와 같은 이유만으로 피고인들에게 업무상배임의 고의를 인정할 수 없다고 섣불리 단정한 나머지 피고인들의 구체적인 임무위배행위 및 그로 인한 재산상 손해와 이익의 유무 등 업무상배임죄의 나머지 구성요건에 관하여는 살펴보지도 아니한 채 이 부분 공소사실을 유죄로 인정한 제1심판결을 파기하고 피고인들에게 무죄를 선고하였으니, /

【대법원 결론】 이러한 원심판결에는 업무상배임죄의 성립에 관한 법리를 오해한 위법이 있고, 이 점을 지적하는 상고이유는 이유 있다. (파기 환송)

2004도7053

배임죄와 손해발생 – 부정례
제31동산호 사건

2005. 4. 15. 2004도7053, 공 2005, 791

1. 사실관계 및 사건의 경과

【사실관계 1】

① A는 자금을 투자하여 P회사를 설립하였다.

② 갑은 P회사의 대표이사이다.

③ [을은 수산물판매업자이다.]

④ 갑과 을은 P회사를 사실상 운영해 오고 있었다.
⑤ 을은 P회사에 대해 3억 8천만 원의 채권을 가지고 있었다.
⑥ P회사의 유일한 재산은 '제31동산호'이다.
⑦ ['제31동산호'에는 ㉠어획물이 실려 있다.]

【사실관계 2】

① 상법에 따르면 주식회사의 유일한 재산을 처분하려면 주주총회의 특별결의가 있어야 한다.
② 유일 재산을 처분할 당시 주주총회의 특별결의 등을 거치지 아니하면 대물변제약정이나 이에 따른 소유권이전등기는 법률상 당연무효로 된다.
③ 1998. 6. 8.경 P회사의 대표이사 갑은 을의 사무실에서 을에 대해 다음의 계약을 체결하였다.
 (가) ㉠어획물을 시가 2억 3천만 원 상당으로 계산한다.
 (나) '제31동산호'를 1억 원으로 계산한다.
 (다) 을의 P회사에 대한 채권은 3억 8천만 원이다.
 (라) ㉠어획물과 '제31동산호'를 을의 채권에 대한 대물변제로 을에게 제공한다.
④ 1998. 6. 9. '제31동산호'는 을 명의로 등기가 이전되었다.

【사건의 경과】

① 검사는 갑과 을을 특경가법위반죄(배임)로 기소하였다.
② 갑과 을은 제1심 공판절차에서 다음의 점을 주장하였다.
 (가) 을은 P회사에 대하여 합계 3억 8천만 원의 대여금(원리금 포함) 채권을 갖고 있었다.
 (나) 그 대여금 채권에 대한 대물변제 명목으로 객관적 가치가 8천만 원 정도인 ㉠어획물 66t을 2억 3천만 원으로 계산하였다.
 (다) 근저당권까지 설정되어 있어 실제 가치가 거의 없던 '제31동산호'를 시가 1억 원으로 계산하여 양도 · 양수하였다.
 (라) 따라서 P회사에는 손해가 발생한 것이 없다.
 (마) 그러므로 배임죄는 성립하지 않는다.
③ 제1심법원은 유죄를 인정하였다.
④ 갑과 을은 불복 항소하였다.
⑤ 항소심법원은 다음의 이유를 들어서 유죄를 인정하였다.
 (가) 갑과 을은 주주총회의 특별결의 등을 거치지 않고 '제31동산호'로 대물변제를 하였다.
 (나) 이로 인하여 P회사에게 '제31동산호' 선박을 운용할 수 없도록 하는 재산상의 손해를 가하였다.
⑥ 갑과 을은 불복 상고하였다.

2. 배임죄와 손해발생의 요건

【대법원 요지】 2. 배임죄나 업무상배임죄에 있어 재산상의 손해를 가한 때라 함은 현실적인 손해를 가한 경우뿐만 아니라 재산상 실해 발생의 위험을 초래한 경우도 포함되고, /

【대법원 요지】 재산상 손해의 유무에 대한 판단은 법률적 판단에 의하지 아니하고 경제적 관점에서

파악하여야 하지만, /

【대법원 요지】 여기서 재산상의 손해를 가한다 함은 총체적으로 보아 본인의 재산상태에 손해를 가하는 경우, /

【대법원 요지】 즉 본인의 전체적 재산가치의 감소를 가져오는 것을 말하므로 재산상의 손실을 야기한 임무위배행위가 동시에 그 손실을 보상할 만한 재산상의 이익을 준 경우, /

【대법원 요지】 예컨대 그 배임행위로 인한 급부와 반대급부가 상응하고 다른 재산상 손해(현실적인 손해 또는 재산상 실해 발생의 위험)도 없는 때에는 전체적 재산가치의 감소, 즉 재산상 손해가 있다고 할 수 없을 것이다.

3. 사안에 대한 대법원의 판단

【대법원 분석】 이 사건에 관하여 보건대, /

【대법원 분석】 P주식회사(이하 'P산업'이라고 한다)의 대표이사인 피고인 갑이 위 선박을 양도함에 있어 /

【대법원 분석】 그 선박이 P산업의 유일한 재산이거나 적어도 회사의 존속기반이 되는 중요한 영업용 재산이어서 처분 당시 주주총회의 특별결의 등을 거치지 아니한 이유로 위 대물변제약정 및 이에 따른 소유권이전등기는 법률상 당연무효라고 하더라도 /

【대법원 판단】 경제적 관점에서 볼 때 위 선박에 관한 소유권이전등기를 넘겨 준 이상 위 처분행위로 인하여 P산업에게 적어도 위 선박 가액 상당의 현실적인 손해를 가하였거나 재산상 실해 발생의 위험을 초래하였다고 할 것이지만, /

【대법원 분석】 한편 피고인들은 그 당시 피고인 을이 P산업에 대하여 합계 385,387,888원의 대여금(원리금 포함) 채권을 갖고 있었는데, /

【대법원 분석】 그 대여금 채권에 대한 대물변제 명목으로 객관적 가치가 80,000,000원 정도인 어획물 66t을 234,936,000원으로 계산하고, /

【대법원 분석】 근저당권까지 설정되어 있어 실제 가치가 거의 없던 위 선박을 시가 100,000,000원으로 계산하여 양도·양수하였다는 등으로 주장하고 있으므로, /

【대법원 판단】 원심으로서는 그와 같이 주주총회의 특별결의 등을 거치지 아니한 위 선박에 대한 대물변제와 관련하여 과연 위와 같은 급부와 반대급부가 상응하는지 여부, /

【대법원 판단】 나아가 위 대물변제로 P산업에게 위 선박의 객관적 가치의 상실 외에 다른 재산상 손해를 가한 것은 없는지 등을 더 심리한 다음, /

【대법원 판단】 그 대물변제로 인해 P산업의 전체적 재산가치의 감소, 즉 재산상 손해가 있었는지 여부를 판단하고, /

【대법원 판단】 나아가 만약 이 점이 인정될 경우 그 재산가치의 감소액을 재산상 손해액으로 인정하였어야 할 것이다.

【대법원 결론】 그럼에도 불구하고, 원심은 이와 달리 이러한 점에 대하여는 아무런 심리·판단도 하지 아니한 채 주주총회의 특별결의 등을 거치지 아니한 위 선박에 대한 대물변제로 인하여 P산업에게 위 선박을 운용할 수 없도록 하는 재산상의 손해를 가하였다고만 인정하고 곧바로 업무상배임죄에 해

당된다고 판단하였으니, /

【대법원 결론】 여기에는 업무상배임죄의 재산상 손해 등에 관한 법리를 오해하고, 필요한 심리를 다하지 아니하여 사실을 오인함으로써 판결 결과에 영향을 미친 위법이 있다고 하지 않을 수 없고, 따라서 이 점을 지적하는 취지도 포함되어 있는 상고이유의 주장은 이유 있다. (파기 환송)

2011도6798

배임죄의 손해발생과 소극적 이익
금형제작 납품계약 사건

2013. 4. 26. 2011도6798, 공 2013상, 993

1. 사실관계 및 사건의 경과

【사실관계 1】

① P회사와 Q회사는 각각 금형을 제작하여 납품하는 사업을 하고 있다.

② 갑은 P회사를 운영하고 있었다.

③ [갑은 P회사의 운영을 그만두었다.]

④ 2008. 1. 2. 갑은 다음의 조건 아래 Q회사의 부사장 직에 취임하였다.

(가) Q회사의 부사장 직책으로 대외적 영업활동을 수행한다.

(나) 그 활동 및 계약은 Q회사에 귀속시키기로 한다.

(다) Q회사에 귀속된 금형제작 · 납품계약을 이행하기 위한 금형제작물량의 50%는 갑이 운영하던 P회사에서 제작한다.

(라) 나머지 50%는 Q회사에서 제작한다.

(마) 금형제작물량에 따른 수익은 P회사와 Q회사가 1/2씩 나누기로 한다.

【사실관계 2】

① 갑은 Q회사에 알리지 않고 자신이 Q회사의 대표인 것처럼 가장하여 금형제작 · 납품계약을 체결하였다.

② 갑은 자신(갑)이 별도로 설립한 R회사 명의로 금형제작 · 납품계약을 체결하였다.

③ 갑이 이와 같이 체결한 계약은 5회에 걸쳐 합계 163,600,000원에 이르렀다. (㉠계약)

④ ㉠계약의 이후 이행내역은 다음과 같다.

(가) 납품대금 합계 105,697,880원 수령 (ⓐ부분)

(나) 체결 후 받지 못한 미수금 (ⓑ부분)

(다) 거래상대방의 해지에 의하여 받지 못하게 된 나머지 계약대금 (ⓒ부분)

【사건의 경과】

① 검사는 ⓐ, ⓑ, ⓒ부분 전부에 대해 갑을 업무상 배임죄로 기소하였다.

② 갑의 피고사건은 제1심을 거친 후, 항소심에 계속되었다.
③ 항소심법원은 다음과 같이 판단하였다.
(가) ⓐ계약대금 수령 부분 : 유죄
(나) ⓑ미수금 : 무죄
(다) ⓒ해지 계약대금 : 무죄
④ 검사는 불복 상고하였다.

2. 배임죄의 성립요건

【대법원 분석】 1. 업무상배임죄는 타인의 사무를 처리하는 자가 업무상의 임무에 위배하는 행위로써 재산상의 이익을 취득하거나 제3자로 하여금 이를 취득하게 하여 그 본인에게 손해를 가한 때에 성립하는 범죄로서, /
【대법원 요지】 여기에서 '임무에 위배하는 행위'라 함은 /
【대법원 요지】 처리하는 사무의 내용, 성질 등에 비추어 /
【대법원 요지】 법령의 규정, 계약의 내용 또는 신의칙상 /
【대법원 요지】 당연히 하여야 할 것으로 기대되는 행위를 하지 않거나 /
【대법원 요지】 당연히 하지 않아야 할 것으로 기대되는 행위를 함으로써 /
【대법원 요지】 사무 처리를 위임한 본인과의 신임관계를 저버리는 일체의 행위를 포함하고, /
【대법원 요지】 '재산상의 손해를 가한 때'라 함은 /
【대법원 요지】 총체적으로 보아 본인의 재산 상태에 손해를 가하는 경우를 말하고, /
【대법원 요지】 현실적인 손해를 가한 경우뿐 아니라 재산상 실해 발생의 위험을 초래한 경우를 포함한다.

3. 배임죄와 손해발생의 범위

【대법원 요지】 이러한 재산상 손해의 유무에 관한 판단은 /
【대법원 요지】 법률적 판단에 의하지 아니하고 경제적 관점에서 실질적으로 판단되어야 하는데, /
【대법원 요지】 여기에는 재산의 처분 등 직접적인 재산의 감소, 보증이나 담보제공 등 채무 부담으로 인한 재산의 감소와 같은 /
【대법원 요지】 적극적 손해를 야기한 경우는 물론, /
【대법원 요지】 객관적으로 보아 취득할 것이 충분히 기대되는데도 임무위배행위로 말미암아 이익을 얻지 못한 경우, /
【대법원 요지】 즉 소극적 손해를 야기한 경우도 포함된다. /
【대법원 요지】 이러한 소극적 손해는 재산증가를 객관적 · 개연적으로 기대할 수 있음에도 임무위배행위로 이러한 재산증가가 이루어지지 않은 경우를 의미하는 것이므로 /
【대법원 요지】 임무위배행위가 없었다면 실현되었을 재산 상태와 /
【대법원 요지】 임무위배행위로 말미암아 현실적으로 실현된 재산 상태를 비교하여 /
【대법원 요지】 그 유무 및 범위를 산정하여야 할 것이다 /

【대법원 요지】 (대법원 2009. 5. 29. 선고 2007도4949 전원합의체 판결[에버랜드 전환사채 사건] 참조).

4. 사안에 대한 항소심의 판단

【항소심 판단】 2. 가. 원심판결 이유에 의하면, 원심은 /
【항소심 판단】 피고인이 2008. 1. 2. 피해자 회사의 부사장 직책으로 대외적 영업활동을 하여 그 활동 및 계약을 피해자 회사에 귀속시키기로 하고, /
【항소심 판단】 피해자 회사에 귀속된 금형제작 · 납품계약을 이행하기 위한 금형제작물량 중 /
【항소심 판단】 50%는 피고인이 운영하던 공소외 P주식회사에서, 나머지 50%는 피해자 회사에서 제작하여 /
【항소심 판단】 그 수익을 1/2씩 나누기로 하는 이 사건 약정을 체결하였음에도, /
【항소심 판단】 피해자 회사에 알리지 않고 피고인 자신이 피해자 회사의 대표인 것처럼 가장하거나 /
【항소심 판단】 피고인이 별도로 설립한 공소외 R주식회사 명의로 /
【항소심 판단】 원심판결 별지 범죄일람표 기재와 같이 5회에 걸쳐 /
【항소심 판단】 합계 163,600,000원의 금형제작 · 납품계약을 체결한 후, /
【항소심 판단】 그 납품대금으로 합계 105,697,880원을 수령하고 /
【항소심 판단】 피해자 회사에 동액 상당의 재산상 손해를 가하였다고 보아 /
【항소심 판단】 이 부분에 관하여는 업무상배임죄가 성립한다고 판단하고, /
【항소심 판단】 위 금형제작 · 납품계약 체결 후 받지 못한 미수금 및 /
【항소심 판단】 거래상대방의 해지에 의하여 받지 못하게 된 나머지 계약대금에 관하여는 /
【항소심 판단】 재산상 손해를 인정할 수 없다고 보아 무죄로 판단하였다.

5. 사안에 대한 대법원의 판단

【대법원 판단】 나. 원심이 적법하게 채택한 증거들에 의하면, /
【대법원 판단】 피해자 회사의 재산상 손해는 피고인의 위와 같은 임무위배행위로 인하여 피해자 회사의 금형제작 · 납품계약 체결기회가 박탈됨으로써 발생함을 알 수 있다.
【대법원 판단】 그렇다면 이러한 재산상 손해는 피고인이 위와 같은 임무위배행위로 금형제작 · 납품계약을 체결한 때에 발생되는 것이므로, /
【대법원 판단】 원칙적으로 그 임무위배행위로 위 금형제작 · 납품계약을 체결한 때를 기준으로 위 금형제작 · 납품계약 대금에 기초하여 산정하여야 할 것이며, /
【대법원 판단】 따라서 위 금형제작 · 납품계약 대금 중에서 /
【대법원 판단】 사후적으로 발생되는 미수금이나 /
【대법원 판단】 계약의 해지로 인해 받지 못하게 되는 나머지 계약대금 등은 /
【대법원 판단】 특별한 사정이 없는 한 위 금형제작 · 납품계약 대금에서 공제할 것이 아니다.
【대법원 결론】 그럼에도 원심은, 이 사건 금형제작 · 납품계약 대금 중 미수금 및 계약의 해지로 인해 받지 못하게 된 부분은 피고인의 배임행위로 인한 재산상 손해로 인정할 수 없다고 보아 /

【대법원 결론】 그 판시와 같은 재산상 손해액에 대하여만 피고인에게 업무상배임죄가 성립한다고 보고 /

【대법원 결론】 나머지 부분에 대하여는 무죄로 판단하고 말았으니, /

【대법원 결론】 이러한 원심의 판단에는 업무상배임죄에서의 재산상 손해에 관한 법리를 오해하여 판결 결과에 영향을 미친 잘못이 있다. (파기 환송)

2012도2142

배임죄와 손해발생 – 부정례
대표이사 개인채무 공증 사건

2012. 5. 24. 2012도2142, 공 2012하, 1193

1. 사실관계 및 사건의 경과

【사실관계】

① 갑은 P회사의 대표이사이다.

② [갑은 A 등으로부터 개인적인 용도로 돈을 빌렸다.]

③ [A 등은 갑의 채무가 개인적인 것임을 알면서도 갑에게 P회사 명의의 담보를 요구하였다.]

④ 갑은 P회사 명의로 A 등에게 ㉠금전소비대차 공정증서와 ㉡약속어음 공정증서를 작성해 주었다. (☞문서례 7, 8번 참조)

【사건의 경과】

① 검사는 갑을 업무상 배임죄로 기소하였다.

② 갑의 피고사건은 제1심을 거친 후, 항소심에 계속되었다.

③ 항소심법원은 무죄를 선고하였다.

④ 검사는 불복 상고하였다.

2. 배임죄와 손해발생의 요건

【대법원 요지】 배임죄에서 '재산상 손해를 가한 때'에는 현실적인 손해를 가한 경우뿐만 아니라 재산상 실해발생의 위험을 초래한 경우도 포함되나, /

【대법원 요지】 그러한 손해발생의 위험조차 초래되지 아니한 경우에는 배임죄가 성립하지 아니한다. /

【대법원 요지】 이에 따라 법인의 대표자가 그 법인 명의로 한 채무부담행위가 법률상 효력이 없는 경우에는 특별한 사정이 없는 한 그로 인하여 법인에 어떠한 손해가 발생하거나 발생할 위험이 있다고 할 수 없으므로 그 대표자의 행위는 배임죄를 구성하지 아니하며, /

【대법원 요지】 주식회사의 대표이사 등이 회사의 이익을 위해서가 아니라 자기 또는 제3자의 이익을 도모할 목적으로 그 대표권을 행사한 경우에 상대방이 대표이사 등의 진의를 알았거나 알 수 있었

을 때에는 그 행위는 회사에 대하여 무효가 되므로 위와 같이 보아야 할 것이다.

3. 사안에 대한 대법원의 판단

【대법원 분석】 원심판결 이유에 의하면, 원심은 그 채택 증거들을 종합하여 판시와 같은 사실을 인정한 다음, /

【대법원 판단】 피고인 갑이 자신의 채권자들에게 자신이 대표이사로 있는 공소외 P주식회사 명의의 금전소비대차 공정증서와 약속어음 공정증서를 작성해 준 행위는 대표권을 남용한 행위로서, /

【대법원 판단】 위 각 공정증서를 작성해 준 상대방들도 피고인 갑이 공소외 P주식회사의 영리목적과 관계없이 자기 또는 제3자의 이익을 도모할 목적으로 그 권한을 남용하여 공정증서를 작성해 준다는 것을 알았거나 충분히 알 수 있었을 것이어서 피고인 갑이 한 행위는 모두 무효에 해당된다고 보고, /

【대법원 판단】 그로 인하여 공소외 P주식회사에 재산상 손해가 발생하였다거나 재산상 실해발생의 위험이 초래되었다고 볼 수 없으며, /

【대법원 판단】 달리 이를 인정할 증거가 없으므로, 이 부분 공소사실은 범죄의 증명이 없는 경우에 해당하여 무죄라고 판단하였다.

【대법원 결론】 원심판결 이유를 기록에 비추어 살펴보면, 원심의 위와 같은 판단은 앞에서 본 법리에 따른 것으로서, 거기에 상고이유 주장과 같이 논리와 경험칙에 반하여 자유심증주의의 한계를 벗어나거나 업무상배임죄에서의 재산상의 손해 및 대표권의 남용에 관한 법리를 오해하여 필요한 심리를 다하지 아니하는 등의 위법은 없다. (상고 기각)

2012도10822

배임죄와 손해발생 – 인정례
안심용 약속어음 사건

2012. 12. 27. 2012도10822, 공 2013상, 285

1. 사실관계 및 사건의 경과

【사실관계 1】

① 갑과 A는 형제이다.

② B는 갑의 심복이다.

③ P회사는 전력 IT제품 및 관련 소프트웨어의 개발, 제조, 판매 등을 목적으로 설립된 코스닥 상장회사이다.

④ C는 P회사의 대주주(지분 35%)이자 대표이사이다.

⑤ D는 사채업자이다.

⑥ Q회사는 사채회사이다.

⑦ E는 Q회사의 대표이사이다.

【사실관계 2】

① 갑, A 형제와 C는 P회사를 186억 원에 인수 · 인도하기로 하였다.

② 갑, A는 C와 다음의 방법으로 인수대금을 지급하기로 합의하였다.

(가) 인수대금 중 일부는 P회사의 유상증자를 통해 마련된 자금으로 지급한다. (㉠방법)

(나) 나머지 일부는 사채업자로부터 빌린 돈으로 지급하기로 한다. (㉡방법)

③ ㉠방법의 구체적인 내용은 다음과 같다.

(가) 사채업자 D가 C에게 인수대금 186억원 중 115억 원을 대출해 준다.

(나) 갑, A는 입금된 유상증자 대금을 인출하여 D에게 대출금을 변제한다.

④ ㉡방법의 구체적인 내용은 다음과 같다.

(가) P회사 발행 주식을 담보로 사채업자로부터 50억 원을 빌린다.

(나) 빌린 돈 50억원을 C에게 지급한다.

⑤ 2010. 2. 갑, A 형제와 C는 P회사에 대한 양수도계약을 체결하였다.

【사실관계 3】

① 2010. 3. 26. C는 P회사의 정기주주총회를 개최하였다. (㉢주주총회)

② ㉢주주총회에서는 다음의 결의가 있었다.

(가) 갑, A가 지정한 B와 F를 P회사의 등기이사로 선임한다.

(나) 135억 원의 유상증자를 공모한다.

③ 2010. 4. 16.부터 2010. 4. 20.까지 P회사는 135억 원의 유상증자를 실시하였다.

④ [다수의 투자자들이 P회사의 사업이 유망하다고 판단하여 유상증자에 참여하였다.]

⑤ P회사 명의의 계좌로 유상증자 대금 135억 원이 입금되었다.

⑥ 2010. 5. 10. 갑, A는 C 소유의 P회사 발행 주식 620만주(P회사에 대한 지분 35%)와 경영권을 양수받았다.

【사실관계 4】

① 갑은 사채알선업자로부터 사채회사 Q회사의 대표이사 E를 소개받았다.

② 갑은 E에게 다음과 같이 말하였다.

(가) P회사를 인수하는데 170억 원이 필요하다.

(나) 그 중 50억 원을 빌려 달라.

③ 2010. 5. 11.경 갑, A 형제의 지시를 받은 B가 E를 방문하였다.

④ B는 Q회사 앞으로 다음 내용의 '자금조달용역계약서'를 작성하였다.

(가) P회사 발행 주식 620만주와 자사주 140만주를 담보로 제공한다. (㉣주식)

(나) Q회사로부터 50억 원을 차용한다.

(다) B가 P회사의 대표이사로 취임하면 50억 원의 약속어음을 발행하여 이를 공증한다.

⑤ E는 담보로 제공된 ㉣주식이 C 명의의 기명주식임을 확인하였다.

⑥ E는 갑과 C 사이에 주식양도계약이 체결된 것으로 생각하고 ㉣주식을 담보로 건네받았다.

⑦ E는 B에게 50억원을 빌려주었다.
⑧ 갑과 A는 Q회사로부터 차용한 50억원을 C에게 인수대금의 계약금 명목으로 교부하였다.

【사실관계 5】

① 2010. 5. 19. B가 새롭게 P회사의 대표이사로 취임하였다.
② 2010. 5. 19. 사채업자 D는 C 명의 계좌로 115억 원을 입금하였다. (㉺예금)
③ D는 입금과 동시에 P회사가 115억 원을 변제하면 질권을 해지하는 조건으로 ㉺예금에 질권을 설정하였다.
④ 사채회사 Q회사의 대표이사 E는 담보로 잡은 ㉣주식의 주가가 하락해 담보 가치가 떨어질 것을 우려하였다.
⑤ E는 갑, A, B에게 계약대로 P회사 명의의 약속어음을 추가로 발행해 줄 것을 요청하였다.

【사실관계 6】

① 2010. 5. 25. 갑, A 형제는 B를 R법무법인으로 보냈다.
② B는 R법무법인 사무실에서 다음 내용의 약속어음 1장을 발행하였다. (ⓐ약속어음)
(가) 액면금 50억 원
(나) 발행일 2010. 5. 11.
(다) 발행인 P회사 대표이사 B
③ B는 ⓐ약속어음의 발행과 함께 다음 내용의 공정증서를 작성하였다. (ⓑ공정증서)
④ "위 약속어음의 소지인에게 어음금의 지급을 지체할 때에는 즉시 강제집행을 받더라도 이의가 없음을 인낙한다." (☞문서례 8 참조)
⑤ B는 ⓐ약속어음과 ⓑ공정증서를 E에게 교부하였다. (㉮행위)

【사실관계 7】

① 2010. 5. 19. 이후 갑, A 형제는 B를 통해 사채업자 D에게 P회사에 입금된 유상증자 대금 중 115억 원을 채무변제용으로 지급하였다. (㉯행위)
② [이후 P회사 ㉣주식의 주가가 폭락하였다.]
③ [P회사는 상장이 폐지되었다.]

【사건의 경과 1】

① 검사는 갑을 다음의 공소사실로 기소하였다.
(가) ㉮행위 : 특경가법위반죄(배임)
(나) ㉯행위 : 특경가법위반죄(횡령)
② 제1심법원은 다음과 같이 판단하였다.
(가) ㉮행위 : 특경가법위반죄(배임) : 무죄
(나) ㉯행위 : 특경가법위반죄(횡령) : 유죄
③ 갑은 유죄 부분에 불복하여 항소하였다.
④ 검사는 무죄 부분에 불복하여 항소하였다.
⑤ 항소심법원은 제1심판결을 파기하고 다음과 같이 판단하였다.
(가) ㉮행위 : 특경가법위반죄(배임) : 유죄

(나) ㉯행위 : 특경가법위반죄(횡령) : 유죄

【사건의 경과 2】

① 갑은 불복 상고하였다.

② 갑은 ㉮행위 부분과 관련하여 상고이유로 다음의 점을 주장하였다.

(가) ⓐ약속어음의 발행은 통정허위표시에 해당한다.

(나) 통정허위표시는 무효이다.

(다) ⓐ약속어음의 발행으로 Q회사에 손해발생된 것이 없다.

(라) 손해발생이 없으므로 배임죄는 성립하지 않는다.

(마) 이상의 논리는 2012도2142 등 대법원판례에 따른 것이다.

2. 배임죄와 재산상 손해의 범위

【대법원 분석】 1. 배임죄는 타인의 사무를 처리하는 자가 그 임무에 위배하는 행위로써 재산상 이익을 취득하거나 제3자로 하여금 이를 취득하게 하여 본인에게 손해를 가함으로써 성립하는 범죄로, /

【대법원 요지】 여기에서 '재산상의 손해를 가한 때'라 함은 현실적인 손해를 가한 경우뿐만 아니라 재산상 실해 발생의 위험을 초래한 경우도 포함되고, /

【대법원 요지】 재산상 손해의 유무에 대한 판단은 본인의 전 재산 상태와의 관계에서 /

【대법원 요지】 법률적 판단에 의하지 아니하고 경제적 관점에서 파악하여야 하므로, /

【대법원 요지】 법률적 판단에 의하여 당해 배임행위가 무효라 하더라도 /

【대법원 요지】 경제적 관점에서 파악하여 배임행위로 인하여 본인에게 현실적인 손해를 가하였거나 재산상 실해 발생의 위험을 초래한 경우에는 /

【대법원 요지】 재산상의 손해를 가한 때에 해당되어 배임죄를 구성한다.

3. 대표이사의 대표권 남용행위와 회사의 손해발생

【대법원 요지】 한편 회사의 대표이사가 개인 채무를 담보하기 위하여 회사 명의의 약속어음을 발행하는 것은 대표권 남용행위이고, /

【대법원 요지】 만일 상대방이 그 사실을 알고 있었거나 중대한 과실로 알지 못하였다면 /

【대법원 요지】 대표이사가 회사 명의의 약속어음을 발행한 것은 회사에 대하여 무효이므로 /

【대법원 요지】 회사는 상대방에 대하여 어음금 채무를 지지 아니할 뿐만 아니라 /

【대법원 요지】 위와 같은 사정하에서라면 /

【대법원 요지】 회사는 상대방에 대하여 /

【대법원 요지】 민법 제35조 제1항에 의한 손해배상책임 또는 /

【대법원 요지】 민법 제756조 제1항에 의한 사용자책임도 지지 아니한다. /

4. 대표이사의 권한남용 약속어음 발행과 손해발생

【대법원 분석】 그러나 약속어음은 원칙적으로 배서에 의하여 양도할 수 있고 /

【대법원 분석】 (어음법 제11조 제1항, 제77조 제1항), /

【대법원 분석】 약속어음에 의하여 청구를 받은 자는 /
【대법원 분석】 그 소지인이 채무자를 해할 것을 알고 어음을 취득한 경우가 아니라면 /
【대법원 분석】 발행인 또는 종전의 소지인에 대한 인적 관계로 인한 항변으로써 소지인에게 대항하지 못하므로 /
【대법원 분석】 (어음법 제17조, 제77조 제1항), /
【대법원 요지】 대표이사가 대표권을 남용하여 회사 명의의 약속어음을 발행하였다면, /
【대법원 요지】 비록 상대방이 그 사실을 알고 있었거나 중대한 과실로 알지 못하여 회사가 상대방에 대하여는 채무를 부담하지 아니한다 하더라도 /
【대법원 요지】 약속어음이 제3자에게 유통될 경우 회사가 소지인에 대하여 어음금 채무를 부담할 위험은 이미 발생하였다 할 것이므로, /
【대법원 요지】 그 약속어음이 제3자에게 유통되지 아니한다는 특별한 사정이 없는 한 /
【대법원 요지】 경제적 관점에서는 회사에 대하여 배임죄에서의 재산상 실해 발생의 위험이 초래되었다고 봄이 상당하다.

5. 사안에 대한 대법원의 판단

【대법원 판단】 2. 원심은, /
【대법원 판단】 피고인이 공소외 Q주식회사로부터 개인적으로 회사 인수자금 50억 원을 차용하면서 그 지급을 담보하기 위하여, /
【대법원 판단】 피해자 공소외 P주식회사의 실제 사주의 지위에서 공소외 B를 공소외 P주식회사의 형식상 대표이사로 내세운 다음 /
【대법원 판단】 공소외 A, B와 함께 임무에 위배하여 공소외 Q주식회사에게 공소외 P주식회사 명의로 액면 금 50억 원의 약속어음을 발행·교부한 이상 /
【대법원 판단】 그 발행 시점에서 공소외 P주식회사에 어음금 채무를 부담시기는 것이 되어 /
【대법원 판단】 경제적 관점에서는 일응 재산상 실해 발생의 위험성이 있었다 할 것이고, /
【대법원 판단】 공소외 Q주식회사로부터 배서양도 받은 제3자가 대표권 남용에 의한 어음발행이라는 정을 알았다는 등의 사정으로 공소외 P주식회사의 어음금 채무가 부정되더라도 /
【대법원 판단】 이는 범죄성립 후의 사정변경에 불과하며, /
【대법원 판단】 공소외 Q주식회사로서는 주가 동향에 따라서는 제3자에게 위 약속어음을 배서양도하는 등으로 대여금 채권을 확보하려고 할 가능성이 있었던 반면, /
【대법원 판단】 위 약속어음을 유통시키지 아니할 것이라고 볼 만한 특별한 사정은 없으므로, /
【대법원 판단】 피고인 등의 위 약속어음의 발행은 공소외 P주식회사에 대하여 재산상 실해 발생의 위험을 초래한 것으로서 배임죄를 구성한다고 판단하였다.
【대법원 결론】 원심판결 이유를 앞서 본 법리와 기록에 비추어 살펴보면, 원심의 위와 같은 판단은 정당하고, 거기에 상고이유에서 주장하는 바와 같이 업무상 배임죄에서의 재산상 손해에 관한 법리를 오해하는 등의 위법이 없다. /
【대법원 결론】 상고이유에서 들고 있는 대법원판결들은 사안을 달리하는 것이어서 이 사건에 원용

하기에 적절하지 아니하다. (상고 기각)

【코멘트】 2012. 12. 27.에 선고된 본 판례는 회사의 대표이사(실질적 사주 포함)가 개인적 채무의 담보를 위하여 회사 명의 약속어음을 발행하는 사안을 바탕으로 하고 있다. 이 점에서 본 판례는 2012. 5. 24. 선고된 **2012도2142** 판례와 성질을 같이한다. 그런데 2012도2142 판례에서 대법원은 손해발생이 없다는 이유로 배임죄의 성립을 부정하고 있다. 반면에 본 판례에서 대법원은 손해발생이 있다고 보아 배임죄 성립을 인정하고 있다. (동일한 취지로 2013. 2. 14. 2011도10302, 공 2013상, 519 판례가 있다.)

본 판례에서 갑은 2012도2142 등 배임죄의 성립을 부정한 대법원판례를 들어서 무죄라고 주장하고 있다. 그러나 대법원은 "상고이유에서 들고 있는 대법원판결들은 사안을 달리하는 것"이라는 이유만을 들어서 갑의 주장을 배척하고 있다. 구체적인 사실관계의 차이점이 무엇인지는 두 판례를 보다 면밀하게 분석해 보아야 알 수 있을 것이며, 이 자리에서는 그 차이점을 알 수 없다.

그럼에도 불구하고 거의 동일한 유형의 사안을 놓고 같은 해에 선고된 두 판례가 엇갈리는 모습을 보이는 것은 법령해석의 통일이라는 대법원의 책무와 관련하여 문제가 있다고 생각된다. 전원합의체 판결을 통한 대법원판례의 통일이 요망된다고 하겠다.

2010도11394

배임죄와 손해발생 – 부정례
주식매수선택권 공소시효 사건

2011. 11. 24. 2010도11394, 공 2012상, 86

1. 사실관계 및 사건의 경과

【사실관계 1】

① 상법 제340조의2 제1항, 제3항에 의하면 회사는 정관이 정한 바에 따라 상법 제434조의 규정에 의한 주주총회의 특별결의로 이사·감사 또는 피용자에게 발행주식 총수의 100분의 10을 초과하지 아니하는 한도 내에서 주식매수선택권을 부여할 수 있다.

② P회사의 정관에도 같은 취지의 규정이 있다.

③ 갑은 P회사의 대표이사이다.

【사실관계 2】

① 2002. 3. 6.경 P회사는 자본감소로 인해 법령과 정관에 의한 주식매수선택권의 추가부여가 불가능하게 되었다.

② 갑은 마치 2000. 12. 17.에 임직원들에게 추가로 주식매수선택권을 부여하는 내용의 주주총회 특별결의가 있었던 것처럼 주주총회 의사록을 허위로 작성하기로 하였다.

③ 2002. 3. 6.경 갑을 비롯한 P회사의 경영진은 다음 내용의 ㉠주주총회 의사록을 허위로 작성하

였다.

(가) 2000. 12. 17. 주주총회의 특별결의에 의하여 다음과 같이 결의한다.

(나) 갑을 비롯한 임원 23명에게 총 256,744주의 주식매수선택권을 부여한다.

(다) 주식매수선택권 행사가액은 1주당 9,460원으로 정한다.

④ 2002. 3. 6. 당시의 P회사 주식의 1주당 실질가치는 27,765원이었다.

【사실관계 3】

① P회사의 임직원들은 주식매수선택권부여계약에 기초하여 다음의 일자에 P회사에 대하여 주식매수선택권을 행사하였다.

(가) 2002. 12. 27.

(나) 2004. 12. 17.

(다) 2005. 12. 28.

② 갑은 이에 호응하여 P회사의 임직원들에게 위 각 일자에 당시 주식의 실질가치에 미달하는 주당 9,460원만을 받고 신주를 발행해 주었다.

【사건의 경과】

① 2009. 12. 18. 검사는 갑을 특경가법위반죄(배임)로 기소하였다.

② 제1심법원은 다음의 이유를 들어서 면소를 선고하였다.

(가) 2002. 3. 6.에 허위 내용의 ㉠주주총회 특별결의 의사록이 작성되었다.

(나) 행위 당시를 기준으로 해당 배임죄의 공소시효는 7년이다.

(다) 2009. 12. 18. 검사의 공소제기가 있었다.

(라) 7년의 공소시효기간 경과하였다.

③ 검사는 불복 항소하였다.

④ 검사는 항소이유로 다음의 점을 주장하였다.

(가) 2002. 3. 6.자 주주총회 특별결의는 법률상 부존재하거나 무효이다.

(나) 갑은 그 결의에 근거하여 자신을 포함한 임직원들에게 주식매수선택권을 부여하였다.

(다) 그것만으로 P주식회사에 어떠한 재산상 손해가 발생하거나 그 위험이 초래되었다고 볼 수 없다.

(라) 따라서 2002. 3. 6.에 배임죄의 공소시효는 아직 시작되지 않는다.

⑤ 항소심법원은 항소를 기각하고, 제1심판결을 유지하였다.

⑥ (항소심의 판단 이유는 판례 본문 참조)

⑦ 검사는 불복 상고하였다.

2. 배임죄와 손해발생의 판단

【대법원 요지】 1. 형법 제355조 제2항의 배임죄 또는 형법 제356조의 업무상배임죄는 임무에 위배하는 행위로 재산상의 이익을 취득하거나 제3자로 하여금 이를 취득하게 하여 본인에게 손해를 가한 때에 성립하는 범죄인데, /

【대법원 요지】 이때 본인에게 재산상의 손해를 가한 것이라고 함은 본인의 전체적 재산가치가 감소됨을 가리키는 것으로서 /

【대법원 요지】 본인에게 현실적인 손해를 입힌 경우뿐만 아니라 재산상 실해 발생의 위험을 초래한 경우도 포함한다.
【대법원 요지】 그리고 위와 같은 재산상 손해의 유무는 법률적 판단에 의하지 아니하고 경제적 관점에서 파악하여야 하나, /
【대법원 요지】 회사의 대표이사가 그 회사 명의로 체결한 계약이 관련 법령이나 정관에 위배되어 법률상 효력이 없는 경우에는 /
【대법원 요지】 그로 인하여 회사가 계약의 상대방에게 민법상 불법행위책임을 부담하게 되는 등의 특별한 사정이 없는 한 그 계약의 체결행위만으로 회사에 현실적인 손해가 발생하거나 재산상 실해 발생의 위험이 초래되었다고 할 수 없어서, /
【대법원 요지】 그것만으로 배임죄의 구성요건이 모두 충족되어 범행이 기수에 이르렀거나 그 범행이 종료되었다고 볼 수 없다.

3. 사안에 대한 항소심의 판단

【항소심 판단】 2. 원심은 /
【항소심 판단】 배임죄가 위태범으로서 그 행위에 의하여 재산상 손해 발생의 위험이 초래된 때에 바로 성립하고 /
【항소심 판단】 이러한 배임죄의 성립과 동시에 범죄행위가 종료되어 공소시효가 진행된다고 전제하고,/
【항소심 분석】 제1심이 채택하여 조사한 증거를 인용하여 /
【항소심 분석】 피고인을 비롯한 공소외 주식회사의 경영진이 2002. 3. 6.경 '2000. 12. 17. 피고인을 비롯한 임원 23명에게 행사가액을 1주당 9,460원으로 정하여 총 256,744주의 주식매수선택권을 부여하였다'는 내용의 주주총회 특별결의가 있었던 것처럼 허위의 주주총회 의사록을 작성하고 /
【항소심 분석】 이를 근거로 위와 같은 내용의 주식매수선택권부여계약을 체결한 사실, /
【항소심 분석】 2002. 3. 6. 당시의 공소외 주식회사 주식의 1주당 실질가치는 27,765원이었던 사실을 인정한 다음, /
【항소심 판단】 그에 따라 피고인이 2002. 3. 6. 임원 23명에게 위 주식매수선택권을 부여함으로써 그들에게 합계 4,699,698,920원[256,744주 × 18,305원(1주당 실질가치 27,765원과 주식매수청구권 행사가액 9,460원의 차액)]의 이득을 얻을 수 있는 권리를 부여하는 한편 /
【항소심 판단】 공소외 주식회사에는 같은 금액 상당의 손해가 발생할 위험을 초래하였다고 보아 /
【항소심 판단】 이 사건 업무상배임죄는 2002. 3. 6.경 기수에 이르고 그 범행이 종료되었다고 판단하였다.
【항소심 판단】 원심은 계속하여 위와 같은 판단을 기초로 /
【항소심 판단】 이 사건 업무상배임죄의 이득액은 5억 원 이상 50억 원 미만이므로 특정경제범죄 가중처벌 등에 관한 법률 제3조 제1항 제2호, 형법 제356조, 제355조 제2항의 죄에 해당하고, /
【항소심 판단】 그 법정형이 3년 이상의 유기징역이어서 형사소송법 부칙(2007. 12. 21.) 제3조, 구 형사소송법 제249조 제1항 제3호에 따라 그 공소시효가 7년인데, /
【항소심 판단】 이 사건 공소는 위 범행이 종료된 2002. 3. 6.부터 7년이 경과한 후인 2009. 12. 18.

에 제기되었다는 이유로 피고인에 대하여 형사소송법 제326조 제3호에 의하여 면소를 선고한 제1심의 판단이 정당하다고 보아 이를 유지하였다.

【항소심 분석】 나아가 2002. 3. 6.자 주주총회 특별결의가 법률상 부존재하거나 무효이므로 피고인이 그 결의에 근거하여 자신을 포함한 임직원들에게 주식매수선택권을 부여하였다고 하더라도 그것만으로 공소외 주식회사에 어떠한 재산상 손해가 발생하거나 그 위험이 초래되었다고 볼 수 없다는 취지로 한 /

【항소심 분석】 검사의 원심에서의 주장에 대하여, /

【항소심 판단】 이 사건 주식매수선택권부여계약이 법률상 무효가 될 여지가 있다고 하더라도 이후 그 외관을 신뢰한 제3자와의 관계에 있어서 금반언의 법리나 외관이론에 따라 회사가 면책되지 않는 경우도 발생할 수 있는 이상, /

【항소심 판단】 경제적 관점에서 보아 재산상 손해 발생의 위험을 초래한 경우에 해당한다고 보아야 한다는 이유로 위 주장을 배척하였다.

4. 사안에 대한 대법원의 판단

【대법원 판단】 3. 그러나 이러한 원심의 판단은 수긍할 수 없다.

【대법원 분석】 원심이 인정한 사실관계에 의하더라도, /

【대법원 분석】 피고인은 공소외 주식회사의 대표이사로서 2002. 3. 6.경 자본감소로 인해 법령과 정관에 의한 주식매수선택권의 추가부여가 불가능하게 되자 /

【대법원 분석】 마치 2000. 12. 17.에 임직원들에게 추가로 주식매수선택권을 부여하는 내용의 주주총회 특별결의가 있었던 것처럼 주주총회 의사록을 허위로 작성한 다음 /

【대법원 분석】 이를 근거로 각 임직원들과 2000. 12. 17.자 주식매수선택권부여계약을 체결하였다는 것이고, /

【대법원 분석】 상법 제340조의2 제1항, 제3항에 의하면 회사는 정관이 정한 바에 따라 상법 제434조의 규정에 의한 주주총회의 특별결의로 이사 · 감사 또는 피용자에게 발행주식 총수의 100분의 10을 초과하지 아니하는 한도 내에서 주식매수선택권을 부여할 수 있으며, /

【대법원 분석】 공소외 주식회사의 정관에도 같은 취지로 규정되어 있음을 알 수 있는데, /

【대법원 판단】 그렇다면 피고인이 위와 같이 허위로 만들어낸 주주총회 특별결의를 빙자하여 자신을 포함한 임직원들과 주식매수선택권부여계약을 체결하였더라도 /

【대법원 판단】 이는 상법과 정관에 위배되어 법률상 효력이 없다고 보지 않을 수 없고, /

【대법원 판단】 따라서 위와 같은 계약체결행위만으로 공소외 주식회사에 어떠한 현실적 손해가 발생할 수 없음은 물론이고 그러한 실해 발생의 위험조차 초래되었다고 볼 수 없다.

【대법원 판단】 나아가 이러한 사실관계하에서라면, /

【대법원 판단】 피고인을 포함한 임직원들로서도 이 사건 주식매수선택권이 부여된 경위나 과정을 충분히 알았거나 알 수 있었다고 보지 않을 수 없어 /

【대법원 판단】 공소외 주식회사가 위 임직원들에 대하여 외관의 신뢰 또는 거래의 안전 등을 이유로 주식매수선택권부여계약에 따른 의무를 이행하여야 하거나 /

【대법원 판단】 피고인의 사용자로서 불법행위로 인한 손해배상책임을 지게 될 여지가 있다고 생각하기 어렵고, /

【대법원 판단】 원심판결의 이유 및 기록에 의하더라도 달리 볼 사정을 찾을 수 없다.

【대법원 판단】 결국 피고인이 2002. 3. 6.경 주주총회 의사록을 허위로 작성하고 임직원들에게 주식매수선택권부여계약을 체결한 것만으로는 업무상배임죄의 구성요건이 완성되거나 범행이 종료되었다고 볼 수 없고, /

【대법원 판단】 오히려 위 임직원들이 2002. 12. 27.과 2004. 12. 17. 및 2005. 12. 28.에 무효인 위 주식매수선택권부여계약에 기초하여 공소외 주식회사에 대하여 주식매수선택권을 행사하고, /

【대법원 판단】 피고인이 이에 호응하여 위 각 일자에 당시 주식의 실질가치에 미달하는 주당 9,460원만을 받고 신주를 발행해 줌으로써 /

【대법원 판단】 비로소 공소외 주식회사에 현실적 손해가 발생하거나 그러한 실해 발생의 위험이 초래되었다고 볼 것이므로, /

【대법원 판단】 이 사건 업무상배임죄는 피고인이 의도한 배임행위가 모두 실행된 때로서 최종적으로 주식매수선택권이 행사되고 그에 따라 신주가 발행된 2005. 12. 28.경에야 종료되었다고 보아야 한다.

【대법원 판단】 4. 따라서 이 사건 공소가 제기된 2009. 12. 18.경에는 아직 이 사건 업무상배임죄의 공소시효가 완성되었다고 볼 수 없음에도, /

【대법원 결론】 원심은 피고인이 주주총회 의사록을 허위로 작성하고 이 사건 주식매수선택권부여계약을 체결한 시점인 2002. 3. 6.에 이 사건 업무상배임죄의 범행이 종료되었음을 전제로 그 공소시효가 완성되었다는 이유로 피고인에 대하여 면소를 선고한 제1심을 그대로 유지하였으니, /

【대법원 결론】 이러한 원심판결에는 업무상배임죄의 공소시효의 기산점이 되는 범행의 종료시기 등에 관한 법리를 오해하여 판결에 영향을 미친 위법이 있다. (파기 환송)

2001도614

배임죄와 손해발생 - 부정례
거래허가 부동산 이중매매 사건

2011. 6. 30. 2011도614, 공 2011하, 1570

1. 사실관계 및 사건의 경과

【사실관계 1】

① 갑은 ㉠토지의 소유자이다.

② 2004. 8. 21. ㉠토지는 토지거래허가구역으로 지정되었다.

③ A는 부동산 개발, 매매, 중개 등을 목적사업으로 하는 P회사를 운영하고 있다.

④ [A는 ㉠토지에 대한 토지거래허가구역 지정이 곧 해제될 것이라는 정보를 입수하였다.]

⑤ 2007. 10. 6. A는 갑과 다음 내용의 ㉠토지 매매계약을 체결하였다.

(가) 매수인 명의는 P회사 직원 D 또는 D외 2인으로 한다.

(나) 소유권이전등기는 A가 지정하는 자 앞으로 경료한다.

【사실관계 2】

① 2007. 10. 6. 갑은 계약체결과 함께 즉석에서 A로부터 계약금 500만 원을 받았다.

② 2007. 11. 18. 갑은 A로부터 잔금 명목으로 3,800만 원을 교부받았다.

③ A가 갑과 ㉠토지에 대한 매매계약 체결 당시 A는 '1년 이상 실제 거주' 요건을 충족하지 못하여 토지거래허가 요건을 충족하지 못하고 있었다.

④ A는 갑과 ㉠토지에 대한 소유권이전등기를 A의 사돈이자 토지거래허가구역 내에 거주하고 있는 B 명의로 경료받기로 합의하였다.

【사실관계 3】

① A는 ㉠토지를 매수한 후 P회사 명의로 C와 미등기 전매계약을 체결하고, C로부터 매매대금을 받았다.

② 갑은 A가 ㉠토지를 C에게 전매한 사실을 알지 못하였다.

③ C 또한 갑과 A 사이의 계약 사실을 알지 못하였다.

④ 갑, A, C 사이에 ㉠토지에 대한 중간생략등기의 합의는 없었다.

【사실관계 4】

① 2009. 3. 1. ㉠토지는 토지거래허가지역에서 해제되었다.

② 2009. 3. 2. 갑은 K에게 ㉠토지에 대해 피담보채무 1,200만 원인 근저당권을 설정해 주었다.

③ 2009. 6. 10. 갑은 1,200만 원의 근저당권의 채무를 승계하고 나머지 매수대금은 1억 6,000만 원으로 정하여 ㉠토지를 L에게 매도하였다.

④ 2009. 6. 11. 갑은 L 명의로 ㉠토지에 대한 소유권이전등기를 경료해 주었다.

【사건의 경과】

① 검사는 갑을 배임죄로 기소하였다.

② 제1심법원은 유죄를 인정하였다.

③ 갑은 불복 항소하였다.

④ 항소심법원은 항소를 기각하고, 제1심판결을 유지하였다.

⑤ (항소심의 판단 이유는 판례 본문 참조)

⑥ 갑은 불복 상고하였다.

2. 토지거래허가제 위반 매매계약의 효력

【대법원 요지】 1. 구 국토의 계획 및 이용에 관한 법률(2007. 7. 27. 법률 제8564호로 개정되기 전의 것, 이하 '법'이라 한다)상 토지거래계약 허가구역 내의 토지에 관하여 허가를 배제하거나 잠탈하는 내용으로 매매계약이 체결된 경우에는 법 제118조 제6항에 따라 그 계약은 체결된 때부터 확정적으로 무효이다. /

【대법원 요지】 그리고 이러한 허가의 배제나 잠탈 행위에는 토지거래허가가 필요한 계약을 허가가 필요하지 않은 것에 해당하도록 계약서를 허위로 작성하는 행위뿐만 아니라, /

【대법원 요지】 정상적으로는 토지거래허가를 받을 수 없는 계약을 허가를 받을 수 있도록 계약서를 허위로 작성하는 행위도 포함된다.

3. 사안에 대한 항소심의 판단

【항소심 판단】 2. 가. 원심판결 이유에 의하면, 원심은, /

【항소심 판단】 ① 피해자는 피고인으로부터 전남 해남군 ○○면 ○○리 (지번 1 생략) 임야 2,204 m^2, 같은 리 (지번 2 생략) 임야 748m^2, 같은 리 (지번 3 생략) 임야 5,542m^2, 같은 리 (지번 4 생략) 임야 4,295m^2 (이하 '이 사건 각 [㉠]토지'라 한다)를 매수하면서 /

【항소심 판단】 그 소유권이전등기는 자신의 사돈이자 토지거래허가구역 내에 거주하고 있는 공소외 B 명의로 경료받기로 한 사실, /

【항소심 판단】 ② 피해자는 부동산 개발, 매매, 중개 등을 목적사업으로 하는 공소외 P유한회사를 운영하고 있었는데, 피고인으로부터 이 사건 각 토지를 매수한 후 공소외 P유한회사 명의로 공소외 C와 이 사건 각 토지에 관한 미등기 전매계약을 체결하고 매매대금을 지급받은 사실, /

【항소심 판단】 ③ 이 사건 토지거래계약 체결 당시 매수인인 피해자가 '1년 이상 실제 거주' 요건을 충족하지 못하여 토지거래허가 요건을 충족하지 못하고 있었던 사실을 인정할 수 있으나, /

【항소심 판단】 같은 증거들에 의하여 인정되는 다음과 같은 사정들, 즉 /

【항소심 판단】 ① 피고인은 이 사건 범행 당시 피해자가 이 사건 각 토지를 전매한 사실을 알지 못하였고 공소외 C 또한 피고인과 피해자 사이의 계약 사실을 알지 못하였으며, /

【항소심 판단】 피고인과 피해자, 공소외 C 사이에 이 사건 각 토지에 대한 중간생략등기의 합의도 없었던 점, /

【항소심 판단】 ② 피고인, 피해자와 공소외 B 사이의 명의신탁 약정은 3자간 등기명의신탁으로 그러한 명의신탁 약정은 부동산 실권리자명의 등기에 관한 법률에 반하여 무효이나, /

【항소심 판단】 이로써 피고인과 피해자 사이의 토지거래계약 자체가 무효로 되지는 않으므로 토지거래허가구역 지정이 해제된 경우 피고인은 여전히 피해자에게 소유권이전등기절차를 이행하여 줄 의무를 부담하는 점, /

【항소심 판단】 ③ 피해자가 부동산 개발, 매매, 중개 등을 목적사업으로 하는 공소외 P유한회사를 운영한다거나 이 사건 각 토지를 미등기 전매하였다는 사정만으로 /

【항소심 판단】 피고인과 피해자 사이의 이 사건 토지거래계약이 전매차익만을 목적으로 하는 것으로서 처음부터 허가를 배제하거나 잠탈하는 내용의 계약이라고 단정할 수 없고 /

【항소심 판단】 달리 이를 인정할 만한 자료가 없는 점 등을 종합하여 보면, /

【항소심 판단】 이 사건 각 토지거래계약은 유동적 무효 상태에 있다가 토지거래허가구역 지정이 해제된 후 확정적 유효로 되었다 할 것이므로 /

【항소심 판단】 이 사건 각 토지를 임의로 처분한 피고인의 행위는 배임죄를 구성한다고 판단하였다.

4. 사안에 대한 대법원의 판단

【대법원 판단】 나. 그러나 원심의 위와 같은 판단은 수긍할 수 없다.

【대법원 분석】 원심이 적법하게 채택하여 조사한 증거에 의하면, /

【대법원 분석】 ① 피해자는 피고인으로부터 이 사건 각 토지를 매수하면서 매수인 명의를 자신이 운영하는 공소외 P유한회사 직원인 공소외 D 또는 공소외 D 외 2인으로 하였을 뿐만 아니라, /

【대법원 분석】 피해자가 지정하는 자에게 이 사건 각 토지에 관한 소유권이전등기를 하기로 피고인과 합의한 사실, /

【대법원 분석】 ② 이 사건 각 토지거래계약 체결 당시 피해자나 공소외 D는 법상 토지거래허가에 필요한 거주요건을 충족하지 못한 반면, 공소외 B는 위 요건을 모두 갖추고 있었던 사실, /

【대법원 분석】 ③ 피해자는 이 사건 토지거래계약 체결 당시 공소외 B 명의로 이 사건 각 토지에 관한 토지거래허가를 받을 의사였던 사실, /

【대법원 분석】 ④ 피해자는 공소외 P유한회사를 운영하면서 부동산 매매업에 종사하는 자로서 농업인 · 임업인도 아니고, 자영할 요건도 갖추지 못하였던 사실 등을 알 수 있다.

【대법원 판단】 앞서 본 법리와 위와 같은 사정들을 종합하여 보면, /

【대법원 판단】 법상 토지거래허가에 필요한 거주요건을 갖추지 못한 피해자가 허가요건을 갖춘 공소외 B 명의로 토지거래허가를 받으려는 의사로 이 사건 각 토지거래계약을 체결한 행위는 /

【대법원 판단】 이 사건 각 토지에 관하여 매매계약을 체결하면서 처음부터 토지거래허가를 잠탈한 경우에 해당하는 것으로 봄이 상당하고, /

【대법원 판단】 따라서 이 사건 각 토지거래계약은 처음 체결된 때부터 확정적으로 무효라고 할 것이므로, 이 사건 각 토지를 임의로 처분한 피고인의 행위가 배임죄를 구성한다고 보기 어렵다.

【대법원 결론】 다. 그럼에도 불구하고, 원심은 그 판시와 같은 이유로 이 사건 각 토지거래계약이 토지거래허가를 잠탈하는 내용의 계약이라고 단정할 수 없다고 판단하여 이 사건 공소사실에 대하여 유죄를 선고하였으니, /

【대법원 결론】 원심판결은 논리와 경험의 법칙에 반하여 자유심증주의의 한계를 벗어나거나 토지거래허가의 잠탈에 관한 법리를 오해하여 판결에 영향을 미쳤다 할 것이다. 이 점을 지적하는 피고인의 주장은 이유 있다. (파기 환송)

83도1568

배임죄와 공동정범 – 인정례
치안본부 납품유류 횡령 사건

1987. 4. 28. 83도1568, 공 1987, 918

1. 사실관계 및 사건의 경과

【사실관계 1】

① 치안본부는 P석유회사와 유류공급계약을 체결해 두고 있었다.

② 치안본부 소속 각종 차량의 주유는 Q주유소를 통하여 이루어지고 있었다.

③ 갑은 치안본부 장비과 차량계에서 차량용 유류의 발주 및 수불업무를 담당하는 직원이다.
④ 한편 R주유소가 있는데, 그 관리과장은 A, 소장은 B, 실질적 경영자는 을이다.
⑤ 갑은 A와 사이에 P회사가 치안본부와 사이에 미리 체결해 두고 있던 유류공급계약에 기하여 치안본부에 공급하는 보통휘발유와 경유의 일부를 빼돌려 R주유소에 매각하기로 합의하였다.
⑥ A는 소장 B를 거쳐 R주유소의 실질적인 경영자인 을에게 합의 내용을 전달하여 승낙을 얻었다.

【사실관계 2】

① 갑은 P회사에 대해 전후 14회에 걸쳐 치안본부에서 구입하는 것처럼 가장하여 보통휘발유 합계 400드럼과 경유 합계 100드럼을 R주유소에 납품할 것을 지시하였다.
② A, B, 을은 납품된 유류를 매수하였다.
③ 공급된 유류의 가액은 6천만 원에 달하였다.

【사건의 경과 1】

① 검사는 갑과 을을 업무상 횡령죄의 공동정범으로 기소하였다.
② 갑과 을의 피고사건은 제1심을 거친 후, 항소심에 계속되었다.
③ 항소심에 이르는 과정에서 갑과 을의 공소사실은 업무상 배임죄의 공동정범으로 변경되었다.
④ 항소심법원은 갑과 을에게 업무상 배임죄의 공동정범을 인정하였다.
⑤ 항소심법원은 갑에 대해 업무상 배임죄의 형으로 처단하였다.
⑥ 항소심법원은 을에 대해 형법 제33조 단서를 적용하여 단순배임죄의 형으로 처단하였다.

【사건의 경과 2】

① 갑과 을은 불복 상고하였다.
② 갑은 상고이유로 다음의 점을 주장하였다.
(가) 갑의 행위는 P회사에 대한 사기죄에 해당한다.
(나) 갑이 P회사에 대하여 지시한 내용은 치안본부에 대하여 무효이다.
(다) 무효로 치안본부에 손해가 발생하지 아니하였으므로 배임죄는 성립하지 않는다.
(라) 동일한 행위로 사기죄가 성립하면 배임죄는 성립하지 않는다.
③ 을은 상고이유로 다음의 점을 주장하였다.
(가) A, B, 을이 유류를 납품받은 것은 배임으로 취득한 장물을 취득한 것에 지나지 않는다.
(나) 장물취득에 불과하므로 업무상 배임죄의 공동정범은 성립하지 않는다.

2. 사안에 대한 대법원의 판단

(1) 배임죄와 임무위배행위

【대법원 요지】 배임죄는 타인의 사무를 처리하는 자가 그 임무에 위배하는 행위로써 재산상의 이익을 취득하거나 제3자로 하여금 이를 취득하게 하여 본인에게 손해를 가함으로써 성립하는 바, /
【대법원 요지】 이 경우 그 임무에 위배하는 행위라 함은 처리하는 사무의 내용, 성질 등 구체적 상황에 비추어 법률의 규정, 계약의 내용 혹은 신의칙상 당연히 할 것으로 기대되는 행위를 하지 않거나 당연히 하지 않아야 할 것으로 기대하는 행위를 함으로써 /
【대법원 요지】 본인과 사이의 신임관계를 저버리는 일체의 행위를 포함하고 /

【대법원 요지】 그러한 행위가 법률상 유효한가 여부는 따져볼 필요가 없다고 할 것이므로 /
【대법원 판단】 피고인 갑이 위과 같이 치안본부의 차량용 유류의 발주 및 수불업무를 담당하면서 치안본부와 사이에 유류공급계약을 체결해 두고 있던 P석유주식회사에 대하여 치안본부에 납품할 유류의 일부를 위 유류공급계약상 지정된 납품장소 이외의 장소에 납품케 하여 이를 빼돌린 행위는 /
【대법원 판단】 같은 피고인의 지시에 따른 P석유주식회사의 납품이 본인인 치안본부에 대하여 법률상 유효한 납품인가 여부와 관계없이 /
【대법원 판단】 피고인이 처리하는 사무의 내용에 비추어 결코 행하여서는 아니 될 행위를 함으로써 본인인 치안본부와 사이의 신임관계를 저버린 배임행위에 해당한다 할 것이다.

(2) 배임죄와 손해발생

【대법원 판단】 그리고 피고인 등이 위와 같이 빼돌린 유류가 논지가 주장하는 바와 같이 법률상 치안본부에 유효하게 납품된 바 없는 것으로 판단되어 치안본부가 그 대금지급채무는 이를 부담하지 않는 것으로 볼 수 있고 /
【대법원 판단】 따라서 피고인 갑의 위 행위가 P석유주식회사에 대한 사기죄를 구성하게 되는 경우라 할지라도 /
【대법원 판단】 같은 피고인의 위 행위는 그 직무집행과 관련하여 P석유주식회사에게 손해를 가한 때에 해당함이 명백하여 치인본부에 국가배상법에 의하여 여전히 위 유류대금 상당을 배상할 채무를 부담하게 되므로 그 손해가 없다고 할 수 없는 한편, /
【대법원 요지】 본인에 대한 배임행위가 본인 이외의 제3자에 대한 사기죄를 구성한다 하더라도 그로 인하여 본인에게 손해가 생긴 때에는 사기죄와 함께 배임죄가 성립한다고 할 것이다.

(3) 대체물 횡령과 장물죄 성립 여부

【대법원 요지】 또 배임죄는 본인에게 손해를 가한 때에 기수가 되는 것이고, /
【대법원 판단】 이 사건에 있어서 본인인 치안본부에게 손해가 발생한 시기는 P석유수식회사가 피고인 갑의 지시에 응하어 유류를 R수유소에 납품함으로써 치안본부가 실제로는 유류를 납품받은 바 없이 그 대금상당의 채무를 부담하게 된 때라 할 것이므로, /
【대법원 판단】 위 유류가 R주유소에 납품되기 이전에 미리 이를 매수하기로 합의 내지는 응[낙]한 공소외 A, B 및 피고인 을 등의 행위는 피고인 갑이 배임으로 취득한 장물을 취득한 행위에 지나지 않는 것이 아니라 모두 배임행위 자체의 공동정범이 된다고 할 것이다.

(4) 업무상 횡령죄와 공범의 처벌

【대법원 판단】 따라서 원심이 피고인 등의 위와 같은 행위에 대하여 피고인 등을 업무상 배임죄의 공동정범으로 의율한 후 /
【대법원 판단】 업무상 타인의 사무를 처리하는 자의 지위에 있지 아니한 피고인 을에 대하여는 형법 제33조 단서의 규정에 따라 형이 가벼운 단순배임죄로 처벌한 조치는 정당하고 /
【대법원 결론】 거기에 논지가 지적하는 바와 같은 법리오해의 위법이 있다고 할 수 없다. (상고 기각)

【코멘트】

(1) 횡령죄와 배임죄에 관한 비교법적 고찰

(이하의 서술과 관련하여 전술 528면 비교법 조문 11을 참조하기 바람.) 우리 입법자는 배임죄를 횡령죄와 함께 '횡령과 배임의 죄'의 장에 규정하면서 형법 제355조 제1항에 횡령죄를, 같은 조 제2항에 배임죄를 배치하고 있다. 또한 형법 제356조에서 업무상 횡령죄와 업무상 배임죄를 같이 처벌하고, 형법 제359조는 단순횡령죄 및 업무상 횡령죄와 단순배임죄 및 업무상 배임죄에 대해 모두 미수범을 처벌하고 있다. 요컨대 우리 형법은 횡령죄와 배임죄의 법적 성질이 공통된다고 보고, 그 취급을 동일하게 하기로 한 것이다. 이를 개괄적으로 정리한다면, 횡령죄와 배임죄는 모두 신의칙에 기초한 신임관계를 저버리는 행위라는 점에서 공통되지만, 횡령죄는 재물을 객체로 함에 대하여 배임죄는 재산상 이익을 객체로 한다는 점에서 차이가 있다고 말할 수 있다.

이에 대해 일본 형법은 횡령죄와 배임죄를 달리 취급하고 있다. 즉 배임죄는 '사기와 공갈의 죄'의 장 가운데 위치하고 있음에 대하여, 횡령죄는 '횡령의 죄'의 장에 별도로 규정되어 있다. 일본의 경우 횡령죄는 업무상 횡령죄라는 가중유형이 있을 뿐만 아니라, 징역형으로만 처벌되고 벌금형이 규정되어 있지 않다. 이에 대해 배임죄는 업무자에 대한 가중처벌규정이 없고, 징역형 이외에 벌금형도 규정되어 있으며, 횡령죄에는 없는 미수범 처벌규정이 있다. 여기에서 횡령죄의 미수범을 처벌할 수 없다는 불합리성을 극복하기 위하여 일본 학계에서는 횡령죄를 배임죄의 특수관계에 있는 것으로 파악하여 횡령 미수 사안을 배임죄의 미수범으로 다스리려는 시도가 나오게 된다(전술 530면 참조).

독일 형법을 보면, 횡령죄는 절도죄와 함께 '절도와 횡령'의 장에 규정되어 있음에 대하여, 배임죄는 '사기와 배임'의 장에 위치하고 있다. 배임죄가 사기죄와 같은 장에 규정되어 있다는 점은 일본 형법의 경우와 동일하다. 그런데 독일 형법에 따르면 횡령죄의 미수범은 처벌되는 데에 반하여 배임죄는 미수범을 처벌하지 않는다. 이상에서 보는 바와 같이 횡령죄와 배임죄의 관계에 대해서는 각국의 입법자들이 나름대로 서로 다른 결단을 내리고 있다.

(2) 횡령죄와 배임죄의 구별

다시 일본 형법의 경우로 돌아와서 횡령죄와 배임죄의 관계를 살펴본다. 일본의 경우 횡령죄와 배임죄의 구별은 대단히 중요한 의미를 가진다. 횡령죄에 해당하는 경우에는 벌금형을 부과할 수 없고 무조건 징역형을 선고해야 한다. 이에 대해 배임죄의 경우에는 벌금형이 가능할 뿐만 아니라 미수 감경도 가능하다. 이 때문에 일본 형법의 경우에는 횡령죄와 배임죄의 구별이 대단히 중요한 실천적 의미를 가지고 있다.

일본의 형사실무에서는 횡령죄와 배임죄의 구별을 둘러싸고 여러 가지 논란이 발생하였다. 실무에서는 비슷비슷한 사안에서 횡령죄로 규율할 것인지 배임죄로 규율할 것인지 혼란스러운 경우가 적지 않게 발생한다. 특히 하급심이 배임죄 사안을 횡령죄로 다스렸다면 상급심 법원은 하급심 판결을 반드시 파기하고 다시 재판하지 않으면 안 된다.

이와 같은 실무상 애로점을 극복하기 위하여 일본의 형법개정작업 과정에서 새로운 제안이 제시되었는데, 횡령죄와 배임죄를 같은 조문의 제1항과 제2항으로 배치하고, 업무자에 대한 가중처벌이나 미수범 처벌을 동일하게 하는 방안이 그것이었다. 하급심법원이 횡령죄를 배임죄로, 배임죄를 횡령죄로 잘못 판단하더라도 법정형이나 가중처벌 및 미수범 처벌이 동일한 상황이라면 그 잘못은 '판결에 영향을 미친 위법'에 해당하지 아니하므로 상급심 법원은 하급심판결을 파기할 필요가 없다는 것이 개정안 제안자의 구상이었다. 이러한 제안은 1940년에 발표된 일본의 개정형법가안에 채택되어 조문화되었으나, 제2차 세계대전이 발발하면서 일본의 형법개정작업은 무위로 돌아가고 말았다(전술, 596면, 신동운, "횡령 후의 횡령죄 성립 여부", 서울대학교 법학 제54권 제4호, 599면 이하 참조.).

우리 형법은 1953년에 제정되었다. 형법제정 과정에서 입법자는 각칙 조문을 구성에 임하여 일본의 개정형법가안을 크게 참조하였고, 그 결과로 앞에서 본 바와 같이 우리 형법상 횡령죄와 배임죄는 '횡령과 배임의 죄'라는 동일한 장에 규정되었고, 횡령죄와 배임죄가 같은 조문의 제1항과 제2항으로, 업무자에 대한 가중처벌이나 미수범 처벌도 각각 동일한 조문에 의하여 규율되는 형태를 취하게 되었다. 또한 이와 같은 입법취지에 따라 우리 대법원은 횡령죄를 배임죄로, 배임죄를 횡령죄로 잘못 판단한 사안에 대해 '판결에 영향을 미치지 아니한 위법'이라는 이유로 하급심판결을 유지하는 태도를 취하고 있다. 1990. 3. 27. **89도1083** 판례는 그 예 가운데 하나이다.

(3) 대체물 횡령과 배임죄

일본 형법의 경우에 횡령죄와 배임죄의 구별이 특별히 논란되었던 사안 가운데 하나가 소위 대체물의 횡령이다. 대체물이란 원래의 물건 대신에 같은 종류와 같은 분량의 물건으로 갈음할 수 있는 경우를 말한다. 기름이나 양곡 등이 대체물의 전형적인 예이다. 대체물의 경우에는 맡겨놓은 원래의 물건에 갈음하여 같은 종류 및 같은 분량의 물건을 되돌려 주면 족하다. 본 판례에서 문제된 유류는 전형적인 대체물에 해당한다.

그런데 대체물을 보관하고 있는 사람이 이를 임의로 처분하는 행위(소위 대체물 횡령)가 횡령죄에 해당할 것인지 배임죄에 해당할 것인지 문제된다. 일본 형법의 경우에는 특히 법정형에 차이가 있기 때문에 논쟁의 실익이 크다. 우리 형법상으로는 '판결에 영향을 미친 위법'에 해당하지 아니하므로 논쟁의 실익이 일본 형법만큼 크지는 않다. 그럼에도 불구하고 대체물의 횡령에 대한 논의가 전혀 의미가 없는 것은 아니다.

대체물 횡령을 횡령죄로 다스릴 경우에는 목적물을 취득한 제삼자에 대하여 장물취득죄의 죄책을 물을 수 있다. 이에 대해 대체물 횡령을 배임죄로 다스릴 경우에는 배임죄가 영득범죄가 아니므로 목적물을 취득한 제삼자에 대해 장물취득죄의 죄책을 물을 수가 없다. 여기에서 배임죄의 경우에 장물취득 형태의 사후종범을 다스릴 수 없다는 법적 공백이 발생하게 되는데, 이 문제를 어떻게 해결해야 할 것인가 하는 의문이 제기된다.

(4) 배임죄의 공동정범

이 문제에 대해 대법원은 배임죄의 공동정범이라는 관점에서 해결책을 제시한다. 본 판례의 사실관계를 보면 갑은 치안본부에서 유류업무를 취급하면서 기름을 빼돌리고 있다. 소위 대체물 횡령의 실행정범이다. 그리고 주유소 업자 을은 갑이 빼돌린 유류를 취득하고 있다. 이는 대체물 횡령의 사후종범이라고도 말할 수 있다. 그런데 배임죄의 경우에 장물취득죄는 성립하지 않는다. 이 때문에 검사는 을을 갑과 함께 배임죄의 공동정범으로 기소하고 있다. 이러한 상황에서 을은 자신의 행위가 대체물 횡령의 사후종범에 해당한다고 주장하면서, 본범이 배임죄인 경우에 장물죄가 성립할 수 없으므로 자신은 무죄라는 항변을 제기하고 있다.

을의 주장에 대해 대법원은 을이 갑과 함께 배임죄의 공동정범에 해당한다고 판단한다. 본 판례에서는 대법원이 분명하게 판단기준을 제시하고 있지 않으나, 이어서 소개하는 2009. 9. 10. **2009도5630** 판례에서는 배임죄의 공동정범 판단기준이 보다 분명하게 제시되고 있다. 즉 (가) 제삼자가 실행행위자의 배임행위를 교사하는 경우와 (나) 제삼자가 실행행위자의 배임행위의 전 과정에 관여하는 경우가 그것이다. 물론 여기에는 공동정범의 일반이론에 의하여 실행행위자와 관여하는 제삼자 사이에 배임행위에 대한 의사연락이 있어야 한다.

이러한 기준을 본 판례에 대입시켜 본다면, 실행행위자 갑은 대체물인 기름을 빼돌리기에 앞서서 주유소 업자 을과 범행 전체에 대해 합의를 하고 있다. 그리고 이어서 을은 갑이 빼돌린 기름을 취득하고 있다. 그렇다면 을에게는 주관적으로 갑의 배임행위에 대한 공동의 의사연락이 있을 뿐만 아니라, 객관적으로 을은 실행행위자 갑의 배임행위 전 과정에 관여하고 있다. 결국 을은 갑의 배임죄에 대한 공동정범으로 처벌된다.

이처럼 배임죄의 공동정범 이론을 통하여 횡령죄의 경우에 장물취득에 해당하는 사안에 대비할 수 있다. 그러나 배임죄의 공동정범이 쉽사리 인정되는 것은 아니다. 다음의 **2009도5630** 판례는 이 점을 잘 보여주고 있다.

2009도5630

배임죄와 공동정범 – 부정례
특별분양권 이중매매 사건

2009. 9. 10. 2009도5630, 공 2009하, 1719

1. 사실관계 및 사건의 경과

【사실관계 1】

① 인천 송도지역 개발사업이 진행되었다.
② 원주민인 어민들에게는 개발지역 내에 송도어민 생활대책용지 특별분양권이 부여되었다.
③ P단지는 송도어민 생활대책용지 특별분양권의 적용대상 지역이다.
④ 특별분양권은 송도단지의 개발에 따른 기대심리로 프리미엄이 붙어서 거래되고 있었다.
⑤ 갑은 자신에게 부여된 M토지에 대한 ㉠특별분양권을 A에게 매도하였다. (제1매매계약)
⑥ 갑은 ㉠특별분양권을 을에게 이중으로 2억 6천만 원에 매도하였다. (제2매매계약)
⑦ 을은 제2매매계약 체결시에 갑에게 8,200만 원을 지급하였다.
⑧ 을이 갑과 제2매매계약을 체결할 당시 을은 갑의 이중매매에 관한 사실을 알지 못하였다.

【사실관계 2】

① 이후 을은 갑이 A에게 ㉠특별분양권을 먼저 매도하였다는 사실과 A가 B에게 ㉠특별분양권을 전매한 사실을 알게 되었다.

② 을은 갑에게 8,200만 원을 돌려달라고 하였으나 돌려받지 못하였다.
③ 2005. 10. 31. 을은 갑과 A, B를 사기죄로 고소하였다.
④ 2005. 11. 29. 을은 A에 대해 A의 선행 분양권 처분금지가처분신청을 하여 관할법원으로부터 처분금지가처분결정을 받았다. (☞문서례 11번 참조)
⑤ 2005. 12. 13. 을은 B를 상대로 ㉮민사소송을 제기하였다.
⑥ 그런데 ㉮민사소송의 소장에는 A가 R분양권을 제1매매계약으로 매수하였다는 사실에 관한 내용은 들어 있지 않았다.

【사실관계 3】

① 2006. 4. 26. 을은 갑을 만났다.
② 을은 자신이 B에 대해 ㉮민사소송에서 승소할 경우 갑으로부터 돌려받지 못한 제2매매계약상 매매대금 2억 6천만 원 중 8,200만 원은 지급받지 않고 차액 1억 7,800만 원을 갑에게 지급하기로 하는 내용의 약정을 하였다.
③ 을은 위와 같은 약정을 한 후 곧바로 갑에 대한 사기고소를 취소하였다.
④ 갑은 을이 B에 대한 ㉮민사소송과 관련하여 선임한 변호사 C의 사무실에 가서 소송과정에 필요한 서류를 작성하는 데 사용하도록 백지에 자신의 도장을 날인해주는 등 을이 제기한 ㉮민사소송에 적극 협조하였다.

【사실관계 4】

① 2006. 7. 3. 그 무렵 치매로 요양원에 입소해 있던 B 명의의 소송대리허가신청서(대리인 갑)가 B의 인감도장이 날인된 상태로 작성되어 인감증명서와 함께 B에 대한 ㉮민사소송 관할법원에 제출되었다.
② 2006. 7. 24. B의 대리인 갑 명의로 ㉮민사소송의 원고인 을의 청구취지를 모두 인정하는 취지의 답변서가 제출되었다.
③ 이에 을의 ㉮민사소송 대리인 C는 조속히 변론을 열어줄 것을 재판부에 요청하였나.
④ 2006. 9. 12. 갑이 B의 소송대리인으로 출석한 가운데 임의조정이 성립되었다.
⑤ 을은 위 임의조정을 근거로 인천광역시를 상대로 소유권이전등기청구소송을 제기하여 승소하였다.
⑥ 2007. 5. 29. 을은 승소판결을 얻은 뒤, M토지에 대한 소유권이전등기를 경료하여 곧바로 D에게 매도하였다.
⑦ 2007. 6. 5. 갑은 을로부터 약정한 1억 7,800만 원을 지급받아, 그 중 일부는 자기 명의의 아파트를 구입하는 데 사용하였다.

【사건의 경과】

① [B는 갑과 을을 고소하였다.]
② 검사는 갑과 을을 배임죄로 기소하였다.
③ 갑과 을의 피고사건은 제1심을 거친 후, 항소심에 계속되었다.
④ 2009. 6. 5. 항소심법원은 갑에 대해 유죄를 인정하였다.
⑤ 항소심법원은 을에 대해 다음과 같이 판단하였다.
(가) 을은 B에 대해 민사상 권리를 가지고 있다.

(나) 그렇다고 하더라도 통상 사회적으로 용인할 수 있는 범위를 넘어 갑의 배임행위가 기수에 이르게끔 적극 관여하였다.

(다) 따라서 을은 갑의 배임죄의 공모공동정범에 해당한다.

⑥ 을은 불복 상고하였다.

2. 배임죄의 공동정범 성립요건

【대법원 요지】 업무상 배임죄의 실행으로 인하여 이익을 얻게 되는 수익자 또는 그와 밀접한 관련이 있는 제3자를 배임의 실행행위자에 대한 공동정범으로 인정하기 위하여는 /

【대법원 요지】 우선 실행행위자의 행위가 피해자 본인에 대한 배임행위에 해당한다는 점을 인식하였어야 하고, /

【대법원 요지】 나아가 실행행위자의 배임행위를 교사하거나 또는 배임행위의 전 과정에 관여하는 등으로 배임행위에 적극 가담할 것을 필요로 한다.

3. 사안에 대한 대법원의 판단

【대법원 분석】 원심이 인정한 사실과 기록에 의하면, 앞서 본 바와 같이 피고인이 원심 공동피고인으로부터 이 사건 수분양권을 매수할 당시에는 그 매매계약이 이중매매에 해당한다는 사실을 알지 못하였던 사실, /

【대법원 분석】 피고인이 그후 이중매매사실을 알고 원심 공동피고인으로부터 이미 지급한 매매대금을 반환받고자 하였으나 그중 8,200만 원을 돌려받지 못하게 되자, 공소외인 등을 상대로 소송을 제기하여 피고인과 공소외인을 대리한 원심 공동피고인 사이에 임의조정이 이루어졌고, /

【대법원 분석】 이를 기초로 인천광역시를 상대로 한 소송을 거쳐 이 사건 토지에 대한 소유권이전등기까지 경료하게 된 사실 등을 알 수 있는바, /

【대법원 판단】 이를 위 법리에 비추어 살펴보면, /

【대법원 판단】 이 사건 수분양권 매수 당시 그 매매계약이 이중매매에 해당한다는 사실을 알지 못했던 피고인이 자신의 민사상 권리를 실현하기 위하여 공소외인을 상대로 제기한 민사소송 중 임의조정이 이루어지는 과정에서, /

【대법원 판단】 원심이 인정한 바와 같이 피고인이 원심 공동피고인과 접촉한 정황 및 원심 공동피고인이 피고인에게 협조한 사실이 인정된다고 하더라도, /

【대법원 판단】 이는 피고인이 이 사건 수분양권에 대한 매수인으로서의 권리를 행사하는 과정에서 발생한 것에 불과하고, /

【대법원 판단】 피고인이 원심 공동피고인의 배임행위를 교사하거나 원심 공동피고인의 배임행위의 전 과정에 관여하는 등으로 원심 공동피고인의 배임행위에 적극 가담한 경우에 해당한다고 보기는 어렵다.

【대법원 결론】 그럼에도 불구하고, 원심이 앞서 본 바와 같이 이 사건에서 피고인이 통상 사회적으로 용인할 수 있는 범위를 넘어 원심 공동피고인의 배임행위가 기수에 이르게끔 적극 관여하였다고 봄이 상당하다는 이유로 원심 공동피고인의 배임죄의 공동정범에 해당한다고 판단한 것은 /

【대법원 결론】 배임죄의 공동정범에 관한 법리를 오해함으로써 판결에 영향을 미친 위법이 있고, 이를 지적하는 상고이유 주장은 이유 있다. (파기 환송)

2012도15890

배임죄와 손해발생 – 인정례
배임죄와 공동정범 – 인정례
인수 회사 연대보증 사건

2013. 4. 11. 2012도15890, 공 2013상, 905

1. 사실관계 및 사건의 경과

【사실관계 1】

① 갑은 P회사의 실질적 소유자이다.
② Q회사는 P회사에 대해 다음의 채무를 지고 있다.
  (가) 53억원의 대금채무 (㉠금전채무)
  (나) ㉠금전채무의 담보 목적인 63억원의 약속어음 (㉡약속어음금채무)
③ Q회사는 자금사정이 좋지 않다.
④ 갑은 다음의 방법으로 P회사의 Q회사에 대한 채권을 확보하기로 하였다.

【사실관계 2】

① R회사는 평판이 좋은 회사이다.
② R회사의 실질적 소유자는 A이다.
③ 갑은 을에게 R회사의 인수자금을 대주었다.
④ 을은 A로부터 R회사를 인수하였다.

【사실관계 3】

① 갑은 자신을 R회사의 등기이사로 등재시켰다.
② 갑은 R회사에서 회장으로 불리면서 R회사 내에 사무실을 두었다.
③ R회사는 유상증자를 실시하였다.
④ B는 Q회사의 경리부장이다.
⑤ 갑은 B에게 수시로 R회사의 회계 상황을 보고받도록 하였다.
⑥ 갑은 B에게 R회사의 법인인감, 인감증명서, 법인통장을 보관하도록 하였다.

【사실관계 4】

① 2008. 9. 22. 갑은 을에게 Q회사의 P회사에 대한 ㉠금전채무와 ㉡약속어음금채무에 대해 연대보증해 줄 것을 요구하였다.
② 을은 P회사에 대해 R회사 명의로 연대보증을 해 주었다. (㉢연대보증)

③ ㉢연대보증에 대해 R회사는 별다른 반대급부를 받지 않았다.
④ 2009. 9. 하순경 갑은 을과 다음의 약정을 하였다. (㉣이의부제기약정)
  (가) P회사가 ㉢연대보증에 기초하여 R회사의 유상증자 납입대금 계좌에 채권압류 및 추심명령을 통한 강제집행을 할 수 있다. (㉤강제집행)
  (나) R회사는 P회사의 ㉤강제집행에 아무런 이의를 제기하지 않기로 한다.
⑤ 이후 P회사는 R회사에 대해 ㉤강제집행을 실시하였다.
⑥ P회사는 법원의 배당을 통하여 R회사로부터 ㉡약속어음금 63억 원을 추심하였다.

【사건의 경과】

① 검사는 갑과 을을 특경가법위반죄(배임)의 공동정범으로 기소하였다.
② 갑과 을의 피고사건은 제1심을 거친 후, 항소심에 계속되었다.
③ 항소심법원은 유죄를 인정하였다.
④ 갑과 을은 불복 상고하였다.
⑤ 갑과 을은 첫번째 상고이유로 다음의 점을 주장하였다.
  (가) Q회사와 R회사는 사실상 공동경영, 공동운명체의 관계에 있다.
  (나) R회사는 Q회사가 부도가 날 경우 자신에게 몰려드는 채권자들의 청구를 막기 위해서라도 ㉢연대보증을 할 수 밖에 없는 처지였다.
  (다) 결국 ㉢연대보증은 R회사 자체의 영리 목적, 경영상 필요에 따른 자연스럽고 정상적인 거래로서 배임행위가 될 수 없다.
⑥ 갑과 을은 두번째 상고이유로 다음의 점을 주장하였다.
  (가) 회사의 대표이사의 어음발행행위가 대표권 남용행위임을 거래상대방이 알았거나 알 수 있었을 경우 그 어음발행행위는 무효이다.
  (나) 어음발행행위가 무효인 경우에는 회사에 손해가 발생한다고 할 수 없으므로 배임죄가 성립되지 않는다.
  (다) ㉢연대보증은 갑이 R회사의 대표이사인 을의 배임행위에 적극 가담하여 이루어진 것으로서 모두 무효이다.
  (라) 손해발생이 없으면 배임죄가 성립하지 않는다는 법리에 따라 갑에 대해 배임죄가 성립되지 않는다.

2. 배임죄와 손해발생의 요건

【대법원 분석】 가. 배임죄는 타인의 사무를 처리하는 자가 그 임무에 위배하는 행위로써 재산상 이익을 취득하거나 제3자로 하여금 이를 취득하게 하여 본인에게 손해를 가함으로써 성립하는 범죄로서, /

【대법원 요지】 여기에서 '재산상의 손해를 가한 때'에는 현실적인 손해를 가한 경우뿐만 아니라 재산상 실해 발생의 위험을 초래한 경우도 포함된다. /

【대법원 요지】 재산상 손해의 유무에 대한 판단은 본인의 전 재산 상태와의 관계에서 법률적 판단에 의하지 아니하고 경제적 관점에서 파악하여야 하므로, /

【대법원 요지】 법률적 판단에 의하여 당해 배임행위가 무효라 하더라도 /
【대법원 요지】 경제적 관점에서 파악하여 배임행위로 인하여 본인에게 현실적인 손해를 가하였거나 재산상 실해 발생의 위험을 초래한 경우에는 /
【대법원 요지】 재산상의 손해를 가한 때에 해당되어 배임죄를 구성한다. /
【대법원 요지】 이러한 법리는 /
【대법원 요지】 최초 배임행위가 법률적 관점에서 무효라고 하더라도 /
【대법원 요지】 그 후 타인의 사무를 처리하는 자가 계속적으로 배임행위에 관여하여 본인에게 현실적인 손해를 가한 경우에도 마찬가지라고 할 것이다.

3. 배임죄와 공동정범의 성립요건

【대법원 요지】 그리고 업무상배임죄의 실행으로 인하여 이익을 얻게 되는 수익자 또는 그와 밀접한 관련이 있는 제3자가 /
【대법원 요지】 소극적으로 실행행위자의 배임행위에 편승하여 이익을 취득하는 데 그치지 않고 /
【대법원 요지】 배임행위를 교사하거나 또는 배임행위의 전 과정에 관여하는 등으로 /
【대법원 요지】 실행행위자의 배임행위에 적극 가담한 경우에는 업무상배임죄의 공동정범이 된다.

4. 사안에 대한 대법원의 분석

【대법원 분석】 나. 원심은 판시 증거들을 종합하여, /
【대법원 분석】 피고인 갑이 피고인 을에게 인수자금을 대주어 공소외 R주식회사(이하 '공소외 R회사'라 한다)를 공소외 A로부터 인수하도록 하고 /
【대법원 분석】 자신을 등기이사로 등재시켜 회장으로 불리면서 회사 내 사무실을 두어 /
【대법원 분석】 자신의 지시를 받는 공소외 Q주식회사(이하 '공소외 Q회사'라 한다) 경리부장 B로 하여금 수시로 공소외 R회사의 회계 상황을 보고받도록 하며 /
【대법원 분석】 회사 법인인감, 인감증명서, 법인통장을 보관하도록 하는 등의 /
【대법원 분석】 공소사실 기재 내용과 같이 /
【대법원 분석】 자신의 전적인 자금 지원 등을 통하여 공소외 R회사를 인수한 피고인 을에 대하여 큰 영향력을 행사한 사실, /
【대법원 분석】 피고인 갑은 2008. 9. 22.경 이러한 영향력을 행사하여 자신이 운영하는 공소외 P주식회사(이하 '공소외 P회사'라 한다)가 공소외 Q회사에 대하여 가지고 있던 5,297,829,600원의 채권을 공소외 R회사로부터 회수하기로 마음먹고, /
【대법원 분석】 피고인 을에게 공소외 R회사가 별다른 반대급부도 받지 않고 공소외 Q회사의 공소외 P회사에 대한 위 금전채무와 위 금전채무의 담보 목적으로 공소외 Q회사가 발행한 63억 원의 약속어음금채무를 연대보증할 것을 적극적으로 요구하여 /
【대법원 분석】 피고인 을로 하여금 이 사건 연대보증을 하도록 한 사실, /
【대법원 분석】 피고인 갑은 그 후인 2009. 9. 하순경 /
【대법원 분석】 공소외 P회사가 이 사건 연대보증에 기초하여 공소외 R회사의 유상증자 납입대금 계

좌에 채권압류 및 추심명령을 통한 강제집행을 할 때 /

【대법원 분석】 피고인 을과 사이에 다시 공소외 R회사가 공소외 P회사의 위와 같은 강제집행에 아무런 이의를 제기하지 않기로 하는 약정(이하 '이 사건 이의부제기약정'이라 한다)을 체결함으로써 /

【대법원 분석】 공소외 P회사가 법원의 배당을 통하여 공소외 R회사로부터 위 약속어음금 63억 원을 추심하고 /

【대법원 분석】 그로 인하여 공소외 R회사에 같은 금액 상당의 손해를 입게 한 사실 등을 인정하였다.

5. 사안에 대한 대법원의 판단

(1) 경영판단의 주장에 대한 판단

【대법원 판단】 나아가 원심은, /

【대법원 판단】 (1) 피고인 을이 공소외 R회사의 대표이사로서 회사의 재산을 성실히 관리하고 보전해야 할 업무상 임무가 있음에도 /

【대법원 판단】 채권자인 피고인 갑의 요구를 거절하지 못하고 별다른 반대급부도 받지 않은 채 이 사건 연대보증 및 이 사건 이의부제기약정 등을 함으로써 /

【대법원 판단】 공소외 P회사에 63억 원 상당의 재산상 이익을 취득하게 하고 /

【대법원 판단】 그로 인하여 공소외 R회사로 하여금 63억 원 상당의 손해를 입게 한 것은 /

【대법원 판단】 배임행위에 해당하고, /

【대법원 판단】 피고인 갑도 피고인 을의 배임행위의 전 과정에 위와 같이 적극적으로 가담한 이상 배임죄의 공동정범에 해당한다고 판단하여, /

【대법원 판단】 이 사건 연대보증이 공소외 R회사 자체의 영리 목적 또는 경영상 필요에 따라 이루어진 정상적인 거래로서 배임행위가 될 수 없다는 취지의 주장을 배척하고, /

(2) 손해발생의 유무에 대한 판단

【대법원 판단】 (2) 또한 이 사건 배임행위는 대표권남용에 의한 이 사건 연대보증의 채무부담행위뿐만 아니라 /

【대법원 판단】 나아가 이 사건 연대보증에 기초한 강제집행 과정에서 이 사건 이의부제기약정의 체결을 통하여 공소외 P회사가 63억 원을 추심하도록 함으로써 /

【대법원 판단】 그로 인하여 직접적으로 공소외 R회사가 위 추심금 상당의 현실적인 손해를 입게 된 것까지의 일련의 행위를 모두 포함하는 것으로 보고, /

【대법원 판단】 피고인 을과 피고인 갑의 위와 같은 배임행위가 직접적인 원인이 되어 공소외 R회사가 현실적인 손해를 입은 이상 /

【대법원 판단】 그 배임행위의 무효 여부와는 관계없이 배임죄의 죄책을 진다고 보아 /

【대법원 판단】 이를 다투는 항소이유의 주장을 배척하였다.

【대법원 결론】 다. 원심판결 이유를 위에서 본 법리와 적법하게 채택된 증거들에 비추어 살펴보면, /

【대법원 결론】 위와 같은 원심의 사실인정과 판단에 상고이유의 주장과 같이 논리와 경험의 법칙을 위반하고 자유심증주의의 한계를 벗어나거나 /

【대법원 결론】 업무상배임죄에서의 타인의 사무처리자, 공동정범의 인정, 임무위배행위와 고의, 손해 발생 등에 관한 법리를 오해하거나 판단을 누락하는 등의 위법이 없다. (상고 기각)

2002도669

사기죄와 배임죄의 관계
신협전무 사채놀이 사건

2002. 7. 18. 2002도669 전원합의체판결, 공 2002, 2010

1. 사실관계 및 사건의 경과

【사실관계】

① 갑은 P신용협동조합의 전무이다.
② 갑은 개인적으로 사채놀이를 하다가 자금이 부족하게 되었다.
③ 예금주 A는 거액의 현금을 P신용협동조합에 예금하였다.
④ 갑은 관련서류를 거짓으로 꾸며 P조합의 담당직원 B에게 주고 A가 예탁한 현금을 자신이 교부받았다.
⑤ 갑은 이 돈을 개인적으로 사채놀이에 사용하였다.

【사건의 경과】

① 검사는 갑을 특경가법위반죄(사기)와 업무상 배임죄로 기소하였다.
② 제1심법원은 갑에게 사기죄와 업무상 배임죄의 유죄를 인정하였다.
③ [갑은 불복 항소하였다.]
④ 항소심법원은 다음의 이유를 들어서 제1심판결을 파기하고, 갑에게 사기의 점에 대해서만 유죄를 인정하였다.
  (가) 타인의 사무를 처리하는 자가 그 사무처리상 임무에 위배하여 본인을 기망하고 착오에 빠진 본인으로부터 재물을 교부받은 경우에는 사기죄가 성립될 뿐이다.
  (나) 종전의 대법원판례에 따를 때 설사 배임죄의 구성요건이 충족되어도 별도로 배임죄를 구성하는 것이 아니다.
  (다) 그러므로 P신용협동조합의 전무인 피고인이 조합의 담당직원을 기망하여 예금인출금 또는 대출금 명목으로 금원을 교부받은 각 행위에 대해서는 각각 사기죄만 성립된다.
⑤ 검사는 불복 상고하였다.

2. 사안에 대한 대법원의 판단

(1) 상상적 경합과 법조경합의 구별

【대법원 요지】 상상적 경합은 1개의 행위가 실질적으로 수개의 구성요건을 충족하는 경우를 말하고 /

【대법원 요지】 법조경합은 1개의 행위가 외관상 수개의 죄의 구성요건에 해당하는 것처럼 보이나 실질적으로 1죄만을 구성하는 경우를 말하며, /
【대법원 요지】 실질적으로 1죄인가 또는 수죄인가는 구성요건적 평가와 보호법익의 측면에서 고찰하여 판단하여야 한다고 할 것인바, /

(2) 사기죄와 배임죄의 관계

【대법원의 분석 1】 이 사건과 같이 업무상배임행위에 사기행위가 수반된 때의 죄수 관계에 관하여 보면, /
【대법원 분석】 사기죄는 사람을 기망하여 재물의 교부를 받거나 재산상의 이익을 취득하는 것을 구성요건으로 하는 범죄로서 /
【대법원 분석】 임무위배를 그 구성요소로 하지 아니하고 /
【대법원 분석】 사기죄의 관념에 임무위배 행위가 당연히 포함된다고 할 수도 없으며, /
【대법원 분석】 업무상배임죄는 업무상 타인의 사무를 처리하는 자가 그 업무상의 임무에 위배하는 행위로써 재산상의 이익을 취득하거나 제3자로 하여금 이를 취득하게 하여 본인에게 손해를 가하는 것을 구성요건으로 하는 범죄로서 /
【대법원 분석】 기망적 요소를 구성요건의 일부로 하는 것이 아니어서 /
【대법원 요지】 양 죄는 그 구성요건을 달리하는 별개의 범죄이고 /
【대법원 요지】 형법상으로도 각각 별개의 장(章)에 규정되어 있어, /
【대법원 요지】 1개의 행위에 관하여 사기죄와 업무상배임죄의 각 구성요건이 모두 구비된 때에는 양 죄를 법조경합 관계로 볼 것이 아니라 상상적 경합관계로 봄이 상당하다 할 것이고, /
【대법원 요지】 나아가 업무상배임죄가 아닌 단순배임죄라고 하여 양 죄의 관계를 달리 보아야 할 이유도 없다.
【대법원 요지】 이와 달리 위와 같은 경우 사기죄와 배임죄의 관계에서 사기죄만이 성립하고 별도로 배임죄를 구성하지 아니한다는 견해를 표명한 대법원 1983. 7. 12. 선고 82도1910 판결은 이와 저촉되는 한도 내에서 이를 변경하기로 한다.
【대법원의 판단】 그렇다면 위 각 사기죄와 각 업무상배임죄를 법조경합 관계로 보아 사기죄에 대하여만 유죄를 선고하고 업무상배임죄에 대하여는 무죄로 판단한 원심판결에는 상상적 경합범에 관한 법리를 오해함으로써 판결에 영향을 미친 위법이 있다고 할 것이므로, 이 점을 지적하는 상고이유의 주장은 그 이유 있다. (파기 환송)

【코멘트】 앞의 1987. 4. 28. **83도1568** 판례의 코멘트(전술 530면 참조)에서 언급한 바와 같이, 한국 형법은 사기와 공갈의 죄를 제39장에, 횡령과 배임의 죄를 제40장에 배치하고 있다. 이에 따라 사기죄와 배임죄는 서로 다른 장에 규정되어 있다. 이에 대해 일본 형법은 제37장에 사기 및 공갈의 죄를 배치하면서 같은 장에 배임죄(동법 247조)를 규정하고 있다. 사기죄와 배임죄가 같은 장에 규정되어 있는 것이다. 나아가 일본 형법은 제38장에서 횡령의 죄를 규정하여 우리 형법과 달리 횡령죄와 배임죄를 서로 다른 장에 배치하고 있다. 한편 독일 형법은 제19장에서 절도 및 횡령의 죄를, 제22장에

서 사기 및 배임의 죄를 각각 규정하고 있다. 사기죄와 배임죄가 같은 장에 위치하고 있는 것이다(전술 528면 비교법 조문 11 참조).

위의 비교법적 고찰에서 알 수 있는 바와 같이, 사기죄와 배임죄 및 횡령죄와 배임죄의 관계에 대해 한국, 일본, 독일의 입법자들이 약간씩 다른 입법적 결단을 하고 있음을 알 수 있다. 본 판례에서 언급된 대법원의 종전 판례는 사기죄와 배임죄를 같은 장에 규정하고 있는 입법례에서 제시되고 있는 해석론에 영향을 받은 것이라고 생각된다. 이에 대해 대법원은 본 판례를 통하여 한국 형법의 편제상 독자성과 조문의 특성을 고려하여 사기죄와 배임죄가 서로 성격을 달리하는 범죄임을 분명히 하고 있다. 우리 입법자의 결단을 직시한 적절한 판단이라고 생각된다.

2010도11784

배임수재죄와 배임죄의 구별
조합아파트 분양권 수재 사건

2011. 2. 24. 2010도11784, 공 2011상, 678

1. 사실관계 및 사건의 경과

【사실관계 1】

① S회사에 P주택조합이 결성되었다.
② S회사의 직원 A는 P조합의 조합장에 취임하였다.
③ P조합은 M시 N지역에 조합아파트를 짓기로 하고 Q회사에 시공을 맡겼다.
④ P조합과 Q회사 사이의 공사도급계약서에 따르면 다음 사항은 Q회사의 업무범위에 속한다.
  (가) 분양수입금의 관리
  (나) P조합의 분양자 수납관리 업무지원
⑤ 갑(상급자)과 을(부하)은 Q회사의 직원이다.
⑥ Q회사는 갑과 을에게 P조합아파트 분양과 관련하여 들어오는 분양수입금 업무를 담당하게 하였다.

【사실관계 2】

① P조합의 배후에 있는 S회사는 회사 운용자금을 마련하기 위하여 S회사 몫의 조합아파트를 이중으로 분양하는 편법을 사용하였다.
② P조합의 이중분양에 대해 인터넷으로 민원이 제기되었다.
③ Q회사의 담당직원 갑과 을은 P조합의 조합장 A에게 이중분양 의혹에 대해 해명을 구하였다.
④ A는 갑과 을에게 P조합의 이중분양에 관한 민원을 Q회사에 보고하지 않고 이를 묵인하여 주거나, 이중분양에 대한 조치를 강구함에 있어 P조합의 입장을 배려하여 달라고 부탁하였다.
⑤ 갑과 을은 이 자리에서 P조합아파트를 유리한 조건으로 분양받을 수 있도록 해 달라고 요구하였다.
⑥ A는 갑과 을에게 각각 유리한 조건으로 P조합아파트 분양계약을 체결해 주었다.

【사건의 경과】

① 검사는 갑과 을을 배임수재죄로, A를 배임증재죄로 기소하였다.

② 갑, 을, A의 피고사건은 제1심을 거친 후, 항소심에 계속되었다.

③ [갑과 을은 P조합의 이중분양을 방지하는 것은 자신들의 업무에 속하지 않는다고 주장하였다.]

④ 항소심법원은 다음의 점을 지적하여 임무위배를 인정하였다.

(가) 갑과 을은 Q회사의 직원으로서 P조합이 시행하는 주택조합아파트의 분양과 관련하여 들어오는 분양수입금 업무를 관장하고 있다.

(나) 그러므로 조합이 이중분양을 하고 있다는 민원이 제기된 경우에는 조합이 이중분양을 하고 있는지 여부에 관한 확인을 통하여 Q회사의 공사대금 채권을 확보하고 대외적 신인도에 저해되는 이중분양행위가 행하여지지 않도록 회사에 보고하는 등의 적절한 조치를 취할 임무가 있다.

⑤ 항소심법원은 피고인들에게 유죄를 인정하였다.

⑥ 갑과 을은 불복 상고하였다.

2. 배임수재죄의 성립요건

【대법원 요지】 형법 제357조 제1항에 정한 배임수재죄의 주체로서 '타인의 사무를 처리하는 자'라 함은 타인과의 대내관계에 있어서 신의성실의 원칙에 비추어 그 사무를 처리할 신임관계가 존재한다고 인정되는 자를 의미하고, /

【대법원 요지】 반드시 제3자에 대한 대외관계에서 그 사무에 관한 권한이 존재할 것을 요하지 않으며, /

【대법원 요지】 또 그 사무가 포괄적 위탁사무일 것을 요하는 것도 아니고, /

【대법원 요지】 사무처리의 근거, 즉 신임관계의 발생근거는 법령의 규정, 법률행위, 관습 또는 사무관리에 의하여도 발생할 수 있으며, /

【대법원 요지】 배임수재죄에 있어 '임무에 관하여'라 함은 타인의 사무를 처리하는 자가 위탁받은 사무를 말하는 것이나 /

【대법원 요지】 이는 그 위탁관계로 인한 본래의 사무뿐만 아니라 그와 밀접한 관계가 있는 범위 내의 사무도 포함되고, /

【대법원 요지】 나아가 고유의 권한으로서 그 처리를 하는 자에 한하지 않고 그 자의 보조기관으로서 직접 또는 간접으로 그 처리에 관한 사무를 담당하는 자도 포함되고, /

【대법원 요지】 '부정한 청탁'이라 함은 반드시 업무상배임의 내용이 되는 정도에 이를 것을 요하지 않으며, 사회상규 또는 신의성실의 원칙에 반하는 것을 내용으로 하는 것이면 족하고, /

【대법원 요지】 이를 판단함에 있어서는 청탁의 내용 및 이에 관련한 대가의 액수, 형식, 보호법익인 거래의 청렴성 등을 종합적으로 고찰하여야 하며, /

【대법원 요지】 그 청탁이 반드시 명시적임을 요하는 것은 아니다.

【대법원 요지】 또한 배임수재죄는 타인의 사무를 처리하는 자가 그 임무에 관하여 부정한 청탁을 받고 재물 등을 취득함으로써 성립하는 것이고, /

【대법원 요지】 어떠한 임무위배행위나 본인에게 손해를 가한 것을 요건으로 하는 것이 아니다. /

3. 사안에 대한 대법원의 판단

【대법원 분석】 위 법리와 기록에 비추어 살펴보면, 원심이 그 판시와 같은 사정들을 인정한 다음 /
【대법원 판단】 피고인 갑, 을은 M시 (이하 생략) 공소외 P주택조합이 시행하는 공소외 P주택조합아파트 신축 · 분양사업이 이중분양 등의 문제없이 원활하게 진행되고 있는지 여부를 확인하고 그에 대하여 필요한 조치를 강구할 임무가 있는 타인의 사무를 처리하는 자였음에도 불구하고 /
【대법원 판단】 원심공동피고인 A로부터 공소외 P주택조합의 이중분양에 관한 민원을 공소외 Q주식회사에 보고하지 않고 이를 묵인하여 주거나 이중분양에 대한 조치를 강구함에 있어 공소외 P주택조합의 입장을 배려하여 달라는 부정한 청탁을 받고, /
【대법원 판단】 공소외 P주택조합아파트의 분양권을 취득함으로써 재산상 이득을 취득한 것으로 보아, /
【대법원 결론】 피고인 갑, 을에 대한 이 사건 배임수재죄를 유죄로 판단한 것은 정당하고, 거기에 상고이유에서 주장하는 바와 같은 채증법칙 위반이나 법리오해 등의 위법이 없다. (상고 기각)

2009도5618

배임수재죄와 사무처리자 – 인정례
연합회장 선거 사건

2011. 8. 25. 2009도5618, 공 2011하, 1971

1. 사실관계 및 사건의 경과

【사실관계 1】

① 화물자동차 운수사업 관련법령에 따르면 운수사업자들은 건설교통부장관의 인가를 받아 화물자동차운수사업의 종류별 또는 시 · 도별로 협회를 설립할 수 있다.
② 각 운송사업자협회는 연합회를 설립할 수 있고, 이 경우 운송사업자로 구성된 협회는 당해 연합회의 회원이 된다.
③ 이에 따라 P화물자동차운송사업연합회가 구성되어 있다.
④ P화물자동차운송사업연합회 회장선거에 투표권이 있는 사람은 연합회 회장, 각 지역 이사장 등 16명 또는 18명에 불과하다.
⑤ 이 때문에 소수의 투표권자를 매수할 경우 당선가능성이 크게 높아진다.

【사실관계 2】

① P화물자동차운송사업연합회 회장으로 당선될 경우 한 달에 2,000만 원 정도의 판공비를 사용할 수 있으며, 여러 명의 공제사업 관련 직원을 임명할 수 있는 등의 혜택이 있다.
② 이 때문에 상당수의 화물자동차 운수사업자가 연합회 회장이 되기를 원하고 있다.
③ 갑 등은 M지역 등 지역협회의 대표자들이다.

④ 갑 등은 P화물자동차운송사업연합회의 회장에 출마하려는 A로부터 자신을 지지해 달라는 부탁과 함께 금품을 받았다.

【사건의 경과】

① 검사는 갑 등을 배임수재죄로 기소하였다.

② 갑 등의 피고사건은 제1심을 거친 후, 항소심에 계속되었다.

③ 항소심법원은 유죄를 인정하였다.

④ 갑 등은 불복 상고하였다.

⑤ 갑 등은 상고이유로 다음의 점을 주장하였다.

(가) 배임수재죄의 주체는 타인의 사무를 처리하는 자이다.

(나) 전국연합회 회장의 선출권한은 지역협회 대표자에게 있다.

(다) 지역협회 대표자 갑 등은 자신에게 속하는 권한의 행사와 관련하여 금품을 수수한 것이다.

(라) 따라서 갑 등에게는 배임수재죄가 성립하지 않는다.

2. 배임수재죄의 주체

【대법원 요지】 (1) 형법 제357조 제1항의 배임수재죄는 타인의 사무를 처리하는 자가 그 임무에 관하여 부정한 청탁을 받고 재물 또는 재산상 이익을 취득함으로써 성립하는바, /

【대법원 요지】 배임수재죄의 주체로서 타인의 사무를 처리하는 자라 함은 타인과의 대내관계에 있어서 신의성실의 원칙에 비추어 그 사무를 처리할 신임관계가 존재한다고 인정되는 자를 의미하고, /

【대법원 요지】 반드시 제3자에 대한 대외관계에서 그 사무에 관한 권한이 존재할 것을 요하지 않으며, /

【대법원 요지】 또 그 사무가 포괄적 위탁사무일 것을 요하는 것도 아니고, /

【대법원 요지】 사무처리의 근거, 즉 신임관계의 발생근거는 법령의 규정, 법률행위, 관습 또는 사무관리에 의하여도 발생할 수 있는 것이다.

3. 사안에 대한 대법원의 분석

【대법원 분석】 (2) 관계 법령과 원심이 인용한 제1심 판결이유에 의하면, 화물자동차운송사업협회에 관한 법령 및 정관의 규정이 다음과 같음을 알 수 있다.

【대법원 분석】 (가) 구 화물자동차 운수사업법(2008. 2. 29. 법률 제8852호로 개정되기 전의 것, 이하 '구법'이라 한다) 제33조는 /

【대법원 분석】 '운수사업자는 화물자동차운수사업의 건전한 발전과 운수사업자의 공동이익을 도모하기 위하여 건설교통부장관의 인가를 받아 화물자동차운수사업의 종류별 또는 시·도별로 협회를 설립할 수 있다(제1항), /

【대법원 분석】 협회는 법인으로 한다(제2항), /

【대법원 분석】 협회에 관하여 이 법에 규정이 있는 사항을 제외하고는 민법 중 사단법인에 관한 규정을 준용한다(제9항)'라고 규정하고 있고, /

【대법원 분석】 구법 제35조 제1항은 '운송사업자로 구성된 협회는 그 공동목적을 달성하기 위하여

건설교통부령이 정하는 바에 의하여 연합회를 설립할 수 있고, 이 경우 운송사업자로 구성된 협회는 당해 연합회의 회원이 된다'라고 규정하고 있다.

【대법원 분석】 (나) 한편 P화물자동차운송사업연합회(이하 '연합회'라 한다) 정관은 /

【대법원 분석】 '본회는 서울특별시 · 광역시 및 각 도의 화물자동차운송사업협회(이하 '지역협회'라 한다)를 회원으로 한다(제7조), /

【대법원 분석】 회원이 회비를 3개월 이상 납부하지 아니한 때에는 총회의 의결권과 발언권의 행사를 정지할 수 있다(제10조 제1, 2항), /

【대법원 분석】 본회의 총회는 회장 및 각 지역협회의 대표자로 구성한다(제17조), /

【대법원 분석】 임원의 선임은 총회의 결의를 거쳐야 한다(제19조), /

【대법원 분석】 회원은 그 소속임원을 대리인으로 하여 총회에서 의결권을 행사할 수 있다(제21조)'라고 규정하고 있고, /

【대법원 분석】 지역협회 정관은 /

【대법원 분석】 '협회의 임원으로 이사장 및 부이사장을 총회에서 회원 중 선출한다(부산광역시 지역협회 정관 제12조 제2항), /

【대법원 분석】 이사장은 협회를 대표하여 협회 업무를 총리하고 각 회의의 의장이 된다(부산광역시 지역협회 정관 제14조)'라고 규정하고 있다.

4. 사안에 대한 대법원의 판단

【대법원 판단】 (3) 앞서 본 관계 법령과 연합회 및 지역협회의 정관규정 등에 의하면, 연합회의 회원은 법인인 지역협회임이 분명하므로, /

【대법원 판단】 그러한 회원들의 의사를 단체법적 의사결정방식에 따라 결정하는 연합회 총회의 의결권 역시 회원인 각 지역협회에 귀속되는 것으로 보아야 한다 /

【대법원 판단】 (연합회 정관 제10조 제1, 2항과 제21조 역시 의결권이 각 지역협회에 있음을 전제로 한 규정이다). /

【대법원 판단】 또한 연합회 정관 제17조가 총회의 구성원을 각 지역협회의 대표자로 규정하고 있는 것은, 지역협회의 정관규정(M광역시 지역협회 정관 제14조 등)에 따라 그 업무집행기관으로서의 지위에 있는 대표자가 연합회 회원인 지역협회가 가진 의결권을 실제로 행사하기 위하여 총회의 구성원이 된다는 취지로 해석될 뿐 /

【대법원 판단】 지역협회의 대표자에게 의결권이 귀속된다거나 지역협회의 대표자가 자신의 고유한 사무로서 그 의결권을 행사한다는 취지로 해석될 수는 없다.

【대법원 판단】 결국 연합회 총회에서 각 지역협회 대표자가 총회의 구성원이 되어 회장 선출에 관한 선거권 내지 의결권을 행사하는 것은 연합회 회원인 각 지역협회의 업무집행기관으로서 그 권한을 행사하는 것에 불과하므로, /

【대법원 판단】 이러한 대표자의 권한행사는 자기의 사무를 처리하는 것이 아니라 타인인 지역협회의 사무를 처리하는 것으로 보아야 한다.

【대법원 결론】 원심의 이 부분 이유설시에 적절하지 아니한 부분이 없지 않으나, 지역협회 대표자인

피고인들이 연합회 총회에서 선거권 내지 의결권을 행사하는 것이 타인의 사무를 처리하는 것이라고 본 원심의 결론은 정당하므로, 거기에 상고이유에서 주장하는 바와 같이 배임수재죄에 있어서의 타인의 사무에 관한 법리를 오해한 위법이 있다고 할 수 없다. /

【대법원 결론】 상고이유에서 지적하고 있는 대법원 판례들은 이 사건과 사안을 달리하는 것으로서 이 사건에 원용하기에 적절하지 아니하다. (상고 기각)

2010도10290

배임수재죄와 부정한 청탁 – 부정례
대학병원 납품 로비 사건

2011. 8. 18. 2010도10290, 공 2011하, 1960

1. 사실관계 및 사건의 경과

【사실관계】

① 갑 등은 P대학병원의 의사들이다.
② 갑 등은 P대학병원에서 특정한 조영제의 계속사용 여부를 결정할 권한이 있다.
③ Q제약회사는 조영제 ㉠제품을 판매하고 있다.
④ Q제약회사는 ㉠제품을 P대학병원에 납품하기 위하여 여러 가지로 노력하였다.
⑤ 갑 등은 여러 차례에 걸쳐 Q제약회사로부터 명절 선물을 받고 골프접대 등을 받았다. (ⓐ행위)
⑥ 갑 등은 Q제약회사의 조영제 ㉠제품을 사용하기로 하였다.
⑦ 갑 등은 ㉠제품 사용과 관련하여 '시판 후 조사'(PMS, Post Marketing Surveillance)라는 연구용역계약을 체결하고 Q제약회사로부터 연구비를 받았다. (ⓑ행위)

【사건의 경과】

① 검사는 갑 등을 배임수재죄로 기소하였다.
② 제1심 공판절차에서 검사는 갑 등이 받은 연구비(ⓑ행위)는 명목적인 것에 불과하고 실제로는 의약품의 납품에 관한 부정한 청탁의 수단으로 이루어진 것이라고 주장하였다.
③ 제1심법원은 다음과 같이 판단하였다.
  (가) 골프접대(ⓐ행위) : 유죄
  (나) 연구용역(ⓑ행위) : 유죄
④ 갑 등은 불복 항소하였다.
⑤ 항소심법원은 다음과 같이 판단하였다.
  (가) 골프접대(ⓐ행위) : 유죄
  (나) 연구용역(ⓑ행위) : 무죄
⑥ 검사는 무죄 부분에 불복 상고하였다.
⑦ 갑 등은 유죄 부분에 불복 상고하였다.

2. 연구용역 수주 부분에 대한 판단

(1) 배임수재죄와 부정한 청탁

【대법원 요지】 형법 제357조 제1항이 규정하는 배임수재죄는 타인의 사무를 처리하는 자가 그 임무에 관하여 부정한 청탁을 받고 재물 또는 재산상 이익을 취득하는 경우에 성립하는 범죄로서 /

【대법원 요지】 재물 또는 이익을 공여하는 사람과 취득하는 사람 사이에 부정한 청탁이 개재되지 않는 한 성립하지 않는다고 할 것인데, /

【대법원 요지】 여기서 '부정한 청탁'이라 함은 반드시 업무상 배임의 내용이 되는 정도에 이를 것을 요하지 않으며, /

【대법원 요지】 사회상규 또는 신의성실의 원칙에 반하는 것을 내용으로 하는 것이면 족하고, /

【대법원 요지】 이를 판단함에 있어서는 청탁의 내용 및 이에 관련한 대가의 액수, 형식, 보호법익인 거래의 청렴성 등을 종합적으로 고찰하여야 한다.

(2) 사안에 대한 대법원의 판단

【대법원 분석】 원심판결 이유에 의하면, 원심은, /

【대법원 분석】 이 사건 각 '시판 후 조사'(PMS, Post Marketing Surveillance) 연구용역계약(이하 '이 사건 각 PMS 계약'이라 한다)이 명목적인 것에 불과하여 실제로는 의약품의 납품에 관한 부정한 청탁의 수단으로 이루어진 것인지 여부를 판단함에 있어서, /

【대법원 분석】 의뢰자인 제약회사 등의 입장에서는 /

【대법원 분석】 연구목적의 적정성 및 필요성, 조사증례수 및 증례보고서가 연구목적에 부합하는지 여부, 조사기관(병원) 선정방식의 적정성, 연구결과의 신뢰성을 확보하려는 노력의 유무, 해당 의약품의 선택 및 사용량에 영향을 미치려는 의도의 유무, 연구의뢰와 의약품의 판매 간 관련성 유무 등을, /

【대법원 분석】 의사의 입장에서는 /

【대법원 분석】 연구목적의 필요성, 연구 수행과정과 방법의 적정성 및 결과의 충실성, 연구대가의 적정성 등을 종합적으로 고려하여야 한다고 전제하였다. /

【대법원 분석】 나아가 원심은 그 채용 증거에 의하여 그 판시와 같은 사실, /

【대법원 분석】 즉 조영제는 다량의 약물이 짧은 시간 동안 인체에 주입되는 특성상 다른 의약품에 비하여 이상반응 발현율이 높고, /

【대법원 분석】 그에 관한 시판허가를 받았다고 하더라도 다양한 체질과 위험인자를 가진 수많은 사람들에게 투여되게 되므로 시판 후 조사를 실시할 필요성이 있으며, /

【대법원 분석】 의사인 피고인들로서도 조영제의 유효성과 부작용, 다른 약물과 병용하였을 때의 특이성 등을 임상에서 확인할 기회를 갖게 되므로 그 의학적 필요성이 있는 사실, /

【대법원 분석】 이 사건 각 PMS 계약을 통한 증례보고서는 모두 적정하게 작성되어 전부 수거되었고 일부 부작용이 확인된 ○○헬스케어의 의약품에 관하여는 보건당국과 학계에 보고되기도 하였던 사실,/

【대법원 분석】 연구비 지급과 관련하여서는 소득세 등 원천징수가 이루어졌고 지급된 금액도 한국제약협회가 채택한 '보험용 의약품의 거래에 관한 공정경쟁규약' 및 그 세부운용기준에 정한 금액의 범

위 내였던 사실 등을 인정한 다음, /
【대법원 판단】 이 사건 각 PMS 계약은 의학적 관점에서 그 필요성에 따라 근거와 이유를 가지고 정당하게 체결되어 수행된 것으로 봄이 상당하고, /
【대법원 판단】 그것이 이 사건 각 회사의 조영제 납품에 관한 부정한 청탁 또는 그 대가 지급의 의도로 체결되어 수행된 것으로는 볼 수 없다고 판단하였다.
【대법원 결론】 앞서 본 법리와 기록에 비추어 살펴보면, 원심의 위와 같은 판단은 정당한 것으로 수긍이 간다.
【대법원 결론】 원심판결에는 상고이유의 주장과 같이 배임수증재죄에 있어서 '부정한 청탁'에 관한 법리를 오해하였거나 논리와 경험의 법칙에 위배하고 자유심증주의의 한계를 벗어나는 등의 위법이 없다. (상고 기각)

3. 골프접대 부분에 대한 판단

(1) 배임수재죄의 주체

【대법원 요지】 배임수재죄의 주체로서 '타인의 사무를 처리하는 자'라 함은 타인과의 대내관계에 있어서 신의성실의 원칙에 비추어 그 사무를 처리할 신임관계가 존재한다고 인정되는 자를 의미하고, /
【대법원 요지】 반드시 제3자에 대한 대외관계에서 그 사무에 관한 권한이 존재할 것을 요하지 않으며, /
【대법원 요지】 또 그 사무가 포괄적 위탁사무일 것을 요하는 것도 아니고, /
【대법원 요지】 사무처리의 근거, 즉 신임관계의 발생근거는 법령의 규정, 법률행위, 관습 또는 사무관리에 의하여도 발생할 수 있으며, /
【대법원 요지】 배임수재죄에 있어 '임무에 관하여'라 함은 타인의 사무를 처리하는 자가 위탁받은 사무를 말하는 것이나 /
【대법원 요지】 이는 그 위탁관계로 인한 본래의 사무뿐만 아니라 그와 밀접한 관계가 있는 범위 내의 사무도 포함되고, /
【대법원 요지】 나아가 고유의 권한으로서 그 처리를 하는 자에 한하지 않고 그 자의 보조기관으로서 직접 또는 간접으로 그 처리에 관한 사무를 담당하는 자도 포함된다. /
【대법원 요지】 한편 타인의 사무를 처리하는 자가 받은 재물이나 재산상의 이익이 단순한 사교적 의례의 범위에 속하는지 여부를 판단함에 있어서는 /
【대법원 요지】 수재자와 증재자 사이의 관계, 재물이나 재산상의 이익을 제공받은 동기 및 경위와 그 횟수 등을 종합적으로 고려하여야 할 것이다.

(2) 사안에 대한 대법원의 판단

【대법원 분석】 원심은, 제1심이 그 채용 증거에 의하여 인정한 사실을 인용한 다음, /
【대법원 판단】 피고인 을은 제약회사 등으로부터 조영제나 의료재료를 납품받은 병원의 의사로서 실질적으로 조영제 등의 계속사용 여부를 결정할 권한이 있었고, /
【대법원 판단】 위 피고인이 단순히 1회에 그친 것이 아니라 여러 차례에 걸쳐 제약회사 등으로부터

명절 선물을 받고 골프접대 등 향응을 제공받았으며, /

【대법원 판단】 제약회사 등은 위 피고인과의 유대강화를 통하여 지속적으로 조영제나 의료재료를 납품하기 위하여 이를 제공한 것인 점 등의 사정을 종합하여, /

【대법원 판단】 위 피고인은 배임수재죄에 있어서 '타인의 사무를 처리하는 자'에 해당하고 /

【대법원 판단】 위 피고인이 받은 선물, 골프접대비, 회식비 등은 부정한 청탁의 대가로서 단순한 사교적 의례의 범위에 해당하지 않는다는 이유로, /

【대법원 판단】 위 피고인에 대하여 유죄를 선고한 제1심판결을 그대로 유지하였다.

【대법원 결론】 앞서 본 법리와 기록에 비추어 살펴보면 원심의 위와 같은 사실인정과 판단은 정당한 것으로 수긍이 간다.

【대법원 결론】 원심판결에는 상고이유의 주장과 같이 배임수재죄에 있어서 '타인의 사무를 처리하는 자'나 '부정한 청탁', '재물 또는 재산상의 이익 취득'에 관한 법리를 오해하였거나 논리와 경험의 법칙에 위배하고 자유심증주의의 한계를 벗어나는 등의 위법이 없다. (상고 기각)

2011도9238

비자금 조성과 횡령죄

횡령죄와 뇌물죄의 관계

횡령죄와 배임수증재죄의 관계

하역회사 리베이트 사건

2013. 4. 25. 2011도9238, 공 2013상, 984

☞ 596면

제 3 특정경제범죄 가중처벌 등에 관한 법률과 이득액

2005도7288

특경가법 사기죄와 이득액 산정

건축업자 대지 편취 사건

2007. 4. 19. 2005도7288 전원합의체 판결, 공 2007, 923

1. 사실관계 및 사건의 경과

【사실관계 1】

① ㉠대지는 A 소유이다.

② ㉠대지에는 다음과 같이 근저당권이 설정되어 있다.

(가) 부산은행 4억 8,000만 원

(나) 중소기업은행 5억 4,000만 원

③ A는 그 밖의 채무를 포함하여 도합 12억 2천 6백만 원의 채무를 지고 있다.

【사실관계 2】

① 갑은 건축업에 종사하던 자로 1996년경에 부도로 신용불량자가 되었다.

② 2000. 10.경 갑은 형 K의 명의를 빌려 P회사를 설립하였다.

③ 갑은 P회사를 설립한 이래 사업자금이 없어 건축예정인 부동산을 담보로 대출을 받아 그 대출금으로 공사를 진행하는 방식으로 사업을 운영해 왔다.

④ 갑은 선배의 소개로 A로부터 ㉠대지를 매수하여 빌라를 건축하려고 하였다.

⑤ 갑은 자금이 없었던 관계로 여느 때와 마찬가지 방식으로 공사를 추진하기로 하였다.

【사실관계 3】

① 2003. 5. 23. 갑은 A로부터 ㉠대지를 매매대금 16억 4천 6백만 원에 매수하기로 약정하였다.

② 갑은 계약금 5,000만 원과 중도금 5,000만 원을 A에게 지급하였다.

③ 갑은 이 자리에서 A와 다음의 약정을 맺었다.

(가) 갑은 갑 명의로 ㉠대지에 관한 소유권이전등기를 경료받는다.

(나) 갑은 ㉠대지를 담보로 대출을 받아 그 대출금으로 A의 채무금 12억 2천 6백만 원을 변제(인수)한다.

(다) 갑은 나머지 4억 2천만 원을 현금 및 완공된 상가로 대물변제하는 방식으로 A에게 변제한다.

④ 위의 약정을 할 당시 갑은 A에게 다음과 같이 말하였다.

⑤ "Q은행에 대출약속을 이미 받아두었으니 갑 명의로 소유권이전등기만 경료해 주면 A의 채무 12억 2천 6백만 원을 충분히 해결할 수 있고 공사를 진행하여 매매대금을 충분히 지급할 수 있다."

⑥ A는 갑의 말을 믿고 매매대금을 확보하는데 아무런 문제가 없을 것이라고 판단하였다.

【사실관계 4】

① 2003. 6. 3. A는 P회사 명의로 ㉠대지에 대한 소유권이전등기를 경료해 주었다.

② 갑은 ㉠대지에 관한 소유권이전등기를 경료받자마자, 그날 바로 ㉠대지에 채권최고액 5억 5천 2백만 원의 근저당권을 설정하고 사채업자인 B로부터 5억 원을 빌려 갑의 다른 채무 변제에 사용하였다. (☞문서례 4번, 16번 참조)

③ 갑은 Q은행으로부터 대출을 받지 않았을 뿐만 아니라, 계약내용대로 변제(인수)하기로 한 A의 채무(12억 2천 6백만 원)를 전혀 변제하지 않았다.

④ 갑은 건축공사도 일부 대지에만 진행하였을 뿐, 다른 대지 위에는 공사자금 부족으로 진행하지 못하였다.

⑤ 결국 A 소유의 ㉠대지는 근저당권자의 임의경매신청으로 경매개시가 되었다.

【사건의 경과 1】

① 검사는 갑을 특경가법위반죄(사기)로 기소하였다.

② 검사는 공소장에 특경가법위반죄의 이득액을 ㉠대지의 시가 16억 4천 6백만 원으로 기재하였다.

③ 검사가 ㉠대지의 시가를 기준으로 이득액을 산정한 것은 그 때까지의 대법원판례에 따른 것이었다.
④ 갑의 피고사건은 제1심을 거친 후, 항소심에 계속되었다.
⑤ 항소심에서 검사는 갑의 이득액을 시가와 담보제공액의 차액으로 파악하고, 공소장변경신청을 하였다.
⑥ 차액은 다음과 같이 계산되었다.
(가) ㉠대지의 시가 : 16억 4천 6백만 원
(나) ㉠대지에 대한 근저당권의 채권최고액 합계 : 10억 2천만 원
(다) 차액 : 6억 2천 6백만 원
⑦ 항소심법원은 검사의 공소장변경신청을 허가하였다.

【사건의 경과 2】

① 항소심법원은 갑의 이득액을 6억 2천 6백만 원으로 인정하였다.
② 항소심법원은 갑에게 징역 1년 6월에 집행유예 2년을 선고하였다.
③ 갑은 불복 상고하였다.
④ 갑은 상고이유로 다음의 점을 주장하였다.
(가) ㉠대지의 시가는 16억 4천 6백만 원이다.
(나) 갑이 변제(인수)하기로 한 A의 채무금은 12억 2천 6백만 원이다.
(다) 갑의 이득액은 양자의 차액인 4억 2천만 원이다.
(라) 이득액이 5억 원에 이르지 못하므로 특경가법위반죄(사기)는 성립하지 않는다.

【사건의 경과 3】

① 대법원은 특경가법상의 이득액 산정기준에 관한 종전의 대법원판례를 변경해야 한다는 데에 의견이 일치하였다.
② 그러나 감액의 범위에 대해서 대법원은 10 대 3으로 견해가 나뉘었다.
③ 다수의견은 다음과 같은 방법으로 부동산 가액(이득액)을 산정해야 한다고 주장하였다.
(가) 부동산에 아무런 부담이 없는 때 : 부동산의 시가 상당액
(나) 부동산에 근저당권설정등기가 경료되어 있는 때 : 부동산의 시가 상당액에서 근저당권의 채권최고액 범위 내에서의 피담보채권액을 뺀 실제의 교환가치
(다) 부동산에 압류가 이루어져 있는 때 : 부동산의 시가 상당액에서 압류에 걸린 집행채권액을 뺀 실제의 교환가치
(라) 부동산에 가압류가 이루어져 있는 때 : 부동산의 시가 상당액에서 가압류에 걸린 청구금액 범위 내에서의 피보전채권액을 뺀 실제의 교환가치
④ 별개의견은 (가)와 (나)의 경우는 찬성하지만, (다)와 (라)의 경우는 제외되어야 한다고 주장하였다.
⑤ 대법원은 다수의견에 따라 종래의 판례를 변경하기로 하였다.
⑥ 대법원은 갑의 피고사건이 (나)의 경우에 해당한다고 판단하였다.
⑦ 대법원은 항소심의 이득액 산정이 적절하다고 보고, 상고를 기각하였다.
⑧ (이하에서는 지면 관계로 다수의견만을 소개함)

【참조조문】

특정경제범죄 가중처벌 등에 관한 법률

제3조 (특정재산범죄의 가중처벌) ①「형법」 제347조(사기), 제350조(공갈), 제351조(제347조 및 제350조의 상습범만 해당한다), /

제355조 (횡령 · 배임) 또는 제356조(업무상의 횡령과 배임)의 죄를 범한 사람은 /

그 범죄행위로 인하여 취득하거나 제3자로 하여금 취득하게 한 /

재물 또는 재산상 이익의 가액/

(이하 이 조에서 "이득액"이라 한다)이 /

5억원 이상일 때에는 /

다음 각 호의 구분에 따라 가중처벌한다.

1. 이득액이 50억원 이상일 때 : 무기 또는 5년 이상의 징역
2. 이득액이 5억원 이상 50억원 미만일 때 : 3년 이상의 유기징역

② 제1항의 경우 이득액 이하에 상당하는 벌금을 병과할 수 있다.

2. 특경가법 사기죄와 형법상 사기죄의 비교

【대법원 분석】 가. 특정경제범죄 가중처벌 등에 관한 법률(이하 '특경가법'이라 한다) 제3조 제1항은 /

【대법원 분석】 "형법 제347조(사기) · 제350조(공갈) · 제351조(제347조 및 제350조의 상습범에 한한다) · 제355조(횡령, 배임) 또는 제356조(업무상의 횡령과 배임)의 죄를 범한 자는 /

【대법원 분석】 그 범죄행위로 인하여 취득하거나 제3자로 하여금 취득하게 한 재물 또는 재산상 이익의 가액(이하 '이득액'이라 한다)이 5억 원 이상인 때에는 다음의 구분에 따라 가중처벌한다."라고 규정하면서, /

【대법원 분석】 그 제1호에서는 "이득액이 50억 원 이상인 때에는 무기 또는 5년 이상의 징역에 처한다."고 규정하고, /

【대법원 분석】 제2호에서는 "이득액이 5억 원 이상 50억 원 미만인 때에는 3년 이상의 유기징역에 처한다."고 규정하는 한편, /

【대법원 분석】 같은 조 제2항에서는 "제1항의 경우 이득액 이하에 상당하는 벌금을 병과할 수 있다." 고 규정하고 있다. /

【대법원 분석】 이들 규정을 단순사기죄에 관한 형법 제347조의 규정과 대비하여 보면, /

【대법원 분석】 형법 제347조의 사기죄는 사람을 기망하여 재물의 교부를 받거나 재산상의 이익을 취득하거나(제1항) 제3자로 하여금 재물의 교부를 받게 하거나 재산상의 이익을 취득하게 함으로써(제2항) 성립되고, 그 교부받은 재물이나 재산상 이익의 가액이 얼마인지는 문제되지 아니하는 데 비하여, /

【대법원 분석】 사기로 인한 특경가법 제3조 위반죄에 있어서는 편취한 재물이나 재산상 이익의 가액이 5억 원 이상 또는 50억 원 이상이라는 것이 범죄구성요건의 일부로 되어 있고 그 가액에 따라 그 죄에 대한 형벌도 매우 가중되어 있으므로, /

【대법원 판단】 이를 적용함에 있어서는 편취한 재물이나 재산상 이익의 가액을 엄격하고 신중하게

산정함으로써, 범죄와 형벌 사이에 적정한 균형이 이루어져야 한다는 죄형균형 원칙이나 형벌은 책임에 기초하고 그 책임에 비례하여야 한다는 책임주의 원칙이 훼손되지 않도록 유의하여야 할 것이다.

3. 특경가법 사기죄 이득액의 산정방법

【대법원 요지】 그러므로 사람을 기망하여 부동산의 소유권을 이전받거나 제3자로 하여금 이전받게 함으로써 이를 편취한 경우에 특경가법 제3조의 적용을 전제로 하여 그 부동산의 가액을 산정함에 있어서는, /

【대법원 요지】 그 부동산에 아무런 부담이 없는 때에는 그 부동산의 시가 상당액이 곧 그 가액이라고 볼 것이지만, /

【대법원 요지】 그 부동산에 근저당권설정등기가 경료되어 있거나 압류 또는 가압류 등이 이루어져 있는 때에는 특별한 사정이 없는 한 /

【대법원 요지】 아무런 부담이 없는 상태에서의 그 부동산의 시가 상당액에서 /

【대법원 요지】 근저당권의 채권최고액 범위 내에서의 피담보채권액, /

【대법원 요지】 압류에 걸린 집행채권액, /

【대법원 요지】 가압류에 걸린 청구금액 범위 내에서의 피보전채권액 등을 뺀 /

【대법원 요지】 실제의 교환가치를 그 부동산의 가액으로 보아야 할 것이다.

【대법원 요지】 이와는 달리, 기망에 의하여 편취한 부동산에 압류등기가 경료되어 있었더라도 그와 같은 사정이 피고인이 편취한 이득액을 그 부동산의 시가보다 감액하여 평가할 사유가 되지 못한다는 취지로 판시한 /

【대법원 요지】 대법원 2003. 9. 5. 선고 2003도1859 판결 등의 견해는 위 법리에 저촉되는 범위 내에서 이를 변경한다.

4. 사안에 대한 대법원의 판단

【대법원 판단】 나. 위 법리와 기록에 비추어 살펴보면, /

【대법원 판단】 이 사건 각 대지에 아무런 부담이 없는 상태에서의 시가는 16억 4,600만 원이고, /

【대법원 판단】 위 각 대지에 설정된 근저당권의 채권최고액은 10억 2,000만 원인데, 그 피담보채권액은 이를 초과하므로 /

【대법원 판단】 원심이, 피고인이 편취한 이 사건 각 대지의 가액을 산정함에 있어 /

【대법원 판단】 위 각 대지의 시가에서 /

【대법원 판단】 위 근저당권의 피담보채권액이 아닌 채권최고액을 공제하여 /

【대법원 판단】 나머지 6억 2,600만 원을 그 가액이라고 보고 /

【대법원 판단】 특경가법 제3조 제1항 제2호를 적용한 조치는 정당하고, /

【대법원 결론】 거기에 상고이유로 주장하는 바와 같은 법리오해 등의 위법이 없다. (상고 기각)

2013도2857

특경가법 횡령죄와 이득액 산정
와부면 9필지 사건

2013. 5. 9. 2013도2857, 공 2013상, 1072

1. 사실관계 및 사건의 경과

【사실관계 1】

① 2002년경 갑은 A와 명의신탁 약정을 하였다.
② A는 ㉠부동산을 매수하였다.
③ ㉠부동산의 내역은 다음과 같다.
　(가) 토지 7필지 (ⓐ토지)
　(나) 토지 2필지 (ⓑ토지)
　(나) 건물 1채 (ⓒ건물)
④ ㉠부동산은 갑 명의로 소유권이전등기가 경료되었다.

【사실관계 2】

① 2004. 2. 13. ㉠부동산에는 A의 채무와 관련하여 다음과 같은 근저당설정등기가 이루어졌다.
　(가) 채권최고액 434,000,000원
　(나) 근저당권자 와부농업협동조합
② 2005. 6. 10. 갑은 A의 승낙을 받지 않고 임의로 ㉠부동산에 대해 다음의 근저당권설정등기를 하였다.
　(가) 채권최고액 266,000,000원
　(나) 근저당권자 와부농업협동조합
③ 2005. 6. 10. 당시 ⓐ토지의 시가는 합계 724,379,000원이었다.
④ ⓑ토지와 ⓒ건물의 시가는 미상이었다.
⑤ 2005. 6. 10.경 A는 220,000,000원의 피담보채무를 부담하고 있었다.

【사건의 경과】

① 검사는 ㉠부동산에서 A의 피담보채무를 공제한 금액이 5억원 이상이 된다고 판단하였다.
② 검사는 갑을 특경가법위반죄(횡령)로 기소하였다(특경가법3① ii).
③ 제1심법원은 유죄를 인정하였다.
④ 갑은 불복 항소하였다.
⑤ 항소심법원은 항소를 기각하고, 제1심판결을 유지하였다.
⑥ 갑은 불복 상고하였다.
⑦ 대법원은 갑의 상고이유와 관계없이 직권으로 판단하였다.

2. 공소사실의 요지

【대법원 분석】 가. 이 사건 공소사실 중 특정경제범죄 가중처벌 등에 관한 법률(이하 '특경가법'이라 한다) 위반(횡령)의 점의 요지는 /

【대법원 분석】 '피고인은 2002년경 피해자 공소외 A와의 명의신탁 약정에 따라 /

【대법원 분석】 피해자가 매수한 남양주시 와부읍 (주소 1 생략) 전 1,931m^2 등 토지 9필지와 건물 1채에 관하여 /

【대법원 분석】 피고인 명의로 소유권이전등기를 마쳐 피해자를 위하여 보관하던 중, /

【대법원 분석】 2005. 6. 10. 피해자로부터 승낙을 받지 아니하고 임의로 /

【대법원 분석】 위 각 부동산에 관하여 각 채권최고액 266,000,000원, 근저당권자 와부농업협동조합으로 하는 근저당권설정등기를 각 마쳤는데, /

【대법원 분석】 당시 위 (주소 1 생략) 등 토지 7필지의 시가는 합계 724,379,000원이었고, /

【대법원 분석】 나머지 2필지와 건물 1채의 시가는 미상이었던 반면 /

【대법원 분석】 위 각 부동산에는 2004. 2. 13. 채권최고액 434,000,000원, 근저당권자 와부농업협동조합으로 된 근저당권설정등기가 마쳐져 있었고, /

【대법원 분석】 이에 대하여 피해자는 2005. 6. 10.경 220,000,000원의 피담보채무를 부담하고 있었다./

【대법원 분석】 이로써 피고인은 피해자로부터 명의신탁을 받아 피해자를 위하여 보관하던 위 시가 상당액에서 /

【대법원 분석】 220,000,000원을 공제한 가액 상당인 위 각 부동산을 횡령하였다'라는 것으로서, /

3. 사안에 대한 항소심의 판단

【항소심 판단】 제1심은 특경가법 제3조 제1항 제2호, 형법 제355조 제1항을 적용하여 /

【항소심 판단】 특경가법 위반(횡령)의 죄책을 인정하였고, /

【항소심 판단】 원심도 제1심의 위와 같은 판단을 유지하였다.

4. 특경가법 횡령죄 이득액의 산정방법

【대법원 요지】 나. 그런데 형법 제355조 제1항의 횡령죄는 /

【대법원 요지】 타인의 재물을 보관하는 자가 /

【대법원 요지】 재물을 횡령하거나 반환을 거부함으로써 성립하고 /

【대법원 요지】 재물의 가액이 얼마인지는 문제되지 아니하는 데 비하여, /

【대법원 요지】 횡령으로 인한 특경가법 위반죄에 있어서는 /

【대법원 요지】 횡령한 재물의 가액이 5억 원 이상 또는 50억 원 이상이라는 것이 /

【대법원 요지】 범죄구성요건의 일부로 되어 있고 /

【대법원 요지】 그 가액에 따라 그 죄에 대한 형벌도 가중되어 있으므로, /

【대법원 요지】 이를 적용함에 있어서는 횡령한 재물의 가액을 엄격하고 신중하게 산정함으로써 /

【대법원 요지】 범죄와 형벌 사이에 적정한 균형이 이루어져야 한다는 죄형균형 원칙 및 /

【대법원 요지】 형벌은 책임에 기초하고 그 책임에 비례하여야 한다는 책임주의 원칙이 /
【대법원 요지】 훼손되지 않도록 유의하여야 한다 /
【대법원 요지】 (대법원 2007. 4. 19. 선고 **2005도7288** 전원합의체 판결 참조).
【대법원 요지】 위와 같은 법리에 비추어 볼 때, /
【대법원 요지】 이 사건에서 특경가법 제3조 제1항의 적용과 관련하여 /
【대법원 요지】 피고인이 근저당권설정등기를 마치는 방법으로 위 각 부동산을 횡령함으로 인하여 취득한 구체적인 이득액은 /
【대법원 요지】 위 각 부동산의 시가 상당액에서 이 사건 범행 전에 설정된 피담보채무액을 공제한 잔액이 아니라 /
【대법원 요지】 위 각 부동산을 담보로 제공한 피담보채무액 내지 그 채권최고액이라고 봄이 상당하다.

5. 사안에 대한 대법원의 판단

【대법원 판단】 그렇다면 이 사건에서 피고인의 이득액은 5억 원 미만이므로 위 공소사실에 대하여 더 이상 특경가법 제3조 제1항을 적용할 수 없다.
【대법원 결론】 따라서 위 공소사실에 관하여 위와 같은 피담보채무액 내지 채권최고액을 이득액으로 산정하여야 함에도 불구하고 /
【대법원 결론】 담보로 제공한 위 각 부동산의 시가 상당액을 기초로 이득액을 산정한 원심판결에는 /
【대법원 결론】 특경가법의 이득액에 관한 법리를 오해한 잘못이 있다. (파기 환송)

2009도10541

특경가법 배임죄와 이득액 산정
양계장 이중저당 사건

2011. 1. 13. 2009도10541, 공 2011상, 362

1. 사실관계 및 사건의 경과

【사실관계 1】

① 갑은 양계업에 종사하고 있다.
② 2005. 6. 19. 갑은 A로부터 A 소유의 양계장(이하 ㉠부동산으로 약칭함)을 대금 21억 원에 매수하였다.
③ 대금 21억 원은 계약금 2억 원, 중도금 5억 원, 잔금 14억 원으로 지급하기로 하였다.
④ 잔금 14억 원 중 8억 원은 A가 ㉠부동산을 담보(제1순위 근저당권)로 P금융기관으로부터 대출받은 8억 원의 채무를 인수하기로 하였다.
⑤ 잔금 중 나머지 6억 원의 지급방법은 다음과 같이 하기로 하였다. (☞문서례 15번 참조)
(가) A는 ㉠부동산에 대하여 2005. 7. 31.까지 갑에게 미리 소유권이전등기를 해준다.

(나) 갑은 ㉠부동산에 제1순위 근저당권을 설정하여 Q은행으로부터 8억 원의 대출을 받는다.

(다) 갑은 대출받은 돈으로 A의 P금융기관에 대한 대출금 8억 원을 대위변제하고, A의 P금융기관에 대한 제1순위 근저당권을 말소한다.

(라) 갑은 Q은행으로부터의 대출금 담보를 위하여 ㉠부동산에 대해 Q은행에 제1순위 저당권을 설정한다.

(마) 갑은 A에 대한 미지급 대금 6억 원에 대한 담보로 ㉠부동산에 대해 채권최고액 7억 원의 제2순위 근저당권을 설정해 준다.

(바) 갑은 A에게 2006. 12. 31.까지 잔금을 완제한다.

【사실관계 2】

① 2005. 8. 25. 갑은 법무사 B의 사무실에서 ㉠부동산에 대한 소유권이전등기에 앞서 A에게 재차 미지급 매매대금에 대하여는 담보로 채권최고액 7억 원의 근저당권을 설정해 주겠다는 내용의 각서를 작성 · 교부하였다.

② 2005. 8. 29. A는 갑 명의로 ㉠부동산에 대한 소유권이전등기를 경료하였다.

③ 2005. 9. 30. 갑은 ㉠부동산(시가 약 14억 5천만 원)과 갑 소유의 ㉡부동산(시가 약 3억 5천만 원)을 공동담보로 하여 Q은행으로부터 대출을 받았다.

④ 2005. 9. 30. 갑은 A의 P금융기관에 대한 대출금(8억 원)을 대위변제하고, ㉠부동신에 대한 P금융기관 명의의 1순위 근저당권을 말소하였다.

⑤ 2005. 9. 30. 갑은 ㉠부동산과 ㉡부동산에 대해 Q은행 명의의 채권최고액 9억 1,000만 원으로 된 제1순위 근저당권을 설정하였다.

⑥ 2005. 9. 30. 갑은 ㉠부동산과 ㉡부동산에 대해 Q은행 명의의 채권최고액 일본국법화 68,723,200엔(2005. 9. 30. 당시 매매기준환율에 의한 원화 631,593,697원 상당)으로 된 제2순위 근저당권을 설정하였다.

【사실관계 3】

① 2005. 9. 30 당시 ㉠부동산의 객관적인 교환가치는 1,460,579,600원이었다.

② A는 갑이 ㉠부동산에 대해 제1순위 및 제2순위 근저당권을 Q은행에 설정해 준 사실을 알게 되었다.

③ 2005. 11. 9. A는 미지급 대금(6억 원)의 채권에 관한 피해를 회복할 목적으로 ㉠부동산과 ㉡부동산에 3순위 공동근저당권을 설정받았다.

【사건의 경과】

① 검사는 갑을 특경가법위반죄(배임)로 기소하였다.

② 제1심법원은 갑의 이득액을 다음과 같이 계산하였다.

(가) 2005. 9. 30. 당시 ㉠부동산의 시가는 1,460,579,000원이다.

(나) 제1순위 근저당권의 채권최고액은 910,000,000원이다.

(다) 전자에서 후자를 공제한 나머지 담보가치는 550,579,600원이다.

③ 제1심법원은 갑이 5억 원 이상의 재산상 이익을 취득하였다고 판단하여 유죄를 인정하였다.

④ 갑은 불복 항소하였다.

⑤ 항소심법원은 제1심법원의 이득액 산정에 잘못이 없다고 판단하였다.

⑥ 항소심법원은 양형부당을 이유로 제1심판결을 파기하고, 형을 선고하였다.
⑦ 갑은 불복 상고하였다.

2. 사안에 대한 항소심의 판단

【항소심 판단】 원심은, 피고인의 이 사건 범행으로 인한 재산상 이득액은 /
【항소심 판단】 범행 당시 이 사건 부동산의 시가 1,460,579,000원에서 /
【항소심 판단】 제1순위 근저당권의 채권최고액 910,000,000원을 공제한 /
【항소심 판단】 나머지 담보가치 상당인 550,579,600원이라고 인정하고 /
【항소심 판단】 피고인에게 특정경제범죄 가중처벌 등에 관한 법률 제3조를 적용한 제1심을 유지하였다.

3. 특경가법 배임죄의 이득액 산정방법

【대법원 판단】 그러나 원심이 유지한 제1심의 재산상 이득액 산정은 아래와 같은 이유로 수긍하기 어렵다. /
【대법원 요지】 타인에 대하여 근저당권설정의무를 부담하는 자가 제3자에게 근저당권을 설정하여 주는 배임행위로 인하여 취득하는 재산상 이익 내지 그 타인의 손해는 /
【대법원 요지】 그 타인에게 설정하여 주기로 한 근저당권의 담보가치 중 제3자와의 거래에 대한 담보로 이용함으로써 상실된 담보가치 상당으로서, /
【대법원 요지】 이를 산정하는 때에 제3자에 대한 근저당권 설정 이후에도 당해 부동산의 담보가치가 남아 있는 경우에는 그 부분을 재산상 이익 내지 손해에 포함시킬 수 없다. /
【대법원 요지】 그리고 수개의 부동산이 공동담보로 제공된 경우에 그 중 한 개의 부동산에 대하여 먼저 담보권이 실행되었다면 /
【대법원 요지】 그 매득금 중에서 선순위채권자는 담보최고액의 범위 내에서 채권전액에 대하여 우선변제를 받을 권리가 있다고 할지라도 /
【대법원 요지】 공동담보가 된 부동산 간에 있어서는 그 가격의 비율에 따라 피담보채권을 각 부담하고 있다 할 것이므로, /
【대법원 요지】 공동담보가 된 부동산의 피담보채권에 대한 담보가치의 산정은 그 공동담보가 된 부동산의 가격 비율에 의하여 산정함이 타당하다.

4. 사안에 대한 대법원의 분석

【대법원 분석】 원심이 유지한 제1심판결의 이유와 기록에 의하면, /
【대법원 분석】 피고인은 이 사건 부동산에 관하여 공소외 Q은행에 1순위 근저당권을 설정하여 준 후 피해자 앞으로 2순위 근저당권을 설정해 주기로 약정한 사실, /
【대법원 분석】 그런데 피고인은 2005. 9. 30. 이 사건 [㉠]부동산 외에 피고인 소유의 익산 소재 [㉡]부동산도 공동담보로 제공하여 이 사건 [㉠]부동산과 익산 소재 [㉡]부동산에 관하여 공소외 Q은행 앞으로 채권최고액 910,000,000원의 1순위 근저당권을 설정하고, /

【대법원 분석】 같은 날 바로 이 사건 [㉠]부동산과 익산 소재 [㉡]부동산에 관하여 공소외 Q은행 앞으로 채권최고액 일본국법화 68,723,200엔(2005. 9. 30. 당시 매매기준환율에 의한 원화 631,593,697원 상당)의 2순위 근저당권도 설정하여 준 사실을 알 수 있다.

5. 사안에 대한 대법원의 판단

【대법원 판단】 앞서 본 법리에 위와 같은 사실관계를 비추어 보면, /

【대법원 판단】 피고인의 이 사건 범행으로 인한 재산상 이득액은 /

【대법원 판단】 피고인이 피해자에게 설정하여 주기로 한 근저당권의 채권최고액 중 /

【대법원 판단】 피고인이 공소외 Q은행에 2순위 근저당권을 설정하여 줌으로 인하여 상실된 이 사건 부동산의 담보가치이고, /

【대법원 판단】 피고인의 이 사건 배임행위 이후에도 이 사건 부동산에 잔존 담보가치가 있다면 이 부분은 재산상 이득액을 산정할 때 공제하여야 한다. /

【대법원 판단】 그리고 이 사건 부동산의 전체 담보가치는 /

【대법원 판단】 그 시가에서 /

【대법원 판단】 1순위 근저당권의 채권최고액을 공동담보 부동산의 가액비율로 안분한 금액 중 /

【대법원 판단】 이 사건 부동산의 해당액을 공제한 금액이고, /

【대법원 판단】 피고인의 이 사건 배임행위로 인하여 상실된 이 사건 부동산의 담보가치는 /

【대법원 판단】 2순위 근저당권의 채권최고액을 공동담보 부동산의 가액비율에 따라 안분한 금액 중 /

【대법원 판단】 이 사건 부동산의 해당액이 된다. /

【대법원 판단】 결국 이 사건 범행으로 인한 재산상 이득액은 /

【대법원 판단】 피고인이 피해자에게 설정하여 주기로 한 근저당권의 채권최고액 7억 원 중 /

【대법원 판단】 피고인의 이 사건 범행으로 인하여 상실된 이 사건 부동산의 담보가치에서 /

【대법원 판단】 위 부동산의 잔존 담보가치를 공제한 금액이라고 할 것이다.

【대법원 판단】 따라서 원심으로서는 /

【대법원 판단】 이 사건 부동산의 담보가치와 이 사건 범행 이후의 이 사건 부동산에 관한 잔존 담보가치 등에 관하여 더 나아가 심리하여 위와 같이 재산상 이득액을 산정한 후 /

【대법원 판단】 그 이득액이 5억 원 이상이 되는지 여부에 따라 특정경제범죄 가중처벌 등에 관한 법률 제3조의 적용 여부를 판단하여야 하는데도, /

【대법원 결론】 원심은 이 사건 범행으로 인한 재산상 이득액이 이 사건 부동산의 시가에서 1순위 근저당권의 채권최고액을 공제한 금액이라고 판단하고 만연히 특정경제범죄 가중처벌 등에 관한 법률을 적용한 제1심을 유지하였으니, /

【대법원 결론】 원심판결에는 특정경제범죄 가중처벌 등에 관한 법률 제3조 소정의 이득액 또는 공동저당에 관한 법리를 오해한 위법이 있고, 이러한 위법은 판결 결과에 영향을 미쳤음이 분명하다.

【대법원 결론】 따라서 이 점을 지적하는 상고이유의 주장에는 정당한 이유가 있다. (파기 환송)

제41장 장물에 관한 죄

98도2579

장물취득죄와 장물 – 인정례
감원대상 영업과장 사건

2000. 3. 10. 98도2579, 공 2000, 992

1. 사실관계 및 사건의 경과

【사실관계 1】

① 갑은 P회사의 영업과장으로서 물품판매 및 수금 업무에 종사하고 있다.

② 갑은 자신이 감원 대상이라는 것을 알고서 회사의 조치에 반발하였다.

③ 갑은 거래처인 Q회사, R회사로부터 물품대금 명목으로 교부받은 약속어음 8매 액면 합계 829,124,426원을 가지고 있었다.

④ 1996. 3. 5. 갑은 할인의뢰의 권한이 있는 것처럼 가장하여 사채업자 A에게 할인을 의뢰하면서 소지하고 있던 약속어음을 교부하였다.

⑤ 갑은 A로부터 그 할인금 명목으로 금 7억 4,648만 원을 자기앞수표와 현금으로 교부받았다.

⑥ 1996. 3. 7. 갑은 금 4,500만 원을 자기앞수표와 현금으로 교부받았다.

【사실관계 2】

① 갑은 교부받은 자기앞수표와 현금을 다음과 같이 처리하였다.

(가) 2억 5,000만 원은 갑 명의의 K은행 예금계좌에 예치

(나) 3억 4,100만 원은 갑 명의의 L은행 예금계좌에 예치

(다) 2,400만 원은 갑 명의의 M은행 예금계좌에 예치

② 1996. 3. 8.까지 갑은 예금액 대부분을 현금으로 인출하였다.

【사실관계 3】

① 1996. 3. 14. 을은 자신의 집에서 갑으로부터 갑이 취득 보관중이던 현금 중 9,500만 원을 보관하여 달라는 부탁을 받고서 이를 교부받았다.

② 1996. 3. 27.까지 을은 교부받은 9,500만 원을 자신의 집에 보관하였다.

③ 이후 을은 계속하여 갑으로부터 다음과 같이 현금을 교부받아 취득하였다.

(가) 1996. 3. 14. 현금 300만 원

(나) 1996. 3. 17. 현금 300만 원

(다) 1996. 3. 18. 현금 400만 원

(라) 1996. 3. 19. 현금 1,000만 원

【사실관계 4】

① 병은 갑으로부터 을이 보관중이던 현금 9,500만 원을 받아 갑에게 전달해 달라는 부탁을 받았다.

② 1996. 3. 27. 13:30경 병은 을의 집에서 을의 처 B로부터 현금 9,500만 원 중 금 7,000만 원을 건네받았다.

③ 병은 그 중 금 6,800만 원을 C 명의의 H은행 예금계좌에 입금하였다가 수시로 인출하여 소비하였다.

【사건의 경과 1】

① 검사는 다음과 같이 기소하였다.

(가) 갑 : 업무상 횡령죄

(나) 을 : 장물보관죄 및 장물취득죄

(다) 병 : 장물취득죄

② 제1심법원은 다음과 같이 판단하였다.

(가) 갑 : 업무상 횡령죄 : 유죄

(나) 을 : 장물보관죄 및 장물취득죄 : 유죄

(다) 병 : 장물취득죄 : 유죄

③ 갑은 항소를 포기하였다.

④ 을과 병은 항소하였다.

⑤ 을과 병은 항소이유로 다음의 점을 주장하였다.

(가) 갑이 약속어음 8매를 A에게 할인을 의뢰하여 교부할 때 특경가법위반죄(횡령)가 성립한다.

(나) 갑이 A를 기망하여 약속어음 8매의 할인금 명목으로 자기앞수표와 현금을 교부받은 것은 갑의 횡령행위에 대한 불가벌적 사후행위에 불과하다.

(다) 을과 병이 취득한 현금과 자기앞수표는 불가벌적 사후행위의 결과로서 취득한 것이어서 장물에 해당하지 않는다.

【사건의 경과 2】

① 항소심법원은 다음과 같이 판단하였다.

(가) 을 : 장물보관죄 및 장물취득죄 : 무죄

(나) 병 : 장물취득죄 : 무죄

② (항소심의 판단 이유는 판례 본문 참조)

③ 검사는 불복 상고하였다.

2. 사안에 대한 항소심의 판단

【항소심 판단】 가. 원심은, /

【항소심 판단】 피고인들이 제1심 공동피고인이나 공소외 A로부터 교부받은 이들 현금이 장물인 정을 알면서도, /

【항소심 판단】 1의 나, 다항 기재와 같이 이를 보관 또는 취득하였다는 공소사실 부분에 대하여 /

【항소심 판단】 다음과 같은 이유를 들어 무죄로 판단하였다.

【항소심 판단】 제1심 공동피고인이 위와 같이 A를 기망하여 판시 약속어음 8매의 할인금 명목으로 자기앞수표와 현금을 교부받은 것은 /

【항소심 판단】 제1심 공동피고인이 판시 약속어음 8매를 A에게 할인을 의뢰하여 교부함으로써 성립한 특정경제범죄가중처벌등에관한법률위반(횡령)죄의 불가벌적 사후행위가 아니라 /

【항소심 판단】 새로운 법익을 침해한 행위로서 사기죄가 성립하여 이들 자기앞수표와 현금은 사기죄의 장물에 해당하지만, /

【항소심 판단】 제1심 공동피고인이 그 자기앞수표와 현금 중 일부를 은행에 예치하였다가 다시 인출한 현금은 장물을 처분한 대가로 취득한 물건으로서 이미 장물성을 상실하였다고 보아야 할 것이고, /

【항소심 판단】 피고인들이 보관하거나 취득한 현금이 제1심 공동피고인[갑]이 그의 예금계좌에서 인출한 현금이 아니고 A로부터 교부받은 현금 자체라고 인정할 증거가 없으므로, /

【항소심 판단】 이 부분 공소사실은 범죄의 증명이 없는 경우에 해당한다.

3. 사안에 대한 대법원의 판단

【대법원 판단】 나. 그러나 원심의 이 부분 판단은 수긍할 수 없다.

【대법원 요지】 장물이라 함은 재산범죄로 인하여 취득한 물건 그 자체를 말하고, 그 장물의 처분대가는 장물성을 상실하는 것이지만, /

【대법원 요지】 금전은 고도의 대체성을 가지고 있어 다른 종류의 통화와 쉽게 교환할 수 있고, 그 금전 자체는 별다른 의미가 없고 금액에 의하여 표시되는 금전적 가치가 거래상 의미를 가지고 유통되고 있다는 점에 비추어 볼 때, /

【대법원 요지】 장물인 현금을 금융기관에 예금의 형태로 보관하였다가 이를 반환받기 위하여 동일한 액수의 현금을 인출한 경우에 /

【대법원 요지】 예금계약의 성질상 인출된 현금은 당초의 현금과 물리적인 동일성은 상실되었지만 액수에 의하여 표시되는 금전적 가치에는 아무런 변동이 없으므로 장물로서의 성질은 그대로 유지된다고 봄이 상당하고, /

【대법원 요지】 자기앞수표도 그 액면금을 즉시 지급받을 수 있는 등 현금에 대신하는 기능을 가지고 거래상 현금과 동일하게 취급되고 있는 점에서 금전의 경우와 동일하게 보아야 할 것이다.

【대법원 판단】 따라서 제1심 공동피고인[갑]이 장물인 자기앞수표와 현금을 그의 명의의 예금계좌에 예치하였다가 현금으로 인출하였다고 하여 인출된 현금이 장물로서의 성질을 상실하였다고 볼 수는 없고, /

【대법원 판단】 피고인들이 그 정을 알고서 이를 보관 또는 취득하였다면 장물죄가 성립한다.

【대법원 결론】 그럼에도 불구하고 원심은, 위에서 본 바와 같이 피고인들이 교부받은 현금이 갑이 A로부터 교부받은 현금 그 자체라고 인정할 증거가 없다는 이유로 무죄라고 판단하였으니, 원심판결에는 장물에 관한 법리를 오해하여 판결에 영향을 미친 위법이 있고, 이 점을 지적하는 상고이유의 주장은 이유 있다. (파기 환송)

【비교법 조문 13】

한국 형법

제362조 (장물) ① 장물을 취득, 양도, 운반 또는 보관한 자는 7년 이하의 징역 또는 1천500만 원 이하의 벌금에 처한다.

② 전항의 행위를 알선한 자도 전항의 형과 같다.

일본 형법

제256조 (도품양수등) ① 도품, 기타 재산에 대한 죄에 해당하는 행위에 의하여 영득된 물건을 무상으로 양수한 자는 3년 이하의 징역에 처한다.

② 전항에 규정하는 물건을 운반, 보관, 유상양수하거나 그 유상처분을 알선한 자는 10년 이하의 징역 및 50만엔 이하의 벌금에 처한다.

독일 형법

제267조 (장물) ① 타인이 절취하였거나 타인의 재산에 대하여 가해진 위법한 행위로 인하여 취득한 물건을 자기 또는 제3자로 하여금 이익을 취할 목적으로 매수하거나, 그 밖에 자기 또는 제3자로 하여금 취득하게 하거나, 양도하거나, 양도에 조력한 자는 5년 이하의 징역 또는 벌금형으로 벌한다.

【코멘트】

(1) 대체장물의 장물성 논의

본 판례에서 논란되고 있는 쟁점은 소위 대체장물의 장물성 문제이다. 대체장물이란 장물을 처분하여 취득한 재물을 말한다. 예컨대 장물을 매각하여 취득한 돈, 장물과 교환한 재물, 장물인 돈으로 매입한 재물 등이 대체장물에 해당한다. 대체장물은 원래의 장물에 깃들어 있던 경제적 가치가 다른 물건으로 전환하여 유지된다는 점에서 어느 정도 장물과 관련성을 갖는다. 그렇지만 원래의 장물과 대체장물은 물리적으로 동일성이 없다는 점에서 원칙적으로 장물 그 자체는 아니다.

문제는 대체장물을 취득하거나 보관하거나 운반하는 등의 행위를 하는 지에 대하여 장물죄를 인정할 수 있겠는가 하는 점이다. 이에 대해서는 세 가지 관점을 생각할 수 있다. 하나는 대체장물의 장물성을 완전히 부인하는 견해이다. 장물이란 영득범죄에 의하여 취득된 물건 그 자체이므로 원래의 장물이 교환, 처분되어 물리적 동일성을 잃는 순간 장물성도 소멸된다고 본다. 따라서 대체장물은 장물죄의 객체가 될 수 없다는 것이다. 본 판례에서 항소심 법원은 대체장물의 장물성을 철저히 부인하는 엄격한 입장을 취하고 있다.

다른 하나는 대체장물에도 장물성을 인정하는 견해이다. 장물과 관련하여 본범의 위법한 이익을 유지하거나 본범의 장물과 관련하여 제삼자가 그 이익에 참여하려는 것을 저지하기 위한 범죄유형이 장물죄라고 보는 관점에서 주장되는 견해라고 할 수 있다. 그러나 이와 같이 전면적으로 대체장물에 장물성을 인정하는 견해는 현재 보이지 않는다.

세 번째는 대체장물의 장물성을 원칙적으로 부인하면서 예외적인 경우에 대체장물의 장물성을 인정하는 견해이다. 이 입장에서는 대체장물의 장물성이 인정되는 대표적인 예로 현금과 자기앞수표를 든다. 현금이나 자기앞수표는 물건 그 자체의 동일성보다는 거래사회에서의 교환가치가 중시된다. 따라서 현금이나 자기앞수표를 은행에 입금한 후 이를 인출하여 취득한 새로운 현금 내지 자기앞수표는 원래의 현금이나 자기앞수표와 물리적 동일성은 인정되지 않지만 원래의 장물과 같은 것으로 취급하여야 한다는 것이다. 대체장물의 장물성을 부인하면서도 예외적으로 장물성을 인정하는 견해는 본 판례에서 대법원이 취하는 입장이다. 본 판례에서 대법원은 현금과 자기앞수표의 경우에 대체장물의 장물성을 인정한다는 입장을 밝히고 있다.

대체장물의 장물성에 관한 이상의 세 가지 견해 가운데 두 번째의 전면적 긍정설은 현재 이를 주장하는 사람이 없으므로 논할 필요가 없다. 특히 우리 대법원 판례가 장물죄의 본질과 관련하여 지속적으로 지지하고 있는 영득범죄설의 관점에서 보면, 단순히 본범의 불법한 이익을 유지하거나 본범의 불법한 이익에 관여한다는 것을 이유로 하여 대체장물에 장물성을 인정하려는 시도는 장물죄의 본질을 변질시킨다는 비판이 가능하다. 이제 선택은 대체장물의 장물성을 전면적으로 부인할 것인가 아니면 제한적인 범위 내에서 예외적으로 긍정할 것인가 하는 점으로 좁혀진다.

(2) 비교법적 고찰

이에 대한 문제를 고찰하기에 앞서서 비교법적으로 일본 형법과 독일 형법을 검토해 본다. 먼저 일본 형법을 보면, 장물을 '도품, 기타 재산에 대한 죄에 해당하는 행위에 의하여 영득된 물건'이라고 정의하여 추구권설에 입각하고 있음을 명확히 하고 있다. '영득'이란 물건의 소유자를 배제하고 자기가 소유자의 지위에 들어서는 것을 의미하는 것이므로, 소유권 개념을 전제하고 있다.

이에 대해 독일 형법은 장물을 "타인의 재산에 대하여 가해진 위법한 행위로 인하여 취득한 물건"이라고 정의하고 있다. 독일 형법상 장물은 "타인의 재산에 대하여 가해진 위법한 행위"로 인하여 취득한 물건이면 족하다. 달리 말한다면 굳이 영득범죄에 국한할 필요 없이 재물범죄, 이득범죄를 가리지 아니하고 재산범죄의 객체가 된 것은 모두 장물죄의 객체로 될 수 있다는 것이다. 이와 같은 접근방식을 가리켜서 위법상태유지설이라고 한다.

위법상태유지설에 입각하여 장물의 개념을 정의하면 추구권설에 비하여 장물의 범위가 대폭 확장된다. 그런데 이와 관련하여 주의할 점은 독일 형법상 장물이 본범의 범죄행위로 인하여 "직접적으로" 취득된 물건으로 정의되고 있다는 사실이다. 장물개념에 본범의 직접취득성을 요구하는 이유는 장물죄의 본질로 설정하고 있는 위법상태유지설의 관점 때문이다. 즉 본범이 장물을 직접적으로 취득함으로써 그 물건에 대해 위법한 점유상태가 야기되고 이 위법상태를 유지하는 것이 장물죄의 본질이라 보는 것이다.

장물의 개념요소로서 "본범이 직접적으로 취득한 그 물건"에 주목하는 독일 형법의 입장에서는 대체장물의 장물성을 당연히 부인하게 된다. 대체장물은 본범이 직접적으로 취득한 그 물건은 아니기 때문이다. 독일 형법의 해석론상 대체장물의 장물성을 부인하는 것이 여러 가지로 불합리한 결론을 야기한다는 점은 잘 알려져 있다. 이러한 폐단에 대하여 독일 형법의 해석론자는 대체장물을 생성시키는 행위와 관련하여 객체에 새로이 장물성을 인정하는 방법으로 문제의 해결을 꾀하고 있다. 예컨대 본범이 절취한 물건을 매각하거나 교환할 때 사기죄가 성립하는 경우가 많다. 이러한 상황에서 대체장물을 보관하는 자는 본범의 새로운 사기죄 장물을 보관하는 것이 되어 장물보관죄가 성립할 수 있다. 이 경우에는 대체장물을 보관하는 자가 본범이 위법한 행위를 통하여 직접적으로 취득한 물건을 보관하는 것이 되기 때문이다. 그렇지만 이러한 결론이 대체장물에 대한 장물성을 인정하는 것은 아니다.

독일 형법과 한국 형법의 장물죄를 비교해 볼 때 흥미 있는 현상을 발견하게 된다. 위법상태유지설을 취하는 독일 형법의 경우에는 장물죄의 성립범위를 확대하되 대체장물의 장물성을 부정한다. 이에 대하여 추구권설을 취하여 장물죄의 성립범위를 제한하는 우리 대법원은, 비록 현금과 자기앞수표의 경우이기는 하지만, 대체장물의 장물성을 인정한다. 양국의 장물죄 접근방법은 상이하지만 구체적 타당성의 관점에서는 비슷한 수준의 타협점을 모색하고 있다고 말할 수 있다.

2004도134

횡령죄와 타인 소유 – 인정례
장물취득죄와 장물 – 인정례
남골당사업 실패 사건

2004. 3. 12. 2004도134, 공 2004, 675

☞ 542면

2004도353

장물취득죄와 장물 – 부정례
계좌자금 교부 사건

2004. 4. 16. 2004도353, 공 2004, 862

1. 사실관계 및 사건의 경과

【사실관계】

① 갑은 권한 없이 P회사의 아이디와 패스워드를 입력하여 인터넷뱅킹에 접속하였다.
② 갑은 P회사의 예금계좌로부터 자신의 예금계좌로 합계 180,500,000원을 이체하는 내용의 정보를 입력하여 자신의 예금액을 증액시켰다.
③ 갑은 자신의 현금카드를 사용하여 현금자동지급기에서 현금 6,000만 원을 인출하였다.
④ 을은 갑의 소행을 잘 알면서 갑으로부터 6,000만 원을 받았다.
⑤ 검사는 을을 장물취득죄로 기소하였다.

【사건의 경과】

① 제1심법원은 을에게 무죄를 선고하였다.
② 검사는 불복 항소하였다.
③ 항소심법원은 항소를 기각하고, 제1심판결을 유지하였다.
④ 검사는 불복 상고하였다.

2. 사안에 대한 대법원의 판단

(1) 현금인출과 장물죄 성립 여부

【대법원 요지】 형법 제41장의 장물에 관한 죄에 있어서의 '장물'이라 함은 재산범죄로 인하여 취득한 물건 그 자체를 말하므로, /

【대법원 요지】 재산범죄를 저지른 이후에 별도의 재산범죄의 구성요건에 해당하는 사후행위가 있었다면 /

【대법원 요지】 비록 그 행위가 불가벌적 사후행위로서 처벌의 대상이 되지 않는다 할지라도 /

【대법원 요지】 그 사후행위로 인하여 취득한 물건은 재산범죄로 인하여 취득한 물건으로서 장물이 될 수 있다.

【대법원 분석】 그러나 기록에 의하면, /

【대법원 분석】 공소외인[갑]은 권한 없이 P회사의 아이디와 패스워드를 입력하여 인터넷뱅킹에 접속한 다음 위 회사의 예금계좌로부터 자신의 예금계좌로 합계 180,500,000원을 이체하는 내용의 정보를 입력하여 자신의 예금액을 증액시킴으로서 컴퓨터등사용사기죄의 범행을 저지른 다음 /

【대법원 분석】 자신의 현금카드를 사용하여 현금자동지급기에서 현금을 인출한 사실을 인정할 수 있는바, /

【대법원 판단】 이와 같이 자기의 현금카드를 사용하여 현금자동지급기에서 현금을 인출한 경우에는 그것이 비록 컴퓨터등사용사기죄의 범행으로 취득한 예금채권을 인출한 것이라 할지라도 /

【대법원 판단】 현금카드 사용권한 있는 자의 정당한 사용에 의한 것으로서 현금자동지급기 관리자의 의사에 반하거나 기망행위 및 그에 따른 처분행위도 없었으므로, /

【대법원 판단】 별도로 절도죄나 사기죄의 구성요건에 해당하지 않는다 할 것이고, /

【대법원 판단】 그 결과 그 인출된 현금은 재산범죄에 의하여 취득한 재물이 아니므로 장물이 될 수 없다고 할 것이다.

(2) 계좌자금 인출과 장물죄의 관계

【대법원 요지】 또 장물인 현금 또는 수표를 금융기관에 예금의 형태로 보관하였다가 이를 반환받기 위하여 동일한 액수의 현금 또는 수표를 인출한 경우에 /

【대법원 요지】 예금계약의 성질상 그 인출된 현금 또는 수표는 당초의 현금 또는 수표와 물리적인 동일성은 상실되었지만 액수에 의하여 표시되는 금전적 가치에는 아무런 변동이 없으므로, 장물로서의 성질은 그대로 유지되지만, /

【대법원 판단】 공소외인[갑]이 컴퓨터등사용사기죄에 의하여 취득한 예금채권은 재물이 아니라 재산상 이익이므로, /

【대법원 판단】 그가 자신의 예금구좌에서 6,000만 원을 인출하였더라도 장물을 금융기관에 예치하였다가 인출한 것으로 볼 수 없다.

【대법원 결론】 같은 취지에서 원심이 피고인이 공소외인으로부터 교부받은 6,000만 원은 장물이 아니라는 이유로 피고인에 대하여 무죄를 선고한 제1심판결을 그대로 유지한 원심의 판단은 정당하고,

거기에 주장과 같은 장물에 관한 법리를 오해한 위법이 없다. (상고 기각)

82도2119

장물취득죄와 장물 – 부정례
재고약품 이중양도 사건

1983. 11. 8. 82도2119, 공 1984, 48

1. 사실관계 및 사건의 경과

【사실관계】

① A는 P약품회사의 대표이다.
② B는 P회사에 대하여 채권을 가지고 있다.
③ A는 P회사의 ㉠재고약품을 B의 P회사에 대한 채권확보책으로 양도담보로 제공하였다.
④ 그 후 A는 점유하고 있던 ㉠재고약품 중 일부를 다시 갑 등에게 양도하였다.
⑤ 갑 등은 이러한 사정을 알면서 ㉠재고약품 중 일부를 양도받았다.

【사건의 경과】

① 검사는 갑 등을 장물취득죄로 기소하였다.
② 제1심법원은 무죄를 선고하였다.
③ 검사는 불복 항소하였다.
④ 항소심법원은 무죄를 선고하였다.
⑤ 검사는 불복 상고하였다.

2. 사안에 대한 대법원의 판단

【대법원 분석】 원심판결 이유에 의하면, /

【대법원 분석】 P약품회사대표인 공소외인은 위 회사약품의 재고약품을 피해자 B의 위 [회사]에 대한 채권확보책으로 위 B에게 양도담보로 제공한 후 /

【대법원 분석】 위 재고약품중 일부를 다시 피고인 갑, 같은 을, 같은 병, 정에게 양도한 사실을 확정하고 /

【대법원 판단】 공소외인의 위 피고인들에 대한 양도행위는 배임죄에 해당하는 것이며 /

【대법원 판단】 공소외인이 다시 양도한 재고약품 중 일부를 /

【대법원 판단】 그의 배임행위에 제공한 물건이지 배임행위로 인하여 영득한 물건 자체는 아니므로 /

【대법원 판단】 장물이라 볼 수 없다고 판시하고 있으며, /

【대법원 분석】 (중략)

【대법원 결론】 기록에 의하여 살펴보면 원심 및 제1심의 위와 같은 사실인정과 판단은 정당하고 거기에 소론과 같은 채증법칙위배와 횡령 또는 배임의 법리를 오해한 위법이 있음을 발견할 수 없[다.]

(상고 기각)

【코멘트】 장물죄는 영득범죄를 전제로 한다. 배임죄는 이득범죄이므로 배임죄의 객체를 인수하는 자는 장물죄로 처벌받지 않는다. 다만 본범의 배임행위에 처음부터 적극적으로 가담하여 배임행위의 객체를 취득한 자는 배임죄의 공동정범으로 처벌될 여지가 있다. 이와 관련하여 배임죄의 공동정범을 인정한 예로서 83도1568 및 2012도15890 판례를, 배임죄의 공동정범을 부정한 예로서 2009도5630 판례를 각각 배임죄의 항목에서 소개해 두었다.

본 판례의 사안에서 볼 때, 채권자 P회사에게 양도담보된 물건을 채무자 A가 함부로 처분하는 것은 배임죄를 구성한다. 그런데 처분된 물건을 취득한 갑 등은 장물죄로 처벌할 수 없다. 배임죄는 영득범죄가 아니기 때문이다. 재고약품을 매수한 갑 등이 채무자 A의 행동에 석연치 않은 점이 있음을 알았다고 할지라도 갑 등이 A와 처음부터 공모하여 B에 대한 적극적 배임행위를 한 것은 아니다. 그러므로 갑 등을 배임죄의 공동정범으로도 처벌할 수 없다.

2010도15350

장물취득죄와 본범 – 인정례
미국 리스차량 수입 사건

2011. 4. 28. 2010도15350, 공 2011상, 1107

1. 사실관계 및 사건의 경과

【사실관계】

① ㉠차량은 대한민국 국민 A가 미국 캘리포니아주에서 미국의 P리스회사와 미국 캘리포니아주의 법에 따라 체결한 리스계약의 목적물이다.
② ㉡차량은 외국인 B가 미국 캘리포니아주에서 미국의 Q리스회사와 미국 캘리포니아주의 법에 따라 체결한 리스계약의 목적물이다.
③ A는 리스기간 중에 ㉠차량을 임의로 처분하였다.
④ B는 리스기간 중에 ㉡차량을 임의로 처분하였다.
⑤ 갑은 이러한 사실을 알면서 ㉠차량과 ㉡차량을 수입하였다.
⑥ 갑은 이렇게 수입된 것임을 알리지 않고 ㉠차량과 ㉡차량을 C 등에게 매도하였다.

【사건의 경과】

① 검사는 갑을 장물취득죄와 사기죄로 기소하였다.
② 제1심법원은 유죄를 인정하였다.
③ 갑은 불복 항소하였다.
④ 항소심법원은 항소를 기각하고, 제1심판결을 유지하였다.

⑤ 갑은 불복 상고하였다.
⑥ 갑은 상고이유로 다음의 점을 주장하였다.
(가) 장물죄가 성립하려면 본범이 영득범죄에 해당하여야 한다.
(나) A와 B는 각각 ㉠차량과 ㉡차량을 환매특약부 매매 내지 소유권유보부 매매로 취득하였다.
(다) 따라서 A와 B의 처분행위는 영득범죄에 해당하지 않는다.
(라) 설사 ㉠차량과 ㉡차량이 장물에 해당한다고 할지라도 갑은 이들 차량을 수입할 당시 장물임을 알지 못하였다.
(마) 수입된 ㉠차량과 ㉡차량을 C 등에게 매도한 것은 장물취득죄의 불가벌적 사후행위에 해당하여 사기죄가 성립하지 않는다.

2. 장물죄 부분에 대한 판단

(1) 장물죄의 객체

【대법원 요지】 (1) 장물이라 함은 재산죄인 범죄행위에 의하여 영득된 물건을 말하는 것으로서 /
【대법원 요지】 절도 · 강도 · 사기 · 공갈 · 횡령 등 영득죄에 의하여 취득된 물건이어야 한다. /
【대법원 요지】 여기에서의 범죄행위는 절도죄 등 본범의 구성요건에 해당하는 위법한 행위일 것을 요한다. /
【대법원 요지】 그리고 본범의 행위에 관한 법적 평가는 그 행위에 대하여 우리 형법이 적용되지 아니하는 경우에도 우리 형법을 기준으로 하여야 하고 또한 이로써 충분하므로, /
【대법원 요지】 본범의 행위가 우리 형법에 비추어 절도죄 등의 구성요건에 해당하는 위법한 행위라고 인정되는 이상 이에 의하여 영득된 재물은 장물에 해당한다.

(2) 외국적 요소와 소유권 귀속의 판단기준

【대법원 요지】 한편 횡령죄가 성립하기 위하여는 그 주체가 "타인의 재물을 보관하는 자"이어야 하고, /
【대법원 요지】 타인의 재물인가 또는 그 재물을 보관하는가의 여부는 민법 · 상법 기타의 민사실체법에 의하여 결정되어야 한다. /
【대법원 요지】 따라서 타인의 재물인가 등과 관련된 법률관계에 당사자의 국적 · 주소, 물건 소재지, 행위지 등이 외국과 밀접하게 관련되어 있어서 국제사법 제1조 소정의 외국적 요소가 있는 경우에는 /
【대법원 요지】 다른 특별한 사정이 없는 한 국제사법의 규정에 좇아 정하여지는 준거법을 1차적인 기준으로 하여 당해 재물의 소유권의 귀속관계 등을 결정하여야 할 것이다.

(3) 사안에 대한 대법원의 분석

【대법원 분석】 (2) 원심판결 이유와 기록에 의하면, /
【대법원 분석】 이 사건 차량들은 대한민국 국민 또는 외국인이 미국 캘리포니아주에서 미국 리스회사와 미국 캘리포니아주의 법에 따라 체결한 리스계약의 목적물인데, /
【대법원 분석】 위 리스계약에 따르면 리스회사는 기간을 정하여 리스이용자에게 차량을 사용하게 하고 그 대가로 리스이용자로부터 매달 일정액의 리스료를 지급받도록 되어 있고, /

【대법원 분석】 준거법에 관하여는 별도의 약정을 두고 있지 아니한 사실, /

【대법원 분석】 리스이용자들이 리스기간 중에 이 사건 차량들을 임의로 처분하고 피고인은 이를 수입한 사실을 알 수 있다.

(4) 횡령죄 및 장물죄 성립 여부에 대한 대법원의 판단

【대법원 판단】 위 사실관계를 앞서 본 법리에 비추어 살펴보면, /

【대법원 판단】 위 리스계약상 리스이용자가 대한민국 국민인 경우 그 법률관계는 국제사법 제1조 소정의 "외국적 요소"가 있어 국제사법의 규정에 따라 준거법을 정하여야 할 것이다. /

【대법원 분석】 그런데 국제사법 제26조는 제1항에서 /

【대법원 분석】 "외국적 요소가 있는 법률관계에서 당사자가 준거법을 선택하지 아니한 경우에 계약은 그 계약과 가장 밀접한 관련이 있는 국가의 법에 의하여야 한다"고 규정하고, /

【대법원 분석】 제2항 제2호에서 /

【대법원 분석】 '이용계약'의 준거법은 물건 또는 권리를 이용하도록 하는 당사자의 계약체결 당시의 주된 사무소 등의 소재지법을 가장 밀접한 관련이 있는 법으로 추정하고 있다. /

【대법원 판단】 그렇다면 앞서 본 대로 리스계약의 당사자가 준거법을 선택하지 아니하였고 준거법의 결정에 있어서 달리 고려되어야 할 사정을 기록상 찾을 수 없는 이 사건에서 /

【대법원 판단】 리스회사의 소재지법인 미국 캘리포니아주의 법이 위 리스계약과 가장 밀접한 관련이 있는 법으로서 준거법이 된다고 할 것이므로, /

【대법원 판단】 이에 따라 위 리스계약의 내용과 효력을 판단하여야 한다. /

【대법원 판단】 또한 리스이용자가 외국인인 경우에도 그 계약당사자나 행위지 모두가 우리나라와 아무런 관련이 없어 우리 민사법이 적용될 여지가 없으므로, /

【대법원 판단】 마찬가지로 리스계약 당사자의 소재지이자 리스계약이 행하여진 미국 캘리포니아주의 법에 좇아 위 리스계약의 내용과 효력을 판단하여야 할 것이다. /

【대법원 판단】 그런데 미국 캘리포니아주의 법에 따라 체결된 위 리스계약에 의하면, /

【대법원 판단】 이 사건 차량들의 소유권은 리스회사에 속하고, /

【대법원 판단】 리스이용자는 일정 기간 차량의 점유·사용의 권한을 이전받을 뿐(a transfer of right to possession and use of goods for a term)이며(미국 캘리포니아주 상법 제10103조 제a항 제10호도 참조), /

【대법원 판단】 피고인의 주장과 같이 위 리스계약을 환매특약부 매매 내지 소유권유보부 매매로 볼 것은 아니다.

【대법원 판단】 그렇다면 리스이용자들은 리스회사에 대한 관계에서 이 사건 차량들에 관한 보관자로서의 지위에 있었다고 할 것이므로, /

【대법원 판단】 리스이용자들이 이 사건 차량들을 임의로 처분한 행위는 형법상 횡령죄의 구성요건에 해당하는 위법한 행위로 평가되어서 이에 의하여 영득된 이 사건 차량들은 장물에 해당한다.

【대법원 결론】 이 부분에 관한 원심의 판단은 그 이유 설시에 다소 미흡한 점이 있으나 이 사건 차량들이 장물에 해당한다고 인정한 결론에 있어서는 정당하고, 거기에 상고이유의 주장과 같이 장물에 관

한 법리를 오해하여 판결 결과에 영향을 미친 위법이 있다고 할 수 없다.

(5) 장물죄의 고의 여부에 대한 대법원의 판단

【대법원 결론】 원심판결 및 원심이 채택한 증거들에 비추어 살펴보면, 원심이 그 판시와 같은 이유를 들어 피고인이 이 사건 차량들을 수입함에 있어 그것이 장물임을 인식하고 있었다고 판단한 것은 수긍할 수 있고, /
【대법원 결론】 거기에 상고이유의 주장과 같이 논리와 경험의 법칙에 위배되고 자유심증주의의 한계를 벗어나 사실을 인정한 위법이 있다고 할 수 없다.

3. 사기죄 부분에 대한 대법원의 판단

【대법원 판단】 원심판결 및 원심이 채택한 증거들에 비추어 살펴보면, 원심이 그 판시와 같은 이유로 이 사건 사기의 공소사실을 인정한 것은 정당하고, 거기에 상고이유의 주장과 같은 위법이 없다.
【대법원 요지】 한편 장물을 취득한 후 마치 장물이 아닌 것처럼 매수인을 기망하여 이를 매도하는 경우 매수인에 대한 기망행위는 새로운 법익의 침해로 보아야 하므로, /
【대법원 요지】 위와 같은 기망행위가 장물취득 범행의 불가벌적 사후행위가 되는 것은 아니다. /
【대법원 결론】 원심이 같은 취지에서 이 사건 장물취득죄와 사기죄를 형법 제37조의 경합범관계에 있는 것으로 본 것은 정당하고, 거기에 상고이유의 주장과 같이 불가벌적 사후행위에 관한 법리를 오해한 위법이 있다고 할 수 없다. (상고 기각)

2003도1366

장물취득죄와 장물보관죄의 구별
습득 신용카드 교부 사건

2003. 5. 13. 2003도1366, 공 2003, 1411

1. 사실관계 및 사건의 경과

【사실관계】
① [A는 B 소유의 ㉠신용카드를 소지하고 있었다.]
② A는 갑에게 ㉠신용카드를 주면서 "보수를 줄 터이니 물건을 대신 구입하여 달라."고 부탁하였다.
③ 갑은 ㉠신용카드가 A가 습득한 것임을 알고 이를 받았다.
④ [이후 수사기관은 A가 B로부터 ㉠신용카드를 절취하였다고 판단하였다.]
⑤ [A는 ㉠신용카드를 길에서 습득한 것이라고 주장하였다.]
⑥ [A의 주장은 진위를 판명할 수 없었다.]
【사건의 경과】
① 검사는 갑을 장물취득죄로 기소하였다.

② 갑의 피고사건은 제1심을 거친 후, 항소심에 계속되었다.
③ 항소심법원은 무죄를 선고하였다.
④ 검사는 불복 상고하였다.
⑤ 검사는 상고이유로 다음의 점을 주장하였다.
(가) 갑의 행위는 장물취득죄에 해당한다.
(나) 설사 장물취득죄에 해당하지 않더라도 장물보관죄에는 해당한다.
(다) 따라서 항소심법원은 최소한 장물보관죄를 인정하여야 한다.

2. 장물취득죄 부분에 대한 판단

【대법원 요지】 가. 장물취득죄에서 '취득'이라고 함은 점유를 이전받음으로써 그 장물에 대하여 사실상의 처분권을 획득하는 것을 의미하는 것이므로, /
【대법원 요지】 단순히 보수를 받고 본범을 위하여 장물을 일시 사용하거나 그와 같이 사용할 목적으로 장물을 건네받은 것만으로는 장물을 취득한 것으로 볼 수 없다.
【대법원 판단】 원심이 같은 취지에서 /
【대법원 판단】 피고인이 공소외인으로부터 보수를 받는 조건으로 공소외인이 습득하였다고 주장하는 신용카드들로 물품을 구입하여 주기로 하고 위 신용카드들을 교부받은 행위가 /
【대법원 판단】 장물취득에 해당하지 아니한다고 판단한 것은 정당하고, /
【대법원 결론】 거기에 사실을 오인하거나 장물죄에 있어서 취득의 법리를 오해한 위법이 없다.

3. 축소사실의 인정과 공소장변경 불요

【대법원 요지】 나. 다만, 법원은 공소사실의 동일성이 인정되는 범위 내에서 심리의 경과에 비추어 피고인의 방어권 행사에 실질적인 불이익을 초래할 염려가 없다고 인정되는 때에는, /
【대법원 요지】 공소장이 변경되지 않았더라도 직권으로 공소장에 기재된 공소사실과 다른 범죄사실을 인정할 수 있고, /
【대법원 요지】 이와 같은 경우 공소가 제기된 범죄사실과 대비하여 볼 때 실제로 인정되는 범죄사실의 사안이 가볍지 아니하여 /
【대법원 요지】 공소장이 변경되지 않았다는 이유로 이를 처벌하지 않는다면 적정절차에 의한 신속한 실체적 진실의 발견이라는 형사소송의 목적에 비추어 현저히 정의와 형평에 반하는 것으로 인정되는 경우라면 /
【대법원 요지】 법원으로서는 직권으로 그 범죄사실을 인정하여야 할 것이다.

4. 장물보관죄 부분에 대한 판단

【대법원 분석】 다. 그런데 기록에 의하면 피고인은 경찰 이래 원심 법정에 이르기까지 시종일관 공소외인로부터 보수를 줄 터이니 물건을 대신 구입하여 달라는 부탁과 함께 위 신용카드 2장을 교부받을 당시, 공소외인이 위 신용카드를 습득한 것으로 알고 있었다고 진술하고 있고, /

【대법원 분석】 이 사건 장물취득의 점에 관한 공소사실 자체도 이와 같이 되어 있음을 알 수 있는바, /
【대법원 요지】 공소외인은 늦어도 습득한 위 신용카드 2장으로 물건을 구입하여 줄 것을 피고인에게 부탁한 때에는 불법영득의 의사가 확정됨으로써 점유이탈물횡령죄의 기수에 이른 것이고, /
【대법원 요지】 점유이탈물횡령으로 인하여 영득한 재물 역시 장물로 보아야 하므로, /
【대법원 판단】 공소외인의 위와 같은 부탁을 받아들여 위 신용카드 2장을 교부받은 피고인의 행위는 적어도 형법 제362조 제1항 소정의 장물을 보관한 경우에 해당한다고 보아야 한다.

5. 사안에 대한 대법원의 결론

【대법원 판단】 라. 결국, 이 사건 공소사실 중 장물취득의 점과 실제로 인정되는 장물보관의 범죄사실은 객관적 사실관계로서는 동일하고, /
【대법원 판단】 다만 이를 장물의 취득으로 볼 것인가 보관으로 볼 것인가 하는 법적 평가에 있어서만 차이가 있을 뿐이어서 피고인을 장물보관죄로 처단하더라도 피고인의 방어권 행사에 실질적인 불이익을 초래할 염려가 있다고는 보이지 아니하므로, /
【대법원 판단】 단순히 피고인이 위 신용카드들의 사실상 처분권을 취득한 것이 아니라는 이유만으로 피고인을 처벌하지 아니하는 것은 적정절차에 의한 신속한 실체적 진실의 발견이라는 형사소송의 목적에 비추어 현저히 정의와 형평에 반한다고 할 것이다.
【대법원 결론】 마. 따라서 원심으로서는 따로 공소사실의 변경이 없었더라도 피고인을 장물보관죄로 처단하였어야 할 것임에도 불구하고 이에 이르지 아니한 채 만연히 피고인의 행위가 장물취득죄의 구성요건에 해당하는지의 여부만을 심리한 끝에 그 부분에 관하여 무죄를 선고하고 말았으니, /
【대법원 결론】 이러한 원심판결에는 공소장 변경 없이 심판할 수 있는 범위에 관한 법리를 오해함으로써 판결에 영향을 미친 위법이 있다고 아니할 수 없으므로, 이 점을 지적하는 검사의 상고이유 주장은 이유 있다. (파기 환송)

【코멘트】

(1) 장물취득과 불법영득의사

본 판례는 장물취득과 장물보관의 차이점을 잘 보여주고 있다. 장물취득은 "점유를 이전받음으로써 그 장물에 대하여 사실상의 처분권을 획득하는 것"을 의미한다. 단순히 보수를 받고 본범을 위하여 장물을 일시 사용하거나 그와 같이 사용할 목적으로 장물을 건네받은 것만으로는 장물을 취득한 것으로 볼 수 없다. 이러한 경우는 사실상의 처분권을 획득하는 것이 아니어서 장물취득에는 해당하지 않고, 장물보관 등에 해당할 수 있을 뿐이다.

독일 형법을 보면 장물죄의 성립요건으로 불법영득(이득)의사가 명시되어 있다(전술 706면 비교법 조문 13 참조). 이에 대해 우리 형법은 불법영득의사를 명시하고 있지 않다. 여기에서 우리 형법의 해석론으로 불법영득의사가 필요할 것인지가 문제된다. 본 판례에서 대법원은 이 문제에 대해 분명한 입장을 밝히고 있지 않다. 그러나 '사실상의 처분권'이라는 표현을 사용함으로써 간접적으로 불법영득의사를 요구하고 있음을 알 수 있다.

'사실상의 처분권'이란 사실상 소유권자와 마찬가지로 장물을 처분할 수 있는 지위를 의미한다. 사실상 소유권자와 같이 처분권을 행사하려면 실제의 소유자를 배제하고 장물범이 마치 소유자인 것처럼 권능을 행사하려는 의사, 즉 불법영득의사를 가지고 있어야 한다. 그러므로 장물취득죄가 성립하려면 주관적 요소로 당해 객체가 장물임을 인식해야 할 뿐만 아니라 장물에 대해 '사실상의 처분권'을 행사하려는 의사, 즉 불법영득의사가 추가로 필요하다. 이에 반해 장물보관 등의 행위는 장물에 대해 '사실상 처분권'을 취득하는 것이 아니므로 불법영득의사가 필요하지 않으며, 단순히 장물임을 인식하면서 보관 등의 행위를 하면 장물보관죄 등이 성립한다.

(2) 공소장변경절차 없는 범죄사실 인정

본 판례에서는 장물취득과 장물보관의 구별에 관한 실체법적 쟁점 이외에 공소장변경의 필요성 여부에 대한 소송법적 쟁점이 다루어지고 있다. 공소장은 공소사실과 죄명 및 적용법조를 명확하게 기재하여야 한다(형소법 제254조 제3항 참조). 그 이유는 법원으로 하여금 심판대상을 특정하고, 나아가 피고인으로 하여금 방어의 준비를 할 수 있도록 하기 위함이다.

그런데 형사재판이 진행되면서 처음에 공소장에 기재하였던 사실이 심리된 내용과 일치하지 않는 경우가 생길 수 있다. 이러한 상황에 대비하여 공소장변경제도가 마련되어 있는데, 그 한계는 공소사실(범죄사실)의 동일성이다(형소법 제298조 제1항 참조). 공소장변경절차를 통하여 특히 피고인은 심리의 중점이 변경되는 것을 확인하고, 새로운 심리쟁점에 대해 방어책을 강구할 수 있다.

이와 같은 원칙에도 불구하고 법원이 공소장변경절차를 거치지 않고 공소장에 기재된 공소사실과 다른 범죄사실을 인정할 수 있는 경우가 있다. 하나는 검사가 공소장에 기재한 사실과 다른 사실을 인정하더라도 피고인에게 불리하지 아니한 경우이다. 이 경우에는 굳이 피고인에게 방어의 기회를 부여할 필요가 없으므로 공소장변경절차를 요하지 않는다. 피고인에게 공소장변경절차를 통하여 방어의 기회를 부여할 것인가 아닌가는 법원의 재량판단에 맡겨져 있다.

법원이 공소장변경절차를 거치지 않고 다른 범죄사실을 인정하는 또 하나의 경우가 있다. 공소장변경절차를 거치지 않았다고 하여 다른 범죄사실을 인정하지 않는 것이 사안의 중대성에 비추어서 현저히 정의와 형평에 반하는 경우가 그것이다. 이러한 경우는 대단히 예외적인 상황이라고 할 수 있는데, 이에 해당하는 예외적인 경우라고 판단되면 법원은 직권으로 다른 범죄사실을 인정하지 않으면 안 된다.

본 판례의 사안에서 항소심법원은 장물취득죄의 공소사실에 대해 무죄로 판단하고 있다. 아마도 검사가 장물취득죄의 공소사실을 장물보관죄로 변경하는 공소장변경신청을 하지 않았기 때문이라고 생각된다. 그러나 대법원은 장물보관죄가 성립함에도 불구하고 단순히 장물취득죄가 인정되지 않는다는 이유로 무죄를 선고하는 것은 현저히 정의와 형평에 반하는 경우에 해당한다고 판단한다. 결론적으로 대법원은 항소심법원이 직권으로 장물보관죄를 인정하였어야 함에도 불구하고 이를 간과한 위법이 있다고 판단하여 항소심판결을 파기 환송하고 있다.

2010도6256

사기죄 객체의 구별방법
장물취득죄와 취득 - 부정례
대포통장 입금 사건

2010. 12. 9. 2010도6256, 공 2011상, 170

☞ 475면

2003도8219

장물보관죄 후의 횡령죄 여부
원앙형 향로 사건

2004. 4. 9. 2003도8219, 공 2004, 849

1. 사실관계 및 사건의 경과

【사실관계】

① 갑은 골동품 매매업에 종사하는 속칭 '나까마'이다.

② 절도범 A는 고려청자 원앙형 ㉠향로 1점을 B로부터 훔쳤다.

③ A는 ㉠향로 1점을 C에게 팔아달라고 의뢰하였다.

④ C는 갑에게 ㉠향로를 2억 5천만 원에 매매하여 달라고 의뢰하였다.

⑤ 갑은 C의 매매 의뢰를 승낙하고 ㉠향로를 넘겨받았다.

⑥ 이 과정에서 갑은 ㉠향로가 장물인지 여부에 대하여 확인하지 않았다.

⑦ 갑은 D로부터 3천만 원을 차용하면서 임의로 ㉠향로를 D에게 담보로 제공하였다.

【사건의 경과】

① 검사는 갑을 다음의 공소사실로 기소하였다.

(가) ㉠향로 취득 : 업무상 과실장물취득죄

(나) ㉠향로 담보제공 : 횡령죄

② 제1심법원은 유죄를 인정하였다.

③ 갑은 불복 항소하였다.

④ 항소심법원은 다음과 같이 판단하였다.

(가) ㉠향로 취득 : 업무상 과실장물취득죄 : 유죄

(나) ㉠향로 담보제공 : 횡령죄 : 무죄

⑤ 검사는 무죄 부분에 불복 상고하였다.

2. 사안에 대한 대법원의 판단

【대법원 요지】 절도 범인으로부터 장물보관 의뢰를 받은 자가 그 정을 알면서 이를 인도받아 보관하고 있다가 임의 처분하였다 하여도 /

【대법원 요지】 장물보관죄가 성립하는 때에는 이미 그 소유자의 소유물 추구권을 침해하였으므로 그 후의 횡령행위는 불가벌적 사후행위에 불과하여 별도로 횡령죄가 성립하지 않는다.

【대법원 판단】 원심은 그 채택 증거에 의하여, /

【대법원 판단】 피고인이 2002. 9. 초순경 공소외인[C]으로부터 장물인 고려청자 원앙형 향로 1점을 2억 5천만 원에 매각하여 달라는 의뢰를 받음에 있어 /

【대법원 판단】 위 향로가 장물인지 여부를 확인하여야 할 업무상 주의의무가 있음에도 이를 게을리한 과실로 위 향로를 넘겨받아 장물을 보관하던 중, /

【대법원 판단】 2002. 11. 29. D로부터 금원을 차용하면서 위와 같이 보관중이던 위 향로를 담보로 제공한 사실을 인정한 후, /

【대법원 판단】 피고인이 업무상 과실로 장물인 위 향로를 보관하고 있다가 처분한 이 사건 행위는 업무상과실장물보관죄의 가벌적 평가에 포함되고 별도로 횡령죄를 구성하지 않는다고 판단하였는바, /

【대법원 결론】 위와 같은 원심의 판단은 정당하고, 거기에 장물죄의 불가벌적 사후행위에 관한 법리오해 등의 위법이 있다고 할 수 없다. (상고 기각)

【코멘트】 본 판례는 장물취득죄의 본질이 무엇인지를 보여주고 있다. 대법원은 추구권설의 입장에서 장물을 파악하고 있다. 추구권이란 소유권의 권능 가운데 하나로서 소유권의 객체가 되는 물건을 언제 어느 곳에서든지 되찾아올 수 있는 힘을 말한다. 장물죄는 추구권의 침해를 본질로 하며, 궁극적으로는 소유권의 침해를 내용으로 한다. 한편 횡령죄는 전형적인 영득범죄로서 소유권을 주된 보호법익으로 한다. 장물범이 보관중인 장물을 횡령하는 행위는 이미 추구권 침해를 통하여 소유권이 침해된 객체에 대해 다시 소유권을 침해하는 것이다. 하나의 동일한 소유권이 거듭 침해된다고 하여 별개의 죄로 다스릴 수 없다는 것이 대법원의 태도이다.

그런데 장물범 갑이 장물을 횡령하는 것에 대해 아무런 조치를 취할 수 없다는 것은 불합리한 것이 아닌가 하는 생각을 해 볼 수 있다. 이 문제와 관련하여 앞에 소개한 2011. 4. 28. **2010도15350** 판례를 떠올릴 수 있다. 이 판례에서 대법원은 장물범이 장물임을 감추고 차량을 판매한 행위에 대해 매수인에 대한 기망행위가 새로운 법익침해에 해당한다는 이유로 사기죄 성립을 인정하고 있다. 본 판례의 경우에도 ㉠향로를 담보로 제공하여 D로부터 금전을 차용하는 행위에 초점을 맞추어 갑을 사기죄로 처벌하는 방안을 생각할 수 있다.

다만 이렇게 하려면 갑이 D에게 ㉠향로가 장물이 아닌 것처럼 속이고 담보로 제공하는 사실관계가 인정되어야 한다. 그런데 본 판례의 사실관계에서 갑의 ㉠향로 취득행위는 업무상 과실장물취득죄에 해당한다. 즉 ㉠향로를 D에게 담보로 제공하는 시점에 갑에게 ㉠향로가 장물이라는 점에 대한 인식이 없다. 그렇다면 갑에 ㉠향로가 장물임에도 불구하고 이를 D에게 고지하지 아니하였다고 하는 소위 부작위 형태의 기망은 생각할 수 없다. 결국 갑이 장물인 ㉠향로를 담보로 제공하는 행위는 사기죄로도 처벌할 수 없다는 결론에 이른다.

2004도6084

장물취득죄와 고의의 판단시점
도난 보석 문의 사건

2006. 10. 13. 2004도6084, [공보불게재]

1. 사실관계 및 사건의 경과

【사실관계】

① [갑은 A 등으로부터 ㉠보석을 편취하였다.]
② 갑은 ㉠보석을 들고 을이 운영하는 P전당포에 찾아왔다.
③ 갑은 ㉠보석을 담보로 제공하고 을로부터 돈을 빌렸다.
④ 을은 갑이 대여금을 갚지 않을 경우에 대비하여 갑으로부터 ㉡소유권포기각서를 받아 두었다.
⑤ 갑은 을에게 돈을 갚겠다고 약속하면서 담보로 맡긴 ㉠보석을 처분하지 말 것을 부탁하였다.
⑥ 이후 A 등이 을의 P전당포에 찾아왔다.
⑦ A 등은 을에게 ㉠보석이 없느냐고 물었다.
⑧ 을은 [㉠보석이 없다고 말하고] ㉠보석을 계속 가지고 있었다.

【사건의 경과】

① 검사는 을을 다음의 공소사실로 기소하였다.
  (가) ㉠보석을 담보로 잡은 행위 : 장물취득죄
  (나) A 등이 찾아온 이후에 계속 ㉠보석을 가지고 있었던 행위 : 장물보관죄
② 제1심법원은 다음과 같이 판단하였다.
  (가) 장물취득죄 부분 : 무죄
  (나) 장물보관죄 부분 : 유죄
③ 갑은 불복 항소하였다.
④ 항소심법원은 제1심판결을 파기하고, 다음과 같이 판단하였다.
  (가) 장물취득죄 부분 : 무죄
  (나) 장물보관죄 부분 : 무죄
⑤ 검사는 불복 상고하였다.

2. 사안에 대한 대법원의 판단

(1) 장물죄의 고의

【대법원 요지】 가. 장물죄에 있어서 장물의 인식은 확정적 인식임을 요하지 않으며 장물일지도 모른

다는 의심을 가지는 정도의 미필적 인식으로서도 충분하고, /

【대법원 요지】 장물인 정을 알고 있었느냐의 여부는 장물 소지자의 신분, 재물의 성질, 거래의 대가 기타 상황을 참작하여 이를 인정할 수밖에 없다 할 것인바 /

【대법원 판단】 위와 같은 법리와 기록에 비추어 살펴보면, /

【대법원 판단】 원심이 그 판시와 같은 이유로 피고인이 제1심 판시 범죄일람표 (4) 기재와 같이 공소외인[갑]로부터 보석들을 전당잡을 당시 그 보석들이 피해자들로부터 편취한 장물이라는 정을 알았다고 보기는 어렵고, /

【대법원 판단】 다만 피고인이 피해자들로부터 피고인의 전당포에 자신들의 보석이 없느냐는 문의를 받은 시점부터는 위 보석들이 장물일지도 모른다는 사실을 인식하고 있었다고 본 것은 정당한 것으로 수긍이 가고, /

【대법원 판단】 거기에 상고이유로 주장하는 바와 같은 채증법칙 위배로 인한 사실오인의 위법이 없다.

(2) 장물취득죄 고의의 판단 시점

【대법원 요지】 나. 장물취득죄는 취득 당시 장물인 정을 알면서 재물을 취득하여야 성립하는 것이므로 /

【대법원 요지】 피고인이 재물을 인도받은 후에 비로소 장물이 아닌가 하는 의구심을 가졌다고 하여 그 재물수수행위가 장물취득죄를 구성한다고 할 수 없고, /

【대법원 요지】 장물인 정을 모르고 장물을 보관하였다가 그 후에 장물인 정을 알게 된 경우 그 정을 알고서도 이를 계속하여 보관하는 행위는 장물죄를 구성하는 것이나 /

【대법원 요지】 이 경우에도 점유할 권한이 있는 때에는 이를 계속하여 보관하더라도 장물보관죄가 성립한다고 할 수 없다.

【대법원 분석】 원심은 /

【대법원 요지】 전당포영업자가 돈을 대여하고 물건을 전당잡는 행위(질권설정행위)는 전당잡은 물건에 대하여 사실상의 처분권을 획득하는 행위로서 장물취득죄에 있어서의 취득행위에 해당하므로 /

【대법원 요지】 장물취득죄에 있어서의 고의 유무는 이때를 기준으로 판단하여야 하는데, /

【대법원 판단】 이 사건과 같이 전당포영업자인 피고인이 보석들을 전당잡으면서 인도받을 당시 장물이라는 정을 알았다고 볼 증거가 없다면, /

【대법원 판단】 그 후 장물일지도 모른다고 의심하면서 소유권포기각서를 받은 행위가 장물취득죄에 해당한다고 볼 여지가 없고 /

(3) 장물보관죄 고의의 판단 시점

【대법원 분석】 또한 기록에 의하면, /

【대법원 분석】 피고인에게는 공소외인이 대여금을 변제하면 언제든지 보석들을 반환할 의사가 있었고, /

【대법원 분석】 공소외인 역시 소유권포기각서를 써 주었으나 피고인에게 돈을 갚겠다고 약속하면서 담보로 맡긴 보석들을 처분하지 말 것을 부탁하였으며, /

【대법원 분석】 전당업주에게 귀금속 등을 담보로 제공하고 돈을 빌릴 때 소유권포기각서를 작성하

는 경우도 있음을 알 수 있어, /

【대법원 판단】 피고인이 공소외인로부터 소유권포기각서를 받은 행위는 피고인이 공소외인과 사이에 금전관계를 정산하고 전당물에 대한 소유권을 완전히 취득하기 위한 것이라기보다는 담보를 확실히 하기 위한 것으로 보이므로, /

【대법원 판단】 이러한 행위를 별개의 취득행위라고 볼 여지도 없으며, /

【대법원 판단】 한편 이 사건과 같이 전당포영업자인 피고인이 대여금채권의 담보로 보석들을 전당잡은 경우에는 이를 점유할 권한이 있는 때에 해당하여 장물보관죄가 성립할 여지 역시 없다고 판단하여 /

【대법원 판단】 이 부분 공소사실을 유죄로 인정한 제1심판결을 파기하고 무죄를 선고하였는바, /

【대법원 결론】 앞서 본 법리와 기록에 비추어 살펴보면, 원심의 위와 같은 조치는 정당한 것으로 수긍이 가고, 거기에 상고이유로 주장하는 바와 같은 장물취득죄의 고의에 대한 심리미진이나 장물취득의 개념에 관한 법리오해 등의 위법이 없다. (상고 기각)

제42장 손괴의 죄

2007도5207

재물손괴죄와 재물 – 인정례
재건축 아파트 철거 사건

2007. 9. 20. 2007도5207, 공 2007, 1721

1. 사실관계 및 사건의 경과

【사실관계 1】

① P아파트 단지에 재건축사업이 추진되고 있다.
② A는 P아파트 단지 ㉠동에 ㉡아파트를 소유하고 있다.
③ P아파트 단지의 재건축을 추진하기 위하여 Q재건축조합이 결성되었다.
④ 갑은 Q조합의 조합장으로 선출되었다.
⑤ A는 Q조합에 조합원으로 가입하였다.
⑥ A는 Q조합 가입과 함께 Q조합 정관의 모든 내용에 동의한다는 취지의 동의서를 제출하였다.
⑦ Q조합의 정관에는 다음의 내용이 규정되어 있다.
  (가) 조합은 건축물을 철거할 수 있다.
  (나) 조합원은 철거에 응할 의무를 부담한다.

【사실관계 2】

① Q조합은 관련 규정과 정관이 정한 바에 따라 관리처분계획을 확정하였다.
② [관리처분계획이란 재개발지역에 조성된 대지와 기존 건축물의 처분 및 관리에 관한 계획을 말한다.]
③ [관리처분계획에는 조합원의 개략적인 부담금의 내역 및 분양신청기간 등이 담겨 있다.]
④ 관리처분이 확정되면 조합원은 자기 소유 아파트에 대해 조합 앞으로 신탁등기를 하여야 한다.
⑤ P아파트 단지의 재건축공사를 담당할 시공사로 R회사가 선정되었다.
⑥ A는 신축아파트에 대해 분양신청을 하였다.

【사실관계 3】

① A 소유의 ㉠동 ㉡아파트를 포함하여 P단지 내의 낡은 아파트 건물을 철거할 단계가 되었다.
② A 등 아파트의 소유자나 세입자들은 모두 타처로 이사하여 ㉠동은 거주하지 않은 채 비워져 있었다.
③ 이후 Q재건축조합의 사업계획 내용이 변경되었다.
④ 이 변경으로 A에게 평형배정이 불리하게 변경되었고 분양가도 상승하게 되었다.

⑤ 이에 A는 Q조합의 관리처분계획에 대해 반대하면서 ㉡아파트에 관한 신탁등기 및 명도의무이행을 거부하였다.
⑥ [A 이외에도 A와 같은 생각을 가진 조합원들이 여러 사람 있었다.]

【사실관계 4】

① Q조합은 A 등을 상대로 관할법원에 명도단행가처분신청을 하였으나 제1심에서 기각되었다.
② Q조합은 불복 항고하였다.
③ 항고심이 계속 중인 가운데 Q조합의 조합장 갑은 ㉡아파트가 속한 ㉠동의 철거를 감행하였다.
④ ㉠동의 철거 후 A는 신축아파트의 동 · 호수 추첨 및 분양계약에 참여하였다.

【사건의 경과】

① 검사는 Q조합의 조합장 갑을 재물손괴죄로 기소하였다.
② 갑의 피고사건은 제1심을 거친 후, 항소심에 계속되었다.
③ 항소심은 유죄를 인정하였다.
④ 갑은 불복 상고하였다.
⑤ 갑은 첫 번째 상고이유로 다음의 점을 주장하였다.
 (가) A 등의 ㉡아파트 등은 재건축사업으로 그 철거가 예정되어 있었다.
 (나) ㉡아파트 등은 소유자나 세입자들이 모두 타처로 이사하여 거주하지 않은 채 비워져 있던 상태였다.
 (다) 그러므로 철거된 ㉠동은 재물손괴죄의 객체에 해당하지 않는다.
⑥ 갑은 두 번째 상고이유로 다음의 점을 주장하였다.
 (가) Q조합의 정관에는 조합이 건축물을 철거할 수 있다는 내용이 규정되어 있다.
 (나) Q조합의 정관에는 조합원이 철거에 응할 의무를 부담한다는 내용이 규정되어 있다.
 (다) 따라서 ㉠건물의 철거행위는 피해자의 승낙에 따라 위법성이 조각된다.

2. 사안에 대한 대법원의 판단

(1) 재물손괴죄의 객체 부분에 대한 판단

【대법원 요지】 1. 물건이 그 본래의 사용목적에 공할 수 있거나, 다른 용도로라도 사용이 가능한 상태에 있다면, /

【대법원 요지】 재산적 이용가치 내지 효용이 있는 것으로서 재물손괴죄의 객체가 될 수 있다.

【대법원 분석】 기록에 의하면, 피해자들의 이 사건 각 아파트는 이 사건 당시 재건축사업으로 그 철거가 예정되어 있었고 소유자나 세입자들이 모두 타처로 이사하여 거주하지 않은 채 비워져 있던 상태였음을 알 수 있으나, /

【대법원 분석】 위 각 아파트 자체의 객관적 성상이 그 본래의 사용목적인 주거용으로 사용될 수 없는 상태로 되어 있었다는 점을 인정할 자료가 없고, /

【대법원 분석】 더욱이 피해자들이 Q주택재건축정비사업조합(이하 '이 사건 조합'이라 한다)에로의 신탁등기 및 명도를 거부하는 방법으로 계속 그 소유권을 행사하고 있는 상황에서, /

【대법원 판단】 위와 같은 사정만으로는 위 각 아파트가 재물로서의 이용가치나 효용이 없는 물건으

로 되었다고 할 수 없으므로, 위 각 아파트는 재물손괴죄의 객체가 된다고 할 것이다.
【대법원 결론】 같은 취지에서 원심이, 피해자들의 위 각 아파트가 재물손괴죄의 객체가 된다고 판단한 것은 옳은 것으로 수긍이 가고, 거기에 상고이유의 주장과 같은 재물손괴죄의 객체에 관한 법리오해의 위법 등이 있다고 할 수 없다.

(2) 피해자의 승낙 부분에 대한 판단

【대법원 분석】 2. 재건축조합의 규약이나 정관에 '조합은 사업의 시행으로서 그 구역 내의 건축물을 철거할 수 있다'는 취지와 '조합원은 그 철거에 응할 의무가 있다'는 취지의 규정이 있고, /
【대법원 분석】 조합원이 재건축조합에 가입하면서 '조합원의 권리, 의무 등 조합 정관에 규정된 모든 내용에 동의한다'는 취지의 동의서를 제출하였다고 하더라도, /
【대법원 요지】 조합원은 이로써 조합의 건축물 철거를 위한 명도의 의무를 부담하겠다는 의사를 표시한 것일 뿐이므로, /
【대법원 요지】 조합원이 그 의무이행을 거절할 경우에는 재건축조합은 명도청구소송 등의 법적 절차를 통하여 그 의무이행을 구하여야 함이 당연한 것이고, /
【대법원 요지】 조합원이 위와 같은 동의서를 제출한 것을 '조합원이 스스로 건축물을 명도하지 아니하는 경우에도 재건축조합이 법적 절차에 의하지 아니한 채 자력으로 건축물을 철거하는 것'에 대해서까지 사전 승낙한 것이라고 볼 수는 없다.
【대법원 분석】 기록에 의하면, 피해자들은 이 사건 조합에 조합원으로 가입하면서 조합 정관의 모든 내용에 동의한다는 취지의 동의서를 제출한 점, /
【대법원 분석】 이 사건 조합의 정관에는 조합이 건축물을 철거할 수 있다는 내용 및 조합원이 철거에 응할 의무를 부담한다는 내용이 규정되어 있는 점 등을 알 수 있으나, /
【대법원 분석】 한편 피해자들은 그 후 사업계획 내용의 변경으로 신축아파트의 평형배정이 불리하게 변경되고 분양가도 상승하게 되자 관리처분계획에 대해 반대하면서 각 아파트에 관한 신탁등기 및 명도의무이행을 거부하였던 점 역시 알 수 있는바, /
【대법원 판단】 그렇다면 피해자들이 위와 같은 동의서를 이 사건 조합에 제출한 바 있다고 하여 미리 자신들의 각 아파트의 철거를 승낙한 것이라고 할 수 없고, /
【대법원 판단】 피해자들이 이 사건 조합에 가입한 후 신축아파트에 관한 분양신청을 한 바 있다거나, 이 사건 철거 후 신축아파트의 동·호수 추첨 및 분양계약에 참여했다는 사정이 있다 하더라도 이를 들어 이 사건 당시 철거를 승낙하였던 것이라고 볼 수는 없다.
【대법원 결론】 같은 취지에서 원심이, 피고인이 주장하는 바와 같은 조합 정관의 규정 내용 및 피해자들의 동의서 제출, 그 후의 분양신청, 동·호수 추첨, 분양계약에의 참여 등의 사정만으로는 피해자들이 위 각 아파트의 철거에 대해 명시적 또는 묵시적으로 동의하였다고 볼 수 없다고 판단한 것은 옳은 것으로 수긍이 가고, /
【대법원 결론】 거기에 상고이유의 주장과 같은 채증법칙 위배 내지 피해자의 승낙에 관한 법리오해의 위법 등이 있다고 할 수 없다. (상고 기각)

2007도2590

재물손괴죄와 효용침해 - 부정례
해고노동자 계란투척 사건

2007. 6. 28. 2007도2590, 공 2007, 1217

1. 사실관계 및 사건의 경과

【사실관계】

① 갑은 P시내버스 운수회사로부터 해고를 당하였다.

② 갑은 Q노동조합총연맹 전국해고자투쟁특별위원회 회원들과 함께 P회사에서 복직 등을 요구하는 집회를 계속하였다.

③ 2006. 2. 16. 갑은 계란 30여 개를 P회사 건물에 투척하였다. (㉠행위)

④ 2006. 3. 2. 갑은 계란 10여개를 P회사 건물에 투척하였다. (㉡행위)

⑤ 계란 투척으로 인하여 P회사 건물의 유리문이나 유리창 등 건물 내부에서 외부를 관망하는 역할을 수행하는 부분 중 일부가 사람들에게 불쾌감을 줄 정도로 더럽혀졌다

⑥ 투척된 계란을 제거하는 데에 50만 원 정도의 비용이 드는 청소가 필요하였다.

⑦ 2006. 3. 10. 갑은 래커 스프레이를 이용하여 P회사 건물 외벽과 1층 벽면, 식당 계단 천장 및 벽면에 '자본똥개, 원직복직, 결사투쟁' 등의 내용으로 낙서를 하였다. (㉢행위)

⑧ 갑의 낙서를 제거하는데 약 341만 원 상당의 돈이 들었다.

【사건의 경과】

① 검사는 갑을 폭처법위반죄(공동재물손괴)로 기소하였다.

② 갑의 피고사건은 제1심을 거친 후, 항소심에 계속되었다.

③ 항소심법원은 갑의 ㉠, ㉡, ㉢행위를 모두 유죄로 인정하였다.

④ 갑은 불복 상고하였다.

2. 손괴죄와 효용 침해의 의미

【대법원 요지】 형법 제366조 소정의 재물손괴죄는 타인의 재물을 손괴 또는 은닉하거나 기타의 방법으로 그 효용을 해하는 경우에 성립하는바, /

【대법원 요지】 여기에서 재물의 효용을 해한다고 함은 사실상으로나 감정상으로 그 재물을 본래의 사용목적에 공할 수 없게 하는 상태로 만드는 것을 말하며, /

【대법원 요지】 일시적으로 그 재물을 이용할 수 없는 상태로 만드는 것도 여기에 포함된다.

【대법원 요지】 특히, 건조물의 벽면에 낙서를 하거나 게시물을 부착하는 행위 또는 오물을 투척하는 행위 등이 그 건조물의 효용을 해하는 것에 해당하는지 여부는, /

【대법원 요지】 당해 건조물의 용도와 기능, 그 행위가 건조물의 채광 · 통풍 · 조망 등에 미치는 영향과 건조물의 미관을 해치는 정도, 건조물 이용자들이 느끼는 불쾌감이나 저항감, 원상회복의 난이도와

거기에 드는 비용, 그 행위의 목적과 시간적 계속성, 행위 당시의 상황 등 제반 사정을 종합하여 사회통념에 따라 판단하여야 할 것이다.

3. 사안에 대한 대법원의 판단

【대법원 판단】 위와 같은 법리에 비추어 기록에 나타난 제반 사정을 살펴보면, /
【대법원 판단】 [P]시내버스 운수회사로부터 해고당한 피고인이 Q노동조합총연맹 전국해고자투쟁특별위원회 회원들과 함께 위 회사에서 복직 등을 요구하는 집회를 개최하던 중 /
【대법원 판단】 2006. 3. 10. 래커 스프레이를 이용하여 회사 건물 외벽과 1층 벽면, 식당 계단 천장 및 벽면에 '자본똥개, 원직복직, 결사투쟁' 등의 내용으로 낙서를 함으로써 이를 제거하는데 약 341만원 상당이 들도록 한 행위는 /
【대법원 판단】 그로 인하여 건물의 미관을 해치는 정도와 건물 이용자들의 불쾌감 및 원상회복의 어려움 등에 비추어 위 건물의 효용을 해한 것에 해당한다고 볼 수 있으나, /
【대법원 판단】 같은 해 2. 16. 계란 30여 개, 같은 해 3. 2. 계란 10여 개를 위 회사 건물에 각 투척한 행위는, /
【대법원 판단】 비록 그와 같은 행위에 의하여 50만 원 정도의 비용이 드는 청소가 필요한 상태가 되었고 또 유리문이나 유리창 등 건물 내부에서 외부를 관망하는 역할을 수행하는 부분 중 일부가 불쾌감을 줄 정도로 더럽혀졌다는 점을 고려해 보더라도, /
【대법원 판단】 그 건물의 효용을 해하는 정도의 것에 해당하지 않는다고 봄이 상당하다.
【대법원 결론】 그럼에도 불구하고, 원심은 위 낙서행위 외에 각 계란투척행위까지 재물손괴죄에 해당하는 것으로 판단하였으니, 이 부분 원심판결에는 재물손괴죄에 관한 법리를 오해하여 판결에 영향을 미친 위법이 있다. (파기 환송)

70도2378

재물손괴죄와 효용침해 – 인정례
창포밭 고무호스 사건

1971. 1. 26. 70도2378, 집 19①, 형22

1. 사실관계 및 사건의 경과

【사실관계 1】
① ㉠창포밭은 A의 소유이다.
② A는 [㉠창포밭 가장자리에] ㉡우물을 팠다.
③ A는 ㉡우물의 물을 ㉠창포밭에 대기 위하여 ㉡우물에 갑 소유의 ㉢고무호스를 연결하였다.
④ A는 연결된 ㉢고무호스를 ㉠창포밭에 묻어서 수도관과 같이 이용하였다.

【사실관계 2】

① 갑 등은 P부락의 주민들이다.

② 갑 등은 ㉠창포밭에 마을의 공동우물을 파기로 하였다.

③ 갑 등은 갑의 지휘하에 아무 권한 없이 ㉠창포밭에서 창포 약 200본을 벌채하였다.

④ 갑 등은 또한 ㉠창포밭에 A가 매몰해 놓았던 ㉢고무호스 중 약 1.5미터를 발굴한 다음 A가 이미 파 놓은 ㉡우물가에 제쳐놓았다.

⑤ 제쳐진 ㉢고무호스는 접혀져 있어서 물이 통하지 않았다.

【사건의 경과】

① 검사는 갑 등을 특수손괴죄로 기소하였다.

② 갑의 피고사건은 제1심을 거친 후, 항소심에 계속되었다.

③ 항소심법원은 ㉢고무호스 손괴 부분에 대하여 다음과 같이 판단하였다.

(가) 제쳐놓은 ㉢고무호스는 언제든지 그 본래의 자리에 끼워 놓기만 하면 다시 물이 내려갈 수 있는 상태이다.

(나) 그러므로 ㉢고무호스를 발굴한 행위 자체가 고무호스 자체의 효용을 해한 것이라고는 할 수 없다.

④ 항소심법원은 갑 등의 ㉢고무호스 발굴 부분에 대해 무죄를 선고하였다.

⑤ 검사는 불복 상고하였다.

2. 사안에 대한 대법원의 판단

【대법원 판단】 그러나 원심이 인정한 바와 같이 /

【대법원 판단】 공소외인이 자기가 판 우물을 이용하기 위하여 위 우물에 자기 소유인 본건 고무호스를 연결하여 그 고무호스에 우물이 통하도록 하고 그 고무호스를 땅에 묻어서 수도관과 같이 이용하고 있는 것이라면 /

【대법원 판단】 위 피고인들이 위와 같은 상태로서 이용하고 있는 고무호스 중 약 1.5미터를 발굴하여 우물가에 제쳐 놓음으로써 그 고무호스에 물이 통하지 못하도록 한 행위는 /

【대법원 판단】 그 고무호스 자체를 물질적으로 손괴하였거나 은[닉]한 것은 아니라 하더라도 /

【대법원 판단】 다른 특별한 사정이 없는 한 그 고무호스를 우물에 연결하여 물이 통하도록 하므로써 수도관적 역할을 하고 있는 그 구체적인 본건 고무호스의 수도관적 역할을 하고 있는 그 효용을 해한 행위에 해당된다고 해석하여야 할 것임에도 불구하고 /

【대법원 판단】 원심이 "그 제쳐놓은 고무호스는 언제든지 그 본래의 자리에 끼[워] 놓기만 하면 다시 물이 내려갈 수 있는 상태이므로 그 고무호스를 발굴한 행위 자체가 고무호스 자체의 효용을 해한 것이라고는 할 수 없다"라고 판시하여 /

【대법원 판단】 그 원상회복이 용이하다는 사실만으로서 다른 특별한 사정 없이 재물손괴죄에 해당하지 아니한다고 판시하였음은 손괴죄에 관한 법리오해와 심리미진의 위법이 있다고 아니할 수 없으므로 원판결의 위 피고인들에게 관한 부분 중 위의 고무호스 손괴에 관한 부분을 파기하기로 한다. (파기 [환송])

2010도13609

공용물건손상죄 – 인정례
외통위 출입문 해머 사건

2013. 6. 13. 2010도13609, 공 2013하, 1266

☞ 1134면

2008도8973

경계침범죄와 경계 – 부정례
인접 토지 침범 사건

2010. 9. 9. 2008도8973, [공보불게재]

1. 사실관계 및 사건의 경과

【사실관계】

① 갑 소유의 ㉠토지와 A 소유의 ㉡토지는 서로 인접하여 있다.
② ㉠토지와 ㉡토지는 이전부터 경계구분이 되어 있지 않았다.
③ 2007. 2. 중순경 갑은 인접한 A 소유의 ㉡토지를 침범하여 나무를 심고 도랑을 파내는 등의 행위를 하였다.

【사건의 경과】

① 검사는 갑을 경계침범죄로 기소하였다.
② 갑의 피고사건은 제1심을 거친 후, 항소심에 계속되었다.
③ 항소심법원은 무죄를 선고하였다.
④ 검사는 불복 상고하였다.

2. 사안에 대한 대법원의 판단

【대법원 요지】 「형법」 제370조의 경계침범죄는 토지의 경계에 관한 권리관계의 안정을 확보하여 사권을 보호하고 사회질서를 유지하려는 데 그 목적이 있는 것으로서, /

【대법원 요지】 단순히 경계표를 손괴, 이동 또는 제거하는 것만으로는 부족하고 /

【대법원 요지】 위와 같은 행위나 기타 방법으로 토지의 경계를 인식불능하게 함으로써 비로소 성립된다 할 것인데, /

【대법원 요지】 여기에서 말하는 경계는 법률상의 정당한 경계인지 여부와는 상관없이 종래부터 경계로서 일반적으로 승인되어 왔거나 이해관계인들의 명시적 또는 묵시적 합의가 존재하는 등 어느 정도 객관적으로 통용되어 오던 사실상의 경계를 의미한다 할 것이므로, /

【대법원 요지】 설령 법률상의 정당한 경계를 침범하는 행위가 있었다 하더라도 그로 말미암아 위와 같은 토지의 사실상의 경계에 대한 인식불능의 결과가 발생하지 않는 한 경계침범죄가 성립하지 아니한다 할 것이다.

【대법원 분석】 원심은, 그 채택 증거에 의하여 적법하게 확정한 사실관계를 토대로, /

【대법원 판단】 비록 피고인이 인접한 피해자 소유의 토지를 침범하여 나무를 심고 도랑을 파내는 등의 행위를 하였다 하더라도, /

【대법원 판단】 피고인과 피해자 소유의 토지는 이전부터 경계구분이 되어 있지 않았고 피고인의 행위로 인하여 새삼스럽게 토지경계에 대한 인식불능의 결과를 초래하였다고 볼 수 없는 이상, /

【대법원 판단】 그 판시 2007년 2월 중순경 경계침범의 점은 그 범죄의 증명이 없다는 이유로 무죄를 선고하였는바, /

【대법원 결론】 원심판결의 이유 설시에 다소 적절하지 아니한 부분이 있기는 하지만, 위 공소사실을 무죄로 본 원심의 결론 자체는 앞서 본 법리 및 기록에 비추어 정당하다. (상고 기각)

92도1682

경계침범죄와 인식불능 – 부정례
담장 더 쌓기 사건

1992. 12. 8. 92도1682, 공 1993, 492

1. 사실관계 및 사건의 경과

【사실관계 1】

① M토지는 A가 소유하고 있던 것이다.
② A는 M토지 위에 N건물을 건립하였다.
③ 1978년 경 A는 N건물이 위치한 땅을 ㉠토지로 하고, 인접한 땅을 ㉡토지로 하는 등 M토지를 여러 필지로 분할하였다.
④ 1978년 경 B는 ㉡토지를 매수하였다.
⑤ 1989. 7.경 갑은 그 동안 전전양도되어 오던 ㉠토지 및 그 지상의 N건물을 매수하였다.
⑥ ㉠토지와 ㉡토지 사이에는 ㉢담벽이 설치되어 있다.

【사실관계 2】

① ㉠토지와 ㉡토지 일대는 지적도상의 경계와 현실의 경계가 일치하지 않는 곳이다.
② 지적도상의 경계에 의하면 갑 소유의 N가옥이 B 소유의 ㉡토지를 27평방미터 가량 침범한 것으로 되어 있다.
③ 그 결과 갑의 ㉢담벽도 B의 ㉡토지상에 건립되어 있는 것으로 되어 있다.
④ 그동안 갑과 을은 쌍방간에 ㉢담벽이 정당한 경계선인 것으로 알고 지내 왔다.
⑤ 1989. 12.경에 이르러 갑 소유의 N가옥이 B 소유의 ㉡토지를 침범하여 건축되어 있는지 여부가 문

제되어 갑과 B 사이에 분쟁이 일어났다.

【사실관계 3】

① N가옥 옆의 통로로 사용되던 ㉣공터가 있다.

② ㉣공터는 과거에 경계표시로 나무가 심어져 있던 곳이다.

③ 갑은 기왕에 설치된 ㉢담벽이 정당한 경계라고 주장하였다.

④ 갑은 그 주장과 함께 ㉣공터에 ㉢담벽과 연결하여 N가옥의 담벽을 기준으로 B 소유의 ㉡토지 위에 길이 4미터 높이 1.5미터의 ㉤브록크담을 추가로 쌓았다.

【사건의 경과】

① 검사는 갑을 경계침범죄로 기소하였다.

② 갑의 피고사건은 제1심을 거친 후, 항소심에 계속되었다.

③ 항소심법원은 다음의 이유로 유죄를 인정하였다.

(가) [토지의 경계는 지적도를 기준으로 판단한다.]

(나) N가옥은 B 소유의 ㉡토지를 침범하여 건축되어 있다.

(다) 갑은 N가옥이 B 소유의 ㉡토지를 침범하여 건축되어 있어 그 대지 경계에 문제가 있다는 점을 미리 알고 있었다.

(라) 그럼에도 불구하고 갑이 ㉤브로크담을 추가로 쌓은 것은 B 소유 ㉡대지의 경계를 인식불능하게 만든 행위에 해당한다.

④ 갑은 불복 상고하였다.

2. 사안에 대한 항소심의 판단

【대법원 분석】 1. 원심이 그 거시증거에 의하여 유죄로 인정한 사실은 다음과 같다.

【대법원 분석】 즉, 피고인은 부산 서구 ○○○동 ○가 161의 188 지상 가옥에 거주하면서, /

【대법원 분석】 동 가옥이 바로 옆에 있는 피해자 B 소유의 위 같은 곳 161의 189 대지중 약 27평방미터를 침범하여 건축되어 있어 그 대지경계에 문제가 있다는 것을 미리 알고 있었음에도 불구하고, /

【대법원 분석】 판시 일시에 위 가옥의 담벽을 기준으로 위 피해자 소유의 대지 위에 길이 4미터 높이 1.5미터의 브록크담을 추가로 쌓음으로써 위 피해자 소유 대지의 경계를 인식불능하게 만들었다는 것이다.

3. 사안에 대한 대법원의 판단

(1) 사안에 대한 대법원의 분석

【대법원 분석】 한편 기록에 의하여 이 사건의 경위를 살펴 보면, /

【대법원 분석】 피고인 소유의 위 토지와 피해자 소유의 위 토지는 위 같은 곳 161에서 분필된 것으로서, /

【대법원 분석】 분필전 소유자에 의해 1978년경 위 건물이 건립된 후 위 각 토지 등 수필지로 분필되었고, /

【대법원 분석】 그중 위 161의 189 토지는 피해자가 1978년경 매수하고 /
【대법원 분석】 위 161의 188 토지 및 지상건물은 전전양도되어 오다가 피고인이 1989. 7.경에 매수하여 /
【대법원 분석】 각 이를 소유하여 오면서 쌍방간에 위 담벽이 정당한 경계선인 것으로 알고 지내 오다가, /
【대법원 분석】 1989. 12.경에 이르러 피고인 소유의 위 가옥이 피해자 소유의 위 토지를 침범하여 건축되어 있는지 여부가 문제가 되어 위 양인 사이에 분쟁이 있던 중, /
【대법원 분석】 피고인이 기왕에 설치된 담벽이 정당한 경계라고 주장하면서 위 가옥 옆의 통로로 사용되던 공터(과거에 경계표시로 나무가 심어져 있던 곳)에 위 담벽과 연결하여 위와 같이 추가로 브록크담을 쌓은 사실, /
【대법원 분석】 그런데 위 토지 일대는 지적도상의 경계와 현실의 경계가 일치하지 않는 곳으로서 /
【대법원 분석】 지적도상의 경계에 의하면 피고인 소유의 위 가옥이 피해자 소유의 위 토지를 27평방미터 가량 침범하여 그 결과 피고인의 담벽도 피해자의 토지상에 건립되어 있는 사실을 인정할 수 있다.

(2) 경계침범죄의 경계 결정 기준

【대법원 요지】 2. (1) 형법 제370조의 경계침범죄는 토지의 경계에 관한 권리관계의 안정을 확보하여 사권을 보호하고 사회질서를 유지하려는 데 그 규정목적이 있는바, /
【대법원 요지】 여기에서 말하는 경계는 반드시 법률상의 정당한 경계를 가리키는 것은 아니고, /
【대법원 요지】 비록 법률상의 정당한 경계에 부합되지 않는 경계라 하더라도 그것이 종래부터 일반적으로 승인되어 왔거나 이해관계인들의 명시적 또는 묵시적 합의에 의하여 정해진 것으로서 객관적으로 경계로 통용되어 왔다면 이는 본조에서 말하는 경계라 할 것이고, /
【대법원 요지】 따라서 그와 같이 종래 통용되어 오던 사실상의 경계가 법률상의 정당한 경계인지 여부에 대하여 다툼이 있다고 하더라도, /
【대법원 요지】 그 사실상의 경계가 법률상 정당한 경계가 아니라는 점이 이미 판결로 확정되었다는 등 경계로서의 객관성을 상실하는 것으로 볼 만한 특단의 사정이 없는 한, /
【대법원 요지】 여전히 본조에서 말하는 경계에 해당되는 것이라고 보아야 할 것이다.

(3) 사안에 대한 대법원의 판단

【대법원 분석】 이 사건에서 원심은, /
【대법원 분석】 기존에 건립된 위 담벽이 과연 법률상의 정당한 경계인지 여부에 집착하여, /
【대법원 분석】 위 담벽이 지적도상의 경계와 상치하다는 점을 들어, 위 담벽이 아닌 지적도상의 경계가 경계침범죄에서 말하는 경계인 것으로 보고 있는 듯하나, /
【대법원 판단】 위 인정사실과 같이 위 담벽이 이해관계인 사이에 사실상 경계선으로 그 동안 통용되어 왔다면, /
【대법원 판단】 오히려 위 담벽과 이를 기준으로 한 연장선을, 지적도상의 경계와의 부합 여부에 관계없이 경계침범죄의 객체로서의 경계인 것으로 보아야 할 것이지, /
【대법원 판단】 지적도상의 경계선을 경계침범죄의 객체인 경계로 볼 수는 없다 할 것이다 /

【대법원 판단】 (위와 같은 사실상의 경계선이 법률적으로 정당하지 못하다면 피해자가 민사소송으로 권리구제를 받을 수 있음은 별론이다).
【대법원 결론】 사실관계와 법리가 그와 같음에도, 원심이 이 사건에서 사실상의 경계가 아닌 지적도상의 경계선을 경계침범죄의 경계로 보고, 이를 전제로 피고인의 판시 행위가 경계침범죄에 해당한다고 보았음은 결국 경계침범죄의 경계를 잘못 이해하고 이로 인하여 심리를 다하지 아니한 위법의 소치라 할 것이다.

(4) 경계침범죄의 성립 시점

【대법원 요지】 (2) 한편 경계침범죄는 어떠한 행위에 의하여 토지의 경계가 인식불능하게 됨으로써 비로소 성립되는 것이어서, /
【대법원 요지】 가령 경계를 침범하고자 하는 행위가 있었다 하더라도 그 행위로 인하여 토지경계 인식불능의 결과가 발생하지 않는 한 경계침범죄가 성립될 수 없다고 볼 것인 바, /
【대법원 판단】 피고인의 행위는 앞서 인정한 사실관계에서 보는 바와 같이 기왕에 건립되어 있던 담벽의 연장선상에 위 담벽과 연결하여 추가로 담벽을 설치한 것으로서, /
【대법원 판단】 이는 피고인 주장의 경계를 보다 확실히 하고자 한 행위에 지나지 아니할 뿐, 이로써 새삼스레 피해자 소유의 토지경계에 대한 인식불능의 결과를 초래한다고는 볼 수 없다.
【대법원 결론】 그럼에도 불구하고, 피고인의 판시 행위로 인하여 토지경계에 대한 인식불능의 결과가 초래되었다고 본 원심판결에는 경계침범죄의 구성요건인 토지경계의 인식불능에 대한 법리를 오해하거나 이로 인하여 심리를 다하지 아니한 위법도 있다 할 것이다. (파기 환송)

III

사회적 법익에 관한 죄

제12장 신앙에 관한 죄

2007도5296

예배방해죄와 예배 – 부정례
장롱 들여놓기 사건

2008. 2. 1. 2007도5296, 공 2008상, 347

1. 사실관계 및 사건의 경과

【사실관계】

① 갑은 P교회 신도였다.
② 2004. [1].경 갑은 P교회를 떠났다.
③ P교회의 Q예배당 건물은 A가 관리하고 있다.
④ 2004. 6. 2. 갑은 A의 의사에 반하여 P교회 교인들의 총유인 P교회 현판, 나무십자가 등을 떼어 내었다.
⑤ 2004. 6. 2. 갑은 Q예배당 건물에 침입한 후 출입문 자물쇠를 교체하여 교인들의 출입을 막았다.
⑥ 2006. 1. 12.까지 갑의 행위는 계속되었다.

【사건의 경과】

① 검사는 갑을 다음의 공소사실로 기소하였다.
  (가) 현판 등 철거 : 재물손괴죄
  (나) 예배당 건물 진입 : 건조물침입죄
  (다) 교인 출입금지 : 예배방해죄
② 갑의 피고사건은 제1심을 거친 후, 항소심에 계속되었다.
③ 항소심법원은 유죄를 인정하였다.
④ 갑은 불복 상고하였다.

2. 재물손괴죄 및 건조물침입죄 부분에 대한 판단

【대법원 분석】 원심이 채용한 증거를 기록에 비추어 살펴보면, /

【대법원 분석】 피고인이 2004. [1].경 P교회를 떠난 후 공소외인이 이 사건 예배당 건물을 점유 · 관리하고 있음에도, /

【대법원 분석】 피고인이 2004. 6. 2. 공소외인의 의사에 반하여 P교회 교인들의 총유인 P교회 현판, 나무십자가 등을 떼어 내고 위 예배당 건물에 들어가서 예배의자를 밀쳐 내고 피고인의 장롱을 들

여 놓은 후 교인들의 출입을 막은 사실을 인정할 수 있고, /

【대법원 판단】 이에 따르면 피고인이 위 물건들의 효용을 해하였다고 볼 수 있고, /

【대법원 판단】 또 피고인이 단순히 P교회의 교인으로서 이 사건 예배당 건물에 출입한 것이 아니라 이 사건 예배당 건물에 침입하였다고 보아야 할 것이므로, /

【대법원 결론】 같은 취지의 원심 판단은 정당하고, 거기에 상고이유에서 주장하는 바와 같은 채증법칙 위반으로 인한 사실오인 및 재물손괴죄와 건조물침입죄에 관한 법리오해 등의 위법이 있다고 할 수 없다.

3. 예배방해죄 부분에 대한 판단

【대법원 요지】 형법 제158조에 규정된 예배방해죄는 공중의 종교생활의 평온과 종교감정을 그 보호법익으로 하는 것이므로, /

【대법원 요지】 예배중이거나 예배와 시간적으로 밀접불가분의 관계에 있는 준비단계에서 이를 방해하는 경우에만 성립한다 할 것이다.

【대법원 분석】 이 부분 공소사실은, /

【대법원 분석】 피고인이 2005. 6. 2. 이 사건 예배당 건물에 침입한 후 출입문 자물쇠를 교체하여 교인들의 출입을 막음으로써 그 때부터 2006. 1. 12.까지 무려 7개월 이상 공소외인 등 교인들의 예배를 방해하였다는 것인바, /

【대법원 판단】 위 법리에 비추어 피고인이 장기간 예배당 건물의 출입을 통제한 사실만으로 예배방해죄가 성립한다고 볼 수는 없고, /

【대법원 판단】 기록상 달리 피고인이 위 기간 공소외인 등 교인들의 예배 내지 그와 밀접불가분의 관계에 있는 준비단계를 계속하여 방해하였다고 볼 증거도 보이지 않는다.

【대법원 결론】 따라서 피고인이 장기간 예배당 건물의 출입을 통제한 사실만으로 이 부분 공소사실을 그대로 유죄로 인정한 원심판결에는 예배방해죄에 관한 법리를 오해하여 판결 결과에 영향을 미친 위법이 있다 할 것이므로 이 점을 지적하는 상고이유의 주장은 이유 있다. (파기 환송)

94도1190

분묘발굴죄와 위법성조각 – 인정례
화장방식 결의 사건

1995. 2. 10. 94도1190, 공 1995, 1364

1. 사실관계 및 사건의 경과

【사실관계】

① ㉠분묘는 망 A를 매장한 묘이다.

② 갑은 사실상 ㉠분묘를 관리, 수호하며 봉제사를 행해 오고 있었다.

③ A의 가(家)를 계승한 사람은 A의 사망 당시 호주였던 B이었다.
④ B가 사망하자 사후양자로 C가 B를 호주상속하였다.
⑤ D와 E는 망 A의 양손녀들로서 출가 등의 사유로 A의 가(家)를 떠난 지가 오래 되었다.
⑥ C가 속한 P종중은 실질상 손이 끊겨 수호 관리하기 힘든 조상들의 묘를 화장방식으로 바꾸기로 결의하였다.
⑦ 갑은 P종중의 결의에 따라 C의 승낙하에 종교적 예를 갖추어 ㉠분묘를 발굴한 다음 그 안의 유골을 꺼내어 화장하였다.

【사건의 경과】
① 망 A의 양손녀 D와 E는 자신들의 승낙 없이 갑이 ㉠분묘를 발굴하여 유골을 화장해버린 행위가 분묘발굴죄에 해당한다고 주장하여 갑을 고소하였다.
② 검사는 갑을 분묘발굴죄로 기소하였다.
③ 제1심법원은 유죄를 인정하였다.
④ 갑은 불복 항소하였다.
⑤ 항소심법원은 항소를 기각하고, 제1심판결을 유지하였다.
⑥ (항소심의 판단 이유는 판례 본문 참조)
⑦ 갑은 불복 상고하였다.

2. 사안에 대한 항소심의 판단

【항소심 판단】 원심판결 이유에 의하면 원심은, /
【항소심 판단】 분묘발굴죄의 보호법익이 분묘에 대한 관리·처분권이 아니고, /
【항소심 판단】 분묘의 평온을 유지하여 사자에 대한 종교적 숭경의 감정이나 종교적 습속을 보호하려 함에 있는 점에 비추어 볼 때 /
【항소심 판단】 피고인이 이 사건 분묘에 매장된 망 A의 손녀들인 D 등 이 사건 고소인들의 승낙을 얻지 아니한 채 망 A의 묘를 발굴한 다음 그 안의 유골을 꺼내어 화장한 이상 /
【항소심 판단】 피고인이 분묘발굴 전에 종중회의의 결의를 얻었거나 위 망 A의 양손자인 C의 승낙을 얻었다 하더라도 피고인의 행위는 분묘발굴죄에 해당하고 /
【항소심 판단】 사회통념상 상당성이 있는 행위라고 볼 수 없다는 이유로 /
【항소심 판단】 피고인에게 유죄를 선고한 제1심판결을 그대로 유지하였다.

3. 사안에 대한 대법원의 판단

【대법원 요지】 그러나 분묘발굴죄는 그 분묘에 대하여 아무런 권한 없는 자나 또는 권한이 있는 자라도 사체에 대한 종교적 양속에 반하여 함부로 이를 발굴하는 경우만을 처벌대상으로 삼는 취지라고 보아야 할 것이므로 /
【대법원 요지】 법률상 그 분묘를 수호·봉사하며 관리하고 처분할 권한이 있는 자 또는 그로부터 정당하게 승낙을 얻은 자가 사체에 대한 종교적·관습적 양속에 따른 존숭의 예를 갖추어 이를 발굴하는 경우에는 그 행위의 위법성은 조각된다고 할 것이고, /

【대법원 요지】 한편 분묘에 대한 봉사·수호 및 관리·처분권은 종중이나 그 후손들 모두에게 속하여 있는 것이 아니라 오로지 그 분묘에 관한 호주상속인에게 전속하는 것으로서 /
【대법원 요지】 이와 같은 법리는 사후양자로서 그 가를 계승한 경우에도 다르지 아니하다 할 것인바, /
【대법원 판단】 기록에 의하면 이 사건 분묘에 매장된 망 A의 가를 계승한 사람은 위 망인의 사망 당시 호주였던 망 B의 사후양자로 그를 호주상속한 것으로 되어 있는 공소외 C이고 /
【대법원 판단】 고소인들은 단지 출가 등의 사유로 오래 전에 위 가를 떠난 위 망 A의 양손녀들일 뿐임이 명백하므로 /
【대법원 판단】 사실상 위 분묘를 관리, 수호하고 봉제사를 행하여 오던 피고인이 실질상 손이 끊겨 수호 관리하기 힘든 조상들의 묘를 화장방식으로 바꾸기로 한 종중의 결의에 따라 위 C의 승낙하에 종교적 예를 갖추어 이 사건 분묘를 발굴하였다면 /
【대법원 판단】 비록 위 발굴 전에 위 망 A의 출가한 양손녀들인 고소인들의 승낙을 얻지 아니하였다 하더라도 이를 위법한 행위라고 단정할 수는 없는 것이다.
【대법원 결론】 그렇다면 원심으로서는 과연 피고인이 위 C의 사전 승낙을 얻어 위 분묘에 대한 종교적 예를 갖추어 이 사건 분묘발굴행위를 하였는지 여부를 좀더 심리하여 본 다음에 이에 어긋나는 것으로 인정될 경우에만 피고인을 유죄로 인정하였어야 할 것임에도 불구하고 이에 이르지 아니하였으니 원심판결에는 분묘발굴죄의 법리를 오해하고 심리를 미진하여 판결에 영향을 미친 위법이 있다 하겠으므로 이 점을 지적하는 논지는 이유 있다. (파기 환송)

【코멘트】 본 판례는 분묘발굴죄와 관련한 위법성조각의 사례를 보여주고 있다. 대법원은 "법률상 그 분묘를 수호·봉사하며 관리하고 처분할 권한이 있는 자 또는 그로부터 정당하게 승낙을 얻은 자가 사체에 대한 종교적·관습적 양속에 따른 존숭의 예를 갖추어 이를 발굴하는 경우에는 그 행위의 위법성은 조각된다"고 판단하여 분묘발굴죄의 성립범위를 대폭 제한하고 있다.

본 판례에서 대법원이 제시한 위법성조각사유의 출발점은 '법률상 분묘를 수호·봉사하며 관리하고 처분할 권한이 있는 자'이다. 이와 관련하여 대법원은 본 판례에서 이러한 권한이 그 분묘에 관한 호주상속인에게 전속한다고 판시하고, 이러한 기준은 사후양자에게도 적용된다고 판시하고 있다. 그러나 1990년의 민법 개정에 의하여 사후양자제도가 폐지되고, 나아가 2005년의 민법 개정으로 호주제도도 폐지됨에 따라 '호주상속인' 및 '사후양자' 부분에 관한 판시사항은 더 이상 의미를 가질 수 없게 되었다.

호주상속인의 개념이 없어짐에 따라 이를 대체할 수 있는 것으로 제사주재자(민법 제1008조의3)의 개념이 주목된다. 그런데 민법은 제사주재자의 개념정의를 제시하고 있지 아니하여 논란의 소지가 있었다. 이에 대해 대법원은 2008. 11. 20. 2007다27670 전원합의체 판결(공 2008하, 1727)을 통하여 다음과 같이 제사주재자의 판단기준을 제시하였다. 즉, "제사주재자는 우선적으로 망인의 공동상속인들 사이의 협의에 의해 정하되, 협의가 이루어지지 않는 경우에는 제사주재자의 지위를 유지할 수 없는 특별한 사정이 있지 않은 한 망인의 장남(장남이 이미 사망한 경우에는 장남의 아들, 즉 장손자)이 제사주재자가 되고, 공동상속인들 중 아들이 없는 경우에는 망인의 장녀가 제사주재자가 된다."

개정된 민법과 대법원의 판단기준에 따를 때, 본 판례의 판시사항 가운데 분묘에 대한 관리·처분권

부분은 이제 다음과 같이 고쳐서 읽어야 할 것이다. 즉, "분묘에 대한 봉사 · 수호 및 관리 · 처분권은 종중이나 그 후손들 모두에게 속하여 있는 것이 아니라 오로지 제사주재자에게 전속하는 것[이다.]"

84도2263

사체유기죄와 유기 - 인정례
시체 마루 밑 은닉 사건

1984. 11. 27. 84도2263, 공 1985, 119

1. 사실관계 및 사건의 경과

【사실관계】

① 갑은 A녀를 살해하고 A녀 소유의 재물을 강취하기로 마음먹었다.

② 갑은 미리 준비한 쇠망치로 A녀의 후두부 등을 여러 차례 내려쳐 살해하였다.

③ 갑은 그와 함께 A녀 소유의 현금 및 가재도구 등을 강취하였다.

④ 갑은 A녀를 살해한 후 범행을 은폐하기 위하여 A녀의 시체를 A녀의 방과 연결된 마루의 연탄아궁이 덮개를 열고 마루 밑으로 떨어뜨리고 다시 마루 밑 안쪽 깊숙히 밀어 넣은 다음 그 덮개를 닫았다.

【사건의 경과】

① 검사는 갑을 강도살인죄 및 사체유기죄로 기소하였다.

② 제1심법원은 갑을 강도살인죄와 사체유기죄의 실체적 경합범으로 처단하였다.

③ 갑은 불복 항소하였다.

④ 항소심법원은 항소를 기각하고, 제1심판결을 유지하였다.

⑤ 갑은 불복 상고하였다.

⑥ 갑은 상고이유로, 사체유기는 강도살인죄의 불가벌적 사후행위이므로 독립하여 성립하지 않는다고 주장하였다.

2. 사안에 대한 대법원의 판단

【대법원 요지】 사람을 살해한 다음 그 범죄의 흔적을 은폐하기 위하여 그 시체를 다른 장소로 옮겨 유기하였을 때에는 살인죄와 사체유기죄의 경합범이 성립하는 것이므로 /

【대법원 판단】 피고인이 공소외 망인을 살해한 후 그 시체를 그의 방과 연결된 마루의 연탄아궁이 덮개를 열고 마루 밑으로 떨어뜨리고 다시 마루 밑 안쪽 깊숙히 밀어 넣은 다음 그 덮개를 닫아 사체를 유기한 사실은 피고인의 강도살인죄와 경합범관계에 있어 /

【대법원 결론】 원심이 유지한 제1심 판결이 이를 형법 제37조 전단의 경합범으로 처단한 조치는 정당하다 할 것이며 /

【대법원 결론】 사체유기는 불가벌적 사후행위라는 소론 논지는 독자적 견해로서 채용할 것이 되지 못한다. (상고 기각)

86도891

사체은닉죄와 은닉 – 부정례
만경산 강도살인 사건

1986. 6. 24. 86도891, 공 1986, 982

1. 사실관계 및 사건의 경과

【사실관계】

① 갑은 강도살인의 고의를 가지고 만경산 중턱에서 A의 목 뒷부분을 몽둥이로 3회 강타하여 쓰러뜨렸다.

② 갑은 이후 사체의 발견을 불가능하게 하거나 심히 곤란하게 하려고 산소로 올라가는 산길을 피해 실신한 A를 숲속으로 끌고 들어갔다.

③ 갑은 그곳에서 목을 감아 조이는 등의 방법으로 A를 살해하였다.

④ 갑은 A를 살해한 뒤 A의 사체를 방치한 채 그대로 하산하였다.

【사건의 경과 1】

① 검사는 갑을 다음의 공소사실로 기소하였다.

(가) 강도살인죄

(나) 사체유기죄

② 검사는 사체유기죄의 공소사실을 다음과 같이 기재하였다.

③ 「피고인은 만경산 중턱에서 살해한 피해자의 사체를 방치한 채 그대로 하산하여 사체를 유기하였다.」

④ 제1심법원은 다음과 같이 판단하였다.

(가) 강도살인죄 : 유죄

(나) 사체유기죄 : 유죄

⑤ 갑은 불복 항소하였다.

【사건의 경과 2】

① 항소심법원은 제1심판결을 파기하고, 다음과 같이 판단하였다.

(가) 강도살인죄 : 유죄

(나) 사체은닉죄 : 유죄

② 항소심법원이 인정한 사체은닉의 범죄사실은 다음과 같다.

③ 「[강도살인의 범행과] 같은날 13:30 경 위 만경산 중턱에서 피해자 A의 목 뒷부분을 몽둥이로 3회 강타하여 쓰러뜨린 다음 발견을 불가능 또는 심히 곤란하게 하기 위하여 산소로 올라가는 산길을 피해 숲속으로 피해자를 끌고 들어가 칡넝쿨로 피해자의 목을 감아 조이는 등 하여 살해한 뒤 그 사체를 방치한 채 그대로 하산하여 사체를 은닉한 것이다.」

④ (항소심의 판단 이유는 판례 본문 참조)

⑤ 갑은 불복 상고하였다.

2. 사안에 대한 항소심의 판단

【항소심 판단】 1. 원심판결 이유에 의하면, /
【항소심 판단】 제1심판결이 들고 있는 증거들을 종합하여 보면 피고인의 판시 제1의 강도살인의 범죄사실은 충분히 인정되나, /
【대법원 분석】 한편 피고인이 위 강도살인의 범죄사실과 같이 만경산 중턱에서 살해한 피해자의 사체를 방치한 채 그대로 하산하여 사체를 유기하였다는 사체유기 공소사실에 대하여는 /
【항소심 판단】 피고인이 피해자를 살해하고 그 살해장소에 사체를 방치한 채 그대로 하산한 사실은 인정되나 /
【항소심 판단】 사체유기죄는 법률, 계약 또는 조리상 사체를 장제 또는 감호할 의무가 있는 자가 이를 방치하거나 /
【항소심 판단】 그 의무 없는 자가 그 장소적 이전을 하면서 종교적, 사회적 풍습에 따른 의례에 의하지 아니하고 이를 방기함을 요한다고 할 것인데 /
【항소심 판단】 이 사건에 있어서 피고인은 조리상 사체를 장제 또는 감호할 의무가 있는 것도 아니고 사체에 대하여 어떠한 장소적 이전을 한 것도 아니어서 /
【항소심 판단】 그 소위만으로는 사체를 유기한 것으로는 볼 수 없고, /
【항소심 판단】 위 사실관계 아래서는 피고인이 피해자를 살해할 즈음 산소로 올라가는 산길을 피하여 숲속으로 끌고 들어가 살해함으로써 그 사체의 발견을 불가능 또는 심히 곤란하게 하려는 의사가 있었다고 할 것이므로 피고인의 소위는 사체은닉죄에 해당할 것이라 하여 /
【항소심 판단】 사체유기의 공소사실을 유죄로 인정한 원심판결을 파기한 후 /
【항소심 판단】 위 사체은닉의 범죄사실은 사체유기의 공소사실과는 동일성의 범위내의 것이어서 공소장 변경절차까지는 요하지 아니한다고 하여 /
【항소심 판단】 공소장 변경절차 없이 직권으로 범죄사실 제2항을 /
【항소심 판단】 "위 같은날 13:30 경 위 만경산 중턱에서 피해자 A의 목 뒷부분을 몽둥이로 3회 강타하여 쓰러뜨린 다음 발견을 불가능 또는 심히 곤란하게 하기 위하여 산소로 올라가는 산길을 피해 숲속으로 피해자를 끌고 들어가 칡넝쿨로 피해자의 목을 감아 조이는 등 하여 살해한 뒤 그 사체를 방치한 채 그대로 하산하여 사체를 은닉한 것"이라고 /
【항소심 판단】 사체은닉의 범죄사실을 유죄로 판단하고 있음이 명백하다.

3. 사안에 대한 대법원의 판단

【대법원 분석】 2. 형법 제161조의 사체은닉이라 함은 사체의 발견을 불가능 또는 심히 곤란하게 하는 것을 구성요건으로 하고 있는바, /
【대법원 요지】 살인, 강도살인 등의 목적으로 사람을 살해한 자가 그 살해의 목적을 수행함에 있어 사후 사체의 발견이 불가능 또는 심히 곤란하게 하려는 의사로 /
【대법원 요지】 인적이 드문 장소로 피해자를 유인하거나 실신한 피해자를 끌고가서 그곳에서 살해

하고 사체를 그대로 둔 채 도주한 경우에는 /

【대법원 요지】 비록 결과적으로 사체의 발견이 현저하게 곤란을 받게 되는 사정이 있다 하더라도 별도로 사체은닉죄가 성립되지 아니한다고 봄이 타당하다 할 것인바, /

【대법원 판단】 원심판결이 확정한 사실에 의하면 /

【대법원 판단】 피고인이 실신한 피해자를 숲속으로 끌고 들어가 살해하고 그 장소에 방치한 채 그대로 하산하였을 뿐이고 그 밖에 사체의 발견을 불가능 또는 현저하게 곤란하게 하는 어떤 행위를 한 바도 없는 이 사건에 있어 /

【대법원 판단】 강도살인죄 이외에 별도로 사체은닉죄가 성립한다고 볼 수 없다 할 것이다.

【대법원 결론】 그렇다면 피고인에 대하여 강도사실 이외에 사체은닉죄가 성립된다고 보고 위 두 죄의 경합범으로 형을 정한 원심판결은 사체은닉의 법리를 오해한 위법이 있다고 할 것이므로 이를 지적한 상고논지는 이유 있다. (파기 환송)

제13장 방화와 실화의 죄

2009도12109

현주건조물방화죄와 부작위 방화 – 부정례

모텔 방 화재 사건

2010. 1. 14. 2009도12109, 2009감도38, [공보불게재]

1. 사실관계 및 사건의 경과

【사실관계】

① 갑은 P모텔에 투숙하였다.

② 갑은 모텔 방에 투숙하여 담배를 피운 후 재떨이에 담배를 껐다.

③ 갑은 담뱃불이 완전히 꺼졌는지 여부를 확인하지 않은 채 불이 붙기 쉬운 휴지를 재떨이에 버리고 잠을 잤다.

④ 그 결과 담뱃불이 휴지와 옆에 있던 침대시트에 옮겨 붙어 화재가 발생하였다.

⑤ 갑은 화재 발생 사실을 안 상태에서 P모텔을 빠져나오면서도 모텔 주인이나 다른 투숙객들에게 이를 알리지 아니하였다.

⑥ 이 화재로 인하여 다수의 투숙객이 사망하거나 부상을 입었다.

【사건의 경과】

① 검사는 갑을 다음의 공소사실로 기소하였다.

(가) 주위적 공소사실 : 현주건조물방화치사죄 및 현주건조물방화치상죄의 작위범

(나) 제1 예비적 공소사실 : 현주건조물방화치사죄 및 현주건조물방화치상죄의 부작위범

(다) 제2 예비적 공소사실 : 중과실치사죄, 중과실치상죄, 중실화죄

② 갑의 피고사건은 제1심을 거친 후, 항소심에 계속되었다.

③ 항소심법원은 다음과 같이 판단하였다.

(가) 주위적 공소사실 : 무죄

(나) 제1 예비적 공소사실 : 무죄

(다) 제2 예비적 공소사실 : 유죄

④ 검사는 무죄 부분에 불복 상고하였다.

⑤ 대법원은 주위적 공소사실에 대한 상고이유를 배척하였다.

⑥ 대법원은 제1 예비적 공소사실에 대하여 판단하였다.

2. 부작위에 의한 방화죄의 성립요건

【대법원 요지】 형법이 금지하고 있는 법익침해의 결과발생을 방지할 법적인 작위의무를 지고 있는 자가 그 의무를 이행하지 아니한 경우, 이를 작위에 의한 실행행위와 동일하게 부작위범으로 처벌하기 위하여는, /

【대법원 요지】 그 의무를 이행함으로써 결과발생을 쉽게 방지할 수 있었음에도 불구하고 그 결과의 발생을 용인하고 이를 방관한 채 그 의무를 이행하지 아니한 결과, /

【대법원 요지】 그 부작위가 작위에 의한 법익침해와 동등한 형법적 가치를 가진다고 볼 수 있어 그 범죄의 실행행위로 평가될 만한 것이라야 한다. /

3. 사안에 대한 대법원의 판단

【대법원 판단】 원심은, /

【대법원 판단】 이 사건 화재는 피고인이 모텔 방에 투숙하여 담배를 피운 후 재떨이에 담배를 끄게 되었으나 담뱃불이 완전히 꺼졌는지 여부를 확인하지 않은 채 불이 붙기 쉬운 휴지를 재떨이에 버리고 잠을 잔 과실로 담뱃불이 휴지와 옆에 있던 침대시트에 옮겨 붙게 함으로써 발생하였고, /

【대법원 판단】 이러한 피고인의 과실은 중대한 과실에 해당한다고 전제한 다음, /

【대법원 판단】 이와 같이 이 사건 화재가 피고인의 중과실로 발생하였다 하더라도, /

【대법원 판단】 이 부분 공소사실과 같이 부작위에 의한 현주건조물방화치사 및 현주건조물방화치상죄가 성립하기 위하여는, /

【대법원 판단】 피고인에게 법률상의 소화의무가 인정되는 외에 소화의 가능성 및 용이성이 있었음에도 피고인이 그 소화의무에 위배하여 이미 발생한 화력을 방치함으로써 소훼의 결과를 발생시켜야 하는 것인데, /

【대법원 판단】 이 사건 화재가 피고인의 중대한 과실 있는 선행행위로 발생한 이상 피고인에게 이 사건 화재를 소화할 법률상 의무는 있다 할 것이나, /

【대법원 판단】 피고인이 이 사건 화재 발생 사실을 안 상태에서 모텔을 빠져나오면서도 모텔 주인이나 다른 투숙객들에게 이를 알리지 아니하였다는 사정만으로는 피고인이 이 사건 화재를 용이하게 소화할 수 있었다고 보기 어렵고, /

【대법원 판단】 달리 이를 인정할 만한 증거가 없다는 이유로, 이 부분 공소사실에 대하여 무죄로 판단하였다.

【대법원 결론】 앞서 본 법리에 비추어 기록을 살펴보면, 이러한 원심의 사실인정과 판단은 정당한 것으로 수긍이 되고, 거기에 상고이유의 주장과 같은 채증법칙 위배나 부작위범에 관한 법리오해 등의 위법이 있다고 할 수 없다. (상고 기각)

2006도9164

현주건조물방화죄의 기수시기 – 인정례
사체 위 방화 사건

2007. 3. 16. 2006도9164, [공보불게재]

1. 사실관계 및 사건의 경과

【사실관계】

① 갑은 방안에서 A녀를 강간살해하였다.
② 갑은 A의 사체 위에 옷가지 등을 올려놓고 불을 붙인 천조각을 던졌다.
③ 불길은 방안을 태우면서 천정에까지 옮겨 붙었다.
④ 불은 집을 완전히 태우지 아니한 상태에서 사람들에게 발견되어 진화되었다.

【사건의 경과】

① 검사는 갑을 성폭력처벌법위반죄(강간등살인), 현주건조물방화죄, 사체손괴죄로 기소하였다.
② 갑의 피고사건은 제1심을 거친 후, 항소심에 계속되었다.
③ 항소심법원은 유죄를 인정하였다.
④ 갑은 불복 상고하였다.
⑤ 갑은 상고이유로, 불이 완전연소에 이르지 못하고 도중에 진화되었으므로 현주건조물방화미수죄에 해당한다고 주장하였다.

2. 사안에 대한 대법원의 판단

【대법원 요지】 현주건조물방화죄는 화력이 매개물을 떠나 목적물인 건조물 스스로 연소할 수 있는 상태에 이름으로써 기수가 된다.

【대법원 분석】 원심이 적법하게 채택한 증거들을 종합하여 판시한 바와 같이, /

【대법원 분석】 피고인이 판시 제2의 범행에 있어 피해자의 사체 위에 옷가지 등을 올려놓고 불을 붙인 천조각을 던져 그 불길이 방안을 태우면서 천정에까지 옮겨 붙었다면, /

【대법원 분석】 설령 그 불이 완전연소에 이르지 못하고 도중에 진화되었다고 하더라도, 일단 천정에 옮겨 붙은 이상 그 때에 이미 현주건조물방화죄는 기수에 이르렀다고 할 것이므로 /

【대법원 결론】 같은 취지의 원심판결은 옳고, 거기에 상고이유의 주장과 같은 채증법칙 위반으로 인한 사실오인이나 법리오해 등의 위법이 없다. (상고 기각)

2001도6641

현주건조물방화죄와 실행의 착수 - 인정례
부부싸움 방화 사건

2002. 3. 26. 2001도6641, 공 2002, 1047

1. 사실관계 및 사건의 경과

【사실관계 1】

① 갑은 노환을 앓고 있는 노모의 부양문제로 처 A와 부부싸움을 자주 하는 등 가정불화와 최근 직장 승진대상에서 누락되는 등의 문제로 심한 정신적 갈등을 겪어 왔다.
② 갑은 부부싸움 끝에 처 A와 자녀 2명이 있는 갑의 집 주위에 휘발유를 뿌리려고 하였다.
③ 갑의 앞집 사람 B는 갑을 말리려고 갑의 몸을 붙잡았다.
④ 갑은 B와 실랑이를 벌이면서 휘발유통을 높게 쳐들었다.
⑤ 그 바람에 휘발유가 B의 몸에 쏟아지는 것과 동시에 갑 자신의 몸에도 쏟아졌다.

【사실관계 2】

① B는 몸에 쏟아진 휘발유를 씻어내고자 수돗가로 가려고 돌아섰다.
② 그 순간 갑은 라이터를 꺼내서 무작정 불을 켰다.
③ 그 바람에 갑과 B의 몸에 불이 붙게 되었다.
④ 주위 사람들이 곧 불을 끈 덕분에 갑의 집 주의에 뿌려진 휘발유에는 불이 옮겨붙지 않았다.
⑤ 갑의 집에도 불은 옮겨붙지 않았다.
⑥ B는 약 4주간의 치료를 요하는 3도 화상을 입었다.

【사건의 경과】

① 검사는 갑을 현존건조물방화치상죄로 기소하였다.
② (공소사실의 요지는 판례 본문 참조)
③ 제1심법원은 유죄를 인정하였다.
④ 갑은 불복 항소하였다.
⑤ 항소심법원은 무죄를 선고하였다.
⑥ (항소심의 판단 이유는 판례 본문 참조)
⑦ 검사는 불복 상고하였다.

2. 공소사실의 요지

【대법원 분석】 1. 이 사건 공소사실의 요지는 /

【대법원 분석】 피고인은 노환을 앓고 있는 노모의 부양문제로 처와 부부싸움을 자주 하는 등 가정불화와 최근 직장 승진대상에서 누락되는 등의 문제로 심한 정신적 갈등을 겪어오던 중, /

【대법원 분석】 2000. 9. 20. 23:00경 마산시 ○○동 418 소재 피고인의 집에서 위와 같은 사유로

처인 공소외 A와 심한 부부싸움을 하다가 격분하여 "집을 불태워 버리고 같이 죽어 버리겠다."며 /
【대법원 분석】 그 곳 창고 뒤에 있던 18*l*들이 플라스틱 휘발유통을 들고 나와 처와 자녀 2명이 있는 피고인의 집 주위에 휘발유를 뿌리고, /
【대법원 분석】 1회용 라이터를 켜 불을 놓아 사람이 현존하는 건조물을 소훼하려고 하였으나, 불길이 번지지 않는 바람에 그 뜻을 이루지 못한 채 미수에 그치고, /
【대법원 분석】 이로 인하여 피고인을 만류하던 앞집 거주 피해자(남, 51세)로 하여금 약 4주간의 치료를 요하는 경부 및 체부 3도 화상을 입게 하였다라는 것이다.

3. 사안에 대한 항소심의 판단

【항소심 판단】 2. 원심은 위 공소사실을 유죄로 인정한 제1심판결을 파기하면서, /
【항소심 판단】 그 설시와 같은 여러 사정에 비추어 보면 피고인의 행위를 두고 방화매개물에 불을 붙여 현존건조물에 대한 방화의 실행에 착수한 것이라고 보기 어렵고 /
【항소심 판단】 달리 이 사건 공소사실을 인정할 증거가 없다고 판단하여 무죄를 선고하였다.

4. 사안에 대한 대법원의 판단

(1) 방화죄의 실행의 착수시점

【대법원 판단】 3. 그러나 원심의 판단은 수긍하기 어렵다.
【대법원 요지】 가. 매개물을 통한 점화에 의하여 건조물을 소훼함을 내용으로 하는 형태의 방화죄의 경우에, /
【대법원 요지】 범인이 그 매개물에 불을 켜서 붙였거나 또는 범인의 행위로 인하여 매개물에 불이 붙게 됨으로써 연소작용이 계속될 수 있는 상태에 이르렀다면, /
【대법원 요지】 그것이 곧바로 진화되는 등의 사정으로 인하여 목적물인 건조물 자체에는 불이 옮겨 붙지 못하였다고 하더라도, 방화죄의 실행의 착수가 있었다고 보아야 할 것이고, /
【대법원 요지】 구체적인 사건에 있어서 이러한 실행의 착수가 있었는지 여부는 /
【대법원 요지】 범행 당시 피고인의 의사 내지 인식, 범행의 방법과 태양, 범행 현장 및 주변의 상황, 매개물의 종류와 성질 등의 제반 사정을 종합적으로 고려하여 판단하여야 한다.

(2) 사안에 대한 대법원의 분석

【대법원 분석】 나. 그런데 이 사건에 있어서 원심이 인정한 사실에 의하더라도, /
【대법원 분석】 이 사건 범행 당시 피고인은 자신의 주택 보일러실 문 앞과 실외 화장실 문 앞 등에 휘발유를 뿌린 다음, /
【대법원 분석】 이러한 피고인의 행위를 말리던 이웃 주민인 피해자과 실랑이를 벌이면서 피해자의 몸에까지 휘발유를 쏟았다는 것인바, /
【대법원 분석】 이러한 경우 피고인이 휘발유를 뿌린 장소가 비록 밀폐된 실내 공간은 아니라고 하더라도 피고인과 주택의 주변에는 인화성이 매우 강한 상당량의 휘발유가 뿌려져 있었음을 능히 알 수 있다. /
【대법원 분석】 나아가 원심이 배척하지 아니한 증거들에 의하면, 이 사건 범행 당시 피고인은 매우

흥분된 상태에서 "집을 불태워 버리고 같이 죽어 버리겠다."고 소리치기까지 하였으며, /

【대법원 분석】 피해자과 실랑이를 벌이면서 휘발유통을 높게 쳐들어 피해자의 몸에 휘발유가 쏟아지는 것과 동시에 피고인 자신의 몸에도 휘발유가 쏟아졌는데도, /

【대법원 분석】 피해자가 몸에 쏟아진 휘발유를 씻어내고자 수돗가로 가려고 돌아서는 순간, 피고인이 라이터를 꺼내서 무작정 켜는 바람에 피고인과 피해자의 몸에 불이 붙게 되었고 /

【대법원 분석】 (피고인은 담배를 피우려고 라이터를 켰다고 진술하기도 하였으나, 당시의 급박한 상황이나 위 증거들에 비추어 보면 위와 같은 진술은 도저히 믿을 수 없다), /

【대법원 분석】 이는 그대로 방치할 경우 주택 주변에 살포된 휘발유에 충분히 연소될 정도였던 사실을 알 수 있는바, /

(3) 사안에 대한 대법원의 판단

【대법원 분석】 사정이 이러하다면, 그 후 설령 외부적 사정에 의하여 피고인이 라이터로 붙인 불이 원심 판시와 같이 주택 주변에 뿌려진 휘발유를 거쳐 방화 목적물인 주택 자체에 옮겨 붙지는 아니하였다 하더라도, /

【대법원 분석】 당시 피고인이 뿌린 휘발유가 인화성이 강한 상태로 주택 주변과 피고인 및 피해자의 몸에 적지 않게 살포되어 있었던 점, /

【대법원 분석】 피고인은 그러한 주변 사정을 알면서도 라이터를 켜 불꽃을 일으킨 점, /

【대법원 분석】 그로 인하여 매개물인 휘발유에 불이 붙어 연소작용이 계속될 수 있는 상태에 이르고, 실제로 피해자가 발생하기까지 한 점 등의 제반 사정에 비추어 볼 때, /

【대법원 판단】 피고인의 위와 같은 행위는 현존건조물방화죄의 실행의 착수에 해당한다고 봄이 상당하다.

【대법원 결론】 다. 그럼에도 불구하고, 원심이 앞서 본 바와 같은 이유를 내세워 피고인의 행위가 방화의 실행에 착수한 것으로 보기 어렵다고 판단한 것은 방화죄에 있어서 실행의 착수에 관한 법리를 오해하였거나 채증법칙에 위배하여 사실을 오인한 위법을 저질렀다 할 것이고, /

【대법원 결론】 이러한 위법은 판결 결과에 영향을 미쳤음이 분명하므로, 이 점을 지적하는 검사의 상고이유 주장은 이유 있다. (파기 환송)

4293형상213

선박방화죄와 실행의 착수 – 부정례
통운호 방화 사건

1960. 7. 22. 4293형상213, 판례총람 형법 164조 10번

1. 사실관계 및 사건의 경과

【사실관계】

① 1955. 8. 13. 10:00 갑은 목포시 M부두에 계류중인 A 소유의 선박 '통운'호에 방화하려고 침입하

였다.
② 갑은 미리 준비하였던 휘발유 1통을 동 선박 갑판부에 살포하였다.
③ 갑은 소지중이던 라이타를 꺼내어 점화하려고 하였다.
④ [갑은 순찰중이던 B에게 발견되어 라이타를 켜지 못하였다.]

【사건의 경과】
① [검사는 갑을 선박방화미수죄로 기소하였다.]
② 갑의 피고사건은 제1심을 거친 후, 항소심에 계속되었다.
③ 항소심법원은 갑을 선박방화예비죄로 처단하였다.
④ 검사는 불복 상고하였다.

2. 사안에 대한 대법원의 판단

【대법원 분석】 피고인은 1955년 8월 13일 상오 10시 당시 목포시 부두에 계류중인 공소외 갑 소유의 선박 '통운'호에 방화코저 동 선박에 침입하여 /
【대법원 분석】 미리[豫히] 준비하였던 휘발유 1통을 동 선박 갑판부에 살포하고 소지중이던 라이타를 끄내어 점화하려 한 사실은 인정되나 /
【대법원 판단】 위에서 서술한 바와[敍上] 같이 아직 방화목적물 내지 그 도화물체에 점화하지 아니한 이상 이[此]를 즉시 방화의 착수로 논란하지 못할 것이니 /
【대법원 결론】 원심이 이[此]를 예비행위로 논란한 것은 정당하다. (상고 기각)

2009도7421

일반물건방화죄와 자기 소유 - 인정례
전봇대 쓰레기 소각 사건

2009. 10. 15. 2009도7421, 공 2009하, 1919

1. 사실관계 및 사건의 경과

【사실관계】
① 갑은 노상에서 전봇대 주변에 놓인 재활용품과 쓰레기 등을 발견하였다.
② 갑은 소지하고 있던 라이터를 이용하여 이들 물건에 불을 붙인 다음 가연물을 집어넣어 화염을 키웠다.

【사건의 경과】
① 검사는 갑을 타인소유 일반물건방화죄(형법 제167조 제1항)로 기소하였다.
② 갑의 피고사건은 제1심을 거친 후, 항소심에 계속되었다.

③ 항소심법원은 자기소유 일반물건방화죄(형법 제167조 제2항)의 성립을 인정하였다.
④ 갑은 불복 상고하였다.
⑤ 갑은 상고이유로, 무주물에 대한 방화 행위는 자기소유 일반물건방화죄에 해당하지 않는다고 주장하였다.

2. 방화죄의 보호법익

【대법원 분석】 형법 제167조 제2항은 방화의 객체인 물건이 자기의 소유에 속한 때에는 같은 조 제1항보다 감경하여 처벌하는 것으로 규정하고 있는바, /
【대법원 요지】 방화죄는 공공의 안전을 제1차적인 보호법익으로 하지만 제2차적으로는 개인의 재산권을 보호하는 것이라고 볼 수 있는 점, /
【대법원 요지】 현재 소유자가 없는 물건인 무주물에 방화하는 경우에 타인의 재산권을 침해하지 않는 점은 자기의 소유에 속한 물건을 방화하는 경우와 마찬가지인 점, /
【대법원 요지】 무주의 동산을 소유의 의사로 점유하는 경우에 소유권을 취득하는 것에 비추어(민법 제252조) 무주물에 방화하는 행위는 그 무주물을 소유의 의사로 점유하는 것이라고 볼 여지가 있는 점 등을 종합하여 보면, /
【대법원 요지】 불을 놓아 무주물을 소훼하여 공공의 위험을 발생하게 한 경우에는 '무주물'을 '자기 소유의 물건'에 준하는 것으로 보아 형법 제167조 제2항을 적용하여 처벌하여야 한다.

3. 사안에 대한 대법원의 판단

【대법원 분석】 원심판결 이유에 의하면, 원심은 /
【대법원 분석】 피고인이 노상에서 전봇대 주변에 놓인 재활용품과 쓰레기 등을 발견하고 소지하고 있던 라이터를 이용하여 불을 붙인 다음 불상의 가연물을 집어넣어 화염을 키움으로써 공공의 위험을 발생하게 하였다는 이 사건 공소사실에 대하여, /
【대법원 판단】 위 '재활용품과 쓰레기 등'은 무주물로서 형법 제167조 제2항에 정한 자기 소유의 물건에 준하는 것으로 보아야 한다고 전제한 다음, /
【대법원 판단】 그 판시와 같은 기상 조건, 주변 상황과 화염의 높이 등에 비추어 보면 피고인이 불을 붙인 다음 불상의 가연물을 집어넣어 그 화염을 키움으로써 /
【대법원 판단】 전선을 비롯한 주변의 가연물에 손상을 입히거나 바람에 의하여 다른 곳으로 불이 옮아붙을 수 있는 공공의 위험을 발생하게 하였다고 판단하여 /
【대법원 판단】 형법 제167조 제2항에 정한 일반물건방화죄의 성립을 인정하였다.
【대법원 결론】 앞서 본 법리와 기록에 비추어 살펴보면, 원심의 위와 같은 사실인정과 판단은 정당하고 거기에 일반물건방화죄의 성립에 관한 법리오해 등의 위법이 없다. (상고 기각)

94모32

일반물건실화죄의 객체 – 인정례
과수원 실화 사건

1994. 12. 20. 94모32 전원합의체 결정, 공 1995, 538

1. 사실관계 및 사건의 경과

【사실관계】

① 1993. 3. 23. 16:00경 갑은 A 등 소유의 사과나무 밭에서 일을 하고 있었다.
② 갑은 휴식차 담배를 피우려고 하였다.
③ 갑은 바람이 세게 불어 그냥 담뱃불을 붙이기가 어렵자 마른 풀을 모아 놓고 성냥불을 켜 담뱃불을 붙였다.
④ 갑은 담배를 피운 후 담뱃불이 완전히 소화되었는지 여부를 확인하지 아니한 채 자리를 이탈하였다.
⑤ 담뱃불의 남은 불씨는 주변에 있는 마른 풀과 잔디에 옮겨 붙었다.
⑥ 불은 계속하여 A 등 소유의 사과나무에 옮겨 붙어 사과나무 217주 등 시가 671만 원 상당을 소훼하였다.

【사건의 경과 1】

① 검사는 갑을 일반물건실화죄로 기소하였다.
② 검사는 적용법조로 형법 제170조 제2항, 제167조를 공소장에 기재하였다.
③ 제1심법원은 피고사건이 공소장에 기재된 사실이 진실하다고 하더라도 범죄가 될 만한 사실이 포함되어 있지 아니한 때에 해당한다고 판단하였다.
④ 제1심법원은 형사소송법 제328조 제1항 제4호에 따라 공소기각결정을 하였다.
⑤ (제1심의 판단 이유는 판례 본문 참조)
⑥ 검사는 제1심의 공소기각결정에 불복하여 형사소송법 제328조 제2항에 따라 즉시항고를 하였다.
⑦ 항고심법원은 항고를 기각하고, 제1심의 공소기각결정을 유지하였다.
⑧ (항고심의 판단 이유는 판례 본문 참조)
⑨ 검사는 항고심의 항고기각결정에 불복하여 형사소송법 제415조에 따라 대법원에 재항고를 하였다.

【사건의 경과 2】

① 대법원은 9 대 4로 견해가 나뉘었다.
② 대법원은 다수의견에 따라 항고심결정 및 제1심결정을 취소하고, 사건을 제1심법원으로 환송하였다.
③ (이하에서는 지면 관계로 다수의견만을 소개함)

2. 공소사실의 요지

【대법원 분석】 1. 기록에 의하면, 검사는 /
【대법원 분석】 피고인이 1993.3.23. 16:00경 대전 대덕구 송촌동 ○○○의 ○ 피해자 A 등 소유의

사과나무 밭에서 바람이 세게 불어 그냥 담뱃불을 붙이기가 어렵자 마른 풀을 모아 놓고 성냥불을 켜 담배불을 붙인 뒤, /

【대법원 분석】 그 불이 완전히 소화되었는지 여부를 확인하지 아니한 채 자리를 이탈한 과실로, /

【대법원 분석】 남은 불씨가 주변에 있는 마른 풀과 잔디에 옮겨 붙고, 계속하여 피해자들 소유의 사과나무에 옮겨 붙어 사과나무 217주 등 시가 671만 원 상당을 소훼하였다는 것을 공소사실로, /

【대법원 분석】 형법 제170조 제2항, 제167조를 적용법조로 하여 공소를 제기하였는바, /

3. 사안에 대한 제1심의 판단

【제1심 판단】 이에 대하여 제1심 법원은 /

【제1심 판단】 형법 제170조 제2항은 타인의 소유에 속하는 제167조에 기재한 물건(일반물건)을 소훼한 경우에는 적용될 수 없고, /

【제1심 판단】 형법상 그러한 물건을 과실로 소훼한 경우에 처벌하도록 하고 있는 규정이 없으므로 /

【제1심 판단】 결국 공소장에 기재된 사실이 진실하다고 하더라도 범죄가 될 만한 사실이 포함되어 있지 아니한 때에 해당한다는 이유로 공소기각의 결정을 하였고, /

4. 사안에 대한 항고심의 판단

【항고심 판단】 위 결정에 대하여 검사가 즉시항고하자, /

【항고심 판단】 원심법원은 /

【항고심 판단】 형법 제170조 제2항의 /

【항고심 판단】 '자기의 소유에 속하는 제166조 또는 제167조에 기재한 물건'을 /

【항고심 판단】 '자기의 소유에 속하는 제166조에 기재한 물건 또는 /

【항고심 판단】 자기나 타인의 소유에 속하는 제167조에 개재한 물건'으로 해석하는 것은 /

【항고심 판단】 죄형법정주의의 원칙, 특히 유추해석금지 또는 확장해석금지의 원칙에 반한다는 이유로 즉시항고를 기각하여 제1심결정을 유지하고 있다.

5. 사안에 대한 대법원의 판단

(1) 방화죄와 실화죄의 상호관계

【대법원 판단】 2. 그러나, 형법 제170조 제2항의 /

【대법원 판단】 '자기의 소유에 속하는 제166조 또는 제167조에 기재한 물건을 소훼하여 공공의 위험을 발생하게 한 자'를 /

【대법원 판단】 '자기의 소유에 속하는 제166조에 기재한 물건 또는 /

【대법원 판단】 자기의 소유에 속하는 제167조에 기재한 물건을 /

【대법원 판단】 소훼하여 공공의 위험을 발생하게 한 자'로 해석하여 /

【대법원 판단】 '타인의 소유에 속하는 제167조에 기재한 물건을 소훼하여 공공의 위험을 발생하게 한 자'를 제외함으로써 /

【대법원 판단】 타인의 물건을 과실로 소훼하여 공공의 위험을 발생하게 한 경우에는 처벌하지 아니

한다면, /

【대법원 판단】 우리 형법이 제166조에서 타인의 소유에 속하는 일반건조물 등을 방화한 경우/

【대법원 판단】 (이 경우 공공의 위험을 발생하게 함을 요건으로 하고 있[지 않]다)/

【대법원 판단】 보다 더 무겁게 처벌하고 있고, /

【대법원 판단】 제167조에서 타인의 소유에 속하는 일반물건을 소훼하여 공공의 위험을 발생하게 한 경우를 자기의 소유에 속하는 물건에 대한 경우보다 더 무겁게 처벌하고 있으며, /

【대법원 판단】 제170조에서 과실로 인하여 타인의 소유에 속하는 제166조에 기재한 물건(일반건조물 등)을 소훼한 경우에는 공공의 위험발생을 그 요건으로 하지 아니하고 있음에 반하여 /

【대법원 판단】 자기의 소유에 속하는 제166조에 기재한 물건을 소훼한 경우에는 공공의 위험발생을 그 요건으로 하고 있음에 비추어, /

【대법원 판단】 명백히 불합리하다고 하지 아니할 수 없다.

【대법원 요지】 따라서, 형법 제170조 제2항에서 말하는 /

【대법원 요지】 '자기의 소유에 속하는 제166조 또는 제167조에 기재한 물건'이라 함은 /

【대법원 요지】 '자기의 소유에 속하는 제166조에 기재한 물건 또는 /

【대법원 요지】 자기의 소유에 속하든, 타인의 소유에 속하든 불문하고 /

【대법원 요지】 제167조에 기재한 물건'을 의미하는 것이라고 해석하여야 할 것이며, /

(2) 형법 제170조 제1항과 제2항의 관계

【대법원 판단】 제170조 제1항과 제2항의 관계로 보아서도 /

【대법원 판단】 제166조에 기재한 물건(일반건조물 등) 중 타인의 소유에 속하는 것에 관하여는 제1항에서 이미 규정하고 있기 때문에 /

【대법원 판단】 제2항에서는 그중 자기의 소유에 속하는 것에 관하여 규정하고, /

【대법원 판단】 제167조에 기재한 물건에 관하여는 소유의 귀속을 불문하고 그 대상으로 삼아 규정하고 있는 것이라고 봄이 /

【대법원 판단】 관련조문을 전체적, 종합적으로 해석하는 방법일 것이다. /

(3) 사안에 대한 대법원의 결론

【대법원 판단】 이렇게 해석한다고 하더라도 그것이 법규정의 가능한 의미를 벗어나 법형성이나 법창조 행위에 이른 것이라고는 할 수 없어 죄형법정주의의 원칙상 금지되는 유추해석이나 확장해석에 해당한다고 볼 수는 없을 것이다. /

【대법원 판단】 따라서 이 점을 지적하는 논지는 이유 있다.

【대법원 결론】 3. 그러므로 재항고를 받아들여 원심결정과 제1심 결정을 모두 취소하고, 사건을 제1심법원인 대전지방법원에 환송하기로 [한다.] /

【대법원 결론】 (다만, 이 사건 공소사실만을 보면, 마치, 피고인이 과실로 인하여 피해자의 사과나무를 소훼한 사실에 대하여 공소를 제기한 것처럼 보이나, /

【대법원 결론】 공소장에 그 적용법조로 형법 제170조 제2항, 제167조가 기재되어 있으므로, 사실심으로서는 먼저 위 법조에 맞게 공소사실을 정리하여야 할 것이다)

제14장 일수와 수리에 관한 죄

2001도404

수리방해죄와 수리 – 부정례
농촌주택 배수관 사건

2001. 6. 26. 2001도404, 공 2001, 1787

1. 사실관계 및 사건의 경과

【사실관계】

① A, B, C 등의 집(농촌주택)에서 흘러나오는 하수가 갑 소유 논의 땅을 썩게 하였다.

② 갑은 굴삭기를 이용하여 A, B, C 등 집에서 생활하수를 흘려보내는 PVC관을 토사로 막아버렸다.

【사건의 경과】

① 검사는 갑을 수리방해죄로 기소하였다.

② 제1심법원은 유죄를 인정하였다.

③ 갑은 불복 항소하였다.

④ 항소심법원은 양형부당을 이유로 제1심판결을 파기하고, 갑에게 유죄를 인정하였다.

⑤ 갑은 불복 상고하였다.

⑥ 대법원은 직권으로 판단하였다.

2. 사안에 대한 대법원의 판단

【대법원 분석】 형법 제184조는 '제방을 결궤(決潰, 무너뜨림)하거나 수문을 파괴하거나 기타 방법으로 수리를 방해'하는 것을 구성요건으로 하여 수리방해죄를 규정하고 있다. /

【대법원 요지】 여기서 수리(水利)라 함은, 관개용 · 목축용 · 발전이나 수차 등의 동력용 · 상수도의 원천용(源泉用) 등 널리 물이라는 천연자원을 사람의 생활에 유익하게 사용하는 것을 가리키고 /

【대법원 요지】 (다만, 형법 제185조의 교통방해죄 또는 형법 제195조의 수도불통죄의 경우 등 다른 규정에 의하여 보호되는 형태의 물의 이용은 제외될 것이다.), /

【대법원 요지】 수리를 방해한다 함은 제방을 무너뜨리거나 수문을 파괴하는 등 위 조문에 예시된 것을 포함하여 /

【대법원 요지】 저수시설, 유수로(流水路)나 송 · 인수시설 또는 이들에 부설된 여러 수리용 장치를 손괴 · 변경하거나 효용을 해침으로써 수리에 지장을 일으키는 행위를 가리키며, /

【대법원 요지】 나아가 수리방해죄는 타인의 수리권을 보호법익으로 하므로 /

【대법원 요지】 수리방해죄가 성립하기 위하여는 법령, 계약 또는 관습 등에 의하여 타인의 권리에 속한다고 인정될 수 있는 물의 이용을 방해하는 것이어야 한다.

【대법원 요지】 그러므로 원천 내지 자원으로서의 물의 이용이 아니라, 하수나 폐수 등 이용이 끝난 물을 배수로를 통하여 내려보내는 것은 여기서의 수리에 해당한다고 할 수 없고, /

【대법원 요지】 그러한 배수 또는 하수처리를 방해하는 행위는, /

【대법원 요지】 특히 그 배수가 수리용의 인수(引水)와 밀접하게 연결되어 있어서 그 배수의 방해가 직접 인수에까지 지장을 초래한다는 등의 특수한 경우가 아닌 한, /

【대법원 요지】 수리방해죄의 대상이 될 수 없다고 할 것이다.

【대법원 판단】 원심이 제1심판결을 인용하여, 피고인이 피해자들의 집(농촌주택)에서 배출되는 생활하수의 배수관(소형 PVC관)을 토사로 막아 하수가 내려가지 못하게 하였다는 이 사건 공소사실을 수리방해죄로 다스려 유죄를 선고를 한 것은 앞에서 설명한 법리에 어긋나는 것이어서 위법하므로 그대로 둘 수 없다.

【대법원 판단】 (다만, 피고인의 행위가 하수도법이나 경범죄처벌법 등 다른 법률규정에 해당할지 여부는 별도의 문제이다) (파기 환송)

64도209

절도죄와 타인 점유 – 부정례
물 품어 올리기 사건

1964. 6. 23. 64도209, 집 12①, 형48

☞ 415면

제15장 교통방해의 죄

2008도10560

일반교통방해죄와 교통방해 – 인정례
업무방해죄와 업무방해 – 부정례
폐기물운반 도로 사건

2009. 1. 30. 2008도10560, [미간행]

1. 사실관계 및 사건의 경과

【사실관계 1】

① 갑의 가옥 앞에는 폭이 약 3.6m인 ㉠도로가 있다.
② ㉠도로에는 1997년경부터 10여 년 간 P회사의 폐기물 운반 차량이 통행하여 왔다.
③ ㉠도로와 얼마 떨어지지 않은 지점에 ㉠도로를 대체하여 폐기물 운반차량의 통행이 가능한 ㉡도로가 개설되어 있다.

【사실관계 2】

① P회사의 차량들이 ㉠도로를 다니는 동안 진동으로 인하여 갑의 가옥 일부에 균열이 생겼다.
② 또한 P회사의 차량들이 갑의 가옥 대문과 담장을 충격하여 손괴하는 사고가 발생하기도 하였다.
③ P회사는 갑과 사이에 갑 측의 손괴된 부분을 수리해 주고 이와 별도로 갑에게 4,000만 원을 지급하기로 합의하였다.
④ 그러나 P회사는 2,000만 원만을 지급한 채 나머지 합의사항을 이행하지 아니하였다.
⑤ 그 후 갑은 P회사 차량들의 통행으로 인하여 갑의 가옥에 균열이 발생하고 주거의 평온을 해한다는 등의 이유로 ㉠도로 중 약 1.4m를 침범한 상태로 갑 소유의 트랙터를 세워두거나 철책 펜스를 설치하여 P회사 차량들이 ㉠도로를 통행할 수 없도록 하였다.
⑥ 갑은 또한 P회사 차량들의 앞을 가로막고 앉아서 통행하지 못하도록 하였다.

【사건의 경과】

① 검사는 갑을 다음의 공소사실로 기소하였다.
   (가) ㉮공소사실 : 트랙터 및 철책 펜스 부분 : 일반교통방해죄 및 업무방해죄
   (나) ㉯공소사실 : 차량 앞에 가로막고 앉은 부분 : 일반교통방해죄 및 업무방해죄
② 갑의 피고사건은 제1심을 거친 후, 항소심에 계속되었다.
③ 항소심법원은 ㉮와 ㉯의 공소사실 전부를 유죄로 인정하였다.
④ 갑은 불복 상고하였다.

⑤ 갑은 상고이유로 다음의 점을 주장하였다.

(가) P회사는 ㉠도로 대신 ㉡대체도로를 이용하여 폐기물 운반을 할 수 있었으므로 교통방해나 업무방해의 결과가 발생하지 않았다.

(나) 갑의 행위는 정당행위로서 위법성이 조각된다.

2. 일반교통방해죄 부분에 대한 판단

(1) 일반교통방해죄의 보호법익

【대법원 요지】 형법 제185조의 일반교통방해죄는 일반 공중의 교통안전을 그 보호법익으로 하는 범죄로서 /

【대법원 요지】 육로 등을 손괴 또는 불통케 하거나 기타의 방법으로 교통을 방해하여 통행을 불가능하게 하거나 현저하게 곤란하게 하는 일체의 행위를 처벌하는 것을 그 목적으로 한다.

(2) 사안에 대한 대법원의 분석

【대법원 분석】 원심이 확정한 사실관계 및 기록에 의하면, /

【대법원 분석】 이 사건 도로는 피고인의 가옥 앞에 소재한 폭이 약 3.6m인 도로로서 1997년경부터 10여 년 간 공소외 회사의 폐기물 운반 차량이 통행하여 온 점, /

【대법원 분석】 그런데 위 차량들이 이 사건 도로를 다니는 동안 진동으로 인하여 피고인의 가옥 일부에 균열이 생기고 위 차량들이 대문과 담장을 충격하여 손괴하는 사고가 발생하기도 한 점, /

【대법원 분석】 이에 공소외 회사는 피고인과 사이에 위 손괴된 부분을 수리해 주고 이와 별도로 피고인에게 4,000만 원을 지급하기로 합의하였으나 2,000만 원만을 지급한 채 나머지 합의사항을 이행하지 아니한 점, /

【대법원 분석】 그 후 피고인은 위 차량들의 통행으로 인하여 피고인의 가옥에 균열이 발생하고 주거의 평온을 해한다는 등의 이유로 /

【대법원 분석】 이 사건 도로 중 약 1.4m를 침범한 상태로 피고인 소유의 트랙터를 세워두거나 철책 펜스를 설치하여 위 차량들이 이 사건 도로를 통행할 수 없도록 하거나 /

【대법원 분석】 위 차량들의 앞을 가로막고 앉아서 통행하지 못하도록 한 점을 알 수 있다.

(3) 사안에 대한 대법원의 판단

【대법원 판단】 이와 같은 사정 및 위 법리에 비추어 보면, /

【대법원 판단】 피고인이 이 사건 도로에 트랙터를 세워두거나 철책 펜스를 설치하여 노폭을 현저하게 제한함으로써 종전에는 통행이 가능하던 차량의 통행을 불가능하게 한 행위는 일반교통방해죄를 구성한다고 봄이 상당하고, /

【대법원 판단】 같은 취지의 원심의 판단은 정당한 것으로 수긍할 수 있으나, /

【대법원 판단】 나아가 피고인이 이 사건 도로를 가로막고 앉아서 위 차량의 통행을 일시적으로 방해한 행위가 교통을 방해하여 통행을 불가능하게 하거나 현저하게 곤란하게 하는 행위라고 보기는 어려우므로, /

【대법원 결론】 원심이 피고인의 이러한 행위까지 일반교통방해죄에 해당한다고 판단하고 만 것은 일반교통방해죄의 구성요건에 관한 법리를 오해하여 판결에 영향을 미친 것이다.

3. 업무방해죄 부분에 대한 판단

【대법원 요지】 업무방해죄의 성립에 있어서는 업무방해의 결과가 실제로 발생함을 요하는 것은 아니고 업무방해의 결과를 초래할 위험이 발생하면 충분하지만, /

【대법원 요지】 결과발생의 염려가 없는 경우에는 업무방해죄가 성립하지 않는다.

【대법원 판단】 원심이 확정한 사실관계 및 기록에 의하면, /

【대법원 판단】 앞서 본 바와 같이 공소외 회사가 10여 년 간 이 사건 도로를 폐기물 운반차량의 통행로로 이용하여 오기는 하였으나, /

【대법원 판단】 이 사건 도로와 얼마 떨어지지 않은 지점에 이 사건 도로를 대체하여 폐기물 운반차량의 통행이 가능한 도로가 개설되어 있는 점을 알 수 있으므로, /

【대법원 판단】 피해자로서는 이 사건 도로를 통하지 않고도 위 대체도로를 이용하여 종전과 같이 폐기물 운반차량을 운행할 수 있었다고 보이고, /

【대법원 판단】 앞서 본 피고인의 통행 방해 행위로 인하여 폐기물 운반업무가 방해되는 결과발생의 염려가 없었다고 볼 여지가 충분하다. /

【대법원 판단】 또한, 피고인은 이 사건 철책 펜스 등을 설치하더라도 위 대체도로를 이용하면 폐기물 운반이 가능한 것으로 생각하였다고 하고 있으므로 피고인에게 폐기물 운반업무를 방해한다는 고의가 있었다고 보기도 어렵다.

【대법원 결론】 그럼에도 원심이, 이 사건 업무방해의 공소사실을 유죄로 인정한 것은 업무방해죄에 관한 법리를 오해하거나 채증법칙에 위배하여 사실을 오인한 위법을 저지른 것이다. /

【대법원 판단】 그리고 위 업무방해와 상상적 경합범으로 기소된 일반교통방해죄의 법정형이 업무방해죄의 법정형보다 무겁다고 하더라도, /

【대법원 판단】 상상적 경합범의 관계에 있는 수죄 중 일부만이 유죄로 인정된 경우와 그 전부가 유죄로 인정된 경우와는 형법 제51조에 규정된 양형의 조건이 달라 선고형을 정함에 있어서 차이가 있을 수 있으므로, /

【대법원 판단】 위와 같은 원심판결의 위법은 판결 결과에 영향을 미친 것이다.

4. 정당행위 주장에 대한 판단

【대법원 분석】 원심은, 그 채용 증거에 의하여, 그 판시와 같은 사실을 인정한 후, /

【대법원 판단】 위 차량들의 통행으로 인하여 피고인의 가옥에 균열이 발생한 사정 등이 있다고 하더라도, /

【대법원 판단】 피고인이 위 차량들의 통행을 금지하는 가처분 등의 방법을 이용하지 아니한 채 이 사건 통행 방해 행위에 이른 점에 비추어 그 행위의 수단이나 방법에 상당성이 있다고 보기 어렵고, /

【대법원 판단】 긴급성이나 보충성의 요건을 갖추었다고 보기도 어렵다는 이유로, /

【대법원 판단】 피고인의 이 사건 통행 방해 행위를 정당행위로 볼 수 없다고 판단하였다.

【대법원 요지】 형법 제20조 소정의 '사회상규에 위배되지 아니하는 행위'라 함은 법질서 전체의 정신이나 그 배후에 놓여 있는 사회윤리 내지 사회통념에 비추어 용인될 수 있는 행위를 말하고, /

【대법원 요지】 어떠한 행위가 사회상규에 위배되지 아니하는 정당한 행위로서 위법성이 조각되는 것인지는 구체적인 사정 아래서 합목적적, 합리적으로 고찰하여 개별적으로 판단하여야 할 것인바, /

【대법원 요지】 이와 같은 정당행위를 인정하려면 첫째 그 행위의 동기나 목적의 정당성, 둘째 행위의 수단이나 방법의 상당성, 셋째 보호이익과 침해이익과의 법익권형성, 넷째 긴급성, 다섯째 그 행위 외에 다른 수단이나 방법이 없다는 보충성 등의 요건을 갖추어야 한다.

【대법원 결론】 위 법리에 비추어 기록을 살펴보면, 원심의 위와 같은 사실인정과 판단은 정당한 것으로 수긍할 수 있고, 거기에 상고이유에서 주장하는 바와 같은 정당행위에 관한 법리를 오해한 위법 등이 있다고 할 수 없다. (결론적으로 파기 환송)

2009도13376

일반교통방해죄와 욕로 - 부정례
전원 음식점 도로 사건

2010. 2. 25. 2009도13376, [공보불게재]

1. 사실관계 및 사건의 경과

【사실관계 1】

① P임야 내에는 A가 경영하는 Q[전원]음식점이 있다.
② P임야의 일부로 M토지가 있다.
③ M토지 위에는 ㉠비포장도로가 나 있다.
④ Q음식점으로 통하는 진입도로로 ㉠비포장도로와 ㉡아스팔트 도로가 있다.
⑤ Q음식점에 가기 위해서 손님들은 포장되어 있지 않은 ㉠진입도로보다는 포장된 ㉡아스팔트 도로를 주로 이용하였다.

【사실관계 2】

① 1997년 A는 ㉠진입도로를 포장도로로 만들기 위하여 M토지에 대해 산지전용허가를 받았다.
② A는 산지전용허가를 받은 이후 ㉠진입도로를 포장도로로 개설하려고 몇 차례 개설을 위한 일부 공사를 하였으나 완료하지 못하였다.
③ 갑은 P임야의 소유권을 취득하였다.
④ 갑과 A 사이에 P임야에 속하는 M토지의 사용을 놓고 분쟁이 발생하였다.
⑤ A는 갑을 상대로 M토지에 대한 통행권확인청구 소송을 관할법원에 제기하였다.
⑥ A가 제기한 통행권확인청구는 기각되었고, P임야의 소유자 갑의 승소로 확정되었다.

【사실관계 3】

① A는 M토지에 관한 형질변경허가를 받고도 별다른 조치를 취하지 아니하였다.

② 그러던 중 ㉡아스팔트 포장도로를 사용할 수 없게 되었다.
③ A는 대체도로를 만들려고 하였다.
④ ㉠진입도로는 비포장도로로서 돌이 쌓여 있고 낙엽이 많이 쌓여 있는 등 평소에 사람이 통행하기에 부적합한 상태였다.
⑤ 2007. 3. 말경 A는 ㉠진입도로에 콘크리트 포장공사를 하였다.
⑥ 갑은 P임야의 소유권을 취득하였음에도 ㉠진입도로가 위치한 M토지에 대해 소유권을 행사하지 못한다는 점에 불만을 가졌다.
⑦ 2007. 4. 29.부터 4. 30.까지 갑은 위의 불만을 이유로 포크레인 등의 장비를 동원하여 ㉠진입도로 노면의 일부를 손괴하고 쇠사슬을 ㉠진입도로에 걸어 두었다.

【사건의 경과】

① 검사는 갑을 일반교통방해죄로 기소하였다.
② 제1심법원은 무죄를 선고하였다.
③ 검사는 불복 항소하였다.
④ 항소심법원은 항소를 기각하고, 제1심판결을 유지하였다.
⑤ 검사는 불복 상고하였다.

2. 일반교통방해죄와 육로의 범위

【대법원 요지】 형법 제185조의 일반교통방해죄는 일반공중의 교통안전을 그 보호법익으로 하는 범죄로서 /

【대법원 요지】 육로 등을 손괴 또는 불통하게 하거나 기타의 방법으로 교통을 방해하여 통행을 불가능하게 하거나 현저하게 곤란하게 하는 일체의 행위를 처벌하는 것을 그 목적으로 하는 죄로서, /

【대법원 요지】 여기에서 '육로'라 함은 일반공중의 왕래에 공용된 장소, 즉 특정인에 한하지 않고 불특정 다수인 또는 차마가 자유롭게 통행할 수 있는 공공성을 지닌 장소를 말한다.

3. 공소사실의 요지

【대법원 분석】 이 사건 공소사실의 요지는, /

【대법원 분석】 피고인은 2007. 4. 29.부터 같은 달 30.까지 [경기도] 광주시 ○○동 ○번지 소재 임야 내 공소외 A의 음식점으로 통하는 진입도로에서, /

【대법원 분석】 위 임야의 소유권을 취득하였음에도 위 진입도로에 대한 소유권을 행사하지 못한다는 이유로, /

【대법원 분석】 포크레인 등의 장비를 동원하여 위 진입도로 노면의 일부를 손괴하고 쇠사슬을 위 진입도로에 걸어 둠으로써 /

【대법원 분석】 불특정 다수인이 통행하는 위 진입도로의 교통을 방해하였다라는 것이다.

4. 사안에 대한 대법원의 판단

【대법원 분석】 원심 및 제1심은 그 채용 증거에 의하여, /

【대법원 분석】 공소외 A은 "위 진입도로(아래에서는 '이 사건 토지'라 한다)에 관한 형질변경허가를 받고도 아무런 조치를 취하지 아니하다가 기존의 도로를 사용할 수 없게 되어 대체도로를 만들고자 하였다"고 진술하고 있는 점, /
【대법원 분석】 공소외 A가 2007. 3. 말경 콘크리트 포장공사를 하기 전까지 이 사건 토지에는 돌이 쌓여 있고 낙엽이 많이 쌓여 있는 등 평소에 사람이 통행하기에 부적합한 상태였던 것으로 보이는 점, /
【대법원 분석】 공소외 A가 운영하는 음식점으로 연결되는 도로로는 이 사건 토지와 기존의 포장된 아스팔트 도로가 있었는데, 위 음식점에 가기 위해서 포장되어 있지 않던 이 사건 토지보다는 포장된 위 아스팔트 도로가 주로 이용된 것으로 보이는 점, /
【대법원 분석】 공소외 A는 1997년에 산지전용허가를 받은 이후 이 사건 토지에 도로를 개설하려고 몇 차례 개설을 위한 일부 공사를 하였으나 완료하지 못하다가 기존의 도로를 사용할 수 없게 되자 비로소 콘크리트 포장공사를 하였고, /
【대법원 분석】 이에 이 사건 토지의 소유자인 피고인이 공소사실 기재와 같이 도로 이용을 저지하게 된 점, /
【대법원 분석】 공소외 A가 피고인을 상대로 제기한 이 사건 토지에 대한 통행권확인청구가 기각되어 피고인의 승소로 확정됨으로써 공소외 A가 더 이상 피고인에게 이 사건 토지에 대한 통행권을 주장할 수 없게 된 점 등을 인정하였다.
【대법원 판단】 위와 같은 사정을 앞서 본 법리에 비추어 보면, 이 사건 토지는 일반교통방해죄에서 정한 불특정 다수인을 위한 공공성을 가진 도로라고 보기 어렵다 할 것이므로, /
【대법원 결론】 같은 이유에서 이 사건 공소사실에 관하여 피고인에게 무죄를 선고한 제1심판결을 유지한 원심의 판단은 옳은 것으로 수긍이 가고, 거기에 상고이유의 주장과 같은 일반교통방해죄에 대한 법리오해 등의 위법이 없다. (상고 기각)

2009도4266

일반교통방해죄와 교통방해 – 부정례
공항터미널 주차금지 사건

2009. 7. 9. 2009도4266, [공보불게재]

1. 사실관계 및 사건의 경과

【사실관계】
① 갑은 ㉠카니발 밴 차량 운전자이다.
② M지점은 인천국제공항여객터미널 1층 5A번 버스정류장 앞 노상이다.
③ M지점은 공항리무진 버스 외 다른 차량의 주차가 금지된 구역이다.
④ 갑은 M지점에 ㉠카니발 밴 차량을 40분가량 주차시켜 두었다.
⑤ 갑의 주차행위로 인하여 공항리무진 버스들이 출발할 때 후진을 하여 차로를 바꾸어 진출해야 하는

불편을 겪었다.
⑥ [갑은 단속 경찰관의 단속에 불응하여 몸싸움을 벌였다.]

【사건의 경과】

① 검사는 갑을 공무집행방해죄, 상해죄, 업무방해죄, 일반교통방해죄로 기소하였다.
② 갑의 피고사건은 제1심을 거친 후, 항소심에 계속되었다.
③ 항소심법원은 유죄를 인정하였다.
④ 갑은 불복 상고하였다.
⑤ 대법원은 다른 상고이유를 배척하고, 일반교통방해죄의 상고이유를 받아들였다.

2. 일반교통방해죄의 보호법익

【대법원 요지】 형법 제185조의 일반교통방해죄는 일반 공중의 교통안전을 그 보호법익으로 하는 범죄로서 /
【대법원 요지】 육로 등을 손괴 또는 불통케 하거나 기타의 방법으로 교통을 방해하여 통행을 불가능하게 하거나 현저하게 곤란하게 하는 일체의 행위를 처벌하는 것을 그 목적으로 한다.

3. 사안에 대한 항소심의 판단

【대법원 분석】 원심판결 이유에 의하면, 원심은, /
【대법원 분석】 피고인이 2008. 9. 16. 16:15경 인천국제공항여객터미널 1층 5A번 버스정류장 앞 노상에서, 공항리무진 버스 외의 다른 차의 주차가 금지된 구역에 카니발 밴 차량을 40분가량 세워두고 호객 영업을 하는 방법으로 그 곳을 통행하는 버스의 교통을 곤란하게 함으로써 육로의 교통을 방해하였다고 하여 /
【대법원 분석】 형법 제185조의 일반교통방해죄로 제기된 공소사실에 대하여, /
【항소심 판단】 제1심이 채택한 여러 증거들에 의하면 공소사실을 충분히 유죄로 인정할 수 있다고 판단하였다.

4. 사안에 대한 대법원의 판단

【대법원 분석】 그러나 원심이 적법하게 채택한 증거들(현장사진, A에 대한 진술조서 등)에 의하면, /
【대법원 분석】 피고인이 카니발 밴 차량을 40분가량 주차한 장소는 위 여객터미널 도로 중에서 공항리무진 버스들이 승객들을 승 · 하차시키는 장소로서 일반 차량들의 주차가 금지된 구역이기는 하지만 /
【대법원 분석】 위와 같이 주차한 장소의 옆 차로를 통하여 다른 차량들이 충분히 통행할 수 있었을 것으로 보이고, /
【대법원 판단】 피고인의 위와 같은 주차행위로 인하여 공항리무진 버스가 출발할 때 후진을 하여 차로를 바꾸어 진출해야 하는 불편을 겪기는 하였지만 통행이 불가능하거나 현저하게 곤란하지는 않았던 것으로 보인다.
【대법원 결론】 그럼에도 불구하고 피고인의 불법주차행위가 육로의 교통을 방해하여 일반교통방해죄를 구성한다고 속단한 원심의 조치에는 일반교통방해죄에 관한 법리를 오해하여 판결 결과에 영향

을 미친 위법이 있고, 이를 지적하는 상고이유의 주장은 이유 있다. (파기 환송)

2008도11921

업무상 과실선박파괴죄와 파괴 - 부정례
허베이호 파손 사건

2009. 4. 23. 2008도11921, 공 2009상, 795

1. 사실관계 및 사건의 경과

【사실관계 1】

① [태안반도 기름 유출 사고에 관한 사안이다.]
② 갑과 을은 대형예인선 ㉠선박의 선장과 선원이다.
③ 병과 정은 대형유조선 ㉡선박[허베이호]의 선장과 선원이다.
④ ㉡유조선의 제원(諸元)은 다음과 같다.
(가) 총 길이 338m
(나) 갑판 높이 28.9m
(다) 총 톤수 146,848t
(라) 유류탱크 13개
(마) 평형수탱크 4개

【사실관계 2】

① 갑과 을 및 병과 정의 과실이 중첩되어 ㉠예인선과 ㉡유조선이 충돌하였다.
② 이 충돌사고로 ㉡유조선에 다음과 같은 손상이 발생하였다.
(가) 좌현 1번 유류탱크 0.3m×0.03m 구멍
(나) 좌현 3번 유류탱크 1.2m×0.1m 구멍
(다) 좌현 5번 유류탱크 1.6m×2m 구멍
(라) 선수마스트, 위성통신 안테나, 항해등 등 파손
③ [이 충돌사고로 ㉡유조선으로부터 다량의 원유가 해상으로 유출되었다.]

【사건의 경과 1】

① 검사는 기름 유출 부분에 대해 갑과 을 및 ㉠예인선이 관련된 P회사를 해양오염방지법의 해당 벌칙 규정 및 양벌규정으로 기소하였다.
② 검사는 기름 유출 부분에 대해 을과 병 및 ㉡유조선이 관련된 Q회사를 해양오염방지법의 해당 벌칙 규정 및 양벌규정으로 기소하였다.
③ 검사는 갑, 을, 병, 정을 업무상 과실선박파괴죄로 기소하였다.

【사건의 경과 2】

① 갑 등의 피고사건은 제1심을 거친 후, 항소심에 계속되었다.

② 항소심법원은 갑 등에게 유죄를 인정하였다.

③ 항소심법원은 업무상 과실선박파괴죄 성립하는 이유로, ㉡선박의 유류탱크에 생긴 구멍에서 기름이 누출되어 이를 수리할 때까지 ㉡선박이 기름을 운송하는 유조선으로서의 기능을 정상적으로 수행할 수 없었다는 점을 들었다.

④ 갑, 병, 정은 해양오염방지법위반죄 부분과 업무상 과실선박파괴죄 유죄 부분 모두에 대해 불복 상고하였다.

⑤ 을은 해양오염방지법위반죄 유죄 부분에 대해서만 불복 상고하였고, 업무상 과실선박파괴죄 유죄 부분에 대해서는 상고하지 않았다.

⑥ (이하에서는 업무상 과실선박파괴죄 부분만을 고찰함)

2. 선박파괴죄의 특성

【대법원 분석】 형법 제15장 교통방해의 죄에 속하는 형법 제187조는 "사람의 현존하는 기차, 전차, 자동차, 선박 또는 항공기를 전복, 매몰, 추락 또는 파괴한 자는 무기 또는 3년 이상의 징역에 처한다." 고 하고, /

【대법원 분석】 제190조는 미수범을, 제191조는 예비 또는 음모한 자를 처벌하도록 정하고 있다. /

【대법원 분석】 형법이 제187조를 교통방해의 죄 중 하나로서 그 법정형을 높게 정하는 한편 미수, 예비 · 음모까지도 처벌 대상으로 삼고 있는 사정에 덧붙여 /

【대법원 분석】 '파괴' 외에 다른 구성요건 행위인 전복, 매몰, 추락 행위가 일반적으로 상당한 정도의 손괴를 수반할 것이 당연히 예상되는 사정 등을 고려해 볼 때, /

【대법원 요지】 형법 제187조에서 정한 '파괴'란 다른 구성요건 행위인 전복, 매몰, 추락 등과 같은 수준으로 인정할 수 있을 만큼 교통기관으로서의 기능 · 용법의 전부나 일부를 불가능하게 할 정도의 파손을 의미하고 /

【대법원 요지】 그 정도에 이르지 아니하는 단순한 손괴는 포함되지 않는다고 해석된다.

3. 사안에 대한 대법원의 판단

【대법원 분석】 원심이 적법하게 채택한 증거들에 의하면, /

【대법원 분석】 허베이호[㉡선박]는 총 길이 338m, 갑판 높이 28.9m, 총 톤수 146,848t, 유류탱크 13개, 평형수탱크 4개인 대형 유조선인데, /

【대법원 분석】 이 사건 충돌로 인한 손상은 좌현 1, 3, 5번 유류탱크에 각 한 군데씩 구멍/

【대법원 분석】 (1번 탱크 0.3m×0.03m, 3번 탱크 1.2m×0.1m, 5번 탱크 1.6m×2m)이 생기고 /

【대법원 분석】 선수마스트, 위성통신 안테나, 항해등 등이 파손된 정도에 불과한 사실이 인정된다.

【대법원 판단】 앞서 본 법리에 위 인정 사실을 비추어 보면, 이 사건 충돌로 [㉡선박]에 발생한 손상은 형법 제187조에서 정한 선박의 '파괴'에 이를 정도라고 보기 어렵고, /

【대법원 판단】 이는 유류탱크에 생긴 구멍에서 기름이 누출되어 이를 수리할 때까지 기름을 운송하는 유조선으로서의 기능을 정상적으로 수행할 수 없었다고 하여 달리 볼 것도 아니다.

【대법원 결론】 이와 달리, 이 사건 충돌로 [㉡선박]에 발생한 손상이 형법 제187조에서 정한 선박의

'파괴'에 해당한다고 본 원심은 위 조항의 해석 · 적용에 관한 법리를 오해한 위법이 있다. /

【대법원 결론】 이를 지적하는 피고인 갑, 병, 정의 상고이유는 옳고, 위와 같은 원심판결의 위법사유는 함께 상고한 공동피고인인 피고인 을에 대하여도 공통되므로 피고인 을에 대한 이 부분 원심판결 역시 파기를 면할 수 없다. (파기 환송)

82도671

교통방해죄와 도로교통법위반죄의 관계
버스 정비공 좌회전 사건

1983. 9. 27. 82도671, 공 1983, 1625

1. 사실관계 및 사건의 경과

【사실관계】

① 갑은 자동차 정비공이다.

② 갑은 운전면허 없이 ㉠시내버스를 운전하고 주의의무를 태만히 한 채 좌회전하였다.

③ 이로 인해 갑은 같은 방향으로 진행중이던 ㉡승용차를 충격하였다.

④ 이 사고로 ㉡승용차의 운전사 A와 승객이던 B 외 3명이 각각 요치 2주간의 뇌진탕 등 상해를 입었다.

⑤ ㉡승용차는 수리비가 4,349,500원이 드는 정도로 망가졌다.

⑥ 교통사고와 관련된 도로교통법의 벌칙규정은 다음과 같다.

(가) [행위 당시] 도로교통법 제74조 (벌칙) 제차의 운전자가 업무상 필요한 주의를 태만하거나 중대한 과실로 인하여 타인의 건조물 기타 재물을 손괴한 때에는 2년 이하의 금고 또는 100만 원 이하의 벌금에 처한다.

(나) [현행] 도로교통법 제151조(벌칙) 차의 운전자가 업무상 필요한 주의를 게을리하거나 중대한 과실로 다른 사람의 건조물이나 그 밖의 재물을 손괴한 경우에는 2년 이하의 금고나 500만 원 이하의 벌금에 처한다.

【사건의 경과】

① 검사는 갑을 다음의 공소사실로 기소하였다.

(가) 업무상과실치상죄

(나) 업무상과실자동차파괴죄

(다) 도로교통법위반죄

② 갑의 피고사건은 제1심을 거친 후, 항소심에 계속되었다.

③ 항소심법원은 다음과 같이 판단하였다.

(가) 업무상과실치상죄 : 유죄

(나) 업무상과실자동차파괴죄 : 이유 부분에서 무죄 설시

(다) 도로교통법위반죄 : 유죄

④ (항소심의 판단 이유는 판례 본문 참조)

⑤ 검사는 무죄 부분에 불복 상고하였다.

2. 사안에 대한 항소심의 판단

【항소심 판단】 1. 원심판결 이유에 의하면, 원심은 제1심 판결이유 거시 증거를 인용하여 /

【항소심 판단】 자동차 정비공이던 피고인이 운전면허없이 판시일시와 장소에서 [㉠]시내버스를 운전하고 판시와 같은 주의의무를 태만히 한 채 좌회전하다가 같은 방향으로 진행중이던 [㉡]승용차를 충격하고 /

【항소심 판단】 이로 인하여 위 승용차의 운전사와 승객이던 피해자 B 외 3명에게 각각 요치 2주간의 뇌진탕등 상해를 가하고 위 승용차 수리비 4,349,500원 상당을 파괴한 사실을 인정한 다음 /

【항소심 판단】 도로교통법 제74조는 형법 제189조 제2항, 제187조 소정의 업무상과실자동차파괴등 죄에 해당하는 행위 중 인력, [축]력 기타의 동력에 의하여 도로상에서 운전되는 제차의 운전자가 운전업무수행중의 과실에 기인한 경우를 특별히 처벌하기 위한 위 형법 본조의 특별법이므로 /

【항소심 판단】 피고인이 위와 같이 승용차를 파괴한 행위는 도로교통법 제74조에만 해당되어 업무상과실자동차파괴등죄로 의율할 수 없는 것이니 무죄를 선고하여야 할 것이나 /

【항소심 판단】 이는 판시 업무상과실치상죄와 상상적 경합관계에 있어 따로 주문에서 무죄선고 하지 않는다고 판시하고 있다.

3. 사안에 대한 대법원의 판단

【대법원 요지】 2. 살피건대, 도로교통법 제74조가 형법 제189조 제2항, 제187조 소정의 업무상과실자동차파괴등죄와 특별관계에 있는가의 여부는 양 법규의 구성요건의 비교로부터 논리적으로 결정하여야 할 것인바, /

【대법원 요지】 위 형법 본조는 교통방해죄의 한 태양으로서 공중교통안전을 그 보호법익으로 하고 있고 /

【대법원 요지】 또 공공교통기관의 안전에 대한 침해는 교통기관의 대형화 및 고속화에 따라 공중의 생명, 신체, 재산 등에 중대한 손해를 미칠 위험과 직결하고 있다는 점에서 공공위험죄에 속함에 대하여 /

【대법원 요지】 위 도로교통법 제74조의 입법취지는 차량운행에 수반되는 위험성에 비추어 운전자에게 고도의 주의의무를 강조하고 나아가 차량운행과 직접적으로 관계없는 제3자의 재물을 보호하는데 있어 /

【대법원 요지】 각 그 보호법익을 달리하고 있을 뿐만 아니라 /

【대법원 요지】 그 행위의 객체는 후자가 "건조물 기타 재물" 일반을 대상으로 하고 있음에 반하여 전자는 "사람이 현존하는 기차, 전차, 자동차, 선박 또는 항공기"로 한정하고 /

【대법원 요지】 또 그 행위의 태양면에 있어서도 후자는 단순 손괴로 족함에 반하여 전자는 교통기관으로서의 용법의 전부 또는 일부를 불가능하게 할 정도의 손괴임을 요하는 등 /

【대법원 요지】 위 형법 본조의 구성요건이 위 도로교통법 제74조의 구성요건보다 축소한정되는 관

계에 있는 점 등에 비추어 /

【대법원 요지】 위 양 법규는 일반법과 특별법관계가 아닌 별개의 독립된 구성요건으로 해석함이 상당하다 할 것이며 /

【대법원 판단】 그렇지 아니하면 구성요건 사실이 도로교통법 제74조는 물론 위 형법 본조를 충족한 경우 즉 자동차등 교통기관의 용법의 전부 또는 일부를 불가능케 할 정도의 손괴를 하였다 하더라도 /

【대법원 판단】 위 형법 본조보다 법정형이 [경]한 도로교통법 제74조만을 적용할 수밖에 없는 불합리한 결과가 생기기 때문이다.

【대법원 결론】 그렇다면 피고인의 운전부주의로 인한 위 승용차파괴행위가 도로교통법 제74조만이 적용되고 위 형법 본조는 의율할 수 없다고 판시한 원심의 조치는 법령해석의 잘못을 범함으로써 판결결과에 영향을 미쳤다 할 것이므로 이를 탓하는 논지는 이유 있다. (파기 환송)

제16장 음용수에 관한 죄

77도103

수도불통죄와 위법성조각 – 인정례
시장 번영회 단수조치 사건

1977. 11. 22. 77도103, 공 1977, 10389

1. 사실관계 및 사건의 경과

【사실관계 1】

① P시장에는 P시장 상인들로 구성된 Q번영회가 있다.
② 갑은 Q번영회 회장이고, 을과 병은 Q번영회 부회장들이다.
③ P시장 내의 ㉠수도는 P시장 내에 점포나 주거를 가진 사람들의 식수에 공용하기 위하여 Q번영회가 관할 구청장의 허가를 얻어 시설한 사설상수도이다.
④ ㉠수도의 수도사용료는 P시장 내 전체사용량에 대하여 Q번영회로 일괄 부과된다.
⑤ Q번영회는 소정율에 따라 수용자로부터 수도사용료를 징수하여 일괄 납부한다.
⑥ ㉠수도의 관리책임자로 갑, 을, 병이 지정되어 있다.

【사실관계 2】

① P시장 내 M장소의 ㉡수도는 A, B, C 집에 식수를 공급하는 수도이다.
② A, B, C는 수도료를 체납하였다.
③ Q번영회 측은 총회를 개최하여 3개월 이상 수도사용료를 내지 않은 경우 단수조치하기로 결의하였다.
④ 갑, 을, 병은 A와 B가 각각 3개월분의 수도사용료를 내지 아니하였기 때문에 단수하겠다고 사전 경고를 하였다.
⑤ 갑, 을, 병은 M장소에 있는 ㉡수도를 단수하려고 나왔다.
⑥ [이 자리에서] 갑, 을, 병은 C에게 단수하겠다고 말하여 동의를 받았다.
⑦ 갑, 을, 병은 M장소에 시설한 ㉡수도관의 접속부분 나사못을 뺀찌로 뽑고 접속부분을 막아 단수조치를 취하였다.

【사건의 경과】

① 검사는 갑, 을, 병을 수도불통죄로 기소하였다.
② 제1심법원은 유죄를 인정하였다.
③ 갑 등은 불복 항소하였다.

④ 갑 등은 항소이유로, 자신들의 단수조치에 위법성이 없다고 주장하였다.
⑤ 항소심법원은 갑 등의 항소를 기각하고, 제1심판결을 유지하였다.
⑥ (항소심의 판단 이유는 판례 본문 참조)
⑦ 갑 등은 불복 상고하였다.

2. 사안에 대한 제1심의 판단

【대법원 분석】 1. 제1심판결은 /
【대법원 분석】 피고인 갑은 [P]시장 번영회장으로 피고인 을, 동 병은 위 번영회 부회장으로 각 종사하는 자 등인바 상호 공모하여 /
【대법원 분석】 1975.10.1.12:00경 서울시 용산구 용산동 ○가○ 소재 [P]시장 내 A 집 부근에서 위 A 및 B 등이 3개월분 수도료를 납부치 않는다는 이유로 /
【대법원 분석】 위 번영회에서 동 시장 주민의 음료수를 공급하기 위하여 동소에 시설하여 둔 수도관의 접속부분 나사못을 뺀찌로 뽑고 접속부분을 막아 불통케 하였다는 사실을 인정하고 /
【대법원 분석】 이 소위를 형법 제195조의 수도불통죄로 단정하였는바 /

3. 사안에 대한 항소심의 판단

【항소심 판단】 원심판결은 /
【항소심 판단】 형법 제195조 소정의 수도란 공설수도냐 사설수도냐를 묻지 않고 그 대상이 되는 것이며 /
【항소심 판단】 공중의 음료수를 공급하는 수도란 불특정 또는 다수인에게 음료수를 공급하는 상수도를 의미하므로 /
【항소심 판단】 본건의 경우 불통하게 된 수도로부터 음료수공급을 받는 자는 A, B 공소외 C 등 3인으로서 다수인이라 할 것이고 /
【항소심 판단】 또 위 3인의 사전동의에 의하여 단수조치하였는가의 점에 관하여 보건대 이를 인정할 수 있는 증거가 없다 하여 /
【항소심 판단】 위 단수조치에 위법성이 없다는 피고인들의 변소를 물리치고 /
【항소심 판단】 제1심판결을 지지하여 항소를 기각하였다.

4. 사안에 대한 대법원의 판단

【대법원 분석】 2. 위 제1심판결 확정사실과 기록에 의하면 /
【대법원 분석】 위 용산 [P]시장 내의 수도는 위 용산 [P]시장 내에 점포나 주거를 가진 사람들의 식수에 공용하기 위하여 위 시장상인들로 구성된 번영회에서 용산구청장의 허가를 얻어 시설한 사설상수도로써 /
【대법원 분석】 수도사용료는 [P]시장 내 전체사용량에 대하여 번영회로 일괄부과되어 번영회는 소정율에 따라 수용자로부터 징수하여 일괄납부하며 /
【대법원 분석】 그 관리책임자로 피고인 3명이 지정되어 있으며 /

【대법원 분석】 피고인들이 막았다는 수도관은 위 A, B 및 C 가에 식수를 공급하는 것으로 /

【대법원 분석】 위 A, B는 각 3개월분의 수도사용료를 내지 아니하였기 때문에 본건 단수를 하기 전에 번영회 총회를 개최하여 단수조치하기로 결의를 하고 사전 경고까지 하였으며 /

【대법원 분석】 위 C로부터는 단수에 대한 승낙을 받은 연후에 본건 단수조치를 한 점을 짐작할 수 있으니 /

【대법원 판단】 사정이 그렇다면 본건 단수행위에는 위법성이 있다고 볼 수 없다 할 것이다. /

【대법원 결론】 그럼에도 불구하고 원심판결이 이 단수행위가 수도불통죄에 해당한다고 보았음은 수도불통죄 내지 위법성에 관한 법리를 오해하여 심리를 다하지 아니한 이유불비의 위법이 있다 아니할 수 없다. (파기 환송)

제17장 아편에 관한 죄

98도2734

아편수출입죄와 수입 – 인정례
신혼여행 히로뽕 밀수 사건

1998. 11. 27. 98도2734, 공 1999, 87

1. 사실관계 및 사건의 경과

【사실관계 1】

① [아편에 관한 죄의 최신 판례는 찾기가 쉽지 아니하므로 '히로뽕' 관련 판례를 소개함]

② [본 판례의 '히로뽕'을 '아편'으로 바꾸면 형법상 아편의 죄에 관한 사안으로 이해할 수 있음]

③ 갑, 을, 병은 홍콩에서 히로뽕을 구입하여 이를 미국령 괌에서 판매하기로 하였다.

④ 갑 등은 홍콩에서 괌으로 들어가는 승객들에 대하여는 소지품 검색을 심하게 하는 반면, 한국에서 괌으로 들어가는 승객들에 대하여는 소지품 검색이 비교적 심하지 아니하다는 사실에 착안하였다.

⑤ 갑 등은 다음과 같은 범행계획을 세웠다.

(가) 갑은 히로뽕 구입 자금을 대기로 한다.

(나) 을, 병은 홍콩에서 히로뽕을 구입하여 이를 가지고 김포공항에 도착한다.

(다) 갑은 A와 B를 신혼부부로 위장시킨 다음 을, 병과 함께 괌으로 들어간다.

(라) 갑은 괌 국제공항에서 히로뽕이 숨겨져 있는 을의 가방을 선네받아 신혼부부로 위장한 A, B와 함께 괌에 입국한다.

【사실관계 2】

① 을은 K에게 히로뽕 1kg을 구하여 줄 것을 의뢰하였다.

② K는 을에게 K의 히로뽕 2kg을 포함하여 홍콩에서 3kg을 매수하고 괌으로 운반하여 줄 것을 제안하였다.

③ K는 또한 을에게 히로뽕을 파는 매도인을 연결하여 줄 정을 만나 서로 상의한 후 홍콩에 정과 함께 들어갈 것을 제의하였다.

④ 을은 서울 강남구 역삼동 소재 P호텔 커피숍에서 미국 국적의 재미교포 정을 만나 히로뽕 구입에 대한 구체적 계획을 공모하였다.

【사실관계 3】

① 공모한 계획에 따라 을은 갑으로부터 자금을 지원받아 이를 미화로 환전하여 병, 정과 함께 홍콩으로 건너갔다.

② 1997. 12. 10. 오후 무렵 정은 홍콩 소재 미라마 호텔에서 홍콩인 L로부터 히로뽕 3kg을 미화 24,000달러에 매수하였다.
③ 1997. 12. 11. 을과 병은 정을 통해 홍콩인 L로부터 구입한 히로뽕 3kg을 입수하였다.
④ 을과 병은 구입한 히로뽕 3kg을 을의 ㉠여행용가방 밑에 집어넣고 그 위를 아크릴판으로 덮어 숨겼다.
⑤ 을은 홍콩에서 서울을 경유하여 괌으로 가는 아시아나 항공편을 예약하였다.
⑥ 경유 승객의 경우 홍콩에서 출발한 승객은 경유지인 서울에서 같은 아시아나 항공편이기는 하나, 항공기를 갈아타도록 되어 있었다.
⑦ 병, 정은 홍콩에서 서울로 가는 항공편을 각각 예약하였다.
⑧ 을은 사전계획에 따라 갑에게 1997. 12. 12. 20:40 서울발 아시아나 항공편으로 괌으로 갈 것이니 그 때쯤 김포공항에서 만나자고 연락하였다.

【사실관계 4】

① 1997. 12. 12. 12:30경(홍콩 현지시각) 을은 홍콩국제공항에서 서울행 아시아나 항공 304편의 항공수하물로 히로뽕이 들어있는 자신의 ㉠여행가방을 부쳤다.
② 1997. 12. 12. 13:00경 을은 병, 정과 함께 홍콩국제공항에서 서울행 아시아나 항공 304편에 탑승하였다.
③ 1997. 12. 12. 17:20경 을, 병, 정은 김포국제공항에 도착하였다.
④ 히로뽕이 들어있던 을의 ㉠여행가방도 항공수화물로 같은 서울행 아시아나 항공 304편에 의하여 운송되었다.
⑤ 1997. 12. 12. 17:20경 이후 을은 당초의 계획대로 괌으로 가기 위하여 김포국제공항 내에서 1997. 12. 12. 20:40경 출발하는 서울발 괌행 아시아나 항공 262편의 탑승을 대기하고 있었다.
⑥ 1997. 12. 12. 17:40경 을은 히로뽕 밀수정보를 입수한 수사관들에 의하여 공항 내에서 체포되었다.
⑦ 갑은 을의 연락을 받고 서울발 괌행 아시아나 항공 262편 항공권 4장(갑, 병, A, B)을 구입한 다음 김포공항에서 을과 병을 기다렸다.
⑧ 갑은 을과 병이 오지 아니하자(당시 을, 병, 정은 이미 체포된 상태였다) A, B만을 데리고 괌으로 출국하였다.

【사실관계 5】

① 히로뽕이 들어있던 을의 ㉠여행가방은 서울행 아시아나 항공 304편에서 서울발 괌행 아시아나 항공 262편으로 옮겨싣기 위하여 항공사측에 의하여 서울행 아시아나 항공 304편의 화물칸에서 내려져 지상으로 반출되어 있었다.
② 을, 병, 정이 체포되자 을이 소지하고 있던 수화물표를 근거로 수사관들이 히로뽕 수색에 나섰다.
③ 지상에 반출되어 있던 을의 ㉠여행가방과 그 안에 들어있던 히로뽕은 수사관들에 의하여 모두 압수되었다.

【사건의 경과】

① 검사는 갑, 을, 병을 향정신성의약품관리법위반죄(히로뽕 수입)로 기소하였다.
② 검사는 미국 국적 재미교포 정을 향정신성의약품관리법위반죄(히로뽕 매수)로 기소하였다.

③ 제1심법원은 갑, 을, 병에 대해 무죄를 선고하였다.
④ (제1심의 판단 이유는 판례 본문 참조)
⑤ 제1심법원은 정에 대해 공소기각판결을 선고하였다.
⑥ (제1심의 판단 이유는 판례 본문 참조)
⑦ 검사는 불복 항소하였다.
⑧ 항소심법원은 항소를 기각하고, 제1심판결을 유지하였다.
⑨ 검사는 불복 상고하였다.

【참조조문】

형법

제198조 (아편등의 제조등) 아편, 몰핀 또는 그 화합물을 제조, 수입 또는 판매하거나 판매할 목적으로 소지한 자는 10년 이하의 징역에 처한다.

향정신성의약품관리법 (행위시법)

제40조 (벌칙) ① 다음 각호의 1에 해당하는 자는 무기 또는 7년 이상의 징역에 처한다.
1. 제3조 제1항의 규정에 위반하여 /
제2조 제1항 제1호에 해당하는 향정신성의약품 또는 /
그 물질을 함유하는 향정신성의약품을 /
제조 · 수출입 · 매매 · 매매의 알선 또는 수수하거나 /
제조 · 수출입 · 매매 · 매매의 알선 또는 수수할 목적으로 소지 · 소유한 자

마약류 관리에 관한 법률 (현행법)

제58조 (벌칙) ① 다음 각 호의 어느 하나에 해당하는 자는 무기 또는 5년 이상의 징역에 처한다.
1. 제3조(제5조의2 제5항에서 준용하는 경우를 포함한다. 이하 이 조부터 제61조까지의 규정에서 같다) 제2호 · 제3호, /
제4조 제1항, /
제5조의2 제4항(같은 조 제2항에 해당하는 자는 제외한다. 이하 이 장에서 같다), /
제18조 제1항 또는 /
제21조 제1항을 위반하여 /
마약이나 임시마약을 /
수출입 · 제조 · 매매하거나 매매를 알선한 자 또는 /
그러할 목적으로 소지 · 소유한 자

2. 히로뽕 수입 부분에 대한 판단

(1) 공소사실의 요지

【대법원 분석】 가. 피고인들에 대한 메스암페타민(속칭 히로뽕, 이하 히로뽕이라 한다) 수입에 의한 향정신성의약품관리법위반의 점의 요지는, /

【대법원 분석】 피고인들은 모두 향정신성의약품취급자가 아님에도 불구하고 영리의 목적으로, 홍콩

에서 히로뽕을 매수하여 서울로 수입한 다음 이를 다시 괌으로 수출하여 매도하기로 순차 공모한 후, /

【대법원 분석】 피고인 갑은 자금을 대고, 피고인 을, 병은 홍콩으로 건너가 피고인 정을 통하여 홍콩인 L로부터 히로뽕을 매수한 다음 /

【대법원 분석】 피고인 을, 병은 위 히로뽕을 여행용가방 밑에 집어넣고 그 위를 아크릴판으로 덮어 숨기는 방법으로 이를 은닉하여 소지한 채 /

【대법원 분석】 피고인 정과 함께 1997. 12. 12. 13:00경 홍콩국제공항에서 서울행 비행기에 탑승하여 같은 날 17:20경 서울 강서구 공항동 소재 김포국제공항에 도착하는 방법으로 /

【대법원 분석】 히로뽕 약 3kg을 수입하였다라는 것이다.

(2) 사안에 대한 항소심의 판단

【항소심 판단】 나. 이에 대하여 원심은, 그 판시와 같은 사실을 인정한 다음, /

【항소심 판단】 비록 피고인 을, 병, 정이 홍콩에서 매수한 히로뽕을 항공수화물로 부친 다음 같은 비행기를 타고 김포국제공항에 도착하였고 그 수화물이 비행기 화물칸에서 내려져 지상으로 반출되었다고 하더라도 /

【항소심 판단】 이는 피고인 을이 김포공항을 경유하여 다시 괌으로 가기 위하여 입국절차를 거치지 아니하고 공항 내에서 괌행 비행기의 출발시간까지 대기하는 동안 /

【항소심 판단】 그들이 가져온 히로뽕이 든 가방도 통관절차를 거침이 없이 홍콩발 서울행 아시아나 항공 304편의 화물칸에서 서울발 괌행 아시아나 항공 262편의 화물칸으로 바로 옮겨지게 되었는데 /

【항소심 판단】 이러한 과정에서 그 히로뽕이 일시적으로 지상에 반출된 것에 불과하다 할 것이고, /

【항소심 판단】 피고인들이 히로뽕을 국내로 들여와 유통시키려 하였던 것은 아니었던 것으로 보이는바, /

【항소심 판단】 향정신성의약품관리법상의 향정신성의약품의 '수입'이란 그 양과 목적에 관계없이 국외로부터 국내로 반입하는 일체의 행위를 의미하나, /

【항소심 판단】 이러한 국내반입이라 함은 통관절차를 거쳐야 하는 상태를 전제로 한 것으로서 /

【항소심 판단】 피고인들의 행위는 통관절차를 거치거나 그 절차를 회피한 채로 국내로 반입하는 행위가 아니고 /

【항소심 판단】 단지 제3국간의 운송과정에서 항공편의 사정에 의하여 일시적으로 지상에 반출된 것으로서 우리나라의 통관절차와는 무관한 것이므로 국내에 반입된 것이라고는 볼 수 없어 /

【항소심 판단】 피고인들의 위와 같은 소위는 향정신성의약품관리법 제40조 제1항 제4호 소정의 '수입'에 해당하는 것이라고 보기 어려울 뿐만 아니라, /

【항소심 판단】 피고인들에게 '수입'에 관한 범의가 있다고 보기도 어렵고, /

【항소심 판단】 따라서, 제1심이 위 공소사실 부분은 죄가 되지 않는 경우에 해당한다는 이유로 형사소송법 제325조 전단에 의하여 피고인들에 대한 히로뽕 수입으로 인한 향정신성의약품관리법위반의 점에 대하여 무죄를 선고한 조치는 옳다고 판단하여 이 부분에 관한 검사의 항소를 기각하였다.

(3) 히로뽕 등의 수입 개념과 기수시기

【대법원 요지】 향정신성의약품관리법에 정한 향정신성의약품의 수입이라 함은 그 목적이나 의도에

관계없이 향정신성의약품을 국외로부터 우리나라의 영토 내로 양륙하는 등으로 반입하는 행위를 뜻하는 것이고, /

【대법원 요지】 한편 향정신성의약품관리법은 향정신성의약품의 오용 또는 남용으로 인한 보건위생상의 위해를 방지하기 위하여 필요한 규제를 행함을 목적으로 하는 것으로서(같은 법 제1조 참조), /

【대법원 요지】 이러한 위해발생의 위험성은 향정신성의약품의 양륙 또는 지상반입에 의하여 이미 발생하고, /

【대법원 요지】 위와 같은 의약품을 선박이나 항공기로부터 양륙 또는 지상에 반입함으로써 기수에 달하는 것이라고 해석함이 타당하다.

(4) 사안에 대한 대법원의 분석

【대법원 분석】 그런데 원심이 인정한 사실 및 기록에 의하면, /

【대법원 분석】 피고인들은 홍콩에서 히로뽕을 구입하여 이를 미국령 괌에서 판매하기로 하였으나, /

【대법원 분석】 홍콩에서 괌으로 들어가는 승객들에 대하여는 소지품 검색을 심하게 하는 반면 한국에서 괌으로 들어가는 승객들에 대하여는 소지품 검색이 비교적 심하지 아니하다는 사실을 알고, /

【대법원 분석】 홍콩에서 히로뽕을 구입하여 한국을 거쳐 괌으로 들어가되 피고인 을, 병, 정이 홍콩에서 히로뽕을 구입하여 김포공항에 도착하면 피고인 갑은 공소외 A를 대동하여 신혼부부로 위장한 다음 그들과 함께 괌으로 들어가면서 괌 국제공항에서 히로뽕이 숨겨져 있는 피고인 을의 가방을 자신이 건네받아 신혼부부로 위장한 채 입국하기로 사전 공모한 사실, /

【대법원 분석】 그 후 피고인 을은 공소외 K에게 히로뽕 1kg을 구하여 줄 것을 의뢰하였고, 위 K는 피고인 을에게 자신의 히로뽕 2kg을 포함하여 홍콩에서 3kg을 매수하고 괌으로 운반하여 주되 매도인을 연결하여 줄 피고인 정을 만나 서로 상의한 후 홍콩에 함께 들어갈 것을 제의한 사실, /

【대법원 분석】 이에 따라 피고인 을은 피고인 정을 만나 구체적인 계획을 공모한 다음 피고인 갑으로부터 자금을 지원받아 이를 미화로 환전하여 피고인 병과 함께 홍콩으로 건너간 사실, /

【대법원 분석】 이어 피고인 을, 병은 그 판시와 같이 1997. 12. 11. 피고인 정을 통해 홍콩인인 공소외 L로부터 히로뽕 3kg을 구입하자 이를 여행용가방 밑에 집어넣고 그 위를 아크릴판으로 덮어 숨기는 한편, 사전계획에 따라 피고인 갑에게 1997. 12. 12. 20:40 서울발 아시아나 항공편으로 괌으로 갈 것이니 그 때쯤 김포공항에서 만나자고 연락한 사실, /

【대법원 분석】 피고인 갑은 피고인 을의 이러한 연락을 받고 서울발 괌행 항공권 4장(피고인 갑, 병, 공소외 A, B)을 구입한 다음 김포공항에서 피고인 을, 병을 기다렸으나 그들이 오지 아니하자(당시 나머지 피고인들은 이미 체포된 상태였다) A, B만을 데리고 괌으로 출국한 사실, /

【대법원 분석】 한편 피고인 을, 병, 정은 항공편을 예약하면서 피고인 을은 홍콩에서 서울을 경유하여 괌으로 가는 항공편(다만 홍콩에서 출발한 승객은 경유지인 서울에서 같은 아시아나 항공편이기는 하나, 항공기를 갈아타도록 되어 있었다)을, 피고인 병, 정은 홍콩에서 서울로 가는 항공편을 각 예약하여 두었다가 /

【대법원 분석】 1997. 12. 12. 12:30경(현지시각)에 이르러 피고인 을은 히로뽕이 들어있는 자신의 가방을 항공수화물로 부치고 같은 날 13:00경 피고인 병, 정과 함께 홍콩국제공항에서 서울행 아시아

나 항공 304편에 탑승한 후 같은 날 17:20경 김포국제공항에 도착하였는데, 히로뽕이 들어있던 피고인 을의 가방도 항공수화물로 같은 비행기에 의하여 운송된 사실, /

【대법원 분석】 그 후 피고인 을은 당초의 계획대로 괌으로 가기 위하여 공항 내에서 같은 날 20:40경 출발하는 서울발 괌행 아시아나 항공 262편의 탑승을 대기하고 있다가 히로뽕 밀수정보를 입수한 수사관들에 의하여 같은 날 17:40경 공항 내에서 체포된 사실, /

【대법원 분석】 한편, 히로뽕이 들어있던 피고인 을의 가방은 위 304편에서 위 262편으로 옮겨싣기 위하여 항공사측에 의하여 위 304편의 화물칸에서 내려져 지상으로 반출되어 있었는데 /

【대법원 분석】 피고인 을, 병, 정이 체포되자 피고인 을이 소지하고 있던 수화물표를 근거로 히로뽕 수색에 나선 수사관들에 의하여 지상에 반출되어 있던 가방과 그 안에 들어있던 히로뽕이 모두 압수된 사실을 알 수 있다.

(5) 사안에 대한 대법원의 판단

【대법원 판단】 사실관계가 위와 같다면, 피고인들은 한국에서 괌으로 들어가는 승객들에 대하여는 소지품 검색이 비교적 심하지 않다는 사실을 알고, 홍콩에서 히로뽕을 구입하여 괌으로 직항하지 아니하고 한국을 거쳐 괌으로 들어가되 김포공항을 경유하기로 하고, /

【대법원 판단】 김포공항을 경유하는 경우에는 홍콩에서 온 비행기가 김포공항에 기착하였다가 바로 그대로 괌으로 가는 것이 아니고, 서울발 괌행 비행기로 갈아타야 하고, /

【대법원 판단】 따라서 위 히로뽕도 서울발 괌행 비행기에 옮겨싣기 위하여 김포공항에서 지상에 반출된다는 사실을 알면서 김포공항을 경유지로 이용하기로 한 것이며, /

【대법원 판단】 이에 따라 항공수화물로 부쳐진 히로뽕이 들어있던 피고인 을의 가방도 항공수화물로 홍콩발 서울행 304편 비행기에 의하여 운송되고, 위 304편에서 서울발 괌행 위 262편으로 옮겨싣기 위하여 항공사측에 의하여 위 304편의 화물칸에서 내려져 지상으로 반출되어 있었던 것이므로 /

【대법원 판단】 앞서 본 법리에 비추어 볼 때, 비록 위 히로뽕이 단지 제3국간의 예정된 운송과정에서 항공사측에 의하여 일시적으로 지상에 반출된 것이라고 하더라도 /

【대법원 판단】 히로뽕의 오용 또는 남용으로 인한 보건위생상의 위해발생의 위험성은 위 히로뽕의 지상반출에 의하여 이미 발생하였다고 볼 수 있고, 따라서 위 히로뽕은 국내에 반입한 것으로 보아야 할 것이며, /

【대법원 판단】 피고인들에게는 위 히로뽕의 위와 같은 국내반입에 대한 고의도 있었다고 할 것이다.

【대법원 분석】 그럼에도 원심이 국내반입이라 함은 통관절차를 거쳐야 하는 상태를 전제로 한 것으로서 /

【대법원 분석】 피고인들의 행위는 통관절차를 거치거나 그 절차를 회피한 채로 국내로 반입하는 행위가 아니고 /

【대법원 분석】 단지 제3국 간의 운송과정에서 항공편의 사정에 의하여 일시적으로 지상에 반출된 것으로서 /

【대법원 분석】 우리나라의 통관절차와는 무관한 것이므로 국내에 반입된 것이라고는 볼 수 없어 /

【대법원 분석】 피고인들의 위와 같은 소위는 향정신성의약품관리법 제40조 제1항 제4호 소정의 '수

입'에 해당하는 것이라고 보기 어려울 뿐만 아니라, /

【대법원 분석】 피고인들에게 '수입'에 관한 범의가 있다고 보기도 어렵다고 판단하였음은 /

【대법원 결론】 향정신성의약품관리법 제40조 제1항 제4호 소정의 '수입'에 관한 법리를 오해한 위법이 있다고 할 것이고, /

【대법원 결론】 이러한 위법은 판결 결과에 영향을 미쳤음이 분명하므로 이 점에 관한 상고이유의 주장은 이유 있다.

3. 히로뽕 매수 부분에 대한 판단

(1) 사안에 대한 항소심의 판단

【항소심 판단】 원심판결 이유에 의하면 원심은, 피고인 정에 대한 히로뽕 매수로 인한 향정신성의약품관리법위반의 점의 요지는 /

【항소심 판단】 위 피고인은(서울 강남구 역삼동 소재 P호텔 커피숍에서) 피고인 을, 병, 갑과 공모하여, 1997. 12. 10. 오후 무렵 홍콩 소재 미라마 호텔에서 홍콩인 L로부터 히로뽕 3kg을 미화 24,000 달러에 매수하였다 라고 함에 있고, /

【항소심 판단】 피고인 정이 위 공소사실 기재와 같은 행위를 한 사실은 인정되고, /

【항소심 판단】 그 피고인의 여권사본의 기재에 의하면, 피고인은 미국인인 사실을 인정할 수 있는바, /

【항소심 판단】 먼저 형법 제2조의 범죄지라 함은 범죄구성사실(행위와 결과)의 전부 또는 일부가 영역 내에서 범하여지기만 하면 된다고 볼 것이고, /

【항소심 판단】 공범의 경우 정범의 행위지뿐 아니라 공범의 행위지도 범죄지로 볼 수 있다고 할 것이나, /

【항소심 판단】 다만 이 때의 행위라 함은 범죄의사가 외부적으로 표현된 상태로서 주관적 · 내부적인 의사와 객관적 · 외부적인 표현(동작)을 그 요소로 하는 것으로서 /

【항소심 판단】 단지 범죄행위를 공모한 것만으로는 행위가 있다고 볼 수 없고, /

【항소심 판단】 그 공모가 범죄행위의 일부를 이루는 것이라고는 볼 수 없으므로 /

【항소심 판단】 결국 공모가 국내에서 행하여졌다는 것은 범죄구성사실이 국내에서 이루어진 것으로는 볼 수 없다고 할 것이어서 위 피고인의 소위는 외국인의 국외범에 해당한다고 판단하였다.

(2) 사안에 대한 대법원의 판단

【대법원 요지】 그러나 형법 제2조를 적용함에 있어서 공모공동정범의 경우 공모지도 범죄지로 보아야 할 것이므로 /

【대법원 결론】 원심이 공모지는 범죄지로 볼 수 없고, 따라서 피고인 정이 이 사건 향정신성의약품을 매수한 행위는 외국인의 국외범에 해당한다고 본 것은 형법 제2조 국내범에 관한 법리를 오해한 위법이 있고, 이러한 위법은 판결 결과에 영향을 미쳤음이 분명하므로 이 점에 관한 상고이유 주장도 이유 있다. (파기 환송)

제18장 통화에 관한 죄

2003도3487

통화위조죄와 통화 – 부정례
100만 달러 위폐 사건

2004. 5. 14. 2003도3487, 공 2004, 1033

1. 사실관계 및 사건의 경과

【사실관계】

① 2001. 9. 6. 17:00경 갑은 을과 공모하여, 병으로부터 다음의 달러 지폐 합계 660만 달러(한화 약 73억 원 상당)를 위조지폐라는 정을 알면서 병으로부터 교부받아 이를 취득하였다.

(가) 미합중국 100만 달러 지폐 6장

(나) 미합중국 10만 달러 지폐 6장

② 미합중국 100만 달러 지폐는 미국에서 발행된 적이 없이 단지 여러 종류의 관광용 기념상품으로 제조, 판매되고 있는 것이다.

③ 미합중국 10만 달러 지폐는 1934년까지 미국에서 발행되어 은행 사이에서 유통되다가 그 이후에는 발행되지 않고 있으나 화폐수집가나 재벌들이 이를 보유하여 오고 있는 것이다.

【사건의 경과】

① 검사는 갑을 위조외국통화취득죄로 기소하였다.

② 갑의 피고사건은 제1심을 거친 후, 항소심에 계속되었다.

③ 항소심법원은 다음의 이유를 들어서 갑에게 유죄를 인정하였다.

(가) 형법 제207조 제3항이 정한 '외국에서 통용하는 외국의 지폐' 등은 외국에서 강제통용력을 가지는 외국의 지폐 등을 의미한다.

(나) 유통거래의 발전에 따라 통화에 대한 공공의 신용과 거래의 안전을 통화에 관한 죄의 주요 보호법익으로 보고 있다.

(다) 이 점에 비추어 볼 때, 외국에서 통용되는 외국의 지폐는 실제로 외국에서 강제통용력을 가지는 외국의 지폐뿐만 아니라 일반인의 관점에서 외국에서 강제통용력을 가졌다고 오인할 수 있는 외국의 지폐도 의미하는 것으로 볼 수 있다.

(라) 갑이 행사할 목적으로 취득한 위조된 미합중국 100만 달러 지폐 6장과 10만 달러 지폐 6장은 일반인의 관점에서 외국에서 강제통용력을 가졌다고 오인할 수 있는 외국의 지폐로 봄이 상당하다.

④ 갑은 불복 상고하였다.

2. 통화위조죄의 객체

【대법원 분석】 형법 제207조 제3항은 "행사할 목적으로 외국에서 통용하는 외국의 화폐, 지폐 또는 은행권을 위조 또는 변조한 자는 10년 이하의 징역에 처한다."고 규정하고 있는바, /

【대법원 요지】 여기에서 외국에서 통용한다고 함은 그 외국에서 강제통용력을 가지는 것을 의미하는 것이므로 /

【대법원 요지】 외국에서 통용하지 아니하는 즉, 강제통용력을 가지지 아니하는 지폐는 그것이 비록 일반인의 관점에서 통용할 것이라고 오인할 가능성이 있다고 하더라도 위 형법 제207조 제3항에서 정한 외국에서 통용하는 외국의 지폐에 해당한다고 할 수 없고, /

【대법원 요지】 만일 그와 달리 위 형법 제207조 제3항의 외국에서 통용하는 지폐에 일반인의 관점에서 통용할 것이라고 오인할 가능성이 있는 지폐까지 포함시키면 /

【대법원 요지】 이는 위 처벌조항을 문언상의 가능한 의미의 범위를 넘어서까지 유추해석 내지 확장해석하여 적용하는 것이 되어 죄형법정주의의 원칙에 어긋나는 것으로 허용되지 않는다 할 것이다.

3. 사안에 대한 대법원의 판단

(1) 100만 달러 지폐 부분에 대한 판단

【대법원 분석】 원심이 그 채용 증거에 의하여 인정한 사실에 의하더라도, /

【대법원 분석】 미합중국 100만 달러 지폐는 미국에서 발행된 적이 없이 단지 여러 종류의 관광용 기념상품으로 제조, 판매되고 있을 뿐이라는 것이므로 /

【대법원 판단】 이는 미합중국에서 통용하는 지폐라 할 수 없고, /

(2) 10만 달러 지폐 부분에 대한 판단

【대법원 분석】 미합중국 10만 달러 지폐는 /1934.까지 미국에서 발행되어 은행 사이에서 유통되다가 그 이후에는 발행되지 않고 있으나 화폐수집가나 재벌들이 이를 보유하여 오고 있다는 것이므로 /

【대법원 판단】 위 10만 달러 지폐는 과연 미합중국에서 발행 당시에 강제통용력을 부여했던 것인지, /

【대법원 판단】 만일 강제통용력을 부여하였다면 그 이후 강제통용력을 폐지하는 조치가 있었는지 여부에 따라 미합중국에서 통용하는 지폐에 해당하는지 여부가 결정된다 할 것이다.

(3) 사안에 대한 대법원의 결론

【대법원 판단】 그렇다면 원심으로서는 당연히 위 미합중국 100만 달러 지폐와 10만 달러 지폐가 미합중국에서 실제로 통용하는 것인지를 심리하여 밝힌 후에 /

【대법원 판단】 나아가 피고인이 위 공소사실과 같이 위조한 지폐라는 정을 알면서도 행사할 목적으로 이들을 취득하였는지에 대하여 판단하였어야 할 것임에도 불구하고, /

【대법원 결론】 그에 이르지 아니하고 막연히 위 미합중국 100만 달러 지폐와 10만 달러 지폐가 일반인의 관점에서 미합중국에서 강제통용력을 가졌다고 오인할 수 있다는 이유로 형법 제207조 제3항의 외국에서 통용하는 지폐에 포함된다고 판단한 후 피고인에 대하여 유죄를 선고하고 말았으니, /

【대법원 결론】 거기에는 죄형법정주의의 원칙이나 통화의 죄에 관한 법리를 오해하여 판결 결과에

영향을 미친 잘못이 있다 할 것이[다.] (파기 환송)

2002도3340 (1)

통화위조죄와 외국화폐 - 부정례
구권 스위스프랑 사건

2003. 1. 10. 2002도3340, 공 2003, 666

1. 사실관계 및 사건의 경과

【사실관계 1】

① 구권(舊券) 스위스화폐 500프랑권과 100프랑권은 스위스 국내에서 1998년까지 이를 가지고 일반 상거래를 할 수 있었으나, 현재에는 통용되지 않고 있다.

② 구권 스위스화폐 500프랑권과 100프랑권은 스위스 은행에서 2020. 4. 30.까지 신권(新券)과의 교환이 가능하다.

③ 구권 스위스화폐 500프랑권과 100프랑권은 국내은행에서도 신권과 마찬가지로 환전이 되고 있다.

④ 이태원 등 일부 지역에서는 외국인, 특히 관광객이 구권 스위스화폐 500프랑권과 100프랑권을 상품에 대한 지급수단으로 사용할 여지가 있다.

【사실관계 2】

① 2001. 6. 11. 한국계 중국인 A는 위조된 구권 스위스화폐 500프랑권과 100프랑권을 중국에서 밀수입하였다.

② 2001. 6. 22. 11:00경 갑은 서울 종로구 무교동 소재 서울시청 뒤편 노상에서 A로부터 위조된 스위스화폐 500프랑권 99장, 100프랑권 99장을 교부받았다.

③ 갑은 위조지폐임을 알면서 이 가운데 500프랑권 1장과 100프랑권 1장 합계 금 438,000원 상당을 을에게 교부하였다.

④ 2001. 6. 22. 16:00경 갑은 서울 강남구 역삼동 소재 아세아무역 사무실 근처 을의 승용차 안에서 A로부터 교부받아 보관하고 있던 위조된 스위스화폐 500프랑권 98장, 100프랑권 98장 합계 금 42,924,000원 상당을 위조지폐임을 알면서 을에게 교부하였다.

⑤ 2001. 6. 28. 기준으로 1 스위스프랑은 한화 730원이다.

【사건의 경과 1】

① [검사는 갑과 을의 행위가 위조통화취득죄 및 위조통화행사죄에 해당한다고 판단하였다.]

② [검사는 위조통화취득죄는 이후에 이루어지는 위조통화행사죄에 흡수된다고 판단하였다.]

③ [위조통화행사죄는 형법 제207조 제4항 전단에 의하여 처벌된다.]

④ [특가법 제10조(통화위조)는 형법 제207조의 죄를 가중처벌하고 있다.]

⑤ 검사는 갑과 을을 다음의 공소사실의 상상적 경합범으로 기소하였다.

(가) 특가법위반죄(통화위조)

(나) 관세법위반죄(수출입금지)

⑥ 제1심법원은 구권 스위스화폐 500프랑권과 100프랑권이 '내국에서 유통하는 외국의 화폐'에 해당하지 않는다고 판단하였다.

⑦ 제1심법원은 다음과 같이 판단하였다.

(가) 특가법위반죄(통화위조) : 무죄

(나) 관세법위반죄(수출입금지) : 유죄

【사건의 경과 2】

① 검사는 무죄 부분에 불복 항소하였다.

② 갑과 을은 유죄 부분에 불복 항소하였다.

③ 검사는 항소이유로 다음의 점을 주장하였다.

(가) 구권 스위스화폐 500프랑권과 100프랑권은 국내은행에서 환전되고 있다.

(나) 이태원 등 일부 지역에서는 관광객 등이 이를 지급수단으로 사용할 여지가 있다.

(다) 따라서 위 화폐는 '내국에서 유통하는 화폐'라고 보아야 한다.

④ 항소심법원은 검사의 주장을 배척하였다.

⑤ 항소심법원은 갑과 을의 주장을 배척하였다.

⑥ (항소심의 판단 이유는 판례 본문 참조)

⑦ 검사는 무죄 부분에 불복 상고하였다.

⑧ 갑과 을은 유죄 부분에 불복 상고하였다.

【참조조문】

특정범죄 가중처벌 등에 관한 법률

제10조 (통화 위조의 가중처벌) 「형법」 제207조에 규정된 죄를 범한 사람은 사형, 무기 또는 5년 이상의 징역에 처한다.

관세법

제234조 (수출입의 금지) 다음 각 호의 어느 하나에 해당하는 물품은 수출하거나 수입할 수 없다.

1. 헌법질서를 문란하게 하거나 공공의 안녕질서 또는 풍속을 해치는 서적 · 간행물 · 도화, 영화 · 음반 · 비디오물 · 조각물 또는 그 밖에 이에 준하는 물품
2. 정부의 기밀을 누설하거나 첩보활동에 사용되는 물품
3. 화폐 · 채권이나 그 밖의 유가증권의 위조품 · 변조품 또는 모조품

제269조 (밀수출입죄) ① 제234조 각 호의 물품을 수출하거나 수입한 자는 10년 이하의 징역 또는 2천만 원 이하의 벌금에 처한다.

2. 사안에 대한 대법원의 판단

(1) 내국에서 유통하는 외국화폐

【대법원 요지】 형법 제207조 제2항 소정의 내국에서 '유통하는'이란, 같은 조 제1항, 제3항 소정의 '통용하는'과 달리, 강제통용력이 없이 사실상 거래 대가의 지급수단이 되고 있는 상태를 가리킨다.

【대법원 분석】 원심은, 피고인들이 행사하거나 취득하였다는 스위스 화폐의 진폐(眞幣)는 스위스 국

내에서 1998년까지 일반 상거래를 할 수 있었고 현재 통용되지 않고 있으며 다만 스위스 은행에서 2020. 4. 30.까지 신권과의 교환이 가능하고, /
【대법원 분석】 한편 국내은행에서도 신권과 마찬가지로 환전이 되고 따라서 이태원 등 일부 지역에서 외국인 특히 관광객이 이를 상품에 대한 지급수단으로 사용할 여지는 있는 사실을 인정한 다음, /
【대법원 판단】 이 사건 스위스 화폐의 진폐가 국내은행에서 환전할 수 있다 하더라도 이는 지급수단이 아니라 /
【대법원 판단】 은행이 매도가격과 매수가격의 차액 상당의 이득을 얻기 위하여 하는 외국환매매거래의 대상으로서 상품과 유사한 것에 불과하다 할 것이므로 /
【대법원 판단】 이를 가리켜 국내에서 유통되고 있다고 보기는 어렵고, /
【대법원 판단】 이태원 등 관광지에서 지급수단으로 사용된다고 하더라도 이는 관광객과 상인 사이에 상인이 정한 일정한 환율로 계산하여 사용될 뿐 아니라 다시 타인에게 이전됨이 없이 은행에서 환전되는 것으로서 /
【대법원 판단】 이러한 경우 역시 상인은 이 사건 스위스 화폐를 은행에서의 매수환율보다 낮은 가격에 매수하여 은행에 매도함에 따른 차익을 목적으로 이를 취득한 것으로서 지급수단이라기보다는 은행에서 환전하는 경우와 마찬가지로 외국환거래의 대상으로 봄이 상당하여, /
【대법원 판단】 이 사건 스위스 화폐의 진폐는 내국에서 '유통하는' 화폐라고 볼 수 없다고 판단하였는바, /
【대법원 결론】 이는 위에서 본 법리에 따른 것으로서 정당하고, 거기에 상고이유에서의 주장과 같은 법리오해 등의 위법이 없다.

(2) 위조통화취득과 관세법

【대법원 판단】 피고인들이 취득하거나 양여한 이 사건 스위스 화폐가 관세법 제234조 제3호에서 수·출입이 금지되는 물품으로 정한 '화폐위조품'에 해당한다고 인정하여 피고인들의 행위를 관세법위반죄로 처단한 원심의 조치는 정당하고, /
【대법원 결론】 거기에 상고이유에서의 주장과 같은 심리미진, 채증법칙 위반, 상상적 경합범의 처리 또는 관세법 소정의 '화폐위조품'에 관한 법리오해 등의 위법이 없다. (상고 기각)

85도570

통화위조죄와 위조 - 부정례
흑백 복사 만원권 사건

1985. 4. 23. 85도570, 공 1985, 819

1. 사실관계 및 사건의 경과

【사실관계】
① [갑은 흑백 전자복사기로 복사한 한국은행 1만원권 ㉠위조지폐를 위조된 것임을 알면서 입수하였다.]

② [갑은 A의 상점에서 물품을 구매하면서 ㉠위조지폐로 대금을 지불하였다.]
③ [A는 위조지폐임을 알아차렸다.]
④ 갑이 대금 지불을 위하여 건네준 ㉠위조지폐의 특징은 다음과 같다.
　(가) ㉠위조지폐의 크기와 모양 및 앞뒤로 복사되어 있는 점은 진정한 한국은행 1만원권과 유사하다.
　(나) ㉠위조지폐는 복사된 정도가 조잡하여 정밀하지 못하다.
　(다) ㉠위조지폐는 진정한 한국은행 1만원권의 색채를 갖추지 못하고 흑백으로 되어 있다.

【사건의 경과】
① 검사는 갑을 위조통화행사죄로 기소하였다.
② 갑의 피고사건은 제1심을 거친 후, 항소심에 계속되었다.
③ 항소심법원은 ㉠위조지폐가 위조통화에 해당하지 않는다는 이유로 무죄를 선고하였다.
④ 검사는 불복 상고하였다.

2. 사안에 대한 대법원의 판단

【대법원 요지】 위조통화행사죄의 객체인 위조통화는 객관적으로 보아 일반인으로 하여금 진정통화로 오신케 할 정도에 이른 것이면 족하고 /

【대법원 요지】 그 위조의 정도가 반드시 진물에 흡사하여야 한다거나 누구든지 쉽게 그 진부를 식별하기가 불가능한 정도의 것일 필요는 없음은 소론과 같으나 /

【대법원 분석】 원심이 확정한 바에 의하면 이 사건 위조지폐는 한국은행 10,000원권을 전자복사기로 복사한 것으로서 그 크기와 모양 및 앞뒤로 복사되어 있는 점은 진정한 한국은행권과 유사하나 /

【대법원 분석】 그 복사된 정도가 조잡하여 정밀하지 못하고 진정한 한국은행권의 색채를 갖추지 못하고 흑백으로만 되어 있어 객관적으로 이를 진정한 것으로 오인할 염려가 전혀 없는 정도의 것이라고 함에 있고 /

【대법원 결론】 기록에 의하여 살펴보면 원심의 위 사실인정은 정당한 것으로 긍인되는 바이므로 원심이 위조통화행사죄의 객체가 될 수 없다고 판단한 조치는 옳고 거기에 소론의 채증법칙 위배의 위법이나 위조통화의 법리오해의 위법이 있다고는 할 수 없다. 논지는 이유 없다. (상고 기각)

2011도7704

통화위조죄와 행사할 목적 – 부정례
친구 안심용 위조지폐 사건

2012. 3. 29. 2011도7704, 공 2012상, 733

1. 사실관계 및 사건의 경과

【사실관계 1】
① 2009.경 갑은 소방설비 공사업체를 운영하다가 부도로 신용불량자가 되었다.

② 갑은 친구 A에게 채무를 지고 있었다.
③ 갑은 채권자인 친구 A가 갑으로 인하여 경제사정이 좋지 않다는 말을 들었다.
④ 갑은 A를 안심시킬 방도를 생각하였다.
⑤ 갑은 5만원권의 앞면만을 복사한 후 이를 5만원권 크기로 자른 종이다발에 얹어 A에게 보여주려고 마음을 먹었다.

【사실관계 2】

① 2010. 8. 19.경 갑은 P대형마트에서 컬러복사기 등 필요한 물품을 구입하였다.
② 2010. 8. 20. 19:00경부터 같은 날 22:30경까지 사이에 갑은 Q모텔 안에서 칼라 복사기로 5만원권의 앞면을 여러 장 복사하였다.
③ 갑은 그 중 일부는 커터 칼을 이용하여 5만원권 크기로 잘랐다. (㉠복사물)
④ 갑은 나머지 일부는 자르지 않은 상태로 두었다. (㉡복사물)
⑤ 갑은 [마음을 고쳐먹고] ㉠복사물과 ㉡복사물을 구겨서 쓰레기통에 버렸다.
⑥ [㉠, ㉡복사물이 구겨진 상태로 쓰레기통에 들어 있는 것이 발견되었다.]

【사건의 경과 1】

① 검사는 갑을 통화위조죄로 기소하였다.
② 제1심법원은 갑에게 위조통화를 행사할 목적이 없었다는 이유로 무죄를 선고하였다.
③ 검사는 불복 항소하였다.
④ 검사는 항소이유로 다음의 점을 주장하였다.
  (가) 유가증권위조죄의 경우 위조유가증권을 유통시킬 의사가 없어도 행사의 목적이 인정된다.
  (나) 즉 유가증권위조죄의 경우 단순히 신용력을 과시하기 위하여 유가증권을 위조하는 경우에도 행사의 목적이 인정된다.
  (다) 통화에 관한 죄의 보호법익은 '통화에 대한 거래의 안전과 신용'이고 그 보호의 정도는 추상적 위험범이다.
  (라) 유독 통화에 관한 죄에서만 행사할 목적에 '통화로서 시장에 유통시킬 목적'을 필요로 한다고 해석하는 것은 부당하다.
  (마) 갑은 위조된 5만원권을 타인이 인식 가능한 상태에 놓았다.
  (바) 위조된 5만원권은 위조의 정도가 일반인이 진폐로 오인할 수 있는 정도에 이르렀다.

【사건의 경과 2】

① 항소심법원은 다음의 이유를 들어서 항소를 기각하고, 제1심판결을 유지하였다.
  (가) 통화위조죄는 '통화로서 시장에 유통시킬 목적'을 필요로 한다.
  (나) 단순히 자기의 신용력을 보이기 위하여 제시하는 것은 통화위조죄의 행사에 해당하지 않는다.
  (다) 갑의 진술 및 발견된 ㉠, ㉡복사물의 상태에 비추어 볼 때, 갑에게 복사된 5만원권을 통화로 유통시킬 목적이 있었다고 보이지 않는다.
  (라) 갑이 만든 ㉠, ㉡복사물은 그 유통과정에서 일반인이 진정한 통화로 오인할 정도의 외관을 갖춘 것이라고 볼 수 없다.
② 검사는 불복 상고하였다.

2. 사안에 대한 대법원의 판단

【대법원 요지】 형법 제207조 소정의 '행사할 목적'이란 유가증권위조의 경우와 달리, 위조, 변조한 통화를 진정한 통화로서 유통에 놓겠다는 목적을 말하므로, /

【대법원 요지】 자신의 신용력을 증명하기 위하여 타인에게 보일 목적으로 통화를 위조한 경우에는 행사할 목적이 있다고 할 수 없다.

【대법원 요지】 그리고 통화위조죄와 위조통화행사죄의 객체인 위조통화는 그 유통과정에서 일반인이 진정한 통화로 오인할 정도의 외관을 갖추어야 한다.

【대법원 결론】 원심판결과 원심이 유지한 제1심판결 이유를 기록에 비추어 살펴보면, 같은 취지에서 원심이 그 판시와 같은 이유를 들어 이 사건 공소사실에 대하여 범죄의 증명이 없다고 하여 무죄를 선고한 제1심판결을 그대로 유지한 것은 정당하고, /

【대법원 결론】 거기에 논리와 경험의 법칙에 위배하고 자유심증주의의 한계를 벗어나거나 통화위조죄에 관한 법리를 오해하는 등의 위법이 없다. (상고 기각)

2002도3340 (2)

위조통화행사죄와 행사 – 부정례
250디나르 위폐 사건

2003. 1. 10. 2002도3340, 공 2003, 666

1. 사실관계 및 사건의 경과

【사실관계】

① 모 정보기관과 관계를 맺고 있는 A는 그의 상층부에 있는 B로부터 거액의 비실명자금을 실명전환하는 데에 사용할 목적으로 다액의 외국화폐를 구해오라는 지시를 받았다.
② A는 갑에게 이러한 사정을 이야기하면서 250디나르짜리 이라크화폐를 구해달라고 부탁하였다.
③ A는 갑에게 부탁을 하면서 다음과 같은 내용의 각서를 작성해 주었다.
  (가) 갑으로부터 수취할 화폐가 부정물품임을 인식하고 있다.
  (나) 그것이 위조된 것인지 여부를 묻지 않는다.
  (다) 취득과정에서의 불법행위에 관하여는 최대한의 법적 방안을 강구하겠다.
④ 갑은 C로부터 위조된 250디나르짜리 ㉠이라크화폐 2만장을 구하여 A에게 교부하였다.
⑤ 위조된 ㉠이라크화폐는 A를 거쳐 B에게 전달되었다.

【사건의 경과 1】

① 검사는 갑을 위조외국통화행사죄로 기소하였다.
② 제1심법원은 다음의 이유를 들어서 갑에게 무죄를 선고하였다.
  (가) 갑은 위조통화임을 알고 있는 A에게 교부하였으므로 '행사'의 요건에 해당하지 않는다.

(나) 유엔 및 미국이 이라크에 대하여 경제 제재조치를 취하고 있고, 이라크는 미국과의 전쟁 중에 있어서 이라크화폐는 이라크 국외에서 화폐로서 가치를 인정받지 못하여 유통이 되지 않고 있다.

③ 검사는 불복 항소하였다.

【사건의 경과 2】

① 항소심법원은 제1심판결을 파기하고 유죄를 인정하였다.

② 항소심법원은 유죄 판단의 근거로 아래의 이유를 제시하였다.

(가) 위조통화임을 알고 있는 자에게 교부하였더라도 피교부자가 이를 유통시킬 것임을 인식하고 교부하였다면 그 교부행위 자체가 통화의 유통질서를 해할 우려가 있어 위조통화행사죄가 성립한다.

(나) 갑이 ㉠이라크화폐를 A에게 교부할 당시 A가 ㉠이라크화폐가 위조통화임을 알고 있었다 하자.

(다) 그렇다고 하더라도 갑은 A로부터 ㉠이라크화폐를 교부받은 B가 이를 비실명자금을 실명전환하는데 사용하는 것으로 알고 이를 교부한 것이라 보아야 한다.

(라) 그러므로 갑의 ㉠이라크화폐 교부행위는 위조외국통화행사죄에 해당된다.

③ 갑은 불복 상고하였다.

2. 사안에 대한 대법원의 판단

【대법원 요지】 위조통화임을 알고 있는 자에게 그 위조통화를 교부한 경우에 피교부자가 이를 유통시키리라는 것을 예상 내지 인식하면서 교부하였다면, /

【대법원 요지】 그 교부행위 자체가 통화에 대한 공공의 신용 또는 거래의 안전을 해할 위험이 있으므로 위조통화행사죄가 성립한다.

【대법원 결론】 같은 취지의 원심판결은 정당하고, 거기에 상고이유에서의 주장과 같은 위조통화의 행사에 관한 법리오해의 위법이 없다. (상고 기각)

제19장 유가증권, 우표와 인지에 관한 죄

2008도10678

유가증권위조죄와 유가증권 – 부정례
사문서위조죄와 위조 – 인정례
선하증권 견본 복사 사건

2010. 5. 13. 2008도10678, [공보불게재]

1. 사실관계 및 사건의 경과

【사실관계】

① [갑은 M물품을 수입하면서 선하증권이 급하게 필요하였다.]

② [갑은 선하증권 관련 서적에서 해운회사 DIMERCO 명의의 ㉠선하증권 견본을 발견하였다.]

③ ㉠선하증권 견본에는 작성명의인의 서명 · 날인이 들어 있지 않았다.

④ ㉠선하증권 견본에는 "COPY NON NEGOTIABLE"이라는 문구가 찍혀 있었다.

⑤ 갑은 ㉠선하증권 견본을 복사하여 ㉡선하증권 사본을 만들었다.

⑥ 갑은 ㉡선하증권 사본을 S은행에 증빙자료로 제출하여 M물품의 수입대금이 지급되도록 하였다.

【사건의 경과】

① [선하증권 부분과 관련하여] 검사는 갑을 유가증권위조죄와 위조유가증권행사죄로 기소하였다.

② 갑의 피고사건은 제1심을 거친 후, 항소심에 계속되었다.

③ 항소심에서 검사는 위조사문서행사죄를 예비적으로 추가하였다.

④ 그 결과 공소사실은 다음의 세 가지로 정리되었다.

(가) ㉮공소사실 : ㉠선하증권 복사행위 : 유가증권위조죄

(나) ㉯공소사실 (주위적) : ㉡선하증권 사본 제출행위 : 위조유가증권행사죄

(다) ㉰공소사실 (예비적) : ㉡선하증권 사본 제출행위 : 위조사문서행사죄

⑤ 항소심법원은 다음과 같이 판단하였다.

(가) ㉮공소사실 : ㉠선하증권 위조행위 : 유가증권위조죄 : 유죄

(나) ㉯공소사실 (주위적) : ㉡선하증권 사본 제출행위 : 위조유가증권행사죄 : 무죄

(다) ㉰공소사실 (예비적) : ㉡선하증권 사본 제출행위 : 위조사문서행사죄 : 유죄

⑥ 검사는 ㉯공소사실(주위적)의 무죄 부분에 불복 상고하였다.

⑦ 갑은 ㉰공소사실(예비적)의 유죄 부분에 불복 상고하였다.

⑧ [대법원은 직권으로 ㉮공소사실의 유죄 부분에 대하여도 판단하였다.]

2. 선하증권 사본 제출 부분에 대한 판단

(1) 위조유가증권행사죄 여부에 대한 대법원의 판단

【대법원 요지】 위조유가증권행사죄에 있어서의 유가증권이라 함은 위조된 유가증권의 원본을 말하는 것이지 전자복사기 등을 사용하여 기계적으로 복사한 사본은 이에 해당하지 않는다.

【대법원 분석】 원심판결 이유에 의하면, 원심은, /

【대법원 분석】 피고인이 위조한 선하증권을 S은행 직원에게 교부하여 행사하였다는 위조유가증권행사의 점에 관한 공소사실에 대하여, /

【대법원 분석】 위 S은행 직원의 진술에 의하더라도 피고인이 은행에 제출한 것은 위조된 선하증권의 사본임을 알 수 있고, /

【대법원 판단】 달리 피고인이 위조된 선하증권 원본을 제출하였음을 인정할 증거가 없다는 이유로 위 공소사실을 무죄로 판단하였는바, /

【대법원 결론】 위 법리와 기록에 비추어 살펴보면, 원심의 위와 같은 사실인정과 판단은 정당한 것으로 수긍할 수 있고, 거기에 상고이유로 주장하는 바와 같은 위조유가증권행사죄의 객체에 관한 법리오해 등의 위법이 없다.

(2) 위조사문서행사죄 여부에 대한 대법원의 판단

【대법원 요지】 사문서위조죄는 그 명의자가 진정으로 작성한 문서로 볼 수 있을 정도의 형식과 외관을 갖추어 /

【대법원 요지】 일반인이 명의자의 진정한 사문서로 오신하기에 충분한 정도이면 성립하는 것이고, /

【대법원 요지】 반드시 그 작성명의자의 서명이나 날인이 있어야 하는 것은 아니나, /

【대법원 요지】 일반인이 명의자의 진정한 사문서로 오신하기에 충분한 정도인지 여부는 /

【대법원 요지】 그 문서의 형식과 외관은 물론 그 문서의 작성경위, 종류, 내용 및 일반거래에 있어서 그 문서가 가지는 기능 등 여러 가지 사정을 종합적으로 고려하여 판단하여야 한다.

【대법원 분석】 원심은, 피고인에 대한 공소사실 중 위조유가증권행사의 점에 관한 예비적 공소사실로 원심에서 추가된 위조사문서행사의 점에 대하여, /

【대법원 분석】 제1심이 적법하게 채택하여 조사한 증거들을 종합하면, /

【대법원 판단】 피고인이 위조한 이 사건 선하증권은 DIMERCO 명의의 진정한 사문서로 보기에 충분한 형식과 외관을 갖추고 있고, /

【대법원 판단】 실제로도 피고인이 이를 은행에 증빙자료로 제출하여 수입대금이 지급되도록 한 사실도 인정되므로, /

【대법원 판단】 비록 위 선하증권에 작성명의자의 서명 · 날인이 되어 있지 않다고 하더라도, /

【대법원 판단】 이를 위조사문서행사죄의 대상인 문서에 해당하는 것으로 보기 충분하다고 판단하여, 위 부분 공소사실을 유죄로 인정하였다.

【대법원 결론】 앞서 본 법리와 기록에 비추어 살펴보면, 원심의 위와 같은 사실인정과 판단은 정당한 것으로 수긍할 수 있고, 거기에 상고이유로 주장하는 바와 같은 위조사문서행사죄에 관한 법리오해

나 사실오인 등의 위법이 없다.

3. 선하증권 복사 부분에 대한 판단

【대법원 요지】 유가증권위조죄 등을 규정한 형법 제214조의 유가증권이란 증권상에 표시된 재산상의 권리의 행사와 처분에 그 증권의 점유를 필요로 하는 것을 총칭하는 것으로서 /
【대법원 요지】 재산권이 증권에 화체된다는 것과 그 권리의 행사와 처분에 증권의 점유를 필요로 한다는 두 가지 요소를 갖추어야 한다고 할 것인데, /
【대법원 분석】 제1심이 적법하게 채택하여 조사한 증거들에 의하면, 피고인이 위조하였다는 이 사건 선하증권은 "COPY NON NEGOTIABLE"이라고 찍힌 선하증권의 사본임을 알 수 있어, /
【대법원 판단】 거기에 운송물 인도청구권이 화체되어 있다고 볼 수 없음이 명백하고, /
【대법원 판단】 따라서 위 법리에 의할 때, 위 선하증권을 형법 제214조의 유가증권에 해당하는 것으로 볼 수는 없다고 할 것임에도, /
【대법원 결론】 이와 달리 원심이 피고인에 대한 유가증권위조의 점에 관한 공소사실을 유죄로 인정한 데에는, 형법 제214조의 해석에 관한 법리를 오해하여 판결에 영향을 미친 위법이 있다. (파기환송)

97도2483

유가증권위조죄와 유가증권 – 인정례
선불식 공중전화카드 사건

1998. 2. 27. 97도2483, 공 1998, 962

1. 사실관계 및 사건의 경과

【사실관계】

① 갑은 을과 폐공중전화카드의 자기기록 부분을 조작하여 사용가능한 공중전화카드로 만들어 이를 판매하기로 공모하였다.
② 갑과 을은 관련 기술을 동원하여 ㉠폐공중전화카드의 자기기록 부분에 전자정보를 기록하여 사용가능한 ㉡공중전화카드를 만들었다.
③ [갑과 을은 이후 ㉡공중전화카드를 A에게 판매하였다.]

【사건의 경과】

① 검사는 갑과 을을 유가증권위조죄 및 위조유가증권행사로 기소하였다.
② 갑과 을의 피고사건은 제1심을 거친 후, 항소심에 계속되었다.
③ 항소심법원은 갑과 을에게 유죄를 인정하였다.
④ 갑은 불복 상고하였다.

2. 사안에 대한 대법원의 판단

【대법원 요지】 2. 형법 제214조에서 유가증권이라 함은, 증권상에 표시된 재산상의 권리의 행사와 처분에 그 증권의 점유를 필요로 하는 것을 총칭하는 것인바, /
【대법원 분석】 공중전화카드는 그 표면에 전체 통화가능 금액과 발행인이 문자로 기재되어 있고, /
【대법원 분석】 자기(磁氣)기록 부분에는 당해 카드의 진정성에 관한 정보와 잔여 통화가능 금액에 관한 정보가 전자적 방법으로 기록되어 있어, /
【대법원 분석】 사용자가 카드식 공중전화기의 카드 투입구에 공중전화카드를 투입하면 /
【대법원 분석】 공중전화기에 내장된 장치에 의하여 그 자기정보가 해독되어 /
【대법원 분석】 당해 카드가 발행인에 의하여 진정하게 발행된 것임이 확인된 경우 /
【대법원 분석】 잔여 통화가능 금액이 공중전화기에 표시됨과 아울러 그 금액에 상당하는 통화를 할 수 있도록 공중전화기를 작동하게 하는 것이어서, /
【대법원 요지】 공중전화카드는 문자로 기재된 부분과 자기기록 부분이 일체로써 공중전화 서비스를 제공받을 수 있는 재산상의 권리를 화체하고 있고, /
【대법원 요지】 이를 카드식 공중전화기의 카드 투입구에 투입함으로써 그 권리를 행사하는 것으로 볼 수 있으므로, /
【대법원 요지】 공중전화카드는 형법 제214조의 유가증권에 해당한다고 봄이 상당하다.
【대법원 결론】 원심이 이와 같은 견해에서, 피고인이 원심 판시와 같이 폐공중전화카드의 자기기록 부분에 전자정보를 기록하여 사용가능한 공중전화카드를 만든 행위를 유가증권위조죄로 의율한 것은 정당하고, 거기에 상고이유에서 주장하는 바와 같은 법리오해의 위법이 있다고 할 수 없다. (상고기각)

71도905

유가증권위조죄와 유가증권 – 인정례
허무인 명의 약속어음 사건

1971. 7. 27. 71도905, 집 19②, 형62

1. 사실관계 및 사건의 경과

【사실관계】

① 1969. 6. 2. 갑은 약속어음용지에 다음의 내용을 기재한 ㉠약속어음을 작성한 다음, 이를 A에게 교부하였다. (☞문서례 17번 참조)
  (가) 액면 금100,000원
  (나) 지급기일 1969. 7. 23.

(다) 지급지 한일은행 종로지점,

(라) 발행지 서울특별시

(마) 발행일 1969. 6. 2.

(바) 발행인 "이동수"

② 그런데 "이동수"라는 사람은 존재하지 않았다.

【사건의 경과】

① 검사는 갑을 유가증권위조죄 및 위조유가증권행사죄로 기소하였다.

② 갑의 피고사건은 제1심을 거친 후, 항소심에 계속되었다.

③ 항소심법원은 무죄를 선고하였다.

④ 검사는 불복 상고하였다.

2. 사안에 대한 항소심의 판단

【항소심 판단】 원판결에 의하면 원심은 본건 공소사실중 유가증권 위조 및 동행사의 점에 대하여 /

【항소심 판단】 "피고인은 1969.6.2. 행사의 목적으로 약속어음용지에 액면 금100,000원 지급기일 1969. 7. 23. 지급지 한일은행 종로지점, 발행지 서울특별시 발행일 1969. 6. 2. 발행인 "이동수"라는 내용의 유가증권인 약속어음을 위조"하였다는 사실과 /

【항소심 판단】 이를 행사하였다는 사실 및 /

【항소심 판단】 위의 발행명의인인 "이동수"는 실재하지 않은 허무인이라는 사실을 인정한 다음 /

【항소심 판단】 허무인 명의의 유가증권 위조는 형법상 유가증권 위조죄가 성립할 수 없다고 판시함으로써 위의 공소사실에 대하여 무죄를 선고하였으나, /

3. 사안에 대한 대법원의 판단

【대법원 요지】 어음과 같은 유통성을 가진 유가증권의 위조는 일반거래의 신용을 해하는 위험성이 있다는 점으로 보아 /

【대법원 요지】 적어도 행사할 목적으로 외형상 일반인으로 하여금 진정하게 작성된 유가증권이라고 오신케 할 수 있을 정도로 작성된 것이라면 /

【대법원 요지】 그 명의인이 가령 실재하지 않은 허무인이라 하더라도 그 위조죄가 성립된다고 해석함이 상당하다 할 것임에도 불구하고 /

【대법원 결론】 원심이 위의 발행 명의인 "이동수"가 허무인이라는 이유만으로서 유가증권위조죄의 성립을 부정하였음은 유가증권위조에 관한 법리를 오해한 위법이 있다고 아니할 수 없은즉 이를 파기하여야 할 것[이다.] (파기 환송)

2009도9008

절도죄와 불법영득의사 – 인정례
예금통장 반환 사건

2010. 5. 27. 2009도9008, 공 2010하, 1313

☞ 433면

82도296

유가증권위조죄와 위조 – 부정례
망부 명의 약속어음 사건

1982. 9. 28. 82도296, 공 1982, 1042

1. 사실관계 및 사건의 경과

【사실관계 1】

① 갑은 A의 아들이다.

② A는 아들 갑과 함께 P제과점을 경영해 왔다.

③ 1969. 12. 3 A는 Q은행 용산지점에 A 명의로 M당좌계정을 개설하였다.

④ 갑은 A의 지시에 따라 M당좌계정을 이용하여 A 명의로 약속어음을 발행해 왔다.

⑤ 1976. 7. 13 A가 사망하였다.

⑥ 갑은 A가 사망한 후에도 P제과점을 이어받아 경영하였다.

【사실관계 2】

① 갑은 이후 약 3년간 M당좌계정을 그대로 둔 채 A 명의로 약속어음 등을 발행하였다.

② 이 기간 중 갑이 A 명의로 발행한 약속어음들은 모두 지급기일 내에 결재되었다.

③ 갑은 거래처 B에게 A를 발행인으로 한 ㉠약속어음을 작성하여 교부하였다. (☞문서례 17번 참조)

④ B는 그 동안 갑이 발행하는 어음상의 A 명칭을 갑의 별명으로 여겨왔다.

⑤ 갑이 B에게 교부한 ㉠약속어음이 부도처리 되었다.

【사건의 경과】

① 검사는 갑을 유가증권위조죄 및 위조유가증권행사죄로 기소하였다.

② 제1심법원은 갑에게 무죄를 선고하였다.

③ 검사는 불복 항소하였다.

④ 항소심법원은 항소를 기각하고, 제1심판결을 유지하였다.

⑤ 검사는 불복 상고하였다.

2. 어음의 작성명의인

【대법원 요지】 어음에 기재되어야 할 어음행위자의 명칭은 반드시 어음행위자의 본명에 한하는 것은 아니고 상호, 별명 그 밖의 거래상 본인을 가리키는 것으로 인식되는 칭호라면 어느 것이나 다 가능하다고 볼 것이므로 /

【대법원 요지】 비록 그 칭호가 타인의 명칭이라도 통상 그 명칭을 자기를 표시하는 것으로 거래상 사용하여 그것이 그 행위자를 지칭하는 것으로 인식되어 온 경우에는 그것을 어음상으로도 자기를 표시하는 칭호로 사용할 수 있다고 할 것이다.

3. 사안에 대한 대법원의 판단

【대법원 분석】 원심판결 및 원심이 유지한 제1심 판결에서 적법히 인정한 바에 의하면, /

【대법원 분석】 피고인이 이 사건 공소장에 기재된 바와 같이 이미 사망한 그의 망부 공소외 A의 명칭을 사용하여 약속어음을 각 발행한 것은 사실이나, /

【대법원 분석】 한편 피고인은 위 망인의 생존시 그가 경영하는 제과업을 함께 운영하면서 위 망인의 지시에 따라 1969.12.3 주식회사 Q은행 용산지점에 위 망인명의로 개설된 당좌계정을 이용하여 거래상 위 망인명의의 약속어음을 발행하여 왔고, /

【대법원 분석】 1976.7.13 그가 사망한 후에는 피고인이 위 제과업을 이어받아 경영하면서 이 사건 발생시까지 약 3년간 위 당좌계정을 그대로 둔 채 위 망인명의로 약속어음 등을 발행하여 그것이 이 사건 약속어음을 제외하고는 모두 각 그 지급기일 내에 결재되어 왔으며, /

【대법원 분석】 이 사건 피해자 B도 피고인이 발행하는 어음상의 명칭이 피고인의 별명으로 여겨왔다는 것인바, /

【대법원 판단】 이러한 사실관계하에서 보면 결국 피고인은 그 망부의 사망후 그의 명의를 평소 자기를 표시하는 명칭으로 거래상 사용하여 온 것이라고 볼 것이므로 /

【대법원 판단】 이 사건 약속어음 발행은 피고인 자신의 어음행위라고 볼 것이고 이를 가리켜 타인의 명의를 모용하여 약속어음을 위조한 것이라고 할 수는 없다고 할 것이다.

【대법원 결론】 따라서 원심판결은 그 표현에 다소 미흡한 점은 있으나 결국 이와 같은 취지에서 피고인에게 무죄를 선고한 제1심 판결을 유지하였으니 그 판단은 정당하고, 거기에 소론과 같은 법리오해의 위법이 있다고 할 수 없으며, /

【대법원 판단】 소론 적시의 당원판례(1971.7.27. 선고 **71도905** 판결)는 사안을 달리하여 이 사건에 적절한 것이 되지 못한다. (상고 기각)

98도2967

절도죄와 타인 소유 – 인정례
유가증권위조죄와 유가증권 – 인정례
리프트 탑승권 사건

1998. 11. 24. 98도2967, 공 1999, 84

☞ 399면

92도976

유가증권위조죄와 위조 – 부정례
차용증서용 약속어음 사건

1992. 6. 23. 92도976, 공 1992, 2323

1. 사실관계 및 사건의 경과

【사실관계】

① 갑은 A로부터 돈을 빌렸다.

② 갑은 A에게 변제기일에 돈을 갚지 못할 경우에 대비하여 ㉠약속어음을 교부하였다.

③ ㉠약속어음은 [금융기관에서 교부한 것이 아니라 문방구에서 파는] 인쇄된 어음용지로 되어 있다. (☞문서례 8-2번 참조)

④ ㉠약속어음의 발행인은 B로 되어 있다.

⑤ 발행인 B의 이름 다음에 B의 날인은 없고, 갑이 임의로 날인한 무인이 있다.

⑥ [A는 3개월 후 갑에게 ㉠약속어음을 지급제시하였으나 지급거절되었다.]

【사건의 경과】

① 검사는 갑을 유가증권위조죄 및 위조유가증권행사죄로 기소하였다.

② 갑의 피고사건은 제1심을 거친 후, 항소심에 계속되었다.

③ 항소심법원은 무죄를 선고하였다.

④ 검사는 불복 상고하였다.

2. 사안에 대한 항소심의 판단

【항소심 판단】 원심판결 이유에 의하면 원심은, /

【항소심 판단】 이 사건에서 문제가 된 약속어음은 발행인의 날인이 없고 발행인 아닌 피고인의 무인만이 찍혀 있어 실체법상 무효이고, /

【항소심 판단】 그 발행의 경위에 비추어 피고인과 피해자 A 사이에서 차용증서로서의 효력을 갖는

것은 별론으로 하더라도 /

【항소심 판단】 그것이 일반인으로 하여금 일견유효하고 진정하게 작성된 유가증권이라고 오신케 할 정도의 외관을 구비한 것이라고 보기 어려워, /

【항소심 판단】 이를 형법 제214조 소정의 유가증권이라고 볼 수 없다는 이유로 /

【항소심 판단】 이 사건 공소사실 중 유가증권위조, 동행사 부분에 관하여 무죄를 선고하였다.

3. 사안에 대한 대법원의 판단

【대법원 분석】 기록을 살펴보면, 피고인은 인쇄된 약속어음용지를 사용하기는 하였으나 /

【대법원 분석】 유가증권인 약속어음을 발행할 의도로 이 사건 약속어음을 작성한 것이라기보다는 소비대차의 증표로서 발행한 것으로 보이고, /

【대법원 판단】 피고인이 위조한 것이라는 위 약속어음은 발행인의 날인이 없고, 피고인이 임의로 날인한 무인만이 있으며, /

【대법원 판단】 그 작성방식에 비추어 보아도 일반인이 진정하고 유효한 약속어음으로 오신할 정도의 형식과 외관을 갖춘 약속어음이라고 보기 어려우므로 /

【대법원 결론】 원심의 위와 같은 조처는 정당한 것으로 수긍할 수 있고, 거기에 유가증권위조에 관한 법리를 오해한 위법이 있다고 할 수 없다. (상고 기각)

2010도12553

위조유가증권행사죄와 행사 – 부정례
봉투 속 위조수표 사건

2010. 12. 9. 2010도12553, 공 2011상, 184

1. 사실관계 및 사건의 경과

【사실관계 1】

① 갑과 을은 다음과 같은 범행을 공모하였다.
  (가) 을이 갑으로부터 1,500만 원을 차용하는 것처럼 가장한다.
  (나) 을의 연인인 B로 하여금 을의 차용금채무를 보증하도록 한다.
  (다) 이후 을과 B가 마약을 투약하는 모습을 동영상 촬영하여 이를 미끼로 보증인 B의 가족들에게 보증금채무를 변제하라고 협박하기로 한다.

② 2009. 11. 6. 갑은 범행을 위하여 컬러복사기로 복사하여 100만원권 자기앞수표 14장을 위조하였다.

③ 2009. 11. 중순경 갑은 서울 양천구 신정동 소재 P노래방에서 A에게 위조된 100만원권 자기앞수표 14장 외에 10만 원권 수표 10장이 들어 있는 ㉠봉투를 주었다.

④ 이 자리에서 갑은 A에게 "이 1,500만 원을 을에게 건네주고 네(A) 명의로 된 차용증 한 장을 받아오라."고 지시하였다.

⑤ A는 ㉠봉투를 열어보지도 아니한 채 이를 받았다.

【사실관계 2】

① A는 잠시 후 P노래방에서 을과 B가 함께 있는 자리에서 ㉠봉투를 을에게 주었다.

② A는 그와 함께 "갑이 돈을 전해 주고 차용증을 받아오라고 하였다."라고 말하였다.

③ 을은 그 자리에서 "A에게 12월 13일까지 1,500만 원을 쓰고 갚겠다. 보증인 B도 공동책임을 질 것을 약속한다."라는 내용의 ㉡차용증을 작성하여 A에게 교부하였다.

④ 을은 A를 만나기 전에 미리 B에게 "다른 사람으로부터 1,500만 원을 빌리려고 하는데 보증인이 되어달라."고 부탁하여 B가 이를 승낙한 상태였다.

⑤ B는 을이 작성한 ㉡차용증에 보증인으로 서명하였다.

⑥ 을은 A로부터 ㉠봉투를 건네받은 후 봉투에서 10만원권 수표 10장을 꺼내어 B에게 보여 주면서 다음과 같이 말하였다.

⑦ "봉투 안에 100만원권 수표 14장 합계 1,400만 원이 더 들어 있다."

⑧ 을은 그러나 위조된 100만원권 자기앞수표 14장을 봉투에서 꺼내지도 않았고 B에게 보여 주지도 않았다.

【사건의 경과 1】

① 수표를 위조·변조한 경우에는 부정수표단속법 제5조가 적용된다.

② 형법 제214조에 의하면 유가증권위조·변조죄는 법정형이 10년 이하의 징역이다.

③ 부정수표단속법 제5조에 의하면 수표위조·변조죄의 법정형은 1년 이상의 유기징역과 수표금액의 10배 이하의 벌금이다.

④ 부정수표단속법 제5조에 의한 수표위조·변조죄의 경우에는 '행사할 목적'이 요구되지 않는다.

⑤ 부정수표단속법은 위조·변조수표행사죄를 별도로 규정하고 있지 않다.

⑥ 위조·변조된 수표를 행사하는 행위는 형법상 위조·변조유가증권행사죄로 처벌된다.

【사건의 경과 2】

① 검사는 갑과 을을 다음의 공소사실로 기소하였다.

(가) 부정수표단속법위반죄

(나) 위조유가증권행사죄

② 갑과 을의 피고사건은 제1심을 거친 후, 항소심에 계속되었다.

③ 항소심법원은 유죄를 인정하였다.

④ 갑은 불복 상고하였다.

⑤ 을은 상고하지 않았다.

【참조조문】

부정수표단속법

제2조 (부정수표 발행인의 형사책임) ① 다음 각 호의 어느 하나에 해당하는 부정수표를 발행하거나 작성한 자는 5년 이하의 징역 또는 수표금액의 10배 이하의 벌금에 처한다.

1. 가공인물의 명의로 발행한 수표
2. 금융기관(우체국을 포함한다. 이하 같다)과의 수표계약 없이 발행하거나 금융기관으로부터 거래

정지처분을 받은 후에 발행한 수표

3. 금융기관에 등록된 것과 다른 서명 또는 기명날인으로 발행한 수표

② 수표를 발행하거나 작성한 자가 수표를 발행한 후에 예금부족, 거래정지처분이나 수표계약의 해제 또는 해지로 인하여 제시기일에 지급되지 아니하게 한 경우에도 제1항과 같다.

③ 과실로 제1항과 제2항의 죄를 범한 자는 3년 이하의 금고 또는 수표금액의 5배 이하의 벌금에 처한다.

④ 제2항과 제3항의 죄는 수표를 발행하거나 작성한 자가 그 수표를 회수한 경우 또는 회수하지 못하였더라도 수표 소지인의 명시적 의사에 반하는 경우 공소를 제기할 수 없다.

제5조 (위조·변조자의 형사책임) 수표를 위조하거나 변조한 자는 1년 이상의 유기징역과 수표금액의 10배 이하의 벌금에 처한다.

2. 사안에 대한 항소심의 판단

【항소심 판단】 원심은 그 채용 증거들을 종합하여, /

【항소심 판단】 피고인이 2009. 11. 중순 19:00경 서울 양천구 신정동에 있는 P노래방에서 컬러복사기로 복사하여 위조한 이 사건 100만 원짜리 자기앞수표 14장을 공소외 A에게 교부한 다음, /

【항소심 판단】 그 위조사실을 모르는 공소외 B 앞에서 마치 진정하게 발행된 것처럼 원심 공동피고인[을]에게 교부하는 방법으로 공소외 B가 위 수표를 진정한 것으로 인식하도록 하여 이를 행사하였다는 /

【항소심 판단】 위조유가증권행사의 점을 유죄로 인정하였다.

【대법원 판단】 그러나 원심의 이러한 판단은 다음과 같은 이유로 수긍하기 어렵다.

3. 위조유가증권행사죄의 행사

【대법원 요지】 위조유가증권행사죄의 처벌목적은 유가증권의 유통질서를 보호하고자 함에 있는 만큼 /

【대법원 요지】 단순히 문서의 신용성을 보호하고자 하는 위조공·사문서행사죄의 경우와는 달리 /

【대법원 요지】 교부자가 진정 또는 진실한 유가증권인 것처럼 위조유가증권을 행사하였을 때뿐만 아니라 /

【대법원 요지】 위조유가증권임을 알고 있는 자에게 교부하였더라도 피교부자가 이를 유통시킬 것임을 인식하고 교부하였다면, /

【대법원 요지】 그 교부행위 그 자체가 유가증권의 유통질서를 해할 우려가 있어 처벌의 이유와 필요성이 충분히 있다고 할 것이므로 위조유가증권행사죄가 성립한다고 보아야 할 것이지만, /

【대법원 요지】 위조유가증권의 교부자와 피교부자가 서로 유가증권위조를 공모하였거나 위조유가증권을 타에 행사하여 그 이익을 나누어 가질 것을 공모한 공범의 관계에 있다면, /

【대법원 요지】 그들 사이의 위조유가증권 교부행위는 그들 이외의 자에게 행사함으로써 범죄를 실현하기 위한 전단계의 행위에 불과한 것으로서 /

【대법원 요지】 위조유가증권은 아직 범인들의 수중에 있다고 볼 것이지 행사되었다고 볼 수는 없다.

4. 사안에 대한 대법원의 분석

【대법원 분석】 원심이 인정한 사실과 기록에 의하면, /

【대법원 분석】 피고인과 원심 공동피고인[을]은 원심 공동피고인이 피고인으로부터 1,500만 원을 차용하는 것처럼 가장하여 원심 공동피고인의 연인인 공소외 B로 하여금 차용금채무를 보증하도록 한 후, /

【대법원 분석】 원심 공동피고인과 공소외 B가 마약을 투약하는 모습을 동영상 촬영하여 이를 미끼로 보증인인 공소외 B의 가족들에게 보증금채무를 변제하라고 협박하기로 공모한 사실, /

【대법원 분석】 이를 위하여 피고인은 2009. 11. 6. 이 사건 자기앞수표 14장을 위조한 사실, /

【대법원 분석】 피고인은 2009. 11. 중순경 서울 양천구 신정동 소재 P노래방에서 공소외 A에게 위와 같이 위조된 100만원권 자기앞수표 14장 외에 10만원권 수표 10장이 들어 있는 봉투를 주면서 /

【대법원 분석】 "이 1,500만 원을 원심 공동피고인에게 건네주고 네 명의로 된 차용증 한 장을 받아오라."고 지시한 사실, /

【대법원 분석】 공소외 A는 그 봉투를 열어보지도 아니한 채 잠시 후 위 P노래방에서 원심 공동피고인과 공소외 B가 함께 있는 자리에서 위 봉투를 원심 공동피고인에게 주면서 "피고인이 돈을 전해 주고 차용증을 받아오라고 하였다."라고 말한 사실, /

【대법원 분석】 원심 공동피고인은 그 자리에서 "공소외 A에게 12월 13일까지 1,500만 원을 쓰고 갚겠다. 보증인 공소외 B도 공동책임을 질 것을 약속한다."라는 내용의 차용증을 작성하여 공소외 A에게 교부한 사실, /

【대법원 분석】 원심 공동피고인은 공소외 A를 만나기 전에 공소외 B에게 "다른 사람으로부터 1,500만 원을 빌리려고 하는데 보증인이 되어달라."고 부탁하여 공소외 B가 이를 승낙하였고, /

【대법원 분석】 공소외 B는 원심 공동피고인이 작성한 위 차용증에 보증인으로 서명한 사실, /

【대법원 분석】 원심 공동피고인은 공소외 A로부터 위 봉투를 건네받은 후 봉투에서 10만원권 수표 10장을 꺼내어 공소외 B에게 보여 주면서 "봉투 안에 100만원권 수표 14장 합계 1,400만 원이 더 들어있다."고 말하였으나, /

【대법원 분석】 위와 같이 위조된 100만원권 자기앞수표 14장을 봉투에서 꺼내지도 않았고 공소외 B에게 보여 주지도 않은 사실 등을 알 수 있다.

5. 사안에 대한 대법원의 판단

【대법원 판단】 이러한 사실관계를 위에서 본 법리에 비추어 살펴보면, /

【대법원 판단】 공소외 A나 원심 공동피고인이 이 사건 위조된 자기앞수표를 공소외 B에게 제시하는 등으로 이를 인식하게 하였다고 할 수 없어 /

【대법원 판단】 공소외 A나 원심 공동피고인이 이 사건 위조된 자기앞수표가 들어 있는 봉투를 공소외 B의 면전에서 주고받은 행위를 이 사건 위조된 자기앞수표를 행사한 경우에 해당한다고 볼 수 없고, /

【대법원 판단】 따라서 공소외 A나 원심 공동피고인에게 이 사건 자기앞수표를 교부한 것이 이를 행사한 경우에 해당한다고 볼 수도 없다.

【대법원 결론】 그럼에도 원심이 이와 다른 전제에서 피고인의 이 부분 위조유가증권행사의 범죄사

실을 유죄로 인정하고 말았으니, 원심판결에는 관련 법리를 오해하여 판결에 영향을 미친 위법이 있다. 이 점에 관한 상고이유의 주장은 이유 있다. (파기 환송)

82도677

유가증권위조죄와 위조 – 인정례
위조 백지어음 매도 사건

1982. 6. 22. 82도677, 공 1982, 720

1. 사실관계 및 사건의 경과

【사실관계】

① 갑과 을은 위조 어음 전문가들이다.

② 갑과 을은 액면과 지급기일이 공란으로 된 A 명의의 ㉠약속어음을 위조하였다. (☞문서례 17번 참조)

③ 1982. 5. 11경 병은 위조 사실을 알면서 을로부터 ㉠약속어음을 60만 원에 매수하였다.

④ 정은 위조 사실을 알면서 병으로부터 ㉠약속어음을 다시 70만 원에 매수하였다.

⑤ 1982. 5. 12 서울 영등포구 문래동 소재 P다방에서 무(戊)는 위조 사실을 알면서 정으로부터 ㉠약속어음을 다시 80만 원에 매수하였다.

⑥ 그 자리에서 정은 무의 요청에 따라 ㉠약속어음에 액면 금15,300,000원이라고 기재하였다.

【사건의 경과】

① 검사는 갑, 을, 병, 정, 무를 유가증권위조죄 및 위조유가증권행사죄로 기소하였다.

② 갑 등의 피고사건은 제1심을 거친 후, 항소심에 계속되었다.

③ 항소심법원은 갑, 을에게 유죄를 인정하였다.

④ 항소심법원은 병, 정, 무에게 무죄를 선고하였다.

⑤ 항소심법원은 무죄 판단의 이유로 다음의 점을 들었다.

(가) ㉠어음은 갑과 을이 이미 그 발행인 명의를 모용하여 위조 작성하고 다만 그 액면과 지급기일만이 공란으로 되어 있는 위조된 약속어음이 명백하다.

(나) 병, 정, 무 등이 ㉠어음을 타에 행사함에 있어 백지로 된 액면란을 추가로 기재하여 넣었다 하더라도, 그 소위는 위의 위조어음을 행사하는 방법으로서 금액란을 보충한 것뿐이다.

(다) 위조된 어음에 백지로 된 액면란을 추가로 기재하여 넣었다 하여 별도로 새로이 약속어음위조죄를 구성하지 않는다.

⑥ 검사는 불복 상고하였다.

2. 사안에 대한 대법원의 판단

【대법원 요지】 타인이 위조한 액면과 지급기일이 백지로 된 약속어음을 그것이 위조 약속어음인 정

을 알고도 이를 구입하여 /

【대법원 요지】 행사의 목적으로 기존의 위조어음의 액면란에 금액을 기입하여 그 어음위조를 완성하는 행위는 백지어음 형태의 위조행위와는 별개의 유가증권위조죄를 구성한다 할 것이고 /

【대법원 요지】 이는 진정하게 성립된 백지어음의 액면란을 보충권 없이 함부로 기입하는 행위가 유가증권위조죄에 해당한다는 법리와 조금도 다를 바 없다고 할 것인 즉, /

【대법원 분석】 원심으로서는 마땅히 위 공소사실이 인정되는지 여부를 따져보고 /

【대법원 분석】 위 사실이 인정되는 경우에는/

【대법원 분석】 (원심판결 이유 중, 같은 피고인들에 대한 유죄부분의 설시를 보면 원심은 위 공소사실을 인정하고 있는 것으로 보인다) /

【대법원 판단】 위 액면기입 행위에 직접 가담한 피고인 정, 무에 대하여는 유가증권위조죄의 공동정범으로, /

【대법원 판단】 피고인 병에 대하여는 그 가공의 정도를 심리하여 유가증권위조죄의 공동정범 또는 방조범으로 각 처단하였어야 옳았다고 할 것인데, /

【대법원 결론】 원심은 이에 이르지 않고 위와 같은 행위는 유가증권위조죄를 구성하지 않는다고 하여 무죄를 선고하였으니, 이는 필경 유가증권위조죄의 법리를 오해한 잘못을 저질렀다고 할 것이고 그 위법을 판결에 영향을 미쳤다고 할 것이니 이 점을 지적하는 논지는 이유 있고 이 부분의 원심판결은 파기를 면치 못한다 할 것이다. (파기 환송)

2008도9494

유가증권변조죄와 변조 – 부정례
보충권행사 후 증액 사건

2008. 12. 24. 2008도9494, 공 2009상, 142

1. 사실관계 및 사건의 경과

【사실관계】

① [아래의 사실관계는 이해를 돕기 위하여 필자가 임의로 구성한 것이다.]

② A는 사채업자 갑에게 돈을 빌리면서 담보조로 금액란을 백지로 한 ㉠약속어음을 발행 교부하였다. (☞문서례 17번 참조)

③ ㉠약속어음의 금액란은 A가 변제기일에 돈을 갚지 못할 경우에 갑이 필요한 금액을 보충해서 적어 넣기로 하였다.

④ A의 변제기일이 도래하기 전에 갑은 돈이 필요하게 되었다.

⑤ 갑은 소지 중이던 ㉠약속어음의 금액란을 '금10,000,000원'으로 보충하였다.

⑥ 갑은 을로부터 돈을 차용하면서 금액란이 보충된 ㉠약속어음을 을에게 담보로 제공하였다.

⑦ 을은 더 많은 금액이 기재된 약속어음을 담보로 요구하였다.

⑧ 을은 갑과 공모하여 이미 기재되어 있는 ㉠약속어음의 금액란에 변경을 가하여 '금110,000,000원'으로 지급금액을 더욱 높였다.

【사건의 경과】

① 검사는 을을 유가증권변조죄로 기소하였다.

② 을의 피고사건은 제1심을 거친 후, 항소심에 계속되었다.

③ 항소심법원은 무죄를 선고하였다.

④ 검사는 불복 상고하였다.

2. 사안에 대한 대법원의 판단

【대법원 요지】 유가증권변조죄에 있어서 변조라 함은 진정으로 성립된 유가증권의 내용에 권한 없는 자가 그 유가증권의 동일성을 해하지 않는 한도에서 변경을 가하는 것을 말하므로, /

【대법원 요지】 이미 타인에 의하여 위조된 약속어음의 기재사항을 권한 없이 변경하였다고 하더라도 유가증권변조죄는 성립하지 아니한다. /

【대법원 요지】 그리고 위조된 약속어음의 액면금액을 권한 없이 변경하는 것이 당초의 위조와는 별개의 새로운 유가증권위조로 된다고 할 수도 없다.

【대법원 판단】 그러므로 권한 없이 보충됨으로써 위조되었다고 평가되는 약속어음에 있어서 그 위조행위자와 공모하여 그 금액란을 임의로 변경한 피고인의 행위를 같은 취지에서 무죄로 본 원심의 판단은 정당하다.

【대법원 판단】 원심판결에 유가증권위조에 관한 법리오해 등의 위법이 있다는 상고이유의 주장은 받아들일 수 없다.

【대법원 판단】 상고이유에서 거시한 대법원 1982. 6. 22. 선고 **82도677** 판결은 액면란이 백지인 위조 약속어음을 완성하는 행위에 관한 것으로서, 부당한 보충권의 행사로 이미 완성된 어음을 변조한 이 사건과는 사안을 달리하여 원용하기에 적절하지 않다. (상고 기각)

2001도6553

유가증권변조죄와 변조 - 인정례
배서 일자 임의변경 사건

2003. 1. 10. 2001도6553, [공보불게재]

1. 사실관계 및 사건의 경과

【사실관계】

① 갑은 P주식회사에 물품대금의 지급담보조로 자신이 발행한 ㉠약속어음 등 약속어음 8매를 교부하였다.

② [P회사는 ㉠약속어음을 Q회사에 교부하여 할인을 받았다.]

③ [P회사는 지급기일에 어음금을 상환하고 Q회사로부터 ㉠약속어음을 회수하였다.]
④ 갑은 물품 대금을 지급하거나 새로운 어음으로 교체하는 방법으로 [P회사로부터] ㉠약속어음 등 어음들을 회수하였다.
⑤ 갑은 ㉠약속어음 등 어음에 남아있는 P주식회사 명의 배서의 담보적 효력을 이용하기 위하여 이미 경과된 지급기일을 임의로 그 후의 날짜로 변경하였다. (☞문서례 17번 참조)
⑥ 갑은 이렇게 변경된 ㉠약속어음 등을 A에게 교부하였다.

【사건의 경과】

① 검사는 갑을 유가증권변조죄 및 변조유가증권행사죄로 기소하였다.
② 갑의 피고사건은 제1심을 거친 후, 항소심에 계속되었다.
③ 항소심법원은 유죄를 인정하였다.
④ 갑은 불복 상고하였다.

2. 유가증권의 권리의무에 관한 기재의 변조

【대법원 요지】 형법 제214조 제2항에 규정된 '유가증권의 권리의무에 관한 기재를 변조한다'는 것은 /
【대법원 요지】 진정하게 성립된 타인 명의의 부수적 증권행위에 관한 유가증권의 기재내용에 /
【대법원 요지】 작성권한이 없는 자가 변경을 가하는 것을 말하고, /
【대법원 요지】 어음발행인이라 하더라도 /
【대법원 요지】 어음상에 권리의무를 가진 자가 있는 경우에는 /
【대법원 요지】 이러한 자의 동의를 받지 아니하고 어음의 기재 내용에 변경을 가하였다면 /
【대법원 요지】 이는 유가증권의 권리의무에 관한 기재를 변조한 것에 해당한다 할 것이다.

3. 사안에 대한 대법원의 판단

【대법원 분석】 기록에 의하면, 피고인은 공소외 P주식회사에게 물품대금의 지급담보조로 자신이 발행한 약속어음 8매를 교부하였다가 그 대금을 지급하거나 새로운 어음으로 교체하는 방법으로 위 어음들을 회수한 후 /
【대법원 분석】 어음에 남아있는 P주식회사 명의 배서의 담보적 효력을 이용하기 위하여 이미 경과된 지급기일을 임의로 그 후의 날짜로 변경한 후 공소외 A에게 이를 교부하였다는 것이므로 /
【대법원 결론】 원심이 이러한 피고인의 행위가 형법 제214조 제2항 소정의 유가증권변조죄에 해당한다고 판단한 것은 위 법리에 따른 것으로 정당하고, 거기에 유가증권변조죄에 관한 법리오해의 위법이 없다.
【대법원 판단】 상고인이 들고 있는 대법원 1980. 4. 22. 선고 **79도3034** 판결은 사안을 달리하므로 이 사건에서 원용할 수는 없다. (상고 기각)

78도1904

유가증권변조죄와 변조 - 부정례

면도칼 주권 고치기 사건 1

1978. 11. 14. 78도1904, 공 1979, 11705

1. 사실관계 및 사건의 경과

【사실관계 1】

① 1970. 4. 24. A는 P회사를 설립하여 경영하기 시작하였다.

② A가 다액의 채무를 지게 됨에 따라 B 등 채권자 31명은 채권해결을 위한 방법으로 Q채권자단을 구성하였다.

③ 1970. 11. 13. Q채권자단 위원장 B는 A로부터 A 소유의 P회사 주식 20,000주를 양도받고 그 회사의 자산 전부를 인수하여 Q채권자단의 관리기업으로 운영하게 되었다.

④ 1973. 8. 10. 갑은 B의 대리인으로 선정되었다.

⑤ 그와 함께 갑은 P회사 주식 20,000주에 대한 주주로서의 권리 일체를 B로부터 위임받아 P회사의 대표이사로 취임하였다.

【사실관계 2】

① B는 갑에게 주권 발행을 요구하였다.

② 1974. 6. 20. 갑은 P회사 주식 20,000주에 대하여 ㉠주권 400매를 B 명의로 기명·발행하였다. (☞문서례 18번 참조)

③ 갑은 B의 승낙을 얻어 ㉠주권을 P회사에 보관하면서 P회사를 운영하였다.

④ 1974. 11. 11. 을은 갑과 함께 P회사의 공동대표이사로 취임하여 함께 Q채권단의 채권자들을 위하여 P회사를 관리·운영하기 시작하였다.

⑤ 갑과 을은 B로부터 교부받아 보관중이던 ㉠주권 400매를 P회사 설립자인 A 앞으로 기명·발행한 다음 갑과 을이 이를 A로부터 공동 배서양도받은 것 같이 만들어 P회사의 지배권을 장악하기로 공모하였다.

【사실관계 3】

① 1974. 12. 12. 15:00경 갑은 ㉠주권 주주란에 고무명판으로 압날기명된 "○○○"(B)를 면도칼로 지우고 그 위에 흑색싸인펜으로 "△△△"(A)로 기재하였다.

② 을은 양도·양수인 기명 조인란에 1974. 12. 12.자로 A로부터 갑과 을이 ㉠주권 400매를 공동배서받은 양 기재 날인하였다.

③ 갑과 을은 그렇게 바뀐 ㉠주권을 P회사의 ㉡주주명부에 계서 등재한 후 P회사에 비치하였다.

【사건의 경과】

① 검사는 갑과 을은 다음의 공소사실로 기소하였다.

(가) 유가증권변조죄

(나) 변조유가증권행사죄

(다) 업무상 배임죄

② 제1심법원은 갑과 을에게 유죄를 인정하였다.

③ 갑과 을은 불복 항소하였다.

④ 항소심법원은 항소를 기각하고, 제1심판결을 유지하였다.

⑤ 갑은 상고하지 아니하였다.

⑥ 을은 불복 상고하였다.

2. 사안에 대한 항소심의 판단

【항소심 판단】 원심이 제1심이 판시한 피고인들의 범죄사실을 인정할 수 있다 하여 그대로 유지한 제1심판결 중 유가증권변조 및 동행사 부분에 대한 설시이유에 의하면 /

【항소심 판단】 원심공동피고인[갑]은 공소외 A가 1970. 4. 24 P기계공업주식회사를 설립 경영하던 중 다액의 채무를 지게 됨에 따라 공소외 B 등 31명은 채권자들이 채권해결을 위한 방법으로 채권자단을 구성한 후 /

【항소심 판단】 1970. 11. 13 위 채권자단 위원장 B가 A로부터 그 소유인 위 회사주식 20,000주를 양도받고 그 회사의 자산 전부를 인수하여 채권자단의 관리기업으로 운영중 /

【항소심 판단】 1973. 8. 10 원심공동피고인[갑]이 위 B의 대리인으로 선정되면서 위 주식 20,000주에 대한 주주로서의 권리일체를 위 B로부터 위임받아 위 회사의 대표이사로 취임하고 위 B로부터 주권발행요구를 받고 /

【항소심 판단】 1974. 6. 20 위 주식 20,000주에 대하여 주권 400매를 위 B 명의로 기명 · 발행한 후 그의 승낙을 얻어 위 주권을 보관하면서 위 회사를 운영하다가 /

【항소심 판단】 1974. 11. 11 피고인[을]은 원심공동피고인[갑]과 함께 위 회사의 공동대표이사로 취임하여 함께 채권자들을 위하여 위 회사를 관리 · 운영하던 중 공모하여 /

【항소심 판단】 1974. 12. 12. 15:00경 위 회사 사무실에서 위 B로부터 교부받아 보관중이던 위 회사 주권 400매를 마치 위 회사 설립자인 위 A 앞으로 기명 · 발행하여 피고인들이 A로부터 공동배서 양도받은 것같이 만들어 행사할 목적으로 /

【항소심 판단】 원심공동피고인[갑]은 위 주권의 주주란에 고무명판으로 압날기명된 "B"를 면도칼로 지우고 그 위에 흑색싸인펜으로 "A"로 기재하고 /

【항소심 판단】 피고인[을]은 양도 · 양수인 기명 조인란에 동일자로 위 A로부터 피고인 등이 위 주권 400매를 공동배서받은 양 기재날인함으로써 /

【항소심 판단】 위 주권 400매를 변조하고 /

【항소심 판단】 그시경 위 변조된 주권을 주주명부에 계서 등재한 후 위 회사에 비치함으로써 이를 행사한 사실을 인정하고 /

【항소심 판단】 피고인[을]에 대하여 형법 제214조, 제217조 유가증권변조, 동행사죄를 적용 처단하였다.

3. 사안에 대한 대법원의 판단

【대법원 요지】 그러나 유가증권변조죄를 구성하려면 진정하게 성립된 타인 명의의 유가증권에 변경을 가하는 행위가 있어야 하고 /
【대법원 요지】 비록 타인에게 속한 자기 명의의 유가증권에 무단히 변경을 가하였다 하더라도 /
【대법원 요지】 그것이 문서손괴죄나 허위유가증권작성죄에 해당되는 경우가 있음은 별론으로 하고 /
【대법원 요지】 유가증권변조죄를 구성하는 것은 아니라고 보아야 할 것인바 /
【대법원 판단】 원심이 인정한 바와 같이 원심공동피고인[갑이] 위 P기계공업주식회사 대표이사의 자격으로 그 명의로 발행한 이 사건 주권을 위 B로부터 교부받아 보관하고 있음을 기화로 /
【대법원 판단】 위 B의 승낙 없이 위 주권상의 주주명의를 "B"로부터 "A"로 변경하고 피고인[을]과 더불어 A로부터 배서양도받은 것처럼 기재변경한 후 이를 행사하였다 하더라도 /
【대법원 판단】 유가증권변조 및 동행사죄를 구성한다고는 할 수 없고 이에 가담한 피고인[을]의 행위 역시 위 죄에 해당하는 것은 아니라 할 것임에도 불구하고 /
【대법원 결론】 원심이 피고인에 대하여 유가증권변조, 동 행사죄를 적용하여 처단하였음은 유가증권변조죄에 대한 법리를 오해하여 판결에 영향을 미쳤다 할 것이니 이 점을 포함한 논지는 이유 있다. (파기 환송)

79도3034

유가증권변조죄와 변조 – 부정례
면도칼 주권 고치기 사건 2

1980. 4. 22. 79도3034, 공 1980, 12829

1. 사실관계 및 사건의 경과

【사실관계】
① [본 79도3034 판례는 **78도1904** 사건이 파기 환송된 후, 환송후 항소심에 대한 상고심 판결이다.]
② [따라서 본 판례의 사실관계는 78도1904 판결의 사실관계와 같다.]
【사건의 경과 1】
① 검사는 갑과 을을 유가증권변조죄 및 변조유가증권행사죄로 기소하였다.
② 제1심법원은 갑과 을에게 유죄를 인정하였다.
③ 갑과 을은 불복 항소하였다.
④ 1978. 6. 20. 항소심법원은 항소를 기각하고, 제1심판결을 유지하였다.
⑤ 을은 불복 상고하였다.
⑥ 갑은 상고하지 아니하였다.
⑦ 1978. 11. 14. 대법원은 항소심판결을 파기 환송하였다. (이상 **78도1904** 판결)

【사건의 경과 2】

① 1979. 9. 21. 환송후 항소심법원은 유가증권변조죄 및 변조유가증권행사죄 부분에 대해 을에게 무죄를 선고하였다.

② 검사는 불복 상고하였다.

③ 검사는 상고이유로 다음의 점을 주장하였다.

(가) ㉠주권은 P회사의 명의로 발행된 것이다.

(나) 갑은 명의자가 아니면서 ㉠주권에 무단히 변경을 가한 후 이를 비치하였다.

(다) 따라서 갑에게 유가증권변조죄 및 변조유가증권행사죄가 인정된다.

(라) 을은 갑의 범행에 가담하였으므로 마찬가지로 을에게 유가증권변조죄 및 변조유가증권행사죄가 인정된다.

(마) 설사 P회사와 대표이사 갑의 명의가 일치한다고 하여도, 대표이사가 대표권을 남용하여 자기 또는 제3자의 이익을 도모할 목적으로 대표 명의 주권의 기재사항에 변경을 가하였다면 유가증권변조죄로 처단하여야 한다.

④ 1980. 4. 22. 대법원은 검사의 상고를 기각하였고, 이로써 환송후 항소심판결은 확정되었다.

2. 사안에 대한 대법원의 판단

(1) 회사 명의와 대표이사 명의의 관계

【대법원 분석】 기록에 의하여 보면 이 사건 주권(400매)은 원심 공동피고인[갑]이 P주식회사의 대표이사의 자격으로 그 명의로 발행한 것임은 원심판시와 같은 바이므로 /

【대법원 판단】 동 주권이 소론과 같이 동 회사발행의 주권이라고는 하더라도 /

【대법원 판단】 동 원심 공동피고인[갑]이 동 회사의 대표이사로서 그 대표명의로 동 주권을 작성한 것이라면 /

【대법원 판단】 이는 동 회사의 대표자의 자격에서 그 대표권에 기하여 작성한 것이므로 /

【대법원 판단】 동인[갑]과 피고인[을]이 원심설시와 같이 그 대표명의의 주권에 무단히 변경을 가한 후 이를 행사하였다고 하더라도 /

【대법원 판단】 문서손괴죄 등에 해당됨은 별론으로 하고 유가증권변조죄 및 그 행사죄를 구성한다고 할 수 없다 할 것이니 /

【대법원 결론】 이와 같은 취지에서 원심 공동피고인[갑] 및 이에 가담한 피고인[을]의 행위가 위 죄를 구성하지 아니한다고 본 원심판단 조처는 정당하다 시인되고 거기에 소론과 같이 주권의 발행명의인에 관한 법리나 주권의 작성권한에 관한 법리오해가 있다고 할 수 없고, /

(2) 대표이사의 권한남용과 유가증권 변조

【대법원 판단】 또 위 주권의 기재 변경시에 피고인[을]은 원심 공동피고인[갑]과 함께 동 회사의 공동대표이사로서 주권 작성에 관한 일반적인 권한을 가지고 있다고 할 것이므로 /

【대법원 판단】 설사 동인들이 대표권을 남용하여 자기 또는 제3자의 이익을 도모할 목적으로 그들 대표 명의의 주권의 기재사항에 변경을 하였다 하여도 /

【대법원 판단】 이는 본인인 위 회사와의 간에 있어서의 내부관계에 지나지 아니하고 주권발행에 관한 대외적 관계에서는 아무런 영향이 없다 하겠으므로 그 행위가 유가증권변조죄를 구성한다고 할 수 없는 이치이니 /

【대법원 결론】 이와 반대의 견해에서 이 경우에는 유가증권변조죄가 성립한다는 논지도 이유 없다. (상고 기각)

87도145

자격모용유가증권작성죄와 자격모용 – 인정례
직무정지 가처분 사건

1987. 8. 18. 87도145, 공 1987, 1484

1. 사실관계 및 사건의 경과

【사실관계】

① 갑은 P회사의 대표이사이다.

② [P회사의 경영권을 둘러싸고 분규가 발생하였다.]

③ 갑은 관할법원으로부터 대표이사 직무집행정지 가처분결정을 받았다. (☞문서례 11번 참조)

④ 가처분결정이 내려진 가운데 갑은 P회사 대표이사 갑 명의로 ㉠약속어음을 발행하여 A에게 교부하였다. (☞문서례 17번 참조)

【사건의 경과】

① 검사는 갑을 자격모용유가증권작성죄 및 자격모용작성유가증권행사죄로 기소하였다.

② 갑의 피고사건은 제1심을 거친 후, 항소심에 계속되었다.

③ 항소심법원은 유죄를 인정하였다.

④ 갑은 불복 상고하였다.

⑤ 갑은 상고이유로 다음의 점을 주장하였다.

(가) 대표이사 직무집행정지 가처분결정은 대표이사의 직무집행만을 정지시킬 뿐 대표이사의 자격까지 박탈하는 것은 아니다.

(나) 그렇다면 P회사의 대표이사는 여전히 갑이다.

(다) P회사 대표이사 갑이라는 작성명의는 사실과 부합하므로 ㉠약속어음의 발행행위를 가리켜 대표이사의 자격을 모용하여 유가증권을 작성한 것이라고 볼 수는 없다.

(라) 갑이 ㉠약속어음을 발행한 것은 P회사의 업무 중단을 막기 위하여 긴급한 인수인계행위의 일환으로 행하여졌으므로 합법적인 권한행사에 해당한다.

2. 사안에 대한 대법원의 판단

【대법원 판단】 2. 대표이사직무집행정지 가처분결정은 대표이사의 직무집행만을 정지시킬 뿐 대표

이사의 자격까지 박탈하는 것이 아님은 소론과 같으나 /

【대법원 판단】 위 가처분결정이 송달되어 일체의 직무집행이 정지됨으로써 직무집행의 권한이 없게 된 대표이사가 그 권한 밖의 일인 대표이사 명의의 유가증권을 작성 행사하는 행위는 /

【대법원 판단】 가령 회사업무의 중단을 막기 위하여 긴급한 인수인계행위라 하더라도 합법적인 권한행사라 할 수 없고 이는 자격모용유가증권작성 및 동 행사죄에 해당한다고 할 것이므로 /

【대법원 결론】 같은 취지의 원심판단은 정당하고 소론과 같은 법리오해의 위법이 없다. (상고 기각)

90도577

자격모용유가증권작성죄와 자격모용 – 인정례
전임 대표이사 명판 사건

1991. 2. 26. 90도577, 공 1991, 1119

1. 사실관계 및 사건의 경과

【사실관계】

① 1985. 11. 26.경부터 갑은 P주식회사의 대표이사로 재직해 왔다.

② 1987. 4. 29.경 P회사의 대표이사가 갑으로부터 A로 변경되었다.

③ 갑은 이전부터 사용하여 오던 갑 명의로 된 P회사 대표이사의 명판을 이용하여, 여전히 갑을 P회사의 대표이사로 표시하여 ㉠약속어음을 발행한 다음 이를 B에게 교부하였다. (☞문서례 17번 참조)

【사건의 경과】

① 검사는 갑을 업무상 횡령죄, 자격모용유가증권작성죄, 자격모용작성유가증권행사죄로 기소하였다.

② 갑의 피고사건은 제1심을 거친 후, 항소심에 계속되었다.

③ 항소심법원은 유죄를 인정하였다.

④ 갑은 불복 상고하였다.

⑤ 갑은 자격모용유가증권작성죄, 자격모용작성유가증권행사죄 부분에 대한 상고이유로 다음의 점을 들었다.

(가) 갑은 ㉠약속어음을 작성, 행사함에 있어 후임 대표이사 A의 승낙을 얻었다.

(나) 갑은 P회사의 실질적인 대표이사로서의 권한을 행사하고 있는데, 갑이 은행과의 당좌계약을 변경하는 데에 시일이 걸려 잠정적으로 A가 전임 대표이사인 갑의 명판을 사용한 것이다.

2. 사안에 대한 대법원의 판단

【대법원 분석】 원심이 확정한 바에 의하면, /

【대법원 분석】 피고인은 1985. 11. 26.경부터 판시 공소외 P주식회사(이하 공소외 P회사라고 한다)의 대표이사로 재직하다가 1987. 4. 29.경 공소외 P회사의 대표이사가 공소외 A로 변경되었음에도 불구하고 /

【대법원 분석】 이전부터 사용하여 오던 피고인 명의로 된 위 회사 대표이사의 명판을 이용하여 여전히 피고인을 위 회사의 대표이사로 표시하여 판시 약속어음을 발행 행사하였다는 것인 바, /
【대법원 판단】 그렇다면 공소외 P회사의 대표이사가 타인으로 변경됨으로써 대표이사로서의 직무집행의 권한이 없게 된 피고인이 /
【대법원 판단】 그 권한 밖의 일인 공소외 P회사 대표이사 명의의 약속어음을 작성, 행사하는 행위는 /
【대법원 판단】 설사 소론과 같이 약속어음을 작성, 행사함에 있어 후임 대표이사의 승낙을 얻었다거나 /
【대법원 판단】 공소외 P회사의 실질적인 대표이사로서의 권한을 행사하는 피고인이 은행과의 당좌계약을 변경하는 데에 시일이 걸려 잠정적으로 전임 대표이사인 그의 명판을 사용한 것이라 하더라도 /
【대법원 판단】 이는 합법적인 대표이사로서의 권한행사라 할 수 없어 자격모용 유가증권작성 및 동행사죄에 해당한다고 할 것이므로 /
【대법원 결론】 같은 취지의 원심판단은 정당하고 소론과 같은 법리오해의 위법이 없으므로 논지는 이유 없다. (상고 기각)

2001다58443

권한남용 표현대리 - 부정례
30억원 어음 무단 보증 사건

2002. 12. 10. 2001다58443, 공 2003, 331

1. 사실관계 및 사건의 경과

【사실관계 1】

① 1996. 10. 25. P건설회사는 Q은행에게 액면 30억 원짜리 ㉠약속어음을 발행하여 그 어음 매입을 의뢰하였다.

② ㉠약속어음의 기재사항은 다음과 같다. (☞문서례 17번 참조)

(가) 어음번호 : 자가 01607○○○
(나) 수취인 : (백지)
(다) 발행지 : 서울
(라) 지급지 : 서울
(마) 지급장소 : 주식회사 R은행 도산로지점
(바) 지급기일 : 1997. 4. 24.
(사) 액면 : 30억 원

③ ㉠약속어음의 전면에는 다음과 같은 내용의 보증명판(고무인) 및 사용인감이 날인되어 있었다.

(가) 보증번호 152
(나) 보증상대처 Q은행 종로5가

(다) 상기금액의 지급을 보증상대처에 한하여 지급기일까지 보증함
(라) 1996. 10. 25.
(마) S종합금융 주식회사 대표이사 A(인)

④ Q은행은 ㉠약속어음의 발행 당일 ㉠약속어음을 매입하면서 P건설에게 ㉠약속어음의 매입대전으로 소정의 매입이자를 공제한 나머지 2,788,750,685원을 지급하였다.

【사실관계 2】

① 그런데 사실 P건설은 S종금에서 보증이 가능한 적격업체로 선정된 바가 없었다.

② ㉠약속어음에 대한 S종금의 어음보증은 Q은행 종로5가 지점의 여신담당 차장으로서 ㉠약속어음 매입업무를 전담한 B가 S종금의 직원 C와 공모하여 저지른 것이다.

③ ㉠약속어음에 기재된 S종금의 어음보증 문구는 S종금의 기업금융2부의 어음보증 담당 대리인 C가 어음보증 문구가 새겨진 S종금의 명판(고무인)과 S종금의 사용인감을 임의로 날인함으로써 기재된 것이었다.

④ 1997. 4. 24. (지급기일) Q은행은 ㉠약속어음의 최종소지인으로서 수취인란을 Q은행 종로5가 지점으로 보충하여 지급기일에 지급장소인 R은행 도산로 지점에서 ㉠약속어음을 지급제시하였다.

⑤ R은행은 ㉠약속어음이 변조된 어음이라는 이유로 지급을 거절하였다.

【사실관계 3】

① 1998. 10. 9. S종금은 파산선고 결정을 받았다.

② S종금에 대한 파산결정에서 D가 파산관재인으로 선임되었다.

③ 1998. 11. 27. Q은행은 파산관재인 D에게 ㉠약속어음 보증원금 30억 원 및 이에 대한 이자 975,041,094원을 합한 3,975,041,094원을 S종금에 대한 파산채권으로 신고하였다.

④ 파산관재인 D는 채권조사기일에 Q은행이 신고한 채권 전부에 대하여 이의를 제기하였다.

⑤ 1999. 1. 5. Q은행은 T은행에게 흡수합병되어 T은행이 Q은행의 채권채무관계를 포괄 승계하였다.

⑥ 2001. 1. 16. T은행은 파산관재인 D에게 S종금의 최후배당 제척기간이 만료하지 아니한 시점에 이미 신고된 3,975,041,094원 상당의 파산채권내용에 관하여 예비적으로 불법행위로 인한 손해배상청구권을 추완신고하였다.

【사건의 경과 1】

① T은행은 S종금의 파산관재인 D를 상대로 다음과 같이 소를 제기하였다.
(가) 주위적 청구 : S종금의 어음보증책임에 기한 약속어음금 청구
(나) 예비적 청구 : S종금의 종업원 C의 불법행위로 인한 S종금의 사용자책임에 기한 손해배상청구

② (이하에서 사용자책임 손해배상청구 부분은 고찰에서 제외함)

③ T은행의 청구사건은 제1심을 거친 후, 항소심에 계속되었다.

【사건의 경과 2】

① T은행은 S종금의 직원 C가 ㉠약속어음의 보증행위에 관하여 S종금을 위한 대리권을 가지고 있었다고 주장하였다.

② 항소심법원은 다음의 이유를 들어서 T은행의 주장을 배척하였다.

(가) C는 어음보증담당 대리로서 업무시간 중 S종금 명의의 어음보증문구가 새겨진 명판 및 S종금의 사용인감을 보관하면서 보증대상 어음의 전면에 이를 날인하는 업무를 담당하고 있었다.

(나) 그러나 그러한 사정만으로는 C가 ㉠약속어음의 보증행위에 관한 대리권을 가지고 있었음을 인정하기에 부족하고 달리 이를 인정할 만한 증거가 없다.

(다) P건설이 S종금에서 여신거래 적격업체로 선정된 바 없어 P건설이 발행한 ㉠약속어음에 대한 지급보증은 허용될 수 없다.

(라) C는 권한 없이 임의로 S종금 명의의 보증문구가 새겨진 명판과 사용인감을 사용하여 ㉠약속어음 전면에 S종금 명의의 어음보증 부분을 위조한 것이다.

③ 항소심법원은 S종금의 어음보증책임에 기한 약속어음금 청구 부분에 대해 T은행에게 패소판결을 내렸다.

④ [항소심법원은 S종금의 종업원 C의 불법행위로 인한 S종금의 사용자책임을 인정하였으나, Q은행의 직원 B에 대한 감독소홀의 책임도 있다고 판단하여 50%의 과실상계를 인정하였다.]

⑤ T은행은 불복 상고하였다.

【참조조문】

민법

제125조 (대리권수여의 표시에 의한 표현대리) 제삼자에 대하여 타인에게 대리권을 수여함을 표시한 자는 그 대리권의 범위내에서 행한 그 타인과 그 제삼자간의 법률행위에 대하여 책임이 있다. 그러나 제삼자가 대리권없음을 알았거나 알 수 있었을 때에는 그러하지 아니하다.

제126조 (권한을 넘은 표현대리) 대리인이 그 권한 외의 법률행위를 한 경우에 제삼자가 그 권한이 있다고 믿을 만한 정당한 이유가 있는 때에는 본인은 그 행위에 대하여 책임이 있다.

제129조 (대리권소멸후의 표현대리) 대리권의 소멸은 선의의 제삼자에게 대항하지 못한다. 그러나 제삼자가 과실로 인하여 그 사실을 알지 못한 때에는 그러하지 아니하다.

제756조 (사용자의 배상책임) ① 타인을 사용하여 어느 사무에 종사하게 한 자는 피용자가 그 사무집행에 관하여 제삼자에게 가한 손해를 배상할 책임이 있다. 그러나 사용자가 피용자의 선임 및 그 사무감독에 상당한 주의를 한 때 또는 상당한 주의를 하여도 손해가 있을 경우에는 그러하지 아니하다.

상법

제395조 (표현대표이사의 행위와 회사의 책임) 사장, 부사장, 전무, 상무 기타 회사를 대표할 권한이 있는 것으로 인정될 만한 명칭을 사용한 이사의 행위에 대하여는 그 이사가 회사를 대표할 권한이 없는 경우에도 회사는 선의의 제삼자에 대하여 그 책임을 진다.

2. 사안에 대한 대법원의 판단

【대법원 요지】 다. 한편, 표현대리에 관한 민법 제126조의 규정에서 제3자라 함은 당해 표현대리행위의 직접 상대방이 된 자만을 지칭하는 것이고, /

【대법원 요지】 약속어음의 보증은 발행인을 위하여 그 어음금채무를 담보할 목적으로 하는 보증인의 단독행위이므로 그 행위의 구체적, 실질적인 상대방은 어음의 제3취득자가 아니라 발행인이라 할

것이어서 /

【대법원 요지】 약속어음의 보증 부분이 위조된 경우, 동 약속어음을 배서, 양도받는 제3취득자는 위 보증행위가 민법 제126조 소정의 표현대리행위로서 보증인에게 그 효력이 미친다고 주장할 수 있는 제3자에 해당하지 않는다고 할 것인바, /

【대법원 판단】 원심이 앞서 적법하게 인정한 바와 같이 이 사건 어음보증행위의 상대방은 발행인인 P건설이라고 할 것이므로, /

【대법원 판단】 이 사건 약속어음의 제3취득자인 원고로서는 C의 위 보증행위가 권한을 넘은 표현대리행위로서 S종금에 대하여 그 효력이 미친다고 직접 주장할 수 있는 지위에 있지 아니함은 명백할뿐더러, /

【대법원 판단】 어음보증의 상대방인 P건설의 입장에서 보더라도 P건설이 S종금에서 적격업체로 선정된 바 없어 이 사건 약속어음에 대한 S종금의 보증행위가 위조된 것임을 알았거나 당연히 알 수 있었다고 보아야 할 것이므로, /

【대법원 판단】 P건설로서는 C가 S종금으로부터 이 사건 약속어음 보증행위에 관하여 적법한 대리권을 수여 받았을 것이라고 믿을만한 정당한 이유가 있었다고 볼 수는 없고 /

【대법원 판단】 그에 따라 P건설 역시 S종금에 대하여 민법 제126조 소정의 표현대리에 근거하여 그 어음보증에 관한 효력이 미친다고 주장할 수도 없을 것이므로, /

【대법원 판단】 원고로서는 P건설의 표현대리에 관한 주장을 원용할 수도 없는 노릇이라고 할 것이니, /

【대법원 결론】 S종금에 대하여 표현대리책임을 묻는 원고의 주장은 어느 모로 보나 받아들일 수는 없다고 할 것이다. (상고 기각)

【코멘트】 본 판례와 다음에 소개하는 2002다65073 판례는 모두 민사판결이다. 유가증권에 관한 죄의 사안은 그 이면에 민사분쟁이 함께 진행되는 경우가 많다. 이 점을 감안하여 이곳에 표현대리의 법리에 관한 유가증권위조의 사안을 소개해 두었다. 문서에 관한 죄의 항목에서도 동일한 문제의식 아래 표현대리와 관련한 민사판례들을 함께 소개하였다(후술 902면 이하 참조).

2002다65073

어음 발행의 표현대리 – 인정례
2인자 전무이사 어음 발행 사건

2003. 9. 26. 2002다65073, 공 2003, 2080

1. 사실관계 및 사건의 경과

【사실관계 1】

① P회사의 대표이사는 A이다.

② 갑은 P회사의 사실상 2인자 내지 3인자로서 전무이다.

③ 1998. 5. 1.부터 1998. 12. 9.까지 갑은 기획조정실장으로 근무하였다.

④ 1998. 12. 10.부터 1999. 11. 30.까지 갑은 사업총괄부문장으로 근무하였다.

⑤ 1999. 12. 1.부터 2000. 1. 30.까지 갑은 인터넷사업부문장으로 근무하였다.

【사실관계 2】

① 1998. 11.경 갑은 B와 함께 P회사의 예금을 담보로 대출을 받아 공사가 중단된 ㉠회사의 M골프장 부지를 낙찰받아 전매하여 이익금을 나누기로 하였다.

② 1999. 1.경 B는 ㉡회사를 설립하였다.

③ 1999. 1. 27. B는 ㉡회사 명의로 N골프장 부지를 198억 원 가량에 낙찰받았다.

【사실관계 3】

① B는 갑에게 Q은행의 R지점에 30억 원을 예금할 것을 요청하였다.

② 당시 사업총괄부문장이었던 갑은 P회사의 재경본부장 C에게 부탁하고, C는 자금부장 D에게 예금하도록 하였다.

③ 1999. 2. 26. P회사의 자금 30억 원이 Q은행 R지점에 H정기예금으로 입금되었다.

④ B는 Q은행 R지점 지점장 E에게 H정기예금을 담보로 B가 운영하는 ㉢주식회사에 기업운전자금 27억 원을 대출해 줄 것을 요청하였다.

【사실관계 4】

① 1999. 2. 26. Q은행 R지점의 과장 F는 지점장 E의 지시에 따라 B와 함께 P회사 본사 건물 내 갑의 사무실을 방문하였다.

② 갑은 H정기예금에 관하여 ㉢회사의 대출금을 피담보채무로 하는 담보한도액 30억 원의 근질권설정계약서에 대표이사 A로 된 법인명판과 법인인감을 날인하고 P회사의 인감증명서 등 담보제공서류를 교부하였다.

③ 이에 따라 Q은행 R지점으로부터 ㉢회사에 상환기일을 1999. 5. 27.로 하는 27억 원의 대출이 이루어졌다.

④ 그 후 Q은행과 갑, B 등은 위와 같은 방법으로 여러 차례에 걸친 예금, 대출, 상환 및 변제기한 연장 등의 거래를 하였다.

⑤ 1999. 12. 29. 현재 이러한 거래금액이 총 대출액 286억 원, 총 예금액 303억 원에 이르렀다.

【사실관계 5】

① 갑과 B는 P회사의 2000년 연말정산을 앞두고 위 대출금을 상환하지 않으면 불법대출사실이 발각될 위험에 처하게 되었다.

② 갑과 B는 P회사 명의의 약속어음을 발행한 후 이를 Q은행으로부터 할인받아 위 대출금의 일부 변제에 사용하기로 하였다.

③ 갑은 P회사의 재경본부장 C에게 연말자금융통에 필요하다고 말하여 P회사의 어음발행용 명판 및 당좌인감을 교부받았다.

④ 1999. 12. 29. 갑과 B는 ㉢회사 사무실에서 S은행에 당좌계정이 있던 ㉣회사의 어음용지를 사용하여 각 발행인이 P회사로 된 약속어음 3장을 발행하였다. (☞문서례 17번 참조)

(가) ㉮어음 : 액면 30억 원, 수취인 ⓐ회사

(나) ㉯어음 : 액면 27억 원, 수취인 ⓑ회사

(다) ㉰어음 : 액면 29억 원, 수취인 ⓒ회사

【사실관계 6】

① 1999. 12. 29. 오전 ⓑ회사는 ㉡회사의 직원 G를 통하여 ㉯어음의 할인을 의뢰하였다.

② Q은행 R지점 측은 Q은행 본점 영업 1부에 신고되어 있던 P회사의 명판 및 당좌인감과 ㉯어음에 날인된 P회사의 명판과 당좌인감이 동일함을 확인한 후, 연 6.75%의 비율에 의한 할인이자를 공제한 26억 57,539,727원을 ⓑ회사의 계좌에 입금하였다.

③ 1999. 12. 29. 오후 ⓐ회사는 ㉮어음의 할인을 의뢰하였다.

④ Q은행의 R지점 측은 동일한 확인절차를 거친 뒤 할인이자를 공제한 29억 47,068,494원을 ⓐ회사의 계좌에 입금하였다.

⑤ 1999. 12. 30. 오전 ㉡회사는 ⓒ회사로부터 다시 배서양도받은 ㉰어음의 할인을 의뢰하였다.

⑥ Q은행의 R지점 측은 동일한 확인절차를 거친 뒤 할인이자를 공제한 28억 50,501,370원을 ㉡회사의 계좌에 입금하였다.

⑦ 2000. 2. 11. Q은행은 ㉮, ㉯, ㉰약속어음를 지급장소에서 지급제시하였으나 무거래를 이유로 모두 지급거절되었다.

【사건의 경과 1】

① Q은행은 P회사를 상대로 어음금 청구소송을 제기하였다.

② Q은행은 청구원인에 대해 다음과 같이 주장하였다.

(가) 제1 청구원인 (주위적 청구) : 갑은 P회사를 대표하여 ㉮, ㉯, ㉰약속어음을 발행할 권한이 있었으므로 P회사는 어음발행인으로서의 책임이 있다.

(나) 제2 청구원인 (주위적 청구) : 갑에게 P회사를 대표하여 약속어음을 발행할 권한이 없다고 하여도 P회사는 표현대표이사 또는 표현대리의 법리에 따른 책임이 있다.

(다) 제3 청구원인 (예비적 청구) : P회사는 갑의 사용자로서 갑의 불법행위로 인하여 Q은행이 입게 된 손해를 배상할 책임이 있다.

【사건의 경과 2】

① P회사에 대한 어음금 청구사건은 제1심을 거친 후, 항소심에 계속되었다.

② 항소심법원은 제1청구와 제2청구를 기각하였다.

③ 항소심법원은 제3청구(예비적 청구)에 대해 Q은행의 과실비율을 40%로 판단하여 Q은행의 청구를 일부 인용하였다.

④ [결국 총액 86억 원에서 약 36억 원이 감액된 50억 원에 대해서만 Q은행의 청구가 인용되었다.]

⑤ (항소심의 판단 이유는 아래 2. 항목에서 내용을 정리하여 소개함)

⑥ Q은행은 불복 상고하였다.

2. 사안에 대한 항소심의 판단

(1) 주위적 청구원인의 요지

【대법원 분석】 원심은, /

【대법원 분석】 소외 갑이 피고 회사를 대표하여 이 사건 약속어음을 발행할 권한이 있었으므로 피고 회사는 어음발행인으로서의 책임이 있고, /

【대법원 분석】 그렇지 않다 하더라도 피고 회사는 표현대표이사 또는 표현대리의 법리에 따른 책임이 있다고 주장하면서 이 사건 약속어음금의 지급을 구하는 원고의 주위적 청구에 대하여, /

(2) 제1 청구원인에 대한 판단

【항소심 판단】 이 사건 약속어음은 피고 회사 명의로 어음을 발행할 권한이 없는 소외 갑과 소외 B가 위조한 것이어서 피고 회사에게 어음발행인으로서의 책임을 물을 수 없고, /

(3) 제2 청구원인에 대한 판단

【항소심 판단】 원고 은행이 소외 갑에게 피고 회사를 대표하여 어음을 발행할 권한이 있다고 믿은 데 대하여 중대한 과실이 있어 표현대표이사의 책임도 물을 수 없으며/

【항소심 판단】 (원심은 원고 은행에 중대한 과실이 있다고 인정하는 근거를 명시적으로 판시하고 있지 않으나, 원심판결 이유의 문맥 및 전후 내용에 비추어 볼 때, 원심이 사용자책임에 관한 예비적 청구를 판단하면서 원고 은행의 과실로 들고 있는 사정들을 그 근거로 삼고 있는 것으로 보인다), /

【항소심 판단】 권한을 넘은 표현대리에 관한 민법 제126조의 규정에서 제3자라 함은 당해 표현대리행위의 직접 상대방이 된 자만을 지칭하는 것이고, /

【항소심 판단】 이는 위 규정을 어음행위에 적용 또는 유추적용할 경우에 있어서도 마찬가지로 보아야 할 것인데, /

【항소심 판단】 무권대리인인 소외 갑의 어음행위의 직접 거래 상대방은 원고 은행이 아닌 [ⓐ회사, ⓑ회사, ⓒ회사]라 할 것이고, /

【항소심 판단】 원고 은행은 그들로부터 다시 어음을 배서양도받아 취득한 제3취득자에 해당하므로 표현대리의 책임 역시 물을 수 없다고 판단하여, /

【항소심 판단】 원고의 주위적 청구를 기각하였다.

(4) 제3 청구원인에 대한 판단

【항소심 판단】 원심은 나아가, 그 판시와 같은 이유로 피고 회사는 소외 갑의 사용자로서 소외 갑의 불법행위로 인하여 원고 은행이 입게 된 손해를 배상할 책임이 있다고 판단하면서, /

【항소심 판단】 원고 은행에도 /

【항소심 판단】 (1) 액면이 거액인 이 사건 약속어음 3장을 연속해서 할인하여 주면서 이미 286억 원을 대출받은 소외 갑으로부터 오로지 대출금을 회수하기 위한 목적으로 소외 갑만을 믿은 채 피고 회사의 어음거래 담당부서에 어음의 진정 여부를 확인하지 아니한 채, 소외 ㉣주식회사의 어음용지를 사용하여 위조한 약속어음 3장을 만연히 할인하여 주었고, /

【항소심 판단】 (2) 약속어음의 수취인으로 되어 있는 [ⓐ회사, ⓑ회사, ⓒ회사]가 어떠한 회사인지, 피고 회사와 거래가 있는 회사인지의 여부를 전혀 확인하지 아니한 채 할인하여 주었으며, /

【항소심 판단】 (3) 피고 회사와는 사업목적이나 사업규모 등에 비추어 업무관련성이 없다고 보이는 업체인 소외 ㉢주식회사에 대하여 이 사건 약속어음 할인 전에 이루어진 대규모 대출시에 피고 회사가

자신의 예금을 담보로 제공한다는 것은 이례적이고, /
【항소심 판단】 소외 갑과 소외 B가 피고 회사의 이사회승인을 피하기 위하여 원고 은행으로부터 104억 원을 95억 원과 9억 원으로 나누어 대출받았던 적이 있는 점 등에 비추어 /
【항소심 판단】 소외 갑의 대리권한을 의심할 만한 사정이 두드러졌음에도 불구하고 원고 은행이 아무런 조사를 하지 않은 채 거래를 하다가 위 대출금이 해결되지 아니한 상태에서 다시 86억 원에 달하는 이 사건 약속어음 3장을 만연히 할인하여 준 과실이 있다고 인정한 다음, /
【항소심 판단】 원고 은행의 과실비율을 40%로 판단하여 원고의 예비적 청구를 일부 인용하였다.

3. 사안에 대한 대법원의 판단

(1) 제1 청구원인에 대한 판단

【대법원 판단】 먼저, 기록에 비추어 살펴보면, 원심이 이 사건 약속어음 3장은 갑이 권한 없이 위조한 것이라고 인정한 것은 옳고, 거기에 채증법칙을 어겨 사실을 잘못 인정한 위법이 없다.

(2) 표현대표이사의 책임범위

【대법원 판단】 나. 그러나 표현대표이사 책임에 관한 원심의 판단은 다음과 같은 이유에서 수긍할 수 없다.
【대법원 요지】 상법 제395조는 표현대표이사가 자기의 명칭을 사용하여 법률행위를 한 경우는 물론이고, 자기의 명칭을 사용하지 아니하고 다른 대표이사의 명칭을 사용하여 행위를 한 경우에도 유추적용되며, /
【대법원 요지】 회사를 대표할 권한이 없는 표현대표이사가 다른 대표이사의 명칭을 사용하여 어음행위를 한 경우, /
【대법원 요지】 회사가 책임을 지는 선의의 제3자의 범위에는 표현대표이사로부터 직접 어음을 취득한 상대방뿐만 아니라, 그로부터 어음을 다시 배서양도받은 제3취득자도 포함된다고 봄이 상당하다.
【대법원 요지】 그리고 상법 제395조가 규정하는 표현대표이사의 행위로 인한 주식회사의 책임이 성립하기 위하여 제3자의 선의 이외에 무과실까지도 필요로 하는 것은 아니지만, /
【대법원 요지】 그 규정의 취지는 회사의 대표이사가 아닌 이사가 외관상 회사의 대표권이 있는 것으로 인정될 만한 명칭을 사용하여 거래행위를 하고, /
【대법원 요지】 이러한 외관이 생겨난 데에 관하여 회사에 귀책사유가 있는 경우에 그 외관을 믿은 선의의 제3자를 보호함으로써 상거래의 신뢰와 안전을 도모하려는 데에 있다 할 것인바, /
【대법원 요지】 그와 같은 제3자의 신뢰는 보호할 만한 가치가 있는 정당한 것이어야 할 것이므로, /
【대법원 요지】 설령 제3자가 회사의 대표이사가 아닌 이사에게 그 거래행위를 함에 있어 회사를 대표할 권한이 있다고 믿었다 할지라도 그와 같이 믿음에 있어서 중대한 과실이 있는 경우에는 회사는 그 제3자에 대하여는 책임을 지지 아니하고, /
【대법원 요지】 여기서 제3자의 중대한 과실이라 함은 제3자가 조금만 주의를 기울였더라면 표현대표이사의 행위가 대표권에 기한 것이 아니라는 사정을 알 수 있었음에도 만연히 이를 대표권에 기한 행위라고 믿음으로써 거래통념상 요구되는 주의의무에 현저히 위반하는 것으로서, /

【대법원 요지】 공평의 관점에서 제3자를 구태여 보호할 필요가 없다고 봄이 상당하다고 인정되는 상태를 말한다.

(3) 제2 청구원인에 대한 판단

【대법원 분석】 원심이 확정한 사실관계에 의하면, /

【대법원 분석】 피고 회사의 전무이사인 갑은 피고 회사의 대표이사를 대행하여 위 각 근질권설정계약서에 피고 회사 대표이사 명의의 법인명판과 법인인감을 날인한 후 피고 회사의 인감증명서 등 담보제공서류를 교부하여 근질권설정계약을 체결하는 한편, /

【대법원 분석】 원고 은행 본점 영업부에 신고되어 있는 어음발행용 명판과 당좌인감을 사용하여 피고 회사의 대표이사를 대행하여 이 사건 약속어음 3장을 발행하였다는 것이고, /

【대법원 분석】 갑이 피고 회사의 대표이사가 아니라는 사실은 원고 은행의 지점장도 이미 알고 있었다고 보아야 할 것이므로, /

【대법원 판단】 제3자인 원고 은행의 선의나 중과실은 갑의 대표권 존부에 대한 것이 아니라 대표이사를 대행하여 약속어음을 발행할 권한이 있느냐에 대한 것이라고 보아야 할 것인바, /

【대법원 판단】 이 점에서 우선 원심이 갑에게 피고 회사를 대표하여 이 사건 약속어음을 발행할 권한이 있다고 믿은 데 대하여 중대한 과실이 있다고만 판단한 것은 잘못이라 할 것이고, /

【대법원 분석】 나아가 원심이 확정한 사실 및 기록에 나타나는 피고 회사의 규모 및 조직체계, /

【대법원 분석】 피고 회사의 제2인자 내지 제3인자로서 피고 회사의 법인인감과 명판을 수시로 사용하면서 대표이사의 서명까지 대행하였던 갑의 지위, /

【대법원 분석】 피고 회사의 재경본부장과 자금팀 부장 및 대리 등이 함께 참석하여 계약서 작성에 관여하는 등 공개적으로 이루어진 근질권설정계약 체결의 상황, /

【대법원 분석】 피고 회사가 원고 은행에 ㉢주식회사를 위하여 담보로 제공한 예금의 총액수 및 담보제공의 횟수, /

【대법원 분석】 이 사건 약속어음상의 피고 회사의 명판 및 인감에 대한 원고 은행이 확인한 내용 및 그 결과, /

【대법원 분석】 이 사건 약속어음의 할인 당시 할인의뢰인들이 원고 은행에 제출한 서류의 내용 등을 종합하여 볼 때, /

【대법원 판단】 원심이 판시한 사정만으로는 원고 은행이 갑에게 이 사건 약속어음의 발행에 관하여 피고 회사 대표이사의 대표권을 대행할 권한이 있다고 믿은 데에 중대한 과실이 있다고 보기는 어렵다.

【대법원 결론】 그럼에도 불구하고, 원심이 원고 은행에 중대한 과실이 있다고 보아 피고 회사는 표현대표이사 책임이 없다고 판단하였으니, 원심판결에는 표현대표이사 책임에 있어 제3자의 중대한 과실에 대한 판단 기준 및 그 적용에 관한 법리를 오해한 위법이 있다 할 것이고, 이러한 원심의 위법은 판결에 영향을 미쳤음이 분명하다.

(4) 제3 청구원인에 대한 판단

【대법원 판단】 그러므로 주위적 청구에 관한 원고의 상고를 받아들이는 이상, 주위적 청구에 관한

원고의 나머지 상고이유와 예비적 청구에 관한 원고 및 피고의 상고이유에 대해서는 더 나아가 살펴볼 필요가 없으므로 그 판단을 생략한 채 /

【대법원 결론】 원심판결을 파기하고, 사건을 다시 심리 · 판단하게 하기 위하여 원심법원에 환송하기로 하여 관여 법관의 일치된 의견으로 주문과 같이 판결한다. (파기 환송)

제20장 문서에 관한 죄

제1 공문서에 관한 죄

2007도7480

공문서위조죄와 문서 - 부정례
미애 주민등록증 스캔 사건
2007. 11. 29. 2007도7480, [미간행]

1. 사실관계 및 사건의 경과

【사실관계 1】

⑥ 갑은 A와 사귀고 있다.
⑦ 갑은 A에게 자신의 나이와 성명을 속이려고 마음먹었다.
⑧ 갑은 P구청장이 발행한 ㉠주민등록증을 가지고 있다.
⑨ 2005. 10. 20.경 갑은 자신의 집에서 컴퓨터로 '미애', '70****'라는 글자를 입력한 다음 이를 출력하였다.
⑩ 갑은 ㉠주민등록증 '길자'라는 글자 위에 출력한 '미애'라는 글자를, 주민등록번호란 '64****'라는 글자 위에 출력한 '70****'이라는 글자를 각각 오려붙였다.
⑪ 갑은 이렇게 변형한 ㉡주민등록증을 컴퓨터 스캔 장치를 이용하여 스캔하여 ㉢이미지 파일을 생성하였다.

【사실관계 2】

① 갑은 ㉢이미지 파일을 A에게 보내는 ㉣이메일에 첨부하여 전송하였다.
② A는 자신의 컴퓨터에서 갑이 보낸 이메일과 ㉢이미지 파일을 열어보았다.
③ A의 컴퓨터 모니터 화면에 ㉡주민등록증의 이미지가 표시되었다.

【사건의 경과】

① 검사는 갑을 공문서위조죄 및 위조공문서행사죄로 기소하였다.
② (공소사실의 요지는 판례 본문 참조)
③ 갑의 피고사건은 제1심을 거친 후, 항소심에 계속되었다.
④ 항소심법원은 컴퓨터 모니터 화면에 나타나는 이미지는 형법상 문서에 관한 죄에 있어서의 문서에 해당되지 않는다고 판단하였다.
⑤ 항소심법원은 무죄를 선고하였다.

⑥ 검사는 불복 상고하였다.

2. 문서의 개념요소

【대법원 요지】 형법상 문서에 관한 죄에 있어서 문서라 함은, /

【대법원 요지】 문자 또는 이에 대신할 수 있는 가독적 부호로 계속적으로 물체상에 기재된 의사 또는 관념의 표시인 원본 또는 /

【대법원 요지】 이와 사회적 기능, 신용성 등을 같게 볼 수 있는 기계적 방법에 의한 복사본으로서 /

【대법원 요지】 그 내용이 법률상, 사회생활상 주요 사항에 관한 증거로 될 수 있는 것을 말한다.

3. 공소사실의 요지

【대법원 분석】 이 사건 공소사실의 요지는, /

【대법원 분석】 "피고인은, ① 2005. 10. 20.경 자신의 집에서, 사귀고 있던 공소외인에게 피고인의 나이와 성명을 속이는 용도로 행사할 목적으로 권한 없이, /

【대법원 분석】 컴퓨터로 '미애', '70****'을 작성하여 출력한 다음, 피고인의 주민등록증 성명란 '길자'라는 글자 위에 위와 같이 출력한 '미애'라는 글자를, 주민등록번호란 '64****'라는 글자 위에 위와 같이 출력한 '70****'이라는 글자를 각 오려붙인 다음, /

【대법원 분석】 이를 컴퓨터 스캔 장치를 이용하여 스캔함으로써 이미지 파일을 생성하는 방법으로 복사하여 컴퓨터 모니터로 출력함으로써 화면에 이미지가 나타나도록 하는 방법으로 /

【대법원 분석】 공문서인 P구청장 발행의 주민등록증 1장을 위조하고, /

【대법원 분석】 ② 같은 일시, 장소에서, 위와 같이 위조한 주민등록증 이미지가 저장되어 있는 파일을 공소외인에게 보내는 이메일에 마치 진정하게 성립한 것처럼 첨부, 전송하여 /

【대법원 분석】 그 무렵 그 정을 모르는 공소외인으로 하여금 첨부파일을 열람하도록 함으로써 공소외인이 사용하는 컴퓨터 모니터에 위와 같이 위조한 주민등록증의 이미지가 나타나도록 함으로써 /

【대법원 분석】 이를 행사하였다"는 것이다.

4. 사안에 대한 대법원의 판단

【대법원 판단】 그러나 앞서 본 법리에 비추어 볼 때, /

【대법원 판단】 컴퓨터 모니터 화면에 나타나는 이미지는 이미지 파일을 보기 위한 프로그램을 실행할 경우에 /

【대법원 판단】 그때마다 전자적 반응을 일으켜 화면에 나타나는 것에 지나지 않아서 계속적으로 화면에 고정된 것으로는 볼 수 없으므로, /

【대법원 판단】 형법상 문서에 관한 죄에 있어서의 '문서'에는 해당되지 않는다고 할 것이다.

【대법원 결론】 원심이 같은 취지에서 컴퓨터 모니터 화면에 나타나는 이미지가 형법상 문서에 관한 죄에 있어서의 문서에 해당되지 않는다고 하여 이 사건 공소사실에 대해 무죄를 선고한 것은 정당하고, 거기에 상고이유에서 주장하는 것과 같은 법리오해의 위법이 없다. (상고 기각)

2011도10468

사문서변조죄와 문서 – 긍정례
잔액증명서 스캔 사건

2011. 11. 10. 2011도10468, [미간행]

☞ 874면

2008도5200

위조사문서행사죄와 행사 – 인정례
가입신청서 스캔 사건

2008. 10. 23. 2008도5200, 공 2008하, 1648

☞ 914면

2007도6987

공문서위조죄와 공문서 – 부정례
경찰서 후생계 사건

2008. 1. 17. 2007도6987, [공보불게재]

1. 사실관계 및 사건의 경과

【사실관계】

① 갑은 P경찰서 후생계에서 식당의 주 · 부식의 구매 및 검수와 관련한 직무를 수행하는 하위직 경찰관이다.

② 2005. 2. 18.자로 갑은 쌀 40포에 대한 ㉠주 · 부식구입요구서를 거짓으로 작성하였다.

③ 갑은 ㉠주 · 부식구입요구서의 과장결재란에 자신의 서명을 하였다. (☞문서례 14번 참조)

④ 2005. 2. 19.자로 갑은 납품된 물품에 대한 ㉡검수결과보고서를 작성하였다.

⑤ 갑은 ㉡검수결과보고서의 명의인을 다음과 같이 기재하였다.

(가) 검수자 : 갑

(나) 담당자 : 경사 A

(다) 종사자 : 조리장 B, 영양사 C

⑥ B와 C는 계약직으로 각각 후생계 조리장 및 영양사로 일하고 있는 사람들이다.

⑦ 갑은 ㉠주 · 부식구입요구서와 ㉡검수결과보고서를 사무실에 비치해 놓았다.

【사건의 경과】

① 검사는 갑을 공문서위조죄 등으로 기소하였다.

② 갑의 피고사건은 제1심을 거친 후, 항소심에 계속되었다.

③ 항소심법원은 ㉠주 · 부식구입요구서와 ㉡검수결과보고서 부분 모두에 대해 공문서위조죄 등을 인정하였다.

④ 갑은 불복 상고하였다.

2. ㉠주 · 부식구입요구서 부분에 대한 판단

【대법원 요지】 공문서위조죄는 공문서의 작성권한 없는 자가 공무소, 공무원의 명의를 이용하여 문서를 작성하는 것을 말하고, /

【대법원 요지】 공문서의 작성권한 없는 자가 공무원의 자격을 모용하여 공문서를 작성하는 경우에는 자격모용공문서작성죄가 성립한다.

【대법원 판단】 원심이 인정한 사실에 의하면 /

【대법원 판단】 피고인은 공문서인 위 각 주 · 부식구입요구서의 과장결재란에 피고인 자신의 서명을 하였다는 것인바, /

【대법원 판단】 이러한 경우는 피고인이 과장의 자격을 모용하여 자신의 이름으로 공문서를 작성한 것이므로 자격모용공문서작성죄가 성립함은 별론으로 하고 공문서위조죄가 성립할 수는 없는 것이다.

【대법원 결론】 원심은 공문서위조죄에 관한 법리를 오해하여 판결에 영향을 미친 위법이 있다. 이 점을 지적하는 상고이유는 이유 있다.

3. ㉡검수결과보고서 부분에 대한 판단

【대법원 요지】 형법 제225조의 공문서변조나 위조죄의 객체인 공문서는 공무원 또는 공무소가 그 직무에 관하여 작성하는 문서이고, /

【대법원 요지】 그 행위주체가 공무원과 공무소가 아닌 경우에는 /

【대법원 요지】 형법 또는 기타 특별법에 의하여 공무원 등으로 의제되는 경우를 제외하고는 /

【대법원 요지】 계약 등에 의하여 공무와 관련되는 업무를 일부 대행하는 경우가 있다 하더라도 공무원 또는 공무소가 될 수는 없다.

【대법원 판단】 기록에 의해 살펴보면, /

【대법원 판단】 위 검수결과보고서 중 담당자 경사 공소외 A 명의 부분을 제외한 종사자 조리장 공소외 B, 영양사 공소외 C[…] 명의 부분의 경우에는 /

【대법원 판단】 공소외 B와 공소외 C가 후생계 조리장 및 영양사라는 사실만으로 그 신분이 공무원이거나 공무원으로 의제되는 자에 해당한다고 단정할 수 없으므로 /

【대법원 판단】 일반인으로 하여금 공무원 또는 공무소의 권한 내에서 작성된 문서라고 믿을 수 있는 형식과 외관을 구비한 문서라고 보기 어렵고, /

【대법원 판단】 그 밖에 위 검수결과보고서의 공소외 B와 공소외 C 명의 부분이 공문서임을 인정할 만한 증거를 기록상 찾아볼 수 없는바, /

【대법원 결론】 원심이 이 점에 관하여 좀 더 심리하여 보지 아니한 채 피고인이 위 종사자들의 서명을 임의로 기재함으로써 공문서위조죄를 범하였다고 단정하고 만 것은 필요한 심리를 다하지 아니하고 증거 없이 사실을 인정함으로써 판결에 영향을 미친 위법이 있다. 이 점을 지적하는 상고이유는 이유 있다. (파기 환송)

92도2688

자격모용공문서작성죄와 자격모용 – 인정례
전보 구청장 결재 사건

1993. 4. 27. 92도2688, 공 1993, 1621

1. 사실관계 및 사건의 경과

【사실관계】

① [1995년부터 지방자치단체의 장을 주민들이 직접 선출하게 됨으로써 지방자치제도가 본격적으로 시행되었다.]

② [본 판례의 사안은 구청장이 주민의 선거로 선출되기 전의 상황을 배경으로 하고 있다.]

③ 갑은 M직할시의 P구청장으로 재직하고 있었다.

④ M시 P구의 전결규정에 의하면 ㉠건물에 대한 건축허가는 구청장의 권한에 속한다.

⑤ 1991. 7. 16. 17:00 갑은 같은 날짜로 M시 P구청장에서 Q구청장으로 전보되었다는 내용의 인사발령을 전화로 통보받았다.

⑥ 갑은 Q구청장으로 전보된 직후 P구청 관내 ㉠건물의 건축허가에 관하여 건축계장 을이 작성해 온 기안용지의 결재란에 서명하였다. (☞문서례 14번 참조)

【사건의 경과】

① 검사는 갑을 자격모용에 의한 공문서작성죄로 기소하였다.

② 갑의 피고사건은 제1심을 거친 후, 항소심에 계속되었다.

③ 항소심법원은 유죄를 인정하였다.

④ 갑은 불복 상고하였다.

2. 사안에 대한 대법원의 판단

【대법원 판단】 공무원에 대한 전보명령은 상대방 있는 행정처분이므로 그 의사표시가 상대방에게 도달하여야 효력이 발생하는바, /

【대법원 판단】 기록에 의하면 피고인이 1991.7.16. 17:00경 같은 날짜로 M직할시 P구청장에서 Q구청장으로 전보되었다는 내용의 인사발령을 전화로 통보받았음을 알 수 있으므로 /

【대법원 판단】 그로써 피고인에 대한 전보명령은 효력을 발생하여 그 이후에는 Q구청장으로서의 권한만 있을 뿐 P구청장으로서의 권한은 없다 할 것이다.

【대법원 판단】 그리고 이 사건 당시 시행되던 같은 시 P구의 전결규정에 의하면 이 사건 건물에 대한 건축허가는 구청장의 권한에 속하므로 그 허가관계문서의 작성권자는 구청장인 피고인이라 할 것이고 /
【대법원 판단】 피고인의 직무를 보조하여 그 문서를 기안하는 자에 불과한 건축계장을 가리켜 그 작성권자라고 할 수는 없다.
【대법원 판단】 결국 원심이 확정한 바와 같이 /
【대법원 판단】 피고인이 Q구청장으로 전보된 후에 P구청장의 권한에 속하는 이 사건 건축허가에 관한 기안용지의 결재란에 서명을 하였다면 이는 자격모용에 의한 공문서작성죄를 구성한다 할 것이므로 /
【대법원 결론】 같은 취지의 원심판결은 정당하고 거기에 지적하는 바와 같은 법리오해의 위법이 없다. 주장은 이유 없다. (상고 기각)

2007도4785

허위공문서작성죄와 직무 문서 – 인정례
뇌물수수죄와 직무관련성 – 인정례
특성화사업단장 사건

2009. 9. 24. 2007도4785, [미간행]

1. 사실관계 및 사건의 경과

【사실관계 1】
① 갑은 도립 P전문대학의 교수이다.
② P전문대학에는 특성화사업단과 산업협력단이 각각 조직되어 있다.
③ 갑은 P대학의 특성화사업단장이다.
④ 특성화사업단장은 용역계약체결의 요청, 납품검사 등의 직무를 수행한다.

【사실관계 2】
① Q업체는 특성화사업단에 M물품을 납품하였다.
② 갑은 Q업체로부터 M물품을 납품받으면서 거짓 내용의 ㉠납품검수조서 및 ㉡물품검수내역서를 작성하였다.
③ R업체는 P전문대학 산업협력단과 '산업체인력기술지도(IMT-Map, Industrial Manpower Technical Map) 양식 개발 용역계약'을 체결하였다.
④ 갑은 위 용역계약의 용역대금을 조기에 지급받게 하여 준 데 대한 사례로 돈을 받았다.

【사건의 경과】
① 검사는 갑을 허위공문서작성죄 및 뇌물수수죄로 기소하였다.
② 갑의 피고사건은 제1심을 거친 후, 항소심에 계속되었다.
③ 항소심법원은 유죄를 인정하였다.
④ 갑은 불복 상고하였다.

2. 허위공문서작성죄 부분에 대한 판단

(1) 허위공문서작성죄와 직무에 관한 문서

【대법원 요지】 허위공문서작성죄에 있어 직무에 관한 문서라 함은 공무원이 직무권한 내에서 작성하는 문서를 말하고, /

【대법원 요지】 구체적인 행위가 공무원의 직무에 속하는지 여부는 그것이 공무의 일환으로 행하여졌는가 하는 형식적인 측면과 함께 /

【대법원 요지】 그 공무원이 수행하여야 할 직무와의 관계에서 합리적으로 필요하다고 인정되는 것이라고 할 수 있는가 하는 실질적인 측면을 아울러 고려하여 결정하여야 할 것이다.

(2) 사안에 대한 대법원의 판단

【대법원 분석】 원심은 판시 증거들에 의하여 인정되는 사정을 종합하여, /

【대법원 판단】 도립 P전문대학의 특성화사업단은 위 대학이 산업체 등과 협력하여 특성화사업을 수행함에 있어 산업협력단과 별개로 조직한 기구이고, /

【대법원 판단】 위 대학의 교수인 피고인이 특성화사업단장으로서 관여한 납품검사는 교육공무원인 피고인의 직무권한에 속하므로, /

【대법원 판단】 피고인이 위 납품검사와 관련하여 작성한 이 사건 납품검수조서 및 물품검수내역서는 공무원이 직무권한 내에서 작성한 문서로서 공문서에 해당한다고 판단하였는바, /

【대법원 결론】 위 법리에 비추어 살펴보면, 이와 같은 취지의 원심판결은 정당하고, 달리 허위공문서작성죄의 주체 및 직무권한 등에 관한 법리오해 등의 잘못이 없다.

3. 뇌물죄 부분에 대한 판단

(1) 뇌물죄의 판단기준

【대법원 요지】 뇌물죄는 직무집행의 공정과 이에 대한 사회의 신뢰에 기하여 직무수행의 불가매수성을 직접적인 보호법익으로 하고 있으므로, /

【대법원 요지】 공무원의 직무와 금원의 수수가 전체적으로 대가관계에 있으면 뇌물수수죄가 성립하고, /

【대법원 요지】 특별히 청탁의 유무, 개개의 직무행위의 대가적 관계를 고려할 필요는 없으며, /

【대법원 요지】 공무원이 얻은 어떤 이익이 직무와 대가관계가 있는 부당한 이익으로서 뇌물에 해당하는지 여부는 /

【대법원 요지】 당해 공무원의 직무 내용, 직무와 이익제공자와의 관계, 쌍방 간에 특수한 사적인 친분관계가 존재하는지 여부, 이익의 다과, 이익을 수수한 경위와 시기 등의 제반 사정을 참작하여 결정하여야 할 것이고, /

【대법원 요지】 뇌물죄가 직무집행의 공정과 이에 대한 사회의 신뢰 및 직무행위의 불가매수성을 그 보호법익으로 하고 있음에 비추어 볼 때, /

【대법원 요지】 공무원이 그 이익을 수수하는 것으로 인하여 사회 일반으로부터 직무집행의 공정성

을 의심받게 되는지의 여부도 뇌물죄의 성부를 판단함에 있어서의 판단 기준이 된다.

(2) 사안에 대한 대법원의 판단

【대법원 분석】 원심은 판시 증거들에 의하여 인정되는 사정을 종합하여, /

【대법원 판단】 피고인이 [R주식회사] (이하 'R회사'라고 한다)로부터 받은 돈은 /

【대법원 판단】 위 대학의 교수로서 교육공무원인 피고인이 이 사건 특성화사업단장으로서 용역계약 체결의 요청, 납품검사 등의 직무를 수행하면서 /

【대법원 판단】 [R회사]로 하여금 P전문대학 산학협력단과 '산업체인력기술지도(IMT-Map, Industrial Manpower Technical Map) 양식 개발 용역계약'을 체결하고 그 용역대금을 조기에 지급받게 하여 준 데에 대한 대가관계가 있는 부당한 이익으로서 뇌물에 해당한다고 판단하였는바, /

【대법원 결론】 위 법리에 비추어 살펴보면, 이와 같은 취지의 원심판결은 정당하고 달리 뇌물죄에 있어서의 직무관련성 내지 대가관계 등에 관한 법리오해 등의 잘못이 없다. (상고 기각)

2006도3844

허위공문서작성죄와 허위 – 인정례
투자증서 인증 사건

2007. 1. 25. 2006도3844, 공 2007, 387

1. 사실관계 및 사건의 경과

【사실관계】

① 갑은 공증담당 변호사이다.

② 법무사 A의 직원 B는 C와 D 사이에 체결된 ㉠투자증서를 가지고 갑의 사무실을 찾아왔다.

③ B는 ㉠투자증서에 날인된 인장이 C의 것임을 확인해 주도록 공증인 갑에게 인증을 촉탁하였다.

④ 갑은 "법무사 A가 공증사무실에 출석하여 ㉠투자증서의 C의 날인이 당사자 본인의 것임을 확인하였다"는 내용의 ㉡인증을 ㉠투자증서에 기재해 주었다. (☞문서례 9번 참조)

⑤ [이후 C는 ㉠투자증서에 날인한 사실이 없다고 다투었다.]

【사건의 경과】

① 검사는 갑을 허위공문서작성죄로 기소하였다.

② 갑의 피고사건은 제1심을 거친 후, 항소심에 계속되었다.

③ 갑은 다음의 점을 들어서 무죄라고 주장하였다.

(가) 갑이 ㉡인증서를 작성할 당시 허위공문서작성에 관한 인식이 없었다.

(나) 인증촉탁 대리인이 법무사일 경우에 그 직원이 공증사무실에 촉탁서류를 제출할 뿐 법무사 본인이 사서증서의 날인 또는 서명이 당사자 본인의 것임을 확인하지 아니하는 것이 업계의 관행이다.

④ 항소심법원은 갑의 주장을 배척하고, 유죄를 인정하였다.

⑤ 갑은 불복 상고하였다.

【참조조문】

공증인법

제2조 (공증인의 직무) 공증인은 당사자나 그 밖의 관계인의 촉탁(囑託)에 따라 다음 각 호의 사무를 처리하는 것을 직무로 한다. 공증인은 위 직무에 관하여 공무원의 지위를 가지는 것으로 본다.

1. 법률행위나 그 밖에 사권(私權)에 관한 사실에 대한 공정증서(公正證書)의 작성
2. 사서증서(私署證書) 또는 전자문서등(공무원이 직무상 작성한 것은 제외한다)에 대한 인증
3. 이 법과 그 밖의 법령에서 공증인이 취급하도록 정한 사무

제27조 (촉탁인의 확인) ① 공증인이 증서를 작성하기 위하여는 촉탁인의 성명과 얼굴을 알아야 한다.

② 공증인이 촉탁인의 성명이나 얼굴을 모르면 다음 각 호의 어느 하나에 해당하는 방법으로 촉탁인이 맞다는 것을 증명하게 하여야 한다. 다만, 촉탁인이 외국인인 경우에는 여권이나 대한민국에 주재하는 그 촉탁인의 본국 영사가 발행한 증명서로써 그 촉탁인임을 증명할 수 있다.

1. 주민등록증이나 그 밖에 권한 있는 행정기관이 발행한 사진이 첨부된 증명서를 제출하게 하는 방법
2. 공증인이 성명과 얼굴을 아는 증인 2명에게 그 촉탁인임이 확실하다는 것을 증명하게 하는 방법
3. 그 밖에 제1호 및 제2호의 방법에 준하는 확실한 방법

③ 급박한 사유로 공증인이 증서를 작성할 때에는 증서를 작성한 후 3일 이내에 증서의 작성에 관한 규정에 따라 제2항의 절차를 밟을 수 있다.

④ 제3항의 절차를 밟았을 경우에는 그 증서가 급박한 사유로 작성된 것이 아니라는 이유로 그 효력을 상실하지 아니한다.

제30조 (대리 촉탁) 대리인에 의하여 촉탁되었을 경우 그 대리인에게는 제27조부터 제29조까지의 규정을 준용한다.

제57조 (인증 방법) ① 사서증서의 인증은 촉탁인으로 하여금 공증인 앞에서 사서증서에 서명 또는 날인하게 하거나 사서증서의 서명 또는 날인을 본인이나 그 대리인으로 하여금 확인하게 한 후 그 사실을 증서에 적는 방법으로 한다.

② 사서증서의 등본에 대한 인증은 사서증서와 대조하여 그와 일치함을 인정한 후 그 사실을 적는 방법으로 한다.

③ 사서증서에 글자의 삽입, 삭제, 수정, 난외(欄外) 기재 또는 그 밖에 정정된 부분이 있거나 파손되거나 그 밖에 겉보기에 현저히 의심할 만한 사유가 있을 경우에는 그 상황을 인증문에 적어야 한다.

④ 공증인은 제1항 및 제2항에 따라 인증을 부여한 증서의 사본과 그 부속 서류를 보존하여야 한다.

2. 사서증서의 인증방법

【대법원 분석】 사서증서 인증방법에 관하여 공증인법 제57조 제1항이 /

【대법원 분석】 "사서증서의 인증은 당사자로 하여금 공증인의 면전에서 사서증서에 서명 또는 날인하게 하거나 사서증서의 서명 또는 날인을 본인이나 그 대리인으로 하여금 확인하게 한 후 그 사실을 증서에 기재함으로써 행한다."고 규정하고 있음에 비추어, /

【대법원 요지】 사서증서 인증을 촉탁받은 공증인이 사서증서 인증서를 작성함에 있어서, /
【대법원 요지】 당사자가 공증인의 면전에서 사서증서에 서명 또는 날인을 하거나, 당사자 본인이나 그 대리인으로 하여금 사서증서의 서명 또는 날인이 본인의 것임을 확인하게 한 바가 없음에도 불구하고, /
【대법원 요지】 당사자가 공증인의 면전에서 사서증서에 서명 또는 날인을 하거나, 본인이나 그 대리인이 사서증서의 서명 또는 날인이 본인의 것임을 확인한 양 인증서에 기재하였다면, /
【대법원 요지】 허위공문서작성죄의 죄책을 면할 수 없다 할 것이다.

3. 공소사실의 요지

【대법원 분석】 원심이, /
【대법원 분석】 공증담당 변호사인 피고인이 사서증서인 투자증서의 인증서를 작성함에 있어서, /
【대법원 분석】 인증촉탁 신청서에 당사자의 대리인으로 기재된 법무사 공소외인의 직원으로부터 촉탁서류를 제출받았을 뿐 위 공소외인이 투자증서의 날인이 당사자 본인의 것임을 확인한 바가 없음에도 /
【대법원 분석】 위 공소외인이 공증사무실에 출석하여 위 투자증서의 날인이 당사자 본인의 것임을 확인한 양 기재하여 허위공문서를 작성하고 이를 행사하였다는 이 사건 공소사실에 대하여, /

4. 사안에 대한 대법원의 판단

【대법원 판단】 피고인이 위 인증서 작성 당시 허위공문서작성에 관한 인식이 있었다고 할 것이고, /
【대법원 판단】 인증촉탁 대리인이 법무사일 경우에 그 직원이 공증사무실에 촉탁서류를 제출할 뿐 법무사 본인이 사서증서의 날인 또는 서명이 당사자 본인의 것임을 확인하지 아니하는 것이 업계의 관행이라고 할지라도 /
【대법원 판단】 그와 같은 업계의 관행이 정당하다고 볼 수 없는 이상 피고인이 자신의 행위가 죄가 되지 않는다고 오인한 데에 정당한 이유가 있다고 볼 수 없다는 이유 등으로 유죄로 판단한 것은, /
【대법원 결론】 기록과 앞서 본 법리에 비추어 정당하고, 거기에 상고이유 주장과 같은 채증법칙 위반, 법리오해 등의 위법이 없다. (상고 기각)

2002도4293

허위공문서작성죄와 허위 – 인정례
위계공무집행방해죄와 공무방해 – 부정례
폐기물이전매립공사 입찰 사건

2003. 2. 11. 2002도4293, 공 2003, 847

1. 사실관계 및 사건의 경과

【사실관계 1】
① 갑은 P군의 군수이다.

② 을은 영농조합법인 Q회사의 총무이다.
③ P군에 인접한 R시는 폐기물이전매립공사의 발주를 예정하고 있다.
④ Q회사는 P군 내의 M지역을 폐기물이전매립지로 지목하여 R시의 공사발주 입찰에 참여하려 하고 있다.

【사실관계 2】

① Q회사는 P군 내의 M지역을 폐기물매립예정지로 하는 폐기물처리사업계획서를 P군에 제출하였다.
② 그런데 M지역에 관한 사안은 보존임야 및 농지 등으로서 농지법, 국토이용관리법, 산림법 등 관계 법규에 의하여 군수의 권한 이외의 사안이다.
③ 2000. 10.에 이르기까지 Q회사는 2회에 걸쳐서 폐기물처리사업계획을 변경하거나 보완한 사업계획서를 P군에 제출하였다.
④ 2000. 10. 27. P군은 M지역이 ○○호 상수원 상류지역이어서 쓰레기매립장 설치가 불가능하여 Q회사의 폐기물처리사업계획이 부적정하다는 통보를 하였다.

【사실관계 3】

① Q회사의 총무 을은 P군 군수 갑에게 폐기물처리사업계획에 대한 적합통보서의 발부를 부탁하였다.
② 갑은 을로부터 통보서를 민원인에게 제시하는 것은 몰라도 R시에는 제출하지는 않는다는 약속을 받았다.
③ 2000. 11. 15. 갑은 P군청 내부에서 새로이 실무담당자들의 검토를 거치지 않고 P군 군수 명의로 ㉠통보서를 작성하여 교부하였다.
④ ㉠통보서에는 실무담당자들의 서명날인 없이 갑의 서명 · 날인만 되어 있다. (☞문서례 14번 참조)
⑤ ㉠통보서의 내용은 다음과 같다.
(가) 제목 : 폐기물처리사업계획 적합(조건부) 통보서
(나) 내용 1 : 2000. 10. 제출한 폐기물처리사업계획을 검토한 결과임.
(다) 내용 2 : 주민들의 민원을 해결하고 폐기물관리법 소정의 규정을 준수하여 이행하는 것을 조건으로 Q회사가 추진하는 폐기물처리사업계획에 대하여 조건부로 적합함을 통보함.

【사실관계 4】

① Q회사 측은 R시가 발주하는 폐기물이전매립공사 입찰에 참여하기로 하였다.
② 갑은 Q회사가 R시에 제출하는 입찰서류에 ㉠통보서를 첨부한다는 사실을 알게 되었다.
③ 갑은 Q회사가 입찰서류를 R시 담당 공무원에 제출하기 전에 ㉠통보서가 무효임을 R시청에 통보하였다.
④ 2000. 11. 24. 을은 R시청 재무과 담당공무원에게 폐기물이전매립공사 입찰서류를 제출하면서 ㉠통보서의 사본 1부를 입찰서류에 첨부하여 제출하였다.

【사건의 경과 1】

① 검사는 갑과 을을 다음의 공소사실로 기소하였다.
(가) ㉠통보서 작성 : 허위공문서작성죄
(나) ㉠통보서 사본의 입찰서류 첨부 : 허위작성공문서행사죄
(다) ㉠통보서 사본이 첨부된 입찰서류의 제출 : 위계공무집행방해죄
② 검사는 공소장에 다음의 점을 들어서 ㉠통보서가 허위공문서라고 주장하였다.

(가) 2000. 10.에는 Q회사가 폐기물처리사업계획서를 제출한 일이 없다.

(나) ㉠통보서는 실무담당자의 검토를 거치지 않은 것임에도 새로이 실무담당자들의 검토를 거친 것으로 되어 있다.

③ (공소사실의 요지는 판례 본문 참조)

【사건의 경과 2】

① 갑과 을의 피고사건은 제1심을 거친 후, 항소심에 계속되었다.

② 항소심법원은 갑과 을의 공소사실 전부에 대하여 무죄를 선고하였다.

③ 항소심법원은 ㉠통보서가 허위공문서가 아니라는 이유로 다음의 점을 들었다.

(가) 2000. 10.까지 보완계획서가 제출된 사실이 있다.

(나) ㉠통보서는 실무담당자의 검토가 있었는가를 확인하는 공문서가 아니다.

④ 항소심법원은 허위공문서작성죄가 성립하지 않으므로 위계공무집행방해죄도 성립하지 않는다고 판단하였다.

⑤ (항소심의 판단 이유는 판례 본문 참조)

⑥ 검사는 불복 상고하였다.

2. 공소사실의 요지

【대법원 분석】 이 사건 공소사실의 요지는, /

【대법원 분석】 P군수이었던 피고인 갑과 영농조합법인인 공소외 유한회사(이하 '공소외 유한회사'이라고 한다)의 총무였던 피고인 을이 공모하여, /

【대법원 분석】 위 공소외 유한회사에서 제출한 폐기물처리사업계획상의 폐기물매립예정지가 보존임야 및 농지 등으로서 농지법, 국토이용관리법, 산림법 등 관계 법규에 의하여 군수의 권한 이외의 사안이며 /

【대법원 분석】 ○○호 상수원 상류지역이어서 쓰레기매립장 설치가 불가능하여 위 사업계획이 부적정하다는 통보가 있었음을 알면서도, /

【대법원 분석】 2000. 11. 15.경 사실은 위와 같이 부적정 통보가 이루어진 후 공소외 유한회사에서 P군청에 새로이 폐기물처리사업계획서를 제출하지 않았고, /

【대법원 분석】 군청 내부에서 새로이 실무담당자들의 검토를 거치지 않았으며, /

【대법원 분석】 P군에서 공소외 유한회사에 폐기물처리사업계획 적합(조건부) 통보를 한 일이 없음에도 불구하고, /

【대법원 분석】 행사할 목적으로, /

【대법원 분석】 마치 내부 담당자들의 검토를 거친 후 문서가 작성되어 상대방에게 적법하게 통보되는 양 허위로 작성한 '폐기물처리사업계획 적합(조건부) 통보서'(이하 '이 사건 통보서'라고 한다) 1매를 작성하여 P군수 명의의 허위공문서 1매를 작성하고, /

【대법원 분석】 같은 달 24. 피고인 을이 R시청 재무과 담당공무원에게 폐기물이전매립공사 입찰서류를 제출하면서 마치 이 사건 통보서가 진정한 문서인 것처럼 사본 1부를 위 입찰서류에 첨부하여 제출함으로써 이를 행사하였을 뿐만 아니라, /

【대법원 분석】 이와 같이 허위로 작성된 이 사건 통보서 사본을 첨부 제출함으로써 R시의 폐기물이전매립공사 입찰업체심사업무를 위계로써 방해하였다는 것이다.

3. 허위공문서작성죄 부분에 대한 판단

(1) 사안에 대한 항소심의 판단

【항소심 판단】 이에 대하여 원심은, /

【항소심 판단】 공소외 유한회사가 최초로 사업계획서를 제출한 이래 같은 해 10.에도 P군으로부터 부적정 통보 및 계획보완요구를 받자 2회에 걸쳐서 폐기물처리사업계획을 변경하거나 보완한 사업계획서를 P군에 제출하였으므로 /

【항소심 판단】 비록 공소외 유한회사가 P군에 같은 해 10. 독립적인 사업계획서를 제출하지 아니하였고 2000. 10. 27. 부적정 통보를 받은 이후에 재차 사업계획서의 제출을 하지 않았다 할지라도 /

【항소심 판단】 "2000. 10. 제출한 폐기물처리사업계획을 검토한 결과"라고 기재한 내용 자체가 허위라고 할 수는 없으며, /

【항소심 판단】 또한 이 사건 공문서의 작성 명의자는 어디까지나 P군수로서 위 공문서가 실무담당자의 검토를 거친 사실을 증명하는 문서는 아니므로, /

【항소심 판단】 피고인 갑이 주민들의 민원을 해결하고 폐기물관리법 소정의 규정을 준수하여 이행하는 것을 조건으로 공소외 유한회사가 추진하는 폐기물처리사업계획에 대하여 조건부로 적합하다는 통보를 하려는 의사를 표시하기 위하여 이 사건 공문서를 작성한 이상, /

【항소심 판단】 비록 내부적인 절차의 미비가 있어 위 공문서에 공소사실과 같이 실무담당자들의 서명날인 없이 피고인 갑 혼자만 서명·날인하였다 할지라도 "군청 내부에서 새로이 실무담당자들의 검토를 거치지 않았다."는 점에 있어서 이 사건 공문서가 허위라고 할 수는 없고, /

【항소심 판단】 또 "P군에서 공소외 유한회사에 폐기물처리사업계획 적합(조건부) 통보를 한 사실이 없다."는 점은 이 사건 공문서가 작성된 이후에 어떻게 사용되는가의 문제로서 이 사건 공문서가 허위라는 점과는 아무런 관계가 없다 할 것이므로, 이 사건 공문서가 허위라고 볼 수 없다고 판단하고, /

【항소심 판단】 이어서 위와 같이 허위공문서작성의 점을 인정할 수 없는 이상 그 허위작성공문서행사 및 이에 기한 위계공무집행방해의 점을 인정할 수 없고, /

【항소심 판단】 그 밖에 달리 이 사건 공문서 사본을 제출하여 R시의 폐기물이전매립공사 입찰업체심사업무를 위계로써 방해하였다는 점을 인정할 만한 증거가 없다고 판단하여, 피고인들에 대한 공소사실 전부에 대하여 무죄를 선고하였다.

(2) 허위공문서작성죄에 있어서 사실판단과 법률판단

【대법원 판단】 그러나 원심이 이 사건 통보서가 허위라고 볼 수 없다고 판단하여 피고인들의 허위공문서작성죄 및 동행사죄에 대하여 위와 같이 무죄를 선고한 것은 다음과 같은 이유로 수긍하기 어렵다.

【대법원 요지】 허위공문서작성죄란 공문서에 진실에 반하는 기재를 하는 때에 성립하는 범죄이므로, /

【대법원 요지】 고의로 법령을 잘못 적용하여 공문서를 작성하였다고 하더라도 그 법령적용의 전제

가 된 사실관계에 대한 내용에 거짓이 없다면 허위공문서작성죄가 성립될 수 없다 할 것이나, /

【대법원 판단】 폐기물관리법 제26조 제2항에 의한 폐기물처리사업계획 적합 통보서는 단순히 폐기물처리사업을 관계 법령에 따라 허가한다는 내용이 아니라, /

【대법원 판단】 폐기물처리업을 하려는 자가 폐기물관리법 제26조 제1항에 따라 제출한 폐기물처리사업계획이 폐기물관리법 및 관계 법령의 규정에 적합하다는 사실을 확인하거나 증명하는 것이라 할 것이므로, /

【대법원 판단】 그 폐기물처리사업계획이 관계 법령의 규정에 적합하지 아니함을 알면서 적합하다는 내용으로 통보서를 작성한 것이라면 그 통보서는 허위의 공문서라고 보지 아니할 수 없다 할 것이다.

(3) 사안에 대한 대법원의 판단

【대법원 분석】 그런데 기록에 의하면, 피고인들은 공소외 유한회사가 제출한 폐기물처리사업계획상의 폐기물매립예정지가 보존임야 및 농지 등으로서 농지법, 국토이용관리법, 산림법 등 관계 법규상 폐기물매립장 설치가 불가능할 뿐 아니라, /

【대법원 분석】 ○○호 상수원 상류지역이어서 폐기물매립장 설치가 더욱 불가능하여 그 사업계획이 적합하지 아니함을 잘 알면서도, /

【대법원 분석】 민원해결 및 폐기물관리법상의 시설 · 장비 · 기술능력 등의 기준을 갖추는 것만을 조건으로 하여 적합하다는 취지로 이 사건 통보서를 작성함으로써, /

【대법원 분석】 결국 위와 같은 농지법, 국토이용관리법, 산림법 등 관계 법규상으로는 적합하다는 내용으로 이 사건 통보서를 작성한 사실 및 /

【대법원 분석】 피고인들은 이 사건 통보서를 R시청에 제출하는 입찰서류로 제출하거나, 최소한 민원인 등 다른 사람에게 이를 행사할 것임을 충분히 인지하고 있었던 사실을 인정할 수 있는바, /

【대법원 판단】 그렇다면 피고인들은 행사할 목적으로, 공소외 유한회사가 제출한 폐기물처리사업계획이 관계 법령의 규정에 적합하다는 사실을 확인하거나 증명하는 이 사건 통보서를 허위로 작성한 것이라고 보지 아니할 수 없을 것이고, /

【대법원 판단】 비록 검사의 공소사실이 명확하지는 아니하나, /

【대법원 판단】 "P군에서 공소외 유한회사에 폐기물처리사업계획 적합(조건부) 통보를 한 사실이 없다."는 공소사실 부분은 결국 위와 같은 취지에서 이 사건 통보서가 허위라는 것으로 볼 여지가 충분하다 할 것이다.

【대법원 결론】 그럼에도 불구하고, 원심이 위에서 본 바와 같은 이유만을 들어 이 사건 통보서가 허위의 공문서라고 볼 수 없다고 판단하여 피고인들의 허위공문서작성죄에 대하여 무죄를 선고하고, 이 사건 통보서가 허위가 아닌 이상 피고인들의 동행사죄도 성립할 수 없다고 판단하여 이 역시 무죄를 선고한 것은, /

【대법원 결론】 허위의 공문서에 관한 법리를 오해하였거나, 사실을 오인한 나머지 판결 결과에 영향을 미친 위법을 저지른 것이라고 보지 아니할 수 없다. 이 점을 지적하는 취지가 포함된 것으로 볼 수 있는 상고이유는 이유 있다 /

【대법원 판단】 (다만, 기록에 의하면 피고인 갑은 이 사건 통보서를 민원인에게 제시하는 것은 몰라

도 R시에는 제출하지는 않기로 약속을 받고 피고인 을에게 이 사건 통보서를 작성해 주었다고 변명하고 있고, /

【대법원 판단】 또 실제로 피고인 을이 이 사건 통보서를 R시에 제출하는 것을 막으려 시도한 사실이 엿보이는바, /

【대법원 판단】 그렇다면 피고인 갑의 위 변명이 진실이어서 이 사건 공소사실로 된 허위공문서행사 부분에 대한 고의가 없었는지 여부에 관하여 심리할 필요는 있을 것으로 보인다).

4. 위계에 의한 공무집행방해죄 부분에 대한 판단

【대법원 요지】 위계에 의한 공무집행방해죄에 있어서 위계라 함은 행위자의 행위목적을 이루기 위하여 상대방에게 오인, 착각, 부지를 일으키게 하여 그 오인, 착각, 부지를 이용하는 것을 말하는 것으로 /

【대법원 요지】 상대방이 이에 따라 그릇된 행위나 처분을 하여야만 이 죄가 성립하는 것이고, /

【대법원 요지】 만약 범죄행위가 구체적인 공무집행을 저지하거나 현실적으로 곤란하게 하는 데까지는 이르지 아니하고 미수에 그친 경우에는 위계에 의한 공무집행방해죄로 처벌할 수 없다 할 것이다.

【대법원 판단】 기록에 비추어 살펴보면, /

【대법원 판단】 피고인 을이 이 사건 통보서를 입찰서류에 첨부하여 제출하여 R시청의 폐기물이전매립공사 입찰업체심사업무를 위계로써 방해할 가능성이 있기는 하였으나, /

【대법원 판단】 그 제출 이전에 피고인 갑이 이 사건 통보서가 무효임을 R시청에 통보함으로써 R시청 담당공무원으로서는 오인, 착각, 부지상태가 될 가능성이 전혀 없었음을 알 수 있는바, /

【대법원 판단】 그렇다면 이 사건 통보서를 제출하였다고 하여도 R시의 구체적인 공무집행을 저지하거나 현실적으로 곤란하게 하는 데까지 이른 적이 없다 할 것이어서, 위 행위를 위계에 의한 공무집행방해죄로 처벌할 수 없음이 명백하다 할 것이므로, /

【대법원 결론】 피고인들의 위계에 의한 공무집행방해죄에 대하여 무죄를 선고한 원심판결은, 비록 그 이유 설시에 잘못은 있다 할지라도, 결론에 있어서는 정당하다 할 것이다. 이 부분에 대한 상고는 받아들일 수 없음에 돌아간다. (허위공문서작성죄 및 허위작성공문서행사죄 부분 파기 환송)

2009도9963

허위공문서작성죄와 간접정범 - 부정례
준보전 산지 통보서 사건

2010. 1. 14. 2009도9963, [미간행]

1. 사실관계 및 사건의 경과

【사실관계 1】

① 갑과 을은 P군청 산림과 소속 공무원이다.

② [갑과 을은 토사채취 업자 병으로부터 M임야가 '준보전산지'에 해당한다는 내용의 확인서를 받을 수 있도록 해 달라는 부탁을 받았다.]

③ 을은 M임야가 산지이용구분도 상에 준보전산지에 해당한다는 내용의 ㉠'산지이용구분 내역 통보'를 기안하였다.

④ 갑은 을이 기안해서 가지고 온 ㉠통보서에 전결하였다. (☞문서례 14번 참조)

【사실관계 2】

① 갑과 을은 위와 같이 작성된 ㉠통보서를 P군청 민원봉사과에 보냈다.

② P군청 민원봉사과 소속 공무원 A는 이러한 사실을 모른 채 M임야를 포함한 N용도지역이 전부 관리지역으로 기재된 P군수 명의의 M임야에 대한 ㉡토지이용계획확인서를 작성하여 민원인 병에게 발급하였다.

③ [업자 병은 토사채취 관련 인허가를 신청하면서 ㉡확인서를 첨부하여 제출하였다.]

④ (M임야 이외의 유사한 사안의 내용은 판례 본문 참조)

【사건의 경과】

① 검사는 갑, 을, 병을 허위공문서작성죄로 기소하였다.

② 갑 등의 피고사건은 제1심을 거친 후, 항소심에 계속되었다.

③ 항소심법원은 갑, 을, 병에 대해 허위공문서작성죄의 간접정범 및 공동정범을 인정하였다.

④ 갑 등은 불복 상고하였다.

2. 허위공문서작성죄의 간접정범

【대법원 요지】 허위공문서작성죄의 간접정범은 공문서의 작성권한이 있는 공무원의 직무를 보좌하는 자가 /

【대법원 요지】 그 직위를 이용하여 행사할 목적으로 허위의 내용이 기재된 문서 초안을 그 정을 모르는 상사에게 제출하여 결재하도록 하는 등의 방법으로 /

【대법원 요지】 작성권한이 있는 공무원으로 하여금 허위의 공문서를 작성하게 한 경우에 성립한다.

3. 사안에 대한 대법원의 분석

【대법원 분석】 원심판결 이유를 위 법리에 비추어 살펴보면, /

【대법원 분석】 P군청 산림과 소속 공무원인 피고인 갑, 을은 공모하여 원심 판시 별지 범죄일람표 기재 각 임야가 산지이용구분도 상에 준보전산지에 해당한다는 내용으로 피고인 을이 기안하고, 피고인 갑이 전결한 위 각 임야에 대한 '산지이용구분 내역 통보'를 P군청 민원봉사과에 보내어 /

【대법원 분석】 그 정을 모르는 성명불상 민원봉사과 소속 공무원으로 하여금 용도지역이 전부 관리지역으로 기재된 P군수 명의의 위 각 임야에 대한 토지이용계획확인서를 작성, 발급하게 하였고, /

【대법원 분석】 피고인 을이 속사리 임야에 대하여는 단독으로, /

【대법원 분석】 원길리 임야 및 송정리 임야에 대하여는 피고인 병, 원심공동피고인 정와 공모하여, /

【대법원 분석】 속사리 임야, 원길리 임야 및 송정리 임야가 산지이용구분도 상에 준보전산지에 해당한다는 내용으로 각 '산지이용구분 내역 통보' 공문을 기안하고, /

【대법원 분석】 그 정을 모르는 피고인 갑의 전결로 위 각 공문을 P군청 민원봉사과로 보내어 그 정을 모르는 성명불상 민원봉사과 소속 공무원으로 하여금 /
【대법원 분석】 용도지역이 관리지역으로 기재된 P군수 명의의 속사리 임야, 원길리 임야 및 송정리 임야에 대한 각 토지이용계획확인서를 작성, 발급하게 하였음을 알 수 있으나, /

4. 사안에 대한 대법원의 판단

【대법원 판단】 그러한 사정만으로는 피고인 갑, 을이 위 각 토지이용계획확인서의 작성권한자라고 볼 수 없을 뿐만 아니라 /
【대법원 판단】 위 각 문서의 발급을 담당하는 민원봉사과 소속 공무원의 업무를 보조하는 직무에 종사하거나 위 각 문서의 작성을 기안하는 업무에 종사하는 지위에서 위 각 '산지이용구분 내역 통보' 공문을 보내 준 것으로 보기도 어려우므로, /
【대법원 판단】 피고인 갑, 을을 각 허위공문서작성죄의 간접정범 내지 간접정범의 공동정범으로 볼 수는 없다고 할 것이고, /
【대법원 판단】 피고인 을에게 각 허위공문서작성죄의 간접정범으로서의 죄책이 인정되지 않으므로 그와 공모한 공무원 아닌 피고인 병 역시 각 허위공문서작성죄의 간접정범의 공동정범으로 처단할 수 없다 할 것이다.
【대법원 요지】 또한 허위 내용이 기재된 공문서를 행사하였다고 하더라도 그 공문서가 허위공문서작성죄에 의하여 만들어진 것이 아닌 이상 이를 허위작성공문서행사죄로 처벌할 수는 없는 것인바, /
【대법원 판단】 이러한 점에서 피고인들에게 각 허위작성공문서행사죄의 간접정범 내지 간접정범의 공동정범으로서의 죄책 역시 물을 수 없다고 봄이 상당하다.
【대법원 결론】 이와 달리 원심은 피고인들에 대한 이 사건 각 허위공문서작성죄 및 허위작성공문서행사죄의 간접정범 내지 간접정범의 공동정범의 성립을 인정하였는바, 원심판결에는 허위공문서작성죄 및 허위작성공문서행사죄 또는 위 각 죄의 간접정범에 관한 법리를 오해하여 판결에 영향을 미친 위법이 있다 할 것이다. (파기 환송)

2011도1415

공전자기록위작죄와 위작 - 부정례
중고버스 영업용 등록 사건

2011. 5. 13. 2011도1415, 공 2011상, 1250

1. 사실관계 및 사건의 경과

【사실관계 1】
① 갑은 P군청 자동차등록 담당공무원이다.
② 자동차의 등록이나 변경은 자동차등록원부에 기재함으로써 이루어진다.

③ 자동차등록원부는 전산화되어 자동차등록정보 처리시스템에 해당 자료를 입력함으로써 이루어진다.
④ Q회사는 전세버스 업체이다.
⑤ Q회사는 차령 3년이 넘는 낡은 버스 49대(이하 ㉠버스라고 한다)를 A로부터 양수하였다.
⑥ 여객자동차에 대한 관련 규정에 따르면 차령 3년 이상의 낡은 자동차는 영업용으로 등록할 수 없다.

【사실관계 2】

① [Q회사는 갑에게 뇌물을 제공하면서 ㉠버스를 영업용 차량으로 등록해 줄 것을 부탁하였다.]
② 갑은 ㉠버스에 대한 자료를 자동차등록정보 처리시스템에 입력하면서 ㉠버스의 최초등록일은 제대로 입력하였다.
③ 갑은 ㉠버스가 3년 넘은 낡은 차량인 것을 알면서 ㉠버스의 용도를 부탁받은 대로 '영업용'이라고 입력하였다.
④ ㉠버스는 자동차등록원부에 영업용으로 용도가 변경되어 A로부터 Q회사 앞으로 이전등록되었다.

【사건의 경과】

① 검사는 갑을 공전자기록위작죄 및 위작공전자기록행사죄 등으로 기소하였다.
② (이하 공전자기록위작죄 부분으로 한정하여 고찰함)
③ 검사는 공전자기록위작죄의 공소사실로 다음의 점을 기재하였다.
  (가) Q회사는 ㉠버스를 양수한 사실이 없다.
  (나) Q회사는 ㉠버스의 증차에 관한 사업계획 변경신청을 한 사실도 없다.
  (다) 차령이 3년을 넘어 영업용 차량으로 등록할 수 없음에도 ㉠버스를 '영업용'으로 등록하였다.
④ 갑의 피고사건은 제1심을 거친 후, 항소심에 계속되었다.
⑤ 항소심법원은 다음의 이유를 들어서 유죄를 인정하였다.
  (가) Q회사가 ㉠버스를 양수한 것은 사실이다.
  (나) 증차 등 사업계획 변경신청은 자동차등록원부의 기재사항이 아니다.
  (다) 그러나 차령이 3년을 넘어 영업용 차량으로 등록할 수 없음에도 ㉠버스를 '영업용'으로 등록한 것은 허위기재에 해당하여 공전자기록위작에 해당한다.
⑥ 갑은 불복 상고하였다.

2. 전자기록 위작의 의미

【대법원 요지】 가. 형법 제227조의2에서 정하는 전자기록의 "위작"이란 전자기록에 관한 시스템을 설치·운영하는 주체와의 관계에서 /

【대법원 요지】 전자기록의 생성에 관여할 권한이 없는 사람이 전자기록을 작출하거나 전자기록의 생성에 필요한 단위 정보의 입력을 하는 경우는 물론이고, /

【대법원 요지】 시스템의 설치·운영 주체로부터 각자의 직무 범위에서 개개의 단위 정보의 입력 권한을 부여받은 사람이 그 권한을 남용하여 허위의 정보를 입력함으로써 시스템 설치·운영 주체의 의사에 반하는 전자기록을 생성하는 경우도 포함한다. /

【대법원 요지】 이 때 '허위의 정보'라 함은 진실에 반하는 내용을 의미하는 것으로서, /

【대법원 요지】 관계 법령에 의하여 요구되는 자격을 갖추지 못하였음에도 불구하고 고의로 이를 갖춘 것처럼 단위 정보를 입력하였다고 하더라도 그 전제 또는 관련된 사실관계에 대한 내용에 거짓이 없다면 허위의 정보를 입력하였다고 볼 수 없다.

3. 공소사실의 요지

【대법원 분석】 (1) 공소사실에 의하면, /

【대법원 분석】 공소외 Q주식회사 등 전세버스 업체들(이하 '공소외 Q주식회사 등'이라고 한다)은 버스 49대를 영업용으로 양수한 사실은 물론 그 증차에 관한 사업계획 변경신청을 한 사실도 없고, /

【대법원 분석】 더 나아가 위 버스들은 자동차등록원부상 최초등록일로부터 3년 이상 경과되어 영업용 전세버스로 등록할 수도 없다. /

【대법원 분석】 그럼에도 P군청 자동차등록 담당공무원인 피고인 갑은 공소외 Q주식회사 등이 위 버스들을 영업용으로 양수하여 이전등록한 것처럼 공전자기록인 자동차등록정보 처리시스템의 자동차등록원부에 변경 및 이전등록 처리함으로써 /

【대법원 분석】 공전자기록인 자동차등록파일을 위작하고, 이를 보관·비치하여 행사하였다는 것이다.

4. 사안에 대한 항소심의 판단

【항소심 판단】 (2) 위 공소사실에 대하여 원심은, /

【항소심 판단】 공소외 Q주식회사 등이 위 버스들을 영업용으로 양수한 사실이 인정되고, /

【항소심 판단】 또한 자동차등록원부에는 여객자동차 운수사업법상 사업계획 변경신청 여부를 기재하게 되어 있지 아니한 이상 그 점에 관한 공시 기능은 없다 할 것이므로, /

【항소심 판단】 그 용도란에 '영업용'이라고 입력하였다 하여도 위 각 사항과 관련하여는 허위 내용을 입력한 것이라고 볼 수 없다고 판단하였다. /

【항소심 판단】 반면 원심은, 자동차등록원부의 용도란의 기재는 자동차관리법과 여객자동차 운수사업법상 중요한 공시적 기능을 하고 있고, /

【항소심 판단】 자동차등록원부에는 차량충당연한의 기준이 되는 최초등록일도 기재하도록 되어 있어 자동차가 차량충당연한에 관한 규정에 부합한다는 사실을 확인하는 기능을 가지고 있다고 전제한 다음, /

【항소심 판단】 자동차등록원부에 최초등록일을 제대로 입력하였다고 하더라도 법률상 차량충당연한인 3년을 경과하였다는 점을 알면서 용도란에 '영업용'이라고 입력한 이상 그 점에 관하여 허위 내용을 입력한 것이 된다고 판단하였다.

5. 사안에 대한 대법원의 분석

(1) 항소심 판단에 대한 평가

【대법원 판단】 다. 원심의 위와 같은 판단 중 /

【대법원 판단】 전자, 즉 공소외 Q주식회사 등이 위 버스들을 영업용으로 양수한 사실이 없었고 그

증차에 관한 사업계획 변경신청을 한 사실도 없었음에도 자동차등록원부의 용도란에 '영업용'이라고 입력한 것을 허위 내용의 입력으로 볼 수 없다는 부분은 정당한 것으로 수긍할 수 있다. /

【대법원 판단】 그러나 후자, 즉 차량충당연한인 3년을 경과하였음에도 자동차등록원부의 용도란에 '영업용'으로 입력한 행위는 허위 내용의 입력에 해당한다고 본 원심의 판단은 다음과 같은 이유에서 수긍할 수 없다.

(2) 노후차량 등록금지

【대법원 분석】 구 여객자동차운수사업법(2008. 3. 21. 법률 제8980호로 전부개정되기 전의 것) 제75조 제2항은, 여객자동차운수사업의 면허 · 등록 · 증차 또는 대폐차(代廢車)에 충당되는 자동차는 여객자동차운수사업의 종류에 따라 3년을 초과하지 않는 범위 내에서 대통령령이 정하는 차량충당연한 이내로 하도록 규정하고 있다. /

【대법원 분석】 그리하여 같은 법 시행령(2008. 6. 13. 대통령령 제20820호로 개정되기 전의 것) 제28조 제3항, 제4항은, 승합자동차의 경우 차량충당연한은 3년이며, 차량충당연한은 최초의 신규등록일 또는 제작연도의 말일을 기산일로 하여 산정하도록 하고 있다. /

【대법원 분석】 또한 자동차관리법 제7조 제1항, 제13조, 자동차등록령 제8조 제2항, 제17조 제9호, 제21조 제1항, 자동차등록규칙 제5조 제1항에 의하면, /

【대법원 분석】 자동차등록원부에는 제작연월일과 최초등록일을 기재하여야 하고, 자동차의 용도는 자동차운수사업용인 것과 자동차운수사업용이 아닌 것으로 구분하며(전자는 자동차등록원부의 용도란에 기재되는 '영업용'과 동일한 의미이다), /

【대법원 분석】 등록관청은 자동차관리법 외의 다른 법률에서 정하고 있는 등록의 요건을 충족하지 못한 경우에는 자동차등록신청을 수리할 수 없고, 여객자동차운수사업법에 따른 차령이 초과되었음에도 소유자가 말소등록을 신청하지 아니하면 직권으로 이를 말소하여야 한다.

6. 사안에 대한 대법원의 판단

【대법원 판단】 위 각 법령의 규정 및 원심의 인정사실에 의하면, /

【대법원 판단】 위 버스들은 법령상 등록요건인 차량충당연한의 자격에 미달하는 탓에 영업용으로 변경 및 이전등록이 될 수는 없고, 이를 위반하여 이루어진 등록은 말소의 대상이 된다 할 것이므로, /

【대법원 판단】 그 자동차등록정보 처리시스템의 자동차등록원부 중 용도란에 입력된 '영업용'이라는 정보는 그 등록의 전제되는 법령상 자격의 구비 여부를 사실대로 반영하지 못한 것이기는 하다. /

【대법원 판단】 그러나 자동차등록원부상 '영업용으로의 용도변경 및 이전'에 관한 등록정보가 확인 · 공시하는 내용에 그 자동차가 영업용으로 용도변경되어 이전되었다는 사실 외에 그 변경 및 이전등록에 필요한 법령상 자격의 구비 사실까지 포함한다고 볼 법적인 근거가 없고, /

【대법원 판단】 원심의 설시처럼 위 용도란의 기재에 따라 현실적으로 각종 행정적 취급을 달리하는 사정이 있다고 하여도 마찬가지이다.

【대법원 판단】 그렇다면 앞서 본 법리에 비추어, 위 변경 및 이전등록에 관한 구체적 등록내용인 최

초등록일 등이 사실대로 입력됨으로써 그 등록과 관련된 사실관계에 대한 내용에 거짓이 있다고 볼 수 없는 이상, 이러한 행위를 공전자기록등위작죄에 있어서 '위작'에 해당한다고 할 수 없다.

【대법원 결론】 그럼에도 이와 달리 이 부분 공소사실에 대하여 유죄로 판단한 원심판결에는 공전자기록등위작죄 및 그 행사죄에 관한 법리를 오해하여 판결에 영향을 미친 위법이 있다. 이 점을 지적하는 피고인 [갑]의 상고이유 주장은 이유 있다. (파기 환송)

2000도4993

사전자기록변작죄와 변작 – 인정례
월드컵경기장 부정 입찰 사건

2003. 10. 9. 2000도4993, 공 2003, 2199

☞ 917면

2004도4012

공정증서원본불실기재죄와 불실기재 – 부정례
상속지분 증여 등기 사건

2004. 9. 24. 2004도4012, [공보불게재]

1. 사실관계 및 사건의 경과

【사실관계 1】

① ㉠토지는 A의 소유이다.
② 갑녀는 A의 손자며느리이다.
③ A는 ㉠토지를 동생 B에게 증여하였다.
④ B는 ㉠토지를 C에게 매도하였다.
⑤ ㉠토지에 대한 소유권이전등기가 경료되지 아니한 상태에서 A가 사망하였다.

【사실관계 2】

① ㉮, ㉯, ㉰, ㉱, ㉲, ㉳, ㉴의 7명은 A의 공동상속인들 가운데 일부이다.
② ㉮ 등 7명은 A가 ㉠토지를 B에게 증여하고, B가 ㉠토지를 C에게 매도한 사실을 알지 못하였다.
③ 2003. 2. 28.경 갑녀는 ㉮ 등 7명을 기망하여 그들의 ㉠토지에 대한 각 상속지분을 갑녀에게 증여한다는 증여계약서 및 그에 기한 토지소유권이전등기신청서를 작성하게 하여 이를 관할 등기소 등기공무원에게 제출하였다.
④ 이후 ㉠토지의 등기부에는 ㉮ 등 7명의 공동상속권자들의 지분 286분의 182에 대해 갑녀 앞으로 소유권이전등기가 경료되었다. (☞문서례 16번 참조)

【사건의 경과】
① 검사는 갑녀를 공정증서원본불실기재죄 및 불실기재공정증서원본행사죄로 기소하였다.
② 제1심법원은 갑녀에게 무죄를 선고하였다.
③ 검사는 불복 항소하였다.
④ 항소심법원은 항소를 기각하고, 제1심판결을 유지하였다.
⑤ 검사는 불복 상고하였다.

2. 공정증서원본 불실기재의 범위

【대법원 분석】 공정증서원본불실기재죄는 공무원에 대하여 허위신고를 함으로써 공정증서원본에 불실의 사실을 기재하게 하는 경우에 성립하는바, /
【대법원 요지】 공정증서원본에 기재된 사항이 부존재하거나 외관상 존재한다고 하더라도 무효에 해당되는 하자가 있다면 그 기재는 불실기재에 해당하는 것이나, /
【대법원 요지】 기재된 사항이나 그 원인된 법률행위가 객관적으로 존재하고 다만 거기에 취소사유인 하자가 있을 뿐인 경우 취소되기 전에 공정증서원본에 기재된 이상 그 기재는 공정증서원본의 불실기재에 해당하지는 않는다.

3. 공소사실의 요지

【대법원 분석】 이 사건 공소사실의 요지는, /
【대법원 분석】 피고인의 시조부인 A가 그 소유인 판시 토지(이하 '이 사건 토지'라 한다)를 동생인 B에게 증여하고, B는 이를 C에게 매도하였으나 아직 그 소유권이전등기가 경료되지 아니한 상태에서 A가 사망하였는데, /
【대법원 분석】 피고인은 2003. 2. 28.경 A의 공동상속인들 중 위 증여 및 매도사실을 모르는 ㉮, ㉯, ㉰, ㉱, ㉲, ㉳, ㉴를 기망하여 그들의 각 상속지분을 피고인에게 증여한다는 증여계약서 및 그에 기한 토지소유권이전등기신청서를 작성하게 하여 판시 등기소 등기공무원에게 제출함으로써 /
【대법원 분석】 이 사건 토지의 등기부에 위 상속권자들의 지분 286분의 182를 피고인 앞으로 소유권이전등기가 경료되게 하여 공정증서원본에 불실의 사실을 기재하고, /
【대법원 분석】 그 등기부를 위 등기소에 비치하게 하여 이를 행사하였다는 것이다.

4. 사안에 대한 대법원의 판단

【대법원 판단】 앞서 본 법리에 의하면, 공소사실 자체에 의하더라도 위 상속권자들의 지분 286분의 182에 관한 피고인 명의의 소유권이전등기의 원인행위인 증여계약은 객관적으로 존재하는 것이므로, /
【대법원 판단】 설사 거기에 취소사유에 해당되는 위와 같은 기망이라는 하자가 있다고 하더라도 이를 이유로 그 증여계약이 취소되지 아니한 이상 피고인이 등기공무원에게 허위의 사실을 신고하여 등기부에 불실의 사실을 기재하게 한 것이라고 할 수 없다.
【대법원 결론】 같은 취지에서, 이 사건 공소사실에 관하여 피고인에게 무죄를 선고한 제1심을 유지

한 원심의 조치는 정당하고, 거기에 상고이유의 주장과 같은 법리오해의 위법이 있다 할 수 없다. (상고 기각)

95도898

공정증서원본불실기재죄와 불실기재 – 부정례
계모 명의 법정상속 등기 사건

1995. 11. 7. 95도898, 공 1995, 3956

1. 사실관계 및 사건의 경과

【사실관계 1】

① M부동산은 A의 소유이다.
② 갑은 A의 아들이다.
③ B는 갑의 계모이다.
④ 1988. 4. 8. A는 ㉠유언장을 공정증서로 작성하여 M부동산을 갑을 제외한 B 및 A와 B와 사이에 낳은 C, D, E에게 유증하였다.
⑤ 1993. 10. 26. A는 ㉡유언장을 다시 공정증서로 작성하여 M부동산을 갑을 제외한 B 및 A와 B와 사이에 낳은 C, D, E, F에게 유증하였다.

【사실관계 2】

① A가 사망하였다.
② 갑은 자신의 법정상속분을 확보할 목적으로 B, C, D, E, F의 상속등기신청용 위임장을 위조하였다.
③ 갑은 위조된 위임장을 가지고 법무사 사무원을 통하여 M부동산에 대해 갑, 계모 B, 이복동생 C, D, E, F 명의로 각각 법정상속분에 따른 소유권이전등기를 마쳤다.
④ [이후 갑과 계모 B 사이에 민사분쟁이 발생하였다.]
⑤ [이 과정에서 ㉠유언장과 ㉡유언장은 적법요건을 갖추지 못하였음이 판명되었다.]

【사건의 경과 1】

① 검사는 갑을 다음의 공소사실로 기소하였다.
(가) 사문서위조죄
(나) 위조사문서행사죄
(다) 공정증서원본불실기재죄
(라) 불실기재공정증서원본행사죄
② 제1심법원은 공소사실을 전부 유죄로 인정하였다.
③ 갑은 불복 항소하였다.
④ 항소심법원은 항소를 기각하고, 제1심판결을 유지하였다.
⑤ (항소심의 판단 이유는 판례 본문 참조)

【사건의 경과 2】

① 갑은 불복 상고하였다.

② 갑은 상고이유로 다음의 점을 주장하였다.

(가) 사문서위조죄 및 위조사문서행사죄 : 채증법칙 위반으로 인한 사실오인

(나) 공정증서원본불실기재죄 및 불실기재공정증서원본행사죄 : 법리오해

③ [대법원은 (가) 부분을 배척하였다.]

④ [이하에서는 (나) 부분에 대한 판단을 소개함]

2. 사안에 대한 항소심의 판단

【항소심 판단】 원심 및 원심이 유지한 제1심판결 이유에 의하면, 제1심판결은 그 채택증거에 의하여, /

【항소심 판단】 "피고인은 아버지인 망 A가 1993. 10. 26. 이 사건 부동산을 피고인의 계모인 피해자 B에게 공정증서에 의한 유언으로 유증한 것을 알고도 자신의 법정상속분을 확보할 목적으로 /

【항소심 판단】 위 A로부터 피고인 및 위 B, 이복동생인 피해자 C, D, E, F 앞으로 각 법정상속분에 따른 소유권이전등기를 경료하여 /

【항소심 판단】 공정증서원본인 부동산등기부에 불실의 사실을 기재하게 하고 이를 행사하였다"라는 요지의 /

【항소심 판단】 이 사건 공정증서원본불실기재 및 동 행사죄에 관한 공소사실을 유죄로 인정하였고, /

【항소심 판단】 원심은 위 1993. 10. 26.자 공정증서에 의한 유언이 무효라고 하더라도 /

【항소심 판단】 위 A는 그보다 앞서 1988. 4. 8.에도 공정증서에 의한 유언으로 이 사건 부동산을 피고인을 제외한 위 B, C, D, E에게 유증한 바 있다 하여 위 제1심판결을 그대로 유지하였다.

3. 사안에 대한 대법원의 판단

【대법원 요지】 그러나 공동상속인 중의 1인이 다른 공동상속인들과의 합의 없이 법정상속분에 따른 공동상속등기를 마쳤다고 하더라도 그것이 실체적 권리관계에 부합되는 것이라면 이를 불실의 등기라고는 할 수 없는 것인바, /

【대법원 분석】 기록에 의하면 원심에 제출된 피고인과 위 B 간의 이 사건 부동산에 관한 민사사건의 판결(공판기록 238면) 및 그 확정증명원(공판기록 248면)의 각 기재에 의하면 /

【대법원 분석】 위 1993. 10. 26.자 공정증서에 의한 유언은 적법한 요건을 갖추지 못한 것으로서 무효임을 알 수 있고, /

【대법원 분석】 한편 원심이 들고 있는 위 1988. 4. 8.자 공정증서에 의한 유언에 관하여는 원심이 그 내용이나 유효 여부 등에 관하여 적법하게 조사 심리한 아무런 흔적도 없는데다가 /

【대법원 분석】 기록에 의하면 위 1988. 4. 8.자 공정증서에 의한 유언 역시 적법한 요건을 갖추지는 못한 것으로 보인다.

【대법원 판단】 따라서 피고인이 이 사건 부동산에 관하여 법정상속분에 따라 공동상속인들 앞으로 마친 소유권이전등기는 실체적 권리관계에 부합하는 유효한 등기로 보이고, /

【대법원 결론】 달리 그것이 불실의 등기임을 인정할 증거자료는 보이지 아니함에도 불구하고 원심이 피고인에 대한 이 사건 공정증서원본불실기재 및 동 행사의 점에 관한 공소사실을 유죄로 인정한 제1심판결을 그대로 유지한 것은 결국 관련 법리를 오해하였거나 필요한 심리를 다하지 아니하여 판결에 영향을 미친 위법을 저지른 것이라고 할 것이니, 이 점을 지적하는 논지는 이유 있다. (파기 환송)

2005도9922

공정증서원본불실기재죄와 불실기재 – 인정례
허가 대상 토지 증여 사건

2007. 11. 30. 2005도9922, 공 2007하, 2092

1. 사실관계 및 사건의 경과

【사실관계】

① ㉠토지는 토지거래 허가구역 안에 있다.

② ㉠토지는 갑의 소유이다.

③ 갑은 을과 ㉠토지에 대한 매매계약을 체결하였다.

④ 갑은 처음부터 토지거래허가를 잠탈하려는 목적으로 등기원인을 실제와 달리 '증여'로 하여 을 명의로 소유권이전등기를 경료하였다. (☞문서례 16번 참조)

【사건의 경과】

① 검사는 갑과 을을 다음의 공소사실과 죄명으로 기소하였다.

(가) 토지거래 허가를 받지 않은 부분 : 「국토의 계획 및 이용에 관한 법률」 위반죄

(나) 부동산등기가 실제와 일치하지 않은 부분 : 부동산등기특별조치법위반죄 (주위적 공소사실)

(다) 부동산등기가 실제와 일치하지 않은 부분 : 공정증서원본불실기재죄 (예비적 공소사실)

② [제1심법원은 갑과 을에게 유죄를 인정하였다.]

③ 갑은 불복 항소하였다.

④ 을은 항소하지 아니하였다.

⑤ 항소심법원은 다음과 같이 판단하였다.

(가) 「국토의 계획 및 이용에 관한 법률」 위반죄 : 유죄

(나) 부동산등기특별조치법위반죄 (주위적 공소사실) : 무죄

(다) 공정증서원본불실기재 (예비적 공소사실) : 무죄

⑥ (항소심의 판단 이유는 판례 본문 참조)

⑦ 검사는 무죄 부분에 불복 상고하였다.

【참조조문】

부동산등기 특별조치법

제1조 (목적) 이 법은 부동산거래에 대한 실체적 권리관계에 부합하는 등기를 신청하도록 하기 위하

여 부동산등기에 관한 특례등에 관한 사항을 정함으로써 건전한 부동산 거래질서를 확립함을 목적으로 한다.

제2조 (소유권이전등기등 신청의무) ① 부동산의 소유권이전을 내용으로 하는 계약을 체결한 자는 다음 각호의 1에 정하여진 날부터 60일 이내에 소유권이전등기를 신청하여야 한다. 다만, 그 계약이 취소·해제되거나 무효인 경우에는 그러하지 아니하다.

1. 계약의 당사자가 서로 대가적인 채무를 부담하는 경우에는 반대급부의 이행이 완료된 날
2. 계약당사자의 일방만이 채무를 부담하는 경우에는 그 계약의 효력이 발생한 날

제6조 (등기원인 허위기재등의 금지) 제2조의 규정에 의하여 소유권이전등기를 신청하여야 할 자는 그 등기를 신청함에 있어서 등기신청서에 등기원인을 허위로 기재하여 신청하거나 소유권이전등기외의 등기를 신청하여서는 아니된다.

제8조 (벌칙) 다음 각호의 1에 해당하는 자는 3년 이하의 징역이나 1억원 이하의 벌금에 처한다.

1. 조세부과를 면하려 하거나 다른 시점간의 가격변동에 따른 이득을 얻으려 하거나 소유권등 권리변동을 규제하는 법령의 제한을 회피할 목적으로 제2조 제2항 또는 제3항의 규정에 위반한 때
2. 제6조의 규정에 위반한 때
3. 삭제 〈1995.3.30〉

2. 부동산등기특별조치법 위반죄 부분에 대한 판단

(1) 부동산등기특별조치법 위반죄의 주체

【대법원 분석】 부동산등기 특별조치법 제8조 제2호는 같은 법 제6조의 규정에 위반한 때를 처벌한다고 규정하고 있고, /

【대법원 분석】 같은 법 제6조는 같은 법 제2조의 규정에 의하여 소유권이전등기를 신청하여야 할 자가 그 등기를 신청함에 있어서 등기신청서에 등기원인을 허위로 기재하여 신청하여서는 아니 된다고 규정하여, /

【대법원 분석】 그 범죄 주체를 '제2조에 의하여 등기를 신청하여야 할 자'로 제한하고 있으며, /

【대법원 분석】 같은 법 제2조 제1항은 부동산의 소유권 이전을 내용으로 하는 계약을 체결한 자는 일정 기간 이내에 소유권이전등기를 신청하여야 하되, 그 계약이 취소·해제되거나 무효인 경우에는 그러하지 아니하다고 규정하고 있는바, /

【대법원 요지】 위 각 규정을 종합해 보면 같은 법 제8조 제2호, 제6조 위반죄가 성립하기 위해서는 당해 부동산소유권이전계약이 유효하여야 한다고 할 것이다.

(2) 토지거래허가제 위반의 법적 효과

【대법원 요지】 한편, 국토의 계획 및 이용에 관한 법률상의 토지거래 허가구역 내의 토지에 대한 토지거래계약은 관할 관청의 허가를 받아야만 그 효력이 발생하고 허가를 받기 전에는 원칙적으로 무효라 할 것인바, /

【대법원 요지】 다만 허가받을 것을 전제로 체결한 거래계약은 일단 허가를 받으면 소급해서 유효한

계약이 되는 것이지만, /

【대법원 요지】 처음부터 허가를 배제하거나 잠탈하는 내용의 계약을 체결한 경우에는 확정적으로 무효라고 할 것이다.

(3) 사안에 대한 대법원의 판단

【대법원 분석】 원심판결 이유를 기록에 비추어 살펴보면 원심이, /

【대법원 판단】 부동산등기 특별조치법 제8조 제2호, 제6조 위반죄가 성립하기 위해서는 당해 부동산소유권이전계약이 유효하여야 함을 전제로 한 후 /

【대법원 판단】 그 판시 사실에 비추어 볼 때 토지거래 허가구역 안에 소재한 이 사건 토지에 관한 피고인과 제1심 공동피고인 을 사이의 매매계약이 처음부터 토지거래허가를 잠탈할 목적으로 증여를 가장하여 소유권이전등기를 마치려는 의도하에 체결된 것으로서 확정적으로 무효라는 이유로 /

【대법원 결론】 이 부분 공소사실에 대하여 무죄를 선고한 것은 정당하고, 거기에 상고이유의 주장과 같이 법리를 오해한 위법이 없다.

3. 공정증서원본불실기재죄 부분에 대한 판단

【대법원 요지】 형법 제228조 제1항이 규정하는 공정증서원본불실기재죄는 특별한 신빙성이 인정되는 공문서에 대한 공공의 신용을 보장함을 보호법익으로 하는 범죄로서 /

【대법원 요지】 공무원에 대하여 진실에 반하는 허위신고를 하여 공정증서원본 또는 이와 동일한 전자기록 등 특수매체기록에 실체관계에 부합하지 아니하는 불실의 사실을 기재 또는 등록하게 함으로써 성립하는 것이다.

【대법원 분석】 원심판결 이유에 의하면, /

【대법원 분석】 피고인은 을과 사이에 토지거래 허가구역 안에 있는 이 사건 토지에 관하여 실제로는 매매계약을 체결하고서도 처음부터 토지거래허가를 잠탈하려는 목적으로 등기원인을 실제와 달리 '증여'로 한 을 명의의 소유권이전등기를 경료하였다는 것인바, /

【대법원 판단】 앞서 본 바와 같이 위 토지거래계약은 확정적 무효이고, 이에 터 잡은 소유권이전등기는 실체관계에 부합하지 아니하며, /

【대법원 판단】 그와 같은 소유권이전등기는 토지등기부에 대한 공공의 신용을 해칠 위험성이 큰 점을 감안하면, /

【대법원 판단】 비록 피고인과 을 사이에 이 사건 토지에 관하여 실제의 원인과 달리 '증여'를 원인으로 한 소유권이전등기를 경료시킬 의사의 합치가 있더라도, 위 등기를 한 것은 허위신고를 하여 공정증서원본에 불실의 사실을 기재하게 한 때에 해당한다고 할 것이다.

【대법원 결론】 이와 다른 견해에서 피고인과 을 사이에 위와 같은 의사의 합치가 있었다는 이유로 이 부분 공소사실에 대하여 무죄를 선고한 원심판결에는 공정증서원본불실기재에 관한 법리를 오해한 위법이 있다. 이 점에 관한 상고이유의 주장은 이유 있다. (파기 환송)

2012도12363

공정증서원본불실기재죄와 불실기재 – 부정례
7천만원 증액 신고 사건

2013. 1. 24. 2012도12363, 공 2013상, 441

1. 사실관계 및 사건의 경과

【사실관계 1】

① [2005년] 정부는 부동산종합대책을 마련하였다.

② 2005. 7. 29. 공인중개사법이 다음과 같은 내용으로 개정되었다.

(가) 부동산거래 시 거래당사자나 중개업자는 실제 거래가액을 시장, 군수 또는 구청장에게 신고하여 신고필증을 받아야 한다.

(나) 거래당사자나 중개업자가 거짓 신고 등을 한 경우에는 과태료를 부과한다.

③ 2005. 12. 29. 부동산등기법이 다음과 같은 내용으로 개정되었다

(가) 매매를 원인으로 하는 소유권이전등기를 신청하는 경우에는 등기신청서에 거래신고필증에 기재된 거래가액을 기재한다.

(나) 등기신청서에 기재된 거래가액은 부동산등기부 갑구의 권리자 및 기타사항란에 기재한다.

④ [2014년 관련 법률은 「부동산 거래신고에 관한 법률」로 개편되었다.]

【사실관계 2】

① 갑은 M토지를 A로부터 1억 1,000만 원에 매수하였다.

② 갑은 양도소득세를 면탈할 생각을 하였다.

③ 갑은 M토지를 1억 8,000만 원에 매수한 것처럼 소유권이전등기 신청서류를 작성하였다. (㉠신청서)

④ 2010. 3. 24. 갑은 관할법원 등기과에서 그 사실을 모르는 등기소 담당직원 B에게 ㉠신청서를 제출하였다.

⑤ 등기소직원 B는 M토지에 대해 1억 8,000만 원에 매매가 된 것으로 부동산등기 데이터베이스에 소유권이전등기를 하였다. (㉡공전자기록)

⑥ ㉡공전자기록은 관할법원 등기과에 비치되었다.

【사건의 경과】

① 검사는 갑을 다음의 공소사실로 기소하였다.

(가) 공전자기록등불실기재

(나) 불실기재공전자기록등행사

② 제1심법원은 무죄를 선고하였다.

③ 검사는 불복 항소하였다.

④ 항소심법원은 항소를 기각하고, 제1심판결을 유지하였다.

⑤ 검사는 불복 상고하였다.

⑥ 검사는 상고이유로, 거래가액을 허위로 신고하여 등기전산망에 기재하게 한 것은 불실기재에 해당한다고 주장하였다.

2. 사안에 대한 대법원의 판단

(1) 공정증서원본불실기재죄의 부실의 사실

【대법원 요지】 형법 제228조 제1항이 규정하는 공정증서원본불실기재죄나 공전자기록등불실기재죄는 /

【대법원 요지】 특별한 신빙성이 인정되는 권리의무에 관한 공문서에 대한 공공의 신용을 보장함을 보호법익으로 하는 범죄로서 /

【대법원 요지】 공무원에 대하여 진실에 반하는 허위신고를 하여 /

【대법원 요지】 공정증서원본 또는 이와 동일한 전자기록 등 특수매체기록에 /

【대법원 요지】 그 증명하는 사항에 관하여 실체관계에 부합하지 아니하는 '부실(不實)의 사실'을 기재 또는 기록하게 함으로써 성립하므로, /

【대법원 요지】 여기서 '부실의 사실'이라 함은 /

【대법원 요지】 권리의무관계에 중요한 의미를 갖는 사항이 객관적인 진실에 반하는 것을 말한다고 봄이 상당하다.

(2) 부동산거래의 허위신고와 불실기재 여부

【대법원 분석】 한편 부동산등기법이 2005. 12. 29. 법률 제7764호로 개정되면서 /

【대법원 분석】 매매를 원인으로 하는 소유권이전등기를 신청하는 경우에는 등기신청서에 거래신고필증에 기재된 거래가액을 기재하고, /

【대법원 분석】 신청서에 기재된 거래가액을 부동산등기부 갑구의 권리자 및 기타사항란에 기재하도록 하였는바, /

【대법원 분석】 이는 부동산거래 시 거래당사자나 중개업자가 실제 거래가액을 시장, 군수 또는 구청장에게 신고하여 신고필증을 받도록 의무화하면서 /

【대법원 분석】 거짓 신고 등을 한 경우에는 과태료를 부과하기로 하여 /

【대법원 분석】 2005. 7. 29. 법률 제7638호로 전부 개정된 '공인중개사의 업무 및 부동산 거래신고에 관한 법률'과 아울러 /

【대법원 분석】 부동산 종합대책의 일환으로 실시된 것으로서, /

【대법원 요지】 그 개정 취지는 부동산거래의 투명성을 확보하기 위한 데에 있을 뿐이므로, /

【대법원 요지】 부동산등기부에 기재되는 거래가액은 당해 부동산의 권리의무관계에 중요한 의미를 갖는 사항에 해당한다고 볼 수 없다.

【대법원 요지】 따라서 부동산의 거래당사자가 거래가액을 시장 등에게 거짓으로 신고하여 신고필증을 받은 뒤 /

【대법원 요지】 이를 기초로 사실과 다른 내용의 거래가액이 부동산등기부에 등재되도록 하였다면, /

【대법원 요지】 '공인중개사의 업무 및 부동산 거래신고에 관한 법률'에 따른 과태료의 제재를 받게 됨은 별론으로 하고, /

【대법원 요지】 형법상의 공전자기록등불실기재죄 및 불실기재공전자기록등행사죄가 성립하지는 아니한다.

【대법원 결론】 같은 취지에서 원심이 이 부분 공소사실에 대하여 무죄를 선고한 제1심판결을 그대로 유지한 조치는 정당하고, 거기에 상고이유의 주장과 같은 법리오해의 위법이 없다. (상고 기각)

2008도10248

공정증서원본불실기재죄와 불실기재 – 부정례
주주총회 소집결의 하자 사건

2009. 2. 12. 2008도10248, 공 2009상, 359

1. 사실관계 및 사건의 경과

【사실관계 1】

① [갑은 P회사의 대표이사이다.]
② 갑은 P주식회사의 대주주로서 보유주식이 총 주식의 35%에 이른다.
③ C가 보유한 주식은 C가 갑에게 명의만 대여한 것일 뿐 갑이 실질적 주주이다.
④ 갑과 C가 보유한 주식을 합치면 65% 이상이 된다.
⑤ C는 보유하던 ㉠주식을 A와 B에게 양도하였다.
⑥ ㉠주식의 양도는 P회사가 정관에 정한 이사회의 승인을 받지 못하였다.

【사실관계 2】

① 갑은 주주총회를 소집하였다.
② P회사의 주주총회가 소집되려면 65%의 주주에게 소집통지가 이루어져야 한다.
③ 주주총회 소집통지는 갑, A, B 등에게 이루어졌다.
④ 2006. 2. 8. P회사의 ㉡정기주주총회가 개최되었다.
⑤ ㉡주주총회에는 갑, A, B가 참석하였다.
⑥ ㉡주주총회에서는 D를 감사로 선임하는 결의가 이루어졌다.
⑦ 갑은 이후 ㉡주주총회 결의사항을 첨부하여 P회사의 상업등기부에 D를 감사로 기재하는 등기를 마쳤다.

【사건의 경과】

① 검사는 갑을 공정증서원본불실기재죄로 기소하였다.
② 제1심법원은 무죄를 선고하였다.
③ 검사는 불복 항소하였다.
④ 항소심법원은 항소를 기각하고, 제1심판결을 유지하였다.

⑤ (항소심의 판단 이유는 판례 본문 참조)
⑥ 검사는 불복 상고하였다.
⑦ 검사는 상고이유로 다음의 점을 주장하였다.
(가) A, B에 대한 주식양도는 이사회의 승인이 없어서 무효이다.
(나) A, B에 대한 주주총회 소집통지는 무효이다.
(다) 자격 없는 A, B를 제외하면 총회 소집요건인 65% 주주의 통지요건을 갖추지 못한다.
(라) 따라서 ㉡주주총회에서 이루어진 결의는 무효이거나 부존재이다.
(마) 무효이거나 부존재인 결의에 기초하여 상업등기부에의 D를 감사로 등기하게 한 행위는 공정증서원본불실기재죄에 해당한다.

2. 공정증서원본 기재사실의 부존재, 무효, 취소

【대법원 요지】 공정증서원본에 기재된 사항이 외관상 존재하는 사실이라 하더라도 /
【대법원 요지】 이에 무효나 부존재에 해당되는 흠이 있다면 그 기재는 부실기재에 해당되나, /
【대법원 요지】 그것이 객관적으로 존재하는 사실이고 이에 취소사유에 해당되는 하자가 있을 뿐인 경우에는 /
【대법원 요지】 그 취소 전에 그 사실의 내용이 공정증서원본에 기재된 이상 /
【대법원 요지】 그 기재가 공정증서원본[불]실기재죄를 구성하지 않는다.

3. 사안에 대한 대법원의 판단

(1) 주주총회결의 취소사유 부분에 대한 판단

【대법원 판단】 원심은 그 판시와 같은 경위로 공소외 주식회사의 2006. 2. 8.자 정기주주총회가 개최되어 감사선임에 관한 결의가 이루어진 사실을 인정하고, /
【대법원 판단】 나아가 공소사실에 적시된 주주총회의 소집절차 등에 관한 하자는 모두 주주총회결의의 취소사유에 불과하다는 이유로 /
【대법원 판단】 이 사건 공소사실에 대하여 무죄를 선고한 제1심판결을 유지하였다.
【대법원 결론】 원심의 위와 같은 판단은 앞서 본 법리에 기초한 것으로서 기록에 비추어 정당하다. 원심판결에 채증법칙 위반, 주주총회의 결의부존재사유에 관한 법리오해 등의 위법이 있다고 할 수 없다.

(2) 주주총회결의 부존재 사유 부분에 대한 판단

【대법원 분석】 그 밖에 검사는 /
【대법원 분석】 원심이 위 주주총회 당시 피고인 외에 참석 주주로 인정한 공소외 A, B는 주식양도와 관련하여 정관이 요구한 이사회의 승인을 받지 못하여 /
【대법원 분석】 결국 주주들 중 주식비율 65%의 주주에게 소집통지가 이루어지지 못하여 결의부존재의 사유가 존재한다고 주장한다. /
【대법원 판단】 그러나 이 사건 공소사실에 따르더라도 당시 피고인의 보유주식이 35%에 이르고, /
【대법원 판단】 공소외 A 등에게 주식을 양도한 공소외 C 등은 피고인에게 명의만을 대여한 사람들

로서 그 실질주주에 해당하는 피고인이 위 주주총회에 참석하였던 사정을 종합하면, /

【대법원 판단】 검사가 주장하는 위 사정만으로는 위 주주총회의 결의에 부존재사유가 있다고 볼 수 없다.

【대법원 결론】 따라서 검사의 위 주장도 받아들일 수 없다. (상고 기각)

2009도5786

공정증서원본불실기재죄와 불실기재 - 인정례
가압류 대비용 어음 공증 사건

2012. 4. 26. 2009도5786, 공 2012상, 936

1. 사실관계 및 사건의 경과

【사실관계 1】

① [제1심판결과 항소심판결을 종합하여 임의로 사실관계를 정리함]

② 갑과 을은 중고자동차 중개판매업에 종사하고 있다.

③ 2005. 10.경부터 갑은 을로부터 돈을 빌려서 중고자동차를 매매한 다음 을에게 돈을 되갚는 방법으로 일을 하고 있다.

【사실관계 2】

① 갑은 P백화점이 관할법원에 공탁한 공탁금 26,331,830원에 대한 공탁금출급청구권을 가지고 있다. (ⓐ공탁금)

② 갑은 Q홈쇼핑이 관할법원에 공탁한 공탁금 9,168,260원에 대한 공탁금출급청구권을 가지고 있다. (ⓑ공탁금)

③ A는 갑에 대하여 연대보증금 채권을 주장하고 있다.

④ 갑은 A에 대하여 채무가 없다고 다투고 있다.

⑤ A는 갑에 대하여 법적으로 대응할 움직임을 보였다.

⑥ 갑과 을은 A의 움직임에 대처하는 방안을 모색하였다.

【사실관계 3】

① 2006. 9. 19. 갑과 을은 공증인가 R법무법인을 찾아갔다.

② 갑은 R법무법인의 공증담당변호사 K에게 "본인(갑)은 을에 대하여 3억 원의 채무를 부담하고 있다"라고 진술하였다.

③ 공증담당변호사 K는 액면 3억 원의 ㉠약속어음을 공증하여 ㉡공정증서를 작성하였다. (☞문서례 8번 참조)

④ 공증담당변호사 K는 ㉡공정증서(정본)를 을에게 교부하였다.

⑤ 공증담당변호사 K는 ㉡공정증서의 원본을 R법무법인 사무실에 비치하였다.

⑥ ㉡공정증서에는 발행인 갑, 수취인 을, 어음금 3억 원, 발행일 2006. 9. 19.인 ㉠약속어음이 붙어

있다.

⑦ ⓛ공정증서에는 "2009. 9. 19. 공증인가 R법무법인의 사무소에서 작성하였다."는 취지가 기재되어 있다.

【사실관계 4】

① 2006. 11. 24. A는 갑의 Q홈쇼핑 ⓑ공탁금에 대한 공탁금출급청구권을 가압류하였다. (☞문서례 6번 참조)

② 2006. 11. 27. A는 갑의 P백화점 ⓐ공탁금에 대한 공탁금출급청구권을 가압류하였다.

③ 2006. 11. 15. A는 갑에 대하여 연대보증금 4,900만 원을 지급하라는 내용의 지급명령을 신청하였다(민소법 제464조 참조). (☞문서례 5-2번 참조)

④ 2007. 1. 5.경 갑은 관할법원의 지급명령 결정에 대하여 이의신청을 하였다(민소법 제470조 제1항 참조).

⑤ 지급명령에 대해 이의신청이 있으면 소가 제기된 것으로 보게 된다(민소법 제472조 제2항 참조).

【사실관계 5】

① 을은 S은행에 예금주 을 명의의 M계좌를 가지고 있다.

② 2005. 10. 14.부터 2007. 1. 23.까지 M계좌에 나타난 갑과 을 사이의 금전 거래 관계는 다음과 같다.

(가) 을의 계좌에서 갑의 계좌로 이체된 금액은 261,555,000원이다.

(나) 갑의 계좌에서 을의 계좌로 이체된 금액은 214,450,000원이다.

(다) 따라서 을의 계좌에서 갑의 계좌로 47,105,000원이 더 많이 이체되었다.

③ 위의 금전 거래 내역에 따르면 2007. 1. 23. 시점에서 을이 갑에게 주장할 수 있는 채권은 47,105,000원이다.

④ 2007. 1. 24. 을은 관할법원에 갑을 피고로 하여 ⓐ, ⓑ공탁금출급청구권에 대한 채권압류 및 추심명령을 신청하였다.

⑤ 을은 근거서류로 이미 작성되어 있던 액면 3억 원의 ㉠약속어음에 대한 ⓛ공정증서를 제출하였다.

【사실관계 6】

① 2007. 1. 25. 을은 ⓛ공정증서에 기하여 [R법무법인의 공증인으로부터] 집행문을 부여받았다.

② 2007. 1. 26. 을은 관할법원으로부터 갑의 ⓐ, ⓑ공탁금에 대한 공탁금출급청구권에 대해 압류·추심명령을 받았다.

③ 2007. 5. 31. A가 갑을 상대로 제기한 소송에서 관할 제1심법원은 "갑은 A에게 3,500만 원과 이에 대한 지연손해금을 지급하라."는 원고 일부 승소판결을 선고하였다.

④ [이후 갑은 위의 민사판결에 불복 항소하였으나 기각되었다].

【사실관계 7】

① A의 가압류 및 을의 압류·추심명령에 따라 관할법원에서 갑의 ⓐ, ⓑ공탁금에 대한 배당절차가 진행되었다.

② 2007. 7. 13. 관할법원은 ⓐ공탁금에 대한 배당절차에서 다음과 같이 배당하는 내용으로 배당표를

작성하였다.

(가) A : 3,026,199원

(나) 을 : 23,278,451원

③ 2007. 9. 20. 관할법원은 ⓑ공탁금에 대한 배당절차에서 다음과 같이 배당하는 내용으로 배당표를 작성하였다.

(가) A : 294,874원

(나) 을 : 8,846,206원

④ A는 관할법원의 위와 같은 배당표 작성에 대해 배당이의 신청을 하였다.

【사실관계 8】

① 을은 관할법원의 배당이의사건에 대해 입증자료를 제출하게 되었다.

② 2007. 10.경 을은 S은행으로부터 을의 M계좌에 대한 ⓒ거래내역서를 발부받았다.

③ 을은 발부받은 ⓒ계좌거래내역서 중 갑이 을에게 송금한 내역을 수정테이프로 지운 후 이를 전자복사하여 ㉣계좌거래내역서를 만들었다.

④ 2007. 10. 24. 을은 관할법원에 을이 갑에 대하여 2억 6천만 원 상당의 채권을 가지고 있다는 내용의 준비서면을 제출하였다.

⑤ 을은 준비서면에 ㉣계좌거래내역서를 첨부하였다.

⑥ [이후 을이 조작한 ㉣계좌거래내역서를 제출하였음이 발각되었다.]

⑦ [을이 보다 많은 배당금을 받으려는 계획은 이로써 수포로 돌아갔다.]

【사건의 경과 1】

① 검사는 갑을 다음의 공소사실로 기소하였다.

(가) 고액배당금 수령 시도 : 사기미수

(나) 약속어음공정증서원본작성 : 공정증서원본불실기재

(다) 약속어음공정증서원본비치 : 불실기재공정증서원본행사

② 검사는 을을 다음의 공소사실로 기소하였다.

(가) 고액배당금 수령 시도 : 사기미수

(나) 약속어음공정증서원본작성 : 공정증서원본불실기재

(다) 약속어음공정증서원본비치 : 불실기재공정증서원본행사

(라) ㉣계좌거래내역서 조작행위 : 사문서변조

(마) ㉣계좌거래내역서 사본 제출행위 : 변조사문서행사

【사건의 경과 2】

① 갑의 피고사건은 제1심을 거친 후, 항소심에 계속되었다.

② 항소심법원은 갑에 대해 다음과 같이 판단하였다.

(가) 고액배당금 수령 시도 : 사기미수 : 유죄

(나) 약속어음공정증서원본작성 : 공정증서원본불실기재 : 무죄

(다) 약속어음공정증서원본비치 : 불실기재공정증서원본행사 : 무죄

③ 항소심법원은 을에 대해 다음과 같이 판단하였다.

(가) 고액배당금 수령 시도 : 사기미수 : 유죄
(나) 약속어음공정증서원본작성 : 공정증서원본불실기재 : 무죄
(다) 약속어음공정증서원본비치 : 불실기재공정증서원본행사 : 무죄
(라) ㉣계좌거래내역서 조작행위 : 사문서변조 : 유죄
(마) ㉣계좌거래내역서 사본 제출행위 : 변조사문서행사 : 유죄

④ (항소심의 무죄 부분에 대한 판단 이유는 판례 본문 참조)
⑤ 검사는 무죄 부분에 불복 상고하였다.

【참조조문】

공증인법

제2조 (공증인의 직무) 공증인은 당사자나 그 밖의 관계인의 촉탁(囑託)에 따라 다음 각 호의 사무를 처리하는 것을 직무로 한다. 공증인은 위 직무에 관하여 공무원의 지위를 가지는 것으로 본다.
1. 법률행위나 그 밖에 사권(私權)에 관한 사실에 대한 공정증서(公正證書)의 작성
2. 사서증서(私署證書) 또는 전자문서등(공무원이 직무상 작성한 것은 제외한다)에 대한 인증
3. 이 법과 그 밖의 법령에서 공증인이 취급하도록 정한 사무

제56조의2 (어음 · 수표의 공증 등) ① 공증인은 어음 · 수표에 첨부하여 강제집행을 인낙(認諾)한다는 취지를 적은 공정증서를 작성할 수 있다.
② 제1항에 따른 증서는 어음 · 수표의 발행인과 수취인, 양도인과 양수인 또는 그 대리인의 촉탁이 있을 때에만 작성할 수 있다.
③ 공증인이 제1항에 따른 증서를 작성할 때에는 /
어음 · 수표의 원본을 붙여 증서의 정본을 작성하고, /
그 어음 · 수표의 사본을 붙여 증서의 원본 및 등본을 작성한 후, /
증서의 정본은 어음 · 수표상의 채권자에게 내주고, /
그 등본은 어음 · 수표상의 채무자에게 내주며, /
그 원본은 공증인이 보존한다.
④ 제1항에 따른 증서는 「민사집행법」 제56조에도 불구하고 그 어음 또는 수표에 공증된 발행인, 배서인(背書人) 및 공증된 환어음을 공증인수(公證引受)한 지급인에 대하여는 집행권원으로 본다.
⑤ 제4항에 따라 집행권원으로 보는 증서에 대한 집행문(執行文)은 공증된 어음 · 수표의 수취인이나 공증배서(公證背書)된 양수인에게만 부여한다.
⑥ 제1항의 경우에는 제25조부터 제35조까지, 제35조의2, 제36조부터 제38조까지, 제40조부터 제43조까지 및 제43조의2를 준용한다.

제56조의3 (집행문 부여의 제한) ① 공증인은 공정증서를 작성한 날부터 7일이 지나지 아니하면 집행문을 부여할 수 없다.
② 공증인은 제35조의2 제1항에 따른 부기가 있으면 집행문을 부여할 수 없다.

2. 무효인 약속어음의 공증과 공정증서원본불실기재죄

【대법원 요지】 가. 형법 제228조 제1항의 공정증서원본불실기재죄는 공무원에 대하여 진실에 반하

는 허위신고를 하여 공정증서원본 또는 이와 동일한 전자기록 등 특수매체기록에 실체관계에 부합하지 않는 불실의 사실을 기재 또는 기록하게 함으로써 성립한다. /

【대법원 요지】 그런데 발행인과 수취인이 통모하여 /

【대법원 요지】 진정한 어음채무의 부담이나 어음채권의 취득에 관한 의사 없이 /

【대법원 요지】 단지 발행인의 채권자로부터 채권의 추심이나 강제집행을 받는 것을 회피하기 위하여 형식적으로만 약속어음의 발행을 가장한 경우 /

【대법원 요지】 이러한 어음발행행위는 통정허위표시로서 무효이므로, /

【대법원 요지】 (대법원 1996. 8. 23. 선고 96다18076 판결, 대법원 2005. 4. 15. 선고 2004다70024 판결 등 참조), /

【대법원 요지】 이와 같이 발행인과 수취인 사이에 통정허위표시로서 무효인 어음발행행위를 /

【대법원 요지】 공증인에게는 마치 진정한 어음발행행위가 있는 것처럼 허위로 신고함으로써 /

【대법원 요지】 공증인으로 하여금 그 어음발행행위에 대하여 집행력 있는 어음공정증서원본을 작성케 하고 이를 비치하게 하였다면, /

【대법원 요지】 이러한 행위는 공정증서원본불실기재 및 불실기재공정증서원본행사죄에 해당한다고 봄이 상당하다. /

3. 사안에 대한 항소심의 판단

【대법원 분석】 나. 원심은, /

【대법원 분석】 피고인 갑이 피고인 을에 대하여 아무런 채무를 부담하고 있지 않은데도 /

【대법원 분석】 그 정을 모르는 공증인으로 하여금 액면 3억 원의 약속어음을 허위로 공증하게 하고 이를 그 사무실에 비치하게 하였다는 취지의 공소사실에 대하여, /

【항소심 판단】 피고인들 사이에 약속어음의 원인채무관계가 존재하지 않는다는 이유만으로 약속어음이 허위라고 할 수는 없다고 전제한 다음, /

【항소심 판단】 피고인들이 그들의 의사에 따라 실제로 위 약속어음을 작성하고 공증인이 피고인들의 촉탁에 따라 위 약속어음이 진정하게 발행 · 교부되었음을 확인한 이상 /

【항소심 판단】 위 약속어음 발행의 원인이 되는 채권이 존재하지 않았다고 하여 위 공정증서가 증명하는 사항이 불실기재되었다고 볼 수는 없다고 보아, /

【항소심 판단】 이 부분 공소사실을 무죄로 판단하였다.

4. 사안에 대한 대법원의 판단

【대법원 판단】 그러나 원심의 판단은 다음과 같은 이유로 수긍하기 어렵다.

【대법원 분석】 원심이 인정한 사실과 그 채택 증거들에 의하면, /

【대법원 분석】 피고인들 사이에 이 사건 약속어음 발행의 원인이 된 채권 · 채무가 존재하지 않았음은 물론이지만, /

【대법원 분석】 무엇보다 피고인들은 공증인에게 이 사건 어음공정증서의 작성을 촉탁함에 있어, /

【대법원 분석】 피고인들 사이에 진정으로 약속어음을 발행할 의사 없이 통모하여 마치 진정한 약속

어음을 발행하는 것처럼 가장함으로써 이에 대한 어음공정증서의 작성을 촉탁하였고, /

【대법원 분석】 그에 따라 공증인으로 하여금 이 사건 어음공정증서를 작성하게 하여 그 원본을 비치하게 한 사실/

【대법원 분석】 (그 후 피고인들은 피고인 갑의 채권자인 공소외인[A]이 채권배당절차에서 배당을 받지 못하도록 이 사건 어음공정증서를 집행권원으로 신청하여 채권압류 및 추심명령을 받음으로써 배당법원으로부터 배당을 받으려 하였다)을 알 수 있다.

【대법원 판단】 앞서 본 법리에 의하면 피고인들의 어음발행행위는 통정허위표시로서 무효이므로, /

【대법원 판단】 이러한 무효인 어음발행행위에 대하여 공증인으로 하여금 어음공정증서원본을 작성하고 비치하게 한 것은 공정증서원본불실기재 및 불실기재공정증서원본행사죄에 해당한다고 할 것이다.

【대법원 결론】 이와 달리 이 부분 공소사실을 무죄로 판단한 원심판결에는 어음공정증서원본불실기재 등 죄에 관한 법리를 오해한 위법이 있고, 이를 지적하는 상고이유는 이유 있다. (파기 환송)

2008도7836

사문서위조죄와 위조 – 부정례
공정증서원본불실기재죄와 불실기재 – 인정례
전처 명의 차용증 사건

2008. 12. 24. 2008도7836, [공보불게재]

☞ 863면

2003도6934

등록증불실기재죄와 등록증 – 부정례
횡령죄와 타인 소유 – 부정례
사업자등록증 불실기재 사건

2005. 7. 15. 2003도6934, 공 2005, 1374

1. 사실관계 및 사건의 경과

【사실관계】

① [이하의 사실관계는 필자가 임의로 보완하여 구성한 것이다.]

② 갑은 투자자 A와 함께 P공장을 동업하기로 하였다.

③ 갑은 기술을 대고, 투자자 A는 M기계를 구입하기로 하는 동업계약이 체결되었다.

④ 갑은 관할 세무서에 사업자등록신청을 하면서 갑 단독으로 P공장을 운영하는 것으로 등록하였다.

⑤ 관할 세무서장은 갑을 단독 사업자로 기재한 ㉠사업자등록증을 갑에게 교부하였다. (☞문서례 2번 참조)

⑥ [갑과 을 사이에 수익금 배분을 둘러싸고 분쟁이 발생하였다.]

⑦ 2000. 11. 말경 또는 같은 해 12. 초순경 A는 갑과의 동업계약을 해지하고 동업관계에서 탈퇴하였다.

⑧ 갑과 A 사이에 투자금 환급에 관한 정산이 이루어지지 아니한 상태로 있었다.

⑨ 갑은 B에게 ㉠사업자등록증을 보여주면서 M기계와 함께 P공장의 운영권을 B에게 넘겨주었다.

【사건의 경과】

① 검사는 갑을 다음의 공소사실로 기소하였다.

(가) 횡령죄

(나) 등록증불실기재죄

(다) 불실기재등록증행사죄

② 제1심법원은 공소사실에 대해 전부 무죄를 선고하였다.

③ 검사는 불복 항소하였다.

④ 항소심법원은 항소를 기각하고, 제1심판결을 유지하였다.

⑤ 검사는 불복 상고하였다.

2. 등록증불실기재죄 부분에 대한 판단

(1) 등록증불실기재죄와 등록증의 범위

【대법원 분석】 1. 형법 제228조는 공무원이 아닌 자가 그 정을 모르는 공무원을 이용하여 공문서에 허위의 사실을 기재하게 하는 이른바 간접적 무형위조를 처벌하면서 /

【대법원 분석】 모든 공문서를 객체로 하지 않고 '공정증서원본 또는 이와 동일한 전자기록 등 특수매체기록'(제1항), '면허증, 허가증, 등록증 또는 여권'(제2항)으로 그 객체를 제한하고 있는바, /

【대법원 요지】 그 취지는 공문서 중 일반사회생활에 있어서 특별한 신빙성을 요하는 공문서에 대한 공공의 신용을 보장하고자 하는 것이므로 /

【대법원 요지】 위 형법 제228조 제2항의 '등록증'은 공무원이 작성한 모든 등록증을 말하는 것이 아니라, /

【대법원 요지】 일정한 자격이나 요건을 갖춘 자에게 그 자격이나 요건에 상응한 활동을 할 수 있는 권능 등을 인정하기 위하여 공무원이 작성한 증서를 말한다고 할 것이다.

(2) 사안에 대한 대법원의 판단

【대법원 분석】 원심은, /

【대법원 분석】 이 사건 사업자등록증은 부가가치세법이 부가가치세 등의 납세의무자 파악과 과세자료 확보를 위하여 사업자로 하여금 사업장 관할세무서장에게 등록신청을 하게 하여 관할세무서장이 그 사업자에게 교부하는 것으로서, /

【대법원 분석】 그 등록신청의 내용은 사업자 인적사항, 사업자등록신청사유, 사업개시연월일 등이고 그 등록신청이 있으면 특별한 사정이 없는 한 관할세무서장은 7일 내에 신청자에게 사업자등록증

을 교부하도록 되어 있는 점에 비추어 보면, /
【대법원 판단】 위 사업자등록증은 단순한 사업사실의 등록을 증명하는 증서에 불과하고 /
【대법원 판단】 그에 의하여 사업을 할 수 있는 자격이나 요건을 갖추었음을 인정하는 것은 아니라고 할 것이어서, 위 형법 제228조 제1항 소정의 등록증에 해당하지 않는다는 이유로, /
【대법원 결론】 이 사건 공소사실 중 등록증불실기재, 불실기재등록증행사의 각 점에 대하여 무죄를 선고한 제1심판결을 유지하였는바, /
【대법원 결론】 위와 같은 원심의 판단은 앞서 본 바와 같은 법리에 따른 것으로서 수긍할 수 있고, 거기에 상고이유로 주장하는 바와 같은 형법 제228조 제2항 소정의 등록증의 개념에 관한 법리오해 등의 위법이 없다.

3. 횡령죄 부분에 대한 판단

【대법원 분석】 2. 원심은, 그 채용 증거를 종합하여 그 판시와 같은 사실을 인정한 다음, /
【대법원 분석】 A는 2000. 11. 말경 또는 같은 해 12. 초순경 피고인과의 동업계약을 해지하고 동업관계에서 탈퇴하였다고 할 것인데, /
【대법원 판단】 2인의 동업으로 인한 조합관계에서 A가 탈퇴하였다면 그 동업재산은 탈퇴하지 않고 남은 피고인의 단독소유에 속하게 되고 /
【대법원 판단】 탈퇴한 A와 남은 피고인 사이에는 탈퇴에 따른 투자금의 환급 등 계산만이 남는다고 할 것이므로, /
【대법원 판단】 피고인이 위 공장의 운영권을 B에게 넘겨주었더라도 이는 횡령죄를 구성하지 아니한다 할 것이고 /
【대법원 결론】 달리 피고인이 동업재산을 임의 처분하였다고 인정할 증거가 없다는 이유로 이 사건 공소사실 중 횡령의 점에 대하여 무죄를 선고한 제1심판결을 유지하였는바, /
【대법원 결론】 이와 같은 원심의 증거취사, 사실인정 및 판단은 수긍이 가고, 거기에 상고이유로 주장하는 바와 같은 채증법칙 위반으로 인한 사실오인, 조합관계에 관한 법리오해 등의 위법이 없다. (상고 기각)

2000도1985

공문서부정행사죄와 부정행사 – 인정례
타인 운전면허증 제시 사건

2001. 4. 19. 2000도1985 전원합의체 판결, 공 2001, 1185

1. 사실관계 및 사건의 경과

【사실관계】
① 갑은 경찰관 A로부터 불심검문을 받았다.

② 경찰관 A는 신분확인을 위하여 갑에게 신분증명서의 제시를 요구하였다.
③ 갑은 다른 사람 B의 운전면허증을 제시하였다.

【사건의 경과 1】

① 검사는 갑을 공문서부정행사죄로 기소하였다.
② 갑의 피고사건은 제1심을 거친 후, 항소심에 계속되었다.
③ 그 때까지의 대법원판례에 따르면 경찰공무원에게 자신의 인적사항을 속이기 위하여 다른 사람의 운전면허증을 제시한 것은 운전면허증의 사용목적에 따른 행사가 아니어서 공문서부정행사죄에 해당하지 않았다.
④ 항소심법원은 종래의 대법원판례에 따라 무죄를 선고하였다.

【사건의 경과 2】

① 검사는 불복 상고하였다.
② 대법원은 12 대 1로 견해가 나뉘었다.
③ 대법원은 다수의견에 따라 종전의 판례를 폐기하였다.
④ 대법원은 항소심판결을 파기하고 사건을 환송하였다.
⑤ (이하에서는 지면 관계로 다수의견만을 소개함)

2. 사안에 대한 대법원의 판단

(1) 공문서부정행사죄의 엄격해석 필요성

【대법원 요지】 2. 가. 형법 제230조는 공문서부정행사죄의 구성요건으로 단지 '공무원 또는 공무소의 문서 또는 도화를 부정행사한 자'라고만 규정하고 있어, /

【대법원 요지】 자칫 그 처벌범위가 지나치게 확대될 염려가 있으므로, /

【대법원 요지】 이 법원은 위 죄에 관한 범행의 주체, 객체 및 태양을 되도록 엄격하게 해석하여 그 처벌범위를 합리적인 범위 내로 제한하여 왔고, 이러한 태도는 앞으로도 지켜져야 함이 원칙이다.

(2) 운전면허증의 기능

【대법원 판단】 나. 그러나 이 법원은 다음과 같은 이유로 운전면허증의 제시행위와 공문서부정행사죄의 성립에 관한 지금까지의 입장을 바꾸는 것이 보다 올바른 법률의 해석·적용이라고 판단한다.

【대법원 분석】 먼저, 운전면허증은 운전면허를 받은 사람이 운전면허시험에 합격하여 자동차의 운전이 허락된 사람임을 증명하는 공문서로서, /

【대법원 분석】 운전면허증에 표시된 사람이 운전면허시험에 합격한 사람이라는 '자격증명'과 이를 지니고 있으면서 /

【대법원 분석】 내보이는 사람이 바로 그 사람이라는 '동일인증명'의 기능을 동시에 가지고 있다. /

【대법원 분석】 운전면허증의 앞면에는 운전면허를 받은 사람의 성명·주민등록번호·주소가 기재되고 사진이 첨부되며 뒷면에는 기재사항의 변경내용이 기재될 뿐만 아니라, 정기적으로 반드시 갱신교부되도록 하고 있어, /

【대법원 분석】 운전면허증은 운전면허를 받은 사람의 동일성 및 신분을 증명하기에 충분하고 그 기

재 내용의 진실성도 담보되어 있다. /

(3) 운전면허증의 사용목적

【대법원 판단】 그럼에도 불구하고 운전면허증을 제시한 행위에 있어 동일인증명의 측면은 도외시하고, 그 사용목적이 자격증명으로만 한정되어 있다고 해석하는 것은 합리성이 없다. /

【대법원 분석】 인감증명법상 인감신고인 본인 확인, 공직선거및선거부정방지법상 선거인 본인 확인, 부동산등기법상 등기의무자 본인 확인 등 여러 법령에 의한 신분 확인절차에서도 운전면허증은 신분증명서의 하나로 인정되고 있다.

【대법원 분석】 또한, 주민등록법 자체도 주민등록증이 원칙적인 신분증명서이지만, 주민등록증을 제시하지 아니한 사람에 대하여 신원을 증명하는 증표나 기타 방법에 의하여 신분을 확인하도록 규정하는 등으로 다른 문서의 신분증명서로서의 기능을 예상하고 있다.

【대법원 분석】 한편, 우리 사회에서 운전면허증을 발급받을 수 있는 연령의 사람들 중 절반 이상이 운전면허증을 가지고 있고, /

【대법원 분석】 특히 경제활동에 종사하는 사람들의 경우에는 그 비율이 훨씬 더 이를 앞지르고 있으며, 금융기관과의 거래에 있어서도 운전면허증에 의한 실명확인이 인정되고 있는 등 /

【대법원 분석】 현실적으로 운전면허증은 주민등록증과 대등한 신분증명서로 널리 사용되고 있다.

【대법원 판단】 위와 같이 살펴본 바에 따르면, 제3자로부터 신분확인을 위하여 신분증명서의 제시를 요구받고 다른 사람의 운전면허증을 제시한 행위는 그 사용목적에 따른 행사로서 공문서부정행사죄에 해당한다고 보는 것이 옳다.

(4) 대법원의 판례변경

【대법원 판단】 다. 그러므로 운전면허증의 제시행위와 공문서부정행사죄의 성립에 관하여 이 판결의 해석과 다르게 판시하였던 이 법원의 판결들/

【대법원 판단】 (1989. 3. 28. 선고 88도1593 판결, 1991. 5. 28. 선고 90도1877 판결, 1991. 7. 12. 선고 91도1052 판결, 1992. 11. 24. 선고 91도3269 판결, 1996. 10. 11. 선고 96도1733 판결, 2000. 2. 11. 선고 99도1237 판결 등)은 /

【대법원 판단】 이 판결의 의견과 어긋나는 범위 내에서 이를 변경한다.

【대법원 결론】 3. 그럼에도 불구하고 원심은 이 사건 공소사실 중 공문서부정행사의 점에 대하여 무죄를 선고하였으니, 원심판결에는 운전면허증에 관한 공문서부정행사죄의 법리를 오해하여 판결에 영향을 미친 위법이 있고, 이를 지적하는 상고이유는 이유가 있다. (파기 환송)

제2 사문서에 관한 죄

2002도18

사문서위조죄와 사문서 – 인정례
'강남한의원' 경력증명서 사건

2005. 2. 24. 2002도18 전원합의체 판결, 공 2005, 534

1. 사실관계 및 사건의 경과

【사실관계】

① 갑은 중국 중의사 및 침구사 시험에 응시할 사람들을 모집한 후 그들을 중국에 데려가 응시원서의 제출을 대행하는 일을 하였다.

② 갑은 중국 관계당국이 요구하는 응시생의 임상경력증명서가 필요하게 되었다.

③ 갑은 중국 현지에서 교부받은 임상경력증명서의 양식에 응시생 A의 이름과 생년월일 및 학습기간 등을 기재한 다음 의원 상급자(원장) 및 한의원 이름을 생각나는 대로 '강남한의원'이라고 기재하고 그 옆에 임의로 새긴 강남한의원의 직인을 날인하여 가짜 임상경력증명서를 만들었다.

④ 갑은 같은 방법으로 응시생 B, C 용으로 '동일한의원'과 '일심한의원' 명의의 가짜 임상경력증명서를 만들었다.

⑤ 갑은 이 가짜 임상경력증명서들을 중국의 시험당국에 제출하였다.

【사건의 경과】

① 검사는 갑을 사문서위조죄 및 위조사문서행사죄로 기소하였다.

② 갑의 피고사건은 제1심을 거친 후, 항소심에 계속되었다.

③ 항소심법원은 유죄를 인정하였다.

④ 갑은 불복 상고하였다.

⑤ 갑은 상고이유로 다음의 점을 주장하였다.

(가) '강남한의원' 등은 존재하지 않는 허무인이다.

(나) 종래의 대법원판례에 의하면 허무인이나 사망자는 사문서의 명의인이 될 수 없다.

(다) 따라서 '강남한의원' 명의의 임상경력증명서는 사문서에 해당하지 않는다.

(라) 그러므로 사문서위조죄나 위조사문서행사죄는 성립하지 않는다.

⑥ 대법원은 판례를 변경하였다.

⑦ 대법원은 새로운 기준에 따라 갑의 상고를 기각하였다.

2. 허무인 및 사망자의 명의와 문서위조죄

【대법원 요지】 문서위조죄는 문서의 진정에 대한 공공의 신용을 그 보호법익으로 하는 것이므로 /

【대법원 요지】 행사할 목적으로 작성된 문서가 일반인으로 하여금 당해 명의인의 권한 내에서 작성

된 문서라고 믿게 할 수 있는 정도의 형식과 외관을 갖추고 있으면 문서위조죄가 성립하는 것이고, /
【대법원 요지】 위와 같은 요건을 구비한 이상 그 명의인이 실재하지 않는 허무인이거나 또는 문서의 작성일자 전에 이미 사망하였다고 하더라도 그러한 문서 역시 공공의 신용을 해할 위험성이 있으므로 문서위조죄가 성립한다고 봄이 상당하며, /
【대법원 요지】 이는 공문서뿐만 아니라 사문서의 경우에도 마찬가지라고 보아야 할 것이다.
【대법원 요지 5】 이와 달리, 타인 명의의 문서를 위조하여 행사하였다고 하더라도 그 명의인이 실재하지 않는 허무인이거나 또는 문서의 작성일자 전에 이미 사망한 경우에는 사문서위조죄 및 동행사죄가 성립하지 않는다고 판시한 /
【대법원 요지 5】 대법원 1997. 7. 25. 선고 97도605 판결, 1994. 9. 30. 선고 94도1787 판결, 1991. 1. 29. 선고 90도2542 판결, 1980. 3. 25. 선고 79도799 판결, 1977. 2. 22. 선고 72도2265 판결, 1970. 11. 30. 선고 70도2231 판결, 1969. 10. 14. 선고 69도1480 판결, 1966. 11. 22. 선고 66도1341 판결, 1960. 8. 10. 선고 4292형상658 판결, 1959. 3. 20. 선고 4291형상591 판결, 1957. 8. 30. 선고 4290형상214 판결 등은 이를 모두 변경하기로 한다.

3. 사안에 대한 대법원의 판단

【대법원 분석】 나아가 기록에 의하여 살펴보면, 피고인이 중국 현지에서 교부받은 임상경력증명서의 양식에 응시생의 이름과 생년월일 및 학습기간 등을 기재한 다음 의원 상급자(원장) 및 한의원 이름을 생각나는 대로 임의로 기재하고 당해 한의원 명의의 직인을 임의로 새겨 날인함으로써 원심 판시 각 임상경력증명서를 위조하여 행사한 이 사건에 있어서, /
【대법원 판단】 위 각 임상경력증명서의 명의인인 한의원이 실재하지 않는다고 하더라도, 위 각 임상경력증명서들은 일반인으로 하여금 당해 명의인의 권한 내에서 작성된 문서라고 믿게 할 수 있는 정도의 형식과 외관을 갖추고 있다고 보기에 충분하므로, /
【대법원 결론】 원심이 피고인에 대한 이 사건 각 사문서위조 및 동행사의 범죄사실을 모두 유죄로 인정한 조치는 옳고, 거기에 사문서위조죄 및 동행사죄의 성립에 관한 법리를 오해한 위법이 없다. (상고 기각)

71도905

유가증권위조죄와 유가증권 – 인정례
허무인 명의 약속어음 사건

1971. 7. 27. 71도905, 집 19②, 형62

☞ 790면

2010도1835

사문서위조죄와 위조 – 인정례
가명 현금보관증 사건

2010. 11. 11. 2010도1835, [공보불게재]

1. 사실관계 및 사건의 경과

【사실관계】

① 갑녀는 'ㅇㅇㅇ'이라는 가명을 사용하여 A가 운영하는 P다방에 종업원으로 취업하였다.

② 갑녀는 P다방에 취업하기 위하여 실제 나이보다 4살 어린 1954년생으로 가장하였다.

③ 갑녀는 A로부터 선불금으로 100만 원을 받고 이에 대한 반환을 약속하는 내용의 ㉠현금보관증을 작성, 교부하였다. (☞문서례 3번 참조)

④ 갑녀는 ㉠현금보관증에 본인의 실명과 실제 주민등록번호 대신에 'ㅇㅇㅇ'이라는 가명과 출생연도 부분이 허위인 주민등록번호를 기재하였다.

⑤ 다방주인 A는 'ㅇㅇㅇ'이 갑녀의 가명이라는 것과 ㉠현금보관증에 기재한 주민등록번호가 실재하지 않는 번호라는 것을 모르고 있었다.

⑥ 갑녀는 P다방에 근무하는 동안 'ㅇㅇㅇ'이라는 가명을 계속 사용해 왔다.

⑦ ㉠현금보관증의 주소는 실제 갑녀의 주소와 동일하게 기재되어 있다.

⑧ 갑녀는 ㉠현금보관증에 가명과 출생연도 부분이 허위인 주민등록번호를 기재하면서도 ㉠현금보관증으로부터 발생할 법적 책임을 면하려는 의사나 편취의 목적을 가지고 있지 않았다.

【사건의 경과】

① 검사는 갑녀를 사문서위조죄 및 위조사문서행사죄로 기소하였다.

② 갑녀의 피고사건은 제1심을 거친 후, 항소심에 계속되었다.

③ 항소심법원은 ㉠현금보관증의 명의인과 이를 작성한 갑녀 사이에 인격의 동일성이 유지된 것으로 보아 공소사실을 무죄로 판단하였다.

④ 검사는 불복 상고하였다.

2. 사안에 대한 대법원의 판단

【대법원 요지】 실제의 본명 대신 가명이나 위명을 사용하여 사문서를 작성한 경우에 그 문서의 작성명의인과 실제 작성자 사이에 인격의 동일성이 그대로 유지되는 때에는 위조가 되지 않으나, /

【대법원 요지】 명의인과 작성자의 인격이 상이할 때에는 위조죄가 성립할 수 있다.

【대법원 분석】 원심이 인정한 사실 및 제1심에서 적법하게 채택한 증거들에 의하면, /

【대법원 분석】 피고인은 'ㅇㅇㅇ'이라는 가명을 사용하여 공소외인이 운영하는 다방에 종업원으로 취업하면서 선불금으로 100만 원을 받고 이에 대한 반환을 약속하는 내용의 이 사건 현금보관증을 작성, 교부하게 된 사실, /

【대법원 분석】 피고인은 위 다방에 취업하기 위하여 피고인의 실제 나이보다 4살 어린 1954년생으로 가장하였고, 위 현금보관증에도 본인의 실명과 실제 주민등록번호 대신에 '○○○'이라는 가명과 출생연도 부분이 허위인 주민등록번호를 기재하여 교부한 사실, /

【대법원 분석】 공소외인은 '○○○'이 피고인의 가명이라는 것과 위 주민등록번호가 실재하지 않는 번호라는 것을 모르고 있었던 사실 등을 알 수 있다. /

【대법원 판단】 현금보관증이라는 문서의 성질과 기능, 위와 같은 작성 경위에 비추어 보면 /

【대법원 판단】 이 사건 현금보관증에 표시된 명칭과 주민등록번호 등으로부터 인식되는 인격은 /

【대법원 판단】 '1954년에 출생한 52세 가량의 여성인 ○○○'이고, /

【대법원 판단】 1950년생인 피고인과는 다른 인격인 것이 분명하므로, /

【대법원 판단】 이 사건 문서의 명의인과 작성자 사이에 인격의 동일성이 인정되지 않는다고 보아야 한다. /

【대법원 판단】 비록 피고인이 위 '○○○'이라는 가명을 다방에 근무하는 동안 계속 사용해 왔고, 주소는 실제 피고인의 주소와 동일하게 기재되어 있으며, /

【대법원 판단】 피고인이 위 문서로부터 발생할 책임을 면하려는 의사나 편취의 목적을 가지지는 않았다고 하더라도, /

【대법원 판단】 위 문서를 작성함에 있어서 자신이 위 문서에 표시된 명의인인 '1954년생 ○○○'인 체 가장한 것만은 분명하므로, /

【대법원 판단】 명의인과 작성자의 인격의 동일성을 오인케 한 피고인의 이러한 행위는 사문서 위조, 동행사죄에 해당한다고 보아야 한다.

【대법원 결론】 그런데도 원심은 이와 다른 견해에서 이 사건 현금보관증의 명의인과 이를 작성한 피고인 사이에 인격의 동일성이 유지된 것으로 보아 공소사실을 무죄로 판단하고 말았으니, 원심판결에는 사문서위조 및 동행사죄에 관한 법리를 오해하여 판결에 영향을 미친 위법이 있고, 이를 지적하는 검사의 상고이유 주장은 이유 있다. (파기 환송)

2008도7836

사문서위조죄와 위조 – 부정례
공정증서원본불실기재죄와 불실기재 – 인정례
전처 명의 차용증 사건

2008. 12. 24. 2008도7836, [공보불게재]

1. 사실관계 및 사건의 경과

【사실관계 1】

① 갑은 P주식회사의 대표이사이다.

② A는 갑의 전처이다.
③ P회사는 P회사 앞으로 ㉠공탁금 231,169,555원을 가지고 있다.
④ B는 P회사의 채권자이다.
⑤ B는 P회사의 ㉠공탁금에 대해 출급청구권을 가지고 있다.
⑥ 갑과 A는 허위의 대여금채권을 내세워 B의 ㉠공탁금 출급을 막고 자신들이 ㉠공탁금에 대한 채권 압류 및 추심명령을 받아 이를 각자의 채권액에 비례하여 안분배당을 받기로 하였다.

【사실관계 2】

① 2005. 1. 3. 갑은 다음 내용의 허위로 된 ㉡차용증을 작성하였다.
(가) 작성일자 : 1995. 12. 18.
(나) 채무자 : P주식회사 대표이사 C
(다) 채권자 : A
(라) 채무액 : 32억 원
② 갑은 허위의 ㉡차용증을 담당 변호사 D에게 교부하였다.
③ 담당 변호사 D는 이를 공증인 E에게 신고하여 공정증서를 작성하고, 이를 공증인 사무소에 비치하게 하였다. (☞문서례 7번 참조)

【사건의 경과】

① 검사는 갑을 다음의 공소사실로 기소하였다.
(가) 자격모용사문서작성죄
(나) 자격모용작성사문서행사죄
(다) 공정증서원본불실기재죄
(라) 불실기재공정증서원본행사죄
② 갑의 피고사건은 제1심을 거친 후, 항소심에 계속되었다.
③ 항소심법원은 공소사실에 대해 전부 유죄를 인정하였다.
④ 갑은 불복 상고하였다.

2. 사문서위조죄, 자격모용사문서작성죄 부분에 대한 판단

(1) 대표이사의 허위문서 작성

【대법원 요지】 주식회사의 대표이사가 그 대표자격을 표시하는 방식으로 작성된 문서에 표현된 의사 또는 관념이 귀속되는 주체는 대표이사 개인이 아닌 주식회사이므로 /

【대법원 요지】 그 문서의 명의자는 주식회사라고 보아야 한다. /

【대법원 요지】 따라서 위와 같은 문서 작성행위가 위조에 해당하는지는 그 작성자가 주식회사 명의의 문서를 적법하게 작성할 권한이 있는지에 따라 판단하여야 하고, /

【대법원 요지】 문서에 대표이사로 표시되어 있는 사람으로부터 그 문서 작성에 관하여 위임 또는 승낙을 받았는지에 따라 판단할 것은 아니다.

【대법원 요지】 원래 주식회사의 적법한 대표이사는 회사의 영업에 관하여 재판상 또는 재판외의 모든 행위를 할 권한이 있으므로, /

【대법원 요지】 대표이사가 직접 주식회사 명의 문서를 작성하는 행위는 자격모용사문서작성 또는 위조에 해당하지 않는 것이 원칙이다. /

【대법원 요지】 이는 그 문서의 내용이 진실에 반하는 허위이거나 대표권을 남용하여 자기 또는 제3자의 이익을 도모할 목적으로 작성된 경우에도 마찬가지이다.

(2) 사안에 대한 대법원의 분석

【대법원 분석】 원심이 인정한 사실에 의하면, /

【대법원 분석】 피고인은 공소외 P주식회사의 대표이사로서, /

【대법원 분석】 전처인 공소외 A가 공소외 P주식회사에 대하여 32억 원의 대여금채권을 가지고 있는 것처럼 허위로 꾸며 /

【대법원 분석】 공소외 A로 하여금 위 허위의 대여금채권에 기하여 공소외 P주식회사 앞으로 공탁된 공탁금 231,169,555원에 대한 출급청구권에 대하여 채권압류 및 추심명령을 받게 함으로써, /

【대법원 분석】 공소외 P주식회사에 대한 채권자인 공소외 B가 위 공탁금 출급청구권에 대한 채권압류 및 추심명령에 기하여 위 공탁금을 출급하는 것을 막고 /

【대법원 분석】 나아가 각자의 채권액에 비례하여 안분배당을 받게 하기 위하여, /

【대법원 분석】 2005. 1. 3. 작성일자를 '1995. 12. 18.'로, 채무자를 '공소외 P주식회사 대표이사 공소외 C'로 표시하여 마치 공소외 P주식회사가 공소외 A에 대하여 32억 원의 채무를 부담하고 있는 것처럼 기재한 이 사건 차용증을 작성한 다음, /

【대법원 분석】 이를 공증담당 변호사에게 교부하였다는 것이다.

(3) 사안에 대한 대법원의 판단

【대법원 판단】 앞서 본 법리에 위 인정 사실을 비추어 살펴보면, /

【대법원 판단】 피고인이 공소외 P주식회사의 적법한 대표이사로서 그 권한이 제한되어 있는 특별한 경우가 아닌 이상 직접 공소외 P주식회사 명의 문서를 작성하는 행위가 자격모용사문서작성에 해당될 수는 없는 것이 원칙이고, /

【대법원 판단】 이는 문서의 내용이 진실에 반하는 허위인지, 대표권을 남용하여 자기 또는 제3자의 이익을 도모할 목적으로 문서를 작성한 것인지에 따라 달라지는 것도 아니기 때문에, /

【대법원 판단】 비록 피고인이 작성일자를 '1995. 12. 18.'로, 채무자를 '공소외 P주식회사 대표이사 공소외 C'로 표시하는 등 일부 허위 내용의 이 사건 차용증을 작성하여 행사하였다 하더라도, 자격모용사문서작성죄나 자격모용작성사문서행사죄를 구성하지 아니한다.

【대법원 결론】 이와 달리, 원심판결 중 자격모용사문서작성죄 및 자격모용작성사문서행사죄의 죄책을 인정한 부분은 자격모용사문서작성에 관한 법리를 오해함으로써 판결에 영향을 미친 위법이 있어 그대로 유지될 수 없다. (파기 환송)

3. 공정증서원본불실기재죄 부분에 대한 판단

【대법원 요지】 형법 제228조 제1항이 규정하는 공정증서원본[불]실기재죄는 특별한 신빙성이 인정되는 공문서에 대한 공공의 신용을 보장함을 보호법익으로 하는 범죄로서 /

【대법원 요지】 공무원에 대하여 진실에 반하는 허위신고를 하여 공정증서원본 또는 이와 동일한 전자기록 등 특수매체기록에 실체관계에 부합하지 아니하는 [불]실의 사실을 기재 또는 등록하게 함으로써 성립하는 것이므로, /

【대법원 요지】 실제로는 채권·채무관계가 존재하지 아니함에도 공증인에게 허위신고를 하여 가장된 금전채권에 대하여 집행력이 있는 공정증서원본을 작성하고 이를 비치하게 한 것이라면 /

【대법원 요지】 공정증서원본[불]실기재죄 및 [불]실기재공정증서원본행사죄의 죄책을 면할 수 없다고 할 것이다.

【대법원 결론】 원심은 그 채용 증거를 종합하여 그 판시와 같은 사실을 인정한 후 그 인정 사실을 종합하여, 공정증서원본부실기재 및 부실기재공정증서원본행사의 점에 관한 공소사실에 대하여 각 유죄를 인정하였는바, /

【대법원 결론】 기록에 비추어 살펴보면 원심의 위와 같은 사실인정 및 판단은 정당하여 수긍할 수 있고, 거기에 상고이유에서 주장하는 바와 같은 법리오해, 채증법칙 위배로 인한 사실오인 등의 위법이 없다. (상고 기각, 결론적으로 파기 환송)

2010도1040

사문서위조죄와 위조 – 부정례
골재채취업자 차용증 사건

2010. 5. 13. 2010도1040, 공 2010상, 1184

1. 사실관계 및 사건의 경과

【사실관계 1】

① 갑, 을, 병은 골재채취업자들이다.
② 정은 P주식회사의 아산지점 지점장(상법상 지배인)이다.
③ 갑, 을, 병은 관계 당국으로부터 골재채취업 면허를 받기 위하여 P회사의 명의를 대여받았다.
④ [갑, 을, 병은 Q회사로부터 1억 원 가까운 금전을 차용해 왔다.]
⑤ [Q회사는 갑, 을, 병에게 차용금 변제와 함께 차용증을 요구하였다.]

【사실관계 2】

① 갑, 을, 병은 P회사의 승낙 없이 ㉠차용증을 작성하여 Q회사에 교부하였다. (☞문서례 3번 참조)
② ㉠차용증의 내용은 다음과 같다.
　(가) "금 1억 원을 Q회사로부터 차용함"
　(나) 2006. 11. 19.
　(다) P주식회사 대표이사 갑
　(라) P주식회사 대표이사 을
　(마) P주식회사 대표이사 병

【사실관계 3】

① [Q회사는 보다 강화된 내용의 차용증을 재차 요구하였다.]

② 2008. 1.경 병과 정은 공모하여 P회사 몰래 ㉡차용증을 Q회사에 교부하였다.

③ ㉡차용증의 내용은 다음과 같다.

(가) "P회사는 갑, 을, 병의 Q회사에 대한 1억 원 차용금 채무를 연대보증한다."

(나) 2006. 11. 20.

(다) P주식회사 대표이사 병

(라) P주식회사 대표이사 정

【사건의 경과】

① 검사는 갑, 을, 병, 정을 사문서위조죄 및 위조사문서행사죄로 기소하였다.

② 갑 등의 피고사건은 제1심을 거친 후, 항소심에 계속되었다.

③ 항소심법원은 갑, 을, 병, 정 모두에 대해 유죄를 인정하였다.

④ 갑, 을, 병, 정은 불복 상고하였다.

2. ㉠차용증 부분에 대한 판단

(1) 대표이사의 위임과 문서위조죄

【대법원 요지】 주식회사의 적법한 대표이사라 하더라도 그 권한을 포괄적으로 위임하여 다른 사람으로 하여금 대표이사의 업무를 처리하게 하는 것은 허용되지 않는다. /

【대법원 요지】 따라서 대표이사로부터 권한을 위임받아 적법하게 주식회사 명의로 문서를 작성하기 위하여는 대표이사로부터 개별적 · 구체적으로 주식회사 명의의 문서 작성에 관하여 위임 또는 승낙을 받아야 한다.

(2) 사안에 대한 대법원의 판단

【대법원 분석】 원심판결 이유에 의하면 원심은, 피고인 갑, 을, 병이 2006. 11. 19.자 차용증 작성에 관하여 공소외 P주식회사의 대표자로부터 승낙을 받은 바가 없는 점, /

【대법원 분석】 공소외 P주식회사가 위 피고인들에게 골재채취업 면허와 관련한 명의대여를 하기는 하였으나 위 차용증이 작성된 1억 원의 금전차용은 위 명의대여의 범위를 벗어나는 것으로 보이는 점 등에 비추어 보면 /

【대법원 판단】 위 피고인들이 공소외 P주식회사로부터 골재채취업 면허와 관련한 명의대여를 받았다고 하더라도 위 차용증의 작성에 관하여 공소외 P주식회사 대표자의 구체적 위임 또는 승낙이 없었던 이상, /

【대법원 판단】 공소외 P주식회사 명의로 된 위 차용증 작성과 그 교부행위는 사문서위조죄 및 위조사문서행사죄에 해당한다고 판단하였는바, /

【대법원 결론】 원심이 적법하게 인정한 사실을 위 법리에 비추어 보면 위와 같은 원심판단은 옳고, 거기에 상고이유 주장과 같은 사문서위조죄의 성립에 관한 법리오해 등의 위법이 없다.

【대법원 판단】 한편 위 피고인들의 상고이유 중 위 차용증을 작성함에 있어 공소외 P주식회사의 대

표자로부터 묵시적 승낙을 받았다는 부분은 사실심의 전권에 속하는 증거의 취사선택 및 사실의 인정을 비난하는 취지에 불과하여 적법한 상고이유가 되지 못한다. (상고 기각)

3. ㉡차용증 부분에 대한 판단

(1) 지배인의 문서작성과 문서위조죄

【대법원 요지】 원래 주식회사의 지배인은 회사의 영업에 관하여 재판상 또는 재판 외의 모든 행위를 할 권한이 있으므로, /

【대법원 요지】 지배인이 직접 주식회사 명의 문서를 작성하는 행위는 위조나 자격모용사문서작성에 해당하지 않는 것이 원칙이고, /

【대법원 요지】 이는 그 문서의 내용이 진실에 반하는 허위이거나 대표권을 남용하여 자기 또는 제3자의 이익을 도모할 목적으로 작성된 경우에도 마찬가지이다.

(2) 사안에 대한 대법원의 판단

【대법원 분석】 원심판결 이유에 의하면, 피고인 정은 2006. 11. 20.자 차용증이 작성된 2008. 1.경 공소외 P주식회사의 아산지점 지배인이었지만, /

【대법원 분석】 자신을 공소외 P주식회사의 대표이사로 표시하여 공소외 P주식회사가 공소외 Q주식회사의 1억 원 차용금 채무에 대하여 연대보증한다는 취지의 위 차용증을 작성·교부하였고, /

【대법원 분석】 위와 같은 연대보증행위에 관하여 공소외 P주식회사의 구체적 위임이 없었다는 것인바, /

【대법원 판단】 위 사실을 앞서 본 법리에 비추어 살펴보면, /

【대법원 판단】 위 연대보증행위가 공소외 P주식회사 아산지점의 영업 범위에 포함되지 않는다고 볼 자료가 없는 이 사건에서 /

【대법원 판단】 공소외 P주식회사의 적법한 지배인인 피고인 정이 공소외 P주식회사 명의 문서를 작성하는 행위가 사문서위조에 해당할 수는 없는 것이고, /

【대법원 판단】 이는 문서의 내용이 진실에 반하는 허위인지, /

【대법원 판단】 대표권을 남용하여 자기 또는 제3자의 이익을 도모할 목적으로 문서를 작성한 것인지에 따라 /

【대법원 판단】 달라지는 것도 아니기 때문에, /

【대법원 판단】 가사 피고인 정이 자신을 공소외 P주식회사의 대표이사로 표시하는 등 일부 허위 내용이 포함되거나 /

【대법원 판단】 위 연대보증행위가 공소외 P주식회사의 이익에 반하는 것이라 하더라도 /

【대법원 판단】 같은 결론에 이르는 것이라 할 것이다.

【대법원 결론】 그렇다면 피고인 병, 정이 공모하여 위 차용증을 작성·교부한 행위가 사문서위조죄 및 위조사문서행사죄에 해당한다고 본 원심판결에는 사문서위조에 관한 법리를 오해하여 판결에 영향을 미친 위법이 있다 할 것이므로, 그대로 유지될 수 없다. (결론적으로 파기 환송)

2006도2016

사문서위조죄와 위조 – 긍정례
오피스텔 투자 사기 사건

2008. 11. 27. 2006도2016, 공 2008하, 1820

1. 사실관계 및 사건의 경과

【사실관계 1】

① A는 오피스텔을 건설하는 P회사의 대표이사이다.
② B는 오피스텔을 분양하는 Q회사의 대표이사이다.
③ A는 B로부터 포괄적인 위임을 받아 P회사와 Q회사의 대표이사 업무를 처리하고 있다.
④ 갑은 오피스텔에 투자한다는 명목으로 투자자 C 등으로부터 투자금을 모집하였다.
⑤ 갑은 투자금 중 일부를 가지고 P회사로부터 P회사 소유 ㉠오피스텔 등을 구입하였다.
⑥ 갑은 투자금 중 나머지는 다른 용도로 사용하였다.

【사실관계 2】

① 갑은 투자자 C 등으로부터 사기 등으로 고소를 당하였다.
② 갑은 고소사건에서 유리한 자료로 제출하기 위하여 A에게 투자금을 모두 오피스텔 구입 및 공사대금 등으로 지급받은 것처럼 허위 내용의 영수증과 세금계산서를 작성해달라고 부탁하였다.
③ A는 갑과의 매매계약 건을 원만하게 마무리할 생각으로 마치 갑이 투자금 전부를 오피스텔 구입 및 공사대금으로 P회사와 Q회사에 지급한 것처럼 기재한 허위 내용의 영수증과 세금계산서에 P회사와 Q회사의 직인을 날인해 주었다.
④ P회사가 발행한 ㉠영수증과 ㉡세금계산서에는 'P주식회사 대표이사 C(이미 퇴임한 전 대표이사)'로 표시되고 P회사의 직인이 날인되어 있었다.
⑤ Q회사가 발행한 ㉢영수증과 ㉣세금계산서에는 'Q주식회사 대표이사 B'로 표시되고 Q회사의 직인이 날인되어 있었다.
⑥ 갑은 P회사 발행의 ㉠영수증과 ㉡세금계산서 및 Q회사 발행의 ㉢영수증과 ㉣세금계산서를 경찰에 제출하였다.

【사건의 경과】

① 검사는 갑을 다음의 공소사실로 기소하였다.
  (가) 투자금 모집 부분 : 특경가법위반죄(사기)
  (나) ㉠영수증과 ㉡세금계산서 부분 : 사문서위조죄 및 위조사문서행사죄
  (다) ㉢영수증과 ㉣세금계산서 부분 : 사문서위조죄 및 위조사문서행사죄
② 갑의 피고사건은 제1심을 거친 후, 항소심에 계속되었다.
③ 항소심법원은 공소사실 전부에 대해 유죄를 인정하였다.
④ 갑은 불복 상고하였다.

2. 사문서위조죄 부분에 대한 판단

(1) 대표이사와 작성명의인의 관계

【대법원 요지】 주식회사의 대표이사가 그 대표 자격을 표시하는 방식으로 작성한 문서에 표현된 의사 또는 관념이 귀속되는 주체는 대표이사 개인이 아닌 주식회사이므로 그 문서의 명의자는 주식회사라고 보아야 한다. /

【대법원 요지】 따라서 위와 같은 문서 작성행위가 위조에 해당하는지는 그 작성자가 주식회사 명의의 문서를 적법하게 작성할 권한이 있는지에 따라 판단하여야 하고, /

【대법원 요지】 문서에 대표이사로 표시되어 있는 사람으로부터 그 문서 작성에 관하여 위임 또는 승낙을 받았는지에 따라 판단할 것은 아니다.

【대법원 요지】 원래 주식회사의 적법한 대표이사는 회사의 영업에 관하여 재판상 또는 재판외의 모든 행위를 할 권한이 있으므로, /

【대법원 요지】 대표이사가 직접 주식회사 명의 문서를 작성하는 행위는 자격모용사문서작성 또는 위조에 해당하지 않는 것이 원칙이다. /

【대법원 요지】 이는 그 문서의 내용이 진실에 반하는 허위이거나 대표권을 남용하여 자기 또는 제3자의 이익을 도모할 목적으로 작성된 경우에도 마찬가지이다. /

(2) 대표이사의 포괄적 위임과 사문서위조죄

【대법원 요지】 그러나 주식회사의 적법한 대표이사라 하더라도 그 권한을 포괄적으로 위임하여 다른 사람으로 하여금 대표이사 업무를 처리하게 하는 것은 허용되지 않는 것이므로, /

【대법원 요지】 대표이사로부터 포괄적으로 권한 행사를 위임받은 사람이 주식회사 명의로 문서를 작성하는 행위는 원칙적으로 권한 없는 사람의 문서 작성행위로서 자격모용사문서작성 또는 위조에 해당하고, /

【대법원 요지】 대표이사로부터 개별적 · 구체적으로 주식회사 명의 문서 작성에 관하여 위임 또는 승낙을 받은 경우에만 예외적으로 적법하게 주식회사 명의로 문서를 작성할 수 있을 뿐이다.

(3) 사안에 대한 대법원의 분석

【대법원 분석】 원심이 인정한 사실에 의하면, 피고인은 투자자로부터 받은 투자금 중 일부로 Q주식회사로부터 그 회사 소유인 오피스텔 등을 구입하고 나머지는 다른 용도로 사용하였는데, /

【대법원 분석】 투자자측으로부터 사기 등으로 고소를 당하자 유리한 자료로 제출하기 위하여 공소외 A에게 위 투자금을 모두 오피스텔 구입 및 공사대금 등으로 지급받은 것처럼 허위 내용의 영수증과 세금계산서를 작성해달라고 부탁하였고, /

【대법원 분석】 당시 P주식회사의 대표이사이면서, 한편으로는 Q주식회사의 대표이사 공소외 B로부터 포괄적인 위임을 받아 두 회사의 대표이사 업무를 처리하고 있던 공소외 A는, /

【대법원 분석】 위 매매계약 건을 원만하게 마무리할 생각으로 임의로 'Q주식회사 대표이사 B' 또는 'P주식회사 대표이사 C(공소외 C는, 이미 퇴임한 전 대표이사이다)'으로 표시하여, /

【대법원 분석】 마치 피고인이 투자금 전부를 오피스텔 구입 및 공사대금으로 위 회사들에게 지급한

것처럼 기재한 허위 내용의 영수증과 세금계산서에 위 회사들의 직인을 날인해 주었고, /

【대법원 분석】 피고인은 이를 경찰에 제출하였다는 것이다.

(4) ㉢영수증과 ㉣세금계산서 부분에 대한 대법원의 판단

【대법원 판단】 앞서 본 법리에 위 인정 사실을 비추어 살펴보면, /

【대법원 판단】 먼저 피고인과 공소외 A가 'Q주식회사 대표이사 B'로 표시하여 허위 내용 영수증과 세금계산서를 작성한 행위는 Q주식회사 명의의 영수증과 세금계산서를 위조하는 행위에 해당한다. /

【대법원 판단】 비록 공소외 A가 Q주식회사의 적법한 대표이사인 공소외 B의 포괄적인 위임을 받아 위 회사의 대표이사 업무를 처리하고 있었다고 하더라도, /

【대법원 판단】 공소외 B의 위와 같은 대표이사 권한의 포괄적인 위임은 원칙적으로 허용될 수 없는 것이고, /

【대법원 판단】 더구나 피고인을 위하여 Q주식회사에게 불리한 내용의 허위 영수증과 세금계산서를 작성해 주는 행위는 대표이사 공소외 B가 대표이사 권한을 포괄적으로 위임한 취지의 범위 내에 속한다고 단정하기 어렵기 때문이다. /

【대법원 판단】 따라서 피고인과 공소외 A가 대표이사 공소외 B의 개별적 · 구체적인 위임 또는 승낙을 받지 않고 Q주식회사 명의의 허위 영수증과 세금계산서를 작성하여 행사한 행위는 권한 없이 Q주식회사 명의의 문서를 작성하여 행사한 행위로서 사문서위조죄 및 위조사문서행사죄를 구성한다.

(5) ㉠영수증과 ㉡세금계산서 부분에 대한 대법원의 판단

【대법원 판단】 그러나 피고인과 공소외 A가 'P주식회사 대표이사 C'로 표시하여 허위 내용 영수증과 세금계산서를 작성한 행위는 P주식회사 명의의 영수증과 세금계산서를 위조하는 행위에 해당하지 아니한다. /

【대법원 판단】 공소외 A가 P주식회사의 적법한 대표이사인 이상, 그 권한이 제한되어 있는 특별한 경우가 아니라면 직접 P회사 명의 문서를 작성하는 행위는 위조에 해당하지 않는 것이 원칙이고, /

【대법원 판단】 이는 문서의 내용이 이미 퇴임한 대표이사를 대표이사로 표시하는 등과 같이 진실에 반하는 허위인지, /

【대법원 판단】 대표권을 남용하여 자기 또는 제3자의 이익을 도모할 목적으로 문서를 작성한 것인지 /

【대법원 판단】 또는 대표이사로 표시된 공소외 C 개인으로부터 그 문서 작성에 관하여 위임 또는 승낙을 받았는지 등에 따라 달라지는 것이 아니기 때문이다. /

【대법원 판단】 따라서 피고인과 공소외 A가 P주식회사 명의의 영수증과 세금계산서를 작성하여 행사한 행위는, 비록 그 내용이 사실과 다르고 작성에 관하여 공소외 C로부터 승낙을 받지 않았다고 하더라도, 권한 없이 P주식회사 명의의 문서를 작성하여 행사한 행위에 해당하지 않아 사문서위조죄나 위조사문서행사죄를 구성하지 아니한다.

【대법원 결론】 결국, 원심판결 중 'Q주식회사 대표이사 B'로 된 영수증과 세금계산서 작성 · 행사와 관련하여 사문서위조 및 위조사문서행사의 죄책을 인정한 부분은 정당하고, 거기에 사문서위조에 관한 법리를 오해하는 등의 위법은 없으므로 이 부분에 관한 피고인의 상고이유는 모두 받아들이지 아니한다. /

【대법원 결론】 그러나 'P주식회사 대표이사 C'로 된 영수증과 세금계산서 작성 · 행사와 관련하여서까지 사문서위조 및 위조사문서행사의 죄책을 인정한 부분은 사문서위조에 관한 법리를 오해한 위법

이 있어 그대로 유지될 수 없다.

3. 특경가법 사기죄 부분에 대한 판단

【대법원 요지】 사기죄의 요건인 기망은 널리 재산상의 거래관계에 있어서 서로 지켜야 할 신의와 성실의 의무를 저버리는 모든 적극적 또는 소극적 행위를 말하는 것이다.
【대법원 판단】 같은 취지에서, 원심이 판시한 바와 같은 여러 사정을 이유로 피고인에게 이 사건 특정경제범죄 가중처벌 등에 관한 법률 위반(사기) 죄책을 인정한 것은 정당하고, /
【대법원 결론】 거기에 상고이유에서 주장하는 바와 같은 사기죄의 구성요건에 관한 법리오해 또는 증거 취사와 평가에 관한 법령위반 등의 위법은 없다. 이 부분 피고인의 주장은 모두 받아들이지 아니한다. (결론적으로 파기 환송)

2012도7467

회사의 지배인과 작성권한 대출채권양수도약정서 사건

2012. 9. 27. 2012도7467, 공 2012하, 1794

1. 사실관계 및 사건의 경과

【사실관계 1】
① 갑은 P은행 구조화금융부 부장이다.
② 갑의 직책은 P은행의 구조화신탁상품의 설계 및 운용 업무 등을 총괄하는 일이다.
③ 갑은 P은행의 지배인으로 등기되어 있다.
④ Q회사는 신용이나 담보가 부족한 회사이다.
⑤ Q회사는 R저축은행으로부터 금원을 대출받고자 하였으나 여의치 않았다.
⑥ [Q회사측은 갑에게 협조를 부탁하였다.]
【사실관계 2】
① 갑은 P은행 구조화금융부 사무실에서 R저축은행에 대해 다음 내용의 약정서를 작성하였다. (㉠약정서)
(가) 제목 : 대출채권양수도약정서
(나) 내용 : Q회사가 대출금을 변제하지 못할 경우 P은행이 R저축은행으로부터 대출금채권을 양수하겠음.
(다) 서명날인 : 양수인 P은행 대표이사 A
② 갑은 A의 이름 옆에 '구조화금융부장인'을 찍었다.
③ ㉠약정서에는 다음 내용의 ㉡사용인감계가 첨부되었다.
(가) 내용 : '사용인감란'에 날인된 도장은 P은행의 사용인감임을 확인함.

(나) 명의인 : P은행장

(다) 사용인감란 : '구조화금융부장인'

④ 그런데 날인된 '구조화금융부장인'은 갑이 임의로 새긴 것이었다.

⑤ 갑은 R저축은행 대출담당 직원 B에게 ㉠약정서와 ㉡사용인감계를 교부하였다.

⑥ R저축은행은 ㉠약정서와 ㉡사용인감계를 근거로 Q회사에 거액의 대출을 해주었다.

【사건의 경과】

① 검사는 갑을 다음의 공소사실로 기소하였다.

(가) ㉠약정서 및 ㉡사용인감계 작성 : 사문서위조죄

(나) ㉠약정서 및 ㉡사용인감계 교부 : 위조사문서행사죄

② 갑의 피고사건은 제1심을 거친 후, 항소심에 계속되었다.

③ 항소심법원은 유죄를 인정하였다.

④ 갑은 불복 상고하였다.

⑤ 갑은 상고이유로 다음의 점을 주장하였다.

(가) 갑은 P은행의 등기된 지배인이다.

(나) 갑은 P은행을 위하여 포괄적 대리권을 가진다.

(다) 따라서 ㉠약정서와 ㉡사용인감계는 위조된 것이 아니다.

2. 지배인의 권한과 문서에 관한 죄의 관계

【대법원 요지】 원래 주식회사의 지배인은 회사의 영업에 관하여 재판상 또는 재판 외의 모든 행위를 할 권한이 있으므로, /

【대법원 요지】 지배인이 직접 주식회사 명의 문서를 작성하는 행위는 위조나 자격모용사문서작성에 해당하지 않는 것이 원칙이고, /

【대법원 요지】 이는 그 문서의 내용이 진실에 반하는 허위이거나 /

【대법원 요지】 권한을 남용하여 자기 또는 제3자의 이익을 도모할 목적으로 작성된 경우에도 마찬가지이나, /

【대법원 요지】 회사의 내부규정 등에 의하여 각 지배인이 회사를 대리할 수 있는 행위의 종류, 내용, 상대방 등을 한정하여 그 권한을 제한한 경우에 /

【대법원 요지】 그 제한된 권한 범위를 벗어나서 회사 명의의 문서를 작성하였다면, /

【대법원 요지】 이는 자기 권한 범위 내에서 권한 행사의 절차와 방식 등을 어긴 경우와 달리 /

【대법원 요지】 문서위조죄에 해당한다고 할 것이다.

3. 사안에 대한 대법원의 판단

【대법원 분석】 원심은 그 채택 증거들에 의하여, /

【대법원 분석】 피고인 갑이 공소외 P은행 명의의 원심판결 별지 [범죄일람표 2]의 순번 2, 6, 10 기재 대출채권양수도약정서 등/

【대법원 분석】 (이하 총칭하여 '이 사건 양수도약정서'라 한다) 및 /

【대법원 분석】 같은 [범죄일람표 1](순번 6 제외), 같은 [범죄일람표 2](순번 3 내지 5 제외) 기재 각 사용인감계/

【대법원 분석】 (이하 총칭하여 '이 사건 사용인감계'라 한다)를 /

【대법원 분석】 작성할 당시 공소외 P은행의 지배인으로 등기되어 있기는 하였으나, /

【대법원 분석】 피고인 갑이 지급보증의 실질을 가지는 이 사건 양수도약정서를 작성하기 위해서는 공소외 P은행의 내부규정인 여신업무전결기준표에 정해진 신용취급전결한도 내에서 여신심사를 거쳐 전결권자의 승인을 받아야 하고, /

【대법원 분석】 또한 이 사건 사용인감계를 작성하기 위해서는 내부규정에 따라 사용인감 관리자에게 관련 서류를 첨부하여 사용 용도를 설명하고 그로부터 결재를 받아 수령한 정식의 사용인감을 사용하여야 함에도 불구하고, /

【대법원 분석】 위와 같은 내부규정을 전혀 지키지 않은 채 임의로 이 사건 양수도약정서 및 이 사건 사용인감계를 작성한 사실을 인정한 다음, /

【대법원 판단】 피고인 갑의 위와 같은 문서작성 행위는 모두 제한된 지배인의 대리권한을 초월한 경우에 해당하여 사문서위조죄가 성립한다고 판단하였다.

【대법원 분석】 원심판결 이유를 기록에 비추어 살펴보면, 원심은 /

【대법원 분석】 위 공소외 P은행의 내부규정은 지급보증 등 여신에 대해서는 그 금액 규모 등에 따라 전결권자를 구분하고 /

【대법원 분석】 나아가 그 여신 결재가 이루어진 것을 전제로 하여 인감관리자의 결재를 받아 사용인감계를 작성하도록 하는 등으로 /

【대법원 분석】 지급보증 등의 의사결정 권한을 상위 결재권자에게 부여한 것이고, /

【대법원 분석】 따라서 이 사건 양수도약정서 및 사용인감계의 작성에 관해서는 /

【대법원 분석】 피고인 갑의 지배인으로서의 권한은 배제되어 있었다고 판단한 것인바, /

【대법원 결론】 원심이 적법하게 채택한 증거들에 의하면 원심의 위와 같은 사실인정과 판단은 정당한 것으로 수긍이 되고, 거기에 지배인의 대리권 제한이나 사문서위조죄에 관한 법리를 오해한 위법이 없다. (상고 기각)

2011도10468

사문서변조죄와 문서 – 긍정례
잔액증명서 스캔 사건

2011. 11. 10. 2011도10468, [미간행]

1. 사실관계 및 사건의 경과

【사실관계 1】

① 2010. 4. 22. 12:00~13:00경 갑은 자신이 운영하는 P전기 사무실에서 임대인 A와 갑이 작성한

㉠사무실전세계약서 원본을 스캐너로 복사하여 컴퓨터 화면에 띄웠다.

② 갑은 포토샵을 이용하여 보증금액 "일천만 원, 10,000,000원"을 지워 보증금액을 공란으로 만든 후 그 자리에서 ㉡사무실전세계약서를 프린터로 출력하였다.

③ 갑은 ㉡사무실전세계약서에 검정색 볼펜으로 보증금액 공란에 "삼천만 원, 30,000,000원"으로 기재하였다.

④ 갑은 이러한 사실을 모르는 B에게 ㉡사무실전세계약서를 팩스로 송부하였다. (이상 ㉮부분)

【사실관계 2】

① 2010. 6. 30. 06:00~07:00경 갑은 P전기 사무실에서 외환은행 명의인 2007. 1. 10.자 ㉢"예금/신탁잔액증명서" 원본을 스캐너로 복사하여 컴퓨터 화면에 띄웠다.

② 갑은 포토샵을 이용하여 발급날짜 "2007. 1. 10."을 "2010. 6. 25."로 변경하였다.

③ 갑은 변경된 ㉣"예금/신탁잔액증명서"를 B에게 팩스로 송부하였다. (이상 ㉯부분)

【사실관계 3】

① 2010. 6. 30. 14:00~16:00경 갑은 P전기 사무실에서 외환은행 명의인 2007. 1. 10.자 ㉢"예금/신탁잔액증명서" 원본을 [다시 한번] 스캐너로 복사하여 컴퓨터 화면에 띄웠다.

② 갑은 포토샵을 이용하여 발급날짜 "2007. 1. 10."을 "2010. 6. 30."로 변경하였다.

③ 갑은 변경된 ㉤"예금/신탁잔액증명서"를 B에게 팩스로 송부하였다. (이상 ㉰부분)

【사건의 경과】

① 검사는 갑을 다음의 공소사실로 기소하였다.
  (가) ㉮부분 : 사문서변조죄 및 변조사문서행사죄
  (나) ㉯부분 : 사문서변조죄 및 변조사문서행사죄
  (다) ㉰부분 : 사문서변조죄 및 변조사문서행사죄

② (공소사실의 요지는 판례 본문 참조)

③ 제1심법원은 다음과 같이 판단하였다.
  (가) ㉮부분 : 사문서변조죄 및 변조사문서행사죄 : 유죄
  (나) ㉯부분 : 사문서변조죄 및 변조사문서행사죄 : 유죄
  (다) ㉰부분 : 사문서변조죄 및 변조사문서행사죄 : 유죄

④ 검사는 양형부당을 이유로 항소하였다.

⑤ 항소심법원은 제1심판결을 파기하고, 다음과 같이 판단하였다.
  (가) ㉮부분 : 사문서변조죄 및 변조사문서행사죄 : 무죄
  (나) ㉯부분 : 사문서변조죄 및 변조사문서행사죄 : 무죄
  (다) ㉰부분 : 사문서변조죄 및 변조사문서행사죄 : 무죄

⑥ (항소심의 판단 이유는 판례 본문 참조)

⑦ 검사는 불복 상고하였다.

2. 공소사실의 요지

【대법원 분석】 1. 원심판결 이유와 기록에 의하면 다음과 같은 사실을 알 수 있다.

【대법원 분석】 가. 이 사건 공소사실 중 사문서변조 및 변조사문서행사의 점의 요지는, /

【대법원 분석】 피고인은 (1) 2010. 4. 22. 12:00~13:00경 피고인이 운영하는 P전기 사무실에서 행사할 목적으로 권한 없이 임대인 공소외 A와 피고인이 작성한 사무실전세계약서 원본을 스캐너로 복사하여 컴퓨터 화면에 띄운 후 /

【대법원 분석】 포토샵을 이용하여 보증금액 "일천만 원, 10,000,000원"을 지워 보증금액을 공란으로 만든 후 그 자리에서 사무실전세계약서를 프린터로 출력하고, /

【대법원 분석】 검정색 볼펜으로 보증금액 공란에 "삼천만 원, 30,000,000원"으로 기재함으로써 행사할 목적으로 권리의무에 관한 사문서인 공소외 A 명의의 사무실전세계약서 1장을 변조하고, /

【대법원 분석】 그 자리에서 그 변조 사실을 모르는 공소외 B에게 변조한 사무실전세계약서를 마치 진정한 것처럼 팩스로 송부하여 행사하였으며/

【대법원 분석】 (이하 '제1사문서변조 및 행사의 점'이라 한다), /

【대법원 분석】 (2) 2010. 6. 30. 06:00~07:00경 위 ㅇㅇ전기 사무실에서 행사할 목적으로 권한 없이 외환은행 명의인 2007. 1. 10.자 "예금/신탁잔액증명서" 원본을 스캐너로 복사하여 컴퓨터 화면에 띄운 후 /

【대법원 분석】 포토샵을 이용하여 발급날짜 "2007. 1. 10."을 "2010. 6. 25."로 변경함으로써 행사할 목적으로 권리의무에 관한 사문서인 외환은행 명의의 예금/신탁잔액증명서 1장을 변조하고, /

【대법원 분석】 그 자리에서 그 변조사실을 모르는 공소외 B에게 변조한 예금/신탁잔액증명서를 마치 진정한 것처럼 팩스로 송부하여 행사하였으며/

【대법원 분석】 (이하 '제2사문서변조 및 행사의 점'이라 한다), /

【대법원 분석】 (3) 2010. 6. 30. 14:00~16:00경 위 P전기 사무실에서 행사할 목적으로 권한 없이 외환은행 명의인 2007. 1. 10.자 예금/신탁잔액증명서 원본을 스캐너로 복사하여 컴퓨터 화면에 띄운 후 /

【대법원 분석】 포토샵을 이용하여 발급날짜 "2007. 1. 10."을 "2010. 6. 30."로 변경함으로써 행사할 목적으로 권리의무에 관한 사문서인 외환은행 명의의 예금/신탁잔액증명서 1장을 변조하고, /

【대법원 분석】 그 자리에서 그 변조 사실을 모르는 공소외 B에게 변조한 예금/신탁잔액증명서를 마치 진정한 것처럼 팩스로 송부하여 행사하였다 /

【대법원 분석】 (이하 '제3사문서변조 및 행사의 점'이라 한다)는 것이다.

3. 사안에 대한 제1심의 판단

【대법원 분석】 나. 피고인은 제1심법원 제1회 공판기일에 출석하여 이 부분 공소사실을 포함한 이 사건 공소사실을 모두 인정하였고, /

【대법원 분석】 제1심법원은 이 사건 공소사실 전부를 유죄로 인정하여 피고인에 대하여 징역 8월에 집행유예 2년 및 80시간의 사회봉사를 명하는 판결을 선고하였는데, /

【대법원 분석】 제1심판결에 대하여는 검사만이 양형부당을 이유로 항소하였다.

4. 사안에 대한 항소심의 판단

【대법원 분석】 다. 원심은 원심 제1회 공판기일에 변론을 종결하였고, /

【대법원 분석】 그때까지도 이 사건 공소사실 중 위 각 사문서변조의 점이 '컴퓨터 화면에 나타난 이미지'인지 아니면 그 출력물인 문서인지에 대해 특별히 문제가 제기된 바 없으며, /
【대법원 분석】 원심 역시 이 부분에 관하여 소송지휘권 내지 석명권을 행사한 적은 없는데, /
【항소심 판단】 원심은 위 각 사문서변조의 점의 요지를 /
【항소심 판단】 "피고인이 사무실전세계약서, 예금/신탁잔액증명서 원본을 스캐너로 복사하여 생성된 이미지 파일을 포토샵 프로그램을 이용하여 일부 내용을 변경하였다는 것"이라고 전제한 다음 /
【항소심 판단】 "컴퓨터 화면에 나타나는 이미지는 형법상 문서에 관한 죄에 있어서의 문서에는 해당되지 않으므로, /
【항소심 판단】 피고인이 위와 같이 생성된 이미지 파일의 내용을 일부 변경하였다고 하여도 이를 진정하게 성립한 문서의 내용을 변경한 것과 동일하게 볼 수는 없고, /
【항소심 판단】 변조사문서행사죄도 변조된 사문서의 존재를 전제로 하여 성립할 수 있다."는 이유로 /
【항소심 판단】 제1심판결을 파기하고 위 각 사문서변조의 점 및 변조사문서행사의 점을 모두 무죄로 판단하였다.

5. 사안에 대한 대법원의 판단

(1) 이미지 파일의 문서 여부

【대법원 판단】 2. 그러나 원심의 위와 같은 판단은 다음과 같은 이유에서 그대로 수긍하기 어렵다.
【대법원 요지】 가. 형법상 문서에 관한 죄에 있어서 문서라 함은, /
【대법원 요지】 문자 또는 이에 대신할 수 있는 가독적 부호로 계속적으로 물체상에 기재된 의사 또는 관념의 표시인 원본 또는 /
【대법원 요지】 이와 사회적 기능, 신용성 등을 같게 볼 수 있는 기계적 방법에 의한 복사본으로서 /
【대법원 요지】 그 내용이 법률상, 사회생활상 주요 사항에 관한 증거로 될 수 있는 것을 말하므로, /
【대법원 요지】 원심이 컴퓨터 모니터 화면에 나타나는 이미지는 이미지 파일을 보기 위한 프로그램을 실행할 경우에 그때마다 전자적 반응을 일으켜 화면에 나타나는 것에 지나지 아니하여 형법상 문서에 관한 죄에 있어서의 '문서'에 해당하지 않는다고 본 것은 정당하다.

(2) ㉮부분에 대한 대법원의 판단

【대법원 분석】 나. 그러나 앞서 본 바와 같이 이 사건 제1사문서변조 및 행사의 점에 관한 공소사실은 /
【대법원 분석】 "피고인이 사무실전세계약서 원본을 스캐너로 복사하여 컴퓨터 화면에 띄운 후 그 보증금액란을 공란으로 만든 다음 이를 프린터로 출력하여 검정색 볼펜으로 보증금액을 '삼천만 원(30,000,000원)'으로 변조하고, 이와 같이 변조된 사무실전세계약서를 팩스로 송부하여 행사하였다."는 것이므로, /
【대법원 판단】 이 부분 공소사실에서 적시된 범죄사실은 '컴퓨터 모니터 화면상의 이미지'를 변조하고 이를 행사한 행위가 아니라 /
【대법원 판단】 '프린터로 출력된 문서'인 사무실전세계약서를 변조하고 이를 행사한 행위임을 알 수 있다.

【대법원 결론】 그럼에도 원심은, 검사가 기소하지 아니한 공소사실, 즉 컴퓨터 모니터 화면상의 이미지 파일에 대한 변조 및 그 행사의 점이 이 부분 공소사실인 것처럼 보아 이를 무죄로 판단하고 말았으니, /

【대법원 결론】 이러한 원심의 판단에는 심판대상의 범위에 관한 법리를 오해하여 판결에 영향을 미친 위법이 있어 그대로 유지될 수 없다.

(3) ㉯, ㉰부분에 대한 대법원의 판단

【대법원 분석】 다. 다음으로 이 사건 제2, 3사문서변조 및 행사의 점에 관하여 본다.

【대법원 분석】 앞서 본 바와 같이 이 부분 공소사실은 모두 /

【대법원 분석】 '피고인이 예금/신탁잔액증명서 원본을 스캐너로 복사하여 컴퓨터 화면에 띄운 후 그 발급일자를 임의로 고쳐 예금/신탁잔액증명서 1장을 변조하고, 이를 팩스로 송부하여 행사하였다'는 것인데, /

【대법원 분석】 우선 사문서변조의 점에 관하여 적시된 공소사실의 내용만으로는 그 범행의 대상이 '컴퓨터 화면상의 이미지'인지 아니면 '프린터로 출력된 문서'인 '예금/신탁잔액증명서 1장'인지가 분명하다고는 할 수 없으나, /

【대법원 분석】 적어도 변조사문서행사의 점에 관한 위 공소사실에서는 그 행사의 대상 및 방법을 '변조한 예금/신탁잔액증명서'를 '팩스로 송부'하였다고 특정되어 있고, /

【대법원 분석】 기록에 의하면 피고인은 검찰 조사 당시 이와 관련하여 "위 증명서 원본을 스캔한 후 발행일자를 지운 다음 새로운 날짜를 기입해 넣고, 이를 출력하여 팩스로 보냈다."고 진술하기도 하였음을 알 수 있다(수사기록 95면 참조).

【대법원 판단】 그렇다면 원심으로서는 이 사건에서의 구체적인 소송진행 경과 등을 감안하여 형사소송규칙 제141조에 따라 소송관계를 명료하게 하는 의미에서 검사에게 석명권을 행사하여, /

【대법원 판단】 이 사건 제2, 3사문서변조 및 행사의 점에 관한 공소사실이 '프린터로 출력된 문서인 예금/신탁잔액증명서'를 대상으로 하는 것인지 아니면 단순히 컴퓨터 화면상의 이미지를 대상으로 하는 것인지를 분명히 한 다음 그에 관하여 심리 · 판단하였어야 할 것임에도, /

【대법원 결론】 이러한 조치없이 이 부분 공소사실을 '컴퓨터 화면상의 이미지'에 대한 사문서변조 및 변조사문서행사의 점으로 속단하여 이를 무죄로 판단하였으니, 이러한 원심판결에는 필요한 석명권 행사나 심리를 다하지 아니하여 판결에 영향을 미친 위법이 있다. (파기 환송)

2007도7480

공문서위조죄와 문서 - 부정례

미애 주민등록증 스캔 사건

2007. 11. 29. 2007도7480, [미간행]

☞ 819면

62도183

위조와 변조의 구별

이봉기 대 이영기 사건

1962. 12. 20. 62도183, 판례총람 형법 225조 14번

1. 사실관계 및 사건의 경과

【사실관계】

① 주민들이 거주하는 동(洞)의 동회장은 거주증명서를 발부한다.

② [현재의 주민등록등본에 준하는 것임]

③ M동의 동회장 A(○ ○ ○)는 李鳳基(이봉기)에 대한 거주증명서를 발부하였다. (㉠증명서)

④ ㉠증명서의 기재사항은 다음과 같다.

(가) 李鳳基는 M동에 거주하는 자임

(나) M동 동회장 ○ ○ ○

⑤ 갑은 ㉠증명서의 '鳳'자를 '永'자로 고쳤다. (㉡증명서)

⑥ 고쳐진 ㉡증명서의 기재사항은 다음과 같다.

(가) 李永基(이영기)는 P동에 거주하는 자임

(나) M동 동회장 ○ ○ ○

【사건의 경과】

① 검사는 갑을 공문서위조죄로 기소하였다.

② 제1심법원은 유죄를 인정하였다.

③ 갑은 불복 항소하였다.

④ 항소심법원은 제1심판결을 유지하고, 항소를 기각하였다.

⑤ 갑은 불복 상고하였다.

2. 위조와 변조의 구별

【대법원 요지】 공문서변조라 함은 진정한 인장 또는 서명이 있는 공문서의 내용을 권한없이 변경하는 것이나 /

【대법원 요지】 그 내용의 변경이 중요부분에 관한 것이고 이로 인하여 변경전의 문서와 사회통념상 별개의 문서를 작성하였을 때에는 /

【대법원 요지】 공문서의 변조가 아니고 공문서의 위조로 보는 것이 타당하다 할 것인바 /

3. 사안에 대한 대법원의 판단

【대법원 분석】 원판결에 의하면 원심은 이 점에 관한 피고인의 항소이유를 배척함에 있어서 /

【대법원 분석】 동회장이 작성한 李鳳基에 대한 거주증명서에 쓰여진 해당자의 이름의 일부인 '鳳'자

를 '永'자로 행사의 목적으로 함부로 고쳐서 /
【대법원 분석】 李永基에 대한 거주증명서를 만들어 낸 본건에 있어서 /
【대법원 판단】 동회장이 하는 거주증명서의 해당자의 성명 기재는 동 증명서를 특정하는데 극히 중요한 기재이고 /
【대법원 판단】 李鳳基와 李永基는 외형상 별개 자연인을 표명한 것이 분명하므로 /
【대법원 판단】 이는 동 증명서가 목적하는 특정인 李鳳基의 이름 석자 중에서 '鳳'자를 '永'자로 고침으로서 李永基에 대한 거주증명서로서 전연 별개의 독립된 새로운 공문서를 작성하였다고 보는바 /
【대법원 결론】 제1심이 이를 공문서위조죄로 다룬 것은 아무런 잘못이 없다고 설명하고 있는바 /
【대법원 결론】 이것은 앞서 설명한 법리에 부합되는 것이어서 적법한 판단이라 할 것이다. [상고기각]

2010도14587

사문서변조죄와 변조 – 인정례
결혼정보회사 월급통장 사건

2011. 9. 29. 2010도14587, 공 2011하, 2280

1. 사실관계 및 사건의 경과

【사실관계 1】
① 2002. 11. 1.부터 2006. 1. 25.경까지 갑은 결혼정보회사인 P회사에서 본부장으로 재직하였다.
② 이후 갑은 경쟁관계에 있는 결혼정보회사 Q회사에 근무하고 있다.
③ 2006. 5. 26. P회사는 갑을 상대로 관할법원에 손해배상청구소송을 제기하였다.
④ 갑은 P회사를 상대로 부당해고무효 확인의 소를 반소로 제기하였다.
⑤ 갑의 반소 내용은 다음과 같다.
(가) 2006. 1. 26. P회사는 갑을 부당해고하였다.
(나) 2006. 4. 1.부터 갑은 다른 직장에 출근하고 있다.
(다) P회사는 갑에게 2006. 1. 26.부터 2006. 3. 31.까지 갑이 종전에 지급받던 급여인 3,800,000원의 비율에 의한 금원을 지급하라.
(라) P회사는 2006. 4. 1.부터는 3,800,000원의 100분의 70에 해당하는 금원을 지급하라.

【사실관계 2】
① 갑의 반소와 관련하여 갑이 새로 옮긴 Q회사로부터 2006년 4월분 급여를 받은 사실이 있는지 여부가 문제되었다.
② 갑은 Q회사로부터 입금되는 월급통장 사본을 제출하게 되었다.
③ 갑은 S은행장 발행의 갑 명의 ㉠통장을 가지고 있다.
④ ㉠통장의 ㉡부분에는 다음 내용이 기재되어 있다.

(가) 입금일자 : 2006. 4. 26.
(나) 입금금액 : 2,694,180원
(다) 입금자 : Q회사

【사실관계 3】

① 2007. 12. 중순 갑은 내용을 모르는 Q회사의 경리직원 A에게 다음의 일을 시켰다.
(가) ㉠통장의 ㉡부분 기장 내용 중 입금자 항목의 'Q회사' 부분을 화이트테이프로 지운다.
(나) 'Q회사' 부분이 지워진 ㉠통장을 복사한다. (㉢사본)
② ㉢사본에는 다음 내용이 기재되었다.
(가) 입금일자 : 2006. 4. 26.
(나) 입금금액 : 2,694,180원
(다) 입금자 : (공란)
③ 갑은 ㉢사본을 담당 변호사 B에게 교부하였다.
④ 담당 변호사 B는 ㉢사본을 재판부에 증거로 제출하였다.

【사건의 경과 1】

① 검사는 갑을 사문서변조죄 및 변조사문서행사죄로 기소하였다.
② (공소사실의 요지는 판례 본문 참조)
③ 제1심 공판절차에서 갑은 다음과 같이 진술하였다.
④ "월급이 너무 적어서 창피하여 Q회사의 이름을 가린 것이다."
⑤ 제1심 공판절차에서 S은행의 직원 C는 다음과 같이 진술하였다.
⑥ "통장의 기장 인자내역은 명의인이 요구하는 대로 이름을 넣어 달라고 하면 이름을 넣어주고, 계좌번호를 넣어달라고 하면 계좌번호를 넣어준다."
⑦ 제1심법원은 갑의 행위가 사문서변조에 해당하지 않는다는 이유로 무죄를 선고하였다.

【사건의 경과 2】

① 검사는 불복 항소하였다.
② 항소심법원은 다음의 이유를 들어서 항소를 기각하고, 제1심판결을 유지하였다.
(가) Q회사의 이름을 가린 정도의 행위로 공공적 신용을 해할 정도의 새로운 증명력이 작출되었다고 볼 수 없다.
(나) Q회사의 이름을 가린 정도의 행위에 대해서는 공동명의자인 S은행장의 승낙이 추정된다.
(다) 갑에게 사문서변조의 범의를 인정하기 어렵다.
③ (항소심의 판단 이유는 판례 본문 참조)
④ 검사는 불복 상고하였다.

2. 사문서위조 · 변조죄와 명의자의 승낙

【대법원 요지】 1. 사문서변조죄는 권한 없는 자가 이미 진정하게 성립된 타인 명의의 문서내용에 대하여 동일성을 해하지 않을 정도로 변경을 가하여 새로운 증명력을 작출케 함으로써 공공적 신용을 해할 위험성이 있을 때 성립한다. /

【대법원 요지】 또한 사문서의 위 · 변조죄는 작성권한 없는 자가 타인 명의를 모용하여 문서를 작성하는 것을 말하는 것이므로 /
【대법원 요지】 사문서를 작성 · 수정함에 있어 그 명의자의 명시적이거나 묵시적인 승낙이 있었다면 사문서의 위 · 변조죄에 해당하지 않고, /
【대법원 요지】 한편 행위 당시 명의자의 현실적인 승낙은 없었지만 행위 당시의 모든 객관적 사정을 종합하여 명의자가 행위 당시 그 사실을 알았다면 당연히 승낙했을 것이라고 추정되는 경우 역시 사문서의 위 · 변조죄가 성립하지 않는다고 할 것이나, /
【대법원 요지】 명의자의 명시적인 승낙이나 동의가 없다는 것을 알고 있으면서도 명의자가 문서작성 사실을 알았다면 승낙하였을 것이라고 기대하거나 예측한 것만으로는 그 승낙이 추정된다고 단정할 수 없다.

3. 사안에 대한 항소심의 판단

【항소심 판단】 2. 원심판결 이유에 의하면, 원심은 /
【항소심 판단】 피고인이 S은행 명의 통장의 기장내역 /
【항소심 판단】 "2006. 4. 26. 공소외 Q주식회사, 2,694,180원" 중 /
【항소심 판단】 "공소외 Q주식회사" 부분을 화이트테이프로 지우고 복사하여 /
【항소심 판단】 "2006. 4. 26., 2,694,180원"이라는 외관을 창출한 사실은 인정되나, /
【항소심 판단】 ① 피고인의 위와 같은 행위는 단순히 입금자가 누군지 알 수 없는 상태를 초래한 것일 뿐인 점, /
【항소심 판단】 ② 계속하여 기장된 다른 거래의 기장내역과 비교하여 보면 위 공란 부분은 입금자의 명의가 기재되는 부분임을 누구라도 쉽게 알 수 있는 점, /
【항소심 판단】 ③ 피고인이 외관을 변경한 통장사본을 제출할 당시 스스로 2006. 4. 1.부터 공소외 Q주식회사에 근무하고 있음을 인정하고 있었던 점, /
【항소심 판단】 ④ 고소인 공소외 P주식회사(이하 '고소인 회사'라고 한다)도 법원의 제출명령을 통하여 이를 확인한 점, /
【항소심 판단】 ⑤ 피고인이 가린 부분이 통장의 잔액 부분과 달리 공동명의인인 S은행장에게 중요한 의미가 있는 사항은 아니었던 점 등에 비추어 /
【항소심 판단】 피고인의 위와 같은 행위로 "공공적 신용을 해할 정도의 새로운 증명력"이 작출되었다고는 볼 수 없고, /
【항소심 판단】 이 사건 통장사본의 공동명의자인 S은행장의 승낙이 추정되며, /
【항소심 판단】 피고인에게 범의를 인정하기도 어렵다는 이유로, /

4. 공소사실의 요지

【대법원 분석】 "2006. 5. 26. 고소인 회사가 피고인을 상대로 손해배상청구소송을 제기하고, 피고인은 고소인 회사를 상대로 해고무효확인 등 소송을 반소로 제기하여 소송계속 중, /
【대법원 분석】 피고인은 2007. 12. 중순 일자불상경 공소외 Q주식회사에서 4월분 급여를 받은 사

실이 있음에도 이를 숨기기 위하여 /

【대법원 분석】 행사할 목적으로 권한 없이 /

【대법원 분석】 성명불상 경리직원으로 하여금 신한은행장 발행의 피고인 명의 통장 기장내용 중 입금자인 공소외 Q주식회사 부분을 화이트테이프로 지우고 복사하게 하여 /

【대법원 분석】 신한은행장 명의의 권리의무에 관한 사문서인 통장 1매를 변조하고, /

【대법원 분석】 위와 같인 변조된 통장사본을 그 정을 모르는 담당변호사에게 제출하여 그로 하여금 재판부에 증거로 제출하도록 하여 이를 행사하였다."는 이 사건 공소사실에 대해 /

【항소심 판단】 무죄를 선고한 제1심판결을 유지하였다.

5. 사안에 대한 대법원의 분석

【대법원 판단】 3. 그러나 위와 같은 원심의 판단은 앞서 본 법리에 비추어 다음과 같은 이유로 수긍하기 어렵다.

【대법원 분석】 원심 및 제1심이 적법하게 채택한 증거들에 의하면, /

【대법원 분석】 피고인은 /

【대법원 분석】 2006. 4. 1.부터는 다른 직장에 출근하고 있다고 하면서 고소인 회사를 그만둔 다음날인 2006. 1. 26.부터 2006. 3. 31.까지는 고소인 회사에서 종전에 지급받던 급여인 3,800,000원의 비율에 의한 금원 및 /

【대법원 분석】 2006. 4. 1.부터는 3,800,000원의 100분의 70에 해당하는 금원을 반소로 청구한 사실, /

【대법원 분석】 고소인 회사는 이 사건 형사고소 당시부터 일관하여 /

【대법원 분석】 피고인이 2006. 1. 25. 고소인 회사를 그만두고 2006. 2. 중순경부터 다른 결혼정보회사인 공소외 Q주식회사에 근무하기 시작하였는데 피고인이 공소외 Q주식회사에 근무할 것을 염두에 두고 고소인 회사를 그만둔 것이기 때문에 부당해고가 아니고, /

【대법원 분석】 또한 결혼정보회사의 급여는 근무하기 시작한 다음달 말경에 지급하는 것이 관행이므로 피고인이 2006. 4. 25. 공소외 Q주식회사에서 급여를 수령한 경우 2006. 3.경부터 공소외 Q주식회사에서 근무를 시작한 것으로 보아야 한다고 주장한 사실, /

【대법원 분석】 한편 관련 민사소송에서 피고인은 2006. 4. 25. 공소외 Q주식회사에서 받은 급여는 제외한 채 2006. 5. 25.부터 수령한 급여내역을 표로 정리하여 이것을 을 제7호증(기록 132면)으로 제출함으로써 2006. 5. 25.경 첫월급을 받았다는 인상을 풍기면서 2006. 4. 25.자 입금자 부분을 가리고 복사한 이 사건 통장사본을 을 제8호증으로 제출한 사실, /

【대법원 분석】 관련 민사소송에서 고소인 회사의 요구에 따라 피고인이 추가로 제출한 2006. 1.경부터 같은 해 3월경까지 S은행 통장의 거래내역에서 피고인이 공소외 Q주식회사로부터 2006. 3. 22.경 1,256,500원, 같은 달 24일경 42,900원을 입금받은 사실이 밝혀지자, /

【대법원 분석】 피고인은 급여로 받은 것이 아니라 연체된 카드대금 변제 명목으로 일종의 스카우트 비용을 받은 것이고, 또한 공소외 Q주식회사에서는 당월 지급 방식으로 급여를 지급받는다고 주장하였음을 알 수 있다.

6. 사안에 대한 대법원의 판단

【대법원 판단】 이를 앞서 본 법리에 비추어 보면, /

【대법원 판단】 관련 민사소송에서 피고인이 언제부터 공소외 Q주식회사에서 급여를 받았는지가 중요한 사항이었는데, /

【대법원 판단】 피고인이 2006. 4. 25.자 입금자 명의를 가리고 복사하여 이를 증거로 제출함으로써 피고인이 2006. 5. 25.부터 공소외 Q주식회사에서 급여를 수령하였다는 새로운 증명력이 작출되어 공공적 신용을 해할 위험성이 있었다고 볼 수 있고, /

【대법원 판단】 한편 위에서 본 모든 객관적 사정을 종합하면 이 사건 통장의 명의자인 S은행장이 행위 당시 그 사실을 알았다면 당연히 이를 승낙했을 것으로 추정된다고 볼 수 없으며, /

【대법원 판단】 피고인이 위와 같이 관련 민사소송에서 쟁점이 되는 부분을 가리고 복사함으로써 문서내용에 변경을 가하고 이를 민사소송의 증거자료로 제출한 이상 피고인에게 사문서변조 및 변조사문서행사의 고의가 없었다고 할 수도 없다.

【대법원 결론】 그럼에도 불구하고 원심은 그 판시와 같은 이유로 피고인의 위와 같은 행위로 인하여 공공적 신용을 해할 정도의 새로운 증명력이 작출되었다고 볼 수 없고 공동명의자인 S은행장의 승낙이 추정되며 피고인에게 사문서변조의 범의를 인정하기 어렵다고 판단하고 말았으니, /

【대법원 결론】 원심판결에는 사문서변조 및 변조사문서행사죄에 관한 법리를 오해하여 판결에 영향을 미친 위법이 있다. 이 점을 지적하는 상고이유의 주장은 이유 있다. (파기 환송)

2007도9606

자격모용사문서작성죄와 자격모용 – 인정례
부동산중개소 대표자 사건

2008. 2. 14. 2007도9606, 공 2008상, 415

1. 사실관계 및 사건의 경과

【사실관계 1】

① 2003. 4. 17. A는 부동산중개업을 영위하기 위하여 부동산중개사무소 'P부동산'을 M장소에 개설, 등록하였다.

② 'P부동산'은 M장소에 사무소를 두고, 사무소 운영에 필요한 물적 설비가 갖춰진 상태에서 개설되었다.

③ 갑은 A가 등록한 'P부동산'의 등록명의를 빌려 부동산중개행위를 하기로 하였다.

④ 'P부동산' 중개사무소에 B로부터 B 소유의 ㉠부동산에 대한 매매 의뢰가 있었다.

⑤ 갑은 ㉠부동산 매매계약의 중개과정에서, 'P부동산' 중개사무소에서 매수를 희망하는 C에게 자신을 'P부동산'의 대표자라고 말하였다.

⑥ C는 갑이 'P부동산'의 대표자 자격으로 ㉠부동산 매매계약을 중개하는 것으로 알고서 갑에게 부동산 중개 및 부동산매매계약서 작성을 의뢰하였다.

【사실관계 2】

① 2003. 12. 5.경 갑은 'P부동산' 사무실에서 그곳에 비치된 부동산매매계약서 용지를 이용하여 ㉡부동산매매계약서 1통을 작성하고, 그 자리에서 C에게 이를 교부하였다. (☞문서례 15번 참조)

② ㉡부동산매매계약서의 해당란에는 다음의 사항이 기재되었다.

(가) 부동산표시란 : 대구시 북구 매천동 N번지 대지 364m^2(110평) 및 판넬구조 사무실 53m^2(16평)'

(나) 매매대금란 : 사억구천만 원

(다) 매도인란 : 대구시 북구 관음동 L번지 B

(라) 공인중개사란 : P부동산 대표 △△△(갑의 이름임)

③ 공인중개사란의 'P부동산 대표 △△△'의 이름 옆에 갑은 자신의 도장을 날인하였다.

④ 공인중개사란에는 'P부동산'의 상호와 등록번호 및 전화번호가 기재되어 있었다.

【사건의 경과】

① 검사는 갑을 자격모용사문서작성죄 및 자격모용작성사문서행사죄로 기소하였다.

② (공소사실의 요지는 판례 본문 참조)

③ 제1심법원은 무죄를 선고하였다.

④ 검사는 불복 항소하였다.

⑤ 항소심법원은 항소를 기각하고, 제1심판결을 그대로 유지하였다.

⑥ (항소심의 판단 이유는 판례 본문 참조)

⑦ 검사는 불복 상고하였다.

2. 공소사실의 요지

【대법원 분석】 1. 이 사건 자격모용사문서작성 및 동행사의 점에 관한 공소사실은, /

【대법원 분석】 "피고인은, /

【대법원 분석】 사실은 대구 북구 매천동 (지번 1 생략) 소재 ○○부동산 사무실의 대표는 자신이 아니라 공소외 A임에도 /

【대법원 분석】 2003. 12. 5.경 대구 북구 매천동 (지번 1 생략) 소재 ○○부동산 사무실에서, /

【대법원 분석】 행사할 목적으로 권한 없이, /

【대법원 분석】 그곳에 비치된 부동산매매계약서 용지의 /

【대법원 분석】 부동산표시란에 '대구시 북구 매천동 (지번 2 생략) 대지 364m^2(110평) 및 판넬구조 사무실 53m^2(16평)', /

【대법원 분석】 매매대금란에 '사억구천만원', /

【대법원 분석】 매도인란에 '대구시 북구 관음동 (지번 생략), 공소외 B', /

【대법원 분석】 공인중개사란에 '○○부동산 대표 △△△(피고인의 이름임)' 등으로 기재한 다음 /

【대법원 분석】 위 ○○부동산 대표 △△△의 이름 옆에 자신의 도장을 날인하는 방법으로, /

【대법원 분석】 ○○부동산 대표 공소외 A의 자격을 모용하여 위 부동산매매계약서 1통을 작성하고, /
【대법원 분석】 그 자리에서 위와 같이 자격을 모용하여 작성한 계약서를 그 정을 모르는 공소외 C에게 마치 진정하게 성립한 것처럼 교부하여 이를 행사하였다"는 것이다.

3. 사안에 대한 항소심의 판단

【항소심 판단】 2. 원심은, /
【항소심 판단】 "대표권을 가장하여 자격모용사문서작성죄가 성립하기 위해서는 적어도 피모용자가 대표권을 가지는 법인 혹은 단체를 전제로 하고, /
【항소심 판단】 또한 대리권을 가장하여 위 죄가 성립하기 위해서는 피모용자인 자연인과의 대리관계를 현명하여야 한다고 봄이 상당한바, /
【항소심 판단】 이 사건의 경우 피모용자인 '○○부동산'은 민법상의 법인, 권리능력 없는 사단 혹은 재단으로서의 성격을 가진다기보다는 단순히 부동산중개사무소의 상호일 뿐이고, /
【항소심 판단】 피고인이 '○○부동산 대표 △△△'이라고 표시한 것은 /
【항소심 판단】 피고인이 위 부동산 사무실을 직접 운영한다는 것을 나타낼 뿐 /
【항소심 판단】 피고인이 위 부동산 사무실에 관하여 어떠한 대표권이 있음을 나타내는 것은 아니어서 /
【항소심 판단】 자격모용사문서작성 및 동행사죄가 성립되지 않는다"는 이유로, /
【항소심 판단】 이 부분 공소사실에 대하여 무죄를 선고한 제1심판결을 그대로 유지하였다.

4. 자격모용사문서작성죄의 성립범위

【대법원 요지】 3. 그러나 자격모용에 의한 사문서작성죄는 문서위조죄와 마찬가지로 문서의 진정에 대한 공공의 신용을 그 보호법익으로 하는 것으로서 /
【대법원 요지】 행사할 목적으로 타인의 자격을 모용하여 작성된 문서가 /
【대법원 요지】 일반인으로 하여금 당해 명의인의 권한 내에서 작성된 문서라고 믿게 할 수 있는 정도의 형식과 외관을 갖추고 있으면 /
【대법원 요지】 본죄는 성립하는 것이고, /
【대법원 요지】 위와 같은 요건이 구비되었다면 /
【대법원 요지】 본죄에서의 '타인'에는 /
【대법원 요지】 자연인뿐만 아니라 법인, 법인격 없는 단체를 비롯하여 /
【대법원 요지】 거래관계에서 독립한 사회적 지위를 갖고 활동하고 있는 존재로 취급될 수 있으면 /
【대법원 요지】 여기에 해당한다고 보아야 한다.

5. 사안에 대한 대법원의 판단

【대법원 분석】 그런데 기록에 의하여 살펴보면, '○○부동산'은 공소외 A가 부동산중개업을 영위하기 위하여 2003. 4. 17. 구 '부동산중개법'에 따라 개설등록한 부동산중개사무소로서, /
【대법원 분석】 그 무렵부터 대구 북구 매천동 M번지에 사무소를 두고 사무소 운영에 필요한 물적 설비가 갖춰진 상태에서 피고인이 공소외 A가 등록한 '○○부동산'의 등록명의를 빌려 부동산중개행

위를 하기로 하였는데, /

【대법원 분석】 이 사건 매매계약의 중개과정에서는 피고인이 위 사무소에서 자신을 '○○부동산'의 대표자라고 자칭하면서 /

【대법원 분석】 위 부동산매매계약서의 공인중개사란에 '○○부동산'의 상호와 등록번호 및 전화번호, 그리고 그 자신을 대표자로 기재하였으며, /

【대법원 분석】 이에 따라 공소외 C는 피고인이 '○○부동산'의 대표자 자격으로 이 사건 매매계약을 중개하는 것으로 알고서 피고인에게 이 사건 부동산중개 및 부동산매매계약서 작성을 의뢰하였던 사실을 알 수 있다.

【대법원 판단】 사정이 이러하다면, /

【대법원 판단】 일반인으로서는 이 사건 부동산매매계약서에서 작성명의인으로 된 '○○부동산'이라는 표시가 /

【대법원 판단】 법인이나 단체, 그 밖에 다른 개인사업체 등의 어느 명칭에 해당하는지 알 수 없는 이상,/

【대법원 판단】 '○○부동산'을 작성명의인으로 하여 그의 권한 내에서 작성된 문서라고 믿게 할 수 있는 정도의 형식과 외관을 갖추고 있다고 보기에 충분하다 할 것인데, /

【대법원 판단】 위에서 본 바와 같이 '○○부동산'은 공소외 A가 부동산중개업을 영위하기 위하여 등록한 부동산중개사무소로서, /

【대법원 판단】 부동산중개행위 등 부동산중개업을 영위하는 과정에서 '○○부동산'의 명의로 이루어진 모든 행위는 그 법률효과가 그 명칭의 부동산중개사무소 등록자에게 귀속될 수 있는 관계에 있다 할 것이므로, /

【대법원 판단】 위 부동산매매계약서의 공인중개사란에 작성명의인으로 기재된 '○○부동산'은 단순히 상호를 가리키는 것이 아니라 독립한 사회적 지위를 갖고 활동하고 있는 존재로 취급될 수 있다 할 것이고, /

【대법원 판단】 따라서 피고인의 위 각 행위는 자격모용사문서작성 및 동행사죄에 해당된다고 할 것이다.

【대법원 결론】 그럼에도 불구하고, 원심은 '○○부동산'이 단순히 부동산중개사무소의 상호에 불과하다고 판단하여 자격모용에 의한 사문서작성죄의 명의인이 될 수 없다는 이유로 무죄를 선고하였으니, /

【대법원 결론】 원심판결에는 자격모용사문서작성죄에 있어서의 명의인에 관한 법리를 오해하여 판결 결과에 영향을 미친 위법이 있다 할 것이다. (파기 환송)

【코멘트】 본 판례를 읽어보면 일견 대법원이 지나치게 자격모용사문서작성죄의 성립범위를 확장하고 있는 것이 아닌가 하는 생각을 가질 수 있다. 단순히 '○○○부동산'이라고 되어 있는 상호까지도 작성명의인이 될 수 있다는 말인가 하는 것이 의문의 골자라고 할 수 있다. 이러한 의문은 '○○○부동산'이라는 상호는 사법상 거래관계에 있어서 권리 · 의무의 주체가 될 수 없다는 인식에서 비롯한다고 할 수 있다. 본 판례의 항소심법원도 이러한 인식 아래 범죄불성립의 결론을 내리고 있다.

그러나 대법원은 이 문제를 형사법적 관점에서 바라보고 있다. 대법원이 지적하고 있는 것처럼, 자격모용에 의한 사문서작성죄는 문서위조죄와 마찬가지로 문서의 진정에 대한 공공의 신용을 보호법익으로 하고 있다. 권리 · 의무의 귀속 여부는 형사법적 관점에서 중요하지 않다. 일반인들이 그 문서에 대해 믿음을 보내고 있다는 사실이 중요하다. 본 판례 사안의 경우 '○○○부동산'이 독립한 사회적 지위를 가지고 활동하고 있는 존재로 취급될 수 있다 사실이 중요한 것이다. 본 판례에 나타난 대법원은 인식은 허무인 명의의 사문서에 대해서까지 사문서위조죄의 성립을 인정한 **2002도18** 판례와 동일한 맥락의 것이라고 할 수 있다.

2005도4072

자격모용사문서작성죄와 자격모용 – 인정례
회장 직무집행 가처분 사건

2007. 7. 26. 2005도4072, 공 2007, 1407

1. 사실관계 및 사건의 경과

【사실관계 1】

① P종중의 대종회(이하 P대종회라 한다)가 있다.
② P대종회의 회장은 갑이고, 을과 병은 이사이며, 정은 이사가 아니다.
③ 을은 자신이 담당했던 P대종회 업무와 관련하여 사기, 사문서위조 및 동행사의 범행을 저질렀다.
④ [P종중 집행부에 문제가 있다는 종중원들의 의견에 따라 새로운 집행부를 구성하기 위한 총회가 열리게 되었다.]
⑤ P대종회의 회칙은 다음과 같이 규정하고 있다.
(가) 회장과 이사는 총회에서 선출한다.
(나) 총회는 대의원 과반수의 출석으로 성립하고 출석 대의원 과반수의 찬성으로 결정한다.
(다) 회장선거에 있어서는 1차 투표에서 과반수 득표자가 없을 때에는 최다득표자와 차점자 2인에 대하여 2차 투표를 실시한다.
(라) 2차 투표에서도 과반수 득표자가 없을 때에는 3차 투표를 실시하여 최다득표자를 회장으로 선출한다.
(마) 회칙 개정은 출석 대의원 2/3 이상의 찬성으로 결정한다.
(바) 총회를 소집할 때에는 회의 7일 전에 의안(議案)과 함께 통지하여야 한다.

【사실관계 2】

① 1995. 2. 28. P대종회의 대의원총회가 열렸다. (㉮총회)
② ㉮총회에서는 임시의장으로 A가 선출되었다.
③ 임시의장 A는 회장선거 직전에 회장선거의 방법으로 다음의 의안을 즉석에서 상정하였다.
④ "1차 투표에서 과반수 득표자가 없을 때에는 2차 투표에서 최다득표자를 회장으로 선출하자."
⑤ 임시의장 A는 이 의안에 대해 참석 대의원들에게 이의가 없느냐고 두 차례 물었다.
⑥ 이에 "예"라고 대답하는 대의원들이 다수 있었다.

⑦ 그러자 임시의장 A는 위 의안이 통과되었음을 선언하였다.

【사실관계 3】

① 그 직후 P대종회의 회장선거가 실시되었다.

② 회장선거 1차 투표에서 과반수를 득표한 회장 후보가 없자 2차 투표가 실시되었다.

③ 2차 투표에서는 B가 출석 대의원 51명의 과반수에 미치지 못하는 25표를 득표하여 최다득표자가 되었다.

④ 임시의장 A는 최다득표자 B가 후임 회장으로 선출되었음을 선언하였다.

⑤ B는 그날 회장의 지위에서 C 등 이사들을 모두 새로이 선임하였다.

⑥ 이 자리에서 B의 회장 선출에 대하여 그러한 회장선거 방식에 관한 회칙 개정이 없었음을 이유로 반발하는 대의원들이 다수 있었다.

【사실관계 4】

① P대종회의 전임회장 갑은 B의 회장 선출을 인정하지 않았다.

② 갑과 병은 [P대종회 소유의 M부동산 처분에 관한] 이사회 의사록을 작성하였다. (㉠의사록)

③ ㉠이사회 의사록은 P대종회 회장 갑과 이사 병의 명의로 작성되었다.

④ 갑과 병은 위임장을 작성하였다. (㉡위임장)

⑤ ㉡위임장은 P대종회 회장 갑 및 이사 병 명의로 작성되었다.

⑥ 갑, 을, 정은 ㉠이사회 의사록과 ㉡위임장을 등기공무원에게 제출하여 [P대종회의 M부동산에 대한 등기를 D에게 이전]하였다.

【사실관계 5】

① P대종회(대표자 후임 회장 B)는 갑을 상대로 관할법원에 회장직무집행정지 등 가처분신청을 하였다.

② 갑도 B를 상대로 관할법원에 회장직무집행정지 등 가처분신청을 하였다.

③ 1995. 7. 5. 관할법원은 "갑은 대종회 회장의 직무를 집행하거나 B가 대종회 회장으로서 하는 직무집행을 방해해서는 안 된다."는 내용의 가처분결정을 내렸다. (ⓐ가처분결정)

④ 갑 등은 그 무렵 ⓐ가처분결정을 알게 되었다. (☞문서례 11번 참조)

【사실관계 6】

① 갑, 을, 병, 정은 [P대종회 소유의 다른 N부동산의 처분에 관한] 이사회 의사록을 작성하였다. (㉢의사록)

② ㉢의사록은 P대종회 대표자 갑 및 이사 을, 병, 정 명의로 작성되었다.

③ 갑과 을은 위임장을 작성하였다. (㉣위임장)

④ ㉣위임장은 P대종회 대표자 갑 명의로 작성되었다.

⑤ 갑, 을, 정은 ㉢의사록과 ㉣위임장을 등기공무원에게 제출하여 [P대종회의 N부동산에 대한 등기를 E에게 이전]하였다.

⑥ 이후 ⓐ가처분결정이 취소되었다.

⑦ 나아가 갑이 B를 상대로 제기한 직무집행정지 등 가처분 사건에서 갑의 신청을 인용하는 가처분결정이 내려졌다. (ⓑ가처분결정)

⑧ 1997. 4. 30.경 P대종회의 새로운 대의원총회에서 후임 회장 및 이사 등이 새로이 선임되었다. (㉯

총회)

⑨ B측은 갑 등을 고소하였다.

【사건의 경과】

① 검사는 갑, 을, 병, 정을 다음의 공소사실로 기소하였다.

(가) 자격모용사문서작성죄

(나) 자격모용작성사문서행사죄

(다) 공정증서원본불실기재죄

(라) 불실기재공정증서원본행사죄

(마) 사문서위조죄

(바) 위조사문서행사죄

(사) 사기

② 갑 등의 피고사건은 제1심을 거친 후, 항소심에 계속되었다.

③ 항소심법원은 1995. 2. 28.에 열린 P대종회의 대의원총회(㉮총회)에 의한 B의 회장 선출이 유효하다고 판단하였다.

④ 항소심법원은 이를 토대로 갑 등에 대해 공소사실 전부에 대해 유죄를 인정하였다.

⑤ 갑 등은 불복 상고하였다.

2. 회장 선임의 적법성에 대한 판단

(1) 사안에 대한 항소심의 판단

【대법원 분석】 원심은 그 채용 증거들에 의하여, /

【대법원 분석】 P종중 대종회(이하 '대종회'라고 한다)의 회칙에는 대표자인 회장과 이사 등은 대의원총회에서 선출하고, /

【대법원 분석】 대의원총회는 대의원 과반수의 출석으로 성립하고 출석 대의원 과반수의 찬성으로 의결하되, /

【대법원 분석】 회장선거에 있어서는 1차 투표에서 과반수 득표자가 없을 때에는 최다득표자와 차점자 2인에 대하여 2차 투표를 실시하고 2차 투표에서도 과반수 득표자가 없을 때에는 3차 투표를 실시하여 최다득표자를 회장으로 선출하며, /

【대법원 분석】 회칙 개정과 임원 해임은 출석의원 2/3 이상의 찬성으로 의결하도록 규정되어 있다고 인정한 다음, /

【대법원 분석】 회칙상 임원의 선임에 관한 사항이 대의원총회의 권한으로 규정되어 있는데 /

【대법원 분석】 임원의 선임에 관한 사항이라 함은 임원의 선출 절차와 방법 등에 관한 사항도 포함하는 것으로 봄이 상당한바, /

【대법원 분석】 1995. 2. 28.자 대의원총회(이하 '이 사건 총회'라고 한다)에서 당해 대종회 회장 선출방법에 관하여 1차 투표에서 과반수 득표자가 없을 경우 다수득표자 2인에 대하여만 결선 투표를 실시하여 그 중 다수득표자를 대종회 회장으로 선임하자는 제안은 /

【대법원 분석】 대의원총회에서의 회장 선임방법에 관한 의안으로 대의원총회의 권한 범위에 속한다

할 것이고, /

【대법원 분석】 그 제안이 실질적으로 회칙의 개정에 해당한다고 하더라도 대의원 과반수의 출석과 의결정족수인 출석 대의원 2/3의 찬성을 초과하여 출석 대의원 51명 전원의 찬성으로 의결된 이상 그 결의는 회칙 개정 결의로서 유효하므로, /

【대법원 분석】 공소외 B가 결선 투표에서 과반수 득표를 하지 못하였다 하더라도 적법하게 대종회 회장으로 선출된 것으로 봄이 상당하고, /

【대법원 분석】 후임 이사도 공소외 B에 의하여 적법하게 선임되었다고 판단하였다.

(2) 사안에 대한 대법원의 분석

【대법원 판단】 그러나 원심의 위와 같은 인정과 판단은 다음과 같은 이유로 수긍하기 어렵다.

【대법원 분석】 기록에 의하면 대종회 회칙에는 회장과 이사는 총회에서 선출하고(제9조), /

【대법원 분석】 회칙 개정은 총회의 의결사항으로 되어 있으며(제15조 제4호), /

【대법원 분석】 총회는 구성원의 과반수의 출석으로 성립하고 출석 대의원 과반수의 찬성으로 결정하고 /

【대법원 분석】 회칙 개정은 출석 대의원 2/3 이상의 찬성으로 결정하고(제18조), /

【대법원 분석】 총회를 소집할 때에는 회의 7일 전에 의안(議案)과 함께 통지하여야 한다(제19조 제1항)고 규정되어 있는데/

【대법원 분석】 (원심이 인정한 회장선거에 관한 회칙 규정은 이 사건 총회 이후에 개정된 내용으로 보인다), /

【대법원 분석】 이 사건 총회에서는 임시의장인 공소외 A가 회장선거 직전에 회장선거의 방법으로 1차 투표에서 과반수 득표자가 없을 때에는 2차 투표에서 최다득표자를 회장으로 선출하자는 의안을 즉석에서 상정하여 /

【대법원 분석】 참석 대의원들에게 이의가 없느냐고 두 차례 묻고 "예"라고 대답하는 대의원들이 다수 있자 의안이 통과되었음을 선언하였고 /

【대법원 분석】 (수사기록 363쪽 이하의 이 사건 총회 회의록 참조. /

【대법원 분석】 원심은 위 의안이 출석 대의원 51명 전원의 찬성으로 의결되었다고 인정하였으나, /

【대법원 분석】 기록상 이에 부합하는 자료로는 고소인 측 사람의 진술 또는 그들이 작성 · 제출한 서면뿐인데 /

【대법원 분석】 이는 객관적 자료인 이 사건 총회 의사록의 내용과 배치되는 내용이어서 원심의 위 사실인정은 도저히 이를 그대로 수긍할 수가 없다), /

【대법원 분석】 그 직후 실시된 회장선거 1차 투표에서 과반수를 득표한 회장 후보가 없자 2차 투표를 실시하여 출석 대의원 51명의 과반수에 미치지 못하는 25표를 득표한 최다득표자인 공소외 B가 후임 회장으로 선출되었음을 선언하였으며 /

【대법원 분석】 공소외 B는 그날 회장의 지위에서 이사들을 모두 새로이 선임하였는데, /

【대법원 분석】 그 자리에서 공소외 B의 회장 선출에 대하여 그러한 회장선거 방식에 관한 회칙 개정이 없었음을 이유로 반발하는 대의원들이 다수 있었던 사실이 인정된다.

(3) 사안에 대한 대법원의 판단

【대법원 판단】 위 인정 사실에 의하면 이 사건 총회에서 임시의장에 의하여 상정된 회장선거 방식 변경에 관한 의안은 회칙의 개정에 해당함이 명백하다고 할 것인데, /

【대법원 판단】 그 의안에 대해서는 사전통지 없이 즉석에서 발의되었고 /

【대법원 판단】 회칙 개정의 의결정족수인 출석의원 2/3 이상의 찬성이 있었다고 보기 어려운 점, /

【대법원 판단】 후임 이사들도 총회의 의결 없이 후임 회장이 임명한 점 등을 종합하여 볼 때, /

【대법원 판단】 이 사건 총회에서의 회장선임결의 및 공소외 B에 의한 후임 이사 선임은 그 절차가 부적법하여 무효라고 봄이 상당하다.

【대법원 결론】 따라서 이와 달리 본 원심은 회칙개정절차 등에 관한 법리를 오해함으로써 뒤에서 보는 바와 같이 원심 판시 범죄사실 제1항 전부와 제2항 중 피고인 병 명의 부분의 각 이사회 의사록 작성 및 그 행사의 점에 대하여 유죄를 인정하여 판결에 영향을 미친 위법이 있고, 이를 지적하는 상고이유는 이유가 있다.

3. 임기만료 이사의 업무수행 적법성에 대한 판단

(1) 임기만료 이사의 업무수행 기간

【대법원 요지】 가. 민법상 법인의 이사 전원 또는 그 일부의 임기가 만료되었다고 하더라도 /

【대법원 요지】 후임 이사의 선임이 없거나 /

【대법원 요지】 또는 후임 이사의 선임이 있었다고 하더라도 그 선임결의가 무효이고 /

【대법원 요지】 임기가 만료되지 아니한 다른 이사만으로는 정상적인 법인의 활동을 할 수 없는 경우에는, /

【대법원 요지】 임기가 만료된 구 이사로 하여금 법인의 업무를 수행케 함이 부적당하다고 인정할 만한 특별한 사정이 없는 한, /

【대법원 요지】 구 이사는 후임 이사가 선임될 때까지 종전의 직무를 수행할 수 있다.

(2) 사안에 대한 대법원의 판단

【대법원 분석】 한편, 기록에 의하면 대종회가 피고인 갑을 상대로 하여 서울지방법원 95카합○○○○호로 제기한 회장직무집행정지 등 가처분 사건에서 /

【대법원 분석】 1995. 7. 5. "피고인 갑은 대종회 회장의 직무를 집행하거나 공소외 B가 대종회 회장으로서 하는 직무집행을 방해해서는 안 된다."는 내용의 가처분결정/

【대법원 분석】 (이하 '이 사건 가처분결정'이라고 한다)이 내려졌다가 /

【대법원 분석】 (피고인들은 그 무렵 이를 알게 되었다), /

【대법원 분석】 1996. 9. 19. 이 사건 가처분결정이 취소되었으며, /

【대법원 분석】 1997. 4. 30.경 새로운 대의원총회에서 후임 회장 및 이사 등이 새로이 선임된 사실을 인정할 수 있고, /

【대법원 판단】 피고인 갑과 피고인 병에 대해서는 대종회의 전임 회장 및 이사로서 대종회의 업무를 계속 수행케 함이 부적당하다고 인정할 만한 특별한 사정이 있다고 볼 자료가 보이지 않지만, /

【대법원 판단】 피고인 을에 대해서는 뒤에서 보는 바와 같이 자신이 담당했던 대종회 업무와 관련하여 사기, 사문서위조 및 동행사의 범행을 저지른 사실이 인정되므로 /
【대법원 판단】 그로 하여금 대종회 전임 이사로서 대종회의 업무를 계속 수행케 함이 부적당한 특별한 사정이 있다고 봄이 상당하다.

(3) 자격모용사문서작성죄의 성립범위

【대법원 판단】 위 인정 사실에 의하면 피고인 갑은 전임 회장으로서 이 사건 가처분결정에 의하여 그 직무집행이 정지될 때까지, /
【대법원 판단】 피고인 병은 전임 이사로서 후임 이사의 적법한 선임이 있을 때까지 /
【대법원 판단】 (이 사건 가처분결정은 피고인 갑만에 대한 것이어서 /
【대법원 판단】 피고인 병에게는 효력이 미치지 않는다) /
【대법원 판단】 각 대종회의 직무를 수행할 수 있다고 할 것이므로, /
【대법원 판단】 그 사이에 피고인 갑과 피고인 병이 각 대종회 회장 및 이사 자격으로 작성한 이사회 의사록 및 위임장은 자격을 모용하여 작성한 문서라고 할 수 없고, /
【대법원 판단】 다만 이 사건 가처분결정이 있은 후에는 그 가처분결정이 취소되지 않은 상태에서 피고인 갑이 대종회 회장의 자격으로 이사회 의사록과 위임장을 작성할 수는 없다고 할 것이므로 /
【대법원 판단】 피고인이 그와 같은 가처분결정이 있음을 알고서도 이를 작성한 이상 이는 자격모용에 의한 문서작성죄에 해당한다고 할 것이다 /
【대법원 판단】 (비록 그 후에 가처분결정이 취소되고 /
【대법원 판단】 피고인 갑이 공소외 B를 상대로 한 서울지방법원 96카합○○○○○호 직무집행정지 등 가처분 사건에서 /
【대법원 판단】 피고인 갑의 신청을 인용하는 가처분결정이 있었다고 하더라도, /
【대법원 판단】 위 가처분결정이 당연 무효가 아닌 한 /
【대법원 판단】 그 가처분결정이 취소될 때까지는 마찬가지라 할 것이다. /
【대법원 판단】 이와 배치되는 상고이유의 주장은 이유가 없다). /
【대법원 판단】 반면에, 피고인 을에게는 대종회 이사로서의 업무를 계속 수행케 함이 부적당한 특별한 사정이 인정되는 이상, /
【대법원 판단】 그가 이 사건 총회 이후에 대종회 이사 자격으로 작성한 이사회 의사록은 자격을 모용하여 작성한 문서에 해당한다.
【대법원 판단】 그리고 기록에 의하면 피고인 정은 대종회 이사의 지위에 있었던 적이 전혀 없으므로, /
【대법원 판단】 그가 대종회 이사 자격으로 이사회 의사록을 작성하였다면 이는 자격모용에 의한 사문서작성에 해당함이 명백하다.

(4) 문서위조죄와 죄수 판단

【대법원 요지】 한편, 이 사건 이사회 의사록과 같이 2인 이상의 연명으로 된 문서를 /
【대법원 요지】 작성하거나 그 문서를 행사한 경우에는 /

【대법원 요지】 작성명의인 수대로 수개의 문서에 관한 죄가 성립하는 것이고, /

【대법원 판단】 이 사건에서는 위에서 살핀 바와 같이 피고인들에 대한 그 자격의 유무가 일치하지 않으므로, /

【대법원 판단】 이하에서는 각 작성명의인인 피고인 별로 나누어 상고이유의 존부를 살핀다.

4. 사안에 대한 대법원의 판단

(1) ㉠의사록과 갑, 병에 대한 판단

【대법원 판단】 원심 판시 이사회 의사록은 피고인 갑이 대종회 회장 자격으로, 피고인 병이 대종회 이사 자격으로 작성한 문서인데, /

【대법원 판단】 위 이사회 의사록은 이 사건 가처분결정 및 후임 이사의 선임 전에 작성된 것이므로, 위에서 본 바와 같이 위 이사회 의사록은 자격모용에 의한 문서가 아님이 분명하다.

【대법원 판단】 그런데 자격모용작성사문서행사죄는 '자격을 모용하여 작성한 문서'를 행사하는 경우에 성립하는 죄임이 구성요건상 명백하므로, /

【대법원 판단】 위 이사회 의사록이 '자격을 모용하여 작성한 문서'가 아닌 이상 /

【대법원 판단】 이를 이 사건 가처분결정 이후에 행사하였다고 하더라도 자격모용작성사문서행사죄가 된다고 할 수는 없다.

【대법원 결론】 이와 다른 전제에서 위 이사회 의사록 행사의 점을 유죄로 인정한 원심판결에는 자격모용작성사문서행사죄의 법리를 오해하여 판결에 영향을 미친 위법이 있고, 이를 지적하는 상고이유는 이유 있다.

(2) ㉡의사록과 갑, 을, 정에 대한 판단

【대법원 분석】 원심이 채용한 증거들에 의하면 /

【대법원 분석】 피고인 갑은 이 사건 가처분결정이 유효하게 존속하고 있음을 알고도 위 각 이사회 의사록을 대종회 회장 자격으로 작성 · 행사하였으며, /

【대법원 분석】 피고인 을에게는 위에서 본 바와 같이 대종회 이사로서의 업무를 계속 수행케 함이 부적당한 특별한 사정이 인정되고, /

【대법원 분석】 피고인 정은 대종회 이사의 지위에 있은 적이 없음에도 /

【대법원 분석】 피고인 을, 정은 각 대종회 이사 자격으로 위 각 이사회 의사록을 작성하고 이를 행사하였으므로, /

【대법원 판단】 위 피고인들 명의 부분의 위 각 이사회 의사록 작성 및 동행사의 점은 자격모용사문서작성죄 및 동행사죄에 해당한다.

【대법원 결론】 이 부분 공소사실을 유죄로 인정한 원심의 조치는 결론에 있어 정당하고, 거기에 지적하는 바와 같은 판결에 영향을 미친 법리오해 등의 위법이 없다.

(3) ㉡의사록과 병에 대한 판단

【대법원 판단】 위 각[㉡] 이사회 의사록 중 피고인 병 명의 부분은 그가 후임 이사의 선임 전에 작성된 것이므로, /

【대법원 판단】 위에서 본 바와 같은 이유로 그에 관하여 자격모용사문서작성죄 및 동행사죄가 성립될 수 없다.

【대법원 결론】 이와 달리 위 각 이사회 의사록 중 피고인 병 명의 부분에 관한 자격모용사문서작성 및 동행사의 점을 유죄로 인정한 원심판결에는 자격모용사문서작성 및 동행사죄의 법리를 오해하여 판결에 영향을 미친 위법이 있으므로, 이를 지적하는 상고이유는 이유가 있다.

(4) ㉣위임장과 갑, 을에 대한 판단

【대법원 판단】 원심은 그 채용 증거들에 의하여, /

【대법원 판단】 피고인 갑, 을이 공모하여 이 사건 가처분결정이 유효하게 존속하고 있음을 알고도 /

【대법원 판단】 원심 판시 각[㉣] 위임장을 대종회 대표자 피고인 갑 명의로 작성하고 /

【대법원 판단】 나아가 이를 행사한 사실이 인정된다고 보아 /

【대법원 판단】 판시 각 범행을 유죄로 인정하였는바, /

【대법원 결론】 위 각 범행을 유죄로 인정한 원심의 결론은 정당하므로, 거기에 법리오해 등의 위법이 없다. (결론적으로 파기 환송)

【비교법 조문 14】

독일 형법

제23장 문서위조의 죄

제267조 (문서위조) ① 법적 거래 시의 기망의 목적으로 진정한 문서를 만들어내거나[위조] 진정한 문서를 변조한 자 또는 위조 · 변조된 문서를 행사한 자는 5년 이하의 자유형 또는 벌금형에 처한다.

② 미수범은 처벌한다.

(이하 생략)

【코멘트】 본 판례에서 대법원은 문서에 관한 죄의 죄수판단 기준을 설시하고 있다. "2인 이상의 연명으로 된 문서를 작성하거나 그 문서를 행사한 경우에는 작성명의인 수대로 수개의 문서에 관한 죄가 성립하는 것"이 그것이다. 그리하여 대법원은 연명으로 작성된 P종중의 이사회 의사록에 대해 작성명의인 별로 범죄성립 여부를 검토하고 있다.

그런데 여기에서 한 가지 추가로 언급할 점은 문서에 관한 위조 등 선행 범죄와 그로 인하여 생성된 문서의 행사죄는 서로 실체적 경합관계에 있다는 사실이다. 우리 형법은 각종 문서에 관한 죄와 그 문서의 행사에 관한 죄를 서로 다른 조문에서 각각 별개의 구성요건으로 규정하고 있다. 이에 반해 독일 형법은 문서를 위조 · 변조하는 행위와 위조 · 변조된 문서를 행사하는 행위를 동일한 구성요건에 순차적으로 규정해 놓고 있다(독일형법 제267조 제1항 참조).

독일 형법의 규정방식은 문서의 위조 · 변조와 위조 · 변조문서의 행사를 하나의 구성요건에 포괄하여 하나의 범죄로 파악하는 것을 의미한다. 우리 형법의 경우 뇌물죄와 관련하여 뇌물의 수수, 요구, 약속이 모두 하나의 구성요건에 규정되어 있는 것과 비슷한 형태이다(형법 제129조 제1항 참조). 일련의 행위들이 하나의 구성요건에 함께 규정되어 있는 범죄형태를 가리켜서 협의의 포괄일죄라고 한다.

독일 형법은 문서에 관한 죄를 협의의 포괄일죄 형태로 규정하고 있어서 문서를 위조·변조하고 나아가 위조·변조된 문서를 행사하더라도 하나의 문서에 관한 죄(단순일죄)가 성립한다.

그러나 우리 입법자는 문서를 위조·변조하는 행위와 위조·변조된 문서를 행사하는 행위를 서로 다른 조문에서 다른 형태의 구성요건으로 규정하고 있다. 이 때문에 양자를 협의의 포괄일죄라는 형태로 단순일죄로 묶을 수가 없다. 나아가 우리 형법은 일본 형법이 인정하는 견련범 형태의 과형상 일죄를 인정하고 있지 않다. 여기에서 우리 형법의 해석상 문서위조·변조죄와 위조·변조문서의 행사죄는 서로 실체적 경합관계에 있다는 결론이 도출된다.

2004도6404

자격모용사문서작성죄와 자격모용 – 인정례
장교복지회 주택조합 사건

2005. 4. 15. 2004도6404, [공보불게재]

1. 사실관계 및 사건의 경과

【사실관계 1】

① 제○관구 사령부 장교복지회(이하 P장교복지회라고 함)는 회장 A, 총무이사 B, 상무이사 C로 구성되어 있다.
② P장교복지회와 D 사이에 M토지를 둘러싸고 소송이 제기되었다.
③ P장교복지회 측은 변호사 갑(□□□)을 소송대리인으로 선임하였다.
④ [P장교복지회 측은 소송을 통하여 M토지에 대한 권리를 인정받았다.]
⑤ P장교복지회 측은 M토지의 형질을 변경하여 그 위에 군인들을 위한 아파트를 건설하는 사업을 추진하기로 하였다.
⑥ 2001. 11. 19. 12:00경 P장교복지회의 회장 A, 총무이사 B, 상무이사 C는 N회관에서 변호사 갑에게 M토지상에 공동주택건설의 시행 및 시공을 위한 업자를 선정하는 권한 일체를 위임하였다.
⑦ A, B, C는 이를 위하여 P장교복지회 명의의 위임장을 갑에게 작성해 주었다.

【사실관계 2】

① 2002. 3. 15.경 P장교복지회의 A, B, C는 갑에게 다음 내용의 ⓐ내용증명우편을 발송하였다.
(가) 갑은 위임계약의 내용과는 달리 업자들에게 보증금을 요구하는 등 위임의 취지에 위배되는 행위를 하였다.
(나) 따라서 공동주택건설의 시행 및 시공을 위한 업자를 선정하는 권한에 관한 대리권의 위임을 해지한다.
② 2002. 3. 18. 갑은 ⓐ내용증명우편을 수령하였다.
③ 200. 3. 26. P장교복지회는 갑에게 같은 내용의 ⓑ내용증명우편을 재차 발송하였다.
④ 갑은 ⓑ내용증명우편을 수령하였다.

【사실관계 3】

① 2002. 5. 10.경 갑은 자신의 법률사무소에서 Q건설회사의 개발본부장 D와 사이에 '공동주택단지 개발사업 공동추진계약서'(㉠계약서)를 컴퓨터를 이용하여 작성하였다.

② ㉠계약서의 내용은 다음과 같다.

(가) 제○관구 사령부 장교복지회 주택조합과 Q건설주식회사는 M토지상에 공동주택단지 개발사업을 공동으로 추진한다.

(나) 제○관구 사령부 장교복지회 주택조합

(다) 위 대리인 변호사 □□□(인)

③ 갑은 이렇게 작성된 ㉠계약서 1장을 D에게 교부하였다.

④ D는 이 자리에서 계약이행보증금 명목으로 1억 원을 갑에게 교부하였다.

【사건의 경과 1】

① 검사는 갑을 다음의 공소사실로 기소하였다.

(가) 자격모용사문서작성죄

(나) 자격모용작성사문서행사죄

(다) 사기죄

② 제1심법원은 유죄를 인정하였다.

③ 갑은 불복 항소하였다.

④ 항소심법원은 항소를 기각하고, 제1심판결을 유지하였다.

【사건의 경과 2】

① 갑은 불복 상고하였다.

② 갑은 상고이유로 다음의 점을 주장하였다.

(가) 갑은 P장교복지회로부터 소송위임을 받고 그 대가로 공사대행업자 선정권한을 넘겨받은 것이다.

(나) 그러므로 P장교복지회는 대가를 지급하기 전에는 위임계약을 해지할 수 없다.

(다) P장교복지회가 위임계약을 해지할 수 없으므로 갑은 Q건설회사의 개발본부장 D와 계약을 체결할 당시 P장교복지회로부터 대리권이 위임된 것으로 알고 있었다.

(라) 갑에게 P장교복지회의 대리인 자격을 모용한다는 미필적 고의도 없으므로 자격모용사문서작성죄는 성립되지 않는다.

(마) 설사 자격모용사문서작성죄가 성립한다고 하더라도, ㉠계약서의 명의인 '제○관구 사령부 장교복지회 주택조합'은 아직 설립된 바가 없으므로 허무인이다.

(바) 허무인 명의의 사문서를 작성하더라도 사문서에 관한 죄는 성립하지 않는다는 것이 종래 대법원판례의 입장이다.

2. 자격모용사문서작성죄의 고의 부분에 대한 판단

(1) 미필적 고의의 판단 방법

【대법원 요지】 1. 범죄구성요건의 주관적 요소로서 미필적 고의가 있었다고 하려면 범죄사실의 발생

가능성에 대한 인식이 있음은 물론 나아가 범죄사실이 발생할 위험을 용인하는 내심의 의사가 있어야 하는 것이고, /

【대법원 요지】 그 행위자가 범죄사실이 발생할 가능성을 용인하고 있었는지의 여부는 행위자의 진술에 의존하지 아니하고 외부에 나타난 행위의 형태와 행위의 상황 등 구체적인 사정을 기초로 하여 일반인이라면 당해 범죄사실이 발생할 가능성을 어떻게 평가할 것인가를 고려하면서 행위자의 입장에서 그 심리상태를 추인하여야 하는 것이다.

(2) 사안에 대한 대법원의 분석

【대법원 분석】 원심은, 그 채용증거들에 의하여, /

【대법원 분석】 제○관구 사령부 장교복지회의 회장 A, 총무이사 B, 상무이사 C는 2001. 11. 19. 12:00경 서울 용산구 한강로 2가 소재 N회관에서 이 사건 토지에 대한 토지형질변경 등과 관련된 소송대리업무를 위임하였던 피고인에게 /

【대법원 분석】 이 사건 토지상에 공동주택건설의 시행 및 시공을 위한 업자를 선정하는 권한 일체를 위임하고, 이를 위하여 제○관구 사령부 장교복지회 명의의 위임장을 작성하여 주었는데, /

【대법원 분석】 그 후 피고인이 이러한 위임계약의 내용과는 달리 업자들에게 보증금을 요구하는 등 위임의 취지에 위배되는 행위를 하였다는 이유로, 2002. 3. 15.경 동 대리권의 위임을 해지한다는 내용의 내용증명우편을 발송하여 피고인이 이를 같은 달 18.경 수령하였으며, /

【대법원 분석】 위 장교복지회는 같은 달 26.경에도 피고인에게 같은 내용의 내용증명우편을 다시 발송하였고, /

【대법원 분석】 피고인은 위와 같이 내용증명우편을 받고서도 /

【대법원 분석】 2002. 5. 10.경 서울 마포구 아현○동 ○○○-3 ○○아카데미텔 ○○○호 소재 피고인의 법률사무소에서 행사할 목적으로 권한 없이 Q건설 주식회사의 개발본부장 D와 사이에 /

【대법원 분석】 '제○관구 사령부 장교복지회 주택조합과 Q건설 주식회사가 이 사건 토지상에 공동주택단지 개발사업을 공동으로 추진한다.'는 내용의 '공동주택단지 개발사업 공동추진계약서'를 컴퓨터를 이용하여 작성하고, /

【대법원 분석】 '제○관구 사령부 장교복지회 주택조합'이라는 기재 아래에 '위 대리인 변호사 □□□'라고 기재하고 날인하는 방법으로 공동주택단지 개발사업 공동추진계약서 1장을 작성하여 E에게 교부한 사실 등을 인정한 다음, /

(3) 사안에 대한 대법원의 판단

【대법원 판단】 제○관구 사령부 장교복지회는 피고인에게 공동주택건설의 시행 및 시공을 위한 업자를 선정하는 권한을 위임하여 선정된 업체와 위 장교복지회 명의로 계약을 체결할 수 있는 대리권을 수여하였다가 /

【대법원 판단】 그 후 위 대리권은 제○관구 사령부 장교복지회가 발송한 위 대리권의 위임을 해지한다는 취지의 내용증명우편이 피고인에게 송달됨으로써 적법하게 철회되었고, /

【대법원 판단】 따라서 피고인이 Q건설 주식회사와 계약을 체결할 당시에는 피고인에게 그러한 대리권이 존재하지 아니하였으며, /

【대법원 판단】 피고인은 그 당시 미필적으로나마 대리권이 존재하지 아니하는 것을 인식하고 있었다고 봄이 상당하다는 이유로 /

【대법원 판단】 피고인에 대한 자격모용사문서작성과 동행사의 범죄사실을 유죄로 인정한 제1심 판단을 그대로 유지하였는바, /

【대법원 결론】 기록에 비추어 살펴보면, 원심의 위와 같은 증거의 취사선택과 사실인정 및 판단은 수긍할 수 있고, 거기에 상고이유로 주장하는 바와 같은 범죄의 주관적 구성요건에 관한 채증법칙 위배나 공사시공업자선정권 위임계약에 있어서의 계약해지의 효력에 관한 심리미진 등의 위법이 있다고 볼 수 없다. /

3. 자격모용사문서작성죄의 자격모용 부분에 대한 판단

(1) 위임계약 해지의 적법성 여부

【대법원 요지】 한편 위임계약은 일반적으로 당사자 사이에 강한 신뢰관계를 기초로 하고 있는 것이므로 민법 제689조 제1항에 의하여 각 당사자가 언제든지 해지할 수 있는 것이고, /

【대법원 요지】 수임인의 이익도 목적으로 하는 위임계약에 있어서도 위임인이 그 위임계약의 해지권 자체를 포기한 것이라고 볼 수 없는 경우에는 위임인은 부득이한 사유가 없다고 하더라도 민법 제689조에 의하여 그 계약을 해지할 수 있는 것인바, /

(2) 사안에 대한 대법원의 판단

【대법원 판단】 피고인이 주장하는 바와 같이 피고인이 제○관구 사령부 장교복지회로부터 소송위임을 받고 그 대가로 공사대행업자 선정권한을 넘겨받았다고 하더라도, /

【대법원 판단】 이러한 사정만으로는 위 장교복지회가 이 사건 위임계약의 해지권을 포기한 것이라고 볼 수는 없는 것이므로 위임인인 장교복지회는 이 사건 위임계약을 해지할 수 있는 것인바, /

【대법원 결론】 원심이 피고인 주장의 위와 같은 사정은 계약의 체결 동기에 불과할 뿐 계약에 따른 급부의 내용이라고 할 수 없으므로 위임인이 임의로 계약을 해지할 수 있다는 취지의 원심의 판단은 적절하지는 않지만 결론에 있어서는 정당하고, /

【대법원 결론】 뿐만 아니라 이 부분에 관한 원심의 판단은 부가된 가정판단에 불과하므로 판결 결과에 영향을 미친 위법이라고 할 수도 없으므로 이 부분에 관한 상고논지는 이유 없다.

(3) 허무인 명의 사문서 여부에 대한 판단

【대법원 판단】 2. 원심은, 그 채용 증거들에 의하여 그 판시 사실들을 인정한 다음, /

【대법원 판단】 공동주택단지 개발사업 추진계약서의 명의인인 '제○관구 사령부 장교복지회 주택조합'은 '제○관구 사령부 장교복지회'를 말한다는 이유로 위 계약서는 허무인 명의의 사문서에 해당하지 아니한다고 판단하였는바, /

【대법원 결론】 기록에 비추어 살펴보면, 원심의 위와 같은 증거의 취사선택과 사실인정 및 판단도 수긍할 수 있고, 거기에 상고이유로 주장하는 바와 같은 채증법칙 위배로 인한 사실오인이나 이유모순 등의 위법이 없다.

4. 사기죄 부분에 대한 판단

【대법원 요지】 3. 사기죄의 주관적 구성요건인 편취의 범의는 피고인이 자백하지 않는 이상 범행 전후의 피고인의 재력, 환경, 범행의 내용, 거래의 이행과정 등과 같은 객관적인 사정 등을 종합하여 판단할 수밖에 없는 것인바, /

【대법원 판단】 원심은, 그 채용증거들에 의하여 그 판시 사실들을 인정한 다음, /

【대법원 판단】 피고인이 E에게 마치 제○관구 사령부 장교복지회로부터 대리권을 수여받은 것처럼 행세하여 이에 속은 E로부터 즉석에서 계약이행보증금 명목으로 1억 원을 교부받아 편취하였다는 사기죄의 범죄사실을 유죄로 인정한 제1심판결을 유지하였는바, /

【대법원 결론】 기록에 비추어 살펴보면, 원심의 위와 같은 증거의 취사와 사실인정 및 판단도 수긍할 수 있고, 거기에 상고이유로 주장하는 바와 같은 채증법칙 위배로 인한 사실오인이나 심리미진 등의 위법이 없다. (상고 기각)

2003다7173

권한남용 표현대리 – 인정례
교장 퇴직금 압류 사건

2003. 4. 11. 2003다7173, 7183, 공 2003, 1181

1. 사실관계 및 사건의 경과

【사실관계 1】

① A는 K도 소재 M초등학교 교장이며, B는 M초등학교의 학부모이다.
② A와 B는 단순히 초등학교 교장과 학부모 사이 정도의 관계를 넘어서서 약 10년 전부터 서로 알게 된 후 의형제를 맺고 평소 호형호제하는 매우 친밀한 사이이다.
③ 1999. 10. 6. A는 B로부터 사업자금을 조달할 수 있도록 보증의 취지로 액면 2,000만 원의 N약속어음에 배서를 해 달라는 부탁을 받았다.
④ A는 B의 부탁에 따라 N약속어음에 배서를 해 주었다.
⑤ B는 D를 통하여 [사채업자] C에게 A가 배서한 N약속어음의 할인을 부탁하였다.
⑥ C는 배서명의인인 A의 신용을 확인하기 위하여 A의 인감증명서와 재직증명서를 제출받았다.
⑦ 그 후 C는 직접 A에게 전화로 N약속어음의 배서 사실을 문의하였다.
⑧ A는 C의 문의에 응하여 배서 사실을 확인해 주었다.

【사실관계 2】

① 1999. 10. 중순경 A는 B로부터 B가 사업자금조로 L금융기관에서 300만 원을 대출받음에 있어 이를 보증해달라는 부탁을 받았다.
② A는 이에 B에게 A의 인감도장과 인감증명서를 교부하였다.

③ B가 당초 의도했던 L금융기관의 대출은 B의 개인적인 사정으로 성사되지 못하였다.
④ 1999. 10. 19. B는 [사채업자] C로부터 금원을 차용하기로 하였다.

【사실관계 3】

① B는 임의로 A 명의의 ㉠차용증을 작성하였다. (☞문서례 3번 참조)
② ㉠차용증의 내용은 다음과 같다.
  (가) "A는 1999. 10. 19. C로부터 3,000만 원을 변제기 2000. 2. 28.로 정하여 차용한다."
  (나) 채무자란에 A의 성명 및 주소가 기재되어 있고, 그 옆에 B가 소지하고 있던 A의 인감도장이 날인되어 있다.
③ B는 D를 통하여 ㉠차용증을 A의 인감도장 및 인감증명서와 함께 당시 이러한 사정을 알지 못하는 C에게 교부해 주면서 아울러 A 명의의 집행력 있는 공정증서의 작성을 위임하였다.
④ 1999. 10. 19. C는 채권자 겸 채무자 A의 대리인으로서 다음 내용의 금전소비대차계약 공정증서(이하 '㉡공정증서'라고 한다)를 작성하였다. (☞문서례 7번 참조)
⑤ "A가 C에 대하여 차용금 3,000만 원의 반환을 지체한 때에는 즉시 강제집행을 받을 것을 인낙한다."
⑥ C는 차용금 3,000만 원 중 약정 선이자 300만 원을 공제한 2,700만 원을 B에게 교부해 주었다.

【사실관계 4】

① B와 D는 이 돈을 각자의 사업자금으로 나누어 써버렸다.
② 2000. 2. 28. 차용금 3,000만 원에 대한 변제기가 도래하였다.
③ 2000. 3. 8. C는 ㉡공정증서에 터잡아 다음 내용의 채권압류 및 전부명령을 받았다.
④ "A의 K도에 대한 2000. 3.분부터의 봉급채권 및 명예퇴직수당채권 중 각 제세공과금을 공제한 잔액의 1/2에 대하여 30,275,890원에 이르기까지의 채권(이하 '㉢채권'이라고 한다)에 관하여 채권압류 및 전부를 명한다." (☞문서례 12, 13번 참조)
⑤ ㉢채권에 대한 법원의 채권압류 및 전부명령은 그 무렵 제3채무자인 K도에 송달되었다.

【사실관계 5】

① [이후 사안은 다음과 같이 전개되었다.]
② A는 K도에 명예퇴직을 신청하였다.
③ C는 A의 퇴직금에 대해 법원의 채권압류 및 전부명령을 토대로 강제집행을 신청하였다.
④ A는 자신의 퇴직금에 대한 배당절차에서 C의 배당금출급청구권 행사를 저지하는 아무런 조치를 취하지 않았다.
⑤ C는 A의 퇴직금 가운데 C 앞으로 배당된 금원 전액을 K도로부터 교부받았다.

【사건의 경과 1】

① 이후 A는 C를 상대로 부당이득반환 청구의 소를 제기하였다.
② A는 청구이유로 다음의 점을 주장하였다.
  (가) ㉠차용증은 B가 위조한 것이다.
  (나) ㉡공정증서는 위조된 ㉠차용증서를 토대로 한 것이므로 무효이다.
  (다) ㉡공정증서가 무효이므로 A에 대한 채권압류 및 전부명령도 무효이다.

(라) C가 A에 대한 채권압류 및 전부명령에 근거하여 K도로부터 교부받은 금원은 부당이득에 해당한다.

【사건의 경과 2】

① C는 이에 대항하여 A를 상대로 대여금반환을 청구하는 반소(反訴)를 제기하였다.

② C는 반소 청구의 이유로 먼저 다음의 점을 주장하였다.

(가) 가사 ㉡공정증서가 무효라 하자.

(나) 그러하더라도 A는 ㉠차용증 상의 채무자란에 자필로 서명날인하였거나 B를 통하여 그 차용의사를 표시하였다.

(다) 그러므로 A는 C에게 차용금 3,000만 원 중 잔액을 반환할 의무가 있다.

③ C는 또 다른 청구이유로 표현대리의 법리를 다음과 같이 주장하였다.

(가) A는 B와 절친한 사이로서 B가 금융기관으로부터 대출을 받음에 있어 A를 대리하여 A 명의의 보증계약을 체결할 대리권을 B에게 수여한 일이 있다.

(나) C로서는 B가 A를 대리하여 C와의 사이에서 금전소비대차계약을 체결할 적법한 권한이 있다고 믿었다.

(다) 또한 C가 그와 같이 믿은 데에 정당한 사유가 있었다.

(라) 그러므로 A는 민법 제126조가 정한 권한을 넘은 표현대리의 법리에 따라 C에 대하여 대여금 3,000만 원 중 잔액을 반환할 의무가 있다.

【사건의 경과 3】

① A의 부당이득반환 청구의 본소와 C의 대여금 청구의 반소는 제1심을 거친 후, 항소심에 계속되었다.

② 항소심법원은 A의 C에 대한 본소를 받아들여 C에 대해 패소 판결을 내렸다.

③ A의 C에 대한 본소 부분의 주문은 다음과 같다.

④ "피고(C)는 부당이득의 반환으로서 원고(A)에게 ㉢채권을 양도하고 K도에게 그 채권양도의 통지를 하여야 할 의무가 있다."

⑤ 항소심법원은 C의 A에 대한 대여금 청구의 반소를 기각하고, C에 대해 패소 판결을 내렸다.

⑥ C는 본소에 대한 패소 부분과 반소에 대한 패소 부분에 모두 불복하여 상고하였다.

2. 사안에 대한 항소심의 판단

(1) 사안에 대한 항소심의 분석

【항소심 분석】 원심판결 이유에 의하면, 원심은 그 채용 증거를 종합하여 /

【항소심 분석】 원고(반소피고, 이하 '원고'라고만 한다)는 1999. 10. 중순경 평소 친분이 있던 소외 B로부터 그가 사업자금조로 금융기관에서 300만 원을 대출받음에 있어 이를 보증해달라는 부탁을 받고, 소외 B에게 원고의 인감도장 및 인감증명서를 교부하여 준 사실, /

【항소심 분석】 그런데 소외 B는 당초 의도하였던 대출이 그의 개인적인 사정으로 성사되지 못하자 1999. 10. 19. 피고(반소원고, 이하 '피고'라고만 한다)로부터 금원을 차용하기로 하고 /

【항소심 분석】 임의로 원고가 같은 날 피고로부터 3,000만 원을 변제기 2000. 2. 28.로 정하여 차용한다는 내용의 차용증(을 제2호증)을 작성하여 그 채무자란에 원고의 성명 및 주소를 기재하고 그

옆에 소지하고 있던 원고의 인감도장을 날인하는 방법으로 위 차용증을 위조한 후 /

【항소심 분석】 이를 D를 통하여 원고의 인감도장 및 인감증명서와 함께 당시 이러한 사정을 알지 못하는 피고에게 교부해 주면서 아울러 원고 명의의 집행력 있는 공정증서의 작성을 위임한 사실, /

【항소심 분석】 이에 따라 피고는 1999. 10. 19. 채권자 겸 채무자인 원고의 대리인으로서 원고가 피고에 대하여 위 차용금의 반환을 지체한 때에는 즉시 강제집행을 받을 것을 인낙하는 취지의 금전소비대차계약 공정증서(이하 '이 사건 공정증서'라고만 한다)를 작성한 후 위 차용금 3,000만 원 중 약정 선이자 300만 원을 공제한 2,700만 원을 소외 B에게 교부해 주었고, /

【항소심 분석】 소외 B와 D는 이를 각자의 사업자금으로 나누어 쓴 사실, /

【항소심 분석】 그 후 피고는 2000. 3. 8. 이 사건 공정증서에 터잡아 원고의 K도에 대한 2000. 3.분부터의 봉급채권 및 명예퇴직수당채권 중 각 제세공과금을 공제한 잔액의 1/2에 대하여 30,275,890원에 이르기까지의 채권(이하 '이 사건 채권'이라고만 한다)에 관하여 채권압류 및 전부명령을 받았고 위 명령이 그 무렵 제3채무자인 K도에 송달된 사실 등을 인정하였다.

(2) 원고의 부당이득반환청구 부분에 대한 항소심의 판단

【항소심 판단】 이상과 같은 기초사실을 토대로 원심은, /

【항소심 판단】 이 사건 공정증서는 무권대리인의 촉탁에 기한 것으로서 무효라 할 것이고 /

【항소심 판단】 무효인 이 사건 공정증서에 기한 위 전부명령이 확정됨에 따라 피고는 법률상 원인 없이 원고의 K도에 대한 이 사건 채권을 취득하였고, /

【항소심 판단】 한편 공정증서가 채무명의로서 집행력을 가질 수 있도록 하는 집행인낙의 의사표시는 공증인에 대한 소송행위로서 이러한 소송행위에는 민법상의 표현대리 규정이 적용 또는 준용될 여지도 없다는 이유로, /

【항소심 판단】 피고는 부당이득의 반환으로서 원고에게 이 사건 채권을 양도하고 K도에게 그 채권양도의 통지를 하여야 할 의무가 있다고 판단하여 원고의 이 사건 본소청구 중 채권의 부당이[득] 반환청구 부분을 인용하였다.

(3) 피고의 차용금 잔액 반환청구 부분에 대한 항소심의 판단

【항소심 판단】 이어 원심은, /

【항소심 판단】 이 사건 공정증서가 무효라 하더라도 원고는 위 차용증 상의 채무자란에 자필로 서명날인하였거나 소외 B를 통하여 그 차용의사를 표시하였으므로 원고는 피고에게 위 차용금 3,000만원 중 잔액을 반환할 의무가 있다는 취지의 피고의 반소청구에서의 주장에 대하여, /

【항소심 판단】 소외 B에 의하여 위조된 을 제2호증(차용금증서) 이외에는 [피]고의 주장사실을 인정할 증거가 없다는 이유로 피고의 위 주장을 배척하였고, /

(4) 피고의 표현대리 법리에 의한 차용금 반환청구 부분에 대한 항소심의 판단

【항소심 판단】 나아가 원고는 소외 B와 절친한 사이로서 소외 B에게 그가 금융기관으로부터 대출을 받음에 있어 원고를 대리하여 원고 명의의 보증계약을 체결할 대리권을 수여한 바 있고 /

【항소심 판단】 피고로서는 소외 B가 원고를 대리하여 피고와의 사이에서 금전소비대차계약을 체결

할 적법한 권한이 있다고 믿었으며 또 그와 같이 믿은 데에 정당한 사유가 있었으므로 /

【항소심 판단】 원고는 민법 제126조가 정한 권한을 넘은 표현대리의 법리에 따라 피고에 대하여 위 대여금 3,000만 원 중 잔액을 반환할 의무가 있다는 피고의 반소청구의 주장에 대하여, /

【항소심 판단】 앞서 본 사실관계에 의하면, 원고는 소외 B에게 위 차용증작성 이전에도 소외 B가 금융기관으로부터 300만 원을 대출받음에 있어 원고 명의의 보증계약을 체결할 대리권을 수여한 바 있으므로 소외 B는 원고를 대리할 기본대리권이 있었다 할 것이나, /

【항소심 판단】 당시 차용금액이 3,000만 원이라는 다액에 달함에도 소외 B가 당시 소지하고 있던 것은 원고의 인감도장 및 인감증명서뿐이었던 점, /

【항소심 판단】 원고와 소외 B는 초등학교 교장과 그 학부모 사이에 불과하여 그 관계에 비추어 보더라도 위와 같은 다액의 금전거래관계는 이례적으로 보여지는 점, /

【항소심 판단】 이와 같이 피고는 소외 B에게 원고를 대리할 권한이 있는지에 관하여 의심스러운 사정이 있었음에도 피고는 원고에게 원고가 주채무자로서 책임질 것인지 여부를 확인하지 않은 점 등 이 사건 변론에 나타난 제반 사정에 비추어 보면, /

【항소심 판단】 피고가 소외 B가 원고를 대리하여 피고와의 사이에서 금전소비대차계약을 체결할 권한이 있다고 믿은 데에 정당한 사유가 있었다고 보기는 어렵다는 이유로 /

【항소심 판단】 피고의 위 주장도 배척하여, 결국 피고의 이 사건 반소청구를 기각하였다.

3. 사안에 대한 대법원의 판단

(1) 사안에 대한 대법원의 분석

【대법원 판단】 그러나 피고의 표현대리에 관한 주장을 배척한 원심의 판단은 아래와 같은 이유로 수긍할 수 없다.

【대법원 분석】 소외 B가 원고의 인감도장과 인감증명서를 소지하고 있다가 원고 명의의 차용증을 위조한 후 D를 통하여 피고에게 인감도장 등을 일괄하여 전달하였다는 점, /

【대법원 분석】 당초 원고가 소외 B에게 위임을 한 기본적인 의도도 소외 B가 타인으로부터 금전을 차용하는 데 대한 보증을 서 주겠다는 취지였으므로 /

【대법원 판단】 그 금액이 예상치 못한 다액이고 채권자가 다르다는 점 이외에는 소외 B가 원고의 명의로 피고로부터 이 사건 금원을 차용한 것은 당초 위임의 목적과는 크게 다른 별개의 법률행위를 한 것도 아니라는 점은 원심도 인정하고 있는 바이고, /

【대법원 분석】 한편 기록에 의하면 원심의 판단과는 달리 원고와 소외 B는 단순히 초등학교 교장과 학부모 사이 정도의 관계를 넘어서서 약 10년 전부터 서로 알게 된 후 의형제를 맺고 평소 호형호제하는 매우 친밀한 사이로서 /

【대법원 분석】 원고는 이 사건 금전소비대차계약이 체결되기 직전인 1999. 10. 6. 소외 B의 부탁에 따라 그에게 사업자금을 조달할 수 있도록 보증의 취지로 액면 2,000만 원의 약속어음에 배서를 하여 주어 그가 피고로부터 그 약속어음을 할인하는 데 도움을 준 일도 있었던 사실, /

【대법원 분석】 소외 B는 D를 통하여 피고에게 원고가 배서한 위 약속어음의 할인을 부탁하였는데, 피고는 그 배서명의인인 원고의 신용을 확인하기 위하여 원고의 인감증명서와 재직증명서를 제출받은

바 있었고 /

【대법원 분석】 그 후 피고가 직접 원고에게 전화로 그 배서사실을 문의하자 원고가 이에 응하여 확인을 해 주기까지 하였던 사실을 인정할 수 있고, /

【대법원 분석】 여기에 기록에 나타난 제반 정황을 종합해 볼 때, /

(2) 사안에 대한 대법원의 판단

【대법원 판단】 원고 스스로 소외 B와의 친분관계와 그에 대한 신뢰에 터잡아 그의 사업수행에 필요한 자금을 조달하는 과정에서 보증용으로 사용할 수 있도록 자신의 인감 등을 넘겨 준 이상 /

【대법원 판단】 소외 B가 타인으로부터의 금전차용과정에서 그 권한을 남용함으로써 발생할 거래안전에 미칠 위험성은 상당 정도 원고에게도 책임 있는 사유로 유발되었다고 보아야 할 것이고, /

【대법원 판단】 더구나 원고가 이 사건 금전소비대차계약 체결 직전에도 약속어음 2,000만 원의 할인에 즈음하여 피고의 직접 확인 전화를 받고 소외 B의 사업자금 조달을 위하여 보증을 한다는 취지에서 배서를 한 사실을 인정까지 해 준 것이라면 /

【대법원 판단】 피고로서는 소외 B는 원고로부터 두터운 신뢰를 받고 있어 소외 B가 원고를 대리할 수 있는 적법한 권한을 보유하고 있던 것으로 능히 생각할 수 있었다고 할 것이므로, /

【대법원 판단】 피고가 다시 원고의 위임을 받았다고 하는 소외 B와 이 사건 금전소비대차계약을 체결함에 있어서 소외 B에게 그 대리권이 있었다고 믿었고 또 그와 같이 믿은 데에 상당한 이유가 있었다고 봄이 상당하다 할 것이다. /

【대법원 판단】 따라서 비록 소외 B가 원고로부터 당초 위임받은 대리권의 범위를 넘어 원고 명의로 피고와 이 사건 금전소비대차계약을 체결하였다고 하더라도 본인인 원고로서는 소외 B의 행위에 대하여 책임이 있다 할 것이니, /

【대법원 판단】 피고는 원고에 대하여 이 사건 금전소비대차계약상의 채권을 유효하게 주장할 수 있다고 할 것이다.

【대법원 판단】 그렇다면 피고의 원고에 대한 대여금채권에 기한 피고의 이 사건 반소청구는 이유 있다 할 것이고, /

【대법원 판단】 비록 무효인 공정증서 정본에 기한 전부명령에 따라 피고가 원고의 제3채무자에 대한 이 사건 채권을 전부받고 또한 그 전부금을 추심하거나 배당받았다 하더라도 /

【대법원 판단】 실질적으로는 피고의 원고에 대한 유효한 대여금채권의 변제에 충당한 것에 다름이 아니라 할 것이므로 피고가 취득한 이익이 법률적 원인을 결한 부당이득은 아니라고 할 것이니 /

【대법원 판단】 그 부당이득의 반환을 구하는 원고의 본소청구 부분은 이를 받아들일 수 없다고 할 것이다 /

【대법원 판단】 (또한, 원고가 위 배당절차에서 피고의 배당금출급청구권의 행사를 저지하는 아무런 조치도 취한 바가 없었을 뿐더러 /

【대법원 판단】 실제로도 피고가 자신 앞으로 배당된 금원 전액을 모두 교부받음으로써 K도에 대한 전부채권의 일부가 이미 소멸되었다고 보이는 이 사건에 있어서, /

【대법원 판단】 아직도 잔존하는 전부채권이 얼마인지를 밝혀 봄도 없이 그 전부채권의 전체에 관하

여 채권양도의 방법으로 부당이득의 반환을 명할 수도 없는 것이라 할 것이다).

【대법원 결론】 그렇다면 이와 다른 전제에서 원고의 본소청구 중 채권양도의 방법에 의한 부당이득 반환청구를 인용하고 피고의 반소청구를 기각한 원심판결에는 채증법칙을 위배하여 사실을 오인함으로써 판결 결과에 영향을 미친 위법이 있다고 할 것이므로, 이 점을 지적하는 상고이유의 주장은 이유 있다. (본소 패소 부분, 반소 패소 부분 모두 파기 환송)

【코멘트】 재산범죄나 문서에 관한 죄의 사안들은 민사책임에 관한 사안들과 연관되는 경우가 많다. 우리나라의 경우에는 특히 민사재판에서 유리한 증거를 확보하기 위하여 재산범죄에 관한 사항임을 내세워 상대방을 고소하는 일이 많이 일어나고 있다. 그렇기 때문에 재산범죄나 그의 수단으로 이용되는 문서에 관한 죄의 판례를 분석할 때에는 배경이 되는 민사사건의 양상을 염두에 둘 필요가 있다.

본 판례를 위시하여 여기에서 소개하는 세 가지의 민사판례는 민법상 표현대리에 관한 것이다. 이러한 민사판례를 형사판례를 분석하는 본서에 소개하는 이유는 특히 자격모용과 관련한 형사재판의 사안들이 민사재판에서 어떠한 법적 문제를 발생시킬 수 있는가를 보여주기 위함이다. 동일한 문제의식 아래 유가증권에 관한 죄의 항목에서도 관련되는 민사판례를 몇 가지 소개하였다(전술 811면 이하 참조).

97다53762

대리권 수여표시 표현대리 – 인정례
에소루 회원권 사건

1998. 6. 12. 97다53762, 공 1998, 1875

1. 사실관계 및 사건의 경과

【사실관계 1】

① P회사는 호텔을 운영하는 회사이다.

② Q회사는 골프장을 운영하는 회사이다.

③ [일본 회사 에소루는 호텔 회원권 모집 회사이다.]

④ [일본 회사 에소루 골프는 골프장 회원권 모집 회사이다.]

⑤ [R회사는 일본 소재 회사이다.]

⑥ 1988. 12. 2. P회사와 Q회사는 에소루 회사와 사이에 다음과 같은 내용의 M계약 및 특약을 체결하였다.

(가) 에소루 회사는 P회사와 Q회사가 운영하는 호텔 등의 시설이용에 우대를 받을 수 있는 회원(우대회원)을 일본국 내에 주소를 둔 자를 대상으로 모집한다.

(나) 이 계약의 효력은 P회사와 Q회사가 대한민국 외환관리법령에 따라 재무부장관이 정하는 외환

관리상의 허가 · 승인 또는 인증을 얻는 날 발생한다.

【사실관계 2】

① 에소루 회사는 이후 일본에서 고객들에게 다음의 문건들을 사용하여 회원모집에 대한 안내를 하였다.

(가) 에소루 회사를 "P회사와 Q회사의 판매원"으로, 에소루 골프 회사를 "P회사와 Q회사의 총대리점 및 일본연락사무소"로 표시한 ㉠회원안내책자

(나) "회원증서는 P회사와 Q회사가 발행하여 우송한다"는 내용을 담은 ㉡회원안내책자

(다) 입회 후 절차에 관한 ㉢안내문

(라) "예탁금의 반환은 P회사와 Q회사의 책임이다"라는 내용을 담은 ㉣회칙

② ㉠회원안내책자에는 회원가입과 P회사와 Q회사가 운영하는 호텔 등을 방문할 것을 권유하는 P회사와 Q회사 대표이사들의 인사말이 그 사진과 함께 게재되어 있었다.

③ 에소루 회사는 우대회원 모집에 관한 광고를 하면서 에소루 회사는 P회사와 Q회사의 '총대리점'이라고 표시하였다.

【사실관계 3】

① 에소루 회사는 우대회원 가입희망자와 입회계약을 체결하면서 P회사와 Q회사의 이름이 기재된 ㉤입회신청서 서식을 사용하였다.

② 에소루 회사는 입회계약을 체결한 사람에게는 P회사 K호텔이 운영하는 'K호텔 앤드 컨트리클럽'의 이름으로 개설한 구좌로 예탁금 등을 납입할 것을 청구하였다.

③ 에소루 회사는 예탁금 납입자를 상대로 P회사와 Q회사 명의로 된 다음의 문건을 사용하였다.

(가) 회원카드

(나) 보증금 및 입회금 영수증

(다) 예탁증서

(라) 입회승인통지서

【사실관계 4】

① 1989. 3. 27. 에소루 회사는 "P회사와 Q회사의 총대리점인 에소루 골프 회사가 P회사 및 Q회사가 운영하는 호텔 등의 시설에 대한 우대회원을 모집한다."는 내용의 광고를 게재하였다.

② 광고와 함께 에소루 회사는 일본 R회사의 사무실에서 우대회원 모집에 대한 설명회를 개최하였다.

③ 1989. 4. 27.부터 4. 30.까지 에소루 회사는 회원가입을 희망하는 10여명의 시찰단으로 하여금 P회사와 Q회사가 운영하는 호텔 등의 시설을 이용하도록 알선하였다.

④ 에소루 회사의 알선에 의한 시찰단은 P회사와 Q회사로부터 단체관광 할인혜택을 받았다.

⑤ 에소루 회사의 알선으로 이루어진 시찰여행에서 P회사 K호텔측은 R회사의 상무이사가 포함된 시찰여행단에 대하여 상품소개차 우대회원이 받는 대우의 하나인 골프모자와 골프공을 무료로 제공하였다. [관련자의 증언이 엇갈림]

⑥ 같은 시기에 에소루 회사는 회원모집 선전용으로 Q회사가 운영하는 호텔에 몇 사람을 데리고 왔다. [관련자의 증언이 엇갈림]

【사실관계 5】

① 1989. 5. 2. 일본의 R회사는 법인회원으로 에소루 골프 회사와 입회계약을 체결하고 그 보증금 및

입회금으로 합계 금 4,800,000엔의 일화를 에소루 골프 회사가 지정하는 은행구좌에 입금하였다.
② 1992. 2. 5.에 이르러 에소루 회사는 부도를 내고 도산하였다.
③ R회사는 외환관리허가가 이루어지지 아니하였다는 이유로 P회사와 Q회사로부터 우대회원 대우를 받지 못하였다.

【사건의 경과】
① R회사는 에소루 회사와의 입회계약을 해지하면서 이를 이유로 P회사와 Q회사에 대해 부당이득금반환 청구소송을 제기하였다.
② P회사와 Q회사에 대한 부당이득금반환 청구소송은 제1심을 거친 후, 항소심에 계속되었다.
③ (청구이유는 판례 본문 참조)
④ 항소심법원은 R회사의 청구를 기각하였다.
⑤ (항소심의 판단 이유는 판례 본문 참조)
⑥ R회사는 불복 상고하였다.

2. 사안에 대한 항소심의 판단

(1) 사안에 대한 항소심의 분석

【항소심 분석】 1. 원심판결 이유에 의하면, 원심은 그 판결에서 채용하고 있는 증거들을 종합하여, /
【항소심 분석】 호텔과 골프장을 운영하는 피고들이 1988. 12. 2. 일본국 법인인 소외 주식회사 에소루(이하 '에소루'라 한다)와 사이에, /
【항소심 분석】 피고들이 운영하는 호텔 등의 시설이용에 우대를 받을 수 있는 회원(이하 '우대회원'이라고 한다)을 일본국 내에 주소를 둔 자를 대상으로 모집하기 위한 계약(이하 '이 사건 계약'이라고 한다)을 체결하면서, /
【항소심 분석】 그 계약의 효력은 피고들이 대한민국 외환관리법령에 따라 재무부장관이 정하는 외환관리상의 허가 · 승인 또는 인증(이하 이를 '외환관리허가'라고 한다)을 얻는 날 발생한다는 특약을 둔 사실, /
【항소심 분석】 에소루는 그 후 피고들이 외환관리허가를 얻지 못하고 있는 가운데, 자신을 '판매원', 소외 주식회사 에소루 골프(이하 '에소루 골프'라고 한다)를 피고들의 '일본 연락사무소 및 총대리점'으로 기재한 회원안내 책자를 발간하고, /
【항소심 분석】 1989. 3. 27. 피고들의 총대리점인 에소루 골프가 피고들이 운영하는 호텔 등의 시설에 대한 우대회원을 모집한다는 광고를 게재하는 한편, /
【항소심 분석】 원고의 사무실에서 그에 대한 설명회를 개최한 후, 같은 해 4. 27.부터 같은 달 30.까지 회원가입을 희망하는 10여명의 시찰단으로 하여금 피고들이 운영하는 호텔 등의 시설을 이용하도록 알선한 사실, /
【항소심 분석】 이에 원고는 1989. 5. 2. 법인회원으로 에소루 골프와 입회계약을 체결하고 그 보증금 및 입회금으로 합계 금 4,800,000엔의 일화를 에소루 골프가 지정하는 은행구좌에 입금하였으나, /
【항소심 분석】 1992. 2. 5.에 이르러 에소루가 부도를 내고 도산하였고, /
【항소심 분석】 원고는 피고들로부터 외환관리허가가 이루어지지 아니하였다는 이유로 우대회원의

대우를 받지 못하고 있는 사실을 인정하고 있다.

(2) R회사의 주장

【대법원 분석】 나아가 원심은 이와 같은 사실관계를 바탕으로 하여, /
【대법원 분석】 이 사건 계약에 기한 에소루측의 우대회원 모집은 피고들을 위한 체약대리로 이루어지는 것이므로, /
【대법원 분석】 원고가 에소루측과 입회계약을 체결할 당시 외환관리허가라는 정지조건이 성취되지 아니하여 에소루측에 체약대리권이 발생하지 아니하였다고 하더라도 /
【대법원 분석】 피고들은 에소루가 알선하여 원고의 상무이사 등이 참가한 시찰단에게 우대회원 대우를 제공하는 등으로 에소루측에 피고들의 이름으로 입회계약을 체결할 대리권이 있다는 표시를 한 바 있으므로, /
【대법원 분석】 원고가 에소루측과 맺은 입회계약의 효력은 표현대리의 법리에 따라 피고들에게도 효력이 있는데도, /
【대법원 분석】 피고들이 원고에게 우대회원 대우를 하여 주지 아니하므로 이를 이유로 입회계약을 해제하고 원고가 납부한 보증금 및 입회금의 반환을 구한다는 원고의 주장에 대하여 /
【대법원 분석】 다음과 같이 판단하고 있다.

(3) 사안에 대한 항소심의 판단

【항소심 판단】 갑 제1호증의 6의 기재, 원심 증인 A의 증언 및 변론의 전취지를 종합하면, /
【항소심 판단】 에소루의 알선에 의한 시찰단이 피고들로부터 단체관광 할인혜택을 받은 사실을 인정할 수 있으나, /
【항소심 판단】 나아가 원고의 상무이사 등의 시찰단이 피고들로부터 우대회원의 대우를 제공받거나 체약대리권을 확인받았다는 점에 관하여는, /
【항소심 판단】 이에 부합하는 제1심 증인 B(일본인), C(일본인)의 각 일부 증언만으로는 이를 인정하기에 부족하고, 달리 이를 인정할 증거가 없을 뿐만 아니라, /
【항소심 판단】 이 사건 계약 등에 있어서의 그 판시와 같은 내용에 비추어 보면 에소루측이 원고와 체결한 입회계약의 법적 성질은 에소루측의 명의로 피고들의 계산으로 이루어지는 준위탁매매에 해당하여 그 법률적인 효과는 전적으로 에소루측에만 미치는 것이어서 /
【항소심 판단】 이 사건 계약에 의하여 에소루측이 피고들로부터 입회계약에 관한 체약대리권을 수여받은 것은 아니라는 이유로 원고의 표현대리 주장을 배척하고 있다.

3. 사안에 대한 대법원의 판단

(1) 대리권 수여의 표시에 의한 표현대리

【대법원 요지】 2. 그러나 민법 제125조가 규정하는 대리권 수여의 표시에 의한 표현대리는 /
【대법원 요지】 본인과 대리행위를 한 자 사이의 기본적인 법률관계의 성질이나 그 효력의 유무와는 직접적인 관계가 없이 /

【대법원 요지】 어떤 자가 본인을 대리하여 제3자와 법률행위를 함에 있어 본인이 그 자에게 대리권을 수여하였다는 표시를 제3자에게 한 경우에는 성립될 수가 있고, /

【대법원 요지】 또 본인에 의한 대리권 수여의 표시는 반드시 대리권 또는 대리인이라는 말을 사용하여야 하는 것이 아니라 /

【대법원 요지】 사회통념상 대리권을 추단할 수 있는 직함이나 명칭 등의 사용을 승낙 또는 묵인한 경우에도 대리권 수여의 표시가 있은 것으로 볼 수가 있다.

(2) 사안에 대한 대법원의 분석

【대법원 분석】 그런데 기록에 의하면, 에소루측이 원고 등과 입회계약을 체결함에 있어, /

【대법원 분석】 에소루 및 에소루 골프를 판매원과 총대리점 및 일본연락사무소로 표시한 회원안내책자(갑 제18호증, 기록 532면), /

【대법원 분석】 회원증서는 피고들이 발행하여 우송한다는 내용을 담은 회원안내책자(기록 51, 55면) 및 입회 후 절차에 관한 안내문(기록 68면), /

【대법원 분석】 그리고 예탁금의 반환은 피고들 책임이라는 내용을 담은 회칙(기록 67면) 등을 사용하여 회원모집에 대한 안내를 하는 한편, /

【대법원 분석】 우대회원 모집에 관한 광고를 '총대리점'이라고 표시하여 하였고(기록 71면), /

【대법원 분석】 또 입회계약의 체결은 피고들 이름이 기재된 입회신청서 서식(기록 172면)을 사용하였으며, /

【대법원 분석】 입회계약을 체결한 자에게는 피고 주식회사 K호텔이 운영하는 'K호텔 앤드 컨트리클럽'의 이름으로 개설한 구좌로 예탁금 등을 납입할 것을 청구하고(기록 166, 167면), /

【대법원 분석】 그 납입자에게는 피고들 명의의 회원카드(기록 36, 411면)와 보증금 및 입회금의 영수증(기록 50면) 및 예탁증서(기록 171, 178면)와 피고들 명의의 입회승인통지서(기록 410면)를 사용하였음을 알 수 있다.

(3) 사안에 대한 대법원의 판단

【대법원 판단】 따라서 기록에 나타난 에소루측이 회원모집안내 등의 각종 서식 등에서 사용한 위와 같은 명칭 등에 비추어 보면, 에소루측이 원고 등과 입회계약을 체결한 것은 피고들을 대리하여 한 것이라고 볼 수 있을 것이므로, /

【대법원 판단】 만일 에소루측이 위와 같은 명칭 등을 사용하여 회원모집안내를 하거나 입회계약을 체결하는 것을 피고들이 승낙 또는 묵인한 바 있다면, 그에 의하여 민법 제125조의 표현대리가 성립될 수가 있다 할 것이다. /

【대법원 분석】 그런데 기록에 의하여 살펴보면, 에소루를 '판매원'으로, 에소루 골프를 '총대리점 및 일본 연락사무소'로 표시한 위 회원안내책자(갑 제18호증, 기록 532면 이하)에는 회원가입과 피고들이 운영하는 호텔 등을 방문할 것을 권유하는 피고들 대표이사의 인사말이 그 사진과 함께 게재되어 있음을 알 수 있을 뿐만 아니라(기록 518, 526면), /

【대법원 분석】 피고들측 증인 D도 그 증언에서, 원고가 에소루측과 입회계약을 체결하기 직전인 1989. 4. 27.부터 같은 달 30.까지 사이에 에소루측의 알선으로 이루어진 시찰여행에서 피고 주식회

사 K호텔측이 원고의 상무이사가 포함된 시찰여행단에 대하여 상품소개차 우대회원이 받는 대우의 하나인 골프모자와 골프공의 무료제공을 하여 주었다고 증언한 바 있고(기록 254면), /

【대법원 분석】 또 역시 피고들측 증인인 E도 그 증언에서, 에소루측이 같은 시기에 회원모집 선전용으로 피고 Q회사가 운영하는 호텔에 몇 사람을 데리고 왔다는 취지의 증언을 하였음(기록 597면)을 알 수 있으므로, /

【대법원 판단】 위 회원안내책자의 작성 · 사용이 피고들의 승낙 또는 묵인하에 이루어진 것이고, /

【대법원 판단】 또 그러한 상태에서 피고들이 상품소개 혹은 선전을 위하여 시찰여행단에 대하여 우대회원의 대우를 한 것이라면, /

【대법원 판단】 피고들이 그로써 에소루측에 대한 대리권 수여의 의사를 대외적으로 널리 표시한 것으로 볼 여지가 있다 할 것이다.

【대법원 결론】 그렇다면 원심으로서는 위 회원안내책자(갑 제18호증)의 작성경위나 그 실제 사용 여부 및 피고들측의 시찰여행단에 대한 우대회원 대우의 취지를 좀더 심리하여 피고들이 대리권 수여의 표시를 하였는지 여부를 가려보아야 할 것임에도 불구하고 이에 이르지 아니한 채, /

【대법원 결론】 피고들이 에소루와 체결한 이 사건 계약의 내용 등이 준위탁매매를 위임하는 것이라고 보고 그 입회계약이 준위탁매매라고 단정하여 표현대리의 성립을 부정한 것은, /

【대법원 결론】 결국 민법 제125조가 규정하는 표현대리의 성립에 관한 법리를 오해하고 심리를 다하지 아니함으로써 판결 결과에 영향을 미친 위법을 저지른 것이라고 할 것이다. 상고이유 중 이 점을 지적하는 부분은 이유 있다. (파기 환송)

97다55317

대리권 소멸 후 표현대리 – 인정례
성업공사 재위임 사건

1998. 5. 29. 97다55317, 공 1998, 1754

1. 사실관계 및 사건의 경과

【사실관계 1】

① 1980. 9. 27. 국가보위입법회의는 기업체질강화 대책의 일환으로 소위 9. 27. 특별조치를 발표하였다.

② 9. 27 특별조치의 내용은 다음과 같다.

(가) 금융기관으로부터 일정 규모 이상의 여신을 받은 기업체는 기업체와 기업주 소유 비업무용 부동산을 자진매각하여 그 처분대금으로 대출금을 상환하거나, 증자를 통하여 기업자금화하도록 하여야 한다.

(나) 이를 이행하지 아니하는 기업에 대하여는 일체의 금융지원을 중단한다.

③ A는 P회사의 회장이다.

④ 1981. 12. 26. A는 자기의 개인 소유인 ㉠부동산의 처분 권한을 P회사에 수여하였다.

⑤ A는 P회사의 주거래 은행인 Q은행에 다음 내용의 동의서를 제출하였다.

⑥ "㉠부동산을 토지개발공사에 매입의뢰, 처분함에 동의한다."

【사실관계 2】

① 1983. 10. 26. A가 사망하였다.

② A의 상속인은 B 등이다.

③ 1984. 7. 25. Q은행은 성업공사에 ㉠부동산의 처분을 재위임하였다.

④ 1989. 9. 11. 성업공사는 R회사와 ㉠부동산에 관한 매매계약을 체결하였다.

⑤ 1994. 9. 10.까지 R회사는 대금을 전액 지급하였다.

⑥ 이후 A의 상속인 B 등은 R회사에 대해 ㉠부동산에 대한 소유권이전등기를 하지 않았다.

【사건의 경과】

① R회사는 A의 상속인 B 등을 상대로 소유권이전등기 청구소송을 제기하였다.

② R회사의 청구사건은 제1심을 거친 후, 항소심에 계속되었다.

③ 항소심에서 R회사는 다음과 같이 주장하였다.

(가) R회사가 성업공사로부터 ㉠부동산을 매수할 당시 R회사는 성업공사의 대리권이 소멸되었다는 사실을 과실 없이 알지 못하였다.

(나) 그러므로 대리권 소멸 후의 표현대리 법리에 따라 성업공사와 R회사 사이의 매매계약은 여전히 유효하다.

④ 항소심법원은 R회사의 주장을 배척하고, 원고 패소 판결을 하였다.

⑤ (항소심의 판단 이유는 판례 본문 참조)

⑥ R회사는 불복 상고하였다.

2. 사안에 대한 항소심의 판단

(1) 사안에 대한 항소심의 분석

【항소심 분석】 1. 원심판결 이유에 의하면, 원심은, /

【항소심 분석】 1980. 9. 27. 국가보위입법회의는 기업체질강화 대책의 일환으로, 금융기관으로부터 일정 규모 이상의 여신을 받은 기업체로 하여금 기업체와 기업주 소유 비업무용 부동산을 자진매각하여 그 처분대금으로 대출금을 상환하거나 증자를 통하여 기업자금화하도록 하고, 이를 이행하지 아니하는 기업에 대하여는 일체의 금융지원을 중단하기로 하는 내용의 소위 9. 27. 특별조치를 발표하였고, /

【항소심 분석】 이에 따라 피고들의 피상속인으로서 소외 P주식회사(이하 소외 회사라고 한다)의 회장으로 있던 소외 A는 1981. 12. 26. 자기 소유인 이 사건 부동산의 처분 권한을 소외 회사에 수여하고, /

【항소심 분석】 소외 회사의 주거래 은행인 소외 Q은행(이하 소외 은행이라고 한다)에 "이 사건 부동산을 토지개발공사에 매입의뢰, 처분함에 동의한다."는 내용의 동의서를 제출하였으며, /

【항소심 분석】 소외 은행은 1984. 7. 25. 소외 성업공사에 이 사건 부동산의 처분을 재위임하여 성업공사는 1989. 9. 11. 원고와 사이에 이 사건 부동산에 관한 매매계약을 체결하고, /

【항소심 분석】 원고는 1994. 9. 10.까지 그 대금을 전액 지급하였는데, /

【항소심 분석】 A는 소외 은행이 성업공사에 이 사건 부동산의 처분을 재위임하기 이전인 1983. 10. 26. 사망한 사실을 확정하고 나서, /

【항소심 판단】 A가 소외 회사에 수여한 이 사건 부동산의 처분에 관한 대리권은 본인인 A가 사망함으로써 소멸하였고, /

【항소심 판단】 따라서 A의 복대리인인 성업공사와 원고와 사이에 체결된 매매계약은 A의 상속인들인 피고들에 대하여는 아무런 효력이 없다고 판시한 다음, /

(2) 사안에 대한 항소심의 판단

【항소심 판단】 원고의 다음과 같은 주장, /

【항소심 판단】 즉 원고가 성업공사로부터 이 사건 부동산을 매수할 당시 원고는 성업공사의 대리권이 소멸되었다는 사실을 과실 없이 알지 못하였으므로 대리권 소멸 후의 표현대리 법리에 따라 성업공사와 원고 사이의 매매계약은 여전히 유효하다는 주장에 대하여, /

【항소심 판단】 대리권 소멸 후의 표현대리가 성립하기 위하여는 처음에는 유효한 대리권이 존재하였을 것이 필요한데, /

【항소심 판단】 성업공사가 소외 은행으로부터 이 사건 부동산의 처분을 재위임받았을 때는 이미 A가 사망하여 소외 회사와 소외 은행의 대리권이 모두 소멸한 후였으므로, 소외 은행이 성업공사에 이 사건 부동산의 처분을 위임한 것 자체가 권한 없는 자에 의한 것이어서 무효이고, /

【항소심 판단】 따라서 성업공사에 적법한 대리권이 존재하였음을 전제로 한 표현대리의 주장은 더 나아가 살펴볼 필요 없이 이유 없다고 판단하였다.

3. 사안에 대한 대법원의 판단

(1) 대리권 소멸 후의 표현대리

【대법원 요지】 2. 표현대리의 법리는 거래의 안전을 위하여 어떠한 외관적 사실을 야기한 데 원인을 준 자는 그 외관적 사실을 믿음에 정당한 사유가 있다고 인정되는 자에 대하여는 책임이 있다는 일반적인 권리외관 이론에 그 기초를 두고 있는 것인 점에 비추어 볼 때, /

【대법원 요지】 대리인이 대리권 소멸 후 직접 상대방과 사이에 대리행위를 하는 경우는 물론, /

【대법원 요지】 대리인이 대리권 소멸 후 복대리인을 선임하여 복대리인으로 하여금 상대방과 사이에 대리행위를 하도록 한 경우에도, /

【대법원 요지】 상대방이 대리권 소멸 사실을 알지 못하여 복대리인에게 적법한 대리권이 있는 것으로 믿었고, 그와 같이 믿은 데 과실이 없다면 민법 제129조에 의한 표현대리가 성립할 수 있다.

(2) 사안에 대한 대법원의 판단

【대법원 판단】 따라서 원심이 확정한 바와 같이, 소외 회사나 소외 은행은 당초 적법한 대리권을 가지고 있었으나, 본인인 A의 사망으로 대리권이 소멸함으로써 복대리인으로 선임된 성업공사에는 처음부터 적법한 대리권이 없었다고 하더라도, /

【대법원 판단】 소외 회사와 소외 은행의 대리권 소멸 후 소외 은행이 성업공사를 복대리인으로 선임

하여 성업공사가 A의 대리인으로서 이 사건 부동산에 관한 매매계약을 체결한 것은 대리권 소멸 후의 대리행위로서 민법 제129조에 의한 표현대리가 성립할 수 있는 경우에 해당한다.

【대법원 판단】 그리고 기록을 살펴보면, 원고의 표현대리 주장이 원심이 판시한 바와 같이 반드시 성업공사에 적법한 대리권이 존재하였다가 소멸하였음을 전제로 한 것으로 보기도 어렵다.

【대법원 결론】 원심으로서는 원고가 성업공사의 대리권에 관하여 선의 · 무과실인지 여부에 나아가 살펴보고서 민법 제129조에 의한 표현대리가 성립하는지 여부를 판단하였어야 함에도 불구하고, 앞에서 본 바와 같은 이유를 들어 원고의 주장을 가볍게 배척하고 말았으니, /

【대법원 결론】 원심판결에는 민법 제129조에 의한 표현대리에 관한 법리를 오해하여 판결에 영향을 미친 위법이 있고, 상고이유 중 이 점을 지적하는 부분은 이유 있다. (파기 환송)

2008도5200

위조사문서행사죄와 행사 – 인정례
가입신청서 스캔 사건

2008. 10. 23. 2008도5200, 공 2008하, 1648

1. 사실관계 및 사건의 경과

【사실관계】

① 2006. 11. 25.경 갑은 P시에 있는 '차 없는 거리' 피씨방에서 인터넷 쇼핑사이트 'G-마켓'에 들어가 휴대전화기 구입신청을 하였다.

② 갑은 인터넷상에 게시된 KTF 신규 가입신청서 양식에 컴퓨터를 이용하여 A의 인적사항 및 계좌번호, 청구지 주소 등을 각각 입력하고 이를 출력하였다.

③ 갑은 출력된 ㉠신청서 용지 하단 고객명란과 서명란에 '○○○'(A)라고 기재하였다.

④ 갑은 이어서 ㉠휴대전화 가입신청서를 스캐닝하여 ㉡이미지 파일로 만들었다.

⑤ 갑은 이메일로 이러한 사실을 모르는 B에게 ㉠가입신청서의 ㉡이미지 파일을 전송하였다.

【사건의 경과 1】

① 검사는 갑을 다음의 공소사실로 기소하였다.

(가) ㉠신청서 작성 부분: 사문서위조죄

(나) ㉡이미지 파일 전송 부분 : 위조사문서행사죄

② (공소사실의 요지는 판례 본문 참조)

③ 제1심법원은 다음과 같이 판단하였다.

(가) ㉠신청서 작성 부분: 사문서위조죄 : 유죄

(나) ㉡이미지 파일 전송 부분 : 위조사문서행사죄 : 무죄

【사건의 경과 2】

① 갑은 항소하지 않았다.

② 검사는 무죄 부분에 불복 항소하였다.
③ 이로써 사문서위조죄의 유죄 부분은 확정되었다.
④ 항소심법원은 검사의 항소를 기각하고, 제1심판결을 유지하였다.
⑤ (항소심의 판단 이유는 판례 본문 참조)
⑥ 검사는 불복 상고하였다.

2. 공소사실의 요지

【대법원 분석】 이 사건 사문서위조 및 위조사문서행사의 점에 관한 공소사실의 요지는 /
【대법원 분석】 "① 피고인은 2006. 11. 25.경 P시에 있는 '차 없는 거리' 피씨방에서 인터넷 쇼핑사이트인 'G-마켓'에 들어가 휴대전화기 구입신청을 하면서, /
【대법원 분석】 인터넷상에 게시된 케이. 티. 에프.(KTF) 신규 가입신청서 양식에 컴퓨터를 이용하여 공소외 A의 인적사항 및 그 계좌번호, 청구지 주소 등을 각 입력하고 이를 출력한 다음, /
【대법원 분석】 그 신청서 용지 하단 고객명란과 서명란에 ' 공소외 A'라고 각 기재함으로써, /
【대법원 분석】 행사할 목적으로 권한 없이 권리의무에 관한 사문서인 공소외 A 명의로 된 휴대전화 신규 가입신청서 1장을 위조하고, /
【대법원 분석】 ② 위와 같은 일시, 장소에서 위와 같이 위조한 휴대전화 가입신청서를 사본, 이미지화한 다음, /
【대법원 분석】 이메일로 그 위조사실을 모르는 공소외 B에게 마치 진정하게 성립된 것처럼 그 신청서를 전송하여 /
【대법원 분석】 위조한 사문서를 행사하였다."는 것인바, /

3. 사안에 대한 항소심의 판단

【대법원 분석】 제1심은 위 사문서위조의 점에 대하여는 유죄를, 위 위조사문서행사의 점에 대하여는 무죄를 선고하였으며, /
【대법원 분석】 제1심판결에 대하여 피고인은 항소를 제기하지 아니하였고, /
【대법원 분석】 검사만이 무죄 부분인 위조사문서 행사의 점에 대하여 항소를 제기하였다 /
【대법원 분석】 (따라서 위 사문서위조의 범죄사실은 이미 유죄로 확정되었다).
【항소심 판단】 이에 대하여 원심은, /
【항소심 판단】 위조한 휴대전화 가입신청서를 스캔하여 만든 이미지는 전자기록인 이미지 파일을 보기 위한 프로그램을 실행할 경우에 그때마다 순간적으로 화면이 전자적 반응을 일으켜 영상을 만들어 내는 것에 지나지 않아 /
【항소심 판단】 이를 문자 등이 계속적으로 화면에 고정된 것이라고 할 수 없으므로 위 화면상의 이미지를 문서라고 할 수 없고, /
【항소심 판단】 그와 같은 이미지를 전송하여 타인으로 하여금 컴퓨터 모니터로 보게 하였다 하여 이를 위조된 문서의 행사라고 할 수도 없으며, /
【항소심 판단】 또한 행사는 위조된 문서 자체 내지는 기계적 방법에 의하여 복사된 사본에 대한 것

임을 요하는바, /

【항소심 판단】 이 사건의 경우 공소외 B에게 전송되어 제시된 것은 위 이미지일 뿐 위조된 휴대전화 가입신청서 자체는 아니므로 /

【항소심 판단】 이 부분 공소사실을 두고 이미 존재하고 있는 위조사문서를 행사하는 하나의 방법이라고 볼 수 없다는 이유로, /

【항소심 판단】 위 위조사문서행사의 점에 대하여 무죄를 선고한 제1심판결을 그대로 유지하였다.

4. 위조문서행사죄와 행사의 의미

【대법원 판단】 그러나 원심의 위와 같은 판단은 수긍하기 어렵다.

【대법원 요지】 위조문서행사죄에 있어서 행사라 함은 위조된 문서를 진정한 문서인 것처럼 그 문서의 효용방법에 따라 이를 사용하는 것을 말하고, /

【대법원 요지】 위조된 문서를 제시 또는 교부하거나 비치하여 열람할 수 있게 두거나 우편물로 발송하여 도달하게 하는 등 /

【대법원 요지】 위조된 문서를 진정한 문서인 것처럼 사용하는 한 그 행사의 방법에 제한이 없으며, /

【대법원 요지】 또 위조된 문서 그 자체를 직접 상대방에게 제시하거나 /

【대법원 요지】 이를 기계적인 방법으로 복사하여 그 복사본을 제시하는 경우는 물론, /

【대법원 요지】 이를 모사전송의 방법으로 제시하거나 /

【대법원 요지】 컴퓨터에 연결된 스캐너(scanner)로 읽어 들여 이미지화한 다음 이를 전송하여 컴퓨터 화면상에서 보게 하는 경우도 /

【대법원 요지】 행사에 해당하여 위조문서행사죄가 성립한다고 할 것이다.

5. 사안에 대한 대법원의 판단

【대법원 판단】 그런데 원심이 인정한 사실관계 및 기록에 의하면, /

【대법원 판단】 피고인은 인터넷 쇼핑사이트인 'G-마켓'에 들어가 휴대전화기 구입신청을 하면서 /

【대법원 판단】 인터넷상에 게시된 케이. 티. 에프.(KTF) 신규 가입신청서 양식에 컴퓨터를 이용하여 공소외 A의 인적사항 및 그 계좌번호, 청구지 주소 등을 각 입력하고 이를 출력한 다음, /

【대법원 판단】 그 신청서 용지 하단 고객명란과 서명란에 ' 공소외 A'라고 각 기재함으로써 /

【대법원 판단】 행사할 목적으로 권한 없이 권리의무에 관한 사문서인 공소외 A 명의로 된 휴대전화 신규 가입신청서 1장을 위조한 후, /

【대법원 판단】 이와 같이 위조한 휴대전화 신규 가입신청서를 컴퓨터에 연결된 스캐너로 읽어 들여 이미지화한 다음, /

【대법원 판단】 그 이미지 파일을 이메일로 그 위조사실을 모르는 공소외 B에게 마치 진정하게 성립된 것처럼 전송하여 컴퓨터 화면상에서 보게 한 사실을 알 수 있는바, /

【대법원 판단】 그렇다면 피고인은 이미 자신이 위조한 휴대전화 신규 가입신청서를 스캐너로 읽어 들여 이미지화한 다음 그 이미지 파일을 그대로 공소외 B에게 이메일로 전송하여 컴퓨터 화면상에서 보게 한 것이므로, /

【대법원 판단】 위와 같이 스캐너로 읽어 들여 이미지화한 것이 문서에 관한 죄에 있어서의 '문서'에 해당하지 않는다고 하더라도, /

【대법원 판단】 자신이 이미 위조한 휴대전화 신규 가입신청서를 행사한 것에 해당하여 위조문서행사죄가 성립한다고 할 것이다.

【대법원 결론】 그럼에도 불구하고, 원심은 이 사건 위조사문서행사의 공소사실에 관하여 그 판시와 같은 이유로 위조문서행사죄가 성립하지 않는다고 판단하였으니, 원심판결에는 위조문서행사죄에서의 '행사'에 관한 법리를 오해한 위법이 있고, 이러한 위법은 판결에 영향을 미쳤음이 분명하다. (파기환송)

2007도7480

공문서위조죄와 문서 – 부정례

미애 주민등록증 스캔 사건

2007. 11. 29. 2007도7480, [미간행]

☞ 819면

2000도4993

사전자기록변작죄와 변작 – 인정례

월드컵경기장 부정 입찰 사건

2003. 10. 9. 2000도4993, 공 2003, 2199

1. 사실관계 및 사건의 경과

【사실관계 1】

① 2002년 월드컵 유치가 확정되면서 K시는 월드컵 주경기장을 짓기로 하였다.
② P회사는 K시의 월드컵 주경기장(W종합운동장) 공사를 수주하기 위한 준비작업에 나섰다.
③ 갑, 을, 병은 P회사의 임직원들이다.
④ 1997. 10.경 L시는 H공설운동장 건설공사 입찰 공고를 하였다.
⑤ 갑은 W종합경기장 입찰참가에 대비할 목적으로 을에게 H공설운동장 입찰에 참여할 것처럼 하여 해외건설협회로부터 실적증명을 받아두도록 지시하였다.

【사실관계 2】

① P회사는 Q회사를 합병한 회사이다.
② Q회사는 1981. 4. 13.~1983. 9. 26. 옥외경기장 관중석 약 3,000석 규모의 사우디아라비아 M지역 N스포츠클럽 건립공사를 시공한 경험이 있다.

③ N스포츠클럽 건립공사와 관련하여 Q회사 리야드지점장 이사 A 명의로 작성된 ㉠공사개요서와 '공사부진 원인 및 대책'(㉡문건)이 있다.

④ 1997. 10. 24.~25.경 갑의 지시를 받은 을은 N스포츠클럽 ㉠공사개요서를 여러 통 전자복사기로 복사하였다.

⑤ 을은 ㉠공사개요서의 사본에 칼과 풀을 이용하여 ㉠공사개요서의 공사내용 부분 중 아래 항목에 해당 글자를 오려붙인 다음 이를 전자복사기로 다시 복사하였다.

(가) Sports Stadium Stand 면적부분 : 1×, ×××m^2 ⇒ 32,400m^2(25,000 Seat)

(나) Sports Stadium Arena부분 : ××, ×××m^2 ⇒ 103,500m^2

(다) 토목공사 소계 부분 : ×××, ×××m^2 ⇒ 264,650m^2

⑥ 을은 이렇게 복사된 자료를 Q회사 리야드지점장 A 명의로 작성된 '공사부진 원인 및 대책'(㉡문건) 중 비어 있는 37-4 페이지(㉢부분)에 편철하고 37-4 페이지라고 페이지를 기입하였다.

【사실관계 3】

① 1997. 10. 27. 갑의 지시를 받은 을은 P회사 명의로 해외건설협회 사무실에서 H공설운동장 신축공사 입찰관련 실적증명발급요청서를 제출하였다.

② 해외건설협회에서 실적증명발급을 담당하는 직원은 해외건설협회 업무진흥실 차장 정이다.

③ 을은 ㉢부분이 편철된 '공사부진 원인 및 대책'(㉡문서)을 N스포츠클럽 신축공사 실적증명에 대한 근거 서류로 그 정을 모르는 정에게 제출하였다.

④ 해외건설협회의 '해외건설공사실적증명 업무처리지침'에 따르면 실적증명신청시 신청자에게 다음의 증빙서류를 제출하도록 하고 있다.

(가) 계약서 1부

(나) 발주처 확인서 1부

(다) 객관적인 증빙자료

⑤ 해외건설협회의 '해외건설공사실적증명 업무처리지침'에 따르면 사실입증이 곤란한 경우에는 7일간의 보완기간을 두되 보완불가시 증명불가 조치를 취하도록 규정되어 있다.

⑥ 을이 제출한 P회사의 실적증명발급요청서에 첨부된 '공사부진 원인 및 대책'(㉡문건)은 실적증명을 신청하는 P회사에 합병된 Q회사의 내부문서로서 객관적인 증빙자료라고 볼 수 없다.

【사실관계 4】

① [을은 정에게 해외건설협회 컴퓨터에 수록되어 있는 N스포츠클럽 신축공사 실적 내역을 제출된 '공사부진 원인 및 대책'(㉡문건) 중 37-4 페이지(㉢부분) 기재사항과 일치시켜주도록 부탁하였다.]

② 정은 [을의 부탁을 받고] 해외건설협회의 해당 데이터베이스용 컴퓨터에 ㉡문건의 ㉢부분과 같은 내용으로 전산자료를 수정입력하였다.

③ 정이 변경입력한 내용은 해외건설협회 해당 데이터베이스용 컴퓨터에 연결된 모니터에 표시되었다.

④ 정은 모니터에 표시된 수정입력 내용을 해외건설협회 해당 컴퓨터에 저장하지 않고 컴퓨터를 곧바로 꺼버렸다.

【사실관계 5】

① 을은 해외건설협회로부터 N스포츠클럽 경기장이 연면적 103,500m^2, 좌석수 25,000석 규모의 종합

운동장이라는 취지로 허위내용이 기재된 해외건설협회 회장 B 명의의 ㉣실적증명서를 발급받았다.
② 을은 갑으로부터 ㉣실적증명을 발급하여 준 것에 대한 대가로 정에게 500만 원을 전달하라는 지시를 받았다.
③ 1997. 11. 4. 15:00경 을은 정에게 500만 원을 교부하였고, 정은 이를 교부받았다.

【사실관계 6】

① K시는 W종합경기장(월드컵 주경기장) 건설공사를 발주하는 입찰 공고를 하였다.
② K시에서 W종합경기장 건설공사의 발주를 담당한 공무원은 K시 경리관 C이다.
③ 1998. 2. 3. 병은 K시청 회계과 사무실에서 W종합경기장 입찰 등록을 하였다.
④ 병은 입찰등록을 하면서 해외건설협회로부터 발급받은 해외건설협회 회장 B 명의의 허위의 ㉣실적증명서를 첨부한 입찰참가신청서를 그 정을 모르는 K시 입찰담당공무원 D에게 제출하였다.
⑤ 1998. 5. 12.경 K시는 입찰참가자격을 국내외 단일공사 종합운동장 또는 축구전용경기장 관람석 22,500석 이상의 준공실적이 있는 업체로 제한하는 조치를 취하였다.
⑥ 1998. 5. 18. P회사는 W종합경기장 신축공사의 입찰에 참가하였다.
⑦ 1999. 1. 21. P회사는 낙찰자로 결정되어 K시와 공사계약을 체결하였다.

【사건의 경과】

① 검사는 갑, 을, 병을 다음의 공소사실로 기소하였다.
  (가) 사문서변조죄
  (나) 변조사문서행사죄
  (다) 배임증재죄
  (라) 위계에 의한 공무집행방해죄
② (갑, 을, 병에 대한 공소사실의 요지는 판례 본문 참조)
③ 검사는 정을 다음의 공소사실로 기소하였다.
  (가) 사전자기록변작죄
  (나) 배임수재죄
④ 갑 등의 피고사건은 제1심을 거친 후, 항소심에 계속되었다.
⑤ 항소심법원은 갑, 을, 병, 정에게 유죄를 인정하였다.
⑥ 갑 등은 불복 상고하였다.

2. 공소사실의 요지

【대법원 분석】 가. 원심판결 이유에 의하면, 원심은 다음과 같은 공소사실에 대하여 판시 증거들에 의하여 이를 유죄로 인정하였다.

【대법원 분석】 P회사의 임직원들인 피고인 갑, 피고인 을, 피고인 병 은 공모하여, 1998. 5. 12.경 K시에서 발주한 W종합운동장 주경기장(월드컵 주경기장) 입찰에서 입찰참가자격을 국내외 단일공사 종합운동장 또는 축구전용경기장 관람석 22,500석 이상의 준공실적이 있는 업체로 제한하자, /

【대법원 분석】 P회사가 1981. 4. 13.~ 1983. 9. 26. 시공한 옥외경기장 관중석 약 3,000석 규모의 사우디아라비아 M 소재 N스포츠클럽 건립공사에 관하여 Q회사 리야드지점장 명의로 작성된 공사개

요서 중 일부를 변조하여 이를 동인 명의로 작성된 '공사부진 원인 및 대책'이라는 문건에 편입하여 /

【대법원 분석】 이를 근거로 해외건설협회로부터 관람석 25,000석 규모의 종합운동장 시설공사 실적증명을 받아내기로 결의하고,

【대법원 분석】 (1) 1997. 10. 24.~25.경 피고인 을은 피고인 갑의 지시에 의하여 그 무렵 공고된 H공설운동장 입찰에 참여할 것처럼 실적증명을 미리 받아두어 W종합경기장 입찰참가에 대비하기로 하고, /

【대법원 분석】 행사할 목적으로 칼과 풀을 이용하여 위 스포츠클럽 공사개요서를 수개 사본하여 공사개요서의 공사내용 부분 중 1) Sports Stadium Stand 면적부분을 1×, ×××m^2에서 32,400 m^2(25,000 Seat), 5) Sports Stadium Arena부분을 ××, ×××m^2에서 103,500m^2, 토목공사 소계 부분을 ×××, ×××m^2에서 264,650m^2로 해당 글자를 오려붙인 다음 이를 사본하여 /

【대법원 분석】 위 '공사부진 원인 및 대책' 문건 중 비어 있는 37-4 페이지 부분에 편철하고 37-4 페이지라고 페이지를 기입하는 방법으로 /

【대법원 분석】 위 조작된 공사개요서가 마치 위 문서내용 일부인 양 사실증명에 관한 Q회사 리야드지점장 이사 A 명의의 사문서 1부를 변조하고,

【대법원 분석】 (2) 1997. 10. 27. 해외건설협회 사무실에서 피고인 을은 피고인 갑의 지시를 받아 H공설운동장 신축공사 입찰관련 실적증명발급요청서를 제출하면서 /

【대법원 분석】 위와 같이 변조한 '공사부진 원인 및 대책' 문서를 위 스포츠클럽 신축공사 실적증명에 대한 근거 서류로 그 정을 모르는 위 협회 업무진흥실 차장인 피고인 정에게 제출하여 이를 행사하고,

【대법원 분석】 (3) 1998. 2. 3. K시청 회계과 사무실에서 피고인 병이 W종합경기장 입찰에 등록하면서 /

【대법원 분석】 해외건설협회로부터 위 N스포츠클럽 경기장이 연면적 103,500m^2, 좌석수 25,000석 규모의 종합운동장이라는 취지로 허위내용이 기재된 위 협회 회장 B 명의의 허위의 실적증명서를 발급받아 이를 첨부한 입찰참가신청서를 제출하여 그 정을 모르는 성명불상 K시 입찰담당공무원에게 제출한 후 /

【대법원 분석】 같은 해 5. 18. 위 경기장 신축공사의 입찰에 참가하여 1999. 1. 21. 낙찰자로 결정되고 공사계약을 체결하여 위계로써 K시 경리관 C의 시설공사 발주에 대한 정당한 직무집행을 방해한 것이다.

3. 사문서변조죄 부분에 관한 판단

【대법원 분석】 나. 기록에 의하면, 위 피고인들이 임의로 위 스포츠클럽에 관한 공사개요서에 변경을 가하여 이를 '공사부진 원인 및 대책'이라는 문건의 일부로 편입하고 동 문건을 피고인 정에게 제출한 사실, /

【대법원 분석】 위 '공사부진 원인 및 대책' 문건 자체에 그 작성명의자가 Q회사 리야드지점장임이 명시되어 있는 사실을 인정할 수 있으므로, /

【대법원 판단】 위 피고인들이 Q회사 리야드지점장 명의의 사문서인 '공사부진 원인 및 대책'이라는

문서를 변조, 행사한 것이라는 공소사실에 대하여 /
【대법원 판단】 이를 유죄로 인정한 원심의 판단은 정당한 것으로 수긍할 수 있고, 거기에 사문서변조 및 동행사죄에 관한 법리오해의 위법이 있다고 할 수 없다.

4. 위계에 의한 공무집행방해죄 부분에 대한 판단

【대법원 요지】 다. 위계에 의한 공무집행방해죄는 행위목적을 이루기 위하여 상대방에게 오인, 착각, 부지를 일으키게 하여 이를 이용함으로써 /
【대법원 요지】 법령에 의하여 위임된 공무원의 적법한 직무에 관하여 그릇된 행위나 처분을 하게 하는 경우에 성립하는바, /
【대법원 분석】 기록에 의하면 위 피고인들은 P회사가 국내외 단일공사 종합운동장 또는 축구전용경기장 관람석 22,500석 이상의 준공실적이 없었으므로 K시가 발주하는 W종합경기장 입찰에 대한 참가자격을 갖추지 못하였음에도 /
【대법원 분석】 공사실적에 관련된 사문서를 변조한 다음 이를 첨부한 실적증명발급요청서를 해외건설협회에 제출하여 위 입찰참가자격에 적합한 실적증명서을 받아내고, /
【대법원 분석】 이를 위 W종합경기장 입찰참가신청서에 첨부하여 제출함으로써 그 입찰에서 P회사가 낙찰자로 결정되고 공사계약을 체결하게 된 사실, /
【대법원 분석】 위 W종합경기장 입찰공고에서 해외시공실적은 해외건설협회장이 발급하는 실적증명서에 의하도록 되어 있는 사실을 인정할 수 있으므로, /
【대법원 판단】 위와 같이 변조된 서류에 근거하여 해외건설협회장이 발급한 실적증명서에 대하여 입찰담당 공무원이 달리 심사할 방법이 없을 뿐만 아니라 위 실적증명서의 기재 내용은 일반적으로 신뢰할 만한 것이어서, /
【대법원 판단】 입찰담당 공무원이 P회사에 대하여 입찰참가자격을 인정하고 그에 따라 P회사가 낙찰자로 결정되어 공사계약을 체결할 수 있게 된 것은 위 피고인들의 위계에 의한 결과라고 할 것이고, /
【대법원 판단】 한편 이 사건과 같이 지방자치단체가 발주하는 공사의 입찰에 있어서 입찰참가자결정과 심사 및 낙찰자결정, 그에 따른 공사계약체결 등 일련의 업무는 법령에 의하여 위임된 공무원의 적법한 직무에 관한 것으로서 공무집행방해죄의 대상이 된다고 할 것이다.
【대법원 결론】 따라서 위 피고인들의 위와 같은 행위에 대하여 위계에 의한 공무집행방해죄의 성립을 인정한 원심의 판단은 정당하고, 거기에 위계에 의한 공무집행방해죄에 관한 법리오해 등의 위법이 있다고 할 수 없다.

5. 배임수 · 증재죄 부분에 대한 판단

【대법원 분석】 가. 원심이 적법하게 채택한 증거들에 의하면, /
【대법원 분석】 피고인 을은 피고인 갑으로부터 위와 같이 실적증명을 발급하여 준 것에 대한 대가로 피고인 정에게 500만 원을 전달하라는 지시를 받고, 1997. 11. 4. 15:00경 피고인 정에게 500만 원을 교부하고, 피고인 정은 이를 교부받은 사실을 인정할 수 있으므로, /
【대법원 판단】 피고인 갑, 피고인 을, 피고인 정의 금원수수 사실을 인정한 원심의 판단은 정당하고,

거기에 채증법칙 위배로 인한 사실오인의 위법이 있다고 할 수 없다.

【대법원 분석】 나. 한편 기록에 의하면, 해외건설협회의 '해외건설공사실적증명 업무처리지침'에서는 실적증명신청시 증빙서류(계약서 1부, 발주처 확인서 1부, 객관적인 증빙자료)를 제출하도록 하고, 사실입증이 곤란한 경우에는 7일간의 보완기간을 두되 보완불가시 증명불가조치를 취하도록 규정하고 있음을 인정할 수 있는바, /

【대법원 판단】 이 사건 실적증명발급요청서에 첨부된 '공사부진 원인 및 대책'이라는 문건은 실적증명을 신청하는 P회사에 합병된 Q회사의 내부문서로서 도저히 객관적인 증빙자료라고 볼 수 없어, /

【대법원 판단】 실적증명발급업무를 담당하는 피고인 정으로서는 위 '해외건설공사실적증명 업무처리지침'에 따라 보완을 명하고 보완이 불가능하면 증명불가조치를 취하여야 할 임무가 있음에도 /

【대법원 판단】 이러한 조치를 취하지 않은 채 실적증명서를 발급하여 준 것이므로, /

【대법원 결론】 이에 대하여 업무상 임무를 위배하였다고 인정한 원심의 판단은 정당하고, 거기에 배임수재죄에 대한 법리오해 등의 위법이 있다고 할 수 없다.

6. 사전자기록변작죄 부분에 대한 판단

【대법원 요지】 형법 제232조의2의 사전자기록위작 · 변작죄에서 말하는 권리의무 또는 사실증명에 관한 타인의 전자기록 등 특수매체기록이라 함은 일정한 저장매체에 전자방식이나 자기방식에 의하여 저장된 기록을 의미한다고 할 것인데, /

【대법원 요지】 비록 컴퓨터의 기억장치 중 하나인 램(RAM, Random Access Memory)이 임시기억장치 또는 임시저장매체이기는 하지만, /

【대법원 요지】 형법이 전자기록위 · 변작죄를 문서위 · 변조죄와 따로 처벌하고자 한 입법취지, /

【대법원 요지】 저장매체에 따라 생기는 그 매체와 저장된 전자기록 사이의 결합강도와 각 매체별 전자기록의 지속성의 상대적 차이, /

【대법원 요지】 전자기록의 계속성과 증명적 기능과의 관계, /

【대법원 요지】 본죄의 보호법익과 그 침해행위의 태양 및 가벌성 등에 비추어 볼 때, /

【대법원 요지】 위 램에 올려진 전자기록 역시 사전자기록위작 · 변작죄에서 말하는 전자기록 등 특수매체기록에 해당한다고 할 것인바, /

【대법원 분석】 기록에 의하여 인정되는 바와 같이 위 피고인이 이 사건 관련 전산자료를 변경입력한 행위가 비록 원본파일의 변경까지 초래하지는 아니하였더라도, /

【대법원 분석】 위 피고인이 조작의 대상으로 삼은 전자기록은 컴퓨터에 연결된 모니터에 표시됨으로써 그 내용이 외부에 표출되는 것이기는 하지만, /

【대법원 분석】 단순히 모니터에 표시되는 화상형태로만 존재하는 것이 아니라 모니터에 표시되기 전에 작업자의 명령 처리를 위하여 임시기억장치인 램에 올라가 있었던 것이고, /

【대법원 분석】 그 프로그램 처리 구조상 원본파일로부터 이와 같이 램에 올려지는 임시적 복제파일의 생성이 당연히 예정되어 있었던 점에 비추어 볼 때, /

【대법원 분석】 램에 올려진 전자기록은 원본파일과 불가분적인 것으로 원본파일의 개념적 연장선상에 있는 것이므로, /

【대법원 판단】 이러한 전자기록에 위 피고인이 사무처리를 그르치게 할 목적으로 그 공범들과 통모하여 허구의 내용을 권한 없이 수정입력한 것은 그 자체로 그러한 사전자기록을 변작한 행위의 구성요건에 해당된다고 보아야 할 것이며 /

【대법원 판단】 그러한 수정입력의 시점에서 사전자기록변작죄의 기수에 이르렀다고 볼 것이다.

【대법원 결론】 원심의 판단은 다소 그 설시에 있어서 미흡한 점이 있기는 하나 위 피고인에 대한 사전자기록변작에 관한 범죄사실을 유죄로 인정한 결론에 있어서는 옳고, 거기에 주장과 같은 전자기록 등 특수매체기록의 변작의 개념 및 사전자기록변작죄의 기수시기에 관한 법리오해나 위 피고인의 목적이나 범의에 관한 사실오인 등의 위법이 없다. (상고 기각)

2011도1415

공전자기록위작죄와 위작 – 부정례
중고버스 영업용 등록 사건

2011. 5. 13. 2011도1415, 공 2011상, 1250

☞ 835면

2004도3360

허위진단서작성죄와 허위 – 부정례
MRI 누락 진단서 사건

2006. 3. 23. 2004도3360, [미간행]

1. 사실관계 및 사건의 경과

【사실관계 1】

① 갑은 재활의학과 전문의이다.

② 갑은 환자 A의 장애정도를 판정하면서 "1급 3호에 준한다"는 내용의 ㉠장애진단서를 발부하였다.

③ (구체적인 내용은 판례 본문 참조)

④ 갑의 ㉠장애진단서에는 A에 대해 MRI 검사를 실시하지 아니하였으나 검사를 실시한 것으로 기재되어 있었다.

⑤ 갑은 작업치료사로 하여금 A에 대한 일상생활 동작검사와 인지기능검사를 실시하도록 지시하기는 하였으나 그 결과를 보고받지 아니한 채 ㉠장애진단서를 작성하였다.

⑥ 장애등급 '1급 3호'는 '항상 개호'를 요한다.

【사실관계 2】

① ['1급 3호'에 해당하는 장애 정도의 경우에는 P보험회사(또는 보험공단)는 훨씬 많은 보험급여를 지

급해야 한다.]

② [P보험회사(또는 보험공단)는 갑이 '2급 1호'에 해당하는 장애자에 대해 '1급 3호'에 해당하는 허위의 진단서를 작성하였다고 판단하였다.]

③ [P보험회사(또는 보험공단)는 갑을 고소하였다.]

【사건의 경과】

① 검사는 갑을 허위진단서작성죄로 기소하였다.

② 제1심법원은 유죄를 인정하였다.

③ 갑은 불복 항소하였다.

④ 항소심법원은 갑의 ㉠진단서가 진실에 부합하는 것이라고 판단하였다.

⑤ 항소심법원은 제1심판결을 파기하고, 무죄를 선고하였다.

⑥ 검사는 불복 상고하였다.

2. 허위진단서작성죄의 성립요건

【대법원 요지】 형법 제233조의 허위진단서작성죄가 성립하기 위하여는 진단서의 내용이 실질상 진실에 반하는 기재여야 할 뿐 아니라 그 내용이 허위라는 의사의 주관적 인식이 필요하고, /

【대법원 요지】 의사가 주관적으로 진찰을 소홀히 한다던가 착오를 일으켜 오진한 결과로 객관적으로 진실에 반한 진단서를 작성하였다면 /

【대법원 요지】 허위진단서작성에 대한 인식이 있다고 할 수 없으므로 허위진단서작성죄가 성립하지 아니한다.

3. 사안에 대한 대법원의 분석

【대법원 분석】 기록에 의하면, 피고인은 공소외인에 대하여 MRI 검사를 실시하지 아니하였고, /

【대법원 분석】 또 작업치료사로 하여금 공소외인에 대한 일상생활 동작검사와 인지기능검사를 실시하도록 지시하기는 하였으나 그 결과를 보고받지 아니한 채 이 사건 장애진단서를 작성하였음을 알 수 있으므로, /

【대법원 분석】 이와 다른 원심의 사실인정은 명백히 잘못된 것이다.

【대법원 분석】 그러나 이 사건 보험약관의 별표 2(장애등급분류표)가 '항상 간호'가 필요한지 아니면 '수시 간호'로 족한지 여부에 따라 1급 3호와 2급 1호의 장애등급을 구별하고 있기는 하나 /

【대법원 분석】 위 보험약관상으로 '간호'의 개념이 명백히 규정되어 있지 않고, /

【대법원 분석】 나아가 기록에 의하더라도, 피고인은 직접 공소외인에 대하여 여러 가지 이학적 검사를 실시한 다음, 그 검사결과와 임상심리전문가의 임상심리검사결과, 보호자의 진술, 공소외인이 입원치료를 받아오던 (병원 이름 생략)병원의 후유장애진단서, CT와 X-Ray 사진 등을 종합하여 /

【대법원 분석】 공소외인은 당시 우측 편마비에 의한 운동기능 장애와 지능지수 49의 중등도 정신지체에 의한 정신기능 장애가 있어서 이를 따로 떼어놓고 보면 각각 위 장애분류표의 2급에 해당하지만 /

【대법원 분석】 이를 모아놓고 보면 편마비에 의한 운동기능 장애로는 밤에는 개호가 필요 없는 16시간 '수시 개호'로 충분하나 동시에 지능지수 49 정도의 정신기능 장애가 있음으로 말미암아 밤에도 관

찰과 개호가 필요하므로 결국, '항상 개호'가 필요한 상태에 해당하는 경우로 분류되어야 한다고 최종 판단하였고, /

【대법원 분석】 이와 같이 직업적 재활과 삶의 질을 중시하는 재활의학과 전문의로서의 의학적 소신과 식견에 따라, /

【대법원 분석】 공소외인의 장애정도가 위 장애분류표의 '1급 3호'에 해당하되, 다만 위 장애분류표 상에는 위와 같은 사례에 대한 명확한 구분기준 등이 정해져 있지 않은 점을 감안하여 위 1급 3호에 '준하는' 것으로 판정한 사실을 인정할 수 있으므로, /

4. 사안에 대한 대법원의 판단

【대법원 판단】 이러한 사실관계를 위 법리에 비추어 살펴보면, /

【대법원 판단】 피고인이 공소외인의 장애상태를 정밀하게 관찰하기 위한 MRI 검사 등을 하지 아니하는 등 일부 소홀한 점이 있다 하더라도, /

【대법원 판단】 이 사건 장애진단서의 기재내용이 객관적 진실에 반한다거나 또는 피고인에게 그 내용이 허위라는 인식이 있었다고 보기는 어렵다고 할 것이다. /

【대법원 결론】 원심이 같은 취지에서, 이 사건 공소사실에 대하여 유죄를 선고한 제1심판결을 취소하고 무죄를 선고한 것은 정당하다. 원심판결에 상고이유에서 주장하는 바와 같이 채증법칙을 위반하여 사실을 잘못 인정하거나 허위진단서작성죄에 관한 법리를 오해하는 등으로 판결 결과에 영향을 미친 위법이 있다고 할 수 없다. 상고이유의 주장은 모두 이유 없다. (상고 기각)

2011도14690

허위진단서작성죄와 의료법위반죄
3개월 처방 부탁 사건

2013. 4. 11. 2011도14690, 공 2013상, 903

1. 사실관계 및 사건의 경과

【사실관계】

① 의사 갑은 P의원 원장이다.
② 2010. 6. 1. 갑은 P의원에서 A를 진료하였다.
③ 갑은 A로부터 3개월 처방을 부탁받았다.
④ 갑은 다음의 1개월짜리 처방전 세 장을 A에게 교부하였다.
  (가) ⓐ처방전 : 진찰의 갑
  (나) ⓑ처방전 : 진찰의 B
  (다) ⓒ처방전 : 진찰의 C
⑤ B와 C는 P의원의 직원인 의사들이다.

⑥ [ⓐ, ⓑ, ⓒ처방전의 발행자는 P의원으로 되어 있다.]

【사건의 경과】

① 검사는 ⓑ, ⓒ처방전 부분에 대해 갑을 의료법위반죄로 기소하였다.

② 갑의 피고사건은 제1심을 거친 후, 항소심에 계속되었다.

③ 항소심법원은 유죄를 선고하였다.

④ 갑은 불복 상고하였다.

2. 처방전 발행에 관한 의료법 규정

【대법원 분석】 1. 의료법 제17조 제1항은 '의료업에 종사하고 직접 진찰한 의사가 아니면 처방전 등을 작성하여 환자에게 교부하거나 발송하지 못한다'고 규정하고 있고, /

【대법원 분석】 의료법 제89조는 제17조 제1항을 위반한 자를 1년 이하의 징역이나 500만 원 이하의 벌금에 처하도록 규정하고 있다.

【대법원 분석】 현행 의료법과 약사법은 의사나 치과의사(이하 '의사 등'이라고 한다)의 진료행위와 약사의 의약품 조제를 분리하여, /

【대법원 분석】 의사 등은 환자에게 의약품을 투여할 필요가 있다고 인정되더라도 /

【대법원 분석】 약사법에 따라 자신이 직접 의약품을 제조할 수 있는 경우가 아니면 /

【대법원 분석】 환자에게 처방전을 내주어 의약품을 구입하게 하여야 하고(의료법 제18조 제1항), /

【대법원 분석】 약사는 원칙적으로 처방전 없이 의약품을 조제할 수 없으며(약사법 제23조 제3항), /

【대법원 분석】 의사 등의 동의 없는 처방의 변경 · 수정이나 대체조제도 약사법에서 정한 예외사유에 해당하지 않는 한 금지된다(약사법 제26조, 제27조).

3. 사안에 대한 대법원의 판단

【대법원 요지】 위와 같은 의사 등과 약사 사이의 분업 내지 협업을 통한 환자의 치료행위는 /

【대법원 요지】 의사 등에 의하여 진료를 받은 환자와 /

【대법원 요지】 약사에 의한 의약품 조제와 복약지도의 상대방이 되는 환자의 /

【대법원 요지】 동일성을 필수적 전제로 하며 /

【대법원 요지】 그 동일성은 의사 등이 최초로 작성한 처방전의 기재를 통하여 담보될 수밖에 없으므로, /

【대법원 요지】 의사 등이 의료법 제18조에 따라 작성하는 처방전의 기재사항 중 /

【대법원 요지】 의료법 시행규칙 제12조 제1항 제1호에서 정한 '환자의 성명 및 주민등록번호'는 /

【대법원 요지】 치료행위의 대상을 특정하는 요소로서 중요한 의미를 가진다고 보아야 한다. /

【대법원 요지】 따라서 의사 등이 의료법 제17조 제1항에 따라 직접 진찰하여야 할 상대방은 처방전에 환자로 기재된 사람을 가리키고, /

【대법원 요지】 만일 의사 등이 처방전에 환자로 기재한 사람이 아닌 제3자를 진찰하고도 환자의 성명 및 주민등록번호를 허위로 기재하여 처방전을 작성 · 교부하였다면 /

【대법원 요지】 그러한 행위는 의료법 제17조 제1항에 위배된다고 봄이 상당하다.

【대법원 결론】 위 법리에 비추어 원심판결 이유를 살펴보면, /
【대법원 결론】 원심이 '피고인이 2010. 6. 1. 피고인의 의원에서 공소외 1을 진료하면서 위 의원 직원인 공소외 2, 3의 명의로 처방전을 작성하여 교부한 행위'가 유죄로 인정된다고 판단한 것은 정당하고, /
【대법원 결론】 거기에 의료법 제17조 제1항의 해석을 잘못하여 판결 결과에 영향을 미친 위법 등이 있다고 볼 수 없다. (상고 기각)

【코멘트】 형법 제233조의 허위진단서작성죄는 사문서의 무형위조를 예외적으로 처벌하고 있다. 그런데 허위진단서작성죄는 객체가 진단서, 검안서 등으로 그 범위가 제한되어 있다. 뿐만 아니라 진단서 등의 내용이 실질상 진실에 반하는 기재여야 하고, 나아가 그 내용이 허위라는 의사의 주관적 인식이 필요하다. 검사는 이러한 범죄성립요건을 모두 증명해야 한다. 이 때문에 실무상 허위진단서작성죄의 공소사실이 유죄로 인정되는 경우가 드물다.

이러한 상황에서 의료법이 규정한 벌칙조항은 허위진단서작성죄의 미비점을 상당 부분 보완하는 역할을 수행한다. 본 판례에서 보여주는 바와 같이, 치료하지 아니한 환자에 대해 처방전을 발행하는 행위는 의료법위반죄로 처벌된다. 처방전의 필수적 기재사항인 '환자의 성명 및 주민등록번호'는 허위 여부 및 허위에 대한 고의의 입증이 용이한 구성요건표지이다. 허위진단서작성죄를 고찰할 때 의료법상의 벌칙규정에 유념해야 할 이유이다.

2002도461

사문서부정행사죄와 사문서 – 인정례
후불식 전화카드 사건 2

2002. 6. 25. 2002도461, 공 2002, 1872

1. 사실관계 및 사건의 경과

【사실관계】

① KT전화카드는 한국전기통신공사가 발행한 후불식 통신카드이다.
② 후불식 통신카드를 이용하여 전화를 사용하면 그 요금이 미리 지정된 전화번호 요금이나 신용카드 대금에 합산되어 청구된다.
③ A는 ㉠KT전화카드를 가지고 있다.
④ 갑은 A의 ㉠KT전화카드를 절취하였다.
⑤ 2000. 10. 25.경 갑은 절취한 A의 ㉠KT전화카드를 자신의 전화카드인 것처럼 공중전화기에 넣고 사용하였다.
⑥ 그 무렵부터 2000. 12. 22.경까지 사이에 갑은 같은 방법으로 모두 1,706회에 걸쳐 A의 ㉠KT전화카드를 사용하였다.
⑦ A에게 청구된 전화요금은 647,522원에 이르렀다.

【사건의 경과 1】

① 검사는 갑을 갑을 특가법위반죄(절도) 및 편의시설부정이용죄로 기소하였다.
② 제1심을 거친 후 항소심법원은 유죄를 인정하였다.
③ 갑은 불복 상고하였다.
④ 대법원은 직권으로 판단하여 편의시설부정이용죄 유죄 부분을 파기 환송하였다.
⑤ (이상 2001도3625 판결)

【사건의 경과 2】

① 환송 후 항소심에서 검사는 공소장변경절차를 통하여 편의시설부정이용죄의 공소사실을 사문서부정행사죄로 변경하였다.
② (변경된 공소사실의 요지는 판례 본문 참조)
③ 환송후 항소심법원은 무죄를 선고하였다.
④ (환송후 항소심의 판단이유는 판례 본문 참조)
⑤ 검사는 불복 상고하였다.

2. 공소사실의 요지

【대법원 분석】 1. 이 사건 사문서부정행사의 공소사실의 요지는, /

【대법원 분석】 "피고인은 2000. 10. 25.경 절취한 피해자 A의 케이티(KT) 카드(아래에서는 '전화카드'라고 한다)를 자신의 전화카드인 것처럼 공중전화기에 넣고 사용하여 /

【대법원 분석】 권리의무에 관한 사문서인 전화카드를 부정행사한 것을 비롯하여 /

【대법원 분석】 그 무렵부터 2000. 12. 22.경까지 사이에 같은 방법으로 모두 1,706회에 걸쳐 이를 부정행사하였다."는 것이다.

3. 사안에 대한 환송후 항소심의 판단

【항소심 판단】 2. 원심은, /

【항소심 판단】 전화카드는 한국전기통신공사가 발행한 후불식 통신카드로서 /

【항소심 판단】 이 카드를 이용하여 전화를 사용하면 그 요금이 미리 지정된 전화번호 요금이나 신용카드 대금에 합산되어 청구되고, /

【항소심 판단】 전화카드를 신용카드 겸용 공중전화기에 넣으면 전화기가 기계적 방식으로 전화카드의 자기띠 부분에 기록된 사용자 정보와 비밀번호 등을 판독하여 작동이 되는 사실을 인정하고, /

【항소심 판단】 전화카드 자체는 그 카드번호를 부여받은 사람이 한국전기통신공사의 전화카드 회원이라는 사실을 증명하는 사문서에 해당하지만, /

【항소심 판단】 피고인이 전화카드를 공중전화기에 넣어 사용한 것은 그 사문서 부분을 행사한 것이 아니고 단지 카드의 뒷면에 부착된 자기띠 부분을 사용한 것일 뿐인데, /

【항소심 판단】 형법 제232조의2가 사문서위조 또는 변조죄와 별도로 전자기록 등 특수매체기록의 위작 또는 변작죄에 대한 처벌규정을 두고 있는 점에 비추어 볼 때, /

【항소심 판단】 전화카드의 자기띠 부분은 형법 제236조의 사문서에 해당하지 아니하므로, /

【항소심 판단】 이 사건 공소사실은 사문서부정행사죄를 구성하지 아니한다고 판단하였다.

4. 사안에 대한 대법원의 판단

【대법원 요지】 3. 그러나 사용자에 관한 각종 정보가 전자기록되어 있는 자기띠가 카드번호와 카드발행자 등이 문자로 인쇄된 플라스틱 카드에 부착되어 있는 전화카드의 경우 그 자기띠 부분은 카드의 나머지 부분과 불가분적으로 결합되어 전체가 하나의 문서를 구성하므로, /

【대법원 요지】 전화카드를 공중전화기에 넣어 사용하는 경우 비록 전화기가 전화카드로부터 판독할 수 있는 부분은 자기띠 부분에 수록된 전자기록에 한정된다고 할지라도, /

【대법원 요지】 전화카드 전체가 하나의 문서로서 사용된 것으로 보아야 하고 그 자기띠 부분만 사용된 것으로 볼 수는 없다. /

【대법원 판단】 따라서 피고인이 절취한 전화카드를 공중전화기에 넣어 사용한 것은 권리의무에 관한 타인의 사문서를 부정행사한 경우에 해당한다. /

【대법원 결론】 그럼에도 불구하고, 원심이 이 사건 공소사실이 사문서부정행사죄를 구성하지 아니한다고 판단한 것은 사문서부정행사죄에 있어 문서의 개념에 관한 법리를 오해하여 판결에 영향을 미친 잘못을 저지른 것이고, 이를 지적하는 상고이유는 이유가 있다. (파기 환송)

2001도3625

편의시설부정이용죄와 부정이용 - 부정례
후불식 전화카드 사건 1

2001. 9. 25. 2001도3625, 공 2001, 2396

☞ 507면

제21장 인장에 관한 죄

96도3319

부정사용공기호행사죄와 행사 – 인정례
절취 번호판 주행 사건

1997. 7. 8. 96도3319, 공 1997, 2435

1. 사실관계 및 사건의 경과

【사실관계】

① 갑은 서울 1누9342호 ㉠스텔라 승용차의 앞 · 뒤 번호판을 절취하였다.

② 갑은 P렌트카 Q영업소로부터 대전 1허6450호 ㉡뉴그랜져 승용차를 빌렸다.

③ 1996. 1. 30. 09:00경 갑은 서울 종로구 종로3가에 있는 종묘주차장에서 빌린 ㉡뉴그랜져 승용차의 앞 · 뒤 번호판을 떼어 낸 다음 이미 절취하여 가지고 있던 ㉠스텔라 승용차의 앞 · 뒤 번호판을 ㉡뉴그랜져 승용차에 부착하였다.

④ 1996. 1. 30. [오후] 02:00경 서울 강남구 신사동 587에 있는 M호텔 주차장에 이르기까지 갑은 ㉡뉴그랜져 승용차를 운전하여 운행하였다.

【사건의 경과】

① 검사는 갑을 [절도죄 등 외에] 부정사용공기호행사죄로 기소하였다.

② 갑의 피고사건은 제1심을 거친 후, 항소심에 계속되었다.

③ 항소심법원은 부정사용공기호행사죄 부분에 대해 무죄를 선고하였다.

④ 검사는 불복 상고하였다.

2. 사안에 대한 항소심의 판단

【항소심 판단】 공기호부정사용죄는 권한이 없는 자가 진정한 공기호를 그 용법에 따라 타인이 열람할 수 있는 상태로 사용하는 것을 말하고 /

【항소심 판단】 부정사용된 공기호의 행사죄는 그와 같이 부정사용된 공기호를 진정한 것으로서 임의로 공범자 이외의 자에게 보이는 등으로 사용하는 행위를 말하는 것이며 /

【항소심 판단】 이는 타인에 대한 외부적 행위를 말하는 것이라고 봄이 상당하므로, /

【항소심 판단】 공기호를 권한 없이 타인이 열람할 수 있는 상태로 사용하였을 뿐 다시 부정사용된 공기호 그 자체를 타인에게 제시하는 행위 등을 한 사실이 없다면 /

【항소심 판단】 공기호부정사용죄만 구성할 뿐 더 나아가 부정사용된 공기호행사죄를 구성하지는 아

니한다고 할 것이므로, /

【항소심 판단】 이 사건 공소사실 중 절취한 자동차번호판을 승용차에 부착하여 운전하였다고 하여 공기호부정사용죄 외에 다시 부정사용공기호행사죄에 해당한다고 볼 수 없다고 판단하였다.

3. 사안에 대한 대법원의 판단

【대법원 요지】 형법 제238조 제1항에서 규정하고 있는 공기호인 자동차등록번호판의 부정사용이라 함은 /

【대법원 요지】 진정하게 만들어진 자동차등록번호판을 권한 없는 자가 사용하든가, /

【대법원 요지】 권한 있는 자라도 권한을 남용하여 부당하게 사용하는 행위를 말하는 것이고, /

【대법원 요지】 같은 조 제2항에서 규정하고 있는 그 행사죄는 부정사용한 공기호인 자동차등록번호판을 마치 진정한 것처럼 그 용법에 따라 사용하는 행위를 말하는 것으로 그 행위개념을 달리하고 있다.

【대법원 요지】 자동차등록번호판의 용법에 따른 사용행위인 행사라 함은 /

【대법원 요지】 이를 자동차에 부착하여 운행함으로써 일반인으로 하여금 자동차의 동일성에 관한 오인을 불러일으킬 수 있는 상태 /

【대법원 요지】 즉 그것이 부착된 자동차를 운행함을 의미한다고 할 것이고 /

【대법원 요지】 그 운행과는 별도로 부정사용한 자동차등록번호판을 타인에게 제시하는 등 행위가 있어야 그 행사죄가 성립한다고 볼 수 없다.

【대법원 판단】 따라서 피고인이 절취한 자동차등록번호판을 부착한 위 뉴그랜져 승용차를 운행하였다면 이는 부정사용된 공기호행사죄에 해당한다 할 것임에도 불구하고 /

【대법원 결론】 원심은 이와 달리 판시와 같은 이유로 피고인의 위 행위가 부정사용된 공기호행사죄에 해당하지 아니한다고 판단한 것은 부정사용공기호행사죄에 관한 법리를 오해하여 판결에 영향을 미친 잘못이 있다고 할 것이고 이 점을 지적하는 논지는 이유 있다. (파기 환송)

97도1085

공기호부정사용죄와 도로교통법의 관계

번호판 바꿔 달기 사건

1997. 6. 27. 97도1085, 공 1997, 2241

1. 사실관계 및 사건의 경과

【사실관계】

① [본 판례 자체에는 나타나 있지 않으나 위의 **96도3319** 판례의 사실관계와 유사할 것으로 생각된다.]

② 갑은 서울 1누9342호 ㉠스텔라 승용차의 앞 · 뒤 번호판을 입수하였다.

③ 갑은 P렌트카 Q영업소로부터 대전 1허6450호 ㉡뉴그랜져 승용차를 빌렸다.

④ 1996. 1. 30. 09:00경 갑은 서울 종로구 종로3가에 있는 종묘주차장에서 빌린 ㉡뉴그랜져 승용차의 앞 · 뒤 번호판을 떼어 낸 다음 가지고 있던 ㉠스텔라 승용차의 앞 · 뒤 번호판을 ㉡뉴그랜져 승용차에 부착하였다.

【사건의 경과】

① 검사는 갑을 공기호부정사용죄 및 자동차관리법위반죄로 기소하였다.

② 갑의 피고사건은 제1심을 거친 후, 항소심에 계속되었다.

③ 항소심법원은 공기호부정사용죄(5년 이하의 징역)와 자동차관리법위반죄(10년 이하의 징역 또는 벌금형)의 상상적 경합을 인정하여 갑을 징역형으로 처단하였다.

④ 갑은 불복 상고하였다.

⑤ 갑은 상고이유로, 자동차관리법위반죄는 공기호부정사용죄에 대하여 특별관계에 있다고 주장하였다.

【참조조문】

자동차관리법

제71조 (부정사용 금지 등) ① 누구든지 /

이 법에 따른 자동차등록증, 폐차사실 증명서류, 등록번호판, 임시운행허가증, 임시운행허가번호판, 자동차자기인증표시, 부품자기인증표시, 내압용기검사 각인 또는 표시, 내압용기재검사 각인 또는 표시, 신규검사증명서, 이륜자동차번호판, 차대표기 및 원동기형식 표기를 /

위조 · 변조 또는 부정사용하거나 /

위조 또는 변조한 것을 매매, 매매 알선, 수수(收受) 또는 사용하여서는 아니 된다.

② 누구든지 자동차의 주행거리를 변경하여서는 아니 된다. 다만, 고장 또는 파손 등 대통령령으로 정하는 불가피한 사유로 변경하는 경우에는 그러하지 아니하다.

제78조 (벌칙) 다음 각 호의 어느 하나에 해당하는 자는 10년 이하의 징역 또는 5천만원 이하의 벌금에 처한다.

1. 제31조 제1항(제52조에서 준용하는 경우를 포함한다)을 위반하여 결함을 은폐 · 축소 또는 거짓으로 공개하거나 그 결함을 시정하지 아니한 자
2. 제71조 제1항을 위반하여 부정사용한 자

2. 법조경합 중 특별관계 판단방법

【대법원 요지】 법조경합의 한 형태인 특별관계란 어느 구성요건이 다른 구성요건의 모든 요소를 포함하는 이외에 다른 요소를 구비하여야 성립하는 경우로서 /

【대법원 요지】 특별관계에 있어서는 특별법의 구성요건을 충족하는 행위는 일반법의 구성요건을 충족하지만 /

【대법원 요지】 반대로 일반법의 구성요건을 충족하는 행위는 특별법의 구성요건을 충족하지 못한다.

3. 사안에 대한 대법원의 판단

【대법원 분석】 자동차관리법 제71조에 의하면 "누구든지 이 법에 의한 …자동차등록번호판을 …부

정사용하여서는 아니된다."고 규정하고, /

【대법원 분석】 같은 법 제78조에서 위 제71조의 규정에 위반한 자는 10년 이하의 징역 또는 3천만 원 이하의 벌금에 처하도록 규정하고 있으며, /

【대법원 분석】 형법 제238조 제1항은 "행사할 목적으로 …공무소의 기호를 부정사용한 자는 5년 이하의 징역에 처한다."고 규정하고 있고, /

【대법원 요지】 차량번호판은 위 공무소의 기호에 해당한다.

【대법원 판단】 살피건대, 자동차관리법 제78조, 제71조가 형법 제238조 제1항 소정의 공기호부정사용죄와 특별법 관계가 있는가의 여부는 앞서 본 법리에 따라 양 법규의 구성요건의 비교로부터 논리적으로 결정되어야 할 것인바, /

【대법원 판단】 위 형법 본조는 인장에 관한 죄의 한 태양으로서 인장 · 서명 · 기명 · 기호 등의 진정에 대한 공공의 신용, 즉 거래상의 신용과 안정을 그 보호법익으로 하고 있는 반면, /

【대법원 판단】 자동차관리법의 입법취지는 자동차를 효율적으로 관리하고 자동차의 성능과 안정을 확보함으로써 공공의 복리를 증진함을 그 목적으로 하고 있어/

【대법원 판단】 (특히 같은 법 제78조, 제71조는 이러한 자동차의 효율적인 관리를 저해하는 행위를 규제하기 위한 것으로 보인다) 그 보호법익을 달리하고 있을 뿐 아니라 /

【대법원 판단】 그 주관적 구성요건으로서 형법상의 위 공기호부정사용죄는 고의와 더불어 '행사할 목적'이 있음을 요하는 반면 /

【대법원 판단】 위 자동차관리법은 '행사할 목적'을 그 주관적 구성요건으로 하지 아니하고 있는 점에 비추어 보면, /

【대법원 판단】 자동차관리법 제78조, 제71조가 형법 제238조 제1항 소정의 공기호부정사용죄의 특별법 관계에 있다고는 보여지지 아니한다. /

【대법원 결론】 따라서 이와 반대의 견해에서 원심판결을 비난하는 상고이유의 주장은 받아들일 수 없다. (상고 기각)

2009도5929

사인위조죄와 위조 - 인정례
교무처장 직인 사건

2010. 1. 14. 2009도5929, [미간행]

1. 사실관계 및 사건의 경과

【사실관계 1】

① 갑 등은 서울시 P구 M아파트 N단지 주민대표회 간부들이다.

② A는 K대학교 가정과를 졸업하였다고 말하여 동대표 선거에서 103동 대표로 당선되었다.

③ 갑 등은 K대학교에 A의 학력을 조회하였다.

④ A가 K대학교를 졸업하지 않았음이 K대학교 교무처장 명의로 된 학력조회 회보서를 통해 확인되었다.

⑤ 2008. 1. 14. 갑 등은 A의 허위학력 사실을 아파트 주민들에게 공고문 형식으로 알리기로 하였다.

⑥ 갑 등은 공고문의 신뢰성 제고를 위해 공고문 안에 K대학교 교무처장 명의의 직인을 나타내기로 하였다.

【사실관계 2】

① 주민대표회 회장 갑은 A4 용지에 다음과 같은 내용의 공고문을 만들었다. (㉠공고문 초안)

(가) 공고

(나) 상기인(A)은 K대학교 가정과를 졸업하였다고 하며 지난번 동대표 선거에서 103동 대표로 당선되었고……확인 결과 상기 사실이 허위였음이 확인되었습니다.

(다) K대학교 확인증명 학적팀 ○○○○호(2007. 9. 6.자) 교무처장 회신으로 확인되었습니다.

(라) 이로 인하여 A는 103동 동대표로서 자격 상실되었음을 주민께 알려 드리오며 공고하는 바입니다.

(마) 2008. 1. 15.

(바) N단지 주민대표회

(사) 회장 갑, 부회장 을, 부장 병, 총무 정, 고문 무, 자문위원 ㉮, ㉯, ㉰, ㉱

② 갑은 A4 용지에 K대학교 교무처장 명의의 학력조회 회보에 날인된 교무처장 명의의 직인을 복사하였다. (㉡직인 사본)

③ 갑은 ㉡직인 사본을 ㉠공고문 초안에 오려붙인 후 이를 다시 복사하였다. (㉢공고문)

④ 갑은 'N단지 주민회' 옆에 주민회 직인을 날인하였다.

⑤ 갑 등은 ㉢공고문에 기재된 각자 자신의 이름 옆에 각자의 도장을 날인하였다.

⑥ K대학교 교무처장의 ㉡직인은 갑 등의 기명 및 날인이 되어 있는 우측 상단에 '교무처장'이라는 기재 위에 겹쳐서 현출되었다.

⑦ 2008. 1. 15.경 병과 정은 N단지 아파트 101동부터 110동까지의 각 동 게시판에 ㉢공고문을 게시하였다.

【사건의 경과】

① 검사는 갑 등을 주위적으로 다음의 공소사실로 기소하였다.

(가) 사문서위조죄

(나) 위조사문서행사죄

② 검사는 갑 등을 예비적으로 다음의 공소사실로 기소하였다.

(가) 사인위조죄

(나) 위조사인행사죄

③ 갑 등의 피고사건은 제1심을 거친 후, 항소심에 계속되었다.

④ 항소심법원은 주위적 공소사실과 예비적 공소사실에 대해 모두 무죄를 선고하였다.

⑤ 항소심법원은 예비적 공소사실의 무죄 이유에 대해 다음과 같이 판단하였다.

(가) 갑 등이 K대학교 교무처장의 직인을 K대학교 교무처장의 정당한 인장인 것처럼 가장하기 위

해서 이를 현출하였다고 볼 수 없다.

(나) 갑 등에게 K대학교 교무처장의 직인을 위조하여 행사할 의사가 있었다고 볼 수 없다.

⑥ 검사는 불복 상고하였다.

2. 사인위조죄와 위조의 정도

【대법원 요지】 사인위조죄가 성립하기 위해서는 그 인장이 일반인으로 하여금 특정인의 진정한 인장으로 오신하게 할 정도에 이르러야 할 것이고, /

【대법원 요지】 일반인이 특정인의 진정한 인장으로 오신하기에 충분한 정도인지 여부는 /

【대법원 요지】 그 인장의 형식과 외관, 작성경위 등을 고려하여야 할 뿐만 아니라 /

【대법원 요지】 그 인장이 현출된 문서 등에 있어서의 인장 현출의 필요성, 그 문서 등의 작성경위, 종류, 내용 및 일반거래에 있어서 그 문서 등이 가지는 기능 등도 함께 고려하여 판단하여야 할 것이다.

3. 공소사실의 요지

【대법원 분석】 이 사건 예비적 공소사실의 요지는, /

【대법원 분석】 '피고인들은 서울 ○○구 M아파트 N단지 주민대표회 간부들인바, /

【대법원 분석】 피고인들은 공소외인이 사실은 K대학교를 졸업하지 않았음이 K대학교 교무처장 명의로 된 학력조회 회보서를 통해 확인되자, /

【대법원 분석】 2008. 1. 14. 공소외인의 허위학력 사실을 아파트 주민들에게 공고문 형식으로 알리되 그 공고문의 신뢰성 제고를 위해 공고문 안에 K대학교 교무처장 명의의 직인을 나타내어 사인장인 위 K대학교 교무처장의 직인을 위조하기로 공모하였다. /

【대법원 분석】 피고인 갑은 A4 용지에 /

【대법원 분석】 "공고, /

【대법원 분석】 상기인(공소외인)은 K대학교 가정과를 졸업하였다고 하며 지난번 동대표 선거에서 103동 대표로 당선되었고…확인 결과 상기 사실이 허위였음이 확인되었습니다. /

【대법원 분석】 K대학교 확인증명 학적팀 ○○○○호(2007. 9. 6.자) 교무처장 회신으로 확인되었습니다. /

【대법원 분석】 이로 인하여 공소외인은 103동 동대표로서 자격 상실되었음을 주민께 알려 드리오며 공고하는 바입니다. /

【대법원 분석】 2008. 1. 15. N단지 주민대표회 회장 피고인 갑, 부회장 피고인 을, 부장 피고인 병, 총무 피고인 정, 고문 피고인 무, 자문위원 피고인 ㉮, ㉯, ㉰, ㉱"라고 각 기재한 후 /

【대법원 분석】 그[A4] 용지에 K대학교 교무처장 명의의 학력조회 회보에 날인된 교무처장 명의의 직인을 복사한 후 이를 그 공고문에 오려붙인 후 이를 다시 복사하였고, /

【대법원 분석】 피고인들은 각자 자신의 이름 옆에 각자의 도장을 날인함으로써 /

【대법원 분석】 사인장인 K대학교 교무처장의 직인을 위조하였다. /

【대법원 분석】 피고인 병, 정은 2008. 1. 15.경 피고인들과의 위 공모에 따라 위 아파트 101동부터 110동까지의 각 동 게시판에 위 공고문을 게시함으로써 /
【대법원 분석】 위조한 사인장인 K대학교 교무처장의 직인을 행사하였다'라는 것이다.

4. 사안에 대한 대법원의 판단

【대법원 분석】 원심판결 이유와 원심이 적법하게 조사한 증거 등에 의하면, /
【대법원 분석】 이 사건 공고문에 현출된 K대학교 교무처장의 직인은 그 형식과 외관에서 진정한 직인의 그것과 일치하는 점, /
【대법원 분석】 그러나 일반인이 일견 보아서는 위 직인의 인영이 "K대학교 교무처장"의 인영이라는 것을 쉽게 알기 어려운 점, /
【대법원 분석】 이 사건 공고문 하단에 "N단지 주민대표회"라고 기재된 옆에 "M아파트 N단지 동대표회의" 직인이 찍혀 있고, 위 주민대표회 회장, 부회장 등 직책 옆에 피고인들의 기명 및 날인이 되어 있으며 /
【대법원 분석】 피고인들의 기명 및 날인이 되어 있는 우측 상단에 "교무처장"이라는 기재 위에 겹쳐 "K대학교 교무처장" 직인이 현출되어 있어, /
【대법원 분석】 일반인으로서는 일응 보기에 위 아파트 동대표회의 직인이나 주민대표회 임원들의 날인과 같은 경위로 교무처장의 직인이 현출된 것으로 오신할 수 있을 것으로 보이는 점, /
【대법원 분석】 피고인들은 K대학교 교무처장으로부터 받은 회신을 첨부하거나 게시하지 않고 그 회신의 직인 부분만을 이 사건 공고문에 현출함으로써 이 사건 공고문 자체의 신뢰도를 높이기 위한 의도에서 위 교무처장 직인을 현출한 것이고 /
【대법원 분석】 달리 이 사건 공고문 자체에 위 교무처장의 직인을 현출할 필요성이 있었다고 보이지 않는 점 등을 알 수 있는바, /
【대법원 판단】 사정이 이러하다면 이 사건 공고문에 현출된 "K대학교 교무처장" 직인은 일반인으로 하여금 진정한 직인으로 오신하게 할 정도에 이르렀다고 할 것임에도, /
【대법원 판단】 원심은 판시와 같은 이유로 피고인들이 위 직인을 K대학교 교무처장의 정당한 인장인 것처럼 가장하기 위해서 이를 현출하였다거나 위 직인을 위조하여 행사할 의사가 있었다고 볼 수는 없다고 판단하고 말았으니, /
【대법원 판단】 원심판결에는 사인위조죄의 성립요건에 관한 법리를 오해함으로써 판결 결과에 영향을 미친 위법이 있다고 할 것이다.
【대법원 결론】 그러므로 원심판결 중 예비적 공소사실에 대한 부분은 파기를 면할 수 없고, /
【대법원 결론】 이와 불가분의 관계에 있는 주위적 공소사실에 관한 부분 역시 파기될 수밖에 없으므로 원심판결을 파기하고, /
【대법원 결론】 사건을 다시 심리 · 판단하게 하기 위하여 원심법원에 환송하기로 하여 관여 대법관의 일치된 의견으로 주문과 같이 판결한다. (파기 환송)

92도1578

인장위조죄와 행사할 목적 – 부정례
피해자 도장 새기기 사건

1992. 10. 27. 92도1578, 공 1992, 3337

1. 사실관계 및 사건의 경과

【사실관계 1】

① 갑은 같은 친목계원인 A에 대해 교통사고를 내었다.

② A는 서울의 P병원에 입원하였다.

③ 갑은 A의 동의 없이 B를 시켜서 A의 이름이 새겨진 ㉠도장을 만들었다.

④ 갑은 Q경찰서에 출두하여 조사를 받았다.

⑤ 경찰관 C는 P병원에 출장하여 A를 조사하였다.

⑥ [이후 갑이 경찰 조사를 받을 당시 ㉠도장을 소지하고 있던 사실이 발견되었다.]

【사실관계 2】

① 수사과정에서 갑이 ㉠도장을 가지고 있었던 것이 불순한 의도에서 비롯된 것이 아닌지 문제되었다.

② 수사관은 갑이 마음대로 A 명의의 피해자에 대한 진술조서를 작성하거나 A명의의 진술서를 작성하기 위하여 ㉠도장을 가지고 있던 것이 아닌가에 대하여 조사하였다.

③ 갑은 다음과 같이 진술하였다.

(가) 갑은 교통사고의 피해자인 A가 서울에 입원하고 있어 Q경찰서에 함께 출두할 수 없었으므로 A가 승낙을 하면 사용하려고 ㉠도장을 새겼다.

(나) A에게 전화한 결과 승낙을 받지 못하여 사용하지 않고, 그 날 오후에 P병원에서 출장조사가 끝난 후 A의 언니 D에게 ㉠도장을 주었다.

④ ㉠도장을 새겨다 준 B도 같은 취지로 진술하였다.

⑤ A는 ㉠도장을 같은 달 중순경 P병원에서 언니 D한테서 전달받았다고 진술하였다.

【사건의 경과】

① 검사는 갑을 인장위조죄로 기소하였다.

② 제1심법원은 유죄를 인정하였다.

③ 제1심법원은 유죄의 이유로 다음의 점을 들었다.

(가) 갑에게 ㉠도장을 위법하게 사용할 목적이 있었다.

(나) 갑이 이를 사용하지 못한 것은 수사경찰관이 갑의 의도대로 인장을 사용해 주지 아니하였기 때문이다.

④ 갑은 불복 항소하였다.

⑤ 항소심 공판절차에는 당시의 사고조사 경찰관 C가 출석하여 다음과 같이 진술하였다.

(가) 갑인지 B인지는 기억이 없으나 다음의 말을 들었다.

(나) "갑과 A는 같은 친목계원이니까 A에게 전화로 물어서 피해자진술서를 작성하여도 될 것이 아니냐."
(다) 갑이 누군가와 전화통화를 한 사실이 있다.
(라) A가 허락하면 피해자에 대한 참고인 진술조서에 경찰관으로 하여금 날인하도록 할 목적으로 ㉠도장을 새긴 것으로 알고 있다.

⑥ 항소심법원은 항소를 기각하고, 제1심판결을 유지하였다.
⑦ 갑은 불복 상고하였다.

2. 인장위조죄와 행사할 목적의 내용

【대법원 분석】 (중략)

【대법원 요지】 2. 그러나 형법 제239조 제1항 소정의 인장위조죄는 그 명의인의 의사에 반하여 위법하게 행사할 목적이 인정되어야 하며, /

【대법원 요지】 타인의 인장을 조각할 당시에는 미처 그 명의인의 승낙을 얻지 아니하였다고 하더라도 /

【대법원 요지】 인장을 조각하여 그 명의인의 승낙을 얻어 그 명의인의 문서를 작성하는 데 사용할 의도로 인장을 조각하였으나 그 명의인의 승낙을 얻지 못하여 이를 사용하지 아니하고 명의인에게 돌려주었다면, /

【대법원 요지】 특별한 사정이 없는 한 행사의 목적이 있었다고 인정할 수 없을 것이다.

3. 사안에 대한 대법원의 판단

【대법원 분석】 3. 기록에 의하면, 피고인은 이 사건 교통사고의 피해자인 A가 서울에 입원하고 있어 경찰(Q경찰서)에 함께 출두할 수 없었으므로 그가 승낙을 하면 사용하려고 이 사건 인장을 조각하였다가, /

【대법원 분석】 위 피해자에게 전화한 결과 승낙을 받지 못하여 사용하지 않고, 그 날 오후에 병원에서 출장조사가 끝난 후 피해자의 언니에게 주었다고 변소하고 있고 (경찰의 피의자신문조서, 수사기록 28면, 56면, 검사작성의 피의자신문조서, 수사기록 105면), /

【대법원 분석】 위 B도 같은 취지로 진술하고 있으며(사법경찰리 작성의 진술조서), /

【대법원 분석】 위 피해자도 이 인장을 같은 달 중순경 병원에서 언니한테서 전달받았다고 진술하고 있고(경찰의 제2회진술조서, 수사기록 66면), /

【대법원 분석】 당시 사고조사 경찰관인 C도 원심에서 /

【대법원 분석】 피고인인지 B인지는 기억이 없으나, 피고인과 피해자는 같은 친목계원이니까 피해자에게 전화로 물어서 피해자진술서를 작성하여도 될 것이 아니냐라는 말을 들었고, /

【대법원 분석】 피고인이 누군가와 전화통화를 한 사실이 있으며, /

【대법원 분석】 피해자가 허락하면 피해자에 대한 참고인 진술조서에 경찰관으로 하여금 날인하도록 할 목적으로 이 사건 인장을 새긴 것으로 알고 있다고 증언하고 있는바(공판기록 142-144면), /

【대법원 판단】 사정이 위와 같다면 피고인은 위 피해자가 입원하고 있는 병원에까지 출장조사하

는 번거로움을 피하기 위하여 피해자와 수사경찰관이 승낙하면 사용할 목적으로 이 사건 인장을 조각하였다가 피해자와 경찰관이 허락하지 않으므로 사용하지 아니하고 위 피해자에게 준 것으로 보이고, /

【대법원 판단】 피해자의 의사에 반하여 이를 사용할 의도가 있었던 것으로 인정하기는 어렵다 할 것이다.

【대법원 판단】 이 사건에서 피고인 마음대로는 위 피해자에 대한 진술조서를 작성하거나 그 명의의 진술서를 작성하여 제출할 수 없는 것이고, 이는 경찰관과 공모하여야만 가능한 일인데, /

【대법원 판단】 이 사건 사고경위나 결과 등에 비추어 피고인이 경찰관에게 구태여 그러한 무리한 요구를 할 필요가 있었다고 보이지도 않으며, 피고인이 그러한 요구를 하였다거나 경찰관이 그러한 요구를 받았다고 인정할 만한 증거도 없다.

【대법원 판단】 그리고 이와 같이 피고인이 피해자의 의사를 물어서 승낙을 하면 그 인장을 사용할 의도였다면 피고인에게 이를 위법하게 행사할 목적이 있었다고 볼 수는 없을 것이다.

【대법원 결론】 4. 따라서, 피고인에게 판시 인장을 위법하게 사용할 목적이 있었고, 피고인이 이를 사용하지 못한 것은 수사경찰관이 피고인의 의도대로 인장을 사용해 주지 아니하였기 때문이라고 인정하여, 피고인의 행위를 형법 제239조 제1항 소정의 인장위조죄로 의율처단한 제1심판결을 유지한 원심의 조처에는, /

【대법원 결론】 채증법칙을 어기거나 인장위조죄의 법리를 오해하여 심리를 다하지 아니한 위법이 있다 할 것이고, 논지는 이 범위 안에서 이유 있다. (파기 환송)

【코멘트】 본 판례는 인장위조의 객체와 관련된 논점을 생각하게 해 주는 예이다. 인장위조죄의 객체인 인장(印章)의 내용을 둘러싸고 인영(人影)만을 의미하는 것인지, 인영과 인과(印顆)를 모두 포함하는 것인지 견해가 나뉘고 있다.

인장은 사람의 동일성을 나타내는 상형적 표시이다. 인영은 사람의 동일성을 나타내는 상형적 표시가 물체에 찍혀서 나타난 부분이다. 도장을 문서에 날인하는 상황을 상정해 보면, 문서에 찍혀진 부분이 인영이다. 이에 대해 인영을 나타내기 위하여 사용하는 물건 자체는 인과이다. 일상생활에서 보면 도장이 대표적인 예이다.

인장위조죄의 객체에는 인영만이 포함된다고 보는 견해가 있다. 이 입장에서는 다음의 논거를 제시한다. 첫째로, 인과(도장)의 위조가 공공의 신용을 해할 위험이 있는 것은 그것이 문서 등에 찍혀서 인영이 나타날 가능성이 있기 때문이다. 인과(도장)를 만들어내는 단계에서 인장위조죄의 기수를 인정하는 것은 지나치게 성급하다. 둘째로, 문서 연결부위에 간인을 찍는 경우나 인영을 똑같이 문서 등에 표시해 내는 경우에는 인장위조죄의 기수시기가 인영을 나타내는 때가 되는데, 인장에 인과(도장)를 포함시켜서 해석하게 되면 인과(도장)를 만들어내는 시점에 기수에 이르게 되어 기수시기의 통일성을 확보할 수가 없다. 셋째로, 형법은 인장의 위조와 서명의 위조를 대등하게 규정하고 있는데, 인과(도장) 자체의 위조를 서명의 위조와 같이 볼 수는 없다. 넷째로, 인장부정행사죄는 인영을 다른 사람이 열람할 수 있는 상태에 두는 것을 의미하는데, 인장위조에 인과(도장)의 위조를 포함하게 되면 인과(도장)를 날인하는 순간에 인장부정행사죄가 성립하여 불합리하다.

이에 대해 인장위조죄의 객체에는 인영뿐만 아니라 인과(도장)까지도 포함된다고 보는 견해가 있다. 이 입장에서는 다음의 논거를 제시하고 있다. 첫째로, 권한 없는 자가 타인의 인과(도장)를 위조하는 행위는 그 자체로 이미 인장에 대한 공공의 신용을 해할 위험이 있다. 둘째로, 인과(도장)가 우리나라의 실생활에서 차지하는 중요성을 부인할 수 없다. 셋째로, 인영 자체가 위조되는 것보다는 인과(도장)가 위조될 우려가 훨씬 크다.

대법원은 인장위조죄의 객체에 대해 인영과 인과(도장)를 모두 포함하는 입장이라고 생각된다. 앞의 2009도5929 판례에서는 피고인들이 대학교 교무처장의 직인이 나타난 인영을 함부로 공고문에 나타내고 있다. 이 사안에서 인과(도장)는 등장하지 않는다. 따라서 이 사안은 인영 자체의 위조가 인정된 경우라고 할 수 있다.

이에 대해 본 판례의 사안에서는 아직 인영이 피해자진술서라는 외부 문건에 표시되고 있지 않다. 그 대신에 인과(도장)를 함부로 만들어내는 행위에 대해 인장위조죄의 성립이 문제되고 있다. 대법원은 본 판례의 사안에서 인장위조죄의 객체에 대해 직접적으로 언급하고 있지 않다. 그러나 암묵적으로 인과(도장)가 인장위조죄의 객체에 해당한다는 전제에 서서 인장위조죄의 객관적 구성요건을 긍정한 다음, '행사할 목적'이라는 인장위조죄의 주관적 구성요건요소에 초점을 맞추어 판단을 내리고 있다고 생각된다.

이처럼 대법원은 인과(도장) 자체에 대한 위조를 인장위조죄로 파악하고 있으나, 위조된 인과(도장) 그 자체를 타인에게 교부하는 행위는 아직 위조인장행사죄에 해당하지 않는다는 입장을 취하고 있다. 위조된 인과(도장)와 관련된 위조인장행사죄의 논점을 보여주는 예가 다음의 84도90 판례이다.

84도90

위조인장행사죄와 행사 – 부정례
학교법인 직인 교부 사건

1984. 2. 28. 84도90, 공 1984, 564

1. 사실관계 및 사건의 경과

【사실관계】

① [사실관계가 불명하여 임의로 보완 구성함]
② [갑은 을이 다음과 같은 도장을 몰래 새겨서 가지고 있음을 알고 있었다.]
  (가) ㉠직인 : '학교법인 P학원 이사장 인'
  (나) ㉡계인 : '계 P학원'
③ [갑은 ㉠, ㉡도장들이 몰래 새겨진 것임을 알면서 을로부터 이를 받아 A에게 교부하였다.]
④ [갑이 ㉠, ㉡도장들을 A에게 교부한 것은 A를 안심시키기 위한 것이었다.]

【사건의 경과】

① 검사는 갑을 위조인장행사죄로 기소하였다.

② 갑의 피고사건은 제1심을 거친 후, 항소심에 계속되었다.
③ 항소심법원은 무죄를 선고하였다.
④ 검사는 불복 상고하였다.

2. 사안에 대한 대법원의 판단

【대법원 요지】 형법 제239조 제2항의 위조인장행사죄에 있어서 행사라 함은 위조된 인장을 진정한 인장인 것처럼 용법에 따라 사용하는 행위를 말한다 할 것이므로 /

【대법원 요지】 위조된 인영을 타인에게 열람할 수 있는 상태에 두든지, /

【대법원 요지】 인과(印顆)의 경우에는 날인하여 일반인이 열람할 수 있는 상태에 두면 그것으로 행사가 되는 것이고, /

【대법원 요지】 위조된 인과 그 자체를 타인에게 교부하는 것만으로는 위조인장행사죄를 구성한다고는 할 수 없다 할 것이다. /

【대법원 분석】 원심판결은 이와 같은 견해에서 /

【대법원 분석】 피고인이 위조된 "학교법인 (상호생략)학원 이사장인" 이라는 직인 1개와 "계, (상호생략)학원"이라는 계인 1개를 그 위조된 정을 알면서 피해자에게 교부하여 위조인장을 행사하였다는 공소사실에 대하여 /

【대법원 결론】 범죄가 되지 않는다고 무죄를 선고한 조치는 결국 정당하고 거기에 소론과 같은 법리를 오해한 허물이 있다고는 할 수 없다. 논지는 이유 없다. (상고 기각)

2005도4478

사서명위조죄와 위조 – 인정례
조카 이름 서명 사건

2005. 12. 23. 2005도4478, [공보불게재]

1. 사실관계 및 사건의 경과

【사실관계】

① 갑은 음주운전죄 및 무면허운전죄로 P경찰서에서 조사를 받았다.
② 갑은 자신이 조카 K인 것처럼 행세하고 조사를 받았다.
③ 갑은 경찰공무원 A로부터 ㉠피의자신문조서에 간인 및 서명무인할 것을 요구받았다.
④ 갑은 ㉠피의자신문조서의 '진술자'란에 'K'라고 기재하였다.
⑤ 갑이 이어서 무인 및 간인을 하기 전에 경찰공무원 A는 십지지문 조회를 통하여 갑이 K가 아니라는 사실을 알아내어 이를 추궁하였다.
⑥ 이에 갑은 자신이 K가 아님을 자백하였다.
⑦ ㉠피의자신문조서는 작성자인 사법경찰리 A의 서명날인이 없는 채로 작성이 중단되었다.

【사건의 경과】
① 검사는 갑을 다음의 공소사실로 기소하였다.
  (가) 사서명위조죄
  (나) 위조사서명행사죄
② (공소사실의 요지는 판례 본문 참조)
③ 갑의 피고사건은 제1심을 거친 후, 항소심에 계속되었다.
④ 항소심법원은 무죄를 선고하였다.
⑤ (항소심의 판단 이유는 판례 본문 참조)
⑥ 검사는 불복 상고하였다.

2. 공소사실의 요지

【대법원 분석】 이 사건 공소사실의 요지는, /
【대법원 분석】 피고인이 음주 및 무면허운전으로 경찰서에서 조사 받음에 있어 조카인 K로 행세하며 조사를 받은 다음, /
【대법원 분석】 행사할 목적으로 권한 없이 피의자신문조서에 위 K의 이름을 기재하여 사서명을 위조하고, /
【대법원 분석】 그 정을 모르는 경찰관에게 위와 같이 사서명이 위조된 피의자신문조서를 마치 진정하게 성립한 것처럼 교부하여 이를 행사하였는 것인데, /

3. 사안에 대한 항소심의 판단

【항소심 판단】 이에 대하여 원심은, /
【항소심 판단】 피고인이 경찰공무원으로부터 피의자신문조서에 간인 및 서명무인할 것을 요구받고 그 피의자신문조서의 '진술자'란에 'K'라고 기재를 하였으나, /
【항소심 판단】 무인 및 간인을 하기 전에 그 경찰공무원이 십지지문 조회를 통하여 피고인이 K가 아니라는 사실을 알아내어 이를 추궁하였고, /
【항소심 판단】 이에 피고인은 자신이 K가 아님을 자백한 사실을 인정한 다음, /
【항소심 판단】 피고인이 위 피의자신문조서의 '진술자'란에 'K'라고 기재한 상태에서 K가 아님이 발각되어 무인 및 간인을 하지 못한 경위와 /
【항소심 판단】 피의자신문조서에는 형사소송법 제244조에 의하여 피의자가 그 조서를 열람하거나 읽어 주는 것을 들은 후 간인을 하고 서명 또는 기명날인(피의자로 하여금 서명무인을 하게 하는 것이 일반적이다) 하여야 하는 점, /
【항소심 판단】 위 피의자신문조서에는 작성자인 사법경찰리의 서명날인도 없는 점 등에 비추어 보면, /
【항소심 판단】 피고인이 위 피의자신문조서의 '진술자'란에 'K'라고 기재한 것만으로는 일반인이 K의 진정한 서명으로 오신하기에 부족하고, 따라서 이 사건 공소사실 중 사서명위조의 점은 범죄의 증명이 없으며, /
【항소심 판단】 위조사서명행사의 점은 사서명위조를 전제로 하는 것인데 위와 같이 사서명위조죄가

성립하지 아니할 뿐만 아니라, /

【항소심 판단】 피고인이 피의자신문조서를 그 진술자의 서명이 위조된 정을 모르는 경찰관이 열람할 수 있는 상태에 두었다고 볼 수도 없으므로 위조사서명행사죄 역시 그 범죄의 증명이 없다고 판단하여, /

【항소심 판단】 위 공소사실에 대하여 무죄를 선고하였다.

4. 사서명위조죄의 성립시기

【대법원 요지】 사서명위조죄가 성립하기 위해서는 그 서명이 일반인으로 하여금 특정인의 진정한 서명으로 오신하게 할 정도에 이르러야 할 것이고, /

【대법원 요지】 일반인이 특정인의 진정한 서명으로 오신하기에 충분한 정도인지 여부는 그 서명의 형식과 외관, 작성경위 등을 고려하여야 할 뿐만 아니라 /

【대법원 요지】 그 서명이 기재된 문서에 있어서의 서명 기재의 필요성, 그 문서의 작성경위, 종류, 내용 및 일반거래에 있어서 그 문서가 가지는 기능 등도 함께 고려하여 판단하여야 할 것이지만, /

【대법원 요지】 한편 어떤 문서에 권한 없는 자가 타인의 서명을 기재하는 경우에는 /

【대법원 요지】 그 문서가 완성되기 전이라도 일반인으로서는 그 문서에 기재된 타인의 서명을 그 명의인의 진정한 서명으로 오신할 수도 있으므로, /

【대법원 요지】 일단 서명이 완성된 이상 문서가 완성되지 아니한 경우에도 서명의 위조죄는 성립할 수 있는 것이다.

5. 위조사서명행사죄의 성립시기

【대법원 요지】 그리고 수사기관이 수사대상자의 진술을 기재한 후 진술자로 하여금 그의 면전에서 조서의 말미에 서명 등을 하도록 한 후 그 자리에서 바로 회수하는 수사서류의 경우에는, /

【대법원 요지】 그 진술자가 그 문서에 서명을 하는 순간 바로 수사기관이 열람할 수 있는 상태에 놓이게 되는 것이므로, /

【대법원 요지】 그 진술자가 마치 타인인 양 행세하며 타인의 서명을 기재한 경우 그 서명을 수사기관이 열람하기 전에 즉시 파기하였다는 등의 특별한 사정이 없는 이상 그 서명 기재와 동시에 위조사서명행사죄가 성립하는 것이며, /

【대법원 요지】 그와 같이 위조사서명행사죄가 성립된 직후에 수사기관이 위 서명이 위조된 것임을 알게 되었다고 하더라도 이미 성립한 위조사서명행사죄를 부정할 수 없다 할 것이다.

6. 사안에 대한 대법원의 판단

【대법원 분석】 원심이 인정한 사실에 의하더라도, /

【대법원 분석】 피고인은 K로 행세하면서 피의자로서 조사를 받은 다음 신분이 탄로 나기 이전에 이미 경찰관에 의해 작성된 피의자신문조서의 말미에 K의 서명을 기재하였다는 것인바, /

【대법원 판단】 비록 피고인의 간인이나 무인이 끝나지 않았고 조사한 경찰관의 서명날인이 완료되지 않아 그 피의자신문조서가 완성되지 않았다고 하더라도, /

【대법원 판단】 일반인이 보기에 위 서명이 K에 의하여 현출된 것이라고 오신하기에 충분하므로 사서명위조죄는 성립하였다고 할 것이고, /

【대법원 판단】 또 피의자신문조서가 경찰관에 의해 작성되고 경찰관의 면전에서 경찰관의 요구에 의해 서명하게 되는 경위 등에 비추어 보면, /

【대법원 판단】 피고인이 K의 서명을 기재함과 동시에 그 서명은 경찰관 등이 열람할 수 있는 상태에 놓이게 되어 그 즉시 위조사서명행사죄도 성립하였다고 할 것이며, /

【대법원 판단】 그 이후 피고인의 간인이나 조사 경찰관의 서명날인 등이 완료되기 전에 조사 경찰관이 그 서명이 위조된 사실을 알았다고 하더라도 이와 같은 사정은 사서명위조죄나 그 행사죄의 성립과는 무관하다고 할 것이다.

【대법원 결론】 그럼에도 원심이, K인 것처럼 행세하면서 피의자로서 조사받은 피고인이 그 피의자신문조서의 말미에 K의 서명을 한 행위가 사서명위조죄나 그 행사죄에 해당하지 않는다고 판단한 것은 사서명위조죄 및 그 행사죄에 관한 법리를 오해하여 판결 결과에 영향을 미친 것이라 할 것이므로, 이 점을 지적하는 상고 주장은 그 이유 있다. (파기 환송)

제22장 성풍속에 관한 죄

2013도5893

간통죄와 강간죄의 관계
동영상 촬영물 사건

2013. 9. 12. 2013도5893, 공 2013하, 1867

1. 사실관계 및 사건의 경과

【사실관계】

① 갑녀와 A는 배우자 사이이다.

② A는 갑녀와 을남을 다음과 같이 고소하였다.

(가) 갑녀 : 배우자 있는 자로서 간통하였다.

(나) 을남 : 갑녀의 상간자로서 간통하였다.

③ 갑녀와 을남의 간통 혐의사실을 다음과 같다.

(가) 2011. 9. 30. 간통 (㉠혐의)

(나) 2011. 10. 4. 간통 (㉡혐의)

(다) 2011. 10. 19. 간통 (㉢혐의)

④ [A는 ㉢혐의와 관련하여 M동영상물을 증거로 제출하였다.]

⑤ M동영상에는 을남이 갑녀에게 성기의 결합을 계속적으로 요구하는 장면이 들어 있었다.

【사건의 경과 1】

① 검사는 갑녀와 을남을 간통죄로 기소하였다.

② 검사는 M동영상을 증거로 제출하였다.

③ 갑녀와 을남의 피고사건은 제1심을 거친 후, 항소심에 계속되었다.

④ 항소심에서 갑녀는 다음과 같이 진술하였다.

(가) ㉠혐의 : 을남과 성관계를 가진 일이 없다.

(나) ㉡혐의 : 을남과 성관계를 가진 일이 없다.

(다) ㉢혐의 : 을남의 강압에 의하여 마치 성관계를 가지는 것처럼 보이는 동영상을 촬영하는 데 응하는 척하였을 뿐 종국적으로 성관계 자체는 이루어진 바가 없었다.

⑤ 항소심에서 을남은 다음과 같이 진술하였다.

(가) ㉠혐의 : 갑녀와 성관계를 가진 일이 있다.

(나) ㉡혐의 : 갑녀와 성관계를 가진 일이 있다.

(다) ㉢혐의 : 갑녀와 성관계를 가진 일이 있다.

【사건의 경과 2】

① 항소심법원은 ㉠, ㉡혐의에 대해 다음과 같이 판단하였다.

(가) ㉠, ㉡혐의 부분 공소사실에 대한 유일한 직접증거는 을남의 자백진술뿐이다.

(나) 을남의 자백진술을 믿을 수 없다.

(다) 을남의 자백진술에는 보강증거가 없다.

② 항소심법원은 ㉢혐의에 대해 다음과 같이 판단하였다.

(가) 을남이 성관계가 있었다고 자백하고 있는 이상 ㉢간음행위가 있었다는 사실은 인정된다.

(나) ㉢간음행위는 갑녀의 의사에 반하여 강제로 한 것이다.

(다) ㉢간음행위에 대해 갑녀에게 간통죄가 성립하지 않는다.

(라) ㉢간음행위에 대해 을남에게는 강간죄와 간통죄가 모두 성립한다.

(마) ㉢간음행위에 대해 을남이 간통죄로 기소된 이상 간통죄의 죄책을 물을 수 있다.

【사건의 경과 3】

① 항소심법원은 갑녀에 대해 다음과 같이 판결하였다.

(가) ㉠간통 혐의 : 무죄

(나) ㉡간통 혐의 : 무죄

(다) ㉢간통 혐의 : 무죄

② 항소심법원은 을남에 대해 다음과 같이 판결하였다.

(가) ㉠간통 혐의 : 무죄

(나) ㉡간통 혐의 : 무죄

(다) ㉢간통 혐의 : 유죄

【사건의 경과 4】

① 검사는 무죄 부분에 불복하여 상고하였다.

② 을남은 유죄 부분에 불복하여 상고하였다.

③ 검사는 상고이유로 다음의 점을 주장하였다.

(가) 을남의 자백진술을 신빙성이 있다.

(나) 신빙성 있는 진술을 배척하는 것은 채증법칙 위반이다.

④ [을남은 상고이유로, 양형부당을 주장하였다.]

2. ㉢혐의 부분에 대한 판단

(1) 간통죄와 강간죄의 관계

【대법원 요지】 가. 강간의 피해자가 배우자 있는 자인 경우 /

【대법원 요지】 그 성관계는 피해자의 자의에 의한 것이라고 볼 수 없으므로 그 강간 피해자에게 따로 간통죄가 성립할 수는 없다. /

【대법원 요지】 이 경우 가해자도 강간죄의 죄책을 지는 외에 /

【대법원 요지】 강간 피해자의 배우자가 상간자라고 하여 고소한 데 따른 간통죄의 죄책을 지지는 아

니한다고 할 것이다.

(2) 사안에 대한 대법원의 분석

【대법원 분석】 나. 기록에 의하면, 피고인 갑의 남편인 공소외인은 /

【대법원 분석】 이 부분 공소사실[Ⓒ협의]에 대하여 /

【대법원 분석】 피고인 갑을 간통으로, 피고인 을을 상간에 의한 간통으로 고소하였고 /

【대법원 분석】 이에 따라 위 피고인들 모두에 대하여 간통죄로 의율하는 이 부분 공소가 제기되었는데, /

【대법원 분석】 피고인 갑은 원심에서, /

【대법원 분석】 피고인 을의 강압에 의하여 마치 성관계를 가지는 것처럼 보이는 동영상을 촬영하는데 응하는 척하였을 뿐 종국적으로 성관계 자체는 이루어진 바가 없다고 주장하였고, /

【대법원 분석】 반면 피고인 을은 당시 성관계가 이루어졌다고 주장하였다.

(3) 사안에 대한 항소심의 판단

【항소심 판단】 이에 대하여 원심은, /

【항소심 판단】 피고인 을이 성관계가 있었다고 자백하고 있는 이상 간음행위가 있었다는 사실은 인정되지만, /

【항소심 판단】 이는 피고인 갑의 의사에 반하여 강제로 한 것이므로 피고인 갑에 대해서는 간통죄가 성립할 수 없고 반면 /

【항소심 판단】 피고인 을에 대해서는 강간죄와 간통죄가 모두 성립하는데 /

【항소심 판단】 그중 간통죄로 기소된 이상 간통죄의 죄책을 물을 수 있다고 판단하였다.

(4) 을에 대한 대법원의 판단

【대법원 판단】 다. 직권으로 보건대, /

【대법원 판단】 이 사건은 피고인 갑의 남편인 공소외인이 간통죄로 고소한 것이라는 점을 감안하면, /

【대법원 판단】 원심의 위와 같은 판단 중 우선 피고인 을에 대한 부분은 앞에서 본 법리에 비추어 볼 때 그대로 수긍할 수 없다. /

【대법원 판단】 뿐만 아니라 이 사건 동영상에는 피고인 을이 피고인 갑에게 성기의 결합을 계속적으로 요구하는 장면만이 나올 뿐 실제 성관계가 이루어진 장면은 나타나지 않는데, /

【대법원 판단】 만약 실제로 성기의 결합이 있었다면 피고인 을이 이를 촬영하지 않았을 리 없다고 보이는 점 등에 비추어 볼 때, /

【대법원 판단】 과연 당시 피고인들이 성관계에까지 이르렀다는 점이 합리적 의심의 여지가 없을 정도로 증명되었다고 볼 수 있는지에 대해서도 상당한 의문이 든다.

【대법원 결론】 결국 원심의 이 부분 판단은 간통죄에 관한 법리를 오해하였을 뿐만 아니라, /

【대법원 결론】 피고인들 사이에 성관계가 있었는지 여부에 대해서도 필요한 심리를 다하지 아니하여 판결에 영향을 미친 위법이 있다.

(5) 갑에 대한 대법원의 판단

【대법원 판단】 라. 다음으로 피고인 갑에 대한 검사의 이 부분 상고이유에 대하여 본다.
【대법원 판단】 이에 대한 원심의 판단은 /
【대법원 판단】 결국 간통죄의 성립요소인 성관계 행위 자체는 있었지만 이는 위 피고인의 자의에 의한 것이라고 볼 수 없다는 취지이나, /
【대법원 판단】 앞에서 본 바와 같이 피고인들 사이에 성관계가 있었다는 점부터 합리적 의심의 여지가 없이 증명되었는지 의문이 있다. /
【대법원 결론】 다만 피고인 갑 부분은 그와 같이 성관계 자체를 인정할 증거가 없다고 보든 /
【대법원 결론】 원심의 판단처럼 성관계는 인정되지만 자의에 의한 것이 아니라고 보든, /
【대법원 결론】 간통죄가 성립할 수 없다는 결과는 동일하다. /
【대법원 결론】 즉, 피고인 갑에게 간통의 고의가 있었다고 볼 수 없는 이상 위 어느 경우이든 원심이 무죄라고 한 판단 결과는 정당한 것으로 수긍할 수 있다. /
【대법원 결론】 이 부분 원심의 사실인정 등과 관련한 검사의 상고이유 주장은 판결 결과에 영향이 없어 받아들일 수 없다.
【대법원 판단】 (중략)

3. ㉠, ㉡혐의 부분에 대한 판단

(1) 사안에 대한 항소심의 판단

【항소심 판단】 이 부분 공소사실에 대한 유일한 직접증거는 피고인 을의 자백진술뿐인데, /
【항소심 판단】 원심은 피고인 갑에 대하여 무죄를 선고함에 있어서는 피고인 을의 자백진술을 믿을 수 없다고 하였고, /
【항소심 판단】 피고인 을에 대해서는 본인의 자백진술에 대한 보강증거가 없다는 이유로 무죄를 선고하였다.

(2) 사안에 대한 대법원의 판단

【대법원 요지】 피고인의 자백진술의 신빙성 유무 등 증거의 취사선택은 사실심법원의 전권에 속하고, /
【대법원 판단】 피고인 을의 자백을 신빙할 수 없다고 한 원심판결 이유를 기록에 비추어 살펴보더라도 그것이 논리와 경험의 법칙을 위반하여 자유심증주의의 한계를 벗어난 것이라고는 인정되지 않는다. /
【대법원 결론】 따라서 원심이 피고인 을에 대하여 무죄라고 판단한 이유 설시에 일부 부적절한 점이 있다고 해도 판결 결과에는 영향이 없으므로, /
【대법원 결론】 이 부분에 관한 검사의 상고이유 주장 역시 받아들일 수 없다. (갑 무죄 부분 상고 기각, 을 유죄 부분 파기 환송)

2007도4977

간통죄의 종용과 유서 – 부정례
간통 고소장 반환 사건

2008. 11. 27. 2007도4977, 공 2008하, 1828

1. 사실관계 및 사건의 경과

【사실관계 1】

① 간통죄는 친고죄이다.
② 간통의 종용 또는 유서가 있으면 고소를 할 수 없다(형법 제241조 제2항 본문, 단서).
③ 갑과 A는 부부지간이다.
④ 갑이 이성 을과 부적절한 관계를 가지고 있다는 의혹을 둘러싸고 갑과 A의 관계가 악화되었다.
⑤ A는 갑에게 혼인관계 파탄의 책임이 갑에게 있음을 인정하면 이혼하겠다는 의사를 표명하였다.

【사실관계 2】

① A는 갑과 을이 M모텔에 함께 있음을 알게 되었다.
② 2005. 6. 23. A는 112에 간통죄 신고를 하였다.
③ A는 출동한 경찰관 B에게 ㉠이혼소송서류와 ㉡고소장을 교부하였다.
④ 이를 교부받은 P경찰서 Q지구대 소속 경찰관들은 갑과 을을 임의동행 형식으로 P경찰서에 데려와서 사건을 조사계에 인계하였다.

【사실관계 3】

① A는 P경찰서의 당직 경찰관 C에게 다음과 같이 말하였다.
② "갑과 을과 얘기할 수 있는 시간을 달라. 갑과 을과 이야기를 해 보고 고소장을 접수할 것인지를 결정하겠다."
③ 당직 경찰관 C는 A의 이야기를 듣고서 ㉡고소장을 A에게 돌려주었다.
④ 2005. 6. 23.자 P경찰서 당직사건처리부에 [인계를 받은] 당직 경찰관 D는 다음과 같이 기재하였다.
⑤ "6. 23. ○○동 M모텔에서 1회 성교, 임의동행 → 고소인이 처벌 불원하여 귀가조치"

【사실관계 4】

① A는 갑과 함께 인근의 R호텔로 갔으나 이미 영업시간이 끝나 있었다.
② A는 갑과 함께 다시 잠실대교 밑 윈드서핑장에 가서 A, 갑, 을 3인이 만나 이야기를 하였다.
③ 그러던 중 을이 먼저 가버리는 바람에 A와 갑도 그대로 함께 귀가하였다.
④ 2005. 6. 23.로부터 3개월이 지난 시점에서 A는 [㉠이혼소송서류와 ㉡고소장을 다시 수사기관에 제출하여] 갑과 을을 간통죄로 고소하였다.

【사건의 경과】

① 검사는 갑과 을을 간통죄로 기소하였다.

② 제1심법원은 유죄를 인정하였다.
③ 갑과 을은 불복 항소하였다.
④ 항소심법원은 항소를 기각하고, 제1심판결을 유지하였다.
⑤ 갑과 을은 불복 상고하였다.
⑥ 갑과 을은 상고이유로 다음의 점을 주장하였다.
(가) A가 ㉡고소장을 돌려받은 것은 고소취소에 해당한다.
(나) 고소취소로 처벌불원의 의사표시를 하였으므로 그 후에는 다시 고소할 수 없다.
(다) A가 이미 갑과 이혼할 의사가 있음을 표명하였으므로 고소 부적법 사유인 간통 종용의 경우에 해당한다.
(라) A가 사건 당일 갑과 함께 귀가하였으므로 고소 부적법 사유인 간통 유서의 경우에 해당한다.
(마) 갑이 배우자 있는 자임을 을이 인식하였다는 사실을 입증할 수 있는 직접증거가 없다.

2. 고소의 유무에 대한 판단

(1) 사안에 대한 항소심의 판단

【항소심 판단】 1. 원심판결 이유에 의하면, 원심은, /

【항소심 판단】 고소인은 2005. 6. 23. M 모텔에서 112 신고 후 출동한 경찰관에게 이혼소송서류와 고소장을 교부하였고, /

【항소심 판단】 이를 교부받은 P경찰서 Q지구대 소속 경찰관들은 피고인들을 임의동행의 형식으로 P경찰서에 데려와서 이 사건을 조사계에 인계한 사실, /

【항소심 판단】 P경찰서의 당직 경찰관인 공소외 C는 고소인으로부터 "피고인들과 얘기할 수 있는 시간을 달라. 피고인들과 이야기를 해 보고 고소장을 접수할 것인지를 결정하겠다."는 취지의 이야기를 듣고서 고소장을 고소인에게 돌려준 사실, /

【항소심 판단】 당직 경찰관 공소외 D는 P경찰서 2005. 6. 23.자 당직사건처리부에 "6. 23. ○○동 M모텔에서 1회 성교, 임의동행 → 고소인이 처벌 불원하여 귀가조치"로 기재한 사실을 인정한 다음, /

【항소심 판단】 고소인이 2005. 6. 23. 경찰관에게 서면으로 고소장을 제출함으로써 고소를 하였고, 이에 따라 수사가 개시되었으나, /

【항소심 판단】 고소인이 피고인들과 대화를 해보고 정식으로 고소장을 접수할 것인지 결정하겠다고 밝히면서 경찰관으로부터 고소장을 회수하였다면 /

【항소심 판단】 이는 고소인이 피고인들에 대한 소추를 희망하는 의사를 명시적 · 확정적으로 철회한 것이 아니어서 고소취소에 해당한다고 볼 수 없다고 판단하였다.

(2) 고소와 범죄사실의 신고

【대법원 요지】 고소는 범죄의 피해자 기타 고소권자가 수사기관에 대하여 범죄사실을 신고하여 범인의 소추를 구하는 의사표시를 말하는 것으로서, /

【대법원 요지】 단순한 피해사실의 신고는 소추 · 처벌을 구하는 의사표시가 아니므로 고소가 아니라

고 할 것이다. /

【대법원 요지】 또한, 피해자가 고소장을 제출하여 처벌을 희망하는 의사를 분명히 표시한 후 고소를 취소한 바 없다면 비록 고소 전에 피해자가 처벌을 원치 않았다 하더라도 그 후에 한 피해자의 고소는 유효하다.

(3) 사안에 대한 대법원의 판단

【대법원 판단】 이와 같은 법리에 비추어 이 사건의 경우를 보면, /

【대법원 판단】 비록 고소인이 사건 당일 간통의 범죄사실을 신고하면서 현장에 출동한 경찰관에게 고소장을 교부하였다고 하더라도, /

【대법원 판단】 P경찰서에 도착하여 최종적으로 고소장을 접수시키지 아니하기로 결심하고 고소장을 반환받은 것이라면, 고소장이 수사기관에 적법하게 수리되어 고소의 효력이 발생되었다고 할 수 없다. /

【대법원 판단】 나아가 고소인이 당시 피고인들에 대하여 처벌 불원의 의사를 표시하였다고 하더라도, 애초 적법한 고소가 없었던 이상, /

【대법원 판단】 그로부터 3개월이 지나 제기된 이 사건 고소가 재고소의 금지를 규정한 형사소송법 제232조 제2항에 위반된다고 볼 수도 없다.

【대법원】 원심의 이 부분 판단은 적절하지 아니한 점이 없지 않지만, 이 사건 고소가 적법하다고 본 결론에 있어서는 정당하다. 거기에 상고이유에서 주장하는 바와 같은 고소 및 고소취소의 효력에 관한 법리오해의 위법이 없다.

3. 간통의 종용과 유서에 대한 판단

(1) 간통 종용의 의미

【대법원 요지】 2. 혼인 당사자가 더 이상 혼인관계를 지속할 의사가 없고 이혼의사의 합치가 있는 경우에는 /

【대법원 요지】 비록 법률적으로 혼인관계가 존속한다고 하더라도 간통에 대한 사전 동의인 종용에 해당하는 의사표시가 그 합의 속에 포함되어 있는 것으로 보아야 할 것이다. /

【대법원 요지】 그러나 그러한 합의가 없는 경우에는 비록 잠정적 · 임시적 · 조건적으로 이혼의사가 쌍방으로부터 표출되어 있다고 하더라도 간통 종용의 경우에 해당하지 않는다.

【대법원 판단】 이와 같은 법리에 비추어 원심판결 이유를 보면, /

【대법원 판단】 원심이 제1심판결의 이유를 인용하여 그 판시와 같은 사실을 인정한 다음, /

【대법원 판단】 고소인으로서는 혼인관계 파탄의 책임이 피고인 갑에게 있음이 인정됨을 조건으로 하여 이혼의 의사를 표명한 적은 있지만, /

【대법원 판단】 고소인과 피고인 갑 사이에 서로 다른 이성과의 정교관계가 있어도 묵인한다는 의사가 포함된 이혼의사의 합치가 있었다고 보기는 어렵다고 판단한 것은 정당하다. /

【대법원 결론】 거기에 상고이유에서 주장하는 바와 같은 간통의 종용에 관한 법리오해의 위법이 없다.

(2) 간통 유서의 의미

【대법원 요지】 3. 간통죄에 있어서의 유서는 배우자의 일방이 상대방의 간통사실을 알면서도 혼인관계를 지속시킬 의사로 악감정을 포기하고 상대방에게 그 행위에 대한 책임을 묻지 않겠다는 뜻을 표시하는 일방행위로서, /

【대법원 요지】 간통의 유서는 명시적으로 할 수 있음은 물론 묵시적으로도 할 수 있는 것이어서 그 방식에 제한이 있는 것은 아니다. /

【대법원 요지】 그러나 감정을 표현하는 어떤 행동이나 의사의 표시가 유서로 인정되기 위하여는 /

【대법원 요지】 첫째, 배우자의 간통사실을 확실하게 알면서 자발적으로 한 것이어야 하고 /

【대법원 요지】 둘째, 그와 같은 간통사실에도 불구하고 혼인관계를 지속시키려는 진실한 의사가 명백하고 믿을 수 있는 방법으로 표현되어야 한다.

【대법원 판단】 원심이 인용한 제1심판결 이유에 의하면, /

【대법원 판단】 이 사건 직후의 정황은 고소인이 사건 당일 당직 경찰관들에게 피고인들과 이야기할 시간을 달라고 요청하면서 고소장을 반환받은 다음 /

【대법원 판단】 피고인 갑과 함께 인근의 R호텔로 갔으나 영업시간이 끝나, 다시 잠실대교 밑 윈드서핑장에 가서 3인이 만나 이야기를 하던 중 피고인 을이 먼저 가버리는 바람에 고소인과 피고인 갑도 그대로 귀가하게 되었다는 것이다. /

【대법원 판단】 이와 같은 사실관계에 그 이후 고소인이 이 사건 고소에 이르게 된 전후 사정을 더해 보아도 고소인이 피고인 갑의 이 사건 간통행위를 유서하였다고 보기는 어렵다고 할 것이다.

【대법원 결론】 같은 취지에서 나온 원심판결은 정당하고, 거기에 상고이유에서 주장하는 바와 같은 간통의 유서에 관한 법리오해의 위법이 없다.

4. 간통 사실 증명 부분에 대한 판단

(1) 형사재판과 유죄의 인정

【대법원 요지】 4. 형사재판에 있어 유죄의 인정은 법관으로 하여금 합리적인 의심을 할 여지가 없을 정도로 공소사실이 진실한 것이라는 확신을 가지게 할 수 있는 증명력을 가진 증거에 의하여야 하고, /

【대법원 요지】 이러한 정도의 심증을 형성하는 증거가 없다면 피고인이 유죄라는 의심이 간다 하더라도 피고인의 이익으로 판단할 수밖에 없다. /

【대법원 요지】 그러나 그와 같은 심증이 반드시 직접증거에 의하여 형성되어야만 하는 것은 아니고 경험칙과 논리법칙에 위반되지 아니하는 한 간접증거에 의하여 형성되어도 무방하며, /

【대법원 요지】 간접증거가 개별적으로는 범죄사실에 대한 완전한 증명력을 가지지 못하더라도 /

【대법원 요지】 전체 증거를 상호 관련하에 종합적으로 고찰할 경우 그 단독으로는 가지지 못하는 종합적 증명력이 있는 것으로 판단되면 /

【대법원 요지】 그에 의하여도 범죄사실을 인정할 수 있는 것이다. /

(2) 간통죄의 증명방법

【대법원 요지】 한편, 남녀 간의 정사를 내용으로 하는 간통죄에 있어서 그 행위는 통상 당사자 사이

에 비밀리에 또는 외부에서 알아보기 어려운 상태 하에서 행하여지는 것이어서 이에 대한 직접적인 물적 증거나 증인의 존재를 기대하기가 매우 어려운 것이므로, /

【대법원 요지】 범행의 전후 정황에 관한 제반 간접증거들을 종합하여 범죄사실에 대한 종합적 증명력이 있는 것으로 판단되면 그에 의하여도 범죄사실을 인정할 수 있다고 할 것이다.

【대법원 판단】 원심이 그 채택 증거들을 종합하여 그 판시와 같은 사실을 인정한 다음, 피고인 을은 피고인 갑이 배우자 있는 자임을 알고 있었음을 전제로 피고인들에 대한 이 사건 공소사실에 대하여 유죄로 판단한 조치는 앞서 본 법리 및 기록에 비추어 정당한 것으로 수긍할 수 있다. /

【대법원 결론】 거기에 상고이유에서 주장하는 바와 같은 간통죄의 성립에 관한 법리오해 또는 채증법칙 위배 등의 위법이 없다. (상고 기각)

2009도7681

간통죄와 고소의 유효조건 – 부정례
유죄 후 다시 혼인 사건

2009. 12. 10. 2009도7681, 공 2010상, 185

1. 사실관계 및 사건의 경과

【사실관계】

① 간통죄는 친고죄이다.
② 친고죄의 고소는 제1심판결 선고 전까지 취소할 수 있다(형소법 제232조).
③ 갑과 A는 혼인신고를 마친 배우자 관계에 있다.
④ 2008. 2. 22. 00:30경 갑은 서울 강남구 P호텔 815호실에서 을과 1회 성교하였다.
⑤ 2008. 6. 18. 01:00경 갑은 서울 관악구 M동 Q하우스 305호실에서 을과 1회 성교하였다.
⑥ A는 갑에 대하여 이혼소송을 제기함과 아울러 갑을 간통죄로 고소하였다.

【사건의 경과】

① 검사는 갑과 을을 간통죄로 기소하였다.
② 2008. 12. 26. A는 갑과 협의이혼에 따른 이혼신고를 하였다.
③ 제1심법원은 유죄를 인정하였다.
④ 갑과 을은 불복 항소하였다.
⑤ 2009. 6. 23. A는 갑과 다시 혼인하였다.
⑥ 2009. 7. 23. 항소심법원은 항소를 기각하고, 제1심판결을 유지하였다.
⑦ 갑은 불복 상고하였다.
⑧ 을은 상고하지 않았다.

2. 간통죄 고소의 유효조건

【대법원 요지】 1. 형법 제241조 제2항에 의하여 배우자의 고소가 있어야 논할 수 있는 간통죄에 관하여 /

【대법원 요지】 형사소송법 제229조 제1항은 "혼인이 해소되거나 이혼소송을 제기한 후가 아니면 고소할 수 없다."고 규정함으로써 /

【대법원 요지】 혼인관계의 부존재 또는 이혼소송의 계속을 간통고소의 유효조건으로 삼고 있고 /

【대법원 요지】 이러한 조건은 공소제기시부터 재판이 종결될 때까지 유지되어야 할 것인바/

【대법원 요지】 (대법원 1975. 6. 24. 선고 75도1449 전원합의체 판결, 대법원 2008. 8. 21. 선고 2008도5335 판결 등 참조), /

【대법원 요지】 고소인이 피고인과 이혼하였다가 피고인에 대한 간통죄의 재판이 종결되기 전에 다시 피고인과 혼인한 경우에는 /

【대법원 요지】 간통고소는 혼인관계의 부존재라는 유효조건을 상실하여 소추조건을 결하게 되므로, /

【대법원 요지】 결국 공소제기절차가 법률의 규정에 위반하여 무효인 때에 해당하게 된다.

3. 사안에 대한 대법원의 판단

【대법원 분석】 2. 이 사건 공소사실의 요지는, /

【대법원 분석】 "피고인이 고소인과 혼인신고를 마친 배우자 있는 사람으로서, 2008. 2. 22. 00:30경 서울 강남구 역삼동 P호텔 815호실에서 제1심 공동피고인 을과 1회 성교하고, /

【대법원 분석】 2008. 6. 18. 01:00경 서울 관악구 ○○○동 Q하우스 305호실에서 제1심 공동피고인 을과 1회 성교하여 각 간통하였다."는 것인데, /

【대법원 분석】 원심판결 이유 및 기록에 의하면 고소인이 피고인에 대하여 이혼소송을 제기함과 아울러 피고인을 간통죄로 고소한 다음 /

【대법원 분석】 2008. 12. 26. 협의이혼에 따른 이혼신고를 하였다가 /

【대법원 분석】 원심 계속 중이던 2009. 6. 23. 피고인과 다시 혼인하였다는 것이므로, /

【대법원 판단】 이를 앞서 본 법리에 비추어 살펴보면, /

【대법원 판단】 고소인이 피고인과 다시 혼인함으로써 간통고소의 유효조건을 상실하게 됨에 따라 결국 이 사건 간통죄의 공소는 그 공소제기의 절차가 법률의 규정에 위반하여 무효인 때에 해당한다 할 것이다.

【대법원 판단】 이와 달리 원심은 이 사건 공소제기가 적법하다고 보아 이 사건 공소사실을 유죄로 인정한 제1심판결을 유지하였는바, 이러한 원심의 판단에는 간통고소의 유효조건에 관한 법리를 오해한 위법이 있고, 이는 판결결과에 영향을 미쳤음이 분명하다. 이 점을 지적하는 상고이유의 주장은 이유 있다.

4. 사안에 대한 대법원의 파기자판

【대법원 결론】 3. 그러므로 원심판결을 파기하되, /

【대법원 결론】 이 사건은 소송기록과 원심에 이르기까지 조사된 증거에 의하여 판결하기에 충분하다고 인정되므로, 형사소송법 제396조에 의하여 직접 판결하기로 한다.
【대법원 결론】 이 사건 공소사실의 요지는 앞서 본 바와 같은바, 이 사건 공소제기의 절차가 법률의 규정에 위반하여 무효인 때에 해당하므로, /
【대법원 결론】 제1심판결 중 피고인에 대한 부분을 파기하고 /
【대법원 결론】 형사소송법 제327조 제2호에 의하여 이 사건 공소를 기각하기로 하여, /
【대법원 결론】 관여 대법관의 일치된 의견으로 주문과 같이 판결한다.

2003도6514

공연음란죄와 음란한 행위 – 부정례
"술은 어디로 먹나" 사건

2004. 3. 12. 2003도6514, 공 2004, 673

1. 사실관계 및 사건의 경과

【사실관계 1】
① 갑과 A는 동서지간이다.
② B는 P상점을 경영하고 있다.
③ A가 P상점 앞에 ㉠차량을 주차하였다.
④ 갑은 동서 A가 주차한 ㉠차량으로 인하여 P상점 주인 B와 말다툼을 하였다.
⑤ 말다툼할 때 B는 갑에게 다음과 같이 말하였다.
⑥ "술을 먹었으면 입으로 먹었지 똥구멍으로 먹었냐."
⑦ 갑은 B의 말에 화가 났다.

【사실관계 2】
① 갑은 B의 말에 항의하기 위하여 다시 B가 경영하는 P상점으로 찾아갔다.
② 갑은 상점 카운터를 지키고 있던 B의 딸 C(여, 23세)를 보고 "주인 어디 갔느냐"고 소리를 질렀다.
③ 그러다가 갑은 등을 돌려 엉덩이가 드러날 만큼 바지와 팬티를 내린 다음 엉덩이를 들이밀며 다음과 같이 말하였다.
④ "똥구멍으로 어떻게 술을 먹느냐, 똥구멍에 술을 부어 보아라."
⑤ 갑의 행위에 C는 울음을 터뜨렸다.
⑥ 갑은 그의 친척들에 의하여 P상점 밖으로 끌려 나갈 때까지 1분 이상 그 행위를 지속하였다.
⑦ 갑이 뒤로 돌아서서 C에게 등을 보인 채 바지와 팬티를 내린 탓으로 C는 갑의 성기를 보기 어려운 상태였다.

【사건의 경과】
① 검사는 갑을 공연음란죄로 기소하였다.

② 제1심법원은 유죄를 인정하였다.
③ 갑은 불복 항소하였다.
④ 항소심법원은 항소를 기각하고, 제1심판결을 유지하였다.
⑤ (항소심의 판단 이유는 판례 본문 참조)
⑥ 갑은 불복 상고하였다.

2. 공소사실의 요지

【대법원 분석】 이 사건 공소사실의 요지는, /
【대법원 분석】 피고인은 2003. 3. 5. 23:20경 대전 동구 ○○동 ○○○ 소재 공소외 B 경영의 상점 내에서, 자신의 동서인 공소외 A가 위 상점 앞에 주차한 차량으로 인하여 공소외 B와 말다툼하였을 때, /
【대법원 분석】 공소외 B가 자신에게 "술을 먹었으면 입으로 먹었지 똥구멍으로 먹었냐"라며 말하였다는 이유로, /
【대법원 분석】 다시 위 상점으로 찾아가 가게를 보고 있던 공소외 B의 딸인 피해자 공소외 C(여, 23세)에게 소리 지르면서, /
【대법원 분석】 그 앞에서 바지와 팬티를 무릎까지 내린 후 엉덩이를 들이밀며 "내 항문에 술을 부어라"라고 말하여 공연히 음란한 행위를 하였다는 것이다.

3. 사안에 대한 항소심의 판단

【항소심 판단】 원심은, 피고인이 공소외 C를 쳐다보고는 등을 돌려 바지와 팬티를 무릎까지 내린 후 엉덩이를 들이밀며 "내 항문에 술을 부어라"라고 말한 사실, /
【항소심 판단】 피고인이 그의 친척들에 의하여 상점 밖으로 끌려 나갈 때까지 1분 이상 그 행위를 지속하였고 이를 본 공소외 C가 울음을 터뜨린 사실을 인정한 다음, /
【항소심 판단】 피고인이 공소외 C 바로 앞에서 바지와 팬티를 무릎까지 내린 후 엉덩이와 성기를 노출시킨 이상, 설령 공소외 C가 고개를 돌려 성기를 보지는 못하였다고 하더라도 /
【항소심 판단】 이러한 행위는 일반적으로 보통인의 정상적인 성적 수치심을 해하여 성적 도의관념에 반하는 음란한 행위라고 할 것이고, /
【항소심 판단】 피고인에게 엉덩이와 성기를 노출하는 것이 타인의 정상적인 성적 수치심을 해하는 음란한 행위라는 인식도 있었다고 보아야 할 것이며, /
【항소심 판단】 나아가 피고인이 불특정 다수인에게 개방된 상점 내에서 위와 같은 행위를 한 이상, 당시 상점 내에 공소외 C 혼자 있었다고 하더라도 공연성이 인정된다고 하여 /
【항소심 판단】 공연음란죄의 유죄를 인정한 제1심을 유지하였다.

4. 음란한 행위의 판단기준

【대법원 요지】 형법 제245조 소정의 '음란한 행위'라 함은 /
【대법원 요지】 일반 보통인의 성욕을 자극하여 성적 흥분을 유발하고 /

【대법원 요지】 정상적인 성적 수치심을 해하여 성적 도의관념에 반하는 것을 가리킨다고 할 것이고, /
【대법원 요지】 위 죄는 주관적으로 성욕의 흥분, 만족 등의 성적인 목적이 있어야 성립하는 것은 아니고 /
【대법원 요지】 그 행위의 음란성에 대한 의미의 인식이 있으면 족하다고 할 것이나, /
【대법원 요지】 경범죄처벌법 제1조 제41호[현행법 제3조 제1항 제33호]가 '여러 사람의 눈에 뜨이는 곳에서 함부로 알몸을 지나치게 내놓거나 속까지 들여다 보이는 옷을 입거나 또는 가려야 할 곳을 내어 놓아 다른 사람에게 부끄러운 느낌이나 불쾌감을 준 사람'을 처벌하도록 규정하고 있는 점 등에 비추어 볼 때, /
【대법원 요지】 신체의 노출행위가 있었다고 하더라도 그 일시와 장소, 노출 부위, 노출 방법 · 정도, 노출 동기 · 경위 등 구체적 사정에 비추어, /
【대법원 요지】 그것이 일반 보통인의 성욕을 자극하여 성적 흥분을 유발하고 정상적인 성적 수치심을 해하는 것이 아니라 단순히 다른 사람에게 부끄러운 느낌이나 불쾌감을 주는 정도에 불과하다고 인정되는 경우 /
【대법원 요지】 그와 같은 행위는 경범죄처벌법 제1조 제41호에 해당할지언정, 형법 제245조의 음란행위에 해당한다고 할 수 없을 것이다.

5. 사안에 대한 대법원의 판단

【대법원 분석】 원심판결 이유 및 기록에 의하면, /
【대법원 분석】 피고인은 자신의 동서 공소외 A가 주차 문제로 공소외 B와 말다툼할 때, 공소외 B가 피고인에게 "술을 먹었으면 입으로 먹었지 똥구멍으로 먹었냐"라고 말한 것에 화가 나 말다툼을 한 후 이를 항의하기 위하여 다시 공소외 B가 경영하는 P상점으로 찾아가서, /
【대법원 분석】 상점 카운터를 지키고 있던 공소외 B의 딸인 공소외 C(여, 23세)를 보고 "주인 어디 갔느냐"고 소리를 지르다가 등을 돌려 엉덩이가 드러날 만큼 바지와 팬티를 내린 다음 엉덩이를 들이밀며 "똥구멍으로 어떻게 술을 먹느냐, 똥구멍에 술을 부어 보아라"라고 말한 사실, /
【대법원 분석】 피고인의 그러한 행위는 1분 정도 지속되었으나 피고인이 뒤로 돌아서서 공소외 C에게 등을 보인 채 바지와 팬티를 내린 탓으로 공소외 C가 피고인의 성기를 보기 어려운 상태였던 사실이 인정되는바, /
【대법원 판단】 비록 피고인이 공소외 C 앞에서 바지와 팬티를 내린 후 엉덩이를 노출시키면서 위와 같은 말을 하였다고 하더라도 그러한 행위는 보는 사람에게 부끄러운 느낌이나 불쾌감을 주는 정도에 불과하다고 보여지고, /
【대법원 판단】 일반 보통인의 성욕을 자극하여 성적 흥분을 유발하거나 정상적인 성적 수치심을 해할 정도에 해당한다고 보기는 어렵다고 할 것이다.
【대법원 결론】 그럼에도 불구하고 원심이 엉덩이를 노출시킨 피고인의 행위가 음란한 행위에 해당하고, 당시 피고인에게 타인의 정상적인 성적 수치심을 해하는 음란한 행위라는 인식이 있었다고 하여 이 사건 공소사실에 대하여 유죄를 선고한 것은, 공연음란죄의 음란한 행위와 그 고의에 관한 법리를 오해하여 판결에 영향을 미친 위법을 저지른 것이라고 할 것이다. (파기 환송)

2011도8805

강제추행죄와 추행 - 부정례
허심청 온천 사건

2012. 7. 26. 2011도8805, 공 2012하, 1527

☞ 186면

2008도76

사기죄와 기망 - 부정례
음란물유포죄와 음란성 - 부정례
성인 사이트 과장광고 사건

2008. 6. 12. 2008도76, [공보불게재]

1. 사실관계 및 사건의 경과

【사실관계 1】

① 갑은 인터넷에서 P성인 사이트를 운영하고 있다.

② P성인 사이트는 Q인터넷의 M포털 사이트를 통해 두 차례의 성인인증절차를 거치도록 되어 있다.

③ 가입을 원하는 사람은 등록된 R상호와 사업자등록번호 등이 표기된 P성인 사이트의 초기화면에 접속하여 회원으로 가입하도록 되어 있다.

④ P성인 사이트는 유료회원에게 영상물등급심의위원회 등급분류 심의를 거친 영상물을 제공하고 있다.

【사실관계 2】

① 갑은 P성인 사이트의 초기화면에 ㉠광고문구와 영상을 게시하였다.

② ㉠광고문구와 영상은 P성인 사이트의 유료회원에게 실제 제공하고 있는 영상물등급심의위원회 등급분류 심의를 거친 영상물의 선전문구나 영상에서 발췌한 그대로의 것이다.

③ ㉠광고문구와 영상은 그 자체로도 상당한 정도로 저속하고 문란한 느낌을 주는 성적 표현물이다.

④ 그러나 ㉠광고문구와 영상은 남녀의 성기가 직접적 · 노골적으로 노출되어 있지는 않다.

⑤ 갑은 ㉠광고문구와 영상을 통하여 유료회원을 모집하였다.

⑥ A 등은 P성인 사이트에 들어가면 ㉠광고문구와 영상보다 더 노골적인 성적 표현물을 볼 수 있을 것으로 생각하여 회비를 지급하고 유료회원으로 가입하였다.

⑦ 그러나 A 등 유료회원은 P성인 사이트에서 영상물등급심의위원회 등급분류 심의를 거친 영상물만을 볼 수 있었다.

【사건의 경과】

① 검사는 갑을 다음의 공소사실로 기소하였다.

(가) 특경가법위반죄(사기)

(나) 전기통신망보호법위반죄(음란물유포)

② 제1심법원은 공소사실에 대해 모두 유죄를 인정하였다.

③ 갑은 불복 항소하였다.

④ 항소심법원은 다음과 같이 판단하였다.

(가) 특경가법위반죄(사기) : 무죄

(나) 전기통신망보호법위반죄(음란물유포) : 항소기각(유죄)

⑤ 검사는 (가)의 무죄 부분에 불복 상고하였다.

⑥ 대법원은 (가) 부분에 대한 판단과 함께 (나) 부분에 대해 직권으로 판단하였다.

2. 사기죄 부분에 대한 판단

(1) 과장광고와 사기죄

【대법원 요지】 1. 상품의 선전 · 광고에 있어서 거래의 중요한 사항에 관하여 구체적 사실을 신의성실의 의무에 비추어 비난받을 정도의 방법으로 허위로 고지한 경우에는 기망행위에 해당한다고 할 것이나, /

【대법원 요지】 그 선전 · 광고에 다소의 과장과 허위가 수반되는 것은 그것이 일반 상거래의 관행과 신의칙에 비추어 시인될 수 있는 한 기망성이 결여된다.

(2) 사안에 대한 대법원의 판단

【대법원 분석】 원심판결 이유를 위 법리와 기록에 비추어 살펴보면, 원심이 그 채택 증거를 종합하여 적법하게 인정한 바와 같이, /

【대법원 분석】 피고인이 이 사건 각 사이트의 초기화면에 게재한 성인 동영상물에 대한 광고용 선전문구 및 영상은 이 사건 각 사이트에서 유료회원에게 실제 제공하고 있는 영상물등급심의위원회 등급분류 심의를 거친 영상물의 선전문구나 영상에서 발췌한 그대로의 것으로서, /

【대법원 분석】 그 자체로도 상당한 정도로 저속하고 문란한 느낌을 주는 성적 표현물이기는 하지만, /

【대법원 분석】 남녀의 성기가 직접적 · 노골적으로 노출되지는 아니한 점에 있어서 그와 달리 남녀 성기 등이 노출된 영상을 초기화면에서부터 광고하는 성인사이트와는 분명한 차이가 있고, /

【대법원 분석】 이 사건 각 사이트의 경우 인터넷의 포털 사이트를 통한 두 차례의 성인인증절차를 거쳐 등록된 상호 및 사업자등록번호 등이 표기된 화면에 접속하여 회원으로 가입하도록 되어 있다고 하는 사실관계 하에서라면, /

【대법원 판단】 위 각 사이트의 초기화면에 게시된 광고내용을 보고 접속한 자들을 유료회원으로 가입시킨 피고인의 행위는, 가입 회원들에게 실제 제공하는 영상물의 선전 · 광고에 있어 일반 상거래의 관행상 용인될 수 있는 상술의 정도를 넘는 사기의 기망행위에 해당한다고 보기 어렵다 할 것이니, /

【대법원 결론】 같은 취지의 원심 판단은 정당한 것으로 수긍할 수 있다.

【대법원 결론】 원심판결에는 상고이유에서 주장하는 바와 같은 기망행위에 관한 법리오해 등의 위법이 없다.

3. 음란물유포죄 부분에 대한 판단

(1) 음란성의 판단기준

【대법원 분석】 2. 직권으로 본다.

【대법원 요지】 형사법이 도덕이나 윤리 문제에 함부로 관여하는 것은 바람직하지 않고, /

【대법원 요지】 특히 개인의 사생활 영역에 속하는 내밀한 성적 문제에 개입하는 것은 필요 최소한의 범위 내로 제한함으로써 개인의 성적 자기결정권 또는 행복추구권이 부당하게 제한되지 않도록 해야 한다는 점, /

【대법원 요지】 개인의 다양한 개성과 독창적인 가치 실현을 존중하는 오늘날 우리 사회에서의 음란물에 대한 규제 필요성은 사회의 성윤리나 성도덕의 보호라는 측면을 넘어서 미성년자 보호 또는 성인의 원하지 않는 음란물에 접하지 않을 자유의 측면을 더욱 중점적으로 고려하여야 한다는 점 등에 비추어 볼 때, /

【대법원 요지】 구 정보통신망 이용촉진 및 정보보호 등에 관한 법률(2007. 12. 21. 법률 제8778호로 개정되기 전의 것, 이하 '법'이라고 한다) 제65조 제1항 제2호에서 규정하고 있는 /

【대법원 요지】 '음란'이라 함은 사회통념상 일반 보통인의 성욕을 자극하여 성적 흥분을 유발하고 정상적인 성적 수치심을 해하여 성적 도의관념에 반하는 것으로서, /

【대법원 요지】 표현물을 전체적으로 관찰 · 평가해 볼 때 단순히 저속하다거나 문란한 느낌을 준다는 정도를 넘어서서 존중 · 보호되어야 할 인격을 갖춘 존재인 사람의 존엄성과 가치를 심각하게 훼손 · 왜곡하고, /

【대법원 요지】 사회적으로 유해한 영향을 끼칠 위험성이 있다고 평가할 수 있을 정도로, /

【대법원 요지】 노골적인 방법에 의하여 성적 부위나 행위를 적나라하게 표현 또는 묘사한 것으로서, /

【대법원 요지】 사회통념에 비추어 전적으로 또는 지배적으로 성적 흥미에만 호소하고 하등의 문학적 · 예술적 · 사상적 · 과학적 · 의학적 · 교육적 가치를 지니지 아니하는 것을 뜻한다고 볼 것이고, /

【대법원 요지】 표현물의 음란 여부를 판단함에 있어서는 표현물 제작자의 주관적 의도가 아니라 그 사회의 평균인의 입장에서 그 시대의 건전한 사회통념에 따라 객관적이고 규범적으로 평가하여야 하며, /

【대법원 요지】 한편 비디오물의 내용의 전부 혹은 일부를 그대로 옮겨 제작한 화면 또는 동영상을 정보통신망을 통하여 제공하는 행위가 아동이나 청소년을 유해한 환경에 빠뜨릴 위험성이 상대적으로 크다 하더라도 이는 엄격한 성인인증절차를 마련하도록 요구 · 강제하는 등으로 대처해야 할 문제이지, /

【대법원 요지】 그러한 위험성만을 내세워 그 음란성 여부에 대하여 달리 판단할 수는 없다.

(2) 사안에 대한 항소심의 판단

【항소심 판단】 원심은, 피고인이 운영한 이 사건 각 사이트의 초기화면 등에 게재한 공소사실 기재

와 같은 내용의 문언과 영상이 /

【항소심 판단】 위 법 제65조 제1항 제2호에서 규정하고 있는 '음란물'에 해당함을 전제로 하는 이 사건 음란물유포의 점에 대하여는 /

【항소심 판단】 피고인이 이를 특별히 다투지 아니한다는 이유로 제1심의 유죄판단을 그대로 유지하고 있으나, /

(3) 사안에 대한 대법원의 판단

【대법원 분석】 앞서 본 바와 같이 피고인이 이 사건 각 사이트의 초기화면에 게재한 성인 동영상물에 대한 광고용 선전문구 및 영상은 이 사건 각 사이트에서 유료회원에게 실제 제공하고 있는 영상물 등급심의위원회 등급분류 심의를 거친 영상물의 선전문구나 영상에서 발췌한 그대로의 것으로서, /

【대법원 분석】 그 자체로도 상당한 정도의 성적 흥분 내지 수치심을 초래하는 것이기는 하지만, 남녀의 성기가 직접적 · 노골적으로 노출되지는 아니한 점에 있어서 그와 달리 남녀 성기 등이 노출된 영상을 초기화면에서부터 광고하는 성인사이트와는 분명한 차이가 있고, /

【대법원 분석】 이 사건 각 사이트의 경우 인터넷의 포털 사이트를 통한 두 차례의 성인인증절차를 거쳐 등록된 상호 및 사업자등록번호 등이 표기된 화면에 접속하여 회원으로 가입하도록 되어 있는 이상, /

【대법원 판단】 위에서 본 '음란물'의 개념에 관한 법리를 기초로 전체적으로 이를 관찰 · 평가해 보면, /

【대법원 판단】 위 광고내용이 상당히 저속하고 문란한 느낌을 주는 것은 분명하다 하더라도 /

【대법원 판단】 이를 넘어서 형사법상 규제의 대상으로 삼을 만큼 사람의 존엄성과 가치를 심각하게 훼손 · 왜곡하고, 사회적으로 유해한 것으로까지 평가할 수 있을 정도로 /

【대법원 판단】 성적 부위나 행위를 노골적이고 적나라하게 표현 또는 묘사한 것이라고 단정하기에는 부족한 것으로 보아야 할 것이다.

【대법원 결론】 그럼에도 불구하고, 원심이 이 사건 광고내용이 위에서 본 음란성의 요건을 충족하는지를 살피지 아니한 채 공소사실에서 적시하고 있는 표현에만 초점을 맞추어 만연히 그 음란성을 인정한 제1심의 결론을 그대로 유지한 것은, /

【대법원 결론】 표현물의 음란성에 관한 법리를 오해하여 판결 결과에 영향을 미친 위법이 있다. (파기 환송)

91도2994

사기죄와 기망 - 인정례
백화점 변칙세일 사건

1992. 9. 14. 91도2994, 공 1992, 2929

☞ 467면

제23장 도박과 복표에 관한 죄

2010도9330

도박죄와 도박 – 부정례
사기죄와 기망 – 인정례
몰래 카메라 도박 사건

2011. 1. 13. 2010도9330, 공 2011상, 373

1. 사실관계 및 사건의 경과

【사실관계】

① 2010. 2. 17.경 갑은 을, 병, 정과 사기도박의 방법으로 금원을 편취하기로 공모하였다.

② 2010. 2. 18. 16:00경 병과 정은 보령시 M장소의 P모텔 906호실에서 천장에 있는 화재감지기에 카메라를 몰래 설치하였다.

③ 병과 정은 또한 P모텔 맞은편에 있는 Q모텔 707호실에 모니터를 설치하였다.

④ 을은 A, B에게 연락하여 도박을 하자고 유인하여 P모텔 906호실로 오게 하였다.

⑤ 갑 등의 행위를 알지 못한 B는 C에게 도박을 하자고 권유하여 P모텔로 오게 하였다.

⑥ 2010. 2. 18. 20:00경 갑과 을은 수신기 및 리시버를 착용하고 형광물질로 특수표시를 한 화투를 소지한 채 P모텔 906호실로 가서 A, B, C들과 함께 속칭 '섯다' 도박을 하였다.

⑦ 2010. 2. 18. 21:20경부터 22:00경까지 갑과 을은 사기도박을 숨기기 위하여 정상적으로 '섯다' 도박을 하였다.

⑧ 2010. 2. 18. 22:00경 을은 가지고 온 화투로 바꾸었다.

⑨ 이 때부터 다음날 02:10경까지는 갑과 을은 병이 몰래 설치한 카메라를 통하여 수신된 모니터 화면을 보고 알려주는 A, B, C들의 화투 패를 리시버를 통하여 듣고 A, B, C들로부터 돈을 땄다.

【사건의 경과】

① 검사는 갑, 을, 병, 정을 사기죄 및 도박죄로 기소하였다.

② 갑 등의 피고사건은 제1심을 거친 후, 항소심에 계속되었다.

③ 항소심법원은 사기죄를 모두 유죄로 인정하였다.

④ 항소심법원은 갑 등의 A, B, C에 대한 사기죄를 실체적 경합범으로 처단하였다.

⑤ 항소심법원은 또한 갑과 을이 2010. 2. 18. 21:20경부터 22:00경까지 사기도박을 숨기기 위하여 정상적으로 도박을 한 부분에 대해 도박죄를 인정하였다.

⑥ 갑은 불복 상고하였다.

⑦ 을 등은 상고하지 않았다.

2. 사기도박과 도박죄의 성립 여부

【대법원 요지】 가. 도박이라 함은 2인 이상의 자가 상호간에 재물을 도(賭)하여 우연한 승패에 의하여 그 재물의 득실을 결정하는 것이므로, /

【대법원 요지】 이른바 사기도박에 있어서와 같이 도박당사자의 일방이 사기의 수단으로써 승패의 수를 지배하는 경우에는 도박에 있어서의 우연성이 결여되어 사기죄만 성립하고 도박죄는 성립하지 아니한다. /

【대법원 요지】 한편, 사기죄는 편취의 의사로 기망행위를 개시한 때에 실행에 착수한 것으로 보아야 하므로, /

【대법원 요지】 사기도박에 있어서도 사기적인 방법으로 도금을 편취하려고 하는 자가 상대방에게 도박에 참가할 것을 권유하는 등 기망행위를 개시한 때에 실행의 착수가 있는 것으로 보아야 한다.

3. 사안에 대한 대법원의 판단

(1) 사안에 대한 대법원의 분석

【대법원 분석】 나. 원심이 확정한 사실 및 그 채용 증거들에 의하면, /

【대법원 분석】 피고인은 2010. 2. 17.경 원심공동피고인 을, 병, 정과 사기도박의 방법으로 금원을 편취하기로 공모한 사실, /

【대법원 분석】 이에 따라 위 원심공동피고인 병, 정은 2010. 2. 18. 16:00경 보령시 ○○동 ○○○ P모텔 906호실에서 천장에 있는 화재감지기에 카메라를 몰래 설치하고, 위 모텔 맞은편에 있는 Q모텔 707호실에 모니터를 설치한 사실, /

【대법원 분석】 원심공동피고인 을은 피해자 공소외 A, B에게 연락하여 도박을 하자고 유인하여 위 P모텔 906호실로 오게 하고, 또 위와 같은 사실을 알지 못하는 공소외 B는 피해자 공소외 C에게 도박을 하자고 권유하여 위 모텔로 오게 한 사실, /

【대법원 분석】 피고인과 원심공동피고인 을은 같은 날 20:00경 수신기 및 리시버를 착용하고 형광물질로 특수표시를 한 화투를 소지한 채 위 P모텔 906호실로 가서 피해자들과 함께 속칭 '섯다'라는 도박을 한 사실, /

【대법원 분석】 피고인과 원심공동피고인 을은 위와 같이 도박을 함에 있어서 21:20경부터 22:00경까지는 사기도박을 숨기기 위하여 정상적인 도박을 하다가 /

【대법원 분석】 22:00경 원심공동피고인 을이 가지고 온 화투를 바꾼 이후부터 다음날 02:10경까지는 원심공동피고인 병이 몰래 설치한 카메라를 통하여 수신된 모니터 화면을 보고 알려주는 피해자들의 화투 패를 리시버를 통하여 듣고 /

【대법원 분석】 도박의 승패를 지배함으로써 피해자들로부터 도금을 교부받은 사실을 알 수 있다.

(2) 사안에 대한 대법원의 판단

【대법원 판단】 위와 같은 사실관계를 앞에서 본 법리에 비추어 살펴보면, /

【대법원 판단】 피고인 등은 사기도박에 필요한 준비를 갖추고 그러한 의도로 피해자들에게 도박에 참가하도록 권유한 때 또는 늦어도 그 정을 알지 못하는 피해자들이 도박에 참가한 때에는 이미 사기죄의 실행에 착수하였다고 할 것이므로, /

【대법원 판단】 피고인 등이 그 후에 사기도박을 숨기기 위하여 얼마간 정상적인 도박을 하였다고 하더라도 이는 사기죄의 실행행위에 포함되는 것이라고 할 것이어서 피고인에 대하여는 피해자들에 대한 사기죄만이 성립하고 /

【대법원 판단】 도박죄는 따로 성립하지 아니한다고 할 것이다.

【대법원 결론】 다. 그럼에도 원심은 이와 달리 피해자들에 대한 사기죄 외에 도박죄가 별도로 성립하는 것으로 판단하고 이를 유죄로 인정하였으니, 원심판결에는 사기도박에 있어서의 실행의 착수시기 등에 관한 법리를 오해하여 판결에 영향을 미친 위법이 있다.

(3) 사기도박죄의 죄수

【대법원 요지】 1개의 기망행위에 의하여 여러 피해자로부터 각각 재물을 편취한 경우에는 피해자별로 수개의 사기죄가 성립하고, 그 사이에는 상상적 경합의 관계에 있는 것으로 보아야 한다.

【대법원 판단】 앞에서 본 사실관계를 위와 같은 법리에 비추어 살펴보면, /

【대법원 판단】 피고인 등이 피해자들을 유인하여 사기도박을 하여 도금을 편취한 행위는 사회관념상 1개의 행위로 평가함이 상당하므로, 피해자들에 대한 각 사기죄는 상상적 경합의 관계에 있다고 보아야 할 것이다.

【대법원 결론】 그럼에도 원심은 이와 달리 위 각 죄가 실체적 경합의 관계에 있는 것으로 보고 형법 제37조 전단에 의하여 경합범 가중을 하였으니, 원심판결에는 사기죄의 죄수에 관한 법리를 오해하여 판결에 영향을 미친 위법이 있다. (파기 환송)

【코멘트】 2013년 4월 5일 형법이 일부 개정되어 공포 즉시 시행되었다. 이 개정은 2000년 12월 13일 우리나라가 서명한 「국제연합국제조직범죄방지협약」(United Nations Convention against Transnational Organized Crime) 및 「인신매매방지의정서」의 국내적 이행을 위한 입법으로서의 성격을 갖는다. 범죄방지협약 및 의정서상의 입법의무 사항을 반영하기 위하여 도박죄의 경우에도 개정이 있었다.

최근 도박장소 등의 개설이나 복표발매로 인한 수입이 범죄단체의 운영자금 등으로 사용되는 등 도박장소 등의 개설이나 복표발매로 인하여 각종 사회문제가 발생하고 있다. 도박장소의 개설과 복표발매죄가 「국제연합국제조직범죄방지협약」의 대상범죄가 될 수 있도록 개정 형법은 도박개장죄 및 복표발매죄의 법정형을 각각 '5년 이하의 징역 또는 3천만원 이하의 벌금'으로 상향조정하였다. 그 밖에 복표발매중개 및 복표취득죄도 물가 인상률 등을 고려하여 법정형을 현실화하였다.

개정전 형법 제246조 제1항은 '재물로써 도박한 자'를 구성요건으로 규정하고 있었다. 이와 관련하여 '재산상 이익'도 도박죄의 객체에 포함되는가를 놓고 해석상 논란이 야기되었다. 이 문제를 입법적으로 해결하기 위하여 개정 형법 제246조 제1항은 도박의 객체를 명시하지 않고 단순히 '도박을 한 사람'으로 구성요건을 변경하였다.

한편, 인터넷 상에 도박사이트를 개설하여 전자화폐나 온라인으로 결제하도록 하는 경우 판례는 이를 도박개장죄로 처벌하고 있었다. 그러나 개정전 형법은 '도박을 개장(開場)'한 경우를 처벌하도록 규정하고 있어서 도박할 수 있는 사이버 공간을 제공한 경우 처벌되지 않는 것으로 해석될 여지가 있었다. 이러한 문제점을 감안하여 개정 형법 제247조는 '영리의 목적으로 도박을 하는 장소나 공간을 개설한 사람'으로 구성요건을 변경하였다.

2006도736

도박죄와 도박 - 인정례
내기 골프 사건

2008. 10. 23. 2006도736, 공 2008하, 1622

1. 사실관계 및 사건의 경과

【사실관계 1】

① 갑, 을, 병, 정은 골프를 치는 사람들이다.
② 갑 등은 속칭 스트로크 방식 및 계 방식에 의한 내기골프를 하기로 하였다.
③ 갑 등은 미리 각자의 핸디캡을 다음과 같이 정하였다.
  (가) 갑 : 93타
  (나) 을 : 91타
  (다) 병 : 85타
  (라) 정 : 85타
④ 갑 등은 다음의 내기 기준에 합의하였다.
  (가) 전반 9홀 게임 중 1타당 50만 원, 동점인 경우 배판으로 1타당 100만 원을 승금으로 승자에게 준다.
  (나) 후반 9홀 게임 중 1타당 100만 원, 동점인 경우 배판으로 1타당 200만 원을 승금으로 승자에게 준다.
  (다) 전반 9홀 게임 최소타 우승자에게 상금으로 500만 원을 준다.
  (라) 후반 9홀 게임 최소타 우승자에게 상금으로 1,000만 원을 준다.

【사실관계 2】

① 2002. 12. 16.경부터 2004. 5. 21.경까지 사이에 갑 등은 위의 기준에 따라 내기골프를 하였다.
② 병은 총 26회에 걸쳐 합계 6억여 원 상당의 내기골프를 하였다.
③ 갑, 을, 정은 총 32회에 걸쳐 합계 약 8억여 원 상당의 내기골프를 하였다.
④ 이러한 내기골프에서 정은 1억 1천만 원을 잃었다.
⑤ 정은 갑, 을, 병을 압박하여 수억 원을 받아내었다.
⑥ 정은 그 후에도 핸디캡을 자신에게 유리하게 재조정할 것과 새로운 조건으로 내기 골프를 계속할 것

을 요구하면서 내기 골프로 잃은 돈을 순순히 포기하려고 하지 않았다.

【사건의 경과 1】

① 검사는 갑 등을 특경가법위반죄(사기)로 기소하였다.

② [제1심법원은 갑 등에게 기망의 점이 인정되지 않는다는 이유로 무죄를 선고하였다.]

③ 검사는 불복 항소하였다.

④ 항소심에서 검사는 갑 등에 대해 예비적 공소사실로 상습도박죄를 추가하는 공소장변경을 신청하였다.

⑤ 항소심법원은 검사의 공소장변경신청을 허가하였다.

【사건의 경과 2】

① 항소심에서 정은 자신이 갑, 을, 병이 행한 사기도박의 피해자라고 주장하였다.

② 항소심법원은 제1심판결을 파기하였다.

③ 항소심법원은 갑, 을, 병, 정 모두에 대해 상습도박죄를 인정하였다.

④ (항소심의 판단 이유는 판례 본문 참조)

⑤ 갑 등은 불복 상고하였다.

2. 내기 골프의 도박성에 대한 판단

(1) 도박죄의 보호법익과 도박의 우연성

【대법원 요지】 가. 형법 제246조에서 도박죄를 처벌하는 이유는 정당한 근로에 의하지 아니한 재물의 취득을 처벌함으로써 경제에 관한 건전한 도덕법칙을 보호하는 데에 있고, /

【대법원 요지】 도박의 의미는 '재물을 걸고 우연에 의하여 재물의 득실을 결정하는 것'을 말하는바, /

【대법원 요지】 여기서 '우연'이라 함은 주관적으로 '당사자에 있어서 확실히 예견 또는 자유로이 지배할 수 없는 사실에 관하여 승패를 결정하는 것'을 말하고, /

【대법원 요지】 객관적으로 불확실할 것을 요구하지 아니하며, 당사자의 능력이 승패의 결과에 영향을 미친다고 하더라도 다소라도 우연성의 사정에 의하여 영향을 받게 되는 때에는 도박죄가 성립할 수 있다.

(2) 사안에 대한 대법원의 판단

【대법원 판단】 원심은, /

【대법원 판단】 그 판시와 같이 골프는 당사자의 기량에 대한 의존도가 높은 경기의 일종이지만, 경기자의 기량이 일정한 경지에 올라 있다고 하여도 매 홀 내지 매 경기의 결과를 확실히 예견하는 것은 전혀 가능하지 않은 점, /

【대법원 판단】 골프가 진행되는 경기장은 자연상태에 가까워서 선수가 친 공이 날아가는 방향이나 거리가 다소간 달라짐에 따라 공이 멈춘 자리의 상황이 상당히 달라지기 쉽고 이는 경기의 결과에 지대한 영향을 미치게 되는데, /

【대법원 판단】 대단히 우수한 선수라고 하더라도 자신이 치는 공의 방향이나 거리를 자신이 원하는 최적의 조건으로 또는 경기결과에 영향이 없을 정도로 통제할 수는 없는 점, /

【대법원 판단】 도박죄에서 요구하는 우연은 선수들의 기량, 투지, 노력 등에 대비되어 다소 부정적

인 의미가 내포된 '우연'이 아니라 /

【대법원 판단】 '당사자 사이에 있어서 결과를 확실히 예견하거나 자유로이 지배할 수 없는' 성질을 가리키는 것으로서 가치평가와 무관한 개념이어서 /

【대법원 판단】 선수들의 기량 등을 모두 고려하더라도 경기의 결과를 확실히 예견할 수 없고 어느 일방이 그 결과를 자유로이 지배할 수 없을 때에도 이를 도박죄에서 말하는 우연의 성질이 있는 것으로 볼 수 있는 점, /

【대법원 판단】 골프를 비롯한 운동경기와 화투, 카드, 카지노 등 사이에 승패의 결정에 경기자의 기능과 기량이라는 요인과 이와 무관한 우연이라는 요인이 영향을 미치는 정도는 매우 상대적인 점, /

【대법원 판단】 설사 기량차이가 있는 경기자 사이의 운동경기라고 하더라도 핸디캡의 조정과 같은 방식으로 경기자 간에 승패의 가능성을 대등하게 하거나 승리의 확률이 낮은 쪽에 높은 승금을 지급하고 승리의 확률이 높은 쪽에 낮은 승금을 지급하는 방식을 채택함으로써 재물을 거는 당사자 간에 균형을 잃지 않게 하여 실제로 우연이라는 요소가 중요하게 작용할 수 있는 도박의 조건을 얼마든지 만들 수 있는 점, /

【대법원 판단】 내기 골프에 있어 승금은 정당한 근로에 의한 재물의 취득이라고 볼 수 없고 내기 골프를 방임할 경우 경제에 관한 도덕적 기초가 허물어질 위험이 충분하므로, 이를 화투 등에 의한 도박과 달리 취급하여야 할 아무런 이유가 없는 점 등과 같은 원심 판시 사정에 비추어 /

【대법원 판단】 내기 골프도 도박죄의 구성요건이 요구하는 행위의 정형성을 갖추고 있고 그 정도가 일시 오락에 불과하지 않는 한 도박죄의 보호법익을 침해하는 행위로 도박에 해당한다고 보아야 한다고 전제한 다음, /

【대법원 판단】 그 적법하게 채용한 증거들에 의하여 피고인들이 상습으로 매 홀마다 또는 매 9홀마다 별도의 도금(賭金)을 걸고 공소사실 기재와 같은 내기 골프를 하여 도박한 사실을 충분히 인정할 수 있다는 이유로, /

【대법원 판단】 이 사건 공소사실에 대하여 무죄를 선고한 제1심판결을 파기하고 피고인들에 대하여 유죄를 선고하였다.

【대법원 결론】 원심판결 이유를 앞서 본 법리와 기록에 비추어 살펴보면, /

【대법원 결론】 원심이 이 사건 내기 골프가 도박죄의 구성요건이 요구하는 행위의 정형성을 갖추고 있고 그 정도가 일시 오락에 불과하지 않는 한 도박죄의 보호법익을 침해하는 행위로서 도박에 해당한다고 전제한 다음, /

【대법원 결론】 피고인 병은 26회에 걸쳐, 나머지 피고인들은 32회에 걸쳐 원심 판시와 같은 도박을 상습으로 하였다는 사실 인정과 판단은 정당한 것으로 수긍할 수 있다(…).

【대법원 결론】 원심판결에는 상고이유의 주장과 같이 도박의 법리를 오해하거나 채증법칙을 위반하여 판결에 영향을 미친 위법이 없다.

【대법원 판단】 (공소장변경 부분에 대한 판단 : 생략함)

3. 상습도박죄의 상습성에 대한 판단

【대법원 요지】 또한, 상습도박죄에 있어서의 상습성이라 함은 반복하여 도박행위를 하는 습벽으로

서 행위자의 속성을 말하는데, /
【대법원 요지】 이러한 습벽의 유무를 판단함에 있어서는 도박의 전과나 도박횟수 등이 중요한 판단자료가 되나 /
【대법원 요지】 도박전과가 없다 하더라도 도박의 성질과 방법, 도금의 규모, 도박에 가담하게 된 태양 등의 모든 사정을 참작하여 도박의 습벽이 인정되는 경우에는 상습성을 인정하여도 무방한데, /
【대법원 판단】 원심이 적법하게 인정한 사실관계에 나타난 이 사건 내기 골프의 횟수, 기간, 도금의 규모 및 피고인 병의 전력 등에 비추어 보면, 위 피고인[병]에게 도박의 습벽을 인정하기에 충분하므로, /
【대법원 결론】 같은 취지의 원심 판단은 정당하고, 원심이 위 피고인에 대하여 상습도박죄를 인정한 데에 어떠한 위법이 있다고 할 수 없다.

4. 사기도박 여부에 대한 판단

【대법원 판단】 원심은, /
【대법원 판단】 그 판시와 같이 개인의 골프 핸디캡은 이를 객관적으로 계량화하여 산정하기가 매우 어렵고 실제 당사자들이 생각하는 자신의 핸디캡은 개인의 주관적인 평가에 상당히 영향을 받는 것인 점, /
【대법원 판단】 내기 골프에서의 핸디캡의 조정이나 내기 바둑의 치수 조정 등과 같이 도박의 조건을 설정하는 당사자 사이의 조치는 당사자들의 객관적인 기량차이뿐만 아니라 서로 승산이 높게 도박을 하려는 자연스런 시도가 반영된 일종의 흥정의 결과이기도 하므로 이를 함부로 기망행위로 보기 어려운 점, /
【대법원 판단】 피고인 정은 내기 골프로 돈을 잃자 그 결과에 승복하지 않고 다른 피고인들을 압박하여 수억 원을 받아내고 그 후에도 핸디캡을 자신에게 유리하게 재조정할 것과 새로운 조건으로 내기 골프를 계속할 것을 요구하면서 내기 골프로 잃은 돈을 순순히 포기하려고 하지 않은 점, /
【대법원 판단】 이 사건에서 피고인 을, 병의 핸디캡은 다른 사기도박 사건에서 위 피고인들이 밝힌 핸디캡보다는 상당히 낮은 수준인 점, /
【대법원 판단】 그 밖에 피고인 갑, 을, 병이 골프경기를 하면서 조직적으로 혹은 개별적으로 경기결과에 영향을 미칠 만한 사술을 현장에서 사용한 흔적을 찾을 수 없는 점 등을 비롯한 원심 판시 사정에 비추어 보면, /
【대법원 판단】 피고인 갑, 을, 병이 이 사건 내기 골프를 빙자하여 피고인 정을 상대로 사기도박을 하였다고 보기는 어렵다는 이유로, /
【대법원 판단】 사기 범행의 피해자일 뿐 이 사건 상습도박죄를 저지른 것이 아니라는 피고인 정의 주장을 배척하였다.
【대법원 결론】 원심판결 이유를 기록에 비추어 살펴보면, 원심이 그 판시와 같이 피고인 갑, 을, 병이 이 사건 내기 골프를 빙자하여 피고인 정을 상대로 사기도박을 하였다고 보기 어렵다고 한 판단은 정당한 것으로 수긍할 수 있다.
【대법원 결론】 원심판결에는 상고이유의 주장과 같이 도박죄 및 사기죄의 법리를 오해하여 판결에 영향을 미친 위법이 없다. (상고 기각)

82도2151

도박죄와 일시오락 – 인정례
100원짜리 민화투 사건

1983. 3. 22. 82도2151, 공 1983, 771

1. 사실관계 및 사건의 경과

【사실관계】

① 갑은 평소에 친하게 사귀어오던 친구 3인과 함께 무허가 주점에서 만나 술을 마시게 되었다.

② 갑과 친구 3인은 매판 1인당 금 100원씩을 걸고 속칭 민화투를 치기로 하였다.

③ 갑 등은 매회 도금 합계 300원 중 100원은 술값으로 적립하고 나머지 200원은 승자가 취득하는 방법으로 2시간에 걸쳐 20여회 민화투를 쳤다.

【사건의 경과】

① 검사는 갑을 도박죄로 기소하였다.

② 제1심법원은 무죄를 선고하였다.

③ 검사는 불복 항소하였다.

④ 항소심법원은 항소를 기각하고, 제1심판결을 유지하였다.

⑤ 검사는 불복 상고하였다.

⑥ 검사는 상고이유로 다음의 점을 주장하였다.

(가) 도박에 건 재물이 바로 그 즉시 예정된 방법에 따라 소비되지 아니하고 어느 일방이 승패에 따라 그 재물을 차지하였다.

(나) 현재 사회적으로 불건전한 도박풍조가 팽배해 있으므로 일시오락의 정도는 엄격히 해석해야 한다.

2. 사안에 대한 항소심의 판단

【대법원 분석】 원심판결이유에 의하면 원심은, /

【대법원 분석】 피고인이 평소에 친하게 사귀어오던 친구 3인과 함께 무허가 주점에서 만나 술을 마시게 된 자리에서 /

【대법원 분석】 매판 1인당금 100원씩을 걸고 속칭 민화투를 쳐서 매회 도금 합계 300원 중 100원은 술값으로 적립하고 나머지 200원은 승자가 취득하는 방법으로 2시간에 걸쳐 20여회 도박하였다는 공소사실에 대하여 /

【대법원 분석】 피고인을 포함한 위 자들의 사회적 지위와 재산정도, 그들 사이의 친분관계, 민화투를 하게 된 경위, 내기에 건 금액의 액수 등 여러 사정에 비추어 /

【대법원 분석】 피고인의 위 내기화투는 일시오락의 정도에 불과하여 범죄로 되지 않는 것으로서 /

【대법원 분석】 무죄를 선고한 제1심 판결을 유지하고 있다.

3. 도박죄와 일시오락

【대법원 요지】 살피건대, 형법 제246조 도박죄를 처벌하는 이유는 /
【대법원 요지】 정당한 근로에 의하지 아니한 재물의 취득을 처벌함으로써 경제에 관한 건전한 도덕법칙을 보호하기 위한 것인바, /
【대법원 요지】 그 처벌은 헌법이 보장하는 국민의 행복추구권이나 사생활의 자유를 침해할 수 없고, /
【대법원 요지】 동조의 입법취지가 건전한 근로의식을 배양 보호함에 있다면 /
【대법원 요지】 일반 서민대중이 여가를 이용하여 평소의 심신의 긴장을 해소하는 오락은 이를 인정함이 국가정책적 입장에서 보더라도 허용된다 할 것인바, /
【대법원 요지】 형법 제246조 단서가 일시오락의 정도에 불과한 도박행위를 처벌하지 아니하는 소이도 여기에 있다고 해석하여야 할 것이다.

4. 사안에 대한 대법원의 판단

【대법원 판단】 그렇다면 설사 본건에서처럼 속칭 민화투놀이에 도한 재물이 바로 그 즉시 예정된 방법에 따라 소비되지 아니하고 어느 일방이 승패에 따라 그 재물을 차지하였다 하더라도 /
【대법원 판단】 그 재물의 득실이 승패결정의 흥미를 북돋우기 위한 것이고 /
【대법원 판단】 그 재물의 경제적 가치가 근소하여 건전한 근로의식을 침해하지 않을 정도라면 /
【대법원 판단】 일시오락의 정도에 불과하다고 판단하여 /
【대법원 결론】 제1심 판결을 유지한 원심의 조처는 정당하고, 거기에 소론과 같은 일시오락의 정도에 관한 법리오해가 없으며, /
【대법원 결론】 현재 사회적으로 불건전한 도박풍조가 팽배해 있다고 할지라도 /
【대법원 결론】 그것이 앞서 본 헌법의 정신이나 사회정책적 견지에서 보호 내지 용인되어야 할 오락행위까지 처벌할 이유는 되지 못하므로 논지는 채택될 수 없다. (상고 기각)

【비교법 조문 15】

한국 형법

제246조 (도박, 상습도박) ① 도박을 한 사람은 1천만원 이하의 벌금에 처한다. 다만, 일시오락 정도에 불과한 경우에는 예외로 한다.

일본 형법

제185조 (도박) 도박을 한 자는 50만 엔 이하의 벌금 또는 과료에 처한다. 단, 일시오락에 공(供)하는 물건을 건 것에 불과한 때에는 그러하지 아니하다.

【코멘트】 본 판례에서 주목되는 것은 일시오락의 정도와 관련한 요건이다. 일본 형법은 일시오락과 관련하여 '일시오락에 공하는 물건'이라는 표현을 사용하고 있다. 이 표현의 의미를 이해하기 위하여, 예컨대 국수 내기를 하기 위하여 돈을 건 경우를 생각해 본다. 국수내기에서 이긴 사람이 그 돈으로 국수를 사서 참가자들과 함께 나누어먹는다고 하자. 이 경우에는 우연한 승부에 의하여 재물이 한 사람에게 귀속되는 일이 일어나지 않는다. 재물이 그 자리에서 소비되고 있기 때문이다. 이러한 사안은 정

당한 근로에 의하지 아니한 재물의 취득을 처벌함으로써 경제에 관한 건전한 도덕법칙을 보호하려는 도박죄의 적용범위에 포함되지 않는다. 일본 형법이 사용하는 '일시 오락에 공하는 물건'이라는 표현은 이러한 의미를 가지고 있다.

그러나 우리 입법자는 '일시오락 정도에 불과한 때'라는 표지를 사용하여 도박죄의 성립범위를 신축성 있게 조정하고 있다. 도박에 건 재물이 그 자리에서 소비되지 않고 일부 참가자에게 귀속되는 경우가 있다고 할지라도 "그 재물의 득실이 승패결정의 흥미를 북돋우기 위한 것이고 그 재물의 경제적 가치가 근소하여 건전한 근로의식을 침해하지 않을 정도라면 일시오락의 정도에 불과하다"고 하는 것이 '일시오락 정도에 불과한 때'라는 표지를 사용한 우리 입법자의 결단이라고 할 수 있다. 본 판례는 대법원이 일본 형법의 해석론을 추종하지 않고 우리 형법의 문언에 충실한 해석론을 제시하였다는 점에서 주목된다고 하겠다.

2008도10582

도박개장죄와 도박개장 – 인정례
실내낚시터 경품 사건

2009. 2. 26. 2008도10582, 공 2009상, 396

1. 사실관계 및 사건의 경과

【사실관계】

① 2007. 2. 16.경부터 2007. 2. 26.경까지 갑은 P실내낚시터를 운영하였다.

② 갑은 물고기 1,700여 마리를 구입하여 그 중 600마리의 등지느러미에 1번부터 600번까지의 번호표를 달고 나머지는 번호표를 달지 않은 채 대형 수조에 넣었다.

③ 갑은 손님들로부터 시간당 3만 원 내지 5만 원의 요금을 받고 낚시를 하게 하였다.

④ 갑은 손님들이 낚은 물고기에 부착된 번호가 시간별로 우연적으로 변동되는 프로그램상의 시상번호와 일치하는 경우 손님들에게 5천 원 내지 3백만 원 상당의 문화상품권이나 주유상품권을 지급하는 방식으로 영업을 하였다.

【사건의 경과】

① 검사는 갑을 도박개장죄로 기소하였다.

② 제1심법원은 유죄를 인정하였다.

③ 갑은 불복 항소하였다.

④ 항소심법원은 항소를 기각하고, 제1심판결을 유지하였다.

⑤ 갑은 불복 상고하였다.

2. 도박개장죄의 성립요건

【대법원 요지】 형법 제247조의 도박개장죄는 영리의 목적으로 스스로 주재자가 되어 그 지배하에

도박장소를 개설함으로써 성립하는 것으로서, /
【대법원 요지】 도박죄와는 별개의 독립된 범죄이다. /
【대법원 요지】 이때 '도박'이라 함은 참여한 당사자가 재물을 걸고 우연한 승부에 의하여 재물의 득실을 다투는 것을 의미하고, /
【대법원 요지】 '영리의 목적'이란 도박개장의 대가로 불법한 재산상의 이익을 얻으려는 의사를 의미한다.

3. 사안에 대한 대법원의 판단

【대법원 분석】 원심 및 제1심이 적법하게 확정한 사실관계에 의하면, /
【대법원 분석】 피고인은 2007. 2. 16.경부터 같은 달 26.경까지 이 사건 실내낚시터를 운영하면서, /
【대법원 분석】 물고기 1,700여 마리를 구입하여 그 중 600마리의 등지느러미에 1번부터 600번까지의 번호표를 달고 나머지는 번호표를 달지 않은 채 대형 수조에 넣고, 손님들로부터 시간당 3만 원 내지 5만 원의 요금을 받고 낚시를 하게 한 후, /
【대법원 분석】 손님들이 낚은 물고기에 부착된 번호가 시간별로 우연적으로 변동되는 프로그램상의 시상번호와 일치하는 경우 손님들에게 5천 원 내지 3백만 원 상당의 문화상품권이나 주유상품권을 지급하는 방식으로 영업한 사실을 알 수 있다.
【대법원 판단】 사정이 이와 같다면, 입장료의 액수, 경품의 종류 및 가액, 경품이 제공되는 방법 등의 여러 사정에 비추어 볼 때, /
【대법원 판단】 손님들이 내는 입장료는 이 사건 낚시터에 입장하기 위한 대가로서의 성격과 경품을 타기 위해 미리 거는 금품으로서의 성격을 아울러 지니고 있다고 볼 수 있고, /
【대법원 판단】 피고인이 손님들에게 경품을 제공하기로 한 것은 '재물을 거는 행위'로 볼 수 있으므로,/
【대법원 판단】 피고인은 영리의 목적으로 도박장소인 이 사건 낚시터를 개설하였다고 봄이 상당하다.
【대법원 결론】 원심이 같은 취지에서 피고인의 위와 같은 행위가 도박개장죄에 해당한다고 하여 이 부분 공소사실을 유죄로 인정한 제1심판결을 유지한 조치는 정당한 것으로 수긍할 수 있고, 거기에 상고이유로 주장하는 바와 같은 도박개장죄의 성립 여부에 관한 법리오해의 위법이 없다. (상고 기각)

2008도5282

도박개장죄와 도박개장 – 인정례
머니머니썬 사건

2009. 12. 10. 2008도5282, 공 2010상, 173

1. 사실관계 및 사건의 경과

【사실관계 1】
① P회사는 '머니머니썬'이라는 이름으로 속칭 포커, 바둑이, 고스톱 등 도박을 할 수 있는 ㉠인터넷 도

박게임 사이트를 개설하였다.
② P회사의 대표이사는 갑이고, 을 등은 임원진이다.
③ P회사는 ㉠도박게임 사이트의 가맹점을 모집하였다.
④ 가맹점은 안산시 소재 Q머니머니썬 피씨방, 대전시 소재 R머니머니썬 피씨방 등 12개 내지 13개이다.
⑤ P회사는 Q피씨방 등 가맹점으로부터 피씨 및 랜선 설치 대금 등의 명목으로 돈을 받고, Q피씨방 등 가맹점 업소에 ㉠인터넷 도박게임을 할 수 있도록 피씨 및 랜선 등을 설치하였다.

【사실관계 2】

① 2006. 4. 23. 오후 1~2시경 갑 등은 서울 강남구 M장소 소재 11층 사무실에서 가맹점주 약 20여 명이 참석하여 병의 사회로 갑, 을 등을 소개하는 모임을 하였다.
② 2006. 4. 23. 오후 6시경 갑 등은 ㉠인터넷 도박게임을 서버에 올려 가동하던 중 2시간 정도 지나 서버에 문제가 발생함으로써 더 이상의 영업을 하지 못하게 되었다.
③ 이에 가맹점업주들이 강력히 항의하고 투자원금 회수를 요구하였다.
④ 을 등은 Q피씨방 등 가맹점업주들로부터 머니머니썬 법인 명의의 계좌로 입금받은 돈을 반환하였다.

【사건의 경과】

① 검사는 갑 등을 도박개장죄로 기소하였다.
② 갑 등의 피고사건은 제1심을 거친 후, 항소심에 계속되었다.
③ 항소심법원은 다음의 이유를 들어서 갑 등에게 무죄를 선고하였다.
(가) 갑 등은 단순히 가맹점만을 모집한 상태에서 도박게임 프로그램을 시험가동하였을 뿐이다.
(나) 가맹점 피씨방 이용자들이 갑 등이 개설한 ㉠도박게임 사이트에 접속하여 도박을 하게 한 사실을 인정할 증거가 없다.
(다) 그렇다면 갑 등은 도박의 장소를 개설하였다고 볼 수 없다.
④ 검사는 불복 상고하였다.

2. 도박개장죄의 기수시기

【대법원 요지】 형법 제247조의 도박개장죄는 영리의 목적으로 도박을 개장하면 기수에 이르고, /
【대법원 요지】 현실로 도박이 행하여졌음은 묻지 않는바, /
【대법원 요지】 영리의 목적으로 속칭 포커나 바둑이, 고스톱 등의 인터넷 도박게임 사이트를 개설하여 운영하는 경우, /
【대법원 요지】 현실적으로 게임이용자들로부터 돈을 받고 게임머니를 제공하고 게임이용자들이 위 도박게임 사이트에 접속하여 도박을 하여, /
【대법원 요지】 위 게임으로 획득한 게임머니를 현금으로 환전해 주는 방법 등으로 게임이용자들과 게임회사 사이에 있어서 재물이 오고갈 수 있는 상태에 있으면 /
【대법원 요지】 게임이용자가 위 도박게임 사이트에 접속하여 실제 게임을 하였는지 여부와 관계없이 도박개장죄의 기수에 이른다고 할 것이다.

3. 사안에 대한 항소심의 판단

【항소심 판단】 원심판결 이유에 의하면, 원심은 이 부분 공소사실에 대하여, 피고인들이 안산시 중앙동 및 대전 소재 피씨방 등을 피고인들이 개설하려던 도박게임 사이트의 가맹점으로 모집한 사실은 인정되나, /

【항소심 판단】 피고인들이 실제로 도박게임 사이트를 개설하여, 피고인들이 모집한 피씨방의 업주들이 그곳을 찾은 이용자들에게 피고인들이 개설한 도박게임 사이트에 접속하여 도박을 하게 한 사실을 인정할 증거가 없는바, /

【항소심 판단】 그렇다면 단순히 가맹점만을 모집한 상태에서 도박게임 프로그램을 시험가동하였을 뿐 도박게임 사이트를 개설하지 못한 이상 피고인들이 도박의 장소를 개설하였다고 볼 수 없으므로, /

【항소심 판단】 결국 이 부분 공소사실은 범죄의 증명이 없는 경우에 해당한다고 하여 무죄를 선고하였다.

4. 사안에 대한 대법원의 분석

【대법원 분석】 그러나 원심이 채택한 증거에 의하면, /

【대법원 분석】 피고인들은 피고인 갑을 대표이사로 하는 주식회사 머니머니썬(이하 '머니머니썬'이라고 한다)의 이름으로 속칭 포커, 바둑이, 고스톱 등 도박을 할 수 있는 인터넷 도박게임 사이트를 개설하고, /

【대법원 분석】 안산시 중앙동 번지불상 소재 박 명불상자 운영의 머니머니썬 피씨방, 대전 소재 공소외인 운영의 머니머니썬 피씨방 등 위 도박게임 사이트의 가맹점 피씨방 12개 내지 13개를 모집하여, /

【대법원 분석】 위 가맹점으로부터 피씨 및 랜선 설치 대금 등의 명목으로 돈을 받고, 위 가맹점 업소에 위 인터넷 도박게임을 할 수 있도록 피씨 및 랜선 등을 설치한 사실, /

【대법원 분석】 이후 피고인들은 2006. 4. 23. 오후 1~2시경 서울 강남구 삼성동 ○○○ 소재 11층 사무실에서 가맹점주 약 20여명이 참석하여 피고인 병의 사회로 피고인 갑, 을 등을 소개하는 모임을 한 다음 /

【대법원 분석】 같은 날 오후 6시경 위 도박게임을 서버에 올려 가동하던 중 2시간 정도 지나 서버에 문제가 발생함으로써 더 이상의 영업을 하지 못하게 된 사실, /

【대법원 분석】 이에 가맹점업주들이 강력히 항의하고 투자원금 회수를 요구하여 피고인 을 등이 가맹점업주들로부터 머니머니썬 법인명의의 계좌로 입금받은 돈을 반환한 사실을 알 수 있다.

5. 사안에 대한 대법원의 판단

【대법원 판단】 이러한 사실을 위 법리에 비추어 살펴보면, /

【대법원 판단】 피고인들이 단순히 가맹점만을 모집한 상태에서 도박게임 프로그램을 시험가동한 정도에 그친 것이 아니라 /

【대법원 판단】 가맹점을 모집하여 인터넷 도박게임이 가능할 수 있도록 시설 등을 설치하고 도박게임 프로그램을 가동하던 중 문제가 발생하여 더 이상의 영업으로 나아가지 못한 것으로 볼 여지가 없

지 아니하고, /

【대법원 판단】 사정이 이러하다면 이로써 이미 도박개장죄는 기수에 이르렀다고 볼 수 있으며, /

【대법원 판단】 더 나아가 피고인들이 모집한 피씨방의 업주들이 그곳을 찾은 이용자들에게 피고인들이 개설한 도박게임 사이트에 접속하여 도박을 하게 한 사실이 없다고 하여 도박개장죄의 성립이 부정된다고 할 수는 없다.

【대법원 결론】 그럼에도 불구하고 피고인들이 이 사건 도박게임 프로그램을 시험가동한 정도를 떠나 실제로 운영하던 중 문제가 발생하여 더 이상의 영업으로 나아가지 못한 것인지 여부에 대하여 심리하여 보지 아니하고 /

【대법원 결론】 그 판시와 같은 사정을 들어 피고인들이 도박의 장소를 개설하였다고 볼 수 없다고 판단한 원심판결에는 /

【대법원 결론】 도박개장죄의 기수시기에 대한 법리오해, 채증법칙 위배 및 심리미진 등으로 인하여 판결결과에 영향을 미친 위법이 있다. (파기 환송)

2003도5433

복표발매죄와 복표 - 인정례
광고복권 발행 사건

2003. 12. 26. 2003도5433, 공 2004, 305

1. 사실관계 및 사건의 경과

【사실관계 1】

① 갑은 P광고복권 주식회사의 감사 겸 사실상 운영자이다.

② 을은 P회사의 이사이다.

③ P회사의 사업내용은 다음과 같다.

(가) 광고주가 광고복권을 주문하면 그 복권 표면에 광고주의 업체 지면광고 및 복권번호가 기재된 광고복권을 제작한다.

(나) P회사는 이를 광고주에게 1장당 120원에서 300원의 가격으로 판매한다.

(다) 광고주들은 P회사가 발행한 광고복권을 영업을 위한 홍보 및 판촉 수단으로 고객들에게 무료로 배포한다.

【사실관계 2】

① 2001. 11.경부터 2002. 12.경까지 사이에 갑과 을은 P회사 사무실에서 복표명을 '광고복권'으로 하는 다음 내용의 ㉠복권을 발행하였다.

② ㉠복권의 당첨방법은 다음과 같다.

(가) 복권 유효기간인 4주 내에 회차에 상관없이 주택복권의 매회 당첨번호와 일치하면 다음의 당첨금을 지급한다.

(나) 1등 당첨번호와 일치하면 5,000만 원
(다) 2등 당첨번호와 일치하면 500만 원
(라) 3등 당첨번호와 일치하면 40만 원
(마) 행운상 당첨번호와 일치하면 100만 원

③ 갑과 을은 발행한 ㉠복권을 1장당 200원 내지 300원씩을 받고 지사를 통하여 슈퍼마켓, 주유소, 식당, 편의점 등에 판매하였다.
④ 갑과 을이 판매한 ㉠복권은 2,856,000장 시가 623,224,500원 상당에 이르렀다.

【사건의 경과】

① 검사는 갑과 을을 복표발매죄로 기소하였다.
② 갑과 을의 피고사건은 제1심을 거친 후, 항소심에 계속되었다.
③ 항소심법원은 갑과 을에게 무죄를 선고하였다.
④ (항소심의 판단 이유는 판례 본문 참조)
⑤ 검사는 불복 상고하였다.

2. 공소사실의 요지

【대법원 분석】 1. 이 사건 공소사실의 요지는, /

【대법원 분석】 피고인 갑은 ○○광고복권 주식회사의 감사 겸 사실상 운영자이고, 피고인 을은 위 회사의 이사로서, 법령에 의하지 아니한 복표를 발매하여서는 아니됨에도 공모하여, /

【대법원 분석】 2001. 11.경부터 2002. 12.경까지 사이에 위 회사 사무실에서 복표명을 '광고복권'으로 하고 당첨방법은 복권 유효기간인 4주 내에 회차에 상관없이 주택복권의 매회 1등 당첨번호와 일치하면 5,000만 원을, 2등 당첨번호와 일치하면 500만 원을, 3등 당첨번호와 일치하면 40만 원을, 행운상 당첨번호와 일치하면 100만 원을 주는 것으로 정하여 복표를 발행한 다음, /

【대법원 분석】 복표 1장당 200원 내지 300원씩을 받고 지사를 통하여 슈퍼마켓, 주유소, 식당, 편의점 등에 위 복표 2,856,000장 시가 623,224,500원 상당을 판매하여 무허가로 복표를 발매하였다는 것이고, /

【대법원 분석】 그 적용법조는 형법 제248조 제1항이다.

3. 사안에 대한 항소심의 판단

【항소심 판단】 2. 이에 대하여 원심은, /

【항소심 판단】 복표란 발매자가 다수인에게 금전 기타 재물을 내게 하면서 미리 교부하는 번호표로서 추첨 등의 우연한 방법에 의하여 그 구매자에게 불평등한 이익을 분배할 것이 예정되어 있는 것이고, /

【항소심 판단】 사행행위등규제및처벌특례법 제2조 제1항 제1호 (가)목은 이와 동일한 취지에서 복표발행업에 관한 정의를 /

【항소심 판단】 "특정한 표찰을 발매하여 다수인으로부터 금품을 모아 추첨 등의 방법에 의하여 당첨자에게 재산상의 이익을 주고 다른 참가자에게 손실을 주는 행위를 하는 영업" 으로 규정하고 있으

므로, /

【항소심 판단】 형법 제248조가 규정하는 '복표'라고 할 수 있기 위하여는 /

【항소심 판단】 ① 특정한 표찰일 것, /

【항소심 판단】 ② 그 표찰을 발매하여 다수인으로부터 금품을 모을 것, /

【항소심 판단】 ③ 추첨 등의 우연한 방법에 의하여 그 다수인 중 일부 당첨자에게 재산상의 이익을 주고 다른 참가자에게 손실을 줄 것을 요건으로 한다고 할 수 있는데, /

【항소심 판단】 이 사건 기록에 나타난 여러 자료들을 종합해 보면, /

【항소심 판단】 피고인들은 광고주가 광고복권을 주문하면 그 복권 표면에 광고주의 업체 지면광고 및 복권번호가 기재된 광고복권을 제작하여 이를 광고주에게 1장당 120원에서 300원의 가격으로 판매하고, /

【항소심 판단】 광고주들은 이를 영업을 위한 홍보 및 판촉 수단으로 고객들에게 무료로 배포하였음을 인정할 수 있고, /

【항소심 판단】 이에 의하면, /

【항소심 판단】 ① 피고인들이 발행한 '광고복권'은 특정한 표찰로서, /

【항소심 판단】 ② 피고인들이 이를 다수의 광고주들에게 장당 120원에서 300원을 받고 판매함으로써 표찰을 발매하여 다수인으로부터 금품을 모았으며, /

【항소심 판단】 ③ 비록 주택복권 당첨번호를 원용하지만 추첨이라는 방식을 통하여 당첨자를 확정한 후 그 당첨자에게 당첨금을 지급한다는 점에서 /

【항소심 판단】 일단 '복표'의 일부 요건을 충족한다고 할 수 있지만, /

【항소심 판단】 이 사건의 경우 위 '광고복권'은 광고주들이 스스로 당첨되기 위하여 위 표찰을 매집한다는 극히 예외적이고 비상식적인 경우를 제외하고는, /

【항소심 판단】 자신들의 영업 판촉을 위한 홍보물로 구입하여 배포함으로써 그 복권가격에 상응하는 광고효과를 기대할 뿐만 아니라, /

【항소심 판단】 광고복권을 무상으로 받는 소비자 또는 고객들로서는 당첨으로 이익을 얻을 기회는 있을지라도 낙첨에 의하여 아무런 재산상 손실을 입지는 않는 것이므로, /

【항소심 판단】 비록 위 '광고복권'이 그 복권의 판매수입을 기초로 유사한 외관 및 추첨방식에 의하여 광고복권 소지자에게 당첨금을 지급한다고 할지라도, 이를 형법에서 규정하는 '복표'라고 볼 수는 없고, /

【항소심 판단】 따라서 이러한 표찰을 발행하여 판매하였다고 할지라도 복표발매죄는 성립하지 아니한다는 이유로, 피고인들에 대하여 무죄를 선고하였다.

4. 복표의 개념요소

【대법원 요지】 3. 형법은 각칙 제23장에서 '도박과 복표에 관한 죄'라는 제목 아래 도박죄와 함께 복표발매죄 등을 규정하고 있는바, /

【대법원 요지】 복표도 우연에 의하여 승패가 결정된다는 의미에서 도박에 유사한 측면이 있으므로, /

【대법원 요지】 건전한 국민의 근로관념과 사회의 미풍양속을 보호하려는 데에 그 발매 등의 행위를

제한하고 처벌할 이유가 있는 것이고, /

【대법원 분석】 여기에다가 사행행위등규제및처벌특례법 제2조 제1항 제1호 (가)목의 규정 취지를 종합하여 보면, /

【대법원 요지】 원심이 형법 제248조가 규정하는 복표의 개념요소를 /

【대법원 요지】 ① 특정한 표찰일 것, /

【대법원 요지】 ② 그 표찰을 발매하여 다수인으로부터 금품을 모을 것, /

【대법원 요지】 ③ 추첨 등의 우연한 방법에 의하여 그 다수인 중 일부 당첨자에게 재산상의 이익을 주고 다른 참가자에게 손실을 줄 것의 /

【대법원 요지】 세 가지로 파악한 것은 정당한 것으로 수긍할 수 있으며, /

【대법원 요지】 이 점에서 경제상의 거래에 부수하는 특수한 이익의 급여 내지 가격할인에 불과한 경품권이나 사은권 등과는 그 성질이 다른 것이다.

【대법원 요지】 그러나 어떠한 표찰이 형법 제248조 소정의 복표에 해당하는지 여부는 그 표찰 자체가 갖는 성질에 의하여 결정되어야 하고, /

【대법원 요지】 그 기본적인 성질이 위와 같은 개념요소를 갖추고 있다면, 거기에 광고 등 다른 기능이 일부 가미되어 있는 관계로 당첨되지 않은 참가자의 손실을 그 광고주 등 다른 사업주들이 대신 부담한다고 하더라도, 특별한 사정이 없는 한 복표로서의 성질을 상실하지는 않는다고 보아야 할 것이다.

5. 사안에 대한 대법원의 판단

【대법원 판단】 그런데 기록에 의하면, /

【대법원 판단】 피고인들은 위 '광고복권'(이하 '이 사건 표찰'이라고 한다)을 발매함에 있어서 /

【대법원 판단】 특정한 사업자가 아닌 불특정 다수의 사업자들을 상대로 하여 /

【대법원 판단】 그 전체의 당첨확률과 발행비용 및 이윤 등을 감안한 가격으로 /

【대법원 판단】 이 사건 표찰을 계속적으로 발매함으로써 /

【대법원 판단】 스스로의 계산 아래 다수인으로부터 금품을 모은 점, /

【대법원 판단】 이에 따라 이 사건 표찰은 주택복권의 추첨결과를 이용한 우연성에 의하여 일부 당첨자만 이익을 얻고 그 이외의 사람들은 당연히 손실을 볼 수밖에 없는 구조를 갖추고 있는 점, /

【대법원 판단】 이 사건 표찰을 구입한 사업자들은 통상의 경우 홍보 및 판촉 수단으로 고객들에게 이 사건 표찰을 무료로 교부하지만, /

【대법원 판단】 이 사건 표찰 자체에 그러한 제한이 설정되어 있는 것은 아니고, /

【대법원 판단】 사업자들이 이 사건 표찰을 고객 등에게 다시 팔거나 그 구입비용을 상품의 가격에 전가할 수도 있으며, 사업자 자신이 직접 당첨에 응할 수도 있는 점 등을 알 수 있고, /

【대법원 요지】 형법 제248조 제3항이 규정하는 복표취득죄에 있어서 그 취득은 유상이건 무상이건 가리지 않는다. /

【대법원 판단】 사정이 이러하다면, 이 사건 표찰은 통상의 경우 이를 홍보 및 판촉의 수단으로 사용하는 사업자들이 당첨되지 않은 참가자들의 손실을 대신 부담하여 주는 것일 뿐, /

【대법원 판단】 그 자체로는 추첨 등의 우연한 방법에 의하여 일부 당첨자에게 재산상의 이익을 주고 다른 참가자에게 손실을 주는 복표로서의 성질을 갖추고 있다고 보아야 할 것이다.

【대법원 결론】 그럼에도 불구하고 원심은, 앞서 본 이유만으로 이 사건 표찰이 복표에 해당하지 않는다고 단정한 나머지 피고인들에 대하여 무죄를 선고하였으니, 거기에는 형법 제248조가 규정하는 복표에 관한 법리를 오해하여 판결에 영향을 미친 위법이 있다고 아니할 수 없다. (파기 환송)

Ⅳ

국가적 법익에 관한 죄

제 1 장 내란의 죄

96도3376

내란죄와 폭동 – 인정례
5·18 비상계엄 전국확대 사건

1997. 4. 17. 96도3376 전원합의체 판결, 공 1997, 1303

1. 사실관계 및 사건의 경과

【사실관계】

① [소위 5 · 18 사건 판결 가운데 일부분이다.]
② 1979. 10. 26. 박정희 대통령이 살해되었다.
③ 정부는 제주도를 제외한 전국에 비상계엄령을 선포하였다.
④ 1979. 12. 12. 갑 등 군장성들은 병력을 동원하여 군의 지휘권을 장악하였다.
⑤ 갑 등 소위 신군부는 비상계엄을 전국적으로 확대하기로 결의하였다.
⑥ 1980. 5. 17. 갑 등은 비상계엄을 전국적으로 확대하는 것이 전군지휘관회의에서 결의된 군부의 의견인 것을 내세워 그와 같은 조치를 취하도록 대통령과 국무총리를 강압하였다.
⑦ 갑 등은 병기를 휴대한 병력으로 국무회의장을 포위하고 외부와의 연락을 차단하여 국무위원들을 강압 외포시키는 등의 방법을 사용하여 국무회의에서 비상계엄의 전국확대를 의결 · 선포하게 하였다.

【사건의 경과】

① 갑 등은 [군사반란죄와] 내란죄로 기소되었다.
② 갑 등의 피고사건은 제1심을 거친 후, 항소심에 계속되었다.
③ 항소심법원은 유죄를 인정하였다.
④ 갑 등은 불복 상고하였다.
⑤ 피고인들 가운데 일부는 상고이유로 다음의 점을 주장하였다.
(가) 내란죄는 '폭동'을 실행행위로 한다.
(나) 비상계엄 전국확대는 국무회의의 의결을 거쳐 대통령이 선포함으로써 적법하였다.
(다) 적법한 비상계엄의 전국 확대는 폭동성이 없다.

2. 내란죄의 폭동 개념

【대법원 요지】 형법 제87조의 구성요건인 폭동의 내용으로서의 폭행 또는 협박은 일체의 유형력의 행사나 외포심을 생기게 하는 해악의 고지를 의미하는 최광의의 폭행 · 협박을 말하는 것으로서, /

【**대법원 요지**】 이를 준비하거나 보조하는 행위를 전체적으로 파악한 개념이라고 할 것이다.

【**대법원 판단**】 그런데 1980. 5. 17. 당시 시행되고 있던 계엄법 등 관계 법령에 의하면, /

【**대법원 판단**】 '비상계엄의 전국확대'는 필연적으로 국민의 기본권을 제약하게 되므로(제11조, 제12조, 제13조), 비상계엄의 전국확대 그 사실 자체만으로도 국민에게 기본권이 제약될 수 있다는 위협을 주는 측면이 있고, /

【**대법원 판단**】 민간인인 국방부장관은 지역계엄실시와 관련하여 계엄사령관에 대하여 가지고 있던 지휘감독권을 잃게 되므로(제9조), 군부를 대표하는 계엄사령관의 권한이 더욱 강화됨은 물론 /

【**대법원 판단**】 국방부장관이 계엄업무로부터 배제됨으로 말미암아 계엄업무와 일반국정을 조정 통할하는 국무총리의 권한과 이에 대한 국무회의의 심의권마저도 배제됨으로써, /

【**대법원 판단**】 헌법기관인 국무총리와 국무위원들이 받는 강압의 효과와 그에 부수하여 다른 국가기관의 구성원이 받는 강압의 정도가 증대된다고 할 것이며, /

【**대법원 판단**】 따라서 비상계엄의 전국확대조치의 그와 같은 강압적 효과가 법령과 제도 때문에 일어나는 당연한 결과라고 하더라도, /

【**대법원 판단**】 이러한 법령이나 제도가 가지고 있는 위협적인 효과가 국헌문란의 목적을 가진 자에 의하여 그 목적을 달성하기 위한 수단으로 이용되는 경우에는 비상계엄의 전국확대조치가 내란죄의 구성요건인 폭동의 내용으로서의 협박행위가 되므로 이는 내란죄의 폭동에 해당한다고 할 것이다.

【**대법원 요지**】 한편 범죄는 '어느 행위로 인하여 처벌되지 아니하는 자'를 이용하여서도 이를 실행할 수 있으므로(형법 제34조 제1항), /

【**대법원 요지**】 내란죄의 경우 '국헌문란의 목적'을 가진 자가 그러한 목적이 없는 자를 이용하여 이를 실행할 수도 있다고 할 것이다.

3. 사안에 대한 대법원의 판단

【**대법원 분석**】 그런데 앞서 본 사실관계에 의하면, /

【**대법원 분석**】 피고인들은 12 · 12군사반란으로 군의 지휘권을 장악한 후, 국정 전반에 영향력을 미쳐 국권을 사실상 장악하는 한편, /

【**대법원 분석**】 헌법기관인 국무총리와 국무회의의 권한을 사실상 배제하고자 하는 국헌문란의 목적을 달성하기 위하여, /

【**대법원 분석**】 비상계엄을 전국적으로 확대하는 것이 전군지휘관회의에서 결의된 군부의 의견인 것을 내세워 그와 같은 조치를 취하도록 대통령과 국무총리를 강압하고, /

【**대법원 분석**】 병기를 휴대한 병력으로 국무회의장을 포위하고 외부와의 연락을 차단하여 국무위원들을 강압 외포시키는 등의 폭력적 불법수단을 동원하여 비상계엄의 전국확대를 의결 · 선포하게 하였음을 알 수 있다.

【**대법원 판단**】 사정이 이와 같다면, 위 비상계엄 전국확대가 국무회의의 의결을 거쳐 대통령이 선포함으로써 외형상 적법하였다고 하더라도, 이는 피고인들에 의하여 국헌문란의 목적을 달성하기 위한 수단으로 이루어진 것이므로 내란죄의 폭동에 해당하고, /

【**대법원 판단**】 또한 이는 피고인들에 의하여 국헌문란의 목적을 달성하기 위하여 그러한 목적이 없

는 대통령을 이용하여 이루어진 것이므로 피고인들이 간접정범의 방법으로 내란죄를 실행한 것으로 보아야 할 것이다.

【대법원 결론】 같은 취지의 원심 판단은 정당하고, 거기에 상고이유로 지적하는 바와 같은 죄형법정주의 및 간접정범에 관한 법리오해 등의 위법이 있다고 할 수 없다. (상고 기각)

2010도3504

국가보안법상 선전의 개념
통일학교 자료집 사건

2013. 2. 15. 2010도3504, 공 2013상, 528

1. 사실관계 및 사건의 경과

【사실관계】

① 갑 등은 전국교직원노동조합 M지부 통일위원회 소속 교사들이다.

② 갑 등은 전교조 M지부 교사들을 대상으로 통일학교를 개최하였다.

③ 갑 등은 '통일학교 자료집'을 제작하였다. (㉠자료집)

④ 갑 등은 참석자들에게 ㉠자료집을 배포하고, 그 내용을 강의하였다.

⑤ ㉠자료집에는 김일성과 공산당을 찬양하는 북한의 역사인식과 '선군정치' 등 북한의 통치노선에 관한 내용이 들어 있었다.

【사건의 경과】

① 검사는 갑 등을 국가보안법위반죄(찬양 · 고무 등)로 기소하였다.

② 공소사실의 내용은 다음과 같다.

(가) ㉠자료집 제작 · 배표 : 이적표현물제작 · 반포죄

(가) ㉠자료집 강의 : 선전 · 동조죄

③ 갑 등의 피고사건은 제1심을 거친 후, 항소심에 계속되었다.

④ 항소심법원은 유죄를 선고하였다.

⑤ 갑 등은 불복 상고하였다.

2. 국가보안법상 찬양 · 고무죄의 성립요건

(1) 선전 및 동조의 개념정의

【대법원 요지】 가. 국가보안법 제7조 제1항의 반국가단체 등 활동 선전 · 동조죄의 구성요건으로서 '선전'은 /

【대법원 요지】 불특정 또는 다수인에게 반국가단체 등의 활동 내용이나 취지를 주지시켜 이해 또는 공감을 구하는 것을, /

【대법원 요지】 '동조'는 반국가단체 등의 선전 · 선동 및 그 활동과 동일한 내용의 주장을 하거나 이에 합치되는 행위를 하여 반국가단체 등의 활동에 호응 · 가세하는 것을 의미하며, /
【대법원 요지】 이때 '선전' 또는 '동조' 행위는 국가의 존립 · 안전이나 자유민주적 기본질서에 실질적 해악을 끼칠 명백한 위험성이 있는 정도에 이르러야 한다. /

(2) 이적표현물의 범위

【대법원 요지】 그리고 국가보안법 제7조 제5항의 이적표현물로 인정되기 위해서는 /
【대법원 요지】 그 표현물의 내용이 국가보안법의 보호법익인 국가의 존립 · 안전과 자유민주적 기본질서를 위협하는 적극적이고 공격적인 것이어야 하고, /
【대법원 요지】 표현물에 이와 같은 이적성이 있는지 여부는 /
【대법원 요지】 표현물의 전체적인 내용뿐만 아니라 그 작성의 동기는 물론 표현행위 자체의 태양 및 외부와의 관련사항, 표현행위 당시의 정황 등 제반 사정을 종합하여 결정하여야 한다. /

(3) 이적목적의 입증

【대법원 분석】 또한 국가보안법 제7조 제5항의 죄는 /
【대법원 분석】 같은 조 제1항 등에 규정된 이적행위를 할 목적으로 /
【대법원 분석】 문서 · 도화 기타의 표현물을 /
【대법원 분석】 제작 · 수입 · 복사 · 소지 · 운반 · 반포 · 판매 또는 취득함으로써 성립하는 범죄로서 /
【대법원 분석】 이른바 목적범에 해당하고, /
【대법원 요지】 목적범에서의 목적은 범죄 성립을 위한 초과주관적 위법요소로서 고의 외에 별도로 요구되는 것이며, /
【대법원 요지】 형사재판에서 공소가 제기된 범죄의 구성요건을 이루는 사실에 대한 증명책임은 검사에게 있으므로, /
【대법원 요지】 국가보안법 제7조 제5항 범죄의 성립을 인정할 수 있으려면 검사가 행위자에게 이적행위를 할 목적이 있었다는 점을 증명하여야 한다. /
【대법원 요지】 이 경우 행위자가 이적표현물임을 인식하고 이와 관련하여 국가보안법 제7조 제5항에서 정한 제작 · 수입 · 복사 · 소지 · 운반 · 반포 · 판매 또는 취득 등의 행위를 하였다는 사실만으로 그에게 이적행위를 할 목적이 있었다고 추정할 수 없음은 물론이지만, /
【대법원 요지】 행위자에게 이적행위 목적이 있음을 증명할 직접증거가 없는 때에는 /
【대법원 요지】 앞에서 본 표현물의 이적성의 징표가 되는 여러 사정들에 더하여 행위자의 경력과 지위, 행위자가 이적표현물과 관련하여 위 규정의 행위를 하게 된 경위, 행위자의 이적단체 가입 여부 및 이적표현물과 행위자가 소속한 이적단체의 실질적인 목표 및 활동과의 연관성 등 /
【대법원 요지】 간접사실을 종합적으로 고려하여 행위자의 이적행위 목적 여부를 판단할 수 있다.
【대법원 판단】 (중략)

3. 공소사실의 요지

【대법원 분석】 나. 이 사건 공소사실의 요지는, /

【대법원 분석】 피고인들은 전국교직원노동조합(이하 '전교조'라고 한다) ○○지부 통일위원회 소속 교사들로서 /

【대법원 분석】 전교조 ○○지부 교사들을 대상으로 통일학교를 개최하면서, /

【대법원 분석】 반국가단체인 북한의 활동을 선전 또는 이에 동조할 목적으로 /

【대법원 분석】 김일성과 공산당을 찬양하는 북한의 역사인식과 '선군정치' 등 북한의 통치노선을 그대로 수용하거나 정당화 내지 미화하는 내용의 표현물인 '통일학교 자료집'을 제작 · 반포하고, /

【대법원 분석】 통일학교 수강교사들에게 위와 같은 '통일학교 자료집'의 내용을 강의함으로써 /

【대법원 분석】 반국가단체인 북한의 활동을 선전하거나 이에 동조하였다는 것이다.

4. 사안에 대한 대법원의 판단

(1) 선동 · 동조 부분에 대한 판단

【대법원 판단】 이에 대하여 원심은, 제1심이 채택한 증거를 종합하여 /

【대법원 판단】 피고인들이 제작 · 반포한 '통일학교 자료집'은 국가보안법상의 이적표현물에 해당한다고 판단하고, /

【대법원 판단】 또한 위 증거에 의하여 인정되는 판시 사정들을 종합하여 /

【대법원 판단】 피고인들에게 국가보안법 제7조 제5항의 이적행위에 관한 목적 및 /

【대법원 판단】 같은 조 제1항의 반국가단체 활동의 선전 · 동조에 관한 고의가 있었다고 판단하여 /

【대법원 판단】 위 각 공소사실을 유죄로 인정하였다.

【대법원 판단】 (중략)

【대법원 결론】 (전략) 앞서 본 국가보안법 제7조 제1항 및 제5항의 해석에 관한 법리에 비추어 살펴보면, /

【대법원 결론】 원심이 이 사건 '통일학교 자료집'이 같은 조 제5항의 이적표현물에 해당하고, /

【대법원 결론】 피고인들이 통일학교 수강교사들에게 그 내용을 강의한 행위가 /

【대법원 결론】 같은 조 제1항의 반국가단체 활동을 선전하거나 이에 동조한 것에 해당한다고 판단한 조치는 정당하다.

(2) 이적표현물 제조 · 반포 부분에 대한 판단

【대법원 판단】 나아가 원심판결 이유 및 위와 같이 적법하게 채택된 증거에 의하면, /

【대법원 판단】 피고인들이 반국가단체 활동 선전 · 동조 행위에 해당하는 통일학교 강의에 교재로 사용하기 위하여 '통일학교 자료집'을 제작하여 수강교사들에게 반포한 사실이 인정되고, /

【대법원 결론】 이를 위 법리에 비추어 살펴보면, /

【대법원 결론】 원심이 피고인들에게 국가보안법 제7조 제5항의 이적행위 목적이 인정된다고 판단하고, /

【대법원 결론】 이를 기초로 위 공소사실을 모두 유죄로 인정한 조치는 정당한 것으로 수긍할 수 있다. (상고 기각)

제 2 장 외환의 죄

97도985

국가기밀과 공지의 사실
범민련 편지 사건

1997. 7. 16. 97도985 전원합의체 판결, 공 1997, 2243

1. 사실관계 및 사건의 경과

【사실관계 1】

① 1991. 8. 17. A는 북한에 들어갔다.

② A는 북한의 구성원 B로부터 남한의 국내 정세나 재야 단체의 동향을 파악하여 알려달라는 지령을 받았다.

③ A는 이를 위시하여 수차례 북한의 구성원들과 접촉하여 지령을 받아 그 목적을 수행해 왔다.

④ 갑은 A와 국내에서 접촉하여 그의 연락처를 알아내었다.

⑤ 갑은 A에게 가족을 찾아달라는 부탁을 하는 취지의 서신연락으로 A와 연락하기 시작하였다.

⑥ 갑은 이후 A가 북한 구성원의 지령을 받아 목적을 수행한다는 사실을 알게 되었다.

【사실관계 2】

① 갑은 A로부터 자료 수집을 부탁받았다.

② 1992. 1. 21.부터 1994. 5. 4.까지 갑은 12회에 걸쳐 다음의 방법으로 자료들을 수집하였다.
  (가) 동아일보, 한겨레신문 등 국내 일간지
  (나) 월간 '말'지 등 잡지, 방송
  (다) 조국통일범민족연합(약칭 범민련) 등 재야 운동단체 사무실 등에의 출입

③ 갑은 입수한 자료들을 종합하여 다음 내용이 상세히 기재된 편지와 녹음테이프를 A에게 우송하였다.
  (가) 남한의 국내 정치상황
  (나) 재야 운동단체들의 활동
  (다) 범민련 남측본부 인사들의 구속 및 재판과정

【사건의 경과 1】

① 검사는 갑을 국가보안법위반죄로 기소하였다.

② 갑의 피고사건은 제1심을 거친 후, 항소심에 계속되었다.

③ 항소심법원은 종전 판례를 판단의 기준으로 삼았다.

④ 항소심법원은 이에 따라 갑의 행위가 국가보안법 제4조 제1항 제2호 (나)목의 국가기밀 수집, 전달

에 해당한다고 판단하였다.
⑤ 항소심법원은 유죄를 인정하였다.
⑥ (항소심의 판단 이유는 판례 본문 참조)
⑦ 갑은 불복 상고하였다.

【사건의 경과 2】

① 대법원은 10 대 3으로 견해가 나뉘었다.
② 대법관 10인의 다수의견은 판례 변경을 주장하였다.
③ 다수의견은 변경된 기준에 따른 때 갑의 행위는 국가기밀 수집, 전달에 해당하지 아니할 수 있다고 주장하였다.
④ 대법관 3인의 별개의견은 판례 변경에 반대하였다.
⑤ 별개의견은 종전의 판례 기준에 의하더라도 갑의 행위는 국가기밀 수집, 전달에 해당하지 아니할 수 있다고 주장하였다.
⑥ 대법원은 항소심판결을 파기하고 환송하였다.
⑦ (이하에서는 지면 관계로 다수의견만을 소개함)

2. 사안에 대한 항소심의 판단

【항소심 분석】 원심판결 이유에 의하면, 원심은, /
【항소심 분석】 공소외 A(일명 강민철)은 1991. 8. 17. 북한에 들어가 그 구성원인 공소외 B로부터 국내 정세나 재야 단체의 동향을 파악하여 알려달라는 지령을 받은 이외에 /
【항소심 분석】 수차례 북한의 구성원들과 접촉하여 지령을 받아 그 목적을 수행하여 온 자이고, /
【항소심 분석】 피고인으로서도 공소외 A와 국내에서 접촉하여 그의 연락처를 알아냈고, /
【항소심 분석】 그에게 가족을 찾아달라는 부탁을 하는 취지의 서신연락으로 시작되기는 하였지만 /
【항소심 분석】 그 이후 공소외 A의 위와 같은 역할을 알고서도 그의 부탁을 받고 /
【항소심 분석】 국내의 정치상황, 재야 운동단체들의 활동, 조국통일범민족연합(약칭 범민련) 남측 본부 인사들의 구속 및 재판과정 등을 상세히 기재한 편지와 녹음테이프를 그에게 우송한 사실을 인정한 다음, /
【항소심 판단】 국가보안법 제4조 제1항 제2호에 정한 국가기밀이라 함은 /
【항소심 판단】 반국가단체에 대하여 비밀로 하거나 확인되지 아니함이 대한민국의 이익을 위하여 필요한 모든 정보자료로서, /
【항소심 판단】 순전한 의미에서의 국가기밀에 한하지 아니하고 /
【항소심 판단】 정치, 경제, 사회, 문화 등 각 방면에 관한 국가의 모든 기밀사항이 포함되며, /
【항소심 판단】 그것이 국내에서의 적법한 절차 등을 거쳐 널리 알려진 공지의 사항이라고 하더라도 /
【항소심 판단】 반국가단체인 북한에게는 유리한 자료가 되고, /
【항소심 판단】 대한민국에는 불이익을 초래할 수도 있는 것이면 /
【항소심 판단】 국가기밀에 속한다고 할 것이며, /
【항소심 판단】 또 지령의 수수는 상명하복의 지배관계가 있을 것을 필요로 하지 않음은 물론 /

【항소심 판단】 구두, 서신 등 그 형식에도 아무런 제한이 없는 점에 비추어 /
【항소심 판단】 피고인이 공소외 A의 지령에 따라 위와 같이 국내의 정치상황, 재야 운동단체들의 활동, 범민련 남측본부 인사들의 구속 및 재판과정 등을 전달한 행위는 /
【항소심 판단】 국가보안법 제4조 제1항 제2호 (나)목의 국가기밀 수집, 전달에 해당한다고 판단하였다.

3. 국가기밀과 공지의 사실

【대법원 분석】 그러나 국가보안법 제1조 제1항은 /
【대법원 분석】 이 법은 국가의 안전을 위태롭게 하는 반국가활동을 규제함으로써 국가의 안전과 국민의 생존 및 자유를 확보함을 목적으로 한다고 규정하고, /
【대법원 분석】 그 제2항에서 /
【대법원 분석】 이 법을 해석 적용함에 있어서는 제1항의 목적달성을 위하여 필요한 최소한도에 그쳐야 하며, /
【대법원 분석】 이를 확대 해석하거나 헌법상 보장된 국민의 기본적 인권을 부당하게 제한하는 일이 있어서는 아니된다고 규정하고 있을 뿐 아니라, /
【대법원 요지】 유추해석이나 확대해석을 금지하는 죄형법정주의의 기본정신에 비추어서도 그 구성요건을 엄격히 제한 해석하여야 할 것이다.
【대법원 요지】 따라서 현행 국가보안법 제4조 제1항 제2호 (나)목에 정한 기밀을 해석함에 있어서 /
【대법원 요지】 그 기밀은 정치, 경제, 사회, 문화 등 각 방면에 관하여 /
【대법원 요지】 반국가단체에 대하여 비밀로 하거나 확인되지 아니함이 /
【대법원 요지】 대한민국의 이익이 되는 모든 사실, 물건 또는 지식으로서, /
【대법원 요지】 그것들이 국내에서의 적법한 절차 등을 거쳐 이미 일반인에게 널리 알려진 공지의 사실, 물건 또는 지식에 속하지 아니한 것이어야 하고, /
【대법원 요지】 또 그 내용이 누설되는 경우 국가의 안전에 위험을 초래할 우려가 있어 기밀로 보호할 실질가치를 갖춘 것이어야 할 것이다.
【대법원 요지】 다만 국가보안법 제4조(목적수행)가 반국가단체의 구성원 또는 그 지령을 받은 자의 목적수행행위를 처벌하는 규정이므로 /
【대법원 요지】 그것들이 공지된 것인지 여부는 /
【대법원 요지】 신문, 방송 등 대중매체나 통신수단 등의 발달 정도, 독자 및 청취의 범위, 공표의 주체 등 여러 사정에 비추어 보아 /
【대법원 요지】 반국가단체 또는 그 지령을 받은 자가 더 이상 탐지 · 수집이나 확인 · 확증의 필요가 없는 것이라고 판단되는 경우 등이라 할 것이고, /
【대법원 요지】 누설할 경우 실질적 위험성이 있는지 여부는 /
【대법원 요지】 그 기밀을 수집할 당시의 대한민국과 북한 또는 기타 반국가단체와의 대치현황과 안보사항 등이 고려되는 건전한 상식과 사회통념에 따라 판단하여야 할 것이며, /
【대법원 요지】 그 기밀이 사소한 것이라 하더라도 /

【대법원 요지】 누설될 경우 반국가단체에는 이익이 되고 /
【대법원 요지】 대한민국에는 불이익을 초래할 위험성이 명백하다면 /
【대법원 요지】 이에 해당한다 할 것이다.
【대법원 요지】 따라서 이와 일부 다른 견해를 취한 /
【대법원 요지】 대법원 1993. 10. 8. 선고 93도1951 판결, 1994. 5. 24. 선고 94도930 판결, 1995. 7. 28. 선고 95도1121 판결, 1995. 9. 26. 선고 95도1624 판결 및 /
【대법원 요지】 이와 같은 취지의 종전 판결들은 이를 변경하기로 한다.
【대법원 판단】 이 점에 대하여는 대법관 천경송, 대법관 정귀호, 대법관 이임수의 별개의견이 있다(제8항 참조).

4. 사안에 대한 대법원의 판단

【대법원 분석】 이제 이 사건에 돌아와 보건대, 기록에 의하면 /
【대법원 분석】 피고인에 대한 이 사건 국가기밀의 탐지, 수집, 전달에 관한 공소사실의 요지는 /
【대법원 분석】 피고인이 반국가단체로부터 지령을 받은 공소외 A의 지령에 따라 /
【대법원 분석】 1992. 1. 21.부터 1994. 5. 4.까지 12회에 걸쳐 /
【대법원 분석】 동아일보, 한겨레신문 등 국내 일간지와 월간 '말'지 등 잡지, 방송 등을 통하거나 /
【대법원 분석】 범민련 등 재야 운동단체 사무실 등지를 출입하면서 /
【대법원 분석】 입수한 자료들을 탐지, 수집한 후 이를 종합하여 /
【대법원 분석】 국내 정세와 재야 운동단체들의 활동, 범민련 남측본부 인사들의 구속 및 재판과정 등에 관한 내용을 편지 또는 녹음테이프에 정리하여 공소외 A에게 전달하였다는 것인바, /
【대법원 판단】 그렇다면 원심으로서는 /
【대법원 판단】 피고인이 탐지, 수집, 전달하였다는 위와 같은 공소사실의 기밀의 내용 중에는 /
【대법원 판단】 신문, 방송 등 대중매체나 통신수단 등의 발달 정도, 독자 및 청취의 범위, 공표의 주체 등 여러 사정에 비추어 보아 /
【대법원 판단】 반국가단체인 북한이나 그 지령을 받은 공소외 A 또는 피고인이 더 이상 탐지 · 수집이나 확인 · 확증의 필요가 없는 것이라고 판단되어 /
【대법원 판단】 공지의 사실에 속하는 것도 포함되어 있는 것으로 보이므로, /
【대법원 판단】 과연 피고인이 탐지, 수집, 전달한 내용에 위와 같은 공지된 사실에 속하는 것이 있는지 여부를 심리하고, /
【대법원 판단】 나아가 위에서 설시한 판단기준에 비추어 /
【대법원 판단】 그 내용을 누설할 경우 국가의 안전에 위험을 초래할 우려가 있어 기밀로 보호할 실질가치를 가지고 있는지 여부 등에 관하여 좀더 심리하여 /
【대법원 판단】 그것이 국가보안법 제4조 제1항 제2호 (나)목에 정한 '국가기밀'에 해당하는지 여부를 가려 보았어야 할 것이다.
【대법원 결론】 그럼에도 불구하고 이러한 조치를 취하지 아니한 원심판결에는 국가보안법 제4조 제1항 제2호 (나)목에 정한 '국가기밀'에 관한 법리를 오해한 위법이 있다고 할 것이고, /

【대법원 결론】 이는 판결에 영향을 미쳤음이 분명하다고 할 것이다. 이 점을 지적하는 상고이유는 받아들이기로 한다. (파기 환송)

2008재도11

간첩죄와 간첩행위 – 부정례

진보당 문건 교부 사건

2011. 1. 20. 2008재도11 전원합의체 판결, 공 2011상, 508

1. 사실관계 및 사건의 경과

【사실관계】

① [소위 조봉암 재심사건의 일부분이다.]
② [이하에서는 공소사실 중 간첩죄 부분만 고찰한다.]
③ 갑은 진보당의 중앙위원장이다.
④ 을은 북한의 A로부터 지령을 받고 월남하였다.
⑤ 을은 갑을 만나 A의 지령을 전하였다.
⑥ 갑은 을에게 다음과 같은 말을 하였다.
(가) 반미운동과 관련하여 진보당의 지위가 확고하지 못하여 주장하기 어렵다.
(나) 진보당의 지방조직은 잘 되어 간다.
(다) 갑 본인은 제4대 민의원 총선거에서 인천에서 출마할 예정이다.
⑦ 갑은 위의 말과 함께 진보당의 제4대 민의원 입후보자 명단 1장과 자금요청서 1장 등이 들어 있는 진보당선거대책이라는 서한을 을에게 교부하였다.
⑧ 이 자리에서 갑은 을로부터 금품 등을 수수하였다.

【사건의 경과 1】

① 검사는 갑을 간첩죄로 기소하였다.
② 갑의 피고사건은 제1심과 제2심을 거친 후, 대법원에 계속되었다.
③ 대법원은 원심을 파기하고 자판하여, 갑에게 사형을 선고하였다.
④ 갑에 대한 판결은 확정되었다.
⑤ [이후 갑에 대해 사형이 집행되었다.]

【사건의 경과 2】

① 갑의 유족은 재심을 청구하였다.
② 갑의 사건에 대해 대법원의 재심개시결정이 있었다.
③ 사형선고를 내린 원판결법원이 대법원이었으므로 대법원이 재심판결에 임하였다.
④ 대법원은 간첩죄 유죄 확정판결 부분에 대해 다음과 같이 판단하였다.

2. 간첩죄의 성립요건

【대법원 요지】 형법 제98조 제1항은 "적국을 위하여 간첩하거나 적국의 간첩을 방조한 자는 사형, 무기 또는 7년 이상의 징역에 처한다."고 규정하고 있다. /

【대법원 요지】 여기에서 간첩이라 함은 적국에 제보하기 위하여 은밀한 방법으로 우리나라의 군사상은 물론 정치, 경제, 사회, 문화, 사상 등 기밀에 속한 사항 또는 도서, 물건을 탐지·수집하는 것을 말하고, /

【대법원 요지】 간첩행위는 기밀에 속한 사항 또는 도서, 물건을 탐지·수집한 때에 기수가 되는 것이므로 /

【대법원 요지】 간첩이 이미 탐지·수집하여 지득하고 있는 사항을 타인에게 보고·누설하는 행위는 간첩의 사후행위로서 위 조항에 의하여 처단의 대상이 되는 간첩행위 자체라고 할 수 없다.

3. 사안에 대한 대법원의 판단

【대법원 분석】 그런데 원심판결의 이유에 의하더라도, /

【대법원 분석】 피고인의 행위는 공동피고인 을로부터 북한의 지령을 전달받고 대화를 나누었으며 그로부터 금품 등을 수수하고 그에게 진보당 관련 문건 등을 교부하였다는 것일 뿐이므로, /

【대법원 판단】 결국 진보당의 중앙위원장인 피고인이 이미 지득하고 있던 진보당 관련 문건 등을 보고·누설한 행위에 불과하다고 할 것인바, /

【대법원 판단】 이러한 행위는 그 사실 자체로서 형법 제98조 제1항에 규정된 간첩행위, 즉 우리나라의 기밀을 탐지·수집하는 간첩행위라고 보기 어렵다.

【대법원 결론】 그럼에도 불구하고 원심은 이 부분 공소사실이 간첩죄에 해당한다고 판단하였으니, 원심판결에는 형법 제98조 제1항에 규정한 간첩죄에 관한 법리오해의 위법이 있다. 이 점을 지적하는 상고이유의 주장은 이유 있다. (원심판결 파기, 간첩죄 부분 무죄)

93도3145

간첩방조죄와 간첩방조 – 부정례
통일연구회 자료제공 사건

1994. 3. 11. 93도3145, 공 1994, 1233

1. 사실관계 및 사건의 경과

【사실관계 1】

① 갑은 을과 1968년도 이후 형제처럼 친밀히 지내온 사이이다.

② 갑은 K형사사건으로 을과 함께 실형을 복역하여 을의 친북성향을 잘 알고 있었다.

③ 을은 북한의 지령을 받고 북한의 공작금을 기금으로 하여 P통일연구회를 설립, 운영하고 있었다.

【사실관계 2】

① 1990. 10. 하순경 갑은 을로부터 다음과 같은 말을 들었다.

(가) 내가 요즈음 북에서 온 사람들을 만났다.

(나) 그들과 연락을 취하기로 되어 있는데 유사시 내가 연락을 받을 수 없을 때 나 대신 무전연락을 부탁한다.

(다) 북쪽에서 전파로 보내주는 것을 받고, 또 이쪽에서 통일에 관한 나의 의견, 국내외 정세에 관한 나의 의견 등을 무전으로 북에 알려주는 것이다.

② 갑은 을의 말을 듣고서 이를 거절하였다.

③ 갑은 을의 행동을 관계 당국에 신고하지 않았다. (㉠미신고 부분)

④ 갑은 을을 도와서 통일관련 활동을 하였다.

⑤ 1992. 3. 하순경부터 같은 해 7. 하순경까지 갑은 통일문제와 관련한 M논문 또는 N자료를 을에게 제공하였다. (㉡자료제공 부분)

【사건의 경과】

① 검사는 갑을 다음의 공소사실로 기소하였다.

(가) ㉠미신고 부분 : 국가보안법위반죄(불고지)

(나) ㉡자료제공 부분 : 국가보안법위반죄(간첩방조)

② (나)의 간첩방조죄 적용법조는 국가보안법 제4조 제1항 제2호, 형법 제98조 제1항이다.

③ 갑의 피고사건은 제1심을 거친 후, 항소심에 계속되었다.

④ 항소심법원은 다음과 같이 판단하였다.

(가) ㉠미신고 부분 : 국가보안법위반죄(불고지) : 유죄

(나) ㉡자료제공 부분 : 국가보안법위반죄(간첩방조) : 유죄

⑤ (항소심의 판단 이유는 판례 본문 참조)

⑥ 갑은 불복 상고하였다.

⑦ 대법원은 다음과 같이 판단하였다.

(가) ㉠미신고 부분 : 국가보안법위반죄(불고지) : 유죄 유지

(나) ㉡자료제공 부분 : 국가보안법위반죄(간첩방조) : 유죄 파기

⑧ 대법원은 항소심판결을 파기하고 환송하였다.

2. 공소사실의 요지

【대법원 분석】 원심에서 변경된 이 부분 공소사실의 요지는, /

【대법원 분석】 피고인은 북한의 지령을 받은 공소외인이 북한의 공작금을 기금으로 하여 평화통일연구회를 설립, 운영하면서 /

【대법원 분석】 통일문제와 관련된 각종 국가기밀과 군사기밀을 탐지, 수집하고 있는 간첩이라는 정을 알면서도 /

【대법원 분석】 1992. 3. 하순경부터 같은 해 7. 하순경까지 그 기재와 같은 논문 또는 자료 등을 그에

게 제공하여 그가 각종 국가 및 군사상 기밀을 탐지, 수집하도록 조력하여 이를 방조하였다는 것인바, /

3. 사안에 대한 항소심의 판단

【항소심 판단】 이에 대하여 원심은, /

【항소심 판단】 피고인에 대한 판시의 불고지죄가 인정되는 이상 /

【항소심 판단】 피고인이 공소외인과 1968년도 이후 형제처럼 친밀히 지내온 사이이고, 고대민우회 사건으로 함께 실형을 복역하여 누구보다도 그의 친북성향을 잘 알고 있었으므로 /

【항소심 판단】 적어도 그가 북한의 지령을 받고 그 목적수행을 위하여 통일과 관련된 국가기밀을 탐지, 수집하려는 정을 알았다고 봄이 상당하고, /

【항소심 판단】 제1심판결의 거시증거에 의하면 피고인이 그를 도와 통일관련 활동 등을 하면서 이 부분 공소사실과 같은 행위를 하였음을 인정할 수 있다는 이유로 이를 유죄로 인정하고서 /

【항소심 판단】 국가보안법 제4조 제1항 제2호 나.목, 형법 제98조 제1항을 적용하였다.

4. 간첩방조죄의 성립요건

【대법원 판단】 살피건대, 기록에 의하면 이 부분 공소사실 기재의 논문이나 자료의 내용이 국가보안법 제4조 제1항 제2호 나.목 소정의 국가기밀사항에 해당됨은 인정된다고 하겠으나, /

【대법원 요지】 국가보안법 제4조 제1항 제2호, 형법 제98조 제1항에 의한 반국가단체의 구성원 또는 그 지령을 받은 자에 대한 간첩방조죄가 성립하기 위하여는 /

【대법원 요지】 행위자는 그 방조의 상대방이 반국가단체의 간첩임을 인식하면서 간첩행위를 원조하여 용이하게 하는 행위가 요구된다 할 것인데, /

【대법원 판단】 피고인의 경우에 그가 공소외인이 반국가단체의 간첩인 점을 알았는가에 관하여 살피건대, /

【대법원 판단】 위 공소사실 자체에 의하여도 피고인은 공소외인이 간첩임을 언제부터 알았는지에 관한 명백한 기재가 없거니와, /

【대법원 판단】 공소외인이 위 1990.10.경의 피고인과의 대화 이후에도 수차에 걸쳐 피고인에게 그가 북한과 연락하고 있다는 사실의 묵비를 요구하였다고 된 수사기록의 진술기재는 피고인의 검찰 이래의 진술과, 공소외인의 제1심 법정에서의 진술로 모두 번복되었음에 비추어 사실이 아니라고 보이고, /

【대법원 판단】 공소외인이 북한의 공작금으로 평화통일연구회를 설립, 운영하고 있다는 사실을 피고인이 알았다고 단정할 합리적 증거도 없다고 보이므로, /

【대법원 판단】 결국 원심은 앞서 본 불고지죄 성립의 원인된 사실관계와 그 판시의 정황에 의하여 공소외인이 간첩인 정을 알고 있었다고 본 것이라 할 것이다.

5. 사안에 대한 대법원의 판단

【대법원 판단】 그러나, 위와 같은 불고지죄의 원인이 된 1990. 10. 하순경의 피고인과 공소외인과의 대화내용에다 원심이 판시한 위와 같은 정황을 보태어 보더라도, /

【대법원 판단】 공소외인이 바로 대한민국의 군사상 기밀이나 국가기밀을 탐지, 수집할 것을 지령받

은 간첩이라는 정을 피고인이 알았다고는 쉽사리 단정할 수 없고, /

【대법원 판단】 달리 원심이 들고 있는 제1심판결의 채택증거와 기록을 살펴보아도 이를 뒷받침할 만한 명백한 증거가 없다 할 것이므로, /

【대법원 판단】 피고인이 그 판시와 같은 평화 통일연구회 활동에 의하여 공소외인의 국가기밀의 탐지, 수집행위를 도왔다 하더라도 피고인이 반국가단체의 간첩임을 인식하면서 그의 공소사실과 같은 간첩행위를 조력하였다고는 볼 수 없다 할 것이니 이 점을 지적하는 논지는 이유 있다 할 것이다.

【대법원 결론】 그럼에도 불구하고, 원심이 그 판시와 같은 이유만으로 이 부분 공소사실을 유죄로 인정한 것은 국가보안법상 반국가단체의 간첩방조죄에 관한 법리를 오해하였거나, 심리미진 내지 채증법칙을 위반하여 사실을 오인한 위법이 있어 판결에 영향을 미쳤다 하겠으므로 이에 관한 원심판결은 유지될 수 없다 할 것이고, /

【대법원 결론】 이 부분 공소사실은 원심판시의 다른 죄들과 형법 제37조 전단의 경합범관계에 있으므로 나머지 상고이유에 대한 판단을 생략한 채 원심판결을 전부 파기하여 사건을 원심법원에 환송하기로 관여 법관의 의견이 일치되어 주문과 같이 판결한다. (파기 환송)

제 3 장 국기에 관한 죄

74도2183

국기비방죄와 비방 – 부정례
국기 배례 사건

1975. 5. 13. 74도2183, 판례월보 1975년 59호 63면

1. 사실관계 및 사건의 경과

【사실관계 1】

① 갑은 P교회의 신도이다.

② 을은 P교회의 목사이다.

③ 갑은 주일학교 학생들에게 "우상에게 절하지 말고 섬기지 말라."는 성경구절을 설명하게 되었다.

④ 갑은 주일학생들에게 다음과 같이 말하였다.

⑤ "국기는 생명체나 인격체가 아니니 국기에 대하여 [허리를 굽혀] 절을 해서는 안 된다." (㉠발언)

⑥ 갑의 ㉠발언이 문제화되었다.

⑦ P교회의 목사 을은 논란에 대한 목사로서의 입장을 해명하기 위하여 [신도들이 모인 장소에서] 다음과 같은 내용의 발언을 하였다. (㉡발언)

(가) 국기는 국가의 표상이고 만민의 상징이므로 국기를 사랑하는 만큼 존중하여야 한다.

(나) 그렇지만 성경의 교리상 국기에 대하여 [허리를 굽혀] 절을 해서는 안 된다.

(다) 다만 국기를 존중하는 의미에서 가슴에 손을 얹고 주목하는 방법으로 경의를 표할 수 있다.

【사실관계 2】

① ㉠, ㉡발언 당시 시행중이던 국무총리의 국기에 대한 경례방법 통첩은 다음과 같이 규정하고 있었다.

② "국기에 대한 예에는 게양할 때 주목으로 하고 이미 게양되어 있는 국기에 대하여는 종래의 배례(拜禮)를 폐지하고 우수(右手)를 좌흉(左胸) 심장부에 치(置)하였다가 다시 본자세로 복귀한다."

【사건의 경과 1】

① [갑과 을의 발언을 문제 삼은 A 등 신도들은 갑과 을을 고발하였다.]

② 검사는 갑과 을을 국기비기죄로 기소하였다.

③ 제1심법원은 다음의 이유를 들어서 무죄를 선고하였다.

(가) 갑과 을은 다 같이 국기에 대한 존중과 경의의 표시방법으로 주목함으로써 하는 것을 받아들이고 있다.

(나) 그러한 이상 갑과 을이 교리상 국기에 대하여 절을 해서는 안 된다는 말을 했다 해서 바로 갑과

을에게 국기를 비기(誹譏)할 고의나 국가를 모독할 목적이 있었다고 볼 수 없다.

【사건의 경과 2】

① 검사는 불복 항소하였다.

② 항소심법원은 항소를 기각하고, 제1심판결을 유지하였다.

③ (항소심의 판단 이유는 판례 본문 참조)

④ 검사는 불복 상고하였다.

⑤ 검사는 상고이유로 다음의 점을 주장하였다.

(가) 증인들의 증언 내용을 잘못 파악하여 원판결에 채증법칙을 위배한 위법이 있다.

(나) 갑과 을의 행위는 국기에 대한 비기(誹譏)에 해당하는바, 이를 인정하지 아니한 법리오해의 위법이 있다.

2. 사안에 대한 항소심의 판단

【대법원 분석】 원심이 유지한 제1심판결 이유에 의하면 원심은 /

【대법원 분석】 피고인 갑이 공소사실 기재 일시 장소에서 주일학교 학생들에게 우상에게 절하지 말고 섬기지 말라는 성경구절을 설명함에 있어 국기는 생명체나 인격체가 아니니 국기에 대하여 절을 해서는 안 된다는 취지의 말을 한 사실이 있고 /

【대법원 분석】 이것이 문제화되자 피고인 을은 이에 대한 목사로서의 입장을 해명하기 위하여 공소장 기재일시 장소에서 /

【대법원 분석】 국기는 국가의 표상이고 만민의 상징이므로 국기를 사랑하는 만큼 존중하여야 하지만 성경의 교리상 국기에 대하여 절을 해서는 안 되고 다만 국기를 존중하는 의미에서 가슴에 손을 얹고 주목하는 방법으로 경의를 표할 수 있다는 취지의 말을 한 사실을 인정하고 /

【항소심 판단】 피고인들이 다 같이 국기에 대한 존중과 경의의 표시방법으로 주목함으로써 하는 것을 받아들이는 이상 /

【항소심 판단】 그들의 교리상 국기에 대하여 절을 해서는 안된다는 말을 했다 해서 바로 피고인들에게 국기를 비기할 고의나 국가를 모독할 목적이 있었다고 볼 수 없다는 취지로 판시하고 있는바 /

3. 사안에 대한 대법원의 판단

【대법원 판단】 논지가 말하는 증인 A, B, C는 경찰 검찰에서 공소사실에 일부 부합하는 진술을 하였다가 1심공판정에서 번복하고 있을 뿐 아니라 /

【대법원 판단】 그 밖에 논지가 말하는 증인도 피고인들이 허리를 굽혀 절하는 것은 성경의 교리에 반한다고 설교 내지 설명하였다는 취지로 증언하고 있음이 기록상 분명하므로 /

【대법원 판단】 위 증인들의 증언이 이와 다른 취지임을 전제로 하여 원판결에 채증법칙을 위배한 위법이 있다는 논지는 이유 없고 /

【대법원 판단】 사실이 이러하다면 /

【대법원 분석】 현행 1950. 5. 17.자 국무총리의 국기에 대한 경례방법 통첩(통첩 총 제43호)에 /

【대법원 분석】 「국기에 대한 예에는 게양할 때 주목으로 하고 이미 게양되어 있는 국기에 대하여는

종래의 배례(拜禮)를 폐지하고 우수(右手)를 좌흉(左胸) 심장부에 치(置)하였다가 다시 본자세로 복귀한다」라고 되어 있으니 /

【대법원 판단】 피고들의 위 소위가 비기(誹譏)에 해당한다고 말할 수도 없어서 /

【대법원 판단】 이러한 취지에 입각한 원판결 조처에 논지가 말하는 법리오해의 위법이 있다고 할 수도 없다. (상고 기각)

제 4 장 국교에 관한 죄

94도2379

외교상비밀누설죄와 외교상 비밀 – 부정례
보도지침 사건

1995. 12. 5. 94도2379, 공 1996, 311

1. 사실관계 및 사건의 경과

【사실관계】

① [제5공화국 시절 언론통제가 극심하던 당시의 사건이다.]

② [관계당국은 언론사에 소위 '보도지침'이라는 문건을 보내서 보도 여부를 사실상 통제하고 있었다.]

③ [신문기자 갑은 당국의 언론통제를 폭로하기 위하여 진보성향의 잡지 '말'지에 ㉠시점의 '보도지침' 문건을 보냈다.]

④ ['말'지의 기자 을은 ㉠시점의 '보도지침'을 '말'지에 전문 공개하였다.]

⑤ [㉠시점의 '보도지침' 속에는 한국이 특정국가로부터 전투기를 구매하려고 한다는 ㉡외신기사 등이 들어 있었다.]

⑥ [관계당국은 ㉠시점의 '보도지침'을 통하여 ㉡외신기사를 보도하지 말라는 지침을 내리고 있었다.]

【사건의 경과】

① 검사는 갑과 을을 외교상 기밀누설죄로 기소하였다.

② 제1심법원은 유죄를 인정하였다.

③ 갑과 을은 항소하였다.

④ [제5공화국은 민주화운동에 의하여 붕괴하고, 새로이 정부가 출범하였다.]

⑤ 항소심법원은 항소를 받아들여 무죄를 선고하였다.

⑥ 검사는 불복 상고하였다.

2. 사안에 대한 대법원의 판단

(1) 외교상 비밀 여부에 대한 판단

【대법원 요지】 형법 제113조 제1항 소정의 외교상의 기밀이라 함은, /

【대법원 요지】 외국과의 관계에서 국가가 보지해야 할 기밀로서, /

【대법원 요지】 외교정책상 외국에 대하여 비밀로 하거나 확인되지 아니함이 대한민국의 이익이 되는 모든 정보자료를 말한다.

【대법원 분석】 원심이 적법하게 확정한 사실에 의하면, /

【대법원 분석】 이 사건에서 피고인들이 "말"지 특집호에 공개한 사항 중 외교상의 기밀에 해당한다고 기소된 사항들은 모두 위 공개 전에 이미 외국 언론에 보도된 내용들이거나 외신을 통하여 국내 언론사에 배포된 것으로 추단된다는 것인바, /

【대법원 판단】 사정이 그러하다면 오늘날 각종 언론매체의 성장과 정보산업의 급속한 발전 및 그에 따른 정보교환의 원활성 등을 감안해 볼 때 이러한 사항들은 보도된 나라 이외의 다른 외국도 그 내용을 쉽게 지득할 수 있었다고 봄이 상당하고, /

【대법원 판단】 이와 같은 경위로 외국에 이미 널리 알려져 있는 사항은 특단의 사정이 없는 한 이를 비밀로 하거나 확인되지 아니함이 외교정책상의 이익이 된다고 할 수 없는 것이어서 외교상의 기밀에 해당하지 아니한다 할 것이다.

(2) 공지의 사실과 외교상 비밀의 관계

【대법원 요지】 외국에 널리 알려진 사항이라고 하더라도 /

【대법원 요지】 대한민국 정부가 외교정책상 그 사항의 존재 또는 진위 여부 등을 외국에 대하여 공식적으로 알리지 아니하거나 확인하지 아니함이 외교정책상의 이익으로 되는 예외적인 경우가 있을 수 있음은 소론이 지적하는 바와 같으나, /

【대법원 판단】 피고인들이 공개한 사항들 중 어느 사항이 어떠한 이유로 위와 같은 경우에 해당한다는 점에 관하여 검사의 주장 · 입증이 전혀 없을 뿐만 아니라, /

【대법원 요지】 가사 피고인들이 공개한 사항 중 일부가 이에 해당한다고 하더라도, /

【대법원 요지】 외국에 널리 알려진 사항 그 자체가 외교상의 기밀이 되는 것은 아니고 /

【대법원 요지】 다만 그러한 사항의 존재나 진위 여부에 대한 대한민국 정부의 공식적인 입장이나 견해가 외교상의 기밀이 될 수 있을 뿐이라고 할 것인데, /

【대법원 판단】 기록에 의하면 피고인들은 외교상의 기밀에 해당된다고 기소된 사항 등에 대하여 정부가 국내 언론사에 이른바 "보도지침"을 보내 보도의 자제나 금지를 요청하는 형식으로 언론을 통제하고 있다는 사실을 공개한 것으로 인정될 뿐이고, /

【대법원 판단】 나아가 피고인들이 공개한 내용만으로는 위와 같이 보도의 자제나 금지가 요청된 사항에 대한 대한민국 정부의 공식적인 입장이나 견해는 물론 그 사항 자체의 존부나 진위조차 이를 알거나 확인할 수 없으므로, /

【대법원 판단】 피고인들의 위 행위가 외교상의 기밀을 알리거나 확인함으로써 이를 누설한 경우에 해당한다고 볼 수도 없다.

【대법원 결론】 따라서 원심이 피고들에 대한 이 사건 공소사실 중 외교상비밀누설의 점에 관하여 무죄의 선고를 한 조치는 그 이유 설시에 다소 미흡한 점이 없지 아니하나 결과적으로 정당하고, 거기에 판결에 영향을 미친 법리오해의 위법이 있다 할 수 없다. 논지는 이유 없다. (상고 기각)

제5장 공안을 해하는 죄

2008도10177

범죄단체조직죄와 활동 – 부정례
파라다이스파 줄빠따 사건

2009. 9. 10. 2008도10177, 공 2009하, 1697

1. 사실관계 및 사건의 경과

【사실관계 1】

① (사실관계를 간명하게 하기 위하여 피고인들을 갑으로 통칭하여 분석함)
② '파라다이스파'는 M지역의 조직폭력배 모임이다.
③ 갑은 '파라다이스파'의 중하위 구성원이다.
④ '파라다이스파' 내에 위계질서를 해하는 이른바 하극상이 발생하였다.
⑤ '파라다이스파'의 선배 조직원들은 기강을 바로 잡기 위하여 집단적으로 후배 조직원들을 소집하여 훈계하고 소위 '줄빠따'를 때렸다.
⑥ (아래의 행위는 이 과정에서 일어난 것이다.)

【사실관계 2】

① 갑은 선배 구성원으로부터 조직의 위계질서를 잘 지키라는 지시를 받았다.
② 갑은 다른 하위 구성원들과 함께 소위 '줄빠따'를 맞았다. (㉠행위)
③ 갑은 그 다음날 선배 구성원으로부터 "'줄빠따' 맞은 사실에 대하여 입단속을 잘 하라."는 지시를 받았다. (㉡행위)
④ 갑은 적극적으로 선배 구성원들의 지시에 따랐다.

【사실관계 3】

① M지역에는 '파라다이스'파 외에 경쟁세력인 '시라소니파'가 있다.
② '파라다이스파'와 '시라소니파' 조직원들 사이에 우발적으로 싸움이 발생하였다.
③ 그 직후의 상황이다.
④ '파라다이스파'의 10기 내지 19기 조직원들이 솔밭공원에 집결하였다.
⑤ '시라소니파'의 9기 내지 17기 조직원들이 대박집 식당에 집결하였다.
⑥ 두 조직폭력조직이 집합한 것은 조직원들의 우발적 싸움을 계기로 발생할 지도 모르는 주도권 쟁탈 또는 이권장악 등을 위한 싸움에 대비하기 위한 것이었다.
⑦ 갑은 소집의 이유도 정확히 알지 못한 채 선배들의 지시에 따라 무조건 솔밭공원에 집합하여 1시간

이상 대기하였다. (㉢행위)

⑧ '파라다이스파'와 '시라소니파'는 서로 상대 조직의 동향을 파악한 후 비슷한 시간에 소집에 응한 조직원들을 해산시켰다.

【사건의 경과】

① 검사는 갑을 폭처법위반죄(범죄단체 활동) 공소사실로 기소하였다.

② 제1심법원은 유죄를 선고하였다.

③ 갑은 불복 항소하였다.

④ 항소심법원은 항소를 기각하고, 제1심판결을 유지하였다.

⑤ 갑은 불복 상고하였다.

⑥ 갑은 상고이유로, ㉠, ㉡, ㉢행위는 소극적인 것으로 범죄단체 '활동'에 해당하지 않는다고 주장하였다.

2. 범죄단체 · 집단 활동의 범위

(1) 폭처법 제4조의 입법취지

【대법원 분석】 (가) 폭력행위 등 처벌에 관한 법률 제4조 제1항/

【대법원 분석】 (이하 이 사건 법률조항이라고만 한다)은 /

【대법원 분석】 '이 법에 규정된 범죄를 목적으로 한 단체 또는 집단을 구성하거나 /

【대법원 분석】 그러한 단체 또는 집단에 가입하거나 /

【대법원 분석】 그 구성원으로 활동한 자는 /

【대법원 분석】 다음의 구별에 의하여 처벌한다. /

【대법원 분석】 1. 수괴는 사형, 무기 또는 10년 이상의 징역에 처한다. /

【대법원 분석】 2. 간부는 무기 또는 7년 이상의 징역에 처한다. /

【대법원 분석】 3. 그 외의 자는 2년 이상의 유기징역에 처한다.'라고 규정하고 있다. /

【대법원 요지】 이 사건 법률조항은 /

【대법원 요지】 범죄단체 또는 집단에 의하여 계획적 · 조직적으로 행하여지는 범죄로 인한 사회적 해악의 정도가 개인의 범죄로 인한 경우보다 훨씬 중대할 뿐 아니라 /

【대법원 요지】 범죄단체 또는 집단이 존속 · 유지되는 한 범죄 실행 또는 실행의 위험성이 지속된다는 점에 비추어 /

【대법원 요지】 범죄의 실행 여부를 불문하고 /

【대법원 요지】 그 범죄의 예비 · 음모의 성격을 갖는 범죄단체 또는 집단의 생성 및 존속 자체를 막으려는 데 그 입법취지가 있는데, /

【대법원 요지】 범죄단체의 구성 · 가입죄가 즉시범이어서 /

【대법원 요지】 이에 대한 공소시효가 완성된 경우에는 범죄단체 구성원으로 계속 활동하여도 이를 처벌할 수 없다는 불합리한 점을 감안하여 /

【대법원 요지】 그 처벌의 근거를 마련한 것이라고 할 것이다. /

【대법원 요지】 그렇지만 이러한 입법취지를 고려하더라도 /

【대법원 요지】 이 사건 법률조항의 '활동' 부분은 다소 추상적이고 포괄적인 면이 없지 않으므로 /
【대법원 요지】 헌법이 보장하는 죄형법정주의의 명확성의 원칙에 위배되지 않도록 /
【대법원 요지】 입법취지와 처벌의 정도 등을 고려하여 /
【대법원 요지】 국민의 입장에서 이 사건 법률조항이 금지하고 있는 행위에 대한 예측가능성을 가질 수 있도록 헌법합치적인 해석을 하여야 할 것이다.

(2) 범죄단체 · 집단 활동의 의미

【대법원 분석】 그런데 폭력행위 등 처벌에 관한 법률 제4조는 /
【대법원 분석】 범죄단체 구성원의 일반적 활동을 처벌하는 이 사건 법률조항과는 별도로 /
【대법원 분석】 특정 활동에 대한 처벌규정을 따로 두었는바, /
【대법원 분석】 제4조 제2항에서 /
【대법원 분석】 범죄단체 또는 집단을 구성 · 가입한 자가 범죄단체 또는 집단의 위력을 과시하거나 /
【대법원 분석】 범죄단체 또는 집단의 존속 · 유지를 위하여 특정 범죄를 실행하는 경우에 /
【대법원 분석】 그 범죄에 규정된 형보다 가중하여 처벌하고, /
【대법원 분석】 제4조 제3항에서 /
【대법원 분석】 타인에게 범죄단체 또는 집단에 가입할 것을 강요하거나 권유하는 행위를 처벌하며, /
【대법원 분석】 제4조 제4항에서 /
【대법원 분석】 범죄단체 또는 집단의 존속 · 유지를 위하여 금품을 모집하는 행위를 처벌하고 있다. /
【대법원 요지】 이러한 폭력행위 등 처벌에 관한 법률 제4조의 규정 내용과 형식, 입법취지, 처벌의 종류 및 정도 등을 종합하여 보면, /
【대법원 요지】 폭력행위 등 처벌에 관한 법률 제4조 제1항에서의 '활동'이라 함은 /
【대법원 요지】 범죄단체 또는 집단의 내부 규율 및 통솔체계에 따른 조직적, 집단적 의사 결정에 의하여 행하는 /
【대법원 요지】 범죄단체 또는 집단의 존속 · 유지를 지향하는 적극적인 행위로서 /
【대법원 요지】 그 기여의 정도가 폭력행위 등 처벌에 관한 법률 제4조 제3항, 제4항에 규정된 행위에 준하는 것을 의미한다고 할 것이다. /
【대법원 요지】 그리고 특정한 행위가 범죄단체 또는 집단의 구성원으로서의 '활동'에 해당하는지 여부는 /
【대법원 요지】 당해 행위가 행해진 일시, 장소 및 그 내용, 그 행위가 이루어지게 된 동기 및 경위, 목적, 의사 결정자와 실행 행위자 사이의 관계 및 그 의사의 전달 과정 등의 /
【대법원 요지】 구체적인 사정을 종합하여 실질적으로 판단하여야 할 것인바, /
【대법원 요지】 다수의 구성원이 관여되었다고 하더라도 /
【대법원 요지】 범죄단체 또는 집단의 존속 · 유지를 목적으로 하는 조직적, 집단적 의사결정에 의한 것이 아니거나, /
【대법원 요지】 범죄단체 또는 집단의 수괴나 간부 등 상위 구성원으로부터 모임에 참가하라는 등의 지시나 명령을 소극적으로 받고 이에 단순히 응하는데 그친 경우, /

【대법원 요지】 구성원 사이의 사적이고 의례적인 회식이나 경조사 모임 등을 개최하거나 참석하는 경우 등은 /

【대법원 요지】 '활동'에 해당한다고 볼 수 없다.

3. 사안에 대한 대법원의 판단

(1) ㉠, ㉡행위 부분에 대한 판단

【항소심 판단】 원심은 /

【항소심 판단】 범죄단체인 '파라다이스파'의 상위 구성원들로부터 조직의 위계질서를 잘 지키라는 지시를 받으면서 다른 하위 구성원들과 함께 소위 '줄빠따'를 맞은 피고인 11, 12의 행위[㉠행위] 및 /

【항소심 판단】 그 다음날 소위 '줄빠따' 맞은 사실에 대하여 입단속을 잘하라는 지시를 받은 피고인 12의 행위[㉡행위]에 대하여도 /

【항소심 판단】 폭력행위 등 처벌에 관한 법률 제4조 제1항 소정의 구성원으로 활동한 것에 해당한다고 판시하였다.

【대법원 판단】 위 법리에 비추어 보면 피고인 11, 12의 행위는 /

【대법원 판단】 상위 구성원들로부터 소극적으로 지시나 명령을 받고 폭행을 당한 것에 불과할 뿐 /

【대법원 판단】 범죄단체의 존속·유지에 기여하기 위한 행위를 한 것이라고 볼 수 없어 /

【대법원 판단】 범죄단체 구성원으로서의 활동이 있었다고 볼 수 없다. /

【대법원 결론】 그러므로 이를 지적하는 피고인 11, 12의 상고이유 주장은 이유 있다. (㉠, ㉡행위 부분 파기 환송)

(2) ㉢행위 부분에 대한 판단

【대법원 판단】 원심은 거시증거를 종합하여 그 판시와 같은 사정을 인정한 다음 /

【대법원 판단】 솔밭공원 및 대박집식당 및 김수녕 양궁장 주차장에서의 각 피고인들의 행위[㉢행위]들이 /

【대법원 판단】 범죄단체인 '파라다이스파' 또는 '시라소니파'의 존속·유지·강화를 위한 구성원으로서의 활동에 해당한다고 판시하였는바, /

【대법원 결론】 이러한 원심의 판단은 위에서 본 법리에 비추어 볼 때 정당하다. /

【대법원 결론】 거기에 피고인들이 주장하는 바와 같은 법리오해 등의 위법이 없다. (㉢행위 부분 상고 기각)

【코멘트】 2013년 4월 5일 형법이 일부 개정되어 공포 즉시 실시되었다. 이 형법 개정은 2000년 12월 13일 우리나라가 서명한 「국제연합국제조직범죄방지협약」 및 「인신매매방지의정서」의 국내적 이행입법으로서의 성격을 갖는다. 범죄방지협약 및 의정서상의 입법의무 사항을 반영하기 위하여 입법자는 범죄단체조직죄를 재조정하였다.

개정전 형법 제114조 제1항은 '범죄를 목적으로 하는 단체를 조직하거나 이에 가입한 자'를 구성요건으로 설정하고 있었다. 이와 관련하여 개정전 형법의 범죄단체조직죄는 법정형의 제한 없이 범죄를 목적으로 단체를 조직하기만 하면 구성요건에 해당하게 되어 그 처벌범위가 너무 넓다는 비판이 제기되어 왔다. 「국제연합국제조직범죄방지협약」 또한 법정형이 장기 4년 이상인 범죄를 목적으로 하는 단체를 조직하는 행위 등을 범죄화하도록 하여 처벌범위를 제한하고 있다. 반면에 개정전 형법에 의하면 범죄단체에는 이르지 못하였으나 그 위험성이 범죄단체 못지않게 큰 범죄집단을 조직한 경우에 대해서는 처벌이 미비한 실정이었다.

이러한 문제점에 대처하기 위하여 개정 형법 제114조는 "사형, 무기 또는 장기 4년 이상의 징역에 해당하는 범죄를 목적으로 하는 단체 또는 집단을 조직하거나 이에 가입 또는 그 구성원으로 활동한 사람은 그 목적한 죄에 정한 형으로 처벌한다. 다만, 형을 감경할 수 있다."는 내용으로 조정되었다. 이로써 범죄단체조직죄의 처벌범위가 제한되어 「국제연합국제조직범죄방지협약」의 내용과 조화를 이루게 되었고, 다른 한편으로 범죄단체뿐만 아니라 이에 이르지 못한 범죄집단을 조직한 경우에도 처벌할 수 있게 되었다.

본 판례는 2013년 4월의 형법 개정 이전에 나온 것으로서 폭처법위반죄 사안을 다루고 있다. 「폭력행위 등 처벌에 관한 법률」은 이미 2006년 개정을 통하여 범죄단체 및 범죄집단의 구성원으로 활동하는 행위를 처벌하고 있다. 개정 형법이 폭처법과 마찬가지로 범죄단체 · 집단의 구성원으로 활동하는 경우에까지 처벌범위를 넓힌 것은 공소시효의 문제와 관련이 있다.

개정전 형법에 의하면 범죄단체의 구성 및 가입 행위만 처벌되고 있었다. 범죄단체를 구성하거나 범죄단체에 가입하는 범죄는 즉시범으로 파악되었다. 즉시범이므로 범죄단체를 구성하거나 가입하는 순간부터 공소시효가 진행되었다. 그 결과 범죄단체의 구성 초기부터 관여한 자는 죄질이 더 중함에도 불구하고 처벌을 면하는 모순이 노정되었다.

이에 대해 범죄단체나 범죄집단의 구성원으로 활동하는 범죄는 계속범으로 파악된다. 범죄단체나 범죄집단의 구성원으로 활동하는 한 범죄는 계속 진행되며, 공소시효는 그 때로부터 새로이 진행된다. 따라서 범죄단체나 범죄집단에 관여한 경력이 오래된 자들에 대한 형사처벌을 확보할 수 있게 된다.

본 판례는 폭처법과 관련된 것이기는 하지만 범죄단체 및 범죄집단의 구성원으로 활동하는 사안을 다루고 있다. 이제 개정 형법 제114조가 범죄단체 및 범죄집단의 구성원으로 활동하는 행위에까지 처벌범위를 확장함에 따라 본 판례는 개정 형법 제114조의 해석에도 그대로 원용할 수 있게 되었다.

81도1955

공무원자격사칭죄와 자격사칭 – 부정례
합동수사반원 사칭 사건

1981. 9. 8. 81도1955, 공 1981, 14343

1. 사실관계 및 사건의 경과

【사실관계】

① 1980. 8. 4.자 계엄포고 13호에 의하여 검찰, 경찰, 군의 합동수사반이 가동되고 있었다.

② 갑은 을로부터 을의 채무자 A에 대한 금 100만 원 채권(차용금)의 추심을 부탁받았다.
③ 갑은 행동대원을 동원해서 A를 위협하여 돈을 받아내기로 하였다.
④ 갑은 A에게 갑, 을, 병, 정이 같이 합동수사반에서 왔다고 말하고 A를 집 밖으로 데리고 나왔다.
⑤ 갑 등은 A를 대기중인 승용차에 태워 P호텔 커피숍으로 갔다.
⑥ 커피숍으로 가는 도중 갑 등은 서로서로 갑을 합동수사반 진 소령, 병을 합동수사반 강 대위, 을을 치안본부 직원 등이라고 지칭하면서 "누구를 구속하여야겠다", "잠복근무를 하여야겠다"는 등의 말을 주고받았다.

【사건의 경과 1】

① 검사는 갑 등을 다음의 공소사실로 기소하였다.
(가) A를 커피숍으로 데려간 부분 : 공무원자격사칭죄
(나) A에게서 돈을 받아내려고 한 부분 : 폭처법위반죄(공갈)
② 갑 등이 A를 커피숍으로 데려간 것과 관련하여 A의 처 B는 수사기관 이래 공판절차에서 다음과 같이 진술하였다.
(가) 갑이 수차 남편을 만나러 와서 물으니 P회사에서 왔다면 알 것이라고 하며 돌아갔다.
(나) 남편 A가 P회사를 하는 을에게 금 100만 원을 꾸어 쓰고 갚지 못하고 있던 중이었다.
(다) 그날 갑이 와서 합동수사본부에 근무하는데 을의 위임을 받아 수사비에 보태 쓰라 하여 왔으니 돈을 내라며, 남편을 조사한다고 데리고 나갔다.
③ A는 수사기관 이래 공판절차에서 다음과 같이 말하였다.
(가) 진 소령(갑)과 을이 찾아와 을에게 해 준 차용증을 보이면서 을과는 외사촌 간인데 만날 수 없어서 대신 왔다고 돈을 요구하기에 돈이 없어 줄 수 없다고 하였다.
(나) 갑 등은 돈이 급히 필요해서 그러니 나가서 이야기하자 하여 밖에 나가니 승용차가 있기에 같이 타고 P호텔 커피숍으로 갔다.
(다) 커피숍에서 차용증은 내가 발행한 것이지만 너희들을 믿고 돈을 줄 수는 없다고 하였더니 병이 남의 돈을 꾸어썼으면 기일 내에 갚아야 할 것 아니냐면서 때리려고 하였다.
(라) 갑과 을이 병을 만류하여 대화가 시작되어 그때 처 B에게 전화로 돈을 구해서 보내라고 하였다.
(마) 갑이 합동수사본부에 근무한다는 말을 처와 아들로부터 들은 바 있다.
(바) 갑 등이 직접적으로 기관원이라는 말은 아니 했고 간접적으로 누구를 구속한다느니 잠복근무를 하여야 한다는 등 기관원인 듯한 이야기를 하였다.
④ 갑과 을 등은 수사기관 이래 공판절차에서도 합동수사반의 직권을 행사한 일이 없다고 부인하였다.

【사건의 경과 2】

① 제1심법원은 다음과 같이 판단하였다.
(가) A를 커피숍으로 데려간 부분 : 공무원자격사칭죄 : 유죄
(나) A에게서 돈을 받아내려고 한 부분 : 폭처법위반죄(공갈) : 유죄
② 갑 등은 불복 항소하였다.
③ 항소심법원은 항소를 기각하고, 제1심판결을 유지하였다.
④ 갑은 불복 상고하였다.

⑤ 을 등은 상고하지 않았다.

2. 사안에 대한 항소심의 판단

【대법원 판단】 먼저 폭력행위등처벌에 관한 법률위반(공갈죄)의 부분에 대하여 /
【대법원 판단】 원심이 인용한 제1심 판결 거시의 증거에 의하면 그 판시 사실이 적법히 인정되고, 소론과 같은 채증법칙을 위반한 위법은 없고, /
【항소심 판단】 원판시 공무원자격 사칭의 점에 관하여 원심판결이 인용한 제1심 판결 이유에 의하면, 원심은 /
【항소심 판단】 피고인은 제1심 공동피고인 을로부터 그의 채무자 A에 대한 금 100만 원의 채권(차용금)의 추심을 부탁받고 행동대원을 동원 위 A를 위협하여 금원을 갈취할 것을 결의하고, /
【항소심 판단】 판시 일시 장소에서 피해자 A에게 피고인 및 원심 공동피고인 을, 병, 공소외 정과 같이 합동수사반에서 왔다고 집밖으로 데리고 나와 대기중인 승용차에 태워 P호텔 커피숍으로 가면서 /
【항소심 판단】 피고인은 합동수사반 진 소령, 원심 공동피고인 병은 동 수사반 강 대위, 원심 공동피고인 을은 치안본부 직원으로 사칭하고 "누구를 구속하여야겠다." "잠복 근무를 하여야겠다"는 등 말을 하면서 동인을 임의동행하여 그 직권을 행사하였다고 인정하고 있다. /

3. 사안에 대한 대법원의 판단

【대법원 요지】 살피건대, /
【대법원 요지】 공무원자격사칭죄가 성립하려면 /
【대법원 요지】 어떤 직권을 행사할 수 있는 권한을 가진 공무원임을 사칭하고 /
【대법원 요지】 그 직권을 행사한 사실이 있어야 하는바 /
【대법원 분석】 원심이 채용한 증거를 기록과 대비하여 검토하여 보면, /
【대법원 분석】 피고인들이 판시와 같이 합동수사반원(1980.8.4 계엄포고 13호에 의함)으로 그 자격을 사칭한 사실은 엿보이나, /
【대법원 분석】 그 직권을 행사한 여부에 관하여 피고인 및 원심 공동 피고인들은 수사기관 이래 원심법정에 이르기까지 모두 부인하고 있고, /
【대법원 분석】 피해자의 처인 원심증인 B의 원심법정에서의 증언과 경찰 검찰에서의 진술 조서에 의하면 /
【대법원 분석】 "피고인이 수차 남편을 만나러 와서 물으니 공소외 P회사에서 왔다면 알 것이라고 하며 돌아갔는데 …… /
【대법원 분석】 공소외 P회사를 하는 제1심 공동피고인 을에게 금 100만 원을 꾸어 쓰고 갚지 못하고 있던 중, /
【대법원 분석】 그날 피고인이 와서 합동수사본부에 근무하는데 제1심 공동피고인 을의 위임을 받아 수사비에 보태 쓰라 하여 왔으니 돈을 내라며, 남편을 조사한다고 데리고 나갔다."고 되어 있고, /
【대법원 분석】 제1심 증인 A의 제1심 법정에서의 증인 및 검찰에서의 진술조서에 의하면 /
【대법원 분석】 "진 소령과 원심 공동피고인 을이 찾아와 제1심 공동피고인 을에게 해 준 차용증을 보

이면서 동인과는 외사촌 간인데 만날 수 없어서 대신 왔다고 돈을 요구하기에 돈이 없어 줄 수 없다고 하니 /

【대법원 분석】 돈이 급히 필요해서 그러니 나가서 이야기하자 하여 밖에 나가니 승용차가 있기에 같이 타고 해밀턴호텔 커피숍으로 가서 차용증은 내가 발행한 것이지만 너희들을 믿고 돈을 줄 수는 없다고 하였더니 /

【대법원 분석】 원심 공동 피고인 병이 남의 돈을 꾸어썼으면 기일 내에 갚아야 할 것 아니냐면서 때리려 하자 피고인과 원심 공동피고인 을이 만류하여 대화가 시작돼 그때 처에게 전화로 돈을 구해서 보내라고 하니 …'/

【대법원 분석】 피고인이 합동수사본부에 근무한다는 말을 처와 아들로부터 들은 바 있으나 그들이 직접적으로 기관원이라는 말은 아니 했고 간접적으로 누구를 구속한다느니 잠복근무를 하여야 한다는 등 기관원인 듯한 이야기를 하더라"는 진술이 있을 뿐인바, /

【대법원 판단】 이상의 진술에 의하더라도 증인 B의 진술 중 "…… 남편을 조사한다고 데리고 나갔다."는 일부진술이 있기는 하나 남편인 A의 진술 내용과는 상치되어 선뜻 [취신하기] 어렵다 할 것이고, /

【대법원 판단】 위 진술의 전취지를 종합하여 보면 피고인들의 행위는 피고인이 위임 받은 채권을 용이하게 추심하는 방편으로 합동수사반원의 지위를 사칭, 협박의 수단으로 이용한 사실은 인정이 되나 /

【대법원 판단】 다른 사정이 엿보이지 아니하는 이 사건에 있어 위 채권의 추심행위는 개인적인 업무이지 합동수사반의 수사업무의 범위에는 속한다고 볼 수 없고, /

【대법원 판단】 그 밖에 피고인들의 일[련]의 행위가 범죄수사를 위한 임의동행 등 수사권한을 행사한 것으로 볼 자료는 하나도 찾아볼 수 없다.

【대법원 결론】 그렇다면 원심판결은 이 점에 있어 판시 공무원자격 사칭의 점에 관하여 증거 없이 사실을 단정한 제1심 판결을 그대로 인용한 위법을 범하였다고 할 것이며, /

【대법원 결론】 그 위법은 앞서 판단한 폭력행위등 처벌에 관한 법률위반죄와 경합범으로 처단한 원심판결 결과에 영향을 미쳤음이 분명하므로, 피고인 및 변호인의 다른 상고이유를 판단할 필요도 없이 논지는 이유 있고, 원심판결은 모두 파기를 면할 수 없다. (파기 환송)

제 6 장 폭발물에 관한 죄

2011도17254

폭발물사용죄와 폭발물 - 부정례
사제폭탄 폭발 사건

2012. 4. 26. 2011도17254, 공 2012상, 946

1. 사실관계 및 사건의 경과

【사실관계 1】

① 2010. 7. 30. 갑은 의정부 교도소에서 가석방으로 출소하였다.

② 갑은 주변 지인 5명으로부터 약 3억 원을 빌려 주식 및 옵션거래를 하였으나 손실만 보게 되어 채권자들로부터 변제독촉에 시달리게 되었다.

③ 갑은 채권자들에게 "내가 죽든지 폭탄이라도 한번 터뜨려야겠다"고 하였는데, 채권자들은 갑을 믿을 수 없다고 하였다.

④ 갑은 실제로 사제폭탄을 제조하여 터뜨리는 방법으로 채권자들에게 자신의 말에 신뢰를 주고 사제폭탄이 폭발함으로써 발생하는 사회혼란 등으로 주가지수가 하락할 것을 예상하여 풋옵션에 투자하여 수익을 내어 채무를 변제해야겠다고 마음먹었다.

【사실관계 2】

① 2011. 4. 초순경 갑은 폭발물을 제조하기 위하여 인터넷에서 사제폭발물 제조 방법을 습득한 후, 관련 부속품을 구하였다.

② 2011. 5. 12. 04:00경 갑은 한강고수부지에서, 꽃병에 부탄가스통을 넣고 폭죽에서 빼낸 화약을 꽃병 속에 채운 후 병 뚜껑을 테이프로 감고 꽃병과 배터리와 타임스위치를 전선으로 연결하는 방법으로 사제폭발물 2개를 만들어 배낭 2개에 나누어 담았다.

③ (사제폭탄의 구체적인 형태는 판례 본문 참조)

④ 갑은 사제폭탄에 폭발시간을 타임스위치로 설정해 놓았다.

【사실관계 3】

① 2011. 5. 12. 05 : 30경 갑은 서울 용산구 효창운동장 앞에서 을을 만나 사제폭발물이 들어 있는 배낭 2개를 건네주었다.

② 2011. 5. 12. 05 : 51경 을은 서울역 2층 KTX 출입구 앞에서 그곳 ㉠물품보관함에 폭발물이 들어 있는 배낭 1개를 집어넣었다.

③ 2011. 5. 12. 06 : 20경 을은 서울 서초구에 있는 고속버스터미널 경부선 제1매표소에서 그곳 ㉡물

품보관함에 폭발물이 들어 있는 배낭 1개를 집어넣었다.

④ 2011. 5. 12. 07 : 00경 을은 천호대교 남단 한강고수부지에서 갑을 만나 ㉠, ㉡물품보관함의 열쇠 2개를 갑에게 교부하였다.

【사실관계 4】

① 2011. 5. 12. 11:05경 서울역 ㉠물품보관함에 들어 있던 폭발물이 폭발하였다.

② 2011. 5. 12. 11:55경 강남고속버스터미널 ㉡물품보관함에 들어 있던 폭발물이 폭발하였다.

③ 강남고속터미널 ㉠물품보관함에 들어 있던 사제폭탄의 경우, 연소될 당시 '펑'하는 소리가 나면서 물품보관함의 열쇠구멍으로 잠시 불꽃과 연기가 나왔다.

④ 그러나 ㉠물품보관함 자체는 내부에 그을음이 생겼을 뿐 찌그러지거나 손상되지 않았다.

⑤ 서울역 ㉡물품보관함에 들어 있던 사제폭발물의 경우, 연소될 당시 '치치치' 하는 소리가 나면서 열쇠구멍에서 약 5초간 불꽃이 나온 후 많은 연기가 나왔으나 폭발음은 들리지 않았다.

⑥ 갑의 사제폭탄이 터지면서 검은 연기가 나자 서울역과 강남고속버스터미널 내에서 그곳을 지나는 사람들이 긴급히 대피하였다.

⑦ 또한 경찰서, 소방서, 대테러 기관 등이 출동하는 등 일대 소란이 발생하였다.

【사건의 경과】

① 검사는 갑을 폭발물사용죄로 기소하였다.

② (을의 부분은 고찰에서 제외함)

③ 제1심법원은 유죄를 인정하였다.

④ 갑은 불복 항소하였다.

⑤ 갑은 항소이유로 다음의 점을 주장하였다.

(가) 갑이 제조한 사제폭탄은 폭발물사용죄(형법 제119조 제1항)가 규정한 '폭발물'에 해당하지 않는다.

(나) 갑이 제조한 사제폭탄은 폭발성물건파열죄(형법 제172조 제1항)에서 규정한 '기타 폭발성 있는 물건'에 해당할 뿐이다.

⑥ 항소심법원은 갑의 주장을 배척하고, 양형부당을 이유로 제1심판결을 파기하여 형을 선고하였다.

⑦ 갑은 불복 상고하였다.

2. 폭발물사용죄의 법적 성질

【대법원 요지】 가. 형법 제119조 제1항이 규정한 폭발물사용죄는 폭발물을 사용하여 공안을 문란하게 함으로써 성립하는 공공위험범죄로서 개인의 생명, 신체 등과 아울러 공공의 안전과 평온을 그 보호법익으로 하는 것이고, /

【대법원 요지】 법정형이 사형, 무기 또는 7년 이상의 징역으로 그 범죄의 행위 태양에 해당하는 생명, 신체 또는 재산을 해하는 경우에 성립하는 살인죄, 상해죄, 재물손괴죄 등의 범죄를 비롯한 유사한 다른 범죄에 비하여 매우 무겁게 설정되어 있을 뿐 아니라, /

【대법원 요지】 형법은 제172조에서 '폭발성 있는 물건을 파열시켜 사람의 생명, 신체 또는 재산에 대하여 위험을 발생시킨 자'를 처벌하는 폭발성물건파열죄를 별도로 규정하고 있는데 그 법정형은 1년

이상의 유기징역으로 되어 있다. /

【대법원 요지】 이와 같은 여러 사정을 종합해 보면, /

【대법원 요지】 위 폭발물사용죄에서 말하는 폭발물이란 그 폭발작용의 위력이나 파편의 비산 등으로 사람의 생명, 신체, 재산 및 공공의 안전이나 평온에 직접적이고 구체적인 위험을 초래할 수 있는 정도의 강한 파괴력을 가지는 물건을 의미한다고 할 것이다. /

【대법원 요지】 따라서 어떠한 물건이 형법 제119조에 규정된 폭발물에 해당하는지 여부는 그 폭발작용 자체의 위력이 공안을 문란하게 할 수 있는 정도로 고도의 폭발성능을 가지고 있는지 여부에 따라 엄격하게 판단하여야 할 것이다.

3. 사안에 대한 항소심의 판단

【항소심 판단】 나. 원심판결에 의하면, 원심이 유지한 제1심은 그 채택 증거 등에 의하여 판시와 같은 사실을 인정한 다음, /

【항소심 판단】 피고인 갑이 제작한 물건 2개(이하 '이 사건 제작물')는 폭파를 목적으로 제작된 것으로 그 폭발작용 자체에 의하여 사람의 생명, 신체 또는 재산을 해하거나 기타 공안을 문란하게 하기에 족한 파괴력을 가진 것으로 볼 수 있어 /

【항소심 판단】 형법 제119조 제1항에 규정된 폭발물에 해당한다는 이유를 들어 피고인 갑에 대한 공소사실을 유죄로 판단하였다.

4. 사안에 대한 대법원의 분석

【대법원 판단】 다. 그러나 원심의 위와 같은 판단은 다음과 같은 이유에서 이를 수긍하기 어렵다.

【대법원 분석】 (1) 우선 원심이 적법하게 채택하여 조사한 증거 등에 의하면, /

【대법원 분석】 ① 이 사건 제작물은 유리꽃병 내부에 휴대용 부탄가스통을 넣고 유리꽃병과 부탄가스 용기 사이의 두께 약 1㎝의 공간에 폭죽에서 분리한 화약을 채운 후, /

【대법원 분석】 발열체인 니크롬선이 연결된 전선을 유리꽃병 안의 화약에 꽂은 다음 전선을 유리꽃병 밖으로 연결하여 타이머와 배터리를 연결하고, 유리꽃병의 입구를 청테이프로 막은 상태에서, /

【대법원 분석】 타이머에 설정된 시각에 배터리의 전원이 연결되면 발열체의 발열에 의해 화약이 점화되는 구조로 만들어진 사실, /

【대법원 분석】 ② 피고인 갑은 이 사건 제작물을 만들어 20[리터] 크기의 배낭 2개에 나누어 넣은 다음, 공소외인[을]을 시켜 서울역과 강남고속터미널의 물품보관함에 1개씩 넣고 문을 잠가 놓은 사실, /

【대법원 분석】 ③ 이 사건 제작물은 배낭 속에 들어 있는 채로 물품보관함 안에 들어 있었으므로 유리꽃병이 화약의 연소로 깨지더라도 그 파편이 외부로 비산할 가능성은 없었고, /

【대법원 분석】 이 사건 제작물에 들어 있는 부탄가스 용기는 내압이 상승할 경우 용기의 상부 및 바닥의 만곡부분이 팽창하면서 측면이 찢어지도록 설계되어 있어 부탄가스통 자체의 폭발은 발생하지 않고, 설사 외부 유리병이 파쇄되더라도 그 파편의 비산거리가 길지는 않은 구조인 사실, /

【대법원 분석】 ④ 실제로 이 사건 제작물 중 강남고속터미널 물품보관함에 들어 있던 것은 연소될 당시 '펑'하는 소리가 나면서 물품보관함의 열쇠구멍으로 잠시 불꽃과 연기가 나왔으나, 물품보관함 자

체는 내부에 그을음이 생겼을 뿐 찌그러지거나 손상되지 않았고 그 내부에 압력이 가해진 흔적도 식별할 수 없으며, /

【대법원 분석】 서울역 물품보관함에 들어 있던 것은 연소될 당시 '치치치'하는 소리가 나면서 열쇠구멍에서 약 5초간 불꽃이 나온 후 많은 연기가 나왔으나 폭발음은 들리지 않은 사실 등을 알 수 있고, /

【대법원 분석】 그 밖에 이 사건 제작물의 폭발작용 그 자체에 의하여 사람의 생명, 신체 또는 재산에 해를 입게 하였다거나, 공안을 문란하게 하였다고 볼 만한 자료는 없다.

5. 사안에 대한 대법원의 판단

【대법원 판단】 (2) 위와 같은 사실을 앞서 본 법리에 비추어 보면, /

【대법원 판단】 이 사건 제작물은 그 폭발작용 자체에 의하여 공공의 안전을 문란하게 하거나 사람의 생명, 신체 또는 재산을 해할 정도의 성능이 없거나, 사람의 신체 또는 재산을 경미하게 손상시킬 수 있는 정도에 그쳐 /

【대법원 판단】 사회의 안전과 평온에 직접적이고 구체적인 위험을 초래하여 공공의 안전을 문란하게 하기에는 현저히 부족한 파괴력과 위험성의 정도만을 가진 물건이라 할 것이다. /

【대법원 판단】 따라서 이 사건 제작물은 형법 제172조 제1항에 규정된 '폭발성 있는 물건'에는 해당될 여지가 있으나 이를 형법 제119조 제1항에 규정된 '폭발물'에 해당한다고 볼 수는 없다.

【대법원 결론】 그럼에도 원심은, 이 사건 제작물이 형법 제119조 제1항에 규정된 폭발물에 해당한다고 단정한 다음 피고인 갑에게 폭발물사용죄가 성립한다고 판단하였는바, 이러한 원심판결에는 형법 제119조 제1항에 규정된 폭발물에 관한 법리를 오해하여 판결 결과에 영향을 미친 위법이 있다. 이 점을 지적하는 상고이유의 주장은 이유 있다. (파기 환송)

제 7 장 공무원의 직무에 관한 죄

제 1 공무원의 직무수행에 관한 죄

2011도1739

직무유기죄와 직무유기 – 부정례
법무실장 직무유기 사건
2011. 7. 28. 2011도1739, 공 2011하, 1881

1. 사실관계 및 사건의 경과

【사실관계】

① 갑은 M군 법무실장이다.
② M군 법무실장은 M군 검찰업무 뿐 아니라 소송, 징계업무 등 법무업무 전반에 관하여 M군참모총장을 보좌한다.
③ [M군의 군납업무와 관련하여 A가 알선수뢰 행위를 하였다는 내용의 B의 투서가 접수되었다.]
④ [군검찰은 갑이 B의 투서에 대해 신속하게 수사를 하지 아니한 점에 문제가 있다고 판단하였다.]

【사건의 경과】

① 군검찰관은 갑을 특가법위반죄(특수직무유기)로 기소하였다.
② 갑의 피고사건은 제1심을 거친 후, 항소심에 계속되었다.
③ 항소심법원은 무죄를 선고하였다.
④ (항소심의 판단 이유는 판례 본문 참조)
⑤ 군검찰관은 불복 상고하였다.

2. 특수직무유기죄의 성립요건

【대법원 요지】 '특정범죄 가중처벌 등에 관한 법률'상의 특수직무유기죄는 범죄수사의 직무에 종사하는 공무원이 같은 법에 규정된 죄를 범한 사람을 '인지'하고 그 직무를 유기할 것을 구성요건으로 하고 있으므로, /

【대법원 요지】 본죄가 성립하기 위해서는 범죄수사의 직무에 종사하는 공무원이 같은 법에 규정된 죄를 범한 자임을 명백히 인식하고 그에 대하여 수사를 개시할 수 있을 정도의 단계에 이르러야 하고, /

【대법원 요지】 단순히 확인되지 않은 제보 등에 의하여 이러한 죄를 범하였을 수도 있다는 의심을

품은 것만으로는 위 법에서 규정하고 있는 인지가 있었다고 할 수 없다.

3. 직무유기의 의미

【대법원 요지】 그리고 직무유기죄에 있어서 직무를 유기한 때라 함은 공무원이 법령, 내규 등에 의한 추상적 충근의무를 태만히 하는 일체의 경우를 이르는 것이 아니고, /
【대법원 요지】 직장의 무단이탈, 직무의 의식적인 포기 등과 같이 그것이 국가의 기능을 저해하며 국민에게 피해를 야기시킬 가능성이 있는 경우를 말하는 것으로서, /
【대법원 요지】 이는 특정범죄 가중처벌 등에 관한 법률 제15조 소정의 특수직무유기죄의 경우에도 마찬가지라고 할 것이다.

4. 사안에 대한 대법원의 판단

【대법원 판단】 원심은 같은 취지에서, /
【대법원 판단】 피고인에 대한 이 부분 공소사실에 대하여 /
【대법원 판단】 공소외 B의 수사기관 및 제1, 제2심 법정에서의 각 진술 등 검찰이 제출한 증거만으로 피고인이 공소외 A의 구 특정범죄 가중처벌 등에 관한 법률 위반(알선수재)의 범죄 혐의사실을 실제로 알았다거나 그러고도 구체적으로 그 직무를 회피하여 수사를 하지 않았다고 단정할 수 없고, /
【대법원 판단】 비록 피고인이 공소외 B의 위 범죄 혐의사실을 사건이첩이나 인지보고서를 작성하는 등의 방법으로 신속, 적절하게 수사하지 않았다 하더라도 이를 두고 구 특정범죄 가중처벌 등에 관한 법률 위반(특수직무유기)죄에 해당한다고 할 수 없다고 보아 이 부분을 무죄라고 판단하였다. /
【대법원 결론】 기록에 비추어 살펴보면, 원심의 이와 같은 판단은 정당한 것으로 수긍이 가고, 거기에 상고이유에서 주장하는 바와 같은 채증법칙 위반의 위법이 없다. 이 부분 검찰관의 상고이유 주장은 이유 없다. (다른 사유로 파기 환송)

2009도13371

직무유기죄와 직무유기 – 인정례
벌금미납자 만남 사건

2011. 9. 8. 2009도13371, 공 2011하, 2162

1. 사실관계 및 사건의 경과

【사실관계】

① 갑은 경찰관이다.
② A는 벌금미납자로 지명수배되고 있었다.
③ 갑은 A를 세 차례에 걸쳐 만났다.
④ 갑은 그러나 A를 검거하여 검찰청에 신병을 인계하는 등의 조치를 취하지 않았다.

⑤ [검사는 갑이 A를 검거하지 아니한 대신 나중에 뇌물을 받았다고 판단하였다.]

【사건의 경과】

① 검사는 갑을 부정처사후수뢰죄로 기소하였다.

② 제1심법원은 증거불충분으로 무죄를 선고하였다.

③ 검사는 불복 항소하였다.

④ 항소심 공판절차에서 검사는 직무유기죄를 예비적으로 추가하는 공소장변경신청을 하였다.

⑤ 항소심법원은 검사의 공소장변경신청을 허가하였다.

⑥ 항소심법원은 제1심판결을 파기하고, 다음과 같이 판결하였다.

(가 주위적 공소사실 : 부정처사후수뢰죄 부분 : 무죄

(나) 예비적 공소사실 : 직무유기죄 부분 : 무죄

⑦ (항소심의 판단 이유는 판례 본문 참조)

⑧ 검사는 불복 상고하였다.

2. 사안에 대한 항소심의 판단

【항소심 판단】 원심판결 이유에 의하면, /

【항소심 판단】 원심은 주위적 공소사실인 공소외 A로부터의 부정처사후수뢰의 점에 관하여 앞서 본 바와 같이 무죄를 선고하면서 /

【항소심 판단】 원심에서 추가된 예비적 공소사실, 즉 경찰관인 피고인이 벌금미납자로 지명수배되어 있던 공소외 A를 세 차례에 걸쳐 만나고도 그를 검거하여 검찰청에 신병을 인계하는 등의 필요한 조치를 취하지 않아 정당한 이유 없이 직무를 유기하였다는 점에 관하여, /

【항소심 판단】 경찰관은 범죄수사와 관련하여 검사의 지휘를 받을 뿐이고 달리 경찰관에게 재판의 집행에 관한 직무권한이 있다고 인정할 법률적 근거가 없다는 이유로 이 부분에 대하여도 무죄로 판단하였다.

3. 사안에 대한 대법원의 판단

【대법원 판단】 그러나 직무유기의 점에 관한 원심의 판단은 다음과 같은 이유로 수긍할 수 없다.

【대법원 분석】 형사소송법 제460조 제1항, 제473조에 의하면 재판의 집행은 검사가 지휘하고, 검사는 신체를 구금하는 자유형의 집행을 위하여 형집행장을 발부하여 수형자를 구인할 수 있으며, /

【대법원 분석】 같은 법 제475조, 제81조에 의하면 구속영장과 동일한 효력이 있는 형집행장은 검사의 지휘에 의하여 사법경찰관리가 집행하고, /

【대법원 분석】 이러한 형의 집행에 관한 규정은 같은 법 제492조에 의하여 벌금미납자에 대한 노역장유치의 집행에 준용되고 있는바, /

【대법원 판단】 이러한 규정을 종합하면 사법경찰관리도 검사의 지휘를 받아 벌금미납자에 대한 노역장유치의 집행을 위하여 형집행장의 집행 등을 할 권한이 있으므로, 이 경우 벌금미납자에 대한 검거는 사법경찰관리의 직무범위에 속한다고 보아야 할 것이다.

【대법원 결론】 그럼에도 불구하고 원심은 재판의 집행이 사법경찰관리의 직무범위에 속한다고 볼

법률적 근거가 없다는 이유로 벌금미납자인 공소외 A에 대하여 실제 형집행장이 발부되어 있었는지 등에 대하여 나아가 심리하지 않은 채 직무유기의 점에 관하여 무죄라고 판단하였으니, /

【대법원 결론】 이 부분 원심판결에는 사법경찰관리의 직무범위에 관한 법리를 오해하여 판결에 영향을 미친 위법이 있다 할 것이다. (파기 환송)

2005도3909

직무유기죄와 증거인멸죄의 관계
기판 돌려주기 사건

2006. 10. 19. 2005도3909 전원합의체 판결, 공 2006, 1952

1. 사실관계 및 사건의 경과

【사실관계】

① 갑은 P경찰서 방범과장이다.
② 을은 갑의 부하 경찰관이다.
③ 갑의 부하 경찰관들은 A가 운영하는 Q오락실에 대한 수사를 진행하여 ㉠변조 기판을 압수하였다.
④ 압수된 ㉠변조 기판은 P경찰서의 방범과 사무실에 보관되었다.
⑤ 이후 Q오락실 주인 A는 ㉠변조 기판을 돌려받았다.
⑥ [이와 관련하여 갑의 지시로 A가 ㉠변조 기판을 돌려받았다는 의혹이 제기되었다.]

【사건의 경과】

① 검사는 갑을 다음의 공소사실로 증거인멸죄 및 직무유기죄로 기소하였다.
② 「피고인은 을과 공모하여 2003. 5. 10. Q오락실 운영자 A에게 압수된 변조 기판을 돌려주어 정당한 이유 없이 직무를 유기함과 동시에 타인의 형사사건에 관한 증거를 인멸하였다.」
③ 갑의 피고사건은 제1심을 거친 후, 항소심에 계속되었다.
④ 항소심법원은 증거불충분을 이유로 무죄를 선고하였다.
⑤ 검사는 불복 상고하였다.
⑥ 검사는 상고이유로 다음의 점을 주장하였다.
  (가) 지금까지의 대법원판례에 의하면 증거인멸죄와 직무유기죄는 상상적 경합관계에 있다.
  (나) 갑의 행위가 증거인멸죄를 구성하지 않는다고 하더라도 직무유기죄는 성립한다.
  (다) 갑이 압수된 ㉠변조 기판을 P경찰서 수사계에 인계하고 검찰에 송치하여 범죄 혐의의 입증에 사용하도록 하는 등의 적절한 조치를 취하지 않은 것은 직무유기에 해당한다.
⑦ 대법원은 종래의 판례를 폐기하고, 검사의 상고를 기각하였다.

2. 사안에 대한 대법원의 판단

【대법원 분석】 P경찰서 방범과장이던 피고인이 부하직원으로부터 Q오락실을 음반·비디오물 및 게

임물에 관한 법률 위반 혐의로 단속하여 범죄행위에 제공된 증거물로 오락기의 변조 기판을 압수하여 위 방범과 사무실에 보관중임을 보고받아 알고 있었음에도 /

【대법원 분석】 그 직무상의 의무에 따라 위 압수물을 같은 경찰서 수사계에 인계하고 검찰에 송치하여 범죄 혐의의 입증에 사용하도록 하는 등의 적절한 조치를 취하지 않고, /

【대법원 분석】 오히려 부하직원에게 위와 같이 압수한 변조 기판을 돌려주라고 지시하여 Q오락실 업주에게 이를 돌려주었다면, /

【대법원 요지】 직무위배의 위법상태가 증거인멸행위 속에 포함되어 있는 것으로 보아야 할 것이므로, /

【대법원 요지】 이와 같은 경우에는 작위범인 증거인멸죄만이 성립하고 부작위범인 직무유기(거부)죄는 따로 성립하지 아니한다고 봄이 상당하다고 할 것이다.

【대법원 요지】 이와 달리, 사법경찰관인 피고인이 피의자 등에게 관련자를 은폐하기 위하여 허위진술을 하도록 교사하였다면 타인을 교사하여 증거인멸죄를 범하게 한 것인 동시에 그것이 또한, 정당한 직무집행을 거부한 것이 된다고 판시한 대법원 1967. 7. 4. 선고 66도840 판결은 이를 변경하기로 한다.

【대법원 결론】 같은 취지의 원심의 판단은 정당하고, 거기에 직무유기죄와 증거인멸죄의 관계 및 상상적 경합에 관한 법리오해의 위법이 없다. (상고 기각)

2008도11999

인권옹호직무명령불준수죄와 직무명령 – 인정례
인권옹호직무명령불준수죄와 직무유기죄의 관계
대면조사 지시 사건

2010. 10. 28. 2008도11999, [공보불게재]

☞ 1120면

2010도13766

직권남용죄와 직권남용 – 인정례
3배수 추천 지시 사건

2011. 2. 10. 2010도13766, 공 2011상, 602

1. 사실관계 및 사건의 경과

【사실관계 1】

① 교육감의 교장, 장학관 등에 대한 승진임용권은 교육공무원 관련법령에 의하여 대통령 및 교육과학

기술부장관으로부터 위임 및 재위임된 것이다.

② 교육공무원법, 교육공무원임용령, 교육공무원승진규정에는 승진임용의 기준과 절차가 상세히 규정되어 있다.

③ 교육공무원법 제14조 제2항에는 다음과 같이 규정되어 있다.

④ "교육공무원의 승진임용에 있어서는 승진후보자명부의 고순위자순으로 결원된 직에 대하여 3배수의 범위 안에서 승진임용하거나 승진임용제청하여야 한다."

⑤ 교육공무원임용령 제14조 제1항에도 같은 내용이 규정되어 있다.

【사실관계 2】

① 갑은 서울특별시 교육감이다.

② 갑은 중등인사담당장학관 A에게 승진후보자명부상 3배수에 들지 않는 B를 승진시키도록 지시하였다.

③ A는 B가 승진후보자명부상 3배수에 들지 않는다는 것을 숨긴 채, 중등인사담당장학관으로서 인사실무위원회에 참석하여 B를 승진후보자로 추천하는 안건을 제안하였다.

④ A는 이어 중등간사로서 승진 · 전직사전심사위원회에 참석하여 B를 추천하였다.

⑤ 이후 서울특별시교육청 공무원인사위원회를 거쳐 서울특별시 교육감 명의로 B에 대해 승진인사가 발령되었다.

【사실관계 3】

① 갑은 장학관 C와 공모하여 인사담당장학사 D, E에게 근무성적평정에 따른 승진후보자명부상으로는 승진 및 자격연수 대상이 될 수 없는 자들을 승진 및 자격연수 대상자가 되도록 지시하였다.

② D, E는 교육정책국장의 권한사항인 확인자 평정점을 부여하는 과정에서 '혁신성', '교육력 제고'라는 주관적 평가 기준을 만들었다.

③ D, E는 지시받은 특정인에게는 높은 가점을 부여하고 기존의 고순위자에게는 감점을 부여하는 방법으로 임의로 확인자 평정점을 조정하여 특정인이 승진 및 자격연수 대상자가 되도록 하였다.

【사건의 경과】

① 검사는 갑을 직권남용권리행사방해죄로 기소하였다.

② 갑의 피고사건은 제1심을 거친 후, 항소심에 계속되었다.

③ 항소심법원은 유죄를 인정하였다.

④ 갑은 불복 상고하였다.

⑤ 갑은 상고이유로 다음의 점을 주장하였다.

(가) 공무원이 자신의 직무권한에 속하는 사항에 관하여 실무 담당자로 하여금 그 직무집행을 보조하는 사실행위를 하도록 하더라도 이는 공무원 자신의 직무집행으로 귀결될 뿐이다.

(나) 공무원이 실무 담당자에게 직무집행을 보조하는 사실행위를 지시하는 것은 직권남용권리행사방해죄에서 말하는 '의무 없는 일을 하게 한 때'에 해당한다고 할 수 없다.

2. 직권남용의 의미

【대법원 요지】 1. 형법 제123조의 직권남용권리행사방해죄에 있어서 '직권의 남용'이란 공무원이 일

반적 직무권한에 속하는 사항을 불법하게 행사하는 것, /

【대법원 요지】 즉 형식적, 외형적으로는 직무집행으로 보이나 그 실질은 정당한 권한 이외의 행위를 하는 경우를 의미하고 /

【대법원 요지】 남용에 해당하는가의 판단 기준은 /

【대법원 요지】 구체적인 공무원의 직무행위가 그 목적, 그것이 행하여진 상황에서 볼 때의 필요성·상당성 여부, 직권행사가 허용되는 법령상의 요건을 충족했는지 등의 제반 요소를 고려하여 결정하여야 한다. /

【대법원 요지】 그리고 직권남용권리행사방해죄에 있어서 '의무 없는 일을 하게 한 때'란 /

【대법원 요지】 '사람'으로 하여금 법령상 의무 없는 일을 하게 하는 때를 의미한다. /

【대법원 요지】 따라서 공무원이 자신의 직무권한에 속하는 사항에 관하여 실무 담당자로 하여금 그 직무집행을 보조하는 사실행위를 하도록 하더라도 /

【대법원 요지】 이는 공무원 자신의 직무집행으로 귀결될 뿐이므로 /

【대법원 요지】 원칙적으로 직권남용권리행사방해죄에서 말하는 '의무 없는 일을 하게 한 때'에 해당한다고 할 수 없으나, /

【대법원 요지】 직무집행의 기준과 절차가 법령에 구체적으로 명시되어 있고 실무 담당자에게도 직무집행의 기준을 적용하고 절차에 관여할 고유한 권한과 역할이 부여되어 있다면 /

【대법원 요지】 실무 담당자로 하여금 그러한 기준과 절차에 위반하여 직무집행을 보조하게 한 경우에는 '의무 없는 일을 하게 한 때'에 해당한다고 할 것이다.

3. 사안에 대한 대법원의 분석

【대법원 분석】 원심판결 및 원심이 적법하게 조사한 증거 등에 의하면, /

【대법원 분석】 교육감의 교장, 장학관 등에 대한 승진임용권은 교육공무원법령에 의하여 대통령 및 교육과학기술부장관으로부터 위임 및 재위임된 것인데, /

【대법원 분석】 교육공무원법, 교육공무원임용령, 교육공무원승진규정에 승진임용의 기준과 절차가 상세히 규정되어 있는 사실, /

【대법원 분석】 특히 교육공무원법 제14조 제2항에 /

【대법원 분석】 "교육공무원의 승진임용에 있어서는 승진후보자명부의 고순위자순으로 결원된 직에 대하여 3배수의 범위 안에서 승진임용하거나 승진임용제청하여야 한다."라고 규정하고 /

【대법원 분석】 교육공무원임용령 제14조 제1항에도 같은 내용이 규정되어 있는 사실, /

【대법원 분석】 서울특별시 교육감인 피고인은 중등인사담당장학관 공소외 A에게 승진후보자명부상 3배수에 들지 않는 공소외 B를 승진시키도록 지시하여, /

【대법원 분석】 공소외 A는 공소외 B가 승진후보자명부상 3배수에 들지 않는다는 것을 숨긴 채, /

【대법원 분석】 중등인사담당장학관으로서 인사실무위원회에 참석하여 공소외 B를 승진후보자로 추천하는 안건을 제안하고, /

【대법원 분석】 이어 중등간사로서 승진·전직사전심사위원회에 참석하여 공소외 B를 추천한 사실, /

【대법원 분석】 그 후 서울특별시교육청 공무원인사위원회를 거쳐 서울특별시 교육감 명의로 공소외

B에 대한 승진인사가 발령된 사실, /

【대법원 분석】 피고인은 또 장학관 공소외 C와 공모하여 인사담당장학사 공소외 D, E에게 근무성적평정에 따른 승진후보자명부상으로는 승진 및 자격연수 대상이 될 수 없는 자들을 승진 및 자격연수 대상자가 되도록 지시하여, /

【대법원 분석】 공소외 D, E가 교육정책국장의 권한사항인 확인자 평정점을 부여하는 과정에서 '혁신성', '교육력 제고'라는 주관적 평가 기준을 만들어 /

【대법원 분석】 지시받은 특정인에게는 높은 가점을 부여하고 기존의 고순위자는 감점을 부여하는 방법으로 임의로 확인자 평정점을 조정하여 /

【대법원 분석】 승진 및 자격연수 대상자가 되도록 한 사실을 알 수 있다.

4. 사안에 대한 대법원의 판단

【대법원 판단】 앞서 본 법리와 사실관계에 의하면, /

【대법원 판단】 서울특별시교육청 소속 교육공무원에 대한 인사권은 교육감인 피고인의 일반적인 직무권한에 속하는 사항이라고 할 것이지만, /

【대법원 판단】 피고인이 승진대상자를 특정한 후 그들을 승진시킬 목적으로 법령에 위반하여 위와 같은 행위를 한 것이라면 /

【대법원 판단】 그 실질은 정당한 권한 행사를 넘어 직무의 행사에 가탁한 부당한 행위라고 할 것이므로 이는 직권남용에 해당한다. /

【대법원 판단】 그리고 피고인이 인사 실무를 담당하는 장학관이나 장학사로 하여금 법령에 위배되는 일을 하게 하여 그들이 앞서 본 바와 같은 역할을 수행한 것은 /

【대법원 판단】 그들에게 법령상 의무 없는 일을 하게 한 것이고, /

【대법원 판단】 인사 실무를 담당하는 장학관이나 장학사가 피고인의 인사권 행사를 보조하는 사실행위를 한 것에 지나지 않는다고 볼 수 없다.

【대법원 결론】 같은 취지의 원심의 판단은 정당하고, 거기에 상고이유로 주장하는 직권남용권리행사방해죄의 성립요건에 관한 법리오해 등의 위법이 없다. (상고 기각)

2004도5561 (1)

직권남용죄와 직권남용 – 인정례
내사중단 지시 사건

2007. 6. 14. 2004도5561, 공 2007, 1108

1. 사실관계 및 사건의 경과

【사실관계 1】

① 갑은 대검찰청 차장검사로 있다가 검찰총장에 임명되었다.

② P지방검찰청에서는 검사 A가 Q종합건설(이하 Q종건)과 K시장 사이의 ㉠사건에 관한 구체적인 혐의 사실을 발견하여 정상적인 처리절차를 밟아 내사를 진행하고 있었다.
③ ㉠사건에 대해서는 이미 수개월간 내사가 진행되어 Q종건의 사무실과 임원의 거주지에 대한 압수수색까지 진행되었다.

【사실관계 2】

① 갑은 평소 친분관계가 있는 B로부터 ㉠사건에 관한 부탁을 받았다.
② 갑은 면담 혹은 전화 통화 등의 방법으로 P지방검찰청 검사장 C에게 다음과 같이 말하였다.
③ "㉠사건에 대한 내사진행이 외부로 공개되지 않도록 하라."
④ 갑이 P지방검찰청 검사장 C에게 말한 시점은 압수수색 직후의 시점으로, ㉠사건에 관하여 압수수색을 한 결과로 확보된 자료에 대해 충분한 검토도 이루어지지 못한 상태였다.
⑤ 이후 ㉠사건은 내사종결로 처리되었다.

【사건의 경과】

① 검사는 갑을 직권남용죄로 기소하였다.
② 갑의 피고사건은 제1심을 거친 후, 항소심에 계속되었다.
③ 항소심법원은 유죄를 인정하였다.
④ 갑은 불복 상고하였다.

2. 사안에 대한 대법원의 판단

【대법원 판단】 원심은, (중략) 판시와 같은 사실들을 모두 종합하여 보면, /

【대법원 판단】 피고인 갑이 평소 친분관계가 있는 공소외 B로부터 부탁을 받고 대검찰청 차장검사 혹은 검찰총장이라는 지위를 이용하여 면담 혹은 전화 통화 등의 방법으로 P지방검찰청 검사장에게 Q종건에 대한 내사보류와 종결을 지시하였다고 인정하기에 충분하고, /

【대법원 판단】 피고인 갑의 주장과 같이 위 피고인이 P지방검찰청 검사장에게 단지 내사진행이 외부로 공개되지 않도록 하라는 뜻으로 말하였을 뿐이라고 하더라도, /

【대법원 판단】 이미 수개월간 내사가 진행되어 사무실과 임원의 거주지에 대한 압수수색까지 진행된 사안에 대하여 압수수색 결과 확보된 자료에 대한 충분한 검토도 하지 못한 상태인 압수수색 직후의 시점에서 더 이상 내사진행이 외부로 공개되지 않도록 하라고 언급하였다면 /

【대법원 판단】 그 언급만으로도 내사 담당자로서는 현실적으로 더 이상 추가적인 내사진행을 추진하기 어려울 것이므로, 위와 같은 언급 역시 Q종건에 대한 내사중단의 지시로 평가될 수밖에 없으며, /

【대법원 판단】 위와 같은 내사중단 지시에 의하여 담당 검사로 하여금 구체적인 혐의 사실을 발견하여 정상적인 처리절차를 진행중이던 Q종건 내지 공소외 K시장에 대한 내사를 중도에서 그만두고 종결처리토록 한 행위는 /

【대법원 판단】 대검찰청 차장검사 혹은 검찰총장의 직권을 남용하여 담당 검사로 하여금 의무 없는 일을 하게 한 행위에 해당한다는 이유로, 피고인 갑의 이 사건 직권남용권리행사방해의 공소사실을 유죄로 인정하였다.

【대법원 결론】 기록에 비추어 살펴보면, 위와 같은 원심의 사실인정과 판단은 옳은 것으로 수긍이 가고, 거기에 상고이유의 주장과 같은 채증법칙 위배로 인한 사실오인 또는 직권남용권리행사방해에 관한 법리오해 등의 위법이 있다고 할 수 없다. (상고 기각)

2010도1233

강요죄와 의무 없는 일 – 부정례
일지 형식 일기 사건

2012. 11. 29. 2010도1233, 공 2013상, 106

☞ 372면

2003도4599

직권남용죄와 권리행사방해 – 부정례
청문심사 배점변경 사건

2006. 2. 9. 2003도4599, 공 2006, 456

1. 사실관계 및 사건의 경과

【사실관계 1】

① 갑은 정보통신부장관이다.
② 정보통신부는 개인휴대통신 사업자 선정작업을 진행하고 있었다.
③ 개인휴대통신 사업자 선정에는 P회사와 Q회사가 경합하고 있었다.
④ 사업자 선정작업은 청문 심사 단계에 이르렀다.

【사실관계 2】

① 청문 평가의 배점은 2.2점으로 정해져 있었다.
② 이전의 사업계획서의 심사결과에서 Q회사는 P회사보다 0.38점 앞서 있었다.
③ 청문심사의 배점과 관련하여 평가방식은 평균배점방식에 의하는 것으로 공고되어 있었다.
④ 갑은 갑자기 실무자들에게 평가방식을 평균배점방식에서 전무(全無)배점방식으로 변경하도록 지시하였다.
⑤ (구체적인 내용은 판례 본문 참조)
⑥ 이후 Q회사는 개인휴대통신 사업자선정에서 탈락하였다.

【사건의 경과】

① 검사는 갑을 직권남용권리행사방해죄로 기소하였다.

② 갑의 피고사건은 제1심을 거친 후, 항소심에 계속되었다.
③ 항소심법원은 갑에게 무죄를 선고하였다.
④ 검사는 불복 상고하였다.

2. 직권남용권리행사방해죄의 성립요건

【대법원 요지】 형법 제123조가 규정하는 직권남용권리행사방해죄에서 권리행사를 방해한다 함은 법령상 행사할 수 있는 권리의 정당한 행사를 방해하는 것을 말한다고 할 것이므로 /
【대법원 요지】 이에 해당하려면 구체화된 권리의 현실적인 행사가 방해된 경우라야 할 것이고, /
【대법원 요지】 또한 공무원의 직권남용행위가 있었다 할지라도 현실적으로 권리행사의 방해라는 결과가 발생하지 아니하였다면 본죄의 기수를 인정할 수 없다.

3. 사안에 대한 대법원의 판단

(1) 직권남용 부분에 대한 판단

【대법원 분석】 원심은 그 채택 증거를 종합하여 판시의 사실을 인정한 다음, /
【대법원 분석】 ① 개인 휴대통신의 사업자 선정과정에서 청문심사의 도입이나 청문심사의 배점과 관련하여 평균배점방식에서 전무배점방식으로의 변경이 모두 피고인의 지시에 의하여 이루어진 점, /
【대법원 분석】 ② 피고인이 공소외 A 국장으로부터 [P주식회사](이하 'P회사'라 한다)와 [Q회사](○○ · □□의 컨소시엄)의 우열을 가리기 힘들다는 보고를 받은 다음날 이미 공고된 평균배점방식을 통신위원회 심의나 공고 없이 임의로 전무배점방식으로 변경할 것을 실무자들에게 지시하여 시행한 점, /
【대법원 분석】 ③ 심사위원들에게 평가방법이 변경되었다는 사실을 알리지 아니하여 당시 심사위원들은 평균배점방식에 의한 채점을 하였으며, 전무배점방식은 사전에 심사위원들의 논의와 의사수렴과정을 거쳐 결정된 것이라고는 보기 어려운 점, /
【대법원 분석】 ④ 심사기준 등은 통신위원회의 심의를 거쳐 공고하도록 되어 있는데 심사위원들은 이미 공고된 기준과 방법과 달리 정할 수 없는 점, /
【대법원 분석】 ⑤ 전무배점방식은 열세업체에게 부분점수가 전혀 인정되지 않고, 토론을 거쳐 우세업체를 다수결로 결정하게 되므로 토론 과정에서 세부심사항목의 전문가인 발제자가 특정 업체를 지지하면 비전문가인 나머지 심사위원들이 발제자의 의견을 따라갈 가능성이 있어 점수가 한쪽으로 치우쳐질 가능성이 매우 높으며, /
【대법원 분석】 평균배점에서의 근소한 차이가 전무배점에서는 만점과 영점으로 극단적인 차이를 가져오므로 이러한 평가방법은 아주 예외적인 평가방법으로 보이는 점, /
【대법원 분석】 ⑥ 피고인은 단순히 채점방식의 변경이라 하지만 결국은 배점방식의 변경에 이르게 된다는 점, /
【대법원 분석】 ⑦ 피고인은 청문평가시 심사위원 7명 중 공소외 B, 공소외 C를 제외한 나머지 5명을 직접 선정하였고, 그 5명이 전부 피고인의 의사가 반영될 여지가 있던 사람들이었던 점, /

【대법원 분석】 ⑧ 피고인은 공소외 A로부터 보고를 받아 [P회사와 Q회사가] 우열을 가리기 힘들다는 사실을 알고 있었고 청문심사를 전무배점방식으로 하도록 지시한 상태라서 청문심사가 사업자 선정을 좌우하게 될 것이라는 사실을 알면서도 조찬 모임에서 청문심사가 사업자 선정에 영향을 미치지 못한다고 말하면서 청문심사 5개 항목과 관련이 없는 경제력 집중과 기업의 도덕성을 강조한 점, /

【대법원 분석】 ⑨ 사업계획서 심사는 10일간에 이루어졌음에도 청문심사는 단 2시간에 걸쳐 심사위원들에게 청문심사와 관련된 자료를 검토할 기회를 제대로 부여하지 않은 채 진행된 것인 점 등에 비추어 /

【대법원 판단】 피고인이 직권을 남용하였다고 판단하면서도, /

(2) 권리행사방해 부분에 대한 판단

【대법원 판단】 직권남용의 행위가 있다 하더라도 본죄가 기수에 이르려면 현실적으로 권리행사의 저해가 있어야 하는데 /

【대법원 판단】 청문심사 및 평가 과정에서 [Q회사]만이 청문심사위원들에 의하여 불공정한 대우를 받아 공정하게 경쟁을 할 수 없었다고 단정할 수 없을 뿐만 아니라 /

【대법원 판단】 청문 평가의 배점이 2.2점으로 정하여져 있는 상황에서 [Q회사가] 이전의 사업계획서의 심사결과에서 [P회사]보다 0.38점 앞서 있었다는 사정만으로는 [Q회사가] 전기통신사업법상 개인휴대통신사업자로 선정될 수 있는 권리라는 것은 아직 구체화된 권리라고 볼 수 없어서, /

【대법원 판단】 결국 [Q회사가] 가진 구체적인 권리의 현실적 행사가 방해되는 결과가 발생하지는 아니하였다는 이유로 무죄를 선고하였다.

【대법원 결론】 원심판결 이유를 위 법리 및 기록에 비추어 살펴보면, 원심의 사실인정과 판단은 정당한 것으로 수긍이 가고, 거기에 상고이유에서 주장하는 바와 같은 직권남용권리행사방해죄에 관한 법리오해 등의 위법이 있다고 할 수 없다. (상고 기각)

2003도3945

공용서류은닉죄와 공용서류 – 인정례
직권남용감금죄와 간접정범 – 인정례
PC방 갈취 사건

2006. 5. 25. 2003도3945, 공 2006, 1196

☞ 1132면

2010도14734

공무상비밀누설죄와 공무상 비밀 – 부정례
경찰청 차량 차적조회 사건

2012. 3. 15. 2010도14734, 공 2012상, 613

1. 사실관계 및 사건의 경과

【사실관계】

① 갑은 P구청에서 체납차량 영치 및 공매 등의 업무를 담당하는 공무원이다.
② 경찰은 A가 M장소에서 유사휘발유를 제조하고 있다는 첩보를 입수하였다.
③ 경찰관 B 등은 ㉠차량에 탑승하여 M장소 근처에서 잠복근무를 하고 있었다.
④ A는 M장소 근처의 ㉠차량에 대해 의심을 가졌다.
⑤ A는 C에게 ㉠차량의 차적조회를 부탁하였다.
⑥ C는 갑에게 ㉠차량의 차적조회를 부탁하였다.
⑦ 갑은 ㉠차량이 경찰청 소속 차량이라는 사실을 C에게 알려주었다.
⑧ C로부터 그 사실을 들은 A는 현장에서 바로 도주하였다.

【사건의 경과】

① 검사는 갑을 공무상 비밀누설죄로 기소하였다.
② (공무상 비밀누설죄는 예비적 공소사실임)
③ 갑의 피고사건은 제1심을 거친 후, 항소심에 계속되었다.
④ 항소심법원은 유죄를 인정하였다.
⑤ (항소심의 판단 이유는 판례 본문 참조)
⑥ 갑은 불복 상고하였다.

2. 공무상 비밀의 성립범위

【대법원 요지】 형법 제127조는 공무원 또는 공무원이었던 자가 법령에 의한 직무상 비밀을 누설하는 것을 구성요건으로 하고 있고, /

【대법원 요지】 같은 조에서 '법령에 의한 직무상 비밀'이란 반드시 법령에 의하여 비밀로 규정되었거나 비밀로 분류 명시된 사항에 한하지 아니하고, /

【대법원 요지】 정치, 군사, 외교, 경제, 사회적 필요에 따라 비밀로 된 사항은 물론 /

【대법원 요지】 정부나 공무소 또는 국민이 객관적, 일반적인 입장에서 외부에 알려지지 않는 것에 상당한 이익이 있는 사항도 포함하는 것이나, /

【대법원 요지】 실질적으로 그것을 비밀로서 보호할 가치가 있다고 인정할 수 있는 것이어야 하고, /

【대법원 요지】 본죄는 비밀 그 자체를 보호하는 것이 아니라 공무원의 비밀엄수의무의 침해에 의하여 위험하게 되는 이익, 즉 비밀의 누설에 의하여 위협받는 국가의 기능을 보호하기 위한 것이다.

3. 사안에 대한 항소심의 판단

【항소심 분석】 원심판결 이유에 의하면, 원심은 그 채택 증거에 의하여 /

【항소심 분석】 이 사건 차량은 공소외 A의 유사휘발유 제조 현장 부근에서 경찰의 잠복근무에 이용되고 있었던 사실, /

【항소심 분석】 공소외 A는 공소외 C에게 이 사건 차량의 차적 조회를 부탁한 사실, /

【항소심 분석】 공소외 A는 공소외 C로부터 이 사건 차량이 경찰청 소속이라는 말을 듣고 현장에서 도주한 사실 등 판시와 같은 사실을 인정한 다음, /

【항소심 판단】 경찰청 소속 차량은 잠복수사 등 비밀을 요하는 업무에 사용될 가능성이 있고, 잠복수사에 이용되는 차량의 경우 경찰청 소속이라는 사실이 외부에 드러나지 않아야 할 필요성이 있는데, /

【항소심 판단】 구청에서 체납차량 영치 및 공매 등의 업무를 담당하던 공무원인 피고인이 공소외 C에게 차적 조회 시스템을 이용하여 알게 된 이 사건 차량의 소유관계에 관한 정보를 알려준 행위로 인하여 실제로 경찰의 수사업무가 방해되었던 점에 비추어 볼 때, /

【항소심 판단】 이 사건 차량의 정보는 객관적, 일반적인 입장에서 외부에 알려지지 않는 것에 상당한 이익이 있는 사항으로서 비밀로 보호할 가치가 있다고 인정된다는 이유로 /

【항소심 판단】 공무상비밀누설죄에 있어서의 '법령에 의한 직무상 비밀'에 해당한다고 판단하였다.

4. 사안에 대한 대법원의 판단

【대법원 분석】 그러나 앞서 본 법리에 비추어 볼 때, /

【대법원 분석】 누구든지 열람이 가능한 부동산등기 사항과는 달리 /

【대법원 분석】 구 자동차관리법 제7조 제4항, 구 자동차등록규칙(2010. 4. 7. 국토해양부령 제239호로 개정되기 전의 것) 제10조, 제12조가 /

【대법원 분석】 자동차 소유자의 성명까지 기재된 신청서를 제출하여야 자동차등록원부의 열람이나 그 등본 또는 초본을 발급받을 수 있게 규정함으로써 자동차의 소유자에 관한 정보가 공개되지 아니한 측면을 고려하더라도, /

【대법원 판단】 결국 재산의 소유 주체에 관한 정보에 불과한 자동차의 소유자에 관한 정보를 정부나 공무소 또는 국민이 객관적, 일반적인 입장에서 외부에 알려지지 않는 것에 상당한 이익이 있는 사항으로서 실질적으로 비밀로 보호할 가치가 있다거나, /

【대법원 판단】 그 누설에 의하여 국가의 기능이 위협받는다고 볼 수는 없다. /

【대법원 판단】 이는 경찰청 소속 차량으로 잠복수사에 이용될 수도 있고 그 경우 원심이 설시한 바와 같이 그 소속이 외부에 드러나지 말아야 할 사실상의 필요성이 있다고 하더라도 그러한 사정만으로 달리 볼 것은 아니다 /

【대법원 분석】 (기록에 나타난 자료에 의하면 수사기능을 갖춘 법무부 소속 차량에 관한 정보는 인터넷에 공개되고 있는 것으로 보인다).

【대법원 판단】 따라서 피고인이 공소외 B에게 제공한 차량의 소유관계에 관한 정보를 형법 제127조에 규정한 '법령에 의한 직무상 비밀'에 해당한다고 볼 수 없다.

【대법원 결론】 그럼에도 원심이 이 사건 차량이 경찰청 소속이라는 정보가 공무상비밀누설죄에 있어서의 '법령에 의한 직무상 비밀'에 해당한다고 보아 이 사건 예비적 공소사실을 유죄로 인정한 것에는 공무상비밀누설죄에 관한 법리를 오해하여 판결 결과에 영향을 미친 위법이 있다. 이 점을 지적하는 상고이유의 주장은 이유 있다. (파기 환송)

2004도5561 (2)

공무상비밀누설죄와 누설 – 인정례
사건내용 알아보기 사건

2007. 6. 14. 2004도5561, 공 2007, 1108

1. 사실관계 및 사건의 경과

【사실관계 1】

① 갑은 대검찰청 차장검사이다.

② A는 P그룹 부회장이다.

③ 2000. 12. 초 A는 B에게 다음과 같은 부탁을 하였다.

④ "P그룹에 대한 ㉠무역금융사기 건 검찰 수사와 관련하여 구속되지 않고 선처를 받을 수 있도록 도와 달라."

【사실관계 2】

① 2000. 12.경 B는 C에게 A가 ㉠무역금융사기 건으로 곤란을 겪고 있다는 사정을 설명하고 불구속 처리될 수 있도록 힘써 줄 것을 부탁하였다.

② 이 자리에서 B는 C에게 ㉠사건의 내용, 수사 상황, 담당 검사 및 소속부서 등이 기재된 쪽지를 건네주었다.

③ 이에 C는 검찰 간부를 통하여 알아보겠다고 대답하였다.

④ 2000. 12. 중순 C는 B를 통하여 D에게 경비를 요구하여 2억 5,000만 원을 전달받았다.

【사실관계 3】

① 2001. 1. 말경 C는 대검찰청 차장검사실로 전화하였다.

② C는 갑에게 다음과 같은 부탁을 하였다.

③ "A가 서울지방검찰청 외사부의 수사를 피하기 위하여 일본에 가 있는데, 국내로 들어와서 조사를 받을 경우 불구속으로 처리되는 것이 가능한지를 알아봐 달라."

④ 갑은 C의 전화를 받은 후 그 시경 ㉠무역금융사기 건의 수사를 담당하고 있던 서울지방검찰청 외사부 부장검사 E에게 전화하여 사건의 내용이 어떠하냐고 물었다.

⑤ 부장검사 E는 대검찰청 차장검사 갑에게 "주임검사 F의 생각에 크게 엄벌할 정도의 중한 사안은 아니라고 합니다."라고 답하였다.

⑥ 갑은 부장검사 E의 답변을 듣자, C에게 A가 국내로 들어오더라도 불구속 처리가 가능하다는 의미

로 "조사받아도 되겠던데"라고 전해 주었다.

【사실관계 4】

① 갑의 말을 들은 C는 B에게 모든 정리가 되었으니 A가 안심하고 국내로 들어와도 된다고 말하였다.

② B는 그때쯤 D에게 C의 말을 전하였다.

③ B는 또한 직접 일본으로 가서 A에게 C가 갑을 통하여 모든 문제를 해결하였으니 귀국해도 문제가 없다고 말하였다.

④ 2001. 2. 6. A는 귀국하였다.

⑤ A는 며칠 뒤 서울지검에 자진 출석하여 조사를 받았다.

【사건의 경과】

① 검사는 갑을 공무상비밀누설죄로 기소하였다.

② 갑의 피고사건은 제1심을 거친 후, 항소심에 계속되었다.

③ 항소심법원은 유죄를 인정하였다.

④ 갑은 불복 상고하였다.

⑤ 갑은 상고이유로 다음의 점을 주장하였다.

(가) ㉠사건 내용을 알아본 것은 단순히 사건의 경중을 확인한 것에 지나지 않는다.

(나) 단순한 사건의 경중은 공무상 비밀에 해당하지 않는다.

2. 공무상비밀누설죄의 성립요건

【대법원 요지】 형법 제127조는 공무원 또는 공무원이었던 자가 법령에 의한 직무상 비밀을 누설하는 것을 구성요건으로 하고 있고, /

【대법원 요지】 같은 조에서 법령에 의한 직무상 비밀이란 반드시 법령에 의하여 비밀로 규정되었거나 비밀로 분류 명시된 사항에 한하지 아니하고 /

【대법원 요지】 정치, 군사, 외교, 경제, 사회적 필요에 따라 비밀로 된 사항은 물론 /

【대법원 요지】 정부나 공무소 또는 국민이 객관적, 일반적인 입장에서 외부에 알려지지 않는 것에 상당한 이익이 있는 사항도 포함하는 것이나, /

【대법원 요지】 실질적으로 그것을 비밀로서 보호할 가치가 있다고 인정할 수 있는 것이어야 할 것이고, /

【대법원 요지】 본죄는 기밀 그 자체를 보호하는 것이 아니라 공무원의 비밀엄수의무의 침해에 의하여 위험하게 되는 이익, 즉 비밀의 누설에 의하여 위협받는 국가의 기능을 보호하기 위한 것이라고 볼 것이며, /

【대법원 요지】 검찰 등 수사기관이 특정 사건에 대하여 수사를 진행하고 있는 상태에서 수사기관이 현재 어떤 자료를 확보하였고, 해당 사안이나 피의자의 죄책, 신병처리에 대하여 수사책임자가 어떤 의견을 가지고 있는지 등의 정보는 /

【대법원 요지】 그것이 수사의 대상이 될 가능성이 있는 자 등 수사기관 외부로 누설될 경우 /

【대법원 요지】 피의자 등이 아직까지 수사기관에서 확보하지 못한 자료를 인멸하거나, 수사기관에서 파악하고 있는 내용에 맞추어 증거를 조작하거나, 허위의 진술을 준비하는 등의 방법으로 /

【대법원 요지】 수사기관의 범죄수사 기능에 장애를 초래할 위험이 있는 점에 비추어 보면, /
【대법원 요지】 해당 사건에 대한 종국적인 결정을 하기 전까지는 외부에 누설되어서는 안 될 수사기관 내부의 비밀에 해당한다고 봄이 상당하다.

3. 사안에 대한 대법원의 판단

【대법원 분석】 원심은, 그 채용 증거를 종합하여, /
【대법원 분석】 P그룹 부회장이던 공소외 A가 2000. 12. 초 공소외 B에게 "P그룹에 대한 무역금융사기 건 검찰 수사와 관련하여 구속되지 않고 선처를 받을 수 있도록 도와 달라"는 부탁을 한 사실, /
【대법원 분석】 공소외 B는 2000. 12.경 공소외 C에게 공소외 A가 무역금융사기 건으로 곤란을 겪고 있다는 사정을 설명하고 불구속 처리될 수 있도록 힘써 줄 것을 부탁하면서, 사건 내용, 수사 상황, 담당 검사 및 소속부서 등이 기재된 쪽지를 건네주었고, /
【대법원 분석】 공소외 C는 검찰 간부를 통하여 알아보겠다고 대답하면서 2000. 12. 중순 공소외 B를 통하여 공소외 D에게 경비를 요구하여 2억 5,000만 원을 전달받은 사실, /
【대법원 분석】 공소외 C는 2001. 1. 말경 대검찰청 차장검사실로 전화하여 피고인 갑에게 "공소외 A가 서울지방검찰청 외사부의 수사를 피하기 위하여 일본에 가 있는데, 국내로 들어와서 조사를 받을 경우 불구속으로 처리되는 것이 가능한지를 알아봐 달라"고 부탁하였고, /
【대법원 분석】 피고인 갑은 공소외 C의 전화를 받은 후 그 시경 위 무역금융사기 건의 수사를 담당하고 있던 서울지방검찰청 외사부 부장검사에게 전화하여 사건의 내용이 어떠하냐고 물었고, /
【대법원 분석】 그 부장검사로부터 주임검사의 생각에 크게 엄벌할 정도의 중한 사안은 아니라고 한다는 답변을 듣자, /
【대법원 분석】 공소외 C에게 공소외 A가 국내로 들어오더라도 불구속 처리가 가능하다는 의미로 "조사받아도 되겠던데"라고 전해 준 사실, /
【대법원 분석】 이에 공소외 C는 공소외 B에게 모든 정리가 되었으니 공소외 A가 안심하고 국내로 들어와도 된다고 말하였고, /
【대법원 분석】 공소외 B는 그때쯤 공소외 D에게 공소외 C의 말을 전하고 직접 일본으로 가서 공소외 A에게 공소외 C가 피고인 갑을 통하여 모든 문제를 해결하였으니 귀국해도 문제가 없다고 하였고, /
【대법원 분석】 공소외 A는 2001. 2. 6. 귀국하였으며 며칠 뒤 서울지검에 자진 출석하여 조사를 받은 사실 등 판시와 같은 사실을 인정한 다음, /
【대법원 판단】 피고인 갑이 담당 부장검사로부터 알아내어 공소외 C에게 전달해 준 내용은 단지 사안의 경중에 불과한 것이 아니라, /
【대법원 판단】 당시 수사팀에서 P그룹 사건과 관련하여 공소외 A를 크게 엄벌할 정도로 중한 사안이 아니라는 판단을 하고 있으므로 공소외 A가 국내로 들어오더라도 불구속 처리가 가능하다는 내용이고, /
【대법원 판단】 그 내용은 해외에 도피한 채 검찰 수사가 확대될까봐 전전긍긍하고 있던 공소외 A가 2000. 12. 초부터 2001. 1. 말까지 공소외 B, C에게 거액의 돈을 제공하거나 변호인을 통하여 확인하기를 원했던 가장 중요한 정보로서 /

【대법원 판단】 장차 검찰 수사가 더 이상 강도 높게 진행되지 않고 그때까지 밝혀진 내용 범위 내에서 마무리될 것임을 예측케 하는 것임이 명백하므로, /

【대법원 판단】 피고인 갑이 P그룹에 대한 서울지방검찰청 외사부의 수사가 계속 진행중인 상태에서 수사책임자인 부장검사와 주임검사가 위 무역금융사기 건이 공소외 A를 엄벌할 정도로 중한 사안은 아니라는 잠정적인 판단을 하고 있다는 수사팀의 내부 상황을 확인한 뒤 그 내용을 공소외 C에게 전달한 행위는 형법 제127조에 정한 공무상 비밀누설에 해당한다고 판단하였다.

【대법원 결론】 앞서 본 법리와 기록에 비추어 살펴보면, 위와 같은 원심의 사실인정과 판단은 옳고, 거기에 심리미진 또는 채증법칙 위배로 인한 사실오인이나 공무상 비밀누설에 관한 법리오해 등의 위법이 있다고 할 수 없다. (상고 기각)

2009도3642

공무상비밀누설죄와 대향범 처벌
범인도피죄와 범인도피 – 부정례
체포영장 명단 누출 사건

2011. 4. 28. 2009도3642, 공 2011상, 1212

1. 사실관계 및 사건의 경과

【사실관계】

① 갑은 변호사 K의 사무실 직원이다.

② 을은 법원공무원이다.

③ M사건으로 A 등 53명에 대해 체포영장이 발부되었다.

④ [A, B, C, D는 변호사 K 측에 변호를 의뢰하였다.]

⑤ 갑은 을에게 부탁하여 수사 중인 M사건의 체포영장 발부자 53명의 명단을 받았다.

⑥ [갑은 이 가운데 A, B, C, D에게 체포영장 발부 사실을 알려서 체포를 피하게 하였다.]

⑦ [A, B, C, D를 제외한 나머지 사람들도 체포영장 발부 소식을 듣고 잠적하였다.]

【사건의 경과】

① 검사는 갑을 다음과 같이 기소하였다.

(가) 체포영장 발부자 53명 명단 입수 : 공무상비밀누설교사죄

(나) 체포영장 발부자 53명 명단 누출 : 53명에 대한 범인도피죄

② 검사는 을을 공무상비밀누설죄로 기소하였다.

③ 갑과 을의 피고사건은 제1심을 거친 후, 항소심에 계속되었다.

④ 항소심법원은 갑에 대해 다음과 같이 판단하였다.

(가) 체포영장 발부자 53명 명단 입수 : 공무상비밀누설교사죄 : 유죄

(나) 체포영장 발부자 53명 명단 누출 : 범인도피죄 : A, B, C, D 부분 유죄, 나머지 사람 부분 무죄

⑤ 항소심법원은 을에 대해 유죄를 인정하였다.
⑥ 갑은 불복 상고하였다.

2. 공무상비밀누설죄 부분에 대한 판단

【대법원 요지】 2인 이상의 서로 대향된 행위의 존재를 필요로 하는 대향범에 대하여는 공범에 관한 형법총칙 규정이 적용될 수 없다. /

【대법원 판단】 원심이 인정한 사실에 의하면 공무원인 피고인 을이 직무상 비밀을 누설한 행위와 피고인 갑이 그로부터 그 비밀을 누설받은 행위는 대향범 관계에 있다고 할 것인데, /

【대법원 판단】 형법 제127조는 공무원 또는 공무원이었던 자가 법령에 의한 직무상 비밀을 누설하는 행위만을 처벌하고 있을 뿐 직무상 비밀을 누설받은 상대방을 처벌하는 규정이 없는 점에 비추어, /

【대법원 판단】 직무상 비밀을 누설받은 자에 대하여는 공범에 관한 형법총칙 규정이 적용될 수 없다고 봄이 상당하다.

【대법원 결론】 그럼에도 원심은, 피고인 갑이 피고인 을에게 부탁을 하여 이 사건 체포영장 발부자 명단을 누설받은 행위가 공무상비밀누설교사죄에 해당한다고 판단하였는바, /

【대법원 결론】 이러한 원심의 판단에는 공무상비밀누설죄에 있어 공범의 성립에 관한 법리를 오해한 위법이 있고, 이는 판결 결과에 영향을 미쳤음이 분명하다. 상고이유 중 이점을 지적하는 부분은 이유 있다.

3. 범인도피죄 부분에 대한 판단

【대법원 요지】 형법 제151조의 범인도피죄에 있어서 '도피하게 하는 행위'는 은닉 이외의 방법으로 범인에 대한 수사, 재판 및 형의 집행 등 형사사법의 작용을 곤란 또는 불가능하게 하는 일체의 행위로서 그 수단과 방법에는 아무런 제한이 없다. /

【대법원 요지】 또한 위 죄는 위험범으로서 현실적으로 형사사법의 작용을 방해하는 결과를 초래할 필요는 없으나 /

【대법원 요지】 적어도 함께 규정되어 있는 은닉행위에 비견될 정도로 수사기관의 발견 · 체포를 곤란하게 하는 행위, /

【대법원 요지】 즉 직접 범인을 도피시키는 행위 또는 도피를 직접적으로 용이하게 하는 행위에 이르러야 하므로, /

【대법원 요지】 그 자체로는 도피시키는 것을 직접적인 목적으로 하였다고 보기 어려운 어떤 행위의 결과 간접적으로 범인이 안심하고 도피할 수 있게 한 경우까지 포함하는 것은 아니다.

【대법원 판단】 원심은 그 판시와 같은 인정 사실에 비추어 이 사건 체포영장 발부자 명단 53명 중 공소외 A, B, C, D에 대하여는 범인도피죄가 성립하나, /

【대법원 판단】 위 공소외 A 등을 제외한 나머지 49명에 대하여는 범인도피죄가 성립하지 않는다고 판단하였는바, /

【대법원 결론】 이와 같은 원심의 판단은 앞서 본 법리와 기록에 비추어 정당하고, 거기에 주장하는 바와 같은 법리오해의 위법은 없다. (결론적으로 파기 환송)

제2 뇌물죄

2010도14394

뇌물수수죄와 공무원 – 부정례
집행관 사무원 사건

2011. 3. 10. 2010도14394, 공 2011상, 787

1. 사실관계 및 사건의 경과

【사실관계】

① [사실관계가 나타나 있지 아니하므로 필자가 임의로 구성함]
② 갑은 P법원 소속의 집행관 A의 사무소에 근무하는 사무원이다.
③ 갑은 B의 경매관련 집행사무와 관련하여 돈을 받았다.
④ 갑은 C의 경매관련 집행사무를 관련 규정에 위반하여 신속하게 처리해 주었다.
⑤ 갑은 이후 C로부터 사례로 돈을 받았다.

【사건의 경과 1】

① 검사는 갑을 다음의 공소사실로 기소하였다.
(가) 특가법위반죄(뇌물)
(나) 부정처사후수뢰죄
② 제1심법원은 갑이 공무원에 해당하지 않는다고 판단하였다.
③ 제1심법원은 다음과 같이 판결을 선고하였다.
(가) 특가법위반죄(뇌물) : 무죄
(나) 부정처사후수뢰죄 : 무죄

【사건의 경과 2】

① 검사는 불복 항소하였다.
② 항소심법원은 항소를 기각하고, 제1심의 무죄 판단을 유지하였다.
③ 항소심법원은 대신에 갑에게 배임수재죄를 인정하였다.
④ 검사는 불복 상고하였다.
⑤ 검사는 상고이유로, 갑이 공무원에 해당한다고 주장하였다.

【참조조문】

변호사법

제111조 (벌칙) ① 공무원이 취급하는 사건 또는 사무에 관하여 /
청탁 또는 알선을 한다는 명목으로 /
금품 · 향응, 그 밖의 이익을 받거나 받을 것을 약속한 자 또는 /
제3자에게 이를 공여하게 하거나 공여하게 할 것을 약속한 자는 /

5년 이하의 징역 또는 1천만 원 이하의 벌금에 처한다. /
이 경우 벌금과 징역은 병과할 수 있다.
② 다른 법률에 따라 「형법」 제129조부터 제132조까지의 규정에 따른 벌칙을 적용할 때에 공무원으로 보는 자는 제1항의 공무원으로 본다.

집행관법

제1조 (목적) 이 법은 「법원조직법」 제55조에 따른 집행관에 관한 사항을 규정함을 목적으로 한다.

제2조 (직무) 집행관은 지방법원에 소속되어 법률에서 정하는 바에 따라 재판의 집행, 서류의 송달, 그 밖에 법령에 따른 사무에 종사한다.

집행관규칙

제3조 (복무등) 집행관의 근무시간, 휴가 등 복무에 관한 사항은 성질에 반하지 아니하는 한 법원공무원에 준한다.
② 제1항의 경우에 준용할 「법원공무원규칙」 중 소속기관의 장은 대표집행관으로 본다.

제21조 (사무원의 채용등) ① 집행관사무소에 집행관의 업무보조를 위하여 사무원(회계를 담당하는 직원을 포함한다)을 둘 수 있다.
② 사무원은 법원 및 검찰청 9급 이상의 직에 근무한자 또는 이와 동등 이상의 자격이 있다고 인정되는 자중에서 소속지방법원장의 허가를 받아 대표 집행관이 채용한다.
(이하 항 생략)

제22조 (사무원의 보수) ① 사무원은 법원일반직공무원에 준한 보수를 지급받는다.

제25조 (사무원에의 준용) 제3조[복무등], 제8조[피고소, 고발의 보고의무] 및 법 제13조[제척], 제15조 제1항[경매물건 등의 매수 금지]의 규정은 사무원에게 준용한다.

2. 뇌물죄와 공무원의 범위

【대법원 요지】 형법 제129조 내지 제132조 및 /

【대법원 요지】 구 변호사법(2007. 3. 29. 법률 제8321호로 개정되기 전의 것, 이하 같다) 제111조에서의 /

【대법원 요지】 '공무원'이라 함은 /

【대법원 요지】 국가공무원법과 지방공무원법에 의한 공무원 및 /

【대법원 요지】 다른 법률에 따라 위 규정들을 적용할 때에 공무원으로 간주되는 자 외에 /

【대법원 요지】 법령의 근거에 기하여 국가 또는 지방자치단체 및 이에 준하는 공법인의 사무에 종사하는 자로서 /

【대법원 요지】 그 노무의 내용이 단순한 기계적 · 육체적인 것에 한정되어 있지 않은 자를 말한다.

3. 집행관과 집행관 사무원의 차이

【대법원 분석】 집행관사무소의 사무원은 법원 및 검찰청 9급 이상의 직에 근무한 자 또는 이와 동등 이상의 자격이 있다고 인정되는 자 중에서 소속지방법원장의 허가를 받아 대표집행관이 채용하는 자로서(집행관규칙 제21조 제2항), /

【대법원 분석】 법원일반직 공무원에 준하여 보수를 지급받는 한편 근무시간, 휴가 등 복무와 제척사유, 경매물건 등의 매수금지 의무 등에 있어서는 집행관에 관한 법령의 규정이 준용된다는 점에서(집행관규칙 제3조 제1항, 제22조 제1항, 제25조) /

【대법원 분석】 형법 제129조 내지 제132조 및 구 변호사법 제111조의 적용에 있어 공무원으로 취급되는 집행관의 지위와 비슷한 면이 있기는 하지만, /

【대법원 요지】 '지방법원에 소속되어 법률이 정하는 바에 따라 재판의 집행, 서류의 송달 그 밖에 법령에 따른 사무에 종사'하는 집행관(집행관법 제2조)과 달리 /

【대법원 요지】 그에 의해 채용되어 그 업무를 보조하는 자에 불과할 뿐(집행관규칙 제21조 제1항), 그를 대신하거나 그와 독립하여 집행에 관한 업무를 수행하는 자의 지위에 있지는 않다.

4. 사안에 대한 대법원의 판단

【대법원 판단】 앞서 본 법리와 위 각 법령의 규정, 그리고 피고인에게 불리한 형벌법규의 유추적용은 엄격히 제한되어야 한다는 점 등에 비추어 보면, /

【대법원 판단】 위와 같이 집행관사무소의 사무원이 집행관을 보조하여 담당하는 사무의 성질이 국가의 사무에 준하는 측면이 있다는 사정만으로는 형법 제129조 내지 제132조 및 구 변호사법 제111조에서의 '공무원'에 해당한다고 보기 어렵다.

【대법원 결론】 원심이 수긍한 제1심은 그 판시 사정을 종합하여 집행관사무소의 사무원이 위 규정들에서의 공무원에 해당한다고 볼 수 없다고 한 다음, 이 사건 공소사실들 중 집행관사무소의 사무원인 피고인 갑이 위 규정들에서의 공무원에 해당함을 전제로 하는 공소사실들을 무죄로 판단하였다.

【대법원 결론】 위 법리와 원심이 인용한 제1심이 채택한 증거들에 비추어 살펴보면, 원심이 제1심의 위 판단을 그대로 유지한 것은 정당하고 거기에 상고이유 주장과 같이 뇌물죄의 주체인 공무원의 개념에 대한 법리를 오해한 위법이 없다. (상고 기각)

【코멘트】 본 판례는 뇌물죄와 관련한 '공무원'의 개념요소를 보여주고 있다. 뇌물죄의 공무원은 (가) 법령의 근거에 기하여, (나) 국가 등의 사무에 종사하는 자로서, (다) 노무의 내용이 단순히 기계적·육체적인 사람은 제외된다. 집행사무와 관련된 법령을 보면, 집행관은 집행관법에 근거를 두고 국가의 사무에 종사하므로 공무원에 해당한다. 이에 대해 집행관사무소의 사무원은 집행관규칙에 근거하여 '집행관'의 업무를 보조한다. 집행관규칙이라는 법령의 근거는 발견할 수 있지만 종사하는 사무가 국가의 사무가 아니라 집행관의 업무이기 때문에 공무원에 해당하지 않는다는 것이 대법원의 판단이다.

여기에서 공무원인 집행관의 업무가 곧 국가의 사무가 아닌가 하는 의문을 가져볼 수 있다. 그러나 대법원은 피고인에게 불리한 형벌법규의 유추적용은 엄격히 제한되어야 한다는 논거를 들어서 집행관의 업무를 국가의 사무로 확장해석하는 것을 허용하지 않고 있다. 본 판례는 자칫하면 법원 주변의 부조리에 대해 사법부가 지나치게 관대한 것이 아닌가 하는 오해를 낳을 소지가 있다. 그러나 대법원이 제시하는 논리의 일관성과 죄형법정주의 원칙에 비추어 볼 때 본 판례의 결론은 타당하다고 본다. 다만 입법적으로 대비책을 마련해야 할 필요성은 크다고 생각된다.

2010도13584

뇌물수수죄와 공무원 – 인정례
재건축 조합장 수뢰 사건

2010. 12. 23. 2010도13584, 공 2011상, 285

1. 사실관계 및 사건의 경과

【사실관계】

① 「도시 및 주거환경정비법」은 형법 제129조 내지 제132조의 적용에 있어서 조합의 임원과 직원을 공무원으로 의제하는 규정을 두고 있다(동법 제84조 참조).

② P주택조합의 전임 조합장은 E이다.

③ E에 대한 직무집행정지가처분결정으로 조합장직무대행자 K가 선임되어 있었다. (☞문서례 11번 참조)

④ P주택조합은 다시 조합 총회를 열어 갑을 조합장으로 선출하였다.

⑤ 갑은 직무대행자 K로부터 P조합의 사무를 인계받아 실질적으로 조합장 직무를 수행하였다.

⑥ 갑은 P주택조합의 재건축상가 일반분양분의 매수를 위한 청탁 명목으로 을을 통해 A로부터 5,000만 원이 입금되어 있는 통장과 현금카드를 교부받았다.

【사건의 경과】

① 검사는 갑을 특가법위반죄(뇌물)로 기소하였다.

② 제1심법원은 유죄를 인정하였다.

③ 제1심법원은 갑에게 특가법 제2조 제1항 제2호를 적용하여 징역 3년 6월을 선고하였다.

④ 갑은 불복 항소하였다.

⑤ 항소심법원은 항소를 기각하고, 제1심판결을 유지하였다.

⑥ 갑은 불복 상고하였다.

⑦ 갑은 상고이유로 다음의 점을 주장하였다.

(가) P조합의 조합장에는 직무집행정지가처분결정이 내려져 있다.

(나) P조합의 총회 결의가 있었다고 하더라도 갑은 P조합의 적법한 임원이 될 수 없다.

(다) 설사 갑을 조합의 임원으로 보아 공무원으로 의제한다고 하더라도, 갑은 형법 제129조 내지 제132조만으로 처벌할 수 있을 뿐 특가법으로 처벌할 수는 없다.

(라) 갑이 받은 5,000만 원은 P주택조합의 직무와 아무런 관련성이 없다.

【참조조문】

도시 및 주거환경정비법

제84조 (벌칙적용에 있어서의 공무원 의제) 형법 제129조 내지 제132조의 적용에 있어서 추진위원회의 위원장 · 조합의 임원 및 정비사업전문관리업자의 대표자(법인인 경우에는 임원을 말한다) · 직원 및 위탁관리자는 이를 공무원으로 본다.

특정범죄 가중처벌 등에 관한 법률

제2조 (뇌물죄의 가중처벌) ①「형법」 제129조 · 제130조 또는 제132조에 규정된 죄를 범한 사람은 그 수수(收受) · 요구 또는 약속한 뇌물의 가액(價額)(이하 이 조에서 "수뢰액"이라 한다)에 따라 다음 각 호와 같이 가중처벌한다.

1. 수뢰액이 1억 원 이상인 경우에는 무기 또는 10년 이상의 징역에 처한다.
2. 수뢰액이 5천만 원 이상 1억 원 미만인 경우에는 7년 이상의 유기징역에 처한다.
3. 수뢰액이 3천만 원 이상 5천만 원 미만인 경우에는 5년 이상의 유기징역에 처한다.

②「형법」 제129조 · 제130조 또는 제132조에 규정된 죄를 범한 사람은 그 죄에 대하여 정한 형(제1항의 경우를 포함한다)에 수뢰액의 2배 이상 5배 이하의 벌금을 병과(併科)한다.

2. 공무원 의제의 범위

【대법원 요지】 법인 등 대표자의 직무대행자가 선임된 상태에서 피대행자의 후임자가 적법하게 소집된 총회의 결의에 따라 새로 선출되었다 해도 그 직무대행자의 권한은 위 총회의 결의에 의하여 당연히 소멸하는 것은 아니므로 /

【대법원 요지】 사정변경 등을 이유로 가처분결정이 취소되지 않는 한 직무대행자만이 적법하게 위 법인 등을 대표할 수 있고, /

【대법원 요지】 총회에서 선임된 후임자는 그 선임결의의 적법 여부에 관계없이 대표권을 가지지 못한다(대법원 2010. 2. 11. 선고 2009다70395 판결 등 참조). /

【대법원 요지】 그러나 구 도시 및 주거환경정비법 (2009. 2. 6. 법률 제9444호로 개정되기 전의 것, 이하 '구 도시정비법'이라 한다) 제84조의 문언과 취지를 고려하면, /

【대법원 요지】 전임 조합장의 직무대행자가 선임된 상태에서 적법하게 소집된 총회의 결의에 의하여 후임 조합장으로 선임된 자가 직무대행자로부터 조합 사무를 인계받아 실질적으로 조합장 직무를 수행하였다면, /

【대법원 요지】 비록 대표권을 가지지 못한다고 하더라도, 형법 제129조 내지 제132조의 적용에 있어서 공무원으로 의제되는 조합의 임원으로 보아야 한다.

【대법원 판단】 같은 취지의 원심판단은 정당하다.

【대법원 결론】 원심판결에는 구 도시정비법 제84조에 의하여 공무원으로 의제되는 조합의 임원에 관한 법리오해의 위법이 없다.

3. 주택조합 임원과 특가법의 적용 여부

【대법원 분석】 구 도시정비법 제84조는 형법 제129조 내지 제132조의 적용에 있어서 조합의 임원과 정비사업전문관리업자의 대표자(법인인 경우에는 임원을 말한다) · 직원은 이를 공무원으로 본다고 규정하고 있고, /

【대법원 분석】 구 특정범죄 가중처벌 등에 관한 법률 제2조 제1항은 형법 제129조 · 제130조 또는 제132조에 규정된 죄를 범한 자는 그 수수 · 요구 또는 약속한 뇌물의 가액에 따라 가중처벌한다고 규정하고 있으므로, /

【대법원 요지】 구 도시정비법 제84조에 의하여 공무원으로 의제되는 조합의 임원이 뇌물을 수수한 경우에도 구 특정범죄 가중처벌 등에 관한 법률 제2조 제1항에 의하여 수뢰액에 따라 가중처벌된다고 할 것이다.
【대법원 판단】 같은 취지의 원심판결은 정당하다.
【대법원 결론】 원심판결에는 구 도시정비법 제84조의 적용범위에 관한 법리오해의 위법이 없다.

4. 뇌물죄와 직무관련성

【대법원 요지】 뇌물죄는 직무집행의 공정과 이에 대한 사회의 신뢰에 기하여 직무수행의 불가매수성을 직접적인 보호법익으로 하고 있으므로, /
【대법원 요지】 공무원의 직무와 금원의 수수가 전체적으로 대가관계에 있으면 뇌물수수죄가 성립하고, /
【대법원 요지】 특별히 청탁의 유무, 개개의 직무행위의 대가적 관계를 고려할 필요는 없으며, /
【대법원 요지】 또한 그 직무행위가 특정된 것일 필요도 없다. /
【대법원 요지】 한편 뇌물죄에 있어서 직무에는 /
【대법원 요지】 공무원이 법령상 관장하는 직무 그 자체뿐만 아니라 /
【대법원 요지】 그 직무와 밀접한 관계가 있는 행위 또는 /
【대법원 요지】 관례상이나 사실상 소관하는 직무행위, /
【대법원 요지】 결정권자를 보좌하거나 영향을 줄 수 있는 직무행위도 포함된다.

5. 사안에 대한 대법원의 판단

【대법원 판단】 원심은, 그 채택 증거들을 종합하여 그 판시와 같은 사실을 인정한 다음, /
【대법원 판단】 이 사건 재건축조합의 조합장과 재건축상가 분양업무와의 관련성, 피고인의 금품수수 경위와 그 전후 사정들에 비추어, /
【대법원 판단】 피고인 갑이 재건축상가 일반분양분의 매수를 위한 청탁 명목으로 제공된다는 사정을 알면서 피고인 을을 통하여 공소외 A로부터 5,000만 원이 입금되어 있는 통장과 현금카드를 교부받았고, /
【대법원 판단】 재건축상가 일반분양분의 매각은 이 사건 재건축조합 조합장의 직무와 밀접한 관련이 있으므로, 피고인 갑이 조합장의 직무와 관련하여 금품을 수수한 것으로 볼 수 있다고 판단하였다.
【대법원 판단】 기록에 비추어 살펴보면, 원심의 이러한 사실인정과 판단은 정당한 것으로 수긍할 수 있다.
【대법원 결론】 원심판결에는 논리와 경험의 법칙을 위반하고 자유심증주의의 한계를 벗어나 사실을 인정하거나 뇌물죄의 직무관련성에 관한 법리를 오해하는 등의 위법이 없다. (상고 기각)

2003도1060

뇌물수수죄와 직무관련성 – 인정례
교통계 도박 묵인 사건

2003. 6. 13. 2003도1060, 공 2003, 1573

1. 사실관계 및 사건의 경과

【사실관계】

① 갑은 P경찰서 교통계에 근무하는 경찰관이다.
② 을은 Q도박장을 개설하여 운영하고 있다.
③ 갑은 을의 도박장개설 및 도박범행을 묵인하는 등 편의를 봐주는 데 대한 사례비 명목으로 30만 원씩 5회에 걸쳐 150만 원을 받았다.
④ 갑은 돈을 받은 후 을의 Q도박장 개설 및 도박범행사실을 잘 알면서도 이를 단속하지 아니하였다.

【사건의 경과】

① 검사는 갑을 수뢰후부정처사죄로 기소하였다.
② 갑의 피고사건은 제1심을 거친 후, 항소심에 계속되었다.
③ 항소심법원은 유죄를 인정하였다.
④ 갑은 불복 상고하였다.
⑤ 갑은 상고이유로 다음의 점을 주장하였다.
  (가) 교통계 근무 경찰관은 도박장개설 및 도박행위를 단속할 권한이 없다.
  (나) 따라서 갑의 금품수수 행위는 직무관련성이 없어 뇌물수수죄가 성립하지 않는다.

2. 뇌물죄와 직무관련성

【대법원 요지】 뇌물죄는 직무집행의 공정과 이에 대한 사회의 신뢰에 기하여 직무행위의 불가매수성을 그 직접의 보호법익으로 하고 있으므로 /

【대법원 요지】 뇌물성은 의무위반 행위나 청탁의 유무 및 금품수수 시기와 직무집행 행위의 전후를 가리지 아니한다 할 것이고, /

【대법원 요지】 따라서 뇌물죄에서 말하는 '직무'에는 /

【대법원 요지】 법령에 정하여진 직무뿐만 아니라 그와 관련 있는 직무, /

【대법원 요지】 과거에 담당하였거나 장래에 담당할 직무 외에 /

【대법원 요지】 사무분장에 따라 현실적으로 담당하지 않는 직무라도 법령상 일반적인 직무권한에 속하는 직무 등 /

【대법원 요지】 공무원이 그 직위에 따라 공무로 담당할 일체의 직무를 포함한다 할 것이고, /

【대법원 요지】 수뢰후부정처사죄에서 말하는 '부정한 행위'라 함은 /

【대법원 요지】 직무에 위배되는 일체의 행위를 말하는 것으로 /

【대법원 요지】 직무행위 자체는 물론 그것과 객관적으로 관련 있는 행위까지를 포함한다 할 것이다.

3. 사안에 대한 대법원의 판단

【대법원 판단】 경찰관직무집행법 제2조 제1호는 경찰관이 행하는 직무 중의 하나로 '범죄의 예방 · 진압 및 수사'를 들고 있고, /
【대법원 판단】 이와 같이 범죄를 예방하거나, 진압하고, 수사하여야 할 일반적 직무권한을 가지는 피고인이 도박장개설 및 도박범행을 묵인하고 편의를 봐주는 데 대한 사례비 명목으로 금품을 수수하고, /
【대법원 판단】 나아가 도박장개설 및 도박범행사실을 잘 알면서도 이를 단속하지 아니하였다면, /
【대법원 판단】 이는 경찰관으로서 직무에 위배되는 부정한 행위를 한 것이라 할 것이고, /
【대법원 판단】 비록 피고인이 이 사건 범행당시 P경찰서 교통계에 근무하고 있어 도박범행의 수사 등에 관한 구체적인 사무를 담당하고 있지 아니하였다 하여도 달리 볼 것은 아니라고 할 것이다. (상고 기각)

2009도2453

뇌물수수죄와 직무관련성 – 부정례
중국 선사 운항허가 사건

2011. 5. 26. 2009도2453, 공 2011하, 1335

1. 사실관계 및 사건의 경과

【사실관계】
① 갑은 해운정책과 소속 공무원이다.
② 을과 병은 P해운회사의 전 · 현직 대표이사이다.
③ P회사는 중국의 Q유한공사 선박이 취항하는 한국의 M항구와 중국의 N항구간의 항로를 개통하려고 노력하였다.
④ P해운회사 전 · 현직 대표이사 을과 병은 갑에게 다음 사항을 부탁하면서 8,000만 원을 교부하였다.
  (가) 중국의 선박운항허가 담당부서가 관장하는 중국 국적선사 Q유한공사의 선박에 대한 운항허가를 받을 수 있도록 노력해 달라. (㉠부분)
  (나) P회사의 업무편의를 도모해 달라. (㉡부분)
⑤ 갑은 이러한 부탁을 받고 을과 병이 교부하는 8,000만 원을 받았다.

【사건의 경과 1】
① 검사는 갑을 특가법위반죄(뇌물)로, 을과 병을 뇌물공여죄로 기소하였다.
② 제1심법원은 ㉠부분과 ㉡부분 모두 뇌물죄에 해당한다고 판단하여 유죄를 인정하였다.
③ 갑은 불복 항소하였다.
④ 항소심법원은 다음과 같이 판단하였다.
  (가) 중국의 선박운항허가 담당부서가 관장하는 중국 국적선사인 Q유한공사의 선박에 대한 운항허

가를 받을 수 있도록 노력해 달라. (㉠부분) : 무죄
(나) P회사의 업무편의를 도모해 달라. (㉡부분) : 유죄
⑤ (항소심의 판단 이유는 판례 본문 참조)

【사건의 경과 2】

① 항소심법원은 ㉡부분에 대해 다시 다음과 같이 판단하였다.
(가) 갑이 수수한 8,000만 원 중 선박운항허가와 관련된 부분은 75%인 6,000만 원, P회사의 업무편의 도모와 관련된 부분은 25%인 2,000만 원으로 봄이 상당하다.
(나) 갑의 범죄사실은 수뢰액을 엄격한 증명에 의하여 객관적으로 정확하게 산정할 수 없는 경우에 해당한다.
(다) 따라서 갑에 대하여 형법 제129조 제1항 소정의 뇌물수수죄를 적용한다.
(라) 갑이 피고인이 수수한 8,000만 원 중 P회사의 업무편의 도모에 대한 대가인 2,000만 원만을 추징한다.
② 검사는 무죄 부분에 불복 상고하였다.

2. 뇌물죄와 직무관련성

【대법원 요지】 가. 뇌물죄에서 말하는 직무에는 /
【대법원 요지】 공무원이 법령상 관장하는 직무 그 자체뿐만 아니라 /
【대법원 요지】 그 직무와 밀접한 관계가 있는 행위 또는 /
【대법원 요지】 관례상이나 사실상 관여하는 직무행위도 포함된다고 할 것이나, /
【대법원 요지】 구체적인 행위가 공무원의 직무에 속하는지 여부는 /
【대법원 요지】 그것이 공무의 일환으로 행하여졌는가 하는 형식적인 측면과 함께 /
【대법원 요지】 그 공무원이 수행하여야 할 직무와의 관계에서 합리적으로 필요하다고 인정되는 것인가 하는 실질적인 측면을 아울러 고려하여 결정하여야 한다.

3. 뇌물죄와 외국 공무원의 직무

【대법원 분석】 한편 구 해양수산부와 그 소속기관 직제 규정(2007. 2. 5. 대통령령 제19868호로 개정되기 전의 것) 제13조 제2항 및 /
【대법원 분석】 구 해양수산부 전결규정(2005. 10. 19. 해양수산부훈령 제371호로 개정되어 2006. 11. 22. 해양수산부훈령 제422호로 개정되기 이전의 것 및 위 제422호로 개정된 것) 제3조 [별표] 해양수산부 전결권 지정 현황에 의하면, /
【대법원 판단】 해운정책과의 업무는 대한민국 국적선사의 선박에 관한 것일 뿐 외국 국적선사의 선박에 대한 행정처분에 관한 것은 포함되어 있지 않고, /
【대법원 판단】 또한 외국 국적선사의 선박에 대한 구체적인 행정처분은 해운정책과 소속 공무원에게 이를 좌우할 수 있는 어떠한 영향력이 있다고 할 수도 없어 /
【대법원 판단】 해운정책과 소속 공무원의 직무와 밀접한 관계에 있는 행위라거나 또는 그가 관여하는 행위에 해당한다고 볼 수 없다.

4. 외국 해운회사 부분에 대한 판단

【대법원 판단】 나. 위 법리와 기록에 비추어 원심판결 이유를 살펴보면, 원심이 /
【대법원 판단】 해운정책과 소속 공무원인 피고인이 제1심 공동피고인 을 등으로부터 중국의 선박운항허가 담당부서가 관장하는 중국 국적선사인 공소외 Q유한공사의 선박에 대한 운항허가를 받을 수 있도록 노력해 달라는 부탁을 받고 판시 금원을 수수하였다고 하더라도 /
【대법원 판단】 그 직무관련성이 없다는 이유로, /
【대법원 결론】 이 부분 직무관련성을 긍정한 제1심판결을 파기하고 무죄로 판단한 조치는 정당한 것으로 수긍이 가고, 거기에 상고이유 주장과 같은 뇌물죄에서의 직무관련성에 관한 법리오해의 잘못이 없다.
【대법원 결론】 상고이유에서 들고 있는 대법원 1997. 12. 26. 선고 97도2609 판결 등은 사안을 달리하므로 이 사건에 원용하기에 적절하지 아니하다.

5. 내국 해운회사 부분에 대한 판단

(1) 뇌물액수 및 추징액수의 산정

【대법원 분석】 가. 형법 제129조 제1항은 공무원이 그 직무에 관하여 뇌물을 수수한 때에는 5년 이하의 징역 또는 10년 이하의 자격정지에 처하도록 규정하고 있고, /
【대법원 분석】 특정범죄 가중처벌 등에 관한 법률 제2조 제1항은 형법 제129조의 뇌물죄에 대하여 그 수뢰액에 따라 그 형을 가중하여 처벌하고 있는데, /
【대법원 분석】 수뢰액이 3천만 원 이상 5천만 원 미만인 경우 5년 이상의 유기징역에 처하고(제3호), /
【대법원 분석】 5천만 원 이상 1억 원 미만인 경우 7년 이상의 유기징역에 처하고(제2호), /
【대법원 분석】 1억 원 이상인 경우 무기 또는 10년 이상의 징역에 처하도록(제1호) 규정하고 있다. /
【대법원 분석】 한편 형법 제134조는 뇌물죄에서의 수수한 뇌물은 필요적으로 몰수하고 몰수가 불능한 때에는 그 가액을 추징하도록 규정하고 있다.
【대법원 요지】 이와 같이 뇌물죄에서의 수뢰액은 그 다과에 따라 범죄구성요건이 되므로 엄격한 증명의 대상이 되고, /
【대법원 요지】 특정범죄 가중처벌 등에 관한 법률 소정의 범죄구성요건이 되지 않는 단순 뇌물죄의 경우에도 몰수·추징의 대상이 되는 까닭에 역시 증거에 의하여 인정하여야 하며, /
【대법원 요지】 수뢰액을 특정할 수 없는 경우에는 그 가액을 추징할 수 없다.

(2) 공소사실의 요지

【대법원 분석】 나. 원심판결 이유에 의하면, 원심은, /
【대법원 분석】 피고인이 중국 교통부로부터의 선박운항허가 명목과 공소외 P주식회사의 업무편의 도모 명목으로 공소외 P주식회사의 전·현직 대표이사인 제1심 공동피고인 을, 병으로부터 8,000만 원을 교부받아 /
【대법원 분석】 그 직무에 관한 뇌물을 수수하였다는 이 사건 공소사실에 대하여, /

(3) 사안에 대한 항소심의 판단

【항소심 판단】 공소외 P주식회사의 업무편의 도모 부분은 피고인의 직무와 관련이 있으나 중국 교통부로부터의 선박운항허가 부분은 피고인의 직무와 관련이 없다고 판단한 다음, /

【항소심 판단】 직무행위에 대한 보수 또는 사례와 직무 외의 행위에 대한 보수 또는 사례가 불가분적으로 결합되어 있는 경우, /

【항소심 판단】 직무 외의 행위에 대한 보수 또는 사례가 직무행위에 대한 그것에 비하여 그 비중이 높다고 평가되지만 각 해당 부분의 크기를 객관적인 자료에 따른 증명에 의하여 구분하기 어려운 때에는 제반 사정을 고려한 평가에 의한 추정에 따라 구분하여야 하는데, /

【항소심 판단】 그 판시와 같은 사정, 즉 /

【항소심 판단】 ① 피고인이 8,000만 원을 받은 주된 명목은 선박운항허가와 관련된 것이었고 부수적인 명목은 공소외 P주식회사의 운영과 관련된 일반적인 업무편의 도모였던 점, /

【항소심 판단】 ② 피고인이 제1심 공동피고인 을, 병을 상당히 오랫동안 알고 지내왔음에도 금전을 받기 시작한 시기가 선박운항허가 문제가 발생한 직후인 점, /

【항소심 판단】 ③ 구체적이고도 현실적인 문제에 부딪혀 있거나 장래 부딪힐 것이 예상되어 피고인에게 뇌물을 제공하는 경우가 아니라면 피고인의 지위 등에 비추어 그다지 큰 금액이 제공되리라고 보이지 아니할 뿐만 아니라 /

【항소심 판단】 실제로 피고인의 부하 직원이던 공소외 A 등이 제1심 공동피고인 을, 병으로부터 지급받은 금액이 900만 원이고, /

【항소심 판단】 비슷한 무렵 뇌물수수죄로 처벌받은 해양수산부 차관이던 공소외 B가 수수한 금액이 증뢰자별로 보면 가장 큰 경우가 2,500만 원이고 나머지의 경우에는 모두 2,000만 원에 미치지 못하는 점, /

【항소심 판단】 ④ 피고인이 선박운항허가 문제와 관련하여 중국 공무원들과 접촉하는 과정에서 상당한 정도의 비용을 지출하였을 것으로 보이는 점, /

【항소심 판단】 ⑤ 위 운항허가 문제가 해결되지 아니하여 공소외 Q유한공사나 공소외 P주식회사가 입고 있던 경제적 손실의 크기에 비추어 이러한 문제의 해결을 위한 노력에 대한 대가로서의 보수나 사례가 적지 않은 금액에 이를 것으로 보이는 점 등을 고려하면, /

【항소심 판단】 피고인이 수수한 8,000만 원 중 선박운항허가와 관련된 부분은 75%인 6,000만 원, /

【항소심 판단】 공소외 P주식회사의 업무편의 도모와 관련된 부분은 25%인 2,000만 원으로 봄이 상당하고, /

【항소심 판단】 나아가 수뢰액을 엄격한 증명에 의하여 객관적으로 정확하게 산정할 수 없는 경우에 해당한다는 이유로 피고인에 대하여 형법 제129조 제1항 소정의 뇌물수수죄를 적용하고, /

【항소심 판단】 다만 피고인이 수수한 8,000만 원 중 공소외 P주식회사의 업무편의 도모에 대한 대가인 2,000만 원만을 추징한다고 판시하였다.

(4) 사안에 대한 대법원의 판단

【대법원 판단】 다. 그러나 앞서 본 법리에 의하면, /

【대법원 판단】 피고인이 수수한 8,000만 원에 직무관련성이 있는 업무에 대한 대가로서의 성질과 직무관련성이 없는 업무에 대한 사례로서의 성질이 불가분적으로 결합되어 그 구분이 객관적으로 불가능하다면 추징을 아예 하지 않거나, /

【대법원 판단】 그렇지 않고 추징을 할 것이라면 직무관련성이 있는 수뢰액을 특정하여 그에 따라 적용법조 및 추징액을 결정하였어야 함에도 불구하고, /

【대법원 결론】 원심이 그 판시와 같이 단지 양자의 구분이 어렵다는 이유로 명확한 근거도 없이 비율적 방법으로 직무관련성이 있는 업무와 대가관계에 있는 수뢰액을 추산하여 추징한 것은 수뢰액의 산정 및 추징에 관한 법리를 오해하여 필요한 심리를 다하지 아니한 것이고, 이로써 판결 결과에 영향을 미쳤다고 할 것이다 /

【대법원 판단】 (수뢰액을 산정할 수 없다고 하여 형법상의 단순 뇌물수수죄로 의율하면서도 추징액을 2,000만 원으로 특정하여 추징하는 것 자체가 서로 모순된다고 하지 않을 수 없다). (파기 환송)

2007도4785

허위공문서작성죄와 직무 문서 – 인정례
뇌물수수죄와 직무관련성 – 인정례
특성화사업단장 사건

2009. 9. 24. 2007도4785, [미간행]

☞ 824면

2007도5190

뇌물약속죄와 대가관계 – 부정례
퇴임 총재 사무실 사건

2008. 2. 1. 2007도5190, [공보불게재]

1. 사실관계 및 사건의 경과

【사실관계 1】

① 갑은 P은행의 총재로 재직하고 있었다.

② P은행의 총재는 부실채권의 매각, 부실기업의 구조조정 방식 및 컨설팅업체 선정 등의 업무를 행한다.

③ 을은 외국계 Q그룹의 총괄부회장이다.

④ Q그룹의 총괄부회장은 부실기업 구조조정 등과 관련한 자산 · 부채 실사, 매각전략 수립 및 매각전

략 자문 등의 용역을 수주하는 일을 담당하고 있다.

⑤ 갑은 을로부터 [경조사 명목으로] 미화 1만 달러를 교부받았다. (㉠부분)

【사실관계 2】

① 2003. 4. 10. 관계 당국은 갑의 총재 퇴임 방침을 확정하였다.

② 을은 갑에게 총재 퇴임 후 사무실 등을 제공하겠다는 제안을 하였고, 갑은 이를 수락하였다. (㉡부분)

③ 2003. 4. 17. 갑은 총재 직에서 퇴임하였다.

④ 퇴임 후 갑은 을로부터 사무실, 승용차, 비서 등을 제공받았다. (㉢부분)

【사건의 경과】

① 검사는 갑을 뇌물수수죄로 기소하였다.

② 갑의 피고사건은 제1심을 거친 후, 항소심에 계속되었다.

③ 항소심법원은 다음과 같이 판단하였다.

(가) ㉠부분 : 유죄

(나) ㉡부분 : 무죄

(다) ㉢부분 : 무죄

④ 갑은 유죄 부분에 불복 상고하였다.

⑤ 갑은 상고이유로, 교부받은 1만 달러는 개인적 친분관계에서 교부받은 의례적인 것이어서 뇌물에 해당하지 않는다고 주장하였다.

⑥ 검사는 무죄 부분에 불복 상고하였다.

⑦ 검사는 상고이유로 다음의 점을 주장하였다.

(가) ㉡부분은 뇌물약속죄에 해당한다.

(나) ㉢부분은 사후수뢰죄에 해당한다.

2. 뇌물죄와 대가관계

【대법원 요지】 뇌물죄는 공무원의 직무집행의 공정과 이에 대한 사회의 신뢰 및 직무행위의 불가매수성을 그 보호법익으로 하고 있고, /

【대법원 요지】 직무에 관한 청탁이나 부정한 행위를 필요로 하는 것은 아니기 때문에 수수된 금품의 뇌물성을 인정하는 데 특별한 청탁이 있어야만 하는 것은 아니며, /

【대법원 요지】 또한 금품이 직무에 관하여 수수된 것으로 족하고 개개의 직무행위와 대가적 관계에 있을 필요는 없고, /

【대법원 요지】 공무원이 그 직무의 대상이 되는 사람으로부터 금품 기타 이익을 받은 때에는 사회상규에 비추어 볼 때에 의례상의 대가에 불과한 것이라고 여겨지거나, /

【대법원 요지】 개인적인 친분관계가 있어서 교분상의 필요에 의한 것이라고 명백하게 인정할 수 있는 경우 등 특별한 사정이 없는 한 /

【대법원 요지】 직무와의 관련성이 없는 것으로 볼 수 없으며, /

【대법원 요지】 공무원이 직무와 관련하여 금품을 수수하였다면 비록 사교적 의례의 형식을 빌어 금품을 주고 받았다고 하더라도 그 수수한 금품은 뇌물이 되고, /

【대법원 요지】 나아가 뇌물죄가 직무집행의 공정과 이에 대한 사회의 신뢰를 그 보호법익으로 하고 있음에 비추어 볼 때 공무원이 금원을 수수하는 것으로 인하여 사회 일반으로부터 직무집행의 공정성을 의심받게 되는지의 여부도 하나의 판단 기준이 된다고 할 것이다.

3. 사안에 대한 대법원의 판단

(1) ㉠부분에 대한 판단

【대법원 분석】 위 법리와 기록에 비추어 살펴보면, 원심이 그 채용증거들에 의하여 판시와 같은 사실을 인정한 다음, /

【대법원 판단】 부실채권의 매각, 부실기업의 구조조정 방식 및 컨설팅업체 선정 등의 업무를 행하고 있던 P은행의 총재인 피고인이 /

【대법원 판단】 한국 Q그룹의 총괄부회장으로서 부실기업 구조조정 등과 관련한 자산 · 부채 실사, 매각전략 수립 및 매각전략 자문 등의 용역을 수주하는 일을 담당하고 있던 공소외인으로부터 미화 1만 달러를 교부받은 것은 /

【대법원 판단】 피고인의 직무와 관련된 것으로 뇌물에 해당하고, 이를 개인적 친분관계에서 교부받은 의례적인 것이라고 볼 수는 없다고 하여 /

【대법원 결론】 이 부분 공소사실을 유죄로 판단한 조치는 정당하고, 거기에 상고이유에서 주장하는 바와 같은 뇌물죄의 직무관련성에 관한 법리오해 등의 위법이 있다고 할 수 없다. (피고인 상고 기각)

(2) 뇌물수수죄의 성립시기

【대법원 요지】 뇌물수수죄는 공무원 또는 중재인이 그 직무에 관하여 뇌물을 수수한 때에 성립하는 것이어서 그 주체는 현재 공무원 또는 중재인의 직에 있는 자에 한정되므로, /

【대법원 요지】 공무원이 직무와 관련하여 뇌물수수를 약속하고 퇴직 후 이를 수수하는 경우에는, /

【대법원 요지】 뇌물약속과 뇌물수수가 시간적으로 근접하여 연속되어 있다고 하더라도, /

【대법원 요지】 뇌물약속죄 및 사후수뢰죄가 성립할 수 있음은 별론으로 하고, /

【대법원 요지】 뇌물수수죄는 성립하지 않는다.

(3) ㉢부분에 대한 판단

【대법원 판단】 원심이 같은 취지에서, /

【대법원 판단】 피고인이 공소외인으로부터 사무실 등을 제공받을 당시 P은행 총재직에서 퇴직한 이상 뇌물수수죄는 성립하지 않는다고 판단한 것은 /

【대법원 판단】 위 법리에 따른 것으로 정당하고, 거기에 상고이유로 주장하는 바와 같은 뇌물수수죄에 관한 법리오해의 위법이 있다고 할 수 없다. /

【대법원 결론】 상고이유서에서 들고 있는 대법원판결은 사안이 달라 이 사건에 원용하기에 적절하지 않다.

(4) ㉡부분에 대한 판단

【대법원 분석】 원심판결 이유를 기록에 비추어 살펴보면, /

【대법원 분석】 원심이 그 채택 증거들을 종합하여, /
【대법원 분석】 피고인이 공소외인으로부터 사무실 등 제공 제의를 받고 이를 승낙한 것은 피고인의 퇴임 방침이 확정된 2003. 4. 10. 이후부터 피고인이 퇴임한 4. 17. 전까지 사이라고 인정한 다음, /
【대법원 분석】 이와 같이 피고인이 공소외인으로부터 사무실 등을 제공받기로 약속한 시점이 피고인의 퇴임 확정 이후여서 공소외인으로서는 피고인의 직무와 관련하여 어떤 혜택을 기대할 가능성이 전혀 없었던 점, /
【대법원 분석】 그 무렵 한국산업은행의 업무와 관련하여 공소외인에게 어떠한 현안이 있었다고 인정할 뚜렷한 자료가 없는 점, /
【대법원 분석】 공소외인이 피고인에게 사무실 등을 제공하기로 한 것은 피고인이 산업은행총재로 재직하는 동안 편의를 보아준 데 대한 대가라기보다는 /
【대법원 분석】 피고인의 인맥, 경륜 등을 자신의 사업에 활용하여 도움을 받고자 하는 의도였던 것으로 보이는 점 등을 종합하여, /
【대법원 판단】 피고인이 공소외인으로부터 사무실 등을 제공받기로 한 것이 피고인의 직무에 관한 것으로 대가관계가 인정된다거나 피고인이 이를 인식하였다고 보기는 어렵다고 인정하여 /
【대법원 판단】 사무실 등 제공과 관련한 뇌물약속의 점을 무죄로 판단한 조치는 정당한 것으로 수긍할 수 있고, /
【대법원 결론】 거기에 상고이유로 주장하는 바와 같은 채증법칙 위배 또는 뇌물죄의 직무관련성에 관한 법리오해 등의 위법이 있다고 할 수 없다. (상고 기각)

2012도9417

뇌물약속죄와 약속 - 부정례
퇴임후 연수비용 사건

2012. 11. 15. 2012도9417, 공 2012하, 2091

1. 사실관계 및 사건의 경과

【사실관계 1】
① 갑은 H대학교 교수이다.
② 을은 M시 시장이다.
③ 2002. 7. 1.부터 2006. 6. 30.까지 을은 시장에 재임하였다.
④ P회사는 M시 소재 N골프장 조성을 위해 설립된 회사이다.
⑤ 을은 N골프장 조성 공사 관련 인허가 등 사항에 대한 최종결재권자였다.
⑥ 병은 P회사의 대표이다.
⑦ 2004. 5.부터 갑은 P회사의 이사이다.

【사실관계 2】

① 2004. 5.부터 갑은 C 등과 함께 N골프장을 조성하기 위한 부지 매입을 시작하였다.

② 2004. 12.에는 병이 소요자금을 투자하면서 N골프장 조성사업에 참여하였다.

③ 2004. 12. 20. 병은 M시에 9홀 규모의 대중골프장 조성 공사에 대한 최초 사업계획서를 접수하였다.

④ 갑과 병의 N골프장사업 시행 제안에 대하여 관할 M시에서는 다음의 이유를 들어서 수차례 보완지시를 하였다.

(가) 사업부지인 농지의 기존 경작자들에 대한 보상을 둘러싸고 발생한 민원을 해결할 것

(나) 사업부지의 토지이용현황이 지적도 등 공부와 상이한 점을 시정할 것

⑤ 2005. 7. 초 M시는 최초 사업제안서를 반려하였다.

⑥ 2005. 7. 25. P회사는 동일한 내용으로 사업제안서를 재접수하였다.

⑦ 2006. 5. 2. M시는 N골프장 시설에 관한 도시계획시설 결정을 하였다.

⑧ M시는 그와 함께 기존 도시관리계획에 대하여 N골프장 시설을 반영하는 내용으로 변경입안할 것을 ○○○도에 제안하였다.

【사실관계 3】

① 2006. 5. 31. 지방선거가 실시되었다.

② 을은 2006. 6. 30. M시 시장 임기를 마치게 되어 있다.

③ 을은 시장 퇴임 후 연수 차원에서 미국으로 출국할 예정을 가지고 있었다.

④ 2006. 6. 갑은 을이 미국으로 출국할 예정이라는 것을 알게 되었다.

⑤ 갑은 을이 M시장을 퇴임하기 전 을을 만나 함께 식사를 하였다. (㉠시점)

⑥ 갑과 을은 이 자리에서 을의 퇴임 이후의 일정에 대하여 다음의 대화를 나누게 되었다.

(가) 을 : M시장 퇴임 후에 미국으로 연수를 떠날 예정이고, 체류비로 약 40,000~50,000달러 상당은 필요할 것 같은데 준비가 되지 않아서 걱정이다. 체류비를 도와 달라.

(나) 갑 : 알았습니다. 회사 대표인 병 사장과 상의를 해보겠습니다.

(다) 을 : 고맙다.

【사실관계 4】

① 이후 갑은 병에게 전화를 걸어서 다음과 같이 말하였다. (㉡시점)

(가) M시장 을이 재직 시에 N골프장 인허가 과정에서 많은 도움을 주었다.

(나) 을 시장이 퇴임 후에 미국으로 연수를 갈 예정이고 그에 대한 사례를 해야 하니 50,000달러를 만들어 달라.

② 병은 갑의 요청을 승낙하였다.

③ 병은 이후 준비한 미화 50,000달러를 갑에게 건네주었다.

④ 2006. 6. 26.경 ○○○도에서는 M시가 제안한 대로 도시관리계획 변경 결정을 통보하였다.

⑤ 2006. 6. 30. 을은 M시 시장에서 퇴임하였다.

⑥ 2006. 7. 7.경 갑은 을에게 미화 50,000달러를 제공하였다.

【사건의 경과 1】

① 검사는 갑, 을, 병을 다음의 공소사실로 기소하였다.

(가) 갑 : 뇌물공여약속 공동정범
(나) 을 : 뇌물수수약속
(다) 병 : 뇌물공여약속 공동정범

② (공소사실의 요지는 판례 본문 참조)
③ 갑 등의 피고사건은 제1심을 거친 후, 항소심에 계속되었다.
④ 항소심법원은 유죄를 인정하였다.

【사건의 경과 2】

① 갑 등은 불복 상고하였다.
② 갑과 을은 상고이유로 다음의 점을 주장하였다.
(가) 뇌물공여약속이나 뇌물수수약속의 의사표시는 확정적이어야 한다.
(나) 갑, 을, 병 사이에는 확정적인 뇌물약속의 의사표시가 없었다.
③ 병은 상고이유로 다음의 점을 주장하였다.
(가) 갑과 을 사이의 뇌물약속죄는 ㉠시점에 성립하였다.
(나) 병이 갑의 요청을 승낙한 ㉡시점에는 공동정범이 성립할 수 없다.

2. 공소사실의 요지

(1) 사실관계의 요지

【대법원 분석】 가. 피고인 갑, 병에 대한 이 사건 공소사실 중 뇌물공여약속의 점 및 /

【대법원 분석】 피고인 을에 대한 이 사건 공소사실의 요지는 다음과 같다.

【대법원 분석】 『피고인 갑은 ○○대학교 교수로서 2004. 5.경부터 △△ 소재 '▽▽▽▽' 골프장 조성을 위해 설립된 공소외 P유한회사의 이사이고, /

【대법원 분석】 피고인 병은 위 회사의 대표이며, /

【대법원 분석】 피고인 을은 2002. 7. 1.부터 2006. 6. 30.까지 △△시장을 역임하였던 사람으로 위 골프장 조성 공사 관련 인허가 등 사항에 대한 최종결재권자였다.

【대법원 분석】 피고인 갑은 공소외 C 등과 함께 2004. 5.경부터 △△시 소재 ▽▽▽▽ 골프장을 조성하기 위한 부지 매입을 시작하였고, /

【대법원 분석】 2004. 12.경에는 피고인 병이 소요자금을 투자하면서 위 사업에 참여하여, /

【대법원 분석】 2004. 12. 20.경 △△시에 9홀 규모의 대중골프장 조성 공사에 대한 최초 사업계획서를 접수하였다.

【대법원 분석】 이와 같은 피고인 갑과 피고인 병의 골프장사업 시행 제안에 대하여, /

【대법원 분석】 관할 △△시에서는 사업부지인 농지의 기존 경작자들에 대한 보상을 둘러싸고 발생한 민원의 해결과 사업부지의 토지이용현황이 지적도 등 공부와 상이한 점 등에 대하여 수차례 보완지시를 하다가, /

【대법원 분석】 2005. 7. 초경 위 최초 사업제안서를 반려하고 /

【대법원 분석】 2005. 7. 25.경 동일한 내용으로 사업제안서를 재접수하도록 하여 /

【대법원 분석】 2006. 5. 2.경 위 골프장 시설에 관한 도시계획시설 결정을 하는 한편 /

【대법원 분석】 기존 도시관리계획에 대하여 위와 같은 골프장 시설을 반영하는 내용으로 변경입안할 것을 전라북도에 제안하였고, /
【대법원 분석】 이에 따라 전라북도에서는 2006. 6. 26.경 위와 같은 내용의 도시관리계획 변경 결정을 통보하였다.
【대법원 분석】 한편 피고인 갑은 2006. 6.경 위 골프장을 관할하는 △△시장인 피고인 을이 2006. 5. 31. 지방선거에 따라 △△시장 임기를 마치는 2006. 6. 30. 이후에 연수 차원에서 미국으로 출국할 예정이라는 것을 알게 되자, /
【대법원 분석】 그 무렵 피고인 을에게 연락하여 전주시 **구 ***동에 있는 상호불상의 음식점에서 피고인 을을 만나 함께 식사를 하면서 피고인 을의 퇴임 이후의 일정에 대하여 대화를 나누게 되었다.
【대법원 분석】 피고인 갑은 위와 같이 피고인 을을 만난 자리에서, /
【대법원 분석】 피고인 을로부터 "△△시장 퇴임 후에 미국으로 연수를 떠날 예정이고, 체류비로 약 40,000~50,000달러 상당은 필요할 것 같은데 준비가 되지 않아서 걱정이다."라는 말과 함께 체류비를 도와 달라는 취지의 요구를 받게 되자, /
【대법원 분석】 피고인 을에게 "알았습니다. 회사 대표인 피고인 병 사장과 상의를 해보겠습니다."라고 말하여 피고인 을의 미국 체류 비용을 준비하여 제공하겠다는 취지로 대답하였고, /
【대법원 분석】 이에 대하여 피고인 을은 고맙다고 대답하면서 이를 승낙하였다.
【대법원 분석】 그 무렵 피고인 갑은 성남시 분당구에 있는 피고인 병에게 전화하여/
【대법원 분석】 (전주시 **구에 있는 ▽▽▽▽ 골프장 사무실로 오도록 한 다음), /
【대법원 분석】 피고인 병에게 "△△시장피고인 을이 재직 시에 ▽▽▽▽ 골프장 9홀 인허가 과정에서 많은 도움을 주었는데, 피고인 을 시장이 퇴임 후에 미국으로 연수를 갈 예정이고 그에 대한 사례를 해야 하니 50,000달러를 만들어 달라."고 제안하였고, /
【대법원 분석】 이에 피고인 병은 위 요청을 승낙한 후 실제 일자불상경 미리 준비한 미화 50,000달러를 피고인 갑에게 건네주었고, /
【대법원 분석】 피고인 갑은 2006. 7. 7.경 피고인 2에게 미화 50,000달러를 제공하였다.

(2) 법률적용의 요지

【대법원 분석】 이로써 피고인 갑, 병은 공모하여, /
【대법원 분석】 위 ▽▽▽▽ 골프장 전반 9홀 공사와 관련하여 피고인 을이 관할 △△시장으로서 인허가 절차가 신속하게 처리되도록 하는 등 전반적인 편의를 봐준 것에 대한 사례 차원에서 /
【대법원 분석】 피고인 을의 해외 연수 시 체류비 명목으로 미화 50,000달러를 제공하고, /
【대법원 분석】 피고인 을은 피고인 갑, 병으로부터 같은 금액을 제공받기로 함으로써 /
【대법원 분석】 공무원의 직무에 관하여 뇌물을 약속하였다.』

3. 사안에 대한 항소심의 판단

【대법원 분석】 나. 원심은 위 공소사실에 대하여 다음과 같은 이유를 들어 유죄로 판단하였다 /

【대법원 분석】 (다만 공소사실 중 위 괄호 안 해당 부분을 제외하고 범죄사실로 인정하였다).
【항소심 판단】 (항소심의 증거판단에 관한 부분은 생략함; 저자)
【항소심 판단】 (3) 피고인 을은 피고인 갑이 피고인 병과 상의하여 제공하는 금액을 수수하기로 약속한 것이고, /
【항소심 판단】 피고인 갑, 병은 공모하여 피고인 을에게 뇌물을 지급하기로 약속하였다. /
【항소심 판단】 피고인 갑이 피고인 을과 만나 뇌물공여의 의사를 표시한 시점과 피고인 병이 이를 승낙한 시점이 다소 차이가 있다 하더라도 /
【항소심 판단】 이는 피고인 갑, 병이 약속을 공모하는 일련의 과정이라고 할 것이어서 /
【항소심 판단】 피고인 병이 승낙한 시점에 이 사건 범행이 기수에 이르렀다고 할 것이므로, /
【항소심 판단】 피고인 갑이 뇌물공여 · 수수에 관한 약속을 한 시점에서 이 사건 범행이 기수에 이른 것이라고 전제하는 피고인 병 측의 공동정범 불성립 주장은 받아들일 수 없다.

4. 뇌물약속죄의 약속 개념

【대법원 판단】 다. 그러나 이 부분 원심의 판단은 다음과 같은 이유로 수긍하기 어렵다.
【대법원 요지】 형법 제129조의 구성요건인 뇌물의 '약속'은 양 당사자 사이의 뇌물수수의 합의를 말하고, /
【대법원 요지】 여기에서 '합의'란 그 방법에 아무런 제한이 없고 명시적일 필요도 없지만, /
【대법원 요지】 장래 공무원의 직무와 관련하여 뇌물을 주고 받겠다는 양 당사자의 의사표시가 확정적으로 합치하여야 한다.

5. 사안에 대한 대법원의 판단

(1) 뇌물약속의 정도에 대한 판단

【대법원 분석】 그런데 원심에서 인정한 사실관계나 원심이 신빙성을 인정한 피고인 갑, 을의 각 진술에 의하더라도, /
【대법원 분석】 이 사건 골프장 사업을 하는 공소외 P유한회사(이후 주식회사로 변경)의 대표로서 피고인 을에게 전달될 돈을 실제로 마련한 사람은 피고인 병이고, /
【대법원 분석】 피고인 갑은 위 회사의 이사일 뿐 피고인 을에게 금품을 제공하거나 이를 약속할 독자적인 권한을 가지고 있었다고 할 수 없으며, /
【대법원 분석】 피고인 병은 피고인 을과 직접 접촉한 것이 아니라 /
【대법원 분석】 피고인 갑이 피고인 을을 만나서 대화한 내용이나 분위기를 전해 듣고 피고인 갑과 상의하는 과정 등을 거쳐 돈을 주기로 하였다는 것인데, /
【대법원 판단】 피고인 갑이 피고인 을에게 먼저 만나자고 제의하여 만나게 된 경위나 /
【대법원 판단】 피고인 을이 그 당시 했던 말이나 분위기 등에 비추어 볼 때 /
【대법원 판단】 이는 피고인 을이 뇌물수수 의사가 있음을 넌지시 암시하고 뇌물제공을 유도하는 정도에 불과할 뿐 /
【대법원 판단】 객관적으로 드러나는 적극적인 뇌물요구의 의사표시가 있었다고 볼 수 없을 뿐만 아

니라. /

【대법원 판단】 회사의 자금을 가지고 뇌물을 제공하거나 약속할 권한이 없는 피고인 갑이 /

【대법원 판단】 피고인 을에게 사장과 상의하여 연수비용을 마련해 보겠다고 말하고 /

【대법원 판단】 피고인 을이 이를 고마워하는 분위기였다는 점만으로 /

【대법원 판단】 뇌물공여자인 피고인 병과 수수자인 피고인 을 사이에 뇌물의 약속이 이루어졌다고 할 수 없음은 물론, /

【대법원 판단】 나아가 피고인 병이 피고인 갑으로부터 피고인 을과 사이에 만나서 대화한 내용을 나중에 전달받고 피고인 을에게 뇌물을 제공하기로 마음먹었다는 것만으로 /

【대법원 판단】 피고인 병과 피고인 을 사이에 또는 피고인들 3자 사이에 뇌물을 공여하고 수수하기로 하는 확정적인 의사의 합치로서의 약속이 있었다고 보기 어렵다.

(2) 뇌물약속의 시점에 대한 판단

【대법원 판단】 그리고 설령 피고인 을과 피고인 갑 사이에 이루어졌던 언동으로부터 피고인 을의 뇌물요구의 의사표시가 있었다고 볼 수 있다 하더라도 /

【대법원 판단】 뇌물공여자인 피고인 병과 수수자인 피고인 을 사이에 뇌물을 공여하고 수수하기로 하는 확정적인 의사의 합치가 있었다고 하기 위하여서는 /

【대법원 판단】 뇌물을 공여하겠다는 피고인 병의 확정적인 의사가 피고인 을에게 2006. 6. 30. 이전에 전달되었음이 인정되어야 할 것인데, /

【대법원 판단】 이 점을 인정할 만한 증거도 없으므로, 뇌물공여와 수수의 약속이 있었다는 원심의 판단은 이 점에서도 유지될 수 없다.

(3) 사안에 대한 대법원의 결론

【대법원 판단】 라. 결국 이 사건에서는 원심이 채택한 증거나 그 판시와 같은 사실 및 사정들만으로는 /

【대법원 판단】 피고인 을의 퇴임일인 2006. 6. 30. 이전에 /

【대법원 판단】 피고인들 사이에 뇌물공여 및 수수에 관한 약속이 이루어졌다고 단정할 수 없다. /

【대법원 결론】 그럼에도 불구하고 원심은 그 판시와 같은 이유만으로 위 공소사실을 유죄로 인정하였으니, /

【대법원 결론】 이 부분 원심판결에는 뇌물약속죄에 있어 '약속'의 의미에 관한 법리를 오해하여 판결에 영향을 미친 위법이 있다. /

【대법원 결론】 이 점을 지적하는 피고인들의 상고이유의 주장은 이유 있다. (파기 환송)

2011도7282

뇌물수수죄와 영득의사 – 부정례
고등학교 발전기금 사건

2012. 2. 23. 2011도7282, 공 2012상, 545

1. 사실관계 및 사건의 경과

【사실관계】

① P[공립]고등학교와 관련하여 학교 관계자 갑과 을 및 업자 A 사이에 오래된 유착관계가 있다는 제보가 수사기관에 접수되었다.

② 혐의사실은 다음과 같다.

(가) 2004. 12. 10. 갑은 A로부터 1억 원을 무이자로 차용하여 이자 상당의 금융이익을 얻었다.

(나) 2010. 2. 9. 및 2010. 3. 16. 을은 P학교 내에서 A로부터 합계 250만 원을 받았다.

③ 이후 갑과 을에 대해 수사가 진행되었다.

④ 을은 받은 돈이 학교 발전기금이라고 주장하였다.

⑤ 을은 250만 원의 사용처에 대한 협의사항을 기재한 공문서를 제출하였다.

【사건의 경과】

① 2010. 8. 31. 검사는 갑과 을을 형법상 뇌물수수죄로 기소하였다.

② 갑과 을의 피고사건은 제1심을 거친 후, 항소심에 계속되었다.

③ 항소심법원은 다음과 같이 판단하였다.

(가) 갑 : 공소시효 완성으로 면소

(나) 을 : 영득의사가 없으므로 무죄

④ 검사는 불복 상고하였다.

2. 뇌물수수죄와 영득의사

【대법원 요지】 뇌물을 수수한다는 것은 영득의 의사로 받는 것을 말하므로 영득의 의사가 없으면 뇌물을 수수하였다고 할 수 없다.

【대법원 판단】 원심은, /

【대법원 판단】 피고인 을이 공소외 A에 대한 수사가 개시되기 전인 2010. 2. 9.과 같은 해 3. 16. P고등학교 내에서 공소외 A로부터 받았다는 공소사실 기재 250만 원의 사용처에 대한 협의가 이루어졌다는 사실이 공문서로 작성되어 있는 점과 /

【대법원 판단】 위 공문서에 나타난 논의 내용 및 그 참석자들의 진술 내용 등을 종합하여 보면, /

【대법원 판단】 검사가 제출한 증거만으로는 위 피고인이 영득할 의사로 위 돈을 수수하였다고 단정할 수 없고, /

【대법원 판단】 오히려 위 돈은 위 피고인이 학교발전기금 명목으로 교부받았을 가능성이 높다는 이

유로, 위 피고인에 대한 이 사건 공소사실을 무죄로 판단한 제1심판결을 그대로 유지하고 있다.
【대법원 결론】 위 법리와 기록에 비추어 살펴보면, 위와 같은 원심의 판단은 정당하고, 거기에 상고이유로 주장하는 바와 같은 채증법칙 위반이나 뇌물수수죄에 관한 법리오해 등의 위법이 없다.

3. 뇌물수수죄와 공소시효 기산점

【대법원 요지】 공소시효는 범죄행위를 종료한 때로부터 진행하는 것인데(형사소송법 제252조 제1항), /
【대법원 요지】 공무원이 그 직무에 관하여 금전을 무이자로 차용한 경우에는 그 차용 당시에 금융이익 상당의 뇌물을 수수한 것으로 보아야 하므로, /
【대법원 요지】 그 공소시효는 금전을 무이자로 차용한 때로부터 기산한다.

4. 사안에 대한 대법원의 판단

【대법원 판단】 원심은, /
【대법원 판단】 피고인 갑에 대한 이 사건 공소사실은 위 피고인이 2004. 12. 10. 공소외 A로부터 1억 원을 무이자로 차용하여 이자 상당의 금융이익을 얻음으로써 뇌물수수죄를 범하였다는 것인데, /
【대법원 판단】 위 피고인에 대한 공소는 위 범죄행위 종료일인 2004. 12. 10.로부터 5년이 경과한 2010. 8. 31.에 제기되었음이 기록상 명백하므로 /
【대법원 판단】 공소시효가 완성된 때에 해당한다는 이유로 위 피고인에 대하여 면소를 선고하였다.
【대법원 결론】 위 법리와 기록에 비추어 살펴보면, 원심의 판단은 정당하고, 거기에 상고이유로 주장하는 바와 같은 뇌물수수죄에 있어 공소시효의 기산일에 관한 법리오해 등의 위법이 없다. (상고기각)

98도1234

제삼자뇌물공여죄의 성립요건
구청장 여자친구 사건

1998. 9. 22. 98도1234, 공 1998, 2628

1. 사실관계 및 사건의 경과

【사실관계 1】
① 갑은 P구 구청장이다.
② 을은 P구 재무과 계약과장이다.
③ 병(여)는 P구 여성연합회 회장 등의 직함을 가지고 있다.
④ 갑과 병은 가깝게 지내는 사이이다.
⑤ P구청 주변에는 갑과 병이 연인관계라는 소문이 나 있다.

⑥ 갑과 병은 연인관계가 아니라고 부인하고 있다.

【사실관계 2】

① [을은 P구청 관내 공사와 관련하여 업자들로부터 뇌물을 받았다.]

② 을은 갑에게 다음과 같이 9회에 걸쳐서 뇌물을 상납하였다.

(가) 1996. 6. 초순 갑의 집에서 현금 10,000,000원 (①돈)

(나) 1996. 10. 초순경 세모선착장 1층 식당에서 현금 5,000,000원 (②돈)
(을은 ②돈을 갑이 같이 있는 자리에서 병에게 직접 주었다.)

(다) 1996. 11. 초순경 동원참치 식당에서 현금 10,000,000원 (③돈)
(을은 ③돈을 갑에 주었고, 갑은 이 돈을 을로부터 받아서 그 즉시 동석하고 있던 병에게 주었다.)

(라) 1996. 12. 중순경 P청장실에서 현금 10,000,000원 (④돈)

(마) 1997. 1. 중순경 P구청장실에서 현금 6,000,000원 (⑤돈)

(바) 1997. 2. 초순경 영등포병원 건물 1층 다방에서 현금 3,000,000원 (⑥돈)
(을은 ⑥돈을 갑의 지시에 따라 갑이 없는 자리에서 병에게 주었다.)

(사) 1997. 3. 초순경 P구청장실에서 현금 10,000,000원 (⑦돈)

(아) 1997. 4. 초순경 P구청장실에서 현금 6,000,000원 (⑧돈)

(자) 1997. 5. 27.경 대지주유소 근처 피자집에서 현금 6,000,000원 (⑨돈)
(을은 이 돈을 갑에게 주었고, 갑은 이 돈을 을로부터 받아서 그 즉시 동석하고 있던 병에게 주었다.)

③ 을이 갑에게 상납한 뇌물은 합계 금 66,000,000원에 이르렀다.

【사건의 경과 1】

① 검사는 갑과 을을 다음의 공소사실로 기소하였다.

(가) 갑 : 특가법위반죄(뇌물)

(나) 을 : 뇌물공여

② (이하 갑에 대하여만 고찰함)

③ 행위 당시 특가법 제2조에 의하면 수뢰액에 따라 다음과 같이 처벌되었다.

(가) 수뢰액이 5천만원 이상인 때에는 무기 또는 10년 이상의 징역에 처한다.

(나) 수뢰액이 1천만원 이상 5천만원 미만인 때에는 5년 이상의 유기징역에 처한다.

④ 집행유예가 가능한 선고형의 상한은 3년이다(형법 제62조 제1항).

⑤ 수뢰액이 5천만원 이상이 되면 작량감경을 하더라도 집행유예를 할 수 없다.

【사건의 경과 2】

① 제1심법원은 ①~⑨돈의 수수행위가 뇌물수수죄의 포괄일죄에 해당하는 것으로 판단하였다.

② 제1심법원은 갑의 수뢰액을 6,600만원으로 인정하였다.

③ 제1심법원은 특가법을 적용하여 갑에게 [실형을] 선고하였다.

④ 제1심법원은 갑에게 6,600만원을 추징하였다.

⑤ 갑은 불복 항소하였다.

⑥ 항소심법원은 항소를 기각하고, 제1심판결을 유지하였다.
⑦ 갑은 불복 상고하였다.

【사건의 경과 3】

① 대법원은 먼저 직권으로 판단하여 항소심의 수뢰액 산정이 잘못 되었음을 지적하였다.
② (대법원의 판단 이유 부분은 소개를 생략함)
③ 대법원은 항소심의 판단 자체에 따르더라도 수뢰액이 6,100만원이 된다고 확인하였다.
④ 대법원은 갑이 직접 병에게 준 ③, ⑨돈에 주목하였다.
⑤ 대법원은 을이 직접 병에게 준 ②, ⑥돈에 주목하였다.

2. 공소사실의 요지

【대법원 판단】 1. 상고이유에 대하여 판단하기에 앞서서 직권으로 판단한다.
【대법원 분석】 피고인 갑에 대한 이 사건 공소사실의 요지는, /
【대법원 분석】 피고인 갑은 구청장으로 재직하며 영등포구청 소속 직원들의 업무에 대한 지휘 · 감독권과 직원들에 대한 인사권 등을 가지고 영등포구청 업무 전반을 총괄적으로 관장하는 사람인데 /
【대법원 분석】 영등포구청 재무과 계약계장인 피고인 을로부터 그의 업무에 대한 감독, 인사 등과 관련하여 잘 보아달라는 취지로 /
【대법원 분석】 ① 1996. 6. 초순 서울 영등포구 도림동 소재 피고인의 집에서 현금 10,000,000원, /
【대법원 분석】 ② 같은 해 10. 초순경 같은 구 여의도동 소재 여의도 세모선착장 1층 식당에서 현금 5,000,000원, /
【대법원 분석】 ③ 같은 해 11. 초순경 같은 구 소재 영등포구청 근처 동원참치 식당에서 현금 10,000,000원, /
【대법원 분석】 ④ 같은 해 12. 중순경 영등포구청장실에서 현금 10,000,000원, /
【대법원 분석】 ⑤ 1997. 1. 중순경 영등포구청장실에서 현금 6,000,000원, /
【대법원 분석】 ⑥ 1997. 2. 초순경 영등포구청 근처 영등포병원 건물 1층 다방에서 현금 3,000,000원, /
【대법원 분석】 ⑦ 1997. 3. 초순경 영등포구청장실에서 현금 10,000,000원, /
【대법원 분석】 ⑧ 1997. 4. 초순경 영등포구청장실에서 현금 6,000,000원, /
【대법원 분석】 ⑨ 1997. 5. 27.경 같은 구 목동 소재 대지주유소 근처 피자집에서 현금 6,000,000원을 /
【대법원 분석】 각 교부받아 합계 금 66,000,000원의 뇌물을 수수하였다는 것이고, /
【대법원 분석】 피고인 을에 대한 이 사건 뇌물공여죄 공소사실의 요지는, /
【대법원 분석】 피고인 을은 영등포구청 재무과 계약계장으로서 구청이 발주하는 공사의 입찰, 계약 등의 업무를 담당하는 사람인데 /
【대법원 분석】 피고인 갑의 직무에 관하여 위와 같이 9회에 걸쳐 합계 금 66,000,000원의 뇌물을 공여하였다는 것이다.

3. 사안에 대한 항소심의 판단

【항소심 판단】 이에 대하여 원심이 그대로 유지한 제1심판결이 인정한 범죄사실은, /
【항소심 판단】 피고인 갑은 피고인 을로부터 /
【항소심 판단】 (중략) /
【항소심 판단】 합계 금 66,000,000원 상당의 뇌물을 수수하고 /
【항소심 판단】 (포괄하여 특정범죄가중처벌등에관한법률 제2조 제1항 제2호, 형법 제129조 제1항), /
【항소심 판단】 피고인 을은 피고인 갑의 직무에 관하여 /
【항소심 판단】 위와 같이 9회에 걸쳐 합계 금 66,000,000원의 뇌물을 공여하였다는 것/
【항소심 판단】 (포괄하여 형법 제133조 제1항, 제129조 제1항)이다. /
【항소심 판단】 아울러 제1심은 피고인 갑으로부터 금 66,000,000원을 추징하였다.
【항소심 판단】 (중략) /

4. 사안에 대한 대법원의 분석

【대법원 판단】 제1심이 인정한 하나하나의 뇌물수수 및 공여행위의 금액을 합산하여 보면 /
【대법원 판단】 합계 금 61,000,000원이 되므로 /
【대법원 결론】 제1심이 피고인들이 수수 또는 공여한 뇌물의 합계액이 금 66,000,000원이라고 인정하고, /
【대법원 결론】 피고인 갑에 대하여 금 66,000,000원을 추징한 조치는 이유에 모순이 있다 할 것이고, /
【대법원 결론】 제1심판결을 그대로 유지한 원심판결 역시 같은 위법을 저지른 것이므로 원심판결은 우선 이 점에서 파기를 면할 수 없다.
【대법원 판단】 (중략)
【대법원 분석】 그런데 기록에 의하면 공소사실 기재를 기준으로 하여 /
【대법원 분석】 위 ②의 돈은 피고인 갑이 같이 있는 자리에서 피고인 을이 공소외인에게 직접 주었고, /
【대법원 분석】 위 ⑥의 돈은 피고인 갑의 지시에 따라 피고인 갑이 없는 자리에서 피고인 을이 공소외인에게 주었고, /
【대법원 분석】 위 ③과 ⑨의 돈은 피고인 갑이 피고인 을로부터 받아서 그 즉시 동석하고 있던 공소외인에게 주었던 것으로 보인다.

5. 뇌물수수죄와 제삼자뇌물공여죄의 구별

【대법원 분석】 형법 제129조 제1항은 /
【대법원 분석】 공무원이 그 직무에 관하여 뇌물을 수수한 때에는 /
【대법원 분석】 5년 이하의 징역 또는 10년 이하의 자격정지에 처하도록 규정하고 있고, /
【대법원 분석】 그와 별도로 형법 제130조는 /

【대법원 분석】 공무원이 그 직무에 관하여 부정한 청탁을 받고 제3자에게 뇌물을 공여하게 한 때에는 /
【대법원 분석】 5년 이하의 징역 또는 10년 이하의 자격정지에 처하도록 규정하고 있다. /
【대법원 요지】 형법 제130조의 제3자뇌물제공죄를 형법 제129조 제1항의 단순수뢰죄와 비교하여 보면 /
【대법원 요지】 공무원이 직접 뇌물을 받지 아니하고, /
【대법원 요지】 증뢰자로 하여금 제3자에게 뇌물을 공여하도록 하고 그 제3자로 하여금 뇌물을 받도록 한 경우에는 /
【대법원 요지】 부정한 청탁을 받고 그와 같은 행위를 한 경우에 한하여 단순수뢰죄와 같은 형으로 처벌하고, /
【대법원 요지】 공무원이 직접 뇌물을 받지 아니하고, /
【대법원 요지】 증뢰자로 하여금 제3자에게 뇌물을 공여하도록 하고 그 제3자로 하여금 뇌물을 받도록 하였다 하더라도 /
【대법원 요지】 부정한 청탁을 받은 일이 없다면 이를 처벌하지 아니한다는 취지로 해석하여야 할 것이다. /
【대법원 요지】 다만 공무원이 직접 뇌물을 받지 아니하고, /
【대법원 요지】 증뢰자로 하여금 다른 사람에게 뇌물을 공여하도록 하고 그 다른 사람으로 하여금 뇌물을 받도록 한 경우라 할지라도 /
【대법원 요지】 그 다른 사람이 공무원의 사자 또는 대리인으로서 뇌물을 받은 경우나 /
【대법원 요지】 그 밖에 예컨대 평소 공무원이 그 다른 사람의 생활비 등을 부담하고 있었다거나 /
【대법원 요지】 혹은 그 다른 사람에 대하여 채무를 부담하고 있었다는 등의 사정이 있어서 /
【대법원 요지】 그 다른 사람이 뇌물을 받음으로써 공무원은 그만큼 지출을 면하게 되는 경우 등 /
【대법원 요지】 사회통념상 그 다른 사람이 뇌물을 받은 것을 공무원이 직접 받은 것과 같이 평가할 수 있는 관계가 있는 경우에는 /
【대법원 요지】 형법 제129조 제1항의 단순수뢰죄가 성립할 것이다.

6. 사안에 대한 대법원의 판단

【대법원 판단】 이 사건에 돌아와 기록에 의하여 살펴보면 /
【대법원 판단】 위 공소사실 ③과 ⑨에 대하여는 /
【대법원 판단】 피고인 갑이 피고인 을로부터 해당되는 돈을 받아 그것을 소비하는 방법으로 공소외인에게 준 것으로 볼 수 있으나, /
【대법원 판단】 위 공소사실 ②와 ⑥에 대하여는 피고인 을이 공소외인에게 직접 돈을 준 것으로서 그와 같이 볼 수 없다 할 것이다. /
【대법원 판단】 따라서 위 공소사실 ②와 ⑥에 대하여 형법 제129조 제1항을 적용하기 위하여는 /
【대법원 판단】 공소외인이 피고인 갑의 사자, 또는 대리인으로서 해당하는 돈을 받은 것이라거나 /
【대법원 판단】 사회통념상 공소외인이 그 돈을 받은 것을 피고인 갑이 직접 받은 것과 같이 평가할

수 있는 관계가 있어야만 할 것인데, /

【대법원 분석】 기록에 의하면 공소외인은 영등포구 여성연합회 회장과 영등포구 문고 회장 등으로서 피고인 갑과 가깝게 지내는 사이이고, /

【대법원 분석】 영등포구청 주변에는 피고인 갑과 공소외인이 연인관계라는 소문이 나 있었음/

【대법원 분석】 (정작 당사자인 피고인 갑과 공소외인은 연인관계가 아니라고 부인하고 있음)/

【대법원 분석】 을 알 수 있으나, /

【대법원 판단】 이와 같은 사정만 가지고는 /

【대법원 판단】 피고인 갑이 피고인 을로 하여금 공소외인에게 돈을 주도록 하였다 할지라도 /

【대법원 판단】 공소외인이 위 공소사실 ②와 ⑥에 기재된 돈을 받은 것을 가지고 피고인 갑이 이를 받은 것과 동일시하기에는 부족하다 할 것이다. /

【대법원 결론】 결국 원심이 사회통념상 공소외인이 위 공소사실 ②와 ⑥에 기재된 돈을 받은 것을 가지고 피고인 갑이 이를 받은 것과 동일시할 정도의 사정이 있는지에 대하여 더 심리하지도 아니하고 위 공소사실 ②와 ⑥에 기재된 돈에 대하여도 피고인 갑이 이를 수수하였다고 인정한 것은 /

【대법원 결론】 형법 제129조 제1항과 제130조에 대한 법리를 오해한 나머지 심리를 다하지 아니한 위법을 범하여 판결 결과에 영향을 미친 것이고, /

【대법원 결론】 이 점을 지적하는 논지는 위에 적은 범위 안에서는 이유가 있다 할 것이다. (파기 환송)

2010도12313

제삼자뇌물공여죄와 부정한 청탁 – 부정례 구청장 누각 건립 사건

2011. 4. 14. 2010도12313, 공 2011상, 964

1. 사실관계 및 사건의 경과

【사실관계 1】

① 갑은 K광역시 L구청 구청장이다.

② P회사는 L구청 관내 M지구에 N아파트 단지를 건설하려는 중이었다.

③ N아파트 단지에는 L구청 소유의 ㉠경로당이 위치한 ㉡어린이공원이 있었다.

④ P회사는 ㉠경로당이 위치한 ㉡어린이공원을 N아파트 단지 사업부지에 포함시킴에 따라 ㉠경로당의 철거를 위하여 그 용도폐지가 필요하게 되었다.

⑤ 그런데 관련 법령상 공유재산의 용도폐지는 엄격히 제한되고 있었다.

⑥ 뿐만 아니라 기존의 ㉠경로당이 철거될 경우 P회사가 사업부지 내에 신축하는 경로당과 별도로 이를 대체할 경로당이 필요하였다.

【사실관계 2】

① P회사가 추진하는 당초의 아파트 사업계획 승인단계에서부터 대체 경로당의 신축이 사업계획에 반

영되었어야 한다.

② 그런데 P회사 관련자들의 업무처리과정에서 대체 경로당 신축 부분이 반영되지 않았다.

③ 대체 경로당 문제를 해결하기 위하여 P회사측은 L구청 관계자들과 기존 ㉠경로당의 매수 및 대체 경로당 신축 등을 협의하였다.

④ 협의 결과 대체 경로당의 신축과 관련하여서는 관련 규정이 변경되어 종전과 같이 어린이공원 내에 경로당을 신축하는 것이 불가능하게 되어 사업부지 외에 대체 경로당을 신축하는 것으로 협의되었다.

⑤ L구청장 갑은 P회사 측에 대해 ㉢누각의 건립을 요구하였다.

⑥ L구청 측과 P회사 측은 다음과 같은 사항에 합의하였다.

(가) P회사는 5억 원 상당의 ㉢누각을 L구청에 기부채납한다.

(나) 기부채납에 따른 권리확보 조치의 일환으로 P회사는 이행보증보험에 가입한다.

⑦ P회사는 K광역시 L구청과의 협의를 토대로 N아파트 단지 공사를 진행할 수 있었다.

【사실관계 3】

① [P회사는 ㉢누각을 건립하지 않았다.]

⑧ L구청장 갑은 Q회사로 하여금 ㉢누각을 건립하도록 하였다.

② 갑은 L구의 대표자로서 기부채납에 따른 권리확보 조치의 일환으로 이루어진 이행보증보험금을 청구 · 수령하여 ㉢누각을 시공한 Q회사에 지급하였다.

③ 결국 L구청 측은 기존의 ㉠경로당을 철거하는 대신 N아파트 단지 바깥에 ㉢누각을 건립하여 이를 소유하게 되었다.

④ ㉢누각의 건립 과정에서 K광역시 L구청 측은 Q회사에 아무런 대가를 지불하지 않았다.

【사건의 경과】

① 검사는 갑을 다음의 공소사실로 기소하였다.

(가) ㉮공소사실 : 제3자뇌물제공죄

(나) ㉯공소사실 : 직권남용권리행사방해죄

(다) ㉰공소사실 : 기부금품의모집및사용에관한법률위반죄

② 갑의 피고사건은 제1심을 거친 후, 항소심에 계속되었다.

③ 항소심법원은 공소사실 전부에 대해 무죄를 선고하였다.

④ (㉮공소사실 제3자뇌물제공죄 부분에 대한 항소심의 판단 이유는 판례 본문 참조)

⑤ 검사는 불복 상고하였다.

⑥ (이하에서는 ㉮공소사실 제3자뇌물제공죄 부분만 고찰함)

2. 제3자뇌물공여죄와 부정한 청탁

【대법원 분석】 가. 형법 제130조의 제3자뇌물제공죄는 공무원이 그 직무에 관하여 부정한 청탁을 받고 제3자에게 뇌물을 제공하게 하면 성립하는 죄로서, /

【대법원 요지】 이때 부정한 청탁이란 의뢰한 직무집행 자체가 위법 · 부당한 경우뿐 아니라 /

【대법원 요지】 의뢰한 직무집행 자체는 위법하거나 부당하지 않더라도 /

【대법원 요지】 당해 직무집행을 어떤 대가관계와 연결시켜 그 직무집행에 관한 대가의 교부를 내용으로 하는 청탁이면 되고 /
【대법원 요지】 반드시 명시적 의사표시에 의해서 뿐 아니라 묵시적 의사표시에 의해서도 가능하지만, /
【대법원 요지】 묵시적 의사표시에 의한 부정한 청탁이 있다고 하기 위하여는
【대법원 요지】 청탁의 대상이 되는 직무집행의 내용과 /
【대법원 요지】 제3자에게 제공되는 금품이 그 직무집행에 대한 대가라는 점에 대하여 /
【대법원 요지】 당사자 사이에 공통의 인식이나 양해가 있어야 한다. /
【대법원 요지】 따라서 그러한 인식이나 양해 없이 /
【대법원 요지】 막연히 선처하여 줄 것이라는 기대나 직무집행과는 무관한 다른 동기에 의하여 제3자에게 금품을 공여한 경우에는 /
【대법원 요지】 묵시적 의사표시에 의한 부정한 청탁이 있다고 볼 수 없고, /
【대법원 요지】 이는 공무원이 먼저 제3자에게 금품을 공여할 것을 요구하였다고 하여 달리 볼 것도 아니다.

3. 공소사실의 요지

【대법원 분석】 나. 원심은, /
【대법원 분석】 K광역시 L구청장인 피고인이 L구청 관내의 공사 인·허가와 관련하여 공소외 P주식회사로부터 묵시적인 부정한 청탁을 받고 /
【대법원 분석】 5억 원 상당의 누각을 제3자인 L구청에 기부채납하게 하거나 또는 그 공사시공권을 공소외 Q주식회사에 취득하게 하였다는 /
【대법원 분석】 제3자뇌물제공의 공소사실에 대하여, /

4. 사안에 대한 항소심의 판단

【항소심 판단】 기부채납과 관련된 사무는 지방자치단체 고유의 사무이므로, /
【항소심 판단】 지방자치단체의 장이 지방자치단체를 위한 공무집행행위를 하여 그 결과 지방자치단체가 기부채납 재산을 취득하게 되었다고 하더라도 /
【항소심 판단】 지방자치단체는 제3자뇌물제공죄에 있어서의 제3자에 해당한다고 볼 수 없고, /
【항소심 판단】 설령 지방자치단체가 제3자에 해당한다고 하더라도 /
【항소심 판단】 검사가 제출한 증거나 그 증거에 의하여 인정되는 사실만으로는 그와 같은 기부채납이 직무집행과 관련한 부정한 청탁의 대가로 이루어졌다는 점에 대한 증명이 없다고 보아, /
【항소심 판단】 이 부분 공소사실을 무죄로 판단하였다.

5. 사안에 대한 대법원의 판단

(1) 제삼자뇌물공여죄에 있어서 공무원과 공무소의 관계

【대법원 요지】 다. 살피건대, 공무원인 지방자치단체의 장이 그 직무에 관하여 부정한 청탁을 받고

지방자치단체에 금품을 제공하게 하였다면 /

【대법원 요지】 공무원 개인이 그러한 금품을 취득한 경우와 동일시할 수는 없고 /

【대법원 요지】 이는 그 공무원이 단체를 대표하는 지위에 있는 경우에도 마찬가지라고 할 것이므로, /

【대법원 요지】 이러한 경우에는 형법 제130조의 제3자뇌물제공죄가 성립할 수 있다. /

【대법원 결론】 이와 달리 원심이, 이 사건 기부채납 재산을 K광역시 L구가 취득하였다고 하면서도 그 지방자치단체가 제3자뇌물제공죄의 제3자가 될 수 없다고 판단한 것은 잘못이라고 하겠다.

(2) 단순수뢰죄와 제삼자뇌물공여죄의 차이점

【대법원 요지】 그러나 한편 형법상 수뢰죄의 경우 /

【대법원 요지】 공무원의 직무와 금원의 수수가 전체적으로 대가관계에 있으면 뇌물수수죄가 성립하고 /

【대법원 요지】 특별히 청탁의 유무나 특정 직무행위와의 대가적 관계를 증명할 필요가 없어 /

【대법원 요지】 공무원이 그 직무의 대상이 되는 사람으로부터 금품 기타 이익을 받은 때에는 특별한 사정이 없는 한 직무와 관련이 있다고 보게 되는 것과는 달리, /

【대법원 요지】 제3자뇌물제공죄의 경우 '부정한 청탁'을 범죄성립의 구성요건으로 하고 있고 /

【대법원 요지】 이는 처벌의 범위가 불명확해지지 않도록 하려는 데에 그 취지가 있으므로, /

【대법원 요지】 당사자 사이에 청탁의 부정성을 규정짓는 대가관계에 관한 양해가 없었다면 /

【대법원 요지】 단지 나중에 제3자에 대한 금품제공이 있었다는 사정만으로 어떠한 직무가 소급하여 부정한 청탁에 의한 것이라고 평가될 수는 없다. /

(3) 사안에 대한 결론

【대법원 분석】 그런데 원심이 인정한 사실과 기록에 의하더라도, /

【대법원 분석】 공소외 P주식회사의 관계자들이 피고인의 요구를 받고 공소사실 기재와 같이 약 5억원 상당의 ㉢누각을 K광역시 L구에 기부채납한 것이 /

【대법원 분석】 협의에 따른 적법한 기부채납의 이행이 아니라 피고인의 직무와 관련한 부정한 청탁의 대가로서 제공된 것이라고 단정할 수 없으므로, /

【대법원 판단】 피고인이 직무집행과 관련한 부정한 청탁의 대가로 제3자에게 뇌물을 제공하게 하였다는 공소사실이 증명되었다고 보기는 어렵다.

【대법원 결론】 그렇다면 피고인에 대한 제3자뇌물공여의 공소사실을 무죄로 본 원심의 결론은 정당하므로, 원심판결에 상고이유에서 주장하는 바와 같은 판결 결과에 영향을 미친 법리오해나 채증법칙 위반 또는 심리미진 등의 위법은 없다. (상고 기각)

2010도11460

알선수뢰죄와 지위이용 – 부정례
3급 군무원 사건

2010. 11. 25. 2010도11460, [공보불게재]

1. 사실관계 및 사건의 경과

【사실관계】

① 2003. 2. 15.경부터 2006. 6. 30.경까지 갑은 국방부 기획조정실에서 현역 중령으로 근무하다가 전역하였다.

② 2006. 7. 1.경부터 갑은 3급 군무원으로 재직하고 있다.

③ 갑은 M군본부 정보작전지원참모부에서 조직진단관으로 근무하고 있다.

④ 조직진단관은 M군의 각 부대별 조직과 편성의 타당성을 검토하여 부대를 창설 또는 해체하거나 편제를 증가 또는 감소시키는 등 조직의 구조와 기능을 진단 · 조정하는 업무를 담당하는 직위이다.

⑤ 을은 장군진급심사를 앞두고 있는 장교이다.

⑥ 갑은 을로부터 M군본부 인사참모부의 선발관리실장인 준장 A에게 부탁하여 장군진급이 되도록 하여 달라는 부탁을 받고 을이 제공하는 5,000만 원을 받았다.

【사건의 경과】

① 검사는 갑을 다음의 공소사실로 기소하였다.

(가) 주위적 공소사실 : 특가법위반죄(뇌물=공무원 알선수뢰)

(나) 예비적 공소사실 : 변호사법위반죄

② 갑의 피고사건은 제1심을 거친 후, 항소심에 계속되었다.

③ 항소심법원은 다음과 같이 판단하였다.

(가) 주위적 공소사실 : 특가법위반죄(뇌물=공무원 알선수뢰) : 무죄

(나) 예비적 공소사실 : 변호사법위반죄 : 무죄

④ 검사는 불복 상고하였다.

【참조조문】

형법

제132조 (알선수뢰) 공무원이 그 지위를 이용하여 /
다른 공무원의 직무에 속한 사항의 알선에 관하여 /
뇌물을 수수, 요구 또는 약속한 때에는 /
3년 이하의 징역 또는 7년 이하의 자격정지에 처한다.

특정범죄 가중처벌 등에 관한 법률

제3조 (알선수재) [누구든지] 공무원의 직무에 속한 사항의 알선에 관하여 /
금품이나 이익을 수수 · 요구 또는 약속한 사람은 /

5년 이하의 징역 또는 1천만 원 이하의 벌금에 처한다.

변호사법

제111조 (벌칙) ① [누구든지] 공무원이 취급하는 사건 또는 사무에 관하여 /
청탁 또는 알선을 한다는 명목으로 /
금품 · 향응, 그 밖의 이익을 받거나 받을 것을 약속한 자 또는 /
제3자에게 이를 공여하게 하거나 공여하게 할 것을 약속한 자는 /
5년 이하의 징역 또는 1천만 원 이하의 벌금에 처한다. /
이 경우 벌금과 징역은 병과할 수 있다.

2. 형법상 알선수뢰죄의 성립범위

【대법원 분석】 알선수뢰죄는 공무원이 그 지위를 이용하여 다른 공무원의 직무에 속한 사항의 알선에 관하여 뇌물을 수수, 요구 또는 약속하는 것을 그 성립요건으로 하고 있고, /

【대법원 요지】 여기서 '공무원이 그 지위를 이용하여'라 함은 /

【대법원 요지】 친구, 친족관계 등 사적인 관계를 이용하는 경우이거나 단순히 공무원으로서의 신분이 있다는 것만을 이용하는 경우에는 이에 해당한다고 할 수 없고, /

【대법원 요지】 적어도 다른 공무원이 취급하는 사무의 처리에 법률상이거나 사실상으로 영향을 줄 수 있는 관계에 있는 공무원이 그 지위를 이용하는 경우이어야 한다.

3. 공소사실의 요지

【대법원 분석】 이 사건 주위적 공소사실의 요지는, /

【대법원 분석】 피고인이 2003. 2. 15.경부터 2006. 6. 30.경까지 국방부 기획조정실에서 현역 중령으로 근무하다가 전역하여 /

【대법원 분석】 2006. 7. 1.경부터 현재까지 M군본부 정보작전지원참모부에서 M군의 각 부대별 조직과 편성의 타당성을 검토하여 부대를 창설 또는 해체하거나 편제를 증가 또는 감소시키는 등 조직의 구조와 기능을 진단 · 조정하는 업무를 담당하는 조직진단관으로 근무하고 있는 3급 군무원으로서, /

【대법원 분석】 장군진급심사를 앞두고 있던 공소외 을로부터 M군본부 인사참모부의 선발관리실장인 공소외 A 준장에게 부탁하여 장군진급이 되도록 하여 달라는 부탁을 받고 공소외 을이 제공하는 합계 5,000만 원을 받음으로써, /

【대법원 분석】 공무원인 피고인이 그 지위를 이용하여 다른 공무원인 선발관리실장의 직무에 속한 사항의 알선에 관하여 뇌물을 수수하였다는 것이다.

4. 사안에 대한 대법원의 판단

【대법원 판단】 원심은, 제1심 및 원심이 적법하게 채택하여 조사한 증거들에 의하여 인정되는 그 판시와 같은 사정들에 비추어, /

【대법원 판단】 피고인이 공소외 을로부터 이 사건 금원을 수수할 당시 자신의 지위를 이용하여 선발

관리실장이던 공소외 A의 진급업무와 관련하여 사실상 영향을 줄 수 있는 관계에 있었다고 하기에 부족하다고 판단하여 이 사건 주위적 공소사실을 무죄로 인정하였다.

【대법원 결론】 원심판결 이유를 앞서 본 법리 및 기록에 비추어 살펴보면, 원심의 위와 같은 판단은 정당한 것으로 수긍할 수 있다.

【대법원 결론】 원심판결에는 상고이유의 주장과 같이 채증법칙을 위반하거나 알선수뢰죄에 관한 법리를 오해하는 등의 위법이 없다.

【대법원 결론】 한편 검찰관은 원심판결 중 이 사건 예비적 공소사실에 관한 부분에 대하여도 불복한다는 취지의 상고장을 제출하였으나, 상고이유서에서 그 부분에 관한 상고이유를 기재하고 있지 않으므로, 이 부분에 대한 상고 역시 이유 없다. (상고 기각)

2009도11146

특가법 알선수재죄와 알선 - 부정례
시장실 쇼핑백 사건

2010. 4. 15. 2009도11146, [미간행]

1. 사실관계 및 사건의 경과

【사실관계 1】

① 갑은 P시 시장이다.
② 을은 탈취기를 생산하는 기업인이다.
③ 갑과 을은 친분이 두터운 사이이다.
④ A는 Q회사의 임원이다.
⑤ [P시는 M시설공사를 발주하면서 N입찰에 부쳤다.]
⑥ A는 을과 의논한 결과 N입찰에서 공사를 수주하기 위하여 다음의 방법을 사용하기로 하였다.
  (가) Q회사는 필요한 금원을 마련한다.
  (나) 을은 갑과의 두터운 친분관계를 내세워 P시 시장 갑에게 마련한 금원을 뇌물로 공여한다.

【사실관계 2】

① 2007. 12. 27. 을은 갑에게 2,000만 원이 든 ㉠쇼핑백을 갑의 사무실에 놓고 돌아가버렸다.
② 갑은 ㉠쇼핑백을 을이 불우이웃돕기 성금에 기부하는 것으로 처리하도록 하였다.
③ 2008. 6. 13. (금요일) 을은 갑에게 2,000만 원이 든 ㉡쇼핑백을 건네주었다.
④ 갑은 P시 연극제 임원들에게 을이 기부하는 돈임을 밝히고 ㉡쇼핑백을 그대로 전달하였다.
⑤ (㉠, ㉡쇼핑백 전달과 관련한 구체적 사실관계는 판례 본문 참조)
⑥ [A는 을이 ㉠, ㉡쇼핑백을 갑에게 전달한 사실을 관계기관에 제보하였다.]

【사건의 경과】

① 검사는 갑을 다음의 공소사실로 기소하였다.

(가) 뇌물수수죄
(나) 공직선거법위반죄

② (갑의 공직선거법 위반죄 부분은 고찰에서 제외함)
③ 검사는 을을 다음의 공소사실로 기소하였다.
(가) 뇌물공여죄
(나) 특가법위반죄(알선수재)

④ 제1심법원은 갑에게 무죄를 선고하였다.
⑤ 제1심법원은 을에 대해 다음과 같이 판단하였다.
(가) 뇌물공여죄 : 유죄
(나) 특가법위반죄(알선수재) : 무죄

⑥ 검사는 무죄 부분에 불복 항소하였다.
⑦ 항소심법원은 항소를 기각하고, 제1심판결을 유지하였다.
⑧ 검사는 불복 상고하였다.

【참조조문】

형법

제132조 (알선수뢰) 공무원이 그 지위를 이용하여 /
다른 공무원의 직무에 속한 사항의 알선에 관하여 /
뇌물을 수수, 요구 또는 약속한 때에는 /
3년 이하의 징역 또는 7년 이하의 자격정지에 처한다.

제133조 (뇌물공여등) ① 제129조 내지 제132조에 기재한 뇌물을 /
약속, 공여 또는 공여의 의사를 표시한 자는 /
5년 이하의 징역 또는 2천만 원 이하의 벌금에 처한다.
② 전항의 행위에 공할 목적으로 /
제삼자에게 금품을 교부하거나 /
그 정을 알면서 교부를 받은 자도 /
전항의 형과 같다.

특정범죄 가중처벌 등에 관한 법률

제2조 (뇌물죄의 가중처벌) ①「형법」제129조 · 제130조 또는 제132조에 규정된 죄를 범한 사람은 /
그 수수(收受) · 요구 또는 약속한 뇌물의 가액(價額)(이하 이 조에서 “수뢰액”이라 한다)에 따라 /
다음 각 호와 같이 가중처벌한다.
1. 수뢰액이 1억원 이상인 경우에는 무기 또는 10년 이상의 징역에 처한다.
2. 수뢰액이 5천만원 이상 1억원 미만인 경우에는 7년 이상의 유기징역에 처한다.
3. 수뢰액이 3천만원 이상 5천만원 미만인 경우에는 5년 이상의 유기징역에 처한다.
②「형법」제129조 · 제130조 또는 제132조에 규정된 죄를 범한 사람은 /
그 죄에 대하여 정한 형(제1항의 경우를 포함한다)에 /
수뢰액의 2배 이상 5배 이하의 벌금을 병과(倂科)한다.

제3조 (알선수재) [누구든지] 공무원의 직무에 속한 사항의 알선에 관하여 /
금품이나 이익을 수수 · 요구 또는 약속한 사람은 /
5년 이하의 징역 또는 1천만 원 이하의 벌금에 처한다.

변호사법

제111조 (벌칙) ① [누구든지] 공무원이 취급하는 사건 또는 사무에 관하여 /
청탁 또는 알선을 한다는 명목으로 /
금품 · 향응, 그 밖의 이익을 받거나 받을 것을 약속한 자 또는 /
제3자에게 이를 공여하게 하거나 공여하게 할 것을 약속한 자는 /
5년 이하의 징역 또는 1천만 원 이하의 벌금에 처한다. /
이 경우 벌금과 징역은 병과할 수 있다.

2. 뇌물수수죄 부분에 대한 판단

【대법원 요지】 뇌물을 수수한다는 것은 영득의 의사로 받는 것을 말하므로 영득의 의사가 없으면 뇌물을 수수하였다고 할 수 없다.

【대법원 분석】 원심은 그 채택 증거에 의하여 그 판시와 같은 사실을 인정한 다음, /

【대법원 분석】 피고인 을이 2007. 12. 27. 피고인 갑에게 제공한 2,000만 원에 대하여는 /

【대법원 분석】 ① 피고인 갑이 피고인 을이 건네주는 돈이 든 쇼핑백을 받지 않으려고 실랑이를 하였고 그 과정에서 커피잔이 바닥에 떨어지기도 하였으며, /

【대법원 분석】 피고인 을이 그 사이 가버리는 바람에 그 자리에서 위 쇼핑백을 돌려줄 방법은 없어 보였던 점, /

【대법원 분석】 ② 그 당시 금원을 건네려는 피고인 을과 피고인 [갑] 사이에 여러 가지 말이 오고 갔는데, 피고인 을과 피고인 [갑] 사이에 불우이웃돕기에 기부한다는 용처에 관하여 어느 정도 합의점에 도달하였다고 보여지는 점, /

【대법원 분석】 ③ 피고인은 이를 받은 그 다음날 공소외 A 과장에게 피고인 을로부터 받은 쇼핑백 그대로 전달하며 피고인 을이 불우이웃돕기 성금에 기부하는 것임을 알리고 처리하도록 하였고, /

【대법원 분석】 위 금원은 바로 사회복지공동모금회에 입금되었으며 그 이후 피고인 갑이 이러한 처리 사실을 피고인 을에게 알리고 영수증 교부 안내까지 한 점 및 /

【대법원 분석】 피고인 을이 2008. 6. 13. 피고인에게 제공한 2,000만 원에 대하여는 /

【대법원 분석】 ① 피고인 갑은 피고인 을이 건네주는 돈이 든 쇼핑백을 받지 않으려고 수차례 거절하였는데, 피고인 을은 이를 P시 연극제에 가져다주라는 말을 하였던 점, /

【대법원 분석】 ② 피고인은 당일이 금요일이고 서울에서 재차 고성에까지 다녀오느라 그로부터 이틀 뒤인 일요일에 즉시 P시 연극제 임원에게 전화를 하였고, /

【대법원 분석】 월요일인 2008. 6. 16. 시장실에 온 P시 연극제 임원들에게 피고인 을이 기부하는 돈임을 밝히고 위 쇼핑백을 그대로 전달한 점, /

【대법원 분석】 그리고 피고인 을로서는 기업을 하는 입장에서 이 사건 입찰뿐만 아니라 향후 현직 P시 시장인 피고인 갑과의 관계를 돈독히 할 필요가 있었을 것이지만, /

【대법원 분석】 피고인 갑으로서도 이미 피고인 을이 생산하는 탈취기에 의하여 ○○동 쓰레기처리시설 악취 민원을 해결한 바 있고, 기업도시 유치와 관련해서도 그 인적 네트워크를 통하여 이미 상당한 도움을 받았거나 향후 많은 도움을 받을 것을 기대하는 등 /

【대법원 분석】 같은 지역 출신이라는 점에서 뿐만 아니라 상호 유대관계를 유지해야 하는 현실적인 필요성이 있어 피고인 을의 금원 교부 제의를 면전에서 단호하게 거절하기는 어려울 수도 있는 관계였던 점, /

【대법원 분석】 제반 정황에 비추어 피고인 갑이 위 금원을 사적인 용도로 취득하거나 사용하기 위하여 받았다고 보기는 어려울 뿐만 아니라, /

【대법원 분석】 그 사용처가 공적인 용도와 관련된 것이라고 하더라도 피고인과 피고인 을 사이에 그 사용처에 관하여 어느 정도 구체적인 합의점을 찾지 못한 상황이었다면 피고인이 이를 건네받았을 것으로 보여지지는 아니하는 점 등에 비추어 보면, /

【대법원 판단】 비록 피고인 을은 미필적으로나마 피고인 갑에 대한 뇌물공여의 의사로 위 금원을 교부하였다 하더라도, /

【대법원 판단】 피고인 갑은 평소 도움을 주고받으며 돈독하게 지내야 할 피고인 을이 교부하는 각 금원을 불우이웃돕기 성금이나 P시 연극제에 전달할 의사로 받은 것에 불과하고, /

【대법원 판단】 이를 자신이 영득할 의사로 수수하였다고 보기는 어렵다는 이유로 /

【대법원 판단】 이 부분 공소사실에 대하여 피고인에 대하여 무죄를 선고한 제1심판결을 유지하였다.

【대법원 결론】 위 법리와 기록에 비추어 살펴보면, 원심의 판단은 정당한 것으로 수긍이 가고, 거기에 상고이유에서 주장하는 바와 같은 법리오해, 사실오인 등의 위법이 없다.

【대법원 분석】 (나. 공직선거법 위반죄 부분; 생략)

3. 뇌물공여죄 및 알선수재죄 부분에 대한 판단

【대법원 분석】 원심은, 공소외 A의 수사기관 및 제1심 법정에서의 각 진술을 그 판시와 같은 이유로 신빙성이 없다고 보고, /

【대법원 분석】 오히려 그 채택 증거 등을 종합하면 /

【대법원 분석】 피고인 을과 공소외 Q주식회사의 공소외 A는 모두 이 사건 입찰에서 공사를 수주하기 위하여 공소외 Q주식회사 측은 금원을 마련하고, /

【대법원 분석】 피고인 을은 P시 시장과의 두터운 친분관계를 내세워 P시 시장에 대한 뇌물을 공여하기로 모의한 것이라고 보아야 하는바, /

【대법원 판단】 사정이 이와 같다면 피고인 을은 공소외 A와의 사이에 P시 시장에 대한 뇌물공여를 공모하고 그 행위를 분담하기로 한 공동정범의 지위에 있을 뿐이므로, /

【대법원 판단】 그와 공동정범의 관계에 있던 공소외 A로부터 뇌물로 공여할 금품을 교부받았다 하더라도, 그 행위는 상호간의 뇌물공여를 위한 예비행위에 불과할 뿐이고 /

【대법원 판단】 자신의 이익을 취득하기 위하여 돈을 받은 것이라고 볼 수는 없다고 판단하여 /

【대법원 판단】 피고인 을에 대한 특정범죄 가중처벌 등에 관한 법률 위반(알선수재)죄에 대하여 무죄를 선고한 제1심판결을 유지하였다.

【대법원 결론】 관계 법리와 기록에 비추어 살펴보면 원심의 판단은 정당한 것으로 수긍이 가고, 거기에 상고이유에서 주장하는 바와 같은 법리오해나 채증법칙 위반 등의 위법이 없다. (상고 기각)

【코멘트】 본 판례는 뇌물수수죄에 있어서 영득의사의 의미와 특가법상 알선수재죄의 성립요건을 보여주고 있다. 뇌물수수죄가 성립하려면 뇌물을 수수함에 있어 영득의사가 있어야 한다. 영득의사가 없으면 뇌물수수죄는 성립하지 않는다. 그런데 영득의사라는 주관적 범죄성립요소는 검사가 이를 입증하여야 한다. 구체적인 재판과정에서는 피고인 측이 영득의사가 없었다고 주장하는 경우가 많을 것이다. 본 판례는 영득의사라는 주관적 사유의 입증을 둘러싸고 여러 가지 정황증거들이 음미되는 과정을 보여주고 있다.

본 판례에서 주목되는 또 하나의 사항은 특가법상 알선수재죄의 특수성이다. 형법 제132조는 알선수뢰죄를 규정하고 있다. 그런데 형법상 알선수뢰죄는 행위주체가 공무원이다. 따라서 공무원이 아닌 사람에 대해서는 형법상 알선수뢰죄를 적용할 수가 없다. 이러한 문제상황에 대비하여 특가법 제3조는 별도로 알선수재죄를 규정하고 있는데, 행위주체에 특별한 제한이 없다. 본 사안에서 뇌물공여자 을은 기업인이지 공무원이 아니다. 그리하여 검사는 을을 뇌물공여죄와 함께 특가법상 알선수재죄로 기소하고 있다. 그러나 대법원은 을이 A와 함께 뇌물공여죄의 공동정범이 되므로 을이 A를 위하여 A로부터 뇌물을 받아 갑에게 전달하더라도 별도로 특가법상의 알선수재죄는 성립하지 않는다는 판단을 내리고 있다. 참고로 뇌물공여죄는 알선수재죄보다 벌금형 부분에서 법정형이 더 높다.

공무원이 형법 제132조의 알선수뢰 행위를 하는 경우에는 뇌물의 액수에 따라 특가법 제2조에 기하여 가중처벌된다. 그러나 일반인이 알선수재 행위를 하는 경우에 일반인은 특가법 제3조에 의하여 처벌될 뿐, 특가법 제2조에 의한 가중처벌의 대상이 되지 않는다. 한편 변호사 아닌 사람이 공무원이 취급하는 사건 또는 사무에 관하여 청탁 또는 알선을 한다는 명목으로 금품 등을 받거나 받을 것을 약속한 자 또는 제3자에게 이를 공여하게 하거나 공여하게 할 것을 약속한 자는 변호사법 제111조의 벌칙규정에 의하여 처벌된다. 특가법상의 알선수재죄와 변호사법위반죄는 모두 일반인(공무원 포함)이 행위주체로 되며, 알선행위 및 알선행위에 대한 대가로서의 이익취득이 각각 요건으로 되어 있다.

특가법상의 알선수재죄와 변호사법위반죄의 경우에는 공무원에게 부정한 이익을 전달하는 행위가 규율대상에 포함되어 있다. 한편 형법 제133조 제2항은 공무원에게 공여할 목적으로 금품을 교부받은 자를 제3자뇌물취득죄로 처벌하고 있다. 그런데 형법상 제3자뇌물취득죄는 뇌물전달에 대한 대가를 범죄성립요소로 하고 있지 않다. 이에 대해 특가법상의 알선수재죄와 변호사법위반죄의 경우에는 취득한 금품 등이 알선 등의 행위에 대해 대가관계에 있어야 한다. 이와 관련한 구체적인 사례는 다음의 2002도3600 판례가 잘 보여주고 있다.

2002도3600

특가법 알선수재죄와 대가관계 – 부정례
증거위조죄와 위조 – 인정례
구재단 학교 찾기 사건

2007. 6. 28. 2002도3600, 공 2007, 1195

1. 사실관계 및 사건의 경과

【사실관계 1】

① 갑은 변호사이다.

② 을은 변호사 갑의 사무장이다.

③ 변호사 갑의 활동과 관련하여 몇 가지 의혹이 제기되었다.

④ 한 가지는 P학교법인의 분규와 관련된 청탁 · 알선의 의혹이다.

⑤ 다른 한 가지는 어촌마을 M리와 N리의 관행어업권 손해배상사건 수임과 관련한 탈세 혐의이다.

【사실관계 2】

① A는 P학교법인의 설립자 K의 유족이다.

② B는 A와 변호사 갑을 다 알고 있는 사람이다.

③ C는 대통령비서실장이다.

④ D는 A의 어머니이다.

⑤ P학교법인은 임시이사체제로 운영되고 있다.

⑥ A 등 구재단 측은 P학교법인을 되찾기 위하여 백방으로 노력하고 있다.

【사실관계 3】

① A의 어머니 D가 ㉮형사사건으로 입건된 일이 있었다.

② C는 당시 변호사였다.

③ C가 D의 ㉮사건을 맡아 처리하여 불기소처분이 내려졌다.

④ 1996. 6.경 A는 B를 통하여 갑에게 5,000만 원을 교부하였다. (㉠부분)

⑤ A가 갑에게 5,000만 원을 교부한 취지는 다음과 같다.

(가) C가 맡아 수행한 ㉮형사사건에 대한 성공보수 전액이다.

(나) P학교법인의 운영권을 구재단 측에서 되찾기 위해 대통령 비서실장인 C에게 청탁하여 교육부에 영향력을 행사해 달라.

【사실관계 4】

① 갑은 A로부터 다음과 같은 취지로 3회에 걸쳐 합계 5억 원을 수수하였다. (㉡부분)

(가) 국민고충처리위원들 및 대통령비서실장 C에게 부탁하여 국민고충처리위원회에서 P학교법인 문제에 관하여 A 등에게 유리한 결정을 받아내 달라.

(나) 대통령비서실장 C에게 부탁하여 교육부가 국민고충처리위원회의 결정을 받아들이고 A 등이

추천하는 인사들로 구성된 정이사체제로 전환시켜 그들이 P학교법인의 운영권을 되찾을 수 있도록 영향력을 행사해 달라.

② 갑은 A 등 P학교법인 설립자 후손들을 대리하여 ㉯행정사건 등 소송을 수행한 바가 있다.

③ 갑은 국민고충처리위원회에 대한 P학교법인의 임시이사선임취소 신청사건(㉰사건)에서 A 등을 대리하여 신청업무 등 법률사무를 처리하였다.

④ 국민고충처리위원회는 교육부가 P학교법인이 정이사체제로 전환될 수 있도록 조치함이 상당하다는 의견을 표명하는 내용의 결정을 하였다.

【사실관계 5】

① A는 P학교법인의 가치를 금전적으로 평가할 경우 약 3,000억 원 정도가 되는 것으로 보고 있었다.

② A가 갑에게 3회에 걸쳐 건네준 합계 5억 원은 학교가 정상화되고 재단의 운영권을 되찾게 될 경우 지급하겠다고 갑에게 약속한 합계 10억 원의 성공보수의 일부로서 지급되었다.

③ 5억 원은 A가 일방적으로 갑에게 제안하고 지급한 것으로서 갑이 요구한 바는 없었다.

④ 갑이 5억 원을 받으면서 국민고충처리위원회나 대통령비서실장에게 적극적·구체적으로 청탁·알선하는 방법을 제안하거나 금품의 요구를 하였는가에 대해 관련자들의 증언이 엇갈리고 있다.

【사실관계 6】

① 사건진행부는 변호사 사무실에서 수임사건에 관한 기본적 정보를 기재하는 문서이다.

② 변호사 갑의 사건진행부와 변호사사건수입명세서를 대조해 본 결과 변호사사건수입명세서에 일부 수입이 누락되어 있었다. (㉢부분)

③ 변호사 갑의 사건진행부에는 일부 사건에 관하여 수임료가 기재되어 있지 않았다

④ 변호사 갑의 일부 사건에 관하여 수임료가 기재되지 아니한 상태로 수임사건이 변호사회에 신고되어 있었다.

【사실관계 7】

① 신고 누락된 사건 가운데에는 어촌마을 M리와 N리의 관행어업권 손해배상사건(㉱사건)이 있었다.

② 갑은 M리와 N리의 마을 사람들로부터 ㉱사건 소송사무를 위임받으면서 수임사건이 승소로 확정되었을 때 승소금액의 10%를 보수로 받기로 약정하였다.

③ 갑은 M리와 N리의 ㉱사건 제1심에서 가집행부 승소판결을 받았다. (☞문서례 10번 참조)

④ M리와 N리의 ㉱사건 상대방은 제1심판결에 불복 항소하였다.

⑤ 갑은 제1심판결의 가집행선고에 따라 집행을 하여 손해배상금을 수령하였다.

⑥ 갑은 수령한 금액 중 약정된 비율에 따른 10%에 해당하는 금액은 승소 확정에 대비하여 보관하고, 나머지 금액은 의뢰인들에게 교부하였다.

【사실관계 8】

① 갑의 변호사 수입과 관련하여 탈세 혐의가 제기되었다.

② 갑은 사무장 을 등에게 다음과 같이 지시하였다.

③ "검찰에서 나에 대해서 탈세사실에 관하여 조사하고 있으니 M리와 N리 ㉱사건의 당사자들에게 보

관증을 작성하여 주고, 대신 마을 대표로부터 성공보수금 10%를 제외한 손해배상금 모두를 반환하겠다는 각서를 받으라."

④ 을은 그 다음 날 [㉣사건의 당사자] G에게 다음과 같이 제의하였다.

⑤ "변호사 갑이 탈세혐의로 검찰에서 조사를 받고 있는데, M리와 N리 ㉣사건의 성공보수금이 소득신고가 되어 있지 않으니 도와달라."

⑥ G는 을의 제안을 수락하였다.

⑦ 을은 작성일자를 소급하여 기재한 갑 명의의 ⓐ보관증을 작성하였다.

⑧ 을은 ⓐ보관증을 G에게 교부하였다. (㉣부분)

【사건의 경과 1】

① 검사는 ㉠부분에 대해 갑을 다음의 공소사실로 기소하였다.

(가) 주위적 : 특가법위반죄(알선수재)

(나) 예비적 : 변호사법위반죄

② 검사는 ㉡부분에 대해 갑을 다음의 공소사실로 기소하였다.

(가) 주위적 : 특가법위반죄(알선수재)

(나) 예비적 : 변호사법위반죄

③ 검사는 ㉢부분에 대해 갑을 특가법위반죄(조세) 및 조세범처벌법위반죄로 기소하였다.

④ 검사는 ㉣부분에 대해 갑을 증거위조교사죄로 기소하였다.

⑤ 검사는 ⓐ보관증을 직접 작성한 사무장 을을 증거위조죄로 기소하였다.

【사건의 경과 2】

① 갑과 을의 피고사건은 제1심을 거친 후, 항소심에 계속되었다.

② 항소심법원은 갑에 대해 아래와 같이 판단하였다.

③ 항소심법원은 ㉠부분에 대해 다음과 같이 판단하였다.

(가) 주위적 : 특가법위반죄(알선수재) : 무죄

(나) 예비적 : 변호사법위반죄 : 무죄

④ 항소심법원은 ㉡부분에 대해 다음과 같이 판단하였다.

(가) 주위적 : 특가법위반죄(알선수재) : 무죄

(나) 예비적 : 변호사법위반죄 : 무죄

⑤ 항소심법원은 특가법위반죄(조세) 및 조세범처벌법위반죄의 ㉢부분에 대해 무죄를 선고하였다.

⑥ 항소심법원은 증거위조교사죄의 ㉣부분에 대해 유죄를 선고하였다.

⑦ 항소심법원은 을에 대해 증거위조죄를 인정하였다.

⑧ 검사는 무죄 부분에 불복 상고하였다.

⑨ 갑과 을은 각각 유죄 부분에 불복 상고하였다.

2. ㉠부분에 대한 판단

(1) 특가법 알선수재죄 및 변호사법위반죄와 대가성 요건

【대법원 요지】 (1) 공무원의 직무에 속한 사항의 알선에 관하여 금품 등을 수수함으로써 성립하는 /

【대법원 요지】 특정범죄 가중처벌 등에 관한 법률(이하, '특가법'이라고만 한다) 제3조의 알선수재죄와 /

【대법원 요지】 공무원이 취급하는 사건 또는 사무에 관하여 청탁 또는 알선을 한다는 명목으로 금품 · 향응 기타 이익을 받는 등의 행위를 하는 경우에 성립하는 /

【대법원 요지】 구 변호사법(2000. 1. 28. 법률 제6207호로 전문 개정되기 전의 것, 이하 같다.) 제90조 제1호 위반죄/

【대법원 요지】 [현행 변호사법 제111조 제1항 참조; 저자 주]에서, /

【대법원 요지】 위 금품 등은 어디까지나 위와 같은 청탁 혹은 알선행위의 대가라는 명목으로 수수되어야 하므로, /

【대법원 요지】 알선행위자가 아닌 제3자가 그 대가인 금품 기타 이익을 중간에서 전달한 것에 불과한 경우에는 /

【대법원 요지】 그 제3자가 알선행위자와 공동가공의 의사를 가지고 전달행위를 하여 실행행위에 관여한 것으로 평가할 수 있는 경우는 별론으로 하고 /

【대법원 요지】 그 자체만으로는 특가법 제3조가 정하는 알선수재죄의 구성요건에 해당하지 아니하며, /

【대법원 요지】 공무원이 취급하는 사건 또는 사무에 관한 청탁 의뢰를 받고 청탁 상대방인 공무원에게 제공할 금품을 받아 그 공무원에게 단순히 전달한 경우에는 /

【대법원 요지】 구 변호사법 제90조 제1호[현행 변호사법 제111조 제1항 참조; 저자 주] 위반죄가 성립할 수 없다.

(2) 사안에 대한 대법원의 판단

【대법원 분석】 원심판결 이유를 기록에 비추어 살펴보면, /

【대법원 분석】 1996. 6.경 P학교법인의 설립자 유족인 공소외 A가 공소외 B를 통하여 피고인 갑에게 교부하였다는 5,000만 원은, /

【대법원 분석】 공소외 갑이 임시이사체제로 운영되고 있던 위 학교법인의 운영권을 구재단측에서 되찾기 위해 당시 대통령 비서실장인 공소외 C에게 청탁하여 교육부에 영향력을 행사해 달라고 하되, /

【대법원 분석】 그 전에 위 공소외 C가 공소외 A의 어머니인 공소외 D의 형사사건을 맡아 처리하여 불기소처분이 내려진 데 대한 성공보수의 명목을 붙여 그 전액과 위 청탁의 취지를 공소외 C에게 전달하여 달라는 부탁과 함께 피고인 갑에게 교부된 것임을 알 수 있고, /

【대법원 판단】 사정이 그러하다면 위 돈은 피고인 갑의 청탁 혹은 알선행위의 대가라는 명목으로 수수되었다고 보기 어려우므로 /

【대법원 결론】 원심이 이 부분 주위적 공소사실인 특가법 위반의 점에 대하여 무죄를 선고한 제1심의 결론을 유지함과 아울러 /

【대법원 결론】 예비적 공소사실인 구 변호사법 위반죄에 대하여도 무죄로 판단한 것은 정당하고, /

【대법원 결론】 상고이유의 주장과 같은 법리오해의 위법이 없다.

3. ㉡부분에 대한 판단

(1) 특가법 알선수재죄의 성립범위

【대법원 요지】 (2) 금품수수의 명목이 단지 알선행위를 할 사람을 소개시켜 준다는 것으로 국한되는 경우에는 특가법 제3조 혹은 구 변호사법 제90조 제1호 위반죄가 성립하지 아니하지만, /

【대법원 요지】 반드시 담당 공무원을 구체적으로 특정하여 그에게 직접 청탁·알선할 것을 금품수수의 명목으로 하여야만 성립되는 것이 아니라, /

【대법원 요지】 청탁할 공무원을 구체적으로 특정하지 아니한 경우는 물론 /

【대법원 요지】 영향력 등을 행사할 수 있는 중간인물을 통하여 청탁·알선해준다는 명목으로 금품 등을 수수한 경우에도 /

【대법원 요지】 특가법 제3조 혹은 구 변호사법 제90조 제1호 위반죄가 성립할 수 있으며, /

【대법원 요지】 금품 수수의 명목이 된 청탁·알선의 상대방은 구체적으로 특정될 필요는 없다 하더라도 최종적으로는 공무원일 것을 요하고 또 /

【대법원 요지】 청탁·알선의 대상이 그의 직무에 속한 사항이거나 그가 취급하는 사건 또는 사무에 해당하여야 하지만, /

【대법원 요지】 중간인물은 반드시 공무원일 필요는 없고 공무원이라 하더라도 청탁·알선의 대상이 반드시 그의 직무에 속하여야 하는 것은 아니다.

(2) 공소사실의 요지

【대법원 분석】 이 부분 공소사실의 요지는, /

【대법원 분석】 피고인 갑이 공소외 A로부터 /

【대법원 분석】 국민고충처리위원들 및 공소외 C에게 청탁·알선하여 국민고충처리위원회에서 P학교법인의 문제에 관하여 공소외 A 등에게 유리한 결정을 받아내고, /

【대법원 분석】 위 공소외 C에게 청탁·알선하여 교육부가 국민고충처리위원회의 결정을 받아들이고 위 공소외 A 등이 추천하는 인사들로 구성된 정이사체제로 전환시켜 그들이 위 학교법인의 운영권을 되찾을 수 있도록 영향력을 행사하여 달라는 취지의 부탁을 받고, /

【대법원 분석】 그러한 청탁·알선의 명목으로 3회에 걸쳐 합계 5억 원을 수수하였다는 것인바, /

(3) 사안에 대한 항소심의 판단

【대법원 분석】 원심은 /

【대법원 분석】 당시 대통령 정치담당 특별보좌관이었던 공소외 C에게는 청탁·알선의 목적인 위 학교법인의 문제와 관련하여 법률상, 사실상 아무런 직무관련성이 없고, /

【대법원 분석】 위 돈이 국민고충처리위원들이나 교육부장관 등 교육부 공무원에 대한 청탁·알선명목으로 교부되었다고 볼 증거도 없다는 이유로 /

【대법원 분석】 이 부분 주위적 공소사실인 특가법 위반의 점에 대하여 무죄를 선고한 제1심의 결론을 유지함과 아울러 /

【대법원 분석】 예비적 공소사실인 구 변호사법 위반죄에 대하여도 무죄로 판단하고 있으나, /

(4) 사안에 대한 대법원의 판단-1

【대법원 판단】 앞서 본 법리와 공소사실의 내용 등에 비추어 보면, /

【대법원 판단】 이 부분 공소사실에서 금품 수수의 명목으로 들고 있는 청탁 · 알선의 대상이 공무원의 직무에 속한 사항인지 여부나 공무원이 취급하는 사건 또는 사무에 해당하는지 여부는 /

【대법원 판단】 위 공소외 C의 직무범위가 아니라 국민고충처리위원 혹은 교육부 관계 공무원의 직무범위에 속하는지 여부에 따라 판단하여야 하므로, /

【대법원 결론】 이와 달리 위 청탁 · 알선의 대상이 공소외 C의 직무범위에 속하지 아니한다는 이유를 들어 특가법 제3조 및 구 변호사법 제90조 제1호의 구성요건에 해당하지 아니한다고 본 원심의 이 부분 판단에는 위 각 구성요건에 관한 법리를 오해한 잘못이 있다.

(5) 변호사의 청탁 · 알선행위와 형사처벌의 범위

【대법원 분석】 그러나 다른 한편으로, /

【대법원 분석】 변호사법 제2조는 변호사의 지위에 관하여 "변호사는 공공성을 지닌 법률전문직으로서 독립하여 자유롭게 그 직무를 행한다."고 규정하고, /

【대법원 분석】 제3조는 그 직무에 관하여 "변호사는 당사자 기타 관계인의 위임 또는 국가 · 지방자치단체 기타 공공기관(이하 '공공기관'이라 한다)의 위촉 등에 의하여 소송에 관한 행위 및 행정처분의 청구에 관한 대리행위와 일반 법률사무를 행함을 그 직무로 한다."고 규정하고 있는바, /

【대법원 요지】 이러한 변호사 지위의 공공성과 직무범위의 포괄성에 비추어 볼 때, /

【대법원 요지】 특가법 제3조 및 구 변호사법 제90조 제1호의 규정은 변호사가 그 위임의 취지에 따라 수행하는 적법한 청탁이나 알선행위까지 처벌대상으로 한 규정이라고는 볼 수 없고, /

【대법원 요지】 정식으로 법률사건을 의뢰받은 변호사의 경우, /

【대법원 요지】 사건의 해결을 위한 접대나 향응, 뇌물의 제공 등 이른바 공공성을 지닌 법률전문직으로서의 정상적인 활동이라고 보기 어려운 방법을 내세워 의뢰인의 청탁 취지를 공무원에게 전하거나 /

【대법원 요지】 의뢰인을 대신하여 스스로 공무원에게 청탁을 하는 행위 등을 한다는 명목으로 금품 등을 받거나 받을 것을 약속하는 등, /

【대법원 요지】 금품 등의 수수의 명목이 변호사의 지위 및 직무범위와 무관하다고 평가할 수 있는 경우에 한하여 /

【대법원 요지】 특가법 제3조 및 구 변호사법 제90조 제1호 위반죄가 성립된다고 해석함이 상당하다.

(6) 사안에 대한 대법원의 판단-2

【대법원 분석】 기록에 의하면, 피고인 갑은 공소외 A 등 P학교법인의 설립자 후손들을 대리하여 행정사건 등 소송을 수행하였고 /

【대법원 분석】 국민고충처리위원회에 대한 위 학교법인의 임시이사선임취소 신청사건에서도 그들을 대리하여 신청업무 등 법률사무를 처리하였고, /

【대법원 분석】 국민고충처리위원회는 교육부가 위 학교법인이 정이사체제로 전환될 수 있도록 조치함이 상당하다는 의견을 표명하는 내용의 결정을 한 사정 등을 알 수 있는바, /
【대법원 분석】 나아가 공소외 A, E의 제1심 증언 등 관계 증거에 의하여 살펴보면, /
【대법원 분석】 공소외 A는 위 학교법인의 가치를 금전적으로 평가할 경우 약 3,000억 원 정도가 되는 것으로 보고 있었고, /
【대법원 분석】 피고인 갑에게 3회에 걸쳐 건네준 합계 5억 원은, 학교가 정상화되고 재단의 운영권을 되찾게 될 경우 지급하겠다고 피고인 갑에게 약속한 합계 10억 원의 성공보수의 일부로서 지급되었다는 것이며, /
【대법원 분석】 그나마 공소외 A가 일방적으로 제안하고 또 지급하였을 뿐, 피고인 갑이 요구한 바도 없었다는 것이고, /
【대법원 분석】 또한 피고인 갑이 금품 수수 당시 위 공소외 A에게 하였다는 공소사실 기재 언행들은 /
【대법원 분석】 대부분 당시 공소외 A의 내심의 의사 혹은 희망에 불과하였거나 공소외 A가 공소외 F, G 등 학교 및 재단 관계자들과 대책을 논의하면서 나눈 이야기, /
【대법원 분석】 혹은 공소외 A가 여러 차례 피고인 갑을 찾아가 하소연한 내용에 불과한 것임을 알 수 있는 반면, /
【대법원 분석】 피고인 갑이 적극적 · 구체적으로 청탁 · 알선의 방법을 제안하거나 금품의 요구를 하였다는 점에 부합하는 증거로는 /
【대법원 분석】 그 신빙성에 의심이 가는 검찰에서의 공소외 A, F, G의 각 진술 등 이외에는 달리 이를 인정할 증거가 없다. /
【대법원 판단】 위와 같은 당해 금품 등의 수수 경위와 액수, 변호사선임계 제출 및 구체적인 활동내역 기타 기록에 나타난 제반 사정에 비추어 보면, /
【대법원 판단】 피고인 갑이 공공성을 지닌 법률전문직으로서의 정상적인 활동이라고 보기 어려운 방법을 동원한 청탁 · 알선 등을 해줄 것을 승낙하거나 용인하는 취지에서 위 각 금원을 교부받았다고 보기는 어렵다.
【대법원 결론】 결국, 원심의 설시에 앞서 본 바와 같은 부적절한 점이 있기는 하나, 이 부분 주위적 공소사실에 대하여 무죄를 선고한 제1심을 유지하는 한편 예비적 공소사실에 대하여도 무죄로 판단한 결론은 정당하므로, 원심의 위와 같은 잘못은 판결에 영향을 미치지 아니하였다. 따라서 이 부분 상고이유 주장 역시 받아들이지 아니한다.

4. ⓒ부분에 대한 판단

(1) 조세범처벌법과 사기 기타 부정한 행위

【대법원 요지】 조세범처벌법 제9조 제1항의 '사기 기타 부정한 행위'란 /
【대법원 요지】 조세의 부과와 징수를 불가능하게 하거나 또는 현저하게 곤란하게 하는 위계 기타 부정한 적극적 행위를 말하고, /
【대법원 요지】 어떤 다른 행위를 수반함이 없이 단순히 세법상의 신고를 하지 아니하거나 허위의 신

고를 함에 그치는 것은 이에 해당하지 아니한다.

【대법원 판단】 기록에 의하여 살펴보면 원심이 같은 취지에서 /

【대법원 판단】 사건진행부와 대조해 본 결과 변호사사건수입명세서에 일부 수입이 누락된 채 신고되었다거나, /

【대법원 판단】 변호사 사무실의 수임사건에 관한 기본적인 정보를 기재한 문서인 사건진행부에 일부 사건에 관하여 수임료가 기재되어 있지 않았다는 등의 점만으로는 /

【대법원 판단】 조세범처벌법 제9조 제1항 소정의 사기 기타 부정한 방법으로 소득세를 포탈하였다고 할 수 없다고 판단한 것은 정당하고 상고이유의 주장과 같은 법리오해의 위법이 없다.

(2) 변호사 성공보수와 소득발생 시점

【대법원 요지】 그리고 이 사건과 같이 변호사가 소송사무를 위임받으면서 수임사건이 승소로 확정되었을 때 승소금액의 일정비율 부분을 보수로 받기로 약정한 경우에는 /

【대법원 요지】 소송사무의 처리가 수임사건의 승소로 확정됨으로써 완결된 때에 그 보수금 소득이 실현된 것으로 보아야 하고 /

【대법원 요지】 {구 소득세법 시행령(1998. 12. 31. 대통령령 제15969호로 개정되기 전의 것) 제48조 제8호 참조}, /

【대법원 요지】 제1심판결의 가집행선고에 따라 집행을 하여 그 중 약정된 비율에 따른 일부 금액은 승소 확정에 대비하여 변호사가 보관하고 나머지 금액은 의뢰인인 당사자에게 교부하였다 하더라도, /

【대법원 요지】 상소로 소송사건이 법원에 계속중에 있어 이에 대한 판결이 확정되지 아니한 이상 인적 용역의 제공이 완료되었다고 할 수 없고 위 보관한 금원은 일종의 가수금으로 봄이 상당하므로, /

【대법원 요지】 이를 현실적으로 수입된 변호사의 확정적인 사업소득으로 볼 수 없을 것인바, /

【대법원 결론】 원심이 그와 같은 취지에서 이 사건 공소사실 중 1997년도 M리 · N리 관행어업 손해배상금 사건 관련 수임료 누락부분에 관하여 무죄를 선고한 것은 정당하고 상고이유의 주장과 같은 법리오해의 위법이 없다. (이상 검사의 상고 기각)

5. ㉣부분에 대한 판단

(1) 증거위조죄와 문서위조죄의 관계

【대법원 요지】 타인의 형사사건 또는 징계사건에 관한 증거를 위조한 경우에 성립하는 형법 제155조 제1항의 증거위조죄에서 '증거'라 함은 /

【대법원 요지】 타인의 형사사건 또는 징계사건에 관하여 수사기관이나 법원 또는 징계기관이 국가의 형벌권 또는 징계권의 유무를 확인하는 데 관계있다고 인정되는 일체의 자료를 의미하고, /

【대법원 요지】 타인에게 유리한 것이건 불리한 것이건 가리지 아니하며 /

【대법원 요지】 또 증거가치의 유무 및 정도를 불문하는 것이고, /

【대법원 요지】 여기서의 '위조'란 문서에 관한 죄에 있어서의 위조 개념과는 달리 새로운 증거의 창조를 의미하는 것이므로 /

【대법원 요지】 존재하지 아니한 증거를 이전부터 존재하고 있는 것처럼 작출하는 행위도 증거위조에 해당하며, /

【대법원 요지】 증거가 문서의 형식을 갖는 경우 증거위조죄에 있어서의 증거에 해당하는지 여부가 그 작성권한의 유무나 내용의 진실성에 좌우되는 것은 아니다.

【대법원 요지】 이 사건에 있어서와 같이 타인의 형사사건과 관련하여 수사기관이나 법원에 제출하거나 현출되게 할 의도로 /

【대법원 요지】 법률행위 당시에는 존재하지 아니하였던 처분문서, /

【대법원 요지】 즉 그 외형 및 내용상 법률행위가 그 문서 자체에 의하여 이루어진 것과 같은 외관을 가지는 문서를 /

【대법원 요지】 사후에 그 작성일을 소급하여 작성하는 것은, /

【대법원 요지】 가사 그 작성자에게 해당 문서의 작성권한이 있고, /

【대법원 요지】 또 그와 같은 법률행위가 당시에 존재하였다거나 그 법률행위의 내용이 위 문서에 기재된 것과 큰 차이가 없다 하여도 /

【대법원 요지】 증거위조죄의 구성요건을 충족시키는 것이라고 보아야 하고, /

【대법원 요지】 비록 그 내용이 진실하다 하여도 국가의 형사사법기능에 대한 위험이 있다는 점은 부인할 수 없다.

(2) 사안에 대한 대법원의 판단

【대법원 분석】 원심은, /

【대법원 분석】 피고인 갑이 피고인 을 등에게 "검찰에서 나에 대해서 탈세사실에 관하여 조사하고 있으니 M리 · N리 관행어업권 손해배상사건의 당사자들에게 보관증을 작성하여 주고, 대신 마을 대표로부터 성공보수금 10%를 제외한 손해배상금 모두를 반환하겠다는 각서를 받으라"고 지시하였고, /

【대법원 분석】 위 피고인 을은 그 다음 날 공소외 G에게 "피고인 갑 변호사가 탈세혐의로 검찰에서 조사를 받고 있는데, 위 소송사건의 성공보수금이 소득신고가 되어있지 않으니 도와달라"고 제의하여 /

【대법원 분석】 이를 수락한 공소외 G에게 원심 판시와 같이 작성일을 소급하여 기재한 보관증을 작성하여 교부하게 된 사실을 인정한 다음, /

【대법원 판단】 피고인 을 등의 보관증 작성행위는 존재하지 아니한 증거를 이전부터 존재하고 있는 것처럼 작출하는 행위로서, /

【대법원 판단】 문서의 작성명의, 내용의 진부의 여부에 불구하고 증거위조죄에 해당하고, /

【대법원 판단】 피고인 갑이 자신의 형사사건에 관하여 피고인 을 등에게 증거위조를 교사한 이상 피고인 갑의 증거위조교사죄의 성립에 방해가 되지 않는다고 보아 /

【대법원 결론】 이 부분 공소사실에 대하여 유죄를 선고한 제1심의 결론을 유지하고 있는바, /

【대법원 결론】 위 법리와 기록에 비추어 살펴보면 원심의 인정과 판단은 정당하고, 상고이유 주장과 같은 위법이 없다. (피고인 갑, 을의 상고 기각)

2012도534

알선수재죄의 성립요건
필요적 몰수·추징의 범위
매립회사 로비스트 사건

2012. 6. 14. 2012도534, 공 2012하, 1258

1. 사실관계 및 사건의 경과

【사실관계 1】

① 갑은 정계·관계·재계에 인맥이 두터운 사람이다.
② P회사는 공유수면매립 등의 사업을 하고 있다.
③ P회사의 대표는 A이다.
④ B는 전직 Q은행 총재이다.
⑤ [C는 사정 관계 고위 공무원이다.]
⑥ [D는 국정원 고위 공무원이다.]

【사실관계 2】

① P회사는 Q은행의 워크아웃 대상 기업이다.
② P회사는 공유수면매립과 관련한 분쟁으로 사정 기관의 조사를 받고 있다.
③ P회사는 특별세무조사를 받고 있다.
④ A는 갑을 P회사 로비스트로 활용하기로 하였다.
⑤ A는 갑에게 다음의 요청을 하였다.
(가) P회사의 워크아웃과 관련하여 B를 통해 Q은행 관계자들에게 선처를 부탁해 달라. (㉠부분)
(나) R은행 등에 대한 대출 알선을 해 달라. (㉡부분)
(다) 공유수면매립분쟁과 관련하여 C를 통해 관계 공무원들에게 선처를 부탁해 달라. (㉢부분)
(라) 서울지방국세청의 특별세무조사와 관련하여 관계 공무원들에게 선처를 부탁해 달라. (㉣부분)
⑥ 갑은 A의 요청을 수락하였다.

【사실관계 3】

① P회사는 갑과 고용계약을 체결하였다. (㉮고용계약)
② 갑은 P회사의 통상업무에는 관여함이 없이 형식적으로 P회사의 이사로 등기하였다.
③ 갑은 P회사의 이사 등 직함을 사용하면서 관계 요로에 로비활동을 하였다.
④ 갑의 로비활동 내역은 다음과 같다.
(가) B를 통해 Q은행 임·직원을 소개받아 직접 워크아웃에 관한 선처를 부탁을 함
(나) 직접 R은행 등에 대한 대출 알선을 함
(다) C 및 D 등을 통해 공유수면매립분쟁과 관련된 공무원들에게 무마를 부탁함
(라) [서울지방국세청의 특별세무조사와 관련한 로비활동은 증명되지 않음]

⑤ P회사는 갑의 로비활동과 관련하여 갑에게 다음의 금품을 지급하였다. (㉯금품)

(가) Q은행 워크아웃 알선 명목 : 26억 1,060만원

(나) 공유수면매립분쟁 조정, 세무조사 무마, 금융기관 대출 알선 명목 : 상품권 2억원

(다) 급여 : 4억원

【사건의 경과 1】

① 검사는 갑을 다음의 공소사실로 기소하였다.

(가) ㉠, ㉡부분 : 특경가법위반죄(알선수재)

(나) ㉢, ㉣부분 : 특가법위반죄(알선수재)

② 제1심법원은 유죄를 인정하였다.

③ 제1심법원은 ㉯금품 전체 액수에 대해 추징을 명하였다.

④ 갑은 불복 항소하였다.

⑤ 항소심법원은 항소를 기각하고, 제1심판결을 유지하였다.

【사건의 경과 2】

① 갑은 불복 상고하였다.

② 갑은 상고이유로 다음의 점을 주장하였다.

(가) ㉠~㉣범죄사실의 인정에 채증법칙 위반이 있다.

(나) '알선'을 인정한 점에 법리오해의 위법이 있다.

(다) ㉯금품 전체 액수를 추징한 것은 위법하다.

③ (기타 소송법적 논점의 고찰은 생략함)

2. ㉠, ㉡부분에 대한 판단

(1) 특경가법상 알선의 상대방

【대법원 요지】 금품수수의 명목이 단지 알선행위를 할 사람을 소개시켜 준다는 것으로 국한되는 경우에는 알선수재죄가 성립하지 아니하지만, /

【대법원 요지】 반드시 알선상대방을 구체적으로 특정하여 그에게 직접 청탁 · 알선할 것을 금품수수의 명목으로 하여야만 성립되는 것이 아니라, /

【대법원 요지】 청탁할 알선상대방을 구체적으로 특정하지 아니한 경우는 물론 /

【대법원 요지】 영향력 등을 행사할 수 있는 중간인물을 통하여 청탁 · 알선해 준다는 명목으로 /

【대법원 요지】 금품 등을 수수한 경우에도 알선수재죄는 성립할 수 있다.

【대법원 판단】 (중략)

(2) 알선행위의 형태

【대법원 요지】 한편 특정경제범죄 가중처벌 등에 관한 법률/

【대법원 요지】 (이하 '특경법'이라고만 한다) 제7조는 /

【대법원 요지】 같은 법 제2조 제1호 소정의 금융기관의 업무가 공공적 성격을 지니고 있어 국가의 경제정책과 국민경제에 중대한 영향을 미치는 관계로 /

【대법원 요지】 그 임 · 직원의 직무관련 수재(제5조)나 /
【대법원 요지】 그들에 대한 증재(제6조) 이외에도, /
【대법원 요지】 그 직무에 개입하여 금품을 수수하는 행위를 금지함으로써 그 직무의 불가매수성을 확보하고자 함에 입법 취지가 있고, /
【대법원 요지】 여기에서 말하는 '알선'이란 /
【대법원 요지】 '일정한 사항에 관하여 어떤 사람과 그 상대방 사이에 서서 중개하거나 편의를 도모하는 행위'를 의미하므로, /
【대법원 요지】 어떤 사람이 청탁한 취지를 그대로 상대방에게 전하는 경우뿐만 아니라 /
【대법원 요지】 그 사람을 대신하여 스스로 상대방에게 청탁을 하는 행위도 이에 해당하고, /
【대법원 요지】 그 알선행위가 과거의 것이나 정당한 직무행위를 대상으로 하는 경우에도 이에 포함되며, /
【대법원 요지】 위와 같은 알선의 명목으로 금품 등을 수수하였다면 /
【대법원 요지】 실제로 어떤 알선행위를 하였는지와 관계없이 위 죄는 성립한다.

(3) 알선과 수수 금품의 대가관계

【대법원 요지】 금융기관 임 · 직원의 직무에 속한 사항의 알선과 수수한 금품 사이에 대가관계가 있는지 여부는 /
【대법원 요지】 당해 알선의 내용, 알선자와 이익 제공자 사이의 친분관계 여부, 이익의 다과, 이익을 수수한 경위와 시기 등의 제반 사정을 종합하여 결정하되, /
【대법원 요지】 알선과 수수한 금품 사이에 전체적, 포괄적으로 대가관계가 있으면 족하고, /
【대법원 요지】 나아가 알선자가 수수한 금품에 그 알선행위에 대한 대가로서의 성질과 그 외의 행위에 대한 대가로서의 성질이 불가분적으로 결합되어 있는 경우에는 /
【대법원 요지】 그 전부가 불가분적으로 알선행위에 대한 대가로서의 성질을 가진다고 봄이 상당하다.

(4) 사안에 대한 대법원의 판단

【대법원 판단】 위 법리 및 원심이 적법하게 채택한 증거들을 기록에 비추어 살펴보면, /
【대법원 판단】 원심이 그 판시와 같은 사정을 들어 /
【대법원 판단】 검사가 이 부분 각 공소사실에 관하여 그 일시, 장소, 방법, 목적 등을 적시하여 다른 공소사실과 구별될 수 있을 만큼 공소사실을 특정하였고, /
【대법원 판단】 피고인이 단순히 한국산업은행 임 · 직원에게 알선을 하여 줄 제3자인 공소외 B의 소개만을 한 것이 아니라, /
【대법원 판단】 전직 한국산업은행 부총재로서 한국산업은행 임 · 직원에게 영향력을 행사할 수 있는 중간인물인 공소외 B를 통해 한국산업은행 임 · 직원에게 직접 알선행위를 하였으며, /
【대법원 판단】 피고인의 산업은행에 대한 알선행위와 피고인이 수수한 26억 1,060만 원 사이에 전체적, 포괄적으로 대가관계가 있고, /
【대법원 판단】 위 26억 1,060만 원에 한국산업은행에 대한 알선행위의 대가로서의 성질 이외에 다른 도움에 대한 대가로서의 성질이 일부 포함되어 있다고 하더라도 /

【대법원 판단】 그 성질이 불가분적으로 결합되어 있는 이상 그 전부가 알선행위에 대한 대가로서의 성질을 가진다고 봄이 상당하며, /
【대법원 판단】 피고인도 이러한 점을 인식하면서 금품을 수수한 것으로 보여 알선수재의 범의를 넉넉히 인정할 수 있다고 판단한 /
【대법원 결론】 제1심판결을 유지한 것은 정당한 것으로 수긍이 가고, /
【대법원 결론】 거기에 상고이유에서 주장하는 바와 같이 공소사실의 특정에 관한 법리나 알선행위에 관한 법리를 오해하거나, /
【대법원 결론】 논리와 경험칙에 위배하여 자유심증주의의 한계를 벗어난 위법이 없다.
【대법원 결론】 앞서 본 법리에 관한 판례 이외에 피고인이 상고이유에서 내세우고 있는 대법원판결은 이 사건과 사안을 달리하는 것으로서 이 사건에 원용하기에 적절하지 아니하다.

3. ⓒ, ⓓ부분에 대한 판단

(1) 특가법상 알선의 상대방

【대법원 요지】 특정범죄 가중처벌 등에 관한 법률(이하 '특가법'이라고만 한다) /
【대법원 요지】 제3조 소정의 알선수재죄는 /
【대법원 요지】 반드시 담당 공무원을 구체적으로 특정하여 그에게 직접 청탁 · 알선할 것을 금품수수의 명목으로 하여야만 성립되는 것이 아니라, /
【대법원 요지】 청탁할 공무원을 구체적으로 특정하지 아니한 경우는 물론 /
【대법원 요지】 영향력 등을 행사할 수 있는 중간인물을 통하여 청탁 · 알선해 준다는 명목으로 금품 등을 수수한 경우에도 성립할 수 있으며, /
【대법원 요지】 중간인물은 반드시 공무원일 필요는 없고 /
【대법원 요지】 공무원이라 하더라도 청탁 · 알선의 대상이 반드시 그의 직무에 속하여야 하는 것은 아니다.
【대법원 판단】 위 법리와 기록에 비추어 살펴보면, /
【대법원 판단】 원심이 그 판시와 같은 사정을 들어 /
【대법원 판단】 공소외 A가 직접 피고인에게 감사원 등 관련 공무원들에 대한 알선을 명시적으로 부탁하지 않았다고 하더라도 /
【대법원 판단】 공소외 C를 통해서 피고인에게 공유수면매립분쟁과 관련된 공무원들에게 알선해 달라고 부탁하였고, /
【대법원 판단】 피고인은 2008. 7.경 공소외 A의 알선의뢰를 승낙하였을 뿐 아니라 /
【대법원 판단】 공소외 A의 부탁에 따라 중간인물인 공소외 D 및 공소외 D의 영향력이 미치는 다른 국정원 직원을 통해 알선행위에 나아가기까지 하였으며, /
【대법원 판단】 서울지방국세청 조사4국 조사4과의 특별세무조사에 관한 공소외 A의 알선의뢰와 피고인의 승낙이 있었다고 판단한 /
【대법원 결론】 제1심판결을 유지한 것은 정당한 것으로 수긍이 가고, /
【대법원 결론】 거기에 상고이유에서 주장하는 바와 같이 알선수재죄 성립에 관한 법리를 오해하

거나 /
【대법원 결론】 논리와 경험칙에 위배하여 자유심증주의의 한계를 벗어난 위법이 없다.

(2) 알선수재죄의 고의

【대법원 요지】 알선수재죄가 성립하기 위하여는 /
【대법원 요지】 알선할 사항이 공무원 내지 금융기관 임 · 직원의 직무에 속하는 사항이고, /
【대법원 요지】 금품 등 수수의 명목이 그 사항의 알선에 관련된 것임이 어느 정도 구체적으로 나타나야 하고, /
【대법원 요지】 단지 금품 등을 공여하는 자가 /
【대법원 요지】 금품 등을 수수하는 자에게 잘 보이면 그로부터 어떤 도움을 받을 수 있다거나 손해를 입을 염려가 없다는 정도의 막연한 기대감 속에 금품 등을 교부하고, /
【대법원 요지】 금품 등을 수수하는 자 역시 /
【대법원 요지】 공여자가 그러한 기대감을 가지고 금품 등을 교부하는 것이라고 짐작하면서 이를 수수하였다는 정도의 사정만으로는 /
【대법원 요지】 알선수재죄가 성립한다고 볼 수 없다.
【대법원 판단】 위 법리 및 기록에 비추어 살펴보면, /
【대법원 판단】 원심이 그 판시와 같은 사정들을 근거로 /
【대법원 판단】 2008. 7.경 공유수면매립분쟁과 관련하여 감사원, 거제시 등에 대한 구체적인 알선의뢰와 승낙이 있었기에, /
【대법원 판단】 공소외 B가 2008. 7.경 이후 지급한 급여 및 상품권은 /
【대법원 판단】 구체적인 공무원의 직무의 알선에 관하여 공여한 금품이고 /
【대법원 판단】 막연한 기대감 속에서 공여한 금품이라고 볼 수 없고, /
【대법원 판단】 2009. 12.경 하나은행, 우리은행 대출과 관련하여서도 구체적인 알선의뢰와 승낙이 있었기에, /
【대법원 판단】 공소외 B가 2009. 12.경 이후 지급한 급여는 /
【대법원 판단】 구체적인 금융기관 임 · 직원의 직무의 알선에 관하여 공여한 금품이고 /
【대법원 판단】 막연한 기대감 속에서 공여한 금품이라고 볼 수 없으며, /
【대법원 판단】 알선의 내용, 알선자와 이익 제공자 사이의 친분관계 여부, 이익의 다과, 이익을 수수한 경위와 시기 등의 제반 사정을 종합하면, /
【대법원 판단】 이 부분 각 알선청탁과 수수한 금품 사이에 전체적, 포괄적으로 대가관계가 있다는 이유로 /
【대법원 판단】 피고인에게 알선수재의 범의가 있다고 판단한 /
【대법원 결론】 제1심판결을 유지한 것은 정당한 것으로 수긍이 가고, /
【대법원 결론】 거기에 상고이유에서 주장하는 바와 같이 알선수재죄 성립에 관한 법리를 오해하거나 /
【대법원 결론】 논리와 경험칙에 위배하여 자유심증주의의 한계를 벗어난 위법이 없다.

(3) 알선과 자신의 사무처리

【대법원 요지】 특경법 제7조 소정 금융기관의 임 · 직원의 직무에 속한 사항이라 함은 /
【대법원 요지】 자기 자신을 제외한 모든 자의 사건 또는 사무를 가리키는 것으로 해석하는 것이 상당하지만, /
【대법원 요지】 피고인이 청탁을 명목으로 법인의 대표이사로부터 금원을 받고 로비활동을 하여 오던 중, /
【대법원 요지】 그 활동상의 편의를 위하여 그 법인의 통상업무에는 전혀 관여함이 없이 형식적으로 그 법인의 이사로 등기를 경료하고 /
【대법원 요지】 그 법인의 이사 등 직함을 사용하면서 청탁 명목으로 금원을 교부받았다면, /
【대법원 요지】 이는 피고인 자신의 사무라고는 볼 수 없다.
【대법원 요지】 특경법 제7조에서 말하는 '알선'이란 /
【대법원 요지】 '일정한 사항에 관하여 어떤 사람과 그 상대방 사이에 서서 중개하거나 편의를 도모하는 행위'를 의미하고, /
【대법원 요지】 그 알선행위가 정당한 직무행위를 대상으로 하는 경우에도 이에 포함되며, /
【대법원 요지】 위와 같은 알선의 명목으로 금품 등을 수수하였다면 /
【대법원 요지】 실제로 어떤 알선행위를 하였는지와 관계없이 위 죄는 성립한다.
【대법원 판단】 위 법리와 기록에 비추어 살펴보면, 원심이 /
【대법원 판단】 피고인이 공소외 P주식회사로부터 월급 명목의 금품을 수수하고 있었다는 사실만으로는 /
【대법원 판단】 자신이 월급 명목의 금품을 수수하는 회사도 아닌 공소외 S주식회사의 대출을 알선해 주는 업무를 피고인 자신의 업무라고 볼 수 없고, /
【대법원 판단】 그 판시와 같은 사정에 비추어 보면 피고인의 하나은행에 대한 알선행위가 있었음을 인정할 수 있을 뿐만 아니라, /
【대법원 판단】 하나은행 대출과 관련하여 실제로 어떤 알선행위를 하였는지는 알선수재죄의 구성요건이 아니기에 /
【대법원 판단】 하나은행 대출과 관련하여 실제 알선행위를 하였는지와 관계없이 특경법 제7조의 범죄가 성립한다고 판단한 /
【대법원 결론】 제1심판결을 유지한 것은 정당한 것으로 수긍이 가고, /
【대법원 결론】 거기에 상고이유에서 주장하는 바와 같이 '타인의 사무'에 관한 법리를 오해하거나, /
【대법원 결론】 논리와 경험칙에 위배하여 자유심증주의의 한계를 벗어난 위법이 없다.

4. 필요적 몰수 · 추징 부분에 대한 판단

【대법원 분석】 특가법 제3조는 /
【대법원 분석】 "공무원의 직무에 속한 사항의 알선에 관하여 금품이나 이익을 수수 · 요구 또는 약속한 사람은 5년 이하의 징역 또는 1천만 원 이하의 벌금에 처한다."고 규정하고, /

【대법원 분석】 같은 법 제13조는 /
【대법원 분석】 "제3조 또는 제12조의 죄를 범하여 범인이 취득한 해당 재산은 몰수하며, 몰수할 수 없을 때에는 그 가액을 추징한다."고 규정하고 있고, /
【대법원 분석】 한편 특경법 제7조는 /
【대법원 분석】 "금융회사 등의 임직원의 직무에 속하는 사항의 알선에 관하여 /
【대법원 분석】 금품이나 그 밖의 이익을 수수, 요구 또는 약속한 사람 또는 /
【대법원 분석】 제3자에게 이를 공여하게 하거나 공여하게 할 것을 요구 또는 약속한 사람은 /
【대법원 분석】 5년 이하의 징역 또는 5천만 원 이하의 벌금에 처한다."고 규정하고, /
【대법원 분석】 같은 법 제10조 제2항은 /
【대법원 분석】 "제5조부터 제7조까지 및 제9조 제1항 · 제3항의 경우 범인 또는 정황을 아는 제3자가 받은 금품이나 그 밖의 이익은 몰수한다."고 규정하며, /
【대법원 분석】 같은 조 제3항은 /
【대법원 분석】 "제1항 또는 제2항의 경우 몰수할 수 없을 때에는 그 가액을 추징한다."고 규정하고 있는바, /
【대법원 요지】 특가법 제13조 및 특경법 제10조 제2항, 제3항의 규정에 의한 /
【대법원 요지】 필요적 몰수 또는 추징은, /
【대법원 요지】 금품 기타 이익을 범인 또는 제3자로부터 박탈하여 그들로 하여금 부정한 이익을 보유하지 못하게 함에 그 목적이 있다.
【대법원 요지】 위와 같은 특가법 제3조, 제13조 및 /
【대법원 요지】 특경법 제7조, 제10조 제2항, 제3항의 /
【대법원 요지】 내용과 그 입법 취지를 종합하면, /
【대법원 요지】 알선의뢰인이 알선수재자에게 /
【대법원 요지】 공무원이나 금융기관 임직원의 직무에 속한 사항에 관한 알선의 대가를 /
【대법원 요지】 형식적으로 체결한 고용계약에 터잡아 급여의 형식으로 지급한 경우에, /
【대법원 요지】 알선수재자가 수수한 알선수재액은 /
【대법원 요지】 명목상의 급여액이 아니라 /
【대법원 요지】 원천징수된 근로소득세 등을 제외하고 /
【대법원 요지】 알선수재자가 실제 지급받은 금액으로 보아야 하고, /
【대법원 요지】 또한 위 금액만을 /
【대법원 요지】 특가법 제13조 소정의 '제3조의 죄를 범하여 범인이 취득한 해당 재산' 또는 /
【대법원 요지】 특경법 제10조 제2항 소정의 '제7조의 경우 범인이 받은 금품이나 그 밖의 이익'으로서 몰수 · 추징하여야 한다.
【대법원 분석】 그럼에도 원심은 /
【대법원 분석】 피고인이 공유수면매립분쟁 조정, 세무조사 무마, 금융기관 대출 알선의 대가로 /
【대법원 분석】 공소외 P주식회사와 사이에 형식적으로 체결한 고용계약에 터잡아 /
【대법원 분석】 실제 지급받은 283,899,230원뿐만 아니라 /

【대법원 분석】 원천징수된 근로소득세 등을 포함한 명목상 급여 4억 원 전액에 대하여 /
【대법원 분석】 알선수재죄가 성립한다고 판단한 다음, /
【대법원 분석】 합계 32억 1,060만 원/
【대법원 분석】 (한국산업은행 워크아웃 알선 명목 수수금품 /
【대법원 분석】 26억 1,060만 원 + /
【대법원 분석】 공유수면매립분쟁 조정, 세무조사 무마, 금융기관 대출 알선 명목 수수 /
【대법원 분석】 상품권 2억 원 및 /
【대법원 분석】 급여 4억 원)을 /
【대법원 분석】 추징하고 말았으니, /
【대법원 결론】 이러한 원심판결에는 알선수재액 및 추징액의 산정에 관한 법리를 오해하여 판결에 영향을 미친 위법이 있다고 할 것이다. (파기 환송)

2002도1283

제삼자뇌물취득죄와 행위주체 – 인정례
헌병수사관 병역비리 사건

2002. 6. 14. 2002도1283, 공 2002, 1746

1. 사실관계 및 사건의 경과

【사실관계】
① 갑은 헌병수사관이다.
② A는 병역 신체검사를 담당하는 군의관이다.
③ 신체검사장 주변에는 병역면제와 관련한 알선책 B가 있다.
④ 갑은 B를 통하여 병역면제를 원하는 C로부터 금품을 받았다.
⑤ 갑은 받은 금품 가운데 일부를 군의관 A와 알선행위자 B에게 전달하였다.
⑥ 갑은 유사한 방법으로 병역면제를 원하는 사람들로부터 수십 차례에 걸쳐 금품을 받았다.
⑦ 갑이 받은 돈은 수억 원에 달하였다.
【사건의 경과 1】
① (갑의 뇌물수수 등 여타 특가법위반죄 부분은 논외로 하고, 금품전달 부분만 검토함)
② 군검사는 형법 제133조 제2항 후단을 적용하여 갑을 제3자뇌물취득죄로 기소하였다.
③ 갑의 피고사건은 제1심을 거친 후, 항소심에 계속되었다.
④ 갑은 불복 항소하였다.
⑤ 항소심법원은 유죄를 인정하였다.
⑥ 항소심법원은 다음과 같이 판결을 선고하였다
(가) 갑을 징역 20년에 처한다.

(나) 압수된 수표를 몰수한다.

(다) 총수뢰액에서 몰수된 압수수표 액면가액만을 공제한 금액 전액을 추징한다.

【사건의 경과 2】

① 갑은 불복 상고하였다.

② 갑은 항소이유로 다음의 점을 주장하였다.

(가) 형법 제133조 제2항 후단의 제3자뇌물취득죄는 비공무원을 주체로 한다.

(나) 갑은 공무원이므로 제3자뇌물취득죄는 성립하지 않는다.

(다) 받은 돈 가운데 3억 5,000만 원은 군의관들과 알선행위자들에게 전달하였다.

(라) 받은 돈 가운데 몰수된 압수수표 액면가액을 제외한 전액을 몰수·추징하는 것은 위법하다.

【참조조문】

형법

제133조 (뇌물공여등) ① 제129조 내지 제132조에 기재한 뇌물을 약속, 공여 또는 공여의 의사를 표시한 자는 5년 이하의 징역 또는 2천만 원 이하의 벌금에 처한다.

② 전항의 행위에 공할 목적으로 제삼자에게 금품을 교부하거나 그 정을 알면서 교부를 받은 자도 전항의 형과 같다.

제134조 (몰수, 추징) 범인 또는 정을 아는 제삼자가 받은 뇌물 또는 뇌물에 공할 금품은 몰수한다. 그를 몰수하기 불능한 때에는 그 가액을 추징한다.

2. 제3자뇌물취득죄 부분에 대한 판단

【대법원 요지】 형법 제133조 제2항은 /

【대법원 요지】 증뢰자가 뇌물에 공할 목적으로 /

【대법원 판단】 금품을 제3자에게 교부하거나 또는 /

【대법원 요지】 그 정을 알면서 교부받는 /

【대법원 요지】 증뢰물전달행위를 독립한 구성요건으로 하여 /

【대법원 요지】 이를 같은 조 제1항의 뇌물공여죄와 같은 형으로 처벌하는 규정으로서, /

【대법원 요지】 제3자의 증뢰물전달죄는 /

【대법원 요지】 제3자가 증뢰자로부터 교부받은 금품을 수뢰할 사람에게 전달하였는지의 여부에 관계없이 제3자가 그 정을 알면서 금품을 교부받음으로써 성립하는 것이고, /

【대법원 요지】 본죄의 주체는 비공무원을 예정한 것이나 /

【대법원 요지】 공무원일지라도 직무와 관계되지 않는 범위 내에서는 본죄의 주체에 해당될 수 있다 할 것이므로, /

【대법원 판단】 피고인이 자신의 공무원으로서의 직무와는 무관하게 /

【대법원 판단】 군의관 등의 직무에 관하여 뇌물에 공할 목적의 금품이라는 정을 알고 이를 전달해준다는 명목으로 취득한 경우라면 /

【대법원 판단】 제3자뇌물취득죄가 성립된다고 볼 것이다.

【대법원 결론】 원심이 유지한 제1심판결이 같은 취지에서 피고인의 판시 범죄사실 제2항의 행위를

제3자뇌물취득죄로 처단한 것은 정당하고 거기에 법리오해 등의 위법이 없다.

3. 몰수 · 추징 부분에 대한 판단

(1) 필요적 몰수 · 추징의 의미

【대법원 요지】 형법 제134조의 규정에 의한 필요적 몰수 또는 추징은, /

【대법원 요지】 범인이 취득한 당해 재산을 범인으로부터 박탈하여 범인으로 하여금 부정한 이익을 보유하지 못하게 함에 그 목적이 있는 것으로서, /

【대법원 요지】 공무원의 직무에 속한 사항의 알선에 관하여 금품을 받고 /

【대법원 요지】 그 금품 중의 일부를 받은 취지에 따라 청탁과 관련하여 관계 공무원에게 뇌물로 공여하거나 /

【대법원 요지】 다른 알선행위자에게 청탁의 명목으로 교부한 경우에는 /

【대법원 요지】 그 부분의 이익은 실질적으로 범인에게 귀속된 것이 아니어서 이를 제외한 나머지 금품만을 몰수하거나 그 가액을 추징하여야 할 것이다.

(2) 사안에 대한 대법원의 판단

【대법원 분석】 기록에 의하면, /

【대법원 분석】 피고인은 군의관등 공무원과 알선행위자들에 대하여 자신이 받은 뇌물 중 합계 353,000,000원을 전달하였다고 주장하고 있고, /

【대법원 분석】 범죄일람표 별지(1)의 1, 9, 12, 19, 20, 23, 24, 26, 32, 40, 42, 44, 46, 50, 54, 60, 63, 66항의 각 범죄사실 및 /

【대법원 분석】 별지(2)의 1, 2, 3, 5, 8, 20항의 각 범죄사실에 관하여 /

【대법원 분석】 청탁대상이 된 군의관들인 [A 등]이나 다른 알선행위자들인 [B 등]도 피고인으로부터 각 청탁의 대가 또는 수고비 명목으로 금원을 수령하였음을 수사기관에서 시인하고 있음을 알 수 있으므로, /

【대법원 판단】 원심으로서는 피고인이 수령한 금품 중에 그 받은 취지에 따라 관계 공무원에게 뇌물로 공여한 부분이 있는지 등을 심리한 다음 /

【대법원 판단】 피고인에게 실질적으로 귀속된 이익이 얼마인지를 가려보아 그 부분만을 추징하였어야 할 것임에도, /

【대법원 결론】 이에 이르지 아니하고 총수뢰액에서 몰수된 압수수표 액면가액만을 공제한 금액을 전액 추징한 원심판결에는 필요적 추징에 관한 법리를 오해하여 심리를 다하지 아니한 위법이 있다 할 것이다. 이 점을 지적하는 상고이유의 주장은 이유 있다. (파기 환송)

【코멘트】 본 판례에서 피고인은 제3자뇌물취득죄라는 죄명으로 기소되고 있다. 그런데 이와 대비되는 죄명으로 제3자뇌물공여죄가 있다. 형법 제130조는 표제어를 '제3자뇌물공여'라고 붙이고 있으며, 실무상으로는 '제3자뇌물제공죄'라는 죄명이 사용되기도 한다. 여기에서 일견 제3자뇌물취득죄는 제3자뇌물공여죄의 상대방을 처벌하는 규정이 아닌가 하는 생각을 할 수 있다. 그러나 사정은 전혀 다

르다.

실무상 죄명의 표기는 대검찰청예규로 정해진 「공소장 및 불기소장에 기재할 죄명에 관한 예규」에 따라서 이루어지고 있다. '제3자뇌물공여'라는 표제어가 붙은 형법 제130조의 경우를 보면, 구체적인 행위태양에 따라 '제3자뇌물수수', '제3자뇌물요구', '제3자뇌물약속'이라는 죄명이 사용된다.

이에 대해 '뇌물공여 등'으로 표제어가 붙은 형법 제133조의 경우를 보면, 제1항의 경우에는 '뇌물공여', '뇌물약속', '뇌물공여의사표시'의 죄명이, 제2항의 경우에는 '제3자뇌물교부', '제3자뇌물취득'의 죄명이 각각 사용된다.

형법 제130조의 '제3자뇌물공여'는 공무원이 뇌물을 수수하지 않고 제3자로 하여금 수수하게 하는 행위에 대해 사용되는 죄명이다. 이에 대해 형법 제133조의'제3자뇌물취득'은 공무원에게 뇌물을 전달하기 위하여 공무원도 뇌물공여자도 아닌 제3자가 뇌물공여자로부터 금품을 교부받는 행위에 대해 사용되는 죄명이다. 이 경우 제3자는 실질적으로 뇌물을 취득하지 않는다. 단지 전달하기 위하여 교부받은 금품에 대해 점유만을 취득할 뿐이다.

공무원도 뇌물공여자도 아닌 제3자가 공무원에게 뇌물을 전달하는 과정에서 수고료 등 대가를 요구한다면 그 제3자의 행위는 변호사법위반죄에 해당한다. 또 전달행위가 공무원의 직무행위와 관련이 있다면 알선수재죄가 성립할 수도 있다. 한편 제3자가 뇌물공여자와 공모하여 뇌물공여자로부터 전달용 뇌물을 교부받는다면 그 제3자의 행위는 뇌물공여죄의 공동정범에 해당한다. 뇌물공여자와 의사연락이 있는 상황 하에서는 뇌물공여자와 같은 지위에 서게 되므로 제3자뇌물취득죄는 성립하지 않는다.

그런데 제3자가 뇌물공여자와 공모하여 뇌물공여자로부터 전달용 뇌물을 교부받은 상황에서 그 제3자가 아직 공무원에게 뇌물을 전달하지 아니한 단계라면 뇌물공여죄는 성립하지 않는다. 뇌물공여의 실행행위가 아직 이루어지지 않고 예비단계에 불과하기 때문이다. 이러한 경우에는 뇌물공여죄뿐만 아니라 제3자뇌물취득죄도 성립하지 않는다. 이러한 사정은 앞의 2009도11146 판례가 잘 보여주고 있다.

2011도4260

특가법 뇌물수수죄와 벌금액의 산정
특가법 벌금 병과 사건

2011. 6. 10. 2011도4260, 공 2011하, 1433

1. 사실관계 및 사건의 경과

【사실관계 1】

① 갑은 P군부대에서 공사 관련 업무에 종사하는 공무원이다.

② A는 P군부대에 냉난방 및 보일러 등의 설비용역을 납품하는 ㉮업체의 대표이다.

③ B는 P군부대에 전기시설 설비용역을 납품하는 ㉯업체의 이사이다.

④ C는 P군부대에 정수처리장치를 납품하는 ㉰업체의 대표이다.

⑤ 갑은 A로부터 합계 1,160만 원의 뇌물을 받았다.
⑥ 갑은 B로부터 800만 원의 뇌물을 받았다.
⑦ 갑은 C로부터 합계 400만 원을 받았다.

【사실관계 2】

① 2008. 12. 26. 뇌물죄의 단속을 강화할 목적으로 특가법이 개정되었다.
② 개정 특가법에는 제2조 제2항으로 다음과 같은 필요적 병과규정이 신설되었다.
③ "형법 제129조, 제130조 또는 제132조에 규정된 죄를 범한 자는 그 죄에 대하여 정한 형(제1항의 경우를 포함한다)에 수뢰액의 2배 이상 5배 이하의 벌금을 병과한다."
④ 위 신설규정에 따라 특가법상의 뇌물죄 이외에 형법상의 뇌물죄에도 벌금형이 필요적으로 병과된다.
⑤ 2008. 12. 26. 이후 갑은 업자 A로부터 450만 원의 뇌물을 받았다. (총 합계 1,610만 원)
⑥ 2008. 12. 26. 이후 갑은 업자 B로부터 200만 원을 받았다. (총 합계 1,000만 원)

【사건의 경과】

① 특가법상 뇌물수수죄는 수뢰액이 최소 3천만 원 이상인 경우에 성립한다.
② 군검찰관은 갑을 형법상의 뇌물수수죄로 기소하였다.
③ 갑의 피고사건은 제1심을 거친 후, 항소심에 계속되었다.
④ 항소심법원은 갑이 업자 A, B, C로부터 뇌물을 수수한 각각의 행위가 A, B, C 별로 각각 포괄일죄를 이룬다고 판단하였다.
⑤ 항소심법원은 갑에게 징역 1년 및 벌금 3,500만 원을 선고하였다.
⑥ 갑은 불복 상고하였다.

【참조조문】

형법

제129조 (수뢰, 사전수뢰) ① 공무원 또는 중재인이 그 직무에 관하여 뇌물을 수수, 요구 또는 약속한 때에는 5년 이하의 징역 또는 10년 이하의 자격정지에 처한다.

특정범죄 가중처벌 등에 관한 법률

제2조 (뇌물죄의 가중처벌) ①「형법」제129조 · 제130조 또는 제132조에 규정된 죄를 범한 사람은 그 수수(收受) · 요구 또는 약속한 뇌물의 가액(價額)(이하 이 조에서 "수뢰액"이라 한다)에 따라 다음 각 호와 같이 가중처벌한다.

1. 수뢰액이 1억원 이상인 경우에는 무기 또는 10년 이상의 징역에 처한다.
2. 수뢰액이 5천만원 이상 1억원 미만인 경우에는 7년 이상의 유기징역에 처한다.
3. 수뢰액이 3천만원 이상 5천만원 미만인 경우에는 5년 이상의 유기징역에 처한다.

②「형법」제129조 · 제130조 또는 제132조에 규정된 죄를 범한 사람은 그 죄에 대하여 정한 형(제1항의 경우를 포함한다)에 수뢰액의 2배 이상 5배 이하의 벌금을 병과(倂科)한다.

2. 뇌물수수죄와 포괄일죄

【대법원 요지】 가. 뇌물수수죄에 있어서 단일하고 계속된 범의하에 동종의 범행을 일정 기간 반복하여 행하고 그 피해법익도 동일한 경우에는 각 범행을 통틀어 포괄일죄로 볼 것이다.

【대법원 판단】 위 법리와 기록에 비추어 살펴보면, /
【대법원 판단】 원심이 피고인의 위 공소외 A, B, C로부터의 뇌물수수 범행이 각각 포괄일죄에 해당한다고 본 것은 정당하고, /
【대법원 판단】 거기에 상고이유로 주장하는 바와 같은 채증법칙 위반이나 포괄일죄에 관한 법리오해 등의 위법이 없다.

3. 특가법 개정과 포괄일죄의 범위

【대법원 분석】 나. 2008. 12. 26. 법률 제9169호로 개정되어 시행된 특정범죄 가중처벌 등에 관한 법률(이하 '특가법'이라 한다)은 제2조 제2항으로 /
【대법원 분석】 "형법 제129조, 제130조 또는 제132조에 규정된 죄를 범한 자는 그 죄에 대하여 정한 형(제1항의 경우를 포함한다)에 수뢰액의 2배 이상 5배 이하의 벌금을 병과(병과)한다."라는 규정을 두어 /
【대법원 분석】 뇌물수수죄 등에 대하여 종전에 없던 벌금형을 필요적으로 병과하도록 하고 있는바, /
【대법원 요지】 헌법 제13조 제1항의 형벌법규 불소급의 원칙과 형법 제1조 제1항의 "범죄의 성립과 처벌은 행위시의 법률에 의한다."는 규정에 비추어 보면, /
【대법원 요지】 포괄일죄인 뇌물수수 범행이 위 신설 규정의 시행 전후에 걸쳐 행하여진 경우에 있어 /
【대법원 요지】 위 특가법 제2조 제2항에 규정된 벌금형 산정의 기준이 되는 수뢰액은 /
【대법원 요지】 위 규정이 신설된 2008. 12. 26. 이후에 수수한 금액으로 한정된다고 보아야 한다.

4. 사안에 대한 대법원의 판단

【대법원 판단】 원심판결 이유에 의하면, /
【대법원 판단】 피고인이 위 신설 규정 시행일인 2008. 12. 26. 이후에 뇌물로 수수한 금액은 /
【대법원 판단】 공소외 A의 경우 총 450만 원, /
【대법원 판단】 공소외 B의 경우 총 200만 원에 불과한 사실을 알 수 있으므로, /
【대법원 판단】 위 신설 규정에 따라 피고인에게 병과할 수 있는 벌금형의 상한은 /
【대법원 판단】 공소외 A로부터의 뇌물수수죄에 대한 벌금형 상한인 2,250만 원(=450만 원×5)과 /
【대법원 판단】 공소외 B로부터의 뇌물수수죄에 대한 벌금형 상한인 1,000만 원(=200만 원×5)에 대하여 /
【대법원 판단】 경합범 가중을 한 범위 내에서의 금액인 3,250만 원에 불과하다[형법 제38조 제1항 제2호 단서 참조; 필자 주].
【대법원 결론】 그럼에도 원심은 이와 달리 피고인에 대하여 위 상한을 초과한 벌금 3,500만 원을 병과하였는바, /
【대법원 결론】 이러한 원심판결에는 특가법 제2조 제2항에 관한 법리를 오해하여 판결에 영향을 미친 위법이 있다. 이 점을 지적하는 상고이유의 주장은 이유 있다. (파기 환송)

2011도9238

비자금 조성과 횡령죄
횡령죄와 뇌물죄의 관계
횡령죄와 배임수증재죄의 관계
하역회사 리베이트 사건

2013. 4. 25. 2011도9238, 공 2013상, 984

☞ 596면

제 8 장 공무방해에 관한 죄

2009도4166

업무방해죄와 업무 – 부정례
공무집행방해죄와 업무방해죄의 관계
경찰민원실 소란 사건

2009. 11. 19. 2009도4166 전원합의체 판결, 공 2009하, 2123

☞ 249면

2000도102 (2)

위계공무집행방해죄와 입찰 · 경매방해죄의 관계
입찰가액 알아내기 사건

2000. 3. 24. 2000도102, 공 2000, 1109

1. 사실관계 및 사건의 경과

【사실관계 1】

① P지방법원에서는 ㉠부동산에 대한 경매가 진행되고 있었다.
② ㉠부동산에 대해 M폭력조직의 갑 측이 관심을 가지고 있었다.
③ ㉠부동산에 대해 N폭력조직의 A도 관심을 가지고 있었다.
④ 을은 P지방법원 집행관실의 사무원이다.
⑤ ㉠부동산에 대해 두 번의 유찰이 있은 후, 제3차 입찰이 공고되었다.
⑥ ㉠부동산에 대한 경매법정은 1995. 8. 21.에 열리기로 기일이 결정되었다.
⑦ 을은 갑에게 ㉠부동산 입찰에 참가하라고 권하였다.
⑧ 갑은 [조직원] B와 함께 ㉠부동산을 답사하였다.
⑨ 갑은 [전주들]에게 연락하여 함께 입찰에 참가하기로 합의하였다.

【사실관계 2】

① 1995. 8. 21. 09:30경 갑은 P지방법원 경매법정에 갔다.
② 이 자리에서 갑은 A가 입찰에 참가한다는 사실을 알게 되었다.
③ 갑 등은 자신들이 낙찰받는 방법을 논의하였다.

④ 갑 등은 A의 입찰가격을 알아내어 그보다 높은 가격으로 입찰하기로 하였다.
⑤ 을은 자신이 P지방법원 집행관실의 사무원이기 때문에 평소 A 측 경매브로커인 C를 잘 알고 있었다.
⑥ 을은 C로부터 A의 입찰가액을 알아내어 갑 등에게 알려주기로 하였다.

【사실관계 3】

① 1995. 8. 21. 10:00경 경매법정에서 [갑 측의 조직원] B는 입찰참가표시를 한 다음 밖으로 나왔다.
② 을은 경매브로커로서 자신의 말을 들을 수밖에 없는 C로부터 A의 입찰가격이 금 2,428,964,800원이라는 사실을 알아내었다.
③ 을은 이를 갑과 [갑의 조직원 B 및 전주]들에게 알려주었다.
④ 갑과 전주들은 금 2,455,000,000원으로 입찰함으로써 ㉠부동산을 낙찰받았다.

【사건의 경과】

① 검사는 갑을 위계에 의한 공무집행방해죄로 기소하였다.
② 갑의 피고사건은 제1심을 거친 후, 항소심에 계속되었다.
③ 항소심법원은 갑에게 무죄를 선고하였다.
④ (항소심의 판단 이유는 판례 본문 참조)
⑤ 검사는 불복 상고하였다.

2. 공소사실의 요지

【대법원 분석】 원심판결 이유와 제1심판결 이유에 의하면, 이 부분 공소사실은, /

【대법원 분석】 위 피고인들이 공소외 3, 7, 8, 9와 공모하여, /

【대법원 분석】 피고인 을은 P지방법원 95타경6○○5호로 입찰에 회부된 ○○시 ○○동 863의 11 대 2,223.8m^2 및 그 지상 건물에 관하여 제3차 입찰기일이 공고되자 1995. 8. 21. 피고인 갑에게 입찰에 참가하게 하고, /

【대법원 분석】 피고인 갑은 공소외 B과 함께 위 부동산을 답사한 다음 공소외 ㉮, ㉯, ㉰에게 연락하여 함께 입찰에 참가하기로 합의한 후 같은 달 28일 09:30경 P지방법원 경매법정에 갔으나, /

【대법원 분석】 A가 입찰에 참가한다는 사실을 알고서 피고인 갑 등이 낙찰받는 방법을 논의하다가 A의 입찰가격을 알아내어 그보다 높은 가격으로 입찰하기로 하고, /

【대법원 분석】 피고인 을은 자신이 P지방법원 집행관실의 사무원이기 때문에 평소 잘 알고 있던 A 측 경매브로커인 C로부터 A의 입찰가액을 알아내어 피고인 갑 등에게 알려주기로 하여, /

【대법원 분석】 같은 날 10:00경 위 경매법정에서 공소외 B는 입찰참가표시를 한 다음 밖으로 나오고, /

【대법원 분석】 피고인 을은 경매브로커로서 자신의 말을 들을 수밖에 없는 C로부터 A의 입찰가격이 금 2,428,964,800원이라는 사실을 알아내어 이를 피고인 갑 및 공소외 B, ㉮, ㉯, ㉰에게 알려주고, /

【대법원 분석】 피고인 갑 및 공소외 ㉮, ㉯, ㉰는 금 2,455,000,000원으로 입찰함으로써 위 부동산을 낙찰받아 /

【대법원 분석】 위계로써 K지방법원 집행관의 입찰에 관한 직무집행을 방해하였다는 것인바, /

3. 사안에 대한 항소심의 판단

【항소심 판단】 이에 대하여 원심은, /
【항소심 판단】 구 형법은 위계 또는 위력으로써 공적 기관의 경매 또는 입찰의 공정을 해하는 경매 · 입찰방해죄를 공무의 집행을 방해하는 죄의 한 태양으로 규정하였는데 /
【항소심 판단】 신 형법은 경매 · 입찰방해죄를 제8장 공무방해에 관한 죄의 편별에서 분리하여 제34장 신용, 업무와 경매에 관한 죄에 편입하면서 /
【항소심 판단】 그 보호대상을 국가나 공공단체의 경매 · 입찰로 한정하지 아니하고 사인의 경매 · 입찰도 포함하는 모든 경매 · 입찰로 확대하였으니, /
【항소심 판단】 이러한 입법연혁과 입법취지 등에 비추어 보면, /
【항소심 판단】 국가나 공공단체의 경매 · 입찰이라고 하더라도 위계로써 그 공정을 해하는 행위는 위계에 의한 공무집행방해죄가 아니라 /
【항소심 판단】 그 특별죄로서의 성질을 겸비하는 경매 · 입찰방해죄에만 해당하고 /
【항소심 판단】 위계에 의한 공무집행방해죄로 의율할 수는 없다는 이유로 무죄라고 판단하였다.

4. 사안에 대한 대법원의 판단

【대법원 분석】 피고인들의 범죄행위가 법원경매업무를 담당하는 집행관의 구체적인 직무집행을 저지하거나 현실적으로 곤란하게 하는 데까지는 이르지 않고 입찰의 공정을 해하는 정도의 것임이 공소사실 자체에 의하여 명백한바, /
【대법원 판단】 이러한 행위라면 형법 제315조의 경매 · 입찰방해죄에만 해당될 뿐, /
【대법원 판단】 형법 제137조의 위계에 의한 공무집행방해죄에는 해당되지 않는다고 할 것이므로, /
【대법원 결론】 같은 취지에서 위 공소사실에 대하여 무죄로 처단한 원심의 판단에 경매 · 입찰방해죄 또는 위계에 의한 공무집행방해죄에 관한 법리오해 또는 판단유탈의 위법이 없다. 논지도 이유가 없다. (상고 기각)

【코멘트】 본 판례에서 검사는 갑을 위계에 의한 공무집행방해죄로 기소하고 있다. 이에 대해 항소심 법원은 의용형법(일본형법)과 우리 형법을 비교하면서 국가 또는 공공단체가 실시하는 경매 · 입찰의 방해는 경매 · 입찰방해죄로만 규율할 수 있다는 이유로 무죄를 선고하고 있다. 이에 대해 대법원은 사안의 경우 위계에 의한 공무집행방해죄가 성립하지 않는다는 항소심의 결론을 지지하고 있다.

그런데 여기에서 주목할 것은 대법원이 "국가 또는 공공단체가 실시하는 경매 · 입찰의 방해는 경매 · 입찰방해죄로만 규율할 수 있다"는 항소심의 판단을 그대로 인정하고 있지는 않다는 사실이다. 대법원은 사안에서 피고인들의 행위가 법원 경매업무를 담당하는 집행관의 구체적인 직무집행을 저지하거나 현실적으로 곤란하게 하는 데까지는 이르지 않고 입찰의 공정을 해하는 정도에 그치고 있다는 점에 주목한다.

대법원의 판시사항에 근거해서 추론해 본다면, 만일 사안에서 P지방법원 집행관의 직무집행인 입찰실시 자체가 현실적으로 곤란하게 되는 상황에 이르렀다면 위계에 의한 공무집행방해죄의 성립을 긍정할 수 있을 것이다. 이 점에서 위계에 의한 공무집행방해죄의 성립을 원칙적으로 부정한 항소심의 판단과 대법원의 판단 사이에 다소 차이가 있음을 알 수 있다.

2006도148

공무집행방해죄와 적법성 – 부정례
상해죄와 정당방위 – 인정례
검사실 몸싸움 사건

2006. 9. 8. 2006도148, 공 2006, 1699

1. 사실관계 및 사건의 경과

【사실관계 1】

① 갑은 변호사이다.
② 을은 변호사 갑의 사무장이다.
③ 갑은 의뢰인 K의 [형사]사건에 대해 변호인으로서 업무를 수행하고 있었다. (㉮사건)
④ 변호사 갑은 ㉮사건의 증인 B에 대한 증인신문을 준비하였다.
⑤ 사무장 을은 증인 B에 대한 증인신문사항을 작성하였다.
⑥ 이 과정에서 갑은 을에게 신문사항의 작성을 지시하였다. (㉠신문사항)
⑦ 갑은 또한 증거되는 문서를 준비하였다. (㉡문서)
⑧ 의뢰인 K의 ㉮사건은 증인 B에 대한 ㉠신문사항과 ㉡문서가 유리한 증거로 채택되어 A의 [무죄]로 종결되었다.

【사실관계 2】

① 검사는 B의 ㉠증언이 허위진술이고, ㉡문서가 위조된 것이라고 판단하였다.
② 검사는 변호사 갑을 위증교사죄 및 위조증거사용죄로 기소하였다. (㉯사건)
③ ㉯사건의 공판관여 검사는 A이다.
④ 2002. 11. 25. P지방법원 Q지원은 ㉯사건에서 갑에게 무죄를 선고하였다.
⑤ ㉯사건의 공판검사 A는 불복 항소하였다.

【사실관계 3】

① 검사 A는 무죄가 선고된 ㉯사건의 공소사실에 대한 보완수사를 한다며 갑의 사무장 을에게 2003. 1. 3. P지방검찰청 Q지청 408호 검사실로 출석하라고 요구하였다.
② 2003. 1. 3. 검사 A는 ㉮사건에서 다음과 같이 진술한 C를 을과의 대질신문을 위해 소환하였다.
③ "을이 B에 대한 ㉠증인신문사항을 작성할 당시 B가 허위 증언할 것이라는 것을 알고 있었을 것이라고 생각한다."
④ 그런데 ㉮사건의 판결에서 담당 재판부는 C의 진술의 신빙성을 배척한 바가 있다.

⑤ 을은 검사 A가 C를 소환한 상태에서 검찰청에 자진 출석하였다.
⑥ 검사 A는 을에 대해 참고인 조사를 하지 아니한 채 곧바로 위증 및 위증교사 혐의로 피의자신문조서를 받기 시작하였다.

【사실관계 4】

① 을은 이에 인적사항만을 진술한 후 검사 A의 승낙하에 갑에게 전화를 하여 다음과 같이 말하였다.
② "검사(A)가 나(을)에 대하여 위증 및 위증교사 혐의로 피의자신문조서를 받고 있으니 여기서 데리고 나가 주십시오."
③ 을에 대해 더 이상의 조사가 이루어지지 아니하는 사이에 갑이 검사 A가 근무하는 408호 검사실로 찾아왔다.
④ 갑은 검사 A에게 다음과 같이 말하였다.
⑤ "참고인 조사만을 한다고 하여 임의수사에 응한 것인데 사무장 을을 피의자로 조사하는 데 대해서는 협조를 하지 않겠다."
⑥ 갑은 을에게 "여기서 나가라."고 지시하였다.
⑦ 을이 일어서서 검사실을 나가려 하자 검사 A는 을에게 "지금부터 긴급체포하겠다"고 말하면서 을의 퇴거를 제지하려 하였다.
⑧ 갑은 을에게 계속 나가라고 지시하면서, 을을 붙잡으려는 검사 A를 몸으로 밀어 이를 제지하였다.
⑨ 갑은 을에 대한 체포를 제지하는 과정에서 검사 A에게 상처를 입혔다.

【사건의 경과】

① 검사는 갑을 다음의 공소사실로 기소하였다. (㉰사건)
  (가) 폭처법위반죄(공동상해)
  (나) 공무집행방해죄
② [을은 위증죄 및 위증교사죄로 기소되었다.]
③ [을은 증거불충분으로 제1심에서 무죄로 판단되었고, 이후 검사의 항소 및 상고는 기각되었다.]
④ 갑의 피고사건은 제1심을 거친 후, 항소심에 계속되었다.
⑤ 항소심법원은 다음과 같이 판단하였다.
  (가) 단순상해죄 : 유죄
  (나) 공무집행방해죄 : 유죄
⑥ 갑은 불복 상고하였다.

2. 공무집행방해죄 부분에 대한 판단

(1) 긴급체포의 요건

【대법원 요지】 긴급체포는 영장주의원칙에 대한 예외인 만큼 형사소송법 제200조의3 제1항의 요건을 모두 갖춘 경우에 한하여 예외적으로 허용되어야 하고, /

【대법원 요지】 요건을 갖추지 못한 긴급체포는 법적 근거에 의하지 아니한 영장 없는 체포로서 위법한 체포에 해당하는 것이고, /

【대법원 요지】 여기서 긴급체포의 요건을 갖추었는지 여부는 사후에 밝혀진 사정을 기초로 판단하

는 것이 아니라 체포 당시의 상황을 기초로 판단하여야 하고, /

【대법원 요지】 이에 관한 검사나 사법경찰관 등 수사주체의 판단에는 상당한 재량의 여지가 있다고 할 것이나, /

【대법원 요지】 긴급체포 당시의 상황으로 보아서도 그 요건의 충족 여부에 관한 검사나 사법경찰관의 판단이 경험칙에 비추어 현저히 합리성을 잃은 경우에는 그 체포는 위법한 체포라 할 것이다.

(2) 공무집행의 적법성 요건

【대법원 요지】 형법 제136조가 규정하는 공무집행방해죄는 공무원의 직무집행이 적법한 경우에 한하여 성립하는 것이고, /

【대법원 요지】 여기서 적법한 공무집행이라 함은 그 행위가 공무원의 추상적 권한에 속할 뿐 아니라 구체적 직무집행에 관한 법률상 요건과 방식을 갖춘 경우를 가리키는 것이므로, /

【대법원 요지】 검사나 사법경찰관이 긴급체포의 요건을 갖추지 못하였음에도 실력으로 수사기관에 자진출석한 자를 체포하려고 하였다면 적법한 공무집행이라고 할 수 없고, /

【대법원 요지】 자진출석한 자가 검사나 사법경찰관에 대하여 이를 거부하는 방법으로써 폭행을 하였다고 하여 공무집행방해죄가 성립하는 것은 아니다.

(3) 사안에 대한 대법원의 분석

【대법원 분석】 기록에 의하면, 2002. 11. 25. 인천지방법원 부천지원((사건번호 생략) 사건)에서 위증교사, 위조증거사용죄로 기소된 피고인 갑에 대하여 무죄가 선고되었고, /

【대법원 분석】 당시 공판검사이던 공소외 A는 이에 불복하여 항소한 후 /

【대법원 분석】 위 무죄가 선고된 공소사실에 대한 보완수사를 한다며 피고인 갑의 변호사사무실 사무장이던 피고인 을에게 2003. 1. 3. 인천지방검찰청 부천지청 408호 검사실로 출석하라고 요구한 사실, /

【대법원 분석】 공소외 A 검사는 2003. 1. 3. 피고인 을의 위증교사 사건과 관련하여 /

【대법원 분석】 "피고인 을이 공소외 B에 대한 증인신문사항을 작성할 당시 공소외 B가 허위 증언할 것이라는 것을 알고 있었을 것이라고 생각한다"는 취지로 진술한 공소외 C/

【대법원 분석】 (이미 위 P지방법원 Q지원 (사건번호 생략) 사건의 판결에서 그 진술의 신빙성이 배척되었다)와 /

【대법원 분석】 피고인 을을 대질조사하기 위하여 공소외 C를 소환한 상태에서 /

【대법원 분석】 자진출석한 피고인 을에 대하여 참고인 조사를 하지 아니한 채 곧바로 위증 및 위증교사 혐의로 피의자신문조서를 받기 시작하였고, /

【대법원 분석】 이에 피고인 을은 인적사항만을 진술한 후 공소외 A 검사의 승낙하에 피고인 갑에게 전화를 하여 "검사가 자신에 대하여 위증 및 위증교사 혐의로 피의자신문조서를 받고 있으니 여기서 데리고 나가 달라"고 하였으며, /

【대법원 분석】 더 이상의 조사가 이루어지지 아니하는 사이 피고인 갑이 위 408호 검사실로 찾아와서 /

【대법원 분석】 공소외 A 검사에게 "참고인 조사만을 한다고 하여 임의수사에 응한 것인데 피고인 을

을 피의자로 조사하는 데 대해서는 협조를 하지 않겠다"는 취지로 말하며 /

【대법원 분석】 피고인 을에게 여기서 나가라고 지시한 사실, /

【대법원 분석】 피고인 을이 일어서서 검사실을 나가려 하자 공소외 A 검사는 피고인 을에게 "지금부터 긴급체포하겠다"고 말하면서 피고인 을의 퇴거를 제지하려 하였고, /

【대법원 분석】 피고인 갑은 피고인 을에게 계속 나가라고 지시하면서 피고인 을을 붙잡으려는 공소외 A 검사를 몸으로 밀어 이를 제지한 사실을 알 수 있다.

(4) 사안에 대한 대법원의 판단

【대법원 판단】 사정이 그와 같다면, 피고인 을은 참고인 조사를 받는 줄 알고 검찰청에 자진출석하였는데 예상과는 달리 갑자기 피의자로 조사한다고 하므로 /

【대법원 판단】 임의수사에 의한 협조를 거부하면서 그에 대한 위증 및 위증교사 혐의에 대하여 조사를 시작하기도 전에 귀가를 요구한 것이므로, /

【대법원 판단】 공소외 A 검사가 피고인 을을 긴급체포하려고 할 당시 피고인 을이 위증 및 위증교사의 범행을 범하였다고 의심할 만한 상당한 이유가 있었다고 볼 수 없고 /

【대법원 판단】 (위 공소외 C의 진술은 이미 위 P지방법원 Q지원 (사건번호 생략) 사건의 판결에서 그 신빙성이 배척되었으므로 /

【대법원 판단】 위 공소외 C의 진술만으로 피고인 을이 위증 및 위증교사의 범행을 범하였다고 의심할 만한 상당한 이유가 있다고 볼 수 없다), /

【대법원 판단】 기록에 나타난 피고인 을의 소환 경위, 피고인 을의 직업 및 혐의사실의 정도, 피고인 갑의 위증교사죄에 대한 무죄선고, 피고인 갑의 위증교사 사건과 관련한 피고인 을의 종전 진술 등에 비추어 보면 /

【대법원 판단】 피고인 을이 임의수사에 대한 협조를 거부하고 자신의 혐의사실에 대한 조사가 이루어지기 전에 퇴거를 요구하면서 검사의 제지에도 불구하고, 퇴거하였다고 하여 도망할 우려가 있다거나 증거를 인멸할 우려가 있다고 보기도 어려우므로, /

【대법원 판단】 위와 같이 긴급체포를 하려고 한 것은 그 당시 상황에 비추어 보아 형사소송법 제200조의3 제1항의 요건을 갖추지 못한 것으로 쉽게 보여져 이를 실행한 검사 등의 판단이 현저히 합리성을 잃었다고 할 것이다. /

【대법원 판단】 따라서 검사가 위와 같이 검찰청에 자진출석한 피고인 을을 체포하려고 한 행위를 적법한 공무집행이라고 할 수 없다.

【대법원 결론】 그럼에도 불구하고, 원심은 공소외 A 검사가 피고인 을을 긴급체포한 행위에 대하여 /

【대법원 결론】 객관적으로 합리적 근거를 갖추지 못하였음에도 긴급체포를 하였다고 인정할 수 있는 사정이 있었다고 보기 어려우므로 /

【대법원 결론】 검사가 피고인 을을 긴급체포하려고 한 행위가 적법한 공무집행에 해당한다는 이유로 /

【대법원 결론】 피고인 갑의 주장을 배척하고 이 부분 범죄사실을 유죄로 인정하였으니, /

【대법원 결론】 원심판결에는 긴급체포의 요건에 관한 법리를 오해하였거나, 그 점을 간과하여 공무

집행의 적법성에 관한 판단을 그르친 위법이 있다고 하지 않을 수 없다. 이는 판결 결과에 영향을 미쳤음이 명백하다.

3. 상해죄 부분에 대한 판단

【대법원 판단】 (1) 원심의 채용 증거들을 기록에 비추어 살펴보면, 공소외 A 검사가 피고인 갑의 위에 본 바와 같은 행위로 인하여 상해를 입은 사실을 인정한 원심의 사실인정 및 판단은 정당하고, 거기에 상고이유의 주장과 같은 채증법칙을 위반하여 사실을 잘못 인정한 위법 등이 있다고 볼 수 없다.

【대법원 판단】 (2) 그러나 공소외 A 검사의 행위는 앞서 본 바와 같이 이미 적법한 공무집행을 벗어나 피고인 을을 불법하게 체포하려고 한 것으로 볼 수밖에 없으므로, /

【대법원 판단】 피고인 갑이 피고인 을에 대한 체포를 제지하는 과정에서 위 검사에게 상해를 가한 것은 /

【대법원 판단】 이러한 불법 체포로 인한 신체에 대한 현재의 부당한 침해에서 벗어나기 위한 행위로서 /

【대법원 판단】 정당방위에 해당하여 위법성이 조각된다고 봄이 상당하다.

【대법원 결론】 그럼에도 불구하고, 원심은 공소외 A 검사가 피고인 을을 긴급체포한 행위가 적법한 공무집행에 해당한다는 이유로 피고인 갑의 정당방위 주장을 배척하고 이 부분 범죄사실을 유죄로 인정하였으니, /

【대법원 결론】 원심판결에는 정당방위의 요건에 관한 법리를 오해하는 등의 위법이 있다. 이는 판결 결과에 영향을 미쳤음이 명백하다. (파기 환송)

2011도3682

공무집행방해죄와 적법성 – 부정례
상해죄와 정당방위 – 인정례
불심검문 욕설 사건

2011. 5. 26. 2011도3682, 공 2011하, 1367

1. 사실관계 및 사건의 경과

【사실관계】

① 2009. 9. 6. 01:45경 갑은 서울 P구 Q동 ㉠빌라 주차장에서 술에 취한 상태에서 전화를 걸고 있었다.

② 인근 지역을 순찰하던 경찰관 A와 B는 갑에 대해 불심검문을 실시하였다.

③ 갑은 경찰관 B에게 자신의 운전면허증을 교부하였다.

④ 경찰관 B는 갑의 신분조회를 위하여 순찰차로 걸어갔다.
⑤ 그 사이에 갑은 불심검문에 항의하면서 경찰관 A에게 큰 소리로 욕설을 하였다.
⑥ 인근 주민은 갑의 욕설을 직접 들었다.
⑦ 경찰관 A는 갑에게 모욕죄의 현행범으로 체포하겠다고 고지한 후 갑의 오른쪽 어깨를 붙잡았다.
⑧ 갑은 이에 강하게 반항하면서 경찰관 A에게 상해를 가하였다.

【사건의 경과】

① 검사는 갑을 다음의 공소사실로 기소하였다.
　(가) 상해죄
　(나) 공무집행방해죄
② 제1심법원은 무죄를 선고하였다.
③ 검사는 불복 항소하였다.
④ 항소심법원은 항소를 기각하고, 제1심판결을 유지하였다.
⑤ 검사는 불복 상고하였다.

2. 현행범체포의 요건

【대법원 분석】 현행범인은 누구든지 영장 없이 체포할 수 있다(형사소송법 제212조). /

【대법원 요지】 현행범인으로 체포하기 위하여는 행위의 가벌성, 범죄의 현행성·시간적 접착성, 범인·범죄의 명백성 이외에 체포의 필요성 즉, 도망 또는 증거인멸의 염려가 있어야 하고, /

【대법원 요지】 이러한 요건을 갖추지 못한 현행범인 체포는 법적 근거에 의하지 아니한 영장 없는 체포로서 위법한 체포에 해당한다. /

【대법원 요지】 여기서 현행범인 체포의 요건을 갖추었는지 여부는 체포 당시의 상황을 기초로 판단하여야 하고, /

【대법원 요지】 이에 관한 검사나 사법경찰관 등 수사주체의 판단에는 상당한 재량의 여지가 있다고 할 것이나, /

【대법원 요지】 체포 당시의 상황으로 보아서도 그 요건의 충족 여부에 관한 검사나 사법경찰관 등의 판단이 경험칙에 비추어 현저히 합리성을 잃은 경우에는 그 체포는 위법하다고 보아야 한다.

3. 공무집행의 적법성 요건

【대법원 요지】 한편 형법 제136조가 규정하는 공무집행방해죄는 공무원의 직무집행이 적법한 경우에 한하여 성립하고, /

【대법원 요지】 여기서 적법한 공무집행은 그 행위가 공무원의 추상적 권한에 속할 뿐 아니라 구체적 직무집행에 관한 법률상 요건과 방식을 갖춘 경우를 가리킨다. /

【대법원 요지】 경찰관이 현행범인 체포의 요건을 갖추지 못하였음에도 실력으로 현행범인을 체포하려고 하였다면 적법한 공무집행이라고 할 수 없고, /

【대법원 요지】 현행범인 체포행위가 적법한 공무집행을 벗어나 불법하게 체포한 것으로 볼 수밖에 없다면, /

【대법원 요지】 현행범이 그 체포를 면하려고 반항하는 과정에서 경찰관에게 상해를 가한 것은 불법체포로 인한 신체에 대한 현재의 부당한 침해에서 벗어나기 위한 행위로서 정당방위에 해당하여 위법성이 조각된다.

4. 사안에 대한 대법원의 판단

【대법원 분석】 원심판결 이유 및 기록에 의하면, /
【대법원 분석】 피고인은 2009. 9. 6. 01:45경 서울 P구 ○○동 ㉠빌라 주차장에서 술에 취한 상태에서 전화를 걸다가 인근 지역을 순찰하던 경찰관인 공소외 A, B로부터 불심검문을 받게 되자 공소외 B에게 자신의 운전면허증을 교부한 사실, /
【대법원 분석】 공소외 B가 피고인의 신분조회를 위하여 순찰차로 걸어간 사이에, 피고인은 위 불심검문에 항의하면서 공소외 A에게 큰 소리로 욕설을 한 사실, /
【대법원 분석】 이에 공소외 A는 피고인에게 모욕죄의 현행범으로 체포하겠다고 고지한 후 피고인의 오른쪽 어깨를 붙잡았고, 피고인은 이에 강하게 반항하면서 공소사실 기재와 같이 공소외 A에게 상해를 가한 사실 등을 알 수 있다.
【대법원 판단】 위 사실관계에 의하면, 공소외 A가 피고인을 현행범인으로 체포할 당시 피고인이 이 사건 모욕 범행을 실행 중이거나 실행행위를 종료한 직후에 있었다고 하더라도, /
【대법원 판단】 피고인은 공소외 A, B의 불심검문에 응하여 이미 운전면허증을 교부한 상태이고, 공소외 A뿐 아니라 인근 주민도 피고인의 욕설을 직접 들었으므로, /
【대법원 판단】 피고인이 도망하거나 증거를 인멸할 염려가 있다고 보기는 어려울 것이다. /
【대법원 판단】 또한 피고인의 이 사건 모욕 범행은 불심검문에 항의하는 과정에서 저지른 일시적, 우발적인 행위로서 사안 자체가 경미할 뿐 아니라, /
【대법원 판단】 고소를 통하여 검사 등 수사 주체의 객관적 판단을 받지도 아니한 채 피해자인 경찰관이 범행현장에서 즉시 범인을 체포할 급박한 사정이 있다고 보기도 어렵다.
【대법원 판단】 따라서 공소외 A가 피고인을 체포한 행위는 현행범인 체포의 요건을 갖추지 못하여 적법한 공무집행이라고 볼 수 없으므로 공무집행방해죄의 구성요건을 충족하지 아니하고, /
【대법원 판단】 피고인이 그 체포를 면하려고 반항하는 과정에서 공소외 A에게 상해를 가한 것은 불법체포로 인한 신체에 대한 현재의 부당한 침해에서 벗어나기 위한 행위로서 정당방위에 해당하여 위법성이 조각된다.
【대법원 결론】 원심이 이와 같은 취지에서 피고인에 대한 이 사건 공소사실 중 상해 및 공무집행방해의 점에 대하여 무죄를 선고한 제1심판결을 유지한 것은 정당하다. (상고 기각)

2007도6088

공무집행방해죄와 적법성 – 인정례
공청회 방해 사건

2007. 10. 12. 2007도6088, [공보불게재]

1. 사실관계 및 사건의 경과

【사실관계 1】

① 2002년경부터 교육인적자원부는 ○○대학 학제개편 방안에 대한 검토를 진행해 왔다.

② 2004. 12.경 P협회는 "○사 양성 학제 개선의 타당성 연구"를 통하여 ○○대학 학제개편 방안의 문제점을 검토한 바 있다.

③ 교육인적자원부 장관은 ○○대학 학제개편 방안에 대한 의견을 수렴하기 위하여 P협회에 ㉠공청회의 개최를 통보하였다.

④ 행정절차법 제38조 제1항에 따르면 공청회를 개최하려면 14일 전에 공청회의 일시와 장소 등을 통보하여야 한다.

⑤ 교육인적자원부 장관의 ㉠공청회 개최 통보는 14일보다 짧은 기간 내에 이루어졌다.

【사실관계 2】

① P협회는 ㉠공청회에 토론자를 지정하여 의견을 발표할 기회를 제공받았다.

② 갑은 P협회의 부회장이다.

③ 을 등은 P협회의 이사이다.

④ 갑과 을 등 P협회 회원들은 ㉠공청회에 참석하였다.

⑤ 갑과 을 등은 여러 사람의 힘으로 ㉠공청회의 진행을 방해하였다.

【사건의 경과】

① 검사는 갑 등을 특수공무집행방해죄로 기소하였다.

② 갑 등의 피고사건은 제1심을 거친 후, 항소심에 계속되었다.

③ 항소심법원은 유죄를 인정하였다.

④ 갑 등은 불복 상고하였다.

⑤ 갑 등은 상고이유로 다음의 점을 주장하였다.

(가) ㉠공청회의 개최 통지에는 행정절차법이 규정한 통지기일을 준수하지 아니한 위법이 있다.

(나) ㉠공청회의 개최는 위법한 공무집행에 해당한다.

(다) 공무집행에 적법성이 결여되었으므로 공무집행방해죄는 성립하지 않는다.

(라) 갑과 을 등은 ㉠공청회를 방해하기 위하여 [한 자리에 모여] 공모한 일이 없다.

2. 공무집행의 적법성 요건

【대법원 요지】 공무집행방해죄는 공무원의 직무집행이 적법한 경우에 성립하는 것이고, /

【대법원 요지】 여기서 적법한 공무집행이라고 함은 그 행위가 공무원의 추상적 권한에 속할 뿐 아니라 구체적으로도 그 권한 내에 있어야 하며 또한 직무행위로서의 중요한 방식을 갖추어야 하고, /
【대법원 요지】 추상적인 권한에 속하는 공무원의 어떠한 공무집행이 적법한지 여부는 행위 당시의 구체적 상황에 기하여 객관적 · 합리적으로 판단하여야 한다.

3. 사안에 대한 대법원의 판단

(1) 공무집행의 적법성에 대한 판단

【대법원 분석】 원심판결 이유를 기록에 비추어 검토하여 보면, 원심이 그 채택 증거들을 종합하여 판시 사실을 인정한 다음, /
【대법원 판단】 교육인적자원부 장관이 P협회에 이 사건 각 공청회의 개최를 통보함에 있어 행정절차법 제38조 제1항에서 정한 바에 따라 14일 전에 공청회의 일시와 장소 등을 통보하여야 함에도 이를 준수하지 못한 잘못이 있으나, /
【대법원 판단】 이 사건 각 공청회는 2002년경부터 꾸준히 논의되어 왔던 ○○대학 학제개편 방안에 대한 의견을 수렴하기 위한 것으로, /
【대법원 판단】 P협회도 2004. 12.경 "○사 양성 학제 개선의 타당성 연구"를 통하여 그 문제점을 검토한 바 있어 P협회 회원들이 위 공청회의 토론주제에 대하여 이미 충분히 인식하고 있었다고 보일 뿐만 아니라, /
【대법원 판단】 P협회는 토론자를 지정하여 의견을 발표할 기회를 제공받았고 피고인들 등 P협회 회원들이 이 사건 각 공청회에 참석한 이상, /
【대법원 판단】 위 공청회 개최 통지 절차 위반은 경미한 흠에 불과하고 이 사건 각 공청회 개최를 형법상 보호대상에서 제외되는 부적법한 직무행위라고 평가할 수 있는 정도는 아니라고 판단한 조치는, /
【대법원 결론】 위 법리에 따른 것으로 정당하고 거기에 상고이유로 주장하는 바와 같은 공무집행방해죄에 관한 법리오해 등의 위법이 있다고 할 수 없다.
【대법원 결론】 상고이유서에서 들고 있는 대법원판결은 사안이 달라 이 사건에 원용하기에 적절하지 않다.

(2) 공모 여부에 대한 판단

【대법원 요지】 어느 범죄에 2인 이상이 공동가공하는 경우 공모는 법률상 어떠한 정형을 요구하는 것이 아니고 2인 이상이 공모하여 범죄에 공동가공하여 범죄를 실현하려는 의사의 결합만 있으면 되는 것으로서, /
【대법원 요지】 비록 암묵적으로라도 수인 사이에 의사가 상통하여 의사의 결합이 이루어지면 공모관계가 성립하고, /
【대법원 요지】 이러한 공모가 이루어진 이상 실행행위에 직접 관여하지 아니한 자라도 다른 공모자의 행위에 대하여 공동정범으로서 형사책임을 진다.
【대법원 판단】 원심판결 이유를 기록에 비추어 검토하여 보면, 원심이 그 채택 증거들을 종합하여 피고인들이 P협회의 부회장 및 이사로서 회원들과 공모하여 다중의 위력으로 교육인적자원부의 이 사

건 각 공청회 진행에 관한 업무를 방해하였다고 판단한 조치는 위 법리에 따른 것으로 정당하고, /
【대법원 결론】 거기에 상고이유로 주장하는 바와 같은 채증법칙 위배 등의 잘못이 있다고 할 수 없다. (상고 기각)

【비교법 조문 16】

독일 형법

제6장 국가권력에 대한 저항

제113조 (공무집행공무원에 대한 저항) ① 법률, 법규명령, 판결, 법원의 결정 또는 처분의 집행임무에 종사하는 공무원이나 연방군 군인에 대하여 그 직무수행 중에 폭행 또는 폭행을 고지한 협박에 의하여 저항하거나 사실상 공격한 자는 2년 이하의 자유형 또는 벌금형에 처한다.

② 제1항의 행위가 특히 중한 경우에는 6월 이상 5년 이하의 자유형에 처한다. 특히 중한 경우란 특별한 사정이 없는 한, 다음 각호의 1에 해당하는 경우를 말한다.

1. 행위자 또는 기타 범죄참가자가 범행에 사용하기 위하여 무기를 휴대한 경우
2. 행위자가 폭행에 의하여 피공격자에게 사망 또는 중상해(제224조)의 위험을 야기한 경우

③ 제1항 및 제2항의 행위는 직무행위가 적법하지 아니한 경우에는 동조에 의하여 처벌할 수 없다. 행위자가 직무행위를 적법한 것으로 오인한 경우에도 또한 같다.

④ 법원은 행위자가 행위 당시 직무행위가 적법하지 아니한 것으로 오인하였고 그러한 착오가 회피할 수 있었던 경우에는 동조에 의한 형을 작량하여 감경(제49조 제2항)하거나, 책임이 경한 경우에 그 형을 면제할 수 있다. 행위자가 그 착오를 회피할 수 없었고 그가 인식한 정황에 비추어 이의신청을 통하여 추정상의 위법한 직무행위로부터 보호받을 수 있을 것으로 기대할 수도 없었던 경우에는 동조에 따라 처벌할 수 없다. 이를 기대할 수 있었던 경우에는 법원은 동조에 의한 형을 작량하여 감경(제49조 제2항)하거나 면제할 수 있다.

【코멘트】 우리 형법은 공무집행방해죄를 규정하면서 공무집행의 범위에 대해 구체적으로 명시하고 있지 않다. 독일 형법의 경우를 보면, 공무집행방해죄는 물리력 행사를 수반하는 공무집행을 중심으로 규정되고 있으며, 이러한 공무집행에 저항하는 행위만을 처벌하고 있다. 그러나 우리 형법은 이와 같은 제한을 두고 있지 아니하므로 물리력의 행사를 수반하는 공무집행뿐만 아니라 그렇지 아니한 일반적인 공무집행도 공무집행방해죄의 적용대상에 포함된다. 따라서 예컨대 사무실에서 부하직원의 업무수행을 관찰, 감독하는 상사의 근무행위도 공무집행의 범위에 포함된다.

독일 형법의 공무집행방해죄 조문에서 주목되는 부분은 공무의 적법성에 대한 조항이다. 독일 형법은 공무집행의 적법성을 명문으로 요구하고 있다(독일형법 제113조 제3항 참조). 우리 형법은 공무집행의 적법성을 명시하고 있지 않으나, 본 판례에서도 확인할 수 있는 바와 같이 대법원은 적법성 요건을 지속적으로 요구해 오고 있다.

공무집행의 적법성 요건과 관련하여 착오의 문제가 제기된다. 적법한 공무집행에 대해 행위자가 그 공무집행의 적법성에 의문을 품고 이에 저항하여 폭행 · 협박을 할 때 형법적으로 어떠한 판단을 내려야 할 것인가 하는 의문이 그것이다. 만일 공무집행의 적법성을 불문의 객관적 구성요건요소라고 본다면, 객관적 구성요건요소는 고의의 인식대상이 되므로 적법성을 인식하지 못하였다는 사정은 공무집

행방해죄의 고의를 부인하는 사유가 될 것이다. 그러나 이렇게 되면 행위자의 주관적 사정에 따라 공무집행방해죄의 성립이 좌우되어 되어 공무집행의 원활성이 크게 저해될 것이다.

독일 형법은 이러한 문제점의 해결책을 명시적으로 규정하고 있다. 즉 공무집행의 적법성에 대한 오인의 정도를 고려하여 오인에 대한 회피가능성의 유무나 정도에 따라 형을 감경 또는 면제할 수 있도록 하고 있는 것이다(독일형법 제113조 제4항 참조). 우리 형법에는 독일 형법과 같은 명문의 규정이 없으므로 이 문제는 해석을 통해 해결하여야 한다. 여기에서 독일 형법의 해결책을 우리 형법에 유추적용하는 방법을 생각해 볼 수 있으나, 이는 서로 다른 입법례 사이의 유추를 허용하는 것이어서 쉽사리 접근할 수 있는 방법이 아니라고 본다. 생각건대 이 문제는 우리 형법의 체계 내에서 금지착오에 관한 형법 제16조를 유추적용하여 해결하는 것이 타당하다고 본다.

형법 제16조를 유추적용해서 공무집행의 적법성에 관한 착오문제를 해결한다고 보면 대체로 다음과 같은 방안을 제안할 수 있을 것이다. (가) 공무집행이 적법하지 않다고 오인한 행위는 그 오인에 정당한 이유가 있는 때에 한하여 공무집행방해죄로 벌하지 않는다. (나) 공무집행이 적법하지 않다고 오인한 행위는 그 오인에 정당한 이유가 없으면 공무집행방해죄로 처벌된다. (다) 다만 이 경우 공무집행의 적법성에 대한 오인에 참작할 만한 사유가 있는 때에는 법관은 작량감경규정(형법 제53조)을 적용하여 형을 감경할 수 있다.

2008도9919

공무집행방해죄와 직무집행 – 인정례
주차 단속 요구 사건

2009. 1. 15. 2008도9919, 공 2009상, 197

1. 사실관계 및 사건의 경과

【사실관계】

① 갑은 여러 차례 P시 Q구청 야간 당직실을 찾아갔다.
② 갑은 당직 근무자에게 자신의 주거지 앞 노상에 불법주차 차량이 많다고 하면서 단속을 요구하였다.
③ 당직 근무중이던 청원경찰 A는 갑과 함께 당직실에서 수십 미터 떨어진 R아파트 앞의 불법주차 현장을 확인하였다.
④ A는 갑에게 다음과 같이 말하였다.
⑤ "야간이라서 당장 단속은 힘들고 주간 근무자에게 단속을 하도록 하겠다."
⑥ 갑은 A의 말에 화가 나 손바닥으로 A의 오른쪽 뺨을 1회 때렸다.
⑦ Q구청의 야간 당직 근무자들에게는 불법주차를 단속할 권한이 없다.
⑧ 민원이 들어오면 접수를 받고 다음날 그와 관련된 부서에 민원사항을 전달하여 처리하도록 하고 있다.

【사건의 경과】

① 검사는 갑을 공무집행방해죄로 기소하였다.

② 제1심법원은 유죄를 인정하였다.
③ 갑은 불복 항소하였다.
④ 항소심법원은 제1심판결을 파기하고, 무죄를 선고하였다.
⑤ 검사는 불복 상고하였다.

2. 공무집행방해죄와 직무집행의 범위

【대법원 요지】 형법 제136조 제1항 소정의 공무집행방해죄에 있어서 '직무를 집행하는'이라 함은 공무원이 직무수행에 직접 필요한 행위를 현실적으로 행하고 있는 때만을 가리키는 것이 아니라 공무원이 직무수행을 위하여 근무중인 상태에 있는 때를 포괄한다 할 것이고, /

【대법원 요지】 직무의 성질에 따라서는 그 직무수행의 과정을 개별적으로 분리하여 부분적으로 각각의 개시와 종료를 논하는 것이 부적절하거나 여러 종류의 행위를 포괄하여 일련의 직무수행으로 파악함이 상당한 경우가 있다고 할 것이다.

3. 사안에 대한 대법원의 판단

【대법원 분석】 기록에 의하면, 피고인은 판시 일시 무렵 여러 차례 P시 Q구청 야간 당직실을 찾아가 당직 근무자에게 자신의 주거지 앞 노상의 불법주차 차량이 많다고 하면서 단속을 요구한 사실, /

【대법원 분석】 이에 당직근무중이던 청원경찰 공소외인은 피고인과 함께 당직실에서 수십 미터 떨어진 이 사건 아파트 앞 불법주차 현장을 확인한 다음, 피고인에게 야간이라서 당장 단속은 힘들고 주간 근무자에게 단속을 하도록 하겠다고 말을 하자, 피고인이 이에 화가 나 손바닥으로 공소외인의 오른쪽 뺨을 1회 때린 사실, /

【대법원 분석】 야간 당직 근무자들은 불법주차를 단속할 권한은 없지만, 민원이 들어오면 접수를 받고 다음날 그와 관련된 부서에 민원사항을 전달하여 처리하도록 하고 있는 사실을 알 수 있다.

【대법원 판단】 앞서 본 법리와 이러한 사실들에 의하면, 피고인의 불법주차 단속요구는 P시 Q구청 야간 당직근무자들의 민원업무에 속하고 역시 당직근무자이던 공소외인의 경비업무에 포함되는데, /

【대법원 판단】 공소외인이 민원사항인 이 사건 불법주차 여부를 확인하고 피고인에게 야간이라서 당장 단속은 힘들고 주간 근무자에게 말을 하여 단속을 하도록 하겠다는 말에 화가 나 피고인이 손바닥으로 공소외인을 폭행하였다면 /

【대법원 판단】 이는 공소외인의 직무집행을 방해한 것으로 볼 여지가 있다 할 것이다.

【대법원 결론】 그럼에도 불구하고, 이와 달리 원심이 피고인에 대한 이 사건 공소사실에 관하여 범죄의 증명이 없다고 하여 제1심판결을 파기하고 무죄를 선고하고 말았으니, /

【대법원 결론】 이러한 원심의 판단은 채증법칙을 위배하고, 공무원의 직무권한의 범위 및 위와 같은 공소외인의 행위가 직무범위에 포함되는지에 대한 심리를 다하지 아니하였을 뿐만 아니라 공무원의 직무집행에 관한 법리를 오해하여 판결 결과에 영향을 미친 위법을 저지른 것이다. 이 점을 지적하는 상고이유의 주장은 이유 있다. (파기 환송)

2010도7412

공무집행방해죄와 폭행 - 부정례
윤활유 뿌려놓기 사건

2010. 12. 23. 2010도7412, 공 2011상, 271

1. 사실관계 및 사건의 경과

【사실관계】

① P자동차공장에 노사분규가 발생하였다.

② 경찰의 강제해산이 임박하자 노조지도자 갑은 경찰 진입을 저지하는 방법을 강구하였다.

③ 그 방법의 일환으로 갑은 공장 부지에 윤활유를 뿌리고 그 위에 철판조각을 뿌려놓도록 하였다.

④ 시일이 경과한 후 경찰의 강제진입이 시도되었다.

⑤ 진입 과정에서 A 등 다수의 경찰관이 윤활유에 미끄러지고 철판조각에 찔려서 상해를 입었다.

【사건의 경과】

① 검사는 갑을 특수공무집행방해치상죄로 기소하였다.

② 제1심법원은 유죄를 인정하였다.

③ 갑은 불복 항소하였다.

④ 항소심법원은 항소를 기각하고, 제1심판결을 유지하였다.

⑤ 갑은 불복 상고하였다.

2. 사안에 대한 대법원의 판단

【대법원 분석】 형법 제144조 제2항의 특수공무집행방해치상죄는 단체 또는 다중의 위력을 보이거나 위험한 물건을 휴대하여 직무를 집행하는 공무원에 대하여 폭행 또는 협박하여 공무원을 상해에 이르게 함으로써 성립하는 범죄이고, /

【대법원 요지】 여기에서의 폭행은 유형력을 행사하는 것을 말한다.

【대법원 분석】 원심이 유지한 제1심판결의 인정 사실에 의하더라도, /

【대법원 분석】 위 각 피해자들은 피고인 등이 미리 바닥에 뿌려 놓은 윤활유에 미끄러져 넘어지거나 미리 뿌려 놓은 철판조각에 찔려 다쳤다는 것에 지나지 아니하는바, /

【대법원 판단】 피고인 등이 위 윤활유나 철판조각을 위 각 피해자들의 면전에서 그들의 공무집행을 방해할 의도로 뿌린 것이라는 등의 특별한 사정이 있는 경우는 별론으로 하고, /

【대법원 판단】 단순히 위 피해자 등이 위 공장에 진입할 경우에 대비하여 그들의 부재 중에 미리 뿌려 놓은 것에 불과하다면, 이를 가리켜 위 피해자들에 대한 유형력의 행사, 즉 폭행에 해당하는 것으로 볼 수 없다고 할 것이다. (파기 환송)

2010도15986

공무집행방해죄와 협박 – 인정례
위계공무집행방해죄와 위계 – 인정례
증거위조교사죄와 증거위조 – 인정례
풍어제 의혹 사건

2011. 2. 10. 2010도15986, 공 2011상, 610

1. 사실관계 및 사건의 경과

【사실관계 1】

① 특가법 제4조 및 특가법시행령 관계규정에 의하면 수산업협동조합중앙회 및 그 회원조합은 정부관리기업체에 속하며, 그 간부직원은 공무원으로 의제된다.

② 갑은 M지역의 P수산업협동조합 조합장을 7년 이상 역임해 왔다.

③ 갑은 지역사회에 상당한 영향력을 행사하고 있었고, M지역 검찰청 또는 해양경찰청 고위 간부들과의 친분관계를 과시해 오고 있었다.

【사실관계 2】

① A는 M지역 Q해양경찰서 소속 경찰공무원이다.

② A는 P수산업협동조합과 관련하여 악취방지법 위반 사건 수사에 나섰다.

③ 갑은 A에게 전화를 걸어 악취방지법 위반 사건 수사에 대하여 강하게 항의하였다.

④ 갑은 항의와 함께 해양경찰청 고위 간부들과의 친분관계를 이용하여 A에게 인사상 불이익을 가하겠다고 말하였다.

【사실관계 3】

① 2005. 3. 16.경 갑은 을과 공모하여 직무와 관련하여 B로부터 1,000만 원권 자기앞수표 1장과 현금 500만 원을 수수하였다.

② 2006년 10월경 갑은 을과 공모하여 직무와 관련하여 C로부터 100만 원을 수수하였다.

③ 2006년 10월경 갑은 을과 공모하여 직무와 관련하여 D로부터 200만 원을 수수하였다.

④ 2007년 12월경 갑은 을을 통하여 직무와 관련하여 E로부터 F화백의 ⓐ동양화 1점을 수수하였다.

【사실관계 4】

① 2009. 1. 30.경 갑에 대해 풍어제 관련 기부금 횡령 의혹을 제기하는 뉴스가 방송되었다.

② 이후 갑에 대해 각종 의혹이 제기되었다.

③ 갑은 P수산업협동조합 직원 G 등에게 1,300만 원 상당의 기부금을 풍어제 관련 식비로 사용하였다는 것을 입증할 수 있는 증거를 만들라고 지시하였다.

④ G 등은 그 무렵 다음의 공문 2장을 그 일자를 소급해서 허위로 작성하였다.

(가) 2005. 4. 21.자 '05년 풍어제 행사 지원비 집행(안)' (㉠공문)

(나) 2005. 6. 27.자 '05년 풍어제 행사 지원비 사용 내역' (㉡공문)

⑤ 2009. 2. 25.경 갑은 관할 L지방검찰청 M지청에서 풍어제 관련 기부금 횡령 사건에 관하여 검찰의 조사를 받았다.

⑥ 갑은 혐의사실을 부인하였다.

⑦ 갑은 G로 하여금 위와 같이 허위 작성된 ㉠공문과 ㉡공문을 검찰청에 제출하게 하였다.

【사실관계 5】

① 갑에 대해 을을 통하여 E로부터 F화백의 ⓐ동양화 1점을 수수하였다는 뇌물수수 의혹이 제기되었다.

② 2009년 2월경 (ⓐ동양화 뇌물수수 사건 수사 직전임) 갑은 총무계장 H에게 작성일자를 소급하여 허위 기재한 ㉢기증물관리대장을 만들게 하였다.

③ 갑은 H에게 다음과 같이 허위 진술할 것을 지시하였다.

④ "㉢기증물관리대장은 2006년 3월경 최초 작성하였으며, ㉢기증물관리대장에 기재된 바와 같이 2008. 3. 21. 동양화 1점을 기증받았다."

⑤ 2008년 3월 당시 P수산업협동조합에는 기증물관리대장 자체가 없었다.

【사실관계 6】

① 2009. 2. 25.경 갑은 관할 L지방검찰청 M지청에서 E로부터 F화백의 ⓐ동양화 1점을 뇌물로 수수한 혐의에 대하여 조사받았다.

② 이 자리에서 갑은 다음과 같이 진술하였다.

③ "2008년 3월경 을로부터 아무런 부탁 없이 동양화 1점을 기증받아 즉시 기증물관리대장에 기재하게 한 후 이를 대회의실에 걸어두었다."

④ 갑은 이와 관련하여 ㉢기증물관리대장을 증거자료로 제출하였다.

⑤ P수산업협동조합 총무계장 H는 검찰청에서 같은 취지로 허위 진술하였다.

⑥ 그 결과 갑은 ㉢동양화 수수 행위에 관하여 무혐의 불기소처분을 받았다.

【사건의 경과】

① 갑은 다음의 공소사실로 기소되었다.

(가) 뇌물수수죄

(나) 공무집행방해죄

(다) 위계에 의한 공무집행방해죄

(라) 증거위조교사죄

(마) 위조증거사용교사죄

② 갑의 피고사건은 제1심을 거친 후, 항소심에 계속되었다.

③ 항소심법원은 전부 유죄를 인정하였다.

④ 갑은 불복 상고하였다.

⑤ (이하에서는 뇌물수수죄 부분을 제외하고 검토함)

2. 공무집행방해죄 부분에 대한 판단

【대법원 요지】 공무집행방해죄에 있어서 협박이라 함은 상대방에게 공포심을 일으킬 목적으로 해악을 고지하는 행위를 의미하는 것으로서 /

【대법원 요지】 고지하는 해악의 내용이 그 경위, 행위 당시의 주위 상황, 행위자의 성향, 행위자와 상대방과의 친숙함의 정도, 지위 등의 상호관계 등 행위 당시의 여러 사정을 종합하여 객관적으로 상대방으로 하여금 공포심을 느끼게 하는 것이어야 하고, /

【대법원 요지】 그 협박이 경미하여 상대방이 전혀 개의치 않을 정도인 경우에는 협박에 해당하지 않는다.

【대법원 분석】 기록에 의하여 알 수 있는 다음과 같은 사정, /

【대법원 분석】 즉 피고인 갑은 이 사건 당시 P수산업협동조합 조합장을 7년 이상 역임해 온 자로서 지역사회에 상당한 영향력을 행사하고 있었고, 검찰청 또는 해양경찰청 고위 간부들과의 친분관계를 과시하였으므로 Q해양경찰서 소속 경찰공무원인 공소외 A로서는 충분히 위협을 느낄 수 있는 지위에 있었던 것으로 보이는 점, /

【대법원 분석】 이 사건 당시 피고인 갑의 전화통화 내용도 악취방지법 위반 사건 수사에 대하여 강하게 항의하면서 해양경찰청 고위 간부들과의 친분관계를 이용하여 공소외 A에게 인사상 불이익을 가하겠다는 것으로 공소외 A가 공포심을 느낄 수 있는 해악의 고지로 보여지는 점, /

【대법원 판단】 기타 폭언을 하게 된 동기 및 경위, 그 내용 등과 앞서 본 법리에 비추어 보면, /

【대법원 판단】 피고인 갑의 공소사실 기재 폭언은 단순히 경찰공무원의 수사에 대한 불만의 표시나 감정적인 욕설에 그친다고 볼 수는 없고, /

【대법원 판단】 악취방지법 위반 사건 수사를 계속하는 경우에는 담당 경찰관에게 어떤 인사상 불이익이 가해지리라는 것을 통보함으로써 공포심을 품게 하려는 데 그 목적이 있었다 할 것이고, /

【대법원 판단】 또 이는 객관적으로 보아 상대방으로 하여금 공포심을 느끼게 하기에 충분하다 할 것이다.

【대법원 결론】 원심이 이와 같은 취지에서, 피고인 갑이 공소외 A를 협박함으로써 경찰공무원의 범죄수사 등에 관한 직무집행을 방해하였다는 이 부분 공소사실을 유죄로 인정한 것은 정당하다.

【대법원 결론】 원심판결에는 논리와 경험의 법칙을 위반하고 자유심증주의의 한계를 벗어나 사실을 인정하거나 공무집행방해죄에 있어서 협박에 관한 법리를 오해하는 등의 위법이 없다.

3. 위계에 의한 공무집행방해죄 부분에 대한 판단

(1) 허위진술과 위계에 의한 공무집행방해죄의 관계

【대법원 요지】 수사기관이 범죄사건을 수사함에 있어서는 /

【대법원 요지】 피의자 등의 진술 여하에 불구하고 /

【대법원 요지】 피의자를 확정하고 그 피의사실을 인정할 만한 객관적인 모든 증거를 수집 · 조사하여야 할 권리와 의무가 있고, /

【대법원 요지】 한편 피의자는 진술거부권과 자기에게 유리한 진술을 할 권리와 유리한 증거를 제출할 권리를 가질 뿐이고 /

【대법원 요지】 수사기관에 대하여 진실만을 진술하여야 할 의무가 있는 것은 아니다. /

【대법원 요지】 따라서 피의자 등이 수사기관에 대하여 허위사실을 진술하거나 피의사실 인정에 필요한 증거를 감추고 허위의 증거를 제출하였다고 하더라도, /

【대법원 요지】 수사기관이 충분한 수사를 하지 아니한 채 이와 같은 허위의 진술과 증거만으로 증거

의 수집 · 조사를 마쳤다면, /

【대법원 요지】 이는 수사기관의 불충분한 수사에 의한 것으로서 피의자 등의 위계에 의하여 수사가 방해되었다고 볼 수 없어 위계에 의한 공무집행방해죄가 성립된다고 할 수 없다. /

【대법원 요지】 그러나 피의자 등이 적극적으로 허위의 증거를 조작하여 제출하고 /

【대법원 요지】 그 증거 조작의 결과 /

【대법원 요지】 수사기관이 그 진위에 관하여 나름대로 충실한 수사를 하더라도 제출된 증거가 허위임을 발견하지 못할 정도에 이르렀다면, /

【대법원 요지】 이는 위계에 의하여 수사기관의 수사행위를 적극적으로 방해한 것으로서 위계에 의한 공무집행방해죄가 성립된다.

(2) 사안에 대한 대법원의 분석

【대법원 분석】 원심판결 이유와 기록에 의하면, /

【대법원 분석】 피고인 갑은 2009. 2. 25.경 L지방검찰청 M지청에서 공소외 E로부터 공소외 F화백의 동양화 1점을 뇌물로 수수한 혐의에 대하여 조사받으면서 /

【대법원 분석】 '2008년 3월경 피고인 을로부터 아무런 부탁 없이 동양화 1점을 기증받아 즉시 기증물관리대장에 기재하게 한 후 이를 대회의실에 걸어두었다'는 취지로 진술하고 이 사건 기증물관리대장을 증거자료로 제출한 사실, /

【대법원 분석】 그런데 사실은 2008년 3월 당시 P수산업협동조합에는 기증물관리대장 자체가 없었으며, /

【대법원 분석】 피고인 갑은 위 뇌물수수 사건 수사 직전인 2009년 2월경 총무계장 공소외 H에게 작성일자를 소급하여 허위 기재한 기증물관리대장을 만들게 하고, /

【대법원 분석】 '이 사건 기증물관리대장은 2006년 3월경 최초 작성하였으며 기증물관리대장에 기재된 바와 같이 2008. 3. 21. 동양화 1점을 기증받았다'는 취지로 허위 진술할 것을 지시하였고, /

【대법원 분석】 공소외 H가 검찰청에서 같은 취지로 허위 진술한 사실, /

【대법원 분석】 그 결과 피고인 갑은 위 동양화 수수 행위에 관하여 일단 무혐의처분을 받았다가 다시 이 사건 공소가 제기된 사실을 알 수 있다.

(3) 사안에 대한 대법원의 판단

【대법원 판단】 사실관계가 위와 같다면, 피고인 갑이 위 뇌물수수 사건의 조사 직전에 이 사건 기증물관리대장을 조작하도록 지시하고, /

【대법원 판단】 담당 직원으로 하여금 위 동양화 1점을 정상적인 절차에 따라 기증받아 종전부터 존재하는 기증물관리대장에 등재하여 관리하고 있는 것처럼 허위 진술하도록 지시한 행위는, /

【대법원 판단】 단순히 수사기관에 대하여 허위사실을 진술하거나 자신에게 불리한 증거를 은닉하는 데 그친 것이 아니라 적극적으로 피의사실에 관한 증거를 조작한 것으로 볼 수 있고, /

【대법원 판단】 이는 위계에 의한 공무집행방해죄에 해당한다.

【대법원 결론】 원심이 이와 같은 취지에서, 피고인 갑이 위계로써 검찰공무원의 수사업무를 방해하였다는 이 부분 공소사실을 유죄로 인정한 것은 정당하다.

【대법원 결론】 원심판결에는 상고이유에서 주장하는 바와 같이 위계공무집행방해죄의 성립요건에 관한 법리를 오해하는 등의 위법이 없다.

4. 증거위조교사죄 부분에 대한 판단

(1) 증거위조죄의 성립요건

【대법원 요지】 형법 제155조 제1항의 증거위조죄에서 타인의 형사사건이란 증거위조 행위시에 아직 수사절차가 개시되기 전이라도 장차 형사사건이 될 수 있는 것까지 포함하고, /

【대법원 요지】 그 형사사건이 기소되지 아니하거나 무죄가 선고되더라도 증거위조죄의 성립에 영향이 없다. /

【대법원 요지】 여기에서의 '위조'란 문서에 관한 죄에 있어서의 위조 개념과는 달리 새로운 증거의 창조를 의미하는 것이므로 /

【대법원 요지】 존재하지 아니한 증거를 이전부터 존재하고 있는 것처럼 작출하는 행위도 증거위조에 해당하며, /

【대법원 요지】 증거가 문서의 형식을 갖는 경우 증거위조죄에 있어서의 증거에 해당하는지 여부가 그 작성권한의 유무나 내용의 진실성에 좌우되는 것은 아니다. /

【대법원 요지】 또한 자기의 형사사건에 관한 증거를 위조하기 위하여 타인을 교사하여 죄를 범하게 한 자에 대하여는 증거위조교사죄가 성립한다.

(2) 사안에 대한 대법원의 판단

【대법원 분석】 원심판결 이유와 기록에 의하면, 피고인 갑은 2009. 1. 30.경 풍어제 관련 기부금 횡령 의혹을 제기하는 뉴스가 방송된 이후 P수산업협동조합 직원 공소외 G 등에게 1,300만 원 상당의 기부금을 풍어제 관련 식비로 사용하였다는 것을 입증할 수 있는 증거를 만들라고 지시하고, /

【대법원 분석】 공소외 G 등이 그 무렵 2005. 4. 21.자 '05년 풍어제 행사 지원비 집행(안)', 2005. 6. 27.자 '05년 풍어제 행사 지원비 사용 내역' 등 공문 2장을 그 일자를 소급해서 허위로 작성한 사실, /

【대법원 분석】 피고인 갑은 2009. 2. 25.경 위 기부금 횡령 사건에 관하여 조사받은 이후 공소외 G로 하여금 위와 같이 허위 작성된 공문 2장을 검찰청에 제출하게 한 사실을 알 수 있다.

【대법원 판단】 사실관계가 위와 같다면 기부금 횡령 사건의 수사가 개시되기 전이라도 장차 형사사건이 될 수 있는 상태에서 풍어제 경비 지출 관련 공문을 허위로 작성한 행위는 /

【대법원 판단】 위 공문 작성일자로 기재된 날에 실제 존재하지 아니한 문서를 그 당시 존재하는 것처럼 작출하는 것으로서 /

【대법원 판단】 문서의 작성 명의, 내용의 진위 여부에 불구하고 증거위조 행위에 해당하고, /

【대법원 판단】 피고인 갑이 자신의 형사사건에 관하여 위 공소외 G 등에게 증거위조 및 위조증거의 사용을 교사한 이상 /

【대법원 판단】 나중에 기부금 횡령 사건에 관하여 불기소처분을 받았다고 하더라도 증거위조교사죄 및 위조증거사용교사죄가 성립된다.

【대법원 결론】 원심이 이와 같은 취지에서, 피고인 갑의 증거위조교사 및 위조증거사용교사의 공소

사실을 유죄로 인정한 것은 정당하다.

【대법원 결론】 원심판결에는 상고이유에서 주장하는 바와 같이 증거위조교사죄의 성립요건에 관한 법리를 오해하는 등의 위법이 없다. (상고 기각)

2007도8024

위계공무집행방해죄와 위계 - 부정례
파워매직세이퍼 사건

2010. 4. 15. 2007도8024, [공보불게재]

1. 사실관계 및 사건의 경과

【사실관계】

① '파워매직세이퍼'라고 불리는 ㉠제품은 자동차가 과속으로 주행하여 과속단속카메라에 촬영되더라도 불빛을 반사시켜 차량번호판이 식별되지 않도록 하는 기능이 있다.

② 갑 등은 ㉠제품을 A 등에게 판매하였다.

③ A 등은 ㉠제품을 차량번호판에 뿌린 상태로 자동차를 운행하였다.

【사건의 경과】

① 검사는 갑 등을 위계에 의한 공무집행방해죄로 기소하였다.

② 제1심 공판절차 도중에 검사는 공소장변경절차를 통하여 공소사실을 다음과 같이 변경하였다.

(가) 주위적 공소사실 : 위계공무집행방해죄의 방조범

(나) 예비적 공소사실 : 자동차관리법위반죄 방조범

③ 제1심법원은 다음과 같이 판단하였다.

(가) 주위적 공소사실 : 위계공무집행방해죄의 방조범 : 무죄

(나) 예비적 공소사실 : 자동차관리법위반죄 방조범 : 유죄

④ 검사는 무죄 부분에 불복 항소하였다.

⑤ 항소심법원은 항소를 기각하고, 제1심판결을 유지하였다.

⑥ 검사는 불복 상고하였다.

2. 금지규정 위반행위와 위계공무집행방해죄의 관계

【대법원 요지】 법령에서 어떤 행위의 금지를 명하면서 이를 위반하는 행위에 대한 벌칙을 두는 한편, 공무원으로 하여금 그 금지규정의 위반 여부를 감시 · 단속하게 하고 있는 경우 /

【대법원 요지】 그 공무원에게는 금지규정 위반행위의 유무를 감시하여 확인하고 단속할 권한과 의무가 있다 할 것인데, /

【대법원 요지】 만약 어떠한 행위가 공무원이 관계 법령이 정한 바에 따라 금지규정 위반행위의 유무를 충분히 감시하여 확인하고 단속하더라도 이를 발견하지 못할 정도에 이른 것이라면 /

【대법원 요지】 이는 위계에 의하여 공무원의 감시 · 단속업무를 적극적으로 방해한 것으로서 위계에 의한 공무집행방해죄가 성립된다고 할 것이지만, /
【대법원 요지】 그와 같은 행위가 이에 이르지 않고 단순히 공무원의 감시 · 단속을 피하여 금지규정에 위반하는 행위를 한 것에 불과하다면 /
【대법원 요지】 이는 공무원의 불충분한 감시 · 단속에 기인한 것이지, /
【대법원 요지】 행위자 등의 위계에 의하여 공무원의 감시 · 단속에 관한 직무가 방해되었다고 할 수 없을 것이어서 /
【대법원 요지】 위계에 의한 공무집행방해죄가 성립된다고 할 수 없다.

3. 사안에 대한 대법원의 판단

【대법원 판단】 위 법리와 원심이 들고 있는 그 판시 각 사정에 비추어 보면, /
【대법원 판단】 과속으로 인하여 과속단속카메라에 촬영되더라도 불빛을 반사시켜 차량 번호판이 식별되지 않도록 하는 기능이 있는 이 사건 '파워매직세이퍼'를 차량 번호판에 뿌린 상태로 차량을 운행한 행위만으로는 /
【대법원 판단】 경찰청의 교통단속업무를 구체적이고 현실적으로 수행하는 경찰공무원에 대하여 /
【대법원 판단】 그가 충실히 직무를 수행한다고 하더라도 통상적인 업무처리과정 하에서는 사실상 적발이 어려운 위계를 사용하여 /
【대법원 판단】 그 업무집행을 하지 못하게 한 것이라고 보기 어렵다.
【대법원 판단】 원심이 같은 취지에서 위 '파워매직세이퍼'를 차량 번호판에 뿌린 상태로 차량을 운행한 공소외인 등의 행위가 위계에 의한 공무집행방해죄를 구성하지 않는 이상 /
【대법원 판단】 위 제품을 제조하여 공소외인 등에게 판매한 피고인들의 행위 역시 위계에 의한 공무집행방해 방조죄를 구성하지 않는다고 보아, /
【대법원 결론】 이 사건 주위적 공소사실에 대하여 무죄로 판단한 제1심판결을 유지한 조치는 정당한 것으로 수긍이 가고, 거기에 상고이유 주장과 같이 위계에 의한 공무집행방해죄의 법리를 오해하여 판결에 영향을 미친 위법이 있다고 할 수 없다. (상고 기각)

2010도14696

위계공무집행방해죄와 위계 – 인정례
중국 호구부 변경 사건

2011. 4. 28. 2010도14696, 공 2011상, 1215

1. 사실관계 및 사건의 경과

【사실관계 1】
① 1996. 11. 14. 갑은 중국에서 국내로 입국하였다.

② 2004. 11. 17. 갑은 불법체류를 이유로 강제퇴거 명령을 받았다.
③ 2004. 11. 19. 갑은 강제출국을 당하였다.
④ 그 후 갑은 중국 모처에서 정상적인 절차를 거치지 아니하고 중국의 담당관청으로부터 이름을 "○○○(을)", 생년월일을 "1963. 8. 6."로 변경한 호구부(戶口簿)를 발급받았다.
⑤ 갑은 새로운 호구부를 선양 주재 대한민국 총영사관에 제출하였다.
⑥ 2005. 7. 12. 갑은 "○○○(을)" 명의의 사증을 발급받았다.

【사실관계 2】

① 2005. 7. 24. 갑은 다시 입국하였다.
② 갑은 대구출입국관리사무소에 "○○○(을)" 명의의 외국인등록신청서를 제출하였다.
③ 2005. 8. 1. 갑은 "○○○(을)" 명의로 외국인등록증을 발급받았다.
④ 2009. 4. 20. 갑은 서울출입국관리사무소에 "○○○(을)" 명의의 귀화허가신청서를 제출하였다.
⑤ 갑의 귀화허가신청에 대해 [다른 사유를 이유로] 귀화허가가 이루어지지 아니하였다

【사건의 경과】

① 검사는 갑을 위계에 의한 공무집행방해죄로 기소하였다.
② 제1심법원은 유죄를 인정하였다.
③ 갑은 불복 항소하였다.
④ 항소심법원은 항소를 기각하고, 제1심판결을 유지하였다.
⑤ 갑은 불복 상고하였다.

2. 공무원의 심사와 위계 여부

【대법원 요지】 외국 주재 한국영사관의 비자발급 업무와 같이, /

【대법원 요지】 상대방으로부터 신청을 받아 일정한 자격요건 등을 갖춘 경우에 한하여 그에 대한 수용 여부를 결정하는 업무에 있어서는 /

【대법원 요지】 신청서에 기재된 사유가 사실과 부합하지 않을 수 있음을 전제로 하여 그 자격요건 등을 심사·판단하는 것이므로, /

【대법원 요지】 그 업무담당자가 사실을 충분히 확인하지 아니한 채 신청인이 제출한 허위의 신청사유나 허위의 소명자료를 가볍게 믿고 이를 수용하였다면, /

【대법원 요지】 이는 업무담당자의 불충분한 심사에 기인한 것으로서 위계에 의한 공무집행방해죄를 구성하지 않는다고 할 것이지만, /

【대법원 요지】 신청인이 업무담당자에게 허위의 주장을 하면서 이에 부합하는 허위의 소명자료를 첨부하여 제출한 경우 /

【대법원 요지】 그 수리 여부를 결정하는 업무담당자가 관계 규정이 정한 바에 따라 그 요건의 존부에 관하여 나름대로 충분히 심사를 하였으나 /

【대법원 요지】 신청사유 및 소명자료가 허위임을 발견하지 못하여 그 신청을 수리하게 될 정도에 이르렀다면, /

【대법원 요지】 이는 업무담당자의 불충분한 심사가 아니라 신청인의 위계행위에 의한 것으로서 위

계에 의한 공무집행방해죄가 성립된다.

3. 사안에 대한 대법원의 판단

【대법원 분석】 원심은 적법하게 채택한 증거들을 종합하여, /

【대법원 분석】 피고인이 1996. 11. 14. 국내에 입국하였다가 2004. 11. 17. 불법체류를 이유로 강제퇴거 명령을 받고 같은 달 19일 강제출국 당한 사실, /

【대법원 분석】 그 후 피고인은 중국 불상지에서 정상적인 절차를 거치지 아니하고 중국의 담당관청으로부터 이름을 ○○○(한자 및 영문 이름 생략), 생년월일을 "1963. 8. 6."로 변경한 호구부(戶口簿)를 발급받아, /

【대법원 분석】 이를 선양 주재 대한민국 총영사관에 제출하여 2005. 7. 12. ○○○ 명의의 사증을 발급받고, /

【대법원 분석】 같은 달 24일 다시 입국한 후 대구출입국관리사무소에 ○○○ 명의의 외국인등록신청서를 제출하여 2005. 8. 1. 그 명의로 외국인등록증을 발급받은 사실, /

【대법원 분석】 계속하여 피고인은 2009. 4. 20. 서울출입국관리사무소에 ○○○ 명의의 귀화허가신청서를 제출한 사실을 인정한 다음, /

【대법원 분석】 피고인을 각 위계공무집행방해의 유죄로 인정한 제1심판결을 유지하였다. /

【대법원 판단】 사실이 위와 같다면 /

【대법원 판단】 피고인이 피고인과의 동일성을 확인할 수 없도록 "1963. 8. 6.생 ○○○"으로 되어 있는 호구부를 중국의 담당관청으로부터 발급받아 위 대한민국 총영사관에 제출하고, /

【대법원 판단】 이에 대하여 위 영사관 담당직원이 호구부의 기재를 통하여 피고인이 "1963. 8. 6.생 ○○○"이라는 것 외에 강제출국 당한 자임을 확인하지 못하였다고 하더라도, /

【대법원 판단】 그 업무담당자로서는 사증 및 외국인등록증의 발급요건의 존부에 대하여 충분한 심사를 한 것으로 보아야 하고, /

【대법원 판단】 이러한 경우에는 사증 및 외국인등록증을 발급한 것이 행정청의 불충분한 심사로 인한 것이 아니라 출원인의 적극적인 위계에 의한 것으로서 위계에 의한 공무집행방해죄가 성립한다고 할 것이다. /

【대법원 판단】 또한 피고인의 위계행위에 의하여 귀화허가에 관한 공무집행을 방해하는 상태를 초래하였음이 분명한 이 사건에서 피고인의 귀화허가신청에 관한 귀화허가가 이루어지지 아니하였다는 사유는 위계에 의한 공무집행방해죄의 성립에 아무런 영향을 줄 수 없다고 할 것이다.

【대법원 결론】 따라서 이러한 원심의 판단은 정당한 것으로 수긍이 가고, 거기에 상고이유의 주장과 같은 위계에 의한 공무집행방해죄에 관한 법리오해 등의 위법이 없다. (상고 기각)

2008도4228

업무방해죄와 위계 – 인정례
상품권 발행업체 지정 사건

2010. 3. 25. 2008도4228, [공보불게재]

☞ 264면

2011도17125

위계공무집행방해죄와 위계 – 부정례
천일염 가처분신청 사건

2012. 4. 26. 2011도17125, 공 2012상, 945

1. 사실관계 및 사건의 경과

【사실관계 1】

① 갑은 소금을 판매하는 P회사의 투자자이다.

② 2010. 2. 25.부터 2010. 5. 20.까지 갑은 P회사의 대표이사로 등재되어 있었다.

③ P회사의 실질적 운영자는 A이다.

④ 2010. 5. 18.경 A는 B에게 소금 4만 포대를 매도하기로 하는 계약을 체결하였다.

【사실관계 2】

① 갑과 을은 P회사의 소금을 확보하여 갑의 투자금을 회수하려는 계획을 세웠다.

② 2010. 5. 26.경 갑과 을은 P회사 사무실에서 다음과 같은 허위 문건을 작성하였다.

(가) 2010. 5. 7.자로 P회사가 을에게 천일염 17만 포대를 1,350,795,500원에 매도한다는 내용의 ㉠매매계약서

(나) P회사가 을로부터 계약금 명목으로 350,795,500원을 받았다는 내용의 ㉡영수증

③ 2010. 6. 1.경 을은 P회사를 상대로 관할법원에 유체동산처분금지가처분을 신청하였다.

④ 을은 이 가처분신청사건의 증거로 ㉠매매계약서와 ㉡영수증을 제출하였다.

⑤ 2010. 6. 8. 관할법원은 을의 가처분신청을 인용하는 결정을 내렸다. (☞문서례 11번 참조)

【사건의 경과】

① 검사는 갑과 을을 위계에 의한 공무집행방해죄로 기소하였다.

② 제1심법원은 관할법원의 구체적이고 현실적인 직무집행이 방해되었다고 볼 수 없다는 이유로 무죄를 선고하였다.

③ 검사는 불복 항소하였다.

④ 항소심법원은 항소를 기각하고, 제1심판결을 유지하였다.

⑤ 검사는 불복 상고하였다.

2. 법원의 직무와 위계공무집행방해죄의 관계

【대법원 요지】 법원은 당사자의 허위 주장 및 증거 제출에도 불구하고 진실을 밝혀야 하는 것이 그 직무이므로, /
【대법원 요지】 가처분신청 시 당사자가 허위의 주장을 하거나 허위의 증거를 제출하였다 하더라도 그것만으로 법원의 구체적이고 현실적인 어떤 직무집행이 방해되었다고 볼 수 없으므로 /
【대법원 요지】 이로써 바로 위계에 의한 공무집행방해죄가 성립한다고 볼 수 없다.

3. 사안에 대한 대법원의 판단

【대법원 판단】 피고인들이 허위의 매매계약서 및 영수증을 소명자료로 첨부하여 가처분신청을 하여 법원으로부터 유체동산에 대한 가처분결정을 받은 이 사건에서, /
【대법원 판단】 원심은 /
【대법원 판단】 피고인들의 공소사실 기재와 같은 행위로 인하여 법원의 가처분결정 업무의 적정성이 침해되었다고 볼 여지는 있으나 법원의 구체적이고 현실적인 어떤 직무집행이 방해되었다고 할 수는 없으므로, /
【대법원 판단】 피고인들의 기만적인 행위로 인하여 잘못된 가처분결정이 내려졌다는 이유만으로 바로 위계에 의한 공무집행방해죄가 성립하지는 않는다고 판단한 제1심판결을 그대로 유지하였다. /
【대법원 결론】 이러한 원심의 판단은 앞서 본 법리에 따른 것으로 정당하고, 거기에 상고이유의 주장과 같은 위계에 의한 공무집행방해죄에 관한 법리오해의 위법이 있다고 할 수 없다. (상고 기각)

2002도4293

허위공문서작성죄와 허위 – 인정례
위계공무집행방해죄와 공무방해 – 부정례
폐기물이전매립공사 입찰 사건

2003. 2. 11. 2002도4293, 공 2003, 847

☞ 828면

2008도11999

인권옹호직무명령불준수죄와 직무명령 – 인정례
인권옹호직무명령불준수죄와 직무유기죄의 관계
대면조사 지시 사건

2010. 10. 28. 2008도11999, [공보불게재]

1. 사실관계 및 사건의 경과

【사실관계 1】

① 갑은 P지방경찰청 수사과 광역수사대 조직범죄수사팀장으로 재직중인 사법경찰관이다.

② 갑의 직급은 경감이다.

③ 2005. 12. 12. 10:50경 갑은 조사받기 위하여 자진출두한 A를 상습사기 혐의로 긴급체포하였다.

④ 갑은 검사에게 긴급체포 승인건의와 함께 구속영장을 신청하였다.

⑤ 관할 Q지방검찰청의 담당검사 B는 갑에게 다음과 같은 구두 지시를 내렸다.

(가) 기록을 검토한 결과 수사과정의 적법성 및 적정성에 의문이 있음.

(나) 긴급체포 승인 여부와 구속영장의 청구 여부를 결정하기 전에 검사가 피의자를 직접 신문함이 상당함.

(다) 따라서 피의자 A를 Q지방검찰청 검사 B의 검사실로 데려올 것.

【사실관계 2】

① 2005. 12. 13. 16:00경 갑은 조직범죄수사팀 소속 사법경찰리 C로부터 검사 B의 지시를 전해들었다.

② 2005. 12. 13. 17:30경 갑은 다음의 이유를 들어서 검사 B의 지시를 이행하지 않았다. (㉠부분)

(가) 경찰수사 단계에서는 검사에게 피의자 대면조사권이 없다.

(나) 검찰과 경찰 사이의 수사지휘는 공문형식으로 해야 한다.

③ 2005. 12. 13. 18:25경 검사 B는 갑에게 다음 내용의 공문을 보냈다.

④ "피의자에 대하여 검사가 직접 대면 신문 후 구속영장 청구 여부에 대해 결정할 예정이니, 금일 21:00까지 Q지방검찰청 ○○○호 검사실로 이 건 수사기록과 함께 피의자 신병인치 요망"

⑤ 사법경찰관 갑은 검사 B의 지시를 따르지 않았다. (㉡부분)

⑥ [이후 피의자 A는 다른 사법경찰관 D를 통하여 Q검찰청으로 신병이 인치되어 검사의 대면 신문이 이루어졌다.]

【사건의 경과 1】

① 검사는 ㉠부분 구두지시 불이행에 대해 갑을 다음의 공소사실로 기소하였다.

(가) 인권옹호직무명령불준수죄

(나) 직무유기죄

② 검사는 ㉡부분 공문지시 불이행에 대해 갑을 다음의 공소사실로 기소하였다.

(가) 인권옹호직무명령불준수죄
(나) 직무유기죄

③ 제1심법원은 ㉠부분(구두지시 불이행)에 대해 다음과 같이 판단하였다.
(가) 인권옹호직무명령불준수죄 : 유죄
(나) 직무유기죄 : 무죄

④ 제1심법원은 ㉡부분(공문지시 불이행)에 대해 다음과 같이 판단하였다.
(가) 인권옹호직무명령불준수죄 : 유죄
(나) 직무유기죄 : 무죄

⑤ 제1심법원은 ㉠부분에 대한 죄와 ㉡부분에 대한 죄를 실체적 경합범으로 판단하였다.

⑥ 제1심법원은 인권옹호직무명령불준수죄가 성립하므로 직무유기죄는 별도로 성립하지 않는다고 판단하였다.

⑦ 제1심법원은 갑에게 선고유예(징역 8월)를 선고하였다.

⑧ 갑은 유죄 부분에 불복 항소하였다.

⑨ 검사는 무죄 부분에 불복 항소하였다.

【사건의 경과 2】

① 항소심법원은 갑의 ㉠부분(구두지시 불이행)에 대해 다음과 같이 판단하였다.
(가) 인권옹호직무명령불준수죄 : 유죄
(나) 직무유기죄 : 유죄

② 항소심법원은 갑의 ㉡부분(공문지시 불이행)에 대해 다음과 같이 판단하였다.
(가) 인권옹호직무명령불준수죄 : 유죄
(나) 직무유기죄 : 유죄

③ 항소심법원은 다음의 이유를 들어서 ㉠부분의 인권옹호직무명령불준수죄와 ㉡부분의 인권옹호직무명령불준수죄의 공소사실을 포괄일죄로 파악하여 단순일죄라고 판단하였다.
(가) 검사 B의 인치명령은 시간차를 두고 구두와 서면에 의하여 발하여진 것으로서 단일한 명령으로 평가할 수 있다.
(나) 이를 거부한 갑의 행위는 단일하고 계속된 범의하에서 이루어진 일련의 행위로서 포괄하여 일죄를 구성한다.

④ 항소심법원은 다음의 이유를 들어서 ㉠부분의 직무유기죄와 ㉡부분의 직무유기죄 공소사실을 유죄로 판단하였다.
(가) 직무유기죄와 인권옹호직무명령불준수죄는 서로 다른 장에 규정되어 있어 보호법익이 다르다.
(나) 양죄는 행위 주체, 행위의 내용 및 방법에서 차이가 있다.
(다) 따라서 양죄는 법조경합(특별관계)이 아니라 상상적 경합관계에 있다.

⑤ 항소심법원은 이상의 판단을 근거로 제1심판결을 파기하고 자판하였다.

⑥ 항소심법원은 갑에게 선고유예(자격정지 6월)를 선고하였다.

⑦ 갑은 불복 상고하였다.

2. 인권옹호직무명령불준수죄의 성립요건

【대법원 요지】 1. 인권침해의 소지가 가장 많은 수사 분야에서 국민의 인권과 자유를 보호하기 위하여 우리 헌법과 법률은 검사 제도를 두어 /

【대법원 요지】 검사에게 준사법기관으로서의 지위를 부여하고 철저한 신분보장과 공익의 대변자로서 객관의무를 지워 사법경찰관리의 수사에 대한 지휘와 감독을 맡게 함과 동시에 /

【대법원 요지】 전속적 영장청구권(헌법 제12조 제3항), 수사주재자로서 사법경찰관리에 대한 수사지휘(형사소송법 제196조), 체포 · 구속 장소 감찰(형사소송법 제198조의2) 등의 권한을 부여하여 절차법적 차원에서 인권보호의 기능을 수행하게 하고 있다. /

【대법원 요지】 이러한 측면에서 검사의 수사에 관한 지휘는 수사과정에서의 인권침해를 방지하는 '인권옹호'를 당연히 포함한다. /

【대법원 요지】 따라서 형법 제139조의 입법 취지 및 보호법익, 그 적용대상의 특수성 등을 고려하면 /

【대법원 요지】 여기서 말하는 '인권'은 범죄수사 과정에서 사법경찰관리에 의하여 침해되기 쉬운 인권으로서, 주로 헌법 제12조에 의한 국민의 신체의 자유 등을 그 내용으로 한다. /

【대법원 요지】 인권의 내용을 이렇게 볼 때 형법 제139조에 규정된 '인권옹호에 관한 검사의 명령'은 /

【대법원 요지】 사법경찰관리의 직무수행에 의하여 침해될 수 있는 인신 구속 및 체포와 압수수색 등 강제수사를 둘러싼 피의자, 참고인, 기타 관계인에 대하여 헌법이 보장하는 인권 가운데 /

【대법원 요지】 주로 그들의 신체적 인권에 대한 침해를 방지하고 이를 위해 필요하고도 밀접 불가분의 관련성 있는 검사의 명령 중 /

【대법원 요지】 '그에 위반할 경우 사법경찰관리를 형사처벌까지 함으로써 준수되도록 해야 할 정도로 인권옹호를 위해 꼭 필요한 검사의 명령'으로 보아야 하고 /

【대법원 요지】 나아가 법적 근거를 가진 적법한 명령이어야 한다(헌법재판소 2007. 3. 29. 선고 2006헌바69 전원재판부 결정 참조).

3. 검사의 대면조사 지시의 적법성 요건

【대법원 요지】 한편 사법경찰관이 검사에게 긴급체포된 피의자에 대한 긴급체포 승인 건의와 함께 구속영장을 신청한 경우, /

【대법원 요지】 검사는 긴급체포의 승인 및 구속영장의 청구가 피의자의 인권에 대한 부당한 침해를 초래하지 않도록 긴급체포의 적법성 여부를 심사하면서 수사서류 뿐만 아니라 피의자를 검찰청으로 출석시켜 직접 대면조사할 수 있는 권한을 가진다고 보아야 한다. /

【대법원 요지】 따라서 이와 같은 목적과 절차의 일환으로 검사가 구속영장 청구 전에 피의자를 대면조사하기 위하여 사법경찰관리에게 피의자를 검찰청으로 인치할 것을 명하는 것은 적법하고 타당한 수사지휘 활동에 해당하고, /

【대법원 요지】 수사지휘를 전달받은 사법경찰관리는 이를 준수할 의무를 부담한다. /

【대법원 요지】 다만 체포된 피의자의 구금 장소가 임의적으로 변경되는 점, 법원에 의한 영장실질심사 제도를 도입하고 있는 현행 형사소송법하에서 체포된 피의자의 신속한 법관 대면권 보장이 지연될

우려가 있는 점 등을 고려하면, /

【대법원 요지】 위와 같은 검사의 구속영장 청구 전 피의자 대면조사는 긴급체포의 적법성을 의심할 만한 사유가 기록 기타 객관적 자료에 나타나고 피의자의 대면조사를 통해 그 여부의 판단이 가능할 것으로 보이는 예외적인 경우에 한하여 허용될 뿐, /

【대법원 요지】 긴급체포의 합당성이나 구속영장 청구에 필요한 사유를 보강하기 위한 목적으로 실시되어서는 아니 된다. /

【대법원 요지】 나아가 검사의 구속영장 청구 전 피의자 대면조사는 강제수사가 아니므로 피의자는 검사의 출석 요구에 응할 의무가 없고, /

【대법원 요지】 피의자가 검사의 출석 요구에 동의한 때에 한하여 사법경찰관리는 피의자를 검찰청으로 호송하여야 한다.

4. 인권옹호직무명령불준수죄와 직무유기죄의 관계

【대법원 요지】 그리고 형법 제139조에 규정된 인권옹호직무명령불준수죄와 형법 제122조에 규정된 직무유기죄의 각 구성요건과 보호법익 등을 비교하여 볼 때, /

【대법원 요지】 인권옹호직무명령불준수죄가 직무유기죄에 대하여 법조경합 중 특별관계에 있다고 보기는 어렵고 양 죄를 상상적 경합관계로 보아야 한다.

5. 사안에 대한 대법원의 판단

【대법원 판단】 2. 위 법리와 원심이 판시한 사정들을 종합하면, /

【대법원 판단】 긴급체포된 피의자에 대한 긴급체포의 승인 및 구속영장 청구 여부를 심사한 검사가 이 사건 긴급체포 등 강제처분의 적법성에 의문을 갖고 수사서류 외에 피의자를 대면조사할 충분한 사유가 있었던 것으로 보이므로, /

【대법원 판단】 2회에 걸친 검사의 이 사건 명령은 적법하고 타당한 수사지휘권의 행사에 해당하고, /

【대법원 판단】 사법경찰관리의 체포 등 강제수사 과정에서 야기될 수 있는 피의자의 신체적 인권에 대한 침해를 방지하기 위하여 사법경찰관리를 형사처벌까지 함으로써 준수되도록 해야 할 정도로 인권옹호를 위해 꼭 필요한 검사의 명령으로 봄이 상당하다. /

【대법원 판단】 또한 원심이 인정한 이 사건 명령의 외관, 형식 및 내용, 이 사건 명령이 발하여진 시기와 경위 등을 종합하면, 사법경찰관인 피고인으로서는 이 사건 명령이 강제수사 과정에서의 인권옹호에 관한 것임을 충분히 알고 있었던 것으로 보인다.

【대법원 결론】 따라서 원심이 같은 취지에서 피고인에 대한 이 사건 인권옹호직무명령불준수 및 직무유기의 공소사실을 모두 유죄로 인정하고 양 죄를 상상적 경합관계로 처리한 것은 그 이유 설시에 다소 미흡한 점이 있으나 결론에 있어서는 정당하다. /

【대법원 결론】 거기에 상고이유와 같은 형법 제139조의 해석 및 적용, 형법 제139조와 형법 제122조에 규정된 양 죄 사이의 죄수에 관한 법리오해 등의 위법이 없다. (상고 기각)

2007도312

공무상표시무효죄와 강제처분표지 – 인정례
특허권 침해 가처분 사건

2007. 3. 15. 2007도312, [공보불게재]

1. 사실관계 및 사건의 경과

【사실관계】

① [사안의 내용은 필자가 임의로 구성함]

② 갑은 M제품을 제작하였다.

③ A는 M제품이 자신의 N특허권을 침해하였다고 주장하여 관할법원에 가처분을 신청하였다.

④ 관할법원은 갑이 N특허권을 침해하였다는 소명이 있다는 이유로 ㉠가처분결정을 내렸다. (☞문서례 11번 참조)

⑤ ㉠가처분결정에 따라 M제품에 [본안 결정시까지 사용을 불허하는 내용의] ㉡강제집행표지가 부착되었다.

⑥ 갑은 ㉡강제집행표지를 뜯어내고 M제품을 사용하였다.

⑦ M제품의 N특허권 침해 여부에 관한 본안소송이 진행되었다.

⑧ N특허가 무효라는 취지의 대법원 판결이 내려짐으로써 피보전권리인 N특허권의 부존재가 확정되었다.

【사건의 경과】

① 검사는 갑을 공무상표시무효죄로 기소하였다.

② 제1심법원은 유죄를 인정하였다.

③ 갑은 불복 항소하였다.

④ 항소심법원은 항소를 기각하고, 제1심판결을 유지하였다.

⑤ 갑은 불복 상고하였다.

2. 공무상표시무효죄의 객체

【대법원 요지】 공무원이 그 직권을 남용하여 위법하게 실시한 봉인 또는 압류 기타 강제처분의 표시임이 명백하여 법률상 당연무효 또는 부존재라고 볼 수 있는 경우에는 /

【대법원 요지】 그 봉인 등의 표시는 공무상표시무효죄의 객체가 되지 아니하여 /

【대법원 요지】 이를 손상 또는 은닉하거나 기타 방법으로 그 효용을 해한다 하더라도 공무상표시무효죄가 성립하지 아니한다 할 것이지만, /

【대법원 요지】 공무원이 실시한 봉인 등의 표시에 절차상 또는 실체상의 하자가 있다고 하더라도 /

【대법원 요지】 객관적 · 일반적으로 그것이 공무원이 그 직무에 관하여 실시한 봉인 등으로 인정할 수 있는 상태에 있다면 /

【대법원 요지】 적법한 절차에 의하여 취소되지 아니하는 한 공무상표시무효죄의 객체로 된다고 할 것이다.

3. 사안에 대한 대법원의 판단

【대법원 판단】 이러한 법리에 따라 원심판결 및 원심이 인용한 제1심판결의 채용증거를 기록에 비추어 살펴보면, 원심이 피고인에 대한 이 사건 판시 공무상표시무효의 범행을 유죄로 인정한 것은 정당하고, /

【대법원 판단】 상고이유의 주장과 같이 이 사건 가처분집행은 피고인이 이 사건 특허권을 침해하였다는 소명이 있다는 이유로 행하여졌으나 /

【대법원 판단】 후일 그 본안소송에서 위 특허가 무효라는 취지의 대법원 판결이 선고되어 그 피보전권리의 부존재가 확정되었다 하더라도 /

【대법원 판단】 피고인에 대한 이 사건 판시 공무상표시무효죄가 성립함에는 아무런 영향이 없다. (상고 기각)

2006도1819

공무상표시무효죄와 효용침해 – 부정례
현수막 설치대 사건

2008. 12. 24. 2006도1819, 공 2009상, 133

1. 사실관계 및 사건의 경과

【사실관계 1】

① A는 ㉠'현수막 설치대'를 제작 판매하는 업자이다.

② ㉠'현수막 설치대'는 물을 저장하는 받침부재에 양쪽 하부폴대를 삽입 설치할 수 있도록 Y자형의 삽입관이 구비되어 있는 제품이다.

③ A는 ㉠'현수막 설치대'를 고안의 명칭으로 하는 ⓐ실용신안권을 관할 관청에 등록하였다.

④ 갑은 ㉠'현수막 설치대'와 비슷한 ㉡'현수막 설치대'를 제작 판매하였다.

⑤ A는 갑을 상대로 ⓐ실용신안권에 관한 침해금지 · 예방청구권을 피보전권리로 하여 관할법원에 가처분신청을 하였다.

⑥ 관할법원은 A의 신청을 받아들여 다음과 같은 내용의 ⓑ가처분결정을 내렸다. (☞문서례 11번 참조)

(가) 피신청인(갑)은 물을 저장하는 받침부재에 양쪽 하부폴대를 삽입 설치할 수 있도록 Y자형의 삽입관이 구비되어 있는 ㉡'현수막 설치대'를 생산 · 양도하거나 양도의 청약을 하여서는 아니 된다.

(나) 피신청인(갑)은 자신의 본 · 지점 사무소, 영업소, 공장, 창고 등에 보관중인 ㉡'현수막 설치대' 제품에 대한 점유를 풀고, 신청인(A)이 위임하는 집행관은 이를 보관하여야 한다.

(다) 집행관은 위 명령의 취지를 적당한 방법으로 공시하여야 한다.

【사실관계 2】

① A는 ⓑ가처분결정에 기하여 집행관 C에게 가처분 집행을 위임하였다.

② A로부터 위임을 받은 집행관 C는 ⓑ가처분결정 정본에 의하여 가처분결정을 집행하였다.

③ 집행관 C는 "㉠'현수막 설치대' 제품에 대한 생산 등을 금지하는 가처분이 발령되었다"는 내용의 ⓒ고시문을 게시하였다.

④ 그러나 집행관 C는 ㉡'현수막 설치대' 제품에 대하여 이를 자기의 점유로 옮기는 보관처분은 하지 않았다.

【사실관계 3】

① 갑은 ⓑ가처분 결정 후 ㉠'현수막 설치대' 제품과 유사한 ㉡'현수막 설치대' 제품은 생산하거나 양도하지 않았다.

② 갑은 [㉡'현수막 설치대' 제품을 분해한 다음 그 부속품을 이용하여] 다른 유사제품 ㉢'현수막 설치대' 제품과 ㉣'현수막 설치대' 제품을 생산 판매하였다.

③ ㉢'현수막 설치대' 제품은 'ㄷ' 형태의 삽입관을 구비한 현수막 설치대이다.

④ ㉣'현수막 설치대' 제품은 별도의 삽입관이 없이 V자 형의 삽입홈을 형성하여 하부폴대를 삽입한 현수막 설치대이다.

⑤ 갑은 ㉢'현수막 설치대' 제품과 ㉣'현수막 설치대' 제품에 관하여 별도로 특허청에 출원을 하여 ⓓ실용신안권 등록을 받았다.

⑥ [A는 ⓓ실용신안권에 대해 이의를 신청하였다.]

⑦ 갑은 ⓓ실용신안권 등록유지결정을 받았다.

⑧ 갑이 ㉢'현수막 설치대' 제품과 ㉣'현수막 설치대' 제품을 생산하는 것을 본 A는 갑을 고소하였다.

【사건의 경과】

① 검사는 갑을 공무상표시무효죄로 기소하였다.

② 갑의 피고사건은 제1심을 거친 후, 항소심에 계속되었다.

③ 항소심법원은 다음의 이유를 들어서 유죄를 인정하였다.

(가) 갑의 ㉢'현수막 설치대' 제품과 ㉣'현수막 설치대' 제품은 ㉠'현수막 설치대' 제품의 등록고안의 권리범위 내에 속한다.

(나) 갑은 ㉢'현수막 설치대' 제품과 ㉣'현수막 설치대' 제품을 판매함으로써 ⓑ가처분결정에서 표시된 부작위 의무를 위반하였다.

(다) 이는 공무원이 그 직무에 관하여 실시한 강제처분의 효용을 해하는 행위에 해당한다.

④ 갑은 불복 상고하였다.

2. 공무상표시무효죄의 성립범위

【대법원 요지】 형법 제140조 제1항의 공무상 표시무효죄는 공무원이 그 직무에 관하여 봉인, 동산의 압류, 부동산의 점유 등과 같은 구체적인 강제처분을 실시하였다는 표시를 손상 또는 은닉하거나 기타 방법으로 그 효용을 해함으로써 성립하는 범죄이므로, /

【대법원 요지】 집행관이 법원으로부터 피신청인에 대하여 부작위를 명하는 가처분이 발령되었음을 고시하는 데 그치고 /
【대법원 요지】 나아가 봉인 또는 물건을 자기의 점유로 옮기는 등의 구체적인 집행행위를 하지 아니하였다면, /
【대법원 요지】 단순히 피신청인이 위 가처분의 부작위명령에 위반하였다는 것만으로는 공무상표시의 효용을 해하는 행위에 해당한다고 볼 수 없다. /
【대법원 요지】 한편, 실용신안권 침해금지가처분에서 금지의 대상이 되는 침해행위는 구체적으로 특정되어야 하는바, /
【대법원 요지】 이러한 가처분의 효력은 그 특정된 침해행위에 대하여만 미칠 뿐 신청인이 피보전권리로 주장한 실용신안권의 권리범위 또는 보호범위에까지 당연히 미치는 것은 아니다.

3. 사안에 대한 대법원의 판단

【대법원 분석】 원심판결의 이유와 기록을 살펴보면, /
【대법원 분석】 고소인인 공소외인(이하 '고소인'이라고만 한다)은 /
【대법원 분석】 2003. 1. 10. '현수막 설치대'를 고안의 명칭으로 하는 실용신안권(등록번호 제○○○○○○호, 이하 '이 사건 등록고안'이라고 한다)에 관한 침해금지 · 예방청구권을 피보전권리로 하여 /
【대법원 분석】 피고인을 상대로 서울지방법원 ○○○○카합○○○○호로, /
【대법원 분석】 "① 피신청인은 '물을 저장하는 받침부재에 양쪽 하부폴대를 삽입 설치할 수 있도록 Y자형의 삽입관이 구비되어 있는 현수막 설치대(이하 '이 사건 제품'이라 한다)'를 생산 · 양도하거나 양도의 청약을 하여서는 아니 된다. /
【대법원 분석】 ② 피신청인은 자신의 본 · 지점 사무소, 영업소, 공장, 창고 등에 보관중인 이 사건 제품에 대한 점유를 풀고 신청인이 위임하는 집행관은 이를 보관하여야 한다. /
【대법원 분석】 ③ 집행관은 위 명령의 취지를 적당한 방법으로 공시하여야 한다"는 /
【대법원 분석】 내용의 이 사건 가처분 결정을 받은 점, /
【대법원 분석】 이 사건 가처분결정 정본에 의하여 고소인으로부터 그 집행위임을 받은 집행관이 위 가처분결정을 집행함에 있어서 이 사건 제품에 대한 생산 등을 금지하는 가처분이 발령되었다는 내용의 고시문을 게시하였을 뿐 /
【대법원 분석】 나아가 이 사건 제품에 대하여 자기의 점유로 옮기는 보관처분을 하지는 아니한 점, /
【대법원 분석】 피고인은 이 사건 가처분결정 후 이 사건 제품이 아닌 ' ㄷ 형태의 삽입관을 구비한 현수막 설치대' 또는 '별도의 삽입관이 없이 V자 형의 삽입홈을 형성하여 하부폴대를 삽입한 현수막 설치대(이하 '피고인 실시주장 제품'이라고 한다)'를 생산하였을 뿐 /
【대법원 분석】 이 사건 제품을 생산 · 양도하는 등의 행위를 하지 아니하였고, /
【대법원 분석】 피고인 실시주장 제품에 관하여 별도로 특허청에 출원을 하여 실용신안권 등록을 받고 그 등록유지결정까지 받은 점 등을 알 수 있다.
【대법원 판단】 사실관계가 위와 같다면, 피고인이 이 사건 가처분 결정에서 금지한 침해행위를 하였

다고 볼 수 없을 뿐만 아니라, /

【대법원 판단】 집행관이 이 사건 제품의 생산 등을 금지하는 부작위명령을 고시하였을 뿐 구체적인 집행행위는 하지 아니한 점 등에 비추어 볼 때 /

【대법원 판단】 피고인이 단순히 위 가처분에 의하여 부과된 부작위명령을 위반하였다는 이유만으로 공무상 표시의 효용을 해하는 행위를 하였다고 볼 수 없다.

【대법원 결론】 그럼에도 불구하고, 원심이 피고인 실시주장 제품은 이 사건 등록고안의 권리범위 내에 속하고 피고인이 위와 같은 제품을 판매함으로써 이 사건 부작위 의무를 위반하였다고 전제한 다음, 이는 공무원이 그 직무에 관하여 실시한 강제처분의 효용을 해하는 행위에 해당한다고 판단한 데에는 /

【대법원 결론】 공무상표시무효죄의 적용 대상 및 실용신안권 침해금지 가처분의 금지대상 등에 관한 법리를 오해하여 판결 결과에 영향을 미친 위법이 있다 할 것이고, 이 점을 지적하는 상고이유의 주장은 이유 있다. (파기 환송)

2005도3034

공무상표시무효죄와 효용침해 – 인정례
골프장 모노레일 사건

2005. 7. 22. 2005도3034, [공보불게재]

1. 사실관계 및 사건의 경과

【사실관계 1】

① P회사는 M컨트리클럽 골프장을 소유하고 있었다.
② P회사는 경영난이 악화되었다.
③ Q회사는 P회사의 M골프장을 경매를 통하여 낙찰받았다.
④ P회사는 M골프장에 대한 지방세를 K시청에 납부하지 못하였다.
⑤ M골프장 안에는 경락전 운영자이던 P회사 소유의 ⓐ모노레일, ⓑ엘리베이터가 있다.
⑥ K시는 ⓐ모노레일, ⓑ엘리베이터에 대해 1차 압류를 실시하여 ㉠봉인을 부착하였다.
⑦ 그런데 ㉠봉인이 [골프장 이용객들에 의하여] 훼손되었다.
⑧ 2003. 6. 30. K시청 세무과 소속 공무원 A, B 등은 K시장의 위임을 받아 ⓐ모노레일, ⓑ엘리베이터를 재차 압류, 봉인하고 그 뜻을 기재한 ㉡압류표시를 부착하였다.
⑨ ㉡압류표지와 함께 압류된 ⓐ모노레일, ⓑ엘리베이터의 사용금지에 대한 고지가 이루어졌다.

【사실관계 2】

① Q회사의 대표이사는 갑이다.
② 2003. 7. 1. 갑은 M골프장을 개장하였다.
③ 입장한 골프장 이용객들은 ⓐ모노레일, ⓑ엘리베이터에 부착된 ㉡압류 · 봉인표시를 무시하고 ⓐ

모노레일, ⓑ엘리베이터를 사용하였다.

④ 갑이 ⓐ모노레일, ⓑ엘리베이터에 부착된 ㉡압류 · 봉인표시를 직접 제거하거나 제3자에게 이를 지시한 증거는 없었다.

【사건의 경과】

① 검사는 다음의 공소사실로 갑을 공무상표시무효죄로 기소하였다.

(가) 주위적 공소사실 : 「(전략) 2003. 7. 1. ⓐ모노레일, ⓑ엘리베이터의 ㉡봉인을 제거하고 압류시설을 사용함으로써 그 효용을 해하였다.」

(나) 예비적 공소사실 : 「(전략) 2003. 7. 1. 골프장을 개장하여 ⓐ모노레일, ⓑ엘리베이터의 압류시설을 사용하게 함으로써 ㉡봉인이 훼손되게 하여 그 효용을 해하였다.」

② (공소사실의 요지는 판례 본문 참조)

③ 갑의 피고사건은 제1심을 거친 후, 항소심에 계속되었다.

④ 항소심법원은 다음과 같이 판단하였다.

(가) 주위적 공소사실 : 무죄

(나) 예비적 공소사실 : 무죄

⑤ (항소심의 판단 이유는 판례 본문 참조)

⑥ 검사는 불복 상고하였다.

2. 공소사실의 요지

【대법원 분석】 가. 이 사건 주위적 공소사실의 요지는, /

【대법원 분석】 피고인은 K시 ○○면 ○○리 소재 Q관광개발 주식회사(이하 '공소외 회사'라고 한다)의 대표이사로서, /

【대법원 분석】 2003. 6. 30. 위 회사가 운영하는 M컨트리클럽 골프장에서 K시청 세무과 소속 A, B 등이 K시장의 위임을 받아 위 골프장의 경락전 운영자이던 P관광개발 주식회사 소유의 모노레일, 엘리베이터(이하 '이 사건 압류시설'이라고 한다)를 압류, 봉인하고 그 뜻을 기재한 표시를 하였음에도 /

【대법원 분석】 2003. 7. 1. 위 봉인을 제거하고 압류시설을 사용함으로써 그 효용을 해하였다는 것이고, /

【대법원 분석】 예비적 공소사실의 요지는 /

【대법원 분석】 피고인이 공소외 회사의 대표이사로서 위 회사가 관리하는 시설물에 대한 압류, 봉인의 조치가 이루어진 사실을 알았으면 이를 훼손하지 않도록 해야 할 의무가 있음에도 불구하고, /

【대법원 분석】 2003. 6. 30. 위와 같은 압류, 봉인의 사실을 인식하면서도 그 훼손을 방지하기 위한 아무런 조치를 취하지 아니한 채 2003. 7. 1. 골프장을 개장하여 위 압류시설을 사용하게 함으로써 /

【대법원 분석】 위 봉인이 훼손되게 하여 그 효용을 해하였다는 것이다.

3. 사안에 대한 항소심의 판단

【대법원 분석】 나. 이에 대하여 원심은, /

【대법원 분석】 주위적 공소사실에 대하여는 /

【대법원 분석】 이 사건 압류시설에 부착된 봉인의 훼손금지의무는 압류채무자 및 소유자를 비롯한 일반인 모두에게 있으므로 /
【대법원 분석】 피고인이 직접 봉인을 제거하거나 제3자에게 이를 지시한 증거가 없는 이상 피고인이 골프장 영업을 개시하였다는 사정만으로 위 봉인의 훼손책임을 물을 수 없다고 보아 무죄로 판단하고, /
【대법원 분석】 예비적 공소사실에 대하여는 /
【대법원 분석】 지방세법 제82조 및 조세징수법 제39조에 따라 압류한 동산을 체납자나 제3자에게 보관하게 하는 경우 그 체납자 또는 보관자는 소극적으로 관할 관청으로부터 사용 · 수익의 허가를 받기 전에는 압류 동산의 사용금지의무가 있다고 인정되나, /
【대법원 분석】 적극적으로 압류의 봉인이 훼손되지 않도록 구체적 조치를 취할 법률상 · 조리상 의무는 인정되지 아니하는 이상 /
【대법원 분석】 피고인에게 그러한 의무가 존재함을 전제로 한 예비적 공소사실도 무죄라고 판단하였다.

4. 사안에 대한 대법원의 판단

(1) 주위적 공소사실에 대한 판단

【대법원 판단】 가. 피고인이 이 사건 압류시설의 보관자 지위에 있는 공소외 회사의 대표이사라고 하더라도 그러한 사실만으로 위 압류물에 행하여진 봉인의 훼손 결과에 대하여 자연인으로서의 피고인이 당연히 공무상표시무효죄의 죄책을 부담하여야 하는 것은 아니라 할 것이고, /
【대법원 판단】 기록상 피고인이 위 봉인을 직접 훼손 혹은 지시하거나 아래 예비적 공소사실에 관한 부분에서 보는 바와 같이 봉인의 훼손이 당연히 예견되는 골프장 개장 및 시설물 작동을 지시하는 등 적극적 작위로서의 위 훼손 혹은 그에 상당하는 행위가 존재함을 인정할 아무런 증거가 존재하지 아니하는 이상 /
【대법원 결론】 이 사건 주위적 공소사실에 대한 입증부족을 이유로 무죄라고 본 제1심의 판단을 그대로 유지한 원심의 조치는 정당한 것으로 수긍되고, 거기에 상고이유에서 주장하는 바와 같은 위법이 있다고 할 수 없다.

(2) 부진정부작위범의 성립요건

【대법원 판단】 나. 그러나 예비적 공소사실에 관한 원심의 판단은 수긍하기 어렵다.
【대법원 요지】 형법이 금지하고 있는 법익침해의 결과발생을 방지할 법적인 작위의무를 지고 있는 자가 그 의무를 이행함으로써 결과발생을 쉽게 방지할 수 있었음에도 불구하고 그 결과의 발생을 용인하고 이를 방관한 채 그 의무를 이행하지 아니한 경우에, /
【대법원 요지】 그 부작위가 작위에 의한 법익침해와 동등한 형법적 가치가 있는 것이어서 그 범죄의 실행행위로 평가될 만한 것이라면, 작위에 의한 실행행위와 동일하게 부작위범으로 처벌할 수 있고, /
【대법원 요지】 여기서 작위의무는 성문법과 불문법, 공법과 사법을 불문하고 법령, 법률행위, 선행행위로 인한 경우는 물론, 기타 신의성실의 원칙이나 사회상규 혹은 조리상 작위의무가 기대되는 경우에도 인정된다 할 것이다.

(3) 압류시설 보관자의 작위의무

【대법원 판단】 원심 판시와 같이 이 사건 압류시설의 보관자 지위에 있는 공소외 회사로서는 위 압류시설을 선량한 관리자로서 보관할 주의의무가 있다 할 것이고, /

【대법원 판단】 그 대표이사로서 위 압류시설이 위치한 골프장의 개장 및 운영 전반에 걸친 포괄적 권한과 의무를 지닌 피고인으로서는 위와 같은 회사의 대외적 의무사항이 준수될 수 있도록 적절한 조치를 취할 위임계약 혹은 조리상의 작위의무가 존재한다고 보아야 할 것인데, /

【대법원 판단】 이러한 작위의무의 내용 중에 불특정의 고객 등 제3자에 의한 위 봉인의 훼손행위를 방지할 일반적 안전조치를 취할 의무까지 있다고 할 수는 없겠지만, /

【대법원 판단】 적어도 위 압류, 봉인에 의하여 사용이 금지된 골프장 시설물에 대하여 위 시설물의 사용 및 그 당연한 귀결로서 봉인의 훼손을 초래하게 될 골프장의 개장 및 그에 따른 압류시설 작동을 제한하거나 그 사용 및 훼손을 방지할 수 있는 적절한 조치를 취할 의무는 존재한다고 보아야 할 것이고, /

【대법원 판단】 그럼에도 피고인이 그러한 조치 없이 위 개장 및 압류시설 작동을 의도적으로 묵인 내지 방치함으로써 예견된 결과를 유발한 경우에는 부작위에 의한 공무상표시무효죄의 성립을 인정할 수 있다고 보아야 할 것이다.

(4) 예비적 공소사실에 대한 대법원의 판단

【대법원 분석】 그런데, 2003. 6. 30.자로 이 사건 압류시설에 대한 압류, 봉인 등의 조치가 이루어졌음을 피고인도 인지한 점, /

【대법원 분석】 골프장 고객들이 아무런 제지 없이 위 압류시설을 사용할 경우 부착된 봉인이 훼손될 위험성이 있는 점, /

【대법원 분석】 그럼에도 피고인이 2003. 7. 1. 골프장 개장을 방치하였고 그 결과 위 압류시설이 사용되고 그 봉인이 훼손된 점은 원심도 인정한 바와 같고, /

【대법원 분석】 한편 기록에 의하면 이 사건 압류, 봉인의 조치는 종전의 1차 압류 후 봉인이 훼손된 데 따른 재봉인 조치로서 그 때문에 특별히 압류시설 사용금지의 고지까지 수반하여 이루어진 점, /

【대법원 분석】 위 압류시설 사용시에 봉인이 훼손된다는 사정 또한 피고인이 이를 인식하고 있었던 점을 알 수 있는바, /

【대법원 판단】 앞서 본 법리 및 위 회사의 대표이사인 피고인에게 인정되는 작위의무의 내용에 비추어 위와 같은 피고인의 부작위(조치의무 불이행)는 위 봉인을 훼손하고 압류시설을 사용함으로써 그 효용을 해하는 적극적 작위로서의 행위와 다름없다고 형법상 평가될 만한 공무상표시무효죄의 실행행위라고 볼 수 있다 할 것이다.

【대법원 결론】 그럼에도 이 사건 예비적 공소사실에 대하여 그 판시와 같은 이유로 무죄를 선고한 원심의 판단에는 회사 대표이사의 부작위에 의한 공무상표시무효죄의 성립에 관한 법리를 오해하여 판결에 영향을 끼친 위법이 있다 할 것이니, 이 점에 관한 상고이유의 주장은 이유 있다 할 것이다. (파기 환송)

2003도3945

공용서류은닉죄와 공용서류 – 인정례
직권남용감금죄와 간접정범 – 인정례
PC방 갈취 사건

2006. 5. 25. 2003도3945, 공 2006, 1196

1. 사실관계 및 사건의 경과

【사실관계 1】

① [사안의 이해를 돕기 위하여 사안의 내용을 일부 임의로 보완함]
② [㉮PC방과 관련하여 건물주 A와 임차인 B 사이에 분쟁이 발생하였다.]
③ [A와 B 사이에 몸싸움이 벌어져서 A가 가벼운 상해를 입었다.]
④ A는 경찰관 갑에게 B가 ㉮PC방을 갈취하였다는 내용의 제보를 하였다.
⑤ 갑은 A의 제보내용을 확인하기 위하여 C의 집으로 갔다.
⑥ 갑은 C의 집에서 C를 상대로 1시간 30분가량 B가 제출한 임대차계약서의 진위 여부, B와 A의 관계 등에 관하여 질문을 하였다.
⑦ C는 갑에게 ㉮PC방 갈취와 관련하여 B의 혐의를 부인하는 유리한 진술을 하였다.

【사실관계 2】

① 갑은 C의 답변을 인쇄된 진술조서 용지에 문답형식으로 기재하였다.
② 갑이 진술을 기재한 분량은 진술조서 용지 3~4장 정도에 이르렀다. (㉠문건)
③ 갑은 C에게 ㉠문건의 내용 확인을 위하여 읽어보고 서명을 하도록 요구하였다.
④ C는 ㉠문건에 서명 · 날인과 무인하는 것을 거부하였다.
⑤ C가 ㉠문건에 서명 · 날인하지 아니하여 ㉠문건은 진술조서로서 완성되지 않았다.

【사실관계 3】

① 갑은 B를 구속하려고 하였으나 상해죄만으로는 구속되기 어렵다고 판단하였다.
② 갑은 B에 대하여 허위의 진술조서를 작성하였다. (㉡진술조서)
③ 갑은 다음과 같은 허위내용의 범죄인지보고서를 작성하였다. (㉢범죄인지보고서)
④ "B에게 사문서위조 및 동행사, 360만 원 상당의 신용카드대금 편취, 200만 원 갈취, 4,000만 원 상당의 PC방 갈취의 혐의가 인정됨"
⑤ 2001. 8. 8. 갑은 ㉡진술조서와 ㉢범죄인지보고서를 첨부하여 ㉢범죄인지보고서 기재의 범죄사실로 구속영장을 신청하였다.
⑥ 갑은 그러나 B에게 유리한 C에 대한 ㉠문건은 첨부하지 않았다.

【사실관계 4】

① 담당 검사는 이러한 사정을 모른 채 B에 대해 구속영장을 청구하였다.
② 2001. 8. 9. 관할법원 영장전담판사는 B에 대한 수사서류 등이 허위작성되거나 누락된 사실을 모른

채 B에 대해 구속영장을 발부하였다.
③ 2001. 8. 9.부터 2001. 9. 4.까지 B는 구속 수감되었다.
④ [그 사이 갑이 작성한 ㉡진술조서와 ㉢범죄인지보고서가 허위임이 드러났다.]
⑤ 2001. 9. 4. B는 검사의 구속취소에 의하여 석방되었다.

【사건의 경과】

① 검사는 갑을 다음의 공소사실로 기소하였다.
  (가) 직권남용감금죄
  (나) 허위공문서작성죄
  (다) 허위작성공문서행사죄
  (라) 공용서류은닉죄
② 제1심법원은 유죄를 인정하였다.
③ 갑은 불복 항소하였다.
④ 항소심법원은 항소를 기각하고, 제1심판결을 유지하였다.
⑤ 갑은 불복 상고하였다.
⑥ 갑은 상고이유로 다음의 점을 주장하였다.
  (가) 갑이 작성한 ㉠문건은 진술조서로서 미완성이고 작성자와 진술자가 서명, 날인 또는 무인한 것이 아니어서 공문서로서의 효력이 없다.
  (나) 갑은 ㉠문건이 효력이 없는 공문서라고 판단하여 B에 대한 구속영장청구서류에 ㉠문건을 첨부하지 아니한 것이다.
  (다) 따라서 갑에게 공용서류은닉에 대한 고의가 없다.
  (라) B는 적법하게 발부된 구속영장에 의하여 구속된 것이므로 직권남용감금죄에 해당하지 않는다.

2. 공용서류은닉죄 부분에 판단

【대법원 요지】 형법 제141조 제1항이 규정하고 있는 공용서류은닉죄에 있어서의 범의란 피고인에게 공무소에서 사용하는 서류라는 사실과 이를 은닉하는 방법으로 그 효용을 해한다는 사실의 인식이 있음으로써 족하고, /

【대법원 요지】 경찰이 작성한 진술조서가 미완성이고 작성자와 진술자가 서명·날인 또는 무인한 것이 아니어서 공문서로서의 효력이 없다고 하더라도 공무소에서 사용하는 서류가 아니라고 할 수는 없다.

【대법원 분석】 원심은, 공소외 C의 검찰 및 제1심법정에서의 진술에 의하면, /

【대법원 분석】 피고인 갑이 공소외 C의 집에서 공소외 A의 제보내용처럼 공소외 B가 PC방을 갈취하였는지 여부를 확인하기 위하여 공소외 C를 상대로 1시간 30분 가량 공소외 B가 제출한 임대차계약서의 진위 여부, 공소외 B와 공소이 A의 관계 등에 관하여 질문을 하고 이에 대한 공소외 C의 답변을 인쇄된 진술조서 용지에 문답형식으로 기재한 후, /

【대법원 분석】 공소외 C에게 그 내용의 확인을 위하여 읽어보고 서명을 하도록 요구하였으며, 그 기재한 수량이 3~4장 정도였던 사실이 인정된다는 이유로, /

【대법원 판단】 공소외 C에 대한 진술조서를 수사기록에 편철하지 않고 숨김으로써 공문서를 은닉하

였다는 이 부분 공소사실을 유죄로 인정한 제1심판결을 유지하였는바, /

【대법원 결론】 앞서 본 법리에 비추어 기록을 살펴보면, 이러한 원심의 조치도 옳고, 거기에 채증법칙을 위배하여 사실을 오인하거나 공용서류은닉죄에 관한 법리를 오해한 위법이 있다고 할 수 없다.

3. 직권남용감금죄 부분에 대한 판단

【대법원 요지】 감금죄는 간접정범의 형태로도 행하여질 수 있는 것이므로, /

【대법원 요지】 인신구속에 관한 직무를 행하는 자 또는 이를 보조하는 자가 피해자를 구속하기 위하여 진술조서 등을 허위로 작성한 후 이를 기록에 첨부하여 구속영장을 신청하고, /

【대법원 요지】 진술조서 등이 허위로 작성된 정을 모르는 검사와 영장전담판사를 기망하여 구속영장을 발부받은 후 그 영장에 의하여 피해자를 구금하였다면 형법 제124조 제1항의 직권남용감금죄가 성립한다고 할 것이다.

【대법원 분석】 원심은, 피고인들이 상해죄만으로는 구속되기 어려운 공소외 B에 대하여 허위의 진술조서를 작성하고, 공소외 B의 혐의없음이 입증될 수 있는 유리한 사실의 확인결과, 참고자료 및 공용서류인 공소외 C에 대한 참고인 진술조서 등을 구속영장신청기록에 누락시키는 한편, /

【대법원 분석】 공소외 B에게 사문서위조 및 동행사, 360만 원 상당의 신용카드대금 편취, 200만 원 갈취, 4,000만 원 상당의 PC방 갈취의 혐의가 인정된다는 허위내용의 범죄인지보고서를 작성한 다음, /

【대법원 분석】 2001. 8. 8. 위와 같은 범죄사실로 구속영장을 신청하여 그 정을 모르는 담당 검사로 하여금 구속영장을 청구하게 하고, /

【대법원 분석】 같은 해 8. 9. 수사서류 등이 허위작성되거나 누락된 사실을 모르는 P지방법원 영장전담판사로부터 구속영장을 발부받아 같은 날부터 공소외 B가 검사의 구속취소에 의하여 석방된 같은 해 9. 4.까지 구속 · 수감되게 함으로써 /

【대법원 판단】 직권을 남용하여 공소외 B를 감금하였다는 이 부분 공소사실을 유죄로 인정한 제1심판결을 유지하였는바, /

【대법원 결론】 앞서 본 법리에 비추어 기록을 살펴보면, 이러한 원심의 조치는 옳고, 거기에 직권남용감금죄에 관한 법리를 오해한 위법이 있다고 할 수 없다. (상고 기각)

2010도13609

공용물건손상죄 – 인정례
외통위 출입문 해머 사건

2013. 6. 13. 2010도13609, 공 2013하, 1266

1. 사실관계 및 사건의 경과

【사실관계】

① 한미 FTA 비준동의안에 대한 국회 외교통상 상임위원회(외통위)의 의안 처리가 임박하였다.

② 갑 등은 P정당의 당직자들이다.
③ 갑 등은 외통위에 의안 상정 자체를 저지하기로 하였다.
④ 갑 등의 방해행위를 저지하기 위하여 국회 사무처는 외통위 출입문을 봉쇄하였다.
⑤ 갑 등은 회의장에 들어가기 위하여 다음의 행동을 하였다. (㉠행위)
(가) 해머로 출입문을 수회 쳐서 부수어 출입문을 떼어내었다.
(나) 그 안쪽에 바리케이드로 쌓여있던 책상, 탁자 등 집기를 밀치거나 잡아당겨 부수었다.
(다) 소화전에 연결된 소방호스를 이용하여 바리케이드 틈 사이로 회의장 내에 물을 분사하였다.

【사건의 경과】

① 검사는 갑 등을 다음의 공소사실로 기소하였다.
(가) 공용물건손상
(나) 국회회의장소동
② (관련되는 공무집행방해 부분은 고찰에서 생략함)
③ 갑 등의 피고사건은 제1심을 거친 후, 항소심에 계속되었다.
④ 항소심법원은 유죄를 선고하였다.
⑤ 갑 등은 불복 상고하였다.
⑥ 갑 등은 상고이유로 다음의 점을 주장하였다.
(가) ㉠행위는 [국민 정서상] 사회상규에 반하지 않는다.
(나) ㉠행위는 [국익을 지키기 위한] 긴급피난에 해당한다.

2. 사회상규의 요건

【대법원 요지】 가. 형법 제20조에 규정된 '사회상규에 위배되지 아니하는 행위'라 함은 /
【대법원 요지】 법질서 전체의 정신이나 그 배후에 놓여 있는 사회윤리 내지 사회통념에 비추어 용인될 수 있는 행위를 말하고, /
【대법원 요지】 어떠한 행위가 사회상규에 위배되지 아니하는 정당한 행위로서 위법성이 조각되는 것인지는 구체적인 사정 아래에서 합목적적, 합리적으로 고찰하여 개별적으로 판단되어야 하므로, /
【대법원 요지】 이와 같은 정당행위를 인정하려면 /
【대법원 요지】 첫째 그 행위의 동기나 목적의 정당성, /
【대법원 요지】 둘째 행위의 수단이나 방법의 상당성, /
【대법원 요지】 셋째 보호이익과 침해이익과의 법익 균형성, /
【대법원 요지】 넷째 긴급성, /
【대법원 요지】 다섯째 그 행위 외에 다른 수단이나 방법이 없다는 보충성 /
【대법원 요지】 등의 요건을 갖추어야 한다. /

3. 긴급피난의 요건

【대법원 요지】 또한 형법 제22조 제1항의 긴급피난이란 자기 또는 타인의 법익에 대한 현재의 위난을 피하기 위한 상당한 이유 있는 행위를 말하고, /

【대법원 요지】 여기서 '상당한 이유 있는 행위'에 해당하려면, /
【대법원 요지】 첫째 피난행위는 위난에 처한 법익을 보호하기 위한 유일한 수단이어야 하고, /
【대법원 요지】 둘째 피해자에게 가장 경미한 손해를 주는 방법을 택하여야 하며, /
【대법원 요지】 셋째 피난행위에 의하여 보전되는 이익은 이로 인하여 침해되는 이익보다 우월해야 하고, /
【대법원 요지】 넷째 피난행위는 그 자체가 사회윤리나 법질서 전체의 정신에 비추어 적합한 수단일 것을 요하는 등의 요건을 갖추어야 한다.

4. 사안에 대한 대법원의 분석

【대법원 분석】 나. 원심판결 이유에 의하면, /
【대법원 분석】 피고인들은 공소외 1 등과 공동하여 2008. 12. 18. 10:30경부터 13:30경까지 사이에 국회 외교통상 상임위원회(이하 '외통위'라 한다) 회의장 앞 복도에서 /
【대법원 분석】 성명불상의 민주당 및 민주노동당 의원, 의원 보좌직원, 당직자 등과 함께 봉쇄된 회의장 출입구를 뚫을 목적으로, /
【대법원 분석】 피고인 3은 해머로 출입문을 수회 쳐서 부수고, /
【대법원 분석】 피고인 2, 피고인 4, 피고인 5는 각자 해머로 출입문을 수회 치고 떼어낸 후 그 안쪽에 바리케이드로 쌓여있던 책상, 탁자 등 집기를 밀치거나 잡아당겨 부수고, /
【대법원 분석】 공소외 1은 출입문을 양손으로 젖혀 떼어낸 후 그 안쪽에 쌓여있던 소파 등 집기를 해머로 쳐서 부수고, /
【대법원 분석】 민주당 국회의원 보좌직원들인 공소외 2, 공소외 3은 각자 출입문 안쪽에 쌓여있던 탁자 등 집기를 밀치거나 잡아당겨 부수고, /
【대법원 분석】 피고인 1은 출입문 안쪽에 쌓여있던 탁자를 전동그라인더를 이용하여 부순 사실, /
【대법원 분석】 피고인 2는 2008. 12. 18. 13:45경 국회 외교통상 상임위원회 회의장 앞 복도에서 위와 같이 회의장 출입구 확보를 위한 시도가 실패로 돌아가자, /
【대법원 분석】 한미자유무역협정 비준동의안의 상정 등 심의를 방해하기 위해 /
【대법원 분석】 민주당 국회의원 보좌직원들인 공소외 3, 공소외 4와 함께 교대로 소화전에 연결된 소방호스를 이용하여 바리케이드 틈 사이로 회의장 내에 물을 분사한 사실을 알 수 있다.

5. 사안에 대한 대법원의 판단

【대법원 판단】 이를 앞서 본 법리와 기록에 비추어 살펴보면, /
【대법원 판단】 우선 피고인들의 위와 같은 행위가 공용물건손상죄 및 국회회의장소동죄의 구성요건에 해당한다는 점은 너무나 명백하고, /
【대법원 판단】 국민의 대의기관인 국회에서 서로의 의견을 경청하고 진지한 토론과 양보를 통하여 더욱 바람직한 결론을 도출하는 합법적 절차를 외면한 채 /
【대법원 판단】 곧바로 폭력적 행동으로 나아간 피고인들의 행위는 /
【대법원 판단】 그 방법이나 수단에 있어서도 상당성의 요건을 갖추지 못하였다고 할 것이므로 /

【대법원 판단】 이를 위법성이 조각되는 정당행위나 긴급피난의 요건을 갖춘 행위로 평가하기도 어렵다.

【대법원 결론】 따라서 원심의 이유설시에 일부 적절하지 아니한 부분이 없지 않으나, /

【대법원 결론】 피고인들의 위법성조각사유 주장을 배척하고 이 부분 공소사실을 모두 유죄로 판단한 원심의 결론은 정당하다. 이와 관련된 상고이유는 모두 받아들일 수 없다. (상고 기각)

【코멘트】 본 판례는 사회상규와 긴급피난의 논점을 담고 있어서 형법총론 분야에 속하는 것이라고 할 수 있다. 그러나 본 판례를 여기에서 소개한 것은 공용물건손상죄와 손괴죄의 관계를 부각시키기 위함이다. 본 판례에서 대법원은 공용물건손상죄와 국회회의장소동죄의 구성요건해당성을 인정하고 있다. 우리 형법은 일본 개정형법가안의 영향을 받아 사인 소유 물건에 대한 손괴죄와 공용물건손상죄를 구별하여 규정하고 있다. 개인적 법익 분야에 속하는 손괴죄의 경우에는 법정형이 3년 이하의 징역 또는 7백만원 이하의 벌금으로 규정되어 있다(형법 제366조). 이에 대해 공용물건손상죄는 공무방해죄의 일종으로 규정되어 있으며, 7년 이하의 징역 또는 1천만원 이하의 벌금으로 처벌된다(형법 제141조 제1항). 공용물건손상죄는 국가적 법익에 관한 죄이므로 손괴죄와 달리 피해자의 승낙 규정(형법 제24조)이 적용되지 않는다.

2007도5207

재물손괴죄와 재물 – 인정례
재건축 아파트 철거 사건

2007. 9. 20. 2007도5207, 공 2007, 1721

☞ 722면

83도1405

공무상보관물무효죄와 보관명령 – 부정례
배임죄와 사무처리자 – 부정례
예금채권 가압류 사건

1983. 7. 12. 83도1405, 공 1983, 1301

1. 사실관계 및 사건의 경과

【사실관계】

① A는 B에 대하여 받을 ㉠채권을 가지고 있다.

② B는 P은행에 대하여 ⓛ예금채권을 가지고 있다.
③ A는 B의 P은행에 대한 ⓛ예금채권에 대해 관할법원에 채권가압류 신청을 하였다.
④ 관할법원은 다음 내용의 ⓐ가압류 결정을 내렸다. (☞문서례 6번 참조)
⑤ "제3채무자(P은행)는 채무자(B)에 대한 채무(ⓛ예금채권)의 지급을 하여서는 아니된다."
⑥ ⓐ가압류결정의 정본은 P은행 측에 송달되었다.
⑦ 갑은 P은행 Q지점의 지점장(상법상 지배인)이다.
⑧ 갑은 B가 ⓛ예금채권을 인출하려고 하자 ⓐ가압류결정이 있음을 알면서도 돈을 내주었다.

【사건의 경과】

① 검사는 갑을 다음의 공소사실로 기소하였다.
(가) ⓐ가압류결정을 무시한 부분 : 공무상보관물무효죄
(나) B에게 예금을 내주어 A에게 손해를 끼친 부분 : 배임죄
② 갑의 피고사건은 제1심을 거친 후, 항소심에 계속되었다.
③ 항소심법원은 다음과 같이 판단하였다.
(가) 공무상보관물무효죄 : 무죄
(나) 배임죄 : 무죄
④ 검사는 불복 상고하였다.

2. 공무상보관물무효죄 부분에 대한 판단

【대법원 판단】 피고인이 이 사건 채권가압류 신청사건의 제3채무자인 P은행의 지배인으로서 제3채무자는 채무자에 대한 채무의 지급을 하여서는 아니된다는 내용등의 가압류결정정본의 송달을 받은 것이 /

【대법원 판단】 형법 제142조 소정의 공무소로부터 보관명령을 받은 경우에 해당한다고 할 수 없는 것이므로 /

【대법원 결론】 이와 같은 취지에서 피고인이 위 법조소정의 공무상 보관명령을 받은 자임을 전제로 한 이 사건 공소사실은 더 나아가 판단할 것도 없이 죄가 되지 아니한다고 판단한 원심판결은 정당하고 이와 반대의 견해에 입각하여 원심판결을 비난하는 논지는 채용할 수 없다.

3. 배임죄 부분에 대한 판단

【대법원 분석】 채권가압류명령이 송달된 후에는 제3채무자는 채무자에게의 지급이 금지되고 /

【대법원 분석】 제3채무자가 이에 위반하여 채무자에게 지급하거나 그 후에 취득한 자동채권으로 상계하더라도 채권자에게 대항할 수 없고 /

【대법원 분석】 추심 또는 전부명령을 받은 채권자로부터 변제의 청구를 받으면 이를 거절할 수 없으나 /

【대법원 판단】 그렇다고 하여 제3채무자의 지배인인 피고인이 채권자의 사무를 처리하는 자라고 볼 수 없고 /

【대법원 판단】 그 지급을 금지당하였다가 추심명령이나 전부명령을 받은 채권자에게 지급하는 것은

피고인측의 사무이지 타인의 사무라고도 볼 수 없으니 /
【대법원 판단】 피고인이 위 채권자의 사무를 처리하는 자임을 전제로 하는 배임죄도 성립할 수 없는 것이므로 이와 같은 취지의 원심판결은 정당하고, 이와 반대의 견해에 입각하여 원심판결을 비난하는 논지도 채용할 수 없다. (상고 기각)

제 9 장 도주와 범인은닉의 죄

제 1 도주의 죄

2005도6810

도주죄와 법률에 의한 구금 – 부정례
절도범 동생 도주 사건

2006. 7. 6. 2005도6810, 공 2006, 1572

1. 사실관계 및 사건의 경과

【사실관계 1】

① 갑은 을녀의 동생이다.

② P경찰서 관내에서 ㉠수표가 도난되는 사건이 발생하였다.

③ 경찰관 A는 ㉠수표를 소지하고 있던 을녀를 임의동행 형식으로 P경찰서로 데리고 와서 조사를 하였다.

④ 을녀는 "동생 갑이 ㉠수표를 나에게 주었다."고 말하였다.

⑤ 경찰관 A는 을녀의 진술을 확인하고, 다른 경찰관 3명과 함께 인접한 Q시 M동에 있는 갑의 집으로 갔다.

【사실관계 2】

① A 등 4명의 경찰관은 갑의 집 부근에서 약 10시간 동안 잠복근무를 한 끝에 새벽에 집으로 귀가하는 갑을 발견하였다.

② A 등 4명의 경찰관은 한꺼번에 차에서 내려 집 앞에 당도한 갑에게 다가갔다.

③ 경찰관 A는 갑에게 누나 을녀가 이야기한 절도 사실에 대하여 고지하였다.

④ 갑은 혐의내용을 완강히 부인하였다.

⑤ 경찰관 A는 갑에게 P경찰서로의 동행을 요구하면서 다음과 같이 말하였다.

⑥ "경찰서에 가서 확인을 해 보고 갑의 이야기가 맞으면 그냥 돌아가도 좋다."

⑦ 이때 A 등 경찰관은 갑에게 동행요구에 응하지 않아도 된다는 점을 고지하지 않았다.

【사실관계 3】

① A 등 4명의 경찰관은 갑을 임의동행 형식으로 P경찰서에 데리고 갔다.

② A 등 4명의 경찰관이 갑을 임의동행한 시각은 동틀 무렵인 새벽 06:00경이었다.

③ 갑이 P경찰서에 도착한 후 화장실에 갈 때에도 경찰관 1명이 따라와 감시하였다. (갑의 진술임)

④ 경찰관 A는 갑이 P경찰서에 온 다음 6시간 상당이 경과한 이후에 긴급체포의 절차를 밟아 갑을 긴급체포하였다.

⑤ 긴급체포된 갑은 P경찰서에 있다가 틈을 타서 P경찰서로부터 몰래 도망쳐 버렸다.

⑥ 이후 갑은 다시 체포되었다.

【사실관계 4】

① 갑의 도주 사건이 발생한 후 검찰에서 담당 경찰관들에 대해 조사를 하였다.

② 경찰관 A는 1회 검찰진술에서 다음과 같이 진술하였다.

(가) 을녀를 임의동행 형식으로 P경찰서에 데리고 온 사실이 있다.

(나) 을녀의 진술을 확인하고, 갑을 검거하기 위하여 Q시 M동 소재 갑의 집에 출장을 가서 갑을 긴급체포하면서 검거하게 되었다.

③ 경찰관 A는 2회 검찰진술에서 다음과 같이 진술하였다.

(가) 을녀의 진술서와 진술조서를 근거로 하여 갑을 현장에서 긴급체포하려고 하였다.

(나) 그러나 갑이 혐의사실을 완강히 부인하고, 을녀의 진술 외에 확실한 증거가 없었다.

(다) 이 때문에 현장에서 바로 갑을 긴급체포하면 보강증거를 찾기에 시간이 너무 부족한 것 같았다.

(라) 그래서 갑의 동의를 얻은 후 임의동행하려고 하였다.

【사건의 경과 1】

① 검사는 갑과 을녀를 다음과 같이 기소하였다.

(가) 갑 : 도주죄

(나) 을녀 : 절도죄

② 제1심법원은 다음과 같이 판단하였다.

(가) 갑 : 도주죄 : 무죄

(나) 을녀 : 절도죄 : 유죄

③ 을녀는 유죄 부분에 불복 항소하였다.

④ 검사는 갑에 대한 무죄 부분에 불복 항소하였다.

【사건의 경과 2】

① 항소심법원은 항소를 기각하고, 제1심판결을 유지하였다.

② 항소심법원은 판단 이유로 다음의 점을 들었다.

(가) A 등 경찰관의 갑에 대한 동행은 임의성을 결여하였다.

(나) A 등 경찰관이 갑을 동행한 것의 실질은 영장을 발부받지도 않은 채 이루어진 강제연행, 즉 체포에 해당한다.

(다) 불법한 강제연행 후에 이루어진 갑의 긴급체포는 적법한 것으로 볼 수 없다.

(라) 불법하게 체포된 갑은 형법 제145조 제1항 소정의 도주죄의 주체가 될 수 없다.

【사건의 경과 3】

① 검사는 불복 상고하였다.

② 을녀는 상고하지 않았다.

③ 검사는 상고이유로 다음의 점을 주장하였다.

(가) 사법경찰관 A가 갑을 동행할 당시에 물리력을 행사한 바가 없었다.

(나) 갑이 명시적으로 동행 거부의사를 표명한 적이 없다.

(다) 이후 적법한 긴급체포 절차를 밟아 갑을 긴급체포하였다.

(라) 갑은 적법하게 긴급체포된 자이므로 도주죄의 주체에 해당한다.

2. 임의동행의 허용한계

【대법원 요지】 1. 형사소송법 제199조 제1항은 "수사에 관하여 그 목적을 달성하기 위하여 필요한 조사를 할 수 있다. 다만, 강제처분은 이 법률에 특별한 규정이 있는 경우에 한하며, 필요한 최소한도의 범위 안에서만 하여야 한다."고 규정하여 임의수사의 원칙을 명시하고 있는바, /

【대법원 요지】 수사관이 수사과정에서 당사자의 동의를 받는 형식으로 피의자를 수사관서 등에 동행하는 것은, /

【대법원 요지】 상대방의 신체의 자유가 현실적으로 제한되어 실질적으로 체포와 유사한 상태에 놓이게 됨에도, /

【대법원 요지】 영장에 의하지 아니하고 그 밖에 강제성을 띤 동행을 억제할 방법도 없어서 /

【대법원 요지】 제도적으로는 물론 현실적으로도 임의성이 보장되지 않을 뿐만 아니라, /

【대법원 요지】 아직 정식의 체포 · 구속단계 이전이라는 이유로 상대방에게 헌법 및 형사소송법이 체포 · 구속된 피의자에게 부여하는 각종의 권리보장 장치가 제공되지 않는 등 /

【대법원 요지】 형사소송법의 원리에 반하는 결과를 초래할 가능성이 크므로, /

【대법원 요지】 수사관이 동행에 앞서 피의자에게 동행을 거부할 수 있음을 알려 주었거나 /

【대법원 요지】 동행한 피의자가 언제든지 자유로이 동행과정에서 이탈 또는 /

【대법원 요지】 동행장소로부터 퇴거할 수 있었음이 인정되는 등 /

【대법원 요지】 오로지 피의자의 자발적인 의사에 의하여 수사관서 등에의 동행이 이루어졌음이 /

【대법원 요지】 객관적인 사정에 의하여 명백하게 입증된 경우에 한하여, /

【대법원 요지】 그 적법성이 인정되는 것으로 봄이 상당하다. /

【대법원 요지】 형사소송법 제200조 제1항에 의하여 검사 또는 사법경찰관이 피의자에 대하여 임의적 출석을 요구할 수는 있겠으나, /

【대법원 요지】 그 경우에도 수사관이 단순히 출석을 요구함에 그치지 않고 /

【대법원 요지】 일정 장소로의 동행을 요구하여 실행한다면 위에서 본 법리가 적용되어야 할 것이고, /

【대법원 요지】 한편 행정경찰 목적의 경찰활동으로 행하여지는 경찰관직무집행법 제3조 제2항 소정의 질문을 위한 동행요구도 /

【대법원 요지】 형사소송법의 규율을 받는 수사로 이어지는 경우에는 /

【대법원 요지】 역시 위에서 본 법리가 적용되어야 할 것이다.

3. 사안에 대한 대법원의 분석

【대법원 분석】 2. 원심이 적법하게 인정한 다음과 같은 사정, 즉 /

【대법원 분석】 ① 경찰관들이 피고인을 동행한 시각이 동틀 무렵인 새벽 06:00경이었고, 그 장소는 피고인의 집 앞이었으며, /

【대법원 분석】 그 동행의 방법도 4명의 경찰관들이 피고인의 집 부근에서 약 10시간 동안 잠복근무를 한 끝에 새벽에 집으로 귀가하는 피고인을 발견하고 4명이 한꺼번에 차에서 내려 피고인에게 다가가 피의사실을 부인하는 피고인을 동행한 것인 점, /

【대법원 분석】 ② 피고인을 동행한 경찰관 공소외 A가 1회 검찰진술에서 /

【대법원 분석】 "공소외 을(피고인의 누나로서 도난당한 수표를 피고인으로부터 건네받았다고 진술하였다)는 임의동행 형식으로 P경찰서로 데리고 온 사실이 있고, /

【대법원 분석】 공소외 을의 진술을 확인하고 피의자 갑을 검거하기 위하여 Q시 M동 소재 갑의 집에 출장을 가서 피의자 갑을 긴급체포하면서 검거하게 되었다."라고 진술하여 /

【대법원 분석】 원심상피고인 공소외 을에 대해서는 임의동행하였다고 하면서 /

【대법원 분석】 피고인의 경우는 긴급체포하였다는 식으로 양자를 구별하였고, /

【대법원 분석】 2회 검찰진술에서는 /

【대법원 분석】 "공소외 을의 진술서와 진술조서를 근거로 하여 현장에서 긴급체포하려고 하였으나 갑이 혐의사실을 완강히 부인하고, /

【대법원 분석】 공소외 을의 진술 외에 확실한 증거가 없었기 때문에 현장에서 바로 피고인을 긴급체포하면 보강증거를 찾기에는 시간이 너무 부족한 것 같아 /

【대법원 분석】 갑의 동의를 얻은 후 임의동행하려고 하였던 것입니다."라고 진술하는 등 /

【대법원 분석】 애당초 피고인을 긴급체포할 의사로 피고인의 집으로 간 것으로 보이는 점, /

【대법원 분석】 ③ 공소외 A는 동행을 요구할 당시 피고인에게 공소외 을이 이야기한 절도 사실에 대하여 고지하니 피고인이 혐의내용을 완강히 부인하여 경찰서에 가서 확인을 해 보고 피고인의 이야기가 맞으면 그냥 돌아가도 좋다고 설득하였다고 진술하면서도 /

【대법원 분석】 피고인에게 동행 요구에 응하지 않아도 된다는 점을 고지하였음을 인정할 만한 진술은 하고 있지 않는 반면에, /

【대법원 분석】 피고인은 원심법정에서 당시 경찰관들로부터 동행 요구에 대해 거부할 수 있다는 것을 사전에 고지받은 적이 없다고 진술하는 등, /

【대법원 분석】 경찰관들이 동행을 요구할 당시 피고인에게 그 요구를 거부할 수 있음을 말해주지 않은 것으로 보이는 점, /

【대법원 분석】 ④ 피고인이 원심 법정에서 경찰서에서 화장실에 갈 때도 경찰관 1명이 따라와 감시했다고 진술한 점 등에 비추어 /

【대법원 분석】 피고인이 경찰서에 도착한 이후의 상황도 피고인이 임의로 퇴거할 수 있는 상황은 아니었던 것으로 보이는 점 등 제반 사정에 비추어 보면, /

4. 사안에 대한 대법원의 판단

【대법원 판단】 비록 사법경찰관이 피고인을 동행할 당시에 물리력을 행사한 바가 없고, 피고인이 명시적으로 거부의사를 표명한 적이 없다고 하더라도, /

【대법원 판단】 사법경찰관이 피고인을 수사관서까지 동행한 것은 /
【대법원 판단】 위에서 본 적법요건이 갖추어지지 아니한 채 /
【대법원 판단】 사법경찰관의 동행 요구를 거절할 수 없는 심리적 압박 아래 행하여진 사실상의 강제연행, /
【대법원 판단】 즉 불법 체포에 해당한다고 보아야 할 것이고, /
【대법원 판단】 사법경찰관이 그로부터 6시간 상당이 경과한 이후에 비로소 피고인에 대하여 긴급체포의 절차를 밟았다고 하더라도 /
【대법원 판단】 이는 동행의 형식 아래 행해진 불법 체포에 기하여 사후적으로 취해진 것에 불과하므로, /
【대법원 판단】 그와 같은 긴급체포 또한 위법하다고 아니할 수 없다.
【대법원 판단】 따라서 피고인은 불법체포된 자로서 형법 제145조 제1항 소정의 '법률에 의하여 체포 또는 구금된 자'가 아니어서 도주죄의 주체가 될 수 없다.
【대법원 분석】 3. 원심은 /
【대법원 분석】 이 사건 피고인에 대한 동행이 임의성을 결여하였고, /
【대법원 분석】 따라서 그 실질은 영장을 발부받지도 않은 채 이루어진 강제연행 즉 체포에 해당하며, /
【대법원 분석】 이에 이은 긴급체포도 적법한 것으로 볼 수 없다고 보아 /
【대법원 분석】 피고인이 형법 제145조 제1항 소정의 도주죄의 주체가 될 수 없다는 이유로, /
【대법원 분석】 피고인에 대하여 무죄를 선고한 제1심을 유지하였다. /
【대법원 판단】 원심이 이 사건 피고인에 대한 수사관서로의 동행이 부적법하다고 판단함에 있어서 설시한 이유는 위의 법리와는 다소 달라 적절하지 아니한 점이 없지 아니하나, /
【대법원 결론】 피고인에 대한 수사관서로의 동행과 이에 이은 긴급체포를 불법으로 보아 피고인에 대한 도주의 공소사실을 무죄로 판단한 조치는 결론에 있어 정당하다고 할 것이므로, 원심판결에 판결결과에 영향을 미친 법리오해 등의 위법이 있다고 할 수 없다. (상고 기각)

91도1656

도주원조죄와 도주원조 - 부정례
용병원 탈주 사건

1991. 10. 11. 91도1656, 공 1991, 2762

1. 사실관계 및 사건의 경과

【사실관계】

① 갑은 형, 을은 동생으로 형제간이다.

② 동생 을은 ㉮형사사건으로 P시 소재 용병원에서 간수자를 폭행하고 병원에서 달아났다.
③ 용병원에서 나온 을은 형 갑에게 연락하였다.
④ 형 갑은 동생 을이 보다 멀리 서울로 도피할 수 있도록 을 소유의 ㉠승용차를 가져다주었다.

【사건의 경과】

① 검사는 갑을 도주원조죄로 기소하였다.
② 갑의 피고사건은 제1심을 거친 후, 항소심에 계속되었다.
③ 항소심법원은 무죄를 선고하였다.
④ 검사는 불복 상고하였다.

2. 도주죄와 도주원조죄의 관계

【대법원 요지】 도주죄는 즉시범으로서 범인이 간수자의 실력적 지배를 이탈한 상태에 이르렀을 때에 기수가 되어 도주행위가 종료하는 것이고, /

【대법원 요지】 도주원조죄는 도주죄에 있어서의 범인의 도주행위를 야기시키거나 이를 용이하게 하는 등 그와 공범관계에 있는 행위를 독립한 구성요건으로 하는 범죄이므로, /

【대법원 요지】 도주죄의 범인이 도주행위를 하여 기수에 이르른 이후에 범인의 도피를 도와주는 행위는 범인도피죄에 해당할 수 있을 뿐 도주원조죄에는 해당하지 아니한다.

3. 사안에 대한 대법원의 판단

【대법원 판단】 원심판결 이유에 의하면, 원심은 피고인의 동생인 공소외인이 수감되어 있던 P시 소재 용병원에서 간수자를 폭행하고 병원에서 탈주함으로써 동인의 도주죄는 기수에 달하였다고 보고, /

【대법원 판단】 그 후 일단 구금시설로부터의 탈주에 성공한 공소외인이 보다 멀리 서울로 도피할 수 있도록 공소외인 소유의 승용차를 인도하게 하여 준 피고인의 이 사건 행위는 /

【대법원 판단】 공소외인의 도주범행이 종료된 이후의 행위로서 도주원조죄에는 해당하지 아니한다고 판시하였는바, /

【대법원 결론】 원심의 이와 같은 판시는 앞에 설시한 법리에 비추어 정당하고, 거기에 소론이 지적하는 바와 같은 법리오해 등의 위법이 있다 할 수 없다. 논지는 이유 없다. (상고 기각)

【코멘트】 본 판례에서 한 가지 주목할 점은 검사가 갑을 범인도피죄로 기소하지 않았다는 점이다. 범인도피죄의 경우에는 형법 제151조 제2항이 규정한 친족간의 특례가 적용된다. 검사는 이 점을 의식하여 형인 갑을 동생 을의 도주행위에 대한 방조죄, 즉 도주원조죄로 기소한 것으로 보인다. 그러나 본 판례에서 나타나는 바와 같이 도주죄는 즉시범이므로 도주 이후에 도피를 도와주는 행위는 도주원조죄에 해당하지 않는다.

제 2 범인은닉의 죄

2003도4533

범인도피죄와 죄를 범한 자 – 인정례
증거인멸죄와 타인의 형사사건 – 인정례
사실혼 배우자 출국 사건

2003. 12. 12. 2003도4533, 공 2004, 275

1. 사실관계 및 사건의 경과

【사실관계】

① 갑과 을은 사실혼관계에 있다.
② 갑은 [음주 후] ㉠차량을 운전하고 가다가 교통사고를 내었다.
③ 을은 사고 차량인 ㉠차량을 현장에서 치워 수리하도록 하였다.
④ 을은 갑을 외국으로 출국시켰다.

【사건의 경과】

① 검사는 을을 증거인멸죄 및 범인도피죄로 기소하였다.
② 제1심법원은 유죄를 인정하였다.
③ 을은 불복 항소하였다.
④ 항소심법원은 항소를 기각하고, 제1심판결을 유지하였다.
⑤ 을은 불복 상고하였다.
⑥ 을은 상고이유로 다음의 점을 주장하였다.
(가) 을의 행위는 갑이 아직 범인으로 지목되어 수사가 개시되기 전에 이루어진 것이다.
(나) 범인에 대한 수사가 개시된 바 없으므로 을의 행위는 증거인멸죄나 범인도피죄에 해당하지 않는다.
(다) 갑과 을은 사실혼관계에 있으므로 친족 간의 특례가 적용된다.

2. 범인도피죄와 죄를 범한 자

【대법원 요지】 1. 형법 제151조에서 규정하는 범인도피죄는 범인은닉 이외의 방법으로 범인에 대한 수사, 재판 및 형의 집행 등 형사사법의 작용을 곤란 또는 불가능하게 하는 행위를 말하는 것으로서 그 방법에는 어떠한 제한이 없고, /

【대법원 요지】 또 위 죄는 위험범으로서 현실적으로 형사사법의 작용을 방해하는 결과가 초래될 것이 요구되지 아니하므로, /

【대법원 요지】 형법 제151조 제1항의 이른바, 죄를 범한 자라 함은 범죄의 혐의를 받아 수사대상이 되어 있는 자를 포함하며, /

【대법원 요지】 나아가 벌금 이상의 형에 해당하는 죄를 범한 자라는 것을 인식하면서도 도피하게 한

경우에는 /

【대법원 요지】 그 자가 당시에는 아직 수사대상이 되어 있지 않았다고 하더라도 범인도피죄가 성립한다고 할 것이고, /

3. 증거인멸죄와 타인의 형사사건

【대법원 요지】 한편, 증거인멸죄에 관한 형법 제155조 제1항의 이른바, 타인의 형사사건이란 인멸행위시에 아직 수사절차가 개시되기 전이라도 장차 형사사건이 될 수 있는 것까지 포함한다고 할 것이다.

4. 사안에 대한 대법원의 판단

【대법원 분석】 원심판결과 원심이 인용한 제1심판결의 채택 증거들을 위의 법리와 기록에 비추어 살펴보면, /

【대법원 분석】 피고인은 공소외 갑이 벌금 이상의 형에 해당하는 죄를 범한 자라는 것을 인식하면서도 사건 당일 그 증거물인 사고 차량을 치워 수리하도록 하는 한편, /

【대법원 분석】 공소외 갑을 외국으로 도피하게 한 사실을 충분히 인정할 수 있으므로, /

【대법원 판단】 원심이 이 사건 범죄사실을 모두 유죄로 인정한 제1심판결을 그대로 유지한 조치는 옳고, 거기에 필요한 심리를 다하지 아니한 채 채증법칙을 어겨 사실을 오인하거나 범인도피죄 또는 증거인멸죄에 관한 법리를 오해한 위법 등이 없다.

5. 친족간 특례의 적용범위

【대법원 분석】 2. 그리고 형법 제151조 제2항 및 제155조 제4항은 친족, 호주 또는 동거의 가족이 본인을 위하여 범인도피죄, 증거인멸죄 등을 범한 때에는 처벌하지 아니한다고 규정하고 있는바, /

【대법원 요지】 사실혼관계에 있는 자는 민법 소정의 친족이라 할 수 없어 위 조항에서 말하는 친족에 해당하지 않는다고 할 것이다.

【대법원 결론】 같은 취지에서 피고인의 주장을 배척한 원심의 조치는 옳고, 거기에 형법 제151조 제2항 및 제155조 제4항에 관한 법리오해의 위법이 없다. (상고 기각)

2002도5374

범인도피죄와 범인도피 – 부정례

성명모용 신원보증서 사건

2003. 2. 14. 2002도5374, 공 2003, 873

1. 사실관계 및 사건의 경과

【사실관계 1】

① [갑은 을의 친구이다.]

② 을은 특가법위반죄(도주차량) 등으로 기소중지가 되어 있는 자이다.
③ 을은 기소중지가 되어 있다는 사실을 숨기기 위하여 평소 A의 ㉠운전면허증을 소지하고 다녔다.
④ 2002. 3. 7. 21:30경 을은 혈중알코올농도 0.081%의 주취운전으로 인한 도로교통법위반죄의 현행범으로 P경찰서에 체포되었다.
⑤ 을은 조사과정에서 평소 소지하고 다니던 A의 ㉠운전면허증을 담당 경찰관 B에게 제시하여 A 행세를 하였다.
⑥ 이에 따라 을에 대한 피의자신문조서도 A를 피의자로 하여 작성되었다.

【사실관계 2】

① 갑은 을의 연락을 받고 P경찰서로 갔다.
② 담당 경찰관 B는 사안이 경미하다는 이유로 을을 석방하기로 하고, 갑에게 신원보증을 요구하였다.
③ 담당 경찰관 B는 갑에게 ㉡신원보증서 서식을 교부하였다.
④ ㉡신원보증서의 피의자 이름 란에는 A라고 기재되어 있었다.
⑤ 그 때 갑은 을의 인적 사항이 허위로 기재된 사실을 알았다.
⑥ 갑은 을의 기소중지 사실은 모른 채 을이 다른 이유로 자신의 인적 사항을 감추는 것으로만 생각하였다.

【사실관계 3】

① 갑은 을의 인적 사항이 허위로 기재된 사실을 담당 경찰관 B에게 알리지 아니하고 ㉡신원보증서에 그대로 서명 · 무인하였다.
② 갑은 ㉡신원보증서에 서명 · 무인하면서 자신에게 돌아올지도 모르는 불이익을 회피하기 위하여 자신의 주민등록번호와 주소를 허위로 기재하였다.
③ 2002. 3. 7. 23:30경 담당 경찰관 B는 을을 석방하였다.
④ 갑은 석방된 을을 데리고 나왔다.
⑤ 을은 이후 소재불명으로 체포되지 않았다.

【사건의 경과】

① 검사는 갑을 범인도피죄로 기소하였다.
② 갑의 피고사건은 제1심을 거친 후, 항소심에 계속되었다.
③ 항소심법원은 무죄를 선고하였다.
④ (항소심의 판단 이유는 판례 본문 참조)
⑤ 검사는 불복 상고하였다.

2. 공소사실의 요지

【대법원 분석】 원심은, /

【대법원 분석】 '피고인은 2002. 3. 7. 21:30경 P경찰서 교통사고처리계 사무실에서, /

【대법원 분석】 도로교통법위반(음주운전) 등으로 현행범 체포된 공소외 을이 A의 인적 사항을 모용하면서 타인 행세를 하고 있다는 사실을 알면서도 /

【대법원 분석】 평소 외우고 있던 타인의 주민등록번호 및 허위의 주소 등을 신원보증서에 기재하고 공소외 을의 신원을 보증하여 같은 날 23:30경 동인이 석방되도록 함으로써 /
【대법원 분석】 '범인을 도피하게 하였다.'는 이 사건 공소사실에 대하여, /

3. 사안에 대한 항소심의 판단

【항소심 판단】 그 채택 증거에 의하여, /
【항소심 판단】 피고인은 2002. 3. 7. 21:30경 공소외 을이 혈중알코올농도 0.081%의 주취운전으로 인한 도로교통법위반의 현행범으로 P경찰서에 체포되어 있다는 연락을 받고 P경찰서로 가게 된 사실, /
【항소심 판단】 공소외 을은 특정범죄가중처벌등에관한법률위반(도주차량) 등으로 기소중지가 되어 있는 자로서 /
【항소심 판단】 이를 숨기기 위하여 평소 소지하고 다니던 A의 운전면허증을 경찰관에게 제시하여 A의 행세를 하였고 이에 피의자신문조서도 A를 피의자로 하여 작성된 사실, /
【항소심 판단】 경찰관은 사안이 경미하다는 이유로 공소외 갑을 석방하기로 하면서 피고인에게 신원보증을 요구하였고 /
【항소심 판단】 피고인은 신원보증서의 피의자 이름 란에 A이라고 기재되어 있어 공소외 갑이 A의 행세를 한다는 사실을 알면서도 /
【항소심 판단】 신원보증인란에 피고인의 이름을 기재하고 무인을 한 후 공소외 갑을 데리고 경찰서를 나온 사실, /
【항소심 판단】 공소외 갑은 그 후 현재까지 소재불명으로 체포되지 아니한 사실을 인정한 다음, /
【항소심 판단】 위와 같은 피고인의 행위는 적극적으로 수사기관을 기만하여 착오에 빠지게 하였다기보다는 /
【항소심 판단】 단지 공소외 갑이 타인 행세를 하고 있다는 사실을 알면서도 소극적으로 이를 묵비한 것에 불과하다고 봄이 상당하여 /
【항소심 판단】 범인도피죄의 성립요건을 충족한다고 볼 수 없고, /
【항소심 판단】 더욱이 피의자의 가족이나 친구의 신원보증이라는 것이 /
【항소심 판단】 현재 사안이 경미하여 어차피 석방할 피의자에 대하여 향후 수사나 재판에 출석하도록 심리적으로 압박을 가하고 /
【항소심 판단】 피의자와 가까운 사람의 연락처를 남기는 정도로 운용되고 있는 것으로 보일 뿐 /
【항소심 판단】 그것이 석방의 필수적인 요건이라거나 어떠한 법적 효력이 있는 것으로 보이지는 아니하므로 /
【항소심 판단】 피고인의 신원보증행위와 공소외 갑의 도피행위 간에 인과관계를 인정할 수도 없으며, /
【항소심 판단】 일반인에게 범죄자를 신고할 의무가 인정되지 않는 이상 피고인이 공소외 갑의 성명모용 사실을 반드시 밝혀야 할 의무는 없는 것이고 /
【항소심 판단】 이를 밝혀야 하는 것은 수사기관의 의무라고 판단하여, /

【항소심 판단】 이 사건 공소사실은 죄가 되지 아니하는 경우에 해당한다는 이유로 무죄를 선고하였다.

4. 사안에 대한 대법원의 판단

(1) 범인도피죄와 도피의 범위

【대법원 요지】 형법 제151조 소정의 범인도피죄에서 '도피하게 하는 행위'는 /

【대법원 요지】 은닉 이외의 방법으로 /

【대법원 요지】 범인에 대한 수사, 재판 및 형의 집행 등 형사사법의 작용을 곤란 또는 불가능하게 하는 일체의 행위를 말하는 것으로서 /

【대법원 요지】 그 수단과 방법에는 어떠한 제한이 없고, /

【대법원 요지】 또한 위 죄는 위험범으로서 현실적으로 형사사법의 작용을 방해하는 결과가 초래될 것이 요구되지 아니하지만, /

【대법원 요지】 같은 조에 함께 규정되어 있는 은닉행위에 비견될 정도로 수사기관의 발견 · 체포를 곤란하게 하는 행위 /

【대법원 요지】 즉 직접 범인을 도피시키는 행위 또는 도피를 직접적으로 용이하게 하는 행위에 한정된다고 해석함이 상당하고, /

【대법원 요지】 그 자체로는 도피시키는 것을 직접적인 목적으로 하였다고 보기 어려운 어떤 행위의 결과 /

【대법원 요지】 간접적으로 범인이 안심하고 도피할 수 있게 한 경우까지 포함되는 것은 아니라고 할 것이다.

(2) 참고인의 허위진술과 범인도피죄

【대법원 요지】 그리고 원래 수사기관은 범죄사건을 수사함에 있어서 /

【대법원 요지】 피의자나 참고인의 진술 여하에 불구하고 /

【대법원 요지】 피의자를 확정하고 그 피의사실을 인정할 만한 객관적인 제반 증거를 수집 · 조사하여야 할 권리와 의무가 있는 것이므로, /

【대법원 요지】 참고인이 수사기관에서 범인에 관하여 조사를 받으면서 그가 알고 있는 사실을 묵비하거나 허위로 진술하였다고 하더라도, /

【대법원 요지】 그것이 적극적으로 수사기관을 기만하여 착오에 빠지게 함으로써 /

【대법원 요지】 범인의 발견 또는 체포를 곤란 내지 불가능하게 할 정도의 것이 아니라면 /

【대법원 요지】 범인도피죄를 구성하지 않는다고 할 것이고, /

(3) 허위 신원보증서 작성과 범인도피죄

【대법원 판단】 한편, 수사절차에서 작성되는 신원보증서는 체포된 피의자 석방의 필수적인 요건이거나 어떠한 법적 효력이 있는 것은 아니고, /

【대법원 판단】 다만 피의사건이 비교적 경미한 경우 /

【대법원 판단】 피의자와 일정한 관계에 있는 신원보증인이 수사기관에 대하여 피의자의 신분, 직업, 주거 등을 보증하고 향후 수사기관이나 법원의 출석요구에 사실상 협조하겠다는 의사를 표시하는 것으로서 /

【대법원 판단】 피의자나 신원보증인에게 심리적인 부담을 줌으로써 수사기관이나 재판정에의 출석 또는 형 집행 등 형사사법절차상의 편의를 도모하는 것에 불과하여 /

【대법원 판단】 보증인에게 법적으로 진실한 서류를 작성 · 제출할 의무가 부과된 것은 아니므로, /

【대법원 요지】 신원보증서를 작성하여 수사기관에 제출하는 보증인이 피의자의 인적 사항을 허위로 기재하였다고 하더라도, /

【대법원 요지】 그로써 적극적으로 수사기관을 기망한 결과 피의자를 석방하게 하였다는 등 특별한 사정이 없는 한, /

【대법원 요지】 그 행위만으로 범인도피죄를 구성하지는 않는다고 할 것이다.

(4) 사안에 대한 대법원의 판단-1

【대법원 판단】 위의 각 법리를 전제로 기록에 의하여 살펴보면, /

【대법원 판단】 피고인이 신원보증서를 작성함에 있어서, /

【대법원 판단】 공소외 갑이 다른 범죄로 기소중지중이라는 점과 /

【대법원 판단】 그가 자신의 신원이 밝혀지면 이미 기소중지중인 다른 범죄로 인하여 체포상태에서 벗어날 수 없게 될 것을 두려워한 나머지 타인으로 행세하는 것이며 /

【대법원 판단】 체포상태에서 벗어날 경우 도피할 가능성이 크다는 사정을 잘 알면서도 /

【대법원 판단】 공소외 갑의 도피를 도와주고 수사기관의 추적을 곤란하게 한다는 적극적인 의사를 가지고 /

【대법원 판단】 공소외 갑 대신 타인의 인적 사항이 기재된 신원보증서에 서명 · 무인하였다면 /

【대법원 판단】 범인도피죄가 성립될 수 있겠으나, /

【대법원 판단】 기록에 나타난 모든 증거에 의하더라도 피고인이 신원보증서를 작성할 당시 위와 같은 사정을 알고 있었음을 인정할 만한 자료는 없다.

(5) 사안에 대한 대법원의 판단-2

【대법원 판단】 오히려 원심 인정 사실과 기록에 의하면, /

【대법원 판단】 피고인은 사안이 경미하다고 하여 이미 석방이 결정되어 있는 상태에서 /

【대법원 판단】 경찰관의 요구에 따라 공소외 갑에 대한 신원보증서에 서명 · 무인하였는데, /

【대법원 판단】 그 때 공소외 갑의 인적 사항이 허위로 기재된 사실을 알았으나 /

【대법원 판단】 공소외 갑의 기소중지 사실은 모른 채 /

【대법원 판단】 공소외 갑이 다른 이유로 자신의 인적 사항을 감추는 것으로만 생각하여 /

【대법원 판단】 그와 같은 사실을 경찰관에게 알리지 아니하고 /

【대법원 판단】 그 신원보증서에 그대로 서명 · 무인한 사실을 알 수 있는바, /

【대법원 판단】 그와 같은 사실만으로는 피고인이 직접 범인을 도피시키거나 도피를 직접 용이하게 하였다고 하기는 어렵고, /

【대법원 판단】 또 피고인이 위와 같은 상황에서 /
【대법원 판단】 공소외 갑 대신 타인의 인적 사항이 기재된 신원보증서에 서명 · 무인하면서 자신에게 돌아올지도 모르는 불이익을 회피하기 위하여 /
【대법원 판단】 자신의 주민등록번호와 주소를 허위로 기재하였다고 하더라도 /
【대법원 판단】 그와 같은 사실로써 도피의사와 행위의 적극성을 인정하기도 어려워, /
【대법원 판단】 결국 피고인의 이 사건 행위가 범인도피죄에 해당한다고 하기는 어렵다.
【대법원 결론】 같은 취지의 원심 판단은 정당한 것으로 수긍할 수 있고, 거기에 범인도피죄에 대한 법리를 오해한 위법이 없다. (상고 기각)

2009도12164

범인도피죄와 범인도피 - 부정례
게임장 바지사장 사건 1

2010. 2. 11. 2009도12164, [공보불게재]

1. 사실관계 및 사건의 경과

【사실관계】
① [갑은 P게임장의 실제 업주이다.]
② [을은 갑으로부터 일정한 돈을 받고 P게임장 운영에 참여하고 있는 소위 바지사장이다.]
③ [갑은 P게임장에 단속이 나오면 을이 P게임장을 운영하는 업주라고 말하라고 을에게 일러두었다.]
④ 수사기관은 P게임장에서의 불법도박 혐의를 포착하고 수사에 착수하였다.
⑤ 피의자로 조사를 받던 을은 수사기관에 대해 "제(을)가 P게임방을 운영하고 있습니다."라고 진술하였다.

【사건의 경과】
① 검사는 갑을 범인도피교사죄로 기소하였다.
② 갑의 피고사건은 제1심을 거친 후, 항소심에 계속되었다.
③ 항소심법원은 무죄를 선고하였다.
④ 검사는 불복 상고하였다.
⑤ 검사는 상고이유로 다음의 점을 주장하였다.
(가) 을이 경찰에서 한 "P게임장은 제(을)가 운영하고 있습니다."라는 진술은 허위진술에 해당한다.
(나) "P게임장은 제(을)가 운영하고 있습니다."라는 을의 진술은 P게임장의 실제 업주로서 P게임장을 단독으로 운영하였다는 뜻으로, 실제 업주 갑의 존재를 숨긴 것으로서 범인도피에 해당한다.
(다) 을이 범인도피죄에 해당하므로 을에게 그러한 진술을 시킨 갑은 범인도피죄의 교사범에 해당한다.

2. 공범자의 허위진술과 범인도피죄

【대법원 요지】 수사기관은 범죄사건을 수사함에 있어서 피의자나 참고인의 진술 여하에 불구하고, 피의자를 확정하고 그 피의사실을 인정할 만한 객관적인 제반 증거를 수집 · 조사하여야 할 권리와 의무가 있으므로, /

【대법원 요지】 참고인이 수사기관에서 범인에 관하여 조사를 받으면서 그가 알고 있는 사실을 묵비하거나 허위로 진술하였다고 하더라도, /

【대법원 요지】 그것이 적극적으로 수사기관을 기만하여 착오에 빠지게 함으로써 범인의 발견 또는 체포를 곤란 내지 불가능하게 할 정도가 아닌 한 범인도피죄를 구성하지 않는 것이고, /

【대법원 요지】 이러한 법리는 피의자가 수사기관에서 공범에 관하여 묵비하거나 허위로 진술한 경우에도 그대로 적용된다.

3. 공범자 허위진술의 두 가지 유형

【대법원 요지】 따라서 게임산업진흥에 관한 법률 위반 혐의로 수사기관에서 조사받는 피의자가 사실은 게임장 · 오락실 · 피씨방 등의 실제 업주가 아님에도 불구하고 자신이 실제 업주라고 허위로 진술하였다고 하더라도 그 자체만으로 범인도피죄를 구성하는 것은 아니다. /

【대법원 요지】 다만, 그 피의자가 실제 업주로부터 금전적 이익 등을 제공받기로 하고 단속이 되면 실제 업주를 숨기고 자신이 대신하여 처벌받기로 하는 역할(이른바 바지사장)을 맡기로 하는 등 수사기관을 착오에 빠뜨리기로 하고, /

【대법원 요지】 단순히 실제 업주라고 진술하는 것에서 나아가 게임장 등의 운영 경위, 자금 출처, 게임기 등의 구입 경위, 점포의 임대차계약 체결 경위 등에 관해서까지 적극적으로 허위로 진술하거나 허위 자료를 제시하여 /

【대법원 요지】 그 결과 수사기관이 실제 업주를 발견 또는 체포하는 것이 곤란 내지 불가능하게 될 정도에까지 이른 것으로 평가되는 경우 등에는 범인도피죄를 구성할 수 있다.

4. 사안에 대한 대법원의 판단

【대법원 분석】 원심판결 이유에 의하면, 원심은, 그 판시와 같은 사실을 인정한 다음, /

【대법원 판단】 공소외인이 경찰에서 한 진술은 단순히 자신이 이 사건 게임장을 운영하였음을 인정한 것으로서 완전히 허위의 진술이라고 볼 수 없고, /

【대법원 판단】 위 진술을 '자신이 이 사건 게임장의 실제 업주로서 이를 단독으로 운영하였다'는 취지로 보아 공범인 피고인의 존재를 숨겼다고 하더라도, /

【대법원 판단】 이는 다른 공범의 존재에 관하여 묵비한 것에 불과할 뿐, /

【대법원 판단】 경찰에서의 진술 외에 더 나아가 적극적으로 공범을 도피하게 하는 행위 또는 도피를 직접적으로 용이하게 하는 행위를 하지 아니한 이상, /

【대법원 판단】 그러한 허위 진술이 적극적으로 수사기관을 기만하여 착오에 빠지게 함으로써 범인의 발견 또는 체포를 곤란 내지 불가능하게 한 경우에 해당한다고 볼 수 없다는 이유로, /

【대법원 판단】 공소외인에 대하여 범인도피죄로 의율하여 처벌할 수 없고, /
【대법원 판단】 따라서 이를 교사한 피고인도 범인도피교사죄로 처벌할 수 없다고 판단하였다.
【대법원 결론】 앞서 본 법리와 기록에 비추어 살펴보면, 이러한 원심의 사실인정과 판단은 정당한 것으로 수긍할 수 있고, 거기에 상고이유로 주장하는 바와 같은 채증법칙 위배나 범인도피죄의 성립에 관한 법리오해 등의 위법이 없다. (상고 기각)

2009도10709

범인도피죄와 범인도피 – 인정례
게임장 바지사장 사건 2

2010. 1. 28. 2009도10709, 공 2010상, 479

1. 사실관계 및 사건의 경과

【사실관계】
① 갑은 A, B와 동업으로 P게임장을 운영하기로 하였다.
② 갑은 B를 통하여 을을 바지사장으로 고용하기로 하였다.
③ 갑은 을 명의로 P게임장의 사업장등록을 하고 을에게 월급 250만 원씩을 지급하기로 하였다.
④ 검찰은 P게임장에서 도박이 이루어지고 있다는 혐의로 수사에 착수하였다.
⑤ 을은 검찰에 조사받으러 가기 전에 갑과 B에게 자신이 벌금형을 받게 되면 벌금을 대신 내달라고 요구하였다.
⑥ 갑과 B는 을의 요구에 응낙하는 답변을 하였다.
⑦ 을은 갑과 B의 응낙 답변을 듣고 검찰 수사에 임하였다.
⑧ 을은 자신이 P게임장의 실제 업주라고 말하면서, 게임장 운영 경위, 자금 출처, 게임기 구입 경위, 건물의 임대차계약 체결 경위에 관하여 허위로 진술하였다.

【사건의 경과】
① 검사는 갑을 범인도피교사죄로 기소하였다.
② 갑의 피고사건은 제1심을 거친 후, 항소심에 계속되었다.
③ 항소심법원은 유죄를 인정하였다.
④ 갑은 불복 상고하였다.

2. 공범의 허위진술과 범인도피죄

【대법원 요지】 수사기관은 범죄사건을 수사함에 있어서 피의자나 참고인의 진술 여하에 불구하고, 피의자를 확정하고 그 피의사실을 인정할 만한 객관적인 제반 증거를 수집 · 조사하여야 할 권리와 의무가 있으므로, /
【대법원 요지】 참고인이 수사기관에서 범인에 관하여 조사를 받으면서 그가 알고 있는 사실을 묵비

하거나 허위로 진술하였다고 하더라도, /

【대법원 요지】 그것이 적극적으로 수사기관을 기만하여 착오에 빠지게 함으로써 범인의 발견 또는 체포를 곤란 내지 불가능하게 할 정도가 아닌 한 범인도피죄를 구성하지 않는 것이고, /

【대법원 요지】 이러한 법리는 피의자가 수사기관에서 공범에 관하여 묵비하거나 허위로 진술한 경우에도 그대로 적용된다.

3. 공범자 허위진술의 두 가지 유형

【대법원 요지】 따라서 게임산업진흥에 관한 법률 위반, 도박개장 등의 혐의로 수사기관에서 조사받는 피의자가 사실은 게임장 · 오락실 · 피씨방 등의 실제 업주가 아니라 그 종업원임에도 불구하고 자신이 실제 업주라고 허위로 진술하였다고 하더라도 그 자체만으로 범인도피죄를 구성하는 것은 아니다. /

【대법원 요지】 다만, 그 피의자가 실제 업주로부터 금전적 이익 등을 제공받기로 하고 단속이 되면 실제 업주를 숨기고 자신이 대신하여 처벌받기로 하는 역할(이른바 바지사장)을 맡기로 하는 등 수사기관을 착오에 빠뜨리기로 하고, /

【대법원 요지】 단순히 실제 업주라고 진술하는 것에서 나아가 게임장 등의 운영 경위, 자금 출처, 게임기 등의 구입 경위, 점포의 임대차계약 체결 경위 등에 관해서까지 적극적으로 허위로 진술하거나 허위 자료를 제시하여 /

【대법원 요지】 그 결과 수사기관이 실제 업주를 발견 또는 체포하는 것이 곤란 내지 불가능하게 될 정도에까지 이른 것으로 평가되는 경우 등에는 범인도피죄를 구성할 수 있다.

4. 사안에 대한 대법원의 판단

【대법원 분석】 원심판결 이유에 의하면, 원심은, 그 채용 증거에 의하여 판시와 같은 사실을 인정한 다음, /

【대법원 분석】 피고인은 공소외 A, 공소외 B와 동업으로 이 사건 게임장을 운영하기로 하면서 공소외 B를 통하여 공소외 을을 이른바 바지사장으로 고용하기로 하고, /

【대법원 분석】 공소외 을 명의로 게임장의 사업자등록을 마치고 그에게 월급 250만 원씩을 지급하기로 한 점, /

【대법원 분석】 공소외 을은 검찰에 조사받으러 가기 전에 피고인과 공소외 B에게 자신이 벌금형을 받게 되면 벌금을 대신 내달라고 요구하여 응낙의 답변을 듣고 검찰 수사에 임하여 자신이 게임장 실제 업주라고 하면서 게임장 운영 경위, 자금 출처, 게임기 구입 경위, 건물의 임대차계약 체결 경위에 관하여 허위로 진술한 점 등에 비추어 보면, /

【대법원 판단】 공소외 을의 수사기관에서의 진술은 그 내용이 실제 업주인 피고인을 도피시키기 위하여 자신을 실제 업주로 내세우는 허위 진술로서 적극적으로 수사기관을 기만하여 착오에 빠지게 함으로써 /

【대법원 판단】 범인의 발견 또는 체포를 곤란 내지 불가능하게 할 정도에 이르렀다고 봄이 상당하여 범인도피죄가 성립하고 /

【대법원 판단】 이를 교사한 피고인에게 범인도피교사죄가 성립한다고 판단하였다.

【대법원 결론】 앞서 본 법리와 기록에 비추어 살펴보면, 원심의 위와 같은 사실인정 및 판단은 정당하고, 거기에 상고이유로 주장하는 바와 같은 범인도피죄의 성립에 관한 법리오해 등의 위법이 없다. (상고 기각)

2009도3642

공무상비밀누설죄와 대향범 처벌
범인도피죄와 범인도피 – 부정례
체포영장 명단 누출 사건

2011. 4. 28. 2009도3642, 공 2011상, 1212

☞ 1031면

2005도3707

범인도피교사죄와 친족간의 특례 – 부정례
무면허 프라이드 운전 사건

2006. 12. 7. 2005도3707, 공 2007, 156

1. 사실관계 및 사건의 경과

【사실관계】

① 갑은 무면허 상태로 ㉠프라이드 승용차를 운전하고 가다가 ㉡화물차를 들이받는 사고를 일으켜 경찰에서 조사를 받게 되었다.

② 갑은 무면허로 운전한 사실 등이 발각되지 않기 위해 동생 을에게 다음과 같이 부탁하였다.

③ "내(갑)가 무면허상태에서 술을 마시고 차를 운전하다가 교통사고를 내었는데, 운전면허가 있는 네(을)가 대신 교통사고를 내었다고 조사를 받아 달라."

④ 동생 을은 형 갑의 부탁을 승낙하였다.

⑤ 을은 P경찰서 교통사고조사계 사무실에서 다음과 같이 허위 진술하여 피의자로서 조사를 받았다.

⑥ "제(을)가 ㉠프라이드 승용차를 운전하고 가다가 교통사고를 낸 사람입니다."

【사건의 경과】

① 검사는 갑을 범인도피교사죄로 기소하였다.

② 갑의 피고사건은 제1심을 거친 후, 항소심에 계속되었다.

③ 항소심법원은 다음의 이유를 들어서 무죄를 선고하였다.

(가) 범인도피를 교사한 갑은 범인 본인이어서 범인도피죄의 구성요건해당성이 없다.

(나) 피교사자 을 역시 범인의 친족이어서 불가벌에 해당한다.

(다) 그러므로 갑이 타인의 행위를 이용하여 자신의 범죄를 실현하고, 새로운 범인을 창출하였다는 교사범의 전형적인 불법이 실현되었다고 볼 수 없다.

(라) 뿐만 아니라 갑의 행위가 자기방어행위의 범위를 명백히 일탈하거나 방어권의 남용에 속한다고 보기 어렵다.

④ 검사는 불복 상고하였다.

2. 공소사실의 요지

【대법원 분석】 원심판결 이유에 의하면 원심은, /
【대법원 분석】 무면허 상태로 프라이드 승용차를 운전하고 가다가 화물차를 들이받는 사고를 일으켜 경찰에서 조사를 받게 된 피고인이 무면허로 운전한 사실 등이 발각되지 않기 위해, /
【대법원 분석】 동생인 공소외인에게 "내가 무면허상태에서 술을 마시고 차를 운전하다가 교통사고를 내었는데 운전면허가 있는 네가 대신 교통사고를 내었다고 조사를 받아 달라"고 부탁하여, /
【대법원 분석】 이를 승낙한 위 공소외인으로 하여금 P경찰서 교통사고조사계 사무실에서 자신이 위 프라이드 승용차를 운전하고 가다가 교통사고를 낸 사람이라고 허위 진술로 피의자로서 조사를 받도록 함으로써 /
【대법원 분석】 범인도피를 교사하였다는 이 사건 공소사실에 대하여, /

3. 사안에 대한 항소심의 판단

【항소심 판단】 범인도피를 교사한 피고인은 범인 본인이어서 구성요건 해당성이 없고, /
【항소심 판단】 피교사자 역시 범인의 친족이어서 불가벌에 해당하므로 /
【항소심 판단】 피고인이 타인의 행위를 이용하여 자신의 범죄를 실현하고, 새로운 범인을 창출하였다는 교사범의 전형적인 불법이 실현되었다고 볼 수 없을 뿐만 아니라, /
【항소심 판단】 피고인이 자기방어행위의 범위를 명백히 일탈하거나 방어권의 남용에 속한다고 보기 어려워 위 공소사실은 죄가 되지 아니한다고 판단하였다.

4. 사안에 대한 대법원의 판단

【대법원 요지】 그러나 범인이 자신을 위하여 타인으로 하여금 허위의 자백을 하게 하여 범인도피죄를 범하게 하는 행위는 방어권의 남용으로 범인도피교사죄에 해당하는바, /
【대법원 요지】 이 경우 그 타인이 형법 제151조 제2항에 의하여 처벌을 받지 아니하는 친족, 호주 또는 동거 가족에 해당한다 하여 달리 볼 것은 아니라 할 것이다.
【대법원 결론】 따라서 원심판결에는 범인도피교사죄에 관한 법리를 오해하여 판결 결과에 영향을 미친 잘못이 있다 할 것이므로, 이 점을 지적하는 검사의 상고논지는 이유 있다. (파기 환송)

【코멘트】 범인도피죄의 경우에는 형법 제151조 제2항에 의하여 친족간의 특례가 인정된다. 이 경우 친족이라는 성질이 범인도피죄의 범죄성립요소 가운데 어디에 위치하는지 문제된다. 범인도피죄의 경

우 친족을 인적 처벌조각사유로 보는 견해와 책임조각사유로 보는 견해가 대립하고 있다. 인적 처벌조각사유로 보는 입장에서는 피교사자인 범인도피범이 친족에 해당하더라도 그것은 구성요건해당성, 위법성, 책임의 삼 단계 바깥에 위치하는 것이므로 교사자인 본범을 처벌하는 데에 지장이 없다고 본다. 교사범의 종속형식을 극단적 종속형식에 입각하여 파악하더라도 친족은 인적 처벌조각사유이어서 공범종속의 범위에 들어가지 않기 때문이다.

이에 대해 범인도피죄에 있어서 친족을 책임조각사유로 보는 경우에는 극단적 종속형식을 취하게 되면 교사자인 본범에 대해 교사범의 책임을 물을 수 없다. 피교사자인 범인도피범에게 책임이 인정되지 아니하므로 교사자에게 처벌의 근거를 확보할 수 없기 때문이다.

본 판례에서 대법원은 "범인이 자신을 위하여 타인으로 하여금 허위의 자백을 하게 하여 범인도피죄를 범하게 하는 행위는 방어권의 남용으로 범인도피교사죄에 해당하는바, 이 경우 그 타인이 형법 제151조 제2항에 의하여 처벌을 받지 아니하는 친족, 호주 또는 동거 가족에 해당한다 하여 달리 볼 것은 아니라 할 것이다."라고 판시하여 체계론적 설명보다는 방어권 남용이라는 정책적 관점에서 접근하고 있다.

본 판례에 나타난 대법원의 판시사항은 전체적으로는 인적 처벌조각설의 관점에 서 있다는 느낌을 주고 있다. 피교사자인 친족의 내면적 갈등과 관계없이 교사자의 방어권 남용에 주목하여 교사자를 처벌한다는 점에서 구성요건해당성, 위법성, 책임의 단계 바깥에 위치하는 사유가 고려되고 있다고 보이기 때문이다. 그러나 다음에 소개하는 2007도7062 판례에서 대법원은 친족간의 특례에 있어서 친족을 책임조각사유라고 보고 있다.

2007도7062

친족간 특례의 법적 성질
국회의원 이복동생 사건

2007. 11. 29. 2007도7062, 공 2007하, 2084

1. 사실관계 및 사건의 경과

【사실관계 1】

① 정치자금법은 정치자금의 기부를 금지하고 있다.

② 정치자금법 제45조(정치자금부정수수죄) 제2항에 따르면 정치자금법 제32조(특정행위와 관련한 기부의 제한)의 규정을 위반하여 정치자금을 기부하거나 받은 자는 5년 이하의 징역 또는 1천만 원 이하의 벌금으로 처벌된다.

③ 정치자금법 제32조(특정행위와 관련한 기부의 제한)에 의해 누구든지 공직선거에 있어서 특정인을 후보자로 추천하는 일과 관련하여 정치자금을 기부하거나 기부받는 행위가 금지되어 있다.

④ 정치자금법 제45조(정치자금부정수수죄) 제1항 본문에 따르면 정치자금법에 정하지 아니한 방법으로 정치자금을 기부하거나 기부받은 자는 5년 이하의 징역 또는 1천만 원 이하의 벌금으로 처벌된다.

⑤ 정치자금법 제45조(정치자금부정수수죄) 제1항 단서는 "다만, 정치자금을 기부하거나 기부받은 자의 관계가 「민법」 제777조(친족의 범위)의 규정에 의한 친족인 경우에는 그러하지 아니하다."라고 규정하고 있다.

【사실관계 2】

① A는 P정당 소속 국회의원이다.

② 갑은 A의 이복동생이다.

③ B는 Q시 시장 선거와 관련하여 P정당의 추천을 받아 출마하기를 바라고 있다.

④ B는 갑을 통하여 국회의원 A에게 2,000만 원을 기부하였다.

【사건의 경과 1】

① 검사는 갑을 정치자금법위반죄로 기소하였다.

② 검사는 갑에 대한 공소사실을 다음과 같이 기재하였다.

(가) 주위적 공소사실 : 「갑은 B와 공모하여 공직선거인 Q시 시장선거에 있어서 특정인 B를 P정당의 후보자로 추천하는 일과 관련하여 국회의원 A에게 정치자금 2,000만 원을 기부하였다.」(정치자금법 제45조 제2항 제5호, 제32조 제1호 위반)

(나) 예비적 공소사실 : 「갑은 B와 공모하여 정치자금법에 정하지 아니한 방법으로 국회의원 A에게 정치자금 2,000만 원을 기부하였다.」(정치자금법 제45조 제1항 위반)

③ 갑의 피고사건은 제1심을 거친 후, 항소심에 계속되었다.

④ 항소심법원은 다음의 이유를 들어서 무죄를 선고하였다.

(가) 주위적 공소사실 : 범죄사실의 증명이 없다.

(나) 예비적 공소사실 : 갑은 국회의원 A와 사촌형제지간이므로 정치자금법 제45조 제1항 단서에 따라 책임이 조각되어 처벌할 수 없다.

【사건의 경과 2】

① 검사는 불복 상고하였다.

② 검사는 주위적 공소사실 무죄 부분에 대해 채증법칙 위반과 법리오해를 주장하였다.

③ 검사는 예비적 공소사실 무죄 부분에 대한 상고이유로 다음의 점을 주장하였다.

(가) 갑과 B의 행위는 친족관계 있는 자가 친족관계 없는 자와 공모하여 정치자금법에 정하지 아니한 방법으로 정치자금을 기부한 경우에 해당한다.

(나) 친족관계 있는 자와 친족관계 없는 자가 공동정범으로 범죄에 가공한 경우 형법 제33조 본문에 따라 양자 모두 공동정범으로 처벌된다.

(다) 따라서 갑은 정치자금법 제45조 제1항 위반죄의 공동정범으로 처벌되어야 한다.

(라) 친족간의 특례를 규정한 정치자금법 제45조 제1항 단서는 실제로 정치자금을 제공한 자를 중심으로 제한적으로 적용되어야 한다.

(마) 갑은 사실상 기부의 알선에 가까운 행위를 한 자에 지나지 아니하므로 친족간의 특례를 규정한 정치자금법 제45조 제1항 단서는 적용되지 않는다.

(바) 설사 그렇지 않다고 하더라도, 갑은 A의 이복동생이므로 정치자금법 제45조 제1항 단서가 규정한 '형제자매'에 해당하지 아니하여 친족간의 특례규정의 적용대상에 포함되지 않는다.

2. 주위적 공소사실에 대한 판단

【대법원 판단】 정치자금법 제45조 제2항 제5호, 제32조 제1호 위반죄는 공직선거에 있어서 특정인을 후보자로 추천하는 일과 관련하여 정치자금을 기부하거나 받은 경우에 성립하는 것인바, /

【대법원 판단】 이 부분 공소사실에 대한 원심의 다음과 같은 판단, 즉 /

【대법원 판단】 "피고인이나 공소외 B가 국회의원 A에게 2,000만 원을 기부할 당시 명시적으로나 묵시적으로 공소외 B를 P정당 Q시장 후보자로 추천하는 일과 관련하여 위 돈을 기부한다는 의사를 표시하였음을 인정할 증거가 없고, /

【대법원 판단】 오히려 기록에 의하면 위 기부 당시 A가 후보자 추천에 어떠한 영향을 미칠 수 있었던 상황도 아니었던 것으로 보여, /

【대법원 판단】 비록 공소외 B로서는 위 돈을 기부함으로써 후보자로 추천되는 데 도움을 받을 수 있을 것이라는 내심의 기대를 가졌을지 모르나 그러한 사정만으로 피고인이나 공소외 B가 후보자 추천과 관련하여 위 돈을 기부한다는 의사를 표시하였다고 인정할 수 없으므로, /

【대법원 판단】 위 기부행위가 공직선거 후보자 추천과 관련하여 이루어졌음을 전제로 한 주위적 공소사실은 범죄의 증명이 없는 경우에 해당한다."는 판단은 /

【대법원 결론】 기록에 비추어 정당한 것으로 수긍이 되고, 거기에 상고이유의 주장과 같은 채증법칙 위반이나 정치자금법위반죄에 관한 법리오해 등의 위법이 없다.

3. 예비적 공소사실에 대한 판단

(1) 친족간 특례의 법적 성질

【대법원 분석】 정치자금법 제45조 제1항은 "이 법에 정하지 아니한 방법으로 정치자금을 기부하거나 기부받은 자는 5년 이하의 징역 또는 1천만 원 이하의 벌금에 처한다. /

【대법원 분석】 다만, 정치자금을 기부하거나 기부받은 자의 관계가 민법 제777조의 규정에 의한 친족인 경우에는 그러하지 아니하다."라고 규정하고 있는바, /

【대법원 요지】 위 조항의 단서 규정은 정치자금을 기부하는 자와 받는 자 사이에 민법상 친족관계가 있는 경우에는 친족 간의 정의(情誼)를 고려할 때 정치자금법에서 정한 방법으로 돈을 주고 받으리라고 기대하기 어려움을 이유로 책임이 조각되는 사유를 정한 것이지 /

【대법원 요지】 범죄의 구성요건해당성이 조각되는 사유를 정한 것이 아니므로, /

【대법원 판단】 정치자금을 기부받는 자와 민법 제777조의 규정에 의한 친족관계에 있는 자가 그러한 친족관계 없는 자와 공모하여 정치자금법에 정하지 아니한 방법으로 정치자금을 기부한 경우에는 /

【대법원 판단】 형법 제33조 본문에서 말하는 '신분관계로 인하여 성립될 범죄에 가공한 행위'에 해당한다고 볼 수 없으며, /

【대법원 판단】 친족관계에 있는 자의 책임은 조각된다고 할 것이다.

【대법원 판단】 그리고 위 단서 규정이 정치자금법 제45조 제1항 위반죄를 범한 공동정범 중에서 실제로 자금을 출연하여 기부를 실행한 자에 대해서만 적용되고 사실상 기부의 알선에 가까운 행위를 한 공동정범에게는 적용되지 않는다고 해석할 수는 없다.

(2) 친족의 범위

【대법원 요지】 한편, 혈족의 범위를 정한 민법 제768조에서 말하는 '형제자매'라 함은 부계 및 모계의 형제자매를 모두 포함하는 것이므로(대법원 1997. 11. 28. 선고 96다5421 판결 참조), /

【대법원 요지】 이복형제가 여기에서 제외되는 것은 아니다.

(3) 사안에 대한 대법원의 판단

【대법원 판단】 이러한 법리에 비추어 보면, 원심이 이 사건 예비적 공소사실에 대하여 /

【대법원 판단】 "공소외 B 등과 공모하여 정치자금법에 정하지 아니한 방법으로 [국회의원] A에게 정치자금을 기부하였다는 사실로 공소가 제기된 피고인은 위 A와 사촌형제지간이므로 정치자금법 제45조 제1항 단서에 따라 책임이 조각되어 처벌할 수 없다."고 판단한 조치 역시 정당한 것으로 수긍이 되고, /

【대법원 결론】 거기에 상고이유의 주장과 같은 채증법칙 위반이나 정치자금법 제45조 제1항 단서의 성격과 적용 범위 및 민법상 친족의 범위에 관한 법리오해 등의 위법이 없다. (상고 기각)

제10장 위증과 증거인멸의 죄

제1 위증의 죄

2008도942

위증죄와 법률에 의한 증인 – 부정례

쌍방 상해 변론분리 사건

2010. 1. 21. 2008도942 전원합의체 판결, 공 2010상, 465

1. 사실관계 및 사건의 경과

【사실관계 1】

① 갑과 을은 쌍방 상해 사건으로 기소되었다.

② 갑과 을은 P법원의 Q재판부에서 공동피고인으로 함께 재판을 받게 되었다.

③ 갑은 "을을 폭행한 사실이 없고, 제가 오히려 피해자입니다."라고 진술하였다.

④ Q재판부는 공동피고인 을에 대한 상해 사건의 변론을 분리하였다.

【사실관계 2】

① 변론분리된 을에 대한 상해사건에서 갑은 피해자로서 증인으로 채택되어 검사의 신문을 받게 되었다.

② 갑에 대한 증인신문 과정에서 검사는 갑이 을을 폭행하였는가에 대해 질문하였다.

③ 갑은 "을을 폭행한 사실이 없고, 제가 오히려 피해자입니다."라고 재차 진술하였다.

④ 변론분리된 을에 대한 상해 사건에서 갑이 피해자 증인으로 신문받는 과정에서 Q재판부의 재판장은 갑에게 증언거부권을 고지하지 않았다.

⑤ [이후 갑의 진술은 거짓으로 판명되었다.]

【사건의 경과】

① 검사는 갑을 위증죄로 기소하였다.

② 갑의 피고사건은 제1심을 거친 후, 항소심에 계속되었다.

③ 항소심법원은 갑에게 무죄를 선고하였다.

④ 검사는 불복 상고하였다.

⑤ 대법원은 전원 일치의 의견으로 종전의 대법원판례를 폐기하고 상고를 기각하였다.

2. 위증죄의 보호법익

【대법원 분석】 1. 형법은 제152조 제1항에서 "법률에 의하여 선서한 증인이 허위의 진술을 한 때에

는 5년 이하의 징역 또는 1천만 원 이하의 벌금에 처한다."고 규정하여 위증죄를 두고 있다. /

【대법원 요지】 위증죄의 보호법익은 국가의 사법작용 및 징계작용에 있으며, /

【대법원 요지】 위증죄는 선서에 의하여 담보된 증인 진술의 정확성을 확보함으로써 법원 또는 심판기관의 진실 발견을 위한 심리를 해하여 정당한 판단이 위태롭게 되는 것을 방지하는 기능을 수행한다.

3. 법률에 의하여 선서한 증인

(1) 법률에 의하여 선서한 증인의 의미

【대법원 판단】 형사사법작용에 관한 대표적인 법률인 형사소송법은 진실 발견을 위하여 증인으로 출석하여 증언을 하는 것을 모든 국민의 의무로 규정하면서도(제146조), /

【대법원 판단】 다른 한편으로는 소송법이 지향하고 있는 목표 내지 이념 및 이와 긴장 · 대립관계에 있을 수 있는 증인의 기본권 내지 이익 또는 다른 공익적 가치와의 조화를 꾀하고 있다. /

【대법원 판단】 형사소송법이 증인신문과 관련하여 마련한 여러 제도와 상세하고도 구체적인 절차 조항들은 모두 이러한 가치, 권리, 이익의 균형 · 조화 속에서 적법 절차를 구현하기 위한 장치들이다. /

【대법원 판단】 위와 같은 위증죄와 형사소송법의 취지, 정신과 기능을 고려하여 볼 때, /

【대법원 요지】 형법 제152조 제1항에서 정한 "법률에 의하여 선서한 증인"이라 함은 "법률에 근거하여 법률이 정한 절차에 따라 유효한 선서를 한 증인"이라는 의미이고, /

【대법원 요지】 그 증인신문은 법률이 정한 절차 조항을 준수하여 적법하게 이루어진 경우여야 한다고 볼 것이다.

(2) 형사소송과 증인신문절차

【대법원 분석】 2. 형사소송법은 증인신문에 관하여 진지하고도 엄숙한 절차 규정을 두어 증인에게 진실의무를 부과함과 동시에 이를 어길 때에는 위증의 벌을 받는다는 것을 명확하고 충분하게 인식할 수 있도록 하고, /

【대법원 분석】 재판장으로 하여금 재판진행과정에서 이러한 절차 규정을 엄격하게 준수하게 함으로써 위증의 방지 및 궁극적으로는 형사소송의 이념을 실현할 것을 도모하고 있다. /

【대법원 분석】 즉, 재판장은 증인이 선서무능력자에 해당하지 아니하는 한 신문 전에 선서하게 하여야 하며(제156조, 제159조), /

【대법원 분석】 선서할 증인에 대하여 선서 전에 위증의 벌을 경고하여야 하고(제158조), /

【대법원 분석】 증인으로 하여금 기립하여 엄숙하게 "양심에 따라 숨김과 보탬이 없이 사실 그대로 말하고 만일 거짓말이 있으면 위증의 벌을 받기로 맹서합니다"라고 기재된 선서서를 원칙적으로 직접 낭독하고 기명날인 또는 서명하는 방식으로 선서하도록 하고 있다(제157조).

(3) 형사소송과 증언거부권 제도

【대법원 분석】 한편, 형사소송법은 자신에 대한 소송절차가 아님에도 불구하고 법정에 출석하여 선서하고 경험한 사실을 진술하여야 하는 의무를 부담하는 증인을 위하여 일정한 경우에는 진술 대신 침묵할 수 있는 증언거부권 제도를 두고 있다. /

【대법원 분석】 즉, 자기나 자기와 친족 또는 친족관계가 있었던 자, 법정대리인 및 후견감독인 등이 형사소추 또는 공소제기를 당하거나 유죄판결을 받을 사실이 발로될 염려 있는 증언, /

【대법원 분석】 변호사, 의사, 종교의 직 등 일정한 직역에 있는 자 또는 이러한 직에 있던 자가 그 업무상 위탁을 받은 관계로 알게 된 사실로서 타인의 비밀에 관한 증언 등에 대해서는 증언거부권을 인정하고(제148조, 제149조), /

【대법원 분석】 증언을 거부하는 자는 거부사유를 소명하도록 하는 일방(제150조), /

【대법원 분석】 증언거부권 고지 제도를 마련하여 재판장으로 하여금 증인에게 증언거부사유가 있는 경우에는 신문 전에 증언을 거부할 수 있음을 설명하도록 하고 있다(제160조).

(4) 증인신문절차 위반의 법적 효과

【대법원 분석】 위에서 살펴본 위증죄의 의의 및 보호법익, 형사소송법에 규정된 증인신문절차의 내용, 증언거부권의 취지 등을 종합적으로 살펴보면, /

【대법원 요지】 증인신문절차에서 법률에 규정된 증인 보호를 위한 규정이 지켜진 것으로 인정되지 않은 경우에는 /

【대법원 요지】 증인이 허위의 진술을 하였다고 하더라도 /

【대법원 요지】 위증죄의 구성요건인 "법률에 의하여 선서한 증인"에 해당하지 아니한다고 보아 /

【대법원 요지】 이를 위증죄로 처벌할 수 없는 것이 원칙이다. /

【대법원 요지】 다만, 법률에 규정된 증인 보호 절차라 하더라도 개별 보호절차 규정들의 내용과 취지가 같지 아니하고, /

【대법원 요지】 당해 신문 과정에서 지키지 못한 절차 규정과 그 경위 및 위반의 정도 등 제반 사정이 개별 사건마다 각기 상이하므로, /

【대법원 요지】 이러한 사정을 전체적 · 종합적으로 고려하여 볼 때, /

【대법원 요지】 당해 사건에서 증인 보호에 사실상 장애가 초래되었다고 볼 수 없는 경우에까지 예외 없이 위증죄의 성립을 부정할 것은 아니라고 할 것이다.

(5) 위증의 벌에 대한 경고 누락의 효과

【대법원 요지】 이러한 기준에서 보면, /

【대법원 요지】 재판장이 선서할 증인에 대하여 선서 전에 위증의 벌을 경고하지 않았다는 등의 사유는 /

【대법원 요지】 그 증인신문절차에서 증인 자신이 위증의 벌을 경고하는 내용의 선서서를 낭독하고 기명날인 또는 서명한 이상 /

【대법원 요지】 위증의 벌을 몰랐다고 할 수 없을 것이므로 증인 보호에 사실상 장애가 초래되었다고 볼 수 없고, /

【대법원 요지】 따라서 위증죄의 성립에 지장이 없다고 보아야 한다. /

(6) 증언거부권 고지 누락의 효과

【대법원 요지】 그리고 증언거부권 제도는 앞서 본 바와 같이 증인에게 증언의무의 이행을 거절할 수 있는 권리를 부여한 것이고, /

【대법원 요지】 형사소송법상 증언거부권의 고지 제도는 증인에게 그러한 권리의 존재를 확인시켜 침묵할 것인지 아니면 진술할 것인지에 관하여 심사숙고할 기회를 충분히 부여함으로써 침묵할 수 있는 권리를 보장하기 위한 것임을 감안할 때, /

【대법원 요지】 재판장이 신문 전에 증인에게 증언거부권을 고지하지 않은 경우에도 /

【대법원 요지】 당해 사건에서 증언 당시 증인이 처한 구체적인 상황, 증언거부사유의 내용, 증인이 증언거부사유 또는 증언거부권의 존재를 이미 알고 있었는지 여부, 증언거부권을 고지받았더라도 허위진술을 하였을 것이라고 볼 만한 정황이 있는지 등을 전체적 · 종합적으로 고려하여 /

【대법원 요지】 증인이 침묵하지 아니하고 진술한 것이 자신의 진정한 의사에 의한 것인지 여부를 기준으로 위증죄의 성립 여부를 판단하여야 한다. /

【대법원 요지】 그러므로 헌법 제12조 제2항에 정한 불이익 진술의 강요금지 원칙을 구체화한 자기부죄거부특권에 관한 것이거나 /

【대법원 요지】 기타 증언거부사유가 있음에도 증인이 증언거부권을 고지받지 못함으로 인하여 그 증언거부권을 행사하는 데 사실상 장애가 초래되었다고 볼 수 있는 경우에는 /

【대법원 요지】 위증죄의 성립을 부정하여야 할 것이다.

(7) 판례의 변경

【대법원 요지】 이와 달리, 피고인이 증인으로 선서한 이상 /

【대법원 요지】 진실대로 진술한다고 하면 자신의 범죄를 시인하는 진술을 하는 것이 되고 증언을 거부하는 것은 자기의 범죄를 암시하는 것이 되는 처지에 있다 하더라도 /

【대법원 요지】 증인에게는 증언을 거부할 수 있는 권리를 인정하여 위증죄로부터의 탈출구를 마련하고 있는 만큼 적법행위의 기대가능성이 없다고 할 수 없고 /

【대법원 요지】 선서한 증인이 허위의 진술을 한 이상 증언거부권 고지 여부를 고려하지 아니한 채 위증죄가 바로 성립한다는 취지로 /

【대법원 요지】 대법원 1987. 7. 7. 선고 86도1724 전원합의체 판결에서 판시한 대법원의 의견은 위 견해에 저촉되는 범위 내에서 이를 변경하기로 한다.

4. 사안에 대한 대법원의 판단

【대법원 판단】 3. 위 법리에 비추어 볼 때, 원심이 판시와 같은 사정, /

【대법원 판단】 특히 피고인이 공소외인과 쌍방 상해 사건으로 공소 제기되어 공동피고인으로 함께 재판을 받으면서 자신은 폭행한 사실이 없다고 주장하며 다투던 중 /

【대법원 판단】 공소외인에 대한 상해 사건이 변론분리되면서 피해자인 증인으로 채택되어 검사로부터 신문받게 되었고 /

【대법원 판단】 그 과정에서 피고인 자신의 공소외인에 대한 폭행 여부에 관하여 신문을 받게 됨에 따라 증언거부사유가 발생하게 되었는데도, /

【대법원 판단】 재판장으로부터 증언거부권을 고지받지 못한 상태에서 자신의 종전 주장을 그대로 되풀이함에 따라 결국 거짓 진술에 이르게 된 사정 등을 이유로 /

【대법원 판단】 피고인에게 위증죄의 죄책을 물을 수 없다고 판단한 것은 결론에 있어 정당하고, /

【대법원 결론】 거기에 상고이유에서 주장하는 바와 같은 위증죄의 성립 범위에 관한 법리오해의 위법은 없다. (상고 기각)

2007도6273

위증죄와 법률에 의한 증인 – 인정례

전처 위증 사건

2010. 2. 25. 2007도6273, 공 2010상, 690

1. 사실관계 및 사건의 경과

【사실관계】

① A와 갑녀는 한때 부부였으나 이혼한 사이이다.

② A는 도로교통법위반죄(음주운전)로 기소되었다.

③ P지방법원의 도로교통법위반죄 피고사건(㉠사건)의 공판절차에서 A는 다음과 같이 진술하여 공소사실을 적극적으로 부인하였다.

④ "저(A)는 음주운전한 사실이 없고 전처인 갑녀가 운전하던 차에 타고 있었을 뿐입니다."

⑤ 갑녀는 A의 도로교통법위반죄 피고사건(㉠사건)에 증인으로 출석하여 증언하게 되었다.

⑥ 재판장은 갑녀에게 진술거부권을 고지하지 않았다.

⑦ 갑녀는 A의 변호인의 신문에 대하여 다음이 진술하였다.

⑧ "술에 만취한 A를 집으로 돌려보내기 위해 제(갑녀)가 A를 차에 태우고 운전하였습니다."

⑨ [이후 갑녀의 진술이 허위임이 판명되었다.]

【사건의 경과 1】

① 검사는 갑녀를 위증죄로 기소하였다.

② 갑녀에 대한 위증죄 피고사건(㉡사건)의 제1심 제8회 공판기일에서 갑녀는 재판장의 신문에 대해 다음과 같이 답변하였다.

③ 재판장 : 피고인은 A남의 도로교통법위반죄 피고사건(㉠사건)에서 증언을 하지 않을 수 있다는 사실을 알았다면 증언을 거부했을 것입니까?

④ 갑녀 : 그렇다 하더라도 증언을 하였을 것입니다.

【사건의 경과 2】

① 제1심법원은 갑녀에게 무죄를 선고하였다.

② 제1심법원은 무죄 판단의 이유로 A의 도로교통법위반죄 피고사건(㉠사건)의 재판장이 갑녀에게 증언거부권을 고지하지 아니하였다는 점을 들었다.

③ 검사는 불복 항소하였다.

④ 항소심법원은 항소를 기각하고, 제1심판결을 유지하였다.

⑤ (항소심의 판단 이유는 판례 본문 참조)
⑥ 검사는 불복 상고하였다.

2. 사안에 대한 항소심의 판단

【항소심 판단】 원심은, /
【항소심 판단】 피고인이 P지방법원 ○○○○고정○○○ 공소외인에 대한 도로교통법 위반(음주운전) 사건의 증인으로 소환을 받아 선서한 다음 증언함에 있어, /
【항소심 판단】 피고인이 공소외인의 전처로서 형사소송법 제148조 제1호 소정의 친족관계가 있었던 자에 해당함에도 불구하고 재판장이 피고인에게 증언거부권을 고지함이 없이 증인신문을 한 사실이 인정된다고 한 다음, /
【항소심 판단】 증언거부권의 고지는 증언거부권에 대한 절차적 보장을 의미하므로 이를 고지하지 아니한 채 선서를 하게 하고 증인신문을 한 경우에는 위 선서는 적정절차에 위배되므로 법률에 의한 유효한 선서가 있다고 볼 수 없다는 이유로 /
【항소심 판단】 피고인에 대하여 무죄를 선고한 제1심판결을 그대로 유지하였다.

3. 위증죄와 증언거부권 고지의 관계

【대법원 요지】 위증죄는 선서를 한 증인이 허위의 진술을 함으로써 성립하는 죄이며, /
【대법원 요지】 선서에 의하여 담보된 증인 진술의 정확성을 확보함으로써 법원 또는 심판기관의 진실 발견을 위한 심리를 해하여 정당한 판단이 위태롭게 되는 것을 방지하는 기능을 수행한다. /
【대법원 요지】 한편 형사소송법상 증언거부권의 고지 제도는 증인에게 그러한 권리의 존재를 확인시켜 침묵할 것인지 아니면 진술할 것인지에 관하여 심사숙고할 기회를 충분히 부여함으로써 침묵할 수 있는 권리를 보장하기 위한 것임을 감안할 때, /
【대법원 요지】 재판장이 신문 전에 증인에게 증언거부권을 고지하지 않은 경우에도 /
【대법원 요지】 당해 사건에서 증언 당시 증인이 처한 구체적인 상황, 증언거부사유의 내용, 증인이 증언거부사유 또는 증언거부권의 존재를 이미 알고 있었는지 여부, 증언거부권을 고지받았더라도 허위 진술을 하였을 것이라고 볼 만한 정황이 있는지 등을 전체적 · 종합적으로 고려하여 /
【대법원 요지】 증인이 침묵하지 아니하고 진술한 것이 자신의 진정한 의사에 의한 것인지 여부를 기준으로 위증죄의 성립 여부를 판단하여야 한다 /
【대법원 요지】 (대법원 2010. 1. 21. 선고 **2008도942** 전원합의체 판결 참조).

4. 사안에 대한 대법원의 판단

【대법원 분석】 이 사건의 경우, 원심이 적법하게 채택하여 조사한 증거와 기록에 의하면, /
【대법원 분석】 피고인은 위 공소외인에 대한 도로교통법 위반(음주운전) 사건에서 자신은 음주운전한 사실이 없고 그의 처였던 피고인이 운전하던 차에 타고 있었을 뿐이라고 공소사실을 적극적으로 부인하던 공소외인의 증인으로 법정에 출석하여 증언을 하기에 이르렀던 사실, /
【대법원 분석】 당시 피고인은 공소외인의 변호인의 신문에 대하여 술에 만취한 공소외인을 집으로

돌려보내기 위해 피고인 자신이 공소외인을 차에 태우고 운전하였다고 공소외인의 변명에 부합하는 내용을 적극적으로 진술하였던 사실, /

【대법원 분석】 피고인은 이 사건 제1심 제8회 공판기일에 재판장이 증언을 하지 않을 수 있다는 사실을 알았다면 증언을 거부했을 것이냐는 신문에 대하여 그렇다 하더라도 증언을 하였을 것이라는 취지로 답변을 하였던 사실 등을 알 수 있는바, /

【대법원 판단】 피고인이 위 형사사건의 증인으로 출석하여 증언을 한 경위와 그 증언 내용, 피고인의 이 사건 제1심 제8회 공판기일에서의 진술 내용 등을 전체적·종합적으로 고려하여 보면 /

【대법원 판단】 피고인이 선서 전에 재판장으로부터 증언거부권을 고지받지 아니하였다 하더라도 이로 인하여 피고인의 증언거부권이 사실상 침해당한 것으로 평가할 수는 없다 할 것이다.

【대법원 결론】 그럼에도 불구하고 원심은 증언거부권의 침해 여부에 관한 여러 사정을 살피지 아니한 채 재판장이 피고인에 대하여 증언거부권을 고지하지 아니하였다는 사유만으로 위증죄의 성립을 부정한 제1심판결을 유지하였으니, /

【대법원 결론】 원심의 판단은 위증죄의 성립에 관한 법리를 오해한 위법이 있고, 이는 판결 결과에 영향을 미쳤음이 분명하다. 이 점을 지적하는 상고이유 주장은 이유 있다. (파기 환송)

2009도13257

위증죄와 법률에 의한 증인 – 부정례
카지노 출입 위증 사건

2010. 2. 25. 2009도13257, [공보불게재]

1. 사실관계 및 사건의 경과

【사실관계 1】

① [M호텔 N카지노에서 내국인 C가 사기 도박으로 3억 3천만원을 잃었다는 소문이 돌았다.]

② [A와 B는 M호텔 N카지노의 관계자이다.]

③ P지방법원에서 A와 B에 대한 관광진흥법 위반죄의 피고사건 재판이 진행되고 있었다. (㉠피고사건)

④ ㉠피고사건에서는 내국인인 C가 내국인 출입이 제한된 M호텔 N카지노에 입장하여 도박을 하였는지가 쟁점으로 되었다.

⑤ A는 C가 N카지노에 출입한 적은 있으나 도박을 한 적은 없다고 주장하면서 범행을 부인하였다.

⑥ 검사는 C의 도박행위를 입증하기 위하여 C와 사촌형제인 갑을 증인으로 신청하였다.

⑦ C는 ㉠피고사건의 법정에 출석하지 않았다.

【사실관계 2】

① 2008. 12. 2. 14:00경 갑은 P지방법원 제202호 법정에서 A와 B에 대한 관광진흥법 위반죄 피고사건(㉠사건)의 증인으로 출석하였다.

② 갑은 위증의 벌을 경고받고 선서를 하였다.
③ 갑은 이어서 검사의 신문에 답하게 되었다.
④ 검사의 갑에 대한 신문은 다음과 같은 형태로 진행되었다.

【사실관계 3】

① 검사 : 직업은?
② 갑 : ○○○입니다.
③ 검사 : A와 C의 관계는?
④ 갑 : C와는 사촌 관계이고 A는 오늘 처음 봅니다.
⑤ 검사 : C가 Q호텔 R카지노에 들어갔는가요?
⑥ 갑 : (진술)
⑦ 검사 : C가 N카지노에서 바카라 게임을 한 것을 본 적이 있는가요?
⑧ 갑 : (진술)
⑨ 검사 : C가 사기도박으로 잃었다고 한 3억 3천만 원이 카지노 게임을 하면서 잃은 것인가요?
⑩ 갑 : (진술)

【사실관계 4】

① 갑은 거짓임을 알면서도 검사의 각 질문들에 대하여 허위로 답변하였다.
② 갑은 C와 사촌관계에 있었다는 사실을 법정에서 밝혔다.
③ 그러나 갑의 증언 전이나 증언 도중에 재판장은 갑에게 증언거부권을 고지하지 아니하였다.
④ 검사는 갑을 위증죄의 피의사실로 수사에 착수하였다.
⑤ 수사기관에서 갑은 허위로 증언한 것에 대하여 시인하였다.
⑥ 갑은 허위 증언한 이유에 대해 다음과 같이 진술하였다.
⑦ "C가 전에 도박으로 처벌받은 전력이 있어서 이번에도 도박을 하였다고 하면 크게 처벌될 것 같아 C가 도박으로 처벌받지 않게 하기 위하여 허위 진술을 하였다."

【사건의 경과】

① 검사는 갑을 위증죄로 기소하였다. (㉡피고사건)
② ㉡피고사건 제1심 공판절차에서도 갑은 허위 증언을 시인하면서 같은 이유를 진술하였다.
③ 갑의 피고사건은 제1심을 거친 후, 항소심에 계속되었다.
④ 항소심법원은 갑에게 무죄를 선고하였다.
⑤ 검사는 불복 상고하였다.

2. 형사소송과 증언거부권의 고지

【대법원 요지】 증언거부권 제도는 증인에게 증언의무의 이행을 거절할 수 있는 권리를 부여한 것이고, /

【대법원 요지】 형사소송법상 증언거부권의 고지 제도는 /증인에게 그러한 권리의 존재를 확인시켜 침묵할 것인지 아니면 진술할 것인지에 관하여 심사숙고할 기회를 충분히 부여함으로써 침묵할 수 있는 권리를 보장하기 위한 것임을 감안할 때, /

【대법원 요지】 재판장이 신문 전에 증인에게 증언거부권을 고지하지 않은 경우에도 /

【대법원 판단】 당해 사건에서 증언 당시 증인이 처한 구체적인 상황, 증언거부사유의 내용, 증인이 증언거부사유 또는 증언거부권의 존재를 이미 알고 있었는지 여부, 증언거부권을 고지받았더라도 허위 진술을 하였을 것이라고 볼 만한 정황이 있는지 등을 전체적·종합적으로 고려하여 /

【대법원 요지】 증인이 침묵하지 아니하고 진술한 것이 자신의 진정한 의사에 의한 것인지 여부를 기준으로 위증죄의 성립 여부를 판단하여야 한다. /

【대법원 요지】 그러므로 헌법 제12조 제2항에 정한 불이익 진술의 강요금지 원칙을 구체화한 자기부죄거부특권에 관한 것이거나 /

【대법원 요지】 기타 증언거부사유가 있음에도 증인이 증언거부권을 고지받지 못함으로 인하여 그 증언거부권을 행사하는 데 사실상 장애가 초래되었다고 볼 수 있는 경우에는 /

【대법원 요지】 위증죄의 성립을 부정하여야 할 것이다 /

【대법원 요지】 (대법원 2010. 1. 21. 선고 **2008도942** 전원합의체 판결 참조).

3. 사안에 대한 대법원의 분석

【대법원 분석】 원심판결 이유 및 이 사건 기록에 의하면, /

【대법원 분석】 피고인은 2008. 12. 2. 14:00경 P지방법원 제202호 법정에서 위 법원 ○○○○고단 ○○○, ○○○(병합) 공소외 A 외 1명에 대한 관광진흥법 위반 피고사건의 증인으로 출석한 사실, /

【대법원 분석】 위 관광진흥법 위반 사건에서는 내국인인 공소외 C가 내국인 출입이 제한된 Q호텔 카지노에 입장하여 도박을 하였는지 여부가 쟁점으로 되었는데, /

【대법원 분석】 공소외 A는 공소외 C가 위 카지노에 출입한 적은 있으나 도박을 한 적은 없다고 주장하면서 범행을 부인한 사실, /

【대법원 분석】 검사는 공소외 C의 도박행위를 입증하기 위하여 공소외 C와 그 사촌형제인 피고인을 증인으로 신청하였는데, 공소외 C는 법정에 출석하지 않았고 피고인만이 증인으로 출석한 사실, /

【대법원 분석】 피고인은 위증의 벌을 경고받고 선서를 한 뒤 검사의 신문에 답하게 되었는데, /

【대법원 분석】 피고인은 그 직업에 대한 검사의 첫 번째 질문에 답하고 나서 /

【대법원 분석】 공소외 A 및 공소외 C와의 관계에 대한 검사의 두 번째 질문에 대하여, /

【대법원 분석】 피고인은 공소외 C와는 사촌관계이고 공소외 A는 오늘 처음 본다고 진술한 사실, /

【대법원 분석】 그 후부터 피고인은 검사로부터 공소외 C가 위 카지노에 들어갔는지, /

【대법원 분석】 공소외 C가 위 카지노에서 바카라 게임을 한 것을 본 적이 있는지, /

【대법원 분석】 공소외 C가 사기도박으로 잃었다고 한 3억 3천만 원이 카지노 게임을 하면서 잃은 것인지 여부 등에 관하여 질문을 받게 된 사실, /

【대법원 분석】 피고인은 거짓임을 알면서도 위 각 질문들에 대하여 이 사건 공소사실 기재와 같이 허위로 답변한 사실, /

【대법원 분석】 피고인은 공소외 C와 사촌관계에 있었다는 사실을 법정에서 밝힌 바 있음에도 이 사건 증언 전이나 증언 도중에 피고인에게 증언거부권이 있음을 고지받지 못했던 사실, /

【대법원 분석】 피고인은 수사기관 이래 제1심까지 공소사실 기재와 같이 허위로 증언한 것에 대하여

시인하면서 /

【대법원 분석】 그 이유에 대하여 공소외 C가 전에 도박으로 처벌받은 전력이 있어서 이번에도 도박을 하였다고 하면 크게 처벌될 것 같아 공소외 C가 도박으로 처벌받지 않게 하기 위하여 허위 진술을 하였다고 진술한 사실을 알 수 있다.

4. 사안에 대한 대법원의 판단

【대법원 판단】 이처럼 공소외 C에 대한 피고사건은 아니지만 /

【대법원 판단】 피고인이 한 증언의 대부분은 공소외 C가 위 카지노에서 도박을 한 사실이 있었는지 여부에 관한 것으로서 /

【대법원 판단】 향후 사촌형제인 공소외 C가 도박죄로 형사소추 또는 공소제기를 당할 염려가 있는 내용인 점, /

【대법원 판단】 공소외 C가 증인으로 출석하지 아니하여 검사의 증인신청 및 신문에 따라 피고인이 부득이 먼저 이 사건 증언을 하게 된 것인 점, /

【대법원 판단】 증언 첫머리에서 피고인이 공소외 C와 사촌관계에 있다고 진술함으로써 공소외 C의 도박 사실에 관하여 증언거부사유가 발생하게 되었는데도 /

【대법원 판단】 재판장으로부터 증언거부권을 고지받지 못한 상태에서 이 사건 허위 진술을 하게 된 점 등을 종합하여 보면, /

【대법원 판단】 이 사건 증언 당시 증언거부권을 고지받지 못함으로 인하여 피고인이 그 증언거부권을 행사하는 데 사실상 장애가 초래되었다고 볼 수 있으므로, /

【대법원 결론】 원심이 피고인에게 위증죄의 죄책을 물을 수 없다고 판단한 것은 위 법리에 비추어 정당하고, 거기에 상고이유에서 주장하는 바와 같은 위증죄의 성립 범위에 관한 법리오해 등의 위법이 없다. (상고 기각)

2009도14928

위증죄와 법률에 의한 증인 – 인정례
민사 증언거부권 사건

2011. 7. 28. 2009도14928, 공 2011하, 1874

1. 사실관계 및 사건의 경과

【사실관계】

① 갑은 ㉠민사소송절차에서 증인으로 채택되었다.

② 갑의 증언은 갑 자신이 공소제기 되거나 유죄판결을 받을 염려가 있는 사항에 관한 것이다.

③ 따라서 갑에게는 민사소송법 제314조에 따라 증언거부권이 있다.

④ ㉠민사소송절차의 재판장 A는 갑에게 선서하게 한 후 증언거부권을 고지하지 아니한 채 증언하게

하였다.

⑤ 갑은 증인신문절차에서 허위의 진술을 하였다.

【사건의 경과】

① 검사는 갑을 위증죄로 기소하였다. (㉡피고사건)

② 갑의 ㉡피고사건은 제1심을 거친 후, 항소심에 계속되었다.

③ 항소심법원은 다음의 이유를 들어서 무죄를 선고하였다.

(가) 민사소송법이 형사소송법과 달리 증언거부권 고지를 규정하지 않은 것은 입법의 불비이다.

(나) 재판장이 증언거부권을 고지하지 아니하고 진행한 증인신문절차는 위법하다.

(다) 위법한 증인신문절차에서 허위진술을 한 갑을 위증죄로 처벌할 수 없다.

④ 검사는 불복 상고하였다.

2. 민사소송과 증언거부권의 고지

【대법원 요지】 1. 형법 제152조 제1항은 "법률에 의하여 선서한 증인이 허위의 진술을 한 때"에 위증죄로 처벌하고 있고, /

【대법원 요지】 여기서 "법률에 의하여 선서한 증인"이라고 함은 법률에 근거하여 법률이 정한 절차에 따라 유효한 선서를 한 증인이라는 의미로서, /

【대법원 요지】 그 증인신문은 법률이 정한 절차 조항을 준수하여 적법하게 이루어진 경우여야 하므로, /

【대법원 요지】 증인신문절차에서 법률에 규정된 증인 보호를 위한 규정이 지켜진 것으로 인정되지 않은 경우에는 증인이 허위의 진술을 하였다고 하더라도 위증죄의 구성요건인 "법률에 의하여 선서한 증인"에 해당하지 아니하여 위증죄로 처벌할 수 없는 것이 원칙이다.

【대법원 분석】 그런데 「형사소송법」은 증언거부권에 관한 규정(제148조, 제149조)과 함께 재판장의 증언거부권 고지의무에 관하여도 규정하고 있는 반면(제160조), /

【대법원 분석】 「민사소송법」은 증언거부권 제도를 두면서도(제314조 내지 제316조) 증언거부권 고지에 관한 규정을 따로 두고 있지 않다. /

【대법원 분석】 우리 입법자는 1954. 9. 23. 제정 당시부터 증언거부권 및 그 고지 규정을 둔 「형사소송법」과는 달리 /

【대법원 분석】 그 후인 1960. 4. 4. 「민사소송법」을 제정함에 있어 증언거부권 제도를 두면서도 그 고지 규정을 두지 아니하였고, /

【대법원 분석】 2002. 1. 26. 「민사소송법」을 전부 개정하면서도 같은 입장을 유지하였다. /

【대법원 판단】 이러한 입법의 경위 및 규정 내용에 비추어 볼 때, 이는 양 절차에 존재하는 그 목적 · 적용원리 등의 차이를 염두에 둔 입법적 선택으로 보인다. /

【대법원 판단】 더구나 「민사소송법」은 「형사소송법」과 달리, '선서거부권 제도'(제324조), '선서면제 제도'(제323조) 등 증인으로 하여금 위증죄의 위험으로부터 벗어날 수 있도록 하는 이중의 장치를 마련하고 있어 /

【대법원 판단】 증언거부권 고지 규정을 두지 아니한 것이 입법의 불비라거나 증언거부권 있는 증인

의 침묵할 수 있는 권리를 부당하게 침해하는 입법이라고 볼 수도 없다. /
【대법원 요지】 그렇다면 민사소송절차에서 재판장이 증인에게 증언거부권을 고지하지 아니하였다 하여 절차위반의 위법이 있다고 할 수 없고, /
【대법원 요지】 따라서 적법한 선서절차를 마쳤음에도 허위진술을 한 증인에 대해서는 달리 특별한 사정이 없는 한 위증죄가 성립한다고 보아야 할 것이다.

3. 사안에 대한 항소심의 판단

【항소심 판단】 2. 원심판결 이유에 의하면, 원심은 그 판시 각 사실을 인정한 후 /
【항소심 판단】 이 사건 민사소송절차에서의 증인인 피고인의 증언은 피고인 자신이 공소제기 되거나 유죄판결을 받을 염려가 있는 사항에 관한 것이므로 피고인에게는 민사소송법 제314조에 따라 증언거부권이 있고, /
【항소심 판단】 비록 민사소송법상 증언거부권 고지에 관한 별도의 명문규정이 없더라도 이는 입법의 불비에 불과하여, 재판장이 증언거부권을 고지하지 않은 것은 위법하고, /
【항소심 판단】 따라서 증언거부권을 고지받지 아니한 채 진행된 위법한 증인신문절차에서 증언을 한 피고인을 위증죄로 처벌할 수 없다는 이유로 무죄로 판단하였다.

4. 사안에 대한 대법원의 판단

【대법원 판단】 그러나 원심이 적법하게 채용한 증거들을 앞서 본 법리에 비추어 살펴보면, /
【대법원 판단】 「민사소송법」이 정하는 절차에 따라 증인으로서 적법하게 선서를 마치고서도 허위의 진술을 한 피고인의 행위는 위증죄에 해당하고 /
【대법원 결론】 기록상 달리 특별한 사정이 보이지 아니함에도, 원심이 법적 근거가 없는 증언거부권의 고지절차가 없었음을 이유로 이와 달리 판단한 것은 민사소송절차에서의 증언거부권 고지에 관한 법리를 오해하여 판결에 영향을 미친 잘못이 있다. (파기 환송)

2005도10101

위증죄와 법률에 의한 증인 – 인정례
황제룸주점 사건

2008. 10. 23. 2005도10101, 공 2008하, 1620

1. 사실관계 및 사건의 경과

【사실관계 1】
① 갑은 공범 을과 함께 취객 A에 대해 강도상해의 범행을 하였다는 공소사실로 기소되었다. (㉠사건)
② 을은 검거되지 아니하여 기소되지 않았다.

③ 제1심 공판절차에서 갑은 범행사실을 부인하였다.
④ 갑의 피고사건은 제1심을 거친 후, 항소심에 계속되었다.
⑤ 갑은 시종일관 범행사실을 부인하였다.
⑥ 항소심법원은 다음의 범죄사실을 인정하였다.
⑦ "2002. 9. 27. 새벽 피고인(갑)은 부산 동래구 온천 3동에 있는 황제룸주점 앞길에서 술에 취해 귀가하는 A와 어깨를 부딪치며 시비를 걸어 A의 멱살을 잡고 주먹으로 얼굴을 때리는 등의 방법으로 A의 지갑을 강취하였다."
⑧ 2004. 4. 7. 갑은 위의 범죄사실에 기한 강도상해사건으로 부산고등법원에서 징역 4년을 선고받았다.
⑨ 2004. 4. 16. 갑에 대한 강도상해사건의 판결이 확정되었다.

【사실관계 2】

① 이후 공범 을이 검거되었다.
② 을은 갑과 공범으로 취객 A에 대해 범행하였다는 공소사실로 강도상해죄로 기소되었다. (ⓛ사건)
③ 2005. 1. 14. 16:00경 부산지방법원 제301호 법정에서 을에 대한 강도상해 피고사건의 증인신문이 열렸다.
④ 갑은 을에 대한 강도상해 피고사건에 증인으로 출석하였다.
⑤ [재판장은 갑에게 진술거부권을 고지하지 않았다.]
⑥ 갑은 증인선서를 한 후 증언하였다.

【사실관계 3】

① 검사의 증인신문에 대한 갑의 답변은 다음과 같다.
② 검사 : 피해자 A와 어깨를 부딪친 후 멱살을 잡고 시비한 사실이 있는가요?
③ 갑 : 그런 사실은 없습니다.
④ 그런데 갑의 진술은 갑에 대한 강도상해 유죄판결(㉠사건)의 범죄사실과 상치되는, 기억에 반하는 허위의 진술이었다.

【사건의 경과】

① 검사는 갑을 위증죄로 기소하였다. (ⓒ사건)
② 제1심법원은 갑에게 적법행위의 기대가능성이 없다는 이유로 무죄를 선고하였다.
③ 검사는 불복 항소하였다.
④ 항소심법원은 항소를 기각하고, 제1심판결을 유지하였다.
⑤ (항소심의 판단 이유는 판례 본문 참조)
⑥ 검사는 불복 상고하였다.

2. 공소사실의 요지

【대법원 분석】 피고인은 2004. 4. 7. 부산고등법원에서 강도상해죄로 징역 4년을 선고받고 2004. 4. 16. 그 판결이 확정된 사람으로서, /

【대법원 분석】 사실은 2002. 9. 27. 새벽 부산 동래구 온천 3동에 있는 황제룸주점 앞길에서 술에

취해 귀가하는 공소외 A와 어깨를 부딪치며 시비를 걸어 동인의 멱살을 잡고 주먹으로 얼굴을 때리는 등으로 공소외 A의 지갑을 강취하였음에도 불구하고, /

【대법원 분석】 2005. 1. 14. 16:00경 부산지방법원 제301호 법정에서, 위 강도상해 사건과 관련하여 피고인과 공범으로 기소된 공소외 을에 대한 강도상해 피고사건에 증인으로 출석한 후 선서하고 증언함에 있어 /

【대법원 분석】 "피해자 공소외 A와 어깨를 부딪친 후 멱살을 잡고 시비한 사실이 있는가요"라는 검사의 질문에 "그런 사실은 없습니다"라고 대답함으로써 /

【대법원 분석】 기억에 반하는 허위의 진술을 하여 위증하였다.

3. 사안에 대한 항소심의 판단

【항소심 판단】 원심은 /

【항소심 판단】 공범이 공동피고인으로 함께 재판을 받는 경우, 그 공동피고인에게는 증언을 거부할 수 있는 권리가 인정되어 위증죄로부터의 탈출구가 마련되어 있는 만큼 적법행위의 기대가능성이 없다고 할 수 없으므로, /

【항소심 판단】 증인 선서를 한 공동피고인이 증언거부권을 포기하고 허위의 진술을 한 이상 위증죄의 처벌을 면할 수 없지만(대법원 1987. 7. 7. 선고 86도1724 판결 참조), /

【항소심 판단】 이 사건의 경우 피고인은 공범이기는 하나 강도상해죄로 이미 유죄판결이 확정된 상태이어서 공동피고인의 경우와는 달리 증언거부권이 인정되지 않으므로 /

【항소심 판단】 (형사소송법 제148조에 규정하고 있는 '유죄판결을 받을 사실이 발로될 염려가 있는 경우' 등에 해당되지 않는다), /

【항소심 판단】 피고인으로서는 공범으로 별건 기소된 공소외 을의 피고사건에 증인으로 채택되어 소환된 이상 증언을 거부할 수는 없는바, /

【항소심 판단】 위증죄로부터의 탈출구가 마련되어 있지 않은 피고인에게 그동안의 일관된 진술을 뒤엎고 확정된 유죄판결에서 판시하고 있는 자신의 범죄사실 /

【항소심 판단】 (이 사건의 경우는 피고인이 공소외 을과 공모하였는가에 관한 것이 아니라 피고인이 공소외 A와 어깨를 부딪친 사실이 있는지 여부에 관한 것이다)을 시인하는 증언을 하는 것을 기대할 수 없고, /

【항소심 판단】 따라서 자신의 범행사실을 부인하는 증언을 한 피고인의 판시 행위는 적법행위의 기대가능성이 없어 이 사건 공소사실은 범죄가 되지 않는 경우에 해당한다고 본 제1심판결이 정당하다고 판단하였다.

4. 사안에 대한 대법원의 판단

【대법원 요지】 피고인에게 적법행위를 기대할 가능성이 있는지 여부를 판단하기 위하여는 행위 당시의 구체적인 상황하에 행위자 대신에 사회적 평균인을 두고 이 평균인의 관점에서 그 기대가능성 유무를 판단하여야 하는 점, /

【대법원 요지】 자기에게 형사상 불리한 진술을 강요당하지 아니할 권리가 결코 적극적으로 허위의

진술을 할 권리를 보장하는 취지는 아닌 점, /

【대법원 요지】 이미 유죄의 확정판결을 받은 경우에는 일사부재리의 원칙에 의해 다시 처벌되지 아니하므로 증언을 거부할 수 없는바, /

【대법원 요지】 이는 사실대로의 진술 즉 자신의 범행을 시인하는 진술을 기대할 수 있기 때문인 점 등에 비추어 보면, /

【대법원 판단】 피고인은 강도상해죄로 이미 유죄의 확정판결을 받았으므로 그 범행에 대한 증언을 거부할 수 없을 뿐만 아니라 나아가 사실대로 증언하여야 하고, /

【대법원 판단】 설사 피고인이 자신에 대한 형사사건에서 시종일관 그 범행을 부인하였다 하더라도 이러한 사정은 이 사건 위증죄에 관한 양형참작사유로 볼 수 있음은 별론으로 하고 이를 이유로 피고인에게 사실대로의 진술을 기대할 가능성이 없다고 볼 수는 없다.

【대법원 결론】 그런데도 원심은 이와 달리 판시와 같은 이유로 피고인에게 사실대로의 진술을 기대할 가능성이 없다고 판단하였으니, 원심판결에는 기대가능성 내지 증언거부권에 관한 법리를 오해하여 판결에 영향을 미친 위법이 있고, 이를 지적하는 검사의 상고이유는 이유 있다. (파기 환송)

【코멘트】 본 판례에서 언급된 86도1724 판례는 앞에서 소개한 **2008도942** 전원합의체 판결에 의하여 폐기되었다. 따라서 본 판례에서 해당 부분은 이를 수정하여 읽어야 한다. 그러나 전체 문맥에는 86도1724 판례가 언급된 부분이 영향을 미치지 아니하므로 본 판례의 판시사항은 여전히 그 의미가 살아 있다.

95도192 (1)

위증죄와 허위진술 – 부정례
역삼동 대지 사건

1996. 8. 23. 95도192, 공 1996, 2931

1. 사실관계 및 사건의 경과

【사실관계 1】

① A는 P회사를 경영하고 있었다.
② B는 A의 부인이다.
③ C는 A와 내연관계에 있는 여자이었지만 사망하였다.
④ C의 상속인으로는 D와 E가 있다.
⑤ 갑은 P회사의 직원이다.

【사실관계 2】

① A는 서울 강남구 역삼동에 ㉠대지를 구입하여 회사 직원 갑 명의로 등기를 해 놓았다.

② A가 사망하였다.
③ A의 사망과 함께 ㉠대지의 소유권을 놓고 분쟁이 발생하였다.
④ C의 상속인 D와 E는 갑을 상대로 명의신탁 해지를 원인으로 한 ⓐ소유권이전등기 청구소송을 제기하였다.
⑤ 갑은 ⓐ민사소송에서 D와 E의 청구를 인낙하였다.

【사실관계 3】

① A의 부인 B와 그의 가족들은 ㉠부동산이 A의 상속인인 자신들의 소유에 속한다고 주장하여 ⓑ민사소송을 제기하였다.
② 갑은 ⓑ민사소송에 증인으로 출석하여 다음과 같이 진술하였다.
③ "㉠대지는 원래 망 A와 내연의 관계에 있던 망 C의 소유로서 저(갑)에게 명의신탁된 것이므로 C의 상속인인 D와 E가 저(갑)를 상대로 명의신탁 해지를 원인으로 한 소유권이전등기 청구소송을 제기하자 이를 인낙한 것일 뿐입니다."
④ ⓑ민사소송에서 ㉠대지가 C의 소유로서 갑에게 명의신탁된 것이라는 주장은 받아들여지지 않았다.
⑤ ⓑ민사소송에서는 결국 ㉠대지의 소유권은 망 A의 부인 B 측에게 귀속된다는 판단이 내려졌다.

【사실관계 4】

① 갑은 ⓑ민사소송에서 위증하였다는 혐의로 수사기관에 고발당하였다.
② 갑은 경찰 이래 계속하여 다음과 같이 진술하면서 위증죄의 범죄사실을 극구 부인하였다.
③ "제(갑)가 직장 상사로 모시던 A로부터 듣거나 그로부터 지시받아 실행한 사실을 ⓑ민사법정에서 그대로 증언하였을 뿐 기억에 반하여 허위의 진술을 한 사실이 전혀 없습니다."

【사건의 경과】

① 검사는 갑을 위증죄로 기소하였다.
② 제1심법원은 ⓑ민사소송의 재판부가 C와 갑 사이의 명의신탁관계를 인정하지 아니하였다는 점을 근거로 유죄를 인정하였다.
③ 갑은 불복 항소하였다.
④ 항소심법원은 제1심판결을 파기하고, 무죄를 선고하였다.
⑤ 검사는 불복 상고하였다.

2. 위증죄와 허위진술의 의미

【대법원 요지】 형사재판에 있어서 유죄의 인정은 법관으로 하여금 합리적인 의심을 할 여지가 없을 정도로 공소사실이 진실한 것이라는 확신을 가지게 할 수 있는 증명력을 가진 증거에 의하여야 하므로 /

【대법원 요지】 이와 같은 증거가 없다면 설령 피고인에게 유죄의 의심이 간다고 하더라도 피고인의 이익으로 판단할 수밖에 없고, /

【대법원 요지】 또한 형사재판에 있어서 관련된 민사사건의 판결에서 인정된 사실은 공소사실에 대하여 유력한 인정자료가 된다고 할지라도 반드시 그 민사판결의 확정사실에 구속을 받는 것은 아

니며, /

【대법원 요지】 한편 위증죄는 법률에 의하여 선서한 증인이 자기의 기억에 반하는 사실을 진술함으로써 성립하는 것이므로 /

【대법원 요지】 그 진술이 객관적 사실과 부합하지 않는다고 하여 그 증언이 곧바로 위증이라고 단정할 수는 없다.

3. 사안에 대한 대법원의 판단

【대법원 판단】 원심판결 이유에 의하면, 원심은 공소사실 중 판시 각 죄에 대하여, /

【대법원 판단】 피고인은 경찰(검찰의 오기임) 이래 원심법정에 이르기까지 일관하여 /

【대법원 판단】 서울 강남구 역삼동 ○○○의 ○ 대지는 원래 공소외 망 A과 내연의 관계에 있던 망 공소외 C의 소유로서 피고인에게 명의신탁된 것이므로 /

【대법원 판단】 위 공소외 C의 상속인인 제1심 공동피고인 D, E가 피고인을 상대로 명의신탁 해지를 원인으로 한 소유권이전등기청구 소송을 제기하자 이를 인낙한 것일 뿐이고, /

【대법원 판단】 또한 그가 직장 상사로 모시던 위 공소외 A로부터 듣거나 그로부터 지시받아 실행한 사실을 판시 법정에서 그대로 증언하였을 뿐 기억에 반하여 허위의 진술을 한 사실이 전혀 없다면서 /

【대법원 판단】 위 범행사실을 극구 부인하고 있고, /

【대법원 판단】 제1심이 유죄의 증거로 들고 있는 증거들 중, /

【대법원 판단】 위 공소외 A의 처인 공소외 B와 그 아들인 공소외 F의 검찰 이래 제1심 법정에서의 각 진술은 다른 증거에 비추어 그 신빙성이 의심스럽거나 위 각 공소사실을 인정하기에 부족하고, /

【대법원 판단】 위 공소외 B의 오빠인 공소외 G와 위 공소외 A가 경영하던 공소외 P주식회사의 임직원이던 공소외 ㉮, ㉯, ㉰, ㉱, ㉲의 검찰 또는 제1심 및 원심 법정에서의 각 진술은 다른 증거에 비추어 신빙성이 희박하거나 회사 내에서의 소문 및 자신의 생각 내지 추측을 나타낸 것 등으로서 위 각 공소사실의 증거로 삼을 수 없거나 그 증거로 삼기에 부족하며, /

【대법원 판단】 검사 작성의 공소외 ㉳, ㉴에 대한 각 진술조서의 기재는 피고인이 증거로 함에 동의하지 아니하고 그 진술조서의 진정성립을 인정할 아무런 자료도 없으므로 증거능력이 없고, /

【대법원 판단】 관련 민사판결(……)들은 모두 이 사건에 제출되어 있는 증거들과 동일한 증거자료들에 의하여 사실인정을 한 것으로서 판시와 같이 이 사건에 제출되어 있는 증거들이 위 각 공소사실을 유죄로 인정할 증거로 삼을 수 없거나 부족한 점 및 /

【대법원 판단】 유죄의 인정에 있어 엄격한 증거를 요하는 형사재판의 특성에 비추어 보아 위 각 민사판결로서 위 각 공소사실을 유죄로 인정하기에 부족하며, /

【대법원 판단】 나머지 등기부등본, 제적등본, 호적등본, 증인신문조서사본, 절취서류사본, 확인서, 인낙조서사본, 교환계약서사본, 종합토지세 납세영수증의 각 기재만으로 위 각 공소사실을 인정할 증거로 삼을 수 없거나 그 증거로 삼기에 부족하다는 이유로 /

【대법원 판단】 위 각 공소사실에 대하여 유죄로 인정한 제1심판결을 파기하고 무죄를 선고하였다.

【대법원 결론】 기록과 위에서 본 법리에 비추어 살펴보면, 원심의 위 인정판단은 모두 수긍이 가고, 거기에 소론과 같이 채증법칙을 위배하여 사실을 오인한 위법이 있다고 할 수 없다.
【대법원 결론】 논지는 이유 없다. (상고 기각)

【비교법 조문 17】
독일 형법
제9장 선서 없는 허위진술 및 위증
제153조 (선서 없는 허위진술) ① 법원에 대하여 또는 선서에 의한 증언이나 감정을 행하게 할 권한이 있는 기타 관청에 대하여 증인 또는 감정인으로서 선서 없이 허위로 진술한 자는 3월 이상 5년 이하의 자유형에 처한다.
② 연방 및 주 입법기관의 사실조사위원회는 제1항에 규정된 장소와 동일하게 본다.
제154조 (위증) ① 법원 또는 선서를 행하게 할 권한이 있는 기타 관청에 대하여 위증한 자는 1년 이상의 자유형에 처한다.
② 제1항의 행위가 중하지 아니한 경우에는 6월 이상 5년 이하의 자유형에 처한다.
제163조 (과실위증, 과실에 의한 선서갈음 허위보증) ① 제154조 내지 제156조에 규정된 행위를 과실에 의하여 범한 경우에는 1년 이하의 자유형 또는 벌금형에 처한다.
② 행위자가 허위진술을 적시에 정정한 경우에는 처벌하지 아니한다. 제158조 제2항 및 제3항의 규정은 본조의 경우에 준용한다.

【코멘트】

(1) 객관설과 주관설의 대립

위증죄의 구성요건요소인 '허위의 진술'과 관련하여 객관설과 주관설이 대립하고 있다. 객관설의 입장에서는 객관적 사실과 일치하지 않는 진술을 허위의 진술이라고 본다. 이에 대해 주관설의 입장에서는 진술자의 기억과 일치하지 않는 진술을 허위의 진술이라고 본다. 본 판례에서 대법원은 "위증죄는 법률에 의하여 선서한 증인이 자기의 기억에 반하는 사실을 진술함으로써 성립하는 것이므로 그 진술이 객관적 사실과 부합하지 않는다고 하여 그 증언이 곧바로 위증이라고 단정할 수는 없다."라고 판시하고 있는데, 이러한 판단태도는 바로 주관설에 따른 것이다.

객관설과 주관설이 차이를 보이는 영역을 살펴본다. 우선 객관적으로 참(true)인 사실을 진술자가 주관적으로 거짓(false)인 사실이라고 생각하고, 기억에 반하여 참(true)인 사실이라고 진술하는 경우가 있다. 이러한 상황에 대해 객관설의 입장에서는 위증죄의 성립을 부정하는 반면에 주관설의 입장에서는 위증죄를 긍정한다. 다음으로, 객관적으로는 거짓(false)인 사실이지만 주관적으로는 참(true)인 사실이라고 생각하고, 기억에 따라서 참(true)인 사실이라고 진술하는 경우가 있다. 이러한 상황에 대해 객관설의 입장에서는 위증죄의 성립을 긍정하는 반면에 주관설의 입장에서는 위증죄를 부정한다.

'허위의 진술'과 관련하여 객관설과 주관설이 나뉘게 되는 계기는 증인의 선서와 관련이 있다. 종래 위증죄는 선서위반죄로 인식되어 왔다. 국가로 대표되는 법공동체에 대해 "자신의 기억대로 거짓 없이 진술하겠다"는 엄숙한 약속이 증인의 선서이며, 이 약속을 위반하는 것이 위증이라는 것이다. 이에 대해 객관설의 입장에서는 선서라는 의식보다 국가의 사법작용 및 징계작용의 적정성 확보에 관심을 기울인다. 그리하여 객관적 진실규명에 영향을 끼치는 한도에서 위증죄의 성립을 인정하면 족하다고 본다.

(2) 독일 형법과의 비교

'허위의 진술'과 관련한 객관설과 주관설의 주장은 논리적으로 우열을 가리기 곤란하다. 이 문제에 대한 판단은 기본적으로 입법자의 결단에 맡겨져 있다고 생각된다. 비교법적으로 볼 때 독일 형법은 선서 없는 허위진술을 처벌하며(동법 제153조 제1항), 선서를 하고 허위진술하는 경우(소위 위증, Meineid)를 보다 무겁게 처벌하고 있다(동법 제154조 제1항). 선서 없는 경우에도 허위진술을 처벌하고 있다는 점에서 객관설의 입장이라고 할 수 있다(독일의 통설, 판례임). 한편 독일 형법은 선서하의 허위진술(Meineid)에 대해서는 과실범까지도 처벌하고 있다(동법 제163조 참조). 이러한 입법태도는 국가의 사법작용 내지 징계작용의 적정성을 보다 강하게 확보하려는 것이라고 말할 수 있다.

우리 형법의 경우를 보면 위증죄는 '법률에 의하여 선서한 증인'이 허위의 진술을 한 때에만 성립한다. 선서 없는 허위진술을 처벌하는 규정은 두고 있지 않다. 위증죄에 대한 과실범 처벌규정 또한 존재하지 않는다. 이러한 상황에서 우리 형법의 '허위의 진술' 표지를 해석할 때 객관설에 의할 것인지 주관설에 의할 것인지 문제된다.

학계에서는 근래 객관설이 유력하게 주장되고 있다. 그 배경에는 독일 형법학의 해석론이 영향을 미치고 있는 것이 아닌가 생각된다. 그러나 독일 형법의 해석론은 독일 형법의 조문체계를 전제로 전개되는 것임에 주의할 필요가 있다. 선서 없는 허위진술죄를 처벌하고 있지 아니한 우리 형법 아래에서 객관설의 논거는 주관설의 논거를 압도할 정도에 이르고 있다고는 생각되지 않는다. 대법원은 본 판례가 보여주는 바와 같이 주관설의 입장에 서 있다.

생각건대 현행 형법의 '허위의 진술' 표지는 주관설에 따라서 해석하는 것이 타당하다고 본다. 먼저, 전통적으로 위증죄는 선서의무위반죄로서의 성격을 가지고 있다는 점을 부인할 수 없다. 우리 형법이 '법률에 의하여 선서한 증인'이라는 표현을 사용하고 있는 것은 바로 이 때문이라고 생각된다. 다음으로, 재판실무의 관점에서 볼 때 증인의 진술내용이 객관적으로 진실인가 허위인가를 판단하는 것은 결코 쉬운 일이 아니다. 때로는 사실의 진위 판단에 장기간을 요하거나 진위 판단이 불가능한 경우도 생길 수 있다. 이러한 경우에 위증죄의 판단을 장기간 미루거나 위증죄의 판단을 포기할 수는 없다. 당해 절차에서 전후 진술의 맥락이나 주변 정황에 따라 허위진술 여부를 판단하는 것은 재판의 현실에 비추어 불가피하다고 생각된다. 대법원이 주관설의 입장을 유지하고 있는 것도 바로 이러한 고려 때문이 아닐까 생각된다.

(3) 허위진술죄의 문제점

독일 형법의 위증죄 조문을 보면서 한 가지 생각되는 논점은 소위 허위진술죄의 문제이다. 독일 형법은 법원 이외의 기타 관청에 대해 선서 없이 허위로 진술한 자를 처벌하고 있다. 여기에서 독일 형법을 입법례로 제시하면서 수사기관에 대하여 허위로 진술한 자를 허위진술죄로 처벌하자는 입법론이 제안되고 있다.

그러나 독일 형법상 허위진술이 처벌되는 경우는 '선서에 의한 증언이나 감정을 행하게 할 권한이 있는 기타 관청'이다. 이에 해당하는 예로 독일의 연방의회가 명기되고 있다(독일형법 제153조 제2항). 독일 형법의 해석론으로도 수사기관은 선서를 받을 권한 있는 관청에 포함되고 있지 않다. 수사기관은 범죄사건을 수사함에 있어서 피의자나 참고인의 진술 여하에 불구하고 피의자를 확정하고 그 피의사실을 인정할 만한 객관적인 제반 증거를 수집 · 조사하여야 할 권한과 의무가 있을 뿐이다. 수사기관은 참고인으로부터 선서를 받을 권한은 없다. 요컨대 참고인에 대한 허위진술죄의 도입을 주장하면서 독일 형법의 입법례를 원용하는 것은 적절하지 않다고 생각된다.

2007도1397

위증죄와 증언 - 부정례
허위 증인진술서 사건

2010. 5. 13. 2007도1397, [미간행]

1. 사실관계 및 사건의 경과

【사실관계 1】

① 민사소송규칙 제79조 제1항은 "법원은 효율적인 증인신문을 위하여 필요하다고 인정하는 때에는 증인을 신청한 당사자에게 증인진술서를 제출하게 할 수 있다"라고 규정하여 증인진술서제도를 채택하고 있다.
② A와 B 사이에 ㉮민사소송이 진행중이었다.
③ 갑은 A를 위하여 ㉠증인진술서를 작성하였다.

【사실관계 2】

① 갑은 ㉮민사소송의 변론기일에 증인으로 출석하였다.
② A는 ㉠증인진술서를 증거로 제출하였다.
③ ㉮민사소송의 재판장은 갑의 증인선서 후 갑에게 ㉠증인진술서에 대해 신문하였다.
④ 갑은 "본인이 진술한 대로 ㉠증인진술서에 기재되었습니다."라고 진술하였다. (실질적 진정성립 인정)
⑤ 이후 ㉠증인진술서에 기재된 ㉡사실이 허위임이 밝혀졌다.

【사건의 경과】

① 검사는 갑을 위증죄로 기소하였다.
② 제1심법원은 유죄를 인정하였다.
③ 갑은 불복 항소하였다.
④ 항소심법원은 제1심판결을 파기하고, 무죄를 선고하였다.
⑤ 검사는 불복 상고하였다.

2. 위증죄와 법정 진술

【대법원 분석】 「형법」 제152조 제1항의 위증죄는 법률에 의하여 선서한 증인이 허위의 진술을 한 때에 성립하는 것이므로 /

【대법원 분석】 위증의 경고를 수반하는 법률에 의한 선서절차를 거친 법정에서 구체적으로 이루어진 진술을 그 대상으로 하는바, /

【대법원 요지】 「민사소송규칙」 제79조 제1항은 "법원은 효율적인 증인신문을 위하여 필요하다고 인정하는 때에는 증인을 신청한 당사자에게 증인진술서를 제출하게 할 수 있다"라고 규정함으로써 증인진술서제도를 채택하고 있는데 /

【대법원 요지】 이러한 증인진술서는 그 자체로는 서증에 불과하여 그 기재내용이 법정에서 진술되지 아니하는 한 여전히 서증으로 남게 되는 점, /

【대법원 분석】 「민사소송법」 제331조가 원칙적으로 증인으로 하여금 서류에 의하여 진술을 하지 못하도록 규정하고 있는 점, /

【대법원 분석】 「민사소송규칙」 제95조 제1항이 증인신문의 방법에 관하여 개별적이고 구체적으로 하여야 한다고 규정하고 있는 점 등의 사정에 비추어 볼 때, /

【대법원 요지】 증인이 법정에서 선서 후 증인진술서에 기재된 구체적인 내용에 관하여 진술함이 없이 단지 그 증인진술서에 기재된 내용이 사실대로라는 취지의 진술만을 한 경우에는 /

【대법원 요지】 그것이 증인진술서에 기재된 내용 중 특정 사항을 구체적으로 진술한 것과 같이 볼 수 있는 등의 특별한 사정이 없는 한 /

【대법원 요지】 증인이 그 증인진술서에 기재된 구체적인 내용을 기억하여 반복 진술한 것으로는 볼 수 없으므로, /

【대법원 요지】 가사 거기에 기재된 내용에 허위가 있다 하더라도 그 부분에 관하여 법정에서 증언한 것으로 보아 위증죄로 처벌할 수는 없다고 할 것이다.

3. 사안에 대한 대법원의 판단

【대법원 판단】 원심이 적법하게 채용한 증거들을 위 법리에 비추어 살펴보면, /

【대법원 판단】 이 사건 증인진술서의 실질적인 진정성립을 인정하는 취지의 피고인 진술만으로는 피고인이 공소사실 각 항 부분의 내용에 관하여 그 판시 법정에서 구체적으로 진술하거나 이와 같이 볼 수 있는 특별한 사정이 있는 경우라고 보기는 어렵다.

【대법원 결론】 이와 같은 취지에서, 이 사건 공소사실을 유죄로 인정한 제1심판결을 파기하여 무죄를 선고한 원심의 판단은 정당하다.

【대법원 결론】 원심판결에는 상고이유에서 주장하는 바와 같이 위증죄에 관한 법리를 오해하는 등의 위법이 없다. (상고 기각)

83도44

위증죄와 허위진술 – 인정례
종중 분파 족보 사건

1985. 4. 9. 83도44, 공 1985, 760

1. 사실관계 및 사건의 경과

【사실관계】

① A가 P종중의 종중원인가에 대해 다툼이 일어났다.
② A는 관할법원에 A가 P종중의 종중원임을 확인해 달라는 ㉮소송을 제기하였다.
③ P종중의 종중원 갑은 ㉮소송에 증인으로 출석하였다.
④ 갑은 선서한 후 다음과 같이 진술하였다.
⑤ "본인(갑)과 B, C, D는 족보상으로 원고 A의 조상과 상이한 자의 자손이며 21대에서 갈려나갔다."

【사건의 경과】

① [A는 갑을 고발하였다.]
② 갑은 수사기관에서 ㉮소송의 원 · 피고들 조상이 분파된 내력에 관하여 족보를 보아서 알고 있는 사실을 기억에 따라 증언한 것이라고 진술하였다.
③ 검사는 다음의 공소사실 요지로 갑을 위증죄로 기소하였다.
④ 「피고인(갑)은 ㉮민사소송에 관하여 원 · 피고들의 조상이 분파된 계보를 알지 못하면서도 알고 있는 것처럼 자기의 기억에 반하여 진술을 한 것이 위증이다.」
⑤ 갑의 피고사건은 제1심을 거친 후, 항소심에 계속되었다.
⑥ 항소심법원은 무죄를 선고하였다.
⑦ (항소심의 판단 이유는 판례 본문 참조)
⑧ 검사는 불복 상고하였다.

2. 사안에 대한 항소심의 판단

【항소심 판단】 원심판결 이유에 의하면 원심은 /

【항소심 판단】 공소사실과 같이 /

【항소심 판단】 피고인이 증인으로서 "피고 등 (공소외 B 외 4명)은 족보상으로 원고 (공소외 A)의 조상과 상이한 자의 자손이며 21대에서 갈려나갔다"고 한 증언은 피고인 스스로 경험한 사실에 관한 진술일 수는 없고 /

【항소심 판단】 다만 피고인이 족보를 읽어 추론하여 얻은 동인들의 계보에 관한 피고인 나름대로의 추측의 결과를 진술한 것에 불과하므로 /

【항소심 판단】 설령 그 진술내용이 피고인이 그 족보를 읽어 추론하여 얻은 동인들의 계보에 관한

피고인 나름대로의 의견 내지는 추측과 달리 진술된 것이라고 하더라도 /
【항소심 판단】 그와 같은 진술은 위증죄의 구성요건에 해당하는 허위의 공술에는 해당되지 아니하므로 이 사건 공소사실은 죄가 되지 아니한다 하여 피고인에게 무죄를 선고하였다.

3. 사실의 진술과 의견의 진술

【대법원 요지】 그런데 증인이 스스로 경험할 수 없었던 과거의 사실에 관한 증언내용이 증인 나름대로의 단순한 의견이나 추측에 의한 것인 때에는 /
【대법원 요지】 그 진술이 위증죄의 구성요건인 허위의 공술에 해당한다고 할 수는 없으나 /
【대법원 요지】 증언의 내용이 타인이 경험한 바를 전해 들은 것이거나 기록 또는 문서를 보고 간접적으로 알게 된 것이라면 /
【대법원 요지】 그 진술이 전해 준 내용이나 알게 된 문서의 내용에 일치되지 아니하는 때에는 그 진술은 일응 기억에 반한 것으로 보아야 할 것이므로 위증죄에 해당한다 할 것이니 /
【대법원 요지】 이러한 경우에는 증인이 그 증언 내용을 알게 된 경위에 따라 그 증언내용이 기억에 반한 진술인지의 여부를 가려야 한다 할 것인바 /

4. 사안에 대한 대법원의 판단

【대법원 분석】 기록에 의하면 이 사건 공소사실의 요지는 /
【대법원 분석】 피고인이 공소사실 적시의 민사소송에 관하여 원·피고들의 조상이 분파된 계보를 알지 못하면서도 알고 있는 것처럼 자기의 기억에 반하여 진술을 한 것이 위증이라는 것이고 /
【대법원 분석】 피고인은 경찰 이래 원심법정에 이르기까지 원·피고들의 조상이 분파된 내력에 관하여 족보를 보아서 알고 있는 사실을 기억에 따라 증언한 것이라고 변소하고 있으므로(특히 공판기록 91면, 수사기록149면)/
【대법원 판단】 피고인의 위 증언은 원·피고들의 조상의 분파에 관한 피고인의 단순한 의견이나 평가에 관한 진술이 아니라 족보를 보아서 알게 된 사실을 증언한 취지라고 보여지므로 /
【대법원 판단】 원심으로서는 피고인이 보아서 안다는 족보가 어느 것이며, 그 족보에 기재된 사실이 같은 취지인지의 여부를 심리판단하여 /
【대법원 판단】 그 증언이 피고인의 기억에 반한 것인지의 여부를 가렸어야 할 것임에도 /
【대법원 결론】 이 사건 증언은 원·피고들의 계보에 관한 단순한 의견 내지 추측의 결과를 진술한 것이어서 위증죄의 구성요건이 되는 허위의 공술에는 해당되지 않는다고 판단한 원심의 조처는 필경 위증죄의 법리를 오해한 나머지 심리를 다하지 아니하여 판결의 결과에 영향을 미친 위법을 저질렀다 할 것이므로 이를 탓하는 논지는 이유 있다. (파기 환송)

2010도7525

위증죄의 기수시기 – 인정례
종전 선서 위증 사건

2010. 9. 30. 2010도7525, 공 2010하, 2052

1. 사실관계 및 사건의 경과

【사실관계】

① 갑에 대해 P지방법원 Q지원에 ⓐ형사사건 재판이 진행되고 있었다.
② 갑은 을에게 허위 증언을 부탁하였다.
③ 2009. 10. 12. 을은 P지방법원 Q지원 ⓐ사건의 제9회 공판기일에 증인으로 출석하여 갑이 부탁한 대로 허위의 ㉠진술을 하였다.
④ 을에 대한 증인신문절차는 ㉠진술이 철회·시정된 바 없이 같은 날 그대로 종료되었다.
⑤ 이후 을은 다시 증인으로 신청되어 채택되었다.
⑥ 2009. 12. 16. 을은 ⓐ사건의 제21회 공판기일에 다시 출석하였다.
⑦ 을은 재판장으로부터 종전 선서의 효력이 유지됨을 고지받고 증언을 하였다.
⑧ 을은 종전 기일에 한 ㉠진술이 허위 진술임을 시인하고 이를 철회하는 취지의 ㉡진술을 하였다.

【사건의 경과】

① 검사는 갑을 위증교사죄로 기소하였다.
② 제1심법원은 무죄를 선고하였다.
③ 검사는 불복 항소하였다.
④ 항소심법원은 항소를 기각하고, 제1심판결을 유지하였다.
⑤ 항소심법원은 항소기각의 이유를 다음과 같이 제시하였다.
  (가) [을은 제9회 공판기일에 선서한 다음 제21회 공판기일에서 종전 선서의 효력이 유지됨을 고지받고 증언하였다.]
  (나) [종전 선서의 효력이 유지되므로 제9회 공판기일의 증인신문과 제21회 공판기일의 증인신문은 하나의 증인신문절차로 보아야 한다.]
  (다) 을은 증인으로 선서한 후 일단 기억에 반하는 허위의 진술을 하였다가 ⓐ사건의 재판절차가 끝나기 전에 이를 철회·시정하였다.
  (라) 따라서 을에 대해 위증죄가 성립하지 않는다.
  (마) 을에 대해 위증죄가 성립하지 않는 이상 교사범인 갑에 대해 위증교사죄가 성립하지 않는다.

2. 위증죄의 기수시기

【대법원 요지】 증인의 증언은 그 전부를 일체로 관찰·판단하는 것이므로 선서한 증인이 일단 기억에 반하는 허위의 진술을 하였더라도 그 신문이 끝나기 전에 그 진술을 철회·시정한 경우 위증이 되

지 아니한다고 할 것이나, /

【대법원 요지】 증인이 1회 또는 수회의 기일에 걸쳐 이루어진 1개의 증인신문절차에서 허위의 진술을 하고 그 진술이 철회·시정된 바 없이 그대로 증인신문절차가 종료된 경우 그로써 위증죄는 기수에 달하고, /

【대법원 요지】 그 후 별도의 증인 신청 및 채택 절차를 거쳐 그 증인이 다시 신문을 받는 과정에서 종전 신문절차에서의 진술을 철회·시정한다 하더라도 /

【대법원 요지】 그러한 사정은 형법 제153조가 정한 형의 감면사유에 해당할 수 있을 뿐, /

【대법원 요지】 이미 종결한 종전 증인신문절차에서 행한 위증죄의 성립에 어떤 영향을 주는 것은 아니다. /

【대법원 요지】 위와 같은 법리는 증인이 별도의 증인신문절차에서 새로이 선서를 한 경우뿐만 아니라 종전 증인신문절차에서 한 선서의 효력이 유지됨을 고지받고 진술한 경우에도 마찬가지로 적용된다.

3. 사안에 대한 대법원의 판단

【대법원 분석】 원심판결 이유와 기록에 의하면, /

【대법원 분석】 피고인으로부터 위증의 교사를 받은 공소외 을이 2009. 10. 12. P지방법원 Q지원 ⓐ사건(이하 '관련사건'이라고 한다)의 제9회 공판기일에 증인으로 출석하여 공소사실 기재와 같은 허위의 진술을 하고 그와 같은 허위 진술이 철회·시정된 바 없이 공소외 을에 대한 증인신문절차가 같은 날 그대로 종료된 사실, /

【대법원 분석】 그 후 증인으로 다시 신청·채택된 공소외 을이 2009. 12. 16. 관련사건의 제21회 공판기일에 다시 출석하여 재판장으로부터 종전 선서의 효력이 유지됨을 고지받고 증언을 하면서 종전 기일에 한 공소사실 기재 진술이 허위 진술임을 시인하고 이를 철회하는 취지의 진술을 한 사실을 알 수 있다. /

【대법원 판단】 위 인정 사실과 앞서 본 법리에 의할 때, /

【대법원 판단】 공소외 을이 관련사건 제9회 공판기일에 증인으로 출석하여 허위의 진술을 하고 그 신문절차가 그대로 종료됨으로써 공소외 을의 위증죄는 이미 기수에 이른 것으로 보아야 하고, /

【대법원 판단】 그 후 공소외 을이 다시 증인으로 신청·채택되어 제21회 공판기일에 출석하여 종전 신문절차에서 한 허위 진술을 철회하였다 하더라도 이미 성립한 위증죄에 영향을 미친다고 볼 수는 없다. /

【대법원 결론】 그럼에도 원심이, 공소외 을이 증인으로 선서한 후 일단 기억에 반하는 허위의 진술을 하였다가 관련사건의 재판절차가 끝나기 전에 이를 철회·시정한 이상 공소외 을에 대해서는 위증죄가 성립하지 않고, /

【대법원 결론】 정범인 공소외 을에 대하여 위증죄가 성립하지 않는 이상 교사범인 피고인에 대한 위증교사죄 역시 성립할 여지가 없다고 판단하여, /

【대법원 결론】 피고인에 대한 위증교사의 공소사실에 대하여 무죄를 선고한 제1심판결을 그대로 유지한 데에는, 위증죄의 기수시기 등에 관한 법리를 오해하여 판결에 영향을 미친 위법이 있다. 이 점을

지적하는 상고이유의 주장은 이유 있다. (파기 환송)

2000도1089

허위감정죄와 허위감정 – 인정례
욕실 부분 통기관 사건

2000. 11. 28. 2000도1089, 공 2001, 227

1. 사실관계 및 사건의 경과

【사실관계 1】

① 갑은 건축설계사이다.

② P지방법원 Q지원에 K시 L동 소재 M맨션 103동 건축과 관련하여 A 외 89명의 원고와 건축업자 B 사이에 ㉮부당이득금 청구소송 사건이 진행되고 있었다.

③ 갑은 Q지원의 ㉮부당이득금 사건에 출석하여 감정인 선서를 하였다.

④ 갑은 재판부로부터 M맨션 103동에 대해 다음과 같은 내용의 감정명령을 받았다.

(가) 건축설계서와 현재의 시공상태를 점검하고 건축설계서의 미시공부분을 확인하라.

(나) 건축설계서와 달리 시공된 부분의 유무를 확인하라.

(다) 위와 같은 부분이 있다면 그 부분을 재시공할 경우의 공사비용 또는 차액을 산출 감정하여 그 결과를 서면으로 보고하라.

【사실관계 2】

① 갑은 감정사항의 일부에 대해 설비전문업체인 N설비사무소에 용역을 의뢰하였다.

② N설비사무소의 직원 C는 각 세대 욕실 천장의 섹스티아관 설치 여부만을 조사하였다.

③ C는 조사를 제대로 하지 아니하여 다음과 같은 내용의 감정 결과를 갑에게 보고하였다.

(가) 실제 : 섹스티아관이 설치되어 있음

(나) 감정결과 : 섹스티아관이 설치되어 있지 않음

④ 갑은 C가 보고한 내용으로 제1차 감정보고서를 작성하여 Q지원에 제출하였다.

⑤ 제1차 감정보고서에 의하면 피고 B는 섹스티아관을 설치하기 위하여 유비알(UBR)천정을 철거해야 하는 공사비를 원고측에 지급하여야 한다.

【사실관계 3】

① ㉮부당이득금 사건의 피고 B는 제1차 감정보고서에 대해 이의를 제기하였다.

② 재조사과정에서 섹스티아관이 설치된 사실이 밝혀졌다.

③ 갑은 C에게 다시 배관부분에 대한 하자를 조사하도록 지시하였다.

④ C는 다음과 같은 허위내용의 감정 결과를 갑에게 보고하였다.

(가) 실제 : M맨션의 통기관(通氣管)은 설계도면상 주방 쪽에서 각 세대별 지하층부터 2, 3층 중간 지점까지 사이에 설치하도록 되어 있고, 욕실 쪽에서는 설치하도록 되어 있지 않다.

(나) 감정결과 : 통기관에 오배수관이 연결되어 있지 않으므로 유비알천정을 철거한 후 오배수관을 통기관에 연결하여야 한다.

【사실관계 4】

① 갑은 섹스티아관에 대한 제1차 감정보고서가 잘못되었음을 이유로 감정조사내역 중 섹스티아관 미설치 부분을 통기관 미설치로 정정한 제2차 감정보고서를 작성하였다.

② 갑은 이와 같이 정정한 제2차 감정보고서를 B에게만 교부하였다.

③ 1996. 8. 6. 갑은 B에게 교부한 것과 달리 제1차 감정보고서와 같이 섹스티아관 미설치 부분이 감정조사내역에 기재되어 있는 제2차 감정보고서를 Q지원에 제출하였다.

④ 갑이 허위 내용의 제2차 감정보고서를 작성한 것은 제1차 감정보고서에 기재된 유비알(UBR)천정 철거공사비를 살리기 위한 것으로서 ㉮부당이득금 사건의 원고 측에 이익이 되게 할 의도였다.

【사실관계 5】

① 1996. 10. 30. 갑은 Q지원에 제3차 감정보고서를 제출하였다.

② 1997. 7. 15. 갑은 Q지원에 제4차 감정보고서를 제출하였다.

③ 갑은 제3차 감정보고서와 제4차 감정보고서에도 계속하여 "목욕탕 천장부분에 있어서 통기관에 오배수관이 연결되어 있지 않다."고 기재하였다.

【사실관계 6】

① [㉮부당이득금 사건의 피고 B는 갑을 고발하였다.]

② 갑은 허위감정죄로 고발당한 이후 제5차 감정보고서를 Q지원에 제출하였다.

③ 제5차 감정보고서에서 갑은 "욕실 부분의 통기관은 수직 3세대가 아닌 지하층 천장 부분의 오배수관에 통기관을 연결하도록 되어 있다."라고 정정하였다.

【사건의 경과】

① 검사는 갑을 허위감정죄로 기소하였다.

② 갑의 피고사건은 제1심을 거친 후, 항소심에 계속되었다.

③ 항소심법원은 유죄를 인정하였다.

④ 갑은 불복 상고하였다.

⑤ 갑은 상고이유로 다음의 점을 주장하였다.

(가) 채증법칙에 위반하여 사실을 오인한 위법이 있다.

(나) 허위감정죄는 고의범이므로, 비록 감정내용이 객관적 사실에 반한다고 하더라도 감정인의 주관적 판단에 반하지 않는 이상 허위의 인식이 없어 허위감정죄로 처벌할 수 없다.

(다) 갑은 제2차, 제3차, 제4차 감정보고서에 허위내용을 기재하였으나 ㉮민사사건의 Q법원에 제5차 감정보고서를 제출하여 제2차 내지 제4차 감정보고서의 통기관에 대한 허위의 감정내용을 사실에 부합하도록 정정하였으므로 허위감정죄는 성립하지 않는다.

2. 사안에 대한 대법원의 분석

【대법원 분석】 1. 원심이 채택한 증거들을 종합하면, /

【대법원 분석】 피고인은 건축설계사로 P지법 Q지원 ○○가합○○○○ 부당이득금 사건에서 감정

인 선서를 한 다음 /

【대법원 분석】 K시 L동 소재 M맨션 103동에 대한 "건축설계서와 현재의 시공상태를 점검하고 건축설계서와 미시공부분을 확인하며, 건축설계서와 달리 시공된 부분의 유무를 확인하고, 위와 같은 부분이 있다면 그 부분을 재시공할 경우의 공사비용 또는 차액을 산출 감정하여 그 결과를 서면으로 보고하라"는 감정명령을 받고 그 감정을 함에 있어 /

【대법원 분석】 위 사건의 원고 A 외 89명에게 이익이 되게 할 의도로, /

【대법원 분석】 1996. 8. 6. 위 법원에 제2차 감정보고서를 제출하면서 /

【대법원 분석】 통기관은 설계도면상 주방 쪽에서 각 세대별 지하층부터 2, 3층 중간지점까지 사이에 설치하도록 되어 있고, 욕실 쪽에서는 설치하도록 되어 있지 않음에도 불구하고, /

【대법원 분석】 제1차 감정보고서에 기재된 유비알(UBR)천정 철거공사비를 살리기 위하여 통기관에 오배수관이 연결되어 있지 않으므로 유비알천정을 철거한 후 오배수관을 통기관에 연결하여야 한다고 설시하고, /

【대법원 분석】 이어 위 법원에 1996. 10. 30. 제3차 감정보고서를, 1997. 7. 15. 제4차 감정보고서를 각 제출하면서도 목욕탕 천장부분에 있어서 통기관에 오배수관이 연결되어 있지 않다고 설시하여 /

【대법원 결론】 허위감정을 한 사실을 넉넉히 인정할 수 있고, 거기에 상고이유로 주장하는 바와 같은 채증법칙을 위배하여 사실을 오인한 위법이 있다고 할 수 없다.

3. 사안에 대한 대법원의 판단

(1) 허위감정죄와 허위의 인식

【대법원 요지】 2. 허위감정죄는 고의범이므로, /

【대법원 요지】 비록 감정내용이 객관적 사실에 반한다고 하더라도 감정인의 주관적 판단에 반하지 않는 이상 허위의 인식이 없어 허위감정죄로 처벌할 수 없음은 상고이유로 주장하는 바와 같으나, /

(2) 사안에 대한 대법원의 판단

【대법원 판단】 피고인이 위와 같이 제2차 내지 제4차 감정보고서를 법원에 제출함에 있어 이 사건 감정사항의 일부를 설비전문업체인 공소외 설비사무소에 용역을 의뢰하여 그 직원인 공소외인이 작성한 감정 결과를 그대로 위 각 감정보고서에 기재한 것이라 하더라도 공소외인은 피고인의 업무보조자에 불과하고, /

【대법원 판단】 감정의견은 피고인 자신의 의견과 판단을 나타내는 것이므로 피고인으로서는 그 감정 결과의 적정성을 당연히 확인하였다고 볼 것인바, /

【대법원 분석】 기록에 의하면 공소외인은 당초 각 세대 욕실 천장의 섹스티아관 설치여부만을 조사하면서 섹스티아관이 설치되어 있음에도 조사를 제대로 하지 아니하여 섹스티아관이 설치되지 않았다는 감정 결과를 피고인에게 보고하여 피고인이 같은 내용으로 제1차 감정보고서를 작성, 제출한 후 위 민사사건의 상대방인 B로부터 이의가 제기되었고, /

【대법원 분석】 재조사과정에서 섹스티아관이 설치된 사실이 밝혀지자 피고인은 공소외인에게 다시 배관부분에 대한 하자를 조사하도록 지시하여 공소외인이 판시 범죄사실과 같은 통기관에 대한 허위

내용의 감정 결과를 피고인에게 보고하게 된 점, /

【대법원 분석】 설계도면상 시공도면으로는 불명확한 부분이 많고 욕실부분과 주방부분의 오배수관의 체계적 계통도가 없으며 실제 오배수관의 시공현황이 설계도면과 달리 되어 있다고 하더라도 공소외인이 설계도면상 욕실부분에도 주방쪽과 같이 수직 3세대의 통기관이 존재한다고 오인할 정도로 보이지 아니하고, /

【대법원 분석】 피고인도 허위감정죄로 피소된 이후 제5차 감정보고서를 통하여 욕실 부분의 통기관은 수직 3세대가 아닌 지하층 천장 부분의 오배수관에 통기관을 연결하도록 되어 있다고 정정하고 있는 점, /

【대법원 분석】 피고인은 섹스티아관에 대한 제1차 감정보고서가 잘못되었음을 이유로 감정조사내역 중 섹스티아관 미설치 부분을 통기관 미설치로 정정한 제2차 감정보고서를 작성하고도 B에게만 이를 교부하고, /

【대법원 분석】 법원에는 이와 달리 제1차 감정보고서와 같이 섹스티아관 미설치 부분이 감정조사내역에 기재되어 있는 제2차 감정보고서를 제출한 점 등에 비추어 보면 /

【대법원 판단】 그 당시 피고인에게 허위성의 인식이 있었다고 볼 것이므로 /

【대법원 결론】 같은 취지의 원심의 판단은 정당하고, 거기에 허위감정죄에 있어서 허위성의 인식에 관한 법리오해의 위법이 있다고 할 수 없다.

(3) 허위감정죄의 죄수 판단

【대법원 요지】 3. 하나의 소송사건에서 동일한 선서 하에 이루어진 법원의 감정명령에 따라 감정인이 동일한 감정명령사항에 대하여 수차례에 걸쳐 허위의 감정보고서를 제출하는 경우에는 각 감정보고서 제출행위시마다 각기 허위감정죄가 성립한다 할 것이나, /

【대법원 요지】 이는 단일한 범의 하에 계속하여 허위의 감정을 한 것으로서 포괄하여 1개의 허위감정죄를 구성하는 것이다.

【대법원 판단】 피고인이 앞서 본 판시 범행이후 위 민사사건의 법원에 제5차 감정보고서를 제출함으로써 제2차 내지 제4차 감정보고서의 통기관에 대한 허위의 감정내용을 사실에 부합하도록 정정하였다고 하더라도, /

【대법원 판단】 이미 성립된 허위감정죄의 죄책에는 아무런 영향이 없다 할 것이므로, /

【대법원 결론】 같은 취지의 원심의 판단은 정당하고, 거기에 상고이유로 주장하는 바와 같은 허위감정죄의 법리오해나 이유모순의 위법이 있다고 할 수 없다. (상고 기각)

제 2 증거인멸의 죄

2007도4191

증거인멸죄와 징계사건 – 부정례
변조 교사일지 사건

2007. 11. 30. 2007도4191, 공 2008상, 2095

1. 사실관계 및 사건의 경과

【사실관계】
① 갑은 P회사의 직원으로 근무하고 있었다.
② 갑은 P회사로부터 징계해고를 당하였다.
③ 갑은 P회사의 징계해고를 다투기 위하여 법적 쟁송을 진행하였다.
④ 갑의 쟁송사건은 Q행정법원 ⓐ부당해고구제재심판정취소 사건에 이르렀다.
⑤ 갑은 ⓐ사건에서 변조된 ㉠교사일지를 증거로 제출하였다.

【사건의 경과】
① 검사는 갑을 증거변조죄로 기소하였다.
② 갑의 피고사건은 제1심을 거친 후, 항소심에 계속되었다.
③ 항소심법원은 무죄를 선고하였다.
④ 검사는 불복 상고하였다.

2. 사안에 대한 대법원의 판단

【대법원 분석】 형법 제155조 제1항은 '타인의 형사사건 또는 징계사건에 관한 증거를 인멸, 은닉, 위조 또는 변조하거나 위조 또는 변조한 증거를 사용한 자'를 처벌한다고 규정하고 있는바, /

【대법원 요지】 증거인멸 등 죄는 위증죄와 마찬가지로 국가의 형사사법작용 내지 징계작용을 그 보호법익으로 하는 것이므로, /

【대법원 요지】 위 법조문에서 말하는 '징계사건'이란 국가의 징계사건에 한정되고 사인(私人) 간의 징계사건은 포함되지 않는다.

【대법원 분석】 원심이 같은 취지에서, /

【대법원 판단】 피고인이 이 사건 교사일지를 증거로 제출한 Q행정법원 ○○○○호 부당해고구제재심판정취소 사건의 실질적인 다툼의 대상인 'P주식회사의 공소외인에 대한 징계해고'는 사인 간의 징계사건으로서 국가의 징계사건에 해당하지 않으므로 /

【대법원 판단】 피고인의 행위는 증거변조죄의 범죄구성요건에 해당하지 않는다고 판단한 것은 정당하고, /

【대법원 결론】 거기에 증거변조죄가 적용되는 '징계사건'의 범위에 관한 법리를 오해하는 등의 위법

이 없다. (상고 기각)

2002도6134

증인도피죄와 타인의 형사사건 – 부정례
홍성식구파 증인도피 사건

2003. 3. 14. 2002도6134, 공 2003, 1031

1. 사실관계 및 사건의 경과

【사실관계 1】

① 갑, 을 등은 소위 '홍성식구파' 조직폭력배의 구성원들이다.
② 갑, 을 등은 나이 순서에 따른 위계질서를 확립하여 역할을 분담함으로써 일정한 조직체계를 갖추고 조직의 행동강령을 정하였다.
③ 갑, 을 등은 도박장을 개장하거나 유흥업소에 조직원들을 강제 취업시키는 방법으로 자금을 마련하여 조직의 활동자금으로 사용하였다.
④ 갑, 을 등은 싸움에 대비하여 흉기를 미리 준비하도록 하였다.

【사실관계 2】

① 갑, 을 등은 조직강화를 위하여 반대세력자로서 갑의 휘하에 들어올 것을 거부한 A를 제거하기로 하였다.
② B는 평소 A와 가까운 사이이다.
③ 2001. 7. 17. B는 '홍성식구파' 조직원 을, 병, 정 등으로부터 A와 같이 다닌다는 이유로 폭행, 협박을 당하였다.
④ 2001. 7. 19. 02:05경 갑과 을은 조직원 병, 정, 무와 공모하여, 병, 정, 무가 칼로 A의 양쪽 다리 아킬레스건을 절단하는 범행을 하였다.
⑤ B는 이 범행 당시 병과 정의 범행 현장을 목격하였다.

【사실관계 3】

① 갑은 조직원 병, 정, 등 1~2명을 경찰에 자수시켜 A에 대한 상해가 '홍성식구파'의 계획된 범행이 아니라 마치 자수한 조직원의 우발적인 범행인 것처럼 허위진술하게 함으로써 사건을 축소·은폐하려 하였다.
② 갑은 범행현장을 목격한 B가 경찰에 출석하여 사실대로 진술할 경우 자칫 범행의 전모는 물론 나아가 범죄단체 구성 사실까지 밝혀질 것을 우려하였다.
③ 갑은 B로 하여금 경찰에 출석하지 못하도록 겁을 주기로 마음먹었다.
④ 2001. 7. 19. A에 대한 범행 직후 갑은 B에게 당분간 홍성에 나타나지 말라는 식으로 이야기하였다.
⑤ 2001. 7. 22. 22:00경 갑은 다시 B에게 당분간 홍성에 나타나지 말라는 식으로 이야기하였다.

⑥ 이후 B는 경찰서에 출석하여 진술하지 못하고 다른 곳으로 도피하였다.

【사건의 경과】

① 검사는 갑 등을 다음의 공소사실로 기소하였다.

(가) 폭처법위반죄(범죄단체조직)

(나) 범인도피죄

(다) 증인도피죄

(라) 도박개장죄

② 갑 등의 피고사건은 제1심을 거친 후, 항소심에 계속되었다.

③ 항소심법원은 유죄를 인정하였다.

④ 갑 등은 불복 상고하였다.

⑤ 갑은 상고이유로 다음의 점을 주장하였다.

(가) 범죄단체를 조직한 사실이 없다.

(나) B는 갑 자신의 형사사건에 관한 증인이다.

(다) 갑 자신의 형사사건에 관한 증인을 갑이 도피시키는 것은 증인도피죄에 해당하지 않는다.

2. 범죄단체조직죄 부분에 대한 판단

【대법원 분석】 원심은 그 판시와 같은 사실을 인정한 다음, /

【대법원 분석】 피고인들과 공소외인 등이 나이 순서에 따른 위계질서를 확립하여 역할을 분담함으로써 일정한 조직체계를 갖추고 조직의 행동강령을 정하였으며, /

【대법원 분석】 도박장을 개장하거나 유흥업소에 조직원들을 강제 취업시켜 자금을 마련하여 조직의 활동자금으로 사용하였고, 싸움에 대비하여 흉기를 미리 준비하도록 하였으며, /

【대법원 분석】 조직강화를 위하여 반대세력자로서 피고인 갑의 휘하에 들어올 것을 거부한 공소외 A를 제거하기 위하여 조직원 수명이 공동으로 칼부림을 한 이상, /

【대법원 판단】 피고인들이 구성한 '홍성식구파'는 폭력범죄 등을 목적으로 하는 계속적이고도 최소한의 통솔체계를 갖춘 조직적인 결합체로서 폭력행위등처벌에관한법률 제4조에 정하여진 범죄단체에 해당한다고 판단하였는바, /

【대법원 결론】 관련 증거들을 기록과 대조하여 살펴보면 원심의 사실인정과 판단은 수긍이 가고, 거기에 상고이유에서 주장하는 바와 같은 채증법칙을 위배한 사실오인, 위 법률에 정하여진 범죄단체에 관한 법리오해 등의 위법이 없다.

3. 증인도피죄 부분에 대한 판단

(1) 사안에 대한 항소심의 판단

【항소심 판단】 원심은, /

【항소심 판단】 피고인 갑, 을이 공소외 A를 제거하기 위하여 조직원인 피고인 병, 정, 무와 공모하여 2001. 7. 19. 02:05경 칼로 공소외 A의 양쪽 다리 아킬레스건을 절단하는 범행을 한 후 /

【항소심 판단】 조직원 1~2명을 경찰에 자수시켜 위 상해가 '홍성식구파'의 계획된 범행이 아니라 마치

자수한 조직원의 우발적인 범행인 것처럼 허위진술하게 함으로써 사건을 축소·은폐하려 하였으나, /

【항소심 판단】 범행현장을 목격한 공소외 B가 경찰에 출석하여 사실대로 진술할 경우 자칫 범행의 전모는 물론 나아가 범죄단체 구성 사실까지 밝혀질 것을 우려한 나머지 공소외 B로 하여금 경찰에 출석하지 못하도록 겁을 주기로 마음먹고, /

【항소심 판단】 위 범행 직후 및 2001. 7. 22. 22:00경 등 2차례에 걸쳐 공소외 B에게 당분간 홍성에 나타나지 말라는 식으로 이야기하여 동인으로 하여금 경찰서에 출석하여 진술하지 못하고 다른 곳으로 도피하도록 함으로써 /

【항소심 판단】 형사사건에 관한 증인을 도피하게 하였다는 공소사실을 유죄로 인정하였다.

(2) 사안에 대한 대법원의 판단

【대법원 판단】 그러나 이 부분 원심의 판단은 수긍할 수 없다.

【대법원 요지】 형법 제155조 제2항에 정하여진 증인도피죄는 타인의 형사사건 또는 징계사건에 관한 증인을 은닉·도피하게 한 경우에 성립하는 것으로서, /

【대법원 요지】 피고인 자신이 직접 형사처분이나 징계처분을 받게 될 것을 두려워한 나머지 자기의 이익을 위하여 증인이 될 사람을 도피하게 하였다면, /

【대법원 요지】 그 행위가 동시에 다른 공범자의 형사사건이나 징계사건에 관한 증인을 도피하게 한 결과가 된다고 하더라도 이를 증인도피죄로 처벌할 수 없는 것이다.

【대법원 분석】 기록에 의하면, 피고인 갑, 을은 '홍성식구파'를 결성한 후 적대세력인 공소외 A에 대한 아킬레스건 절단사건을 계획, 지시한 후 범행실행자 일부만 자수시킴으로써 위 사건을 그들만의 우발적 범행으로 축소시키고 자신들 및 '홍성식구파'조직의 관련성을 은폐하려고 한 점, /

【대법원 분석】 그런데 범행현장에 있던 공소외 B는 평소 공소외 A와 가까운 사이로서 위 사건 2일 전에도 피고인 을 및 그 조직원들(위 아킬레스건 절단사건의 범행실행자들이다)로부터 공소외 A와 같이 다닌다는 이유로 폭행·협박당하기도 하였던 탓에 /

【대법원 분석】 위 사건이 조직원들의 개인적, 우발적 범행이 아니라 피고인 갑, 을의 지시에 의한 조직적 범죄라고 금방 알 수 있었던 점을 인정할 수 있는바, /

【대법원 판단】 이러한 정황에 비추어 보면 피고인 갑, 을이 공소외 B를 도피하게 한 것은 범행실행자들만을 수사의 전면에 내세우고 '홍성식구파'의 우두머리인 자신들은 수사대상에서 빠지기 위하여 그 관련성을 알고 있는 공소외 B의 진술을 방해하기 위한 것으로서 /

【대법원 판단】 위 피고인들 자신이 형사처벌을 받지 않기 위하여 한 행위라고 할 것이므로 증인도피죄로 처벌할 수 없는 경우에 해당한다고 할 것이다.

【대법원 결론】 그렇다면 원심의 이 부분 판단에는 증인도피죄에 관한 법리를 오해함으로써 판결에 영향을 미친 위법이 있고, 이를 지적하는 피고인 갑의 상고이유의 주장은 이유 있다. (파기 환송)

2003도4533

범인도피죄와 죄를 범한 자 – 인정례
증거인멸죄와 타인의 형사사건 – 인정례
사실혼 배우자 출국 사건

2003. 12. 12. 2003도4533, 공 2004, 275

☞ 1146면

2005도3909

직무유기죄와 증거인멸죄의 관계
기판 돌려주기 사건

2006. 10. 19. 2005도3909 전원합의체 판결, 공 2006, 1952

☞ 1017면

97도2961

증거위조죄와 증거위조 – 부정례
선서무능력자 교사 사건

1998. 2. 10. 97도2961, 공 1998, 821

1. 사실관계 및 사건의 경과

【사실관계】

① [갑은 ㉮형사사건으로 재판을 받게 되었다.]
② A는 [16세 미만자이어서] 선서무능력자이다(형소법 제159조 참조).
③ 갑은 범죄 현장을 목격하지도 못한 A에게 [㉮사건] 형사법정에서 범죄 현장을 목격한 양 허위의 증언을 하도록 시켰다.

【사건의 경과】

① 검사는 갑을 위증교사죄로 기소하였다.
② [제1심법원은 무죄를 선고하였다.]
③ [검사는 불복 항소하였다.]
④ [항소심 공판절차에서 검사는 죄명을 증거위조죄로 변경하였다.]
⑤ 항소심법원은 무죄를 선고하였다.

⑥ 검사는 불복 상고하였다.

2. 사안에 대한 대법원의 판단

【대법원 요지】 형법 제155조 제1항에서 타인의 형사사건에 관하여 증거를 위조한다 함은 증거 자체를 위조함을 말하는 것으로서, /

【대법원 요지】 선서무능력자로서 범죄 현장을 목격하지도 못한 사람으로 하여금 형사법정에서 범죄 현장을 목격한 양 허위의 증언을 하도록 하는 것은 위 조항이 규정하는 증거위조죄를 구성하지 아니한다 할 것이다. (상고 기각)

2002도3600

특가법 알선수재죄와 대가관계 – 부정례
증거위조죄와 위조 – 인정례
구재단 학교 찾기 사건

2007. 6. 28. 2002도3600, 공 2007, 1195

☞ 1070면

2008도12127

모해증거위조죄와 피의자 – 부정례
입건 전 증거위조 사건

2010. 6. 24. 2008도12127, [공보불게재]

1. 사실관계 및 사건의 경과

【사실관계】

① 갑과 을은 A와 B가 형사처벌을 받도록 하기 위하여 ㉠증거를 위조하였다.

② 갑과 을은 ㉠증거를 수사기관에 제출하였다.

③ 2007. 5. 18. A와 B는 경찰에 체포되어 피의자로 입건되었다.

【사건의 경과】

① 검사는 갑과 을을 모해증거위조죄로 기소하였다.

② 갑의 피고사건은 제1심을 거친 후, 항소심에 계속되었다.

③ 항소심법원은 무죄를 선고하였다.

④ 항소심법원은 무죄 판단의 이유로 다음의 점을 들었다.

(가) 모해증거위조죄는 피의자 등을 대상으로 하는 증거위조죄이다.

(나) A와 B는 ㉠증거를 위조할 당시 아직 피의자가 아니었다.
⑤ 검사는 불복 상고하였다.

2. 모해증거위조죄와 피의자의 범위

【대법원 분석】 형법 제155조 제1항은 "타인의 형사사건 또는 징계사건에 관한 증거를 인멸, 은닉, 위조 또는 변조하거나 위조 또는 변조한 증거를 사용한 자는 5년 이하의 징역 또는 700만 원 이하의 벌금에 처한다"고 하고, /

【대법원 분석】 그 제3항은 "피고인, 피의자 또는 징계혐의자를 모해할 목적으로 제1항의 죄를 범한 자는 10년 이하의 징역에 처한다"고 규정하고 있는바, /

【대법원 요지】 그 문언 내용 및 입법 목적과 형벌법규 엄격해석의 원칙 등에 비추어 보면 /

【대법원 요지】 형법 제155조 제3항에서 말하는 '피의자'라고 하기 위해서는 수사기관에 의하여 범죄의 인지 등으로 수사가 개시되어 있을 것을 필요로 하고, /

【대법원 요지】 그 이전의 단계에서는 장차 형사입건될 가능성이 크다고 하더라도 그러한 사정만으로 '피의자'에 해당한다고 볼 수는 없다. /

【대법원 요지】 한편 사법경찰관리 집무규칙 제21조[(현행법) 검사의 사법경찰관리에 대한 수사지휘 및 사법경찰관리의 수사준칙에 관한 규정 제17조 참조; 저자 주]에 의하면 사법경찰관이 범죄를 인지하는 경우에는 범죄인지보고서를 작성하는 절차를 거치도록 되어 있으므로 /

【대법원 요지】 특별한 사정이 없는 한 수사기관이 그와 같은 절차를 거친 때에 범죄 인지가 된 것으로 볼 수 있겠으나, /

【대법원 요지】 사법경찰관이 그와 같은 절차를 거치기 전에 범죄의 혐의가 있다고 보아 수사에 착수하는 행위를 한 때에는 이때에 범죄를 인지한 것으로 보아야 하고 /

【대법원 요지】 그 뒤 범죄인지보고서를 작성한 때에 비로소 범죄를 인지하였다고 볼 것은 아니다.

3. 사안에 대한 대법원의 판단

【대법원 판단】 원심은 그 채택 증거에 의하여 판시와 같은 사실을 인정한 다음, /

【대법원 판단】 이 부분 각 공소사실에서 모해의 대상으로 되어 있는 공소외 A, B는 2007. 5. 18. 경찰에 체포됨으로써 비로소 피의자의 신분을 갖게 되었고, /

【대법원 판단】 그 이전인 각 공소사실 기재 일시에는 피의자의 지위에 있지 아니하였다고 판단하였는바, /

【대법원 결론】 앞서 본 법리에 비추어 살펴보면 이러한 원심의 인정과 판단은 정당하고, 거기에 상고이유에서 주장하는 바와 같은 모해증거위조죄의 해석에 관한 법리오해 등의 위법이 없다. (상고기각)

2010도15986

공무집행방해죄와 협박 - 인정례
위계공무집행방해죄와 위계 - 인정례
증거위조교사죄와 증거위조 - 인정례
풍어제 의혹 사건

2011. 2. 10. 2010도15986, 공 2011상, 610

☞ 1109면

제11장 무고의 죄

2008도4852

무고죄의 보호법익
자기무고 방조 사건

2008. 10. 23. 2008도4852, 공 2008하, 1647

1. 사실관계 및 사건의 경과

【사실관계 1】

① 갑은 P회사의 실제 운영자이다.

② 을은 P회사의 대표이사이다.

③ 병은 ㉠주택의 소유자이다.

④ 갑은 A로부터 P회사의 운영자금을 차용하였다.

【사실관계 2】

① 2004. 1. 18.경 갑은 ㉡차용금의 담보명목으로 A에게 액면 금 1억 7,000만 원인 ㉢약속어음을 발행하였다.

② 이 때 갑은 을의 사전 승낙하에 을을 공동발행인으로 기재하였다.

③ A는 갑에게 추가담보를 제공하도록 요구하였다.

④ ㉠주택의 소유자 병은 ㉢약속어음 표면에 보증의 의사로 자신의 주소를 기재한 후 서명날인하였다.

⑤ A는 관계인들로부터 미리 받아둔 위임장으로 공증사무소에서 ㉢약속어음금의 지급을 지체할 경우 즉시 강제집행을 받더라도 이의가 없음을 인낙하는 취지의 ㉣공정증서를 작성받았다. (☞문서례 8번 참조)

【사실관계 3】

① 갑은 ㉡차용금을 기간 내에 갚지 못하였다.

② A는 ㉡차용금의 채무의 불이행을 이유로 ㉣약속어음 공정증서를 집행권원으로 병 소유의 ㉠주택에 대한 강제경매를 법원에 신청하였다.

③ 사태가 여기에 이르자 갑, 을, 병은 한자리에 모여서 상황을 논의하였다.

④ 을은 이 자리에서 다음과 같은 취지의 말을 하였다.

(가) A로부터 병의 ㉠주택에 집에 경매가 들어왔는데 일단 경매를 연기시켜 놓자. 병으로 하여금 갑에게 재차 투자를 하도록 종용하겠다.

(나) 갑은 "을의 개인인감과 회사 인감을 도용하여 ㉢약속어음을 위조하였다"는 허위 내용의 시인

서를 써달라.

(다) 갑은 또한 "A가 병의 국민은행 계좌에 돈을 입금시켜준다고 하고는 차일피일 미루면서 ㉢약속어음 기재 돈을 입금시킨 사실이 전혀 없다."는 허위 내용의 확인서를 써달라.

(라) 갑이 경찰서에 15일 정도 있으면 빼 주겠다. 피해가 없고 합의가 되면 나오니 걱정하지 말라.

【사실관계 4】

① 을의 말을 들은 갑은 다음과 같은 허위 내용의 ⓐ시인서와 ⓑ확인서를 을에게 작성해 주었다.

(가) ⓐ시인서 : "㉢약속어음에 대하여 본인(갑)이 P회사 대표이사 을의 회사인감을 소지하고 있음을 기화로 대표이사인 을의 승낙 없이 이를 임의 사용한 것이며, 또한 을의 개인인감을 소지하고 있음을 기화로 을의 승낙 없이 임의도용 날인한 사실을 시인합니다."

(나) ⓑ확인서 : "A는 병의 국민은행 계좌에 돈을 입금시켜준다고 하고는 차일피일 미루면서 ㉢약속어음에 기재된 돈을 입금시킨 사실이 전혀 없습니다."

② 을은 갑이 작성한 ⓐ시인서와 ⓑ확인서를 첨부하여 다음과 같은 내용의 허위사실이 기재된 ⓒ고소장을 작성하였다.

(가) 갑은 P회사의 법인 도장과 을의 개인 인장을 보관하고 있음을 기화로 을의 승낙 없이 임의로 ㉢약속어음에 날인하였다. (㉮부분)

(나) A는 병에게 1억 5천만 원을 입금시켜주는 조건으로 병으로부터 ㉢약속어음에 서명날인을 받았음에도 불구하고 한 푼도 입금하지 아니하고 연기하여 오더니 ㉢약속어음으로 강제경매를 신청하였다. (㉯부분)

③ 병은 관할 검찰청 민원실에 ⓒ고소장을 제출하였다.

【사실관계 5】

① 검사는 갑을 유가증권위조죄 및 위조유가증권행사죄로 기소하였다.

② 갑의 피고사건에서 을과 병은 증인으로 출석하여 ⓒ고소장 내용과 같은 내용의 허위진술을 하였다.

③ 한편 을과 병은 A가 신청한 강제경매절차에서 ⓒ고소장 내용과 같은 내용의 허위사실을 기재한 청구이의의 소의 소장을 작성하여 관할법원에 제출하였다.

④ 이후 ⓐ시인서와 ⓑ확인서에 근거한 ⓒ고소장 내용의 사실이 허위임이 밝혀졌다.

【사건의 경과 1】

① 검사는 을과 병을 다음의 공소사실로 기소하였다.

(가) 허위사실 기재 청구이의의 소의 소장 작성 · 제출 부분 : 사기미수(소송사기)

(나) 갑의 유가증권위조죄 피고사건에서의 허위진술 부분 : 위증죄

(다) 허위사실 기재 ⓒ고소장 제출 부분 : 무고죄

② 검사는 갑을 다음과 같은 공소사실로 기소하였다.

(가) ⓒ고소장의 ㉮부분 : 을과 병의 갑(피고인 자신)에 대한 무고죄의 방조범

(나) ⓒ고소장의 ㉯부분 : 을과 병의 A에 대한 무고죄의 방조범

③ 제1심법원은 을과 병에게 공소사실 전부에 대해 유죄를 인정하였다.

④ 제1심법원은 갑에 대해 다음과 같이 판단하였다.

(가) ⓒ고소장의 ㉮부분 : 을과 병의 갑(피고인 자신)에 대한 무고죄의 방조범 : 무죄

(나) ⓒ고소장의 ㉯부분 : 을과 병의 A에 대한 무고죄의 방조범 : 유죄

【사건의 경과 2】

① 갑, 을, 병은 유죄 부분에 불복 항소하였다.

② 검사는 갑에 대한 무죄 부분에 불복 항소하였다.

③ 항소심법원은 갑, 을, 병과 검사의 항소를 모두 기각하였다.

④ (아래에서는 검사의 항소 부분만 소개함)

⑤ (항소심판결에 의하여 판단 이유를 소개함)

⑥ 검사는 불복 상고하였다.

2. 사안에 대한 항소심의 판단

【항소심 판단】 무고죄는 "타인으로 하여금" 형사처분 또는 징계처분을 받게 할 목적이 있어야 성립하므로 스스로 본인을 무고하는 자기무고는 무고죄를 구성하지 아니하고, /

【항소심 판단】 자기무고가 무고죄를 구성하지 아니하는 이상 이를 방조하였다 하여 무고방조죄가 성립한다고 할 수 없다. /

【항소심 판단】 뿐만 아니라, 무고죄와 증거인멸죄의 보호법익 및 구성요건의 내용이 다르고, 그에 따라 이른바 자기무고죄와 자기증거인멸죄를 처벌하지 아니하는 취지 역시 상이하다. /

【항소심 판단】 즉, 증거인멸죄의 보호법익은 사법작용에 대한 국가의 기능이라 할 것인데 다만 피고인의 방어권과 상충한다는 점에서 자기증거인멸죄를 부정하는 데에 불과하고, /

【항소심 판단】 다른 사람으로 하여금 이를 하도록 교사하는 등의 경우에는 방어권의 남용으로서 그 공범이 성립할 수 있다. /

【항소심 판단】 반면에, 무고죄의 보호법익은 국가의 형사사법권 또는 징계권의 적정한 행사 뿐만 아니라 피무고자 개인의 부당한 형사처분 또는 징계로부터의 보호에도 있고, /

【항소심 판단】 자기무고죄를 처벌하지 아니하는 취지가 이러한 무고죄의 개인적 법익 보호의 성격에 근거하고 있다면, 그 교사나 방조범의 성립 역시 부정함이 타당하다.

【항소심 판단】 따라서, 원심이 피고인 갑이 피고인 을, 병이 위와 같이 피고인 갑을 무고함에 있어 허위사실을 기재한 확인서 등을 작성하여 줌으로써 이를 방조하였다는 무고방조의 점에 대하여, 같은 취지로 이를 범죄가 되지 아니하는 경우에 해당한다고 판단한 것은 정당하고, 거기에 무고죄 또는 무고방조죄에 관한 법리를 오해한 위법이 없다.

3. 사안에 대한 대법원의 판단

【대법원 요지】 가. 형법 제156조의 무고죄는 국가의 형사사법권 또는 징계권의 적정한 행사를 주된 보호법익으로 하는 죄이나, /

【대법원 요지】 스스로 본인을 무고하는 자기무고는 무고죄의 구성요건에 해당하지 아니하여 무고죄를 구성하지 않는다. /

【대법원 요지】 그러나 피무고자의 교사·방조 하에 제3자가 피무고자에 대한 허위의 사실을 신고한 경우 제3자의 행위는 무고죄의 구성요건에 해당하여 무고죄를 구성하므로, /

【대법원 요지】 제3자를 교사 · 방조한 피무고자에 대하여도 교사 · 방조범으로서의 죄책을 부담케 함이 상당하다.

【대법원 결론】 그런데도 원심은 판시와 같은 이유로 피고인 갑이 피고인 을, 병의 피고인 갑에 대한 무고범행을 방조하였다는 범죄사실이 죄가 되지 않는 경우에 해당한다고 판단하였으니, /

【대법원 결론】 원심판결에는 무고죄 내지 방조범에 관한 법리를 오해하여 판결에 영향을 미친 위법이 있고, 이를 지적하는 상고이유의 주장은 이유 있다. (파기 환송)

2010도10202

무고죄와 공무소 – 인정례
변호사회 진정서 사건

2010. 11. 25. 2010도10202, 공 2011상, 76

1. 사실관계 및 사건의 경과

【사실관계】

① 갑은 변호사 A로 하여금 징계처분을 받게 하려고 마음먹었다.
② 갑은 이를 위하여 A가 소속하는 P지방변호사회에 ㉠진정서를 제출하였다.
③ ㉠진정서에 기재된 ㉡사실은 허위였다.

【사건의 경과】

① 검사는 갑을 무고죄로 기소하였다.
② 제1심법원은 유죄를 인정하였다.
③ 갑은 불복 항소하였다.
④ 항소심법원은 항소를 기각하고, 제1심판결을 유지하였다.
⑤ 갑은 불복 상고하였다.
⑥ 갑은 상고이유로, ㉠진정서를 접수한 P지방변호사회는 공무소가 아니라고 주장하였다.

2. 무고죄와 징계처분의 의미

【대법원 요지】 형법 제156조는 타인으로 하여금 형사처분 또는 징계처분을 받게 할 목적으로 공무소 또는 공무원에 대하여 허위의 사실을 신고한 자를 처벌하도록 정하고 있다. /

【대법원 요지】 여기서 '징계처분'이란 공법상의 특별권력관계에 기인하여 질서유지를 위하여 과하여지는 제재를 의미하고, /

【대법원 요지】 또한 '공무소 또는 공무원'이란 징계처분에 있어서는 징계권자 또는 징계권의 발동을 촉구하는 직권을 가진 자와 그 감독기관 또는 그 소속 구성원을 말한다.

3. 사안에 대한 대법원의 판단

【대법원 분석】 구 변호사법(2008. 3. 28. 법률 제8991호로 개정되기 전의 것, 이하 '구 변호사법'이라 한다) 제92조, 제95조, 제96조, 제100조 등 관련 규정에 의하면 /

【대법원 분석】 변호사에 대한 징계가 대한변호사협회 변호사징계위원회를 거쳐 최종적으로 법무부의 변호사징계위원회에서 결정되고 이에 불복하는 경우에는 행정소송을 할 수 있는 점, /

【대법원 분석】 구 변호사법 제93조, 제94조, 제101조의2 등은 /

【대법원 분석】 판사 2명과 검사 2명이 위원으로 참여하여 대한변호사협회 변호사징계위원회나 법무부의 변호사징계위원회를 구성하고, /

【대법원 분석】 서류의 송달, 기일의 지정이나 변경 및 증인 · 감정인의 선서와 급여에 관한 사항에 대하여 '형사소송법'과 '형사소송비용 등에 관한 법률'의 규정을 준용하도록 정하고 있는 점, /

【대법원 분석】 위와 같은 절차를 마련한 것은 변호사의 공익적 지위에 기인하여 공법상의 특별권력관계에 준하여 징계에 관하여도 공법상의 통제를 하려는 의도로 보여지는 점 등을 고려하여 보면, /

【대법원 요지】 변호사에 대한 징계처분은 형법 제156조에서 정하는 '징계처분'에 포함된다고 봄이 상당하고, /

【대법원 요지】 구 변호사법 제97조의2 등 관련 규정에 의하여 그 징계 개시의 신청권이 있는 지방변호사회의 장은 형법 제156조에서 정한 '공무소 또는 공무원'에 포함된다고 할 것이다.

【대법원 판단】 원심은 그 판시와 같은 사정을 종합하여 피고인이 변호사인 피해자로 하여금 징계처분을 받게 할 목적으로 P지방변호사회에 이 사건 진정서를 제출하였다는 이유로 제1심의 유죄 결론을 그대로 유지하였다.

【대법원 결론】 앞서 본 법리 및 기록에 비추어 살펴보면 원심의 위와 같은 판단은 사실심 법관의 합리적인 자유심증에 따른 것으로서 수긍이 가고, 거기에 상고이유의 주장과 같이 채증법칙 위반, 무고죄에 관한 법리 오해 등의 위법이 있다고 할 수 없다. (상고 기각)

2009도8949

출판물에 의한 명예훼손죄와 비방목적 – 인정례
무고죄와 허위사실 – 인정례
탤런트 폭행 의혹 사건

2009. 11. 12. 2009도8949, [공보불게재]

☞ 234면

2008도3754

무고죄와 허위사실 – 부정례
친구부동산 고소장 사건

2008. 8. 21. 2008도3754, 공 2008하, 1316

1. 사실관계 및 사건의 경과

【사실관계 1】

① 갑은 부동산 중개인이다.

② 을은 하도급 업자이다.

③ P건설회사는 M아파트 단지와 N아파트 단지를 건설하였다.

④ 을은 M아파트 단지 및 N아파트 단지의 일부를 공사한 대금으로 ㉮아파트와 ㉯아파트를 공사대금으로 대물변제받은 적이 없다.

⑤ 을은 또한 ㉮아파트와 ㉯아파트에 대한 실질적 소유권도 없다.

【사실관계 2】

① 갑과 을은 ㉮아파트와 ㉯아파트의 소유권이 있는 것처럼 꾸민 다음, 이를 이용하여 다른 사람들로 하여금 ㉮아파트와 ㉯아파트를 매입하게 하고 그들로부터 계약금 등을 받아 챙기기로 공모하였다.

② 을은 P건설회사 A 명의의 건설공사 표준하도급계약서, 분양계약서 등을 위조하였다.

③ 2005. 7. 22.경 갑은 을이 위조한 서류들을 보여주면서 ㉮아파트의 매매를 중개하여 A로부터 계약금 등 명목으로 2,000만 원을 교부받았다.

④ 2005. 7. 22.경부터 2006. 2. 13.경까지 갑과 을은 이러한 방식으로 모두 6명으로부터 계약금 등 명목으로 2억 3,000만 원을 편취하였다.

⑤ 2006. 5. 24.경 갑은 K시에 있는 S경찰서 민원실에서 다음 내용의 허위사실이 기재된 ㉠고소장을 제출하였다.

⑥ "을은 갑을 속여서 매매계약을 중계하도록 하여 계약자들로부터 계약금을 편취하였다."

⑦ (㉠고소장의 내용은 판례 본문 참조)

【사건의 경과】

① 검사는 갑을 무고죄로 기소하였다.

② 갑의 피고사건은 제1심을 거친 후, 항소심에 계속되었다.

③ 항소심법원은 무죄를 선고하였다.

④ 검사는 불복 상고하였다.

2. 허위사실의 신고와 공범 사실 숨기기

【대법원 요지】 무고죄에 있어서 허위의 사실이라 함은 그 신고된 사실로 인하여 상대방이 형사처분이나 징계처분 등을 받게 될 위험이 있는 것이어야 하고, /

【대법원 요지】 비록 신고내용에 일부 객관적 진실에 반하는 내용이 포함되었다 하더라도 그것이 독립하여 형사처분 등의 대상이 되지 아니하고 단지 신고사실의 정황을 과장하는 데 불과하거나 /

【대법원 요지】 허위의 일부 사실의 존부가 전체적으로 보아 범죄사실의 성립 여부에 직접 영향을 줄 정도에 이르지 아니하는 내용에 관계되는 것이라면 무고죄가 성립하지 아니한다. /

【대법원 요지】 피고인 자신이 상대방의 범행에 공범으로 가담하였음에도 자신의 가담사실을 숨기고 상대방만을 고소한 경우, /

【대법원 요지】 피고인의 고소내용이 상대방의 범행 부분에 관한 한 진실에 부합하므로 이를 허위의 사실로 볼 수 없고, /

【대법원 요지】 상대방의 범행에 피고인이 공범으로 가담한 사실을 숨겼다고 하여도 그것이 상대방에 대한 관계에서 독립하여 형사처분 등의 대상이 되지 아니할 뿐더러 /

【대법원 요지】 전체적으로 보아 상대방의 범죄사실의 성립 여부에 직접 영향을 줄 정도에 이르지 아니하는 내용에 관계되는 것이므로, /

【대법원 요지】 무고죄가 성립하지 않는다고 보아야 한다.

3. 공소사실의 요지

【대법원 분석】 이 사건 공소사실은 /

【대법원 분석】 피고인은 2006. 5. 24.경 K시에 있는 S경찰서 민원실에서, /

【대법원 분석】 사실은 피고인이 공소외 을과 공모하여 공소외 을이 K시 L읍 ○○리 소재 ㉮아파트 및 ㉯아파트의 소유권이 있는 것처럼 꾸민 다음, 이를 이용하여 다른 사람들로 하여금 위 아파트를 매입하게 하고 그들로부터 계약금 등을 교부받아 편취한 것임에도 불구하고, /

【대법원 분석】 위 공소외 을로 하여금 형사처벌을 받게 할 목적으로, /

【대법원 분석】 "위 공소외 을이 2005. 7. 22.경 K시 L읍 ○○리에 있는 친구부동산에서 사실은 위 ㉮아파트 및 ㉯아파트의 일부를 공사대금으로 대물변제받은 적이 없고, 또한 위 아파트에 대한 실질적 소유권이 없음에도 불구하고, /

【대법원 분석】 P개발 주식회사 공소외 A 명의의 건설공사 표준하도급계약서, 분양계약서 등을 위조하고도 진정한 것처럼 피고인에게 보여주면서 'K시 L읍 ○○리 ㉮아파트 및 ㉯아파트의 일부를 대물로 받았는데, 매입할 사람을 알아봐 주고 피고인 명의로 팔아달라. 팔아주면 나중에 후사하겠다'는 취지로 거짓말하여, /

【대법원 분석】 이에 속은 피고인으로 하여금 위 ㉮아파트 109동 1302호를 공소외 B에게 매도하게 하고 그 계약금 등 명목으로 받은 2,000만 원을 교부받아 편취한 것을 비롯하여, 그 때부터 2006. 2. 13.경까지 모두 6명으로부터 계약금 등 명목으로 받은 2억 3,000만 원을 피고인으로부터 교부받아 이를 편취하였으니 처벌해 달라"는 취지의 /

【대법원 분석】 고소장을 제출하여 위 공소외 을을 무고하였다는 것인바, /

4. 사안에 대한 대법원의 판단

【대법원 판단】 이는 피고인 자신이 공소외 을의 범행에 공범으로 가담하였음에도 자신의 가담사실

을 숨기고 공소외 을만을 고소한 경우로서, /

【대법원 판단】 앞서 본 법리에 따르면 피고인의 고소내용이 공소외 을의 사기범행 부분에 관한 한 진실에 부합하므로 이를 허위의 사실로 볼 수 없고, /

【대법원 판단】 공소외 을의 사기범행에 피고인이 공범으로 가담한 사실을 숨겼다고 하여도 그것이 공소외 을에 대한 관계에서 독립하여 형사처분 등의 대상이 되지 아니할 뿐더러 /

【대법원 판단】 전체적으로 보아 공소외 을에 대한 사기의 범죄사실의 성립 여부에 직접 영향을 줄 정도에 이르지 아니하는 내용에 관계되는 것이므로, 무고죄가 성립하지 않는다고 보아야 한다.

【대법원 결론】 같은 취지에서 이 사건 공소사실을 무죄로 판단한 원심의 조치는 정당하고, 거기에 상고이유의 주장과 같은 무고죄에 관한 법리오해 등의 위법이 없다. (상고 기각)

2009도1302

무고죄와 허위사실 – 인정례
전세자금 고소장 사건

2010. 2. 25. 2009도1302, [공보불게재]

1. 사실관계 및 사건의 경과

【사실관계】

① 갑은 을, 병과 공모하여 P농협으로부터 전세자금 대출금 1,500만 원을 편취하였다.

② 갑은 을을 처벌해 달라고 수사기관에 다음 내용의 ㉠고소장을 제출하였다.

③「을은 전세자금 대출을 받은 후 갑에게 사정에 의해 전세를 들어올 수 없게 되었다고 하면서 임대보증금 1,500만 원을 돌려달라고 기망하여 그 정을 모르는 갑으로부터 임대보증금을 돌려받게 되자 이를 P농협에 변제하지 않고 임의로 사용하는 방법으로 편취하였으니 처벌해 주시기 바랍니다.」

④ 갑의 ㉠고소로 을은 갑을 피해자로 하는 사기죄로 기소되었다.

【사건의 경과】

① 검사는 갑을 무고죄로 기소하였다.

② 제1심법원은 유죄를 인정하였다.

③ 갑은 불복 항소하였다.

④ 항소심법원은 제1심판결을 파기하고, 무죄를 선고하였다.

⑤ (항소심의 판단 이유는 본문 참조)

⑥ 검사는 불복 상고하였다.

2. 허위사실의 신고와 공범 사실 숨기기

【대법원 요지】 무고죄에 있어서 허위의 사실이라 함은 그 신고된 사실로 인하여 상대방이 형사처분이나 징계처분 등을 받게 될 위험이 있는 것이어야 하고, /

【대법원 요지】 비록 신고내용에 일부 객관적 진실에 반하는 내용이 포함되었다 하더라도 그것이 독립하여 형사처분 등의 대상이 되지 아니하고 단지 신고사실의 정황을 과장하는 데 불과하거나 /
【대법원 요지】 허위의 일부사실의 존부가 전체적으로 보아 범죄사실의 성부에 직접 영향을 줄 정도에 이르지 아니하는 내용에 관계되는 것이라면 무고죄가 성립하지 아니한다. /
【대법원 요지】 그리고 피고인 자신이 상대방의 범행에 공범으로 가담하였음에도 자신의 가담사실을 숨기고 상대방만을 고소한 경우, /
【대법원 요지】 피고인의 고소내용이 상대방의 범행 부분에 관한 한 진실에 부합하므로 이를 허위의 사실로 볼 수 없고, /
【대법원 요지】 상대방의 범행에 피고인이 공범으로 가담한 사실을 숨겼다고 하여도 그것이 상대방에 대한 관계에서 독립하여 형사처분 등의 대상이 되지 아니할 뿐더러 /
【대법원 요지】 전체적으로 보아 상대방의 범죄사실의 성립 여부에 직접 영향을 줄 정도에 이르지 아니하는 내용에 관계되는 것이므로 무고죄가 성립하지 않는다.

3. 사안에 대한 항소심의 판단

【항소심 판단】 원심은, 피고인의 이 사건 고소는 피고인 자신이 원심공동피고인 을, 병의 그 판시와 같은 사기 범행에 공범으로 가담하였음에도 자신의 가담사실을 숨기고 원심공동피고인 을만을 고소한 경우로서 /
【항소심 판단】 피고인의 고소내용이 원심공동피고인 을의 사기범행 부분에 관한 한 진실에 부합하므로 이를 허위의 사실로 볼 수 없고, /
【항소심 판단】 원심공동피고인 을의 사기범행에 피고인이 공범으로 가담한 사실을 숨겼다고 하여도 그것이 원심공동피고인 을에 대한 관계에서 독립하여 형사처분 등의 대상이 되지 아니할 뿐더러 /
【항소심 판단】 전체적으로 보아 원심공동피고인 을에 대한 사기의 범죄사실의 성립 여부에 직접 영향을 줄 정도에 이르지 아니하는 내용에 관계되는 것이므로 무고죄가 성립하지 아니하며, /
【항소심 판단】 달리 이 부분 고소로 인해 원심공동피고인 을에게 별도의 형사처벌 위험성이 있다는 점을 인정할 증거가 없다는 이유로 이 사건 공소사실 중 무고의 점에 대하여 유죄를 인정한 제1심판결을 파기하고 무죄를 선고하였다.

4. 사안에 대한 대법원의 판단

【대법원 분석】 그런데 기록에 의하면, 피고인은 자신이 원심공동피고인 을, 병과 공모하여 피해자 농협으로부터 전세자금 대출금 1,500만 원을 편취한 것과는 별도로 /
【대법원 분석】 피고소인 원심공동피고인 을이 전세자금 대출을 받은 후 피고인에게 사정에 의해 전세를 들어올 수 없게 되었다고 하면서 임대보증금 1,500만 원을 돌려달라고 기망하여 그 정을 모르는 피고인으로부터 임대보증금을 돌려받게 되자 이를 농협에 변제하지 않고 임의로 사용하는 방법으로 편취하였으니 처벌하여 달라는 취지로 고소를 한 사실, /
【대법원 분석】 실제로 피고인의 이 사건 고소로 인하여 피고소인 원심공동피고인 을에 대하여 피고인을 피해자로 하여 사기죄로 공소제기까지 되기도 하였던 사실을 알 수 있는바, /

【대법원 판단】 이를 앞서 본 법리에 비추어 살펴보면 피고인의 이 사건 고소는 피고소인 원심공동피고인 을에 대한 관계에서 독립하여 형사처분 등의 대상이 되는 허위사실의 고소로 볼 여지도 없지 않다.

【대법원 결론】 그럼에도 불구하고, 원심이 이 사건 고소의 경위와 내용 등에 관하여 충분히 심리하지 아니한 채 그 판시와 같은 이유만으로 피고인에 대하여 무고죄가 성립하지 않는다고 판단한 것은 무고죄에 관한 법리를 오해한 위법이 있고, 이러한 위법은 판결에 영향을 미쳤음이 분명하다. 이 점을 지적하는 상고이유의 주장은 이유 있다. (파기 환송)

2011도3489

무고죄와 허위사실 – 부정례
차용금 사기 고소장 사건

2011. 9. 8. 2011도3489, 공 2011하, 2176

1. 사실관계 및 사건의 경과

【사실관계】

① 2006. 11.경 갑은 서울 관악구 신림동에 있는 P모텔 401호에서 A에게 도박자금으로 사용하라고 돈을 빌려주었다.

② [A는 갑에게 빌린 돈을 갚지 않았다.]

③ 2007. 2. 7.경 갑은 부천 P경찰서 민원실에서 다음 내용의 고소장을 제출하였다.

④ 「피고소인 A는 차용금을 변제할 의사나 능력이 없으면서 2007. 1. 25.경 부천시 소사구 송내동에 있는 Q모텔 401호에서 "내비게이션 덤핑 물건을 구입할 돈 500만 원을 빌려주면 며칠 사용하고 바로 갚겠다"고 거짓말하여 500만 원을 편취하였으니 처벌해 달라.」

【사건의 경과】

① 검사는 갑을 무고죄로 기소하였다.

② 갑의 피고사건은 제1심을 거친 후, 항소심에 계속되었다.

③ 항소심법원은 유죄를 인정하였다.

④ (항소심의 판단 이유는 판례 본문 참조)

⑤ 갑은 불복 상고하였다.

2. 무고죄와 허위사실의 범위

【대법원 요지】 무고죄는 타인으로 하여금 형사처분 또는 징계처분을 받게 할 목적으로 공무소 또는 공무원에 대하여 허위의 사실을 신고하는 때에 성립하는 것으로, /

【대법원 요지】 신고사실의 일부에 허위의 사실이 포함되어 있다고 하더라도 그 허위 부분이 범죄의 성립 여부에 영향을 미치는 중요한 부분이 아니고, 단지 신고한 사실을 과장한 것에 불과한 경우에는 무고죄에 해당하지 아니한다. /

【대법원 요지】 그런데 금원을 대여한 고소인이 차용금을 갚지 않는 차용인을 사기죄로 고소함에 있어서, /

【대법원 요지】 피고소인이 차용금의 용도를 사실대로 이야기하였더라면 금원을 대여하지 않았을 것인데 차용금의 용도를 속이는 바람에 대여하였다고 주장하는 사안이라면 /

【대법원 요지】 그 차용금의 실제 용도는 사기죄의 성립 여부에 영향을 미치는 것으로서 고소사실의 중요한 부분이 되고 /

【대법원 요지】 따라서 그 실제 용도에 관하여 고소인이 허위로 신고할 경우에는 그것만으로도 무고죄에 있어서의 허위의 사실을 신고한 경우에 해당한다고 할 수 있다. /

【대법원 요지】 그러나 단순히 차용인이 변제의사와 능력의 유무에 관하여 기망하였다는 내용으로 고소한 경우에는 /

【대법원 요지】 차용금의 용도와 무관하게 다른 자료만으로도 충분히 차용인의 변제의사나 능력의 유무에 관한 기망사실을 인정할 수 있는 경우도 있을 것이므로, /

【대법원 요지】 그 차용금의 실제 용도에 관하여 사실과 달리 신고하였다 하더라도 그것만으로는 범죄사실의 성립 여부에 영향을 줄 정도의 중요한 부분을 허위로 신고하였다고 할 수 없다. /

【대법원 요지】 이와 같은 법리는 고소인이 차용[금]사기로 고소함에 있어서 묵비하거나 사실과 달리 신고한 차용금의 실제 용도가 도박자금이었다고 하더라도 달리 볼 것은 아니다.

3. 공소사실의 요지

【대법원 분석】 이 사건 공소사실의 요지는, /

【대법원 분석】 피고인은 2006년 11월경 서울 관악구 신림동에 있는 ○○모텔 401호에서 피고소인 공소외인에게 도박자금으로 사용하라고 돈을 빌려주었음에도, /

【대법원 분석】 2007. 2. 7.경 부천 P경찰서 민원실에서 "피고소인 공소외인이 차용금을 변제할 의사나 능력이 없으면서 2007. 1. 25.경 부천시 소사구 송내동에 있는 ○○모텔 401호에서 '내비게이션 덤핑 물건을 구입할 돈 500만 원을 빌려주면 며칠 사용하고 바로 갚겠다'고 거짓말하여 500만 원을 편취하였으니 처벌해 달라."는 내용의 /

【대법원 분석】 고소장을 제출하여 위 공소외인을 무고하였다는 것이다.

4. 사안에 대한 항소심의 판단

【항소심 판단】 원심판결 이유에 의하면, 원심은 그 채택 증거들을 종합하여, /

【항소심 판단】 피고인이 2006. 11. 20.경 공소외인에게 도박자금으로 500만 원을 빌려주었다가 이를 돌려받지 못한 것임에도, /

【항소심 판단】 도박자금으로 빌려주었다는 사실을 감추고 내비게이션 매입에 필요한 자금을 대여한 것처럼 대여금의 용도, 대여 일시·장소를 허위 진술한 사실을 인정한 다음, /

【항소심 판단】 단순히 도박자금으로 대여한 사실을 묵비한 것을 넘어서 실제와 다른 일시·장소에서 다른 용도로 금원을 대여하였다고 진술한 것은 그 일부 허위인 사실이 고소사실 전체의 성질을 변경시키는 때에 해당한다는 이유로 /

【항소심 판단】 이 사건 공소사실을 유죄로 판단하였다.

5. 사안에 대한 대법원의 판단

【대법원 판단】 그러나 기록에 의하면, /

【대법원 판단】 이 사건에서 피고인의 고소 내용은 피고소인이 변제의사와 능력도 없이 차용금 명목으로 금원을 편취하였으니 사기죄로 처벌하여 달라는 것이고, /

【대법원 판단】 피고소인이 차용금의 용도를 사실대로 이야기하였더라면 금원을 대여하지 않았을 것인데 차용금의 용도를 속이는 바람에 대여하게 되었다는 취지로 주장한 사실은 없다.

【대법원 판단】 그렇다면 위와 같은 고소 내용에 비추어, 수사기관으로서는 차용금의 용도와 무관하게 다른 자료들을 토대로 피고소인이 변제할 의사나 능력이 없이 금원을 차용하였는지 여부를 조사할 수 있는 것이므로, /

【대법원 판단】 비록 피고인이 도박자금으로 대여한 사실을 숨긴 채 고소장에 대여금의 용도에 관하여 허위로 기재하고, /

【대법원 판단】 대여 일시 · 장소 등 변제의사나 능력의 유무와 관련성이 크지 아니한 사항에 관하여 공소사실과 같이 사실과 달리 기재하였다고 하더라도, /

【대법원 판단】 이러한 사정만으로는 사기죄의 성립 여부에 영향을 줄 정도의 중요한 부분을 허위로 신고하였다고 보기는 어려울 것이다.

【대법원 결론】 그럼에도 불구하고 원심이 그 판시와 같은 이유만으로 이 사건 공소사실을 유죄로 판단한 것은 무고죄에 관한 법리를 오해하여 판결에 영향을 미친 위법이 있다.

【대법원 결론】 이 점을 지적하는 상고이유의 주장은 이유 있다. (파기 환송)

2010도2745

무고죄와 허위사실 – 인정례

"때려 주면 돈 줄께" 사건

2010. 4. 29. 2010도2745, [공보불게재]

1. 사실관계 및 사건의 경과

【사실관계】

① A와 B는 갑을 성추행범으로 신고하였다.

② 갑은 [이에 대항하는 구실을 만들기 위하여] 먼저 A와 B에게 자신을 때려 주면 돈을 주겠다고 말하였다.

③ A와 B는 갑을 때리고 갑으로부터 지갑을 교부받아 그 안에 있던 현금을 가지고 갔다.

④ A와 B의 폭행 과정에서 갑은 다발성 좌상 등의 상해를 입었다.

⑤ 갑은 "A와 B가 본인(갑)을 폭행한 다음 현금을 빼앗아갔다"는 내용의 신고를 수사기관에 하였다.

【사건의 경과】
① 검사는 갑을 무고죄로 기소하였다.
② 제1심법원은 유죄를 인정하였다.
③ 갑은 불복 항소하였다.
④ 항소심법원은 항소를 기각하고, 제1심판결을 유지하였다.
⑤ 갑은 불복 상고하였다.
⑥ 갑은 상고이유로 다음의 점을 주장하였다.
(가) 갑이 A와 B로부터 폭행을 당하여 상해를 입은 것은 사실이다.
(나) "A와 B가 본인(갑)을 폭행한 다음 현금을 빼앗아갔다"는 갑의 신고는 단지 신고사실을 과장한 것에 불과하여 허위사실의 신고에 해당하지 않는다.

2. 무고죄와 허위사실의 신고

【대법원 요지】 무고죄는 타인으로 하여금 형사처분 또는 징계처분을 받게 할 목적으로 공무소 또는 공무원에 대하여 허위의 사실을 신고하는 때에 성립하는 것으로, /
【대법원 요지】 여기에서 허위사실의 신고라 함은 신고사실이 객관적 사실에 반한다는 것을 확정적이거나 미필적으로 인식하고 신고하는 것을 말하는 것이므로, /
【대법원 요지】 신고사실의 일부에 허위의 사실이 포함되어 있다고 하더라도 그 허위 부분이 범죄의 성부에 영향을 미치는 중요한 부분이 아니고, 단지 신고한 사실을 과장한 것에 불과한 경우에는 무고죄에 해당하지 아니하지만, /
【대법원 요지】 그 일부 허위인 사실이 국가의 심판작용을 그르치거나 부당하게 처벌을 받지 아니할 개인의 법적 안정성을 침해할 우려가 있을 정도로 고소사실 전체의 성질을 변경시키는 때에는 무고죄가 성립될 수 있다고 할 것이다.

3. 사안에 대한 내법원의 판단

【대법원 분석】 먼저 원심판결 이유 및 원심이 적법하게 채택한 증거에 의하면, /
【대법원 분석】 피고인이 때려 주면 돈을 주겠다는 요청을 하여 공소외 A 등이 피고인을 폭행하였고, 그 과정에서 피고인이 다발성 좌상 등의 상해를 입게 된 사실을 알 수 있는바, /
【대법원 판단】 이와 같은 사정 아래에서라면 비록 피고인이 먼저 공소외 A 등에게 때려 달라고 요청하였다 하더라도 그러한 피고인의 요청은 윤리적 · 도덕적으로 사회상규에 어긋나는 것이어서 위법성 조각사유로서의 피해자의 승낙에 해당한다고 할 수는 없을 것이다. /
【대법원 판단】 그러나 공소외 A 등의 위와 같은 행위가 결과적으로 위법하다 하더라도 이는 폭행 내지 상해의 범죄에 해당할 수 있는 것인 반면, /
【대법원 판단】 피고인의 신고사실은 공소외 A 등이 갈취 내지 강취의 범죄를 범하였다는 것이어서 그 신고사실의 일부가 허위라는 점은 어느 모로 보나 명백하다. /
【대법원 판단】 그런데, 피고인이 자신의 의사에 따라 폭행을 당한 것인지 여부는 갈취 내지 강취 범죄의 성부에 영향을 미치는 중요한 부분으로서 단지 신고한 사실을 과장한 것에 불과하다고 볼 수는

없을 뿐만 아니라 /

【대법원 판단】 공소외 A 등이 갈취 내지 강취의 의사로 피고인을 폭행한 것이 아니라 피고인의 요청에 따라 그러한 행위를 하였음이 분명한 이상 /

【대법원 판단】 '공소외 A 등이 피고인을 폭행하여 돈을 빼앗았다'는 취지의 피고인의 신고는 그 폭행의 경위에 관한 허위사실만으로도 국가의 심판작용을 그르치거나 부당하게 처벌을 받지 아니할 개인의 법적 안정성을 침해할 우려가 있을 정도로 고소사실 전체의 성질을 변경시킨 것으로 판단된다.

【대법원 판단】 따라서, 앞서 본 법리에 비추어 볼 때, 피고인의 위와 같은 신고는 무고죄의 객관적 요건인 '허위사실의 신고'에 해당하는 것으로 판단되며, /

【대법원 판단】 나아가 피고인으로서도 폭행의 경위에 관한 자신의 신고내용이 객관적 사실에 반한다는 것을 인식하였던 이상 무고죄의 고의도 인정되는 것이므로, /

【대법원 결론】 같은 취지에서 이 사건 공소사실을 유죄로 인정한 제1심판결을 그대로 유지한 원심의 조치는 정당하고, 거기에 상고이유에서 주장하는 바와 같은 무고죄에 관한 법리오해의 위법이 없다. (상고 기각)

94도343

권리행사방해죄와 타인 점유 – 부정례

무고죄와 허위사실 – 인정례

가마솥 가져오기 사건

1994. 11. 11. 94도343, 공 1994, 3323

☞ 360면

2005도2712

무고죄와 형사처벌 목적 – 인정례

합의 주선용 고소장 사건

2005. 9. 30. 2005도2712, [공 2005. 11. 1.(237), 1753]

1. 사실관계 및 사건의 경과

【사실관계 1】

① A는 B 등 다수의 채권자로부터 돈을 빌렸으나 갚을 수 없게 되었다.

② 갑과 을은 A의 채권자가 아니다.

③ 갑과 을은 A와 그로부터 피해를 당한 사람들 사이의 합의를 주선하기로 하였다.

④ 갑과 을은 이를 위하여 자신들도 피해자인 것처럼 행세하기 위한 방편으로 A를 고소하기로 하였다.

⑤ 갑과 을은 이러한 취지를 A에게 미리 알렸다.

【사실관계 2】

① 갑은 다음과 같은 내용의 허위사실을 기재한 ㉠고소장을 작성하였다.

②「갑은 A에게 2002. 4. 22. 금 5,000만 원을 변제기 2002. 5. 19., 이자 월 5부로 정하여 매주 원리금을 균등 상환받기로 하는 약정하에 대여하였는데 A가 위 변제기를 경과한 2002. 5. 22.까지 원리금을 전혀 변제하지 않고 있으니 엄벌하여 주십시오.」

③ 갑은 ㉠고소장에 기재된 내용과 같은 내용의 허위의 ㉡차용증을 작성하였다. (☞문서례 3번 참조)

④ 갑은 ㉠고소장에 ㉡차용증을 첨부하여 관할 경찰서에 제출하였다.

⑤ 을도 갑과 같은 방식으로 ㉢고소장과 ㉣차용증을 작성하여 관할 경찰서에 제출하였다.

⑥ 이후 갑과 을은 바로 A에게 ㉤합의서를 작성하여 교부해 주었다.

⑦ 갑과 을은 수사기관의 고소인 출석요구에 응하지 않았다.

⑧ 갑과 을의 고소사건은 결국 고소장 각하로 종결되었다.

【사건의 경과 1】

① 검사는 갑과 을을 다음의 공소사실로 기소하였다.

(가) 무고죄

(나) 변호사법위반죄

② 제1심법원은 다음과 같이 판단하였다.

(가) 무고죄 : 무죄

(나) 변호사법위반죄 : 유죄

③ 갑과 을은 유죄 부분에 불복 항소하였다.

④ 검사는 무죄 부분에 불복 항소하였다.

【사건의 경과 2】

① 항소심법원은 제1심법원과 동일한 결론을 유지하였다.

② (항소심의 무고죄 부분에 대한 판단 이유는 판례 본문 참소)

③ 갑과 을은 유죄 부분에 불복 상고하였다.

④ 검사는 무죄 부분에 불복 상고하였다.

⑤ 대법원은 변호사법위반죄 부분의 상고이유를 배척하였다.

⑥ 대법원은 무고죄 부분에 대하여 판단하였다.

2. 공소사실의 요지

【대법원 분석】 원심은, /

【대법원 분석】 피고인들은 공모하여, 2002. 5. 23. 서울 P구 소재 Q경찰서 민원실에서 /

【대법원 분석】 사실은 피고인들이 각 공소외인에게 돈을 빌려 준 적이 없음에도 불구하고 공소외인으로 하여금 형사처분을 받게 할 목적으로 /

【대법원 분석】 '고소인들이 2002. 4. 22. 공소외인에게 각 5,000만 원을 빌려주고 공소외인이 2002. 5. 19.까지 1주일 단위로 원리금을 균등상환하기로 하였는데 2002. 5. 22.까지 원리금을 전혀

변제하지 않아서 고소장을 제출하니 자세히 살펴보고 엄벌에 처해 달라.'는 취지의 /

【대법원 분석】 허위사실을 기재한 고소장을 피고인들 각자의 명의로 작성하여 Q경찰서장 앞으로 제출, 접수케 하여 공소외인을 무고하였다는 이 사건 공소사실에 대하여, /

3. 사안에 대한 항소심의 판단

【항소심 판단】 채용 증거들을 종합하여, /

【항소심 판단】 피고인들은 공소외인과 그로부터 피해를 당한 사람들 사이의 합의를 주선하기 위하여 자신들도 피해자인 것처럼 행세하기 위한 방편으로 공소외인을 고소하기로 하고 /

【항소심 판단】 이러한 취지를 공소외인에게도 미리 알린 후 공소외인으로부터 차용금 피해를 당한 것처럼 허위사실을 기재하여 공소외인을 고소한 사실, /

【항소심 판단】 피고인들의 공소외인에 대한 고소 사실은 피고인들이 각자 공소외인에게 2002. 4. 22. 금 5,000만 원을 변제기 2002. 5. 19, 이자 월 5부로 정하여 매주 원리금을 균등 상환받기로 하는 약정하에 대여하였는데 공소외인이 위 변제기를 경과한 2002. 5. 22.까지 원리금을 전혀 변제하지 않고 있으니 엄벌하여 달라는 것이고 고소장에 그와 같은 내용의 허위의 차용증을 작성하여 첨부한 사실, /

【항소심 판단】 피고인들은 바로 공소외인에게 합의서를 작성하여 교부해 주는 한편 수사기관의 고소인 출석요구에 응하지 않았고, 결국 피고인들의 고소사건은 고소장 각하로 종결된 사실을 각 인정할 수 있는바, /

【항소심 판단】 위 인정 사실에 나타난 피고인들의 고소 경위, 고소 내용, 고소 전후의 대응방법에 관한 사전 계획 등에 비추어 보면, /

【항소심 판단】 피고인들은 당초부터 고소인 진술을 회피할 의사를 가졌고, 고소 내용도 단순히 공소외인이 돈을 빌리고도 약정에 반하여 변제하지 않는다는 것에 불과하여, /

【항소심 판단】 그 정도 내용의 고소에 대하여 고소인이 전혀 출석을 하지 않으면 피고소인으로서는 형사상의 불이익한 처분을 받을 가능성이 전혀 없다고 나름대로 판단하였거나, /

【항소심 판단】 혹은 그러한 가능성을 전적으로 배제하지는 못한다고 하더라도 최소한 그러한 가능성을 감수, 용인하면서 고소한 것으로는 보기 어렵다는 이유로 /

【항소심 판단】 피고인들에 대한 이 사건 공소사실에 대하여 무죄를 선고한 제1심의 조치를 유지하였다.

4. 사안에 대한 대법원의 판단

(1) 무고죄와 피해자의 승낙

【대법원 판단】 그러나 원심의 위와 같은 판단은 아래와 같은 이유로 수긍하기 어렵다.

【대법원 요지】 무고죄는 국가의 형사사법권 또는 징계권의 적정한 행사를 주된 보호법익으로 하고 다만, 개인의 부당하게 처벌 또는 징계받지 아니할 이익을 부수적으로 보호하는 죄이므로, /

【대법원 요지】 설사 무고에 있어서 피무고자의 승낙이 있었다고 하더라도 무고죄의 성립에는 영향을 미치지 못한다 할 것이다. /

(2) 무고죄와 형사처분 등의 목적

【대법원 요지】 그리고 무고죄에 있어서 형사처분 또는 징계처분을 받게 할 목적은 허위신고를 함에 있어서 다른 사람이 그로 인하여 형사 또는 징계처분을 받게 될 것이라는 인식이 있으면 족한 것이고 그 결과발생을 희망하는 것까지를 요하는 것은 아니므로, /

【대법원 요지】 고소인이 고소장을 수사기관에 제출한 이상 그러한 인식은 있었다고 보아야 할 것이다.

(3) 사안에 대한 판단

【대법원 판단】 그런데 원심이 확정한 사실관계에 의하면, /

【대법원 판단】 피고인들은 공소외인과 그로부터 피해를 당한 사람들과의 합의를 주선하기 위하여 자신들도 피해자인 것처럼 행세하기 위하여 공소외인의 승낙을 받고 공소외인으로부터 차용금 피해를 당한 것처럼 허위사실을 기재한 이 사건 고소장을 제출하였다는 것이므로, /

【대법원 판단】 공소외인에 대한 형사처분이라는 결과발생을 의욕한 것은 아니라 하더라도 적어도 그러한 결과발생에 대한 미필적인 인식은 있었던 것으로 보아야 할 것이다.

【대법원 결론】 이와 달리, 그 판시와 같은 이유만으로 피고인들에게 무고의 목적이 없었다고 한 원심의 판단에는 무고죄의 목적에 관한 법리오해의 위법이 있고, 이는 판결 결과에 영향을 미쳤다 할 것이다. (파기 환송)

부 록

문서례

【문서례 1】

동 업 계 약 서

"갑" 성 명 : ○ ○ ○ 주민등록번호 : ****** - *******
주 소 : **** 시 **** 구 **** 동 **** 아파트 *** 동 **** 호

"을" 성 명 : ○ ○ ○ 주민등록번호 : ****** - *******
주 소 : **** 시 **** 구 **** 동 **** 아파트 *** 동 **** 호

○○○(이하 "갑"이라 칭한다), ○○○(이하 "을"이라 칭한다)은 다음과 같이 동업계약을 체결한다.

제1조 : 상 호 ○○공판장

제2조 : 업태 / 종목
도 · 소매업 / 슈퍼마켓 · 정육점

제3조 : 사업장소재지
**** 시 **** 구 **** 동 *** - ** (* 층)

제4조 : 공동사업의 출자
1) 공동사업을 영위하기 위하여 "갑", "을"은 사업에 필요한 자금을 출자함에 있어 "갑"(50%), "을"(50%)씩 출자한다.
2) 공동사업을 위하여 취득한 자산 및 부채는 "갑", "을"이 각각 출자비율에 따라 공동소유 또는 공동부담한다.

제5조 : 이익분배 방법
1) 공동사업에서 발생한 이익금 및 결손금은 "갑", "을" 각각 출자비율대로 정산한다.

제6조 : 기타
동 계약을 체결함에 있어 계약서에 없는 사항이 발생시 상관례에 따르며 "갑", "을"은 상호 협의 하에 모든 일을 처리함을 원칙으로 하고 후일 이를 증명하기 위하여 계약서 2부를 작성하여 "갑", "을" 각각 1부씩 보관한다.

2012년 3월 20일
상기 계약사항에 동의하고 이에 기명날인 한다.

"갑" ○ ○ ○ (인)
"을" ○ ○ ○ (인)

【문서례 2】

사 업 자 등 록 증

(일반과세자)

등록번호 : *** - ** - *****

상　　　호 : ○○공판장

성　　　명 : ○○○ 외 1명　　　　생 년 월 일 : **** 년 ** 월 ** 일

개업 년월일 : **** 년 ** 월 ** 일

사업장소재지 : ○○도 ○○시 ○○구 ○○동 *** - **

사업의 종류 : 업태 도소매　　　　종목 : 수퍼마켓

교 부 사 유 : 신규

공동 사업자 : ○○○　　　　****** - *******

주류판매 신고번호 : *** - * - *****

사업범위 : 판매할 주류의 종류만을 허가장소에서 소매하여야 한다.

판매할 주류의 종류 : 주정 이외의 주류

지정조건 : 1. 사업범위를 위반하면 면허를 취소한다.

2. 타법령에 의해 허가·등록이 취소되면 이 면허도 취소된다.

사업자단위과세 적용사업자 여부 : 여(　　)　부(∨)

2012년 03월 25일

○ ○ ○ 세 무 서 장 [직인]

【문서례 3】

차 용 증

본인 ○○○은 △△축산 ○○○에게 2011. 6. 30까지 보증금과 판매대금 ₩65,515,558 중 원금 ₩40,000,000 (설정금 ₩52,000,000)과 ₩25,515,558은 현금으로 주기로 함. ₩40,000,000은 본인 소유 아파트에 설정함

위 내용은 거짓이 아님을 증명합니다.

2012년 8월 12일

****** - *******

○ ○ ○ (인)

【문서례 4】

근저당권설정계약

채 권 자 ○ ○ ○ (인) (****** - *******)
인천 광역시 ** 구 **** 동 ** - * **** 아파트 **-***

채 무 자 겸 소 유 자 ○ ○ ○ (인) (******-*******)
서울특별시 ****구 ****동 ** ****아파트 *-****

채 권 최 고 액 금 오천이백만원정 (₩ 52,000,000)

위 당사자간 다음과 같이 근저당권설정계약을 체결한다.

제1조 근저당권설정자는 채무자가 위 금액 범위 안에서 채권자에 대하여 기왕, 현재 부담하고 또는 장래 부담하게 될 단독 혹은 연대채무나 보증인으로서 기명날인한 차용금증서 각서 지급증서 등의 채무와 발행 배서 보증 인수한 모든 어음 채무 및 수표금상의 채무 또는 상거래로 인하여 생긴 모든 채무, 기타 구상금을 담보코저 끝에 쓴 부동산에 근저당권을 설정한다.

제2조 장래 거래함에 있어서 채권자 사정에 따라 대여를 중지 또는 한도액을 축소시킬지라도 채무자는 이의하지 않겠다.

제3조 채무자가 약정한 이행의무를 한 번이라도 지체하였을 때 또는 다른 채권자로부터 가압류 압류 경매를 당하든가 파산선고를 당하였을 때는 기한의 이익을 잃고 즉시 채무금 전액을 완제하여야 한다.

제4조 보증인은 채무자 및 근저당권설정자와 연대하여 이 계약의 책임을 짐은 물론 저당물건의 하자 그 외의 사유로 인하여 근저당권의 일부 또는 전부가 무효로 될 때에도 연대보증책임을 진다.

제5조 이 근저당권에 관한 소송은 채권자 주소지를 관할하는 법원으로 한다.

위 계약을 확실히 하기 위하여 이 증서를 작성하고 다음에 기명날인 한다.

2012년 8월 12일

부 동 산 의 표 시

1동의 건물의 표시
서울특별시 **** 구 **** 동 ** 67, 67-7, 67-9 **** 아파트 제2동

전유부분의 건물의 표시
건물의 번호 : * - ** - ****
구 조 : 철근콘크리트조
면 적 : 제 ** 층 제 **** 호 71.26㎡

대지권의 표시
1. 서울특별시 **** 구 **** 동 67 대 1492 ㎡
2. 동 소 67-9 대 484.5 ㎡
3. 동 소 67-7 대 6337.8 ㎡

대지권의 종류 : 1, 2, 3 소유권

대지권의 비율 : 1, 2. 1976.5분의 12.63
3. 6535분의 16.55

- 이 상 -

【문서례 5-1】

서울○○지방법원

지 급 명 령

사　　건　2013차***** 대여금
채 권 자　○　○　○
402-*** 인천 **구 ****동 **-* ****아파트 *동 ****호
[송달장소] 137-*** 서울 서초구 서초동 ****-* ****빌딩 ***호

2013. 12. 31. 송달, 2014. 1. 17. 확정	(인)

채 무 자　○　○　○
138-*** 서울 ****구 ****동 ** ****아파트 *동 ****호
[송달장소] 138-*** 서울특별시 ****구 ****길 *-** *동 ***호

청구취지와 원인　별지 기재와 같다.

채무자는 채권자에게 별지 청구취지 기재의 금액을 지급하라.

별지 독촉절차비용은 채무자가 부담한다.

채무자는 이 명령이 송달된 날부터 2주일 이내에 이의신청을 할 수 있다.

2013.　10.　19.

사 법 보 좌 관　○　○　○

위 정본임(채무자 ○○○에 대한 강제집행을 실시하기 위한 것임) 2014. 1. 25. 법원주사보 ○○○ [직인]

※ 1. 채무자가 이 명령이 송달된 날로부터 2주일 이내에 이의신청서를 제출하지 않으면 이 지급명령은 확정판결과 같은 효력을 가집니다(우편에 의한 이의신청서는 위 기간 내에 법원에 도착하여야 합니다).
2. 채무자가 이의신청을 하는 경우에는 이의신청서와 별도로 지급명령의 청구원인에 대한 구체적인 진술을 적은 답변서를 제출하여야 합니다(자세한 내용은 '독촉안내절차서' 참조).
3. 지급명령이 확정되어 채권자가 지급명령정본을 송달받은 경우에는 지급명령에 조건이 붙은 경우, 당사자의 승계인을 위하여 또는 당사자의 승계인에 대하여 강제집행을 하는 경우를 제외하고는 집행문을 부여받을 필요없이 이 정본에 의하여 강제집행을 할 수 있습니다.

【문서례 5-2】

지급명령신청서

채권자 : ○ ○ ○(****** - *******)
인천 ** 구 **** 동 ** - * **** 아파트 * 동 **** 호
[송달장소 : 서울 서초구 서초동 **** - * **** 빌딩 *** 호]
[송달영수인 : ○ ○ ○]

채무자 : ○ ○ ○(****** - *******)
서울 **** 구 **** 동 ** **** 아파트 * 동 **** 호

대여금 지급명령신청사건

청 구 취 지

채무자는 채권자에게 금 25,515,558원 및 이에 대하여 이 사건 지급명령정본이 송달된 다음날부터 다 갚는 날까지 연 20%의 비율에 의한 지연손해금 및 아래의 독촉절차비용을 지급하라

아 래

금 36,380원 독촉절차비용

내 역

금 11,900원 인 지 대
금 24,480원 송 달 료

청 구 원 인

1. 채권자는 정육, 돼지고기 및 소고기 등을 납품하는 개인사업을 영위하는 자이고, 채무자는 그의 남편인 ○○○과 함께 ** 시 **** 구 **** 동 *** 소재 대형마트의 정육코너를 운영하던 자입니다.
2. 하루는 채무자가 채권자에게 자신이 있는 마트의 정육코너에 대해 보증금과 고기를 납품해 주면 상당한 이익을 주겠다고 해서 채권자는 이를 믿고 마트 내 정육코너의 보증금 금 60,000,000원과 수천만원 상당의 고기를 납품한 사실이 있습니다(갑 제1호증 부동산임대차계약서 사본 참조).
3. 그런데 처음에는 채무자가 약속대로 판매 수익금의 일부를 채권자에게 지급해 주더니 이후에는 판매이익금을 지급해 주지 않고 있어 부득이 당사자 사이 정육코너에서 빠지기로 하고 보증금과 판매대금을 정산하기에 이르렀습니다. 이에 채무자는 채권자에게 보증금과 판매대금을 정산하기에 이르렀습니다. 이에 채무자는 채권자에게 보증금과 판매대금을 정산하면서 일부를 변제하고 나머지 25,515,558원을 2011. 6. 30.까지 변제해 주기로 하는 차용증을 작성해 주었습니다(갑 제2호증 차용증 사본 참조).
4. 채권자는 채무자의 말을 더 이상 믿지 못하겠다고 하자 그럼 채무자 자신 소유의 서울 **** 구 **** 동 ** **** 아파트 * 동 **** 호에 대해 채권최고액 금 52,000,000원으로 하는 ****. *. **. 서울○○지방법원 ○○등기소 접수 제 ***** 호로서 근저당권설정을 경료해 주었습니다(갑 제3호증 근저당권설정계약서 참조). [이하 생략]

【문서례 6】

서 울 ○ ○ 지 방 법 원

민사 제○○단독

결 정

사 건 2013카단 **** 부동산가압류
채 권 자 ○ ○ ○ (****** - *******)
** 시 ** 구 **** 동 ** - * **** 아파트 * - ****
송달장소 : 서울 서초구 서초동 **** - * **** 빌딩 *** 호
(송달영수인 : ○○○)

채 무 자 ○ ○ ○ (****** - *******)
서울 **** 구 **** 동 ** **** 아파트 * - ****
등기부상주소 서울 **** 구 **** 동 ** **** 아파트 * - ****

주 문

채무자 소유의 별지 기재 부동산을 가압류한다.
채무자는 다음 청구금액을 공탁하고 집행정지 또는 그 취소를 신청할 수 있다.

청구채권의 내용 **대여금반환청구채권**
청구금액 금 25,515,558 원

이 유

이 사건 부동산가압류 신청은 이유 있으므로 담보로 공탁보증보험증권(○○보증보험주식회사 증권번호 제100-000-2013********호)을 제출받고 주문과 같이 결정한다.

2013. 10. 24.

판 사 ○ ○ ○

※ 1. 이 가압류 결정은 채권자가 제출한 소명자료를 기초로 판단한 것입니다.
2. 채무자는 이 결정에 불복이 있을 경우 가압류이의나 취소신청을 이 법원에 제기할 수 있습니다.

【문서례 7-1】

증서 2012년 제 *** 호

원 본

공 정 증 서

첩용인지액 원정

【문서례 7-2】

증서 2012년 제 *** 호

채무변제(준소비대차)계약 공정증서

본직은 당사자들의 촉탁에 따라 다음의 법률행위에 관한 진술의 취지를 청취하여 이 증서를 작성한다.

제1조 채무자는 2012년 6월 24일 채권자에 대하여 ------------------------
채무자가 2010년 6월 7일 금전소비대차계약에 의거하여 ----------------------
금육천만원정(₩60,000,000)을 --
승인하고 다음 각 조항에 따라 변제할 것을 청약하고 채권자는 이를 승낙하였다.

제2조(변제 기한과 방법) 채무자는 채권자에게 금육천만원정(₩ 60,000,000)을 2012년 8월 30일까지 지급하기로 한다. ---------------------------------------
----

제3조(이자) 이자는 연10%의 이율로 한다.

제4조(변제의 장소) 채무의 변제장소는 채권자의 주소지로 한다.

제5조(지연손해금) 없음.

제6조(기한 이익의 상실) 채무자가 다음 각호의 1에 해당하는 때에는 채권자로부터 달리 통지 또는 최고가 없더라도 당연히 위 채무에 관한 기한의 이익을 상실하고 즉시 나머지 채무금 전부를 변제하여야 한다.

1. 채무자에 대하여 파산, 화의개시 또는 회사정리절차 개시의 신청이 있었을 때
2. 채무자가 거래은행으로부터 거래정지 처분을 받은 때
3. 채무자가 원리금------------ 의 지급을 지체한 때 --------------------

제7조(위와 같다) 채무자가 다음 각호의 1에 해당하는 때에는 채권자의 청구에 따라 위 채무에 관한 기한의 이익을 상실하고 즉시 나머지 채무금 전부를 변제하여야 한다.

【문서례 7-3】

1. 채무자가 제3자로부터 강제집행, 가압류, 가처분 또는 경매신청을 받은 때
2. 채무자가 조세의 체납으로 압류처분을 받은 때
3. 채무자가 이 계약조항을 위반한 때

제8조(연대보증) 없음.

제9조(강제집행의 인낙) 채무자가 이 계약에 의한 금전채무를 이행하지 아니할 때에는 즉시 강제집행을 당하여도 이의가 없음을 인낙하였다.

【문서례 7-4】

관 계 자 의 표 시

관 계 (촉탁인) 채 무 자 --
성 명 (명 칭) ○ ○ ○ --
주 소 (소재지) (주민등록증상주소) 서울시 **** 구 **** 동 **** - * ***----------
주 소 (소재지) (현주소) 경기도 **** 시 **** 구 **** 동 ****** 빌라 **** 호
직 업 -----------------------------주민등록번호 (****** - *******)
관 계 (촉탁인) 채 권 자 --
성 명 (명 칭) ○ ○ ○ --
주 소 (소재지) 경기도 **** 시 **** 구 **** 동 ****** 아파트 *** - ***
직 업 -----------------------------주민등록번호 (****** - *******)
관 계 (촉탁인) --
성 명 (명 칭) --
주 소 (소재지) --
직 업 ----------------------------- 주민등록번호 --------------------
관 계 (촉탁인) --
성 명 (명 칭) --
주 소 (소재지) --
직 업 ----------------------------- 주민등록번호 --------------------
관 계 (촉탁인) --
성 명 (명 칭) --
주 소 (소재지) --
직 업 ----------------------------- 주민등록번호 --------------------

【문서례 7-5】

본직은 위 촉탁인들이------------------ 제시한 주민등록증(또는 운전면허증)---
에 의하여 그 사람이 틀림없음을 인정하였다.

본직은 이 증서를 열석자들에게 읽어주고, 열람시켰던바 열석자들이 이 증서의 작성내용에 이의가 없다고 승인하고 각자 서명날인 하였다.

촉탁인 (채무자) ○ ○ ○[서명] (인)

촉탁인 (채권자) ○ ○ ○[서명] (인)

이 증서는 2012년 06월 24일 이 사무소에서 작성하였다. ------------------------
같은 날 본직은 위 촉탁인들의 청구에 의하여 정본은 채권자----------------------
에게 등본은 채무자 ------------------------ 에게 각 1통씩 교부한바, 각자 이를 수령하였다.--

----

【문서례 7-6】

증서 2012년 제 *** 호

2012년 06월 24일

공증인가 법무법인 ○ ○

서울특별시 **** 구 **** 동 **** - ** **** 빌딩 * 층

공증담당변호사 ○ ○ ○ [서명] (인)

【문서례 7-7】

증서 2012년 제 *** 호

위는 등본입니다.

2012년 06월 24일

공증사무소명칭 공증인가 법무법인 ○ ○

소 속 서울중앙지방검찰청

소재지표시 서울특별시 **** 구 **** 동 **** - ** **** 빌딩 * 층

공 증 인 공증담당변호사

○ ○ ○ [서명] (인)

【문서례 8-1】

증서 2012년 제 *** 호

정 본

공 정 증 서

첩용인지액 원정

【문서례 8-2】

[약속어음 사본]

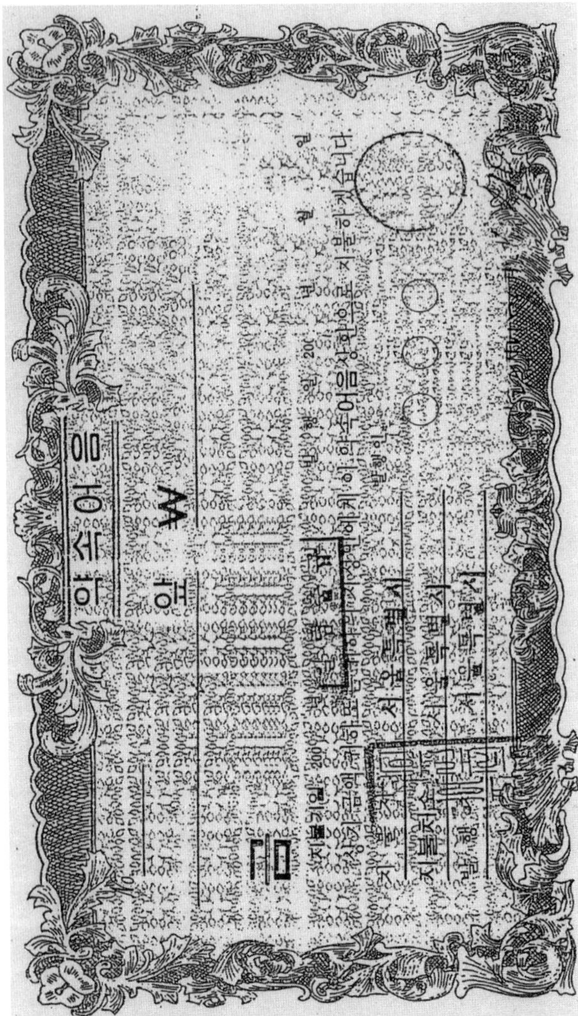

【문서례 8-3】

증서 2012년 제 *** 호

어 음 공 정 증 서

촉탁인(발행인) ○ ○ ○ ---
주 소 (소재지) (주민등록증상주소) 서울시 **** 구 **** 동 **** - * *** 호
주 소 (소재지) (현주소) 경기도 **** 시 **** 구 **** 동 ***** 빌라 *** 호
직 업 ------------------------- 주민등록번호 ****** - *******

촉탁인(수취인) ○ ○ ○ ---
주 소 (소재지) 서울특별시 **** 구 **** 동 **** ****** 아파트 *** - ****
직 업 ------------------------- 주민등록번호 ****** - *******

위 발행인은 본직에 대하여 이 증서에 부착된 어음의 발행 및 기명날인을 자인하며, 위 어음의 소지인에게 위 어음금의 지급을 지체할 때에는 즉시 강제 집행을 받더라도 이의가 없음을 인낙하는 취지의 공정증서 작성을 수취인과 함께 촉탁하고 각 서명 날인 하였다. --

촉탁인(발행인) ○○○[서명] (인)
촉탁인(수취인) ○○○[서명] (인)

본직은 위 촉탁인들이 제시한 주민등록증 ------------------------------에 의하여 그 사람들이 틀림없음을 인정하였다.

본직은 이에 위 어음에 대하여 즉시 강제집행할 것을 인낙한 이 공정증서를 2012년 11월 04일 이 사무소에서 작성하였다. ----------------------------

같은 날 본직은 이 사무소에서 위 촉탁인들의 청구에 의하여 정본은 수취인에게, 등본은 발행인에게 각 작성 교부한바 각자 이를 수령하였다.

【문서례 8-4】

증서 2012년 제 *** 호

2012년 11월 04일

공증인가 법무법인 ○ ○

서울특별시 **** 구 **** 동 **** - ** **** 빌딩 * 층

공증담당변호사 ○ ○ ○ [서명] (인)

【문서례 9-1】

동부 2012년 제 ***** 호

인 증 서

【문서례 9-2】

확 인 서

이 름 : ◇ ◇ ◇

주민번호 : ****** - *******

전 주 소 : 서울 **** 구 **** 동 **** - ** ****** 빌라 *** 호

현 주 소 : 경기도 **** 구 **** 동 **** 마을 ****** 아파트 *** 동 **** 호

상기 본인은 다음과 같은 내용을 확인합니다.

다 음

1. 본인과 □□□은 2010. 3. 15. △△△에게 금 550,000,000원을 변제기는 3개월 후로, 이자는 월 6,000,000원으로 정하여 대여하였습니다.

2. 위 555,000,000원은 본인과 □□□이 보증을 받고 각자의 가족과 제3자로부터 돈을 더 차용하는 등으로 마련하여 절반씩 부담한 것입니다. 따라서 본인과 □□□ 사이에는 △△△로부터 받아야 할 원금 550,000,000원 및 그에 대한 이자 등에 관하여 각 1/2의 권리가 있습니다.

3. 이상의 진술은 사실임을 확인합니다.

2012. 9. 30.

◇ ◇ ◇ (인)

서울○○지방법원 민사 제○○부 귀중

【문서례 9-3】

동부 2012년 제 ***** 호

인 증

위 확인서---------------------------------에 기재된-----------------------
◇ ◇ ◇는--

--본직의
면전에서 위 사서증서의 기명 날인이 본인의 것임을 확인하였다.------------------
본직은 위 촉탁인이 제시한 주민등록증/운전면허증(여권) ----------------------
에 의하여 그 사람이 틀림없음을 인정하였다.--------------------------------

2012년 9월 30일 이 사무소에서 위 인증한다.

【문서례 9-4】

동부 2012년 제 ***** 호

2012년 9월 30일

공증인가 법무법인 ○ ○

서울특별시 **** 구 **** 동 **** - ** **** 빌딩 * 층

공증담당변호사 ○ ○ ○ [서명] (인)

【문서례 10】

○ ○ 지 방 법 원

판 결

사 건 2012가단***** 대여금반환청구

원 고 □□□ (****** - *******)
**** 시 **** 구 **** 동 *** **** 아파트 *** - ***
채권자의 소송대리인 법무법인 ○○ 담당변호사 ○○○

피 고 △△△ (****** - *******)
**** 시 **** 구 **** 동 ** - ** **** 아파트 *** - ***

변 론 종 결 2012. 11. 5.
판 결 선 고 2012. 11. 26.

주 문

1. 피고는 원고에게 25,000,000원과 2010. 3. 21.부터 2011. 11. 12.까지는 연 5%, 그 다음날부터 다 갚는 날까지는 연 20%의 각 비율로 계산한 돈을 각 지급하라.
2. 제1항은 가집행할 수 있다.

청 구 취 지

피고는 원고에게 25,000,000원과 2007. 3. 21.부터 이 사건 소장 송달일까지는 연 5%, 그 다음날부터 다 갚는 날까지는 연 20%의 각 비율로 계산한 돈을 각 지급하라.

이 유

1. 인정사실
   (생략)
2. 피고에 대한 청구에 관한 판단
   (생략)
3. 결 론
   그렇다면 원고의 피고에 대한 청구는 위 인정범위 내에서 이유 있어 인용한다.

판사 ○ ○ ○ [서명]

【문서례 11】

○ ○ 지 방 법 원

결 정

사 건 2012카합***** 채권추심 및 처분금지가처분

채 권 자 □□□ (****** - *******)
**** 시 **** 구 **** 동 *** **** 아파트 *** - ***
채권자의 소송대리인 법무법인 ○○ 담당변호사 ○○○

채 무 자 △△△ (****** - *******)
**** 시 **** 구 **** 동 ** - ** **** 아파트 *** - ***

제3채무자 ○○광역시
**** 시 **** 구 **** 동 ***
대표자 시장 ○○○

주 문

채무자는 제3채무자로부터 별지 기재 채권을 추심하거나 양도, 질권설정 기타 일체의 처분행위를 하여서는 아니된다.
제3채무자는 채무자에게 위 채권을 지급하여서는 아니된다.

피보전권리의 내용 채권자대위로 인한 원인무효근저당권말소청구권

이 유

이 사건 채권추심 및 처분금지가처분 신청은 이유 있으므로 담보로 공탁보증보험증권(○○보증보험주식회사 증권번호 제100-000-2012****호, □□□)을 제출받고 주문과 같이 결정한다.

정 본 입 니 다.
2012. 7. 24.
법원주사보 ○ ○ ○

2012. 7. 24.

사법보좌관 ○ ○ ○

【문서례 12】

○ ○ 지 방 법 원

결　　　정

사　　건　2012타채*****　채권압류 및 추심명령

채 권 자　□□□ (****** - *******)
**** 시 **** 구 **** 동 *** **** 아파트 *** - ***
채권자의 소송대리인 법무법인 ○○ 담당변호사 ○○○

채 무 자　△△△ (****** - *******)
**** 시 **** 구 **** 동 ** - ** **** 아파트 *** - ***

제3채무자　○○광역시
**** 시 **** 구 **** 동 ***
대표자 시장 ○○○

주　　문

1. 별지목록 기재 채권은 이를 압류한다.
2. 제3채무자는 채무자에게 위 채권에 관한 지급을 하여서는 아니된다.
3. 채무자는 위 채권의 처분과 영수를 하여서는 아니된다.
4. 위 압류된 채권은 채권자가 이를 추심할 수 있다.

청구금액

금　1,000,000,000원　대여금
금　24,657,534원　이자금(2012. 4. 9.부터 2012. 5. 23.까지 연 2할의 비율에 의한 지연이자금)
합 계　1,024,657,534원

이　　유

채권자는 위 청구금액을 변제받기 위하여 ○○지방법원 2012가합***호 대여금 청구사건의 집행력 있는 판결 정본에 터잡아 이 사건 신청을 하였고, 이 사건 신청은 정당하므로 주문과 같이 결정한다.

정 본 입 니 다.
2012. 6. 3.
법원주사보 ○ ○ ○

2012. 6. 3.

사법보좌관 ○ ○ ○

【문서례 13】

○ ○ 지 방 법 원

결 정

사 건 2012타채***** 채권전부명령

채 권 자 □□□ (****** - *******)
**** 시 **** 구 **** 동 *** **** 아파트 *** - ***
송달장소 : 서울 **** 구 **** 동 **** - * **** 빌딩 * 층

채 무 자 △△△ (****** - *******)
**** 시 **** 구 **** 동 ** - ** **** 아파트 *** - ***

제3채무자 대한민국
**** 시 **** 구 **** 동 ○○지방검찰청
위 법률상 대표자 법무부장관 ○○○ (소관 : ○○지방법원 공탁관)

주 문

채무자의 제3채무자에 대한 압류된 채권 중 별지목록 기재 채권을 지급에 갈음하여 채권자에게 전부한다.

청구금액

별지와 같음

이 유

○○지방법원 ****타채*****호 채권압류 및 추심명령 사건에 관한 채권자의 신청은 이유 있으므로 주문과 같이 결정한다.

정 본 입 니 다.
2012. 9. 14.
법원주사보 ○ ○ ○

2012. 9. 14.
사법보좌관 ○ ○ ○

주의 : 1. 전부명령이 제3채무자에게 송달될 때까지 다른 채권자가 압류, 가압류 또는 배당요구를 한 때에는 전부명령은 효력이 없습니다.
2. 전부명령은 확정되어야 효력이 있습니다.
민사집행법 223, 227, 229조

【문서례 14】

○ ○ 도

수 신 자　수신자 참조
(경　유)
제　목　****년 보육교사 최저인건비 지급기준 알림(정부미지원시설)

1. 귀 기관의 무궁한 발전을 기원합니다.

2. 그 간 정부미지원시설 보육교사 최저인건비는 보육정책위원회심의를 거쳐 결정하여 왔으나, ****년부터는 「보건복지부 보육사업안내」에서 정한 '시설장과 종사자간 협의를 통해 정한 기준에 따라 자율적으로 지급'하도록 할 계획입니다.

3. 이와 관련 각 시 '군에서는 정부지원시설이 아닌 보육시설에서 보육교사의 최저임금을 정할 때 최저임금법에 의한 최저임금[주 44시간(월 226시간) : ***, ***원] 이상을 지급할 수 있도록 보육시설에 안내하여 주시기 바랍니다.　끝.

○ ○ 도지사　[직인]

수신자 : 보육청소년담당관, ○○시장, ○○시장, ○○시장, ○○시장, ○○시장, ○○시장, ○○군수, ○○군수, ○○군수, ○○군수, ○○군수, ○○군수, ○○군수, ○○군수

전결 01/24

지방행정주사　○○○　지방행정사무관　○○○　보육정책과장　○○○

시행　보육정책과-788　(****. 01. 24.) 접수　가족여성과-2517 (****. 01. 24.)

【문서례 15】

부동산 매매 계약서

매도인과 매수인 쌍방은 아래 표시 부동산에 관하여 다음 내용과 같이 매매계약을 체결한다.

1. 부동산의 표시

소재지			
토 지	지 목	면 적	
건 물	구조/용도	면 적	

2. 계약내용

제1조 (목적) 위 부동산의 매매에 대하여 매도인과 매수인은 합의에 의하여 매매대금을 아래와 같이 지불하기로 한다.

매매대금	금
계 약 금	금
융 자 금	금
중 도 금	금
잔 금	금

제2조 (소유권이전 등) 매도인은 매매대금의 잔금 수령과 동시에 매수인에게 소유권이전등기에 필요한 모든 서류를 교부하고 등기절차에 협력하며, 위 부동산의 인도일은 년 월 일로 한다.

제3조 (제한물권 등의 소멸) 매도인은 위 부동산에 설정된 저당권, 지상권, 임차권 등 소유권의 행사를 제한하는 사유가 있거나 제세 공과 기타 부담금의 미납금 등이 있을 때에는 잔금 수수일까지 그 권리의 하자 및 부담 등을 제거하여 완전한 소유권을 매수인에게 이전한다. 다만, 승계하기로 합의하는 권리 및 금액은 그러하지 아니하다.

제4조 (지방세 등) 위 부동산에 관하여 발생한 수익의 귀속과 제세공과금 등의 부담은 위 부동산의 인도일을 기준으로 하되, 지방세의 납부의무 및 납부책임은 지방세법의 규정에 의한다.

제5조 (계약의 해제) 매수인이 매도인에게 중도금(중도금이 없을 때에는 잔금)을 지불하기 전까지 매도인은 계약금의 배액을 상환하고, 매수인은 계약금을 포기하고 본 계약을 해제할 수 있다.

제6조 (채무불이행과 손해배상) 매도인 또는 매수인이 본 계약상의 내용에 대하여 불이행이 있을 경우 그 상대방은 불이행한 자에 대하여 서면으로 최고하고 계약을 해제할 수 있다. 그리고 계약 당사자는 계약해제에 따른 손해배상을 각각 상대방에게 청구할 수 있으며, 손해 배상에 대하여 별도의 약정이 없는 한 계약금을 손해배상의 기준으로 본다.

제7조 (중개수수료) 부동산중개업자는 매도인 또는 매수인의 본 계약 불이행에 대하여 책임을 지지 않는다. 또한 중개수수료는 본 계약 체결과 동시에 계약 당사자 쌍방이 각각 지불하며, 중개업자의 고의나 과실 없이 본 계약이 무효, 취소 또는 해지되어도 중개수수료는 지급한다. 공동 중개인의 경우에 매도인과 매수인은 자신이 중개 의뢰한 중개업자에게 각각 중개수수료를 지급한다.

제8조 (중개수수료 외) 매도인 또는 매수인이 본 계약 이외의 업무를 의뢰한 경우 이에 관한 보수는 중개수수료와는 별도로 지급하며 그 금액은 합의에 의한다.

제9조 (중개대상물확인설명서교부등) 중개업자는 중개대상확인설명서를 작성하고 업무보증관계증서(공제증서등) 사본을 첨부하여 년 월 일 거래당사자 쌍방에게 교부한다.

특약사항:

본 계약을 증명하기 위하여 계약 당사자가 이의 없음을 확인하고 각각 서명 또는 날인한다.

매 도 인	주 소					
	주민번호		전 화		성 명	
매 수 인	주 소					
	주민번호		전 화		성 명	

중개업자	사 무 소 소 재 지			사 무 소 소 재 지		
	사 무 소 명 칭			사 무 소 명 칭		
	대 표	서명 및 날인		대 표	서명 및 날인	
	등록번호	전 화		등록번호	전 화	
	소속공인 중 개 사	서명 및 날인		소속공인 중 개 사	서명 및 날인	

【문서례 16】

등기부 등본 (말소사항 포함) – 건물

[건물] 서울특별시 서초구 서초동 ***-***

【 표 제 부 】 (건물의 표시)				
표시번호	접 수	소재지번 및 건물번호	건 물 내 역	등기원인 및 기타사항
1	2008년2월4일	서울특별시 서초구 서초동 *** - ***	일반목구조 기타지붕 1층 162.43㎡ 2층 162.43㎡	

【 갑 구 】 (소유권에 관한 사항)				
순위번호	등 기 목 적	접 수	등 기 원 인	권 리 자 및 기 타 사 항
1	소유권보존	2008년2월4일 제****호		소유자 ○○○ ******-****** **** 도 **** 군 **** 면 *** 리 ***
2	소유권이전	2010년9월7일 제****호	209년12월20일 매매	소유자 ○○○ ******-****** **** 도 **** 군 **** 면 *** 리 ***

【 을 구 】 (소유권 이외의 권리에 관한 사항)				
순위번호	등 기 목 적	접 수	등 기 원 인	권 리 자 및 기 타 사 항
1	근저당권설정	2008년7월3일 제****호	2008년7월3일 설정계약	채권최고액 금600,000,000원 채 무 자 주식회사 ○○사 서울 서초구 서초동 ****-** 근저당권자 재단법인 ○○○○재단 ******-******* 서울특별시 ****구 ****동 ***-* 공동담보 토지 서울특별시 서초구 서초동 ***-***

【문서례 17】

약속어음

귀하 자가01469431

금

위의 금액을 귀하 또는 귀하의 지시인에게 이 약속어음과 상환하여 지급하겠습니다.

지급기일 년 월 일 발행일 년 월 일
지 급 지 발행지
지급장소 주식회사 하나은행 주 소
발행인 ㉞

발행지, 발행일, 수취인등이 누락된 상태에서 지급 제시하는 경우 지급 거절로 선의의 피해를 입을 수도 있으니 누락됨이 없도록 주의하시기 바랍니다.
점선 아래의 앞뒷면은 전산처리 부분이오니 글씨를 쓰거나 더럽히지 마십시오.

01469431⑈ 81⑈ 06

앞면에 적은 금액을 또는 그 지시인에게 지급하여 주십시오.
(목적 또는 보기)
거절증서 작성을 면제함.
년 월 일
주 소
성 명 ㉞

앞면에 적은 금액을 또는 그 지시인에게 지급하여 주십시오.
(목적 또는 보기)
거절증서 작성을 면제함.
년 월 일
주 소
성 명 ㉞

앞면에 적은 금액을 또는 그 지시인에게 지급하여 주십시오.
(목적 또는 보기)
거절증서 작성을 면제함.
년 월 일
주 소
성 명 ㉞

앞면에 적은 금액을 정히 영수함.
년 월 일
주 소
성 명 ㉞

주민(사업자) 등록번호

실명확인인

점선 아래 부분은 글씨를 쓰거나 더럽히지 마십시오.
인쇄·복사 등의 방법으로 위조된 어음은 밝은 빛에 비추어 보면 은행마크 주위에 숨겨진 무궁화 무늬가 나타나지 않습니다.

【문서례 18】

株券

SK Telecom

10,000 　　　　　　　　　　　　 일만

壹萬株券

金五阡萬원整

第 15 回 發行

아 第 000000 號

見　　　　　　　　　　　　　　　　樣

1. 會　社　의　商　號　　SK텔레콤주식회사
1. 會社의成立年月日　　西紀 1984年 3月 29日
1. 會社가發行할株式의總數　　貳　阡　貳　百　萬　株
1. 壹　株　의　金　額　　金　五　阡　원　整
1. 株　式　의　種　類　　記名式普通株式
1. 株式發行年月日　　西紀 1999年 7月 31日

本 株券은 當會社의 定款에 依한 株式 壹萬株의 株主임을 證하기 爲하여 裏面 記名者에게 交付함.

SK 텔레콤주식회사

代表理事　趙　政　男

아021831900아

주권 견본

주주 　　　　　　　　　귀하				교 부 년월일			
등록년월일	주 주 명	등록증인		등록년월일	주 주 명	등록증인	
①				⑤			
②				⑥			
③				⑦			
④				⑧			

아래 부분은 전산처리 되오니 글씨를 쓰거나 더럽히지 마십시오.

선고일자별 색인

1960. 7. 22. 4293형상213, 판례총람 형법 164조 10번 ······ 748
1962. 12. 20. 62도183, 판례총람 형법 225조 14번 ······ 879
1964. 6. 23. 64도209, 집 12①, 형48 ······ 415, 755
1971. 1. 26. 70도2378, 집 19①, 형22 ······ 726
1971. 7. 27. 71도905, 집 19②, 형62 ······ 790, 861
1972. 6. 27. 72도863, 집 20②, 형34 ······ 88
1973. 11. 13. 73도1553 전원합의체 판결, 공 1973, 7621 ······ 461
1974. 5. 14. 73도2578, 공 1974, 7864 ······ 363
1975. 5. 13. 74도2183, 판례월보 1975년 59호 63면 ······ 997
1977. 1. 11. 76도3419, 집 25①, 형1 ······ 95
1977. 11. 22. 77도103, 공 1977, 10389 ······ 768
1978. 11. 14. 78도1904, 공 1979, 11705 ······ 803
1979. 9. 11. 79도1250, 공 1979, 12240 ······ 55
1980. 4. 22. 79도3034, 공 1980, 12829 ······ 805
1980. 9. 24. 79도1387, 공 1980, 13244 ······ 98
1980. 11. 11. 80도131, 공 1981, 13379 ······ 451
1981. 3. 10. 80도3321, 공 1981, 13853 ······ 35
1981. 8. 25. 80도509, 공 1981, 14307 ······ 418
1981. 9. 8. 81도1955, 공 1981, 14343 ······ 1006
1982. 4. 27. 81도2956, 공 1982, 544 ······ 349, 405
1982. 6. 22. 82도677, 공 1982, 720 ······ 799
1982. 6. 22. 82도705, 공 1982, 722 ······ 112
1982. 9. 28. 82도296, 공 1982, 1042 ······ 792
1983. 2. 8. 82도2714, 공 1983, 546 · 493, 512, 566
1983. 3. 8. 82도1363, 공 1983, 677 ······ 342
1983. 3. 22. 82도2151, 공 1983, 771 ······ 969
1983. 6. 28. 83도399, 공 1983, 1153 ······ 31, 189
1983. 7. 12. 83도1405, 공 1983, 1301 ··· 630, 1137
1983. 9. 27. 82도671, 공 1983, 1625 ······ 765
1983. 11. 8. 82도2119, 공 1984, 48 ······ 553, 709
1984. 2. 28. 84도90, 공 1984, 564 ······ 940
1984. 5. 15. 84도488, 공 1984, 1153 ······ 36
1984. 6. 26. 83도685, 공 1984, 1325 ······ 344
1984. 11. 27. 84도2025, 공 1985, 110 ······ 47
1984. 11. 27. 84도2263, 공 1985, 119 ······ 739
1985. 1. 29. 84도2655, 공 1985, 406 ······ 32
1985. 4. 9. 83도44, 공 1985, 760 ······ 1183
1985. 4. 23. 85도570, 공 1985, 819 ······ 782
1985. 6. 11. 84도2527, 공 1985, 1031 ······ 54
1985. 12. 10. 85도1892, 공 1986, 280 ······ 33
1986. 6. 24. 86도891, 공 1986, 982 ······ 740
1986. 7. 8. 84도2922, 공 1986, 1016 ······ 102
1987. 4. 28. 83도1568, 공 1987, 918 ······ 669
1987. 8. 18. 87도145, 공 1987, 1484 ······ 807
1988. 4. 25. 88도409, 공 1988, 930 ······ 418, 604
1990. 3. 27. 89도1083, 공 1990, 1015 ······ 527
1990. 8. 14. 90도114, 공 1990, 1986 ······ 127, 518
1991. 1. 29. 90도2153, 공 1991, 902 ······ 30
1991. 2. 26. 90도577, 공 1991, 1119 ······ 808
1991. 4. 26. 90도1958, 공 1991, 1565. ······ 361
1991. 10. 11. 91도1656, 공 1991, 2762 ······ 1144
1992. 1. 21. 91도1402 전원합의체판결, 공 1992, 951 ······ 149
1992. 6. 23. 92도976, 공 1992, 2323 ······ 794
1992. 9. 14. 91도2994, 공 1992, 2929 ···· 467, 961
1992. 10. 27. 92도1578, 공 1992, 3337 ······ 937
1992. 12. 8. 92도1682, 공 1993, 492 ······ 729
1993. 2. 9. 92도2929, 공 1993, 1029 ······ 53, 251
1993. 4. 27. 92도2688, 공 1993, 1621 ······ 823
1993. 7. 27. 93도901, 공 1993, 2476 ······ 375
1993. 9. 28. 93도2143, 공 1993, 3023 ······ 422
1993. 11. 23. 93도213, 공 1994, 223 ······ 496
1994. 3. 11. 93도3145, 공 1994, 1233 ······ 993
1994. 11. 11. 94도343, 공 1994, 3323 ··· 360, 1212
1994. 12. 20. 94모32 전원합의체 결정, 공 1995, 538 ······ 751
1995. 2. 10. 94도1190, 공 1995, 1364 ······ 736
1995. 6. 13. 95도826, 공 1995, 2434 ······ 73

1995. 9. 15. 94도2561, 공 1995, 3473 ………… 349
1995. 11. 7. 95도898, 공 1995, 3956 ………… 841
1995. 12. 5. 94도2379, 공 1996, 311 …… 309, 1000
1996. 2. 27. 95도2980, 공 1996, 1186 ………… 147
1996. 8. 23. 95도192, 공 1996, 2931 …… 398, 1176
1996. 12. 10. 96도2529, 공 1997, 456 ………… 18
1996. 12. 23. 96도2673, 공 1997, 583 ………… 20
1997. 1. 24. 96도1731, 공 1997, 706 ………… 449
1997. 4. 17. 96도3376 전원합의체 판결, 공 1997, 1303 ………… 31, 983
1997. 4. 22. 97도538, 공 1997, 1685 ………… 56
1997. 6. 27. 97도1085, 공 1997, 2241 ………… 931
1997. 7. 8. 96도3319, 공 1997, 2435 ………… 930
1997. 7. 16. 97도985 전원합의체 판결, 공 1997, 2243 ………… 309, 988
1998. 2. 10. 97도2961, 공 1998, 821 ………… 1195
1998. 2. 27. 97도1757, 공 1998, 951 ………… 172
1998. 2. 27. 97도2483, 공 1998, 962 ………… 789
1998. 5. 26. 98도1036, 공 1998, 1836 …… 117, 148
1998. 5. 29. 97다55317, 공 1998, 1754 ………… 911
1998. 6. 12. 97다53762, 공 1998, 1875 ………… 906
1998. 7. 10. 98도126, 공 1998, 2174 …… 410, 582
1998. 9. 22. 98도1234, 공 1998, 2628 ………… 1054
1998. 10. 9. 97도158, 공 1998, 2715 ………… 229
1998. 11. 24. 98도2967, 공 1999, 84 …… 399, 794
1998. 11. 27. 98도2734, 공 1999, 87 ………… 771
1999. 1. 26. 98도3732, 공 1999, 407 …… 22, 202
1999. 3. 9. 99도242, 공 1999, 707 ………… 456
1999. 4. 9. 99도519, 공 1999, 950 …… 160, 201
1999. 7. 9. 99도857, 공 1999, 1675 ………… 430
1999. 9. 17. 98도2036, 공 1999, 2267 ………… 564
1999. 10. 12. 99도3170, 공 1999, 2384 ………… 532
1999. 11. 26. 99도3963, 공 2000, 118 …… 418, 603
2000. 3. 10. 98도2579, 공 2000, 992 ………… 702
2000. 3. 23. 99도3099, 공 2000, 1096 …… 22, 204
2000. 3. 24. 2000도102, 공 2000, 1109 ………… 105, 299, 1093
2000. 4. 25. 2000도223, 공 2000, 1363 ………… 100
2000. 11. 28. 2000도1089, 공 2001, 227 …… 1187
2001. 2. 23. 2000도4415, 공 2001, 813 … 106, 518
2001. 4. 19. 2000도1985 전원합의체 판결, 공 2001, 1185 ………… 857
2001. 6. 26. 2001도404, 공 2001, 1787 ………… 754
2001. 9. 25. 2001도3625, 공 2001, 2396 ‥ 507, 929
2001. 10. 23. 2001도2991, 공 2001, 2622 ………… 492, 513
2002. 2. 8. 2000도3245, 공 2002, 720 …… 126, 514
2002. 3. 26. 2001도6641, 공 2002, 1047 ……… 746
2002. 3. 28. 2000헌바53, 헌공 제67호 ………… 23
2002. 4. 26, 2002도429, 공 2002, 1312 ………… 444
2002. 6. 14. 2002도1283, 공 2002, 1746 …… 1086
2002. 6. 25. 2002도461, 공 2002, 1872 … 508, 927
2002. 7. 18. 2002도669 전원합의체판결, 공 2002, 2010 ………… 681
2002. 10. 11. 2002도4315, 공 2002, 2784 …… 104
2002. 11. 13. 2002도2219, 공 2003, 123 …… 588
2002. 12. 10. 2001다58443, 공 2003, 331 …… 809
2003. 1. 10. 2000도5716, 공 2003, 654 ………… 28
2003. 1. 10. 2001도6553, [공보불게재] ……… 801
2003. 1. 10. 2002도3340, 공 2003, 666 … 780, 785
2003. 1. 10. 2002도4380, 공 2003, 668 ………… 114
2003. 2. 11. 2002도4293, 공 2003, 847 ‥ 828, 1119
2003. 2. 11. 2002도7115, 공 2003, 870 ………… 136
2003. 2. 14. 2002도5374, 공 2003, 873 …… 1147
2003. 3. 14. 2002도6134, 공 2003, 1031 …… 1192
2003. 4. 11. 2003다7173, 7183, 공 2003, 1181 ………… 900
2003. 5. 13. 2003도1366, 공 2003, 1411 …… 713
2003. 5. 30. 2000도5767, 공 2003, 1487 …… 355
2003. 6. 13. 2003도1060, 공 2003, 1573 …… 1039
2003. 9. 26. 2002다65073, 공 2003, 2080 …… 812
2003. 9. 26. 2003도763, 공 2003, 2129 ………… 126, 364, 630
2003. 10. 9. 2000도4993, 공 2003, 2199 ‥ 839, 917
2003. 11. 13. 2001도6213, 공 2003, 2389 …… 321
2003. 11. 28. 2003도3972, 공 2004, 84 ………… 242
2003. 12. 12. 2003도4533, 공 2004, 275 1146, 1195
2003. 12. 26. 2003도5433, 공 2004, 305 …… 975
2004. 3. 12. 2003도6514, 공 2004, 673 ………… 955
2004. 3. 12. 2004도134, 공 2004, 675 …… 542, 707
2004. 4. 9. 2003도8219, 공 2004, 849 ………… 717
2004. 4. 16. 2004도353, 공 2004, 862 ………… 707
2004. 5. 14. 2003도3487, 공 2004, 1033 …… 778
2004. 5. 27. 2003도4531, 공 2004, 1117 …… 472

2004. 6. 17. 2003도7645 전원합의체 판결,
공 2004, 1881 ………………………… 569
2004. 6. 24. 2004도1098, 공 2004, 1274 ……… 453
2004. 6. 25. 2004도2611, 공 2004, 1295 … 31, 162
2004. 7. 22. 2002도4229, 공 2004, 1480 ……… 631
2004. 9. 24. 2004도4012, [공보불게재] ……… 839
2004. 11. 18. 2004도5074 전원합의체 판결,
공 2004, 2096 ………………………… 458
2005. 2. 18. 2002도2822, 공 2005, 525 ……… 541
2005. 2. 24. 2002도18 전원합의체 판결,
공 2005, 534 ………………………… 860
2005. 3. 25. 2003도5004, 공 2005, 698 ………261
2005. 4. 15. 2003도2780, 공 2005, 778 ……… 3, 75
2005. 4. 15. 2004도6404, [공보불게재] ……… 896
2005. 4. 15. 2004도7053, 공 2005, 791 ………650
2005. 6. 10. 2005도1373, 공 2005, 1203 ……… 151
2005. 6. 24. 2005도2413, 공 2005, 1293 ……… 562
2005. 7. 15. 2003도6934, 공 2005, 1374 ‥ 557, 855
2005. 7. 22. 2005도3034, [공보불게재] ……… 1128
2005. 9. 30. 2005도2712, [공 2005. 11. 1.(237),
1753] ……………………………… 1212
2005. 10. 7. 2005도5351, 공 2005, 1809 ……… 345
2005. 12. 9. 2004도2880, 공 2006, 142 ………207
2005. 12. 23. 2005도4478, [공보불게재] …… 941
2006. 2. 9. 2003도4599, 공 2006, 456 ………1023
2006. 3. 10. 2005도382, 공 2006, 696 ……… 289
2006. 3. 23. 2004도3360, [미간행] …………923
2006. 3. 23. 2005도4455, 공 2006. 748 ………357
2006. 3. 24. 2005도3516, 공 2006, 763 ………501
2006. 3. 24. 2005도7309, 공 2006, 773 ………310
2006. 4. 7. 2005도9858 전원합의체 판결,
공 2006, 2106 ………………………… 481
2006. 5. 25. 2003도3945, 공 2006, 1196 1025, 1132
2006. 7. 6. 2005도6810, 공 2006, 1572 ……… 1140
2006. 9. 8. 2006도148, 공 2006, 1699 …. 23, 1096
2006. 9. 14. 2004도6432, 공 2006, 1768 ……… 462
2006. 10. 12. 2006도4981, 공 2006, 1939 ……319
2006. 10. 13. 2004도6084, [공보불게재] ……… 719
2006. 10. 19. 2005도3909 전원합의체 판결,
공 2006, 1952 …………………… 1017, 1195
2006. 12. 7. 2005도3707, 공 2007, 156 ……… 1156
2006. 12. 7. 2006도3400, [공보불게재] ……… 247
2006. 12. 8. 2006도6155, 공 2007, 165 ………124
2007. 1. 11. 2006도4498, 공 2007, 317 … 410, 481
2007. 1. 25. 2006도3844, 공 2007, 387 ………826
2007. 1. 25. 2006도5979, 공 2007, 392 ………165
2007. 1. 25. 2006도7470, 공 2007, 401 ………493
2007. 3. 15. 2006도2704, 공 2007, 578 ………505
2007. 3. 15. 2006도9453, 공 2007, 595 ………192
2007. 3. 15. 2007도312, [공보불게재] ……… 1124
2007. 3. 16. 2006도9164, [공보불게재] ……… 745
2007. 4. 19. 2005도7288 전원합의체 판결,
공 2007, 923 ………………………… 691
2007. 5. 10. 2007도1375, 공 2007, 930 ………426
2007. 5. 31. 2006도3493, [공보불게재] …………48
2007. 6. 14. 2004도5561, 공 2007, 1108
……………………………310, 1021, 1028
2007. 6. 28. 2002도3600, 공 2007, 1195
……………………………… 1070, 1196
2007. 6. 28. 2007도2590, 공 2007, 1217 ……… 725
2007. 6. 29. 2005도3832, 공 2007, 1222
……………………………… 6, 18, 42, 75
2007. 7. 26. 2005도4072, 공 2007, 1407 ……… 888
2007. 9. 20. 2007도5207, 공 2007, 1721
……………………………… 722, 1137
2007. 9. 28. 2007도606 전원합의체 판결,
공 2007, 1726 ………………………… 131
2007. 10. 12. 2007도6088, [공보불게재] …… 1103
2007. 11. 29. 2007도7062, 공 2007하, 2084 … 1158
2007. 11. 29. 2007도7480, [미간행]
……………………………… 819, 878, 917
2007. 11. 30. 2005도9922, 공 2007하, 2092 …. 843
2007. 11. 30. 2007도4191, 공 2008상, 2095 … 1191
2008. 1. 17. 2007도6987, [공보불게재] ……… 821
2008. 1. 17. 2007도8485, 공 2008, 267 ………143
2008. 1. 31. 2007도8011, 공 2008, 341 ………137
2008. 2. 1. 2007도5190, [공보불게재] ……… 1044
2008. 2. 1. 2007도5296, 공 2008상, 347 ……… 735
2008. 2. 14. 2007도3952, 공 2008상, 411 ………90
2008. 2. 14. 2007도9606, 공 2008상, 415 …… 884
2008. 2. 28. 2007도5987, 공 2008상, 471 …… 636
2008. 4. 24. 2006도9089, 공 2008상, 809
………………………………336, 630
2008. 5. 29. 2008도2476, 공 2008하, 962 …… 393

2008. 6. 12. 2008도76, [공보불게재]······ 471, 958
2008. 6. 12. 2008도2440, 공 2008하, 1018····· 397
2008. 6. 26. 2008도3184, [공보불게재]········· 390
2008. 7. 10. 2008도3252, 공 2008하, 1210····· 416
2008. 7. 10. 2008도3766, [공보불게재]········· 621
2008. 7. 24. 2008도3438, 공 2008, 1263········ 587
2008. 7. 31. 2004헌바81, 헌집 20②상, 91········ 82
2008. 8. 21. 2008도3754, 공 2008하, 1316···· 1204
2008. 10. 23. 2005도10101, 공 2008하, 1620 ··1173
2008. 10. 23. 2006도736, 공 2008하, 1622····· 965
2008. 10. 23. 2008도4852, 공 2008하, 1647···1199
2008. 10. 23. 2008도5200, 공 2008하, 1648 ····································821, 914
2008. 10. 23. 2008도6080, 공 2008하, 1651···· 440
2008. 11. 13. 2006도7915, [공보불게재]········ 221
2008. 11. 27. 2006도2016, 공 2008하, 1820···· 869
2008. 11. 27. 2007도4977, 공 2008하, 1828···· 949
2008. 11. 27. 2008도6728, [공보불게재] ····································216, 261
2008. 11. 27. 2008도9071, [공보불게재]········ 306
2008. 12. 24. 2006도1819, 공 2009상, 133···· 1125
2008. 12. 24. 2008도7836, [공보불게재]··855, 863
2008. 12. 24. 2008도9494, 공 2009상, 142····· 800
2009. 1. 15. 2008도9919, 공 2009상, 197····· 1106
2009. 1. 30. 2008도10560, [미간행]······ 277, 756
2009. 2. 12. 2008도10248, 공 2009상, 359····· 848
2009. 2. 12. 2008도10971, [미간행]······ 493, 543
2009. 2. 12. 2008도11804, [공보불게재]········ 409
2009. 2. 26. 2008도10582, 공 2009상, 396····· 971
2009. 3. 26. 2007도3520, 공 2009상, 588·········39
2009. 4. 23. 2007도9924, [공보불게재]········· 264
2009. 4. 23. 2008도11921, 공 2009상, 795····· 763
2009. 4. 23. 2009도2001, [공보불게재]········· 190
2009. 5. 14. 2008도11361, 공 2009상, 939····· 299
2009. 5. 14. 2009도787, 공 2009상, 947··········65
2009. 5. 21. 2009다17417 전원합의체 판결, 공 2009상, 849·································9
2009. 5. 28. 2009도875, 공 2009하, 1062······ 395
2009. 5. 28. 2009도1040, 공 2009하, 1068······ 50
2009. 6. 11. 2008도8627, [공보불게재]···········69
2009. 6. 11. 2009도156, [공보불게재]·········· 228
2009. 7. 9. 2009도250, [공보불게재]············326
2009. 7. 9. 2009도2390, 공 2009하, 1384·········60
2009. 7. 9. 2009도4266, [공보불게재]·········· 761
2009. 7. 23. 2009도5022, [공보불게재]···· 22, 457
2009. 8. 20. 2009도3452, 공 2009하, 1589····· 347
2009. 9. 10. 2008도10177, 공 2009하, 1697 ····································41, 1002
2009. 9. 10. 2009도4335, 공 2009하, 1705 ····································177, 349
2009. 9. 10. 2009도4501, [공보불게재]··· 383, 534
2009. 9. 10. 2009도5630, 공 2009하, 1719····· 674
2009. 9. 24. 2007도4785, [미간행]······ 824, 1044
2009. 9. 24. 2009도2576, 공 2009하, 1805····· 196
2009. 9. 24. 2009도5595, [공보불게재]········· 435
2009. 9. 24. 2009도6687, 공 2009하, 1810····· 208
2009. 10. 15. 2008도9433, 공 2009하, 1904 ····································328, 631
2009. 10. 15. 2009도7421, 공 2009하, 1919···· 749
2009. 11. 12. 2009도8949, [공보불게재] ···································· 234, 1203
2009. 11. 19. 2009도4166 전원합의체 판결, 공 2009하, 2123······················ 249, 1093
2009. 12. 10. 2008도5282, 공 2010상, 173····· 972
2009. 12. 10. 2009도7681, 공 2010상, 185····· 953
2009. 12. 10. 2009도9982, 공 2010상, 187····· 486
2009. 12. 24. 2007도6243, 공 2010상, 287····· 307
2009. 12. 24. 2009도9667, 공 2010상, 292····· 443
2010. 1. 14. 2009도5929, [미간행]··············933
2010. 1. 14. 2009도9963, [미간행]··············833
2010. 1. 14. 2009도12109, 2009감도38, [공보불게재]······························· 743
2010. 1. 21. 2008도942 전원합의체 판결, 공 2010상, 465····························1162
2010. 1. 28. 2009도10709, 공 2010상, 479···· 1154
2010. 2. 11. 2009도12164, [공보불게재]······ 1152
2010. 2. 25. 2007도6273, 공 2010상, 690····· 1166
2010. 2. 25. 2009도1302, [공보불게재]······· 1206
2010. 2. 25. 2009도13257, [공보불게재] ···································· 759, 1168
2010. 3. 25. 2008도4228, [공보불게재] ···································· 264, 1118
2010. 4. 8. 2009도11827, [공보불게재]········ 403

2010. 4. 15. 2007도8024, [공보불게재] ······· 1114
2010. 4. 15. 2009도6634, 공 2010상, 946 ······ 640
2010. 4. 15. 2009도11146, [미간행] ·········· 1065
2010. 4. 29. 2007도8411, 공 2010상, 1059 ····· 217
2010. 4. 29. 2009도14427, [공보불게재] ······· 623
2010. 4. 29. 2009도14554, [공보불게재] ······· 436
2010. 4. 29. 2010도2745, [공보불게재] ······· 1210
2010. 5. 13. 2007도1397, [미간행] ··········· 1181
2010. 5. 13. 2008도10678, [공보불게재] ······· 787
2010. 5. 13. 2010도1040, 공 2010상, 1184 ····· 866
2010. 5. 27. 2005헌마346, 헌공 2010, 1015 ····· 79
2010. 5. 27. 2009도9008, 공 2010하, 1313
···································· 433, 792
2010. 6. 24. 2008도12127, [공보불게재] ······ 1196
2010. 7. 15. 2010도1017, 공 2010하, 1610 ····· 121
2010. 7. 29. 2010도5795, 공 2010하, 1770 ····· 525
2010. 9. 9. 2008도8973, [공보불게재] ········· 728
2010. 9. 30. 2010도7525, 공 2010하, 2052 ···· 1185
2010. 10. 14. 2010도4940, 공 2010하, 2130 ···· 301
2010. 10. 28. 2008도11999, [공보불게재]
································ 1018, 1120
2010. 11. 11. 2010도1835, [공보불게재] ······· 862
2010. 11. 25. 2010도10202, 공 2011상, 76 ···· 1202
2010. 11. 25. 2010도11460, [공보불게재] ····· 1063
2010. 11. 25. 2010도11620, 공 2011상, 81 ····· 447
2010. 12. 9. 2010도6256, 공 2011상, 170
···································· 475, 717
2010. 12. 9. 2010도9630, 공 2011상, 175 ······ 464
2010. 12. 9. 2010도11015, 공 2011상, 179 ····· 579
2010. 12. 9. 2010도12553, 공 2011상, 184 ····· 795
2010. 12. 23. 2010도1448, [공보불게재] ········ 45
2010. 12. 23. 2010도7412, 공 2011상, 271
···································· 32, 1108
2010. 12. 23. 2010도13584, 공 2011상, 285 ··· 1036
2011. 1. 13. 2009도10541, 공 2011상, 362 ····· 698
2011. 1. 13. 2010도9330, 공 2011상, 373
···································· 471, 962
2011. 1. 20. 2008도10479 전원합의체 판결,
공 2011상, 482 ··························· 625
2011. 1. 20. 2008재도11 전원합의체 판결,
공 2011상, 508 ··························· 992
2011. 1. 27. 2010도11030, 공 2011상, 532 ····· 287
2011. 2. 10. 2010도13766, 공 2011상, 602 ···· 1018
2011. 2. 10. 2010도15986, 공 2011상, 610
································ 1109, 1198
2011. 2. 24. 2010도11784, 공 2011상, 678 ····· 683
2011. 3. 10. 2008도6335, 공 2011상, 765 ······ 605
2011. 3. 10. 2010도14394, 공 2011상, 787 ···· 1033
2011. 3. 17. 2007도482 전원합의체 판결,
공 2011상, 865 ··························· 278
2011. 3. 24. 2010도17396, 공 2011상, 893 ····· 567
2011. 4. 14. 2010도12313, 공 2011상, 964 ···· 1059
2011. 4. 14. 2011도277, 공 2011상, 974 ······· 577
2011. 4. 14. 2011도300, 공 2011상, 977 ······· 438
2011. 4. 28. 2009도3642, 공 2011상, 1212
···························· 310, 1031, 1156
2011. 4. 28. 2010도14696, 공 2011상, 1215
································ 266, 1115
2011. 4. 28. 2010도15350, 공 2011상, 1107 ···· 710
2011. 4. 28. 2011도2170, 공 2011상, 1115 ····· 497
2011. 4. 28. 2011도3247, 공 2011상, 1223 ····· 618
2011. 5. 13. 2009도5549, 공 2011상, 1235 ····· 246
2011. 5. 13. 2011도1415, 공 2011상, 1250
···································· 835, 923
2011. 5. 26. 2009도2453, 공 2011하, 1335 ···· 1040
2011. 5. 26. 2011도3682, 공 2011하, 1367
···································· 23, 1100
2011. 6. 10. 2010도17684, 공 2011하, 1428 ···· 553
2011. 6. 10. 2011도4260, 공 2011하, 1433 ···· 1089
2011. 6. 30. 2009도3915, 공 2011하, 1549
···································· 339, 630
2011. 6. 30. 2011도614, 공 2011하, 1570 ······ 666
2011. 7. 14. 2011도639, 공 2011하, 1672 ······ 127
2011. 7. 28. 2009도14928, 공 2011하, 1874 ··· 1171
2011. 7. 28. 2011도1739, 공 2011하, 1881 ···· 1014
2011. 7. 28. 2011도3630, 공 2011하, 1888 ······ 57
2011. 8. 18. 2010도10290, 공 2011하, 1960 ···· 688
2011. 8. 18. 2011도6904, 공 2011하, 1964 ····· 210
2011. 8. 25. 2009도5618, 공 2011하, 1971 ····· 685
2011. 9. 2. 2010도17237, 공 2011하, 2152 ····· 212
2011. 9. 8. 2009도13371, 공 2011하, 2162 ···· 1015
2011. 9. 8. 2009도13959, 공 2011하, 2164 ······ 42
2011. 9. 8. 2011도3489, 공 2011하, 2176 ····· 1208
2011. 9. 8. 2011도5165, 공 2011하, 2178 ······ 383

2011. 9. 8. 2011도7262, 공 2011하, 2187 …… 574
2011. 9. 29. 2010도14587, 공 2011하, 2280 …… 880
2011. 10. 13. 2009도13751, 공 2011하, 2387 … 601
2011. 10. 13. 2011도7081, 공 2011하, 2402 … 260
2011. 10. 27. 2009도14464, 공 2011하, 2483 … 647
2011. 11. 10. 2011도9919, 공 2011하, 2611 …… 479
2011. 11. 10. 2011도10468, [미간행] …… 821, 874
2011. 11. 24. 2010도5014, 공 2012상, 78 …… 555
2011. 11. 24. 2010도11394, 공 2012상, 86 …… 662
2011. 11. 24. 2011도12302, 공 2012상, 103 …… 93
2011. 12. 8. 2010도4129, 공 2012상, 148 …… 378, 540
2011. 12. 13. 2011도8873, 공 2012상, 156 …… 483
2012. 1. 12. 2011도12604, 공 2012상, 296 …… 546
2012. 1. 27. 2011도16044, 공 2012상, 409 …… 522
2012. 2. 23. 2011도7282, 공 2012상, 545 …… 1053
2012. 2. 23. 2011도16385, 공 2012상, 560 …… 628
2012. 3. 15. 2010도3207, 공 2012상, 603 …… 608
2012. 3. 15. 2010도14734, 공 2012상, 613 …… 309, 1026
2012. 3. 29. 2011도7704, 공 2012상, 733 …… 783
2012. 4. 26. 2009도5786, 공 2012상, 936 …… 850
2012. 4. 26. 2010도5693, 공 2012상, 938 …… 376
2012. 4. 26. 2010도6334, 공 2012상, 940 …… 423
2012. 4. 26. 2011도17125, 공 2012상, 945 …… 1118
2012. 4. 26. 2011도17254, 공 2012상, 946 …… 1010
2012. 5. 10. 2010도3532, 공 2012상, 1026 …… 613
2012. 5. 24. 2012도2142, 공 2012하, 1193 …… 656
2012. 6. 14. 2012도534, 공 2012하, 1258 …… 1079
2012. 7. 12. 2012도1132, 공 2012하, 1468 …… 429
2012. 7. 26. 2011도8805, 공 2012하, 1527 …… 186, 958
2012. 8. 17. 2011도9113, 법률신문 2012. 8. 20. 11면 …… 590
2012. 8. 23. 2010헌바402, 헌공 191, 1581 …… 75
2012. 8. 23. 2012도815, [미공간] …… 180, 349
2012. 8. 30. 2011도2252, 공 2012하, 1636 …… 388
2012. 8. 30. 2012도6157, 공 2012하, 1645 …… 508
2012. 9. 27. 2012도7467, 공 2012하, 1794 …… 872
2012. 10. 11. 2012도1895, 공 2012하, 1862 …… 274
2012. 10. 25. 2011도6273, 공 2012하, 1988 …… 62
2012. 10. 25. 2012도4644, 공 2012하, 2004 …… 324
2012. 11. 15. 2012도9417, 공 2012하, 2091 … 1047
2012. 11. 29. 2010도1233, 공 2013상, 106 …… 372, 1023
2012. 11. 29. 2011도7361, 공 2013상, 110 …… 383, 537
2012. 11. 29. 2012도10392, 공 2013상, 114 …… 237
2012. 12. 13. 2010도10576, 공 2013상, 199 …… 315
2012. 12. 27. 2012도10822, 공 2013상, 285 …… 657
2013. 1. 10. 2011도15497, 공 2013상, 366 …… 281
2013. 1. 16. 2011도7164, 공 2013상, 371 …… 198
2013. 1. 24. 2012도12363, 공 2013상, 441 …… 846
2013. 2. 15. 2010도3504, 공 2013상, 528 …… 985
2013. 2. 21. 2010도10500 전원합의체 판결, 공 2013상, 599 …… 593
2013. 2. 28. 2011도16718, 공 2013상, 611 …… 271
2013. 3. 14. 2010도410, 공 2013상, 677 …… 266
2013. 3. 28. 2010도14607, 공 2013상, 811 …… 291
2013. 4. 11. 2010도13774, 공 2013상, 895 …… 368, 518
2013. 4. 11. 2011도14690, 공 2013상, 903 …… 925
2013. 4. 11. 2012도12714, 공 2013하, 1152 …… 182
2013. 4. 11. 2012도15890, 공 2013상, 905 …… 677
2013. 4. 25. 2011도9238, 공 2013상, 984 …… 596, 691, 1092
2013. 4. 26. 2011도6798, 공 2013상, 993 …… 653
2013. 5. 9. 2013도2857, 공 2013상, 1072 …… 696
2013. 5. 16. 2012도14788 전원합의체 판결, 공 2013하, 1161 …… 152
2013. 6. 13. 2010도13609, 공 2013하, 1266 …… 728, 1134
2013. 6. 14. 2013도3829, 공 2013하, 1286 …… 258
2013. 6. 20. 2010도14328 전원합의체 판결, 공 2013하, 1399 …… 138
2013. 8. 23. 2011도4763, 공 2013하, 1734 …… 252
2013. 9. 12. 2013도5893, 공 2013하, 1867 …… 945
2013. 11. 14. 2011도4440, 공 2013하, 2269 …… 498
2013. 11. 14. 2013도7494, 공 2013하, 2290 …… 489

〔저자약력〕
서울대학교 법과대학 법학과 졸업, 동 대학원 졸업(법학석사), 독일 Max-Plank 국제 및 외국형법연구소 객원연구원, 독일 프라이부르크 대학교 법학박사(Dr. jur.), 미국 워싱턴 주립대학교 로스쿨 방문학자, 일본 동경대학 법학부 방문학자, 국가인권위원회 비상임 인권위원, 사법개혁위원회 위원, 사법제도개혁추진위원회 실무위원, 법무부 형사법개정특별심의위원회 위원, 국민사법참여위원회 위원장, 경찰수사제도개선위원회 위원장, 경찰수사정책위원회 위원장
현재, 서울대학교 법학대학원 교수

〔저　　서〕
Anklagepflicht und Opportunitätsprinzip im deutschen
　und koreanischen Recht (Dissertation)
형법총론 (제7판)　　신판례백선 형법총론 (제2판)
신형사소송법 (제5판)　　간추린 신형사소송법 (제6판)
판례분석 신형사소송법　　판례분석 신형사소송법 II (증보판)

〔역　　저〕
입문 일본형사수속법 (三井誠 · 酒巻匡 저)

〔편　　저〕
효당 엄상섭 형법논집 (신동운 · 허일태 공편저)
효당 엄상섭 형사소송법논집
권력과 자유 (엄상섭 저, 허일태 · 신동운 공편)
유병진 법률논집 재판관의 고민

판례분석 형법각론 〔증보판〕

2013년 1월 20일 초판 발행
2014년 3월 5일 증보판 인쇄
2017년 4월 5일 증보판 2쇄 발행

저 자 신 동 운
발행인 배 효 선
발 행 처 도서출판 法 文 社
주 소 경기도 파주시 회동길 37-29 ㊊ 413-120
등 록 1957년 12월 12일 제2-76호(윤)
TEL (031)955-6500~6, FAX (031)955~6525
e-mail (영업) : bms@bobmunsa.co.kr
(편집) : edit66@bobmunsa.co.kr
홈페이지 http://www.bobmunsa.co.kr
조 판 동 국 문 화

정가 53,000원　　ISBN 978-89-18-08528-9